FASTES DE LA LÉGION-D'HONNEUR.

IMP. DONDEY-DUPRÉ,
rue Saint-Louis, 46, au Marais.

FASTES

DE LA

LÉGION-D'HONNEUR

BIOGRAPHIE DE TOUS LES DÉCORÉS

ACCOMPAGNÉE DE L'HISTOIRE LÉGISLATIVE ET RÉGLEMENTAIRE DE L'ORDRE

PAR

MM. LIEVYNS, AGRÉGÉ DE L'UNIVERSITÉ

VERDOT, CHEF D'INSTITUTION

BÉGAT, INGÉNIEUR-HYDROGRAPHE DE LA MARINE
CHEVALIER DE LA LÉGION-D'HONNEUR.

Honorés de la souscription du Roi, des Princes, des Ministres, etc.

TOME QUATRIÈME.

TROISIÈME TIRAGE.

PARIS.

AU BUREAU DE L'ADMINISTRATION, PLACE ROYALE, 20.

1846.

TABLE DES BIOGRAPHIES

CONTENUES DANS LE QUATRIÈME VOLUME.

A.

Abadie (Jacques-François-Emmanuel),	379
Abady (Jean-Baptiste),	379
Abaumont. Voyez d'Abaumont, tome II, page 103.	
Abbé, général de division. V. tome III, page 51.	
Abdalla d'Asbonne,	380
Aberjoux (Jean-Marie),	380
Abert. V. Habert.	
Abicot (Etienne-François),	380
Aboville (Augustin-Gabriel, baron, puis comte d'),	209
Aboville (Augustin-Marie, baron d'),	210
Aboville, sénateur. V. tome II, page 223.	
Aboville, pair de France,	209
Abrial, sénateur. V. tome II, page 224.	
Acken (François),	165
Adam (Vigor),	361
Adam (Jean-Louis),	381
Adanson (Michel),	43
Adet (Pierre-Auguste),	381
Adet, et non Addet (Robert),	382
Adin (Pierre),	44
Adnet (Jean-Baptiste),	382
Ador (Jean),	382
Adrian (Jean-Joseph),	44
Adrian (Jean-Joseph),	165
Advinay, non Adviné, ni Advyné (Christophe),	382
Agarrat et non Agarrad (Louis),	383
Agasse. V. Ayasse.	
Agnel (Gaspard-Basile),	165
Aguesseau (d'), sénateur, pair de France. V. tome II, page 225.	383
Aillet (Pierre-Gabriel),	
Aillot. V. Alliot.	
Aimard. V. Aymard.	
Aime, grenadier. V. Aymé.	
Aine. V. Lainé.	
Alain (Jean-François),	166
Albenesius (George),	44
Albert (Jean-Christophe-Bruno),	166
Albert (Joseph-Jean-Baptiste, baron),	383
Albertini (Simon-Brando),	384
Albisson (Jean),	384
Aldias (Louis-François),	385
Alexandre (Pierre), dit Dumesnil,	385
Alix, chef d'escadron. V. tome Ier, page 458.	
Allain (Jacques-Gabriel-Victor),	166
Allard (François),	361
Allard (Pierre),	385
Allard (Pierre),	386
Allary (Joseph),	166
Allègre (Félix-Pascal),	45
Allemand (Henri),	386
Allemand (Joseph),	387
Allemand (Joseph-Nicolas),	387
Allemand (Zacharie-Jacques-Théodore, comte),	389
Allent (Pierre-Alexandre-Joseph),	390
Alliot (Alexandre-Roger-Louis),	391
Alliot (François),	45
Alloard (Jacques),	167
Almain (Louis),	
Almeras, V. tome III, p. 55.	
Alphonse. V. D'Alphonse, baron.	
Alquier, ambassadeur. V. tome II, p. 226.	
Aly (François-Louis),	391
Amand (François),	391
Ameil (Auguste-Jean-Joseph-Gilbert, baron),	391
Ameilhon (Hubert-Pascal),	45
Amez, général de division. V. tome III, p. 55.	
Amiot (François-Pierre),	211
Amiot (François),	392
Amoretti d'Envie (Eugène-Michel),	392

Amouroux (Jean). Voyez Lamouroux.	
Amy (Joseph, baron),	211
Ancel (Jean-Baptiste),	46
Ancelin (Nicolas),	393
Ancogne (Marc),	46
Andre (Antoine-Charles)	393
André (Claude),	394
André (Etienne),	394
André (Pierre-Joseph),	394
André (Sébastien-Marie),	395
Andréossy, général de division. V. tome III, p. 56.	
Andréossy (Victor-Antoine),	375
Andrieu (Barthélemi),	395
Andrieu et non Andrieux (Pierre-Augustin),	167
Anès (Jean-Baptiste-Jacques),	46
Angineau (Louis),	396
Anglade (Pierre),	396
Anglade-Maillhac. V. Langlade.	
Anglès (Gabriel),	396
Annès (Jean-Antoine),	67
Anquetil (Louis-Pierre),	461
Antoine (Sébastien),	397
Antoine (Antoine),	397
Antonin (Jean-Baptiste),	397
Appollo (Jean-Simon),	397
Arbey (Pierre),	397
Arbod (Jean-Pierre),	398
Arborio-Biamino (Pierre).	
Arcade-Johanenc. V. Johanenc.	
Arcambal (Jacques-Philippe),	211
Ardent du Masjambost (Jacques-François),	398
Armand (Claude-Joseph),	399
Armanet (Joseph-Gaspard),	399
Armant (Louis-Alexandre),	47
Arnaud (Anne),	400
Arnaud (Antoine),	400
Arnaud (François),	47
Arnaud (Jean-Baptiste),	400
Arnaud (Jean-Baptiste),	400
Arnaud (Jean-Baptiste),	400
Arnaudet (Jean-Pierre),	48
Arnauld (Pierre-Louis),	401
Arnault (Antoine-Vincent),	48
Arne (Jean),	402
Arnefaut (Jean-Baptiste),	51
Arnold (Jean-Frédéric),	361
Arnouille (Jean-Esprit). V. Arnouilh (Esprit), tome Ier, p. 461.	
Arnould (Ambroise-Marie),	402
Arnould (Guillaume),	403
Arnoult (Hubert),	404
Arnoult (Jean-Baptiste). V. tome Ier, p. 461.	
Arques (Louis-Gautier). V. Gautier.	
Arrighi, duc de Padoue. V. tome III, p. 58.	
Arrighi (Hyacinthe),	403
Artaut (Jean-Pierre),	403
Artaux (Jean-Joseph),	403
Artigues (Elie),	167
Artreux (Jean-Baptiste),	404
Artus (Auguste-Constant),	404
Astruc (Paul),	404
Aubail (Jean),	362
Aubé (Jean-Antoine),	445
Aubercy. V. Auberty.	
Aubernon (Philippe),	405
Aubert (Charles),	200
Aubert (François),	416
Aubert (Jean-Nicolas),	04
Aubert (Michel-Ange),	450
Aubert (Pierre),	404
Aubert (Pierre),	405
Aubertin (Etienne),	405
Aubertin (Jean-Baptiste),	406

Aubertin (Jean-François),	52
Aubertot (Anselme),	406
Auberty (Guillaume),	407
Aubery (François),	407
Aubin (Robert),	362
Aubrée (Alexandre, baron),	407
Aubrée (René),	407
Aubrespy de Courselles (Jean-Laurent),	212
Aubry (Charles-Claude). V. tome III, p. 61.	
Aubry (François). V. Aubery.	
Aubry (Joseph-Emmanuel, baron),	
Aubry (Pierre),	408
Aucam (François),	408
Aucher (Louis-Justin),	409
Audibert (Clément),	400
Audier-Massillon (Bruno-Philibert),	409
Audouard (Joseph-Louis),	409
Audouy (Jacques-Antoine),	419
Audran (Jacques-Jean-Louis),	410
Auger (Augustin),	410
Auger (Christophe-Jacques),	410
Auger (Etienne-Armand),	410
Augereau, duc de Castiglione. V. tome Iᵉʳ, p. 333.	
Augereau (Jean-Pierre, baron),	
Augier, général de brigade. V. tome III, p. 62.	
Augier de Chezeau (Annet),	
Augier (Jean),	52
Augier (Joseph),	52
Augros (Raimond),	412
Aumont (Charles-Arnaud-Nicolas),	412
Aune (Joseph-François),	412
Aune (Léon). V. tome Iᵉʳ, p. 464.	
Aussenac (Pierre-Gabriel),	413
Auteplain (Nicolas),	413
Auteserre (Jean-Joseph-Louis),	413
Autier, colonel. V. Autier, tome III, p. 63.	
Autran (Jean-Vincent),	414
Auvray (Louis-Marie),	414
Auzou. V. la nomination du 17 thermidor an XII.	
Auzouy (Hippolyte),	414
Avencl (Edmond-Fidèle),	168
Aversenc (Jacques),	415
Avice, général de brigade, V. tome III, p. 64.	
Aveny (Jacques),	415
Avrange-d'Haugeranville (François, comte d'),	213
Avrange-Dukermont (Jean-François, d'),	213
Avril, général de brigade. V. tome III, p. 65.	
Avril (Alexandre-Jean-Baptiste),	415
Avrilleau et non Avrillot (Jean),	415
Ayasse (Toussaint),	415
Aymard (Antoine, baron),	
Ayme (Jean-Antoine),	420
Aymé (Charles-Jean-Louis, baron),	420
Aymonin (Joseph-Louis),	422
Ayral de Bonneville,	213
Azan (Jean-François-Antoine),	168
Azémar (François-Bazile),	422

B.

Babille (Laurent-Jean),	423
Bache (Alexandre),	423
Bacciochi. V. tome III, p. 65.	
Bachelier (Jacques),	423
Bachelot (Pierre),	423
Bachelu. V. tome III, p. 66.	
Bacher (Jacques-Justin-Thiébaud),	424
Baclès (Jean),	52
Bacquet (Xavier-Louis),	425
Badior ou Badios. V. Baggior.	
Baffier,	425
Baffoigne (Laurent),	425
Baget. V. tome III, p. 67	
Baggior (Jean),	425
Bagneris (François).	425
Baille (Antoine-Adalbert),	213
Baille (Louis-Philibert),	426
Baille (Louis-Paul), baron de Saint-Pol,	214
Baillet (Simon),	426
Baillod (Jean-Pierre),	426
Baillou (René),	426
Bailly (Antoine),	427
Bailly (Claude-Joseph),	427
Bailly (Edme-Louis-Barthélemy),	428
Bailly (Ferdinand-Joseph),	428
Bailly-de-Monthion (François-Gédéon, comte),	428
Bajeau (Jean-Pierre),	429
Balardelle (Jean-Charles-Louis),	430
Balavoine (Pierre-François),	430
Balay (Antoine),	430
Balaydier. V. tome III, p. 67.	431
Balbiano (Vincent),	431
Balestrier (Guillaume),	53
Baltrier (Pierre),	431
Ballac. V. Ballne.	

Balland (Claude-Antoine-Hubert),	431
Ballet (Jean),	431
Ballue (Jean-Louis),	432
Baltié (Damiens-Hugues),	432
Baltus (Basile-Guy-Marie-Victor, baron),	432
Banchet (Remy),	432
Bandot. V. Baudot.	
Bar,	432
Barbanchon (Jacques),	434
Baraguey-d'Hilliers. V. tome III, p. 67.	
Baraige et non Barèges (Joseph),	433
Baral. V. Barral.	
Barante (Claude-Ignace, Brugrèze, baron de),	433
Baratte (Joseph-François-Xavier),	433
Barazer, non Barazet, ni Bavazer (Guillaume-François),	433
Barbanchon (Jacques). V. Lebarbanchon.	
Barbanègre, colonel. V. tome Iᵉʳ, p. 466.	
Barbanègre (Jacques),	434
Barbaron et non Barbazon (Raymond),	214
Barbazan. V. tome III, p. 69.	
Barbé (François-Martin-Trophime),	434
Barbé-Marbois. V. tome II, p. 228.	
Barberi (Joseph),	435
Barberot (Pierre),	435
Barbier (Jean-Baptiste),	168
Barbier (Jacques-Louis),	215
Barbier (Nicolas),	435
Barbier (Pierre),	435
Barbier-Lassaux (Louis-Joseph),	435
Barbier-Neuville. V. la nomination du 2 messidor an XII.	
Barboiron (Marien),	53
Barbot (Marie-Etienne),	435
Barbou, général. V. t. III, p. 70.	
Barboux (Etienne),	436
Bardat, caporal au 88ᵉ de ligne. V. la nomination du 17 thermidor an XII.	
Bardeaux (Pierre),	437
Bardet. V. tome III, p. 71.	
Bardin (Etienne-Alexandre, baron),	437
Bardin (Joseph). V. la nomination du 2 messidor an XII.	
Barèges. V. Baraige.	
Barelier. V. Barrelier.	
Barene. V. Barère (Jean).	
Barère (Jean),	438
Bargeau (Jean-Pierre),	438
Barie. V. Barrié.	
Barnetche (Jean-Baptiste),	438
Barnier (Jean-Baptiste),	439
Barois (Laurent-Joseph). V. Bichon-Barrois.	
Baron (Antoine),	215
Baron (Etienne),	362
Baron (Jean-Baptiste-Henri),	439
Baron (Jean-Isidore-Clément),	439
Baron, non Baroux (Jean-Baptiste),	440
Barraire (Gaspard),	440
Barral (Jean-Louis),	440
Barral, marquis de Montferrat (Joseph-Marie),	440
Barrangé (Jean),	441
Barré (Jean-Baptiste-Henri),	441
Barré (Pierre),	441
Barré (Jean). V. Bar.	
Barrelier (Jean-Claude),	441
Barrère (Pierre),	216
Barrié, colonel. V. tome III, p. 72.	
Barrier (Joseph),	442
Barrois, colonel. V. tome III, p. 73.	
Barrois, chef de bataillon. V. Bichon Barrois.	
Barthélemy (Auguste),	442
Barthélemy, colonel. V. tome III, p. 74.	
Barthélemy (François),	442
Barthélemy, sénateur. V. tome II, p. 230.	
Barthez (Paul-Joseph),	53
Basère. V. le suivant.	
Basire (Alexandre-Dominique),	442
Basoge et non Bazoge (Jean-Hubert),	443
Bassano (le duc de). V. tome II, p. 273.	
Basse (Toussaint),	443
Basset (Jean-Charles),	443
Bassoigne. V. Baffoigne.	
Baste,	
(La notice complète de cet officier-général de marine sera placée à la nomination du 28 février 1810.)	
Bastide (Jean-Charles-Antoine),	443
Basy et non Bazy (Jean),	444
Batault et non Bataut, ni Batteau (Pierre),	444
Battuelli (Joseph),	444
Batus. V. Batlus.	
Bauchard (Auguste),	444
Bauchau (Corneille-Joseph),	445
Bauchet. V. Banchet.	
Baucheton (François),	445
Baud (Léonard),	445
Baud et non Beau (Martin-Noël),	445
Baudette (Mérite),	446
Baudin (François-André, baron),	446
Baudin (François-André),	168

Baudin (Nicolas),	447
Baudot (Jean-Nicolas-François),	447
Baudot (Joseph),	216
Baudot (Nicolas),	447
Baudot et non Bandot. V. la nomination du 17 thermidor an XII.	
Baudouin (Charles-François),	447
Baudouin (Jean-Charles),	447
Baudoz. V. tome 1er, p. 469.	
Baudran (Marie-Etienne-François-Henri),	448
Baudrau, Baudreau, ou Beaudreau. V. Baudroux (Sylvain).	
Baudreville (Jean-Baptiste-Pierre-Rollée,	449
Baudry (Blaise et non Louis),	449
Baudry (Esprit),	449
Baudry-d'Asson (Charles-Hyacinthe-Alexis, chevalier),	216
Baudnin (Pierre-François, baron),	449
Bauduy (Louis-Alexandre-Amélie, baron),	450
Baugard (François),	450
Baume et non Beaume (Hippolyte-Alexandre),	217
Baur (François-Joseph-Antoine),	451
Baur (Michel-Sébastien),	451
Bavazer. V. Barazer.	
Baville. V. tome III, p. 75.	
Bayeux (Alexandre-Constant, chevalier, puis baron),	451
Bayle (Jean-Baptiste-Raimond),	452
Baylin (Joseph),	452
Bazancourt. V. tome III, p. 75.	
Bazerque (Antoine),	452
Bazignan,	453
Bazin (François-Marie),	453
Bazin (Louis-François),	453
Bazoche (Dominique-Christophe),	453
Bazoge. V. Basoge.	
Bazy. V. Basy.	
Beanin (Etienne-Watère-Marie),	454
Beau (Antoine),	454
Beau (Emmanuel). V. Baud (Martin-Noël).	
Beau (Léonard). V. Baud (Léonard).	
Beauchaud. V. Bauchaud.	
Beaucôté (François),	454
Beaudette (Mérite). V. Baudette.	
Beaudot (Nicolas),	454
Beaudouin (Louis-Alexis),	454
Beaudran et non Baudran (Pierre-François),	168
Beaugeois (Jean-Louis-Antoine),	454
Beauharnais (Claude),	454
Beauharnais (Eugène). V. tome 1er, p. 304.	
Beaujet. V. Bosger (François).	
Beaulève. V. Bolève.	
Beaumaretz (Simon-Ferdinand),	455
Beaumont, général de division. V. tome III, p. 76.	
Beaumont (Louis-Chrétien),	455
Beaupoil-Saint-Aulaire (Marie-Jean-Benoît),	217
Beaupré. V. Musquinet-Beaupré.	
Beauregard (Jean),	455
Beaussan (Joseph-Symphorien),	456
Beausse (Louis-Alexandre-César),	54
Beaussier (Bonaventure),	456
Beaussier (Mathieu),	456
Beautemps-Beaupré (Charles-François),	456
Beauvais (Pierre-David),	457
Beauvé (Dominique),	457
Beauvé (Jean-François),	54
Becdelièvre (Gabriel-François-Louis),	362
Béchaud (Jean-Pierre),	458
Bechet (Louis-Samuel-Albert-Désiré, baron de Léocour),	458
Becker (George),	459
Becker (Nicolas-Valentin),	450
Becker (Louis). V. tome III, p. 80.	
Becul (Gabriel),	54
Bédée (François-Hyacinthe),	459
Bedel-Dutertre (Augustin-Marie-Fidèle).	
Bedoch (Pierre-Joseph),	460
Bedos (Jean-Pierre),	461
Bedout, contre-amiral. V. tome IV, p. 80.	
Beget. V. Bejet, tome II, p. 233.	
Begouen, conseiller d'Etat,	461
Begué (Bernard),	461
Beguinot. V. tome II, p. 497.	
Beisse (Antoine). V. Besse.	
Bejet et non Beget (François),	461
Beker, général. V. Becker, tome III, p. 76.	
Belcourt (Vincent-Disien),	462
Beldersbusch (Charles-Léopold, comte de),	462
Belfort. V. tome III, p. 80.	
Belland (Antoine),	462
Bellanger (Julien-Basile),	462
Bellaton (Pierre-Marie),	463
Bellavesne, général. V. tome III, p. 81.	
Bellay. V. Belley.	
Bellebaux (Claude, chevalier),	463
Bellenger (Jean-François),	463
Belleville. V. Redon de Belleville.	
Bellez et non Bellay (Seraphin-Joseph),	464
Belliard, général. V. tome III, p. 81.	
Belloc (George-Antoine-Thérèse),	464

VII

Bellon (Sauveur),	464
Belloy, cardinal. V. tome II, p. 233.	
Belprey, colonel du génie. V. tome III, p. 81.	
Beluze (Gabriel),	464
Belzais-Courmenil (Nicolas-Bernard-Joachim-Jean),	465
Benard (Jean-Pierre),	465
Benard de Moussignières (Eugène-Balthazard-Crescent, chevalier),	465
Benedetti (Louis),	465
Bennerotte (Jean-Nicolas),	465
Bennevalet (Clément). V. Tournois de Bonnevallet.	
Benoist (Jean-Baptiste),	466
Benoiste (Paul-Jean-Baptiste),	466
Benuzan (Jean-Joseph),	217
Benvignat. V. Bevignat.	
Bequé (Bernard). V. Begué.	
Bera (Joseph-Charles),	466
Beranger. V. Berenger.	
Berar (Claude-René),	466
Bérard (Claude),	467
Bérard (Louis),	467
Berduc (Jean-Pierre),	468
Berenger, capitaine de vaisseau. V. Berrenger.	
Berenger, conseiller d'Etat. V. tome II, p. 234.	
Berenger (François-Denis),	468
Berge (François-Beaudire, baron),	468
Berger (George-Joseph),	469
Berger (Jean-Claude),	469
Bergeret (Christophe),	469
Bergeron (Jean-Armand),	469
Bergeron (Jean-Denis),	218
Bergevin (Auguste-Anne),	470
Bergevin (Mathieu-Charles),	470
Bergevin (Olivier),	470
Bergier (Joseph-Donat),	470
Bergon (Antoine),	471
Bergues Mathieu, dit Lagarde,	471
Berlier (Pierre-André-Hercule, baron),	471
Berlioz (Henri-Joseph),	218
Bernard, non Bernardin (André),	471
Bernard (Claude),	55
Bernard (François),	169
Bernard (Florent-Joseph),	472
Bernard (François),	472
Bernard (François),	472
Bernard (Ignace),	472
Bernard (Laurent),	169
Bernard (Simon, baron),	472
Bernardin. V. Bernard (André).	
Bernaudat (Charles-Louis),	474
Bernecque et non Berneque (Antoine),	218
Bernel et non Bernelle (Pierre-Antoine),	474
Bernet (Pierre-Joseph),	55
Bernichon (Guillaume),	219
Berol (Marin),	474
Berquen (Philippe-Antoine),	475
Berrenger, et non Bérenger, ni Bebrenger (Charles),	475
Berret (Joseph-Honoré),	219
Berruyer (Pierre-Marie),	475
Berruyer (Jean-Baptiste). V. tome III, p. 85.	
Bert (Jean),	169
Bert (Joseph),	475
Bert et non Berthe (Louis-Dominique),	476
Bert et non Berth (Michel-Gaspard-Alexis),	476
Berth. V. Bert (Michel-Gaspard-Alexis).	
Bertaut-Labreteche (Guillaume-Marie-Auguste),	169
Berteche (Jean-Baptiste),	476
Berthe. V. Bert (Louis-Dominique).	
Berthelot-Desgraviers. V. tome III, p. 173.	
Berthereau et non Bertrand (Thomas),	477
Berthet (Féréol),	55
Berthet (Laurent-Joseph),	477
Berthezène (Pierre),	477
Berthier (César). V. tome III, p. 85.	
Berthier (François-Paul, chevalier),	480
Berthier (Léopold). V. tome III, p. 86.	
Berthier (Nicolas-Emmanuel),	480
Berthier et non Berthier (Pierre),	480
Bertholet (Jean),	219
Bertholin. V. Bertolin.	
Bertholio. V. Bertolio.	
Berthollet (Claude-Louis). V. tome III, p. 238.	
Berthuot (Nicolas),	480
Bertier, ou Berthier (Alexandre). V. tome III, p. 86.	
Bertier (Pierre). V. Berthier.	
Bertin (Antoine-Dominique-Joseph),	481
Bertin (Modeste François),	55
Bertin, conseiller d'Etat. V. tome III, p. 240.	
Bertinet (Sebastien et non Nicolas),	481
Bertolin et non Bertholin (François-Joseph-Boniface),	481
Bertolio et non Bertholio (Jean-Albert-Vincent),	481
Bertolotti (Jean-Baptiste),	481
Berton (Louis),	482
Bertora (Luc-Antoine),	482
Bertran et non Bertrand (Louis-Amable-Jean-Baptiste, baron),	219

Bertrand (Antoine-Joseph, baron),	482
Bertrand (Claude),	482
Bertrand (Ennemond),	352
Bertrand (Henri-Gatien). V. tome II, III, p. 86.	
Bertrand (Joseph-Marie),	55
Bertrand (Jean),	483
Bertrand (Jean-Nicolas),	483
Bertrand de Greuille (Joseph),	484
Bertrand (Louis-Aimable-Jean-Baptiste, baron). V. Bertran.	
Bertrand, président. V. Berthereau.	
Bertrand, baron de Sivray. V. tome III, p. 88.	
Bery. V. Dery (Pierre-César).	
Bes (Antoine),	484
Bescont (Pierre-Marie),	484
Besnard (Michel-Jacques),	551
Bessard-Graugniard (Alexis),	219
Besse, ou plutôt Baisse (Antoine),	484
Bessenay (Jean-Louis),	55
Besserer (Jacob),	485
Bessières, duc d'Istrie. V. tome Ier, p. 363.	
Bessières baron. V. tome III, p. 89.	
Besson (Joseph-Alexis),	56
Beteille (Jean-Alexis),	485
Betouzet (Antoine),	485
Beudot (Philibert-Bernard),	486
Beuf et non Bœuf (Joseph),	486
Beugnat (François),	486
Beugnot (Jacques-Claude, comte),	487
Beuret (George, baron, puis vicomte),	488
Beurmann (Frédéric-Auguste, baron),	489
Beurmann (Jean-Ernest, baron de),	489
Beurmann (Pierre-Frédéric, chevalier),	490
Bœuf. V. Beuf (Joseph).	
Bevière (Jean-Baptiste-Pierre),	491
Bevière (Nicaise-Bertrand),	491
Bevignat, dit Benvignat (Joachim-Jean-François),	220
Bexon (François-Henri-Charles),	491
Beyts (François-Joseph, baron),	491
Bezin (Hippolyte),	492
Bial Jean-Pierre,	492
Biaunié d'Argentré (Jean-Baptiste-Joseph, chevalier),	492
Bichoff (Remy). V. Pichoff.	
Bichon-Barois (Laurent-Joseph),	493
Bicqueley, colonel. V. tome III, p. 90.	
Bidat (Charles),	493
Bidel. V. Bedel-Dutertre.	
Bidet-Juzancourt. V. tome III, p. 90.	
Bidot et non Bidaut, ni Bideau (Louis),	169
Bié (Jean),	493
Biendiné, dit Guillaume (Charles-François-Guillaume),	494
Biétry (Pierre-Marie-François-Roger),	494
Bienvelot et non Bienvelot (Joseph),	494
Bigarré (Auguste-Julien, baron),	494
Biget (Henri),	495
Biget (Jean-Baptiste),	495
Bignon (Louis-Édouard, baron),	496
Bigot et non Bigault (Charles-Alexandre),	497
Bigot (Louis),	497
Bigot de la Robillardière (Baptiste-Julien-Gabriel),	497
Bigot-Préameneu. V. t. II, p. 242.	
Billard (Étienne),	498
Billard (Jean-Baptiste),	498
Billard (Pierre-Joseph, baron),	498
Billard-Devaux (Robert-Jean),	500
Billaut (François-Germain),	501
Billette et non Billiet (Simon),	501
Billot et non Biot (Jacques),	502
Billuart (Nicolas-Joseph),	502
Binet et non Binet (Louis-François),	220
Binot (Louis-François),	502
Birck (Damiens-Ernest),	502
Bischoff (Jean-George). V. Pichoff (Joseph-George).	
Bischoff (Jean-George),	141-142
Bisson, général. V. t. III, p. 90.	
Bisswang (François-Antoine),	502
Bitaubé (Paul-Jérémie),	56
Bizanet, général. V. t. III, p. 91.	
Bizet (Pierre-Nicolas-Claude),	502
Bizien (Joseph-Marie-Olivier de),	503
Bizot-Brice, V. t. III, p. 92.	
Bizot-Charmois. V. t. III, p. 92.	
Bizot du Coudray (Pierre-Charles),	503
Blaise (François),	504
Blaizat (Pierre),	504
Blanc (Étienne-François),	504
Blanc (François),	504
Blanc (Pierre-Waise),	504
Blancard (Amable-Guy, baron),	505
Blancard (Jean-Baptiste-Joseph),	505
Blancard et non Brancart (Jean-Baptiste-Simon),	169
Blancard (Joseph),	505
Blanchard (François-Jacques),	505
Blanchart (Antoine-Joseph),	506
Blanchet (Louis-Benoît),	169
Blancheville (Claude-Basile-Gaspard),	220
Blanchot (François-Michel-Emilie),	506
Blandin de Valière (Claude-Hyacinthe),	506

Blanmont (Marie-Pierre-Isidore, baron de),	506
Blanpied (Antoine),	507
Blanquet (Joseph-Silvestre),	507
Blanquet du Chayla (Armand-Simon-Marie),	221
Blautiot. V. Bloqueau (Jean-Baptiste), dit Blanthiaux.	
Bléhée (Philippe-Léonard),	508
Blein (Ange-François-Alexandre, baron),	508
Blemont (Nicolas-Joseph),	509
Blesimare (Jacques),	509
Bligny (Claude-Louis),	509
Blin (Léopold),	509
Blondeau (André-Jacques-Philippe),	510
Blondeau (Antide),	510
Blondeau (Constant),	57
Blondeau (François-Raimond),	511
Blondeau (Jacques, baron). V. t. II, p. 459.	
Blondel (Louis-Jean-Félix),	511
Bloqueau (Jean-Baptiste-Joseph), dit Blanthiaux,	511
Blot (Ambroise),	512
Blot (Louis-Joseph),	512
Bloume (Jean-Philippe),	57
Blusats et non Bluzard (François),	170
Boc. V. Boé.	
Bocrio (Pierre-Jean-Thomas),	512
Bodard (Nicolas-Marie-Félix),	512
Bodelin (Pierre, baron),	513
Bodroux, non Baudrau, Baudreau, ni Beaudrau (Sylvain),	513
Bodson de Noirefontaine (Louis-Gabriel-Camille),	513
Boé et non Boc (Sébastien),	514
Boerner (Jean-David),	514
Bœuf. V. Beuf (Joseph).	
Boget (Joseph),	514
Boglione (Jean-Antoine),	57
Bohin (François-Joseph),	57
Boinard (Jean-Baptiste). V. Boisnard.	
Boinod (Jean-Daniel-Mathieu),	222
Boisard (Charles),	514
Boisgelin. V. t. II, p. 242.	
Boiséger, maréchal-des-logis-chef au 10e dragons. V. la nomination du 17 thermidor.	
Boisard et non Boissard (Jean-François-Augustin),	515
Boisnard et non Boinard (Jean-Baptiste),	515
Boissard (J.-F.-A.). V. Boisard.	
Boissard (Yves),	515
Boisseau (Claude),	515
Boisselier (Julien),	516
Boisserolles-Boisvilliers (Aurèle-Jean),	516
Boissière et non Boissières (Charles),	516
Boisson (Joseph),	516
Boissonnet (André-Barthélemy, baron),	517
Boissy (Jacques-Michel),	517
Boissy-d'Anglas. V. t. II, p. 500.	
Boitière. V. Boytières.	
Boivin (Jacques-Denis). V. t. III, p. 93.	
Boizard (Charles). V. Boisard.	
Bolève et non Beaulève (Pierre),	517
Bollinger (Antoine),	518
Bollotte Joseph),	57
Bolot (Claude-François-Féréol),	57
Bommart (Philippe-François-Amable),	518
Bommerbach (Joseph),	518
Bompard (Jean-Baptiste-François),	518
Bon (Jean),	170
Bon de Savignac (Jean-Baptiste-Élisabeth),	519
Bonamy (Eustache-Marie-Joseph),	519
Bonaventure (Nicolas),	519
Bondenet (Simon),	519
Bondurand (Alexis, chevalier, puis baron),	520
Bondy (Geoffre-Lanxade, chevalier Godefroy),	520
Bonet, général de division. V. t. III, p. 94.	
Bongaints ou Bongants (François). V. Bougault (Nicolas-François).	
Bongard. V. Bougarre.	
Bongaut. V. Bougault.	
Boniface (Fleury-Dorothée),	520
Boniface (Jean-François),	521
Bonin. V. Bouin.	
Bonnaire (Félix),	521
Bonnard, général de division. V. t. III, p. 95.	
Bonnard (Pierre),	521
Bonnardet non Bonnardel (Jean-Étienne),	521
Bonnault et non Bonnaud (Gilbert),	522
Bonnay (Charles-François),	522
Bonnay de Breuille (Gabriel-François-Marie-Anne-Christiane-Joséphine-Claude-Madeleine),	522
Bonnay de Breuille (Jean),	224
Bonnecarère (Jean Pierre-Alexis),	523
Bonnefoux (François-Casimir, baron de),	523
Bonnemain (Antoine-Ferdinand),	225
Bonnemains (Pierre, baron, puis vicomte),	225
Bonnet (François),	523
Bonnet (Louis-Antoine-Toussaint),	170
Bonnet-Beaufrand (Sylvain),	523
Bonnet-d'Honnières. V. t. III, p. 95.	
Bonnevallet. V. Tournois de Bonnevallet (Clément).	
Bonneville-Ayral. V. Ayral de Bonneville.	

Bonnotte (François),	521	Bourdon (Ferdinand-Pierre-Agathe),	543
Bonnoure. V. Bounoure.		Bourdon. V. Gourdon.	
Bontans. V. Bontemps.		Bourdon de Vatry (Marc-Antoine, baron),	543
Bonte (Michel-Louis-Joseph, baron),	524	Bourel et non Bourelle (Guillaume),	543
Bontemps et non Bontans (Michel),	524	Bourel (Nicolas),	543
Bonteserin. V. Bouteserin.		Bourgade (David),	544
Bonuchi (Antoine-Marie-Laurent-Edme),	525	Bourgade (Jacques),	544
Bonvent (Jean-François),	525	Bourgeat. V. t. III, p. 100.	
Bonvoust (Charles),	525	Bourgeois (Antoine).	545
Bony (François),	525	Bourgeois (Jean-Baptiste),	59
Bony (Joseph),	58	Bourgeois (Jean).	170
Bord, législateur. V. tome II, p. 105.		Bourgeois (Jean-Baptiste),	545
Borde (Antoine),	526	Bourgeois (Jean-Joseph),	545
Borde (Étienne-Jean-Ambroise),	526	Bourgeois (Nicolas),	545
Bordenave (Jean-Paul),	526	Bourgeois (Pierre-Joseph),	545
Bordenave (Jean-Pierre, de),	527	Bourgeois, général. V. t. III, p. 100.	
Bordes (Jean-Baptiste-Gabriel),	527	Bourgeois de Jessaint (Claude-Laurent, vicomte),	546
Bordessoulle. V. Tardif de Pommeroux de Bordessoulle, t. II, p. 178.		Bourgeret. V. Lucas de Bourgeret.	
Bordet (Louis-Joseph),	527	Bourges. V. Bouge.	
Borel (Claude-François),	227	Bourgoing, ministre plénipotentiaire. V. t. II, p. 250.	
Borel (Pierre-Aimé),	527	Bourgoing (Alexandre),	546
Borme et non Bormes (Pierre-César),	170	Bourguignon (Jean-Thomas),	546
Borne-Desfourneaux (Edme-Étienne, baron, puis comte),	528	Bourland (Jean),	547
Boron (Louis),	529	Bourke (Jean-Raymond-Charles, baron, puis comte),	547
Borrel (Jean-Baptiste-Joseph-Noël),	529	Bourlon (Jean-François),	548
Borron (Jean-François),	529	Bouron (François-Aune-Jacques),	548
Bory (Raimond),	529	Bourotte (Jean-François),	548
Bosc (Joseph),	530	Bourquero. V. Boucquero.	
Bosc (Joseph-Alexandre),	530	Bourand (Antoine),	548
Bosger (François),	58	Bourriand. V. Bouriand.	
Bosonier de l'Espinasse. V. Lespinasse		Bourron (Étienne-François-Xavier),	549
Bosse (Simon),	530	Bourseau (Antoine),	549
Bossi. V. Rossi.		Bourseaux (Claude),	549
Bosson (Antoine),	363	Boursier (Pierre-Joseph),	549
Bossus (Étienne),	58	Bouschard. V. Bouchard.	
Botton (Jacques-Hugues-Vincent-Emmanuel-Marie),	530	Bousquet (François),	170
Boubers. V. t. III, p. 96.		Bousquet (Raimond),	59
Boubert (François-Antoine),	531	Boussard (Dominique),	550
Bouchart (Edme-Martial-Armand de),	531	Boussard et non Boussart (Félix),	550
Boucher (Charles-Louis). V. Leboucher.		Boussard, général. V. t. III, p. 101.	
Boucher (François-Augustin),	532	Boussenard (François),	550
Boucher (Louis-Antoine),	532	Boussière. V. Bouysière(Jean-Baptiste).	
Boucher (Pierre, baron),	532	Boussin (Claude-Christophe),	550
Boucher (René),	532	Bousson. V. t. III, p. 101.	
Boucher. V. Morlaincourt.		Boutard (Jean-Gaspard),	551
Boucher de Rolcourt (Charles),	533	Boutau (Jean-Baptiste),	170
Bouchet (Pierre-Michel),	533	Bouteyre (Jean-Baptiste-Ignace),	557
Bouchotte (Jean-Baptiste-Charles),	533	Boutier de Catus (Charles-Ignace-Ponce, de),	228
Bouchu (Edme),	534	Boutillot (Jean-François),	59
Bouchu (François),	534	Boutiron la Gravelle (Joseph-Nicolas),	551
Bouchu (François-Louis, baron),	534	Bouton (Antoine-Augustin),	551
Boucquero (Gaspard-Balthazard-Melchior),	535	Bouton (Balthazard),	552
Boudaille (Jean-Antoine),		Bouton (Jacques),	551
Boudet, colonel. V. t. III, p. 96.		Bouton (Louis-Marie),	552
Boudet, général. V. t. III, p. 97.		Boutrais (François-Jean-Baptiste). V. Boutrais (François), t. 1er, p. 483.	
Boudet (Jean-Pierre),	536	Boutrogue. V. t. III, p. 102.	
Boudin (Jean-Pierre),	536	Bouteserin (Jean-Nicolas),	552
Boudinhon-Valdec (Jean-Claude),	536	Bouveron (Claude),	171
Boufflers (Stanislas, chevalier et marquis de),	58	Bouvet, contre-amiral. V. t. III, p. 102.	
Bougainville, sénateur. V. t. II, p. 213.		Bouvet (Jean-Baptiste),	552
Bougarre et non Bongard (Pierre),	537	Bouvier (François),	552
Bougault (François),	537	Bouvier (François),	552
Bougault et non Bongaut (Louis-Loup-Étienne-Martin, baron),	227	Bouvier (François),	552
Bouge (Charles, baron),	537	Bouvier (Jean-Baptiste-Joseph, baron),	553
Bouilly (Louis-Dominique),		Bouvier (Jean-François),	553
Bouin (Pierre),	537	Bouvier (Pierre-Alexis),	553
Boulant (Jean),	537	Bouvier, maréchal-des-logis. V. au 17 thermidor an XII.	
Boulart (Jean-François),	538	Bouvier des Éclaz (Joseph, baron),	229
Boulay, conseiller d'État. V. t. II, p. 215.		Bouvier-Destouches (Théodore),	553
Boulet, lieutenant. V. t. 1er, p. 481.		Boux (Louis-René),	554
Boulet (Failly),	538	Bouyssière et non Boussière (Jean-Baptiste),	554
Boulle (Jean-Joachim),	538	Boussard (Jean-Joseph-Louis),	554
Boullé (Jean-Pierre),	538	Bouzereau. V. au 1er vendémiaire an XII.	
Boulnois (Louis-Jacques-François),	538	Bouzereau (Philibert),	554
Boulon (Joseph),	539	Boy (Louis-François),	554
Bounoure et non Bonnoure (Vincent),	539	Boyaud (Jacques),	363
Bouquero. V. Boucquero.		Boyé, général. V. Boyé d'Aumont, t. III, p. 103.	
Bouquerot des Essars (Jean-Baptiste),	540	Boyé (Pierre-Joseph),	555
Bouquillon (Nicolas-Joseph),	510	Boyeau (Étienne),	555
Bouquin (Jean-François). V. la nomination du 2 messidor an XII.		Boyeldieu (Louis-Léger, baron),	555
		Boyenval (N.), capitaine de frégate,	556
		Boyer (André-Louis-Anne),	556
Bourand. V. Bourrand.		Boyer (Étienne),	556
Bourayne (César-Joseph, baron),	540	Boyer (François-Barthélémy),	171
Bourbel de Montpoinçon (Auguste-Louis, de),	540	Boyer (Henri-Jacques-Jean), général. V. t. III, p. 104.	
Bourbier (Jean-Louis-André),	541	Boyer (Jean-Baptiste-Étienne),	171
Bourbon (Jacques),	59	Boyer (Jean-Baptiste-Nicolas-Henri),	556
Bourbon (Louis),	541	Boyer (Jean-François),	557
Bourcier, capitaine. V. Leboursier (Jacques-Alexandre).		Boyer (Joseph),	60
Bourcier, général. V. t. II, p. 249.		Boyer (Joseph),	557
Bourde (Augustin),	541	Boyer (Joseph), général. V. t. III, p. 104.	
Bourde (Guillaume-François-Joseph),	541	Boyer (Pierre-Joseph),	557
Bourdet (Charles-Louis),	542	Boyer de Rebeval (Joseph, baron),	558
Bourdillet (Antoine-Anasthase),	542	Boytières (Jean-Gabriel),	559
Bourdon (Antoine),	542	Bozel, V. Rozet.	

Bragard (Alexandre-François), 229
Brancart. V. Blancard.
Brancas (Antoine-Constant, de), 229
Braun (Joseph), 230
Brayer (Michel-Silvestre, baron, puis comte), 230
Brelle (Pierre), 60
Bretevinois. V. Lebretevillois.
Breuil. V. Brelle (Pierre).
Breuille. V. Bonnay-Breuille.
Briche (André-Louis-Elisabeth-Marie, baron, puis vicomte), 232
Brincard (Joseph-Antoine, baron), 60
Brisset-Montbrun de Pomarède. V. Montbrun de Pomarède.
Broc. V. Debroc.
Brouillaud (Philippe), 363
Bruguère (Jean-Isaac), 171
Brun (Augustin), 171
Brun (Joachim), 171
Bruno (Adrien-François, baron de), 244
Bruyère (Louis-Théodore), 61
Bruyères (Jean-Pierre-Joseph, baron), 233
Buache (Jean-Nicolas), 61
Buhot (Antoine-Pierre), 235
Bulot (Mathieu), 363
Bunèche (Pierre), 171
Buquet (Charles-Joseph, baron), 235
Burgairolles (Charles), 236

C.

Cabanes de Puymisson et non Cabannes (Marc, baron), 236
Cabart (Claude), 62
Cabos (Jean-Dominique), 363
Cadeot (Antoine), 62
Cagniard, 172
Caillat (François), 172
Cailloux dit Pouget. V. Pouget (François-René-Cailloux, dit).
Callende-Clamecy et non Callens, ni Calleris (Antoine), 172
Camas. V. Filhiol de Camas.
Cancois et non Caucois (René), 172
Capitain (Marie-Joseph), 237
Cardon (Marie-François-Eugène-Joseph), 62
Carpentier (Joseph), 172
Carrière (Bernard), 172
Carry (Jean), 172
Cassegrain (Jean-Claude), 63
Cassini (Jean-Dominique, comte de), 63
Castel (Jean-Charles), 172
Castella (Pierre-François-Gilbert), 237
Castex (Bertrand-Pierre, baron, puis vicomte) 238
Catus. V. Boutier de Catus.
Cavalié (Jean-Baptiste), 239
Cavard (Pierre), 363
Cazeaux (Jean), 363
Cazeneuve (Jean-Paul), 364
Ceglas (Sébastien), 64
Cessart (Louis-Alexandre, de), 64
Chabert (Antoine), 64
Chabert (Philibert), 64
Chabert (François-Félicité ou François-Félix), 240
Chabot (Jean), 65
Chadelas (Jean-Charles), 240
Challan (Antoine-Didier-Jean-Baptiste), 65
Chambon (Claude-Gauderique-Joseph-Jérôme), baron de Limoron, 240
Chamol (Pierre-François), 173
Champlan (Philippe), 173
Chancel (Jean-Hugues-Théophile), 241
Chapey (Étienne), et non Chapet ni Chapelle, 364
Chappe (François), dit Milory, 65
Chapuy (Job-Joseph), 65
Charbonnel (Joseph-Claude-Jules-Marie, comte), 241
Chardron (Jean). V. tome II, p. 491.
Charier et non Charrié (Jean-Jacques), 173
Charmasson de Puy-Laval (Pons-Guillaume-Basile).
Charras (Joseph, baron), 242
Charrière (Louis, baron), 242
Chasseraux (Thomas-Jean, baron), 243
Chastel (Amé-Pierre, baron), 243
Chatagnier et non Chatagner (Antoine), 244
Chatelain (Jean-Baptiste), 65
Chaussier (Joseph), 66
Chauvel (Pierre-Alexandre-François, baron), 244
Chaveaux et non Chavaux (Jean-Baptiste), 174
Chedeville (André-François), 174
Chemineau (Jean, baron), 245
Chepy (François), 66
Chevillet (Jean), 66
Chevreux (Pascal), 66
Chibert (Jean-François), 174
Chignet (Pierre). V. Eychenic.
Chigny. V. Ghigny,

Chipon (Jean-Baptiste), 174
Chocq (Louis-Auguste), 67
Chodron (François-Louis), 67
Cholet (Jean), 174
Chonez (Louis), 67
Chorier et non Sourrier (François-Charles), 364
Christophe (Louis), 68
Christophe (Nicolas-François, baron), 246
Christophe (Philippe), baron de la Motte-Guery, 246
Claude (Joseph-Daniel). V. à la nomination du 14 brumaire an XIII.
Clément. V. Porterat (Denis-Clément, dit).
Cler (Jean-Pierre), 118
Clerc (Jean-Nicolas), dit Leclère et non Leclerc (Alexandre), 68
Clootz (Jacques), 68
Closquinet (Louis), 174
Cochet (Jean-Noël), 68
Cochet (Henri-Adrien-Joseph), 364
Coiret (Claude), 69
Colbert (Louis-Pierre-Alphonse, comte de), 247
Colin (Claude), 364
Colinet (Étienne), 174
Colle (Jean-Théodore), 247
Collenot (Jean), 69
Collet (Jean-Baptiste), 69
Collignon (François-Toussaint), 238
Collin-d'Harleville (Jean-François), 69
Collinet (François), 70
Colonne. V. Coulonne.
Combe (Claude), 70
Combet (Jean-Claude), 248
Commandeur (Louis), 71
Compagnon (Jérôme), 71
Condre (Claude), 175
Constanty (Jean), 71
Conte (Nicolas-Jacques), 72
Contereau et non Contro (Michel-René), 364
Contre. V. Coutrez.
Coppin (Alexis), 175
Coquebert de Montbret (Charles-Étienne, baron), 72
Coqueret (Joseph), 175
Corbineau (Jean-Baptiste-Juvenal, baron, puis comte), 73
Cordier (Jean-Baptiste), 175
Corne (Antoine), 75
Cornille (François), 75
Cornu (René), 76
Cornu (François-Xavier), 175
Costaz (Louis, baron), 76
Coste (Bernard), 175
Coste (Pierre), 248
Coulombon (Étienne-François), 365
Coulonne et non Colonne (Jean-Joseph-Thimothée), 175
Courrière, 175
Courselles. V. d'Auprespy (Jean-Laurent).
Conrtois (Jean), 248
Coutenet (Gervais), 365
Coutrez et non Contre ni Coutret (Louis), dit Lavaut, 76
Creschon. V. Cruchon.
Crespy (Jean-Baptiste), 77
Cretin (Jean-Baptiste), 249
Cruchon ou Creschon (Joseph), 77
Cuirot. V. Lecuirot.
Cunéo-d'Ornano (François-Antoine), 249
Cuny (Claude-François), 250
Custine (Robert-Nicolas-Gaspard), 77

D.

Dagorn (Jean-Louis), 175
Dalbaras (François), 175
Dalen (Jean-Pierre), 250
Dalle (Isidore), 77
Dambelville (Hubert-Christophe), 176
Danel-Duplan (Joseph-Pierre-Nicolas), 250
Danse de Villoison (Jean-Baptiste-Gaspard), 78
Danture. V. Dauture
Danvaux (Louis), 78
Dargent (Florimond), 251
Daude et Daudy. V. à la nomination du 14 brumaire an XIII.
Daujon (Louis), 78
Dauture (Guilhem, baron), 251
Davarend (Charles), 176
Davet et non Dave ni Daved (Antoine), 176
David (Jacques-Louis), 78
D'Avrange-d'Haugeranville. V. Avrange-d'Haugeranville.
Debelle (Joseph-Guillaume), 365
Debout (Alexandre-Auguste), 81
Debroc (Armand-Louis, baron), 252
Decouz (Jean-Joseph), 81
Degoy (André), 252
Dein (Louis-Paul-Marie, baron), 252
Delaisse (Charles-Antoine), 81
Delanchy, V. Lanchy (André).

Delenne (Louis-André) et non Delesnes,	253
Delhomme (Pierre),	81
Delile (Jean-Claude),	82
Delion (Augustin),	82
Delisle de Falcon. V. Saint-Geniès.	
Dellard (Jean-Pierre, baron),	253
Delmas-Lacoste (Antoine),	254
Delort (Jacques-Antoine-Adrien, baron),	255
Deluret (Louis-Joseph),	176
Demarez (François-Joseph),	82
Denisot (Joseph-Gilles),	82
Denniée (Antoine, baron),	258
Denon (Dominique-Vivant, baron),	82
Derivry. V. Lebastier de Rivry.	
Dermoncourt (Paul-Ferdinand-Stanislas, baron)	258
Dery (Pierre-César),	83
Desailly (François),	83
Desbordes (François),	84
Desbruslys (Nicolas-Ernault de Rignac, baron),	260
Desbureaux (Charles-François, baron),	261
Desfontaines (René-Louiche),	84
Deslon (Claude-Marcel),	262
Desmareix. V. Dumareix.	
Desmartin et non Martin (François),	365
Desmonts et non Desmont (Jacques),	84
Desnos (Louis),	85
Desprez (Alexandre),	262
Dessaux (Toussaint-René),	176
Dessein et non Dessaint (Bernard),	263
Dessenay. V. Bessenay.	
Detinancourt (Nicolas),	85
Devaux (Pierre), dit Rully,	85
De Venois et non Duvenois (Jacques-Joseph-Théodore),	264
Devilliers. V. Louis, baron de Villiers.	
Dezentler. V. Dzentler.	
D'Hangest. V. Lamy-d'Hangest.	
Dhere (François),	85
Dherville. V. Durand, baron d'Herville.	177
Didier (Benjamin-Jean-Baptiste),	177
Dieuaide ((François),	85
Dintrans (Jean-Paul),	264
Dobban. V. Dolbeau.	
Dolbeau (Pierre), et non Dobban,	86
Dommanget (Jean-Baptiste, baron),	264
Donjon V. Daujon.	
Dorieux (Pierre),	86
Dornès (Joseph, baron),	267
Doullembourg. V. Oullembourg, baron d'.	
Doyen (François),	177
Drouhain (Jean-Baptiste-Xavier),	177
Dubessy (Jean-Baptiste),	268
Dubreil (Marie-Anne-Jean-Alexandre-Paschal), baron de Frégoze,	268
Dubreton (Jacques-Toussaint-Paul),	268
Dubreton (Louis-Aimé),	269
Dubrulé (Philippe-George),	177
Dubuisson (Philippe),	86
Ducay. V. Duquet (Jacques).	
Duchenne et non Duchesne (Jean-Pierre-Antoine),	177
Duclos (François),	269
Ducoudray. V. Lamorandière.	
Ducouret (Louis),	269
Dufetrel (Antoine),	86
Dufour (Jean-Baptiste-Pierre),	177
Dukermon. V. Avrange-Dukermont (d').	
Dulong (René-Mathurin),	178
Dumareix (Jean-François, baron),	269
Dumonchaux (Guillaume),	86
Dumonchaux. V. Sujols.	
Dunesme (Martin-François, baron),	270
Dunsteller et non Donsteler (Jean-Michel),	365
Dupays (Marie-Auguste),	87
Dupin (Jean-Baptiste),	87
Duplessis (Joseph). V. Plesis.	
Dupont (Antoine-Joseph),	87
Dupont (Michel),	87
Dupont (Louis),	178
Duppelin (Jean, baron),	271
Dupuy (Charles-Joseph-Dominique),	88
Duquesne (Jean-Baptiste),	88
Duquet (Jacques),	88
Durand (André),	88
Durand (Paul),	89
Durand (Pierre-René),	89
Durand, baron d'Herville (Jean-Baptiste-Michel-René),	179
Duras (Pierre),	271
Durtubie (Théodore-Bernard-Simon Durtubisse, dit),	272
Dutret (Pierre),	179
Duvenois. V. De Venois.	
Dzentler et non Dezentler (Jean-Baptiste),	179

E.

Elichinger (Bernard),	89
Engeling (Marx),	89

Emond (Joseph-Balthazard-Esclevin),	272
Engel (Jean),	272
Erhard et non Ehrard (Joseph),	179
Espéripias (Pierre-François-Jacques),	90
Espert de Latour (Jean-Baptiste, baron),	272
Estienne (François),	90
Eustache (Jean-André),	90
Eychenié, dit Chignet (Pierre),	90
Eygret et non Eygré, ni Ygres (François-Marie),	180

F.

Fabert (Joseph),	90
Fabre (Jean),	180
Fabry (Gaspard),	273
Fabry (Pierre-Etienne),	273
Farette (Pierre),	91
Fargier et non Farget (Jean-Régis),	180
Faucon (Jean-Baptiste),	180
Faure (Pierre-Antoine-Henri),	274
Faverot (François-Jacques-Guy, baron),	274
Faviers. V. Mathieu de Faviers (Philippe-Gaëtan, baron).	
Febure, chevalier de Frenoy, (Joseph-Pierre), et non Lefevre-Fresnois,	274
Félix (Dominique-Xavier, baron),	275
Félix (Jean-Joseph),	275
Feraud (Antoine-André),	276
Ferès (Guillaume-Pierre-François),	276
Fernig (Jean-Louis-Joseph-César, comte de),	276
Ferrouillet (Jean-Pierre),	91
Fevret (Jean),	180
Fieve et non Fievet (Pierre-Martin),	181
Filhiol de Camas (Jean-Edmond, baron),	280
Filleul. V. Laboissière (René).	
Flandret (Jean-Baptiste),	181
Flemming et non Flemenne (Frédéric),	181
Fleury (Anne-Pierre-Louis),	280
Fontaine (Joseph),	91
Fontaine (Jean-George),	365
Fontanier (Jean). V. Fontergne (Jean-Marie).	
Fontelle (Pierre),	91
Fontergne (Jean-Marie),	92
Foret (Nicolas-Firmin),	92
Forno (Alexandre-Jean-Baptiste-Joseph-François),	280
Fouille (Jacques), dit Mazurier,	181
Fouquet (Jean),	181
Fourier (Jean-Baptiste-Joseph, baron),	92
Fourmentin (Jacques-Oudart),	182
Fournaise (François),	182
Fourne, non Fornet, ni Fournet (Claude),	366
Fraisse (Antoine),	93
François (Pierre). V. Espéripias.	
François (Jean-Nicolas),	182
Fransurot (Jean-Baptiste),	93
Frappe (André),	182
Fregoze. V Dubreil.	
Frely (Jean-Michel),	94
Fresson (Jean),	182
Fricot (Edme),	94
Fririon (Joseph-François, baron),	281
Fririon (Joseph-Mathias, baron),	281
Frossard (François-Xavier),	282
Funel (Esprit-Cesar),	182

G.

Gagnebé (Léonard),	183
Gagneux (Pierre),	183
Gaillard (Jean-Baptiste),	183
Gaillard (Jean-Baptiste),	282
Gaillardie (Jean),	183
Gale (Jean-Benoît),	362
Gallet (Antoine),	282
Gambin (Jean-Hugues, comte),	283
Gangloff (Michel),	94
Garcin (Etienne-Jean),	183
Gardel (Marie),	94
Garigue (Pierre),	366
Gaspard (Pierre-Michel),	183
Gaspards (Jean),	94
Gassier (André),	183
Gaubert (Isaac), et non pas (Jean),	95
Gaudrion-Dutaillis (André-Marin),	359
Gauthier de Kervéguen (Paul-Louis),	283
Gauthey (Emilan-Marie),	95
Gauthier (Pierre), dit Sans-Chagrin,	95
Gauthier (Jean-Baptiste),	366
Gautier (Jacques-Louis-Jude), dit Arcques,	95
Gautier (Dieudonné-Charles),	184
Gautier et non Gauthier (Joseph),	184
Gavoty (Célestin-André-Vincent, baron),	284
Gay (Jean),	96
Gay (Louis, chevalier, puis baron),	284

XII

Gaydon et non Gueydon (Jean),	285
Gaye (Dominique),	184
Geisse et non Gesse (Jean),	98
Geither (Jean-Michel),	285
Gengoult (Louis-Thomas, baron),	285
Geoffroy-Saint-Hilaire (Étienne),	96
Gérard (François, baron),	97
Gérard (François-Joseph, baron),	286
Gerbey (de). V. Servan (Joseph).	
Ghigny (Charles-Etienne, baron),	287
Gicquel des Touches (Auguste-Marie),	184
Gillet (Jean-Nicolas),	186
Girard (Jean-Baptiste),	98
Girard (Jean-Pierre),	98
Girard (Jean-Simon),	98
Girardin (Joseph),	98
Giraud (Pierre-Jean),	186
Gironville. V. Patot de Gironville.	
Gondouin (Jacques),	99
Gossec (François-Joseph),	99
Gosselin (Pascal-François-Joseph),	100
Goubet (Alexandre),	100
Gouju (René-Jean-Gabriel),	100
Gourdon (Alexandre),	100
Gourreaud (Pierre),	186
Goutes (Jean-Antoine),	186
Gouvenel (Jean-Baptiste),	100
Gouy (André),	287
Grandhaye (Pierre),	101
Grandhomme (Joseph),	101
Grandhomme. V. Granghon (Jean-Pierre),	
Granghon (Jean-Pierre), et non Grand-homme (Pierre),	101
Granjean (Jacques),	101
Grasset (Charles),	187
Grassin et non Grussin (François),	102
Gravereau (Jean),	187
Greff (Joseph),	102
Grenier (Jean-George, baron),	287
Gressin et non Gresin (Silvain-Joseph),	288
Grétry (André-Ernest-Modeste),	102
Grezard (Joseph),	288
Griois (Charles-Pierre-Lubin, baron),	288
Griveault et non Grivaux (André),	288
Groulard (Jean-Pierre),	289
Grussin. V. Grassin.	
Guérin (Pierre-Narcisse),	104
Guérin (Remi),	104
Guérin (François),	187
Guerin (Fiacre-Roch),	366
Guery (Antoine-Didier),	289
Gueydon. V. Gaydon.	
Guezet (Pierre),	187
Guiard et non Guyard (Jean),	104
Guiarnic. V. Guillarmie, dit Guarnich et non Guiarnic.	
Guichard (François),	105
Guihur (Jean-Marie),	105
Guillarmie (Vincent-Louis),	367
Guillemain (Claude-Joseph),	187
Guilliar (Pierre-Guillaume),	187
Guillotte (Guillaume),	289
Guitton (Claude),	105
Guyard. V. Guiard.	
Guyardet (Pierre-Jules-César, baron),	290
Guynet (Barthélemy),	290
Guyon (Claude-Raymond, baron),	290
Guyton-Morveau (Louis-Bernard),	105

H.

Haas (Jean-Martin),	106
Halle (Jean-Noël),	106
Hamon (René),	187
Hangest. V. Lamy-d'Hangest.	
Hardouin (Antoine-Augustin),	367
Hattié (Jean-Jacob),	106
Hauterive (Alexandre-Maurice, Blanc de Lanautte comte d'),	107
Hazard (Louis-Henri-Joseph),	291
Henriod (François, baron),	291
Henri (Jean-Pierre),	108
Henry (Jean-Pierre),	187
Hermann (David),	108
Herville. V. Durand, baron d'Herville.	
Heurpé (Jean),	108
Hiam (Jean-Jacques),	188
Hibon (Jean-Baptiste),	108
Higonet (Joseph),	188
Hitasse et non Itasse (Jean-Baptiste-François),	188
Houdon (Jean-Antoine),	109
Huber (Pierre-François-Antoine, baron),	109
Hullot (Adrien-Jacques-François-Joseph),	110
Hurpin (Martin),	367
Husson (Edme),	292

I.

Imbart (Jean-Jacques-Marie),	188
Itasse. V. Hitasse.	

J.

Jacob (Jean-Thiébaut),	188
Jacot. V. Jaquot.	
Jacquemain (Pierre-Jean-Jacques),	188
Jacquemain ((Jean-Nicolas),	110
Jacquet. V. Jaquot.	
Jacquin (Jean-François-Regis),	111
Jacquinot (Charles-Claude, baron),	293
Jacquot (Félix),	188
Jamin (Jean-Baptiste, baron, puis vicomte),	294
Jaquot ou Jacot, et non Jacquet (Claude-Etienne),	111
Jarry (Alexandre-Julien),	111
Jarry,	367
Joannis (Mathieu),	296
Jolibois (Jean-Marie),	188
Jollain-Latour et non Sollin-Latour (Sébastien),	296
Jolly (Philibert),	111
Jomot (Joseph-Claude),	111
Josancy (Pierre),	111
Joubert (Louis),	296
Jourdan (Louis),	297
Jourde (Jean), dit Bourgeois,	189
Juillet (Joseph),	112
Jung (Noël),	112
Juniac (Jacques, Begougne, baron de),	112
Jussieu (Antoine-Laurent, de),	113

K.

Kantin. V. Quentin.	
Kergal (François-Marie),	189
Kerveguen. V. Gaultier.	
Kist, dit Mathis (Mathias-Joseph),	114
Klipffell (Blaise),	189
Kœpping et non Rœping (Jean-Charles),	189

L.

Laboissière (René-François, Filleul et non Filleul, dit),	114
Lacoste (Clément-Jean-Etienne, baron),	297
Lacoste-Delmas. V. Delmas-Lacoste.	
Lacour (François),	114
Lacroix (Philippe),	114
Laffitte (Justin, baron),	298
Laflamme. V. Pied.	
Laforest (Louis-Charles-Marie, de),	298
Laforge. V. Seiler.	
Laforge. V. Pierre.	
Lalosse (Jacques-Mathurin, baron)	298
Lages (Pierre),	114
La Grenade. V. Pelot.	
Lagreze (Jean),	189
Lagreze (Jean-Baptiste).	189
Laigle (Charles-Alexandre),	299
Laire (Antoine),	115
Lalance (Alexandre),	299
Lalitte (Nicolas-Louis),	367
Lamarque-d'Arrouzat (Jean-Baptiste-Isidore, baron),	300
Lambert (Jean-François, baron),	301
Lamer (Charles-Pierre),	301
Lamorendière-Ducouvray. V. Rochert de la Morendière.	
Lamorlière. V. Magallon.	
Lamotte. V. Paultre.	
Lamy-d'Hangest (Louis-Augustin),	302
Lanchy (André),	115
Landry (Claude-François),	115
Lange (Noël),	367
Langlois (François-Florent),	115
Langoumois (Jean),	190
Lannelongue (Jean),	190
Lanougarède (Antoine-Valentin, de),	302
Lanvin (Louis-Auguste),	115
Lapointe (Joseph-Gabriel),	302
Larcher (Pierre-Henri),	115
Larcher (Albert-François-Joseph),	303
Laroche (François, baron),	116
Lathe. V. Lhote.	
Latil (François), et non Laty,	116
Laugier (Esprit-Louis-Léonce),	190
Laurel (Pierre-André),	191
Laurent (Léonard),	191
Lauxerrois (Cyr-Toussaint),	116
Lavaut. V. Coutrez (Louis).	
Le Bastier de Rivry (Théodat-Jean-Baptiste),	191
Lebeau (Honoré-Magloire), dit Magloire,	191
Leberton (Jacques-Denis-Louis),	303
Lebolloche (Jacques-François),	191

XIII

Lebre (Antoine),	116
Le Bretevillois (Jean-Julien-François),	191
Lebreton des Chapelles (Alexandre-Louis-Honoré),	367
Lebrun (Pierre-Denis-Ecouchard),	117
Leclerc (Nicolas-François),	118
Leclerc. V. Clerc.	
Leclère,	118
Lecorre (Joachim),	192
Lecuirot (Jean-Baptiste), et non Cuirot,	118
Ledard (François, baron),	304
Ledouarin (François-Fidèle-Amand), et non Amable,	192
Leduc (Claude-Pascal),	119
Lefebvre et non Lefèvre (Charles),	304
Lefevre (Augustin-Pierre),	119
Lefèvre-Fresnois. V. Febure-Frenoy.	
Leger (Jean-Baptiste),	119
Legolias (Armand-Hippolyte-André-Marie),	192
Legouvé (Gabriel-Marie-Jean-Baptiste),	119
Lelarge (Jean-François-Léonard),	368
Le Marchant (Jean-Egesippe),	304
Lemercier (Népomucène-Louis),	120
Lenoble (Antoine-Théodore),	121
Le Noury (Henri-Marie, baron),	305
Léonard (Adam),	192
Léonard (Jean),	192
Lepaige (Jean-François),	305
Lepelletier (François),	192
Lepot (Guillaume),	192
Lerivint (Joseph-Charles),	121
Leroi et Leroy. V. Roy.	
Leroy (Jacques-François),	121
Leroy (Pierre-Louis-Marie),	122
Leroy (Jacques),	305
Lespinasse (Aimé-Louis-Adrien-Gabriel-Antoine, Bouzonnier de),	306
Letort (Louis-Michel, baron),	306
Letour neuf (François-Joseph-Alexandre),	307
Levesque (Pierre-Charles),	122
Levesque (Valentin),	307
Levet (André),	192
Lhéritier (Jean),	193
Lhote (Michel), et non Lathe ni Lothe,	122
Lieutaud (Jean-Joseph),	193
Lion (Jean-Dieudonné, comte),	123
Lion (Joseph-Charles-César, chevalier),	368
Lions (Jean-Joseph).	368
Lombard (Séraphin),	193
Loos (Adolphe),	193
Lorrain (Henri, dit Villemet),	308
Lothe. V. Lhote.	
Louis de Villiers (Claude-Germain-Louis, baron, puis vicomte),	308
Louvain. V. Pescheloche.	
Louvet (Pierre-Jean-Baptiste),	124
Luchaire (Sébastien),	309
Lucot (Ignace),	193
Lufft (Auguste-Charles),	309
Lyautey (Pierre-Antoine),	309
Lynch (Isidore),	310

M.

Macé, non Massé ni Masset (Joseph),	193
Maffrand (Jean-Baptiste),	124
Magallon (François-Louis, comte de Lamorlière),	310
Magloire. V. Lebeau (Honoré-Magloire).	
Magnien (Nicolas),	124
Maignal. V. Maynial.	
Maillac. V. Mayac.	
Maillet ou Mailliet (Jean-Jacques),	193
Maillet (Protée),	194
Malezieux (Pierre-Antoine),	125
Malié et non Malie (Jacques),	194
Malus (François, baron),	311
Mandrier V. Maudrier.	
Mandrillon (Philibert),	125
Maransin (Jean-Pierre, baron),	311
Marceau et non Marsau (Louis-Fidèle),	125
Marchadier (Pierre), dit l'Humeur,	125
Marchand-Martellière (Justin-Laurent, baron de),	313
Marchant (Honoré-René, baron de),	314
Marcillac (Guillaume),	194
Margollé (Philippe),	194
Marié (Jacques),	194
Marignier et non Marigny (Antoine),	125
Marillier (Jacques),	126
Marin (Jacques-Barthélemy, baron),	314
Marmoix (Jean-Baptiste),	126
Maroteau (Claude),	126
Marsan. V. Marceau.	
Martellière. V. Marchand-Martellière,	
Marthod (Louis-Ignace, baron),	315
Martin. V. Desmartin (François).	
Martin (François),	368
Martin de Vauxmoret, surnommé Mouvant (Benoit),	315

Marulaz (François-Claude),	126
Masilière (Jean),	126
Masse (Henri-Denis),	126
Massé et Masset. V. Macé.	194
Massol (Joseph),	126
Masson (François),	127
Mathieu de Faviers (Philippe-Gaétan, baron),	315
Mathis. V. Kist.	
Maudrier (Charles),	127
May (Antoine),	369
Mayac (Florent),	194
Maynaud (Jean-Jacques),	127
Maynial et non Maygnal ni Mayniol (Jean),	194
Mayot (Melchior),	316
Mayton et non Mayeton (François),	195
Mazuet et non Mazue, Mazueyt ni Marne (Jean-François),	128
Méchain (Pierre-François),	128
Méhul (Etienne-Nicolas),	129
Mely (Nicolas),	130
Menne (Jean-Baptiste-Pierre, baron),	316
Merle (Jean-Joseph),	316
Merlhes (Jean-Gabriel-Marie, baron),	317
Mesnilgrente (Jean-Alexandre),	130
Meylier (Jean),	130
Michaud (Jean-François),	131
Michaux (Étienne, chevalier, puis baron),	317
Miché (Claude),	131
Michel (Claude-Étienne, comte),	319
Miget (Philippe),	195
Millie et non Millet (Pierre-Etienne),	195
Mimin (Jacques),	131
Minot (Jean-Louis-Toussaint),	320
Moitte (Jean-Guillaume),	131
Molard (Ennemond-Alexis-Joachim),	321
Monard (Jean-Nicolas),	321
Moncabrié. V. Peytes.	
Mondoliot (Alexandre),	369
Monge jeune (Louis),	131
Monnay (Etienne),	321
Monnier Jean-Claude),	132
Monnier (Jean),	195
Montiot (Jean-Nicolas),	369
Montbrun de Pomarède (Hugues-Brisset),	321
Montgolfier (Joseph-Michel),	132
Montigny (François-Emmanuel-Dehaies, chevalier de),	322
Montmarie (Aimé-Sulpice-Victor, Pelletier, baron de),	323
Montreuil (René-Laurent),	369
Moreau (Pierre),	195
Morel (Jean),	133
Morel (Pierre-Henri),	369
Morel (Pierre-Joseph-Dominique-Guillaume, baron),	323
Morlaincourt (Hyacinthe, Boucher de),	323
Motte-Guery (de la). Voyez Christophe de la Motte-Guery.	
Mouillon (Benigne),	133
Mounier (Jean-Baptiste),	195
Mouquei ou Mouquelle,	369
Mouton (Jean),	369
Mousnier (Jean-Baptiste-Anselme),	196
Mouvant. V. Martin de Vauxmoret.	
Muller (Joseph-Antoine-Charles, baron),	324
Muscar (Arnould),	325
Muzy (Michel-François),	325

N.

Nagle (Thomas-Patrige, baron),	325
Naudin (Jean-Marin),	326
Neveu (Claude),	133
Nicaise (Nicolas),	134
Nicolas (Jean-Baptiste, baron),	134
Nicolas (Jean-François),	134
Nicolas (Nicolas),	135
Nicolas (Xavier),	135
Nicolin (Jean-Baptiste),	135
Niépce (David-François-Etienne-Pierre-Laurent), et non Niepec (Etienne-Laurent-David),	135
Noël (Antoine),	370
Normand (Nicolas),	196
Nouget (Jérémie),	136
Nublet (Jacques),	136

O.

Ollivier (Jean-Joseph),	136
Oudet (Jacques-Joseph),	326
Oullembourg (Stanislas-Marie-Joseph-Ignace-Laurent, baron d'),	327

P.

Pailhès (Paul),	382
Paisiello et non Paësiello (Jean),	136
Pajou (Augustin),	137
Pallier (Pierre-Nicolas),	370
Palmart et non Palmars, ni Palinars (Jean-Baptiste-Ciriac-Joseph),	196
Papigny (Nicolas),	197
Paree (Marc-Antoine),	197
Pariaut et non Parriot (Claude),	197
Parviller (Jacques-François),	137
Pasquet (Victor),	138
Pascal (Antoine),	370
Pastoret (Claude-Emmanuel-Joseph-Pierre, marquis de),	138
Patot de Gironville (Nicolas),	328
Paulastruc. V. Astruc.	
Paul (Laurent),	197
Paul (Laurent-Justinien),	197
Paultre de Lamotte (Pierre-Louis-François, baron, puis vicomte),	329
Pauthenier (Antoine),	139
Pechery. V. Peschery.	
Peillon (Pierre-François-Alexandre),	370
Pelecier (Claude-Joseph),	139
Pelletan (Philippe-Jean),	140
Pelletier. V. Montmarie.	
Pelley et non Pellet (Jacques-Joseph),	140
Pelot (Pierre), dit La Grenade,	371
Penant (Jean-Baptiste),	32
Penne (Raymond, baron),	330
Penon (Athanase),	197
Perceval (Louis-Raulin-Cyr-Pierre),	330
Perillieux (Nicolas-Joseph),	140
Perret (Joseph),	140
Perrey (Pierre-Jacques),	141
Perrin (Quirin),	141
Perron (Louis),	198
Perrot et non Peraud (Jean-Baptiste),	198
Perrot (Antoine-Padoue),	331
Perrot. V. Peyrot, t. II, p. 121.	
Peruset (Jean-Baptiste),	141
Peschloche (Joseph-Louis, Louvain de),	331
Peschery (Henry-Martin),	331
Peyron et non Perron (Blaise),	141
Pianelli (Michel-Antoine),	331
Piat (Jean-Pierre, baron),	332
Pichof (Joseph-George),	141
Pichon (Philibert),	142
Piébus (Jacob),	198
Pied (Pierre), dit La Flamme,	142
Pierre (François), dit Laforge,	371
Pierre (Jean, baron),	198
Pierre de Viantaix (François),	198
Pigeard (Claude),	332
Pigeon (Hubert),	142
Pille (Louis-Antoine, comte),	332
Pillet (Louis-Marie),	333
Pineau et non Pinot (Guillaume),	142
Pincaud (François),	333
Pinteville (Pierre-Alexis, baron),	334
Pinel et non Pinelte (Guillaume),	371
Piolaine (Joseph-Marie),	334
Pireyre (Anne),	142
Plançon et non Planchon (François),	143
Planques (David),	143
Plessis et non Duplessis (Joseph),	371
Ploy (Julien),	143
Poirier (Claude),	198
Poitou (Amand),	335
Poli (Antoine),	335
Pollet (Jean-Baptiste),	199
Ponne (Guillaume),	199
Pontier (Pierre),	372
Portail (Jacques),	143
Portal (Antoine, baron),	144
Porterat (Denis), dit Clement,	144
Portier (Louis),	144
Possot (Jean-Charles),	199
Postel (Jean-Jacques-François),	144
Potard (Romain),	145
Potel (Pierre),	145
Pouchelon (Etienne-François-Raymond, baron),	335
Pouget (François-René, Cailioux, dit),	336
Poulain (François),	199
Poultier (François-Martin),	337
Pouquet. V. Fouquet.	
Pourrée et non Pourrez (Edme-Jean-Baptiste),	199
Prévost (André),	199
Prevot (Jérôme),	145
Prisie (Gilbert-Marie),	338
Prony (Gaspard-François-Claire-Marie-Riche, baron de),	145
Prost (Etienne),	146

Q.

Quantin (René),	14
Queran (Charles),	14
Querilhac (Clément),	14
Queroux (Jean-François),	19
Queunot (Mathieu, baron),	33
Quiot (Casimir-Maximilien),	20

R.

Rabbe (Jean-Baptiste),	33
Rabier (Paul-François),	14
Raboulot (Aubin),	14
Rabourdin (Elie),	20
Racault de Reuilly (Jean, baron),	37
Ramand (Pierre),	33
Ramant et non Ramond (Nicolas),	14
Rambure (Claude-André),	37
Ramel et non Ramelle (Jean),	14
Raphin (Louis-Barthélemy),	14
Raquis (Bernard),	37
Raspail (Victor),	20
Ratiez (Etienne-Jacques),	33
Raveneau (Charles-Gabriel, de),	34
Ravissot (Louis),	37
Ravin (Jean), V. tome II, p. 142	
Raymond. V. Remond.	
Réal (Pierre-Louis-Dominique),	34
Regnault (Jean-Baptiste),	14
Regnault (Pierre-Charles),	14
Reignier (Antoine),	20
Remond et non Raymond, ni Reymond (Jean-Claude-Sébastien),	20
Rémond, dit Remonda (Charles-François, baron),	34
Remy (Charles),	14
Remy (Brice),	20
Renard (François-Nicolas),	14
Renaud (Pierre-Charles). V. Regnault.	
Renaud (François),	20
Renaud (Jean-Antoine-Joseph),	20
Renaud (Joseph),	20
Renaud (Antoine-François),	34
Requin (Pierre),	20
Resnier (André-Guillaume),	34
Retienne (Dominique),	20
Rey (Jean),	14
Rey (François-Pascal),	20
Reynaud (Charles),	34
Reynaud (Claude-Régis),	34
Reynaud (Jean),	37
Rhodes. V. Rodes.	
Richard (Joseph-Pierre),	34
Richier (Pierre-Jacques-Jean-Baptiste).	20
Richter (Jean-Louis, baron),	34
Riffnach (Frédéric),	20
Rittemann (Louis),	20
Roberdeau et non Roberdaux (Léonard-François),	14
Robert (Simon, baron),	34
Rocbert de Lamorendière-Ducoudray (Etienne-François, baron),	34
Rocmont (César-Elisabeth-Marguerite, Chanoine de),	34
Roger (Alexandre),	37
Rodes et non Rhodez, ni Rodez (Bernard),	14
Rodier (Pierre et non Etienne),	14
Rogeard (Pierre-Augustin), et non Rojeard (Auguste),	150
Roland (Jacques),	34
Rolland (Pierre, baron),	34
Ronzier Pierre-François-Gabriel, chevalier),	34
Roping. V. Kœpping.	
Roserot (Joseph),	150
Rostan (Louis-Charles),	37
Rothamer (Balthazard),	20
Rottembourg (Henri, baron),	345
Roussel (Dominique),	150
Roux (Jean-Baptiste),	150
Roux (Jean-François),	346
Roy (Elie),	20
Roy (Jean-Jacques), et non Leroy,	20
Roy (Jean),	346
Rusant (Antoine),	20

S.

Sabatier (Raphaël-Bienvenu),	150
Sachs (Pierre-Frédéric),	346
Sacré (François),	205
Sagette (Charles-Firmin),	151
Saignes (Pierre-Paul),	205
Saignes (Pierre),	316
Saillard (Nicolas),	205
Saintemarie (Charles-Jean),	151

Saint-Geniès (Jean-Marie-Noël, Delisle de Falcon, baron, puis vicomte de).	347
Saintemarie (Claude-Sébastien),	205
Saint-Martin (Jean-Etienne, baron),	347
Saint-Simon (Claude, de),	348
Salis (Sébastien),	374
Salmon (Louis),	151
Sané (Jacques-Philippe, baron),	151
Satabin (Jean-Pierre, Hulot dit),	348
Saulnier (Christophe),	152
Sautreau et non Saultrot, Santreau ni Sauterot (Antoine).	152
Sauvageot (Jean),	205
Sauvé (Toussaint),	374
Sauzède et non Sauzet (Jacques),	205
Savoye (Claude),	152
Scellier et non Sellier (Jean-Baptiste-François),	152
Schiele (Jacques-Joseph),	348
Schobert (Laurent, baron),	348
Seglas. V. Ceglas.	
Segretier (Louis-Charles),	374
Seguineau (Jean),	205
Seiler (Mathieu-Jean), Cordier, dit Laforge,	153
Seinpée (Dominique), non Simpès ni Simpres,	374
Sellier. V. Scellier.	
Sellier (Maurice),	206
Semin et non Semain (François),	206
Sendericker et non Sonnerdricker (Jean-Jacques),	153
Senel (Ambroise),	153
Senot (Jean-Nicolas),	206
Serres (Jean),	374
Servan (Joseph de Gerbey),	349
Sganzin (Joseph-Mathieu),	153
Sicard (Jean-André),	154
Sickens et non Sicke (Jean),	206
Sicres (Pierre),	154
Siguy (Antoine). V. t. II, p. 168.	
Silvain (Joseph),	154
Silvestre de Sacy (Antoine-Isaac, baron),	154
Simpès et Simpres. V. Seinpée.	
Sollin-Latour. V. Jollain-Latour.	
Songeon (Jean-Marie, chevalier de),	350
Sonnerdricker. V. Sendericker.	
Sorel (Louis-François) et non Sorelle,	156
Soyer (Jacques-Pierre), baron de Beauchêne,	350
Sourrier. V. Chorier.	
Sparre (Louis-Ernest, baron, puis comte de),	351
Steetz (Guillaume),	206
Stein (Mathias),	156
Stephan (Jacques-Marie),	206
Stiegen (Henri-Guillaume),	206
Striffler (Louis-Cyriac),	351
Strohmann (Valentin),	260
Strolz (Jean-Baptiste-Alexandre),	357
Strub (François-Xavier),	157
Sujol (François-Dimiltide-Joseph), dit Dumonchaux,	157
Supersac (Louis-Alexandre),	157
Suvée (Joseph-Benoit),	157

T.

Taillé (François),	352
Tancogne. V. Ancogne.	
Tarayre (Jean-Joseph),	1
Taubin (Julien),	353
Tauriac (Raimond-François),	157
Taviel (Albert-Louis-Valentin, baron),	2
Terreyre (Denis, baron),	3
Tertier (François-Marie),	206
Teste (François),	3
Tétart (Jacques-François),	375
Teulet (Jean). V. t. II, p. 182.	
Thévenard (Antoine-Jean-Marie, comte),	5
Thibaut ou Thiébaut. V. Jacob.	
Thiébault (Paul-Charles-François-Adrien-Henri-Dieudonné, baron),	5
Thiérard (Jean-Charles-Gérard),	353
Thion (Louis),	375
Thirier (Noël-Louis),	158
Thirion (Antoine),	158
Thiroux et non Tiraux (Pierre-Joseph),	158
Thoulouse (Martin, baron),	158
Thoumin (Julien) et non Thomnin,	159
Thuillier (Jean-Louis),	159
Thuillier-Beaufort (Jean-Baptiste),	6
Thuire (Jean)	159
Thullier (Jean-Pierre),	7
Tilly (Jacques, Delaistre, comte de),	7
Tiraux. Voyez Thiroux.	
Tirlet (Louis, vicomte),	8
Tisserand (Pierre),	207
Tisson (Mathieu),	9
Touchain. Voyez Lalustière (Louis-Charles), t. III, p. 307.	
Toulouzian (Jean-Louis),	207
Tournadre (Bernard-Amable)	

xv

Tourneur (Laurent),	360
Tousard (Antoine-Etienne, baron de),	10
Touttevoye (Jean-Ambroise),	207
Trelliard (Anne-François-Charles, comte),	10
Tricant (Marin),	160
Triaire (Joseph, baron). V. t. II, p. 192.	
Trouble (Claude-Edme),	11
Tuffet-Saint-Martin (Joseph-Louis),	11
Tugnot de Lanoye (Philippe-Henri, baron de),	354
Turreau de Linières (Louis-Marie, baron),	11
Tuyaux (Anne-Charles),	160

U.

Utruy (Jacques, baron d'), ou Dutruy,	92

V.

Vabre (Marc-Antoine, Coban, dit),	13
Vacchedre (Simon),	160
Vacheret (Martin),	160
Vacquié (Pierre),	207
Valentin (François, baron),	13
Valet (Thomas-Hubert),	207
Valette (Antoine-Joseph-Marie),	13
Valhubert (Jean-Marie-Melon, Roger),	14
Vallin (Louis, baron, puis vicomte),	354
Vallongue (Joseph-Secret-Pascal),	15
Valory (Louis-Guy-Henri, baron de),	16
Valtat (François),	208
Valterre (François), baron de Saint-Ange,	16
Vanalme. V. Vonalme.	
Vandamme (Dominique-Joseph-René), comte d'Unebourg,	17
Vandermaesen (Lubin-Martin, baron),	355
Van-Marisy. V. Marisy.	
Vaquié. V. Vacquié.	
Vare (Louis-Prix),	19
Varlet (Charles-Louis,	160
Varnier. V. Wargnier.	
Vasselin (Pierre),	160
Vast-Vile. V. Goguet (Louis-Antoine),	19
Vatilliaux et non Watillaux (Charles-Joseph-Xavier),	160
Vatot (Joseph-Antoine), et non Vaiot,	375
Vaublanc. V. Viénot-Vaublanc.	
Vaudeville (François),	161
Vaufreland-Piscatory (Achille-Victor-Fortuné, vicomte),	20
Vauquelin (Louis-Nicolas),	161
Vauxmoret (Charles-Pierre-Martin, de),	20
Vauxmoret. V. Martin de Vauxmoret.	
Veaux (Antoine-Joseph, baron),	20
Vedel (Dominique-Honoré-Antoine-Marie, comte),	21
Veilande (Michel, baron),	355
Veixsel (Jean-Michel),	162
Velland. V. tome II, page 200.	
Veller. V. Veiller.	
Verdier (Alexis),	162
Verdière (Jean-Christophe, Collin, dit),	25
Vergez (Jean-Marie, baron),	26
Vergne (Martin),	375
Ver-Huell (Charles-Henri),	376
Vermot (Antoine-Simon),	27
Vernier (François),	27
Verpooter (Daniel),	208
Vial (Honoré, baron),	27
Vial (Sébastien),	356
Viala (Sébastien, chevalier de l'Empire),	28
Viallanes (Jean-Baptiste-Théodore, baron),	29
Vicence (duc de). V. Caulaincourt, duc de Vicence (Armand-Augustin-Louis).	
Vidal (Sébastien-Andéol-Simon),	162
Vidalie (Pierre),	208
Vidé (Nicolas),	162
Viennet et non Vienné (Jean),	356
Viénot-Vaublanc (Jean-Baptiste-Bernard),	356
Vigne (Martin),	377
Vignolle (Martin, comte),	30
Villantroys (Pierre-Laurent),	31
Villaret de Joyeuse (Louis-Thomas),	31
Villatte (Eugène-Casimir), comte d'Outremont,	32
Villemanzy (Jacques-Pierre, Orillard, comte de),	356
Villemet. V. Lorrain (Henri).	
Villeneuve (Pierre-Charles-Jean-Baptiste-Silvestre),	33
Villers (Jean-Charles),	357
Villoison. V. Danse de Villoison.	
Vilm. V. Wilm (Jacques).	
Vimeux (Louis-Antoine, baron),	35
Vinay et non Vinot (Joseph),	163
Vincent (Charles-Humbert-Marie),	35
Vincent (François-André),	163
Vincent (Eloph ou Eloy),	163
Vinot. V. Vinay.	
Virideau (Aubin),	36
Vital (Etienne-Louis)	

Voirin (Dominique), 163
Vonalme et non Vanalme (Laurent-Mathieu), 163
Vonderweidt (François-Pierre-Félix). 37
Vouters (Constantin-Joseph), 377
Voutier (Pierre-Joseph), 357
Vuillard (Pierre), 163
Vuillaume (Claude-Augustin), 377

W.

Walther (Frédéric-Henri, comte), 37
Wargnier (Alexis-Joseph), dit Alexis, 164
Watillaux. V. Vatillaux.
Watrin (Jean-Baptiste), 164
Wattier (Pierre), comte de Saint-Alphonse, 38
Waudré (George-Michel-Léopold), l'abbé de, 39
Weiller et non Veller (Jean-Mathieu), 164
Weis (Jean-Baptiste), 358
Werlé (François-Jean), baron, 39

Wery (Jean-François-Joseph), 358
Wilm (Jacques), 164
Winter (Pierre), 359
Wirion (Louis), 40
Wohlgemuth (Ignace) et non Volckenmouth (Gabriel), 208
Wolff Nicolas), 164
Wouillemont (Armand-Nicolas, baron), 40

Y.

Ygres (François). V. Eygret (François-Marie).
Yonck. V. Jung.
Yvendorff (Jean-Frédéric, baron), 41

Z.

Zaïonczek et non Zayoncheck (Joseph), 42

FIN DE LA TABLE DES BIOGRAPHIES.

Le quatrième volume des FASTES DE LA LÉGION-D'HONNEUR, commencé le 2 février dernier, est mis en vente aujourd'hui 25 octobre 1844.

Nous avons donc fourni, par mois, deux livraisons et demie, ou 192 colonnes de notre caractère de petit-romain, équivalant à dix volumes ordinaires.

Quant au nombre de nos notices, il s'élève à 5,200, c'est-à-dire aux deux tiers pleins de celui de *la Biographie des Contemporains,* de MM. Jay, Jouy et Arnault, qui ne comprend que 7,800 notices, et compte pourtant vingt volumes in-octavo de trente feuilles chacun.

Et cependant sur les 2,304 pages dont se composent nos quatre volumes, nous en avons employé

    256 pour l'Histoire de l'Ordre.
     75 pour la concordance des calendriers républicain et grégorien et pour les synchronismes.
     90 pour Napoléon.
     82 pour les membres du grand conseil.
    124 pour les chefs des cohortes.
     76 pour les tables.
   ―――
    703, ou un volume un tiers,

Une table générale des matières terminait le premier volume. Les volumes suivans, sur la demande des souscripteurs, ont été augmentés d'une table des biographies : la première de ces tables devenait dès-lors de peu d'utilité; nous la supprimerons désormais, afin de donner place à un plus grand nombre de notices.

Un espace qui va également profiter au travail biographique, c'est celui qu'exigeait *l'Histoire de l'Ordre*, à peu près complète aujourd'hui.

La difficulté avec laquelle nous nous sommes mis en possession des documens qui la composent ne nous a pas permis de la présenter à l'impatience de nos lecteurs avec toute la méthode que nous aurions voulu y apporter. Pour remédier à cet inconvénient, nous donnerons une table analytique et chronologique des pièces; ainsi la législation de la Légion-d'Honneur jusqu'à ce jour se trouvera rétablie dans l'ordre naturel des faits et des temps.

Les anciens Légionnaires se trompent souvent relativement à la date des nominations, à la classification des membres de l'Ordre, à leur nombre, à leur traitement : c'est pour eux que nous donnons les explications suivantes :

NOMINATIONS ET CLASSIFICATION. — Jusqu'au 25 prairial an XII, le premier Consul n'avait nommé que de simples Légionnaires. L'Érection de l'Empire eut lieu le 28 floréal : Napoléon voulut alors compléter, dans les idées de la monarchie nouvelle, l'exécution du sénatus-consulte du 29 floréal an X (1), et il nomma, le 25 prairial, les grands-officiers, les commandans et les officiers. Ces nominations avaient été préparées par régiment, par état-major, par position sociale ou mérite civil.

A cette époque la Chancellerie adopta le classement alphabétique pour tous les membres; elle ajouta en outre sur sa matricule, mais en 1806 seulement, en regard de chaque nom, un numéro qui lui permît de savoir à l'instant le chiffre exact des Légionnaires, et elle suivit cet ordre double jusqu'à la nomination comprise du 14 mars 1806. A partir de ce jour, toutes les nominations furent successivement placées à leur date et sous un numéro continu jusqu'au 6 avril 1814.

Napoléon, à son retour de l'île d'Elbe, ayant annulé toutes les nominations faites par les Bourbons depuis le 1ᵉʳ avril 1814 (2), on reprit, après le 20 mars, le numéro général du 6 avril 1814.

Louis XVIII, lorsqu'il revint de Gand, annula à son tour les nominations et promotions accordées par l'Empereur, du 27 février au 7 juillet 1815 (3), et l'on continua le numéro général qui avait été abandonné au 20 mars.

En 1816, conformément aux articles 40 et 41 de l'ordonnance du 20 mars (4), on supprima les deux séries de numéros formées depuis la création de l'institution, et l'on en commença une nouvelle à laquelle devaient être assujèties toutes les nominations faites et à faire. Cette série est celle que l'on suit maintenant.

---

(1) *Histoire de l'Ordre*, p. 43.
(2) *Histoire de l'Ordre*, décret du 13 mars 1815, p. 124.
(3)   *Id.*   p. 127 et 210, ordonnance du 28 juillet 1815.
(4)   *Id.*   p. 133.

Voici un exemple des interprétations auxquelles peut conduire le défaut de connaissance de la matière.

Les journaux annonçaient dernièrement la mort d'Abady, et ils ajoutaient qu'il portait le numéro 1er de l'Ordre, faisant ainsi entendre que, le premier de tous, il avait obtenu la décoration de la Légion-d'Honneur, tandis qu'il ne doit qu'à la division alphabétique la place qu'il occupe dans la liste de la Chancellerie comme dans notre livre.

C'est ainsi que la plupart des Légionnaires du 25 prairial croient appartenir à la première nomination, et cependant avant le 25 prairial neuf autres nominations avaient eu lieu sous les dates suivantes :

1. 1er vendémiaire (Légionnaires de droit).
2. 23 Id.
3. 4 frimaire.
4. 19 Id.
5. 26 Id.
6. 15 pluviose.
7. 4 germinal.
8. 1er prairial.
9. 12 Id.

Nombre. — Lorsqu'on supprima l'ordre alphabétique, le 15 mars 1806, la Légion se composait de 14,560 Membres.

Au 11 avril 1814, date de l'abdication de l'Empereur, on en comptait 48,000.

En 1838, le chiffre s'élevait à 95,000.

Ainsi, pendant les onze ans de guerre, de la fin du Consulat à la fin de l'Empire, il y a eu, terme moyen, 4,364 décorations délivrées par année,

Et 1,958, aussi par année, durant les vingt-quatre ans de paix, de 1815 à 1838.

Traitement. — Le traitement des Membres de l'Ordre avait été déterminé par l'article 7 du sénatus-consulte du 29 floréal an x (1).

L'article 4 de l'ordonnance du 19 juillet 1814 (2) le maintint aux titulaires qui existaient alors, mais pour en jouir dans la proportion des revenus de l'Ordre. Le second paragraphe de cet article détermina qu'à l'avenir les nominations ou promotions ne donneraient aucun droit à traitement.

Intervint une loi, le 15 mars 1815 (3), loi de circonstance et de pusillanimité, qui décida que les arrérages seraient payés en entier sur le pied de 1813, et que tous les militaires seraient admis au traitement de leurs grades respectifs.

Louis xviii, par son ordonnance du 28 décembre 1816, article 1er (4), rendue en violation de la loi précitée, réduisit à moitié, à compter du mois de juillet 1814, le traitement de tous les Membres.

(1) *Histoire de l'Ordre*, p. 43.
(2)   Id.   p. 114.
(3)   Id.   p. 123.
(4)   Id.   p. 113 et 177.

Enfin, la loi du 6 juillet 1820, article 1ᵉʳ (1), loi à laquelle l'article 1ᵉʳ des ordonnances du 6 septembre 1821 (2) et du 2 juillet 1823 (3) vint donner une force nouvelle, arrêta que tous les Membres de l'Ordre qui, antérieurement au 6 avril 1814, recevaient un traitement de 250 francs, le toucheraient désormais intégralement, et que les sous-officiers et soldats nommés depuis la même époque auraient également droit audit traitement.

Ces dispositions, qui sont une conséquence de l'article 2 de l'ordonnance du 28 décembre 1816, et qui ont été consacrées par l'article 1ᵉʳ de la loi du 19 avril 1832 (4), n'ont pas cessé d'être religieusement observées.

Quant au remboursement de l'arriéré des six années, de juillet 1814 à juillet 1820, il a motivé de nombreuses réclamations aux deux Chambres législatives, mais sans amener de résultats satisfaisans pour les pétitionnaires.

La confection des listes a été pour nous l'objet d'un travail long et pénible; et malgré l'*Annuaire de la Légion-d'Honneur*, publié en l'an XIII, et l'*État général* imprimé en 1814, nous n'aurions pu en surmonter les difficultés, si la Chancellerie de l'Ordre ne nous eût accordé sa bienveillante intervention. C'est par elle que nous avons pu donner une nomenclature exacte et complète; et si l'on remarque dans les notices du 25 prairial, qui nous occupent en ce moment, des indications d'entrée dans l'Ordre à des dates antérieures, c'est que des Membres ont été nommés à deux époques différentes, et que la seconde nomination a été conservée par préférence à la première.

Pour prévenir toute réclamation ultérieure, nous donnerons à la fin du 25 prairial la liste des Légionnaires qui, quoique compris dans la nomination de cette date, à cause du grade qu'ils avaient alors obtenu dans l'Ordre, appartiennent néanmoins aux nominations précédentes.

Ce n'est pas l'unique service que nous devions à la Chancellerie de la Légion-d'Honneur; le mérite de notre livre lui appartient en grande partie, puisqu'elle seule possède à titre spécial les documens dont nous avions besoin. Les ministères ne nous ont pas non plus refusé leur concours : nous recevons d'eux toutes les communications qui nous sont nécessaires.

A l'aide de ces importantes ressources, et grace aux recherches les plus étendues et les plus incessantes, nous avons pu faire un travail complet et donner à nos lecteurs un nombre immense d'articles biographiques dont les élémens dispersés n'avaient été ni connus, ni réunis, et que l'on chercherait vainement ailleurs.

---

(1) *Histoire de l'Ordre*, p. 147.
(2) Id. p. 187.
(3) Id. p. 190.
(4) Id. p. 155.

ORDONNANCE RELATIVE AUX ORDRES DE LA RÉUNION, DE WESTPHALIE ET D'ESPAGNE.

(Voyez page 210 l'ordonnance du 28 juillet 1815.)

Louis, etc.

Art. 1er. Ceux de nos sujets qui ont précédemment obtenu la décoration de l'ordre de la Réunion, continueront de la porter chacun dans le grade qu'il occupait, et de la même manière.

2. L'administration de cet ordre dépendra de la chancellerie de la Légion-d'Honneur.

3. Ses frais d'administration feront partie du budget de la Légion-d'Honneur.

4. Les ordres dits de *Westphalie* et *d'Espagne* sont abolis; il est défendu d'en porter la décoration.

5. Ceux de mes sujets qui ont obtenu la décoration de la Couronne-de-Fer, continueront de la porter, à la charge par eux de se pourvoir auprès du souverain du pays auquel cet ordre appartient, pour en obtenir l'autorisation.

Donné au château des Tuileries, le 19 juillet 1814.

LOUIS.

Par le roi,

BLACAS D'AULPS.

ORDONNANCE DE NOMINATION DU CHANCELIER DE L'ORDRE.

Louis, etc.

Nommons le baron de Pradt, archevêque de Malines, chancelier de la Légion-d'Honneur.

Donné au château des Tuileries, le 30 juillet 1814.

LOUIS.

Par le roi,

BLACAS D'AULPS.

ORDONNANCE DE NOMINATION DU SECRÉTAIRE-GÉNÉRAL DE LA CHANCELLERIE.

Louis, etc.

Nommons le comte Jean-Charles-Joseph de Dienne Dupuy de Cheylade, secrétaire-général de la chancellerie de la Légion-d'Honneur.

Donné au château des Tuileries, le 30 juillet 1814.

LOUIS.

Par le roi,

BLACAS D'AULPS.

RAPPORT RELATIF A M. LE BARON DE PRADT.

Paris, le 9 février 1815.

Sire,

Votre Majesté ayant daigné accepter la démission offerte par M. l'archevêque de Malines de la place de chancelier de la Légion-d'Honneur, j'ai l'honneur de proposer à Votre Majesté d'approuver que M. l'archevêque de Malines soit autorisé à continuer de porter le grand-cordon de la Légion-d'Honneur, et à recevoir le traitement de 10,000 francs, *qui y est attaché.*

Le ministre secrétaire d'État de la maison du roi, BLACAS D'AULPS.

Bon :

LOUIS.

Nous ferons remarquer qu'il n'y avait pas de traitement attaché au titre de grand-cordon, et que la proposition qui fait l'objet de ce rapport était un acte de légèreté inconcevable de la part de son auteur.

ORDONNANCE RENFERMANT DES DISPOSITIONS RÉGLEMENTAIRES DES DROITS DES PORTEURS DE PLUSIEURS BREVETS DE MÊME GRADE DANS LA LÉGION-D'HONNEUR.

Louis, etc.

Sur le compte qui nous a été rendu par notre chancelier de la Légion-d'Honneur,

1° Qu'un grand nombre de décrets de nominations et promotions dans la Légion-d'Honneur ont été perdus, et que ceux de nos sujets qu'ils concernaient n'ont plus d'autres titres que des lettres d'avis;

2° Que plusieurs sont porteurs de deux brevets ou lettres d'avis de nomination dans le même grade, et qu'ils s'en autorisent pour demander un grade supérieur dans la Légion;

3° Que le général Rapp, en sa qualité de gouverneur de Dantzig, avait été autorisé à faire un certain nombre de nominations ou promotions;

Voulant faire jouir tous nos sujets des distinctions qu'ils ont méritées, pour prix de leurs services, avons ordonné et ordonnons ce qui suit :

Art. 1er Ceux de nos sujets porteurs de lettres d'avis de nominations ou promotions dans la Légion-d'Honneur, de deux lettres d'avis, ou brevets de nomination dans le même grade, ou d'un brevet provisoire du général Rapp, devront se retirer par-devant leurs ministres respectifs, pour être, par nous, statué sur les rapports qu'ils nous en feront.

2. Nos ministres sont chargés, chacun en ce qui le concerne, de l'exécution de la présente ordonnance.

Donné au château des Tuileries, le 16 mars 1815.

LOUIS.

Par le roi,

BLACAS D'AULPS.

ORDONNANCE QUI ABOLIT L'ORDRE DE LA RÉUNION.

(Voyez page 209 l'ordonnance du 19 juillet 1814.)

Louis, etc.

Sur le rapport de notre cousin le maréchal Macdonald, duc de Tarente, grand-chancelier de la Légion-d'Honneur,

Nous avons arrêté et arrêtons ce qui suit :

Art. 1er. L'ordre de la Réunion est aboli, défenses sont faites à tous nos sujets d'en prendre les titres et d'en porter la décoration.

2. Notre grand-chancelier de la Légion-d'Honneur est chargé de l'exécution de la présente ordonnance.

Donné au château des Tuileries, le 28 juillet 1815.

LOUIS.

Par le roi,

Le maréchal duc de Tarente, grand-chancelier de la Légion-d'Honneur, MACDONALD.

ORDONNANCE QUI ASSUJÉTIT A LA RÉVISION TOUTES LES NOMINATIONS ET PROMOTIONS FAITES DANS L'ORDRE DEPUIS LE 1er JUIN 1814 JUSQU'AU 28 JUILLET 1815.

Louis, etc.

Nous avons ordonné et ordonnons ce qui suit :

Art. 1er. Toutes les nominations et promotions faites par nous, depuis le 1er juin 1814 jusqu'à ce jour, sont assujéties à révision.

2. Les ministres sur la proposition desquels nous avons accordé ces nominations et promotions, choisiront sans délai, parmi les sujets qu'ils avaient présentés, ceux qu'ils croiront les plus dignes d'être confirmés, et ne présenteront que le nombre que nous avons fixé à chacun d'eux par une ordonnance particulière.

3. Chaque ministre enverra à notre grand-chancelier l'état des personnes qu'il aura cru devoir proposer à notre confirmation, et après avoir vérifié cet état, notre grand-chancelier nous soumettra de suite, à cet égard, des projets d'ordonnance.

4. Le trop grand nombre de croix accordées depuis l'institution de la Légion-d'Honneur faisant sentir chaque jour davantage de suspendre toutes nouvelles nominations, il n'en sera fait aucune jusqu'au 15 juillet 1816, jour de saint Henri, patron de notre auguste aïeul Henri IV, de glorieuse mémoire.

5. Nos ministres secrétaires d'État et notre grand-chancelier de la Légion-d'Honneur, sont chargés, chacun en ce qui le concerne, de l'exécution de la présente ordonnance.

Donné au château des Tuileries, le 28 juillet 1815.

LOUIS.

Par le roi,

Le maréchal duc de Tarente, grand-chancelier de la Légion-d'Honneur, MACDONALD.

ORDONNANCE D'ANNIHILATION DES NOMINATIONS FAITES DANS L'ORDRE DU 27 FÉVRIER JUSQU'AU 7 JUILLET 1815.

Louis, etc.

Nous avons ordonné et ordonnons ce qui suit :

Art. 1er. Toutes les nominations faites dans la Légion-d'Honneur depuis le 27 février 1815 jusqu'au 7 juillet suivant, sont annulées.

2. Notre grand-chancelier est chargé de l'exécution de la présente ordonnance.

Donné au château des Tuileries, le 28 juillet 1815.

LOUIS.

Par le roi,

Le maréchal duc de Tarente, grand-chancelier de la Légion-d'Honneur. MACDONALD.

ORDONNANCE RELATIVE AU DUC DE VALMY.

Louis, etc.

Nous avons ordonné et ordonnons ce qui suit :

Art. 1er. Notre cousin le maréchal duc de Valmy, recevra sur les fonds de la Légion-d'Honneur les termes échus, jusqu'au 1er avril 1814, du traitement de 40,000 francs, dont il jouissait comme membre du grand-conseil de la Légion-d'Honneur.

2. Notre grand-chancelier de la Légion-d'Honneur est chargé de l'exécution des présentes.

Donné au château des Tuileries, le 28 juillet 1815.

LOUIS.

Par le roi,

Le maréchal duc de Tarente, grand-chancelier de la Légion-d'Honneur, MACDONALD.

RAPPORT EN FAVEUR DE M. LE COMTE DE BRUGES, EX-CHANCELIER DE L'ORDRE.

Paris, ce 19 août 1815.

Sire,

Lorsque Votre Majesté reçut la démission de M. l'archevêque de Malines, comme chancelier de la Légion-d'Honneur, elle voulut bien, sur le rapport de M. le comte de Blacas, ministre et secrétaire d'État de la maison, l'autoriser à continuer de porter le grand-cordon de la Légion-d'Honneur, et à recevoir le traitement de 10,000 francs qui y était attaché.

M. le comte de Bruges, qui a remplacé M. de Pradt, et dont Votre Majesté a bien voulu agréer depuis la démission, sollicite la même faveur qui avait été accordée à son prédécesseur relativement au droit de porter le grand-cordon.

Quant au traitement, il ne demande que celui de 4,000 francs, qui est maintenant attaché à cette grace ; il est prêt, toutefois, à y renoncer, si ce sacrifice pouvait être agréable à Votre Majesté.

J'ai l'honneur de soumettre au roi la demande de M. le comte de Bruges, en le suppliant de me donner ses ordres.

Le directeur-général du ministère de la maison du roi, ayant le portefeuille, comte DE PRADEL.

Ici est écrit de la main du roi :

Bon.

Voyez page 209 l'observation mise au bas du rapport relatif au baron de Pradt : elle est applicable à la disposition qui concerne le comte de Bruges.

DON PATRIOTIQUE OFFERT PAR LE COLONEL GUEUNEL.

M. Gueunel, colonel du 17e régiment d'infanterie de ligne, officier de la Légion-d'Honneur, fait don de la somme de 500 francs, produit de sa pension d'officier de la Légion-d'Honneur pendant l'année 1815.

Paris, 14 septembre 1815.

Le ministre secrétaire d'État au département de la guerre, GOUVION SAINT-CYR.

Approuvé.

LOUIS.

Par le roi,

Le ministre de la guerre, GOUVION SAINT-CYR.

ORDONNANCE QUI DÉGAGE LA SUCCESSION GÉRARD DE RAYNEVAL DE LA CAUTION DONNÉE AU SIEUR TOUBLANT.

Louis, etc.

Sur le compte qui nous a été rendu que feu le sieur Gérard de Rayneval père, ancien conseiller d'État et premier commissaire des affaires étrangères sous Louis XV et sous Louis XVI, s'était rendu caution du sieur Toublant, qui avait affermé en l'année 1798, pour neuf années, moyennant le prix de 38,000 francs par année, l'étang de Lindres, situé dans le département de la Meurthe.

Que ce fermier est resté en fin de bail débiteur et reliquataire, sur le prix de ses fermages, d'une somme de 200,000 francs envers la Légion-d'Honneur, à laquelle les fermages de l'étang de Lindres ont été abandonnés.

Que par suite de non-paiement de cette somme et de l'insolvabilité reconnue du débiteur, la Légion-d'Honneur en poursuit le recouvrement sur les biens composant la succession dudit sieur feu Gérard de Rayneval, caution.

Vu la demande que nous a adressée le sieur Maximilien Gérard de Rayneval, fils du précédent, maître des requêtes en nos conseils, premier secrétaire d'ambassade et notre consul-général à Londres, tendant à ce qu'il nous plaise lui accorder, comme représentant la succession de son père, remise et décharge du cautionnement auquel s'était assujéti son auteur ;

Considérant que des circonstances extraordinaires auxquelles on n'a pas eu égard dans la liquidation des comptes du sieur Toublant ont puissamment contribué aux pertes éprouvées par ce fermier, que le sieur Gérard de Rayneval, en se rendant sa caution, n'avait pu prévoir ni garantir des événemens aussi imprévus, jugeant par ce motif convenable de ne pas faire exercer contre lui toute la rigueur de la liquidation qui a été faite ;

Voulant d'ailleurs traiter favorablement l'exposant, et lui donner un témoignage du souvenir que nous conservons des longs services rendus à l'État par son père et par d'autres membres de sa famille ; en considération de ses services ;

Nous avons ordonné et ordonnons ce qui suit :

Art. 1er. Il est accordé, par grace spéciale, à la succession du sieur Gérard de Rayneval, pleine et entière remise des sommes dont le paiement est ou serait poursuivi, par suite du cautionnement auquel s'était obligé le sieur de Rayneval père, pour garantie des fermages de l'étang de Lindres, affermé au sieur Toublant en l'année 1798.

2. Il ne sera pas donné suite aux actions judiciaires qui auraient pu être intentées contre ladite succession en paiement desdites sommes.

3. Notre ministre secrétaire d'État des finances et notre grand-chancelier de la Légion-d'Honneur sont chargés, chacun en ce qui le concerne, de l'exécution de la présente ordonnance.

Donné au château des Tuileries, le 25 septembre 1815.

LOUIS.

Par le roi,

Le ministre secrétaire d'État des finances, baron LOUIS.

RAPPORT CONTENANT PROPOSITION DE JOINDRE LES DÉCORATIONS AUX BREVETS DE NOMINATION.

Décembre 1814.

Sire,

D'après l'ordonnance du 19 juillet dernier, les nominations dans la Légion-d'Honneur sont purement honorifiques et ne donnent droit à aucune pension.

Depuis cette époque, la chancellerie de la Légion a cessé de délivrer des décorations avec les brevets, faute de fonds pour subvenir à cette dépense.

J'ai l'honneur de faire observer à Votre Majesté que ces brevets n'étant que de simples lettres d'avis sans aucune formule flatteuse, tandis que ceux de l'ordre de Saint-Louis sont honorables et donnent lieu à des distributions de croix, il paraît indispensable, pour ne point ôter à la Légion la considération qu'elle mérite, de joindre les décorations aux brevets qui sont délivrés par la chancellerie.

Je supplie Votre Majesté de vouloir bien approuver cette mesure, et ordonner que la dépense qu'elle occasionera sera prélevée sur les fonds de la Légion.

Le ministre secrétaire d'État de la guerre, maréchal duc DE DALMATIE.

Approuvé.

LOUIS.

ORDONNANCE QUI DÉTERMINE LES RÉCOMPENSES A ACCORDER A LA GARDE NATIONALE DES DÉPARTEMENS DU NORD ET DU PAS-DE-CALAIS.

LOUIS, etc.

Dans notre ordonnance du 5 août 1814, relative à la garde nationale de Paris, nous avons manifesté l'intention d'accorder des récompenses analogues aux gardes nationales des départemens qui les ont méritées par leurs services. Les événemens, en nous obligeant à différer cette mesure, ont offert aux gardes nationales l'occasion d'ajouter à leurs titres des preuves éclatantes de leur dévoûment et de leur fidélité. Si la situation du royaume met des bornes à nos moyens et nous force nous-même, après tant de sacrifices, de demander à des sujets si fidèles de nouvelles marques d'affection, nous voulons du moins leur donner, autant qu'il est en nous, un témoignage public du souvenir que nous gardons de leurs services passés.

En conséquence, notre premier soin, après avoir pourvu à l'administration des gardes nationales, a été de charger notre bien-aimé frère *Monsieur*, leur colonel-général, conjointement avec notre ministre secrétaire d'État de l'intérieur, de nous proposer successivement les récompenses qui leur sont dues.

Nous avons en ce moment sous les yeux les services des gardes nationales du Nord et du Pas-de-Calais, aux diverses époques où elles ont été appelées pour le maintien de l'ordre, pour la défense du territoire, pour notre défense ou pour celle de notre famille, nous nous rappelons avec attendrissement l'expression touchante de leur attachement aux époques si diverses de notre arrivée, de notre départ et de notre retour. Nous avons vu avec quelle unité de sentiment et d'action elles ont pris les armes aux mois de mai et juillet pour conserver ou remettre toutes les places de la frontière sous notre obéissance, sans qu'aucun désordre ait troublé ce mouvement national. Depuis, elles ont fait dans ces mêmes places le service des garnisons et refusé la solde avec un désintéressement que les circonstances rendent encore plus honorable.

A ces causes,

Sur la proposition de notre bien-aimé frère *Monsieur*, colonel-général des gardes nationales, de concert avec notre ministre secrétaire d'État de l'intérieur,

Notre conseil entendu,

Nous avons ordonné et ordonnons ce qui suit :

Art. 1er. Lorsque nous ou les princes de notre famille, nous séjournerons dans les départemens du Nord et du Pas-de-Calais, les gardes nationales nous fourniront une garde d'honneur qui fera près de nous le service, conjointement avec notre maison militaire, conformément au mode établi pour la garde nationale de Paris.

2. Les gardes nationales du Nord et du Pas-de-Calais porteront la décoration du Lis, suspendue à un ruban rayé blanc et bleu d'azur, conformément au modèle qui sera adopté par notre bien-aimé frère pour chaque département.

Notre bien-aimé frère déterminera le mode suivant lequel le brevet constatant le droit de porter cette marque distinctive sera délivré aux officiers, sous-officiers et gardes nationaux.

3. Nous accordons la décoration de la Légion-d'Honneur ou un grade supérieur dans la Légion, aux inspecteurs des départemens du Nord et du Pas-de-Calais, et à ceux des officiers, sous-officiers et gardes nationaux qui le méritent le plus par leurs services, d'après les listes des candidats qui nous seront présentées par notre bien-aimé frère *Monsieur*, de concert avec notre ministre secrétaire d'État de l'intérieur, conformément à notre ordonnance du 27 décembre dernier.

4. Nous voulons que les gardes nationales du Nord et du Pas-de-Calais aient des drapeaux blancs aux armes de France, distingués aux quatre angles par les couleurs locales, conformément aux modèles qui seront adoptés par notre bien-aimé frère.

Nous réservons à notre bien-aimée fille *Madame*, duchesse d'Angoulême, d'en donner les cravates et de les y attacher de ses mains, ou par celles de la dame qu'elle aura choisie à cet effet.

5. Notre bien-aimé frère *Monsieur*, colonel-général, nos ministres secrétaires d'État de l'intérieur et de notre maison, et notre chancelier de la Légion-d'Honneur, sont chargés, chacun en ce qui le concerne, de l'exécution de la présente ordonnance.

Donné au château des Tuileries, le 11 janvier 1816.

Par le roi, LOUIS.

Le ministre secrétaire d'État au département de l'intérieur, VAUBLANC.

CHARLES-PHILIPPE de France, fils de France, *Monsieur*, comte d'Artois, colonel-général des gardes nationales du royaume,

Vu l'ordonnance ci-contre,

Mandons et ordonnons aux inspecteurs-généraux, inspecteurs des départemens, commandans et officiers des gardes nationales, de tenir la main, en ce qui les concerne, à l'exécution de la présente ordonnance.

Donné à Paris, le 12 janvier 1816.

CHARLES-PHILIPPE.

Et plus bas, par son Altesse Royale,

Le secrétaire du comité des gardes nationales, KENTZINGER.

ORDONNANCE QUI DÉTERMINE LES RÉCOMPENSES A ACCORDER A LA GARDE NATIONALE DU DÉPARTEMENT DE SEINE-ET-OISE.

LOUIS, etc.

Dans notre ordonnance du 11 janvier 1816, relative aux gardes nationales du Nord et du Pas-de-Calais, nous avons manifesté l'intention d'accorder des récompenses aux gardes nationales des autres départemens, qui les ont méritées par leurs services.

Dans le département de Seine-et-Oise, Versailles a donné l'exemple aux autres villes, comme il convenait à celle qui est le chef-lieu du département, et qui fut si long-temps le séjour des rois. Elle a prouvé que l'erreur d'un petit nombre de ses habitans, à des époques que nous voulons oublier, lui fût étrangère, et qu'elle ne renferme que des sujets dévoués et fidèles. Cet exemple a été suivi par d'autres villes, qui furent aussi la résidence des rois, ou que d'autres souvenirs rendent également recommandables. Nous avons été touché de l'empressement avec lequel les gardes nationales de Seine-et-Oise se sont portées au-devant de nous, et nous ont environné aux deux époques où nous avons traversé ce département pour rentrer dans notre capitale. Nous savons avec quel zèle, au prix de quels sacrifices, au milieu de quels dangers, ces gardes nationales ont maintenu l'ordre et défendu les personnes et les propriétés dans les temps désastreux où le département, occupé par les armées, a été le théâtre de leurs hostilités, et n'a cessé de l'être que pour devenir le cantonnement d'une grande partie des troupes de l'Europe.

Voulant reconnaître une si noble conduite, autant que les circonstances nous le permettent,

Sur la proposition qui nous a été faite par notre bien-aimé frère *Monsieur*, colonel-général des gardes nationales, de concert avec notre ministre secrétaire d'État au département de la guerre,

Notre conseil entendu,

Nous avons ordonné et ordonnons ce qui suit :

Art. 1er. Lorsque nous ou les princes de notre famille nous séjournerons à Versailles, ou dans un autre lieu du département de Seine-et-Oise, les gardes nationales nous fourniront une garde d'honneur qui fera près de nous le service, conjointement avec notre maison militaire, conformément au mode établi pour les gardes nationales de Paris.

2. Les gardes nationales du département de Seine-et-Oise porteront la décoration du Lis suspendue à un ruban blanc, coupé, sur chaque bord, d'une raie aurore, large de trois millimètres, et située à un millimètre du bord.

Notre bien-aimé frère déterminera le mode suivant lequel le brevet constatant le droit de porter cette marque distinctive sera délivrée aux officiers, sous-officiers et gardes nationaux.

3. Nous accordons la décoration de la Légion-d'Honneur à l'inspecteur du département de Seine-et-Oise, et à ceux des officiers, sous-officiers et gardes nationaux qui le méritent le plus par leurs services, d'après les listes de candidats qui nous seront présentées par notre bien-aimé frère *Monsieur*, de concert avec notre ministre secrétaire d'État de l'intérieur, conformément à notre ordonnance du 27 décembre 1815.

4. Nous voulons que les gardes nationales de Seine-et-Oise aient des drapeaux blancs aux armes de France, distingués aux quatre angles par les couleurs locales, conformément aux modèles qui seront adoptés par notre bien-aimé frère. Nous réservons à notre bien-aimée fille *Madame*, duchesse d'Angoulême, d'en donner les cravates et de les y attacher de ses mains ou par celles de la dame qu'elle aura choisie à cet effet.

5. Notre bien-aimé frère *Monsieur*, colonel-général, et notre ministre secrétaire d'État de l'intérieur, sont chargés de l'exécution de la présente ordonnance.

Donné à Paris, en notre château des Tuileries, le 3 février 1816.

LOUIS.

Par le roi,

Le ministre secrétaire d'État de l'intérieur, VAUBLANC.

DÉCISION RELATIVE A LA FAMILLE NAPOLÉON ET AUX RÉGICIDES.

Le roi a décidé le 2 mars 1816 :

1° Que les régicides, ainsi que la famille Bonaparte, seraient rayés des registres matricules des ordres français et étrangers ;

2° Les personnes non-jugées et frappées par l'article 1er de l'ordonnance du 24 juillet, sont maintenues sur les registres matricules, attendu que l'on ne peut anticiper sur les jugemens à intervenir ;

3° Même décision pour les personnes frappées par l'article 2 de la même ordonnance ;

4° Par décision des ministres, le 5 mars 1816, les militaires rayés des contrôles de l'armée sont maintenus sur les registres matricules de la grande-chancellerie ;

5° Par même décision, le maréchal duc de Conegliano, maintient ce titre.

Le grand-chancelier de la Légion-d'Honneur, maréchal MACDONALD.

ORDONNANCE PAR LAQUELLE IL EST ACCORDÉ UNE PENSION DE 6,000 FRANCS A MADAME LA BARONNE DUBOUZET.

Louis, etc.

Sur le rapport de notre cousin le maréchal Macdonald, duc de Tarente, pair de France, grand-chancelier de la Légion-d'Honneur,

Nous avons ordonné et ordonnons ce qui suit :

Art. 1er. Il est accordé à Mme la baronne Dubouzet, surintendante de la maison royale de Saint-Denis, une pension de retraite de 6,000 francs, sur les revenus de la Légion-d'Honneur.

Cette pension courra du 1er avril 1816.

2. Mme Dubouzet est autorisée à prendre le titre de surintendante honoraire de cette maison royale.

3. Notre grand-chancelier de la Légion-d'Honneur est chargé de l'exécution de la présente ordonnance.

Donné au palais des Tuileries, le 3 mars 1816.

LOUIS.

Par le roi,

Le ministre des relations extérieures, président du conseil, RICHELIEU.

ORDONNANCE RELATIVE A DES PENSIONS ACCORDÉES A DIVERSES DAMES DE LA MAISON DE SAINT-DENIS.

Louis, etc.

Sur le rapport de notre cousin le maréchal Macdonald, duc de Tarente, ministre d'État, grand-chancelier de la Légion-d'Honneur,

DE L'ORDRE.

Nous avons ordonné et ordonnons ce qui suit :

Art. 1er. Il est accordé sur les revenus de la Légion-d'Honneur la somme annuelle de 10,200 francs, à titre de pension, aux dames de la maison royale de Saint-Denis, ci-après dénommées, qui ont demandé leur retraite, savoir :

Dignitaires.

Mesdames Féron.	800 francs.
Latour.	800
Chapatte (l'aînée).	800
Angelet.	800

Dames de première classe.

Léger-Duval.	500
Chapatte (la cadette).	500
Latour Lucille.	500
Hadot.	400
de La Rochefoucault.	600
de Bras-de-Fer-Renneville.	300
de Kerulvay (Manilla).	500
de Choiseul (Adrienne).	400

Dames de deuxième classe.

Leguay.	400
Langevin (demoiselle).	300
Veuve de Masvir.	400
Bontemps (demoiselle)	200
Varoquier.	400
de La Rochecourbon (Françoise-Émilie).	300
Ouvray.	300
Jubé-d'Esy.	300
de Morangiès.	300
Perrault.	300

Dame surnuméraire.

de La Rochecourbon (Claire).	100
	10,200 francs.

2. Il est accordé également, sur les revenus de la Légion-d'Honneur, la somme de 6,950 francs, à titre de gratification, aux dames de cette maison royale, ci-après dénommées, qui ont donné leur démission, savoir :

Dames de deuxième classe.

Mesdames de Sainte-Luce.	600 francs.
Desrousseaux.	600
de Kerulvay (la mère).	600
Kautz.	400
Sené.	400
Mullier.	400
Latteux.	350
de Miremont.	300
Regnier.	400
Seron.	600
de Dienne.	200

Dames surnuméraires.

Gensay.	250
Flesselle.	250
Couté.	250
A reporter.	5,600

Report.	5,600 francs.
Mesdames Marquis.	250
Martin.	300
Grignon.	300
veuve de Masvir (Louise-Ferdinande-Thérèse, née de Patugyay).	250
de Masvir (Joséphine).	250
	6,950 francs.

3. Les dames désignées dans l'art. 1er jouiront de leurs pensions de retraite à compter du 1er avril prochain.

4. Il sera mis à la disposition de notre grand-chancelier une somme de 8,000 francs, pour être repartie entre les dames qui, en sortant de la maison, ne pourraient pas subvenir aux dépenses de voyage ou de nouvel établissement. Notre grand-chancelier nous rendra un compte particulier et détaillé de l'emploi de ces 8,000 francs.

5. Notre grand-chancelier de la Légion-d'Honneur est chargé de l'exécution de la présente ordonnance.

Donné au château des Tuileries, le 26 mars 1816.

LOUIS.

Par le roi,

Le ministre des affaires étrangères, président du conseil, RICHELIEU.

ORDONNANCE DE NOMINATION DE DAMES DIGNITAIRES DE LA MAISON DE SAINT-DENIS.

Louis, etc.

Sur le rapport de notre cousin le maréchal Macdonald, duc de Tarente, ministre d'État, grand-chancelier de la Légion-d'Honneur,

Nous avons ordonné et ordonnons ce qui suit :

Art. 1er. Nous approuvons, conformément à l'art. 26 du statut du 3 mars 1816, les nominations faites par notre grand-chancelier de la Légion-d'Honneur, des dignitaires de la maison royale de Saint-Denis, ci-après dénommées, savoir :

Madame la comtesse de Brilhac;
Madame de Soucy;
Madame Laporte;
Madame Charreton;
Madame Dalvymare;
Madame Bernardin de Saint-Pierre.

2. Notre grand-chancelier de la Légion-d'Honneur est chargé de l'exécution de la présente ordonnance.

Donné au château des Tuileries, le 26 mars 1816.

LOUIS.

Par le roi,

Le ministre des affaires étrangères, président du conseil, RICHELIEU.

ORDONNANCE QUI RAPPORTE L'ART. 8 DU TITRE II DU DÉCRET DU 20 FÉVRIER 1806.

Louis, etc.

Sur le rapport de notre cousin le maréchal Macdonald, duc de Tarente, grand-chancelier de la Légion-d'Honneur,

Nous avons ordonné et ordonnons ce qui suit :

Art. 1er. L'article 8 du titre II du décret en date du 20 février 1806, qui consacre l'église de Sainte-Geneviève à la sépulture des grands-officiers de la Légion-d'Honneur et des citoyens qui dans la carrière des armes auraient rendu d'éminens services à la patrie, est rapporté.

2. Les cœurs des généraux Gudin, d'Hautpoul, Girard dit *Vieux*, Bisson et Latour-d'Auvergne, déposés aujourd'hui à la grande-chancellerie de la Légion-d'Honneur, seront rendus à leurs familles.

3. Notre grand-chancelier de la Légion-d'Honneur est chargé de l'exécution de la présente ordonnance.

Donné au château des Tuileries, le 26 mars 1816.

LOUIS.

Par le roi,

Le ministre des affaires étrangères, président du conseil, RICHELIEU.

ORDONNANCE CONCERNANT LES PENSIONS ACCORDÉES A DES INDIVIDUS ATTEINTS PAR L'ARTICLE 7 DE LA LOI DU 12 JANVIER 1816.

Louis, etc.

Voulant lever les doutes relatifs à la question de savoir si l'art. 7 de la loi du 12 janvier 1816 comprenait dans les pensions accordées à titre gratuit celles qui sont censées reposer sur les fonds de retenues,

Considérant que ces pensions sont fixées pour chaque pensionnaire dans une proportion bien supérieure au produit des retenues qu'il a supportées, et qu'à ce titre elles rentrent dans la catégorie des concessions gratuites,

Désirant néanmoins, à l'égard des individus frappés par la loi du 12 janvier, concilier le droit de propriété qu'elle leur réserve avec la disposition qui supprime les avantages étrangers à ce droit,

A ces causes, vu l'avis de notre conseil d'État, du 10 juin courant, et le rapport de notre ministre secrétaire d'État des finances,

Nous avons ordonné et ordonnons ce qui suit :

Art. 1er. L'employé pensionnaire sur un fond de retenue, qui est atteint par l'art. 7 de la loi du 12 janvier 1816, ne peut réclamer la liquidation ni le paiement de sa pension.

2. Il y a lieu de la part de l'administration à restituer aux employés et pensionnaires atteints par ladite loi le montant des retenues qu'ils ont subies sur leur traitemens.

3. Nos ministres sont chargés, chacun en ce qui le concerne, de l'exécution de la présente ordonnance.

Donné au château des Tuileries, le 26 juin 1816.

Par le roi, LOUIS.

Le ministre secrétaire d'État des finances, comte CORVETTO.

Cette ordonnance ne pouvait atteindre qu'un des anciens employés de la Légion-d'Honneur, M. Paganel ; mais le maréchal Macdonald obtint l'autorisation de ne pas la lui appliquer.

ORDONNANCE POUR LE PAIEMENT D'UN A-COMPTE AUX MEMBRES DE LA LÉGION-D'HONNEUR.

Louis, etc.

Voulant venir au secours des membres de notre ordre royal de la Légion-d'Honneur qui ont droit aux traitemens arriérés,

Mais ayant reconnu que les revenus de l'Ordre sont très inférieurs au traitement intégral que la loi du 15 mars 1815 leur alloue, et auquel elle a assimilé les militaires nommés par nous, sans avoir pourvu aux fonds nécessaires, et en attendant à cet égard une nouvelle loi de la législation que nous nous proposons de soumettre à sa délibération,

Sur le rapport de notre cousin le maréchal duc de Tarente, ministre d'État, grand-chancelier de l'ordre royal de la Légion-d'Honneur,

Nous avons ordonné et ordonnons ce qui suit :

Art. 1er. En attendant la nouvelle loi à intervenir sur les finances de notre ordre royal de la Légion-d'Honneur et la fixation des traitemens, il sera payé sur l'arriéré des membres de l'Ordre nommé antérieurement à nous, savoir :

Aux chevaliers, moitié du traitement intégral, et aux autres grades environ le tiers.

2. Notre grand-chancelier de l'ordre royal de la Légion-d'Honneur est chargé de l'exécution de la présente ordonnance.

Donné au château des Tuileries, le 20 août 1816.

Par le roi, LOUIS.

Le ministre secrétaire d'État des affaires étrangères, président du conseil, RICHELIEU.

ORDONNANCES QUI ACCORDENT UNE PENSION AU COMTE DE LACÉPÈDE ET AU COMTE DEJEAN.

Louis, etc.

Sur le rapport de notre cousin le maréchal duc de Tarente, grand-chancelier de l'ordre royal de la Légion-d'Honneur,

Nous avons ordonné et ordonnons ce qui suit :

Art. 1er. Il est accordé à M. le comte de Lacépède, en récompense de ses anciens services comme grand-chancelier de la Légion-d'Honneur, et sur les fonds de la Légion, une pension de 6,000 francs.

2. Notre grand-chancelier de l'ordre royal de la Légion-d'Honneur est chargé de l'exécution de la présente ordonnance.

Donné au château des Tuileries, le 20 août 1816.

LOUIS.

Par le roi,
Le ministre des affaires étrangères, président du conseil, RICHELIEU.

Louis, etc.

Sur le rapport de notre cousin le maréchal duc de Tarente, grand-chancelier de l'ordre royal de la Légion-d'Honneur,

Nous avons ordonné et ordonnons ce qui suit :

Art. 1er. Il est accordé à M. le comte Dejean, en récompense de ses anciens services comme grand-chancelier de la Légion-d'Honneur, et sur les fonds de la Légion, une pension de 6,000 francs.

2. Notre grand-chancelier de l'ordre royal de Légion-d'Honneur est chargé de l'exécution de la présente ordonnance.

Donné au château des Tuileries, le 20 août 1816.

LOUIS.

Par le roi,
Le ministre des affaires étrangères, président du conseil, RICHELIEU.

ORDONNANCE RELATIVE A UN CRÉDIT SUPPLÉMENTAIRE ACCORDÉ A LA MAISON DE SAINT-DENIS.

Louis, etc.

Sur le rapport de notre cousin le maréchal duc de Tarente, ministre d'État, grand-chancelier de l'ordre royal de la Légion-d'Honneur, duquel il résulte que des causes extraordinaires ont exigé et exigent encore qu'il soit fait des constructions et réparations dans différentes parties de la maison royale de Saint-Denis,

Nous avons ordonné et ordonnons ce qui suit :

Art. 1er. Il est ouvert un crédit supplémentaire de 104,290 francs 34 centimes, à la maison royale de Saint-Denis, pour des réparations et constructions exécutées et à exécuter dans cette maison.

2. Cette somme sera prise sur les revenus de la Légion-d'Honneur, pour l'exercice 1816.

3. Notre grand-chancelier nous proposera, dans le courant des années 1817 et 1818, d'ouvrir les crédits nécessaires pour faire exécuter les travaux dont l'urgence est déjà reconnue.

4. Notre grand-chancelier est chargé de l'exécution de la présente ordonnance.

Donné au château des Tuileries, le 20 août 1816.

LOUIS

Par le roi,
Le ministre des affaires étrangères, président du conseil, RICHELIEU.

ORDONNANCE RELATIVE AUX ILES DE BOURBON, DE LA MARTINIQUE ET DE LA GUADELOUPE.

Louis, etc.

Sur le rapport de notre cousin le maréchal duc de Tarente, ministre d'État, grand-chancelier de l'ordre royal de la Légion-d'Honneur,

Nous avons ordonné et ordonnons ce qui suit :

Art. 1er. Il est affecté à perpétuité, pour l'île Bourbon, deux places gratuites dans la maison royale de Saint-Denis, et une place gratuite dans la succursale de Paris.

Pour l'île de la Martinique, deux places gratuites dans la maison royale de Saint-Denis, et une place gratuite dans la succursale de Paris.

Pour l'île de la Guadeloupe, deux places gratuites dans la maison royale de Saint-Denis, et une place gratuite dans la succursale de Paris.

2. Les places gratuites seront accordées aux familles créoles propriétaires et demeurant dans ces colonies. Les demoiselles devront être filles des membres des ordres royaux qui se trouveront hors d'état de pourvoir à leur éducation.

3. Les demoiselles devront d'ailleurs remplir toutes les autres conditions prescrites par les statuts d'organisation des 3 mars et 16 mai 1816.

4. Notre grand-chancelier de l'ordre royal de la Légion-d'Honneur, et notre ministre de la marine, sont chargés, chacun en ce qui le concerne, de l'exécution de la présente ordonnance.

Donné au château des Tuileries, le 2 septembre 1816.

LOUIS.

Par le roi,
Le ministre secrétaire d'État des affaires étrangères, président du conseil, RICHELIEU.

ORDONNANCE QUI RAPPORTE LES DÉCRETS DU 22 AVRIL 1811 ET DU 1er MARS 1812.

Louis, etc.

Sur le rapport de notre cousin le maréchal duc de Tarente, grand-chancelier de l'ordre royal de la Légion-d'Honneur,

Nous avons ordonné et ordonnons ce qui suit :
Art. 1er. Le décret du 1er mars 1812, qui ordonne la radiation des matricules de la Légion-d'Honneur,
Du lieutenant-général Pierre Dupont,
Du lieutenant-général Dominique-Honoré-Antoine, comte de Vedel,
Du lieutenant-général Armand-Samuel Marescot,
Du maréchal-de-camp Théodore Chabert,
Et du sieur Charles Villoutreys, est rapporté : les dispositions de ce décret sont nulles et non-avenues.
Est également rapporté le décret du 22 avril 1811, qui supprime la pension de 20,000 francs, dont jouissait le général Dupont, sur les fonds de l'ordre royal de la Légion-d'Honneur.
3. Notre grand-chancelier, ministre d'État, est chargé de l'exécution de la présente ordonnance.
Donné au château des Tuileries, le 17 décembre 1816.

LOUIS.

Par le roi,
Le ministre secrétaire d'État des affaires étrangères, RICHELIEU.

ORDONNANCE QUI PRESCRIT UNE RADIATION DE L'ORDRE.
(Voyez page 222 l'ordonnance du 20 mars 1820.)

Louis, etc.
Sur le compte qui nous a été rendu par notre grand-chancelier de la Légion-d'Honneur, que le sieur Couvert, chevalier de l'Ordre et ancien militaire, avait été traduit et condamné en police correctionnelle, pour avoir tenu des propos séditieux et injurieux à notre personne,
Nous avons ordonné et ordonnons ce qui suit :
Art. 1er. Le sieur Couvert, ancien militaire, est rayé des matricules de l'ordre royal de la Légion-d'Honneur à compter du 21 août 1816, date du jugement de police correctionnelle prononcé contre lui.
2. Notre grand-chancelier de l'ordre royal de la Légion-d'Honneur est chargé de l'exécution de la présente ordonnance.
Donné au château des Tuileries, le 28 décembre 1816.

LOUIS.

Par le roi,
Le ministre des affaires étrangères, président du conseil, RICHELIEU.

ORDONNANCE DE NOMINATION D'UN ADMINISTRATEUR DES CANAUX DU MIDI, D'ORLÉANS ET DE LOING.

Louis, etc.
Ayant à nommer un administrateur-général des canaux du Midi, d'Orléans et du Loing, en remplacement de M. Agier, décédé, sur la proposition de notre cousin le maréchal grand-chancelier de l'ordre royal de la Légion-d'Honneur,
Nous avons ordonné et ordonnons ce qui suit :
Art. 1er. Le maréchal-de-camp Hulot, comte d'Osery, est nommé administrateur-général des canaux du Midi, d'Orléans, du Loing et de leurs embranchemens ; il jouira des mêmes droits, traitemens et prérogatives dont jouissait le dernier administrateur-général.
2. Notre ministre secrétaire d'État au département de notre maison, et notre grand-chancelier de l'ordre royal de la Légion-d'Honneur, sont chargés, chacun en ce qui le concerne, de l'exécution de la présente ordonnance.
Donné au château des Tuileries, le 1er avril 1817.

LOUIS.

Par le roi,
Le ministre secrétaire d'État au département des affaires étrangères, président du conseil, RICHELIEU.

ORDONNANCE QUI NOMME UN SECRÉTAIRE-GÉNÉRAL DE LA GRANDE-CHANCELLERIE DE LA LÉGION-D'HONNEUR.

Louis, etc.
Sur le compte qui nous a été rendu du zèle et des talens du sieur vicomte de Saint-Mars, maréchal-de-camp,
L'avons nommé et nommons secrétaire-général de la grande-chancellerie de notre ordre royal de la Légion-d'Honneur, en remplacement du maréchal-de-camp comte Hulot-d'Osery, appelé à d'autres fonctions.
Notre cousin le maréchal duc de Tarente, grand-chancelier dudit Ordre, est chargé de l'exécution de la présente ordonnance.
Donné au château des Tuileries, le 12 juillet 1817.

LOUIS.

Par le roi,
Le ministre secrétaire d'État au département des affaires étrangères, président du conseil des ministres, RICHELIEU.

ORDONNANCE DE NOMINATION AU GRADE DE COMMANDEUR.

Louis, etc.

Voulant récompenser les services que nous a rendus le maréchal-de-camp comte Hulot-d'Osery, dans diverses fonctions que nous lui avons confiées, son attachement et son dévoûment à notre personne, dont il n'a cessé de nous donner des preuves,

L'avons nommé et nommons commandeur de notre ordre royal de la Légion-d'Honneur.

Notre cousin le maréchal duc de Tarente, grand-chancelier dudit Ordre, est chargé de l'exécution de la présente ordonnance.

Donné au château des Tuileries, le 12 juillet 1817.

LOUIS.

Par le roi,

Le ministre secrétaire d'État au département des affaires étrangères, président du conseil des ministres, RICHELIEU.

ORDONNANCE RELATIVE AUX SOMMES QUI DOIVENT ÊTRE EMPLOYÉES EN ACHAT DE 5 POUR CENT CONSOLIDÉ.

Louis, etc.

Sur le rapport de notre grand-chancelier de l'ordre royal de la Légion-d'Honneur,

Nous avons ordonné et ordonnons ce qui suit :

Art. 1er. Les sommes dont il sera tenu compte par la Caisse des dépôts et consignations, à l'ordre royal de la Légion-d'Honneur, pour intérêts des fonds de cet Ordre, seront employées en achat de 5 pour cent consolidé.

2. Seront également employées en achat de 5 pour cent consolidé, les sommes restant libres, chaque année, sur le produit des pensions payées à la maison royale de Saint-Denis, à raison de 800 francs par élève gratuit, et à raison de 1,000 francs par chaque élève pensionnaire, après que les dépenses assignées par nos budgets sur ce produit auront été entièrement acquittées.

3. Les rentes qui proviendront des achats ci-dessus prescrits, seront réunies aux autres rentes dont la Légion-d'Honneur est propriétaire, sur le grand-livre de la dette publique.

4. Moitié au plus du revenu de ces rentes pourra être distribuée, chaque année, en gratifications que nous accorderons, de notre propre mouvement, ou que nous ferons accorder spécialement aux élèves de la maison de Saint Denis ou de ses succursales, dont la bonne conduite et l'état de fortune appelleront notre attention particulière.

5. La partie ou revenu non distribué, sera employée en achat de nouvelles rentes.

6. Notre grand-chancelier fera tenir un compte spécial des opérations qui auront eu lieu, en exécution des articles qui précèdent; il nous soumettra ce compte annuellement, en même temps qu'il présentera le budget de l'Ordre.

Donné au château des Tuileries, le 8 mai 1818.

LOUIS.

Par le roi,

Le ministre des affaires étrangères, président du conseil des ministres, RICHELIEU.

ORDONNANCE RELATIVE A LA VENTE D'UNE MAISON SISE A ÉCOUEN.

Louis, etc.

Nous avons ordonné et ordonnons ce qui suit :

Art. 1er. La somme de 5,000 francs, provenant de la vente d'une maison sise à Écouen, laquelle appartenait à la Légion-d'Honneur, et qui a été vendue par nos ordres, sera employée en achat d'une rente sur le grand-livre de la dette publique; cette rente sera jointe à celle pour laquelle la Légion-d'Honneur est déjà inscrite sur le grand-livre.

2. Notre grand-chancelier de l'ordre royal de la Légion-d'Honneur est chargé de l'exécution de la présente ordonnance, qui sera insérée au *Bulletin des lois*.

Donné au château des Tuileries, le 8 mai 1818.

LOUIS.

Par le roi,

Le ministre des affaires étrangères, président du conseil des ministres, RICHELIEU.

ORDONNANCE QUI RÈGLE LA MISE A EXÉCUTION DE L'ART. 70 DE L'ORDONNANCE DU 26 MARS 1816.

Louis, etc.

Voulant régler la mise à exécution de l'article 70 de l'ordonnance du 26 mars 1816, portant que notre Cour des comptes sera chargé de l'apurement et règlement des comptes des dépenses annuelles relatives à la Légion-d'Honneur,

Sur le rapport de notre grand-chancelier de l'ordre royal de la Légion d'Honneur,

Nous avons ordonné et ordonnons ce qui suit :

Art. 1er. Il y aura un comptable d'ordre chargé de réviser et présenter les comptes de la Légion-d'Honneur, sous l'approbation de notre grand-chancelier.

2. Ce comptable sera nommé par nous, sur la présentation de notre grand-chancelier.

3. Il prêtera devant notre Cour des comptes, avant d'entrer en fonctions, le serment de remplir avec fidélité et exactitude les fonctions qui lui sont confiées et les obligations qui lui sont imposées.

4. Les comptes de chaque année, affirmés par le comptable et signés du grand-chancelier, seront adressés à notre procureur-général près la Cour des comptes, pour être présentés à la Cour dans les six premiers mois de l'année suivante.

5. Notre grand-chancelier de l'ordre royal de la Légion-d'Honneur est chargé de l'exécution de la présente ordonnance.

Donné au château des Tuileries, le 8 juin 1818.

Par le roi, LOUIS.

Le ministre des affaires étrangères, président du conseil des ministres, RICHELIEU.

ORDONNANCE QUI NOMME LE CHEF DE LA 3e DIVISION DE LA GRANDE-CHANCELLERIE COMPTABLE D'ORDRE CHARGÉ DE RÉDIGER ET PRÉSENTER LES COMPTES DE LA LÉGION-D'HONNEUR.

Louis, etc.

Sur la présentation de notre grand-chancelier de l'ordre royal de la Légion-d'Honneur,

Nous avons ordonné et ordonnons ce qui suit :

Le sieur Le Bœuf, chef de la 3e division de la grande-chancellerie de l'ordre royal de la Légion-d'Honneur, est nommé comptable d'ordre chargé de rédiger et présenter les comptes de la Légion-d'Honneur, conformément aux règles prescrites par notre ordonnance de ce jour.

Donné au château des Tuileries, le 8 juin 1818.

Par le roi, LOUIS.

Le ministre des affaires étrangères, président du conseil des ministres, RICHELIEU.

ORDONNANCE QUI AUTORISE UNE PROPOSITION D'ÉCHANGE.

Louis, etc.

Sur le rapport de notre grand-chancelier de l'ordre royal de la Légion-d'Honneur,

Nous avons ordonné et ordonnons ce qui suit :

Art. 1er. Notre grand-chancelier de l'ordre royal de Légion-d'Honneur est autorisé à accepter la proposition faite par la dame Marie-Adélaïde de La Forêt d'Armaillé, comtesse de Cossé-Brissac, de transférer, à notre dit Ordre, une rente de 4,000 francs, sur le grand-livre de la dette publique, en échange de celle de même somme qui était affectée sur le château de Craon et ses dépendances.

2. Il ne sera exercé contre Mme la comtesse de Cossé-Brissac aucune répétition pour raison de la portion de rente courue du 20 mars 1816 au 17 septembre de la même année.

3. Notre grand-chancelier de l'ordre royal de la Légion-d'Honneur est chargé de l'exécution de la présente ordonnance.

Donné au château des Tuileries, le 8 juin 1818.

Par le roi, LOUIS.

Le ministre des affaires étrangères, président du conseil des ministres, RICHELIEU.

ORDONNANCE SUR LES FRANCHISES ET CONTRE-SEINGS.

Louis, etc.

L'expérience ayant fait reconnaître la nécessité d'apporter quelques modifications aux dispositions de l'ordonnance du 6 août 1817, concernant les franchises et contre-seings,

Vu l'art. 16 de la même ordonnance,

Sur le rapport de notre ministre secrétaire d'État des finances,

Nous avons ordonné et ordonnons ce qui suit :

Art. 3. — Contre-seing limité par lettres fermées.

2° Le contre-seing dont jouit (d'après l'art. 3 de notre ordonnance du 6 août 1817) le grand-chancelier de l'ordre royal de la Légion-d'Honneur, à l'égard des membres de la Légion-d'Honneur et des dames surintendantes et supérieures de la maison royale de Saint-Denis et de ses succursales, donnera en outre la franchise aux lettres et paquets qu'il adressera aux préfets et sous-préfets, aux receveurs-généraux des départemens et aux commis d'administration des corps militaires.

Art. 7. Notre ministre secrétaire d'État des finances est chargé de l'exécution de la présente ordonnance, qui ne sera pas insérée au *Bulletin des lois*.

Donné à Paris, le 19 août 1818.

LOUIS.

Par le roi,

Le ministre secrétaire d'État des finances, comte CORVETTO.

ORDONNANCE RELATIVE AUX PLACES GRATUITES DANS LA MAISON DE SAINT-DENIS ET SES DEUX SUCCURSALES.

Louis, etc.

Ayant été informé des différentes réclamations qui ont été faites sur l'admission à place gratuite des filles de chevaliers de Saint-Louis dans la maison royale de Saint-Denis et de ses deux succursales,

De l'avis de notre conseil des ministres,

Nous avons ordonné et ordonnons ce qui suit :

Art. 1er. Toutes les places gratuites dans la maison royale de Saint-Denis, et ses deux succursales, seront exclusivement réservées pour les filles des membres de notre ordre royal de la Légion-d'Honneur.

2. Les filles, sœurs, nièces ou cousines des membres de nos ordres royaux de la Légion-d'Honneur et de Saint-Louis, continueront d'obtenir des places d'élèves pensionnaires, payant 1,000 francs par année, dans la maison royale de Saint-Denis.

3. Les dispositions des statuts, réglemens et ordonnances contraires à la présente, sont révoquées.

4. Notre président du conseil des ministres et notre grand-chancelier de l'ordre royal de la Légion-d'Honneur, sont chargés de l'exécution de la présente ordonnance.

Donné au château des Tuileries, le 20 mars 1820.

LOUIS.

Par le roi,

Le président du conseil des ministres, RICHELIEU.

ORDONNANCE QUI PRESCRIT UNE RÉINTÉGRATION SUR LES MATRICULES DE L'ORDRE.

(Voyez page 219 l'ordonnance du 28 décembre 1816.)

Louis, etc.

Sur le rapport de notre cousin le maréchal duc de Tarente, grand-chancelier de notre ordre royal de la Légion-d'Honneur,

Nous avons ordonné et ordonnons ce qui suit :

Art. 1er. Notre ordonnance du 20 novembre 1816, rendue sur le rapport de notre ministre secrétaire d'État au département de la guerre, et celle du 28 décembre suivant, d'après le rapport de notre grand-chancelier, relativement au sieur Couvert, ancien militaire, sont rapportées.

En conséquence, ledit sieur Couvert, ancien brigadier d'artillerie, sera rétabli sur les matricules de l'ordre royal de la Légion-d'Honneur et réintégré dans les avantages honorifiques et pécuniaires dont il jouissait.

2. Notre grand-chancelier est chargé de l'exécution de la présente ordonnance.

Donné au château des Tuileries, le 20 mars 1820.

LOUIS.

Par le roi,

Le président du conseil des ministres, RICHELIEU.

ORDONNANCE D'ACCEPTATION DE LA DÉMISSION DE MADAME LA COMTESSE DUGUENGO.

Louis, etc.

Sur le rapport de notre cousin le grand-chancelier de l'ordre royal de la Légion-d'Honneur,

Nous avons ordonné et ordonnons ce qui suit :

Art. 1er. La démission de Mme la comtesse Duquengo, surintendante de la maison royale de Saint-Denis, est acceptée.

2. Notre président du conseil des ministres et notre grand-chancelier sont chargés, chacun en ce qui le concerne, de l'exécution de la présente ordonnance.

Donné en notre château des Tuileries, le 8 avril 1820.

LOUIS.

Par le roi,

Le président du conseil des ministres, RICHELIEU.

ORDONNANCE DE NOMINATION DES MEMBRES DU COMITÉ DE CONSULTATION DE LA LÉGION-D'HONNEUR.

Louis, etc.

Sur le rapport de notre cousin le grand-chancelier de l'ordre royal de la Légion-d'Honneur, et de l'avis de notre conseil des ministres,

Nous avons ordonné et ordonnons ce qui suit :

Art. 1er. Il sera formé un comité de consultation sur le contentieux de la Légion-d'Honneur.

2. Sont nommés membres de ce comité :

Le comte Abrial, pair de France, grand-officier, ancien membre.
Le comte Vimar, pair de France, grand-officier, *idem.*
Le marquis de Pastoret, pair de France, commandeur, *idem.*
Le comte de Cessac, grand'croix, *idem.*
Le comte Bigot de Préameneu, grand-officier, *idem.*
Le comte Jaubert, conseiller à la Cour de cassation, *idem.*
Le comte Duchâtel, grand-officier, *idem.*
Le comte Dejean, pair de France, grand'croix, en remplacement de M. le comte Siméon, ministre de l'intérieur.

3. Notre grand-chancelier convoquera et présidera ce comité toutes les fois qu'il le jugera nécessaire aux intérêts de l'Ordre. L'avis motivé de ce comité, sur les objets qui seront soumis à son examen, sera converti en rapport, pour être porté à notre conseil des ministres, par le grand-chancelier, avant d'être présenté à notre approbation.

4. Notre président du conseil des ministres et notre grand-chancelier sont chargés de l'exécution de la présente ordonnance.

Donné au château des Tuileries, le 5 juillet 1820.

LOUIS.

Par le roi,

Le président du conseil des ministres, RICHELIEU.

ORDONNANCE QUI NOMME LA SURINTENDANTE DE LA MAISON DE SAINT-DENIS.

LOUIS, etc.
Sur le rapport de notre cousin le grand-chancelier de l'ordre royal de la Légion-d'Honneur,
Nous avons ordonné et ordonnons ce qui suit :
Art. 1er. Mme la baronne de Bourgoing est nommée surintendante de la maison royale de Saint-Denis.

2. Notre président du conseil des ministres et notre grand-chancelier sont chargés de l'exécution de la présente ordonnance.

Donné au château des Tuileries, le 11 juillet 1820.

LOUIS.

Par le roi,

Le président du conseil des ministres, RICHELIEU.

ORDONNANCE RELATIVE AUX OFFICIERS AMPUTÉS ET AUTRES.

LOUIS, etc.
Vu la loi du 6 juillet 1820,
Après avoir entendu les observations de notre grand-chancelier de l'ordre royal de la Légion-d'Honneur sur la situation actuelle de la dotation de la Légion-d'Honneur et les droits de chacun de ses membres,
Nous avons ordonné et ordonnons ce qui suit :
Art. 1er. Il sera payé à chacun des officiers amputés, nommés membres de l'Ordre depuis le 6 avril 1814 jusqu'au 20 mars 1815, le traitement de légionnaire à partir du 1er juillet 1820.

2. Il sera également payé une augmentation de 80 francs à chacun des membres qui étaient officiers de l'Ordre à l'époque du 6 avril 1814, en sorte que le traitement total de ce grade, pour 1820, soit de 570 francs.

3. Notre président du conseil des ministres est chargé de l'exécution de la présente ordonnance.

Donné à Paris, au château des Tuileries, le 3 avril 1821.

LOUIS.

Par le roi,

Le président du conseil des ministres, RICHELIEU.

PIÈCES RELATIVES A DES RÉINTÉGRATIONS SUR LES MATRICULES DE LA LÉGION-D'HONNEUR.

On ne comprendrait qu'imparfaitement la valeur des trois documens émanés du grand-chancelier de l'Ordre, maréchal Macdonald, si l'on n'avait sous les yeux l'ordonnance du 26 août 1830 et la loi du 11 septembre de la même année, sur lesquelles ils reposent : c'est par ce motif que nous rapportons ici cette ordonnance et cette loi.

ORDONNANCE PORTANT ABOLITION DES CONDAMNATIONS ET DÉCISIONS DU GOUVERNEMENT, PRONONCÉES DEPUIS LE 7 JUILLET 1815.

Louis-Philippe, etc.

Sur le rapport de notre ministre de la justice, notre conseil des ministres entendu, considérant qu'il est juste et urgent de faire cesser l'effet des condamnations politiques antérieures aux glorieuses journées des 27, 28 et 29 juillet dernier, etc.

Art. 1er. Les jugemens, décisions et arrêts rendus, soit en France, soit dans les colonies, par les cours royales, cours d'assises, cours de justice criminelle, cours prévôtales, commissions militaires, conseils de guerre et autres juridictions ordinaires et extraordinaires, à raison de faits politiques, depuis le 7 juillet 1815 jusqu'à ce jour, cesseront d'avoir leur effet.

2. Les personnes atteintes par lesdits jugemens, arrêts et décisions, rentreront dans l'exercice de leurs droits civils et politiques, sans préjudice des droits acquis à des tiers.

Celles qui sont détenues en vertu desdits arrêts, jugemens et décisions, seront sur-le-champ mises en liberté.

Celles qui sont absentes de France se présenteront devant nos ambassadeurs ou agens diplomatiques et consulaires les plus voisins, qui leur délivreront des passeports pour rentrer en France.

3. Le trésor public ne sera tenu à aucune restitution de frais ni d'amendes.

4. Les poursuites qui pourraient avoir été commencées à raison des faits mentionnés en l'art 1er, sont réputées non-avenues.

5. Nos ministres de la justice, de la marine et des colonies, des affaires étrangères et de la guerre (MM. Dupont de l'Eure, Sébastiani, Molé et Gérard), sont chargés, etc.

Au palais des Tuileries, le 26 août 1830.

LOUIS-PHILIPPE.

LOI DU 11 SEPTEMBRE 1830.

Art. 1er. Les Français bannis en exécution des articles 3 et 7 de la loi du 12 janvier 1816 (1), sont réintégrés dans tous leurs droits civils et politiques, et peuvent, en conséquence, rentrer en France.

Ils sont aussi réintégrés dans les biens et pensions dont ils auraient été privés par suite de ladite loi, sans préjudice des droits acquis à des tiers.

Cette dernière disposition est applicable à ceux qui seraient déjà rentrés en France en vertu de décisions particulières.

2. Néanmoins, les pensions dont le rétablissement est ordonné par le précédent article ne commenceront à courir que du jour de la publication de la présente loi.

3. Il n'est pas dérogé aux dispositions contenues dans l'art. 4 de la loi précitée (2).

PREMIER DOCUMENT.

Vu les articles 1 et 2 de la loi du 11 septembre 1830,
Le grand-chancelier de la Légion-d'Honneur, arrête :

Art. 1er. Sont rétablis sur les matricules de l'ordre de la Légion-d'Honneur, dans leurs grades respectifs et à leur rang de nomination :

MM. Berlier, commandeur ; Chazal, officier ; Génevois, chevalier; Jean de Bry, commandeur ; Oudot, chevalier ; Merlin de Douai, grand-officier; Sieyes, grand'croix; et Thibaudeau, commandeur.

Leurs nouveaux brevets leur seront expédiés lorsqu'ils auront fourni les pièces nécessaires; et le traitement payé à compter du 30 septembre 1830.

2. Copie de la présente décision sera adressée aux divisions de la grande-chancellerie.

Paris, 22 novembre 1830.

MACDONALD.

---

(1) « Art. 3. Le roi pourra, dans l'espace de deux mois, à dater de la promulgation de la loi, éloigner de la France ceux des individus compris dans l'art. 2 de ladite ordonnance (du 24 juillet 1815), qu'il y maintiendra, et qui n'auront pas été traduits devant les tribunaux ; et, dans ce cas, ils sortiront de France, dans le délai qui leur sera fixé, et n'y rentreront pas, sans l'autorisation de Sa Majesté, le tout sous peine de déportation. — Le roi pourra pareillement les priver de tous biens et pensions à eux concédés à titre gratuit. »

« Art. 7. Ceux des régicides, qui, au mépris d'une clémence presque sans borne, ont voté pour l'acte additionnel ou accepté des fonctions de l'usurpateur, et qui, par là, se sont rendus ennemis irréconciliables de la France et du gouvernement légitime, sont exclus à perpétuité du royaume, et sont tenus d'en sortir dans le délai d'un mois, sous la peine portée par l'art. 83 du Code pénal ; ils ne pourront y jouir d'aucun droit civil, y posséder aucun bien, titre, ni pensions à eux concédés à titre gratuit. »

(2) « Art. 4. Les ascendans et descendans de Napoléon Bonaparte, ses oncles et ses tantes, ses neveux et ses nièces, ses frères, leurs femmes et leurs descendans, ses sœurs et leurs maris, sont exclus du royaume, à perpétuité, et sont tenus d'en sortir dans le délai d'un mois sous la peine portée par l'art. 91 du Code pénal. Ils ne pourront y jouir d'aucun droit civil, y posséder aucuns biens, titres, pensions, à eux accordés à titre gratuit ; et ils seront tenus de vendre, dans le délai de six mois, les biens de toute nature qu'ils possédaient à titre onéreux. »

DEUXIÈME DOCUMENT.

En conformité de la loi du 11 septembre 1830, sont rétablis sur les matricules de la Légion-d'Honneur, *à leur rang et à la date de leur admission dans l'Ordre*, les noms des conventionnels décédés en exil :

MM. Carnot, chevalier; David, officier; Dizès, commandeur; Drouet, chevalier; Fouché, grand'-croix; Poultier, chevalier; Quinette, officier; Roger-Ducos, grand-officier.

Paris, 22 novembre 1830.

MACDONALD.

TROISIÈME DOCUMENT.

Vu les articles 1 et 2 de l'ordonnance du roi, en date du 26 août 1830, et relative aux condamnés en matière politique,

Le grand-chancelier de la Légion-d'Honneur, arrête :

Art. 1er. Sont rétablis sur les matricules de la Légion-d'Honneur, à leur rang et à la date de leur admission dans l'Ordre, savoir :

1. Borel, sous-officier, 3e sapeur, chevalier.
2. Delhaye, lieutenant, légion de la Meurthe, chevalier.
3. Gameson, sous-lieutenant au 13e de ligne, chevalier.
4. Lafontaine, maréchal-des-logis, 1er de chasseurs, chevalier.
5. Lallemand, maréchal-de-camp, officier.
6. Lamarque, lieutenant-général, grand-officier.
7. Michelet, sous-lieutenant au 6e provisoire, chevalier.
8. Pombas, lieutenant au 8e légère, chevalier.

Les nouveaux brevets des prénommés seront expédiés sur la production des pièces exigées pour leur expédition; le traitement affecté à leur grade respectif sera acquitté à compter du 26 août 1830.

2. Les noms ci-après sont pareillement rétablis à leur rang et à la date de leur nomination, sur les matricules de l'Ordre; il y sera fait mention pure et simple de la date du décès des membres de l'Ordre ci-après. Les brevets de ceux-ci, que les familles pourraient réclamer, seront expédiés en se conformant aux instructions de la grande-chancellerie :

1. Barrière, capitaine au 11e de ligne, chevalier.
2. Bédrine, capitaine d'état-major, chevalier.
3. Berton, maréchal-de-camp, chevalier.
4. Caffé, chirurgien-major du 11e, chevalier.
5. Caron, lieutenant-colonel, officier.
6. Chartran, maréchal-de-camp, officier.
7. Didier, maître des requêtes, chevalier.
8. Labédoyère, colonel du 7e de ligne, officier.
9. Lallemand, maréchal-de-camp, officier.
10. Lefebvre-Desnoëttes, lieutenant-général, commandeur.
11. Mouton-Duvernet, lieutenant-général, commandeur.
12. Ney, maréchal de France, grand'croix.
13. Vallé, capitaine au 19e de chasseurs, chevalier.

Paris, 27 novembre 1830.

MACDONALD.

FINANCES DE L'ORDRE.

La partie financière de la Légion-d'Honneur n'est pas la moins intéressante de l'histoire de l'Ordre. A la grande-chancellerie, comme ailleurs, comme partout, bien des questions, qui ont fourni matière à mille interprétations, auraient pu s'expliquer par un chiffre, si les commentateurs n'avaient pas eu intérêt à chercher sur un autre terrain pâture à leurs passions.

Le Fondateur de cette Institution l'avait dotée, dès le principe, d'un revenu en immeubles de 5,265,257 francs.

Néanmoins, pendant toute la durée de l'Empire, la comptabilité de la Légion-d'Honneur ne fut qu'un compte de *clerc à maître*. La raison, c'est que le chiffre de sa dotation fut tout d'abord dépassé par ses dépenses, et que les proportions de l'édifice s'agrandissant toujours avec les prospérités impériales, le mouvement ascensionnel, qui ne s'arrêtait point, ne permettait pas une organisation d'ensemble et laissait à peine le loisir de créer provisoirement de nouvelles ressources pour de nouvelles fondations.

Jusqu'en 1812, la Légion-d'Honneur avait toujours été grandissant : elle s'arrêta avec l'Empire. La Restauration, dans son premier élan, sembla l'adopter en mère, mais quand elle dut régulariser l'adoption, elle se conduisit en marâtre. Cependant un jour arriva, le 15 mars 1815, où elle songea à chercher son salut dans un retour à la justice et au respect des droits un moment méconnus.

Après la seconde invasion, les charges de l'occupation ne permettaient peut-être pas l'exécution de la loi du 15 mars; mais un illustre maréchal, placé à la tête de la Légion-d'Honneur, la patronait de sa gloire, de son crédit et de son intérêt.

La comptabilité était un chaos où le déficit signalait chaque année de l'Empire (nous en avons indiqué les causes). Ce déficit s'accrut avec la Restauration, par suite de l'insuffisance des revenus et de la volonté d'abord, plus tard de l'impuissance du gouvernement royal d'y rien ajouter.

C'est à ce moment que le maréchal Macdonald, grand-chancelier, fit établir et publier l'histoire de la comptablité de la Légion-d'Honneur. Nous regrettons que l'espace nous manque pour donner l'ensemble de ce long et difficile travail. Tout s'y coordonne, tout y devient lucide, et partout le maréchal se montre le défenseur zélé des intérêts confiés à ses soins.

Ce qui suit est emprunté à cette œuvre consciencieuse et vraiment patriotique.

BUDGETS DE LA LÉGION-D'HONNEUR.

Avant les événemens politiques de 1814, les revenus de la Légion-d'Honneur s'élevaient à.. .... 10,815,059f 11 c

A cette époque, elle perdit des rentes sur les monts de Milan et de Naples, sur la Toscane, sur les mines d'Idria, sur l'État ecclésiastique, sur le département des Bouches-du-Rhin, et même sur les mines de l'île d'Elbe, en tout......... 3,935,511 11

Et ses ressources se trouvèrent réduites à................... 6,879,548
Ses dépenses étaient de......................... 11,224,650
Dans ce chiffre, les traitemens de membres de la Légion-d'Honneur de tous grades entraient pour la somme de......................... 10,100,000
A savoir, pour traitemens proprement dits.................. 9,900,000
Et pour gratifications......................... 200,000

Ces gratifications, aux termes du décret du 7 janvier 1806, devaient être distribuées aux grands-cordons qui auraient besoin de ces pensions pour soutenir l'éclat qu'exigent les grandes décorations. Voici le dernier état arrêté sous l'Empire :

MM. le duc de Valmy..........		40,000f
duc de Raguse.....	grand-cordon.......	20,000
duc de Reggio.......	*idem*........	20,000
comte Vandamme.....	*idem*........	20,000
comte Saint-Hilaire....	*idem*........	20,000
comte Legrand.......	*idem*........	20,000
comte Friant........	*idem*........	20,000
duc d'Abrantès.......	*idem*........	20,000
d'Haupoult.........	*idem*........	20,000
duc d'Albufera......	*idem*........	20,000
comte Caffarelli.....	*idem*........	20,000
comte Walther......	*idem*........	20,000
Deroy (Érasme)..... (bavarois).	*idem*........	15,000
duc de Rovigo.......	*idem*........	20,000
comte Nansouty.....	*idem*........	20,000
comte Dupont.......	*idem*........	20,000
comte Grouchy......	*idem*........	20,000
comte Marchand.....	*idem*........	20,000
comte Verhuel......	*idem*........	15,000
Bonjean, desservant de Ternuay (Haute-Saône).........	chevalier.	1,500

Les dépenses devaient donc excéder annuellement la recette de 4,345,102 fr., sans tenir compte de l'augmentation de dépense qui devait résulter des nominations faites dans les trois premiers mois de 1814. Ces nominations étant au nombre de 3,927 dans tous les grades, représentaient une dépense annuelle de 1,181,250 francs.

1814.

La charte dit, article 72 : *La Légion-d'Honneur est maintenue ; le roi déterminera les réglemens intérieurs et la decoration.*

Une ordonnance rendue le 19 juillet 1814 régla que les traitemens des membres de l'Ordre, nommés jusqu'alors, seraient réduits dans *la proportion de la rentrée des revenus que la Légion-d'Honneur avait conservés;* que les nominations et promotions à venir, et jusqu'à ce qu'il en fût autrement ordonné, seraient purement honorifiques; que l'établissement de la maison d'Écouen serait supprimé, et que les élèves seraient réunies à celles de Saint-Denis ; que les attributions de la grande-chancellerie et de la grande-trésorerie seraient réunies en une seule administration ; que les budgets seraient annuellement réglés par le roi, sur la présentation du chancelier de la Légion-d'Honneur.

Une seconde ordonnance, du 3 août suivant, fixa le budget de l'année 1814 ; et, conformément aux dispositions de celle du 19 juillet, elle ordonna la réduction à moitié des traitemens des membres de l'Ordre : elle régla que les dépenses des maisons d'Écouen et de Saint-Denis, des établissemens d'orphelines et des grande-chancellerie et grande-trésorerie, seraient liquidées en se conformant aux anciens budgets, jusqu'à l'époque où les suppressions prescrites par l'ordonnance du 19 juillet 1814 auraient pu être exécutées. Elle dit que les sommes appartenant à l'ordre de la Réunion, suivant les comptes arrêtés

(1) M. le duc de Valmy avait été nommé membre du grand-conseil. Un décret du 4 prairial an XII régla qu'il serait pris sur les fonds de la Légion-d'Honneur une somme suffisante pour lui assurer, avec ses autres revenus, un revenu total de 100,000 fr. : ce complément a été évalué à 40,000 fr. Cette pension a été supprimée par l'art. 4. de l'ordonnance du 3 août 1814.

entre l'administration de cet ordre et le Trésor royal, seraient versées dans les caisses de la Légion-d'Honneur.

Les traitemens réduits furent estimés, dans les états annexés à l'ordonnance du 3 août, à la somme de 4,600,000 fr., évaluation bien au-dessous des besoins.

Le fonds des gratifications à accorder aux membres de la Légion-d'Honneur fut porté, par le budget du 3 août, à la somme de 300,000 fr. au lieu de celle de 200,000 fr., à laquelle il avait été constamment fixé par les budgets des années précédentes.

La dépense des maisons d'orphelines n'est autorisée ici que jusqu'à l'époque où leur suppression aura été exécutée. Mais une ordonnance du 27 septembre 1814 prononça leur rétablissement, et rappela les élèves qui en étaient sorties depuis le 19 juillet, laissant toutefois à leurs parens la faculté de les retenir, et assurant la pension de 250 fr., jusqu'à l'âge de vingt et un ans, à chacune de celles qui ne rentreraient pas dans les maisons.

Il avait été réglé en l'an XII, par les décisions du grand-conseil, des 7 prairial et 2 messidor, que les sénateurs, conseillers d'État, ambassadeurs, qui seraient nommés commandans de l'Ordre, seraient, provisoirement, privés du traitement affecté à ce grade. Cet état d'exception avait fini pour ceux qui avaient été promus au grade de grand-officier, et qui ont touché le traitement de leur grade à compter de leur promotion. Le traitement avait été accordé, par mesures spéciales, en différens temps, à quatre conseillers d'État. Une disposition expresse de l'ordonnance du 3 août 1814 prononça que les membres de la Légion-d'Honneur, privés de leur traitement par exception, à cause des émolumens attachés à leurs fonctions publiques, et qui ne jouiraient plus de ces émolumens, seraient réintégrés dans leur traitement à compter du 1er avril 1814.

C'est sous l'influence de ces diverses dispositions qu'a été faite la dépense de l'année 1814, laquelle s'est élevée à la somme de. 7,028,341f 02c

En y joignant le déficit des années précédentes. 3,503,980 13

Le total est de. 10,532,321 15

Les recettes pour l'année 1814 ont été de. 7,104,528 86

Le déficit total, à la fin de l'année 1814, était donc de. 3,427,792 29

1815.

Le budget de l'année 1815 n'a été arrêté que dans l'année 1816. Les finances de la Légion-d'Honneur étaient sous l'empire des ordonnances des 19 juillet et 3 août 1814; mais cet ordre fut entièrement changé par les dispositions de la loi rendue le 15 mars 1815.

Cette loi est ainsi conçue :

« Art. 1er. Les arrérages dus à tous les *militaires* membres de la Légion-d'Honneur, quel que soit leur grade, leur seront payés en entier sur le pied de 1813.

» 2. Tous les brevets de nominations faites jusqu'au 1er avril 1814 seront expédiés sur-le-champ, et à la date des lettres d'avis déjà reçues.

» 3. Tous les militaires par nous promus seront également admis au traitement affecté à leurs grades respectifs et à la date de leur nomination. »

L'article 2 de cette loi reçut seul son exécution. Les dispositions des articles 1 et 3 ne pouvaient être exécutées sans une augmentation de fonds de la Légion-d'Honneur ; la loi n'y pourvut point, et les événemens qui suivirent immédiatement empêchèrent qu'on ne s'occupât des moyens d'y suppléer.

Pendant les Cent-Jours, le paiement des traitemens continua, mais seulement par à-compte sur les années précédentes; en sorte que, par le fait, aucune dépense n'avait été effectuée, jusqu'au mois de juillet 1815, hors du système qui était en vigueur avant la loi du 15 mars.

Les budgets des années 1815 et 1816 ont été réglés par une seule ordonnance du 16 mai 1816.

Pour exécuter la loi du 15 mars 1815, il fallait compter aux anciens titulaires. . . 10,767,487f 77c

Et aux militaires promus par Louis XVIII. 3,500,000

Total. 14,267,487 77

Les traitemens de la Légion-d'Honneur ont été évalués à 5,279,000 francs dans le budget de l'année 1815, et à 5,136,000 fr. dans celui de 1816. Ces évaluations furent faites par analogie avec la somme des traitemens de l'année 1814 payés ou réclamés jusqu'alors; or à cette époque un grand nombre de membres de la Légion-d'Honneur, sans doute à cause des circonstances extraordinaires où ils se trouvaient, avaient négligé de réclamer ce qui leur était dû; en sorte que l'analogie ne put fournir qu'une base insuffisante. Les comptes de ces deux années prouvent l'insuffisance de ces évaluations, puisque ces paiements ont été de 5,689,179 fr. 61 cent. pour 1815, et de 5,540.104 fr. pour 1816.

Ce fut principalement en 1816 que le roi agréa les offres généreuses de plusieurs membres de l'Ordre qui ont fait abandon de leur traitement. Ces abandons cumulés ont produit dans le trésor de la Légion-d'Honneur une économie de 75,730 fr. 11 cent.

1816.

Le budget de l'année 1816 règle la dépense de la grande-chancellerie, en y comprenant le traitement du grand-chancelier, à la somme de (1).. 289,100f c

Jusqu'alors les pensions des dames réformées des maisons d'éducation et des employés avaient été assises sur les fonds généraux de l'Ordre; les employés sont désormais assujétis à la retenue pratiquée dans toutes les autres administrations, et le taux en est fixé à 3 pour cent.

La même retenue est ordonnée sur les traitemens des dames, des ecclésiastiques et des officiers de santé attachés aux maisons d'éducation.

RÉSUMÉ DES ANNÉES 1815 ET 1816.

La dépense de 1815, en y ajoutant le déficit des années précédentes, a été de .	10,657,615f 20c
La recette a été de.	6,902,984 24
Le déficit était donc, à la fin de 1815, de	3,754,630 96
La dépense de 1816, en y ajoutant le déficit des années précédentes, a été de .	10,903,524 57
La recette a été de	6,918,567 92
Le déficit était donc, à la fin de 1816, de.	3,984,956 65

1817.

Dans son rapport joint au budget de 1817, le maréchal grand-chancelier, sollicitait de nouveaux ordres pour l'exécution de la loi du 15 mars 1815. Les circonstances n'étaient pas favorables à une demande de fonds. Alors intervint l'ordonnance suivante, en date du 28 décembre 1816.

Louis, etc.

Voulant régler provisoirement les sommes à payer pour les traitemens de l'ordre royal de la Légion-d'Honneur,

Vu nos ordonnances des 19 juillet et 3 août 1814;

Sur le rapport de notre grand-chancelier de la Légion-d'Honneur et nos ministres entendus;

Nous avons ordonné et ordonnons ce qui suit :

Art. 1er. Les dispositions réglées par l'art. 4 de l'ordonnance du 19 juillet 1814, et par l'art. 3 de celle du 3 août suivant, serviront de base pour le paiement des traitemens annuels des membres de la Légion-d'Honneur nommés avant notre retour. En conséquence, les traitemens resteront réduits à moitié pour l'année 1814; ceux de l'année 1815 et années suivantes seront payés sur le même pied, jusqu'à ce qu'il en soit autrement ordonné.

2. Les sous-officiers et soldats en activité ou retirés du service, promus par nous dans l'Ordre, recevront le traitement, sauf la réduction prononcée par le précédent article, à compter du jour de leur nomination.

3. Les autres militaires promus par nous seront admis au traitement affecté à leurs grades respectifs, et sauf la même réduction, à mesure des extinctions qui surviendront parmi les autres membres de l'Ordre, et après que les dépenses auront été ramenées au niveau des recettes.

Les admissions seront réglées suivant la date et le rang d'ancienneté; en cas de concurrence pour raison de promotion dans le même jour, les plus âgés auront la préférence.

4. Notre grand-chancelier de l'ordre royal de la Légion-d'Honneur est chargé de l'exécution de la présente ordonnance.

---

(1) Les dépenses de l'administration générale s'élevaient antérieurement à 470,000 fr.

La dépense des traitemens étant ainsi réglée, une ordonnance du 7 janvier 1817 arrêta le budget de l'année.

La dépense totale, en y ajoutant le déficit des années précédentes,
est de. 11,207,646f 57c
La recette de. 7,135,897 44

Déficit. 4,071,749 13

1818.

Le budget de cette année a été réglé par une ordonnance du 17 mars 1818.

Dans cette occasion, le grand-chancelier ne mit pas sous les yeux du roi, comme il l'avait fait en présentant les précédens budgets, un exposé de la situation des fonds de la Légion-d'Honneur, pour demander l'exécution de la loi du 15 mars 1815; cette situation était parfaitement connue des ministres, il se borna à la rappeler dans ses communications avec le conseil. L'énormité des charges publiques les empêcha sans doute encore de faire aucune proposition. L'un d'eux cependant appela l'attention des Chambres d'une manière expresse, en invitant ceux qui pensaient que des fonds particuliers devaient être votés pour le complément des traitemens de l'Ordre, à monter à la tribune pour le proposer (Séance de la Chambre des députés, 15 décembre 1817).

Les divers crédits ont été fixés par le budget, suivant les bases adoptées pour les années précédentes; il n'y a de différence à cet égard, qu'en ce que, dans les dépenses des succursales de Saint-Denis, il a été accordé 200,000 francs pour la nourriture et l'entretien des élèves, au lieu de 185,000 francs, somme des années précédentes, et en ce qu'il a été créé un nouveau fonds de 19,000 francs pour le traitement des ecclésiastiques et pour le service de santé.

RÉSUMÉ DE LA RECETTE ET DE LA DÉPENSE DE 1818.

La recette de 1818 a été, jusqu'au 15 mars 1819, de 7,112,641f 21c
Les revenus arriérés sur les chefs-lieux de cohortes, les seuls qui soient en cours
de recouvrement, s'élèvent à. 148,144 45

Total 7,260,785 66

La dépense de 1818, en y comprenant le déficit sur les années précédentes, a été
de 6,381,353f 02c
Les divers crédits de dépenses, autres que le traitement, étant
entièrement consommés, ils laissent un restant à payer, de. . . .   124,647 18
Traitemens de 1818. . . . . 4,952,852 70
Restans à payer des années précédentes, consistant presque entièrement en traitemens.   449,729,86

La dépense totale sera ainsi de. 11,908,483 76

Le déficit sera donc, après la liquidation des comptes de l'année 1818, de la
somme de. 4,647,698 10

1819.

Lorsque la délivrance prochaine de la patrie put faire augurer de meilleurs temps pour les finances de l'État, la Légion-d'Honneur dut aussi espérer d'être traitée avec plus de faveur. Le grand-chancelier mit sous les yeux du roi et du conseil des ministres, le 28 août 1818, un rapport où, résumant la position de la Légion-d'Honneur, il réclamait l'exécution de la loi du 15 mars 1815.

Dans ce rapport, il exposait que le total des traitemens à payer, d'après la loi du 15 mars 1815, indépendamment de ceux auxquels il a été pourvu d'après l'ordonnance de réglement provisoire du 28 décembre 1816, était de plus de 37 millions.

Un état où cette dépense est développée fait connaître qu'en payant la seconde moitié des traitemens aux militaires nommés avant la charte, laissant les traitemens des civils réduits à moitié, et payant le traitement intégral aux militaires promus par le roi, conformément aux art. 1er et 3 de la loi du 15

mars 1815, la somme à payer pour l'année 1814 était de 5,509,982f 77c
Pour 1815, de. 7,501,844 61
Pour 1816, de. 8,391,229
Pour 1817, de. 8,428,530 7
Pour 1818, de. 8,297,750

          Total 38,129,336 45

 Suivant la situation de la Légion-d'Honneur, ses recettes et ses dépenses étant liquidées jusqu'à l'année 1818 inclusivement, elle était en déficit de. 4,647,698 10
 La somme à verser à la Légion-d'Honneur, pour l'acquittement complet de ses dépenses jusqu'à l'année 1818 inclusivement, conformément à la loi du 15 mars 1815, était de 42,777,034 55
 Si, remontant à la loi du 29 floréal an x, on y trouvait les règles qui doivent présider à la dépense de la Légion-d'Honneur, si la distinction qui paraît établie par la loi du 15 mars 1815, entre les civils et les militaires, était détruite, et qu'ainsi les civils fussent aussi appelés à jouir du traitement intégral attribué à leur grade dans l'Ordre, il faudrait ajouter à la somme de 42,777,034 francs 55 centimes, 1° pour la seconde moitié des traitemens des civils nommés avant la charte 1,789,500f
2° Pour les traitemens des civils promus par le roi 2,944,790

         Total à ajouter 4,734,290

 La somme totale à verser à la Légion-d'Honneur, pour son déficit jusqu'à l'année 1819 exclusivement, était donc de . . . . , ... 47,511,324f 55c

Le rapport et les états qui l'accompagnaient furent renvoyés au ministre des finances. Le tout resta sans réponse, et le 3 avril 1809 parut l'ordonnance suivante :

Louis, etc.
Sur le rapport de notre cousin le maréchal duc de Tarente, etc.
Art. 1er. La recette de la Légion-d'Honneur, pour 1819, est réglée à la somme de 6,861,902 fr.
2. Les dépenses de la Légion-d'Honneur pour la même année sont évaluées de la manière suivante :
1°. Traitemens des membres de l'Ordre, de tout grade, calculés conformément à l'ordonnance de réglement provisoire du 28 décembre 1816 . . . . 5,831,750 f ⎫
Gratifications pour les membres de l'Ordre qui sont dans le besoin. . . . . 300,000 ⎬ 6,131,750f
2° Maison royale de Saint-Denis. 470,900
3° Succursales de Saint-Denis. 307,000
4° Frais de la grande-chancellerie. 289,100
5° Commissions aux receveurs-généraux chargés des paiements. . 25,000 f ⎫
Décorations. . . . . 30,000 ⎬ 100,000
Dépenses imprévues. . . . . 30,000 ⎬
Remboursemens à faire aux parens des élèves de Saint-Denis. . . 15,000 ⎭
6° Pensions diverses. 133,123 61c

        Total des dépenses. 7,431,873 61

 3. Il sera fait une retenue de 3 pour cent sur les traitemens des ecclésiastiques, des officiers de santé et de l'agent-général attaché aux succursales de la maison de Saint-Denis. Le produit de cette retenue sera joint à celui des retenues opérées sur les traitemens des dames, des ecclésiastiques et des officiers de santé de la maison de Saint-Denis, en exécution de l'art. 8 de l'ordonnance du 7 janvier 1817.
 Les ecclésiastiques, officiers de santé et agent-général des succursales de Saint-Denis, pourront recevoir des pensions de retraite, après avoir satisfait aux mêmes conditions que celles qui ont été prescrites par l'ordonnance du 16 mai 1816, pour les employés de la grande-chancellerie.
 Ces pensions seront imputées sur le fonds établi par l'ordonnance du 7 janvier 1817 et modifié ainsi qu'il est expliqué par le premier paragraphe du présent article.
 4. Notre grand-chancelier de la Légion-d'Honneur est chargé de l'exécution de la présente ordonnance.
 Donné au château des Tuileries, le 3 avril 1819.

                     LOUIS.
    Par le roi,
    Le ministre des affaires étrangères, président du conseil des ministres, DESSOLE.

1820.

Louis, etc.

Art. 1er. La recette pour la Légion-d'Honneur, pour 1820, est réglée à la somme de 7,865,683 fr.

2. Les dépenses de la Légion-d'Honneur, pour la même année, sont évaluées de la manière suivante :

1° Traitements des membres de l'Ordre, de tous grades, calculés conformément à l'ordonnance de réglement provisoire du 28 décembre 1816.. . . . . 5,732,500f
Gratifications pour les membres de l'Ordre qui sont dans le besoin: . . . . 50,000 } 5,782,500f 00c
2° Maison royale de Saint-Denis. 440,900
3° Succursales de Saint-Denis. 312,000
4° Frais de la grande-chancellerie. 289,100
5° Commissions aux receveurs-généraux chargés des paiements. . . . 25,000
Décorations. 15,000
Dépenses imprévues. . . . . 30,000 } 78,000
Remboursemens à faire aux parens des élèves de Saint-Denis. . . . 8,000
6° Pensions diverses. 130,753 49

Total des dépenses. 7,033,253 49

3. La somme de 7,464,677 fr. portée comme étant le montant des rentes à recevoir par la Légion en 1819. . . . . 7,464,677f
Est diminuée de 1,298 fr., moitié d'une inscription de 2,596 fr. achetée le 10 mars 1819, avec jouissance du 22 mars 1819, et qui, employée en totalité pour la somme ci-dessus, n'a cependant produit qu'un semestre dans l'année. 1,298
                                                                          6,463,379
Elle est augmentée de 95 fr. pour le semestre échu le 22 septembre 1819, d'une inscription de 190 fr., achetée le 7 avril, avec jouissance du 22 mars 1819. 95
Et par conséquent fixée à. 6,463,474

4. Notre président du conseil des ministres et notre grand-chancelier de l'ordre royal de la Légion-d'Honneur sont chargés de l'exécution de la présente ordonnance.

Donné au château des Tuileries, le 20 mars 1820.

LOUIS.

Par le roi,

Le président du conseil des ministres, RICHELIEU.

Dans l'intervalle qui s'écoula entre l'ordonnance budgétaire de 1820 et celle de 1821, parut la loi du 6 juillet 1820 (*voyez* page 147), qui affecte pour cette année même, d'un côté 1,700,000 francs, de l'autre 3,400,000, au complément ou à l'augmentation du traitement des membres de l'Ordre.

1821.

Les recettes de la Légion-d'Honneur ont été réglées par le budget de 1820 à la somme de 6,865,683 francs. Le budget de 1821 doit présenter une somme de beaucoup supérieure. Diverses causes y ont contribué; mais la plus importante est dans la loi du 6 juillet, dont l'art. 4 ordonne qu'une somme de 3,400,000 francs sera portée dans le budget du ministère des finances, d'année en année, afin de pourvoir aux diverses dépenses réglées par la même loi.

La recette totale de 1821 sera de. 10,274,881f

Savoir :

1° Fonds assurés par la loi du 6 juillet 1820. 3,400,000
2° Rentes sur le grand-livre. 6,474,046
3° Rente en remplacement des forêts. 240,000
4° Actions sur les canaux. 100,000
5° Rentes provenant des anciens chefs-lieux de cohortes. 36,200

A reporter. 10,250,246

Report..........	10,250,246
6° Droits sur les majorats.................................	18,000
7° Intérêts sur reconnaissances de liquidation..............	3,135
8° Étang de Capestan......................................	500
9° Droits sur les brevets...................................	3,000
Total..........	10,274,881

Les dépenses de la Légion-d'Honneur, pour 1821, doivent s'élever à la somme de... **10,313,540f 28c**

Savoir :

1° Traitemens des membres de l'Ordre d'après la loi du 6 juillet 1820......	9,005,400f c
2° Gratifications aux membres de l'Ordre qui sont dans le besoin..........	50,000
3° Maison royale de Saint-Denis..	440,900
4° Succursales de Saint-Denis..	312,000
5° Grande-chancellerie...	289,100
6° Commissions aux receveurs-généraux chargés des paiemens..............	30,000
7° Achat de décorations..	15,000
8° Dépenses imprévues et diverses.....................................	30,000
9° Remboursemens à faire aux parens des élèves de Saint-Denis............	4,000
10° Pensions diverses..	130,640 28
11° Fonds pour les répartitions extraordinaires aux élèves des maisons royales de la Légion-d'Honneur, conformément à l'ordonnance du 8 mai 1818......	6,500
Total...............	10,313,540 28

Louis, etc.

Art. 1er. La recette de la Légion-d'Honneur, pour 1821, est réglée à la somme de 10,274,881 fr.

2. La dépense de la Légion-d'Honneur, pour 1821, est réglée à 10,313,540 francs 28 centimes.

3. Conformément à l'art. 52 de l'ordonnance du 3 mars 1816, il sera pourvu, tant à la nourriture et l'entretien des élèves de la maison royale de Saint-Denis, qu'aux autres dépenses indiquées par ledit article, au moyen, 1° des 320,000 francs faisant partie des 440,900 francs alloués par l'article précédent, sauf la réduction de cette somme par la revue de présence des élèves; 2° des versemens qui seront faits par les parens des élèves pensionnaires de la même maison.

4. Après qu'il aura été ainsi pourvu aux dépenses qui viennent d'être indiquées, les sommes qui resteront disponibles sur les 320,000 francs et les versemens des élèves pensionnaires, seront employées en achats de rentes.

5. Le même emploi sera fait, 1° de la somme dont il pourra être tenu compte par la caisse des dépôts et consignations à la Légion-d'Honneur, pour intérêts sur ses fonds pendant 1821; 2° des rentes à échoir en 1821, sur les inscriptions achetées en exécution de l'ordonnance du 8 mai 1818, déduction faite de 8,300 francs dont la dépense a été autorisée, savoir, 1,800 francs faisant partie de la dépense des pensions, et 6,500 francs montant du dernier fonds.

6. En cas d'insuffisance du fonds de 15,000 francs pour achat de décorations, il y sera suppléé, 1° par la portion non employée du fonds de dépenses imprévues et diverses; 2° par une somme égale à celle des recettes que les brevets auront produites, prélèvement fait des dépenses nécessaires à la confection des brevets.

7. Notre président du conseil des ministres et notre grand-chancelier de la Légion-d'Honneur sont chargés de l'exécution de la présente ordonnance.

Donné au château des Tuileries, le 23 avril 1821.

Par le roi, LOUIS.

Le président du conseil des ministres, RICHELIEU.

1822.

La loi du 6 juillet 1820, en faisant entrer la Légion-d'Honneur dans le système commun de comptabilité établi par la loi du 25 mars 1817, substituait un ordre nouveau à celui que la grande-chancellerie avait suivi jusqu'alors; suivant l'article 5 de la loi du 6 juillet 1820, c'était seulement à l'époque de la première session des Chambres que le compte de l'année 1821 devait être présenté.

COMPTE DE 1,700,000 FRANCS.

La destination de ce fonds était d'assurer à chaque légionnaire le traitement intégral, tel qu'il était avant 1814. Or, avant cette époque, les légionnaires touchaient 245 francs seulement. Le surplus était versé à l'hôtel royal des Invalides, en conséquence d'un décret du 25 mars 1811, qui avait ordonné, au profit de cet établissement, une retenue de 2 pour cent sur tous les traitemens de la Légion-d'Honneur. Depuis 1814, le produit de cette retenue ayant suivi le décroissement de la dépense des traitemens, il a été suppléé par de nouvelles fondations à ce que l'hôtel des Invalides perdait de ce côté. Il y avait donc, sur le fonds de 1,700,000 francs, une somme égale à 2 pour cent, qui ne devait être employée ni au profit des Invalides, ni au rétablissement du traitement sur l'ancien taux. D'un autre côté, la loi du 6 juillet, en instituant des règles pour l'emploi des fonds, de manière qu'à des époques diversement déterminées les traitemens anciens fussent rétablis, et que les sous-officiers et soldats décorés jusqu'à la date du 6 juillet 1820 reçussent le traitement de leur grade, n'avait laissé aucune ressource pour assurer le même avantage aux sous-officiers et soldats qui seraient décorés ultérieurement. Le roi régla, par l'ordonnance du 6 septembre 1821, que les 2 pour cent, tant sur les 1,700,000 francs de 1820 que sur les 3,400,000 francs de chacune des années suivantes, entreraient dans la composition d'un fonds annuel de 100,000 francs, destiné à la dépense que les nominations de cette sorte devaient entraîner.

Ainsi, les 1,700,000 francs ont été employés de la manière qui suit :

26,410 légionnaires ont touché, jusqu'au 25 octobre 1821	1,614,673f 72c
Il y a, en traitemens devenus libres par le décès de 378 légionnaires, une somme de 17,900 fr. 07 cent., qui doit servir à l'accroissement du traitement des officiers, conformément à l'article 4 de la loi du 6 juillet 1820, ci	17,900 07
Il reste à employer	33,426 21
Les 2 pour cent attribués aux sous-officiers et soldats légionnaires depuis le 6 juillet 1820, forment la somme de	34,000
Total	1,700,000

Les recettes de la Légion-d'Honneur, pour l'année 1822, doivent s'élever à la somme de	10,291,584 f
Celles de 1821 ne montaient, suivant le budget, qu'à	10,274,881
Il y a augmentation de recette de	16,703

Cette différence totale résulte des différences partielles que présentent divers articles de recette. La somme de 10,291,584 fr. se compose ainsi qu'il suit :

1° Fonds accordés par la loi du 6 juillet 1820	3,400,000 f
2° Rentes sur le grand-livre	6,719,329
3° Actions sur les canaux	100,000
4° Rentes provenant des anciens chefs-lieux de cohortes	36,200
5° Droits sur les majorats	20,000
6° Intérêts des reconnaissances de liquidation	5,050
7° Recettes pour brevets	10,000
8° Étang de Capestan	1,005
Total	10,291,584

Les dépenses de la Légion-d'Honneur, pour 1822, s'élèveront à la somme de	10,309,506f 94c

Savoir :

1° Traitemens des membres de l'Ordre, d'après la loi du 6 juillet 1820. Crédit égal à celui de l'année précédente	9,005,400 f
Complément prélevé sur le fonds des gratifications pour assurer le traitement de légionnaire aux sous-officiers et soldats nommés membres de l'Ordre depuis la loi du 6 juillet 1820	30,000
Total de la dépense des traitemens	9,035,400
2° Gratifications aux membres de l'Ordre qui sont dans le besoin, fonds réduit à	20,000
3° Maison royale de Saint-Denis	440,900
4° Succursales de Saint-Denis	312,000
A reporter	9,808,300

DE L'ORDRE.

Report.	9,808,300f c
5° Frais de la grande-chancellerie	289,100
6° Commissions aux receveurs-généraux chargés des paiemens	30,000
7° Décorations	15,000
8° Dépenses diverses et imprévues	30,000
9° Solde des remboursemens à faire aux parens des élèves de Saint-Denis	960
10° Pensions diverses	132,746 94
11° Fonds pour répartition de gratifications aux élèves des maisons royales, conformément à l'ordonnance du 8 mai 1818	3,400
Total	10,309,506f 94c
La dépense de 1821 montait, suivant le budget, à	10,313,540f 28c
Celle de 1822 serait de	10,309,506 94
Diminution de la dépense	4,033f 34c
Le nombre total des membres était à cette époque de	42,682
Il était au 1er janvier 1821 de	40,673

Louis, etc.

Art. 1er. La recette de la Légion-d'Honneur, pour 1822, est réglée à la somme de 10,291,584 fr.

2. La dépense de la Légion-d'Honneur, pour 1822, est réglée à la somme 10,309,506 fr. 94 c.

Savoir :

1° Traitemens des membres de l'Ordre, calculés conformément à la loi du 6 juillet 1820	9,035,400
2° Gratifications aux membres de l'Ordre qui sont dans le besoin	20,000
3° Maison royale de Saint-Denis	440,900
4° Succursales de Saint-Denis	312,000
5° Frais de la grande-chancellerie	289,100
6° Commissions aux receveurs-généraux chargés des paiemens	30,000
7° Décorations	15,000
8° Dépenses imprévues et diverses	30,000
9° Solde des remboursemens à faire aux parens des élèves de Saint-Denis	960
10° Pensions diverses	132,746 94
11° Fonds pour la répartition de gratifications ou de pensions aux élèves des maisons royales, conformément à l'ordonnance du 8 mai 1818, et sauf à employer en achats de rentes la portion de ces fonds qui ne sera pas dépensée	3,400
Total	10,309,506f 94c

3. Conformément à l'article 52 de l'ordonnance du 3 mars 1816, il sera pourvu, tant à la nourriture et à l'entretien des élèves de la maison royale de Saint-Denis, qu'aux autres dépenses indiquées par ledit article, au moyen, 1° des 320,000 fr. faisant partie des 440,900 francs alloués par l'article précédent, sauf la réduction de cette somme par la revue de présence des élèves ; 2° des versemens qui seront faits par les parens des élèves pensionnaires de la même maison.

4. Après qu'il aura été ainsi pourvu aux dépenses qui viennent d'être indiquées, les sommes qui resteront disponibles sur les 320,000 francs, et les versemens des élèves pensionnaires, seront employés en achats de rentes.

5. Le même emploi sera fait, 1° de la somme dont il pourra être tenu compte par la caisse des dépôts et consignations à la Légion-d'Honneur, pour intérêts sur les fonds pendant 1822; 2° des rentes à échoir, en 1822, sur les inscriptions achetées en exécution de l'ordonnance du 8 mai 1818, déduction faite des 9,240 francs dont la dépense a été autorisée par l'article 2 précédent ; savoir : 5,840 francs faisant partie de la dépense des pensions, et 3,400 francs montant du dernier fonds.

6. Le fonds de 320,000 francs alloué, par le budget de 1821, pour la nourriture et l'entretien des élèves dans la maison royale de Saint-Denis, est réduit à la somme de 319,562 francs 22 centimes. Celui de 200,000 francs, alloué par le même budget, pour dépenses de même nature dans les succursales de la maison de Saint-Denis, est réduit à la somme de 198,286 francs 11 centimes.

7. La somme de 338,229 francs 72 centimes est déduite sur les fonds applicables aux exercices 1819 et antérieurs ; savoir :

3,721 f 49 c reste du fonds de 150,000 francs alloué par l'ordonnance du 6 septembre dernier, en remplacement d'anciens crédits annulés ;

334,508 f 23 c reste du crédit de 5,831,750 francs ouvert par l'ordonnance du budget du 3 avril 1819, pour acquitter les traitemens de 1819.

8. Afin de satisfaire aux réclamations des membres de l'Ordre dont les traitemens sont arriérés, tant sur l'exercice 1819 que sur les exercices antérieurs, il est ouvert un crédit spécial, pour l'année 1822, d'une somme de 150,000 francs. Les frais auxquels le recouvrement des créances arriérées de l'Ordre pourra avoir donné lieu dans la même année, seront prélevés sur le même crédit.

9. Notre ministre secrétaire d'État au département des finances et notre grand-chancelier de la Légion-d'Honneur, sont chargés de l'exécution de la présente ordonnance.

Donné au château des Tuileries, le 18 avril 1822.

LOUIS.

Par le roi,

Le ministre secrétaire d'État au département des finances, J. DE VILLÈLE.

1823.

RAPPORT AU ROI.

Paris, le 2 février 1823.

Sire,

Votre Majesté a réglé par ses ordonnances du 3 avril 1821 et du 18 avril 1822, l'augmentation de traitement à laquelle les officiers de l'ordre royal de la Légion-d'Honneur avaient droit pour 1820 et pour 1821, conformément à l'art. 4 de la loi du 6 juillet 1820.

Les fonds libres par les extinctions de 1821 et 1822 monte à............ 144,563 f 66 c

Le nombre des membres de l'Ordre ayant droit à une part dans la distribution de ce fonds, parce qu'ils étaient officiers de l'Ordre avant le 6 avril 1814, est aujourd'hui de 2,284 francs.

A ce nombre il faut ajouter, mais pour les fractions seulement de la même part, trente-sept officiers décédés dans le courant de 1822, dont les héritiers toucheront les arrérages de leur traitement jusqu'au jour de leur décès.

L'effectif établi au commencement de 1822 présentait comme vivant deux mille trois cent vingt-quatre officiers de l'Ordre. La différence totale de quarante vient des trente-sept décès de 1822; plus, de trois décès de 1821 qui n'ont été notifiés que depuis le jour où cet effectif a été rédigé.

La somme de 144,563 francs 66 centimes, partagée entre deux mille deux cent quatre-vingt-quatre membres de l'Ordre, n'amènerait, pour chacun, que celle de 63 francs 29 centimes, sans qu'il fût question de la portion à payer aux héritiers des trente-sept décédés.

Mais plusieurs considérations demandent que la fixation de l'augmentation soit plus favorable. La première est, qu'à une époque aussi rapprochée de l'année qui vient de finir, l'administration ignore une grande partie des décès survenus dans les derniers mois de 1822. Votre Majesté a bien voulu accorder 80 francs pour chacune des années précédentes. Ne jugera-t-elle pas dans sa bonté qu'il convient de ne pas affaiblir cette progression qui n'assure aux officiers de l'Ordre le rétablissement intégral de leur ancien traitement qu'après plus de six années d'augmentations successives !

La somme de 80 francs attribuée au deux mille deux cent quatre-vingt-quatre officiers produirait une dépense de... 182,720 f c

Dans la même proportion, les héritiers des décédés auraient à toucher........... 1,793 63

Total............ 184,513 63

Le projet d'ordonnance ci-joint, que j'ai l'honneur de soumettre à Votre Majesté, a pour objet de fixer à 80 francs l'augmentation des traitemens des officiers de l'Ordre pour 1822.

Daignez agréer, Sire, l'hommage du plus profond respect avec lequel je suis,

De Votre Majesté,

Le très humble et très obéissant serviteur et très fidèle sujet,

Le grand-chancelier de l'ordre royal de la Légion-d'Honneur, MACDONALD.

ORDONNANCES DU ROI.

Louis, etc.

Sur le rapport de notre cousin le grand-chancelier de la Légion-d'Honneur,

Vu l'état qui nous a été soumis, et présentant les extinctions survenues pendant l'année 1822 parmi les membres de l'Ordre de tout grade,

Nous avons ordonné et ordonnons ce qui suit :

Art. 1er. Le traitement des membres de la Légion-d'Honneur, étant officiers de l'Ordre avant le 6 avril 1814, est augmenté de 80 francs pour l'année 1822 ; en sorte que chacun de ces membres touchera pour ladite année la somme totale de 740 francs, sous la déduction accoutumée de 10 francs pour notre hôtel royal des Invalides.

2. Notre ministre secrétaire d'État au département des finances et notre grand-chancelier de l'ordre royal de la Légion-d'Honneur sont chargés, chacun en ce qui le concerne, de l'exécution de la présente ordonnance.

Donné au château des Tuileries, le 20 février 1823.

LOUIS

Par le roi,

Le ministre secrétaire d'État au département des finances, J. DE VILLÈLE.

Louis, etc.

Art. 1er. La recette de la Légion-d'Honneur, pour 1823, est réglée à la somme de 10,289,012 francs 50 centimes.

2. La dépense de la Légion-d'Honneur, pour 1823, est réglée à la somme de 10,310,084 francs 72 centimes ;

Savoir :

1° Traitemens des membres de l'Ordre, calculés conformément à la loi du 6 juillet 1820.............	9,037,900f
2° Gratifications aux membres de l'Ordre qui sont dans le besoin (1)......	20,000
3° Maison royale de Saint-Denis................	440,000
4° Succursales de Saint-Denis.................	312,000
5° Frais de la grande-chancellerie...............	289,000
6° Commissions aux receveurs-généraux chargés des paiemens............	30,000
7° Décorations................	15,000
8° Dépenses imprévues et diverses................	30,000
9° Pensions diverses................	132,684 72c
10° Fonds pour la répartition de gratifications aux élèves des maisons royales, conformément à l'ordonnance du 8 mai 1818, et sauf à employer en achats de rentes la portion de ces fonds qui ne sera pas dépensée......	2,500
Total...............	10,310,084 72

3. Conformément à l'article 53 de l'ordonnance du 23 avril 1821, il sera pourvu, tant à la nourriture et à l'entretien des élèves de la maison royale de Saint-Denis, qu'aux autres dépenses indiquées par ledit article, au moyen, 1° des 320,000 fr. faisant partie des 440,900 francs alloués par l'article précédent, sauf la réduction de cette somme par la revue de présence des élèves ; 2° des versemens qui seront faits par les parens des élèves pensionnaires de la même maison.

4. Après qu'il aura été ainsi pourvu à ces diverses dépenses, la somme qui restera disponible sur les 320,000 francs, réduits comme il a été dit ci-dessus, et sur les versemens des élèves pensionnaires, sera employée en achats de rentes.

5. Le même emploi sera fait, 1° de la somme dont il pourra être tenu compte par la caisse des dépôts et consignations à la Légion-d'Honneur, pour intérêts sur les fonds pendant 1823 ; 2° des rentes à échoir, en 1823, sur les inscriptions achetées en exécution de l'ordonnance du 8 mai 1818, déduction faite des 10,100 francs dont la dépense a été autorisée par l'art. 2 précédent ; savoir : 7,600 francs faisant partie de la dépense des pensions, et 2,500 francs, montant du dernier fonds.

6. Le fonds de 320,000 francs alloué, par le budget de 1822, pour la nourriture et l'entretien des élèves dans la maison royale de Saint-Denis, est réduit à la somme de 315,115 francs 55 centimes. Celui de 200,000 francs alloué, par le même budget, pour dépenses de même nature dans les succursales de la maison de Saint-Denis, est réduit à la somme de 199,643 francs 4 centimes.

7. La somme de 225,256 francs 58 centimes est déduite sur les fonds applicables aux exercices 1820 et antérieurs ; savoir :

---

(1) Ce fonds, qui a été employé au soulagement du malheur, avait été de 200,000 francs jusqu'en 1813. Le roi ordonna, en 1814, à cause des maux de la guerre, qu'il fût porté à 300,000 francs. En 1820, il fut réduit à 50,000 francs. Lorsque le conseil des ministres prépara les propositions qui amenèrent la loi du 6 juillet, les états qui leur furent présentés démontraient que, pour élever le traitement des légionnaires au taux annuel de 250 francs, il fallait ajouter aux ressources de la Légion-d'Honneur la somme au moins de 3,650,000 francs. Le conseil jugea que, les traitemens étant augmentés, un grand nombre des légionnaires qui avaient été secourus jusqu'alors seraient au-dessus du besoin ; que le fonds des secours pourraient être ainsi diminué de 250,000 francs, et qu'il suffisait d'obtenir 3,400,000 francs, la Légion-d'Honneur recouvrant par une dépense moindre en secours ce qui lui manquerait pour l'augmentation des traitemens. Les mêmes motifs déterminèrent le conseil en 1821, lorsqu'il dut rechercher les moyens de faire face aux traitemens des sous-officiers et soldats nommés depuis la loi de 1820 ; et le fonds des gratifications, qui était réduit à 50,000 francs, le fut encore de 30,000 francs. C'est par cette suite de réductions que la Légion-d'Honneur n'a plus que 20,000 francs annuellement pour le soulagement des légionnaires malheureux.

29,213f 57c reste du fonds de 150,000 francs alloué par l'ordonnance du 18 avril dernier, en remplacement d'anciens crédits annulés;
196,043 01 reste du crédit de 5,732,500 francs ouvert par l'ordonnance du budget du 20 mars 1820, et du fonds de 1,700,000 francs accordé par la loi du 6 juillet suivant, pour acquitter les traitemens de 1820.

8. Afin de satisfaire aux réclamations des membres de l'Ordre dont les traitemens sont arriérés, tant sur l'exercice 1820 que sur les exercices antérieurs, il est ouvert un crédit spécial, pour l'année 1823, d'une somme de 150,000 francs. Les frais auxquels le recouvrement des créances arriérées de l'Ordre pourra avoir donné lieu dans la même année, seront prélevés sur le même crédit.

9. Notre ministre secrétaire d'État au département des finances et notre grand-chancelier de la Légion-d'Honneur, sont chargés de l'exécution de la présente ordonnance.

Donné au château des Tuileries, le 20 février 1823.

LOUIS.

Par le roi,

Le ministre secrétaire d'État au département des finances, J. DE VILLÈLE.

1824.

COMPTE DU FONDS ANNUEL DE 3,400,000 FRANCS.

La Légion-d'Honneur n'avait pas encore, à la date du précédent compte, entièrement consommé la somme de 1,700,000 francs qui lui a été versée pour 1820, ni celle de 3,400,000 francs versée pour 1821.

Le compte spécial du fonds dont il s'agit doit donc présenter d'abord la situation actuelle de l'emploi des sommes qui restaient sur ces versemens. Il est ainsi composé de trois sections distinctes, dont les deux premières sont relatives aux exercices 1820 et 1821, et la troisième concerne l'exercice 1822.

Somme restant à employer, suivant le compte précédent, sur les 1,700,000 *francs de l'exercice* 1820.

Sur cette somme, qui est employée à compléter, au profit des légionnaires, ainsi qu'il a été ordonné par l'art. 1er de la loi, le traitement intégral de 250 fr., pour le deuxième semestre de 1820, la Légion-d'Honneur avait dépensé, suivant les deux comptes précédens, un total de. . . . 1,692,041f 76c

Il résulte du compte présent qu'il a été dépensé jusqu'à la fin de 1822, pour satisfaire à la même disposition de la loi............................. 9,435 56

L'art. 4 de la loi attribue à l'augmentation du traitement des officiers de l'Ordre, les fonds devenus disponibles par les décès des membres de l'Ordre, quel que soit leur grade. Depuis le dernier compte, l'administration a reçu avis du décès de deux légionnaires, arrivés en 1820. Sur la somme qui devait leur être payée sur le fonds de 1,700,000 francs, leur décès laisse libre celle de 70 fr. 9 cent., qui est transportée au fonds des augmentations, à porter ici......................... 70 09

Total............... 1,701,547 41

La loi n'avait accordé que 1,700,000 francs pour subvenir à la dépense dont il s'agit, la Légion-d'Honneur se trouve en avance de 1,547 fr. 41 c.; excédant qui doit s'augmenter en raison des paiemens qui lui restent à faire, pour le même exercice, aux parties encore arriérées.

En combinant les résultats des trois comptes rendus sur la dépense dont il est ici question, il se trouve que la somme de 1,701,547 fr. 41 cent. se partage entre les différentes sortes d'emploi qui suivent:
1° 34,000 francs, 2 pour cent du fonds accordé par la loi, lesquels ont été attribués au compte d'augmentation du traitement des officiers de l'Ordre, en exécution de l'ordonnance du 6 septembre 1821, comme je l'ai expliqué dans mes rapports sur les comptes précédens; 2° 1,644,011 fr. 25 cent., payés à vingt-six mille huit cent quarante et un légionnaires à raison de 61 fr. 25 cent., et 506 fr. 55 cent., à dix légionnaires, dont partie n'avait pas droit à la totalité du complément, et auxquels il reste encore dû 46 fr. 70 cent.; 3° 23,029 fr. 61 cent., dont partie a été comptée aux héritiers de trois cent quatre-vingt-dix légionnaires décédés en 1820, auxquels il reste encore dû 857 fr. 89 cent., et dont le surplus est entré dans l'augmentation du traitement des officiers pour 1820.

L'administration de la Légion-d'Honneur compte encore quatre cent cinquante-neuf légionnaires qui ont à réclamer leur traitement de 1820. La somme à leur payer, pour complément de leur traitement de ladite année, qui est de 28,113 fr. 75 cent., jointe à celles de 46 fr. 70 cent. et de 857 fr. 89 cent. dont il est question dans le paragraphe précédent, et à celle de 1,547 fr. 41 cent. déjà payée en excédant sur les 1,700,000 francs versés par le Trésor royal à la Légion-d'Honneur, formeront un total de 30,565 f.

75 centimes, dont l'Ordre se trouvera en avance pour l'exercice 1820 sur les fonds généraux de sa dotation, en conséquence de l'augmentation de dépense qui lui a été imposée par la loi du 6 juillet 1820.

Somme restant à employer, suivant le compte précédent, sur les 3,400,000 francs de l'exercice 1821.

La Légion-d'Honneur a employé sur ce fonds, suivant le compte précédent.... 3,310,011f 13c
Il a été payé depuis,
1° Pour complément de 122 francs 50 centimes à deux cent soixante-neuf légionnaires, ci.. .... 32,952f 50c
2° Pour décompte aux héritiers de vingt-huit légionnaires décédés, de leurs arrérages jusqu'au décès, et pour sommes fractionnaires à six légionnaires. 2,361 15
                                                                                    ─────────
                                                                                    35,313 65   35,313 65

Il a été porté au compte d'augmentation du traitement des officiers de l'Ordre, tant pour le complément de 122 fr. 50 cent., représentant sur le fonds de 1821, la somme que les trois cent quatre-vingt-dix légionnaires décédés en 1820 eussent touchée, que pour les portions devenues libres par les décès de 1821 dont l'administration a reçu l'avis depuis le compte précédent......................... 48,049 29
L'emploi total fait sur les 3,400,000 francs de l'exercice 1821, jusqu'au 31 décembre dernier, s'élève à.. 3,393,374 07
Il reste donc à employer encore.............................. 6,625 93

Total égal au fonds alloué à la Légion-d'Honneur............. 3,400,000

La somme de 6,625 fr. 93 cent., qui reste sur ce fonds, est insuffisante pour faire droit aux réclamations des cinq cent quarante-huit légionnaires qui étaient en retard au 1er janvier dernier.

Fonds de 3,400,000 francs de l'exercice 1822.

La Légion-d'Honneur a reçu, conformément à l'article 3 de la loi du 6 juillet 1820, afin de compléter le traitement des légionnaires pour 1822, la somme de............. ..... 3,400,000f
Il est d'abord prélevé sur ce fonds 2 pour cent, dont le montant est destiné, ainsi qu'il a été réglé par l'ordonnance du 6 septembre 1821, à payer le traitement de légionnaire aux sous-officiers et soldats décorés en 1821..... 68,000f
Le complément du traitement, qui est de 122 fr. 50 cent., a été payé en totalité à vingt-cinq mille sept cent onze légionnaires. Cinq ont reçu 306 fr. 25 cent. à-compte. Les héritiers de trois cent onze légionnaires ont touché 19,944 fr. 31 cent. pour arrérages échus jusqu'au décès. Ces divers paiemens s'élèvent ensemble à................................ 3,169,848 06c
Il a été porté au compte de l'augmentation du traitement des officiers de l'Ordre,
1° Le complément intégral du traitement des trois cent quatre-vingt-dix légionnaires décédés en 1820, lequel eût été de 122 fr. 50 cent. pour chacun d'eux..... 47,775f
2° Celui des quatre cents légionnaires décédés en 1821................. 49,000
3° Portion de celui des quatre cent vingt et un légionnaires décédés en 1823, le surplus appartenant à leurs héritiers pour arrérages jusqu'au décès................... 25,411 80c
                                                122,186 80
  Total................ 122,186 80
Il se trouve ainsi employé sur les 3,400,000 fr. accordés pour 1822.................................. 3,360,034 86   3,360,034 86c

Il reste donc encore............................   39,965 14

ORDONNANCE QUI RÈGLE L'EMPLOI DU BÉNÉFICE RÉSULTANT DES EXTINCTIONS.

Louis, etc.

Sur le rapport de notre cousin le grand-chancelier de l'ordre royal de la Légion-d'Honneur,

Vu l'état qui nous a été soumis, et présentant les extinctions survenues pendant l'année 1823, parmi les membres de l'Ordre de tous grades,

Nous avons ordonné et ordonnons ce qui suit:

Art 1er. Le traitement des membres de la Légion-d'Honneur, étant officiers de l'Ordre avant le 6 avril 1814, est augmenté de 80 fr. pour l'année 1823, en sorte que chacun de ces membres touchera, pour ladite année, la somme totale de 820 fr., sous la déduction accoutumée de 10 francs pour notre hôtel royal des Invalides.

2. Notre ministre secrétaire d'État des finances et notre grand-chancelier de l'ordre royal de la Légion-d'Honneur, sont chargés, chacun en ce qui le concerne, de l'exécution de la présente ordonnance.

Donné au château des Tuileries, le 6 avril 1824.

LOUIS.

Par le roi,

Le ministre secrétaire d'État au département des finances. J. DE VILLÈLE.

EXTRAIT DU RAPPORT AU ROI RELATIF AUX SOUS-OFFICIERS ET SOLDATS DÉCORÉS EN 1822.

Les promotions à un grade supérieur ne donnent pas droit à un traitement nouveau. Les légionnaires, seuls, qui étaient sous-officiers ou soldats à la date de leur nomination, reçoivent le traitement. Mais la loi du 6 juillet 1820 ayant disposé de tous les fonds de la Légion-d'Honneur, sans rien régler pour les nominations nouvelles, Votre Majesté a bien voulu pourvoir, par des dispositions spéciales, à la dépense de traitement que ces nominations doivent causer. C'est ainsi que, par son ordonnance du 6 septembre 1821, elle a employé quelques parties des fonds généraux de l'Ordre, qu'elle a jugées disponibles, à assurer le traitement annuel des légionnaires aux sous-officiers et soldats décorés en 1821. Par son ordonnance du 2 juillet 1823, elle a fait verser 24,000 fr., afin que ceux qui l'ont été en 1822 pussent toucher le traitement de cette année. L'attention bienveillante de Votre Majesté s'est déjà portée sur les moyens de subvenir à la même dépense pour 1823, tant en faveur de ces légionnaires, que pour les sous-officiers et soldats décorés en 1823 même. Cette dépense sera réglée par l'ordonnance que Votre Majesté daignera rendre à ce sujet.

Gratifications aux membres de l'Ordre.

Le fonds pour les gratifications aux légionnaires dans le besoin, qui de 300,000 francs avait été réduit, en 1820, à 50,000 francs, a encore subi une nouvelle réduction de 30,000 francs par l'ordonnance du 5 septembre 1821, lesquels ont été imputés sur la dépense calculée pour payer les nominations de 1821 ayant droit au traitement. Il ne reste donc plus de disponible, pour venir au secours des sous-officiers et soldats, membres de l'Ordre retirés du service, que la modique somme de 20,000 francs, et je cède à une nécessité rigoureuse, en ne demandant que ce reliquat d'un fonds qui, plus tard, sera sans doute intégralement rétabli et rendu à son ancienne et première destination. Cette dépense est digne d'une attention spéciale de Votre Majesté, puisqu'elle n'offre que de faibles secours, accordés à des familles honorables et accablées par le malheur.

RÉSUMÉ DES RECETTES ET DES DÉPENSES DU BUDGET DE 1824.

Les recettes, suivant le projet de budget, doivent s'élever à	10,289,443f
Les dépenses à	10,311,018 60c
Il y aura excédant de dépenses de	21,565 60

La Légion ne peut pas espérer d'effectuer, par la réalisation des produits qui constituent sa recette, un recouvrement supérieur à la somme totale portée dans le projet du budget. Elle a lieu de s'attendre, au contraire, que la dépense, et je n'entends parler ici que des traitements des membres de l'Ordre, sera plus forte que celle que le projet du budget a fixée. Il ne pourrait être remédié, pour long-temps au moins, à cette fâcheuse situation, que si la Légion-d'Honneur parvenait à recouvrer ses créances arriérées, créances fondées en droit, et pour lesquelles le grand-chancelier n'a cessé de présenter les réclamations de l'Ordre.

Louis, etc.

Art. 1er. La recette de la Légion-d'Honneur, pour 1824, est réglée à la somme de 10,289,443 fr.

DE L'ORDRE.

2. La dépense de la Légion-d'Honneur, pour 1824, est réglée à la somme de 10,311,018 fr. 60 c.

Savoir :

1° Traitemens des membres de l'Ordre, calculé conformément à la loi du 6 juillet 1820...	9,038,130f
2° Gratifications aux membres de l'Ordre qui sont dans le besoin.............	20,000
3° Maison royale de Saint-Denis...	440,900
4° Succursales de Saint-Denis..	312,000
5° Frais de la grande-chancellerie...	289,100
6° Commissions aux receveurs-généraux chargés des paiemens.................	30,000
7° Décorations...	18,000
8° Dépenses imprévues et diverses...	30,000
9° Pensions diverses...	129,148 60c
10° Fonds pour la répartition de gratifications aux élèves des maisons royales conformément à l'ordonnance du 8 mai 1818, et sauf à employer en achats de rentes la portion de ces fonds qui ne sera pas dépensée.................................	3,740
Total........................	10,311,018 60

3. Conformément à l'article 53 de l'ordonnance du 23 avril 1821, il sera pourvu, tant à la nourriture et à l'entretien des élèves de la maison royale de Saint-Denis, qu'aux autres dépenses indiquées par ledit article, au moyen, 1° des 320,000 francs faisant partie des 440,900 francs alloués par l'article précédent, sauf la réduction de cette somme par la revue de présence des élèves; 2° des versemens qui seront faits par les parens des élèves pensionnaires de la même maison.

4. Après qu'il aura été ainsi pourvu à ces diverses dépenses, la somme qui restera disponible sur le 320,000 francs, réduits comme il a été dit ci-dessus, et sur les versemens des élèves pensionnaires, sera employée en achat de rentes.

5. Le même emploi sera fait, 1° de la somme dont il pourra être tenu compte par la caisse des dépôts et consignations à la Légion-d'Honneur, pour intérêts sur les fonds pendant 1824; 2° des rentes à échoir, en 1824, sur les inscriptions achetées en exécution de l'ordonnance du 8 mai 1818, déduction faite des 11,140 francs dont la dépense a été autorisée par l'article 2 précédent, savoir : 7,400 francs faisant partie de la dépense des pensions, et 3,740 francs, montant du dernier fonds.

6. Le fonds de 320,000 francs, alloué par le budget de 1823, pour la nourriture et l'entretien des élèves de la maison royale de Saint-Denis, est réduit à la somme de 319,875 fr. 55 cent. Celui de 200,000 francs, alloué par le même budget pour dépenses de la même nature dans les succursales de la maison de Saint-Denis, est réduite à la somme de 199,194 fr. 43 cent.

7. La somme de 81,805 francs 87 centimes est déduite sur les fonds applicables aux exercices 1821 et antérieurs; savoir :
    49,975f 75c reste du fonds de 150,000 fr. alloué par l'ordonnance du 20 février 1823, en remplacement d'anciens crédits annulés;
    31,830 12 reste des crédits, 1° de 9,005,400 francs ouvert par l'ordonnance du budget du 23 avril 1821; 2° de 30,000 francs prélevés sur le fonds des gratifications, conformément à l'article 3 de l'ordonnance du 6 septembre 1821.

8. Afin de satisfaire aux réclamations des membres de l'Ordre dont les traitemens sont arriérés, tant sur l'exercice 1821 que sur les exercices antérieurs, il est ouvert un crédit spécial, pour l'année 1824, d'une somme de 150,000 francs. Les frais auxquels le recouvrement des créances arriérées de l'Ordre pourra avoir donné lieu dans la même année, seront prélevés sur le même crédit.

9. Un crédit supplémentaire de 40,126 francs est ouvert pour achever de solder le prix des décorations relatives aux promotions et nominations faites dans la Légion-d'Honneur pendant l'année 1823.

10. Notre grand-chancelier est autorisé à prélever sur les fonds généraux de l'Ordre, une somme de 120,882 fr. pour solder les travaux exécuter dans le château d'Écouen, pour compte de la Légion-d'Honneur, antérieurement à l'année 1814.

11. Notre ministre secrétaire d'État au département des finances et notre grand-chancelier de la Légion-d'Honneur sont chargés de l'exécution de la présente ordonnance.

Donné au château des Tuileries, le 6 avril 1824.

LOUIS.

Par le roi,

Le ministre secrétaire d'État des finances, J. DE VILLÈLE.

1825.

La loi du 6 juillet 1820 a ordonné que le traitement affecté au grade de légionnaire serait payé à raison de 250 fr., à compter du deuxième semestre de la même année, et a augmenté ainsi la dépense annuelle de la Légion-d'Honneur de 125 francs pour chaque légionnaire. Elle a en conséquence réglé qu'il serait alloué dans les budgets de l'État, pour cette dépense, 1,700,000 fr. pour 1820, et 3,400,000 fr. pour chacune des années qui suivraient. La même loi a assigné l'augmentation du traitement des autres grades sur les fonds à provenir des traitemens qui deviendraient libres par extinction.

Pour 1820, la Légion-d'Honneur avait, suivant le compte précédent, non-seulement épuisé le fonds de 1,700,000 fr., mais elle avait un excédant de dépense de 4,209 fr. 76 cent.

Le fonds de 1821 présentait dans le compte précédent un reste disponible de 6,748 fr. 43 cent.; la Légion-d'Honneur a payé un total de 8,950 fr. 96 cent.; elle est ainsi de 2,202 fr. 53 cent. en excédant de dépense sur le fonds de 1821.

Sur le fonds accordé pour 1822, la Légion-d'Honneur avait employé, suivant les comptes précédens, 3,360,034 fr. 86 cent.; le reste disponible était de 39,965 fr. 14 cent. Il a été employé sur cette somme 32,750 fr. 53 cent., payés à deux cent soixante dix-neuf légionnaires ou à leurs héritiers. Il est prélevé de plus une somme de 503 fr. 77 cent. pour portion de traitement devenu libre par le décès de huit légionnaires, laquelle doit, conformément à l'article 4 de la loi du 6 juillet 1820, être réunie au fonds d'augmentation pour les traitemens des grades supérieurs. Il ne reste donc plus, sur le fonds de 1822, que 6,610 fr. 84 cent.

La Légion-d'Honneur a reçu, conformément à l'article 3 de la loi du 6 juillet 1820, et en vertu de la loi de finances du 17 août 1822, afin de compléter le traitement des légionnaires pour 1823, la somme de.. 3,400,000f

Il est d'abord prélevé sur ce fonds 2 pour cent, dont le montant est destiné, ainsi qu'il a été réglé par l'ordonnance du 6 septembre 1821, à payer le traitement de lélégionnaire aux sous-officiers et soldats décorés en 1821......... 68,000f

Il a été porté au compte de l'augmentation du traitement des officiers de l'Ordre, pour 1823, conformément à l'article 4 de la loi du 6 juillet 1820,

1° L'intégralité de la portion de traitement qui avait été assignée sur ces fonds, soit 122 fr. 59 cent. pour chacun des légionnaires qui sont morts depuis et y compris 1820 jusqu'à 1822, et dont le nombre a été, suivant les états successifs d'extinction, au total, de trois cent quatre-vingt-onze pour 1820; de quatre cent deux pour 1821, et de quatre vingt-six pour 1822, ci........................... 149,327 50c

2° Les fractions de la même portion de traitement devenues libres par les extinctions des quatre cent vingt-huit légionnaires décédés en 1823.. 27,793

Il a été payé à vingt-cinq mille six cent quarante-deux légionnaires ou à leurs héritiers................................... 3,123,846 41

Total des sommes employées sur le fonds de 3,400,000 francs alloué pour 1823.. 3,367,966 91   3,367,966 91

Il reste une somme disponible sur ce fonds, de.............. 32,033 09

CHARLES, etc.

Art. 1er. La recette de la Légion-d'Honneur, pour 1825, est réglée à la somme de 10,309,46 fr.
2. La dépense de la Légion-d'Honneur, pour 1825, est réglée à la somme de 10,470,301 fr.

Savoir :

1° Traitemens des membres de l'Ordre, calculés conformément à la loi du 6 juillet 1820.. 9,200,000
2° Gratifications aux membres de l'Ordre qui sont dans le besoin.......... 20,000
3° Maison royale de Saint-Denis............................. 440,900
4° Succursales de Saint-Denis............................... 312,000
5° Frais de la grande-chancellerie........................... 289,100
6° Commissions aux receveurs-généraux chargés des paiemens............. 30,000
7° Décorations... 30,000
8° Dépenses diverses et imprévues............................. 30,000
9° Pensions diverses...................................... 118,001
10° Fonds pour la répartition de gratifications aux élèves des maisons royales, conformément à l'ordonnance du 8 mai 1818................... 300

Total.......... 10,470,301f

3. Conformément à l'article 53 de l'ordonnance du 23 avril 1821, il sera pourvu, tant à la nourriture

et à l'entretien des élèves de la maison royale de Saint-Denis qu'aux autres dépenses indiquées par ledit article, au moyen, 1° des 320,000 fr. faisant partie des 440,900 alloués par l'article précédent, sauf la réduction de cette somme suivant la revue de présence des élèves ; 2° des versemens qui seront faits par les parens des élèves pensionnaires de la même maison.

4. Après qu'il aura été ainsi pourvu à ces diverses dépenses, la somme qui restera disponible sur les 320.000 fr., réduits comme il a été dit ci-dessus, et sur les versemens des élèves pensionnaires, sera employée en achat de rentes.

5. Le même emploi sera fait, 1° de la somme dont il pourra être tenu compte par la caisse des dépôts et consignations à la Légion-d'Honneur, pour intérêts sur les fonds pendant 1825 ; 2° des rentes à échoir, en 1825, sur les inscriptions achetées en exécution de l'ordonnance du 8 mai 1818, déduction faite des 11,300 francs dont la dépense a été autorisée par l'art. 2 précédent ; savoir : 11,000 fr. faisant partie de la dépense des pensions, et 300 francs montant du dernier fonds.

6. Il est accordé pour les traitemens des membres de l'Ordre, sur l'exercice 1823, un crédit supplémentaire de 160,000 francs.

7. Même crédit supplémentaire de 160,000 francs est accordé pour les traitemens des membres de l'Ordre sur l'exercice 1824.

8. Afin de satisfaire aux réclamations des membres de l'Ordre dont les traitemens sont arriérés, tant sur 1822 que sur les années antérieures, il est ouvert un crédit spécial d'une somme de 150,000 francs. Les frais auxquels le recouvrement des créances arriérées de l'Ordre pourra avoir donné lieu, dans la même année, seront prélevés sur le même crédit.

La somme de 56,033 francs 71 centimes, reste du crédit de 150,000 francs ouvert par le budget de 1824 pour les dépenses des années 1821 et antérieures, est annulée.

9. Notre président du conseil des ministres et notre grand-chancelier de l'Ordre royal de la Légion-d'Honneur sont chargés, chacun en ce qui le concerne, de l'exécution de la présente ordonnance.

Donné au château des Tuileries, le 15 avril 1825.

CHARLES.

Par le roi,

Le président du conseil des ministres, J. DE VILLÈLE.

ORDONNANCE DU ROI RELATIVE A L'AUGMENTATION DU TRAITEMENT DES OFFICIERS DE L'ORDRE.

CHARLES, etc.

Sur le rapport de notre cousin le grand-chancelier de l'ordre royal de la Légion-d'Honneur,

Vu l'état qui nous a été soumis, et présentant les extinctions survenues pendant l'année 1824, parmi les membres de l'Ordre de tous grades,

Nous avons ordonné et ordonnons ce qui suit :

Art. 1er. Le traitement des membres de la Légion-d'Honneur, étant officiers de l'Ordre avant le 6 avril 1814, est augmenté de 80 francs pour l'année 1824 ; en sorte que chacun de ces membres touchera, pour ladite année, la somme totale de 900 fr. sous la déduction accoutumée de 10 fr. pour notre hôtel royal des invalides.

2. Notre ministre secrétaire d'État au département des finances et notre grand-chancelier de l'ordre royal de la Légion-d'Honneur sont chargés, chacun en ce qui le concerne, de l'exécution de la présente ordonnance.

Donné au château des Tuileries, le 15 avril 1825.

CHARLES.

Par le roi,

Le ministre secrétaire d'État au département des finances, président du conseil, J. DE VILLÈLE.

Le nombre des nominations dans l'Ordre, pendant l'année 1824, a été de 439 ; celui des extinctions a été de 619. Ainsi le nombre total des membres, qui était de 43,419 au 1er janvier 1824, a été diminué de 180, et se trouve ainsi de 43,239.

Il a été fait 70 promotions dans les grades supérieurs ; ce nombre est sans influence sur l'effectif total.

Le droit au traitement est réglé par la loi du 6 juillet 1820, pour les nominations qui ont eu lieu jusqu'à cette époque. Quant aux nominations postérieures, les ordonnances royales ne confèrent le traitement qu'aux militaires qui étaient sous-officiers ou soldats, en activité, à l'époque où ils ont été admis dans l'Ordre.

Sur les 43,239 membres de la Légion-d'Honneur, 29,484 seulement, suivant ces règles, peuvent recevoir le traitement.

1826.

CHARLES etc.

Art. 1er. La recette de la Légion-d'Honneur, pour 1826, est réglée à la somme de 10,572,128 francs.

Savoir :

1°. Fonds accordés par l'art. 3 de la loi du 6 juillet 1820....................... 3,400,000f
2°. Recettes sur les revenus propres de l'Ordre............................... 6,970,628
3°. Fonds à porter dans le budget de l'État pour les traitements des sous-officiers et soldats, nommé dans l'Ordre depuis et y compris l'année 1822.................. 201,500

Total................... 10,572,128

2. La dépense de la Légion-d'Honneur, pour 1826, est réglée à la somme de 10,577,032 fr. 80 c.

Savoir :

1° Traitemens des membres de l'Ordre, d'après la loi du 6 juillet 1820....... 9,230,000f
2° Gratifications aux membres de l'Ordre qui sont dans le besoin............ 20,000
3° Maison royale de Saint-Denis.. 440,900
4° Succursales de Saint-Denis.. 312,000
5° Grande-chancellerie... 289,100
6° Commissions aux receveurs-généraux chargés des paiemens.............. 30,000
7° Achat de décorations... 15,000
8° Dépenses diverses et imprévues.. 30,000
9° Pensions diverses.. 109,462 80c
10° Fonds pour la répartition de gratifications aux élèves des maisons royales, à leur sortie de ces maisons, conformément à l'ordonnance du 8 mai 1818......... 570
11° Fonds pour satisfaire, en 1826, aux réclamations pour traitements arriérés des membres de l'Ordre, tant sur 1823 que sur les années antérieures.......... 100,000

Total................ 10,577,032 80

3. Conformément à l'art. 53 de l'ordonnance du 23 avril 1821, il sera pourvu, tant à la nourriture et à l'entretien des élèves de la maison royale de Saint-Denis, qu'aux autres dépenses indiquées par ledit article, au moyen, 1°. des 320,000 francs faisant partie des 440,900 francs alloués par l'article précédent, sauf la réduction de cette somme suivant la revue de présence des élèves ; 2° des versemens qui seront faits par les parens des élèves pensionnaires de la même maison.

4. Après qu'il aura été ainsi pourvu à ces diverses dépenses, la somme qui restera disponible sur les 320,000 fr., réduits comme il a été dit ci-dessus, et sur les versemens des élèves pensionnaires, sera employée en achat de rentes.

5. Le même emploi sera fait, 1°. de la somme dont il pourra être tenu compte par la caisse des dépôts et consignations à la Légion-d'Honneur, pour intérêts sur les fonds disponibles pendant 1826 ; 2° des rentes à échoir, en 1826, sur les inscriptions achetées en exécution de l'ordonnance du 8 mai 1818, déduction faite des 11,570 fr. dont la dépense a été autorisée par l'art. 2 précédent : savoir : 11,000 fr. faisant partie de la dépense des pensions, et 570 fr. montant du dernier fonds.

6. Notre président du conseil des ministres et notre grand-chancelier de la Légion-d'Honneur sont chargés de l'exécution de la présente ordonnance.

Donné au château des Tuileries, le 25 mars 1826.

CHARLES.

Par le roi,

Le président du conseil des ministres, J. DE VILLÈLE.

ORDONNANCE QUI RÈGLE L'EMPLOI DU BÉNÉFICE RÉSULTANT DES EXTINCTIONS.

CHARLES, etc.

Vu l'état qui nous a été soumis, et présentant les extinctions survenues pendant l'année 1825, parmi les membres de l'Ordre de tous grades,

Nous avons ordonné et ordonnons ce qui suit :

Art 1er. Le traitement des membres de la Légion-d'Honneur, étant officiers de l'Ordre avant le 6 avril 1814, est augmenté de 80 fr. pour l'année 1825, en sorte que chacun de ces membres touchera, pour ladite année, la somme totale de 980 fr., sous la déduction accoutumée de 10 francs pour notre hôtel royal des Invalides.

2. Notre ministre secrétaire d'État des finances et notre grand-chancelier de l'ordre royal de la Légion-d'Honneur, sont chargés, chacun en ce qui le concerne, de l'exécution de la présente ordonnance.

Donné au château des Tuileries, le 25 mars 1826.

CHARLES.

Par le roi,

Le ministre secrétaire d'État au département des finances, président du conseil, J. DE VILLÈLE.

1827.

ORDONNANCE DU ROI.

Louis, etc.

Vu notre ordonnance du 26 mars 1816, concernant l'organisation de la Légion-d'Honneur, et spécialement,

1° L'article 9 conçu en ces termes :
« Les étrangers sont admis et non reçus, et ne prêtent aucun serment; »
Vu les articles 30 et suivans, qui déterminent le mode de réception, etc.

Vu les lois et réglemens relatifs à la naturalisation, et spécialement les actes législatifs des 13 décembre 1799 et 19 février 1808, le décret du 19 mars 1809, l'ordonnance du 4 juin 1814, la loi du 4 octobre 1814, et les ordonnances des 17 février 1815, 5 juin 1816 et 29 octobre 1817;

Vu la loi du 6 juillet 1820;

Considérant que, par l'ordonnance du 29 octobre 1817, les officiers nés en pays étranger, qui étaient alors en possession de la demi-solde, ont été tenu de se pourvoir de lettres de déclaration de naturalité dans le délai de six mois à dater de la publication de cette ordonnance; qu'ainsi ces officiers n'ont pas cessé d'être considérés comme citoyens français, s'ils ont satisfait aux dispositions de ladite ordonnance dans le délai qu'elle a prescrit; que le même délai a profité à ceux d'entre eux qui sont membres de la Légion-d'Honneur pour continuer à être réputés membres français de l'Ordre, et jouir du traitement attribué aux grades qu'ils occupent;

Considérant que le même avantage, quant à la solde de retraite, a été assuré par les ordonnances des 17 février 1815 et 5 juin 1816, aux militaires nés en pays étrangers ou devenus étrangers à la France, qui ont rempli, avant le 1er janvier 1817, les formalités prescrites par ces ordonnances;

Prenant en considération les circonstances dans lesquelles se sont trouvés les militaires membres de l'Ordre nés en pays étranger, dont les obligations, relativement à la naturalisation, n'avaient pas été réglées par des ordonnances spéciales, et voulant que tous profitent également de la latitude accordée par quelques-uns;

Considérant, quant à ceux qui, nés en pays étranger, n'ont pas fait de diligences dans le délai le plus favorable pour obtenir leur naturalisation, 1° que, devenus étrangers, ils sont entrés dans la classe des membres étrangers de l'Ordre et ont perdu leur droit au traitement; 2° qu'ils ne peuvent exciper de leur ancienne réception comme membre français, puisqu'à l'instant où ils sont devenus étrangers, les droits et les obligations résultant de leur réception et de leur serment ont cessé de plein droit et les ont placés au rang de membres étrangers admis sans réception ni prestation de serment; 3° que, s'ils redeviennent Français, quel que soit le temps pendant lequel ils ont été étrangers, les lettres qu'ils obtiennent ne sont plus que des lettres de naturalisation qui ne changent pas leur position dans la Légion-d'Honneur; 4° qu'ils ne peuvent rentrer dans la classe des membres français de l'Ordre qu'en vertu d'une autorisation spéciale émanée de nous et suivie d'une réception nouvelle et d'une nouvelle prestation de serment; que c'est en vertu de cette autorisation seulement, et à compter de cette réception, qu'ils peuvent avoir droit aux mêmes avantages que les membres français de l'Ordre reçus à cette même époque et placés dans la même position;

Sur le rapport de notre cousin le grand-chancelier de la Légion-d'Honneur,

Notre conseil d'État entendu,

Nous avons ordonné et ordonnons ce qui suit :

Art. 1er. Les dispositions de l'ordonnance du 29 octobre 1817 qui prescrivent aux officiers jouissant alors de leur demi-solde de se pourvoir dans le délai de six mois afin d'obtenir des lettres de déclaration de naturalité, sont déclarées applicables, en ce qui regarde le traitement de la Légion-d'Honneur, à tous les militaires membre de l'Ordre nés en pays étranger.

En conséquence, ceux de ces membres qui ont fait des diligences dans ledit délai pour se faire naturaliser, sont déclarés ayant droit au traitement.

2. Sont exceptés ceux qui, avant l'expiration du même délai, avaient pris du service chez une puissance étrangère ou fait tout autre acte qui les constitue sujets d'une puissance étrangère.

3. Les membres de l'Ordre nés en pays étranger qui n'ont pas satisfait au délai indiqué dans l'article ci-dessus, ou qui sont compris dans l'exception faite par l'article 2, seront tenus, s'ils veulent redevenir membre français de l'Ordre, après s'être fait naturaliser, de solliciter une réception nouvelle et de prêter un nouveau serment, conformément au titre IV de notre ordonnance du 26 mars 1816.

4. Nous nous réservons d'accorder, par grace spéciale et singulière, le traitement de la Légion-d'Honneur aux membres de l'Ordre compris dans l'article précédent et qui étaient sous-officiers ou soldats en activité de service dans nos armées de terre ou de mer à la date du 6 avril 1814, pour ceux nés dans les pays qui n'ont jamais fait partie de la France, et à la date des traités, pour ceux qui sont nés dans les pays détachés par le même traité.

Le traitement ainsi accordé ne courra que du jour de leur nouvelle réception.

5. Les dispositions de l'article 13 de l'ordonnance du 5 juin 1816, relatives aux Suisses qui ont servi

en France dans les régimens auxiliaires de leur nation, en vertu des capitulations encore existantes entre les deux gouvernemens, sont déclarées applicables au traitement de la Légion-d'Honneur.

6. Les dispositions de la présente ordonnance ne sont pas applicables aux légionnaires non militaires, nés dans les pays étrangers, qui n'ont pas obtenu de lettres de déclaration de naturalité, conformément à la loi du 14 octobre 1814 et dans les délais fixés par cette loi.

7. Notre ministre secrétaire d'État des finances et notre cousin le grand-chancelier de la Légion-d'Honneur sont chargés, chacun en ce qui le concerne, de l'exécution de la présente ordonnance.

Donné au château des Tuileries, le 26 mai 1824.

Par le roi,

LOUIS.

Le ministre secrétaire d'État au département des finances, J. DE VILLÈLE.

RAPPORT AU ROI.

Paris, le 20 avril 1827.

Sire,

L'article 4 de la loi du 6 juillet 1820 a réglé que les fonds qui deviendraient libres par l'effet des extinctions dans les différens grades de la Légion-d'Honneur, à partir du 1er janvier 1820, serviraient d'abord à payer le traitement de légionnaires aux officiers amputés nommés membres de l'Ordre depuis le 6 avril 1814 jusqu'au 20 mars 1815, puis à compléter les traitemens des officiers, commandeurs, grands-officiers et grand'croix de cet Ordre nommés antérieurement au 6 avril 1814, de manière que ce complément fût donné annuellement, d'abord aux membres de l'Ordre officiers à cette époque, puis à tous les commandeurs, et ainsi successivement dans les grades supérieurs.

Les dispositions de cet article ont reçu leur exécution, d'année en année, depuis et y compris l'année 1820.

Les officiers amputés nommés dans l'Ordre depuis le 6 avril 1814 jusqu'au 20 mars 1815, ont été, depuis 1820, admis au traitement de légionnaire. Ils étaient alors au nombre de 51; 3 sont décédés depuis.

Le traitement des membres de la Légion-d'Honneur qui étaient officiers de l'Ordre au 6 avril 1814, a été augmenté de 80 fr. dans chacune des années 1820, 1821, 1822, 1823, 1824 et 1825. Ces augmentations successives forment un total de 480 francs. Le complément nécessaire pour ramener le traitement d'officier au taux ancien étant de 490 fr., il ne reste plus qu'une différence de 10 francs à retenir pour ce grade sur les fonds devenus libres par les extinctions postérieures à 1825.

Cependant, avant de donner ses ordres sur l'emploi de ces fonds, Votre Majesté trouvera sans doute convenable d'arrêter son attention sur l'ensemble des sommes devenues vacantes par l'effet des extinctions survenues parmi les membres de l'Ordre depuis 1820, et sur la dépense résultant des augmentations successives des traitemens.

Dans l'année 1820, 551 membres de l'Ordre de tout grades sont décédés, et ont laissé, en traitemens annuels... 150,920 fr.
En 1821....... 561 ont laissé.. 147,990
En 1822...... 608.. 161,200
En 1823...... 619.. 158,560
En 1824...... 646.. 186,250
En 1825...... 729.. 192,860

Totaux..... 3,714.. 997,780

Pour évaluer avec exactitude dans chaque année le montant de ces vacances successives, il doit être observé que, dans l'année même, une portion du traitement devenu vacant appartient à la famille du décédé; que, conséquemment, le montant des vacances de l'année ne peut être attribué intégralement qu'à l'année suivante. Ainsi les traitemens annuels éteints par les décès de 1820 montaient à 150,920 f. Mais, dans cette année, les familles des décédés ont eu à recevoir sur cette somme celle de 81,809 francs 16 centimes. Il n'appartenait donc au compte d'augmentation, pour 1820, que 69,110 fr. 84 c., et la somme totale de 150,920 fr. n'a été libre en effet qu'en 1821.

Il résulte des comptes précédens, qu'il reste encore une différence de 10 fr. pour atteindre au complément du traitement d'officier, et ramener ainsi ce traitement annuel au taux ancien.

La dépense que doit amener cette nouvelle augmentation, étant inférieure au montant des fonds devenus libres par les extinctions de 1826, Votre Majesté voudra sans doute ordonner que l'excédant soit employé à l'augmentation du traitement de commandeur pour les membres de l'Ordre qui étaient revêtus de ce grade avant le 6 avril 1814, ainsi qu'il a été réglé par l'article 4 de la loi du 6 juillet 1820.

Je présenterai les diverses évaluations des fonds libres et des dépenses; mais d'abord je dois rappeler quelques faits importans à connaître relativement au nombre des membres de l'Ordre qui ont droit au traitement de commandeur.

Avant la promotion qui fut faite le 14 juin 1804 dans le grade de commandeur, deux arrêtés du grand-conseil de la Légion-d'Honneur, du 27 mars et du 4 juin, avaient réglé que, provisoirement, les conseillers d'État, sénateurs, ambassadeurs ou ministres plénipotentiaires qui seraient nommés commandeurs de la Légion-d'Honneur, ne recevraient aucun traitement. Le nombre des commandeurs qui se trouvèrent compris dans cette mesure était de 95. Des décisions spéciales des 19 juin 1806 et 24 décembre 1810 ont réintégré 4 commandeurs dans le droit commun; 24 ont été promus à un grade supérieur dans l'Ordre et admis au traitement de ce grade antérieurement à 1814. L'ordonnance du 3 août 1814 porte, article 3 : « Les membres de la Légion-d'Honneur qui, étant revêtus de fonctions publiques, ne touchaient pas le traitement de la Légion à raison des émolumens attachés à ces fonctions, et qui se trouvent aujourd'hui privés de ces émolumens, sont réintégrés, à compter du 1er avril 1814, dans la jouissance du traitement affecté à leur grade dans la Légion. » Cette disposition a été appliquée à 12 des commandeurs compris dans l'exception prononcée par les arrêtés des 27 mars et 4 juin 1804.

L'article 4 de la loi du 6 juillet 1820, dans ses dispositions spécialement relatives à l'augmentation du traitement pour le grade de commandeur, comprend sous une expression commune tous les membres de l'Ordre qui avaient été promus à ce grade antérieurement au 6 avril 1814. Le mode d'exécution de cet article a été expliqué par un avis du comité de législation du conseil d'État; et, conformément à cet avis, il a été décidé, par ordonnance royale du 25 janvier 1822, que l'appel au traitement pour les commandeurs soumis encore à l'exception, aurait lieu à partir seulement de l'époque où les fonds provenant des extinctions profiteraient au grade de commandeur.

Si Votre Majesté juge que le traitement attribué à ce grade doit être augmenté à compter de 1826, c'est à compter de cette année que les effets de l'exception établie en 1804 doit entièrement cesser.

J'ai exposé que, sur les 95 membres de l'Ordre qui s'y sont trouvés compris d'abord, 40 ont été admis au traitement par leur promotion au grade supérieur, par des décisions spéciales antérieures à 1814, ou par l'effet de l'ordonnance du 3 août 1814.

Des 55 qui n'ont pas été admis, 38 sont décédés ou ont cessé de faire partie de la Légion-d'Honneur comme étrangers.

Ainsi les dispositions de l'ordonnance du 25 janvier 1822 peuvent être appliquées à 17 seulement.

Le nombre des membres de l'Ordre qui étaient commandeurs avant le 6 avril 1814, et qui ont droit au traitement de ce grade, était, suivant les états du personnel arrêtés au 31 décembre 1825, de 411. Ce nombre se réduit à 409 par deux décès arrivés en 1825, et qui m'ont été notifiés après la rédaction de ces états; mais il s'augmente de 17 par l'appel au traitement des membres de l'Ordre dont la position été réglée par l'Ordonnance du 25 janvier 1822.

Sur le total de 426, 23 sont décédés en 1826.

Ainsi, 403 seulement recevront l'augmentation intégrale; elle sera, pour les 23 décédés, réduite suivant le jour de chaque décès.

Je pense que l'augmentation pourrait être réglée à 120 francs.

La dépense serait, pour 403 parties intégrales, de............................. 48,360f
Et pour les parts relatives des 23 décédés, de............................. 1,293 90 c
_____
49,653 90

J'ai l'honneur de soumettre à Votre Majesté un projet d'ordonnance préparé d'après la proposition qui précède.

Daignez agréer, Sire, l'hommage du plus profond respect avec lequel je suis,
De Votre Majesté,
Le très humble et très obéissant serviteur et très fidèle sujet,

Le grand-chancelier de l'ordre royal de la Légion-d'Honneur, **MACDONALD**.

ORDONNANCE DU ROI.

Charles, etc.

Sur le rapport de notre cousin le grand-chancelier de l'ordre royal de la Légion-d'Honneur,
Nous avons ordonné et ordonnons ce qui suit :

Art. 1er. Le traitement des membres de la Légion-d'Honneur qui étaient officiers de l'Ordre avant le 6 avril 1814, est augmenté de 10 francs pour l'année 1826; de manière que chacun de ces membres touchera, pour ladite année, la somme totale de 990 francs, sous la déduction accoutumée de 10 francs pour notre hôtel royal des Invalides.

2. Le traitement des membres de la Légion-d'Honneur qui étaient commandeurs de l'Ordre avant le 6 avril 1814, est augmenté de 120 fr. pour 1826; de manière que chacun de ces membres, en y comprenant ceux dont la position a été réglée par l'ordonnance du 25 janvier 1822, touchera, pour ladite année, la somme de 1,120 francs, sous la déduction accoutumée de 20 francs pour notre hôtel royal des Invalides.

3. Notre président du conseil des ministres et notre grand-chancelier de l'ordre royal de la Légion-d'Honneur sont chargés, chacun en ce qui le concerne, de l'exécution de la présente ordonnance.

Donné au château des Tuileries, le 20 avril 1827.

CHARLES.

Par le roi,
Le ministre secrétaire d'État au département des finances, président du conseil des ministres **J. DE VILLÈLE**.

EXTRAIT DU RAPPORT AU ROI.

Paris, le 20 avril 1827.

Au 1er janvier 1827, le nombre des membres de l'Ordre de tout grade, et quelle que soit leur position relativement au traitement, était de 43,639.

D'après les états du personnel du 1er janvier 1826, le nombre des membres français de l'Ordre était de.. 44,289

Les avis que j'ai reçus postérieurement à la rédaction de ces états, ont amené, sur les parties composant ce total, les réductions suivantes :

  2 grand'croix décédés,
  5 grands-officiers *idem*,
  38 commandeurs *idem*,
  85 officiers *idem*,
  2 officiers devenus étrangers,
 663 légionnaires décédés,
  1 légionnaire rayé en conséquence de jugement.

796   A déduire...................... 796

Il reste................... 43,493

Votre Majesté a nommé en 1826
  2 grand'croix,
  8 grands-officiers,
 22 commandeurs,
 83 officiers,
427 légionnaires.

542

Dans les promotions à ces divers grades, celle des légionnaires seulement augmentent le nombre des membres de l'Ordre, ci.. 427

Votre Majesté a, de plus, en 1826, confirmé trois nominations de légionnaires, pour prendre rang à compter de 1825, ci.. 3

Je dois ajouter les 16 anciens membres de l'Ordre, nés en pays étranger, et réadmis parmi les membres français en vertu de l'ordonnance du 26 mai 1824, ainsi que je l'ai précédemment expliqué, ci.. 16

Le total des membres de l'Ordre, de tout grade, au 1er janvier 1827, était ainsi de...... 43,939

Dans ce relevé, je n'ai parlé que des membres de l'Ordre sujets de Votre Majesté. Elle a daigné accorder, en 1826, à divers sujets des puissances étrangères, 3 décorations du grade de commandeur, 5 d'officier, 15 de chevalier.

C'est d'après le nombre de 43,939 que j'ai établi les décomptes du traitement appartenant, pour 1827, à chacun des membres de l'Ordre.

ORDONNANCE DU ROI.

CHARLES, etc.

Art. 1er. La recette de la Légion-d'Honneur, pour 1827, est réglée à la somme de 10,596,528 francs

Savoir :

1° Fonds accordés par l'article 3 de la loi du 6 juillet 1820................. 3,400,000f
2° Recettes sur les revenus propres de l'Ordre :
Rentes sur le grand-livre........................... 6,732,825f
Actions sur les canaux.............................. 175,000
Rentes provenant des anciens chef-lieux de cohorte............ 33,843
Droits sur les majorats............................. 40,000   6,986,528
Versemens faits par les membres de l'Ordre pour frais d'expédition de leurs nouveaux brevets.............................. 4,000
Étang de Capestang................................. 860

3° Fonds à porter dans le budget de l'État pour suffire à la dépense des traitemens pour les sous-officiers et soldats des armées de terre ou de mer nommés dans l'Ordre depuis et y compris l'année 1822, et qui étaient en activité de service à la date de leur nomination dans l'Ordre... 210,000

        Total........................ 10,596,528

2. La dépense de la Légion-d'Honneur, pour 1827, est réglée à la somme de 10,596,528 francs.

Savoir :

1° Traitemens des membres de l'Ordre.	9 230,000f
2° Gratifications aux membres de l'Ordre qui sont dans le besoin	20,000
3° Maison royale de Saint-Denis.	460,900
4° Succursales de Saint-Denis.	312,000
5° Frais de la grande-chancellerie.	289,100
6° Commissions aux receveurs-généraux chargés des paiemens.	30,000
7° Achat de décorations.	15,000
8° Dépenses diverses et imprévues.	29,690 90c
9° Pensions diverses.	109,247 10
10° Fonds pour gratifications aux élèves des maisons royales à leur sortie de ces maisons, conformément à l'ordonnance du 8 mai 1818.	590
11° Fonds pour satisfaire, en 1827, aux réclamations pour traitemens arriérés des membres de l'Ordre, tant sur 1824 que sur les années antérieures.	100,000
Total.	10,596,528

3. Conformément à l'article 53 de l'ordonnance du 23 avril 1821, il sera pourvu, tant à la nourriture et à l'entretien des élèves de la maison royale de Saint-Denis, qu'aux autres dépenses indiquées par ledit article, au moyen, 1° des 320,000 fr. faisant partie des 440,900 francs alloués par l'article précédent, sauf la réduction de cette somme suivant la revue de présence des élèves ; 2° des versemens qui seront faits par les parens des élèves pensionnaires de la même maison.

4. Après qu'il aura été ainsi pourvu à ces diverses dépenses, la somme qui restera disponible sur les 320,000 francs, réduits comme il a été dit ci-dessus, et sur les versemens des élèves pensionnaires, sera employée en achat de rentes.

5. Le même emploi sera fait, 1° de la somme dont il pourra être tenu compte par la caisse des dépôts et consignations à la Légion-d'Honneur, pour intérêts sur les fonds disponibles pendant 1827 ; 2° des rentes à échoir, en 1827, sur les inscriptions achetées en exécution de l'ordonnance du 8 mai 1818, déduction faite des 11,590 francs dont la dépense a été autorisée par l'art. 2 précédent ; savoir : 11,000 francs faisant partie de la dépense des pensions, et 590 francs, montant du fonds de gratifications.

Donné au château des Tuileries, le 20 avril 1827.

CHARLES.

Par le roi,

Le président du conseil des ministres, J. DE VILLÈLE.

1828.

RAPPORT AU ROI.

Paris, le 21 avril 1828.

Sire,

J'ai l'honneur de demander les ordres de Votre Majesté sur l'augmentation, pour 1827, du traitement attaché au grade de commandeur de Légion-d'Honneur, conformément à l'article 4 de la loi du 6 juillet 1820.

Les fonds devenus libres par suite des extinctions survenues dans tous les grades de l'Ordre depuis et y compris l'année 1820 jusqu'à l'année 1826, ont été employés, ainsi que cette loi l'a prescrit, d'abord à payer le traitement de légionnaires aux officiers amputés promus dans l'Ordre depuis le 6 avril 1814 jusqu'au 20 mars 1815, puis à rétablir graduellement le traitement intégral d'officier pour ceux qui étaient revêtus de ce grade avant le 6 avril 1814 ; enfin, à une première augmentation du traitement de commandeur.

Les fonds devenus libres en 1827 doivent être appliqués à une nouvelle augmentation pour ce dernier grade.

Ils se composent de deux parties.

1° Sur les traitemens qui se sont éteints par décès en 1826, il n'a pu être disposé pour les augmentations de cette année de la portion qui formait le montant des arrérages échus jusqu'au jour de décès, parce qu'elle appartenait aux héritiers. Les traitemens annuels s'élevaient, ainsi qu'il est établi dans le compte rendu pour 1826, à 225,420 fr. Les héritiers avaient à recevoir pour les arrérages jusqu'aux décès, 109,326 francs 95 centimes, et le compte des augmentations n'a pu ainsi profiter, pour 1826, que de 116,083 fr. 5 cent. ;

2° La seconde partie des fonds applicables aux augmentations de 1827 est la valeur des traitemens annuels éteints par les décès de cette annnée, déduction faite des arrérages à payer aux héritiers.

La Légion-d'Honneur a perdu en 1827, suivant les avis qui m'ont été notifiés dans tout le courant de cette année, 557 de ses membres, savoir ;

4 grand'croix, recevant annuellement le traitement de grand-officier ;
6 grands-officiers, dont.
    1 recevait annuellement le traitement de son grade ;
    4 celui de commandeur ;
    1 celui d'officier ;
20 commandeurs, dont..
    11 recevaient le traitement de leur grade ;
    6 celui d'officier ;
    3 celui de légionnaire ;
85 officiers, dont......
    47 recevaient le traitement de leur grade ;
    22 celui de légionnaire ;
    16 étaient sans traitement ;
442 légionnaires, dont...
    324 recevaient le traitement de légionnaire ;
    106 étaient sans traitement ;
    12 sous-officiers ou soldats nommés légionnaires postérieurement à 1820, rétribués sur des fonds accordés spécialement, qui s'éteignent sans retour au compte d'augmentation.

557 membres de l'Ordre.

Le total des traitemens annuels vacans par décès est de.................... 169,137f 50c

Les héritiers ont à reprendre sur cette somme, pour arrérages de 1827 échus jusqu'aux décès, celle de... 69,705 85

Il ne pourra être ainsi attribué aux augmentations de 1827 que................ 99,431 65

Cette dernière somme, avec celle des extinctions de 1826, qui avait été réservée au profit des héritiers, et montant, comme il est dit ci-dessus, à 109,326 fr. 95 cent., compose un total de.. 208,758f 60c

Les membres de l'Ordre dont le traitement doit être augmenté conformément à l'art. 4 de la loi du 6 juillet 1820, sont ceux qui avaient été promus au grade de commandeur avant le 6 avril 1814.

Le nombre de ces membres était, au 1er janvier 1827, de 403 ; quinze sont décédés dans le courant de l'année ; leurs héritiers auront droit au traitement augmenté jusqu'au jour des décès.

Je pense que l'augmentation du traitement attribué au grade de commandeur pourrait être réglée à 500 francs pour 1827, en sorte que le traitement de cette année s'élèverait à 1,620 francs. Le paiement effectif serait de 1,600 francs, la somme de 20 francs étant retenue pour la dotation de l'hôtel royal des Invalides.

La différence peu considérable qui, après cette augmentation payée, resterait sur les fonds devenus libres en 1827, rentrerait dans les fonds généraux de l'Ordre, et s'imputerait sur les avances faites des mêmes fonds au profit des augmentations des années précédentes.

J'ai l'honneur de soumettre à Votre Majesté un projet d'ordonnance conforme à ce qui précède.

Daignez agréer, Sire, l'hommage du plus profond respect avec lequel je suis,
    De Votre Majesté,
        Le très humble et très obéissant serviteur et très fidèle sujet,

Le grand-chancelier de l'ordre royal de la Légion-d'Honneur, MACDONALD.

ORDONNANCE DU ROI.

CHARLES, etc.

Sur le rapport de notre cousin le grand-chancelier de l'ordre royal de la Légion-d'Honneur,

D'après le compte qui nous a été rendu des extinctions survenues pendant 1827 parmi les membres de l'Ordre de tous grades,

Vu l'art. 4 de la loi du 6 juillet 1820,

Nous avons ordonné et ordonnons ce qui suit :

Art. 1er. Le traitement des membres de la Légion-d'Honneur, qui étaient commandeurs de l'Ordre avant le 6 avril 1814, est augmenté de 500 francs pour l'année 1827 ; en sorte que chacun de ces membres touchera, pour ladite année, la somme totale de 1,620 fr., sous la déduction accoutumée de 20 fr. pour notre hôtel royal des Invalides.

2. Notre ministre secrétaire d'État au département des finances et notre grand-chancelier de l'ordre royal de la Légion-d'Honneur sont chargés, chacun en ce qui le concerne, de l'exécution de la présente ordonnance.

Donné au château des Tuileries, le 21 avril 1828.

                                                      CHARLES.
Par le roi,
    Le ministre secrétaire d'État au département des finances, ROY.

DE L'ORDRE.

ORDONNANCE DU ROI.

CHARLES, etc.
Art. 1er. La recette de la Légion-d'Honneur, pour 1828, est réglée à la somme de 10,619,068 francs.

Savoir :

1° Fonds accordés par l'article 3 de la loi du 6 juillet 1820...............		3,400,000f
2° Recettes sur les revenus propres de l'Ordre :		
Rentes sur le grand-livre.............................	6,733,515f	
Actions sur les canaux..............................	170,000	
Rentes provenant des anciens chef-lieux de cohorte...........	33,843	
Droits sur les majorats...............................	45,000	6,991,218
Versemens faits par les membres de l'Ordre pour frais d'expédition de leurs nouveaux brevets..................................	8,000	
Étang de Capestang.................................	860	
3° Fonds à porter dans le budget de l'État pour suffire à la dépense des traitemens pour les sous-officiers et soldats des armées de terre ou de mer nommés dans l'Ordre depuis et y compris l'année 1822, et qui étaient en activité de service à la date de leur nomination dans l'Ordre...		227,850
Total.......................		10,619,068

2. La dépense de la Légion-d'Honneur, pour 1828, est réglée à la somme de 10,602,496 francs.

Savoir :

1° Traitemens des membres de l'Ordre de tous grades à payer suivant qu'il est réglé par l'article 3.......................................		9,330,000fr.
2° Gratifications aux membres de l'Ordre qui sont dans le besoin............		20,000
3° Maison royale de Saint-Denis..		460,900
4° Succursales de la maison royale de Saint-Denis........................		312,000
5° Frais de la grande-chancellerie.....................................		289,100
6° Commissions aux receveurs-généraux chargés des paiemens..............		35,000
7° Décorations { Fonds supplémentaire pour solder la dépense de 1827........	7,106 f	22,106
la dépense de 1828............	15,000	
8° Pensions diverses.....		107,800
9° Fonds pour gratifications aux élèves des maisons royales à leur sortie de ces maisons, conformément à l'ordonnance du 8 mai 1818.......................		590
10° Dépenses diverses et imprévues...................................		25,000
Total............................		10,602,496

3. Le crédit de 9,330,000 francs accordé par l'article ci-dessus pour les traitemens des membres de l'Ordre se divisera ainsi qu'il suit :

Paiemens à effectuer en 1828 et 1829 sur les traitemens de 1828................	9,045,000f
Paiemens à effectuer en 1828 sur les traitemens de 1826.....................	185,000
Paiemens à effectuer sur les traitemens antérieurs à 1826................	100,000
Somme pareille.......................	9,330,000

4. Conformément à l'article 53 de l'ordonnance du 23 avril 1821, il sera pourvu, tant à la nourriture et à l'entretien des élèves de la maison royale de Saint-Denis, qu'aux autres dépenses indiquées par ledit article, au moyen,
1° des 320,000 francs faisant partie des 460,900 francs alloués par l'article 2 précédent, sauf la réduction de cette somme suivant la revue de présence des élèves;
2° des versemens qui seront faits par les parens des élèves pensionnaires de la même maison.
5. Après qu'il aura été ainsi pourvu à ces diverses dépenses, la somme qui restera disponible sur le 320,000 francs, réduits comme il a été dit ci-dessus, et sur les versemens des élèves pensionnaires, sera employée en achat de rentes.
6. Le même emploi sera fait, 1° de la somme dont il pourra être tenu compte par la caisse des dépôts et consignations à la Légion-d'Honneur, pour intérêts sur les fonds pendant 1828; 2° des rentes à échoir, en 1828, sur les inscriptions achetées en exécution de l'ordonnance du 8 mai 1818, déduction

faite des 11,590 francs dont la dépense a été autorisée par l'article 2 précédent, savoir : 11,000 francs faisant partie de la dépense des pensions, et 590 francs, montant du fonds de gratifications.

7. Le fonds de 100,000 francs ouvert par le budget de 1827 pour satisfaire aux réclamations des membres de l'Ordre pour traitemens arriérés tant sur 1824 que sur les années antérieures, est réduit à la somme de 98,732 francs 70 centimes.

8. La somme de 157,130 francs 57 centimes, représentant l'arriéré des fermages qui restaient dus à la Légion-d'Honneur sur les domaines qu'elle a possédés dans le Piémont, sera déduite du montant de ses créances sur les dotations en pays étrangers ; lesquelles étaient de 3,229,362 fr. 79 cent., et seront, ainsi, reprises dans les comptes ultérieurs pour la somme de 3,072,232 francs 22 centimes.

9. Notre ministre secrétaire d'État au département des finances et notre grand-chancelier de la Légion-d'Honneur sont chargés de l'exécution de la présente ordonnance.

Donné au château des Tuileries, le 29 avril 1828.

Par le roi,

CHARLES.

Le ministre secrétaire d'État des finances, ROY.

1829.

RAPPORT AU ROI.

Paris, 23 mars 1829.

Sire,

J'ai l'honneur de mettre sous les yeux de Votre Majesté le relevé des décès qui m'ont été notifiés pour l'année 1828. D'après ce relevé, la Légion-d'Honneur a perdu, pendant cette année, 536 de ses membres,

Savoir :

- 3 grand'croix, dont
  - 2 recevant annnuellement le traitement de grand-officier ;
  - 1 celui de commandeur ;
- 12 grands-officiers, dont
  - 6 recevant annuellement le traitement de leur grade ;
  - 5 celui de commandeur ;
  - 1 recevant annuellement le traitement de légionnaire ;
- 20 commandeurs, dont
  - 12 recevant annuellement le traitement de leur grade ;
  - 7 celui d'officier ;
  - 1 celui de légionnaire ;
- 72 officiers, dont
  - 35 recevant le traitement de leur grade ;
  - 37 celui de légionnaire ;
- 429 légionnaires, dont
  - 320 recevant le traitement de ce grade ;
  - 109 étant sans traitement.

Les traitemens que ces diverses extinctions laissent libres annuellement, et dont l'emploi est réglé par l'art. 4 de la loi du 6 juillet 1820, s'élèvent à une somme de.................. 182,360f 00c

La part qui revient dans cette somme, pour 1828, aux héritiers des décédés, est de 82,984 85

Le fonds à employer pour les augmentations de 1828 se trouve ainsi réduit à..... 99,375 15

La portion de traitement qui avait été réservée pour les héritiers sur les extinctions de 1827 doit également profiter à ces augmentations. Il résulte du compte que j'ai présenté pour cette même année, que les traitemens annuels des membres de l'Ordre, décédés en 1827, forment un total de.................... 227,287f 50c

Sur cette somme, les héritiers des décédés avaient à recevoir 110,684 fr. 10 cent. pour arrérages jusqu'aux jours des décès ; il n'a été conséquemment employé aux augmentations de 1827 que..... 116,603 40

Il reste donc à reporter sur le compte des augmentations de 1828. 110,684 10 | 110,684 10

Le fonds total, applicable aux augmentations de 1828, est donc de............ 210,059 25

La somme nécessaire pour compléter le traitement à MM. les membres de l'Ordre qui avaient été promu au grade de commandeur, antérieurement au 6 avril 1814, doit être d'abord prélevé sur ce fonds.

L'augmentation de 500 francs, réglée en leur faveur par l'ordonnance du 21 avril 1828, a élevé le traitement pour chacun d'eux à.............. 1,620 00

A reporter....... 1,620 00 | 210,059 25

Report..........	1,620 00	210,059 25
En sorte que la somme à allouer aujourd'hui pour ramener le traitement au taux de 1813, est celle de.....................	360 00	
	1,980 00	

Cette augmentation de 360 francs doit être accordée :
1° A 369 commandeurs, existant au 1er janvier 1829, ce qui donne un total de... 132,840
2° A 18 autres décédés dans le courant de l'année. Leurs héritiers auront droit aux arrérages du traitement augmenté, pour.. 2,854
} 135,694 00

Il reste disponible................. 74,365 25

L'article 4 de la loi du 6 juillet 1820 dit :

« Les fonds qui deviendront libres par l'effet des extinctions dans les différens grades de la Légion-d'Honneur, à partir du 1er janvier 1820, serviront d'abord à payer le traitement de légionnaire aux officiers amputés qui, depuis le 6 avril 1814 jusqu'au 20 mars 1815, ont été nommés membres de l'Ordre.

» Ces fonds seront ensuite successivement employés à compléter les traitemens des officiers, commandeurs et grands-officiers et grand'croix de cet Ordre, nommés antérieurement au 6 avril 1814; de manière que tous les membres de l'Ordre, officiers à cette époque, reçoivent d'abord annuellement chacun 1,000 fr.; puis tous les commandeurs, 2,000 fr. chacun; ensuite, chaque grand-officier, 5,000 fr., et enfin chaque grand'croix, 5,000 fr., ou le traitement qui lui avait été spécialement attribué.

» Le tout, à compter de l'époque où chaque grade participera aux fonds provenant des extinctions. »

Il suit de cet article que le restant disponible de 74,365 fr. 25 cent. doit être employé à l'augmentation du traitement de grand-officier.

Le décret du 10 pluviose an XIII, qui créa la grande décoration de la Légion-d'Honneur, avait réglé qu'elle serait conférée à de grands-officiers, et aucun traitement spécial n'y fut attaché. Les membres de l'Ordre, qui reçurent la grande décoration, conservèrent, sauf quelques exceptions qui furent individuelles, le traitement de grand-officier, et ils continuèrent de figurer sur les états officiels de la Légion-d'Honneur, parmi ceux de ce grade, à la date de leur promotion.

Cependant il est évident que l'article 4 de la loi du 6 juillet 1820 a entendu établir entre eux une distinction. Il résulte de son texte que le complément de traitement doit être assuré à chaque grand-officier d'abord, puis à chaque grand'croix. Dans les augmentations du traitement d'officier et de celui de commandeur, il a été adopté pour règle, d'après le vœu même de la loi, que les augmentations pour chaque grade devaient profiter en même temps à tous les membres de l'Ordre qui comptaient dans le grade à l'époque du 6 avril 1814, sans tenir compte des promotions qui ont été faites depuis. La même règle étant appliquée aux grands-officiers, l'augmentation à accorder pour 1828 profiterait aux membres de l'Ordre, grands-officiers au 6 avril 1814, mais non revêtus de la grande décoration, soit qu'ils soient encore grands-officiers, soit que la grand'croix leur ait été conférée depuis.

Le nombre des grands-officiers appartenans à cette définition était au 1er janvier 1828 de 84; sur ce nombre, 7 sont décédés dans le courant de l'année. Je propose de fixer l'augmentation pour chacun à la somme de 900 francs; une part proportionnelle serait attribuée aux héritiers de ceux qui sont décédés.

J'ai l'honneur de soumettre à Votre Majesté un projet d'ordonnance conforme aux observations qui précèdent.

Daignez agréer, Sire, l'hommage du plus profond respect, avec lequel je suis,
De Votre Majesté,
Le très humble et très obéissant serviteur et très fidèle sujet,

Le grand-chancelier de l'ordre royal de la Légion-d'Honneur, MACDONALD.

ORDONNANCE DU ROI.

CHARLES etc.
Vu l'état des extinctions survenues parmi les membres de l'Ordre de tous grades pendant l'année 1828;
Vu l'article 4 de la loi du 6 juillet 1820;
Sur le rapport de notre cousin le grand-chancelier de l'ordre royal de la Légion-d'Honneur,
Nous avons ordonné et ordonnons ce qui suit :
Art. 1er. Le traitement des membres de la Légion-d'Honneur, qui étaient commandeurs de l'Ordre avant le 6 avril 1814, est augmenté de 360 francs pour 1828; de manière que chacun de ces membres touchera, pour ladite année, la somme de 1,980 francs, sous la déduction accoutumée de 20 francs pour notre hôtel royal des Invalides.
2. Le traitement des membres de l'Ordre, qui étaient grands-officiers avant le 6 avril 1814, mais

non revêtus de la grande décoration à cette époque, est augmenté de 900 francs pour 1828 ; de manière que chacun de ces membres touchera, pour ladite année, 3,400 francs, sous la déduction accoutumée de 50 francs pour notre hôtel royal des Invalides.

3. Notre ministre secrétaire d'État des finances et notre grand-chancelier de l'ordre royal de la Légion-d'Honneur sont chargés, chacun en ce qui le concerne, de l'exécution de la présente ordonnance.

Donné au château des Tuileries, le 23 mars 1829.

Par le roi, CHARLES.

Le ministre secrétaire d'État au département des finances, ROY.

ORDONNANCE DU ROI.

CHARLES, etc.

Art. 1er. La recette de la Légion-d'Honneur pour 1829, est réglée à la somme de 10,648,043 francs.

Savoir :

1° Fonds accordés par l'article 3 de la loi du 6 juillet 1820....		3,400,000 fr.
2° Recettes sur les revenus propres de l'Ordre :		
Rentes sur le grand-livre..................	6,734,205 fr.	
Actions sur le canal du midi et sur ceux d'Orléans et du Loing.	175,000	
Rentes données en remplacement des anciens chefs-lieux de cohorte de la Légion-d'Honneur.................	33,843	6,997,408
Versemens en numéraire des titulaires de majorats.........	45,000	
Versemens des membres de l'Ordre pour frais d'expédition de leurs nouveaux brevets........................	8,500	
Étang de Capestang..........................	860	
3° Fonds à porter dans le budget de l'État pour suffire à la dépense des traitemens pour les sous-officiers et soldats des armées de terre et de mer nommés dans l'Ordre depuis et y compris l'année 1822, et qui étaient en activité de service à la date de leur nomination dans l'Ordre........		250,635
Total................		10,648,043

2. La dépense de la Légion-d'Honneur, pour 1829, est réglée à la somme de 10,631,604 francs 80 centimes,

Savoir :

1° Traitemens des membres de l'Ordre de tous grades à payer suivant qu'il est réglé par l'article 3...		9,353,000 f
2° Gratifications aux membres de l'Ordre dans le besoin...............		20,000
3° Maison royale de Saint-Denis.................................		460,900
4° Succursales de Saint-Denis.................................		312,000
5° Frais de la grande-chancellerie............................		289,100
6° Commissions aux receveurs-généraux chargés des paiements...........		35,000
7° Achats de décorations..... { Fonds supplémentaire pour solder la dépense de 1828....... 14,765 80 / dépense de 1828....... 15,000 00 }		29,765 80 c
8° Pensions diverses...		105,839
9° Fonds pour gratifications aux élèves des maisons royales à leur sortie de ces maisons, conformément à l'ordonnance du 8 mai 1818.........		1,000
10° Dépenses diverses et imprévues.................................		25,000
Total................		10,631,604 80

3. Le crédit de 9,353,000 francs accordé par l'article ci-dessus pour les traitemens des membres de l'Ordre se divisera ainsi qu'il suit :

Paiemens à effectuer en 1829 et en 1830 sur les traitemens de 1829..........	9,068,000 fr.
Paiemens à effectuer en 1829 sur les traitemens de 1827.................	185,000
Paiemens à effectuer en 1829 sur les traitemens antérieurs à 1827...........	100,000
Somme pareille................	9,353,000

4. Conformément à l'article 53 de l'ordonnance du 23 avril 1821, il sera pourvu, tant à la nourriture et à l'entretien des élèves de la maison royale de Saint-Denis qu'aux autres dépenses indiquées par ledit article, au moyen,

1° Des 320,000 fr. faisant partie des 460,900 alloués par l'article 2 précédent, sauf la réduction de cette somme suivant la revue de présence des élèves ;
2° des versemens qui seront faits par les parens des élèves pensionnaires de la même maison.

5. Après qu'il aura été ainsi pourvu à ces diverses dépenses, la somme qui restera disponible sur les 320,000 fr., réduits comme il a été dit ci-dessus, et sur les versemens des élèves pensionnaires, sera employée en achat de rentes.

6. Le même emploi sera fait, 1° de la somme dont il pourra être tenu compte par la caisse des dépôts et consignations à la Légion-d'Honneur, pour intérêts sur les fonds disponibles pendant 1829 ; 2° des rentes à échoir, en 1829, sur les inscriptions achetées en exécution de l'ordonnance du 8 mai 1818, déduction faite des 11,616 francs 60 cent. dont la dépense a été autorisée par l'art. 2 précédent ; savoir : 10,616 fr. 60 cent. faisant partie de la dépense des pensions, et 1,000 francs montant du fonds de gratifications.

7. Au moyen du crédit de 100,000 fr. alloué par les art. 2 et 3 ci-dessus, pour acquitter les traitemens antérieurs à 1827, les crédits ouverts pour les traitemens de 1826 et des années antérieures, par l'ordonnance du 29 avril 1828, sont réduits, savoir : le fonds de 185,000 francs pour traitemens de 1826, à 153,357 francs, et le fonds de 100,000 francs pour les traitemens antérieurs à 1826, à 89,022 fr. 15 cent.

8. Il ne sera pourvu à l'emploi, vacant par décès, de directrice des infirmerie et pharmacie dans la maison royale de Saint-Denis. Le nombre des dames de première classe est porté à 11, celui des dames de deuxième classe à 37. La somme de 100 francs, formant la différence entre le traitement de l'emploi vacant et celui de 2 dames à nommer, sera prélevée sur la masse destinée à subvenir aux entretien et frais d'éducation des élèves de la maison royale.

9. Notre ministre secrétaire d'État au département des finances et notre grand-chancelier de la Légion-d'Honneur, sont chargés de l'exécution de la présente ordonnance.

Donné au château des Tuileries, le 23 mars 1829.

CHARLES.

Par le roi,

Le ministre secrétaire d'État au département des finances, ROY.

1830.

RAPPORT AU ROI.

Paris, le 27 mars 1830.

Sire,

Dans l'intention de satisfaire au vœu de l'une des dispositions les plus importantes de la loi du 6 juillet 1820, j'ai l'honneur de présenter à Votre Majesté le relevé des extinctions dont la grande-chancellerie a été officiellement informée pendant l'année qui vient de s'écouler, et de demander ses ordres relativement à l'emploi qui doit être fait des fonds que ces extinctions laissent libres pour 1829.

L'article 4 de la loi du 6 juillet a déjà reçu son entière exécution à l'égard des officiers et commandeurs de la Légion-d'Honneur. Par son ordonnance du 23 mars 1829, Votre Majesté a également daigné appeler les membres de l'Ordre qui étaient pourvus, au 6 avril 1814, du grade de grand-officier, à une première augmentation. Les renseignemens divers que je lui soumets aujourd'hui lui feront connaître les nouvelles répartitions que j'ai à solliciter de sa bonté.

Les membres de la Légion-d'Honneur de tous grades, dont le décès a été notifié à la grande-chancellerie pour 1829 et jusqu'au 1er janvier dernier, sont au nombre de 540 ;

3 grands-croix, dont.. 1 recevant le traitement de 10,000 fr.;
 1 ..... *idem* .... de grand-officier ;
 1 ..... *idem* ..... de commandeur ;
5 grands-officiers, dont. 2 ..... *idem* .... de leur grade ;
 2 ..... *idem* .... de commandeur ;
 1 ..... *idem* ..... d'officier ;
18 commandeurs, dont. 8 ..... *idem* ..... de leur grade ;
 2 ..... *idem* ..... d'officier ;
 3 ..... *idem* ..... de légionnaire ;
 5 ne recevant pas de traitement ;
75 officiers, dont...... 40 recevant le traitement de ce grade ;
 25 ..... *idem* ..... de légionnaire ;
 10 sans traitement ;
418 légionnaires, dont... 333 seulement recevant le traitement de leur grade ;
 21 sous-officiers et soldats nommés légionnaire postérieurement au 6 juillet 1820, rétribués sur les fonds accordés spécialement, qui s'éteignent sans faire retour au compte d'augmentations.

540

Ces décès laissent vacans, en traitemens annuels, ci........................ 172,997f 50c

Mais dans cette somme les héritiers des membres décédés ont à prétendre, pour arrérages jusqu'au jour du décès........................ 75,521 75

Le fonds dont il est permis de disposer pour les augmentations de l'année 1829 n'est donc que de........................ 97,475 75

La portion de traitement qui avait été réservée pour les héritiers sur les extinctions de 1828 doit également profiter à ces augmentations. Il résulte du compte des extinctions de 1828, que les traitemens annuels des titulaires décédés dans cette année montent à........................ 228,150 00

Sur cette somme, les héritiers avaient à recevoir 116,393 f. 05 c. pour arrérages jusqu'aux jour des décès; il n'a été employé conséquemment aux augmentations de 1828 que.................. 111,856 95

Il reste donc à porter aux augmentations de 1829............. 116,293 05 ci. 116,293 05

Le fonds applicable aux augmentations de 1829 est de..................... 213,768 80

La somme qui est nécessaire pour compléter le traitement des grands-officiers nommés jusqu'au 6 avril 1814, non revêtus du grand-cordon à cette époque, est de 117,192 f. 90 cent.

L'augmentation de 900 francs qui a été accordée à chacun d'eux par l'ordonnance du 23 mars 1829, a porté leur traitement à.................. 3,400 00

La somme à allouer aujourd'hui pour ramener le traitement au taux ancien est de............................ 1,550 00

4,950 00

Cette augmentation doit profiter à

1° 74 grands-officiers existans au 1er janvier 1830, et formera à raison de 1,550 fr. pour chacun un total de............................ 114,700 00

2° A 2 autres qui sont décédés dans le courant de l'année 1829. Leurs héritiers les représentent pour les arrérages qui s'élèvent à.. 2,492 90

117,192 90   117,192 90

Il reste ainsi disponible........................ 96,575 90

La dépense résultant de cette nouvelle augmentation laissant une somme libre de 96,575 fr. 90 cent., j'ai l'honneur de proposer à Votre Majesté de vouloir bien décider que, conformément à l'article 4 de la loi du 6 juillet 1820, cet excédant profitera aux membres de l'Ordre qui étaient revêtus de la grande décoration à la date du 6 avril 1814. Ils sont aujourd'hui au nombre de 27,

Savoir :

8 sont pourvus d'un traitement de 10,000 francs;
1 .... de 7,500
18 .... de 2,500
—
27

2 sont décédés dans le courant de 1829.

Par l'article précité, chaque grand'croix est appelé à jouir du traitement de 5,000 francs ou du traitement qui lui avait été spécialement attribué.

L'intention de cette disposition est évidemment que ceux en faveur desquels elle a été rendue participent indistinctement et en même temps à l'augmentation. Je propose à Votre Majesté d'accorder à chaque grand'croix, et en raison du traitement dont il est actuellement pourvu, une part proportionnelle dans le fonds de 96,576 fr. 90 cent.

La répartition de cette somme se ferait de la manière suivante :

Aux 8 grand'croix dont le traitement est de 10,000 francs, à raison de 6,950 francs pour chaque, ci............................ 55,600 fr.
1 ayant le traitement de 7,500 fr., 5,200 fr., ci................. 5,200
18 2,500   1,750   ci................. 31,500
—
27   A reporter............. 92,300

DE L'ORDRE.

| | | Report...... | 92,300 |

Les 2 décédés figuraient également dans la répartition,
L'un pour...................... 3,417 fr. } ci. 4,608
L'autre pour..................... 1,191

96,908

Ce calcul présente une légère différence avec la somme libre ; elle serait provisoirement supportée par les fonds généraux de l'Ordre.

J'ai l'honneur de soumettre à Votre Majesté un projet d'ordonnance conforme aux observations qui précèdent.

Daignez agréer, Sire, l'hommage du plus profond respect avec lequel je suis,
De Votre Majesté,
Le très humble est très obéissant serviteur et très fidèle sujet,

Le grand-chancelier de l'ordre royal de la Légion-d'Honneur, MACDONALD.

ORDONNANCE DU ROI.

CHARLES, etc.

Vu l'état qui nous a été soumis, et présentant les extinctions survenues parmi les membres de l'Ordre de tous grades pendant l'année 1829 ;
Vu l'article 4 de la loi du 6 juillet 1820,
Sur le rapport de notre cousin le grand-chancelier de l'Ordre royal de la Légion-d'Honneur,
Nous avons ordonné et ordonnons ce qui suit :

Art. 1er. Le traitement des membres de la Légion-d'Honneur, qui étaient grands-officiers de l'Ordre avant le 6 avril 1814, non revêtus de la grande décoration à cette époque, est augmenté de 1,550 francs pour 1829, ce qui porte le traitement de chacun, pour cette même année, à 4,950, sous la déduction de 50 francs pour notre hôtel royal des Invalides.

2. Il est également accordé, pour l'année 1829, à chaque membre de l'Ordre qui était revêtu de la grande décoration à la date du 6 avril 1814, une augmentation proportionnée au traitement dont il est actuellement pourvu, laquelle est fixée, savoir :
Pour les grand'croix jouissant du traitement de 10,000 fr., à 6,950 fr., sous la déduction de 200 fr. ;
Pour ceux dont le traitement est de 7,500 fr., à 5,200 fr., sous la déduction de 150 fr. ;
Et pour ceux qui ont le traitement de 2,500 fr., à 1,750 fr., sous la déduction de 50 fr. ;
Ces trois déductions faites au profit de notre hôtel royal des Invalides.

3. Notre ministre secrétaire d'État au département des finances et notre grand-chancelier de la Légion-d'Honneur sont chargés de l'exécution de la présente ordonnance.
Donné au château des Tuileries, le 27 mars 1830.

CHARLES.

Par le roi,
Le ministre secrétaire d'État au département des finances, CHABROL.

ORDONNANCE DU ROI.

CHARLES, etc.

Art. 1er. La recette de la Légion-d'Honneur, pour 1830, est réglée à la somme de 10,493,213 francs.

Savoir :

1° Fonds accordés par l'article 3 de la loi du 6 juillet 1820........ .... 3,223,550 fr.
2° Recettes sur les revenus propres de l'Ordre :
Rentes sur le grand-livre................ .... 6,735,415 fr.
Actions sur le canal du Midi et sur ceux d'Orléans et du Loing. 196,000
Rentes données en remplacement des anciens chefs-lieux de cohorte de la Légion-d'Honneur................ ..... 33,843 } 7,014,618
Versemens en numéraire des titulaires de majorats.......... 40,000
Versemens des membres de l'Ordre pour frais d'expédition de leurs nouveaux brevets.................... 8,500
Étang de Capestang.................. 860

3° Fonds à verser par le Trésor royal pour suffire à la dépense des traitemens pour les sous-officiers et soldats des armées de terre et de mer nommés dans l'Ordre depuis et y compris l'année 1822, et qui étaient en activité de service à la date de leur nomination dans l'Ordre................................. 255,045

Total.. 10,493,213

2. La dépense de la Légion-d'Honneur, pour 1830, est réglée à la somme de 10,493,213 francs.

Savoir :

1° Traitemens des membres de l'Ordre...............................	9,093,620 c
2° Gratifications aux membres de l'Ordre qui sont dans le besoin	20,000
3° Maison royale de Saint-Denis..	460,300
4° Succursales de Saint-Denis..	312,000
5° Frais de la grande-chancellerie.......................................	289,100
6° Commissions aux receveurs-généraux chargés des paiemens.............	35,000
7° Achats de décorations. { Fonds supplémentaire pour solder la dépense de 1829.... 19,004 / dépense de 1830.... 15,000 }	34,004
8° Pensions diverses...	104,874 50
9° Fonds pour gratifications aux élèves des maisons royales à leur sortie de ces maisons, conformément à l'ordonnance du 8 mai 1818...............	1,250
10° Dépenses diverses et imprévues.......................................	25,000
11° Fonds pour servir à couvrir l'excédant des dépenses sur les recettes pour les années 1825 et antérieures...................................	118,064 50
Total...............	10,493,213

3. Le crédit de 9,093,620 francs accordé par l'article ci-dessus pour les traitemens des membres de l'Ordre se divisera ainsi qu'il suit :

Paiemens à effectuer en 1830 et en 1831 sur les traitemens de 1830..........	8,808,620 fr.
Paiemens à effectuer en 1830 sur les traitemens de 1828....................	185,000
Paiemens à effectuer en 1830 sur les traitemens antérieurs à 1828...........	100,000
Somme pareille...............	9,093,620

4. Conformément à l'art. 53 de l'ordonnance du 3 mars 1816, il sera pourvu, tant à la nourriture et à l'entretien des élèves de la maison royale de Saint-Denis, qu'aux autres dépenses indiquées par ledit article, au moyen, 1° des 320,000 francs faisant partie des 460,300 francs alloués par l'art. 2 précédent, sauf la réduction de cette somme suivant la revue de présence des élèves ; 2° des versemens qui seront faits par les parens des élèves pensionnaires de la même maison.

5. Après qu'il aura été ainsi pourvu à ces diverses dépenses, la somme qui restera disponible sur les 320,000 fr., réduits comme il a été dit ci-dessus, et sur les versemens des élèves pensionnaires, sera employée en achats de rentes.

6. Le même emploi sera fait, 1° de la somme dont il pourra être tenu compte par la caisse des dépôts et consignations à la Légion-d'Honneur, pour intérêts sur les fonds disponibles pendant 1830; 2° des rentes à échoir, en 1830, sur les inscriptions achetées en exécution de l'ordonnance du 8 mai 1818, déduction faite des 11,650 fr. dont la dépense a été autorisée par l'art. 2 précédent : savoir : 10,400 fr. faisant partie de la dépense des pensions, et 1,250 fr. montant du fonds gratifications.

7. Les articles de recette ci-après désignés et portés au budget de 1829 doivent être réduits, savoir :
Les versemens en numéraire des titulaires de majorats portés pour 45,000 francs, à la somme de 43,467 fr. 47 cent.
Les versemens des membres de l'Ordre pour frais d'expédition de leurs brevets, portés pour 8,500 fr., à 8,120 francs.

8. Au moyen du crédit de 100,000 francs alloué par les articles 2 et 3 ci-dessus pour acquitter les traitemens antérieurs à l'année 1828, les crédits ouverts pour les traitemens de 1827 et des années antérieures, par l'ordonnance du 23 mars 1829, sont réduits, savoir : le fonds de 185,000 francs pour traitemens de 1827, à 147,498 francs 47 centimes, et le fonds de 100,000 francs pour les traitemens antérieurs à 1827, à 89,813 fr. 41 cent.

9. Un crédit supplémentaire de 74,662 fr. 75 cent. est ouvert pour achever de solder les dépenses de la maison royale de Saint-Denis jusqu'au 1er janvier 1830.
Les différences qui, à compter de cette année, pourront être obtenues sur les dépenses de la maison royale, en bénéfice sur les crédits annuels, seront employer à restituer, jusqu'à concurrence, la somme ci-dessus de 74,662 francs 75 centimes. Jusqu'alors les dispositions de l'ordonnance du 8 mai 1818 resteront suspendues en tant qu'elle prescrit l'emploi de ces différences en achats de rentes.

10. Notre ministre secrétaire d'État au département des finances et notre grand-chancelier de la Légion-d'Honneur sont chargés de l'exécution de la présente ordonnance.

Donné au château des Tuileries, le 27 mars 1830.

CHARLES.

Par le roi,

Le ministre secrétaire d'État au département des finances, CHABROL.

1831.

Les recettes annuelles de la Légion-d'Honneur, depuis son institution jusqu'en 1825, ont été constamment inférieures à ses dépenses. Ainsi, à la fin de 1813, malgré les ressources extraordinaires qui lui avaient été successivement accordées, son déficit était, ainsi qu'il a été établi par le premier compte de la Légion-d'Honneur publié en 1829, de 3,503,920 francs 13 centimes. Les traitemens des membres de l'Ordre furent réduits à moitié en 1814, mais cette réduction n'était pas en proportion avec la diminution des revenus, et le déficit continua de s'accroître. A la fin de 1820, il était de 4,787,711 fr. 84 cent. (*Voir* le compte distribué aux Chambres dans la session de 1822). Ce fut alors que les traitemens vacans par les extinctions furent attribués à l'augmentation du traitement dans le grade d'officier. L'administration n'obtenant, dans les premières années, les avis d'extinctions qu'avec peine, il y eut estimation, par aperçu et au-dessus de réalités, de la valeur de ces traitemens. Le déficit s'accrut encore; il était, à la fin de 1825, exercice où le traitement des officiers a été complété, de la somme de 5,786,527 fr. 61 cent. (Compte distribué aux Chambres dans la session de 1827). Depuis 1825, et à compter des augmentations dans le grade de commandeur, cette dépense a été réglée suivant les avis d'extinctions qu'on est parvenu à obtenir plus régulièrement.

La Légion-d'Honneur n'a pas reçu de fonds pour combler cette différence. Il y a été pourvu en reculant les époques de paiement. Ainsi, les traitemens des membres de l'Ordre se paient annuellement, aux mêmes époques, mais après l'année révolue, et à l'aide des recettes de l'année nouvelle. Le traitement de légionnaire est acquitté dans une partie des départemens en janvier, dans une autre partie en avril; le traitement des grades supérieurs est acquitté pour tous également, moitié en avril, moitié en octobre.

La somme de 142,245 fr. faisant la différence entre les recettes et les dépenses de l'exercice 1831, doit être attribuée, ainsi que les différences analogues, dans les exercices ultérieurs, à la diminution du déficit, et, servir ainsi à rapprocher les époques où le traitement se paie, de celles où il est exigible.

Effectif de membres de l'Ordre au 1er janvier 1831, 42,892.

N. B. Les traitemens de tous les grades sont rétablis à leur taux intégral depuis et y compris 1830.

RECETTES.

1° Fonds à accorder en vertu des articles 3 et 6 de la loi du 6 juillet 1820...		2,952,000f 00 c
2° Recettes sur les revenus propres de l'Ordre :		
Rentes sur le grand-livre..................	6,735,705f 00 c	
Actions sur le canal du Midi et sur ceux d'Orléans et du Loing...................	200,000 00	
Rentes données en remplacement des anciens chefs-lieux de cohorte de la Légion-d'Honneur.............	33,843 00	
Versemens en numéraire des titulaires de majorats.....	40,000 00	
Versemens pour frais d'expédition des nouveaux brevets aux membres de l'Ordre.................	8,500 00	
Étang de Capestang...................	825 00	7,018,873 00
3° Fonds à porter dans le budget de l'État pour suffire à la dépense des traitemens pour les sous-officiers et soldats des armées de terre et de mer, nommés dans l'Ordre depuis et y compris l'année 1823, et qui étaient en activité de service à la date de leur nomination dans l'Ordre.............		259,945 00
Total.........		10,230,818 00

DÉPENSES.

1° Traitemens des membres de l'Ordre de tous grades.............	8,823,962 50
2° Gratifications aux membres de l'Ordre dans le besoin.............	20,000 00
3° Maison d'éducation de Saint-Denis..................	460,300 00
4° Succursales de la maison d'éducation de Saint-Denis...........	312,000 00
5° Frais de la grande-chancellerie...................	274,100 00
6° Commissions aux receveurs-généraux chargés de paiemens........	35,000 00
7° Achats de décorations......................	30,000 00
8° Pensions diverses......................	106,960 50
A reporter.............	10,062,323 00

Report.	10,062,323 00
9° Fonds pour gratifications aux élèves des maisons d'éducation, conformément à l'ordonnance du 8 mai 1818.	1,250 00
10° Dépenses diverses et imprévues..	25,000 00
11° Fonds pour servir à couvrir l'excédant des dépenses sur les recettes pour les exercices 1825 et antérieurs..	142,245 00
Total.	10,230,818 00

1832.

Le nombre des membres de l'Ordre au 1ᵉʳ janvier 1832 était de 45,695.
Les nominations faites dans la Légion-d'Honneur du 20 mars 1815 au 7 juillet suivant, et qui ont été validées par l'ordonnance du 23 novembre 1831 ont augmenté l'effectif de 701 membres.
Ont été rétablis sur la liste des membres de l'Ordre :
MM. Bernard, lieutenant-général, officier.
Brue, maréchal-de-camp, *idem*.
Ribet, chef de bataillon, *idem*.
Tous trois ayant cessé de compter parmi les membres français de l'Ordre, parce qu'ils avaient quitté la France, et qu'on les considérait comme étrangers.
Génevois, né en pays étranger, et rétabli dans son droit de Français par des lettres de déclaration de naturalité.
Cléaz, *idem*.
Melher, *idem*.
Zénowiez, *idem*.
Levieux, *idem*.

RECETTES.

1° Fonds à accorder en vertu des articles 3 et 6 de la loi du 6 juillet 1820....		2,736,416 90
2° Recettes sur les revenus propres de l'Ordre :		
Rentes sur le grand-livre..	6,735,705f 00c	
Actions sur le canal du Midi et sur ceux d'Orléans et du Loing.	200,000 00	
Rentes données en remplacement des anciens chefs-lieux de cohorte de la Légion-d'Honneur.	33,843 00	
Versemens en numéraire des titulaires de majorats.	35,000 00	
Étang de Capestang.	825 00	7,005,373 00
3° Fonds à porter dans le budget de l'État pour suffire à la dépense de traitemens pour les sous-officiers et soldats des armées de terre et de mer, nommés dans l'Ordre depuis et y compris l'année 1820, et qui étaient en activité de service à la date de leur nomination dans l'Ordre.		566,000 00
Total.		10,307,789 90

DÉPENSES.

1° Traitemens des membres de l'Ordre de tous grades.	8,879,000 00
2° Gratifications aux membres de l'Ordre dans le besoin.	20,000 00
3° Maison d'éducation de Saint-Denis.	459,900 00
4° Succursales de la maison d'éducation de Saint-Denis.	312,000 00
5° Frais de la grande-chancellerie.	274,100 00
6° Commissions aux receveurs-généraux chargés des paiemens.	35,000 00
7° Achats de décorations.	30,000 00
8° Pensions diverses.	106,761 00
9° Fonds pour gratifications aux élèves des maisons d'éducation, conformément à l'ordonnance du 8 mai 1818.	1,250 00
10° Dépenses diverses et imprévues.	25,000 00
11° Fonds pour servir à couvrir l'excédant des dépenses sur les recettes pour les exercices 1825 et antérieurs.	164,778 90
Total.	10,307,789 90

NOMINATION DU 19 FRIMAIRE

AN XII.

(SUITE.)

TARAYRE (JEAN-JOSEPH), né le 21 mai 1770 à Solsac (Aveyron), entra au service comme capitaine le 4 juillet 1792 dans le 2ᵉ bataillon des volontaires de l'Aveyron, devenu 85ᵉ demi-brigade d'infanterie de ligne, fit toutes les campagnes de l'armée d'Italie, de 1792 à l'an v inclusivement, et fut blessé d'un coup de feu à la jambe droite au siége de Toulon. Embarqué au mois de floréal an VI, avec l'armée expéditionnaire d'Orient, il prit part aux guerres des ans VI, VII, VIII et IX en Égypte et en Syrie. Au mois de germinal an VII, pendant le siége de Saint-Jean-d'Acre, à la tête d'une compagnie d'éclaireurs, il prit deux fois la place d'armes de l'ennemi, tua les Turcs qui la défendaient et encloua leurs canons. Dans cette affaire, il reçut un coup de feu à la cuisse droite. Le 19 floréal suivant, il s'empara de la tour de brèche, y planta lui-même un drapeau, et s'y maintint jusqu'à ce qu'il fût mis hors de combat par un coup de feu qui lui traversa la poitrine. Le général en chef le nomma chef de bataillon sur le champ de bataille. Le 29 floréal an VIII, à la bataille d'Héliopolis, il enleva, avec 4 compagnies de grenadiers, le camp retranché des Turcs, défendu par 6,000 hommes de leurs meilleures troupes et armé de 19 pièces de canon. Cette action hardie décida du gain de la bataille. Nommé adjudant-général provisoire par le général en chef Menou, le 22 vendémiaire an IX, il fut fait chef de brigade de la 21ᵉ légère, par commission du même général, le 7 floréal suivant. Après la capitulation d'Alexandrie, il rentra en France, et fut confirmé dans son emploi, par le premier Consul, le 29 prairial an XI, pour prendre rang de l'époque de sa nomination d'adjudant-général provisoire. Employé au camp de Bruges pendant les ans XII et XIII, il devint membre de la Légion-d'Honneur le 19 frimaire an XII, et officier de l'Ordre le 25 prairial suivant. Il fit ensuite la campagne de l'an XIV, à l'armée du Nord, sous les ordres de Louis-Napoléon. Le 1ᵉʳ août 1806, avec le consentement de l'Empereur, il passa au service de ce prince, devenu roi de Hollande. Le 30 du même mois, il fut promu au grade de général-major, et, par décret du 27 novembre suivant, à celui de colonel-général de la garde hollandaise. Fait lieutenant-général le 3 août 1808, il commanda en chef les troupes hollandaises qui marchèrent, le 30 juillet 1809, contre les Anglais débarqués à l'île de Walcheren; c'est lui qui, de Berg-op-Zoom, informa, le 3 août, le général Fauconnet, commandant à Anvers, de la reddition de Batz par le lieutenant-général Bruce, sans même avoir vu l'ennemi. Il qualifia la conduite de Bruce comme elle méritait de l'être, et lui refusa l'entrée de la ville. Après avoir servi encore quelque temps en Hollande, il donna sa démission, le 30 janvier 1810, fut réadmis au service de France, comme général de brigade, le 23 janvier 1812, et employé en cette qualité à l'état-major général de la grande armée, le 9 février suivant. Il prit part à l'expédition de Russie, et passa au 1er corps le 15 septembre de la même année. Après la désastreuse retraite de Moscou, pendant laquelle le général Tarayre fut créé baron de l'Empire, l'Empereur lui confia, le 1er mars 1813, le commandement d'une brigade du 1er corps d'observation du Rhin, devenu 3e corps de la grande armée, et le créa commandant de la Légion-d'Honneur le 10 août suivant. Lorsque l'armée française eut repassé le Rhin, le général Tarayre fut chargé, le 11 février 1814, d'organiser en bataillon les gardes champêtres réunis à Versailles.

Après la rentrée des Bourbons, il fut mis en non-activité le 1er septembre 1814, néanmoins Louis XVIII le créa chevalier de Saint-Louis le 11 octobre suivant. Nommé lieutenant-général le 20 janvier 1815, il fut rappelé à l'activité lors du retour de l'Empereur, qui l'employa au 1er corps de l'armée du Nord, par décret du 6 avril suivant, et qui le chargea, le 9 mai, de l'organisation des gardes nationales de la 13e division militaire. Après les désastres du Mont-Saint-Jean, il rentra en non-activité, conformément aux dispositions de l'ordonnance royale du 1er août. En 1819, il publia une brochure sous ce titre : *De la force des gouvernemens, ou du rapport qu'elle doit avoir avec leur nature et leur constitution*. Cet écrit obtint un succès général parmi les hommes d'un esprit élevé, et le désigna au choix des électeurs de la Charente-Inférieure, qui l'élurent député au mois de septembre suivant; mais la majorité de la Chambre prononça, le 4 décembre, l'annulation de son élection pour défaut de formalité. Compris dans le cadre de disponibilité le 1er avril 1820, il fut réélu à la Chambre, au premier tour de scrutin, quelques jours après.

Le général Tarayre prit part à toutes les discussions importantes, et déploya un talent oratoire et des connaissances législatives très remarquables. Défenseur énergique des libertés publiques, on le vit toujours prêt, malgré les trépignemens et les cris de la majorité, à défendre la vérité à la tribune. Lors de la présentation du projet de loi *des voies et moyens*, et dans les débats qui eurent lieu à la séance du 3 juillet 1820, Tarayre prit la parole sur l'ensemble du projet et attaqua le ministère avec une grande énergie. Il conclut en votant le rejet du budget proposé. Le discours qu'il prononça à ce sujet excita la colère des centres. A la suite des interruptions les plus vives, des interpellations les plus violentes, l'honorable général Tarayre fut rappelé à l'ordre. Il est vrai que le général avait osé dire que le gouvernement ne jouissait plus de l'affection de la majorité des Français.

Le ministère sentit le besoin de punir un député aussi énergique et surtout d'en débarrasser le gouvernement. Le 20 septembre suivant, il le fit admettre au traitement de réforme, quoiqu'il n'eût alors que vingt-six ans trois mois de service, et il usa de toute son influence pour empêcher sa réélection, qui devait avoir lieu en 1823. Depuis lors, il se retira dans son département, où il vit entouré de l'estime, de l'affection et de la reconnaissance de ses concitoyens. Après la révolution de Juillet, relevé de sa position de réforme, il fut placé dans le cadre de réserve de l'état-major général de l'armée, le 7 février 1831, et admis à la retraite le 1er juin 1835.

B-G.

TAVIEL (ALBERT-LOUIS-VALENTIN, *baron*), né le 17 juin 1767 à Saint-Omer (Pas-de-Calais), entra comme élève d'artillerie à l'École de Metz le 1er septembre 1783, et en sortit le 1er septembre 1784 avec le grade de lieutenant au régiment d'artillerie de Grenoble (4e). Capitaine le 22 août 1791, il fit la campagne des Alpes de 1792, passa en Corse, en 1793, et obtint, le 1er pluviôse an II, le grade de chef de bataillon sous-directeur d'artillerie. Il assista au siège de Bastia. Envoyé à l'armée du Nord, il reçut, avec le général Sauviac, la direction de l'artillerie des sièges de Crèvecœur et de Bois-le-Duc. Chef de brigade le 28 vendémiaire an III, et appelé le 1er prairial suivant comme titulaire à la direction d'artillerie de Saint-Omer, il y resta pendant une partie de l'an IV. Il fit les guerres des ans V et VI à l'armée de Rhin-et-Moselle, et fut nommé, en l'an VII, commandant en chef de l'artillerie de l'armée d'Helvétie. C'est en cette qualité qu'il dirigea les travaux préparatoires pour le passage du Rhin, et qu'il coopéra à la prise de Coire et à la bataille de Feldkirch. Lors de la réunion de l'armée d'Helvétie avec celle du Danube (an VIII), il commanda successivement l'artillerie de l'aile droite, puis celle de l'aile gauche de cette dernière armée.

Passé en l'an IX aux armées de réserve et d'Italie, pour y prendre le commandement en second des équipages de siège, il contribua puissamment à la reddition de la place de Peschiera. Il fut nommé, le 21 fructidor an XI, directeur du parc d'artillerie de Saint-Omer, membre et officier de la Légion-d'Honneur les 19 frimaire et 25 prairial an XII, et général de brigade le 4 prairial de l'année suivante. A l'époque de la réunion à Bayonne du corps d'armée placé sous les ordres du général Junot, il prit le commandement de l'artillerie et fit les campagnes de Portugal des ans 1807 et 1808, et celles de la Catalogne de 1809 à 1811. Ce général prit une part active à la bataille de Vimeiro, commanda l'artillerie au siége de Girone, et établit devant cette place plusieurs batteries qui en accélérèrent la reddition le 7 décembre 1809; il se signala à la prise du Mont-Serrat, le 24 juin 1811. Baron de l'Empire à la création des majorats, il devint général de division le 21 juillet 1811. Au mois d'août de cette même année, au siége de Figuières, il dirigea, de concert avec le général Le Noury, la construction des batteries d'attaque, dont quelques-unes furent élevées à moins de 300 toises de la place. Le 12 juin 1812, il alla prendre le commandement de l'artillerie du 10e corps de la grande armée, d'où il passa, le 13 mars 1813, à celui du corps d'observation d'Italie. Il reçut, le 25 novembre de la même année, la croix de commandant de la Légion-d'Honneur, et fut chargé, en 1814, d'organiser à Metz le matériel de l'artillerie du 4e corps. Taviel ne prit aucune part aux événemens politiques de 1814. Il fut conservé dans le cadre des officiers-généraux de son arme sous la première Restauration, et nommé grand-officier de la Légion-d'Honneur par ordonnance du 17 janvier 1815. Peu de jours après le retour de l'Empereur, il reçut, le 29 mars 1815, l'ordre de se rendre à Douai pour y prendre le commandement en chef de l'artillerie de la 16e division militaire, et, le 3 avril suivant, celui des 6e et 18e. Un décret impérial du 17 mai l'attacha, avec les mêmes fonctions, au corps d'observation du Jura. Malgré ses services pendant les Cent-Jours, Louis XVIII lui conserva sa confiance. Le 10 février 1816, il devint inspecteur-général et membre du comité central d'artillerie. Le 27 avril 1817, le ministre de la guerre le chargea de l'inspection générale du personnel et du matériel de l'artillerie compris dans l'arrondissement des Alpes et de la Corse. Membre du comité consultatif de l'artillerie le 30 décembre 1820, et en disponibilité le 16 mars 1822, il fut admis à la retraite le 1er janvier 1825. Placé en 1831 dans le cadre de réserve, en exécution de l'ordonnance du 15 novembre 1830, il mourut le 17 novembre 1831. Son nom est inscrit sur l'arc-de-triomphe de l'Étoile, côté Ouest. B-S.

TERREYRE (DENIS, baron), général de brigade, naquit le 5 octobre 1756 à Clermont-Ferrand (Puy-de-Dôme). Le 4 avril 1776, il entra comme simple cavalier dans le régiment de la Reine (4e de grosse cavalerie), où il devint brigadier le 4 septembre 1781. Le 3 août 1784, il passa dans le 18e régiment de cavalerie (Royal-Normandie), fut nommé fourrier le 23 septembre suivant, et maréchal-des-logis le 1er mai 1788. Il se trouva aux affaires de Nanci, du 16 au 31 août 1790, suivit son régiment à l'armée du Rhin en 1792, et obtint, le 17 juin de cette année, le brevet de sous-lieutenant. Il fit ensuite les campagnes de 1793 à l'an II à l'armée de Sambre-et-Meuse, et son nom fut plus d'une fois mis à l'ordre de l'armée. Lieutenant le 16 septembre 1793, capitaine, chef d'escadron et chef de brigade, les 27 brumaire, 5 messidor et 12 thermidor an II, il fut envoyé en l'an III au siége de Mayence avec son régiment, où il reçut les félicitations du général Kléber, témoin de la brillante conduite du 18e régiment de cavalerie. Après les campagnes du Rhin des ans IV et V, ce corps passa à l'armée d'Helvétie, puis à celle d'Italie, où il servit pendant les ans VI et VII. A l'affaire du 6 germinal an VII, devant Verone, Terreyre fut blessé d'un coup de feu au genou droit. Le 18e régiment de cavalerie, après avoir fait partie du camp de Dijon et de l'armée des Grisons, en l'an VIII et en l'an IX, passa en l'an XI au corps d'observation de la Gironde et du camp de Bayonne : il devint, par suite de l'enregimentement de l'an XII, 27e régiment de dragons. Membre de la Légion-d'Honneur le 19 frimaire an XII, et officier du même Ordre le 25 prairial suivant, il fit la campagne de l'an XIV à la grande armée, fut nommé, le 4 nivose, commandant de la Légion-d'Honneur, et admis le 14 novembre 1806 à la retraite de général de brigade. L'Empereur le désigna pour faire partie du collége électoral du département du Puy-de-Dôme. En 1808, Napoléon lui conféra le titre de baron de l'Empire. Il mourut le 14 février 1823. B-S.

TESTE (FRANÇOIS), né à Bagnols (Gard), le 19 novembre 1775, entra comme grenadier, en 1789, dans la garde nationale soldée, marcha contre les rebelles du camp de Jalès et devint sergent. Nommé, le 4 septembre 1793, lieutenant-colonel commandant le 1er bataillon du district de Saint-Esprit, devenu 4e bataillon de la Montagne, il servit à l'armée des Pyrénées-Orientales.

Suspendu, le 11 prairial an II, par le représentant du peuple Artigoye, pour n'avoir pas su exécuter une manœuvre ordonnée par le général Doppet, il réclama contre cette mesure, qu'il présenta comme un effet de la haine d'un capitaine qui aspirait à le remplacer, et, le 27 ventose an IV, le Directoire leva sa suspension, mais sans réintégration. Sur de nouvelles réclamations de sa part, le ministre ordonna, au mois de fructidor an VI, qu'il serait soumis à l'examen du général commandant la 17e division militaire. D'après le compte rendu de sa capacité par le général Caffarelli, chargé de cet examen, le Directoire le réintégra à la suite de la 49e demi-brigade d'infanterie, le 25 fructidor an VI, pour prendre rang seulement de ce jour.

Il ne fut titulaire de son grade que le 3 frimaire an VII, dans la 87e demi-brigade, et servit alors à l'armée du Danube.

Le 1er frimaire an VIII, il passa, en qualité d'aide-de-camp, auprès du général Chabran, et remplit pendant plusieurs mois les fonctions de chef d'état-major de la 1re division de la première armée de réserve, avec laquelle il fit la campagne de Marengo.

Le chef de la 5e demi-brigade de ligne, Guillot, ayant été suspendu par le général en chef Championnet, après avoir été fait prisonnier, les officiers de ce corps, que le chef de bataillon Teste avait momentanément commandé précédemment, et les généraux Muller et Chabran demandèrent pour cet officier supérieur le grade et l'emploi de Guillot.

Avant de soumettre la proposition au premier Consul, le ministre voulut l'avis du conseil d'administration, ainsi que des renseignemens sur la moralité et les talens militaires des autres chefs de bataillon qui auraient des droits à concourir à l'emploi vacant.

Dans sa réponse, le conseil d'administration approuva la démarche des officiers; il peignit M. Teste comme un excellent chef, qui jouissait de l'estime et de la confiance de tous, et il déclara que les chefs de bataillon ne demandaient point à concourir, au contraire, qu'ils appuyaient de leurs vœux la nomination de l'officier réclamé par leurs camarades.

Le ministre présenta donc M. Teste, et le premier Consul le nomma chef de la 5ᵉ demi-brigade de ligne le 21 thermidor an VIII.

Nous nous sommes étendu sur les deux faits de l'an II et de l'an VIII, parce qu'on a quelquefois abusé du premier dans une intention coupable, et parce que le second justifia complétement le jugement que le général Caffarelli dut porter du mérite et du caractère de M. Teste.

Il continua de servir en Italie sous Murat et Masséna. C'est à la tête de son corps, dont le noyau était formé de vieux soldats d'Arcole, de Ronco et de Rivoli, qu'il se fit remarquer dès le début de la campagne de l'an XIV au passage de l'Adige, aux lignes de Caldiero et au combat de San-Pietro-in-Giù, où l'arrière-garde du prince Charles fut culbutée dans la Brenta. A l'issue de ce glorieux combat, le colonel Teste reçut de Masséna, sur le champ de bataille même, le 13 brumaire, le grade de général de brigade, dans lequel l'Empereur le confirma le 28 juillet 1806.

A cette époque, sa brigade (5ᵉ et 23ᵉ de ligne), mise à l'avant-garde de l'expédition de Dalmatie, occupa Raguse, son territoire et ses îles, et fut en butte aux attaques combinées des Russes, qui s'étaient emparés de Cattaro, et de la population barbare et grossière du Montenegro.

Après le déblocus de Raguse, le vice-roi le rappela en Italie, et lui confia successivement divers commandemens à Brescia, à Verone et à Trévise. Il fit ensuite, à l'avant-garde de la division Grenier, la campagne de 1809. Ayant eu un pied fracassé par la mitraille à la malheureuse bataille de Sacile, on le transporta à Mantoue; mais il n'attendit pas sa complète guérison, rejoignit l'armée en Hongrie, et le premier s'empara du fameux plateau de Szabadhegy, dont l'occupation décida du sort de la bataille de Raab.

Ce fut en 1809 que l'Empereur lui conféra le titre de baron de l'Empire en y joignant une dotation.

On retrouve encore cet officier-général aux lignes de Presbourg, à Wagram, au camp d'Eckemberg, dans le Tyrol, et à Como, qu'il commanda en 1810. En 1811, l'Empereur lui donna le commandement de Custrin; mais il demanda à partager les travaux de la grande armée de Russie, et reçut une brigade de la division Compans, du 1ᵉʳ corps.

Il contribua, le 5 septembre, à la prise de la redoute placée en avant de la ligne russe à la Moskowa; fut engagé dès six heures du matin, le 7, jour de cette sanglante bataille, pénétra dans un des premiers redans avec 60 hommes du 57ᵉ, s'y maintint, eut son aide-de-camp tué à ses côtés, et y fut grièvement blessé lui-même à huit heures et demie. Descendu d'abord dans le fossé du redan, puis porté à l'ambulance de la garde impériale auprès du général Compans, qui venait d'être également mis hors de combat, il fut ensuite transporté à Mojaïsk et de là à Moscou, d'où, avant guérison, l'Empereur l'envoya à Viazma remplacer le général Baraguey-d'Hilliers.

Pendant la retraite, et avant d'arriver à Krasnoë, il parvint à réunir 300 hommes et les ramena au 4ᵉ corps, faisant constamment tête à une multitude de cosaques.

Napoléon le créa, le 8 octobre, commandant de la Légion-d'Honneur : il avait été fait membre et officier de l'Ordre les 19 frimaire et 25 prairial an XII.

Il était à Berlin, quand l'Empereur le nomma général de division, le 14 février 1813, et lui donna un commandement au 2ᵉ corps d'observation du Rhin.

Bientôt il marcha, avec une faible partie de sa division, sur Cassel, qu'il délivra des excursions de Czernicheff, parvint à entrer dans Magdebourg, qui était bloqué, et fut fait gouverneur de cette place.

Pendant l'armistice, il organisa les troupes. Il se trouvait à Dresde lors de la reprise des hostilités. Le 25 août 1813, il attaqua, avec 2 régimens de sa division, le faubourg de Plauen, dont les Autrichiens s'étaient emparés, et fit 1,500 prisonniers, préludant ainsi aux immenses succès de cette célèbre journée qui éclaira la défaite des trois souverains coalisés.

Prisonnier par suite de la violation de la capitulation de Dresde, le général Teste ne rentra en France qu'au mois de juin 1814. Louis XVIII le nomma chevalier de Saint-Louis le 8 juillet, et commandant le département du Pas-de-Calais le 31 août.

Napoléon revint en 1815, et, le 15 avril, il appela le général Teste à Paris, puis, le 23, il lui donna la 21ᵉ division d'infanterie au 6ᵉ corps d'observation, devenu 6ᵉ corps de l'armée du Nord.

Il entra en Belgique. Le lendemain de la bataille de Fleurus, l'Empereur l'attacha au corps du maréchal Grouchy, qui devait suivre les Prussiens !

Le 19 juin, après avoir emporté de vive force les hauteurs et le moulin de Bierge, il poussait vigoureusement devant lui les avant-postes ennemis, lorsqu'il reçut la déplorable nouvelle des désastres de Mont-Saint-Jean et l'ordre de la retraite. Ce mouvement, qu'il fit exécuter avec autant de sang-froid que de précision devant un ennemi bien supérieur en nombre, fut illustré par un de ces glorieux faits d'armes qui révèlent ce que peut un chef habile avec une poignée de braves : il s'agit du combat de Namur, où 2,300 Français environ, commandés par le général Teste, arrêtèrent durant tout un jour 15 ou 20,000 Prussiens *et donnèrent à l'armée, par cette héroïque résistance, le temps nécessaire pour faire filer sur Givet son matériel, ses équipages, ses blessés et l'artillerie enlevée la veille à l'ennemi.* (Paroles du maréchal Grouchy.)

Après la brillante affaire de Namur, le maréchal commandant en chef l'aile droite lui donna le commandement d'un corps d'armée, commandement qu'il conserva sous Paris et sur la rive gauche de la Loire jusqu'au mois de septembre, époque du licenciement.

Rangé alors dans la 14ᵉ catégorie, le ministre vicomte de Caux lui fit avoir, en 1828, une inspection en Bretagne; mais il rentra presque aussitôt en non-activité.

Il adopta avec enthousiasme le principe de la révolution des Trois-Jours. Envoyé à Rouen le 3 août 1830, pour prendre le commandement de la 14ᵉ division militaire, il reçut la grand'croix de la Légion-d'Honneur le 21 mars 1831. Vers le même temps, il partit pour la Belgique à la tête de la 2ᵉ division de l'armée du Nord, et rentra dans son commandement au mois de janvier 1832.

Le général Teste est passé dans la 2ᵉ section du cadre de l'état-major général, par décision royale du 12 novembre 1843.

Son nom est gravé au côté Nord de l'arc-de-triomphe de l'Étoile.   **DOUBLET.**

THÉVENARD (ANTOINE-JEAN-MARIE, *comte*), naquit à Saint-Malo (Ille-et-Vilaine), le 7 décembre 1733, entra dans la marine à l'âge de quatorze ans, monta le vaisseau *le Neptune*, que son père commandait pour la compagnie des Indes, et assista aux trois combats que ce bâtiment eut à soutenir en moins de six mois. Lieutenant à bord de *la Comète*, en 1754, on lui donna une patache armée, et on lui ordonna d'aller détruire les établissemens des Esquimaux, à la côte nord de Terre-Neuve; il remplit sa mission avec un succès complet. Ce jeune lieutenant se livra ensuite à l'art des constructions, et avec une ardeur et une intelligence si bien entendues, que deux ans plus tard il fit construire sur ses plans, à Saint-Malo et à Granville, 4 frégates et une flûte, qui produisirent un tel effet, que le célèbre ingénieur Groignard le chargea de suivre, en 1757, les constructions des frégates qu'il faisait mettre alors sur les chantiers de Saint-Malo. C'est lui qui construisit dans le même port les deux premières canonnières faites en France. Il en eut le commandement et protégea efficacement le commerce sur les côtes de la Manche. La compagnie des Indes le nomma capitaine de vaisseau en 1767; mais Louis XV ne tarda pas à le réclamer à la marine marchande. En 1769, il entra dans la marine royale en qualité de capitaine de port. Nommé capitaine de frégate en 1770, capitaine de vaisseau et chevalier de Saint-Louis en 1773, brigadier des armées navales en 1782, il parvint au grade de chef d'escadre en 1784, et à celui de vice-amiral en 1792.

Thévenard n'était pas seulement un homme de pratique comme presque tous les officiers que le commerce donnait à cette époque à la marine royale; c'était aussi un homme d'étude et de théorie; aussi, dès 1775, avait-il été nommé académicien de la marine. Vers le même temps, il était parvenu à prouver, dans de savans Mémoires, l'utilité de créer de nouveaux phares et à démontrer la nécessité de raccourcir les canons employés sur les vaisseaux. L'Académie des sciences l'avait admis parmi ses correspondans en 1778, et l'avait reçu académicien ordinaire en 1785.

Il embrassa la cause de la Révolution. Le 16 mai 1791, Louis XVI l'appela à remplacer le comte de Fleurieu au ministère de la marine. Les circonstances ne lui permirent pas de conserver ce haut emploi; il le quitta le 17 septembre de la même année, pour aller prendre le commandement de la marine et du port de Brest. L'année suivante, il reçut celui de Toulon, puis il passa à Rochefort. A la création des préfectures maritimes, en l'an IX, le premier Consul lui confia celle de Lorient.

En l'an XII, il fut nommé, le 19 frimaire, membre de la Légion-d'Honneur, et le 25 prairial grand-officier de l'Ordre.

L'Empereur récompensa ses longs services, en 1810, en le créant comte de l'Empire et en l'admettant au Sénat le 5 février.

Lorsque Louis XVIII revint en France, il lui donna entrée à la Chambre des pairs le 4 juin 1814, et le fit commandeur de Saint-Louis le 27 décembre de la même année. Il est mort le 9 février 1815.   **DOUBLET.**

THIÉBAULT (PAUL-CHARLES-FRANÇOIS-ADRIEN-HENRI-DIEUDONNÉ, *baron*), né à Berlin (Prusse), le 14 décembre 1769, entra comme grenadier au 1ᵉʳ bataillon de la Butte-des-Moulins de Paris le 3 septembre 1792, et fit les campagnes de Champagne et de Belgique. Sous-officier de grenadiers le 6 novembre suivant, il fut nommé, le 22 février 1793, lieutenant provisoire au 1ᵉʳ régiment de Tournay, devenu 24ᵉ bataillon d'infanterie légère. Capitaine le 24 mars, il assista au combat du 12 septembre, pour le déblocus du Quesnoy, et enleva de vive force, dans la forêt de Mormal, avec une poignée d'hommes, plusieurs des retranchemens de l'ennemi. Adjoint aux adjudans-généraux Cambray et Donzelot, les 4 et 30 brumaire an II, il passa, le 26 vendémiaire an III, capitaine au 2ᵉ bataillon de tirailleurs, formé en partie du 24ᵉ bataillon d'infanterie légère. Le 6 nivose, il contribua à la prise des lignes de Breda, par une ruse assez singulière. Ses tirailleurs s'approchèrent, en glissant sur la glace, d'une des batteries de ligne et lièrent conversation avec les sentinelles et canonniers hollandais. Pendant que nos soldats amusaient ainsi l'ennemi, le brave Thiébault se précipita avec sa troupe sur les lignes, les escalada un des premiers et s'en empara sans coup férir. Dans la même journée, chargé par 80 cavaliers et se trouvant en avant avec 12 chasseurs à pied seulement, il se plaça derrière un petit mur, s'y défendit et arrêta cette cavalerie, qui bientôt fut repoussée. Le 9 vendémiaire an IV, il fut adjoint à l'adjudant-général Jouy, servit avec lui à l'armée de l'intérieur, et se trouva parmi les défenseurs de la Convention au 13 du même mois.

Passé à l'armée d'Italie en qualité d'adjoint à l'adjudant-général Solignac, le 8 brumaire suivant, il prit sa part de gloire à la deuxième bataille de Rivoli, le 25 nivôse an V, en chargeant le soir, à la tête du 2e bataillon de la 32e demi-brigade et en reprenant les positions que la gauche de l'armée avait perdues le matin. Le 17 brumaire an VI, il fut promu au grade de chef de bataillon, et employé comme chef d'état-major du général Duhesme à l'armée de Rome. Les Français avaient fait deux tentatives inutiles contre Naples, lorsque cet officier reçut l'ordre, le 1er pluviôse an VII, de l'attaquer de nouveau. Il enleva de vive force le faubourg de Capoue, pénétra dans la ville, malgré une fusillade terrible et continuelle, s'empara de 11 pièces de canon, dans les charges qu'il exécuta à la tête du 7e régiment de chasseurs à cheval et des grenadiers des 64e et 73e de ligne, et eut l'honneur de s'établir le premier militairement dans Naples. Élevé pour ce fait d'armes au grade d'adjudant-général sur le champ de bataille, c'est-à-dire sur la place même de Capoue, il rentra le lendemain dans Naples, qu'il avait évacué par ordre pendant la nuit, et prit, à la tête du 1er bataillon de la 17e demi-brigade de ligne, 8 pièces de canon dans cette seconde attaque. Le 10 ventôse, à Manfredonia, il fit embarquer sur 2 bateaux pêcheurs 50 grenadiers, dont 25 déguisés en matelots, et se rendit maître, par un hardi coup de main, à minuit et à 7 milles en mer, d'une polacre portant 14 pièces d'artillerie et ayant à bord 80 hommes d'équipage. Le 23 floréal, il déploya autant d'habileté que de bravoure à l'affaire d'Isola. Le pont de cette ville avait été coupé par l'ennemi et une poutrelle seule restait debout; l'adjudant-général Thiébault y passa à la tête de quelques compagnies de grenadiers. Il perdit 60 hommes dans cette traversée périlleuse, fit aussitôt rétablir le pont, sous le feu même des assiégés, et le général Watrin pénétra alors dans la ville avec le reste de la division. Le 20 germinal an VIII, vers la fin du combat meurtrier de Viareggio, cet officier-général eut la gloire de sauver le général en chef Masséna, qui s'était trompé de route et allait tomber au milieu des ennemis. Le 10 floréal, il reprit le fort de Quezzi. Pour reconnaître tant de services, Masséna le nomma, le même jour, général de brigade provisoire sur le champ de bataille. Confirmé le 15 ventôse an IX, il passa au corps d'observation de la Gironde, et fut mis à la disposition du gouvernement à la suppression de ce corps, le 12 nivôse an X. Le 28 ventôse, il servit dans la 22e division militaire, et, le 20 vendémiaire an XII, dans la 1re. Membre de la Légion-d'Honneur le 19 frimaire, le général Thiébault prit, le 21, le commandement des troupes du cantonnement de Saintes, revint à la 1re division le 25 nivôse, et reçut la croix de commandant de l'Ordre le 25 prairial de la même année. Le 13 fructidor an XIII, il passa à la grande armée, fit la campagne d'Autriche, se trouva à la prise de Memmingen et à l'investissement d'Ulm.

A la bataille d'Austerlitz, il enleva le village de Pratzen, défendu par 20,000 Autrichiens, et eut un cheval tué sous lui. Il attaqua ensuite le château de Sokolnitz, l'emporta malgré la vive résistance des Russes, et reçut une blessure très grave au bras droit et à l'épaule. En 1806, il servit à la grande armée et fut fait, le 23 octobre, gouverneur de Fulde. Chef d'état-major du corps d'observation de la Gironde, le 27 août 1807, il fit la campagne de Portugal et mérita le grade de général de division le 17 novembre 1808. En janvier 1809, l'Empereur le nomma gouverneur des trois provinces de la Biscaye, et peu de temps après de la Vieille-Castille. Devant Logrono, avec 55 chasseurs, il défit plus de 700 cavaliers espagnols.

Rentré en France par autorisation de Napoléon, le 28 février 1810, il retourna en Espagne, le 28 octobre, en qualité de chef d'état-major du 9e corps. L'Empereur le créa baron de l'Empire au mois de juin 1811. Le 27 septembre, à Aldea-de-Ponte, le général Thiébault, à la tête de 3,000 hommes d'infanterie et de 1,500 cavaliers, repoussa l'arrière-garde de Wellington, forte de 15,000 hommes. Mais nous devons dire aussi que ce général, enfermé dans Vittoria avec plus de 3,000 hommes de garnison, resta dans une inaction inexplicable. Il résulte d'un rapport du général en chef Caffarelli, daté du 27 décembre 1812, que le général Thiébault ne crut devoir employer ses troupes à autre chose qu'à se garder; qu'il aurait dû faire des sorties, monter plus souvent à cheval et chercher à dégager les approches de la place. Et ce qui semble donner du poids aux accusations du général Caffarelli, c'est que le ministre de la guerre proposa à l'Empereur d'envoyer au général Thiébault un congé de six mois, ce qui eut lieu le 8 janvier 1813. Cependant il reçut, le 3 avril suivant, le commandement de la 3e division d'infanterie à la grande armée, et fut nommé gouverneur des places de Hambourg et de Lubeck. Dans la campagne de Mecklembourg, il livra le combat de Marbourg et repoussa l'ennemi avec perte, malgré la grande supériorité de sa cavalerie. Le général Thiébault fut mis en non-activité le 1er juin 1814, et créé chevalier de Saint-Louis le 31 juillet suivant. Le 7 septembre 1815, le commandement de la 18e division militaire lui fut confié. Le 17 septembre 1818, il présida le conseil chargé d'examiner à Paris les sous-lieutenans et lieutenans qui désiraient entrer dans le corps d'état-major. Admis à la retraite en 1824, il rentra en disponibilité après la révolution des Trois-Jours, et retraité définitivement le 11 octobre 1834, il obtint le titre de grand-officier de la Légion-d'Honneur le 30 avril 1843. Le nom de ce général est inscrit sur l'arc-de-triomphe de l'Étoile, côté Ouest. TH.

THUILLIER-BEAUFORT (JEAN-BAPTISTE), naquit le 1er février 1751 à Lachaussée-les-Péquigny (Somme). Élevé à l'École du génie de Mézières, il y fut reçu lieutenant en second le 1er janvier 1776, avec le grade d'ingénieur, (lieutenant en premier,) et devint capitaine le 17 février 1788. Passé aide-de-camp du général Decaux, il fit les campagnes de 1792 et 1793 à l'armée du Nord.

Prisonnier de guerre au mois de juillet de cette dernière année, il rentra dans l'armée, par échange, le 26 germinal an IV. C'est pendant le temps de sa captivité que le Comité de salut public le désigna, le 1er germinal an III, pour le grade de chef de bataillon sous-directeur des fortifications. Confirmé dans cet emploi le 29 prairial an IV, pour prendre rang à partir du jour de sa nomination, on l'employa d'abord à Bruxelles, puis en l'an V il passa à l'armée de Sambre-et-Meuse comme chef d'état-major de son arme. En l'an VI, il servit en la même qualité à l'armée de Mayence. En l'an VII, il commanda le génie du corps d'observation établi sur le Rhin, se trouva au bombardement de Philisbourg et à l'affaire du 2e jour complémentaire devant Manheim. Désigné en l'an VIII pour aller prendre le commandement du génie du corps du centre de l'armée du Rhin, il se signala à l'affaire du 5 floréal dans la plaine de Fribourg, aux batailles d'Engen et de Biberach. Sur le rapport de plusieurs officiers-généraux, et à la recommandation particulière du général Grenier, le général en chef Moreau le nomma chef de brigade le 7 thermidor. Passé l'année suivante à l'aile gauche de cette même armée, il fut honorablement cité au combat d'Ampfing et à la bataille de Hohenlinden. Le premier Consul confirma sa dernière nomination le 29 vendémiaire an IX, et le nomma directeur des fortifications, à Bruxelles, le 3 frimaire an X. C'est dans cette résidence qu'il reçut, le 19 frimaire an XII, la décoration de la Légion-d'Honneur, et celle d'officier de l'Ordre le 25 prairial même année. L'Empereur le désigna, en l'an XIII, pour faire partie du collége électoral du département de la Dyle. Le colonel Thuillier-Beaufort a été mis à la retraite le 28 décembre 1809. B-S.

THULLIER (JEAN-PIERRE), né le 18 juin 1757 à Reims (Marne), s'enrôla comme simple soldat dans le 9e régiment de chasseurs à cheval le 1er avril 1773. Brigadier le 1er juin 1778, il devint maréchal-des-logis le 1er juin 1783, et sous-lieutenant le 15 septembre 1791. Il fit les guerres de 1792 à l'an IX inclusivement, avec les armées du Nord, de la Moselle et d'Italie. Lieutenant le 4 octobre 1792, et capitaine le 27 brumaire an II, il se signala particulièrement lors de la retraite de Kaiserslautern, où, à la tête de 2 escadrons de son régiment, il enfonça une colonne ennemie de 1,600 Autrichiens, reprit l'ambulance et 4 pièces de canon, dont ils s'étaient emparés quelques momens auparavant, et fit 45 prisonniers, parmi lesquels se trouvait un lieutenant-colonel. Le 4 prairial an IV, à l'affaire de Veilbourg, il chargea, avec sa seule compagnie, contre un parti de cavalerie bien supérieur en nombre, et lui fit 30 prisonniers montés. Au mois de floréal an V, à l'affaire qui eut lieu devant Francfort, il chargea à la tête du 4e escadron de son régiment, sur 300 cuirassiers autrichiens, les mit en déroute et leur prit 200 hommes. Le 6 germinal an VII, à l'affaire de Legnago, il eut un cheval tué sous lui. Le 16 du même mois, à la bataille de Verone, il chargea les Autrichiens à la tête d'un escadron de son régiment, et dégagea un bataillon de la 29e demi-brigade d'infanterie légère, qui se trouvait gravement compromis. Chef d'escadron le 6 floréal suivant, il fut blessé d'un coup de feu à la tête à la bataille de Novi, le 28 thermidor de la même année, et il obtint le grade de chef de brigade le 14 vendémiaire an VIII. Il tint ensuite garnison, pendant les ans X et XI, à Brescia, et pendant les ans XII et XIII à Altamura et Bari. Le 19 frimaire an XII, il fut nommé membre de la Légion-d'Honneur, et le 25 prairial suivant officier de l'Ordre. Il fit encore les campagnes de l'an XIV, de 1806, 1807 et 1808, avec l'armée de Naples, formant l'aile droite de la grande armée. Il sollicita et obtint sa retraite le 22 juillet 1808. Rappelé dans les cadres de l'armée, il fut nommé commandant d'armes provisoire à Breda, le 31 mars 1812, et passa au commandement du département de la Marne le 29 août suivant. Employé comme commandant d'armes à Brême, le 8 juin 1813, il fut tué dans la matinée du 14 octobre suivant, en défendant glorieusement contre l'ennemi les remparts de la place dont la garde était confiée à son dévoûment. B-G.

TILLY (JACQUES, **DELAISTRE**, *comte* DE), né à Vernon (Eure), le 15 août 1749, entra comme volontaire dans le régiment d'infanterie soissonnais le 1er mars 1761, et fit les campagnes de 1761 et 1762 en Allemagne. Il quitta ce régiment le 20 juin 1767, et reprit du service le 12 août suivant en qualité de gendarme. Nommé sous-lieutenant dans le bataillon d'Aunis le 1er février 1781, il assista aux siéges de Mahon et de Gibraltar en 1782 et 1783. Le 8 janvier 1786, il passa avec son grade dans le régiment de Bretagne-infanterie. Sous-lieutenant en premier le 5 avril 1787, et capitaine dans le bataillon de garnison de la marine le 18 mars 1788, Tilly obtint la croix de Saint-Louis le 18 mai 1790, et fut réformé comme capitaine des troupes provinciales par la loi du 20 mars 1791. Il rentra en activité avec son grade dans le 6e régiment de cavalerie le 10 mai 1792, devint lieutenant-colonel dans le 14e régiment de dragons le 17 juin, et colonel de ce régiment le 26 octobre suivant. Il prit le commandement du 6e dragons le 29 novembre de la même année, et servit en Hollande sous Dumouriez. Chargé par ce général, en mars 1793, de la défense de la place de Gertruydenberg, il résista pendant près de trois semaines à des forces bien supérieures. Sommé plusieurs fois de se rendre à discrétion, et dans les vingt-quatre heures, sous peine de voir la garnison entière passée au fil de l'épée, il répondit qu'il saurait mourir. Il obtint enfin de sortir de la place avec tous les honneurs de la guerre. Promu général de brigade le 21 avril, il se rendit à l'armée des côtes de Cherbourg, et remporta de grands avantages sur les Vendéens. Élevé au grade de général de division par les représentants du peuple, le 12 frimaire an II, il reçut bientôt après l'ordre de cesser ses fonctions. Réintégré le 29 nivose an III, il prit le commandement de la réserve de l'armée de Sambre-et-Meuse le 29 ventose suivant, et se couvrit de gloire à Hoecht, près de la Nidda, le 20 vendémiaire an IV. Le 1er nivose, il passa à l'armée du Nord et reçut le commandement, le 25 ventose, des départemens de la Dyle, de l'Escaut, de la Lys, de Jemmapes et des Deux-Nèthes. Destitué le 8 fructidor, il fut remis en activité, le 28 du même mois, à l'armée de Sambre-et-Meuse. Admis au traitement de réforme, en attendant sa retraite, le 25 pluviose an V, il reprit de l'activité à l'armée de Sambre-et-Meuse le 4 floréal suivant. Inspecteur-général d'infanterie et de cavalerie en Hollande, le 23 pluviose an VI, il commanda les 8 départemens réunis le 19 messidor an VII. Le 27 fructidor, il fut employé sous les ordres du général Brune, qui commandait en Hollande. Inspecteur de cavalerie en Batavie le 17 frimaire an VIII, il prit, le 6 nivose, le commandement de la 15e division militaire, et passa, le 19 du même mois, à l'armée d'Angleterre, devenue armée de l'Ouest. Admis au traitement de réforme le 1er prairial an IX, il remplaça le général Delmas, comme inspecteur-général d'infanterie, le 26 floréal an X. Le 10 frimaire an XII, il commanda les troupes à cheval du camp de Montreuil, fut nommé membre de la Légion-d'Honneur le 19 du même mois, et commandant de l'Ordre le 25 prairial. En l'an XIV, il eut le commandement de la cavalerie du 6e corps de la grande armée. Employé à l'armée d'Espagne, le 25 octobre 1808, et créé baron de l'Empire, le général Tilly décida en partie le succès de la bataille d'Ocaña et força les Anglais à mettre bas les armes. Commandant supérieur à Ségovie (armée du midi de l'Espagne), le 2 juin 1811, il obtint un congé le 31 juillet 1813. Le 19 octobre, il reprit ses fonctions d'inspecteur-général de cavalerie, et obtint le titre de comte de l'Empire le 21 janvier 1814. Le général Tilly adhéra aux actes du Sénat, reçut en juin la décoration de Saint-Louis, et celle de grand-officier de la Légion-d'Honneur le 27 décembre suivant. Pendant les Cent-Jours, il se rallia à l'Empereur, qui le nomma président du collège électoral du Calvados. Élu par ce collège à la Chambre des représentans, « il garda dans cette Chambre un silence dont plus tard il tirait beaucoup de vanité : » comme si la nullité d'un législateur pouvait tenir lieu de dévoûment ! Admis à la retraite le 4 septembre 1815, il mourut à Paris le 10 janvier 1822. Son nom est inscrit sur l'arc-de-triomphe de l'Étoile, côté Nord.

TH.

TIRLET (LOUIS, *vicomte*), né à Moirmont, près de Sainte-Menehould (Marne), le 14 mars 1773, entra comme volontaire, en février 1792, dans le régiment de Bouillon, et passa, en avril 1793, dans l'artillerie, en qualité d'aspirant. Élève sous-lieutenant d'artillerie le 1er pluviose an II, et lieutenant au 1er régiment d'artillerie à pied le 1er germinal suivant, il devint capitaine commandant les 2 compagnies de pontonniers formées à l'armée de Sambre-et-Meuse, le 1er prairial an IV, et chef de bataillon commandant le 2e bataillon de pontonniers le 11 nivose an V.

Depuis 1792 jusqu'à cette dernière époque, il servit aux armées du Nord, des Ardennes, de Sambre-et-Meuse et du Rhin.

Il reçut sa première blessure à Fleurus.

Au passage du Rhin par l'armée de Sambre-et-Meuse, Jourdan l'avait chargé d'une fausse attaque fort importante dans laquelle il réussit; et Jourdan, dans son rapport au Comité de salut public, rendit ainsi justice à son courage intelligent : « Tirlet, officier d'un grand mérite, qui porte dans le service un zèle et une activité au-dessus de tout éloge, et qui n'a jamais rien trouvé d'impossible, était certainement l'homme le plus propre à remplir cette mission. »

A la première retraite de cette armée, une fausse mesure de Marceau amena l'incendie et la destruction du pont de Neuwied. Kléber fait appeler le chef des pontonniers, et lui demande quel temps lui sera nécessaire pour jeter un pont : *Vingt-quatre heures me suffiront, général. — Je vous en donne trente, et vous m'en répondez sur votre tête.* L'armée passa dans le terme prescrit.

A la seconde retraite de la même armée, en l'an IV, il se montra digne de recevoir la lettre suivante :

« Le Directoire est satisfait, citoyen, du zèle que vous avez montré, le 30 prairial, pour préserver le pont de Neuwied des entreprises de l'ennemi et des soins que vous vous êtes donnés pour réparer les désordres que ces tentatives avaient occasionés. »

Il passa successivement aux armées du Rhin, de Mayence et d'Angleterre, et s'embarqua, en l'an VI, avec l'armée expéditionnaire d'Orient.

Fait colonel du 5e régiment d'artillerie à cheval le 24 fructidor an VII, il eut, quelques mois après, le commandement du 8e régiment d'artillerie à pied, remplit les fonctions de chef d'état-major de l'artillerie, s'acquitta avec succès de plusieurs missions sur la côte pour l'armement et le levé de la carte, et rentra en France au mois de brumaire an X.

Sa conduite distinguée en Égypte lui valut les éloges du général en chef Menou et ceux du premier Consul.

Nommé général de brigade le 11 fructidor an XI, et chef d'état-major de l'artillerie du camp des côtes de l'Océan, il reçut la croix de membre de la Légion-d'Honneur le 19 frimaire an XII, puis celle de commandant de l'Ordre le 25 prairial suivant, se rendit, commandant en chef l'artillerie, à l'armée de Hollande, et fut attaché plus tard au 2e corps de la grande armée.

Il eut ensuite le commandement de l'artillerie de l'armée de Dalmatie. Chargé alors d'organiser les deux directions de Zara et de Raguse, il le fut encore, mais sur ses propres plans, d'armer et de mettre en état de défense les différentes places des côtes.

Lorsque les Russes, soutenus par les populations qu'ils avaient insurgées, débarquèrent dans le comté de Poglizze, il défit les rebelles et força l'ennemi à rejoindre ses vaisseaux.

Napoléon lui décerna le titre de baron de l'Empire, l'appela au commandement de l'artillerie du 11e corps de la grande armée, et lui confia, le 9 août 1809, la direction générale des ponts de cette armée.

Il passa ensuite au commandement de l'artillerie du 2ᵉ corps de l'armée d'Espagne, puis à celui de la même arme de l'armée de Portugal. Sa conduite, en **1812**, pendant la retraite du Portugal, et, au mois d'octobre, quand les Anglais furent forcés de lever le siége de Burgos, lui mérita d'être cité avec distinction dans les rapports officiels et d'être élevé au grade de général de division le 10 janvier 1813. Son zèle ne se démentit, ni durant le reste de la campagne, ni à la bataille de Toulouse.

Cet officier-général s'empressa d'envoyer sa soumission aux actes du Sénat.

Louis XVIII le nomma, le 1ᵉʳ juillet 1814, inspecteur-général d'artillerie pour la direction de Toulouse, Montpellier, Perpignan et Bayonne, chevalier de Saint-Louis le 19 du même mois, et grand-officier de la Légion-d'Honneur le 14 février suivant.

Au retour de l'île d'Elbe, il se rattacha à Napoléon, et reçut le commandement de l'artillerie du 2ᵉ corps, placé, sous Brune, dans les départemens méridionaux.

Il conserva son activité à la seconde Restauration, fut attaché, en 1818 et jusqu'en 1822, au comité spécial et consultatif de l'artillerie, obtint le titre de vicomte le 17 août de cette dernière année, et à la demande du duc d'Angoulême, dont il avait su gagner la bienveillance, Louis XVIII lui confia le commandement en chef de l'artillerie de l'armée qui entra en Espagne en 1823.

Le général Tirlet resta pur au milieu des désordres qui signalèrent l'administration de cette armée, contre lesquels il lutta avec persistance, et fit faire au trésor d'importantes économies.

Cette campagne lui valut les décorations de San-Fernando et de Charles III, celle de Saint-Alexandre Newski, et le cordon de commandeur de Saint-Louis le 7 septembre 1823. Charles X le désigna particulièrement pour assister à son sacre, qui eut lieu le 29 mai 1825, à Reims. Vers la même époque, il devint membre du conseil général de son département.

En 1827, nommé député par le grand collège de la Marne, il vint siéger au centre droit de la Chambre. Cependant il vota l'adresse des 221 : c'est que tous ceux qui avaient eu un commandement supérieur pendant la campagne de 1823 avaient reçu pairie et dotation, tandis que pour lui on s'était borné à un avancement dans l'ordre de Saint-Louis.

Réélu au mois de juin 1830, il accueillit avec joie la révolution des Trois-Jours. Il a écrit à ce sujet : « Je n'hésitai pas, en 1830, à voter avec les 221, *qui protestèrent contre le ministère Polignac*. Après les événemens de Juillet, je signai des premiers, parmi les députés, l'appel de monseigneur le duc d'Orléans à la lieutenance générale du royaume, et votai ensuite pour son élévation au trône. J'avais été des premiers à lui offrir mon dévoûment lors de son arrivée au Palais-Royal. »

Placé, le 14 février 1836, dans la seconde section (réserve) du cadre de l'état-major général de l'armée, il demanda la grand'croix de la Légion-d'Honneur en compensation du cordon de Saint-Louis, que la révolution de 1830 lui avait fait perdre ; elle lui fut accordée le 30 avril de la même année. L'année suivante, le 3 octobre, le roi l'éleva à la dignité de pair de France. Classé dans la 1ʳᵉ section du cadre de l'état-major général le 13 avril 1841, il mourut le 30 novembre suivant. Son nom est inscrit sur l'arc-de-triomphe de l'Étoile, côté Sud. **DOUBLET.**

TISSON (MATHIEU), né à Montpellier (Hérault), le 15 mai 1759, entra le 2 octobre 1791 au 1ᵉʳ bataillon de l'Hérault, en qualité de lieutenant, et servit à l'armée des Pyrénées-Occidentales. Chef du 3ᵉ bataillon de l'Hérault le 2 août 1792, il parvint au grade de général de brigade le 15 mai 1793. Le 22 juin, il se trouvait au combat de la montagne de Louis XIV, et il mérita d'être honorablement cité pour sa conduite dans les journées des 24 juillet et 30 août suivans. Promu général de division le 5 octobre de la même année, il eut la modestie de refuser, ne se croyant pas assez de talens pour occuper ce grade élevé. Appelé, le 26 pluviose an IV, au commandement du département de l'Hérault, il sut préserver du pillage la ville de Montpellier. En l'an V, il passa dans le département de Vaucluse, et ramena le calme à Avignon en désarmant les misérables qui se livraient au vol et à l'assassinat. Réformé le 23 fructidor, il fut remis en activité dans la 9ᵉ division militaire le 17 ventose an IV, et le 29 messidor an X il fut employé dans la 24ᵉ division militaire. Créé membre de la Légion-d'Honneur le 19 frimaire an XII, il passa dans la 9ᵉ division le 28 floréal, et obtint la croix de commandant de l'Ordre le 25 prairial suivant. Le 24 fructidor an XIII, Tisson servit à l'armée de Naples, et commanda, le 6 novembre 1806, la division de l'Adriatique, la seule qui fût alors sur le pied de guerre. Retraité le 6 décembre 1807 à cause de ses infirmités, ce général reçut de Louis XVIII la croix de Saint-Louis le 22 mars 1815. Il est mort le 8 mai 1825. **TH.**

TOUCHAIN. *Voyez* LALUSTIÈRE (*Louis-Charles*).

TOURNADRE (BERNARD-AMABLE), né le 21 avril 1774 à Clermont-Ferrand (Puy-de-Dôme), entra à l'École du génie de Mézières le 1ᵉʳ janvier 1761, et en sortit le 1ᵉʳ janvier 1763 avec le grade d'ingénieur. Nommé capitaine le 4 août 1742, et chef de bataillon le 1ᵉʳ novembre 1791, il fut attaché à l'armée des Alpes de 1792 à l'an II, et alternativement employé dans les places de Sisteron et de Briançon. Il se distingua à l'attaque des vallées du Piémont, à Sezanne, à Oulx et à Bardonèche, où il commandait une compagnie de sapeurs chargée des travaux de mine, ainsi qu'au siége d'Exilles. Chef de brigade directeur des fortifications de Strasbourg le 1ᵉʳ vendémiaire an III, il servit dans cette place jusqu'en l'an V. Après la prise de Kehl, en l'an IV, Pichegru le chargea, conjointement avec le général Chambarliac, des ouvrages nécessaires à la défense de ce fort. Appelé, le 16 fructidor an V, à la direction de Nice, une maladie grave ne lui permit pas de se rendre à cette destination. Il reçut, le 6 nivose an VI, l'ordre d'aller prendre celle de Grenoble, dans laquelle il fut employé jusqu'à l'époque de sa mise à la retraite. Membre de la Légion-d'Honneur le 19 frimaire an XII, et officier de cet Ordre le 25 prairial suivant, il fit partie du collége électoral du département de l'Isère. Admis à la retraite le 25 prairial an XIII, il est mort le 10 octobre 1828. B-S.

TOUSARD (ANTOINE-ÉTIENNE, *baron* DE), naquit le 9 décembre 1752 à Paris (Seine). Sorti de l'École de Mézières le 1er janvier 1770, avec le grade de lieutenant en premier, il fut nommé capitaine le 15 août 1784. Il était détaché à Malte depuis 1792, lorsque le gouvernement lui conféra, le 1er germinal an III, le grade de chef de bataillon. Le général Bonaparte, lors de son expédition d'Égypte, le trouva dans cette île et l'emmena avec lui. Il se fit remarquer à la prise d'Alexandrie, où il resta pendant deux mois sous-directeur des fortifications. Blessé à Aboukir, lors du bombardement de cette ville par les Anglais, en l'an VII, il accompagna la même année le général en chef en Syrie, et fut chargé de différens ouvrages à Gaza et à El-Arisch. Le Caire s'étant insurgé en l'an VIII, il dirigea les travaux de siége de cette ville avec beaucoup de courage et de talent, et fut ensuite envoyé dans la haute Égypte, où il resta jusqu'à l'époque de l'évacuation. Nommé chef de brigade le 15 nivose an IX, par le général en chef Menou, et rentré en France en l'an X, le premier Consul le confirma dans son grade pour prendre rang du 17 nivose même année, avec le titre de directeur provisoire des fortifications. Devenu directeur titulaire le 20 frimaire an XI, il fit partie l'année suivante de l'armée dite *d'Angleterre*. Membre de la Légion-d'Honneur le 19 frimaire an XII, il reçut la croix d'officier de cet Ordre le 25 prairial suivant. Successivement employé au camp de Bruges, d'Ostende et d'Ambleteuse, en qualité de commandant du génie, il fit partie, au même titre, du 3e corps de la grande armée. Pendant la campagne d'Autriche de l'an XIV, chargé de la reconnaissance de Neubourg, il entra dans cette place, sur les débris du pont, avec 24 chasseurs, et y fit un prisonnier de sa main. Il dut reconnaître encore la partie du terrain situé entre Munich et l'Inn. Tousard assista au passage de l'Inn, à Craybourg, à l'affaire de Lambach, au passage de la Traun, où il dirigea les travaux nécessaires à l'établissement d'un pont de bateaux, et rétablit le pont de Steyer sous le feu de l'ennemi. Il fit les campagnes de 1806 et 1807, en Prusse et en Pologne, et prit une part glorieuse à la bataille d'Iéna, au combat d'Heilsberg, à la bataille d'Eylau, au combat livré devant Kœnigsberg, et à l'attaque de cette place. Il avait été nommé général de brigade le 5 juillet 1807. A la fin de cette dernière campagne, et durant les années 1808 et 1809, il commanda, sans interruption, le génie du 3e corps, cantonné dans le duché de Varsovie, et fut blessé grièvement, en 1809, en dirigeant les travaux de la tête du pont de Lintz. C'est vers ce temps que Napoléon lui conféra le titre de baron de l'Empire. Membre du comité des fortifications de 1810 à 1812, il fut chargé, au commencement de 1813, de l'inspection des places des 31e et 32e divisions militaires. Rentré au comité dans le mois d'avril, il fut envoyé de nouveau à Hambourg, le 15 août, pour y prendre le commandement de la place, et y mourut le 15 septembre suivant. B-S.

TRELLIARD (ANNE-FRANÇOIS-CHARLES, *comte*), né à Parme (Italie), le 9 février 1764, entra au service comme cadet-gentilhomme le 6 novembre 1780. Sous-lieutenant le 19 octobre 1781 au 6e régiment de dragons, lieutenant en deuxième le 28 avril 1788, lieutenant surnuméraire à la formation du 4 mai suivant, lieutenant à la formation du 1er mars 1791, il passa avec le même grade au 3e régiment de chasseurs le 25 janvier 1792. Capitaine le 6 août de la même année, il fit les premières campagnes de la Révolution aux armées de Champagne, de Belgique et du Nord, et reçut le grade de chef d'escadron au 11e régiment de chasseurs le 7 avril 1793. Chef de brigade du même régiment le 15 fructidor an II, il servit aux armées de la Moselle et de Sambre-et-Meuse. Le 1er brumaire an III, au village de la Tour-Blanche, en avant de Coblentz, avec des forces inférieures, il culbuta la cavalerie ennemie, la poursuivit, lui prit 200 chevaux, et mit plus de 200 hommes hors de combat. Le lendemain, à la prise de cette ville, il chargea les redoutes qui la défendaient et s'en empara. Toujours à l'avant-garde du général Moreau, Trelliard assista au blocus de Mayence. En avant de Kreutsnack, il s'élança à la tête de son régiment, enfonça l'ennemi, entra pêle-mêle avec lui dans la ville, et fit 2,500 prisonniers. Les 28 et 29 germinal an V, à la bataille de Neuwied, il enleva des redoutes et fit 2,000 prisonniers. Au commencement de l'an VII, il passa à l'armée d'Helvétie. Nommé général de brigade le 24 fructidor, il fut envoyé en Hollande et prit le commandement de la cavalerie. Il fit ensuite partie de l'armée gallo-batave. A Forkem, il contint, avec un faible corps de cavalerie, un nombreux corps autrichien. Autorisé à se rendre dans ses foyers le 22 vendémiaire an X, il fut employé dans la 15e division militaire au mois de brumaire an XI. Membre de la Légion-d'Honneur le 19 frimaire an XII, et commandant de l'Ordre le 25 prairial, il eut un commandement de troupes à cheval à Saint-Omer. En l'an XIV, il commanda une brigade de cavalerie du 5e corps à la grande armée. Au combat meurtrier de Wertingen, le 16 vendémiaire, il chargea l'ennemi à la tête des 9e et 10e de hussards, le mit en déroute, s'empara de 3 pièces d'artillerie et fit 800 prisonniers. Il prit une part glorieuse aux batailles d'Ulm et d'Austerlitz. Le 10 octobre 1806, au combat de Saalfeld (Prusse), il exécuta contre les Prussiens une charge admirable qui livra aux Français 6,000 prisonniers, 3 généraux, plusieurs drapeaux et 30 pièces de canon. Le 26 décembre, il se distingua au combat de Pultusk, mais il y fut grièvement blessé. L'Empereur le nomma général de division le 30 de ce mois, et, par décret du même jour, il l'autorisa à se rendre en France pour s'y rétablir de ses blessures et pour être employé ensuite à l'inspection des dépôts de cavalerie. En août 1808, il commandait les troupes à cheval réunies à Pau. Créé comte de l'Empire, il fut mis à la disposition du major-général, qui l'employa à l'armée d'Espagne. Envoyé dans la Manche, il prit le commandement de cette province et celui de la 4ᵉ division de dragons, et dispersa les corps nombreux de guérillas qui infestaient ces contrées. Le 16 janvier 1812, il battit complétement, à Almagro, le général Morillo, le chassa de la province et lui fit un grand nombre de prisonniers. Le 1ᵉʳ janvier 1814, il reçut l'ordre de se porter en Champagne avec la division de cavalerie qu'il commandait. Le 15 février, il arriva à Nangis au moment où une action s'engageait; il chargea impétueusement l'avant-garde russe avec ses dragons, la culbuta, lui prit 16 pièces de canon, fit 5,000 prisonniers, et la poursuivit jusqu'à Provins. A Arcis-sur-Aube, il soutint la retraite du maréchal Oudinot, malgré le feu terrible de l'artillerie ennemie. Nommé gouverneur de Belle-Isle-en-Mer au mois de juin 1814, et chevalier de Saint-Louis le 8 juillet, il obtint sa retraite le 18 octobre 1815. Compris dans le cadre de réserve le 7 février 1831, le général Trelliard fut réadmis à la retraite le 1ᵉʳ mai 1832, et mourut le 14 du même mois. Son nom est inscrit sur l'arc-de-triomphe de l'Étoile, côté Est. TH.

TROUBLE (CLAUDE-EDME), né le 29 septembre 1752 à Quincy-le-Vicomte (Côte-d'Or), entra le 18 février 1771 comme cavalier dans le régiment de dragons Colonel-Général (5ᵉ). Brigadier le 1ᵉʳ novembre 1774, ce ne fut que le 1ᵉʳ septembre 1784 qu'il parvint au grade de maréchal-des-logis. Maréchal-des-logis-chef le 3 août 1787, il passa successivement sous-lieutenant le 15 septembre 1791, et lieutenant le 10 mai 1792. Après avoir fait les campagnes de 1792 et 1793 à l'armée du Nord, il obtint, le 1ᵉʳ août 1793, le grade de capitaine. De l'an II à l'an V, il servit aux armées des Ardennes, de Sambre-et-Meuse, aux blocus de Luxembourg et de Mayence, enfin, en Italie. Chef d'escadron le 1ᵉʳ brumaire an IV, il se trouva à la bataille de Mondovi le 2 floréal suivant, et tomba au pouvoir de l'ennemi, à Brescia, le 13 thermidor de la même année. Il fut échangé deux mois après. Dans un combat près de Neumarck, en Tyrol, au mois de ventose an V, il était détaché pour observer un village défendu par un corps d'infanterie autrichienne. Il y pénètre, accompagné seulement d'un officier, d'un trompette et de 4 dragons; et, après avoir essuyé la décharge du poste ennemi, il fait mettre bas les armes à 200 hommes, dont 2 officiers, qu'il ramène au quartier-général. Au combat qui eut lieu dans les gorges d'Inspruck, au mois de germinal, il secourut le général Joubert, qui courait risque d'être fait prisonnier. De l'an VI à l'an IX, il servit aux armées d'Angleterre, de Belgique, du Rhin et d'Italie. Le 13 pluviose an VIII, le premier Consul le nomma colonel du 15ᵉ régiment de cavalerie, devenu 24ᵉ dragons à l'embrigadement de l'an XII. Le 19 frimaire de cette année, il reçut la décoration de membre de la Légion-d'Honneur, et le 25 prairial suivant celle d'officier du même Ordre. Admis à la solde de retraite le 24 frimaire an XIV, il mourut dans ses foyers quelques années plus tard. B-S.

TUFFET-SAINT-MARTIN (JOSEPH-LOUIS), né à Digne (Basses-Alpes), le 20 février 1748, et admis comme élève d'artillerie le 28 février 1767, passa lieutenant dans cette arme le 28 novembre 1768. Capitaine le 5 avril 1780, il devint chef de bataillon le 11 juin 1793. Chef de brigade d'artillerie le 28 vendémiaire an XI, il fut nommé membre de la Légion-d'Honneur le 19 frimaire an XII, officier de l'Ordre le 25 prairial, et prit le commandement de l'artillerie de l'île d'Elbe. Appelé comme directeur-général des manufactures d'armes et des forges à Paris, le 31 août 1811, il remplit plus tard les mêmes fonctions à Auxonne. Admis à la retraite le 12 août 1814, le colonel Tuffet-Saint-Martin mourut dans les premières années de la Restauration. TH.

TURREAU DE LINIÈRES (LOUIS-MARIE, baron), né à Évreux (Eure), le 4 juillet 1756, entra comme surnuméraire aux gardes d'Artois, compagnie d'Alsace, en 1786. Nommé chef du 3ᵉ bataillon des gardes nationales de son département le 16 septembre 1792, il servit aux armées du Nord et de la Moselle. Général de brigade le 30 juillet 1793, il passa à l'armée des côtes de La Rochelle, et se trouva, le 14 septembre, au combat de Doué. Élevé, le 18 du même mois, au grade de général de division, il prit le commandement en chef de l'armée des Pyrénées-Orientales, et livra aux Espagnols, le 24 vendémiaire an II, le combat nocturne du camp de Boulou. Sept fois il monta au pas de charge pour enlever la hauteur El Pla del Rei, et sept fois il se vit repoussé. Un dernier effort le rendit enfin maître de ce poste important. Appelé, le 8 frimaire suivant, au commandement en chef de l'armée de l'Ouest, il attaqua, le 14 nivose, l'île de Noirmoutiers, défendue par 1,800 hommes et 30 pièces d'artillerie, et s'en empara. Il marcha ensuite contre la ville, l'enleva d'assaut, et fit 1,500 prisonniers, parmi lesquels se trouvait d'Elbée, généralissime des armées catholiques et royales. Il se porta ensuite vers Nantes, et livra aux royalistes les combats de Machecoul, de la Châtaigneraie, de Clisson et de Saint-Fulgent, dans lesquels il fut toujours victorieux. Le 1ᵉʳ prairial, il reçut l'ordre de prendre le commandement de Belle-Isle-en-Mer; mais le Comité de salut public le destitua le 22 fructidor, et la Convention, par un décret du 8 vendémiaire an III, ordonna qu'il serait mis en arrestation comme prévenu d'avoir commis plusieurs délits pendant qu'il commandait l'armée de l'Ouest. Après une détention de quinze mois, il comparut devant un conseil militaire, formé en exécution d'un arrêté du Directoire, du 1ᵉʳ frimaire an IV. Ce conseil déclara à l'unanimité que les inculpations dirigées contre le général Turreau étaient mal fondées et calomnieuses; qu'il avait dignement rempli ses fonctions comme homme de guerre et comme citoyen; en conséquence, il fut acquitté et mis en liberté; mais le Directoire ne le remit pas en activité. Ce ne fut que le 22 fructidor an V qu'il obtint de l'emploi à l'armée de Sambre-et-Meuse, devenue armée de Mayence. Il commanda ensuite la division chargée du blocus d'Erenbrestein. Au mois de frimaire an VIII, il passa à l'armée d'Italie. Mis en non-activité le 1er vendémiaire an X, et chargé, le 5 brumaire suivant, du commandement du bas Valais, il fut remplacé dans ses fonctions, en vertu d'un ordre du premier Consul, du 6e jour complémentaire an XI. Membre de la Légion-d'Honneur le 19 frimaire an XII, et grand-officier de l'Ordre le 25 prairial, il se rendit aux États-Unis en mission diplomatique et y resta jusqu'en 1811. Rentré en France, Napoléon le créa baron de l'Empire, sous le nom de *Linières*, et lui confia, le 24 mars 1813, le commandement de la 21e division militaire. Le 13 juillet, il passa à la grande armée, corps d'observation de Bavière, et commanda la 51e division d'infanterie à Wurtzbourg. En non-activité le 1er septembre 1814, il fut employé, le 26 juin 1815, à la défense de Paris, et commanda par intérim la rive gauche de la Seine. Admis à la retraite le 4 septembre 1815, il mourut à Conches (Eure), le 10 décembre 1816. Le général Turreau a publié des *Mémoires historiques sur la guerre de la Vendée*. Son nom est inscrit sur l'arc-de-triomphe de l'Étoile, côté Est.

TH.

UTRUY (JACQUES, *baron* D'), ou **DUTRUY**, naquit à Genève le 20 novembre 1762, entra dans le régiment de Sonnenberg-suisse en 1773, y devint sergent-major, en fut congédié le 31 mars 1778, passa au régiment de Vigier le 18 septembre de cette dernière année, et déserta son corps en 1789 pour venir se joindre au peuple de la Bastille. Il s'engagea alors dans une compagnie du centre, qui s'organisait rue Quincampoix, et y fut élu chef du comité de surveillance militaire. Député auprès de Lafayette, après la journée du 5 octobre, afin de presser son départ pour Versailles, il harangua le chef de la milice parisienne en termes tels qu'il provoqua son mécontentement, ce qui l'obligea à donner sa démission. Il s'enrôla alors dans la garde nationale, bataillon des Feuillans, suivit les volontaires à l'armée du Nord, et obtint le grade d'adjudant-major de son bataillon. Il trouva que Luckner et Lafayette n'étaient point à la hauteur des circonstances, revint à Paris, reçut l'autorisation de lever une compagnie franche de chasseurs nationaux (1re compagnie), fut reconnu capitaine de cette compagnie, et partit pour l'armée le 11 août 1792. La veille, il avait désarmé et arrêté des chevaliers du poignard aux Champs-Élysées.

Il rencontra l'ennemi auprès de Clermont, le repoussa, s'empara du poste important de la côte de Bienne, puis rejoignit Kellermann, alors à Toul. Il pénétra dans l'électorat de Trèves, se battit tous les jours, fut blessé à Vavran, revint de nouveau à Paris, et obtint de la Convention, le 27 février 1793, un décret de formation de son corps irrégulier en 15e bataillon d'infanterie légère, dont il eut le commandement. Jusque-là sa troupe avait vécu du butin fait sur l'ennemi; elle appartient dès-lors à l'armée.

Au mois de mai, il adressa au ministre de la guerre la demande du grade de général de brigade; vingt députés montagnards de la Convention l'appuyèrent. Nommé à ce grade le 13 juin, il alla prendre le commandement de la division des Sables, et garantit cette partie du département de la Vendée du pillage et de l'incendie. Le 16 nivôse an II, il se fit remarquer par son courage à la prise de l'île de Noirmoutiers, où 2,000 royalistes et 22 chefs vendéens tombèrent au pouvoir du général Turreau, qui commandait en chef. Il ne se distingua pas moins, le 11 floréal, à la défense de Challans, où, attaqué par Stofflet, Sapinaud et Charette, il parvint non-seulement à repousser les Vendéens, mais encore à les culbuter, à les disperser, à leur enlever un convoi considérable de vivres, perte immense pour le corps de Stofflet.

Envoyé, le 24 messidor, à l'armée des Pyrénées-Occidentales, il se vit compris dans une mesure qui n'aurait pas dû l'atteindre, c'est-à-dire dans la suspension des officiers de l'état-major de l'armée de l'Ouest, prescrite par arrêté du Comité de sûreté générale, du 29 thermidor. Il réclama vivement contre une disposition si fâcheuse pour son avenir militaire. Un rapport favorable de la commission des armées de terre, adressé, le 7 ventôse an III, au Comité de salut public, n'obtint qu'un ajournement. Mais sur un second rapport de la même commission, du 5 brumaire an IV, le Comité prit l'arrêté suivant :

« Vu le décret rendu le 3 de ce mois en faveur des officiers destitués qui ont défendu la représentation nationale les 12, 13 et 14 vendémiaire, le citoyen Dutruy est réintégré dans son grade de général de brigade.

» 12 brumaire an IV. »

On lit dans le second rapport que *dans les journées des 13 et 14 vendémiaire, il a déployé la bravoure et l'énergie naturelles au soldat républicain*, et que le représentant Féraud, chargé de la surveillance des troupes près de Paris, lui avait confié, le 3 floréal précédent, une mission à Roye et à Saint-Quentin, dont il s'était parfaitement acquitté.

Il retourna alors à l'armée de l'Ouest, mais il n'y resta que jusqu'au 1er vendémiaire an V, date de la suppression de cette armée.

Malgré ses réclamations, il ne put être rendu à l'activité que le 9 nivôse an VIII. Attaché à l'armée d'Angleterre, il la quitta, le 29 prairial an IX, pour passer à celle de l'Ouest.

Mis à la disposition du général en chef Leclerc, le 2 frimaire an X, il se rendit à Saint-Domingue, rentra en France au commencement de l'an XI, et fut placé dans la non-activité le 3 nivôse.

Il était encore dans cette position, lorsque, en l'an XII, le 19 frimaire et le 25 prairial, le chef de l'État le fit membre et commandant de la Légion-d'Honneur.

L'Empereur l'employa, le 9 brumaire an XIII, dans la 7e division militaire, et le 29 juillet 1806 il le mit à la disposition du vice-roi d'Italie. Depuis cette époque jusqu'en 1809, il servit en Italie et à la grande armée.

Baron de l'Empire à la fin de 1809, et en disponibilité en 1810, il eut le commandement du département de Jemmapes le 5 mai 1813.

En non-activité après les événements de 1814, il commanda le département du Finistère, au nom de Napoléon, en mars 1815.

A son retour de Gand, Louis XVIII le priva de tout commandement et l'admit à la retraite le 24 juillet 1816.

Cet officier-général se retira dès-lors à Ferney-Voltaire, où il mourut le 27 avril 1836.

DOUBLET.

VABRE (MARC-ANTOINE, **COBAN**, DIT), naquit le 26 février 1762 à Grenoble (Isère). Il obtint le 15 décembre 1791 le brevet de chef de bataillon commandant le 4e bataillon de Rhône-et-Loire, incorporé dans la 84e demi-brigade lors de l'organisation de l'an II, et fut envoyé à l'armée des Alpes, où il servit pendant les campagnes de 1792 et 1793. Passé dans la 1re division de droite de l'armée d'Italie, il fut chargé du commandement du camp de Pietra-Cava, et nommé ensuite commandant temporaire du 1er bataillon de grenadiers au camp de Saint-Arnoux. Quelques jours après, il prit le commandement de ce camp. A la demande de Masséna, les représentants du peuple lui conférèrent, le 7 ventose an II, le grade d'adjudant-général chef de brigade, dans lequel le gouvernement le confirma le 16 fructidor suivant. Il coopéra aux succès de l'armée d'Italie, de cette époque à l'an VI, comme attaché à l'état-major du général en chef. Par arrêté du 6 prairial an V, le Directoire exécutif le plaça à la suite de la 25e demi-brigade, dans laquelle était entrée la 84e à l'organisation de l'an IV. Lors de l'embarquement à Toulon de l'armée d'Orient, dont la 25e demi-brigade faisait partie, Vabre tomba malade et ne put suivre son corps. Le ministre de la guerre, par son ordre du 2 brumaire an VII, lui accorda un traitement de réforme dont il alla jouir à Lyon jusqu'au 20 floréal de cette même année, époque à laquelle le général de division Bessières le nomma commandant du contingent des conscrits du département de la Loire. Envoyé en l'an VII à l'armée d'Helvétie, Masséna le plaça comme chef de brigade titulaire à la tête de la 11e demi-brigade de ligne le 9 thermidor an VIII. Employé à l'armée de Batavie pendant les ans XI et XII, il fut créé membre et officier de la Légion-d'Honneur les 19 frimaire et 25 prairial de cette dernière année, et nommé général de brigade le 12 pluviose an XIII. Employé, le 29 messidor suivant, au commandement du département des Apennins, et envoyé en la même qualité dans celui de l'Hérault le 28 août 1806, il passa le 4 décembre suivant dans la 13e division militaire, où il commanda le département d'Ille-et-Vilaine. Placé à la tête de la 7e brigade de gardes nationales, le 25 août 1812, il amena à Paris les cohortes de cette brigade et fut ensuite chargé du commandement du département du Finistère, par décret du 10 avril 1813. Remplacé dans ce poste le 6 juin 1814, il reçut la croix de Saint-Louis le 29 juillet, et reprit le 31 août le commandement du Finistère, dans lequel Napoléon le maintint par décret du 15 avril 1815.

Après la malheureuse issue de la bataille de Mont-Saint-Jean, le général Vabre, mis en non-activité par décision royale du 1er septembre, se retira à Paris, où il est mort le 4 août 1817. B-G.

VALENTIN (FRANÇOIS, *baron*), né à La Roche-des-Arnauds (Hautes-Alpes), le 1er novembre 1763, entra comme soldat au 1er régiment d'infanterie le 1er mars 1780. Caporal le 1er juin 1786, il reçut son congé le 29 février 1788, et reprit du service en qualité de soldat au 38e régiment d'infanterie le 14 août suivant. Caporal le 26 octobre de la même année, il passa sergent le 20 septembre 1789, sergent-major le 1er janvier 1792, et adjudant-sous officier le 1er octobre suivant. Il fit les premières campagnes de la Révolution aux armées de la Moselle et de l'Ouest. Nommé adjudant-major au 5e bataillon de la Marne, il devint capitaine le 18 février 1793. Adjoint aux adjudans-généraux le 1er ventose an II, Valentin obtint, le 29 germinal, le grade d'adjudant-général chef de bataillon. Chef de brigade le 13 brumaire an IV, il se distingua dans la guerre de la Vendée. Le 3 germinal, il fondit avec 100 grenadiers sur les troupes de Charette, les chargea pendant deux heures et demie, et leur tua 10 hommes; il les cerna ensuite dans le bois de la Chabotrie, et contribua fortement à la prise importante du général vendéen. Il servit ensuite à l'armée d'Italie, et s'embarqua, le 22 germinal an VI, avec l'armée d'Orient. Le 28 germinal an VII, au siège de Saint-Jean-d'Acre, il fut blessé d'un coup de feu à la cuisse droite. Promu général de brigade le 1er ventose an IX, il rentra en France avec l'armée, et fut employé, le 28 ventose an X, dans la 14e division militaire. Membre de la Légion-d'Honneur le 19 frimaire an XII, et commandant de l'Ordre le 25 prairial, il passa à l'armée d'Italie le 2e jour complémentaire an XIII. Il fit la campagne de 1809, en Hongrie, et reçut une blessure très grave, le 14 juin, à la bataille de Raab. L'Empereur le nomma baron de l'Empire, et l'employa, le 20 novembre suivant, dans la 2e division de réserve de l'armée d'Espagne. Rentré en France, et mis en disponibilité le 1er octobre 1811, il servit, le 8 novembre, dans la 17e division militaire, et au corps d'observation de l'Elbe le 15 décembre de la même année. Admis à la retraite le 11 septembre 1812, le général Valentin mourut dans le mois de novembre 1822. TH.

VALETTE (ANTOINE-JOSEPH-MARIE), né le 26 janvier 1748 à Valence (Drôme), entra comme sous-lieutenant au régiment de Boulonnais le 19 août 1766. Lieutenant le 1er août 1770, sous-aide-major le 19 juin 1771, il fit les campagnes de Corse jusqu'en 1775. Capitaine en second le 17 mai 1783, capitaine-commandant le 8 juin 1789, il servit à l'armée des Alpes en 1792 et 1793. Nommé, le 20 août 1793, adjudant-général par les représentans du peuple, et général de brigade le 23 septembre, il passa à l'armée d'Italie.

Le 15 thermidor an IV, le général Valette gardait le poste de Castiglione; il avait reçu de Bonaparte l'ordre de se défendre jusqu'à la dernière extrémité, afin de retarder le plus long-temps possible la marche du maréchal Wurmser. Cependant, à la vue des avant-gardes autrichiennes, il abandonna Castiglione et vint avec une partie de sa troupe se réfugier à Monte-Chiaro. Le général Augereau y accabla de reproches le général Valette qui, par un ordre du jour du général en chef, fut mis immédiatement à la suite de l'armée et suspendu de ses fonctions.

Dans le mois de fructidor, cette suspension fut approuvée par le Directoire.

Le général Valette se rendit à Paris, et demanda à être traduit devant un conseil de guerre. Le Directoire s'y refusa, et, peu de temps après, le réintégra dans son grade, et le renvoya en Italie. Il y fut accueilli par le général en chef Bonaparte. Toutefois, la réparation officielle se borna à mettre à l'ordre que le général Valette avait repris ses fonctions.

Valette assista au combat de Rivoli, le 24 brumaire suivant, et fut fait prisonnier de guerre. Rentré en France, il reçut du Directoire, qui avait toujours conservé quelques doutes sur sa conduite à Castiglione, l'ordre de cesser ses fonctions, le 15 prairial an VI. Mis en traitement de réforme, en attendant sa retraite, le 3 prairial an VII, et à la disposition du ministre le 12 thermidor, il obtint de l'emploi, le 27 nivose an IX, dans la 7e division militaire, et passa, le 4e jour complémentaire, dans la 6e division. Nommé membre de la Légion-d'Honneur le 19 frimaire an XII, et commandant de l'Ordre le 25 prairial, le général Valette fut chargé du commandement de la 6e division le 22 septembre 1806. En novembre 1809, il prit le commandement du département du Doubs. Confirmé dans cet emploi le 5 septembre 1814, il obtint sa retraite le 24 décembre suivant. Ce général est mort le 21 juillet 1823.
TH.

VALHUBERT (JEAN-MARIE-MELON, ROGER), né à Avranches (Manche), le 22 octobre 1764, entra, avant d'avoir atteint sa vingtième année, dans le régiment d'infanterie de Rohan-Soubise. A l'époque de la Révolution, il était retourné au sein de sa famille. En 1791, le 1er bataillon de la Manche le choisit pour chef, le 22 octobre. Il conduisit ce bataillon à l'armée du Nord, avec laquelle il fit les campagnes de 1792 et 1793. Cet officier supérieur se fit remarquer à Lille, à Anvers, à Lawfeldt, fut fait prisonnier au Quesnoy le 13 septembre 1793, et conduit au fond de la Hongrie. Échangé au commencement de l'an IV, il servit à l'armée de l'intérieur jusqu'à la suppression de cette armée, et resta en garnison à Paris du mois de vendémiaire an V au 30 germinal an VII, avec le grade de chef de brigade de la 28e demi-brigade de bataille, qu'il avait obtenu le 26 fructidor an V.

Envoyé alors dans le Valais, il se distingua, le 23 prairial, dans la vallée de la Vispa, où il soutint un combat inégal. Reconnaissant bientôt le danger où il se trouvait, Valhubert prend une résolution hardie : il retire 40 hommes de l'action, se met à leur tête, fait une retraite simulée, perd 4 de ses soldats, s'arrête et se cache derrière une chapelle avec les 36 autres, laisse avancer 800 Autrichiens en bataille, se précipite alors sur leur centre, les met en déroute, leur fait 235 prisonniers, et sauve d'une captivité certaine plusieurs centaines de Français épars sur les montagnes.

Le 28 thermidor, il enleva le Simplon à l'ennemi. « En vain les Autrichiens en défendent les flancs escarpés, en vain leur artillerie foudroie les téméraires qui les osent gravir. Valhubert brave tout... Il arrive, il attaque, il disperse; hommes, canons, montagne, tout est en sa puissance; et maître de l'énorme mont... tous les efforts de l'ennemi ne peuvent lui arracher ce poste formidable que sa bravoure a conquis en une heure (1). »

Pendant la campagne de l'an VIII, il donna de nouvelles preuves d'une valeur peu commune.

Le 17 prairial, il passe le Pô dans une barque et donne l'élan à l'armée.

Le 19, en avant de Broni, à la tête de 50 hommes, il fait mettre bas les armes à 300 Autrichiens; un corps plus nombreux lui ayant enlevé ses prisonniers, il s'élance avec son cheval au milieu de l'ennemi, saisit le commandant au collet, lui promet quartier et tout se rend.

A Montebello, le lendemain, il résiste, avec sa 28e demi-brigade, à toute la cavalerie autrichienne.

Blessé d'un coup de feu, le 25, à Marengo, il reste à son poste et ne cesse de commander pendant la durée de l'action.

Au passage du Mincio, le 4 nivose an IX, un boulet le renverse et le prive de la voix. On le presse de se retirer, il refuse, se fait remettre à cheval et continue de combattre.

Lors de son inspection de l'an X, le général Friant donna cette note sur Valhubert :

« Officier supérieur des plus distingués et du plus rare mérite, réunissant toutes les connaissances nécessaires à son état. »

Par arrêté du 28 fructidor, le premier Consul avait fait une nombreuse distribution d'armes d'honneur, et Valhubert avait été oublié. Tous les officiers de la 28e se réunirent, le 15 vendémiaire an XI, pour adresser au Consul une réclamation à ce sujet, et un arrêté du 4 pluviose, rappelant tous les faits d'armes de ce chef de brigade, lui décerna enfin un sabre d'honneur, qu'il avait si bien mérité; le chef de l'État y ajouta une gratification de 12,000 francs, gratification que Valhubert partagea avec sa demi-brigade.

Le ministre envoya, le 19 ventose, au conseil d'administration du corps le brevet d'honneur de Valhubert, et prescrivit cette mesure particulière de distinction :

« Avant de remettre à cet officier supérieur ce témoignage honorable de la satisfaction du gouvernement, vous en ferez faire la lecture à la tête de la demi-brigade qui sera assemblée à cet effet. »

Et dans ses notes d'inspection de la fin de l'année, le général Michaud disait de Valhubert :

« Officier distingué par sa conduite, sa délicatesse, ses moyens et ses connaissances. Il a des mœurs

(1) Lavallée, ANNALES NÉCROLOGIQUES.

très douces, une éducation soignée, du zèle, de l'activité, de la fermeté, enfin toutes les qualités qu'on peut désirer dans un chef de corps ; il a très bien fait la guerre ; il a reçu un sabre d'honneur. »

L'année suivante, le premier Consul le nomma, le 11 fructidor, général de brigade, et l'employa, le 12, au camp de Saint-Omer.

Le 19 frimaire an XII, il le fit membre de la Légion-d'Honneur, et commandant de l'Ordre le 25 prairial suivant.

Attaché, en l'an XIV, à la 4ᵉ division du 4ᵉ corps de la grande armée, commandé par Suchet, il combattit à Austerlitz, le 11 frimaire, avec une valeur admirable, et y eut la cuisse fracassée par un éclat d'obus. Tombé et dans l'impossibilité de se relever, des soldats veulent le transporter à l'ambulance : *Souvenez-vous de l'ordre du jour* (1), leur dit-il ; *reprenez vos rangs : si vous êtes vainqueurs, vous m'enleverez d'ici, si vous êtes vaincus, que m'importe un reste de vie !*

On lut bientôt dans le 33ᵉ bulletin, daté d'Austerlitz, le 16 frimaire :

« Le général Roger Valhubert est mort des suites de ses blessures. Il a écrit à l'Empereur, une heure avant de mourir : « J'aurais voulu faire plus pour » vous ; je meurs dans une heure ; je ne regrette » pas la vie, puisque j'ai participé à une victoire » qui vous assure un règne heureux. Quand vous » penserez aux braves qui vous étaient dévoués , » pensez à ma mémoire. Il me suffit de vous dire » que j'ai une famille : je n'ai pas besoin de vous » la recommander. »

Ses camarades lui élevèrent un monument dans les plaines de la Moravie.

« L'Empereur accomplit les derniers vœux du brave Valhubert. Il se chargea de la famille de ce général, ordonna qu'un monument serait élevé au lieu même où il avait été blessé, que son nom fût donné à la place de Paris qui se trouve entre le Jardin des Plantes et le pont qu'on construisait alors vis-à-vis, et qu'on sculptât sa statue en marbre (2). »

Son nom est inscrit sur le côté Est de l'arc-de-triomphe de l'Étoile et sur les tables de bronze du palais de Versailles.   DOUBLET.

VALLONGUE (JOSEPH-SECRET, PASCAL), général de brigade du génie, naquit le 14 avril 1763 à Sauve (Gard). Élève de l'École centrale des ponts et chaussées, il était employé à la direction des travaux du camp sous Paris depuis le 2 septembre 1792, lorsque, le 3 septembre 1793, il fut chargé par l'administration du département de l'Aisne de l'établissement des lignes défensives des bords de l'Oise, menacés par les Prussiens. Ingénieur ordinaire des ponts et chaussées le 3 brumaire an II, il entra, le 2 messidor suivant, dans le corps du génie avec le grade de capitaine, et fit les premières campagnes de l'armée du Nord. Les services importants qu'il rendit aux sièges de Landrecies, du Quesnoy, de Valenciennes et de Maëstricht (armée de Sambre-et-Meuse), lui méritèrent, le 18 brumaire an III, le grade de chef de bataillon. Il fut chargé peu de temps après de la démolition des fortifications de Charleroi et du château de Namur, se rendit ensuite à l'armée des Alpes et en Italie. Depuis l'an IV jusqu'au traité de Campo-Formio, il présida à la destruction des places du Piémont, du fort d'Exilles, et s'occupa d'expériences intéressantes sur les effets de la poudre à canon (1) ; il assista aux attaques de Mantoue, aux combats sanglans qui se livrèrent sous les murs de cette place, aux passages de la Piave, du Tagliamento, de l'Isonzo, et à la prise de Trieste. Le lendemain de la signature de la paix de Leoben, le général en chef Bonaparte lui donna l'ordre d'aller mettre en état de défense les îles vénitiennes du Levant. De retour de Céphalonie, où il avait reçu l'ordre de se rendre pour y apaiser les troubles qui s'étaient élevés dans cette île, il fut appelé à faire partie de l'expédition d'Égypte, s'embarqua malgré le mauvais état de sa santé, et se trouva en arrivant au combat naval d'Aboukir.

L'Artémise, qu'il montait, fut coulée bas. Pris par l'ennemi avec 40 hommes d'équipage, conduit d'abord à Syphante, puis dépouillé et emmené à Constantinople, il subit toutes les rigueurs de la plus dure captivité. Lady Smith, femme de l'ambassadeur anglais, touchée du récit de ses souffrances, le fit réclamer par le ministre anglais comme prisonnier de sa nation et renvoyer en France sur parole dans le mois de prairial an VII. Le ministre de la guerre mit sous les yeux du gouvernement les services du commandant Vallongue, et un arrêté des consuls, du 29 frimaire an VIII, lui conféra extraordinairement le grade de chef de brigade. Nommé directeur de fortifications, on lui confia, sous les généraux Andréossy et Sanson, la sous-direction du dépôt de la guerre. Membre de la Légion-d'Honneur le 19 frimaire an XII, et officier de cet Ordre le 25 prairial suivant, il fut désigné en l'an XIII pour faire partie de l'armée des côtes de l'Océan. L'année suivante, il accompagna le maréchal Berthier en qualité d'aide-major-général de la grande armée. Il remplissait les fonctions de chef d'état-major, lorsque le ministre de la guerre lui adressa, sous la date du 4 nivose an XIV, le brevet de général de brigade. Envoyé presque immédiatement à l'armée de Naples, il fut employé au siége de Gaëte. On débouchait de la parallèle par deux boyaux, et le siége allait prendre un cours rapide, lorsque, le 12 juin 1806, à 7 heures du soir, cet officier-général fut frappé à la tête par un éclat d'obus. Il mourut à Castellane, cinq jours plus tard, après avoir subi l'opération du trépan. L'Empereur approuva l'ordre donné par le maréchal Berthier de placer le portrait du général Vallongue au dépôt de la guerre, pour y conserver le souvenir du développement dont ce bel et utile établissement était redevable aux lumières et aux travaux de ce général. Son nom figure sur l'arc-de-triomphe de l'Étoile, côté Sud.   B-S.

(1) Dans l'ordre du jour donné avant la bataille, Napoléon avait défendu aux soldats de quitter leurs rangs sous le prétexte d'emmener les blessés.
(2) VICTOIRES ET CONQUÊTES, t. XXI, p. 271.

(1) Il est à regretter que les observations recueillies sur cette matière, par le général Vallongue, aient été perdues au combat naval d'Aboukir.

VALORY (LOUIS-GUY-HENRI, *baron* DE), naquit à Toul (Meurthe), le 20 mars 1757. Élève de l'École militaire de Paris, il fut nommé sous-lieutenant le 29 septembre 1775 au 38ᵉ régiment, ci-devant Turenne, devenu 37ᵉ en 1775. Il donna sa démission au mois de décembre 1777. Adjudant-général chef de bataillon le 28 septembre 1792, il organisa un corps de 3,000 hommes de la garde nationale du département de la Meurthe, et l'amena avec 8 pièces de canon au général en chef Kellermann, commandant l'armée de la Moselle. Promu adjudant-général chef de brigade au mois d'août 1793, il leva et organisa un corps de 4,000 hommes de la garde nationale des cantons de Sarregnemines, Morange, Fénestrange et Saint-Avold, les conduisit sur les hauteurs de Blisecastet et en conserva le commandement. Ce corps, pendant un mois entier, ne cessa d'inquiéter l'ennemi par des mouvemens et de fausses attaques qui empêchèrent l'armée prussienne de rien entreprendre sur la Blise et sur la Saar. Valory se distingua à l'affaire d'Enshein, le 25 septembre, et fut blessé d'un éclat d'obus à la jambe droite. Le 23 messidor an III, il commanda le château du Taureau, et, le 5 fructidor, la place du Hâvre. Employé à la suite de la 45ᵉ de ligne le 5 floréal an IV, il passa, le 15 fructidor suivant, chef de la 12ᵉ demi-brigade légère. Le 25 nivose an V, traversant le Montebaldo, sous les ordres du général Murat, il chargea audacieusement, avec un petit nombre d'hommes de sa demi-brigade, une colonne de 2,000 Autrichiens, la culbuta, et facilita la marche de son corps sur la position de la Corona, que faisait tourner le général en chef. Il assista, le 26 ventose an V, à la bataille de Rivoli, et mérita la mention la plus honorable dans le rapport de Murat. Quelques jours après, sous les ordres du général Joubert, il attaqua le bourg de Saint-Michel, sous le feu formidable des batteries de l'ennemi, et s'en rendit maître; il se porta ensuite à la baïonnette sur les redoutes qui couronnaient les hauteurs, et y fit 800 prisonniers.

Le 27 ventose an VII, il dirigea l'attaque des bains de Bormio, en Valteline, les enleva à la baïonnette, et fit 400 prisonniers. Le 5 germinal, il attaqua vigoureusement la gauche du camp retranché des Autrichiens, à Tauffers, dans le Tyrol, s'empara des redoutes et lignes adjacentes, des canons et de tout ce qui couvrait la gauche, se porta, par un mouvement rapide, sur les derrières du camp, et força la division entière du général Laudon à mettre bas les armes; 6,000 hommes et 18 pièces de canon furent le prix de cette brillante action. Le général Dessole, dans son rapport, fit l'éloge de la valeur et de la conduite distinguée de la 12ᵉ demi-brigade et de son chef. Le 15 germinal, Valory soutint, avec 4 pièces de canon, un combat sanglant, en avant de Tauffers, contre toute la division du général Bellegarde, forte de 10,000 hommes. Il tint tête aux Autrichiens pendant trois heures consécutives, et opéra sa retraite en bon ordre, après avoir tué à l'ennemi 1,200 hommes et blessé un plus grand nombre. Le général Dessole donna de nouveau dans son rapport de justes éloges à Valory et à ses troupes.

Le 22 floréal, sous les ordres du général Loison, il attaqua, sur le mont Cenczé (bailliage suisse en Italie), 6 bataillons hongrois commandés par le prince de Rohan, les culbuta, les poursuivit jusqu'aux portes de Lugano, et fit 400 prisonniers; mais ce prince ayant reçu un renfort de 4 bataillons russes, Valory se vit obligé de battre en retraite. Cerné de toutes parts, et accablé par le nombre, il dut se rendre avec 80 hommes qui avaient combattu avec lui jusqu'à la dernière extrémité. Élevé au grade de général de brigade le 11 fructidor an XI, il fut employé, le 4ᵉ jour complémentaire, dans la 13ᵉ division militaire, nommé membre de la Légion-d'Honneur le 19 frimaire an XII, et commandant de l'Ordre le 25 prairial. Il résulte d'un rapport adressé à l'Empereur, le 24 pluviose an XIII, par le ministre de la guerre, que le général Valory se trouvait débiteur envers son ancien régiment d'une somme de 15,699 francs 28 centimes, provenant de prêts qui lui avaient été faits par le quartier-maître et de dépenses réprouvées par les réglemens militaires. L'Empereur, sur ce rapport, suspendit le général Valory de ses fonctions et le mit en non-activité. Cependant il reprit du service le 24 fructidor suivant, à l'armée d'Italie. Autorisé à rentrer en France, et employé dans la 13ᵉ division militaire le 4 septembre 1809, il commanda le département du Morbihan. Attaché à la 6ᵉ division d'infanterie de la grande armée le 12 mai 1813, Valory fut blessé et fait prisonnier de guerre, le 19 octobre, à la bataille de Leipzig. Rentré sur parole en mars 1814, il reprit, le 24 avril, le commandement du département du Morbihan; il était alors baron de l'Empire. Remplacé et disponible le 26 mars 1815, le gouvernement le mit à la disposition du général Lauberdière, chargé du commandement et de l'organisation des gardes nationales de la 15ᵉ division militaire. Le 16 juin, il commanda les gardes nationales à Valenciennes, et, le 20, le département de la Seine-Inférieure. Admis à la retraite le 4 septembre suivant, le général Valory mourut à Vannes (Morbihan), le 8 avril 1817.   TH.

VALTERRE (FRANÇOIS), *baron* DE SAINT-ANGE, né le 7 septembre 1759 à Mézières (Ardennes), servit d'abord comme grenadier dans le régiment de Médoc (93ᵉ d'infanterie), depuis le 18 octobre 1776 jusqu'au 5 avril 1785, époque à laquelle il fut congédié. Grenadier dans la garde nationale de Mézières, au mois de juillet 1789, il passa dans la garde soldée de la même ville le 1ᵉʳ juillet 1790, et y fut nommé adjudant-sous-officier le 6 juin 1792; adjudant-major le 9 septembre suivant, il fit la campagne de cette année contre les Prussiens. Adjudant de place à Mézières, le 1ᵉʳ mai 1793, il devint, le 1ᵉʳ octobre suivant, chef de bataillon commandant le 2ᵉ bataillon provisoire de réquisition de Rethel. Valterre fit toutes les guerres de la liberté, de 1793 à l'an IX, aux armées des Ardennes, de Sambre-et-Meuse, d'Italie, de Rome et de Naples. Nommé chef de bataillon agent secondaire, le 5 germinal an II, il se signala, au mois de prairial suivant, à l'affaire de Marchiennes-au-Pont, où il fut blessé d'un coup de feu, et passa le 4 germinal an III au commandement du 1ᵉʳ bataillon du 98ᵉ régiment d'infanterie, devenu 175ᵉ demi-brigade, et qui, par l'effet de l'organisation de l'an IV, fut incorporé dans la 30ᵉ demi-brigade, qui forma le 30ᵉ régiment d'infanterie de ligne en l'an XII. Le 24 prairial an IV, sa conduite dans la plaine de Neuwied fixa sur lui l'attention du général en chef et lui valut une lettre de félicitation de la part du ministre de la guerre. Chargé, le 19 messidor suivant, de former l'avant-garde de la division avec son bataillon, 16 cavaliers et une pièce de canon, il attaqua le village de Lune, défendu par 3 ou 4,000 fantassins, 300 cavaliers et 7 bouches à feu. Il s'empara de ce poste, força l'ennemi de repasser la rivière et défendit sa position contre les Autrichiens avec l'artillerie qu'il leur avait enlevée. Le 3 fructidor de la même année, les 2ᵉ et 3ᵉ bataillons de la 30ᵉ demi-brigade eurent à soutenir pendant sept heures une sortie de la garnison de Mayence; mais, contraints de céder au nombre, ils abandonnèrent leur position, et l'ennemi jeta une partie de ses forces sur le 1ᵉʳ bataillon. Valterre sortit aussitôt de son camp, où il se trouvait cerné, culbuta les assaillans et reprit une pièce de canon et 2 caissons qu'ils avaient enlevés au 3ᵉ bataillon. Le 26 ventose an V, il se fit remarquer au passage du Tagliamento; le 29, il coopéra très activement à la prise de Gradisca, et y fut blessé d'un coup de feu. Bloqué dans Rome le 7 frimaire an VI, il défendit le fort Saint-Ange, et mérita d'être nommé chef de brigade *à la suite*, par le général en chef Championnet, le 15 pluviose an VII. Au mois de germinal suivant, pendant la retraite de Naples, il fut blessé d'un coup de feu à l'affaire qui eut lieu près de Sainte-Marie. Le 10 thermidor de la même année, à Ronciglione, il battit, avec 1,000 hommes, 6,000 révoltés, leur prit 3 drapeaux, 10 bouches à feu et une bannière, leur tua plus de 1,000 hommes, et fut lui-même atteint d'un coup de feu. A Marengo, il commandait la 30ᵉ demi-brigade; il y fit des prodiges de valeur, et les conscrits sous ses ordres se montrèrent dignes de rivaliser avec les vétérans de l'armée d'Italie. Confirmé chef de brigade titulaire de la 30ᵉ par arrêté des consuls du 21 thermidor an VIII, il prit une part glorieuse à l'affaire de la Volta, le 30 frimaire an IX, et quoique blessé d'un coup de feu, il ne voulut point quitter le champ de bataille. Rentré en France après la paix, il fut envoyé en garnison à Strasbourg pendant les ans X et XI, et fit partie des troupes rassemblées au camp de Bruges pendant les ans XII et XIII. Nommé membre et officier de la Légion-d'Honneur les 19 frimaire et 25 fructidor an XII, il fit les campagnes d'Autriche, de Prusse et de Pologne, de l'an XIV à 1807, avec la 1ʳᵉ division du 3ᵉ corps de la grande armée. Le 10 brumaire an XIV, le colonel Valterre se jeta un des premiers dans un bateau et passa la rivière de la Traunn, sous le feu de l'ennemi, qui défendait la rive gauche. Il se distingua à la bataille d'Austerlitz, et fut créé commandant de la Légion-d'Honneur le 4 nivose an XIV. Il combattit à Iéna, et prit une part glorieuse aux affaires de Czarnowo, de Nasielsk et de Golymin, les 23, 24 et 26 décembre 1806. Le 8 février 1807, à Eylau, il fut atteint d'un coup de feu au genou gauche et d'un biscaïen au bras droit; malgré ces blessures, il demeura à la tête de son régiment et le conduisit sur les champs de bataille d'Heilsberg et de Labiau, au mois de juin suivant. Nommé général de brigade, pour être pourvu d'un commandement d'armes, par décret du 29 janvier 1808, il fut créé baron de l'Empire le 23 mars suivant, sous le titre de baron de *Saint-Ange*, en souvenir de sa belle défense du fort de ce nom, pendant la campagne de l'an VI, et il continua de commander le 30ᵉ régiment de ligne jusqu'au 27 octobre de la même année, époque à laquelle il fut nommé commandant d'armes de seconde classe, à Palma-Nova. Bloqué dans cette place le 12 avril 1809, il le fut de nouveau le 24 octobre 1813, soutint un bombardement de nuit, le 12 février 1814, et ne remit la place qui lui était confiée, aux troupes de l'empereur d'Autriche, que le 17 avril suivant, conformément aux dispositions de la convention militaire passée à cet effet. Mis en non-activité après sa rentrée en France, il fut nommé chevalier de Saint-Louis. A son retour de l'île d'Elbe, l'Empereur lui confia le commandement de la place de Metz, par décret du 29 mars 1815. Il exerça ces fonctions jusqu'au 16 octobre suivant, époque à laquelle il fut placé dans le cadre des officiers-généraux en disponibilité. Admis à la retraite le 20 octobre 1819, il mourut le 30 janvier 1837.

B-G.

VANDAMME (DOMINIQUE-JOSEPH-RENÉ), *comte* D'UNEBOURG, fils d'un chirurgien de Cassel (Nord), naquit dans cette ville le 5 novembre 1770. Élève de l'Ecole militaire de Paris, et entretenu par le maréchal de Biron, il entra, le 8 juillet 1788, comme soldat dans le 4ᵉ bataillon auxiliaire du régiment des colonies, s'embarqua le 2 février 1789 à Lorient sur la flûte *l'Uranie*, arriva, le 31 mars, à la Martinique, et fut immédiatement incorporé dans le régiment de cette colonie. De retour en France, le 29 avril 1790, il passa, le 22 juin 1791, au régiment de Brie, depuis 24ᵉ d'infanterie, et reçut son congé définitif le 26 août 1792. Telles furent les humbles prémices d'une des grandes renommées militaires de la République et de l'Empire.

En 1792, Vandamme forma, dans son pays natal, une compagnie franche, la conduisit à l'armée du Nord, et cette compagnie ayant été amalgamée au bataillon des chasseurs du Mont-Cassel, il devint chef de ce corps le 5 septembre 1793, puis, le 27 du même mois, général de brigade. Cet avancement rapide, mais concevable, si l'on se reporte aux circonstances, était d'ailleurs mérité. A Hondschoote, il avait déployé la bravoure la plus brillante et montré qu'il entendait la guerre, en indiquant aux commissaires de la Convention une manœuvre qui, exécutée comme il l'a projetait, eût coupé la retraite à l'ennemi; aussi fut-il de suite employé à d'importantes opérations. Il s'empara de Furnes, le 30 vendémiaire an II, contribua, le 1ᵉʳ thermidor, à la prise d'Ypres, et peu après il investit Nieuport; mais contraint de se retirer devant des forces supérieures, il perdit une grande partie de son artillerie. Dans cette même campagne, Vandamme se distingua devant Vanloo, et prit Menin. Pendant celle de l'an III, commandant par intérim la division de Moreau, il emporta le fort de Schenck, le 16 brumaire, et, le 19, il chassa l'ennemi de Budwich. Néanmoins, lors de la réorganisation de l'état-major général de l'armée, le 25 prairial, il fut mis en réforme. Cette disgrace provenait de ce qu'il avait été dénoncé comme terroriste et comme ayant livré Furnes au pillage. Déjà, dès 1793, on lui avait reproché des actes de violences envers les habitans de la Flandre et de terribles représailles à l'égard des émigrés pris les armes à la main. Toutefois, le Comité de salut public, par arrêté du 7 vendémiaire an IV, le remit en activité de service.

Envoyé dans l'Ouest, et de là à l'armée de Rhin-et-Moselle, Vandamme enleva, le 27 thermidor de la même année, le poste qui défendait la petite ville d'Alpersbach, passa le Lech, le 27 thermidor, sous le feu le plus meurtrier, et à l'attaque des hauteurs de Friedberg, se précipitant sur les Autrichiens, à la tête de 3 régimens de cavalerie légère, il leur prit 16 pièces de canon, les poursuivit le sabre aux reins jusque dans la vallée de la Saar. Quelques jours après, il se fit encore remarquer par une attaque impétueuse des retranchemens de Kehl et de Huningue. L'année suivante, au passage du Rhin, à Djersheim, où il eut un cheval tué sous lui, il effectua le premier débarquement, pénétra au-delà de Gegenbach, et battit l'ennemi entre Zimmern et Renchen, et le chassa sur le Kniebis.

L'attentat commis à Radstadt ayant rallumé la guerre, Vandamme, qui avait été nommé général de division le 17 pluviose an VII, eut le commandement de l'aile gauche de l'armée du Danube. Un jour que, faiblement accompagné, il allait à l'aventure reconnaître les avant-postes ennemis, il tomba dans une embuscade de dragons du régiment de Latour; presque aussitôt abandonné des siens, il lutta seul contre 8 de ses adversaires, en tua 2, mit les autres en fuite et regagna le camp français. De nouvelles accusations ayant été dirigées contre lui, le Directoire, par un arrêté du 8 floréal, le traduisit devant un conseil de guerre; mais un autre arrêté, en date du 2 fructidor, annula le premier. Alors le ministre envoya Vandamme sur les côtes du nord-ouest, afin de pourvoir à leur défense.

Cette opération terminée, il se rendit en Hollande, alors envahie par les forces combinées de l'Angleterre et de la Russie. Placé à l'aile gauche de l'armée gallo-batave, il prit une division russe tout entière au combat de Bergen, et contribua puissamment à la victoire de Kastricum. Après peu de jours passés à Cassel pour se remettre de ses fatigues, il se trouva au passage du Rhin, par l'armée de ce nom, fit capituler le fort de Hohentweil, que défendaient 80 pièces de canon, et combattit ensuite à Engen et à Mœskirch.

Mis en traitement de réforme le 29 thermidor an VIII, et rappelé, le 19 fructidor, au service actif, il commanda l'avant-garde de l'armée dite *de réserve*, avec laquelle il franchit le Splugen. Accueilli à son retour de la manière la plus flatteuse par le premier Consul, il en reçut une paire de pistolets magnifiques de la manufacture de Versailles. Nommé membre de la Légion-d'Honneur le 19 frimaire an XII, et grand-officier de l'Ordre le 25 prairial suivant, alors qu'il avait sous ses ordres la 2e division du camp de Saint-Omer, Vandamme, attaché, en l'an XIV, au 4e corps de la grande armée, eut, le 13 vendémiaire, l'honneur de porter les premiers coups à l'armée autrichienne, en culbutant, au pont de Donawert, le régiment de Colloredo, auquel il fit éprouver de l'Ordre le 25 prairial suivant de 60 hommes tués et de 150 prisonniers. A Austerlitz, sa division occupait la gauche du maréchal Soult; elle enleva le village d'Auzeb, et prit celui de Telnitz, actions qui valurent à Vandamme, le 3 nivose, la dignité de grand-aigle, ainsi qu'une dotation dans les polders de l'île de Cadsand. En 1806, il dirigeait, sous le roi Jérôme-Napoléon, le siège de Glogau; il s'empara de cette ville le 30 novembre, de Breslau le 3 janvier 1807, de Schweidnitz le 8 février, et de Neiss le 16 juin suivant. Se portant ensuite sur Glatz, il força, le 23 du même mois, le camp retranché établi en avant de cette ville. La grand'croix de Wurtemberg récompensa ces nouveaux et signalés services.

L'Empereur lui avait donné le commandement de la 16e division militaire le 11 septembre 1807, et l'avait investi de celui du camp de Boulogne le 16 août 1808; il l'envoya, le 11 mars 1809, à Hiedenheim, se mettre à la tête de 10,000 Wurtembergeois formant le 8e corps de la grande armée, avec lequel, le 29 avril, conjointement avec le maréchal Lefebvre, il battit, à Abensberg, la division autrichienne du général Thierry; prit à la bataille d'Ecmühl le château et le village de ce nom, et, le 17 mai, repoussa vigoureusement l'ennemi à Urfar. Réintégré à son retour de l'armée dans le commandement du camp de Boulogne, occupé pendant son absence par le général Sainte-Suzanne, il se permit de s'installer violemment dans la maison du maire, et de faire jeter dehors les meubles qu'il n'y trouvait pas à sa convenance. Ce magistrat se plaignit de cette violation de domicile au ministre de la guerre qui, ayant pris les ordres de l'Empereur, intima au général Vandamme l'ordre de quitter immédiatement la maison dont il s'était emparé, et de garder les arrêts pendant vingt-quatre heures. Mais Napoléon, à qui l'on peut reprocher une trop grande facilité à pardonner, oublia bientôt cette incartade et envoya Vandamme dans la 14e division militaire, après l'avoir nommé, le 1er janvier 1811, président du collége électoral de Hazebrouck : il l'avait quelque temps auparavant créé comte d'Unebourg. Quoique destiné à commander les troupes westphaliennes faisant partie de l'armée expéditionnaire de Russie, il ne fit point cette campagne, ayant été mis en disponibilité le 6 août 1812, par suite de ses démêlés avec le roi Jérôme.

Rappelé à la grande armée le 18 mars 1813, il y commanda le 1er corps. Maître de Haarburg le 27 avril, le 19, il occupa l'île de Wilhemsburg, ce qui lui permit de commencer le bombardement de Hamburg, que l'ennemi évacua dans la nuit du 30 au 31, et il se préparait à marcher contre les Russes, quand un armistice suspendit momentanément les hostilités. Celles-ci étant reprises, il s'empara, le 25 août, de Pirna et de Hodendorf, défit, le 28, le duc de Wittemberg, à qui il fit 2,000 prisonniers, passa la gorge de la grande chaîne des montagnes de la Bohême, et marcha sur Kulm, où 10,000 Russes, commandés par le général Ostermann, le contraignirent à rétrograder après un combat opiniâtre. On l'accusa dans le temps d'avoir causé sa défaite en restant à Kulm au lieu de se retirer sur les hauteurs ; mais Vandamme, qui ne convint jamais de cette faute, a souvent dit depuis qu'il prouverait, dans des Mémoires qu'il projetait de publier, et par des documens authentiques, qu'il suivit ses instructions, et que, d'ailleurs, il devait compter sur un renfort considérable qu'il attendit vainement. Quoi qu'il en soit, attaqué le 30 au matin, il se défendit vaillamment, et peut-être même se serait-il dégagé si, vers les deux heures, une colonne ennemie, en débouchant par les montagnes, n'eût tombé sur ses derrières. Alors, cerné de toutes parts par 70,000 hommes, Vandamme, malgré des prodiges de valeur, fut mis en pleine déroute, et, criblé de blessures, il fut fait prisonnier. Conduit en présence de l'empereur Alexandre, ce prince s'oublia au point de l'apostropher des épithètes de brigand et de pillard. Sire, lui répliqua Vandamme, *je suis un soldat, mais il est un crime dont jamais ma main ne s'est souillée... — Qu'on l'emmène !* s'écria l'empereur en lui tournant le dos. Pourtant, il ordonna qu'on lui rendît son épée, que le grand-duc Constantin lui avait fait enlever.

Vandamme, dirigé ensuite sur Moscou, et transféré à Kasan, à vingt lieues de la Sibérie, revit le sol de la patrie le 1ᵉʳ septembre 1814. Mais un ordre du nouveau gouvernement lui enjoignit de se retirer à Cassel.

L'événement du 20 mars 1815 le ramena sur la scène du monde. Il se rendit aussitôt à Paris, se présenta devant l'Empereur qui, le 2 juin, le nomma pair et commandant de la 2ᵉ division militaire, et lui confia le commandement du 3ᵉ corps, à la tête duquel, après la bataille de Fleurus, il obtint un avantage signalé à Wavres. Il poursuivait l'ennemi, lorsqu'il apprit le désastre de Waterloo. On a souvent répété que les généraux Gérard et Vandamme avaient fortement engagé le maréchal Grouchy à marcher sur Waterloo. A cet égard, Vandamme n'a jamais voulu s'expliquer. Quoi qu'il en soit, dans sa position, il pouvait être écrasé; cependant, constamment harcelé par les Prussiens, il opéra sa retraite en bon ordre, passa la Sambre à Namur, sans qu'ils osassent l'inquiéter, et continua son mouvement rétrograde sur Paris, où il ramena son corps d'armée presque intact, ainsi qu'un matériel considérable. Son arrivée fit croire un moment que les destinées de la France n'avaient pas été totalement décidées à Waterloo. « Je suis fier, écrivait-il à la Chambre des représentans, d'être venu au secours de la capitale avec une pareille armée. Ses courageuses dispositions ne peuvent manquer de nous faire obtenir des conditions plus avantageuses, si nous sommes obligés de traiter avec nos ennemis. »

Vandamme occupait alors Montrouge, Meudon, Vanvres et Issy ; plusieurs généraux, à la tête desquels on remarquait Fressinet, vinrent l'y trouver pour lui offrir le commandement en chef de l'armée : il refusa.

Paris étant occupé par les alliés, Vandamme se retira derrière la Loire, et envoya sa soumission au roi, ce qui ne l'empêcha pas d'être compris dans l'ordonnance du 24 juillet. Il se retira d'abord dans un château près de Limoges, mais le préfet de la Haute-Vienne lui ayant prescrit de sortir de ce département dans les vingt-quatre heures, il prit la route d'Orléans, et se rendit à Vierzon. Enfin, compris dans l'ordonnance du 24 juillet 1815, il lui fallut sortir du royaume, et ne trouvant pas d'asile en Belgique, il s'embarqua pour les États-Unis.

L'ordonnance du 1ᵉʳ décembre 1819, sur les bannis, mit fin à son exil ; il fut même rétabli sur le cadre de l'état-major général, comme disponible, le 1ᵉʳ avril 1820, puis il prit sa retraite définitive le 1ᵉʳ janvier 1825. Depuis cette époque, Vandamme vécut dans la retraite. Il passait la belle saison à Cassel, et l'hiver à Gand, occupant ses loisirs à des œuvres de bienfaisance et à rédiger des Mémoires qu'il serait désirable qu'on publiât. Il mourut à Cassel, le 15 juillet 1830. Son nom est inscrit sur le côté Nord de l'arc-de-triomphe de l'Étoile. (*Voyez* t. I, p. 211, 235 ; II, 106, 162, 168, 181, 204, 384 ; III, 235, 259, 416, 465, 481, 484, 487, 513, 524.) D'ECMANVILLE.

VAN-MARISY. *Voy.* MARISY.

VARE (LOUIS-PRIX), né à Versailles (Seine-et-Oise), le 21 janvier 1766, entra comme dragon dans le 2ᵉ régiment, ci-devant Condé, le 5 août 1782. Brigadier le 15 juillet 1785, et maréchal-des-logis le 16 octobre suivant, il rentra dans ses foyers, par congé absolu, le 20 avril 1788. Le 14 juillet de l'année suivante, il reprit du service dans la garde nationale de Versailles, en qualité de sous-lieutenant. Aide-major quelque temps après, lieutenant de grenadiers le 12 juillet 1790, il devint, le 19 octobre 1791, chef du 4ᵉ bataillon de Seine-et-Oise, qui forma, en l'an II, la 43ᵉ demi-brigade. Nommé, le 3 fructidor an II, chef de cette demi-brigade, puis par incorporation, le 21 ventôse an IV, chef de la 54ᵉ, plus tard 54ᵉ régiment, il obtint le grade de général de brigade. De 1792 à l'an X, il avait servi aux armées de la Moselle, du Nord, de Batavie et du Rhin, et s'était principalement distingué à la bataille d'Hondschote et à celle d'Hoben-Ems. En l'an XI, il fit partie de l'expédition de la Louisiane, fut employé, en l'an XII, en Hanovre, aux camps de Bayonne et de Brest, et reçut, les 19 frimaire et 25 prairial de la même année, la décoration de membre de la Légion-d'Honneur et celle de commandant. Attaché, le 25 fructidor an XIII, au 4ᵉ corps de la grande armée, il mourut à Thorn, le 14 mars 1807, des suites d'un coup de feu qu'il avait reçu à la bataille d'Eylau. Son nom est inscrit sur les tables de bronze du palais de Versailles. D'EC.

VAST-VILE. *Voy.* GOGUET (*Louis-Antoine*).

VAUFRELAND-PISCATORY (ACHILLE-VICTOR-FORTUNÉ, *vicomte*), naquit à Paris le 30 juin 1764. Entré comme sous-lieutenant dans le régiment Berchiny-hussards le 29 mars 1790, il devint, le 15 septembre de l'année suivante, aide-de-camp du général Labourdonnaie, capitaine le 1er août 1792, adjudant-général chef de bataillon le 5 septembre suivant, adjudant-général chef de brigade le 24 brumaire an III, et, le 25 prairial de la même année, général de brigade. Il avait servi aux armées du Nord, du Rhin, des Alpes et d'Italie. Employé à celle de l'intérieur le 2 pluviose an IV, il resta en traitement de réforme depuis le 1er vendémiaire an V jusqu'en l'an VII, époque à laquelle Championnet, général en chef de l'armée des Alpes, le choisit pour son chef d'état-major. Le 14 ventose an VIII, il passa à l'armée d'Italie. De retour en France à la fin de l'an IX, il fut envoyé dans la 14e division militaire le 1er vendémiaire an IX, et reçut, le 18 vendémiaire an XII, le commandement de la place de Granville. Membre et commandant de la Légion-d'Honneur les 19 frimaire et 25 prairial de la même année, puis employé, le 7 floréal, dans la 13e division militaire, il fut mis en non-activité le 10 fructidor an XIII. Envoyé de nouveau à l'armée du Nord le 27 brumaire an XIV, et replacé en non-activité par suite de la suppression de cette armée, le 1er février 1806, le général Vaufreland, qui exerça à partir du 4 mai 1807 les fonctions de major-général de la 4e légion de réserve, à Versailles, rentra dans le cadre des officiers-généraux en non-activité le 20 juillet de la même année. En décembre 1809, après un court séjour en Allemagne, il rejoignit le 8e corps de l'armée d'Espagne. Il jouissait de sa retraite depuis le 3 janvier 1810, lorsque Louis XVIII, par une ordonnance du 3 juin 1814, le plaça en activité, et le fit chevalier de Saint-Louis le 19 juillet. L'année suivante, il concourut à la formation des volontaires royaux qui se formèrent à la nouvelle du débarquement de Napoléon sur les côtes de Provence. Mis en non-activité le 20 mars, il demeura étranger aux événemens des Cent-Jours. Cependant on ne le comprit comme disponible dans le cadre d'état-major que le 30 décembre 1818. Le roi lui conféra en même temps le titre de vicomte. Admis définitivement à la retraite le 9 août 1826, Charles X lui accorda, le 1er novembre suivant, le grade honorifique de lieutenant-général, et il mourut le 30 avril 1832. D'EC.

VAUXMORET (CHARLES-PIERRE-MARTIN, DE), colonel d'artillerie, naquit le 17 mai 1764 à Paris (Seine). Aspirant au corps royal d'artillerie le 19 juin 1782, élève à l'École préparatoire de l'arme le 1er septembre 1785, il sortit de cette École le 4 octobre 1788 avec le grade de lieutenant en second. Lieutenant en premier le 17 mai 1791 dans le régiment de La Fère, il devint capitaine le 18 mai 1792. Il servit, en l'an II, à l'armée de la Moselle, et fut nommé chef de bataillon provisoire le 27 messidor de cette dernière année. Confirmé dans ce grade le 1er prairial an III, il fit les guerres de l'an IV et de l'an V aux armées d'Angleterre, d'Allemagne, d'Helvétie et d'Italie, et se fit remarquer au siège de Kehl, au blocus de Gênes et à l'attaque de l'île d'Elbe. Masséna rendit au gouvernement consulaire le témoignage le plus flatteur de sa conduite. Chef de brigade le 22 ventose an VIII, il fut fait directeur d'artillerie à Bruxelles, et successivement employé, de l'an IX à l'an XIII, en Corse, en Hanovre, et comme directeur du parc d'artillerie du camp de Bruges. Le colonel Vauxmoret fut créé membre de la Légion-d'Honneur le 19 frimaire an XII, et officier de l'Ordre le 25 prairial suivant. Il passa ensuite à la résidence de Dunkerque. En 1807, il fut appelé avec les mêmes fonctions à l'armée d'Italie, et nommé, l'année suivante, directeur du parc de campagne de l'armée de Dalmatie. Désigné, en 1813, pour prendre la direction d'artillerie à Rome, il se rendit, le 10 mars 1814, à celle de Cherbourg, et fut mis à la retraite le 21 avril même année. B-S.

VEAUX (ANTOINE-JOSEPH, *baron*), né à Seurre (Côte-d'Or), le 18 septembre 1764, entra comme soldat au 58e régiment d'infanterie le 24 août 1785. Congédié le 4 juin 1791, il fut nommé sous-lieutenant et lieutenant, pendant son interruption de service, dans une compagnie de volontaires dont on suspendit l'organisation. Capitaine au 1er bataillon de la Côte-d'Or, le 27 août suivant, Veaux servit aux armées du Nord et des Alpes, et mérita, le 7 octobre 1793, le grade d'adjudant-général chef de bataillon sur le champ de bataille. Il passa ensuite à l'armée d'Italie. Promu adjudant-général chef de brigade le 25 prairial an III, il assista aux batailles de Rivoli et de la Favorite, les 26 et 27 nivose an V. Le général en chef Bonaparte mentionna honorablement sa conduite dans son rapport au Directoire. Général de brigade le 20 ventose suivant, il fit la campagne d'Égypte, et fut dangereusement blessé au siège de Saint-Jean-d'Acre, le 6 floréal an VII. Il rentrait en France à bord de *la Marianne*, pour se rétablir de cette blessure, lorsque ce bâtiment tomba au pouvoir des Anglais. Échangé peu de temps après, le général Veaux, attaché, le 16 ventose an VIII, à l'armée de réserve, prit part aux opérations militaires dans le pays des Grisons et dans le Tyrol. Le 28 ventose an IX, il servit dans la 18e division militaire, fut nommé membre de la Légion-d'Honneur le 19 frimaire, et commandant de l'Ordre le 25 prairial an XII. Le 22 septembre 1806, il prit le commandement d'une brigade au 8e corps de la grande armée, et reçut, en 1808, le titre de baron de l'Empire. Le 9 août 1809, il passa dans la 18e division militaire. Le prince de Neufchâtel, major-général de l'armée, écrivit à ce sujet au ministre de la guerre : « L'Empereur a décidé que le général de brigade Veaux rentrerait en France et qu'il prendrait le commandement du département de la Côte-d'Or. Ce brave officier, couvert de blessures, emporte avec lui l'estime particulière de l'Empereur. » Le 4 janvier 1814, il commanda la levée en masse du département de la Côte-d'Or, et fut mis en non-activité dans le mois de juin suivant. Par décrets des 15 et 22 mars 1815, l'Empereur le nomma lieutenant-général commandant la 18e division militaire; mais l'ordonnance du 1er août annula cette nomination. Veaux obtint sa retraite le 18 octobre 1815 et continua à habiter Dijon. Ce général, dont les facultés intellectuelles étaient fort en désordre depuis long-temps, donna plusieurs fois de véritables signes de démence et finit par se tuer d'un coup de pistolet dans la nuit du 23 au 24 septembre 1817.

TH.

VEDEL (DOMINIQUE-HONORÉ-ANTOINE-MARIE, *comte*), naquit le 2 juillet 1771 à Monaco (ancien département des Alpes maritimes). Soldat le 6 mars 1784 dans le régiment du Maine-infanterie, où son père était capitaine-commandant, il devint caporal le 1er juin 1786, et sergent le 17 mai 1787. Sous-lieutenant le 1er juin suivant, il fut nommé en pied le 29 avril 1788, et fut réformé à l'organisation de 1791, lorsque le régiment du Maine prit le n° 28. Lieutenant dans le 83e régiment le 15 septembre 1791, et capitaine le 12 juillet 1792, il passa dans le 28e en vertu d'une décision ministérielle du 28 même mois. Il fit la campagne de 1792 aux armées du centre et du Nord. Envoyé à l'armée d'Italie, il résista avec énergie à l'insurrection des soldats contre leurs anciens officiers, et ne dut la vie qu'au chef de bataillon Masséna (depuis maréchal d'Empire), qui l'enleva des mains des soldats mutinés. Rappelé sous les drapeaux, et nommé capitaine de la 1re compagnie franche des Alpes maritimes, le 8 mars 1793, il servit d'abord à l'armée d'Italie et ensuite en Corse. Le 21 pluviose an II, il défit les insurgés devant Calvi, et, pendant le siége de cette ville par les Anglais, il repoussa deux assauts au fort Motzello, et fut blessé sur la brèche d'un coup de feu qui lui traversa la joue gauche. Le 1er pluviose an III, il fut nommé adjoint à l'état-major général de l'armée d'Italie. Promu chef de bataillon le 1er vendémiaire an IV, il se distingua au passage du Pô, à celui de l'Adda, aux affaires de Lonado et de Salo, et fut chargé de plusieurs missions importantes, dont il s'acquitta avec un entier succès. Au passage de la Brenta, il chargea à la tête du 1er régiment de hussards, fit 600 prisonniers, s'empara du parc de réserve des Autrichiens et pénétra le premier dans la ville de Feltre, et, le lendemain, dans celle de Bassano. Le 25 fructidor an IV, au combat de Cerea, chargé de se rendre à Sanguinetto avec 25 chasseurs à cheval, il se fraya un passage à travers 3 escadrons ennemis échelonnés sur la route. Il entra comme chef de bataillon dans la 17e demi-brigade d'infanterie légère le 1er nivose an V, et, le 25 du même mois, à Rivoli, il enleva à l'ennemi le poste de la chapelle San-Marco, le défendit contre les Autrichiens qui tentaient de le reprendre, et reçut un coup de feu à la tête. Il continua de servir en Italie pendant les campagnes des ans VI et VII. Le 6 germinal de cette dernière année, à la tête des grenadiers réunis de la division Grenier, il força l'ennemi dans ses retranchemens sur la gauche de Bussolengo. Blessé d'un coup de baïonnette et d'un coup de feu à la jambe gauche, il tomba de cheval. Sa conduite, mise à l'ordre de l'armée, lui valut le grade de chef de brigade sur le champ de bataille. Confirmé le 4 nivose an VIII, par arrêté du premier Consul, il prit le commandement de la 17e légère. En l'an VIII, il fit partie de l'armée des Grisons. Le 10 nivose an IX, il attaqua l'ennemi au Mont-Thonal, et se rendit maître des redoutes avancées. Après la paix de Lunéville, le chef de brigade Vedel rentra en France avec la 17e légère, alla tenir garnison à Blois pendant les ans X et XI, et fut employé au camp de Saint-Omer pendant les ans XII et XIII. Membre et officier de la Légion-d'Honneur les 19 frimaire et 25 prairial an XII, il fut attaché, en l'an XIV, à la 3e division du 5e corps de la grande armée. Lors de l'attaque d'Ulm, il se rendit maître, à la tête de 4 compagnies du 17e régiment d'infanterie légère, des redoutes avancées, entre autres de celle de Frauensberg. Il poursuivit les Autrichiens avec tant de vivacité, qu'il entra pêle-mêle avec eux dans la place et leur fit 1,200 prisonniers; mais bientôt entouré par une masse de 8,000 hommes qui, revenus de leur première frayeur, s'aperçurent que le colonel Vedel n'était pas soutenu, il dut céder au nombre et fut fait prisonnier. Le 9e bulletin de la grande armée contient à cette occasion la mention suivante : « L'Empereur n'a à se plaindre que de la trop grande impétuosité des soldats. Ainsi, le 17e d'infanterie légère, arrivé devant Ulm, se précipita dans la place. » Ulm ayant capitulé le 17, le colonel Vedel et ses braves compagnons furent rendus à la liberté. L'Empereur lui témoigna publiquement sa satisfaction. A la bataille d'Austerlitz, le colonel Vedel rendit d'importans services que l'Empereur récompensa en le nommant général de brigade le 3 nivose an XIV. Employé, le 22 août 1806, dans la division Suchet, il prit part, le 10 octobre, au combat de Saalfeld, et contribua à la défaite de l'avant-garde prussienne, commandée par le prince Louis de Prusse, qui y fut tué. Le 14 du même mois, à Iéna, il s'empara de vive force de la position de droite de l'ennemi, défendue par le général Blücher, lui fit un grand nombre de prisonniers, et mena les Prussiens battant jusqu'à Weimar. Au combat de Pultusk, le 26 décembre, quoique blessé d'un coup de feu au genou gauche, il culbuta les 2 premières lignes russes, s'empara de 12 pièces de canon, et ne quitta le champ de bataille qu'après avoir été mis hors de combat par un biscaïen. Nommé gouverneur de l'île de la Nogat et de la place de Marienbourg, il fit relever les fortifications de cette place et l'approvisionna. Rétabli de ses blessures, et chargé de l'organisation et du commandement par intérim de la 2e division du corps de réserve du maréchal Lannes, il fut créé commandant de la Légion-d'Honneur le 14 mai 1807. Le 9 juin suivant, il poursuivit les Russes à la gauche de Guttstadt; c'est là qu'il en remit le commandement au général Verdier, récemment arrivé de l'armée de Naples; il conserva celui de sa brigade. Le 10 juin, à Heilsberg, à la tête du 12e léger et du 3e de ligne, vers dix heures du soir, il enleva à la baïonnette les redoutes que les Russes avaient vaillamment défendues pendant toute la journée, les força à évacuer Heilsberg, et reçut deux blessures. A Friedland, il eut 2 chevaux tués sous lui et fut légèrement blessé. L'Empereur, à la demande du maréchal Lannes, l'éleva au grade de général de division, le 3 novembre 1807, puis il lui confia le commandement de la 2ᵉ division du 2ᵉ corps d'observation de la Gironde, sous les ordres du général Dupont. Cette division se composait des 1ʳᵉ et 5ᵉ légions de réserve, d'un bataillon du 4ᵉ régiment suisse et de 2 régiments provisoires de cavalerie. Les généraux Poinsot et Cassagne commandaient les brigades d'infanterie ; la cavalerie était sous les ordres du général Boussard. Ces troupes entrèrent en Espagne le 6 décembre, et furent aussitôt dirigées sur Valladolid, où elles séjournèrent pendant quelque temps. Envoyé ensuite à l'Escurial, le général Vedel prit le commandement de cette résidence royale, et, après le départ de Charles IV et de la reine, il se porta sur Madrid et ensuite à Aranjuez. Créé comte de l'Empire le 19 mars 1808, il était à Aranjuez le 2 mai suivant, jour où éclata dans Madrid une insurrection qui se propagea rapidement dans le reste de l'Espagne. Le général Dupont se trouvait à Tolède : il reçut l'ordre d'aller s'emparer de Cadix. La division Vedel le remplaça à Tolède, où elle s'établit militairement. Mais l'insurrection générale de l'Andalousie avait suspendu la marche de Dupont sur Cadix ; il s'était arrêté à Cordoue. Un corps d'insurgés, établi dans les défilés de la Sierra-Morena, interceptait les communications de ce général avec Madrid. Le 19 juin, Vedel se porta à marches forcées vers ce point. Le 26, il attaqua l'ennemi dans les positions de Peña-Perros, le culbuta, prit son artillerie, et s'établit le soir même à Sainte-Hélène, d'où il se porta à la Caroline, afin de communiquer plus facilement avec le général Dupont. D'après les ordres de cet officier-général, et malgré les observations qu'il lui soumit (1), le général dut s'établir à Baylen et envoyer un bataillon avec 2 pièces de canon à Peña-Perros, pour garder les défilés. Le 15 juillet, par suites des ordres du général en chef, il quitta Baylen et se porta vers le Guadalquivir pour soutenir le général Ligier-Bellair, qui gardait le pont de Mengibard. Après avoir renforcé ce poste, il se disposait à revenir à Baylen, où le général Gobert l'avait remplacé, mais un aide-de-camp du général en chef lui apporta l'ordre d'envoyer à Andujar un bataillon et un escadron ou une brigade, si l'ennemi ne s'était pas montré en force devant lui. Cet aide-de-camp l'informa en même temps du danger auquel était exposé le général en chef avec des forces bien inférieures à celles qui lui étaient opposées. Le général Vedel, jugeant alors le point de Mengibard suffisamment défendu par les troupes du général Ligier-Belair qui, du reste, pouvaient être soutenues par celles du général Gobert, en position à Baylen, prit la résolution de se porter avec ce qui lui restait sur Andujar. Mais pour ne pas contrarier les intentions du général en chef, il lui expédia un de ses aides-de-camp, le lieutenant Walner, afin de s'informer du mouvement qu'il comptait faire et de recevoir promptement contre-ordre, s'il ne l'approuvait pas ; en même temps, il en donna avis au général Gobert pour qu'il pût soutenir au besoin le poste de Mengibard. Le même jour, 15, à deux heures après minuit, le général Vedel était à moitié chemin de Baylen à Andujar. La nature et les difficultés du terrain l'avaient empêché d'y arriver plus tôt. Il fit halte pour rallier son monde, et n'ayant pas reçu de contre-ordre, il se remit en marche à quatre heures et demie du matin. Pendant ce temps, l'ennemi renouvelait son attaque contre Andujar, et il le fit avec tant de vigueur que Dupont expédia au général Vedel plusieurs officiers pour lui enjoindre de presser sa marche ; mais, quelque diligence que celui-ci fît, il ne put cependant point opérer sa jonction avec les troupes du général Dupont avant dix heures du matin. Dans cet intervalle, l'ennemi ayant forcé le gué de Mengibard, où le général Gobert fut mortellement blessé, Vedel reçut l'ordre dans la soirée de se porter rapidement sur Baylen et de se joindre au général Dufour, qui avait remplacé Gobert, pour repousser l'ennemi sur Mengibard, et après l'avoir forcé de repasser le Guadalquivir, de revenir sur Baylen, et de là sur Andujar, en laissant des postes à Baylen pour garder cette position importante. A son arrivée dans cette dernière ville, le 17, à huit heures du matin, Vedel ne trouva plus ni le général Dufour, ni l'ennemi. Ce général, informé qu'un corps de troupes ennemies marchait sur la Sierra-Morena pour s'en emparer, était parti à minuit de Baylen afin de prévenir ce mouvement, et avait pris position à Guaraman. Il en donna avis au général Vedel, qui se mit aussitôt en marche pour le rejoindre et tâcher de gagner l'ennemi de vitesse. Vedel rendit compte sur-le-champ au général Dupont de tout ce qui se passait ; celui-ci approuva ce mouvement le 17 au soir, et laissa la latitude au général Vedel de charger l'ennemi partout où il pourrait le rencontrer, l'autorisant à le combattre, si ses forces n'étaient pas trop disproportionnées, et lui prescrivant dans le cas contraire de manœuvrer de manière à suspendre la marche des Espagnols jusqu'à ce que lui, général en chef, pût venir l'appuyer. Le 17, avant minuit, Vedel atteignit le général Dufour à Guaraman ; il le fit porter aussitôt sur Sainte-Hélène et le suivit lui-même avec ses troupes jusqu'à la Caroline, où il arriva le 18, à neuf heures du matin. Ayant acquis la certitude que l'ennemi n'avait fait aucun mouvement sur nos derrières, il ordonna au général Dufour de laisser 2 bataillons à Sainte-Hélène, et de venir le rejoindre avec le reste des troupes. Le 19, à deux heures du matin, sa jonction avec le général Dufour s'effectua, et au point du jour les 2 divisions se mirent en marche de la Caroline sur Guaraman et sur Baylen. A peine sorti de la Caroline, on entendit le canon dans la direction d'Andujar. Vers dix heures du matin, les 2 divisions entrèrent à Guaraman. Le bruit du canon avait cessé de se faire entendre ; les troupes, exténuées de fatigue et accablées par une chaleur excessive, prirent deux heures de repos. Le général Vedel laissa la division Dufour à Guaraman, point essentiel que l'embranchement des routes de Baylen et de Linarès prescrivait de garder, et se dirigea avec la sienne sur Baylen. Arrivé près des hauteurs de cette ville,

---

(1) PRÉCIS DES OPÉRATIONS MILITAIRES EN ESPAGNE, par le général Vedel. Paris, 1823. — MÉMOIRES MILITAIRES DU GÉNÉRAL VEDEL.

presque au moment où la suspension d'armes venait d'être consentie entre le général Dupont et les Espagnols, il aperçut l'ennemi et se disposa aussitôt à l'attaquer. Tandis qu'il faisait ses préparatifs, 2 officiers parlementaires, envoyés par le général ennemi Redding, vinrent lui annoncer qu'un armistice avait été conclu. Vedel leur déclara qu'il allait agir et les invita à retourner vers leur général; mais ces officiers insistèrent, et il se décida alors à envoyer son aide-de-camp, le chef de bataillon Meunier, près du général Redding, afin de s'assurer s'il était vrai qu'il y eût des officiers d'état-major du général Dupont au quartier-général espagnol, et, dans le cas contraire, de signifier au général ennemi qu'il eût à se retirer à l'instant même sur Mengibard, ou bien qu'il serait immédiatement attaqué. Il ordonna à son aide-de-camp d'être de retour dans un quart d'heure au plus tard. Ne le voyant pas revenir, il ordonna l'attaque. En un instant, il fut maître des hauteurs de Baylen, après avoir fait 1,500 prisonniers et s'être emparé de 2 pièces de canon et de 2 drapeaux. Dans cette attaque, le général Vedel avait tourné la droite de l'ennemi avec sa cavalerie, tandis que son infanterie l'avait attaqué de front. Là, l'ennemi avait fait peu de résistance, mais sa gauche, qui était en position à l'Ermitage, avait fait plier d'abord le 1er bataillon de la 5e légion de réserve, qui formait la première colonne d'attaque. Le général Vedel le fit soutenir par le 1er bataillon du 3e régiment suisse, qui plia également, et il avait ordonné à la cavalerie et au reste de la 5e légion d'enlever la position de l'Ermitage, lorsque, vers cinq heures et demie, M. Barbarin, aide-de-camp du général en chef, accompagné d'un officier espagnol, vint lui enjoindre de cesser le combat et de ne rien entreprendre contre l'ennemi jusqu'à un ordre contraire. D'après ces nouvelles dispositions, Vedel fit cesser le feu et établit sa division dans les positions qu'elle venait d'enlever à l'ennemi. M. Barbarin repartit de suite sans dire un mot de la situation difficile dans laquelle se trouvait le général Dupont, de sorte que Vedel demeura persuadé que l'on avait eu des succès et que l'ennemi demandait à traiter. Ce ne fut que dans la matinée du lendemain que le chef de bataillon Meunier revint du quartier-général français, où le général Redding l'avait fait conduire, et le détrompa complétement. Il lui fit connaître la position critique du général en chef et le véritable état de ses troupes. Cet officier supérieur apporta en outre des ordres qui prescrivaient au général Vedel de ne rien entreprendre, et en même temps de rester dans la position qu'il occupait, jusqu'à de nouveaux ordres. Il resta donc sur le même terrain où il s'était établi pendant le combat de la veille, ignorant s'il avait été compris dans la trève, puisque le général en chef ne lui faisait rien dire à cet égard.

Le même jour, 20, un aide-de-camp du général en chef lui apporta l'ordre écrit de restituer ce qu'il avait pris à l'ennemi, et l'ordre verbal d'en éluder l'exécution tant qu'il pourrait. Plus tard, un autre aide-de-camp lui apporta l'ordre verbal et absolu de tout rendre. Cet ordre mécontenta vivement toute la division Vedel; ce général lui-même, dans l'impossibilité de comprendre les motifs de Dupont à en agir ainsi, au moment même où il recevait un renfort qui pouvait lui offrir des chances favorables et changer la fortune, se plaignit amèrement au capitaine de vaisseau Baste, alors auprès de lui. Il chargea cet officier supérieur de se rendre auprès du général en chef et de lui proposer d'attaquer de concert l'ennemi le même jour à deux heures. Le général Dupont rejeta cette proposition, et envoya un de ses aides-de-camp informer le général Vedel qu'il ne pouvait courir la chance d'un nouveau combat, et lui dit qu'il l'autorisait à effectuer sa retraite sur la Sierra-Morena. Vedel commença aussitôt son mouvement; mais à peine était-il en marche qu'un nouvel aide-de-camp vint lui apporter contre-ordre. Il n'en tint d'abord aucun compte, et poursuivit sa route jusqu'à Sainte-Hélène, où il arriva, le 21, avant midi. Là, il reçut d'abord du général Legendre, chef d'état-major, et une heure plus tard du général Dupont lui-même, l'ordre formel de rester où il se trouvait, sans rétrograder, attendu que sa division était comprise dans la capitulation. Cette convention avait été signée sans qu'aucune notification ni communication quelconque eût été faite à ce sujet au général Vedel. Celui-ci ne se crut pas le droit de réclamer contre une capitulation dont les clauses lui étaient inconnues, et il se décida à exécuter les ordres du général en chef. Ce ne fut qu'à Guaraman, où il était revenu, en confirmité de ces mêmes ordres, qu'il reçut, dans la nuit du 23 au 24 juillet, une copie de la capitulation. Le 24, on commença à l'exécuter; la division Vedel fut dirigée sur Rota, où elle devait être embarquée, mais la convention fut indignement violée. Séparé de ses troupes, le général Vedel fut transporté au fort Saint-Sébastien de Cadix, où il demeura prisonnier jusqu'au 24 octobre. A cette époque, il s'embarqua sur le brick *la Minerve*, et après une traversée contrariée par divers incidens, il aborda à Marseille le 12 novembre. Le 14, il fut arrêté au lazaret de cette ville, où il faisait sa quarantaine, et les scellés furent apposés sur ses papiers en vertu d'une lettre du ministre de la guerre, adressée le 9 septembre précédent au général Cervoni, commandant la 8e division militaire.

Voici les termes de cette dépêche:

« Général, l'Empereur ordonne que les généraux Dupont, Chabert et Vedel soient mis en prison au moment où ils débarqueront sur les côtes de France, et que les scellés soient mis sur leurs papiers. Vous voudrez bien, en conséquence, général, donner sur-le-champ les ordres et les instructions nécessaires pour remplir, à cet égard, les intentions de Sa Majesté, et m'en rendre compte dans le cas où ils débarqueraient sur les côtes de votre commandement. Vous aurez soin de m'informer par des rapports particuliers, *pour moi seul*, de l'exécution de cette mesure.

» *Le ministre de la guerre,*
» Comte D'HUNEBOURG. »

Le 27 novembre, en sortant du lazaret, le général Vedel fut conduit au fort Saint-Nicolas de Marseille, et, le 14 janvier 1809, transféré dans la prison militaire de l'Abbaye, à Paris. Le 17, le parquet de la haute Cour impériale l'interrogea. Une instruction longue et minutieuse eut lieu, et, le 10 août 1810, le grand-procureur-général, près la haute Cour impériale, comte Regnaud de Saint-Jean-d'Angely, adressa à l'Empereur un rapport dans lequel il s'exprimait en ces termes, au paragraphe 3, concernant le général Vedel :

« J'ai dit plus haut que le général Dupont lui reproche des fautes militaires dont il se défend à son tour par les lettres mêmes du général qui l'accuse. Mais l'examen de ces fautes ne m'appartient pas, il est remis à la haute sagesse de Votre Majesté.

» Peut-on imputer à crime au général Vedel d'avoir cessé de combattre, le 19, sur l'ordre de son général en chef?

» Peut-on lui imputer à crime d'avoir, d'après le même ordre, rendu des prisonniers, des canons, enlevés par ses soldats?

» Peut-on lui imputer à crime d'avoir consenti à s'associer à la honte d'une défaite qu'il n'avait pas partagée, et d'être revenu de Sainte-Hélène pour mettre bas les armes à Jaën?

» Il s'excuse ou se justifie, en alléguant les droits de l'autorité, les devoirs de la subordination, et compte au nombre de ses sacrifices la résignation de son obéissance.

» Je pense qu'il ne peut être compris dans aucune accusation. »

Malgré cette opinion favorable du grand-procureur-général, le général Vedel ne fut point mis hors de cause; et enfin, après trois ans de captivité, l'acte d'accusation suivant lui fut notifié le 20 février 1812.

Cet acte était ainsi conçu :

« Des interrogatoires des prévenus, des déclarations des témoins et des pièces de la procédure, il résulte :

» Que le général *Dupont* a laissé le pillage de Cordoue se prolonger au-delà des premiers momens donnés à la fureur du soldat; qu'il n'a donné des ordres pour la sûreté des caisses publiques que trois jours après son entrée à Cordoue; qu'il n'a pas fait faire les versemens de tous les fonds à la caisse du payeur-général; qu'il a évacué Cordoue sans emmener tous ses malades, quoiqu'il eût 800 voitures d'équipages; qu'il a donné, le 18, à la levée du camp d'Andujar, trop de soins à la conservation de ces équipages; ce qui l'a empêché de déployer toutes ses forces contre l'ennemi, à son arrivée à Baylen, le 19 au matin; qu'il a, en demandant une trêve le 19, négligé de stipuler par écrit aucunes conditions; qu'il a compris dans cette trêve, ensuite, les divisions Vedel et Dufour, pour qui elle n'avait pas été et ne pouvait être stipulée; qu'il a fait rendre à l'ennemi des prisonniers, des canons, des drapeaux pris par la division Vedel, selon les lois de la guerre; qu'il a rejeté, le 20, les propositions du général Vedel de s'entendre avec lui et de reprendre le combat, et celles du général Privé, de sacrifier les bagages, de prendre les troupes qui les gardaient, et de faire une attaque contre Redding, en même temps que le général Vedel l'attaquerait aussi; qu'il a donné successivement au général Vedel, le 20, des ordres contradictoires, tantôt de se retirer sur la Sierra-Morena, tantôt de rester, tantôt de se regarder comme libre, tantôt de se regarder comme compris dans la trêve; qu'il a tenu, le 20, un prétendu conseil de guerre, et y a laissé délibérer de capituler, sans appeler le général Vedel, ni aucun officier de sa division; qu'il a envoyé des plénipotentiaires pour négocier la capitulation, sans instructions écrites et précises; qu'il a ensuite autorisé, la nuit du 21 au 22, ce plénipotentiaire à signer des conditions honteuses et déshonorantes pour les soldats français; qu'il y a stipulé la conservation des bagages et effets avec un soin qui semble annoncer que c'était un des motifs déterminans de la capitulation; qu'il a compris dans cette capitulation, sans en avoir le droit, 2 divisions entières, libres, non-engagées, ayant les moyens de se retirer sur Madrid; qu'il paraît l'avoir fait afin d'obtenir de meilleures conditions à sa propre division; qu'il a trompé le général Vedel en lui écrivant et lui faisant écrire, le 21 au matin, qu'il était compris dans une capitulation qui n'existait pas alors, qui ne lui a été communiquée que la nuit du 21 au 22, et n'a été signée que le 22 à midi (1); qu'il a ainsi, non-seulement sacrifié la division Barbou, qui était sous ses ordres, et la division Vedel, à qui il avait perdu le droit d'en donner, mais encore les troupes qui assuraient la communication avec Madrid, depuis Sainte-Hélène jusqu'à Mançanarès; qu'il est cause de la perte de la province de l'Andalousie, et a, en ouvrant à l'ennemi l'entrée de la Manche et le chemin de Madrid, exposé tous les Français qui étaient dans cette partie de l'Espagne à être attaqués à l'improviste et accablés par le nombre :

» En conséquence, le général Pierre *Dupont*, âgé de quarante-sept ans, général de division, comte de l'Empire, grand-aigle de la Légion-d'Honneur, est accusé d'avoir compromis la sûreté extérieure de l'État, en signant une capitulation par laquelle il a livré à l'ennemi, non-seulement sa propre division, ses canons, armes, munitions, mais encore les postes occupés par la division Vedel, ses canons, armes et munitions, et ouvert ainsi la province de la Manche et la route de Madrid à l'armée du général Castaños, crime prévu par l'article 77 du Code pénal.

» Le général Armand-Samuel *Marescot*, grand-aigle de la Légion-d'Honneur, est accusé de complicité, pour avoir été un des instigateurs et signataires, quoiqu'en qualité de témoin, de ladite capitulation, et avoir proposé et rédigé lui-même un des articles de ladite capitulation.

» Le général de brigade Théodore *Chabert*, commandant de la Légion-d'Honneur, est accusé de complicité, pour avoir délibéré, arrêté et signé les articles de la capitulation.

(1) Dans le précis publié par le général Vedel en 1823, il est dit que c'est seulement dans la nuit du 23 au 24.

» Le général de division Dominique-Honoré-Antoine *Vedel*, commandant de la Légion-d'Honneur, comte de l'Empire, est accusé de complicité, pour avoir reconnu l'autorité d'un général qui n'avait plus d'ordres à lui donner, par cela seul qu'il était cerné par l'ennemi, avait consenti une trêve avant l'arrivée de lui, Vedel, sur le champ de bataille, et n'était plus libre; pour avoir reconnu la trêve comme commune à ses divisions, cessé de combattre, rendu les prisonniers qu'il avait faits, les canons et les drapeaux qu'il avait pris; pour n'avoir pas continué, le 21, sa route de Sainte-Hélène sur Madrid, malgré les lettres des généraux Dupont et Legendre, contenant des ordres qu'il ne devait pas reconnaître.

» Le général de brigade François-Marie-Guillaume *Legendre*, baron de l'Empire, chef de l'état-major, est accusé de complicité avec le général Dupont, pour avoir été l'organe des ordres donnés par ledit général; pour avoir écrit, le 21 juillet, au général Vedel, qu'il devait rester, parce qu'il était compris dans une capitulation faite, tandis qu'il n'y a eu de capitulation signée que le 22.

» Le capitaine de cavalerie Charles *Villoutreys*, chevalier de la Légion-d'Honneur, chevalier grand'-croix de l'Union de Bavière, est accusé de complicité avec le général Dupont, pour avoir arrêté la trêve avec Redding et Castaños, sans conditions écrites et sans garantie; pour avoir pris part à la discussion et conclusion de la capitulation; pour avoir, dans la route de Baylen à Madrid, donné des avis, des ordres aux commandans, écrit au général Castaños de façon à empêcher de se retirer sur Madrid, et à livrer à l'ennemi toutes les troupes qui étaient dans la Sierra-Morena, à Puerto del Rei, à Madridejos, et pour avoir fait ce qui était en lui pour soumettre également à la capitulation un bataillon qui s'est sauvé malgré lui vers Madrid.

» Le général *Legendre*, chef de l'état-major de l'armée, est en outre accusé de complicité, avec Joseph *Plauzoles*, ci-devant payeur-général de l'armée du général Dupont, et avec *Augier-Lerembour*, payeur de la division Dupont, d'avoir concerté les moyens de soustraire des sommes au-dessus de 3,000 francs au trésor public, crime prévu par l'article 169 du Code pénal.

» Fait à Paris, au parquet de la haute Cour établi en notre hôtel; à Paris, le 17 février 1812.

» REGNAUD DE SAINT-JEAN-D'ANGELY. »

Dès le 12 du même mois, un décret impérial avait créé une haute Cour ainsi composée : Le duc de Parme, prince archi-chancelier, président; le prince de Neufchâtel, vice-connétable; le prince de Bénévent, vice-grand-électeur; le duc de Massa, grand-juge ministre de la justice; le duc de Feltre, ministre de la guerre; le comte de Cessac, ministre de l'administration de la guerre; le maréchal duc de Conegliano; le maréchal duc d'Istrie; le comte de Lacépède, grand-chancelier de la Légion-d'Honneur et président annuel du Sénat; le comte Dejean, premier inspecteur-général du génie et grand-trésorier de la Légion-d'Honneur; le comte de Laplace, chancelier du Sénat; le comte Defermon; le comte Boulay; le comte Andréossy; le comte Gantheaume et le comte Muraire.

Ce tribunal entendit le rapport du grand-procureur-général, qui, après avoir reconnu que le général Vedel n'avait à se reprocher que quelques fautes qui pouvaient motiver une réprimande, un blâme, mais non une peine, ajouta :

« Je ne puis rayer son nom de la liste fatale des complices, car s'il fut étranger à la capitulation jusqu'au moment où, égaré par les assertions trompeuses contenues dans les lettres du 21, que lui adressaient les généraux Dupont et Legendre, il s'associa à leur coupable faiblesse, sacrifia sa division entière, et ouvrit ainsi la route de Madrid à la cruauté des insurgés victorieux. »

Le général Vedel expliqua dans des termes pleins de noblesse, de dignité et de franchise, sa conduite pendant ces malheureux événemens; mais la Cour, plus sévère que le grand-procureur-général, émit l'avis que le général Vedel était passible des peines applicables au général Dupont; cependant elle le recommanda à la clémence de l'Empereur. Par suite d'un décret rendu le 1er mars 1812, au palais de l'Élysée, Vedel fut destitué de son grade de général de division, rayé du catalogue de la Légion-d'Honneur, et envoyé en surveillance dans une commune à son choix, à plus de quarante lieues de la capitale. Le 11 décembre 1813, par un nouveau décret, l'Empereur releva honorablement le général Vedel de la destitution du 1er mars, et lui confia le commandement d'une des divisions de l'armée de réserve d'Italie, qui se réunissait à Turin. Par lettres de service du 7 janvier 1814, il fut placé à la tête de la 2e division de cette armée. Détaché avec 4,000 hommes pour aller renforcer l'armée de Lyon, le général Vedel défendit le passage de la Durance, et eut à Romans un vif engagement avec l'armée autrichienne. Après le traité de Paris, il quitta Turin au commencement de juin 1814, et fut nommé, le 20 de ce mois, inspecteur-général d'infanterie dans la 8e division militaire. Louis XVIII le nomma chevalier de Saint-Louis le 16 août suivant, et lui confia, le 7 janvier 1815, le commandement de la 2e subdivision de la 14e division militaire. Il était à Cherbourg le 20 mars, et l'Empereur, revenant de l'île d'Elbe, lui donna le commandement de la 14e division tout entière. Mis en non-activité à la seconde rentrée des Bourbons, il fut réintégré dans la Légion-d'Honneur, par une ordonnance spéciale du 17 décembre 1816, rendue sur le rapport du grand-chancelier de l'Ordre, et qui faisait remonter la réintégration au jour de la radiation. Compris comme disponible dans le cadre de l'état-major général de l'armée le 30 décembre 1818, il fut admis à la retraite le 1er janvier 1825. Après la révolution de Juillet, et en vertu des dispositions de l'ordonnance du 15 novembre 1830, il fut placé dans le cadre de réserve des officiers-généraux, dont il fait encore partie aujourd'hui.

B-C.

VERDIÈRE (JEAN-CHRISTOPHE, **COLLIN**, DIT), né à Paris (Seine), le 18 janvier 1754, entra comme volontaire au régiment de dragons de

Mestre-de-camp le 1er avril 1767. Surnuméraire aux gardes du corps du roi le 15 décembre 1770, il passa garde du corps et écuyer-instructeur aux gardes du corps de Monsieur le 1er avril 1771. Capitaine des hussards de Lauzun le 18 septembre 1778, il fut nommé lieutenant-colonel de la cavalerie parisienne le 6 septembre 1789, et chargé de la formation de ce corps. Colonel breveté du roi dans la cavalerie nationale parisienne le 14 novembre suivant, et réformé avec pension le 12 août 1792, il obtint le grade de général de brigade, premier inspecteur-général de l'École d'équitation, le 25 prairial an III. Le 13 vendémiaire an IV, Verdière, lors de l'insurrection des sections de Paris contre le gouvernement conventionnel, ordonna une décharge à mitraille sur les sectionnaires pour les dissiper. Le 27 thermidor an V, le Directoire lui confia le commandement de la place de Paris et l'autorisa, le 7 prairial an VI, à porter les marques distinctives de général de division et à en toucher le traitement. Le 4 thermidor an VII, il prit le commandement de la 15e division militaire. Employé, le 27 brumaire an VIII, près des troupes stationnées en Batavie, cet officier-général fut admis au traitement de réforme le 9 nivose suivant. Remis en activité le 3 germinal à l'armée du Rhin, il ne conserva que le grade de général de brigade dans l'organisation du 8 germinal an IX. Mis en non activité le 1er vendémiaire an X, Verdière servit, le 1er vendémiaire an XI, dans la 22e division militaire. Nommé membre de la Légion-d'Honneur le 19 frimaire an XII, et commandant de l'Ordre le 25 prairial, il fit partie de la 4e division de dragons le 4e jour complémentaire an XIII. Le général Verdière mourut, par suite de fatigues, à Sondershausen, principauté de Schwarzbourg, le 18 octobre 1806.   TH.

VERGEZ (JEAN-MARIE, *baron*), naquit le 12 juin 1757 à Saint-Pé (Hautes-Pyrénées). Soldat le 1er avril 1778 dans le régiment de Condé-infanterie, il fit les campagnes de 1778 et 1779 sur mer et au siége de Gibraltar. Congédié par ancienneté le 1er avril 1786, il reprit du service dans le régiment de Saintonge (82e d'infanterie) le 1er mars 1787. Passé comme fusilier dans la garde nationale soldée de Paris, le 11 juillet 1789, il fit la campagne de 1792 à l'armée des Pyrénées-Occidentales, fut nommé capitaine au 1er bataillon de chasseurs des montagnes le 9 février 1793, et continua de servir à la même armée pendant 1793 et les ans II et III. Au mois de thermidor an II, il commandait les éclaireurs de la colonne et enleva lui-même 2 drapeaux à l'ennemi à la prise du fort de Maya. Le même soir, il découvre un magasin à poudre dont l'explosion prochaine menaçait le fort d'une ruine totale; sans calculer le danger qu'il court, il se précipite sur les deux mèches allumées, les arrache, et assure ainsi le salut des troupes françaises. Lors de la prise de Tolosa, quelques jours après, il s'empara de l'artillerie que les Espagnols emmenaient. Le 25 vendémiaire an III, à la prise de Lecombery, il sauva un magasin à poudre où l'ennemi avait essayé de mettre le feu, et préserva une seconde fois l'armée française

d'une épouvantable catastrophe. En l'an IV, il passa à l'armée des côtes de l'Océan, où le commandement des carabiniers lui fut confié; c'est à leur tête que, le 3 germinal, au combat de la Chaboterie, il se rendit maître du fameux chef de Vendéens Charette, après l'avoir blessé d'un coup de pistolet et d'un coup de sabre à la tête et à la main, et avoir tué 2 autres chefs qui l'accompagnaient. Le Directoire le récompensa de ce service important par le grade de chef de bataillon, le 18 thermidor suivant. Passé avec son grade, le 8 pluviose an V, dans la 12e demi-brigade d'infanterie de ligne, devenue 12e de même arme à l'organisation de l'an XII, il fut successivement employé aux armées d'Italie, de Rome, de Naples, de réserve et des Grisons, depuis l'an V jusqu'à l'an IX. Le 25 frimaire an VII, à l'affaire de l'Escorta, près de Rome, il enleva 9 pièces de canon à une colonne napolitaine commandée par l'émigré Damas. Chef de brigade sur le champ de bataille, le 16 floréal suivant, il fut blessé d'un coup de feu à l'épaule droite à la prise de Modène, le 24 prairial, et il reçut un autre coup de feu dans la hanche droite, le 9 fructidor de la même année, à l'affaire de Chiavari. Le 15 brumaire an VIII, devant Novi, à la tête d'un bataillon, il décida la victoire en faveur des Français en coupant la ligne ennemie et s'emparant de son artillerie, composée de 5 pièces de canon avec leurs caissons. Rentré en France après la paix, il alla tenir garnison à Verdun pendant les ans X et XI, et fit partie de la 3e division du camp de Bruges pendant les ans XII et XIII. Compris dans la promotion des membres de la Légion-d'Honneur du 19 frimaire an XII, il fut créé officier de cet Ordre le 25 prairial suivant, et fit ensuite les campagnes d'Autriche, de Prusse et de Pologne, en l'an XIV, en 1806 et 1807. Grièvement blessé de trois coups de feu qui lui traversèrent le cou et les deux épaules, le 14 octobre 1806, à Iéna, il fut laissé sur le champ de bataille, et le 5e bulletin de la grande armée annonça sa mort. Informé de cette erreur, l'Empereur le nomma général de brigade par décret du 23 du même mois. Placé sous les ordres du gouverneur-général de Berlin, il fut envoyé le 7 avril 1807 à Zehdenick, pour y prendre le commandement des troupes chargées de couvrir Berlin et pour observer en même temps les mouvemens des Suédois. Cependant ses blessures l'obligèrent à rentrer en France. Il fut mis en disponibilité le 13 juillet 1807, mais à peine rétabli, il sollicita de l'activité et fut employé au corps d'observation de la Gironde le 30 septembre suivant. Nommé baron de l'Empire le 19 mars 1808, il passa au 3e corps de l'armée d'Espagne le 19 septembre 1809, et fit les campagnes de 1809, 1810 et 1811 en Catalogne et en Aragon. Pendant le siége de Lerida, au mois de mai 1810, le général Vergez, avec un bataillon du 114e, 4 compagnies d'élite du 121e et 100 travailleurs, enleva les deux redoutes de l'extrémité du plateau sur lequel est assis le fort de Garden. Tous les Espagnols qui n'eurent pas le temps de se jeter en bas du fossé furent tué à coups de baïonnette. Le 17 juillet suivant, les Espagnols, au nombre de 1,800 hommes, vinrent l'attaquer à Daroca ; ils furent complètement battus et dispersés. Le général Vergez leur tua plus de 400 hommes, fit 217 prisonniers dont 17 officiers, et entra à Teruel. Commandant de la Légion-d'Honneur le 28 août 1810, il fut mis à la disposition du prince de Wagram, major-général, et servit à son état-major depuis le 18 avril 1811 jusqu'au 29 novembre de la même année, époque de son admission à la retraite. Remis en activité le 10 avril 1813, et employé à Mayence, il fut placé au 4e corps de la grande armée le 5 novembre suivant, et appelé au commandement de la 15e brigade de gardes nationales mobilisées le 20 janvier 1814. Mis en non-activité après la rentrée des Bourbons, il fut nommé chevalier de Saint-Louis en 1814, et de nouveau admis à la retraite le 24 décembre de la même année. Lors du retour de l'Empereur, il fut employé à la défense de Paris, par décision du 28 juin 1815, et rentra dans sa position de retraite le 1er août suivant, après la catastrophe de Mont-Saint-Jean. Depuis lors, il vécut loin des affaires publiques. Cependant le 23 mai 1825, à l'occasion du sacre de Charles X, il reçut le brevet de lieutenant-général honoraire. Il est mort le 20 juin 1831.

B-G.

VERMOT (ANTOINE-SIMON), naquit le 25 décembre 1759, à Morteau (Doubs). Canonnier le 18 janvier 1781 dans le régiment d'artillerie de La Fère (1er), il devint sergent le 25 septembre 1787, fit les campagnes des Alpes, de 1792 et 1793, et fut nommé sergent-major et lieutenant en second les 5 et 10 août 1793. Il fit ensuite en Italie la guerre de l'an II, et obtint le 27 thermidor de cette année le grade de lieutenant en premier. Il continua de servir à la même armée jusqu'en l'an VI, reçut le 1er floréal an IV le grade de capitaine en second, dans la 11e compagnie d'ouvriers d'artillerie, et celui de capitaine en premier le 27 brumaire an VI. De l'an VI à l'an IX, il combattit en Égypte et en Syrie, prit part aux affaires des Pyramides et d'Aboukir, et fut fait chef de bataillon le 20 messidor an VII. De retour en France après la convention d'El-Arich, il passa avec son grade, le 1er pluviose an X, dans le 5e régiment d'artillerie à pied, alors en garnison à Metz. Un arrêté des consuls, du 1er pluviose an XI, l'éleva au grade de chef de brigade directeur d'artillerie à Toulouse. Il fut ensuite envoyé en la même qualité à l'armée des côtes de l'Océan. Il y reçut la décoration de la Légion-d'Honneur le 19 frimaire an XII, et celle d'officier du même Ordre le 25 prairial suivant. Vermot, qui avait été nommé directeur du parc d'artillerie de campagne de la grande armée en l'an XIV, mourut à Peyerbach (haute Autriche), le 3 février 1806.

B-S.

VERNIER (FRANÇOIS), naquit le 3 septembre 1736 à Besançon (Doubs). Son père, caporal dans le régiment d'artillerie de Metz (2e), le fit admettre comme enfant de troupe sur les contrôles de ce corps. Canonnier-bombardier le 17 janvier 1748, le jeune Vernier devint caporal et sergent les 7 et 17 février 1758, sergent-major-quartier-maître les 5 avril et 27 août 1763, lieutenant le 15 octobre 1765,

adjudant-major le 6 août 1777, et capitaine le 9 août 1781. Il avait obtenu, le 28 septembre 1786, le modeste emploi d'aide-major de place à Strasbourg : la loi du 10 juillet 1791 supprima ses fonctions, et il fut nommé, le 1er août suivant, adjoint aux adjudans de la place de Strasbourg. A cette époque, il comptait quatorze campagnes, dont une en Flandre en 1748, six en Hanovre (de 1756 à 1762), et sept en Amérique (de 1776 à 1781). Il s'était trouvé à cinq sièges, quatre batailles, trois affaires, deux attaques de postes et deux combats sur mer ; il avait été pris deux fois par l'ennemi, et blessé trois fois : l'une de ses blessures lui avait fracassé le bras droit, et il ne pouvait écrire que de la main gauche. Ses titres à la reconnaissance nationale frappèrent le représentant du peuple Foussedoire qui, par arrêté du 8 vendémiaire an III, le nomma adjudant-général chef de brigade. Chargé du commandement provisoire de Strasbourg le 4 floréal an III, il fut confirmé dans ces fonctions le 10 pluviose même année, et créé général de brigade commandant temporaire le 16 vendémiaire an IV. Ses relations d'amitié avec le général Pichegru le rendirent suspect au Directoire exécutif, qui le suspendit de ses fonctions le 21 fructidor an V. La révolution du 18 brumaire le remit en possession de sa solde d'activité, et le premier Consul lui confia, le 21 thermidor an IX, le commandement de la place de Cologne. Membre et officier de la Légion-d'Honneur les 19 frimaire et 25 prairial an XII, il fut admis à la retraite le 3 vendémiaire an XIII. Il est mort en 1822.

B-S.

VIAL (HONORÉ, baron), naquit à Antibes (Var), le 22 février 1766. Le 12 avril 1792, il quitta la marine, où il servait depuis le 5 octobre 1788, pour passer, en qualité de sous-lieutenant, dans le 26e régiment d'infanterie. Lieutenant le 16 novembre, il se trouva à la défense de Bastia, et remplit les fonctions d'aide-de-camp provisoire du général Rochon le 10 ventose an II. Attaché au même titre au général Delmas, le 12 messidor, il fit la campagne de Hollande, se distingua à la prise du fort Harten, et fut nommé capitaine dans le 1er régiment de cavalerie le 23 vendémiaire an III. Fait adjudant-général chef de brigade par les représentans du peuple à l'armée du Nord, le 20 frimaire, et confirmé le 7 pluviose, Vial servit à l'armée d'Italie. Le général en chef Bonaparte le nomma général de brigade le 16 frimaire an V. Le 25 nivose, à la tête des 4e, 17e et 22e demi-brigades légères, soutenues par l'infanterie de ligne, il attaqua l'avant-garde des Autrichiens avant le jour, et la força à se replier en désordre sur San-Giovani et Gambaron. Il assista aux batailles de Rivoli et de la Favorite, et Bonaparte, dans son rapport au Directoire, le signala comme s'étant particulièrement distingué. Dans la nuit du 25 au 26 nivose, il reprit le poste de Saint-Marco, et disputa le lendemain, pendant douze heures, les hauteurs à l'ennemi ; il donna ainsi le temps à une colonne française de tourner les Autrichiens et de s'emparer de la Corona. Quelques jours après, il enleva à la baïonnette les redoutes de Saint-Michel, fit 500 hommes et 12 officiers prisonniers. Il chassa ensuite les Autrichiens de la ville de Trente, les poursuivit sur les bords du Lavis, et força 800 hommes à mettre bas les armes. « On ne saurait, disait le général en chef Bonaparte dans son rapport, donner trop d'éloges aux 4ᵉ et 17ᵉ demi-brigades que commandait le brave général Vial. » Le 3 germinal, à l'attaque du village de Tramin, il s'empara du pont de Neumarck, et traversa l'Adige pour empêcher les impériaux de se retirer sur Botzen. Appelé au commandement de Rome, entouré d'une populace nombreuse et fanatique, il sut, avec un très petit nombre de troupes, réprimer les séditions et imposer aux factieux. En l'an VI, Vial passa à l'armée d'Orient, et y soutint sa brillante réputation. Le général Menou ayant été blessé à la prise d'Alexandrie, il prit le commandement de la division et contribua puissamment à la victoire des Pyramides. A Schouara, il fit des prodiges de valeur et défit avec 500 hommes 10,000 Turcs. Dans l'expédition de Syrie, il battit constamment l'ennemi, et montra une intrépidité peu commune au siège de Saint-Jean-d'Acre.

Rentré en France par ordre du 11 frimaire an VIII, il fut mis en non-activité le 1ᵉʳ vendémiaire an X. Envoyé à Malte comme ministre plénipotentiaire le 26 floréal, il obtint le grade de général de division le 9 fructidor an XI. Nommé membre de la Légion-d'Honneur le 19 frimaire an XII, et commandant de l'Ordre le 25 prairial, ce général se rendit en Suisse en qualité d'ambassadeur, et y resta jusqu'à la fin de 1808. Le 23 mars 1809, il fit partie de l'armée d'Italie, et l'Empereur lui confia le commandement de la place de Venise. Voici les termes du décret du 11 avril :

« La place de Venise étant en état de siège, armée, approvisionnée, à l'abri de toute attaque, pouvant soutenir un siège et résister à un long blocus, nous avons résolu de nommer pour commander cette place un officier d'une bravoure distinguée, et dont nous aurions éprouvé le zèle et la fidélité dans maints combats ;

» Nous avons pris en considération les services du sieur Vial, général de division de nos armées, et nous l'avons nommé et nommons par ces présentes, signées de notre main, commandant de notre place de Venise en état de siège, etc. »

Le 28 septembre, il prit le commandement de la division réunie à Trente, et obtint un congé le 23 août 1810. Le 13 mars 1811, Vial commanda la 18ᵉ division militaire, à Dijon, et reçut le titre de baron de l'Empire. Le 3 avril 1813, il commanda la 6ᵉ division de la grande armée. Ce brave général fut tué à la bataille de Leipzig, le 18 octobre suivant, et il emporta les regrets sincères de l'Empereur et de l'armée. Son nom est inscrit sur l'arc-de-triomphe de l'Étoile, côté Sud. TH.

VIALA (SÉBASTIEN, *chevalier de l'Empire*), général de brigade, naquit le 11 mars 1763 à Rodez (Aveyron). Soldat dans le régiment de Vermandois le 11 mars 1781, il alla rejoindre son corps qui se trouvait alors en Corse, où il resta jusqu'au mois de mai 1783. Caporal le 25 juin 1784, caporal-major le 19 juillet 1785, sergent-fourrier le 25 avril 1787, il obtint son congé le 9 octobre 1789. A l'organisation des gardes nationales, il fut nommé capitaine dans celle de Rodez, dont il prit peu de temps après le commandement en second. Lors de la déclaration de guerre contre l'Autriche, il fut proclamé, par ses concitoyens, capitaine d'une compagnie de volontaires formée à Rodez, le 14 janvier 1792, et le 4 juillet de la même année il devint chef de bataillon commandant le 2ᵉ bataillon de l'Aveyron qui, par suite de différens amalgames, fit partie de la 85ᵉ demi-brigade et du 85ᵉ régiment d'infanterie de ligne. C'est à la tête de ce corps qu'il fit les campagnes de 1792, ans II, III, IV et V aux armées des Alpes et d'Italie. A la prise du Puget-Ténières, à la tête de 200 hommes, il s'empara de Rodda, et fit quelques prisonniers. Il se trouva à celle d'Isola, de Guillaume de Saint-Étienne et à plusieurs affaires qui eurent lieu dans le comté de Nice, et vint ensuite occuper la vallée de Morin, d'où l'on débusqua l'ennemi.

Employé à l'armée de siège de Toulon, il s'y distingua à l'attaque des redoutes de la montagne du Pharon, et revint à l'armée d'Italie, où il coopéra à la prise de Saorgio et à l'attaque des postes de Ceva, de Saint-Michel, de Mondovi, etc. Embarqué sur le lac de Guarda, il débarqua à Torbola, marcha sur Roveredo, chassa l'ennemi de toutes les positions qu'il occupait et assista à la prise de Pavie. En l'an V, après l'attaque de Segonzano, le général en chef le chargea de reprendre les postes du Pinet, de Rizzolaga et de la Piazza. Il accomplit cette mission avec un plein succès, à la tête de 3 bataillons, défendit sa conquête pendant une journée entière contre un corps de 10,000 hommes, et assura la retraite de la division française. Le 1ᵉʳ frimaire an V, il se trouva à la reprise de Rivoli : une demi-brigade, formant tête de colonne, avait été obligée de se replier, et ce mouvement qui se propageait pouvait amener un désastre. Le commandant Viala, ne consultant que son courage, résolut de tenir tête à l'ennemi. 15 grenadiers de son bataillon imitent son exemple, et font en même temps une décharge sur les assaillans. Cette fusillade inattendue porte le désordre et la mort dans les rangs ennemis. Viala et ses grenadiers s'élancent sur les Autrichiens ; pendant ce temps, la colonne s'est ralliée, elle charge l'ennemi avec impétuosité, le met en déroute et lui fait 800 prisonniers. Le lendemain de la bataille de Rivoli, à laquelle il avait pris une part active, il fut chargé d'attaquer les Autrichiens dans leur position en arrière de Carpino, d'où il les força de se retirer, et leur fit dans cette journée 8,000 prisonniers. Quelques jours après, il fit partie de la colonne qui marcha sur Trente, chassant l'ennemi de ses positions sur l'Adige, et il assista à la reprise des postes de Bedoul. Embarqué, au mois de floréal an VI, avec l'armée expéditionnaire d'Orient, il se trouva à l'attaque de l'île de Gozzo et à la prise de Malte, le 24 prairial suivant, et fit les campagnes d'Égypte et de Syrie, de l'an VI à l'an IX inclus. Il prit part à l'occupation d'Alexandrie, le 14 messidor an VI ; à la bataille de Chebreiss, le 25 du même mois ; à celle des Pyramides, le 3 thermidor ; au combat d'Elhanka, contre les mamelucks d'Ibrahim-Bey, réunis aux Arabes, le 18 thermidor; à l'affaire d'El-Arisch, le 21 pluviose an VII; et, enfin, au siége de Saint-Jean-d'Acre. Chargé d'escorter avec son bataillon un convoi de chameaux et d'artillerie, le long de la mer jusqu'à Jaffa, il le défendit contre les attaques de plusieurs milliers de Naplousains et d'Arabes des environs. A son retour, il eut à soutenir contre des ennemis encore plus nombreux un combat des plus vifs; mais, par ses bonnes dispositions, il paralysa les efforts des Arabes et parvint à amener au camp devant Saint-Jean-d'Acre un convoi très précieux de munitions.

Le 30 floréal an VII, Bonaparte le nomma chef de brigade de la 85e sur le champ de bataille. Le 29 ventose an VIII, il combattit à Héliopolis, et se trouva à la prise du camp de Belbeys, au combat de Koraïm, au siége et à la reprise du Caire. Le 30 ventose an IX, à la bataille d'Alexandrie, où il fut blessé d'un coup de feu à la tête, il fit des prodiges de valeur. Chargé ensuite, par le général Menou, de partir d'Alexandrie à la tête de 100 dromadaires et de traverser le désert sur le lac Natron, pour porter des dépêches au Caire, que les Anglais, les Turcs et les mamelucks tenaient étroitement bloqué, il passa dans la nuit au milieu de ces derniers, et entra dans Gisel sans avoir éprouvé aucune perte. Par suite de la convention du 9 messidor an IX, il rentra en France, et vint tenir garnison à Sarre-Libre, pendant les ans X et XI. Employé à la 3e division du camp de Bruges, pendant les ans XII et XIII, il fut créé membre de la Légion-d'Honneur le 19 frimaire an XII, et officier le 25 prairial suivant. Il fit les campagnes d'Autriche, de Prusse et de Pologne, de l'an XIV à 1807, avec la 3e division du 3e corps de la grande armée. Le 14 octobre 1806, à la bataille d'Iéna, frappé d'un coup de feu au côté droit, et laissé pour mort sur le champ de bataille, Viala, qui venait d'être élevé au grade de général de brigade, fut porté, par erreur, dans le 5e bulletin, au nombre des colonels tués dans cette glorieuse journée. Il continua de faire la guerre avec la grande armée jusqu'au traité de Tilsitt, après lequel il rentra en France, et fut employé dans la 9e division militaire le 10 septembre 1807. Créé chevalier de l'Empire au mois de mars 1808, il fit les campagnes de 1808 et 1809 à l'armée de Catalogne; mais la blessure qu'il avait reçue à Iéna ne lui permettant pas de soutenir plus long-temps les fatigues de la guerre, il rentra dans ses foyers pour tâcher de se rétablir. Après avoir vainement essayé d'améliorer sa santé, il sollicita sa retraite, qui lui fut accordée par décret du 12 avril 1811. Depuis lors, il a exercé pendant plusieurs années les fonctions de maire de la ville de Rodez. Son nom est inscrit sur le côté Est de l'arc-de-triomphe de l'Étoile.

B-G.

VIALLANES (JEAN-BAPTISTE-THÉODORE, baron), né à Riom (Puy-de-Dôme), le 11 octobre 1761, entra au 12e régiment de dragons le 26 janvier 1780. Brigadier le 11 septembre 1784, maréchal-des-logis le 1er mai 1785, maréchal-des-logis-chef le 15 septembre 1791, adjudant-sous-officier le 17 juin 1792, il fit toutes les campagnes de la Révolution aux armées du centre, du Nord et de Sambre-et-Meuse. Le 17 août 1792, à l'affaire de Stenay, il rallia un escadron, repoussa les Prussiens et les arrêta le reste de la journée. Sous-lieutenant le 11 septembre suivant, lieutenant le 15 mai 1793, il devint capitaine le 25 prairial an II, et chef d'escadron le 28 du même mois. A Kamberg, en messidor an IV, il chargea 2 escadrons de cuirassiers ennemis, leur tua beaucoup d'hommes, fit 37 prisonniers, prit 65 chevaux, et fut promu chef de brigade du 1er régiment de dragons le 1er germinal an V. A l'affaire d'Ukerath, le 29, il tourna la gauche de l'ennemi, coupa une division de hussards de Barco, la chargea, lui prit beaucoup d'hommes et 104 chevaux. Le 2 floréal, à Stimberg, il fit mettre bas les armes à 300 hommes d'infanterie autrichienne, fit changer promptement de front à son régiment, que la cavalerie ennemie vint attaquer en queue, renversa et mit en fuite cette cavalerie, chargea ensuite deux fois dans Stimberg, prit à l'ennemi 2 pièces de canon, et se maintint en avant du village, malgré les forces supérieures qu'il avait en tête. Employé aux armées d'Angleterre, du Danube, d'Helvétie et de réserve, Viallanes montra la même intrépidité et rendit les plus importans services. Le 6 germinal an VII, il couvrit, avec son régiment, près Stockack, la marche rétrograde de la 2e division de l'armée et empêcha l'ennemi de l'entamer pendant toute cette journée. Le 6 floréal, à Frauenfeld, à plat position, avec son régiment, sous le feu de 2 bataillons d'infanterie autrichienne et d'une batterie formidable, s'y maintint pendant six heures, donna le temps de rallier les troupes et de faire venir des renforts, et chargea ensuite l'ennemi, auquel il reprit 2 pièces de canon. Dans la nuit du 21 au 22 fructidor, il attaqua les Russes à Wollishoffen, près Zurich, égorgea leurs avant-postes, leur tua 200 hommes et fit 20 prisonniers. Le 10 vendémiaire an VIII, à Muttenthal, en Suisse, il eut un cheval tué sous lui au milieu des ennemis. Le 25 prairial, à la bataille de Marengo, il empêcha le général Champeaux, blessé mortellement dans une charge, d'être pris par les Autrichiens, le fit enlever, sous le feu le plus vif, et reçut trois contusions. Néanmoins, il chargea aussitôt un gros corps de cavalerie ennemie qui s'avançait pour couper la communication de Marengo à Saint-Julien, parvint à l'arrêter, et protégea par ce mouvement la marche de l'infanterie française. Appelé ensuite à la droite de l'armée, il y maintint la gauche de l'ennemi jusqu'au soir; son cheval fut frappé de quatre balles et d'un boulet. Attaché ensuite à l'armée d'Italie, le 5 nivose an IX, au passage du Mincio, à Monzambano, il exécuta deux charges audacieuses qui contribuèrent au succès de cette journée. Le 17, il se distingua encore à Montebello. Les généraux Mortier, Oudinot, Murat, Davout et Canclaux firent l'éloge le plus complet de Viallanes, et les deux derniers demandèrent pour lui un sabre d'honneur. Le général Grouchy donna cette note sur Viallanes: « Chef de corps distingué par son instruction, sa fermeté, son zèle et l'état dans lequel il a mis son régiment ; ayant bien fait la guerre et servant non moins bien durant la paix. »

Général de brigade le 11 fructidor an XI, il fut désigné, le lendemain, pour faire partie du camp de Bruges. Membre de la Légion-d'Honneur le 19 frimaire an XII, et commandant de l'Ordre le 25 prairial, il fut attaché, en l'an XIV, à la cavalerie de la grande armée. Dans la campagne de 1806, en Allemagne, il acquit une nouvelle gloire à la bataille d'Iéna ; le maréchal Davout le signala particulièrement à l'Empereur. Le 31 décembre, il prit le commandement d'une brigade de la division de dragons du général Becker. En 1807, il servit en Espagne, obtint un congé le 18 juillet 1809, par suite d'infirmités qui le mettaient dans l'impossibilité de faire un service actif, et fut créé baron de l'Empire. Le 25 décembre 1810, il commanda le département des Bouches-del'Issel, 31e division militaire, et, le 7 mars 1812, le département de l'Allier, 21e division. Confirmé dans ce commandement le 15 avril 1815, il cessa ses fonctions par ordre du 1er septembre. Admis à la retraite le 4 du même mois, le général Viallanes est mort le 3 août 1826. TH.

VICENCE (duc DE). *Voy.* CAULAINCOURT, duc de Vicence (*Armand-Augustin-Louis*).

VIGNOLLE (MARTIN, *comte*), naquit à Massilargues (Hérault), le 18 mars 1763, entra comme volontaire au régiment de Barrois-infanterie le 12 mars 1779, et servit à l'armée d'Angleterre, sur les côtes de Bretagne, sous les ordres du maréchal de Vaux. Cadet-gentilhomme au même corps le 18 juin 1780, sous-lieutenant le 10 juillet 1784, lieutenant le 17 septembre 1791, capitaine le 22 mai 1792 au même régiment, devenu 91e, il fit partie de l'armée des Alpes et du Var, et fut blessé à l'attaque de Lignères le 8 juin 1793. Le 12 du même mois, il était premier capitaine dans ce régiment et commandait le bataillon de guerre à l'attaque du camp de Millefourches, dans le comté de Nice. Le maréchal-de-camp polonais Miakouski, au service de France, lui donna l'ordre de s'emparer de vive force d'une des redoutes ennemies qui défendait le camp. Il l'enleva à la baïonnette et s'y maintint jusqu'au moment où presque toutes les colonnes françaises étant repoussées par les Austro-Sardes, le général en chef Brunet donna l'ordre de la retraite. Le bataillon du 91e régiment, réuni à celui de guerre du 50e de ligne, soutint, sous les ordres du capitaine Vignolle, la retraite de cette. colonne avec une telle fermeté que les Austro-Sardes ne purent l'entamer. Cet officier eut dans cette journée et dans son seul bataillon plus de 200 hommes tués ou blessés ; il fut lui-même blessé d'un coup de baïonnette. Nommé adjoint à l'état-major général de l'armée le 24 juin, il en remplit les fonctions pendant huit mois dans la division du centre. Adjudant-général chef de bataillon, par arrêté du représentant du peuple Ricord, le 7 ventose an II, il commanda à la prise de Saorgio, le 10 floréal, une des colonnes qui emportèrent le camp retranché et contribua plus tard à la prise du col de Tende. A son retour de ces expéditions, il fut nommé, par le général en chef Dumerbion, sous-chef de l'état-major général de l'armée. Adjudant-général chef de brigade par les représentans du peuple Ritter et Turreau, le 28 frimaire an III, il remplit les mêmes fonctions à l'armée d'Italie, et prit part aux affaires de Montenotte et de Dego, les 22 et 27 germinal an IV. En rendant compte de cette dernière bataille au Directoire, le général en chef disait : « L'adjudant-général Vignolle a beaucoup contribué au succès de la journée ; cet officier joint à un courage sûr des talens et une activité rares, et je vous demande pour lui le grade de général de brigade. » Le Directoire lui écrivit pour lui témoigner sa satisfaction. Sa conduite distinguée au passage du pont de Lodi et à la bataille de Castiglione lui mérita, le 28 thermidor, le grade de général de brigade. A la bataille d'Arcole, le 26 brumaire an V, il reçut deux coups de feu en marchant à la tête d'une colonne. Après sa guérison, il eut le commandement de la province de Cremone, qu'il conserva jusqu'au traité de Campo-Formio. Il remplit alors les fonctions de chef d'état-major de l'armée, et fut nommé, au départ de Bonaparte, ministre de la guerre de la république cisalpine. Il quitta cet emploi à la reprise des hostilités pour rentrer en activité comme adjoint au chef d'état-major de l'armée de réserve, le 11 germinal an VIII. Dans cette campagne, il s'empara de Sienne, et garda avec une partie de l'armée les Apennins toscans. Après la bataille de Marengo, il eut le commandement de la Lombardie, et se trouva ensuite au passage du Mincio, le 6 nivose an IX. Après cette campagne, il prit le commandement du Milanais et se montra digne de ce poste important par son activité et son caractère tout à la fois ferme et modéré. Disponible le 18 frimaire an XI, il passa, le 14 pluviose, à la 15e division militaire, et fut détaché momentanément de cette division pour être employé, le 22 germinal, près le ministre-directeur de l'administration de la guerre. Nommé, le 15 messidor, chef d'état-major de l'armée française en Batavie, général de division le 9 fructidor, membre de la Légion-d'Honneur le 19 frimaire an XII, et commandant de l'Ordre le 25 prairial, il fit partie du camp d'Utrecht.

En l'an XIV, il passa chef d'état-major du 2e corps de la grande armée, commandé par Marmont, et suivit ce général à l'armée de Dalmatie. Il contribua au succès du combat de Debilibrich, en avant de Castel-Nuovo. Lors de la création de l'ordre de la Couronne-de-Fer, en 1806, il fut compris dans le nombre des 25 généraux français auxquels le titre de commandeur était dévolu comme ayant le plus contribué aux succès glorieux obtenus par l'armée française dans les premières campagnes d'Italie. Créé baron de l'Empire en 1808, avec dotation de 4,000 francs de rente en Westphalie, il obtint un congé le 30 septembre 1808, et se rendit à l'armée d'Allemagne, le 20 mars 1809, pour y remplir les fonctions de chef d'état-major. Il se trouva à la prise de Vienne, à la bataille d'Essling, et à celle de Wagram, le 6 juillet, où il reçut un coup de biscaïen qui lui fit perdre entièrement l'usage de l'œil droit et affaiblit sensiblement la vue de l'œil gauche. Créé, après cette bataille, comte de l'Empire avec augmentation de dotation de 20,000 francs de rente, dont 10,000 dans le pays de Hanovre et 10,000 en Gallicie, il se rendit, en 1810, en qualité de chef d'état-major à l'armée d'Italie, sous les ordres du vice-roi, et commanda en chef en 1812, par nomination expresse de l'Empereur, toutes les troupes stationnées en Italie. En 1813, il reprit les fonctions de chef d'état-major, et fut nommé grand-officier de la Légion-d'Honneur par décret du 3 décembre suivant. A la bataille du Mincio, le 8 février 1814, il déploya les talens d'un général distingué et la bravoure d'un soldat : le prince Eugène lui adressa à ce sujet les éloges les plus flatteurs. Le 10 mai, cet officier-général revint à Paris avec un congé de deux mois. Créé chevalier de Saint-Louis par ordonnance du 1er juin suivant, et admis à la retraite le 9 septembre 1815, il obtint la confirmation du titre de comte par lettres-patentes du 9 mars 1816. Le 14 mars 1818, il passa à la préfecture de la Corse, qu'il quitta le 15 décembre 1819. Commandeur de Saint-Louis le 1er mai 1821, conseiller d'État en service ordinaire en 1822, le général Vignolle fut élu membre de la Chambre des députés par l'arrondissement de Saint-Hippolyte (Gard), en 1824, et mourut à Paris le 13 novembre de la même année. Il a publié le *Précis historique des opérations de l'armée d'Italie*, en 1813 et 1814. Son nom est inscrit sur l'arc-de-triomphe de l'Étoile, côté Sud. TH.

VILLANTROYS (PIERRE-LAURENT), naquit à Paris (Seine), le 6 janvier 1752. Élève aux Écoles d'artillerie de Bapaume et de Besançon, il sortit de cette dernière avec le grade de lieutenant le 1er novembre 1774. Capitaine le 11 juin 1786, et capitaine-commandant le 6 février 1792, il fit les campagnes de Corse. Chef de bataillon le 26 pluviôse an II, il se trouvait à Fornali, le 28, lorsque ce poste fut attaqué par les Anglais. Cet officier soutint le feu continuel de l'ennemi pendant deux jours et une nuit. Mais ayant perdu 180 hommes sur 400 qui composaient la garnison, il ne put empêcher les Anglais d'enlever le fort d'assaut, et resta prisonnier de guerre avec ses troupes. Rentré en France le 22 nivose an IV, il servit aux armées d'Italie et de réserve. Colonel le 29 ventose an VIII, Villantroys fut nommé directeur-général des forges de l'artillerie le 7 frimaire an IX. Membre de la Légion-d'Honneur le 19 frimaire an XII, et officier de l'Ordre le 25 prairial, il fit partie du camp de Montreuil, et obtint sa retraite le 25 germinal an XIII. Rappelé momentanément au service, il commanda le corps d'observation formé à l'île de Cadsand, lors de la descente des Anglais à Flessingue, au mois d'août 1809. Admis de nouveau à la retraite le 1er janvier 1812, il mourut en 1819. Le colonel Villantroys est l'inventeur des batteries de mortiers à plaque et à semelle, au moyen desquels on pouvait lancer des bombes à plus de 3,800 mètres. TH.

VILLARET DE JOYEUSE (LOUIS-THOMAS), vice-amiral, naquit à Auch (Gers), en 1750. C'était un enfant de famille, comme on disait alors ; il tenait à la meilleure noblesse de la Gascogne, aussi fit-il ses premières armes dans les gendarmes de la maison du roi. Un duel dans lequel il eut le malheur de tuer son adversaire le fit sortir de ce corps. Il entra dans la marine : il n'avait encore que seize ans.

En 1773, il était embarqué comme lieutenant de vaisseau sur la frégate *l'Atalante*, avec laquelle il fit plusieurs campagnes dans les mers des Indes.

Au siége de Pondichéry, il servit comme volontaire. Son courage fixa l'attention sur lui, et il fut nommé à la suite de cette affaire capitaine de brûlot.

En 1781, il remplissait cet emploi à bord du *Pulvériseur*. Après le combat de Gondelour, le bailli de Suffren le jugea digne de commander *la Bellone*, et bientôt après la frégate *la Naïade*.

Chargé avec ce bâtiment d'une mission périlleuse, il lutta pendant cinq heures contre un vaisseau ennemi de soixante-quatre canons. Le capitaine du *Spectre*, en lui rendant son épée, lui dit : *Monsieur, vous nous donnez une belle frégate, mais vous nous l'avez fait payer bien cher*. La paix le rendit à son pays, et Suffren le fit décorer de la croix de Saint-Louis.

En 1791, il était à Saint-Domingue, commandant la frégate *la Prudente*, en qualité de capitaine.

Ni l'âge qu'il avait alors, ni ses impressions de famille, ne permettent de penser qu'il ait souri aux événements de 1793 ; cependant, à cette époque, il commandait le vaisseau *le Trajan*, qui faisait partie de l'escadre de Morard de Galles, et, l'année suivante, le Comité de salut public l'éleva au grade de contre-amiral, sur la proposition de Jean-Bon-Saint-André.

Il prit, en cette qualité, le commandement de la flotte de Brest, composée de 26 vaisseaux. Peu de jours après, il reçut l'ordre d'aller à la rencontre d'un convoi de grains qui arrivait des États-Unis d'Amérique. Ses instructions lui commandaient d'éviter tout engagement avant d'avoir mis le convoi en sûreté. Le 9 prairial an II, on signala 30 vaisseaux de ligne anglais. Villaret avait à son bord son protecteur, Jean-Bon-Saint-André qui, usant du droit qu'il avait de modifier les instructions de l'amiral, voulut se passer la fantaisie de voir un combat naval ; il fallut obéir. L'engagement fut peu sérieux le premier jour ; cependant un vaisseau français, complétement démâté, dut regagner le port de Rochefort. Le lendemain, l'affaire fut générale : elle dura de dix heures du matin à sept heures du soir, et à l'honneur du pavillon français, vu l'infériorité de nos forces. La brume qui avait séparé les 2 armées les empêcha de se joindre le jour suivant ; mais, le 13, elles se retrouvèrent en présence. Le vaisseau amiral *la Montagne* se trouva au plus fort de l'action ; il soutint pendant plus d'une heure un combat à outrance contre 2 vaisseaux à trois ponts et 3 autres de soixante-quatorze, et les força à l'abandonner. Libre enfin, Villaret ralliait ses vaisseaux pour se porter au secours de son arrière-garde, quand le commissaire-législateur, sortant des batteries où il s'était réfugié pendant le combat, vint s'opposer à tout signal qui aurait pour but un nouvel engagement. Villaret dut obéir encore, et il rentra dans le port de Brest avec 19 vaisseaux. Selon les historiens anglais, la supériorité numérique était de notre côté, et la victoire de l'amiral Lowe fut complète. Néanmoins, le temps, qui fait justice de toutes les fausses prétentions, n'a pas dépossédé la mémoire de Villaret de la gloire acquise à son pavillon dans ces trois journées. C'est dans ce combat que l'équipage du *Vengeur* préféra une mort glorieuse à la honte de rendre son vaisseau aux Anglais. « Les batteries hautes font alors leur dernier feu, l'eau gagne les gaillards avec rapidité. L'équipage monte dans les haubans, dans les hunes, et, comme aux jours de fêtes, il salue par des cris de joie la France et la liberté; les matelots, agitant en l'air leurs chapeaux et les flammes aux couleurs nationales, s'engloutissent en chantant des refrains et en faisant les plus nobles adieux au pays pour l'honneur duquel ils se sacrifient. A quatre heures du soir, quelques hommes se débattant contre la lame, et quelques morceaux de mâture flottant à la surface de la mer, annonçaient qu'en cet endroit un vaisseau venait de s'abimer (1). »

Au mois de prairial an III, attaqué à la hauteur de la petite île de Groaix, par l'amiral Bridport, avec des forces doubles des siennes, il attacha encore à son nom un glorieux souvenir.

Député, en l'an IV, au conseil des Cinq-Cents, il fut frappé, au 18 fructidor, avec son parti, celui des *clichiens*. Mais assez heureux pour se soustraire aux recherches, il évita les déserts de Sinnamari et alla attendre des jours meilleurs dans l'île d'Oleron.

La paix générale fut signée à Amiens, le 6 germinal an IX, et, au mois de frimaire an X, Villaret appareillait de Brest à la tête des forces navales chargées de prendre possession de Saint-Domingue.

A son retour, à la fin de l'an X, il fut nommé capitaine-général de la Martinique et de Sainte-Lucie. Il s'y maintint jusqu'en 1809, et ne capitula qu'après une vigoureuse résistance. Cependant sa conduite fut blâmée en France par un conseil d'enquête, et il demeura en disgrâce jusqu'en 1811. L'Empereur le fit alors gouverneur-général de Venise. Il mourut dans son gouvernement en 1812.

Villaret de Joyeuse avait été nommé membre de la Légion-d'Honneur le 19 frimaire an XII, grand-officier le 25 prairial suivant, et grand-aigle le 13 pluviose an XIII.

Son nom est gravé sur l'arc-de-triomphe de l'Étoile, côté Nord.

A. L.

VILLATTE (EUGÈNE-CASIMIR), *comte* D'OUTRE-MONT, naquit à Longwy (Moselle), le 14 avril 1770, et entra comme sous-lieutenant au 13e régiment d'infanterie de ligne le 1er janvier 1792. Il passa lieutenant le 8 mai, et fit les campagnes de la Révolution aux armées du Rhin, de Sambre-et-Meuse et d'Italie. A la bataille de Haguenau, le 26 frimaire an II, il fut blessé d'un coup de feu, et reçut, le lendemain, le grade de capitaine. Aide-de-camp du général Bernadotte, le 27 germinal, il se distingua au passage et à la bataille du Tagliamento, le 26 ventose an V, et à la prise de Gradisca, le 29 du

(1) Jal, cité par Tissot, HISTOIRE DE LA RÉVOLUTION FRANÇAISE, t. V, p 191-195.

même mois. Chef de bataillon sur le champ de bataille, le 1er thermidor suivant, par le général en chef Bonaparte, Villatte continua ses fonctions près de Bernadotte, et fut confirmé dans son grade, le 13 fructidor de la même année, par le Directoire exécutif. Adjudant-général le 17 pluviose an VII, il donna de nouvelles preuves de bravoure aux affaires du camp retranché, en avant de Zurich, les 14, 15 et 16 prairial, où il reçut un coup de feu. Le 25 messidor an VII, il servit dans la 17e division militaire, et passa, le 7 ventose an VIII, dans la 4e. Employé, le 3 floréal, à l'armée de l'Ouest, puis le 1er vendémiaire an XI dans la 22e division militaire, il devint général de brigade le 11 fructidor, et fut attaché, le 5 brumaire an XII, au camp de Compiègne, devenu camp de Montreuil. Membre de la Légion-d'Honneur le 19 frimaire suivant, et commandant de l'Ordre le 25 prairial, il prit le commandement d'une brigade au 6e corps de la grande armée, dans le mois de brumaire an XIV. Pendant les campagnes de Prusse et d'Autriche, Villatte déploya les talens d'un bon général, combattit en soldat aux batailles d'Austerlitz, d'Iéna et d'Eylau, et obtint, en récompense de ses services, le grade de général de division le 25 février 1807. Dans le mois de mars, il commanda la 3e division d'infanterie du 1er corps, avec lequel il passa en Espagne en octobre 1808. Napoléon venait de le créer baron de l'Empire, et l'avait autorisé à ajouter à son nom celui *d'Outremont*. Le 13 janvier 1809, il culbuta, près de la ville d'Uclès, un gros corps de troupes et lui fit plusieurs milliers de prisonniers. Le 28 mars, il contribua à la victoire de Medelin, et fit les prodiges de valeur aux combats de Cuença et de Talaveira de la Reina : sa conduite fut honorablement citée dans les bulletins de l'armée. Le 14 juillet 1810, il prit le commandement de la 3e division de l'armée du Midi, et reçut, le 2 janvier 1811, le titre de grand-officier de la Légion-d'Honneur. Il se trouva encore à la bataille de Chiclana, fut blessé devant Cadix, et eut un cheval tué sous lui. En 1812 et 1813, il commanda la réserve de l'armée d'Espagne sur la Bidassoa, et reçut une nouvelle blessure le 10 décembre, en avant de Bayonne. Il passa ensuite à l'armée que le prince Eugène commandait sur le Pô, battit les Autrichiens à Guastalla, le 1er mars 1814, à la tête de la 6e division d'infanterie, et s'empara de cette ville. Nommé, dans le mois de mai, inspecteur-général d'infanterie dans la 11e division militaire, il remplit ensuite les mêmes fonctions dans la 20e. Le roi lui accorda le titre de comte, et la croix de Saint-Louis le 1er juin suivant, et lui confia le commandement provisoire de la garde royale en juillet 1815. Le 22 novembre, Villatte commanda la 4e division militaire, et fut mis en non-activité le 31 octobre 1817. Le 17 décembre 1818, il passa au commandement de la 2e division, et se trouva compris en cette qualité dans le cadre d'organisation de l'état-major général le 30 décembre suivant. Le 19 janvier 1820, il commanda la 3e division militaire, et reçut, le 20 septembre, la grand'croix de la Légion-d'Honneur. Commandeur de Saint-Louis le 20 août 1823, il fut mis en disponibilité le 4 août 1830, et admis dans le cadre de réserve de l'état-major général le 7 février 1831. Il mourut à Nanci le 14 mai 1834. Son nom est inscrit sur l'arc-de-triomphe de l'Étoile, côté Nord.

VILLENEUVE (Pierre-Charles-Jean-Baptiste-Sylvestre), vice-amiral, naquit à Valensolle (Basses-Alpes), le 31 décembre 1763. Garde de la marine à son entrée dans ce corps en 1778, garde du pavillon l'année suivante, et capitaine de vaisseau en 1793, il fut élevé successivement, en l'an IV, au grade de chef de division et à celui de contre-amiral. Un avancement aussi rapide, malgré la faveur des circonstances, témoigne toujours de la capacité de celui qui l'a obtenu.

Villeneuve commandait, en qualité de contre-amiral, une des divisions destinées à l'expédition d'Irlande. Les vents contraires le retinrent dans la Méditerranée.

Au départ pour l'Égypte, sa jeunesse le signala au choix du général en chef. Il commandait l'aile droite de la flotte, quand Nelson vint nous attaquer dans la rade d'Aboukir, et il avait 5 vaisseaux sous ses ordres. Si au moment où le vaisseau anglais *le Bellérophon* se rendait à nous, Villeneuve eût coupé ses câbles et profité de l'occasion qui lui était offerte, il eût changé un revers prochain en une brillante victoire. Il resta immobile, ajoute un historien sérieux, sans qu'alors, ni depuis, on ait pu expliquer sa conduite. Après l'explosion de *l'Orient*, Villeneuve, au dire des Anglais, pouvait encore décider le succès en notre faveur; il le pouvait encore à minuit, s'il fût entré en ligne; au lieu de cela, il partit avant la fin de l'action et gagna Malte avec 2 vaisseaux et 2 frégates.

Cependant, il ne paraît pas que Bonaparte l'ait jugé alors avec autant de sévérité que nos adversaires, puisqu'en l'an XII il le fit vice-amiral et l'envoya prendre le commandement en chef de l'escadre de Toulon : il lui donnait le premier rôle dans le plus grand de ses projets, dans celui dont la réussite intéressait au plus haut point sa puissance personnelle et la grandeur de la France.

Son but était de transporter, avec sa flotille de Boulogne, 160,000 hommes sur les côtes d'Angleterre; sa flotille et les hommes étaient prêts, mais il fallait être maître du détroit pendant trois jours, et pour cela attirer au loin les vaisseaux anglais qui tenaient la Manche et qui bloquaient les ports de France.

A cet effet, 3 escadres expéditionnaires sortaient à la fois, l'une de Rochefort, dirigée sur la Martinique et la Guadeloupe; les 2 autres de Toulon, chargées de prendre Surinam et Sainte-Hélène, et de ravager partout sur leur passage les possessions anglaises. Investi de ce commandement, Villeneuve, dont l'armée se grossissait de l'escadre espagnole et de bon nombre de bâtiments français, devait, après avoir attiré après lui dans l'Océan les forces anglaises, revenir rapidement en Europe, rallier encore des vaisseaux de France et d'Espagne au Ferrol et à Brest, courir dans la Manche, et s'emparer du détroit à la tête d'une flotte de 35 à 40 voiles. C'était le moment choisi pour le passage de la flotille.

Villeneuve appareilla de Toulon le 9 germinal an XIII, avec 11 vaisseaux de ligne, 7 frégates et 2 bricks. Les troupes embarquées étaient sous les ordres du général Lauriston. Le 9 avril, il ralliait devant Cadix un vaisseau français et une division espagnole aux ordres de l'amiral Gravina. La flotte combinée se trouvait ainsi forte de 14 vaisseaux. Le 24 floréal suivant, elle entra dans la rade du Fort-Royal de la Martinique, où 4 vaisseaux et une frégate espagnols se réunirent à elle. Elle comptait alors 18 vaisseaux, 7 frégates et 4 corvettes.

Instruit de la sortie de l'escadre française, Nelson alla la chercher dans les bouches du Nil. Mieux informé, à son retour à Malte, il se mit à la suite de Villeneuve, mais ce ne fut que dans les premiers jours de floréal que les vents lui permirent d'entrer dans l'Océan.

Cependant, Villeneuve, renforcé de 2 vaisseaux et d'une frégate venus de Rochefort, s'emparait du fort du Diamant.

Ce fut le 20 prairial qu'il apprit l'arrivée de la flotte anglaise, et aussitôt il fit route pour l'Europe. Il pensait sans doute que le but de sa mission étant d'éloigner les flottes anglaises des mers d'Europe, ce but se trouvait rempli. Napoléon n'en jugea point ainsi. Voici comme il s'exprimait dans sa lettre au ministre Decrès, de Boulogne, le 25 thermidor an XIII :

« Je vous renvoie votre courrier du Ferrol. Comme l'amiral Villeneuve ne dit jamais rien dans ses lettres, je vous envoie celles que je reçois de Lauriston : elles me confirment que l'on n'a point débarqué de troupes, que l'on n'a exécuté aucune de mes dispositions, et que nos îles de la Martinique et de la Guadeloupe ont été un instant très compromises. Tout cela est l'effet de l'épouvante qu'a eue Villeneuve. Il savait bien que Nelson n'avait que 12 vaisseaux et qu'il avait le temps de débarquer ses troupes..... Tout cela me prouve que Villeneuve est un pauvre homme, qui voit double et qui a plus de perception que de caractère. »

La flotte combinée demeura vingt-deux jours entre les Açores et le cap Finistère, retenue par les vents.

Le 3 thermidor, elle aperçut 19 voiles ennemies, sous les ordres de l'amiral sir Robert Calder. Le combat, commencé à cinq heures, se prolongea jusqu'à neuf, par une brume de plus en plus épaisse. Le résultat fut la perte de 2 vaisseaux espagnols qui, désemparés, tombèrent en dérive dans la ligne ennemie. Le lendemain, l'amiral Villeneuve ne put ou ne sut joindre les Anglais; le jour suivant, ils avaient disparu.

L'Empereur, informé de cet engagement, écrivait au ministre de la marine, le 22 thermidor :

« J'espère que Villeneuve aura continué sa mission; dites-lui qu'il serait trop déshonorant pour les escadres impériales qu'une échauffourée de trois heures et un engagement avec 14 vaisseaux fissent échouer de si grands projets..... » Et le jour suivant il ajoutait : « Villeneuve, qui du reste a du talent, met trop de temps à se décider; s'il avait fait la manœuvre que vous avez dite, il aurait sauvé les bâtimens espagnols et pris ceux des Anglais démâtés. Gravina, au contraire, n'est que génie et décision au combat. Si Villeneuve avait eu ces qualités, l'affaire eût été la plus belle possible..... Les Anglais font des fanfaronnades, ils disent que Calder devait attaquer le lendemain. »

En effet, traduit devant la cour martiale et convaincu de n'avoir pas fait, dans les journées des 4 et 5 thermidor, tout ce qui était en son pouvoir, Calder fut condamné à la réprimande. L'amiral anglais protesta que, si l'escadre combinée allait au Ferrol, il l'attaquerait et la détruirait; et cependant, Villeneuve mouillait à la Corogne le 14 thermidor, et opérait sa jonction dans la baie d'Arrès avec l'escadre du Ferrol. A sa sortie de cette baie, Villeneuve chercha à se réunir à l'escadre de Brest, mais, repoussé par les vents, il se dirigea sur Cadix, où il entra le 2 fructidor. A son entrée dans ce port, l'armée combinée se trouvait forte de 33 vaisseaux de ligne, dont 18 français et 15 espagnols. Napoléon, qui croyait Villeneuve au Ferrol, lui faisait adresser ordre sur ordre pour qu'il attaquât les Anglais :

« Témoignez-lui, disait-il au ministre de la guerre, mon mécontentement de ce qu'il perd un temps si précieux.... Il verra dans mon calcul que je désire qu'il attaque toutes les fois qu'il est supérieur en nombre, ne comptant 2 vaisseaux espagnols que pour un. Ayant été obligé après le combat de renvoyer 2 vaisseaux en Angleterre, Calder n'en avait plus que 13. Avec les siens et 15 vaisseaux espagnols, Villeneuve devait le chasser de devant le Ferrol.... Qu'il épargne au pavillon français la honte d'être bloqué par une escadre inférieure.... Avec 30 vaisseaux, mes amiraux ne doivent pas en craindre 24 anglais, sans quoi il faudrait renoncer à avoir une marine. Si l'amiral Villeneuve reste les 25, 26, 27 et 28 thermidor au Ferrol, je ne m'en plaindrai pas; mais s'il y reste un jour de plus, ayant un vent favorable et seulement 24 vaisseaux anglais devant lui, c'est le dernier des hommes.... Ne sera-t-il donc pas possible de trouver dans la marine un homme entreprenant qui voie de sang-froid, et comme il faut voir, soit dans le combat, soit dans les différentes combinaisons des escadres. »

Tous ces extraits sont tirés de la correspondance de Napoléon avec son ministre de la marine, du 23 au 26 thermidor; les ordres qui en furent la suite arrivèrent donc trop tard, et lorsque Villeneuve était déjà à Cadix sans doute : mais ces instructions, qui recommandaient à Villeneuve avec tant de soin de ne pas se laisser bloquer au Ferrol, lui prescrivaient d'éviter le même malheur à Cadix. Il commandait 33 vaisseaux de ligne, et il laissa pendant deux mois entier à l'ennemi le loisir de réunir contre lui 27 vaisseaux de ligne !

Ainsi échouait ce grand projet qui, conduit avec vigueur comme il avait été conçu avec génie, devait nous rendre maîtres de Londres et de la Tamise. Napoléon, qui attendait à Boulogne l'arrivée de sa flotte, dut renoncer à toutes ses espérances, en apprenant que Villeneuve était à Cadix. Dès le 17 fructidor, il partit pour Paris et songea à donner un autre emploi à ses escadres. En partant, il avait laissé l'ordre au ministre de la marine de se mettre en route, le 30, pour la capitale. Ce jour même, il lui écrit :

« J'estime qu'il faut faire deux choses : 1° envoyer un courrier extraordinaire à l'amiral Villeneuve pour lui prescrire de sortir avec mon escadre, de se rendre à Naples.... et de rentrer à Toulon ; 2° comme son excessive pusillanimité l'empêchera d'entreprendre cette manœuvre, vous enverrez pour le remplacer l'amiral Rosily, porteur de lettres qui enjoindront à l'amiral Villeneuve de revenir en France pour rendre compte de sa conduite. »

Villeneuve fut informé confidentiellement de ce qui se passait à Paris. En même temps, il apprenait que Nelson venait de détacher 5 vaisseaux de son armée. La fortune semblait lui offrir l'occasion de ressaisir, avec la victoire, la position qui lui échappait ; il appareilla aussitôt. Le 29 vendémiaire an XIV, au point du jour, il comptait 33 voiles ennemies, dont 27 vaisseaux de ligne : il en avait lui-même 33. Le combat dura jusqu'à trois heures après midi, et reçut le nom de *Trafalgar*. L'amiral Villeneuve et 17 vaisseaux français et espagnols tombèrent au pouvoir de l'ennemi. La perte des Anglais s'éleva à près de 1,600 hommes, au nombre desquels on compta l'amiral Nelson. Villeneuve ne resta pas long-temps prisonnier. Le 17 avril 1806, il était de retour à Rennes. On a cru qu'il avait écrit de cette ville à Decrès, son ami, pour pressentir l'accueil qu'il devait attendre de l'Empereur, s'il se rendait à Paris, et que la réponse du ministre avait déterminé sa fin tragique. Le 22, on le trouva frappé de six coups de couteau : l'instrument était resté dans la plaie et avait percé le cœur. Villeneuve n'avait que quarante-trois ans.

On trouva sur sa table la lettre que nous transcrivons. Elle est adressée à sa femme, et son authenticité détruit toutes les fables débitées à ce sujet :

« Ma tendre amie, comment recevras-tu ce coup ? hélas ! je pleure plus sur toi que sur moi. C'en est fait, j'en suis arrivé au terme où la vie est un opprobre et la mort un devoir. Seul ici, *frappé d'anathème par l'Empereur, repoussé par son ministre, qui fut mon ami*, chargé d'une responsabilité immense dans un désastre qui m'est attribué, et auquel la fatalité m'a entraîné, je dois mourir ! Je sais que tu ne peux goûter aucune apologie de mon action ; je t'en demande pardon, mille fois pardon, mais elle est nécessaire et j'y suis entraîné par le plus violent désespoir. Vis tranquille, emprunte les consolations des doux sentiments de religion qui t'animent ; mon espérance est que tu y trouveras un repos qui m'est refusé. Adieu, adieu, sèche les larmes de ma famille et de tous ceux auxquels je puis être cher ! Je voulais finir, je ne puis. Quel bonheur que je n'aie aucun enfant pour recueillir mon horrible héritage, et qui soit chargé du poids de mon nom! Ah! je n'étais pas né pour un pareil sort; je ne l'ai pas cherché, j'y ai été entraîné malgré moi. Adieu, adieu! **VILLENEUVE.** »

Le vice-amiral Villeneuve avait été fait membre de la Légion-d'Honneur le 19 frimaire an XII, et grand-officier de l'Ordre le 25 prairial suivant. Son nom est gravé sur l'arc-de-triomphe de l'Étoile, côté Sud. **A. L.**

VIMEUX (LOUIS-ANTOINE, *baron*), né à Amiens (Somme), le 13 août 1737, entra comme soldat au régiment de Bassigny, devenu 32ᵉ régiment d'infanterie le 14 mars 1753, et fit les campagnes de Hanovre de 1757 à 1762. Sergent le 5 août 1760, porte-drapeau le 20 septembre 1768, sous-lieutenant de grenadiers le 28 avril 1778, lieutenant de grenadiers le 26 mai 1786, chevalier de Saint-Louis le 21 décembre 1788, capitaine le 1ᵉʳ janvier 1791, lieutenant-colonel le 4 novembre 1792, colonel le 11 janvier 1793, il servit à l'armée du Rhin et sauva 2 pièces de canon à Gunthersblum. Général de brigade le 27 mai suivant, par arrêté du conseil de la guerre, séant à Mayence, pendant le blocus, il passa à l'armée de l'Ouest, commanda une colonne à la sanglante bataille de Torfou, livrée par Kléber aux Vendéens le 19 septembre suivant, et s'y distingua par une conduite digne des plus grands éloges. Le 15 octobre, sous les ordres du général Léchelle, il sauva l'armée sur les hauteurs de Chollet, route de Vihiers. Le 24 floréal an II, il fut nommé commandant en chef provisoire de cette armée et employé comme général de division le 25 prairial an III. Le 11 nivose an IV, il passa à l'armée des côtes de l'Océan. Réformé le 1ᵉʳ vendémiaire an V, il prit, le 6 messidor, le commandement de la 22ᵉ division militaire. Dans le mois de ventose an VIII, il commanda le dépôt de conscrits à Lyon. Mis en traitement de réforme le 1ᵉʳ nivose an IV, il passa en qualité de commandant d'armes de première classe à Luxembourg, le 27 vendémiaire an X. Membre de la Légion-d'Honneur le 19 frimaire an XII, et commandant de l'Ordre le 25 prairial, le général Vimeux reçut le titre de baron de l'Empire le 9 avril 1811. Le 6 mai 1814, il remit la place de Luxembourg aux alliés et fut évacué sur Metz, où il mourut d'une attaque d'apoplexie le 23 juin de la même année.

VINCENT (CHARLES-HUMBERT-MARIE), naquit le 21 mars 1753 à Bourg (Ain). Entré comme lieutenant à l'École de Mézières le 1ᵉʳ janvier 1773, il en sortit le 18 janvier 1775 avec le grade d'ingénieur (lieutenant en premier) et fut nommé capitaine le 23 mars 1786. Envoyé peu de temps après à Saint-Domingue, il y demeura jusqu'en l'an IX. Le 1ᵉʳ janvier 1791, il reçut la croix de Saint-Louis (1). Il était employé au Cap, en qualité de commandant du génie, lors de l'attaque et de l'incendie de cette ville, en 1793. Nommé chef de bataillon le 1ᵉʳ germinal an III, et chef de brigade le 12 ventose an IV, il fut chargé du commandement en chef du génie de la colonie, de l'an V à l'an VII. L'agent français Roume l'envoya à Paris afin de faire connaître au Directoire la triste situation de Saint-Domingue. Il était encore dans la capitale, sans avoir pu obtenir de résultat satisfaisant, lors de la révolution du 18 brumaire. Le premier Consul, éclairé par Vincent sur le véritable état de la colonie, prit un arrêté portant que le chef de brigade Vincent, l'ex-commissaire du Directoire à Saint-Domingue, Raymond, et le général Michel, qui avait déjà servi dans l'île, partiraient sans délai, et qu'ils seraient porteurs d'une proclamation des consuls (1).

La députation était en outre chargée d'apprendre à Toussaint-Louverture que le gouvernement consulaire le maintenait dans son emploi de général en chef. Cette mission ne fut pour Vincent ni sans ennuis, ni sans danger. De retour à l'époque de la paix d'Amiens, il ne vit pas ses conseils plus écoutés à Paris qu'ils ne l'avaient été à Saint-Domingue, et, malgré la sagesse de ses prévisions, les événements s'accomplirent sans qu'aucune mesure prudente en retardât la marche.

Placé en qualité de directeur des fortifications à Amiens, le 9 pluviose an XI, il passa à Bayonne avec le même titre. C'est dans cette place qu'il reçut, sous la date du 19 frimaire an XII, la décoration de la Légion-d'Honneur, et, le 25 prairial suivant, celle d'officier du même Ordre. Lors de la réunion des troupes françaises à Bayonne, sous les ordres du général Junot, en 1807, il reçut l'ordre de prendre le commandement en chef du génie du nouveau corps d'armée qui devait bientôt pénétrer en Portugal. Après la prise de Lisbonne (1ᵉʳ décembre 1807), et la conquête du Portugal, le colonel Vincent fut chargé de pourvoir à la défense des places conquises. Rentré dans sa direction, à Bayonne, au commencement de 1809, il obtint, le 22 septembre 1814, le titre de maréchal-de-camp honoraire, fut nommé maréchal-de-camp titulaire le 28 août 1815, et admis à la retraite le

(1) Nous reproduisons ici cette pièce remarquable et peu connue:

LES CONSULS DE LA RÉPUBLIQUE, AUX CITOYENS DE SAINT-DOMINGUE.

« Citoyens,
» Une constitution qui n'a pu se soutenir contre des violations multipliées est remplacée par un nouveau pacte, destiné à affermir la liberté.
» L'article 91 porte que les colonies françaises seront régies par des lois spéciales.
» Cette disposition dérive de la nature des choses et de la différence des climats.
» Les habitants des colonies françaises situées en Amérique, en Asie, en Afrique, ne peuvent être gouvernés par la même loi.
» La différence des habitudes, des mœurs, des intérêts, la diversité du sol, des cultures, des productions, exigent des modifications diverses.
» Un des premiers actes de la nouvelle législature sera la rédaction des lois destinées à vous régir.
» Loin qu'elles soient pour vous un sujet d'alarmes, vous y reconnaîtrez la sagesse et la profondeur des vues qui animent les législateurs de la France.
» Les consuls de la République, en vous annonçant le nouveau pacte social, vous déclarent que les principes de la liberté et de l'égalité des noirs n'éprouveront jamais parmi vous d'atteinte ni de modification.
» S'il est dans la colonie des hommes mal intentionnés, s'il en est qui conservent des relations avec les puissances ennemies, BRAVES NOIRS, SOUVENEZ-VOUS QUE LE PEUPLE FRANÇAIS SEUL RECONNAÎT VOTRE LIBERTÉ ET L'ÉGALITÉ DE VOS DROITS.

(1) Louis XVIII, qui n'avait pas connaissance de cette nomination, le fit une seconde fois chevalier de Saint-Louis, par ordonnance du 19 juillet 1814.

18 octobre même année. Il est mort le 27 juillet 1831.   B-S.

VIRIDEAU (AUBIN), naquit le 4 décembre 1764 à Barazat (Dordogne). Le 15 mai 1785, il entra au service comme grenadier dans le régiment d'infanterie royal des vaisseaux (43e de ligne). Capitaine à l'élection dans le 3e bataillon de volontaires de la Dordogne le 13 septembre 1792, il devint commandant de ce bataillon le 26 du même mois, fit les guerres de 1793 à l'an III à l'armée des Pyrénées-Occidentales, et fut nommé, le 2 floréal an III, chef de la 3e demi-brigade de la Dordogne. Il passa, en l'an IV, à l'armée de la Vendée, et, le 15 nivose an V, le Directoire lui confia le commandement de la 30e demi-brigade d'infanterie légère, avec laquelle il continua la guerre de l'Ouest jusqu'en l'an VI. Après avoir fait la campagne d'Italie de l'an VII, il retourna, en l'an VIII, à l'armée de la Vendée, où il servit encore l'année suivante. Il était passé, en l'an X, à Belle-Isle-en-Mer, avec sa demi-brigade, lorsqu'à la fin de cette année le ministre de la guerre l'envoya sur les frontières des Pyrénées, où la 30e demi-brigade légère fut licenciée et incorporée dans la 25e de ligne. Le 12 vendémiaire an XII, il prit le commandement du 108e régiment de ligne, détaché au camp de Bruges (armée des côtes de l'Océan). C'est là qu'il reçut, le 19 frimaire même année, la décoration de membre de la Légion-d'Honneur, et celle d'officier de cet Ordre le 25 prairial suivant. Le colonel Virideau est mort à l'hôpital de Bruges le 13 vendémiaire an XIII.

VITAL (ÉTIENNE-LOUIS), naquit à Martigné (Mayenne), le 7 septembre 1736. Élève à La Fère à l'époque où les armes de l'artillerie et du génie y étaient réunies, le 15 janvier 1755, sous-lieutenant à la même École le 23 février 1758, il passa lieutenant du génie en deuxième, à l'École de Mézières, le 4 septembre 1758, et lieutenant en premier (ingénieur ordinaire), le 1er janvier 1760. Il fit les campagnes de Corse, se trouva à l'attaque de Calenzana, le 3 mai 1769, et, le 9, à celle de Mocale. Le 18, il assista à l'attaque et au rétablissement de la redoute Sainte-Catherine, sous le feu de l'ennemi, et à l'attaque de la tour de Calla-Rossa, en Balagne. Le 23, Vital fit partie d'une expédition, avec le régiment de Bourgogne, sur les villages voisins de la rivière de Secco. Les 1er et 5 juin, il prit part à l'attaque des tours et retranchemens de Girolata et de Porto. Nommé capitaine le 30 décembre même année, et chevalier de Saint-Louis le 29 février 1784, major-directeur le 1er octobre 1793, il commanda le génie à Nantes, à l'île d'Oleron et à Brest. En l'an II, Vital retourna en Corse, et se trouva pendant quarante jours au siége de Bastia et jusqu'à la reddition de cette place, qui eut lieu le 3 prairial de la même année. Le 28 brumaire an III, il fut désigné pour la reconnaissance des côtes de Marseille à Savone. Général de brigade le 28 nivose, il prit le commandement du génie à l'armée d'Italie. Inspecteur-général du génie le 11 messidor an III, il remplit ces fonctions pendant dix ans. Créé membre de la Légion-d'Honneur le 19 frimaire an XII, et commandant de l'Ordre le 25 prairial, le général Vital obtint sa retraite le 31 janvier 1806. Il mourut à Paris le 2 novembre 1818.   TH.

VIVIES (GUILLAUME-RAIMOND-AMANT), *baron* DE LA PRADE, né le 3 novembre 1763 à Sainte-Colombe-sur-Lhers (Aude), entra au service le 13 avril 1793 comme quartier-maître-trésorier dans le 8e bataillon de l'Aude, incorporé dans la 8e demi-brigade provisoire, devenue 1re de l'Aude en l'an II, et amalgamée dans la 4e de ligne à la formation de l'an IV. Il fit à l'armée des Pyrénées-Orientales les guerres de 1793, et des ans II et III, se trouva à l'affaire de Peyrestortes, le 17 septembre 1793, et fut fait adjoint à l'adjudant-général Garin le 10 vendémiaire an II. Il était à la prise de Campredon, le 13 du même mois, et se trouvait à l'affaire qui eut lieu, le 17 frimaire suivant, à Villelongue, où les républicains furent forcés à la retraite. Le 29 du même mois, il se fit remarquer à l'enlèvement à la baïonnette des hauteurs de Villelongue, par 2,500 Français. L'ennemi perdit dans cette affaire 500 tués, 100 prisonniers, 16 pièces de canon, 2 obusiers, un mortier, et eut tout le reste de son artillerie enclouée. Il se trouva encore à la défaite des Espagnols, à Monteilla, le 21 germinal, et au siége de Collioure, pendant le mois de floréal de la même année. Le 27, il repoussa une sortie de la place, faite par 3,000 Espagnols, qui laissèrent bon nombre de morts et de prisonniers sur le champ de bataille. Il se signala encore, le 7 prairial, à la reprise de Collioure, et fut réintégré dans ses fonctions de quartier-maître dans la 1re demi-brigade de l'Aude, le 8 messidor de la même année. Capitaine-adjudant-major le 5 thermidor suivant, il continua de servir à l'armée des Pyrénées-Orientales pendant la guerre de l'an III, et fit les campagnes des ans IV et V à celle d'Italie. Choisi pour aide-de-camp, le 22 nivose an V, par le général de brigade Point, il servit, en l'an VI, à l'armée d'Angleterre. Retourné à l'armée d'Italie, il fit partie de l'expédition de Naples.

Le 4 nivose an VII, il fut chargé, par le général Lemoine, de couper la garnison de Popoli sur la route de Naples. La Pescara, qu'il devait traverser avec 200 hommes d'infanterie, n'étant pas guéable, il tenta de la passer sur le pont de la porte dite *de Naples*. Cette opération réussit complétement, et, malgré la résistance de l'ennemi, il s'empara de la ville. Chef de bataillon aide-de-camp de Championnet, le 10 pluviose suivant, il combattit constamment à ses côtés jusqu'à la mort de ce général. Le 20 brumaire an VIII, il porta l'ordre à la garnison de Mondovi d'opérer sa retraite. Cette place était débordée, et il dut traverser les postes ennemis. Il remplit heureusement sa mission, et la garnison eut le temps de rejoindre l'armée sans perdre un seul homme. Le général en chef le nomma provisoirement chef de brigade, par arrêté de ce jour, en le maintenant dans ses fonctions d'aide-de-camp. Après la mort de son général, Viviès servit à l'état-major général de l'armée d'Italie, jusqu'au 4 brumaire an IX, époque à laquelle un arrêté du premier Consul le plaça comme chef de brigade titulaire à la tête de la 43e demi-brigade d'infanterie de ligne, devenue 43e régiment de même arme à l'organisation de l'an XII; il se fit remarquer à la tête de ce corps, le 4 nivose suivant, au combat de Pozzolo.

Cet officier supérieur tint garnison à Caen pendant les ans X et XI, et servit pendant les ans XII et XIII au camp de Saint-Omer, où il fut créé membre de la Légion-d'Honneur le 19 frimaire an XII, et officier de l'Ordre le 25 prairial suivant. Il fit la campagne de l'an XIV à la division Saint-Hilaire, du 4e corps de la grande armée, prit une part glorieuse au combat d'Aïcha, le 17 vendémiaire, et fut récompensé de sa brillante conduite à Austerlitz par le grade de général de brigade le 3 nivose an XIV. L'Empereur lui confia le commandement de la 2e brigade de la 2e division du même corps, pendant les campagnes de Prusse et de Pologne. Le 7 février 1807, le général Viviés, à la tête du 4e régiment de ligne, pénétra l'un des premiers dans le cimetière d'Eylau, et éprouva une résistance très opiniâtre de la part d'un corps russe placé derrière l'église. Malgré ses pertes nombreuses, il sut soutenir le moral de sa troupe et parvint à se rendre maître d'Eylau. Il ne montra pas moins d'intrépidité à la bataille du 8, après laquelle l'armée française prit ses quartiers d'hiver. Créé baron de l'Empire le 19 mars 1808, sous le titre de baron *de la Prade*, il eut le commandement d'une brigade de la division Molitor, le 26 novembre de la même année. Appelé à faire partie de la grande armée pendant la campagne de 1809, en Allemagne, il combattit avec gloire à Essling et à Wagram. Le 25 octobre 1811, il fut employé dans les camps des 17e et 31e divisions militaires, et passa, le 25 décembre, au 1er corps d'observation de l'Elbe, devenu 1er corps de la grande armée en 1812. Il prit une part active à la campagne de Russie, fut fait prisonnier pendant la désastreuse retraite de Moscou, le 10 décembre 1812, en arrière de Wilna, et mourut dans cette ville le 12 janvier 1813. B-G.

VONDERWEIDT (FRANÇOIS-PIERRE-FÉLIX), né à Fribourg (Suisse), le 30 mai 1767, commença sa carrière militaire au régiment suisse de Waldener, dans la compagnie commandée par son père. Sous-lieutenant le 20 juillet 1781, et lieutenant le 26 octobre 1788, il passa avec cette compagnie au régiment de Vigier le 14 juillet 1789. Le 31 août 1790, il se trouva à l'affaire de Nanci et fit les premières campagnes de la Révolution à l'armée du Rhin. Licencié avec ce corps le 7 octobre 1792, il servit dans la garde nationale de Toul en 1793, se distingua à l'affaire des Fourches, et combattit comme volontaire, le 12 juin, avec les grenadiers et chasseurs de l'avant-garde commandée par le général Miakouski. Inspecteur des milices du canton de Fribourg, il fut créé chef de brigade, le 16 vendémiaire an VI, par le général Brune, et chargé de l'organisation de 2 bataillons de volontaires dans le canton de Fribourg le 27 ventose suivant. Nommé adjudant-général par le gouvernement helvétique le 8 germinal an VII, il commanda une colonne de troupes suisses aux affaires de Frauenfeld, Wintherthur et Zoëss, et aux combats du Simplon et de Moerell. Il dirigea ensuite la marche de la colonne de l'expédition du Simplon à l'armée de réserve, surprit un avant-poste autrichien et s'empara du pont de Crevola. Réformé le 11 pluviose an VIII, Vonderweidt fut nommé, le 4 brumaire an X, commandant du 1er bataillon d'infanterie de ligne, et général de brigade chargé du commandement des troupes helvétiques le 11 vendémiaire an XI. Le 27 floréal, le premier Consul le créa général de brigade et le fit inscrire en cette qualité sur le tableau de l'état-major de l'armée. Membre de la Légion-d'Honneur le 19 frimaire an XII, et commandant de l'Ordre le 25 prairial, il fut mis à la tête d'une brigade de dragons à pied, à la grande armée, le 5e jour complémentaire an XIII. Il se trouva à la bataille et à la prise d Ulm, à la conquête du Tyrol, et aux batailles d'Iéna et d'Eylau. Passé au 7e corps de la grande armée le 14 février 1807, il assista à la bataille de Friedland, et fut blessé au combat qui eut lieu, le 6 décembre, à la petite ville de Dzialdow, que les bulletins officiels désignent sous le nom de *Soldau*. Le 9 octobre 1808, il fit partie de la division du général Valence, en Espagne, et reçut de l'Empereur, par décret du 21 novembre, l'investissement d'un domaine en Westphalie. Fait prisonnier à Carthagène, le 5 avril 1809, le général Vonderweidt mourut de l'épidémie, dans les prisons de cette ville, le 23 octobre 1810. TH.

WALTHER (FRÉDÉRIC-HENRI, *comte*), né à Obenheim (Bas-Rhin), le 20 juin 1761, entra au 1er régiment de hussards le 16 mai 1781. Fourrier le 20 septembre 1784, maréchal-des-logis-chef le 1er avril 1788, adjudant le 1er mai suivant, adjudant avec rang de sous-lieutenant le 22 septembre 1789, lieutenant le 10 mai 1792, capitaine le 1er septembre, il fit les premières campagnes de la Révolution aux armées du Nord et des Alpes. Blessé d'un coup de feu au bras gauche à la bataille de Nerwinde, le 18 mai 1793, il fut nommé chef d'escadron au même corps le 1er mai suivant, et chef de brigade adjudant-général provisoire le 6 vendémiaire an II. Général de brigade le 1er brumaire de la même année, il servit à l'armée d'Italie, et s'y fit remarquer de Bonaparte pendant les ans IV et V. Le 23 nivose an VI, il fit partie de l'armée d'Angleterre, et de l'armée de Mayence le 4 fructidor suivant. Cet officier-général commanda ensuite dans le Brisgau. Il reçut, le 16 prairial an IX, un coup de feu au-dessus des reins à une affaire sur l'Iller. Le 17 messidor, il fit une chute de cheval au blocus d'Ulm, et eut une forte luxation à l'épaule gauche. Walther se couvrit de gloire, le 12 frimaire, à la bataille de Hohenlinden, et fut blessé d'un coup de feu qui lui traversa la poitrine. Désigné, le 21 brumaire an X, pour l'expédition de Saint-Domingue, il se rendit à Brest; mais cet ordre ayant été révoqué, il passa dans la 7e division militaire le 28 ventose suivant. Envoyé en Batavie le 14 prairial an XI, il obtint le grade de général de division le 11 fructidor, et se rendit aussitôt au camp de Bruges.

Nommé membre de la Légion-d'Honneur le 19 frimaire an XII, et grand-officier de l'Ordre le 25 prairial, il commanda, en l'an XIV, la 2ᵉ division de dragons à cheval de la grande armée. Il se distingua à la bataille d'Austerlitz, fut promu grand-aigle de la Légion-d'Honneur, chambellan de l'Empereur le 8 février 1806, et colonel-commandant les grenadiers à cheval de la garde impériale le 20 mai suivant. A la tête de ce corps, il exécuta des charges audacieuses qui étonnèrent l'armée et contribuèrent aux succès d'Eylau et de Friedland. Napoléon le créa commandeur de l'ordre de la Couronne-de-Fer, et comte de l'Empire au mois de mars 1808. En 1809, il rendit d'importans services durant la campagne d'Allemagne, et passa, en 1812, à la grande armée de Russie. Dans la retraite de Leipzig, il écrasa les Bavarois à Hanau, le 30 octobre 1813. Ce brave général se rendait à Metz, pour y rétablir sa santé altérée par de longues fatigues et de cruelles blessures, lorsque la mort le surprit, le 24 novembre, à Cussel (Saar). Son nom est inscrit sur l'arc-de-triomphe de l'Étoile, côté Est.

WATTIER (PIERRE), *comte* DE SAINT-ALPHONSE, général de division, naquit le 4 septembre 1770 à Laon (Aisne). Le 3 septembre 1790, il entra comme sous-lieutenant dans un escadron franc formé à la suite du 12ᵉ régiment de chasseurs à cheval. Maintenu dans ce grade le 2 avril 1793, lors de l'incorporation de cet escadron dans le corps dont il faisait partie, il passa lieutenant le 26 mai suivant dans le 16ᵉ de même arme, devenu 21ᵉ à l'enregimentement de l'an XII. Le jeune Wattier, qui déjà était parvenu au grade de capitaine le 14 août 1793, fit les campagnes de 1792 à l'an VIII aux armées du Nord, de l'intérieur et de Batavie. Dès le 28 brumaire an II, il avait mérité le brevet de chef d'escadron. Devenu aide-de-camp du brave Lassalle, il fit avec ce général les guerres des ans VII et VIII, et fut nommé chef de brigade du 4ᵉ régiment de dragons le 12 vendémiaire de cette dernière année. Dans la nuit du 26 au 27 frimaire an IX, il sortit de Nuremberg, à la tête de l'avant-garde de la division Barbou, se dirigeant vers Neumarck, pour avoir des nouvelles de l'ennemi. A l'embranchement des deux routes d'Altorf et de Neumarck, il envoya sur cette dernière une partie de ses troupes et continua sa marche sur Altorf. A peu de distance de cette ville, il rencontre une colonne autrichienne qui en arrivait, la bat et la force à regagner Altorf. Pendant que le chef de brigade Wattier poursuivait l'ennemi l'épée dans les reins, le détachement qu'il avait envoyé sur la route de Neumarck était attaqué par une autre colonne dirigée par Klenau et ramenée sur Nuremberg. Le général autrichien, profitant de cette circonstance, presse sa marche, débouche dans la plaine et coupe la retraite à Wattier. Le général Barbou, qui aperçoit ce danger, engage successivement les brigades Fusier et Pacthod, qui parviennent à contenir l'ennemi sur son front. Une seconde attaque sur son flanc rejette sa première ligne sur celle qui barrait la route au chef de brigade Wattier. Ce brave officier, déterminé à se faire jour ou à périr glorieusement les armes à la main, jette son infanterie légère dans le bois, forme le reste en colonne sur la chaussée, ayant une pièce de canon en tête et l'autre en queue, ordonne un feu nourri de toutes parts, fait battre la charge, se précipite sur la ligne autrichienne, qu'il enfonce, et rejoint sa division. Il fut créé membre de la Légion-d'Honneur le 19 frimaire an XII, et officier du même Ordre le 25 prairial suivant. Le 26 vendémiaire an XIV, au moment où la division Dupont tenait en échec l'armée autrichienne près d'Ulm, sur la rive gauche du Danube, la cavalerie du prince Murat passait ce fleuve à Donawerth et s'avançait vers le Lech, dans le dessein de couper la route d'Ulm à Augsbourg. Le colonel Wattier, à qui le prince avait confié cette périlleuse mission, se porte avec rapidité sur le Lech, à la tête de son régiment, et s'empare de vive force du pont placé en avant de Wertingen. Ce passage effectué, la cavalerie française s'apercevant qu'une division d'infanterie autrichienne, soutenue par 4 régimens de cuirassiers, s'avançait menaçante et en bon ordre sur cette ville, charge cette troupe, l'enveloppe après deux heures de combat, et la fait presque entièrement prisonnière. Dans la journée du 20 brumaire an XIV (combat de Diernstein), que le bulletin officiel appelle la *journée de massacre*, le général Graindorge et le colonel Wattier s'étant trouvés coupés de la colonne en marche sur Diernstein, gagnèrent le Danube avec quelques soldats, se jetèrent dans un bateau qu'ils trouvèrent au bord du fleuve et s'abandonnèrent au courant; mais les débris du pont de Crems les arrêtèrent bientôt, et ils furent pris par l'ennemi, qui occupait cette ville. Napoléon le fit immédiatement échanger, et le nomma général de brigade le 3 nivose an XIV. Le 17 juin 1806, il fut chargé du commandement des dépôts des 5 régimens de dragons établis à Versailles et à Saint-Germain. Le 23 septembre même année, l'Empereur le fit l'un de ses écuyers. Le 9 octobre suivant, au combat de Schleitz (Saxe), le général Wattier, à la tête du 4ᵉ régiment de hussards et du 5ᵉ de chasseurs à cheval, exécute une brillante charge sur 3 régimens prussiens, qu'il force à une prompte retraite. Au combat de Crewismuhlen, du 4 novembre, il charge avec 600 chevaux l'avant-garde de Blücher, la culbute, la met en déroute et lui fait éprouver une perte de 6 à 700 hommes et de 6 bouches à feu. Dans son rapport à l'Empereur sur cette affaire, le maréchal Bernadotte fait le plus grand éloge du général Wattier. Employé à la réserve de cavalerie de la grande armée le 1ᵉʳ janvier 1807, il fut nommé, le 14 mai, commandant de la Légion-d'Honneur. Il faisait partie du corps d'observation des côtes de l'Océan depuis le 14 novembre, lorsque le ministre de la guerre l'envoya au 2ᵉ corps de l'armée d'Espagne. Il se distingua à Burgos, à Fuentes-Onoro et à Lerin. Le 2 janvier 1809, il s'avança sur Alcanitz, ville située à deux lieues de Saragosse, où s'étaient retranchés 6,000 insurgés, dont il mit 600 hommes hors de combat. Il resta ensuite en observation à Alcanitz et à Caspé jusqu'à la fin du siége de Saragosse. Vers cette époque, Napoléon lui conféra, par lettres-patentes, le titre de comte *de Saint-Alphonse*. Le 16 juin suivant, il partit pour aller prendre en Allemagne le commandement d'une brigade de la 2ᵉ division de cuirassiers.

Il retourna en Espagne, le 4 octobre 1810, pour y commander une brigade de la division de réserve de cavalerie, et fut élevé au grade de général de division le 6 août 1811. Pendant la campagne de Russie, il commandait la 2ᵉ division de cavalerie légère du 2ᵉ corps. A la bataille de la Moscowa, sa division renversa avec la plus brillante valeur le corps du général Raiewski. Le 15 février 1813, l'Empereur lui confia la 2ᵉ division de cuirassiers du 2ᵉ corps de cavalerie de la grande armée, et, le 3 septembre même année, le commandement de la cavalerie du 13ᵉ corps, à Hambourg. Rentré en France après la capitulation de cette ville, il reçut la croix de Saint-Louis le 19 juillet 1814, et resta en non-activité jusqu'au retour de l'île d'Elbe. L'Empereur l'appela, le 31 mars 1815, au commandement de la 3ᵉ division de cavalerie du 2ᵉ corps. Après Waterloo, il suivit l'armée au-delà de la Loire, et fut mis en non-activité après le licenciement. Porté comme disponible dans le cadre de l'état-major général de l'armée le 30 décembre 1818, puis compris, le 21 avril 1820, au nombre des officiers-généraux chargés de l'inspection générale des troupes de cavalerie, il exerça cet emploi jusqu'en 1822. Il avait obtenu, le 1ᵉʳ mai 1821, le cordon de grand-officier de la Légion-d'Honneur. Le 23 juillet 1823, le gouvernement le chargea de l'inspection du 7ᵉ arrondissement de gendarmerie. Il eut, le 5 février 1825, la présidence de la commission des remontes, et fit partie, le 1ᵉʳ janvier 1830, du comité consultatif de la cavalerie. Le 7 janvier 1831, il fut placé dans le cadre d'activité de l'état-major général. Admis dans le cadre de vétérance à compter du 4 septembre 1835, mis ensuite en non-activité, conformément à l'ordonnance du 28 août 1836, le général Wattier est placé dans la section de réserve du cadre de l'état-major général depuis le 15 août 1839. B-S.

WAUDRE (GEORGE-MICHEL-LÉOPOLD, *l'abbé* DE), naquit le 15 novembre 1766 à Weissembourg (Bas-Rhin). Il entra au service de l'artillerie comme simple canonnier le 13 avril 1786, devint caporal-fourrier le 1ᵉʳ avril 1791, et sergent le 1ᵉʳ juin 1792. Il passa sous-lieutenant le 2 juillet de cette dernière année, dans l'artillerie de la légion de la Moselle, fut nommé lieutenant d'artillerie à cheval le 1ᵉʳ avril 1793, et capitaine le 1ᵉʳ août suivant. Il fit les campagnes de 1792 à l'an IV, et obtint, le 25 vendémiaire an V, le brevet de chef d'escadron dans le 2ᵉ régiment d'artillerie à cheval. Il servit avec zèle et intelligence en l'an V et en l'an VI, se distingua particulièrement au combat qui eut lieu sous Verone, le 28 germinal an VII, et à la bataille de Novi le 28 thermidor suivant. Il fut blessé dans chacune de ces deux affaires. Il remplit ensuite les fonctions de chef d'état-major de son arme à l'armée d'Italie, fit partie, en l'an VIII, de l'état-major du général Lacombe-Saint-Michel, commandant en chef l'artillerie de siège de l'armée de réserve à Grenoble, et donna des preuves de valeur aux passages du Mincio et de l'Adige, où il dirigeait l'artillerie de la division Gazan. Après cette campagne, il fut désigné pour commander l'artillerie du corps d'observation de l'Italie méridionale, devenu armée de Naples. Employé à Tarente, il rentra en France en l'an X. Nommé colonel le 28 germinal an XI, il fut envoyé à la direction d'artillerie de Bruges, d'où il partit, peu de temps après, pour le camp de Saint-Omer. Membre de la Légion-d'Honneur le 19 frimaire an XII, non le 20 floréal, comme le porte l'état de ses services, il devint officier de l'Ordre le 25 prairial suivant, et passa, en l'an XIII, au camp de Boulogne. Employé successivement en qualité de directeur d'artillerie à Dunkerque, Saint-Omer et Boulogne, jusqu'en 1809, il fit partie à cette époque du corps d'armée de réserve formé sur les côtes de l'Océan, et passa, en 1810, avec les mêmes fonctions, à la direction de Toulouse. Il obtint la retraite de maréchal-de-camp le 6 octobre 1815, et mourut dans cette résidence le 25 décembre de la même année. B-S.

WERLÉ (FRANÇOIS-JEAN, *baron*), né à Soultz (Haut-Rhin), le 6 septembre 1763, s'engagea comme simple soldat au régiment de Beauce-infanterie le 20 décembre 1781, et prit son congé d'ancienneté le 20 décembre 1789. Garde national à la commune de Soultz le 15 avril 1790, il y fit un service actif jusqu'au 27 septembre 1791, date de sa nomination au grade de lieutenant dans le 1ᵉʳ bataillon du Haut-Rhin. Capitaine le 1ᵉʳ mars 1792, il passa en cette qualité dans la 177ᵉ demi-brigade, fit avec distinction les premières campagnes de la Révolution à l'armée du Rhin, et fut blessé à l'épaule droite, le 12 octobre 1793. A la bataille de Fleurus, le 8 messidor an II, il eut un cheval tué sous lui. En vendémiaire an III, il se trouva au passage de la Meuse, à la bataille et au passage de la Roër. Le 19 fructidor suivant, adjoint aux adjudants-généraux à l'armée de Sambre-et-Meuse, il assista à toutes les opérations de cette armée. Aide-de-camp du général Lefebvre le 26 pluviose an V, il fut nommé chef de bataillon le 29. Il se fit remarquer à la bataille d'Osterach, le 1ᵉʳ germinal an VII, et sa conduite distinguée lui mérita, le 5 du même mois, le grade de chef de brigade. Le 23 germinal an VIII, Werlé passa à l'armée d'Italie, sous les ordres du général Soult, alors commandant supérieur en Piémont, qui le chargea de soumettre les provinces d'Ivrée et d'Aoste, en pleine insurrection. Le 25 nivose an IX, il força les rebelles dans leur formidable position de San-Martino, les contraignit, dans l'espace de deux jours, à mettre bas les armes, et délivra l'adjudant-commandant Merck, qu'ils avaient fait prisonnier avec sa troupe, ainsi qu'un parc d'artillerie que l'armée de réserve avait laissé à la cité d'Aoste après son passage du grand Saint-Bernard.

Les généraux Soult et Brune lui écrivirent pour lui témoigner toute leur satisfaction. Le 25 floréal, il fit partie de l'armée du Midi, qui s'était réunie en Toscane et dans les États romains. Cette armée ayant été supprimée à dater du 1ᵉʳ prairial an X, Werlé n'en continua pas moins à toucher son traitement d'activité jusqu'au 1ᵉʳ vendémiaire an XII.

Employé, le 4 brumaire, dans la 2e division militaire, il reçut l'ordre, le 12 floréal, de se rendre à l'armée de Hanovre, où il obtint le grade de général de brigade le 11 fructidor suivant. Membre de la Légion-d'Honneur le 19 frimaire an XII, et commandant de l'Ordre le 25 prairial, Werlé fut attaché à la 1re division du 1er corps de la grande armée en l'an XIV, et fit la campagne d'Autriche et celle de Prusse en 1806. Le 9 octobre 1808, il passa au 4e corps de l'armée d'Espagne, et reçut le titre de baron de l'Empire. Le général Werlé fut tué, le 16 mai 1811, à la bataille d'Albuhera, en donnant à ses troupes l'exemple du dévoûment. Son nom est inscrit sur l'arc-de-triomphe de l'Étoile, côté Ouest. TH.

WIRION (LOUIS), né à Logny (Ardennes), le 22 février 1764, entra comme dragon au régiment de Ségur le 22 février 1784. Il obtint son congé, revint à Paris reprendre les travaux qu'il avait commencés dans la carrière du barreau, et fut nommé par ses camarades, en juillet 1789, major-général d'un corps très nombreux de jeunes légistes, connu à Paris sous le nom de *volontaires de la basoche*. Ce corps rendit à la capitale, dans les circonstances les plus critiques, des services éminens, notamment pour l'approvisionnement des subsistances. Wirion reçut, le 1er septembre 1789, le brevet de lieutenant de cavalerie dans la garde nationale soldée de Paris, depuis 29e division de gendarmerie. Capitaine de cavalerie, force publique de l'armée, le 22 août 1792, il fit les campagnes de la Révolution aux armées du centre, des Ardennes, du Nord et de Sambre-et-Meuse, se trouva à la bataille de Valmy, au camp de la Lune et au siège de Namur. Le 1er mars 1793, il eut un cheval tué sous lui d'un coup de boulet à la bataille d'Aldenhoven; le 18, il se distingua à la bataille de Nerwinde. Colonel le 22 juin suivant, il se fit de nouveau remarquer, le 8 septembre, à la bataille de Hondscoote. Général de brigade le 3 messidor an II, Wirion fut chargé, dans les ans IV et V, de l'organisation de la gendarmerie des neuf départemens réunis, formés de la ci-devant Belgique. Appelé à Paris, en l'an VI, pour concourir à la rédaction du code de la gendarmerie, il organisa ensuite la même arme dans les nouveaux départemens de la rive gauche du Rhin. Dans ce travail important, Wirion donna des preuves remarquables de ses talens et de son dévoûment à la République. En l'an VIII, le premier Consul l'envoya dans les seize départemens de l'armée de l'Ouest pour l'organisation d'un corps nombreux de gendarmerie à pied, avec ordre de lui appliquer le code réglementaire que lui, général Wirion, avait rédigé pour les corps de la Belgique et de la rive gauche du Rhin. Il s'acquitta de cette mission avec intelligence, et le premier Consul le confirma dans son grade par brevet du 8 germinal an IX. Peu de temps après, Wirion se rendit en Piémont pour l'organisation de la gendarmerie dans ce pays : ses travaux dans cette partie de l'Empire furent honorablement mentionnés dans les comptes rendus au gouvernement par le général Jourdan, alors administrateur-général du Piémont. A la même époque, Murat, général en chef de l'armée française en Italie, voulant appliquer aux départemens de la république cisalpine le système d'organisation de la force publique établie en Piémont, fit demander à Wirion son plan et ses matériaux ; ce général s'empressa de remplir les intentions de Murat, qui lui donna les témoignages les plus flatteurs de sa satisfaction. Appelé du Piémont à Paris par le général Moncey, premier inspecteur-général de la gendarmerie, pour la rédaction d'un nouveau code réglementaire du service de cette arme, Wirion devint, le 12 frimaire an X, inspecteur-général de la gendarmerie. Présenté par le ministre de la guerre pour le grade de général de division, nommé commandant supérieur des ville et citadelle de Verdun pour l'exécution de l'arrêté du 1er frimaire an XII à l'égard des prisonniers anglais, et membre de la Légion-d'Honneur le 19 du même mois, il reçut la croix de commandant de l'Ordre le 25 prairial suivant.

Nous devons dire ici que les inculpations les plus graves s'élevèrent alors contre ce général au sujet d'extorsions qu'il aurait exercées sur les prisonniers anglais. On l'accusait hautement d'avoir exempté les riches Anglais de l'appel, moyennant une redevance, et de les avoir fait contraindre sous main à acheter des effets d'habillement qu'il faisait vendre, etc. M. de Larochefoucault écrivit que le général Wirion avait agi avec beaucoup de rigueur contre un riche Irlandais, nommé Knox, pour l'obliger à contracter des engagemens extrêmement usuraires envers Balby, directeur des jeux à Verdun, et l'une des créatures de ce général. Une commission désignée à ce sujet reconnut que les inculpations étaient fondées, qu'il y avait lieu à examen ; elle adressa, en conformité du titre III du décret du 11 juin 1806, un rapport au grand-juge ministre de la justice, qui priva cet officier-général de son commandement. La discussion de cette affaire fut ajournée au 30 août 1809. Enfin, toutes les pièces nécessaires étaient arrivées à la commission du conseil d'État chargée par l'Empereur de l'examen de la conduite de Wirion, le 7 mars 1810 ; mais ce général s'étant brûlé la cervelle le 8 avril, au bois de Boulogne, le conseil d'État cessa de s'en occuper. TH.

WOUILLEMONT (ARMAND-NICOLAS, *baron*), né à Arsonval (Aube), le 19 décembre 1753, entra au service en qualité de gendarme le 8 août 1773. La gendarmerie ayant été réformée le 1er avril 1788, il passa maréchal-des-logis-chef au 11e régiment de chasseurs à cheval le 20 décembre suivant. Lieutenant le 12 janvier 1792 au 54e régiment d'infanterie, devenu 108e demi-brigade, capitaine le 1er juin, il fit les premières campagnes de la Révolution aux armées de la Moselle, de Rhin-et-Moselle, du Nord et des Ardennes. Le 8 messidor an II, à la bataille de Fleurus, il eut un cheval tué sous lui par un boulet, et fut lui-même blessé d'un éclat d'obus à la jambe droite. Nommé chef de bataillon le 1er messidor an III, il se trouva au siège de Manheim. Le bataillon qu'il commandait ayant été haché par l'ennemi, en soutenant la retraite des Français, il reprit le drapeau resté sur le champ de bataille par la mort du sous-officier qui le portait. Prisonnier de guerre le 4e jour complémentaire, à la reddition de cette place, il rentra en France sur parole. Fait chef de la 60ᵉ demi-brigade d'infanterie le 11 brumaire an V, il passa à la 73ᵉ le 6 brumaire an VI. Employé à l'armée de Rome et de Naples, il se porta audacieusement à la rencontre de l'ennemi, le 8 frimaire an XII, à Porto di Fermo. Après une marche forcée de deux jours et une nuit, n'ayant avec lui qu'une pièce de quatre, un obusier, 50 dragons du 19ᵉ régiment, 2 bataillons de sa demi-brigade, il attaqua un corps de 13,000 Napolitains; malgré la mitraille vomie par 27 pièces de canon, dans un terrain extrêmement resserré, il les enfonça, leur prit les 27 pièces, 40 caissons, 3 drapeaux, et ouvrit ainsi l'entrée du pays de Naples, des citadelles de Civitella del Tronto et de Pescara, qui se soumirent sans résistance. Quelque temps après, il laissa 16 compagnies de son corps dans les Abruzzes, et, avec les 11 autres, il traversa 150 lieues de pays ennemi insurgé; il arriva devant Naples, où, sous les ordres du général Duhesme, il soutint seul, pendant presque toute la journée, un combat inégal contre près de 60,000 hommes, s'empara de 16 pièces de canon et s'établit dans les faubourgs de la Porta Capuena. Le lendemain, une seule de ses compagnies de grenadiers prit d'assaut le fort del Carmine, défendu par 200 Albanais. Chargé, le 2 messidor, de faire la retraite de l'armée à la bataille de la Trebia, Wouillemont reçut pour renfort le 12ᵉ régiment de ligne. Attaqué par des forces supérieures, sur les bords de la Nura, non-seulement il soutint l'effort de l'ennemi, mais encore il le força, après lui avoir tué 4,000 hommes, à ne plus inquiéter sa marche.

Le 15 nivose an VIII, son régiment, séduit par des insinuations étrangères, hésitait à marcher; il arracha le drapeau, et, suivi des officiers, sous-officiers et grenadiers, il courut occuper les positions devant l'ennemi, qui était en force considérable, et le maintint en respect. Cet officier se distingua particulièrement, le 10 floréal, à la défense du poste de la Madona del Monte. Promu, le 1ᵉʳ prairial, général de brigade, sur le champ de bataille, pendant le siége de Gênes, il passa à l'armée d'observation du Midi le 25 floréal an IX. Employé dans le royaume de Naples, il eut, en l'an X, la jambe droite fracturée en trois endroits par une chute de cheval faite pendant son service dans les montagnes des Abruzzes.

L'armée d'observation du Midi, à laquelle il avait continué d'appartenir, ayant été supprimée le 1ᵉʳ prairial an X, Wouillemont toucha son traitement d'activité jusqu'au 1ᵉʳ vendémiaire an XI, jour où il reçut du service dans la 18ᵉ division militaire. Nommé membre de la Légion-d'Honneur le 19 frimaire an XII, commandant de l'Ordre le 25 prairial, il prit par intérim le commandement de la 12ᵉ division militaire le 30 avril 1807, et passa, le 6 juin 1808, dans la 10ᵉ division. Attaché au corps de réserve formé dans cette division le 29 février 1812, et créé baron de l'Empire, le général Wouillemont eut des engagemens très fréquens avec l'ennemi sur les frontières de la Haute-Garonne et des Hautes-Pyrénées, soit pour repousser ses attaques, soit pour seconder le mouvement de nos troupes en Espagne, les protéger, conquérir et secourir Venasque, soumettre la vallée d'Arran (Haut-Aragon) et la conserver. Le 10 avril 1814, il assista à la bataille de Toulouse, et fit des prodiges avec une division de conscrits qui allaient au feu pour la première fois. Créé chevalier de Saint-Louis par Louis XVIII, et admis à la retraite le 24 décembre, il fut remis en activité le 3 juin 1815, et commanda le département des Hautes-Pyrénées. Par suite de l'ordonnance du 1ᵉʳ août, le général Wouillemont est rentré dans l'état de retraite.　TH.

YVENDORFF (JEAN-FRÉDÉRIC, *baron*), né le 19 octobre 1751 à Hambourg, entra au service avec rang de sous-lieutenant dans les carabiniers à cheval d'élite (milice de la partie sud de Saint-Domingue) le 10 janvier 1770, passa comme sous-lieutenant breveté dans le bataillon du sud de Saint-Domingue (infanterie de la milice coloniale) le 15 mars 1778, et fit dans cette colonie les campagnes de guerre des années 1778, 1779, 1780, 1781 et 1782. Il défendit avec courage une batterie de 20 pièces de vingt-quatre, sur la côte sud de Saint-Domingue, contre un vaisseau anglais et une frégate de la même nation, qui cherchaient à la détruire, et les força à se retirer fort mal traités. A la suite de cette action, il fut nommé lieutenant le 1ᵉʳ février 1780, et s'embarqua pour la France au mois de novembre 1790. Lorsque la coalition européenne vint menacer nos frontières, Yvendorff vola au secours de sa patrie adoptive. Il reprit aussitôt les armes comme volontaire national à cheval le 7 septembre 1792, et fut fait capitaine dans le 24ᵉ régiment de cavalerie le 23 octobre suivant. Confirmé dans ce grade le 7 février 1793, il fit les campagnes de 1793 et an II à l'armée du Nord, devint chef d'escadron au même corps le 1ᵉʳ germinal an II, et servit avec distinction aux armées des côtes de Cherbourg et de l'Océan pendant les ans III, IV et V. Passé, à l'an VII, à l'armée du Danube, il obtint le grade de chef de brigade du 2ᵉ régiment de cavalerie, devenu 2ᵉ de cuirassiers le 17 fructidor de cette même année. C'est à la tête de ce corps qu'il se rendit à l'armée d'Italie, avec laquelle il fit les campagnes des ans VIII et IX. Le 20 prairial an VIII, au passage du fort de Plaisance, il fut blessé d'un coup de feu. Rentré en France après la paix, il alla tenir garnison dans la 7ᵉ division militaire pendant les ans X et XI, et se rendit ensuite à Caen (14ᵉ division), pendant les ans XII et XIII. Membre de la Légion-d'Honneur le 19 frimaire an XII, et officier le 25 prairial suivant, il fit les campagnes d'Autriche, de Prusse et de Pologne, de l'an XIV à 1808, avec la 1ʳᵉ division de grosse cavalerie de la réserve de la grande armée. Sa conduite à Austerlitz, où il fut blessé d'un coup de feu, attira sur lui l'attention de l'Empereur, qui le nomma général de brigade par décret du 3 nivose an XIV. Fait baron de l'Empire en 1808, admis à la retraite le 6 août 1811, il fut nommé commandant d'armes de la place de Hambourg le 19 décembre suivant. Admis une seconde fois à la retraite le 25 avril 1813, il se retira à Avignon. Après l'abdication de l'Empereur, il reçut de Louis XVIII la croix de chevalier de Saint-Louis. Rappelé à l'activité le 14 juin 1815, pour être employé à l'inspection de cavalerie, il fut continué dans ses fonctions par décision du maréchal duc de Tarente, en date du 6 août, en qualité d'adjoint au lieutenant-général marquis de Frégeville, inspecteur-général de cavalerie. Rentré dans sa position de retraite après avoir terminé les opérations dont il était chargé, il mourut le 10 novembre 1816.   B-G.

ZAIONCZEK ET NON **ZAYONCHECK** (JOSEPH), né à Kamiénec-Podolski le 1er novembre 1752, entra dans la cavalerie nationale polonaise en 1768, et combattit, sous les auspices de François-Xavier Branecky, contre les patriotes de la confédération de Bar, de 1768 à 1772. Capitaine de dragons au régiment de Boullawa, et aide-de-camp du général Branecky en 1774, il passa lieutenant-colonel le 17 novembre 1784, colonel de ce régiment en mars 1786, et assista au siége d'Otschakov. Dans la campagne de 1792 contre les Russes, il servit sous les ordres du prince Joseph Poniatowski, devint, le 4 mai 1792, chef propriétaire d'un régiment de cavalerie légère, fut promu au grade de général-major le 29 du même mois, et à celui de lieutenant-général dans le mois d'août suivant. Il reçut deux coups de feu dans cette campagne. En 1794, il combattit sous les ordres de Kosciusko. En 1795, arrêté par les Autrichiens en Gallicie, il parvint à s'évader et à gagner le territoire français. Le général Bonaparte l'employa alors à l'armée d'Italie en qualité de général de brigade le 18 ventose an V. Le 1er prairial, il reçut l'ordre de partir de Milan pour se rendre à Brescia, à l'effet d'y prendre le commandement des troupes à la solde des Brescians et d'y procéder à l'organisation d'un bataillon polonais de 1,000 hommes, également à la solde du gouvernement provisoire de Brescia. Confirmé dans son grade par le Directoire, le 21 floréal an VI, Zaïonczek passa à l'armée d'Orient, et fut envoyé par Bonaparte dans le Menoufieh, une des provinces du Delta. Il prit part à plusieurs combats en Égypte et en Syrie, et le général en chef Menou le nomma général de division le 17 floréal an IX.

Revenu en France avec les débris de l'armée d'Égypte, il prit le commandement, le 28 ventose an X, de la 18e division militaire, ensuite de la 21e. Confirmé, le 26 floréal, dans son grade de général de division, par le premier Consul, nommé membre de la Légion-d'Honneur le 19 frimaire an XII, et commandant de l'Ordre le 25 prairial, Zaïonczek fit partie de la grande armée le 5e jour complémentaire an XIII. Envoyé à Strasbourg le 10 février 1806, et rappelé le 17 mars à Paris, il reçut, le 28 septembre, le commandement de la 1re légion du Nord. Au commencement de 1807, les troupes polonaises ayant été divisées en 3 légions, Zaïonczek commanda la 2e. Il fit la campagne de 1812 à la tête de ce corps, sous les ordres du prince Poniatowski. Blessé à la jambe par un boulet, au passage de la Bérésina, le baron Larrey lui en fit l'amputation. Prisonnier de guerre à Wilna, cet officier-général fut envoyé au fond de la Russie; mais il revint en 1814 à Varsovie. L'empereur Alexandre le créa lieutenant de roi dans le nouveau royaume de Pologne, et prince en 1818. Le général Zaïonczek mourut à Varsovie le 18 juillet 1826. Ses funérailles furent magnifiques, et le grand-duc Constantin, qui les avait ordonnées, y assista; mais les sympathies de la nation polonaise n'accompagnèrent pas la dépouille mortelle d'un homme qui s'était toujours montré l'instrument docile de la politique du cabinet de Saint-Pétersbourg. Son nom est inscrit sur l'arc-de-triomphe de l'Étoile, côté Sud.   TH.

FIN DE LA NOMINATION DU 19 FRIMAIRE AN XII.

NOMINATION DU 26 FRIMAIRE

AN XII.

ADANSON (MICHEL), naturaliste, naquit à Aix (Bouches-du-Rhône), de parens d'origine écossaise, le 7 avril 1727. Son père, attaché à l'archevêque de Vintimille, suivit ce prélat à Paris, et y amena son fils, alors âgé de trois ans. Destiné à l'état ecclésiastique, la protection de l'archevêque lui valut un canonicat en 1734. Il fit d'excellentes études à Sainte-Barbe et au Plessis, et remporta les premiers prix de l'Université. Néedham, témoin de son triomphe, lui donna un microscope, et lui dit : *Puisque, jusqu'à présent, vous avez si bien appris à connaître les ouvrages des hommes, vous devriez étudier ceux de la nature.* Ces paroles décidèrent de sa vocation. Il suivit les cours du Collége royal, et en même temps qu'il prenait pour guides Réaumur et Bernard de Jussieu, il étudiait toutes les plantes du Jardin du Roi. A cette époque, le système de Linné commençait à se répandre. Excité par le succès de ce savant botaniste, Adanson créa quatre systèmes nouveaux : il avait quatorze ans ! Dès ce moment,

il abandonna son canonicat pour se livrer tout entier à son goût pour les sciences. L'idée des découvertes s'empara de lui, et il voulut voyager dans des contrées lointaines ; il se détermina pour le Sénégal, « parce que, dit-il, c'était le pays le plus chaud, le plus malsain, le plus dangereux, par conséquent le moins connu et le plus difficile à explorer. » Il partit en 1748, resta absent pendant cinq ans, et revint en France avec des richesses immenses dans les trois règnes de la nature. Durant ce voyage, qu'il fit en sacrifiant une partie de son patrimoine, l'Académie des sciences l'avait admis, en 1750, parmi ses membres correspondans.

« Il avait, lit-on dans une notice sur Adanson, écrite par M. Du-Petit-Thouars, fourni, en 1753, à l'administration de la compagnie des Indes, un vaste plan pour former, sur la côte d'Afrique, une colonie où l'on pourrait cultiver toutes les plantes qui produisent les denrées coloniales sans vouer les nègres à l'esclavage. Ce plan, qui pouvait conduire sans trouble à l'abolition de la traite, fut dans le temps mieux apprécié par les étrangers que par les Français. Les Anglais surtout, qui s'étaient emparés du Sénégal en 1760, lui firent les propositions les plus avantageuses pour l'engager à communiquer ce plan, ainsi que les renseignemens qu'il avait rapportés sur ce pays; mais il s'y refusa par un sentiment d'amour de la patrie qu'il portait jusqu'à l'exaltation. »

En 1756, trois ans après son retour, il lut à l'Académie des sciences un Mémoire sur le *Baobab* et la famille des malvacées, Mémoire que l'on considère encore aujourd'hui comme un chef-d'œuvre du genre. L'année suivante, il publia son *Histoire naturelle du Sénégal*, 1 vol. in 4°, avec carte, et la termina par une classification nouvelle des testacées. Deux ans plus tard, il adressa au comte de Buffon, sous le nom supposé de *Ruga Garafa*, une lettre (in-4°, 1759) dans laquelle il annonça le premier la propriété de la tourmaline.

Ces différens ouvrages lui valurent le titre d'académicien libre en 1759. Dans le courant de la même année, il fut nommé censeur royal.

La réputation d'Adanson s'était étendue, et, en 1760, l'empereur d'Autriche lui fit faire les offres les plus brillantes s'il voulait aller se fixer dans ses États; mais il n'hésita point à les refuser, refus honorable qu'il eut à renouveler, en 1766, à l'impératrice Catherine II et au roi d'Espagne.

Il fit paraître, en 1763, ses *Familles des plantes*, 2 vol. in-8°, grace aux secours généreux que lui fournit un amateur de la science.

En 1767, il fit à ses frais un voyage en Bretagne et en Normandie, et publia un ouvrage sur les ravages de l'hiver précédent. Chargé, en 1773, des articles de botanique pour le supplément de l'*Encyclopédie*, il ne donna cependant que les lettres A B C : l'on doit regretter, dans l'intérêt de la science, que ce botaniste n'ait pas terminé cet important travail. En 1775, Adanson forma le plan d'une Encyclopédie complète d'histoire naturelle et de philosophie des sciences; toujours dominé par l'idée qu'il pourrait un jour réaliser le vaste plan qu'il avait conçu, il sacrifiait tous ses moyens pour en accélérer l'exécution; mais la Révolution arriva, et tous ces moyens lui furent enlevés. Non-seulement il perdit sa fortune, et se trouva, aux approches de la vieillesse, dans un état de véritable gêne, mais encore il eut la douleur de voir saccager un jardin où il faisait ses expériences sur la végétation, et qui lui avait coûté cinquante années de veilles et de travaux. Il supporta toutes ces pertes avec une admirable résignation, réunit les faibles débris de sa fortune et vint se fixer à Paris.

Une loi de la Convention, du 3 brumaire an IV, ayant fondé l'Institut, Adanson se vit appelé à en faire partie. Le ministre de l'intérieur, instruit de son dénument, lui fit accorder une pension de 6,000 francs. De graves infirmités, produites par l'excès du travail, par ses privations et un long séjour au Sénégal, ne lui permirent pas de prendre une part active aux travaux de sa classe (la 1re), quoiqu'il y siégeât de temps en temps. Cependant, il adressa à ses collègues plusieurs Mémoires dont l'importance et le mérite fixèrent l'attention des savans.

En l'an VIII, Adanson présida l'assemblée des souscripteurs pour le monument de Desaix. L'Empereur avait conçu une grande estime pour Adanson ; il voulait doubler sa pension, et le créa membre de la Légion-d'Honneur le 26 frimaire an XII. Au mois de brumaire an XIII, il se cassa la cuisse en allant de son lit à un fauteuil. Après cet événement, il ne fit plus que languir, quoique conservant toutes ses facultés morales, et il mourut le 3 août 1806.

Quelques jours avant sa mort, il s'occupait de vers latins adressés à l'Empereur et au ministre de l'intérieur de Champagny, pour les remercier d'un bienfait qu'il venait d'en recevoir, et il disait à ceux qui entouraient son lit funèbre : *Mes amis, l'immortalité n'est pas de ce monde!*

Cuvier, dans l'éloge qu'il prononça à l'Institut, le 5 janvier 1807, traça ainsi le portrait d'Adanson :

« Courage indomptable et patience infinie; génie profond et bizarrerie choquante ; ardent désir d'une réputation prompte et mépris des moyens qui la donnent; calme de l'âme enfin, au milieu de tous les genres de privations et de souffrance : tout, dans sa longue existence, méritera d'être médité. »

ADIN (PIERRE), naquit le 5 avril 1771 à Chêne-le-Populeux (Ardennes). Appelé sous les drapeaux le 24 mars 1793, il fut incorporé dans le 17e bataillon d'infanterie légère, devenu plus tard 25e régiment de même arme. Caporal le 4 mai suivant, il fit la campagne de 1793 à l'armée des Ardennes. Il fut nommé fourrier le 12 ventose an II, et sergent le 21 floréal suivant. Il fit la campagne de cette année à l'armée de la Moselle, celles des ans III et IV à l'armée de Sambre-et-Meuse, V et VI à celle d'Allemagne, VII à l'armée du Danube, VIII et IX en Italie, XII et XIII sur les côtes de l'Océan. Le 26 frimaire an XII, le premier Consul le nomma membre de la Légion-d'Honneur. Il prit part à la guerre de l'an XIV en Autriche, et à celle de 1806 en Prusse. Frappé à la bataille d'Iéna, le 14 octobre 1806, d'un coup de feu qui le mit dans l'impossibilité de continuer son service, il obtint sa retraite le 16 juin 1808. B-G.

ADRIAN (JEAN-JOSEPH), enseigne de vaisseau. L'*Annuaire de la Légion-d'Honneur* pour l'an XIII le comprend dans la liste des légionnaires du 26 frimaire an XII; c'est une erreur : Adrian a été nommé membre de l'Ordre le 16 pluviose an XII. *Voir* à cette date.

ALBENESIUS (GEORGE), né le 8 janvier 1762 à Selz (Bas-Rhin), entra comme hussard dans le régiment de Lauzun, devenu 5e de l'arme, le 1er juillet 1785, et fut nommé brigadier le 3 octobre 1792. Il fit la campagne de cette année, ainsi que celle de 1793. Passé maréchal-des-logis le 10 septembre 1793, il devint maréchal-des-logis-chef le 15 thermidor an III, et sous-lieutenant le 3 vendémiaire an V. A la bataille de Biberach (19 floréal an VIII), il fut blessé d'un coup de sabre au bras droit, et eut un cheval tué sous lui; 2 autres chevaux qu'il avait successivement montés ayant été blessés, il combattit seul, à pied, contre 4 hulans, sortit victorieux de cette lutte inégale, et obtint, à la recommandation du général Richepanse, témoin de ce beau fait d'armes, un brevet d'honneur qui lui fut délivré par le Directoire. Au combat de Sulgan, le 3 prairial suivant, il reçut un coup de feu qui lui traversa la cuisse droite. Nommé membre de la Légion-d'Honneur le 26 frimaire an XII, il obtint sa retraite le 20 novembre 1806. Il est mort le 12 août 1825. B-S.

ALLEMAND (HENRI), né le 31 décembre 1769 à Montbonnot (Isère), entra au service le 24 août 1792 comme sergent dans le bataillon de grenadiers de la Côte-d'Or, et fit ses premières armes en Champagne. Sergent-major le 16 décembre 1792, il servit en 1793 à l'armée du Nord. Incorporé dans la 18e demi-brigade d'infanterie légère, il passa à l'armée des Alpes pendant les campagnes des ans II et III, et fut nommé sous-lieutenant le 16 floréal an II. En l'an IV, il était à l'armée d'Italie. A la bataille de Peschiera, le 19 thermidor an IV, il fut blessé d'un coup de feu au fémur gauche, d'un autre coup de feu à l'épaule droite, de deux coups de sabre sur la tête, d'un coup de baïonnette qui lui traversa la partie droite du corps, d'un autre coup de baïonnette dans le cou et de trois coups de sabre sur la figure. A peine guéri, le brave Allemand rejoignit son régiment et fit avec lui les campagnes des ans V, VI, VII et VIII à l'armée d'Italie. Le 8 floréal an VII, il se distingua à l'affaire du pont de Leco, où il fut blessé d'un coup de feu qui lui traversa la partie supérieure de la cuisse gauche. Nommé lieutenant le 1er frimaire an VIII, il fit à l'armée de Batavie les campagnes des ans IX, XI, XII et XIII, et reçut l'étoile des braves le 26 frimaire an XII. Il suivit son corps en Dalmatie, et demeura dans cette province pendant les années 1806, 1807, 1808 et 1809. Le 26 avril de cette dernière année, il reçut, au combat d'Ervenich, sa onzième blessure, un coup de feu au bras gauche, et le 19 juillet suivant il fut nommé capitaine. Il était en garnison à Trieste, lorsqu'il fut frappé de mort subite le 5 février 1812. B-G.

ALLOARD (JACQUES), né le 18 mars 1770 à Chambéry (Savoie), ci-devant département du Mont-Blanc, entra comme soldat dans la légion allobroge le 16 septembre 1792, et fit la campagne de cette année à l'armée des Alpes. Sergent le 10 décembre 1792, et sergent-major le 29 janvier 1793, il se fit remarquer au siége de Toulon, et fut promu au grade de sous-lieutenant le 30 septembre suivant. Il servit ensuite à l'armée des Pyrénées-Orientales durant les campagnes des ans II et III, et fut nommé lieutenant le 4 frimaire an II. En l'an IV, il passa dans la 27e demi-brigade d'infanterie légère, et fit les campagnes des ans IV, V et VI à l'armée d'Italie, et celle de l'an VII à Naples. Le 21 floréal an IV, il passa un des premiers le pont de Lodi, et son nom fut cité honorablement à l'ordre du jour de l'armée. Au mois de prairial suivant, il passa l'Adige à la nage accompagné seulement de quelques carabiniers de sa compagnie, et il enleva un poste ennemi qui gardait une barque sur la rive opposée. Il se distingua encore, le 10 brumaire an V, à l'affaire du pont de Mori, et y fut blessé d'un coup de feu à la machoire inférieure. En l'an VIII, il servit aux armées d'Helvétie et de Batavie, en l'an IX à l'armée gallo-batave, et pendant les ans XI, XII et XIII au camp d'Utrecht. Il fut nommé membre de la Légion-d'Honneur le 26 frimaire an XII, et, le 20 pluviose suivant, le général Dessaix, son compatriote, l'appela auprès de lui en qualité d'aide-de-camp. Capitaine le 5 ventose an XIII, il fit les campagnes de l'an XIV, de 1806 et 1807 à la grande armée, celles de 1808 en Italie, 1809 en Allemagne, enfin celle de 1810 en Hollande et en Allemagne. Un décret du 25 juillet 1811 lui accorda sa retraite.

AMEILHON (HUBERT-PASCAL), naquit à Paris le 7 avril 1730, non le 5 août, comme l'avance la *Biographie Michaud*.

Voué d'abord à l'état ecclésiastique, il n'en conserva bientôt plus que l'habit et le titre d'abbé, et porta l'un et l'autre durant trente ans.

Lorsque l'on créa pour l'académicien Bonami la place de bibliothécaire de la ville, Ameilhon lui fut adjoint avec le titre de sous-bibliothécaire. Cet emploi devint pour lui une spécialité officielle dont ses autres travaux, quelque immenses qu'ils aient été, ne furent plus que les accessoires et le délassement.

Son premier ouvrage fut un *Mémoire sur le commerce et la navigation des Égyptiens sous les rois Ptolémées*, sujet mis au concours par l'Académie en 1762, et premier ouvrage fut couronné. Ses *Recherches sur le grand pontificat de Rome et sur l'éducation que les Athéniens donnaient à leurs enfans*, lui valurent un second et un troisième triomphe, et préparèrent son entrée à l'Académie des belles-lettres, qui eut lieu en 1766.

En 1770, il devint rédacteur principal du *Journal de Verdun*, dont il était depuis long-temps un des rédacteurs les plus actifs, et il conserva la direction de cette feuille jusqu'à l'époque où elle cessa de paraître (1776). Il fonda, trois ans plus tard, le *Journal de l'agriculture, commerce, arts et finances*; et, de 1790 à 1792, il fut un des principaux collaborateurs du *Journal des savans*. Indépendamment de tous ces travaux et des recherches précieuses sur l'état des arts mécaniques chez les anciens, il avait reçu et accepté une grande et honorable mission à laquelle il se consacrait avec ardeur, celle de terminer l'*Histoire du Bas-Empire*. La mort, en 1778, avait surpris Lebeau au milieu du 22e volume de son livre, et il avait légué à son confrère Ameilhon le soin d'achever ce monument historique auquel il avait lui-même consacré plus de trente ans de sa vie. Ameilhon accepta le legs; il publia le 22e volume en 1781, et les 2 suivans en 1786. Les événemens de la Révolution suspendirent ses travaux. Il fut nommé, en 1789, député suppléant par le district de Saint-Louis-la-Culture, et chargé, plus tard, de recueillir les livres de toutes les bibliothèques des particuliers ou des congrégations religieuses confisquées par l'État. Il consacra six ou sept ans de sa vie au classement de tous les livres amoncelés dans des dépôts confiés à sa garde.

Il sauva les bibliothèques de Malesherbes, de Lavoisier, etc.; et, dans des temps meilleurs, les fit rendre à leurs héritiers. Il préserva de la démolition l'arc-de-triomphe connu sous le nom de *Porte-Saint-Denis*, il sauva du pillage l'église des jésuites. La reconnaissance publique doit tenir compte à sa mémoire de tous ces services et de 800 mille volumes conservés par ses soins au monde savant; mais l'histoire raconte à regret que « membre de la commission des monuments, et chargé de l'examen des titres de la noblesse, il dénonçait à la commune les sculptures qui, sur ces édifices publics, rappelaient des attributs proscrits échappés aux recherches des premiers investigateurs; qu'il concourait et présidait au brûlement de 652 volumes contenant des blasons et des titres originaux des ordres du roi, toutes pièces déposées à la Bibliothèque nationale et qu'il devait y conserver, et dont la perte est irréparable pour l'histoire. Il était donc irrésistible l'entraînement des idées à cette grande et cruelle époque! puisque, ni sa passion pour la science, ni la maturité de sa raison (il avait alors plus de soixante-trois ans) n'ont pu le préserver d'un semblable vandalisme.

En 1771, après la mort de Bonami, il était devenu le chef de la Bibliothèque de la ville; lorsque cette Bibliothèque passa à l'Institut, en l'an v, il fut nommé conservateur de celle de l'Arsenal.

Le retour de l'ordre le rendit à ses occupations laborieuses et paisibles. A la création de l'Institut, il avait été admis dans la classe d'histoire et de littérature ancienne, et il enrichit d'immenses travaux les Mémoires de ce corps savant. Il reprit dès ce moment la continuation de l'*Histoire du Bas-Empire*. Il en publia les 25e et 26e volumes en l'an XI, et en 1807 et en 1811, le 27e, qui complète cet important travail.

Achever son histoire était le seul vœu de ses dernières années; il survécut bien peu à son accomplissement. A peine son dernier volume était-il livré au public qu'une chute le conduisit au tombeau, le 13 novembre 1811.

Il avait été bibliothécaire à Paris pendant plus d'un demi-siècle.

Le premier Consul l'avait nommé membre de la Légion-d'Honneur le 26 frimaire an XII.

DE HACRE.

ANCEL (JEAN-BAPTISTE), né à Orbey (Haut-Rhin), le 22 février 1742, entra au service comme soldat le 16 juillet 1761 dans le régiment d'Auvergne-infanterie, dont le 1er bataillon fut incorporé dans la 17e demi-brigade, devenue 17e régiment d'infanterie de ligne. Il fit les guerres d'Allemagne de 1761 et 1762, devint caporal le 1er juillet, et sergent le 1er novembre 1766. Il fit ensuite les campagnes de 1782 et 1783 en Amérique, et obtint le grade de sergent-major le 1er janvier 1783. Sous-lieutenant le 15 septembre 1791, lieutenant le 15 décembre suivant, et capitaine le 1er août 1792, il fit toutes les guerres de la Révolution depuis 1792 jusqu'à l'an IX. Modeste autant qu'intrépide, il refusa le grade de chef de bataillon qui lui était dévolu à l'ancienneté le 29 thermidor, et préféra continuer ses services comme capitaine dans le corps où il était depuis trente-trois ans, et où il jouissait de l'estime et de la considération de ses chefs et de ses camarades, et de l'attachement de ses soldats, qui le considéraient comme leur père. Il fut admis à la retraite le 17 frimaire, après quarante et un ans de service effectif et quatorze campagnes. Napoléon n'oublia point le vieux capitaine retraité lorsqu'il organisa la Légion-d'Honneur, il le comprit dans la promotion du 26 frimaire an XII, et le nomma électeur de l'arrondissement de Colmar. Le capitaine Ancel est mort le 1er mai 1821. B-G.

ANCOGNE (MARC), naquit à Montbron (Lot-et-Garonne), le 9 mai 1771. Soldat le 25 mars 1792 au régiment de Vivarais-infanterie, devenu 71e de ligne, il fit les premières campagnes de la Révolution. Sous-lieutenant dans le 1er bataillon des Alpes maritimes le 18 vendémiaire an III, il servit, la même année, à l'armée du Nord, et passa ensuite à celles des Pyrénées-Orientales et d'Italie. Blessé au bras droit et à la cuisse gauche, à la bataille de Castiglione, le 18 thermidor an IV, il subit l'amputation du bras. Remis de ses blessures, il reçut, le 1er frimaire an IX, le brevet de lieutenant à la demi-brigade de vétérans. Le 26 frimaire an XII, le premier Consul le décora de la croix de la Légion-d'Honneur. Passé dans le 2e bataillon de vétérans en 1808, il obtint deux ans après, sur sa demande, d'être admis à la retraite. B-S.

ANES (JEAN-BAPTISTE-JACQUES), né à Montivilliers (Seine-Inférieure), le 15 mars 1763, entra comme soldat dans le régiment de Quercy-cavalerie le 4 janvier 1784, et y servit jusqu'au 10 novembre 1786. Il s'engagea de nouveau le 29 août 1792 dans le bataillon du district de Montivilliers, passa ensuite au 6e bataillon du Calvados, puis, le 24 mars 1793, dans le 9e de la Seine, incorporé l'année suivante dans la 14e demi-brigade d'infanterie de ligne. Il fit les campagnes de 1792, 1793; celles des ans II et III à l'armée du Nord. Le 23 août 1793, il avait mérité le grade de lieutenant sur le champ de bataille. En l'an IV, il appartenait à l'armée de l'intérieur, et suivit son régiment en Italie pendant les ans V, VI et VII. Le 6 nivose an VII, il fut promu au grade de capitaine. A l'attaque de Verone, le 16 germinal de la même année, engagé dans un parti ennemi, il se défendit avec intrépidité, et reçut dans l'action un coup de feu au bras droit. Il fit encore les campagnes des ans VIII et IX à l'armée de l'Ouest et des Grisons, reçut la croix de la Légion-d'Honneur le 26 frimaire an XII, et obtint sa retraite le 1er nivose an XIII. B-S.

ANQUETIL (LOUIS-PIERRE), naquit à Paris le 21 janvier 1723. Après avoir fait ses humanités au collège Mazarin, il entra dans la congrégation des chanoines réguliers de Sainte-Geneviève, alla finir ses études théologiques au prieuré de Sainte-Barbe, dans le pays d'Auge, et s'y livra aussitôt à l'enseignement. A peine avait-il atteint sa vingtième année, que déjà il enseignait les belles-lettres dans l'abbaye de Saint-Jean, à Sens. Il professa bientôt après la philosophie et la théologie dans le même établissement. Il passa ensuite au séminaire de

Reims en qualité de directeur ; fut nommé, en 1759, prieur de l'abbaye de La Roé, en Anjou, et envoyé peu d'années plus tard à Senlis, pour y prendre la direction du collége des Génovéfains. En 1766, il était titulaire du prieuré de Château-Renard, près Montargis, qu'il échangea, dès le commencement de la Révolution de 1789, contre la cure de La Villette, près de Paris.

L'enseignement lui avait inspiré le goût des études sérieuses. Les fonctions dont il fut ensuite chargé dans l'administration et dans le sacerdoce lui donnèrent, avec la nécessité d'une vie sédentaire, l'occasion de compléter ses connaissances. L'*Histoire de la ville de Reims*, son premier et peut-être son meilleur ouvrage, n'est, comme tout ce qu'il a écrit, qu'une compilation ; mais si l'on y regrette l'absence de philosophie et de critique, c'était pour l'époque un modèle de méthode et de goût. Quoique cet ouvrage ne porte que le nom d'Anquetil, il paraît certain qu'il le composa en société avec Félix de La Salle. C'est à Senlis qu'il écrivit *l'Esprit de la ligue ;* ce livre ne remplit pas la promesse de son titre : c'est tout simplement l'histoire de la ligue. Il publia *l'Intrigue du cabinet sous Henri* IV *et sous Louis* XIII, suivie de la *Fronde,* œuvre timide dont la grandeur des personnages qu'il met en scène a fait, malgré la réputation de l'auteur, ressortir toute la faiblesse aux yeux même des contemporains. Viennent ensuite *Louis* XIV, *sa cour et le Régent,* et la *Vie du maréchal de Villars :* le premier est un recueil d'anecdotes qu'il est préférable de lire dans les mémoires du temps ; l'autre un abrégé des manuscrits du vainqueur de Denain. Il était alors curé de Château-Renard, et, dans cette position, qu'il conserva pendant vingt ans, s'il fit des ouvrages médiocres, il fit de bonnes œuvres. Les bénédictions de son troupeau l'ont dédommagé par avance des justes reproches de la critique.

Son *Précis de l'histoire universelle,* en 9 volumes in-12, est l'abrégé de *l'Histoire universelle des Anglais,* qui se compose de 125 volumes. Il y travaillait lorsqu'il fut incarcéré en 1793, et il la continua sous les verroux. Arrêté le 16 août, il ne recouvra la liberté qu'après le 9 thermidor.

L'ordre reparut enfin, et les vieux monumens surgirent des ruines que l'anarchie avait faites. L'Institut créé, Anquetil y fut aussitôt admis dans celle des classes qui correspondait à l'Académie des belles-lettres, dont il avait été correspondant. Peu de temps après, il fut attaché comme archiviste au ministère des relations extérieures, et ce fut en cette qualité qu'il composa l'ouvrage intitulé : *Motifs des traités de paix de la France depuis* 1648 *jusqu'à* 1783.

L'Abrégé de l'histoire de France est son dernier ouvrage : il le publia en l'an XII, il avait alors plus de quatre-vingts ans. Le premier Consul lui en donna l'idée, ainsi qu'il le raconte lui-même. L'exécution lui en sembla facile, parce que les ouvrages qu'il avait précédemment publiés lui fournissaient une partie considérable de son travail. Il a pris pour guides, ajoute-t-il, Dupleix, Mézeray, Daniel et Velly, et il s'est contenté de les compléter l'un par l'autre. Ces élémens de l'histoire d'Anquetil devaient perdre nécessairement, dans les mutilations successives auxquelles il les soumettait, leur originalité et leur couleur. En échange, ils n'avaient rien à recevoir d'un vieillard octogénaire dont la plume se précipitait, entraînée par le déclin de son existence. Si, néanmoins, son livre est *le plus populaire* en France, comme on l'imprime en ce moment (1), il faut en conclure que la vogue donne une mesure bien inexacte du véritable mérite.

Anquetil était membre de la Légion-d'Honneur depuis le 26 frimaire an XII. Il est mort le 6 septembre 1806. DE HACRE.

ARMANT (LOUIS-ALEXANDRE), naquit le 20 octobre 1770 au Vigan (Gard). Dragon au 9e régiment le 3 janvier 1791, il passa, le 11 août 1792, dans les guides du général Montesquiou, commandant en chef l'armée des Alpes. Il y fit les campagnes de 1792, 1793, ans II et III, et fut fait successivement brigadier le 10 octobre 1792, et maréchal-des-logis le 1er germinal an II. Il devint maréchal-des-logis-chef au 13e régiment de hussards le 1er vendémiaire an III. En l'an IV, il était à l'armée d'Italie, où il fut incorporé au 1er régiment de hussards le 1er prairial de cette année. Il fit en Italie les campagnes des ans V, VI et VII, et fut nommé adjudant-sous-officier le 1er germinal an V. A l'affaire de Bassiguano, en Piémont, le 23 floréal an VII, avec 5 hussards seulement, il chargea une colonne russe et lui prit 2 pièces de canon. Cet acte d'audace et d'intrépidité lui valut le grade de sous-lieutenant, qui lui fut conféré sur le champ de bataille ; mais dans lequel il ne fut confirmé que le 7 germinal an VIII. Passé à l'armée de réserve, et ensuite à celle des Grisons, il y fit les campagnes des ans VIII et IX, se trouva à l'armée des côtes de Bretagne en l'an XII et en l'an XIII, et fut compris au nombre des membres de la Légion-d'Honneur le 26 frimaire an XII. Il fit la campagne de l'an XIV à la grande armée, et se distingua particulièrement au combat de Languenau, où il reçut une blessure grave, eut son cheval tué sous lui et resta au pouvoir de l'ennemi. Son régiment le reprit le lendemain. Après la bataille d'Austerlitz, où il se distingua, l'Empereur le nomma lieutenant le 5 nivose an XIV, adjudant-major le 19 novembre 1806, et capitaine le 8 mai 1807 ; il fut admis à la retraite au mois de juillet 1811. B-G.

ARNAUD (FRANÇOIS), naquit le 5 mai 1761 à Carcassonne (Aude). Soldat dans le 4e régiment d'infanterie le 15 mai 1781, Arnaud y servit jusqu'au 25 septembre 1791, et passa en qualité de sergent dans le 3e bataillon du Pas-de-Calais. Sous-lieutenant au 15e régiment le 15 mai 1792, il partit aussitôt pour l'armée du Nord. Le 2 septembre de cette année, étant en détachement à Roubaix, il défendit avec une poignée de braves le poste qui lui avait été confié, et, malgré la supériorité numérique de l'ennemi, il ne quitta sa position qu'après avoir lutté avec acharnement pendant quatre heures consécutives. L'année suivante, il fut placé aux grenadiers de

(1) Lebas, DICTIONNAIRE ENCYCLOPÉDIQUE DE LA FRANCE.

son bataillon, et fit les campagnes des ans II et III à l'armée du Nord. Le 28 floréal an II, il fut promu au grade de lieutenant. Le 19 prairial suivant, dans les environs de Dixmude, Arnaud, à la tête d'une compagnie de grenadiers, soutint avec succès les efforts d'un bataillon ennemi et le força à se retirer. En l'an IV, il fit partie de l'armée de l'intérieur, où il obtint le grade d'adjudant-major le 18 germinal de cette année. Il passa ensuite à la 14ᵉ demi-brigade, devenue, en l'an XII, 14ᵉ régiment d'infanterie de ligne. Pendant les campagnes des ans V, VI et VII, il servit à l'armée d'Italie, et fut fait capitaine, en continuant ses fonctions d'adjudant-major, le 18 vendémiaire an VI. En l'an VIII, il fit partie de l'armée de l'Ouest, et de celle des Grisons en l'an IX. Appelé à l'armée des côtes de l'Océan, il se trouva au camp de Saint-Omer pendant les ans XII et XIII, et fut nommé membre de la Légion-d'Honneur le 26 frimaire an XII. Après la levée des camps, il fit la campagne de l'an XIV au 4ᵉ corps de la grande armée, et celle de 1806 au 7ᵉ corps. A la bataille d'Iéna, il prit à l'ennemi 2 pièces de canon qui défendaient un défilé dont l'Empereur avait ordonné qu'on s'emparât. Après avoir enlevé ces pièces, il les fit tourner contre une colonne ennemie qui s'avançait pour les reprendre et il la mit dans la déroute la plus complète. Le 24 décembre 1806, il fit rétablir le pont de Wrka, sous le feu meurtrier de l'ennemi, afin de faciliter le passage de la cavalerie. Il devint commandant d'une compagnie le 1ᵉʳ février 1807. Le 26 janvier 1808, employé à la 4ᵉ légion de réserve, il fut fait prisonnier de guerre, le 19 juillet, à la capitulation de Baylen. Rentré en France sur parole le 24 janvier 1811, Arnaud fut placé dans le 122ᵉ de ligne le 1ᵉʳ mars, et passa ensuite dans le 116ᵉ le 19 juillet de la même année. Mais comme d'après les conditions de sa mise en liberté il ne pouvait servir activement, il resta au dépôt jusqu'en 1814, époque à laquelle il se retira du service. B-G.

ARNAUDET (JEAN-PIERRE), naquit le 12 novembre 1768 à Cressier, canton de Neufchâtel (Suisse). Grenadier dans Brie-infanterie (24ᵉ régiment) le 10 août 1786, Arnaudet servit dans ce corps jusqu'au 1ᵉʳ octobre 1792, époque de son admission comme soldat dans la compagnie franche dite des *hussards de la mort*, qui plus tard fut incorporée dans le 14ᵉ régiment de chasseurs à cheval. Il se distingua à l'armée du Nord et à celle de la Moselle pendant la campagne de 1792. Brigadier-fourrier le 10 mars 1793, il servit en cette qualité aux armées de Sambre-et-Meuse et des Pyrénées-Orientales, et fut blessé d'un coup de baïonnette à la cuisse gauche le 20 décembre de cette même année. Promu au grade de maréchal-des-logis le 15 ventose an II, il fit les campagnes des ans II, III et IV aux armées de l'Ouest et de Cherbourg, et fut blessé d'un coup de feu à l'épaule droite et d'un coup de sabre sur la main gauche le 4ᵉ jour complémentaire suivant. Maréchal-des-logis-chef le 25 germinal an V, il fit la campagne de l'an VII à l'armée d'Italie, où il obtint le grade d'adjudant-sous-officier le 1ᵉʳ nivose de cette dernière année. Il continua à faire la guerre en Italie pendant les années suivantes. Nommé sous-lieutenant au 14ᵉ régiment de chasseurs à cheval le 1ᵉʳ frimaire an VIII, lieutenant le 12 frimaire an XII, il reçut la décoration de la Légion-d'Honneur le 26 du même mois. Pendant la campagne de l'an XIV, il reçut un coup de feu à la poitrine, le 13 brumaire, à la prise de Vienne. Il passa ensuite à l'armée de Naples, et prit part au siége de Gaëte, en 1806. Appelé à la grande armée, il y fit les campagnes de 1807, 1808 et 1809, en Pologne et en Allemagne, et fut blessé d'un coup de feu au bras droit, le 22 avril 1809, à la bataille d'Eckmühl. L'Empereur le nomma capitaine par décret du 5 mai suivant. Il n'était point encore guéri de sa blessure lorsque, à la bataille d'Essling, il eut la jambe droite fracassée par une balle. En 1811 et 1812, il fit partie de l'armée de Portugal. Son régiment ayant été dirigé sur la grande armée, il fit la campagne de 1813 en Saxe, fut fait chef d'escadron le 14 juillet, et reçut un coup de lance au côté gauche, le 27 octobre de la même année, dans une charge qu'il conduisait au combat de Grosnheim, en Saxe. L'Empereur récompensa ses services en le nommant officier de la Légion-d'Honneur le 8 janvier 1814, et major le 6 février suivant. Mis en non-activité après l'abdication de l'Empereur, il reçut du gouvernement royal le brevet de chevalier de Saint-Louis le 13 novembre 1814. Rappelé au service, le major Arnaudet fit la campagne des Cent-Jours. Rentré dans sa position de non-activité après la seconde Restauration, il fut définitivement admis à la retraite le 29 décembre 1816. Il est mort le 22 février 1820. B-G.

ARNAULT (ANTOINE-VINCENT), naquit à Paris le 22 janvier 1766. Il appartenait à une famille honorable de bourgeois dans laquelle l'attachement aux principes monarchiques était une tradition héréditaire : plusieurs de ses membres occupaient des emplois dans les maisons des princes. Placé au collège de Juilly, Arnault y eut pour guide et pour maître Le Viel, directeur habile, professeur distingué. Il avait à peine vingt et un ans lorsqu'il entra dans la maison de Madame, comtesse de Provence, en qualité de secrétaire de son cabinet. Ces fonctions, bien qu'elles ne fussent pas rétribuées, étaient cependant très précieuses pour les jeunes littérateurs, auxquels elles assuraient un puissant patronage. Il saisit une occasion qu'il crut favorable pour le placement d'une partie de sa fortune patrimoniale, en achetant une charge dans cette maison royale à laquelle le prince lui-même témoignait le désir de le voir attaché.

Arnault partagea les nobles espérances que 1789 inspirait aux amis de la liberté ; il n'était pas obligé de les cacher, il ne craignait pas les manifestant de blesser les sympathies du frère de Louis XVI. Le comte de Provence avait, bien avant 1789, la réputation de prince philosophe, aussi voyons-nous le jeune Arnault continuer à jouir de la même faveur auprès de Monsieur. Mais quel que fût l'enthousiasme du poëte en saluant l'aurore de la Révolution, il ne la croyait pas incompatible avec la monarchie des Bourbons ; il voulait la royauté appuyée sur les garanties mutuelles données au pouvoir, aux institutions et à la liberté.

Ses goûts, plus encore que les devoirs de sa place et que les difficultés d'une situation qui aurait pu gêner son indépendance, l'éloignaient de la sphère des discussions politiques. Au milieu des insurrections et des émeutes, au bruit de la chute de la Bastille, il composait des tragédies ; il étudiait les fables de la république romaine, et il y apercevait un personnage dont le caractère, les talens, les malheurs et les crimes même lui parurent réunir les conditions d'un héros de tragédie : c'était ce Marius qui, suivant l'éloquente expression de Mirabeau, naquit de la poussière que Caïus-Gracchus mourant jeta dans les airs; ce Marius dont le nom est arrivé jusqu'à nous chargé des flétrissures de l'histoire et de l'humanité. Arnault tenta la réhabilitation du bourreau de ses concitoyens, en le montrant plus grand que ses malheurs. Mais pour que tout fût nouveau, hardi dans son œuvre, il en bannit l'amour et dédaigna ce ressort si puissant, indispensable peut-être au poète qui veut impressionner le spectateur. La tragédie d'Arnault, *Marius à Minturnes*, jouée en 1791 sur le Théâtre-Français, obtint un brillant succès, quoique privée d'une ressource dont aucun des grands maîtres de la scène n'osa se passer, et le public applaudit à l'essai vigoureux d'un jeune talent qui s'était inspiré à l'école de Corneille.

Arnault comptait à peine vingt-cinq ans : peu d'autres avaient débuté avec un tel éclat. Il dédia sa tragédie à Monsieur, comte de Provence : loin d'être un acte de flatterie, c'était presque une action courageuse alors, car la Révolution allait vite, et malheur à ceux qui osaient encore donner des témoignages de fidélité, de reconnaissance et d'attachement à Louis XVI et aux membres de sa famille !

Encouragé par le succès de *Marius*, Arnault fit jouer au Théâtre-Français une autre tragédie dont le sujet était également emprunté à l'histoire romaine, source toujours féconde et qui est loin d'être épuisée, quoiqu'en disent les prétendus réformateurs du théâtre. Mais *Lucrèce* n'était pas un plaidoyer en faveur de la République. Il avait évité avec soin tout ce qui aurait pu donner à son ouvrage le caractère d'une insulte à la royauté ; cette modération, qui passait déjà pour de la timidité, compromit la réussite de la tragédie ; elle fut trouvée froide, et elle dut céder la place à des pièces qui répondaient mieux aux nécessités théâtrales de l'époque.

Peu de temps après la représentation de cette tragédie, jouée en 1792, Arnault quitta la France ; le prince, son protecteur, avait émigré, et toutes les personnes attachées à sa maison craignaient avec raison pour leur liberté et même pour leurs jours. Arnault avait le crime d'une dédicace à expier ; elle aggravait sa position, et pour se soustraire aux dangers qui le menaçaient, il chercha un refuge en Angleterre. Le spectacle des intrigues dont il fut témoin contribua beaucoup à lui faire regretter sa patrie. Pour attendre le moment d'y rentrer, grace aux amis qu'il avait laissés en France, il se rendit en Belgique. Arrivé à Bruxelles, il trouva, à la faveur de la recommandation de l'abbé de Montesquiou,

une honorable hospitalité chez le prince Auguste d'Aremberg, qui voulut, mais en vain, le retenir dans cette ville, par des offres brillantes. Arnault ne pouvait vivre loin de son pays, et, déterminé à braver tous les périls du retour, car il était sous le poids d'une accusation qui avait été déjà funeste à un grand nombre de Français, il franchit la frontière. A peine était-il parvenu à Dunkerque, qu'il fut arrêté et jeté en prison comme émigré. Il y attendit son sort ; ses amis le crurent perdu ; il n'espérait guère non plus échapper à l'échafaud qui se dressait alors pour tant de victimes. Sa tragédie de *Marius à Minturnes* le sauva.

Il y avait au Comité de salut public un homme qui ne connaissait Arnault que par sa tragédie, c'était Carnot ; il aimait le talent du poète, et il plaida sa cause avec chaleur. Il ne lui fut pas difficile de persuader à ses collègues que l'auteur de *Marius* n'était ni émigré, ni gentilhomme, mais simplement homme de lettres.

Arnault fut mis en liberté. On lui offrit successivement plusieurs emplois importans ; il resta homme de lettres. Il passait une partie de l'année à la campagne ; quand il venait à Paris, et ces voyages étaient rares, c'était pour les répétitions des pièces qu'il avait fait recevoir à divers théâtres. *Horatius-Coclès*, opéra en un acte, joué en l'an II à l'Opéra, ne put s'y soutenir ; au théâtre Favart, *Phrosine et Mélidore* obtint plus de succès ; la tragédie de *Quintius Cincinnatus* rappela, dans quelques scènes, le talent de l'auteur de *Marius*; dans *Oscar*, Arnault, s'inspirant de la poésie mélancolique d'Ossian, sut répandre des charmes sur la lutte touchante de l'amour et de l'amitié, et, de l'opposition de ces deux sentimens, il fit naître l'intérêt de situations neuves, de péripéties dramatiques. *Oscar* attira la foule au Théâtre-Français ; le nom même du principal personnage devint à la mode, et des généraux illustres le donnèrent à leurs enfans, nés à l'époque de ce succès.

Malgré son goût pour la solitude, il fut obligé d'en sortir. Les prévenances de Bonaparte, ses invitations bienveillantes, le conduisirent dans les salons du général, à qui il avait inspiré beaucoup d'estime. Arnault devait cet avantage à son talent et à son caractère plein de noblesse et de franchise ; il n'était pas flatteur et ne put jamais se plier au rôle de courtisan. Bonaparte ne tarda pas à s'apercevoir, après s'être entretenu deux ou trois fois avec lui, que le poète pourrait fort bien être un excellent administrateur ; il s'en souvint quand il rencontra Arnault à Milan, après les brillantes victoires de la première campagne d'Italie. Chargé par le général en chef d'organiser un gouvernement provisoire dans les îles Ioniennes, il s'acquitta de cette tâche difficile d'une manière honorable

Lorsque Bonaparte fit ses dispositions pour l'expédition d'Égypte, il inscrivit le nom d'Arnault sur la liste des hommes de lettres et des savans qui devaient l'accompagner. Arnault, fier de cette faveur, s'embarqua avec le général en chef sur le vaisseau amiral *l'Orient*. Il assista à la conquête de Malte ; mais son beau-frère, Regnaud de Saint-Jean-d'Angely, étant tombé dangereusement malade, il resta dans l'île auprès de lui jusqu'à ce qu'il n'eut plus à craindre pour ses jours. Forcé de revenir en France et de renoncer à l'espoir de partager les dangers et la gloire de l'expédition, il était embarqué sur la frégate *la Sensible*, de trente-six canons, quand elle fut attaquée et prise à l'abordage par *la Sea-Horse*, frégate anglaise de cinquante canons. Le combat avait été long et sanglant. Arnault pouvait être conduit comme prisonnier de guerre en Angleterre; heureusement pour lui, le capitaine James Footes connaissait les titres littéraires d'Arnault; il avait lu quelques-uns de ses ouvrages, et l'auteur de *Marius à Minturnes* dut encore sa liberté à cette tragédie. Le capitaine anglais traita Arnault avec de grands égards, et au bout de sept jours de captivité, celui-ci débarquait dans un port de France.

Un nouveau succès accrut la réputation d'Arnault; *les Vénitiens*, ouvrage qu'il avait composé en Italie, furent joués en l'an VII; il y avait dans cette pièce des beautés de premier ordre, et un cinquième acte qui produisit un effet extraordinaire; ce fut Bonaparte qui lui fournit l'idée du dénoûment, quand l'auteur lui lut sa pièce pendant son séjour à Milan. Alors Montcassier, le héros de l'ouvrage, ne mourait pas : *Il faut que Montcassier meure*, lui dit le général, *il faut le tuer, tuez-le!* Arnault reconnut tout de suite la justesse de cette critique, et, suivant le conseil du général, il fit mourir Montcassier au dénoûment. Bonaparte avait indiqué d'autres changemens, mais qui avaient moins d'importance ; Arnault se montra moins docile, et le général n'insista pas ; il ne sut pas mauvais gré à l'auteur de son peu de condescendance : celui-ci défendait ses vers, comme Bonaparte défendait ses plans de campagne. Arnault lui dédia la tragédie des *Vénitiens*.

Les portes de l'Institut s'ouvrirent enfin pour Arnault; l'opinion publique ratifia le choix du juri littéraire, et l'auteur de *Marius*, des *Vénitiens* et d'*Oscar*, vint se placer à côté de Chénier, dont il était à la fois le rival et l'ami.

Lucien, frère du premier Consul, ayant été nommé ministre de l'intérieur, Arnault fut appelé, en l'an IX, à y remplir les fonctions de chef de la division de l'instruction publique ; à la même époque, il accompagna Lucien dans son ambassade à Madrid, et, reçu membre de l'Académie de cette ville, il y prononça plusieurs discours dont le but était de resserrer l'union des savans de la France et de l'Espagne. Il vint bientôt reprendre son poste au ministère de l'intérieur. Président de l'Institut, ce fut lui qui, en l'an XIV, fut chargé au nom de ce corps de complimenter l'Empereur après la victoire d'Austerlitz. Napoléon ne l'oublia pas lors de l'organisation de l'Université impériale, il le nomma secrétaire-général. Arnault déploya beaucoup d'activité dans ce travail difficile, car tout était à créer pour répondre aux grandes vues de l'Empereur.

Conseiller ordinaire, secrétaire-général de l'Université, Arnault était attaché au gouvernement impérial par la reconnaissance et par ses sympathies pour son chef, qui était son ami ; il ne le vit pas sans regrets tomber du trône ; mais délié de ses sermens envers Napoléon, il lui fut permis de se souvenir que le chef de la maison de Bourbon, Louis XVIII, avait été le protecteur de sa jeunesse ; il alla donc au-devant de lui, à Compiègne ; mais le roi l'accueillit froidement. Il sembla dès-lors dominé par des préventions peut-être injustes contre le poète qu'il avait jadis honoré de son affectueux patronage. Arnault ne s'attendait pas à un tel accueil et en garda rancune au souverain.

Lorsque l'abbé de Montesquiou, ministre de l'intérieur, réorganisa l'Université, Arnault perdit à la fois sa place de secrétaire-général et celle de conseiller. L'ordonnance royale lui accordait une pension de 6,000 francs.

A peine avait-il quitté les bureaux où il avait fait preuve d'une haute capacité, et où il aurait pu être long-temps encore utile, que le retour de Napoléon en France et la révolution du 20 mars 1815 rendirent à Arnault les fonctions dont il venait d'être injustement dépouillé : elles étaient même plus importantes, puisqu'il avait le titre d'administrateur-général de l'Université impériale. Nommé membre du conseil général du département de la Seine, élu député du même département, il assista en cette double qualité à l'assemblée du *Champ-de-Mai*. Dévoué au gouvernement impérial, il le servit cependant sans encourir le reproche d'un dévoûment aveugle, irréfléchi et d'un zèle exagéré. A la Chambre des députés, il se montra digne du mandat dont l'avaient investi les électeurs parisiens. Le 24 juin 1815, quand la nouvelle du désastre de Waterloo répandait partout le trouble et la consternation, Arnault monta à la tribune et demanda qu'on discutât d'urgence un projet de loi sur les mesures de sûreté générale. Il était du petit nombre des députés qui ne désespéraient pas du salut de la patrie ; il croyait qu'elle pouvait encore être sauvée par l'énergie des représentans.

Membre de la députation envoyée auprès de l'armée française devant Paris, il demanda que le rappel des commissaires fût imprimé et distribué dans toute la France. Sur sa proposition, la Chambre vota une souscription de 50 francs par député en faveur des soldats blessés. Plus les circonstances devenaient périlleuses pour les hommes de cœur, plus le député de la Seine montrait de résolution et de fermeté devant les baïonnettes étrangères et les menaces des réactions politiques. Jusqu'au dernier moment, fidèle à son mandat, il fut du nombre des représentans qui, trouvant les portes du Corps législatif fermées, se rendirent chez le président Lanjuinais pour protester contre la violence et clore légalement les séances.

Cette conduite rendait Arnault coupable aux yeux du gouvernement qui ressaisissait le pouvoir ; il fut d'abord exilé à vingt lieues de la capitale. Il choisit une retraite où, pendant six mois, il crut que cet exil injuste satisferait ses ennemis ; il s'y livrait à ses travaux littéraires, lorsque l'ordonnance du 17 janvier 1816 le força de chercher un asile en Belgique. Le gouvernement des Pays-Bas accueillit l'homme de lettres avec les égards qui étaient dus à son talent et à son caractère. Arnault, retiré à

Bruxelles, travailla à plusieurs journaux, notamment au *Journal belge,* auquel il fournit d'excellens articles de littérature, de morale et de philosophie ; il concourut aussi à la rédaction de quelques recueils périodiques, dont les principaux écrivains étaient des Français exilés comme lui.

Cependant l'ordonnance du 5 septembre 1816 avait mis un terme aux violences du parti absolutiste en France; l'interdit qui proscrivait tous les ouvrages dramatiques d'Arnault fut levé, et le Théâtre-Français put jouer sa tragédie de *Germanicus,* qui était reçue depuis plusieurs années à ce théâtre.

La première représentation de cette pièce eut lieu le 22 mars 1817. Malheureusement pour l'auteur, les partis s'étaient donné rendez-vous à cette représentation. Ayant à peine été entendue, la tragédie ne put être jugée. On s'était battu au parterre ; la bataille continua dans les journaux. Enfin, en 1819, il fut permis à Arnault de revoir sa famille et d'habiter la capitale ; mais l'autorité défendit la représentation de ses ouvrages. Aigri par cette injustice, il vint prendre place parmi les écrivains de l'opposition. Pendant qu'il s'associait avec MM. de Jouy, Foy et de Norvins, pour la publication de la *Biographie des contemporains,* il fondait avec le premier de ces collaborateurs et d'autres hommes de lettres, *le Miroir,* feuille quotidienne, où le public retrouva un peu de l'esprit du *Nain-Jaune,* de ce journal qui exerça tant d'influence sur les événemens qui préparaient le 20 mars 1815. *Le Miroir* fit une fortune rapide; grace à sa critique vive et spirituelle, à ses piquantes anecdotes, à ses épigrammes dirigées contre les hommes du pouvoir, il devint même assez puissant pour se faire craindre, et Arnault contribua beaucoup à ce succès.

La mort de Napoléon et son testament rappelèrent au public les relations honorables qui avaient existé entre Arnault et l'Empereur, qui léguait 100 mille francs à l'auteur de *Marius.* Arnault crut ne pouvoir mieux s'acquitter envers la mémoire de Napoléon qu'en écrivant sa vie : il montra dans cet ouvrage, qui a la sécheresse d'une biographie, plus de reconnaissance que de talent historique; néanmoins l'ouvrage eut du succès.

Enfin, Arnault obtint le rétablissement de sa pension de retraite et parut renoncer au travail de la polémique quotidienne. Il préparait une nouvelle édition de ses œuvres, écrivait ses mémoires, lorsque, en 1829, l'Académie française, s'honorant par l'initiative d'une réparation, rappela dans son sein le membre qui en avait été éliminé par l'ordonnance royale de 1816, rendue sur le rapport du ministre de l'intérieur Vaublanc. Le discours qu'il prononça dans la séance de sa réception fut remarquable par l'ingénieuse délicatesse de l'expression. Arnault, en remerciant l'Académie, protesta noblement en faveur de l'indépendance des lettres, et son discours peut être compté parmi les meilleurs de ce genre.

Arnault devait, dans l'intérêt de son repos et de sa réputation, se vouer exclusivement à l'accomplissement de ses devoirs académiques ; mais il se rappela malheureusement que deux ou trois de ses tragédies, reçues depuis long-temps, dormaient dans les cartons du Théâtre-Français : *Pertinax* ne réussit pas et ne devait pas réussir. Une critique passionnée oublia les égards auxquels un homme de talent avait droit. Arnault, qui n'aimait pas l'école nouvelle, répondit à ses violences, à ses outrages, par la colère, et son animosité l'engagea dans des démarches inconvenantes; on le vit signer cette fameuse lettre adressée par un certain nombre d'auteurs à Charles X, pour réclamer en quelque sorte son intervention en faveur de la muse classique qui, cependant, pouvait bien se défendre toute seule. Charles X lut la requête et garda le silence; il fit comprendre ainsi aux signataires le ridicule de leur demande.

Il ne réclama rien à la révolution de 1830 ; il resta académicien, travaillant à divers ouvrages, parmi lesquels on doit distinguer ses mémoires; il en publia quatre volumes sous le titre modeste de *Souvenirs d'un sexagénaire.* On y trouve une foule d'anecdotes piquantes sur les hommes politiques et sur les écrivains de la fin du XVIIIe siècle. L'auteur y joint des appréciations pleines de finesse, des aperçus ingénieux et des considérations qui appartiennent quelquefois à un ordre très élevé. Ce n'est pas que le sexagénaire ne laisse souvent surprendre le secret de ses anciennes rancunes, de ses vieilles haines, surtout quand il s'agit de critique littéraire : il se souvient trop fidèlement des attaques justes ou injustes dont il fut l'objet, et alors l'épigramme sert de représailles à l'animosité de l'auteur. Mais ce défaut, qui est un mérite aux yeux de la plupart des lecteurs, n'empêchera pas de regretter que la mort de l'auteur ait arrêté cette publication si intéressante. Les *Souvenirs d'un sexagénaire* devaient former huit volumes, dont quatre seulement ont été publiés.

Lorsque l'Académie française perdit Andrieux, son secrétaire perpétuel, elle confia ces honorables et importantes fonctions à Arnault; il succéda également à Andrieux dans la chaire de littérature française à l'École polytechnique. Cependant son assiduité au travail avait altéré sa santé ; il était allé chercher un peu de repos à la campagne, et il se trouvait au sein de sa famille, à Gaderville, près du Havre, lorsqu'il fut frappé de mort subite. Une attaque d'apoplexie termina sa vie, le 16 septembre 1834.

Le premier Consul l'avait nommé membre de la Légion-d'Honneur le 26 frimaire an XII.   s.-m.

ARNEFAUT (JEAN-BAPTISTE), naquit à Bourges (Cher), le 29 juillet 1777. Soldat au 21e régiment de ligne le 15 mai 1793, il fit les campagnes de 1793 à l'an V aux armées du Nord, de l'intérieur, d'Angleterre et d'Italie. Le 13 octobre 1793, il reçut un coup de feu à la main droite à l'affaire de Wissembourg. Fait prisonnier à Verderio le 9 floréal an VII, le lendemain de la bataille de Cassano, il recouvra sa liberté le 17 floréal an VIII, et servit aux armées gallo-batave et de l'Ouest pendant les ans VIII, IX et X. Ce n'est que le 27 nivose an X qu'il fut nommé caporal. Passé l'année suivante à l'armée de Batavie, et promu au grade de sergent le 3 germinal an XI, il reçut la croix de la Légion-d'Honneur le 26 frimaire an XII. En l'an XIII et en l'an XIV, il fit partie du camp de Bruges, et suivit son corps en Allemagne. Il fit les campagnes de la grande armée de 1808 à 1812, devint sous-lieutenant le 18 juin de cette dernière année, et se distingua, le 19 août suivant, au combat de Walutina-Gora, où il reçut deux blessures à la tête et fut fait prisonnier. Rentré des prisons de l'ennemi le 15 mars 1815, il reprit de l'activité dans son ancien corps, et fut licencié le 15 août même année.

ARQUES (*Louis-Gautier*). Voy. GAUTIER.

AUBERT (FRANÇOIS), né le 8 mai 1776 à Nanci (Meurthe), entra au service comme réquisitionnaire dans le 2ᵉ régiment de hussards le 12 février 1793, et fit toutes les campagnes de la Révolution, de 1793 à l'an IX, aux armées du Nord, de Sambre-et-Meuse, de Mayence, de l'Ouest et du Rhin. Pendant le cours de cette guerre, il reçut deux coups de feu, dont un au bras gauche et l'autre dans le côté droit. Nommé brigadier le 1ᵉʳ frimaire an VIII, il fut fait maréchal-des-logis le 1ᵉʳ ventose an IX, et vint tenir garnison pendant les ans X et XI à Gand et à Malines. Il servit à l'armée de Hanovre pendant les ans XII et XIII, et fut nommé membre de la Légion-d'Honneur le 26 frimaire an XII. Il fit les campagnes de l'an XIV, 1806 et 1807 en Autriche, en Prusse et en Pologne, avec la 2ᵉ division du 1ᵉʳ corps de la grande armée. Employé au corps d'observation du Rhin après la paix de Tilsitt, il fit partie de l'armée d'Allemagne à la reprise des hostilités en 1809. Sous-lieutenant le 8 novembre, il prit part à l'expédition de Russie en 1812, fut nommé lieutenant au 5ᵉ régiment de hussards le 9 février 1813, et mourut de maladie le 20 novembre suivant. B-G.

AUBERTIN (JEAN-FRANÇOIS), né le 26 juin 1755 à Cotesme (Jura), s'engagea dans le 93ᵉ régiment d'infanterie le 27 mars 1775, et fit les campagnes d'Amérique de 1779 à 1783. Le 1ᵉʳ juillet 1786, il fut nommé caporal, et sergent le 13 février 1789, sous-lieutenant le 1ᵉʳ octobre 1792, lieutenant le 10 janvier 1793, et adjudant-major le 16 juin suivant; il prit une part active aux campagnes de l'armée du Rhin de 1792 et 1793, et à celles des ans II et III. Passé à l'armée des Alpes, il y servit pendant les campagnes des ans IV et V. Appelé à l'armée d'Italie, il fit avec elle les campagnes des ans VI, VII, VIII et IX. Au combat de Gravières, près Suze, le 2 prairial an VIII, il entra le premier dans les redoutes qui furent prises d'assaut par le bataillon dont il faisait partie. Le 6 du même mois, chargé de reconnaître la position de 3 compagnies qui avaient été tournées par les Autrichiens, il traversa plusieurs fois les rangs ennemis, mais toutes les issues lui ayant été fermées, il se précipita dans la rivière avec son cheval et la passa à la nage, sous le feu de l'ennemi, pour venir rendre compte du résultat de sa mission. En vendémiaire an XII, il entra avec son grade dans le 26ᵉ régiment d'infanterie de ligne, et, le 26 frimaire suivant, il fut admis dans la Légion-d'Honneur. Affaibli par les fatigues de la guerre, et comptant déjà 30 années de service et 15 campagnes, il obtint son admission à la pension de retraite le 6 brumaire an XIV. Mais en se retirant il fut nommé lieutenant de la compagnie de réserve du département de la Dordogne.

AUGIER (JEAN), naquit à Monsey (Côte-d'Or), le 9 juillet 1762. Le 7 mars 1792, il entra comme sergent dans le 1ᵉʳ bataillon de volontaires de la Côte-d'Or. Fait prisonnier à Bera (Italie), le 15 décembre suivant, dans une affaire d'avant-garde, il ne tarda pas à être rendu, et, devenu lieutenant le 6 pluviose an II, il servit, à partir du 11 messidor an III, dans la 16ᵉ demi-brigade de ligne, amalgamée le 8 messidor an V dans la 3ᵉ légion cisalpine. Il passa, le 14 fructidor an VII, dans le bataillon complémentaire de la 32ᵉ demi-brigade, et obtint le grade de capitaine le 1ᵉʳ thermidor an VIII. Réformé le 11 brumaire an IX, Augier rentra en activité le 11 ventose suivant. Le 9 germinal même année, il se trouvait à la révolte de Livourne et y fut blessé de deux coups de stylet à la poitrine et à la hanche gauche. Augier, qui avait fait toutes les campagnes de la Révolution de 1792 à l'an IX en Italie, celles de l'armée de réserve et du corps d'observation du Midi de l'an VIII à l'an X, reçut, le 26 frimaire an XII, l'étoile de la Légion-d'Honneur. Il fit encore les campagnes de l'an XIV et de 1806 à la grande armée; celles de 1807 et 1809 en Espagne, et fut tué à la bataille de Talavera le 18 juillet 1809. B-S.

AUGIER (JOSEPH), né le 12 mai 1758 à Amiens (Somme), entra soldat au régiment de Bourgogne-infanterie le 16 novembre 1776. Il passa dans la 21ᵉ demi-brigade de ligne le 17 brumaire an II, et dans la 32ᵉ le 25 ventose an IV, fit toutes les campagnes de l'armée d'Italie, et se trouva à toutes les grandes batailles livrées par le général Bonaparte. Aux redoutes de Montelezimo le 23 germinal an IV, à la bataille de Lonado le 16 thermidor, à celle de Roveredo le 18 fructidor, au combat de Saint-George le 29, à la bataille d'Arcole les 25, 26 et 27 brumaire an V, à celle de Rivoli les 25 et 26 nivose, à la Favorite le 27 nivose, à Gradisca et au passage de l'Isonzo le 29 ventose, enfin, dans toutes les affaires où se trouva Augier, il fit preuve d'une bravoure et d'un sang-froid qui contribuèrent puissamment à donner à la 32ᵉ cette haute réputation de valeur qu'elle acquit sur les champs de bataille d'Italie. Lors de l'expédition d'Égypte, en l'an VI, il s'embarqua avec les 2 premiers bataillons de la 32ᵉ, fit la campagne de Syrie, le siège d'Acre, obtint les galons de caporal le 10 germinal an VII, combattit au Mont-Thabor le 29 du même mois, et prit part à la défaite des Turcs à Aboukir le 7 thermidor an VII. Rentré en France en l'an X, après l'évacuation de l'Égypte, il fut nommé membre de la Légion-d'Honneur le 26 frimaire an XII, à l'armée des côtes, et fut fait prisonnier de guerre par les Anglais, près l'île de Jersey, le 29 pluviose de la même année, étant à bord du *Chameau*. Échangé le 15 thermidor, il fit encore la campagne de l'an XIV en Autriche, et obtint sa retraite le 8 mai 1806. Y.

BACLÈS (JEAN), naquit le 18 mars 1771 à

Coudeau (Eure-et-Loir). Soldat au 90ᵉ régiment d'infanterie le 6 novembre 1791, il fut amalgamé dans la 164ᵉ demi-brigade en l'an II, et dans la 29ᵉ à la fin de pluviose an IV, après avoir fait les campagnes de 1792, 1793, ans II, III, IV, V, VI aux armées du Nord et de Sambre-et-Meuse. Il tomba au pouvoir d'un poste autrichien le 2ᵉ jour complémentaire an VII, fut échangé le 9 fructidor an VIII, rejoignit son corps en Italie, obtint, le 26 frimaire an XII, la décoration de la Légion-d'Honneur, et par suite des notes avantageuses fournies sur sa conduite et sa bravoure, il passa dans la garde du roi de Naples le 1ᵉʳ août 1806. V.

BALESTRIER (GUILLAUME), naquit le 13 juin 1773 à Gignac (Hérault). Nommé lieutenant le 29 juillet 1792 dans le 6ᵉ bataillon de fédérés, incorporé dans la 60ᵉ demi-brigade d'infanterie de ligne, Balestrier fit les campagnes de 1793, ans II et III. Le 29 germinal an II, il avait reçu le grade de capitaine. Passé, le 11 prairial an IV, dans la 29ᵉ demi-brigade, devenue, en l'an XII, 29ᵉ régiment d'infanterie de ligne, il prit part aux guerres des ans IV, V, VI et VII. Le 16 messidor an VII, à la tête des compagnies de grenadiers des 2ᵉ et 3ᵉ bataillons de sa demi-brigade, il s'empara du village d'Appenveyer et du camp qui le défendait, sauva le drapeau du 3ᵉ bataillon, et reprit une pièce de canon appartenant à l'artillerie légère. Le 2ᵉ jour complémentaire de la même année, étant à Manheim, il tomba au pouvoir de l'ennemi; mais, avant de se rendre, il avait fait lui-même plusieurs prisonniers. Rentré à son corps le 29 ventose an VIII, il fit encore les campagnes des ans VIII, IX, X, XIV et 1806, fut nommé membre de la Légion-d'Honneur le 26 frimaire an XII, et reçut, à l'affaire de Caldiero, le 9 brumaire an XIV, un coup de feu qui lui traversa la gorge. Le 1ᵉʳ août 1806, il passa au service de Joseph-Napoléon, roi de Naples, qui l'admit dans sa garde. Lorsqu'en 1808 Joseph se rendit en Espagne pour prendre possession de sa nouvelle couronne, Balestrier l'y accompagna. Il devint en peu d'années colonel du régiment royal-irlandais au service de ce prince, et fut enfin admis à la retraite.

BARBOIRON (MARIEN), né à Riom (Puy-de-Dôme), le 27 octobre 1771, entra le 6 octobre 1789 comme soldat dans le 7ᵉ bataillon d'infanterie légère, qui concourut, le 6 messidor an II, à la formation de la 7ᵉ demi-brigade de même arme. Il fit à l'armée du Rhin la campagne de 1792, et, le 11 août, dans un engagement partiel près de Francfort-sur-le-Mein, il reçut un coup de feu à la joue droite. Fourrier le 1ᵉʳ septembre 1793, sergent le 5 floréal an II, et sous-lieutenant le 15 fructidor même année, il prit part à toutes les affaires qui eurent lieu à l'armée du Rhin, de 1793 à l'an V. Le 26 brumaire an V, dans une attaque près d'Haure, en Brisgau, il fut blessé de trois coups de sabre à la tête et au poignet droit. Il fit la campagne de l'an VI à l'armée du Rhin, et celle de l'an VII à l'armée d'Angleterre. Passé à l'armée d'Italie l'année suivante, il reçut, le 16 brumaire an VIII, sur les hauteurs de la Madone de Savone, en Ligurie, un coup de feu à l'épaule droite. Il continua à servir à l'armée d'Italie, de l'an IX à 1806. Le 1ᵉʳ vendémiaire an XII, il était lieutenant, et, le 26 frimaire suivant, membre de la Légion-d'Honneur. Il servit de 1807 à 1809 à la grande armée, et un décret du 20 janvier 1810 lui conféra le grade de capitaine. Prisonnier à Inspruck, le 13 avril 1809, échangé le 17 août suivant, il suivit son régiment en Espagne, où il fit les campagnes de 1810 à 1812. A l'affaire de Figuières, en Catalogne, le 13 avril 1811, il fut blessé d'un coup de feu à la jambe gauche, et, le 3 février 1812, à Rheins-d'Esmont (Catalogne), il reçut une blessure assez grave à la jambe droite. Il obtint sa retraite le 18 mars 1813. Il est mort le 7 novembre 1833. B-S.

BARTHEZ (PAUL-JOSEPH), né à Montpellier (Hérault), le 11 décembre 1734, se prépara par les études les plus étendues à celle de la médecine. Il prit ses premiers grades à Narbonne, à Toulouse, puis à Montpellier, où il obtint de brillans succès, et fut reçu docteur en 1753. Il se rendit à Paris. Ses talens le firent accueillir avec distinction par les principaux savans de ce temps. Alors parurent ses premiers écrits, deux *Mémoires* que couronna l'Académie des inscriptions en 1756; dès ce moment, il devint un des collaborateurs du *Journal des savans* et de l'*Encyclopédie*. Nommé d'abord médecin d'hôpital militaire en Normandie, il suivit, en 1757, l'armée française en Westphalie, en qualité de médecin consultant. Revenu en France, un concours brillant lui porta, en 1761, à la place de professeur à l'École de Montpellier. Ce fut là qu'il commença la carrière de l'enseignement; son élocution élégante et facile lui attira un nombreux auditoire. Il contribua puissamment à renverser les fausses doctrines que la médecine avait empruntées de la mécanique, et à faire revivre celle primitivement établie par Hippocrate, et depuis renouvelée par Stahl. Barthez imprima ainsi une nouvelle direction aux études médicales, et prépara les progrès que la science a faits depuis. En 1774, il fut nommé coadjuteur et survivancier du chancelier de l'Université. Son bel ouvrage des *Élémens de la science de l'homme*, qu'il publia en 1778, mit le sceau à sa réputation. Barthez se fit recevoir docteur en droit l'année suivante, et agréer comme conseiller à la cour souveraine des aides de Montpellier. En 1780, les Académies des sciences de Paris, de Berlin, de Gottingue et de Stockholm, s'empressèrent de l'admettre dans leur sein. Bientôt appelé dans la capitale comme médecin consultant du roi, avec un brevet de conseiller d'État et une pension de 100 louis, il devint premier médecin du duc d'Orléans, en remplacement de Tronchin. Il exerçait cet emploi depuis dix ans, avec les témoignages les moins équivoques de la considération publique, lorsque la Révolution vint l'en chasser. Barthez se retira à Narbonne, pratiqua gratuitement la médecine, et se livra tout entier à l'étude de son art. Il mit alors la dernière main à son grand ouvrage de la *mécanique de l'homme et des animaux*, dans lequel il a posé les fondemens d'une science nouvelle. Après le rétablissement des facultés de médecine, Barthez, trop vieux pour se livrer de nouveau à l'enseignement, se vit appelé à celle de Montpellier en qualité de professeur honoraire, et ce fut à ce titre qu'il prononça, en l'an X, un *discours sur le génie d'Hippocrate*, lors de l'inauguration du buste de ce père de la médecine dans cette École. Il fut membre de l'Institut, reçut le titre de médecin titulaire du gouvernement, et la croix de la Légion-d'Honneur le 26 frimaire an XII. L'Empereur, juste appréciateur du mérite, le nomma son médecin consultant. Barthez mourut, le 15 octobre 1806, d'une fièvre maligne. Ce médecin, célèbre par l'universalité de ses connaissances dans les sciences et les belles-lettres, a laissé plusieurs ouvrages fort estimés relatifs à sa profession. TH.

BEAUJET. Voyez BOSGER (*François*).

BEAUSSE (LOUIS-ALEXANDRE-CÉSAR), naquit à Béthune (Pas-de-Calais), le 25 août 1768. Enfant de troupe dans le régiment de Conti-dragons (4e de l'arme), il comptait sur les contrôles de ce corps depuis le 25 août 1771, lorsqu'il s'engagea, le 25 août 1782, en qualité de musicien; mais cette position convenait peu à son caractère. Il se fit immatriculer dragon le 25 août 1784, suivit son régiment au camp de Rennes en 1788, fit la campagne de 1792 à l'armée du centre, et celles de 1793 et de l'an II aux armées de la Moselle et de Rhin-et-Moselle. Brigadier-fourrier le 1er avril 1793, il devint maréchal-des-logis, maréchal-des-logis-chef et sous-lieutenant les 14 ventôse, 18 et 28 thermidor an II. Il faisait partie, l'année suivante, de l'armée du Rhin, lorsque, à la tête de 25 dragons, il passa sur les derrières de la division ennemie, à Frœlich, et s'empara de ses bagages et de ses papiers. Il fit les campagnes des ans IV et V, et reçut le brevet de lieutenant le 6 vendémiaire an VII. Il continua de servir pendant les ans VII, VIII et IX, fut promu capitaine le 16 brumaire an X, resta à l'armée des côtes durant les ans X, XI et XII, et s'y trouvait encore lorsque le premier Consul lui accorda la croix de la Légion-d'Honneur, le 26 frimaire de cette dernière année. Il fit avec la grande armée les campagnes de l'an XIV à 1807, en Prusse et en Pologne. Passé en Espagne en 1808, il y resta jusqu'à l'évacuation de l'armée française, et fut fait chef d'escadron dans le 19e régiment de dragons le 14 août 1809. Le 30 janvier 1813, il se couvrit de gloire à la bataille de Medina-Cœli, en chargeant la cavalerie ennemie à la tête de 2 escadrons. C'est pour sa brillante conduite dans cette glorieuse journée qu'il fut fait officier de la Légion-d'Honneur le 28 juin 1813. Il prit sa retraite le 1er septembre 1814.

BEAUVE (DOMINIQUE), naquit à la Roc-de-Magnoac (Hautes-Pyrénées), le 11 janvier 1755. Entré le 30 avril 1775 dans le 33e régiment d'infanterie, caporal le 12 janvier 1780, il devint sergent le 17 septembre 1781. Il avait fait la guerre d'Amérique de 1780; il la continua jusqu'en 1783. Sergent-major le 20 janvier 1792, sous-lieutenant le 1er septembre 1793, lieutenant le 18 du même mois, et capitaine de grenadiers le 8 brumaire an II, il fit les campagnes de 1792 et 1793 à l'armée du Rhin. A la bataille de Saverne, le 23 août 1793, un boulet lui fit une forte contusion à la jambe droite, ce qui ne l'empêcha pas, le 17 septembre suivant, de sauver, au passage du Rhin, une barque chargée de troupes qui allait inévitablement périr. Le 28 prairial an II, il fut un instant pris par l'ennemi au siége de Charleroi; dans la lutte qu'il engagea avec ses adversaires, il en tua un, en blessa plusieurs, et parvint à s'échapper, emmenant avec lui 2 prisonniers qu'il avait faits en se dégageant. Ce petit combat força les Autrichiens d'abandonner un caisson d'artillerie. A la fin du même siége, il pénétra, l'un des premiers, à la tête de sa compagnie, dans une redoute défendue par des forces supérieures. A la bataille de Marengo, il reçut un coup de feu au côté droit. Le 26 frimaire an XII, il fut nommé membre de la Légion-d'Honneur. Affaibli par les fatigues de la guerre, il obtint sa retraite le 3 fructidor an XIII. Il est mort le 20 décembre 1830. B-S.

BEAUVE (JEAN-FRANÇOIS), naquit le 27 décembre 1744 à Aillant-sur-Tholon (Yonne). Entré comme volontaire au régiment de cavalerie de Roussillon le 2 janvier 1760, il passa dans le 2e régiment de carabiniers le 20 avril 1771, où il remplit presque aussitôt les fonctions de maître sellier. Il fit toutes les campagnes de la liberté aux armées de la Moselle, du Danube et du Rhin, se trouva à la bataille d'Arlon le 7 juin 1793, à celle de Werdt le 3 nivôse an II, à celle de Freysing le 16 fructidor an IV, au passage du Danube, et à la bataille d'Hochstett le 3 messidor an VIII. Membre de la Légion-d'Honneur le 26 frimaire an XII, il combattit encore à Austerlitz, à Ulm, à Preussich, Eylau et à Iéna, et mourut par suite des fatigues de la guerre, dans son cantonnement, le 6 septembre 1807. Y.

BECU (GABRIEL), naquit le 15 mars 1768 à Versailles (Seine-et-Oise). Soldat au 109e régiment d'infanterie le 3 mai 1784, il s'embarqua pour la Martinique le même jour, fut nommé caporal le 6 août 1786, et rentra en France le 23 juin 1790. Embarqué de nouveau sur la frégate *la Concorde* le 3 février 1791, il fit la campagne contre les nègres révoltés du cap Français, et reçut un coup de feu à la cuisse dans l'affaire du 11 août 1791. De retour en France le 18 février 1792, il fit partie avec son régiment de l'armée de la Vendée. A l'affaire de Pontorson, dans le mois de brumaire an II, il sauva un obusier qui allait tomber au pouvoir des chouans. L'attelage et les canonniers avaient été tués; il eut la force et le courage de traîner seul l'obusier jusqu'à l'entrée du pont, et donna le temps d'enlever plusieurs soldats blessés restés sur le champ de bataille. Cette belle action lui valut le grade de sergent le 5 thermidor an II; le lendemain, 6 thermidor, on le nomma sergent-major. Passé vers cette époque dans la 139e demi-brigade à l'armée de la Moselle, il y finit la campagne de l'an II. L'année suivante, il vint à l'armée du Rhin, et passa dans la 5e demi-brigade par suite de l'amalgame du 1er ventôse an IV. Pendant les années IV, V, VI et VII, il était à l'armée d'Italie. A l'affaire de Simbras, dans la partie italienne du Tyrol, le 3 nivôse an V, il fondit sur 4 tirailleurs autrichiens, en mit un hors de combat d'un coup de sabre, et amena les 3 autres au quartier-général. Pendant les ans IX et X, il fut attaché à l'armée d'observation du Midi. Membre de la Légion-d'Honneur le 26 frimaire an XII, il passa dans la 1re demi-brigade de vétérans le 1er nivose suivant, et fut admis à la retraite le 1er juin 1814. Il est mort le 10 juin 1830. Y.

BERNARD (CLAUDE), né le 30 septembre 1768 à Annevel (Vosges), entra comme volontaire le 18 septembre 1788 au régiment de dragons Colonel-Général, qui prit le n° 5 en 1791, fit les campagnes de 1792 et 1793 à l'armée du Nord, passa l'année suivante à celle des Ardennes, et obtint, le 24 brumaire an II, le grade de brigadier. Dirigé en l'an IV sur l'armée de la Moselle, et en l'an VI sur celle d'Italie, il fut nommé maréchal-des-logis le 6 frimaire de la même année, prit part à la conquête des Grisons en l'an VIII, et fut attaché au corps d'observation de la Gironde, destiné à agir contre le Portugal, pendant l'an IX. Le 16 mars 1793, devant Ruremonde, coupé par 4 hussards ennemis qui lui criaient de se rendre, il en tua un et se fit jour au milieu des 3 autres. Le 8 floréal an II, il traversa plusieurs fois les rangs des cuirassiers ennemis, en tua 2, et sauva la vie à plusieurs dragons dont les chevaux s'étaient abattus pendant la charge. Enfin, à l'affaire de Pavie, il tua plusieurs révoltés et sauva la vie à un officier français. Membre de la Légion-d'Honneur le 26 frimaire an XII, il passa avec le grade de brigadier dans la gendarmerie du département de la Sarthe le 22 thermidor de la même année, et fut admis à la retraite le 8 août 1814. Il est mort le 18 janvier 1823. Y.

BERNET (PIERRE-JOSEPH), né à Courchey (Loir-et-Cher), entra au 20e régiment de chasseurs à cheval au commencement de la Révolution, y devint brigadier, fit toutes les guerres de la République et du Consulat, reçut la décoration de la Légion-d'Honneur le 26 frimaire an XII, prit sa retraite vers 1813, et mourut à l'Hospice des Vieillards le 6 mai 1843. TH.

BERTHET (FÉRÉOL), naquit à Marnay (Haute-Saône), le 16 janvier 1772. Dragon dans le 2e régiment le 22 mars 1793, il fut nommé brigadier le 11 messidor an II. A l'affaire de Bentheim, il tua un officier ennemi, fit un soldat prisonnier et en blessa plusieurs à coups de sabre. Promu au grade de maréchal-des-logis-chef le 1er prairial an III, il fit les campagnes des ans IV, V et VI. Au combat de Niederaken, le 5 germinal an VII, après un engagement très vif, dans lequel il reçut cinq coups de sabre, il se fit jour à travers un groupe d'ennemis, en tua plusieurs et ramena 4 prisonniers. Sous-lieutenant le 1er fructidor suivant, il fit la campagne de l'an IX à l'armée d'Helvétie. Lieutenant le 14 ventose an XI, il reçut, le 26 frimaire an XII, la décoration de la Légion-d'Honneur. De l'an XI à l'an XIV, il servit à l'armée des côtes de l'Océan, et devint capitaine le 6 janvier 1806. Après avoir fait les campagnes de 1806 à 1811 à la grande armée, en Espagne et en Portugal, il obtint sa retraite le 1er janvier 1813. Il est mort le 30 décembre 1834. B-S.

BERTIN (MODESTE-FRANÇOIS), naquit le 4 juin 1775 à Ocqueville (Seine-Inférieure). Soldat le 1er novembre 1793 dans le 38e régiment d'infanterie et caporal le 18 floréal an II, il fit les guerres de 1793, des ans II, III, IV et V aux armées des Ardennes, de la Moselle et de Rhin-et-Moselle. Il passa fourrier dans la 75e demi-brigade de ligne le 1er pluviose an IV. A l'affaire de Danselack, dans les gorges de la Kinzich, le 26 messidor suivant, il entra, lui cinquième, dans une redoute défendue par l'ennemi, s'empara de 2 pièces de canon et fit plusieurs prisonniers. Le 1er floréal an VII, il fut incorporé, avec le grade de sergent-major, dans la 56e demi-brigade. Après avoir fait les campagnes d'Helvétie et d'Italie, la 56e demi-brigade reçut, à la fin de l'an VIII, l'ordre de se rendre à l'armée de l'Ouest, et y servit jusqu'en l'an IX. A la fin de cette dernière année, Bertin fit partie d'un détachement de son corps embarqué sur la frégate *l'Africaine* pour les îles Ioniennes, qui n'arriva pas à sa destination et débarqua à Livourne. Sous-lieutenant le 19 pluviose an XI, membre de la Légion-d'Honneur le 26 frimaire an XII, il servit en Italie de l'an XIV à 1807. Il devint lieutenant le 22 mai de cette dernière année, et fit, en Espagne, les campagnes de 1808 à 1811. Blessé d'un coup de feu à la main droite au siège de Girone, le 24 juin 1809, il fut nommé capitaine le 25 mars 1810. Il reçut une nouvelle blessure à la hanche gauche, au siège d'Ustaritz, le 30 avril suivant. Pendant la guerre de Russie de 1812, à la bataille de Polotsk, il reçut un coup de feu à l'avant-bras gauche. Il fut tué au combat de Liebnitz (Prusse), le 27 août 1813. B-S.

BERTRAND (JOSEPH-MARIE), naquit le 27 septembre 1773 à Pont-Saint-Esprit (Gard). Le 8 novembre 1790, il s'enrôla dans le 12e régiment de chasseurs à cheval, et fit les campagnes de la République depuis 1792 jusqu'à l'an IX. Sous-lieutenant au 12e régiment de dragons le 15 février 1793, lieutenant le 9 floréal an III, et capitaine le 19 fructidor an VII, il reçut un coup de sabre à la main au combat de Camberg, le 22 messidor an IV. Il se trouvait à l'armée des côtes de l'Océan en l'an XII et l'an XIII ; c'est là qu'il reçut, des mains de l'Empereur, la décoration de la Légion-d'Honneur, le 26 frimaire an XII. Il fut blessé d'un coup de feu à la cuisse au combat de Vertingen, le 16 vendémiaire an XIV. Il prit part à la bataille d'Austerlitz et à la prise d'Ulm. C'est pendant la campagne de Prusse qu'il fut nommé chef d'escadron au même corps le 4 novembre 1806. Il fit encore les campagnes de 1807 à la grande armée, et celles de 1809, 1810 et 1811 à l'armée d'Espagne. L'état de sa santé, fortement altérée par les fatigues de la guerre, le força à prendre sa retraite ; elle lui fut accordée le 1er avril 1811. B-G.

BERY *Voyez* DERY (*Pierre-César*).

BESSENAY (JEAN-LOUIS), né à Tizy (Rhône), le 1er février 1773, entra au service comme lieutenant dans le 2e bataillon de Rhône-et-Loire le 7 septembre 1792. Ce bataillon étant devenu le 6e du Rhône, il y fut nommé adjudant-major le 23 vendémiaire an II, avec rang de capitaine. Il fit toutes les campagnes de 1792 à l'an III. Le 13 messidor an III, il passa dans la 102e demi-brigade, devenue 53e en l'an VI. A l'affaire d'Ostrack, en Souabe, le 1er germinal an VII, il reçut à la jambe droite un coup de feu qui le mit hors de combat. Le 27 thermidor suivant, à l'affaire de Guechenen (Helvétie), il reçut une seconde blessure à la même jambe. Membre de la Légion-d'Honneur le 26 frimaire an XII, il fit les campagnes de l'an IX à 1806, et fut nommé chef de bataillon le 10 novembre 1807. Il était passé avec son grade dans le 67e de ligne, lorsque, le 18 février 1808, l'Empereur le nomma major du 25e régiment, avec lequel il servit à la grande armée, en 1812 et 1813, en Prusse et en Pologne. Il mourut à Czernitz, en Carniole, le 23 septembre 1813, des suites de ses blessures.   B-S.

BESSON (joseph-alexis), naquit à Saint-Laurent (Jura), le 11 août 1762. Soldat le 31 mai 1785 dans le 12e régiment de chasseurs à cheval, et brigadier le 21 mars 1791, il fit les campagnes de l'armée du Nord, de 1792 à l'an II. Il fut nommé, le 26 avril 1792, maréchal-des-logis ; le 6 juillet suivant, maréchal-des-logis-chef, et sous-lieutenant le 1er juillet 1793. Le 4 nivose an IV, à l'armée de Sambre-et-Meuse, il enleva une pièce de canon à l'ennemi et lui fit plusieurs prisonniers; il reçut, dans cette journée, une blessure grave qui le força de quitter le champ de bataille. Le 1er vendémiaire an V, il s'empara, près de Mayence, de 2 pièces de canon et de plusieurs chevaux, et fit quelques prisonniers. Il servit ensuite dans les armées du Rhin et d'Italie, de l'an V à l'an IX. Prisonnier de guerre à l'affaire de Marckdorff, le 2 germinal an VI, il fut échangé peu de temps après et promu au grade de lieutenant le 14 fructidor an VII. A la bataille de Marengo, le 25 prairial an VIII, il reçut un coup de sabre et fut de nouveau pris par l'ennemi. Rendu à la liberté, il reçut la décoration de la Légion-d'Honneur le 26 frimaire an XII, et, le 1er pluviose an XIII, le grade de capitaine. Il suivit son régiment à l'armée des côtes, en Prusse et en Pologne, de l'an XIV à 1807, passa avec lui en Espagne en 1808, et fut fait prisonnier à Baylen, le 19 juillet de cette année. Besson se trouvait sur le ponton la *Vieille-Castille*, que les Anglais avaient placé en rade de Cadix. Plusieurs de ces malheureux parvinrent à s'échapper le 15 mai 1810. Besson, chef de cette entreprise hasardeuse, fut blessé d'un coup de feu pendant sa fuite, et ne parvint qu'avec beaucoup de peine à atteindre le rivage. Depuis cette époque, il ne lui fut plus possible de se rétablir ; il sollicita sa retraite, qu'il obtint le 16 mars 1812, après avoir passé près de deux ans au dépôt de son régiment.   B-S.

BITAUBE (paul-jérémie), naquit à Kœnigsberg, capitale de la Prusse orientale, le 24 novembre 1732, d'une de ces familles de réfugiés français que la révocation de l'édit de Nantes avait condamnées à l'expatriation. Après avoir terminé ses études, n'ayant de goût ni pour le commerce, ni pour la médecine, il choisit le ministère évangélique. La lecture assidue de la *Bible* le conduisit à un examen plus attentif des *OEuvres d'Homère* et des auteurs classiques de la Grèce. « Bientôt, a dit Dacier, entraîné par le charme de la littérature grecque, il résolut de s'y livrer tout entier, et le théologien céda peu à peu la place au littérateur. » Décidé à se dévouer exclusivement aux lettres, il adopta la langue de ses pères, dont il avait un usage habituel. Ce n'était point assez pour lui : redevenir Français, fixer sa demeure à Paris, se faire admettre dans la grande famille des gens de lettres, voilà ce qu'il désirait ardemment, voilà ce qu'il ne cessait de rêver. C'est pour atteindre à ce but qu'il publia une traduction libre de *l'Iliade*, Berlin, 1762, in-8°, qu'il ne considéra lui-même que comme un abrégé de celle d'Homère. Cet essai, et la bienveillance de d'Alembert, qu'il s'était conciliée dans un premier voyage en France, et qui le recommanda puissamment à Frédéric, lui valurent son admission à l'Académie de Berlin et la permission de faire un second voyage à Paris. Lorsqu'il y revint, il avait déjà fait paraître son *Iliade* entière, 1764, 2 volumes in-8°. Dès-lors, il abandonna sa vie au travail le plus opiniâtre, et donna, en 1780, l'édition qui est restée. Il entreprit aussitôt sa traduction de *l'Odyssée*, qui parut en 1785. Ces deux ouvrages, avec des notes et des réflexions aussi judicieuses que savantes recommandaient à l'attention des hommes éclairés, décidèrent l'Académie des belles-lettres à l'admettre, en 1786, parmi ses membres correspondans. Dans la querelle sur la question de savoir s'il était préférable de traduire les auteurs anciens en vers plutôt qu'en prose, Bitaubé se prononça pour le genre qu'il avait adopté à son début dans la carrière : c'était le principe à la fois et l'exemple. « Persuadé que le merveilleux d'invention et les fictions épiques peuvent se soutenir sans le merveilleux du style et sans l'illusion de la parure poétique, » Bitaubé ne s'étant pas borné à la traduction des deux poèmes d'Homère, il avait fait imprimer deux poèmes en prose, en 1767 et 1768, *Joseph*; en 1773 et 1775, *Guillaume de Nassau*, qu'il reproduisit, en l'an IV, sous le titre de : *les Bataves*. Le premier de ces poèmes obtint un succès prodigieux.

Au commencement du régime de la terreur, Bitaubé et sa femme avaient été emprisonnés, mais par une attention assez singulière, à cette époque surtout, on avait cru pouvoir les laisser ensemble. Rendus à la liberté après le 9 thermidor, ils se trouvèrent dans une situation difficile. La pension que Bitaubé tenait de Frédéric avait été supprimée, il ne pouvait vendre les propriétés qu'il possédait à Berlin, puisque toute communication était interdite avec l'étranger ; force lui fut donc de vivre des secours de ses amis. La paix avec la Prusse lui permit de toucher les arrérages échus de sa pension, et de s'acquitter en un seul jour des dettes qu'il avait contractées pendant plusieurs années. A la formation de l'Institut, il entra dans la classe de littérature et beaux-arts.

Vers ce temps, Bitaubé traduisit *Hermann et Dorothée*, de Goëthe, et eut la faiblesse de comparer ce poème à ceux d'Homère. Sa traduction ne réussit point.

Lors de la réorganisation de l'Institut, au mois de pluviose an XI, il passa dans la 3e classe, classe d'histoire et de littérature ancienne, et, le 26 frimaire an XII, le premier Consul lui donna, sans qu'il l'eût sollicité, la décoration de la Légion-d'Honneur.

Cinq ans plus tard, la mort lui enlevait sa femme, et le même mois, le 22 novembre 1808, lui-même succombait à sa douleur. **DOUBLET.**

BLONDEAU (CONSTANT), né le 1er février 1763 à Catillon (Nord), entra au service au 20e régiment de chasseurs à cheval le 18 thermidor an II, et fit avec distinction les campagnes de la liberté aux armées des Ardennes, de Sambre-et-Meuse, de Rhin-et-Moselle, de Mayence, du Danube et du Rhin. Il obtint, le 26 frimaire an XII, la décoration de la Légion-d'Honneur, se trouva à la bataille d'Austerlitz et à toutes les affaires qui signalèrent cette mémorable campagne contre l'Autriche, et sa santé étant épuisée par suite des fatigues de la guerre, il obtint sa solde de retraite le 17 juillet 1806. **Y.**

BLOUME (JEAN-PHILIPPE), naquit à Singhauffen, près de Mayence, le 22 avril 1744. Soldat dans le régiment Royal-Normandie-cavalerie (18e de l'arme) le 1er avril 1760, il fit les campagnes d'Allemagne de 1760 et 1761, fut nommé brigadier le 1er mars 1779, maréchal-des-logis le 9 mars 1780, maréchal-des-logis-chef le 9 mars 1786, sous-lieutenant le 25 janvier 1792, lieutenant le 12 mai, capitaine le 10 brumaire an II, et servit à l'armée de Rhin-et-Moselle en 1793 et en l'an II. Il passa dans la gendarmerie d'élite le 9 brumaire an X après avoir fait la guerre de l'an III à l'an IX aux armées d'Italie, d'Helvétie et de Portugal. Le premier Consul le nomma membre de la Légion-d'Honneur le 26 frimaire an XII. Il fut admis à la retraite le 30 mai 1808. Il est mort le 14 juillet 1821. **B-S.**

BOGLIONE (JEAN-ANTOINE), naquit le 15 mai 1770 à Cervère (Stura). Dragon dans le régiment de la Reine, au service de Sardaigne, le 8 octobre 1789, il passa, le 28 messidor an VIII, dans le 1er régiment de dragons piémontais, qui prit le n° 21, dans l'armée française, le 1er nivose an X. Brigadier le 13 messidor an III, et maréchal-des-logis le 28 messidor an VIII, il fit les campagnes des ans V, VI et VII avec l'armée française en Italie, et passa dans l'escadron d'élite le 1er germinal an X. Envoyé, en l'an XII, à l'armée des côtes de l'Océan, il y fut nommé membre de la Légion-d'Honneur le 26 frimaire. Pendant les campagnes des ans XIV, 1806 et 1807, il fit constamment partie des escadrons de guerre détachés à la grande armée, et se noya au passage du Memel, le 26 juin 1807. **Y.**

BOHN (FRANÇOIS-JOSEPH), né le 18 février 1763 à Bleinchwiller (Bas-Rhin), s'engagea dans le 13e régiment de dragons le 15 juillet 1785. Brigadier le 10 avril 1792, il fit les campagnes de 1792 et 1793 à l'armée du Nord, et fut blessé d'un coup de sabre à la poitrine, le 18 mars 1793, à la bataille de Nerwinde. Sous-lieutenant dans le 1er régiment de hussards le 12 avril 1793, et lieutenant le 20 mai de la même année, il passa à l'armée des Pyrénées-Orientales, et y fit les campagnes des ans II et III. En l'an IV, il se trouvait à l'armée d'Italie, et le 11 prairial il reçut un coup de sabre sur la tête au passage du Mincio. Le 18 fructidor suivant, à l'attaque de San-Marco, il prit avec ses hussards 16 pièces de canon, 30 caissons, 7 drapeaux, et fit mettre bas les armes à 5,000 hommes; cette action lui valut le grade de capitaine le 18 nivose an V. Il fit la guerre en Italie pendant les ans V, VI, VII, fut employé à l'armée de réserve en l'an VIII, et à celle des Grisons en l'an IX. Le 18 fructidor an XI, il passa avec son grade dans les chasseurs à cheval de la garde des consuls, et fut nommé, le 26 frimaire an XII, membre de la Légion-d'Honneur. Chef d'escadron au même corps le 18 fructidor an XIII, il fit les campagnes de l'an XIII à l'armée des côtes de Bretagne, celle de l'an XIV à la grande armée, et se signala à Austerlitz. En 1806 et 1807, il prit part à toutes les affaires qui eurent lieu en Prusse et en Pologne. Le 14 mars 1806, l'Empereur lui accorda la croix d'officier de la Légion-d'Honneur. Il faisait partie des escadrons de la garde impériale qui furent envoyés à l'armée d'Espagne en 1808, et le 16 mars 1809 il fut nommé colonel du 7e régiment de chasseurs à cheval. Appelé à la grande armée, il trouva une mort glorieuse, à la tête de son régiment, devant les murs de Raab, en Hongrie, le 14 juin 1809. **B-G.**

BOLLOTTE (JOSEPH), naquit le 8 février 1769 à Saint-Julien (Côte-d'Or). Volontaire au 1er bataillon de la Côte-d'Or le 19 juin 1792, il faisait partie de la garnison de Valenciennes pendant le siége de cette place. A l'organisation de la 193e demi-brigade, il obtint le grade de caporal le 7 brumaire an II, fit la campagne de l'an II à l'armée de la Moselle; celle de l'an III à l'armée de Rhin-et-Moselle; passa dans la 5e demi-brigade à l'organisation de l'an IV, et servit pendant les ans IV, V et VI à l'armée d'Italie. Il assista au combat de Castiglione le 18 thermidor an IV, fit partie de l'expédition du général Championnet sur Naples, en l'an VII, et rentra en France l'année suivante. En l'an IX, il fut attaché, avec le 1er bataillon de la 5e demi-brigade, au corps d'observation d'Italie, et y resta pendant les ans X et XI. En l'an XII, il prit garnison en Étrurie, et fut nommé légionnaire le 26 frimaire. A la reprise des hostilités, en l'an XIII, il suivit son corps à l'armée d'Italie, et périt d'un coup de feu qu'il reçut à l'affaire de Castelnovo le 1er octobre 1806. **Y.**

BOLOT (CLAUDE-FRANÇOIS-FÉRÉOL), naquit le 18 juin 1764 à Andornay (Haute-Saône). Soldat le 22 août 1784 dans le 2e bataillon du régiment de Flandre (19e d'infanterie), devenu 38e, puis 21e demi-brigades, et enfin 21e régiment d'infanterie de ligne, il devint caporal le 1er février 1791, et fit les campagnes de la liberté, de 1792 à l'an IX, aux armées du Nord, d'Angleterre, d'Italie, des côtes de l'Ouest, gallo-batave et de Batavie. Il mérita par sa bravoure le grade de sergent le 11 nivose an II. Nommé membre de la Légion-d'Honneur le 26 frimaire an XII, et sous-lieutenant le 23 germinal suivant, il servit au camp de Bruges pendant les ans XII et XIII, fit les campagnes de l'an XIV à 1807 en Autriche, en Prusse et en Pologne, avec la grande armée, et se trouva aux journées d'Austerlitz, d'Iéna, d'Eylau et de Friedland. Promu lieutenant le 26 janvier 1807, il servit encore, en 1809, en Allemagne, et fut admis à la retraite le 1er septembre de cette même année. B-G.

BONY (JOSEPH), naquit le 25 décembre 1775 à Apt (Vaucluse). Volontaire au 1er bataillon de la Haute-Garonne le 17 août 1793, il fut amalgamé successivement dans la 21e demi-brigade en l'an II, et dans la 32e le 28 pluviose an IV; fit les campagnes de 1793, des ans II, III, IV et V à l'armée d'Italie, s'élança un des premiers sur le pont d'Arcole le 27 brumaire an V, passa en Égypte en l'an VI, et reçut un coup de feu au bras droit en combattant à Aboukir le 7 thermidor an VII. Le 9 thermidor an X, il fut nommé caporal, et, le 26 brumaire an XII, membre de la Légion-d'Honneur. Cantonné sur les côtes de l'Océan pendant les ans XII et XIII, il fit la campagne de l'an XIV en Autriche, tomba au pouvoir de l'ennemi dans une sortie de la garnison d'Ulm, le 19 vendémiaire an XIV, fut échangé le 1er juin 1806, fit les campagnes de Prusse et de Pologne, et devint sergent le 25 juin 1807. L'année suivante, il passa avec le 2e bataillon en Espagne, et reçut la mort au combat qui eut lieu en avant de Murcie le 26 avril 1810. Y.

BOSGER (FRANÇOIS), né le 8 septembre 1771 à Saint-Michel (Haute-Vienne), entra comme volontaire le 9 mai 1793 au 48e régiment d'infanterie, fut successivement incorporé dans les 95e et 62e demi-brigades, devenues 62e régiment de ligne en l'an XII, et fit toutes les campagnes de 1793 à l'an IX aux armées de la Moselle, du Rhin, de Rhin-et-Moselle, d'Allemagne, de Mayence, d'Italie et de Naples. Le 26 frimaire an XII, il fut nommé membre de la Légion-d'Honneur. Caporal le 1er prairial an XIII, il fit partie de l'armée d'Italie l'année suivante, et reçut au passage de l'Adige, le 8 brumaire an XIV, un coup de feu à la cuisse gauche, qui le contraignit à prendre sa retraite le 10 novembre 1807. Y.

BOSSUS (ÉTIENNE), naquit le 4 mars 1771 à Blezi-le-Bas (Côte-d'Or). Volontaire au 1er bataillon de la Côte-d'Or le 3 août 1791, il soutint dans Valenciennes le siége des Autrichiens pendant les mois d'avril, mai, juin et juillet 1793. Au commencement de l'an II, il fut incorporé dans le 193e demi-brigade à l'armée des Alpes, et fit partie des troupes destinées au siége de Lyon. La veille de la prise de cette ville, le 17 vendémiaire an II, il entra le premier dans une redoute du faubourg Saint-Just, défendue par 2 pièces d'artillerie et 27 hommes; les pièces furent enlevées et 4 soldats restèrent prisonniers. Le même jour, Bossus entra le premier dans une des redoutes de Fourvière, défendue par 3 pièces de canon. Après la reddition de la place, la 193e rejoignit l'armée sur les Alpes. Le 2e jour complémentaire, à la prise du petit Saint-Bernard, l'ennemi, après avoir résisté au poste de la Thuile, avait été contraint à la retraite. Bossus, un des plus acharnés à sa poursuite, s'empara sous les retranchemens du prince Thomas, et malgré le feu le plus vif, de 2 mulets chargés de cartouches, dont il fit immédiatement lui-même la distribution à sa troupe. Il resta à l'armée d'Italie pendant la campagne de l'an III, fut incorporé dans la 5e demi-brigade à l'amalgame du 1er ventose an IV, et prit part aux glorieux combats qui signalèrent la campagne des ans V, VI et VII. A la bataille du 6 germinal an VII, sous Verone, soutenu par 3 de ses camarades, il s'empara d'une pièce de canon et d'un caisson, tourna la pièce contre l'ennemi, et leur fit beaucoup de mal. Le même jour, il pénétra le premier dans un moulin, et y fit mettre bas les armes à 22 soldats et à un officier autrichiens. Il fit l'année suivante la glorieuse campagne d'hiver à l'armée du Rhin, revint à celle d'observation du Midi pendant les ans IX et X, fut nommé légionnaire le 26 frimaire an XII, et le 6 nivose de la même année, dans la gendarmerie nationale de la 27e division militaire (Étrurie), où il obtint sa retraite le 6 décembre 1811. Il est mort le 10 mai 1840.

BOUFFLERS (STANISLAS, *chevalier et marquis* DE), naquit à Lunéville (Meurthe), en 1737. Son père était capitaine des gardes du roi Stanislas, et sa mère faisait les honneurs de la petite cour de Lunéville. Elle eut tous les succès auxquels une marquise spirituelle et jolie pouvait prétendre à cette époque. Son fils en était fier, et il eut la même ambition. Aussi fut-il cité de bonne heure comme un bel esprit et un galant chevalier.

Ces goûts cependant étaient peu en rapport avec la position que sa première éducation lui avait faite. Aussi découvrit-il un beau jour que le plumet lui convenait mieux que la soutane, et il s'en expliqua franchement à l'abbé Porgent, son précepteur, dans une lettre qui n'est pas le moins curieux de ses écrits.

Le voilà donc capitaine de hussards et prieur à la fois par son privilége de chevalier de Malte, lequel lui permettait de cumuler le grade et le *bénéfice* (1).

Au retour de la campagne de Hanovre, il obtint un régiment, accompagna le duc d'Orléans au combat d'Ouessant, fut fait brigadier d'infanterie en 1780, et maréchal-de-camp en 1784. Envoyé près de la princesse Christine pour la féliciter sur sa nomination à l'abbaye de Remiremont, quelques couplets un peu légers le firent destituer à son retour; puis une autre chanson provoquée par une autre princesse changea sa disgrace en exil, et sa muse indiscrète fut reléguée au Sénégal; c'est du moins ce que l'on a dit et imprimé dans le temps.

Sur ces bords lointains, ses idées prirent une direction plus sérieuse, et il sut dépenser au profit de ses administrés l'activité et l'intelligence qu'il n'avait plus l'occasion de gaspiller.

Il revint en France le 27 décembre 1787, et, l'année suivante, il remplaça au fauteuil académique l'abbé de Montazet, archevêque de Lyon.

(1) Il tenait un bénéfice de 40,000 francs de la générosité du roi Stanislas.

Aline, reine de Golconde, qu'il composa au séminaire de Saint-Sulpice ; le *Cœur*, poème érotique ; ses *Lettres à sa mère sur son voyage en Suisse*, et bon nombre de pièces fugitives, tel était alors le bagage littéraire du nouvel académicien : c'étaient des titres assez bizarres à la succession d'un prélat. Vers et prose, tout atteste assurément l'esprit et la verve de l'auteur ; mais ces écrits ne pouvaient trouver d'applaudissemens que dans la société qui finissait et dont ils reflètent si fidèlement les mœurs.

Le *Cœur*, ce poème si vanté, afflige l'esprit par le cynisme constant de la pensée, et quelquefois par celui de l'expression ; sa correspondance avec sa mère fait monter le rouge au front !

La Révolution de 1789 le trouva revêtu de la dignité de grand-bailli de Nanci, et il fut nommé député aux États-Généraux. Là, il fallait un sens droit et ferme : Boufflers n'avait que de l'esprit et de belles manières. Il fut au-dessous de sa mission, et il s'expatria après la Constituante. Le prince Henri de Prusse lui offrit un asile à la cour de Rheinsberg, et il obtint plus tard de Frédéric-Guillaume II une concession de terres où devait s'établir une colonie d'émigrés français, projet qui ne se réalisa pas. De retour en France en l'an IX, il sollicita inutilement une préfecture. Cependant Napoléon le jugea assez grand seigneur pour le décorer du cordon de la Légion-d'Honneur le 26 frimaire an XII, et assez poète pour le rappeler à l'Institut ; et Boufflers, tout vieux qu'il était, retrouva sa grace et son esprit pour célébrer la nouvelle cour. Il avait voulu essayer le genre sérieux et n'avait pas réussi. Son *Traité du libre arbitre* est d'une obscurité désespérante.

En 1814, il succéda à Palissot, son compatriote, dans la place de conservateur de la bibliothèque Mazarine ; mais il n'en jouit que six mois. Il est mort le 18 janvier 1815. **A. L.**

BOURBON (JACQUES), né le 15 octobre 1766 à Fleigneux (Ardennes), entra au service comme soldat le 13 novembre 1787 dans le régiment Colonel-Général-cavalerie, devenu 1er régiment de cavalerie et 1er régiment de cuirassiers. Il fit les campagnes de 1792 à l'an III à l'armée du Nord, et fut nommé fourrier le 16 septembre 1793. Passé en l'an IV à l'armée d'Italie, il y servit jusqu'à l'an IX inclusivement et devint maréchal-des-logis le 25 floréal an VII. Rentré en France, il tint garnison à Versailles et à Paris de l'an X à l'an XIII. Membre de la Légion-d'Honneur le 26 frimaire an XII, il fit partie de la 2e division de grosse cavalerie de la réserve de la grande armée pendant les campagnes de l'an XIV, de 1806 et de 1807, en Autriche, en Prusse et en Pologne. Sa belle conduite à Austerlitz lui valut le grade de sous-lieutenant le 3 nivose an XIV. A Eylau, il mérita le grade de lieutenant, auquel il fut promu le 20 février 1807. Employé à la 2e division de cuirassiers de l'armée d'Allemagne pendant la guerre de 1809, il obtint le grade de capitaine le 15 octobre de la même année, et fut admis à la retraite le 12 avril 1810. Il est mort le 7 janvier 1831. **B-G**

BOURDON *Voyez* GOURDON.

BOURGEOIS (JEAN-BAPTISTE), naquit le 18 décembre 1775 à Élincourt (Nord). Volontaire au 2e régiment de dragons le 19 ventose an II, il fit toutes les campagnes jusqu'à l'an IX aux armées du Nord, de l'Ouest, de Sambre-et-Meuse, de Mayence, du Danube et du Rhin. Le 17 messidor an IV, à la bataille de Rastadt, il fut blessé d'un coup de feu à la jambe droite, et d'un coup de sabre sur le poignet gauche. Brigadier le 4 thermidor an X, il suivit son régiment à Lille, où il tint garnison pendant les ans X et XI, et fit partie, en l'an XII et en l'an XIII, de la première réserve des troupes rassemblées sur les côtes de l'Océan. Membre de la Légion-d'Honneur le 26 frimaire an XII, il fit les guerres d'Autriche, de Prusse et de Pologne, de l'an XIV à 1807, avec la 1re division de dragons montés. Il combattit vaillamment à Austerlitz et à Eylau, où il reçut une balle dans le cou, et fut nommé maréchal-des-logis le 12 mars 1807. A Friedland, il mérita une mention à l'ordre du régiment. Il suivit son régiment en Espagne, y servit de 1808 à 1812, et eut le corps traversé d'une balle au combat de Villa-Tobas le 25 décembre 1808. Passé à la grande armée, en 1813, il obtint le grade de sous-lieutenant le 21 août, fit encore la campagne de France en 1814, et celle de Belgique en 1815, et fut admis à la retraite le 4 décembre 1815. Il est mort le 16 avril 1829.

BOUSQUET (RAIMOND), naquit le 17 mars 1776 à Revel-de-Souze (Haute-Garonne). Appelé par la réquisition dans le 6e bataillon de la Haute-Garonne, il fit les trois campagnes de 1793 et des ans II et III à l'armée des Pyrénées-Orientales ; après le traité de Bâle, il fut incorporé dans la demi-brigade des Allobroges le 16 frimaire an IV, à l'armée d'Italie, et fut un des premiers carabiniers qui franchirent le pont de Lodi le 21 floréal an IV : il se jeta sur les canonniers autrichiens qui en défendaient la tête et en tua de sa propre main : mis à l'ordre de l'armée, il obtint le grade de caporal des carabiniers le 1er fructidor an V ; il se fit encore remarquer au passage du Tagliamento le 25 ventose an V, et fut cité de nouveau à l'ordre de l'armée d'Italie. Passé à l'armée de Rome, en l'an VII, il y obtint le grade de sergent le 2 pluviose. Il vint avec son corps en Batavie l'année suivante, y resta pendant les campagnes des ans VIII, IX, X et XI, et fit ensuite partie du camp de Boulogne en l'an XII et l'an XIII. Il avait été nommé légionnaire le 26 frimaire an XII. Blessé au combat de Braunau, le 6 brumaire an XIV, à la grande armée, d'un coup de feu qui lui traversa la poitrine, il fut obligé de prendre sa retraite, qu'il obtint le 8 février 1806. **Y.**

BOUTILLOT (JEAN-FRANÇOIS), naquit le 29 novembre 1772 à Sommepy (Marne). Volontaire au 10e régiment de dragons le 24 janvier 1793, il fit toutes les campagnes de la Révolution aux armées du Nord, des Ardennes, de Sambre-et-Meuse, de Rhin-et-Moselle, de Mayence, de l'Ouest, de Batavie et d'Italie. Envoyé, le 17 messidor an IV, à une batterie près du pont de Rastadt, au moment où les Autrichiens fléchissaient et mettaient le feu au pont, il s'y élança, pénétra dans la ville, et fit un officier et 16 soldats prisonniers. En les ramenant sur le pont, il attaqua 5 artilleurs et en fit 4 prisonniers : assailli lui-même par 2 chevau-légers, il ne perdit que 4 hommes, et conduisit le reste au quartier-général de sa division. Brigadier le 6 germinal an VIII, il fut nommé légionnaire le 26 frimaire an XII, étant à l'armée des côtes ; fit la campagne de l'an XIV en Autriche, et celle de 1806 en Prusse, se trouva aux batailles d'Ulm, d'Austerlitz et d'Eylau, et obtint son congé de réforme le 27 octobre 1806. Électeur de l'arrondissement de Reims.   Y.

BOYER (JOSEPH), naquit à Phalsbourg (Meurthe), le 2 mars 1763, entra au service comme lieutenant-quartier-maître dans le 2e régiment de hussards le 12 septembre 1785. Il devint capitaine le 21 août 1792, et exerça les fonctions de son emploi aux escadrons de guerre et au dépôt de son régiment. Légionnaire le 26 frimaire an XII, il obtint sa retraite le 28 brumaire an XIII. Il est mort le 27 janvier 1838.   B-S.

BRELLE (PIERRE), naquit le 16 mars 1768 à Puttelange (Moselle). Entré au service comme cavalier le 15 mars 1785 dans le régiment de hussards Colonel-Général, il se distingua au combat d'Avignon, le 26 février 1791, fit la campagne de 1792 en Champagne, reçut un coup de baïonnette à l'affaire du 28 août, se signala à la bataille de Valmy, et passa, le 1er mars 1793, en qualité de maréchal-des-logis dans le 20e régiment de chasseurs à cheval. Sous-lieutenant le 6 juin 1793, il fit les guerres de l'an III à l'an VI aux armées des Ardennes, de Sambre-et-Meuse et d'Allemagne. Prisonnier de guerre le 24 germinal an II, il resta près de quatre mois dans les prisons de Luxembourg. De retour à son régiment, il y reçut, le 1er messidor même année, les épaulettes de lieutenant. Le 12 prairial an VII, étant alors en Belgique, il reçut l'ordre d'envoyer à Orchies une patrouille de 10 cavaliers, commandée par un maréchal-des-logis, pour reconnaître la position de l'ennemi ; au moment où ce faible détachement arrivait au lieu qui lui avait été assigné, il fut inopinément tourné et attaqué par 40 hommes d'infanterie et 25 dragons autrichiens, et allait infailliblement succomber, lorsque Brelle se porta rapidement à son secours, et coupa la retraite aux 40 fantassins, qu'il fit prisonniers. Le 17 vendémiaire an VIII, son chef d'escadron lui confia le commandement de 30 hommes de sa compagnie pour aller surprendre, sur la rive droite du Rhin, un poste autrichien cantonné à Santhoven. Il traverse le fleuve, se rend avec un seul homme au logement du capitaine-commandant, y trouve un trompette et un cavalier d'ordonnance, qu'il tue ; il monte dans la chambre de l'officier et le somme de se rendre avec son détachement, qu'il ramène au quartier-général. Le 7 floréal même année, il charge à la tête de sa compagnie un escadron du régiment de Walder-dragons, qu'il met en pleine déroute, tue de sa propre main un cavalier, en blesse 3 autres, et fait plusieurs prisonniers. Au moment où il se disposait à attaquer une nouvelle troupe, son cheval est tué sous lui. Le général Decaen, qui le voit démonté, s'empresse de lui en envoyer un des siens ; rejoint au même instant par la seconde compagnie de son escadron, il fond sur une colonne de 400 fantassins, la met en déroute et lui prend 150 hommes, dont plusieurs officiers. Le 27 frimaire an IX, il reçoit l'ordre de charger, avec l'escadron qu'il commandait alors, 200 dragons autrichiens du régiment de Lorraine, placés en avant de Schwanstadt ; il se précipite aussitôt sur cette troupe, la met en déroute, lui tue plusieurs cavaliers, dont un porte-étendard, et lui prend 52 chevaux : il reçut dans cet engagement une blessure assez grave. Un arrêté des consuls du 1er messidor an X lui conféra le grade de capitaine. Membre de la Légion-d'Honneur le 26 frimaire an XII, il fit les campagnes des ans XII et XIII à l'armée des côtes de l'Océan. Passé l'année suivante à la grande armée d'Allemagne, il s'y fit remarquer, de l'an XIV à 1809, dans tous les engagemens que son régiment eut à soutenir contre l'ennemi. Blessé sous les glacis de Vienne le 18 mai 1809, et fait prisonnier après avoir reçu trois coups de sabre et un coup de faulx, il fut admis à la retraite le 29 août 1811, et nommé officier de la Légion-d'Honneur le 21 septembre suivant.   B-S.

BREUIL. *Voy.* BRELLE (*Pierre*).

BRINCARD (JOSEPH-ANTOINE, *baron*), naquit le 22 mars 1771 à Paris (Seine). Entré au service le 10 mars 1792 comme sous-lieutenant dans Royal-Bourgogne, devenu 25e régiment de dragons, il fut nommé lieutenant le 1er avril 1793, et capitaine le 11 floréal an II ; il servit pendant les campagnes de 1792, 1793, an II, aux armées du centre et des Alpes, et pendant l'an III en Italie. Le 1er jour complémentaire an II, dans une reconnaissance près de Maëstricht, il fit de sa main 2 prisonniers et fut blessé d'un coup de sabre à la jambe gauche. En l'an IV, mis en non-activité, il ne fut rappelé au service qu'en l'an VI, et fit les campagnes des ans VII, VIII et IX en Italie et sur le Rhin. Le 8 frimaire an VIII, il reçut un coup de sabre à la main gauche, et un autre à la poitrine, près de Neckergemund, où il fut fait prisonnier et rendu trois jours après. Le 26 frimaire an XII, nommé membre de la Légion-d'Honneur, il fut promu, par décret du 14 nivose an XIII, au grade de chef d'escadron. Il prit part à toutes les affaires qui eurent lieu à la grande armée pendant les campagnes de 1805, 1806 et 1807, et fit ensuite celles de 1808 et 1809 en Espagne. Le 7 avril 1809, il fut nommé major du 9e de dragons, devenu 4e lanciers, et le 1er août 1813 colonel du régiment des hussards de Jérôme-Napoléon, devenu 13e de hussards. Il combattit à la tête de ce corps dans les campagnes de 1813 et 1814. Le 18 août 1814, Louis XVIII le fit chevalier de Saint-Louis et colonel à la suite des lanciers-dauphin. Le colonel Brincard ne servit point pendant les Cent-Jours ; aussi, à la réorganisation de l'armée, le gouvernement royal lui confia-t-il, le 1er septembre de cette année, le commandement du régiment des chasseurs à cheval des Alpes, qu'il quitta ensuite pour prendre celui des chasseurs à cheval de la Vendée, aujourd'hui 10ᵉ dragons, le 3 septembre 1817. Le roi lui conféra le titre de baron à la même époque. Nous croyons devoir reproduire la lettre qu'il écrivit à Louis XVIII à ce sujet, parce que nous n'en avons jamais trouvé de semblable dans les nombreux documens qui ont passé sous nos yeux :

« Sire, daignez permettre qu'un de vos plus fidèles sujets, le colonel Brincard, commandant depuis peu votre régiment des chasseurs de la Vendée, dépose au pied du trône une humble réclamation et sollicite directement de votre personne un prononcé favorable.

» Votre Majesté a daigné me conférer le titre honorifique de baron du royaume; mais pour en jouir, je dois payer un droit dont l'importance est de 4,000 francs (1).

» Sire, mon dévoûment à Votre Majesté est sans bornes, ma vie vous appartient, ma fortune, très peu considérable, est à votre disposition; mais quand vous m'en laissez la jouissance, je ne puis y porter une atteinte aussi sérieuse et altérer le patrimoine de mes enfans d'une somme aussi considérable pour moi.

» J'ai regardé, Sire, la conférence du titre de baron, que je n'avais point sollicité, comme la récompense de mes services passés, de mon sang souvent versé pour ma patrie, pour cette belle France si chère au roi, et qui, après vingt-cinq ans de guerre, de gloire et de désastres, a recouvré, avec la paix, ce bien si nécessaire, ses souverains légitimes. Je l'ai regardé aussi comme un encouragement pour l'avenir, comme un lien sacré de plus qui m'attachait de plus près et pour toujours au trône, à tous ses intérêts.

» J'ai pensé que des calculs ne peuvent se trouver mêlés à des sentimens aussi nobles : il serait trop décevant de ne trouver à leur place qu'une spéculation.

» Je demande au roi que dans sa munificence il daigne m'accorder la grace tout entière par la remise des droits; et si, par une sévérité de principes qui affligera son cœur, Sa Majesté n'obtempère point à ma demande, je renonce à un titre qui m'eût flatté comme rémunération de mes services, plus honorés, mais que je ne dois pas acquérir par de l'argent. Tel que je suis, Sire, je n'en resterai pas moins fier de servir Votre Majesté, et comme toujours, de rester fidèle à mes devoirs.

» Je suis, etc. »

Le colonel Brincard resta baron, et le roi le fit, le 24 août 1820, officier de la Légion-d'Honneur, et maréchal-de-camp le 25 avril 1821.

Il mourut à Paris, le 14 mars 1823, au moment où il venait d'être appelé au commandement d'une brigade de cavalerie à l'armée que M. le duc d'Angoulême devait conduire en Espagne. B-G.

BRUYERE (LOUIS-THÉODORE), naquit le 27 mai 1773 à Crépy (Aisne). Soldat le 14 juillet 1789 dans le régiment de la Couronne, devenu 45ᵉ, il fit

(1) Lorsque l'Empereur conférait le titre de baron, il y ajoutait une dotation de 4,000 francs de rente transmissible.

les campagnes de 1791 et 1792 à l'armée du Nord, et, le 17 avril 1793, il passa comme dragon dans le 5ᵉ régiment de cette arme. Il servit, en 1793, à l'armée du Nord, et, en l'an II, à celle des Ardennes. En l'an II, devant Philippeville, il parvint à sauver un de ses camarades dont le cheval avait été tué sous lui, et qui se trouvait assailli par 4 hussards autrichiens. Il en tua un, blessa grièvement les 3 autres, et les amena prisonniers, malgré leur résistance et un coup de feu dont il avait luimême été atteint pendant l'action. Au blocus de Luxembourg, dans une sortie de la garnison, il tua un cavalier ennemi, en blessa un autre, et parvint à retirer des mains de l'ennemi le maréchal-des-logis qui commandait le poste et qui venait d'être fait prisonnier. Il blessa et ramena prisonnier un maréchal-des-logis des dragons de Toscane. En l'an III, il était à l'armée de Sambre-et-Meuse. Passé à l'armée d'Italie, il y fit les campagnes des ans IV, V et VI. En l'an V, entre Vicence et Bassano, en chargeant l'ennemi en tirailleur, il blessa et fit prisonnier un officier supérieur des hussards autrichiens de Léopold, et, aidé par un hussard français, il s'empara d'une pièce de canon. Dans le courant de cette même année, se trouvant dans les gorges du Tyrol, il fut blessé et fait prisonnier par les Autrichiens, mais il s'échappa au bout de dix-sept jours, et rejoignit son régiment. Le 6 brumaire an VI, il fut nommé brigadier. En l'an VII, il fit la campagne contre les insurgés de la Belgique, et servit successivement, en l'an VIII, dans les armées de l'Ouest, de réserve et des Grisons. Maréchal-deslogis le 11 ventose an VIII, il se trouva, ans IX et X, au corps d'observation de la Gironde, destiné à agir en Portugal. Pendant les ans XII et XIII, il était à l'armée des côtes de l'Océan, et c'est là que, le 12 vendémiaire an XII, il fut nommé sous-lieutenant, et qu'il reçut la décoration de la Légion-d'Honneur le 26 frimaire suivant. Il se trouva à Austerlitz, et fit ensuite les campagnes de 1806 et 1807 en Prusse et en Pologne. Nommé lieutenant le 28 avril 1808, il passa à l'armée d'Espagne, et y resta depuis 1808 jusqu'en 1811. Il fit la campagne de Russie, en 1812, et se trouva pendant celle de 1813 sous les ordres du général Rapp, à Dantzig. Le 5 janvier de cette dernière année, il fut blessé de trois coups de lance dans une affaire qui eut lieu près de Kœnigsberg. Le 12 juin suivant, il fut promu au grade de capitaine. Fait prisonnier de guerre à la capitulation de Dantzig, le 2 janvier 1814, il rentra de captivité le 27 septembre de la même année. Employé comme capitaine dans le régiment des dragons du Dauphin le 27 février 1815, il fit la campagne des Cent-Jours, et fut admis à la retraite le 1ᵉʳ décembre suivant. B-G.

BUACHE (JEAN-NICOLAS), naquit le 15 février 1741 à Neuville-au-Pont (Marne). La Légion-d'Honneur avait pour but de réunir dans une même communion de gloire toutes les sommités sociales : Napoléon appela Buache à en faire partie le 26 frimaire an XII, honorant ainsi en lui un des représentans des connaissances géographiques léguées par le régime ancien au nouvel ordre de choses. Le dernier, il avait porté le titre de géographe du roi. Il était le neveu de Philippe Buache qui, à l'époque de la création du dépôt des cartes, plans et journaux de la marine, en 1721, fut chargé du classement de toutes ces pièces, sous la direction du chevalier de Luynes. C'est lui qui préparait pour son oncle les leçons de géographie que ce dernier donnait aux jeunes princes qui furent depuis Louis XVI, Louis XVIII et Charles X. Cette collaboration lui valut plus tard une pension de 500 francs. Il publia à cette époque un *Traité de géographie ancienne et moderne*, moins connu par son mérite intrinsèque que par l'approbation qu'y donna l'Académie des sciences. Après la mort de son oncle, M. de Fleurieu le fit attacher au dépôt des cartes de la marine. Ce fut à partir de cette époque qu'il se livra à l'étude de l'hydrographie. Son *Mémoire sur la terre des Arsacides* lui valut, en 1782, la place de premier géographe du roi, et sa nomination à l'Académie des sciences à la mort de d'Anville. Ce fut lui qui fit les travaux préparatoires du voyage de découvertes de La Pérouse, et qui rédigea les instructions remises à ce navigateur. Pendant le règne de la terreur, il avait perdu sa place au dépôt de la marine; elle lui fut remise après la chute de Robespierre. Un moment arriva, après nos orages politiques, où le besoin se fit sentir de réorganiser l'instruction publique. Une École normale fut créée, et dans cet établissement, où furent appelées toutes les supériorités intellectuelles épargnées par la Révolution, Buache fut chargé de l'enseignement de la géographie. Il devint plus tard membre de l'Institut, et fut attaché à la section de géographie et de navigation. Le 31 mai 1814, Louis XVIII l'autorisa à reprendre son ancien titre de premier géographe du roi, et, le 11 juin suivant, il le nomma ingénieur-hydrographe en chef et conservateur au dépôt des cartes et plans de la marine. Il a exercé ces fonctions jusqu'au 21 novembre 1825, époque de sa mort. Buache a publié des *Observations sur l'ancienne carte itinéraire des Romains*, *sur les navigations des anciens*, et un *Mémoire sur les limites de la Guiane française*.

Ses autres écrits, en très petit nombre, insérés dans les recueils de l'Académie des sciences, présentent moins des données scientifiques que des hypothèses ingénieuses, que les découvertes postérieures ont presque toutes démenties. DE HACRE.

CABART (CLAUDE), naquit à Chartres (Eure-et-Loir), le 7 janvier 1770. Entré comme volontaire le 1er novembre 1791 dans le bataillon d'Eure-et-Loir, qui concourut à former la 29e demi-brigade de ligne, il devint caporal-fourrier le 27 août 1792, sergent, sergent-major et sous-lieutenant, les 15 avril, 18 juillet 1793 et 1er frimaire an II, lieutenant et capitaine le 28 floréal même année et 14 ventose an V. Il avait gagné tous ses grades sur le champ de bataille. Le 2e jour complémentaire an VII, l'ennemi s'était emparé de plusieurs bouches à feu et allait se rendre maître du pont établi sur le Rhin, en avant de Manheim, lorsque Cabart tombe sur lui avec une poignée de braves, reprend une pièce de canon, dégage le pont, et sauve, par cet acte d'intrépidité, 1,200 hommes restés sur la rive droite du fleuve. Le 11 frimaire an VIII, tandis que la brigade du général Roussel se battait avec acharnement près de Roczheim, l'ennemi dirigeait une forte colonne pour s'emparer du parc d'artillerie, et allait s'en rendre maître; Cabart fond à la tête de sa compagnie sur les Autrichiens la baïonnette en avant, et les oblige à prendre la fuite. Il servit avec distinction de l'an VIII à l'an XI, et, le 26 frimaire an XII, il reçut la décoration de la Légion-d'Honneur. Le 4 août 1806, il passa avec son grade dans la garde royale de Naples. Il y devint colonel, rentra avec ce grade dans l'armée française après la défection de Murat, fut mis en non-activité à la première Restauration, devint officier de la Légion-d'Honneur le 1er mars 1815, et obtint sa retraite le 23 juin 1822. Il est mort le 28 mars 1841.

CADEOT (ANTOINE), naquit le 19 mai 1773 à Marmande (Lot-et-Garonne). Enrôlé volontaire le 21 juin 1792 au 2e bataillon de Lot-et-Garonne, devenu 16e demi-brigade et 16e régiment d'infanterie légère, il fit les campagnes de 1792 à l'an V à l'armée du Rhin, et fut nommé caporal le 16 pluviose an II. Passé, en l'an VI, à l'armée d'Helvétie, il servit à celle d'Italie pendant les ans VII et VIII. Sergent le 7 vendémiaire de cette dernière année, il fut blessé au siége d'Ancône, le 7 brumaire suivant, d'un éclat d'obus à la jambe. Il servit, en l'an IX et en l'an X, au corps d'observation de la Gironde, et au camp de Brest de l'an XI à l'an XIII. Membre de la Légion-d'Honneur le 26 frimaire an XII, il fit partie de la 1re division du 7e corps de la grande armée pendant la campagne de vendémiaire an XIV. Sergent-major le 16 mars 1810, adjudant-sous-officier le 11 mars 1811, et sous-lieutenant le 25 novembre suivant, il fit les guerres de 1812 et 1813 à la grande armée. Enfermé dans la place de Dantzig vers la fin de 1813, il fut fait prisonnier de guerre le 1er janvier 1814, et rentra en France après la paix. Incorporé dans le 12e régiment d'infanterie légère le 31 juillet de la même année, il fut renvoyé dans ses foyers avec le traitement de non-activité le 30 novembre suivant. Remis en activité pendant les Cent-Jours dans le 1er bataillon des gardes nationales mobiles de Lot-et-Garonne, il fut licencié le 22 septembre 1815, et resta en demi-solde jusqu'au 22 mai 1816, époque de son admission à la retraite. Il est mort le 29 juin 1839. B-G.

CARDON (MARIE-FRANÇOIS-EUGÈNE-JOSEPH), né à Marle (Pas-de-Calais), le 14 juillet 1759, entra au service dans le corps royal des carabiniers le 12 mai 1780, devint brigadier le 15 mars 1784, maréchal-des-logis le 5 novembre 1785, fourrier le 29 octobre 1786, maréchal-des-logis-chef le 18 avril 1788, et adjudant-sous-officier le 5 mai 1792, fit les campagnes de 1792 et 1793, et, le 9 juin 1793, au combat d'Arlon, reçut un coup de sabre à l'épaule gauche. Le 12 juillet de la même année, il fut promu au grade de lieutenant, et, le 8 nivose an II, à celui de capitaine. Le 9 prairial suivant, il commandait un piquet de 100 cavaliers de son régiment, chargé de soutenir une colonne de 1,500 hommes d'infanterie, engagée avec un corps de troupes anglaises; fatigué de la résistance de l'ennemi, il s'élance sur lui avec impétuosité, le culbute et lui reprend une pièce de canon. Il fit avec distinction les campagnes de l'an IV à l'an VII. A l'affaire du 11 frimaire an VIII, tous les officiers supérieurs ayant été mis hors de combat, il dut prendre le commandement du 1er régiment de carabiniers, qui faisait partie de l'armée du Rhin. C'est à la tête de ce corps qu'il s'empara des gorges d'Odenheim, et tailla en pièces 400 cuirassiers ennemis. Ce brillant fait d'armes fut mis à l'ordre de l'armée. Il ne cessa point de servir de l'an VIII à l'an IX, et reçut, le 26 frimaire an XII, la décoration de la Légion-d'Honneur. A Austerlitz, il eut un cheval tué sous lui. Il était chef d'escadron depuis le 5 septembre 1806, lorsqu'il fut tué au combat de Guttstadt le 9 juin 1807. B-s.

CASSEGRAIN (JEAN-CLAUDE), naquit à Bussy (Loiret). Entré au 6e régiment de chasseurs à cheval en qualité de réquisitionnaire le 19 vendémiaire an II, il fit la guerre aux armées de Sambre-et-Meuse, de Mayence, du Danube et d'Italie, fut blessé dans le cours de la campagne de Naples, en nivose an VII, au passage du Danube, et à la bataille d'Hochstedt, le 3 messidor an VIII, et obtint, le 20 vendémiaire an X, une solde de retraite dont il jouissait encore à Arthenay (Loiret), en 1813. Le décret du 26 frimaire an XII le comprit au nombre des légionnaires. Y.

CASSINI (JEAN-DOMINIQUE, comte DE), fils du célèbre Cassini de Thury, naquit à Paris le 30 juin 1748. Favorisé par d'heureuses dispositions, il fit d'excellentes études, et se trouva de bonne heure à même d'aider son père dans ses travaux scientifiques. Le 14 mai 1774, il annonça à l'Académie des sciences le projet qu'il avait formé de publier une histoire céleste de l'Observatoire royal de Paris, depuis 1671 jusqu'alors; et afin de prouver que son dessein n'avait pas été conçu légèrement, il présenta à l'Académie une série de douze années de cette histoire. Dès 1776, il fut distrait de son ouvrage par les démarches qu'il fallut renouveler sans cesse pour l'Observatoire, prêt à tomber en ruine et dénué d'instrumens. En 1784, il succéda à son père dans la direction de cet établissement. Ses occupations multipliées et difficiles amenèrent de nouveaux retards à sa publication; mais afin de convaincre qu'il ne cessait d'y penser, il en fit imprimer des fragmens dans ses Extraits astronomiques de 1786, 1788, 1789 et 1790. A l'époque de la Révolution, il eut à subir d'étranges ennuis. On lit dans ses *Mémoires pour servir à l'histoire des sciences*, Paris, 1810, in-4°, p. 35 : « Ma position à l'Observatoire et dans le quartier où je me trouvais n'était pas des moins critiques. Je fus pendant long-temps occupé à me débattre contre les soupçons absurdes, les dénonciations ridicules, les visites et les interrogatoires des ardens et inquiets révolutionnaires. Selon eux, les souterrains de l'Observatoire étaient des magasins de poudres, de farines et de fusils que je recelais; mes télescopes, des ca-

nons que je braquais sur Paris, et les tours où j'avais de la lumière pendant la nuit pour observer, n'étaient autre chose que des salons où je réunissais des aristocrates. Dans une visite où des hommes armés m'entraînèrent avec violence au fond des caves, on enfonça la porte d'un cabinet souterrain où je faisais des expériences très curieuses sur le thermomètre et sur les mouvemens de l'aiguille aimantée, à l'abri des impressions de l'air. Tout fut culbuté, et j'eus la douleur de perdre le fil et le fruit d'une suite d'expériences commencées depuis long-temps, et qui devaient durer encore plusieurs années. »

La Convention décréta, le 30 août 1793, que la direction de l'Observatoire serait confiée à quatre personnes; elle choisit M. de Cassini et trois de ses élèves pour former cette espèce de direction. L'ancien directeur envoya sa démission le 6 septembre, et sortit de l'Observatoire le 6 octobre.

Les persécutions le suivirent dans sa retraite. « Pendant sept mois et demi que je restai en détention en 1794, dit-il (Mémoires cités, p. VII), mes papiers, livrés deux fois à l'examen des révolutionnaires, furent culbutés, dispersés. A peine mis en liberté, je fus obligé de sortir de Paris, de me retirer et de vivre à la campagne. »

A la création de l'Institut, le 3 brumaire an IV, M. de Cassini fit partie de la 1re classe, à laquelle il continua d'être attaché jusqu'à la réorganisation du 3 pluviose an XI (1).

Le 26 frimaire an XII, le premier Consul le nomma membre de la Légion-d'Honneur.

Retiré dans ses propriétés du département de l'Oise, il y vécut en sage, ne quittant sa retraite que pour venir assister aux séances de l'Institut ou pour se rendre à celle du conseil général de son département, qu'il présida plusieurs fois, et dont il fut plusieurs fois aussi le secrétaire.

Lors du rétablissement de l'Académie des sciences, le 21 mars 1816, Louis XVIII y fit admettre M. de Cassini.

Dans sa séance du 26 février 1818, la Chambre des députés s'occupa d'une demande qu'il lui avait adressée en paiement d'une somme de 453,000 fr. La question se réduisait à ces termes:

Le 21 septembre 1793, la Convention avait confisqué au profit du dépôt de la guerre, et sur la proposition de Fabre-d'Églantine, les planches et exemplaires de la carte générale de France, dite *de Cassini*, commencée par Cassini de Thury, continuée par son fils, et établie au moyen d'une association fondée aux mois de juin et juillet 1756. Sur la réclamation de M. de Cassini, le Comité de salut public avait ordonné au ministre de la guerre, par arrêté du 22 brumaire an II, de traiter avec les ci-devant associés, et il était intervenu, le 28 pluviose suivant, un acte de reconnaissance du droit des associés à une indemnité de 453,000 francs. M. de Cassini avait demandé l'acquit de cette dette aux différens gouvernemens de la France, mais en vain.

Cette fois encore, les législateurs accueillirent la pétition par une prise en considération et la ren-

---
(1) Il avait appartenu à l'ancienne Académie des sciences, supprimée par décret du 9 août 1793.

voyèrent aux ministres de la guerre et des finances. Depuis, on n'en a plus entendu parler.

Le 11 mars 1821, M. de Cassini a été nommé membre du conseil de perfectionnement de l'École polytechnique.

M. de Cassini, qui est aujourd'hui (février 1844) dans sa quatre-vingt-seizième année, vit dans la retraite, entouré de la considération publique qu'il a acquise par son savoir et par ses vertus.

CEGLAS (SÉBASTIEN), naquit le 6 janvier 1763 à Châlons (Saône-et-Loire). Fusilier dans le régiment de Provence-infanterie le 13 août 1780, il obtint son congé le 15 août 1788. Il reprit du service comme soldat le 22 mai 1791 dans le 1er régiment de cavalerie, devenu 1er de cuirassiers, et fit les campagnes de 1792, 1793, ans II et III à l'armée du Nord. Brigadier le 16 thermidor an II, il fit les guerres d'Italie de l'an IV à l'an IX, et devint brigadier-fourrier le 3 messidor an VI, maréchal-des-logis le 25 floréal an VII, et maréchal-des-logis-chef le 21 germinal an VIII. A l'affaire de la Secchia, il fut blessé d'un coup de feu à l'épaule droite. Rentré en France après la paix, il vint tenir garnison à Versailles et à Paris de l'an XI à l'an XIII, et fut nommé adjudant-sous-officier le 13 germinal an XI. Membre de la Légion-d'Honneur le 26 frimaire an XII, il passa sous-lieutenant le 1er floréal suivant, et fit partie de la 2e division de grosse cavalerie de la réserve de la grande armée pendant les campagnes de l'an XIV. Atteint d'un coup mortel à Austerlitz, il périt glorieusement sur le champ de bataille le 11 frimaire an XIV. B-G.

CESSART (LOUIS-ALEXANDRE, DE), naquit à Paris le 25 août 1719. Entré dans la gendarmerie de la maison du roi en 1742, il fit les campagnes de 1743 à 1746, et se trouva aux batailles de Fontenoy et de Recoux. Obligé, en 1747, d'abandonner la carrière des armes à cause de la faiblesse de son tempérament, il fut admis la même année à l'École des ponts et chaussées. Nommé, en 1751, ingénieur de la généralité de Tours, il construisit, concurremment avec de Voglie, le pont de Saumur, dont les piles eurent pour fondations des caissons remplis de pierres, d'après le procédé employé en 1738 par Charles Labeylie pour celles du pont de Westminster. Il est l'inventeur d'une machine pour recéper les pieux à 20 et même 30 pieds au-dessous de la surface de l'eau. Appelé, en 1775, dans la généralité de Rouen en qualité d'ingénieur en chef, on lui doit les quais de cette ville, ainsi que les écluses de Saint-Valery, de Dieppe et de Tréport. Chargé, en 1781, de la direction des travaux du port de Cherbourg, il s'agissait de fermer la rade par un môle de 3,600 toises d'ouverture et de 54 pieds de profondeur à marée haute. Pour y parvenir, Cessart imagina de submerger des cônes énormes entre lesquels on devait jeter des pierres jusqu'à ce qu'on eût atteint le point extrême des grandes eaux. Cette entreprise hardie avorta par le mauvais vouloir du ministère et le manque de fonds, et Cessart dégoûté donna sa démission. Toutefois, à Cessart reste la gloire de l'avoir conçue et commencée, et Louis XVI l'en récompensa, en 1784, par le cordon de Saint-Michel. Il ne paraît pas que depuis il ait été chargé de l'exécution d'autres travaux. Cependant ce fut à lui, alors âgé de quatre-vingts ans, que le gouvernement s'adressa pour les plans du pont des Arts, le premier pont de fer qui ait été construit en France. Membre de la Légion-d'Honneur le 26 frimaire an XII, il en devint commandant le 2 prairial an XIII, et mourut le 12 avril 1806.

CHABERT (ANTOINE), naquit à Metz (Moselle), le 27 août 1771. Le 16 juillet 1792, il entra au 5e régiment de hussards. Prisonnier dans Longwy le 23 août 1792, et rendu sur parole quelque temps après, il fit les campagnes de 1792 et 1793, et fut promu brigadier le 17 nivose an II, maréchal-des-logis le 8 pluviose an IV, et maréchal-des-logis-chef le 19 floréal an VI. Passé à l'armée du Rhin, il y servit de l'an VII à l'an IX. A l'affaire du 28 frimaire an IX, il fit prisonnier le général autrichien Melzery, et reçut le grade de sous-lieutenant sur le champ de bataille. Le brevet lui en fut délivré à la date du 11 brumaire an X. Il devint membre de la Légion-d'Honneur le 26 frimaire an XII, et lieutenant le 16 messidor suivant. Capitaine le 30 mars 1807, il fut chargé peu de temps après des détails de l'habillement de son régiment. Il sollicita et obtint sa retraite le 25 mai 1813. B-S.

CHABERT (PHILIBERT), naquit à Lyon (Rhône), le 6 janvier 1737. Fils d'un maréchal ferrant, il ne reçut qu'une éducation fort incomplète; cependant, par son zèle et son intelligence, il contribua plus que personne aux progrès de l'art vétérinaire en France. Il vint fort jeune à Paris, et acquit les connaissances les plus étendues dans cette partie. Attaché comme maréchal aux équipages du prince de Condé, il fit les guerres de Hanovre, et obtint, à la paix de 1763, l'emploi de professeur à l'École vétérinaire récemment établie à Lyon. Bourgelat, qui en était le fondateur, remarqua bientôt le mérite de Chabert, et le fit entrer à l'École d'Alfort, où il remplit les fonctions de professeur de maréchalerie, des maladies et des opérations; il fut ensuite nommé inspecteur des études et directeur de cet établissement. Bourgelat l'associa à ses travaux, et ils publièrent, en 1770, un *Traité des appareils et des bandages propres aux quadrupèdes*, et, en 1777, l'*Essai théorique et pratique sur la ferrure*.

Doué d'une activité infatigable, il entretenait une correspondance administrative et scientifique sans secrétaire, dirigeait les hôpitaux et répondait aux nombreuses consultations qui lui étaient adressées.

En 1780, Chabert succéda à Bourgelat dans la place d'inspecteur-général des Écoles royales vétérinaires, qu'il remplit avec distinction, et dans laquelle il rendit les plus importans services. Il fut correspondant de la Société royale de médecine jusqu'à la suppression de ce corps savant. Chabert demeura entièrement étranger aux débats orageux de la Révolution; néanmoins, il se vit incarcéré comme suspect pendant plusieurs mois.

Créé membre de la Légion-d'Honneur le 26 frimaire an XII, et correspondant de l'Institut de France, il se livra plus que jamais à son art, et

NOMINATION DU 26 FRIMAIRE AN XII.

donna au public un assez grand nombre d'ouvrages sur l'éducation et les maladies des animaux domestiques. Plusieurs de ces ouvrages ont été traduits en allemand, en espagnol et en italien. La plupart ont été imprimés par ordre du gouvernement. M. Huzard, son collaborateur et son ami, a prononcé sur sa tombe un discours qui donne une appréciation fidèle des services que Chabert a rendus à la médecine vétérinaire. Il mourut à Alfort le 8 septembre 1814.

CHABOT (JEAN), né à Mirebeau (Côte-d'Or), en 1774, entra au service le 1er septembre 1791 comme volontaire au 1er bataillon de la Côte-d'Or, devenu 145e demi-brigade de bataille ancienne et 5e nouvelle. Il fit les campagnes de 1792 et 1793 à l'armée du Nord, et mérita le grade de caporal pendant le siège de Valenciennes, le 21 septembre 1793. En l'an II, il fit partie de l'armée des Alpes, passa en Italie en l'an IV, se fit remarquer à la journée de Castiglione, fut nommé sergent le 9 prairial an V, et continua de servir à l'armée d'Italie jusqu'à l'an IX inclusivement. Dans un combat d'avant-garde, n'ayant avec lui que 20 hommes, il fut entouré par des forces supérieures. Sommé de se rendre, il répondit à cette sommation par des coups de fusil et fit une vive résistance jusqu'à ce qu'un détachement français vint le dégager. Le 26 frimaire an XI, il reçut un fusil d'honneur, quitta le service bientôt après, et se retira à Arcelot (Côte-d'Or), où le premier Consul lui envoya la décoration de la Légion-d'Honneur le 26 frimaire an XII. B-G.

CHALLAN (ANTOINE-DIDIER-JEAN-BAPTISTE), naquit à Meulan (Seine-et-Oise), le 25 septembre 1754. Conseiller-procureur-syndic au bailliage de cette ville à l'époque de la Révolution, il devint, en 1790, procureur-général-syndic du département de Seine-et-Oise. Challan soutint de tout son pouvoir l'autorité royale, et se rendit suspect aux révolutionnaires. Arrêté en 1793, et incarcéré aux Récollets de Versailles, il ne recouvra la liberté qu'après la mort de Robespierre. Nommé président du tribunal criminel de Seine-et-Oise, puis membre du conseil des Cinq-Cents, il fut envoyé en mission dans les départemens d'Ille-et-Vilaine, du Morbihan, du Finistère et des côtes du Nord. En l'an VIII, il fit partie du Tribunat, et vota en faveur du consulat à vie. Il déploya dans cette assemblée des connaissances étendues et variées en matière administrative et commerciale, et traita avec un égal succès les questions les plus opposées. En l'an X, il fut secrétaire, et plus tard président du Tribunat. Créé membre de la Légion-d'Honneur le 26 frimaire an XII, il vota pour l'établissement du gouvernement impérial. Après la dissolution du Tribunat, il devint membre du Corps législatif, et se montra constant admirateur de Napoléon aussi long-temps du moins que la fortune lui demeura fidèle, car on lui attribue la rédaction de l'acte du 3 avril 1814, par lequel le Corps législatif prononçait la déchéance de l'Empereur. Le 8 du même mois, il adhéra au rappel des Bourbons, reçut de Louis XVIII, le 19 octobre suivant, la croix d'officier de la Légion-d'Honneur, et des lettres de noblesse le 25 novembre de la même année. Il est mort le 1er avril 1831. TH.

CHAPPE (FRANÇOIS), DIT **MILORY**, entra au service dans la 32e demi-brigade, devenue 32e régiment de ligne, fit toutes les guerres de la Révolution, gagna le grade de caporal, fut nommé membre de la Légion-d'Honneur le 26 frimaire an XII, et tomba en pouvoir de l'ennemi à la même époque. Depuis on n'a plus entendu parler de lui.

CHAPUY (JOB-JOSEPH), né le 22 décembre 1745 à Lunéville (Meurthe), entra comme soldat au régiment d'Orléans-cavalerie le 29 avril 1764, et passa au 2e régiment de carabiniers le 1er octobre 1770. Il fit toutes les campagnes de la liberté, et se distingua à la bataille d'Arlon, le 7 juin 1793, et au déblocus de Landau, le 7 nivose an II, où il eut la jambe fracassée par un coup de feu. Le 26 frimaire an XII, il fut nommé membre de la Légion-d'Honneur, obtint sa retraite à titre d'ancienneté le 30 brumaire an XIII, et mourut à Lunéville le 2 octobre 1826. Y.

CHARDRON (JEAN), capitaine au 8e régiment de hussards. *Voyez* la nomination du 20 brumaire an XII, t. II, p. 491.

CHATELAIN (JEAN-BAPTISTE), né le 19 avril 1774 à Dantreville (Vosges), entra au service comme soldat le 25 février 1792 dans le 34e régiment d'infanterie, devenu 15e demi-brigade et 15e régiment de ligne. Il fit la campagne de 1792 à l'armée des Ardennes, et celles de 1793 et des ans II, III et IV à l'armée du Nord. Il se trouva au combat et à la prise d'Arlon, le 9 juin 1793, et y fut blessé d'un coup de feu à la cuisse droite et d'un autre à la main gauche. Passé en l'an V à l'armée du Rhin, il servit à celle du Nord pendant les ans VI et VII. Le 13 floréal de cette dernière année, il se précipita le premier dans le camp de l'ennemi, d'où il ramena plusieurs prisonniers et fut nommé caporal sur le champ de bataille. Il revint à l'armée du Rhin, où il fit les campagnes des ans VIII et IX, et, le 1er brumaire an VIII, il fut fait caporal-fourrier. Il sauva le drapeau de son bataillon le 10 frimaire suivant, pendant le mouvement rétrograde que la demi-brigade avait été obligé d'opérer. Sergent le 10 prairial de la même année, le 11, il retira des mains de l'ennemi un officier tombé en son pouvoir, fit prisonniers ceux qui l'avaient pris, et reçut à la même affaire un coup de boulet au bas-ventre. Il combattit à Muhldorff, le 10 frimaire an IX, et y fut blessé d'un coup de feu à la tête. A l'affaire d'Ulm, il s'empara d'une pièce de canon, et, le 17 fructidor, il fut promu sergent-major. Il suivit son régiment pendant les ans X et XI à l'armée de l'Ouest, tint ensuite garnison à Brest, et fut créé membre de la Légion-d'Honneur le 26 frimaire an XII. Sous-lieutenant le 11 ventose an XIII, il passa comme lieutenant dans le 66e régiment d'infanterie de ligne le 4 mai 1807, et fut employé au camp de Pontivy. Il fit partie de l'armée de Portugal en 1808 et 1809, et de l'expédition dans les Antilles pendant l'année 1810. Devenu capitaine au 61e régiment de ligne le 31 août de cette même année, il servit sous les ordres du prince d'Eckmühl en 1811, et prit part à la campagne de Russie en 1812. A la journée de la Moskowa, il fut blessé d'un coup de feu au bras droit. Il fit encore les campagnes de 1813 et 1814 en Allemagne et en France, et celle de 1815 sur les côtes de l'Océan. Le 15 avril 1815, il monta sur un brûlot qui était dirigé sur la poudrière de l'île d'Aix, coupa la mèche et détruisit les machines qui devaient la faire sauter. Proposé à cette occasion pour la décoration d'officier de la Légion-d'Honneur, les événemens qui se succédaient avec tant de rapidité ne permirent pas à l'Empereur de lui accorder la juste récompense de ses bons services. Le capitaine Chatelain fut mis en non-activité après le licenciement, et obtint sa retraite le 18 juillet 1816. Il est mort le 3 mars 1833. B-G.

CHAUSSIER (JOSEPH), né en 1775 à Saint-Jean-des-Vignes (Saône-et-Loire), entra au 1er bataillon d'artillerie de Paris le 15 avril 1792, et passa en qualité de brigadier dans le 20e régiment de chasseurs à cheval le 22 ventose an IV. Après avoir fait les campagnes des armées des Ardennes, de Sambre-et-Meuse et de Rhin-et-Moselle, il passa, en l'an VIII, à l'armée du Danube, où sa conduite lui valut le grade de maréchal-des-logis le 1er germinal an VIII. Fait prisonnier de guerre par les Autrichiens le 16 prairial suivant, à la bataille de l'Iller, à l'armée du Rhin, il parvint à s'évader et à rentrer à son régiment le 25 du même mois; il fut nommé maréchal-des-logis-chef le 27 prairial suivant, et obtint son congé à titre d'ancienneté le 17 thermidor de la même année. L'arrêté du 26 frimaire an XII le comprit au nombre des légionnaires. Ce membre de l'Ordre réside aujourd'hui (février 1844) à Châlons (Saône-et-Loire).

CHEPY (FRANÇOIS), naquit le 2 août 1769 à Brienne (Marne). Arrivé le 14 avril 1793 au 10e régiment de dragons en qualité d'engagé volontaire, il fit toutes les campagnes de la liberté jusqu'à l'an IX aux armées du Nord, du Rhin, de Hollande et d'Italie. Se trouvant détaché en tirailleur dans une sortie que fit la garnison de Cambrai, le 12 septembre 1793, il reprit à l'ennemi une pièce de canon, malgré la résistance de 15 chevau-légers, qu'il tua ou mit en fuite. Promu brigadier le 24 vendémiaire an VIII, et nommé membre de la Légion-d'Honneur à l'armée des côtes de l'Océan le 26 frimaire an XII, il se trouva à Ulm, à Austerlitz, à Eylau et à Iéna. Le 4 août 1809, il passa dans la 14e légion de gendarmerie, d'où il fut congédié avec une solde de retraite le 9 juin 1814. Il est mort à Écriennes (Marne), le 2 mai 1818. Y.

CHEVILLET (JEAN), né le 30 novembre 1765 à Nancray (Doubs), entra comme soldat dans le corps des carabiniers le 4 janvier 1785. Brigadier le 22 février 1790, il fit les campagnes de 1792 et 1793, et fut promu maréchal-des-logis le 28 juin de cette dernière année. Maréchal-des-logis-chef le 11 floréal an II, il fit la campagne de cette année, et fut blessé d'un coup de feu au genou gauche lors de la retraite de Mayence, en l'an III. Le 1er thermidor an IV, il fut nommé sous-lieutenant, continua à servir pendant les campagnes des ans IV, V, VI et VII, et reçut un coup de feu à l'épaule gauche au combat de Renchen, en l'an VII. Il fut encore blessé d'un coup de feu à l'affaire qui eut lieu près de Philisberg, en l'an VIII. Le 4 messidor suivant, à la bataille de Manheim, il reçut un coup de lance à l'avant-bras droit et un coup de sabre sur la main gauche. Le 2 brumaire an IX, ayant reçu l'ordre de se porter en avant avec son peloton, il rencontra l'ennemi qui, très supérieur en nombre, ramenait vigoureusement un détachement de hussards. Chevillet, sans se laisser arrêter par la disproportion de ses forces, charge résolument, et quoique blessé, la colonne ennemie, parvient à dégager les hussards, et met l'ennemi dans la plus complète déroute. Le général d'Hautpoul cita honorablement son nom dans le rapport qu'il adressa au général en chef. Le 26 frimaire an XII, il fut admis dans la Légion-d'Honneur. Lieutenant le 11 pluviose an XIII, il fit la campagne de l'an XIV à la grande armée, et reçut un coup de biscaïen au pied gauche à la journée d'Austerlitz. A la bataille de Friedland, le 14 juin 1807, il reçut un coup de sabre sur la partie droite de la tête, un coup de lance qui lui traversa l'os maxillaire gauche, et un autre coup de lance au bras gauche. Malgré les blessures graves qu'il avait reçues, il ne quitta le champ de bataille que lorsque, son cheval ayant été tué, une foulure au pied droit vint l'empêcher de continuer le combat. A la bataille de Ratisbonne, le 23 avril 1809, il eut la cuisse gauche traversée d'un coup de biscaïen, fut démonté et foulé aux pieds des chevaux. L'Empereur récompensa ses bons services, le 14 mai suivant, par le grade de capitaine; mais sa santé ne lui permit pas de prendre part aux campagnes suivantes. Il rentra au dépôt de son régiment, à Lunéville. Une hernie inguinale du côté gauche, suite des contusions qu'il avait reçues à Ratisbonne, le mettant dans l'impossibilité absolue de continuer un service actif, il fut admis à la retraite le 29 juin 1811. Ce brave officier a eu 4 chevaux tués sous lui dans différentes affaires. Il est mort le 9 décembre 1829. B-G.

CHEVREUX (PASCAL), né le 23 juillet 1770 à Fontoy (Moselle), entra comme soldat le 1er novembre 1790 dans le 3e régiment de chasseurs à cheval, avec lequel il fit les campagnes de 1792, 1793, ans II, III, IV et V. Il passa dans le 12e régiment de même arme le 5 vendémiaire an VI, servit avec son nouveau corps pendant les guerres des ans VI, VII, VIII et IX, et devint brigadier le 11 prairial an VIII. Rentré en France après la paix, il fut envoyé en garnison à Belfort pendant les ans X et XI, et promu au grade de maréchal-des-logis le 1er floréal an X. Il fit partie de la réserve de cavalerie de l'armée des côtes de l'Océan pendant les ans XII et XIII, reçut la décoration de la Légion-d'Honneur le 26 frimaire an XII, et fit les campagnes de l'an XIV à 1808 avec la grande armée. En 1809, il combattit à l'armée d'Allemagne, fut nommé sous-lieutenant le 21 septembre 1809, et prit part à l'expédition de Russie, en 1812. Il se trouva, le 23 juillet, au combat de Sventziany, et se distingua dans la charge que fit son régiment contre les hulans polonais, qui furent presque tous pris ou tués. Le 7 septembre suivant, à la Moskowa, il déploya le plus grand courage dans les diverses charges qui furent exécutées, sous les ordres du général Pajol, pour soutenir l'infanterie et l'artillerie. Il combattit, le 28 novembre 1812, au passage de la Bérésina, où il fut atteint de plusieurs coups de feu, de sabre et de lance, et mourut des suites de ses blessures le 2 décembre de la même année. B-G.

CHIGNET (*Pierre*). *Voyez* **EYCHENIE**.

CHOCQ (LOUIS-AUGUSTE), naquit le 13 juin 1767 à La Fère (Aisne). Soldat provincial dans la généralité de Paris le 13 avril 1783, il entra dans le régiment de Colonel-Général-dragons le 3 avril 1789, et passa dans la garde constitutionnelle du roi le 28 décembre 1791. Il fut ensuite incorporé comme brigadier dans les dragons de la République le 15 juin 1792, et nommé maréchal-des-logis le 22 novembre de la même année dans le 8e régiment de hussards, devenu 7e. Sous-lieutenant le 26 mars 1793, il fit toutes les campagnes de la Révolution depuis 1793 jusqu'à l'an XI, et passa lieutenant le 12 prairial an II. A la journée du 11 thermidor suivant, il combattit avec une valeur héroïque. Il se signala encore à l'affaire de Coire, près Trèves, le 17 ventôse an VII, ainsi qu'au passage du Rhin, le 11 floréal an VIII, et fut nommé capitaine le 1er fructidor suivant. Le 26 frimaire an XII, il fut créé membre de la Légion-d'Honneur. Il est mort des suites d'une chute de cheval le 24 fructidor an XIII. B-G.

CHODRON (FRANÇOIS-LOUIS), né le 22 octobre 1774 à Charmes-la-Côte (Meurthe), entra au service avec le grade de sous-lieutenant dans le 13e bataillon d'infanterie légère le 7 mars 1793, et partit immédiatement pour l'armée des Ardennes, avec laquelle il fit la campagne de cette année. Passé le 1er floréal an II, par suite d'amalgame, dans la 13e demi-brigade d'infanterie légère, devenue 25e de même arme à l'organisation de l'an IV, il assista avec ce corps à toutes les guerres de la Révolution, depuis l'an II jusqu'à l'an IX, aux armées de la Moselle, de Sambre-et-Meuse, d'Allemagne et d'Italie. Lieutenant le 21 prairial an III, il fut blessé d'un coup de feu à l'épaule droite, le 26 du même mois, à la bataille de Fleurus. Capitaine le 14 germinal an V, il reçut un coup de feu à la poitrine à la bataille d'Ostrach, le 1er germinal an VII. Le 3 floréal an VIII, au combat de Saint-Pierre d'Arena, il fut fait prisonnier par les Autrichiens. Mais l'ennemi, vivement pressé par la 3e légère, cherchait à se soustraire au danger. L'aide-de-camp du général ennemi voulut forcer le capitaine Chodron à lui indiquer le chemin le plus court pour regagner le pont de Cornegliano. Celui-ci lui montra un jardin sans issue. L'aide-de-camp s'y jeta aussitôt avec 450 hommes du régiment de Nadasty. A peine y furent-ils entrés, que le capitaine Mougenot, le lieutenant Henrion, le sous-lieutenant Gautheret, et le chasseur Boulogne, tous de la 25e légère, s'emparèrent de la porte en criant : *Bas les armes*. Le capitaine Chodron, s'adressant alors aux Autrichiens, leur dit : *C'est vous maintenant qui êtes nos prisonniers.* Ces 450 hommes se rendirent à discrétion. Le capitaine Chodron avait été dépouillé de tout, même de son habit. Les officiers du régiment de Nadasty, qui ne s'étaient point opposés aux mauvais traitemens qu'il avait essuyés de la part de leurs soldats, s'imaginant qu'on allait user de représailles à leur égard, s'empressèrent de lui offrir tout ce qu'ils possédaient de plus précieux pour obtenir de lui d'être respectés. *Gardez vos bijoux*, répondit Chodron; *je n'en ai pas besoin pour faire ce que vous n'avez pas su faire pour moi. — Nous avions perdu la tête*, répliqua l'un de ces officiers. — *La tête*, reprit le capitaine Chodron, *on n'est pas fait pour être officier, quand on perd la tête autrement que par un boulet de canon.* Cela dit, il fit désarmer ses prisonniers et les conduisit au quartier-général, où il fut comblé d'éloges par le général commandant la division. Le 12 du même mois, à l'affaire de la Coronata, Chodron reçut une troisième blessure à l'épaule droite. Rentré en France, il alla tenir garnison à Montmédy pendant les ans X et XI. La 25e demi-brigade d'infanterie légère étant devenue 25e régiment de même arme le 9 brumaire an XII, il fut nommé, le 26 frimaire suivant, membre de la Légion-d'Honneur. Le général de brigade Wonderweidt le choisit au commencement de l'an XIII pour remplir auprès de lui les fonctions d'aide-de-camp. C'est en cette qualité qu'il fit les campagnes de l'an XIV et de 1806 à la grande armée, et, le 27 septembre 1806, le maréchal Ney l'appela auprès de lui pour y occuper le même emploi. A la bataille d'Iéna, le 14 octobre suivant, il eut la jambe gauche fracassée par un boulet. Forcé après l'amputation de renoncer au service actif, il fut nommé, le 10 février 1807, chef de bataillon pour être employé dans l'état-major des places de guerres. Le 9 juin 1808, appelé au commandement du fort de l'île Pelée, il en demeura investi jusqu'au 16 janvier 1814, époque à laquelle il fut nommé commandant supérieur de la place de Toul. Il exerça ces dernières fonctions jusqu'à son admission à la retraite, qui eut lieu le 1er août 1815. B-G.

CHONEZ (LOUIS), né à Vassy (Haute-Marne), le 21 septembre 1772, entra au service dans le 1er régiment de chasseurs à cheval le 6 octobre 1793, fit la campagne de l'an III à l'armée des Ardennes, et fut nommé brigadier le 1er floréal an V. Il servit à l'armée de Sambre-et-Meuse de l'an IV à l'an VI, et à l'armée du Rhin pendant les ans VII et VIII. Il avait été fait fourrier le 26 thermidor an VII, maréchal-des-logis et maréchal-des-logis-chef les 28 et 29 thermidor an VIII. Il fit avec ce dernier grade les guerres des ans IX et X à l'armée de Batavie, et servit en l'an XII et en l'an XIII à l'armée des côtes de l'Océan. Promu sous-lieutenant le 12 vendémiaire an XII, et membre de la Légion-d'Honneur le 26 frimaire suivant, il fit les campagnes de 1806 et 1807 en Prusse et en Pologne. Il avait obtenu le brevet de lieutenant le 17 mars 1807, et celui de capitaine le 7 avril 1809, à l'ouverture de la campagne d'Allemagne. Il suivit son corps en Russie, et se distingua le 7 septembre 1812 à la bataille de la Moscowa, dans laquelle il fut blessé d'un coup de feu. Il fit encore la campagne de 1813 en Saxe, et reçut, le 29 avril, le brevet de chef d'escadron. Le 18 octobre suivant, il se fit remarquer à la bataille de Leipzig, où il reçut un coup de sabre et un coup de lance, et continua à servir en France en 1814 et 1815. Le 15 octobre 1814, il avait été décoré de la croix d'officier de la Légion-d'Honneur. Mis à la retraite le 7 mai 1816, il choisit le village de Burtoncourt (Moselle), pour y fixer sa résidence. B-S.

CHRISTOPHE (LOUIS), naquit à Emberménil (Meurthe), le 22 novembre 1749. Cavalier dans le 24e régiment de dragons le 7 février 1772, il devint successivement brigadier le 21 juin 1782, fourrier-écrivain le 5 septembre 1784, maréchal-des-logis-chef le 1er mai 1788, lieutenant-quartier-maître le 1er avril 1791, et capitaine le 20 juin 1793. Il fit les campagnes de 1792 à l'an IX, et fut décoré de la croix de la Légion-d'Honneur le 26 frimaire an XII. Il obtint sa retraite le 19 brumaire an XIII, et mourut peu de temps après.

CLAUDE (JOSEPH-DANIEL), capitaine au 20e de ligne. C'est par erreur qu'on a compris ce légionnaire dans quelques listes du 26 frimaire an XII. *Voyez* sa notice à la nomination du 14 brumaire an XIII.

CLEMENT. *Voyez* PORTERAT (*Denis-Clément*, dit).

CLERC (JEAN-NICOLAS), DIT **LECLERC** ET NON **LECLERC** (ALEXANDRE), comme l'indiquent quelques listes de nomination, chef d'escadron de cavalerie, naquit le 29 novembre 1770 à Moriville (Vosges). Soldat au 1er régiment de chasseurs à cheval le 8 frimaire an II, il fit la campagne de cette année à l'armée de la Moselle et sous Landau. Passé à l'armée de Sambre-et-Meuse, il y servit pendant les ans III, IV et V, fut blessé d'un coup de feu à la jambe droite, le 1er vendémiaire an III, à l'affaire de Leignick, et nommé brigadier et fourrier les 5 floréal et 9 thermidor suivans. A l'affaire de Liptingen, le 5 germinal an V, il délivra le capitaine Baron, qui venait d'être fait prisonnier, et reçut un coup de lance. Employé à l'armée d'Allemagne en l'an VI, il obtint le grade de maréchal-des-logis le 14 vendémiaire, et celui de maréchal-des-logis-chef le 23 floréal de la même année. Attaché à l'armée d'Helvétie en l'an VI, il fit les campagnes des ans VIII et IX à celle du Rhin, et fut promu adjudant-sous-officier le 1er vendémiaire an VIII. Le 12 frimaire an IX, à Hohenlinden, il sauva la vie à son chef de brigade en se plaçant entre lui et l'ennemi, et aux affaires de Schwanstadt et de Lambach, où l'ennemi avait mis le feu aux ponts de la Wogel et de la Traun, il se jeta à l'eau jusqu'à la ceinture, et contribua à l'éteindre sous une grêle de balles et malgré le danger d'être pris. Rentré en France après la paix de Lunéville, il tint garnison à Verdun pendant les ans X et XI, fut nommé sous-lieutenant le 20 thermidor an X, et fit partie des troupes rassemblées au camp de Bruges pendant les ans XII et XIII. Membre de la Légion-d'Honneur le 26 frimaire an XII, il fit les campagnes de l'an XIV, de 1806 et 1807, en Autriche, en Prusse et en Pologne, avec la division de cavalerie légère du 3e corps de la grande armée, et se distingua aux combats de Lambach et de Marienzell. Lieutenant par le choix de ses camarades le 20 septembre 1806, l'Empereur confirma cette nomination par décret du 25 du même mois. A la journée d'Iéna, il reçut un coup de sabre à la tête. Adjudant-major le 7 mars 1807, il entra comme lieutenant en second dans les grenadiers à cheval de la garde impériale le 25 juin suivant. Il fit la campagne de 1808 en Espagne, et celle de 1809 en Allemagne, où il fut nommé lieutenant en premier le 1er juin. Après le traité de Vienne, il retourna en Espagne, où il fit les guerres de 1810 et 1811, et obtint le grade de capitaine (vieille garde), le 17 février 1811. Il prit part à l'expédition de Russie, en 1812, et servit à la grande armée pendant la campagne de 1813 en Saxe. Le 28 octobre 1813, à la bataille de Hanau, il fut blessé d'un coup de sabre à l'oreille, reçut la décoration d'officier de la Légion-d'Honneur le 28 novembre suivant, et, le 16 mars 1814, celle de chevalier de l'ordre de la Réunion. Maintenu dans les cuirassiers royaux de France après le retour des Bourbons, et reconnu dans le grade de chef d'escadron de cavalerie pour prendre rang du jour de sa nomination au grade de capitaine dans la garde, il fut créé chevalier de l'ordre royal et militaire de Saint-Louis par ordonnance du 27 décembre 1814. Il fit encore la campagne de 1815 à l'armée du Nord, se retira derrière la Loire après la catastrophe de Mont-Saint-Jean, et fut licencié le 25 novembre de cette année. Il s'était retiré à Chinon (Indre-et-Loire), où il jouissait de la demi-solde de chef d'escadron de cavalerie, lorsqu'il mourut le 30 octobre 1818. B-G.

CLOOTZ (JACQUES), né en 1772 à Mayence (Prusse), s'enrôla dans les hussards volontaires du colonel Cointement au commencement de la Révolution, et fut incorporé avec eux dans le 8e régiment de hussards en l'an II. Il fit les campagnes de la Révolution aux armées de l'Ouest, du Nord, du Rhin et d'Helvétie, fut nommé brigadier le 1er nivose an VI, maréchal-des-logis le 16 brumaire an VIII, et obtint son congé par ancienneté le 5e jour complémentaire an X. L'arrêté du 26 frimaire an XII l'admit dans la Légion-d'Honneur. Rentré dans le sein de sa famille, il y mourut quelques années plus tard, au moins doit-on le croire, puisque les dernières nouvelles qu'on ait de lui sont du 31 mai 1809. Ce militaire avait adressé à la chancellerie et au ministère de la guerre des pièces rectificatives de ses nom et prénom, d'après lesquelles il se serait nommé *Pierre Clause;* mais ces pièces n'étant pas établies régulièrement, on l'a laissé subsister sur les contrôles sous les nom et prénom qui lui avaient été précédemment donnés. Y.

COCHET (JEAN-NOEL), né à Croissy (Seine-et-Marne), le 25 décembre 1746, entra le 3 septembre 1792 dans le 4e bataillon de volontaires de Paris. Sergent le 27 novembre suivant, il devint adjudant-sous-officier le 8 août 1793, sous-lieutenant le 9 octobre même année; fit les campagnes de 1792 à l'an IV, et fut nommé, le 27 messidor an V, lieutenant dans la 102e demi-brigade d'infanterie de ligne. Il passa avec son régiment à l'armée d'Helvétie. A la bataille de Zurich, le 4 vendémiaire an VIII, il enleva un drapeau au milieu d'un bataillon russe, reçut le grade de capitaine sur le champ de bataille, et fut signalé à l'ordre de l'armée. Le premier Consul le décora de la croix de la Légion-d'Honneur le 26 frimaire an XII. Après avoir pris part à toutes les affaires qui eurent lieu en Italie et dans le royaume de Naples de l'an IX à 1806, il mourut de la fièvre en 1807, à l'hôpital de Pouzzole (pays de Naples). B-S.

COIRET (CLAUDE), naquit le 16 février 1771 à Malain (Côte-d'Or). Enrôlé volontaire au 6ᵉ bataillon d'Orléans le 15 septembre 1791, il fut incorporé dans la 84ᵉ demi-brigade, et fit toutes les campagnes jusqu'à l'an IV aux armées du Nord et de l'Ouest. A l'affaire de Quiberon, le 23 messidor an III, il eut le pouce droit emporté par un coup de feu. Incapable dès-lors d'un service actif, il obtint la solde de retraite le 29 frimaire an VIII, et fut nommé légionnaire le 26 frimaire an XII. Il jouissait de sa pension à Malain (Côte-d'Or), où il est mort le 6 mars 1808. Y.

COLLENOT (JEAN), né à Meuilley (Côte-d'Or), le 2 mai 1763, entra dans la cavalerie au mois de septembre 1784. A l'époque de la Révolution, il passa dans le 3ᵉ régiment de dragons, fit toutes les guerres de la liberté, et servit avec assez de distinction pour obtenir d'être nommé membre de la Légion-d'Honneur le 26 frimaire an XII, puis électeur de Beaune. Au mois de nivose de la même année, le premier Consul lui accorda son congé absolu ; il rentra dès-lors dans sa famille, et mourut au lieu de sa naissance le 5 février 1839. D.

COLLET (JEAN-BAPTISTE), né le 19 juillet 1774 à Inaumont (Ardennes), entra comme soldat le 10 août 1792 dans le 16ᵉ bataillon d'infanterie légère. Ce bataillon passa dans la 23ᵉ demi-brigade légère le 1ᵉʳ nivose an III, et concourut, le 1ᵉʳ ventose an IV, à la formation de la 16ᵉ demi-brigade, devenue 16ᵉ régiment de même arme le 1ᵉʳ vendémiaire an XII. Il fit les campagnes des ans II et III à l'armée des Ardennes, celles des ans IV et V à l'armée du Rhin, et celles des ans VII et VIII en Helvétie et en Italie. Le 16 prairial an VII, à l'affaire d'Ascoli, il escalada un des premiers les murailles de la place, courut vers la porte Maggiore, tua un canonnier ennemi au moment où il allait mettre le feu à sa pièce, s'élança ensuite au milieu des ennemis, qu'il dispersa, et contribua puissamment par son courage à l'entrée des Français dans la ville. Le 3 brumaire an VIII, à Ancône, étant de service à la porte de France, il reçut un coup de feu et un coup de boulet à la jambe gauche, et fut nommé caporal le 20 du même mois. Pendant les ans IX et X, il fit partie du corps d'observation de la Gironde, servit pendant les ans XI, XII et XIII sur les côtes de Bretagne, obtint le grade de sergent le 1ᵉʳ ventose an XI, et fut nommé membre de la Légion-d'Honneur le 26 frimaire an XII. De l'an XIV à 1807, il fit avec distinction les campagnes d'Autriche, de Prusse et de Pologne avec la grande armée, fut nommé sergent-major le 3 mars 1807, et ne rentra en France qu'après la paix de Tilsitt. Devenu adjudant-sous-officier le 1ᵉʳ juin 1808, et sous-

lieutenant le 22 novembre suivant, il fit toutes les guerres d'Espagne depuis 1808 jusqu'à la fin de 1812. Le 28 juillet 1809, à la bataille de Talavera de la Reina, il reçut un coup de feu au côté gauche, et fut promu lieutenant le 8 novembre suivant. Premier porte-aigle le 25 avril 1810, et capitaine le 28 mai 1811, il passa, en 1813, à la grande armée, où il mérita la décoration d'officier de la Légion-d'Honneur, que lui accorda l'Empereur le 14 juin de cette même année. Ses blessures ne lui permettant pas de continuer un service actif, cet officier fut admis à la retraite le 12 août suivant, et se retira dans son pays natal, où il réside encore en ce moment (février 1844). B-G.

COLLIN-D'HARLEVILLE (JEAN-FRANÇOIS), naquit à Mevoisin, près de Maintenon, le 30 mai 1755. Les succès qu'il obtint dans ses études classiques devaient exercer une influence puissante sur son avenir et contrarier les projets de son père, qui le destinait au barreau ; il avait peu de goût pour l'étude du droit ; toutefois, il se résigna, mais se promit bien de cultiver en secret la poésie. Son père, qui n'avait d'abord vu qu'avec un vif chagrin les penchans littéraires de son fils, le crut converti à la raison, c'est-à-dire dégagé de toutes préoccupations qui pouvaient le détourner de l'Ecole de droit. Aussi le jeune clerc de procureur adressait ses vers sous le voile de l'anonyme à l'éditeur des *Étrennes d'Apollon* ou au rédacteur de l'*Almanach des Muses*. Enfin, au risque d'encourir les reproches de la sévérité paternelle, il publia et signa une pièce de vers sous la forme d'une épître satirique, et dans laquelle il déplorait le sort d'un clerc du parlement ; on remarquait dans cette pièce de la facilité, de l'esprit, de l'élégance ; elle eut beaucoup de succès au Palais-de-Justice ; mais ce n'était pas là que se faisaient les réputations des poètes. Collin s'était fait recevoir avocat, bien que ce titre n'eût alors, comme aujourd'hui, qu'une médiocre importance. Cependant ses confrères voulurent lui prouver que la profession d'avocat était incompatible avec la poésie légère, et qu'en outre ses épigrammes contre les procureurs pourraient lui susciter des inimitiés dangereuses. Collin, qui n'avait jamais pris au sérieux son diplôme, continua à faire des vers, à fréquenter le Théâtre-Français, à se ménager des relations littéraires avec les auteurs les plus accrédités ; il était décidé à laisser à ses confrères, si susceptibles, le soin de défendre la veuve et l'orphelin, ainsi qu'il l'avait fait pressentir dans une de ses pièces de vers. Cependant le père ignorait ce qui se passait : en arrivant à Paris, au lieu d'un avocat, il trouve un poète ; et, huit jours après, il reçoit de son fils un billet pour assister à la première représentation de *l'Inconstant*, au Théâtre-Français. Le vieillard voulut se fâcher, mais il n'était plus temps ; Collin répondait à ses reproches par un succès.

Collin fit jouer au même théâtre, en 1788, sa seconde comédie, *l'Optimiste*, en cinq actes et en vers, qui fut accueillie avec autant de faveur que *l'Inconstant*. L'année suivante, furent représentés *les Châteaux en Espagne*, pièce qui valut à l'auteur de glorieux encouragemens de la part même d'un critique sévère : Laharpe reconnut que le théâtre pouvait fonder sur le talent du jeune Collin de brillantes espérances. Collin continuant à travailler avec ardeur, mais avec trop de précipitation, obtint un nouveau succès qui surpassa celui de ses trois premiers ouvrages. Joué en 1792, à une époque d'orages politiques, *le Vieux Célibataire* était, en quelque sorte, une protestation contre les nouveautés monstrueuses, contre les informes ouvrages qui déshonoraient la scène. Collin était resté fidèle au culte de la bonne comédie et des traditions du goût; quoique sa pièce ne s'adressât pas aux passions populaires, bien que l'auteur du *Vieux Célibataire* ne cherchât pas à flatter les idées du jour, le public rendit justice aux intentions comiques, à la pensée littéraire de l'ouvrage. Il eut presque alors l'importance d'un événement; les journaux du temps témoignent de l'intérêt très vif qu'il excita. Mais ce n'était pas encore là une bonne comédie; on y retrouvait les mêmes qualités et les mêmes défauts que dans les deux premiers ouvrages de l'auteur; puis on pouvait lui reprocher des emprunts nombreux à *la Gouvernante*, d'Avisse, qu'il semblait avoir imitée dans trois ou quatre scènes principales. Peut-être Collin aurait-il fait de nouveaux efforts pour mériter les suffrages des gens de goût, si une situation précaire et la nécessité de se créer des ressources ne l'eussent forcé à travailler vite. Aussi ses autres pièces, loin d'annoncer les progrès de son talent, en constatent-elles au contraire la prompte décadence.

Dans *Monsieur de Crac*, il y a de la gaîté, de l'esprit, mais ces qualités ne sauraient faire excuser le mauvais genre de cette pièce, quoiqu'elle ait toujours fait rire. *Rose et Picard, ou la suite de l'Optimiste*, était un sacrifice fait aux opinions dominantes, qu'il fallait caresser sous peine d'encourir leur disgrâce ; *la Défense de la Petite Ville* était un témoignage d'amitié donné à Picard, qui avait été en butte à des critiques trop sévères ; mais cette pièce honorait plus le caractère que le talent de l'auteur. Il fit jouer successivement *les Carlistes*, *les Deux Voisins, ou Être et paraître*, *les Mœurs du jour, ou l'École des jeunes femmes*, *les Riches*, *Malice pour malice*, ouvrage dans lequel il imita assez maladroitement *Ruse contre ruse*, de Dumaniant. Deux autres de ses comédies, *les Vieillards et les jeunes gens*, et *la Querelle des deux frères*, furent jouées après sa mort, n'eurent qu'un médiocre succès; le public, en les accueillant avec indulgence, donna une preuve de sa reconnaissance pour un auteur qui avait contribué à ses plaisirs et mérité son estime. Collin-d'Harleville s'était exercé dans la poésie didactique; il avait publié un poème intitulé *Melpomène et Thalie*, en 2 chants; ce poème parut en l'an VII ; ce genre ne convenait nullement à son talent. Il se montra très sensible à la critique qui le renvoyait un peu rudement au théâtre. Cet échec littéraire aigrit son caractère; et, dès-lors, il parut triste et rêveur. Cette mélancolie profonde, à laquelle rien ne put faire diversion, l'éloigna définitivement du théâtre; il se condamna à la retraite, et à peine paraissait-il aux séances de l'Institut, dont il faisait partie depuis l'an IV. Nommé membre de la Légion-d'Honneur le 26 frimaire an XII, il mourut à Paris le 24 février 1806.   s.-M.

COLLINET (FRANÇOIS), naquit le 6 février 1773 à Jussey (Haute-Saône). Le 11 novembre 1790, il entra comme canonnier dans le 3e régiment d'artillerie, et fit les campagnes de 1792 et 1793 aux armées du centre et du Nord. A la bataille de Nerwinde, le 17 mars 1793, n'étant encore que canonnier, il commandait 2 pièces de quatre. Ayant reçu l'ordre de se porter sur un village occupé par 200 Autrichiens et de l'attaquer, il l'exécuta avec autant d'audace que de succès : il était parvenu à en déloger l'ennemi, lorsqu'une de ses pièces fut démontée et prise. Forcé un instant à se retirer, il revint à la charge, reprit 5 pièces de canon, et mit l'ennemi dans la plus complète déroute. Le 12 octobre 1793, il passa en qualité de sergent dans la compagnie de canonniers du 2e bataillon de l'Oise, avec laquelle il fit la campagne de l'an II. Sergent-major le 1er nivose an III, il entra par incorporation, le 3 germinal suivant, dans la 71e demi-brigade de ligne, devenue 131e, puis 1er régiment, et y reçut le 16 du même mois le brevet de sous-lieutenant. Il fit avec ce corps les guerres de l'an IV à l'an VI à l'armée gallo-batave, et celle de l'an VII aux armées du Danube, d'Helvétie et du Rhin. Dans l'une des nombreuses affaires qui eurent lieu contre les insurgés suisses, Collinet reçut l'ordre de se porter sur le pont de Vasen, avec la compagnie de grenadiers qu'il commandait ; il attaque aussitôt et enlève à la baïonnette le pont défendu par 400 hommes. L'ennemi se barricade dans un village où il trouve des renforts. Collinet enfonce à coups de hache l'une des portes de ce village, y pénètre et en chasse les insurgés. Lieutenant le 11 vendémiaire an VIII, il fit les campagnes des ans VIII et IX à l'armée d'Italie, et obtint le grade de capitaine le 11 vendémiaire an XII, et la croix de la Légion-d'Honneur le 26 frimaire suivant. Après les campagnes de l'an XIV, de 1806 et 1807 à la même armée, il fit en Espagne les guerres de 1808 à 1812. Prisonnier de guerre à Astorga le 19 août 1812, il fut rendu à la liberté quelque temps après, rentra en France avec les débris de l'armée d'Espagne, et fut mis en demi-solde lors de l'organisation du régiment du roi (1er d'infanterie de ligne) le 24 juillet 1814. Rappelé au dépôt de son ancien régiment le 20 mars 1815, il obtint sa retraite le 24 juillet suivant.   B-S.

COMBE (CLAUDE), naquit le 14 juillet 1768, à Écully (Rhône). Le 15 mars 1786, il entra dans le 59e régiment d'infanterie (Bourgogne), et fut nommé caporal le 15 août 1789. Il fit les campagnes de 1792 et 1793 à l'armée des Alpes, devint fourrier le 30 octobre 1793, et assista au siège de Toulon : le 4 frimaire an II, à la reprise de la redoute dite *de la Convention*, il fut blessé d'un coup de feu à la jambe gauche. Sergent le 26 floréal suivant, il passa, le 26 ventose an IV, dans la 70e demi-brigade de ligne, devenue 75e.

Après le siége de Toulon, il servit à l'armée d'Italie jusqu'en l'an VI. Au combat de Voltry, le 20 germinal an IV, il reçut un coup de feu à l'estomac. La 75ᵉ demi-brigade était en Helvétie lorsqu'elle reçut l'ordre de se rendre à Toulon pour s'embarquer avec l'armée d'Orient. Combe suivit son corps et fut nommé sous-lieutenant le 1ᵉʳ nivose an VII, et lieutenant le 12 germinal an IX; il se fit remarquer pendant toute la durée de l'expédition. Membre de la Légion-d'Honneur le 26 frimaire an XII, il fit partie de l'armée des côtes de l'Océan jusqu'en l'an XIII. Capitaine à l'ancienneté le 25 fructidor an XIII, il fit les campagnes de l'an XIV et de 1806 à la grande armée, et mourut le 11 février 1807 des suites de blessures reçues le 6 du même mois, au combat de Hoff.   B-S.

COMMANDEUR (LOUIS), né en 1771 à Saumur (Maine-et-Loire), entra le 20 avril 1787 au régiment de Dauphiné, devenu plus tard 38ᵉ régiment d'infanterie, et passa dans la 75ᵉ demi-brigade en l'an II, puis, en l'an IV, dans la 56ᵉ, devenue 56ᵉ régiment d'infanterie de ligne au commencement de l'an XII. Il servit à l'armée de Rhin-et-Moselle de 1792 à l'an IX, et se distingua particulièrement au premier passage du Rhin, et à l'attaque des retranchemens de Kehl, le 5 messidor an IV, ainsi qu'à la défense de la tête de pont de Huningue le 11 frimaire an V. Le 26 frimaire an XII, il fut nommé légionnaire, et caporal le 1ᵉʳ nivose suivant. Après les campagnes de l'an XIV à Austerlitz, et de 1806 en Prusse, il demanda sa retraite, qui lui fut accordée le 1ᵉʳ mars 1807; mais à la reprise des hostilités contre la Russie, il obtint, le 31 août 1811, l'autorisation de rentrer avec son grade dans son régiment, et périt pendant la désastreuse retraite de Moscou.   Y.

COMPAGNON (JÉROME), naquit le 30 mars 1773 à Troyes (Aube). Entré au service dans le régiment de Rouergue-infanterie le 1ᵉʳ mai 1789, il passa dans le 6ᵉ régiment de hussards le 22 octobre 1792. Il fit toutes les guerres de la Révolution depuis 1792 jusqu'à l'an IX aux armées du Nord, de Sambre-et-Meuse, du Rhin et d'Italie, et fut blessé d'un coup de feu au ventre, le 19 septembre 1792, au combat de Valmy, et d'un autre coup de feu, le 21 novembre suivant, à la prise de Namur. Nommé brigadier le 23 ventose an II, il se trouva à l'affaire de Marchiennes, près de Douai, le 8 messidor suivant, et y reçut cinq coups de baïonnette. Le 15 frimaire an III, au passage du Rhin, à Neuwied, il fut atteint d'un coup de feu, et obtint le grade de maréchal-des-logis le 22 floréal an IV. Promu maréchal-des-logis-chef le 16 vendémiaire an VII, il passa en Italie, et assista, le 28 thermidor an VII, à l'affaire de Novi, où il fut blessé d'un coup de biscaïen au bras droit. Il retourna à l'armée du Rhin, combattit à Hohenlinden le 12 frimaire an IX, et eut la cuisse droite traversée d'un coup de feu. Maréchal-des-logis dans la gendarmerie d'élite à cheval, le 12 pluviose an X, il fut fait maréchal-des-logis-chef dans ce corps le 25 ventose an XII. Le premier Consul l'avait créé membre de la Légion-d'Honneur le 26 frimaire de la même année. Le 8 nivose an XIII, il fut nommé lieutenant en second dans le même corps, et passa lieutenant en premier le 4ᵉ jour complémentaire suivant. Depuis lors, il fit toutes les campagnes de la garde impériale en Autriche, en Prusse et en Pologne, de l'an XIV à 1807; en Espagne en 1808 et 1809, en Allemagne en 1809, en Russie, en Saxe et en France de 1812 à 1815. Capitaine le 20 février 1813, il reçut la croix d'officier de la Légion-d'Honneur le 17 mai suivant, et le grade de chef d'escadron le 19 mars 1814. Maintenu en activité au retour des Bourbons, il fut mis en demi-solde au licenciement de 1815. Le commandant Compagnon demeura en non-activité jusqu'au 15 mars 1819, époque de son admission à la retraite.   B-G.

CONSTANTY (JEAN), né le 1ᵉʳ janvier 1770 à Cieurac (Lot), entra au service le 1ᵉʳ juillet 1792 dans le 2ᵉ bataillon du Lot, incorporé, en l'an II, dans la 108ᵉ demi-brigade de bataille, et fut proclamé sous-lieutenant par le choix de ses camarades le 4 du même mois. Il fit les campagnes des années 1792 et 1793 à l'armée de la Moselle, et celles des ans II et III à l'armée du Rhin, et fut nommé lieutenant le 10 frimaire an II. Surpris dans Kayserslautern avec un détachement de 50 hommes, par un régiment de cavalerie prussienne, il se jeta aussitôt dans l'Hôtel-de-Ville, s'y défendit avec acharnement, et obtint par sa fermeté d'en sortir sans condition. Arrivé à la porte de la ville, il s'en empara, et facilita ainsi le mouvement de retraite des troupes françaises. En l'an IV, il passa à l'armée de Rhin-et-Moselle. La 108ᵉ demi-brigade, faite prisonnière à Manheim, pendant cette campagne, portait encore le n° 108 de la première formation lorsqu'elle rentra en France; mais, par arrêté du Directoire, elle fut incorporée en partie dans la 21ᵉ de ligne en l'an V, et Constanty continua ses services dans ce nouveau corps. Il fut employé alors à l'armée d'Angleterre, et combattit en Italie pendant les ans VI et VII. Le 6 germinal de cette dernière année, devant Verone, à la tête de quelques braves, il parvint à chasser de 2 digues, qui leur servaient de retranchement, des troupes autrichiennes dont le feu soutenu incommodait beaucoup la division du général Hatry. Dans la même journée, il s'empara d'une pièce de canon, mais n'ayant pu la faire conduire au quartier-général, il se contenta de la faire démonter. Le 9 floréal suivant, à l'affaire de Verderio, dans une charge faite à six heures du soir, il prit une pièce de canon, après avoir tué ou mis en fuite les Autrichiens qui la défendaient. Passé en l'an VIII à l'armée des côtes de Cherbourg, il servit, en l'an IX, à celle de Batavie, et fut promu capitaine le 9 brumaire an X. Rentré en France après la cessation des hostilités, il tint d'abord garnison à Thionville pendant les ans X et XI; puis, passé au 28ᵉ régiment d'infanterie légère le 23 frimaire an XII, il alla rejoindre son régiment à Granville, et fut nommé membre de la Légion-d'Honneur le 26 du même mois. Il fit les campagnes de Prusse et de Pologne de 1806 à 1808 inclusivement. Forcé de quitter le service pour cause d'infirmités contractées à la guerre, il obtint sa pension de retraite le

29 août 1809, et fut nommé électeur de l'arrondissement de Gourdon (Lot). Il est mort le 24 août 1824 à Cieurac. B-G.

CONTE (NICOLAS-JACQUES), naquit à Saint-Céneri, près de Séez (Orne), le 4 août 1755. C'était un de ces hommes rares auxquels la nature se plaît à prodiguer tous les dons de l'esprit et du cœur. Dès l'âge de douze ans, une sorte de passion l'entraîna vers la mécanique et la peinture, et ses premiers essais décelèrent le génie de l'invention qui devait un jour l'illustrer. L'intendant d'Alençon, instruit des heureuses dispositions du jeune Conté, lui facilita les moyens de se rendre à Paris et lui remit plusieurs lettres de recommandation pour des personnages influens. Arrivé dans la capitale, il s'y fit bientôt une réputation par la ressemblance parfaite de ses portraits et la fraîcheur de son coloris. Il joignit à l'étude de la peinture celle de la mécanique, et ne tarda pas à inventer un instrument graphique qui rendit plus expéditive et plus sûre l'ancienne méthode de lever les plans. Peu de temps après, le gouvernement, voulant remplacer la machine de Marly, ouvrit un concours auquel il appela tous les mécaniciens de l'Europe; Conté proposa une machine hydraulique qui obtint le prix décerné par l'Académie des sciences. Dès lors, sa réputation grandit et il se vit recherché avec empressement par les savans de la capitale. La Révolution vint lui fournir les moyens de faire briller ses talens sur un plus vaste théâtre. Le gouvernement ayant conçu la pensée d'utiliser les aérostats à la guerre, Conté devint directeur d'une École d'aérostiers établie à Meudon. Malheureusement, un soir qu'il répétait ses expériences, un courant d'air, produit par une porte qu'on avait imprudemment laissée entr'ouverte, occasiona une détonation terrible qui brisa tous les instrumens de verre. Cruellement atteint par les éclats, Conté fut couvert de blessures et perdit l'œil gauche. Touché de son malheur autant que de son dévoûment, le gouvernement lui conféra le commandement des aérostiers, avec le grade de chef de brigade. Ce corps parut pour la première fois sur le champ de bataille de Fleurus. Un ballon, d'où un aéronaute observait les mouvemens de l'ennemi, afin d'indiquer au général français les points sur lesquels il fallait porter des renforts, planait au-dessus des armées ; et ce fut là ce qui détermina la victoire. On doit à Conté l'idée du Conservatoire des arts et métiers, dont il fut nommé administrateur, ainsi que la manufacture de crayons qui porte son nom. Il organisa ensuite l'École des arts et métiers de Compiègne. Appelé à faire partie de l'expédition d'Égypte, il partit en floréal an VI, avec son grade de chef du corps des aérostiers. A peine arrivé à Alexandrie, il se livra avec un zèle admirable aux travaux les plus urgens pour le service de cette place, presque dénuée de tout ce qui était nécessaire à l'armée. Le désastre qui frappa notre flotte à Aboukir n'aurait pas eu lieu si l'on avait suivi l'idée proposée par Conté d'établir une ligne télégraphique pour signaler l'apparition de la flotte anglaise. Les services que rendit ce savant sont immenses et dénotent le génie le plus actif et le plus fécond. Il créa des moulins à vent dans un pays où l'on ne connaissait rien de semblable, diverses fonderies, des machines pour la monnaie du Caire, pour l'imprimerie orientale, pour la fabrication de la poudre. Conté perfectionna la fabrication du pain, il des sabres pour l'armée, des lits-brancards pour le transport des blessés, des instrumens de mathématiques pour les ingénieurs, des loupes pour les naturalistes, et des instrumens de chirurgie. En moins d'un an, il transporta ainsi tous les arts de l'Europe dans une terre lointaine et jusqu'alors presque entièrement réduite à des pratiques grossières. Membre de l'Institut d'Égypte, il ne se contenta pas de se rendre utile à l'armée ; il voulut encore que les habitans profitassent de ses travaux. Il visita leurs manufactures, indiqua des améliorations faciles, et introduisit dans leurs fabriques des procédés nouveaux. Conté est le plus grand exemple de ce que peut un homme de génie avec le secours de la mécanique et de la chimie. Tant de travaux n'empêchèrent pas Conté de composer une admirable collection de dessins en tous genres; aussi, lorsqu'on forma la commission d'Égypte, ce savant se vit-il chargé de diriger l'exécution de son grand ouvrage. Il inventa alors une machine à graver, au moyen de laquelle il évita au gouvernement des dépenses énormes, et qui permit d'accomplir ce travail difficile avec une promptitude et une régularité merveilleuses.

Le retour de l'expédition le força d'abandonner tout ce qu'il avait exécuté en Égypte; quelque désir qu'il eût de revoir sa patrie, il n'en éprouva pas moins de regrets de laisser inachevés des travaux qu'il avait crus destinés à la prospérité d'une colonie française.

Le premier Consul, qui professait pour Conté la plus haute estime, le créa membre de la Légion-d'Honneur le 26 frimaire an XII. L'Empereur aurait sans doute répandu ses faveurs sur le savant modeste et distingué qui les méritait à tant de titres ; mais une mort prématurée vint l'enlever le 15 frimaire an XIV. M. Jomar, qui a succédé à Conté dans le travail de la commission d'Égypte, a publié sur son compte une notice qui apprécie dignement les travaux importans et les inventions utiles que lui doivent les arts et l'industrie nationale.

CONTRE. *Voyez* COUTREZ.

COQUEBERT DE **MONTBRET** (CHARLES-ÉTIENNE, *baron*), naquit à Paris le 3 juillet 1755. Son père, conseiller-correcteur à la chambre des comptes, lui fit faire ses études au collège du Plessis. Rentré dans sa famille à l'âge de seize ans, il apprit sans le secours de maîtres la plupart des langues de l'Europe. Deux amis de son père lui inspirèrent le goût de l'histoire naturelle et des sciences physiques ; l'été, il herborisait avec eux dans les bois de Chevreuse et de Saint-Germain, et l'hiver il suivait les cours de Valmont de Bomare et de l'abbé Nollet. Attaché au bureau des consulats, à Versailles, en 1773, il fut envoyé, en 1774, à Hambourg en qualité de commissaire de la marine. Consul-général près les villes anséatiques en 1777, il en remplit les fonctions jusqu'en 1786. Il recueillit des notes précieuses sur l'agriculture, l'administration et le commerce en Allemagne, et on lui confia le projet de la libre navigation du Nord, pour lequel il rédigea l'arrêt spécial du conseil en 1783.

En 1789, le jeune Coquebert succéda à son père à la chambre des comptes. A la suppression de 1790, le gouvernement le nomma agent de la marine et du commerce à Dublin. Lors de la déclaration de guerre de la France à l'Angleterre, en 1793, il revint à Paris, et se lia avec Monge, Fourcroy, Prony, Berthollet, etc., qui le firent employer aux travaux de perfectionnement de la fabrication des poudres et salpêtres. Le premier Consul l'envoya, avec le titre de commissaire des relations commerciales, à Amsterdam, et de là à Londres. La rupture du traité d'Amiens le ramena à Paris. Nommé bientôt après (26 frimaire an XII) membre de la Légion-d'Honneur, et ministre plénipotentiaire pour l'établissement de l'octroi de navigation du Rhin, il remplit avec succès cette mission délicate, entra à son retour au conseil d'État, comme maître des requêtes, section du contentieux, fut chargé, au ministère de l'intérieur, de la division qui comprenait l'agriculture, les manufactures, le commerce et les subsistances. Directeur des douanes en Hollande, à l'époque de la réunion de ce pays à la France, il organisa cette vaste administration, et trouva encore des momens pour mettre en ordre les matériaux de son grand travail sur la géographie physique, statistique et commerciale de l'Europe, travail que ses amis l'ont vainement pressé de livrer à l'impression, et qui est resté manuscrit entre les mains de son fils. Il était secrétaire-général du ministère du commerce quand revinrent les Bourbons, en 1814. Il prit sa retraite et se livra sans réserve aux occupations de son choix. L'Institut et un grand nombre de sociétés savantes l'admirent dans leur sein. Les mémoires et les journaux de ces corps savans renferment presque tous les travaux scientifiques de Coquebert. Marié en 1780, il put, en 1830, célébrer la cinquantaine de son union avec Mlle Hazon, sa cousine-germaine ; mais tourmenté par des douleurs gastriques aiguës, il ne survécut que peu de temps à cette cérémonie si touchante et si grave dans la vie d'un homme, et mourut le 9 avril 1831.

CORBINEAU (JEAN-BAPTISTE-JUVÉNAL, baron, puis comte), lieutenant-général, né le 1er août 1776 à Marchiennes (Nord), entra au service comme sous-lieutenant le 13 octobre 1792 dans le 18e régiment de cavalerie, et passa avec son grade, le 1er mars 1793, dans le 5e régiment de hussards, où il fut nommé lieutenant le 1er juillet suivant. Il fit avec l'armée du Nord les campagnes de 1792, 1793, ans II, III ; et, le 5 floréal an II, près de Cambrai, il fit prisonnier, après l'avoir blessé, un major des troupes hessoises, et fut atteint lui-même d'un coup de feu à l'épaule droite. Le 23 ventôse an III, au combat de Bentheim, il se précipita le premier dans une redoute et eut un cheval tué sous lui par la mitraille. Il fit à l'armée de Sambre-et-Meuse les campagnes des ans IV, V et VI, celle de l'an VII à l'armée du Danube, et servit pendant les ans VIII et IX aux armées d'Helvétie et du Rhin. A l'affaire du 9 floréal an VIII, il entra le premier dans Saint-Blaise, et reçut un coup de feu qui lui traversa la cuisse. Le 28 frimaire an IX, au combat de Lautrech, il eut son cheval tué sous lui. Lieutenant-adjudant-major le 17 frimaire an X dans le 5e régiment de chasseurs à cheval, dont son frère Constant, était e chef, il alla tenir garnison à Mayence et à Coblentz, et passa, en l'an XI, à l'armée de Hanovre, à laquelle il resta attaché jusqu'à la fin de l'an XIV. Capitaine le 1er brumaire an XI (1), il fut nommé membre de la Légion-d'Honneur le 26 frimaire an XII, et chef d'escadron dans la cavalerie de la légion hanovrienne le 1er pluviose suivant. Major du 10e régiment de hussards le 16 mai 1806, il devint colonel du 20e régiment de dragons le 7 janvier 1807, et fit la campagne de Pologne avec ce corps (2). Créé baron de l'Empire le 17 mars 1808, il fut employé à la 1re division de dragons de la réserve de l'armée d'Espagne, prit part à toutes les affaires de cavalerie qui eurent lieu vers la fin de cette année, et mérita par sa valeureuse conduite le titre de commandant de la Légion-d'Honneur, qui lui fut conféré par décret impérial du 11 décembre, quoiqu'il ne fût que membre de l'Ordre (3). Il fit ensuite les guerres de 1809, 1810 et 1811, soit avec la 3e division de dragons, soit avec le 4e corps. Il déploya les plus grands talens militaires, le 19 novembre 1809, à la bataille d'Ocaña, où il prit le commandement de la 2e brigade de la division Milhaud, après la mort du colonel Vial. Le 28 janvier 1810, au combat d'Alcala la Real, il mit les Espagnols dans une déroute complète et les poursuivit pendant trois lieues l'épée dans les reins. Toute l'artillerie ennemie et 7 à 800 prisonniers tombèrent au pouvoir des Français qui, le lendemain, entrèrent dans Grenade. Nommé général de brigade le 6 août 1811 (4), il prit le commandement de la 6e brigade de cavalerie légère du 2e corps de la grande armée le 25 décembre suivant, et fit avec elle la campagne de Russie. Cette brigade était chargée de couvrir le flanc gauche de la 3e division. Attaquée le 28 juillet 1812 par 1,500 cosaques qui avaient passé la Drissa à Walintzy, elle les contint pendant toute la journée, et ne put arriver en position qu'à onze heures du soir, après avoir fourni plusieurs charges brillantes. Le 30, la 6e brigade observait les gués de Dernokiczi et de Walintzy. Le

---

(1) La BIOGRAPHIE UNIVERSELLE de M. Michaud jouit d'une réputation si étendue, que nous devons encore, dans les cas graves, nous occuper d'elle et de ses bévues si fréquentes. Les notes qui accompagnent notre article sur M. Corbineau doivent servir à rectifier les erreurs qu'elle a commises au sujet de cet officier-général.

M. Michaud dit :

« Au commencement de l'Empire, il fut nommé capitaine des chasseurs à cheval de la garde impériale. »

M. Corbineau était capitaine depuis dix-sept mois lors de l'érection de l'Empire, et il ne servit point dans la garde.

(2) M. Michaud dit :

« Sa brillante conduite à la journée d'Eylau lui valut le grade de chef d'escadron, qu'il échangea bientôt contre celui de colonel du 26e régiment de dragons. »

La bataille d'Eylau a eu lieu le 8 février 1807. M. Corbineau était colonel depuis le 7 janvier précédent ; il avait été major du 10e de hussards le 16 mai 1806, et sa nomination au grade de chef d'escadron remontait au 1er pluviose an XII !

(3 et 4) M. Michaud dit :

« Lorsque la guerre d'Espagne éclata (1808), Corbineau fut

16 octobre, le général en chef Gouvion Saint-Cyr envoya le général Corbineau avec les 20ᵉ régiment de chasseurs à cheval, le 8ᵉ de chevau-légers et 700 hommes d'infanterie, pour garder les bords de l'Uszacz, ruisseau qui se jette dans la Dwina au-dessous de Polotsk. Le 19, à dix heures du matin, le général Steinheil arriva sur l'Uszacz avec son corps d'armée. Il traversa aussitôt le ruisseau et força le général Corbineau à se replier. Le commandant en chef français voulant contenir le corps de Steinheil fit soutenir le général Corbineau par 2 brigades qui l'aidèrent à maintenir l'ennemi dans les défilés en avant de Bononia. Mis sous les ordres du général de Wrède pendant la retraite de Polotsk, Corbineau partit, le 8 novembre, pour rejoindre son corps d'armée. Il quitta de Wrède à Danilowiczi et se dirigea sur Borisow pour y passer la Bérésina; mais arrivé à Zembin, il apprit que Borisow était occupé par les troupes de l'amiral Tchitchagow. Il se décida alors à chercher un autre endroit pour passer la Bérésina. Un habitant du pays lui ayant indiqué le gué de Studzianka, à trois lieues au-dessus de Borisow, il se dirigea vers ce point. Arrivé le 20, à minuit, à la hauteur de Studzianka, après avoir repoussé un détachement de cosaques, il franchit le fleuve au gué qui lui avait été signalé, et rejoignit le duc de Reggio, le 22, entre Bobr et Kroupki. C'est sur ce même point, et d'après les indications du général Corbineau, que Napoléon résolut de passer la Bérésina, tout en faisant des démonstrations sur celui de Borisow. L'Empereur le nomma l'un de ses aides-de-camp le 26 août 1813. Il fit en cette qualité la campagne de Saxe, fut promu au grade de général de division le 23 mai suivant, et prit alors le commandement de la cavalerie du 1ᵉʳ corps de la grande armée, commandé par Vandamme. Ce dernier s'empara de Pirna le 26 août, attaqua, le lendemain de la bataille de Dresde, le général russe Ostermann, et le poussa vivement jusqu'auprès de Kulm, où les Français prirent position. Le 30, après la fâcheuse issue du combat de Kulm, où le général Vandamme avait été fait prisonnier, Corbineau prit le commandement en chef du corps d'armée, et avec sa division de cavalerie enfonça le corps prussien de Kleist, composé d'infanterie et d'artillerie, et placé à mi-côte pour couper la retraite à l'armée française, dont les communications furent ainsi rétablies. Il s'empara de l'artillerie du corps de Kleist, et parvint à ramener 18,000 hommes des 26,000 qui formaient le 1ᵉʳ corps, lequel se réunit alors au maréchal Gouvion Saint-Cyr. Appelé au commandement de la 1ʳᵉ division de cavalerie légère (6ᵉ, 7ᵉ, 8ᵉ de hussards, 16ᵉ de chasseurs, 1ᵉʳ, 3ᵉ, 5ᵉ 8ᵉ de chevau-légers et 1ᵉʳ de chasseurs italiens), il termina la campagne à la tête de ces troupes. Pendant celle de 1814, il fut un des aides-de-camp qui sauvèrent la vie à l'Empereur, attaqué par des cosaques, le 30 janvier, à six heures du soir, en revenant de Brienne à Mézières (1). Tandis que l'Empereur poussait l'armée de Silésie, de la Marne sur l'Aisne, le général Corbineau, à la tête de 400 chevaux de la garde impériale, se portait sur Reims. Le 5 mars, vers quatre heures du matin, il arriva devant cette ville par la route de Fismes, la tourna par Saint-Brice, fit mettre bas les armes à 4 bataillons ennemis qui couvraient la ville du côté de Soissons, sur le plateau de Sainte-Geneviève, et s'empara de Reims. Ce coup de main hardi, qui, d'ailleurs, ne coûta la vie qu'à un seul homme, Ernest d'Amalric, lieutenant des gardes d'honneur, tué de plusieurs coups de lance, coupa toute communication de l'armée combinée du Nord et de Silésie avec celle du généralissime. Le comte de Saint-Priest, commandant un corps russe, résolut de rétablir les communications. Il s'approcha de Reims à l'improviste, et prit position, le 7 mars, devant cette ville, où il marqua sa présence par la dévastation et l'incendie des nombreuses usines et maisons de plaisance bâties sur les bords de la Vesle (2). Et cet homme était né Français!... Ses intelligences avec quelques royalistes de la ville lui firent connaître qu'elle n'avait plus pour garnison qu'un détachement de 100 chevaux de la garde, 50 gendarmes et les cadres de 3 bataillons, sous les ordres du général Corbineau. Le 12 mars, à trois heures du matin, il pénétra dans Reims par la porte de Rethel. La ville fut défendue autant qu'elle pouvait l'être, et sa petite garnison, trop faible pour repousser les masses qui l'attaquaient, fut obligée de battre en retraite. Le général Corbineau, trouvant toutes les issues occupées par l'ennemi, ne put sortir de Reims, et resta caché jusqu'au jour suivant, où la ville fut reprise par l'Empereur. Nommé grand-officier de la Légion-d'Honneur par décret du 23 mars 1814 (3), le général Corbineau avait été créé comte de l'Empire en 1813, après l'arrivée de l'Empereur à Erfurth, et il reçut en même temps une dotation de 10,000 francs de rente en Westphalie, et une autre de 4,000 en Belgique. Mis en non-activité après l'abdication de l'Empereur, il fut nommé chevalier de Saint-Louis le 19 juillet de la même année. Lorsque Napoléon revint de l'île d'Elbe, le comte Corbineau reprit auprès de lui les fonctions d'aide-de-camp, et fut envoyé, le 3 avril, à Lyon, pour s'opposer à la marche du duc d'Angoulême, qui voulait passer l'Isère. Les instructions de l'Empereur étaient conçues en ces termes :

« Corbineau partira sur-le-champ pour Lyon, où il arrivera le plus tôt possible, pour annoncer que 4 régiments (les 7ᵉ, 20ᵉ, 14ᵉ et 24ᵉ), arrivent en poste par les routes du Bourbonnais et de la Bourgogne.

» Si les événemens qui se passent rendaient inutiles que ces troupes marchassent si rapidement, le

---

désigné pour se rendre dans la péninsule en qualité de général de brigade; et après le combat de Burgos, il fut décoré de la croix d'officier de la Légion-d'Honneur. L'année suivante (1809), Napoléon le rappela pour l'emmener en Allemagne... Corbineau rendit des services à Wagram et y fut blessé.
M. Corbineau ne reçut les épaulettes de général que le 6 août 1811; il n'a jamais été officier de la Légion-d'Honneur; il n'a point été blessé à Wagram le 6 juillet 1809, par cette raison péremptoire qu'il servait alors en Espagne!

(1) Et M. Michaud dit :
« A Montmirail, il sauva la vie à Napoléon. »
Et l'affaire de Montmirail a eu lieu le 11 février !
(2) MÉMOIRES POUR SERVIR A L'HISTOIRE DE LA CAMPAGNE DE 1814, par F. Koch, tome 1ᵉʳ page 431.
(3) Et M. Michaud dit le 17 janvier 1815 ! Les dates ont leur importance politique.

général Grouchy leur enverrait des ordres pour s'arrêter.

» A son arrivée à Lyon, Corbineau ira chez le préfet et chez le maire pour que les gardes nationales de Lyon envoient des détachemens aux secours des Dauphinois.

» Il restera à Lyon pour seconder de toutes ses forces le général Grouchy. Il annoncera la prochaine arrivée du général Brayer pour prendre le commandement de la place de Lyon.

» Son caractère le portera à rendre des services, soit en portant des ordres aux gardes nationales du Dauphiné, soit en se rendant où il y aurait des troupes dans le voisinage pour les réunir.

» Il m'écrira tous les jours, et restera là pour rendre tous les services qu'exigeront les circonstances ; il excitera les généraux, les autorités, les gardes nationales, à faire leur devoir et à mettre un terme à cette insurrection de la minorité contre une si grande majorité.

» C'est le général Gérard qui commande les troupes qui se rendent en poste à Lyon. Si les circonstances étaient urgentes, le général Corbineau pourrait requérir les gardes nationales de Bourgogne et du département de l'Aisne de venir dans Lyon repousser les Marseillais. »

Ayant accompagné le général Grouchy au Pont-Saint-Esprit, le 9 avril, le comte Corbineau retint le duc d'Angoulême prisonnier jusqu'à la décision de l'Empereur, qui le fit remettre en liberté, sous la condition qu'il s'engagerait à faire restituer les diamans de la couronne qui se trouvaient entre les mains de Louis XVIII. Le prince, auquel le général Corbineau avait fait transmettre cette demande par M. le baron Damas, répondit *qu'il n'avait rien qui appartînt à la couronne, et qu'il ne pouvait s'engager à aucune restitution semblable, le roi étant le maître ; mais qu'il promettait d'en faire la demande, puisque sa liberté était à ce prix.* Cette réponse fut l'objet d'un article supplémentaire de la capitulation. Le duc d'Angoulême alla s'embarquer à Cette, et le général Corbineau retourna à Paris. Par décision insérée au *Moniteur* du 19 avril, le ministre de la guerre lui témoigna la satisfaction de l'Empereur pour la part efficace qu'il avait prise à la répression de la guerre civile dans le Midi. La nouvelle de l'insurrection des départemens de l'Ouest étant parvenue à l'Empereur dans la nuit du 17 mai, il envoya, le 21, le général Corbineau dans la Vendée pour remplacer le général Delaborde dans le commandement en chef des troupes. Ce fut lui qui reçut MM. de Flavigny, de la Beraudière et de Malartic, commissaires envoyés par le ministre de la justice pour traiter de la pacification. La première conférence eut lieu avec d'Autichamp, à Saint-Lambert, petite ville sur le Layan (route d'Angers à Mortagne). Mais l'Empereur, prévoyant qu'on serait peut-être obligé d'en venir à des mesures de rigueur, ne voulut pas qu'elles fussent dirigées par un officier-général attaché à sa personne. En conséquence, il rappela le général Corbineau, qui remit le commandement au général Lamarque, et vint reprendre ses fonctions d'aide-de-camp. Après la fu-

neste journée de Mont-Saint-Jean, Corbineau travailla à réorganiser l'armée à Soissons, et fut ensuite nommé président de la commission chargée de faire exécuter la convention du 3 juillet, relative à la capitulation de Paris. Mis en non-activité au second retour des Bourbons, il resta dans cette position jusqu'au 1er décembre 1824, époque à laquelle il fut admis à la retraite à dater du 1er janvier 1825. Depuis lors, il vécut retiré dans ses foyers. A la révolution de Juillet 1830, il offrit de nouveau ses services à la patrie, et chargé provisoirement du commandement de la 16e division militaire (Lille) le 1er août, il fut confirmé, le 18 septembre suivant, dans cet emploi, qu'il occupe encore aujourd'hui. Créé pair de France le 11 septembre 1835, il a été revêtu de la dignité de grand'croix de la Légion-d'Honneur le 5 mai 1838. C'est lui qui, le 6 août 1840, a fait arrêter, à Boulogne, le prince Louis Napoléon, en ce moment encore prisonnier au château de Ham. Le nom du général Corbineau est inscrit sur l'arc-de-triomphe de l'Étoile, côté Ouest (1).   A. BOURGUIGNON.

CORNE (ANTOINE), naquit le 17 février 1756 à Bure (Doubs). Engagé volontaire au régiment de Bassigny le 9 juin 1775, il passa dans le 2e régiment de carabiniers le 18 février 1791, fut nommé brigadier le 3e jour complémentaire an VI, maréchal-des-logis le 20 décembre 1806, et fit toutes les campagnes de 1792 à l'an IX aux armées de la Moselle, du Nord, de Rhin-et-Moselle, de Mayence, du Danube et du Rhin. A l'affaire de Bielcastel, le 4 vendémiaire an III, il faisait partie d'un peloton qui repoussa 800 chevaux prussiens, et couvrit la retraite de 2 bataillons jusqu'à Sarreguemines. Le 8 prairial an VIII, il était entré un des premiers dans la place d'Augsbourg. Le premier Consul le fit membre de la Légion-d'Honneur le 26 frimaire an XII. Il combattit à Austerlitz, à Iéna, à Eylau, et obtint sa retraite le 6 juillet 1807. Il est mort le 31 décembre 1831.   Y.

CORNILLE (FRANÇOIS), naquit le 22 mars 1774 à Roubaix (Nord). Enrôlé volontaire au 10e bataillon du Pas-de-Calais le 16 juillet 1792, il passa dans la demi-brigade de la Seine-Inférieure, qui devint successivement 14e demi-brigade de ligne le 18 germinal an IV, et 14e régiment de ligne en l'an XII, et fit toutes les campagnes de 1792 à l'an IX aux armées du Nord et d'Italie. A l'affaire du Boxtel, le 30 fructidor an II, il résista seul à 2 cavaliers, en tua un, fit l'autre prisonnier, et amena leurs chevaux au quartier-général. Le 6 germinal an VII, à l'affaire de Legnano, il arrêta un détachement de cavalerie ennemie qui allait s'emparer d'une pièce de canon, fit l'office de canonnier et repoussa les assaillans. Quoique grièvement blessé dans cette affaire, il ne voulut se retirer qu'à la fin de la journée. Le 16 frimaire an IX, il fut nommé caporal de grenadiers, sergent le 16 brumaire an XII,

---

(1) Enfin M. Michaud dit :

« Rentré après la seconde Restauration dans l'obscurité de la vie privée, et jouissant d'un traitement de retraite, Corbineau mourut vers 1830. »

M. le général Corbineau commande encore la 16e division militaire (février 1844) !

et obtint la décoration de la Légion-d'Honneur le 26 frimaire de la même année. Il était à la grande armée, en Autriche, pendant la campagne de l'an XIV, et fut admis à la retraite le 18 juin 1806.   Y.

CORNU (RENÉ), naquit le 25 novembre 1768 à Bonnetable (Sarthe). Le 1er novembre 1791, il entra comme volontaire dans le 1er bataillon d'Eure-et-Loir, incorporé quelque temps après dans la 29e demi-brigade de ligne, et fit les campagnes de 1792, 1793, des ans II et III aux armées du centre, de Belgique et du Nord. Caporal le 20 août 1792, sergent le 15 février suivant, il devint sous-lieutenant le 1er floréal an II. Au mois de nivôse an III, près de Worckum, il entra le premier dans une redoute défendue par 8 pièces de canon : son exemple entraîna ses soldats, et le retranchement fut pris presque sans coup férir. Il servit de l'an IV à l'an X aux armées de Sambre-et-Meuse, du Rhin, d'Italie et au corps d'observation du Midi. Il avait été nommé lieutenant de grenadiers dès le 15 ventôse an V. Prisonnier de guerre à Manheim, le 2e jour complémentaire an VII, il fut échangé le 29 ventôse an VIII. Le 26 vendémiaire an IX, étant à la tête d'un détachement de 20 grenadiers, il fut attaqué par 8 à 900 insurgés d'Arrezzo et des environs (Étrurie), qui, séparés de cette petite troupe par un ravin, se croyaient en sûreté et faisaient sur elle le feu le plus meurtrier. Cornu, après une première décharge, fond avec impétuosité sur les assaillans, en tue plusieurs de sa propre main, les met dans une déroute complète et leur fait plusieurs prisonniers. En récompense de ce beau fait d'armes, il fut nommé capitaine le 19 prairial an XI, et membre de la Légion-d'Honneur le 26 frimaire an XII. Après les campagnes de l'an XIV et 1806 à la grande armée, il fut dirigé sur la Calabre, et il périt le 13 octobre 1807, à Parenbi, dans un engagement avec une bande de brigands.   B-S.

COSTAZ (LOUIS, *baron*), naquit à Champagne, village de Belley (Ain), le 17 mars 1767. Nommé professeur de mathématiques à l'École militaire de Thiron, il en remplit les fonctions jusqu'en 1793. Admis en l'an III à l'École normale en qualité de directeur des conférences, il obtint peu de temps après la place de professeur de mathématiques aux Écoles centrales de Paris, et celle d'examinateur des aspirans à l'École polytechnique. Il suivit Bonaparte en Égypte, et fit partie de l'Institut créé par ce général. Chargé de visiter la haute Égypte, et de rassembler toutes les données nécessaires pour faire une description exacte et complète des monumens antiques de cette contrée, il recueillit de nombreux matériaux qui forment le fonds de la magnifique *Description de l'Égypte*. Après la révolution du 18 brumaire an VIII, il devint membre du Tribunat. L'année suivante, il rédigea le projet d'une loi relative aux manufactures et aux artisans. Ce travail a produit la loi du 11 germinal an XI, qui est le fondement de toute notre législation industrielle. Il contribua fortement à la formation du Conservatoire des arts et métiers, depuis transporté à Châlons-sur-Marne, et donna le plan d'organisation qui préside encore aux destinées de cette École. Membre du juri chargé de l'examen des produits de l'industrie française, il fut élu vice-président de la Société pour l'encouragement de l'industrie nationale, et ensuite président. Dans la même année, il présida le Tribunat, et reçut la croix de la Légion-d'Honneur le 26 frimaire an XII. Costaz vota pour la création de l'Empire, et obtint la préfecture du département de la Manche, qu'il administra pendant six années. Il y acquit la réputation d'administrateur intègre, inaccessible aux influences de parti ou de société, et laissa comme monumens de son administration sept grandes routes nouvelles et un système complet de communications vicinales. Créé baron de l'Empire en 1810, membre de la commission des finances et intendant des bâtimens de la couronne, il présida, le 11 janvier 1812, le collège électoral du département de l'Ain. Appelé au conseil d'État le 3 avril 1813, il reçut peu de jours après la croix d'officier de la Légion-d'Honneur, et fut nommé, le 20 novembre, directeur-général des ponts et chaussées. Le 30 mars 1814, il suivit la régente ; il était à Blois, lorsqu'on apprit l'occupation de Paris par les armées étrangères. Le 5 juillet, Louis XVIII lui conféra le titre de conseiller d'État honoraire. En avril 1815, Napoléon le rappela au conseil d'État, et l'envoya en qualité de commissaire extraordinaire dans les départemens du Nord. En 1818, il publia un ouvrage remarquable sur l'industrie française. En 1819, le ministre de l'intérieur le désigna pour faire partie du juri chargé de prononcer sur le mérite des objets d'industrie exposés au Louvre. Le juri le choisit pour être le rédacteur et l'organe de ses décisions. Ainsi Costaz a siégé quatre fois dans les juris formés pour nos expositions des produits de l'industrie, et quatre fois il en a été nommé rapporteur. Le roi, satisfait des résultats de l'exposition, lui rendit, par une ordonnance du 20 janvier 1820, le titre de conseiller d'État. Il devint ensuite correspondant du conseil général d'agriculture établi près du ministre de l'intérieur. En 1831, il fut élu membre libre de l'Académie des sciences. Costaz mourut à Fontainebleau le 15 février 1842. L'industrie française regrette en lui un des hommes qui ont le mieux connu ses besoins, qui se sont dévoués à sa cause avec les vues les plus éclairées et le désintéressement le plus généreux.   TH.

COUTREZ ET NON **CONTRE** NI **COUTRET** (LOUIS), DIT **LAVAUT**, naquit le 23 mars 1775 à Lavaut (Doubs). Entré au service comme enrôlé volontaire dans le 2e régiment de dragons le 27 avril 1791, il devint brigadier le 1er germinal an III, et servit aux armées du Nord, de l'Ouest et du Rhin, de 1792 à l'an IX. Le 17 mars 1793, à l'affaire du pont de James (Vendée), il reçut un coup de feu à la jambe droite, et dans un engagement près de Fribourg, il fut blessé de plusieurs coups de sabre au cou. Maréchal-des-logis le 27 floréal an X, il fit les campagnes des ans XI, XII et XIII à l'armée des côtes de l'Océan, et celles de l'an XIV, 1806, 1807 et 1808 à la grande armée.

Son nom fut mis plusieurs fois à l'ordre de l'armée. Membre de la Légion-d'Honneur le 26 frimaire an XII, il reçut, le 18 mars 1807, le brevet de sous-lieutenant. A la fin de 1808, il suivait le 2ᵉ régiment de dragons en Espagne et en Portugal. Près de Rodrigo, le 4 juillet 1810, il reçut plusieurs coups de sabre à l'épaule et au côté droit, et fut nommé lieutenant le 2 mars 1811. Son régiment, devenu 1ᵉʳ de chevau-légers en 1810, fut appelé en 1812 à faire partie de l'expédition de Russie. Capitaine le 21 avril 1813, il fit encore la campagne de Saxe, et reçut au combat de Kuhlm, le 30 août, un coup de feu au côté droit. Après la campagne de France de 1814, et la nouvelle réorganisation de l'armée, le 1ᵉʳ régiment de chevau-légers devint régiment du roi (1ᵉʳ de lanciers). C'est avec ce corps qu'il prit part à la bataille de Mont-Saint-Jean, le 18 juin 1815. Mis à la retraite le 25 décembre suivant, il habite depuis cette époque la petite ville de Quingey (Doubs).   B-S.

CRESCHON. *Voyez* CRUCHON.

CRESPY (JEAN-BAPTISTE), naquit le 25 mars 1771 dans le département de la Haute-Garonne. Volontaire au 1ᵉʳ bataillon de la Haute-Garonne le 11 décembre 1782, il devint caporal le 18 mars 1792, passa dans la 21ᵉ demi-brigade en brumaire an II, dans la 32ᵉ en pluviose an IV, et fit les neuf campagnes de la liberté aux armées d'Italie et d'Orient. En l'an XII, il vint sur les côtes de l'Océan, et reçut le 26 frimaire la décoration de la Légion-d'Honneur. Il fit partie de la grande armée pendant les campagnes de l'an XIV, de 1806 et 1807, fut blessé d'un coup de feu à l'estomac à la bataille de Friedland, le 14 juin 1807, passa l'année suivante en Espagne avec le 1ᵉʳ bataillon du régiment, et fut admis à la retraite le 6 octobre 1809.   Y.

CRUCHON ou CRESCHON (JOSEPH), né le 15 mai 1768 à Agen (Lot-et-Garonne), entra comme volontaire au 3ᵉ bataillon de la Loire-Inférieure le 5 mai 1793, fit la campagne de cette année et celle de l'an II en Vendée, fut amalgamé dans la 193ᵉ demi-brigade, nommé caporal le 30 prairial an II, et passa ensuite à l'armée de Rhin-et-Moselle. Parvenu au grade de sergent le 1ᵉʳ messidor an III, il fit la campagne de l'an IV en Italie, et se distingua plusieurs fois dans les brillans combats qui s'y livrèrent. Passé à l'armée du Rhin en l'an VIII, et en l'an IX à celle d'observation du Midi, il fut nommé légionnaire le 26 frimaire an XII; il servit encore, en l'an XIV, dans l'Italie et le Tyrol, et entra dans la 7ᵉ demi-brigade de vétérans, 2ᵉ bataillon, 3ᵉ compagnie, le 23 octobre 1806. Du 1ᵉʳ juillet 1810 au 30 juin 1813, ce légionnaire a résidé à Agen ; mais à partir de cette dernière époque, la chancellerie de l'Ordre et le ministère de la guerre n'ont pu avoir aucune nouvelle de lui. Il avait réclamé contre l'orthographe de son nom, qu'il prétendait devoir être *Creschon* et non *Cruchon* : la demande de rectification n'étant pas appuyée de pièces établies légalement, on a dû conserver sur les contrôles le nom de *Cruchon*, et force a été pour nous de l'adopter aussi.   Y.

CUIROT. *Voyez* LECUIROT.

CUSTINE (ROBERT-NICOLAS-GASPARD), né le 11 septembre 1771 à Longuyon (Moselle), entra au service le 15 octobre 1787 dans le régiment de Forez (14ᵉ d'infanterie), où il fut fait caporal le 20 octobre 1788, sergent le 1ᵉʳ juillet 1789, et adjudant le 1ᵉʳ mars 1792. Nommé capitaine aide-de-camp du général Keating le 8 août de cette dernière année, il fit les campagnes de 1792, 1793, ans II et III aux armées du Nord, de la Moselle, du Rhin et de l'Ouest. Classé avec son grade dans l'arme de la cavalerie le 15 prairial an III, il fut maintenu dans ses fonctions d'aide-de-camp jusqu'au 4 germinal an IV, époque à laquelle il fut adjoint aux adjudans-généraux de l'armée du Nord. Passé comme capitaine à la suite dans le 5ᵉ régiment de hussards le 4 thermidor an IV, il fit les guerres des ans V, VI, VII, VIII et IX aux armées du Nord, de Batavie, d'Helvétie et du Rhin. A l'affaire du 23 prairial an VIII, il chargea avec son escadron contre un régiment ennemi qui occupait le village de Bourgriden, et lui fit mettre bas les armes. Mais ce régiment s'apercevant que le capitaine Custine n'était point soutenu, reprit ses armes et recommença le combat avec plus de fureur. Custine, quoique pris à l'improviste, fit des prodiges de valeur; il eut son cheval tué sous lui, fut blessé d'un coup de feu à la jambe gauche, et combattit à pied jusqu'à ce qu'une partie des troupes de l'avant-garde de la division Richepanse fût arrivée pour chasser l'ennemi et s'emparer de sa position. Le capitaine Custine prit le cheval d'un sous-officier, poursuivit l'ennemi jusqu'à Hullzen, et lui fit encore éprouver des pertes considérables. Il tint garnison à Metz pendant l'an X, et fit ensuite partie de l'armée de Hanovre pendant les ans XI, XII et XIII. Membre de la Légion-d'Honneur le 26 frimaire an XII, le capitaine Custine fit les guerres d'Autriche, de Prusse et de Pologne, de l'an XIV à 1807, à la grande armée, et fut nommé aide-de-camp du général Savary le 21 novembre 1806. Passé comme chef d'escadron au 8ᵉ régiment de hussards le 9 janvier 1807, il reçut la décoration d'officier de la Légion-d'Honneur le 11 juillet suivant. Major à la suite le 9 juin 1808, il commanda le 8ᵉ de hussards jusqu'au 22 août suivant, et passa comme major en pied au 28ᵉ régiment de dragons le 13 octobre de la même année. Devenu colonel du 7ᵉ de hussards le 9 mars 1809, il fit, à la tête de ce corps, la campagne de cette année avec la 2ᵉ brigade de cavalerie légère de l'armée d'Allemagne, et mourut le 27 décembre suivant.

DALLE (ISIDORE), né en 1753 à Lincelle (Nord), commença à servir dans le régiment Royal-Normandie-cavalerie le 29 octobre 1776, et fut incorporé dans le 2ᵉ régiment de carabiniers le 25 mars 1792. Il fit toutes les campagnes de la République aux armées du Nord, de la Moselle, du Rhin, de Mayence et du Danube, se trouva aux batailles d'Arlon le 7 juin 1793, de Werdt le 3 nivose an II, de Freising le 10 fructidor an IV, et à la fameuse journée d'Hochstett le 30 prairial an VIII, où une partie du corps mit pied à terre et combattit en ligne avec les grenadiers. Le 1ᵉʳ frimaire an XI, il obtint une solde de retraite à titre d'ancienneté de service, fut nommé membre de la Légion-d'Honneur le 26 frimaire an XII, et mourut le 18 mars 1812. Y.

DANSE DE VILLOISON (JEAN-BAPTISTE-GASPARD), naquit à Corbeil-sur-Seine le 5 mars 1750. Il commença ses études au collége de Lisieux et les continua au collége du Plessis. Il quitta ce dernier pour celui des Grassins, où le savant Lebeau professait le grec. Les progrès de Villoison furent si rapides, qu'en peu de temps les leçons de cet habile professeur n'eurent plus rien à lui apprendre; il prit le parti d'aller suivre au Collége de France celles plus fortes et plus élevées du célèbre Capperonnier. Plein de la lecture d'Homère, il publia à vingt-trois ans le Lexique manuscrit d'Appolonius, sur les ouvrages de ce grand poète. En 1774, l'Académie des inscriptions et belles-lettres sollicita et obtint pour Villoison une dispense d'âge sans laquelle il ne pouvait être admis dans son sein.

Villoison donna une nouvelle édition du roman pastoral de Longus, suivi d'un docte et ample commentaire. Non-seulement il possédait les langues classiques, mais il s'était approprié la connaissance de l'arabe, du syriaque et de l'hébreu. En 1785, il suivit le comte de Choiseul-Gouffier dans son ambassade à Constantinople. Après avoir parcouru les îles de l'Archipel, il s'enfonça dans les solitudes du mont Athos, et explora les bibliothèques des couvens, sans y trouver les trésors littéraires dont il soupçonnait l'existence. De retour à Paris en 1787, il lut à l'Académie des belles-lettres un Mémoire fort remarquable dans lequel il rendait compte de ses travaux et de ses découvertes.

Les Académies de Londres, de Berlin, de Madrid, etc., admirent comme membre ce savant distingué. Appelé à l'Institut, classe d'histoire et de littérature ancienne, dès sa formation, il fut nommé membre de la Légion-d'Honneur le 26 frimaire an XII. Le gouvernement voulant donner à Villoison une marque particulière de bienveillance, créa pour lui, et, par une distinction unique, pour lui seul, une chaire de grec ancien et moderne au Collége de France; mais il ne put jouir d'une faveur si méritée, la mort étant venu le frapper inopinément le 6 floréal an XIII. TH.

DANVAUX (LOUIS), naquit le 17 février 1758 à Saint-Julien, département de Saône-et-Loire. Soldat au 75e régiment d'infanterie le 3 mars 1780, Danvaux fut nommé caporal le 18 mars 1783, sergent le 20 août 1785 et sergent-major le 1er janvier 1791. Il servit en 1792 à l'armée des Alpes, et en 1793 à l'armée du Rhin. Le 21 août 1793, à l'affaire du bois de Verle, il sauva le drapeau de son régiment en le défendant contre 3 hussards ennemis qui voulaient s'en emparer, et il devint sous-lieutenant le 29 octobre suivant. En l'an II et en l'an III il était à l'armée de Rhin-et-Moselle, où il fut nommé lieutenant le 1er fructidor an II. Le 16 du même mois, il contribua puissamment à la prise d'une redoute armée de 5 pièces de canon, près de Luxembourg, en sautant le premier dans les retranchemens malgré le feu meurtrier de l'ennemi. Le 2 vendémiaire an IV, étant à l'armée de Sambre-et-Meuse, à la retraite sur le Necker, et resté seul sur la rive évacuée par les troupes républicaines, il fut obligé de passer la nuit entière caché au milieu des grand's-gardes ennemies. Le lendemain matin, s'étant jeté dans une barque pour rejoindre l'armée française, les trois bateliers qui le conduisaient voulurent le faire prisonnier, mais il se défendit courageusement, parvint à les jeter tous dans l'eau, et rejoignit sain et sauf son régiment, qui le croyait entre les mains de l'ennemi. Il fit encore les campagnes des ans V et VI à la même armée, et passa le 7 fructidor an VII au 1er bataillon auxiliaire du Mont-Blanc. Il était à l'armée d'Italie, lorsqu'il fut réformé le 1er prairial an VIII. Rentré dans ses foyers, il y resta jusqu'au 20 prairial an X, époque où il rejoignit la 15e demi-brigade d'infanterie légère, et le 26 frimaire an XII il reçut la décoration de la Légion-d'Honneur. Danvaux a trouvé une mort glorieuse sur le champ de bataille d'Austerlitz, le 11 frimaire an XIV. B-G.

DAUDE ET DAUDY. Voyez CLAUDE (Joseph-Daniel), à la nomination du 14 brumaire an XIII.

DAUJON (LOUIS), naquit le 25 avril 1770 à Sélongey (Côte-d'Or). Entré au service comme volontaire au 2e bataillon de la Côte-d'Or le 1er septembre 1791, il fut amalgamé le 26 germinal an II dans la 117e demi-brigade, et le 26 nivose an IV dans la 75e, qui devint en l'an XII 75e régiment de ligne. De 1792 à l'an IX, il fut toujours présent aux armées des Pyrénées-Orientales, d'Italie et d'Orient. Au col d'Enfer, en Piémont, le 2 frimaire an IV, il fit lui seul 3 officiers prisonniers; à l'affaire du 16 brumaire an V, en Italie, il reçut un coup de feu à la hanche droite; au siège d'Acre, le 26 germinal an VII, il pénétra un des premiers dans la brèche, malgré un coup de feu qui lui avait fracassé l'avant-bras gauche; à l'affaire du 22 ventose an IX, devant Alexandrie, il reçut encore un coup de feu à la jambe gauche. Le 28 prairial an VIII, avec un de ses camarades, il sauva la bibliothèque de cette ville, près de devenir la proie des flammes, et enleva une caisse d'instrumens de mathématiques fort précieux qui allait tomber au pouvoir des Arabes. Rentré en France après l'évacuation de l'Égypte, et hors d'état de continuer un service actif, il obtint une solde de retraite le 30 messidor an XI, et fut nommé membre de la Légion-d'Honneur le 26 frimaire an XII. Il s'était retiré à Étain et Bruant (Côte-d'Or), où il est mort le 8 août 1841, et a laissé une veuve et des enfans.

DAVID (JACQUES-LOUIS), naquit à Paris le 5 mars 1748. En sortant du collége, sa mère le plaça à l'école de Boucher, premier peintre du roi. Fort heureusement pour le jeune David, Boucher, qui était déjà vieux, ne voulut pas se charger long-temps de lui, et le fit entrer chez un de ses amis, Vien, qui s'efforçait de ramener l'école française dans les voies de la nature, et de la rappeler aux traditions de l'art antique. Un jour, l'élève présenta au maître quelques esquisses qu'il avait tracées d'inspiration. Après les avoir examinées avec attention, Vien dit à la mère de David : *Il peut dès aujourd'hui s'occuper de peinture, il a deviné l'art.*

Deux années après son entrée dans l'atelier de Vien, il concourut pour le grand prix de Rome ; mais il ne mit pas son maître dans la confidence de son projet. Il exposa au jugement de l'Académie son tableau du *Combat de Minerve contre Mars, secouru par Vénus.* Les concurrens étaient nombreux, et parmi eux il y en avait dont le talent exercé et les succès antérieurs pouvaient inspirer des craintes à David ; cependant le prix lui fut décerné à l'unanimité. Mais Vien voulut faire expier à l'élève sa discrétion à l'égard de son maître, et comme il était tout-puissant à l'Académie, il la décida à ne donner à David que le second prix. Le sujet du concours pour l'année 1773 était *la Mort des enfans de Niobé percés de flèches par Diane et par Apollon.* David tenta une nouvelle épreuve, mais la majorité des juges ne lui fut point favorable. Atterré de cette décision, il s'abandonna au plus profond désespoir ; il crut qu'il se vengerait de ses juges, en se laissant mourir de faim. Renfermé depuis deux jours dans le logement qu'il occupait au Louvre, il allait expirer d'inanition, lorsque ses amis, avertis à temps, l'arrachèrent à la mort et le réconcilièrent tout à la fois avec la vie et avec la gloire.

Il se décida à se présenter de nouveau au concours de l'Académie ; le sujet était *la Mort de Senèque ;* le tableau de David n'obtint pas même une mention. Déterminé à vaincre la mauvaise volonté et la haine jalouse de la plupart de ses juges, il concourut une quatrième fois, et exécuta le sujet donné : c'étaient *les Amours d'Antiochus et de Stratonice;* enfin, le prix lui fut décerné par l'unanimité des juges. En 1775, Vien, nommé directeur de l'École française à Rome, emmena avec lui son élève, qui avait alors vingt-sept ans. Il y consacra les premières années de son séjour à faire quelques copies, parmi lesquelles on distingue *la Cène,* d'après Valentin. Il donna aussi des académies peintes d'après nature ; *les Funérailles de Patrocle,* esquisse-tableau ; un *Saint Jérôme,* tableau en manière d'académie ; *la tête d'un Bélisaire et de l'enfant qui l'accompagne,* et *le portrait équestre du comte Potoski.* Sa dernière année fut consacrée à la composition du grand tableau *des Pestiférés,* autrement dit *Saint Roch,* qui fut exposé à Paris en 1781, et qui orne aujourd'hui la salle des conservateurs de la santé, de Marseille, à la Consigne. De retour en France en 1780, il exécuta son *Bélisaire,* qui fut un an après son titre d'admission à l'Académie royale, comme agrégé. Ce tableau plaça David à la tête de l'école française ; aussi ses élèves étaient couronnés dans les concours de l'Académie, dont il fut bientôt reçu membre à l'unanimité. Cependant il retourna à Rome, où il acheva *le Serment des Horaces.* Ce tableau avait été acheté d'avance par Louis XVI ; un frère du monarque, le comte d'Artois, voulut avoir aussi un ouvrage du grand peintre, et le chargea d'exécuter *les Amours de Pâris et d'Hélène ;* David s'acquitta de cette tâche avec un succès qui annonçait les progrès notables de son talent mûri par l'étude et l'expérience. Il exécuta à la demande de M. de Trudaine un autre ouvrage, mais d'un genre plus sévère, *la Mort de Socrate,* composition où la simplicité s'allie à l'énergie. Ce tableau imposa silence à l'envie et à la haine, car elles n'avaient pas fait défaut au peintre qui rendait à sa patrie le sceptre de la peinture. La Révolution de 1789 trouva David disposé à en adopter les principes. Louis XVI cédant à l'influence des idées nouvelles, commanda à David un tableau dont le sujet républicain devait plaire au peintre, c'était *Brutus rentrant dans ses foyers après avoir condamné ses fils.* Ce tableau, qui fut beaucoup loué, donna lieu aussi à des critiques assez vives ; la plus fondée est celle qui reprochait à l'artiste d'avoir négligé l'unité d'action.

Le 25 décembre 1790, David fit hommage à l'Assemblée constituante d'un tableau représentant Louis XVI entrant, le 14 février précédent, dans le lieu de ses séances, pour jurer de maintenir et de défendre la constitution qu'elle donnerait à la France. Dans la même année, il avait commencé, par les ordres de la même Assemblée, un tableau où il devait reproduire la mémorable séance du Jeu-de-Paume, à Versailles ; ce tableau fut exposé en 1792, mais il est à regretter que le peintre l'ait laissé inachevé. Voici le moment où David, entraîné par l'ardeur de ses opinions politiques, paraîtra oublier la peinture. Nommé, le 15 avril 1792, un des ordonnateurs de la fête donnée aux soldats du régiment de Châteauvieux, il fut successivement élu membre du corps électoral de Paris, puis député de cette ville à la Convention nationale ; il prit place parmi les membres les plus violens du parti de la *Montagne.* Dans le procès de Louis XVI, il vota sur toutes les questions avec la majorité ; le 20 janvier, le représentant Michel Lepellier de Saint-Fargeau, qui avait voté comme David, fut assassiné chez un restaurateur du Palais-Royal par un ancien garde du corps ; le 25, l'adoption de Suzanne Lepelletier, fille de la victime, fut décrétée par la République ; et le 29 mars de la même année, David présenta à la Convention son tableau des *Derniers momens de Michel Lepelletier.*

L'assemblée ayant décrété que tous ses membres assisteraient aux funérailles de Marat, qui venait d'être assassiné par Charlotte Corday, David, nommé commissaire pour ordonner cette pompe funèbre, s'adressa en ces termes à la Convention, dans la séance du 17 juillet : « En vertu de votre décret, la dépouille mortelle de Marat sera inhumée aujourd'hui, à cinq heures du soir, sous les arbres où il se plaisait à instruire ses concitoyens. Sa sépulture aura la simplicité convenable pour un républicain incorruptible, mort dans une honorable indigence. C'est du fond d'un souterrain qu'il désignait au peuple ses amis et ses ennemis ; que, mort, il y retourne, et que sa vie vous serve d'exemple ! Caton, Aristide, Socrate, Timoléon, Fabricien et Phocien, vous dont j'admire la respectable vie, je n'ai pas vécu avec vous ; mais j'ai connu Marat, et je l'ai admiré comme vous ; la postérité lui rendra justice. »
Fidèle à la promesse qu'il avait faite à la Conven-

tion de peindre *Marat expirant*, il annonça à cette assemblée, le 11 octobre, qu'il avait terminé son tableau : la Convention décréta que cette composition, et le tableau qui retraçait les derniers momens de Lepelletier, seraient placés dans le lieu des séances des représentans du peuple, et gravés sous la direction du peintre, qui choisirait lui-même le graveur ; le trésor national devait tenir à la disposition du ministre de l'intérieur la somme de 24,000 livres pour subvenir aux frais de gravure et d'impression. Déjà membre du Comité de sûreté générale, David fut élu président de la Convention ; il lut, quelque temps après sa nomination, et fit adopter un long programme qu'il avait composé pour la fête de l'Être-Suprême. Mais le moment approchait où le parti qui avait imposé sa violence à la Convention allait succomber ; la journée du 9 thermidor mit fin à la tyrannie de Robespierre. David, qui était son ami, devait être entraîné dans sa chute ; il fut attaqué personnellement, le 13 thermidor, par André Dumont : « Souffrirez-vous, s'écria celui-ci, qu'un traître, qu'un complice de Catilina, siège encore dans votre Comité de sûreté générale ? Souffrirez-vous que David, cet usurpateur, ce tyran des arts, aussi lâche qu'il est scélérat, que ce personnage méprisable, qui ne se présenta pas ici dans la nuit du 9 thermidor, aille encore impunément dans les lieux où il méditait l'exécution des crimes de son maître, du tyran Robespierre. Je demande que David soit à l'instant chassé du Comité, et qu'il soit procédé à son remplacement. » David essaya de se justifier, mais la Convention décréta qu'il serait provisoirement mis en état d'arrestation. Sa captivité dura quatre mois.

Après les événemens des 1er et 2 prairial de l'an III, David fut mis au nombre des représentans accusés d'avoir pris part à la révolte contre la Convention ; et, de nouveau en arrestation le 9 prairial, il fut détenu au Luxembourg pendant trois mois. Autorisé à rentrer dans sa maison le 24 fructidor suivant, sous la surveillance d'un garde, il fut enfin définitivement rendu à la liberté par l'amnistie du 4 brumaire de l'an IV, et de cette époque cesse son rôle politique. Il avait, pendant sa détention, tracé les esquisses de deux tableaux : l'un d'eux représentait *Homère récitant le vingt-quatrième chant de l'Iliade au peuple attendri*; l'autre le *Combat des Sabins contre les Romains*, après l'enlèvement des Sabines; il n'exécuta que ce dernier, qui est regardé comme son chef-d'œuvre. A son retour de la campagne d'Italie, après la signature du traité de Campo-Formio, Bonaparte, cherchant à s'entourer des savans, des artistes et des littérateurs les plus célèbres, les appelait dans son salon de la rue de la Victoire ; il était jaloux surtout d'y recevoir David. Lorsque, devenu premier Consul, il réorganisa le gouvernement et les autorités d'après la nouvelle constitution, il dit au peintre qu'il avait mieux aimé le laisser à ses pinceaux que de lui confier des fonctions qui l'auraient éloigné de son atelier : *Je n'en ai point de regret*, répondit David ; *le temps et les événemens m'ont appris que ma place était dans mon atelier*.

Après la victoire de Marengo, David fit le portrait de Bonaparte. Il fut exposé vers la fin de l'an IX au Louvre. Proclamé empereur, Napoléon ayant résolu de se sacrer, commanda à David, qu'il venait de nommer son premier peintre, quatre grands tableaux pour décorer la salle du trône : 1° *le Couronnement de Napoléon*; 2° *la Distribution des aigles*; 3° *l'Intronisation de Napoléon dans l'église de Notre-Dame*; 4° *l'Entrée de l'Empereur à l'Hôtel-de-Ville*. Le seul tableau du *Couronnement* coûta à l'artiste huit années d'études et de travail ; quand il y eut donné le dernier coup de pinceau, il alla lui-même aux Tuileries annoncer à l'Empereur que le tableau était terminé. Un jour, Napoléon, accompagné de l'Impératrice, suivi de toute sa famille, des officiers de sa maison et de ses ministres, arriva dans l'atelier du peintre ; il examina avec attention le tableau. *C'est bien, très bien*, dit-il à David ; *vous avez deviné toute ma pensée : vous m'avez fait chevalier français ; je vous sais gré d'avoir transmis aux siècles à venir la preuve de l'affection que j'ai voulu donner à celle qui partage avec moi les peines du gouvernement.* Napoléon réfutait ainsi le reproche que la critique avait adressé au peintre, en prétendant qu'il avait fait de l'Impératrice l'héroïne du tableau. Après avoir ainsi félicité David, Napoléon fit deux pas en avant et se plaça en face de lui ; puis se découvrant et s'inclinant devant l'artiste : *David*, lui dit-il d'une voix forte, *je vous salue*.— Le peintre lui répondit : *Sire, je reçois votre salut au nom de tous les artistes, heureux d'être celui à qui vous l'adressez.* Déjà membre de la Légion-d'Honneur depuis le 26 frimaire an XII, David reçut le brevet d'officier de cet Ordre (22 octobre 1808). Le peintre retourna à son ouvrage de prédilection, au tableau de *Léonidas aux Thermopyles*; il était à peine terminé, lorsque les événemens de 1814 déterminèrent l'abdication de Napoléon. A son retour de l'île d'Elbe, en 1815, l'Empereur voulut voir ce tableau ; il se rendit dans l'atelier de David, et sa visite fut un nouvel hommage à son talent : *Continuez, David*, lui dit-il, *à illustrer la France par vos travaux ; j'espère que des copies de ce tableau ne tarderont pas à être placées dans les Écoles militaires ; elles rappelleront aux jeunes élèves les vertus de leur état.* Après la seconde abdication de l'Empereur, compris parmi les Français que le gouvernement condamnait à l'exil, David résolut d'aller s'établir dans les Pays-Bas. Le roi de Prusse lui fit offrir la direction des arts dans son royaume. Le baron Alexandre de Humbolt, le collègue de David à l'Institut, joignit ses instances à celles du prince de Hardenberg pour déterminer le grand peintre à accepter l'offre du roi de Prusse. Le prince de Halzfeld, ambassadeur de Prusse auprès du roi des Pays-Bas, demanda à David une entrevue, et lui rappela les lettres qu'il avait déjà reçues. David alla consulter ses amis ; leur avis fut conforme à son sentiment secret, et, le lendemain, il alla annoncer son refus à l'ambassadeur. David s'occupait alors du portrait en pied du général Gérard ; quand il l'eut achevé, il peignit *l'Amour quittant Psyché au lever de l'aurore;* puis il fit pour le comte de Schoenborn, bavarois, les *Adieux de Télémaque et d'Eucharis*, les portraits du jeune prince de Gavre, des conventionnels Sieyes et Ramel, ses compagnons d'exil ; de Mlle Juliette de Villeneuve, nièce de Joseph Bonaparte, ancien roi d'Espagne, et des deux filles de ce prince. En 1824, il exposa son grand tableau de *Mars désarmé par Vénus*, production d'un pinceau presque octogénaire; cependant elle témoignait d'une fermeté et d'une fraîcheur de coloris qui ne pouvait faire soupçonner l'âge du peintre : il semblait avoir retrouvé toute la jeunesse de son talent. L'exposition de ce chef-d'œuvre eut lieu à Bruxelles, moyennant une faible rétribution que l'artiste consacra au soulagement des vieillards de l'hospice de Sainte-Gertrude et des Ursulines. Il chargea ensuite son élève, Michel Stapleaux, d'aller exposer ce tableau à Paris, où il rapporta au peintre près de 50,000 francs.

David avait commencé à Paris, en 1813, l'esquisse d'un tableau représentant *Alexandre entrant dans l'atelier d'Apelles*, occupé à peindre Campaspe, maîtresse de ce conquérant, qui la lui donne pour épouse. Ce sujet lui plaisait; il y travailla de nouveau avec quelque ardeur, mais il n'eut pas le temps de l'achever. Les élèves de David, voulant donner un témoignage de leur reconnaissance à leur ancien maître, firent frapper à son honneur une médaille dont l'exécution fut confiée à Galle ; Gros fut chargé de la présenter au grand peintre. Cependant sa santé s'affaiblissait de jour en jour ; il rendit le dernier soupir le 29 décembre 1825. S.-M.

DEBOUT (ALEXANDRE-AUGUSTE), naquit le 11 novembre 1774 à Sarnoy (Oise). Entré au service comme lieutenant dans le 2ᵉ bataillon de volontaires de son département le 18 septembre 1791, il servit à l'armée du Nord, de 1792 à l'an VI, et fut nommé capitaine le 13 ventôse an III. Le 2ᵉ bataillon de l'Oise ayant été incorporé, le 1ᵉʳ thermidor an V, dans la 26ᵉ demi-brigade de ligne, devenue 91ᵉ le 25 vendémiaire an VII, Debout fit avec ce dernier corps les campagnes d'Italie de l'an VII à 1810. A l'affaire de la Couronne, dans la nuit du 12 au 13 nivose an IX, il força un grand nombre d'ennemis de mettre bas les armes. Membre de la Légion-d'Honneur le 26 frimaire an XII, il entra par incorporation, le 20 ventôse suivant, dans le 20ᵉ régiment. Il fit les guerres d'Espagne, de 1811 à 1814, passa dans le 117ᵉ régiment, le 1ᵉʳ février de cette dernière année, avec le grade de chef de bataillon, et obtint sa retraite le 4 janvier 1815 pour cause d'infirmités. B-S.

DECOUZ (JEAN-JOSEPH), né le 10 novembre 1769 à Annecy (Mont-Blanc), entra le 16 novembre 1787 dans le 2ᵉ régiment de chasseurs à cheval, avec lequel il fit les campagnes de l'armée du Rhin de 1792 à l'an IV. Il fut nommé brigadier-fourrier le 24 mai 1793, et maréchal-des-logis-chef le 30 ventôse an III. A l'affaire de Deux-Ponts, le 15 frimaire an IV, il poursuivit seul, et sabra jusque dans leurs pelotons, plusieurs chevau-légers. De l'an V à l'an VI, il suivit son régiment aux armées de Rhin-et-Moselle, d'Allemagne, d'Angleterre et de l'Ouest, devint adjudant-sous-officier le 27 messidor an V, et sous-lieutenant le 5 fructidor an VI. Il passa à l'armée de réserve en l'an VII, à l'armée d'Italie en l'an VIII, et au corps d'observation du Midi, où il servit en l'an IX et en l'an X. Il obtint l'emploi de quartier-maître le 11 germinal an X ; mais son goût pour la vie aventureuse des camps l'ayant bientôt emporté, il rentra quelque temps après dans une compagnie, et fut nommé lieutenant le 3 thermidor an X, capitaine et membre de la Légion-d'Honneur les 13 et 26 frimaire an XII. Il fit les campagnes des an XII et XIII à l'armée des côtes de l'Ouest, se signala à la grande armée (Italie) de l'an XIV à 1809, et fut tué en avant de Raab (Hongrie), le 13 juin de cette dernière année. B-S.

DELAISSE (CHARLES-ANTOINE), né le 9 septembre 1765 à Seraincourt (Seine-et-Oise), entra dans le régiment du Perche-infanterie (31ᵉ) le 15 janvier 1785, parvint aux grades de caporal, fourrier, sergent et sergent-major les 10 octobre 1790, 1ᵉʳ janvier 1791, 8 mai et 21 novembre 1792, et fit les guerres de 1792 et 1793 aux armées du centre et de la Moselle, ainsi que celles de l'an II à l'an IV aux armées de Sambre-et-Meuse, d'Allemagne et de Mayence. Sous-lieutenant le 7 pluviose an II, il déploya une grande valeur, le 11 vendémiaire an IV, dans une sortie de la garnison autrichienne de Mayence, et fut blessé d'un éclat d'obus. La campagne du Danube de l'an VII lui valut le brevet de lieutenant. Passé dans la 102ᵉ demi-brigade de ligne, il servit en l'an VIII à l'armée du Rhin, fut nommé capitaine le 30 vendémiaire an IX, et fit les campagnes de l'an IX à 1809 en Italie. Le 4 nivose an IX, au combat de San-Marco, il prit, avec 5 hommes de sa compagnie, un capitaine et 53 soldats autrichiens. Il fut créé membre de la Légion-d'Honneur le 26 frimaire an XII. Employé sur les côtes de la Méditerranée de 1810 à 1812, il fut promu, le 4 avril 1813, au grade de chef de bataillon. Le 19 novembre de cette année, il se fit remarquer, à la tête de son bataillon, au combat de Saint-Michel (Italie), et reçut pendant l'action un coup de feu à la joue droite. Il obtint le 15 mars 1814 la croix d'officier de la Légion-d'Honneur. Le 1ᵉʳ septembre suivant, le 102ᵉ régiment étant devenu 83ᵉ, il fit avec ce corps la campagne de 1815, et fut admis à la retraite le 7 mars 1816.

DELANCHY. *Voyez* LANCHY (*André*).

DELHOMME (PIERRE), né le 31 janvier 1771 à Notre-Dame de l'Espare (Gironde), entra au service le 25 septembre 1791 dans le 5ᵉ bataillon de la Gironde, qui devint successivement 129ᵉ, puis 32ᵉ demi-brigade, et enfin 32ᵉ régiment d'infanterie de ligne. Il fit toutes les campagnes de 1792 à l'an IX aux armées d'Italie et d'Orient. A Saint-Jean-d'Acre, il prit part à tous les assauts qui furent livrés à cette place, et aux différentes affaires qui eurent lieu devant Alexandrie. Caporal le 8 floréal an VIII, il devint sergent le 7 germinal an X. Membre de la Légion-d'Honneur le 26 frimaire an XII, il fit ensuite partie de la 1ʳᵉ division du

6e corps de la grande armée, et fut tué à l'affaire d'Ulm, le 19 vendémiaire an XIV. B-G.

DELILE (JEAN-CLAUDE), né le 2 mars 1771 à Bray-sur-Seine (Seine-et-Marne), entra comme volontaire au 5e bataillon de Seine-et-Marne le 15 ventose an II, et fut successivement incorporé dans la 108e demi-brigade et dans la 21e, qui devint, en l'an XII, 21e régiment d'infanterie de ligne. Il fit les campagnes des ans II, III et IV à l'armée de Rhin-et-Moselle; à l'affaire du 26 vendémiaire an IV, en avant de Manheim, attaqué par 2 hussards ennemis, il en tua un; sa baïonnette ayant été brisée d'un coup de sabre de son second adversaire, il finit par le terrasser d'un coup de crosse. En l'an V, il rejoignit l'armée de l'intérieur : l'année suivante, il tint garnison à Lille, et passa en l'an VII à l'armée de Batavie. Nommé caporal le 13 fructidor de cette année, il devint fourrier le 6 floréal an X, et membre de la Légion-d'Honneur le 26 frimaire an XII, étant au camp d'Utrecht. Attaché à la grande armée pendant les ans XIV, 1806 et 1807, il prit part à tous les combats livrés en Autriche, en Prusse et en Pologne, et fut nommé sergent le 11 mars 1807 pour sa conduite à la bataille de Preussich-Eylau, le 8 février. Il obtint sa retraite le 12 janvier 1808. Y.

DELION (AUGUSTIN), naquit le 11 mai 1767 à Écouen (Seine-et-Oise). Le 8 janvier 1785, Délion s'engagea dans le 2e régiment de dragons. Il se trouva à l'affaire de Nanci, le 30 août 1790, et fut nommé brigadier le 17 mars 1791, maréchal-des-logis le 27 avril 1792, et maréchal-des-logis-chef le 1er mai 1793. Il fit toutes les campagnes de la Révolution, fut blessé d'un coup de sabre au-dessus de l'œil gauche à la retraite du Danube, et d'un coup de feu à la jambe à la bataille de Nerwinde. Sous lieutenant le 16 floréal an III, il devint lieutenant le 8 nivose an XI. Membre de la Légion-d'Honneur le 26 frimaire an XII, il fit les campagnes de l'an XIV, de 1806, 1807 et 1809 à la grande armée, et à l'armée du Nord (tête de Flandre). Choisi par le général Laurent pour remplir auprès de lui les fonctions d'aide-de-camp, il conquit l'estime de son général, et fut nommé capitaine le 14 août 1809. Le 13 janvier 1811, il passa avec son grade dans le 4e régiment de dragons, et le 22 janvier 1813 il entra dans la compagnie de réserve du département de Saône-et-Loire avec un emploi de lieutenant. Il fit avec ce corps la campagne de 1814 à l'armée de Lyon, et fut admis à la retraite le 22 juillet même année. Il est mort à Forbach, (Moselle), le 8 janvier 1828. B-G.

DEMAREZ (FRANÇOIS-JOSEPH), né le 10 mai 1767 à Condé (Nord), entra au service dans le régiment de Viennois-infanterie le 18 avril 1786. Caporal le 20 juin 1789, et fourrier le 1er janvier 1790, il fit les campagnes de 1792 et 1793 à l'armée de la Moselle, et fut promu sergent le 25 vendémiaire an II. Le 11 nivose suivant, il fut nommé sergent-major, et sous-lieutenant le 27 floréal de la même année. Le 10 thermidor, à la prise de l'île de Cadsand, il passe le canal à la nage, suivi de ses grenadiers, et aborde un des premiers sur l'autre rive, malgré le feu meurtrier de l'ennemi. Il se met aussitôt à la tête des détachemens qui arrivaient successivement, s'empare de 3 pièces de canon, et les fait tourner contre l'ennemi qui prend la fuite dans le plus grand désordre. Le 6 ventose an III, il sauva sous le feu de l'ennemi un carabinier de la 14e demi-brigade d'infanterie légère, qui était enseveli sous les glaces entre Nines et Werthinsen, pendant la campagne de cette année à l'armée du Nord. En l'an IV, il était à la même armée. Lieutenant le 21 brumaire, il fit avec elle la campagne de l'an V, et passa ensuite à celle d'Allemagne, où il prit part aux opérations des ans VI et VII. Appelé à l'armée d'Italie, il passa un des premiers, le 6 prairial an VIII, le pont de Zontano, malgré le feu très vif de l'ennemi. Le 1er fructidor suivant, il devint capitaine au 22e de ligne, fut nommé membre de la Légion-d'Honneur le 26 frimaire an XII, et passa, le 1er fructidor an XIII, avec un emploi de son grade, dans les grenadiers à pied de la garde impériale. Atteint d'une maladie grave, suite des fatigues de la guerre, il mourut à Paris le 17 décembre 1806. B-G.

DENISOT (JOSEPH-GILLES), naquit le 5 avril 1751 à Bonché (Aube). Entré le 8 avril 1773 au régiment de Boulonnais, devenu 79e régiment d'infanterie, il fit les trois campagnes de 1773, 1774 et 1775 en Corse, et reçut un coup de feu à la tête dans le combat du 17 août 1773. Le 17 juillet 1784, il obtint le grade de caporal, et celui de sergent le 24 février 1793, passa à l'armée des Alpes, après la déclaration de guerre, avec la 146e demi-brigade, et s'y trouva pendant 1793 et les ans II et III. Blessé le 6 germinal an III aux redoutes du Valaisan, d'un coup de mitraille dans les deux jambes, il n'en continua pas moins de combattre. Passé dans la 5e demi-brigade, il se trouvait à l'affaire du Mont-Genèvre, dans les Alpes, le 5 fructidor an III. Chargé d'une découverte avec 45 hommes, il rencontra une colonne ennemie, la tint en échec pendant plusieurs heures, donna le temps à des renforts d'arriver à son secours, et parvint à cerner complétement la troupe ennemie. Il continua de servir aux armées du Rhin en l'an VIII, de Batavie pendant les ans IX et X, et fut admis à la retraite, par arrêté des consuls, en date du 29 brumaire an XII. Il était retiré dans ses foyers, lorsque, le 26 frimaire, le premier Consul le nomma membre de la Légion-d'Honneur et le désigna pour faire partie du collège électoral de l'arrondissement de Bar-sur-Aube. Il est mort le 28 avril 1821. Y.

DENON (DOMINIQUE-VIVANT, *baron*), né à Châlons-sur-Saône le 4 janvier 1747, de parens nobles, vint fort jeune à Paris pour y étudier le droit. Mais au lieu de se livrer à cette étude sérieuse, il cultiva les arts d'agrément, et surtout le dessin, pour lequel il éprouvait une sorte de passion. Louis XV lui confia la direction, ou plutôt la formation d'un cabinet de pierres gravées et de médailles, et le nomma gentilhomme ordinaire de la chambre. En 1769, il donna au Théâtre-Français une comédie intitulée *le Bon Père*, qui n'obtint qu'un médiocre succès ; il eut le bon esprit de s'en tenir là. Plus tard, il fut nommé gentilhomme d'ambassade à Saint-Pétersbourg, et sut se rendre agréable à l'ambassadeur, le baron de Talleyrand.

A l'avénement de Louis XVI, Denon alla en Suède joindre le comte de Vergennes, qui, nommé presque aussitôt au ministère des affaires étrangères, le ramena avec lui à Paris, et lui donna une mission pour la Suisse. En passant près de Ferney, il voulut voir Voltaire, et c'est à cette visite que l'on doit une de ses compositions gravée sous le nom de *Déjeuner de Ferney*.

Il remplit encore sous le ministère de Vergennes les fonctions de secrétaire d'ambassade à Naples ; là, comme partout, il se rendit agréable et inspira de l'amitié à son ambassadeur. Après la mort de ce ministre, il se livra entièrement à l'étude des arts. Il présenta à l'Académie de peinture, pour morceau de réception, *l'Adoration des bergers*, et y fut admis en 1787. Il partit ensuite pour l'Italie ; mais le gouvernement de Venise, effrayé du caractère que prenait la révolution française, le força de quitter les États de la république. Il se retira à Florence et passa en Suisse, où il espérait trouver la tranquillité ; ce fut en vain. Pendant son absence, ses biens avaient été séquestrés, et il avait même été porté sur la liste des émigrés. Il eut cependant le courage de venir à Paris ; David, qui jouissait alors d'une grande influence, le fit d'abord rayer de la liste des émigrés et l'employa dans les travaux que lui avait commandés le gouvernement.

Denon connaissait Mme de Beauharnais avant qu'elle épousât Bonaparte. Présenté par elle au général, il sut lui plaire et accueillit avec empressement l'invitation de l'accompagner en Égypte. Revenu en France, il publia son *Voyage dans la haute et basse Égypte*. Cet ouvrage, dans lequel règnent la sensibilité, la bonne foi et la candeur, est encore lu aujourd'hui avec plaisir. Il obtint alors un brillant succès. Denon, appelé à l'Institut lors de sa formation, fut nommé directeur-général des musées en l'an XI, et organisa à Paris l'admirable collection qui devint le plus riche trésor artistique que l'on puisse voir en Europe. L'année suivante, l'École de la monnaie des médailles fut mise sous sa direction. Membre de la Légion-d'Honneur le 26 frimaire an XII, il suivit l'Empereur dans ses campagnes d'Autriche, d'Espagne et de Pologne, et dessina sous ses yeux les plus beaux faits d'armes de nos guerriers. La colonne triomphale de la place Vendôme s'est élevée sous la direction de Denon.

Louis XVIII le maintint d'abord dans ses places en 1814 ; mais son retour à l'Empereur, en 1815, les lui fit perdre, et le roi se contenta de le nommer, par ordonnance du 21 mars 1816, membre de l'Académie des beaux-arts, 1re section, peinture. Denon consacra les dernières années de sa vie à composer son cabinet, si riche en objets d'arts et de curiosité. L'on doit regretter que le gouvernement ait laissé échapper l'occasion d'acquérir un cabinet si digne de devenir une propriété nationale ; mais, vendu aux enchères, il s'est dispersé dans diverses mains.

Denon a gravé près de cinq cents planches, dont plusieurs sont des productions capitales. Il a constamment imité la manière de Rembrandt. Les plus remarquables de ses compositions sont : *Jésus-Christ sur les genoux de la Vierge*, *le bon Samaritain*, *Effet de nuit dans un intérieur*, *Deux Lions et une Lionne*, etc. Il mourut à Paris le 27 avril 1825.
TH.

DERY (PIERRE-CÉSAR), né à Saint-Pierre (Martinique), le 2 février 1768, entra dans la marine, le 4 mars 1780, en qualité de pilote à bord de la frégate *l'Iphigénie*. Le 6 juillet de l'année suivante, il passa comme garde-marine surnuméraire sur la corvette *l'Élise*. Fait prisonnier sur ce bâtiment le 13 septembre 1782, il ne tarda pas à être échangé. Il continua de servir en Amérique jusqu'en 1783, et fut réformé le 17 juillet 1786. Le 6 octobre 1788, il s'engagea dans le 12e régiment de chasseurs à cheval, et devint successivement brigadier-fourrier le 21 mars 1791, et maréchal-des-logis le 1er janvier 1793. Le 7 mars suivant, au combat de Saint-Trond, il s'empara de 2 caissons à poudre, et reçut deux coups de sabre. Sous-lieutenant le 1er juillet de la même année, et lieutenant le 1er ventose an II, il combattit à la seconde bataille de Fleurus, le 8 messidor suivant, et y fut encore blessé de deux coups de sabre. Au combat de Kreutzenach, le 19 brumaire an III, il s'empara de 2 pièces de canon. Dery, qui déjà avait donné de nombreuses preuves de valeur pendant les campagnes de l'an III à l'an VII, se fit particulièrement remarquer en Souabe et en Italie en l'an VIII. Le 20 floréal, il s'empara de vive force d'un convoi de 180 voitures, et, le 3 prairial, il arrêta pendant quatre heures, à la tête de 12 hommes seulement, 2,000 cavaliers qui se dirigeaient sur Tortone, les chargea dix fois, et leur enleva 7 hommes. Deux jours après, il reçut un coup de feu à Marengo et resta au pouvoir de l'ennemi. Promu capitaine le 5e jour complémentaire an IX, il passa à l'emploi d'adjudant-major le 22 ventose an X, et fut nommé, le 26 frimaire an XII, membre de la Légion-d'Honneur. Le 14 fructidor an XIII, le prince Murat s'attacha le jeune capitaine en qualité d'aide-de-camp. Il fit les guerres de l'an XIV et de 1806 en Prusse et en Pologne, et obtint le grade de chef d'escadron le 10 février 1806, et celui de colonel du 5e régiment de hussards le 30 décembre de la même année. Le 4 février 1807, il fut blessé au combat de Watherdorff, en chargeant l'ennemi à la tête de son régiment. Il reçut la croix d'officier de la Légion-d'Honneur le 14 mai 1807, et fut nommé chevalier de l'ordre de Wurtemberg le 1er juillet suivant, en récompense de ses services pendant cette dernière période de la campagne de Pologne. La guerre de 1809 avec l'Autriche lui fournit de nouvelles occasions de se signaler, et on le vit partout où il y avait des dangers à courir. Il était général de brigade depuis le 6 août 1811, lorsqu'il fut tué au combat de Winkowo, le 19 octobre 1812, dans une charge contre un corps nombreux de cosaques.

DESAILLY (FRANÇOIS), naquit le 4 janvier 1770 à Oisy (Pas-de-Calais). Soldat au 1er bataillon de volontaires du Pas-de-Calais le 25 septembre 1791, et caporal le 12 janvier 1792, il fit les campagnes de l'armée du Nord en 1792 et 1793. Le 7 nivose an II, il fut nommé sergent-major dans le bataillon de flanqueurs d'Hanon, avec lequel il fit la campagne de l'an II à l'armée du Nord. Le 9 germinal de la même année, il passa avec son grade dans le 5e bataillon de chasseurs francs, amalgamé dans la 15e demi-brigade d'infanterie légère le 23 messidor an III. En l'an III et en l'an IV, Desailly servit à l'armée de Sambre-et-Meuse. Il faisait partie de l'armée d'Italie en l'an V, et, le 1er germinal de cette année, il fut promu sous-lieutenant. Il fit la campagne de l'an VI à l'armée de Rome, celle de l'an VII à Naples, et celle de l'an VIII en Italie. Le 6 brumaire de la même année, commandé pour aller, avec 20 hommes de sa compagnie et 6 sapeurs, couper une barrière sur le pont de Serravalle, il chassa le poste qui la défendait, et fit couper une des traverses; mais voyant que l'ouverture n'était pas assez grande pour laisser le passage à un homme, et l'artillerie ayant déjà mis 16 de ses soldats hors de combat, il franchit résolument la barrière pour en forcer l'ouverture de l'autre côté. Passé à l'armée des Grisons, il y fit la campagne de l'an IX. Le 7 floréal an X, il fut promu lieutenant. Nommé membre de la Légion-d'Honneur le 26 frimaire an XII, il obtint les épaulettes de capitaine le 23 germinal suivant. C'est en cette qualité qu'il fit les campagnes d'Autriche, de Prusse et de Pologne en l'an XIV, 1806 et 1807. Chef de bataillon au 22e régiment d'infanterie de ligne le 6 septembre 1808, il se distingua à la bataille de Wagram, et, après la campagne de 1809 à la grande armée, il fit la campagne en Espagne et en Portugal pendant les années 1810, 1811, 1812 et 1813. Le 25 juillet de cette dernière année, il périt glorieusement sur la brèche, à la défense de Saint-Sébastien. B-G.

DESBORDES (FRANÇOIS), né le 6 octobre 1775 à Avise (Marne), entra comme volontaire dans le 4e bataillon de la Marne le 3 août 1792, passa dans les 172e et 99e demi-brigades de ligne les 6 germinal an II et 11 ventose an IV, et fit toutes les campagnes de 1792 à l'an IV aux armées des Ardennes et de Sambre-et-Meuse. Incorporé au 20e régiment de chasseurs à cheval le 25 thermidor an IV, il combattit l'année suivante à l'armée de Rhin-et-Moselle, se trouva en l'an V à celle de Mayence, en l'an VII à celle du Danube, et en l'an VIII à celle du Rhin. A l'affaire d'Erbach, le 28 floréal de cette dernière année, il se précipita avec quelques hommes sur le village de Delmingen, et fit prisonniers un bataillon et plusieurs officiers qui défendaient ce poste. Brigadier le 23 pluviose an XI, il fut nommé membre de la Légion-d'Honneur le 26 frimaire an XII. Il assista aux batailles d'Austerlitz et d'Eylau, obtint le grade de maréchal-des-logis le 14 janvier 1807, en récompense de la belle conduite qu'il avait tenu le 5, à la prise de Breslau, et tomba au pouvoir de l'ennemi dans une charge qui eut lieu devant Valdorf, le 9 février de la même année. Depuis cette époque, on a cessé d'avoir des nouvelles de ce militaire. Y.

DESFONTAINES (RENÉ-LOUICHE), né au bourg de Tremblay (Ille-et-Vilaine), le 14 février 1750, se rendit à Paris, en 1773, et se livra avec ardeur à son goût pour la botanique. Le célèbre de Jussieu l'encouragea et le prit en amitié. Desfontaines lut à l'Académie des sciences plusieurs mémoires remarquables, et mérita, en 1783, d'être appelé au sein de cette Académie. Il obtint ensuite du gouvernement les fonds nécessaires pour visiter l'Afrique septentrionale, dans le but d'en étudier l'histoire naturelle et surtout la botanique. Il passa deux ans et demi dans les États barbaresques, et y fit de nombreuses excursions qui n'étaient pas alors sans danger. Il revint à Paris avec une riche collection de plusieurs centaines de plantes particulières à l'Afrique. En 1786, Desfontaines fut nommé professeur au Jardin des Plantes, et se livra exclusivement aux soins de cet emploi important. Il corrigea les dénominations fautives des graines et des plantes, fit établir de l'ordre dans les galeries du cabinet de botanique, et s'attacha à faire connaître les objets nouveaux ou rares. En 1793, il eut le bonheur de soustraire Lhéritier à une mort imminente, en le présentant comme le seul homme capable de publier les collections recueillies par Dombey. En l'an III, il vint en aide au savant et courageux Ramond, qu'on avait jeté dans les cachots, et que presque tous ses amis avaient abandonné. En l'an IX, il entra à l'Institut national, et ouvrit, l'année suivante, un cours au Muséum d'histoire naturelle. Sa piquante bonhomie attira près de lui un nombreux auditoire, et ses talens lui acquirent la réputation de premier botaniste de France. Il publia ensuite avec les autres professeurs du Muséum d'histoire naturelle les Annales de cet établissement, qui mentionnent les découvertes importantes dont Desfontaines a enrichi la botanique. Appelé à la présidence de l'Institut, et créé membre de la Légion-d'Honneur le 26 frimaire an XII, il fit partie des premières sociétés savantes de l'Europe. En 1809, Napoléon le nomma professeur de botanique et de physique végétale à la faculté des sciences de l'Université impériale. Desfontaines a publié une foule d'ouvrages, dont plusieurs sont restés classiques, et qui lui assurent un rang distingué comme écrivain et comme botaniste. Il devint aveugle dans les dernières années de sa vie, et mourut à Paris le 16 novembre 1833. TH.

DESMONTS ET NON **DESMONT**, ainsi que le porte la liste de nomination (JACQUES), né le 20 avril 1770 à Neuvelle (Calvados), s'enrôla le 27 janvier 1789 dans le 12e régiment de chasseurs à cheval. Il fit la campagne de 1792 à l'armée du centre, et fut blessé d'un éclat d'obus à la jambe droite, le 20 septembre 1792, à la bataille de Valmy. En 1793 et pendant la campagne de l'an II, il était à l'armée du Nord, où il fut nommé maréchal-des-logis le 16 floréal an II. Il faisait partie de l'armée de Sambre-et-Meuse durant les ans III, IV, V et VI, et de celle du Danube en l'an VII. Lieutenant provisoire le 8 thermidor an VII, il fut confirmé dans ce grade le 1er thermidor an VIII. Il fit la campagne de l'an VIII, et reçut quatre coups de sabre à la bataille de Marengo. Le 21 vendémiaire an XI, il passa avec son grade dans les grenadiers à cheval de la garde consulaire, et y fut nommé lieutenant le 8 fructidor suivant. En l'an XII et en l'an XIII, il était à l'armée des côtes de l'Océan. Il reçut la décoration de la Légion-d'Honneur le 26 frimaire an XII. Il fit la campagne de l'an XIV à la grande armée, et fut blessé d'un coup de sabre au combat d'Aschaffenburg, dans une charge dirigée par le général Klein. Pendant les campagnes de 1806 et 1807, cet officier fit preuve de courage et de dévoûment. L'Empereur le nomma officier de la Légion-d'Honneur le 14 mars 1806, et le promut, le 18 février 1807, au grade de capitaine dans le même régiment. En 1808, il combattit en Espagne, et en 1809 en Allemagne. Nommé major du 13e régiment de cuirassiers le 16 octobre 1811, il fit en cette qualité la campagne de France, passa dans le 4e régiment de même arme le 16 novembre 1814, et, après la funeste campagne des Cent-Jours, il fut admis à la retraite par ordonnance royale du 1er novembre 1815. Il est mort le 22 janvier 1822.

DESNOS (LOUIS), naquit le 19 janvier 1773 au Mans (Sarthe). Volontaire au 1er bataillon de la Sarthe le 2 septembre 1792, il fit les campagnes de 1792 à l'an III à l'armée du Nord. Caporal le 20 germinal an II, et sergent le jour suivant, il servit en l'an IV et en l'an V à l'armée de Sambre-et-Meuse, et en l'an VI à celle du Rhin. Employé l'année suivante aux armées d'Italie et de Naples, il enleva un drapeau à l'ennemi le 3 pluviose. Le 22 germinal, au combat de Trani, il fut blessé d'un coup de feu, et devint sous-lieutenant à la suite de cette journée, dans la 73e demi-brigade d'infanterie de ligne, le 12 floréal. Au passage de la Trebia, le 1er messidor, il fut blessé d'un coup de feu dans la poitrine. En l'an VIII, il était à l'armée du Danube, et en l'an IX à celle du Rhin. Le 17 fructidor an XI, il fut promu lieutenant dans le 23e régiment d'infanterie de ligne, et le 26 frimaire an XII nommé membre de la Légion-d'Honneur. Après avoir fait les campagnes de l'an XIV, de 1806 et 1807 à la grande armée, il devint capitaine le 23 mars de cette dernière année. En 1808, il fit partie du corps d'observation du Rhin, et en 1809 de la grande armée d'Allemagne. Il trouva une mort glorieuse sur le champ de bataille de Wagram, le 6 juillet 1809. B-G.

DESSENAY. *Voyez* BESSENAY.

DETINANCOURT (NICOLAS), né le 20 février 1770 à Huningue (Haut-Rhin), entra au régiment de Bourgogne-infanterie, devenu 59e régiment le 3 septembre 1787, fut incorporé dans la 117e demi-brigade le 26 germinal an II, et dans la 75e le 26 nivose an IV. Il fit la campagne de 1793 à l'armée des Pyrénées-Orientales, devint caporal le 4 novembre de la même année, et passa l'année suivante à l'armée d'Italie, où il fut élu sergent le 6 prairial an II. Blessé d'un coup de feu à la bataille d'Arcole le 27 brumaire an V, et fait prisonnier au passage de l'Isonzo le 29 ventose suivant, il fut échangé après le traité de Léoben. Au commencement de l'an VI, il passa en Égypte, fit partie de l'expédition de Syrie, combattit au Mont-Thabor le 27 germinal an VII, à Aboukir le 7 thermidor suivant, et rentra en France avec l'armée. Le 1er germinal an XI, il fut nommé sergent-major, et pendant les ans XI, XII et XIII, il fit partie de l'armée des côtes de l'Océan avec le 75e régiment de ligne, et le 26 frimaire an XII il reçut, à Boulogne, la décoration de la Légion-d'Honneur. Passé à la grande armée en l'an XIV, il fit la campagne d'Austerlitz et obtint sa retraite le 11 septembre 1806. Il était électeur de l'arrondissement d'Altkirch. Il est mort le 19 octobre 1825. Y.

DEVEAUX (PIERRE), DIT **RULLY**, né le 14 mai 1763 à Rully (Côte-d'Or), s'engagea le 20 juin 1789 au régiment d'Angoulême, qui devint successivement 34e régiment d'infanterie en 1791, 68e demi-brigade en l'an II, et 15e le 30 pluviose an IV; admis dans les grenadiers le 28 octobre 1789, il fit la campagne de 1791, à Saint-Domingue, contre les nègres révoltés. Rentré en France l'année suivante, il fut dirigé sur l'armée du Nord, où il combattit constamment pendant le cours des ans II, III, IV et V; en l'an VI, il se trouva à l'armée d'Allemagne, puis à celle Mayence; passa en Batavie en l'an VII, et fit la campagne d'hiver de l'an IX. Blessé d'un coup de feu au bras droit, au combat d'Aschau, le 10 frimaire an IX, la gravité de cette blessure ne lui permit plus de servir activement. Le 26 frimaire an XII, il obtint le titre de légionnaire, et mourut à Brest le 30 juin 1807. Y.

DHERE (FRANÇOIS), né le 10 janvier 1757 à Chandenay (Haute-Marne), entra au service au 6e régiment de chasseurs à cheval le 1er février 1783, et fit toutes les campagnes de la liberté aux armées du Nord, de Sambre-et-Meuse, de Mayence, du Danube, du Rhin et d'Helvétie; nommé brigadier le 1er juillet 1793 pour sa belle conduite à l'attaque du camp de Famars, le 23 mai, il fut nommé maréchal-des-logis le 1er germinal an VIII, en récompense du courage qu'il avait déployé dans le Valais contre les paysans révoltés. Membre de la Légion-d'Honneur le 26 frimaire an XII, il passa à l'armée d'Italie à la reprise des hostilités en l'an XIV, et obtint sa retraite le 31 mai 1808, à la suite de nombreuses blessures reçues à l'armée de Naples, lors de la réduction des Abruzzes, pendant la campagne de 1807. Il est mort le 23 juillet 1822, à Fay-Billot (Haute-Marne). Y.

DIEUAIDE (FRANÇOIS), naquit le 24 novembre 1774 à Château-Lévêque (Dordogne). Réquisitionnaire à la 14e demi-brigade, devenue 14e régiment de ligne le 15 nivose an VII, il faisait partie, en pluviose de la même année, d'un détachement qui rejoignait la 14e de Turin à Ferrare, lorsque, surpris par des pluies qui firent sortir tous les ruisseaux de leur lit, il parvint à sauver 3 de ses camarades entraînés par des torrens. Le 6 germinal suivant, à Legnano, une colonne ennemie s'avançait sur sa division et menaçait d'envelopper les tirailleurs; Dieuaide seul, sur un pont, abrité par le parapet, osa lui résister, et permit à une partie du bataillon d'arriver encore assez tôt pour sauver les tirailleurs.

Au combat d'Orci-Nuovi, le 13 floréal an VII, il pénétra si loin dans les rangs ennemis qu'il y resta prisonnier. Il ne fut rendu que le 20 floréal an IX, après le traité de paix de Lunéville. Le 16 floréal an X, il fut nommé caporal, fourrier le 1er fructidor, et sergent le 1er pluviose an XI; il passa sergent-major le 11 du même mois, fut promu adjudant-sous-officier le 16 brumaire de la même année, et obtint la décoration de la Légion-d'Honneur le 26 frimaire an XII. Il reçut la mort au combat qui précéda le passage du pont de Kolzambia, le 24 décembre 1806. Y.

DOBBAN. *Voyez* **DOLBEAU.**

DOLBEAU (PIERRE), ET NON **DOBBAN**, naquit le 27 octobre 1769 à Saint-Jean de la Croix (Maine-et-Loire), le 17 août 1792. Il entra dans le 2e bataillon de volontaires de son département, incorporé le 30 thermidor an II dans la 97e demi-brigade de ligne, devenue 73e le 16 floréal an IV. Il a fait les campagnes de 1792 à l'an III à l'armée du Nord, celles des ans IV et V à l'armée de Sambre-et-Meuse, et celles des ans VI et VII aux armées d'Angleterre, du Rhin et de Naples. Caporal le 22 brumaire an II, il passa cinq ans après au grade de sous-lieutenant. A Porto-Fermo, le 8 frimaire an VII, il s'était précipité dans les rangs ennemis et avait enlevé un drapeau à un régiment napolitain. De l'an VIII à l'an XI, il servit aux armées d'Italie, des Grisons et d'Helvétie; entré par incorporation, le 7 brumaire an XII, dans le 23e régiment de ligne, il obtint, le 26 frimaire suivant, la décoration de la Légion-d'Honneur et le grade de lieutenant le 11 ventose an XIII. Il fit la campagne de l'an XIV à l'armée d'Italie, celles de 1806 à 1809 dans la Dalmatie et en Allemagne, et fut nommé capitaine le 20 juin de cette dernière année. Blessé à la jambe droite le 5 juin 1811, il sollicita sa retraite et l'obtint le 28 décembre 1812.

DONJON. *Voyez* **DAUJON.**

DORIEUX (PIERRE), né le 18 mai 1769 à Lusinier (Côte-d'Or), entra comme caporal le 28 septembre 1791 dans le 2e bataillon de Saône-et-Loire, amalgamé en l'an II dans la 200e demi-brigade de bataille, qui servit, en l'an IV, à la formation de la 38e demi-brigade d'infanterie de ligne, dont les 2 premiers bataillons furent versés dans le 37e régiment de même arme à l'organisation du 1er vendémiaire an XII. Sergent le 16 octobre 1791, il fit les guerres de 1792 et 1793. Le 12 septembre 1793, devant Landrecies, il arrêta, avec quelques soldats de sa compagnie, la marche d'une colonne ennemie, et reçut pendant l'action un coup de feu qui lui traversa la jambe droite. Le 22 brumaire an XI, à la tête de 12 grenadiers, il força 500 hommes à évacuer la petite ville de Sternach, près Trèves, et s'empara d'un convoi de 100 voitures chargées de subsistances. Sergent-major le 17 ventose suivant, il fit les campagnes des ans II et III à l'armée du Nord. Il servit pendant les guerres de l'an IV à l'an IX aux armées de l'Ouest et du Rhin, et fut promu sous-lieutenant le 20 frimaire an V. Le 17 ventose an VII, la division Lecourbe, dont il faisait partie, franchissait le Bernardin pour attaquer les ennemis qui occupaient le revers de cette montagne. Un vent glacial s'éleva subitement et le chemin disparut bientôt sous la neige. L'intensité du froid était telle que les guides abandonnèrent la colonne et retournèrent chez eux. On ne pouvait avancer à travers des montagnes inconnues et couvertes de neige. Dans cette position critique, Dorieux se dévoue, il passe à la tête de la colonne, et, sans autre secours que ses pieds et ses mains, il réussit à frayer un chemin à la colonne, qui, bientôt en présence de l'ennemi, le culbuta promptement. C'est à cette marche rapide que furent dus en grande partie les succès de la campagne des Grisons. Le 11 floréal suivant, à l'attaque du pont Saint-Martin (pays des Grisons), il reçut un coup de feu qui lui traversa le bras gauche et la poitrine, et malgré la perte de son sang il ne voulut quitter le champ de bataille que sur l'ordre formel du général de brigade. Rentré en France, il alla tenir garnison à Vannes pendant les ans X et XI, et fut employé au camp de Brest pendant les ans XII et XIII. Lieutenant le 30 vendémiaire an XII et membre de la Légion-d'Honneur le 26 frimaire suivant, il mourut le 17 pluviose an XIII. B-G.

DUBUISSON (PHILIPPE), né le 30 avril 1764 à Saint-Symphorien-de-Lay (Loire), entra comme volontaire au 10e régiment de dragons le 5 mai 1792, passa le 25 messidor an VIII dans les guides du général Murat, et rentra au régiment le 17 fructidor an X, dans l'escadron d'élite. — Il avait fait toutes les campagnes de la liberté aux armées du Nord, des Ardennes, de Sambre-et-Meuse, du Rhin et d'Italie, et s'était trouvé aux batailles de Rastadt, de Bergen et de Marengo. A l'affaire du Sprimont, le 3e jour complémentaire an II, il avait pris une pièce de canon attelée de 8 chevaux, et à celle de Langfeld, le 4 frimaire an IV, il avait été fait prisonnier après avoir combattu vaillamment pour dégager un caisson. — Nommé légionnaire le 26 frimaire an XII, étant à l'armée des côtes de l'Océan, il fit partie de la grande armée en Autriche, en Prusse et en Pologne, et fut admis à la retraite le 11 mars 1809. Il est mort à Amplepuis (Rhône), le 6 janvier 1835. Y.

DUCAY. *Voyez* DUQUET (*Jacques*).

DUFETREL (ANTOINE), naquit en 1770 à Coquelles (Pas-de-Calais). Réquisitionnaire au 3e régiment de dragons le 29 germinal an II, à l'armée du Nord, il y fut grièvement blessé dans une mêlée avec les Autrichiens, où il fit preuve de la plus rare intrépidité. Il obtint sa retraite le 15 fructidor an XI, fut nommé légionnaire le 26 frimaire an XII, inscrit sur le tableau des électeurs de Boulogne-sur-Mer, et se retira à Lachaussée (Pas-de-Calais). Il est mort le 29 décembre 1819. Y.

DUMONCHAUX (GUILLAUME), naquit le 1er décembre 1767 à Clermont-Ferrand (Puy-de-Dôme). Dragon au 9e régiment le 30 août 1791, il y devint successivement brigadier et fourrier les 20 nivose et 8 fructidor an III, et maréchal-des-logis le 1er floréal an V. Il servit aux armées des Alpes et d'Italie de 1792 à l'an IX. Le 2 vendémiaire an III, il faisait partie de l'escorte du général Pouget et du représentant du peuple qui l'accompagnait dans une reconnaissance près le village de l'Hôpital, sur le Mont-Cenis, lorsque notre tête de colonne fut inopinément attaquée par l'ennemi; il reçut dans cette rencontre un coup de feu à la jambe droite. A Marengo, il eut 2 chevaux tués sous lui. Maréchal-des-logis-chef le 20 brumaire an IX, il fit les campagnes d'Italie des ans IX, X et XI, et reçut le 8 fructidor de cette dernière année le brevet de lieutenant au 9e régiment de hussards. Membre de la Légion-d'Honneur le 26 frimaire an XII, il fit les campagnes de l'an IV et 1806 à la grande armée, et fut tué à l'affaire d'Ilow, le 4 décembre 1806.

DUMONCHAUX. *Voyez* SUJOL.

DUPAYS (MARIE-AUGUSTE), naquit à Villers-Cotterets (Aisne), le 9 octobre 1770. Soldat au 71e régiment d'infanterie le 1er septembre 1786, il n'obtint les galons de caporal-fourrier que le 15 mai 1791, et devint sergent le 16 novembre 1792. Au combat de la montagne de Fer (Pays-Bas), le 23 juin 1793, il reçut un coup de sabre au bras droit, dans une charge de cavalerie. Sergent-major le 16 germinal an II, et sous-lieutenant le 4 mai suivant, il reçut à l'affaire de Charleroy une balle dans le genou gauche. A celle de Stromberg, le 9 frimaire an IV, il fut également blessé d'une balle à l'extrémité de la jambe gauche. Le 9 vendémiaire an IX, Masséna le nomma lieutenant sur le champ de bataille. C'est avec ce grade qu'il passa dans le 108e régiment de ligne. Le premier Consul lui accorda la décoration de la Légion-d'Honneur le 26 frimaire an XII. Il fut admis à la retraite le 24 brumaire an XIII.

DUPIN (JEAN-BAPTISTE), naquit le 19 décembre 1772 à Lectoure (Gers). Volontaire au 2e bataillon du Gers le 20 juin 1792, et sergent-major le même jour, il fit les campagnes de 1792, 1793 et ans II et III aux Pyrénées et en Espagne. Sous-lieutenant le 6 janvier 1793 dans la compagnie de grenadiers de son bataillon, il soutint, à l'armée d'Espagne, un combat de vingt-quatre heures, avec une pièce de canon du calibre de douze. Pendant ce combat, il démonta à l'ennemi un obusier, 2 pièces de canon et fit sauter un caisson. Le général en chef Daoust, témoin de sa conduite, le nomma capitaine sur le champ de bataille, nomination que le représentant du peuple Favre confirma le 4 octobre suivant. Il se signala encore lors de la retraite de Perpignan, et fut blessé d'un coup de feu à la cuisse droite le 30 nivose an II. Il reçut aussi un éclat d'obus à l'affaire de Peyrestortes. A l'organisation du 18 nivose an IV, désigné pour passer dans la 15e demi-brigade, il fit cependant la campagne d'Italie avec le corps auquel il appartenait déjà, et fut blessé au siége du château de Milan, dans la batterie n° 3, qu'il commandait. L'ennemi ayant fait sauter le magasin à poudre de cette batterie, le brave Dupin se trouva enseveli sous les décombres et ne put être retiré de là que couvert de meurtrissures et de graves contusions. Il continua à faire les guerres d'Italie des ans V et VI. Incorporé le 25 vendémiaire an VII dans la 91e demi-brigade d'infanterie de ligne, il passa à l'armée du Rhin, combattit au passage du pont d'Heidelberg, et fut blessé par les Autrichiens d'un coup de feu au bras gauche le 24 vendémiaire an VIII. Lors de la retraite de Noulosk, il soutint, avec 3 compagnies de grenadiers, les efforts de 5,000 ennemis, depuis quatre heures du matin jusqu'à onze heures du soir, et ne se retira que lorsqu'il en eut reçu l'ordre formel du général Ney. En l'an IX, il retourna à l'armée d'Italie et combattit avec la plus rare intrépidité au passage du Mincio, où il reçut un coup de feu dans le cou. Passé dans le 20e régiment d'infanterie de ligne en vendémiaire an XII, le premier Consul le fit membre de la Légion-d'Honneur le 26 frimaire suivant, et l'admit avec son grade dans les chasseurs à pied de la garde le 30 nivose de la même année. Il suivit son corps au camp de Boulogne, y resta durant les ans XII et XIII, et fit la campagne de l'an XIV en Autriche avec la grande armée. Le 24 mars 1806, il reçut la croix d'officier de la Légion-d'Honneur, fut placé dans le collége électoral du département du Gers, et après s'être signalé pendant la campagne de cette année en Prusse, il fut nommé chef de bataillon des chasseurs à pied de la garde impériale. Il fit avec distinction la campagne de 1807 en Pologne. En 1808, il était en Espagne, et en 1809 il retournait en Allemagne avec le régiment de la garde dont il faisait partie. Adjudant-commandant le 24 juin 1811, il fut employé à l'état-major de la 15e division militaire le 3 mars 1812, et passa à l'état-major général du corps d'observation d'Italie le 13 juillet 1813. Il fit la campagne de cette année et la suivante en Italie, et à son retour en France, après l'abdication de l'Empereur, il fut mis en non-activité. Pendant les Cent-Jours, il avait été replacé dans les cadres de l'armée active; mais la seconde Restauration le mit de nouveau en demi-solde le 1er septembre 1815. Lors de la création du corps royal d'état-major, en 1818, il ne fut point compris dans les cadres de ce corps, resta en non-activité, et fut admis à la pension de retraite le 12 juin 1821.

DUPONT (ANTOINE-JOSEPH), naquit le 11 novembre 1762 à Mazancourt (Somme). Volontaire le 5 avril 1784 au régiment de dragons d'Artois, devenu 12e régiment de l'arme, il contracta un nouvel engagement le 5 avril 1792. Nommé brigadier le 16 germinal an II, et maréchal-des-logis le 1er messidor suivant, il fit toutes les campagnes de 1792 à l'an IX aux armées du Nord, de Sambre-et-Meuse, de l'Ouest, de Mayence et d'Italie. Au combat du camp de la Lune, le 23 septembre 1793, il reçut un coup de feu qui lui traversa la cuisse. A la bataille de Juliers, le 12 vendémiaire an III, il pénétra presque seul au milieu d'un carré ennemi, et reçut un coup de sabre au bras droit. Nommé membre de la Légion-d'Honneur le 26 frimaire an XII, il assista à toutes les batailles livrées par la grande armée pendant les campagnes des ans XIV, 1806, 1807 et 1809, en Autriche, en Prusse, en Pologne et en Autriche, et obtint la solde de retraite le 13 juillet 1810. Il est mort le 27 juillet 1819 à Compiègne (Oise). Y.

DUPONT (MICHEL), né en 1775 à Dornac (Haute-Vienne), entra au service au commencement de la Révolution, et fit toutes les campagnes de la liberté. Il suivit l'armée expéditionnaire d'Égypte, et se distingua spécialement à la prise d'une mosquée près de la boucherie du Caire. Ce poste était important. Dupont franchit seul le mur d'une cour remplie d'osmanlis qui défendaient ce poste, et il s'en empara, aidé de quelques camarades entraînés par son exemple. Nommé membre de la Légion-d'Honneur le 26 frimaire an XII, il est mort le 5 brumaire an XIV. B-G.

DUPUY (CHARLES-JOSEPH-DOMINIQUE), naquit à Jouque (Doubs), le 3 août 1768. Soldat le 7 août 1791 dans une compagnie de volontaires, amalgamée dans le 3ᵉ bataillon du Jura, il était appelé, le 6 octobre 1791, à l'emploi de quartier-maître. Il suivit son corps pendant les guerres de 1791 à 1793 à l'armée du Rhin. Nommé capitaine le 25 frimaire an II, il fit les campagnes de l'an II à l'an V à l'armée des Alpes et à celle d'Italie. Le 20 thermidor an IV, il traversa l'Adige à la nage, sous le feu de l'ennemi, et s'empara d'un radeau détaché sur la rive opposée. Arrivé au village de Volance, quoique nu et sans armes, il désarma 2 Autrichiens, qu'il fit prisonniers, et se rendit maître de 2 bouches à feu, dont une de gros calibre. Secondé par quelques carabiniers qui avaient suivi son exemple, il ramena le radeau avec les prisonniers. Il fit les campagnes de l'an V à l'an IX en Italie, en Helvétie et en Batavie, et, le 26 frimaire an XII, il devint membre de la Légion-d'Honneur. Passé à la même époque dans le 18ᵉ régiment d'infanterie légère, il obtint sa retraite le 25 février 1808. Nommé quelques années plus tard sous-inspecteur des eaux et forêts, il est mort le 22 mars 1829 à Salins (Jura).

DUQUESNE (JEAN-BAPTISTE), né à Vaux (Pas-de-Calais), le 18 mars 1772, entra au service en qualité de sous-lieutenant dans le 6ᵉ bataillon du Pas-de-Calais le 31 octobre 1792, fut nommé lieutenant le 13 octobre 1793, et passa avec son grade dans la demi-brigade dite du *Pas-de-Calais* le 10 floréal an III. Il fit les campagnes de 1792 à l'an IV aux armées du Nord et du Rhin, et entra par incorporation, le 25 pluviose an IV, dans la 79ᵉ demi-brigade. Il commandait la garde des équipages de son bataillon au moment de la retraite de Dumouriez (1793) lorsque, sur les hauteurs de Courtray, il s'aperçut que les Autrichiens venaient de s'emparer d'un caisson chargé de vivres : il se détache aussitôt avec 5 hommes, fond sur l'ennemi, et reprend brusquement ce caisson, qu'il ramène avec 2 prisonniers. Dans une autre retraite de l'armée (an II), Duquesne soutenait, avec 50 hommes, les efforts des tirailleurs ennemis, lorsqu'il leur voit enlever une pièce de douze avec son caisson. Il anime par ses paroles l'ardeur de ses soldats, tombe à leur tête, et avec impétuosité, sur l'ennemi, reprend la pièce, et la défend ensuite vaillamment jusqu'à l'arrivée de son bataillon. Le 14 fructidor an IV, à l'assaut d'Immelstadt, il commandait un détachement de 80 hommes, chargé de défendre une pièce d'artillerie légère qui soutenait nos tirailleurs. Un parti autrichien se présente avec des forces supérieures pour s'emparer de la pièce ; mais Duquesne soutient l'attaque avec intrépidité, et oblige l'ennemi à rentrer dans le bois. Le 2 du même mois, les troupes françaises, forcées d'évacuer Immelstadt, par suite d'une marche en retraite de l'armée, avaient sur leurs flancs plusieurs tirailleurs engagés dans des marais et coupés par des ravines. Duquesne réunit environ 50 hommes, passe la rivière sur un petit pont, place sa troupe sur un mamelon, arrête par sa résistance la marche de l'ennemi, et assure ainsi la retraite de ses braves, avec lesquels il rejoint la queue de la colonne, quoique entouré de toutes parts. Le 1ᵉʳ jour complémentaire an IV, l'ennemi se porte en force sur le poste que commandait Duquesne, en avant de Durach, près de Kempten, l'attaque deux fois avec impétuosité, et est deux fois repoussé avec la même vigueur. Cette héroïque résistance donna le temps à 3 compagnies de grenadiers de venir à son secours ; le poste fut sauvé et reçut le nom de son défenseur. A l'affaire d'Isnich, le 4ᵉ jour complémentaire suivant, la droite du bataillon dont Duquesne faisait partie allait être forcée par les Autrichiens. Il réunit à la hâte 200 hommes, sauve une pièce qui allait être prise, arrête la marche de l'ennemi, et donne aux troupes le temps de se rallier et d'attendre du secours. Duquesne suivit son régiment à l'armée d'Italie pendant les campagnes des ans V, VI et VII. Le 11 frimaire an VII, dans une sortie de la place de Corfou, il monta l'un des premiers à l'assaut d'une batterie ennemie placée sur le mont Saint-Pantaléon, et coopéra à la prise de 5 bouches à feu. Le même jour, il marchait sur une seconde batterie que l'ennemi avait élevée sur le mont Olivet, lorsqu'il reçut une blessure à la cuisse gauche, qui le mit hors de combat. Le 1ᵉʳ thermidor an X, Duquesne fut nommé capitaine, et, le 26 frimaire an XII, membre de la Légion-d'Honneur. Il fit les campagnes des ans XII, XIII et XIV aux armées de l'Ouest et au camp de Bayonne. A la bataille de Caldiero, le 7 brumaire an XIV, il reçut un coup de feu à l'avant-bras droit. Il fut admis à la retraite le 19 octobre 1806. Il était électeur de l'arrondissement d'Arras (Pas-de-Calais). B-S.

DUQUET (JACQUES), naquit le 7 décembre 1758 à Sus-Saint-Léger (Pas-de-Calais). Entré dans les grenadiers royaux d'Artois le 2 mai 1777, il passa dans le 2ᵉ régiment de carabiniers le 15 avril 1786, se trouva aux batailles d'Arlon le 7 juin 1793, de Werdt le 3 nivose an II, au passage du Danube le 3 messidor an VIII, et à la bataille d'Hochstett, où les carabiniers justifièrent leur beau nom de *grenadiers de la cavalerie*. Le 26 frimaire an XII, il fut nommé membre de la Légion-d'Honneur, et passa, le 11 frimaire de l'année suivante, dans la 8ᵉ demi-brigade de vétérans, 2ᵉ bataillon, à Doullens, où il obtint plus tard sa solde de retraite. Il est mort le 9 juillet 1842 à Sus-Saint-Léger. Y.

DURAND (ANDRÉ), naquit le 18 mars 1775 à Nîmes (Gard). Tambour des grenadiers au 5ᵉ bataillon de la Gironde le 25 septembre 1791, il passa successivement dans la 13ᵉ demi-brigade en l'an II, dans la 80ᵉ le 11 brumaire an VI, et dans la 32ᵉ au commencement de l'an VII, fit toutes les campagnes de 1792 à l'an IX aux armées d'Italie et d'Orient, et fut admis dans la Légion-d'Honneur le 26 frimaire an XII, étant au corps d'observation des côtes de l'Océan. Passé à la grande armée en l'an XIV, il reçut un coup de feu au poignet gauche à la bataille d'Austerlitz, fit la campagne de 1806 en Pologne, et fut nommé caporal le 4 décembre, pour sa belle conduite à Iéna. Passé en Portugal en 1808, il revint en Espagne en 1809, et fut admis à la solde de retraite le 14 septembre de la même année. V.

DURAND (PAUL), né à Houdan (Seine-et-Oise), le 13 avril 1767, entra au service le 15 avril 1784 dans un régiment de cavalerie, qui devint 4ᵉ de dragons. Il le quitta, le 1ᵉʳ pluviose an X, après avoir fait toutes les guerres de la Révolution, et fut admis dans la gendarmerie, compagnie de Jemmapes, le 25 nivose an XI. Le premier Consul le nomma membre de la Légion-d'Honneur le 26 frimaire an XII. Autorisé à passer dans celle de l'Escaut le 6 messidor suivant, puis dans celle de Seine-et-Oise le 1ᵉʳ février 1806, on le détacha à la force publique le 9 octobre 1815. Rentré à sa compagnie le 3 janvier 1816, il obtint le grade de brigadier, et ne tarda pas à prendre sa retraite. Il est mort le 4 mars 1843 à Ris-Orangis (Seine-et-Oise), où sa veuve continue d'habiter. D.

DURAND (PIERRE-RENÉ), capitaine de cavalerie, né le 2 novembre 1773 à La Baroche-Gondouin (Mayenne), entra au service comme soldat au 1ᵉʳ bataillon de Lassay (Mayenne) le 2 vendémiaire an II, et fut incorporé en qualité de sous-lieutenant dans le 9ᵉ bataillon de sapeurs le 2 prairial suivant. Il fit les campagnes de l'an II et partie de l'an III dans la Vendée, et celle de la fin de l'an III et des ans IV et V aux armées du Nord et du Rhin. Passé comme simple soldat dans le 25ᵉ régiment de cavalerie le 1ᵉʳ floréal an III, il y fut nommé maréchal-des-logis le 25 germinal an V, pendant la campagne sur le Rhin, et sous-lieutenant le 1ᵉʳ nivose an VII. Le 1ᵉʳ prairial suivant, un ordre du Directoire exécutif l'envoya comme lieutenant dans la colonne mobile du département de la Mayenne. Après la pacification de la Vendée, il entra comme simple gendarme dans la compagnie de la Mayenne le 3 nivose an VIII, et reçut un brevet d'honneur le 17 floréal suivant pour avoir contribué à détruire une bande de brigands qui avaient arrêté un courrier du gouvernement, ainsi que le chef de division de marine Saint-Avoine et le capitaine de vaisseau Vaillant-Mistral, et fut nommé brigadier le 25 du même mois. Il entra avec son grade dans la gendarmerie d'élite de la garde des consuls le 12 pluviose an X, fut créé membre de la Légion-d'Honneur le 26 frimaire an XII, et fait maréchal-des-logis le 25 nivose de la même année. Il passa, par ordre de l'Empereur, au service du royaume d'Italie le 11 juin 1807, avec le grade de lieutenant en second adjudant-major-instructeur des gardes d'honneur, et fut nommé lieutenant en second, commandant la subdivision de la gendarmerie d'élite de la garde royale italienne, le 6 septembre 1808. Il fit la campagne de 1809 en Allemagne. Le 14 juin, à la bataille de Raab, il fut blessé et eut un cheval tué sous lui, et il fut nommé lieutenant en premier le 28 septembre, et

chevalier de la Couronne-de-Fer le 31 octobre de cette même année. Promu au grade de capitaine-adjudant-major dans le régiment des dragons Napoléon le 29 août 1810, il prit part aux opérations de la grande armée pendant la campagne de 1813. Blessé à Bautzen, où il eut un cheval tué sous lui, il fut nommé chef d'escadron le 17 juillet, et combattit le 19 octobre à l'affaire de Numbourg, et perdit encore son cheval. Il fit ensuite la campagne de 1814 à l'armée d'Italie, et, de retour en France après la paix, il fut mis en demi-solde à dater du 1ᵉʳ juin. Admis comme capitaine de cavalerie dans l'armée française, par décision royale du 25 octobre suivant, il resta en demi-solde, et entra, le 16 mars 1815, dans l'escadron de réserve de la Mayenne, où il servit jusqu'au 1ᵉʳ juillet de la même année, époque de son licenciement et de sa mise en non-activité. Le 5 août 1817, il fut nommé capitaine de remplacement aux chasseurs à cheval de la Sarthe (18ᵉ régiment), et continua à jouir de la demi-solde de son grade jusqu'au 31 décembre 1826, époque de son admission à la retraite. Il réside en ce moment (février 1844), à Lassay (Mayenne). B-G.

ELICHINGER (BERNARD), naquit à Soufflenheim (Bas-Rhin), le 11 décembre 1766. Hussard dans le 1ᵉʳ régiment le 1ᵉʳ mars 1786 et brigadier le 8 mai 1792, maréchal-des-logis le 5 avril 1793 et sous-lieutenant le 11 du même mois, il fit les campagnes de 1792 et 1793 à l'armée du Nord; celles des ans II, III et IV aux armées des Alpes et des Pyrénées-Orientales. Il servit en Italie et dans le pays des Grisons de l'an V à l'an VII. Promu lieutenant le 13 germinal an V, il reçut un coup de feu au bras droit devant Alexandrie le 2 messidor an VII, et fut employé à l'armée des côtes de l'an VIII à l'an XI. Le premier Consul le nomma membre de la Légion-d'Honneur le 26 frimaire an XII. Il suivit son régiment à la grande armée de l'an XIV à 1808. Dès le 21 pluviose an XIII, il avait obtenu le brevet de capitaine. Le 1ᵉʳ octobre 1808, il devint officier de Légion-d'Honneur. Passé en Espagne au commencement de 1809, il se trouva à la bataille d'Oporto, le 11 mai de cette année, et reçut un coup de feu à l'épaule gauche. Cette blessure l'obligea à demander sa retraite; il l'obtint dans les premiers mois de 1810 et se retira au Puy (Haute-Loire). Il est mort le 20 mai 1840. B-S.

EMELING (MARX), naquit le 28 novembre 1766 à Lauson (Haut-Rhin). Volontaire le 12 novembre 1786 au régiment de Saxe-hussards, devenu 7ᵉ régiment de l'arme en 1791, brigadier le 18 mai 1793, maréchal-des-logis le 10 vendémiaire an IV, il prit part à toutes les campagnes de la Révolution de 1792 à l'an IX aux armées du Nord, de l'Ouest, de Sambre-et-Meuse, d'Allemagne, d'Italie et du Rhin. Au combat d'Ensidelem, en Suisse, pendant la campagne de l'an IX, il s'empara d'une pièce de canon et reçut cinq coups de sabre. En récompense de cette belle action, il obtint la décoration de la Légion-d'Honneur le 26 frimaire an XII. A la reprise des hostilités contre l'Autriche, il fut attaché à la grande armée et se trouva à la bataille d'Austerlitz. L'année suivante, il fit la campagne de Prusse, combattit à Eylau, et mourut à Allesten, le 5 février 1807, des suites d'une blessure à la tête qu'il avait reçue, le même jour, au combat de Deppen, dans une charge contre les Russes. Y.

ESPERIPIAS (PIERRE-FRANÇOIS-JACQUES), naquit en 1780 dans le département de la Meurthe. Admis comme enfant de troupe au 12ᵉ régiment de chasseurs à cheval, ci-devant de Champagne, le 1ᵉʳ mai 1788, il devint trompette le 10 germinal an II, et fit les neuf campagnes de la liberté aux armées du Nord, de Sambre-et-Meuse, de Mayence, d'Helvétie, du Danube et du Rhin, combattit vaillamment à Engen, le 13 floréal an VIII, et obtint un congé absolu le 5ᵉ jour complémentaire an X. Admis dans la Légion-d'Honneur le 26 frimaire an XII, il obtint sa retraite, et se retira à Falletans (Jura), où il est mort le 20 février 1813. Il avait été compris aux matricules de son corps et sur les contrôles de la Légion-d'Honneur sous le nom de FRANÇOIS (*Pierre*); mais il l'a fait rectifier en celui d'*Espéripias*, qui est le nom de sa famille.

ESTIENNE (FRANÇOIS), naquit à Conflans (Moselle), le 15 septembre 1754. Chasseur dans le 1ᵉʳ régiment le 2 septembre 1773, il fut congédié le 2 septembre 1781. Sous-lieutenant au 12ᵉ de chasseurs le 2 juin 1792, il fit les guerres de la Révolution de 1792 à l'an II, devint lieutenant le 1ᵉʳ juillet 1793, et capitaine le 11 floréal an II. Au passage du Rhin, à Neuwied, le 28 germinal an V, il s'empara de 2 pièces de canon, qu'il ramena au quartier-général. Le 1ᵉʳ jour complémentaire an V, dans le Hunsrück, il s'empara de 33 chevaux, et fit 8 prisonniers montés. A quelques jours de là, il était à la tête de 55 hommes, lorsqu'il se vit inopinément attaqué par 180 cuirassiers. Estienne ne se laisse pas intimider par le nombre; il fond avec impétuosité sur ses adversaires, les culbute et leur fait 44 prisonniers. Dans un combat de l'armée du Rhin, il fit un officier et 34 dragons prisonniers dans une charge de cavalerie à cavalerie. Au combat de Marckdorff, le 2 germinal an VII, il tomba au pouvoir de l'ennemi. Rendu peu de temps après, il fit les campagnes d'Allemagne des ans VIII et IX, et reçut, le 26 frimaire an XII, la décoration de la Légion-d'Honneur. Passé comme lieutenant dans la gendarmerie du département de l'Oise le 9 mars 1806, il devint capitaine dans la compagnie de Seine-et-Oise le 22 juin 1811, et obtint sa retraite le 9 juin 1815. Il est mort le 2 juillet 1818 à Luxeuil (Haute-Saône). B-S.

EUSTACHE (JEAN-ANDRÉ), naquit à Foulignan (Drôme), le 17 septembre 1745. Soldat dans le régiment de Beaujolais-infanterie le 21 novembre 1766, il entra, le 3 mars 1783, dans la milice sedanoise, où il servit jusqu'au 20 mai 1789. Le 10 octobre 1792, il était nommé capitaine dans les chasseurs sedanois qui, pendant six ans, avaient pu apprécier son mérite. Il fit les campagnes de 1792 et 1793. Le 21 mai de cette dernière année, il passa dans la 23ᵉ demi-brigade légère, amalgamée en l'an XII dans le 16ᵉ régiment de même arme. A l'affaire de Saint-Martin de Balattre, le 19 messidor an II, il reçut un coup de feu à l'épaule droite. Il fit encore les campagnes de l'an III à l'an VI. Le 19 prairial an VII, après le débarquement des troupes françaises à l'île d'Elbe, il s'empara, à la tête de 130 hommes, d'une redoute défendue par 300 Napolitains et 7 bouches à feu. Les campagnes des ans VIII et IX, en Espagne et en Portugal, lui fournirent de nouvelles occasions de se faire remarquer. Le 26 frimaire an XII, le premier Consul lui accorda la décoration de la Légion-d'Honneur. Il obtint sa retraite le 7 pluviose de la même année. Il est mort le 6 septembre 1833. B-S.

EYCHENIÉ, DIT **CHIGNET** (PIERRE), naquit le 23 décembre 1773 à Tarascon (Ariége). Volontaire au 1ᵉʳ bataillon de l'Ariége le 2 janvier 1792, il passa bientôt après dans la légion des Allobroges, et fut amalgamé avec ce corps dans la 27ᵉ demi-brigade légère le 8 prairial an IV : à la prise des fonderies de Saint-Laurent de la Monga, à l'armée des Pyrénées-Orientales, le 26 thermidor an II, il y pénétra le premier à la tête d'une patrouille, après s'être rendu maître des avant-postes. Passé à l'armée d'Italie, il se distingua au combat de la Rocca-d'Anfo, en Tyrol, le 1ᵉʳ germinal an IV : il escalada les murs de ce fort, traversa les cours, et parvint jusqu'au pont-levis, qu'il baissa pour introduire la colonne française. Cette belle action fut récompensée par le grade de caporal, conféré sur le champ de bataille. Au combat de Porto-Fermo, à l'armée de Naples, le 1ᵉʳ pluviose an VII, il prit un drapeau à l'ennemi, reçut un coup de sabre et un coup de feu, et fut nommé sergent sur le champ de bataille. Passé à l'armée de l'Ouest en l'an VIII, puis en Batavie en l'an IX, il fut attaché au camp d'Utrecht en l'an XII, obtint la croix de la Légion-d'Honneur le 26 frimaire de la même année, et fut admis à la solde de retraite le 25 fructidor an XIII. Électeur de l'arrondissement de Foix, ce légionnaire réside aujourd'hui (février 1844) à Tarascon (Ariége). Y.

FABERT (JOSEPH), naquit le 6 octobre 1765 à Amiens (Somme). Soldat dans le 3ᵉ régiment d'infanterie le 15 octobre 1784, il devint caporal le 1ᵉʳ juin 1787, fourrier le 15 mars 1791, et sergent le 5 janvier 1792. Le 1ᵉʳ septembre 1793, il passa avec son grade dans le 4ᵉ bataillon de sapeurs. Il a fait les campagnes de 1792 à l'an VI aux armées du Rhin et d'Angleterre, et s'est signalé à Francfort le 30 novembre 1792. Sergent-major le 1ᵉʳ frimaire an IV, Fabert se trouvait au mois de floréal de la même année à la prise des lignes de la Rehutte, près de Manheim; il se jeta à la nage sous le feu de l'ennemi, chercha et découvrit un passage pour nos troupes. Élevé, le 14 germinal an V, au grade de sous-lieutenant, il fit les guerres de l'an VII à l'an IX aux armées du Danube et du Rhin. Le 1ᵉʳ germinal an VII, il défendit avec intrépidité les approches du village d'Hostrach, menacé par des forces supérieures, et parvint à conserver sa position : il reçut dans cette affaire un coup de feu qui lui fracassa l'épaule gauche. Nommé lieutenant en premier le 3 ventose an VIII, et membre de la Légion-d'Honneur le 26 frimaire an XII, il obtint sa retraite le 1er germinal an XIII. Ce légionnaire réside à Abbeville (Somme). B-S.

FARETTE (PIERRE), naquit le 26 août 1768 à Villers-sur-Fère (Aisne). Soldat au 1er bataillon de volontaires de son département le 26 août 1791, caporal le 24 mars, et sergent-major le 28 septembre de l'année suivante, il fit à l'armée du Nord les campagnes de 1792 et 1793. A l'affaire de Nawick, le 18 mars 1793, il fut blessé d'un coup de feu. Il continua à servir à l'armée du Nord pendant l'année 1793 et les ans II et III, et fut promu sous-lieutenant le 29 prairial an II. En l'an IV, il fit partie de l'armée de l'intérieur, de celle d'Angleterre en l'an V et en l'an VI, et de celle d'Italie en l'an VII et en l'an VIII. Le 30 brumaire an VIII, à la tête de 30 hommes seulement, il défendit un poste près de Capriata, en Piémont, et s'y maintint malgré les attaques réitérées d'un ennemi vingt fois plus nombreux. En l'an IX, il servit aux armées gallo-batave et de l'Ouest. Le 8 brumaire an X, il passa lieutenant dans le 21e régiment de ligne, et fit les campagnes des ans X et XI à l'armée de Batavie. En l'an XII et en l'an XIII, il était au camp de Bruges. Il avait été nommé légionnaire le 26 frimaire an XII. Il fit les campagnes de l'an XIV et de 1806 à la grande armée. Capitaine à la 1re légion de réserve le 16 mars 1807, il fut employé à l'armée de réserve, commandée par le maréchal Kellermann, passa, l'année suivante, au 2e corps de la Gironde, et fut fait prisonnier de guerre à Baylen. Il est mort pendant sa captivité aux îles Baléares, en 1808. B-G.

FERROUILLET (JEAN-PIERRE), naquit le 1er août 1774 à Romans (Drôme). Volontaire au 2e bataillon de la Drôme le 12 octobre 1791, et nommé caporal le 26 juin 1793, il fit les guerres d'Italie de 1792 au commencement de l'an VI, fut amalgamé dans la 118e demi-brigade de bataille le 1er brumaire an II, et obtint le grade de sergent le 1er ventose suivant. Sergent-major le 2 floréal an III, il passa, à la formation du 25 ventose an IV, dans la 21e provisoire, devenue 32e demi-brigade et 32e régiment d'infanterie de ligne. Il prit part aux combats de Montenotte, de Lonado, de Due-Castelli, à la bataille d'Arcole et au combat de Carpenedolo. Embarqué au mois de floréal an VI avec l'armée expéditionnaire d'Orient, il combattit en Égypte et en Syrie, se fit remarquer au siége de Saint-Jean-d'Acre, à la bataille d'Aboukir le 7 thermidor an VII, au combat de Damiette le 10 brumaire an VIII, et à la bataille du 30 ventose an IX, sous Alexandrie, où il fut blessé d'un coup de feu à la jambe gauche. Rentré en France, il fut employé au camp de Montreuil pendant les ans XII et XIII. Membre de la Légion-d'Honneur le 26 frimaire an XII, et sous-lieutenant le 21 messidor suivant, il fit, avec le 6e corps de la grande armée, les campagnes d'Autriche, de Prusse et de Pologne de l'an XIV à 1807. Il se trouva le 2 novembre 1806 à l'affaire de Wa-en, où il fut blessé d'un coup de feu au côté gauche, à la bataille de Friedland, où il mérita le grade de lieutenant, qui lui fut conféré le 5 juillet 1807. Après l'armistice, le 32e régiment de ligne alla prendre ses cantonnemens dans le cercle de Havelland au mois d'août, et dans celui de Teltow au mois de décembre, d'où il partit pour l'Espagne le 22 juillet 1808. Ferrouillet prit une part distinguée, le 31 octobre 1808, au combat en avant de Durango, où son régiment enleva la position et le pont de Zoruosa. Il était à la prise de Bilbao, au combat de Guenès, au combat et à la prise des hauteurs de Valmaseda, les 1er, 7 et 8 novembre suivans, les 24 et 28 aux passages du Tage et du Tietar, le 22 février 1809 au combat de Consuegra, et le 27 mars suivant au passage de vive force de la Guadiana, à Peralbillo. Le 28 juillet à la bataille de Talavera de la Reina, le 11 août à celle d'Almonacid, le 28 mars et le 9 juillet 1810 aux combats de Mestanza et de Casara-Bonela, il mérita les éloges de ses chefs, qui le proposèrent pour le grade de capitaine, auquel il fut nommé le 31 août suivant. Il fut blessé d'un coup de feu au bras droit le 25 juillet 1813, et reçut la décoration d'officier de la Légion-d'Honneur le 25 novembre de la même année. Rentré en France, il passa dans le 28e régiment d'infanterie de ligne à l'organisation du 6 juillet 1814. Licencié après les désastres de Waterloo, le 30 septembre 1815, il fut admis à la retraite le 14 septembre 1816, et se retira dans sa ville natale, où il réside encore aujourd'hui. B-G.

FILLEUL. *Voyez* LABOISSIÈRE (*René*).

FONTAINE (JOSEPH), naquit à Verviers (Ourthe), le 16 septembre 1772. Soldat le 21 avril 1789 dans le 1er régiment de cavalerie, devenu 1er de cuirassiers, il se fit remarquer à la bataille de Nerwinde le 17 mars 1793, devint brigadier le 1er juin suivant, et fit les campagnes de l'armée du Nord et d'Italie de l'an II à l'an VII. Maréchal-des-logis le 30 nivose an VII, et maréchal-des-logis-chef le 2 mai suivant, il se trouva à la bataille de la Trebia le 2 messidor de la même année, et fut nommé adjudant-sous-officier et sous-lieutenant les 16 brumaire et 14 ventose an XI. Le 26 frimaire an XII, il reçut la décoration de la Légion-d'Honneur. Il fit ensuite les campagnes de l'an XII à 1808, devint lieutenant le 28 septembre 1806, adjudant-major le 23 février 1807, et capitaine le 20 août 1808. Il est mort sous les drapeaux le 10 août 1809. B-S.

FONTANIER (JEAN). *Voyez* FONTERGNE (*Jean-Marie*).

FONTELLE (PIERRE), naquit le 11 novembre 1763 à Paris (Seine). Volontaire au 6e régiment de chasseurs à cheval le 13 août 1792, il obtint le grade de brigadier le 16 prairial an V, celui de maréchal-des-logis le 18 germinal an X, et fit toutes les campagnes de la Révolution aux armées du Nord, de Sambre-et-Meuse, de Mayence, du Danube et du Rhin. A l'affaire du 7 messidor an VIII, au village de Rhinethal, à l'armée du Rhin, son escadron mit en déroute 600 hussards autrichiens. Il fut embarqué pour les colonies le 15 thermidor an X, obtint la décoration de la Légion-d'Honneur le 28 frimaire an XII, et mourut à Saint-Domingue.

FONTERGNE (JEAN-MARIE), né le 3 avril 1770 à Carcassonne (Aude), entra au service le 1er août 1785 dans Médoc-infanterie, qui devint 32e demi-brigade, puis 32e régiment de ligne. Lorsqu'il obtint les galons de caporal, le 15 ventose an VI, il avait fait toutes les guerres de la Révolution depuis 1792, et avait été grièvement blessé d'un coup de feu à la cuisse et à la jambe gauche. Le 7 ventose an VII, il passa aux vétérans, reçut la décoration de la Légion-d'Honneur le 26 frimaire an XII, fut classé dans l'arrondissement électoral de Carcassonne, et mourut dans cette ville le 3 juillet 1824. — Les premières listes de légionnaires le comprennent sous le nom de *Fontanier* (Jean); mais il le fit plus tard rectifier en celui de *Fontergne*, qui est le véritable nom de sa famille.

FORÊT (NICOLAS-FIRMIN), naquit à Montdidier (Somme), le 19 novembre 1757. Cavalier dans le régiment de Champagne le 19 juillet 1777, il passa, le 19 juillet 1785, dans le 16e de cavalerie, devenu 15e peu de mois après. Brigadier, fourrier et maréchal-des-logis les 11 février 1788, 21 mars 1791 et 17 juin 1792, il fit les campagnes de 1792 et 1793, et fut promu maréchal-des-logis-chef le 21 juin 1793. Il prit part ensuite aux guerres des ans II, III et IV, et devint adjudant le 26 messidor an IV. Il servit encore de l'an V à l'an XI, fut élevé au grade de sous-lieutenant le 21 ventose an VI, et à celui de lieutenant le 1er brumaire an XII. Le 26 frimaire de cette dernière année, il reçut la décoration de la Légion-d'Honneur, et fut admis à la retraite le 16 octobre 1807, après avoir servi de l'an XII à 1806. Il faisait partie du 24e régiment de dragons. Il est mort à Montdidier (Somme), le 17 décembre 1827. B-S.

FOURIER (JEAN-BAPTISTE-JOSEPH, *baron*), naquit à Auxerre (Yonne), le 21 mars 1768. Son père, qui n'était qu'un simple tailleur, le laissa orphelin à l'âge de huit ans. Ce malheur décida peut-être sa vocation : recommandé à l'évêque par une dame charitable, il fut admis à l'École militaire que dirigeaient les bénédictins de Saint-Maur, et il put ainsi développer ses heureuses dispositions. Il eut d'abord de brillans succès dans ses études littéraires ; mais dès qu'on l'eut initié aux premières notions des mathématiques, il se livra aux sciences avec une ardeur exclusive, et ses progrès furent si surprenans, qu'à l'âge de dix-huit ans il composa déjà un traité remarquable sur la résolution des équations. A sa sortie de l'École, Fourier voulut embrasser la carrière des armes ; cependant, ni son talent reconnu, ni les pressantes recommandations de Legendre ne purent le faire admettre à subir l'examen d'artillerie : *Fourier n'étant pas noble ne pourrait entrer dans l'artillerie, fût-il même un Newton;* telle fut la réponse du ministre.

Ne pouvant ceindre l'épée, Fourier revêtit l'habit de bénédictin, et se rendit à l'abbaye de Saint-Benoist-sur-Loire pour y faire son noviciat. Avant de prononcer ses vœux, il renonça à l'état ecclésiastique, en 1789, lorsque les idées de liberté fermentaient dans toutes les têtes. Néanmoins, ses anciens maîtres lui confièrent le cours de mathématiques à l'École d'Auxerre. Revenu dans sa ville natale, Fourier embrassa avec enthousiasme les principes de la Révolution, et se fit remarquer à la société populaire par son éloquence persuasive ; mais il ne s'associa jamais aux excès de la terreur, et on le vit même prêter le secours de son talent à la mère du maréchal Davout, devant le tribunal révolutionnaire.

Envoyé à l'École normale en l'an II, Fourier se fit remarquer comme maître de conférences. Aussi fut-il attaché dès l'origine à l'École polytechnique avec le titre de surveillant des leçons de fortification, et ne tarda-t-il pas à être adjoint à Prony pour le cours d'analyse. Dans ces fonctions, qu'il occupa peu de temps, Fourier a laissé la réputation d'un professeur plein de méthode et de clarté, qui savait allier l'élégance et la grace avec la précision du langage mathématique.

C'est alors que Monge et Berthollet vinrent l'engager à suivre avec eux le général Bonaparte dans une expédition lointaine dont le but était encore inconnu : Fourier n'hésita pas à partager la confiance de ses illustres collègues. Lors de la création de l'Institut d'Égypte, le général en chef le nomma secrétaire perpétuel. C'est là qu'il reprit avec ardeur ses premières recherches sur l'algèbre et qu'il les compléta, sans abandonner toutefois l'étude des questions pratiques que l'expédition présentait à chaque pas. Les nombreux mémoires mentionnés dans la *Décade égyptienne* prouvent assez son activité infatigable. Ses formes douces et persuasives le firent charger de plusieurs négociations dont il se tira toujours avec habileté : c'est à lui que l'armée fut redevable du traité d'alliance offensive et défensive avec Mourad-Bey. Lorsque Bonaparte quitta Alexandrie pour revenir en France, Fourier était à la tête d'une commission chargée d'explorer les monumens de la haute Égypte. Il resta donc avec Kléber. A son retour en Europe, le premier Consul lui confia la préfecture du département de l'Isère, le 13 prairial an X. On comptait sur son caractère conciliateur pour apaiser les passions politiques qui fermentaient encore dans l'ancien Dauphiné. Il ne fit pas défaut à cette tâche, et, sous son administration bienveillante, les républicains et les partisans de l'émigration vinrent se rallier au gouvernement consulaire. Plusieurs travaux importans furent exécutés par ses soins. On lui doit le desséchement des marais de Bourgoin : opération difficile qui rendit à l'agriculture le territoire de trente-sept communes presque entièrement recouvert par ce foyer d'infection. Toutefois les travaux administratifs du préfet n'interrompirent pas les méditations du géomètre. C'est à Grenoble qu'il composa la *Théorie mathématique de la chaleur*, son principal titre à la reconnaissance du monde savant. L'Académie des sciences couronna, en 1812, le Mémoire où furent présentées, pour la première fois, les équations générales du mouvement de la chaleur dans un corps solide, et de nouvelles méthodes d'intégration qui permettent d'exprimer par l'analyse les conditions physiques de la question pour en déduire toutes les circonstances du phénomène. La propriété de cette découverte fut souvent disputée à Fourier : on lui opposa quelques travaux antérieurs et l'on contesta la rigueur de ses procédés. Il est vrai qu'avant lui Lambert avait cherché, par le calcul, les lois de la propagation de la chaleur dans une base indéfinie ; mais ces premiers essais restèrent stériles, et c'est à Fourier qu'appartient l'honneur d'avoir ouvert à la physique mathématique une voie féconde que d'autres ont explorée depuis par des méthodes plus simples et plus rigoureuses. Un des côtés les plus importans des découvertes de Fourier se trouve dans l'application de sa théorie aux températures terrestres. Les torrens de chaleur que déverse le soleil sont-ils la seule cause des phénomènes observés à la surface du globe, ou bien faut-il admettre une chaleur centrale pour expliquer les volcans, les eaux thermales et l'accroissement des températures à mesure qu'on s'enfonce dans les profondeurs de la terre ? Cette question cosmologique attira de tout temps l'attention des philosophes et des géologues ; mais jusqu'alors ils n'avaient cherché à la résoudre que par des hypothèses plus ou moins ingénieuses, fondées sur des argumens sans valeur. Fourier démontra que la chaleur solaire ne pouvait avoir d'influence que jusqu'à une profondeur fort petite, et l'existence de la chaleur centrale fut élevée par lui au rang des vérités mathématiques. Il renversa aussi les romans imaginés par Buffon et Bailly sur le refroidissement rapide de la croûte terrestre : ses calculs établissent clairement que les révolutions de la surface du globe sont accomplies depuis longtemps, et que nous n'avons plus à attendre que des changemens inappréciables.

A l'époque des événemens de 1814, Fourier, qui avait été fait membre de la Légion-d'Honneur le 26 frimaire an XII, et créé baron de l'Empire en 1809, envoya son adhésion au nouveau gouvernement et conserva sa préfecture.

A la nouvelle du débarquement de Napoléon, il avait d'abord voulu organiser la résistance à Grenoble avec le général Marchand ; mais après la défection du 7e de ligne, il s'était rendu à Lyon auprès des princes. Fort mal reçu par le comte d'Artois, qui le renvoya à son poste, c'est alors qu'il fut arrêté et conduit devant l'Empereur au quartier-général de Bourgoin. Napoléon, irrité de voir un *Égyptien* parmi ses adversaires, lui avec vivacité : *Comment avez-vous pu oublier, M. Fourier, que je vous ai fait ce que vous êtes !* Et pour lui prouver qu'il savait apprécier les talens et les services rendus, il le nomma préfet du Rhône (12 mars). Fourier ne conserva cette préfecture que jusqu'au 17 mai. Il revint à Paris, où la seconde Restauration le trouva sans emploi et réduit à 20,000 francs de fortune. On lui fit un crime de sa conduite pendant les Cent-Jours. Une demande de pension fut repoussée avec brutalité. L'auteur de la *Théorie mathématique de la chaleur* allait être obligé de donner des leçons pour vivre, si M. de Chabrol ne fût venu au secours de son ancien professeur à l'École polytechnique, et ne lui eût procuré une place dans les bureaux de la Seine. L'Académie des sciences l'appela dans son sein le 27 mai 1816, mais l'élection ne fut pas confirmée ; Louis XVIII ne voulait pas amnistier *le Labédoyère civil*. Cependant, le 12 mai de l'année suivante, on le laissa passer lorsqu'il fut nommé à l'unanimité dans la section de physique. En 1822, il remplaça Delambre comme secrétaire perpétuel. Le mérite littéraire dont il fit preuve dans les éloges académiques et dans la rédaction de ses ouvrages lui valurent aussi les suffrages de l'Académie française : il succéda à Lemontey en 1827.

Dans les dernières années de sa vie, Fourier aimait à se distraire des préoccupations scientifiques qui altéraient sa santé par de spirituelles causeries où se mêlaient toujours les souvenirs de l'expédition d'Égypte. Il mourut d'un anévrisme au cœur, le 17 mai 1830, entouré des soins de son ami Larrey. Navier, son ancien élève, a publié son ouvrage sur la *résolution des équations*, l'œuvre de prédilection de toute sa vie, auquel il travaillait encore dans ses derniers instans. W...

FRAISSE (ANTOINE), naquit le 8 mars 1773 à Moissac (Lot). Soldat au régiment de Bourgogne, devenu 59e d'infanterie le 1er mars 1791, il passa dans le 118e le 1er brumaire an II, et fut amalgamé dans la 32e demi-brigade légère le 25 ventose an IV. Présent à tous les combats de l'armée d'Italie, depuis le commencement de la guerre, il fut un des premiers soldats de la 32e qui s'élancèrent sur le pont d'Arcole le 25 frimaire an V ; il y reçut un coup de feu qui lui traversa le flanc gauche. Passé en Égypte avec l'armée expéditionnaire, il prit part à l'expédition de Syrie, fut blessé à la tête au combat de Gaza, le 7 ventose an VII, rentra en France en l'an X, et obtint la décoration de la Légion-d'Honneur le 26 frimaire an XII. Admis aux vétérans le 23 vendémiaire an XIII, il y resta jusqu'au 28 juillet 1806, époque de sa mise à la retraite. Il est mort à Moissac (Tarn-et-Garonne), le 27 novembre 1817. Y.

FRANÇOIS (PIERRE), C'est à tort qu'on a compris ce militaire dans les listes de légionnaires publiées en l'an XIII et en 1814, sous le nom indiqué ici ; son nom est ESPÉRIPIAS. *Voyez* plus haut, page 90.

FRANSUROT (JEAN-BAPTISTE), naquit le 2 février 1773 à Dormans (Marne). Volontaire dans le 5e bataillon de la Marne le 29 juillet 1792, il fit la campagne de cette année aux armées des Ardennes et de la Moselle. Le 8 juillet 1793, nommé caporal au 7e bataillon du même département, et promu au grade de sergent le 16 septembre suivant, il passa à la 152e demi-brigade d'infanterie de ligne le 4 fructidor an II. Il fit la campagne de l'an II à l'armée du Rhin, et celle de l'an III à l'armée d'Italie. Le 26 ventose an IV, il fut incorporé dans la 70e demi-brigade, devenue 75e de ligne, et servit pendant les ans IV, V et VI aux armées d'Italie, d'Allemagne et d'Helvétie. Le 3 germinal an V, au combat de Tarwisa, il reçut deux coups de feu, l'un à la tête, l'autre à la hanche, et, quoique blessé, il combattit corps à corps avec un général autrichien qu'il fit prisonnier. En l'an VI, il s'embarqua pour l'expédition d'Égypte, où il resta jusqu'en l'an X. Il se signala surtout, le 21 floréal an VII, au siège de Saint-Jean-d'Acre, où il monta le premier à la brèche, et reçut un coup de feu au pied gauche, qui le mit hors de combat. Rentré sur le continent, il fut promu au grade de sous-lieutenant le 1er germinal an XI. En l'an XII, il servait à l'armée des côtes de l'Océan, où il fut nommé membre de la Légion-d'Honneur le 26 frimaire de cette même année. Il fit ensuite les campagnes de l'an XIV, 1806 et 1807 en Autriche, en Prusse et en Pologne. Il assista à toutes les grandes batailles de cette mémorable époque, et mérita le grade de lieutenant, qui lui fut conféré le 23 novembre 1806. Premier porte-aigle de son régiment le 1er juillet 1808, il passa au 4e corps de l'armée d'Espagne, et devint capitaine le 8 décembre suivant. Il resta en Espagne pendant les années 1809, 1810, 1811 et 1812, et fut tué d'un coup de feu au combat de Villalba de la Sierra, dans la province de Cuença, le 6 avril 1812. B-G.

FRELY (JEAN-MICHEL), naquit à Ostheim (Haut-Rhin), le 15 avril 1744. Cavalier dans le 20e régiment le 17 avril 1760, il fit les campagnes de Hanovre de 1761 et 1762, fut blessé d'un éclat d'obus à l'affaire d'Hommelbourg (1762), et devint brigadier le 14 mai 1769, maréchal-des-logis le 21 juin 1772, et maréchal-des-logis-chef le 18 avril 1784. Sous-lieutenant le 29 octobre 1791, il fit la campagne de l'année suivante, et obtint le grade de lieutenant le 1er mars. A l'affaire de Roncq, le 24 mai 1793, il fit prisonnier un détachement de troupes hollandaises et eut, en combattant, un cheval tué sous lui. Le 8 septembre de la même année, il reçut le brevet de capitaine. Il servit encore pendant les campagnes de l'an II à l'an VIII. A Marengo, dans une charge exécutée à la fin de l'action, il fut atteint d'un éclat d'obus au bras gauche. Le 21 pluviose an XI, il passa, par incorporation, dans le 1er régiment de carabiniers, et devint, le 26 frimaire an XII, membre de la Légion-d'Honneur; il obtint sa retraite le 24 brumaire an XIII, et mourut à Pont-à-Mousson (Meurthe), le 7 février 1814. B-S.

FRICOT (EDME), naquit à Gevrey (Côte-d'Or), le 7 août 1767. Volontaire au 1er bataillon de la Côte-d'Or le 27 août 1791, et caporal le 18 octobre de la même année, il fit les campagnes de l'armée du Nord de 1792 et 1793, et reçut, le 28 février de cette dernière année, devant Maëstricht, un coup de feu à la jambe gauche. Sergent le 21 pluviose an II, il passa dans la 146e demi-brigade le 1er vendémiaire an IV, et fut détaché de l'armée des Alpes pour aller au siège de Lyon. Le 1er ventose suivant, il entra par incorporation dans la 46e demi-brigade provisoire, devenue 3e de ligne, fit les campagnes de l'an V à l'an VII à l'armée d'Italie, et reçut le grade d'adjudant-sous-officier le 1er floréal an VII. Pendant les campagnes de Batavie de l'an VII à l'an IX, il fut nommé sous-lieutenant à l'ancienneté le 1er germinal an XI, et membre de la Légion-d'Honneur le 26 frimaire an XII. Passé lieutenant dans le 62e régiment d'infanterie de ligne le 27 décembre 1806, il servit de 1806 à 1808 aux armées d'Italie et de Naples. Blessé d'un coup de feu à la bataille de Wagram le 6 juillet 1809, il retourna avec son régiment dans le royaume de Naples, et prit part à l'expédition de Sicile. Il quitta le royaume de Naples en 1811 pour se rendre en Espagne. Devenu capitaine le 22 juin 1812, il fut fait prisonnier à la bataille de Salamanque le 22 juillet suivant; il avait reçu trois coups de sabre pendant l'action. Rentré des prisons de l'ennemi en 1814, et licencié le 13 septembre 1815, il obtint sa pension de retraite. Il est mort à Gevrey (Côte-d'Or), le 1er avril 1839. B-S.

GANGLOFF (MICHEL), naquit le 2 mai 1776 à Milesheim (Bas-Rhin). Arrivé au 7e régiment de hussards en qualité de réquisitionnaire le 3 brumaire an V, et dirigé sur l'armée de Rhin-et-Moselle, il rejoignit l'armée d'Helvétie en l'an VI. A la bataille de Winthertur, le 6 prairial an VII, il chargea l'ennemi avec une telle ardeur, qu'après avoir reçu sept coups de sabre et deux coups de feu, il resta sur le champ de bataille et tomba au pouvoir des Autrichiens. Échangé le 17 nivose an VIII, et remis à peine de ses neuf blessures, il se fit remarquer à la bataille de Kinsbourg le 2 prairial de la même année. Chargé avec un de ses camarades d'éclairer un défilé, il rencontra un escadron ennemi formé en colonne, se précipita dans ses rangs, et ramena 2 prisonniers. En l'an IX, il était à l'armée du Rhin, et se trouvait à la bataille de Hohenlinden. Nommé légionnaire le 26 frimaire an XII, et promu brigadier le 3 nivose de la même année, il servit à la grande armée lors de la reprise des hostilités contre l'Autriche, assista à la bataille d'Austerlitz, fit la campagne de Prusse en 1806, et mourut à Prentzlow, dans la marche de Brandebourg, par suite d'un coup de mitraille qu'il avait reçu à la prise de cette ville, le 28 octobre 1806. Y.

GARDEL (MARIE), naquit le 6 janvier 1775 à Puy-Saint-Dulny (Puy-de-Dôme). Volontaire au 1er bataillon de la Haute-Garonne le 4 juin 1792, il passa successivement dans la 21e demi-brigade de ligne le 1er brumaire an II, et dans la 32e le 25 ventose an IV. Placé dès son entrée au service dans les grenadiers, il fit les campagnes de 1792 et 1793, des ans II, III et IV à l'armée d'Italie, sauta le premier dans une des redoutes de Dego le 22 germinal an IV, et enleva un drapeau à l'ennemi. Passé avec sa demi-brigade en Orient en l'an VI, il fit partie de l'expédition de Syrie, revint à Alexandrie, et y reçut, le 29 thermidor an IX, à l'attaque que firent les Anglais, un coup de feu qui lui fracassa la mâchoire. Rentré en France le 1er nivose, il obtint sa retraite le 15 prairial an XI, et fut admis dans la Légion-d'Honneur le 26 frimaire an XII. Il est mort au Puy-Saint-Gulnier (Puy-de-Dôme), le 8 septembre 1833. Y.

GASPARDS (JEAN), né le 25 décembre 1765 à Berg (Moselle), entra au service dans le 3e régiment de hussards le 2 janvier 1784. Devenu brigadier et maréchal-des-logis, il fit toutes les guerres de la Révolution depuis 1792 jusqu'à l'an IX, et se signala au siège de Thionville, aux affaires de Kayserslautern, à celle du 27 fructidor an VII à l'armée du Rhin, et au combat d'Offenbach le 26 messidor an VIII. Rentré en France après la paix, il passa comme gendarme à cheval dans la compagnie de la Dyle (16e légion) le 1er germinal an X. Membre de la Légion-d'Honneur le 26 frimaire an XII, il fut détaché à la force publique de la grande armée le 1er janvier 1807, et fit les campagnes de 1808 et 1809 à l'armée d'observation et à celle d'Allemagne. Il mourut le 20 mai 1810. B-G.

GAUBERT (ISAAC), ET NON PAS (JEAN), ainsi que le porte la liste de nomination, naquit le 17 juin 1766 à Calmont (Haute-Garonne). Entré au service le 22 janvier 1792 comme caporal dans le 2e bataillon de volontaires de l'Ariége, et incorporé plus tard dans le 85e de ligne, il fit les campagnes de 1792, 1793 et ans II et III à l'armée des Alpes. Il se trouva au siége de Lyon et se distingua à celui de Toulon, où il monta le premier à l'assaut de la redoute de Palamasque, près le fort Faron. Cette action d'éclat lui valut le grade de sous-lieutenant, qui lui fut conféré sur le champ de bataille le 25 nivose an II. Passé à l'armée d'Italie, il y fit les campagnes de l'an IV et de l'an V. En l'an VI, il s'embarqua avec l'armée d'Orient et resta en Égypte jusqu'à l'an X. Il se distingua à la prise du Caire, et fut nommé lieutenant le 16 frimaire an IX. A sa rentrée en France, attaché à l'armée des côtes de l'Océan pendant l'an XII et l'an XIII, et nommé membre de la Légion-d'Honneur le 26 frimaire an XII, il fit ensuite les campagnes de l'an XIV en Autriche, et celle de 1806 en Prusse. Le 23 décembre de cette dernière année, il devint capitaine au 85e régiment d'infanterie de ligne, en récompense de sa conduite à la bataille d'Iéna. En 1807, il se fit encore remarquer à Eylau par son courage et son sang-froid. Passé à l'armée d'observation en 1808, il fit de nouveau partie de la grande armée pendant la campagne de 1809, et se trouva à la bataille de Wagram. Il resta à la grande armée pendant 1810 et 1811, et le 21 juillet de cette dernière année il fut nommé officier de la Légion-d'Honneur. En 1812, il fit la campagne de Russie, combattit vaillamment, le 7 septembre, à la bataille de la Moskowa, où il trouva une mort glorieuse.

GAUTHEY (ÉMILAN-MARIE), naquit à Châlons-sur-Saône (Saône-et-Loire), le 3 décembre 1732. Il sortit, en 1758, de l'École des ponts et chaussées avec l'emploi de sous-ingénieur dans les États de Bourgogne. L'année suivante, il fut élu membre de l'Académie de Dijon. Ce fut lui qui reconnut la possibilité d'un canal proposé depuis longtemps pour joindre la Saône à la Loire. Il rédigea à ses frais les projets détaillés de ce canal, et lut à l'Académie de Dijon divers Mémoires sur les écluses et le *canal du Centre*, dont il proposait la création. Nommé ingénieur et directeur-général des canaux de la Bourgogne en 1782, il fut chargé par les États de la province de mettre son projet à exécution. Les travaux, commencés en 1783, furent terminés en 1791. Depuis ce moment, le canal du Centre, qui va de Châlons à Dijon, n'a pas cessé d'être navigable, quoiqu'il ait 23 lieues de long et qu'il renferme 30 écluses. On doit à cet habile ingénieur les quais de Châlons-sur-Saône, le pont de Ravilly, sur le Doubs, la portion du canal de jonction de la Saône à l'Yonne; enfin la partie du canal du Doubs à la Saône, qui joint la Méditerranée à l'Océan, par le Rhône d'un côté, et de l'autre par la Loire, la Seine et le Rhin. En 1791, Gauthey fut nommé inspecteur-général des ponts et chaussées, et rendit en cette qualité d'importans services. Il prit pendant plus de seize ans la part la plus active aux travaux du comité central. Membre de la Légion-d'Honneur le 26 frimaire an XII, il adressa une Lettre remarquable au préfet de la Seine, au sujet de la dérivation de la rivière d'Ourcq. Les propriétaires du canal de Briare le choisirent pour leur conseil. Gauthey a laissé plusieurs ouvrages; mais le plus important est son *Traité complet sur la construction des ponts et des canaux navigables*. Il est mort le 14 juillet 1806. Châlons, sa ville natale, a fait exécuter son buste en bronze, en reconnaissance des services qu'il lui a rendus. TH.

GAUTHIER (PIERRE), DIT SANS-CHAGRIN, naquit le 7 juillet 1775 à Nanterre (Seine). Volontaire au 4e bataillon de l'Oise le 26 septembre 1792, il fut amalgamé dans le 204e demi-brigade de ligne à la fin de l'an III, et dans la 16e demi-brigade légère le 1er ventose an IV; il fit toutes les campagnes de la liberté aux armées des Ardennes, de la Moselle, de Rhin-et-Moselle, d'Allemagne, du Rhin, d'Helvétie, d'Italie et de Naples. Au premier passage du Rhin, le 16 messidor an IV, il traversa un des premiers le fleuve et pénétra, en tête de sa compagnie, dans les retranchemens de Kehl. Pendant l'an XI, il tint garnison à Belle-Isle-en-Mer, et reçut la décoration de la Légion-d'Honneur le 26 frimaire an XII. Attaché au camp de Brest en l'an XII et l'an XIII, il fit les campagnes de l'an XIV, de 1806, de 1807 et 1809, assista aux batailles d'Iéna, d'Eylau, de Friedland et de Wagram, rejoignit le bataillon en Espagne après le traité de Vienne, et mourut au champ d'honneur, à la bataille de Salamanque, le 22 septembre 1812.

GAUTIER (JACQUES-LOUIS-JUDE), DIT ARCQUES, naquit le 29 avril 1772 à Arques (Seine-Inférieure.) Arrivé au 10e régiment de dragons le 5 brumaire an III en qualité de réquisitionnaire, il fit cette campagne à l'armée de Sambre-et-Meuse, et passa, l'année suivante, à celle de Rhin-et-Moselle. Dirigé en l'an VI sur l'armée de Mayence, puis sur celle de réserve, il y resta jusqu'à la paix de Lunéville. Le 5 frimaire an IX, au passage du Splugen, une avalanche ayant entraîné dans des précipices une compagnie entière du régiment, il parvint à l'aide d'un de ses camarades à l'en tirer, à l'exception de 3 hommes. Ce trait d'humanité et de dévoûment lui valut, le 26 frimaire an XII, la décoration de la Légion-d'Honneur. La même année, il passa dans l'escadron d'élite à l'armée des côtes de l'Océan, fit avec la grande armée les trois campagnes des ans XIV, 1806 et 1807 en Autriche, en Prusse et en Pologne, combattit à l'armée d'Allemagne en 1809, et fut admis à la retraite le 11 janvier 1810, à la suite d'un coup de feu qu'il avait reçu le 10 juillet 1809, au combat d'Hollabrun. Il est mort à Arques (Seine-Inférieure), le 23 mars 1836.

GAY (JEAN), né le 1er novembre 1771 à Aniane (Hérault), entra au service, le 1er mars 1792, dans le 79e régiment, ci-devant Boulonais, devenu 5e demi-brigade, puis 5e régiment de ligne, et passa dans les tambours de grenadiers le 1er messidor an II. Il fit les campagnes de 1792, 1793, ans II et III à l'armée des Alpes, et celles des ans IV, V, VI, VII et IX à l'armée d'Italie, et rentra dans ses foyers par congé absolu du 4 prairial an X. Le premier Consul lui accorda la décoration de la Légion-d'Honneur le 26 frimaire an XII. En 1813, il était en retraite à Aniane, où il réside encore aujourd'hui.
C-D.

GEOFFROY-SAINT-HILAIRE (ÉTIENNE), naquit le 15 avril 1772 à Étampes (Seine-et-Oise). Destiné d'abord à l'état ecclésiastique, il avait été pourvu en 1784 d'un canonicat; mais tandis qu'il achevait sa théologie au collège de Navarre, les leçons de physique expérimentale qu'il y reçut de Brisson décidèrent sa vocation pour les sciences naturelles, et il passa au collège du cardinal Lemoine, où se trouvait alors le célèbre cristallographe Haüy. L'affection qu'il conçut pour ce savant illustre lui fit d'abord diriger ses études vers la minéralogie. On était en 1792; les événemens du 10 août venaient de s'accomplir, Haüy, prêtre réfractaire, fut arrêté. Ce fut M. Geoffroy qui eut le bonheur de le rendre à la liberté; il le fit réclamer par Daubenton dans l'intérêt de la science : ce fait, rapporté par Cuvier dans son éloge d'Haüy, en 1825, excita l'enthousiasme de l'auditoire, qui couvrit d'applaudissemens M. Geoffroy-Saint-Hilaire, présent à la séance. Le général Foy lui dit avec cette chaleur d'âme qui le caractérisait : *Ah! Monsieur, cœur, esprit, talent, vous avez tout!*

Haüy ne fut pas le seul que sauva M. Geoffroy-Saint-Hilaire; plusieurs anciens professeurs de Navarre et du cardinal Lemoine durent la vie à sa courageuse sollicitude pendant les journées de septembre. Protégé à son tour auprès de Daubenton par celui qu'il avait arraché à une mort certaine, il fut nommé, le 13 mars 1793, démonstrateur au Cabinet d'histoire naturelle, en remplacement de Lacépède; et, lorsque, par décret du 10 juin suivant, la Convention érigea cet établissement en école de haut enseignement, il fut chargé de la chaire de zoologie des animaux vertébrés. M. Geoffroy-Saint-Hilaire, qui n'avait encore que vingt et un ans et qui ne s'était occupé jusqu'à ce jour que de minéralogie, n'accepta que sur les instances de Daubenton, et il a fait de la zoologie une science toute française.

Il s'acquitta noblement de ce patronage par l'appui qu'il prêta lui-même à un homme qui devait, lui aussi, devenir une des gloires de la France. Appelé par lui à Paris, George Cuvier fut, pendant deux ans, son commensal et son collaborateur; ils habitèrent le même toit, eurent même table; ils publièrent ensemble une *Nouvelle classification des mammifères*, laquelle forme encore, sauf quelques perfectionnemens, la base de la classification des mammifères adoptée dans toute l'Europe. L'expédition en Égypte les sépara; membre de l'Institut du Caire, Geoffroy-Saint-Hilaire contribua pour sa part au succès scientifique de cette glorieuse campagne, et au moment où l'armée, bloquée dans Alexandrie, allait capituler, il conserva par son énergie les immenses matériaux qu'avec tant de peine et souvent au péril de leur vie ses collègues et lui avaient recueillis, et que prétendait leur ravir un littérateur anglais envoyé à cet effet dans la place.

Pendant son séjour en Égypte, M. Geoffroy-Saint-Hilaire lut à l'Institut du Caire deux Mémoires importans, l'un contenait des considérations sur la fibre musculaire, le second offrait la comparaison des organes de la respiration dans diverses classes d'animaux. De retour en France le 11 pluviose an X, rapportant de son voyage une collection précieuse de minéraux, de plantes et d'oiseaux, il devint en l'an XI professeur de zoologie au Jardin des Plantes, fut nommé membre de la Légion-d'Honneur le 26 frimaire an XII, et le 14 septembre 1807 membre de la 1re classe de l'Institut (Académie de sciences), à la place de Broussonet. Il rédigea cette même année un Mémoire ayant pour objet de comparer les pièces qui composent la nageoire pectorale des poissons, celles qui la supportent et la mettent en mouvement, avec les pièces qui jouent un rôle semblable dans le bras de l'homme, le pied de devant des quadrupèdes, l'aile des oiseaux et la nageoire des cétacés.

Chargé en 1810 d'organiser l'instruction publique en Portugal, il avait emporté avec lui des échantillons d'histoire naturelle en double dans nos collections, ce ne fut donc qu'à titre d'échange qu'il acquit les riches productions minéralogiques que possédaient les musées de Lisbonne; mais lors de l'évacuation du Portugal par nos troupes, lord Prohy et le général Beresford demandèrent la remise des objets recueillis par M. Geoffroy-Saint-Hilaire. Junot consentait à ce sacrifice; mais, comme en Égypte, l'avantage de la fermeté échut au savant. Il abandonna deux caisses qui renfermaient des meubles lui appartenant, conserva les deux autres dans l'intérêt de la science, et enrichit ainsi la France d'une magnifique collection de minéraux et d'animaux précieux, entre autres du *céphaloptère*, le plus rare de tous les oiseaux. Là, comme en France, ses préoccupations scientifiques ne l'empêchèrent pas de faire du bien. Un botaniste distingué, M. Brotero, professeur à Coïmbre, auteur de la *Flore portugaise*, était réduit à la plus profonde misère; M. Geoffroy-Saint-Hilaire ouvrit sa bourse au savant étranger avec autant de délicatesse que de générosité.

Dans l'intervalle de son voyage en Portugal à la chute de l'Empire, l'Académie de médecine, ainsi que la plupart des sociétés savantes de l'Europe l'admirent dans leur sein. Indépendamment de l'enseignement de la zoologie au Muséum d'histoire naturelle, il ouvrit un cours analogue à la Faculté des sciences, cours qu'il a continué jusqu'à ces derniers temps.

Envoyé dans les Cent-Jours à la Chambre des

représentans par les électeurs d'Étampes, il vota les mesures tendant à fonder à l'intérieur une sage liberté, et à maintenir vis-à-vis de l'étranger l'honneur et la dignité de la patrie. Rendu à la science après les événemens du mois de juin 1815, il fit partie de la section d'anatomie et de zoologie de l'Académie des sciences, le 21 mars de l'année suivante, époque à laquelle l'Institut subit une réorganisation. En 1818, il publia sa *Philosophie anatomique*, ouvrage à la lecture duquel le Muséum britannique consacra six séances. Il n'entre pas dans notre plan de rendre compte de tous les travaux de M. Geoffroy; seulement, pour donner à ses écrits le caractère qui leur est propre, nous ferons remarquer que dans la lutte qui s'établit entre lui et Cuvier, sur l'origine des variétés parmi les espèces animales, celui-ci prétend, d'après les ossemens fossiles, que toutes les lignes d'animaux proviennent avec la même originalité de la création des sept jours génésiaques, et que les différences existent entre elles, parce qu'il a plu à Dieu de les créer différentes; tandis que, selon M. Geoffroy-Saint-Hilaire, les variations de l'atmosphère terrestre, depuis les plus anciens temps jusqu'à nos jours, constituent le principe des variations produites d'âge en âge dans les espèces animales. C'est lui qui, le premier en France, a porté une attention sérieuse sur les monstruosités. Il a démontré avec la même philosophie qu'elles ne sont ni des jeux, ni des miracles de la nature, mais des individualités conformes de tous points à ses lois ordinaires, et différent seulement des individualités normales en ce que leur développement, troublé par quelques causes insolites, s'est accompli aussi d'une manière insolite. Il a été nommé officier de la Légion-d'Honneur le 1er mai 1838.

D'EC.

GÉRARD (FRANÇOIS, *baron*), naquit à Rome le 16 mai 1770. Il vint en France vers 1780 et entra dans l'atelier de Pajou, habile sculpteur de ce temps. Il passa ensuite chez le célèbre David, qui ne tarda pas à reconnaître en lui tous les élémens d'un talent supérieur. David obligea Gérard, en 1793, à siéger parmi les jurés du tribunal révolutionnaire; mais le jeune peintre eut le courage de ne pas s'y rendre dans les affaires les plus importantes, et particulièrement dans le procès de la reine, pendant lequel il feignit d'éprouver une grave indisposition. Aussitôt qu'il en eut la possibilité, il abandonna tout-à-fait ses terribles fonctions pour ne s'occuper que de son art.

En peu de jours, il exécuta un tableau de *la Peste*, où l'on remarquait des beautés d'un ordre élevé. Le sujet du *Dix-Août* ayant été mis au concours en l'an II, Gérard fit un grand dessin de cette journée; il fut généralement admiré et valut à son auteur le premier prix de composition. Son peu de fortune l'obligea souvent à s'occuper de portraits; les succès qu'il obtint en ce genre furent très multipliés, et il ne put jamais satisfaire à toutes les propositions qu'on le pressait d'accepter. Il se révéla au public par un coup de maître; son tableau de *Bélisaire*, qui parut à l'exposition publique de l'an III, fixa l'admiration générale et commença sa réputation. Sa *Psyché*, ses *Trois âges* et son tableau si mélancolique *d'Ossian*, annoncèrent à la France un grand peintre de plus.

Créé membre de la Légion-d'Honneur le 26 frimaire an XII, il devint professeur à l'École spéciale des beaux-arts et membre de l'Institut. Son vaste tableau de la *Bataille d'Austerlitz*, si habilement conçu et si admirablement exécuté, vint porter au plus haut degré la renommée de Gérard. Un décret du 5 avril 1811 le nomma professeur de peinture à l'École royale des beaux-arts de Paris, en remplacement de Berthélemy. En 1812, il fut élu membre de l'Institut à la place de Monvel; un décret du 12 mars approuva cette nomination. En 1814, les empereurs de Russie, d'Autriche, le roi de Prusse, et la plupart des princes étrangers, vinrent lui donner séance dans son atelier. On remarqua que cet artiste eut, dans le même jour, une séance de chacun des trois souverains. Il exposa au Salon de cette année le portrait de Louis XVIII, en pied, et revêtu de ses habits royaux.

En 1816, il fit présent à l'Académie du portrait de Ducis, dont il donna en même temps le buste en marbre à la Comédie-Française, qui l'a fait placer dans la galerie des auteurs dramatiques qui ornent le foyer de ce théâtre. Presque toutes les académies de l'Europe reçurent avec empressement ce peintre célèbre dans leur sein. A la réorganisation de l'Institut, le 21 mars 1816, il fit partie de la section de peinture de l'Académie des beaux-arts; et, le 3 août, il entra dans le conseil honoraire, composé d'artistes et d'amateurs, près du ministre de la maison du roi. En juillet 1817, le public fut attiré en foule au Salon par son tableau de *l'Entrée de Henri IV dans Paris*, ouvrage admirable par le coloris, par la ressemblance et l'expression des figures. Sa dimension extraordinaire a déterminé sa place dans la grande salle de l'Hôtel-de-Ville. Ce chef-d'œuvre mérita à Gérard le titre de premier peintre du roi. En 1821, il fut créé baron, officier de la Légion-d'Honneur et chevalier de Saint-Michel. Louis XVIII disait que Gérard était l'homme le plus spirituel de France. En 1824, il composa le tableau de Louis XIV environné de sa cour et présentant son petit-fils Philippe, duc d'Anjou, à l'ambassadeur espagnol. Cette composition est d'une imposante dignité; elle intéresse, captive l'attention et donne la vie aux personnages. En 1828, l'on remarqua comme l'un des plus beaux ornemens de l'exposition son tableau de *Sainte Thérèse*, destiné à l'oratoire de Mme de Chateaubriand. Un arrêté du ministre de l'intérieur ayant formé une commission à laquelle devait être préalablement soumises toutes les propositions relatives aux pensions des gens de lettres, aux achats et commandes de tableaux, aux souscriptions pour des ouvrages récemment publiés, et à tous autres encouragemens à accorder aux belles-lettres, aux sciences et aux beaux-arts sur les fonds du département de l'intérieur, Gérard devint membre de cette commission. En 1829, il exposa au Salon le magnifique tableau du *Sacre*; et, en 1833, il fit le portrait de Louis-Philippe pour la Chambre des pairs. Ce grand artiste a composé plus de 80 portraits en pied, grandeur naturelle, et 200 bustes ou portraits à mi-corps, représentant les personnages les plus célèbres de notre époque. Le burin s'est toujours empressé de multiplier les ouvrages de Gérard, et il n'y a pas de peintre qui, de son vivant, ait été plus souvent et aussi habilement gravé. Il était juste de payer un tel hommage à l'un des premiers talens qui aient honoré la France. Attaqué presque subitement d'une fièvre paralytique, Gérard y succomba dans la nuit du 11 au 12 janvier 1837. L'Institut, l'École royale des beaux-arts, tous les artistes de la capitale, un grand nombre de personnes élevées en dignités assistèrent à ses funérailles, et des discours académiques furent prononcés sur sa tombe. TH.

GEISSE ET NON GESSE (JEAN), né le 9 juin 1763 à Clermont (Hérault), entra au service le 12 janvier 1778 dans le régiment de Foix (83e d'infanterie), dont le 2e bataillon fit partie, le 7 ventose an III, de la 154e demi-brigade de bataille, laquelle fut incorporée, le 8 brumaire an V, dans la 10e demi-brigade d'infanterie légère, devenue 10e régiment de même arme à l'organisation du 1er vendémiaire an XII. Il fit les campagnes de 1779 à 1782 sur mer et en Amérique, et celles de 1792-1793 à l'armée de Sambre-et-Meuse. Blessé d'un coup de biscaïen et fait prisonnier, le 12 septembre 1793, dans la forêt de Bienwald, son échange eut lieu quelques jours après, et il continua de servir à l'armée de Sambre-et-Meuse pendant les ans II et III. Il fit les guerres de l'an IV à l'an IX aux armées de la Vendée, d'Angleterre, de Rhin-et-Moselle, du Danube et du Rhin, et se trouva, les 8, 17 et 21 messidor an IV, au combat de Korch, aux batailles de Rastadt et d'Etlingen, le 24 thermidor, et à celle de Neresheim le 15 fructidor de la même année. Il devint caporal le 27 messidor an VII. Le 3 vendémiaire an VIII, au passage de la Limath, il prit une pièce de canon ; le 4, il se distingua devant Zurich, et il fut fait sergent le 24 du même mois. Il combattit encore au passage du Rhin, le 11 floréal ; à celui du Lech, à Zolhanen, le 23 prairial, et à la bataille d'Hochstedt le 30 du même mois. Rentré en France après le traité de Lunéville, et employé au camp de Saint-Omer pendant les ans XII et XIII, il reçut la décoration de la Légion-d'Honneur le 26 frimaire an XII. Il fit partie du 4e corps de la grande armée pendant les guerres de l'an XIV à 1807 en Autriche, en Prusse et en Pologne, se trouva à Austerlitz, où il fut blessé d'un coup de feu à la hanche, à Iéna et à Eylau, où il mérita le grade de sous-lieutenant, qui lui fut conféré le 30 mars 1807. Rentré en France après la paix de Tilsitt, et employé au recrutement de l'armée, il fut nommé lieutenant à l'ancienneté le 31 août 1810, et obtint sa retraite le 1er mars 1811. Il est mort à Alby (Tarn), le 28 février 1812. B-G.

GIRARD (JEAN-BAPTISTE), naquit à Tarascon (Bouches-du-Rhône), le 9 octobre 1761. Le 5 juillet 1778 il entrait dans le régiment de Hainaut-infanterie, devenu 50e de l'arme, et le 10 septembre 1789 il était promu au grade de caporal. A la révolte de Nanci, le 31 août 1790, il mérita les éloges de ses chefs et devint sergent et sergent-major les 1er et 11 septembre 1792. Le 16 décembre même année, il obtint l'épaulette de sous-lieutenant. Le 18 mars 1793, à l'attaque du Moulinet (Piémont), il fut blessé d'un coup de feu. Le 12 juin suivant, il recevait une seconde blessure à l'attaque du camp de Rauss. Sa conduite pendant cette campagne le fit passer lieutenant le 1er octobre. Il fit les guerres d'Italie de l'an II à l'an IV, devint capitaine le 16 thermidor an III, et fut attaché le 5e jour complémentaire an IV au corps des vétérans en garnison à Aix, en Provence. Nommé commandant du fort du Rhône le 28 pluviose an V, il entra, le 21 prairial an VII, dans la 11e demi-brigade d'infanterie de ligne, incorporée, le 1er nivose an XII, dans le 20e régiment de même arme. Il avait reçu la décoration de la Légion-d'Honneur le 26 frimaire de la même année. Il obtint sa retraite le 6 janvier 1807, après avoir accompli sa vingt-neuvième année de service. Il avait fait les campagnes de l'an XIV et 1806 aux armées d'Italie et de Naples. Il est mort à Marseille (Bouches-du-Rhône), le 10 novembre 1811.

GIRARD (JEAN-PIERRE), naquit à Fouchi (Bas-Rhin), le 8 mai 1758. Soldat le 24 avril 1778 dans le régiment Royal-carabiniers, il devint brigadier le 12 décembre 1784, et maréchal-des-logis le 31 janvier 1787. Après les campagnes de 1792 et 1793, il fut nommé sous-lieutenant le 9 juillet de cette dernière année. Le 5 floréal an II, il reçut, devant Cambrai, un coup de feu à la main droite, et le 8 thermidor suivant il était promu au grade de lieutenant, à la suite d'une affaire dans laquelle il s'était particulièrement distingué. Il fit les campagnes de l'an III à l'an VIII. Le 30 prairial an VIII, lors du passage du Danube, il contribua à une prise considérable de canons. Capitaine le 1er frimaire an XI, et membre de la Légion-d'Honneur le 26 frimaire an XII, il servit pendant les ans XIII et XIV, obtint sa retraite le 30 octobre 1806, et mourut à Lunéville (Meurthe), le 15 octobre 1822.

GIRARD (JEAN-SIMON), né à Saint-Désert (Saône-et-Loire), le 11 novembre 1764, s'engagea le 20 novembre 1783 dans le 12e régiment de dragons, où il devint brigadier le 1er novembre 1789, et maréchal-des-logis le 20 décembre 1792. Après avoir fait les guerres de 1792 et 1793, il fut promu maréchal-des-logis-chef et sous-lieutenant les 4 septembre et 13 octobre 1793. Le 11 vendémiaire an III, à la bataille de Juillers, il fut frappé d'un coup de feu à la tête, au moment où son régiment allait pénétrer dans un carré ennemi. Le 19 messidor an IV, devant Limbourg, il reçut un coup de sabre au bras droit et faillit tomber au pouvoir de l'ennemi. Il fit les campagnes de l'an IV à l'an IX, fut nommé lieutenant le 12 messidor an VII, et obtint la décoration de la Légion-d'Honneur le 26 frimaire an XII. L'année suivante, le gouvernement l'admit à la retraite. Il est mort à Châlons (Saône-et-Loire), le 6 juin 1817. B-S.

GIRARDIN (JOSEPH), naquit le 6 janvier 1770 à Courgenai (Haut-Rhin). Soldat au régiment suisse de Reinach, au service de France, le 1er novembre

1787, il passa, par suite du licenciement des troupes suisses, dans le 1er bataillon franc, le 15 octobre 1792, puis dans les hussards de Jemmapes le 28 avril 1793. Après avoir fait à l'armée du Nord les quatre campagnes de 1792 à l'an IV, il tomba l'année suivante au pouvoir d'un parti autrichien, et ne fut échangé qu'à la fin de l'an VI. Incorporé au 9e régiment de dragons le 1er jour complémentaire an VII, il suivit son corps à l'armée de réserve organisée à Dijon, et se trouva à la bataille de Marengo, le 25 prairial an VIII. Blessé de quatre coups de sabre en coupant les traits des chevaux attelés aux pièces de l'ennemi, on le laissa pour mort sur le champ de bataille. Incorporé avec son escadron dans le 21e régiment de dragons le 25 germinal an X, il devint brigadier le 1er thermidor suivant, reçut la décoration de la Légion-d'Honneur le 26 frimaire an XII, et eut le grade de maréchal-des-logis le 6 thermidor de la même année. Le 9 brumaire an XIII, il passa dans la 6e demi-brigade de vétérans, où il obtint le grade de sergent. Il tenait garnison à Mézières (Ardennes), lorsqu'il mourut le 17 octobre 1817. V.

GONDOUIN (JACQUES), naquit le 7 juin 1737 à Saint-Ouen-sur-Seine. Ayant remporté le second prix d'architecture, il obtint une place de pensionnaire à l'Académie de France, à Rome, où il passa quatre années. On doit à Gondouin la construction des Écoles de médecine. Nommé, en 1774, membre de l'Académie d'architecture, il fut admis en l'an III à l'Institut, classe des beaux-arts, et appelé par le ministre de l'intérieur au conseil des bâtimens de l'État. Chargé par le gouvernement de la construction en pierre de la colonne de la place Vendôme, il transporta dans cet ouvrage, avec une fidélité scrupuleuse, les formes, les détails, et les proportions de la colonne de Trajan, à Rome, dont il avait rapporté un plan détaillé; plus tard, il exécuta la fontaine de l'École de médecine. Gondouin fut créé membre de la Légion-d'Honneur le 26 frimaire an XII, et chevalier de l'ordre de Saint-Michel en 1817. Il a publié une *Description des Écoles de chirurgie*, ouvrage très estimé. Il est mort à Paris le 29 décembre 1818. TH.

GOSSEC (FRANÇOIS-JOSEPH), naquit à Vergnies, petit village du Hainaut, le 17 janvier 1734. A l'âge de sept ans, son père le plaça parmi les enfans de chœur de la cathédrale d'Anvers, où il commença ses études musicales. Il adopta le violon comme instrument spécial, se livra à la composition, et, confiant dans son intelligence et dans son ardeur pour le travail, il vint à Paris en 1751. Le fermier-général La Popelinière lui confia la direction de son orchestre, sous la surveillance du célèbre Rameau. Il publia ses premières symphonies en 1752: c'était une tentative de réforme à la fois et de progrès dans la musique française à cette époque. Ses succès attirèrent sur lui l'attention du prince de Conti, qui l'appela à diriger sa musique. Ses premiers quatuors parurent en 1759. Trois ans plus tard (1762), il acheva de fonder sa réputation par sa *Messe des morts*, exécutée à Saint-Roch par 200 musiciens, et reçue avec enthousiasme. Il débuta dans le genre dramatique, en 1764, par *le Faux lord*. « En 1770, il fonda le concert des amateurs; il écrivit pour cette société sa 21e symphonie en *ré*, dans laquelle il ajouta aux parties de violon, de viole, de basse, de cors et de hautbois, seuls instrumens employés jusqu'alors dans la symphonie, des parties de clarinettes, de flûtes, de bassons, de trompettes et de cymbales. L'effet en fut prodigieux. Il composa aussi sa symphonie de la chasse, qui, plus tard, servit de modèle à Méhul pour son ouverture du *Jeune Henri* (1). » En 1773, il se chargea, avec Gaviniès et Le Duc, du concert spirituel; et, en 1784, il fonda, sous les auspices du baron de Breteuil, une École de chant et de déclamation, première origine du Conservatoire; il y donna des leçons de composition jusqu'à la suppression de cette école en 1791. Catel se distingua parmi ses élèves. Ce fut vers le même temps qu'il composa l'*O salutaris hostia*, à trois voix, sans accompagnement. Voici l'anecdote qui a donné lieu à la composition de ce dernier morceau: « Lays, Chéron et Rousseau allaient souvent, avec Gossec, dîner à L'Hay, village près de Sceaux, chez Lasalle, secrétaire de l'Opéra. Le curé de l'endroit, qui s'y trouvait avec eux, le pria un jour de chanter à son église pour en fêter dignement le patron. *De tout mon cœur*, dit Lays, *si Gossec veut vous donner quelque chose de sa façon*. Gossec demanda aussitôt du papier réglé, et pendant que ces messieurs déjeunaient, il écrivit de verve l'*O salutaris*. Au bout de deux heures, il est appris et chanté par les trois chanteurs, à la grande satisfaction du curé et des paroissiens. Peu de jours après, il fut couronné d'un plein succès au concert spirituel (2) ».

En 1789, il devint maître de musique de la garde nationale. On lui dut pendant la Révolution la composition des morceaux de musique exécutés dans les fêtes nationales, et celle des hymnes de Chénier (3), de Desorgues (4) et de Boisjolin (5). Lors de la fondation du Conservatoire de musique, le 16 thermidor an III, Gossec, Méhul et Cherubini furent les trois inspecteurs du nouvel établissement. Il entra à l'Institut dès la formation du 22 frimaire an IV. Le 26 frimaire an XII, le premier Consul le nomma membre de la Légion-d'Honneur. Il ne quitta le professorat qu'en 1815, quand les Bourbons supprimèrent le Conservatoire. Gossec ne cessa point de s'occuper de musique; mais il garda ses compositions en portefeuille. Il était resté habitué fidèle des représentations de l'Opéra-Comique. Un soir de l'année 1821, qu'il se rendait à ce théâtre, il éprouva une faiblesse et s'évanouit. On lui prodigua de prompts secours, et lorsque, revenu à lui, on lui demanda où il voulait être conduit: *A l'Opéra-Comique*, dit-il. Ce célèbre compositeur passa les dernières années de sa vie à Passy, chez Anseaume, qui avait pour lui les plus tendres soins, et c'est là qu'il rendit le dernier soupir, le 16 février

(1) Castil-Blaze.
(2) Fayolle.
(3) Descends, ô liberté! fille de la nature.
    Source de vérité qu'outrage l'imposture.
(4) Père de l'univers, suprême intelligence.
(5) Attentat sans exemple! unanimes douleurs!

1829, âgé de quatre-vingt-quinze ans et un mois.

La vie des artistes est tout entière dans leurs œuvres; c'est par ce motif que nous indiquerons ici les différentes productions de Gossec.

Il a donné,

A la Comédie-Italienne : 1766, *le Faux lord*, *les Pêcheurs*; 1767, *le Double déguisement, Toinon et Toinette.*

A l'Opéra : 1773, *Sabinus*; 1775, *Alexis et Daphné*, *Philémon et Baucis*, *Hylas et Sylvie*; 1778, *la Fête du village* ; 1782, *Thésée* (de Quinault); 1786, *Rosine*, et depuis 1789, *le Camp de Grandpré*, *la Reprise de Toulon*, etc. On cite de lui un grand nombre de motets et de messes, un *oratorio de la nativité*, la musique des chœurs *d'Athalie*, celles des apothéoses de J.-J. Rousseau et de Voltaire, et celle des obsèques de Mirabeau, qui fut reprise au convoi du maréchal duc de Montebello.

Il a publié en outre : *Principes de musique*, 2 vol. in-fol., avec un grand nombre de solféges, et *Méthode de chant du Conservatoire*, in-4°. D.

GOSSELIN (PASCAL-FRANÇOIS-JOSEPH), naquit à Lille (Nord), le 6 décembre 1751. De 1772 à 1780, il parcourut l'Europe, et fit des recherches relatives à la géographie ancienne. Député extraordinaire de sa province à l'Assemblée nationale en 1789, il publia un Mémoire sur la question proposée par l'Académie des belles-lettres, dont l'objet était de comparer ensemble Strabon et Ptolémée. Ce Mémoire remporta le prix et ouvrit à son auteur les portes de l'Académie. En 1793, Gosselin entreprit de nouveaux voyages en Espagne, en Suisse et en Italie. Sa réputation de géographe grandissait avec ses travaux. Le Comité de salut public lui conféra, en l'an III, une place importante au ministère de la guerre, et en l'an V la commission d'instruction publique ordonna l'impression de ses ouvrages. Appelé à l'Institut dès sa formation, Gosselin remplaça Barthélemy, en l'an VIII, comme conservateur du cabinet des médailles. On lui doit une collection de médailles romaines en argent, la plus riche et la plus nombreuse que l'on connaisse après celle du cabinet du roi. En l'an X, le premier Consul le choisit pour être un des collaborateurs de la traduction de Strabon, et le créa membre de la Légion-d'Honneur le 26 frimaire an XII. En 1814, Louis XVIII le nomma officier de l'Ordre. Lors de la seconde occupation de Paris par les alliés, Gosselin fit preuve de dévoûment et de patriotisme en défendant celles des richesses confiées à sa garde sur lesquelles les puissances ennemies n'avaient aucune réclamation fondée à établir. En 1816, il fut l'un des rédacteurs en chef du *Journal des savans*; Gosselin a laissé un grand nombre d'ouvrages qui ont fait faire des progrès à la géographie. Il est mort le 8 février 1830. TH.

GOUBET (ALEXANDRE), né le 28 mars 1776 à Hainevelle (Pas-de-Calais), entra comme volontaire au 12e régiment de chasseurs à cheval le 19 avril 1793, et devint brigadier le 1er floréal an VIII, après avoir fait toutes les campagnes aux armées du Nord, de Sambre-et-Meuse, du Danube, de Mayence et d'Helvétie. En 1793, se trouvant sous les ordres du général Duhesme, au blocus de Landrecies, en avant de Brichet, il fournit une charge contre un bataillon de grenadiers hongrois, prit une pièce de canon, tua un canonnier, et favorisa la retraite de l'armée. Passé dans la gendarmerie nationale le 1er nivose an XI, il fut nommé membre de la Légion-d'Honneur le 26 frimaire an XII, obtint la solde de retraite le 8 février 1815, et se retira à Verdun (Meuse), où il réside encore aujourd'hui. Y.

GOUJU (RENÉ-JEAN-GABRIEL), né le 7 juillet 1768 à Nogent-le-Rotrou (Eure-et-Loir), entra le 1er novembre 1791 en qualité de sous-lieutenant dans le 1er bataillon de volontaires d'Eure-et-Loir, et fit les campagnes de 1792 à l'an III aux armées du centre, de Belgique et du Nord. Lieutenant le 4 germinal an III, et capitaine-adjudant-major le 11 prairial an IV, il fit les guerres de l'an V à l'an XIII aux armées de Sambre-et-Meuse, du Danube, du Rhin, d'Italie, au corps d'observation du Midi et dans le royaume de Naples. Le 16 messidor an VII, à l'attaque d'Appenweyer, en avant du fort de Kehl, chargé de pousser une reconnaissance sur la route d'Offembourg, il resta maître du champ de bataille après un combat glorieux. Sa brillante conduite dans cette circonstance difficile fut mise à l'ordre de l'armée. Membre de la Légion-d'Honneur le 26 frimaire an XII, il fit les campagnes de l'an XIV, de 1806 et 1807 en Autriche, en Prusse et en Pologne. Le 1er juillet 1808, il prit le commandement d'une compagnie de grenadiers, à la tête de laquelle il servit en Allemagne de 1808 à 1810. Au combat d'Enzersdorff, le 5 juillet 1809, il reçut trois coups de feu, à la poitrine, à l'avant-bras droit et au pied gauche. Gouju a été retraité le 21 juin 1810. Il est mort le 23 septembre 1822. B-S.

GOURDON (ALEXANDRE), naquit à Mortagne (Vendée), le 20 novembre 1770. Soldat dans le 1er bataillon de la Vendée le 5 novembre 1791, il fit les campagnes de 1792 et 1793; fut promu au grade de sergent le 13 juin 1793; à ceux d'adjudant-sous-officier et de sous-lieutenant les 17 et 23 du même mois, et de lieutenant pendant la campagne suivante; il passa avec ce grade dans la 79e demi-brigade le 6 floréal an II. Après les campagnes de l'an III à l'an VII, il fut nommé capitaine dans le 1er bataillon auxiliaire de Seine-et-Marne, le 20 fructidor an VII, et passa par incorporation dans la 96e demi-brigade le 21 frimaire an VIII. Réformé pour cause d'infirmités temporaires le 12 brumaire an IX, il fut remis en activité le 9 nivose an XI, et fit toutes les campagnes de l'an XI à 1809. Le 26 frimaire an XII, il reçut la décoration de la Légion-d'Honneur. Pendant le siège de Corfou, le brave Gourdon, chargé de la défense du fort Saint-Roch, lutta pendant toute la durée de l'investissement de la place, avec 50 hommes seulement, contre les attaques des Russes et des Albanais. Ce ne fut qu'après la signature de la capitulation qu'il remit son poste à l'ennemi. Il fut tué à la bataille de Talavera, en Espagne, le 28 juillet 1809. B-S.

GOUVENEL (JEAN-BAPTISTE), né à Munster

(Haut-Rhin), le 21 novembre 1775, entra dans le régiment de Dauphiné-infanterie le 29 août 1791, et reçut, le lendemain, les galons de caporal. Nommé sergent le 1er mars 1792 dans la 56e demi-brigade, il fit les campagnes de 1793 à l'an VII aux armées du Rhin, de la Moselle, d'Italie et de l'Ouest. Le 6 germinal an VII, un bataillon de la 56e, harcelé dans sa fuite par un parti de cavalerie autrichienne, se retirait en désordre. Gouvenel, alors sergent-major, honteux de ce mouvement rétrograde, s'arrête, fait feu sur les assaillans, et renverse une file d'infanterie; au même instant, le peloton de cavalerie ennemie l'ayant dépassé, il ajuste l'officier qui le commande, l'étend raide mort, et met en fuite sa troupe. Dans cette action, qui fut citée à l'ordre de l'armée, Gouvenel tua seul plus de 20 Autrichiens. Il reçut en récompense le brevet de sous-lieutenant, le 17 du même mois. Embarqué sur un bâtiment qui faisait partie de l'armée de l'Ouest, du 21 pluviose au 4e jour complémentaire an IX, il se fit remarquer au combat de *l'Africaine*. Après l'action, qui dura plusieurs heures, il prodigua les soins les plus assidus aux soldats et aux matelots blessés ou mourans. Le général Desfourneaux cita ces faits à l'ordre de l'armée. Le 26 frimaire an XII, Gouvenel reçut la décoration de la Légion-d'Honneur. Il fit encore les campagnes de l'an XIV et 1806 en Italie, et, le 16 août 1808, il mourut à l'hôpital de Perpignan, des suites de blessures reçues au siège de Girone. Il était capitaine depuis le 16 octobre 1806. B-S.

GRANDHAYE (PIERRE), né le 24 août 1773 à Vauvillers (Haute-Saône), entra au 3e bataillon de la Haute-Saône le 21 octobre 1791, fut incorporé au 4e régiment de dragons le 29 juin 1793, et fit toutes les campagnes de la liberté. Estropié par suite d'une chute de cheval, il demanda et obtint son congé absolu au mois de ventose an XI. Cependant le premier Consul lui accorda la décoration de la Légion-d'Honneur le 26 frimaire an XII. Il réside encore aujourd'hui dans le lieu de sa naissance. C-D.

GRANDHOMME (JOSEPH), naquit le 28 janvier 1770 dans le département des Vosges. Volontaire le 4 août 1792 au 11e bataillon des Vosges, qui devint successivement 175e et 67e régiment de ligne, et en dernier lieu 67e régiment; il fit toutes les campagnes de 1792 à l'an X aux armées du Nord, de Sambre-et-Meuse, de Mayence, d'Allemagne, du Rhin et d'Italie. Il passa caporal le 7 germinal an II, et sergent le 1er frimaire an X. A la bataille de Hondschoote, le 8 septembre 1793, étant en tirailleur, il força l'ennemi à abandonner 4 pièces de canon servies par des canonniers anglais et les conduisit au quartier-général. A l'affaire du 2 vendémiaire an VIII, au mont Saint-Gothard, il se précipita sur 15 soldats russes qui s'étaient emparés d'un adjudant-major français, délivra cet officier et fit 5 prisonniers. Le 26 frimaire an XII, il fut nommé membre de la Légion-d'Honneur, fit partie du détachement du 67e, embarqué à Toulon à bord de la frégate *la Syrène*, en ventose an XIII, se trouva au combat de Trafalgar, le 29 vendémiaire an XIV, et

obtint sa retraite le 14 octobre 1808, et mourut à Saint-Dié (Vosges), le 12 juillet 1810. Y.

GRANDHOMME. Voyez GRANGHON (Jean-Pierre).

GRANJEAN (JACQUES), naquit le 28 mai 1767 à Paroy (Meuse). Volontaire au 2e régiment de dragons le 15 juillet 1791, il fut nommé brigadier le 1er prairial an III. Il fit les campagnes de 1792, 1793, des ans II et III aux armées du Nord et de l'Ouest. Passé l'année suivante à l'armée de Sambre-et-Meuse, il se fit remarquer au combat du 19 fructidor an IV; comme l'ennemi lui fermait le seul passage par lequel il put rejoindre son escadron, il traversa seul 2 pelotons ennemis, blessa plusieurs cavaliers, enleva d'un coup de sabre le poignet d'un hussard et rejoignit son escadron. Passé à l'armée du Rhin en l'an V, en Helvétie en l'an VIII, et sur les côtes de l'Océan en l'an XI, il fut nommé membre de la Légion-d'Honneur le 26 frimaire an XII, servit à la grande armée en l'an XIV, et fit 3 campagnes d'Autriche, de Prusse et de Pologne. Le 12 mars 1807, après la bataille d'Eylau, il obtint les galons de maréchal-des-logis, fit encore la campagne de 1809 en Allemagne, combattit à Wagram, fut admis à la retraite le 21 mars 1810, et se retira à Paroy, où il demeure encore aujourd'hui. Y.

GRANGHON (JEAN-PIERRE), ET NON **GRAND-HOMME** (PIERRE), naquit le 17 août 1768 à Champagnac (Haute-Loire). Volontaire le 19 juin 1792 dans le 1er bataillon de la Haute-Loire, incorporé dans la 75e demi-brigade d'infanterie de ligne, devenue 75e régiment de même arme, il fut nommé sergent le même jour, fit les campagnes de 1792, 1793 et an II à l'armée des Alpes et au siège de Toulon. De l'an III au commencement de l'an VI, il prit part aux guerres d'Italie et d'Helvétie, et se fit surtout remarquer, le 2 frimaire an III, à l'affaire du petit Saint-Bernard, où il reçut un coup de sabre au bras droit, et le 22 floréal an IV, à la prise de Pizzighitone, où il fut blessé d'un coup de feu à la tête. Il se trouvait à Caldiero, le 22 brumaire an V, et combattit les 25, 26 et 27 du même mois à Arcole, où il fut atteint d'un coup de feu à la jambe droite dans la dernière de ces journées. Le 27 nivose suivant, il était à la bataille de Rivoli. Parti de Toulon, le 30 floréal an VI, avec l'armée expéditionnaire d'Orient, il fit en Egypte et en Syrie les campagnes des ans VI, VII, VIII et IX. Il se distingua le 21 pluviose an VII à la prise du fort d'El-Arich, et le 7 thermidor suivant à la bataille d'Aboukir, où il fut blessé d'un coup de feu au bras droit. Rentré en France après l'évacuation de l'Égypte, il servit au camp de Saint-Omer pendant les ans XII et XIII. Membre de la Légion-d'Honneur le 26 frimaire an XII, et nommé sous-lieutenant le 11 pluviose an XIII, il fit les campagnes d'Autriche, de Prusse et de Pologne de l'an XIV à 1807 au 4e corps de la grande armée. Il se trouva au combat d'Aicha, le 17 vendémiaire an XIV, à la prise de Memmingen quelques jours après, et à la bataille d'Austerlitz le 11 frimaire suivant. A la suite de la journée d'Iéna, il fut promu lieutenant de la 1re compagnie des voltigeurs, par décret du 23 novembre 1806. A la prise de Kœnigsberg, le 15 juin 1807, il reçut un coup de feu au cou. Passé en 1808 à l'armée d'Espagne, il fit les campagnes de 1809 à 1813 dans la péninsule; le 28 juillet 1809, à Talavera de la Reina, il eut la cuisse traversée par une balle et le genou frappé d'un coup de feu. Capitaine le 28 février 1812, il passa ensuite à l'armée du Nord, avec laquelle il fit la campagne de 1814 en Belgique et en Flandre. Admis à la retraite le 25 octobre 1814, il se retira au Puy (Haute-Loire), où il est mort le 4 juin 1820.

GRASSIN ET NON GRUSSIN (FRANÇOIS), naquit le 1er janvier 1769 à La Suze (Sarthe). Arrivé, le 1er mars 1793, au 7e régiment *bis* de hussards, devenu plus tard 28e régiment de dragons, il fit les campagnes de 1793, des ans II et III à l'armée du Rhin, et passa l'année suivante à celle d'Italie, où il resta jusqu'à la fin de l'an VI. En l'an VII, il fut embarqué pour l'armée d'Orient, et ne revint en France qu'en l'an IX, après la capitulation d'Alexandrie. Au combat d'Appenweber et Benchen, il se précipita le premier dans les rangs ennemis, et, atteint de plusieurs coups de sabre, il ne quitta son rang qu'à la fin du combat, et fit pour sa part 7 prisonniers. Le 21 fructidor an VII, en Égypte, il fut promu au grade de brigadier, obtint la décoration de la Légion-d'Honneur le 26 frimaire an XII, entra dans la compagnie d'élite du 1er escadron le 11 messidor an XIII, et, par suite des bons témoignages de ses chefs, il fut choisi le 1er août 1806 pour passer dans les chevau-légers de la garde du roi de Naples, où il devint maréchal-des-logis le 30 juillet suivant. On a cessé d'avoir des nouvelles de ce militaire depuis le 1er août 1809.

GREFF (JOSEPH), naquit le 19 janvier 1771 à Etzlingen (Moselle). Hussard au 1er régiment le 7 août 1789, il fit la campagne de 1792 aux armées des Ardennes et du Nord. Le 28 septembre, dans une charge contre les hussards prussiens de Zeiden, près Sainte-Menehould, il fit prisonnier le major de ce régiment. A la bataille de Jemmapes, il fut blessé et eut son cheval tué sous lui. Le 7 mars 1793, au combat qui fut livré entre Tongres et Saint-Tron, cerné par plusieurs hussards de Blanckenstein, il refusa de se rendre et parvint à se débarrasser d'eux après avoir reçu *dix-huit coups de sabre* et avoir eu son cheval tué sous lui. Il fut nommé pendant la campagne de 1793 brigadier le 11 avril, maréchal-des-logis le 10 juin, et maréchal-des-logis-chef le 17 du même mois; chaque avancement qu'il obtint fut le prix d'une acte de bravoure. Il fit toutes les campagnes de la Révolution aux armées des Pyrénées, d'Italie, de Naples. Au mois de ventôse an II, dans une reconnaissance au-delà du Thec, il eut un cheval tué sous lui, fut cerné par la cavalerie ennemie, parvint à se faire jour à travers 2 pelotons espagnols, et vint rendre compte de la position de l'ennemi. Le 29 floréal an IV, nommé adjudant-sous-officier, il justifia cet avancement, le 11 prairial, à l'affaire de Borghetto. Dans une charge de son régiment contre la cavalerie napolitaine, il fit prisonnier le lieutenant-colonel duc d'Istigliano. Le 16 thermidor, à la bataille de Castiglione, il délivra, quoique blessé d'un coup de lance, un hussard du 7e régiment qui était prisonnier, et en empêcha un autre de tomber au pouvoir de l'ennemi. A la bataille de Roveredo, le 18 fructidor, à la tête de quelques hussards, et de concert avec le général Bohn, il prit 16 pièces de canon et 30 caissons. Il arracha ensuite 2 drapeaux des mains de l'ennemi, et fit mettre bas les armes à plus de 1,500 hommes. Ses hussards, électrisés par son exemple, enlevèrent aussi 3 autres drapeaux. Sous-lieutenant le 18 nivôse an V, et lieutenant le 21 fructidor an XI, il reçut la décoration de la Légion-d'Honneur le 26 frimaire an XII. En l'an XIV, il fit la campagne d'Autriche à la grande armée, et combattit avec un héroïsme remarquable à la journée d'Austerlitz, où il mérita le grade de capitaine, qui lui fut conféré le 1er nivôse an XIV. Il fit la campagne de 1806, et passa le 6 octobre comme lieutenant en second dans les chasseurs à cheval de la garde. Devenu lieutenant en premier le 16 février 1807, pendant la campagne de Prusse, il suivit son régiment en Espagne en 1808, et revint à la grande armée en 1809. Il fit des prodiges de valeur à Essling, et, le 6 juillet, à Wagram, il fut blessé de plusieurs coups de lance à la tête, à la cuisse et au bras droit. Il reçut aussi un coup de biscaïen à l'épaule gauche, un coup de sabre sur la tête, et trois autres coups sur la figure. Malgré ces nombreuses blessures, il ne quitta le champ de bataille qu'après la fin du combat. Napoléon le nomma officier de la Légion-d'Honneur le 15 août 1809, et capitaine le 20 du même mois. Couvert de *trente* cicatrices, privé en partie de l'usage de ses membres, il ne put continuer le service, et fut admis à la retraite le 13 décembre 1811. Il est mort le 4 mai 1825. B-G.

GRÉTRY (ANDRÉ-ERNEST-MODESTE), naquit à Liège (Ourthe), le 11 février 1741. Sa passion pour la musique le décida à se rendre à Rome en 1759; il y profita des savantes leçons de Casali. Le jeune Grétry mit en musique deux intermèdes que Piccini applaudit. Un attaché à l'ambassade de France lui prêta la partition de *Rose et Colas*, que Mousigny venait de donner au Théâtre-Italien de Paris. Il résolut de se rendre dans cette capitale. Sans argent, il voulut en gagner en s'arrêtant à Genève pour y donner des leçons. C'est là qu'il mit en musique *Isabelle et Gertrude*. Voltaire, qu'il visitait souvent à Ferney, le pressa de partir pour Paris. Il suivit ce conseil si bien d'accord avec son désir; mais ne pouvant parvenir à s'y faire connaître, triste, pauvre, découragé, il allait en repartir, pour rester peut-être ignoré toute sa vie, lorsque Marmontel lui confia sa petite pièce du *Huron*. Alors le talent de Grétry se révéla au public, et les poèmes couvrirent son modeste clavecin. Il dut donc sa fortune à Marmontel et ne l'oublia jamais. En 1769, il fit représenter *Lucile* et *le Tableau parlant*; en 1770, *Silvain* et *les Deux avares*; en 1771, *l'Amitié à l'épreuve* et *Zémire et Azor*; en 1772, *l'Ami de la maison*; en 1773, le *Magnifique;* en 1774, *la Rosière de Salency;* en 1775, *la Fausse magie;* en 1776, *les Mariages samnites;* en 1778, *Matroco, le Jugement de Midas* et *les Trois âges de l'Opéra;* en 1779, *les Événemens imprévus;* en 1780, *Aucassin et Nicolette* et *Andromaque;* en 1781, *Émilie.* La réputation de Grétry était devenue européenne; le roi et l'Opéra lui accordèrent, en 1782, une pension de 1,000 francs, qui fut portée à 3,000. Peu de temps après, il donna à l'Académie royale de musique, *la Double épreuve, ou Colinette à la cour,* et *l'Embarras des richesses;* en 1783, *la Caravane du Caire, Thalie au nouveau théâtre, Théodore et Pauline* et *l'Épreuve villageoise;* et, en 1784, *Richard Cœur-de-Lion.* Il devint à cette époque conseiller intime de l'évêque de Liége. En 1785, la ville de Paris donna son nom à l'une des rues voisines du Théâtre-Italien. Dans la même année, l'Académie royale de musique représenta son opéra : *Panurge dans l'île des Lanternes.* En 1786, Grétry fut pensionnaire de la Comédie-Italienne. Ce célèbre compositeur enrichit encore le théâtre par de nouvelles productions, dont plusieurs sont des chefs-d'œuvre. Il fit jouer, en 1787, *le Comte d'Albert et sa suite,* et *le Prisonnier anglais;* en 1788, *le Rival confident;* en 1789, *Raoul Barbe-Bleue* et *Aspasie;* en 1790, *Pierre-le-Grand;* en 1791, *Guillaume-Tell;* en 1792, *Basile,* paroles de Sédaine, et *les Deux couvens;* et, en l'an II, *Joseph Barra, Callias, ou Amour et patrie,* et *Denis le Tyran, maître d'école à Corinthe.*

Le 1er vendémiaire an III, son ami Lakanal demanda à la Convention l'envoi, au comité de l'instruction publique, de son ouvrage : *Sur les rapports de l'art musical avec l'instruction publique.* Lors de la formation de l'Institut de France, Grétry en fut élu membre; la Société d'émulation de Liége et l'Académie de musique de Stockholm s'empressèrent de l'admettre dans leur sein. En l'an V, il fit représenter sur le théâtre des Arts *Lisbeth,* opéra-comique, *Anacréon chez Polycrate,* et *le Barbier de village.* Grétry se fit aussi connaître comme écrivain; il avait publié en 1789 un volume in-8° ayant pour titre : *Mémoires ou Essais sur la musique;* le gouvernement le fit réimprimer avec deux nouveaux volumes contenant des observations sur la partie dramatique de la musique; mais ces deux volumes sont d'un intérêt moins général que le premier. Dans cet ouvrage, il établit que la déclamation doit être la base de toute musique dramatique. Il donna au théâtre Favart, en l'an VII, *Élisca;* l'année suivante, *le Casque et les Colombes;* et, en l'an X, *Delphis et Mopsa,* opéra-ballet, à l'occasion du traité d'Amiens. Grétry fut nommé membre de la Légion-d'Honneur le 26 frimaire an XII, censeur royal pour la musique et membre du jury de lecture de l'Opéra; mais il en exerça peu les fonctions. En 1811, le maire et le corps municipal de Liége firent l'inauguration d'une place qui porte le nom de *Grétry.*

Nous n'avons cité que les principaux ouvrages de ce célèbre compositeur; on lui doit plus de cinquante opéras représentés en France, dont trente au moins ont eu un brillant succès, et dont vingt sont encore au répertoire et n'ont point vieilli malgré les révolutions que la musique a éprouvées. Grétry est le Molière de son art; il en a le piquant, la grace, le naturel, l'expression vive et vraie; il en a même l'incorrection; il a tout sacrifié à la mélodie, la partie, sans aucune comparaison, la plus difficile de l'art, parce qu'elle seule suppose le génie de l'invention. Beaucoup de ses opéras ont été traduits en plusieurs langues et joués dans les pays étrangers. Dans une ville d'Allemagne, on représenta le même jour, sur trois théâtres différens, *Zémire et Azor,* en français, en flamand et en allemand. Peu d'auteurs ont joui comme Grétry, pendant leur vie, des avantages attachés à un grand nom. Il ne pouvait entrer au théâtre dépositaire de la plus grande partie de ses ouvrages sans passer devant la statue en marbre qu'on lui avait érigée en 1809; il méritait cet honneur par le nombre et surtout par la supériorité de ses productions. En 1811, l'Empereur le fit porter sur la liste des pensionnaires de l'État pour 4,000 francs. Grétry se plaisait à l'Ermitage, terre située à Montmorency, et illustré par le séjour de J.-J. Rousseau. Il y mourut le 24 septembre 1813. Ses obsèques se firent à Paris. Une députation de l'Institut, du Conservatoire de musique, les auteurs et compositeurs dramatiques, les acteurs des principaux théâtres, donnèrent une pompe imposante à ses funérailles; les quatre coins du drap étaient tenus par Méhul, Marsollier, Breton et Bouilly : pendant la cérémonie, on joua la marche que Gossec avait composée pour Mirabeau. Le cortége s'arrêta devant les deux théâtres lyriques, et fit aussi une station devant le Théâtre-Français. Méhul et Breton prononcèrent son éloge; et, le soir même, on exécuta, au théâtre de l'Opéra-Comique, une espèce d'apothéose qui attira une grande affluence de spectateurs. Son corps fut ensuite reporté à l'Ermitage. Pendant plusieurs jours consécutifs, les deux théâtres lyriques ne jouèrent que des ouvrages de Grétry, où les acteurs paraissaient en deuil. Son image se voyait partout; gravures, médailles, bustes, tabatières, bagues, épingles, tout était *à la Grétry.* Le 6 octobre, tous les musiciens de Paris se réunirent pour exécuter à Saint-Roch sa messe de mort. Son portrait, peint par Isabey, a été gravé par Simon. Outre la statue dont nous avons parlé, son buste a été placé dans le grand foyer de l'Opéra et dans celui de l'Opéra-Comique. Grétry avait souvent manifesté le désir que son cœur reposât dans sa ville natale. M. Flamand Grétry, qui avait épousé la nièce du célèbre compositeur, croyant honorer les cendres de son oncle, en fit l'offre à titre d'hommage aux magistrats de Liége. Cette offre n'ayant pas été reçue comme elle aurait dû l'être, M. Flamand changea de résolution et conserva le cœur dans le tombeau qu'il avait fait élever à Grétry à l'Ermitage. La municipalité de Liége se ravisa huit ans après; mais la famille crut ne pas devoir obtempérer à sa réclamation. De cet état de choses, il résulta un procès qui dura six ans et ne se termina qu'en mai 1828, à l'avantage des magistrats liégeois.

Le 28 juin 1842, l'on inaugura à Liége la statue de Grétry. Le centre du piédestal contient le cœur du grand homme, placé dans une urne en bronze.

GRUSSIN *Voyez* GRASSIN.

GUERIN (PIERRE-NARCISSE), naquit à Paris le 13 mai 1774. Il entra fort jeune dans l'atelier de J.-B. Regnault, peintre célèbre, et fit des progrès rapides. Sa première production fut *Orphée pleurant sur le tombeau d'Eurydice*. En l'an V, il concourut pour le grand prix dont le sujet était *la Mort de Caton*, et remporta le second prix. L'École française à Rome, n'étant pas encore réorganisée, il resta à Paris. Son *Marcus Sextus* parut à l'exposition de l'an VII, et produisit une sensation extraordinaire. Le 11 vendémiaire an VIII, Guérin se vit couronné par le président de l'Institut, en séance publique, aux acclamations de toute l'assemblée. Ce tableau, vendu d'abord 10,000 francs à un riche fabricant de draps, passa ensuite dans plusieurs mains; et ce fut seulement en 1830 que l'acquisition en fut faite pour le Musée du Louvre. Deux ans après, il exposa *Phèdre et Hippolyte*. Quoique ce tableau lui ait attiré le plus d'éloges, les connaisseurs le proclament bien inférieur à celui qui l'avait précédé. Le juri des prix décennaux, écho de la voix publique, décerna une mention honorable à cette composition. Vinrent ensuite l'*Offrande à Esculape* et une figure d'*Orphée au tombeau d'Eurydice* ; ils ne parurent pas inférieurs à *la Phèdre*, bien qu'ils n'excitassent pas le même enthousiasme. Il partit pour Rome, et parcourut toute l'Italie, travaillant et étudiant, mais n'envoyant rien à nos expositions. Nommé membre de la Légion-d'Honneur le 26 frimaire an XII, il revint à Paris, et fit successivement paraître, au Salon de 1810 : *Bonaparte pardonnant aux révoltés du Caire*, l'un de ses plus beaux ouvrages, qu'on admire aujourd'hui au Musée historique de Versailles, et *Andromaque*, qui est à la peinture ce que l'*Andromaque* de Racine est à la véritable tragédie grecque. Appelé, le 11 décembre 1815, à la direction de l'École française à Rome, il refusa cette distinction pour ne pas quitter ses élèves. Le motif qu'il allégua était l'extrême faiblesse de sa santé. A la réorganisation de l'Institut, le 21 mars 1816, Guérin entra dans l'Académie des beaux-arts. Le 3 août, il fit partie du conseil honoraire institué près du ministre de la maison du roi, et fut nommé, le 17 novembre suivant, professeur à l'École des beaux-arts. En 1817, il exposa au Salon le tableau de *Didon écoutant le récit des malheurs d'Énée*, que le public accueillit avec de grands applaudissemens, et *Clytemnestre allant assassiner Agamemnon*, poussée à ce meurtre par Égyste. De toutes les œuvres de Guérin, celle-ci indique le plus véritablement un grand artiste ; le drame antique est bien senti, bien rendu. Ce tableau est le dernier de ceux qu'il peut revendiquer pour sa gloire ; sa santé chancelante l'empêcha de se livrer aux grands travaux que sa pensée rêvait encore. Chargé par le gouvernement royal d'exécuter, pour le monument de la Madeleine, le sujet de *Saint Louis rendant la justice dans le bois de Vincennes*, il ne put y mettre la dernière main. Il se borna dès-lors à faire des portraits en pied, parmi lesquels on remarqua ceux de Henri de La Rochejaquelein et de sainte Geneviève, patronne de Paris. Désigné une seconde fois, le 22 mai 1822, pour la direction de l'École française à Rome, il se rendit à sa destination. De retour en France, en 1828, il s'occupa d'une grande composition : *Pyrrhus immolant Priam au pied des autels*, mais il ne put l'achever. Le roi le créa, en 1829, baron et chevalier de l'ordre de Saint-Michel. Dans l'état de langueur où Guérin se trouvait, il crut devoir, pour se rétablir, retourner en Italie. Il mourut à Rome, peu de temps après son arrivée dans cette ville, le 6 juillet 1833, dans les bras de MM. Carle et Horace Vernet. TH.

GUERIN (REMI), naquit à Vouziers (Ardennes), le 9 octobre 1769. Dragon au 10e régiment le 26 janvier 1791, il reçut le brevet de sous-lieutenant le 12 avril 1793. A l'affaire devant Charleroi, le 24 prairial an II, il fut grièvement blessé sur le champ de bataille. Il fit avec distinction les guerres de la Révolution de l'an III à l'an VIII, obtint le grade de lieutenant le 19 thermidor an VIII, continua de servir en l'an IX, et fut nommé capitaine à l'ancienneté le 15 prairial an XI. Le 26 frimaire an XII, le premier Consul lui accorda la décoration de la Légion-d'Honneur. Employé à l'armée des côtes de l'Océan en l'an XIII et en l'an XIV, il fit les campagnes de 1806 et 1807 à la grande armée, et celles de 1808, 1809 et 1810 en Espagne. Il assista au siège de Saragosse, et mourut, le 6 février 1810, à Malaga, des suites de blessures reçues pendant cette dernière campagne. B-S.

GUIARD ET NON **GUYARD** (JEAN), né le 3 janvier 1767 au Mans (Sarthe), entra comme soldat dans le régiment de Provence-infanterie le 23 septembre 1784, et en sortit le 13 septembre 1789. Nommé sous-lieutenant au 1er bataillon de la Mayenne le 6 septembre 1791, adjudant-major le 9 avril 1792, et capitaine de grenadiers le 10 août 1793 dans le 73e régiment d'infanterie de ligne, il fit toutes les campagnes de la liberté. En l'an IX, à la bataille de Hohenlinden, dans une charge de son régiment, il contribua puissamment à la prise d'un parc d'artillerie de 105 pièces de canon. Le premier Consul lui accorda la décoration de la Légion-d'Honneur le 26 frimaire an XII. Il fit la campagne de l'an XIV à la grande armée, et reçut un coup de feu qui lui traversa la poitrine le 23 frimaire de cette année. Promu au grade de chef de bataillon dans le 60e de ligne le 24 mai 1806, il suivit son corps pendant les guerres de 1806 et 1807 en Prusse et en Pologne. En 1809, il se distingua à la bataille de Wagram, et au combat de Znaïm. Major en second le 15 avril 1811, et major titulaire du 23e régiment d'infanterie de ligne le 28 janvier 1813, sa conduite à la bataille de Lutzen lui valut le grade de colonel en second, le 14 mai de la même année. Il se fit encore remarquer aux journées de Bautzen, d'Insterbourg, de Leipzig, de Dahme et de Hanau. Pendant la fatale, mais glorieuse campagne de 1814, il combattit avec le plus grand courage, et après l'abdication de l'Empereur on le mit en non-activité. Napoléon, à son retour de l'île d'Elbe, lui confia le commandement de la place de Schelestadt, mais après les revers de Mont-Saint-Jean, le gouvernement le replaça en non-activité, et, le 9 décembre 1815, une ordonnance royale prononça son admission à la retraite. Il réside à Saint-Pavin-des-Champs (Sarthe). B-G.

GUICHARD (FRANÇOIS), naquit le 25 novembre 1763 à Arbois (Jura). Soldat le 22 décembre 1773 dans le régiment de Chartres-infanterie (93e), devenu 169e demi-brigade et 21e en l'an VI, il reçut les galons de caporal le 2 juillet 1776, et servit en Amérique de 1779 à 1783. Fourrier le 1er janvier 1781, sergent-major le 1er octobre 1789, sous-lieutenant, adjudant-major et capitaine les 12 janvier, 11 septembre et 1er octobre 1792, il se fit remarquer à l'armée du Rhin en 1792 et 1793, et tomba au pouvoir de l'ennemi le 13 octobre de cette dernière année. Rentré en France après quatre ans de captivité, il rejoignit sa demi-brigade, et fit avec elle les campagnes des ans VII, VIII et IX aux armées d'Italie, de l'Ouest et gallo-batave. Le 29 frimaire an IX, une reconnaissance avait été envoyée sur Lauffen, en Franconie. Après avoir repoussé les avant-postes autrichiens, cette colonne arriva jusqu'à Neuhoff, où elle trouva l'ennemi en si grand nombre, surtout en cavalerie, qu'elle fut obligée de se retirer avec précipitation ; elle était si vivement harcelée par les hussards de Blanckeinstein, qu'un escadron du 16e de dragons allait être taillé en pièces ou culbuté dans la Schwabach, lorque le capitaine Guichard, à la tête de sa compagnie, arrête l'ennemi par un feu bien soutenu et le force à la retraite, laissant sur le champ de bataille un officier supérieur et un grand nombre d'hommes tués ou blessés. Ce mouvement hardi sauva l'escadron du 16e dragons, et 2 compagnies du 21e régiment, qui avaient été coupées. Guichard obtint sa retraite le 26 prairial an XI, fut nommé membre de la Légion-d'Honneur le 26 frimaire an XII, et mourut à Thionville le 2 décembre 1817. B-S.

GUIHUR (JEAN-MARIE), naquit le 14 octobre 1762 à Meucon (Morbihan). Engagé volontaire au régiment de dragons d'Artois, devenu 12e le 31 mai 1789, il obtint le grade de brigadier le 16 germinal an II, celui de maréchal-des-logis le 1er messidor suivant, et fit toutes les campagnes de la liberté aux armées du Nord, de Sambre-et-Meuse, de l'Ouest, de Mayence et d'Italie. Le 29 brumaire an XII, il passa en qualité de simple chasseur dans la garde à cheval des consuls, et obtint, le 26 frimaire suivant, la croix de légionnaire. De nouveau brigadier le 1er avril 1806, il passa avec ce grade dans les chasseurs de la garde impériale le 26 juillet 1806, et mourut à la grande armée, dans son cantonnement de Pem, en Pologne, le 26 juillet 1807. Y.

GUITTON (CLAUDE), naquit le 4 avril 1765 à Rambervillers (Vosges). Dragon au 5e régiment le 10 avril 1787, il fit partie du camp de Reunes en 1788, servit de 1792 à l'an III à l'armée du Nord, et devint brigadier le 1er mai 1793. Le 15 octobre, au blocus de Maubeuge, dans une charge contre la cavalerie ennemie, il tua un dragon de Cobourg, et la lame de son sabre s'étant brisée, il fit quoique désarmé un autre dragon prisonnier. Dans l'affaire qui eut lieu le lendemain, il fut lui-même blessé d'un coup de sabre qui lui traversa le corps. Le 16 floréal an II, près Fleurus, il sauva la vie au maréchal-des-logis Prévost, qui se trouvait pris sous son cheval, tué par les tirailleurs ennemis. Passé à l'armée d'Italie, il fit les campagnes des ans IV, V et VI. Fourrier le 28 pluviose an IV, maréchal-des-logis le 24 thermidor suivant, et sous-lieutenant le 28 nivose an V, il servit pendant les campagnes de l'an VII et de l'an VIII aux armées d'Angleterre, de Belgique, de l'Ouest et de réserve. Nommé lieutenant le 9 floréal an VIII, il reçut un coup de sabre au poignet droit dans l'affaire qui eut lieu le 8 prairial suivant. Le 18 du même mois, il chargea, avec un peloton de 25 hommes, contre un escadron de la légion de Bussy (chasseurs émigrés) et fit 30 prisonniers. Envoyé, au mois de floréal an IX, à l'armée de la Gironde, il y resta jusqu'au mois de nivose an X. Rentré en France, il fut nommé adjudant-major le 12 germinal an X, capitaine le 12 vendémiaire an XII, et membre de la Légion-d'Honneur le 26 frimaire suivant. Il fit les campagnes de l'an XIV, de 1806, 1807 et 1808 en Autriche, en Prusse et en Pologne, et fut promu chef d'escadron le 22 mars 1807. Vers la fin de 1808, il passa au 4e corps de l'armée d'Espagne, et obtint, le 19 décembre 1809, le grade de major du 21e régiment de dragons. Il continua à servir de 1810 à 1814. Après l'abdication de l'Empereur, l'armée ayant été réorganisée, il fut placé à la suite du 9e régiment de dragons le 10 août 1814, et mourut, sans avoir rejoint son nouveau corps, le 23 du même mois. B-G.

GUYARD. *Voyez* GUIARD.

GUYTON-MORVEAU (LOUIS-BERNARD), naquit à Dijon (Côte-d'Or), le 4 janvier 1737. Il obtint, en 1755, la charge d'avocat-général au parlement de Dijon, et l'exerça avec distinction pendant vingt-sept ans. Cependant il enseignait publiquement la chimie, et réunissait les fonctions du professeur à celles du magistrat ; il finit par se consacrer tout entier à l'étude des sciences. A l'époque de la Révolution, il fut nommé, par son département, député à l'Assemblée constituante. Élu, le 3 octobre 1791, secrétaire de cette Assemblée, il en devint président le 4 mars 1792.

Siégeant à la Convention, il formula ainsi son vote dans le procès de Louis XVI : « J'ai déclaré avec vous Louis coupable de conspiration : aujourd'hui vous me demandez quelle peine il mérite. Quand la loi n'en indiquerait point, la nature y suppléerait, parce qu'il est absurde qu'un attentat tel que des conspirations contre la patrie reste impuni. J'ai aussi considéré cette question sous le rapport politique ; j'ai vu que ce serait donner un funeste exemple aux rois. Je vote pour la mort. » Il vota aussi contre l'appel au peuple et contre le sursis.

Une loi du 25 mars 1793 ayant institué un comité de défense générale et de salut public, composé de 25 membres, Guyton-Morveau en fit partie. Le 6 avril suivant, il fut l'un des 9 membres du Comité de salut public établi au sein de la Convention. Le 3 nivose an III, il écrivit avec ses collègues à l'ambassadeur de la République française en Suisse, le citoyen François Barthélemy... « Nous te chargeons, citoyen, de déclarer à tous les cantons que les émigrés ne cesseront jamais d'être traîtres, et que notre juste vengeance les poursuivra partout où elle pourra les atteindre. »

Le 1er germinal suivant, l'École polytechnique ayant été fondée sous le nom d'*École centrale des travaux publics*, Guyton-Morveau y entra en qualité de professeur de chimie. Peu de temps après, il reçut l'ordre de se rendre à l'armée de la Moselle pour y diriger les aérostats; on le vit, à la bataille de Fleurus, monté dans un ballon, sur les derrières de l'armée. Il passa ensuite au conseil des Cinq-Cents, où il siégea jusqu'au mois de germinal an V. Membre de l'Institut national lors de sa formation, il devint, en l'an VIII, directeur de l'École polytechnique et administrateur de la Monnaie.

Guyton-Morveau a introduit dans la chimie une nomenclature claire et méthodique. L'humanité lui doit l'application du chlore à la destruction des miasmes délétères. En l'an X, on attribua la cessation de la fièvre jaune, en Andalousie, aux fumigations d'acide muriatique dont il avait indiqué l'emploi. L'Académie de Gottingue et diverses sociétés savantes se sont empressées de l'admettre dans leur sein.

Créé membre de la Légion-d'Honneur le 26 frimaire an XII, et officier de l'Ordre le 8 ventose an XIII, Guyton-Morveau eut la gloire de voir son préservatif contre la fièvre jaune adopté en Prusse à bord des bâtimens du roi, ainsi que dans le royaume d'Espagne. L'Empereur le créa baron de l'Empire en 1811. A la Restauration, il perdit ses places, mais il resta à l'Institut.

Ses Plaidoyers, ses Discours sur la jurisprudence, ses *Poésies fugitives*, ses *Essais de physique, de chimie et d'histoire naturelle*, ses *Élémens de chimie théorique et pratique*, son *Dictionnaire de chimie* annoncent une prodigieuse variété de talens et de connaissances. Il est mort le 2 janvier 1816.

HAAS (JEAN-MARTIN), né le 20 octobre 1763 à Clebourg (Bas-Rhin), s'enrôla le 1er septembre 1787 dans les hussards de Berchiny (1er régiment), et devint brigadier le 8 mai 1792. Le 6 novembre, à la bataille de Jemmapes, il s'empara de 2 pièces de canon et de 4 caissons. Maréchal-des-logis le 5 avril 1793, il continua à servir à l'armée du Nord. En l'an II et en l'an III, il fit la guerre à l'armée des Alpes et à celles des Pyrénées-Orientales, et de l'an IV à l'an VII à celle d'Italie. Il se distingua, le 29 fructidor an IV, à la bataille de Saint-George : à la tête de 5 hussards, il fit mettre bas les armes à 800 hommes d'infanterie et à 130 hulans. Le Directoire le promut au grade de sous-lieutenant le 1er floréal an V. Le 5 germinal an VII, il reçut un coup de feu au bras droit, en chargeant la cavalerie ennemie, et, malgré sa blessure, il ne voulut quitter le champ de bataille qu'après la fin du combat. Passé en l'an VIII à l'armée de réserve, il faisait partie en l'an IX de celle de Grisons. Le 26 frimaire an XII, le premier Consul le nomma membre de la Légion-d'Honneur, tandis qu'il était à l'armée des côtes de l'Océan, où il servit encore pendant le cours de l'année suivante. Il fit la campagne de l'an XIV à la grande armée, et mourut par suite des blessures qu'il avait reçues au combat d'Elchingen, le 22 vendémiaire an XIV.

HALLE (JEAN-NOEL), naquit à Paris le 6 janvier 1754. Il prit ses premiers grades de médecine en 1776, et fut appelé, en l'an II, en qualité de professeur d'hygiène et de physique médicale à *l'École de santé*, qui avait remplacé l'ancienne Faculté. Un auditoire nombreux et choisi ne tarda pas à suivre ses leçons. Nommé, en l'an III, membre de la commission chargée du choix ou de la rédaction des livres élémentaires, il entra l'année suivante à l'Institut, section de médecine et de chirurgie. Le premier Consul l'attacha à sa personne avec le titre de premier médecin ordinaire, le créa membre de la Légion-d'Honneur le 26 frimaire an XII, et lui donna ensuite la chaire de professeur au Collège de France, en remplacement de Corvisart. En 1812, il rédigea avec Berthollet et Percy un Mémoire important sur les effets de la vaccination et les obstacles que rencontrait sa pratique. En 1814, *Monsieur*, depuis Charles X, le nomma son premier médecin, et Louis XVIII lui accorda le cordon de Saint-Michel. Lorsque ce souverain créa l'Académie royale de médecine, le 20 décembre 1820, Hallé en fut nommé membre titulaire, et devint président de la section de médecine. Il a composé sur les sciences médicales des ouvrages estimés. Le 3 février 1822, il se soumit à l'opération de la pierre et mourut de ses suites, à Paris, le 11 du même mois. TH.

HATTIÉ (JEAN-JACOB), ET NON **HATTY**, né le 6 juin 1771 à Gevenheim (Haut-Rhin), s'engagea dans le 1er régiment de hussards et fit les campagnes de 1792 et 1793 à l'armée du Nord. Brigadier le 5 mars 1793, il fut blessé d'un coup de sabre à l'épaule droite, à la bataille de Nerwinde, le 17 du même mois, et nommé maréchal-des-logis le 5 mai suivant. Passé à l'armée des Alpes, en l'an II, puis à celle des Pyrénées-Orientales, en l'an III, il servit aux armées d'Italie, de réserve et des Grisons, de l'an IV à l'an IX. Sous-lieutenant le 13 brumaire an IV, il se trouva aux combats de Lonado et de Castiglione, et à la reprise de Salo au mois de thermidor. Le 18 fructidor, au combat de Roveredo, il exécuta plusieurs charges à la tête de son peloton contre un ennemi bien supérieur en nombre, et chaque fois il tua de sa main plusieurs ennemis et ramena des prisonniers. Rentré en France après la paix, il fut employé en l'an XII et en l'an XIII dans les cantonnemens de la 13e division militaire, à Pontivy, à Lorient, à Quimper, etc. Devenu lieutenant le 21 frimaire an XII, et membre de la Légion-d'Honneur le 26 du même mois, il fit les campagnes d'Autriche, de Prusse et de Pologne, de l'an XIV à 1807, avec la grande armée. Il se distingua, le 18 vendémiaire an XIV, à l'attaque des positions de Grumberg, et le lendemain au combat d'Albeck. Le 3 novembre 1806, il prit une part glorieuse au combat de Wismar, dans le Mecklembourg, et fut nommé capitaine le 12 mars 1807. Passé en Espagne, il fit dans la péninsule et en Portugal les campagnes de 1808, 1809, 1810 et 1811. Le 5 avril 1810, dans une reconnaissance sur Montijo, à la tête de 100 hommes du 1er régiment de hussards, il surprit un poste de cavalerie espagnole et tua de sa main un des cavaliers. Un bataillon d'infanterie, qui se trouvait dans le cimetière de Montijo, engagea aussitôt une vive fusillade contre les Français. Après une heure de combat, le capitaine Hattié se décida à rentrer à Valverde, d'où il était parti la veille à minuit, ramenant avec lui les prisonniers qu'il avait faits et les chevaux dont il s'était emparé, et n'ayant eu que quelques blessés. Il se trouva, le 21 du même mois, au combat de la Roca, à l'affaire de Xérès, le 5 juillet suivant, et prit part aux divers engagemens qui eurent lieu jusqu'au 29 août 1811, époque de son admission à la retraite. Il est mort à Ferrette (Haut-Rhin), le 12 janvier 1836.

HAUTERIVE (ALEXANDRE-MAURICE, BLANC DE LANAUTTE, comte d') naquit à Aspres-les-Corps (Hautes-Alpes), le 14 avril 1754. Il fit d'excellentes études dans un collège de l'Oratoire et en sortit en 1783. Le rang distingué qu'occupait sa famille en Dauphiné lui permit de se lier avec le célèbre abbé Barthélemy, qui le présenta au comte de Choiseul-Gouffier, ambassadeur à Constantinople. Le jeune d'Hauterive plut singulièrement à ce diplomate, qui l'attacha à son ambassade. En 1785, son protecteur l'envoya de Constantinople à Jassy, où il fut chargé, en qualité de secrétaire du hospodar, de défendre les intérêts du commerce français; les agences consulaires du roi n'avaient pas alors d'autre titre dans les deux principautés de Valachie et de Moldavie. En 1787, il reçut l'autorisation de rentrer en France; mais les premiers orages de la Révolution le déterminèrent, en 1792, à solliciter de l'emploi. Il obtint un consulat aux États-Unis; mais sa conduite, qui n'était pas en harmonie avec les principes du gouvernement républicain, le fit destituer en 1793.

D'Hauterive ne revit la France qu'après le 18 fructidor, par la protection de Talleyrand-Périgord, qui le fit placer, en l'an VII, au ministère des relations extérieures, en qualité de chef de division. L'année suivante, il publia un livre intitulé : De l'état de la France à la fin de l'an VIII. Cet ouvrage remarquable lui valut le titre de conseiller d'État. En l'an X, il signa comme ministre plénipotentiaire le traité avec le Wurtemberg. Créé membre de la Légion-d'Honneur le 26 frimaire an XII, d'Hauterive eut l'intérim des affaires étrangères pendant un voyage du ministre Talleyrand en Allemagne. En 1806, le département des Hautes-Alpes le proposa pour le Sénat conservateur; mais il ne fut point nommé, malgré l'approbation donnée à ce vœu par l'Empereur. Il reçut en dédommagement le titre de membre du conseil du sceau, la présidence de la Société des donataires de Westphalie et la garde des archives des affaires étrangères. Il fit au conseil d'État plusieurs rapports sur les tontines, les compagnies d'assurance et les hospices, et s'occupa aussi des priviléges des ambassadeurs. Sa présence aux archives fut signalée par l'ordre plus régulier qu'il y établit, et par le grand nombre de Mémoires dont il accompagna les communications que lui demandaient les chefs de division. En 1809, d'Hauterive fut chargé par le conseil d'État des projets de décrets sur les associations contre la grêle et la mortalité des bestiaux; et il conclut, d'après des exemples tirés de la législation des États-Unis, que ces associations pouvaient être autorisées. Indépendamment de ces travaux, il dirigeait la plus grande partie de la correspondance du ministère. Satisfait de ses services, Napoléon le créa comte de l'Empire. Vers le milieu de 1810, le roi de Hollande ayant abdiqué en faveur de son fils, d'Hauterive fut envoyé dans ce pays pour y recueillir les archives et les transporter à Paris. En 1812, le département des relations extérieures jugea à propos de faire traduire les *Voyages en Russie, en Tartarie et en Turquie*, d'Édouard-Daniel Clarke; d'Hauterive s'associa à cette traduction pour la partie scientifique. La même année, il publia un Mémoire sur les principes et les lois de la neutralité maritime.

Le 6 avril 1813, l'Empereur le nomma officier de la Légion-d'Honneur, et le chargea, vers la fin de cette année, de conférer avec la commission du Corps législatif. Au commencement de 1814, Napoléon donna l'ordre à Caulaincourt, ministre des affaires étrangères, de se rendre aux conférences entamées à Manheim, et voulut que le portefeuille de ce ministre restât entre les mains du comte d'Hauterive.

Lorsque l'invasion étrangère menaça Paris, d'Hauterive fit extraire du dépôt des archives, et cacher dans les Catacombes, une vingtaine de caisses contenant les papiers les plus importans. Il avait montré aux employés une lettre chiffrée, datée de Châtillon, qui lui prescrivait de soustraire ces documens précieux; mais cette lettre avait été faite dans le cabinet du comte lui-même, par un de ses secrétaires, et elle devait rester comme la pièce qui, en cas d'invasion violente, et de tentatives de spoliation, expliquerait l'absence des pièces qu'on aurait pu demander. Dans ces circonstances difficiles, il ne mit pas de bornes à son zèle et au désir de se rendre utile; il traitait diverses affaires à Paris, par l'ordre de l'Empereur, et entretenait une correspondance secrète avec Caulaincourt.

Après la chute du gouvernement impérial, d'Hauterive conserva toutes ses fonctions, et Louis XVIII s'exprima dans les termes les plus honorables sur la conduite du chef des archives étrangères. En mars 1815, il rendit aux Bourbons le même service qu'il avait rendu à l'Empereur, et réussit à soustraire une partie des archives en les ensevelissant de nouveau dans les souterrains de la capitale. Maintenu d'abord au conseil d'État, il en fut exclu peu de jours après pour avoir refusé de signer la fameuse déclaration de ce corps, le 25 mars 1815; il rédigea même une protestation qu'il montra à Caulaincourt, et se retira des affaires.

Il recouvra ses emplois au second retour du roi, qui l'attacha, en qualité de conseiller d'État, au comité de l'intérieur et du commerce. Louis XVIII avait vu plusieurs fois le chef des archives au conseil d'État, et il lui avait souvent adressé la parole d'une manière obligeante, mais toujours en public. Bientôt des relations plus directes s'établirent entre le souverain et le comte; et le duc de Richelieu étant parti pour Aix-la-Chapelle, où s'ouvraient de nouvelles négociations, d'Hauterive se vit chargé du portefeuille. En 1819, il fut élu membre de l'Académie des inscriptions et belles-lettres; mais, par l'effet d'un malentendu, il donna plus tard sa démission. Le 17 octobre 1820, le roi le nomma commandant de la Légion-d'Honneur. En 1825, on lui confia de nouveau le portefeuille des affaires étrangères pendant les cérémonies du sacre. Il a publié différens ouvrages, dont le plus important est, sans contredit, celui qui a pour titre : *Considérations sur la théorie de l'impôt et des dettes*.

Le comte d'Hauterive mourut le 28 juillet 1830. Les terribles événemens dont Paris était le théâtre empêchèrent que ses funérailles eussent lieu publiquement; il fut inhumé dans le jardin même de son hôtel. Sa famille et ses amis ne purent lui rendre les derniers devoirs que le 2 août suivant.

HENRY (JEAN-PIERRE) naquit à Saint-Laurent (Meuse), le 1er octobre 1757. Dragon au 1er régiment le 11 octobre 1778, il devint brigadier le 30 juillet 1784, maréchal-des-logis le 14 septembre 1785, maréchal-des-logis-chef le 1er janvier 1790, sous-lieutenant le 25 janvier 1792, et lieutenant le 24 mai 1793. Il fit les campagnes de 1792 et 1793, et tomba au pouvoir de l'ennemi, à Bielcastel, le 27 brumaire an II. Bientôt rendu sur parole, il continua de servir pendant les guerres de l'an II à l'an VII, et fut blessé à la bataille d'Altenkirchen, le 29 germinal an V, d'un coup de feu à la joue gauche. Henry obtint le grade de capitaine le 14 thermidor suivant, et reçut un coup de feu à l'épaule, devant Zurich, le 27 prairial an VII. Le 3e jour complémentaire an IX, il passa en qualité de capitaine-adjudant-major dans la légion de gendarmerie d'élite. Chef d'escadron le 2 pluviose an X, membre de la Légion-d'Honneur le 26 frimaire an XII, et officier de cet Ordre le 25 prairial suivant, il fit la campagne de Prusse de 1806, ainsi que celles de 1807 et 1808 en Espagne, et obtint le 30 mai 1808 le brevet de major-colonel. Rentré en France en 1809, il fut promu, le 15 février 1810, colonel de la garde, puis général de brigade le 6 mai 1812, et commandant de la Légion-d'Honneur le 25 décembre de la même année. Il servit en Allemagne et en France en 1813 et 1814, et fut mis à la retraite le 25 juillet 1815. Il se retira à Verdun (Meuse), où il mourut le 22 février 1835.
B-S.

HERMANN (DAVID), naquit le 27 mai 1771 à Eschêne (Haut-Rhin). Volontaire le 16 août 1792 dans le 6e bataillon du Bas-Rhin, amalgamé dans la 152e demi-brigade de bataille, laquelle fut incorporée en l'an IV dans la 75e de ligne, devenue à l'organisation de l'an XII 75e régiment d'infanterie de ligne, il fit avec ces différens corps les campagnes de 1792 au commencement de l'an VI aux armées du Rhin et d'Italie, fut nommé caporal le 1er avril 1793, et le 21 du même mois, à l'île Saint-Pierre, près de Mayence, il reçut un coup de feu à la jambe gauche. Le 16 juillet suivant, à l'affaire d'Estingheim, il eut un autre coup de feu à la tête. Sergent le 20 nivose an II, il se trouva, le 22 floréal an IV, à la prise de Pizzighitone, et pendant les mois de brumaire et de nivose an V, au combat de Caldiero et aux batailles d'Arcole et de Rivoli. Passé à l'armée d'Orient au mois de germinal an VI, il fit les guerres de l'an VI à l'an IX en Égypte et en Syrie, et prit part à l'enlèvement du fort d'El-Arich, à la bataille d'Aboukir le 7 thermidor an VII, à la prise du Caire le 5 floréal an VIII, au combat du 18 ventose an IX, lors du débarquement des Anglais à Aboukir, et à l'affaire du 17 thermidor suivant. De retour en France, il fit partie des troupes rassemblées au camp de Saint-Omer en l'an XII et en l'an XIII. Sous-lieutenant le 1er frimaire an XII, il fut créé membre de la Légion-d'Honneur le 26 du même mois, et fit ensuite avec le 4e corps de la grande armée les campagnes de l'an XIV, de 1806 et 1807 en Autriche, en Prusse et en Pologne. Il donna de nouvelles preuves de son intrépidité, le 17 vendémiaire an XIV, au combat d'Aicha, puis à la prise de Memmingen le 22 du même mois, à la bataille d'Austerlitz le 11 frimaire suivant, et à la prise de Lubeck les 5 et 6 novembre 1806. Le grade de lieutenant lui fut conféré le 28 du même mois. Il combattit encore à Bergfried et à Eylau les 3 et 7 février 1807, et passa en 1808 à l'armée d'Espagne, où il fit la guerre jusqu'au milieu de l'année 1813. Il fut blessé d'un coup de feu à la tête, le 28 juillet 1809, à la bataille de Talavera de la Reina, se trouva à celle d'Almonacid, le 11 août suivant, et fut promu capitaine le 11 juillet 1810. Envoyé à l'armée d'Allemagne au mois de juin 1813, il reçut une forte contusion à la jambe gauche, le 26 août, devant Dresde, et fut fait prisonnier dans cette place le 11 novembre suivant. Rentré en France à la paix, il obtint sa retraite le 12 juin 1814. Le roi l'a nommé officier de la Légion-d'Honneur le 28 novembre 1831. Il réside en ce moment à Sainte-Marie-aux-Mines (Haut-Rhin).
B-G.

HEURPÉ (JEAN), né le 24 février 1767 à Tours-sur-Marne (Marne), entra le 29 nivose an III à la 25e demi-brigade d'infanterie légère, devenue 25e régiment en l'an XII, fit toutes les campagnes jusqu'en l'an IX, fut congédié en l'an XI, reçut la décoration de la Légion-d'Honneur le 26 frimaire an XII, et mourut dans le lieu de sa naissance, où il jouissait de sa retraite, le 22 août 1835.

HIBON (JEAN-BAPTISTE), né le 10 juillet 1764 à Ruisseauville (Pas-de-Calais), s'engagea le 19 janvier 1786 dans le régiment de chasseurs à cheval de Champagne, qui prit en 1791 le n° 12 de l'arme, fut nommé brigadier le 1er juillet 1793, maréchal-des-logis le 16 prairial an II, et fit toutes les campagnes de la Révolution aux armées du Nord, de Sambre-et-Meuse, de Mayence, d'Helvétie, du Danube, du Rhin et des Grisons. A l'affaire de l'Enguedine, il fut démonté et cerné par 4 grenadiers autrichiens qui s'emparèrent de lui. Les culbuter, en tuer 3, et faire prisonnier le quatrième, fut pour Hibon l'affaire d'un instant; il remonta à cheval et chargea de nouveau avec un peloton qui fit 300 prisonniers. Passé dans la gendarmerie, compagnie de la Haute-Saône, le 1er nivose an XI, il fut nommé membre de la Légion-d'Honneur le 26 frimaire de l'année suivante, et mourut le 22 juillet 1806. Y.

HOUDON (JEAN-ANTOINE), naquit à Versailles (Seine-et-Oise), le 20 mars 1741. Élève de Pigale, il était à peine âgé de dix-neuf ans, lorsqu'il remporta le grand prix de sculpture, et alla se fixer à Rome. Il passa dix années dans la cité des arts, exécuta plusieurs morceaux remarquables, et l'on cite encore comme un des plus beaux monumens de Rome une statue colossale de saint Bruno, placée dans l'église des Chartreux. C'est de cette belle figure que le pape Clément XIV disait : *Elle parlerait, si la règle de son ordre ne lui prescrivait le silence.*

De retour en France, il présenta un Morphée à l'Académie de sculpture. En 1771, il exposa au Salon un buste de Diderot, et en 1773, les bustes de Catherine II et du prince Galitzin. Il livra ensuite au jugement du public son modèle de *l'Écorché*, qui aurait, seul, suffi à sa gloire. C'est lui que les États-Unis d'Amérique choisirent pour exécuter la statue de Washington. Conduit à Philadelphie par Franklin, et logé chez Washington, il rapporta en France le buste du président-libérateur, qui servit à l'exécution de la statue en marbre placée dans la salle d'assemblée de l'État de Virginie. Reçu membre et professeur à l'Académie royale de peinture et de sculpture en 1778, il apprit le 4 juillet la mort de J.-J. Rousseau, et se rendit en toute hâte à Ermenonville, pour y mouler sur nature le masque du célèbre Genevois. L'année suivante, il exécuta la belle statue de Voltaire, qu'il avait modelée à Ferney, et qui orne le vestibule du Théâtre-Français.

Pendant les jours de la terreur, Houdon, étranger au bouleversement qui s'opérait autour de lui, s'occupait, dans son atelier, à réparer une vieille statue de sainte. Dénoncé à la tribune de la Convention, il courait les plus grands dangers; sa femme va trouver le conventionnel Barère, lui raconte le fait et implore sa protection. Barère réfléchit quelques instans, et lui dit : *Faites tracer quelques lignes des* droits de l'homme *sur le livre que tient votre sainte maudite; qu'on change sa coiffure en un bonnet* républicain, *et je réponds de tout.* Le lendemain, il monte à la tribune, et tonnant contre le dénonciateur, il sauve un de nos plus habiles sculpteurs. Houdon connaissait son accusateur, il ne le nomma jamais.

Dès la création de l'Institut, il fut élu membre de la 3e classe, et professeur des écoles spéciales de peinture et de sculpture. Il devint membre de la Légion-d'Honneur le 26 frimaire an XII. La brillante période que traversa Houdon fournit à son ciseau une foule de personnages célèbres: Buffon, d'Alembert, Gerbier, Mirabeau, Gluck, l'abbé Barthélemy, Franklin, l'empereur Alexandre, Ney, etc.; et il vécut dans l'intimité de ces modèles divers.

On remarqua, à l'exposition de 1808, les bustes de Napoléon et de Joséphine; et, en 1812, la statue du général Joubert et le buste de Boissy-d'Anglas. Napoléon avait accordé de nombreuses séances à notre sculpteur. Sa franchise, son esprit, la simplicité de ses manières, plurent à l'Empereur, et il lui dit un jour : *J'ai pour vous beaucoup d'estime, et je fais un grand cas de votre talent, monsieur Houdon: je veux faire quelque chose qui vous soit aussi agréable que ce que vous faites pour moi : demandez-moi donc, pour vous et votre famille, ce que vous voudrez.* — *Eh bien! Sire, l'épée de mon Tourville est brisée, faites-moi la grace d'ordonner qu'on la raccommode.* — *Voilà bien l'artiste!* répartit Napoléon en lui serrant la main.

En 1815, le roi de Prusse et M. de Humboldt visitèrent son atelier. Ce souverain acheta *la Frileuse*, un des chefs-d'œuvre de l'artiste. En 1816, une ordonnance royale le maintint à l'Académie des beaux-arts; la même année, il fut un des douze artistes chargés d'exécuter une des statues qui ont décoré le pont Louis XVI, et qui sont aujourd'hui à Versailles; mais son âge, déjà très avancé, l'empêcha de se livrer à ce travail. Il est mort le 15 juillet 1828. TH.

HUBER (PIERRE-FRANÇOIS-ANTOINE, *baron*), naquit le 20 décembre 1775 à Saint-Vendel (ancien département de la Sarre). Enrôlé volontaire dans le 1er régiment de chasseurs à cheval le 13 août 1793, il fit les campagnes de 1793, ans II, III, IV et V à l'armée de Sambre-et-Meuse. Brigadier le 5 thermidor an II, il se fit remarquer, le 27 fructidor an III, au combat d'Anelshorn, se trouva, le 16 prairial an IV, à la bataille d'Altenkirchen, et fut blessé d'un coup de sabre à la figure, le 29 thermidor suivant, à l'affaire de Bamberg. Il combattit à Liptingen, le 5 germinal an V, et devint brigadier-fourrier le 30 prairial de la même année. Passé à l'armée du Rhin, il y fit les guerres de l'an VI à l'an IX inclusivement, fut nommé maréchal-des-logis le 1er vendémiaire an VI, et obtint le grade de maréchal-des-logis-chef le 23 floréal suivant. Il se trouva au passage du Rhin le 5 floréal an VIII, devint adjudant-sous-officier le 12 prairial suivant, et se signala au combat d'Ober-Batzheim le 16 du même mois. Le général en chef le mit à l'ordre du jour de l'armée pour sa conduite à Hohenlinden, le 12 frimaire an IX. Il se fit encore remarquer le 28 du même mois au combat de Lambach, où il fut atteint d'un coup de feu au pied droit. A Schwanstadt, l'ennemi, pour retarder la marche de l'armée française, avait mis le feu à un pont sur le Voogt; aussitôt qu'il s'en aperçoit, Huber, accompagné par l'autre adjudant, se précipite dans l'eau et parvient, malgré une grêle de balles et de mitraille, à éteindre le feu et à conserver ce passage. Rentré en

France après la paix, il tint garnison à Verdun pendant les ans x et xi, fut promu sous-lieutenant provisoire le 2 messidor an x, et confirmé dans ce grade le 9 nivose an xi. Employé au camp de Bruges pendant les ans xii et xiii, il fut créé membre de la Légion-d'Honneur le 26 frimaire an xii, et fit les campagnes d'Autriche, de Prusse et de Pologne, de l'an xiv à 1807, avec la division de cavalerie du 3e corps de la grande armée. Il se distingua au combat de Lambach et au passage de la Traun, le 10 brumaire an xiv, et au combat de Marienzelt le 17 du même mois. Il combattit, le 10 frimaire suivant, à l'affaire de Haag, où il reçut un coup de feu. Il était à Austerlitz, où, malgré la blessure qu'il avait reçue la veille, il fit des prodiges de valeur. Lieutenant au choix du corps le 10 juillet 1806, et confirmé dans ce grade par décret impérial du 31 juillet suivant, il devint adjudant-major le 3 décembre de la même année. Au combat de Czarnowo, le 23 de ce dernier mois, il fut grièvement atteint par un coup de biscaïen à la tête. Capitaine le 8 mars 1807, à la suite de la bataille d'Eylau, il passa au 22e régiment de chasseurs à cheval le 1er juillet 1809, et fut employé à l'armée du Nord. Il fit les campagnes de 1810 et 1811 en Espagne et en Portugal, où il mérita le grade de chef d'escadron, qui lui fut conféré le 18 juillet 1811. Aide-de-camp du général de division Montbrun le 23 mars 1812, il prit part à l'expédition de Russie, et fut blessé d'un coup de biscaïen à l'omoplate gauche, le 25 juillet 1812, au combat d'Ostrowno. Promu colonel du 1er régiment de chasseurs à cheval le 11 mars 1813, il fit la guerre d'Allemagne à la grande armée. Officier de la Légion-d'Honneur le 13 septembre 1813, et créé baron de l'Empire vers cette époque, il mérita par sa brillante conduite pendant la campagne de France la décoration de commandant du même Ordre le 25 février 1814, et le grade de général de brigade le 15 mars suivant. Employé au 1er corps de cavalerie de la grande armée, il continua de combattre jusqu'à l'abdication de l'Empereur. Mis en non-activité le 1er septembre suivant, il fut nommé chevalier de Saint-Louis le 27 du même mois, et adjoint à l'inspection de cavalerie de la 1re division militaire au mois de décembre. Après le retour de Napoléon de l'île d'Elbe, un décret impérial du 30 mai 1815 confia au baron Huber le commandement de la 1re brigade de cavalerie du 2e corps de l'armée du Nord, avec laquelle il fit la campagne des Cent-Jours. Rentré dans sa position de non-activité le 1er septembre suivant, il fut employé à l'inspection de cavalerie dans la 14e division militaire le 19 octobre 1816, et exerça les mêmes fonctions dans la 12e le 27 avril 1817. Compris dans le cadre d'activité de l'état-major général de l'armée le 30 décembre 1818, il fut nommé inspecteur-général de cavalerie dans la 3e division militaire le 16 juin 1819, et dans la 16e le 21 avril 1820. Appelé au commandement de la 1re brigade de la 8e division au 3e corps de l'armée des Pyrénées le 12 février 1823, il fut nommé grand-officier de la Légion-d'Honneur le 13 juillet, obtint le grade de lieutenant-général le 8 août, et reçut la plaque de 4e classe de l'ordre de Saint-Ferdinand d'Espagne le 23 novembre de la même année. Rentré en France à la fin de la campagne, et mis en disponibilité le 5 janvier 1824, il fut admis à la retraite le 17 décembre 1826. Après la révolution de 1830, il fut relevé de sa position de retraite, et placé dans le cadre de réserve de l'état-major général le 7 février 1831. Il est mort le 25 avril 1832. Son nom est inscrit sur l'arc-de-triomphe de l'Étoile, côté Ouest.   B-G.

HULLOT (ADRIEN-JACQUES-FRANÇOIS-JOSEPH), né à Cambrai (Nord), entra dans le 5e régiment de dragons le 8 janvier 1780. De retour du camp de Rennes le 20 novembre 1789, où son corps avait été envoyé pour apaiser les troubles qui s'étaient manifestés dans cette province, il fut nommé brigadier. Maréchal-des-logis et maréchal-des-logis-chef les 2 avril et 6 septembre 1792, sous-lieutenant le 1er mai 1793, il fit les guerres de 1792 et 1793 aux armées du Nord, en Champagne et en Belgique; se fit remarquer à l'armée de Sambre-et-Meuse, aux blocus de Luxembourg et de Mayence, en l'an ii et en l'an iii, et passa à l'armée d'Italie, avec laquelle il fit les campagnes des ans iv et v. Lieutenant le 17 nivose an v, il servit à l'armée d'Angleterre pendant l'an vi. L'année suivante, il contribua, avec son régiment, à soumettre l'insurrection belge et celle de la Vendée. Il faisait encore partie de l'armée de l'Ouest, lorsque, le 13 pluviose an viii, il reçut le brevet de capitaine. Chargé, en l'an ix, de s'emparer de la position de Stora (Tyrol), à la tête d'un détachement de 30 hommes, il fit 800 prisonniers et s'empara de 4 pièces de canon. Le 26 frimaire an xii, le premier Consul le nomma membre de la Légion-d'Honneur; il était alors à l'armée des côtes de l'Océan. Il fit les campagnes de l'an xiv, de 1806 et 1807 en Prusse et en Pologne, celles de 1808 et 1809 en Espagne et en Portugal, et fut admis à la retraite le 8 février 1810. Il est mort dans sa ville natale le 26 janvier 1823.   B-S.

JACOT. *Voyez* JAQUOT.

JACQUEMIN (JEAN-NICOLAS), naquit le 8 septembre 1775 à Pierrefitte (Meuse). Cavalier dans le 2e régiment de carabiniers le 21 août 1792, il servit de 1792 à l'an iii aux armées du centre, de la Moselle et du Nord. Passé à l'armée de Rhin-et-Moselle au commencement de l'an iv, il fut nommé brigadier et fourrier les 29 pluviose et 11 messidor de cette année. Il suivit son régiment aux armées d'Allemagne, de Mayence, d'Angleterre et du Danube de l'an v à l'an vii, et devint maréchal-des-logis le 10 prairial an vii, maréchal-des-logis-chef le 1er fructidor suivant, adjudant-sous-officier et sous-lieutenant les 26 vendémiaire et 19 floréal an viii. Au passage du Danube, le 30 prairial même année, il se distingua dans plusieurs engagemens contre la cavalerie autrichienne. Ayant eu son cheval tué dans une de ces attaques, il en monte un qui venait d'être pris, rejoint son escadron, fait un grand nombre de prisonniers et contribue au succès d'une charge qui culbute complétement l'ennemi. Il fit encore à l'armée du Rhin les campagnes des ans IX et X, fut nommé membre de la Légion-d'Honneur le 26 frimaire an XII, et lieutenant au choix du gouvernement le 1er nivose suivant. Employé à la grande armée en l'an XIV, en 1806 et 1807, il obtint le 8 mai de cette dernière année le grade de capitaine. Passé à l'armée d'Allemagne vers la fin de 1808, il fut tué à la bataille de Wagram, dans une charge contre la cavalerie ennemie. B-S.

JACQUET. *Voyez* JAQUOT.

JACQUIN (JEAN-FRANÇOIS-REGIS), né le 15 août 1773 à Pontarlier (Doubs), entra le 3 mars 1793 dans le 6e bataillon du Doubs, embrigadé le 24 thermidor an II dans la 18e demi-brigade *bis* d'infanterie légère, qui fut versée, le 1er germinal an V, dans la 23e demi-brigade, devenue 23e régiment de même arme le 1er vendémiaire an XII. Il fit les campagnes de 1793 au commencement de l'an VII à l'armée des Alpes et à celle d'Italie, passa en Corse, où il servit pendant les ans VII, VIII et IX, fut nommé caporal le 3 germinal an IV, et sergent le 11 floréal an IX. Membre de la Légion-d'Honneur le 26 frimaire an XII, il fit les guerres de l'an XIV à 1808 à l'armée d'Italie. Il se trouvait, le 5 juillet 1806, à la bataille de Sainte-Euphémie, où le 23e arrêta l'ennemi et protégea la retraite (*voyez* ABBÉ), et à la prise de la ville de Scylla le 7 février 1808. Passé comme simple soldat dans les chasseurs à pied de la garde impériale le 10 février 1809, il prit part aux mémorables journées d'Essling et de Wagram. Il fit les campagnes de 1810 et 1811 en Espagne, et celle de 1812 en Russie. Nommé caporal le 24 janvier 1813, il fut fait sergent dans la vieille garde le 1er mai suivant, et passa comme lieutenant dans le 3e régiment de voltigeurs de la jeune garde le 23 décembre de la même année. Mis en demi-solde le 18 septembre 1814, il fut rappelé au service actif après le retour de l'Empereur en France, et de nouveau replacé en non-activité après la catastrophe de Mont-Saint-Jean. Admis à la retraite en 1815, il se retira à Auxon (Doubs), où il est mort le 13 juillet 1843. B-G.

JAQUOT ou **JACOT**, ET NON **JACQUET** (CLAUDE-ÉTIENNE), naquit à Colonne (Jura), le 8 février 1756. Soldat au régiment d'Enghien, 93e d'infanterie, le 2 décembre 1775, il fit en Amérique les guerres de 1779 à 1783. Caporal le 1er janvier 1784, sergent le 9 juillet 1787, lieutenant le 20 octobre 1792, il fit les campagnes de 1792 et 1793. Le 23 août de cette dernière année, il reçut, à l'affaire de Pritz-Aber, un coup de feu à l'épaule gauche. Sa conduite dans les guerres de l'an II à l'an V lui mérita, le 1er pluviose an VI, le grade de capitaine dans la 21e demi-brigade de ligne. Le 1er messidor an VII, à la bataille de la Trebia, il reçut une balle au genou droit. Chargé, le 30 brumaire an VIII, de défendre avec 125 hommes plusieurs postes importans près de Capriata (Piémont), il tint l'ennemi en échec jusqu'à l'arrivée des renforts qu'il attendait. C'est pour ce beau fait d'armes qu'il reçut, le 26 frimaire an XII, la décoration de la Légion-d'Honneur. Admis à la retraite le 30 mai 1806, il se retira à Bouchain (Nord), où il est mort le 30 janvier 1821. Cet officier avait demandé la rectification de son nom en celui de *Jacot ;* mais les pièces jointes à sa demande n'étant pas établies d'une manière légale, on a laissé subsister sur les contrôles le nom de *Jaquot*. B-S.

JARRY (ALEXANDRE-JULIEN), naquit le 12 juin 1760 à Laval (Mayenne). Embarqué sur un bâtiment de l'État, il fit la campagne de 1779 en qualité d'officier de santé. Revenu en France, il entra comme volontaire dans le régiment de Navarre-infanterie, devenu 5e le 25 juillet 1780, et acheta son congé le 14 septembre 1784. En 1791, il se ressouvint qu'il avait été soldat, et accourut prendre sa place dans les rangs des défenseurs du pays. Nommé lieutenant le 6 septembre dans le 1er bataillon des volontaires de la Mayenne, il fit toutes les campagnes depuis 1792 jusqu'à l'an VIII, et fut nommé le 28 vendémiaire an IV capitaine à la 73e demi-brigade, incorporée dans le 23e régiment d'infanterie de ligne à l'organisation de l'an XII. Le 23 frimaire an VIII, à l'affaire de Nervi, en Ligurie, suivi seulement de quelques braves, il se précipita dans les rangs des chasseurs autrichiens d'Aspre, prit un major et fit mettre bas les armes à 14 officiers et 600 soldats. Cette action d'éclat lui valut un sabre d'honneur. Lors de l'institution de la Légion-d'Honneur, il fut compris dans la promotion du 26 frimaire an XII comme membre de l'Ordre. Il prit sa retraite en l'an XIII, et fit partie du collége électoral de Laval. Il est mort à Laval (Mayenne), le 20 décembre 1834. B-G.

JOLLY (PHILIBERT), naquit le 1er avril 1764 à La Chapelle-de-Guinchez (Saône-et-Loire). Volontaire le 1er avril 1793 dans le 1er bataillon de chasseurs de Reims, qui devint successivement 13e et 25e demi-brigades légères, et enfin 25e régiment d'infanterie légère, il fut nommé caporal le 6 nivose an III, sergent le 26 fructidor an VIII, et fit toutes les campagnes de 1793 à l'an IX aux armées de la Moselle, de Sambre-et-Meuse, de Mayence, du Danube, du Rhin et d'Italie. Au passage de la Lintz, le 3 vendémiaire an VIII, il délivra un de ses camarades, et fit à l'aide d'un sergent de son corps 15 prisonniers autrichiens. Le 9 du même mois, au combat du pont de Nollis, près Glaris, il s'élança sur le pont, tua 3 soldats russes, en jeta plusieurs dans la rivière, et empêcha l'ennemi de passer le pont. Nommé membre de la Légion-d'Honneur le 26 frimaire an XII, il obtint sa retraite le 1er ventose an XIII. Il est mort à Montmédy (Meuse), le 23 septembre 1832. Y.

JOMOT (JOSEPH-CLAUDE), naquit le 16 février 1770 à Pugey (Doubs). Arrivé au 1er régiment de dragons le 5 nivose an VI, à l'armée de Mayence, il fut nommé brigadier le 19 prairial an VII ; il passa dans les pelotons d'élite le 11 ventose an X, devint maréchal-des-logis le 4 pluviose an XI, et mourut à l'hôpital de Nantes le 5 brumaire an XII. Néanmoins, l'arrêté du 26 frimaire suivant le comprit dans le nombre des légionnaires. Y.

JOSANCY (PIERRE), naquit le 28 avril 1774 à Paulhaguet (Haute-Loire). Volontaire au 12e régiment de chasseurs à cheval le 9 avril 1793, il fit toutes les campagnes de 1793 à l'an IX aux armées du Nord, de Sambre-et-Meuse, de Mayence, d'Helvétie, du Danube et du Rhin, et obtint le grade de brigadier le 26 frimaire an VIII, pour avoir, à la tête d'un piquet de 25 hommes, à l'armée du Rhin, chargé audacieusement 425 fantassins et 8 hulans auxquels il fit mettre bas les armes. Il quitta le service actif le 15 ventose an XI, et obtint la décoration de la Légion-d'Honneur le 26 frimaire de l'année suivante. Depuis cette époque, on a cessé de recevoir des nouvelles de ce militaire et l'on ignore ce qu'il est devenu. Y.

JUILLET (JOSEPH), naquit le 25 mars 1773 à Lambert (Tarn). Réquisitionnaire en vertu de la loi du 24 août 1793, il fut incorporé dans le 70e régiment de ligne le 27 nivose an II, et passa dans la 129e demi-brigade vers le même temps, et dans la 32e en l'an IV. Après avoir fait les campagnes des ans II, III, IV et V en Italie, il suivit son corps en Orient, reçut deux coups de pierre à la tête à la tranchée de Saint-Jean-d'Acre, le 28 ventose, et, le 2 germinal an IX, rentra en France après la capitulation d'Alexandrie. Il servit au camp de Boulogne, où le premier Consul lui accorda la décoration de la Légion-d'Honneur le 26 frimaire an XII. Envoyé à la grande armée d'Autriche en l'an XIV, il tomba au pouvoir de l'ennemi, au combat de Lansdsberg, fut échangé à la paix, servit en Prusse pendant la campagne de 1806, entra en Pologne pendant la campagne de 1807, et mourut le 15 juin de la même année, d'un coup de feu qu'il avait reçu, le 14, à la bataille de Friedland. Y.

JUNG (NOEL), né le 25 décembre 1775 à Lechtroffen (Moselle), entra au 8e régiment de hussards le 22 février 1793, en qualité de trompette, et fit toutes les campagnes de la liberté aux armées du Nord, d'Helvétie et du Rhin. A l'affaire qui eut lieu près de Louvain, le 22 mars 1793, il fut blessé d'un coup de baïonnette à la cuisse droite. Pendant la campagne de l'an VIII en Helvétie, il reçut une trompette d'honneur pour laquelle il n'obtint pas néanmoins de brevet de confirmation; mais étant à l'armée des côtes de l'Océan, il reçut, le 26 frimaire an XII, celui de légionnaire. Il combattit encore à Austerlitz, à Eylau, à Friedland et à Wagram, durant les 4 campagnes d'Autriche, de Prusse, de Pologne et d'Allemagne, et obtint, le 1er juillet 1810, une solde de retraite. Il est mort à Hestroff (Moselle), le 26 mai 1834. Y.

JUNIAC (JACQUES BEGOUGNE, *baron* DE), né le 26 novembre 1762, à Limoges (Haute-Vienne), fut admis, le 12 mai 1779, dans la gendarmerie de la garde du roi. Rentré dans sa famille le 5 octobre 1783, il s'enrôla, dès le 2 juillet de l'année suivante, comme simple grenadier dans Boulonnais-infanterie, 79e régiment. Caporal le 12 avril 1785, sergent le 12 mai suivant, et sous-lieutenant le 22 mai 1792, il fit en cette dernière qualité les campagnes de 1792, 1793 et de l'an II à l'armée des Alpes. Le 3 juin 1793, étant au bourg de Saint-Maurice, il reçut l'ordre d'aller renforcer, avec 50 hommes, 2 compagnies de chasseurs. Arrivé à Villa-Roger, où elles étaient en position, il fut placé de grand'garde, par leur commandant, à une lieue de là pour défendre l'accès d'un pont de communication entre Villa-Roger et Sainte-Foix. A la pointe du jour, 3 compagnies de grenadiers ennemis attaquèrent vivement le poste français, et Juniac résolut de périr avec les siens plutôt que de céder sa position. Il soutint le feu de l'ennemi pendant cinquante heures, et resta maître du pont. Cependant, le général Cordon-Latour arrivait avec tout son corps d'armée sur les derrières de la petite troupe française, et bientôt, Juniac, enveloppé, se vit attaqué de tous les côtés à la fois : il fallait mettre bas les armes ou mourir glorieusement; il préféra le dernier parti et il sut inspirer à ses soldats le même dévoûment. Tous vendirent chèrement leur vie, lui-même mit hors de combat 11 grenadiers ennemis, et quand on vint le relever au milieu de ses soldats, tous tués ou blessés auprès de lui, il avait le corps traversé d'une balle et la tête déchirée de coups de sabre. Le général Latour, pénétré d'admiration pour tant de courage, l'entoura des égards les plus empressés et fit soigner ses blessures. Il fut échangé quatre mois après. Au mois de germinal an II, étant à l'armée d'Italie, il reçut l'ordre d'aller, avec sa compagnie, attaquer les avant-postes du mont Valaisan, près le petit Saint-Bernard. Après deux jours et deux nuits de marche, n'ayant pas rencontré l'ennemi, il se dirigea vers trois redoutes occupées par les Piémontais, et qui, par leur position, rendaient l'accès du petit Saint-Bernard très difficile. Il entra le premier dans la plus avancée des trois, et tua de sa main le capitaine commandant l'artillerie; en un instant les trois redoutes furent enlevées et 200 Piémontais, 8 canons ou obusiers tombèrent au pouvoir du vainqueur. Il faillit payer bien cher la rapidité de ce succès : 2 colonnes françaises, fortes de 4,000 hommes, arrivèrent, et ne sachant pas que les redoutes avaient été prises, elles commencèrent un feu terrible; heureusement elles reconnurent bientôt leur erreur. Les représentans Dumas et Albitte félicitèrent le brave Juniac, et pour le récompenser dignement, ils voulurent le faire chef de bataillon adjudant-général ; mais aussi modeste que brave, Juniac demanda pour toute faveur de passer dans la cavalerie, qui était l'arme dans laquelle il avait commencé à servir. Lieutenant dans les hussards des Alpes (13e régiment) le 5 brumaire an III, et capitaine le 12 pluviose suivant, il fit toutes les campagnes d'Italie, depuis l'an III jusqu'à l'an VIII, et, plus d'une fois, son nom fut glorieusement cité à l'ordre de l'armée. Dans les premiers jours du mois de thermidor an III, à la tête de 100 hussards, il attaque avec impétuosité l'infanterie ennemie qui se formait en bataille, près de l'Arche, dans la vallée de la Stura, la met dans la plus complète déroute, tue le commandant d'un coup de pistolet et fait 500 prisonniers. A la suite de ce brillant succès, appuyé par l'infanterie du général Lami, il s'empara de deux villages vigoureusement défendus par l'ennemi. Au passage du Pô, le 18 floréal an IV, Juniac mérita encore les éloges des chefs de l'armée, et fut blessé d'un coup de feu à la cuisse. Le 1er prairial de la même année, il fut incorporé dans le 1er régiment de hussards.

Le 6 ventose an V, dans une reconnaissance sur la Piave, en avant du village de Lovadina, il reçoit l'ordre de charger la cavalerie; il n'avait avec lui que 30 hussards; néanmoins il s'élance, sans la moindre hésitation, sur cette cavalerie très supérieure en nombre et soutenue par une pièce de canon tirant à mitraille, la culbute et la poursuit avec tant de vigueur jusqu'à la Piave, qu'elle n'a point le temps de passer le pont et s'y jette en désordre avec sa pièce. Juniac marche droit vers la tête du pont et franchit le retranchement sous un feu croisé; l'ennemi s'apercevant du petit nombre des assaillans, revient en force et les oblige à se replier sur 2 bataillons de la 27e demi-brigade d'infanterie légère, qui se trouvaient en position un peu en arrière. Soutenu alors par l'infanterie qui s'était avancée, le capitaine Juniac charge de nouveau l'ennemi, le met en déroute, s'empare de la tête du pont et fait mettre bas les armes à une compagnie de Croates qui la défendait. Dans ces deux charges, il tua de sa main 2 hussards de Wurmser; mais dangereusement blessé au bras droit par un coup de biscaïen, il dut quitter momentanément l'armée. En l'an VIII, il était à l'armée de réserve, et faisait partie de l'avant-garde du général Murat. Le 11 floréal, il chargea l'ennemi jusqu'au-delà de Milan, le débusqua de toutes ses positions, lui fit un grand nombre de prisonniers et lui tua beaucoup de monde. A l'attaque du pont de Plaisance, il enleva successivement 17 postes dans la même journée. A la bataille de Marengo, son escadron, qui formait l'avant-garde de la réserve, chargea vigoureusement la cavalerie ennemie et obtint sur elle des avantages importans. Le général Desaix lui témoigna plusieurs fois sa satisfaction dans cette journée; il voulait le signaler à la justice du premier Consul, lorsque la mort l'en empêcha.

En l'an IX, Juniac fut employé à l'armée des Grisons et fit partie de celle des côtes de Bretagne pendant les ans XI, XII et XIII. Le premier Consul le comprit dans la promotion des légionnaires du 26 frimaire an XII, et, le 29 fructidor an XIII, il lui conféra le grade de chef d'escadron au 1er régiment de hussards. Cet officier supérieur fit la campagne de l'an XIV en Autriche et celle de 1806 en Prusse. A Iéna, il tua un colonel prussien à la tête de son régiment et contribua puissamment au succès de cette mémorable journée. L'Empereur lui en témoigna sa satisfaction en le nommant, le 28 du même mois, colonel du régiment dans lequel il servait avec tant distinction. Le 5 janvier 1807, il soutint avec son seul régiment, au combat de Golymin, les attaques réitérées de la cavalerie russe et prit un étendard à l'ennemi. L'Empereur lui remit sur le champ de bataille même la croix d'officier de la Légion-d'Honneur. Le colonel Juniac fit la guerre en Espagne et en Portugal pendant les années 1808, 1809 et 1810. Il fut créé baron de l'Empire le 19 mars 1808, et nommé chevalier de la Couronne-de-Fer le 8 octobre de la même année. Le 14 juillet 1810, le roi de Bavière lui conféra la croix de Maximilien-Joseph. Pendant les dix-huit campagnes qu'il avait déjà faites, il avait reçu quatorze blessures, et sa santé était fort altérée. L'Empereur le nomma commandant d'armes le 20 août 1810, et l'admit à la retraite le 21 novembre de la même année. Nommé maréchal-de-camp honoraire après le retour des Bourbons, il devint chevalier de Saint-Louis en 1814, et mourut le 6 avril 1841.

B-G.

JUSSIEU (Antoine-Laurent, de), né à Lyon (Rhône), le 12 avril 1748, était neveu des trois de Jussieu, Antoine, Bernard et Joseph. Quand Antoine-Laurent vint à Paris, en 1765, pour étudier la médecine, Bernard partageait en France, avec Adanson, le sceptre de la botanique.

Insensiblement attiré par les entretiens du vieillard, le jeune homme oublia le but qu'il s'était proposé, et sa thèse pour le doctorat en médecine fut le premier gage d'abandon qu'il allait faire de cette science; cette thèse était intitulée : *An œconomiam animalem inter et vegetatem analogia?* elle fut soutenue en 1770.

A cette époque, la chaire de botanique était occupée par Lemonnier, premier médecin de Louis XV. Lemonnier, empêché par ses occupations, demandait un remplaçant : Bernard présenta son neveu : Buffon y consentit. Louis XV n'y mit point obstacle; il avait alors des entretiens de chaque jour avec Bernard de Jussieu pour la plantation du jardin de Trianon. L'habitude des suppléans remonte, comme on le voit, à un temps assez éloigné déjà.

En 1773, Laurent se présenta pour l'Académie des sciences. Sa première publication, celle *sur la familles des renoncules*, parut en 1778, dans l'intervalle de sa candidature à sa nomination. Son oncle était alors dans un état de cécité complète, et Laurent fut chargé de diriger à sa place la plantation du Jardin du Roi. Il profita de cette occasion pour mettre en pratique ses idées, sinon nouvelles, du moins restées jusqu'alors à l'état de théories, et qui ont illustré son nom. Il substitua la méthode naturelle à la méthode artificielle de Linnée. Ce n'était pas cependant une classification définitive; durant onze années, de 1775 à 1787, il ne cessa d'en modifier les détails. C'est en 1778 qu'il commença la publication de son *Genera plantarum secundum ordines naturales disposita.* Cet ouvrage eut un grand succès, surtout à l'étranger. Depuis longtemps, il est sans intérêt, parce que les travaux modernes l'ont laissé bien en arrière; sa classification a subi de nombreux changemens, et au lieu de cent familles, on en compte aujourd'hui plus de trois cents. Son mérite, au moment où il parut, n'en est pas moins constant, et il serait injuste de nier le service qu'il a rendu à la science.

Laurent de Jussieu devait aimer les Bourbons, sa famille avait été bien traitée par eux, lui-même avait été présenté à Louis XV. En 1790, il accepta un des départemens de la mairie de Paris, celui des hôpitaux, et, à la faveur de ce service public, il passa en paix les mauvais jours. En 1793, lors de la réorganisation du Jardin des Plantes, le nom de Jussieu fut placé sur la liste des professeurs à côté de celui de Daubenton. Chargé, à son tour, de l'administration, il y signala son passage par la création d'une bibliothèque des sciences naturelles. Il l'enrichit de tous les emprunts qu'il put faire aux établissemens ecclésiastiques confisqués par l'État. Plus tard, il reprit à l'Institut la place que la suppression des académies lui avait fait perdre ; et, lorsqu'en l'an VI, le vainqueur de l'Italie vint occuper le fauteuil de la présidence, Laurent en était le vice-président. Nommé, le 26 frimaire an XII, membre de la Légion-d'Honneur, il joignit à sa chaire de botanique celle de matière médicale à la Faculté ; et, en 1808, il sollicita et obtint, le 10 septembre, la place de conseiller à vie de l'Université impériale. Cependant, en 1815, son nom cessa de figurer dans le conseil chargé de l'enseignement public, et disparut même, sept ans après, de l'École de médecine ; les Bourbons, il paraît, ne l'avaient point oublié. Il est juste de dire que si cette mesure avait l'air d'une réaction politique, elle ne laissa aucun regret dans l'enseignement. Son âge et ses infirmités lui commandaient la retraite. Quatre ans plus tard, il se démit lui-même, en faveur de son fils, de sa chaire de botanique au Muséum, la seule qui lui restât. Il est mort le 17 septembre 1836. A. L.

KANTIN. *Voyez* QUENTIN.
KIST, DIT **MATHIS** (MATHIAS-JOSEPH), naquit le 24 février 1779 à Nanci (Meurthe). Réquisitionnaire dans la 66e demi-brigade le 3 nivose an VI, il fit les campagnes de l'an VI à l'an IX aux armées du Nord, de Sambre-et-Meuse, de Mayence, du Danube et du Rhin. Embarqué le 6 germinal an X sur la flotte destinée aux colonies occidentales, il se signala dans divers engagemens avec les insurgés de la Guadeloupe, et reçut, dans plusieurs affaires, un coup de feu au bras gauche, un autre au bras droit et un coup de sabre au menton ; dans un des plus sérieux engagemens, il enleva une redoute avec 7 soldats de sa compagnie et en sortit seul vivant. Ses nombreuses blessures l'obligèrent à réclamer sa retraite, qui lui fut accordée le 21 floréal an XI. Le premier Consul lui décerna la décoration de la Légion-d'Honneur le 26 frimaire an XII. Placé, au mois de juin 1806, dans la 1re compagnie de vétérans, à Juliers, le ministre l'autorisa, sur sa demande, le 30 mars 1817, à passer à l'hôtel des Invalides, où il se trouve encore aujourd'hui. Y.

LABOISSIÈRE (RENÉ-FRANÇOIS, **FILLEU** ET NON **FILLEUL**, DIT), naquit à Paris le 6 septembre 1748. Garde du corps dans la compagnie de Luxembourg le 18 avril 1772, il passa lieutenant dans le 71e régiment de ligne, le 15 septembre 1791, après le licenciement de la maison militaire de Louis XVI, devint capitaine le 1er mai 1792, et fit, à l'armée du Nord, les campagnes de 1792 et 1793. Entré par amalgame dans la 131e demi-brigade de ligne, il tomba au pouvoir de l'ennemi, à l'affaire de Mons, le 30 mars 1793, rentra par échange, le 17 germinal an IV, et fut alors incorporé dans la 1re demi-brigade de ligne. Il servit de l'an IV à l'an XII aux armées de Batavie, du Rhin, du Danube et d'Italie. Le 26 frimaire an XII, il reçut la décoration de la Légion-d'Honneur. Atteint dans les prisons de l'ennemi d'une surdité incurable, il fut mis à la retraite le 1er mars 1806, et mourut le 20 mai 1812. B-S.

LACOUR (FRANÇOIS), naquit le 10 mars 1776 à Saint-Donnat (Drôme). Volontaire au 2e bataillon de la Drôme le 12 octobre 1791, il fit successivement partie de la 118e demi-brigade de ligne le 1er brumaire an II, de la 32e le 25 ventose an IV, et combattit aux armées d'Italie et d'Orient pendant les neuf campagnes de la liberté. Le 1er messidor an II, il fut nommé caporal ; le 7 thermidor an VII, à la bataille d'Aboukir, il se battit long-temps contre 6 Turcs et reçut plusieurs coups de sabre. Le 22 floréal an IX, il obtint les galons de sergent de grenadiers, servit à l'armée des côtes de l'Océan, et fut nommé légionnaire le 26 frimaire an XII. Passé le 1er pluviose dans la gendarmerie à pied, il obtint sa retraite le 1er mars 1806, et se retira à Dommarie-Eulmont (Meurthe), où il réside encore aujourd'hui. Y.

LACROIX (PHILIPPE), naquit le 22 avril 1772 à Aigueville (Meurthe). Volontaire au 12e régiment de chasseurs à cheval le 21 avril 1791, brigadier le 16 floréal an II, maréchal-des-logis le 26 frimaire an VIII, il fit toutes les campagnes de la liberté aux armées du Nord, de Sambre-et-Meuse, du Danube, d'Helvétie et du Rhin, se trouva au passage de la Lahn, le 22 messidor an IV, et à la bataille d'Engen, le 13 floréal an VIII. Le 19 floréal an VII, en avant du village de Ragaz, il prit une pièce de canon à l'ennemi et reçut un coup de feu au bras droit. Parti en congé absolu le 30 thermidor an X, il fut admis dans la Légion-d'Honneur le 26 frimaire an XII, et se retira à Roanne (Loire), où il touche encore aujourd'hui sa pension de retraite.

LAFLAMME. *Voyez* PIED.
LAFORGE. *Voyez* SEILER.
LAGES (PIERRE), naquit à Montauban (Lot), le 13 octobre 1763. Soldat au 67e régiment d'infanterie le 2 avril 1781, et caporal le 15 août 1786, il obtint son congé le 15 août 1789. Il rentra au service comme volontaire dans le bataillon du Lot le 1er juillet 1792, et devenu le 4 du même mois capitaine à l'élection, il fit les guerres de 1792 à l'an III. Le 26 vendémiaire an IV, dans une affaire près de Manheim, il reçut plusieurs coups de sabre sur la tête et sur les mains. A la même époque, il passa avec son grade dans le 21e régiment de ligne, alors employé à l'armée d'Italie. Il fit avec ce corps les campagnes de l'an V à l'an VIII. Le 24 thermidor an VII, à la bataille de Novi, à la tête d'un faible détachement, il repoussa 2,000 Russes et leur tua ou blessa 150 hommes. Blessé lui-même d'un coup de feu au bras gauche, il n'en continua pas moins de donner ses ordres et refusa de quitter le champ de bataille. Après la campagne de l'an IX, il rejoignit le dépôt de son corps et passa, en l'an XII, dans le 6e bataillon de vétérans. Il y reçut le 26 frimaire de cette année la décoration de la Légion-d'Honneur, et obtint sa retraite l'année suivante. Retiré dans le département de la Loire-Inférieure, il y devint électeur de l'arrondissement de Nantes. Il est mort le 28 novembre 1833. B-S.

LAIRE (JEAN), né le 2 janvier 1767 à Vieil-Dampierre (Marne), entra comme volontaire au 6e bataillon de la Marne le 6 avril 1793, passa dans la 95e en l'an II, et vers la fin de l'an III dans la 62e demi-brigade, qui devint, en l'an XII, 62e régiment d'infanterie de ligne. De 1793 à l'an VI, il fit la guerre à l'armée de Rhin-et-Moselle ; caporal le 11 thermidor an II, il fut blessé au siége de Kehl, le 26 frimaire an V, en reprenant, avec le 2e bataillon, la redoute du cimetière et la place d'Ornas, dont l'ennemi s'était emparé au commencement de l'action. En l'an VI, il suivit son corps à l'armée de Mayence, et dirigé l'année suivante sur l'Italie, il prit part à la conquête du royaume de Naples. Au passage du Mincio, le 4 nivose an IX, il reçut une blessure à la tête. Le 26 frimaire an XII, le premier Consul le nomma membre de la Légion-d'Honneur. Il combattit encore dans le royaume de Naples et dans les Calabres pendant les années 1806, 1807 et 1808, repassa en 1809 en Italie, fut placé dans les voltigeurs le 9 février 1811, et obtint la solde de retraite le 2 mai 1812. Il est mort à Châtelier (Marne), le 23 novembre 1829.

LANCHY (ANDRÉ), naquit le 11 avril 1749 à Villers-Saint-Christophe (Aisne). Le 25 mars 1769, il entra comme cavalier au corps royal des carabiniers, dans lequel il servit pendant vingt-trois ans sans avancement. Il devint brigadier et maréchal-des-logis les 14 janvier et 24 juillet 1792, sous-lieutenant le 1er pluviose an III. Il fit toutes les guerres de la Révolution, de 1792 à l'an IX, dans le 2e régiment de carabiniers, et se signala dans plusieurs combats. Le 10 brumaire an VIII, l'ennemi tenait fortement dans un moulin qui fermait, près de Veinheim, la route d'une vallée derrière laquelle notre infanterie venait d'être repoussée. Lanchy se porte avec résolution sur cette position à la tête de quelques carabiniers, fait mettre bas les armes aux troupes autrichiennes qui y étaient retranchées, et repousse les hussards qui les soutenaient. Blessé d'un coup de feu au commencement de l'action, il n'en continua pas moins de combattre jusqu'à la fin. Le 30 prairial suivant, au passage du Danube, il exécuta plusieurs charges sur une colonne ennemie, s'empara de plusieurs officiers et soldats autrichiens, et entra le premier dans Dillingen, où il fit mettre bas les armes à un corps considérable d'infanterie. Il jouissait de la solde de retraite depuis le 1er germinal an IX, lorsque le premier Consul lui fit adresser, sous la date du 26 frimaire an XII, le brevet de membre de la Légion-d'Honneur. Il est mort à Lunéville (Meurthe), le 16 mai 1814. Il avait demandé la rectification du nom de Lanchy en celui de Delanchy. B-G.

LANDRY (CLAUDE-FRANÇOIS), né le 1er février 1765 à Quingey (Doubs), entra comme réquisitionnaire au 4e régiment de dragons le 1er ventose an II, et fit trois campagnes à l'armée du Rhin. A l'affaire de Mosack, le 13 fructidor an IV, il chargea et poursuivit la cavalerie ennemie jusqu'aux portes de Munich, et y reçut un coup de sabre au front. Passé, en l'an V, à l'armée de Rhin-et-Moselle, il y fut nommé brigadier le 15 frimaire de la même année, rejoignit l'armée de l'Ouest en l'an VI, et vint en Batavie en l'an VIII. Il était au camp d'Utrecht, en l'an XII, lorsque l'arrêté du 26 frimaire le nomma membre de la Légion-d'Honneur. Il mourut le 8 thermidor an XIII. Y.

LANGLOIS (FRANÇOIS-FLORENT), naquit le 2 juin 1773 à Compiègne (Oise). Soldat le 25 septembre 1791 dans le 3e bataillon de l'Oise, il fit la campagne de 1792 à l'armée du Nord. Entré, par ordre supérieur, dans le 6e régiment de hussards le 30 janvier 1793, il prit part, depuis cette époque jusqu'en l'an IX, à toutes les guerres de la Révolution dans les différentes armées de la République, fut nommé brigadier le 26 octobre 1793, et reçut un coup de baïonnette en chargeant sur un poste d'infanterie dont il s'empara. Dans une affaire en avant de Bouchain, il fit un officier autrichien prisonnier, et fut blessé d'un coup de sabre à la cuisse. En l'an V, il fit partie de l'expédition d'Irlande. Nommé maréchal-des-logis le 1er vendémiaire an VI, il attaqua, le 5 brumaire an VIII, avec 6 hommes de son régiment, 2 pièces de canon escortées par 50 hussards. Dans cette rencontre, il tua 6 Autrichiens, dispersa les autres et s'empara des 2 pièces, qu'il ramena au quartier-général. Blessé et fait prisonnier quelque temps après, il n'eut point l'avancement qu'il avait mérité. Rentré de captivité, il alla tenir garnison dans la 3e division militaire pendant les ans X et XI. Employé au camp d'Utrecht en l'an XII et en l'an XIII, et créé membre de la Légion-d'Honneur le 26 frimaire an XII, il obtint le grade de sous-lieutenant le 1er messidor suivant. Il fit les campagnes d'Autriche, de Prusse et de Pologne de l'an XIV à 1807 au 2e corps de la grande armée. Lieutenant le 12 décembre 1809, et capitaine le 6 avril 1812, il prit part à l'expédition de Russie, à la campagne de Saxe et à celle de France, et fut admis à la retraite le 15 août 1814. Il est mort à Compiègne (Oise), le 28 janvier 1820.

LANVIN (LOUIS-AUGUSTE), naquit le 8 juin 1770 à Fressain (Nord). Dragon au 5e régiment le 5 octobre 1791, il devint brigadier-fourrier et maréchal-des-logis les 1er mai et 16 octobre 1793, maréchal-des-logis-chef et adjudant-sous-officier les 28 nivose et 25 prairial an II. Il servit aux armées du Nord et de Rhin-et-Moselle de 1792 à l'an III, se trouva à la bataille de Bassano, et reçut le même jour le grade de lieutenant. Après la campagne de l'an V, et une partie de celle de l'an VI, il donna sa démission, qui fut acceptée le 26 ventose de cette dernière année. Le premier Consul le créa membre de la Légion-d'Honneur le 26 frimaire an XII. Nommé ensuite maire d'Aniche (Nord), il y mourut le 23 décembre 1817. B-S.

LARCHER (PIERRE-HENRI), naquit à Dijon (Côte-d'Or), le 12 octobre 1726. A l'âge de dix-huit ans, il vint s'établir à Paris, et se pénétra des leçons des maîtres habiles qui y professaient les langues savantes et la littérature ancienne. Quelques années après, il fit un voyage à Londres afin de se perfectionner dans la langue anglaise, pour laquelle il avait pris un goût très vif. En 1751, il donna au public plusieurs traductions estimées. Cependant ces travaux ne l'empêchaient pas de se livrer à la littérature ancienne, et il publia, en 1763, une traduction de plusieurs ouvrages grecs qui obtint du succès. En 1767, Voltaire ayant fait paraître la *Philosophie de l'histoire*, Larcher composa le *Supplément à la Philosophie de l'histoire*, dans lequel il releva, avec autant de savoir que de raison, une partie des erreurs dans lesquelles Voltaire était tombé. A l'Académie des belles-lettres, il prit une part très active aux travaux de cette société, et publia dans le recueil de l'Académie de savantes dissertations sur l'histoire grecque. En 1786, il donna la traduction d'Hérodote : cet ouvrage obtint plusieurs éditions. Lors de la formation de l'Institut national, Larcher fut nommé à la 3e classe, dite *classe d'histoire et de littérature ancienne*, et reçut la décoration de la Légion-d'Honneur le 26 frimaire an XII. L'Académie de Munich l'admit comme un de ses membres en 1810. L'Université impériale ayant été créée, il devint professeur de langue grecque à l'Académie de Paris ; mais il avait alors quatre-vingt-trois ans, et la place fut constamment remplit par un suppléant, M. Boissonade, qui le remplaça à l'Académie. Il mourut le 22 décembre 1812.

LAROCHE (françois, *baron*), naquit le 5 janvier 1775 à Ruffec (Charente). Sous-lieutenant de grenadiers dans le 1er bataillon des volontaires nationaux de la Charente le 1er décembre 1791, il passa le 25 février 1792 au 15e régiment de cavalerie, et le 20 avril suivant au 16e de même arme, devenu 25e régiment de dragons. Il servit pendant les années 1792, 1793, ans II et III aux armées du Nord et de Sambre-et-Meuse. Lieutenant le 1er avril 1793, et capitaine le 24 pluviôse an II, il exécuta, le 28 germinal suivant, à la tête d'un escadron, une charge vigoureuse contre un régiment de cavalerie autrichienne, lui prit 2 pièces de canon et le mit dans la déroute la plus complète. Réformé et mis à la suite le 16 nivôse an VI, il fut remis en pied dans le même régiment le 1er floréal an VII. Employé aussitôt à l'armée de l'intérieur, il fit la campagne des ans VIII et IX à l'armée du Rhin. Le 11 frimaire de cette dernière année, en avant de Neckerguemin, il délivra, secondé par quelques dragons, une compagnie de grenadiers qui venait d'être faite prisonnière. Membre de la Légion-d'Honneur le 26 frimaire an XII, il passa comme capitaine dans les grenadiers à cheval de la garde impériale le 18 fructidor an XIII, fit la campagne de l'an XIV à la grande armée, et se distingua à la bataille d'Austerlitz. Officier de la Légion-d'Honneur le 14 mars 1806, il devint major du 1er régiment de carabiniers le 21 août suivant, fit la campagne de 1807, et fut nommé colonel du même régiment le 14 mai de cette année. Peu de temps après, il obtint le titre de baron de l'Empire. Blessé d'un coup de sabre sur la tête au combat de Ratisbonne, le 23 avril 1809, le 6 juillet suivant, à la bataille de Wagram, il eut un cheval tué sous lui. Il servit en 1812 en Russie, en 1813 en Saxe, et fut nommé général de brigade le 28 septembre de cette année ; au mois d'octobre suivant, il commandait les troupes en avant de Hanau, et, après l'abdication de l'Empereur, le gouvernement royal lui confia le commandement du département de la Charente le 23 juillet 1814, et le créa chevalier de Saint-Louis le 29 du même mois. Envoyé à la suite du grand quartier-général de l'armée de la Loire le 5 juillet 1815, le général Laroche ne put obtempérer à cet ordre, il ne rejoignit pas son poste et fut chargé du licenciement des corps de cavalerie à La Rochelle le 11 octobre suivant. Après avoir rempli cette pénible mission, il entra dans le cadre de non-activité le 1er février 1816, et passa à celui de disponibilité le 1er avril 1820. Il est mort à Ruffec (Charente), le 22 février 1823. B-G.

LATHE. *Voyez* LUOTE.

LATIL (françois), ET NON LATY, naquit le 25 janvier 1765 à Meyrargues (Bouches-du-Rhône). Admis comme sergent-major le 10 mai 1792 dans le 4e bataillon de volontaires des Bouches-du-Rhône, il partit aussitôt pour l'armée du Rhin, et devint lieutenant le 24 septembre de la même année. Il fit les campagnes de 1793 à l'an IV aux armées du Rhin et d'Italie, fut nommé capitaine le 8 nivôse an IV et incorporé dans la 51e demi-brigade de ligne le 18 du même mois. Il continua à faire la guerre en Italie jusqu'en l'an IX, et, à la bataille d'Arcole, il sauva, au péril de sa vie et malgré le feu meurtrier de l'ennemi, un de ses camarades qui se noyait dans le fleuve ; il eut la cuisse cassée pendant le combat. Le 25 vendémiaire an VII, il passa dans la 71e demi-brigade, et, le 1er ventôse an XI, il fut incorporé dans la 20e régiment d'infanterie de ligne. Membre de la Légion-d'Honneur le 26 frimaire an XII, il fit avec distinction les campagnes de l'an XIV, de 1806 et 1807 en Italie et dans le royaume de Naples, et, le 25 décembre 1811, il fut nommé à l'emploi d'adjudant-major chargé de l'habillement de son régiment. Il occupa cet emploi jusqu'au 5 septembre 1815, époque où il rentra dans ses foyers par suite du licenciement de l'armée. Il n'a pas été réemployé depuis et réside encore aujourd'hui à Montbrison (Loire). B-G.

LAUXERROIS (cyr-toussaint), né le 31 octobre 1773 à Fontaine-Mâcon (Aube), entra le 23 février 1790 au 20e régiment de cavalerie, devenu 20e de chasseurs, et fit avec son corps, soit comme simple chasseur, soit comme brigadier, les campagnes de l'an II à l'an IX. Congédié le 18 brumaire an XI, il reçut la croix de la Légion-d'Honneur le 26 frimaire an XII, fut classé dans l'arrondissement électoral de Rouen, et se retira à Saint-Pierre-de-Manneville (Seine-Inférieure), où il réside encore aujourd'hui. C-D.

LAVAUT. *Voyez* COUTREZ (*Louis*).

LEBRE (antoine), naquit le 25 novembre 1772 à Bagnols (Gard). Soldat le 16 juillet 1789 au 12e bataillon des chasseurs de Roussillon, incorporé dans la 12e demi-brigade d'infanterie légère, devenue 16e régiment d'infanterie légère, il devint caporal-fourrier le 1er avril 1791, sergent le 1er juin de l'année suivante, et fit la campagne de 1792 à l'armée du Rhin. Le 11 mars 1793, promu au grade de sergent-major, il continua à servir à l'armée du Rhin pendant les campagnes de 1793 et de l'an II. Sous-lieutenant le 8 brumaire an II, il fut nommé lieutenant le 28 fructidor suivant. Le 3ᵉ jour complémentaire de la même année, à Kaiserslautern, enveloppé par un parti ennemi, il parvint à se dégager et à faire 5 prisonniers. A la même affaire, ayant reçu l'ordre de flanquer la colonne, il remplit sa mission avec un plein succès et fit encore 12 nouveaux prisonniers. Il servit à l'armée du Rhin pendant les campagnes des ans III, IV et V. Passé à l'armée d'Italie, il y fit la guerre des ans VI et VII. En l'an VIII, il était à l'armée de Naples. Blessé sous les remparts d'Ancône, il se battit durant toute la journée malgré la gravité de sa blessure. Le général en chef, témoin de son dévoûment, le nomma capitaine sur le champ de bataille le 12 vendémiaire an VIII. En l'an IX et en l'an X, il fit partie du corps de la Gironde. Le 26 frimaire an XII, le premier Consul le comprit dans la promotion des membres de la Légion-d'Honneur. Nommé aide-decamp du général Espagne le 11 vendémiaire an XIII, il en remplit les fonctions jusqu'au 29 septembre 1806, époque à laquelle il passa au service du roi de Naples, comme capitaine des voltigeurs de la garde royale. Lorsque Joseph alla prendre possession de la couronne d'Espagne, le capitaine Lèbre se trouva au nombre des officiers qui le suivirent dans ses nouveaux États. Employé dans la garde royale espagnole, il y fut nommé chef de bataillon le 13 mars 1809, major le 20 juillet 1812, et prit part à toutes les opérations de la guerre de la péninsule. Rentré au service de France, et admis avec son grade de major dans le 14ᵉ régiment de voltigeurs de la jeune garde impériale le 1ᵉʳ février 1814, il fut nommé colonel du même régiment le 17 mars suivant. Mis en demi-solde le 1ᵉʳ août 1814, après le retour des Bourbons, il fut replacé comme colonel à la suite dans le 72ᵉ régiment d'infanterie de ligne le 16 novembre de la même année, et, le 17 mars 1815, nommé officier de la Légion-d'Honneur. Remis en non-activité le 1ᵉʳ août 1815, le colonel Lèbre fut définitivement rayé des contrôles et admis à la pension de retraite au mois de septembre 1820. Il réside en ce moment à Pau (Basses-Pyrénées). B-G.

LEBRUN (PIERRE-DENIS-ÉCOUCHARD), naquit à Paris le 5 mai 1729. Son père était attaché au service du prince de Conti, dont la générosité contribua aux frais de l'éducation que reçut le jeune Écouchard au collège Mazarin. Chez lui, le poète s'annonça de bonne heure ; quelques-unes de ses pièces, qui appartiennent à l'époque où il était encore assis sur les bancs du collège, n'auraient pas été désavouées par des poètes d'une réputation méritée.

Le prince de Conti soutint les premiers pas de Lebrun dans la carrière des lettres ; quand le jeune poète perdit son père, il fut appelé à lui succéder comme secrétaire des commandemens du prince. Ainsi que la plupart des jeunes poètes, il entra dans la lice des concours académiques et y disputa le prix de poésie de l'Académie française, en 1749 ; sa pièce de vers ne fut pas même honorée d'une mention. Cet échec ne le découragea pas. Il continua à travailler avec ardeur, sous les yeux et en quelque sorte à l'école d'un maître dont les conseils et les leçons lui furent très utiles ; le fils du grand Racine avait pris en affection le jeune Lebrun, et lui enseignait à faire difficilement des vers faciles. En 1754, Lebrun adressa au fils de Louis Racine une ode dans laquelle il lui reprochait d'avoir sacrifié les muses au commerce ; l'année suivante, il fit paraître l'ode sur *la Ruine de Lisbonne*, et bientôt après celle sur la mort de son ami infortuné, le jeune Racine, englouti par la mer sur la chaussée de Cadix. Ces deux compositions assignèrent à Lebrun une place honorable parmi les poètes de l'époque ; il n'avait encore que vingt-six ans, et déjà l'opinion publique reconnaissait en lui l'héritier de la lyre de J.-B. Rousseau.

Mais une circonstance où il prouva tout à la fois la noble sensibilité de son cœur et son talent, associa son nom à celui de Voltaire : instruit de la détresse profonde à laquelle était réduit avec sa fille un descendant du grand Corneille, Lebrun adressa à Voltaire une ode dans laquelle il réclama sa généreuse intervention en faveur d'une famille illustre qui avait tant de droits à ses sympathies. Voltaire remercia le poète de ses beaux vers et offrit à la fille de Corneille une noble hospitalité et une protection qui ne se démentit point. La réputation de Lebrun grandissait, et de nouvelles odes qu'il publia successivement, de 1760 à 1780, obtinrent le plus brillant succès : c'est dans cette période qu'il commença son poème de *la Nature*. Au milieu de ses triomphes littéraires, il perdit en même temps sa place et sa fortune : l'une par la mort du prince son protecteur ; l'autre par la banqueroute du prince de Rohan-Guemenée. Cependant il ne se laissa point abattre par le malheur, et se livra avec ardeur à la composition de nouvelles poésies ; mais les muses enrichissent rarement leurs nourrissons ; aussi fut-il heureux d'obtenir de la cour une pension de 2,000 francs à l'occasion de son ode sur *la Maladie de Buffon*, et sa reconnaissance pour Louis XVI se produisit en transports pindariques.

Quelques années plus tard, sa lyre, logée au Louvre par la Convention, était au service de la République. Dans son ode sur le vaisseau *le Vengeur*, il se montra le digne interprète de l'admiration et de la reconnaissance de la France envers un sublime dévoûment. Mais il finit par chanter la Terreur avec une énergie si singulière, qu'on eût dit que *Marat* était son Apollon et la *montagne* son Hélicon. Ses opinions se modifièrent cependant ; il composa *le Chant d'un philantrope*. Cette ode était à cette époque un acte de courage ; on voudrait qu'elle pût absoudre la mémoire de Lebrun !

La Révolution avait enlevé à Lebrun sa pension ; quelques secours du ministre de l'intérieur, joints aux faibles produits de sa plume, ne suffisaient pas pour éloigner de lui l'indigence ; enfin, sa nomination à l'Institut lui assura un revenu de 1,500 francs.

Quand l'ordre fut complétement rétabli, sa muse trouva de nouveaux chants : elle en eut pour le Consulat, elle en eut pour l'Empire.

Bonaparte, arrivé au pouvoir, n'avait pas oublié le chantre du *Vengeur;* il lui donna le brevet d'une pension de 6,000 francs en l'an IX. Son *Ode nationale sur le projet de descente en Angleterre* lui valut bientôt après une gratification de 8,000 francs, et, le 26 frimaire an XII, la décoration de la Légion-d'Honneur. Ce fut la dernière pièce de quelque importance qu'il publia.

Deux hommes de goût, Lahárpe et Chénier, dans deux ouvrages spéciaux, ont eu mission d'apprécier Lebrun comme poète lyrique : l'un lui refuse le génie, l'autre lui promet l'immortalité. La passion a égaré l'un et l'autre.

Au commencement de l'année 1807, Lebrun, vieux et infirme, n'était plus que l'ombre de lui-même; il avait entièrement perdu la vue. Le 2 septembre de la même année fut le terme de ses souffrances.

LECLERC (NICOLAS-FRANÇOIS), naquit à Colombey (Meurthe), le 10 mars 1774. Soldat dans le 4e bataillon de la Meurthe le 18 août 1791, il devint caporal le 17 septembre 1792. Il fit les campagnes de 1792 à l'an III, et fut nommé sergent le 24 floréal de cette dernière année. Le 10 pluviose an V, dans une sortie à la tête du pont de Huningue, il reçut plusieurs coups de leviers après avoir renversé une pièce de canon dirigée contre nos troupes. Promu au grade de sous-lieutenant le 18 fructidor an VII, il se trouva au siège de Gênes avec la 74e demi-brigade, et dans une sortie qui eut lieu le 10 prairial an VIII, il tomba au pouvoir de l'ennemi après avoir été frappé d'un coup de feu à la jambe droite. Rentré en France le 13 fructidor de la même année, il rejoignit son corps au camp de Boulogne, et fut embarqué sur l'escadre de l'amiral Gantheaume, du 1er germinal an VII au 7 fructidor de l'an IX. Le 21 thermidor an X, Leclerc reçut le brevet de lieutenant, et le 26 frimaire an XII la décoration de la Légion-d'Honneur. Capitaine dans le 26e régiment de ligne le 10 ventose an XIII, il obtint sa retraite l'année suivante, et se retira à Saintes (Charente-Inférieure), où il réside encore aujourd'hui. B-S.

LECLERC. *Voyez* CLERC.

LECLERE. C'est sous ce nom, et aussi sous celui de *Leclerc*, qu'on trouve porté, dans plusieurs listes de légionnaires nommés le 26 frimaire an XII, un capitaine au 26e de ligne; mais il y a erreur : le véritable nom de cet officier est CLER ; nous en avons acquis la certitude depuis l'impression de la lettre C, dans laquelle nous aurions placé cette notice si l'on nous eût fait plus tôt la communication des pièces qui sont en ce moment sous nos yeux.

JEAN-PIERRE CLER, naquit le 20 juin 1758 à Salins (Jura). Soldat au 8e régiment d'infanterie le 12 octobre 1776, il fit toutes les campagnes des Grandes-Indes depuis 1780 jusqu'en 1786. Caporal le 22 juin 1782, et sergent le 6 janvier 1789, il servit en 1792 et 1793 à l'armée du Nord, et fut promu sergent-major le 28 mai 1792 et sous-lieutenant le 28 juillet suivant. Le 22 mars 1793, le 1er bataillon de son régiment se trouva cerné par une colonne de grenadiers hongrois et par le régiment autrichien des dragons de La Tour. Voyant qu'il ne restait plus que 3 canonniers pour servir les 4 pièces du bataillon, il courut aux pièces avec quelques hommes, en dirigea le feu avec justesse, et mit l'ennemi en pleine déroute. Chargé quelques instans après par un régiment de hussards, il tua de sa main le chef d'escadron qui les commandait. Ce brave officier fit les campagnes des ans II et III aux armées du Rhin et de la Moselle, et obtint le grade de lieutenant le 5 nivose an II. Passé à l'armée des Alpes, il continua à faire la guerre pendant les ans IV et V, prit part aux opérations de l'armée d'Italie depuis l'an VI jusqu'à l'an IX, fut nommé capitaine dans le 26e régiment d'infanterie de ligne le 26 nivose an VIII. En l'an XII et en l'an XIII, il était à l'armée des côtes de l'Océan, et c'est là qu'il reçut, le 26 frimaire an XII, la décoration de la Légion-d'Honneur. Il servit en l'an XIV et en 1806 à la grande armée, et, admis à la retraite le 1er avril 1807, il se retira à Dijon (Côte-d'Or), où il est mort le 22 juin 1819. B-G.

LECUIROT (JEAN-BAPTISTE), ET NON CUIROT, né le 2 mars 1772 à La Haye-du-Puits (Manche), entra comme soldat le 1er mars 1792 dans le 2e bataillon du 34e régiment d'infanterie, versé lors de la première formation dans la 68e demi-brigade, devenue en l'an IV 15e demi-brigade de ligne, et en l'an XII 15e régiment de même arme ; il fit la campagne de cette année à l'armée du Nord, et fut blessé d'un coup de feu au pied gauche à l'affaire du 13 août. Il continua de servir à la même armée pendant les campagnes de 1793, ans II, III et IV, reçut un coup de feu au bras gauche le 19 octobre 1793, et fut nommé caporal le 1er vendémiaire an III. Passé à l'armée de Sambre-et-Meuse, il y fit les guerres des ans V et VI, passa à l'armée de Batavie, et devint sergent le 1er messidor de cette année. Employé à l'armée du Rhin pendant les ans VIII et IX, il se distingua, le 11 frimaire an IX, au combat de Haag (Bavière), où il fit prisonniers 11 Autrichiens, et fut désigné par le général Ney pour recevoir une arme d'honneur; mais cette proposition n'eut pas de suite. Sergent-major le 1er nivose suivant, il servit en l'an X à l'armée de l'Ouest, et embarqué sur la flotte commandée par l'amiral Truguet pendant les ans XI et XII, il fut nommé sous-lieutenant le 11 messidor an XI, et membre de la Légion-d'Honneur le 26 frimaire an XII. Passé dans la division commandée par le contre-amiral Leissègues, il partit de Brest, le 22 frimaire an XIV, pour les Antilles. Prisonnier à la suite d'un combat naval contre les Anglais, le 6 février 1806, il fut renvoyé en France sur parole, et fait lieutenant dans son régiment le 1er février 1807. Dirigé sur l'armée d'Espagne en 1812, il y obtint le grade de capitaine le 1er juin, passa dans le 37e régiment d'infanterie de ligne le 20 septembre, fut appelé à la grande armée en 1813, et reçut la croix d'officier de la Légion-d'Honneur le 11 juin suivant. Fait prisonnier de guerre devant Leipzig, le 18 octobre 1813, il ne rentra en France que le 15 juin 1814. Compris dans l'organisation du 36e, à son retour de captivité, il fit la campagne de 1815. Mis en non-activité après la catastrophe de Mont-Saint-Jean, il demeura dans cette position jusqu'au 20 avril 1816, époque de son admission à la retraite. Il réside à La Haye-du-Puits (Manche). b-g.

LEDUC (claude-pascal), naquit à Chartres (Eure-et-Loir), le 6 avril 1766. Soldat le 6 mai 1785 dans le régiment de la Guadeloupe, il entra le 1er juillet 1790 comme volontaire dans le 2e bataillon d'Eure-et-Loir, amalgamé, le 1er novembre 1791, dans la 29e demi-brigade de ligne. Sergent le 29 août 1792, il se trouva à la bataille de Jemmapes et y reçut un coup de feu à l'épaule gauche. Il fit les premières guerres de la Révolution et devint sergent-major le 15 février 1793, et sous-lieutenant le 2 germinal an II. A la prise de Gorcum (Hollande), il pénétra le premier dans une redoute défendue par 8 bouches à feu et s'en rendit maître. Le 2 nivose an IV, il commandait un poste de 20 hommes; attaqué par des forces supérieures, il contint les assaillans, donna le temps aux cantonnemens voisins de venir se joindre à lui, et cette jonction opérée, l'ennemi, poursuivi à la baïonnette, fut vivement repoussé. Promu lieutenant le 21 fructidor an V, il faisait partie de la garnison de Manheim, lorsque cette place capitula le 2e jour complémentaire an VII. Échangé le 29 ventose an VIII, il rejoignit son régiment et fit avec lui la campagne de Marengo. A l'affaire de Castelluccio, il reçut un coup de feu à la jambe droite. Le premier Consul le nomma membre de la Légion-d'Honneur le 26 frimaire an XII. Il obtint sa retraite le 1er mai 1806, et se retira à Tours (Indre-et-Loire), où il est mort le 9 octobre 1834. b-s.

LEFEVRE (augustin-pierre), né le 28 décembre 1766 à Paris (Seine), entra au service comme sous-lieutenant le 12 janvier 1792 dans le 42e régiment d'infanterie, devenu 83e demi-brigade de première formation, puis 57e demi-brigade de deuxième formation, et enfin 57e régiment d'infanterie de ligne à l'organisation du 1er vendémiaire an XII. Lieutenant le 18 mars, il s'embarqua à Ajaccio le 4 janvier 1793 pour l'expédition de Cagliari (Sardaigne). Il passa, le 15 mars suivant, à l'armée d'Italie, avec laquelle il fit les campagnes de 1793 et des ans II et III. Le 15 thermidor de cette dernière année, il s'embarqua de nouveau, servit pendant les ans III, IV et V à bord de la frégate la Félicité et du vaisseau le Duquesne, et se trouva à l'expédition du banc de Terre-Neuve. Débarqué le 21 frimaire an V, il rejoignit aussitôt l'armée d'Italie, et assista aux batailles de Rivoli et de la Favorite. Il servit en l'an VI aux armées d'Angleterre et d'Helvétie, et passa ensuite à celle du Rhin, avec laquelle il fit les guerres des ans VII, VIII et IX. Capitaine le 8 prairial an VII, il prit part à la bataille d'Hochstedt le 30 prairial an VIII, à une affaire qui eut lieu le 13 floréal suivant, près de Memmingen, et au combat de Neubourg, le 8 messidor de la même année. Rentré en France en l'an IX, il fit partie des troupes rassemblées sur les côtes de l'Océan pendant les ans XII et XIII. Le général Soult, commandant alors le camp de Saint-Omer, adressa, le 20 brumaire an XII, la note suivante au premier Consul : « Le colonel du 57e régiment d'infanterie demande une distinction d'honneur en faveur du citoyen Lefèvre, capitaine au 2e bataillon. Cet officier s'est particulièrement distingué à l'affaire de Neubourg, le 8 messidor an VIII, en entrant le premier, à la tête de 2 compagnies qu'il commandait, dans un village défendu par plus de 400 Autrichiens, sur lesquels il fit plus de 100 prisonniers. Soult. » Le 14 frimaire suivant, le capitaine Lefèvre reçut des mains de son colonel le brevet d'un sabre d'honneur, signé le même jour par le premier Consul. Compris comme membre de la Légion-d'Honneur dans la promotion du 26 frimaire an XII, il en fut créé officier le 25 prairial suivant. Il fit les campagnes d'Autriche, de Prusse et de Pologne de l'an XIV à 1807, à la grande armée, et se trouva à la prise du pont de Donawerth, au combat d'Aicha, à la bataille d'Austerlitz, aux combats de Bergfried et d'Eylau, à la bataille d'Eylau le 8 février 1807, et au combat de Lomitten. Passé avec son grade dans le 115e régiment d'infanterie de ligne le 1er juillet 1808, il fit les guerres de la péninsule depuis cette époque jusqu'en 1814. Le 27 janvier 1809, au siège de Saragosse, il reçut un coup de baïonnette au-dessus du sourcil droit en sautant dans une redoute. Nommé chef de bataillon au 5e de ligne le 28 janvier 1813, il fut maintenu en activité après le retour des Bourbons, et fit la campagne de 1815 au 6e corps de l'armée du Nord. Licencié le 10 septembre 1815, il demeura en demi-solde jusqu'au 13 mars 1822, époque de son admission à la retraite. Il est mort aux Prés-Saint-Gervais, près Paris, le 10 octobre 1839. b-g.

LEGER (jean-baptiste), né le 24 décembre 1772 à La Marre (Eure), entra au 3e régiment de dragons le 9 mai 1793; il devint brigadier et maréchal-des-logis les 1er frimaire et 21 thermidor an IX, et après avoir fait toutes les campagnes de l'an II à l'an IX, il quitta son corps par congé absolu le 17 germinal an XI, reçut la décoration de la Légion-d'Honneur le 26 frimaire an XII, fut classé parmi les électeurs d'Avignon, et se retira dans cette ville, où il réside encore aujourd'hui. c-d.

LEGOUVÉ (gabriel-marie-jean-baptiste), naquit à Paris le 23 juin 1764. Son père était un avocat distingué du parlement de cette ville; il destinait son fils au barreau, et il est probable que si la mort ne l'eût pas enlevé prématurément à sa famille, le jeune Gabriel se fût conformé aux désirs de son père. Livré à lui-même, il s'abandonna à ses goûts, qui l'entraînaient vers la littérature : au reste, ce n'était pas répudier entièrement la volonté de son père, qui lui-même avait cultivé la poésie avec succès.

On faisait alors des héroïdes; Legouvé fit la sienne, elle était intitulée : *La mère de Brutus à Brutus son mari revenant du supplice de ses fils;* cet essai fut accueilli avec indulgence. Il composa ensuite une comédie en 2 actes et en vers qui fut reçue au Théâtre-Français; mais qui n'y fut pas jouée.

La Mort d'Abel, tragédie pastorale, fut son début au théâtre (1792); quoique les circonstances ne parussent guère favorables à la représentation d'un sujet biblique, elle obtint un succès complet et se soutint au théâtre malgré la critique acerbe de Laharpe; *Épicharis*, autre tragédie, jouée l'année suivante, réussit également. Il fut moins heureux dans sa tragédie de *Quintus Fabius*, et il essuya successivement d'autres chutes; *Laurence* put à peine être achevée le jour de la première représentation, et des changemens notables que l'auteur fit subir à cet ouvrage ne purent désarmer la juste sévérité du public. Il voulut aussi refaire *la Thébaïde* de Racine; cette tentative eut pour résultat une nouvelle disgrace que Legouvé eut le tort de mettre sur le compte de l'envie. Depuis l'an VIII, où il fit jouer la tragédie d'*Étéocle*, jusqu'à l'année 1806, où fut représentée *la Mort de Henri* IV, Legouvé se tint éloigné de la scène; ce fut dans cet intervalle qu'il publia le *Mérite des femmes*, petit poëme qui porte l'impression d'une douce sensibilité. La vogue qui l'accueillit tenait aux circonstances; mais, publié depuis quarante ans, on le réimprime encore aujourd'hui, tandis que ses tragédies sont depuis long-temps oubliées.

La Mort de Henri IV fut jouée le 6 juin 1806. Napoléon en avait entendu la lecture et autorisé la représentation. L'Empereur, qui avait un tact et un gout si sûrs, lorsqu'il n'était pas dominé par ses préventions, donna à l'auteur d'excellens avis, conseilla quelques changemens auxquels la politique était tout-à-fait étrangère, et Legouvé n'eut qu'à s'applaudir de sa docilité.

Ces détails étaient connus du public quand la tragédie fut jouée pour la première fois; ils durent lui inspirer des dispositions bienveillantes pour le poète; aussi le succès fut-il complet, éclatant; cette tragédie fut la dernière qu'il fit représenter.

Reçu à l'Institut le 17 vendémiaire an VII, Legouvé remplissait avec exactitude ses devoirs d'académicien. Il aimait à chercher, à encourager le talent naissant, à le guider dans ses premiers travaux; il ouvrait sa bourse aux jeunes littérateurs dans la détresse, il les recevait à sa table, et savait donner à ses bienfaits des formes si délicates, qu'ils pouvaient les accepter sans rougir. Nous pouvons citer parmi ces littérateurs, Millevoye, dont les premiers vers furent publiés sous le patronage de Legouvé.

Il avait été nommé, vers 1809, suppléant de Delille à la chaire de poésie latine au Collége de France; Delille l'avait désigné lui-même comme le plus digne de le remplacer. Une chute qu'il fit, en se promenant, détermina une maladie mortelle qui le conduisit au tombeau; il mourut le 30 août 1812. Le premier Consul l'avait nommé membre de la Légion-d'Honneur le 26 frimaire an XII.

LEMERCIER (NÉPOMUCÈNE-LOUIS), naquit à Paris le 21 avril 1771, d'une famille distinguée, originaire de la Bourgogne. A l'âge de seize ans, il composa une tragédie intitulée : *Méléagre*. Cet essai n'eut qu'une représentation au Théâtre-Français (1784), et la pièce ne fut jamais imprimée (1).

(1) Elle avait été jouée sur un ordre obtenu par la princesse de Lamballe, marraine de l'auteur.

Dans le mois d'avril 1792, il donna *Clarisse Harlowe*, comédie en 5 actes et en vers; elle obtint quelque faveur. Le 21 prairial an III, il fit jouer *le Tartufe révolutionnaire*, comédie en 3 actes et en vers, dans laquelle il vouait à l'exécration publique le système de la terreur. *L'Imposteur* de Lemercier était un charlatan de patriotisme, comme celui de Molière était un charlatan de dévotion. Mais le Directoire, effrayé du succès de cette pièce, la fit défendre à la 5e représentation. L'année suivante, parut *le Lévite d'Ephraïm*, tragédie en 3 actes, qui offre des scènes touchantes et des vers dignes de Racine. Mais un triomphe comme les annales du théâtre en présentent rarement l'exemple attendait Lemercier. Le 5 floréal an X, l'on représenta sa tragédie d'*Agamemnon*, en 5 actes et en vers. Il sut fondre habilement dans cette pièce les beautés éparses dans Eschyle, Sénèque et Alfieri, qui ont traité le même sujet. Elle éleva la renommée de son auteur au premier rang, et le Directoire crut devoir le couronner dans une fête solennelle au Champ-de-Mars. Vers la fin de cette dernière année, il donna sa *Prude*, comédie en 5 actes et en vers; c'est une peinture piquante des salons de Paris sous le règne du Directoire. *Ophis*, tragédie en 5 actes, représentée le 2 nivose an VII, n'obtint qu'un succès d'estime.

En l'an VIII, il publia les *Quatre métamorphoses*, poëme érotique assez licencieux. Le 1er germinal, il rappela sur lui l'attention du public par la comédie de *Pinto*, pièce d'un genre nouveau. De tous les essais de réforme dramatique tentés de notre temps, *Pinto* est le plus complet. Cette comédie resta long-temps frappée du veto suspensif du Directoire. Après le 18 brumaire, Bonaparte, qui voulait du bien à l'auteur, demanda une lecture de l'ouvrage, ajoutant que rien ne montrait plus la faiblesse d'un gouvernement que ces interdits lancés sur les productions littéraires. La lecture eut lieu et le permis de représenter suivit; après une vingtaine de représentations, la pièce rentra dans les cartons de la Comédie-Française, pour n'en sortir qu'en 1834 : le théâtre de la Porte-Saint-Martin profita de sa reprise.

En l'an IX, Lemercier publia trois poëmes : *Homère et Alexandre*, les *Trois Fanatiques*, *Ismaël au désert*, *ou l'origine du peuple arabe*. Il fit hommage de ce dernier ouvrage au premier Consul, et refusa la gratification de 10,000 francs qui lui était offerte. *Un de mes songes*, *ou quelques vers sur Paris*, *les Ages français*, poëme en 15 chants, et *Isule et Orovèse*, tragédie en 5 actes, parurent en l'an X et en l'an XI.

Le premier Consul, qui avait admis le poète dans sa familiarité, le nomma membre de la Légion-d'Honneur le 26 frimaire an XII. Il reçut avec joie cette faveur méritée. Mais quand Bonaparte se fit empereur, il rompit avec lui et lui renvoya son brevet et sa croix. Cette indépendance de caractère faisait honneur à Lemercier, mais il eut le tort de prendre en haine la nouvelle forme de gouvernement, et cette haine le jeta dans de coupables écarts.

Cependant, rendu à ses occupations littéraires, il

donna, le 20 janvier 1808, *Plaute, ou la Comédie latine*, comédie en 3 actes et en vers, qui précéda la tragédie de *Baudouin empereur*, représentée dix-huit fois sur le théâtre de l'Odéon. L'année suivante, *Christophe Colomb*, comédie shakspéarienne, occasiona au même théâtre des scènes sanglantes qui firent retirer la pièce après sept ou huit représentations. Original dans son plan et dans ses détails, cet ouvrage offre un mélange de l'héroïque et du familier reprouvé par le bon goût. En 1810, l'Académie française appela dans son sein l'auteur d'*Agamemnon*; mais ce choix avait besoin de la confirmation de l'Empereur. Fouché décida Lemercier à publier, à l'occasion du mariage de Napoléon avec Marie-Louise, une pièce de vers allégorique, intitulée : *Hymne à l'Hymen*, dont le sujet était l'union d'Hébée avec Hercule; et l'Empereur ratifia le choix de l'Institut.

Lemercier avait été privé pour cause d'utilité publique d'une vaste propriété et des difficultés sans nombre s'étaient élevées à ce sujet. Cambacérès décida le conseil d'État à prononcer en sa faveur. Napoléon ne se fit pas prier pour signer cette décision, et Lemercier rentra dans un capital de 5 à 600,000 francs. Ce trait honore l'Empereur; mais la haine de Lemercier n'en fut pas désarmée. En 1814, quand l'Europe coalisée avait envahi la France, Lemercier publia une diatribe intitulée : *Épître à Bonaparte, sur le bruit qu'il projetait d'écrire des commentaires historiques*.

Pendant les années 1811, 1812 et 1813, il fut professeur de littérature générale à l'Athénée. Dans ses cours, il recommanda constamment une entière soumission à ces lois d'Aristote qu'il se fit gloire d'enfreindre audacieusement dans ses ouvrages.

Lemercier fit représenter encore *Charlemagne*, tragédie en 5 actes, *le Frère et la sœur jumeaux*, comédie en 3 actes et en vers, *le Faux bonhomme*, comédie en 3 actes et en vers, *le Complot domestique, ou le Maniaque supposé*, comédie en 3 actes et en vers.

Nommé, en 1818, membre du jury d'examen du Second-Théâtre-Français, il donna bientôt sa démission de cette place.

En 1820, il fit jouer au Théâtre-Français deux tragédies en 5 actes : *Clovis* et *la Démence de Charles VI*. Le 27 mars, l'Odéon représenta *Frédégonde et Brunehaut*, tragédie en 5 actes, et deux ans après *le Corrupteur*, comédie en 5 actes et en vers.

Le 1er avril 1823, le Théâtre-Français représenta, au bénéfice de Talma, *Richard III et Jane Shore*, drame historique en 5 actes et en vers, que le public accueillit avec faveur.

Lorsque, dans son discours d'ouverture des Chambres, le 23 mars 1824, Louis XVIII fit pressentir la présentation prochaine d'un projet de loi de septennalité, loi votée le 7 mars suivant, Lemercier, convaincu que la première infraction au pacte social en entraînerait la ruine, publia dans les journaux une lettre ferme et sévère contre cette violation de la charte, et la signa hardiment, en qualifiant cet acte de crime de lèse-nation, qui dégageait les citoyens de leur serment de fidélité.

Le 29 juillet 1830, Lemercier, sur l'invitation d'un grand nombre de citoyens, prit possession de la mairie du XIe arrondissement, l'organisa et dirigea les affaires de l'administration municipale; quelques jours après, il avait repris ses travaux. Dans ces circonstances, il déploya autant de courage que de modération. Il est mort le 11 juin 1840.

La postérité commence à peine pour Lemercier versificateur ou poète, le dernier mot n'est pas dit sur lui, mais chaque jour emporte dans l'oubli quelque parcelle de son bagage littéraire.

LENOBLE (ANTOINE-THÉODORE), naquit le 20 mai 1765 à Maupertuis (Seine-Inférieure). Arrivé au 5e régiment de chasseurs à cheval en qualité de réquisitionnaire le 2 pluviôse an II, il prit part à toutes les grandes batailles livrées sur le Rhin jusqu'à la paix de Lunéville. Sa brillante valeur à la bataille de Hohenlinden lui valut, le 26 frimaire an XII, la décoration de la Légion-d'Honneur; il était alors au camp de Bruges. En l'an XIV, il fit partie de la grande armée, reçut un coup de sabre à l'oreille gauche à la prise de Lubeck, le 6 novembre 1806, et un autre à l'épaule gauche à l'affaire de Moringen, en Prusse, le 25 janvier 1807. Il fit encore la campagne de 1809 en Allemagne, et obtint la solde de retraite le 6 juillet 1810. Ce brave soldat réside aujourd'hui à Ormeaux (Seine-et-Marne).

Y.

LERIVINT (JOSEPH-CHARLES), né à Saumur (Maine-et-Loire), le 12 décembre 1776, entra le 3 septembre 1792 en qualité de sous-lieutenant dans le 11e régiment de cavalerie, et fit les campagnes de 1792 à l'an III aux armées de la Moselle et de Sambre-et-Meuse. Le 28 floréal de cette dernière année, à la tête de 4 ordonnances du général en chef, il chassa les tirailleurs ennemis d'un hameau près de Charleroi : 2 de ses cavaliers furent tués dans cette action, où il eut lui-même ses habits criblés de balles. Le même jour, un volontaire blessé, qui se trouvait sur la rive droite de la Sambre, allait être fait prisonnier; Lerivint s'élance dans la rivière, la traverse à cheval sous le feu de l'ennemi, fait monter le soldat en croupe et le ramène au camp. Le 19 messidor an IV, nommé aide-de-camp de son père, il reçut en même temps le brevet de lieutenant. Il fit les campagnes du Danube des ans IV et V, et nommé capitaine le 19 nivôse an VI, il fut placé à la suite du 1er régiment de carabiniers le 2 vendémiaire an VII. Après avoir servi sur le Rhin en l'an VIII, il passa le 21 vendémiaire an IX dans le 16e régiment de cavalerie, devenu 25e dragons. Il obtint le 26 frimaire an XII la décoration de la Légion-d'Honneur. Le 21 novembre 1806, il passa avec son grade dans les dragons de la garde impériale, et fit les campagnes de 1806 et 1807 en Pologne, celle de 1808 en Espagne, et devint chef d'escadron le 1er juin 1809. Il fit encore la campagne d'Autriche de 1809, celle d'Espagne de 1811, et celle de Russie de 1812, et mourut à Moscou le 27 septembre.

B-S.

LEROY (JACQUES-FRANÇOIS), né le 8 septembre 1770 à Montmarquet (Somme), entra comme sous-lieutenant dans le 1er bataillon de volontaires de son département le 2 septembre 1792; il devint lieutenant le 5 ventose an II. Il servit de 1792 à l'an III aux armées du Nord, et de l'an IV à l'an VII en Italie. A la bataille de Verderico, le 9 floréal an VIII, quelques heures avant la capitulation du général Sérurier, il s'empara, avec 6 hommes seulement, de 2 pièces de canon, qu'il fit conduire au parc d'artillerie. Il passa à l'armée gallo-batave, se trouva à toutes les affaires qui eurent lieu en l'an VIII et en l'an IX, obtint la décoration de la Légion-d'Honneur le 26 frimaire an XII, et fut réformé le 18 nivose suivant. Rappelé au service le 9 juin 1808, il rejoignit, le 20 septembre, le 57e régiment de ligne. Nommé capitaine le 4 mars 1809, il fit la campagne d'Allemagne; et, sur sa demande, fut mis à la retraite le 1er août 1811. Il est mort à Aumale (Seine-Inférieure), le 23 mars 1815. B-Š.

LEROY (PIERRE-LOUIS-MARIE), naquit le 4 novembre 1766 à Espin (Calvados). Sous-lieutenant dans le 5e bataillon de volontaires de la Sarthe le 12 mars 1793, il fut nommé adjudant-major (lieutenant) au même bataillon le 4 mai suivant, fit les campagnes de l'armée de l'Ouest depuis 1793 jusqu'à l'an IV, et fut blessé d'un coup de pique et d'un coup de sabre à l'affaire du 17 prairial an III. Passé à l'armée d'Italie, il y fit les campagnes de l'an V à l'an VIII, fut blessé d'un coup de feu à l'épaule gauche à la bataille de Rivoli, reçut plusieurs coups de sabre sur la tête à l'affaire sous Verone, et eut la machoire inférieure fracassée d'un coup de feu à la bataille de Mondovi. En l'an XII et en l'an XIII, il était au camp de Bruges, et c'est là qu'il fut nommé membre de la Légion-d'Honneur le 26 frimaire an XII. Amalgamé dans la 23e demi-brigade en l'an XII, et attaché ensuite au 33e régiment d'infanterie de ligne, il fit la campagne de l'an XIV en Autriche, et fut blessé d'un coup de feu à l'épaule droite à la bataille d'Austerlitz. Chef de bataillon au 59e régiment d'infanterie de ligne le 1er août 1806, il suivit son corps en Prusse et en Pologne. En 1808, il fit partie de l'armée d'Espagne, et passa dans le 6e régiment provisoire lors de son organisation; il se trouvait à la malheureuse affaire de Baylen, et y périt glorieusement les armes à la main le 19 juillet 1808. B-G.

LEVESQUE (PIERRE-CHARLES), naquit à Paris le 28 mars 1736. Son père croyant reconnaître en lui une aptitude particulière pour le dessin et la gravure, il les lui fit enseigner par un maître habile. Lorsque l'enfant eut atteint sa douzième année, il pria son père de le placer dans une école pour y apprendre le latin. Ses progrès dans cette langue furent assez rapides pour engager sa famille à le faire entrer au Collége Mazarin, où il compléta ses études d'une manière brillante. Un revers de fortune obligea ses parens à se retirer à la campagne. Le jeune Levesque resta à Paris et y vécut pendant plusieurs années de son talent pour la gravure, employant ses momens de loisir à approfondir l'étude des langues et la connaissance des arts. Bientôt, il composa quelques ouvrages philosophiques qui fixèrent sur lui l'attention de Diderot. Ce savant encyclopédiste le recommanda à Catherine II, qui le nomma, en 1773, professeur de belles-lettres à l'école des cadets-nobles. Arrivé à Saint-Pétersbourg, il prit aussitôt la résolution d'écrire l'histoire de l'empire des czars. Il étudia donc la langue russe et l'ancien dialecte slavon, dans lesquels sont écrites toutes les chroniques nationales; puis il consulta, annota, transcrivit les nombreux documens mis à sa disposition, et il écrivit l'*Histoire de Russie*. Quand il eut fini son travail, auquel il avait employé les sept années les plus laborieuses de sa vie, il revint en France, quelque tentatives que fît l'impératrice pour le retenir auprès d'elle. Cette histoire, qui parut à Yverdun, en 1782-1783, 8 vol. in-12, lui valut son entrée à l'Académie des inscriptions et un professorat au Collége royal. Durant l'impression de ce grand ouvrage, Levesque fournit plusieurs morceaux importans à la *Collection des moralistes anciens*, dirigée par Naigeon et imprimée chez Didot. Aux jours de la Révolution, occupé exclusivement des lettres, il prépara l'*Histoire de Thucydide* et la publia en l'an IV-VI, 4 vol. in-8°. Admis à l'Institut lors de la première formation (22 frimaire an IV), il se montra fort assidu aux séances et composa pour sa classe un grand nombre de Mémoires historiques. En l'an XII, le 26 frimaire, le premier Consul le nomma membre de la Légion-d'Honneur, et, devenu empereur, il lui confia, en 1809, la chaire de professeur d'histoire et de géographie ancienne à la Faculté des lettres. Il venait de publier ses *Études de l'histoire ancienne et de l'histoire de la Grèce* (1811, 5 vol. in-8°), quand il sentit les premières atteintes de la maladie à laquelle il succomba, à Paris, le 12 mai 1812. D.

LHOTE (MICHEL), ET NON LATHE NI LOTHE, né le 27 février 1756 à Rosamel (Pas-de-Calais), entra au service dans Royal-Navarre-cavalerie (21e régiment) le 27 février 1779, et devint brigadier le 11 mars 1784, fourrier le 5 octobre, et maréchal-des-logis-chef le 5 mai 1788. Sous-lieutenant le 17 juin 1792, et lieutenant le 1er avril 1793, il fit les campagnes de ces deux années en qualité d'aide-de-camp du général Lemoine, et, le 17 septembre 1793, à la prise du camp de Ribsalt, il eut un cheval tué sous lui. Il fit toutes les campagnes de la Révolution depuis l'an II jusqu'à l'an IX. Capitaine le 15 prairial an VIII, Lhote fut incorporé le 20 pluviose an XI dans le 16e de même arme, et passa plus tard dans le 25e régiment de dragons. Il fit les campagnes de l'an XIV en Autriche, de 1806 en Prusse, et de 1807 en Pologne. Il combattit bravement à la bataille d'Eylau, tua plusieurs ennemis, et entre autres un colonel russe. Chef d'escadron au 25e régiment de dragons, il fit les campagnes de 1808 à 1811 à l'armée d'Espagne et à celle de Portugal, et reçut un coup de feu à la jambe gauche le 19 mai 1809, à l'affaire de Lugo, en Galice. Rentré en France pour soigner sa santé, il fut admis à la retraite le 8 mai 1811. Rappelé à l'activité, le 11 novembre 1813, comme chef de la 53e cohorte du 1er ban, devenue 151e régiment d'infanterie de ligne, il fit encore les campagnes de

1813 et 1814. Mis en non-activité à la première Restauration, il reprit les armes pendant les Cent-Jours, et fut définitivement réadmis à la retraite le 9 septembre 1815. Il est mort à Samer (Pas-de-Calais), le 5 mai 1839. B-G.

LION (JEAN-DIEUDONNÉ, *comte*), naquit le 28 octobre 1771 à Morialmé (Pays-Bas). Soldat au régiment royal-liégeois le 10 septembre 1789, il fut fait fourrier le 1er janvier 1791, et sergent le 1er avril 1792. Maréchal-des-logis dans le 20e régiment de chasseurs à cheval le 10 octobre 1792, il fit toutes campagnes depuis cette époque jusqu'à l'an IX aux armées des Ardennes, de Sambre-et-Meuse, de Rhin-et-Moselle, de Mayence, du Danube et du Rhin. Nommé sous-lieutenant le 1er pluviose an II, il devint lieutenant le 28 ventose an IV. Le 7 fructidor de cette dernière année, à l'affaire de Friedberg, à la tête de la 8e compagnie qu'il commandait en ce moment, il chargea l'ennemi avec tant d'impétuosité et d'à propos qu'il le débusqua de sa position, lui prit 2 pièces de canon et fit mettre bas les armes à un bataillon d'infanterie qui fut fait prisonnier, ainsi que 20 hussards autrichiens. Le 25 frimaire an V, à l'affaire de Mainbourg, avec la même compagnie, et après avoir essuyé le feu de l'ennemi, il s'empara des hauteurs qui dominent la ville, obligea un bataillon à déposer les armes, l'emmena prisonnier, prit un drapeau et 2 pièces de canon. Le 19 messidor an VII, à la reprise d'Offembourg, il commandait la 1re compagnie du 20e de chasseurs à cheval. Malgré l'infériorité numérique de sa troupe, il chargea trois fois les hussards de Kaiser; mais il ne put pas les entamer. Le renfort qu'il attendait arriva enfin, il chargea de nouveau l'ennemi, le culbuta et le mena battant pendant plus d'une lieue. Il reçut, dans cette affaire, deux coups de feu, dont un à la main gauche et l'autre au ventre. Capitaine le 11 frimaire an VIII, il soutint, avec sa compagnie, à l'affaire de Lapheim, le 1er prairial suivant, le choc de 200 dragons autrichiens qui avaient mis en déroute une compagnie du 13e régiment de dragons, et sauva toute l'infanterie qui, envoyée en avant, se trouvait fortement compromise. Le lendemain, à la bataille d'Erbach, il maintint les tirailleurs ennemis qui étaient nombreux, les empêcha de s'emparer d'un plateau d'où ils auraient pu découvrir les mouvemens de l'armée française, et dans une charge vigoureusement conduite, il tua 3 ennemis de sa main, et fit prisonnier l'officier qui les commandait; mais il fut blessé d'un coup de sabre à la joue gauche. En l'an XII, il était au camp de Bruges, où il fut nommé membre de la Légion-d'Honneur le 26 frimaire. Il servit au camp de Brest et au corps d'Irlande en l'an XIII, et passa à l'armée du Nord en l'an XIV. Il fit à l'armée de Batavie et à la grande armée la campagne de 1806 en Prusse. A Eylau, il reçut un coup de lance au bras gauche. Fait chef d'escadron le 8 mai suivant, il passa au 2e régiment de chasseurs à cheval le 30 du même mois. En 1808, il faisait partie de l'armée d'observation, et il entra en Allemagne avec la grande armée. Le 20 avril 1809, à la tête de la compagnie d'élite de son régiment, il chargea 2 bataillons hongrois, rangés en bataille, les contraignit de mettre bas les armes, au nombre de 3,000 hommes, et enleva 2 drapeaux qui furent présentés à l'Empereur comme étant les premiers pris dans la campagne. Le 29 du même mois, il devint officier de la Légion-d'Honneur, le lendemain colonel du 14e régiment de chasseurs à cheval et baron de l'Empire. Bientôt après, à la bataille d'Essling, il fut blessé d'un coup de boulet à la jambe gauche, et, le 10 août suivant, l'Empereur le nomma colonel-major des chasseurs à cheval de la garde impériale. Il fit, avec ce corps d'élite, les campagnes de 1812 et 1813, et le 23 juin de cette dernière année il fut promu au grade de général de brigade et maintenu dans ses fonctions de major des chasseurs de la garde impériale. Pendant la campagne de France, en 1814, il fut blessé d'un coup de feu à la tête et d'un autre à la main droite, le 13 février, au combat de Vauchamp. Le 27 février, il était élevé au grade de commandeur de la Légion-d'Honneur. Le gouvernement royal le conserva dans ses fonctions de major du corps royal des chasseurs de France, et Louis XVIII le créa chevalier de Saint-Louis le 19 juillet suivant. Le 9 mars 1815, le général Lefebvre-Desnoëttes, commandant les chasseurs royaux de France, partit de Cambrai et se mit en marche sur Paris. Son intention était de réunir les régimens qu'il trouverait sur sa route, et de marcher avec eux sur la capitale, pour y faire reconnaître l'autorité de Napoléon; il échoua à La Fère d'abord, et ensuite à Compiègne. Ces deux tentatives malheureuses donnèrent l'éveil aux officiers des chasseurs de France. Ils se rendirent chez le général Lefebvre-Desnoëttes, ayant à leur tête le général Lion, pour lui demander des explications sur le mouvement qu'ils exécutaient. Le général Lefebvre-Desnoëttes leur ayant proposé d'aller rejoindre l'Empereur, les officiers refusèrent de seconder son projet, et le général Lion prit le commandement du régiment et le reconduisit à Cambrai (1). Louis XVIII le nomma lieutenant-général commandant le corps royal des chasseurs de France le 13 mars 1815. Mis en disponibilité le 14 avril suivant, il reçut, le 9 juin, une lettre de service pour être employé comme général de brigade à la suite de la réserve de cavalerie de l'armée du Nord. Après les désastres de Mont-Saint-Jean, le gouvernement royal rétablit le baron Lion dans le grade de lieutenant-général, lui conféra le titre de comte, et lui donna le commandement de la 2e division militaire le 7 septembre de la même année. Employé au licenciement de la cavalerie de l'armée le 11 octobre suivant, il fut chargé de l'inspection générale des troupes de cette arme pendant les années 1816 et 1817. Compris comme disponible dans le cadre de l'état-major général de l'armée le 30 décembre 1818, il reprit de nouveau le commandement de la 2e division militaire le 19 janvier 1820, fut élevé à la dignité de grand-officier de la Légion-d'Honneur le 1er mai 1821, et nommé commandeur de l'ordre royal et militaire de Saint-Louis le 20 août 1823. Lorsque Charles X alla se faire sacrer à Reims, une ordonnance royale du 23 mai 1825 con-

(1) VOIR Lefebvre-Desnoëttes t. III, p. 337.

téra au général Lion la décoration de grand'croix de la Légion-d'Honneur. Le 6 août 1830, il fut mis en disponibilité, et nommé le 5 juillet 1832 commandant par intérim de la 2e division militaire. Replacé le 12 août suivant dans le cadre de disponibilité, il eut peu de jours après l'inspection générale de la gendarmerie dans les 8e, 9e et 20e divisions militaires. Investi des mêmes fonctions le 14 juin 1834, il fut nommé membre du comité consultatif de la gendarmerie le 19 décembre suivant. Mis en non-activité le 28 octobre 1836, et placé, le 15 août 1839, dans la section de réserve du cadre de l'état-major général, il se retira à Châlons-sur-Marne, où il est mort le 8 août 1840.

LOTHE. *Voyez* LHOTE.

LOUVET (PIERRE-JEAN-BAPTISTE), né à Beauvais (Oise), le 7 octobre 1754, entra le 14 novembre 1773 dans le 15e régiment de cavalerie, devenu 24e régiment de dragons, et parvint au grade de brigadier le 23 octobre 1780. Maréchal-des-logis et adjudant-sous-officier les 1er et 5 septembre 1784, lieutenant et capitaine les 10 mai et 17 juin 1792, il fit les campagnes de 1792 à l'an IX aux armées du Nord, de Sambre-et-Meuse, du Rhin, et à l'armée gallo-batave. Le premier Consul le nomma membre de la Légion-d'Honneur le 26 frimaire an XII. Le 16 germinal de l'année suivante, il reçut le brevet de chef d'escadron au 14e régiment de dragons, avec lequel il fit la campagne d'Allemagne de l'an XIV. Admis à la retraite le 31 juillet 1806, il se retira à Sarrebourg (Meurthe), où il mourut le 6 septembre 1813. B-S.

MAFFRAND (JEAN-BAPTISTE), naquit le 25 novembre 1772 à Strasbourg (Bas-Rhin). Dragon au 14e régiment le 25 novembre 1786, il servit dans ce corps jusqu'au 22 décembre 1790, et après être resté quelque temps dans ses foyers, il rentra, le 1er août 1791, dans le 3e bataillon des volontaires de la Somme en qualité de sergent-major. Sous-lieutenant le 30 août 1792, il passa dans le 8e bataillon du Pas-de-Calais, devenu 79e régiment de ligne, et y fut promu capitaine le 4 novembre de la même année. Il fit à l'armée du Nord la campagne de 1792 et une partie de celle de 1793. Lors de la retraite de Belgique, étant aux avant-postes de Cassel, il fit plusieurs prisonniers et enleva 16 chevaux équipés. A la fin de 1793, il passa à l'armée de Sambre-et-Meuse, et pendant le blocus de Namur, en l'an II, il surprit un convoi, fit 27 prisonniers, et enleva 80 chevaux de trait qu'il fit conduire au quartier-général. Le 6 prairial de cette même année, au passage de la Sambre, il reçut un coup de feu à la jambe gauche. En l'an III et en l'an IV, il était à l'armée du Rhin, et, le 1er jour complémentaire an IV, au camp de Dourach, étant à la tête de 3 compagnies de grenadiers qui formaient l'avant-garde, il soutint le choc de 3,000 hommes d'infanterie, 2 escadrons de cavalerie et 5 bouches à feu; il fit lui-même 11 prisonniers. Le 4e jour complémentaire suivant, un chef d'escadron du 8e hussards, compromis dans une reconnaissance, allait tomber au pouvoir de l'ennemi, lorsque le capitaine Maffrand accourut à son secours avec sa compagnie. Dans la mêlée, il se trouva cerné par 16 hussards ennemis; un d'eux voulant l'emmener prisonnier, saisit la bride de son cheval : le brave Maffrand lui abattit le poignet d'un coup de sabre et s'ouvrit un passage les armes à la main. A peine dégagé, il aperçut son sous-lieutenant qui luttait avec désavantage contre un groupe nombreux d'ennemis; il vole aussitôt à son secours, disperse les combattans et sauve ainsi la vie à cet officier, dont les forces étaient épuisées par la perte de son sang. En l'an V, Maffrand passa à l'armée d'Italie et fit les campagnes des ans VI et VII aux îles Ioniennes. Dans une sortie à Corfou, faite le 11 frimaire an VII, par la compagnie de partisans dont il avait le commandement, le capitaine Maffrand vit son frère, sergent à la même compagnie, blessé et entouré par l'ennemi; il vola seul à son secours, tua de sa main 5 de ses adversaires et mit les autres en fuite. Le 22 pluviose suivant, dans une sortie générale, il se trouva engagé, lui troisième, dans un bois d'oliviers où 60 Turcs, commandés par un aga, vinrent les assaillir. Le capitaine Maffrand s'élance vers eux, suivi du lieutenant Watillaux et du sergent Lemoine, se saisit de l'aga et le tue. Les Turcs, épouvantés, prirent la fuite. Le 11 ventose de la même année, le capitaine Maffrand, chargé, avec sa compagnie de partisans et 150 hommes de la 79e demi-brigade, de défendre le fort de Saint-Salvador, soutint avec ce peu de troupes un assaut général donné par 6,000 Turcs et 300 Russes, depuis six heures du matin jusqu'à huit heures du soir. Quoique blessé d'un coup de feu au cou, il força l'ennemi à se retirer après des pertes considérables. Rentré en France, il fit les campagnes des ans VIII, IX et X à l'armée de l'Ouest. En l'an XII, il était au camp de Bayonne, et, le 26 frimaire de cette année, il reçut le brevet de membre de la Légion-d'Honneur. De l'an XIII à 1806, il fit la guerre à l'armée d'Italie et à celle de Dalmatie. Admis à la retraite le 7 août 1806, il se retira à Périgueux (Dordogne). Il paraît que cet officier reprit du service, car il était aide-de-camp du général Olivier lorsque ce dernier reçut de l'Empereur, en 1809, le commandement de la 16e division militaire et la mission spéciale de mettre en état de défense les côtes de la Belgique; mais, en 1810, le ministère de la guerre et le grand-chancelier de la Légion-d'Honneur cessèrent de recevoir de ses nouvelles, et l'on ignore ce qu'il est devenu depuis cette époque. B-G.

MAGNIEN (NICOLAS), né le 8 février 1770 à Relanges (Vosges), entra comme volontaire au 1er bataillon du Haut-Rhin le 3 octobre 1791, et passa par incorporation dans le 1er régiment de dragons le 11 ventose an II. Il fit toutes les campagnes de la Révolution aux armées de la Moselle, de Sambre-et-Meuse, de l'Ouest, de Mayence, du Danube, du Rhin, d'Italie et de réserve. A Marengo, il traversa un escadron ennemi et tua un des officiers qui le commandaient. Passé à l'armée des côtes dans la division de dragons d'Amiens, en l'an XII, il obtint, le 26 frimaire de la même année, la décoration de la Légion-d'Honneur. Il se trouva aux batailles d'Austerlitz et d'Iéna, et mourut glorieusement à Friedland le 14 juin 1807. Y.

MALEZIEUX (PIERRE-ANTOINE), naquit le 23 décembre 1771 à Saint-Dizier (Haute-Marne). Volontaire le 25 août 1793 dans le 6e bataillon du Doubs, amalgamé, le 23 messidor an II, dans la 11e demi-brigade d'infanterie légère, devenue 10e le 1er ventose an IV, et 10e régiment de même arme le 1er vendémiaire an XII, il fit les campagnes de 1793 et de l'an II à l'armée du Rhin. Le 4e jour complémentaire an II, à Kayserslautern, il fut blessé d'un coup de sabre à la main gauche. Caporal le 27 vendémiaire an III, il servit à l'armée de Rhin-et-Moselle pendant les ans III, IV et V, et se trouva au combat de Korch, à la bataille de Rastadt, à celle d'Etlingen, où il reçut un coup de feu au côté droit, et aux combats de Neresheim et de Geissenfeld, les 8, 17 et 21 messidor an IV, et les 24 thermidor et 15 fructidor suivans. Passé en l'an VI à l'armée d'Angleterre, il revint à celle du Rhin, où il prit part aux guerres des ans VII, VIII et IX, et se fit remarquer, le 11 floréal an VIII, au passage du Rhin, et le 20 du même mois au combat de Memmingen. Il se trouva, le 23 prairial suivant, à l'affaire de Zolhanen, au passage du Lech, et, le 30, il combattit à Hochstadt. Sergent le 1er thermidor an IX, il fit partie des troupes rassemblées au camp de Saint-Omer pendant les ans XII et XIII, et fut créé membre de la Légion-d'Honneur le 26 frimaire an XII. De l'an XIV à 1808, il servit en Autriche, en Prusse et en Pologne, se distingua, le 17 vendémiaire an XIV, au combat d'Aicha, et le 11 frimaire suivant à Austerlitz, où il fut blessé d'un coup de mitraille à la cuisse droite. En 1807, il prit part au combat de Bergfried et à la bataille d'Eylau, et fit la campagne de 1809 en Allemagne. Employé en 1810 sur les côtes de Brest, en 1811 à la 2e division du corps d'observation de réserve, et, en 1812, à la 1re division de l'armée du Nord ; en Espagne, il devint sergent-major le 20 mars 1812, sous-lieutenant le 9 juillet suivant, lieutenant le 8 mars 1813, et passa à la grande armée, avec laquelle il fit la campagne de cette dernière année en Allemagne et en Saxe. Prisonnier le 11 novembre 1813, il ne rentra en France que le 19 juillet 1814. Retraité le 13 février 1815, il se retira à Albi (Tarn), où il réside encore aujourd'hui. B-G.

MANDRIER. Voyez MAUDRIER.

MANDRILLON (PHILIBERT), né le 6 mai 1768 à Château-Salins (Jura), s'engagea le 17 août 1788 au 12e régiment de chasseurs à cheval, obtint les galons de brigadier le 16 floréal an II, et ceux de brigadier-fourrier le 11 prairial an VIII, et fit toutes les campagnes de la liberté aux armées du Nord, de Sambre-et-Meuse, du Danube, d'Helvétie et du Rhin. Au mois de messidor an II, à l'armée du Nord, il faisait partie d'un piquet de 25 hommes, qui fournit deux charges sur un ennemi bien supérieur en nombre, et lui reprit une pièce de canon et plusieurs prisonniers français au nombre desquels se trouvait le général Roques. Au mois de germinal an III, il faisait encore partie d'un peloton de 30 chasseurs, qui reprirent un obusier à l'ennemi et lui firent 7 prisonniers. Parti en congé absolu le 30 thermidor an X, Mandrillon fut nommé membre de la Légion-d'Honneur par arrêté du 26 frimaire an XII. Il est mort à Château-Salins (Jura), le 17 décembre 1843. Y.

MARCEAU ET NON **MARSAU** (LOUIS-FIDÈLE), naquit le 23 juillet 1771 à Beaulieu (Indre). Réquisitionnaire à la 38e demi-brigade de ligne le 12 ventose an II, il passa, en fructidor an IV, dans la 21e, et fit les campagnes des ans II, III et IV aux armées du Nord et du Rhin. Le 4 nivose an III, devant Mayence, il tua un cavalier ennemi, en démonta 2 autres et reçut un coup de sabre sur la tête. En garnison dans la 16e division militaire en l'an V, il passa en l'an VI en Italie, et servit à l'armée de Batavie l'année suivante. Il fut nommé légionnaire le 26 frimaire an XII, étant au camp de Bruges, et obtint le grade de caporal de grenadiers le 11 thermidor de la même année. A Austerlitz, à Ulm et à Eylau, il se fit remarquer par son courage et son sang-froid. A la bataille de Wagram, le 6 juillet 1809, il reçut un coup de feu qui lui traversa la cuisse gauche, et, le 13 juin 1811, il fut choisi par l'Empereur pour passer dans les chasseurs à pied de la garde impériale, avec laquelle il fit la campagne de 1812. Dans les états produits pour l'année 1812, par les chasseurs à pied de la garde impériale, il a été signalé comme resté en arrière le 13 décembre. On n'a eu aucune nouvelle de lui depuis cette époque. Y.

MARCHADIER (PIERRE), DIT L'HUMEUR, naquit en août 1769 à Saint-Léger (Haute-Vienne). Grenadier le 25 septembre 1791 dans le 1er bataillon du 20e régiment d'infanterie (ci-devant Cambrésis), devenu 39e demi-brigade de bataille en l'an II, 4e demi-brigade d'infanterie légère à l'organisation de l'an IV, et 4e régiment de même arme à celle du 1er vendémiaire an XII, il fit toutes les campagnes de la Révolution, de 1792 à l'an IX, dans les différentes armées de la République, fut nommé sapeur le 16 frimaire an V, et devint caporal de grenadiers le 12 nivose an VI. Le 21 vendémiaire an VIII, détaché dans la compagnie des guides du général en chef de l'armée de Batavie, il rentra à son corps après la cessation des hostilités. Il fit partie des troupes rassemblées au camp de Saint-Omer pendant les ans XII et XIII. Membre de la Légion-d'Honneur le 26 frimaire an XII, il servit en Autriche, en Prusse et en Pologne, de l'an XIV à 1807, avec la grande armée; obtint son congé vers le commencement de 1810, et mourut à Paris le 11 janvier 1811.

MARIGNIER ET NON **MARIGNY** (ANTOINE), naquit le 22 mars 1764 à Villette (Isère). Soldat au 9e régiment de dragons le 21 avril 1793, il fit toutes les campagnes de la liberté aux armées des Alpes et d'Italie. A Verderio, le 9 floréal an VII, quoique grièvement blessé d'un coup de sabre à la tête, il continua de combattre et fit 2 prisonniers dont un officier autrichien. Brigadier le 5 prairial an X, et membre de la Légion-d'Honneur le 26 frimaire an XII, il fit encore les campagnes d'Autriche, de Prusse et de Pologne pendant les ans XIV, 1806 et 1807. Le 5 février 1807, au combat de Landsberg, il tomba au pouvoir de l'ennemi et fut conduit dans les prisons de la Russie. Depuis cette époque, on a cessé de recevoir des nouvelles de ce militaire. Y.

MARILLIER (JACQUES), né à Autun (Saône-et-Loire), le 9 janvier 1746, entra au service dans le bataillon des milices de Touzun le 1er mai 1764, passa, le 24 avril de l'année suivante, dans le 17e régiment de cavalerie, devenu 26e de dragons, et fit la campagne des côtes de Calais en 1779. Il devint brigadier le 1er septembre 1784, maréchal-des-logis le 1er janvier 1792, sous-lieutenant et lieutenant les 16 juin et 12 novembre 1793. Après avoir fait les premières guerres de la Révolution de 1792 et 1793, il obtint, le 28 nivose an II, le grade de capitaine. Le 16 floréal de la même année, les dragons de Cobourg et les hussards hongrois s'étaient emparés de 2 pièces de canon et d'un obusier qu'ils se disposaient à emmener; Marillier fond sur eux à la tête de 50 hommes, reprend les 2 bouches à feu et dégage le général d'Hautpoul, entouré de 12 cavaliers autrichiens. Il fit encore les campagnes de l'an III à l'an IX, et reçut la croix de la Légion-d'Honneur le 26 brumaire an XII. Retraité le 3 brumaire an XIII, il se retira à Commercy (Meuse), où il mourut le 7 janvier 1809. B-S.

MARMOIX (JEAN-BAPTISTE), naquit le 10 mai 1769 à La Chaussée (Meurthe). Volontaire au 1er régiment de dragons le 22 mars 1791, il fit les campagnes de 1792 et 1793 à l'armée du Nord, et passa, l'année suivante, à celle des Ardennes, où il obtint le grade de brigadier le 1er nivose an III. Envoyé en l'an IV à l'armée d'Italie, il se fit remarquer au combat de Cassano le 22 fructidor an IV, reçut un coup de feu à la tête à la bataille de Marengo le 25 prairial an VIII, devint maréchal-des-logis le 16 brumaire an IX, et légionnaire le 26 frimaire an XII. Attaché, pendant cette année et la suivante, à la division de dragons d'Amiens, il passa à la grande armée, avec laquelle il fit les campagnes de l'an XIV et de 1806, reçut le grade de maréchal-des-logis-chef le 21 juin de cette dernière année, et fut tué d'un coup de canon au combat de Hoff, en Prusse, le 6 février 1807. Y.

MAROTEAU (CLAUDE), né en 1773 à Château-Thierry (Aisne), entra au service le 26 août 1791 au 1er bataillon de volontaires de l'Aisne, dit *de Vervins*, qui fut successivement amalgamé dans les 150e demi-brigade de ligne et 21e de bataille. Il combattit aux armées du Nord et d'Italie, fut blessé et fait prisonnier par les Autrichiens à la bataille de Novi, le 28 thermidor an VII, et échangé après la paix de Lunéville. Le 10 messidor an IX, il fut embarqué sur la frégate *la Clorinde*, de l'expédition de Toulon, rentra en France le 18 brumaire an X, passa dans les vétérans le 1er germinal an XI, et reçut la décoration de la Légion-d'Honneur par arrêté du 26 frimaire an XII. On ignore ce que ce militaire est devenu depuis le 1er juillet 1806, date des dernières nouvelles que l'administration ait eues de lui. Y.

MARSAU. *Voyez* MARCEAU.

MARULAZ (FRANÇOIS-CLAUDE), naquit le 2 février 1740 à Germesheim (Mont-Tonnerre). Hussard dans le régiment de Nassau le 15 juin 1758, il fit les guerres de Hanovre de 1758 à 1762. Passé au régiment d'Esterhazy, même arme, le 29 septembre 1769, il y fut nommé brigadier et maréchal-des-logis les 17 janvier et 11 août 1771, devint fourrier le 17 mars 1772, et maréchal-des-logis-chef le 1er juillet 1776. Les trois blessures graves qu'il avait reçues en Hanovre le firent admettre, le 6 janvier 1785, dans une compagnie de vétérans. Le 1er octobre 1792, le ministre de la guerre le nomma capitaine dans le 8e régiment de hussards, avec lequel il combattit à l'armée du Rhin de 1792 à l'an III. Il obtint définitivement sa retraite le 2 frimaire an XII, et fut nommé membre de la Légion-d'Honneur le 26 du même mois. Il est mort à Sarralbe (Moselle), le 9 mars 1822. B-S.

MASILIERE (JEAN), naquit le 14 juin 1769 à Sadirac (Gironde). Volontaire au 5e bataillon de la Gironde, il fut amalgamé successivement dans les 13e, 80e et 32e demi-brigades de ligne, et fit toutes les campagnes d'Italie et d'Orient de 1792 à l'an IX. Blessé grièvement d'un coup de feu au genou gauche au siège de Saint-Jean-d'Acre, il continua de combattre vaillamment avec les grenadiers de sa demi-brigade et ne quitta la tranchée qu'à la fin de son service. Le 23 vendémiaire an XI, il passa dans les vétérans de l'armée d'Orient, obtint la décoration de la Légion-d'Honneur le 26 frimaire an XII, devint électeur de l'arrondissement de Bordeaux, fut admis à la solde de retraite le 18 juin 1806, et se retira à Bordeaux, où il réside encore aujourd'hui. Y.

MASSE (HENRI-DENIS, *et non* HENRI-MATHIEU), né le 15 juillet 1762 à Châteaudun (Eure-et-Loir), entra au service comme dragon dans le 10e régiment le 21 avril 1782, fut fait brigadier le 22 juin 1790, et maréchal-des-logis le 6 novembre 1791, et fit la campagne de 1792 à l'armée du Nord. Maréchal-des-logis-chef le 8 avril 1793, il obtint le grade de sous-lieutenant le 25 mai suivant. Il continua à faire la guerre depuis cette époque jusqu'à l'an X, et devint lieutenant, puis capitaine les 25 germinal an IX et 21 vendémiaire an XII. Membre de la Légion-d'Honneur le 26 frimaire suivant, il fit la campagne de l'an XIV en Autriche, et celles de Prusse et de Pologne en 1806 et 1807. Il se signala à l'affaire de Wickmansdorff le 27 octobre 1806, et aux batailles d'Eylau et de Friedland. En 1808, il passa à l'armée d'Espagne, fit les campagnes de 1809, 1810 et 1811 en Espagne et en Portugal, et prit une part honorable aux combats d'Alba de Tormes et de Fuentes de Onoro. A la fin de 1811, le 10e régiment de dragons, désigné pour former le 5e de chevau-légers-lanciers, rentra en France pour y faire sa nouvelle organisation. En 1812, ce régiment fit partie de la grande armée, et le capitaine Massé eut la jambe droite fracassée par un boulet, le 7 septembre, à la bataille de Mojaisk. Cette blessure, qui le priva de l'usage du pied droit, le força à se retirer du service, et il fut admis à la retraite le 4 janvier 1815. Il est mort le 17 juin 1825.

MASSOL (JOSEPH), naquit le 18 octobre 1773

à Toulouse (Haute-Garonne). Soldat le 1er février 1790 dans le 3e régiment d'infanterie (ci-devant Piémont), il fut nommé fourrier le 25 avril 1792, et sergent-major le 9 vendémiaire an II, et fit les campagnes de 1792 à l'an IV inclusivement à l'armée du Rhin. Passé comme lieutenant en second au 4e bataillon de sapeurs le 7 prairial an III, il servit à l'armée des côtes de l'Océan pendant les ans V et VI, fut nommé lieutenant en premier le 5 germinal an V, et fit les campagnes à l'armée de Rhin-et-Moselle de l'an VII à l'an IX. Employé dans la 26e division militaire depuis l'an X jusqu'à l'an XIV, il fut créé membre de la Légion-d'Honneur le 26 frimaire an XII, et entra comme lieutenant en second dans les grenadiers à pied de la garde impériale le 1er mai 1806. Il fit les campagnes de 1806 et 1807 en Prusse et en Pologne, et assista aux batailles d'Iéna et d'Eylau. Il servit dans la péninsule pendant l'année 1808 et le commencement de 1809, passa lieutenant en premier le 9 avril de cette dernière année, et fit la campagne d'Allemagne. Le 22 mai, il combattit à Essling, et fut blessé d'un coup de mitraille à l'attaque du village de Gross-Aspern. Le 6 juillet suivant, il se signala encore à la bataille de Wagram. Envoyé alors en Espagne, il fit ensuite partie de l'armée du Nord durant les années 1810 et 1811. Capitaine de la vieille garde le 21 mars 1811, il prit part à l'expédition de Russie en 1812. Chef de bataillon, avec rang de major, au 6e régiment de tirailleurs de la garde le 18 janvier 1813, et officier de la Légion-d'Honneur le 26 mai suivant, il se fit encore remarquer pendant la campagne de Saxe, et se trouva aux batailles de Lutzen, de Bautzen, de Wurtchen, de Dresde, de Wachau et de Hanau. Il combattit avec la grande armée en 1814, et après la rentrée des Bourbons en France, le 6e régiment de tirailleurs ayant été versé dans les 86e, 88e et 89e régimens de ligne, le major Massol fut nommé chevalier de l'ordre royal et militaire de Saint-Louis le 26 octobre 1814, et placé avec son grade à la suite du 67e régiment d'infanterie de ligne le 8 novembre suivant. Licencié après les désastres de Mont-Saint-Jean, il fut placé provisoirement, le 23 septembre 1815, au dépôt des compagnies qui servirent à la formation de la légion de la Haute-Garonne, et passa ensuite comme lieutenant-colonel à la légion de Maine-et-Loire (n° 47), devenue 24e régiment d'infanterie de ligne le 23 octobre 1820. Nommé, le 23 mai 1821, colonel du 19e régiment d'infanterie de ligne, il servit jusqu'au 17 novembre 1825, époque à laquelle il fut admis à la retraite, se retira dans sa ville natale, et y mourut le 9 août 1838. D-G.

MASSON (FRANÇOIS), né en 1745 à la Vieille-Lire (Eure), commença à étudier la sculpture à Pont-Audemer. Deux portraits en médaillon du maréchal Broglie et de son frère l'évêque de Noyon, exécutés avec succès par le jeune artiste, attirèrent sur lui la protection de cette famille. Appelé à Paris, il suivit les leçons de Guillaume Coustou, célèbre sculpteur de ce temps.

Quatre ans plus tard, il fut chargé, par l'évêque de Noyon, de l'érection d'une fontaine sur la place de l'archevêché. Le prélat, satisfait de son travail, envoya Masson à Rome et l'y entretint pendant cinq ans. A son retour, le maréchal de Broglie le chargea de la décoration du palais du gouvernement à Metz. Séparé, par les événemens de la Révolution, de ses nobles clients, il se livra au genre du portrait, et exécuta, soit en marbre, soit en plâtre, les bustes des personnages les plus marquans de l'Assemblée constituante. Une grande ressemblance et la vie qu'il savait donner à ses figures mirent en vogue ses ouvrages.

En 1792, il exposa au concours deux figures représentant, l'une *le Sommeil*, l'autre *Hector attaché au char d'Achille*, et il exécuta le groupe allégorique du *Dévoûment à la Patrie*, que l'on a admiré long-temps sous le péristyle du Panthéon. En l'an V, chargé de la direction des sculptures des Tuileries, il exécuta, sur la demande du conseil des Anciens, un monument à la gloire de J.-J. Rousseau, lequel se trouve maintenant au palais du Luxembourg.

Créé membre de la Légion-d'Honneur le 26 frimaire an XII, Masson exposa, l'année suivante, par ordre du gouvernement, la statue du général Caffarelli, qui décore aujourd'hui la Chambre des pairs. L'on doit au ciseau de cet artiste les bustes du général Kléber, du maréchal Lannes et de l'empereur Napoléon. Indépendamment de ces travaux publics, il composa des ouvrages particuliers, entre autres : *Thétis plongeant Achille dans le Styx*, une *Bacchante endormie*, une *Veuve se regardant dans un miroir*, et *Flore, ou la jeunesse*; cette dernière statue a été acquise, après sa mort, par le gouvernement.

Cet habile sculpteur ne fut membre d'aucun corps académique. Il est mort le 14 décembre 1807.

MATHIS *Voyez* KIST.

MAUDRIER (CHARLES), naquit le 12 mars 1783 à Sarreguemines (Moselle). Admis à la solde au 1er régiment de chasseurs à cheval comme enfant de troupe le 1er mai 1793, il passa trompette bientôt après, et fit les campagnes des ans VIII et IX aux armées du Rhin, de réserve et d'Italie. A l'affaire d'Ober-Batzheim, le 16 prairial an VIII, il montra la bravoure la plus éclatante, et obtint, le 26 frimaire an XII, la décoration de la Légion-d'Honneur. L'Empereur l'attacha ensuite à l'arrondissement électoral de Sarreguemines. Détaché au camp de Bruges durant les ans XII et XIII, il fit la campagne de l'an XIV en Autriche, se trouva à Austerlitz, et reçut, pendant la campagne suivante, en Prusse, une grave blessure au bras gauche qui le contraignit à prendre sa retraite le 12 décembre 1806. Il est mort à Freyming (Moselle), le 5 juillet 1818. Y.

MAYNAUD (JEAN-JACQUES), né le 1er mars 1771 à Cavanac (Aude), entra le 30 août 1792 dans un des bataillons de volontaires qui formèrent plus tard la 32e demi-brigade de ligne, devenue 32e régiment en l'an XII. Il fit les campagnes de 1792 à l'an V aux armées des Alpes et d'Italie, et celles des ans VI à IX à l'armée d'Orient. Blessé d'un coup de feu à la jambe droite le 29 fructidor an IV, sous Mantoue, il le fut encore à la tête, le 15 germinal an VII, au siége de Saint-Jean-d'Acre. Il reçut les galons de caporal le 9 thermidor an X, suivit son corps au rassemblement de troupes qui eut lieu sur les côtes de l'Océan en l'an XII et en l'an XIII, et obtint la décoration de la Légion-d'Honneur le 26 frimaire an XII. Maynaud fit les guerres de l'an XIV, de 1806 et 1807 en Autriche, en Prusse et en Pologne. Au combat d'Albeck, livré le 19 vendémiaire an XIV, par 25,000 Autrichiens aux 6,000 soldats de la division Dupont, il fut blessé de trois coups de sabre à la tête et de deux aux épaules. En 1808, il passa en Espagne avec son régiment, devint sergent le 21 novembre 1809, retourna en Allemagne au mois de mars 1813, et fut promu sous-lieutenant provisoire pendant la campagne de France le 22 mars 1814. Confirmé et retraité dans ce grade, il se retira à Carcassonne (Aude), où il est mort le 28 mars 1836.   C-D.

MAZUET ET NON **MAZUE**, **MAZUYET**, NI **MARNE**, comme on lit dans plusieurs listes de légionnaires (JEAN-FRANÇOIS), né en 1769 à Campneuville (Meuse), entra au 7ᵉ régiment de hussards le 10 février 1793, et fit toutes les campagnes de la liberté aux armées de Rhin-et-Moselle et d'Helvétie. Le 24 vendémiaire an XI, il obtint son congé à titre d'ancienneté, devint membre de la Légion-d'Honneur le 26 frimaire an XII, et mourut le 9 ventose suivant.

MÉCHAIN (PIERRE-FRANÇOIS), naquit à Laon (Aisne), le 16 août 1745. Il se livra de bonne heure, exclusivement à son goût pour les sciences, et ses succès lui ouvrirent les portes de l'École des ponts et chaussées, que la position gênée de sa famille l'obligea de quitter pour accepter une éducation particulière. Du reste, cette place lui laissait de nombreux loisirs, et il en profita pour se livrer assidument à ses études favorites. Lalande eut occasion d'apprécier la capacité de ce jeune homme ; il lui devint un utile protecteur et le fit nommer astronome géographe au dépôt des cartes de la marine. Il accompagna la Bretonnière dans deux voyages sur mer, et rédigea avec lui d'importantes observations : il donna, notamment, la description de cent lieues de côtes entre Nieuport et Saint-Malo, et traça peu de mois après les principaux élémens d'une carte militaire de l'Allemagne et de l'Italie septentrionale. Cependant, il poursuivait ses études astronomiques, et ses observations, communiquées à l'Académie des sciences par l'intermédiaire de Lalande, étaient souvent imprimées dans les *Mémoires* de cette compagnie. L'étude des comètes fut celle à laquelle il se livra avec le plus d'ardeur, et ses efforts furent en général couronnés d'un plein succès. En 1781, Herschell avait découvert une planète nouvelle (Uranus), que les astronomes considérèrent dans le principe comme une comète. Méchain déclara le premier qu'*Uranus* était une planète. L'année suivante, une circonstance nouvelle mit encore en relief la sagacité du jeune astronome. Deux comètes avaient été signalées, l'une en 1532, l'autre en 1661. D'après les élémens fautifs fournis par les divers astronomes qui avaient observé l'une et l'autre, on s'était persuadé que les deux comètes n'en faisaient qu'une, et, conformément aux calculs établis sur cette base, on s'attendait à la voir reparaître en 1790. Cependant, comme la question ne semblait pas suffisamment éclairée, l'Académie la mit au concours. Méchain établit lui-même des calculs particuliers, et, examen fait, se prononça contre l'identité des deux comètes. L'Académie lui décerna le prix (1778), et l'événement confirma huit ans après le résultat des calculs du lauréat. Dans l'espace de dix-huit ans, il découvrit onze comètes dont il calcula les orbites. Sa réputation était déjà européenne lorsque l'Académie des sciences l'admit dans son sein (1782). En 1785, lorsque l'astronome Jeaurat, devenu académicien pensionnaire, renonça à la rédaction de la *Connaissance du temps*, Méchain fut choisi pour le remplacer dans cet emploi, auquel était affecté un modique traitement (300 fr.).

Peu de temps après, une grande question scientifique fut agitée dans le monde savant. Il s'agissait de déterminer avec précision la position relative des Observatoires de Paris et de Grenwich, près de Londres. Les astronomes, membres de la Société royale de Londres, et ceux de l'Académie des sciences de Paris, se chargèrent d'opérer en commun cette importante vérification. Les savans anglais se présentèrent avec un appareil d'instrumens dont on exaltait, outre mesure, le mérite et la précision. L'Académie des sciences avait nommé pour commissaires Cassini, Legendre et Méchain (1), munis d'un instrument nouveau dont la réputation était encore à faire, le cercle répétiteur de Borda. Il s'agissait en même temps d'établir la supériorité de cet instrument sur les quarts de cercles dont on s'était habituellement servi jusqu'alors. Toutes les épreuves furent décisives, et il ne fut plus permis de mettre en doute la supériorité du répétiteur de Borda, non-seulement sur les anciens quarts de cercle, mais aussi sur tous les instrumens qu'avaient apportés les astronomes d'outre-Manche.

L'Assemblée constituante avait ordonné l'établissement d'un nouveau système de mesures, fondé sur la grandeur des méridiens terrestres. Ce travail fut confié à 2 astronomes, Delambre et Méchain, dont l'un devait déterminer les différences célestes et terrestres entre les parallèles de Dunkerque et de Barcelone. Méchain fut chargé de l'espace qui s'étend depuis Barcelone jusqu'à Rodez. Il partit au mois de juin 1792. A Essonne, l'autorité municipale le fit arrêter, et il demeura incarcéré jusqu'à ce que les renseignemens pris sur son compte eussent constaté que sa mission était étrangère à la politique. Arrivé enfin en Espagne, il achève avec une rapidité extraordinaire les opérations nombreuses et difficiles qu'il est chargé d'exécuter (2).

Au moment où Méchain allait quitter Barcelone, un accident affreux faillit lui coûter la vie. Un médecin de la ville l'avait prié de venir chez lui pour

---

(1) Legendre, malade, ne passa pas la mer. Cassini et Méchain travaillèrent seuls avec les savans anglais.

(2) Après la mort de Méchain, Arago fut chargé de terminer le prolongement de la méridienne jusqu'en Afrique (Algéric).

examiner une nouvelle machine hydraulique : Méchain se rendit à cette invitation. En l'absence des chevaux employés au service de la machine, le médecin crut pouvoir, avec l'aide de son domestique, la mettre en mouvement. Il avait réussi en effet, et Méchain, placé sur une sorte d'éminence, observait attentivement le jeu de la machine et la grande masse d'eau qu'elle lançait à l'extérieur, lorsque tout-à-coup le médecin et son valet, entraînés par le mouvement puissant de la pompe, sont renversés et tombent en abandonnant le levier. Méchain se précipite pour les secourir, mais le levier, devenu libre, l'atteint, le lance violemment contre le mur, et lui brise la clavicule et plusieurs côtes, et il reste trois jours sans connaissance. Heureusement les soins de l'art parvinrent à le rappeler à la vie. La convalescence fut très longue, et, dans l'intervalle, la guerre ayant éclaté entre la France et l'Espagne, les autorités de Barcelone le retinrent dans cette ville comme prisonnier de guerre. Captif au fort de Montjouy, il y répéta ses expériences, mais bientôt il s'aperçut avec douleur que ses résultats ne s'accordaient pas complétement avec les observations précédentes qu'il avait envoyées en France. Cette différence le tourmente et l'afflige, et il prend la résolution de dérober à la connaissance des astronomes et du public le résultat de son dernier travail. Mais le secret qu'il garde lui pèse; son imagination en est obsédée; une mélancolie profonde s'empare de lui, et dès ce moment il est frappé au cœur. Cependant cette différence n'existait que sur la position d'une étoile de quatrième grandeur. Des observations postérieures ont assigné une autre troisième position à cette étoile. Donc cette étoile ne serait pas fixe, et l'erreur qui désespéra Méchain serait le premier pas à une découverte réservée à quelque patient et infatigable astronome pratique (1); il obtint enfin l'autorisation de s'embarquer pour l'Italie.

Méchain cependant ne cessait pas d'écrire pour obtenir les moyens de reprendre sa mission en Espagne. Il ne rentra à Paris qu'en l'an VII. Il était absent depuis 1792; il était le plus ancien des astronomes du bureau des longitudes; il fut mis en possession de la direction de l'Observatoire; mais il était toujours dominé par son idée fixe. Il brûlait du désir de retourner encore en Espagne pour y renouveler ses expériences. Plein de cette idée, il propose à l'Académie de prolonger la méridienne jusqu'aux îles Baléares, et s'offrit pour mettre ce projet à exécution. C'est en vain qu'on s'efforça de le retenir; il partit en dissimulant toujours les véritables motifs de ce voyage. Ce voyage fut pour lui plein de fatigues et de dangers; il brava tout pour achever son travail, même la contagion de la fièvre jaune. Malheureusement, il rapporta avec lui le germe de cette terrible maladie. Membre de la Légion-d'Honneur le 26 frimaire an XII, il mourut le 4ᵉ jour complémentaire de la même année. Ce ne fut qu'après cette fin prématurée qu'on connut, en compulsant ses manuscrits, la cause de cette tristesse incurable qui avait abreuvé d'amertume les derniers temps de sa glorieuse carrière.

(1) Voir un Mémoire publié par M. Nicolas vers 1810.

Méchain n'a publié séparément que les volumes de la *Connaissance des temps*, de 1786, an II à l'an XI, et quelques Mémoires sur les comètes qu'il a découvertes et sur quelques longitudes géographiques. Tous ses autres travaux se trouvent : 1º Dans la *Connaissance des temps;* 2º dans la *Base du système métrique décimal;* 3º dans la *Mesure de l'arc du méridien compris entre les parallèles de Dunkerque et de Barcelone*, par Méchain et Delambre, rédigée par Delambre; 3 vol. in-4º D.

MÉHUL (ÉTIENNE-NICOLAS), naquit à Givet (Ardennes), le 24 juin 1763. Il avait à peine dix ans quand on lui confia l'orgue des récollets de Charlemont; à douze, il était organiste adjoint de la riche abbaye de la Valledieu. Arrivé à Paris en 1779, Gluck l'initia aux mystères de son art. Abandonné à ses seules forces par le départ de son illustre maître pour Vienne, il présenta à l'Académie royale de musique un opéra de *Cora et Alonzo*, mais, rebuté par les délais qu'il lui fallut subir, il fit recevoir par l'Opéra-Comique, en 1790, *Euphrosine* et *Coradin*, opéra en 3 actes; ce début produisit la plus vive sensation. Grétry regardait le fameux *duo de la jalousie*, dans cette pièce, comme le plus beau morceau d'effet qui existât, sans en excepter ceux de Gluck. L'administration de l'Opéra fit représenter, en 1791, *Cora et Alonzo*, mais le public accueillit la pièce avec froideur. *Stratonice* parut l'année suivante, et consola Méhul; c'est la plus parfaite de ses compositions. Son opéra d'*Adrien*, qui devait suivre *Stratonice*, fut suspendu pour des causes politiques.

En 1793, Méhul fit la musique de l'*Hymne à la Raison*, par Chénier, de celles du *Chant du départ* et du 9 thermidor. Il donna au public l'opéra républicain de *Horatius Coclès*, la musique du ballet du *Jugement de Pâris*, le *Jeune sage et le vieux fou*, opéra, et le *Congrès des rois*, pièce révolutionnaire. En l'an II, parut *Phrosine et Mélidore*, dont l'admirable finale du premier acte suffirait seule pour établir la réputation d'un grand compositeur. A la création du Conservatoire de musique, en l'an III, Méhul devint un des trois inspecteurs de l'enseignement, et fut admis à l'Institut (4ᵉ classe). Dans la même année, il donna *Doria, ou la tyrannie détruite*, puis, en l'an VII, *Adrien*, qui avait été reçu en 1792. L'année suivante, parut *Épicure*, dont il composa la musique en société de Cherubini, et ensuite *Ariodant*.

Méhul donna, en l'an X, sur le théâtre de l'Opéra-Comique, *une Folie*. Bonaparte montrait de la prédilection pour la musique italienne, par conséquent le journaliste Geoffroy décriait tout ce qui n'était pas l'ouvrage d'un ultramontain. Méhul, pour échapper à cette injuste prévention, et donner en même temps un démenti à ses juges, fit annoncer l'*Irato* comme parodie de l'italien. Cet opéra charmant obtint un brillant succès, et Geoffroy ne fut pas moins dupe que le public. L'auteur se nomma alors, et le critique n'osa pas révoquer des éloges qu'il avait donnés au nom bien plus qu'au talent.

Le 26 frimaire an XII, Méhul fut nommé membre de la Légion-d'Honneur par le premier Consul, qui lui accorda une pension de 2,000 francs, et lui fit offrir plus tard la place de directeur de sa musique. La conduite de Méhul dans cette circonstance fait le plus grand honneur à son caractère; il demanda à partager les fonctions et les émolumens de cet emploi avec son ami Cherubini, dont il connaissait les besoins. *Je veux*, dit Napoléon, *un maître de chapelle qui fasse de la musique et non du bruit*. Il fit paraître dans le courant des années 1806 et 1807, les *deux Aveugles de Tolède*, *Gabrielle d'Estrées*, *Uthal*, et *Joseph*, désigné en 1810 par la commission pour les prix décennaux. En 1808, Méhul mit en musique les couplets chantés dans le banquet donné par la ville de Paris à l'une des colonnes du 1er corps de la grande armée, aux ordres du maréchal Victor. Il lut à l'Institut deux rapports remarquables sur l'état futur de la musique en France et sur les travaux des élèves du Conservatoire de Rome.

En 1815, il fut nommé surintendant de la musique de la chapelle du roi, professeur de composition à l'École royale de musique, et, l'année suivante, membre de l'Académie des beaux-arts et du comité de lecture de l'Opéra. Il mourut à Paris le 18 octobre 1817.

MELY (NICOLAS), naquit le 15 janvier 1757 à Visep (Ardennes). Entré au service le 1er mai 1776 dans le 75e régiment d'infanterie, il devint caporal-fourrier de grenadiers le 21 septembre 1793. Il fit toutes les campagnes de la Révolution, et fut nommé sergent le 18 ventose an II, tambour-major le 15 germinal suivant, sergent-major le 23 prairial de la même année, et adjudant-sous-officier le 6 floréal an III. Le 2 vendémiaire an IV, à Manheim, à la tête de 17 hommes seulement, il combattit avec un courage admirable pendant deux heures. Les munitions se trouvant épuisées, ces 17 braves furent faits prisonniers et massacrés par 30 cuirassiers autrichiens. Resté seul debout sur le champ de bataille, Mely continua le combat contre 4 cuirassiers, en tua 2, et reçut enfin cinq coups de sabre sur la tête. Il luttait encore lorsqu'il fut atteint au bras gauche d'un coup de carabine qui le mit hors de combat. Sa captivité dura peu de temps. Le 8 ventose an X, nommé sous-lieutenant, il reçut, le 26 frimaire an XII, la décoration de la Légion-d'Honneur. Promu lieutenant au 21e régiment d'infanterie de ligne le 5 germinal de la même année, et admis à la retraite le 30 mai 1806, il se retira à Remoiville (Meuse), où il est mort le 12 octobre 1837. TH.

MESNILGRENTE (JEAN-ALEXANDRE), naquit le 3 juin 1768 à Paris (Seine). Soldat le 6 février 1784 dans le régiment de la Martinique, devenu 109e régiment d'infanterie, dont le 1er bataillon entra dans la formation du 193e demi-brigade en l'an II, laquelle fut incorporée en l'an IV dans la 5e demi-brigade, devenue 5e régiment d'infanterie de ligne le 1er vendémiaire an XII. Il s'embarqua le 3 mai pour la Martinique, fit les campagnes de 1784 à 1791 en Amérique, fut nommé caporal le 15 mars 1790, et reçut un coup de feu au bras droit le 3 avril suivant. Rentré en France le 25 juin 1791, il devint caporal-fourrier le 15 octobre suivant, et fit la campagne de 1792 dans la Vendée. De 1793 à l'an X, il servit aux armées de la Moselle, du Rhin, d'Italie et de Batavie, fut fait sergent le 13 germinal an II, et sergent-major le 15 germinal an III. A l'affaire du 11 floréal suivant, devant Mayence, il fut blessé d'un coup de sabre à la tête. Il combattit aux journées de Lonado, de Castiglione et de Saint-George en l'an IV, aux affaires sous Mantoue les 16 vendémiaire, 3 frimaire et 7 pluviose an V, et à celles de Cembra et de Bolzano les 30 ventose et 9 germinal de la même année. A la bataille du 16 germinal an VII, devant Verone, il reçut un coup de feu qui lui traversa le bras gauche. En l'an XI, il tint garnison à Livourne (Étrurie), et pendant les ans XII et XIII à Turin. Membre de la Légion-d'Honneur le 26 frimaire an XII, il obtint, par ancienneté, le grade de sous-lieutenant le 10 thermidor an XIII, fit la campagne de l'an XIV avec l'armée d'Italie, celles de 1806, 1807, 1808 en Dalmatie, et de 1809 en Croatie et en Autriche avec le 11e corps de la grande armée. Le 11 juin 1806, devant Raguse, il fut blessé d'un coup de feu à la tête. Présenté, le 25 octobre 1810, par ses camarades pour un emploi vacant de capitaine dévolu au choix du corps, il fut nommé à ce grade par décret impérial du 5 décembre suivant. Il fit encore la campagne de 1811 au 11e corps, et celle de 1813 en Catalogne. Passé au 18e régiment d'infanterie légère le 1er janvier 1814, il se trouva à la bataille de Toulouse, qui termina si glorieusement cette fatale campagne. Admis à la retraite le 28 septembre 1815, il mourut à Paris le 12 octobre 1816. B-G.

MEYLIER (JEAN), naquit le 28 août 1763 à Sauveterre (Gironde). Soldat dans le 70e régiment d'infanterie le 14 mars 1784, et congédié le 27 mars 1791, il ne tarda pas à être appelé au commandement d'une compagnie dans le 6e bataillon de volontaires de la Gironde. Dirigé aussitôt sur la Savoie, il fit les campagnes de 1792 et 1793. Il assista au siège de Toulon, et passa ensuite à l'armée des Pyrénées-Orientales, où il servit en l'an II et en l'an III. Au siège de Toulon, à la tête de 100 hommes, il avait enlevé à la baïonnette, vers une heure du matin, une redoute défendue par un bataillon anglais; dans cette affaire, il avait tué la sentinelle, fait 2 prisonniers et pris plusieurs pièces de canon. A l'armée des Pyrénées-Orientales, le 20 thermidor an II, avec 200 hommes sous ses ordres, il força l'ennemi à abandonner une des positions les plus avantageuses, s'en empara, tua 3 hommes de sa main et se maintint dans son poste malgré les efforts réitérés de l'ennemi. Cette action d'éclat lui valut un sabre d'honneur sur le champ de bataille. En l'an IV et en l'an V, il servit à Toulon, et le 27 prairial an VI il s'embarqua pour l'Égypte. Au débarquement dans l'île de Malte, il enleva à la baïonnette 4 pièces de canon placées à la gauche du fort Rikasoly. Après la capitulation de Malte, envoyé à l'armée du Rhin, il fit la campagne de l'an IX. Réformé à l'organisation de la 80e demi-brigade le 1er floréal de cette année, il fut rappelé à l'activité dans la 83e demi-brigade de ligne le 19 vendémiaire an X, et immédiatemnt employé à l'armée de Portugal, où il resta en l'an X et en l'an XI. Il passa ensuite à l'armée de Hanovre et fit les campagnes des ans XII et XIII. Membre de la Légion-d'Honneur le 26 frimaire an XII, il fut promu au grade de chef de bataillon dans le 95e régiment d'infanterie de ligne le 21 ventôse suivant. Il se trouva à la bataille d'Austerlitz et suivit la grande armée en 1806 et 1807 en Prusse et en Pologne. En 1809, il commandait le 12e régiment provisoire d'infanterie à la bataille d'Essling, où il fut blessé d'un coup de feu au bras droit en défendant la droite du village de Gross-Aspern. Le 6 juillet suivant, à la bataille de Wagram, il fut blessé de nouveau au pied gauche en enlevant un plateau vigoureusement défendu par l'ennemi, et resta à la tête de son régiment. Employé en 1810 et 1811 aux armées d'Espagne et de Portugal, il fut admis à la retraite au mois de juin 1812, se retira dans sa ville natale, et y mourut au mois de décembre 1815.

MICHAUD (JEAN-FRANÇOIS), né à Fetigny (Jura), le 10 décembre 1767, entra au service le 31 mai 1785 dans le régiment de chasseurs dit *de Champagne* (12e de l'arme). Brigadier le 14 janvier 1792, maréchal-des-logis et adjudant-sous-officier les 15 juin et 1er juillet 1793, sous-lieutenant le 1er nivose an II, et lieutenant le 1er messidor même année, il fit toutes les guerres de la Révolution de 1792 à l'an VII. Le 12 floréal an VII, il faisait partie de l'armée des Grisons, lorsque, dans une affaire d'avant-garde, il s'empara de 2 pièces de canon. Le lendemain, il passait le Rhin à la nage à la tête d'une compagnie, poursuivait les Autrichiens l'épée dans les reins et les mettait en pleine déroute. Il fit les campagnes des ans VIII et IX à l'armée du Rhin, devint capitaine le 1er germinal an X, et membre de la Légion-d'Honneur le 26 frimaire an XII. Il fut tué à la bataille d'Iéna, le 14 octobre 1806.
B-S.

MICHÉ (CLAUDE), naquit le 21 janvier 1772 à Châlons (Marne). Volontaire le 6 mai 1793 au 4e bataillon de la Marne, qui devint successivement 140e, 62e demi-brigade et en dernier lieu 62e régiment d'infanterie, il fit toutes les campagnes de 1793 à l'an IX aux armées de la Moselle, du Rhin, de Rhin-et-Moselle, d'Allemagne, de Mayence, d'Italie et de Naples. Le 4 prairial an II, en avant du village d'Edelsheim, dans le Palatinat, il soutint avec sa compagnie la retraite de la division, arrêta un régiment de cavalerie prussienne qui lui avait barré le passage, et contribua à la prise de 4 pièces de canon. Le 6 germinal an VII, au combat du camp de Pastrengo, il reçut un coup de baïonnette dans le flanc gauche. Le 15 floréal an VIII, à la montagne de Cervo, en Piémont, il se précipita, lui septième, sur une compagnie de grenadiers et 11 hussards hongrois, et les fit tous prisonniers. Membre de la Légion-d'Honneur le 26 frimaire an XII, il passa caporal de grenadiers du 1er bataillon le 21 frimaire an XIII, et mourut à Verone, le 20 frimaire an XIV, des suites de deux coups de feu qui lui avaient traversé l'épaule et les deux jambes au combat de Lambach, le 9 du même mois.
Y.

MIMIN (JACQUES), naquit le 15 mars 1772 à Jubecourt (Meuse). Volontaire dans le 2e régiment de dragons le 11 août 1792, il fit les campagnes de 1792 à l'an IX aux armées du Nord, de l'Ouest, de Sambre-et-Meuse, du Rhin et d'Helvétie. Brigadier le 1er prairial an III, il se signala à l'affaire de Siebourg le 1er messidor an IV ; dans une charge de régiment, il blessa plusieurs hussards ennemis, tua un uhlan et fit 2 prisonniers : après avoir confié ces derniers à la garde d'un dragon, il retourna au combat, reçut un coup de sabre et eut son cheval blessé d'un coup de lance. Maréchal-des-logis-chef le 26 thermidor an VII, il tint garnison à Lille pendant les ans X et XI, et fit partie de la première réserve de cavalerie pendant les ans XII et XIII à l'armée des côtes de l'Océan. Membre de la Légion-d'Honneur le 26 frimaire an XII, il prit part aux guerres d'Autriche, de Prusse et de Pologne de l'an XIV à 1807, et se trouva au combat de Wertingen, à la bataille d'Austerlitz, aux combats de Nasielsk et de Pultusk, les 24 et 26 décembre 1806, au combat et à la bataille d'Eylau les 7 et 8 février 1807, se fit principalement remarquer les 10 et 14 juin suivans, et passa sous-lieutenant le 28 du même mois. Attaché en 1808 à la 1re division de dragons à l'armée d'Espagne, il se trouva, le 28 mars 1809, à la bataille de Médelin, et mourut à l'hôpital de Salamanque, le 15 juillet 1810, après avoir eu le bras droit emporté par un boulet de canon à l'affaire du 4, en Portugal.
B-G.

MOITTE (JEAN-GUILLAUME), naquit à Paris le 11 novembre 1746. Son père était graveur du roi. Le célèbre Pigal fut son maître, et Moitte se plaça bientôt au premier rang de ses élèves. Il obtint le grand prix en 1768, et se rendit à Rome avec la pension du roi. En 1783, sa statue représentant un *Sacrificateur* lui ouvrit les portes de l'Académie. Il exécuta ensuite différens ouvrages, parmi lesquels on cite une *Vestale faisant l'aspersion de l'eau lustrale*, une *Ariane*, les figures colossales représentant *la Bretagne* et *la Normandie*, qui furent placées à la barrière des Bons-Hommes, et enfin la statue de Cassini, d'après les ordres de Louis XVI. En l'an II, il obtint le prix dans un concours ouvert pour une statue de J.-J. Rousseau. Lors de la formation de l'Institut, il fut l'un des deux artistes désignés par le gouvernement pour former le noyau de la classe des beaux-arts. En l'an VIII, il exécuta, en marbre, une statue de *la Liberté* pour orner le Palais des consuls. On lui doit aussi un grand nombre de dessins à la plume d'une exécution remarquable. Membre de la Légion-d'Honneur le 26 frimaire an XII, il obtint, en 1809, la chaire de professeur de sculpture à l'École spéciale des beaux-arts de Paris, en remplacement de Pajou. Il est mort à Paris le 2 mai 1810.
TH.

MONGE JEUNE (LOUIS), naquit à Beaune (Côte-d'Or), le 11 avril 1748, et fit, comme ses frères Gaspard et Jean, ses études au collége des Oratoriens de sa ville natale. Le 14 décembre 1785, le gouvernement l'attacha à l'expédition de Lapeyrouse en qualité d'astronome ; il monta la frégate *l'Astrolabe*. De retour en France, il professa les mathématiques à l'École royale militaire de Paris, et devint, le 7 janvier 1787, examinateur d'hydrographie dans les ports. Les événemens de la Révolution n'interrompirent point le cours de ses services. Le premier Consul lui accorda la décoration de la Légion-d'Honneur le 26 frimaire an XII. En 1817, on le retrouve examinateur de la marine. Admis à la retraite en 1824, il mourut le 6 octobre 1827. Louis Monge n'est connu que par l'illustration attachée à son nom par son frère Gaspard (*Voyez* tome II; page 397).

MONNIER (JEAN-CLAUDE), naquit à Montadroit (Jura), le 8 avril 1770. Dragon dans le 4ᵉ régiment le 11 germinal an II, il fit toutes les campagnes de la Révolution, depuis cette époque jusqu'à l'an IX, dans les armées du Rhin, d'Angleterre et gallo-batave. Brigadier le 20 floréal an VII, il rentra en France après le traité de Lunéville, tint garnison à Amiens pendant les X et XI, et fit partie, en l'an XII et en l'an XIII, de la 1ʳᵉ réserve de cavalerie de l'armée des côtes de l'Océan. Le 12 vendémiaire an XII, il passa dans le corps de la gendarmerie d'élite, et fut créé membre de la Légion-d'Honneur le 26 frimaire suivant. Il fit avec la garde impériale les campagnes de l'an XIV, de 1806 et de 1807 en Autriche, en Prusse et en Pologne, fut nommé brigadier le 11 juin 1808, et servit en Espagne pendant 1808 et partie de 1809. Il passa ensuite à l'armée d'Allemagne et se trouva à Essling et à Wagram. Maréchal-des-logis le 14 février 1811, et lieutenant de la gendarmerie du département de l'Ain le 18 février 1812, il se signala d'une manière particulière pendant la campagne de 1814. Le 5 janvier, il chassa les Autrichiens répandus dans les arrondissemens de Belley et de Nantua, et, avec un détachement de 12 gendarmes, il attaqua, à Châtillon-de-Michaïlles, un poste de 35 hussards, s'empara de toutes les réquisitions qu'ils avaient faites à Nantua, leur tua ou blessa 11 hommes, fit 7 prisonniers et eut son cheval tué sous lui. Le 5 février suivant, avec un détachement de 40 gendarmes, il enleva, dans la nuit, à la Dangereuse, un poste de 115 hussards de Kaiser. Parti de Lyon quelques jours après avec un détachement de 25 hommes de sa lieutenance, il parcourut une partie de l'arrondissement de Trévoux, occupé par l'ennemi, qui s'enfuit à son approche, et empêcha partout le versement des réquisitions faites par les Autrichiens. Chargé par le maréchal duc de Castiglione de poursuivre avec 100 gendarmes l'arrière-garde de l'ennemi, qui battait en retraite de Bourg sur Saint-Amour, il remplit cette périlleuse entreprise avec un succès complet, et, quoiqu'il eût affaire à un corps de 6,000 hommes, il inquiéta constamment l'ennemi jusqu'à Lons-le-Saunier. Chargé de l'extradition des prisonniers de Pierre-Châtel et de leur escorte sur le Rhône jusqu'à Valence, il exécuta cette opération sous les yeux même de l'ennemi, qui bordait la rive droite de ce fleuve. Enhardis par la présence des Autrichiens, les prisonniers formèrent le complot d'assassiner le lieutenant Monnier et son détachement, composé de quelques gendarmes, mais la bonne contenance de cet officier les fit renoncer à leur dessein, et il conduisit son convoi à sa destination sans avoir perdu un seul homme. Pour récompenser les services de Monnier, le général Rome demanda en sa faveur la décoration d'officier de la Légion-d'Honneur, mais les fâcheux événemens qui survinrent ne permirent pas de donner suite à cette proposition. Mis en demi-solde au licenciement de 1815, il demeura en non-activité jusqu'au 21 juillet 1819, date de son admission à la retraite. Il est mort le 2 juillet 1833.

MONTGOLFIER (JOSEPH-MICHEL), naquit à Vidalon-les-Annonay le 4 août 1740. Son père dirigeait la grande papeterie d'Annonay.

Joseph-Michel fonda, en société avec un de ses frères, deux papeteries, l'une à Voiron et l'autre à Beaujeu. C'est dans cette position modeste que les frères Montgolfier conçurent l'idée des aérostats.

Ils durent, selon les uns, cette grande découverte au hasard; selon d'autres, à des recherches savantes et laborieuses. Appartient-elle à Michel ou à Étienne? ce sont des problèmes dont la solution importe fort peu à l'histoire.

Toutefois, leur succès fut complet, et le premier ballon qu'ils construisirent s'éleva en quelques minutes à une hauteur de 1,000 toises.

Étienne Montgolfier se rendit immédiatement à Paris. Il fut présenté à la cour. Des expériences furent faites en présence de la famille royale à Versailles et au château de la Muette. Cette fois, on avait placé des animaux dans un grand panier sous l'appareil; ils reprirent terre sans avoir éprouvé de mal, et l'on acquit ainsi l'assurance que des hommes pourraient voguer et respirer dans les hautes régions de l'air.

L'invention des frères Montgolfier devint l'objet de l'enthousiasme général. Louis XVI décora Étienne du cordon de Saint-Michel, accorda à son frère une pension de 1,000 livres, et des lettres de noblesse à leur vieux père. Une médaille fut frappée en leur honneur. On donna à la machine inventée le nom de *Montgolfière*.

Les imaginations vont vite. On déduisait des conséquences infinies de l'invention des ballons, et il n'était question que de voyages aériens.

Pilâtre du Rozier et le marquis d'Arlandes s'élancèrent les premiers dans un ballon perdu au château de la Muette, et parcoururent, en un quart d'heure, un espace immense. Joseph Montgolfier exécuta à Lyon, l'année suivante, un nouveau voyage aérien. Enfin, le duc d'Orléans (depuis Philippe-Égalité) se hasarda lui-même dans un ballon qui partit du jardin de Monceaux et faillit périr.

Les premiers ballons, tels que les frères Montgolfier les avaient conçus, présentaient de grands inconvéniens et de grands dangers. En effet, le feu placé au-dessous de l'ouverture du ballon pouvait facilement gagner les parois de la galerie et embraser le ballon même. En outre, il était impossible de calculer exactement les augmentations et les diminutions de chaleur nécessaires pour s'élever ou pour descendre. Ce fut *Charles*, physicien habile, qui substitua, le premier, à l'emploi du feu celui du gaz hydrogène, seul en usage maintenant, dont la densité est quinze fois moins grande que celle de l'air. Les ballons sont faits avec du taffetas enduit d'un vernis compassé d'huile de térébentine et de gomme élastique. Le voyageur dirige à volonté son ascension ou sa chute, d'abord au moyen de sable qui lui sert de lest, et dont il se débarrasse selon les circonstances, et ensuite par le secours d'une soupape qui lui permet de laisser échapper une partie du gaz. C'est dans un semblable aérostat que Gay-Lussac est parvenu à une hauteur de 7,000 mètres. Là, le savant respirait à peine, le sang sortait de ses veines, et cependant il observait encore la hauteur du baromètre et du thermomètre, il recueillait l'air de ces hautes régions; mais il fut enfin forcé de descendre.

Après leurs premiers essais, les frères Montgolfier s'occupèrent d'un aérostat de 270 pieds de diamètre, pour lequel le gouvernement leur avait accordé une subvention. Il devait être d'une capacité et d'une force à enlever 1,200 hommes avec armes et bagages. Mais la Révolution vint interrompre ces travaux. C'est dans le même temps que Joseph inventa le parachute.

Les frères Montgolfier se tinrent dans la retraite et dans l'étude pendant les orages de la Révolution. Cependant, un de leurs ballons fut employé avec succès pour reconnaître les positions et les manœuvres de l'ennemi à la bataille de Fleurus.

Ils inventèrent alors le *bélier hydraulique*, ingénieuse machine au moyen de laquelle, par la seule impulsion d'une médiocre chute, l'eau est portée à 60 pieds d'élévation.

Sous le gouvernement consulaire, le 26 frimaire an XII, Joseph Montgolfier fut nommé membre de la Légion-d'Honneur. Il devint ensuite administrateur du Conservatoire des arts et métiers, et en 1807 membre de l'Institut.

Joseph Montgolfier mourut le 26 juin 1810. Son frère, depuis onze ans, l'avait précédé dans la tombe. Montgolfier conversait volontiers sur les sciences, mais il écrivait peu.

On n'a de lui que des articles en petit nombre insérés dans quelques recueils : un *Discours sur l'aérostat*, 1788, in-8°; un *Mémoire sur la machine aérostatique*, 1784, in-8°; *les Voyageurs aériens*, 1784, in-8°.

Montgolfier est aussi l'auteur de quelques inventions utiles, dont la principale semble avoir fait oublier l'origine. Les *Annales des arts et manufactures* donnent la description d'une machine dont il est l'auteur, qui était destinée à déterminer la qualité des différentes espèces de tourbes du Dauphiné, et à laquelle il donna le nom de *calorimètre*. Il exécuta aussi une *presse hydraulique*, en communiqua le plan à Braman, lors d'un voyage qu'il fit à Londres. Ce dernier la perfectionna, tout en reconnaissant la priorité d'invention de Montgolfier.

Les *Annales de chimie* ont donné la description de son appareil ventilateur pour distiller à froid, par le contact de l'air en mouvement, comme aussi de son appareil pour la dessication, en grand et à froid, des fruits et autres objets de première nécessité, de manière à ce qu'ils puissent être conservés et réta-

blis ensuite dans leur état primitif par la restitution de l'eau. Il voulait appliquer le même système au raisin et au vin, qu'il réduisait en tablettes de petit volume. Il a, enfin, laissé un projet pour la substitution aux machines à vapeur d'un appareil plus économique, qu'il appelait *pyrobélier*.

Delambre et de Gérando ont composé chacun un éloge de Joseph Montgolfier.

MOREL (JEAN), naquit le 28 août 1769 à Mazile (Haute-Loire). Engagé volontaire le 6 messidor an II aux hussards des Alpes, incorporés dans le 28e régiment de dragons en l'an XII, il fit toutes les campagnes de l'an II à l'an VI en Italie. L'année suivante, il passa en Égypte, et fut blessé le 7 thermidor an VII à la bataille d'Aboukir, après avoir fait des prodiges de valeur. Rentré en France en l'an IX, il fit partie du bataillon de vétérans de l'armée d'Orient, obtint une solde de retraite le 12 brumaire an XII, se retira à Chambon (Haute-Loire), et fut nommé légionnaire le 26 frimaire de la même année. On a cessé d'en avoir des nouvelles depuis le 1er janvier 1814. Y.

MOUILLON (BENIGNE), né le 25 août 1771 à Vandenesse (Côte-d'Or), entra le 1er juin 1792 comme volontaire dans le 1er bataillon de la Côte-d'Or, devenu successivement 146e demi-brigade d'infanterie de bataille, 46e provisoire, 5e demi-brigade et 5e régiment d'infanterie de ligne, et fit les campagnes de 1792 et 1793 à l'armée du Nord, celles des ans II et III aux Alpes, IV, V, VI et VII en Italie, VIII à l'armée du Rhin, IX et X à celle d'observation du Midi. Il se trouva, en l'an IV, aux journées de Castiglione, de Lonado et de Saint-George, aux combats sous Mantoue, des 16 vendémiaire, 3 frimaire et 7 pluviose an V, à celui de Cembra le 20 ventose suivant, et fut nommé caporal le 22 prairial, et fourrier le 19 messidor de la même année. Sergent le 1er prairial an VII, sergent-major le 21 floréal an VIII, il tint garnison à Livourne pendant les ans X et XI, séjourna dans la 27e division militaire pendant les ans XII et XIII, et fut nommé membre de la Légion-d'Honneur le 26 frimaire an XII. Il prit part aux guerres de l'an XIV à 1809 en Italie, en Dalmatie, en Croatie et au 11e corps de la grande armée, et fut nommé sous-lieutenant le 13 avril 1807. Le 11 juillet 1809, au combat de Znaïm, en Moravie, il fut blessé d'un coup de feu au bras gauche et aux reins. Promu au grade de lieutenant le 11 juillet 1810, il fut attaché en cette qualité à la compagnie d'artillerie régimentaire du 5e de ligne. Passé à l'armée d'Espagne, il fit la guerre en Catalogne de 1811 à 1814, et se signala par sa bravoure aux combats d'Altafulla, de Saint-Vincent et de la Garriga. Nommé provisoirement capitaine le 4 juillet 1813, par le général en chef, il fut confirmé dans ce grade par décret impérial du 30 octobre suivant. Maintenu dans son emploi après le retour des Bourbons, il fit encore la campagne de 1815, fut licencié le 28 septembre de cette dernière année, et se retira dans son pays natal, où il est mort le 3 janvier 1828. B-G.

NEVEU (CLAUDE), naquit le 8 mai 1773 à

Thury (Yonne). Volontaire au 1er bataillon de l'Yonne le 22 septembre 1791, il passa dans la 193e demi-brigade à l'amalgame de l'an II, et dans la 5e de même arme à la réorganisation du 1er ventose an IV. Il fit les neuf campagnes de la liberté aux armées de la Moselle, de Rhin-et-Moselle, d'Italie et de Naples, se distingua au combat de Modène, le 24 prairial an VII, fut fait caporal sur le champ de bataille le 14 fructidor suivant, et obtint le titre de légionnaire par arrêté du 26 frimaire an XII. A la reprise des hostilités, en l'an XIV, il fit partie du corps d'armée de Dalmatie, et reçut un coup de feu au genou au combat de Raguse, le 17 juin 1806. Il servit pendant les années 1807-1808 en Dalmatie, et fut attaché avec son régiment au 4e corps d'armée sous les ordres du vice-roi. Blessé de nouveau de trois coups de feu aux deux bras et à la poitrine au combat de Znaïm, en Moravie, il se vit contraint, par la gravité de ses blessures, de solliciter sa retraite, qu'il obtint le 18 octobre 1809. Il est mort le 26 juin 1833. Y.

NICAISE (NICOLAS), naquit le 17 janvier 1771 à Beaumont (Ardennes). Lieutenant dans le bataillon d'infanterie no 17, le 3 septembre 1792, il fit les campagnes de 1792 et 1793 à l'armée du centre. Passé dans la 13e demi-brigade d'infanterie légère le 1er floréal an II, il fit toutes les campagnes depuis l'an II jusqu'à l'an IX aux armées de la Moselle, de Sambre-et-Meuse, d'Allemagne, du Danube et d'Italie. Il devint capitaine le 8 floréal an III. A l'attaque du mont Verrera, à la tête de 4 compagnies, il mit l'ennemi en déroute, lui fit 800 prisonniers et lui prit 7 drapeaux. Il fut blessé d'un coup de feu à la cuisse droite, et d'un autre au bras gauche le 25 germinal an VIII au camp de la Galera. Passé au 25e régiment d'infanterie légère à l'organisation du 9 brumaire an XII, et nommé membre de la Légion-d'Honneur le 26 frimaire suivant, il fit partie de l'armée des côtes de l'Océan pendant les ans XII et XIII, suivit son régiment en Autriche, en l'an XIV, et reçut un coup de feu à la figure le 13 brumaire, au combat de Scharnitz. Il prit part aux guerres de Prusse et de Pologne, se distingua au combat d'Eylau, et fut blessé d'un coup de feu au bras gauche le 5 juin 1807. Rentré en France après la paix, et admis à la retraite en 1811, il se retira à Verdun (Meuse), où il mourut le 8 mai 1836.

NICOLAS (JEAN-BAPTISTE, *baron*), naquit à Remonville (Ardennes), le 8 mai 1773. Fourrier du 3e régiment de hussards le 1er janvier 1793, il devint maréchal-des-logis le 1er messidor an II, et sous-lieutenant dans le 1er régiment de hussards le 4 germinal an III. Il fit les campagnes de 1793 et de l'an II à l'armée du Nord, et celles des ans III et IV à l'armée des Pyrénées-Orientales. Lieutenant le 4 germinal an IV, et capitaine le 5 frimaire an V, il servit en Italie, de l'an IV à l'an VIII, et fut blessé à l'affaire de Codogno, le 19 floréal an IV. A la journée d'Arcole, il s'empara de plusieurs bouches à feu ainsi que de quelques caissons, et ouvrit aux généraux Augereau et Guyeux une communication importante qui favorisa leur jonction. Le 27 ventose suivant, il faisait, à la tête d'une compagnie, une reconnaissance sur Gradisca, lorsqu'il rencontra l'ennemi aux environs de cette place, le chargea avec impétuosité et le rejeta en désordre vers ses premières positions. Les 25 et 29 ventose an V, il reçut deux blessures au passage de la Bormida et du Tagliamento. Il se signala de nouveau, le 27 floréal an VII, à la bataille d'Alexandrie (Piémont). Le 2 messidor suivant, à la bataille de San-Giovani, il tua ou fit prisonniers un grand nombre de Russes et d'Autrichiens. Il servit à l'armée de l'Ouest pendant les ans IX et X, et reçut, le 26 frimaire an XII, la décoration de la Légion-d'Honneur. Les campagnes de l'an XIV à 1808, en Allemagne, en Prusse et en Pologne, ouvrirent un nouveau champ à son activité et à sa bravoure. L'Empereur le nomma chef d'escadron le 18 novembre 1806, officier de la Légion-d'Honneur le 10 mai 1807, et major du 1er régiment de hussards le 8 octobre 1808. Il s'était fait remarquer à Eylau et y avait été blessé. Passé au 6e de hussards le 13 février 1809, il fit avec ce nouveau corps les guerres d'Allemagne et de Portugal, de 1809 à 1811. Colonel du 11e de chasseurs à cheval le 14 septembre 1812, et baron de l'Empire vers le même temps, il acheva avec ce régiment la campagne de Russie, et celles de 1813, 1814 et 1815 en Saxe, en France et à l'armée du Nord. Le 5 avril 1814, l'Empereur le créa commandant de la Légion-d'Honneur. Licencié le 6 décembre 1815, cet officier supérieur, qu'on avait décoré de la croix de Saint-Louis, se vit appelé, lors de la réorganisation de l'armée, au commandement des chasseurs de la Vienne (23e de l'arme), et nommé maréchal-de-camp le 11 août 1823, à l'ouverture de la campagne d'Espagne. Il était en disponibilité au moment de la révolution de Juillet 1830, époque à laquelle le nouveau gouvernement lui confia le commandement du département des Ardennes. En 1832 et 1833, il commanda une brigade de cavalerie légère à l'armée du Nord. Il retourna à sa subdivision après la cessation des hostilités avec la Hollande, et reçut la décoration de grand-officier de la Légion-d'Honneur le 18 janvier 1834. Mis à la retraite le 14 août, il se retira dans le lieu de sa naissance, où il réside encore aujourd'hui.

NICOLAS (JEAN-FRANÇOIS), naquit le 24 mars 1774 à Verdun (Meuse). Canonnier dans la compagnie d'artillerie attachée à la 177e demi-brigade le 28 avril 1793, il passa, le 20 ventose an IV, dans la 13e demi-brigade légère, qui prit le no 35 le 19 germinal an IV, et devint, le 1er vendémiaire an XII, 25e régiment d'infanterie légère. Après les campagnes de 1793, de l'an II et de l'an III aux armées de la Moselle et du Rhin, il servit à l'armée de Sambre-et-Meuse l'année suivante, et en Italie en l'an VI, où il resta jusqu'à la paix de Lunéville. A l'affaire du 11 germinal an VIII, les troupes chargées de l'attaque du mont Verrera fléchissaient déjà, lorsque Nicolas, secondant son capitaine et suivi de 4 compagnies du 2e bataillon, contribua par son exemple et sa fermeté à ramener les troupes à l'ennemi, qui fut culbuté et mis en fuite. Nommé légionnaire pour cette belle action par arrêté du 2 frimaire an XII, il passa, le 18 pluviose an XIII, dans la 6e demi-brigade de vétérans, où il obtint sa solde de retraite le 19 mars 1810. Il est mort à Verdun (Meuse), le 8 octobre 1835. Y.

NICOLAS (NICOLAS), né le 20 février 1769 à Selongey (Côte-d'Or), entra comme hussard au 7e régiment bis, plus tard 28e régiment de dragons, le 2 septembre 1792, et fit toutes les campagnes de la Révolution jusqu'à l'an IX aux armées d'Italie et d'Orient. En pluviose an VII, étant en tirailleur devant El-Arich, il reçut un coup de sabre qui lui fracassa deux doigts de la main droite. Le 5 pluviose an XI, il fut placé dans les vétérans de l'armée d'Orient, obtint la décoration de la Légion-d'Honneur par arrêté du 26 frimaire an XII, devint électeur de l'arrondissement de Dijon, et prit sa retraite le 20 juillet 1807. Il se retira dans le lieu de sa naissance, et y mourut le 12 juillet 1817.

NICOLAS (XAVIER), naquit le 27 novembre 1775 à Avignon (Vaucluse). Volontaire au 2e bataillon de Vaucluse le 25 septembre 1792, il servit successivement dans la 52e demi-brigade de ligne, depuis le 10 brumaire an III, et dans la 27e demi-brigade légère à partir du mois de prairial an IV. Il fit sa première campagne en 1793 à l'armée d'Italie. Devenu caporal le 20 floréal an II, il resta en Italie jusqu'à la paix de Campo-Formio. Le 15 nivose an V, à l'affaire de Legnano, il tua 2 canonniers ennemis, s'empara de leur pièce et reçut, dans l'action, un coup de feu qui lui fracassa le nez, et un coup de sabre qui lui ouvrit le crâne. Guéri de ses blessures, il rejoignit sa demi-brigade à l'armée de Naples en l'an VII, et fut dirigé sur l'armée de l'Ouest après la victoire de Marengo, obtint le grade de fourrier le 1er vendémiaire an XI, et la décoration de la Légion-d'Honneur le 26 frimaire de l'année suivante. Envoyé avec la grande armée en Autriche en l'an XIV, il y donna de nouvelles preuves de son courage impétueux ; toujours à l'avant-garde ou dans les postes les plus périlleux, il reçut un coup de biscaïen à la main gauche à Lubeck, le 6 novembre 1806, et un coup de feu à l'épaule droite à Ostrolenka le 16 février 1807. Couvert de blessures, il ne voulut point quitter les bataillons de guerre avant que la campagne ne fût terminée, et finit par trouver la mort sur le champ de bataille de Friedland, le 14 juin 1807. Y.

NICOLIN (JEAN-BAPTISTE), né le 4 octobre 1768 à Saint-Usage (Côte-d'Or), s'engagea le 16 septembre 1792 dans le 7e régiment bis de hussards, devenu plus tard 28e régiment de dragons, fut nommé brigadier le 3 fructidor an II, fit les campagnes d'Italie et d'Orient, et obtint sa retraite le 7 pluviose an X, à la suite de blessures graves qu'il avait reçues en Italie et en Égypte. L'arrêté du 26 frimaire an XII l'admit au nombre des membres de la Légion-d'Honneur. Il est mort le 6 janvier 1840 à Losne (Côte-d'Or), où il s'était retiré, et où habitant encore sa veuve et ses enfans. Y.

NIEPCE (DAVID-FRANÇOIS-ÉTIENNE-PIERRE-LAURENT), ET NON **NIEPEC** (ÉTIENNE-LAURENT-DAVID), naquit le 12 septembre 1781 à Châlons-sur-Saône (Saône-et-Loire). Soldat dans la 19e demi-brigade d'infanterie de ligne le 1er germinal an VII, il fit la campagne de cette année et les suivantes à l'armée d'Italie, et fut nommé sous-lieutenant à la 4e demi-brigade d'infanterie légère le 13 prairial an VIII. Blessé à l'épaule gauche et frappé d'un violent coup de crosse sur la tête, à l'affaire du 18 thermidor suivant, il entra le premier, le même jour, dans la première redoute prise par nos troupes. Ayant été envoyé avec 50 chasseurs à la poursuite des Barbets qui s'étaient réfugiés dans les montagnes, il enleva une redoute défendue par 200 hommes et prit 2 pièces de canon. A la même affaire, il sauva la vie à son capitaine en tuant de sa main 2 Barbets et un grenadier autrichien qui allaient l'égorger. Prisonnier après avoir eu son sabre brisé dans ses mains, il resta au pouvoir des Barbets pendant huit heures. Délivré par nos troupes, et, malgré ses blessures, retourné au combat, il tua 2 Autrichiens qui ne voulaient pas se rendre. Passé, le 4 thermidor an IX, avec son grade dans la 18e demi-brigade d'infanterie légère, devenue 18e régiment de même arme, il fit les campagnes des ans XI, XII et XIII en Hollande. Le 26 frimaire an XII, le premier Consul le nomma membre de la Légion-d'Honneur, lieutenant le 11 messidor, et aide-de-camp du général de brigade Soyez le 22 thermidor de la même année. Il continua à servir en Hollande pendant l'année suivante, et fit la campagne de l'an XIV en Autriche avec la grande armée. Devenu aide-de-camp du général Hédouville, et promu au grade de capitaine le 27 frimaire an XIV, il fit la campagne de Prusse et celle de Pologne, et fut nommé capitaine-adjoint à l'état-major général de la grande armée le 17 juin 1806. Passé au service de Westphalie au mois d'août 1807, il devint fourrier du palais le 17 décembre, et officier d'ordonnance du roi le 21 juin 1808. Le 18 novembre suivant, le roi le nomma lieutenant des gardes du corps avec rang de chef d'escadron. Tout en conservant ses fonctions de lieutenant aux gardes, il obtint successivement le grade de major le 1er septembre 1810 et celui de colonel le 4 janvier 1812. Il prit part à l'expédition de Russie, et, le 28 février 1813, le roi Jérôme lui confia le commandement du 2e régiment de hussards westphaliens, avec lequel il fit la campagne de Saxe. Le 1er août suivant, appelé au commandement des gardes du corps, il quitta la Westphalie, après l'abdication de l'Empereur, pour rentrer en France, où il fut réadmis au service comme colonel le 15 juillet 1814. Placé, le 16 novembre suivant, à la suite du 2e régiment de dragons (devenu 4e), il fut mis en non-activité le 25 décembre 1815. Le 14 décembre 1825, Charles X le nomma lieutenant de roi à l'île de Ré. Le 30 octobre précédent, il avait reçu la croix d'officier de la Légion-d'Honneur. Le 7 juillet 1831, il prit le commandement de la place de Lyon. Sa conduite pendant les événemens du mois de novembre lui valut la croix de commandeur de la Légion-d'Honneur le 5 décembre suivant. Nommé le 25 décembre 1832 pour aller occuper le même emploi à Lorient, sa santé ne lui permit pas de se rendre à son poste, et il obtint sa retraite le 7 janvier 1834. Le colonel Niepce est aujourd'hui retiré à Sennecy-le-Grand (Saône-et-Loire). D-G.

NOUGET (JÉRÉMIE), naquit le 5 septembre 1772 à Harvers (Charente-Inférieure). Volontaire au mois de mars 1792 dans un escadron formé à Rochefort, et incorporé dans le 2ᵉ régiment de chasseurs à cheval au mois de juin, il passa dans le 12ᵉ régiment de même arme le 28 nivose an VI, et fut nommé brigadier le 14 ventose an IX, après avoir fait toutes les campagnes de la Révolution aux armées du Nord, de Sambre-et-Meuse, d'Helvétie, du Danube et du Rhin. Le 14 floréal an VII, il faisait partie d'un détachement de 10 hommes, composant la correspondance de Coire, capitale des Grisons, qui mirent en déroute une horde de 10,000 paysans révoltés. Ce faible détachement enleva aux rebelles une pièce de canon et les repoussa au moment où ils allaient traverser le Rhin. Passé dans la gendarmerie nationale le 11 floréal an X, il obtint le 26 frimaire an XII la décoration de la Légion-d'Honneur, et fut admis à la retraite le 8 septembre 1813. On a cessé d'avoir de ses nouvelles depuis cette époque. Y.

NUBLET (JACQUES), naquit le 31 décembre 1767 à Chagny (Saône-et-Loire). Dragon au 12ᵉ régiment le 3 novembre 1787, et brigadier le 1ᵉʳ décembre 1791, il fit les campagnes de 1792 et 1793 aux armées du Nord et des Ardennes. Maréchal-des-logis le 16 germinal an II, et maréchal-des-logis-chef le 20 germinal an IV, il continua à faire la guerre jusqu'en l'an V à l'armée du Nord et à celle du Rhin. Passé en l'an VI à celle d'Italie, il se distingua à l'affaire du 2 messidor an VII près d'Alexandrie, où il reçut huit coups de sabre, et devint lieutenant le 4 thermidor suivant. Le 13 frimaire an VIII, à la bataille de Fossano, il fut blessé d'un coup de feu à la main droite, d'un autre à la jambe droite et d'un coup de sabre à la cuisse gauche. En l'an IX, il servit encore à l'armée d'Italie, et fit partie de celle des côtes de l'Océan pendant les ans XII et XIII. Le 26 frimaire an XII, il fut nommé membre de la Légion-d'Honneur, et lieutenant le 15 ventose suivant. Il assista aux affaires d'Ulm et d'Austerlitz en l'an XIV, et fit la campagne de Prusse en 1806. Élevé au grade de capitaine le 4 novembre de cette dernière année, il se trouva, le 8 février 1807, à la bataille d'Eylau, où il eut le bras gauche fracassé. Retraité le 24 mai 1810, il se retira dans son pays natal, où il est mort le 20 avril 1836. B-G.

OLLIVIER (JEAN-JOSEPH), naquit le 24 avril 1764 à Simiane (Bouches-du-Rhône). Chasseur à cheval au 12ᵉ régiment le 11 mars 1784, et brigadier au même corps le 26 avril 1792, il fit la campagne de 1792 à l'armée du centre, et celles de 1793 et an II à l'armée du Nord. Maréchal-des-logis le 1ᵉʳ juillet 1793, et maréchal-des-logis-chef le 16 floréal an II, il passa à l'armée de Sambre-et-Meuse, y servit pendant les ans III, IV, V et VI, fut blessé d'un coup de feu à la tête, le 23 frimaire an III, à l'affaire de Krusnach, où il seconda puissamment la prise de 6 pièces de canon, et obtint le grade de sous-lieutenant au même régiment le 1ᵉʳ germinal an V. En l'an VII et en l'an VIII, il combattit aux armées du Danube, d'Helvétie et d'Italie. En l'an VII, à l'affaire de Mayenfeld, il contribua à faire 1,500 prisonniers. Attaché en l'an IX à l'armée des Grisons, et à celle d'Angleterre pendant les ans XII et XIII, il fut nommé, le 26 frimaire an XII, membre de la Légion-d'Honneur. Il fit la campagne de l'an XIV à la grande armée, et sa brillante conduite sur le champ de bataille d'Austerlitz lui valut son admission dans les grenadiers à cheval de la garde impériale comme lieutenant en second, le 27 frimaire, seize jours après cette mémorable journée. Il suivit ce corps d'élite pendant les campagnes de 1806 et 1807 en Prusse et en Pologne, et de 1808 en Espagne. Lieutenant en premier le 5 avril 1809, il prit part à la guerre d'Allemagne, et fut promu capitaine dans le même régiment le 20 août suivant. En 1812, il faisait partie de l'armée de Russie. Sa santé, altérée par les fatigues de la guerre, ne lui permettant pas de continuer un service aussi actif, il sollicita sa retraite et l'obtint le 15 mai 1813. Mais lorsque la coalition européenne menaça d'envahir le sol sacré de la patrie, il demanda à rentrer dans les rangs des défenseurs du pays, et il fut remis en activité le 20 février 1814 comme capitaine à la suite dans son ancien régiment. Le 7 mars suivant, à la bataille de Craone, il fit des prodiges de valeur et reçut un coup de feu à la jambe gauche. Il continua à servir dans le même régiment, devenu, après l'abdication de l'Empereur, corps royal des cuirassiers de France; il fit la campagne de Waterloo à l'armée du Nord, et fut de nouveau admis à la retraite en septembre 1815, lors du licenciement de la garde impériale. Il s'est retiré dans ses foyers, où il jouit de l'estime et de la considération de ses compatriotes. B-G.

PAISIELLO ET NON PAESIELLO (JEAN), naquit à Tarente, dans le royaume de Naples, le 9 mai 1741. En 1754, il entra au Conservatoire de Saint-Onuphre, à Naples. Il composa d'abord des messes, des motets, des oratorios, et débuta dans la composition dramatique, en 1763, par deux opéras-comiques, *la Pupilla* et *il Mondo alla Rovescia*, et dès-lors les principales villes d'Italie se disputèrent l'avantage de le posséder. A Modène et à Parme, il composa trois opéras-bouffons, et quatre à Venise. Il donna à Rome *il Marchese Tulipano*; le succès de cet opéra porta le nom de l'auteur au-delà des Alpes. En 1768, il composa *Pelée*, cantate pour le mariage du roi Ferdinand IV avec Marie-Caroline d'Autriche; en 1769, *l'Arabo Cortese*; et, en 1770, *le Trame per amore* et *l'Idolo Cinese*. Parmi les nombreuses compositions dont il enrichit les principales villes d'Italie, nous nous bornerons à citer celles qui ont fait époque par leur mérite. Il fit représenter à Naples *la Luna habitada*; à Venise, en 1774, *la Frascatana*; à Rome, en 1776, *le Due contesse*, joué à Dresde, à Londres, à Milan et à Vienne. Les cours de Vienne, de Londres et de Saint-Pétersbourg lui firent les offres les plus avantageuses; il se rendit de préférence à l'invitation de Catherine II. Arrivé à Saint-Pétersbourg, il fut nommé maître de musique du théâtre impérial et de la chambre de l'impératrice. Il composa dans cette capitale plusieurs opéras; entre autres, *il Barbiere di Siviglia*, représenté depuis en italien tant en France que dans toute l'Europe; *la Serva padrona*, *I Filosofi imaginari* : il publia aussi un *Recueil de règles de l'accompagnement*, qui lui valut une pension de 300 roubles.

Il quitta la Russie, en 1784, comblé des bienfaits de Catherine. A Vienne, il composa pour l'empereur Joseph II l'opéra *Il Re Teodoro*. De retour en Italie, il donna à Rome, en 1785, *l'Amore ingegnoso*, et se fixa ensuite pendant dix ans à Naples, où il produisit un grand nombre de chefs-d'œuvre, parmi lesquels on cite surtout *la Molinara* et *la Nina*. Fixé dans cette capitale par les bienfaits de son souverain, dont il devint maître de chapelle avec un traitement de 1,200 ducats, il n'accepta point les offres du roi de Prusse qui l'appelait à Berlin, et il refusa plus tard un nouvel engagement pour la Russie. En 1786, il fit jouer *l'Olympiade*, et *Pyrrhus* l'année suivante.

En l'an X, cédant aux invitations réitérées du premier Consul, il vint se mettre à la tête de la chapelle consulaire, et reçut à Paris l'accueil que les Français ne refusent jamais au véritable mérite. On lui fournit un appartement meublé, un carrosse de la cour, et on lui assigna un traitement de 12,000 fr., avec une gratification de 18,000 fr. pour ses frais de voyage et de séjour. Divers emplois lui furent proposés, tels que la direction de l'Opéra ou du Conservatoire; il accepta seulement celle de la musique de la chapelle, pour laquelle il composa 16 motets.

Après deux ans et demi de séjour à Paris, il quitta la capitale de la France, comblé d'honneurs et de récompenses. Le premier Consul l'avait nommé membre de la Légion-d'Honneur le 26 frimaire an XII. D'autres faveurs l'attendaient dans sa patrie. Confirmé par Joseph Bonaparte, alors roi de Naples, dans les places de maître et directeur de la chambre et de la chapelle royale, il eut en outre la présidence du Conservatoire de musique. En 1807, l'opéra *Dei Pithagorici* lui valut la décoration de l'ordre des Deux-Siciles, et Joachim Murat, successeur de Joseph, maintint Paisiello dans ses emplois. En 1810, il célébra le mariage de Napoléon avec l'archiduchesse Marie-Louise, par une composition sacrée, et reçut une gratification de 4,000 fr. Correspondant du Conservatoire de musique de Paris, et membre des Académies de Livourne, de Lucques, etc., il fut agrégé par l'Institut de France en qualité d'associé étranger en 1809, et par l'Académie des beaux-arts en 1816.

Le nombre des ouvrages qu'a laissés Paisiello est trop considérable pour qu'on puisse les citer ici. Il a enrichi la bibliothèque de la chapelle du roi de France de vingt-six messes, dont plusieurs sont des chefs-d'œuvre.

Paisiello mourut à Naples le 5 juin 1816. On trouva dans ses papiers une messe de mort qui fut exécutée pour la première fois aux funérailles de l'auteur.
TH.

PAJOU (AUGUSTIN), naquit à Paris le 19 septembre 1730. Il était fils d'un sculpteur compagnon ornemaniste du faubourg Saint-Antoine, qui le destinait au même métier que lui; mais ses dispositions heureuses décidèrent son père à le placer chez Lemoine, qui, à cette époque, tenait le premier rang parmi les sculpteurs. Le jeune Pajou obtint à l'âge de dix-huit ans le grand prix de sculpture de l'Académie française.

Il resta douze années à Rome, et à son retour, il présenta à l'Académie un groupe de *Pluton qui tient Cerbère enchaîné*. Cet ouvrage enleva tous les suffrages, et Pajou fut chargé de travaux importans. Il est l'auteur de toute la sculpture qui décore la grande salle de spectacle du château de Versailles, des frontons de la cour du Palais-Royal et de plusieurs autres ouvrages pour l'établissement du palais Bourbon et pour la cathédrale d'Orléans.

En 1767, Pajou était professeur à l'Académie de peinture et de sculpture; en 1768, il exposa au Louvre *l'Esquisse du tombeau du roi Stanislas*, une figure en plomb, de grandeur naturelle, représentant *l'Amour dominateur des Clément*, pour la duchesse Mazarin, et quatre figures en pierre, de neuf pieds de proportion, pour l'avant-corps neuf du Palais-Royal, du côté du jardin, représentant *Mars, ou les talens militaires, la Prudence, la Libéralité* et *Apollon, ou les beaux-arts*.

Louis XVI le chargea d'exécuter les statues de Descartes, de Pascal, de Turenne, de Bossuet et de Buffon.

Il entreprit ensuite sa statue de *Psyché au moment où l'amour vient de fuir*. Cet ouvrage ne fut exposé que dans l'atelier du sculpteur.

Lorsqu'il fut décidé qu'on transporterait *la Fontaine des Innocens* de l'angle de la rue Saint-Denis, où elle se trouvait autrefois, au centre de la place du marché des Innocens, il fallut songer en même temps à ajouter deux faces nouvelles au monument qui devait alors être isolé, et dont la décoration primitive se composait seulement de deux faces. On dut ajouter de nouveaux bas-reliefs et de nouveaux pilastres, et, chose bien autrement délicate, joindre aux cinq figures de naïades de Jean Goujon, trois autres figures de même style et de même goût. Pajou eut l'honneur d'être choisi pour cette œuvre difficile.

Pajou a exécuté plus de cent-quatre-vingt morceaux de sculpture en marbre, en bronze, en plomb, en pierre, en bois et même en carton.

Il fit partie de l'Institut de France dès son origine. Il avait été un des quarante-huit, nommés par l'arrêté du Directoire du 29 brumaire an IV, avec mission d'élire les quatre-vingt-seize autres membres.

Membre de la Légion-d'Honneur le 26 frimaire an XII, il est mort à Paris le 8 mai 1809.

PARVILLER (JACQUES-FRANÇOIS), né à Montdidier (Somme), le 13 avril 1760, entra le 9 mars 1777 dans le régiment de Poitou-infanterie. Embarqué, en 1778, sur le vaisseau *le Solitaire*, il assista aux combats maritimes et de terre qui se livrèrent successivement de cette date à 1782, pendant toute la durée des guerres de l'indépendance de l'Amérique. Après ces cinq campagnes, il demanda son congé et se retira du service le 17 septembre 1782; mais il se réengagea le 1er mars 1788, et parvint au grade de caporal la même année, et à celui de sergent en juillet 1790. Il était de nouveau congédié depuis le 24 août de cette dernière année, lorsque le tocsin de la liberté se fit entendre dans tous les départemens français. Le 1er septembre 1791, il se fit admettre comme volontaire dans le 2e bataillon de la Somme, fut élu capitaine à l'unanimité le 6 du même mois, adjudant-major le 1er mai 1792, et capitaine de grenadiers le 6 janvier 1793. Il se trouva à l'affaire de Warwick, le 1er mars suivant, et reçut une blessure au bras gauche. Au combat de Rispoëde, en West-Flandre, le 28 septembre de la même année, les Anglais avaient forcé quelques grenadiers du bataillon qu'il commandait à se reployer, et ses braves, vivement canonnés par l'ennemi, allaient rompre leurs rangs, lorsque Parviller court à eux, les rallie, marche à leur tête, repousse les attaquans et enlève leur bagage. Dans une ronde de nuit, devant Maëstricht, le 14 brumaire an III, il fit une chute de cheval qui lui déboîta l'épaule droite. Le 24 frimaire an IV, Parviller est envoyé, avec le 1er bataillon de sa demi-brigade, sur une hauteur en avant de Guesuinden pour se réunir à 2 bataillons que dirigeait l'adjudant-général Sarrazin; cet officier supérieur lui ordonne de poursuivre l'ennemi au-delà de la plaine. Attaqué par sa droite par un escadron de chasseurs, il le reçoit à la baïonnette, le refoule dans un bois et reste maître du champ de bataille. Deux jours après, il se porte au pas de charge avec son bataillon en avant de Kirn, débusque les Autrichiens des hauteurs qu'ils occupaient et les poursuit au-delà d'un bois; mais l'ennemi s'étant bientôt rallié, revint à la charge et mit à son tour la colonne en désordre; Parviller réunit à la hâte tous les hommes qui se présentaient à lui et parvint à reprendre l'offensive. Nommé chef de bataillon provisoire dans la 123e demi-brigade le 10 brumaire an III, il redevint capitaine de grenadiers le 1er nivose an IV. Démissionnaire le 24 germinal de la même année, il resta inactif jusqu'en l'an VII, époque à laquelle il fut placé avec son grade dans la 99e demi-brigade. Le 2 messidor, au moment de la retraite qui suivit la bataille de la Trebia, il protégea, à la tête de 3 compagnies de grenadiers, l'arrière-garde de la division Victor, cerné dans un verger par des forces supérieures; il y soutint pendant quelque temps les efforts de l'ennemi, parvint à se frayer un passage et rejoignit le gros de l'armée. Au combat de Fossano, le 13 brumaire an VIII, il commandait un bataillon de la 99e demi-brigade, incorporée peu de temps après dans le 62e régiment de ligne. Il fut blessé, le 24 floréal, dans une reconnaissance en avant du Var, dont la rive gauche était occupée par l'ennemi. A l'affaire de Pozzolo, le 4 nivose an IX, il reçut deux blessures et refusa de quitter le champ de bataille. Le 26 frimaire an XII, il reçut la décoration de la Légion-d'Honneur. Il est mort en Calabre, le 8 décembre 1807.

B-S.

PASQUET (VICTOR), naquit à Latrouville (Seine-et-Oise), le 3 mars 1756. Soldat au régiment de Bassigny (33e d'infanterie) le 20 novembre 1775, il obtint le grade de caporal le 3 avril 1783, devint sergent-fourrier le 6 septembre 1785, et sergent-major le 15 janvier 1791. Après avoir fait les guerres de l'armée du Rhin et de la Vendée, de 1792 à l'an II, il reçut, le 7 frimaire an III, le brevet de sous-lieutenant, et passa, le lendemain, avec le grade de lieutenant dans la 81e demi-brigade de ligne. Au combat de Laval, le 5 brumaire an II, il fut assez grièvement blessé, et fit les campagnes d'Allemagne, du corps d'observation du Midi et de l'armée d'Italie de l'an III à l'an VIII. Embarqué, le 1er thermidor an IX, sur la corvette *le Boule-Dogue*, et pris par les Anglais le 29 fructidor suivant, il ne fut rendu que le 19 brumaire an X. Le 8 frimaire suivant, il passa avec son grade dans la 3e demi-brigade de vétérans. Membre de la Légion-d'Honneur le 26 frimaire an XII, il fut admis à la retraite le 12 septembre 1806. Il est mort le 31 juillet 1830.

B-S.

PASTORET (CLAUDE-EMMANUEL-JOSEPH-PIERRE, *marquis* DE), né à Marseille le 24 décembre 1755, exerça d'abord la profession d'avocat. Conseiller à la Cour des aides de Paris en 1781, il devint quelque temps après maître des requêtes. Il remporta, en 1784, un prix à l'Académie des inscriptions, où il fut admis en 1785. En 1790, son *Traité des lois pénales* obtint le prix que l'Académie décernait au livre le plus utile. Pastoret embrassa avec ardeur les principes de la Révolution française, et se vit désigné pour le ministère de l'intérieur; mais il ne l'accepta pas. L'assemblée électorale du département de Paris, qu'il présidait en 1791, le nomma procureur-général-syndic. Ce fut en cette qualité, qu'à la tête d'une députation nombreuse, il alla demander à l'Assemblée constituante que la nouvelle église de Sainte-Geneviève, transformée en Panthéon, devînt la sépulture de tous les hommes qui auraient rendu d'éminens services à la patrie. On lui attribue même l'inscription placée sur ce monument: *Aux grands hommes la patrie reconnaissante*. Il présida, la même année, l'assemblée électorale de Paris, et fut nommé député à l'Assemblée législative. Fougueux révolutionnaire, il fulmina des imprécations contre les rois. Le 25 octobre, il appuya énergiquement les mesures répressives proposées contre les émigrés, en en restreignant toutefois l'application à ceux des fonctionnaires publics qui auraient quitté leur poste au moment du danger. Le 31 décembre, il contribua à faire abolir les complimens et félicitations qu'on adressait à la couronne au renouvellement de l'année. Le 25 février 1792, il s'éleva contre l'existence de l'Université, et fit décréter la suppression de cette société savante. Le 9 avril, il parla contre l'esclavage des nègres et en réclama vivement l'abolition graduelle. Le 22 du même mois, il appuya fortement le projet de déclaration de guerre à l'Autriche. Le 16 juin, il fit décréter l'établissement d'une place et l'érection d'une statue de la liberté sur l'emplacement de la Bastille. Ce fut là le terme de son exaltation, et, à dater de cette époque, il sembla qu'une réaction subite s'était opérée dans ses principes. Quand il vit la puissance royale sérieusement menacée, il se déclara hautement le champion de ses prérogatives. Mais la royauté était vaincue et terrassée, et Pastoret s'efforça vainement de la relever : cette lutte n'aboutit qu'à lui faire perdre sa popularité. Le 30 juin, il demanda la punition des auteurs de l'attentat commis le 20 contre la personne du roi. Le 3 juillet, il combattit la motion qui avait pour but de déterminer l'Assemblée à s'emparer de l'exercice du pouvoir exécutif. Après le 10 août, il résigna toutes ses fonctions politiques, et peu s'en fallut que son zèle monarchique ne lui coûtât la vie; il ne réussit à s'échapper qu'à la faveur d'un travestissement. Il resta complétement étranger aux affaires politiques jusqu'au mois de brumaire an III, où le département du Var l'envoya siéger au conseil des Cinq-Cents. Dans cette assemblée, tout en tenant compte des faits accomplis, il demeura fidèle aux principes qui, en dernier lieu, avaient dirigé sa conduite. Le 15 ventose an V, il repoussa un décret portant que les électeurs seraient tenus de prêter le serment de haine à la royauté. Le 9 prairial, il proposa de modifier les lois coërcitives portées contre ceux des habitans de Toulon qui s'étaient enfuis après avoir livré la ville et le port aux Anglais. Il s'éleva enfin le 22 juillet contre les réunions et les clubs populaires, et en demanda la suppression. L'opposition de Pastoret était dirigée principalement contre les membres influens du Directoire; et dans une des séances des Cinq-Cents, il provoqua indirectement la mise en accusation de Barras, de Rewbell et Lareveillière-Lepeaux. Dès-lors, il s'associa aux intrigues qui amenèrent une scission entre la majorité des conseils et le Directoire, et se rapprocha du parti royaliste connu sous le nom de *clichien*. Aussi, le 18 fructidor, son nom figura l'un des premiers sur les listes de proscription. Prévenu à temps, il se réfugia en Suisse. Autorisé à rentrer en France en l'an VIII, il dut se rendre à Dijon, et y demeurer sous la surveillance de la police générale. Pastoret publia alors son ouvrage sur les *Lois de Moïse et de Confucius*. En l'an X, le premier Consul le nomma membre du conseil général des hospices et de l'Institut, membre de la Légion-d'Honneur le 26 frimaire an XII, et professeur du droit de la nature et des gens au Collége de France. Pastoret se vit désigné deux fois par le collége électoral de la Seine pour entrer au Sénat ; mais il n'y fut admis qu'en 1809. Son dévoûment à Napoléon lui valut la place de professeur de philosophie à la faculté des lettres de l'Université impériale et le titre de comte de l'Empire. En 1811, il donna au public son *Recueil des ordonnances des rois de France de la troisième race*. Élu membre du grand conseil d'administration du Sénat en 1812, il présida la 3e classe de l'Institut. Signataire de l'adresse de la Chambre des pairs au roi, sur l'invasion de Napoléon en 1815, il fut nommé pair de France, commandant de la Légion-d'Honneur, conseiller de l'Université royal et président du collége électoral du département du Var. Il avait retrouvé son ancienne exaltation ; il était du nombre de ceux qu'on disait *plus royalistes que le roi*. Il reçut le titre de marquis en 1817. En février 1819, il appuya la proposition de M. le comte Barthélemy, tendant à la réorganisation des colléges électoraux, mesure que le ministère lui-même crut devoir combattre en demandant l'ordre du jour. En 1820, il remplaça Volney à l'Académie française. Il obtint ensuite la vice-présidence de la Chambre des pairs, la décoration de grand-officier de la Légion-d'Honneur le 1er mai 1821, et la grand'croix le 19 août 1823. Nommé tuteur des enfans du duc de Berri, conseiller d'État en service extraordinaire, ministre d'État et membre du conseil privé, Pastoret se vit élevé, en 1826, à la dignité de chancelier de France. Depuis l'avénement de Louis-Philippe, il resta complétement en dehors des affaires publiques. De ses nombreux ouvrages, le plus remarquable est son *Histoire de la législation*. Il est mort à Paris le 28 septembre 1840.

TH.

PAUTHENIER (ANTOINE), né à Dijon (Côte-d'Or), en 1768, entra au service le 1er septembre 1791 comme volontaire au 1er bataillon de la Côte-d'Or, amalgamé successivement dans la 146e demi-brigade de bataille en l'an II, et dans la 5e de ligne en l'an IV. En 1792 et 1793, il combattit à l'armée du Nord, et se trouva au siége de Valenciennes. En l'an II, il passa en Italie, et fut nommé caporal le 17 nivose an IV, sergent le 9 prairial an V, se fit remarquer plusieurs fois par sa bravoure, et tomba au pouvoir des Autrichiens, au combat de Magnano, sur l'Adige, après avoir été grièvement blessé. Échangé après la paix de Lunéville, il se retira dans ses foyers, et obtint la croix de légionnaire le 26 frimaire an XII. Il est mort le 7 décembre 1808.

PELECIER (CLAUDE-JOSEPH), naquit le 3 octobre 1774 à Rioz (Haute-Saône). Soldat le 6 juin 1792 dans le 11e bataillon de volontaires de son département, incorporé, par suite d'amalgame, dans la 20e demi-brigade de ligne, il devint sergent, sergent-major et sous-lieutenant les 7 juin, 13 et 15 juillet de la même année, et fit les guerres de 1792 à l'an II aux armées du Rhin et de Rhin-et-Moselle. Le 15 vendémiaire an II, il fut nommé lieutenant dans le 1er bataillon de volontaires, dits *de la Montagne*, incorporé, le 1er vendémiaire an IV, dans la 208e demi-brigade, devenue, le 21 ventose suivant, 56e de ligne. Le 25 messidor même année, dans une affaire qui eut lieu devant Tripstadt, il repoussa de vive force, à la tête d'une centaine de tirailleurs, les retranchemens ennemis. Passé en l'an III à l'armée de la Moselle, devenue armée du Rhin, il fut promu, le 12 germinal de cette année, au grade de capitaine-adjudant-major. Il fit ensuite, sur le Rhin et en Helvétie, les campagnes des ans IV, V et VI ; celle de l'an VII à l'armée d'Italie ; celles des ans VIII et IX à l'armée de l'Ouest ; enfin celles des ans XII et XIII sur les côtes de l'Océan. Le premier Consul le nomma membre de la Légion-d'Honneur le 26 frimaire an XII. Son brevet porte : que *son courage avait constamment égalé ses talens distingués*, et que *partout il avait fait l'honneur de son corps et de l'armée*.

Il servit à la grande armée en l'an XIV et en 1806, fut deux fois honorablement mentionné dans les rapports, et nommé chef de bataillon dans le 3ᵉ régiment de ligne le 8 mai 1806. Major provisoire, le 15 janvier 1808, dans le 113ᵉ de ligne, il fut envoyé à l'armée de Catalogne, et confirmé dans ce grade par décret du 28 décembre 1809; il passa à cette date dans le 103ᵉ régiment, et devint successivement colonel en second du 103ᵉ le 16 avril 1811, et colonel titulaire du 86ᵉ le 11 mai suivant. Il fit avec ces différens corps les campagnes de 1810 à 1814 en Espagne et en Portugal, et fut appelé, le 19 novembre de cette dernière année, au commandement du 74ᵉ régiment d'infanterie de ligne; l'Empereur l'avait nommé officier de la Légion-d'Honneur le 9 janvier 1813. Rentré dans ses foyers après les événemens politiques de 1815, Pelecier fut mis en demi-solde le 15 février 1816, et obtint sa retraite le 11 février 1822. Il a été élevé au grade de commandeur de la Légion-d'Honneur le 28 novembre 1831. Cet officier supérieur réside en ce moment à Nevers (Nièvre). B-S.

PELLETAN (PHILIPPE-JEAN), naquit à Paris le 4 mai 1747. Il était fils d'un maître en chirurgie de Paris, pauvre et chargé d'une nombreuse famille; mais le défaut absolu de secours n'arrêta point son zèle. Il fit de bonnes études littéraires et se livra avec ardeur à son instruction médicale. Le jeune Pelletan obtint l'emploi de gagnant-maîtrise à l'Hôtel-Dieu. Appelé au collège de chirurgie, il se vit compris comme professeur lors de la création des écoles de médecine. L'hospice de perfectionnement fut le théâtre de ses succès en pratique chirurgicale et en enseignement. Les guerres de la Révolution ne tardèrent pas à l'entraîner vers la chirurgie militaire, et il devint successivement chirurgien en chef des armées des Pyrénées et du Nord, et enfin membre du conseil général de santé des armées. Pelletan succéda au célèbre Desault comme chirurgien en chef de l'Hôtel-Dieu. Nommé membre de la classe des sciences physiques et mathématiques, à la formation de l'Institut, et professeur de l'École de médecine, en l'an VIII, il publia des lettres fort remarquables sur la rage. Créé membre de la Légion-d'Honneur le 26 frimaire an XII, il mérita en plusieurs occasions l'estime particulière de l'Empereur, qui l'appela près de lui en qualité de premier chirurgien. En 1815, il devint premier chirurgien honoraire du roi, et occupa, à la Faculté de médecine, la chaire de médecine opératoire; en 1818, il passa à celle des maladies des femmes et des enfans. Dans la même année, il ouvrit un cours de physique qui fut suivi par un auditoire nombreux et choisi. En 1822, lors de la suppression de la Faculté par le ministre Corbière, il perdit sa place de professeur titulaire, et lors de la réorganisation, en 1823, il rentra comme professeur honoraire. En 1825, le gouvernement le choisit pour présider les juris de médecine. L'exercice de son art, qui exigeait l'emploi de tout son temps, ne lui permit pas de se livrer aux travaux du cabinet: aussi laissa-t-il peu d'écrits. Pelletan se rendit constamment utile à l'humanité, et acquit la réputation méritée d'un des plus habiles praticiens de son siècle. Il était membre de la plupart des sociétés savantes de l'Europe. Il est mort le 26 septembre 1829. TH.

PELLEY ET NON **PELLET** (JACQUES-JOSEPH), naquit le 19 mars 1769 dans le département du Calvados. Grenadier volontaire le 1ᵉʳ frimaire an II au 7ᵉ bataillon de la Marne, qui fut amalgamé, lors de la première formation, dans la 152ᵉ demi-brigade de bataille, incorporée le 26 ventose an IV dans la 75ᵉ demi-brigade, devenue 75ᵉ régiment de même arme le 1ᵉʳ vendémiaire an XII, il fit la campagne de l'an II à l'armée des Ardennes, et se trouva au siège de Mayence; passa l'année suivante à l'armée du Rhin, puis à celle de l'Ouest, et rejoignit l'armée d'Italie au commencement de l'an IV. Il se trouva, le 22 floréal de la même année, à la prise de Pizzighitone; et le 11 prairial suivant, au passage du Mincio, à Borghetto, il entra un des premiers dans le château de Valeggio. Le 27 nivose an V, à la bataille de la Favorite, il rallia et ramena en ligne un peloton de son bataillon qui s'était débandé. Passé en l'an VI à l'armée d'Orient, il combattit en Égypte et en Syrie de l'an VI à l'an IX, se distingua à la prise du fort d'El-Arich, et fit deux fois partie des colonnes de grenadiers destinées à l'assaut de la place de Saint-Jean-d'Acre. Lors du débarquement des Anglais à Aboukir, le 18 ventose an IX, il fut cité à l'ordre de la demi-brigade pour sa brillante conduite dans cette journée. Rentré en France en l'an X, il alla tenir garnison à Orléans, fut dirigé, à la fin de l'an XI, sur le camp de Saint-Omer, devint membre de la Légion-d'Honneur le 26 frimaire an XII, et obtint son congé l'année suivante. Il est mort à Torteval (Calvados), le 1ᵉʳ juin 1838.

PÉRILLIEUX (NICOLAS-JOSEPH), naquit le 28 mai 1775 à Marcigny (Aisne). Dragon dans le 3ᵉ régiment le 2 mai 1793, il fit les guerres de 1793 à l'an VI aux armées de Sambre-et-Meuse, d'Italie et d'Helvétie. Au combat d'Amsfort, en Tyrol (an V), il reçut un coup de feu à la mâchoire inférieure. Brigadier le 1ᵉʳ brumaire an VII, il suivit son régiment en Égypte, et devint maréchal-des-logis le 26 pluviose an VIII. Rentré en France en l'an X, il obtint la décoration de la Légion-d'Honneur le 26 frimaire an XII, et le grade de sous-lieutenant le 25 pluviose suivant. Il a fait les campagnes des ans XII, XIII et XIV sur les côtes de l'Océan et à la grande armée; celles de 1807 et 1808 en Portugal. Le 17 août de cette dernière année, il reçut une blessure à la jambe gauche à l'affaire de Rolica, et fut dirigé sur Bourges, où il obtint sa retraite le 11 juin 1809. Il est mort à Vignoux (Cher), le 17 juin 1828. B-S.

PERRET (JOSEPH), naquit le 15 mars 1774 à Romans (Drôme). Volontaire au 2ᵉ bataillon de la Drôme le 12 novembre 1791, il passa dans la 118ᵉ demi-brigade le 1ᵉʳ brumaire an II, et dans la 32ᵉ le 25 ventose an IV. Après avoir fait la campagne de 1793 aux Pyrénées, il fut envoyé en Italie, reçut un coup de feu dans les reins à la redoute de

Montelezimo, le 23 germinal an IV, enleva un drapeau à l'ennemi devant Fribourg en germinal an VI, et fut nommé caporal le 8 messidor de la même année. Passé en Orient avec sa compagnie pour rejoindre la 32ᵉ demi-brigade, il se trouva à la bataille d'Aboukir le 7 thermidor an VII, rentra en France en l'an IX, passa dans les vétérans le 23 vendémiaire an XI, fut nommé légionnaire le 26 frimaire au XII, et obtint la solde de retraite le 6 mars 1807. Il est mort à Laveyron (Drôme), le 1ᵉʳ mars 1839.

PERREY (PIERRE-JACQUES), naquit à Dommartin (Doubs), le 4 avril 1764. Le 17 juin 1792 il entra comme sous-lieutenant dans le 13ᵉ régiment de cavalerie, devenu 22ᵉ de dragons en l'an XII, et fit les guerres de 1792 à l'an II à l'armée du Nord. Le 7 floréal an II, suivi de 4 hommes, il culbuta 30 cavaliers ennemis qui protégeaient un convoi d'artillerie, leur enleva un caisson et un avant-train, prit une pièce de canon, et, quoique blessé d'un coup de sabre au bras gauche, il couvrit la retraite d'un grand nombre de soldats blessés. Il servit en l'an III et en l'an IV à l'armée de Sambre-et-Meuse, devint lieutenant le 4 messidor an IV, fit les guerres de l'an V à l'an VIII aux armées du Rhin et de l'intérieur, reçut le 26 frimaire an XII la décoration de la Légion-d'Honneur, et combattit en l'an XIV, en 1806 et 1807 en Allemagne, et de 1808 à 1813 en Espagne. Chef d'escadron le 16 juin 1813, il passa, le 1ᵉʳ août, dans le 13ᵉ régiment de dragons, avec lequel il fit la campagne de France. Nommé officier de la Légion-d'Honneur le 3 avril 1814, il est mort à Lyon (Rhône), le 10 juin 1815.   B-S.

PERRIN (QUIRIN), naquit le 24 juillet 1784 à Saulcy, arrondissement de Saint-Dié (Vosges). Grenadier volontaire le 4 août 1792 dans le 11ᵉ bataillon des Vosges, incorporé dans la 175ᵉ demi-brigade de bataille, devenue 67ᵉ demi-brigade de ligne, puis 67ᵉ régiment de même arme, il fit toutes les guerres de 1792 à l'an IX aux armées du Nord, de Sambre-et-Meuse, d'Allemagne, de Mayence, du Danube, d'Helvétie et d'Italie. Caporal le 1ᵉʳ juillet 1793, il se trouva à la bataille de Hondschoote le 8 septembre suivant. Placé en tirailleur, il força les canonniers anglais à abandonner 4 pièces de canon qu'il conduisit au quartier-général. Devenu sergent le 9 germinal an II, il prit sa part de gloire, le 17 fructidor an IV, à la bataille de Wurtzbourg. A l'affaire du 11 floréal an VIII, il mérita de nouveau les éloges de ses chefs. Après la cessation des hostilités, il tint garnison à Brescia pendant les ans X et XI, et fut nommé membre de la Légion-d'Honneur le 26 frimaire an XII. Embarqué le 4 nivose an XIII sur le vaisseau *le Formidable*, il fit la campagne sur mer avec la division de l'amiral Villeneuve. Passé à bord du vaisseau *l'Aigle*, le 8 vendémiaire an XIV, il assista au combat de Trafalgar le 29 de ce mois, et débarqua à Cadix le 10 brumaire suivant. Sous-lieutenant le 1ᵉʳ octobre 1806, il servit en 1807 et 1808 à la grande armée. Le 6 août 1807, au siége de Stralsund, il fut blessé de trois coups de feu. En 1809, il quitta l'Allemagne pour passer à l'armée de Catalogne. Lieutenant le 4 mars 1810, et blessé d'un coup de feu à l'estomac le 3 avril suivant, à l'affaire de Montserrat, il tomba au pouvoir de l'ennemi à l'affaire d'Olot, et fut envoyé en Angleterre le 13 avril 1811; il demeura en captivité jusqu'à la paix. Rentré en France le 19 juin 1814, et admis à la retraite le 29 octobre suivant, il se retira à Saulcy (Vosges), où il est mort le 11 septembre 1828.   B-G.

PERUSET (JEAN-BAPTISTE), né le 25 avril 1759 à Termonde (Belgique), entra au service comme adjudant-sous-officier dans le 2ᵉ bataillon belge le 1ᵉʳ décembre 1792, fut nommé adjudant-major le 16 février 1793, et prit rang de capitaine le 15 mars suivant. Après avoir servi à l'armée du Nord, de 1792 à l'an II, il passa, le 5 pluviose, dans le 3ᵉ bataillon de tirailleurs, amalgamé, le 23 messidor an III, dans la 15ᵉ demi-brigade d'infanterie légère. Pendant les ans III et IV, il était à l'armée de Sambre-et-Meuse, et à celles de Naples et d'Italie de l'an V à l'an VIII. Le 5 messidor an VII, il reçut deux coups de feu dans un combat en avant de Capoue, et concourut, le 8 du même mois, dans un engagement près de Sainte-Marie de Capoue, à la prise de 2 pièces d'artillerie. Il fut de nouveau blessé, dans cette dernière affaire, d'un coup de sabre à la main droite. Le 15, il se porta à la tête d'un détachement sur le camp ennemi et prit 6 pièces de canon. Il fit ensuite la campagne de l'an IX à l'armée des Grisons, et reçut la croix de la Légion-d'Honneur le 26 frimaire an XII. Il servit en l'an XII et en l'an XIII aux armées de réserve et des côtes de l'Océan, et se trouva à toutes les affaires de la grande armée de l'an XIV à 1809. Il obtint sa retraite le 16 mai 1811, se retira à Vauréal (Seine-et-Oise), et y mourut le 6 mai 1838.   B-S.

PEYRON ET NON **PERRON** (BLAISE), naquit le 8 septembre 1779 dans le département de la Loire. Incorporé comme réquisitionnaire à la 16ᵉ demi-brigade légère le 17 pluviose an VI, il fit la campagne à l'armée de Rhin-et-Moselle, passa l'année suivante à celle d'Helvétie, prit part à l'expédition contre Naples, en frimaire et nivose an VII, revint en Piémont, et contribua puissamment avec son corps à chasser l'ennemi de Nice et du territoire des Alpes maritimes. Passé à l'armée gallo-batave, il y resta pendant les ans VIII et IX, vint ensuite au camp de Brest, fut nommé légionnaire le 26 frimaire an XII, fit partie de la grande armée pendant les campagnes des ans XIV, 1806, 1807 et 1809, et fut admis à la retraite à la suite de blessures graves qu'il reçut à la bataille de Wagram le 6 juillet 1809. Il réside aujourd'hui à Saint-Étienne (Loire).   Y.

PICHOF (JOSEPH-GEORGE). Les listes officielles des légionnaires, publiées en l'an XIII et en 1814, portent un sous-officier de ce nom dans la nomination du 26 frimaire an XII ; le véritable nom de ce militaire est **BISCHOFF** (JEAN-GEORGE). Ayant déjà publié la lettre B de cette nomination, force nous est de laisser l'article de ce membre de l'Ordre à la lettre P : la table générale de ce volume indiquera notre observation.

BISCHOFF, né à Schelestadt (Bas-Rhin), le 4 janvier 1773, entra comme soldat au régiment de Boulonnais le 1er janvier 1787, et passa dans la légion des Allobroges, à l'armée d'Italie, le 8 février 1793. Caporal de carabiniers le 31 mars suivant, il fit partie des troupes destinées au siège de Toulon, et fut blessé d'un coup de feu à la cuisse gauche. Après la prise de cette place, il rejoignit l'armée des Pyrénées-Orientales, fut blessé au pied droit au combat de Campredo le 27 prairial an II, devint sergent le 30 germinal, et retourna en Italie au commencement de l'an IV pour coopérer à l'organisation de la 27e demi-brigade légère. Blessé au bras droit au combat de Salo le 13 thermidor an IV, et à l'épaule droite, à Rivoli, le 1er frimaire an V, il passa à l'armée du général Championnet. A la prise de Naples, le 4 pluviose an VII, après avoir tué à coups de sabre plusieurs canonniers, il leur enleva une pièce de canon, en prit une seconde à la hauteur de Porto-Fermo, tua les 2 canonniers qui allaient y mettre le feu, et reçut dans cette journée une grave blessure au flanc droit. Couvert de cinq cicatrices honorables, il fut nommé légionnaire le 26 frimaire an XII, et réduit au service sédentaire du dépôt, il y resta jusqu'au 1er mai 1807, époque à laquelle il obtint la solde de retraite. Il se retira dans sa ville natale et y mourut le 20 décembre 1811. Y.

PICHON (PHILIBERT), naquit le 15 février 1771 à Corgolin (Côte-d'Or). Le 2 brumaire an II, il entra dans le 17e bataillon de volontaires de son département, devint caporal le 2 germinal, servit aux armées du Rhin et d'Helvétie de l'an II à l'an VI, et passa à celle d'Italie à la fin de cette dernière campagne. A la bataille qui eut lieu sous les murs de Verone, le 7 germinal an VII, poursuivi par l'ennemi avec les 12 grenadiers qu'il commandait, il se retrancha derrière un monceau de pierres, arrêta par son feu un escadron de cavalerie lancé à sa poursuite, et facilite ainsi aux tirailleurs français les moyens de se retirer en bon ordre ; il eut dans ce combat le côté droit traversé d'un coup de feu. Sergent dans la 56e demi-brigade de ligne le 28 floréal an VIII, il fit les campagnes d'Italie et de l'Ouest, et devint adjudant-sous-officier le 1er vendémiaire an X, membre de la Légion-d'Honneur le 26 frimaire an XII, et sous-lieutenant le 11 ventose de la même année. Après les guerres d'Italie, de l'an XIV et de 1806, il obtint, le 25 décembre 1807, le grade de lieutenant. Incorporé dans la 5e légion de réserve le 2 juin 1808, il passa le 1er octobre 1809 dans le 7e régiment de ligne, où il devint capitaine le 28 décembre 1810. Il a fait les campagnes d'Espagne de 1808 à 1812, et celle de 1813 à la grande armée. A la bataille de Hanau, le 31 octobre de cette dernière année, un biscaïen lui traversa le pied gauche. Admis à la retraite le 18 août 1816, il se retira à Beaune (Côte-d'Or), où il réside encore en ce moment. B-S.

PIED (PIERRE), DIT **LA FLAMME**, naquit le 4 janvier 1753 à Châteauroux (Indre). Soldat au régiment de la Reine-infanterie le 1er avril 1773, il passa dans le 1er régiment de chevau-légers le 27 septembre 1780. Le 11 août 1783, il fut choisi, en raison de sa taille, pour le 2e régiment de carabiniers, et il fit avec ce corps toutes les campagnes de la République de 1792 à l'an IX aux armées de la Moselle, du Nord, de Rhin-et-Moselle, de l'Ouest, de Mayence, du Danube et du Rhin. Il était à la bataille d'Arlon le 7 juin 1793, à celle de Werdt le 3 nivose an II, à celle de Freysing le 16 fructidor an IV, au passage de Danube le 3 messidor an VIII, et à la bataille d'Hochstedt le 30 prairial an VIII. Le 4 thermidor an XI, il obtint sa retraite par ancienneté, et se retira dans son pays natal. L'arrêté du 26 frimaire an XII le créa légionnaire ; il fut porté, de cette époque, sur les listes électorales de Châteauroux. Il est mort dans cette ville le 16 février 1812. Y.

PIGEON (HUBERT), naquit le 15 janvier 1769 à Brienne (Haute-Marne). Enrôlé volontaire à la 5e demi-brigade de ligne le 15 ventose an IV, il prit part à tous les combats livrés à l'armée d'Italie pendant les ans IV, V, VI et VII. A la bataille du 29 fructidor an IV, devant Mantoue, il reprit à l'ennemi le drapeau du 3e bataillon dont la garde avait été tuée. A celle du 6 germinal an VII, devant Legnano, il enleva des mains des Autrichiens le général Vigne, fait prisonnier au commencement de l'action, et tua l'officier qui commandait son escorte. A l'affaire de Valence, en Piémont, le 23 floréal an VII, il contribua à la prise d'une pièce de canon. Passé en Batavie, il y fit les campagnes des ans IX et X, fut reçu légionnaire le 26 frimaire an XII, et passa dans la gendarmerie de l'île de Corse le 29 du même mois. C'est là qu'il obtint sa retraite le 26 février 1816. Il est mort à Auberive (Haute-Marne), le 26 décembre 1818. Y.

PINEAU ET NON **PINOT** (GUILLAUME), naquit le 10 mai 1775 dans le département de la Loire-Inférieure. Réquisitionnaire le 8 messidor an II au 7e régiment bis de hussards, devenu 28e régiment de dragons à l'organisation de l'an XII, il fit les campagnes d'Italie jusqu'à la fin de l'an V, et s'embarqua avec l'armée expéditionnaire d'Orient le 7 prairial an VI. Il servit en Égypte et en Syrie jusqu'en l'an IX, se distingua le 3 pluviose an VII, au combat de Samanhout, dans une charge exécutée par son escadron contre les Arabes d'Yambo, et fut nommé brigadier le 27 nivose an VIII. Le 1er vendémiaire an XII, il passa par incorporation, avec son grade, dans le 12e régiment de dragons, et fit partie en l'an XII et en l'an XIII des troupes rassemblées dans les 12e et 22e divisions militaires. Membre de la Légion-d'Honneur le 26 frimaire an XII, il obtint son congé le 5 pluviose an XIII. Il est mort à Saffré (Loire-inférieure), le 16 mars 1843. B-G.

PIREYRE (ANNE), né le 2 février 1755 à Église-Neuve (Puy-de-Dôme), entra au service le 11 mars 1775 dans les chasseurs à cheval de Lorraine, et fut successivement nommé brigadier le 16 septembre 1783, et maréchal-des-logis le 10 septembre 1786. Incorporé dans le 15e régiment de cavalerie le 1er mars 1789, maréchal-des-logis-chef le 17 juin 1792, il devint sous-lieutenant le 26 octobre suivant, et fit les campagnes d'Italie et d'Allemagne

de 1792 à l'an IX. Il fut blessé d'un coup de boulet au genou droit, en avant des lignes de Landau, le 20 frimaire an IV. Lieutenant dans le 24ᵉ régiment de dragons le 1ᵉʳ frimaire an VII, et nommé légionnaire le 26 frimaire an XII, il prit sa retraite le 9 brumaire an XIII. Il est mort le 24 septembre 1828.
B-S.

PLANÇON ET NON **PLANCHON** (FRANÇOIS), naquit le 16 janvier 1764 à Nancray (Doubs). Soldat dans le corps des carabiniers de *Monsieur* le 19 décembre 1788, il fut blessé d'un coup de sabre au poignet droit, à l'affaire de Nanci, en 1780. Il fit les campagnes de 1792 et 1793 à l'armée du Rhin et à celle de la Moselle. Le 14 janvier 1792, à Mœskirch, il reçut dans une charge trois coups de sabre sur la tête et un autre au bras droit. Brigadier le 20 nivose an XI, il servit à l'armée du Nord. Dans une affaire près Boxtel, il enleva avec quelques tirailleurs une pièce de canon et 2 caissons, fit un grand nombre de prisonniers, et fut nommé maréchal-des-logis le 16 fructidor suivant. En l'an III, à l'armée du Rhin, il sauva, à l'affaire de Petersheim, malgré le feu de l'ennemi, un officier de son régiment qui avait été blessé et se trouvait pris sous son cheval. Dans la campagne de l'an IV, sur les hauteurs d'Ulm, avec 6 tirailleurs qu'il rassembla à la hâte, il délivra une quarantaine de volontaires tombés au pouvoir de l'ennemi, et fit plusieurs prisonniers. De l'an V à l'an IX, Plançon servit dans les armées de Mayence, du Danube et du Rhin, fut nommé sous-lieutenant au tour du gouvernement le 30 thermidor an VII, et lieutenant à l'élection le 19 floréal an VIII. Il eut son cheval tué sous lui au passage du Danube le 30 prairial an VIII, et, quoique démonté, il ne quitta point le champ de bataille et entra un des premiers dans Lanningen, où il fit un grand nombre de prisonniers, et fut blessé d'un coup de feu au bras gauche. En l'an X, la demande d'un sabre d'honneur fut faite en sa faveur, et le 26 frimaire an XII il fut créé membre de la Légion-d'Honneur. Il était en l'an XIV à Austerlitz, où il eut un cheval tué sous lui et où il reçut plusieurs contusions très graves dans une charge contre l'artillerie ennemie. Pendant la campagne de Prusse, il se fit encore remarquer et fut nommé capitaine au 4ᵉ régiment de cuirassiers le 10 juillet 1806. A l'affaire d'Heilsberg, le 10 juin 1807, il chargea à la tête de son escadron un corps de cavalerie et d'artillerie russes, et le mit en déroute. Il venait de s'emparer de 3 pièces de canon, lorsque son cheval fut tué sous lui; blessé de trois coups de sabre, il resta entre les mains de l'ennemi. Rendu après le traité de Tilsitt, il fit la campagne de 1809 en Allemagne, et dans les journées des 21 et 22 mai, il fut blessé d'un coup de boulet au pied gauche et eut son cheval tué sous lui. A la bataille de Wagram, il reçut un coup de biscaïen au bras gauche, et obtint le grade de chef d'escadron le 12 septembre 1809. Il prit part à l'expédition de Russie, et fut nommé officier de la Légion-d'Honneur le 17 juin 1812. Au passage de la Drissa, le 11 août suivant, il chargea à la tête de 2 escadrons contre une colonne d'infanterie russe, d'environ 2,000 hommes, en sabra la plus grande partie et força le reste à se jeter dans la rivière. Le 18 du même mois, au combat de Polostk, il exécuta avec un seul escadron une charge vigoureuse contre 300 dragons de la garde impériale russe, les culbuta, et leur reprit 14 pièces de canon dont ils s'étaient emparés. L'Empereur le nomma major trois jours après. Au passage de la Bérésina, toute la division de cuirassiers chargea l'infanterie russe pour protéger le passage de l'armée : Plançon entra le premier dans les rangs ennemis. Le 29 novembre, au combat de Borizow, il arriva encore un des premiers sur l'ennemi, où il eut, pour la cinquième fois, un cheval tué sous lui. Il fit encore la campagne de 1813 en Allemagne, et celle de 1814 en France. Le gouvernement royal le nomma chevalier de Saint-Louis le 24 septembre 1814, et major du régiment des cuirassiers d'Angoulême le 28 du même mois. Il fit partie de l'armée du Nord en 1815, combattit à Mont-Saint-Jean, et fut admis à la retraite le 21 décembre de cette même année. Il réside aujourd'hui à Besançon (Doubs).

PLANQUES (DAVID), naquit le 6 septembre 1774 à Bédarieux (Hérault). Volontaire le 15 août 1792 dans le 2ᵉ bataillon de l'Hérault, qui devint successivement 129ᵉ demi-brigade le 1ᵉʳ brumaire an II, et 32ᵉ le 25 ventose an IV, il fut envoyé à l'armée d'Italie dès le commencement de la guerre, obtint le grade de caporal le 26 floréal an II, et ne quitta cette armée que pour aller en Égypte en l'an VI. Blessé d'un coup de feu à la tempe droite à la bataille d'Aboukir, le 7 thermidor an VII, au moment où il arrachait un étendard des mains d'un chef turc, il fut évacué sur la France, placé avec le grade de sergent, le 24 brumaire an VIII, dans le bataillon de vétérans de l'armée d'Orient, et admis à la solde de retraite le 5 prairial an XI. L'arrêté du 26 frimaire an XII le nomma membre de la Légion-d'Honneur. Il s'est retiré à Bédarieux (Hérault), où il réside encore aujourd'hui.
Y.

PLOY (JULIEN), né le 15 juin 1774 à Pontivy (Morbihan), s'enrôla volontairement au 79ᵉ régiment d'infanterie le 25 août 1792, et servit successivement dans les 146ᵉ et 5ᵉ demi-brigades de ligne, par suite des amalgames de l'an II et de l'an IV. Il fit toutes les campagnes d'Italie, de 1792 à l'an VII inclusivement. A l'affaire du mont Genèvre, le 5 fructidor an III, son capitaine, le citoyen Abaffour, commandant de grand'garde, étant tombé au pouvoir d'un parti de Piémontais, Ploy l'arracha deux fois d'entre leurs mains et parvint à le ramener dans les lignes françaises. Après avoir combattu sur le Rhin en l'an VIII, et en Batavie pendant les ans IX et X, il revint prendre garnison en Étrurie, fut nommé légionnaire le 26 frimaire an XII, et mourut à Livourne le 27 germinal de la même année.

PORTAIL (JACQUES), naquit le 25 février 1770 à Lauroux (Hérault). Volontaire dans le 1ᵉʳ régiment de chasseurs à cheval le 1ᵉʳ mai 1792, il fit toutes les guerres de la Révolution, depuis 1792 jusqu'à l'an IX inclusivement, aux armées du Nord, de Sambre-et-Meuse et du Rhin. Il se distingua au combat de Leignich le 1ᵉʳ vendémiaire an III, et à celui d'Anelshorn le 27 fructidor suivant. Il se trouva aux affaires d'Altenkirchen et de Bamberg les 16 prairial et 29 thermidor an IV, à celle de Lieptingen le 5 germinal an V, et fut cité pour sa conduite à la bataille de Hohenlinden le 12 frimaire an IX. Après avoir tenu garnison à Verdun pendant l'an X, il fut congédié le 9 floréal an XI, et admis le même jour comme gendarme à cheval dans la compagnie de la Sarre (25e légion). Créé membre de la Légion-d'Honneur le 26 frimaire an XII, il resta dans la même compagnie jusqu'au 15 décembre 1812, époque à laquelle il fut nommé brigadier dans la compagnie de la Roër (même légion). Après la rentrée des Bourbons, Portail fut placé avec son grade à la suite de la compagnie de l'Yonne (17e légion). Il prit sa retraite le 25 juillet 1815, et se retira à Bédarieux (Hérault), où il est mort le 11 avril 1837. B-G.

PORTAL (ANTOINE, *baron*), naquit à Gaillac (Tarn), le 5 janvier 1742. Élève de l'École de médecine de Montpellier, il y prit son doctorat et y fit ensuite des cours publics d'anatomie et de physiologie. Il vint à Paris en 1766, et lut à l'Académie royale de chirurgie plusieurs Mémoires fort remarquables. En 1768, il remplaça Ferrein à l'Académie des sciences et dans la chaire de médecine du Collége de France. Buffon, qui l'avait apprécié, le fit nommer, en 1777, professeur d'anatomie au Jardin des Plantes. Portal ne se contenta pas d'enseigner l'anatomie dans ses leçons et par ses écrits; il resta praticien et obtint la réputation méritée d'un des plus habiles médecins de Paris. Membre de l'Institut lors de sa formation, il donna en l'an XI, avec les autres professeurs du Muséum d'histoire naturelle, les annales de cet établissement. Le 26 frimaire an XII, Portal fut nommé membre de la Légion-d'Honneur, et, l'année suivante, l'Académie des sciences de Copenhague le choisit pour un de ses correspondans. En 1807, il devint associé honoraire de la Société de médecine de Bologne. En 1814, il entra comme professeur d'anatomie au Collége de France, et Louis XVIII le nomma son premier médecin, poste qu'il continua à occuper sous Charles X. En 1815, il fit partie de la commission chargée de rendre compte au roi de l'état de l'enseignement dans les écoles de médecine et de chirurgie. Président de l'École de médecine en 1817, il fut proclamé, l'année suivante, président d'honneur de la Société médicale de Paris. En 1824, le roi lui conféra le titre de baron. Portal a publié dans le *Recueil de l'Académie des sciences et de l'Institut* une foule de Mémoires relatifs à l'art de guérir, et a laissé en outre un grand nombre d'ouvrages estimés, qui ont été presque tous traduits en langues étrangères. Il mourut le 5 septembre 1832. Dans sa séance du 18 novembre suivant, le conseil municipal de Gaillac a décidé que la rue Saint-Pierre, dans laquelle est né Antoine Portal, porterait désormais son nom.

PORTERAT (DENIS), DIT CLEMENT, naquit le 30 novembre 1775 à Rouchot (Jura). Volontaire dans le 4e régiment de dragons le 26 ventose an II, il fit les guerres des ans III, IV et V à l'armée du Rhin. Brigadier le 8 pluviose an IV, il fut employé à l'armée d'Angleterre pendant les ans VI et VII, et passa ensuite à celle de Batavie, où il fit les campagnes des ans VIII et IX, et obtint le grade de maréchal-des-logis le 11 messidor an IX. En garnison à Amiens en l'an X et en l'an XI; il fit partie de la 1re réserve de l'armée des côtes de l'Océan pendant les ans XII et XIII, et reçut la croix de la Légion-d'Honneur le 26 frimaire an XII. De l'an XIV à 1807, il servit à la 1re division de dragons de la réserve de la grande armée, et prit part aux combats de Wertingen, d'Elchingen, de Neresheim et de Diernstein. Maréchal-des-logis-chef le 7 novembre 1806, il combattit à Nasielsk et Pulstuck les 24 et 26 décembre, à Wattersdorff et à Eylau les 5 et 8 février 1807, et fut fait adjudant-sous-officier le 6 mars suivant. La journée de Friedland lui valut le grade de sous-lieutenant, auquel il se vit élevé le 28 du même mois. Passé en 1808 à l'armée d'Espagne, il fit les guerres de la péninsule depuis cette époque jusqu'en 1811, et se trouva le 28 mars 1809 à la bataille de Médelin. Lieutenant le 9 avril, il fut promu capitaine le 1er février 1810, et obtint sa retraite le 1er avril 1813. Ce légionnaire réside encore aujourd'hui à Moulins (Allier). B-G.

PORTIER (LOUIS), naquit le 20 janvier 1765 au Mans (Sarthe). Volontaire dans le régiment de Boulonnais-infanterie le 1er juin 1783, et incorporé dans le régiment de Soissonnais le 3 août 1786, il y fut nommé caporal le 15 juillet 1789, et reçut son congé le 6 décembre 1791. Il s'enrôla de nouveau le 7 septembre 1792 dans le 4e bataillon des volontaires de la Sarthe, devenu 14e demi-brigade et plus tard 14e régiment d'infanterie de ligne, fut nommé sergent-major le lendemain, et lieutenant le 26 du même mois. Il fit toutes les campagnes de la Révolution, depuis 1792 jusqu'à l'an XII. Capitaine le 22 floréal an II, il reçut un coup de feu au genou droit à l'attaque de Bomel, le 12 nivose an III. Le 2 messidor an VII, à l'affaire de Saint-Julien, ayant été placé en tirailleur, il arrêta la marche de l'ennemi et donna aux troupes françaises le temps d'arriver et de repousser les Autrichiens dans Alexandrine. Le combat dura plusieurs heures; Portier y reçut trois coups de sabre sur la tête et eut 23 grenadiers blessés. Admis dans la Légion-d'Honneur le 26 frimaire an XII, il obtint sa retraite le 21 frimaire an XIII, et se retira dans ses foyers, au Mans, où il est mort le 28 août 1810.

POSTEL (JEAN-JACQUES-FRANÇOIS), naquit le 27 décembre 1772 à Desvres (Pas-de-Calais). Réquisitionnaire le 10 septembre 1793 dans le 1er bataillon du district de Boulogne, qui, par suite de différens amalgames, fit partie de la 67e demi-brigade et du 67e régiment d'infanterie de ligne, il fit les campagnes de 1793 et de l'an II à l'armée du Nord, celles des ans III, IV et V à l'armée de Sambre-et-Meuse, celle de l'an VI aux armées d'Allemagne et de Mayence, enfin celles des ans VII, VIII et IX aux armées du Danube, d'Helvétie et d'Italie. Caporal le 6 prairial an II, il se distingua, le 17 fructidor an IV, à la bataille de Wurtzbourg. A l'affaire du 28 thermidor an VII, au lac d'Oberalp (Helvétie), il marcha à la tête de 4 hommes contre l'ennemi qui occupait les hauteurs environnantes. Malgré le feu de mousqueterie et les pierres que les Autrichiens faisaient rouler du haut de la montagne, il arriva jusqu'à eux, les culbuta et leur fit 71 prisonniers, parmi lesquels se trouvaient 2 officiers. Il tint ensuite garnison à Brescia pendant les ans X et XI, fut nommé sergent le 1er messidor an X, et créé membre de la Légion-d'Honneur le 26 frimaire an XII. Employé dans la 8e division militaire pendant les ans XIII, XIV et 1806, il servit en 1807 et 1808 à la grande armée, et fut promu au grade de sous-lieutenant le 22 février 1807. Il fit encore la guerre de 1809 en Allemagne, et devint lieutenant le 21 juillet. Employé en Hollande en 1810, il passa à l'armée de Catalogne, où il fut fait prisonnier le 12 avril 1811, à l'affaire de Castel-Follit. Conduit en Angleterre, il ne rentra en France que le 4 juin 1814, et obtint sa retraite le 29 octobre suivant. Il est mort le 18 mai 1825. B-G.

POTARD (ROMAIN), né le 4 avril 1766 à Veria (Jura), entra le 5 août 1792 dans le 11e bataillon de volontaires du Jura, et le 12 du même mois ses camarades le nommèrent capitaine dans la 8e compagnie. Il fit les campagnes de 1792 et 1793. Le 4 octobre 1793, il arracha son chef de bataillon des mains de l'ennemi. Le 4 prairial an II, il soutint, avec sa compagnie, en avant du village d'Edelsheim (Palatinat), la retraite de l'arrière-garde, arrêta quelque temps un régiment de cavalerie prussienne, et prit 4 pièces de canon; il reçut dans cette affaire un coup de sabre à la tête. Il se trouva au siége de Manheim, dans le mois de frimaire an III. De garde à la tête du pont, et chargé de défendre la redoute n° 4, il parvint à s'y maintenir quoique blessé d'un coup de sabre à la joue gauche. Le 26 frimaire an V, au siège de Kehl, il reprit sur les Autrichiens, à la tête du 2e bataillon, la redoute dite *du Cimetière*, la place d'armes et l'artillerie dont l'ennemi s'était emparé, et lui fit en outre plusieurs prisonniers. Dans le mois de ventose an VII, chargé avec 300 hommes de l'expédition de la Tolfa, il se rendit maître des positions qui lui avaient été indiquées, tua plusieurs brigands, et en fit prisonniers un grand nombre. Quelques mois après, il passa la Trebia à la tête de sa compagnie, sous le feu de 2 pièces d'artillerie, enleva un canon et tua ou prit plusieurs Russes de sa main. Le 28 thermidor suivant, à la bataille de Novi, il reçut une balle dans la cuisse gauche. Le 26 floréal an VIII, il fut également blessé dans une sortie de la garnison de Gênes, dont il faisait partie. Au mois de brumaire an XII, incorporé dans la 62e demi-brigade de ligne, il reçut, le 26 frimaire, le brevet de membre de la Légion-d'Honneur. Retraité depuis le 8 juin 1809, il rentra avec son grade, le 11 avril 1812, dans la 21e cohorte de gardes nationales, devenue 154e de ligne. Le 21 août 1813, en avant de Lowemberg, il effectua le premier, à la tête de sa compagnie, le passage du Bober, et enleva, avec le 3e bataillon de son régiment, en présence de l'Empereur, la position occupée par l'ennemi, le poursuivit malgré le feu de plusieurs batteries, s'empara des hauteurs voisines, et ouvrit ainsi un passage à l'armée. Attaché le 1er août 1814 au 42e régiment de ligne, et licencié le 25 septembre 1815, il fut de nouveau admis à la retraite le 9 novembre 1818. Il est mort à Molinges (Jura), le 21 janvier 1835. B-S.

POTEL (PIERRE), né le 30 janvier 1779 à Caen (Calvados), entra comme conscrit au 3e bataillon de pontonniers le 1er germinal an VIII, il passa, le 1er pluviose an X, dans la 62e demi-brigade, qui devint 62e régiment de ligne le 1er vendémiaire an XII. Lorsque l'armée franchit le Mincio, le 4 nivose an IX, Potel, entouré par 4 grenadiers hongrois, parvint, quoique blessé grièvement d'un coup de baïonnette au bras, à en tuer 2 et à se dégager des 2 autres. Le 26 frimaire an XII, il fut nommé membre de la Légion-d'Honneur, et quitta le service l'année suivante. Depuis ce temps on a cessé d'en avoir des nouvelles. Y.

PREVOT (JÉRÔME), naquit le 12 octobre 1756 à Awoingt (Nord). Entré au régiment des carabiniers de *Monsieur* le 26 février 1777, il passa au 2e régiment de l'arme à l'organisation de 1791, et fit toutes les campagnes de 1792 à l'an VII aux armées de la Moselle, du Nord, de Rhin-et-Moselle, de l'Ouest, de Mayence, du Danube et du Rhin. A la bataille d'Arlon, le 7 juin 1793, il reçut un coup de sabre à la tête; au passage du Danube, le 3 messidor an VIII, il porta sur la croupe de son cheval, et dans l'espace d'une heure, plus de 30 fantassins; à Hochstedt, il combattit dans les rangs des grenadiers et reçut un second coup de sabre au bras gauche. Retraité le 24 vendémiaire an XI, il fut nommé légionnaire le 26 frimaire de l'année suivante, et mourut dans son pays natal le 22 septembre 1808. Y.

PRONY (GASPARD-FRANÇOIS-CLAIRE-MARIE-RICHE, *baron* DE), naquit à Chamelet (Rhône), le 22 juillet 1755. Élève à l'École des ponts et chaussées le 5 avril 1776, il en sortit sous-ingénieur le 15 septembre 1780, et remplit successivement le service de ce grade à Bourges, Argenton, Dourdan, Lagny et Paris. Dans cette dernière résidence, Perronet, directeur de l'École, l'employa plus spécialement à l'aider et à le suppléer dans la direction scientifique des élèves, que son grand âge l'obligeait à abandonner. Plus tard, cependant, il fut adjoint aux ingénieurs chargés de la construction du pont de la Concorde, à Paris, et de celui de Sainte-Maxence, sur l'Oise.

Nommé ingénieur en chef à Perpignan, le 21 août 1791, il fut rappelé à Paris à la fin de la même année pour prendre la direction du cadastre. Quand il eut établi les bases de cet important travail, il alla reprendre son service d'ingénieur à Harfleur et aux canaux de Loing, de Briare et d'Orléans.

Le 13 vendémiaire an VII, il remplaça, à la tête de l'École des ponts et chaussées, de Chezy, qui lui-même avait succédé à Lamblardie et Perronet. L'ordre et le travail reparurent avec lui, et, le 6 germinal an XIII, il joignait le titre d'inspecteur-général des ponts et chaussées aux fonctions de directeur de l'École.

Depuis ce moment, il se trouva associé à tous les travaux importans de cette grande époque en France, sur les confins de l'Espagne, et surtout en Italie, qu'il visita à trois reprises différentes. Les ports de Gênes, d'Ancône et de Venise, le Pô, le golfe de la Spezia, et particulièrement les marais Pontins, furent successivement les objets de ses études. Les Mémoires qu'il rédigea ont reçu l'approbation de l'Italie et de la France.

Professeur de mécanique à l'École polytechnique depuis l'an II, il en était devenu un de ses examinateurs permanens, en même temps qu'il occupait à l'Institut et au bureau des longitudes (1) la place due à son mérite.

Homme de science et de travail, Prony fut également apprécié par tous les gouvernemens qu'il vit se succéder pendant sa longue carrière, et chacun d'eux s'empressa de lui laisser en passant quelque témoignage de son estime. Membre de la Légion-d'Honneur le 26 frimaire an XII, officier (5 août 1814), commandeur (1833), chevalier de Saint-Michel (31 décembre 1816), baron (25 juin 1828), il fut élevé à la pairie le 12 septembre 1835.

Prony fut en même temps un grand ingénieur et un géomètre distingué; mais il subordonna toujours les spéculations théoriques aux applications de la science. C'est lui qui ouvrit une carrière exploitée avec succès par plusieurs savans de ce siècle, afin de faire porter dans le domaine de la pratique les résultats de la mécanique rationnelle. Il se fit connaître, à son début, par un Mémoire sur la stabilité des voûtes, qu'il vint lire à l'Académie pour défendre les belles constructions de son maître Perronet, dont la solidité était vivement attaquée avec des armes fournies par une théorie inexacte. Plus tard, pendant la tourmente révolutionnaire, il fut chargé d'organiser les calculs géographiques nécessités par l'adoption du système des nouvelles mesures, et de diriger la confection de tables trigonométriques en harmonie avec la nouvelle division du cercle. Absorbé par ces travaux, qu'il fit exécuter avec une rapidité incroyable par des procédés particuliers, il échappa à la proscription qui atteignit une partie de sa famille.

On doit à Prony des formules pour l'écoulement de l'eau dans les canaux à ciel ouvert et dans les tuyaux de conduite. Non content de déterminer les élémens à l'aide de toutes les expériences connues, il calcula cinq tables importantes, qui sont comme le *vade mecum* des ingénieurs, au moyen desquelles on peut résoudre presque immédiatement la plupart des questions relatives à la distribution des eaux et au jaugeage des rivières. Il posa aussi les fondemens du calcul de l'effet des machines; frappé des inconvéniens de l'expression de *force d'un cheval*, importée d'Angleterre, qui ne présentait qu'une appréciation vague et incomplète, il proposa une nouvelle unité pour mesurer le travail mécanique. Cette unité a été réellement adoptée par les méca-

(1) Attaché comme surnuméraire au bureau des longitudes jusqu'en 1814, il prit rang, à cette époque, à la suite des géomètres, et se trouva confirmé dans cette position par l'ordonnance du 6 février 1833, qui le nomma en remplacement de Legendre, décédé.

niciens, quoique la dénomination ancienne se soit conservée dans un sens purement fictif.

La découverte la plus utile dont la mécanique appliquée est redevable à Prony, est celle du *frein dynamométrique*, auquel son nom restera toujours attaché. Avant cette invention, on ne pouvait apprécier la puissance d'une machine avant de l'avoir employée; et maintenant encore, malgré l'immense développement d'après leur construction dans ces derniers temps, c'est le frein de Prony, légèrement modifié, qui seul peut servir de base à toutes les transactions.

La longue et brillante carrière de Prony rappelle la longévité non moins célèbre du maréchal de Vauban. Comme lui, il conserva ses heureuses facultés jusqu'au dernier instant. Agé de plus de quatre-vingts ans, il apportait encore le tribut de ses lumières au conseil général des ponts et chaussées. Passionné pour la musique, qui formait sa récréation habituelle, il voulut y appliquer le calcul des logarithmes, dont il avait fait un si grand usage pendant sa vie, et il publia, à la fin de ses jours, un petit *Traité des logarithmes acoustiques*.

Prony a figuré soixante-trois ans dans le cadre des ingénieurs des ponts et chaussées, et pendant trente-quatre il en a dirigé l'École. Il est mort le 29 juillet 1839.

A. L.

PROST (ÉTIENNE), né le 5 octobre 1774 à Harlay (Jura), entra au service le 19 mars 1792 au 35e régiment d'infanterie, devenu 70e demi-brigade en l'an II, et 75e en l'an IV, et fit avec ce corps la campagne d'Italie jusqu'à l'an V. Le 15 brumaire an II, sous la tranchée devant Toulon, il reçut un coup de feu qui lui traversa la jambe droite; le 26 germinal de la même année, il obtint le grade de caporal, et le 12 thermidor an III, à l'affaire de Melogno, en Italie, il reçut une nouvelle blessure qui lui fracassa le pied gauche. Après avoir combattu à Arcole, à Rivoli, à la Favorite et à Gradisca, il passa en Égypte : au siége d'Acre, le 17 floréal an VII, il fut blessé à la tête en repoussant une sortie de la garnison turque; au siége du Caire, le 5 floréal an VIII, il eut la jambe droite traversée pour la seconde fois d'un coup de feu, et enfin, devant Alexandrie, le 22 ventose an IX, deux coups de feu lui traversèrent les cuisses et l'épaule droite. Sergent le 21 brumaire an XI, il passa dans la 28e légion de gendarmerie (46e escadron, compagnie des Alpes maritimes) le 1er frimaire an XII, fut nommé membre de la Légion-d'Honneur le 26 du même mois, et servit dans ce corps jusqu'au 19 octobre 1811, époque à laquelle il obtint sa retraite. Il est mort à Antibes (Var), le 12 janvier 1819.

QUANTIN (RENÉ), naquit le 13 mai 1773 à Chemiré-sur-Sarthe (Maine-et-Loire). Soldat le 10 avril 1792 dans un des bataillons de volontaires qui concoururent plus tard à la formation de la 32e demi-brigade de ligne, devenue en l'an XII 32e régiment de même arme, il fit les campagnes de 1792 à l'an V aux armées des Alpes et d'Italie, et celles de l'an VI à l'an IX en Égypte et en Syrie. Il se fit remarquer au combat de Dego, à la prise de Lodi, aux affaires de Lonado, de Salo, de Peschiera, au combat de Due-Castelli, à la bataille de Saint-George, à Arcole, au combat de Carpenedolo, à Saint-Jean-d'Acre et à la bataille d'Aboukir, le 7 thermidor an VII. Rentré en France, il fit partie des troupes rassemblées sur les côtes de l'Océan en l'an XII et en l'an XIII, et fut nommé membre de la Légion-d'Honneur le 26 frimaire an XII. Il fit avec la grande armée la campagne de vendémiaire an XIV, et celles de l'an XIV à 1807 en Prusse et en Pologne. Il assista à la prise d'Ulm, puis au combat de Diernstein le 20 brumaire an XIV, et reçut deux coups de feu à celui de Halle, le 17 octobre 1806. Caporal le 1er février 1807, il prit part aux victoires de Mohrungen et de Friedland. Après le traité de Tilsitt, il demeura en cantonnement dans les cercles de Havelland et Teltow, jusqu'au 22 juillet 1808, époque à laquelle il partit pour l'Espagne, où il fit encore les campagnes de 1808 à 1812. Caporal de grenadiers le 1er juillet 1811, il fut admis à la retraite le 15 mai 1813. Il est mort le 5 mars 1830 à Moranès (Maine-et-Loire).

QUERAN (CHARLES), naquit le 30 février 1775 à Caen (Calvados). Engagé en qualité de trompette le 21 vendémiaire an VII au 7e régiment bis de hussards, devenu plus tard 28e de dragons, il fit les trois campagnes des ans VII, VIII et IX à l'armée d'Orient. Dans une affaire qui eut lieu près de Kéné (haute Égypte), le 13 germinal an VII, il tomba sur des Mamelucks qui avaient enveloppé le maréchal-des-logis Bellancour et le dégagea de leurs mains. A la bataille du Mont-Thabor, le 27 thermidor suivant, entouré par 6 cavaliers turcs, il combattit pendant deux heures, et finit par terrasser ou mettre en fuite ses adversaires. Nommé légionnaire le 26 frimaire an XII, il mourut à Guérande (Loire-Inférieure), le 5 nivose de la même année. Y.

QUERILHAC (CLÉMENT), naquit le 21 décembre 1773 à Galan (Hautes-Pyrénées). Sous-lieutenant dans le 1er bataillon de chasseurs des Montagnes le 1er juin 1793, et lieutenant le 12 messidor an II, il fit les guerres de la Révolution des ans II et III à l'armée des Pyrénées-Orientales; celles des ans IV et V à l'armée de l'Ouest, et celle de l'an VI à l'armée de Sambre-et-Meuse. Il servit de nouveau à l'armée de l'Ouest en l'an VII, et fit partie de l'armée d'Italie de l'an VIII à l'an IX. Embarqué lors de l'expédition d'Irlande sur le vaisseau le Fougueux, il rentra en France avec les débris de l'armée expéditionnaire, et placé à la suite de la 24e demi-brigade légère le 13 vendémiaire an V, il fut mis en activité dans la 19e le 19 frimaire an VII. Adjudant-major le 13 prairial suivant, et capitaine le 14 frimaire an IX, il passa, le 16 prairial an II, dans la 3e demi-brigade d'infanterie légère, et reçut, le 26 frimaire an XII, la décoration de la Légion-d'Honneur. Le 19 nivose an XIII, il devint chef de bataillon dans le 12e régiment d'infanterie de ligne, et passa, le 10 juillet 1806, en qualité de major dans le 67e. Nommé à l'emploi surnuméraire de sous-inspecteur aux revues le 13 février 1809, il fut titularisé le 29 octobre suivant, et fit en cette qualité les campagnes d'Italie de 1809 à 1811. Il résida ensuite plusieurs années à Perpignan; une dénonciation calomnieuse avait été faite contre lui en juillet 1816; l'inspecteur aux revues Reybaud, interrogé par le ministre de la guerre, rendit sur la conduite antérieure et présente de Querilhac les témoignages les plus honorables. Employé successivement dans les 8e et 10e divisions militaires, il passa, le 1er janvier 1817, de la deuxième à la première classe, et servit dans la 20e division (Cahors) jusqu'au 1er juin 1823. Retraité le 3 septembre de cette année, il est mort le 28 février 1835. B-S.

RABIER (PAUL-FRANÇOIS), naquit le 13 février 1772 à Corbigny (Nièvre). Après avoir servi avec distinction dans le 17e régiment de cavalerie, du 6 nivose an II au 11 ventose an VII, aux armées du Nord et de Sambre-et-Meuse, il passa dans la compagnie de gendarmerie de la Nièvre le 27 prairial an VIII, et il y servit sans interruption jusqu'au 16 juillet 1833, époque de son admission à la retraite; il avait été nommé légionnaire le 26 frimaire an XII. Il est mort à Lorme (Nièvre), le 10 avril 1842. Y.

RABOULOT (AUBIN), naquit le 4 juin 1769 dans le département des Ardennes. Volontaire dans le régiment de Guienne-infanterie le 3 avril 1776, caporal le 16 avril 1771, il fut incorporé dans la 8e demi-brigade légère le 5 germinal an II, qui concourut à la formation de la 11e nouvelle en frimaire an V, fut nommé sergent le 5 germinal an XI, et passa avec le 3e bataillon, le 20 prairial suivant, dans la 28e demi-brigade, qui devint l'année suivante 28e régiment d'infanterie légère. Il avait fait toutes les campagnes de la Révolution aux armées des Pyrénées-Orientales, de l'Ouest et d'Italie. Aux affaires des 8 et 13 brumaire an VIII, à Savigliano, ainsi qu'à celle du 2 prairial suivant, il fournit des cartouches aux tirailleurs les plus engagés, malgré le feu de l'ennemi, et rapporta quatre fois des blessés sur ses épaules. Décoré le 26 frimaire an XII, et membre du collège électoral de l'arrondissement de Dôle, il fit la campagne de 1806 en Pologne, fut blessé à Iéna le 14 octobre, et reçut sa solde de retraite le 21 juillet 1807. Il est mort à Aumur (Jura), le 5 août 1814. Y.

RAMANT ET NON **RAMOND** (NICOLAS), naquit le 21 janvier 1775 à Baudignecourt (Meuse). Soldat le 11 mars 1792 dans le 102e régiment d'infanterie, dont le 2e bataillon coopéra à la formation de la 180e demi-brigade an II, et fit partie de la 19e de ligne le 18 nivose an IV, il servit de 1792 à l'an VI aux armées du Rhin et d'Italie, fut nommé caporal le 22 vendémiaire an II, et sergent le 11 brumaire an III. Embarqué au mois de floréal an VI avec l'armée expéditionnaire d'Orient, il fit les campagnes d'Égypte et de Syrie de l'an VI à l'an IX. Il reçut, au combat naval d'Aboukir, un coup de feu à la jambe gauche. Le 1er bataillon de la 19e, dont faisait partie Ramant, ayant été incorporé, en l'an VII, dans la 32e de ligne, il y passa avec son grade et se trouva au siège de Saint-Jean-d'Acre, à la bataille d'Aboukir et au combat de Damiette. Le 30 ventose an IX, à la bataille d'Alexandrie, il reçut un coup de feu à l'épaule gauche. Rentré en France, il tint garnison dans la 1re division militaire pendant les ans X et XI, devint sergent-major le 15 prairial de cette dernière année, et fit partie des troupes rassemblées au camp de Montreuil pendant les ans XII et XIII. Membre de la Légion-d'Honneur le 26 frimaire an XII, et sous-lieutenant le 20 vendémiaire an XIII, il fit les campagnes de l'an XIV, de 1806 et 1807 à la grande armée. Il se trouva aux combats d'Haslach et de Diernstein, les 16 vendémiaire et 20 brumaire an XIV, à celui de Halle le 17 octobre 1806, et à celui de Mohrungen le 25 janvier 1807. Détaché à l'armée de Portugal, il assista à la prise de Lisbonne, et fut nommé lieutenant le 10 février 1808 dans le 46e régiment d'infanterie de ligne, avec lequel il fit la guerre du Tyrol. Envoyé à l'armée d'Espagne en 1810, et nommé capitaine le 29 mai, il passa l'année suivante à l'armée de Portugal, où il resta jusqu'à la fin de 1812. Un décret du 26 juin 1813 l'admit à la retraite. Il est mort à Maidières (Meurthe), le 29 septembre 1840.

RAMEL ET NON RAMELLE (JEAN), naquit à Sumène (Gard), en 1772. Volontaire dans le 2e bataillon de chasseurs révolutionnaires en 1793, il fut incorporé successivement dans le 1er bataillon de la 11e demi-brigade légère en l'an II, et dans la 5e de ligne, aux grenadiers du 2e bataillon, le 15 thermidor an VI. Après avoir fait les campagnes de 1793 et de l'an II à l'armée des Alpes, celles de l'an III à l'an VIII en Italie et à Naples, il se retira dans ses foyers après la paix de l'an IX, et fut nommé membre de la Légion-d'Honneur le 26 frimaire an XII. Depuis cette époque, on n'a plus entendu parler de lui. Y.

RAPHIN (LOUIS-BARTHÉLEMY), naquit le 10 avril 1768 à Villefranche (Lot-et-Garonne). Soldat au régiment de Bassigny (32e d'infanterie) depuis le 15 mai 1786 jusqu'au 15 mai 1792, il entra comme sergent-major dans le 2e bataillon des volontaires de Lot-et-Garonne le 2 juin 1792. Il fit la campagne de cette année à l'armée des Alpes, devint adjudant-sous-officier le 7 septembre 1793, et servit à la même armée jusqu'en l'an V. Lieutenant à l'élection le 11 ventose an II, il passa le 20 messidor suivant capitaine dans la 16e demi-brigade d'infanterie légère, devenue 16e régiment de même arme. Appelé à l'armée d'Italie, il y fit les campagnes des ans VI, VII et VIII. Le 11 germinal an VII, avec 5 carabiniers seulement, il s'empara du fort Falconi, et, dans les cinq jours qui suivirent, les communications avec l'armée française ayant été interceptées par les corsaires ennemis, il fit désarmer la garnison, forte de 600 hommes, et l'embarqua le lendemain. Le mois suivant, secondé par 4 officiers piémontais, il se rendit maître d'un corsaire anglais armé de 14 pièces de canon et monté par 50 hommes d'équipage. Passé en l'an IX au corps de la Gironde, il se rendit sur les frontières de Portugal, où il resta jusqu'en l'an X. Membre de la Légion-d'Honneur le 26 frimaire an XII, il prit part aux campagnes d'Autriche, de Prusse et de Pologne, et périt de la mort des braves sur le champ de bataille d'Eylau. B-G.

RAVIN (JEAN). *Voyez aux Armes d'honneur,* tome II, page 142.

REGNAULT (JEAN-BAPTISTE), naquit à Paris le 17 octobre 1754. Élève de Bardin, peintre d'histoire distingué, il suivit à Rome son maître, qui venait de remporter le premier prix de peinture; après six années de séjour en Italie, il revint à Paris en 1774, présenta au concours de cette année son tableau de *l'Entrevue d'Alexandre et de Diogène* et obtint le grand prix. Il retourna donc à Rome, comme pensionnaire du roi, et il y termina ses études de la manière la plus brillante. Il a exécuté dans cette capitale deux ouvrages qui lui acquirent une réputation méritée: *Le plafond de l'église de Jésus* et le tableau du *Baptême de Jésus-Christ*. Il exposa, en 1782, son tableau d'*Andromède et Persée*; et, l'année suivante, *l'Éducation d'Achille* lui valut le titre d'académicien. Il fit paraître ensuite de nombreux ouvrages; les principaux sont: une *Descente de croix*; *Danaé*, *Jupiter et Io*; *la Mort d'Adonis*; *les trôis Graces*; *l'Amour endormi sur le sein de Psyché*; *Alcibiade arraché par Sôcrate des bras de la Volupté*; *l'Enlèvement d'Orythie*; *la Mort de Priam*, et *Iphigénie en Tauride*. En l'an IX, *Hercule arrachant Alceste aux enfers*; *Mars désarmé par Vénus*; *la Mort de Kléber*; *Desaix venant de recevoir le coup mortel*, et *la toilette de Vénus*.

Membre de la Légion-d'Honneur le 26 frimaire an XII, il exécuta plus tard divers tableaux pour le gouvernement, parmi lesquels on remarque: *Napoléon s'avançant sur un char triomphal vers le temple de la paix*; toile de 30 pieds sur 16. L'on doit aussi à son pinceau plusieurs allégories politiques. Les plus remarquables sont: *l'Acceptation de la constitution par Louis* XVI; *le Sénat proclamant Napoléon Bonaparte consul à vie*; *les Drapeaux conquis à la prise de Vienne*; *l'Heureux événement*, allégorie relative à la Restauration, et *le Triomphe*, esquisse allégorique à la Chambre des pairs.

Le 21 mars 1816, lors de la réorganisation de l'Institut, il fit partie de la classe de peinture, (académie des beaux-arts), et devint plus tard professeur-recteur aux écoles royales et spéciales de peinture, d'architecture et de sculpture. Le 22 juin 1819, le roi le créa chevalier de Saint-Michel et baron le 19 juillet suivant.

Rival de David, il soutint cette redoutable concurrence sans trop de désavantage et se plaça au premier rang des peintres de l'école française moderne. Il est mort à Paris le 12 novembre 1829. TH.

REGNAULT (PIERRE-CHARLES), né à Piroux (Manche), en 1774, fut incorporé comme réquisitionnaire le 11 messidor an II dans la 193e demi-brigade de bataille, devenue 5e de ligne en l'an IV. Il se distingua aux armées des Alpes et d'Italie, passa grenadier le 1er messidor an V, et se retira du service quelque temps après. L'arrêté du 26 frimaire an XII le nomma légionnaire. Il réside en ce moment à Geffosses (Manche). Y.

REMY (CHARLES), naquit le 6 février 1779 à Plombières (Vosges). Enrôlé comme trompette dans les guides à cheval de l'armée des côtes de l'Océan le 1er brumaire an V, il fut embarqué la même année sur le vaisseau *les Droits-de-l'Homme*, et fit partie de l'expédition d'Irlande. Le 1er thermidor an VI, il passa dans le 7e régiment de hussards, et fit les quatre campagnes de l'an VI à l'an IX aux armées de Rhin-et-Moselle, d'Helvétie et du Rhin. A l'affaire de Kemptem, le 19 prairial an VIII, il était placé à l'avant-garde dans une embuscade quand l'ennemi vint à paraître ; s'élancer sur lui, sonner la charge et répandre l'épouvante dans ses rangs, fut pour Remy l'affaire d'un instant ; l'arrivée du régiment acheva de mettre en déroute l'ennemi, qui perdit dans cette affaire une grande quantité de prisonniers. Il obtint successivement le grade de brigadier le 24 germinal an X, celui de maréchal-des-logis le 11 pluviose an XI, et la croix de la Légion-d'Honneur le 26 frimaire an XII. Il se trouva encore aux batailles d'Austerlitz, d'Iéna, d'Eylau et de Friedland, pendant les campagnes des ans XIV, 1806 et 1807. Un coup de feu qu'il reçut à la bataille de Wagram, le 6 juillet 1809, l'obligea de solliciter sa retraite, qu'il obtint le 1er novembre de la même année. Il est mort à Fontaine-les-Luxeuil (Haute-Saône), le 4 janvier 1830. Y.

RENARD (FRANÇOIS-NICOLAS), naquit le 2 mars 1772 à Paris (Seine). Soldat au 1er bataillon de volontaires de Paris le 21 juillet 1791, il fut nommé sous-lieutenant dans la 83e demi-brigade d'infanterie de ligne le 14 avril 1793, et fit les campagnes de 1792 et 1793, des ans II, III et IV aux armées de Sambre-et-Meuse et du Rhin. Lieutenant le 5 germinal an IV, il passa à l'armée du Nord et à celle d'Angleterre, et y servit de l'an V à l'an VII. En l'an VIII, Renard était à l'armée d'Italie, et se fit remarquer à la bataille de Marengo ; il y fut blessé d'un coup de feu au bas-ventre. Lieutenant dans les grenadiers à pied de la garde consulaire le 6 ventose an IX, et capitaine dans le même corps le 28 ventose an X, il resta à l'armée des côtes de l'Océan en l'an XII et en l'an XIII, et obtint la décoration de la Légion-d'Honneur le 26 frimaire an XII. Cet officier fit ensuite les campagnes de l'an XIV à la grande armée, et celle de 1806 en Prusse, et passa chef de bataillon dans le 43e régiment d'infanterie de ligne le 1er mai 1806. Dans la campagne de 1807 en Pologne, Renard reçut sur le champ de bataille d'Eylau un coup de feu à la cheville qui l'obligea à se retirer du service le 26 juin 1808. L'Empereur l'avait créé chevalier de la Couronne-de-Fer le 23 décembre précédent. Après quelques années de repos, se trouvant en état de reprendre les armes, il fut nommé chef de la 1re cohorte des gardes nationales du 1er ban du département de la Seine, passa ensuite au 135e régiment d'infanterie de ligne le 14 janvier 1813, puis au 37e d'infanterie légère le 10 février suivant, en qualité de major. Retraité de nouveau le 24 juin de la même année, Louis XVIII le nomma officier de l'Ordre le 17 janvier 1815. Il est mort à Paris le 20 février 1831.

RENAUD (*Pierre-Charles*), grenadier au 5e de ligne. *Voyez* REGNAULT.

REY (JEAN), né le 27 novembre 1751 à Segreville (Haute-Garonne), entra le 23 mai 1774 dans le 2e régiment de dragons, et devint brigadier le 21 avril 1785. Il se trouva à l'affaire de Nanci, les 30 et 31 août 1790, fut nommé maréchal-des-logis le 1er juillet 1791, sous-lieutenant le 1er mai 1793, après avoir fait la campagne de l'année précédente, et lieutenant le 31 octobre. Capitaine sur le champ de bataille le 6 floréal an III, il fit la guerre de l'an IV à l'an X, et reçut, le 26 frimaire an XII, la décoration de la Légion-d'Honneur. Le 9 brumaire an XIII, il obtint sa retraite, et se retira à Verdun (Meuse), où il est mort le 17 mars 1818. B-S.

RHODES. *Voyez* RODES.

ROBERDEAU ET NON **ROBERDAUX** (LÉONARD-FRANÇOIS), naquit le 16 novembre 1779 à Paris (Seine). Enrôlé comme tambour le 1er brumaire an IV, il rejoignit à l'armée d'Italie la 14e demi-brigade, qui devint en l'an XII 14e régiment d'infanterie de ligne. A la bataille de Novi, le 28 thermidor an VII, il battit la charge avec une vigueur et une hardiesse qui contribuèrent à maintenir l'élan des soldats : toujours battant et toujours en avant, il fit 2 Autrichiens prisonniers au milieu d'une grêle de balles. Nommé membre de la Légion-d'Honneur le 26 frimaire an XII, et caporal le 6 vendémiaire an XIV, il était à Austerlitz en l'an XIV, et à Preussisch-Eylau en 1806. Le 30 janvier 1807, pendant la campagne de Pologne, il obtint le grade de sergent, passa en Espagne en 1808, reçut une blessure le 4 août au siége de Saragosse, fut fait prisonnier de guerre par les Espagnols à Monçon, le 16 mars 1809, et après s'être échappé des pontons de Cadix, il revint en France, où il obtint sa retraite le 21 septembre 1811. Il est mort à Bordeaux (Gironde), le 19 juillet 1834.

RODES ET NON **RHODEZ** NI **RODEZ** (BERNARD), né le 10 avril 1773 à Villeneuve (Hérault), entra comme tambour de grenadiers au 1er bataillon de l'Hérault le 1er mars 1793, passa dans la 129e demi-brigade le 1er brumaire an II, et fut amalgamé, le 25 ventose an IV, dans la 32e, qui devint 32e régiment de ligne au commencement de l'an XII. Après avoir fait les campagnes de 1793 à l'an V à l'armée d'Italie, il passa en Égypte, fit partie de l'expédition de Syrie, et se signala au siége de Saint-Jean-d'Acre, où il reçut un coup de feu. Il rentra en France à la fin de l'an IX, obtint la décoration de la Légion-d'Honneur le 26 frimaire an XII, et fut admis à la solde de retraite le 13 mars 1806. Il est mort à Ramatuelle (Var), le 24 janvier 1820. Y.

RODIER (PIERRE *et non* ÉTIENNE), né le 10 mai 1770 à Clamecy (Nièvre), prit du service le 3 avril 1792 dans le 82e régiment d'infanterie, ci-devant Saintonge, devenu 75e de ligne, fit toutes les guerres depuis 1792 jusqu'à l'an IX, quitta son corps par congé absolu le 1er prairial an X, obtint la décoration de la Légion-d'Honneur le 26 frimaire an XII, et se retira à Nevers (Nièvre), où il réside encore aujourd'hui.　　　　　　　　　　C-D.

ROGEARD (PIERRE-AUGUSTIN), ET NON **ROJEARD** (AUGUSTE), né le 31 janvier 1769 au Tremblay (Eure-et-Loir), entra dans le 1er régiment d'infanterie de ligne en qualité de sergent-major le 1er novembre 1791, fit les campagnes de 1792 et 1793 à l'armée du Nord, et fut nommé adjudant-sous-officier le 14 janvier de cette dernière année. Au siége de Nimègue, il faisait partie d'un détachement de 300 hommes ; d'abord repoussé par l'ennemi, qui allait s'emparer de la tranchée, Rogeard fit bonne contenance avec 20 hommes, força les assaillants à reculer à leur tour, et conserva plusieurs pièces de canon qui allaient tomber en leur pouvoir. Pendant les campagnes d'Allemagne de l'an II à l'an VII, il fut successivement nommé lieutenant le 2 floréal an II, et capitaine le 28 floréal an VII. A l'affaire de Manheim, le 2e jour complémentaire an VII, il fut blessé d'un coup de feu à l'épaule droite. Passé à l'armée d'Italie, il prit part à toutes les opérations de cette armée, depuis l'an VIII jusqu'en 1809. Le 26 frimaire an XII, le premier Consul le nomma membre de la Légion-d'Honneur. Au passage de l'Adige, le 7 brumaire an XIV, à la tête de 3 compagnies de voltigeurs, il mit l'ennemi en pleine déroute et lui fit 300 prisonniers. Deux jours après, à l'affaire de Caldiero, il reçut un coup de feu dans le ventre. Au combat d'Ebersdorff et à la bataille de Wagram, où il fut blessé d'un coup de feu à la cuisse gauche et eut la jambe droite cassée par un biscaïen, il ne cessa d'encourager les jeunes soldats par son exemple, et ne quitta le champ de bataille qu'après sa deuxième blessure. Ses infirmités ne lui permettant pas de continuer un service actif, l'Empereur lui accorda une dotation, et l'admit à la retraite le 11 juillet 1810. Rappelé à l'activité le 14 avril 1812, et employé comme capitaine dans la 9e cohorte du 1er ban, devenue 135e régiment d'infanterie de ligne, il fit avec ce corps les campagnes de 1812, 1813 et 1814 à la grande armée. Lors de la réorganisation de l'armée en 1814, il passa le 1er mai dans le régiment du Roi-infanterie (1er de ligne), fit encore la campagne de 1815 à l'armée du Nord, et fut de nouveau admis à la retraite le 16 février 1816. Il se retira à Chartres (Eure-et-Loir), où il réside encore aujourd'hui.　　　　　　　　　　B-G.

ROSEROT (JOSEPH), né le 6 octobre 1763 à Vitaux (Côte-d'Or), entra au service dans le 20e régiment d'infanterie, devenu plus tard 29e de ligne. Il fut incorporé le 3 septembre 1782, nommé appointé le 18 avril 1791, et caporal le 3 mai 1792. Il fit toutes les campagnes depuis 1792 jusqu'à l'an X, et devint sergent le 12 avril 1793, sergent-major le 3 pluviose an II, et sous-lieutenant le 20 nivose an V. Le 11 messidor an II, à l'affaire d'Orchies, il reçut un coup de feu à la jambe droite. Le 15 messidor an VII, en avant de Kehl, il entra le premier dans le camp ennemi à la tête de 20 grenadiers, et soutint la charge d'un escadron de hussards qu'il parvint à mettre en déroute. Le 2e jour complémentaire suivant, à l'affaire de Manheim, la compagnie à laquelle il appartenait venait de perdre son capitaine ; il en prit le commandement et fit des prodiges de valeur : mais entouré de toutes parts et contraint de se rendre après un combat de quatre heures, il resta prisonnier jusqu'au 29 ventose an VIII. Lieutenant le 1er germinal an IX, membre de la Légion-d'Honneur le 26 frimaire an XII, il fit ensuite la campagne de l'an XIV à la grande armée, et celle de 1806 à l'armée de Naples, où il fut promu, le 1er mai, au grade de capitaine. A l'affaire de Gimiliano, en Calabre, le 11 février 1807, il fit une chute qui lui occasiona la fracture de la rotule gauche. Admis à la retraite le 1er octobre 1808, il se retira dans ses foyers, à Vitaux, où il est mort le 12 août 1839.　　　　　　　　　　B-G.

ROUSSEL (DOMINIQUE), né le 26 septembre 1773 à Ugny (Moselle), entra comme volontaire le 21 septembre 1791 au 4e bataillon de la Meuse, qui fut incorporé dans la 28e demi-brigade de ligne le 19 vendémiaire an V. Il fit les campagnes de 1792, 1793, et de l'an II à l'armée du Nord, tomba au pouvoir des Autrichiens au blocus de Landrecies, et ne rentra des prisons de l'ennemi que le 11 nivose an V, pour passer dans la garde à cheval du Corps législatif. Le 10 fructidor an X, il fut détaché à la gendarmerie d'élite à l'armée des côtes, obtint la décoration de la Légion-d'Honneur le 26 frimaire an XII, et fit avec ce corps toutes les campagnes d'Autriche, de Prusse et de Pologne jusqu'à la paix de Tilsitt ; il était en Espagne en 1808, et à Wagram en 1809. En 1812, il fit partie de l'escadron détaché à la grande armée, fut nommé brigadier le 9 mai de cette année, combattit en Saxe en 1813, et en France en 1814. Après la paix, il fut incorporé dans la compagnie des chasses le 1er octobre 1814, rentra dans la gendarmerie après le 20 mars et se trouva à la bataille de Waterloo. Lors du licenciement de l'armée, il rentra dans la compagnie des chasses, qui redevint gendarmerie d'élite le 1er avril 1820. A la suite de cette réorganisation, il obtint le grade de maréchal-des-logis le 28 du même mois, et prit sa retraite le 2 avril 1823. Il est mort au lieu de sa naissance, le 23 avril 1835.

ROUX (JEAN-BAPTISTE), naquit en 1767 à Sainte-Marie (Charente-Inférieure). Entré au 3e bataillon de chasseurs en 1793, il fit ensuite partie du 1er bataillon de la 11e demi-brigade légère, et fut incorporé le 16 thermidor an VI dans les grenadiers du 2e bataillon de la 5e demi-brigade de ligne. Il fit toutes les campagnes de la Révolution aux armées des Alpes et d'Italie, se trouva à la bataille de Castiglione le 18 thermidor an IV, où il reçut une blessure grave, et quitta le service à la paix qui suivit la bataille de Marengo. L'arrêté du 26 frimaire an XII le nomma membre de la Légion-d'Honneur. Il est mort le 8 septembre 1834.

SABATIER (RAPHAEL-BIENVENU), naquit à Paris le 11 octobre 1732. Reçu maître-ès-arts en 1749, il étudia la chirurgie sous les célèbres maîtres Petit et Verdier. Le 30 mai 1752, il fut nommé membre du collége, et, ce qui en était une suite, de l'Académie de chirurgie. A vingt-quatre ans, il succéda à Barruel dans la chaire d'anatomie de Saint-Côme, École qui, à cette époque, n'avait point de rivale.

L'habile Morand, chirurgien en chef de l'hôtel des Invalides, touchait à la vieillesse; jaloux de se donner un digne successeur, il appela bientôt Sabatier près de lui pour le seconder dans ses travaux. C'est de cette époque que datent la réputation et la fortune de Sabatier.

En 1757, il publia dans les Mémoires de l'Académie de chirurgie, des *Recherches sur les déplacemens de l'utérus et du vagin*. Il donna également au public un *Traité des opérations chirurgicales*, des *Élémens d'anatomie*, et un grand nombre de Mémoires qui révèlent l'observateur profond et le grand praticien. En 1773, il fut nommé à l'Académie royale des sciences, puis censeur royal, et il devint le successeur de Morand dans la place de chirurgien en chef des Invalides, qu'il a conservée jusqu'à sa mort. En 1775, il fit paraître un *Traité complet d'anatomie* qui resta pendant plusieurs années le seul ouvrage classique sur cette science; et, l'année suivante, son *Cours de médecine opératoire*.

Sabatier reçut l'ordre de joindre, en qualité de médecin consultant, l'armée du Nord, alors rassemblée devant Mons; mais son âge assez avancé ne lui permettait pas de supporter de si grandes fatigues. Il revint à Paris dans le mois de juin, et l'Académie de chirurgie le choisit pour succéder au célèbre Louis, en qualité de secrétaire perpétuel; peu de temps après, le gouvernement le désigna comme l'un des trois inspecteurs-généraux du service de santé des armées.

Lors de la création de l'Institut, il y entra l'un des premiers, et se vit investi d'une chaire de médecine opératoire à l'École de santé. Nommé membre de la Légion-d'Honneur le 26 frimaire an XII, il fut choisi par Napoléon pour l'un de ses médecins consultants, et la plupart des académies de l'Europe l'admirent dans leur sein. Il a fourni des travaux précieux dans les *Mémoires de l'Institut* et de *l'Académie de chirurgie*. Mais le principal fondement de sa gloire est son *Traité de chirurgie*. Il mourut le 19 juillet 1811, et fut enterré dans l'église même de l'hôtel, distinction qui n'était accordée qu'aux officiers supérieurs de la maison.

SAGETTE (CHARLES-FIRMIN), naquit le 26 septembre 1768 à Campagne (Pas-de-Calais). Dragon dans le 10e régiment le 26 août 1785, et devenu brigadier le 13 décembre 1792, fourrier et maréchal-des-logis-chef les 8 avril et 24 mai 1793, il se distingua à la bataille de Fleurus le 8 messidor an II, fit les campagnes de l'an II à l'an VII, et fut nommé, étant à l'armée gallo-batave, adjudant-sous-officier le 6 vendémiaire an VIII. Le 14 de ce mois, dans une charge exécutée au milieu des dunes qui avoisinent Castricum, il reçut plusieurs coups de sabre qui ne l'empêchèrent pas de rester sur le champ de bataille pendant toute la durée de l'action. Sous-lieutenant le 9 messidor an VIII, il passa le 23 vendémiaire an XI, avec le grade de lieutenant, dans la compagnie des gardes du général en chef de l'armée expéditionnaire de Saint-Domingue. Rentré au 10e de dragons le 21 fructidor suivant, il y reçut, le 26 frimaire an XII, la décoration de la Légion-d'Honneur. Ayant obtenu sa retraite le 8 mai 1806, il se retira à Caen (Calvados), et mourut dans cette ville le 16 juillet 1814.   B-S.

SAINTEMARIE (CHARLES-JEAN), né le 30 décembre 1774 à Viviers (Ille-et-Vilaine), entra au service comme sous-lieutenant dans le 3e bataillon des volontaires d'Ille-et-Vilaine. Immédiatement après, dirigé sur la Vendée, il y fit la campagne de 1793. Le général en chef Kléber le nomma capitaine sur le champ de bataille, le 17 frimaire an II, pour avoir, avec un très petit nombre de volontaires, pris un détachement nombreux de la cavalerie des chouans. Promu, le 15 germinal suivant, aide-de-camp du général Jordy, il fit auprès de cet officier-général toutes les campagnes des armées du Rhin et d'Helvétie, jusqu'au mois de brumaire an VII, époque à laquelle il passa comme aide-de-camp auprès du général Montrichard, employé à l'armée d'Italie. Le 11 floréal an III, à Vassenau-sous-Mayence, il reçut un coup de feu à la jambe gauche, et un autre à l'épaule droite à l'affaire de la Trebia. Fait capitaine au 11e régiment de hussards le 25 ventose an VII, il continua de servir en Italie et se signala en l'an IX au passage du pont de Plaisance, où, à la tête de 3 compagnies, il fit 800 prisonniers et prit 2 drapeaux et 3 pièces de canon. A Marengo, il avait eu 2 chevaux tués sous lui et son nom avait été glorieusement cité à l'ordre de la division. A Marcaria, le 14 frimaire an IX, il prit un escadron entier de hussards autrichiens. Le 8 prairial an XI, le 11e régiment de hussards devint 29e de dragons, et le capitaine Saintemarie fut maintenu dans les cadres de la nouvelle organisation. Membre de la Légion-d'Honneur le 26 frimaire an XII, il fit la campagne de l'an XIV avec l'armée d'Italie. Passé à celle de Naples pendant 1806 et 1807, il revint en Italie en 1808, et devint chef d'escadron dans le 9e régiment de chasseurs à cheval le 9 juillet 1809. Il fit ensuite les campagnes de 1810, 1811 et 1812 à la grande armée, et disparut à Wilna, pendant la retraite de Russie, le 10 décembre 1812.

SALMON (LOUIS), naquit en 1770 à Henrichemont (Cher). Soldat au 38e régiment d'infanterie le 27 octobre 1793, il passa dans le 208e demi-brigade, puis dans la 56e, qui devint, en l'an XII, 56e régiment d'infanterie de ligne. Après avoir pris part à toutes les campagnes de la Révolution aux armées des Ardennes et de Rhin-et-Moselle, il fut nommé caporal le 9 brumaire an XII, et obtint la décoration de légionnaire le 26 frimaire suivant, étant alors détaché avec le bataillon d'élite à la division Oudinot. Il fit partie de la grande armée pendant la campagne d'Austerlitz, et prit sa retraite le 21 août 1806. Ce légionnaire réside aujourd'hui à Neuvy (Cher).   Y.

SANE (JACQUES-PHILIPPE, *baron*), naquit à Brest (Finistère), vers 1753. Il a été le plus habile constructeur de vaisseaux de son époque; l'Angleterre elle-même a proclamé au sein de son parlement la supériorité des travaux de cet habile ingénieur.

Complétement étranger aux événemens de la Révolution, il faisait des vaisseaux pour la France, sans s'inquiéter des opinions qui tour à tour dictaient des lois à son pays. Membre correspondant de l'Institut national, lors de sa formation, et appelé en l'an X à la direction supérieure du port de Brest, il obtint bientôt l'emploi d'inspecteur-général du génie maritime.

Créé membre de la Légion-d'Honneur le 26 frimaire an XII, il reçut de l'Empereur la décoration d'officier de l'Ordre le 23 juin 1810, et le titre de baron de l'Empire en 1811. Ce fut aussi Napoléon, collègue de Carnot et de Monge, qui proposa Sané pour la section de mécanique à l'Académie des sciences. Le 9 juin 1817, Louis XVIII lui accorda l'ordre de Saint-Michel, et pour le consoler d'une retraite si justement acquise par soixante-deux ans de services effectifs, le nomma, l'année suivante, grand-officier de la Légion-d'Honneur.

Sané mérita le surnom de *Vauban* de la marine. Il mourut à Paris le 23 août 1831.

SAULNIER (CHRISTOPHE), naquit le 11 juin 1764 à Thoray (Meurthe). Dragon dans le 12ᵉ régiment le 3 mai 1785, il devint brigadier, maréchal-des-logis, maréchal-des-logis-chef les 1ᵉʳ novembre 1790, 9 novembre 1791 et 1ᵉʳ octobre 1792, et après les campagnes de 1792 et 1793 sous-lieutenant le 5 mai de cette dernière année, et lieutenant le 26 vendémiaire an II. A la bataille de Fleurus, il reçut plusieurs coups de sabre dans diverses charges contre l'ennemi. Il fit les guerres d'Allemagne des ans III et IV, fut nommé capitaine le 10 germinal an IV, et servit de l'an V à l'an IX à l'armée d'Italie. Membre de la Légion-d'Honneur le 26 frimaire an XII, il suivit son régiment à la grande armée en l'an XIV, et fut tué au combat de Nasielsk, le 24 décembre 1806.

SAUTREAU ET NON **SAULTROT, SANTREAU** NI **SAUTEROT** (ANTOINE), naquit le 31 septembre 1774 à Voulangis (Seine-et-Marne). Réquisitionnaire en vertu de la loi du 24 août 1793, il fut incorporé le 15 pluviose an II dans la demi-brigade de la Seine-Inférieure, qui concourut, le 18 germinal an IV, à la formation de la 15ᵉ demi-brigade de bataille. Il fit toutes les campagnes de l'an II à l'an IX aux armées du Nord, de Mayence, de Batavie et du Rhin, se trouva à la bataille d'Engen le 13 floréal an VIII, et fut blessé d'un coup de feu à la jambe gauche à celle de Hohenlinden. Il servit à bord des vaisseaux de l'État pendant les ans XII et XIII. Membre de la Légion-d'Honneur le 26 frimaire an XII, il fit encore la campagne de 1807, en Prusse et en Pologne, rejoignit en 1808 les bataillons du régiment qui se trouvaient en Espagne et en Portugal, et ne quitta la péninsule que le 5 février 1811, pour être admis à une solde de retraite comme caporal. Il est mort à Crécy (Seine-et-Marne), le 3 mai 1838.   Y.

SAVOYE (CLAUDE), né le 2 novembre 1772 à Chambéry (Mont-Blanc), entra au service du roi de Sardaigne dans la légion des campemens le 20 avril 1789. Il y resta jusqu'au 20 septembre 1792, et passa dans la légion des Allobroges au service de France le 20 septembre 1792; cette légion est devenue 27ᵉ d'infanterie légère. Il fit partie de l'armée des Alpes, et fut successivement promu au grade de caporal le 12 novembre, et de sergent le 6 décembre 1792, pendant la campagne de ladite année. Au siége de Toulon, il fut blessé d'un éclat d'obus le 10 frimaire an II. Il fit avec l'armée des Pyrénées-Orientales la campagne de l'an II, pendant laquelle il fut nommé sous-lieutenant le 4 thermidor, et celle de l'an III, où il obtint le grade de lieutenant le 5 vendémiaire suivant. Il combattit en Italie pendant les ans IV, V et VI. En prairial an IV, il passa l'Adige à la nage, et, suivi de quelques grenadiers, il enleva un poste ennemi qui gardait une barque sur la rive opposée, et le ramena prisonnier sur la barque même qu'il était chargé de défendre. Le 14 thermidor suivant, au combat de Salo, il reçut un coup de feu qui lui traversa la cuisse droite, et un coup de baïonnette à la hanche gauche pendant qu'il gisait sur le champ de bataille. En l'an VII et en l'an VIII, il était à l'armée de Naples. Le 8 brumaire de cette année, à la retraite de l'armée d'Italie, le général Calvin lui ordonna de se porter, avec 25 carabiniers, à la tête du pont sur le Tanaro, pour en défendre le passage; mais l'ennemi l'avait déjà effectué quand le lieutenant Savoye arriva : sans calculer l'infériorité de ses forces, il se précipite sur les Autrichiens, et, après un combat très opiniâtre, il les contraint à repasser le pont, et leur enlève une pièce de canon attelée. A Lodi, il fut un des premiers à passer le pont à la tête des carabiniers dont il faisait partie. Le 1ᵉʳ vendémiaire an IX, il fut pourvu de l'emploi d'adjudant-major, et fit en cette qualité la campagne de l'an IX à l'armée gallo-batave; et, le 1ᵉʳ germinal an X, il fut nommé capitaine-adjudant-major. Il passa à l'armée de Hanovre, y servit pendant les ans XI, XII et XIII, et reçut le brevet de membre de la Légion-d'Honneur le 26 frimaire an XII. Il combattit avec intrépidité à Austerlitz et pendant les campagnes de Prusse et de Pologne, en 1806 et 1807. A l'affaire de Durango, en Espagne, le 31 octobre 1808, il fut blessé d'un coup de feu à la cuisse gauche. Savoye obtint la croix d'officier de la Légion-d'Honneur le 23 janvier 1811. Il comptait vingt-deux ans de services, vingt et une campagnes et quatre blessures assez graves, et fut admis à la retraite le 23 octobre 1811. Rappelé le 14 janvier 1814, comme capitaine aide-de-camp du général de division comte Dessaix, il fit en cette qualité la campagne de France à l'armée de Lyon, et obtint le grade de chef de bataillon au 8ᵉ régiment d'infanterie légère le 1ᵉʳ mars de cette année. Le 24 du même mois, au combat d'Annecy (Mont-Blanc), il donna l'exemple de l'intrépidité et du dévoûment le plus héroïque, et fut atteint d'un coup de boule à la cuisse droite. Il continua à servir dans le 8ᵉ léger après l'abdication de l'Empereur, fit la campagne de 1815 au 6ᵉ corps de l'armée du Nord, et fut réadmis à la retraite le 1ᵉʳ septembre 1815. Il est mort à Grenoble le 1ᵉʳ octobre 1841. Sa famille habite Chambéry.   B-G.

SCELLIER ET NON **SELLIER** (JEAN-BAP-

TISTE-FRANÇOIS), né le 26 mars 1772 à Abbeville (Somme), entra au service dans le régiment de Viennois-infanterie (22e) le 10 février 1789. Caporal le 1er janvier 1791, sergent le 12 mars 1793, adjudant-sous-officier le 19 floréal an II, et sous-lieutenant le 1er prairial suivant, il servit à l'armée du Nord de 1792 à l'an IV, et reçut, le 15 vendémiaire de cette dernière année, le brevet de lieutenant. Le 19 brumaire an V, il se signala au combat de Burick, près Vesel. Il combattit ensuite pendant l'an VI en Allemagne, et de l'an VII à l'an X en Hollande. Le 14 vendémiaire an VII, seul, et un pistolet à chaque main, il fit mettre bas les armes à 4 grenadiers russes qui le sommaient de se rendre. Le 18 du même mois, le général en chef Brune le nomma capitaine sur le champ de bataille. A Marengo, il fut blessé d'un coup de feu à la jambe droite. Le 26 frimaire an XII, le premier Consul lui décerna la décoration de la Légion-d'Honneur. Il fit les campagnes de l'an IX à l'an XIV à l'armée des côtes de l'Océan, et celles de 1806 à 1812 en Allemagne, en Espagne et en Portugal ; le 5 mai 1809, il reçut un coup de feu au pied droit. Dès le 16 décembre 1809, il avait été fait chef de bataillon, et, le 25 juin 1812, il était passé dans la 51e cohorte des gardes nationales, devenue 151e de ligne. Major de ce régiment le 16 janvier 1813, il fit les guerres de la grande armée d'Allemagne et de France, en 1813 et 1814. Le 21 mars 1813, à Bautzen, il formait la tête de la brigade de la division Maison. Le 26 du même mois, il reçut une nouvelle blessure à la joue. L'Empereur le nomma, le 18 juin suivant, officier de la Légion-d'Honneur. Mis en demi-solde le 10 octobre 1814, n'ayant encore que quarante-deux ans, il obtint sa retraite quelque temps après. Il est mort dans sa ville natale le 25 août 1843.   B-S.

SEGLAS. *Voyez* CEGLAS.

SEILER (MATHIEU-JEAN), **CORDIER**, DIT **LAFORGE**, né le 24 février 1731 à Schelestadt (Bas-Rhin), entra comme cavalier le 25 août 1753 au régiment Royal-Lorraine, devenu successivement 15e cavalerie en 1791, et 24e de dragons en l'an XII, et fit les campagnes de 1757, 1758, 1759, 1760, 1761, en Hanovre. Détaché l'année suivante sur les côtes de Picardie et du Boulonnais jusqu'à la paix de 1763, il obtint, le 28 novembre 1777, le brevet et la haute-paie de vétérance. A la déclaration de guerre de 1792, il fit partie de l'armée des Ardennes, passa en l'an III à celle de Sambre-et-Meuse, à celle de Rhin-et-Moselle en l'an IV, et à celle du Rhin en l'an VIII. A la bataille d'Engen, le 13 floréal de cette année, il enfonça presqu'à lui seul un carré autrichien, et reçut dans la mêlée un coup de baïonnette qui lui fracassa le poignet droit. A partir de cette époque, il resta au dépôt du régiment dans différentes places d'Italie, fut nommé légionnaire le 26 frimaire an XII, obtint le 9 messidor an XIII un pension de 200 francs comme le plus ancien cavalier de l'armée, et fut admis, le 14 janvier 1806, à une solde de retraite dont il jouit jusqu'à l'époque de son décès, arrivé le 3 mai de la même année.   Y.

SELLIER. *Voyez* SCELLIER.

SENDERICKER ET NON **SONNERDRIC-KER** (JEAN-JACQUES), naquit le 16 décembre 1776 à Oberbronn (Bas-Rhin). Réquisitionnaire au 7e régiment de hussards le 11 pluviose an V, il servit jusqu'à la fin de l'an VIII à l'armée des côtes de l'Océan, et passa l'année suivante à celle du Rhin. A la bataille de Waal, livrée par Lecourbe le 23 frimaire de cette année, il chargea sur les pièces ennemies, en sabra les canonniers, tua l'officier qui les commandait et lui prit son cheval pour remplacer le sien qui venait de tomber mort. Nommé légionnaire le 26 frimaire an XII, il fit partie des escadrons de guerre dirigés sur la grande armée en Autriche, pendant la campagne de l'an XIV, et reçut à la bataille d'Austerlitz un coup de sabre qui lui traversa la cuisse. Au combat de Gustadt, en Prusse, le 9 juin 1807, il fut atteint d'un coup de feu dans la poitrine et d'un coup de sabre sur la tête. Brigadier le 10 août 1808, il fit partie de la grande armée d'Allemagne pendant la campagne de 1809, et reçut trois blessures au combat de Znaïm, le 11 juillet, deux coups de lance à l'épaule et un coup de sabre au bras droit. Pendant deux ans encore, il resta au service actif, mais plusieurs de ses blessures se rouvrant à la moindre fatigue, il fut contraint de solliciter sa retraite, qu'il obtint le 4 juin 1811. Il est mort à Birlinbach (Bas-Rhin), le 5 octobre 1838.   Y.

SENEL (AMBROISE), né le 25 mars 1777 à Évreux (Eure), entra comme volontaire à la 75e demi-brigade ancienne le 22 prairial an II, et fut amalgamé le 21 ventose an IV dans la 56e nouvelle, avec laquelle il fit toutes les campagnes de l'armée de Rhin-et-Moselle jusqu'à la fin de l'an IX. Le 10 brumaire an XII, il fut nommé momentanément caporal, redevint fusilier, et obtint la décoration de légionnaire le 26 frimaire de la même année. Le 11 vendémiaire an XIII, il passa au bataillon d'élite de son régiment, dans la division du général Oudinot, assista à toutes les batailles de la grande armée pendant les campagnes des ans XIV, 1806, 1807 et 1809, et fut nommé sergent le 1er février 1813. Il combattit en Saxe pendant cette campagne, fit encore celle de 1814 en France, celle de 1815 en Belgique, fut blessé à Waterloo, et rentra dans ses foyers après le licenciement de l'armée. Admis dans les sous-officiers vétérans de l'armée, il appartenait à la 4e compagnie, lorsqu'il mourut, à Paris, le 26 mai 1825.   Y.

SGANZIN (JOSEPH-MATHIEU), naquit à Metz le 1er octobre 1750. Il entra à l'École des ponts et chaussées le 6 novembre 1768, et en sortit en qualité de sous-ingénieur le 1er avril 1775. Inspecteur breveté le 1er avril 1785, il fut appelé pour diriger les travaux du Hâvre en 1788. Ingénieur en chef le 4 frimaire an II, il fit partie de la commission des travaux publics dans le mois de thermidor an III. Chargé du service relatif aux travaux maritimes près le ministre de la marine, Sganzin obtint, le 18 pluviose an VIII, l'emploi de directeur des travaux maritimes de tous les ports de France. Le 30 messidor an XI, il passa ingénieur des ponts et chaussées, et reçut la croix de la Légion-d'Honneur le 26 frimaire an XII.

Membre de la commission mixte des travaux publics le 31 janvier 1813, et inspecteur-général des travaux maritimes par ordonnance du 21 mai 1814, Sganzin fut créé officier de la Légion-d'Honneur le 18 août de la même année. Il fit ensuite partie des commissions mixtes des travaux publics, réorganisées par ordonnances des 27 janvier 1815 et 18 décembre 1816. Commandant de la Légion-d'Honneur le 24 avril 1835, et inspecteur-général des ponts et chaussées et des travaux maritimes, il mourut le 10 janvier 1837. C-T.

SICARD (JEAN-ANDRÉ), naquit le 28 octobre 1763 au Puy-en-Velay (Haute-Loire). Soldat le 19 mars 1783 dans le 71e régiment d'infanterie, caporal le 16 septembre 1787, sergent le 1er mars 1790, il se distingua au début de la campagne de l'armée du centre en 1792, devint sergent-major le 1er mai de cette dernière année, sous-lieutenant le 6 août suivant, et servit à la même armée en 1793 et en l'an II. Dans le mois de messidor de cette dernière année, à l'affaire de Dins, il fut chargé de garder, avec sa compagnie, un pont sur lequel les Autrichiens devaient passer; bientôt attaqué, il prit à l'ennemi 70 hommes, un canon et un caisson. Lieutenant et capitaine les 6 avril 1793 et 21 frimaire an III, et incorporé vers la fin de l'an III avec son régiment dans la 1re demi-brigade de ligne, il suivit son corps à l'armée gallo-batave, et passa le 1er vendémiaire an VII à l'armée du Danube, puis à celle du Rhin. Le 1er germinal suivant, devant Mingen, il prévient un corps autrichien qui cherchait à tenter le passage d'une petite rivière, se porte en avant à la tête de sa compagnie, passe quatre fois à gué, charge l'ennemi jusque sous ses retranchemens et se retire en bon ordre. Au combat de Liptingen, un chef de bataillon, grièvement blessé, venait de tomber au pouvoir des Austro-Russes, Sicard se précipite sur eux, leur arrache trois fois leur prisonnier et le ramène. Le 19 floréal de la même année, au moment du débarquement des troupes françaises près de Lucerne, il reçut un coup de feu dans le dos. Il fit encore les campagnes des ans VIII, IX et XIV aux armées du Danube, du Rhin, et d'Italie, obtint la décoration de la Légion-d'Honneur le 26 frimaire an XII, fit la guerre de 1806 dans le royaume de Naples, et fut admis à la retraite le 3 mai 1807. Il est mort à Loudes (Haute-Loire), le 17 mai 1818. B-S.

SICRES (PIERRE), naquit le 22 avril 1769 à Toulouse (Haute-Garonne). Volontaire au 1er bataillon de la Haute-Garonne le 12 décembre 1791, il rejoignit l'armée d'Italie l'année suivante, fut nommé caporal le 11 avril 1793, passa par amalgame dans la 21e demi-brigade le 1er brumaire an II, reçut un coup de baïonnette à la joue gauche dans une charge au combat de Dego le 26 brumaire an IV, et fut incorporé dans la 32e demi-brigade le 25 ventose suivant. Blessé de nouveau d'un coup de feu à la cuisse gauche au combat de Rivoli, il passa en l'an VI en Égypte, fit partie de l'expédition de Syrie, resta malade de la peste à Jaffa, et fut ramené mourant à Alexandrie. Évacué sur la France au commencement de l'an IX, il obtint, le 28 germinal de cette année, le grade de sergent, fut nommé légionnaire le 26 frimaire an XII, et passa le 15 août 1808 dans la 7e demi-brigade de vétérans, d'où il fut congédié avec une solde de retraite le 20 mars 1811. Il est mort à Blaye (Gironde), le 7 juillet 1830. Y.

SILVAIN (JOSEPH), naquit le 27 mars 1778 à Moncourt (Pas-de-Calais). Incorporé comme conscrit le 3 frimaire an VIII dans la 10e demi-brigade légère, qui devint en l'an XII 10e régiment d'infanterie légère, il fit les campagnes de l'an VIII et de l'an IX à l'armée du Rhin. Dans cette dernière campagne, le 20 floréal, à Memmingen, en Souabe, il arrêta, avec 3 de ses camarades, une colonne autrichienne, fit un major et un capitaine prisonniers. En l'an XII, il vint au camp de Saint-Omer, où il obtint la décoration de la Légion-d'Honneur le 26 frimaire. L'année suivante, il fut embarqué sur la flotille, et mourut en mer le 15 nivose an XIII. Y.

SILVESTRE DE SACY (ANTOINE-ISAAC, baron), fils de Jacques-Abraham Silvestre, notaire à Paris, naquit dans cette ville le 21 septembre 1758. Orphelin dès l'âge de sept ans, élevé dans la retraite et dans les principes d'une orthodoxie rigide, sous les yeux de sa mère, il n'a point quitté le foyer domestique durant le cours de sa première éducation et n'a jamais fréquenté d'école publique. En apprenant la langue latine, il ne tarda point à sentir combien il importait de la comparer à la langue grecque : de lui-même, il entreprit cette étude et entraîna son précepteur à la poursuivre avec lui. — « A l'âge de douze ans, M. de Sacy était déjà versé dans la connaissance des livres saints ; il les lisait assidûment, avec sa mère, dans la traduction française ; avec ses précepteurs, d'abord dans la Vulgate, puis dans la version grecque des Septante ; il aspirait à étudier l'Ancien Testament dans l'original hébraïque. Un événement, insignifiant au premier aspect, en augmentant chez lui ce désir, lui aplanit les premières difficultés, et décida de son avenir. Il se promenait, d'ordinaire aux heures de récréation, dans le jardin de l'abbaye de Saint-Germain-des-Prés, occupée par les bénédictins de la congrégation de Saint-Maur. L'un de ces religieux, dom Berthereau, s'y promenait comme lui, dans les instans de loisir que lui laissaient ses doctes travaux ; il préparait alors une collection des historiens arabes qui racontent, au point de vue de leur nation et de leur religion, les expéditions des Croisés. Le bon vieillard se prit d'amitié pour cet enfant ; il l'accueillit avec bienveillance, l'interrogea, devint le confident de cette ambition d'apprendre tout à la fois si jeune et si sérieuse, et remarquant en lui une étonnante pénétration, une vocation décidée pour les recherches philologiques, en quelque sorte le génie des langues, il l'encouragea par son exemple et l'assista de ses conseils. — Ce fut sous de tels auspices que M. de Sacy, mettant d'ailleurs à profit les leçons d'un juif très instruit dont un autre hasard l'avait rapproché, entreprit l'étude de l'hébreu, et bientôt cette langue lui devint assez familière pour qu'il en fît usage soir et matin, en récitant de vive voix les parties du rituel empruntées aux Psaumes et aux autres livres de l'Ancien Testament. Mais il n'était point dans son caractère de s'en tenir là. L'hébreu n'est qu'un des six idiomes distincts dont se compose la grande famille des langues dites *sémitiques*, c'est-à-dire parlées par les peuples qui descendent de l'aîné des fils de Noé. Chacune de ces langues renferme, ou des versions particulières de l'Écriture-Sainte, ou des monuments qui se rattachent à l'origine et à la destinée du peuple d'Israël, à la propagation et aux premières vicissitudes du christianisme en Orient. Pressé de la même curiosité, animé par un premier succès, M. de Sacy apprit avec le même zèle et la même rapidité le syriaque, le chaldéen, le samaritain, l'éthiopien et l'arabe (1). »

Quand on songe qu'au milieu de ces études si longues, si difficiles, si multipliées, le jeune Silvestre se préparait, par celle du droit, à quelque profession civile, on est surpris de l'immense mémoire et de la puissante intelligence dont la nature l'avait doué.

En 1781, sa famille le pourvut d'une charge de conseiller à la cour des monnaies; il remplit cette charge pendant dix ans, avec l'exactitude et la ponctualité qu'il porta toujours en toutes choses.

« Dès 1780, il avait commencé de se mettre en relation avec des orientalistes célèbres, David Michaelis, William Jones, surtout Eicchorn, éditeur, à Leipzig, d'un répertoire de philologie sacrée : il lui envoyait des copies de textes orientaux, extraits des manuscrits de la Bibliothèque royale de Paris, en y joignant des remarques et quelquefois des versions latines. Insérées par lui dans ce recueil en 1783, les lettres des Samaritains à Joseph Sealiger s'y lisaient revues, traduites, commentées avec une parfaite exactitude. Ces premiers essais l'avaient fait assez connaître pour qu'on ne s'étonnât point, en 1785, de le voir appelé par le roi à l'une des huit places d'académiciens libres résidans, créées alors au sein de cette Académie des inscriptions et belles-lettres qui devait obtenir de lui, pendant cinquante-trois ans, une si heureuse coopération (2). »

Lors de la réorganisation de la cour des monnaies, en 1791, Louis XVI le nomma commissaire-général; au mois de juin 1792, il abandonna cette place et donna sa démission d'académicien libre; mais avant la fin de la même année, il succéda à l'abbé Auger comme associé ordinaire. Les principes de la Révolution lui étaient antipathiques; il se retira à la campagne. En 1793, il publia le livre qui a commencé sa réputation dans les lettres. Ce volume, sorti des presses de l'Imprimerie nationale, contient quatre des Mémoires qu'il avait lus à l'Académie sur des bas-reliefs, des inscriptions et des médailles appartenant à la dynastie des Sassa-

nides. A cette époque malheureuse, Silvestre de Sacy donna une grande preuve de ce courage que l'homme tient de la foi : il fit célébrer publiquement l'office divin dans sa maison.

En l'an IX, la Convention créa l'Institut national et une École destinée à l'enseignement des langues orientales vivantes : Silvestre de Sacy fut appelé à cet Institut et à la chaire d'arabe de cette École; mais il donna sa démission, ne voulant pas prêter le serment de haine à la royauté, qu'on exigeait alors de tous les hommes exerçant un emploi public.

A la réorganisation de l'an XI, il rentra à l'Institut, et reçut, le 26 frimaire an XII, la décoration de la Légion-d'Honneur. Envoyé à Gênes, en 1806, pour explorer les archives de cette ville, il revint à Paris en 1808, afin d'y occuper la chaire de persan qui venait d'être créée au Collège de France. Au mois de février de la même année, le département de Paris l'élut au Corps législatif. L'Empereur le fit chevalier de l'Empire en 1811 et baron en 1812. En 1814, il adhéra à la déchéance de Napoléon, fut réélu au Corps législatif, devint censeur royal le 24 octobre, et reçut de Louis XVIII, le 6 novembre, la croix d'officier de la Légion-d'Honneur et le titre de bibliothécaire du cabinet du roi.

Comme député, Silvestre de Sacy demeura à peu près inconnu jusqu'en 1814. Mais après le premier retour des Bourbons, il prit fréquemment la parole. « Le 3 octobre, il défendit éloquemment les émigrés et combattit avec chaleur un article additionnel au projet de loi sur la restitution de leurs biens... Le 18, il parla en faveur du projet de loi amendé par la commission, sur la restitution à faire aux émigrés de leurs biens non vendus, et soutint que la confiscation ayant été injuste, le mot *restitution* devait être conservé dans la loi. »

Le 17 février 1815, le roi le nomma recteur de l'Université royale de Paris. Au mois d'avril suivant, il entra à la commission de l'instruction publique, puis au conseil royal qui succéda à cette commission. Il quitta le conseil royal, par démission, le 1er décembre 1822, ne voulant pas favoriser l'impulsion vers les doctrines des jésuites donnée à l'instruction publique par le ministre Corbière, et Louis XVIII lui accorda, le 18 du même mois, la croix de commandeur de la Légion-d'Honneur.

A la réorganisation de l'Institut, au mois de mars 1816, il demeura attaché à l'Académie des inscriptions et belles-lettres, et au mois d'octobre il fut l'un des quatre assistans du *Journal des savans*.

En 1822, il concourut à fonder la Société asiatique, la présida pendant un grand nombre d'années (1), et devint en 1823 administrateur du Collège royal de France. En 1824, il succéda à Langlès dans l'administration de l'École royale et spéciale des langues orientales vivantes. On doit faire remarquer que, malgré le travail assidu auquel les différentes fonctions qu'il avait à remplir le forçaient

---

(1) Éloge prononcé par M. le duc de Broglie dans la séance de la Chambre des pairs du 27 avril 1840, p. 8, 9, 10.
(2) Notice sur la vie et les ouvrages de M. Silvestre de Sacy; par Daunou, p. 4.

(1) Le duc d'Orléans, aujourd'hui Louis-Philippe, était président honoraire de cette Société.

à se livrer, il ne négligea jamais ses cours d'arabe et de persan.

Après la révolution de 1830, nommé d'abord à la fonction de secrétaire de l'Académie des inscriptions et belles-lettres, il fut appelé ensuite à occuper un des siéges de la pairie.

« Il est mort le 21 février 1838, à l'âge de quatre-vingts ans moins sept mois. L'avant-veille du jour où nous l'avons perdu, il siégeait dans cette enceinte et prenait part à nos travaux ; il s'était levé de bonne heure, selon son usage; après avoir entendu la messe et vaqué à ses études du matin, il avait professé la langue persane au Collége de France, examiné à la Bibliothèque royale des manuscrits orientaux dont cet établissement devait s'enrichir, assisté à l'une des réunions de l'Académie des inscriptions et belles-lettres. Presqu'au sortir de la Chambre des pairs, retournant chez lui, seul, à pied, livré à ses méditations ordinaires, il s'est senti défaillir ; des mains étrangères, mais pieuses, l'ont recueilli, rendu à sa famille, et déposé sur le lit dont il ne s'est plus relevé. — Ce dernier jour est l'image de toute sa vie (1). »

Silvestre de Sacy était membre des principales sociétés savantes de France et de l'étranger. D.

SONNERDRICKER. *Voyez* SENDERICKER.

SOREL (LOUIS-FRANÇOIS), ET NON SORELLE, naquit le 27 octobre 1766 à Menil-Guyon (Orne). Volontaire le 11 mai 1786 dans le 14e régiment de cavalerie, qui forma en l'an XII le 23e régiment de dragons, il devint brigadier le 1er avril 1792, maréchal-des-logis le 1er avril 1793, servit à l'armée des Pyrénées et dans la Vendée, de 1792, 1793 à l'an III, et passa maréchal-des-logis-chef le 4 frimaire an IV. Il fit les campagnes d'Italie de l'an V à l'an VIII, et reçut, le 21 fructidor, le grade de sous-lieutenant. Membre de la Légion-d'Honneur le 26 frimaire an XII, et promu lieutenant le 21 fructidor suivant, il continua de servir aux armées d'Italie et de Naples, de l'an X à 1806. Il fit la campagne de 1809 en Allemagne, et fut nommé capitaine le 9 juin de cette année. Retraité le 1er octobre 1813, il se retira à Essay (Orne), où il est mort le 19 août 1821. B-S.

STEIN (MATHIAS), naquit le 17 septembre 1773 à Sarrelouis (Moselle). Volontaire dans le 1er régiment de hussards le 12 mars 1792, il fit la campagne de cette année à l'armée du Nord. A la bataille de Nerwinde, il reçut un coup de feu à la jambe gauche et eut un cheval tué sous lui. Brigadier-fourrier le 5 avril 1793, il continua de faire la guerre à l'armée du Nord, et passa ensuite à celles des Alpes et des Pyrénées-Orientales, où il fit les campagnes des ans II et III. Il servit en Italie, depuis l'an IV jusqu'à l'an VII. Le 6 germinal de cette dernière année, au combat de Paolo, il fut blessé d'un coup de feu à la prise d'une redoute armée de 4 pièces de canon. Le 26 floréal suivant, il fut nommé maréchal-des-logis-chef. Passé à l'armée de réserve en l'an VIII, il était à celle des Grisons pendant la campagne de l'an IX. Promu sous-lieutenant le 9 prairial an X, il fit partie des troupes rassemblées sur les côtes de l'Océan pendant les ans XI, XII et XIII, et devint membre de la Légion-d'Honneur le 26 frimaire an XII. Il fit la campagne de l'an XIV, en Autriche, et celle de 1806, 1807 et 1808, en Prusse, en Pologne et en Allemagne, reçut un coup de feu à l'affaire du 4 février 1807, et fut nommé lieutenant le 25 mars suivant. Il combattit pendant les années 1809 et 1810 en Espagne et en Portugal, et fut blessé, dans différentes rencontres, de quatre coups de sabre, dont deux sur la tête et deux sur le bras droit. Admis à la retraite le 18 avril 1811, il se retira dans ses foyers, à Sarrelouis. On n'a pas eu de nouvelles de ce légionnaire depuis 1815. B-G.

STRUB (FRANÇOIS-XAVIER), naquit le 15 septembre 1765 à Rosenviller (Bas-Rhin). Soldat le 20 mai 1786 dans le régiment de dragons de Conti, devenu 4e de l'arme, il fit la campagne de 1788 au camp de Rennes, et fut promu au grade de fourrier le 15 mars 1791. Il faisait partie de l'armée du centre, lorsque, le 10 septembre 1792, il devint maréchal-des-logis. Passé l'année suivante à l'armée de la Moselle, il fut nommé adjudant-sous-lieutenant le 1er avril 1793, et lieutenant le 18 thermidor an II. Attaché à l'armée du Rhin pendant les guerres des ans IV, V et VI, il tomba au pouvoir de l'ennemi lors de la retraite de l'an IV. Il reçut l'épaulette de capitaine le 1er thermidor an V. Au passage du Rhin, le 2 floréal de la même année, il avait eu son cheval tué par un boulet et avait reçu une blessure assez grave. Il fit les campagnes des ans VII et VIII à l'armée d'Angleterre, et celles des ans IX et X à l'armée gallo-batave. Le 25 frimaire an IX, à l'affaire de Lauffen, il fut blessé et eut un cheval tué sous lui. Le 27 du même mois, au moment où une partie de son régiment pénétrait dans le bois de Feucht, près de Nuremberg, il reçut deux coups de feu, dont un à la tête et l'autre au pied. Membre de la Légion-d'Honneur le 26 frimaire an XII, il servit, cette même année et la suivante, à l'armée des côtes de l'Océan. Le 6 ventose an XIII, il passa chef d'escadron au 13e régiment de dragons et devint, en 1806, aide-de-camp du général Beker. Dans la nuit du 26 au 27 octobre, il fut blessé dans une charge contre la gendarmerie du roi de Prusse. La bravoure qu'il déploya dans cette attaque nocturne lui mérita, le 9 novembre suivant, le brevet d'officier de la Légion-d'Honneur. Après avoir fait les campagnes de l'an XIV et de 1806 à la grande armée, il fut nommé major du 13e régiment de dragons le 3 janvier 1807. En 1809, l'Empereur envoya le 13e de dragons en Hollande pour faire partie du corps d'armée établi à l'embouchure de l'Escaut, et dont les opérations devaient avoir pour but de repousser les troupes anglaises débarquées à Flessingue. Colonel en second le 14 octobre 1811, et colonel du 27e régiment de chasseurs à cheval le 8 février 1813, il fit les guerres d'Espagne et d'Allemagne, de 1813 et 1814. Blessé et fait prisonnier au combat de Dornbourg, il perdit dans cette affaire 2 chevaux et ses équipages. Placé le 18 novembre 1814 à la suite du

(1) Éloge prononcé par M. le duc de Broglie. p. 1 et 2.

12ᵉ régiment de cuirassiers, il reçut, peu de temps après, la décoration de Saint-Louis et resta en non-activité en 1814 et 1815. Admis à la retraite le 17 mars 1816, il se retira à Esquerme (Nord), où il réside encore aujourd'hui. B-S.

SUJOL (françois-dimiltide-joseph), DIT **DUMONCHAUX**, naquit le 26 mars 1770 au Bacq-Aubigny (Nord). Soldat le 7 juin 1791 dans le 3ᵉ régiment de cavalerie, il passa le 25 octobre 1792 dans le 9ᵉ de hussards, fit les campagnes de l'armée du Nord, de 1792 à l'an II, et devint successivement brigadier et maréchal-des-logis les 5 novembre et 20 décembre 1792, et maréchal-des-logis-chef le 20 mars 1793. Après avoir servi aux armées des côtes de l'Océan et du Rhin, pendant les ans II, III et IV, il passa sous-lieutenant le 10 messidor de cette dernière année. A la bataille d'Eslingen, le 30 thermidor an IV, il chargea avec 14 hommes un piquet de 30 dragons de l'archiduc Jean, et fit 15 prisonniers. Le 2 fructidor suivant, il enlevait avec 25 hussards un poste de 50 dragons autrichiens, et lui prenait 2 brigadiers et 16 cavaliers. Peu de jours après, détaché avec 30 hommes sur la rive droite du Lech, il fond sur l'arrière-garde des hussards de Ferdinand, s'empare d'une pièce de canon et fait prisonnier le major-commandant. Le 27 du même mois, il dirigeait les tirailleurs de son régiment, lorsqu'il se vit tout-à-coup entouré par un grand nombre de hussards ennemis : il rallie en un instant sa petite troupe, s'ouvre un passage le sabre à la main, et, quoique blessé de plusieurs coups à la tête, il ramène ses soldats sans en avoir perdu un seul. Pendant les guerres des ans V et VI, il servit à l'armée du Rhin. A la bataille de Biberach, le 11 vendémiaire an V, à la tête d'un faible peloton, il se précipita sur l'ennemi, qui traversait la rivière, et lui prit un maréchal-des-logis et 13 hussards. Passé à l'armée du Danube avec son régiment, puis à celle du Rhin, il y fit les guerres des ans VII, VIII et IX. Lieutenant le 22 ventose an X, et membre de la Légion-d'Honneur le 26 frimaire an XII, il fit partie, en l'an XII et en l'an XIII, de l'armée des côtes de l'Océan, et passa ensuite à la grande armée, où il servit de l'an XIV à 1809. Il était capitaine depuis le 24 juin 1807, lorsqu'il obtint sa retraite le 22 mars 1810. Il est mort à Englefontaine (Nord), le 15 octobre 1824. B-S.

SUPERSAC (louis-alexandre), naquit le 7 novembre 1772 à Épernon (Eure-et-Loir). Entré au service comme sergent le 1ᵉʳ novembre 1791 dans le 1ᵉʳ bataillon des volontaires de son département, amalgamé plus tard dans la 29ᵉ demi-brigade d'infanterie de ligne, devenue 29ᵉ régiment de même arme, il passa sergent-major le 21 du même mois. A la bataille de Jemmapes, le 6 novembre 1792, il reçut un coup de feu à la tête. Nommé sous-lieutenant le 1ᵉʳ décembre suivant, il fit la campagne de 1793, et mérita le grade de lieutenant, qui lui fut conféré le 1ᵉʳ août de ladite année. Il fit toutes les campagnes jusqu'à l'an X aux différentes armées de la République, et obtint le grade de capitaine le 13 vendémiaire an III. Le 17 brumaire an VIII, à la tête d'une compagnie de grenadiers, il se fit jour à travers le corps d'armée du général autrichien Starray, reprit la ville de Brethen et sauva un bataillon de la 65ᵉ, que la cavalerie ennemie avait mis en déroute. Deux jours après, il protégea la retraite de la brigade du général Roussel et de la division du général Ney, en soutenant avec sa seule compagnie les efforts d'un corps de troupes qui voulait s'emparer d'un pont près de Mingelsen, sans lequel la retraite n'aurait pu s'effectuer. Membre de la Légion-d'Honneur le 26 frimaire an XII, il fit les campagnes de l'an XIV à la grande armée en Autriche, celles de 1806 et 1807 en Prusse et en Pologne, et fut envoyé en Espagne en 1808. Blessé d'un coup de feu le 29 avril 1809 à l'affaire de San Bonifacio, il fut élevé, le 9 juillet suivant, au grade de chef de bataillon. Le 4 janvier 1810, il passa au 40ᵉ régiment d'infanterie de ligne, reçut une blessure grave, le 16 mai 1811, à la bataille d'Albuera, et mourut à Séville le 1ᵉʳ juillet suivant. B-G.

SUVÉE (joseph-benoit), né à Bruges (Belgique), en 1743, il apprit dans cette ville les premiers élémens de la peinture. Il se rendit à Paris en 1763, remporta le premier prix de peinture en 1771, et partit pour Rome l'année suivante. La ville d'Ypres possède deux de ses tableaux, une *Descente du Saint-Esprit*, et une *Adoration des Anges*, que l'on place au nombre de ses meilleurs ouvrages.

Reçu en 1780 membre de l'Académie de peinture, il fut adjoint aux professeurs de cette Académie.

Cependant les soins qu'il donnait à l'École ne l'empêchaient point de travailler dans son atelier; il fit paraître plusieurs grandes compositions. *La Mort de Coligny* donne une idée de son talent, et l'on remarque pour le mérite de la composition une *Résurrection* placée au maître-autel de l'église de Saint-Donat.

Suvée fut nommé en 1792 directeur de l'École de Rome ; mais les événemens de la Révolution et la guerre suspendirent son départ, et ce n'est qu'après la campagne d'Italie que les élèves de France purent se rendre à Rome et que l'École put être rétablie.

Il arriva à Rome en l'an IX. Les fonctions de directeur avaient été jusqu'à lui agréables et faciles : il les prit avec les difficultés et les embarras que présente une réorganisation et pour ainsi dire une création nouvelle. Mais il surmonta tous les obstacles, et par ses soins l'École se trouva parfaitement établie dans la villa Médicis. C'est dans ce palais des beaux-arts, et au milieu des élèves qu'il y avait réunis, qu'il termina sa carrière le 9 février 1807. Peu de temps avant la mort de cet artiste, l'Institut l'avait reçu au nombre de ses correspondans.

Il avait été nommé membre de la Légion-d'Honneur le 26 frimaire an XII.

TANCOGNE. *Voyez* **Ancogne.**
TAURIAC (raimond-françois), naquit le 26 février 1768 à Lauta (Haute-Garonne). Porté sur

les contrôles du régiment de Condé (93ᵉ d'infanterie) le 23 mai 1780, il devint caporal le 1ᵉʳ avril 1787, sergent le 29 février 1788, et sergent-fourrier le 1ᵉʳ mai suivant. Il fit les campagnes de 1792, 1793, ans II et III à l'armée du Rhin, et passa aux grades de sergent-major le 1ᵉʳ octobre 1792, et de sous-lieutenant le 24 vendémiaire an II. Il fit les campagnes des ans IV et V à l'armée des Alpes, et devint lieutenant le 28 brumaire an IV. Amalgamé le 21 ventose an IV dans la 26ᵉ demi-brigade, devenue 26ᵉ régiment d'infanterie de ligne, il fit en Italie les campagnes des ans VI, VII, VIII et IX. Le 15 messidor an VII, il reçut l'ordre de s'emparer, avec un détachement de 50 hommes, du poste retranché de Belveder, situé au pied du Mont-Saint-Bernard, et occupé par les Piémontais; il emporta d'assaut ces retranchemens et ramena 80 prisonniers. Le 13 fructidor suivant, chargé de l'attaque de Suze, du côté de la porte de France, malgré le feu meurtrier des Autrichiens, il enfonça lui-même la porte, fit le poste entier prisonnier et chassa l'ennemi de la ville avec l'aide d'un renfort que son chef venait de lui envoyer. Cette action vigoureuse lui valut le grade de capitaine le 26 ventose an VIII. En l'an XI et en l'an XII, il fit partie des camps sous Bayonne et de Saintes, et, le 26 frimaire an XII, il fut créé membre de la Légion-d'Honneur. Embarqué à l'île d'Aix sur la frégate *la Minerve*, le 15 septembre 1806, pour passer à la Martinique, il fut blessé d'un éclat de bois dans le combat que soutint *la Minerve* contre les Anglais, le 25 du même mois, et fait prisonnier. Rentré en France le 29 mai 1814, il fut admis à la retraite le 1ᵉʳ juillet suivant. Il est mort le 22 septembre 1830. B-G.

THIRIER (NOEL-LOUIS), naquit le 4 mars 1778 à Montpellier (Hérault). Grenadier volontaire au 1ᵉʳ bataillon de l'Hérault le 8 septembre 1791, il passa dans la 129ᵉ demi-brigade d'infanterie de bataille le 1ᵉʳ brumaire an II, puis dans la 32ᵉ de ligne le 25 ventose an IV, et fit toutes les campagnes depuis 1792 jusqu'à l'an V. A l'affaire de Borghetto, le 19 prairial an V, il reçut un coup de biscaïen qui lui brisa un doigt de la main gauche. Parti en l'an VI avec l'armée expéditionnaire d'Orient, il prit part aux campagnes des ans VI, VII, VIII et IX en Égypte et en Syrie. Blessé d'un coup de feu au bras gauche, le 30 ventose an IX, sous Alexandrie, il obtint le grade de caporal le 12 germinal suivant. Rentré en France, mais hors d'état de continuer le service actif, il fut admis à la retraite le 11 brumaire an XI. Le premier Consul le nomma membre de la Légion-d'Honneur le 26 frimaire an XII. Il est mort à Montpellier, où il s'était retiré, le 7 août 1824. B-G.

THIRION (ANTOINE), naquit le 5 mars 1760 à Heuilley-le-Grand (Haute-Marne). Soldat le 18 septembre 1776 dans le régiment de Boulonnais (79ᵉ d'infanterie), caporal le 22 mai 1782, et sergent le 11 septembre 1788, il fit les campagnes de 1792, 1793, ans II, III, IV et V aux armées des Alpes et d'Italie, et passa dans le 1ᵉʳ bataillon de Chaumont (Haute-Marne), où il fut nommé adjudant-sous-officier et sous-lieutenant le même jour, 1ᵉʳ mai 1793. Promu dès le lendemain, 2, au grade de lieutenant, il devint capitaine-adjudant-major le 1ᵉʳ août suivant dans le même bataillon, amalgamé, en l'an II. dans la 170ᵉ demi-brigade de bataille, et entra dans la 69ᵉ de ligne en l'an IV. A l'affaire de Mondovi, le 3 floréal an IV, il pénétra le premier dans la redoute qui couvrait cette place et que la demi-brigade était chargée d'enlever. Le 3ᵉ bataillon de la 69ᵉ se trouvant cerné au château de Prada, Thirion, à la tête du 2ᵉ, fondit sur l'ennemi à la baïonnette, le culbuta complètement, dégagea le 3ᵉ bataillon, fit 200 prisonniers, enleva 2 pièces de canon, et força l'ennemi à se renfermer dans la citadelle. Le 27 nivose an V, à la tête des grenadiers et de 6 compagnies du 2ᵉ bataillon, il repoussa, à la baïonnette, une sortie faite par la garnison de Mantoue, qui voulait se réunir à la division Provera. Embarqué au mois de floréal an VI avec l'armée d'Orient, il fit en Égypte et en Syrie les guerres des ans VI à IX, et à la bataille du 30 ventose an IX, près d'Alexandrie, il fut blessé de deux coups de feu, l'un à la main gauche et l'autre à la jambe droite. Rentré en France, il alla tenir garnison à Mâcon pendant les ans X et XI, et fit partie en l'an XII et en l'an XIII des troupes rassemblées au camp de Montreuil. C'est là qu'il reçut, le 26 frimaire an XII, la décoration de membre de la Légion-d'Honneur. Il fit les campagnes de l'an XIV et de 1806, avec le 6ᵉ corps de la grande armée, en Autriche et en Prusse. Le 14 brumaire an XIV, la garnison de Scharnitz (Tyrol), informée que le fort de Leutach était au pouvoir de nos troupes et se voyant tournée, se mit en marche à deux heures du matin, espérant à la faveur de la nuit pouvoir effectuer sa retraite sur Inspruck. Le capitaine Thirion, qui faisait sa ronde, entend le bruit des voitures, il se doute que l'ennemi évacue la forteresse; il crie aux armes, réunit sur-le-champ les grenadiers du régiment, marche à leur tête et va se poster sur la route. A peine la colonne ennemie s'est-elle approchée, qu'il s'élance sur elle à la baïonnette et lui fait mettre bas les armes; 600 hommes, 8 pièces de canon et 4 obusiers, furent les trophées de ce brillant fait d'armes. Admis à la retraite le 18 décembre 1806, il est mort le 9 mai 1823. B-G.

THIROUX ET NON **TIRAUX** (PIERRE-JOSEPH), né le 4 juin 1769 à la Gorgue (Nord), entra dans le 4ᵉ régiment de dragons le 17 juillet 1792, et fit toutes les guerres de la liberté. Il quitta son corps par congé absolu le 22 germinal an X, reçut la décoration de la Légion-d'Honneur le 26 frimaire an XII, devint préposé des douanes, et mourut à Dunkerque (Nord), le 12 juin 1828. D-T.

THOULOUSE (MARTIN, *baron*), naquit le 14 novembre 1765 à Chandolas (Ardèche). Incorporé le 27 décembre 1783 dans le 10ᵉ régiment d'infanterie, il fut fait caporal le 1ᵉʳ juin 1787, et sergent le 1ᵉʳ juin de l'année suivante; il fit la campagne de 1792 à l'armée des Alpes. Au siége de Toulon, il entra un des premiers dans la grande redoute anglaise, connue sous le nom de *Petit-Gibraltar*, et fut nommé sous-lieutenant le 24 octobre 1793. Il servit à l'armée d'Italie depuis l'an II jusqu'à l'an V, et y devint capitaine en second des canonniers de la 19e demi-brigade le 1er floréal an III. En l'an VI, il s'embarqua à Toulon avec l'armée d'Orient, et fit en Égypte et en Syrie les campagnes des ans VI à IX. Passé comme capitaine dans la 69e demi-brigade le 1er pluviose an VII, il fut blessé d'un coup de feu à la tête le 20 floréal de la même année au siége de Saint-Jean-d'Acre. Dans une sortie que firent les Turcs, il conserva le poste qui lui avait été confié, et, quoique cerné de toutes parts et ayant perdu les deux tiers de son monde, il força l'ennemi à se retirer. Le 7 thermidor suivant, à la bataille d'Aboukir, il entra un des premiers dans la redoute, alla droit aux pièces, et, aidé par les sous-officiers des canonniers de la demi-brigade qu'il commandait, il tourna les pièces contre les Turcs, et, par un feu bien dirigé, il contribua puissamment à leur entière déroute. Ayant reconnu dans la mêlée Mustapha-Pacha comme un des principaux chefs de l'armée ottomane, il l'arracha des mains des soldats qui se disposaient à le tuer et le conduisit prisonnier auprès du général en chef Bonaparte. Revenu en Europe, Thoulouse obtint le commandement d'une compagnie de grenadiers, à la réorganisation de la demi-brigade, le 1er thermidor an X, et fit ensuite partie de l'armée des côtes de l'Océan pendant les ans XII et XIII. Le premier Consul le nomma, le 26 frimaire an XII, membre de la Légion-d'Honneur, et, à l'inspection générale de l'an XIII, le maréchal Ney le proposa pour le grade de chef de bataillon. Il fit la campagne de l'an XIV. Le 22 vendémiaire, à la bataille d'Elchingen, il commandait la compagnie de grenadiers qui formait la tête de colonne. Il tua 2 Autrichiens de sa main, en fit 6 prisonniers, dont un officier, et quoique blessé d'un coup de feu à la cuisse droite, il se tint constamment à la tête de sa compagnie. Le 14 brumaire suivant, il concourut avec Thirion (*voyez* ce nom) à la soumission de la garnison de Scharnitz. Nommé enfin chef de bataillon au 33e régiment d'infanterie de ligne le 15 août 1806, il commanda le régiment de la manière la plus distinguée à la bataille d'Iéna, et le 8 février 1807, à celle d'Eylau, quoique blessé d'un coup de feu, il soutint avec son bataillon plusieurs charges d'infanterie et de cavalerie. Il prit part à la campagne de 1809, et, à la bataille de Wagram, il fut blessé à la jambe droite et à la cuisse gauche. Le 23 août suivant, l'Empereur le nomma colonel du 12e régiment de ligne, sur le champ de bataille, et quelque temps après il le créa baron de l'Empire. Appelé à faire partie de l'expédition de Russie, il fut nommé officier de la Légion-d'Honneur le 18 juin 1812, et se couvrit de gloire, le 19 août suivant, à Volontina-Cora. Blessé grièvement à cette bataille, il mourut deux jours après. B-G.

THOUMIN (JULIEN), ET NON THOMNIN, né le 21 octobre 1757 à Lassey (Mayenne), entra en 1792 comme capitaine au 1er bataillon des volontaires de la Mayenne. Le 22 mars 1793, il se signala dans un engagement près de Louvain, et y reçut un coup de feu à l'épaule droite. Après les campagnes des ans II, III et IV, il passa dans la 73e demi-brigade de ligne, et fit avec ce corps les guerres d'Italie de l'an V à l'an X. Thoumin développa un grand courage à l'affaire de Porto-Fermo, le 8 frimaire an VII. A la bataille de la Trebia, le 2 messidor, avec 3 compagnies de grenadiers, il tint en échec une division russe, contre laquelle il soutint, pendant une marche de deux lieues, un feu de chaussée qui arrêta sa marche. Blessé d'un coup de sabre dans la première affaire, il n'en continua pas moins le combat et voulut coucher sur le champ de bataille. Le 25 floréal an VIII, devant Savone, il eut la cuisse traversée d'une balle. Incorporé en l'an XII avec sa demi-brigade dans le 23e régiment de ligne, ce brave officier, qui avait fait toutes les guerres de la Révolution, reçut, le 26 frimaire an XII, la décoration de la Légion-d'Honneur, et fut mis à la retraite, sur sa demande, le 3 nivose an XIII. Il est mort à Laval (Mayenne), en 1807. B-S.

THUILLIER (JEAN-LOUIS), né le 30 juin 1767 à Bretoncourt (Moselle), entra comme soldat le 15 décembre 1785 dans le 15e régiment de ligne, devenu plus tard 14e de même arme. Caporal le 4 germinal an II, et sergent le 11 vendémiaire an III, il fit les campagnes de l'armée du Nord de 1792 à l'an IV, et celles de l'armée de l'intérieur de l'an V à l'an VII. Le 8 pluviose an V, il enleva, à la tête de quelques grenadiers, un cheval de frise en avant des retranchemens d'Avio, et parvint à ouvrir un passage à l'armée. Adjudant-sous-officier le 17 brumaire an VI, il devint sous-lieutenant et lieutenant les 6 nivose et 15 messidor an VII. Le 8 brumaire an VIII, il traversa la Bormida devant Acqui (Piémont), sous le feu meurtrier de l'ennemi. Son exemple entraîna tous les grenadiers : la garde d'une des portes de la ville fut alors désarmée, et la colonne attaquante put s'en rendre maître. Le 12 du même mois, il se signala de nouveau dans une attaque inopinée de l'ennemi. De l'an IX à l'an XI, il servit aux armées d'Italie, de l'Ouest, de réserve et des Grisons, fut nommé membre de la Légion-d'Honneur le 26 frimaire an XII, et capitaine le 16 pluviose an XIII. Il faisait alors partie de la grande armée ; à la bataille d'Iéna, il reçut un coup de biscaïen à la cuisse droite. Blessé de nouveau à Austerlitz, il demanda sa retraite, et l'obtint le 31 mars 1808. Il est mort à Metz (Moselle), le 6 juillet 1836. B-S.

THUIRE (JEAN), naquit le 3 avril 1774 à Saint-Bonnet (Puy-de-Dôme). Appelé au service par la réquisition, il fut incorporé dans la 118e demi-brigade le 1er brumaire an II, et passa par amalgame dans la 32e le 25 ventose an IV. Il fit les campagnes des ans II, III, IV et V en Italie, escalada un des premiers les remparts de Lodi, le 21 floréal an IV, afin d'en ouvrir les portes aux Français, et reçut un coup de feu au bras droit. Embarqué avec l'armée d'Orient, il fit partie de l'expédition de Syrie, fut blessé d'un coup de feu à la bataille d'Aboukir, et reçut le grade de caporal sur le champ de bataille. Rentré en France avec l'armée en l'an X, il obtint le 26 frimaire an XII la décoration de la Légion-d'Honneur, et fut contraint, par la gravité de ses blessures, de quitter le service le 26 frimaire an XIII. On ignore ce qu'il est devenu depuis cette époque. Y.

TIRAUX. *Voyez* THIROUX.

TRICANT (MARTIN), naquit en 1771 à Avranches (Manche). Amené au 3e régiment de hussards le 23 floréal an II en qualité de réquisitionnaire, il fit les campagnes des ans III, IV et V à l'armée du Nord, passa en l'an VI à l'armée de Mayence, en l'an VII à celle du Rhin, fut nommé brigadier le 1er jour complémentaire an VIII, et incorporé dans la gendarmerie nationale le 8 fructidor an X. L'arrêté du 26 frimaire an XII le comprit au nombre des membres de la Légion-d'Honneur. Depuis cette époque, on a cessé d'avoir des nouvelles de ce légionnaire.

TUYAUX (ANNES-CHARLES), né le 18 janvier 1754 à Paris (Seine), entra le 3 mars 1774 dans le 15e régiment de cavalerie, devenu 24e de dragons, fut nommé brigadier le 1er juin 1781, et maréchal-des-logis le 1er mars 1788. Sa conduite distinguée aux armées des Ardennes et du Nord, pendant les guerres de 1792 et 1793, lui mérita, le 20 juin de cette dernière année, le brevet de sous-lieutenant. Il servit aux armées de Sambre-et-Meuse, de Rhin-et-Moselle et du Danube, de l'an II à l'an VIII, et obtint le grade de lieutenant le 1er floréal de cette dernière année. Après avoir fait la campagne d'Italie avec l'armée de réserve (an IX), il obtint sa retraite le 25 thermidor an XI. Nommé membre de la Légion-d'Honneur le 26 frimaire an XII, il fit partie du collège électoral de Fontainebleau (Seine-et-Marne), où il s'était retiré, et où il est mort le 20 janvier 1839. B-S.

VACCHEDRE (SIMON), naquit le 18 octobre 1772 dans le département des Vosges. Volontaire au 1er bataillon des Vosges le 28 août 1793, il passa successivement dans les 75e et 56e demi-brigades de ligne, et en dernier lieu au 56e régiment. Après avoir fait avec distinction toutes les campagnes de la République aux armées des Ardennes, du Rhin, de Rhin-et-Moselle, d'Italie et de l'Ouest, il fut admis dans la Légion-d'Honneur le 26 frimaire an XII, et obtint, le 26 vendémiaire an XIV, son entrée à l'hôtel des Invalides, où il est mort le 29 octobre 1817. Y.

VACHERET (MARTIN), naquit le 27 mai 1764 à Meulsauts (Côte-d'Or). Volontaire au 1er bataillon de la Côte-d'Or, à sa formation, le 27 août 1791, il fit les campagnes de 1792 et de 1793 à l'armée du Nord, fut nommé caporal pendant le siège de Valenciennes, le 20 avril 1793, et fut amalgamé dans la 146e demi-brigade à l'armée des Alpes au commencement de l'an II; il passa dans la 5e demi-brigade à l'armée d'Italie le 1er ventôse an IV. A l'affaire de Simbras, dans le Tyrol, le 11 prairial an V, il se mit à la tête de quelques soldats et fondit sur une pièce d'artillerie dont il s'empara le premier; cette action de bravoure lui valut le grade de sergent sur le champ de bataille. Il fit la campagne de l'an VIII à l'armée du Rhin, revint à l'armée du Midi et d'Italie en l'an IX, et reçut la décoration de légionnaire le 26 frimaire an XII. Il concourut, le 13 thermidor an XII, à la formation de la 28e légion de gendarmerie, à Gênes, et mourut dans cette ville le 6 mars 1810. Y.

VANALME. *Voyez* VONALME.

VARLET (CHARLES-LOUIS), né le 21 novembre 1772 à Mont-Notre-Dame (Aisne), entra au service le 19 septembre 1793 au 10e régiment de dragons, qui devint, en 1809, 5e régiment de chevau-légers (lanciers), et fit les campagnes des ans II, III et IV aux armées de Sambre-et-Meuse, des Ardennes et du Rhin, et passa en l'an V à l'armée de Hollande, et en l'an VIII à celle du Rhin. En l'an X, envoyé à Saint-Domingue, il fut incorporé dans la garde du général en chef Rochambeau, à la sollicitation duquel il obtint, le 26 frimaire an XII, la décoration de la Légion-d'Honneur. Après avoir lutté pendant toute une campagne contre l'ennemi et contre la contagion qui décimait la colonie, il tomba au pouvoir des Anglais à la capitulation du cap Français, et fut conduit sur les pontons, d'où il ne sortit qu'au commencement de 1812 pour rentrer en France et obtenir la solde de retraite. Il est mort à Mont-Notre-Dame (Aisne), le 26 août 1843. Y.

VARNIER *Voyez* WARGNIER.

VASSELIN (PIERRE), était brigadier au 4e régiment de dragons lorsque le premier Consul le nomma membre de la Légion-d'Honneur le 26 frimaire an XII, et le plaça dans l'arrondissement électoral d'Eu. En 1813, il jouissait de sa retraite dans cette ville. Il est mort, le 24 juillet 1838, à Grandcourt (Seine-Inférieure). D.

VATILLIAUX ET NON **WATILLAUX** (CHARLES-JOSEPH-XAVIER), naquit le 21 décembre 1770 à Marconne (Pas-de-Calais). Soldat dans le 4e bataillon du Pas-de-Calais le 17 décembre 1791, et caporal le 25 du même mois, il fit la campagne de 1792 à l'armée du Nord, fut nommé adjudant le 10 février 1793 dans le 8e bataillon du Pas-de-Calais, devenu 79e demi-brigade, et plus tard 79e régiment de ligne, et fit les campagnes de 1793 et de l'an II à l'armée de Sambre-et-Meuse. Sous-lieutenant le 28 brumaire an II, il suivit l'armée du Rhin pendant l'an III et l'an IV. Il servit ensuite à l'armée d'Italie, et fit partie du corps expéditionnaire qui fut envoyé dans les îles du Levant en l'an VI. Le 12 brumaire an VII, à Corfou, l'artillerie française faisait de vains efforts pour brûler le faubourg de Mandouchio, dont les habitants n'avaient pas voulu déposer les armes; le sous-lieutenant Vatilliaux demande à son chef de bataillon la permission de s'y porter avec 50 hommes, et parvient en moins d'une demi-heure, malgré la résistance des Grecs, à incendier le faubourg et à leur enlever un drapeau dont ils se servaient pour aller à la rencontre des Turcs. Le 11 frimaire suivant, à l'assaut d'une redoute établie par l'ennemi sur le mont Saint-Pantaléone, il fit plusieurs prisonniers. Le même jour, à l'attaque du mont Olivet, les Russes opposaient une vive résistance; le sous-lieutenant Vatilliaux, s'apercevant dans la mêlée que la fermeté du chef ennemi retenait seule cette troupe, se saisit d'une carabine, tue le chef, et aussitôt les Russes se débandent et prennent la fuite. Son courage le fit attacher à une compagnie de partisans que l'on forma pour la défense de la place.

Le 15 nivose de la même année, un poste d'Albanais, retranché dans une chapelle, faisait un feu meurtrier. Vatillaux, pour les déloger, se détache avec une poignée de braves. A peine avait-il fait quelques pas qu'il se trouve entouré ; un des chefs de cette troupe s'avance pour lui porter un coup de sabre, Vatillaux l'étend mort à ses pieds, et les Albanais, intimidés, prennent aussitôt la fuite. Le 11 ventose suivant, l'ennemi tenta un assaut au fort de San Salvador, défendu par la compagnie de partisans ; Vatillaux restait seul pour le commander. Il mit 18 des assaillans hors de combat, et lorsqu'il ne put plus se servir de ses armes, il lança des pierres et des grenades, et obligea les autres à se retirer. Rentré en France, il fit les campagnes des ans VIII, IX et X à l'armée de l'Ouest, et fut nommé lieutenant le 1er ventose an X. En l'an XII, il était au camp de Bayonne, où il fut nommé membre de la Légion-d'Honneur le 26 frimaire. Le 29 vendémiaire an XIV, il se trouvait au combat de Trafalgar ; il y fut fait prisonnier par les Anglais. Rentré des prisons de l'ennemi, il prit sa retraite, et se retira à Hesdin (Pas-de-Calais), où il réside encore aujourd'hui.

B-G.

VAUDEVILLE (FRANÇOIS), naquit le 27 avril 1770 à Saint-Nicolas-du-Port (Meurthe). Il se destinait à l'état ecclésiastique, et il avait déjà reçu les ordres mineurs, quand la réquisition le jeta, bien contre son gré, dans le 1er régiment de dragons le 10 mars 1793. En l'an X et en l'an XI, l'évêque de Nanci, qui lui avait ouvert les portes du sacerdoce, et le cardinal Caprara, légat du pape, firent des efforts inutiles auprès du gouvernement pour arracher Vaudeville à l'état militaire. Au reste, comme la nature lui avait donné du cœur et de l'énergie, il trouva de la gloire et de l'avenir dans la carrière que la nécessité lui imposait.

De 1793 à l'an IX, il servit activement aux armées du Rhin, d'Helvétie et d'Italie, et fut blessé d'un coup de feu à la jambe gauche le 8 frimaire an II. A la bataille de Kaiserslautern, le 1er nivose an III, il devint brigadier-fourrier. Le 26 prairial an IV, à l'affaire de Mutterthal, son colonel, dont le cheval venait d'être tué, allait tomber au pouvoir de l'ennemi ; Vaudeville s'élance suivi de 12 dragons et le sauve, laissant 11 de ses hommes sur le champ de bataille, et ayant été lui-même percé de plusieurs coups de lance.

Le combat de Frauenfeld et la bataille de Zurich, les 9 et 27 prairial an VII, offrirent à son intrépidité de nouvelles occasions de se signaler. Maréchal-des-logis le 29 floréal de l'année suivante, il conquit, en l'an IX, sur le champ de bataille de Villa-Nova, le grade de maréchal-des-logis-chef. Il passa les quatre années suivantes dans la garnison de Pignerol et à l'armée des côtes de l'Océan, reçut le 26 frimaire an XII la décoration de la Légion-d'Honneur, et fut nommé sous-lieutenant le 3 vendémiaire an XIV. De l'an XIV à 1807, il fit la guerre en Autriche, en Prusse et en Pologne, et se trouva aux affaires du pont du Lech, de Wertingen, d'Elchingen, de Neresheim, de Dierstein, aux batailles d'Austerlitz, d'Iéna d'Eylau et de Friedland. Ce fut en Espagne, où il resta de 1808 à 1811, qu'il obtint l'épaulette de lieutenant, le 17 août 1809, en récompense de sa belle conduite à la bataille d'Uclès le 3 janvier précédent. Chargé alors des fonctions d'officier-payeur, il remplit celle d'adjudant-major le 28 février 1810. Au combat de Chiclana, livré le 5 mars 1811, il reçut trois coups de sabre et un coup de feu. En le proposant pour le grade de capitaine, qui lui fut enfin accordé le 29 juillet suivant, le colonel Dermoncourt disait de lui : *Cet officier est la bravoure même.* Le 25 décembre, le 1er régiment de dragons devint 1er de chevau-légers (lanciers) ; Vaudeville y conserva ses fonctions et fit avec ce régiment les campagnes de 1812 et 1813 en Russie et en Saxe. Le combat de Reichenbach et la bataille de Dresde lui valurent le grade de chef d'escadron le 6 septembre 1813. Dès le 29 août, il avait acquis de nouveaux droits à la reconnaissance de l'Empereur, en dégageant son régiment sérieusement compromis au premier combat de Kulm. Le 17 octobre, il fut encore blessé d'un coup de mitraille au côté droit, et quelques jours après on lut à l'ordre de l'armée sa nomination comme officier de la Légion-d'Honneur. Ses services ne finirent qu'avec la campagne de 1814. Maintenu, le 16 août, au 1er chevau-légers, devenu régiment du roi, il resta au dépôt de son corps pendant les Cent-Jours, fut licencié le 25 décembre 1815, et obtint sa retraite le 7 août 1816.

Rendu à la liberté, Vaudeville se voua à la profession de son choix. Il devint prêtre, exerça les fonctions d'économe du collège épiscopal de Pont-à-Mousson, et fut nommé chanoine honoraire du chapitre de Notre-Dame, à Nanci. Il est mort, âgé de plus de soixante-dix ans, le 13 août 1840.

VAUQUELIN (LOUIS-NICOLAS), naquit le 16 mai 1763 à Hébertot-Saint-André (Calvados). Enfant de la chaumière et pourvu de toutes les connaissances qu'on peut acquérir au village pour échapper à la domesticité, à l'âge de treize ou quatorze ans il obtenait asile dans l'officine d'un apothicaire de Rouen. Dans cet humble laboratoire, il cherchait à satisfaire le besoin d'apprendre qui l'y avait poussé, et il recueillait par écrit les enseignemens du maître. Celui-ci ne comprenait pas son élève : ce qui devait attirer son intérêt, lui inspira d'injustes reproches ; et Vauquelin, irrité, s'achemina vers Paris, à pied, l'âme triste et le gousset pourvu de 6 francs, qu'une main charitable lui avait prêtés.

Deux fois, les apothicaires de Paris ne lui furent pas plus secourables que celui de Rouen. Il tomba malade, et à sa sortie de l'Hôtel-Dieu, dernière épreuve que la Providence lui avait réservée, il entra chez un pharmacien nommé Cheredame, qui sut enfin l'apprécier. C'est par lui qu'il fit la connaissance de Fourcroy, dont il devint successivement l'élève, le collaborateur et l'ami, et c'est au crédit de Fourcroy qu'il dut son entrée à l'Académie des sciences, la place d'inspecteur des mines, de professeur à cette École et à celle polytechnique, et d'essayeur des matières d'or et d'argent. Plus tard, et toujours par le même patronage, il devint professeur de chimie au Collége de France, membre du conseil des arts et du commerce, de la commission chargée de préparer la loi sur la pharmacie, examinateur de l'École polytechnique, collègue de Fourcroy au Muséum d'histoire naturelle, et membre de la Légion-d'Honneur le 26 frimaire an XII.

Le directeur-général de l'instruction publique ne pouvait mieux choisir et l'homme ne pouvait pas mieux placer ses bienfaits. Long-temps après la mort de Fourcroy, Vauquelin a eu soin de ses sœurs, pauvres, âgées et malades : elles sont mortes dans sa maison, entourées des attentions les plus tendres.

Il a donné, en communauté avec Fourcroy, soixante Mémoires et cent-quatre-vingt qui ne portent que son nom. *Vauquelin*, comme l'a dit George Cuvier, *était tout chimiste; chimiste chaque jour de sa vie et pendant la durée de chaque jour.*

Il a répandu sur la minéralogie et sur la métallurgie, sur la physique végétale et animale, sur la matière médicale et la pharmacie, des lumières abondantes et inattendues.

Dans l'analyse des minéraux, il s'est associé à Haüy, comme il l'avait été autrefois à Fourcroy, et il a signalé, un des premiers, de nouvelles substances élémentaires. Son nom demeurera attaché à la découverte de la *terre glucine* et du *chrôme*.

Après la mort de Fourcroy, la chaire qu'il occupait à l'École de médecine avait été déférée à Vauquelin par la retraite spontanée de tous les candidats. En 1824, la Faculté de médecine fut licenciée, et le nom de Vauquelin ne reparut pas dans sa réorganisation. C'était probablement une exclusion politique : elle frappait l'homme qui était resté toute sa vie le plus étranger aux combinaisons gouvernementales. Vauquelin en conçut une tristesse profonde; les électeurs de son département cherchèrent vainement à l'en consoler en l'appelant à la Chambre des députés; sa santé s'altéra, et il mourut dans la nuit du 14 au 15 octobre 1829, au château d'Hébertot.

Vauquelin se recommande par des travaux nombreux et utiles qui, sans avoir fait avancer la science, ont substitué des démonstrations à des théories (*Voyez* FOURCROY, t. II, p. 314). A. L.

VELLAND. *Voyez* t. II, p. 200.

VEIXSEL (JEAN-MICHEL), naquit le 22 décembre 1776 dans le département du Bas-Rhin. Incorporé comme réquisitionnaire dans la 152e demi-brigade le 4 germinal an III, et placé dans les grenadiers du 1er bataillon, il passa au mois de ventose an IV dans la 75e demi-brigade, qui devint en l'an XII 75e régiment de ligne. Il fit les campagnes de l'an III à l'armée de l'Ouest, et l'année suivante en Italie, il se fit remarquer aux affaires de Saint-Martin, de Saint-Michel et d'Arcole; dans cette dernière journée, il tua de sa main un officier autrichien. En l'an VI, il passa en Égypte, fit l'expédition de Syrie, revint en France en l'an IX, et fut envoyé à l'armée des côtes de l'Océan. Nommé caporal le 1er germinal an XI, il reçut la croix de légionnaire le 26 frimaire an XII. En l'an XIV, il fit partie de la grande armée qui combattit à Austerlitz. En 1806, il prit part à la campagne de Prusse, se distingua à la bataille d'Iéna, le 14 octobre, et fut tué le 5 février 1807, au combat de Hoff, en Pologne. Y.

VELLER. *Voyez* VEILLER.

VERDIER (ALEXIS), naquit le 23 août 1771 à Saint-Médard-sur-Ille (Ille-et-Vilaine). Volontaire dans le 1er bataillon d'Ille-et-Vilaine depuis le 5 février 1792 jusqu'au 7 janvier 1793, il entra ensuite dans le 4e bataillon du même département. Passé le 5 floréal an II dans le 4e de l'Aisne, qui entra dans la formation de la 41e demi-brigade de ligne le 30 pluviose an V, Verdier fit toutes les guerres de la Révolution depuis 1792 jusqu'à l'an IX. Caporal le 15 prairial an VI, fourrier le 1er thermidor suivant, sergent et sergent-major les 14 frimaire et 26 nivose an VIII, il fut congédié par ancienneté le 1er nivose an XI, reçut un sabre d'honneur le 10 prairial suivant, et reprit du service dans son grade au 17e régiment d'infanterie de ligne le 17 vendémiaire an XII. Il fit partie des troupes rassemblées au camp de Bruges pendant les ans XII et XIII, fut reconnu légionnaire de droit le 26 frimaire an XII, obtint sa retraite en l'an XIII, et se retira à Rennes, où il est mort le 7 décembre 1811.

VIDAL (SÉBASTIEN-ANDÉOL-SIMON), né le 25 mai 1778 à Masan (Vaucluse), entra au service sur le vaisseau *le Formidable*, en qualité de novice, le 26 germinal an IV, et fit la campagne de la Méditerranée. Congédié le 8 brumaire an VI, il entra dans la 80e demi-brigade de ligne le 30 ventose an VI, et fut incorporé dans la 23e demi-brigade légère le 24 brumaire an IX. A l'attaque générale de l'île d'Elbe, le 27 fructidor de la même année, il poursuivit un soldat anglais qui feignit de se rendre en déposant son fusil à terre; voyant Vidal à dix pas de lui, il reprend son arme, le couche en joue et le manque. Vidal s'élance sur lui, et quoiqu'en droit de lui ôter la vie, il lui pardonne et le conduit prisonnier à son capitaine. Membre de la Légion-d'Honneur le 26 frimaire an XII, il devint caporal le 18 ventose an XIII, servit aux armées d'Italie et de Naples pendant les campagnes des ans XIV, 1806, et fut fait prisonnier en Calabre le 14 juillet de cette dernière année. Rentré des prisons de l'ennemi le 6 juillet 1814, il passa au 4e régiment d'infanterie légère le 1er août, et congédié le 20 janvier 1815, il entra le 27 du même mois comme engagé volontaire dans le corps des sapeurs-pompiers de la ville de Paris, où il redevint caporal le 12 novembre 1822. Il s'est retiré du service en 1831, et vit à Paris, depuis cette époque, de sa solde de retraite et du traitement attaché à sa croix. Y.

VIDE (NICOLAS), naquit le 3 mars 1761 à Rully (Oise). Soldat dans le 18e régiment de cavalerie le 14 juillet 1782, il obtint son congé le 14 juillet 1790, et reprit du service le 16 octobre 1792 dans le 9e de hussards. Pendant la campagne de cette année à l'armée du Nord, il reçut les grades de maréchal-des-logis le 1er novembre, et de sous-lieutenant le 16 du même mois. Lieutenant le 20 mars 1793, il fit les campagnes des ans II et III à l'armée des côtes de l'Océan. Il servit à l'armée du Rhin pendant les ans IV, V et VI, et fut nommé capitaine le 1er brumaire an V. Au passage du Rhin, le 30 germinal, quoique blessé d'un coup de feu au sein droit, il continua de poursuivre l'ennemi, s'empara de ses bagages, et prit le général Ozilly, ainsi que plusieurs hussards autrichiens. En l'an VII, le gouvernement l'employa à l'armée du Danube. Le 4 vendémiaire an VIII, devant Zurich, à la tête du 1er escadron de son régiment, chargé d'observer les mouvemens de l'ennemi, il se rendit au poste qui lui était assigné, au milieu d'une grêle de mitraille, et s'y maintint malgré les pertes que lui faisait éprouver un feu meurtrier. Un régiment de hussards russes couvrait la retraite de l'armée de Souvarow; le capitaine Vidé le mit dans une déroute complète, s'empara du trésor, des bagages et de l'artillerie, et fit un grand nombre de prisonniers. A l'affaire de Stockach, au mois de floréal suivant, son escadron, qui faisait tête de colonne, chargea un corps nombreux de cuirassiers autrichiens. Le premier dans les rangs ennemis, il en tua un grand nombre et contribua à la prise de 200 chevaux. Quelques jours après, à la bataille de Mœskirch, envoyé pour protéger une compagnie d'artillerie légère, il trouva toutes les pièces au pouvoir de l'ennemi; aussitôt, il s'élance sur les hulans, les met en fuite, leur reprend l'artillerie et leur fait plusieurs prisonniers. Appelé à l'armée du Rhin en l'an IX, il tint garnison à Schelestadt durant les ans X et XI. Au camp de Saint-Omer en l'an XII et en l'an XIII, il fut créé membre de la Légion-d'Honneur le 26 frimaire an XII. Il fit la campagne de l'an XIV en Autriche, au 5e corps de la grande armée, et mourut le 15 février 1806. B-G.

VILLOISON. *Voyez* DANSE DE VILLOISON.

VILM, hussard au 7e hussards. *Voyez* WILM (*Jacques*).

VINAY ET NON **VINOT** (JOSEPH), né le 12 octobre 1773 à Bourg-du-Péage (Drôme), entra le 3 ventose an V au 2e bataillon de l'Oise, incorporé dans le 26e régiment de ligne. Il servit en l'an V à l'armée des Alpes, et à l'armée d'Italie pendant les ans VI, VII, VIII et IX. Réformé le 4 thermidor an XI, légionnaire le 26 frimaire an XII, et électeur de l'arrondissement de Valence, il mourut dans cette ville le 29 juin 1841. C-D.

VINCENT (ÉLOPH *ou* ÉLOY), né le 1er avril 1761 à Stainville (Meuse), entra au 20e régiment de chasseurs à cheval le 10 mars 1793, et fit toutes les campagnes de l'an II à l'an IX. Congédié en l'an XI, il reçut la décoration de la Légion-d'Honneur le 26 frimaire an XII, et se retira à Dammarie (Meuse), où il réside encore aujourd'hui. C-D.

VINCENT (FRANÇOIS-ANDRÉ), naquit à Paris le 30 décembre 1746. Élève de Vien, il remporta le prix de peinture en 1768. Agréé, en 1777, à l'Académie, il n'y fut cependant reçu qu'en 1782. *Le président Molé saisi par les factieux* est généralement regardé comme son meilleur tableau. Nommé membre de l'Institut lors de sa formation, Vincent obtint la décoration de la Légion-d'Honneur le 26 frimaire an XII. Il cultiva également la littérature avec succès, et fournit de bons articles au *Nouveau Dictionnaire des beaux-arts*. Son ancien maître étant tombé dans la détresse, Vincent lui fit parvenir des secours et des travaux, sans que Vien ait jamais connu la main qui soulageait son infortune. Après la Restauration, il se trouva compris dans la réorganisation de l'Académie royale des beaux-arts. Il est mort le 3 août 1816.

VINOT. *Voyez* VINAY.

VOIRIN (DOMINIQUE), naquit le 19 décembre 1767 à Toul (Meurthe). Volontaire dans le 12e de dragons, il fit les campagnes de la Révolution depuis 1792 jusqu'à l'an IX, fut nommé brigadier le 15 juin 1793, et reçut pendant le blocus de Maubeuge deux coups de feu à la tête. Maréchal-des-logis le 16 germinal an II, il se trouva à la bataille de Fleurus, fit plusieurs prisonniers, et reçut un nouveau coup de feu au poignet droit. Maréchal-des-logis-chef le 9 floréal an III, il devint sous-lieutenant le 9 fructidor an VI. Le 12 vendémiaire an XII, il obtint l'épaulette de lieutenant, et le 26 frimaire suivant la décoration de la Légion-d'Honneur. Il prit part à la campagne de vendémiaire an XIV, et se signala, le 16 de ce mois, au combat de Wertingen, où il fut blessé et fait prisonnier. Il est mort dans les prisons de la Russie en 1807. B-G.

VONALME ET NON **VANALME** (LAURENT-MATHIEU), naquit le 1er octobre 1758 à Larché (Haut-Rhin). Soldat le 5 janvier 1777 dans le régiment suisse d'Eptingen, au service de France, Vonalme passa dans celui de Castella le 16 janvier 1785. Il se trouva à l'affaire de Nanci le 31 août 1790, et y fut blessé d'un coup de sabre à la main droite. Caporal dans la légion du centre le 15 septembre 1792, il fit les campagnes de 1792 à l'an IV à l'armée des Alpes. Le 15 mai 1793, il fut nommé fourrier et successivement sergent dans la 16e demi-brigade d'infanterie légère le 1er pluviose an II, sergent-major le 30 du même mois, adjudant-sous-officier le 9 prairial, et enfin sous-lieutenant le 11 messidor de la même année. Le 4 pluviose an IV, il reçut un coup de feu à la jambe gauche, près Tripstadt. Passé en l'an V à l'armée d'Italie, il y servit jusqu'en l'an VIII. A Osimo, avec 45 hommes et une seule pièce de canon, il se défendit depuis le 1er jusqu'au 13 messidor an VII, contre environ *quatre mille* insurgés et les força de se retirer avec des pertes considérables. Appelé au corps d'observation de la Gironde, il fit les campagnes des ans IX et X. Après son retour en France, il fut nommé membre de la Légion-d'Honneur le 26 frimaire an XII, et obtint sa retraite le 25 fructidor an XIII. Il est mort à Haguenau (Bas-Rhin), le 14 avril 1814.

VUILLARD (PIERRE), né le 30 janvier 1767 à Saint-Amour (Jura), entra le 14 août 1791 comme sergent dans le 3e bataillon du Jura, incorporé en l'an II dans la 200e demi-brigade d'infanterie de bataille, amalgamée, en l'an IV, dans la 18e légère, devenue 18e régiment de même arme à l'organisation de l'an XII, et fut nommé sous-lieutenant à l'élection le 9 février 1793. Après avoir fait les guerres de 1792, 1793, ans II et III aux armées du Rhin, des Alpes et d'Italie, il obtint le grade de lieutenant le 9 prairial de cette dernière année. A la bataille de Castiglione, il reçut un coup de feu sous le bras droit, fit encore la campagne de l'an v en Italie, celle de l'an vi en Helvétie, et revint à l'armée d'Italie, où il servit pendant les guerres des ans vii et viii. Le 16 germinal an vii, il tourna, avec 50 hommes, une colonne ennemie devant Verone, lui mit 200 hommes hors de combat et prit 400 chasseurs tyroliens. A l'affaire du pont de l'Ecco, le 6 floréal suivant, il tua de sa main plus de 30 Russes, et ne quitta le champ de bataille qu'après avoir reçu une blessure à la jambe droite. Au combat de Reffo, le 21 prairial an viii, à la tête de 30 carabiniers, il fit mettre bas les armes à une colonne de 1,500 hommes, parmi lesquels se trouvaient un chef d'état-major, un officier supérieur et 18 officiers subalternes. Passé en l'an ix à l'armée de Batavie, il tint garnison à Lille en l'an x, retourna à l'armée gallo-batave, y resta pendant les ans xi, xii, xiii et xiv, et y reçut le grade de capitaine le 3 germinal an xi. Membre de la Légion-d'Honneur le 26 frimaire an xii, il servit à l'armée d'Italie durant les années 1806, 1807 et 1808, et à la grande armée d'Allemagne en 1809. Envoyé à l'armée d'Espagne, il y fit les guerres de 1812, 1813 et 1814, et remplit les fonctions d'adjudant de place à Barcelone, depuis le 7 juillet 1813 jusqu'à la rentrée en France de l'armée de Catalogne. Mis en demi-solde le 1er juin 1814, il se retira à Grenoble, où il se trouvait encore lors du retour de l'Empereur, qu'il accompagna, le 9 mars 1815, à la suite du 11e régiment de ligne. Placé comme capitaine dans le 5e régiment de tirailleurs de la garde impériale le 13 avril suivant, il fit la campagne des Cent-Jours, rentra dans sa position de non-activité le 1er septembre 1815, et fut admis à la retraite le 4 septembre 1816. Il est mort à Grenoble au mois d'avril 1843. B-G.

WARGNIER (ALEXIS-JOSEPH), DIT **ALEXIS**, né le 27 novembre 1758 dans le département de la Somme, entra au service le 26 mars 1783 dans les dragons du roi (4e régiment), et y fut nommé brigadier le 1er avril 1793. Au commencement de l'an ii, il fut de Brestedt, près de Strasbourg, il délivra un dragon du 8e régiment pris par 3 hussards ennemis qu'il sabra, et remporta sur son cheval le dragon blessé. Maréchal-des-logis le 4 nivose an ii, il fit les campagnes de 1792 à l'an ix aux armées du Rhin, d'Angleterre et de Batavie. Sous-lieutenant le 9 brumaire de l'an xi, il fit partie de la première réserve de l'armée des côtes de l'Océan pendant les ans xii et xiii, et fut créé membre de la Légion-d'Honneur le 26 frimaire an xii. Il fit les campagnes d'Autriche, de Prusse et de Pologne, de l'an xiv à 1807, avec la 1re division de dragons de la réserve de la grande armée, se fit remarquer aux combats de Wertingen, de Diernstein et de Pultusk, et mérita à Eylau le grade de lieutenant, qui lui fut conféré le 6 mars 1807. Admis à la retraite le 1er octobre 1808, il est mort le 24 janvier 1824. B-G.

WATILLAUX. *Voyez* VATILLIAUX.

WATRIN (JEAN-BAPTISTE), naquit le 24 avril 1773 à Metz (Moselle). Volontaire dans le 3e régiment de chasseurs à cheval le 15 février 1792, il fit jusqu'en l'an ix toutes les campagnes de la Révolution. Passé au 18e régiment de la même arme le 22 mars 1793, et nommé sous-lieutenant le 7 vendémiaire an ii, il fut incorporé le 18 vendémiaire an iii dans le 1er régiment de dragons. Lieutenant le 1er messidor an vii, il se trouva à la bataille de Zurich. Sur le rapport que le chef de brigade Viallanes fit de sa conduite pendant cette journée, il reçut le grade de capitaine le 13 du même mois. A la bataille de Montebello, détaché avec l'escadron qu'il commandait, il rencontra un corps nombreux de hussards ennemis, le chargea plusieurs fois et le força à battre en retraite. Ayant rejoint son régiment dans la soirée, il eut son cheval tué sous lui, dans une nouvelle charge, et fut blessé d'un coup de feu à l'épaule. Membre de la Légion-d'Honneur le 26 frimaire an xii, il fit la campagne de l'an xiii à l'armée des côtes de l'Océan, celle de l'an xiv à la grande armée, et trouva une mort glorieuse sur le champ de bataille de Nereshem, le 26 vendémiaire. B-G.

WEILLER ET NON **VELLER** (JEAN-MATHIEU), naquit en 1758 à Merchinger (Meurthe). Engagé volontaire dans la 108e demi-brigade de bataille le 26 avril 1793, il fut incorporé comme grenadier dans la 21e de ligne le 11 nivose an vi : il s'était distingué aux armées de la Moselle et du Rhin, et particulièrement à Landau, en juillet 1793; il obtint le grade de caporal, et quitta le service bientôt après. L'arrêté du 26 frimaire an xii le comprit au nombre des légionnaires. Il est mort à Mezehing (Moselle), au mois d'août, 1807.

WILM (JACQUES), né en 1775 à Bar (Bas-Rhin), entra au 7e régiment de hussards le 12 messidor an iv, fit les campagnes de l'an v à l'an viii aux armées de Rhin-et-Moselle, d'Helvétie et du Rhin, et fut réformé pour blessures le 13 thermidor an ix. L'arrêté du 26 frimaire an xii le comprit au nombre des membres de la Légion-d'Honneur. Il est mort le 8 janvier 1838. Y.

WOLFF (NICOLAS), naquit le 14 août 1766 à Porcelette (Moselle). Volontaire au régiment de Conti, plus tard 81e régiment, le 19 août 1787, il obtint le grade de caporal le 15 janvier 1792, et celui de sergent le 10 frimaire an ii. Le 1er fructidor suivant, il passa dans la 150e demi-brigade, et fut amalgamé, en fructidor an iv, dans la 21e, qui devint en l'an xii 21e régiment d'infanterie de ligne. Après avoir fait les neuf campagnes de la liberté aux armées du Rhin et d'Helvétie, il obtint sa solde de retraite le 12 nivose an x, et fut nommé membre de la Légion-d'Honneur le 26 frimaire an xii. Il se retira à Boulay (Moselle), où il est mort le 26 avril 1842. Y.

YONCK. *Voyez* JUNG.

FIN DE LA NOMINATION DU 26 FRIMAIRE AN XII.

NOMINATION DU 15 PLUVIOSE

AN XII.

ACKEN(françois), marin, juri maritime du 1er arrondissement. Les services qu'il avait rendus, soit avant, soit depuis la Révolution, lui avaient mérité une récompense nationale ; le premier Consul la lui accorda en le nommant membre de la Légion-d'Honneur le 15 pluviose an XII. Depuis cette époque, le ministère de la marine et la grande-chancellerie de l'Ordre ont cessé d'avoir de ses nouvelles.

ADRIAN (jean-joseph), naquit dans le département des Bouches-du-Rhône le 26 février 1770. Mousse, puis matelot à bord d'un navire de commerce les 30 août 1787 et 12 août 1788, il passa sur un bâtiment de l'État le 4 février 1790 en qualité de matelot. Quartier-maître canonnier le 17 fructidor an IV, il devint chef de timonnerie en l'an V, capitaine de prise le 1er germinal de la même année, et capitaine-commandant le 15 nivose an VI. Le 29 frimaire an X, il commandait un bâtiment de commerce. Le premier Consul le nomma membre de la Légion-d'Honneur le 15 pluviose an XII. Il fit un voyage aux Antilles, après avoir obtenu sa retraite, entra comme juge au tribunal de commerce de la Martinique, revint en France quelques années plus tard, et mourut à Toulon (Var), le 16 mai 1823.   D.

AGNEL (gaspard-basile), né le 14 juin 1761 à Embrun (Hautes-Alpes), entra au service le 18 octobre 1791 comme volontaire au 1er bataillon des Hautes-Alpes, incorporé dans la 69e demi-brigade, devenue 18e d'infanterie de ligne. Lieutenant quelques jours après, au choix du bataillon, il fut promu capitaine le 13 décembre 1791, fit la campagne de 1792 à l'armée des Alpes, et celles de 1793 à l'an IV à l'armée des Pyrénées-Orientales. Cet officier se distingua, le 3 septembre 1793, à l'affaire dite du *Moulin-d'Orle*, et fut mis à l'ordre du jour de l'armée ; il assista également aux siéges de Collioure, Saint-Elme, Port-Vendre et Bellegarde. Le 27 brumaire an II, à la tête de 2 compagnies, il enleva à la baïonnette la redoute de la Madeleine, défendue par 600 Espagnols. Ce beau fait d'armes contribua puissamment à la prise de l'importante forteresse de Figuières; il reçut une blessure grave au siége de cette place. Le général Guyeux écrivit au général en chef : « Le citoyen Agnel, capitaine au 1er bataillon des Hautes-Alpes, est celui que j'ai trouvé le plus digne pour remplir la place de commandant temporaire du fort. » Augereau confia à Agnel le commandement de Figuières, qu'il défendit vaillamment contre les attaques réitérées des Espagnols. Le 6 thermidor suivant, chargé du commandement de l'avant-garde à l'affaire de Besalu, il chargea l'ennemi, le culbuta et lui fit un grand nombre de prisonniers. Passé à l'armée d'Italie, il se trouva à la bataille de Montenotte; quoique blessé, il prit le commandement d'un bataillon dont le chef venait d'être tué, chassa l'ennemi de ses redoutes, et lui prit 300 hommes. Le 22 floréal an IV, à l'affaire du pont de Lodi, Agnel reçut une blessure et fut cité honorablement à l'ordre de l'armée; Masséna l'appela comme adjoint à son état-major le 28 floréal an V. Il se fit remarquer aux combats du Tagliamento, de Tarvis et de Gorizzia, en Styrie, et mérita le grade de chef de bataillon, que lui conféra Bonaparte le 1er thermidor suivant. Brune avait pris le commandement de l'armée en Suisse; Agnel l'y suivit en qualité de chef de bataillon, adjoint à l'état-major, ainsi qu'à l'armée de Hollande; il prit une part glorieuse aux victoires d'Alkmaër, de Beverwick, et sa conduite à l'affaire de Castricum lui valut, sur le champ de bataille, le grade d'adjudant-général chef de brigade, le 26 vendémiaire an VIII. Chargé du commandement d'Alkmaër, il fit avant-garde et couvrit la retraite de l'armée avec tant d'intelligence et d'énergie, qu'il n'y perdit pas un seul homme et que cette place fut sauvée du pillage. « L'adjudant-général Agnel, disait Brune dans son rapport, se montra officier d'un vrai mérite lors de l'évacuation d'Alkmaër par les Français; il n'a pas cessé de bien mériter du gouvernement, auquel je demande des marques de sa bienveillance pour lui. — Je me joins à mes camarades, ajoutait Masséna, pour rendre à cet adjudant-général le témoignage le plus avantageux de la manière distinguée avec laquelle il a toujours servi. »

Agnel suivit le général Brune à l'armée de réserve de seconde ligne, à Dijon, lors du passage des Alpes par Bonaparte, et se fit remarquer à la prise du fort de Bar; ensuite en Italie pendant l'an IX. Ce fut là qu'il apprit que le département des Hautes-Alpes l'avait nommé député au Corps législatif. Il ne voulut conserver que trois ans une position qui sympathisait peu avec le métier des armes, et demanda du service. Créé membre de la Légion-d'Honneur le 15 pluviôse an XII, et officier de l'Ordre le 25 prairial suivant, il fut employé le 5e jour complémentaire an XIII à l'armée des côtes, au camp de Boulogne. Élu membre du collége électoral des Hautes-Alpes le 14 août 1806, il prit le commandement supérieur de Montreuil-sur-Mer dans le mois de février 1807. Le 3 mai suivant, il reçut ordre de se rendre auprès du maréchal Brune, gouverneur des villes anséatiques, commanda, le 12 juillet, la place de Friedland, et prit, le 15 du même mois, le commandement supérieur de Greisswalde. Napoléon lui conféra l'ordre de la Couronne-de-Fer. Employé, le 9 mars 1808, dans la 26e division militaire, à Mayence, il passa, le 11 juin, au 2e corps d'armée de la Gironde, et servit au siége de Saragosse. Il battit et dispersa en plusieurs rencontres des corps nombreux d'Espagnols; mais accablé de blessures, et atteint de la fièvre jaune, il reçut de Berthier, le 2 novembre, l'invitation de se rendre dans ses foyers pour y soigner sa santé. Admis à la retraite le 6 octobre 1815, et créé, par Louis XVIII, chevalier de Saint-Louis, il ne reprit pas de service sous la Restauration. Devenu maire de Brunoy (Seine-et-Oise), après la révolution de Juillet, il exerça ces fonctions jusqu'à sa mort, arrivée le 9 juillet 1840.

Une des clauses du testament de l'adjudant-général Agnel est ainsi conçue :

« Je lègue la somme de 250 francs à chacun des soldats volontaires originaires d'Embrun, ou hameaux en dépendant, ayant appartenu à la compagnie, dite d'Embrun, et qui m'ont suivi au champ d'honneur pour la défense de la liberté. Cette compagnie faisait partie du 1er bataillon des Hautes-Alpes, formé en 1791. »

On en a retrouvé sept, qui ont touché leur part du legs.

Cette disposition testamentaire a été mise, en 1840, à l'ordre du jour des Invalides, par le gouverneur maréchal Moncey.   TH.

ALAIN (JEAN-FRANÇOIS), maître calfat, juri maritime du 6e arrondissement, servit avec assez de distinction pour obtenir la décoration de la Légion-d'Honneur le 15 pluviôse an XII, et mourut le 10 décembre 1811; il faisait alors partie de la préfecture maritime de Brest (3e arrondissement).

ALBERT (JEAN-CHRISTOPHE-BRUNO), né à Toulon (Var), le 6 octobre 1768, servit comme novice et pilotin de 1780 à 1784. Aspirant de 1re classe le 25 brumaire an IV, et enseigne de vaisseau le 4 floréal an X, il reçut la décoration de la Légion-d'Honneur le 15 pluviôse an XII, fut nommé lieutenant de vaisseau le 11 juillet 1811, prit sa retraite, et se retira dans sa ville natale, où il réside encore aujourd'hui.

ALLARD (FRANÇOIS), naquit le 30 avril 1749 à Tullins (Isère). Engagé volontaire au régiment d'artillerie de La Fère le 27 septembre 1785, il passa au 1er régiment à pied à l'organisation de 1792, fut nommé caporal le 10 août 1793, et fit toutes les campagnes de la liberté depuis la déclaration de guerre jusqu'à la paix de Lunéville. Membre de la Légion-d'Honneur le 15 pluviôse an XII, il fit la campagne d'Austerlitz et celle d'Iéna, et mourut à l'hôpital de Buc le 19 novembre 1806.

ALLEGRE (FÉLIX-PASCAL), naquit le 9 avril 1763 à la Ciotat (Bouches-du-Rhône). Il servit de 1784 à l'an II, comme matelot, tant sur les bâtimens de l'État que sur ceux du commerce, et se signala, le 13 prairial an II, à bord du vaisseau le *Mont-Blanc*, dans un combat soutenu contre les

Anglais, pendant lequel il eut la jambe droite emportée par un boulet, et toutes les parties du corps fracassées par plusieurs coups de mitraille. Après sa guérison, on lui confia la garde du phare de la Ciotat, et le premier Consul le décora de la Légion-d'Honneur le 15 pluviose an XII. Il est mort à son poste, le 19 décembre 1824.

ALMAIN (LOUIS), naquit à Sancerre (Cher), le 10 juin 1759. Sous-lieutenant dans la légion de Luxembourg le 30 juin 1779, il fut blessé à la descente de l'île de Jersey, le 6 janvier 1780, et quitta son corps. Il rentra au service, en qualité de carabinier volontaire, le 7 juin 1782, devint brigadier le 1er février 1784, et maréchal-des-logis le 29 octobre 1786. Il était congédié depuis le 21 janvier 1787, lorsque la Révolution éclata. Le 10 août 1792, le choix de ses camarades l'appela au commandement du 2e bataillon d'Indre-et-Loire, devenu 10e demi-brigade de ligne le 15 nivose an V, puis 33e de même arme. Après avoir fait les campagnes de 1792 à l'an IV aux armées du Nord et de Rhin-et-Moselle, et s'être trouvé à la bataille d'Hondscoote, à la prise de Turnas, au blocus de Mantoue, à Arcole et à Rivoli, il donna sa démission pour quelques légers mécontentemens personnels. Il la retira presque immédiatement et passa, le 22 floréal an V, chef d'une division de gendarmerie, avec le grade de chef d'escadron, et, le 18 fructidor an IX, il obtint le brevet de colonel et le commandement de la 13e légion de gendarmerie à Nevers (Nièvre). Le 15 pluviose an XII, il reçut la décoration de la Légion-d'Honneur. Des infirmités graves le firent admettre à la retraite le 12 juillet 1810. Il est mort le 4 mai 1812. B-S.

ANDRIEU ET NON **ANDRIEUX** (PIERRE-AUGUSTIN), né à Toulon (Var), le 4 mai 1774, entra de bonne heure dans la marine et mérita par ses bons services le grade de lieutenant de vaisseau. Les 23 et 24 ventose an III, aux combats du vaisseau *le Ça-ira*, qui se trouva pendant plus de sept heures et demie aux prises avec 6 vaisseaux anglais à portée de pistolet, Andrieu resta constamment au poste de la dunette à la garde du pavillon, qu'il plaça sur le couronnement après la chute du mât d'artimon. Quoique tous ceux qui étaient auprès de lui eussent été tués, il ne voulut se retirer qu'après avoir acquis la certitude de l'inutilité de ses efforts pour conserver ce bâtiment. Il monta alors sur la frégate *la Vestale*, et *le Ça-ira*, tombé au pouvoir de l'ennemi, fut coulé bas. Le Directoire exécutif, dans son arrêté du 11 prairial an IV, le cita honorablement pour la belle conduite qu'il avait tenue à bord du *Ça-ira*. On doit dire que le ministère de la marine possède plus de quarante rapports adressés par des officiers supérieurs attestant la bravoure et l'intrépidité de cet officier. A la bataille navale d'Aboukir, le 15 thermidor an VI, il combattit avec une grande valeur et fut blessé. Il continua de servir avec le même zèle, et reçut du premier Consul, le 15 pluviose an XII, la décoration de la Légion-d'Honneur. A Livourne, avec l'équipage du brick *le Zéphir*, qu'il commandait, il contribua au salut de la place, en 1813, lors d'une attaque sérieuse des Anglais. Vers le même temps, il exécuta avec beaucoup d'intelligence l'ordre qui lui avait été donné d'expulser, avec une partie de la flotille stationnée à l'est du grand-duché de Toscane, les corsaires qui infestaient ces parages. — « Il était en croisière dans les environs de l'île d'Elbe, lorsque Bonaparte quitta cette île, dans la nuit du 26 au 27 février 1815, pour retourner en France. Le brick qui portait l'ex-empereur rencontra celui commandé par le capitaine Andrieu ; mais Bonaparte, qui craignait d'être reconnu, ordonna aux soldats de la garde d'ôter leurs bonnets et de se cacher sous le pont ; cependant les 2 bricks étant passés bord à bord, le lieutenant de vaisseau Taillade lia conversation avec le capitaine Andrieu ; l'on parlementa ainsi quelques instans, et Andrieu ayant demandé à Taillade s'il avait quelques commissions pour Gênes, on prit congé, et les 2 bricks furent bientôt hors de vue, sans que le capitaine Andrieu parût se douter que ce frêle bâtiment portât un si important personnage. Instruit de son erreur, lorsque Bonaparte eut réussi dans son entreprise, Andrieu saisit avec empressement cette circonstance pour écrire au ministre Decrès, que « s'il avait pu soupçonner que le brick qu'il avait rencontré portât Sa Majesté l'Empereur, loin de s'opposer à son passage, il se serait fait un honneur de lui servir d'escorte. » Cette démarche ne lui fut pas infructueuse, car il obtint bientôt après le grade de capitaine de frégate. Ce fait est rapporté tel qu'on vient de le lire par la *Biographie* dite *de Bruxelles*, qui l'avait puisé dans la *Biographie des hommes vivans*, de Michaud. L'auteur des *Fastes de la gloire* traite de *calomnie* la partie de ce fait qui concerne la lettre à Decrès. Nous ignorons de quel côté se trouve la vérité à cet égard, surtout en présence de l'ordonnance du 29 juillet 1815, qui destitue Andrieu, et de plus, le *déclare incapable de servir, même dans la marine marchande*. La marine perdit ainsi un de ses meilleurs officiers et la patrie un de ses plus zélés défenseurs. Retiré dans sa ville natale, Andrieu y est mort le 6 avril 1841, laissant un fils digne de son nom.

ANTOINE (SÉBASTIEN), né le 2 février 1776 à Mancy (Moselle), entra au service dans les équipages d'artillerie le 25 août 1793, et passa le 1er thermidor an XI, en qualité de brigadier, dans le 7e bataillon *bis* du train d'artillerie, après avoir fait avec distinction toutes les campagnes jusqu'à la paix de l'an IX. A l'affaire de Stockach, le 5 germinal an VII, il avait sauvé un obusier prêt à tomber entre les mains de l'ennemi. Le 27 fructidor an XI, il fut nommé maréchal-des-logis, obtint la décoration de légionnaire le 15 pluviose an XII, étant alors en Batavie, et abandonna le service le 19 novembre 1808. Il a cessé de faire partie de la Légion-d'Honneur le 14 décembre suivant. On ignore sa position depuis cette époque.

ARTAUX (JEAN-JOSEPH), né à Bollène (Vaucluse), le 28 novembre 1765, entra dans le 2e régiment d'artillerie de marine le 20 septembre 1791, et reçut les galons de caporal le même jour. Fait prisonnier de guerre le 15 thermidor an VI, et rentré quelque temps après, il devint sergent le 1er germinal an X, et légionnaire le 15 pluviose an XII. Tombé au pouvoir de l'ennemi, le 14 juin 1808, il ne revint en France que le 21 mai 1814. Le 1er avril 1819, il passa dans le 7e bataillon d'artillerie de marine, prit sa retraite quelques années plus tard, se retira à Orange (Vaucluse), et mourut dans cette ville le 25 mai 1840.

AVENEL (EDMOND-FIDÈLE), né le 1er mars 1785 à Orbec (Calvados), entra dans la marine le 3 prairial an V, et devint aspirant de 2e classe le 3 germinal an VI, enseigne de vaisseau le 3 brumaire an XII, membre de la Légion-d'Honneur le 15 pluviose suivant, lieutenant de vaisseau le 22 octobre 1808. Il a servi comme mousse, du 3 prairial an V jusqu'au 27 brumaire an VI, sur le vaisseau *la Convention;* comme mousse et aspirant, du 28 brumaire an VI au 17 floréal an XI, sur la frégate *la Cornélie*, le vaisseau *l'Océan*, la frégate *la Pensée*, le vaisseau *le Desaix*, le vaisseau *le Dix-Août* et le chebec *le Bienvenu;* comme enseigne provisoire et entretenu, du 18 floréal an XI au 20 brumaire an XII, sur la frégate *la Cornélie;* comme enseigne de vaisseau, du 21 brumaire an XII au 6 avril 1808, sur *le Formidable*, la corvette *la Bergère* et le cutter *la Gauloise;* comme enseigne et lieutenant de vaisseau, du 10 avril 1808 au 5 janvier 1810, sur le chebec *la Syrène;* comme lieutenant de vaisseau, du 17 septembre 1810 au 21 septembre 1815, sur la canonnière *l'Air* et la goëlette *le Momus,* dont il avait le commandement. Le 25 mars 1812, il amena dans le port de Livourne un corsaire mahonais, armé de 8 canons et ayant 37 hommes d'équipage, qu'il avait pris, le 8, près de Porto-Vecchio (île de Corse). Le 14 juin de la même année, il s'empara d'un navire à trois mâts, de 250 tonneaux, armé de 4 canons, qu'il conduisit à Bonifacio (Corse), et, le 20, il brûla un autre navire de 300 tonneaux, chargé de blé, pour compte anglais, dont la cargaison était évaluée à 400,000 francs. On lit dans le *Moniteur* du 15 juillet 1813, à la date de Livourne, 28 juin : « Le lieutenant de vaisseau Avenel, commandant la goëlette de Sa Majesté, *le Momus*, en station à Bonifacio, aperçut, le 14 de ce mois, devant ce port, 2 corsaires anglo-siciliens qui étaient en calme. Ne pouvant appareiller la goëlette faute de vent, il se porta sur les corsaires avec 3 embarcations, montées chacune par 10 hommes de son équipage. Dans huit minutes, le plus fort des 2 corsaires fut enlevé à l'abordage, et l'autre ne dut son salut qu'à la brise qui s'éleva et favorisa sa fuite. Un Sicilien a été tué, 5 ont été blessés. De notre côté, un marin a été tué, et l'enseigne de vaisseau Clavelli a reçu un coup de sabre sur le poignet. *Le Momus* et sa prise sont entrés hier en ce port ; celle-ci est armée de 4 canons de quatre, et de 40 hommes d'équipage. » Admis à la retraite quelque temps après la Restauration, est il mort le 8 décembre 1818.

AZAN (JEAN-FRANÇOIS-ANTOINE), né à Céreste (Bouches-du-Rhône), le 23 novembre 1778, entra dans la marine le 23 ventose an II, et monta le vaisseau *l'Orient* jusqu'au 3 germinal an III. Nommé aide-timonier le 19 floréal de cette année, il servit sur le vaisseau *le Mont-Blanc*, qu'il quitta le 17 vendémiaire an VI. Employé sur *le Franklin*, le 19 ventose suivant, il passa sur *le Mercure*, avec le grade d'aspirant de 2e classe, le 15 floréal. Le 15 thermidor, il reçut, à la bataille navale d'Aboukir, une blessure qui nécessita l'amputation de l'avant-bras gauche. Rentré en France, il devint officier observateur de la batterie des Trois-Moulins, à la Ciotat, le 10 prairial an VII, et prit sa retraite le dernier jour complémentaire an VIII. Il est mort à Céreste, le 19 mars 1840.

BARBIER (JEAN-BAPTISTE), naquit le 29 janvier 1776 à Damblin (Vosges). Volontaire dans les équipages d'artillerie le 26 septembre 1793, il fit avec ce corps les guerres de l'armée du Nord, des ans II, III et IV, et passa à l'armée du Rhin, où il servit jusqu'en l'an V. A Altenkirchen, le 29 germinal an V, il sauva une pièce de huit, qui était restée entre les deux lignes, et fut blessé d'un coup de feu et d'un coup de mitraille. Incorporé le 2 vendémiaire an X dans le 3e bataillon du train d'artillerie, il passa brigadier dans le 7e, le 4 du même mois, et maréchal-des-logis dans le 7e *bis* le 25 prairial suivant. Employé jusqu'à l'an XIII aux armées du Midi et de Hollande, il devint maréchal-des-logis-chef et membre de la Légion-d'Honneur les 19 brumaire et 15 pluviose an XII, et fit les campagnes d'Allemagne et de Dalmatie, de l'an XIV à 1809. A Wagram, il reçut une balle à la cuisse gauche. Il faisait partie de l'armée d'Italie, depuis 1810, lorsqu'il suivit un détachement de son corps, destiné pour l'expédition de Russie ; il eut le pied droit gelé pendant la retraite. Nommé sous-lieutenant dans le 7e bataillon du train d'artillerie le 8 octobre 1813, ce brave officier fit encore la guerre de 1814, en France, resta en non-activité jusqu'au 1er mars 1815, et fut admis à la retraite le 7 avril 1816. Il est mort dans le lieu de sa naissance, le 18 février 1817. B-s.

BAUDIN (FRANÇOIS-ANDRÉ), entra jeune dans la marine, gagna par ses services le grade de capitaine de vaisseau, et reçut la décoration de la Légion-d'Honneur le 15 pluviose an XII. Il est mort le 24 avril 1808.

BEAUDRAN ET NON **BAUDRAN** (PIERRE-FRANÇOIS), né à Saint-Brieuc-des-Iffs (Ille-et-Vilaine), le 15 juin 1773, entra dans la marine marchande, comme mousse, le 12 juillet 1784, et passa sur les bâtimens de l'État, en qualité de novice, le 23 janvier 1787. Matelot le 8 septembre 1788, premier lieutenant le 26 septembre 1791, timonier le 17 juillet 1792, aspirant de 2e classe et enseigne entretenu les 22 et 23 ventose an II, il devint lieutenant de vaisseau le 30 prairial an XI, reçut la décoration de la Légion-d'Honneur le 15 pluviose an XII, et fut classé dans l'arrondissement électoral de Saint-Malo. A la bataille navale de Trafalgar, le 30 vendémiaire an XIV, monté sur le vaisseau amiral *le Bucentaure*, il combattit avec le plus grand courage et subit le sort de Villeneuve, qui, forcé d'amener son pavillon, fut conduit en Angleterre.

Beaudran ne rentra en France que le 27 avril 1811. Nommé capitaine de frégate le 15 mai suivant, et chef d'état-major à bord de *l'Eylau*, il passa sur *le Marengo* le 7 mai 1814. Employé au port de Brest depuis le 15 juillet de la même année jusqu'au 14 août 1816, il prit sa retraite pour cause de santé, et mourut à Nice (Piémont), le 11 avril 1824.

BERNARD (françois), naquit en 1762 dans le département de la Meuse. Il était caporal au 2e régiment d'artillerie de marine, comptait quatorze campagnes sur les bâtimens de l'État, avait pris part à trois combats sur *le Tyrannicide*, et s'était trouvé, le 14 thermidor an VI, à celui de *l'Aquilon*, lorsque, le 15 du même mois, à la bataille navale d'Aboukir, il tomba au pouvoir des Anglais. Rentré à son corps en l'an X, après le traité d'Amiens, il reçut la décoration de la Légion-d'Honneur le 15 pluviose an XII, et mourut sous les drapeaux le 26 pluviose an XIII.

BERNARD (laurent), né le 19 juin 1756 à Mezel (Basses-Alpes), entra le 11 juin 1772 comme soldat dans l'artillerie de marine. Employé successivement sur *la Sultane*, 18 novembre 1773, *le Fantasque*, 15 avril 1777, *le Guerrier*, 6 mars 1778, *le Marseillais*, 5 avril 1780, *le Citoyen*, 6 mars 1781, *le Souverain*, 23 avril 1783, il se trouva aux différens combats soutenus par ces vaisseaux. Il passa, le 7 août 1792, dans la 32e légion de gendarmerie nationale, et assista à toutes les affaires de l'armée du Nord, auxquelles ce corps prit part, jusqu'au 22 germinal an III. Rentré alors dans l'artillerie de marine, il monta le vaisseau *le Conquérant*, le 3 floréal an VI, lors de l'expédition d'Égypte, et se distingua au combat d'Aboukir, le 15 thermidor suivant. *Le Conquérant* fut totalement démâté et eut plus de la moitié de son équipage mise hors de combat. Sergent le 16 fructidor de la même année, il s'embarqua sur *le Muiron* et *l'Alceste*, les 9 pluviose et 15 germinal an VII, fit partie de l'escadre du contre-amiral Perrée, qui transporta d'Alexandrie et débarqua à Jaffa de l'artillerie de siége et des munitions que l'armée attendait impatiemment, et tomba au pouvoir de l'ennemi le 30 prairial. Échangé le 19 thermidor suivant, il servit sur *le Bienvenu* et *la Sibille*, du 6 fructidor an IX au 6 prairial an XI. Membre de la Légion-d'Honneur le 15 pluviose an XII, et lieutenant en deuxième le 31 mai 1808, il monta *le Saint-Pierre* et *le Duquesne*, du 18 septembre 1809 au 7 novembre 1811. Admis à la retraite le 27 février 1812, cet officier se retira à Toulon (Var), où il est mort le 4 mai 1824.

BERT (jean), né en 1775 à Bordeaux (Gironde), entra le 25 septembre 1791 dans un des bataillons de volontaires qui formèrent plus tard la 32e demi-brigade de ligne, et fit toutes les campagnes de la liberté à l'armée d'Italie. Lonado, Saint-George, Arcole et Rivoli, furent successivement témoins de sa valeur. Blessé le 27 nivose an V à Mantoue, et à la prise de Rome le 27 pluviose an VI, il partit pour l'Égypte, où il se fit remarquer par de nouveaux traits de bravoure. Il reçut un coup de yatagan à la cuisse gauche, dans la tranchée de Saint-Jean-d'Acre, en floréal an VII, et obtint à son retour d'Égypte, le 12 germinal an IX, le grade de caporal de grenadiers. Le 20 pluviose an X, désigné par le premier Consul pour entrer dans sa garde, en qualité de simple grenadier, il fut nommé légionnaire le 15 pluviose an XII, obtint sa retraite le 2 fructidor suivant, et fit partie du collége électoral de l'arrondissement de Bordeaux. Y.

BERTAUD-LABRETÈCHE (guillaume-marie-auguste), servit long-temps dans la marine, et mérita par ses services d'être nommé capitaine de vaisseau, membre de la Légion-d'Honneur le 15 pluviose an XII, et officier de l'Ordre le 25 prairial suivant. Il est mort dans la circonscription du 6e arrondissement maritime (Toulon), le 2 août 1807.

BIDOT et non **BIDAUT** ni **BIDEAU** (louis), naquit le 6 janvier 1775 à Lyon (Rhône). Engagé volontaire le 1er avril 1791 dans le 59e régiment d'infanterie, il passa successivement dans la 118e demi-brigade et dans la 32e, et partagea leur gloire aux batailles de Lonado, de Saint-George, d'Arcole et de Rivoli. Le 1er messidor an VIII, il passa comme sergent à la 41e demi-brigade, et le 3 nivose an IX, il fut admis dans la garde consulaire en qualité de simple grenadier. Nommé caporal le 21 ventose an X, il obtint la décoration de membre de la Légion-d'Honneur le 15 pluviose an XII, devint sergent le 1er nivose an XIV, à la suite de la campagne d'Austerlitz, et passa dans le 2e bataillon de vélites, d'où il fut congédié avec une solde de retraite le 8 février 1810. Il est mort à Lyon, le 18 juin 1841. Y.

BLANCARD et non **BRANCART** (jean-baptiste-simon), naquit le 27 novembre 1775 à Sens (Yonne). Réquisitionnaire le 14 pluviose an II au 1er bataillon de Seine-et-Marne, incorporé dans les 169e et 24e demi-brigades, devenues 24e régiment de ligne en l'an XII, il fit les campagnes de l'an II à l'an V à l'armée de Sambre-et-Meuse, reçut un coup de feu au bras gauche à Marvielles, en ventose an II, et fut blessé d'un coup de feu à la cuisse gauche le 12 vendémiaire an IX, à Beverwick, à l'armée gallo-batave : envoyé au camp de Brest en l'an XII, nommé caporal le 1er brumaire, et légionnaire le 15 pluviose de cette même année, il servit à la grande armée pendant les campagnes d'Austerlitz, d'Iéna, d'Eylau et de Friedland, et fut promu sergent le 16 mars 1807 pour sa belle conduite à la bataille de Preussisch-Eylau, le 8 février précédent. Passé en Espagne en 1808, il obtint la solde de retraite le 1er octobre de l'année suivante, et se retira dans sa ville natale, où il est mort le 16 juillet 1842, et où sa veuve demeure encore aujourd'hui. Y.

BLANCHET (louis-benoit), naquit en 1774 dans le département de l'Ain. Réquisitionnaire au 1er bataillon de la République le 12 mai 1793, il passa, le 27 vendémiaire an II, au 3e régiment d'artillerie à pied. Après avoir fait avec distinction toutes les campagnes de la liberté aux différentes armées de la République, il fut nommé légionnaire le 15 pluviose an XII. Il assista à toutes les batailles livrées par la grande armée en Autriche, en Prusse et en Pologne, pendant les campagnes des ans XIV, 1806 et 1807. En 1808, il passa à l'armée d'Espagne, et fut tué au siége de Girone, le 14 juin 1809.

BLUSATS ET NON BLUZARD (FRANÇOIS), né le 15 janvier 1762 à Chatin (Nièvre), entra dans le train d'artillerie en qualité de réquisitionnaire le 1er germinal an II, et fut incorporé le 2 messidor an XI dans le 5e bataillon de l'arme, après avoir fait les campagnes de la Révolution aux armées du Rhin, du Nord et d'Italie. Au passage du Mincio, en l'an VII, il sauva à lui seul une pièce de huit : cette action lui valut, le 15 pluviose an XII, le brevet de légionnaire. Il servit ensuite à l'armée des côtes de l'Océan, et obtint une solde de retraite le 3 ventose an XIII. Il est mort à Dompierre-sur-Nièvre (Nièvre), le 25 avril 1813. Y.

BON (JEAN), naquit à Saint-Pierre, île d'Oleron (Charente-Inférieure), le 10 avril 1775. Appelé au service de la marine par la loi de réquisition du 23 août 1793, il navigua sur les bâtimens de l'État, où il fut employé dans les ports depuis le 2 floréal an II jusqu'au 7 nivose an XIII, époque à laquelle les blessures qu'il avait reçues étant sur *la Bayonnaise* l'obligèrent à prendre sa retraite. Il était alors quartier-maître de marine. Le premier Consul voulant reconnaître sa bonne et utile conduite, l'avait nommé membre de la Légion-d'Honneur le 15 pluviose an XII. Ce marin réside en ce moment dans le lieu de sa naissance.

BONNET (LOUIS-ANTOINE-TOUSSAINT), naquit à la Ciotat (Bouches-du-Rhône), le 31 octobre 1759. Novice sur le brick de commerce *la Hardie* du 3 avril au 26 juillet 1773, il servit comme écrivain, en 1775 et en 1777, sur des bâtimens envoyés à Saint-Domingue et en Syrie. Enseigne auxiliaire sur la corvette *la Liberté*, en l'an II, il monta le navire *le Passeport* le 8 messidor an III, la goëlette *le Victor* le 25 prairial an IV, le brigantin *l'Impartial* le 26 prairial an VII, et la canonnière *la Tonnante* depuis le 11 frimaire an XII jusqu'au 18 juin 1809. Il avait reçu la décoration de la Légion-d'Honneur le 15 pluviose an XII. Enseigne auxiliaire et capitaine du 22e équipage de ligne sur la canonnière *l'Etna*, du 28 août 1809 au 12 février 1814, il devint lieutenant de vaisseau et commandant de la canonnière *l'Encelade* le 1er avril de cette dernière année. Il quitta ce bâtiment le 17 mai suivant. Il est mort le 22 décembre 1821, à l'île Saint-Thomas, étant capitaine au long cours.

BORME ET NON BORMES (PIERRE-CÉSAR), naquit à Toulon (Var), le 6 novembre 1779. Embarqué comme mousse le 26 mai 1792, il devint aspirant de 2e classe le 16 prairial an VI, enseigne de vaisseau le 27 brumaire an VII, et chef de timonnerie le 29 prairial an X. Nommé membre de la Légion-d'Honneur le 15 pluviose an XII, enseigne auxiliaire le 25 prairial suivant, et enseigne entretenu le 18 juillet 1811, il prit sa retraite après la Restauration. Il est mort le 30 mars 1843, dans le lieu de sa naissance, où demeuraient sa veuve et sa fille.

BOURGEOIS (JEAN), naquit à Bayonne (Basses-Pyrénées), le 17 novembre 1771. Voici la nature et l'ordre des services de cet officier de marine : *sur les bâtimens de commerce* : second lieutenant et second capitaine. *Dans les ports* : enseigne, pilote, major et directeur des pilotages de la barre de Bayonne, lieutenant de vaisseau. *Sur les bâtimens de l'État* : pilote pratique de la barre de Bayonne, chef de timonnerie, aspirant de 3e classe et de 1re, enseigne, lieutenant de vaisseau (1814). Il comptait alors vingt-cinq ans dix mois de services. *Le Moniteur* a enregistré deux faits qui font honneur au courage et à l'intelligence de cet officier, aussi nous empressons-nous de les rapporter :

« 5 messidor an VIII. Extrait d'une lettre du sous-commissaire de la marine des Sables d'Olonne, au ministre de la marine, le 28 prairial. — Les bâtimens de la station des Sables d'Olonne, sous les ordres du citoyen Bourgeois, enseigne de vaisseau, commandant par *interim*, ont capturé *le Canewey*, corsaire lougre de Jersey, armé de 4 canons d'une livre, en bronze, et de 20 hommes d'équipage. Ce corsaire, sorti depuis quinze jours de Jersey, n'avait aucune prise. Cette capture est due à l'activité du citoyen Bourgeois, commandant le lougre *l'Angélique*. Cet officier, par la manœuvre qu'il a fait exécuter, a coupé route au corsaire, qui a amené tout plat au troisième coup de canon que lui a tiré le lougre *la Charlotte*, qui le chassait conjointement avec *l'Angélique* et la canonnière *l'Ile-d'Yeu*.

» 26 germinal an IX. Il donne la chasse à un lougre anglais vers l'île Noirmoutier, et tente plusieurs fois l'abordage ; l'ennemi sut l'éviter, et parvint, par la supériorité de sa marche, à lui échapper, mais après avoir eu plusieurs hommes blessés. »

Jean Bourgeois s'est retiré à Bayonne, où il réside encore aujourd'hui.

BOUSQUET (FRANÇOIS), né le 16 décembre 1752 à Narbonne (Aude), entra comme fusilier dans l'artillerie de marine le 16 mai 1772, et s'embarqua en cette qualité sur *la Sultane* le 18 novembre 1773. Canonnier servant à bord de *la Provence* le 14 avril 1777, appointé aide-canonnier le 13 mars 1778, il fut nommé caporal de grenadiers le 1er janvier 1780 sur *la Victoire*. Il servit ensuite sur divers bâtimens de l'État, et devint maître-canonnier de *la Sibille* le 17 mai 1792. Sergent au 2e régiment d'artillerie de marine le 15 avril 1793, capitaine d'armes le 17 vendémiaire an V, et maître-canonnier à 100 francs le 25 thermidor an VI ; il fit partie de l'expédition d'Égypte, à bord de la frégate *le Muiron*. Congédié le 15 nivose an XII, il devint membre de la Légion-d'Honneur le 15 pluviose suivant, et électeur de l'arrondissement de Toulon. Gardien journalier le 2 messidor de la même année, et entretenu le 11 août 1807, il mourut dans l'exercice de ses fonctions, à Toulon (Var), le 12 juin 1817.

BOUTAU (JEAN-BAPTISTE), né le 10 février 1776 à Nice (Alpes maritimes), entra le 10 août 1793 en qualité de brigadier dans les équipages d'artillerie, assista au siége de Toulon, fit les guerres de l'an II à l'an IV aux armées des Alpes et d'Italie, et fut nommé maréchal-des-logis-chef le 16 messidor an IV. Après les campagnes d'Italie, de l'an V à l'an VIII, il passa avec son grade, le 1er germinal de cette dernière année, dans le 21e bataillon du train, à l'armée de Naples. Promu, les 1er vendémiaire an X et 21 messidor an XI, adjudant-sous-officier et sous-lieutenant au 5e bataillon de son arme, il fit les campagnes de l'an XI à l'an XIII à l'armée des côtes de l'Océan. C'est là qu'il reçut, le 15 pluviose an XII, la décoration de la Légion-d'Honneur. Déjà, le 30 ventose de cette année, il avait été adjoint à l'inspection générale des trains des parcs et des équipages. Appelé à la grande armée, il s'y distingua en l'an XIV, en 1806 et 1807. Adjudant-major du 9e bataillon principal le 3 novembre 1806, et capitaine commandant du 7e bataillon bis du train d'artillerie le 9 février 1809, il servit à l'armée d'Italie de 1809 à 1811. Sa belle conduite en Russie et en Saxe, en 1812 et 1813, lui mérita le grade de chef de bataillon le 1er avril 1813. Mis en non-activité après la campagne de France et l'organisation de 1814, il ne rentra dans les cadres de l'armée que le 25 avril 1815, époque à laquelle il fut appelé au commandement du 1er escadron du train d'artillerie, à Douai. Il obtint, le 21 février 1816, des lettres de naturalisation et reçut le commandement du dépôt de son escadron, qu'il conserva jusqu'au 15 juin 1816. Le ministre de la guerre lui confia, le 30 mai, le commandement de l'escadron du train de La Fère. Nommé chevalier de Saint-Louis le 22 avril 1818, il fit la campagne d'Espagne de 1823, et reçut, le 18 novembre de cette même année, le titre de chevalier de 2e classe de l'ordre de Saint-Ferdinand. Passé à la suite du 1er escadron du train des parcs le 9 octobre 1829, et admis à la retraite le 10 octobre 1831, cet officier supérieur se retira à Cannes (Var), où il réside encore aujourd'hui. B-S.

BOUVERON (CLAUDE), naquit le 8 février 1774 à Cuisiat (Ain). Arrivé au 5e régiment d'artillerie à cheval en qualité de réquisitionnaire le 20 thermidor an II, sortant de la 18e compagnie d'artillerie à cheval, où il servait depuis le 20 pluviose de la même année, il fit toutes les campagnes de la liberté aux armées du Rhin, d'Italie et d'Orient. A la bataille d'Aboukir, le 7 thermidor an VII, il fit preuve d'un grand courage : resté avec un camarade à une pièce de huit, sur laquelle les Turcs dirigeaient un feu très vif, il soutint la retraite et sauva la pièce. Au siége du Caire, le 30 vendémiaire an VII, il fut blessé à la joue droite, en arrachant sa pièce des mains de l'ennemi, et ne quitta point son poste, malgré la douleur qu'il éprouvait. Le 15 pluviose an XII, il fut nommé légionnaire, et passa dans l'artillerie à cheval de la garde impériale le 1er avril 1806. Après avoir fait les campagnes de Prusse, d'Allemagne et de Russie, en 1807, 1809 et 1812, il prit sa retraite le 6 février 1813. Il est mort le 10 avril 1840, dans le lieu de sa naissance, où demeurent sa femme et ses enfans. Y.

BOYER (FRANÇOIS-BARTHÉLEMY), né le 23 juin 1756 au Vigan (Gard), entra comme soldat dans le 2e régiment d'artillerie de marine le 13 mai 1773, et s'embarqua sur le vaisseau le Caton le 13 mai 1778. Canonnier servant le 27 janvier 1783 à bord de la corvette la Coquette, il devint caporal de détachement le 10 juillet 1792, et remplit les fonctions de capitaine d'armes, le 23 brumaire an III, sur le brick le Gerfault. Capitaine d'armes le 22 nivose an V, aide-canonnier militaire le 16 thermidor an VI, 2e maître-canonnier le 19 ventose an VIII, et caporal de détachement le 15 fructidor an IX, il servit sur divers bâtimens de l'État. Membre de la Légion-d'Honneur le 15 pluviose an XII, et électeur de l'arrondissement de Toulon (Var), il fut admis comme journalier gardien le 14 frimaire an XIV. Démissionnaire le 14 novembre 1807, il rentra le 18 janvier 1812 comme gardien entretenu à Toulon, où il est mort dans l'exercice de ses fonctions, le 3 octobre 1823.

BOYER (JEAN-BAPTISTE-ÉTIENNE), naquit à Toulon (Var), le 6 mars 1764. Il servit pendant quinze ans comme mousse, matelot, gabier, aide-charpentier, deuxième et premier maître-charpentier, concourut pendant quatorze ans aux travaux de l'arsenal de Toulon, et fut employé durant dix ans dans les arrondissemens forestiers. Le premier Consul lui accorda la croix de la Légion-d'Honneur le 15 pluviose an XII. Il réside aujourd'hui à Brienne (Aube).

BRANCART. *Voyez* BLANCARD.
BRETEVINOIS. *Voyez* LEBRETEVILLOIS.
BRUGUERE (JEAN-ISAAC), né le 22 janvier 1776 à Genève (Suisse), entra comme ouvrier d'artillerie dans la 14e compagnie, ci-devant 13e, le 11 germinal de la même année, fit les campagnes des ans VI, VII, VIII et IX, en Égypte, devint légionnaire le 15 pluviose an XII, servit à l'armée des côtes de l'Océan pendant les ans XI, XII et XIII, et mourut à Metz (Moselle), le 12 frimaire an XIV. Y.

BRUN (AUGUSTIN), enseigne de vaisseau, reçut en récompense de ses services la décoration de la Légion-d'Honneur le 15 pluviose an XII. Il est mort le 9 brumaire an XIV, faisant partie du 6e arrondissement maritime.

BRUN (JOACHIM), né le 3 janvier 1770 à Magnano, en Piémont (Stura), commença à servir dans les dragons du roi de Sardaigne le 15 septembre 1785, et fut incorporé dans les grenadiers royaux le 15 février 1792 : le 24 fructidor an IV, il passa au régiment de Mondovi, et entra aux chasseurs des Alpes le 1er nivose an IX. Il avait fait les campagnes de 1793, et de l'an II à l'an IV en Piémont, au compte de cette puissance. Le 12 floréal an IX, il passa par suite d'amalgame dans la demi-brigade piémontaise, qui devint plus tard 31e demi-brigade, et enfin 31e régiment d'infanterie légère. Sergent à l'armée d'Italie, le 23 thermidor an IX, il fut créé légionnaire le 15 pluviose an XII, fit les campagnes des années 1806 et 1807 à la grande armée, et obtint sa retraite le 30 août 1808. Il est mort à Neuville-Vitasse (Pas-de-Calais), le 21 avril 1826. Y.

BUNECHE (PIERRE), né à Puisset et Ledoré

(Maine-et-Loire), le 26 novembre 1768, entra au commencement de la Révolution dans le 2ᵉ régiment d'artillerie de la marine, y devint caporal, obtint la décoration de la Légion-d'Honneur le 15 pluviose an XII, et mourut le 18 mars 1817, à Toulon (Var), où il était gardien entretenu de la marine et exerçait ses droits d'électeur.

CAGNIARD, enseigne de vaisseau du juri maritime du 6ᵉ arrondissement. On ne sait autre chose sur cet officier, sinon que le premier Consul l'a nommé membre de la Légion-d'Honneur le 15 pluviose an XII, et qu'il est mort à Brest (Finistère), le 13 avril 1810.

CAILLAT (FRANÇOIS), né à Theys (Isère), le 11 décembre 1766, servit comme canonnier de 1ʳᵉ classe dans l'artillerie de la marine, 6ᵉ demi-brigade, puis 2ᵉ régiment, depuis le 14 octobre 1788 jusqu'au 15 nivose an XII, époque à laquelle il fut renvoyé dans ses foyers par congé absolu. Il avait eu, au combat d'Algésiras, en messidor an IX, la cuisse gauche fracturée par le flasque de l'affût du canon dont il était le chef, et cette blessure l'empêchait de continuer son service. Le gouvernement consulaire lui accorda, en récompense de sa conduite militaire, la décoration de la Légion-d'Honneur le 15 pluviose an XII. Il est mort dans le lieu de sa naissance, le 20 mai 1832.

CALLENDE-CLAMECY ET NON CALLENS, NI CALLERIS (ANTOINE), enseigne de vaisseau, rendit des services à la marine, reçut la décoration de la Légion-d'Honneur le 15 pluviose an XII, et mourut le 5 septembre 1810, faisant partie du 1ᵉʳ arrondissement maritime (Dunkerque).

CANCOIS ET NON CAUCOIS (RENÉ), naquit le 6 mai 1754 à Montoir (Loire-Inférieure). Mousse sur *le Dauphin-Royal* le 5 mai 1781, il y resta jusqu'au 7 mai 1782. Il monta *le Léopard*, comme matelot, du 8 mai 1788 au 5 février 1790. Quartier-maître sur *le Jean-Bart*, le 7 mars 1793, il quitta ce bâtiment le 10 messidor an II, continua de servir dans le 4ᵉ arrondissement maritime (Lorient), reçut la décoration de la Légion-d'Honneur le 15 pluviose an XII, se retira plus tard à Méans (Loire-Inférieure), et mourut dans ce port le 3 janvier 1839.

CARPENTIER (JOSEPH), naquit en 1774 à Chirens (Isère). Réquisitionnaire au 5ᵉ régiment d'artillerie à cheval le 4 nivose an III, il fit toutes les campagnes de la Révolution jusqu'à la paix de Lunéville, fut nommé brigadier le 1ᵉʳ floréal an VIII, maréchal-des-logis le 26 ventose an XI, et légionnaire le 15 pluviose an XII. Il s'était trouvé à toutes les batailles livrées par la grande armée dans les campagnes d'Autriche, de Prusse et de Pologne, et mourut des suites de la fièvre, à Spandau, le 24 janvier 1807. Y.

CARRIÈRE (BERNARD), né le 24 août 1758 à Montagnac (Hérault), entra dans l'artillerie de la marine (plus tard 2ᵉ régiment) le 26 février 1779, et fit les campagnes de mer de cette époque à 1782. Il reçut trois blessures étant à bord du vaisseau *l'Hector*, l'une au genou droit, lors du combat du 28 avril 1781 au Fort-Royal, les deux autres à la main gauche et au pied du même côté, dans le combat du 22 avril 1782 à la Guadeloupe. Dans cette dernière affaire, il tomba au pouvoir de l'ennemi. Revenu des prisons de la Jamaïque le 5 mai 1783, il rentra en mer, sur *la Minerve*, le 26 septembre 1790, obtint les galons de caporal le 1ᵉʳ juillet 1792, reprit la mer, sur *la Sardine*, le 14 novembre suivant, et fut fait de nouveau prisonnier, à bord de *la Némésis*, le 19 ventose an IV. Il était sergent depuis le 9 pluviose. De retour en France le 18 prairial de la même année, il monta *le Formidable*, le 17 vendémiaire an V, *la Badine*, le 17 messidor, *le Guillaume-Tell*, le 17 thermidor, et, le 13 du même mois, *le Montenotte*, à bord duquel il devint sergent-major le 17 ventose an IX, et y resta jusqu'au 2 germinal de cette année. Passé alors sur la canonnière *la Foudre*, il y soutint, à l'armée d'Orient, le 1ᵉʳ fructidor, un combat contre les Anglais, pendant lequel il eut la vue lésée par un éclat d'obus. Il servit successivement sur *l'Égyptienne*, *l'Atlas*, à bord duquel il reçut la décoration de la Légion-d'Honneur, le 15 pluviose an XII, sur *l'Annibal* et *le Mont-Blanc*, assista aux combats du 1ᵉʳ thermidor an XIII et du 29 vendémiaire an XIV, et subit le sort de ce dernier bâtiment, qui, presque entièrement démâté et faisant 8 à 9 pieds d'eau, se rendit aux Anglais dans la latitude du cap Finistère, le 13 brumaire an XIV (1). Il rentra en France le 5 mai 1810. L'état de ses services, dressé le 4 mai 1816, porte : « Cet officier fut compris, en 1812, sur l'état demandé par Son Excellence le ministre de la marine et des colonies, des militaires du corps blessés dans trois affaires différentes, ou s'étant distingués par des actions d'éclat. » Il est mort à Toulon (Var), le 28 décembre 1826.

CARRY (JEAN), naquit en 1770 à Forge (Ain). Engagé volontaire au 1ᵉʳ bataillon de l'Ain le 21 janvier 1791, il passa dans le 8ᵉ régiment d'artillerie légère le 15 août 1793, puis dans le 1ᵉʳ régiment de même arme le 1ᵉʳ pluviose an II. Il fit vaillamment toutes les guerres de la liberté, et fut nommé légionnaire le 15 pluviose an XII. Admis dans l'artillerie à cheval de la garde impériale le 1ᵉʳ thermidor an XIII, il était à Austerlitz et à Iéna, et fut tué au combat de Heilsberg, le 10 juin 1807.

CASTEL (JEAN-CHARLES), né le 1ᵉʳ décembre 1767 à La Valette (Var), entra comme mousse sur la frégate *la Pléiade* le 22 mars 1773, et continua le même service à bord *du Singe*, de *la Mignonne* et de *la Coquette*, jusqu'au 9 mars 1782. Novice à bord du vaisseau *le Dictateur* le 7 août 1782, il passa matelot sur le vaisseau *le Séduisant* le 5 juin 1785. Après avoir servi sur divers bâtimens de l'État, il monta la corvette *l'Utile* le 17 août 1792, en qualité d'aide-canonnier. Deuxième maître-canonnier le 21 brumaire an V, à bord de *la Diane*, il tomba au pouvoir de l'ennemi le 7 fructidor an VIII. Il assista à un combat dans le Levant, au siège et au combat naval de Gilalta, fit partie de l'expédition d'Égypte, et se trouva au siège de

(1) VOYEZ Charmasson de Puy-Laval.

Malte ; ce fut dans un de ces combats qu'il reçut à la main droite un coup de feu dont il resta estropié. Gardien journalier le 10 germinal an X, guetteur de vigie le 27 prairial an XI, il obtint la croix de la Légion-d'Honneur le 15 pluviose an XII. Aide-contre-maître le 25 mai 1814, et licencié le 3 septembre, il rentra le même jour comme gardien entretenu. Guetteur de vigie le 21 mars 1815, à Toulon (Var), il mourut dans cette ville le 22 décembre 1833.

CHAMOL (PIERRE-FRANÇOIS), naquit le 26 mars 1772 à Chaude-Fontaine (Doubs). Volontaire dans le 5e bataillon du Doubs le 5 août 1792, il passa, le 14 floréal an VII, dans le bataillon d'école dit des *Cinq-Cents*, de Besançon, et, le 13 germinal an VIII, en qualité d'artificier dans le 1er régiment d'artillerie à pied. Il fit les campagnes des ans VII et IX, et fut admis dans la Légion-d'Honneur le 15 pluviose an XII. Il se trouva aux batailles livrées par la grande armée en Autriche, en Prusse et en Pologne, devint sergent le 1er avril 1808, et mourut à Gand le 8 septembre de la même année. Y.

CHAMPLAN (PHILIPPE), né le 16 septembre 1767 à Ottonville (Moselle), entra le 15 juin 1788 comme canonnier dans le 6e régiment d'artillerie à pied, fit les guerres de 1793 et de l'an II, et passa le 14 fructidor avec le grade de maréchal-des-logis dans le 7e régiment d'artillerie à cheval. Il servit de l'an III à l'an VIII aux armées du Nord, de Sambre-et-Meuse et du Rhin. Dans un engagement qui eut lieu le 20 vendémiaire an IV, il reçut un coup de biscaïen au sein droit. Membre de la Légion-d'Honneur le 15 pluviose an XII, et sous-lieutenant au 5e bataillon principal du train d'artillerie le 21 ventose suivant, il fut employé de l'an IX à l'an XIII aux armées d'observation de la Gironde et des côtes de l'Océan, et à la grande armée pendant les campagnes de l'an XIV, 1806 et 1807. Sa conduite aux armées d'Espagne et de Portugal, de 1808 à 1810, lui mérita le 26 novembre de cette dernière année le grade de lieutenant. Admis à la retraite le 27 décembre 1811, il fut attaché à l'état-major de l'artillerie de la garde nationale de la Moselle depuis le 15 mars 1813 jusqu'au 22 mai 1815, passa ensuite dans une compagnie de garde nationale mobile, et assista à la fin de la campagne de 1815 au blocus de Longwy. Rentré dans ses foyers après la seconde abdication de Napoléon et le licenciement de l'armée, il reprit sa position de retraite. Il est mort le 8 juin 1823. B-S.

CHARIER ET NON CHARRIÉ (JEAN-JACQUES), né à Saint-Jean-de-Mont (Vendée), le 17 septembre 1752, entra dans la marine marchande en 1776, passa sur les bâtimens de l'État comme matelot, le 5 janvier 1779, et devint quartier-maître de manœuvre le 29 mai 1783. Il continua de servir après la Révolution, se fit remarquer par son zèle et son courage, et reçut la décoration de la Légion-d'Honneur le 15 pluviose an XII. Il faisait alors partie du 4e arrondissement maritime (Lorient). Il est mort au Croisic (Loire-Inférieure), le 4 février 1827.

CHARMASSON DE PUY-LAVAL (PONS-GUILLAUME-BASILE), né le 12 avril 1780 à Villeneuve-lès-Avignon (Gard), entra au service comme novice de 1re classe le 5 frimaire an VIII, à bord de la flûte *la Cruelle*. Le 11 fructidor an VIII, il monta le bâtiment de transport *la Fraternité*, et passa le 1er vendémiaire an IX sur le vaisseau *le Frontin*, en qualité d'aide-timonier. Aspirant de 1re classe à bord du *Banel* le 23 fructidor an IX, il s'y trouvait le 25 nivose an X, jour où ce vaisseau fit naufrage sur les côtes de Barbarie. Embarqué le 1er floréal sur *l'Atlas*, et le 19 prairial suivant sur *l'Annibal*, il fit la campagne de Saint-Domingue, où il fut grièvement blessé. Enseigne de vaisseau sur le *Swifisure* le 2 thermidor an XI, il passa le 12 vendémiaire an XII sur le vaisseau *le Scipion*, fut nommé membre de la Légion-d'Honneur le 15 pluviose suivant, et assista au combat de Trafalgar. A la suite de ce célèbre combat, le contre-amiral Dumanoir se dirigeait, avec sa division, forte de 4 vaisseaux, sur l'île de Ré, signalée comme point de réunion, lorsqu'on aperçut, le 12 brumaire an XIV, 4 vaisseaux et 4 frégates de la marine anglaise. L'amiral Dumanoir, malgré l'infériorité de ses forces, crut devoir accepter le combat. L'action se prolongea avec la plus grande vigueur pendant quatre heures et demie ; mais alors les vaisseaux français furent forcés d'amener tous 4 leur pavillon. *Le Formidable*, monté par Dumanoir, se rendit le premier ; *le Scipion*, à bord duquel se trouvait l'enseigne Charmasson, céda presque en même temps ; *le Mont-Blanc* et *le Duguay-Trouin* succombèrent un quart d'heure après. « Ces vaisseaux étaient dans l'état le plus déplorable, presque entièrement démâtés, et avaient de 8 à 9 pieds d'eau dans la cale. Les équipages avaient combattu avec une ardeur sans égale, et leur intrépidité méritait d'être mieux récompensée par la fortune. Le nombre des tués et des blessés dans cette affaire malheureuse fournit une nouvelle preuve que nos marins ne se découragent pas facilement, et savent joindre à la bravoure française une opiniâtreté et une constance dans les revers qu'on a souvent reproché à notre nation de ne pas posséder au même degré que d'autres peuples : *le Formidable* eut plus de 200 hommes hors de combat, *le Scipion* un pareil nombre, *le Mont-Blanc* 180 et *le Duguay-Trouin* 150 (1). » L'enseigne Charmasson resta prisonnier des Anglais jusqu'au 11 mai 1810. Le 10 octobre suivant, il s'embarqua sur *la Pauline*, où l'on faisait appareillage de rade pour exercer l'équipage ; cette frégate visita Corfou, les Bouches du Cattaro, Brindisi, et soutint un combat dans l'Adriatique. Lieutenant de vaisseau le 7 mai 1812, il monta, le 27 janvier 1814, le vaisseau *la Ville-de-Marseille*, que l'on avait armé pour le même objet. Le 9 mai suivant, il prit le commandement de la flûte *l'Egyptienne*, parcourut Corfou, l'île de Corse, les îles Canaries, et revint à Lorient, où ce bâtiment fut désarmé le 4 mars 1815. Louis XVIII le fit alors chevalier de Saint-Louis. A l'époque de la révolu-

(1) Victoires et Conquêtes, t. XXII, p. 195.

tion des Trois-Jours, il n'était encore que capitaine de frégate. Louis-Philippe le nomma capitaine de vaisseau le 20 août 1831, et en 1837, le 30 mai, officier de la Légion-d'Honneur, puis gouverneur du Sénégal et dépendances. M. Charmasson de Puy-Laval réside en ce moment à Toulon (Var).

CHAVEAUX, ET NON CHAVAUX (JEAN-BAPTISTE), né le 26 mai 1776 à Metz (Moselle), entra comme tambour au 3e régiment d'infanterie le 1er juillet 1791, fut incorporé dans la 5e demi-brigade d'infanterie le 4 thermidor an II, puis dans la 24e le 18 pluviôse an IV, et fit les campagnes de 1792 à l'an IX aux armées du Rhin et d'Italie. Le 4 prairial an X, il passa en qualité de tambour dans les grenadiers à pied de la garde consulaire. Nommé membre de la Légion-d'Honneur le 15 pluviôse an XII, et attaché au collége électoral de Metz, il fit la campagne d'Austerlitz et celle d'Iéna, et obtint, le 30 mai 1806, une solde de retraite, motivée sur les fatigues qu'il avait éprouvées à la guerre. Il se retira dans le lieu de sa naissance, où il réside encore aujourd'hui. Y.

CHÉDEVILLE (ANDRÉ-FRANÇOIS), naquit le 29 novembre 1769 à Morancez (Eure-et-Loir). Réquisitionnaire au 9e régiment de dragons le 10 frimaire an II, il fit toutes les campagnes de la liberté depuis cette époque jusqu'à l'an IX en Italie et en Helvétie. Brigadier le 21 frimaire an V, et maréchal-des-logis le 12 germinal an VII, il obtint sa retraite pour cause de blessures reçues pendant le cours de la guerre, et se retira à Goussainville (Eure-et-Loir). Le 15 pluviôse an XII, il reçut la décoration de membre de la Légion-d'Honneur, et fut désigné plus tard par l'Empereur pour faire partie du collége électoral de l'arrondissement de Versailles. Il est mort à Versailles, le 22 avril 1814. Y.

CHIBERT (JEAN-FRANÇOIS), naquit le 26 mars 1753 à Dôle (Jura). Il entra dans l'artillerie de marine, plus tard 2e régiment, le 7 septembre 1776, y devint caporal, et quitta ce corps le 15 nivôse an XII, par congé absolu. Le 15 pluviôse suivant, le premier Consul reconnut ses bons services en le nommant membre de la Légion-d'Honneur, et en le plaçant ensuite parmi les électeurs de l'arrondissement de Dôle. Il est mort à Azans (Jura), le 27 novembre 1835.

CHIPON (JEAN-BAPTISTE), né le 11 août 1762 à Plaine (Vosges), entra comme canonnier le 15 août 1784 dans le régiment de La Fère-artillerie, devenu 1er régiment à pied de cette arme. Caporal le 20 pluviôse an II, et sergent le 14 prairial an III, il fit toutes les campagnes de 1792 à l'an IX aux armées du Rhin, de Sambre-et-Meuse, du Danube et d'Italie. Le 6 fructidor an IV, au combat de Neumarck, après avoir défendu pendant plusieurs heures ses pièces contre un ennemi bien supérieur en nombre, il fut fait prisonnier, et n'obtint son échange que le 22 brumaire an V, après l'armistice. Rentré en France après la paix, il rejoignit son régiment à La Fère, fit partie de l'armée des côtes de l'Océan pendant les ans XII et XIII, et fut nommé membre de la Légion-d'Honneur le 15 pluviôse an XII. Détaché dans la place d'Anvers avec sa compagnie, il obtint sa retraite le 27 octobre 1808. Par décision ministérielle du 28 du même mois, il fut nommé gardien de batterie, et exerça ces fonctions jusqu'au 16 août 1811, époque à laquelle il passa garde d'artillerie de 3e classe. Employé en cette qualité dans différentes directions, il prit définitivement sa retraite le 18 août 1816, et mourut le 19 septembre 1824.

CHOLET (JEAN), né le 6 avril 1774 dans le département de la Dordogne, entra dans les troupes d'artillerie de marine le 27 septembre 1793, et devint canonnier de 1re classe au 1er bataillon du 3e régiment de cette arme. Membre de la Légion-d'Honneur le 15 pluviôse an XII, il servit près de vingt-trois ans dans le même corps et se retira à Puyrenier (Dordogne), où il est mort le 24 avril 1838.

CLOSQUINET (LOUIS), né le 25 décembre 1769 dans le département des Ardennes, servit au 6e bataillon de la Marne du 12 avril 1793 au 6 germinal an II, époque à laquelle il passa dans le 1er d'artillerie à pied. A l'explosion du magasin à poudre de Givet, le 18 messidor an II, comme tous les spectateurs de l'incendie refusaient d'y pénétrer, il y entra seul et à la première invitation du directeur d'artillerie, et sauva du feu 12 caissons chargés de gargousses et de cartouches d'infanterie. Après avoir fait toutes les campagnes de la Révolution aux armées du Nord, de Sambre-et-Meuse, de Mayence et du Rhin, et avoir assisté au siége de Charleroi en l'an II, et à celui de Maëstricht en l'an III, il fut incorporé dans le 6e régiment d'artillerie à pied, où il fut fait artificier le 21 thermidor an XI, et membre de la Légion-d'Honneur le 15 pluviôse an XII, étant alors à l'armée des côtes de l'Océan. Il fit encore les trois campagnes d'Autriche, de Prusse et de Pologne avec la grande armée, celle de 1809 en Allemagne, passa l'année suivante à celle d'Espagne, et fut tué au siége de Ciudad-Rodrigo, le 1er juillet 1810. Y.

COLINET (ÉTIENNE), né le 3 mars 1776 à Senan (Yonne), entra au service le 25 avril 1793 dans le 10e bataillon de l'Yonne, et incorporé dans le 2e de la Gironde le 18 pluviôse an II, il passa le 2 pluviôse an IV dans la 30e demi-brigade de ligne, puis dans les guides du général en chef Bonaparte au commencement de l'an V. Après avoir assisté à toutes les grandes batailles livrées en Italie par le général Bonaparte, il le suivit avec son corps en Orient, et prit part à l'expédition de Syrie. A trois reprises différentes, pendant le siége de Saint-Jean-d'Acre, il fit partie des troupes d'assaut, et fut blessé chaque fois sur la brèche. Rentré en France, en vendémiaire an VIII, ce fut à cette époque qu'il passa dans les grenadiers de la garde. L'arrêté du 15 pluviôse an XII le créa membre de la Légion-d'Honneur; il fit encore les trois campagnes de la grande armée pendant les ans XIV, 1806 et 1807, en Autriche, en Prusse et en Pologne, et se vit obligé de quitter le service à la suite d'un coup de feu qui lui fracassa l'avant-bras gauche, à la bataille d'Eylau, le 8 février 1807. Il obtint sa retraite le 3 janvier 1809. Il réside aujourd'hui à Senan (Yonne). Y.

COLONNE. *Voyez* COULONNE.

CONDRE (CLAUDE), né le 22 octobre 1763 à Saint-Paul-Trois-Châteaux (Drôme), entra comme volontaire au régiment de la Sarre (51e régiment d'infanterie) le 28 janvier 1781, fut nommé caporal le 21 juillet 1791, fourrier le 25 avril 1792, sergent le 12 mars 1793, sergent-major le 19 ventose an VII, et passa successivement dans les 101e et 25e demi-brigades de ligne; il fit jusqu'à l'an IX toutes les campagnes à l'armée d'Italie, et se distingua à Marengo le 25 prairial an VIII. Admis dans la garde consulaire, en qualité de grenadier, le 28 pluviose an X, caporal le 14 brumaire an XI, et membre de la Légion-d'Honneur le 15 pluviose an XII, il fit la campagne d'Austerlitz, passa au 2e bataillon de vélites le 17 mai 1806, puis aux fusiliers-chasseurs le 1er octobre suivant, et obtint sa retraite le 7 janvier 1808. Il se retira dans son pays natal, où il est mort le 16 avril 1812. Y.

COPPIN (ALEXIS), né à Outreau (Pas-de-Calais), le 15 novembre 1778, aide-canonnier de marine du juri maritime du 1er arrondissement (Dunkerque), servit avec distinction et reçut la décoration de la Légion-d'Honneur le 15 pluviose an XII. Dans la nuit du 2 au 3 thermidor de cette même année, un coup de vent de nord-est dispersa une partie des bâtimens de la flotille en rade de Boulogne; plus de 400 marins furent ensevelis sous les flots: Coppin vola à leur secours et en sauva un grand nombre. L'amiral Bruix, dans son ordre du jour du 3, paya un juste tribut d'éloges à la conduite de ce brave marin. Il réside en ce moment dans le lieu de sa naissance.

COQUERET (JOSEPH), né le 2 janvier 1774 à Loisy (Marne), entra le 1er mars 1793 dans le 1er bataillon de Mézières, passa le 25 nivose an IX dans la 23e compagnie d'artillerie à cheval, et fut incorporé définitivement, le 8 vendémiaire an V, dans le 5e régiment d'artillerie à cheval, après avoir fait toutes les campagnes de 1793 à l'an IV, sur le Rhin. Il fit partie de l'expédition d'Irlande, et, grièvement blessé, tomba au pouvoir des Anglais à la suite du combat naval du 21 vendémiaire an VII. Il ne rentra en France, par suite d'échange, que le 17 frimaire an VIII. Brigadier le 21 nivose de la même année, maréchal-des-logis le 6 nivose an XI, et membre de la Légion-d'Honneur le 15 pluviose an XII, il se trouva en l'an XIV et en 1806 aux batailles d'Austerlitz et d'Iéna, et prit sa retraite le 1er janvier 1808. Il est mort le 29 août 1830, à Courcy-lès-Hermonville (Marne). Y.

CORDIER (JEAN-BAPTISTE), né à Verdun (Meuse), le 7 juillet 1748, servit au 2e régiment d'artillerie de marine et y devint sergent. Il se signala par son courage au combat naval du 13 prairial an II, livré par Villaret-Joyeuse à Howe. Blessé à la jambe pendant l'action, il se fit comprimer avec un ceinturon d'épée le tibia qu'un boulet lui avait brisé en esquilles, et resta à son poste. Il continua de servir, fut nommé membre de la Légion-d'Honneur le 15 pluviose an XII, et mourut à Toulon (Var), le 30 octobre 1806.

CORNU (FRANÇOIS-XAVIER), naquit le 9 septembre 1758 à Durnes (Doubs). Il servit au régiment d'Artois du 19 avril 1776 au 29 avril 1784, et passa au 54e régiment d'infanterie, où il resta jusqu'au 1er septembre 1790. Le 9 mars 1792, il contracta un nouvel engagement pour le 5e régiment d'artillerie à pied, et fit dans ce corps les campagnes de la liberté sur le Rhin, sur le Danube et en Helvétie. Membre de la Légion-d'Honneur le 15 pluviose an XII, il passa caporal au 2e bataillon le 2 ventose suivant, et prit sa retraite le 6 octobre 1806, à la suite d'une blessure qu'il avait reçue dans la campagne de Prusse. Il est mort dans le lieu de sa naissance, le 9 septembre 1815. Y.

COSTE (BERNARD), né le 4 juillet 1764 à Toulon (Var), entra dans la marine comme apprenti calfat le 1er janvier 1777. Mousse le 13 avril suivant, novice le 18 mai 1778, matelot le 18 février 1780, aide-canonnier le 2 mai 1786, 2e maître-canonnier le 13 juillet 1789, maître-canonnier le 14 mars 1793, il devint enseigne auxiliaire le 24 brumaire an VI. Maître-canonnier le 1er floréal an XI, membre de la Légion-d'Honneur le 15 pluviose an XII, il comptait plus de trente-deux ans de services, lorsqu'il se retira à Toulon (Var), où il réside encore aujourd'hui.

COULONNE ET NON **COLONNE** (JEAN-JOSEPH-THIMOTHÉE), servit long-temps dans la marine, et mérita la décoration de la Légion-d'Honneur, que lui donna le premier Consul, le 15 pluviose an XII. Au mois de vendémiaire an XIV, il commandait, devant Boulogne, la canonnière n° 149, et eut l'adresse d'éviter un brûlot près de l'aborder. Il est mort à Saint-Tropez (Var), le 26 avril 1815.

COURRIERE s'embarqua le 14 mai 1773 à bord du *Truiton*, et fit campagne sur ce vaisseau jusqu'au 5 août suivant. Il monta ensuite le vaisseau *le Réfléchi*, et fut blessé dans un combat à la cuisse gauche. Il suivit les écoles du canonnage commandées par le capitaine d'artillerie de Bonbel. De 1776 au 27 février 1781, il fit une nouvelle campagne sur le vaisseau *l'Indien*. Le 1er janvier 1782, il revint à bord de ce vaisseau et y servit jusqu'au 23 avril 1793. Devenu maître-canonnier, il s'embarqua sur le vaisseau *le Généreux*, du 29 nivose an II au 18 pluviose an V; dans cette campagne, il reçut une blessure à l'estomac, une à l'épaule droite, et plusieurs à la tête, d'un éclat de canon. Membre de la Légion-d'Honneur le 15 pluviose an XII, et électeur de l'arrondissement d'Agen, il se retira à Saint-Loup, canton d'Auvillars (Tarn-et-Garonne), où il est mort le 29 août 1824.

DAGORN (JEAN-LOUIS), aspirant de 2e classe du juri maritime du 6e arrondissement (Toulon), mérita par ses services de recevoir la décoration de la Légion-d'Honneur le 15 pluviose an XII. Il est mort au Port-au-Prince (île Saint-Domingue), le 28 novembre 1818.

DALBARAS (FRANÇOIS), contre-maître du juri maritime du 6e arrondissement (Toulon), attira par sa conduite l'attention du premier Consul, qui le nomma membre de la Légion-d'Honneur le 15 pluviose an XII. Depuis cette époque on a cessé d'avoir des nouvelles de ce marin.

DAMBELVILLE (HUBERT-CHRISTOPHE), né le 25 juillet 1773 à Versigny (Aisne), entra le 26 février 1791 dans un des bataillons de volontaires qui concoururent plus tard à la formation de la 13e demi-brigade d'infanterie de ligne, et devint caporal le 26 prairial an II. Il fit les campagnes de 1792 à l'an IX aux armées d'Italie et d'Orient, fut blessé d'un éclat d'obus au siége de Verone, en l'an IV, obtint le grade de sergent le 18 germinal an VI, et reçut un coup de feu, le 20 floréal an IX, au combat de Rahmanieh. Rentré en France après la capitulation d'Alexandrie, il fut admis comme simple soldat dans les grenadiers à pied de la garde consulaire le 9 ventose an X, fit partie en l'an XII et l'an XIII des troupes rassemblées au camp de Boulogne, et y fut nommé membre de la Légion-d'Honneur le 15 pluviose an XII. Renvoyé dans ses foyers avec une solde de retraite le 5 messidor an XIII, il fit partie du collége électoral de Laon. Il demeure à Mennessis (Aisne). Y.

DAVAREND (CHARLES), naquit le 10 décembre 1771 à Rauville-la-Place (Manche). Volontaire au 3e bataillon de volontaires nationaux de la Manche le 1er août 1792, il passa successivement dans les 200e et 38e demi-brigades de ligne, et fit toutes les campagnes jusqu'à l'an VIII aux différentes armées sur le Rhin. Le 11 frimaire an V, au fort de Huningue, il fut blessé d'un coup de baïonnette dans l'estomac. Admis dans les grenadiers de la garde consulaire le 20 frimaire an IX, et promu caporal le 1er vendémiaire an XII, il devint légionnaire le 15 pluviose de la même année. Sa belle conduite à Austerlitz lui valut le grade de sergent le 1er nivose an XIV. Il passa avec son grade au 1er bataillon des vélites-grenadiers en 1806, fit les campagnes de Pologne et de Prusse, et reçut la mort à la bataille de Wagram, le 6 juillet 1809.

DAVET ET NON **DAVE**, NI **DAVED** (ANTOINE), naquit à Toulon (Var), le 5 septembre 1763. Mousse le 16 juillet 1776, matelot le 4 mars 1778, contre-maître le 13 juillet 1789, pilote-côtier le 13 octobre 1792, maître d'équipage le 20 décembre suivant, il remplit les fonctions d'enseigne le 1er frimaire an VII, devint enseigne auxiliaire le 5 prairial an IX, maître entretenu le 14 ventose an X, et membre de la Légion-d'Honneur le 15 pluviose an XII. On l'admit à faire valoir ses droits à la retraite le 27 septembre 1835; mais il était mort à Toulon le 15 août précédent.

DELURET (LOUIS-JOSEPH), né à Saint-Priest-Ligouse (Haute-Vienne), le 18 février 1780, entra comme pilotin le 3 fructidor an V à bord de la bombarde *le Sphinx*, en station à l'île d'Aix. Aspirant de 2e classe sur la corvette *la Bayonnaise*, le 19 floréal an VI, il contribua à enlever la frégate anglaise *l'Embuscade*, à Cayenne, en sautant le troisième à l'abordage; il fut légèrement blessé. Le 21 ventose an VII, il monta la frégate *la Médée*, et passa, le 2 floréal suivant, en qualité d'enseigne de vaisseau, sur la corvette *la Dédaigneuse*, chargée d'escorter les convois sur la côte; il servit ensuite sur *la Volante* et *l'Africaine*, et assista à deux combats de vaisseaux contre les forts de Saint Domingue, pendant la guerre contre les nègres. Le 23 brumaire an IX, il se trouvait à la Guadeloupe sur la goëlette *l'Éclair*, lorsque ce bâtiment fut pris à l'abordage par le cutter anglais *le Galant;* pendant le combat, il reçut trois coups de sabre dont un l'estropia du pouce droit. Son service ne fut interrompu que pendant un mois et demi pour se rétablir de ses blessures. Il eut alors le commandement de la goëlette *l'Egyptienne*, qu'il quitta par maladie. Embarqué sur la frégate *la Cornélie*, le 13 prairial suivant, il passa sur *le Scipion*, à Saint-Domingue, le 9 brumaire an X. Étant sur ce vaisseau, il commanda différens détachemens de canonniers et matelots servant aux avant-postes de la ville du Cap contre les nègres. A bord de la frégate *la Sibille*, le 14 brumaire an XI, Deluret assista au combat livré, le mois de nivose suivant, contre les forts de la ville du Port-de-Paix, qui fut reprise sur les nègres. Monté, le 23 fructidor suivant, sur la corvette *la Fauvette*, chargée de parcourir les côtes de la Provence et de l'Italie, il reçut la décoration de la Légion-d'Honneur le 15 pluviose an XII. Le 16 décembre 1806, il commanda *la Turlurette*, et fut arrêté, le 12 juin 1808, par les insurgés espagnols à Saint-Philion, en Catalogne. Prisonnier jusqu'au 21 juin 1809, il suivit ensuite l'armée de Catalogne dans sa marche sur les côtes. A Palamos, il s'empara des chebecs *le Saint-Antoine* et *la Turlurette*, les arma et en prit le commandement. Obligé ensuite, par une évacuation précipitée des troupes, de brûler ces bâtimens, le 31 août, pour les empêcher de tomber au pouvoir de l'ennemi, il comparut pour ce fait devant un conseil de guerre, qui l'acquitta honorablement. Le 6 mars 1810, il s'embarqua sur *la Linotte*, et fut promu lieutenant de vaisseau le 11 juillet 1811. Le 31 mars 1812, il commanda *la Licorne*, et servit, le 15 avril 1813, sur *le Wagram*, vaisseau attaché à l'escadre. Le 11 avril 1815, il passa sur le vaisseau *le Scipion*, attaché à l'escadre, et le 1er mai sur *le Trident*.

« Je déclare, disait le vice-amiral Émeriau, commandant en chef l'armée de la Méditerranée, n'avoir eu qu'à me louer du zèle, de l'activité, de l'intelligence et du dévoûment du sieur Deluret, pendant tout le temps qu'il a été employé sous mes ordres. » Le capitaine de vaisseau Chabert, commandant le 21e équipage de flotille, disait de cet officier : « M. le lieutenant de vaisseau Deluret a toujours rempli tous ses devoirs avec intelligence et activité, et a terminé avec succès diverses missions en Catalogne durant la guerre. C'est une justice due aux talens reconnus de cet officier que de rendre compte de ses services. » Deluret est mort à Toulon (Var), le 28 août 1824.

DERIVRY. *Voyez* LEBASTIER DE RIVRY.

DESSAUX (TOUSSAINT-RENÉ), naquit le 15 octobre 1773 à Beaumont (Sarthe). Il servit d'abord dans l'artillerie volante à partir du 21 mars 1793, et entra au 1er régiment d'artillerie à cheval le 20 thermidor an IV. Il les fit campagnes de 1793 et des ans II, III et IV à l'armée du Rhin, fut nommé brigadier le 26 ventose an VI, passa à l'armée d'Italie et y combattit jusqu'à la paix de l'an IX.

Il obtint la décoration de légionnaire le 15 pluviose an XII, fit les guerres de l'an XIV, de 1806 et 1807, en Italie et à l'armée de Naples, fut nommé maréchal-des-logis le 17 septembre 1806, et quitta son corps avec une solde de retraite le 23 juillet 1808. Membre du collége de Mamers, il se retira à Fresnay-le-Vicomte (Sarthe), où il réside encore aujourd'hui. Y.

DEZENTLER. *Voyez* DZENTLER.

DHERVILLE. *Voyez* DURAND, *baron* D'HERVILLE.

DIDIER (BENJAMIN-JEAN-BAPTISTE), né le 23 juin 1785 à La Rochelle (Charente-Inférieure), entra dans la marine comme novice le 1er prairial an IX, et, pour avoir sauvé un matelot, devint matelot lui-même le 7 frimaire an X. Nommé membre de la Légion-d'Honneur le 15 pluviose an XII, il se retira fort tard du service. Il réside en ce moment à Rochefort (Charente-Inférieure).

DOYEN (FRANÇOIS), né à Paris le 21 août 1776, servait dans l'artillerie de terre lorsqu'il entra en l'an VI dans le 2e régiment d'artillerie de marine. Il suivit à cette époque l'armée expéditionnaire d'Égypte, et reçut à l'abdomen, au combat de Rhamanieh, un coup de flèche de pièce qui le blessa grièvement. Rentré en France en l'an IX, il obtint la décoration de la Légion-d'Honneur le 15 pluviose an XII, et devint électeur du 3e collége d'arrondissement de Paris. Retraité comme canonnier de 1re classe, puis admis à l'hôtel des Invalides le 21 mai 1816, il passa dans le 1er régiment des gardes d'honneur, à Versailles, le 5 juillet 1813. Réadmis à l'hôtel le 15 janvier 1814, il en sortit le 11 novembre suivant, pour jouir de sa pension de retraite, et y rentra le 3 avril 1815. Il y est mort le 1er mars 1835.

DROUHAIN (JEAN-BAPTISTE-XAVIER), naquit en 1770 à Magny-lès-Jussey (Haute-Saône). Volontaire au 3e régiment d'artillerie à pied le 25 avril 1786, caporal le 10 août 1793, sergent le 26 floréal an II, il fit toutes les campagnes de la Révolution sur le Rhin et en Italie : l'arrêté du 15 pluviose an XII le nomma membre de la Légion-d'Honneur, et après avoir servi en Autriche, en Prusse et en Pologne, de l'an XIV à 1807, il obtint, le 16 juin 1808, la faveur de passer avec son grade dans l'artillerie à pied de la garde impériale. Il fit partie de la grande armée de Russie, et périt près de Kowno, le 12 décembre 1812. Y.

DUBRULÉ (PHILIPPE-GEORGE), naquit en 1763 à Vitry (Pas-de-Calais). Canonnier au 3e régiment d'artillerie le 6 décembre 1779, il servit de 1779 à 1783 en Espagne et à Mahon, devint caporal le 25 juin 1793, se distingua plusieurs fois dans le cours des campagnes de la Révolution, et mourut de maladie, à Cette (Hérault), le 20 nivose an XII : l'arrêté du 15 pluviose l'avait compris au nombre des membres de la Légion-d'Honneur.

DUCHENNE ET NON **DUCHESNE** (JEAN-PIERRE-ANTOINE), né le 6 mai 1767 à Boulogne-sur-Mer (Pas-de-Calais), navigua sur les bâtimens du commerce de 1783 à 1789. Matelot à bord du navire *le Canada*, le 6 mars 1790, et, le 4 juin, de la corvette *le Vanneau*, il rentra dans la marine marchande le 7 décembre suivant, et y servit en 1792 et 1793. Le 5 floréal an II, il monta la canonnière *la Surprise* en qualité d'officier auxiliaire. Capitaine du transport *le Mercure*, du 8 messidor au 30 thermidor an III, il commanda ensuite le corsaire *l'Espiègle*. L'auteur des *Victoires et Conquêtes* raconte ainsi (t. XIV, p. 275-276) la conduite de cet officier pendant son commandement. « Deux corsaires de Boulogne, *l'Espiègle*, de 10 canons de quatre, et *le Rusé*, de 8 canons du même calibre, commandés par les capitaines Duchesne et Fourmentin, pénétrèrent dans la nuit du 20 au 21 (décembre 1797 — 1er nivose an VII), au milieu d'un convoi qui filait le long des côtes d'Angleterre, sous l'escorte d'une frégate et de plusieurs autres bâtimens de guerre. Le capitaine de *l'Espiègle* s'approche d'un navire écarté qu'il croit marchand, et veut s'en emparer ; mais bientôt il reconnait son erreur, et voit que c'est un brick-canonnier, portant des canons de dix-huit et des caronades de trente-deux. Il n'y avait plus moyen de fuir sous le feu de ce formidable adversaire, et il fallait se rendre ou l'enlever à l'abordage. C'est à ce dernier parti que Duchesne et son brave équipage s'arrêtent, encouragés par la manœuvre du *Rusé*, qu'ils voient se porter à leur secours. Renonçant presque à se servir de leurs petits canons, les marins français font sur le brick un feu de mousqueterie bien nourri, en même temps qu'ils cherchent à l'accoster bord à bord. Après plusieurs tentatives infructueuses, *l'Espiègle* parvint à jeter 14 hommes de son équipage à bord du navire anglais. A leur tête était le nommé Tack, de Dunkerque, capitaine en second du corsaire ; un coup de sabre qu'il avait reçu dans le flanc n'avait fait que redoubler la furie avec laquelle il chargeait l'équipage ennemi, lorsqu'une balle l'atteignit au cou et le mit hors de combat. Malgré cet accident, les marins français se rendirent bientôt maîtres du brick, dont l'équipage, quoique fort de plus de 60 hommes, cessa de se défendre lorsqu'il eût vu tomber plusieurs des siens, entre autres le capitaine, qui, ainsi que son second, fut très grièvement blessé. Le lendemain, les deux corsaires rentrèrent à Boulogne avec leur prise, et furent reçus au bruit des fanfares et des acclamations de tous les habitans. Le ministre de la marine écrivit peu de temps après, aux capitaines Duchesne et Fourmentin, une lettre flatteuse. C'est de cette manière que le Directoire avait coutume d'exprimer sa satisfaction aux militaires de tout grade et de toutes armes qui se distinguaient par quelque action d'éclat. » Duchenne fut employé aux mouvemens du port de Boulogne, en qualité d'enseigne de vaisseau auxiliaire, du 9 vendémiaire an XII au 30 ventose an XIII. Il avait été nommé membre de la Légion-d'Honneur le 15 pluviose an XII. On peut avancer que cet officier ne cessa pas, pour ainsi dire, de naviguer depuis le mois de fructidor an III jusqu'en 1807, sur les bâtimens et les corsaires armés pour le commerce. Il est mort dans sa ville natale le 27 janvier 1826.

DUFOUR (JEAN-BAPTISTE-PIERRE), né à Barfleur (Manche), le 12 août 1766, entra dans la marine marchande en qualité de mousse sur le cutter *l'Aimable-Marie* le 1er mai 1783. Le 19 mars 1784, il monta le lougre *la Marie-Victoire*, et passa novice, le 2 mars 1785, sur le brick *le Saint-Jean-Jacques*, sur lequel il fit trois voyages de La Rochelle au Hâvre, Dieppe et Barfleur : le 21 février 1786, il fit à bord de ce bâtiment un autre voyage à Dublin (Irlande). Le 8 juillet, il s'embarqua sur *le Josué*; le 27 février 1787, sur *le Saint-Jacques-Aubin*, comme matelot en second; le 3 octobre suivant, sur *la Sainte-Anne*, en qualité de second; le 5 mars 1788, sur le brick *le Saint-Pierre*; le 7 septembre, sur le cutter *la Cauchoise*, et le 1er avril 1789 sur le brick *la Jeune-Éléonore*. A bord de ces divers bâtimens, il fit encore plusieurs voyages à Bordeaux, à La Rochelle, à Corck en Irlande, à Naples et à Palerme.

Le 28 septembre 1790, Dufour entra comme timonier à bord du vaisseau *le Jupiter*, armé à Brest et se rendant à la Martinique et à Saint-Domingue. Deuxième chef de timonnerie le 19 août 1792 sur le vaisseau *l'Orion*, il assista aux sièges d'Oneille, de Naples et de Cagliari, et revint à Lorient le 25 octobre 1793. Le 28 nivôse an II, il s'embarqua sur le vaisseau *le Mutius*, reçut un coup de lance dans la poitrine en montant à l'abordage d'un vaisseau à 3 ponts anglais, et se trouva aux combats livrés les 9, 10 et 13 prairial an II. *Le Mutius* avait été démâté de tous mâts dans le troisième de ces combats. Il fut promu au grade d'enseigne de vaisseau sur le champ de bataille, et confirmé le 20 du même mois. Il servit sur le même vaisseau jusqu'au 1er vendémiaire an V, fit plusieurs croisières, assista à un combat sous Groua et à l'expédition de Bautry en Irlande. *Le Mutius* étant rentré à Brest, Dufour monta sur le vaisseau *le Zélé* le 25 germinal suivant, et reprit le service à terre, du 16 vendémiaire au 23 ventôse an VI. Il s'embarqua le lendemain sur le vaisseau *l'Hercule*, reçut six blessures graves en montant à l'abordage du vaisseau anglais *le Mars*, avec lequel *l'Hercule* était accroché : trois coups de sabre, deux coups de pique et un coup de feu, et huit autres blessures légères. *L'Hercule* ayant été capturé par les Anglais en se rendant à Brest, Dufour resta prisonnier de guerre en Angleterre, et sur parole, jusqu'au 30 brumaire an VIII. Appelé au commandement du *Stationnaire*, le 1er frimaire suivant, sa santé ne lui permit pas de se rendre à cet ordre, et il obtint un congé de trois mois pour aller prendre les eaux de Bourbonne. Arrivé à bord du *Stationnaire*, lougre de 8 canons, convoyeur à Étel et Gavre, il eut à essuyer plusieurs attaques par les chaloupes canonnières anglaises. Le 17 floréal, l'ennemi ayant cherché plusieurs fois à monter à l'abordage, Dufour le repoussa avec perte. Du 1er pluviôse an IX au 9 prairial an XI, il monta *l'Impatient*, brick de 16 canons, en croisière pendant la guerre, et fit deux campagnes en paix, l'une à Cayenne et l'autre à la côte d'Afrique. Pendant onze mois de campagne, du cap Blanc à Juida et Porto-Novo, Dufour fut chargé de prendre les sondes et lever les plans : de l'entrée de la Gambie, la rivière de Casamance, les îles de Los, l'entrée de Sierra-Leone et la rade de Juida. Au retour de la côte d'Afrique, *l'Impatient* ayant été capturé par une frégate anglaise et conduit à Plimouth, en Angleterre, il demeura prisonnier de guerre jusqu'au 6 juin 1814. Le premier Consul l'avait nommé membre de la Légion-d'Honneur le 15 pluviôse an XII, pour action d'éclat. Revenu en France, il s'embarqua sur la frégate *la Jahde*, du 7 juin au 8 août de la même année, époque de sa mise en non-activité, à Lorient. Le 1er novembre 1815, Dufour rentra dans la marine marchande et prit le commandement de *la Caroline*, de Lorient, navire à trois mâts, avec lequel il fit un voyage aux îles de France et Bourbon. Admis au maximum de la retraite le 1er août 1816, il est mort à Lorient (Morbihan), le 2 février 1843.

DULONG (RENÉ-MATHURIN), naquit le 2 novembre 1761 à Saint-Mathurin (Maine-et-Loire). Soldat au régiment de *Monsieur*, 75e d'infanterie, le 24 août 1778, il fit la guerre en Amérique jusqu'à la paix de 1783. Il servit successivement dans les 140e et 62e demi-brigades de ligne, devint caporal le 14 pluviôse an II, fut dirigé sur l'armée de la Moselle, suivit son corps en l'an VI à celle du Rhin, fit partie pendant les campagnes des ans VII et VIII de la garnison de Gênes, reçut deux blessures pendant le blocus de cette place, et passa en qualité de grenadier dans la garde consulaire en l'an IX. Le premier Consul le nomma membre de la Légion-d'Honneur le 15 pluviôse an XII et électeur de l'arrondissement d'Angers. Le 25 juillet 1806, il obtint sa retraite à titre d'ancienneté. Il est mort à Saint-Mathurin le 28 décembre 1833.

DUPONT (LOUIS), né à La Rochelle (Charente-Inférieure), le 25 novembre 1751, entra le 1er janvier 1780 comme matelot sur *le Serpent*, armé à Dunkerque et partant pour la Martinique et Saint-Domingue. Dans cette traversée, il fut nommé quartier-maître le 1er juin de la même année. Second maître le 1er janvier 1783, il débarqua le 18 avril à Brest, et monta, le 30 septembre 1784, sur la frégate *la Cérès*, armée à Rochefort et se rendant à Saint-Domingue. Maître d'équipage le 30 septembre, il revint le 6 juillet 1787 à Rochefort, et monta la frégate *la Seine* jusqu'au 13 novembre. Le 26 mai 1788, il s'embarqua sur l'aviso *le Hasard*, en escadre d'évolutions dans la Méditerranée. Le 4 janvier 1793, il servit en qualité de maître d'équipage sur la frégate *l'Embuscade*, faisant voile pour les Etats-Unis d'Amérique, et fut blessé dans un combat par un biscaïen à la fesse droite. Cette frégate ayant désarmé le 31 août à la Nouvelle-Angleterre, Dupont monta le lendemain le vaisseau *le Montagnard*, devenu *le Jupiter*, en escadre aux ordres de Villaret-Joyeuse, reçut dans un combat une blessure à la lèvre supérieure, et arriva à Rochefort le 1er floréal an III. Maître entretenu le 21 thermidor an IV, il passa à Brest le 20 frimaire an VII, sur le vaisseau *le Pégase*, en armée se rendant en Irlande, et assista à un combat. Le 22 pluviose an VIII, il s'embarqua à Rochefort sur la frégate *l'Africaine*, allant à Santo-Domingo, revint à Rochefort le 14 vendémiaire an IX, et repartit immédiatement sur le même vaisseau pour l'Égypte. Lors de la prise de *l'Africaine*, le 30 pluviose suivant, il fut blessé à la cuisse gauche par un éclat de bois. Rentré bientôt des prisons de l'ennemi, il monta, le 23 prairial de la même année, le vaisseau *le Foudroyant*, fit un nouveau voyage à Saint-Domingue, et débarqua à Brest le 2e jour complémentaire an X. Le 13 thermidor an XI, il servit sur le vaisseau *le Majestueux*, du port de Rochefort, en escadre aux ordres de Missiessy dans l'expédition des îles du vent, assista à un combat contre les forts des Roseaux, île de la Dominique, fut nommé membre de la Légion-d'Honneur le 15 pluviose an XII, et revint à Rochefort le 4 prairial an XIII. Admis à la retraite le 31 août 1814, il est mort le 8 avril 1823 à Rochefort (Charente-Inférieure).

DURAND, baron D'HERVILLE (JEAN-BAPTISTE-MICHEL-RENÉ), né le 19 avril 1749 à Paris (Seine), entra le 11 janvier 1769 avec le grade de lieutenant au corps royal de l'artillerie de l'Inde. Employé successivement à l'île de France et à Ceylan, de 1770 à 1777, il fit les campagnes des Indes de 1778 à 1784, pendant lesquelles il assista à plusieurs siéges, batailles et combats sur mer, et reçut cinq blessures. Capitaine le 28 août 1780, il se fit remarquer à la bataille de Gondelour, le 13 juin 1783. Capitaine-commandant au 8e régiment d'artillerie le 1er mai 1786, il reçut la croix de Saint-Louis le 10 janvier 1788; chef de brigade d'artillerie (major) le 27 janvier 1791, lieutenant-colonel le 1er juillet 1792, et colonel le 14 du même mois, il rentra en France à la fin de l'an IV après un séjour de vingt-huit mois dans l'Inde. Il fit la campagne d'Allemagne de l'an V, passa l'année suivante à la direction d'artillerie de la place de Lille, puis à celle de La Rochelle en l'an VIII ; chargé en l'an X du commandement du parc de l'armée d'Espagne, il prit, en l'an XI, celui de l'armée des côtes de Brest. Nommé membre de la Légion-d'Honneur le 15 pluviose an XII, il obtint la croix d'officier de l'Ordre le 25 prairial de la même année. Il rendit d'importans services pendant les campagnes de 1805 à 1807, en Allemagne, en Prusse et en Pologne, en qualité de directeur de l'artillerie du 7e corps de la grande armée. Le 19 mars 1808, l'Empereur lui conféra le titre de baron. Le colonel Durand-d'Herville passa dans le mois d'avril suivant à la direction de l'artillerie de Paris et de la 1re division militaire. Commandant de l'artillerie à Passau, en 1810, il fit deux nouvelles campagnes en Allemagne, vint reprendre en 1813 la direction de Paris, et fut élevé au grade de maréchal-de-camp le 8 janvier 1814. Louis XVIII ui donna la croix de commandeur de la Légion-d'Honneur le 10 septembre suivant. Admis à la retraite le 24 décembre de cette année, il est mort le 19 juin 1830. B-S.

DUTRET (PIERRE), né le 15 février 1775 à Chambéry (Savoie), entra dans la 27e demi-brigade légère en qualité de carabinier le 15 septembre 1793, fit toutes les campagnes de la République aux armées des Pyrénées-Orientales et d'Italie, et passa le 5 ventose an X dans les grenadiers de la garde consulaire. A la bataille de Novi, le 28 thermidor an XII, il reçut trois fois le choc de la cavalerie russe, fut renversé à la troisième charge, et eut la poitrine écrasée par les pieds des chevaux. Nommé légionnaire à la promotion du 15 pluviose an XII, et dirigé sur le dépôt de la garde à Fontainebleau, il y obtint sa retraite le 11 juin 1806. Il est mort à Varzy (Nièvre), le 6 décembre 1807. Y.

DZENTLER ET NON **DEZENTLER** (JEAN-BAPTISTE), né le 1er mars 1779 à Saint-Germain-en-Laye (Seine-et-Oise), entra comme charretier dans les charrois militaires en 1792, et quitta ce corps la même année pour prendre du service dans la marine à Toulon en qualité de novice sur une corvette d'instruction. En 1793, il passa matelot sur le vaisseau *le Mont-Blanc*, et fit une campagne aux Dardanelles. Revenu à Toulon vers la fin de cette année, il s'embarqua, en l'an III, sur *l'Alcide*; dans un combat livré devant Fréjus aux Anglais, ce vaisseau brûla ; l'équipage fut forcé de se rendre prisonnier, et Dzentler reçut un coup de feu à la jambe droite. Il resta quatre mois prisonnier, revint à Toulon en l'an IV, et monta le vaisseau *le J.-J. Rousseau*, qui mettait à la voile pour Brest. Enrôlé volontaire au 2e régiment d'artillere de marine le 16 vendémiaire an VI, il passa en Égypte sur *le Spartiate*, se trouva à la bataille navale d'Aboukir, rentra en France lors de l'évacuation de l'Égypte par les Français, et fut nommé membre de la Légion-d'Honneur le 15 pluviose an XII.

Embarqué sur la frégate *la Danaé* de 1809 à 1811, il assista au sanglant combat de Lissa, livré le 13 mars 1811 aux Anglais, à la pointe Est de cette île, et dans lequel les Français perdirent 2 frégates et la moitié des hommes de l'équipage. La perte fut égale du côté des Anglais ; mais la gloire de cette journée doit rester aux Français et aux Italiens, puisque l'ennemi avait une marine supérieure. Dzentler, blessé aux hanches par des éclats de bois, débarqua et se dirigea sur Toulon ; il dut se féliciter de ce que ses blessures l'avaient éloigné de *la Danaé*, car cette frégate sauta en l'air, à Trieste, dix-sept jours après, par suite d'un accident.

Retraité en 1813, il passa gardien entretenu au port de Toulon, et y resta jusqu'au 1er janvier 1818. Alors, souffrant de la blessure qu'il avait reçue à la partie antérieure et moyenne de la jambe droite au combat du vaisseau *l'Alcide*, il reprit sa position de retraite. Dzentler se trouve aujourd'hui à l'hôtel royal des Invalides, où il a été admis le 10 avril 1841.

ERHARD ET NON **EHRARD** (JOSEPH), né le 26 juin 1775 à Burckenwald (Bas-Rhin), rejoignit le 7e régiment de hussards, comme réquisitionnaire, le 12 vendémiaire an V, et fit les campagnes des ans VI, VII, VIII et IX aux armées de Rhin-et-Moselle, d'Helvétie et du Rhin. A l'affaire de Coire (Grisons), le 16 ventose an VII, il prit un drapeau à l'ennemi, fut nommé brigadier le lendemain de cette affaire, et fait membre de la Légion-d'Honneur, pour cet acte de bravoure, le 15 pluviose an XII. Il combattit à Austerlitz, à Eylau et à Friedland, et obtint sa retraite le 3 avril 1808. Il est mort le 28 avril 1817, à Monswiller (Bas-Rhin). Y.

EYGRET et non **EYGRÉ** ni **YGRES** (FRANÇOIS-MARIE), né le 14 août 1756 à Avignon (Vaucluse), entra dans l'artillerie de marine le 21 mai 1780, et fut embarqué sur *la Précieuse* le 6 décembre suivant. Il servit sur *la Belette* et *la Minerve*, depuis le 20 juillet 1782 jusqu'au 5 septembre 1785, époque à laquelle il se retira par congé. Il reprit du service dans le 2e régiment de marine, comme chef de pièce, à bord du *Héros*, le 23 février 1793. Aide-canonnier le 27 germinal an II, il monta successivement *la Boudeuse*, *le Hasard* et *l'Alcide*, et se trouvait sur ce dernier bâtiment lorsque, incendié à la suite d'un combat livré le 8 ventose an III, devant Fréjus, il tomba au pouvoir des Anglais. Rentré en France et nommé maître canonnier le 9 ventose an VI, il monta *l'Orient*, puis *l'Hercule*, le 16 floréal. Du 22 thermidor de la même année au 22 floréal an VIII, il passa successivement sur *la Montenotte*, *la Léoben* et *la Victoire*. Le premier Consul lui accorda la croix de la Légion-d'Honneur le 15 pluviose an XII. Congédié le 2 nivose an XIV, et employé dans la marine du commerce, il devint, le 1er novembre 1813, gardien entretenu au port de Toulon, où il est mort le 2 mai 1836.

FABRE (JEAN), né à Toufailles (Tarn-et-Garonne), le 24 juin 1752, entra jeune dans la marine, y servit long-temps, devint quartier-maître (juri maritime du 5e arrondissement, — Rochefort), reçut la décoration de la Légion-d'Honneur le 15 pluviose an XII, et mourut à Villeneuve-d'Agen (Lot-et-Garonne), le 16 avril 1811.

FARGIER et non **FARGET** (JEAN-RÉGIS), né le 23 septembre 1758 au Cros de Georand (Ardèche), entra au service comme canonnier de marine de 2e classe le 17 mai 1780. Le 10 octobre 1781, il s'embarqua sur *la Flore*, et devint canonnier de 1re classe le 29 novembre 1788. Chef de pièce le 5 juin 1790 sur *le Rossignol*, aide-canonnier sur *la Minerve* le 26 septembre suivant, il passa caporal le 1er octobre 1792, et embarqua sur *la Sibille* le 15 décembre, en qualité de 2e maître canonnier. Sergent au 1er bataillon du 2e régiment d'artillerie de marine le 1er juillet 1793, il servit en la même qualité le 15 messidor an II sur *la Sardine*, le 21 prairial an III sur *le Berwick*, comme 2e maître canonnier, et le 1er vendémiaire an IV sur *l'Arthémise*, en la même qualité. A bord de cette frégate, il fit partie de l'expédition d'Égypte, et passa maître canonnier sur *le Guillaume-Tell*, le 14 thermidor an VI, veille du célèbre combat naval d'Aboukir, auquel il assista. Il resta sur ce vaisseau jusqu'au 9 germinal an VIII, fut nommé membre de la Légion-d'Honneur le 15 pluviose an XII, et monta *l'Atlas*

du 20 messidor au 5 thermidor de la même année. Congédié avec retraite le 21 juillet 1808, il entra comme gardien au port de Toulon le 18 juillet 1809. Gardien entretenu le 1er mars 1811, il continua de servir dans cet emploi jusqu'à la fin de 1816. Il est mort à Toulon (Var), le 31 mars 1839.

FAUCON (JEAN-BAPTISTE), né le 4 novembre 1765 à Cuges (Bouches-du-Rhône), entra comme mousse le 11 mars 1778 à bord de *l'Hector*, assista à deux combats, l'un à l'entrée, l'autre à la sortie de Roderland; à trois autres combats contre l'escadre anglaise à Sainte-Lucie et dans la Grenade. Il quitta ce bâtiment le 21 décembre 1779, et passa en qualité de novice à bord du *Sagittaire*. Timonier le 26 septembre 1784 sur *la Blonde*, et aide-pilote le 20 mai 1785 sur *la Junon*, il monta sur *la Pomone* le 13 novembre 1787, et fit partie de l'équipage de la chaloupe, lorsque cette frégate fut envoyée à Vitilon pour attaquer un forban, qu'elle prit. Du 8 février 1789 au 21 octobre 1793, Faucon navigua sur *le Saint-Pierre*, *la Sainte-Barbe* et *le Jean-Jacques*, navires du commerce.

Le 16 brumaire an III, il passa sur *l'Alcide* en qualité d'aspirant de 1re classe, et se trouva à un combat contre l'escadre anglaise sur la côte de Provence; ce vaisseau ayant été incendié, il se sauva à la nage et fut pris par un canot anglais. Le 22 vendémiaire an IV, il servit sur *le Mercure*, et le 1er brumaire an V sur *la Fauvette*, en qualité de chef de timonnerie. Embarqué le 14 pluviose suivant sur *la Sérieuse*, comme chef de timonnerie, faisant fonctions d'enseigne, il se trouva au combat naval d'Aboukir, dans lequel cette frégate fut coulée bas par le feu des Anglais. « Comme il y avait peu de fond, elle n'était pas entièrement submergée, l'arrière restait au-dessus de l'eau; c'est sur cette partie du navire que le capitaine Martin, qui la commandait, ses officiers et le peu de marins qui lui restait, après avoir renforcé les équipages de plusieurs vaisseaux, se réfugièrent et demeurèrent pendant le combat. Le brave Martin capitula ensuite avec l'ennemi; il obtint que ses officiers et matelots fussent mis à terre, et qu'on le retint seul prisonnier de guerre (1). »

M. Faucon servit tour à tour sur *l'Aglaé*, *la Courageuse*, *le Furet* et *le Thévenard*, du 17 thermidor an VI au 12 prairial an VIII. Il embarqua de nouveau, fut nommé chef de timonnerie entretenu et membre de la Légion-d'Honneur le 15 pluviose an XII, et passa sur le vaisseau *le Borée*, du 19 pluviose au 17 thermidor an XIII. Il monta ensuite sur *la Ville-de-Marseille*, du 17 novembre 1812 au 7 juillet 1815. Il réside en ce moment à Marseille (Bouches-du-Rhône).

FEVRET (JEAN), né le 15 juin 1768 à Montigny (Côte-d'Or), entra au 6e régiment d'artillerie à pied le 26 février 1789. Nommé bombardier le 9 avril 1790, il fit les campagnes de 1792 et 1793 à l'armée de la Moselle, et fut élu caporal-fourrier le 10 août 1793; et sergent le 9 vendémiaire an II;

(1) Victoires et Conquêtes, t. XV, p. 91.

le 14 ventose de la même année, un incendie dévorait plusieurs maisons de la place de Thionville, aux environs de la poudrière; il eut la présence d'esprit et le courage de se précipiter seul dans la salle d'artifice pour en enlever un tonneau de poudre qu'il y avait déposé le matin; il sauva la vie à 3 soldats dans cette journée. En l'an III, il passa à l'armée de Sambre-et-Meuse, et y resta jusqu'à la fin de l'an VI, époque à laquelle il fut dirigé sur l'armée de l'Ouest et des côtes de l'Océan. Sergent-major le 10 floréal an X, il obtint, le 15 pluviose an XII, la décoration de légionnaire, et passa dans la direction de La Rochelle, en qualité de garde d'artillerie, à l'île d'Aix, le 26 mai 1806; il ne quitta ce poste que le 14 octobre 1837, pour être admis à la retraite. Il est mort à l'île d'Aix, le 6 avril 1839. Y.

FIÈVE ET NON **FIEVET** (PIERRE-MARTIN), naquit le 10 novembre 1775 à Comblaville (Seine-et-Marne). Canonnier au 2ᵉ bataillon de Seine-et-Marne le 10 septembre 1791, il fut incorporé dans le 3ᵉ régiment d'artillerie à pied le 27 vendémiaire an II, et fit toutes les campagnes de 1792 à l'an IX inclusivement aux armées de la Moselle et du Rhin. Nommé artificier le 21 pluviose an X, et admis dans la Légion-d'Honneur le 15 pluviose an XII, étant en Italie, il vint au camp de Brest l'année suivante, et partit pour la grande armée à la fin de l'an XIII. Il prit part à tous les combats livrés en Autriche, en Prusse et en Pologne, passa en Espagne au commencement de 1808, y devint caporal le 1ᵉʳ septembre 1809, et ne quitta l'armée que le 9 décembre 1812, pour prendre sa retraite. Il réside en ce moment à Pontault (Seine-et-Marne).

FLANDRET (JEAN-BAPTISTE), né à La Rochelle (Charente-Inférieure), le 30 juin 1767, entra comme mousse le 3 novembre 1778 sur *le Protecteur*, fit la campagne de la Martinique, et servit à bord de ce vaisseau jusqu'au 13 novembre 1779. Il s'embarqua à La Rochelle, le 18 mai 1784, sur *l'Heureuse-Marie*, navire du commerce, se rendant à Saint-Pierre-Miquelon, revint à La Rochelle le 14 avril 1785, repartit le 9 mai suivant comme novice sur le même bâtiment, allant à la même destination, et y resta jusqu'au 19 janvier 1786. Le 16 janvier 1787, il monta en qualité d'enseigne sur *le Laboureur*, de La Rochelle, fit la campagne du Sénégal, et débarqua au même port le 18 octobre suivant. Le 24 mai 1788, il passa aide-timonier sur la frégate *la Courageuse*, armée à Rochefort, en division de 5 frégates dans l'Archipel, et qui vint désarmer à Toulon le 24 décembre 1789. Le 29 octobre 1791, il fit sur *l'Heureux*, de La Rochelle, la campagne de Saint-Domingue, en qualité de lieutenant, et débarqua au même port le 26 juin 1792. Le 14 mai 1793, il s'embarqua sur la bombarde *le Sphinx*, stationnaire en rade de l'île d'Aix, fut nommé enseigne de vaisseau le 25 nivose an II, et passa, le 4 pluviose suivant, sur le vaisseau *le Gasparin*, au port. Du 10 ventose au 13 thermidor, il servit sur le vaisseau *le Jemmapes*, en armée de l'amiral Villaret-Joyeuse, assista aux célèbres combats des 3 et 13 prairial de la même année, et eut le bras droit emporté. Ce fut dans ce dernier combat que le vaisseau *le Vengeur* donna l'exemple d'un sublime dévoûment, en préférant s'abîmer dans les flots plutôt que de se rendre aux Anglais. Le 1ᵉʳ messidor an III, Flandret monta de nouveau sur *le Sphinx*, stationnaire en rade de l'île d'Aix, devint enseigne entretenu le 27 messidor an IV, et fit le service du port jusqu'au 14 nivose an X. Le 16 brumaire an XII, il servit sur *le César*, fut nommé membre de la Légion-d'Honneur le 15 pluviose, et quitta ce brick le 23 ventose suivant. Du 16 floréal de la même année au 17 octobre 1808, il commanda la corvette *l'Auguste*, stationnaire en rade de l'île d'Aix, obtint le grade de lieutenant de vaisseau le 11 juin 1811, et fit le service du port jusqu'en 1816. Il est mort le 26 avril 1834, à Rochefort (Charente-Inférieure).

FLEMMING ET NON **FLEMENNE** (FRÉDÉRIC), naquit le 9 septembre 1772 à Crastatt (Bas-Rhin). Canonnier dans le 6ᵉ bataillon de l'Ain à dater du 8 septembre 1792, il passa dans le 4ᵉ régiment d'artillerie à pied le 30 germinal an V, fut nommé artificier le 1ᵉʳ frimaire an X, et légionnaire le 15 pluviose an XII; le 1ᵉʳ février 1806, il obtint le grade de caporal, et celui de sergent le 16 juin 1812. A l'organisation du 1ᵉʳ octobre 1814, il passa au 4ᵉ régiment d'artillerie à pied, et rentra dans ses foyers après le licenciement de 1815. Il avait fait les campagnes des ans II et III en Savoie, IV et V en Italie, VI, VII, VIII et IX en Égypte, XIV à la grande armée, 1806 et 1807 en Istrie, 1809 en Allemagne, 1812 en Russie, et 1813 en Saxe. A l'affaire d'Interbock, le 6 septembre 1813, il reçut un coup de feu au genou gauche, un autre au côté droit, un coup de sabre au genou droit, et un coup de lance à l'épaule droite. Il est mort à Strasbourg (Bas-Rhin), le 31 mars 1831. Y.

FOUILLE (JACQUES), DIT **MAZURIER**, né en 1752 à Grenoble (Isère), servit dans le 1ᵉʳ régiment d'artillerie de marine, y devint sergent, et eut la réputation d'être un des plus habiles canonniers du corps. Lorsqu'il mourut, le 7 vendémiaire an XIV, il comptait dix-sept années de navigation sur les bâtimens de l'État, s'était trouvé à dix combats, était criblé de blessures, et portait sur sa poitrine la croix de la Légion-d'Honneur, que lui avait donnée le premier Consul le 15 pluviose an XII. Il avait été un des vainqueurs de la Grenade.

FOUQUET (JEAN), né le 5 février 1774 à Laval (Mayenne), entra comme soldat au 47ᵉ régiment d'infanterie le 15 mars 1792, et passa par suite d'amalgame dans la 24ᵉ demi-brigade de ligne, qui devint en l'an XII 24ᵉ régiment de ligne. Il fit toutes les campagnes de la République aux armées du Nord, de Sambre-et-Meuse, gallo-batave et d'Angleterre, fut nommé caporal le 13 ventose an II, après l'affaire de Pirmassens, et sergent le 4 messidor suivant. Détaché au camp de Brest en l'an XII, il reçut la décoration de légionnaire le 15 pluviose, devint électeur de l'arrondissement de Laval, combattit à Austerlitz, à Eylau, à Friedland, et obtint sa solde de retraite le 31 décembre 1807. Il est mort à Laval le 19 février 1827. Y.

FOURMENTIN (JACQUES-OUDART), né le 22 février 1764 à Boulogne-sur-Mer (Pas-de-Calais), entra dans la marine comme matelot sur un vaisseau de l'État le 28 juin 1781. Il devint successivement contre-maître de manœuvre, enseigne de vaisseau provisoire, et capitaine de corsaire. C'est en cette dernière qualité qu'il commanda *le Rusé*, en l'an VII, dans la Manche, et qu'il mérita par sa conduite les félicitations du Directoire. Le premier Consul lui accorda, le 15 pluviose an XII, la décoration de la Légion-d'Honneur. En 1806, il monta les corsaires *l'Étoile*, *l'Adolphe* et *le Voltigeur*, avec lesquels il s'empara de 4 bricks anglais, qu'il ramena, les trois premiers dans le port de Calais, et le quatrième dans celui de Boulogne. Cet officier réside dans le lieu de sa naissance. (*Voyez plus haut* DUCHENNE.)

FOURNAISE (FRANÇOIS), né le 27 septembre 1774 à Juvincourt (Aisne), servit d'abord comme soldat dans le bataillon de canonniers de la Foudroyante-Montagne à la fin de 1793, et passa le 11 floréal an II dans le 1er régiment d'artillerie à pied. Il fit toutes les campagnes de la liberté aux différentes armées de la République jusqu'à l'an IX. Fourrier le 6 ventose an VII, il devint membre de la Légion-d'Honneur le 15 pluviose an XII, et sergent-major le 11 germinal de la même année. Employé à l'armée des côtes de l'Océan pendant les ans XII et XIII, il fit les campagnes de l'an XIV à 1807 en Autriche, en Prusse et en Pologne, et obtint le grade d'adjudant-sous-officier le 1er mars 1807. Rentré en France après la paix de Tilsitt, il fut nommé lieutenant-quartier-maître du même régiment le 10 mars 1809, et capitaine le 15 mars 1812. Maintenu en activité après l'abdication de l'Empereur, puis mis en demi-solde le 10 octobre 1815, par suite du licenciement de l'armée, le gouvernement le rappela à l'activité dans le régiment d'artillerie de La Fère (1er à pied) le 15 avril 1816, le nomma trésorier dudit régiment le 16 juin suivant, et le fit chevalier de Saint-Louis le 11 mars 1820. Il prit sa retraite vers la fin de 1824, et se retira à Juvincourt, où il réside encore aujourd'hui. B-G.

FRANÇOIS (JEAN-NICOLAS), naquit le 1er septembre 1778 à Doncourt (Moselle). Engagé dans les équipages d'artillerie le 1er novembre 1792, puis incorporé dans le 6e bataillon du train d'artillerie le 1er germinal an VIII, il passa dans la 14e demi-brigade de ligne le 5 prairial an IX, rentra au 6e bataillon du train le 22 vendémiaire an X, et fut définitivement incorporé au 1er bataillon de cette arme le 16 messidor an XI. Il avait fait toutes les campagnes de la liberté de 1792 à l'an IX aux armées de la Moselle, de Sambre-et-Meuse et du Rhin. A l'affaire du 2e jour complémentaire an VII, devant Mayence, les canonniers qui servaient une pièce de quatre à laquelle il était attaché ayant été pris par l'ennemi, il repassa le Rhin à la nage avec la pièce et les quatre chevaux; dans le trajet, l'affût se démonta, mais il parvint néanmoins à sauver l'avant-train et les chevaux. Nommé légionnaire le 15 pluviose an XII, il fit les campagnes des ans XIV, 1806 et 1807 en Autriche, en Prusse et en Pologne, et fut tué par un boulet, au combat de Lomitten, le 5 juin 1807.

FRAPPE (ANDRÉ), né le 9 avril 1767 à Saint-Séverin (Charente-Inférieure), servit au 3e régiment d'artillerie de marine, comme canonnier et aspirant, depuis le 4 brumaire an VII jusqu'au 1er pluviose an XII, époque à laquelle il quitta son corps par congé. Le 15 de ce dernier mois, il reçut la décoration de la Légion-d'Honneur. Il se retira dans le lieu de sa naissance, où il est mort le 4 octobre 1827.

FRESSON (JEAN), né le 30 juillet 1765 à Boulogne-sur-Mer (Pas-de-Calais), navigua comme mousse, en 1778, pour le commerce, et passa sur le cutter de l'État *le Serpent*, le 30 mai 1779. Il y resta jusqu'au 18 avril 1783, rentra dans la marine marchande et monta, comme mousse et matelot, divers bâtimens jusqu'en 1793. Du 21 germinal an II au 25 messidor an IV, il eut le commandement, en qualité de capitaine, de la canonnière *la Brûlante*, et celui de la péniche n° 1er, du 4 messidor an VI au 3 frimaire an VII. Il navigua de nouveau pour le commerce de l'an VII à l'an X, fut nommé inspecteur aux signaux de côte dans l'arrondissement de Boulogne, le 21 messidor an XI, et membre de la Légion-d'Honneur le 15 pluviose an XII. Employé aux mouvemens du port de Boulogne du 9 germinal suivant au 18 floréal an XIII, en qualité d'enseigne de vaisseau auxiliaire, il reprit du service dans la marine du commerce, en 1807, et commanda plusieurs navires jusqu'à l'année 1817. Il est mort dans sa ville natale le 30 mars 1828.

FUNEL (ESPRIT-CÉSAR), né le 21 septembre 1775 à Toulon (Var), entra comme mousse sur la frégate *l'Iris*, le 17 octobre 1787. Admis dans le port comme apprenti calfat le 16 janvier 1789, il monta sur la frégate *l'Alceste* le 13 juillet suivant, passa novice sur *la Junon* le 15 novembre 1790, fut fait ouvrier le 1er janvier 1792, et monta, le 2 janvier 1793, sur la corvette *la Flèche*. Matelot sur le vaisseau *l'Heureux* le 22 avril suivant, il servit successivement sur *le Timoléon*, *l'Arthémise* et le *Hasard*, jusqu'au 3 germinal an III. Aide-calfat à bord de *l'Alceste* le 9 prairial suivant, il reçut une blessure considérable au visage dans le combat que soutint cette frégate, dans l'escadre commandée par le contre-amiral Martin. Funel fut employé en la même qualité, du 29 floréal an V au 1er floréal an VI, sur *la Revanche*, *le Guerrier* et *le Timoléon*. Quartier-maître-calfat à bord de *la Montenotte*, il se trouvait au bombardement fait par l'escadre anglaise dans le port d'Alexandrie le 15 pluviose an VII. Il revint sur *l'Alceste*, passa sur *l'Égyptienne* le 30 fructidor suivant, et fut fait prisonnier par capitulation lors du blocus d'Alexandrie. Rendu en France, il monta le vaisseau *le Bucentaure* en qualité de maître-calfat le 10 nivose an XII, reçut la décoration de la Légion-d'Honneur le 15 pluviose suivant, et se trouva à deux combats, dans l'escadre commandée par le vice-amiral de Villeneuve. Dans le dernier combat, livré le 3 thermidor an XIII, le *Bucentaure*, monté par l'amiral, combattit avec le courage le plus héroïque; mais ce vaisseau ayant été totalement démâté, et réduit à peine au tiers de son équipage, le commandant se vit forcé d'amener son pavillon. Fait prisonnier de guerre, Funel naufragea, dans la nuit suivante, sur les côtes de Cadix. Le 2 mai 1811, il rentra aux travaux du port de Toulon, en qualité d'aide-contre-maître, et s'embarqua le 15 octobre sur la flûte *l'Indien*, jusqu'au 30 mai 1812. Il continua ses services, et mourut dans sa ville natale le 6 janvier 1822.

GAGNEBÉ (LÉONARD), né le 12 décembre 1749 à Souillac (Lot), entra fort jeune au service et fit partie du juri maritime du 5e arrondissement (Rochefort). Sa conduite lui valut, le 15 pluviose an XII, la décoration de la Légion-d'Honneur. Il fut ensuite attaché au collége électoral de Gourdan. Bientôt après, il prit sa retraite. En 1813, il avait été admis à l'hôtel des Invalides. Il quitta l'hôtel, se retira à Souillac, et y mourut le 8 juin 1818.

GAGNEUX (PIERRE), naquit le 27 novembre 1762 à Soudan (Loire-Inférieure). Soldat au régiment de Condé-infanterie le 1er mars 1786, il passa au commencement de 1793 dans la 65e demi-brigade, où il servit jusqu'au 16 frimaire an IX, date de son admission dans les grenadiers à pied de la garde des consuls. Il fit toutes campagnes de la République aux armées du Nord, de la Moselle, de Sambre-et-Meuse, d'Helvétie et du Rhin. Le 15 pluviose an XII, il fut nommé légionnaire, et se trouva aux batailles d'Austerlitz, d'Iéna et d'Eylau. Une blessure grave, qu'il reçut au pied gauche pendant le siége de Magdebourg, le contraignit à prendre sa retraite le 16 juin 1808. Il entra aux Invalides en qualité de sergent le 2 mars 1812, et y mourut le 13 février 1816. Y.

GAILLARD (JEAN-BAPTISTE), naquit à Coucy (Ardennes), en 1773. Engagé pour quatre ans le 11 mars 1792 au régiment de Commissaire-général-cavalerie, devenu 3e cuirassiers, il fut nommé brigadier le 22 vendémiaire an VI, fourrier le 15 pluviose an VII, maréchal-des-logis le 1er germinal an IX, et maréchal-des-logis-chef le 1er nivose an X. Il avait fait toutes les campagnes de la Révolution aux armées du Nord, de Sambre-et-Meuse, de Rhin-et-Moselle, de Mayence, d'Helvétie et d'Italie, et s'était particulièrement distingué aux batailles de Rastadt, de Biberach et de Novi. Le 15 pluviose an XII, il devint membre de la Légion-d'Honneur, fit partie de la grande armée à la reprise des hostilités contre l'Autriche, et mourut à Brunn, en Moravie, le 13 frimaire an XIV, des suites des blessures qu'il avait reçues, le 11, à la bataille d'Austerlitz. Y.

GAILLARDIE (JEAN), entra le 7 août 1787 dans l'artillerie de marine, 3e régiment, y devint caporal et sergent, fit cinq campagnes de mer, se trouva à deux combats, fut criblé de blessures à la prise de *la Chevrette*, et reçut pour sa conduite dans cette circonstance une lettre de félicitation du ministre, le 5 prairial an X, et un sabre d'honneur. Le premier Consul le nomma membre de la Légion-d'Honneur le 15 pluviose an XII. Il est mort le 4 prairial suivant.

GARCIN (ÉTIENNE-JEAN), né le 27 juin 1770 à Toulon (Var), entra comme matelot le 11 septembre 1786 sur la frégate *la Mignonne*, et servit successivement sur *la Belette*, *la Minerve* et *la Chaloupe* n° 1, du 1er septembre 1789 au 18 janvier 1793 Aide-timonier à bord du vaisseau *le Duquesne* le 11 mars suivant, il passa comme aspirant de 1re classe à bord du *Jemmapes* le 9 germinal an III, et en la même qualité sur les vaisseaux *le Peuple-Souverain*, *le Timoléon* et *le Spartiate*, jusqu'au 15 thermidor an VI. Sur *le Spartiate*, il assista au combat naval d'Aboukir et perdit le bras droit par suite des blessures qu'il y avait reçues. Il fut employé comme inspecteur des vigies en Corse, du 25 floréal au 29 fructidor an VII, et à Nice, du 21 prairial au 30 fructidor an VIII. Enseigne de vaisseau entretenu le 1er vendémiaire an IX, il s'embarqua sur *le Swiftsure* le 2 pluviose an X, sur *le Frontin* le 30 germinal an XI, fut nommé membre de la Légion-d'Honneur le 15 pluviose an XII, et employé à la caserne des marins (port de Toulon), du 23 germinal suivant au 30 nivose an XIII. Garcin servit alors sur *l'Annibal*, ensuite sur *le Borée* jusqu'au 20 avril 1808. Employé aux mouvemens du port le 1er janvier 1810, et promu lieutenant de vaisseau le 7 mai 1812, il fut mis en non-activité, du 1er septembre au 12 octobre 1814, époque à laquelle il obtint sa retraite avec le grade de capitaine de frégate. Il est mort dans sa ville natale le 23 mars 1837.

GASPARD (PIERRE-MICHEL), enseigne de vaisseau. Il fit partie du juri maritime du 3e arrondissement (Brest), reçut la décoration de la Légion-d'Honneur le 15 pluviose an XII, se retira avec sa retraite à Saint-Servan (Ille-et-Vilaine), et mourut dans cette ville le 15 mars 1815.

GASSIER (ANDRÉ), né le 5 mars 1766 à Solliès (Var), entra dans la marine comme mousse le 17 mars 1778 sur le vaisseau *le Sagittaire*, et passa sur *le Terrible* le 23 mai 1780. Novice le 26 avril 1782 sur *le Lion*, il monta *la Précieuse* en qualité de matelot le 25 mai 1783, et ne quitta ce bâtiment que le 18 avril 1788. Calfat employé dans le port de Toulon le 1er juillet de cette dernière année, il embarqua, le 13 juillet 1789, sur *l'Alceste*, avec le titre de quartier-maître, passa aux mouvemens du port le 5 octobre 1790, et servit à bord de *la Courageuse* le 9 juillet 1791, de *l'Alceste* le 4 juin 1792, et du *Scipion* le 1er janvier 1793. Rentré de nouveau aux travaux du port le 6 frimaire an II, il embarqua, le 21 pluviose suivant, comme maître d'équipage, sur *le Timoléon*, où il resta jusqu'au 1er pluviose an V. De cette époque jusqu'au 13 brumaire an XIV, il monta successivement *la Sérieuse*, *l'Infante*, *l'Éole*, *la Justice*, *l'Egyptienne*, *le Banel*, et enfin *le Formidable*, sur lequel se trouvait le contre-amiral Dumanoir, commandant en second l'escadre aux ordres de l'amiral Villeneuve, au malheureux combat de Trafalgar, et à celui du cap Finistère, où *le Formidable* tomba au pouvoir de l'ennemi. Revenu des prisons d'Angleterre le 8 juillet 1814, il reprit son service le 7 novembre sur *l'Achéron*, passa sur *la Galatée* le 7 juin 1815, et rentra à l'atelier du port le 26 février 1816. Il est mort à Toulon le 13 janvier 1819. Le premier Consul lui avait accordé la décoration de la Légion-d'Honneur le 15 pluviose an XII.

GAUTIER (DIEUDONNÉ-CHARLES), né le 8 septembre 1777 à Lunéville (Meurthe), entra au service comme marin le 4 pluviose an VI, fut incorporé dans la 5e demi-brigade d'infanterie de marine le 11 brumaire an VII, et fit les campagnes sur mer jusqu'à l'an IX. Dans la nuit du 2 au 3 thermidor de cette dernière année, il resta le dernier combattant sur *la Chevrette*, tua de sa main le capitaine anglais, et ne se rendit qu'à la dernière extrémité ; il sauva la vie au capitaine d'armes. Congédié avec retraite le 12 pluviose an XII, il fut nommé membre de la Légion-d'Honneur le 15 du même mois, et rentra au service dans la compagnie de la réserve du département de la Meurthe le 1er vendémiaire an XIV. Il fit les campagnes de 1809-1810, sur terre, à l'armée du Nord, et celles de 1812 sur les côtes. Passé adjudant-sous-officier dans la 16e cohorte le 15 avril de cette année, il reçut onze blessures dans divers combats. Sous-lieutenant au 139e de ligne le 17 janvier 1813, et lieutenant au même régiment le 12 août suivant, il servit en 1813-1814 à la grande armée, eut le corps traversé par 2 balles, la jambe gauche fracturée par un éclat d'obus, et fut blessé d'un coup de pique de hache d'armes à l'avant-bras droit. Ne se trouvant pas compris dans l'organisation du 57e de ligne, dans lequel on incorpora son bataillon, il partit le 14 juillet 1814 pour attendre sa retraite à Nanci, conformément à l'ordonnance du roi du 12 mai précédent. Il fait aujourd'hui partie de l'hôtel des Invalides.

GAUTIER ET NON GAUTHIER (JOSEPH), né à Plemet (Côtes-du-Nord), le 26 juillet 1774, servit au 4e régiment d'artillerie de marine, devint caporal, et reçut la croix de la Légion-d'Honneur le 15 pluviose an XII. Il est mort à Vannes (Morbihan), le 13 mars 1819.

GAYE (DOMINIQUE), naquit le 27 décembre 1767 à Campan (Hautes-Pyrénées). Tambour-major dans le 2e bataillon de chasseurs des montagnes le 1er février 1792, il servit successivement dans la demi-brigade de l'Aude et dans la 4e jusqu'au 15 frimaire an IX, époque de son admission dans les grenadiers de la garde des consuls. Il fit la guerre sur les frontières d'Espagne jusqu'à la fin de l'an III, et passa en Italie, où il resta jusqu'à la paix de Lunéville. A la bataille de Saint-George, près Mantoue, le 27 fructidor an IV, il fut blessé d'un coup de feu à la main gauche; au combat d'Anghiari, le 26 nivose an V, il reçut un second coup de feu qui lui traversa les deux cuisses. Le 1er nivose an X, il obtint dans la garde le grade de sergent de sapeurs, devint légionnaire le 15 pluviose an XII, fit la campagne de 1806 en Prusse, celle de 1807 en Pologne, celle de 1808 en Espagne, et prit sa retraite le 28 février 1810. Il est mort à Tarbes le 18 juin 1818. Y.

GICQUEL DES TOUCHES (AUGUSTE-MARIE), né le 26 août 1784 à Rennes (Ille-et-Vilaine), entra comme novice sur la frégate *la Gentille*, faisant partie de l'escadre de l'amiral Villaret-Joyeuse, qui combattit l'escadre anglaise de l'amiral Howe, le 13 prairial de la même année. Le 25 vendémiaire an III, il embarqua sur la flûte *le Ferme*, destinée pour la Guadeloupe. Aux attérages de cette île, ce bâtiment rencontra une division de frégates anglaises qui le forcèrent à faire côte dans la baie de Saint-François. Deux de ces frégates s'embossèrent et canonnèrent le fort et *le Ferme*. Le capitaine s'étant noyé, l'équipage en fit autant. Le jeune Gicquel, repoussé quand il voulut s'embarquer, resta seul sur le pont, où il fut pris, ainsi que le lieutenant et quinze autres personnes qui s'étaient cachées dans la cale et qui se montrèrent quand elles entendirent les Anglais. La frégate *le Québec* les conduisit au Fort-Royal Martinique, d'où ils furent tranférés en Angleterre et de là en France. Le 15 vendémiaire an V, il monta le vaisseau *le Nestor*, de l'escadre de l'amiral Morard de Galles, destinée pour l'Irlande. Novice le 1er fructidor an VI, aspirant de 2e classe le 20 germinal an VII, il fit sur les vaisseaux *le Jean-Bart* et *le Tyrannicide*, devenu *Desaix*, les campagnes des amiraux Bruix, Gantheaume et Linois, ans VII, VIII et IX, dans l'Océan, la Méditerranée et Saint-Domingue. A bord du *Desaix*, il assista à trois combats, et se distingua surtout à celui d'Algésiras, le 17 messidor an IX. Dans ce combat opiniâtre et meurtrier, la perte des Anglais fut plus considérable que celle de leurs adversaires. Le jeune Gicquel resta constamment sur la dunette et fixa l'attention de son commandant, qui demanda pour lui à l'amiral Linois le grade d'enseigne de vaisseau, quoique n'ayant pas dix-sept ans accomplis. Dans le mois de pluviose an X, *le Desaix* naufragea sur les récifs de Picolet, (Saint-Domingue); M. Gicquel parvint par sa présence d'esprit, au milieu des nombreux travaux que commande un pareil événement, à sauver la mâture de ce vaisseau, qui, sans ses soins, serait infailliblement tombée sur le pont, où elle aurait occasioné de graves malheurs. Il revint en France sur le vaisseau *la Révolution*, de l'escadre Gantheaume. Embarqué à Brest le 13 prairial suivant sur le vaisseau *l'Intrépide*, destiné pour Saint-Domingue, il passa aspirant de 1re classe le 11 frimaire an XI. Dans cette campagne laborieuse, il mérita l'estime de son commandant, qui lui confia le commandement d'un bateau armé, pour garder un gué dans la rivière de Galifet, que les Noirs révoltés menaçaient de passer pour attaquer le haut du cap. Il voulut lui faire donner un ordre d'enseigne de vaisseau provisoire, mais M. Gicquel déclina cette faveur, préférant n'être officier qu'entretenu. Dans le retour en France, il demeura chargé de la route du vaisseau et des observations nautiques.

Nommé enseigne de vaisseau le 3 brumaire an XII, et membre de la Légion-d'Honneur le 15 pluviôse suivant, il continua ses services sur *l'Intrépide*, et fit les campagnes de la Méditerranée, des Antilles et d'Espagne. Son capitaine lui donna une grande marque de confiance en le choisissant pour commander la compagnie de débarquement; ce poste revenant à un lieutenant de vaisseau. Il se trouva sur *l'Intrépide* aux combats du Finistère et de Trafalgar, les 3 vendémiaire an XIII et 14 vendémiaire an XIV. « *L'Intrépide*, qui s'était signalé au combat du 22 juillet, sous le commandement du brave Deperronne, s'illustra encore plus dans celui que nous décrivons. Son nouveau commandant, le capitaine Infernet, se plaça, dans cette journée, au rang des marins français dont les noms seront à jamais célèbres. *L'Intrépide* combattit deux, trois, quatre et jusqu'à cinq vaisseaux ennemis à la fois. Enfin, démâté de tous ses mâts, ayant plus de la moitié de son équipage mis hors de combat, et entouré de 7 vaisseaux anglais, le courageux Infernet attendit encore, pour se rendre, que *l'Intrépide* fût près de couler sous ses pieds (1). »

Dans les deux affaires citées plus haut, l'enseigne Gicquel commanda l'artillerie et la manœuvre du gaillard d'avant; il persévéra tellement dans la réparation des avaries pendant le combat de Trafalgar, que le mât de misaine de son vaisseau ne tomba que le dernier. Il ne donna pas moins de preuves d'activité et d'un courage éclairé dans les trois jours qui suivirent cette bataille mémorable. Étant le plus ancien des officiers qui restaient à bord après l'action, il fit respecter son autorité par l'équipage, et surtout par les 200 Anglais qui avaient amariné le vaisseau. Tout en s'efforçant de le diriger vers la côte de Cadix, il sut faire maintenir le navire à flot, au milieu de la tempête qui s'éleva après le combat. C'est donc à lui que le reste de ce brave équipage (300 hommes dont 80 blessés) dut son salut.

Enfin, le troisième jour, le vent ayant molli, le contre-amiral anglais Northkest, qui montait le *Britannia*, vaisseau à trois ponts, se trouvant près de *l'Intrépide*, ordonna de l'évacuer, en prescrivant de laisser M. Gicquel à bord pour diriger cette opération, après quoi il lui serait présenté : *ayant l'intention de lui rendre la liberté en le faisant mettre sur la côte d'Espagne, à la première occasion, en récompense de sa noble conduite.*

Le sort en décida autrement, et peu s'en fallut que cet officier ne devint victime de son dévoûment. Les 300 Français qu'il avait eu le bonheur de sauver étaient heureusement évacués, lorsque la brise fraîchit de nouveau, et *le Britania* s'éloigna. Ce ne fut qu'à neuf heures du soir, le vaisseau à moitié coulé, que le vaisseau anglais *l'Orion*, capitaine Codrington, à bord duquel se trouvait le commandant Infernet, passa assez près de *l'Intrépide* pour en avoir connaissance et envoyer un canot à bord. Le commandant Codrington, à qui le commandant Infernet avait beaucoup parlé de l'enseigne Gicquel, fit à ce dernier l'accueil le plus gracieux.

(1) *Victoires et Conquêtes*, t. XVII, p. 185.

Conduit en Angleterre, il y resta cinq ans et demi. C'est alors que l'amiral Northkest, y opérant son retour, le fit échanger en mars 1811. Les officiers de *l'Intrépide*, réunis à bord du *Britania*, écrivirent de ce vaisseau une lettre à l'enseigne Gicquel, par laquelle ils le complimentaient et le félicitaient de son honorable conduite et de son parfait dévoûment, tant durant le combat qu'après. Envoyé en mission à Anvers et à Toulon, il trouva dans cette dernière ville sa nomination de lieutenant de vaisseau, du 11 juillet 1811, et un ordre de destination pour Gênes, afin d'y former le 68e équipage de haut-bord, destiné à armer le vaisseau *l'Agamemnon*, qu'il quitta l'année suivante, pour remplir les fonctions de second à bord de *la Dryade*, capitaine Baudin; sur cette frégate, il prit une part active au combat dit *du Romulus*, entre les îles d'Hières et le goulet de Toulon, le 13 février 1814. Il quitta cette frégate dans le mois de mai suivant, et monta en août sur *l'Amphitrite*, destinée pour Pondichéry. Appelé en février 1815 au commandement de la gabare *l'Infatigable*, destinée pour la station de Saint-Pierre-et-Miquelon, Terre-Neuve, il reçut, par suite des changemens apportés par les Cent-Jours, l'ordre de remonter à Rochefort, d'y déposer son chargement et de se rendre à Bayonne pour y prendre des bois de construction. Dans un second voyage qu'il fit à Bayonne, afin d'y armer une flotille, et au moment où il quittait les passes de Monmousson, la gabare *l'Infatigable*, chassée par une frégate et une corvette anglaises, se vit forcée de relâcher dans la Gironde, où elle resta jusqu'à la rentrée du roi en France.

A la Restauration, il reçut la croix de Saint-Louis, et prit, au commencement de 1816, le commandement de la flûte *la Salamandre*, et ensuite celui de la gabare *la Loire*, destinée pour le Sénégal, et fit voile dans le mois de juin suivant en compagnie de la frégate *la Méduse*, dont le naufrage eut une si affligeante célébrité. Ce désastre n'aurait pas eu lieu sans doute, si M. de Chaumareix eût continué sa route avec *la Loire*, ou s'il eût suivi les conseils écrits que M. Gicquel lui avait remis avant de quitter l'île d'Aix.

C'est à cette époque qu'il proposa l'installation du magasin général à bord des bâtimens, mode dont on a bientôt reconnu les excellens effets, et qui est depuis long-temps réglementairement établi à bord des navires de l'État.

De retour en septembre 1817, à Brest, il traduisit de l'anglais une foule d'instructions nautiques de la Manche, des côtes de l'Amérique du Nord; un long Mémoire sur les courans de l'Atlantique; et, sous le titre *Essai*, il compléta le Manœuvrier de Bourdé de la Ville-Huet. L'on doit également à M. Gicquel les *Tables comparatives des principales dimensions des bâtimens de guerre français et anglais*, ouvrage fort estimé, que les auteurs des *Victoires et Conquêtes* indiquent comme guide aux marins. Les *Annales maritimes* contiennent aussi de lui un travail relatif à quelques modifications sur les constructions navales, sur le gréement, la mâture; sur l'installation des bâtimens de l'État, sur leur arrimage, sur l'artillerie, telle que la substitution du 30 au 36, et les avantages qui en découleraient, etc., etc., modifications qui ont toutes été adoptées et mises en pratique plus ou moins promptement, et qui sont aujourd'hui (1844) réglementaires.

Promu capitaine de frégate le 1er septembre 1819, il se vit appelé par le ministre pour installer et armer la frégate *la Jeanne-d'Arc*, construite sur des plans nouveaux; il demeura à son bord comme second, et navigua, en 1821, dans la Méditerranée et dans l'Archipel, au moment où les Grecs levaient l'étendard de la liberté. Dans un voyage qu'il fit à Alexandrie, en Égypte, il présenta au ministre de la marine, sur cette contrée, des observations politiques et commerciales d'un ordre assez élevé pour être soumises au conseil des ministres.

Par ordonnance royale du 3 juillet 1822, il fut nommé rapporteur du conseil de guerre chargé d'examiner la conduite du capitaine Épron, pour la perte de la frégate *l'Africaine*. Dans le mois de décembre suivant, il reçut l'ordre de se rendre à Toulon, pour y prendre le commandement du brick *le Cuirassier*, et d'aller croiser entre les îles Baléares et le cap Palos d'Espagne. Il était alors question de faire entrer dans ce pays une armée française afin d'y rétablir l'autorité royale. Revenu à Toulon, il appareilla le 13 avril pour aller à la recherche de la frégate *la Junon*, qui croisait de Barcelone à Malaga, à l'effet de remettre à son capitaine, qui commandait les forces navales sur les côtes méridionales de l'Espagne, des paquets très pressés et qui lui donnaient avis que l'armée française était entrée en Espagne, sous les ordres du duc d'Angoulême. Appelé, le 23 juin 1824, au commandement de la corvette de charge *la Moselle*, il se rendit dans la mer Pacifique et fournit des approvisionnemens aux navires français qui y stationnaient. Élevé au grade de capitaine de vaisseau le 19 août 1827, il prit de nouveau, après les événemens de 1830, le commandement de *la Guerrière*. Nommé, le 18 avril 1831, directeur des mouvemens du port de Brest, et officier de la Légion-d'Honneur le 27 juillet 1832, M. Gicquel rend chaque jour des services très utiles au pays, et a reçu une foule de témoignages de satisfaction des différens ministres qui ont tenu le portefeuille de la marine. On ne récapitulera pas ici les améliorations qu'il a apportées dans sa direction; cependant, on ne saurait passer sous silence l'organisation des gabiers de port (autrefois les gardiens volans) et des pompiers de la marine, celle du matériel d'incendie, etc.

Nous devons dire aussi que plusieurs fois des marins, tombés à la mer par suite d'accident, ont dû la vie au courage et à l'humanité de cet officier supérieur. Les matelots de *l'Intrépide* n'ont pas oublié sans doute le dévoûment dont il fit preuve, le 23 messidor an XIII, en arrachant un de leurs camarades à une mort certaine, au péril de sa propre vie!

M. Gicquel des Touches, créé commandant de la Légion-d'Honneur le 28 avril 1841, est encore aujourd'hui directeur des mouvemens du port de Brest.

GILLET (JEAN-NICOLAS), naquit le 23 octobre 1774 au Grand-Charonne (Seine). Le 1er septembre 1793, il entra dans l'artillerie de la garde nationale parisienne, devenue par amalgame 1er régiment d'artillerie à cheval. Il partit aussitôt pour la Vendée, et se signala à la bataille du Mans, le 12 décembre, où l'armée royale fut complétement battue: blessé pendant l'action d'un coup de feu à la cuisse droite, il ne voulut quitter le champ de bataille que lorsqu'il eut appris que la victoire était restée aux troupes républicaines. Dirigé avec son corps sur l'armée d'Italie, il y fit les campagnes des ans II et III. Passé successivement aux armées d'Angleterre et de l'Ouest, il y servit pendant les ans IV, V et VI, et retourna l'année suivante en Italie, où il fut fait brigadier le 3 prairial an VII, et maréchal-des-logis le 1er thermidor an X. Il y reçut, le 15 pluviose an XII, la décoration de membre de la Légion-d'Honneur. Après s'être signalé de nouveau à l'armée de Naples et au siège de Gaëte, de l'an XIV à 1806, il devint maréchal-des-logis-chef le 21 vendémiaire an XIV, lieutenant en second et lieutenant en premier les 15 janvier et 16 mai 1807. Il est mort à Vienne le 8 juillet 1809, des suites de blessures reçues à Wagram, le 6 du même mois. B-S.

GIRAUD (PIERRE-JEAN), né le 27 avril 1770 à Goularon (Var), entra dans le 2e régiment d'artillerie de marine le 27 avril 1786. Caporal le 1er germinal an V, sergent le 1er thermidor an VI, sergent-major le 25 thermidor an X, il servit avec distinction, et reçut la décoration de la Légion-d'Honneur le 15 pluviose an XII. L'Empereur le nomma lieutenant en second le 3 mars 1807, et lui accorda sa retraite le 27 février 1812, après vingt et un ans de service, dont dix-sept de campagnes. Il est mort à Toulon (Var), le 1er janvier 1839, laissant un fils alors sergent-major au 10e régiment de ligne.

GOURREAUD (PIERRE), chef de timonnerie du jury maritime du 6e arrondissement (Toulon), servit long-temps, et mérita la décoration de la Légion-d'Honneur, que le premier Consul lui décerna le 15 pluviose an XII. Il est mort à Marseille (Bouches-du-Rhône), le 24 décembre 1826.

GOUTES (JEAN-ANTOINE), né le 10 avril 1758 à Rodez (Aveyron), entra au service comme soldat dans l'artillerie de marine le 12 novembre 1779, et embarqua sur *le Sagittaire*, du 23 mai 1780 au 25 septembre 1782. Passé à bord de *l'Éveillé*, le 29 octobre suivant, il servit successivement sur *le Censeur*, sur *la Modeste*, où il devint caporal, et débarqua à Toulon le 5 octobre 1793. Il se trouva au siège de cette ville, obtint le grade de sergent au 1er bataillon du 2e régiment d'artillerie de marine, et monta sur *la Boudeuse* le 28 ventôse an II. Embarqué tour à tour sur *la Caroline*, *l'Alceste* et *l'Égyptienne*, jusqu'au 21 fructidor an IX, il fit ensuite le service de terre, fut nommé membre de la Légion-d'Honneur le 15 pluviose an XII, et servit sur *le Swiftsure*, du 25 ventôse an XIII au 29 vendémiaire an XIV, jour du combat naval de Trafalgar. Ce vaisseau combattait opiniâtrement et avec quelque avantage un navire de sa force, lorsqu'un autre vaisseau anglais, à trois ponts, vint le prendre en poupe, le démâta complétement et le força à se rendre, après avoir perdu 3 officiers et 250 hommes. Le *Swiftsure*, qui avait été pris aux Anglais le 5 messidor an IX, par l'amiral Gantheaume, rentra ainsi en leur pouvoir. Fait prisonnier de guerre, Goutes ne rentra en France que le 26 juin 1812, et fut employé à terre jusqu'au 23 mars 1816, époque de son licenciement. Il est mort le 20 juillet 1835, à Toulon (Var).

GRASSET (CHARLES), enseigne de vaisseau du juri maritime du 6ᵉ arrondissement (Toulon), puis lieutenant de vaisseau. Il a été impossible de se procurer aucun renseignement sur cet officier. Tout ce qu'on sait, c'est que le premier Consul, pour le récompenser de ses bons services, le nomma membre de la Légion-d'Honneur le 15 pluviose an XII. Il est mort le 9 août 1813.

GRAVEREAU (JEAN), né le 10 mars 1765 à Jarnac (Charente), entra dans la marine comme mousse le 11 avril 1781, à bord de *la Comète*. Aide-timonier sur *le Pluvier* le 8 mai 1789, aide-pilote sur *la Philippine* le 7 octobre 1790, il passa sur *la Capricieuse* le 1ᵉʳ janvier 1793, en qualité de deuxième chef de timonnerie. Monté à bord de *la Cousine* le 16 août 1793, comme enseigne de vaisseau non-entretenu, il assista à un combat, son bâtiment remorquant la frégate *la Nymphe* contre les batteries de Noirmoutiers. Il se trouva à deux combats, les 10 et 13 prairial an II, sur *le Mont-Blanc*, et, à bord *du Nestor*, au combat livré à l'armée anglaise sous l'île de Groa, le 5 messidor an III. Enseigne de vaisseau entretenu le 24 nivose an IV, il eut le commandement de *la Pensée* ou *Vedette*, et le 1ᵉʳ pluviose an VII celui de *la Sirène*. Le 21 du même mois, il passa sur *la Bravoure*, et assista, dans le mois de nivose an IX, à un combat avec la frégate anglaise *la Concorde*. Le 23 germinal, il embarqua sur *le Succès*, et tour à tour sur *l'Indivisible*, *l'Étonnante*, *la Valeureuse*, jusqu'au 10 pluviose an XII. Il monta, le 11, sur *le Foudroyant*, fut nommé membre de la Légion-d'Honneur le 15 du même mois, et employé sur *le Batave* le 1ᵉʳ prairial suivant. Lieutenant de vaisseau le 15 ventose an XIII, il servit, le 16 vendémiaire an XIV, sur *l'Alexandre*, et se trouva à un nouveau combat sous la côte de Saint-Domingue, où il eut la jambe droite fracassée d'un coup de feu qui le mit hors d'état de naviguer. Il embarqua à Brest, sur *le Tourville*, du 8 avril au 2 août 1808, prit, le 3, le commandement de *la Laborieuse*, et celui *du Sans-Pitié*, du 21 novembre 1812 au 31 juillet 1814, date de sa retraite comme capitaine de frégate. Il est mort le 17 décembre 1824, à Saint-Pol-de-Léon (Finistère).

GUERIN (FRANÇOIS), naquit le 9 octobre 1775 à Sedan (Ardennes). Canonnier au 4ᵉ bataillon des Ardennes du 10 août 1791 au 12 décembre 1792, il passa dans le 8ᵉ régiment d'artillerie à cheval, d'où il fut versé dans le 1ᵉʳ régiment le 1ᵉʳ pluviose an X. Il fit les campagnes des années 1792 et 1793 à l'armée du Nord, et celle de l'an II à l'armée du Rhin, où il obtint le grade de brigadier le 2 thermidor. A l'affaire de Franckenthal, pendant la campagne de l'an IV, il reçut deux coups de feu, l'un aux reins et l'autre à la jambe gauche. En l'an V, il servit en Italie, où il resta jusqu'à la paix de Lunéville. L'arrêté du 15 pluviose an XII le nomma membre de la Légion-d'Honneur. A la reprise des hostilités, en vendémiaire an XIV, il fit partie de nouveau de l'armée d'Italie, et combattit à cette armée pendant les campagnes des années 1805, 1806 et 1807. Promu maréchal-des-logis le 1ᵉʳ octobre 1808, il fit partie, la campagne suivante, du corps du prince Eugène-Napoléon, et dans un combat livré dans le Tyrol, le 1ᵉʳ avril 1809, il tomba au pouvoir de l'ennemi et ne fut échangé que le 18 août suivant, après la paix de Vienne. Le 20 août 1811, il passa dans la gendarmerie impériale, obtint sa retraite au commencement de la Restauration, et se retira dans sa ville natale, où il réside encore aujourd'hui.

GUEZET (PIERRE), matelot du juri maritime du 3ᵉ arrondissement (Brest), servit long-temps et mérita la décoration de la Légion-d'Honneur, qui lui fut conférée le 15 pluviose an XII. Depuis cette époque, on n'a plus entendu parler de lui, et l'on ignore ce qu'il est devenu.

GUILLEMAIN (CLAUDE-JOSEPH), naquit le 18 mars 1770 dans le département du Doubs. Canonnier au 3ᵉ régiment d'artillerie à pied le 6 mars 1791, il fut nommé caporal le 1ᵉʳ frimaire an VIII, légionnaire le 15 pluviose an XII, et sergent le 1ᵉʳ nivose an XIII. Il avait fait toutes les campagnes de 1792 à l'an IX aux armées du Nord, de la Moselle et du Rhin. Il combattit en Espagne de 1808 à 1811, et obtint sa retraite le 30 novembre 1811, à la suite de nombreuses infirmités contractées au service. Il est mort à Besançon (Doubs), le 10 juillet 1825. Y.

GUILLIAR (PIERRE-GUILLAUME), naquit le 30 août 1776 à Versailles (Seine-et-Oise). Réquisitionnaire à la 31ᵉ demi-brigade de ligne le 13 septembre 1793, il passa dans la légion de police le 11 fructidor an IV, fut incorporé dans la 26ᵉ demi-brigade de ligne le 1ᵉʳ thermidor an V, fit toutes les campagnes de la liberté en Italie, et fut admis dans les grenadiers de la garde consulaire le 21 frimaire an VIII. Il se distingua à Marengo le 25 prairial an VIII, et y reçut plusieurs coups de sabre. Nommé légionnaire le 15 pluviose an XII, et placé dans le 2ᵉ collége d'arrondissement de Paris, il entra dans la compagnie de vétérans de la garde le 21 pluviose an XIII, obtint sa retraite le 25 juillet 1806, et se retira à Versailles, où il réside encore aujourd'hui. Y.

HAMON (RENÉ), né le 14 mars 1776, gabier faisant partie du juri maritime du 3ᵉ arrondissement (Brest), reçut la croix de la Légion-d'Honneur le 15 pluviose an XII, et mourut, le 19 août 1806, dans la circonscription du 6ᵉ arrondissement (Toulon).

HENRY (JEAN-PIERRE), enseigne de vaisseau. Quoique mort le 20 nivose an XII, il fut compris dans la nomination des membres de la Légion-d'Honneur du 15 pluviôse suivant.

HERVILLE. *Voyez* DURAND, *baron* D'HERVILLE.

HIAM (JEAN-JACQUES), enseigne de vaisseau du juri maritime du 6ᵉ arrondissement (Toulon), servit avec honneur, fut nommé légionnaire le 15 pluviôse an XII, et placé ensuite dans l'arrondissement électoral de Marseille. Il est mort le 25 novembre 1815.

HIGONET (JOSEPH), né le 12 décembre 1771 à Saint-Geniez (Aveyron), entra au service comme capitaine le 4 juillet 1792 dans le 2ᵉ bataillon de l'Aveyron, amalgamé dans la 56ᵉ demi-brigade de ligne, et fit les guerres de 1792 à l'an V aux armées des Alpes et d'Italie. Il prit une part active au siége de Toulon, où il fut blessé d'un coup de feu à l'épaule gauche. A la bataille de Rivoli, il se précipita sur l'ennemi à la tête de sa compagnie et lui prit 3 pièces de canon. Passé dans la 85ᵉ, peu de temps avant le départ de ce corps pour l'expédition d'Égypte, il fit avec lui les campagnes d'Orient de l'an VI à l'an IX. Il se signala à la bataille des Pyramides et à la prise d'El-Arich. Dans la première de ces affaires, il tenait la droite du carré qui repoussa avec tant de valeur les charges des mamelucks. Sa brillante conduite pendant le siége de Saint-Jean-d'Acre lui mérita les éloges du général en chef. Lors de la première sortie faite par la garnison turque, il reprit avec vigueur la première parallèle de gauche, que les assiégés venaient d'enlever. A El-Arich, il commandait la tranchée du cavalier de droite, lorsque l'ennemi se présenta en force pour l'attaquer; mais, bientôt, repoussé et rejeté en arrière, il fut contraint d'aller se réfugier dans ses propres ouvrages; il avait reçu pendant l'action un coup de feu au visage. A la bataille d'Héliopolis, il reçut un coup de pistolet à la tête en s'élançant le premier sur une batterie turque. C'est à la suite de cette affaire que le général Kléber le créa chef de bataillon; nomination que le premier Consul confirma le 19 vendémiaire an IX. Au siége du Caire, chargé d'attacher un pétard à l'une des portes de la ville, il remplit sa mission; mais l'explosion ayant manqué, il escalada les murs avec les grenadiers qu'il commandait et pénétra des premiers dans la place. Au moment de la révolte de cette ville, il força l'entrée d'une mosquée où s'étaient retirés les habitants, au nombre de 2,000. Le 30 ventôse suivant, il donna de nouvelles preuves de valeur à la bataille livrée sous les murs d'Alexandrie. Le général Menou le nomma adjudant-commandant le 11 messidor suivant. Le gouvernement le confirma dans ce grade le 17 nivôse an X. Nommé membre de la Légion-d'Honneur le 15 pluviôse an XII, commandant de l'Ordre le 25 prairial de la même année, et colonel du 108ᵉ de ligne le 1ᵉʳ nivôse an XIII, Higonet fit, à la tête de ce corps, les campagnes des ans XIV et 1806 à la grande armée, se signala le 14 brumaire an XIV à la prise du pont de Marienzell, le 11 frimaire suivant à Austerlitz, et fut tué à la bataille d'Iéna, le 14 octobre 1806. B-S.

HITASSE ET NON **ITASSE** (JEAN-BAPTISTE-FRANÇOIS), né le 24 juin 1768 à Vailly (Aisne), entra au 3ᵉ régiment d'artillerie à pied le 18 novembre 1790, et fit les campagnes de 1792 à l'an X aux armées du Nord, de la Moselle, du Rhin et de l'Ouest; il avait obtenu les galons de caporal le 25 floréal an II. Admis dans la Légion-d'Honneur le 15 pluviôse an XII, il fit partie de l'arrondissement électoral de Soissons, et prit sa retraite le 15 mai 1806. Il est mort à Braisne (Aisne), le 9 novembre 1838.

IMBART (JEAN-JACQUES-MARIE), enseigne, puis lieutenant de vaisseau du juri maritime du 6ᵉ arrondissement (Toulon). Le premier Consul le nomma membre de la Légion-d'Honneur le 15 pluviôse an XII. Il est mort en mer le 10 juin 1816. Sa veuve habitait alors Marseille.

ITASSE. *Voyez* HITASSE.

JACOB (JEAN-THIÉBAUT), naquit le 15 septembre 1770 à Preuschdorf (Bas-Rhin). Appelé par la première réquisition du département du Haut-Rhin, et incorporé dans la 206ᵉ, puis dans la 24ᵉ demi-brigade, qui devint, en l'an XII, 24ᵉ régiment d'infanterie de ligne, il combattit à l'armée de Sambre-et-Meuse pendant les ans II, III, IV et V, passa, l'année suivante, à l'armée gallo-batave, reçut un coup de feu au bras gauche à la bataille d'Alkmaër, en Nord-Hollande, le 10 vendémiaire an VIII, et fut destiné en l'an X pour faire partie de l'expédition d'Angleterre. Envoyé au commencement de l'an XII au camp de Brest, il fut nommé caporal de grenadiers le 11 vendémiaire, et légionnaire le 15 pluviôse. Pendant les campagnes de l'an XIV, de 1806 et 1807, il fut constamment attaché aux bataillons de guerre à la grande armée, montra une grande valeur à Eylau et à Friedland, et rentra dans ses foyers, par congé, le 28 décembre 1808. Il est mort à Gœrsdorf (Bas-Rhin), le 28 décembre 1841. Y.

JACQUEMAIN (PIERRE-JEAN-JACQUES), né le 10 janvier 1783 à Gand (Pays-Bas), servit en France comme marin, reçut la décoration de la Légion-d'Honneur le 15 pluviôse an XII, et devint étranger par le traité du 31 mai 1814. Il fut nommé alors brigadier des droits d'entrée et de sortie à la résidence de Montzau, province de Liége. On ignore s'il est encore vivant.

JACQUOT (FÉLIX), naquit le 1ᵉʳ novembre 1776 à Nogent (Seine). Volontaire au 1ᵉʳ bataillon du 102ᵉ régiment d'infanterie le 22 février 1792, il passa dans la 179ᵉ demi-brigade le 29 nivôse an III, et y resta jusqu'au 13 floréal an IV, époque de son admission dans la gendarmerie de la garde du Directoire exécutif. Il avait fait avec distinction les campagnes de 1792 à l'an III à l'armée du Nord, et y avait été blessé. Légionnaire le 15 pluviôse an XII, électeur du 2ᵉ collége d'arrondissement de Paris, et admis dans les vétérans de la garde consulaire le 21 pluviôse de l'année suivante, il en fut congédié avec une solde de retraite le 25 juillet 1806. Ce militaire réside en ce moment à Coucy-le-Château (Aisne).

JOLIBOIS (JEAN-MARIE), naquit le 18 novembre 1765 à Vic (Meurthe). Entré le 14 février

1783 dans le 5e régiment d'artillerie, il devint caporal le 1er juin 1792, assista pendant la campagne de 1792 à la prise de Spire, de Mayence et de Francfort-sur-le-Mein, et à la bataille de Limbourg (9 novembre 1792). Sergent le 31 mars 1793, il prit part à l'affaire de Kostheim, à la prise du château de Stromberg, au combat d'Alzei et aux affaires du camp retranché de Nothweiller. Passé à l'armée du Rhin, il y servit de l'an II à l'an V, et se signala aux affaires de Lamberstoch, de Geisberg et de Niederbrunn (an II); en l'an IV, à la défense de Manheim, et obtint, le 16 prairial de cette année, les galons de sergent-major. Après la campagne de l'an VI en Helvétie, il fut dirigé sur l'armée d'Italie, et se fit remarquer, les 6 et 16 germinal, aux batailles de Legnago et de Verone, et, plus tard, à la défense de la citadelle de Turin. Appelé ensuite à faire partie de l'armée des Grisons, il y fit les guerres des ans VIII et IX. Le premier Consul le nomma lieutenant en second le 19 prairial an XI, et membre de la Légion-d'Honneur le 15 pluviose an XII. Il servit pendant les ans XII et XIII sur les côtes de l'Océan, et en l'an XIV à la grande armée. Envoyé à l'Île d'Aix le 31 mai 1806, il y reçut, le 21 novembre suivant, le brevet de lieutenant en premier; devint successivement adjudant-major le 10 mai 1807, et capitaine en second le 9 septembre 1809. Admis à la retraite le 28 décembre 1814, se retira à Saint-Nicolas (Meurthe). Il est mort à Lunéville le 31 mai 1837. D-S.

JOURDE (JEAN), DIT **BOURGEOIS**, né le 9 novembre 1759 à Argentat (Corrèze), entra dans la marine marchande, et passa à celle de l'État le 7 thermidor an II. Il était à bord du *Çà-ira*, ci-devant *la Couronne*, en qualité de novice, lors du combat qui eut lieu, non loin des côtes de Corse, le 24 ventose an III, entre une partie des forces du contre-amiral Martin et l'escadre de l'amiral Nelson. *Le Çà-ira* dut céder à l'ennemi, mais il n'amena son pavillon qu'après avoir épuisé toutes ses munitions. Jourde, atteint de plusieurs blessures pendant le combat, rentra au port de Toulon. Il voulut continuer de servir, et monta la frégate *la Justice*, mais le comité de salubrité navale ayant déclaré que le cerveau se trouvait attaqué par suite de ses blessures, il se trouvait impropre au service, il fut congédié le 19 fructidor suivant. Il se retira dans le lieu de sa naissance, et y mourut le 1er mai 1834.

KERGAL (FRANÇOIS-MARIE), naquit le 10 avril 1782 à Lanmeur (Finistère). Entré dans la marine comme matelot, il devint quartier-maître, reçut la décoration de la Légion-d'Honneur le 15 pluviose an XII, et fut nommé contre-maître d'équipage le 9 janvier 1807. Il est mort le 16 novembre 1831, à Brest, étant adjudant-sous-officier à la 2e division des équipages de ligne.

KLIPFFELL (BLAISE), naquit le 3 février 1761 dans le département du Bas-Rhin. Ouvrier armurier appointé dans la 9e compagnie le 1er octobre 1788, sergent le 1er mai 1792, il fit les trois premières campagnes de la Révolution aux armées du Nord et de la Moselle. Passé en l'an III à l'armée de Sambre-et-Meuse, il tomba au pouvoir de l'ennemi en thermidor an IV, et obtint son échange le 1er vendémiaire an V. Envoyé, en l'an VIII, à l'armée de réserve d'Italie, il se trouva à la bataille de Marengo le 25 prairial. L'arrêté du 15 pluviose an XII le nomma légionnaire. Il fit encore les campagnes des années 1807, 1808, 1809 et 1810 en Portugal et en Espagne, et mourut le 26 août 1810. Y.

KOEPPING ET NON **ROEPING** (JEAN-CHARLES), né le 15 mai 1753 à Dantzig (Prusse), servit dans la garde nationale parisienne soldée depuis le 1er octobre 1789 jusqu'au 1er janvier 1792, époque à laquelle il passa dans le 13e bataillon d'infanterie légère de nouvelle formation. Placé le 23 janvier 1793 dans la 32e division de gendarmerie, il fit les campagnes de 1792, 1793, des ans II et III à l'armée du Nord, et fut admis dans les grenadiers de la Représentation nationale le 20 thermidor an III. Nommé légionnaire le 15 pluviose an XII, il entra dans la compagnie de vétérans de la garde impériale le 21 pluviose an XIII, et obtint sa retraite le 25 juillet 1806. Admis à l'hôtel des Invalides, il y est mort le 25 décembre 1810. Y.

LAGREZE (JEAN), né le 13 septembre 1781 à Bordeaux (Gironde), servit comme mousse sur le navire du commerce *la Jeune-Caroline* depuis le 18 décembre 1790 jusqu'au 3 novembre 1792. Novice et pilotin sur le vaisseau *l'Orient* le 26 brumaire an IV, il passa le 11 pluviose sur *le Mercure*, devint aspirant de 3e classe, s'embarqua sur la corvette *la Fauvette* le 21 thermidor, et de nouveau sur *le Mercure* le 22 vendémiaire an V. Aspirant de 2e classe le 18 floréal sur *l'Aquilon*, il servit successivement sur *le Mercure*, *la Montenotte*, *le Muiron*, *le Sans-Pareil*, *la Justice* et *le Bienvenu*, du 1er thermidor an VI au 6 nivose an X. Enseigne de vaisseau le 4 floréal suivant, il monta *le Marengo* le 12 frimaire an XI, et fut nommé membre de la Légion-d'Honneur le 15 pluviose an XII; il était encore sur ce vaisseau, commandé alors par le contre-amiral Linois, lorsque, le 13 mars 1806, il tomba au pouvoir de l'escadre de l'amiral Warens, à la hauteur du cap Verd. M. Lagreze demeura prisonnier des Anglais jusqu'au 16 février 1811, date de sa promotion au grade de lieutenant de vaisseau. Employé à Toulon jusqu'au 5 décembre 1814, il embarqua sur la frégate *la Néréide*, du 1er janvier au 23 octobre 1816. Cet officier demeure à Puylaurens (Tarn).

LAGREZE (JEAN-BAPTISTE), né le 26 juillet 1775 à Bordeaux (Gironde), entra au service comme matelot à bord du *Léopard* le 25 juillet 1791, et passa sur *le Duquesne* le 28 mars 1793. Embarqué sur *le Tonnant* le 7 floréal an II, il assista au combat du 24 ventose an III contre l'escadre anglaise dans la Méditerranée, sous les ordres du vice-amiral Martin, et devint aide-timonier le lendemain de cette affaire. 2e chef de timonnerie le 27 pluviose an IV sur *la Courageuse*, il monta le 2 prairial suivant sur *la Diane*. Aspirant de première classe sur *la Sérieuse*, le 4 thermidor an V, il se trouva du 14 au 15 thermidor an VI à Aboukir, combat dans lequel cette frégate fut coulée bas par le feu de l'ennemi. Comme il y avait peu de fond, *la Sérieuse* n'était pas entièrement submergée, l'arrière restait au-dessus de l'eau; c'est sur cette partie du navire que le capitaine commandant, ses officiers et le peu de marins qui lui restait, après avoir renforcé les équipages de plusieurs vaisseaux, se réfugièrent et demeurèrent pendant la fin du combat. Le capitaine capitula ensuite avec l'ennemi; il obtint que ses officiers et matelots fussent mis à terre, et qu'on le retînt seul prisonnier de guerre. Lagreze demeura atteint d'une hernie inguinale du côté droit, provenant des différens efforts qu'il avait faits durant le combat.

Embarqué le 20 thermidor an VI sur *le Guillaume-Tell*, et nommé enseigne de vaisseau le 29 pluviose an VII, il prit part, sous les ordres du contre-amiral Decrès, au combat du 9 germinal an VIII, en sortant du port de Malte; il y reçut un coup de feu au bras gauche. Il servit à terre aux ports de Rochefort, Brest et Toulon, du 25 floréal an IX au 1ᵉʳ floréal an X, jour de son embarquement sur *l'Atlas*. Membre de la Légion-d'Honneur le 15 pluviose an XII, il quitta *l'Atlas* le 21 prairial suivant, et passa sur *l'Annibal*, où il demeura jusqu'au 8 pluviose an XIII. Débarqué à Toulon, il ne tarda pas à monter *le Muiron*, passa le 25 juillet 1806 sur *le Frontin*, et revint sur *le Muiron*, du 29 juillet suivant au 14 mai 1807. Le 4 juillet, il servit sur *la Pauline*; le 27 septembre sur *la Victorieuse*, fut nommé lieutenant de vaisseau, et assista au combat du 26 octobre 1809, sur la côte du Languedoc, à la suite duquel l'escadre du contre-amiral Baudin fut forcée, par une escadre anglaise, de s'échouer, et de mettre le feu à deux de ses vaisseaux. M. Lagreze embarqua sur le vaisseau *le Génois* le 21 juillet 1810, prit le commandement de la flûte *le Rhinocéros* le 2 mai 1812, monta le vaisseau *le Wagram* et *la Melpomène*, du 15 avril 1813 au 19 avril 1815, et cessa son service le 31 décembre suivant. Il réside en ce moment à Marseille (Bouches-du-Rhône).

LANGOUMOIS (JEAN), né en 1761 à Beaumont (Vienne), commença à servir au 78ᵉ régiment d'infanterie le 18 janvier 1791, et passa le 14 février 1793 dans le 3ᵉ régiment d'artillerie à pied, où il fit en qualité de canonnier et d'artificier les campagnes de 1793 à l'an IX aux armées du Nord et de Sambre-et-Meuse. Admis dans la Légion-d'Honneur le 15 pluviose an XII, et nommé caporal le 11 brumaire an XIII, il fit la campagne d'Austerlitz, et obtint sa retraite le 16 mai 1806. Il est mort à Poitiers (Vienne), le 11 avril 1807.

LANNELONGUE (JEAN), né le 3 février 1765 à Tarnos (Landes), entra dans la marine comme mousse le 27 avril 1780, et embarqua, du 27 août suivant au 8 juillet 1782, sur la gabare *la Bayonnaise*, allant de Rochefort à Bayonne, pour l'approvisionnement de la marine. Matelot timonier le 23 mai 1785 à bord de la gabare *la Cigogne*, se rendant à la même destination, il fit une campagne à Saint-Domingue, pour ravitailler la colonie. Débarqué le 12 septembre 1786, il navigua pour le commerce, du 20 mars 1787 au 1ᵉʳ novembre 1791, en différentes qualités, et notamment pendant trente-trois mois comme officier sur divers bâtimens, et monta le 14 juin 1792, en qualité de chef de timonnerie, sur la frégate *la Médée*, en croisière dans le golfe de Gascogne; cette frégate ayant obtenu des succès de guerre, il eut le commandement de la prise *l'Emmanuel*, qu'il conduisit à Bayonne, et fut employé dans le port de cette ville, du 26 fructidor an II au 22 germinal an III, pour suivre la vente des prises de *la Médée*. Enseigne de vaisseau provisoire le 23 de ce mois sur l'aviso *l'Eveillé*, en croisière, il prit le commandement de *l'Esthir*, capturé par *l'Eveillé*, et le conduisit à Bayonne. Le 5 fructidor an IV, il embarqua sur *le Fougueux*, allant de Rochefort à Brest, où s'opéra la jonction de l'armée qui fit l'expédition de Bautry, et passa enseigne entretenu le 20 ventose an V. Débarqué à Brest le 3 frimaire an VI, il servit dans ce port jusqu'au 15 ventose suivant. Il monta le lendemain le vaisseau *le Mont-Blanc*, fit la campagne de la Méditerranée, en armée sous les ordres de Bruix, alla à Cadix, où s'opéra la jonction avec l'escadre espagnole, et revint à Brest le 12 ventose an VIII. Après trois mois de service dans ce port, il embarqua le 2 messidor sur le vaisseau *le Tourville*, en évolutions dans la rade de Brest. Le 6 nivose an IX, il servit sur *le Zélé*, stationné dans la baie de Bertheaume; le 10 pluviose, sur *le Patriote*, et fut reversé sur *le Berwick*, qui se rendit à Saint-Domingue, sous les ordres de Villaret-Joyeuse. De retour à Brest, il fit sur le même vaisseau l'expédition de la Martinique, et deux voyages à l'île d'Elbe pour y porter des munitions de guerre. De retour à Toulon, il monta, le 24 prairial an XI, le vaisseau *l'Annibal*, en évolutions dans cette rade, fut nommé membre de la Légion-d'Honneur le 15 pluviose an XII, passa le 22 prairial sur *le Neptune*, qui opéra à Cadix sa jonction avec une division espagnole, et fit sur ce vaisseau une campagne à la Martinique. Au retour, il se trouva à un engagement avec une escadre anglaise. Le 29 vendémiaire an XIV, il assista au combat naval de Trafalgar, rentra à Cadix avec le restant des vaisseaux, et prit part dans cette rade à un nouveau combat contre les forces espagnoles de terre et de mer, à la suite duquel les Français furent obligés d'amener leur pavillon, après trois jours d'une résistance opiniâtre. Prisonnier de guerre en Espagne et en Angleterre le 15 juin 1808, il fut promu le 12 juillet lieutenant de vaisseau, et ne rentra de captivité que le 28 mai 1814. Employé dans le port de Brest jusqu'au 31 août, il resta en non-activité du 1ᵉʳ septembre suivant au 31 décembre 1816. Il est mort le 20 août 1823 à Bayonne (Basses-Pyrénées).

LAUGIER (ESPRIT-LOUIS-LÉONCE), né le 11 mai 1770 à Fréjus (Var), commença à naviguer comme mousse sur les navires du commerce en 1782, et fut employé en l'an II sur les bâtimens de l'État en qualité d'officier auxiliaire. Enseigne de vaisseau le 19 brumaire an V, membre de la Légion-d'Honneur le 15 pluviose an XII, il passa lieutenant de vaisseau le 11 juin 1809.

On lit dans *le Moniteur* du 27 janvier 1812 : « La bombarde française *la Sainte-Émilie*, chargée de 4,000 quintaux de projectiles pour l'arsenal de Barcelone, avait été prise le 2 janvier par un corsaire ennemi, et conduite à Mataro. Dès le lendemain, M. Laugier, lieutenant de vaisseau, fut expédié pour Mataro avec deux bateaux armés de 20 marins d'élites. A minuit, les deux bateaux ont enlevé à l'abordage la bombarde *la Sainte-Émilie*, et coulé bas le seul bâtiment ennemi qui se trouvait à Mataro, malgré la proximité d'un vaisseau de ligne et de 3 corvettes anglaises mouillées à Arenis-le-Mar. La petite flotille française est rentrée le 5 janvier dans le port de Barcelone, au grand étonnement des habitans, qui ne s'attendaient pas à ce trait d'audace devant un ennemi si supérieur. »

Admis à prendre sa retraite le 1er janvier 1816, Laugier obtint, par ordonnance royale du 21 août suivant, le grade honorifique de capitaine de frégate. Il est mort le 6 août 1843 à Toulon (Var).

LAUREL (PIERRE-ANDRÉ), né à Agde (Hérault), embarqua sur *la Brumaire*, le 1er germinal an II, comme aide-timonier, et passa, en la même qualité, à bord du vaisseau *le Ça-ira*, le 9 thermidor suivant. Il se trouva au combat du 24 ventose an III, où il perdit le bras gauche. De retour des prisons de l'ennemi, Laurel fut employé le 22 messidor suivant comme gardien journalier dans le port de Toulon, et obtint un congé le 24 floréal an IX. Revenu à Toulon le 1er vendémiaire an X, nommé membre de la Légion-d'Honneur le 15 pluviose an XII, et congédié le 29 avril 1809, il rentra au service du port le 1er mars 1816 en qualité de gardien de bâtiment désarmé, et continua de servir dans cet emploi. Il est mort le 4 février 1839 à Toulon (Var).

LAURENT (LÉONARD), né le 30 octobre 1776 à Teigny (Nièvre), servit dans la 34e demi-brigade depuis le 21 pluviose an II jusqu'au 1er floréal an VI, époque à laquelle il passa dans la 14e compagnie d'ouvriers d'artillerie, avec laquelle il fit les campagnes de l'an VI à l'an IX à l'armée d'Orient : il fut nommé légionnaire le 15 pluviose an XII, étant à l'armée des côtes de l'Océan, et obtint un congé de réforme pour infirmités, le 21 janvier 1809. Il réside aujourd'hui à Mayence, mais momentanément. Y.

LE BASTIER DE RIVRY (THÉODAT-JEAN-BAPTISTE), naquit le 4 juillet 1785 à Rochefort (Charente-Inférieure). Mousse le 9 fructidor an V à bord de la bombarde *le Sphinx*, en station à l'île d'Aix, novice le 11 nivose an VIII, et aspirant de 2e classe le 6 prairial an IX, il monta la frégate *la Thémis*, et passa le 30 brumaire an X sur *la Franchise*, en mission à Saint-Domingue. Il reçut une récompense pécuniaire pour s'être distingué dans la descente faite à Léogane, et fut grièvement blessé au petit Goave. Sa belle conduite dans cette affaire lui valut le grade d'aspirant de 1re classe provisoire, le 24 germinal an XI. Il était sur *la Franchise*, lorque les Anglais s'emparèrent de cette frégate, le 8 prairial suivant; il ne fut point échangé de toute la guerre. Membre de la Légion-d'Honneur le 15 pluviose an XII, il servit, le 12 messidor an XIII, sur le vaisseau *le Magnanime*. Aspirant de 1re classe par examen le 1er mars 1806, il passa sur le brick *le Palinure*, et y resta jusqu'au 8 juin 1807. Le 19 juin 1816, il devint capitaine au long cours, et mourut le 28 février 1823.

LEBEAU (HONORÉ-MAGLOIRE), DIT MAGLOIRE, naquit le 3 octobre 1775 à Barzy (Aisne). Le 5 mai 1791, volontaire dans le régiment de Bourgogne, devenu 32e demi-brigade de ligne, il fit avec bravoure les guerres de l'armée des Alpes et d'Italie de 1792 à l'an V. Devenu caporal le 1er thermidor an II, il suivit son corps à l'armée d'Orient, et assista à toutes les affaires auxquelles la brave 32e prit une part si glorieuse en Egypte et en Syrie, de l'an VI à l'an IX, assista à la prise de Jaffa, et fut blessé d'un coup de feu à la jambe droite au siége de Saint-Jean-d'Acre. Le général en chef Bonaparte le nomma sergent sur le champ de bataille le 23 prairial an VII. Le 20 pluviose an X, il entra dans les grenadiers à pied de la garde des consuls. Membre de la Légion-d'Honneur le 15 pluviose an XII, il devint caporal le 29 fructidor suivant. Il servit pendant les ans XII et XIII à l'armée des côtes de l'Océan, et de l'an XIV à 1807 à la grande armée : il avait mérité, le 17 mai 1806, le grade de sergent dans le 1er régiment de grenadiers à pied de la garde impériale. Sergent-major le 18 mai 1809, il fit la campagne d'Allemagne, devint porte-aigle et lieutenant en second le 19 avril 1811, et passa lieutenant en premier dans le 2e régiment de grenadiers à pied de la garde le 1er juillet 1812. Sa conduite en 1812 et en 1813 lui valut le grade de capitaine et la croix d'officier de la Légion-d'Honneur les 8 avril 1813 et 21 février 1814. Il avait eu les deux premiers doigts du pied droit gelés lors de la retraite de Moscou, ce qui ne l'empêcha pas de servir en France et en Belgique en 1814 et 1815. Admis à la retraite le 19 novembre de cette dernière année, il se retira dans le lieu de sa naissance, où il est mort le 28 juin 1835. B-S.

LEBOLLOCHE (JACQUES-FRANÇOIS), enseigne de vaisseau du jury maritime du 6e arrondissement (Toulon), que le premier Consul décora de la Légion-d'Honneur le 15 pluviose an XII, pour le récompenser de ses services, est mort le 15 février 1819 à l'Ile-de-France, étant en congé sans appointemens depuis le mois de juillet 1814.

LE BRETEVILLOIS (JEAN-JULIEN-FRANÇOIS), né à Cherbourg (Manche), le 25 novembre 1767, entra comme mousse le 16 août 1783 à bord de *la Providence*, navire du commerce. Novice sur le même bâtiment le 7 juin 1784, il passa matelot le 16 août suivant sur *la Pallas*. Le 13 janvier 1786 il embarqua sur le *Chasse-Marée* de l'Etat n° 4, le 1er mars 1787 sur *la Porteuse*, rentra dans la marine marchande, et navigua sur *la Ville-du-Hâvre*, *le Roi-d'Akin*, et *la Charlotte-Désirée*, du 1er août suivant au 12 juillet 1792.

Il servit dès-lors dans la marine de l'Etat, monta sur *la Violente* le 26 octobre suivant en qualité de timonier, et remplit les fonctions de contrôleur en rade et au bureau des ingénieurs du port de Cherbourg, du 2 septembre 1793 au 1er vendémiaire an III. Le 28 nivose, il passa enseigne de vaisseau sur *la Mégère*, et eut le commandement des cutters *le Granville* et *la Mouche-sans-Raison*, les 1er et 23 vendémiaire an V. Le 21 brumaire suivant, il embarqua sur *le Vautour*, et fut chargé, le 11 brumaire an VI, des fonctions d'état-major et de celles d'adjudant en chef des mouvemens au port de Cherbourg. Embarqué le 27 nivose an IX sur la frégate *la Guerrière*, il prit le 10 germinal le commandement de *l'Etna*, et soutint sur cette canonnière les combats des 16 et 26 thermidor suivans, où il fut blessé. Chargé de nouveau, le 27 nivose an X, des fonctions d'état-major et d'adjudant en chef des mouvemens du port, et promu lieutenant de vaisseau le 18 floréal, il monta *l'Argus*, et la frégate *la Furieuse*, le 28 thermidor, reçut la croix de la Légion-d'Honneur le 15 pluviose an XII, et remplit une troisième fois des fonctions d'état-major et d'adjudant en chef des mouvemens du port d'Anvers, du 26 brumaire an XIII au 30 août 1806. Capitaine de frégate le 12 juillet 1808, il commanda, le 1er septembre, le brick *le Favori*, qui soutint le 25 décembre suivant un combat contre une corvette anglaise sous les tropiques. En 1809, il assista au bombardement du fort Bourbon, dit *Desaix*, île Martinique, où il commandait les bataillons des marins provenant des frégates, corvettes et autres bâtimens brûlés, et tomba le 15 février au pouvoir des Anglais. Rentré des prisons d'Angleterre le 1er novembre 1811, et employé le 2 au port, il monta le vaisseau *le Superbe* le 2 janvier 1812, et tomba encore entre les mains de l'ennemi le 1er janvier 1813. Prisonnier de guerre à demi-solde jusqu'au 12 août, il reprit le 13 le service à l'état-major au port de Cherbourg. Il resta dans cette position jusqu'au 30 août 1814, fut mis en non-activité le 1er septembre jusqu'au 1er janvier 1816, date de son admission à la retraite; il avait reçu la croix de Saint-Louis dans les premiers jours de la Restauration. Il est mort dans sa ville natale le 5 mars 1844.

LECORRE (JOACHIM), matelot du juri maritime du 6e arrondissement (Toulon), reçut la décoration de la Légion-d'Honneur le 15 pluviose an XII. On n'a aucune connaissance de ce qu'il a fait, ni de ce qu'il a pu devenir; ce qu'on sait, c'est qu'il servait encore en 1813.

LEDOUARIN (FRANÇOIS-FIDÈLE-AMAND, et non AMABLE), enseigne de vaisseau, du juri maritime du 3e arrondissement (Brest), était en retraite à Brest lorsque le premier Consul lui accorda la décoration de la Légion-d'Honneur le 15 pluviose an XII. Il est mort à Kity (Côtes-du-Nord), le 26 octobre 1808.

LEGOLIAS (ARMAND-HIPPOLYTE-ANDRÉ-MARIE), né le 3 mars 1783 à Châteaulin (Finistère), entra dans la marine comme novice le 1er fructidor an VII, devint aspirant de deuxième et de première classe les 18 thermidor an VIII et 1er prairial an X, et reçut la décoration de la Légion-d'Honneur le 15 pluviose an XII. Il obtint les grades d'enseigne et de lieutenant de vaisseau les 10 brumaire an XIV et 11 juillet 1811, et mourut le 12 décembre 1816, faisant partie du juri maritime du 6e arrondissement (Toulon).

LEONARD (ADAM), né le 9 mars 1770 à Boulay (Moselle), entra comme canonnier-aspirant au 4e régiment d'artillerie de marine le 24 fructidor an VI, et fut nommé membre de la Légion-d'Honneur le 15 pluviose an XII. Admis à la retraite avec le grade de sergent honoraire le 21 décembre 1809, il se retira d'abord dans le lieu de sa naissance. Il est mort le 10 avril 1841, à Luttange (Moselle), où demeurent sa veuve et son fils.

LEONARD (JEAN), né le 19 juin 1763 à Gasso, canton de Turin (Éridan), commença à servir dans le régiment du roi de Sardaigne, troupes légères, le 17 novembre 1781, et passa dans celui de Lombardie le 26 brumaire an V, où il obtint le grade de caporal le 11 frimaire an VII : le 25 thermidor an VIII, il fut nommé sergent dans la légion vaudoise, devenue successivement 1re demi-brigade piémontaise et 41e demi-brigade légère. Il avait fait au service de la Sardaigne les campagnes de 1792 à l'an VI inclusivement, et celles des ans VII, VIII et IX en Italie, au compte de la République française. Nommé le 15 pluviose an XII membre de la Légion-d'Honneur, il fut détaché en recrutement à partir du 1er janvier 1807, et obtint, comme étranger, un congé pour rentrer dans ses foyers, le 21 août 1814. On ignore ce qu'il est devenu depuis cette époque.

LEPELLETIER (FRANÇOIS), aspirant de marine du juri maritime du 6e arrondissement (Toulon), fut compris parmi les légionnaires du 15 pluviose an XII, et mourut le 29 vendémiaire an XIV, attaché au 3e arrondissement maritime (Brest).

LEPOT (GUILLAUME), du juri maritime du 6e arrondissement (Toulon), mérita par ses services la décoration de la Légion-d'Honneur, que le premier Consul lui conféra le 15 pluviose an XII. Il fut tué, le 13 brumaire an XIV, sur *le Formidable*, où il était comme matelot, pendant le combat naval livré, dans la latitude du cap Finistère, par le contre-amiral Dumanoir aux Anglais.

LEROI, lieutenant au 14e régiment de ligne, et LEROY, sergent au 2e bataillon de la garde impériale. Ces deux noms, avec des grades différens, sont celui d'un même individu. *Voyez* ROY.

LEVET (ANDRÉ), né le 15 avril 1771 à Saint-Martin (Isère), entra au 4e régiment d'artillerie à pied le 22 décembre 1790, passa dans le 17e régiment d'artillerie à cheval le 15 avril 1793, et fut incorporé définitivement dans le 5e régiment d'artillerie à cheval le 20 thermidor an II, après avoir fait les campagnes de 1792, 1793 et an II, aux armées des Alpes et d'Italie. Pendant le siège de Toulon, il parvint, par la justesse de son tir, à couler à fond deux pontons anglais lancés pour incendier la flotte. Le 30 brumaire an III, il fut nommé brigadier, et, en l'an VI, il quitta l'armée d'Italie pour suivre l'expédition d'Orient, où il se distingua dans plusieurs circonstances, particulièrement au siège d'Acre, à la bataille d'Alexandrie et au combat de Séchiné (basse Égypte), où il fut blessé à la cuisse droite. Il avait été nommé maréchal-des-logis le 25 messidor an VII. Il obtint, le 15 pluviose an XII, la décoration de légionnaire, fit partie de la grande armée pendant les campagnes d'Autriche, de Prusse et d'Allemagne, en 1805, 1806 et 1809, et mourut en 1812, pendant la retraite de Moscou. Y.

L'HÉRITIER (JEAN), né le 20 juin 1774 à Sainte-Colombe (Gironde), entra dans la marine comme matelot à bord du vaisseau *le Patriote* le 2 messidor an II, passa sur *l'Aquilon* le 29 pluviose an III, sur *le Jupiter* le 18 fructidor suivant, et fit les voyages de Brest à Toulon, et de Toulon à Brest. Maître-timonier le 24 frimaire an V à bord du *Trajan*, il monta *la Sirène* le 3 messidor, partit de Brest le 30 pluviose an VI, fit la campagne de Saint-Domingue, et débarqua à Lorient le 15 pluviose an VII. Matelot-gabier sur *le Républicain* le 20 germinal suivant, il fit la campagne de la Méditerranée et d'Espagne. A bord du *Zélé*, en rade de Brest, du 18 au 26 frimaire an VIII, il embarqua le lendemain sur *le Formidable*, fut nommé quartier-maître le 1er fructidor an IX, et fit les campagnes de la Méditerranée, du Fort-Royal et d'Espagne. Membre de la Légion-d'Honneur le 15 pluviose an XII, et contre-maître le 1er germinal an XIII, il assista sur le même vaisseau au combat du 3 thermidor suivant contre la flotte anglaise, et à celui du 13 brumaire an XIV, dans lequel *le Formidable*, pavillon du contre-amiral Dumanoir, mis hors d'état de manœuvrer et ayant perdu plus de 200 hommes, fut forcé de se rendre aux Anglais.

Conduit prisonnier en Angleterre, L'héritier ne rentra en France que le 6 juin 1814. Du 16 mai au 10 octobre 1815, il monta *la Bayadère*, en rade de l'île d'Aix et rivière de Bordeaux. Il habite aujourd'hui Bordeaux (Gironde).

LIEUTAUD (JEAN-JOSEPH), du juri maritime du 6e arrondissement (Toulon), reçut la décoration de la Légion-d'Honneur le 15 pluviose an XII, en récompense de ses services, et mourut le 5 ventose an XIII, étant maître-canonnier employé dans le port de Toulon.

LOMBARD (SÉRAPHIN), naquit en 1767 à Arras (Pas-de-Calais). Admis dans le 2e bataillon des grenadiers de la garde des consuls le 5 germinal an IX, après la campagne de Marengo, où il avait fait preuve du plus brillant courage, il fut nommé légionnaire le 15 pluviose an XII, fit la campagne d'Autriche, de Prusse et de Pologne, et mourut à son corps le 10 janvier 1808.

LOOS (ADOLPHE), naquit le 6 mai 1772 à Ittenheim (Bas-Rhin). Canonnier dans le 5e régiment d'artillerie à pied le 10 août 1789, il fit les guerres de la Révolution de 1792 à l'an IX aux armées du Rhin et d'Helvétie, et devint successivement caporal le 11 nivose an V, sergent le 4 fructidor an VIII, sergent-major et membre de la Légion-d'Honneur les 26 nivose et 15 pluviose an XII. Détaché dans diverses places de guerre de l'an XII à 1808, il fut nommé lieutenant en second le 16 juin 1809, se signala en Allemagne, et obtint le brevet de lieutenant en second le 16 juin 1809, et de lieutenant en premier le 8 septembre 1810. Passé alors à l'armée d'Espagne, il y servit jusqu'au 1er juillet 1812, époque à laquelle il tomba au pouvoir de l'ennemi à Badajoz. Peu de temps après, son colonel reçut pour lui le brevet de capitaine en second, daté du 14 février 1813. Rentré des prisons de l'ennemi à la paix de 1814, il fut placé le 1er septembre dans le 3e régiment d'artillerie à pied, et fut nommé, le 15 avril 1816, capitaine en résidence fixe à Blaye. Il était passé à la résidence de Bayonne depuis le 21 mai 1830, lorsque, le 4 mars 1837, il obtint sa retraite. M. Loos avait été nommé chevalier de Saint-Louis le 17 août 1822. Il réside en ce moment à Bayonne.

LUCOT (IGNACE), naquit le 21 octobre 1764 à Pont-à-Mousson (Meurthe). Volontaire dans le 1er bataillon de la Meuse le 9 avril 1793, il passa successivement dans la 5e et dans la 24e demi-brigade, devenue 24e régiment d'infanterie de ligne en l'an XII. Caporal le 11 vendémiaire an II, en raison de la brillante conduite qu'il avait tenue le 14 septembre 1793 au combat de Permerel, et où il avait reçu un coup de feu au pied gauche, il combattit dans les rangs de l'armée du Rhin jusqu'à la fin de l'an V, rejoignit l'année suivante l'armée d'Italie, et fut encore blessé à la main gauche le 2 floréal an VIII, en enlevant à la baïonnette les redoutes de Montefaccio. Cette brillante action lui valut le 5 du même mois le grade de sergent. Pendant les ans IX et X, il fit partie du corps d'observation de la Gironde. Détaché en l'an XII au camp de Brest, il obtint la décoration de légionnaire le 15 pluviose suivant. Il combattit encore vaillamment à Austerlitz et à Iéna, pendant les campagnes des ans XIV et 1806, et périt de la mort des braves, sur le champ de bataille d'Eylau, le 8 février 1807. Y.

MACE, NON MASSE NI MASSET (JOSEPH), naquit le 1er mai 1777 à Chauvigny (Vienne). Réquisitionnaire dans la 26e demi-brigade légère le 20 ventose an III, il y servit jusqu'au 6 ventose an X, époque de son passage dans les grenadiers de la garde des consuls, et se distingua pendant toute la durée des campagnes d'Italie. Sa belle conduite à la bataille de Rivoli, le 6 germinal an VII, où il avait été blessé d'un coup de biscaïen à la jambe gauche, lui valut le titre de légionnaire le 15 pluviose an XII. Employé pendant les ans XII et XIII à l'armée des côtes de l'Océan, il fit la campagne de l'an XIV en Autriche, celle de 1806 en Prusse, celle de 1807 en Pologne, et obtint sa retraite le 1er novembre 1809. Il est mort dans le lieu de sa naissance le 16 avril 1842. Y.

MAGLOIRE. *Voyez* LEBEAU (*Honoré-Magloire.*)

MAIGNAL. *Voyez* MAYNIAL.

MAILLAC. *Voyez* MAYAC.

MAILLET ou **MAILLIET** (JEAN-JACQUES), sergent à la 75e demi-brigade de ligne. C'est par erreur que ce sous-officier a été compris parmi les légionnaires du 15 pluviose an XII; il n'est entré dans l'Ordre que le 30 août 1813, et il était alors sergent au 6e régiment des tirailleurs de la garde impériale. *Voyez* la nomination du 30 août 1813.

MAILLET (PROTÉE), né le 20 février 1757 à Tavaux (Jura), servit long-temps dans l'artillerie de marine et au 2ᵉ régiment de cette arme, devint sergent-major, légionnaire le 15 pluviose an XII, électeur de l'arrondissement de Dôle, obtint sa retraite, et mourut dans le lieu de sa naissance le 22 avril 1813.

MALIE ET NON MALIE (JACQUES), grenadier à pied de la garde des consuls, reçut la décoration de la Légion-d'Honneur le 15 pluviose an XII, et mourut, étant encore à son corps, le 1ᵉʳ floréal suivant.

MARCILLAC (GUILLAUME), naquit le 13 avril 1773 à Verlac (Aveyron). Volontaire au 2ᵉ bataillon de l'Aveyron le 5 juillet 1792, il passa successivement dans la 56ᵉ demi-brigade de ligne et dans la 85ᵉ de même arme. Pendant les années 1792 et 1793, il fut attaché à l'armée des Alpes. L'année suivante, il servit en Italie, où il resta jusqu'au commencement de l'an v. Le 17 frimaire de cette année, à la bataille de Rivoli, il reçut un coup de feu qui lui traversa la cuisse droite. Entré dans les grenadiers de la garde des consuls le 19 messidor an X, nommé légionnaire le 15 pluviose an XII, et classé dans l'arrondissement électoral d'Epalion, il prit une part glorieuse aux trois campagnes d'Autriche, de Prusse et de Pologne, pendant les ans XIV, 1806 et 1807. Admis à la retraite le 3 janvier 1809, il est mort à Millau (Aveyron), le 23 novembre 1834. Y.

MARGOLLÉ (PHILIPPE), entra jeune dans la marine. On lit dans *le Moniteur* du 12 brumaire an VIII : « Boulogne, 8 brumaire. Le corsaire *la Joséphine*, capitaine Margollé, et *le Vrai-Décidé*, capitaine Dégardin, se sont emparés d'un navire anglais qui portait en Angleterre un colonel et 35 dragons de la garde du roi d'Angleterre, avec 19 chevaux ; cette troupe revenait de l'expédition de *la Bâtarde*. » Le 15 pluviose an XII, le premier Consul décora Margollé de la Légion-d'Honneur, et le nomma capitaine de port à Boulogne. Dans la nuit du 1ᵉʳ au 2 thermidor suivant, un coup de vent de nord-est des plus impétueux causa d'immenses dommages à la flotille réunie devant Boulogne ; un grand nombre de bâtimens furent dispersés, plus de 400 marins et soldats tombèrent ensevelis sous les flots. On trouve le nom de Margollé parmi ceux des officiers cités dans l'ordre du jour de l'amiral Bruix, daté du 3, comme ayant par leur courage arraché de nombreuses victimes à une mort certaine. Ce brave marin est mort le 20 juillet 1807, étant capitaine de port à Calais.

MARIÉ (JACQUES), né le 23 août 1769 dans le département de l'Eure, entra au 79ᵉ régiment d'infanterie (Boulonnais) le 25 février 1789, fut nommé caporal le 1ᵉʳ pluviose an II, sergent le 1ᵉʳ ventose an VIII, et passa en qualité de simple grenadier dans la garde à pied des consuls le 26 brumaire an IX. Il avait fait les campagnes de 1793 à l'an IX aux Pyrénées, en Italie, à l'armée d'Angleterre, en Hollande et sur le Rhin ; au siége de Lyon, il avait eu le bras droit fracassé d'un coup de feu ; au siége de Roses, en Espagne, il avait été blessé grièvement à la tête ; à Bassano, en Italie, le 22 fructidor an IV, il s'était élancé seul dans les rangs ennemis, avait fait prisonnier un officier supérieur autrichien et 10 soldats, et avait reçu un violent coup de canon de fusil sur la tête. Le 23 nivose an IX, il obtint de nouveau le grade de caporal, fut nommé légionnaire le 15 pluviose an XII, sergent le 1ᵉʳ vendémiaire an XIV, et mourut en congé de convalescence le 20 juin 1806. Y.

MASSÉ ET MASSET. *Voyez* MACÉ.

MAYAC (FLORENT), né le 16 octobre 1775 à Souillac (Lot), entra comme matelot dans la marine, servit sur divers bâtimens de l'État, fut nommé membre de la Légion-d'Honneur le 15 pluviose an XII, et passa aide-canonnier sur *l'Argonaute* en 1808. Le 9 juin de cette année, il assista à un combat contre les Espagnols dans la rade du Puntal, près Cadix ; un boulet ayant ouvert tout l'avant de la canonnière sur laquelle il était monté, en qualité de maître-canonnier, il faillit perdre la vie. A bord du même vaisseau, il se trouva au bombardement des 9 et 10 juin 1809, et obtint de son commandant, le capitaine de vaisseau Billiet, un certificat honorable sur sa conduite et sa fermeté dans cette occasion. Il est mort dans sa ville natale le 4 juin 1839.

MAYNIAL ET NON MAIGNAL NI MAYNIOL (JEAN), né le 30 avril 1775 à Marcenat (Cantal), entra comme canonnier d'artillerie de marine à la 5ᵉ demi-brigade à Rochefort, le 13 décembre 1793, fit la campagne de l'an II à bord du *Pelletier*, et assista aux deux batailles du 13 prairial, sous Jean-Bon-Saint-André. Il fit sur le même vaisseau la campagne de l'an III, celle de l'an IV à bord de *l'Invincible*, et celle de l'an V, en Irlande, sur *l'Indomptable*. Embarqué le 14 prairial an VI sur *la Bayonnaise*, il se trouva au combat héroïque que cette corvette livra le 24 frimaire an VII à la frégate anglaise *l'Ambuscade*. Dans ce combat trop inégal, il devenait impossible à *la Bayonnaise* de résister plus long-temps à la supériorité de l'artillerie ennemie ; la corvette retentit bientôt du cri : *A l'abordage*. Les deux bâtimens se heurtent, le choc ébranle la mâture déjà criblée de *la Bayonnaise*, un mât de misaine tombe sur le gaillard d'arrière de *l'Ambuscade* : c'est un pont qui s'offre aux Français pour passer à bord du bâtiment ennemi. Ils s'y élancent et le franchissent malgré une grêle de balles qu'on fait pleuvoir sur eux. Enfin, la valeur française triomphe, le gaillard est emporté aux cris de : *Vive la République !* et les Anglais mettent bas les armes. Dans cette brillante affaire, Maynial reçut trois blessures et perdit le bras droit. Il entra le 19 floréal suivant dans les apprentis canonniers-marins à Rochefort, 4ᵉ compagnie. En non-activité le 4 floréal an IX, il fut nommé membre de la Légion-d'Honneur le 15 pluviose an XII, et reprit le service dans la 4ᵉ compagnie de canonniers de marine le 2 avril 1810, jusqu'au 29 août 1811. Il est mort le 19 juin 1831, à La Jarne, près de La Rochelle (Charente-Inférieure).

NOMINATION DU 15 PLUVIOSE AN XII.

MAYTON ET NON **MAYETON** (FRANÇOIS), naquit le 7 novembre 1768 à Mortroux (Creuse). Soldat le 23 mai 1793 dans la compagnie de canonniers-volontaires de Paris, il passa, le 21 thermidor an II, maréchal-des-logis dans le 1er régiment d'artillerie à cheval. Il se signala à l'armée de la Vendée de 1793 à l'an III, et, dans un engagement sérieux, il s'empara de 2 bouches à feu et de 2 caissons attelés. Employé à l'armée d'Italie de l'an IV à l'an VIII, il y obtint plusieurs fois l'honneur d'être mis à l'ordre de l'armée. Le général en chef Bonaparte lui délivra, en l'an VI, le brevet d'un sabre d'honneur pour s'être distingué à la bataille d'Arcole, où il fut grièvement blessé, et à l'affaire d'Anghiari. Détaché, de l'an IX à l'an XI, à l'armée gallo-batave, il fut fait membre de la Légion-d'Honneur et maréchal-des-logis-chef les 15 pluviose et 14 floréal an XII. Retourné à l'armée d'Italie, il fit les campagnes de l'an XIII à 1808. Le 8 janvier 1806, il avait été nommé sous-lieutenant dans le 7e bataillon principal du train d'artillerie. Il servit en Allemagne en 1809. Promu lieutenant le 4 février 1810, il fit la campagne de Russie et assista à toutes les affaires de la grande armée de 1813 et 1814. Il avait été fait prisonnier au passage de la Bérésina, le 29 novembre 1812; mais, parvenu à s'évader en traversant cette rivière à la nage, il avait le lendemain rejoint l'armée en retraite. Licencié le 31 décembre 1815, et mis à la retraite le 19 juin 1816, il se retira à Bonnat (Creuse), où il est mort le 25 août 1833. B-S.

MIGET (PHILIPPE), naquit le 1er janvier 1770 à Besançon (Doubs). Parti comme grenadier volontaire le 1er août 1791 avec le 1er bataillon du Doubs, il passa d'abord dans la 5e, puis dans la 24e demi-brigade, qui devint plus tard 24e régiment de ligne, fut nommé caporal de grenadiers le 8 mai 1793, et sergent le 30 pluviose an II. Le 10 mai 1792, à Mayence, armée de la Moselle, il eut le pied droit fracassé par un coup de feu; le 19 octobre 1793, au combat des Landes, près Laval, armée de l'Ouest, il reçut un coup de feu qui lui traversa la jambe gauche; il fut envoyé ensuite à l'armée du Rhin, où il resta jusqu'à la fin de l'an V, passa l'année suivante en Italie, et fit partie du corps d'observation de la Gironde pendant les ans IX et X. Au commencement de l'an XII, il fit partie du camp de Brest, où il reçut la croix de légionnaire, qui lui avait été accordée par arrêté du 15 pluviose; il fit ensuite partie de l'arrondissement électoral de Besançon. Il prit part à tous les combats et à toutes les batailles livrés par la grande armée en Autriche, en Prusse et en Pologne, pendant les campagnes des ans XIV, 1806 et 1807, et fut blessé grièvement à Friedland le 14 juin. Il obtint sa retraite le 31 décembre de la même année. Il réside aujourd'hui à Nanci (Meurthe). Y.

MILLIE ET NON **MILLET** (PIERRE-ÉTIENNE), second maître d'équipage, juri maritime du 5e arrondissement (Rochefort), mérita par ses services d'être nommé membre de la Légion-d'Honneur le 15 pluviose an XII. Il est mort le 5 septembre 1832 à Mornac (Charente-Inférieure).

MONNIER (JEAN). Il était quartier-maître et faisait partie du juri maritime du 6e arrondissement (Toulon), lorsque le premier Consul le nomma membre de la Légion-d'Honneur le 15 pluviose an XII. Depuis cette époque, on a cessé d'avoir de ses nouvelles.

MOREAU (PIERRE), patron de chaloupe de pêche, du juri maritime du 5e arrondissement (Rochefort), naquit le 10 mars 1762 à Saint-Pierre, île d'Oleron (Charente-inférieure). La pièce suivante fera connaître quelle a été la vie de ce marin:

« Port de Rochefort.

» Le commissaire des classes de la marine à l'île d'Oleron, certifie que le sieur Pierre Moreau, patron de chaloupe de pêche et membre de la Légion-d'Honneur, a été classé le 3 novembre 1787, folio 91, n° 98; que depuis cette époque il a constamment navigué une chaloupe de pêche, qui est sa propriété, en qualité de patron; qu'en cette même qualité, il a rendu beaucoup de services à des bâtimens en danger, et qu'il a sauvé la vie plusieurs fois à des naufragés.

» Ile d'Oleron, le 18 décembre 1816.

» Victor DIDIER. »

Le premier Consul l'avait récompensé de ses services, par la décoration de la Légion-d'Honneur, le 15 pluviose an XII. Il est mort au Château, île d'Oleron, le 1er octobre 1828.

MOUNIER (JEAN-BAPTISTE), naquit le 11 avril 1775 à Limoges (Haute-Vienne). Volontaire dans les équipages d'artillerie le 4 avril 1791, il fit la campagne de l'armée du Nord de 1792, assista aux batailles de Jemmapes, de Mons et de Namur, passa en 1793 à l'armée des Pyrénées-Occidentales comme conducteur en second dans le 18e bataillon du train d'artillerie, et prit part aux combats de la Croix-aux-Bouquets, à la prise des redoutes de Bérac, au siège de Fontarabie et à la prise d'Yron. Il servit à l'armée d'Italie de l'an IV à 1807, et se fit remarquer à la bataille de Castiglione, au siège de Mantoue, au passage de l'Adige, aux batailles du Tagliamento et de Salo. Pendant cette dernière affaire, 4 mulets à bât, chargés de munitions, avaient été abandonnés dans un défilé entre les montagnes et le lac, où l'ennemi venait de prendre position. Mounier, qui s'aperçoit de cette perte, revient sur ses pas et ramène les mulets sous le feu meurtrier de l'ennemi. Il se signala au passage du pont de Lodi, à Cassano et à Savigliano, où il sauva un caisson et une forge; il retournait à la charge avec un chef de bataillon et un détachement du 3e léger, pour dégager une pièce d'artillerie restée au pouvoir de l'ennemi, lorsque tous furent faits prisonniers. Rendu à la liberté, il devint maréchal-des-logis le 1er germinal an VIII, et maréchal-des-logis-chef le 21 pluviose an IX. Il se trouva aux passages du Mincio et de l'Adige, sauva un caisson qui allait être pris par l'ennemi, et montra le plus grand courage à la bataille de Montebello, où il reçut un coup de feu à la jambe. En l'an X, il passa par incorporation dans le 6e bataillon principal du train d'artillerie (6e bis) l'année suivante. Adjudant-sous-officier le

16 brumaire an XII, et adjudant-sous-lieutenant le 8 nivose même année, il reçut le 15 pluviose suivant la croix de la Légion-d'Honneur. Il faisait partie de l'armée de Naples, lorsque, le 30 frimaire an XIII, il fut promu au grade de lieutenant. Au siége de Gaëte, en 1806, il commandait une batterie. Le 7 juillet, il dirige son feu sur 2 caissons placés dans le chemin de communication de la place et les fait sauter; deux jours après, il pointe ses pièces contre les chaloupes-canonnières qui inquiétaient nos travailleurs, et les oblige à se retirer avec perte de toutes leurs rames : il reçut à ce siége un coup de feu à la cuisse gauche. Passé à l'armée d'Espagne en 1808, il y servit avec la même valeur jusqu'en 1811, et se distingua aux siéges de Girone et de Barcelone, à chacun desquels il fut grièvement blessé. Capitaine-commandant dans le 9e bataillon du train d'artillerie le 18 août 1811, il fit les campagnes de Russie, d'Allemagne et de France, de 1812 à 1814. A la fin de cette dernière année, il passa dans le 3e escadron du train, qui prit garnison à Strasbourg sous la première Restauration. Il servit en 1815 au corps d'observation du Jura, fut licencié le 1er septembre, et mis à la retraite le 19 juin 1816. Il est mort à Aixe (Haute-Vienne), le 16 février 1838.

MOUSNIER (JEAN-BAPTISTE-ANSELME), né le 21 janvier 1770 à Saint-Jean-d'Angély (Charente-Inférieure), entra comme mousse le 1er janvier 1782 à bord de la gabare le Fort. Le 9 juillet 1784, il passa sur le Rhône en qualité de novice-pilotin, devint matelot le 6 mai 1785 sur la Cigogne, allant à Paimbœuf et à Bayonne, et le 25 juin 1786 sur la Railleuse, se rendant à la Martinique. Volontaire de la marine le 24 juillet 1788, il monta le 24 juillet 1790 sur l'Embuscade, faisant voile pour la Martinique, et le 14 avril 1791 sur la Réunion, même destination. Devenu volontaire de 1re classe le 4 juin 1792, il embarqua sur l'Hélène et l'Apollon, de cette époque au 14 mars 1793, jour de sa nomination au grade d'enseigne de vaisseau. Il passa le lendemain sur la frégate la Fortunée, en croisière, et assista le 22 juillet à un combat dans lequel il eut la mâchoire gauche cassée. Commandant une batterie de 12 pièces de canon, pendant le siége de Bastia (Corse), il reçut le 11 pluviose an II une blessure qui lui cassa le bras droit, en faisant riposter à une division anglaise qui canonnait la ville. Le 22 du même mois, étant à l'hôpital pour se rétablir de cette blessure, l'ennemi bombardant la ville, il eut, par une bombe qui éclata sous son lit, tout le visage brûlé, ainsi que plusieurs contusions à différentes parties du corps. Embarqué le 13 floréal an III sur l'Agricole, en rade de Rochefort, le 4 prairial sur le Flibustier, le 27 messidor sur la Néréide, il devint enseigne de vaisseau entretenu le 9 thermidor suivant, et monta la Médée le 19 du même mois. Le 27 vendémiaire an IV, il servit sur la Bayonnaise, en croisière ; le 19 pluviose an V sur la Dédaigneuse, chargée de l'escorte des convois; le 3 nivose an VI sur la Diligente, et fut nommé lieutenant de vaisseau le 22 floréal de la même année. Employé le 7 vendémiaire an VII sur la frégate la Franchise, le 7 pluviose an IX sur le vaisseau le Duguay-Trouin, et le 17 ventose de nouveau sur la Franchise, il fit campagne en Irlande, sur les côtes d'Afrique et à Saint-Domingue. Le 29 germinal an X, il monta le Zélé, allant à Saint-Domingue; le 29 messidor sur le Tourville, se rendant aux colonies; le 5 ventose an XI sur la Thémis, à Rochefort, faisant voile pour la Méditerranée et les colonies, reçut la croix de la Légion-d'Honneur le 15 pluviose an XII, et débarqua à Bordeaux le 16 décembre 1806. Le 17 juin 1807, il prit à Bayonne le commandement de la gabare la Cigogne, qui fit naufrage près de Bordeaux le 20 novembre suivant. Embarqué dans le même port sur la frégate la Comète le 16 avril 1808, il commanda le 16 juin le brick l'Oreste; attaqué le 13 janvier 1810 en sortant de la Basse-Terre, par des forces supérieures, il soutint ce combat un coup de biscaïen qui lui fit aux reins une contusion considérable, et tomba au pouvoir de l'ennemi. Promu capitaine de frégate le 3 juillet 1811, M. Mousnier réside aujourd'hui à Pont-Rousseau, près Nantes (Loire-Inférieure).

NORMAND (NICOLAS), né le 14 juillet 1769 à Aprey (Haute-Marne), entra le 20 avril 1786 dans le régiment de Bourgogne, devenu 59e d'infanterie, passa le 20 vendémiaire an II dans la 17e compagnie d'artillerie à cheval, et fut définitivement incorporé dans le 5e régiment d'artillerie légère le 20 thermidor de la même année, après avoir fait sur le Rhin les campagnes de 1792 et 1793, et celle de l'an II. Il servit ensuite à l'armée d'Italie pendant les guerres des ans III, IV, V et commencement de l'an VI, et fut nommé fourrier le 28 thermidor an IV. Il fit partie de l'armée expéditionnaire d'Orient pendant les campagnes d'Égypte et de Syrie, de l'an VI à l'an IX, et obtint par sa bravoure le grade de maréchal-des-logis le 1er vendémiaire an VII, et celui de maréchal-des-logis-chef le 23 prairial an IX. Rentré en France au commencement de l'an X, il alla rejoindre son régiment à Besançon. Quelques fautes contre la discipline lui ayant fait perdre son grade le 21 germinal an XI, il n'en fut pas moins compris parmi les membres de la Légion-d'Honneur de la promotion du 15 pluviose an XII, et le 6 fructidor suivant il regagna, par sa bonne conduite, les galons de fourrier. Il fit avec la grande armée les campagnes d'Autriche, de Prusse et de Pologne de l'an XIV à 1807, prit une part active aux événemens de la journée d'Austerlitz, et fut nommé maréchal-des-logis-chef le 1er juillet 1806. Il était à Eylau et à Friedland, et fit la campagne de 1809 à l'armée d'Allemagne. Le 6 juillet de cette dernière année, à Wagram, il reçut un coup de boulet qui lui fracassa le genou droit. Incapable dès-lors de continuer son service, il se retira dans ses foyers et obtint une pension de retraite par décret impérial du 11 août 1810. Il est mort le 3 août 1840, à Hièvre-Magny (Doubs).

PALMART ET NON PALMARS NI PALINARS (JEAN-BAPTISTE-CIRIAC-JOSEPH), né à Couvin (Ardennes), le 8 août 1764, entra dans la 9e compagnie d'ouvriers d'artillerie le 25 octobre 1787. Il fit les guerres de 1791 en Belgique, de 1792 à l'an IX aux armées de Sambre-et-Meuse et du Rhin, se trouva à la bataille de Fleurus, où il fut fait prisonnier et bientôt délivré par un parti de cavalerie ; à la prise de Mons, d'Aix-la-Chapelle et de Juliers; aux siéges de Luxembourg et de Mayence, et au bombardement de Kehl. En 1792, l'armée française en retraite ayant passé la Sarre à Martich, en détruisit immédiatement le pont, afin d'arrêter la marche des troupes coalisées. Cette opération terminée, on s'aperçut qu'un charriot chargé d'agrès et de cordages était resté sur la rive abandonnée. Palmart se chargea de la difficile et hasardeuse entreprise de le sauver, repassa la rivière, reprit la voiture au moment où l'ennemi allait s'emparer de la tête du pont, et la ramena sous un feu meurtrier de mousqueterie. Il se signala également à l'affaire d'Arlon et à la défense des lignes de Weissembourg. La division Lefebvre, voulant hâter sa marche pour aller prendre part au déblocus de Landau, s'était engagée dans les gorges de Limbach, où elle se trouva bientôt arrêtée par un pont que l'ennemi venait de rompre et qu'il défendait vivement. Palmart offrit à son général de reconstruire le pont en quelques heures, si on lui donnait un nombre d'hommes suffisant pour abattre les bois nécessaires à cette reconstruction. L'offre étant acceptée, il dirigea avec intelligence les ouvriers mis à sa disposition, guida toutes les manœuvres et parvint à rétablir le passage. Peu de temps après, la même division étant de nouveau arrêtée par un chemin étroit percé dans le roc, ce fut encore Palmart qui, sous le feu meurtrier de l'ennemi, le rendit praticable en l'élargissant. Cette nouvelle opération dura trois heures, après lesquelles nos troupes, sans cesse harcelées par les Autrichiens, qui les foudroyaient en face et sur les deux flancs, parvinrent enfin à franchir l'obstacle. Le général Lefebvre fit offrir 400 francs à ce brave et aux camarades qui l'avaient aidé; tous répondirent « qu'ils se devaient à la patrie, qu'ils n'avaient rempli que leur devoir, et qu'en conséquence ils ne pouvaient ni ne devaient accepter de récompense pécuniaire. » Ils prièrent leur général d'appliquer cette somme au soulagement des blessés qui se trouvaient dans les hôpitaux de l'armée. Palmart, nommé maître armurier le 1er pluviose an X, fut envoyé en Corse l'année suivante, et y resta jusqu'en 1806; il y reçut le grade de sergent le 26 frimaire an XII, et le 15 pluviose même année le brevet de membre de la Légion-d'Honneur. Il servit en Étrurie en 1807, et passa à l'armée d'Espagne en 1808. Il assista à la prise de Burgos et au blocus de Thuis en 1809, et fit la campagne de 1810 et 1811, partie en Espagne, partie en Portugal. Il obtint, le 15 juin 1813, le grade de lieutenant, et fut admis à la retraite le 22 mars 1816. Il a été employé comme contrôleur des forges de l'arrondissement du Midi de 1817 jusqu'au 25 décembre 1831. Il réside en ce moment à Libos (Lot-et-Garonne). B-G.

PAPIGNY (NICOLAS), caporal au 4e régiment d'artillerie de marine. Tout ce qu'on sait sur ce militaire, c'est qu'il a reçu la décoration de la Légion-d'Honneur le 15 pluviose an XII, et qu'il est mort à Sedan (Ardennes), le 15 mars 1816.

PARÉE (MARC-ANTOINE), enseigne de vaisseau, du juri maritime du 1er arrondissement (Dunkerque), obtint en récompense de ses services la décoration de la Légion-d'Honneur le 15 pluviose an XII. On a cessé d'avoir des nouvelles de cet officier depuis le 19 août 1812; il était alors à Wilna, comme capitaine de la 6e compagnie des équipages de la flotille impériale.

PARIAUT ET NON PARRIOT (CLAUDE), né le 4 mars 1773 à Malay (Saône-et-Loire), entra dans les équipages d'artillerie le 20 avril 1793, et passa le 1er vendémiaire an X dans le 5e bataillon principal du train, après avoir servi aux armées du Rhin, d'Italie et des côtes de l'Océan, jusqu'à la paix de l'an IX. Il fut nommé légionnaire le 15 pluviose an XII, prit part à toutes les batailles livrées par le corps sous l'Empire à la grande armée, en Espagne et en France, et passa au 8e escadron du train le 1er octobre 1814, d'où il sortit le 1er juillet 1816 pour passer à l'escadron de Valence, n° 3, où il devint brigadier le 22 janvier 1823 et maréchal-des-logis le 23 mars. Il fit encore la campagne de 1823 en Espagne, et obtint sa retraite le 1er septembre 1824. Il réside en ce moment à Saverne (Bas-Rhin). Y.

PAUL (LAURENT), né le 8 mars 1744 à Montmarault (Allier), entra comme fusilier dans l'artillerie de marine le 2 mars 1773, et embarqua sur le vaisseau *le Hardi* le 1er septembre 1777. Débarqué le 1er décembre, il fit le service à terre jusqu'au 21 mars 1778. Il monta le lendemain sur *le Singe*, sur *le Zélé* le 13 avril, et reprit le service à terre, du 31 décembre 1779 au 23 mai 1780, jour de son embarquement sur *le Hardi*, qu'il quitta le 1er octobre 1784, date de sa nomination au grade de caporal. Il passa alors au département de Rochefort, y servit du 26 mai 1786 au 1er vendémiaire an V, et fut employé à terre à Toulon jusqu'au 28 thermidor an VII, qu'il embarqua sur *le Banel*. Débarqué le 7 fructidor, il resta sept jours à terre et monta sur *le Généreux* jusqu'au 18 du même mois. Il fit de nouveau le service à terre, fut nommé membre de la Légion-d'Honneur le 15 pluviose an XII, et obtint son congé le 25 juillet 1808. Admis comme journalier à la direction des mouvemens du port le 9 mars 1812, il passa gardien de bâtiment désarmé le 1er juillet 1814, et continua ces fonctions. Il est mort le 29 décembre 1823 à Toulon (Var).

PAUL (LAURENT-JUSTINIEN), aspirant de 2e classe, du juri maritime du 6e arrondissement (Toulon). Il a reçu la décoration de la Légion-d'Honneur le 15 pluviose an XII, et l'on a cessé d'avoir de ses nouvelles depuis cette époque.

PENON (ATHANASE), né le 15 avril 1779 à Verneuil (Oise), entra dans les équipages d'artillerie le 6 ventose an II, et servit successivement dans le 13e bataillon et le 7e principal, où il passa définitivement par incorporation le 1er vendémiaire an X, après avoir fait les campagnes des ans II à IX. Il fut nommé brigadier le 18 ventose an X, fourrier le 21 thermidor an XI, et membre de la Légion-d'Honneur le 15 pluviose an XII. Embarqué sur l'escadre de Rochefort le 16 nivose an XIII, il cessa dès-lors d'appartenir à l'armée de terre. On ignore, au ministère de la marine comme à la grande-chancellerie de la Légion-d'Honneur, ce qu'il est devenu depuis cette époque.

PERRON (LOUIS), quartier-maître, du juri maritime du 6e arrondissement (Toulon), a obtenu la décoration de la Légion-d'Honneur le 15 pluviose an XII, et est mort le 1er février 1812, faisant encore partie du 6e arrondissement maritime.

PERROT ET NON PERAUD (JEAN-BAPTISTE), naquit le 23 janvier 1777 à la Grange-aux-Bois (Vosges). Volontaire à la 76e demi-brigade le 12 juin 1792, il fit les campagnes de 1793 à l'an V à l'armée de l'Ouest, passa en l'an VI à celle d'Helvétie, combattit l'année suivante sur le Danube, et rejoignit en l'an VIII l'armée du Rhin, où il fit la brillante campagne d'hiver de l'an IX. Le 4 ventose an X, il fut admis dans les grenadiers de la garde consulaire, obtint la décoration de la Légion-d'Honneur le 15 pluviose an XII, fut nommé caporal le 1er nivose an XIV en récompense de sa belle conduite à Austerlitz, combattit en Prusse et en Pologne pendant les campagnes de 1806 et 1807, et passa le 1er octobre de cette année dans le 1er régiment de fusiliers de la garde impériale, d'où il fut congédié avec solde de retraite à la suite de blessures graves reçues en Allemagne pendant la campagne de 1809. Il est mort à Avallon (Yonne), le 8 novembre 1838. Y.

PIEBUS (JACOB), marin, du juri maritime du 1er arrondissement (Dunkerque). Légionnaire du 15 pluviose an XII. On a cessé d'avoir des nouvelles de ce marin depuis le 1er janvier 1813.

PIERRE (JEAN, baron), né le 20 janvier 1773 à Lunéville (Meurthe), entra dans le 25e régiment de cavalerie le 11 septembre 1792, fit les guerres de 1792 à l'an VI aux armées du Nord, de Sambre-et-Meuse, du Rhin et d'Helvétie, fut blessé de trois coups de sabre à la prise de Tournay, le 14 messidor an II, et devint brigadier le 26 messidor an VI. Il suivit son régiment à l'armée d'Italie, où il se fit remarquer pendant les campagnes des ans VII, VIII et IX. Fourrier le 18 vendémiaire an IX, maréchal-des-logis et maréchal-des-logis-chef les 11 et 16 ventose an X, il passa par incorporation, le 1er ventose an XI, dans le 3e régiment de cuirassiers, obtint le 6 nivose an XII le grade d'adjudant-sous-officier, et le 15 pluviose suivant la décoration de membre de la Légion-d'Honneur. Il fit avec distinction les guerres de la grande armée de l'an XIV à 1809, et fut nommé sous-lieutenant et lieutenant les 26 juin 1806 et 25 juin 1807. Sa brillante conduite aux batailles d'Eckmühl, de Ratisbonne, d'Ebersdorf, de Gros-Aspern, d'Essling et d'Enzersdorf, lui mérita la plus haute distinction à laquelle pouvait prétendre un officier de son grade : deux décrets spéciaux du 14 mai 1809 lui conférèrent des lettres-patentes de baron de l'Empire et le grade de capitaine. Le baron Pierre prit sa part de gloire pendant la guerre de Russie de 1812, notamment à la bataille de la Moskowa, où il fut blessé de deux balles. Lors de la retraite de l'armée sur le Niémen et la Pologne, il fit partie de l'escadron sacré qui accompagna l'Empereur jusqu'au-delà de la Bérésina. Fidèle au serment qu'il avait doublement prêté à Napoléon, il n'accepta aucun emploi de la Restauration, sollicita et obtint sa retraite le 25 novembre 1815. Il est mort le 18 février 1825. B-S.

PIERRE DE VIANTAIX (FRANÇOIS), né le 1er septembre 1774 à Besançon (Doubs), entra le 1er octobre 1769 comme simple soldat dans le 24e régiment d'infanterie. Issu d'une famille noble et aisée de la Franche-Comté, il ne tarda pas à franchir rapidement les premiers grades militaires, et devint successivement, en 1771, caporal, sergent et sous-lieutenant. Le 2 juin 1779, il reçut l'épaulette de lieutenant, et le 1er septembre 1784 celles de capitaine. De Viantaix, qui avait embrassé avec chaleur la cause de la liberté, fut nommé lieutenant-colonel le 9 mai 1792. Sa conduite distinguée aux armées du Nord et du Rhin lui valut, le 3 brumaire an II, le grade de général de brigade provisoire, à la demande des représentants du peuple près lesdites armées. Il se signala particulièrement à l'affaire de Tournay le 28 avril 1792, aux combats de Limbach les 7 et 13 août, de Pirmassens le 14 septembre, et de Saverne les 22 et 23 octobre. Il déploya la plus grande valeur dans une sortie de la garnison de Lille, où, avec 600 hommes et 4 pièces d'artillerie, il tua 200 Autrichiens, et repoussa vigoureusement le reste des troupes qui lui étaient opposées. Admis à la retraite le 20 pluviose an IV, puis remis en activité le 13 germinal an V, on l'employa dans la 20e division militaire. Réformé le 6 vendémiaire an VI, à la suite des troubles qui eurent lieu à Montauban, il reprit de nouveau de l'activité le 3 floréal an VIII dans la division militaire où il avait été précédemment placé, présida pendant long-temps le conseil de révision, et obtint la confirmation de son grade de général de brigade le 8 germinal an IX, pour prendre rang de la date de sa nomination provisoire. Destiné pour un commandement de place, il fut admis, en attendant, à jouir du traitement d'activité, conformément à un arrêté du gouvernement du 9 fructidor an XI. Le premier Consul le nomma membre de la Légion-d'Honneur le 15 pluviose an XII. Chargé de l'organisation et du commandement des gardes nationales sédentaires du département du Doubs, de l'an XI à 1815, il s'acquitta de cette mission avec beaucoup de zèle et d'intelligence. Il était à la retraite depuis le 23 décembre 1819, lorsqu'une ordonnance royale du 16 janvier 1822 lui conféra le grade honorifique de lieutenant-général. Il est mort le 22 juillet 1823. B-S.

POIRIER (CLAUDE), naquit le 1er novembre 1772 à Pointre (Jura). Soldat au 12e régiment d'infanterie le 28 mars 1790, il fut incorporé dans l a demi-brigade des Lombards, et plus tard dans la 72e, où il servit jusqu'au 1er nivose an IX, époque de son admission dans les grenadiers de la garde consulaire. Il avait fait toutes les campagnes de la République en Belgique, en Batavie et en Italie, et s'était distingué à Bergen le 3ᵉ jour complémentaire an VII, à Alkmaër le 10 vendémiaire an VIII, à Castricum le 14 du même mois, et à la bataille de Marengo le 25 prairial suivant. Nommé légionnaire le 15 pluviose an XII, il assista aux batailles d'Austerlitz, d'Iéna, de Friedland, de Wagram et de la Moskowa, fit partie de la garnison de Dantzig, après la retraite de 1812, et tomba au pouvoir des Russes à la reddition de cette place le 1ᵉʳ janvier 1814. Rentré des prisons de l'ennemi à la paix, il se retira dans ses foyers. Il est mort le 6 mai 1832 à Fougères (Ille-et-Vilaine). Y.

POLLET (JEAN-BAPTISTE), né le 30 avril 1757 à Boulogne-sur-Mer (Pas-de-Calais), entra au service de la marine, comme matelot, le 9 novembre 1776 sur le vaisseau *le Bizarre*, et servit, du 26 avril 1778 au 31 mars 1793, sur *le Sphinx* et *la Rusée*, en qualité d'aide-canonnier. Contre-maître le 2 brumaire an II à bord *du Courageux*, il passa maître d'équipage sur *le Souffleur* le 27 germinal, et sur *l'Enflammé*, du 30 messidor suivant au 29 fructidor an III. Il navigua, en outre, au cabotage, à la pêche, commanda divers corsaires pendant l'espace d'environ dix-huit ans, et fut nommé membre de la Légion-d'Honneur le 15 pluviose an XII. Il est mort dans sa ville natale le 18 juin 1821.

PONNE (GUILLAUME), né à Sept-Fontaines le 15 octobre 1767, entra dans le 1ᵉʳ régiment d'artillerie à pied le 14 avril 1785, devint caporal le 18 août 1792, et sergent le 1ᵉʳ thermidor an III. Il se fit remarquer de 1792 à l'an IX aux armées de Sambre-et-Meuse, du Nord et d'Italie, notamment à la bataille de Nerwinde, à la défense du camp de Famars, sous Valenciennes; aux batailles de Hondscoote et de Watignies, aux siège et prise de Namur, du Quesnoy, de Landrecies et de Maëstricht, à la bataille de Marengo et sous le fort de Verone. Il faisait partie du camp de Boulogne depuis la fin de l'an XI, lorsqu'il fut nommé, le 15 pluviose an XII, membre de la Légion-d'Honneur. Il suivit bientôt après le mouvement des troupes campées sur les rives de l'Océan, et fit avec elles les campagnes de la grande armée de l'an XIV à 1809; il avait été nommé conducteur d'artillerie le 21 frimaire an XIV. Envoyé en Espagne, il donna de nouvelles preuves de sa valeur aux siéges de Lerida, de Mequinenza, de Tortose, de Taragone, de Sagonte et de Valence. Il fit la campagne de 1814 à l'armée du Midi. Il avait été mis à la retraite depuis le 18 janvier 1815, lorsqu'il fut appelé le 20 mai suivant à servir à l'armée du Nord. Le 25 septembre de la même année, il rentra dans sa position de retraite. Il est mort le 5 septembre 1829 à Bar-sur-Aube (Aube). B-S.

POSSOT (JEAN-CHARLES), né le 11 novembre 1771 à Villers-au-Tertre (Nord), entra le 1ᵉʳ janvier 1793 comme canonnier dans le 3ᵉ régiment d'artillerie à pied, et fit les campagnes de 1793 à l'an IV aux armées du Nord et de Sambre-et-Meuse. Fourrier le 1ᵉʳ floréal an IV, il servit successivement, de l'an V à l'an VII, aux armées du Rhin, du Danube et de Mayence, obtint le grade de sergent le 1ᵉʳ brumaire an VII, et fit les guerres du Rhin des ans VIII et IX. Il devint sergent-major le 8 ventose de cette dernière année, adjudant-sous-officier le 11 floréal an X, et lieutenant en premier le 6 brumaire an XII. Sa conduite pendant les guerres de la Révolution lui mérita, le 15 pluviose suivant, la décoration de membre de la Légion-d'Honneur. Adjudant-major le 27 pluviose de la même année, il fut attaché à l'École d'artillerie de Toulouse, où il mourut d'un coup de sang le 3 avril 1808. B-S.

POULAIN (FRANÇOIS), quartier-maître, du juri maritime du 6ᵉ arrondissement (Toulon). On ne sait rien autre chose sur ce marin, sinon qu'il a été nommé membre de la Légion-d'Honneur le 15 pluviose an XII.

POUQUET. *Voyez* FOUQUET.

POURÉE ET NON POURREZ (EDME-JEAN-BAPTISTE), né le 18 février 1772 à Vincennes (Seine), entra le 1ᵉʳ octobre 1792 dans le 24ᵉ régiment de cavalerie, et passa le 7 nivose an V dans les grenadiers à pied de la garde du Directoire, devenue garde consulaire. Il avait fait à cette époque les campagnes de 1793 à l'an IV, et partie de celle de l'an V. Lors de la fameuse journée du 18 brumaire an VIII, le grenadier Pourée couvrit de son corps le général Bonaparte, et fut un de ceux qui l'entraînèrent hors de la salle du conseil des Cinq-Cents. Il obtint à ce sujet, le 9 floréal suivant, le grade de caporal, et plus tard le brevet d'une pension sur la cassette de l'Empereur. Il se signala à Marengo, fut nommé sergent le 15 pluviose an IX, et membre de la Légion-d'Honneur le 15 pluviose an XII. Pourée fit avec intelligence et bravoure les campagnes de l'an XIV à 1807 à la grande armée, et, le 19 juillet 1808, passa avec le grade de lieutenant dans le 70ᵉ régiment de ligne, avec lequel il servit en Espagne de 1808 à 1811. Le 15 juillet de cette dernière année, son colonel, qui le proposait pour le grade de capitaine, écrivait au ministre de la guerre : « Le dévoûment de cet officier à la personne de l'Empereur est constaté dans l'état de ses services; il joint à une recommandation aussi puissante, une bravoure éprouvée, des connaissances et du zèle. » Deux mois après, le 17 septembre, il recevait le brevet du grade de capitaine. Il fit avec distinction la guerre de 1812 en Espagne, celle de 1813 à la grande armée, et celle de 1814 en France. Le gouvernement de la Restauration le mit à la retraite le 16 septembre 1814. Il réside en ce moment à Charonne, près de Paris. B-S.

PRÉVOST (ANDRÉ), était sergent-major au 2ᵉ régiment d'artillerie de marine, lorsqu'il fut nommé membre de la Légion-d'Honneur le 15 pluviose an XII, et, en 1813, lieutenant au 1ᵉʳ régiment de même arme. Il est mort à Grenoble (Isère), le 19 février 1817.

QUEROUX (JEAN-FRANÇOIS), maître-canonnier surnuméraire, puis caporal, du juri maritime du 6e arrondissement (Toulon), naquit à Grenoble (Isère), le 14 mars 1762, reçut la décoration de la Légion-d'Honneur le 15 pluviose an XII, et mourut à Toulon (Var), le 14 juin 1810.

QUIOT (CASIMIR-MAXIMILIEN), né le 4 février 1781 à Alixan (Drôme), entra comme novice à bord du vaisseau *le Peuple-Souverain* le 21 pluviose an VI, et passa le 11 ventose sur *la Foudre*, se rendant en Corse. Aspirant de 2e classe sur le vaisseau *le Généreux* le 27 floréal suivant, aspirant de 1re classe le 29 fructidor an VII sur *l'Égyptienne*, second chef de timonnerie le 2 brumaire an VIII sur le vaisseau *le Généreux*, il fit les campagnes d'Égypte et de Malte. Aspirant de 1re classe, faisant fonctions d'enseigne, il servit successivement sur *le Saint-Hilaire*, *le Guerrier*, *l'Ami-de-la-Vertu* et *l'Indomptable*, du 12 messidor suivant au 10 germinal an XI, fit un voyage en Égypte, en Corse, et une campagne à Saint-Domingue. Enseigne de vaisseau le 11 du même mois sur *l'Indomptable*, et sur la frégate *la Sirène* le 1er vendémiaire an XII, il fut nommé membre de la Légion-d'Honneur le 15 pluviose suivant, et fit campagne à Saint-Domingue et à la Martinique. Embarqué le 23 thermidor an XIII sur le vaisseau *l'Achille*, il assista au combat de Trafalgar le 29 vendémiaire an XIV, et tomba au pouvoir de l'ennemi. Promu lieutenant de vaisseau le 12 juillet 1808, et rentré des prisons d'Angleterre, il monta le 20 mai 1810 sur *l'Austerlitz*, débarqua le 1er octobre 1812, et revint sur ce vaisseau le 1er janvier 1813. Il monta tour à tour, du 1er septembre 1813 au 6 juin 1816, sur *l'Impérial*, *l'Austerlitz*, *la Ville-de-Marseille*, *la Salamandre*, *le Port-Louis*, fit un voyage à Palerme et une campagne à l'île Bourbon. Il est mort en activité de service le 9 août 1817.

RABOURDIN (ÉLIE), naquit le 11 février 1775 à Saint-Pierre-Mereville (Seine-et-Oise). Réquisitionnaire le 23 août 1793, et envoyé au 14e régiment de ligne, ci-devant Forêt, amalgamé dans la 28e demi-brigade, devenue 40e au commencement de l'an IV, il fut nommé caporal le 23 nivose an V, sergent le 24 pluviose suivant, et fit toutes les campagnes de la liberté aux armées des côtes de Cherbourg, de l'Ouest, des Alpes et d'Italie. A Marengo, une balle le blessa gravement au-dessus de l'œil gauche. Admis dans les grenadiers de la garde consulaire comme grenadier le 17 nivose an IX, et nommé légionnaire le 15 pluviose an XII, il servit en l'an XII et en l'an XIII à l'armée des côtes de l'Océan. Il combattit à Austerlitz. Caporal le 18 septembre 1806, il se trouva à Eylau et à Friedland. Sergent le 1er septembre 1808, il assista aux affaires d'Essling, où il reçut une balle à la cuisse gauche, de Ratisbonne et de Wagram en 1809. Sergent-major au 1er régiment de tirailleurs de la garde impériale le 18 décembre, il se signala en Espagne de 1810 à 1812, fut nommé lieutenant au 2e régiment de fusiliers-grenadiers le 19 avril 1811, et capitaine au 13e régiment de tirailleurs (jeune garde) le 8 avril 1813, pour sa brillante conduite pendant la guerre de Russie. Après la campagne d'Allemagne de 1813, il passa avec son grade dans le 59e régiment de ligne, devenu 63e sous la première Restauration. Officier de la Légion-d'Honneur le 22 janvier 1814, il servit encore en 1815 à l'armée du Nord. Retraité le 4 septembre 1816, il est mort à Pithiviers (Loiret), le 28 décembre 1827. B-S.

RASPAIL (VICTOR), naquit le 7 avril 1775 à Carpentras (Vaucluse). Volontaire le 8 octobre 1790 dans le régiment de Soissonnais-infanterie (40e), il se trouva aux affaires d'Avignon en 1791, fit la campagne de 1792 en Savoie, et passa à l'armée du Rhin en 1793. Prisonnier de guerre le 16 novembre 1793, jour de la reddition du fort Vauban, où il était renfermé, il ne rentra à son corps que le 26 pluviose an IV. Vers cette époque, le 1er bataillon du 40e régiment, dont il faisait partie, entra par incorporation dans la 79e demi-brigade de ligne. Le 27 fructidor même année, il reçut un coup de fourche au pied droit par les paysans révoltés de Kempten (Souabe). Après avoir fait les guerres des ans V et VI à l'armée d'Italie, il servit en Ionie et fut blessé d'un coup de feu à la poitrine le 7 ventose an VII, au siège de Corfou. Caporal le 2 germinal an VIII, il suivit son régiment à l'armée de l'Ouest, et obtint le grade de sergent le 1er frimaire an IX. Il appartenait à l'armée des côtes de l'Océan, lorsque, le 15 pluviose an XII, il reçut la décoration de membre de la Légion-d'Honneur. Il se fit remarquer devant Ulm, en l'an XIV; passa, avec autorisation du gouvernement français, le 15 octobre 1806, dans le 4e régiment de ligne italien, avec le grade de lieutenant, et fit les guerres de 1806 et 1807 en Prusse et en Pologne. Envoyé à l'armée d'Espagne en 1808, il y devint capitaine le 11 décembre 1809. Le 25 avril 1812, le ministre de la guerre du royaume d'Italie lui délivra des lettres de service d'adjudant de place de 2e classe. Rentré au service de France après les événemens de 1814, et provisoirement employé en qualité d'adjudant de place à Avignon, il a été mis à la retraite le 12 octobre suivant, et s'est retiré à Carpentras (Vaucluse). On a cessé depuis cette époque d'avoir de ses nouvelles. B-S.

RAYMOND. *Voyez* REMOND.

REIGNIER (ANTOINE), aide-canonnier, du juri maritime du 6e arrondissement (Toulon), reçut en récompense de ses services la décoration de la Légion-d'Honneur le 15 pluviose an XII. On ignore ce qu'il est devenu depuis cette époque.

REMOND ET NON RAYMOND NI REYMOND (JEAN-CLAUDE-SÉBASTIEN), né le 25 juillet 1751 à Dôle (Jura), entra au service comme soldat d'artillerie de marine, et embarqua le 21 mars 1776 sur la frégate *l'Alcmène*. Le 6 avril 1778, il monta *le Languedoc*, et passa apprenti-canonnier le 7 octobre 1780 sur *la Friponne*. 2e maître-canonnier sur *la Courageuse* le 17 octobre 1790, et sur *la Badine* le 7 janvier 1791, il servit sur *le Triomphant*, le 2 juillet 1793, en qualité de sergent faisant partie de la garnison. 2e maître-canonnier à bord du *Généreux* le 23 floréal an VI, et sergent faisant partie de la garnison de *l'Égyptienne* le 25 germinal an VIII, il devint maître-canonnier sur *la Badine*, où il servit jusqu'au 11 frimaire an IX. Membre de la Légion-d'Honneur le 15 pluviose an XII, et admis le 20 pluviose comme gardien journalier, il passa sous-cap des gardiens de nuit le 1er janvier 1806, cap des mêmes gardiens le 11 août 1807, et continua de servir en la même qualité. Il est mort le 30 septembre 1820 à Toulon (Var).

REMY (BRICE), né le 6 mars 1767 à Jury (Moselle), s'engagea au 6e régiment d'artillerie à pied le 27 juillet 1789, fit les campagnes de 1792 et 1793 à l'armée du Nord, et se trouva au siége de Namur. Passé à l'armée de Sambre-et-Meuse en l'an II, il fut élu caporal le 15 pluviose, et assista aux siéges de Landrecies, du Quesnoy et Valenciennes, de Maëstricht, et à la bataille de Fleurus le 8 messidor de la même année. Nommé sergent le 24 thermidor an III, il se distingua dans cette campagne à la bataille de Taïn, où il reprit des pièces d'artillerie tombées entre les mains de l'ennemi. Il fut présent l'année suivante au siége d'Erenbreisten, et continua la guerre sur le Rhin jusqu'à la fin de l'an VII, passa en Italie en l'an VIII, et concourut à forcer le passage du Mincio le 5 nivose an IX. Légionnaire le 15 pluviose an XII, il entra dans les canonniers-vétérans le 1er janvier 1810, et fut placé à Dunkerque le 1er juillet suivant en qualité de gardien des batteries de la côte. Il est mort dans l'exercice de ses fonctions le 1er octobre 1820. Y.

RENAUD (FRANÇOIS), quartier-maître, du juri maritime du 6e arrondissement (Toulon), reçut la décoration de la Légion-d'Honneur le 15 pluviose an XII. Au combat de Trafalgar, livré le 29 vendémiaire an XIV, il montait *le Neptune*, vaisseau de quatre-vingts, sur lequel il est mort le 2 nivose suivant.

RENAUD (JEAN-ANTOINE-JOSEPH), né le 4 janvier 1768 au château de Guermorvan, commune de Louarguat (Côtes-du-Nord), entra comme volontaire dans la marine le 14 mai 1783. Il fit divers voyages en qualité d'officier navigateur commandant des bâtimens de commerce, embarqua le 15 mai 1787 à Saint-Pierre-Miquelon sur la frégate *la Didon*, en station sur les côtes de Terre-Neuve, et passa le 13 novembre 1792, comme enseigne de vaisseau non-entretenu, sur *la Cléopâtre*, en croisière dans la Manche. Le 11 décembre, il monta *l'Achille*, en croisière sur les côtes de France, et le 26 février 1793 *le Suffren*, puis *le Redoutable*, en armée sur les côtes de France. Son commandant, le chef de division Obet, lui donna le certificat suivant : « Pendant le temps que le sieur Renaud a été employé sous mes ordres, je n'ai eu qu'à me louer du zèle, de l'activité et des connaissances qu'il a montrées dans les différentes croisières où il s'est trouvé, ce qui m'a engagé à lui faire remplir les fonctions de lieutenant de vaisseau dans celle de Quiberon. » Le 19 fructidor an II, il embarqua sur *la Fidèle*, en croisière sur l'Océan, et le 15 ventose an III sur *la Virginie*, en croisière sur les côtes d'Espagne, de Portugal et de France. Il fut employé au service du port de Brest du 29 vendémiaire au 7 nivose an IV, jour où il prit le commandement du brick *la Renommée*, en croisière sur les côtes d'Angleterre. Le 1er germinal, il commanda *la Désirée*; cette goëlette ayant été prise par les Anglais dans la rade de Plymouth le 9 du même mois, Renaud resta prisonnier de guerre en Angleterre jusqu'au 8 brumaire an VI. Du 9 brumaire au 26 pluviose, il fit le service du port, monta le 27 *l'Aiguille*, en croisière sur les côtes de France, et observant les mouvemens de l'ennemi devant Brest; le 28 ventose *le Tyrannicide*, et puis *le Desaix*, en armée sur les côtes de France et dans la Méditerranée. Enseigne de vaisseau entretenu le 3 prairial suivant, il eut le 3 ventose an IX le commandement de la flûte *l'Unité*, en parlementaire à Mahon. Revenu le 28 floréal à bord du *Desaix*, en division croisière dans la Méditerranée et aux Antilles, il assista le 17 messidor au combat naval d'Algésiras, et à ceux des 23 et 24 du même mois au détroit de Gibraltar, et commanda plusieurs détachemens de marins destinés à faire rentrer dans l'ordre les nègres révoltés de Saint-Domingue. « Le sieur Renaud, disait dans son rapport, le chef de division Christy-Pallière, s'est toujours distingué par son zèle, son activité et ses talens. Il a successivement été employé par moi aux signaux, à la manœuvre, au commandement des batteries ; il était à ce poste lors du combat d'Algésiras ; sa bravoure et sa conduite dans cette affaire lui ont mérité de plus mon estime. » *Le Desaix* s'étant perdu au cap Français le 26 pluviose an X, Renaud embarqua sur *l'Aiguille*, en croisière devant le cap, le 3 ventose sur le vaisseau amiral *l'Océan*, et le 11 sur *le Jemmapes*, en armée croisant devant le cap et retour en France. Le capitaine de vaisseau Petit, commandant *le Jemmapes*, parlait ainsi de cet officier : « Pendant son séjour sur la rade du cap, le sieur Renaud, enseigne, n'a pas été un seul instant sans être en corvée ; il était commandant des détachemens de matelots à la Petite-Anse ou au haut du cap. Il a également commandé des chaloupes armées en guerre ; enfin, cet officier a constamment été employé aux postes les plus périlleux. Son zèle et son activité sont dignes de tous éloges. Sous les rapports nautiques, il est très bon marin, actif et surveillant, et joint à cela une très bonne conduite et beaucoup de subordination. » Le 3 thermidor, il servit sur *la Fine*, en croisière sur les côtes de Cayenne et les îles du vent, le 13 pluviose an XI sur *l'Incorruptible*, en croisière aux îles du vent et retour dans la Méditerranée, et le 23 nivose an XII sur *le Bucentaure*, en armée dans la Méditerranée. Membre de la Légion-d'Honneur le 15 pluviose suivant, il fut adjoint à l'état-major général de l'amiral Latouche-Treville, et les notes que cet officier-général a données sur le compte de Renaud au ministère de la marine, sont des preuves convaincantes de la manière dont il a servi, et des droits qu'il avait à un avancement. Le 2 fructidor, il monta *le Formidable*, en armée aux ordres du contre-amiral Dumanoir, et le 3e jour complémentaire *l'Atlas*.

Embarqué, le 6 ventose an XIII, en qualité de

sous-adjudant de l'armée combinée de France et d'Espagne, sur le vaisseau amiral *le Bucentaure*, en croisière dans la Méditerranée, en Amérique, et retour en Espagne, il prit part le 3 thermidor au combat du Finistère. Il était premier adjudant de la même armée sur le même vaisseau au combat de Trafalgar, livré aux Anglais le 29 vendémiaire an XIV. Attaqué par plusieurs vaisseaux, *le Bucentaure* fit une défense héroïque. Bientôt son grand mât et le mât d'artimon s'abattirent; ces mâts, leur gréement, les vergues et les voiles qu'ils portaient masquèrent une partie des canons du côté où ils tombèrent et diminuèrent considérablement les moyens de défense du vaisseau. Cependant l'on continua à faire feu de toutes les pièces qui n'étaient pas engagées ou démontées; mais la chute du mât de misaine ne tarda guère à suivre celle des deux autres mâts. Les gaillards et les passavans du *Bucentaure*, jonchés de morts et couverts de débris, présentaient le plus triste aspect; le commandant du vaisseau fut obligé d'amener son pavillon. Dans ce combat, Renaud se comporta d'une manière distinguée et coopéra à reprendre *le Bucentaure* des mains de l'ennemi et à le ramener devant Cadix, où il fit naufrage sur les bas-fonds. Le 3 brumaire, il monta *le Héros*, pavillon de l'amiral Rosily-Mesros, en armée devant Cadix, et passa le 1ᵉʳ février 1806 à bord de *l'Argonaute*, en qualité de lieutenant de vaisseau provisoire. Il se trouva aux différens combats que soutint l'escadre française sur la rade de Cadix depuis le 29 mai jusqu'au 14 juin 1808, jour de la capitulation des Français. Promu lieutenant de vaisseau entretenu le 12 juillet, Renaud resta en otage jusqu'au 1ᵉʳ novembre de la même année. Le 17 septembre 1809, il embarqua sur le vaisseau-amiral *le Majestueux*, en station devant Toulon, et prit le 17 février 1810 le commandement de la goëlette *l'Antilope*, en croisière de Marseille à Toulon et sur les côtes de Piémont. M. Payan-Latour, maire de la Ciotat, donna à Renaud le certificat suivant :

« Nous, maire, etc., certifions et attestons que M. Renaud, membre de la Légion-d'Honneur, lieutenant de vaisseau et commandant la goëlette *l'Antilope*, en station dans notre port depuis le 5 février 1811 jusqu'au 9 octobre 1812, a pendant tout ce laps de temps maintenu la discipline la plus sévère dans son équipage, ainsi que dans ceux des bâtimens de l'État qui étaient sous ses ordres. Nous attestons de plus qu'aucune plainte de la part des habitans ne nous est parvenue. Rigide observateur des lois sur la pêche, cet officier a constamment surveillé les bateaux pêcheurs. Les limites qu'on a marquées n'ont jamais été franchies; l'ordre a régné dans ses parages. Enfin le 1ᵉʳ juin, jour où les Anglais ont attaqué notre ville sur différens points, M. Renaud a montré dans cette mémorable journée du zèle, de l'activité et beaucoup de bravoure. Son état-major s'est également distingué. Une pièce de trente-six, placée à la tête du môle, servie par la majeure partie de l'équipage de *l'Antilope*, a fait le feu le mieux nourri sur les vaisseaux anglais, ainsi que sur les embarcations qui se sont présentées. La ville reconnaissante a payé un tribut d'éloges à M. Renaud, à son état-major et à tout son équipage. »

Du 15 décembre 1812 au 6 juillet 1814, il commanda le brick *le Zèbre*, en croisière sur les côtes de la Corse, de la Toscane et de la Ligurie. Non pourvu de lettre de service du 1ᵉʳ janvier au 15 octobre 1816, cet officier fut retraité le 1ᵉʳ novembre 1817. Il est mort en mer le 6 mars 1833, se rendant à Cayenne sur le navire du commerce *l'Hippolyte*, qu'il commandait.

RENAUD (JOSEPH), naquit le 15 septembre 1777 dans le département du Var. Volontaire à la 12ᵉ demi-brigade de ligne le 15 août 1793, il fit toutes les campagnes de la liberté aux armées du Rhin, de la Moselle et d'Italie, et passa aux grenadiers à pied de la garde des consuls le 12 prairial an XI. Le 15 pluviose an XII, il fut admis dans la Légion-d'Honneur, se trouva à Austerlitz, à Iéna, à Eylau, à Friedland et à Wagram, et obtint sa retraite le 28 février 1810. Il est mort le 31 juillet 1841 à Verdun (Meuse). Y.

REQUIN (PIERRE), naquit le 12 août 1757 à Brenod (Ain). Dragon au régiment de Custines le 24 juin 1775, il entra le 1ᵉʳ avril 1784 dans la compagnie des gardes de la prévôté, et passa avec le grade de sergent de grenadiers dans le régiment d'Agenois-infanterie le 1ᵉʳ mars 1785. Nommé adjudant-sous-officier le 25 juin suivant, il quitta ce corps le 15 septembre 1789, fut employé à l'état-major général, et devint lieutenant-aide-de-camp du général Nucé le 1ᵉʳ novembre 1792. Admis le 1ᵉʳ mars 1793, avec le grade de capitaine-adjudant-major, dans la légion nationale des Pyrénées, il fit les campagnes de 1792 et 1793. Le 22 août 1793, il reçut l'ordre de quitter, à minuit, le camp de Corneilla, à la tête d'un détachement d'infanterie et de cavalerie pour forcer le passage de la rivière, s'emparer de Colbert et mettre le feu au château, qui était alors au pouvoir des Espagnols. Il exécuta sa mission avec la plus grande habileté. Le 3 septembre suivant, il parvint à reprendre la redoute du moulin d'Orle, dont s'était emparé un corps de grenadiers walons : il reçut pendant cette action un coup de feu à la poitrine; mais il avait eu le bonheur de dégager le général Frégeville, fait prisonnier la veille. Placé, le 10 du même mois, à la tête de l'avant-garde des troupes qui s'étaient repliées sur Salces, il attaqua, le 17, les Espagnols à la baïonnette devant Rivesaltes, et les mit en fuite. Il prit une part glorieuse au siége de Roses. Les représentans du peuple le nommèrent adjudant-général chef de bataillon le 22 brumaire an II. Réformé le 25 prairial an III, et réintégré le 1ᵉʳ frimaire an IV avec le grade d'adjudant-général chef de brigade, il fut envoyé dans l'intérieur en qualité d'agent militaire, pour faire rejoindre les hommes appartenant au contingent de la seconde réquisition. De retour de cette mission, il alla rejoindre l'armée des Alpes, où bientôt, sous un prétexte puéril, les représentans du peuple le suspendirent de ses fonctions. Employé de nouveau le 6 germinal an V à l'armée d'Italie, un arrêté du 24 germinal en VII le suspendit une

seconde fois de son emploi. Le 17 frimaire de cette même année, il avait été blessé d'une balle au côté gauche au passage de Volturne (royaume de Naples), dans une charge de cavalerie qu'il avait exécutée à la tête du 7e régiment de chasseurs à cheval. Il s'était signalé le 2 nivose suivant au combat de Frata-Major, près de Naples, dans lequel il avait battu complétement l'ennemi et lui avait pris 35 pièces de canon avec leurs caissons. Remis en activité le 23 messidor suivant, il força le passage du Tésin à la tête des 3e, 5e et 21e régimens de cavalerie, et combattit à Marengo. Autorisé, le 12 messidor an IX, à se retirer dans ses foyers avec le traitement d'activité, il fut admis le 1er vendémiaire an X au traitement de réforme, n'ayant pu être compris dans le cadre d'organisation de l'état-major général de l'armée. Membre de la Légion-d'Honneur le 15 pluviose an XII, il devint officier de l'Ordre le 25 prairial suivant; et, un peu plus tard, membre du collége électoral du département du Mont-Blanc. Envoyé dès le 9 pluviose à l'armée du Hanovre, il continua d'y servir jusqu'en 1807. Passé à l'armée d'Espagne, il se fit particulièrement remarquer aux siéges de Roses et de Girone, où il remplit les fonctions de commandant de tranchée. Mis à la retraite le 12 janvier 1810, il alla habiter la ville de Lyon, où il obtint, quelque temps après, un entrepôt principal des tabacs. Il est mort à Paris le 31 juillet 1817.
B-S.

RETIENNE (DOMINIQUE), né le 9 septembre 1766 à Pont-à-Mousson (Meurthe), entra au 6e régiment d'artillerie à pied le 25 octobre 1790, fit la campagne de 1792 à l'armée du Nord, et rejoignit en 1793 la partie de l'armée des Alpes employée au siége de Lyon. Pendant ce siége, il eut plusieurs fois l'occasion de se signaler par des actes de bravoure et de sang-froid : dans une sortie des assiégés, il se précipita sur une pièce de campagne chargée à mitraille, empêcha qu'on y mit le feu, s'en empara, et décida le succès de sa colonne. Après la reddition de cette ville, il se rendit à l'armée du Nord, où il devint artificier le 20 pluviose an IV. Envoyé en Batavie au commencement de l'an VII, il reçut le 20 vendémiaire de cette année le grade de caporal. Légionnaire le 15 pluviose an XII, et sergent à la 6e compagnie le 15 juin 1806, il obtint sa retraite le 8 septembre 1809 à la suite de la bataille de Wagram, où il avait reçu une blessure assez grave. Il est mort à Pont-à-Mousson (Meurthe), le 30 avril 1809.
Y.

REY (FRANÇOIS-PASCAL), né le 15 avril 1756 à Béziers (Hérault), entra le 16 mars 1776 dans l'artillerie de marine, embarqua le 4 avril 1777 sur le vaisseau *la Provence*, et passa aide-canonnier le 31 décembre 1791 sur *le Peuple-Souverain*. Il servit ensuite sur *la Sardine*, et le 20 mai 1793 sur *le Sans-Quartier* comme capitaine d'armes. Il monta *la Minerve*, du 1er floréal au 6 messidor an III, jour de la prise de cette frégate par les Anglais. Il resta prisonnier de guerre jusqu'au 9 vendémiaire an IV, époque de son retour en France, et embarqua le 18 ventose an IV sur *la Diane;* cette frégate ayant été prise par l'ennemi, le 7 floréal an VIII, Rey demeura prisonnier de guerre jusqu'au 21 vendémiaire an IX. Membre de la Légion-d'Honneur le 15 pluviose an XII, il obtint son congé le 1er brumaire an XIV. Ce sous-officier réside aujourd'hui à Toulon (Var).

RICHIER (PIERRE-JACQUES-JEAN-BAPTISTE), né le 22 mars 1784 à Aiguille (Bouches-du-Rhône), entra dans la marine le 8 frimaire an IX comme novice-timonier, monta le brick *le Marie*, transport de l'État, et passa successivement sur les vaisseaux *le Banel* et *le Formidable*, jusqu'au 1er thermidor suivant, date de sa promotion au grade d'aspirant de 2e classe. Il mérita cet avancement par sa belle conduite à la bataille d'Algésiras, et au combat que *le Formidable* avait soutenu le 23 messidor précédent à son entrée à Cadix. Il servit successivement sur *l'Atalante* et *la Franchise*, faisant partie de l'expédition de Saint-Domingue, et se distingua à la prise du fort Liberté au petit Goave (Saint-Domingue), où il reçut trois blessures. Prisonnier de guerre le 9 prairial an XI, il fut cependant nommé aspirant de 1re classe le 30 fructidor suivant. Rentré des prisons de l'ennemi le 30 brumaire an XII, il monta *le Bienvenu* et *le Rhinocéros*, et eut la police des élèves sur ces bâtimens d'instruction. Embarqué le 9 pluviose sur la frégate *la Sirène*, faisant partie de l'escadre combinée, le premier Consul lui accorda la croix de la Légion-d'Honneur le 15 du même mois, en récompense de la bravoure qu'il avait montrée aux deux combats du *Formidable* et à la prise du fort Liberté. Richier commandait la chaloupe de débarquement, lors de la prise du Diamant (Martinique); il se distingua de nouveau et reçut une blessure à la main droite. Nommé enseigne de vaisseau provisoire le 8 fructidor de la même année, il monta *la Guerrière*, du 8 vendémiaire an XIV au 8 mars 1806, fit le service au port de Lorient jusqu'au 9 mai 1806, et prit le commandement de la canonnière n° 171, destinée aux convois, jusqu'au 25 juillet suivant. Il embarqua le lendemain à bord de *la Furieuse*, fit aux îles du Levant une campagne pendant laquelle cette frégate eut divers engagemens avec l'ennemi, tels qu'un combat contre un vaisseau anglais, un brûlot qui passa à demi-portée de pistolet et qui fut coulé, un engagement contre 5 bricks, et enfin un combat de six heures contre une corvette anglaise; le 12 juillet 1808, il passa enseigne de vaisseau entretenu. Prisonnier de guerre le 7 juillet 1809 au cautionnement de Halifax (Nouvelle-Écosse), il ne rentra des prisons d'Angleterre que le 25 juillet 1812, fut attaché à l'état-major général de la marine à Lorient, comme sous-adjudant, et promu lieutenant de vaisseau le 2 septembre 1814. Chargé du détail à bord du brick *le Silène*, en station aux îles du vent, il parcourut tout cet archipel et fit deux voyages à Porto-Ricco et à la Havane, du 5 août 1815 au 7 juillet 1817, jour où il reprit le service du port de Lorient jusqu'au 10 mai 1818. Cet officier réside aujourd'hui à Cette (Hérault).

RIFFNACH (FRÉDÉRIC), né le 18 octobre 1774 dans le département du Bas-Rhin, entra le 25 juin

1791 dans le 82ᵉ régiment d'infanterie, passa dans le 1ᵉʳ régiment d'artillerie à pied le 9 février 1793, puis dans la 23ᵉ compagnie d'artillerie à cheval le 25 nivose an II, dans le 7ᵉ régiment à cheval le 10 vendémiaire an V, et fut définitivement incorporé dans le 5ᵉ de l'arme le 1ᵉʳ pluviose an X, après avoir fait toutes les campagnes de la Révolution aux armées des Alpes, d'Italie et d'Orient. Il fut nommé légionnaire le 15 pluviose an XII pour sa belle conduite pendant l'expédition de Syrie, puis brigadier le 21 floréal de la même année. Il se trouva à Austerlitz, à Iéna et à toutes les affaires livrées par la grande armée pendant les campagnes des ans XIV et 1806. Le 1ᵉʳ août de cette dernière année, il passa dans l'artillerie à cheval de la garde impériale, fit encore les campagnes de 1807 et 1809 en Prusse et en Allemagne, celle de 1812 en Russie, et prit sa retraite le 11 août 1813. Il réside en ce moment à Wissembourg (Bas-Rhin). Y.

RITTEMANN (LOUIS), né le 13 décembre 1764 dans le département de la Meurthe, entra comme tambour au 96ᵉ régiment d'infanterie le 18 octobre 1783, et passa par suite d'amalgame dans le 24ᵉ régiment d'infanterie de ligne, où il était tambour des grenadiers : il fit les campagnes de 1792 et 1793 à l'armée du Rhin ; celles des ans II, III, IV et V à celle de Sambre-et-Meuse. En l'an VI, il fit partie de l'expédition d'Angleterre, passa l'année suivante à l'armée gallo-batave, et reçut, devant Bemberg, le 12 fructidor an VII, un coup de feu à la tête ; sa conduite dans cette affaire lui valut l'honneur d'être mis à l'ordre de l'armée. En l'an XII, il reçut, le 15 pluviose, étant au camp de Brest, la décoration de la Légion-d'Honneur. A la reprise des hostilités, il suivit la grande armée en Autriche, en Prusse et en Pologne, et se trouva aux batailles d'Austerlitz, d'Iéna et d'Eylau. En 1808, il fut envoyé en Espagne, où il fit encore quatre brillantes campagnes. Il prit sa retraite le 5 février 1812, et se retira à Brouderdorff (Meurthe), où il réside encore aujourd'hui. Y.

ROPING *Voyez* KOEPPING.

ROTHAMER (BALTHAZARD), naquit le 12 mai 1764 à Wuterbach (principauté d'Ambach). Il commença à servir dans le régiment Royal-suédois le 8 septembre 1787, et passa, le 13 janvier 1794 dans le 7ᵉ régiment d'artillerie à cheval, d'où il fut incorporé dans le 5ᵉ de l'arme le 1ᵉʳ pluviose an X, après avoir fait sans interruption toutes les campagnes de la liberté aux armées sur le Rhin et en Italie. A la bataille de Hondschoote, le 6 septembre 1793, il avait eu la cuisse gauche traversée par une balle ; au blocus de Charleroi, le 24 prairial an II, il avait reçu deux coups de sabre au bras gauche. Brigadier le 16 thermidor an X, et membre de la Légion-d'Honneur le 15 pluviose an XII, il fit de 1806 à 1809 les trois mémorables campagnes de Prusse, de Pologne et d'Allemagne, et prit sa retraite le 6 avril 1810, pour se retirer à Bussy (Doubs). Il est mort à Vorges, canton de Boussières (Doubs), le 19 mars 1837. Y.

ROY (ÉLIE), aide-canonnier, du juri maritime du 5ᵉ arrondissement (Rochefort), obtint, en récompense de ses services, la décoration de la Legion-d'Honneur le 15 pluviose an XII. Il est mort à Rochefort (Charente-Inférieure), le 5 mai 1824.

ROY (JEAN-JACQUES), ET NON LEROY, né le 28 avril 1774 à Velle-Chevreux (Haute-Saône), entra au service comme soldat le 27 novembre 1789 dans le régiment de Piémont (3ᵉ d'infanterie), dont le 2ᵉ bataillon fut incorporé en l'an II dans la 6ᵉ demi-brigade d'infanterie de bataille, et fit les campagnes de 1792, 1793 et an II aux armées du Rhin et de l'Ouest. Caporal le 1ᵉʳ ventose an II, il passa comme grenadier dans la garde de la Convention nationale le 1ᵉʳ prairial an III, et y reprit les galons de caporal le 12 messidor an VI. Il fit la campagne de l'an VIII avec les grenadiers de la garde consulaire, fut blessé d'un coup de feu à la jambe droite, le 25 prairial, à Marengo, et devint sergent le 28 nivose an IX. Employé au camp de Saint-Omer pendant les ans XII et XIII, et nommé membre de la Légion-d'Honneur le 15 pluviose an XII, il fit les guerres d'Autriche, de Prusse et de Pologne, de l'an XIV à 1807, avec les grenadiers à pied de la garde impériale, et reçut le grade de lieutenant au 14ᵉ régiment d'infanterie de ligne le 6 mai 1807. Employé au 4ᵉ corps de la grande armée jusqu'au 1ᵉʳ janvier 1808, époque de sa rentrée en France, il passa au 3ᵉ corps de l'armée d'Espagne le 1ᵉʳ juillet suivant, fut fait lieutenant-adjudant-major le 21 du même mois, et servit en Catalogne depuis cette époque jusqu'en 1812. Enseveli sous les décombres et grièvement blessé par l'explosion d'une mine, au siége de Saragosse, le 15 janvier 1809, Roy fut nommé capitaine-adjudant-major le 21 janvier 1810 ; mais hors d'état de pouvoir continuer le service actif par suite de ses blessures, il prit sa retraite le 28 décembre 1812. Rappelé momentanément à l'activité le 7 mai 1815, comme capitaine au 2ᵉ bataillon de grenadiers du Doubs, et licencié le 31 août suivant, il rentra dans sa position de retraite, à l'Isle-sur-le-Doubs (Doubs), où il est mort le 5 février 1842. B-G.

RUSANT (ANTOINE), né le 18 novembre 1759 à Vinay (Isère), entra le 17 novembre 1778 au régiment de Brie-infanterie, plus tard 24ᵉ régiment ; il fit les campagnes de 1780, 1781 et 1782 en Amérique, et rentra en France après le traité de Versailles. En 1792, il partit pour l'armée du Nord, obtint le grade de caporal le 25 mars de l'année suivante, fut blessé le 17 septembre à Pirmasens d'un coup de sabre à la main gauche, et passa au commencement de l'an III à l'armée du Rhin, où il combattit jusqu'à la fin de la campagne de l'an VI. Dans le cours de celle de l'an VII, en Italie, il fit preuve de la plus grande intrépidité et fut atteint à l'affaire du 2 messidor, sous Plaisance, d'un coup de biscaïen à la jambe droite. Le 21 prairial an XI, il passa dans les grenadiers à pied de la garde consulaire, obtint la décoration de légionnaire le 15 pluviose an XII, et fut admis à la retraite à dater du 11 juin 1806. Il est mort à Vinay (Isère), le 19 mai 1831. Y.

SACRÉ (françois), naquit le 27 février 1775 à Brienville (Moselle). Réquisitionnaire dans les équipages d'artillerie le 20 brumaire an II, il passa au 3ᵉ régiment à pied de l'arme le 7 vendémiaire an VII, après avoir assisté à tous les combats livrés sur le Rhin depuis le commencement de la guerre. Sa belle conduite dans différentes affaires lui valut, le 15 pluviose an XII, la décoration de légionnaire. Il fit les campagnes de 1806 et 1807 en Prusse et en Pologne, et entra, le 11 juin 1808, dans l'artillerie à pied de la garde impériale. Il suivit son corps en Russie, fit preuve d'une rare valeur à la bataille de la Moskowa, le 7 septembre 1812, et disparut pendant la retraite, le 14 décembre, sans qu'on ait pu savoir ce qu'il était devenu.

SAIGNES (pierre-paul), naquit le 18 juin 1749 à Alby (Tarn). Dragon dans le régiment de Deux-Ponts, où il s'enrôla le 25 août 1765, il devint brigadier le 10 mars 1776, et maréchal-des-logis le 1ᵉʳ août 1780. Il passa comme lieutenant dans le régiment de grenadiers royaux de Bretagne le 5 décembre 1782, et fut admis dans les gendarmes écossais de la gendarmerie de Lunéville le 10 janvier 1784, en conservant son rang de lieutenant. Après la suppression de ce corps, placé avec son grade dans le 43ᵉ régiment d'infanterie le 15 septembre 1791, puis nommé capitaine-aide-de-camp du général Diettmann le 1ᵉʳ août 1792, il fit les campagnes de 1792, 1793 et ans II et III aux armées du centre et du Nord, et fut promu chef d'escadron dans le 21ᵉ régiment de cavalerie le 25 février 1793, et adjudant-général chef de bataillon le 30 juillet suivant. Adjudant-général chef de brigade le 30 germinal an III, et général de brigade le 25 prairial de la même année, il se signala à l'affaire de Grisael, près de Bavay, à celle de la Croix-sur-Meuse, à la bataille de Valmy et au camp de la Lune. Il fut chargé de compléter les anciens cadres des régimens qui composaient l'armée du Nord, au moyen de la réquisition de 1793, et de diriger cette opération dans toutes les places depuis Maubeuge jusqu'à Dunkerque. Nommé en l'an III surveillant temporaire de l'organisation des troupes à cheval de la même arme, il fut appelé au commandement du département de la Meuse en l'an IV, et commanda la place de Dunkerque pendant l'an V. Par arrêté du 29 pluviose an VI, le Directoire exécutif le nomma chef de la 19ᵉ division de gendarmerie nationale à la résidence de Nanci. Maintenu dans cet emploi lorsque les divisions de gendarmerie prirent la dénomination de légion, il obtint la décoration de membre de la Légion-d'Honneur le 15 pluviose an XII, et celle d'officier le 25 prairial suivant. Admis à la retraite le 11 juin 1810, il est mort dans ses foyers le 16 août 1830. B-G.

SAILLARD (nicolas), né le 24 septembre 1769 à Blainville (Manche), navigua pendant onze ans environ sur les bâtimens du commerce et commanda divers corsaires. Embarqué sur le vaisseau *l'Audacieux*, en qualité de timonier, il devint aspirant de 1ʳᵉ classe et servit sur la gabare *la Lourde*, la corvette *le Berceau* et la frégate *l'Elisabeth*, en qualité d'enseigne de vaisseau. Il commanda ensuite le bateau de première espèce, nº 244, et le bateau de première espèce, nº 98, du 20 frimaire an XII au 15 février 1807. Il avait été nommé membre de la Légion-d'Honneur le 15 pluviose an XII. Il est mort le 21 octobre 1820 à Boulogne-sur-Mer (Pas-de-Calais).

SAINTEMARIE (claude-sébastien), naquit le 22 janvier 1774 à Bourg (Drôme). Volontaire au 2ᵉ bataillon de la Drôme le 1ᵉʳ septembre 1791, il passa dans la 39ᵉ demi-brigade, puis dans la 32ᵉ, où il devint caporal le 14 fructidor an VII, et sergent le 20 du même mois. Le 18 ventose an IX, il entra comme simple grenadier dans la garde consulaire. Jusqu'à cette époque, il avait fait toutes les campagnes de la Révolution et s'était particulièrement distingué à Roveredo le 18 fructidor an IV, au pont d'Arcole le 25 brumaire an V, et à Rivoli le 25 nivose suivant. Membre de la Légion-d'Honneur le 15 pluviose an XII, il combattit à Austerlitz, à Iéna, à Eylau, à Friedland et à Wagram, et prit sa retraite le 28 février 1810. Il demeure aujourd'hui aux Baux-Sainte-Croix (Eure). Y.

SAUVAGEOT (jean), servit dans le 2ᵉ régiment d'artillerie de marine, et mérita, par sa bravoure, son zèle et son intelligence, de recevoir du premier Consul, le 15 pluviose an XII, la décoration de la Légion-d'Honneur. Il est mort à son corps, avec le grade de sergent, le 1ᵉʳ février 1811.

SAUZEDE et non SAUZET (jacques), né le 14 septembre 1767 à la Ciotat (Bouches-du-Rhône), embarqua comme mousse sur la corvette *la Sardine* du 1ᵉʳ janvier au 16 avril 1780, et passa comme matelot sur *la Belette* et *la Précieuse*, du 15 juillet 1782 au 9 août 1783. Il monta ensuite les frégates *l'Iris* et *la Vestale*, jusqu'au 15 avril 1793. Quartier-maître le 17 ventose an III sur le vaisseau *le Berwick*, pris aux Anglais le 13, il se trouva au combat du 25 messidor suivant, à la suite duquel il fut débarqué à Fréjus, ayant été dangereusement blessé. Admis comme gardien journalier au port de Toulon le 18 floréal an IV, et fait gardien entretenu le 1ᵉʳ fructidor an VII, il continua de servir en cette qualité et obtint la croix de la Légion-d'Honneur le 15 pluviose an XII. Il est mort le 24 janvier 1835 à Toulon (Var).

SEGUINEAU (jean), né au Pellerin (Loire-Inférieure), le 7 janvier 1769, entra dans la marine comme mousse et embarqua le 20 mars 1781 sur *le Neptune*. Du 28 juin de cette année au 16 mai 1783, il servit sur *la Terpsichore*, *le Saint-Bavo*, et passa le 25 avril 1788 sur *le Léopard*, en qualité de maître-calfat. Matelot le 3 avril 1793 à bord de *la Bienvenue*, aide-charpentier le 18 ventose an II sur la gabare *la Blanche*, il monta successivement la canonnière, *la Hargneuse*, le transport *la Blanche*, *la Nanci*, *le Majestueux* et *le Constant-Tradéo*, jusqu'au 28 frimaire an V. Quartier-maître charpentier le 29 du même mois sur *la Vengeance*, il embarqua le 16 ventose sur *la Précieuse*, jusqu'au 1ᵉʳ messidor an VIII, sur *le Dix-Août* jusqu'au 25 germinal an X, et reçut la croix de la Légion-d'Honneur le 15 pluviose an XII. Il réside aujourd'hui au port Saint-Père-en-Retz (Loire-Inférieure).

SELLIER (MAURICE), naquit le 11 mars 1766 à Villers-le-Haut (Yonne). Il commença à servir dans le régiment de Flandre, passa au 3e régiment de cuirassiers le 6 décembre 1788, et fit toutes les campagnes de la Révolution. A l'affaire du camp de Famars, à l'armée du Nord, le 23 mai 1793, il reçut un coup de feu qui lui traversa une jambe ; dans la campagne de l'an VII, en Italie, il reçut deux coups de sabre au bras droit. L'arrêté du 15 pluviose an XII le comprit au nombre des membres de la Légion-d'Honneur. A la bataille d'Austerlitz, le 11 frimaire an XIV, il fit preuve d'une grande intrépidité, eut son cheval tué sous lui dans une charge, et fut blessé grièvement dans la chute. Le lendemain, 12 frimaire, il reçut les galons de brigadier, en récompense de sa bravoure. Le 1er octobre 1806, il fut nommé maréchal-des-logis, et combattit encore à Eylau et à Friedland, pendant la campagne de Pologne. Retraité le 11 février 1809. Il est mort à Jaulges (Yonne), le 5 décembre 1839. Y.

SEMIN ET NON **SEMAIN** (FRANÇOIS), naquit le 5 février 1773 à Magny (Moselle). Canonnier dans la 5e compagnie départementale de la Moselle le 6 janvier 1793, il passa au 1er régiment d'artillerie à pied le 11 nivose an IV. Caporal le 3 prairial an X, sergent le 7 fructidor an XI, membre de la Légion-d'Honneur le 15 pluviose an XII, il avait fait toutes les campagnes de 1793 à l'an IX aux armées sur le Rhin et en Italie. Envoyé en 1807 en Espagne, il y servit jusqu'en 1812. Le 1er février 1812, il fut nommé sergent-major, et tomba entre les mains des Anglo-Espagnols dans un combat livré devant Madrid le 14 août 1812. Conduit à Cadix, et de là sur les pontons d'Angleterre, il ne rentra des prisons de l'ennemi que le 19 juillet 1814. Il fut promu au grade d'adjudant-sous-officier le 22 octobre 1814, passa comme lieutenant en second dans la 4e compagnie de canonniers sédentaires, prit sa retraite en 1826, et se retira à Magny (Moselle), où il réside encore aujourd'hui.

SÉNOT (JEAN-NICOLAS), né le 4 avril 1761 à Salins (Jura), entra au service le 12 mars 1772, devint caporal et sergent les 1er et 20 avril même année, et fit aux Indes les guerres de 1779 à 1784. Il reçut le 1er juin 1781 un coup de sabre à l'épaule en montant à l'abordage d'un bâtiment anglais, et un coup de feu à la jambe droite à l'affaire de Gondelour en 1783. Tambour-major le 4 juin 1784, sous-lieutenant et lieutenant les 12 janvier et 18 avril 1792, il passa avec le grade de capitaine, le 19 septembre 1793, dans le régiment d'Austrasie (8e), se signala aux armées du Nord et de Sambre-et-Meuse, de 1792 à l'an IV, et donna sa démission le 25 germinal de cette dernière année. Il avait reçu un coup de baïonnette en montant un des premiers dans les retranchemens d'une redoute qui défendait les approches de Menin. Le 23 pluviose an V, il rentra au service comme simple grenadier dans le 1er régiment de ligne, fit la campagne de l'an V à l'armée du Rhin, les suivantes sur le Danube et à l'armée de l'Ouest, passa comme tambour-major dans les grenadiers de la garde impériale, obtint la décoration de la Légion-d'Honneur le 15 pluviose an XII, suivit son corps à la grande armée d'Allemagne en l'an XIV, en 1806 et 1807, et passa en Espagne en 1808. Le 22 janvier 1814, il fut nommé lieutenant en second dans le bataillon d'instruction de Fontainebleau. Proposé le 26 juin suivant pour le grade de capitaine dans une compagnie de vétérans, il ne put y entrer qu'avec celui qu'il occupait à cette date. Admis à la retraite le 31 janvier 1815, il est mort à Melun (Seine-et-Marne), le 14 septembre 1837. D.-S.

SICKENS ET NON **SICKE** (JEAN), capitaine de navire, du jury maritime du 1er arrondissement (Dunkerque), a obtenu la décoration de la Légion-d'Honneur le 15 pluviose an XII. Il était dans la même position en 1813, époque depuis laquelle on a cessé d'avoir de ses nouvelles.

STEETZ (GUILLAUME), était enseigne de vaisseau et faisait partie du jury maritime du 5e arrondissement (Rochefort), lorsque le premier Consul le décora de l'étoile de la Légion-d'Honneur le 15 pluviose an II. On ignore ce qu'il est devenu depuis 1814.

STEPHAN (JACQUES-MARIE), né le 20 juin 1773 à l'île d'Ouessant (Finistère), embarqua comme mousse le 10 mai 1788 sur *le Léopard*, et passa sur *la Proserpine* en qualité de matelot, ensuite sur *l'Orion*, du 12 mai au 5 septembre 1792. Il servit sur *le Nestor*, *le Zélé*, *le Patriote*, *le Pluton*, *le Rebecca*, *la Fraternité*, *la Loire*, comme matelot et aide-canonnier, du 6 brumaire an II au 27 vendémiaire an VII. Embarqué le 15 germinal an XI sur *la Marie-Louise*, employée au transport des vivres de la troupe en cantonnement à l'île d'Ouessant, il fut nommé membre de la Légion-d'Honneur le 15 pluviose an XII, et prit le commandement de ce bâtiment, même destination, du 10 juillet 1806 à 1813, et continua ce service. Il est mort le 27 juin 1825, étant adjoint au maire de la commune d'Ouessant.

STIEGEN (HENRI-GUILLAUME). Depuis 1814, on est sans nouvelles de ce marin, qui faisait partie du jury maritime du 1er arrondissement (Dunkerque). Le premier Consul avait récompensé ses services par la décoration de la Légion-d'Honneur le 15 pluviose an XII.

STROHMANN (VALENTIN), né le 6 mars 1773 à Kirchberg (Haut-Rhin), servit au 53e régiment d'infanterie du 30 août 1790 au 8 germinal an III, époque à laquelle il passa dans le 8e régiment d'artillerie à cheval ; il fut incorporé définitivement dans le 1er régiment de l'arme le 1er pluviose an X, après avoir fait les campagnes de 1792 et 1793 à l'armée du Nord, et celles de l'an II à l'an IX sur le Rhin. Brigadier le 1er nivose an XI, il reçut la décoration de la Légion-d'Honneur le 15 pluviose an XII. Envoyé à l'armée de Naples en 1806, il obtint le 17 septembre de la même année le grade de maréchal-des-logis, rentra en 1808 dans le royaume d'Italie, et mourut à Verone le 24 mai 1809.

TERTIER (FRANÇOIS-MARIE), né le 9 juin

1755 à Paris (Seine), entra dans les gardes suisses le 25 août 1778, et obtint son congé absolu le 9 mai 1783. Admis le 1er prairial an III dans les grenadiers de la Représentation nationale, il obtint le grade de caporal le 8 brumaire an IV, et celui de sergent le 2e jour complémentaire an VII. Le 15 pluviose an XII, il fut nommé légionnaire, passa le 24 ventose de la même année dans les vétérans de la garde, et obtint sa retraite le 1er mars 1808. Il est mort le 16 janvier 1836 à l'hôtel royal des Invalides.   Y.

THIBAUT ou **THIÉBAUT**. *Voyez* JACOB.

TISSERAND (PIERRE), né le 26 mars 1775 à Darnay (Vosges). Engagé volontaire en qualité de canonnier au 9e bataillon des Vosges le 4 août 1792, il passa dans la 24e demi-brigade, puis le 2 messidor an III dans la 19e compagnie d'artillerie de Sambre-et-Meuse, et fut incorporé définitivement dans le 1er régiment d'artillerie à pied le 21 floréal an IV en qualité d'artificier. Il fit avec distinction toutes les campagnes de la liberté. J. Lavallée raconte le fait suivant dans ses *Annales nécrologiques de la Légion-d'Honneur*, page 343 : « Il donna une preuve de son habileté et de la justesse de son coup d'œil au passage de Rignaut, près de Coire. Il servait une pièce dans une batterie. Tisserand ajusta avec tant de précision, qu'en trois coups il fit sauter un caisson, et démonta 2 pièces à l'ennemi. Il rendit, dans cette occasion, un service important, parce que l'ennemi, privé de cette artillerie, ne put inquiéter un mouvement que faisait un corps français de 5,000 hommes. Ce succès fut obtenu sous les yeux du général Suchet. » Il est mort à Aire (Pas-de-Calais), le 7 pluviose an XII. Le premier Consul le comprit cependant au nombre des légionnaires nommés le 15 du même mois.

TOULOUZIAN (JEAN-LOUIS), né le 5 décembre 1775 à Fréjus (Var), entra comme novice le 28 floréal an II à bord du *Duquesne*, passa matelot le 26 prairial an III sur le *Léonidas*, et monta successivement le *Guerrier*, le *Joubert*, l'*Annibal* et le *Furet*, du 1er pluviose an VI au 17 fructidor an XI. Embarqué sur le *Mont-Blanc* le 6 frimaire an XII, il fut nommé membre de la Légion-d'Honneur le 15 pluviose, et servit tour à tour sur l'*Incorruptible*, l'*Uranie* et le *Borée*, du 22 germinal suivant au 17 novembre 1812, en qualité d'aide-canonnier. Entré au service dans les troupes de l'artillerie de la marine comme enrôlé volontaire pour huit ans, à Saint-Tropez (Var), le 5 mars 1817, il devint premier canonnier à la 8e compagnie. Le 20 juin 1819, il embarqua sur la *Galatée*, puis sur le *Colosse*, jusqu'au 21 juillet 1822, et obtint sa retraite en 1829. Il est mort le 13 septembre 1841 à Toulon (Var).

TOUTTEVOYE (JEAN-AMBROISE), naquit le 4 avril 1768 à Velin (Oise). Soldat au régiment de Conti (81e d'infanterie) le 22 septembre 1785, il passa comme grenadier dans le 150e demi-brigade de ligne le 1er fructidor an III, puis dans la légion de police le 18 thermidor suivant, et enfin dans les grenadiers de la garde du Directoire le 13 germinal an IV. Il avait montré une grande valeur pendant les trois premières campagnes à l'armée du Nord. L'arrêté du 15 pluviose an XII le créa légionnaire. Il fit partie du 1er collége d'arrondissement de Paris, passa le 11 mai 1806 dans la compagnie de vétérans de la garde, et obtint sa retraite le 1er mars 1808. Il est mort à Paris, 12e arrondissement, le 25 août 1817.   Y.

VACQUIÉ (PIERRE), né à Canet (Hautes-Pyrénées), le 9 février 1771, entra le 1er mai 1791 dans le 44e régiment d'infanterie de ligne, passa le 15 frimaire an II en qualité d'officier de santé dans les hôpitaux de l'armée, et fut admis le 1er thermidor an IV, avec le grade de sous-aide-chirurgien, dans le 3e régiment de cuirassiers. Il fit les guerres de la liberté de 1792 à l'an IX, et se signala, le 7 frimaire an II, à la bataille de Kaiserslautern, pendant laquelle il reçut deux coups de feu, l'un au fémur, l'autre au tibia de la partie gauche. Il abandonna, le 10 nivose an X, la carrière chirurgicale pour reprendre la vie active des camps, fut nommé, à cette date, maréchal-des-logis dans le même régiment, et devint maréchal-des-logis-chef le 17 messidor an XI. Le 15 pluviose an XII, il obtint la décoration de la Légion-d'Honneur, et le 28 du même mois le grade de sous-lieutenant. Peu de temps après, il fit partie du collége électoral de l'arrondissement de Sarreguemines (Moselle). Il se distingua d'une manière particulière à la bataille d'Austerlitz, où il eut un cheval tué sous lui et fut blessé d'un coup de sabre au bras gauche. Neuf jours après, le 20 frimaire an XIV, il reçut le brevet de lieutenant. A Friedland, le 14 juin 1807, il perdit un cheval dans une charge brillante de cavalerie. Resté à pied pendant une partie de l'action, il ramasse le fusil d'un homme tué, combat, comme simple soldat, au milieu d'une compagnie de grenadiers, abat un officier ennemi, s'empare de son cheval, rejoint son régiment qu'il avait un instant perdu de vue, et prend part à une dernière charge qui décide la victoire. Le 18 juin 1808, le général Saint-Germain, en adressant au ministre de la guerre un mémoire de proposition pour la retraite en faveur de cet officier, s'exprimait ainsi : « Homme dangereux dans un corps, il manifeste hautement son mécontentement contre le gouvernement au sujet de son peu d'avancement. » Il a été mis à la retraite le 28 juillet 1808, et est mort le 4 août 1820 à Sarreguemines (Moselle).   B-S.

VALET (THOMAS-HUBERT), naquit le 23 octobre 1770 à Charleville (Ardennes). Réquisitionnaire le 10 septembre 1793 dans la compagnie d'artillerie de Charleville, il passa par incorporation dans le 1er régiment d'artillerie à pied le 9 nivose an III. Caporal le 1er fructidor an X, après avoir fait d'une manière brillante les campagnes de l'an II à l'an IX aux différentes armées de la République, il fut promu au grade d'adjudant-sous-officier le 11 brumaire an XII, nommé le même jour maître de tir d'armes au Prytanée militaire de La Flèche, et plus tard attaché à l'École spéciale militaire impériale de Fontainebleau. Légionnaire par l'arrêté du

15 pluviose an XII, il fit partie du collége électoral de l'arrondissement de Versailles. A la Restauration, sa place ayant été supprimée, il fut admis à la retraite. En 1830, il rentra dans ses fonctions à l'École de Saint-Cyr, et, en 1833, il obtint définitivement sa retraite. Il réside aujourd'hui à Saint-Cyr (Seine-et-Oise). Y.

VALTAT (FRANÇOIS), né le 10 septembre 1775 à Troyes (Aube), s'engagea volontairement le 5 octobre 1792 dans le 5e bataillon de la Somme, devenu successivement 36e et 84e demi-brigades, fut nommé caporal-fourrier le 24 septembre 1793, sergent le 15 prairial an II, et passa le 26 prairial an IX dans les grenadiers de la garde consulaire, où il fut nommé fourrier le 19 ventose an X. Il avait fait les campagnes de la liberté de 1792 à l'an IX aux armées du Nord, de Sambre-et-Meuse, de la Moselle, du Rhin et du Danube. Dans un combat près Zurich, le 27 thermidor an VII, il avait été blessé d'un coup de feu à l'épaule droite en attaquant les Russes dans une charge à la baïonnette. Légionnaire le 15 pluviose an XII, et classé pour prendre rang d'adjudant-sous-officier par décret du 2e jour complémentaire an XIII, il fit en cette qualité les campagnes d'Autriche, de Prusse et de Pologne, de l'an XIV à 1807, et prit sa retraite le 13 février 1808. Il est mort à Paris le 26 août 1824 ; il était alors employé au Trésor royal. Y.

VAQUIÉ. *Voyez* VACQUIÉ.

VERPOOTER (DANIEL), marin, du juri maritime du 1er arrondissement (Dunkerque), reçut la décoration de la Légion-d'Honneur le 15 pluviose an XII. On est sans nouvelles de ce marin depuis cette époque.

VIDALIE (PIERRE), naquit le 8 octobre 1763 à Liourdres (Corrèze). Arrivé au 3e régiment d'artillerie à pied le 12 mai 1784, il y devint caporal le 30 brumaire an II, et fit avec distinction toutes les campagnes de 1792 à l'an IX. A l'affaire du 11 thermidor an IV, devant Mayence, les hussards autrichiens chargèrent presque sur ses pièces ; il avait reçu dans cette mêlée un coup de sabre qui lui avait ouvert la partie postérieure du cou dans une largeur de trois pouces. Remis de cette blessure, il continua de servir activement, fut nommé légionnaire le 15 pluviose an XII, puis électeur de l'arrondissement de Brives, se trouva aux batailles d'Austerlitz, d'Iéna, d'Eylau et de Friedland, pendant les campagnes de l'an XIV, de 1806 et 1807, passa à l'armée d'Espagne, et obtint sa retraite le 16 juin 1808. Il est mort dans le lieu de sa naissance le 2 décembre 1834. Y.

WOHLGEMUTH (IGNACE), ET NON **VOLCKENMOUTH** (GABRIEL), né à Boersch (Bas-Rhin), le 23 février 1758, entra au service dans la 5e compagnie d'ouvriers d'artillerie le 24 mai 1777, fit les campagnes d'Amérique jusqu'en 1783, et toutes celles de la Révolution aux armées du centre, de Trèves, de Sambre-et-Meuse, de Mayence, du Rhin et de Hanovre. Il se trouva aux différentes batailles livrées en 1792, ainsi qu'aux siéges de Charleroi et de Maëstricht. Caporal le 1er thermidor an V, il fut nommé ouvrier d'État à l'armée le 22 germinal an VI, puis attaché en la même qualité à l'arsenal de Strasbourg le 26 germinal an XI. Le premier Consul lui donna la décoration de la Légion-d'Honneur le 15 pluviose an XII. Il suivit la grande armée d'Allemagne en l'an XIV, et rentra, le 11 février 1806, à l'arsenal de Strasbourg, où il était encore le 1er janvier 1819. Il est mort à Paris (2e arrondissement), le 25 avril 1837.

YGRES (FRANÇOIS). *Voyez* EYGRET (*François-Marie*).

FIN DE LA NOMINATION DU 15 PLUVIOSE AN XII.

NOMINATION DU 4 GERMINAL

AN XII.

ABOVILLE (AUGUSTIN-GABRIEL, *baron*, puis *comte* D'), naquit le 20 mars 1773 à La Fère (Aisne). Sous-lieutenant à la suite le 22 mai 1789 dans le 7ᵉ régiment d'artillerie à pied, il entra le 1ᵉʳ septembre suivant en qualité d'élève à l'École d'artillerie, en sortit le 6 février 1792 avec le grade de lieutenant, et devint adjudant-major, puis capitaine les 16 juillet et 1ᵉʳ novembre même année. Il se trouva à la bataille de Courtrai, aux combats qui eurent lieu devant la ville de Trèves, et au passage de la Sarre, et se signala de 1793 à l'an III au passage du Rhin sous le Vieux-Brisach, à Steisliegen et à Stockach. Sa brillante conduite aux armées du Nord, de la Moselle et de Sambre-et-Meuse, de l'an IV à l'an VII, lui valut, le 22 ventose an VIII, le grade de chef de bataillon et la sous-direction d'artillerie de Mayence. Après avoir commandé l'artillerie de la division Oudinot au passage du Mont-Saint-Bernard, et s'être fait remarquer au passage du Mincio et aux sièges des châteaux de Verone, il vint remplir à Paris les fonctions de sous-directeur et de membre du comité central de l'artillerie. Au commencement de l'an XI, il fut envoyé à Flessingue pour y mettre cette île en état de défense, ainsi que les îles de la Zélande. Major du 2ᵉ régiment d'artillerie à pied le 3 prairial, il prit dans le mois de pluviose an XII la direction du parc d'artillerie de l'armée de Hollande, devint membre de la Légion-d'Honneur le 4 germinal suivant; colonel directeur d'artillerie à Turin et officier de la Légion-d'Honneur les 13 et 25 prairial de la même année. Appelé au commandement du 1ᵉʳ régiment d'artillerie à pied le 14 germinal an XIII, il resta attaché au 2ᵉ corps de la grande armée jusqu'en 1807. Le 25 août de cette année, il remplaça le colonel Foy à l'armée d'Italie, obtint, le 23 décembre, la décoration de la Couronne-de-Fer, et partit immédiatement après pour l'armée de Portugal. Il fit preuve d'une grande valeur au passage du Tage, à la prise d'Evora et à la bataille de Vimeiro. Rentré en France en 1808, après la capitulation de Cintra, il ne tarda pas à rejoindre l'armée d'Espagne, avec laquelle il prit part au combat de Betanzos, à la bataille et à la prise de la Corogne et à la défense de Tuy, qu'il conserva avec une poignée d'hommes recrutés dans les hôpitaux. Un ordre du jour fit connaître à l'armée qu'elle devait au colonel d'Aboville la conservation de 1,200 malades, du grand parc et de tous les équipages renfermés dans cette place. Lors de la seconde évacuation du Portugal, il détruisit le pont d'Oporto, qui communiquait avec la rive gauche du Duero, et fit sauter lui-même, au moment où l'ennemi allait s'en emparer, le parc général et tous les bagages de l'armée. Il commanda ensuite l'artillerie du premier corps de l'armée d'Espagne, devint général de brigade le 14 mars 1809, et reçut une dotation, en Westphalie, de 4,000 fr. de rente, le 28 mai suivant. Son nom se mêle glorieusement aux souvenirs du combat de Santo-Domingo, de la bataille de Talaveira de la Reina, et du siége de Cadix, pendant lequel il s'empara, le 21 mai 1810, du fort de Matagorda. Commandant de la Légion-d'Honneur le 20 juin 1810, il remplaça à la tête de l'artillerie du siége de Cadix le général Senarmont, tué le 20 octobre d'un coup de feu qui atteignit aussi d'Aboville. A la bataille de Chiclana, le 5 mars 1811, une division de l'armée anglaise se précipitait au pas de charge pour enlever une position où 4 bouches à feu restaient sans attelages, d'Aboville l'arrêta et porta long-temps la confusion et la mort dans ses rangs. Au siége de Tarifa, une brèche praticable se montrait déjà à l'ardeur impatiente des colonnes d'attaque, lorsque des torrens de pluie ayant inondé les tranchées et interrompu entièrement les communications entre la première parallèle et le corps de la place, vinrent leur enlever la victoire et les forcer à la retraite. Après des tentatives inutiles pour sauver l'artillerie de la batterie de brèche, que l'infanterie avait déjà évacuée, le général d'Aboville y rentra précipitamment, suivi de quelques officiers, et parvint à mettre hors de service les pièces et les affûts qui en composaient l'armement. Il fut créé baron de l'Empire le 20 février 1812. La bonne direction des batteries qu'il commandait à Alba-de-Tormes, hâta la retraite de la garnison ennemie qui défendait cette place. Il fut nommé, le 24 janvier 1813, directeur-général de l'artillerie des armées d'Espagne et de Portugal, à Burgos, en remplacement du général Saint-Laurent. A la fatale journée de Vittoria, il vit avec douleur tomber entre les mains de l'ennemi un parc d'artillerie considérable que son zèle et sa prévoyance avaient jusque-là conservé à l'armée. 69 canons en bronze furent les seules pièces qui échappèrent aux désastres de cette bataille. Rentré en France, il visita les places fortes situées sur le Rhin et la Meuse, à l'effet d'en hâter l'armement et de mettre en état de défense celles du département du Nord. Après avoir organisé à Douai plusieurs équipages de campagne, il prit le commandement supérieur de l'artillerie à Lille. Le général d'Aboville faisait partie de la députation de l'armée du Nord qui alla recevoir Louis XVIII à Calais. Le roi l'accueillit avec bonté, et lui dit : *Je sais que monsieur votre père a combattu à Fontenoy et à Lawfeld. C'est un brave ! bon chien chasse de race. Cette expression, quoique populaire, rend bien ma pensée, et je suis persuadé, général, que vous ne prendrez pas la chose en mauvaise part.* Il reprit à cette époque les fonctions de commissaire près la régie générale des poudres, qu'il avait déjà exercées, et fut nommé chevalier de Saint-Louis le 8 juillet 1814. Il succéda, à la mort de son père, décédé le 1er novembre 1817, au titre de comte et à la dignité de pair de France, et fut nommé membre du comité central de son arme le 6 janvier 1818. Appelé le 31 mars 1820 au comité spécial et consultatif de l'artillerie, il mourut en activité le 15 août suivant. Son nom est inscrit sur l'arc-de-triomphe de l'Étoile, côté Nord. B-S.

ABOVILLE (AUGUSTIN-MARIE, *baron* D'), frère du précédent, naquit le 21 avril 1776 à La Fère (Aisne). Le 12 mars 1792, il entra comme élève sous-lieutenant à l'École d'artillerie, et en sortit, le 1er septembre suivant, avec le grade de lieutenant au 7e régiment d'artillerie. Après les campagnes de 1792 à l'an II à l'armée d'Italie, il obtint le 30 frimaire le grade de capitaine. Suspendu de ses fonctions comme noble, et réintégré le 5 frimaire an III, il servit aux armées de Rhin-et-Moselle et d'Italie, de l'an VI à l'an IX. Chef de bataillon le 10 vendémiaire an XI, il devint, le 3 prairial suivant, major du 2e régiment d'artillerie à cheval, avec lequel il fit les campagnes des ans XII et XIII à l'armée dite *d'Angleterre :* il avait obtenu, le 4 germinal an XII, la décoration de membre de la Légion-d'Honneur. Envoyé en Hollande le 16 frimaire an XIV, il fit ensuite partie d'une expédition pour la Martinique, sous les ordres du général Lauriston, et commandait, au retour, la batterie de trente-six du *Bucentaure*, dans le combat que l'escadre française engagea avec celle de l'amiral Calder. Rentré en France en juin, il reçut l'ordre de se rendre à la grande armée, où il obtint successivement le grade de colonel le 10 juillet suivant, et celui d'officier de la Légion-d'Honneur le 14 mai 1807, pour avoir sauvé, sur les bords de la Passarge, le parc d'artillerie du 6e corps au moment où il allait être pris par un pulk nombreux de cosaques. Nommé major de l'artillerie à cheval de la garde impériale le 15 décembre 1808, il se fit particulièrement remarquer à Wagram, à la tête d'une compagnie de 30 pièces, et eut le bras droit emporté par un boulet. L'Empereur le fit général de brigade le 9 juillet 1809, lui confia le commandement de l'École d'artillerie de La Fère, et lui donna le titre de baron de l'Empire. Appelé en 1814 au commandement de l'artillerie destinée à la défense de Paris, il résista vaillamment aux efforts de l'ennemi, et lui fit éprouver des pertes considérables. Mis en non-activité lors de la première abdication de Napoléon, Louis XVIII lui accorda le 5 août 1814 la décoration de Saint-Louis et la croix de commandeur de la Légion-d'Honneur. A l'époque du 20 mars, le général d'Aboville, qui se trouvait à La Flèche au moment où les généraux Lefebvre-Desnoëttes et Lallemand s'en approchèrent, les força à se retirer. Il obtint néanmoins une audience de l'Empereur, qui le chargea, en avril 1815, d'organiser les gardes-côtes du Havre. Après la seconde Restauration, le roi lui conféra le titre de commandeur de l'Ordre de Saint-Louis (11 mars 1815), et au moment de son admission à la retraite (6 octobre 1815), lui accorda une pension de 2,000 francs sur sa cassette. Le général d'Aboville a fait partie du conseil de guerre qui jugea, en 1816, le contre-amiral Linois et le colonel Boyer, (*Voir* t. II, p. 71). Compris dans le cadre de réserve le 22 mars 1831, il rentra le 6 novembre suivant dans la position de retraite où il se trouvait avant les événemens de juillet 1830. Il est mort le 20 janvier 1843.

AMIOT (FRANÇOIS-PIERRE), naquit le 26 juillet 1774 à Chaumont (Orne). Élève au régiment des gardes françaises le 17 octobre 1777, soldat le 8 février 1780, caporal le 1er avril 1783, sergent le 3 mai 1789, il entra comme sous-lieutenant le 1er septembre suivant dans la garde nationale soldée de Paris. Lieutenant au 4e bataillon d'infanterie légère le 1er janvier 1792, il fit la campagne de cette année à l'armée du Nord, et fut promu capitaine le 12 mai 1793. Incorporé le 24 du même mois dans le 10e bataillon de volontaires d'Orléans, il passa par amalgame dans la 144e demi-brigade de ligne, devenue 52e le 15 vendémiaire an V, et fit avec ces différens corps les guerres de la Vendée de 1793 à l'an VIII. En l'an IX, il suivit le 52e en Italie. Blessé au bras droit à la bataille du Mincio, Amiot resta estropié de cette blessure. Chef de bataillon le 15 prairial an X, et appelé, le 6 frimaire an XI, au commandement du fort de Joux, il passa, le 15 vendémiaire an XII, à celui de la place de Rochefort, et reçut la croix de légionnaire le 4 germinal suivant. Après cinq années de séjour dans cette place, il fut envoyé à Port-Louis (Morbihan), où il obtint sa retraite le 1er août 1815, avec le grade honorifique de colonel. Il est mort à Lorient le 8 juin 1821. B-S.

AMY (JOSEPH, *baron*), né le 25 octobre 1765 à Thors (Charente-Inférieure), entra au service comme capitaine le 20 septembre 1792 dans le 3e bataillon des volontaires de la Charente-Inférieure, fut nommé chef de bataillon le 5 décembre suivant, et fit la guerre aux armées de l'Ouest et d'Italie. Le 3e jour complémentaire an IV, il passa avec son grade dans le 3e bataillon de Lot-et-Garonne, incorporé le 15 nivose an V dans la 30e demi-brigade d'infanterie légère, devenue 25e régiment de même arme à l'organisation de l'an XII. Après avoir pris part à tous les combats auxquels sa demi-brigade assista, il fut fait prisonnier le 9 floréal an VII, à l'affaire de Verderia, et il obtint sa liberté sur parole le même jour, en vertu des dispositions de la capitulation. Rentré en France après la paix, il fit partie des troupes du camp de Montreuil en l'an XII et en l'an XIII, reçut la décoration de la Légion-d'Honneur le 4 germinal suivant, et fit les campagnes de l'an XIV, de 1806 et 1807 en Autriche, en Prusse et en Pologne avec le 6e corps de la grande armée. Blessé d'un coup de biscaïen à la tête, il devint, le 11 juillet suivant, colonel du 6e régiment d'infanterie légère. Officier de la Légion-d'Honneur le 18 février 1808, et baron de l'Empire le 17 mars suivant, le colonel Amy fit encore les guerres d'Espagne et de Portugal de 1808 à 1810, et périt glorieusement, sur le champ de bataille de Busaco, le 27 septembre de cette dernière année. B-S.

ARCAMBAL (JACQUES-PHILIPPE), né le 3 décembre 1751 au Puy (Haute-Loire), servit dans les gardes de la porte du roi depuis le 15 janvier 1778 jusqu'au 1er octobre 1787, époque à laquelle il fut employé dans les bureaux du ministère de la guerre. Élève commissaire des guerres le 1er juin 1788, il obtint le grade de commissaire le 1er octobre 1791, et fit en cette qualité les campagnes de 1792 et 1793 aux armées du centre, du Nord et des Ardennes. Chargé des fonctions d'ordonnateur dans le département de la Somme le 9 nivose an II, il servit pendant cette année et la suivante aux armées des côtes de Cherbourg. Titulaire de son emploi le 25 prairial an III, le Directoire exécutif l'adjoignit au ministre de la guerre Petiet, pour la direction du matériel de la guerre. Il continua ce service sous le ministre Schérer; il remplit ensuite les fonctions d'ordonnateur en chef, pendant les quatre premiers mois de la campagne de Naples en l'an IV. La république parthénopéenne ayant été constituée sous l'influence française, Arcambal dirigea les ministères de la guerre, de la marine et des relations extérieures, pendant tout le temps que dura le gouvernement provisoire. Employé en l'an VI et en l'an VII aux armées d'Italie, des Alpes et de Naples, il fut nommé inspecteur aux revues le 9 ventose an VIII, et employé à l'armée du Rhin pendant les campagnes des ans VIII et IX. Appelé au ministère de la guerre le 1er vendémiaire an X, pour y remplir les fonctions de chef de la 2e division, le ministre Berthier le nomma secrétaire-général le 29 ventose suivant, et il exerça cet emploi jusqu'au 13 thermidor an XI, époque à laquelle il passa comme ordonnateur en chef au camp de Saint-Omer, où il resta durant les ans XII et XIII. Créé membre de la Légion-d'Honneur le 4 germinal an XII, il fit la campagne de l'an XIV comme ordonnateur du 4e corps de la grande armée, et reçut la croix d'officier de la Légion-d'Honneur le 9 nivose de cette même année. Un décret impérial du 23 janvier 1806 l'envoya, comme commissaire-ordonnateur en chef, à l'armée de Naples, où il exerça les fonctions de commissaire-général des armées française et napolitaine. A cette époque, il faisait encore partie du corps de l'inspection aux revues; mais ayant opté pour rentrer dans celui des ordonnateurs, l'Empereur l'admit définitivement dans ce dernier par décision du 23 novembre 1808. Autorisé, le 26 janvier 1809, à passer au service de Naples, il devint successivement grand-préfet du palais, conseiller d'État, intendant-général de la maison du roi du 25 mai 1809, et enfin pendant les années 1813 et 1814 directeur-général de la guerre, chargé de la conscription, du recrutement, de l'inscription maritime et des revues. Lorsque Murat abandonna la cause de son bienfaiteur, Arcambal n'hésita pas à faire le sacrifice de sa position brillante, et il vint se ranger de nouveau sous le drapeau de la patrie. Réadmis le 4 janvier 1815 dans le cadre des inspecteurs aux revues, il obtint sa retraite le 1er janvier 1816, et fut nommé inspecteur en chef aux revues honoraire, par ordonnance royale du 25 avril suivant. Il est mort à Paris le 27 mars 1843.   o'nervy.

AUBERNON (philippe), né le 7 janvier 1757 à Antibes (Var), était depuis 1780 au service de la république de Gênes, où il avait obtenu le grade de major d'infanterie, lorsque la Révolution française éclata. Il s'empressa de rentrer dans son pays natal et y exerça les fonctions de capitaine de la garde nationale depuis le 14 juillet 1789 jusqu'au mois de février 1791, époque à laquelle il fut nommé procureur de la commune d'Antibes. Investi des fonctions de commissaire des guerres provisoire à l'armée d'Italie, le 10 octobre 1792, confirmé dans cet emploi par le conseil exécutif le 25 novembre suivant, et conservé dans la nouvelle organisation du 16 avril 1793, il fut nommé commissaire-ordonnateur le 25 juin, par les représentans du peuple, et demeura chargé, jusqu'au 20 août suivant, du service administratif des divisions du centre et de l'aile gauche de l'armée d'Italie. A cette époque, il partit avec une division de la même armée pour le siége de Toulon, où il servit jusqu'à la prise de cette place. Par arrêté du 4 nivose an II, les représentans du peuple le chargèrent des fonctions d'ordonnateur en chef près les troupes cantonnées dans le département du Var, et, le 1er germinal, il passa comme ordonnateur à la division commandée par Masséna, prit part à l'expédition de Saorgio et d'Oneille, et remplit provisoirement, le 20 fructidor suivant, les fonctions d'ordonnateur divisionnaire dans le département des Alpes maritimes. Les représentans du peuple Albitte et Salicetti le chargèrent en même temps de la police administrative supérieure des hôpitaux de l'armée. Le 22 prairial an V, le Directoire exécutif le confirma dans le grade d'ordonnateur, à la demande du général en chef et de son supérieur immédiat. Ordonnateur en chef provisoire de l'armée d'Italie le 28 brumaire an VI, et confirmé le 3 germinal suivant, il continua ses services à l'armée d'Italie, et fut rappelé à Paris le 14 thermidor an VIII, pour rendre compte de tous les marchés qu'il avait passés pendant sa gestion. Ses comptes furent approuvés, mais à la réorganisation du 2 vendémiaire an IX, il fut réformé, par mesure générale, comme l'un des moins anciens de son grade. Le 27 nivose an X, le premier Consul l'employa comme commissaire-ordonnateur dans la 11e division militaire, et le nomma, par un arrêté spécial du 18 messidor suivant, inspecteur aux revues de la 1re division militaire. Inspecteur aux revues et ordonnateur en chef du camp d'Utrecht, le 20 pluviose an XII, il reçut la décoration de la Légion-d'Honneur le 4 germinal de la même année, et fit les campagnes d'Autriche, de Prusse et de Pologne, avec le 2e corps de la grande armée, de l'an XIV à 1807. Passé à l'armée de Dalmatie, avec les doubles fonctions d'inspecteur aux revues et de commissaire-ordonnateur en chef, il les exerça jusqu'au 3 novembre 1808, époque à laquelle il rentra dans les corps des commissaires des guerres par ordre de l'Empereur, et devint ordonnateur en chef de la même armée, depuis 11e corps de la grande armée, pendant la campagne de 1809 en Allemagne. Au mois de janvier 1810, Aubernon suivit l'armée d'Illyrie comme ordonnateur en chef, et exerça ces fonctions jusqu'à l'évacuation des provinces illyriennes. Maintenu au nombre des commissaires-ordonnateurs le 13 avril 1814, le roi lui donna la croix de Saint-Louis le 13 août suivant, et le fit officier de la Légion-d'Honneur le 24 du même mois. Nommé, le 25 mars 1815, ordonnateur en chef du corps d'armée commandé par le lieutenant-général comte Reille, il resta en non-activité après la funeste journée de Mont-Saint-Jean, et obtint sa retraite le 7 avril 1816. Commandant de la Légion-d'Honneur le 20 avril 1831, il est mort à Paris le 7 juillet 1832.   o'nervy.

AUBRESPY de COURSELLES (jean-laurent), naquit le 17 février 1752 à Longwy (Moselle). Volontaire dans la légion royale le 21 avril 1768, il fit avec ce corps les campagnes de Corse de 1768 et 1769, et passa, en avril 1772, dans la compagnie des gendarmes écossais, qui faisait partie de la maison du roi. Le 9 août de cette année, il reçut, étant de service, un coup de feu qui nécessita l'amputation du bras droit. L'année suivante, le gouvernement lui accorda à ce sujet une pension sur l'hôtel royal des Invalides, et le ministre de la guerre lui délivra, le 19 mai 1774, le brevet de premier lieutenant à la suite de cet hôtel. Aide-de-camp du lieutenant-général de Mézières, il le suivit en août 1774, fut nommé officier-major de la place de Mont-Dauphin le 22 mai 1781, et obtint, l'année suivante, l'autorisation de servir comme volontaire aux siéges de Mahon, et du fort Saint-Philippe (île Minorque), sous les ordres du duc de Crillon. Après cette courte expédition, il fut employé à Metz, le 7 août 1791, en qualité d'adjudant de place. Appelé en 1792 à l'armée du centre, il prit part aux combats d'Halauzy, de Fontoy, de Ladonchamp et à la bataille de Valmy. Capitaine-adjudant de place à Verdun, le 1er novembre même année, il fut employé, le 8 octobre 1793, au dépôt général de la cavalerie, qui venait d'être organisé dans les Ardennes. Le 23 germinal an II, il commandait la citadelle de Verdun, et il obtint, le 1er messidor suivant, des lettres de service du grade d'adjudant-général chef de brigade (colonel); le brevet de ce grade lui fut expédié le 17 frimaire an III. Ces diverses fonctions ne l'empêchèrent pas d'être chargé, de 1793 à l'an IV, de l'inspection et de l'organisation de la cavalerie des armées du Nord, de la Moselle, de Sambre-et-Meuse et de Rhin-et-Moselle. Il reprit le commandement de la citadelle de Verdun le 4 frimaire an IV, et fut employé, dans le mois de brumaire an V, à la défense du fort de Kehl. Après l'armistice d'Offembourg, il reprit, le 5 floréal même année, son commandement à Verdun, et fut successivement chargé de celui des départemens de la Meuse et de la Marne. Le premier Consul lui accorda, le 4 germinal an XII, la décoration de la Légion-d'Honneur, et le nomma électeur de l'arrondissement de Reims (Marne). Remplacé à Verdun le 7 décembre 1811, et destiné à un autre commandement d'armes, ce ne fut que le 8 janvier 1813 qu'il obtint celui de la citadelle de Barcelone. Admis à la retraite le 10 février de la même année, il est mort à Reims le 31 juillet 1821. — B-S.

AVRANGE-DUKERMONT (JEAN-FRANÇOIS D'), né le 30 octobre 1753 à Saint-Avold (Moselle), entra dans les gardes de la porte du roi le 1er janvier 1765, et passa, le 25 juin 1775, avec le grade de sous-lieutenant dans le régiment d'Angoumois-infanterie. Le 1er janvier 1779, il obtint des lettres de service de commis de la guerre, et, le 11 octobre suivant, il fut nommé commissaire des guerres d'artillerie en survivance. Employé comme titulaire le 1er juin de la même année, à la recommandation du duc de Liancourt, et réformé par mesure générale le 30 septembre 1792, il fut compris dans l'état des 600 commissaires des guerres créés par la loi du 28 nivose an III. Le 25 prairial suivant, il partit pour l'armée de Sambre-et-Meuse, où il servit de l'an IV à l'an VII, et fut chargé ensuite en Italie de différentes missions relatives aux approvisionnemens de vivres, de munitions de guerre, et à la rentrée des contributions. Sur le compte rendu, le 5 brumaire an VIII, par le général Alexandre Berthier, de sa probité et de ses talens, d'Avrange fut nommé commissaire-ordonnateur pour prendre rang du 29 frimaire suivant. Il fit la même année, en cette qualité, la campagne de l'armée de réserve, et celle de l'an IX à l'armée des Grisons. Rappelé à Paris, il devint successivement chef et directeur au département de la guerre (an X), et enfin, le 14 prairial an XI, commissaire-ordonnateur de l'hôtel des Invalides, où il reçut, le 4 germinal an XII, la décoration de la Légion-d'Honneur. Le 25 juin 1811, il fut confirmé dans ses fonctions avec le titre d'intendant. Louis XVIII le trouva dans cet emploi, et le fit chevalier de Saint-Louis le 5 novembre 1814. L'intendance de l'hôtel ayant été supprimée le 15 janvier 1816, il fut mis à la retraite la même année. Il est mort le 5 avril 1822.

AVRANGE-D'HAUGERANVILLE (FRANÇOIS, comte D'), né le 4 novembre 1745 à Saint-Avold (Moselle), entra comme volontaire dans les gendarmes de la garde du roi le 5 février 1756, et servit depuis cette époque, avec l'autorisation du maréchal prince de Soubise, en qualité de volontaire au régiment d'Angoumois-infanterie, quoique comptant toujours dans le corps des gendarmes de la garde. Il fit avec le régiment d'Angoumois les campagnes de Hanovre de 1757 à 1760, celles de 1761 et 1762 en Allemagne, avec le corps de la gendarmerie, et fut employé aux colonies de 1763 à 1767 avec le régiment d'Angoumois. Aide-de-camp du lieutenant-général d'Ennery pendant les campagnes de 1768 et 1769, en Corse, il passa comme porte-drapeau dans le régiment d'Angoumois le 29 juillet 1771. Chargé de la caisse de ce corps, le 9 juillet 1772, il devint quartier-maître-trésorier le 16 juin 1776, obtint le grade de premier lieutenant le 10 octobre 1778, et reçut la commission de capitaine au régiment de Royal-Roussillon, avec 800 livres de pension, le 2 décembre suivant. Major des gardes de la porte du roi le 8 avril 1779, avec rang de lieutenant-colonel, puis de colonel, il eut le commandement de ce corps à la cour, et celui des hôtels et résidences du roi. Le 21 octobre 1786, il reçut des lettres de confirmation du titre de comte, et fut réformé à la suppression des gardes de la porte, le 1er octobre 1787. Ses services distingués lui avaient valu en différentes occasions plusieurs pensions annuelles sur le ministère de la guerre et de la maison du roi, outre celle de 2,000 livres qu'il touchait sur les fonds de l'ordre de Saint-Louis, dont il était chevalier depuis le 26 décembre 1784. Maréchal-de-camp le 1er mars 1791, il demeura sans emploi jusqu'au 9 ventose an VIII, époque à laquelle il fut nommé inspecteur aux revues, employé dans la 26e division militaire, et chargé en même temps du service de l'armée gallo-batave. Inspecteur aux revues de la garde des consuls en l'an IX, il passa en la même qualité dans la 15e division militaire en l'an X, et fut chargé en outre du service de la 1re division militaire le 17 pluviose an XII. Membre de la Légion-d'Honneur le 4 germinal de cette dernière année, il réunit aux deux services dont il était déjà chargé celui d'inspecteur en chef de l'armée du Nord, auquel le prince Louis-Napoléon le nomma le 27 brumaire an XIV. Licencié le 13 janvier 1806, avec une partie de l'armée du Nord, il reprit ses fonctions d'inspecteur dans la 1re division militaire, fut chargé de nouveau du service des 1re et 15e divisions le 1er mai 1812, et se démit de ses fonctions le 28 novembre 1814. Admis à la retraite le 18 octobre 1820, il est mort le 29 octobre 1823.

AYRAL DE BONNEVILLE (GUILLAUME-MARIE), né à Sérignac (Haute-Garonne), le 1er janvier 1769, reçut la décoration de la Légion-d'Honneur le 4 germinal an XII, et fut réformé sans traitement le 19 avril 1806. Il était alors major du 22e régiment d'infanterie de ligne.

BAILLE (ANTOINE-ADALBERT), naquit le 27 mai 1768 à Champlin (Nièvre). Gendarme dans la compagnie Dauphin le 1er juillet 1785, il y servit jusqu'au 1er avril 1788, époque du licenciement de ce corps. Élu capitaine du 1er bataillon de volontaires de la Nièvre le 11 octobre 1791, il passa comme lieutenant dans le 98e régiment d'infanterie (ci-devant Bouillon) le 1er avril 1792, fit toutes les campagnes de la République jusqu'à l'an IX, fut nommé capitaine le 6 juin 1792, et reçut un coup de feu à la cuisse gauche le 10 mai 1793. Prisonnier de guerre le 1er août suivant, à la prise de Valenciennes, il rentra sur parole à la même époque. Incorporé en ventose an III dans la 175e demi-brigade de bataille, il passa le 16 floréal an IV dans le 67e de ligne. Noté par les inspecteurs-généraux comme un officier distingué, il obtint le grade de chef de bataillon le 1er thermidor an VIII, pour prendre rang du 3 messidor précédent. Le premier Consul le nomma major du 6ᵉ régiment de ligne le 30 frimaire an XII, et le 4 germinal suivant membre de la Légion-d'Honneur. Il fit les guerres de l'Empire, et le 15 avril 1811 il devint colonel en second du 105ᵉ régiment de ligne. Il est mort à Udine le 22 mars 1813.

BAILLE (LOUIS-PAUL), *baron* DE SAINT-POL, né le 1ᵉʳ juillet 1768 à Brignoles (Var), entra au service comme lieutenant à la formation du 3ᵉ bataillon de volontaires du Var le 14 septembre 1791. Il fit les campagnes de la Révolution, depuis 1792 jusqu'à l'an V, aux armées des Alpes et d'Italie, fut nommé adjoint aux adjudans-généraux le 1ᵉʳ germinal an III, et capitaine le 16 vendémiaire an IV. Passé avec son grade dans la 69ᵉ demi-brigade d'infanterie de ligne le 1ᵉʳ frimaire an VI, il s'embarqua avec l'armée d'Orient et fit les campagnes de l'an VI à l'an IX en Égypte et en Syrie. Le 1ᵉʳ pluviose an VII, il prit le commandement de la 1ʳᵉ compagnie de grenadiers de la demi-brigade. A la prise de Jaffa, malgré le feu très vif de l'ennemi, il fit traîner par ses grenadiers une pièce de canon qu'il dirigea ensuite contre une tour occupée par 300 osmanlis, et les força ainsi à mettre bas les armes. Il se signala plusieurs fois au siége de Saint-Jean-d'Acre, et reprit en différentes circonstances, et marchant à découvert avec la compagnie de grenadiers qu'il commandait, plusieurs boyaux de la tranchée enlevés par l'ennemi. Pendant ce siége mémorable, il fut blessé d'un coup de feu au nez, le 26 floréal an VII, et reçut un autre coup de feu à la jambe droite. Le 7 thermidor, à la bataille d'Aboukir, il entra un des premiers dans la redoute enlevée par la 69ᵉ demi-brigade, action qui décida le succès de cette journée. Le général en chef Bonaparte le nomma, sur le champ de bataille, chef de bataillon au même corps le 14 thermidor suivant. Rentré en France, il fit partie du camp de Montreuil, fut promu au grade de major du 51ᵉ régiment d'infanterie de ligne le 30 frimaire an XII, et créé membre de la Légion-d'Honneur le 4 germinal de la même année. Il fit la campagne de l'an XIV en Autriche, se signala à Austerlitz, et fut nommé colonel de son régiment le 6 nivose an XIV. En 1806 et 1807, il suivit la grande armée en Prusse et en Pologne, reçut un coup de feu à la main gauche au combat de Golymin, et devint officier de la Légion-d'Honneur le 7 juillet 1807. Passé en Espagne, il y fit toutes les campagnes depuis 1808 jusqu'en 1814. L'Empereur le créa baron de l'Empire et le nomma général de brigade le 6 août 1811. Successivement employé à l'état-major général de l'armée du Midi, et au 4ᵉ corps de l'armée d'Espagne, il fut blessé d'un coup de feu à la jambe gauche au combat de Saint-Pierre-d'Yrubi, près Bayonne, le 13 décembre 1813. Après l'abdication de l'Empereur, il fut mis en non-activité. Louis XVIII le nomma chevalier de Saint-Louis le 13 août 1814, lui confia le commandement du département de la Lozère le 30 décembre suivant, et le créa commandant de la Légion-d'Honneur le 17 janvier 1815. Cet officier-général commandait ce département, lorsqu'on apprit le débarquement de l'Empereur au golfe de Juan. Le duc d'Angoulême s'étant rendu dans le Midi, pour tâcher d'arrêter la marche de Napoléon sur Paris, le général Baille fut mis à sa disposition par un ordre du gouvernement en date du 6 mars. Maintenu dans le commandement de la Lozère, par décision ministérielle du 15 avril, l'Empereur, par un ordre du 6 juin, l'employa à l'armée du Nord. Mis en non-activité lors du licenciement de l'armée de la Loire, le gouvernement le comprit, lors de la réorganisation du 30 décembre 1818, comme disponible dans le cadre de l'état-major général de l'armée. Il est mort à Paris le 2 octobre 1821.

BARBARON ET NON **BARBAZON** (RAYMOND), naquit le 25 mai 1758 à Sauveterre (Gironde). Soldat dans le régiment d'infanterie Royal-Vaisseaux le 24 décembre 1776, caporal le 26 avril 1778, sergent le 28 juillet 1781, et fourrier le 16 mai 1786, il obtint son congé le 14 avril 1788. Il rentra au service le 25 février 1792 comme chef du 1ᵉʳ bataillon des volontaires de la Gironde, grade que ses concitoyens lui conférèrent par acclamation. Immédiatement dirigé vers les frontières, il fit les campagnes de 1792 et 1793 à l'armée du Nord. Chargé en septembre 1792 de la fausse attaque de Pont-à-Rache, près Orchies, il s'acquitta de sa mission avec un plein succès. Au mois d'octobre suivant, il conduisit avec beaucoup d'énergie l'attaque de Ronc, près Mentz. En 1793, il se distingua à la bataille de la montagne de Fer, près Louvain ; au combat en avant de Flers, près de Lille, au siége de Maëstricht, et au déblocus de Maubeuge. En septembre de la même année, il repoussa l'ennemi à l'attaque de Blaton, et le 13 de ce mois, avec son bataillon, à la prise de Menin, il enleva 48 pièces de canon, et fit prisonnier un bataillon entier de grenadiers hollandais. Passé à l'armée de l'Ouest, puis à celle des côtes de l'Océan, il y fit toutes les campagnes depuis l'an II jusqu'à l'an VI. Le 26 vendémiaire an V, il fut incorporé dans la 27ᵉ demi-brigade, et s'embarqua sur le vaisseau *la Révolution* le 20 frimaire suivant. Passé successivement aux armées du Danube, du Rhin et d'Helvétie, il y fit les campagnes des ans VII, VIII, IX et XI. Il se distingua au camp, qu'il commandait en l'an VII, en avant d'Oekheim, sur la route de Francfort. Le 11 frimaire de cette année, obligé de se retirer lui-même sur Bruchsal, devant un corps nombreux d'infanterie soutenu par une forte cavalerie, il sut, par l'habileté de ses manœuvres, opérer sa retraite sur Wilosch avec le plus grand ordre, et repoussa avec avantage les attaques fréquentes et opiniâtres de l'ennemi. Le 13 frimaire an VIII, dans la retraite de Necker-Germine, il reçut l'ordre du général Baraguay-d'Hilliers de prendre le commandement des troupes placées sur la hauteur de Maure, pour empêcher l'ennemi de couper la retraite à la colonne du général Sabatier. Il n'avait avec lui que 4 compagnies, et, quoique l'ennemi fût bien supérieur en nombre, il le repoussa plusieurs fois et se contraignit de renoncer à son projet. Le 16 prairial an VIII, à l'affaire de Sulminghen, il fut blessé d'un coup de feu à l'aine droite. Nommé major du 30ᵉ régiment d'infanterie de ligne le 30 frimaire an XII, il devint membre de la Légion-d'Honneur le 4 germinal suivant. Il passa, le 30 avril 1807, comme major dans la 2e légion de réserve, devenue 121e régiment d'infanterie de ligne, et fit avec ce corps les campagnes de 1808, 1809 et 1810 en Espagne. Il se signala, pendant le siège de Mequinenza, à la prise de la redoute de San-Fernando, le 13 mai 1810, et à l'assaut donné le lendemain, 14, à la place de Lerida, et fut nommé officier de la Légion-d'Honneur le 28 août de la même année. Admis à la retraite le 11 janvier 1811, il est mort le 25 décembre 1814. B-G.

BARBIER (JACQUES-LOUIS), naquit le 1er janvier 1752 à Cagliari (Sardaigne), de père et de mère français. Canonnier au régiment de Toul-artillerie le 17 février 1768, il acheta son congé le 30 août 1771, et se retira dans sa famille à Lyon. Il reprit du service comme capitaine dans le 1er bataillon de volontaires de Rhône-et-Loire, fit les campagnes de 1792 et 1793 à l'armée du Rhin, se trouva aux prises de Spire, de Worms et de Mayence, et obtint le grade de chef de bataillon le 3 avril 1793. Chargé du commandement des îles Saint-Pierre et Saint-Jean, pendant la défense de Mayence, il fut blessé à la tête le 12 avril 1793, et reçut un coup de feu à la jambe gauche dans la nuit du 10 au 11 juin. Passé à l'armée de l'Ouest, il y commanda les grenadiers d'avant-garde du général Aubert-Dubayet, pendant les campagnes des ans II et III. Incorporé dans la 54e demi-brigade de ligne, devenue 89e, il se trouva avec elle au passage du Rhin. Le 2e jour complémentaire an IV, à la porte de Kehl, du côté de Kentzick, avec 17 hommes seulement, il repoussa l'attaque des Autrichiens, et fut blessé à la jambe droite, au côté et au bras droit. Envoyé à l'armée d'Angleterre en l'an VI, il revint à celle du Rhin, et se trouva de nouveau au passage de ce fleuve. Il servit ensuite à l'armée du Danube, et se distingua dans le Valais à la prise de la position de l'Ax. Nos troupes avaient été repoussées, Barbier rétablit le combat à la tête de 80 hommes, fit 150 prisonniers, et poursuivit l'ennemi pendant plusieurs lieues. A l'attaque du pont de Maters, il reçut un coup de feu à l'épaule droite. Chef de brigade le 4 vendémiaire an IX, il battit avec 900 hommes de la 89e environ 3,000 Autrichiens à Fontanamora, bloqua ensuite le fort de Bar, et, pendant la retraite de nos troupes dans la vallée de Suze, il contint l'ennemi. Le 11 prairial suivant, nommé commandant d'armes à Coblentz, il occupa successivement le même emploi à Ypres, le 27 thermidor de cette année, et à Saint-Omer le 12 vendémiaire an XII, devint membre de la Légion-d'Honneur le 4 germinal suivant, et exerça le même emploi jusqu'en 1814. Lorsqu'au mois d'avril de cette année le retour des Bourbons en France fut connu à Saint-Omer, cette nouvelle excita, parmi quelques royalistes, un mouvement insurrectionnel auquel le colonel Barbier s'opposa avec une grande énergie malgré l'attitude menaçante de l'ennemi, qui bivouaquait aux portes de la place. Il fit arrêter un officier municipal qui s'était mis à la tête de ce mouvement, et déclara la ville en état de siège; forcé d'arborer le drapeau blanc, il se rendit à Lille pour y attendre de nouveaux ordres, et revint à Saint-Omer après l'arrivée de Louis XVIII. L'Empereur Napoléon, à son retour de l'île d'Elbe, en 1815, nomma le colonel Barbier au commandement du département du Jura. Admis à la retraite le 1er août 1815, il est mort le 18 mai 1824 à Lyon (Rhône). B-G.

BARON (ANTOINE), naquit le 19 janvier 1772 à Seurre (Côte-d'Or). Chasseur à cheval au 1er régiment le 16 février 1789, il devint brigadier-fourrier le 1er avril 1791, et fit toutes les campagnes de la Révolution. Maréchal-des-logis le 1er mai 1793, et sous-lieutenant le 11 juillet suivant en récompense de sa conduite au combat d'Arlon, il se distingua encore à l'affaire de Tiercelet et à la bataille de Fleurus, où il reçut un coup de sabre sur la main droite. Le 16 prairial an IV, aux affaires d'Herborn et Eukrath, il montra tant de bravoure et d'intelligence, qu'il fut nommé lieutenant et capitaine sur le champ de bataille dans la même journée. Il se trouva à Hoffkirchen et à Ostrach, le 1er germinal an VII, et il reçut un coup de sabre sur la tête à Lieblingen, où il fit des prodiges de valeur. En vendémiaire an VIII, il passa le Necker au gué à la tête de son escadron, enleva à l'ennemi, beaucoup plus nombreux que lui, 2 pièces de canon et lui fit une grande quantité de prisonniers. Le 15 floréal an VIII, à la bataille de Mœskirch, il soutint le choc des Autrichiens, les repoussa plusieurs fois, eut le poignet gauche emporté par un boulet, et fut nommé chef d'escadron au 20e régiment de chasseurs à cheval sur le champ de bataille. Le général Richepanse le prit comme aide-de-camp le 19 messidor suivant. A la bataille de Hohenlinden, chargé de contenir la réserve de l'ennemi, il exécuta cet ordre avec habileté, et donna le temps au général Richepanse d'exécuter le mouvement qui décida du sort de la bataille. Il passa avec son grade dans le 16e régiment de dragons le 29 brumaire an X, et dans le 17e de même arme le 15 pluviose même année, et il fut fait major du 26e par arrêté du gouvernement du 6 brumaire an XII. Membre de la Légion-d'Honneur le 4 germinal suivant, il fut appelé à Paris, le 13 floréal an XIII, pour y faire partie d'une commission chargée de la confection d'un nouveau règlement sur les manœuvres des dragons. Le 3 mai 1813, il rentra dans ses foyers pour y jouir du traitement de non-activité de son grade, en attendant un emploi de commandant d'armes; mais, le 30 novembre suivant, le ministre de la guerre l'envoya comme chef d'état-major auprès du général de division Charles, duc de Plaisance, gouverneur d'Anvers. Il remplit les mêmes fonctions auprès du général Carnot, qui remplaça le duc de Plaisance, et fut nommé adjudant-commandant le 15 mars 1814. Mis en non-activité à la rentrée des Bourbons, et cependant décoré de la croix de Saint-Louis le 20 août 1814 et de celle d'officier de la Légion-d'Honneur le 2 novembre de la même année, il reçut de l'Empereur, le 22 avril 1815, le commandement supérieur de la place de Vitry-le-

Français. Lors de l'invasion du territoire, une division russe vint former le blocus de Vitry, qui n'était pas entièrement fortifié et n'avait pour garnison que 400 hommes. Le commandant Baron sut conserver la place, et ne la rendit que sur l'ordre formel du gouvernement de Louis XVIII. La garde nationale de Vitry lui offrit une épée d'honneur. Admis à la retraite le 1er août suivant, il s'est retiré à Strasbourg, où il réside encore aujourd'hui.

BARRÈRE (PIERRE), naquit le 8 mars 1736 à La Serre (Lot-et-Garonne). Soldat dans le 17e régiment d'infanterie le 8 mars 1755, il fit les guerres d'Allemagne de 1757 à 1762. Caporal le 2 mars 1763, il devint sergent le 1er septembre 1766, fourrier le 6 février 1770, sergent-major le 18 juin 1776, et porte-drapeau le 22 juin 1781. Il fit les campagnes maritimes de 1782 et 1783, devint sous-lieutenant le 6 avril 1785, lieutenant et capitaine les 15 septembre et 1er décembre 1791, et servit aux armées du Nord et de Rhin-et-Moselle de 1792 à 1793. Chef de bataillon le 1er août 1793, et chef de brigade le 7 floréal an II, il fit la campagne de Sambre-et-Meuse de l'an III à l'an IV. Ici se termine la carrière militaire active du colonel Barrère. Commandant provisoire de la place de Juliers, le 15 messidor an IV, il occupa cet emploi de l'an IV à l'an XIII. Confirmé dans ce poste le 11 thermidor an IX, il le conserva jusqu'au 8 décembre 1813, époque à laquelle il fut admis à la retraite. Il était membre de la Légion-d'Honneur depuis le 4 germinal an XII. Il est mort le 19 décembre 1826 à Aix-la-Chapelle, où il était autorisé à résider. B-S.

BAUDOT (JOSEPH), né le 16 avril 1772 à Saint-Mihiel (Meuse), entra comme caporal dans le 1er bataillon de volontaires de la Meuse le 1er septembre 1791. Sergent le 24 avril 1792, et adjudant-sous-officier, avec rang de sous-lieutenant, dans le bataillon dit des *éclaireurs de la Meuse* le 10 brumaire an II, il servit aux armées du Nord et des Alpes, de 1792 à l'an IV, et devint capitaine le 25 germinal de cette dernière année. Il fit les campagnes de l'armée d'Italie pendant les ans VI et VII, et celles du Rhin et de Portugal en l'an VIII et en l'an IX. Chef de bataillon le 15 ventôse an X, dans la 9e demi-brigade d'infanterie légère, major du 23e régiment de même arme le 2 pluviôse an XII, et membre de la Légion-d'Honneur le 4 germinal suivant, il fit la campagne de l'an XIV en Italie, et mourut de maladie à Césène le 26 juillet 1806.

BAUDRY-D'ASSON (CHARLES-HYACINTE-ALEXIS, *chevalier*), né le 17 novembre 1754 aux Essarts (Vendée), entra au service dans le corps royal d'artillerie de la marine le 29 novembre 1769. Caporal et sergent les 21 mai et 17 juin 1772, il embarqua sur la frégate *le Zéphir* le 19 mars 1774, fut nommé porte-drapeau le 16 août 1778, et sous-lieutenant de grenadiers le 1er avril 1782. Détaché le 25 septembre à l'île de Ré pour servir sous les ordres de d'Estienne, capitaine de vaisseau, commandant le dépôt des marins, il rentra à son régiment le 25 février 1783. Garçon-major (rang de lieutenant en premier) le 1er mai 1786, capitaine commandant d'artillerie le 1er juillet 1792, chef de bataillon le 4 octobre 1793, il servit sur *le Sphinx* et *la Rousse*, du 26 floréal an III au 18 brumaire an VII. Employé le 9 frimaire an VIII à l'armée de l'Ouest, il commanda à Nantes 2,300 hommes de son arme jusqu'au 27 nivôse suivant, jour où il fut détaché aux Sables avec 700 hommes pour commander le 12e arrondissement et les batteries de la côte jusqu'au 11 germinal suivant. Envoyé le 1er floréal à Paris, par le conseil d'administration de son corps, pour rendre les comptes de quatre ans de l'habillement et équipement à une commission nommée à cet effet, conformément aux ordres du premier consul, il y resta jusqu'au 9 fructidor suivant. Après avoir servi à l'armée de l'Ouest, Baudry obtint du général Bonaparte lui-même la faveur d'être employé avec la colonne qui, depuis, a été sous ses ordres en Italie. Il commanda, le 4 brumaire an IX, à l'armée d'élite du général en chef Murat, une colonne de grenadiers de son arme, forte de 2,200 hommes, jusqu'au 17 ventôse. Parti de Sienne avec 500 grenadiers pour marcher contre les brigands qui s'étaient réfugiés dans la Toscane, il aperçut près de Prola 4 hommes du nombre des révoltés qui étaient embusqués dans un bois par où devaient sortir les grenadiers qu'il avait envoyés pour en faire la fouille. Il courut sur eux à toute bride. Ces révoltés tirèrent chacun un coup de fusil à deux tiers de portée sur ce commandant, et vidèrent le terrain qu'ils occupaient. Dans cette expédition, il entra avec sa troupe dans un défilé de 30 milles, lequel, bordé de bois et de rochers, était tellement étroit qu'on ne pouvait aller que sur un seul homme de hauteur. Pendant cette marche infiniment pénible, il ne cessa d'être harcelé par les insurgés, qui faisaient un feu continuel sur sa troupe. Une partie de la colonne de Baudry battit les révoltés à Prola, où ils s'étaient rassemblés, et s'empara de cette ville; l'autre les dispersa et les poursuivit vivement. Cet officier supérieur prit ensuite le commandement en chef de la totalité de la colonne, organisée en demi-brigade de 3 bataillons, et augmentée de 420 hommes le 4 germinal suivant; le 12 du même mois, le ministre de la marine écrivit une lettre sur le succès de cette expédition, et donna des éloges au commandant Baudry. Le 14 floréal, il commanda la place du quartier-général de Tarente jusqu'au 4 pluviôse an X, époque de son embarquement avec sa troupe pour revenir en France; arrivé à Toulon, son corps fut dissous le 20 germinal. Major le 3 messidor de la même année, il se trouvait au Hâvre pendant que les Anglais bloquaient ce port, et dans un temps où ils attaquaient la flotille; quoique n'étant pas, à cause de son grade, dans le cas d'être embarqué, il sollicita et obtint l'agrément de suivre sa troupe à bord des bâtimens. A la paix générale de l'an X, ce commandant, étant à Tarente avec ses 2,400 grenadiers, sollicita du ministre de la marine d'être employé avec cette belle colonne à l'expédition de Saint-Domingue, mais il ne put l'obtenir. Après sa rentrée en France, il demanda à servir à l'armée destinée à l'expédition d'Angleterre; dans cette circonstance, ses vœux furent accueillis favorablement. Membre de la Légion-d'Honneur le 4 germinal an XII, colonel le 17 thermidor suivant, Baudry fut nommé, le 3 mars 1809, inspecteur-adjoint au premier inspecteur-général d'artillerie, et passa à l'armée de l'Escaut. Depuis le camp de Boulogne, il n'avait cessé de solliciter, mais sans fruit, la faveur d'être employé aux armées actives. Chevalier de Saint-Louis et officier de la Légion-d'Honneur les 10 juillet et 17 août 1814, colonel commandant supérieur des 3e et 6e bataillons au corps royal d'artillerie de la marine le 1er avril 1816, Baudry-d'Asson est mort le 30 juillet 1820 à Rochefort (Charente-Inférieure).

BAUME ET NON BEAUME (HIPPOLYTE-ALEXANDRE), naquit le 13 février 1763 à Digne (Basses-Alpes). Capitaine au 5e bataillon de volontaires des Basses-Alpes le 3 août 1793, il fit les guerres d'Italie de l'an II à l'an V, et celles d'Égypte de l'an VI à l'an IX. Sa conduite distinguée, pendant cette aventureuse expédition, ne tarda pas à le faire remarquer par les généraux Bonaparte et Kléber, qui l'employèrent souvent dans des reconnaissances périlleuses. Chef de bataillon le 16 floréal an VIII, il se signala particulièrement au siège du Caire le 29 floréal an VIII, où il reçut un coup de feu à la tête. De retour en France, le premier Consul le choisit, le 22 frimaire an XII, pour commander le 10e bataillon de grenadiers de la réserve. Major du 13e régiment d'infanterie légère le 2 pluviose an XII, et membre de la Légion-d'Honneur le 4 germinal suivant, il fit les campagnes de la grande armée de l'an XIV et 1806, et fut employé en 1808 au camp de Blankemberg, sur l'Escaut. Le 4 août 1809, il prit le commandement d'une colonne de garde nationale, destinée à faire partie de l'armée dite *de l'Escaut*, et à la tête de laquelle il fit les guerres de 1809 et 1810. Le 31 mars 1812, l'Empereur le nomma colonel du régiment de Belle-Isle, devenu 36e léger. Il servit en Russie, en Allemagne et en France, de 1812 à 1814. Le 23 avril 1813, il eut la jambe cassée, par suite d'une chute de cheval, dans une reconnaissance d'avant-postes. Devenu colonel du 9e léger à l'organisation de 1814, et licencié avec son régiment le 19 septembre 1815, il obtint ensuite sa retraite. Il est mort le 23 juillet 1842 à Metz (Moselle), où réside encore sa veuve.
B-S.

BEAUPOIL-SAINT-AULAIRE (MARIE-JEAN-BENOIT), naquit le 3 mai 1749 à Malicorne (Sarthe). Soldat au régiment de la marine le 4 mai 1766, il obtint successivement les grades de caporal et de sergent, et celui de sous-lieutenant le 23 février 1769. Passé en Turquie, en 1770, il prit ensuite du service en Pologne, où il devint capitaine dans la légion de Potoki en 1771, et fut réformé à la paix le 18 mai 1772. Après sa rentrée en France, le caractère aventureux de cet officier lui fit saisir avec ardeur l'occasion qui se présentait de courir de nouveaux dangers et d'acquérir quelque gloire; il passa en Amérique et fut nommé capitaine d'une compagnie franche au mois d'août 1775. Les services qu'il rendit pendant cette première campagne, l'énergie et le courage dont il fit preuve dans toutes les circonstances, fixèrent sur lui l'attention du gouvernement français, qui lui accorda, le 28 novembre 1776, le brevet de colonel pour servir dans les colonies; mais il n'accepta point cette faveur, car, dès le 1er décembre suivant, il avait quitté le service et s'était retiré dans ses foyers. Né avec l'amour de l'indépendance et de la liberté, imbu des principes philosophiques de l'époque, Saint-Aulaire avait rapporté de son séjour en Amérique les idées d'une réforme générale des abus qui signalaient alors l'existence d'une monarchie sur son déclin. Aussi, salua-t-il avec enthousiasme l'aurore de la Révolution, et fut-il un des premiers à se ranger sous ses drapeaux. Il rentra au service, le 5 mai 1790, comme simple grenadier dans la garde nationale. Le 28 juillet 1792, il fut promu capitaine dans la légion de Kellermann, et, le 7 novembre suivant, nommé chef d'escadron de Tartares. Saint-Aulaire servit avec distinction dans les campagnes de la Révolution, et fit preuve de zèle, de bravoure et de dévoûment partout où il se trouva. Chef de bataillon en vertu de la loi du 1er brumaire an II, suspendu par le conseil exécutif, à l'armée de la Moselle, le 8 du même mois, il fut réintégré par les représentans du peuple Gaston et Fabre, et nommé chef de brigade le 1er frimaire de la même année. Le 1er thermidor suivant, le représentant du peuple Milhaud l'investit des fonctions d'adjudant-général, qu'il exerça jusqu'au 15 nivose an III, époque à laquelle il prit le commandement de la 8e demi-brigade légère, devenue 4e régiment d'infanterie légère. Mis en disponibilité l'année suivante, il fut presque aussitôt nommé commandant d'armes à Verone, et envoyé en la même qualité à Peschiera, après l'insurrection de ses habitans. Employé à l'armée d'Angleterre, sous le général Kilmaine, il revint à l'armée d'Italie pendant le siège de Gênes. Il passa ensuite à l'armée du Rhin, sous Moreau, en l'an VIII, et à la fin de la campagne il alla commander à Verceil. Le 4 germinal an XII, le premier Consul le fit membre de la Légion-d'Honneur. Il continua d'exercer ses fonctions à Verceil jusqu'en 1811, époque de son admission à la retraite. Nommé par l'Empereur entreposeur principal des tabacs à Tarbes, Saint-Aulaire reprit les armes en 1815, lors de la deuxième invasion des coalisés, et, quoique âgé alors de soixante-six ans, il accepta le commandement d'un corps de fédérés-tirailleurs de Paris, et l'exerça avec un zèle et une énergie dignes des plus grands éloges. Après les désastres de cette malheureuse époque, ce brave officier supérieur rentra dans sa position de retraite. Il est mort à Paris le 14 février 1829.

BENUZAN (JEAN-JOSEPH), né le 16 décembre 1761 à Toulouse (Haute-Garonne), entra le 7 mars 1782 dans le 14e régiment d'infanterie de ligne, devint caporal le 25 décembre 1785, et sergent le 11 juin 1789. Adjudant-major au 3e bataillon de chasseurs francs le 25 octobre 1792, et promu capitaine le 15 mars 1793, il fit avec distinction les guerres de 1792 à l'an II à l'armée du Nord. Incorporé le 22 messidor an III dans le 15e régiment d'infanterie légère, il fit les campagnes des ans III et IV à l'armée de Sambre-et-Meuse, celle de l'an V à l'armée d'Italie, et celles des ans VI et VII aux armées de Rome et de Naples. Nommé chef de bataillon le 6 messidor an VII, il donna de nouvelles preuves de valeur aux armées de réserve et des Grisons (ans VIII et IX), et obtint, le 30 frimaire an XII, le grade de major du 22e régiment d'infanterie légère. Le premier Consul lui accorda, le 4 germinal de la même année, la décoration de la Légion-d'Honneur. Il fit la campagne de l'an XIV en Italie, après laquelle il rentra au dépôt de son corps. Colonel en second le 15 avril 1811, et colonel titulaire du 112e de ligne le 7 septembre suivant, il quitta le royaume de Naples à la fin de 1812 pour se rendre à la grande armée; mais plusieurs infirmités graves l'ayant mis dans l'impossibilité de continuer un service actif, il sollicita sa retraite, et l'obtint le 10 août 1813. Il est mort dans sa ville natale le 12 juin 1817. B-S.

BENVIGNAT. *Voyez* BEVIGNAT.

BERGERON (JEAN-DENIS), naquit le 9 juin 1757 à Saint-Germain-en-Laye (Seine-et-Oise). Soldat au régiment de Penthièvre-dragons le 26 août 1772, il entra dans les gardes du corps du comte d'Artois le 1er novembre 1773, et passa comme lieutenant dans la légion de Nassau le 8 février 1779. Il se trouva à l'attaque de l'île de Jersey, et s'y fit remarquer par sa belle conduite. A la suppression de la légion de Nassau, le 8 juillet de la même année, il passa comme lieutenant dans les volontaires de la marine, et ensuite dans la légion de Lauzun le 26 juin 1780. Le 20 décembre de l'année suivante, il fut nommé sous-lieutenant de maréchaussée avec brevet de lieutenant de cavalerie. Lieutenant de gendarmerie dans le département des Pyrénées-Orientales le 19 juin 1791, il fut élu chef du 3e bataillon de volontaires de ce département le 4 novembre 1792, et fit la campagne de cette année contre les Espagnols. Le 18 septembre 1793, il entra le premier, à la tête de son bataillon, dans la redoute de Peyrestortes. Envoyé à l'état-major du général Dugommier, pendant le siége de Toulon, il se distingua à l'affaire du 10 frimaire an II, dans laquelle le général anglais O'Hara fut fait prisonnier et confié à sa garde pour être conduit à Aix. A l'attaque de la redoute anglaise, au même siège, il fut grièvement blessé d'un coup de feu à la cuisse. Adjudant-général chef de bataillon le 12 fructidor de la même année, il obtint le grade d'adjudant-général chef de brigade le 20 nivose an III, et reçut le commandement de la place d'Arles, alors en état de siège; il sut y maintenir l'ordre et la tranquillité. Employé en l'an IV comme adjudant-général auprès du général Hoche, commandant en chef de l'armée de l'Ouest, il prit, le 4 germinal de cette année, le commandement de Caen, à cette époque en état de siége. A la suppression de ce poste militaire, le 11 brumaire an V, il fut nommé commandant d'armes à Besançon, et il remplit successivement les mêmes fonctions à Charleroi le 3 ventose an VII, à Briançon le 15 messidor suivant, à Neufbrisack le 15 prairial an IX, et à Coblentz le 5 messidor an X. Membre de la Légion-d'Honneur le 4 germinal an XII, et réformé le 1er vendémiaire an XIII, il se retira dans ses foyers. Rappelé au service le 2 mai 1809, et envoyé comme commandant d'armes dans le Hanovre, il passa à la place de Bois-le-Duc le 15 septembre de la même année, fut de nouveau réformé le 12 juillet 1810, remis en activité le 13 mars 1811, et employé comme adjudant-commandant à Dantzig, où il mourut de maladie le 8 décembre 1812. B-G.

BERLIOZ (HENRI-JOSEPH), naquit le 12 juillet 1758 à Pont-de-Beauvoisin (Isère). Le 18 octobre 1778, il entra au service en qualité de cadet dans les gardes du corps du roi de Sardaigne, et reçut le grade de lieutenant au même corps le 1er juillet 1789. Il rentra en France le 1er juin 1793. Le 9 août suivant, le général en chef de l'armée des Pyrénées le désigna pour remplir les fonctions d'instructeur de la cavalerie de cette armée. Le 2 ventose an II, il fut nommé adjoint aux adjudans-généraux. Il fit les premières guerres de la Révolution, de 1793 à l'an IV, prit part à la bataille de Boulou, et fut blessé d'un coup de feu au siége du fort Saint-Elme (armée des Pyrénées). C'est à la suite de ce siége, le 30 prairial an II, qu'il obtint le grade de capitaine. Passé dans la 117e demi-brigade de ligne le 7 fructidor an III, il devint, le 25 messidor an IV, aide-de-camp du général Frégeville, et fit avec lui les campagnes des ans V et VI. Chef d'escadron à la suite du 2e régiment de hussards le 25 thermidor an VII, il servit à l'armée d'Italie de l'an VII à l'an IX, et se signala particulièrement au passage du Mincio le 5 nivose an IX. Un arrêté des consuls, du 12 du même mois, le plaça dans le 5e régiment de cuirassiers, et un second arrêté du 6 brumaire an XII l'appela en qualité de major dans le 7e régiment de même arme. Le 4 germinal suivant, le premier Consul lui accorda la décoration de la Légion-d'Honneur. Atteint d'infirmités graves, il sollicita et obtint sa retraite le 12 janvier 1810. Il est mort le 17 septembre 1840 à Chambéry (Savoie), où il se trouvait momentanément; son domicile était à Vaucouleurs (Meuse).

BERNECQUE ET NON **BERNEQUE** (ANTOINE), né le 21 mai 1756 à Monthureux (Vosges), entra au 12e régiment de dragons le 28 mars 1778, et servit en 1779 et 1780 en Amérique. Brigadier le 18 juin 1784, et fourrier le 11 septembre de la même année, il devint maréchal-des-logis-chef le 1er mai 1789. Il fit toutes les campagnes de la Révolution depuis l'an II jusqu'à l'an IX aux armées du Nord, de Sambre-et-Meuse et du Rhin. Nommé sous-lieutenant le 11 septembre 1792, lieutenant le 1er août 1793, et capitaine le 24 germinal an II, chacun de ces grades fut le prix d'un fait d'armes remarquable. Blessé d'un coup de feu à la mâchoire le 28 prairial an II, à l'affaire de Charleroi, il fut promu chef d'escadron le 1er messidor suivant. Major du 27e régiment de dragons le 6 brumaire an XII et membre de la Légion-d'Honneur le 4 germinal suivant, il sollicita son admission à la retraite, l'obtint le 20 novembre 1806. Il est mort à Saint-Germain-en-Laye (Seine-et-Oise), le 27 novembre 1839

BERNICHON (GUILLAUME), né le 1er juillet 1766 à Saint-Just-en-Chevalet (Loire), entra dans les grenadiers royaux le 21 mai 1785, et passa dans la garde à pied de la ville de Lyon le 11 juillet 1791. Le 14 juin 1793, il fit partie d'un détachement de ce corps destiné pour compléter la garde de Paris, dans laquelle il servit pendant quatre ans. Admis, le 17 germinal an V, dans la compagnie des guides de Bonaparte, général en chef de l'armée d'Italie, il se signala dans toutes les affaires auxquelles il prit part, devint brigadier et maréchal-des-logis dans le même corps, et passa le 1er nivose an VII en qualité de brigadier dans la compagnie de gendarmerie du département de la Loire. Le premier Consul le nomma membre de la Légion-d'Honneur le 4 germinal an XII. Il est mort en activité de service le 14 octobre 1809.   B-S.

BERRET (JOSEPH-HONORÉ), naquit le 26 octobre 1768 à Pignans (Var). Le 15 septembre 1791, il entra au service comme sous-lieutenant dans le 3e régiment de cavalerie, fit les campagnes de l'armée du Nord en 1792 et 1793, et devint lieutenant le 1er août de cette dernière année. Passé en l'an II à l'armée de Sambre-et-Meuse, fait capitaine le 28 brumaire an III, il servit de l'an III à l'an V aux armées du Rhin et d'Helvétie. Sa brillante conduite à l'armée d'Italie, pendant les guerres des ans VI, VII et VIII, fut mise à l'ordre de l'armée. Chef d'escadron provisoire sur le champ de bataille de la Trebia le 2 messidor an VII, le Directoire le confirma dans ce grade le 12 du même mois. Employé à l'armée gallo-batave, il passa au 24e régiment de cavalerie le 4 brumaire an IX, et au 8e cuirassiers le 17 nivose an X, fut nommé major du 9e le 6 brumaire an XII, et membre de la Légion-d'Honneur le 4 germinal suivant. Il servit de l'an XIV à 1808 aux armées d'outre-Rhin et de réserve. Sous-inspecteur aux revues le 17 février 1811, il fit la guerre de 1812 en Russie, eut les pieds gelés pendant la retraite, et subit l'amputation des dix doigts, opération qui ne l'empêcha pas de prendre part aux guerres de 1813 et 1814 en Saxe et en France. Admis à la retraite le 1er juillet 1817, il reçut la croix de Saint-Louis le 10 décembre 1818, et mourut à Paris (6e arrondissement), le 19 mai 1832.

BERTHOLET (JEAN), né le 29 août 1753 à Liége (Belgique), entra au service dans le régiment de Poitou-infanterie le 29 avril 1768, fit les campagnes de 1782 et 1783 sur mer, prit son congé le 29 août 1785, et se retira dans le département du Gers au sein de sa famille. Plus tard le suffrage de ses concitoyens l'appela à exercer les fonctions de major dans la garde nationale d'Auch, et, le 20 juin 1792, il partit comme chef de bataillon commandant le 2e bataillon des volontaires du Gers. Il fit à la tête de ce corps les campagnes de 1792 et 1793, et fut nommé chef de brigade le 3 vendémiaire an II. Il servit de l'an II à l'an VIII dans les différentes armées de la République, passa à la 18e demi-brigade le 1er nivose an V, et reçut le commandement de la 77e le 17 floréal an VII. Réformé avec traitement affecté à son grade par suite de l'arrêté du gouvernement du 1er nivose an IX, il fut presque aussitôt rappelé à l'activité, employé comme commandant d'armes à Briançon, puis envoyé à Turin en la même qualité en l'an X, et nommé membre de la Légion-d'Honneur le 4 germinal an XII. Au mois de janvier 1808, chargé des mêmes fonctions à Capo-d'Istria, il prit au mois d'août suivant le commandement de la place d'Irun, qu'il conserva jusqu'au 9 novembre 1810, époque de son admission à la retraite. Il est mort le 27 août 1823 à Auch (Gers).   B-G.

BERTRAN ET NON **BERTRAND** (LOUIS-AMABLE-JEAN-BAPTISTE, *baron*), naquit le 6 juin 1763 à Rouen (Seine-Inférieure). Soldat dans le régiment de Limosin-infanterie le 5 octobre 1779, il fit les campagnes de 1780 et 1781 sur les côtes de Bretagne, et il obtint les galons de caporal le 28 février 1784, de fourrier le 1er janvier 1786, et de sergent-major le 1er janvier 1792. Sous-lieutenant le 31 décembre suivant, il fit toutes les campagnes de l'armée d'Italie jusqu'à l'an IX. Nommé aide-de-camp du général Chastougne le 20 nivose an II, il fut placé comme adjoint auprès de l'adjudant-général Vicosse le 14 germinal an III, et promu lieutenant le 14 germinal an IV. Au passage du Mincio le 11 prairial an V, il eut un cheval tué sous lui. Capitaine le 14 vendémiaire an VI, chef de bataillon à la 25e demi-brigade de ligne le 16 fructidor an VIII, et major du 58e régiment d'infanterie de ligne le 30 frimaire an XII, il fut compris parmi les légionnaires du 4 germinal suivant. Il fit les campagnes de 1807 et 1808 en Portugal et en Espagne. Le 29 juillet 1808, il s'empara d'une pièce de canon sur les hauteurs d'Evora (Portugal), et reçut un coup de baïonnette au poignet droit à l'assaut de cette ville, où il monta un des premiers. Devenu colonel du 106e régiment d'infanterie de ligne le 20 mars 1809, il passa à l'armée d'Allemagne, obtint la croix d'officier de la Légion-d'Honneur le 27 juillet 1809, et le titre de baron de l'Empire avec une dotation de 4,000 fr. de rente le 15 août suivant. Il servit à l'armée d'Allemagne en 1810 et 1811, et fit la campagne de Russie. Blessé d'un coup de feu à la cuisse droite le 7 septembre à la bataille de la Moskowa, l'Empereur voulut le récompenser de ses bons services en le nommant le même jour, 17 octobre 1812, commandant de la Légion-d'Honneur et chevalier de la Couronne-de-Fer. Atteint d'infirmités provenant des fatigues de la guerre, il demanda sa retraite et l'obtint le 9 janvier 1813. Il est mort le 3 janvier 1819 à Tours (Indre-et-Loire).   B-G.

BESSARD-GRAUGNIARD (ALEXIS), naquit le 8 décembre 1762 à Louhans (Saône-et-Loire). Dragon dans le régiment de Chartres (14e de l'arme) le 27 septembre 1779, il devint brigadier le 21 décembre 1783, fourrier le 15 janvier 1784, maréchal-des-logis le 14 septembre suivant, et enfin adjudant-sous-officier le 17 mai 1787. Lieutenant le 17 mars 1792, il fit les campagnes de 1792 et 1793 à l'armée du Nord. Promu capitaine le 8 août 1793, il passa à l'armée de Sambre-et-Meuse, et fit les campagnes de l'an II à l'an VI. Chef d'escadron le 25 thermidor an II, il mérita à la bataille de Juliers, livrée le 13 vendémiaire an III, pendant laquelle il commandait le 14ᵉ régiment de dragons, d'être cité honorablement dans le rapport du général en chef Jourdan. Il fit ensuite les campagnes des ans VIII et IX à l'armée de l'Ouest. Le 6 brumaire an XII, il fut nommé major du 21ᵉ régiment de dragons, et le 4 germinal suivant membre de la Légion-d'Honneur. En 1807, il servit en Pologne, et passa, en 1808, à l'armée d'Espagne. Commandant le 2ᵉ régiment provisoire de dragons, cantonné à Andujar, et chargé par le général Dupont d'observer l'armée ennemie, il s'acquitta avec intelligence de cette mission. Blessé à Baylen, le 19 juillet, d'un coup de sabre sur la tête, et fait prisonnier le 22 du mois, il s'échappa, le 16 mai 1810, des pontons de Cadix. Rentré à son corps, il continua de faire la guerre en Espagne, et passa avec son grade dans le 24ᵉ régiment de dragons le 23 avril 1811. L'Empereur le nomma colonel du 12ᵉ régiment de dragons le 9 août 1812. Il fit la campagne de France, en 1814, et le 30 mars, sous Paris, reçut une balle qui lui traversa la figure. Le gouvernement de la Restauration le maintint à la tête de son régiment, lui donna la croix d'officier de la Légion-d'Honneur le 24 août 1814, et celle de Saint-Louis le 31 du même mois. Renvoyé dans ses foyers le 1ᵉʳ mai 1815, et admis à la retraite le 29 décembre 1816, il est mort le 2 juillet 1824 à Louhans (Saône-et-Loire).

BÉVIGNAT DIT BENVIGNAT (JOACHIM-JEAN-FRANÇOIS), né le 9 février 1760 à Parme, en Italie, entra le 1ᵉʳ décembre 1788 dans le régiment de Dillon (87ᵉ d'infanterie), devint fourrier le 1ᵉʳ janvier 1791, et sergent le 10 octobre suivant. Promu adjudant-sous-lieutenant le 2 avril 1792, il fit les campagnes de 1792, 1793, ans II et III à l'armée du Nord, et fut blessé de deux coups de feu au siége de Valenciennes et au château d'Anvers. Lieutenant le 7 juin 1793, et appelé à remplir les fonctions de quartier-maître le 1ᵉʳ nivose an II, il obtint le grade de capitaine le 28 floréal de la même année. Passé à l'armée de la Vendée, il fit les campagnes des ans IV et V, et fut embrigadé le 1ᵉʳ frimaire an V dans la 157ᵉ demi-brigade de ligne. Il servit dans le 1ᵉʳ bataillon de la Somme à partir du 1ᵉʳ thermidor an VII, et prit part aux campagnes des ans VII, VIII et IX à l'armée d'Allemagne. Incorporé dans le 1ᵉʳ régiment d'infanterie de ligne le 17 ventose an IX, et admis au traitement de réforme le 16 nivose de l'année suivante, il resta dans cette position jusqu'au 14 brumaire an XII, qu'il fut nommé capitaine-adjudant de place à Boulogne. Le 4 germinal de la même année, il reçut la décoration de la Légion-d'Honneur. Admis à la retraite le 4 septembre 1815, il est mort le 5 avril 1837 à Lille (Nord). B-s.

BINOT (LOUIS-FRANÇOIS), né le 7 avril 1771 à Paris (Seine), entra le 5 septembre 1792 dans le 9ᵉ bataillon de Paris comme caporal de grenadiers. Il fit les campagnes de 1792 à l'an IV aux armées de la Moselle, du Rhin et de Sambre-et-Meuse, assista à toutes les affaires qui eurent lieu en Champagne, et se fit remarquer au combat d'Arlon, au déblocus de Landau, à la bataille de Fleurus et aux différens passages du Rhin. Sergent-major le 12 janvier 1793, adjudant-sous-officier le 15 germinal an II, et sous-lieutenant à la 181ᵉ demi-brigade le 20 messidor suivant, il passa aide-de-camp du général de brigade Friant le 1ᵉʳ fructidor de la même année, et obtint le grade de lieutenant-aide-de-camp le 14 germinal an IV, en exécution de la loi du 14 du même mois de l'année précédente. Employé en l'an V à l'armée d'Italie, le général en chef Bonaparte le nomma, le 1ᵉʳ germinal an V, capitaine-aide-de-camp pour sa brillante conduite. Il se trouva au passage de la Piave, à celui du Tagliamento et à la prise de Gradisca. Il suivit le général Friant à l'armée d'Orient, et fit les campagnes de l'an VI à l'an IX en Égypte et en Syrie. En l'an VIII, il contribua à la défaite d'Osman-Bey. Ce chef turc avait établi son camp à la fontaine El-Scheriff, dans le Saïd; surpris par nos troupes, les mamelucks et les Arabes dont il était entouré furent passés à la baïonnette ou écrasés par le feu d'une colonne commandée par le capitaine Binot. Osman-Bey ne dut son salut qu'à l'obscurité de la nuit. Il se sauva en abandonnant ses armes, son argent, un grand nombre de chevaux et d'équipages. Pour récompenser ses bons services, le général en chef Kléber le nomma chef d'escadron aide-de-camp le 13 nivose an VIII. Le général en chef Menou l'éleva au grade de chef de brigade aide-de-camp, le 1ᵉʳ fructidor an IX, pour s'être particulièrement distingué dans tous les combats qui eurent lieu contre les Anglais sous les murs d'Alexandrie, et pendant le siége de cette place. Rentré en France, confirmé dans son grade de chef de brigade le 9 ventose an X, et nommé adjudant-commandant le 10 floréal suivant, il passa en cette qualité dans les Indes-Orientales le 10 thermidor de la même année. En l'an XI, il se trouvait à Pondichéry, à la tête de 200 hommes, lorsque la guerre fut déclarée entre la France et l'Angleterre. Il eut à lutter contre un régiment d'infanterie anglaise fort d'environ 1,200 hommes; il soutint avec courage les efforts réitérés de l'ennemi, et parvint, par sa fermeté et sa prudence, à obtenir une capitulation honorable en vertu de laquelle il rentra en France, ainsi que tous ses compagnons d'armes. Le 4 germinal an XII, le premier Consul le fit membre de la Légion-d'Honneur. Employé comme adjudant-commandant au camp de Saint-Omer le 11 ventose an XIII, il fut appelé, en l'an XIV, aux fonctions de chef d'état-major de la 1ʳᵉ division du 4ᵉ corps de la grande armée. Officier de la Légion-d'Honneur le 6 brumaire an XIV, il mérita la croix de commandant à la bataille d'Austerlitz, et la reçut le 4 nivose suivant. Il fit encore la campagne de Prusse, et obtint le grade de général de brigade le 22 novembre 1806. Employé en cette qualité au 7ᵉ corps de la grande armée le 31 décembre suivant, il prit une part active aux opérations de la campagne de Pologne, et trouva une mort glorieuse, sur le champ de bataille d'Eylau, le 8 février 1807.

BLANCHEVILLE (CLAUDE-BASILE-GASPARD), né le 2 juillet 1767 à Jonvelle (Haute-Saône), entra le 1ᵉʳ janvier 1792 dans la garde constitutionnelle du roi; nommé fourrier le 20 du même mois, il y servit jusqu'au 31 mai suivant, époque du licenciement de ce corps. Il fit les campagnes de 1792 à l'an III à l'armée de l'Ouest, fut promu sous-lieutenant dans le 15ᵉ régiment de chasseurs à cheval le 16 mars 1793, et lieutenant le 22 mai suivant. Le 10 août de la même année, à Saint-Julien, près Nantes, il prit 2 pièces de canon aux rebelles. Le 15 septembre suivant, il enleva la place de Montaigu, à la tête de 2 compagnies du 15ᵉ de chasseurs, eut son cheval tué sous lui, et obtint le grade de capitaine le 19 du même mois. A Machecoul, le 10 floréal an III, à la tête de quelques chasseurs, il délivra un poste de soldats d'infanterie que les chouans allaient fusiller. Dans cette affaire, il reçut un coup de feu dans les reins, et eut un cheval tué sous lui. Passé à l'armée d'Italie, il y fit sans interruption toutes les campagnes depuis l'an IV jusqu'à l'an VIII. Le 6 germinal an VII, au combat de Sainte-Lucie, devant Vérone, à la tête d'un escadron, il enleva le village de Saint-Maxime, força deux postes à abandonner leur artillerie après avoir perdu beaucoup de monde, et s'étant précipité dans les rangs ennemis, il eut un cheval tué sous lui, et fut blessé d'un coup de feu à la jambe droite. Nommé chef d'escadron sur le champ de bataille même, il reçut, le 8 floréal suivant, un coup de feu au talon droit, et, le 1ᵉʳ thermidor de la même année, il passa avec son grade dans le 25ᵉ régiment de chasseurs. En l'an IX, il fit partie de l'armée de la Gironde, devint major du 22ᵉ régiment de même arme le 6 brumaire an XII, et membre de la Légion-d'Honneur le 4 germinal suivant. Un convoi considérable de vivres ayant été très vigoureusement attaqué par l'ennemi le 14 thermidor an XIII, entre Avrillers et Talmont, il prit le commandement supérieur des troupes qui l'escortaient, tua un grand nombre d'ennemis, eut dans cette affaire un cheval tué sous lui, et reçut deux coups de feu, l'un dans les reins et l'autre à l'épaule. Il passa ensuite dans le 7ᵉ régiment de chasseurs, le 30 fructidor an XIII, et fit avec ce corps les campagnes de l'an XIV en Autriche, et celles de 1806 et 1807 en Prusse et en Pologne. A Eylau, où il commandait le régiment, il se couvrit de gloire, et l'Empereur le nomma officier de la Légion-d'Honneur le 14 mai 1807. Le 11 juillet suivant, fait adjudant-commandant, il servit en cette qualité au 1ᵉʳ corps de la grande armée, et partit avec ce corps pour l'armée d'Espagne. Sa conduite à la bataille d'Espinosa, au mois d'octobre 1808, lui valut la croix de commandant de la Légion d'Honneur le 11 décembre suivant. Appelé à l'armée d'Allemagne, il y fit la campagne de 1809, et obtint, le 22 décembre de cette année, le commandement du 22ᵉ régiment de dragons; son régiment faisait alors partie de la division de cavalerie du 5ᵉ corps de l'armée d'Espagne, en position sur les rives de la Guadiana. Blancheville se mit en route pour aller le joindre; arrivé entre El Ronquillo et Ollala, il fut assassiné par les guerilleros le 2 mars 1810.

B-G.

BLANQUET DU CHAYLA (ARMAND-SIMON-MARIE), né le 9 mai 1759 à Marvejols (Lozère), entra au service en qualité d'aspirant garde de la marine en juin 1775. Garde de la marine le 9 mars 1777, il fut employé dans le mois de juin suivant à la garde de S. A. R. *Monsieur*, depuis Louis XVIII, lors de son voyage en Provence et à Toulon. Le 14 août de la même année, il embarqua sur le vaisseau *l'Hector*, en croisière sur les côtes de Provence et d'Italie, et passa le 6 février 1778 sur *le Zélé*, même croisière. Retourné à bord de *l'Hector* le 28 mars, et nommé enseigne de vaisseau le 1ᵉʳ avril, il fit la campagne d'Amérique sous le comte d'Estaing, assista aux combats des 8 et 10 août suivant, à l'entrée et à la sortie de la rade de New-Port (Rhode-Island), et dirigea à la même époque, en qualité de lieutenant, une compagnie de marins dans la rade de Rhode-Island. Le 2 octobre, à Boston, il monta *le Stanley*, jusqu'au 6 novembre, jour de la prise de ce brick par le vaisseau anglais *le Culloden*, dans un gros temps, après avoir essuyé plusieurs décharges d'artillerie et de mousqueterie. Il resta durant un mois et neuf jours de navigation sur le vaisseau anglais. Retenu en Angleterre pendant huit mois, il ne fut échangé, après son retour en France, où il était sur parole, que le 23 avril 1780. Le 6 mai, il embarqua à Brest sur *le Languedoc*, faisant partie de l'escadre de la Manche, ensuite de l'escadre d'Amérique aux ordres du comte de Grasse, se trouva au combat du 29 avril 1781 devant la baie du Fort-Royal de la Martinique contre la flotte de l'amiral Hood, et passa au cap Français, île Saint-Domingue, le 21 juillet 1781 sur *le Palmier*, dans la même escadre. Il prit part au combat du 5 septembre à l'entrée de la Baie de Chesapeak, contre la flotte de l'amiral Graves, repassa le 1ᵉʳ décembre sur *le Languedoc*, au Fort-Royal de la Martinique, se distingua aux combats des 25, 26 et 27 janvier 1792 devant l'île Saint-Christophe contre la flotte de l'amiral Hood, et à ceux des 9 et 12 avril suivant contre la flotte de l'amiral Rodney entre les îles de la Dominique et de la Guadeloupe; dans ce dernier combat, il reçut quelques blessures légères à la figure et aux jambes. Le 4 novembre, il monta en qualité de major de division sur le vaisseau *le Destin*, dans la flotte combinée aux ordres du comte d'Estaing. Embarqué à Toulon sur la corvette *la Belette*, en escadre d'évolutions dans les mers d'Allemagne, du Nord, de l'Écosse et d'Irlande, et en croisière dans les Échelles du Levant, il fut nommé lieutenant de vaisseau le 1ᵉʳ mai 1786, et passa le 12 mai 1788 à bord de *la Sensible*, en escadre d'évolutions dans la Méditerranée; il demeura chargé du détail pendant les huit derniers mois de la navigation de cette corvette. Le 21 septembre, il revint à bord de *la Belette*, en croisière dans les mers du Levant, comme lieutenant commandant en second et chargé du détail, et soutint le 12 décembre suivant un combat contre des pirates sur la côte d'Albanie. Le 9 novembre 1791, il eut le commandement de *la Flèche*, à Gibraltar et dans les mers du Levant, dont il ramena un nombreux convoi de bâtimens du commerce. Capitaine de vaisseau de 2ᵉ classe le 25 juillet 1792, il commanda le 17 septembre le vaisscau *le Tonnant*, portant pavillon du contre-amiral Truguet, commandant l'escadre en croisière dans la Méditerranée. Dans l'expédition contre la Sardaigne, ayant été envoyé en parlementaire vers la ville d'Oneille, dans un grand canot contenant 19 personnes, officiers, matelots et soldats, il y fut reçu par une grêle de balles, et en s'en retournant, par des coups de canons chargés à mitraille qui tuèrent ou blessèrent 18 personnes sur 19, et il fut lui-même atteint d'une balle aux reins. Capitaine de vaisseau de 1re classe le 5 février 1793, et employé près du ministre de la marine de l'an III à l'an V, il devint capitaine de vaisseau chef de division le 14 germinal an IV, contre-amiral le 1er vendémiaire an V, et le 6 floréal commanda successivement à bord des vaisseaux *le Républicain* et *la Constitution*, la 3e et la 2e escadre de l'armée navale de Brest, aux ordres de l'amiral Morard de Galles; par suite du dernier emploi, il eut le commandement de 18 vaisseaux les plus convenables pour la deuxième expédition d'Irlande, avec le pavillon de vice-amiral. Nommé le 8 ventose an VI inspecteur-général des côtes de la Méditerranée et membre de la commission d'armement, il monta le 1er floréal le vaisseau *le Franklin*, pour commander la 2e escadre de la flotte d'Égypte, avec ordre d'arborer le pavillon de vice-amiral jusqu'au 4 thermidor suivant. Il se couvrit de gloire au combat naval d'Aboukir le 15 du même mois. Au commencement de ce célèbre combat, le vaisseau *l'Orient* ayant fait explosion, des débris enflammés tombèrent à bord du *Franklin*, pavillon de Blanquet du Chayla, et mirent, pour la quatrième fois, le feu à ce vaisseau. Quoique démâté de son grand mât et de son mât d'artimon, et ayant toutes les pièces de sa 2e batterie démontées, *le Franklin* résistait encore. Jaloux de retarder le plus long-temps possible leur défaite, les braves défenseurs de ce vaisseau, entouré de 5 vaisseaux anglais qui l'écrasaient de leur feu, s'acharnèrent à combattre avec le petit nombre de pièces de trente-six qui restaient encore en bon état. Atteint d'un coup de feu au visage qui le priva momentanément de l'ouïe et de la vue, Du Chayla revint cependant à lui, et, quoique aveugle encore, il animait son équipage. A onze heures et demie on vint lui rendre compte qu'il ne restait plus que 3 canons de trente-six pour défendre le vaisseau et l'honneur du pavillon : *Tirez toujours*, s'écria-t-il, *notre dernier canon peut être funeste à l'ennemi*. Cependant plus des deux tiers de l'équipage étaient tués ou blessés : le reste, harassé de fatigues après un combat aussi opiniâtre, eût bientôt éprouvé le même sort. Dans cette triste extrémité, le capitaine de frégate Martinet rendit le vaisseau au moment où les Anglais montaient à bord avec une sorte de confiance, persuadés que l'équipage était absolument hors d'état de soutenir un abordage.

Telle fut la conduite de l'amiral Du Chayla à Aboukir; mais la malveillance, ou peut-être la jalousie des trois contre-amiraux qui, après la mort de Brueys, s'étaient trouvés sous ses ordres, la peignit sous des couleurs bien différentes au général en chef de l'armée d'Égypte, car on lit dans son ordre du jour, en date du 7 fructidor an VI : « *Le Franklin* a amené son pavillon sans être démâté et sans avoir reçu aucune avarie. »

Cependant l'injustice commise envers l'amiral Du Chayla ne tarda pas à être reconnue, Gantheaume s'empressa de prendre sa défense; il plaida sa cause avec chaleur auprès de Bonaparte, à qui il fit voir l'erreur dont était devenu victime un marin aussi brave que fidèle à sa patrie. Mais, pour effacer la tache imprimée à son honneur, on n'imagina rien de mieux au Caire que d'annoncer, dans un nouvel ordre du jour, que l'amiral Du Chayla avait été blessé dans le combat; ce qui, sans détruire ce qu'on avait avancé de la faible défense du *Franklin*, insinuait seulement qu'on ne pouvait l'attribuer à cet officier-général. A Paris, où le ministre Bruix avait, dans un rapport adressé au Directoire, démontré la fausseté des imputations faites à Du Chayla, on se borna à publier dans les journaux le paragraphe suivant d'une correspondance d'Égypte : « Le contre-amiral Perrée annonce qu'un rapport infidèle avait provoqué l'ordre du jour du général en chef dans lequel le contre-amiral Du Chayla était inculpé, et que la marine a appris avec satisfaction que le Directoire avait rendu justice à cet officier. »

Sous le long ministère de Decrès, Du Chayla, malgré ses demandes réitérées, ne put jamais obtenir de l'activité. On lui accorda, en l'an XI, la retraite du grade de vice-amiral, dont, sans en avoir le brevet, il avait rempli les fonctions et arboré le pavillon depuis le commencement de la campagne qui se termina si malheureusement pour lui à Aboukir (1).

Nommé membre de la Légion-d'Honneur le 4 germinal an XII, il ne reparut sur les cadres de la marine qu'à la première Restauration, où il fut employé le 20 mars 1815 comme officier supérieur de la compagnie de marine de la garde royale. Créé chevalier de Saint-Louis le 5 juillet 1814, officier de la Légion-d'Honneur le 25 du même mois, et confirmé dans sa retraite par le brevet de vice-amiral en février 1816, Blanquet Du Chayla est mort à Versailles (Seine-et-Oise), le 29 avril 1826, et non le 29 août, comme l'indique par erreur la *Biographie Michaud*.

BOINOD (JEAN-DANIEL-MATHIEU), né le 29 octobre 1756 à Vevay, canton de Vaud (Suisse), exerçait depuis quelques années la profession d'imprimeur-libraire, lorsqu'il entra au service le 13 août 1792 comme quartier-maître-trésorier dans la légion des Allobroges, sur les registres administratifs de laquelle on lit l'annotation suivante : « Ce fonctionnaire (Boinod) n'a cessé de donner des preuves certaines du civisme le plus pur; ses qualités républicaines le font regretter journellement de tout le corps auquel il a donné, depuis sa formation, tous les soins imaginables. » Commissaire des guerres provisoire le 25 brumaire an II, et employé à l'armée de siége de Toulon, on lui confia le service de l'artillerie; c'est là que commencèrent ses relations avec Napoléon, et que s'établit entre eux cette inti-

(1) Victoires et Conquêtes, t. XV, p. 107 et suiv.

nité qui résista à toutes les épreuves. Boinod ne fut pas compris dans l'organisation du 25 prairial an III, et voici ce que le général Bonaparte lui écrivait à cette occasion le 6 thermidor :

« Je ne vous ai pas écrit, mon ami, parce que je n'avais aucune nouvelle agréable à vous donner. Vous n'êtes pas conservé commissaire des guerres, mais il est possible que cela ne change avant mon départ de Paris, qui ne sera pas encore d'ici à quelques décades. Donnez-moi de vos nouvelles. L'on est ici tranquille. Je vous envoie quelques numéros de la *Sentinelle de Louvet*. Les nouvelles du Midi sont toutes affligeantes ; l'escadre perd un vaisseau ; l'armée d'Italie évacue les positions, les places intéressantes, et perd son artillerie. Le magasin à poudre de Nice saute ; les terroristes nouveaux ont le dessus ; on égorge de tout côté ! Il faut espérer que bientôt un gouvernement ferme et mieux organisé fera cesser tout cela. Adieu, mon ami, écrivez-moi.

» BUONAPARTE. »

Au bas de cette lettre, le général indiquait ainsi son adresse :

« Au général Buonaparte, sous l'enveloppe du citoyen Casabianca, représentant du peuple, rue de la Michodière, n° 6. »

Le gouvernement le nomma enfin commissaire des guerres titulaire le 17 vendémiaire au IV, et l'attacha à l'armée d'Italie, où il déploya tant d'intelligence, de probité et d'activité, que le général en chef lui envoya une gratification de 100,000 fr. Boinod, dont le désintéressement égalait le patriotisme, lui écrivit : « Je ne te connais pas, citoyen-général, le droit de disposer ainsi des deniers de la République. L'armée souffre ; je viens d'employer cette somme à ses besoins. » Plus tard, Napoléon se ressouvint de ce refus, et il en tint compte à Boinod, en lui léguant une somme de 100,000 fr. par son troisième codicille du 24 avril 1821. A cette même armée d'Italie, Boinod signe un marché ; mais bientôt il reconnaît que le fournisseur a trop d'avantages. Il le fait venir, et lui dit : « Je vais faire casser le marché par le ministre, si tu ne me donnes un pot-de-vin ! — Comment, vous, citoyen Boinod, un pot-de-vin ! — Oui, moi, et je veux 30,000 fr. » Le fournisseur en prend l'engagement par écrit, et, sur le premier bordereau ordonnancé à son profit, Boinod écrit : « A déduire 30,000 fr. que le fournisseur a promis de me donner, et qui appartiennent à la République. » Employé vers la fin de l'an V à l'armée navale de la Méditerranée, il fit partie de l'expédition d'Égypte en l'an VI. Le 23 nivose an VIII, en signant sa nomination de commissaire-ordonnateur, le premier Consul ajouta de sa main, en marge du mémoire de proposition : « Il sera écrit au citoyen Boinod une lettre de satisfaction sur le zèle qu'il a toujours montré, sur son exacte probité, sur sa sévérité à empêcher les dilapidations, et cette lettre sera imprimée au journal officiel. » Nommé inspecteur aux revues le 18 pluviose suivant, il se rendit à Bourg pour la levée et l'organisation des bataillons du train d'artillerie. Le général en chef l'envoya ensuite dans le Valais afin de préparer et assurer les subsistances et les transports pour le passage du Saint-Bernard. Il fit la campagne de l'an VIII à l'armée d'Italie, en qualité d'ordonnateur en chef, par ordre du général en chef, approuvé le 15 nivose an IX par le premier Consul. Le 25 nivose an X, il reçut des lettres de service qui l'attachaient comme inspecteur aux revues à la place de Besançon ; mais il n'entra en fonctions que le 1er brumaire an XI. Lorsque, en vertu de l'arrêté des consuls, on consulta le peuple pour savoir si Napoléon Bonaparte serait nommé consul à vie, Boinod, dans l'inflexibilité de ses principes, fut le seul de la vieille armée d'Italie qui protesta par un vote négatif. Le premier Consul ne s'en montra point offensé, et, le 12 vendémiaire an XII, il l'employa près la cavalerie des camps établis sur les côtes de l'Océan. Quelque temps après, quand le peuple dut se prononcer au sujet de l'érection de l'Empire, Murat remit au premier Consul le vote des corps de cavalerie de l'armée des côtes de l'Océan, et lui dit qu'il y avait un seul opposant. « Quel est-il ? demanda-t-il vivement. — C'est l'inspecteur Boinod. — Je le reconnais bien-là ; c'est un quaker. » Et l'Empereur ne se rappela cet acte d'opposition que pour comprendre l'intègre citoyen dans la liste des membres de la Légion-d'Honneur du 4 germinal an XII. Il fit les campagnes de l'an XIV à la grande armée, et eut, le 21 juin 1806, l'inspection du 2e corps, dans le Frioul. Le 17 septembre suivant, l'Empereur l'attacha au ministère de la guerre du royaume d'Italie, et, en adressant le décret de cette nomination au vice-roi, l'Empereur lui écrivit : « Je vous envoie Boinod, laissez-le faire. » Nommé chevalier de la Couronne-de-Fer le 21 décembre 1807, et le lendemain officier de la Légion-d'Honneur, il reçut le 15 mars 1808 une mission importante en Dalmatie, dont il s'acquitta avec le plus grand succès. Présenté pour le titre de baron lors de la création de la noblesse impériale : « Vous ne le connaissez pas, dit Napoléon en le rayant ; mais moi, je le connais, il refuserait. » Nommé le 19 avril de la même année inspecteur aux revues de l'armée d'Italie, le prince vice-roi, par arrêté du 15 mai 1809, lui confia l'intendance générale de ladite armée en Allemagne, et il la conserva après la réunion avec la grande armée. Inspecteur en chef par décret impérial du 20 janvier 1810, il continua de servir à l'armée d'Italie. Vers cette époque, l'armée vivait encore au moyen de réquisitions. Plusieurs des principaux habitants du pays ayant cru nécessaire de demander un abonnement, nommèrent une députation qui devait se rendre auprès de l'Empereur à l'insu de Boinod, mais celui-ci, en ayant eu connaissance, prit la poste et arriva à Paris un jour après les députés ; ceux-ci, déjà reçus par l'Empereur, lui avaient proposé un abonnement de 17 millions, auquel il paraissait disposé à consentir. Le lendemain, Boinod accourut : « Je viens, dit-il, empêcher Votre Majesté de commettre une grande faute. » Et il expose ses projets. « Je connais les ressources du pays ; chargez-moi de cette négociation, et vous obtiendrez près du double. — J'ai confiance en vos lumières et en votre probité, M. Boinod; je vous donne mes pouvoirs », lui dit l'Empereur. Le même jour, Boinod va trouver les députés qui se croyaient surs du succès; il les détrompe en leur disant: « L'Empereur n'a point donné son consentement; j'ai ses pleins pouvoirs; vous ne traiterez qu'avec moi et sur les lieux. » De retour à Milan, il obtint 32 millions. Comme premier administrateur de l'Italie, il lui était alloué 12,000 fr. par mois de frais de bureaux. Après quelques mois de service, il reconnut que 6,000 fr. lui suffisaient, et il remboursa le surplus au Trésor. Pendant qu'il était attaché au ministère de la guerre du royaume d'Italie, l'Empereur mit à sa disposition des fonds qui ne furent pas tous employés. Le reliquat se montait à une somme d'environ 100 mille francs, dont il voulut faire le versement au Trésor; mais l'Empereur s'y opposant, Boinod insista, affirmant que son traitement lui suffisait, et il réintégra les fonds dans la caisse publique. Lorsque de grands malheurs vinrent peser sur la France, quand celui qui avait rempli l'Univers de son nom fut devenu l'objet de la plus noire ingratitude et de la plus lâche trahison, Boinod, qui avait protesté contre l'érection de l'Empire, courut se ranger à côté de son bienfaiteur, de son ami. Abandonnant sa position, compromettant son avenir, il se rend en Suisse, y installe sa femme et ses enfans, et après avoir traversé l'Italie, il s'embarque incognito à Piombino sur une petite barque qui conduisait des ouvriers tanneurs à l'île d'Elbe. Il débarqua, au mois d'août, à Porto-Longone; l'Empereur s'y trouvait alors, et aussitôt qu'il apprit l'arrivée de Boinod, il l'envoya chercher et lui fit l'accueil le plus bienveillant. Le lendemain, un ordre du jour apprit aux troupes que M. Boinod était chargé en chef des services administratifs de l'île d'Elbe. L'Empereur le laissa maître de fixer lui-même ses appointemens; et celui qui aurait pu avoir des millions, ayant besoin d'un traitement pour vivre, ne voulut accepter que 3,000 fr., dont 900 fr. furent consacrés à payer son secrétaire, et 600 fr. au salaire de son domestique. Rayé des contrôles du corps des inspecteurs aux revues, par ordonnance royale du 13 décembre 1814, Boinod revint en France avec l'Empereur au mois de mars 1815, et fut nommé inspecteur en chef aux revues de la garde impériale. On lui alloua 40,000 fr. à titre de frais d'installation; mais la caisse d'un des régimens soumis à sa surveillance administrative se trouvant à découvert d'une pareille somme, dont le conseil d'administration était responsable, il envoya au chef du corps ces 40,000 fr., en l'invitant à combler un déficit que, sans ce noble sacrifice, il eût été forcé de signaler. Rayé de nouveau des contrôles de l'armée après la seconde abdication de l'Empereur, le ministre de la guerre le mande auprès de lui pour savoir les motifs qui ont pu le déterminer, lui qui avait voté contre le Consulat à vie et contre l'Empire, à suivre Napoléon dans l'exil. « J'ai protesté, il est vrai, contre sa double élévation, répondit Boinod, aussi n'est-ce point l'Empereur que j'ai suivi, mais bien celui qui fut mon chef et mon ami. Quand j'ai vu tant de gens, qu'il avait pris si bas pour les élever si haut, l'abandonner et le trahir, je me suis dit : « Le poste de l'honnête homme est près de lui, et je suis parti pour l'île d'Elbe. » Admis à la retraite par décision spéciale du roi du 16 avril 1817, il se vit bientôt obligé d'accepter un modeste emploi pour soutenir sa famille, celui d'agent spécial de la manutention des vivres de Paris, qu'il obtint le 1er mai 1818. Pendant les douze années qu'il exerça cet emploi, il apporta dans ce service d'immenses améliorations qui produisirent d'importantes économies pour l'État, et une nourriture infiniment supérieure pour le soldat. Après la révolution de Juillet 1830, nommé président de la commission des anciens fonctionnaires militaires, par décision royale du 14 août, il donna sa démission de directeur des subsistances, démission qui fut acceptée le 28 du même mois. Le 31 décembre suivant, il reprit son rang comme intendant militaire dans le cadre d'activité, et, par ordonnance royale du 20 avril 1831, il fut nommé commandeur de la Légion-d'Honneur. Admis de nouveau à la retraite le 27 mai 1832, il avait alors quarante années de services effectifs, et pour toute fortune sa pension de retraite, son traitement d'officier de la Légion-d'Honneur, et les 50,000 fr. auxquels se réduisit, en réalité, le legs de 100,000 fr. que lui avait fait l'Empereur. Boinod était au nombre de ceux dont Napoléon, captif sur le rocher de Sainte-Hélène, disait : « Si je n'avais eu que des serviteurs de cette trempe, j'aurais porté aussi haut que possible l'honneur du nom français; j'en aurais fait l'objet du respect du monde entier. » Après avoir fourni une longue et honorable carrière, cet homme, d'un caractère si rare et tout-à-fait taillé à l'antique, mourut à Paris le 28 mai 1842. Le corps de l'intendance lui fit élever un modeste tombeau au cimetière du Mont-Parnasse, et lui consacra une médaille en bronze représentant ses traits avec cette inscription latine : *Puræ acta ætas*, portant en exergue sur le revers les mots suivans : *Il eut l'insigne honneur de figurer sur le testament de Napoléon*, et au milieu :

A BOINOD,
INSPECTEUR EN CHEF AUX REVUES,
LE CORPS DE L'INTENDANCE MILITAIRE.
SIÉGE DE TOULON.
ITALIE.
ÉGYPTE.
ALLEMAGNE.
ILE D'ELBE.

Le nom de cet homme de bien ne se trouve pas sur l'arc-de-triomphe de l'Étoile.

BONGAUT. *Voyez* BOUGAULT.

BONNAY DE BREUILLE (JEAN), naquit le 27 juillet 1766 à La Harazée (Marne). Élève à l'École militaire de Paris le 14 octobre 1780, il prit rang de sous-lieutenant le 27 juillet 1781, et passa le 17 juillet 1783 dans le régiment Royal-des-Vaisseaux (42e de ligne). Lieutenant le 28 septembre 1788, et capitaine le 1er avril 1792, il fit les guerres de 1792 et 1793 à l'armée du Nord. Il eut le mollet droit emporté par un boulet le 6 novembre 1792 à la bataille de Jemmapes, où il commandait le 1er bataillon de grenadiers de l'avant-garde. Passé le 8 frimaire an V en qualité d'adjudant de place à Hesdin, il obtint le 19 brumaire an VII le grade de chef de bataillon dans la 95e demi-brigade de ligne, et fit les campagnes des ans VII, VIII et IX à l'armée du Rhin. Chef de brigade le 19 vendémiaire an X, pour être placé comme commandant d'armes, ce ne fut que le 3 thermidor an XI qu'il obtint des lettres de service pour la place de Neufbrisach. Le 4 germinal an XII, il reçut la décoration de la Légion-d'Honneur. Appelé au commandement de Thionville le 1er février 1808, il passa à celui de Nimègue le 26 août 1810. Après l'évacuation de cette place par les troupes françaises, il se reploya avec sa garnison sur Maëstricht, où il se fit remarquer pendant toute la durée du blocus. Rentré en France en 1814, après la reddition de la ville, il fut désigné le 10 décembre de cette année pour aller reprendre le commandement de Thionville. Les événemens du 20 mars 1815 le trouvèrent dans cette position, qu'il conserva pendant les Cent-Jours. Le 2 décembre 1815, il fit la remise de cette place aux alliés, et obtint sa retraite le 15 juin 1816. Il est mort à Vienne-le-Château (Marne), le 15 février 1818.   B-S.

BONNEMAIN (ANTOINE-FERDINAND), naquit le 14 décembre 1773 à Paris (Seine). Fusilier dans un des bataillons de volontaires de l'Hérault le 2 octobre 1791, et congédié le 1er mars 1792, il obtint le titre d'aide-commissaire des guerres le 23 mai suivant. Commissaire des guerres le 15 mars 1793, il rejoignit l'armée des Pyrénées-Orientales, fut réformé pour défaut d'âge le 17 vendémiaire an II, et entra comme soldat le 24 floréal suivant dans le 6e régiment de cavalerie, avec lequel il fit la campagne de l'an II à l'armée de Sambre-et-Meuse. Mis à la disposition du commissaire des guerres de la place de Meaux le 20 messidor de la même année, et réintégré dans son emploi de commissaire des guerres le 25 prairial an III, il servit à Saint-Domingue pendant les ans IV et V, fit partie en l'an VI de l'armée du Rhin, d'où il passa en l'an VII à celle du Danube, et fit les campagnes des ans VIII et IX en Italie. Ordonnateur de la 21e division militaire en l'an XI, légionnaire le 4 germinal an XII, et électeur du collège d'arrondissement de Bourges, il se rendit à l'armée d'Italie, où il resta pendant les ans XIII et XIV, et passa comme intendant-militaire au service du roi de Naples le 31 juillet 1806. Le corps des intendans ayant été supprimé, Bonnemain fut nommé commissaire-ordonnateur dans l'armée napolitaine le 9 septembre 1809. Chargé des opérations administratives au siège de Gaëte, il remplit ces fonctions en Calabre pendant les années 1810, 1811, 1812 et 1813.

Rentré au service de France le 21 mai 1816, il fut employé comme ordonnateur dans la 23e division militaire (Corse), et reçut la croix de chevalier de Saint-Louis le 20 novembre suivant. Mis en non-activité le 1er juillet 1817, et admis à la retraite le 5 septembre 1823, il mourut le 27 octobre 1825.

O'NERVY.

BONNEMAINS (PIERRE, *baron*, puis *vicomte*), né à Tréauville (Manche), le 13 septembre 1773, faisait ses études au collège de Valognes, lorsque éclata notre grande Révolution, dont il adopta les principes avec enthousiasme. Il était l'adjudant-major d'un bataillon de gardes nationales de la Manche depuis le 1er avril 1792, quand, le 10 mai 1793, il entra comme simple cavalier dans les dragons de son département. Nommé sous-lieutenant le 20 du même mois, il passa le 5 germinal an II par incorporation dans le 12e régiment de l'arme, et devint le 21 nivose an IV aide-de-camp du général Tilly. Jusqu'à cette dernière nomination, il avait fait les campagnes de l'armée du Nord; de l'an IV à l'an VII, il servit aux armées de Sambre-et-Meuse, d'Allemagne et gallo-batave, dans son grade de lieutenant d'abord, ensuite dans celui de capitaine, qu'il avait obtenu le 21 messidor an VII. En l'an IV, le 19 vendémiaire et le 24 messidor, au premier passage du Rhin et au combat de Hœchst, il avait été blessé. Envoyé dans l'Ouest, il y fit la guerre avec distinction, et mérita de Brune le grade de chef d'escadron. Brune, en demandant au premier Consul la confirmation de cette nomination provisoire, confirmation qui eut lieu le 1er floréal an VIII, rendit compte de la conduite de cet officier dans les termes les plus flatteurs pour lui. Il passa au 16e régiment de chasseurs à cheval. Major de ce régiment le 6 brumaire an XII, il reçut la décoration de la Légion-d'Honneur le 4 germinal suivant, alors qu'il faisait partie de l'armée des côtes de l'Océan. Il commanda son corps pendant les campagnes de l'an XIV et de 1806 en Autriche, et fut promu colonel du 5e régiment de chasseurs à cheval le 20 septembre 1806, pour les services qu'il avait rendus. Le 9 octobre 1806, à Schleitz, où il mit en déroute 2 régimens saxons, le 14 à Iéna, le 4 novembre à Crivitz, où il reçut un coup de sabre à l'épaule gauche, le 6 à la prise d'assaut de Lubeck, le 25 janvier 1807 à Mohrungen, le 26 février à Braunsberg, il combattit avec non moins de bravoure que d'intelligence : aussi l'Empereur lui en marqua-t-il sa satisfaction en le nommant officier de la Légion-d'Honneur le 14 mai suivant. Il se fit remarquer encore le 14 juin à la bataille de Friedland, où son régiment fut employé sous les yeux de l'Empereur.

En 1808, le 19 mars, le colonel Bonnemains reçut le titre de baron de l'Empire, avec une dotation de 4,000 francs sur les domaines de Westphalie, et suivit avec son régiment le 1er corps d'armée en Espagne. A l'affaire de Burgos le 10 novembre, aux combats du port d'Almaraz, de Truxillo, de Villamesia, et à la bataille de Medelin, livrée le 28 mars 1809, et où il eut un cheval tué sous lui, il continua de montrer le courage, le zèle, la perspicacité militaire que l'Empereur lui connaissait déjà. Au mois de juillet, le 12, lors de l'évacuation de Talaveira, il parvint à dégager un bataillon d'infanterie qu'enveloppait une cavalerie nombreuse. Le 26, à Alcabon, il exécuta une charge brillante ; le 27, sur les bords de l'Alberche, ayant sous ses ordres le 5e de chasseurs, le 16e d'infanterie légère et 2 pièces d'artillerie, il débusqua une brigade de l'armée anglaise d'une position formidable qu'elle y avait prise, et lui fit éprouver de grandes pertes; le 28, il se trouva à la bataille qui eut lieu sous les murs de Talaveira. En 1810 et 1811, en Andalousie, il soutint un grand nombre de combats. L'Empereur récompensa ses services par le grade de général de brigade le 6 août 1811. Attaché à l'armée du Midi, et chargé de soutenir la retraite de cette armée, il rencontra à Ocaña, le 26 octobre 1812, la cavalerie anglo-portugaise, et mit en déroute les 30 escadrons commandés par le général Loung.

Appelé en Italie, en 1813, il prit le commandement de l'avant-garde de l'armée du prince Eugène et battit les Autrichiens, le 31 octobre, à Bassano, le 12 novembre à Vago, et le 15 du même mois à Caldiero. L'Empereur lui accorda, le 10 janvier 1814, la croix de commandeur de la Légion-d'Honneur.

« Le 4 février 1814, la défection du roi de Naples mettant l'armée du prince Eugène dans la nécessité d'abandonner les rives de l'Adige pour se retirer derrière le Mincio, le général Bonnemains, avec 2,000 hommes d'infanterie, 1,500 chevaux et 4 bouches à feu, après avoir opéré l'évacuation de Vérone en présence de l'armée autrichienne, prit position à Villa-Franca, où il fut attaqué à quatre heures de l'après-midi par l'avant-garde autrichienne, forte de 10,000 hommes de toutes armes, commandée par le général Stephanini. Malgré la supériorité du nombre, l'ennemi fut battu et repoussé jusqu'à deux lieues de Vérone, après avoir éprouvé des pertes notables en tués et prisonniers; parmi ces derniers se trouvait l'aide-de-camp du général autrichien. Le lendemain, le général Bonnemains, conformément aux instructions qu'il avait reçues du prince Eugène, se retira sur le Mincio sans être inquiété dans sa marche. A la bataille du Mincio, livrée quelques jours après (8 février), cet officier-général, à la tête de l'avant-garde, donna de nouvelles preuves de sa bravoure et de ses talens militaires, et contribua beaucoup par ses bonnes dispositions au succès éclatant de cette mémorable journée. Dans son rapport sur cette bataille, le prince Eugène demanda le grade de général de division pour le général Bonnemains à l'empereur Napoléon, qui répondit que le major-général prince de Neufchâtel était chargé de lui expédier le brevet; mais ce prince, au milieu des événemens bien graves qui se passaient alors en France, négligea de remplir les intentions de Napoléon à l'égard du général Bonnemains qui, à sa rentrée en France, ne put parvenir à se faire reconnaître par la Restauration dans le grade qu'il avait si glorieusement mérité (1). »

A Casal-Maggiore et à Sacca (27 février), il força un corps d'Austro-Napolitains aux ordres du roi de Naples en personne à repasser le Pô, et malgré la nombreuse artillerie de ce corps, il parvint à détruire le pont établi sur ce point et à s'emparer de tous les bateaux. Le 15 mars, l'Empereur le fit chevalier de la Couronne-de-Fer.

(1) Les Bulletins de la grande armée, t. IV, p. 280-281.

Après les événemens de 1814, l'armée d'Italie dut rentrer en France. Le général Bonnemains dirigea la colonne qui vint, par le col de Tende et Nice, cantonner dans nos départemens du Midi. Les troupes ayant été dirigées sur les divers points qui leur avaient été désignés, il partit d'Avignon le 30 mai, et revint dans sa famille à Paris.

Le 19 juillet, Louis XVIII le nomma chevalier de Saint-Louis, et quelques jours plus tard le ministre lui donna l'ordre de passer la revue des légions de gendarmerie venant des différens départemens du Nord qui avaient fait précédemment partie de l'Empire français, afin de donner des destinations aux officiers, sous-officiers et gendarmes appartenant à ces légions.

Pendant les Cent-Jours, il eut un commandement dans les troupes du général Excelmans. Le 15 juin, il repoussa la cavalerie prussienne qui se présentait devant Charleroi, et la força à la retraite. A Ligny, le 16, il eut un cheval blessé sous lui d'un éclat d'obus. Il se porta, le 17, sur Gembloux, puis à Sart, à Valhain, d'où il délogea l'arrière-garde de l'armée prussienne qui se retira sur Wavre. Il acquit la certitude que l'armée de Blücher avait pris position sur la Dyle, afin de se rapprocher de l'armée anglaise, et s'empressa d'en instruire le général en chef qui, sur son rapport, ordonna le mouvement du 18. Le 19, il devança l'ennemi à Namur et assura ainsi la retraite de notre armée. Il obtint le même résultat à Dinant, le 20. C'est de cette ville qu'il adressa au gouverneur de Givet une lettre envoyée au ministre de la guerre et communiquée à la Chambre des représentans dans la séance du 22, lettre qui fit cesser les inquiétudes que l'on avait conçues sur la situation de l'armée du maréchal Grouchy.

Le gouvernement provisoire le nomma, le 3 juillet, général de division; au retour de Gand, on méconnut cette nomination.

Employé dans l'inspection générale de la gendarmerie et de la cavalerie de 1818 à 1822, Louis XVIII, à la demande du duc de Bellune, lui conféra le titre de vicomte le 17 août 1822, et lui donna un commandement au 2e corps de l'armée que M. le duc d'Angoulême conduisit en Espagne en 1823. Son expérience et son activité furent utiles au prince, et on lui accorda enfin, le 22 juin 1823, le grade de général de division, qu'il avait déjà eu deux fois. Il reçut le cordon de commandeur de Saint-Louis le 24 juillet, et la grand'croix de l'ordre de Saint-Ferdinand le 23 novembre. Durant cette campagne, le général Bonnemains se distingua particulièrement aux affaires d'Alcira, de Lorca, de Guadalhuertuna, de Campillo de Arenas et de Jaën, les 16 juin, 13, 25, 28 juillet et 13 septembre.

Revenu à Paris, et chargé chaque année d'une inspection générale, le vicomte de Caux, ministre de la guerre, lui fit confier, le 16 mars 1828, le commandement de la 17e division militaire (Corse), et le roi le nomma gentilhomme de la chambre au mois d'avril suivant. Quelques mois lui suffirent pour assurer l'ordre et la tranquillité dans l'étendue de son commandement. Charles X, satisfait de ses efforts, lui accorda le grade de grand-officier de la Légion-d'Honneur le 30 octobre 1829.

Aux dernières élections faites sous le règne de ce prince, le général Bonnemains obtint les suffrages du grand collège électoral de la Manche.

Le mouvement révolutionnaire de Juillet s'opéra, et le gouvernement nouveau rappela le général et le mit en disponibilité.

Il se présenta aux élections de 1831, mais sans succès, voici pourquoi.

On voulut empêcher la réélection du général, et ne pouvant lui adresser de reproches fondés, on recourut à la calomnie. *Le Journal du Hâvre*, répété par quelques-uns de ceux de Paris, publia *que c'était à lui que Riego s'était rendu dans la campagne d'Espagne, et qu'il l'avait livré à la justice de Ferdinand* (1823).

Nous dirons un mot de cet événement, afin de démontrer que l'assertion du *Journal du Hâvre* était une action mensongère et coupable.

Le général Bonnemains poursuivait la colonne de Riego, forte de 6 à 7,000 hommes, depuis sa sortie de Malaga. Il la surprit dans Jaën, le 13 septembre, et, avec moins de 3,000 combattans, la battit et la mit dans la déroute la plus complète. Riego qui, après cette affaire, n'avait plus guère que le quart de son monde, fut rencontré le lendemain 14 à Jodar, par un détachement de la garde royale, composé du régiment des chasseurs à cheval et d'un bataillon d'infanterie, lequel lui fit éprouver un nouvel échec. Alors Riego, avec trois des siens, se dirigea vers la Sierra-Morena, et fut arrêté dans la ferme de Baquerizones, près d'Arquillos, par Lopez-Lara et son frère Mateo. « La nouvelle de cette capture, dit l'auteur des *Victoires et Conquêtes* (tome XXXIV, page 346), ayant été transmise aux premiers postes français, un des aides-de-camp du général Latour-Foissac, avec quelques hussards, revint prendre les 4 prisonniers et les escorta jusqu'à Andujar, où ils arrivèrent le 17. »

Pendant que ces événemens se passaient à Arquillos, le général Bonnemains poursuivait les débris du corps de Riego, échappés aux combats du 13 et du 14, et qui, réunis en *bataillon sacré*, cherchaient à gagner le littoral de la Méditerranée, particulièrement la place de Carthagène ; il se trouvait alors dans la direction de Murcie, à plus de trente lieues d'Arquillos.

Nous ajouterons qu'il nous paraît probable que si les hasards de la guerre eussent fait tomber Riego au pouvoir du général Bonnemains, qui lui avait déjà proposé d'accepter les conditions de la capitulation de Ballesteros, il n'eût point subi le sort qui l'attendait à Madrid.

En 1834 et 1835, le général Bonnemains organisa la nouvelle gendarmerie des dix départemens de l'Ouest, dont l'utilité est si bien appréciée aujourd'hui.

Alors qu'il remplissait sa mission, en 1834, ses amis le portèrent aux élections de Coutances, mais en vain ; la calomnie s'était renouvelée. Cependant il eût été facile d'éclairer les électeurs en mettant sous leurs yeux les extraits de l'*Histoire de la campagne en* 1823, par Abel Hugo (1824, tome II, pages 125 à 142), et le XXXIVe volume des *Victoires et Conquêtes* (1831, pages 337 à 348).

Enfin son élection eut lieu en 1837, et s'est renouvelée jusqu'à présent ; des électeurs de l'opposition, qui sont en très petit nombre dans cet arrondissement, lui ont donné leurs voix. Il n'y a que la justice et la vérité qui soient éternelles.

Le général Bonnemains n'avait point cessé d'être employé dans les inspections générales depuis 1831, il avait même été envoyé en Algérie en 1839, pour y procéder à la réorganisation de la cavalerie française et indigène, lorsque, au retour de cette mission, en 1840, il se vit placé dans le cadre de réserve, conformément à la loi du 4 août 1839.

Le nom du général Bonnemains est inscrit sur l'arc-de-triomphe de l'Étoile, côté Sud.

BONNEVILLE-AYRAL. Voyez AYRAL DE BONNEVILLE.

BOREL (CLAUDE-FRANÇOIS), naquit le 6 janvier 1743 à Ville-Lure (Haute-Saône). Timbalier au régiment de Piémont-cavalerie le 1er mai 1758, il fit les campagnes de Hanovre de 1758 à 1763, et passa le 30 septembre 1768 comme cavalier dans le corps des carabiniers, où il devint maréchal-des-logis le 1er juillet 1773, adjudant-sous-officier le 25 février 1782, et porte-étendard le 16 mars 1783. Sous-lieutenant le 1er avril 1791, et lieutenant le 15 septembre suivant, il fut promu capitaine le 15 mai 1792. A la bataille de Valmy, chargé de soutenir avec un détachement la seule compagnie d'artillerie légère qui existât alors dans l'armée, il fut exposé pendant toute la journée au feu meurtrier des Prussiens, et il exécuta plusieurs charges qui rendirent infructueuses les attaques réitérées de l'ennemi. Lieutenant-colonel le 30 septembre 1792, il fit toutes les campagnes de la Révolution jusqu'à l'an IX, et il se signala plusieurs fois par son éclatante bravoure, le 24 thermidor an IV, à l'affaire de Nereseheim ; à la tête d'un détachement de 200 hommes, il sauva un bataillon d'infanterie près de tomber au pouvoir de l'ennemi. Major du 2e régiment de carabiniers le 6 brumaire an XII, et membre de la Légion-d'Honneur le 4 germinal suivant, il reçut la croix d'officier le 8 germinal an XIII, et fit partie du collège électoral de la Haute-Saône. Il fit encore la campagne de l'an XIV avec la grande armée, mais affaibli par l'âge et les fatigues de la guerre, il fut admis à la retraite le 28 août 1806. Il est mort le 3 décembre 1816 à Ainans (Haute-Saône). B-G.

BOSONIER DE L'ESPINASSE. Voy. LESPINASSE.

BOUCHER. Voyez MORLAINCOURT.

BOUGAULT ET NON **BONGAUT** (LOUIS-LOUP-ÉTIENNE-MARTIN, *baron*), naquit le 10 novembre 1768 à Villeneuve-la-Guiard (Yonne). Volontaire dans le 2e bataillon de l'Yonne le 15 août 1791, et capitaine dans la 16e demi-brigade de ligne le 22 septembre suivant, il fit les campagnes de 1792 à l'an II à l'armée du Nord, et celles de l'an III à l'an V à l'armée de Sambre-et-Meuse. Aux affaires qui eurent lieu à Dingermunster, près Courtrai, il fut blessé d'un coup de feu à la cuisse gauche le 22 floréal an II, et reçut un autre coup de feu, le lendemain 23, en poursuivant l'ennemi. Au passage du Rhin, effectué par les Autrichiens dans la nuit du 29 au 30 vendémiaire an V, n'ayant avec lui qu'un faible détachement, il força l'ennemi à se rembarquer après avoir perdu plusieurs hommes mis hors de combat et 49 prisonniers. Chef de bataillon dans le même corps le 28 germinal suivant, il sauva deux jours après 3 compagnies d'infanterie, et 3 escadrons du 11ᵉ de chasseurs à cheval qui avaient trouvé leurs communications coupées à Lein-sur-la-Lahn. Passé à l'armée d'Angleterre, il y fit la campagne de l'an VI, et fut envoyé l'année suivante à l'armée du Rhin. Il prit une part active aux opérations de la guerre pendant les ans VII, VIII et IX, et se fit remarquer le 13 frimaire an VIII, où, étant en partisan avec 5 compagnies d'infanterie et 50 chasseurs à cheval, il battit complétement un corps ennemi beaucoup plus nombreux et lui fit 47 prisonniers. Le 19 floréal suivant, à la bataille de Biberach, il fit encore 26 prisonniers dont un officier. Major du 10ᵉ régiment d'infanterie de ligne le 30 frimaire an XII, il reçut la décoration de la Légion-d'Honneur le 4 germinal de la même année, et fit la campagne de l'an XIV à l'armée d'Italie. Le 1ᵉʳ avril 1807, il passa avec son grade dans le 5ᵉ régiment de ligne, et servit en Italie, en 1809, sous les ordres du prince Eugène. Promu colonel en second le 15 avril 1811, et envoyé à l'armée d'Aragon, il prit le commandement du 116ᵉ de ligne le 3 juillet suivant. A la bataille de Sagonte, le 25 octobre de la même année, il enfonça à la tête de 2 bataillons le centre de l'armée ennemie. Le général Harispe, qui commandait la division, le proposa pour la croix d'officier de la Légion-d'Honneur, et elle lui fut accordée le 11 janvier 1812. Colonel commandant le 7ᵉ régiment d'infanterie de ligne le 8 février suivant, il continua à faire la guerre en Aragon jusqu'au mois de février 1814. Il avait eu un cheval tué sous lui à l'affaire du col d'Ordal le 17 septembre 1813. Le 20 janvier 1814, il fut créé baron de l'Empire, et le 1ᵉʳ mars suivant il entra dans le 9ᵉ régiment de voltigeurs de la garde impériale avec le grade de colonel-major, qui lui avait été conféré le 3 janvier précédent. Il fit à la tête de cette troupe d'élite les derniers mois de la campagne de France, et lorsque, après le retour des Bourbons, la garde impériale eut été licenciée, il fut placé comme colonel à la suite dans le 38ᵉ (ci-devant 40ᵉ) de ligne le 16 août 1814. Il y passa titulaire le 18 novembre suivant, reçut la croix de Saint-Louis le 31 janvier 1815, et fit à la tête de son régiment, redevenu 40ᵉ après le 20 mars, la campagne des Cent-Jours au 6ᵉ corps de l'armée du Nord. Admis à la retraite le 7 mai 1816, il mourut à Grenoble le 17 février 1826. B-G.

BOUILLY (LOUIS-DOMINIQUE), naquit le 27 septembre 1750 à Saint-Germain-en-Laye (Seine-et-Oise). Soldat le 1ᵉʳ mars 1780 dans le régiment de Bourbonnais (13ᵉ d'infanterie), il fit les guerres d'Amérique de 1780 à 1783, devint caporal le 1ᵉʳ mars 1786, et sergent le 1ᵉʳ juin 1788. Il faisait encore partie du 13ᵉ régiment d'infanterie, lorsque le général Wimpffen le nomma, le 1ᵉʳ avril 1792, adjudant-sous-officier dans le 3ᵉ bataillon de volontaires du Haut-Rhin, d'où il passa, le 26 juin suivant, dans le 2ᵉ bataillon de grenadiers du même département. A l'affaire qui eut lieu près de Spire, le 7 octobre de la même année, il fit prisonnier de guerre, avec 20 grenadiers seulement, un détachement de 350 hommes formant l'arrière-garde ennemie, et s'empara d'une pièce de canon. Sept jours après, Custine le nomma, pour ce fait d'armes, adjudant-major dans le 3ᵉ bataillon de la Côte-d'Or, qui entra plus tard dans la composition de la 87ᵉ demi-brigade de ligne. De 1793 à l'an VI, il fut plusieurs fois cité à l'ordre de l'armée. Après les campagnes du Rhin, de la Moselle, de Sambre-et-Meuse et de Mayence, il passa avec son régiment à l'armée des Grisons, se signala à Lucien-Steig les 2 et 3 ventose an VII, fut fait chef de bataillon sur le champ de bataille à la fin de cette dernière journée, et rejoignit la 78ᵉ demi-brigade, avec laquelle il fit les guerres des ans VIII et IX en Italie et dans le royaume de Naples. Incorporé à la fin de l'an XI dans le 2ᵉ régiment de ligne, il devint major du 93ᵉ le 11 brumaire an XII, et membre de la Légion-d'Honneur le 4 germinal an XII suivant. Admis à la retraite le 9 août 1806, il se retira à Saint-Jean-d'Angély, où il est mort le 13 mai 1820. B-S.

BOUTIER DE CATUS (CHARLES-IGNACE-PONCE DE), naquit le 12 février 1765 à Belfort (Haut-Rhin). Cadet-gentilhomme à l'École royale militaire de Paris le 11 janvier 1780, il en sortit le 20 janvier 1782, entra comme sous-lieutenant dans le régiment d'Aunis-infanterie (32ᵉ), devint lieutenant le 28 mai 1789, et adjudant-major le 1ᵉʳ janvier 1790. Passé à la Martinique avec le 2ᵉ bataillon de son régiment, en février 1791, il coopéra à la répression de l'insurrection des nègres dans cette colonie, et revint en France en août 1792. Déjà, le 10 décembre 1791, il avait reçu des lettres de service de commissaire des guerres. Il servit en cette qualité pendant les campagnes de 1792 à l'an V aux armées des Alpes, d'Italie, du Nord et de Sambre-et-Meuse, où il remplit presque constamment les fonctions d'ordonnateur. Dénoncé au gouvernement, un arrêté du Comité de salut public, du 25 nivose an V, le suspendit de ses fonctions. Cette suspension dura peu. Un autre arrêté du 25 prairial suivant le réintégra dans son emploi. Attaché de l'an VI à l'an VII à l'armée d'Allemagne, à Mayence, à Bruxelles, et nommé le 8 pluviose an VIII sous-inspecteur aux revues, il passa dans la 25ᵉ division militaire le 9 germinal suivant, puis dans la 24ᵉ (Bruxelles) le 25 germinal an IX. Le premier Consul le fit inspecteur aux revues le 4 prairial an XI. Il se rendit au camp de Nimègue, et ensuite à l'armée de Hanovre. Envoyé par le général en chef de cette armée, le 7 brumaire an XII, dans le Mecklembourg, il rentra le 16 prairial même année dans la position où il se trouvait en l'an IX et en l'an X. C'est à Bruxelles qu'il obtint, le 4 germinal an XII, la décoration de la Légion-d'Honneur. Provisoirement chargé du service des revues de la 26ᵉ division militaire, il reçut, peu de temps après, une mission extraordinaire dans la 5ᵉ division. De nouvelles lettres de service du 21 novembre 1806 l'envoyèrent à l'armée de réserve sur le Rhin. Retourné le 16 mars 1807 dans la 24ᵉ division, il conserva cette position jusqu'au 31 janvier 1814, époque de l'évacuation de la Belgique par les troupes françaises. Au mois de mai suivant, Louis XVIII l'adjoignit au lieutenant-général comte Gazan pour l'inspection et la réorganisation de différens corps de l'armée. Chevalier de Saint-Louis le 19 juillet 1814, et officier de la Légion-d'Honneur le 27 décembre même année, il fut chargé, le 21 février 1815, de suivre dans la 16ᵉ division militaire (Lille) les opérations relatives à la vérification des comptes arriérés. L'Empereur l'avait désigné, le 17 avril suivant, pour remplir les fonctions de son grade près du corps d'armée du général comte d'Erlon, mais il était à cette époque à Bruxelles, où il demeura pendant les Cent-Jours et ne se rendit pas à sa destination. Mis à la retraite le 24 septembre de la même année, il est mort le 27 juin 1839 à Bruxelles, où il avait été autorisé à résider.

BOUVIER DES ECLAZ (JOSEPH, *baron*), naquit le 7 décembre 1759 à Belley (Ain). Cavalier dans le 11ᵉ régiment de dragons le 7 novembre 1778, il fit la campagne de 1779 en Hanovre, et devint brigadier le 4 avril 1782, maréchal-des-logis le 13 septembre 1784, maréchal-des-logis-chef le 10 mai 1788, et adjudant-sous-officier le 1ᵉʳ mars 1789. Lieutenant le 3 juin 1792, il servit durant cette année et la suivante à l'armée du Rhin, obtint le grade de capitaine le 8 mars 1793, et passa en l'an II à l'armée de Sambre-et-Meuse. A la bataille de Fleurus, il eut un cheval tué et un autre blessé sous lui. En avant de Bamberg, il chargea l'ennemi et lui fit plusieurs prisonniers. Sa belle conduite sur le champ de bataille de Friedberg, le 23 nivôse an V, lui mérita le même jour le grade de chef d'escadron à la suite. Pendant les campagnes des ans V et VI, il remplit les fonctions de chef d'état-major de la division du général Klein à l'armée dite *d'Angleterre* et à celle d'Helvétie, et un arrêté du 28 pluviôse an VII le confirma dans son grade. Employé en l'an VIII à l'armée du Rhin, il se fit remarquer à la bataille de Hohenlinden. Chargé par le général Lecourbe, dans le fort de l'action, de se porter avec 1,200 hommes sur les derrières de l'ennemi, il exécuta ce mouvement avec autant de promptitude que d'énergie, et contribua ainsi au succès de cette journée. Major du 17ᵉ régiment de dragons le 6 brumaire, et membre de la Légion-d'Honneur le 4 germinal an XII, il se trouva à Austerlitz. Il reçut le 20 septembre 1806 le brevet de colonel du 14ᵉ régiment de dragons, et celui d'officier de la Légion-d'Honneur le 14 mai 1807.

Envoyé en Espagne en 1808, il fut nommé général de brigade le 8 octobre 1810. Sa conduite distinguée à la bataille de Gebora, le 19 février 1811, le fit mentionner honorablement dans le rapport du maréchal duc de Trévise à l'Empereur, qui lui conféra le titre de baron de l'Empire. Le 15 juin suivant, il se couvrit de gloire à Santa Marta et à Villalba, et obtint le 6 août même année la croix de commandant de la Légion-d'Honneur. Appelé en Russie en 1812, et placé à la tête d'une brigade de carabiniers, il déploya la plus intrépide valeur à la bataille de la Moskowa, et mérita les éloges du prince Eugène, sous les ordres duquel il était placé. Rentré en France en vertu d'un ordre du 3 mars 1813, il commanda successivement le département de la Frise du 17 juillet au 6 septembre, et celui des Bouches-de-la-Meuse depuis le 7 septembre jusqu'à l'évacuation de la Hollande par les troupes françaises. Chevalier de Saint-Louis le 19 juillet 1814, il resta en non-activité jusqu'au retour de Napoléon, qui lui confia, le 14 avril 1815, le commandement et l'organisation des gardes nationales de la 6ᵉ division militaire. Admis à la retraite le 15 novembre suivant, il est mort le 12 janvier 1830. Son nom est inscrit sur l'arc-de-triomphe de l'Étoile, côté Nord. **B-S.**

BRAGARD (ALEXANDRE-FRANÇOIS), naquit le 27 septembre 1739 à Orpierre (Hautes-Alpes). Volontaire dans le régiment de Conti-infanterie le 1ᵉʳ mars 1756, et pourvu d'une lieutenance au même régiment le 8 juillet suivant, il fit les campagnes de Hanovre de 1757 et 1758. Passé au régiment provincial d'artillerie de Grenoble au mois d'août 1771, promu capitaine dans le régiment des grenadiers royaux de Languedoc en novembre 1788, il reçut la croix de Saint-Louis, pour ancienneté de service, le 16 décembre 1789. Major de place au fort Barrault au mois d'octobre 1790, puis commandant d'armes à Grenoble au mois d'octobre de l'année suivante, et maintenu dans son emploi comme chef de brigade le 1ᵉʳ germinal an III, il fut appelé au commandement de la place de Rouen le 21 messidor an IX. Le premier Consul le nomma membre de la Légion-d'Honneur le 4 germinal an XII. Lors de la suppression du commandement de la place de Rouen, le 1ᵉʳ vendémiaire an XIII, il fut employé dans son grade en qualité de directeur-général des établissemens militaires sur le canal Saint-Quentin. Enfin, commandant d'armes de la place de Briançon le 13 février 1809, le gouvernement l'admit à la retraite le 28 mai 1814. Il se retira à Grenoble, où il est mort le 25 avril 1819.

BRANCAS (ANTOINE-CONSTANT DE), naquit le 16 octobre 1764 à Paris (Seine). Sous-lieutenant dans le 104ᵉ régiment d'infanterie de ligne le 22 janvier 1792, il passa en la même qualité dans le 5ᵉ régiment de hussards le 20 octobre suivant, et fut nommé adjoint aux adjudans-généraux le 31 du même mois. Il fit la campagne de 1792 à l'armée du Nord. A la bataille de Jemmapes, il enleva une redoute ennemie et eut un cheval tué sous lui; il se trouva à la bataille de Nerwinde et fut blessé à l'affaire du 8 mai 1793, à Aussun. Seul auprès du général Dampierre avec un trompette-major du quartier-général, il défendit contre les efforts de l'ennemi le corps du général en chef qui, frappé par un boulet, était gisant sur le champ de bataille. Passé à l'armée de Sambre-et-Meuse, il devint adjudant-général chef de bataillon le 15 mai 1793. Suspendu de ses fonctions et emprisonné comme suspect, puis mis en liberté, il continua de faire la guerre jusqu'en l'an V, soit à l'armée de Sambre-et-Meuse, soit à celle de Hollande. Rentré dans la cavalerie le 23 pluviôse an III, il fut employé comme capitaine au 5ᵉ régiment de hussards. Il prit part aux opérations des armées d'Helvétie et du Danube, de l'an VI à l'an IX, et passa comme chef d'escadron au 9ᵉ de hussards le 21 vendémiaire an VI. A l'affaire du 3 vendémiaire an VII, il enleva à l'ennemi, à la tête du 9ᵉ de hussards, qu'il commandait ce jour-là, 4 pièces de canon et un immense butin. Les charges vigoureuses qu'il exécuta le 23 frimaire an IX, à l'affaire de Salzbourg, lui méritèrent encore les éloges du général en chef. Major du 7ᵉ régiment de hussards le 6 brumaire an XII, et membre de la Légion-d'Honneur le 4 germinal suivant, il fit les campagnes de l'an XIV en Autriche, et celle de 1806 en Prusse. Élevé au grade de colonel du 11ᵉ régiment de cuirassiers le 31 décembre de cette même année, il fit en 1807 la campagne de Pologne, et obtint la croix d'officier de la Légion-d'Honneur le 11 juillet. En 1808, il servit à l'armée d'observation du Rhin; en 1809, il trouva, le 21 mai, une mort glorieuse sur le champ de bataille d'Essling.

BRAUN (JOSEPH), naquit le 22 novembre 1759 à Landau (Bavière rhénane). Canonnier le 4 mars 1777, il fit les guerres d'Amérique de 1777 à 1783, fut nommé sergent le 1ᵉʳ juillet 1782, et lieutenant le 1ᵉʳ juin 1792. Il servit à l'armée des Alpes en 1792, et capitaine le 1ᵉʳ août 1793, il fit la campagne des Pyrénées-Orientales et des Alpes maritimes. Employé à Toulon en l'an II, il passa à l'armée de Sambre-et-Meuse, où il fit les guerres des ans III et IV, et ensuite à l'armée de Rhin-et-Moselle, où il combattit pendant les ans V et VI. Après les campagnes de l'an VII à l'an IX, en Italie, il fut employé à l'armement de plusieurs places frontières, et promu au grade de chef de bataillon le 10 vendémiaire an XI. Major du 8ᵉ régiment d'artillerie à pied le 14 frimaire an XII, membre de la Légion-d'Honneur le 4 germinal suivant et employé de l'an XII à l'an XIII en Hollande, il se trouva devant Ulm au mois de vendémiaire an XIV avec le 2ᵉ corps de la grande armée. Passé à l'armée de Dalmatie, et nommé colonel le 10 juillet 1806, il occupa successivement diverses directions d'artillerie, fut enfin envoyé à celle de Turin, où il reçut, le 25 novembre 1813, la croix d'officier de la Légion-d'Honneur; il ne quitta cette résidence qu'à l'époque des événements de 1814. Le roi le fit chevalier de Saint-Louis le 8 juillet suivant; le ministre l'envoya en 1815 à Auxerre. Admis à la retraite le 3 septembre même année, avec le grade honorifique de maréchal-de-camp, il est mort à Auxonne (Côte-d'Or), le 21 novembre 1830. B-S.

BRAYER (MICHEL-SYLVESTRE, *baron*, puis *comte*), né le 31 décembre 1769 à Douai (Nord), entra comme soldat au régiment suisse de Reinhart le 20 avril 1782. Caporal le 26 mars 1787, il servit dans ce corps jusqu'au 25 septembre 1792, époque de son licenciement. Adjudant-major le 23 décembre suivant dans le 3ᵉ bataillon du Puy-de-Dôme, devenu 86ᵉ demi-brigade de bataille à l'amalgame de l'an II, et 103ᵉ d'infanterie de ligne à l'organisation de l'an IV, il fit les campagnes de 1792 à l'an IX aux armées des Ardennes, de la Moselle, d'Helvétie, du Danube et du Rhin, et passa capitaine d'une compagnie de grenadiers le 26 brumaire an II. Le 28 vendémiaire an V, à l'affaire d'Emeding, en Brisgau, il rallia environ 2,000 tirailleurs qui se retiraient en désordre, se mit à leur tête, protégea la retraite de la division Beaupuy, et rétablit sa communication avec l'aile gauche de l'armée. Il combattit vaillamment, le 16 ventôse an VII, à l'affaire de Reichnau, et y fut blessé d'un coup de feu à la jambe droite. Le 12 floréal, envoyé de Coire avec sa compagnie pour renforcer les troupes qui se trouvaient aux prises avec les paysans révoltés, il prit le commandement des troupes, battit l'ennemi et le mit dans la déroute la plus complète. En l'an VIII, il marcha avec sa compagnie au secours d'un détachement de la demi-brigade que l'ennemi accablait par des forces infiniment supérieures; il dirigea son attaque avec une intelligence et une audace telles que l'ennemi fut obligé de battre en retraite. Le premier Consul le nomma chef de bataillon à la 103ᵉ demi-brigade le 12 thermidor de la même année. Après avoir fait la campagne de l'an IX à l'armée du Rhin, il servit en Hanovre pendant les ans X et XI, et, le 18 germinal de cette dernière année, Ney lui adressa un certificat ainsi conçu : « Ney, général en chef et ministre plénipotentiaire de la République française en Helvétie, certifie que le chef de bataillon Brayer, employé dans la 103ᵉ demi-brigade de ligne, avec le zèle, la bravoure et l'intelligence qui caractérisent un bon officier, a commandé les 2 bataillons de grenadiers de ma division à la dernière campagne; qu'à la journée du 10 frimaire an IX, il a rendu les plus grands services au moment où la retraite près d'Ampfing fut nécessitée par les forces supérieures de l'armée impériale, qui contraignirent ma division et celle du général Hardy à se replier sur Haag; que dans la forêt, en avant de Kirchberg, il a exécuté sa retraite par échelons en couvrant la division; qu'attaqué sur ses deux flancs, il repoussa plusieurs fois les ennemis à la baïonnette, et fit prisonniers un major et plusieurs grenadiers hongrois; que, vers le soir, sa colonne ayant été coupée par une nuée de tirailleurs, il a marché contre eux avec la plus grande rapidité et a renversé tout ce qui se trouvait sur son passage; qu'à la bataille de Hohenlinden, il s'est distingué particulièrement en marchant au secours du général Legrand, après avoir repoussé les ennemis nombreux qui cherchaient à l'empêcher de faire sa jonction; que, pendant toute la guerre, cet officier supérieur a rendu des services importans par sa bravoure et ses talens militaires; que le gouvernement français, en lui accordant un sabre d'honneur, récompenserait un officier plein de zèle, et rendrait justice aux témoignages satisfaisans que le chef de bataillon Brayer a mérités de tous les officiers-généraux sous les ordres desquels il a servi. » Major du 9ᵉ régiment d'infanterie de ligne le 30 frimaire an XII, et membre de la Légion-d'Honneur le

4 germinal suivant, il fit les campagnes de l'an XIV, en Autriche, comme commandant de la 2e demi-brigade d'élite (58e et 81e de ligne) de la division des grenadiers d'Oudinot, au 5e corps de la grande armée. Le 25 brumaire, au combat d'Hollabrün, il dispersa l'aile gauche de l'arrière-garde des Russes, et leur prit 800 hommes. A la bataille d'Austerlitz, il fit capituler une colonne de 8,000 Russes qui s'étaient imprudemment engagés dans un défilé. Après cette mémorable journée, l'Empereur le nomma colonel du 2e régiment d'infanterie légère, par décret du 6 nivose an XIV. Il servit en 1806 et 1807 en Prusse et en Pologne. Commandant l'avant-garde du corps d'armée du maréchal Lefebvre, il se distingua au siége de Dantzig, et le 20 mars 1807 à l'attaque et à la prise de l'île de Nehrung, ce qui lui valut la croix d'officier de la Légion-d'Honneur le 24 du même mois. Le 10 juin suivant, à Heilsberg, il conduisit plusieurs charges à la baïonnette contre les Russes, et contribua au succès de la journée. Le 14 du même mois, à Friedland, il fut grièvement blessé. Passé en 1808 à la 1re division du 2e corps de l'armée d'Espagne, il se signala le 10 novembre à la bataille de Burgos, et fut nommé commandant de la Légion-d'Honneur le 12 du même mois. Le 19, les Français, partis dans la matinée, rencontrèrent l'ennemi à moitié chemin de Cumillas, à San Vicente de la Barquera, Brayer, qui tenait la tête de la colonne, fit aussitôt replier les postes de l'ennemi, et le mena battant jusqu'à la position de San Vicente ; là, les Espagnols voulurent faire résistance et montrèrent 8 à 9,000 hommes assez bien formés. Brayer, n'écoutant que son courage et ne comptant pas le nombre de ses adversaires, les chargea aussitôt à la baïonnette, les culbuta et entra avec eux dans le défilé formé par un pont d'environ 600 mètres sur le golfe de San Vicente, leur tua beaucoup de monde et fit plus de 1,000 prisonniers, parmi lesquels se trouva don Ignacio Busquez, chef d'état-major de l'armée des Asturies. Il s'empara aussi de plusieurs bateaux chargés d'artillerie, de vivres, de munitions et d'effets d'habillement qui servirent à approvisionner l'armée. Général de brigade le 26 mars 1809, il contribua puissamment à la prise de vive force du camp retranché sous les murs d'Oporto, le 29 du même mois. Il se distingua encore le 19 novembre suivant à la bataille d'Ocaña, et le 20 janvier 1810 dans les combats qui eurent lieu dans la Sierra-Morena. A la tête des 28e régiments d'infanterie légère et 105e de ligne, il enleva la position de Peña Peros, regardée comme la clé de l'Andalousie. Le 15 août suivant, il fut créé baron de l'Empire avec une dotation de 6,000 fr. Chargé de se réunir au 2e corps, en position devant Merida, il traversa avec 5 bataillons d'infanterie et 2 régiments de dragons les plaines de l'Estramadure, en présence de 15,000 hommes commandés par le marquis de la Romana en personne. Ses savantes dispositions et sa belle contenance imposèrent tellement aux Espagnols qu'ils n'osèrent pas l'attaquer dans sa marche. Le 11 août, au combat de Villagarcia, le général Brayer ayant chargé à la baïonnette les 5,000 Espagnols qui se trouvaient devant lui, s'empara du plateau qu'ils défendaient, et décida le succès de la journée par la vigueur de son attaque, qui lui mérita les plus grands éloges. Après la bataille de Gebora et la prise de Badajoz, où il donna de grandes preuves de bravoure, il fut proposé pour une augmentation de dotation de 2,000 fr. Il se signala de nouveau le 16 mai 1811 à la bataille d'Albuhera. Deux fois, à la tête de sa brigade, il prit et reprit à la baïonnette la position qu'occupaient les Anglais ; obligé de céder à des forces numériques bien supérieures aux siennes, il se préparait à une troisième attaque lorsqu'il fut atteint d'une balle qui lui fractura la jambe gauche. Parti en congé de convalescence le 9 avril 1812, il n'était point encore entièrement rétabli et marchait avec des béquilles, lorsque, le 3 avril 1813, il alla rejoindre la division Durutte à la grande armée. Le 25 mai, au combat de Buntzlau, avec sa seule brigade, il rétablit un pont et le passa sous le feu de l'ennemi, qu'il força de rétrograder jusque dans la ville, où il lui fit mettre bas les armes. Il continua son mouvement, s'empara d'un plateau défendu par 1,500 Russes, soutint les efforts réitérés de l'ennemi qui voulait reprendre cette position importante, et protégea pendant quatre heures les mouvements du 11e corps, repoussé par de plus grandes forces que les siennes. Général de division le 31 août, à la suite de la bataille de Dresde, où il avait reçu un coup de biscaïen à la jambe gauche, il prit aussitôt le commandement de la 9e division du 3e corps, et se trouva aux différens combats qui se livrèrent devant Leipzig. Dans la bataille du 19 octobre, un boulet atteignit le cheval qu'il montait et lui fit à lui-même une forte contusion à la cuisse. Vers la fin de ce mois, il commanda la 8e division du même corps, et passa à la 35e du 11e corps le 7 novembre suivant. Ramené en France par les événemens de la guerre, il fit partie du corps d'armée du duc de Tarente pendant la campagne de 1814, et, le 27 janvier, il remplaça, à la naissance de l'Argonne, la division Ricard, qui alla prendre position à Chatrou. Le corps d'armée étant arrivé le 31 à Châlons, la division Brayer fut placée en arrière d'Aulnai, et, lorsque le maréchal duc de Tarente eut concentré le 3 février ses forces dans Châlons, qu'il voulait défendre le plus long-temps possible, quoique cette ville n'eût pour fortifications qu'une mauvaise chemise en maçonnerie, le général Brayer fut chargé de la défense de la porte Saint-Jean (route de Vitry). Après le combat du 4, auquel le général Brayer prit une part distinguée, le maréchal évacua Châlons le 5. Arrivé le 8 à Château-Thierry, il établit son arrière-garde en arrière de Dormans. Le général Brayer, qui la commandait, fut attaqué par l'avant-garde du général Yorck, et, après une vive résistance, il se retira sans être entamé sur Crézancy. Le lendemain 9, l'ennemi traversa la Marne sous le feu des Français, qui se replièrent en bon ordre sur la Ferté-sous-Jouarre ; cependant le général Sacken, croyant prendre l'avance, arriva par la route de Montmirail, et trouva, contre son attente, les divisions

Brayer et Molitor établies en avant de la Ferté; son avant-garde eut d'abord quelques succès, mais elle fut bientôt repoussée et perdit 400 hommes tués. Le 10, le duc de Tarente se retira sur Meaux, et le 27, ayant reçu l'ordre de prendre le commandement de toutes les forces laissées sur l'Aube, et de s'emparer de la Ferté en rejetant l'ennemi sur la rive droite de la rivière, il se mit en mouvement et força l'ennemi à repasser l'Aube. Dans cette manœuvre hardie, le général Brayer donna de nouvelles preuves de ses talens et de son courage. Le 2 mars, il défendit pendant quelques heures, contre les troupes du prince royal de Wurtemberg, la ville de Bar-sur-Seine, dont il avait barricadé les portes ; mais bientôt les colonnes d'attaque enfoncèrent à coups de canon celle dite *de Châtillon*. Le général Brayer ne voulant pas exposer la ville aux malheurs d'une place prise de vive force, se retira derrière la Barce, dont il fit sauter le pont, et à la nuit il prit position aux Maisons-Blanches.

Mis en non-activité après l'abdication de l'Empereur, une ordonnance royale du 8 juillet 1814 le nomma chevalier de Saint-Louis, et, le 17 janvier 1815, Louis XVIII lui confia le commandement de la 1re subdivision de la 19e division militaire. Lorsque l'Empereur fit son entrée à Lyon, le 10 mars 1815, le général Brayer commandait encore dans cette place, il en partit le lendemain avec sa division pour marcher sur Paris, où il arriva le 22, et passa immédiatement la revue de l'Empereur sur la place du Carrousel. Commandant d'une des divisions de la jeune garde, par décret impérial du 22 avril suivant, il reçut l'ordre, le 18 mai, de se rendre en poste à Angers, avec 2 régimens de sa division. Pendant le temps qu'il séjourna dans le département de Maine-et-Loire, il imposa aux factieux par la contenance des troupes sous ses ordres et par l'exacte discipline qu'il sut maintenir parmi ses subordonnés. Créé chambellan de l'Empereur, gouverneur de Versailles et de Trianon, pair de France et comte de l'Empire le 2 juin, avec dotation de 4,000 francs, il prit part aux opérations du général Lamarque dans la Vendée et eut plusieurs engagemens avec les insurgés, notamment au pont de Barré et à la Roche-Servières, où il fit de très bonnes dispositions. Au second retour de Louis XVIII, il fut compris dans l'art. 1er de l'ordonnance du 24 juillet comme prévenu du crime de haute-trahison, et, par ordonnance du 2 août suivant, renvoyé par-devant le 1er conseil de guerre permanent de la 1re division militaire pour y être jugé. Par jugement du 18 septembre 1816, ce conseil le condamna à mort par contumace, à l'unanimité des voix. Cependant le général, d'abord réfugié en Prusse, était passé ensuite aux États-Unis et avait pris du service à Buenos-Aires. Parti de Baltimore avec le général Carrera, il commandait, au mois de mars 1818, l'armée des indépendans devant-Talcahuana, dans le Chili. Mais, par suite des intrigues d'un cabinet étranger, il se vit obligé de résigner son commandement et de quitter ce pays.

Les passions s'étant calmées, le général Brayer put revoir sa patrie. Réintégré dans tous ses droits, titres, grades et honneurs par ordonnance du 25 juin 1821, il fut admis à la retraite le 24 octobre suivant, à compter du 1er janvier 1819. Il resta dans cette position jusqu'au 4 août 1830, époque à laquelle le nouveau gouvernement le rappela à l'activité et le nomma commandant de la 5e division militaire (Strasbourg). Élevé à la dignité de grand-officier de la Légion-d'Honneur le 20 mars 1831, et créé pair de France par ordonnance du 11 octobre 1832, il remplit les fonctions d'inspecteur-général des troupes d'infanterie de sa division pendant les années 1833, 1834 et 1835. Lorsqu'il quitta le commandement de la 5e division militaire, les notables de Strasbourg lui remirent une épée d'honneur au nom des habitans de leur ville. Admis dans le cadre de vétérance à compter du 31 décembre 1835, il reçut la grand'croix de la Légion-d'Honneur le 15 février 1836, et, mis en non-activité conformément aux dispositions de l'ordonnance du 28 août suivant, il passa le 15 août 1839 dans la section de réserve du cadre de l'état-major, en vertu de la loi du 4 du même mois. Napoléon, à Sainte-Hélène, n'oublia point les services que le général Brayer avait rendus à la patrie et le dévoûment dont il lui avait donné tant de preuves ; il le comprit dans son testament pour une somme de 100,000 francs, et mit son nom en tête de ceux des généraux auxquels il avait cru devoir accorder une marque de souvenir. Il est mort à Paris le 28 novembre 1840. Son nom figure sur la partie Ouest de l'arc-de-triomphe de l'Étoile.　　　　B-G.

BREUILLE. *Voyez* BONNAY-BREUILLE.

BRICHE (ANDRÉ-LOUIS-ÉLISABETH-MARIE, baron, puis *vicomte*), naquit à Neuilly-sous-Clermont (Oise), le 12 août 1772. Cavalier dans le 1er régiment de chasseurs à cheval le 1er avril 1790, sous-lieutenant au 2e de cavalerie le 15 septembre 1791, il fit la campagne de l'armée du Nord de 1792. Lieutenant le 1er avril 1793, il continua de servir à la même armée jusqu'à l'an VI, devint capitaine le 25 ventose an III, et passa le 28 germinal an VI en qualité d'adjoint à l'état-major général. Il avait été détaché pendant six mois, en l'an II, dans la Vendée, et avait été compris le 26 frimaire an IV dans la réforme du 4e escadron de son régiment; c'est à cette époque qu'il obtint du général Moreau l'autorisation de servir à la suite de son corps jusqu'au 1er vendémiaire an VI. Passé avec son grade à l'état-major de l'armée d'Italie, par ordre du général Leclerc, du 28 germinal même année, il fut placé le 15 ventose an VII dans le 11e régiment de hussards, et se fit remarquer à la bataille de la Trebia, en couvrant la retraite de l'armée avec une poignée de braves de toutes armes qu'il parvint à rallier. Il se distingua à Marengo. Au passage du Mincio, il prit un major et plusieurs cavaliers, et Murat, alors général en chef, le nomma chef d'escadron provisoire le 11 prairial an IX. Le gouvernement confirma cette nomination le 23 frimaire an X. Major du 9e de hussards le 6 brumaire an XII, et membre de la Légion-d'Honneur le 4 germinal suivant, il passa avec le grade de colonel le 13 janvier 1806 au 10e régiment de hussards, et fit avec ce corps les guerres de la grande armée de 1806 et 1807. A Saalfeld, le 11 octobre 1806, apercevant le 9e de son arme ramené par les Russes, il fit aussitôt sonner la charge, s'élança avec impétuosité sur l'ennemi, l'enfonça, s'empara de 2 pièces de canon, et jeta le désordre dans la colonne commandée par le prince Louis-Ferdinand de Prusse, qui fut tué dans cet engagement. Il combattit à Iéna. Quelques jours après, informé que le régiment de dragons prussiens de la reine s'était mis en mouvement pour venir le surprendre dans ses cantonnemens, près de Torn, il fit monter son régiment à cheval, tomba sur l'ennemi, lui coupa la retraite et le défit entièrement. En Pologne, il soutint sa brillante réputation, et devint officier de la Légion-d'Honneur le 14 mai 1807. Envoyé en Espagne, il arriva assez tôt pour prendre une part glorieuse au siége de Saragosse. Après la prise de cette place, le 21 février 1809, il fut chargé du commandement d'un détachement composé du 10e de hussards et de 2 bataillons du 26e régiment d'infanterie, avec lequel il devait rétablir les communications entre l'armée du Midi et celle de la Catalogne, c'est-à-dire depuis Fraga jusqu'à Wals. Cette opération présentait de grandes difficultés; Briche réussit. Napoléon, informé de ce succès, conféra à cet officier supérieur, le 15 août, le titre de baron de l'Empire, avec dotation, et le nomma général de brigade le 17 septembre 1809. A la bataille d'Ocaña, le 18 novembre suivant, il chargea l'ennemi avec 4 régimens de cavalerie légère, et culbuta l'aile droite de sa ligne. Au mois de février 1810, il fit partie du 5e corps de l'armée d'Espagne. Au combat de Fuente de Cantos, le 15 septembre suivant, à la tête de sa brigade, qui ne comptait que 2,700 chevaux, il mit en déroute les Espagnols et les Portugais, leur prit 500 hommes, dont le colonel du régiment de l'infante, un grand nombre d'officiers, et 6 pièces de canon avec leurs attelages et leurs caissons. Le 6 janvier 1811, il chassa de Merida la cavalerie espagnole, et, après avoir nettoyé la rive droite de la Guadiana, poussa sa colonne jusque sur Albuquerque, atteignit l'arrière-garde ennemie à la Botoa, et lui fit éprouver une déroute complète. Le 20 même mois, placé en observation à Talaveira-la-Roa, et attaqué inopinément par les Espagnols, il les repoussa jusqu'auprès de Badajoz. Le 19 février suivant, il contribua au gain de la bataille de Gebora, et fut cité honorablement dans le rapport du duc de Trévise. Il se signala de nouveau à la bataille d'Albuhera le 16 mai; chargé du commandement de la cavalerie légère, il se porta rapidement à l'extrême droite de l'armée pour garder un pont dont la possession eût permis à l'ennemi de tourner nos troupes de ce côté. Après avoir bivouaqué toute la nuit en présence de l'ennemi, il attaqua de bonne heure les avant-postes anglais en avant du ruisseau d'Albuhera, et parvint à les rejeter au-delà du pont. Napoléon lui accorda, le 20 du même mois, la croix de commandant de la Légion-d'Honneur. Au commencement du mois d'octobre 1811, sa brigade fit partie d'une colonne dirigée par le général Gérard; il parcourut avec elle le pays renfermé entre la Guadiana et le Tage, seconda puissamment cet officier-général, et concourut à forcer le général Castaños à se retirer sur les frontières du Portugal. Mis en disponibilité le 16 janvier 1812, il fut appelé le 23 octobre suivant au commandement de la brigade du premier ban, qui venait d'être organisée dans la capitale. Le 18 janvier 1813, Napoléon lui confia le commandement et la formation de la cavalerie qui devait faire partie du corps d'observation de l'armée d'Italie, stationné à Verone. Employé en avril de la même année au 4e corps de la grande armée, il en commanda l'avant-garde, et il exécuta à la bataille de Lutzen une charge habile contre l'aile gauche victorieuse des alliés. A l'affaire de Dresde, il perdit presque toute sa brigade, et l'Empereur lui donna le commandement d'une division de cavalerie wurtembergeoise. Général de division le 19 novembre suivant, et placé à la tête de la 5e division de grosse cavalerie du 5e corps de réserve, il reçut en même temps la croix de l'ordre royal du Mérite militaire de Wurtemberg. La campagne de 1814 lui ouvrit un nouveau champ de gloire. Le 9 janvier, le duc de Bellune voulant s'établir à Épinal, Remberviller et Saint-Dié, envoya Briche avec sa division de dragons (la 1re) pour chasser l'ennemi de ces positions. Ce général parvint à s'emparer de Remberviller après un combat de quelques heures: la division ennemie, poursuivie l'espace de deux lieues, laissa sur le champ de bataille 300 tués, blessés ou prisonniers. Le 12, il chassa les alliés de Saint-Mihiel, et se distingua d'une manière particulière aux combats de Saint-Dié. Le 29, il inquiéta la cavalerie du général Pahlen, en retraite sur Brienne, et lui fit quelques prisonniers. A la bataille de La Rothière, le 1er février, il ne céda le terrain à l'ennemi qu'après lui avoir fait éprouver des pertes considérables. Le 4, le général Michel, soutenu par la division de dragons du général Briche, surprend les alliés à Saint-Thiébault et les repousse vigoureusement jusqu'à Saint-Pierre-les-Vandes, malgré la supériorité de leurs forces. A la fin de l'action, Briche tombe sur les Autrichiens, en tue une centaine et leur fait 150 prisonniers. Le 27, au second combat de Bar-sur-Aube, il chasse du village de Villars la cavalerie légère du prince de Wurtemberg, et le force à se replier sur l'infanterie. Le 18 juin 1814, Louis XVIII le nomma inspecteur-général de cavalerie dans la 14e division militaire, le chargea de l'organisation du régiment de cuirassiers d'Angoulême et du 9e de chasseurs à cheval, et lui donna la croix de Saint-Louis le 19 juillet suivant. Il commandait la 2e subdivision de la 9e division militaire (Montpellier) depuis le 15 janvier 1815, lorsqu'à la nouvelle du débarquement de Napoléon de l'île d'Elbe, le ministre de la guerre lui envoya l'ordre de se rendre à Nîmes, où le duc d'Angoulême venait d'établir son quartier-général. Le prince le laissa dans cette ville à la tête des troupes qui s'y trouvaient; mais il tenta vainement de les conserver à la cause des Bourbons. Il courut même les plus grands dangers dans la journée du 3 avril; ses épaulettes et ses décorations lui furent arrachées, et il faillit être massacré par ceux qu'il avait un instant commandés. Napoléon le destitua par décret du 16 avril. Appelé au commandement de la 9ᵉ division militaire le 20 juillet 1815, et nommé le 3 mai 1816 commandeur de l'ordre de Saint-Louis, il fit partie du conseil de guerre chargé de juger le général Mouton-Duvernet. Il présida la même année le collège électoral du département du Gard, et reçut de Louis XVIII le titre de vicomte. Sur la proposition du duc de Feltre, alors ministre de la guerre, le roi, pour le dédommager de ses pertes dans la journée du 3 avril 1815, lui accorda une indemnité de 3,000 fr. Compris dans le cadre de l'état-major général de l'armée le 30 décembre 1818, il conserva le commandement de la 9ᵉ division militaire, qu'il échangea le 23 janvier 1821 pour celui de la 4ᵉ, et fut fait grand-officier de la Légion-d'Honneur le 1ᵉʳ mai suivant. Mis en disponibilité le 13 juillet 1822, réemployé le 12 février 1823, et placé à la tête de la 8ᵉ division militaire, il est mort à Marseille le 21 mai 1825. Son nom est inscrit sur l'arc-de-triomphe de l'Étoile, côté Sud. B-S.

BRISSET-MONTBRUN DE POMARÈDE.
Voyez MONTBRUN DE POMARÈDE.

BROC. *Voyez* DEBROC.

BRUNO (ADRIEN-FRANÇOIS, *baron* DE), né le 10 juin 1771 à Pondichéry (Indes-Orientales), amené en France en 1776 par son oncle le gouverneur Law de Lauriston, entra dans l'artillerie en 1790 comme aspirant; mais obligé, en 1792, de cacher sa noblesse dans les rangs de l'armée, il s'engagea dans la légion de la Nièvre, dont la cavalerie fut incorporée dans le 4ᵉ régiment de hussards le 1ᵉʳ septembre 1793. Il fit les campagnes de 1793 à l'an III aux armées du Nord et de Sambre-et-Meuse. De simple hussard élu sous-lieutenant par ses camarades le 15 messidor an III, il passa à l'armée d'Italie en l'an IV, y fit toutes les campagnes jusqu'à l'an VIII, et obtint, par sa bravoure, le grade de lieutenant le 15 messidor an V, et celui de capitaine le 15 nivose an VI. Employé à l'armée d'observation du Midi en l'an IX, le général Charles Boyé le prit auprès de lui en qualité d'aide-de-camp le 21 germinal de cette même année, et le 23 frimaire an X il fut promu chef d'escadron du 12ᵉ régiment de hussards. Nommé major du 10ᵉ régiment de chasseurs à cheval le 6 brumaire an XII, et membre de la Légion-d'Honneur le 4 germinal suivant, il fit la campagne de 1806 en Allemagne, et passa, le 10 juillet, au service de Hollande en qualité d'aide-de-camp du roi Louis-Napoléon. Le 27 septembre de la même année, ce prince le nomma colonel du 2ᵉ régiment de hussards hollandais, et, le 20 décembre suivant, il lui donna le commandement des hussards de la garde royale. Élevé au grade de général-major le 6 avril 1807, et à celui de lieutenant-général le 2 novembre 1808, il fit la campagne de Zélande en 1809. Rentré au service de France comme général de brigade le 11 novembre 1810, et aussitôt employé à l'armée d'Allemagne, il prit le commandement d'une brigade de la 1ʳᵉ division de grosse cavalerie de cette armée le 14 février 1811, et obtint presque immédiatement après le titre de baron de l'Empire, mais sans dotation. Pendant la guerre de 1812, il commanda la 1ʳᵉ brigade de la 1ʳᵉ division de grosse cavalerie aux ordres de Nansouty. Le 7 septembre, à Moskowa, Nansouty ayant été blessé dès le commencement de l'affaire, le général Saint-Germain le remplaça dans le commandement en chef, et le général Bruno remplit les fonctions de divisionnaire. Il eut 5 chevaux tués sous lui. Il suivit le mouvement du roi de Naples sur Kalouga. Murat voulut le proposer pour le grade de général de division; mais comme il espérait l'avoir à la fin de la campagne, il préféra alors la croix d'officier de la Légion-d'Honneur, que Napoléon lui accorda le 11 octobre. Chargé, le 20 janvier 1813, d'organiser et de commander la cavalerie du 1ᵉʳ corps d'observation de l'Elbe, devenu 5ᵉ corps de la grande armée en avril de la même année, il passa au 2ᵉ corps le 1ᵉʳ juillet, et fut fait prisonnier de guerre, le 18 septembre suivant, avec l'escadron de 150 hussards westphaliens qu'il avait avec lui, à Freyberg. Rentré des prisons de l'ennemi au mois de juillet 1814, Louis XVIII le nomma chevalier de Saint-Louis le 20 août, et commandeur de la Légion-d'Honneur le 23 du même mois. Employé le 30 décembre suivant comme adjoint à l'inspection générale de cavalerie dans la 16ᵉ division militaire, il exerçait encore ces fonctions lorsque l'Empereur revint de l'île d'Elbe. A la réorganisation de l'armée, il reçut, le 6 avril 1815, le commandement de la 1ʳᵉ brigade de la division de cavalerie légère attachée au 1ᵉʳ corps de l'armée du Nord, et prit part aux différentes affaires de la malheureuse campagne des Cent-Jours. Appelé au commandement du département de l'Hérault le 1ᵉʳ septembre 1815, il n'exerça pas long-temps ces fonctions, et fut mis en non-activité le 31 décembre suivant. Compris comme disponible dans le cadre de l'état-major général de l'armée le 30 décembre 1818, il eut le commandement du département de la Moselle le 21 avril 1820, et le conserva jusqu'au 6 décembre 1830, époque de sa mise en disponibilité. Placé dans le cadre d'activité de l'état-major le 22 mars 1831, le gouvernement lui confia le commandement du département des Vosges le 5 avril 1832, et l'admit à la retraite le 1ᵉʳ octobre 1833. Cet officier-général réside à Paris.

BRUYÈRES (JEAN-PIERRE-JOSEPH, *baron*, puis *comte*), naquit le 22 juin 1772 à Sommières (Gard). Chasseur dans la 15ᵉ demi-brigade d'infanterie légère le 20 pluviose an II, il fit les campagnes de la Révolution jusqu'à l'an IX aux armées d'Italie, de réserve et à celle d'observation du Midi. Adjoint aux adjudans-généraux le 1ᵉʳ nivose an III, il fut promu sous-lieutenant au 3ᵉ bataillon de la 15ᵉ demi-brigade légère le 16 pluviose suivant. Lieutenant le 16 pluviose an IV, il passa en qualité d'aide-de-camp auprès du général de division Bertier (Alexandre), chef d'état-major de l'armée d'Italie, le 18 ventose an V, et devint capitaine au 7ᵉ régiment *bis* de hussards le 20 thermidor suivant. Après la bataille de Marengo, où il fit des prodiges de valeur, élevé au grade de chef d'escadron, il passa dans le 7e régiment de hussards le 2e jour complémentaire an X, et fut nommé major du 5e régiment de même arme le 6 brumaire an XII. Il fit partie de l'armée des côtes de l'Océan en l'an XII et en l'an XIII, et c'est là que, le 4 germinal an XII, il reçut la décoration de la Légion-d'Honneur. Colonel du 23e régiment de chasseurs à cheval le 27 pluviose an XIII, il fit la campagne de l'an XIV à l'armée d'Italie, où il fut blessé d'un coup de feu à la cuisse droite le 12 brumaire, et celle de 1806 en Prusse, avec la grande armée. Il se distingua particulièrement à la bataille d'Iéna, obtint le 31 décembre 1806 le grade de général de brigade, et fit en cette qualité la guerre de Pologne. Le 8 février 1807, à la tête d'une brigade de cavalerie légère, il mit en déroute une colonne de 6,000 Russes sur le champ de bataille d'Eylau. Un biscaïen qui passa entre son corps et son bras gauche lui occasiona une forte contusion. Le 9 juin suivant, au combat de Glottau, il chargea avec la même bravoure et le même succès la cavalerie et l'infanterie russes. Fait officier de la Légion-d'Honneur le 11 juillet 1807, il eut en 1808 le commandement d'une brigade de cavalerie légère à l'armée d'observation d'Allemagne, et reçut le titre de baron de l'Empire. Il servit à la grande armée en 1809, et fut nommé commandant de la Légion-d'Honneur le 14 juin. A Wagram, le 6 juillet suivant, il se signala par des traits de la plus rare intrépidité et reçut deux coups de feu, l'un très grave et avec fracture de la cuisse droite, l'autre à l'épaule gauche. Cité à cette occasion comme un officier-général de cavalerie de la plus haute espérance, l'Empereur l'éleva au grade de général de division le 14 du même mois. Obligé de rentrer en France pour y soigner ses blessures, il quitta l'armée le 28 août; mais, à peine rétabli, il sollicita un commandement. L'Empereur lui donna celui de la 1re division de grosse cavalerie de l'armée d'Allemagne le 17 octobre de la même année. Placé le 8 avril 1811 à la tête de la cavalerie légère de la même armée, il passa à la cavalerie de réserve de la grande armée le 15 janvier 1812. Pendant la campagne de Russie, il soutint sa réputation militaire. Le 28 juin, à la tête de sa division, il prit possession de Wilna, poursuivit l'ennemi sur la rive gauche de la Wilia et lui fit éprouver des pertes considérables. Le 25 juillet suivant, appuyé par la division du général Saint-Germain, il culbuta la cavalerie ennemie à deux lieues en avant d'Ostrowno, lui enleva ses batteries et sabra l'infanterie qui s'avançait pour soutenir son artillerie. L'ennemi abandonna au vainqueur 8 pièces de canon et 600 prisonniers. A la bataille de Smolensk, le 17 août, Bruyères, avec sa division, après avoir chassé un gros corps de cavalerie russe et de cosaques postés sur le plateau même de Sloboda-Raczenka, y prit position et s'y maintint malgré tous les efforts de l'ennemi. Le 7 septembre, à la Moskowa, il pénétra dans les masses ennemies et il y fit un horrible carnage. Il échappa aux désastres de la retraite et fut employé en 1813 au 1er corps de cavalerie de la grande armée. On le revit intrépide aux batailles de Bautzen et Wurschen, les 20 et 21 mai, et il eut les deux cuisses emportées par un boulet de canon, le lendemain 22, au combat de Reichenbach. Il mourut à Gorlitz le 5 juin suivant. B-G.

BUHOT (ANTOINE-PIERRE), né le 3 juillet 1761 à Paris (Seine), entra comme sous-lieutenant le 20 août 1781 dans le régiment d'Orléans-infanterie. Pourvu d'une charge de commissaire des guerres le 24 octobre 1784, il fut employé à Strasbourg le 26 août 1785. Réformé au mois de mars 1788, il passa comme commissaire des guerres surnuméraire dans la division de Bretagne le 20 avril suivant. Devenu titulaire le 20 novembre 1791, il fit les campagnes de 1792 à l'an II à l'armée du Rhin. Passé à l'armée de Rhin-et-Moselle, il y servit pendant les guerres des ans III et IV. Nommé ordonnateur le 7 nivose an III, il fut réformé en vertu de la loi du 3 brumaire an IV, le 11 dudit mois. L'ordonnateur en chef Martellière écrivit le 30 au ministre de la guerre une lettre qui finissait ainsi : « Les ressources que le zèle du citoyen Buhot lui a fait trouver dans les circonstances les plus critiques, en faisant reconnaître en lui un administrateur éclairé, portent à regretter qu'une fausse application de la loi du 3 brumaire prive l'armée des services qu'on avait lieu d'attendre de sa capacité. » Le général en chef et son chef d'état-major joignirent leur témoignage à celui de l'ordonnateur en chef, et Buhot fut réintégré dans ses fonctions le 19 pluviose an V, et envoyé à l'armée d'Italie, où il fit les campagnes de l'an V à l'an VIII. Inspecteur aux revues le 18 pluviose de cette dernière année, et employé dans la 16e division militaire le 1er floréal suivant, il reçut la décoration de la Légion-d'Honneur le 4 germinal an XII. Attaché au corps d'avant-garde de l'armée des côtes de l'Océan le 29 thermidor an XIII, il fit avec la grande armée les campagnes d'Autriche, de Prusse et de Pologne de l'an XIV à 1807, et passa en 1808 à l'armée d'Espagne, où il servit sans interruption jusqu'en 1814. Il était officier de la Légion-d'Honneur depuis le 17 décembre 1809. Le gouvernement royal l'employa le 28 mai 1814 comme adjoint à l'inspection générale d'infanterie du général comte Dupont-Chaumont, chargé de procéder dans la 1re division militaire à l'organisation prescrite par l'ordonnance du 12 du même mois. Chevalier de Saint-Louis le 24 août suivant, il fut chargé de l'apurement des comptabilités antérieures à 1814, et attaché comme inspecteur aux revues à l'hôtel royal des Invalides par décision du 23 janvier 1815. Admis à la retraite le 1er juillet 1817, il est mort à Montfermeil (Seine-et-Oise), le 22 avril 1825.

BUQUET (CHARLES-JOSEPH, *baron*), naquit le 4 juin 1776 à Charmes (Vosges). Le 28 août 1791, il entra comme soldat dans le 4e bataillon de volontaires des Vosges, passa avec le grade de sous-lieutenant, le 12 février 1793, dans le 93e régiment d'infanterie. Lieutenant dans la 169e demi-brigade de ligne le 22 nivose an II, adjoint aux adjudants-généraux le 10 thermidor suivant, et capitaine le 14 vendémiaire an IV, il servit aux armées du Rhin et de Sambre-et-Meuse de 1792 à l'an VI, se trouva à la prise de Spire et de Mayence, au combat et à la reprise des lignes de Wissembourg, et fut employé à l'état-major du général Kléber pendant tout le temps de son séjour à l'armée de Sambre-et-Meuse. Le 22 vendémiaire an VI, il entra avec son grade dans la 36e demi-brigade de ligne, devint aide-de-camp du général Ney le 1er floréal an VII, fit en cette qualité les guerres des ans VII et VIII aux armées d'Helvétie et du Danube, et obtint, le 9 thermidor an VIII, le grade de chef de bataillon. Attaché, le 20 vendémiaire an IX, à la 51e demi-brigade de ligne, il la suivit à l'armée du Rhin. Major du 55e de ligne le 30 frimaire an XII, membre de la Légion-d'Honneur le 4 germinal suivant, il fit partie de l'armée des côtes en l'an XII et en l'an XIII, et prit part aux guerres de la grande armée de l'an XIV à 1807. Il reçut un coup de feu à la bataille d'Heilsberg (Pologne), et obtint, le 10 février de cette dernière année, le brevet de colonel du 75e de ligne, et la croix d'officier de la Légion-d'Honneur le 11 juillet suivant. Envoyé en Espagne en 1808, il fut fait prisonnier de guerre à Talaveira de la Reina le 28 juillet 1809. Il s'échappa, le 15 mai 1810, des pontons de Cadix, et reçut, le 14 octobre 1811, l'ordre d'aller prendre le commandement du 30e de ligne. Napoléon, qui déjà lui avait conféré le titre de baron de l'Empire, le nomma général de brigade le 23 septembre 1812, et l'employa immédiatement à l'expédition de Russie. Grièvement blessé à la bataille de la Moskowa, il passa le 1er mars 1813 au 2e corps d'observation du Rhin ; blessé de nouveau à la bataille de Bautzen, il reçut à cette occasion la croix de commandant de la Légion-d'Honneur le 29 juin de cette année, rejoignit, le 7 novembre suivant, le 6e corps de la grande armée, et fut mis peu de temps après à la disposition du ministre de la guerre, qui lui donna le 28 décembre le commandement supérieur de Juliers. Placé au traitement de non-activité le 1er septembre 1814, il accueillit avec enthousiasme le retour de l'Empereur de l'île d'Elbe. Le 30 mars 1815, Napoléon lui confia le commandement de la place de Landau, et le 10 juin suivant le ministre de la guerre le mit à la disposition du général Belliard, commandant en chef les 3e et 4e divisions militaires. Le 28 du même mois, l'Empereur lui donna le commandement du département des Vosges, qu'il conserva jusqu'au second retour des Bourbons, époque à laquelle il rentra en non-activité. Compris sur le cadre de l'état-major général de l'armée le 30 décembre 1818, et décoré de l'ordre de Saint-Louis le 18 août 1819, il passa plus tard dans la 2e catégorie de l'ordonnance du 1er décembre 1824. Admis à la retraite le 31 août 1831, il est mort à Nanci (Meurthe), le 14 avril 1838. B-S.

BURGAIROLLES (CHARLES), naquit le 20 octobre 1740 à Narbonne (Aude). Le 5 janvier 1757, il entra au service comme cavalier dans le 7e régiment de dragons, avec lequel il fit en Allemagne la guerre dite de Sept-Ans, et obtint le grade de brigadier le 1er avril 1763. Maréchal-des-logis le 1er novembre 1766, il parvint aux grades de fourrier le 11 octobre 1770, de porte-guidon le 4 août 1774, de lieutenant le 10 juillet 1780, et de capitaine le 25 janvier 1792. Il servit pendant cette dernière campagne aux armées de l'intérieur et du Nord, et reçut le brevet de chef d'escadron le 3 septembre. Colonel le 1er pluviôse an II, et attaché à l'armée de l'intérieur de l'an III à l'an VI, il fut désigné le 1er prairial an VII pour commander le dépôt de remonte établi à Versailles. Après la campagne de l'an VIII en Italie, il obtint le commandement de la place et de la citadelle de Cambrai, et le 4 germinal an XII le brevet de membre de la Légion-d'Honneur. Mis à la retraite le 23 décembre 1813, il est mort le 10 août 1816.

CABANES DE PUYMISSON ET NON CABANNES (MARC, *baron*), né le 15 février 1760 à Montpellier (Hérault), entra le 26 juin 1791 comme sous-lieutenant dans le 3e régiment d'infanterie, ci-devant Piémont, et fit les campagnes de 1792 à l'an V à l'armée du Rhin. Le 6 janvier 1793, il se distingua à l'affaire en avant de Cassel, fut cité honorablement dans le rapport du général Beauharnais, et obtint, le 24 floréal an II, le grade de chef de bataillon du 15e bataillon *bis* d'infanterie légère, qui concourut à former la 7e demi-brigade, devenue 3e régiment de même arme. A Kamlach, en Souabe, le 26 thermidor an IV, il commandait les avant-postes de l'aile droite. Éloigné de tout secours, et n'ayant avec lui que 5 compagnies, il fut attaqué à onze heures et demie du soir par une colonne de 6,000 émigrés de l'armée de Condé, ayant en tête le corps des chasseurs nobles, commandé par le duc d'Enghien en personne. Il soutint le choc, et combattit sans se laisser entamer jusqu'à six heures du matin. A ce moment arrivèrent des renforts, et l'ennemi se retira, laissant 800 hommes sur le champ de bataille. Le 9 frimaire an V, il commandait le bataillon de garde au flanc droit de la tête du pont de Huningue, lors de l'assaut livré par les Autrichiens ; il repoussa leurs efforts, et les chassa de la demi-lune dont ils s'étaient emparés. Passé en l'an VI à l'armée d'Angleterre, puis à celle des côtes de l'Océan, et envoyé en l'an VII en Italie, il se fit constamment remarquer. Le 1er jour complémentaire an VII, à la tête de 4 compagnies, il disputa le passage du pont de Sivigliano à une colonne de 8,000 hommes dont il arrêta la marche depuis une heure de l'après-midi jusqu'à huit heures du soir. Oublié à ce poste, il ne commanda la retraite qu'après avoir épuisé 12 barils de cartouches autrichiennes dont il s'était emparé la veille. Enveloppé par des forces supérieures, il demeura prisonnier avec 130 hommes restant de sa troupe. Sa résistance opiniâtre sauva l'arrière-garde de l'armée. Échangé le 19 ventôse an IX, et promu major du 1er régiment d'infanterie légère le 30 frimaire an XII, il fut employé au grand quartier-général des côtes de l'Océan, près du major-général Alexandre Berthier, le 12 pluviôse suivant, et nommé membre de la Légion-d'Honneur le 4 germinal de la même année. Attaché au 28e léger le 23 prairial, il resta cependant auprès du major-général. Appelé le 26 ventose an XIII au commandement du 4e régiment de la division de grenadiers de réserve placée sous les ordres du général Oudinot, il fit à la tête de ce corps d'élite les campagnes de l'an XIV à la grande armée. A Wertingen, le 6 vendémiaire an XIV, il se signala par une charge audacieuse sous la mitraille de l'ennemi. Le 13 brumaire, à Amstetten, son régiment et le 3e de la même division soutinrent seuls le choc de *vingt-six* bataillons russes, et les repoussèrent avec des pertes considérables. A Hollabrün, le 25, il eut un cheval tué sous lui, reçut un coup de feu à la jambe gauche, et contribua au succès de la journée. Enfin, à Austerlitz, son régiment de grenadiers, le seul engagé de la division Oudinot, se couvrit de gloire dans une attaque sur la droite vers la fin du jour. Colonel du 17e régiment d'infanterie légère le 6 nivose suivant, il fit les guerres de 1806 et 1807 avec la grande armée en Prusse et en Pologne, et se distingua aux affaires de Cela, en avant d'Iéna, de Prentzlow, d'Ostrolenka et du camp de Borky, fut nommé officier de la Légion-d'Honneur le 14 mai 1807, et créé baron de l'Empire le 19 mars 1808. Passé à l'armée d'Espagne, il reçut, le 29 mars 1809, devant Oporto, un coup de biscaïen qui lui fracassa deux doigts de la main gauche et lui traversa le flanc droit. Général de brigade le 18 février 1810, et attaché au gouvernement de la Catalogne, il obtint l'autorisation de rentrer en France le 28 juin 1813, et le 2 novembre suivant il servit dans la 27e division militaire. Chevalier de Saint-Louis le 20 août 1814, il prit le commandement de l'arrondissement de Lorient le 31 du même mois. Nommé au commandement du département de l'Oise le 8 juin 1815, il obtint sa retraite le 9 septembre suivant. Il est mort le 2 décembre 1821. B-G.

CAILLOUX dit **POUGET**. *Voyez* POUGET (*François-René* CAILLOUX *dit*).

CAMAS. *Voyez* FILHIOL DE CAMAS.

CAPITAIN (MARIE-JOSEPH), naquit le 29 mars 1747 à Soissons (Aisne). Soldat dans la légion de l'Ile-de-France le 24 octobre 1766, il fit les campagnes de 1766 à 1775 aux colonies, eut la cuisse cassée d'un coup de feu le 3 août 1769 à Madagascar, et devint porte-drapeau le 30 décembre 1772. Rentré sur le continent, et nommé lieutenant de maréchaussée avec rang de capitaine de cavalerie le 20 février 1781, puis promu le 12 juin 1791 lieutenant-colonel commandant la gendarmerie nationale du département de l'Aisne, il fut employé à l'armée du Nord, comme prévôt-général, le 31 mars 1792. Il passa à l'armée du centre le 24 août suivant en qualité d'adjoint à l'état-major général de cette armée. Colonel de la légion du centre le 15 octobre, il prit, le 4 février 1793, le commandement du 5e régiment de cavalerie, qui se trouvait à Genève, et, le 8 mars suivant, celui du 3e de dragons, faisant alors partie de l'armée de Sambre-et-Meuse. Inspecteur des dépôts de dragons de l'armée du Nord le 13 brumaire an III, il fut nommé commandant d'armes des îles Sainte-Marguerite le 15 frimaire an V, des îles d'Hières le 22 floréal an VI, et enfin de la place de Mont-Louis le 27 vendémiaire an XII. Il reçut le 4 germinal suivant la décoration de la Légion-d'Honneur. Il continua d'exercer le commandement de la place de Mont-Louis jusqu'au moment de sa mort, qui eut lieu le 21 juillet 1806. B-S.

CASTELLA (PIERRE-FRANÇOIS-GILBERT), né le 1er août 1753 à Rabastens (Tarn), entra au service le 1er octobre 1773 comme garde dans la compagnie des gardes du corps du comte d'Artois, et passa en qualité de sous-lieutenant dans le régiment de la Guadeloupe le 1er avril 1776. Il fit les campagnes de 1777 à 1785 aux Indes-Occidentales, se distingua à l'affaire de Sainte-Lucie, après laquelle il obtint la commission de capitaine le 19 mars 1780, sur la demande du comte d'Estaing, et fut placé à la suite des troupes des colonies. Embarqué sur le vaisseau *le Zélé*, il prit part au combat naval livré par le comte de Grasse à l'amiral Hood. Capitaine-aide-major au régiment de la Guadeloupe le 26 janvier 1781, il obtint le brevet provisoire de major pour sa conduite distinguée au siège de Saint-Christophe. Le 1er avril 1785, à la réforme des aides-majors, il prit le commandement d'une compagnie de grenadiers, et servit à la Guadeloupe jusqu'au commencement de 1789. Major titulaire dans le régiment de la Martinique le 16 avril de la même année, il servit dans cette colonie jusqu'en 1792. Il se signala encore pendant la malheureuse et pénible campagne où l'insubordination des troupes de la garnison vint ajouter aux dangers de l'insurrection générale des hommes de couleur, et reçut le 5 octobre 1791 la croix de chevalier de Saint-Louis. Lieutenant-colonel au 110e régiment d'infanterie le 16 novembre 1792, il se réfugia aux États-Unis lors de la prise de la Martinique par les Anglais, et ne put rentrer en France qu'en l'an V. Après avoir long-temps et vainement sollicité de l'activité, il obtint le 3 prairial an VII d'être employé comme capitaine dans la 28e demi-brigade d'infanterie de ligne, en conservant son rang de chef de bataillon, et fit les campagnes de l'an VII à l'armée du Danube. Le 1er jour complémentaire suivant, il demanda sa retraite, mais le ministre de la guerre l'attacha comme chef de bataillon adjoint le 7 germinal an VIII à l'état-major général de l'armée d'Italie, avec laquelle il fit les campagnes des ans VIII et IX. Adjudant-général sur le champ de bataille par le général Suchet à l'affaire du pont du Var le 2 prairial an VIII, il remplit successivement les fonctions de chef d'état-major des 5e et 1re divisions de l'armée, fut ensuite chargé des approvisionnemens de siège à Mantoue, et se vit confirmé dans ce grade le 12 thermidor de la même année. Il se distingua aux deux passages du Mincio, à Pozzolo et à Mozambano, les 4 et 5 nivose an IX. Le 10 floréal suivant, le ministre de la guerre lui confia la liquidation des transports militaires de l'année courante. Autorisé à passer à la Martinique en qualité de général de brigade provisoire le 15 pluviose an X, il reçut l'ordre de se rendre à Brest pour s'y embarquer le 3 floréal, et arriva au Fort-de-France le 18 messidor de la même année. Confirmé dans son dernier grade le 27 frimaire an XI, il passa au département de la marine le 9 fructidor suivant, et commanda les troupes de la colonie depuis la reprise des hostilités jusqu'au 1er vendémiaire an XIII. Il avait été nommé membre de la Légion-d'Honneur le 4 germinal an XII. A son retour sur le continent, une décision du 16 pluviose an XIII le fit inscrire sur le tableau de l'état-major général de l'armée. Employé dans son grade à Mantoue le 4e jour complémentaire de cette dernière année, il fit les campagnes de l'an XIV à 1807 avec la grande armée, et servit à l'armée d'Italie pendant l'année 1809. Le 14 novembre 1811, il obtint un commandement dans la 18e division militaire, fut appelé à faire partie de la grande armée le 22 juillet 1812, reçut l'ordre de prendre le commandement de la place de Pillau au mois d'octobre, et devint officier de la Légion-d'Honneur le 19 novembre suivant. Jusqu'à la fin de décembre, cette forteresse, considérée comme prussienne, n'avait d'autre objet que de protéger la navigation du Frisch-Haaf. Sa garnison se composait de troupes prussiennes et françaises. A cette époque, les circonstances changèrent et aggravèrent la situation du commandant français. Un renfort de 450 Prussiens arriva dans la place, et les prétentions de leur commandant commencèrent à se manifester. Quelques jours après, le général Lagrange annonça l'évacuation de Kœnisgberg, en prévenant le général Castella qu'il ne devait plus compter sur les secours de cette ville, et l'invitait à s'adresser désormais à Dantzig. Au 10 janvier 1813, la garnison se composait de 800 Prussiens qui occupaient la citadelle et d'environ 1,500 Français dont 3 à 400 malades. Il n'y avait ni hôpitaux, ni médicamens; point de viande fraîche, ni boisson, ni bois de chauffage, etc. Les habitans, sans approvisionnemens et dans la plus profonde misère, étaient exaspérés contre les Français qu'ils considéraient comme les auteurs de leurs maux. La place était très resserrée par le blocus. Le général Castella, avec ses faibles ressources, devait suffire à la défense de la ville, de la citadelle et du fort du Nehrung. Il confia la ville à 500 marins venus de Moscou et de Courlande, et celle du Nehrung à 200 Polonais; le reste des Français et des Polonais, au nombre d'environ 400, était dans la citadelle, tant pour y faire le service conjointement avec les Prussiens que pour les surveiller. Le 6 février, un corps russe de 6 à 7,000 hommes se présenta sur les hauteurs du vieux Pillau et du Nehrung, somma le général Castella de remettre la place au roi de Prusse, et lui offrit une capitulation honorable pour la garnison française. De son côté, le lieutenant-colonel de Trescow, commandant les troupes prussiennes dans Pillau, déclara au général français qu'il ne le reconnaissait plus comme gouverneur de la forteresse de Pillau, qu'il ne voyait plus dans les Français que les ennemis de son prince, et qu'il allait les attaquer. Le général Castella, dans cette position critique, était plus que jamais dans l'impossibilité de s'emparer de la citadelle, puisqu'il avait à se défendre, au dehors contre les Russes, six fois plus nombreux que lui, et au dedans contre les Prussiens réunis aux habitans. Après avoir pris l'avis d'un conseil de défense, qui décida que toute résistance devenait impossible, il signa, le 7, une convention, et sortit le 8, de Pillau, avec ses troupes, qui se dirigèrent librement sur la rive gauche du Rhin. Mis en arrestation à son arrivée en France, par ordre de l'Empereur, le général Castella, ainsi que les membres du conseil de défense, furent traduits par-devant une commission d'enquête qui, dans un rapport du 16 juillet 1813, fit connaître la conduite honorable des inculpés et l'impossibilité où ils s'étaient trouvés d'agir autrement. Rendu à la liberté le 18 décembre suivant, le général Castella se retira dans sa famille, à Versailles, pour y soigner sa santé; mais lorsque les armées coalisées eurent envahi le territoire français, il s'empressa de solliciter sa mise en activité. L'Empereur accueillit favorablement sa demande, et lui confia le commandement du département du Pas-de-Calais le 2 mars 1814. Remis en non-activité par le gouvernement royal le 31 août suivant, il fut admis à la retraite le 24 décembre de la même année. Il est mort à Paris le 9 avril 1825. B-G.

CASTEX (BERTRAND-PIERRE, *baron*, puis *vicomte*), né le 29 juin 1771 à Pavie (Gers), entra le 15 juillet 1792 comme volontaire dans les chasseurs à cheval du Gers, devenus 24e régiment, et fut nommé le même jour au grade de maréchal-des-logis. Passé à l'armée des Pyrénées-Occidentales, il obtint les grades de sous-lieutenant le 18 août 1793, de lieutenant le 13 messidor an III, et fit en Italie les campagnes de l'an IV à l'an VII. Il remplit les fonctions d'aide-de-camp auprès du général Kilmaine pendant le siège de Mantoue, et retourna ensuite à son régiment, où il passa capitaine le 18 nivose an V. Envoyé en l'an VIII à l'armée d'observation des Pyrénées, qui entra en Espagne en l'an IX, il devint chef d'escadron le 1er nivose de cette dernière année, major du 20e régiment de chasseurs le 6 brumaire an XII, et membre de la Légion-d'Honneur le 4 germinal suivant. Il fit la guerre de 1806 en Prusse. A Iéna, il avait le commandement provisoire du 7e régiment de chasseurs à cheval, lequel, avec le 20e de même arme, composait la brigade du général Durosnel. Quand l'action se trouva engagée, l'Empereur ordonna au général Durosnel de faire charger le 1er régiment de sa brigade, en lui donnant pour direction un village situé derrière l'armée ennemie, où l'on croyait que se trouvait le roi de Prusse. Ce régiment devait pousser la charge à fond jusqu'au lieu désigné, étant soutenu par le 2e régiment de la brigade. Castex enfonça successivement les trois lignes qui couvraient le quartier-général ennemi, et parvint au village indiqué; mais les Prussiens venaient de l'évacuer. La rapidité de sa marche l'avait séparé de l'autre régiment chargé de le soutenir. Cependant l'ennemi avait refermé les trouées faites au milieu de lui, et désormais la retraite était impossible pour les Français. La canonnade se faisait entendre à la gauche de l'armée française; Castex, au lieu de retourner par le même chemin, conçut l'audacieuse pensée de tourner l'armée prussienne. Cette marche hardie derrière les lignes ennemies répandit la terreur et le désordre parmi les Prussiens, qui se croyaient pris à dos par l'armée française, et

Castex ramena sain et sauf le régiment que l'Empereur lui avait confié. *Je savais depuis long-temps,* dit Napoléon à Castex en s'approchant de lui, *que les chasseurs valaient mieux que les Saxons et les Prussiens; le 7e vient d'en donner une preuve. Vous êtes un brave; je vous nomme colonel.* Il reçut en effet le brevet de ce grade le 20 octobre 1806, et fut placé à la tête de son ancien régiment, le 20e, qui se fit remarquer à Eylau. Le 14 mai 1807, il reçut la décoration d'officier de la Légion-d'Honneur. C'est sur le champ de bataille de Friedland qu'il gagna celle de commandant, le 11 juillet suivant. Le 19 mars 1808, Napoléon lui conféra le titre de baron de l'Empire, avec dotation. Il était employé au camp de Boulogne, lorsqu'il fut appelé à prendre part à la campagne de 1809. Le 5 mai, il faisait l'avant-garde du 2e corps d'armée commandé par le général Oudinot. Aux environs d'Amstetten, il rencontra un régiment de hulans et un régiment de hussards autrichiens de 12 escadrons chacun, formés sur 4 lignes et en position sur un plateau. Ces 2 régiments étaient appuyés par un bataillon d'infanterie occupant un saillant du coteau, d'où il battait les ponts et le seul chemin qui pussent conduire les chasseurs à l'attaque. Castex s'ébranle à la tête de son 2e régiment : infanterie, hussards et hulans, tout est enfoncé, sabré ou pris. Ce brillant fait d'armes est cité dans le 6e bulletin de la grande armée, daté de Saint-Polten le 9 mai. A la bataille de Wagram, il enleva un carré d'infanterie. Cette dernière action lui mérita le 21 juillet le grade de général de brigade. Rentré en France après la paix de Vienne (14 octobre 1809), il fut employé dans la 5e division militaire, et chargé de l'inspection des troupes de cavalerie qui y étaient stationnées. Le 2 novembre 1811, il alla prendre le commandement d'une brigade de cavalerie à Munster, et quand la guerre de Russie commença, il marcha à la tête de l'avant-garde du 2e corps d'armée, commandé par le maréchal duc de Reggio. Ce corps d'armée avait pour mission d'observer vers Polotsk l'armée russe de Wittgenstein. Castex se fit particulièrement remarquer aux combats d'Ostrowno et de Polotsk, et reçut, le 27 novembre, un coup de baïonnette à la cuisse, lors du passage de la Bérésina. Pendant la retraite, le 2e corps rencontra l'Empereur : *Sire,* lui dit le duc de Reggio, *je vous présente le général Castex; il compte autant de succes que de combats.* Après le passage de la Bérésina, il soutint la retraite de l'armée depuis Borizow jusqu'à Wilna. Le 9 février 1813, il entra dans les grenadiers à cheval de la garde impériale comme major. Il assista aux grandes affaires qui eurent lieu sous les murs de Dresde, reçut un coup de sabre au genou droit à celle d'Altembourg, se retrouva sur le champ de bataille de Hanau, et fut promu général de division le 28 octobre. Envoyé au mois de décembre suivant à l'armée du Nord, sous les ordres du général Lefebvre-Desnoëttes, il passa peu de temps après dans le corps d'armée du général Maison, où il eut le commandement de 4,000 chevaux de la garde. Blessé d'un coup de feu à la poitrine devant Liége, dans une reconnaissance qu'il avait été chargé de faire pour découvrir la position du corps d'armée du maréchal duc de Trévise, il n'en continua pas moins à servir pendant toute la campagne de 1814. Mis en disponibilité sous la première Restauration, lors du licenciement de la garde impériale, il devint chevalier de Saint-Louis le 13 août 1814. Après le retour de Napoléon de l'île d'Elbe, Castex prit le 6 avril le commandement de la cavalerie du corps d'armée du Jura, aux ordres du général Lecourbe, qui tint en échec devant Béfort, avec 9,000 hommes seulement, dont moitié gardes nationales, un corps de 40,000 Autrichiens. Il fut puissamment secondé par le général Castex, dont la cavalerie se montra constamment digne de son chef. Rentré en non-activité le 1er août, Castex se retira dans sa propriété du Val-de-Villé. Il s'y trouvait encore, lorsque, le 3 septembre 1817, il se vit appelé au commandement provisoire de la 5e division militaire (Strasbourg), d'où il passa le 23 octobre suivant à celui de la 6e (Besançon), qu'il conserva jusqu'en 1823. Déjà, le 20 mai, le roi l'avait nommé grand-officier de la Légion-d'Honneur.

Il fit la campagne de 1823 à la tête d'une division de dragons, et le roi d'Espagne le décora de la grand'croix de Saint-Ferdinand le 4 novembre de la même année. Élu député par le grand collége du Bas-Rhin en 1824, il reçut de Charles X, en 1825, le titre de vicomte, le commandement de la 5e division militaire, et le 1er mai la croix de commandeur de Saint-Louis. Grand'croix de cet ordre le 3 novembre 1827, et dans le même mois président du grand collége de Strasbourg, il ne put à cette époque obtenir sa réélection. Remplacé dans son commandement après la révolution de Juillet, il entra au conseil général du Bas-Rhin en 1833. Il est mort à Strasbourg le 19 avril 1842. Son nom est inscrit sur l'arc-de-triomphe de l'Étoile, côté Ouest. B-S.

CATUS. *Voyez* BOUTIER DE CATUS.

CAVALIE (JEAN-BAPTISTE), né le 5 juillet 1768 à Verdun-sur-Garonne (Tarn-et-Garonne), entra au service comme soldat le 6 octobre 1784 dans le régiment de Barrois (91e d'infanterie). Nommé caporal le 13 octobre 1786, sergent le 26 octobre 1788, sergent-major le 14 novembre 1791, il fit les guerres de 1792 à l'an VIII aux armées des Alpes et d'Italie, et devint capitaine-adjudant-major le 22 septembre 1792 dans le 7e bataillon du Var, incorporé dans le 121e demi-brigade de bataille le 10 vendémiaire an III, amalgamée en l'an IV dans la 39e de ligne. Confirmé dans le grade de capitaine le 1er mai 1793, blessé d'un coup de feu au fort de la Chinsa le 28 germinal an V, il perdit l'œil gauche à l'affaire qui eut lieu en avant de Sainte-Marie dans les derniers jours de germinal an VII. Chef de bataillon sur le champ de bataille le 22 messidor suivant, il combattit à Novi le 28 thermidor de la même année, et y reçut un coup de feu. Rentré en France pour y soigner ses blessures, il tint garnison à Paris pendant les ans X et XI. Nommé major du 101e régiment

d'infanterie de ligne le 30 frimaire an XII, et membre de la Légion-d'Honneur le 4 germinal, il obtint sa retraite le 7 floréal de la même année. Il vivait retiré dans ses foyers lorsque, le 17 août 1822, le gouvernement de la Restauration le fit chevalier de Saint-Louis. Il est mort le 26 octobre 1823.
B-G.

CHABERT (FRANÇOIS-FÉLICITÉ ou FRANÇOIS-FÉLIX), né le 14 octobre 1764 à Allauch (Bouches-du-Rhône), s'engagea comme soldat dans le 18e régiment d'infanterie le 26 mai 1780 pour aller servir en Amérique sous les ordres du général Rochambeau. Il y fit les campagnes de 1780 à 1783, et, à son retour en France, il devint caporal le 17 septembre 1784. Ayant obtenu son congé le 14 décembre 1787, il reprit presque aussitôt du service, entra comme garde dans la connétablie le 20 janvier 1788, passa le 28 novembre suivant dans le guet à cheval, devenu gendarmerie nationale, et obtint le grade de brigadier le 1er septembre 1789. Il fit les campagnes de 1792 à l'an III à l'armée du Nord et à celle de la Vendée. Sous-lieutenant au 5e régiment de hussards le 22 février 1793, il rejoignit comme capitaine le 16e régiment de chasseurs à cheval le 10 mars suivant. Promu chef d'escadron le 23 nivose an III, il servit en l'an IV à l'armée de Sambre-et-Meuse, et y fit la campagne de l'an V. En l'an VI, il prit part aux opérations de l'armée de Batavie, et fit partie en l'an VII de l'expédition contre les insurgés du Brabant. Au commencement de l'an VIII, il était à l'armée de Hollande avec Brune, et à la fin de la même année à celle du Rhin, où il resta jusqu'à l'an IX inclusivement. Major du 7e régiment de chasseurs à cheval le 6 brumaire an XII, employé à l'armée des côtes de l'Océan en l'an XII et en l'an XIII, membre de la Légion-d'Honneur le 4 germinal an XII, il passa dans le 3e régiment de même arme, et servit à l'armée d'Italie de l'an XIV à 1806. A la formation des régimens de chevau-légers-lanciers, le major Chabert devint colonel du 5e régiment de cette arme (ex-10e dragons) le 14 octobre 1811, et c'est en cette qualité qu'il fit la campagne de Russie. Pendant la retraite de Moscou, il eut les mains gelées et perdit plusieurs phalanges des doigts; cependant il continua de servir en 1813, obtint la croix d'officier de la Légion-d'Honneur le 15 mai de cette année, et fit la campagne de France. Louis XVIII le nomma chevalier de Saint-Louis le 24 août 1814. Admis à la retraite le 1er mai 1815, comme maréchal-de-camp honoraire, par ordonnance royale du 11 avril 1816, il réside aujourd'hui à Versailles (Seine-et-Oise).

CHADELAS (JEAN-CHARLES), naquit le 20 juin 1744 à Alais (Gard). Soldat dans le régiment de Navarre-infanterie (5e) le 30 novembre 1760, caporal le 1er mai 1764, et sergent le 11 mai 1765, il parvint, le 16 juin 1776, au grade de lieutenant-quartier-maître dans le régiment de Neustrie (10e), fut nommé en 1787 secrétaire du conseil de la guerre, capitaine le 1er mars 1788, adjudant-général chef de bataillon le 26 octobre 1791, et le 8 mars 1793 adjudant-général chef de brigade. Il fit les deux premières campagnes de la Révolution comme chef d'état-major de l'armée du Rhin. Enfermé dans Mayence, le Comité de salut public ne le comprit pas dans le cadre de l'état-major général arrêté le 15 mai 1793. Retenu comme ôtage par le roi de Prusse, lors de la reddition de la place, il n'obtint sa liberté que le 15 frimaire an III. Admis à la retraite le 1er messidor an IV, et rappelé à l'activité le 18 pluviose an VIII, avec l'emploi de sous-inspecteur aux revues de 1re classe, il servit le 9 germinal suivant dans la 17e division militaire. Pendant l'interruption de son service, qui dura trois ans et demi, retiré à Soissons, il sut mériter l'estime et la confiance des habitans de cette ville, qui lui confièrent les fonctions de président de l'administration de ce canton. Au commencement de l'an X, le général Davout rappela au premier Consul les services de cet administrateur, ses talens, son zèle, sa moralité, sa fermeté, et la promesse qu'il lui avait faite de le placer dans sa garde. Cette recommandation eut tout le succès qu'on pouvait en attendre. Nommé inspecteur aux revues le 8 nivose, Chadelas passa, le 26 du même mois, en cette qualité, dans la garde consulaire. Membre de la Légion-d'Honneur le 4 germinal an XII, et chargé le 18 mars 1806 de l'inspection de la garde de Paris, il entra au conseil d'État comme maître des requêtes le 11 juin de la même année. Employé dans la 2e division militaire (Mézières) le 6 avril 1808, une attaque de paralysie le força de prendre sa retraite le 4 octobre 1813. Il est mort à Mézières le 30 du même mois.

CHAMBON (CLAUDE-GAUDERIQUE-JOSEPH-JÉROME), baron DE LIMORON, né le 30 octobre 1757 à Boulou (Pyrénées-Orientales), commença à servir le 18 mai 1793 en qualité d'agent des représentans du peuple en mission près l'armée des Pyrénées-Orientales. Par arrêté des représentans du peuple en mission auprès de l'armée des Alpes, en date des 13 et 27 septembre suivant, chargé de la levée de la première réquisition, avec autorisation de remplir les fonctions de commissaire des guerres, il fut, le 30 ventose an II, employé comme agent secondaire à l'armée des côtes de Brest. Commissaire des guerres provisoire le 20 prairial suivant, et titulaire de 1re classe le 21 nivose an III, il remplit les fonctions d'ordonnateur à l'armée expéditionnaire de Quiberon le 1er jour complémentaire de la même année, et servit dans les bureaux de la guerre pendant l'an IV et l'an V. Commissaire-ordonnateur en chef le 1er thermidor an VII, et ordonnateur en chef le 14 fructidor an XI dans la 26e division militaire, il reçut la décoration de la Légion-d'Honneur le 4 germinal an XII, et resta chargé du service administratif du camp de Bruges pendant les ans XII et XIII. Il fit les campagnes d'Autriche, de Prusse et de Pologne, de l'an XIV à 1807, avec le 3e corps de la grande armée, devint officier de la Légion-d'Honneur le 14 mai 1807, et chevalier de l'ordre de Saint-Henri de Saxe en 1808. Ordonnateur en chef à l'armée d'Allemagne pendant la campagne de 1809, il obtint la croix de commandant de la

Légion-d'Honneur le 23 juillet de cette année, et le titre de baron *de Limoron* le 15 août. Admis à la retraite le 20 septembre, et remis en activité dans son grade d'ordonnateur en chef le 16 octobre, l'Empereur l'employa en cette qualité à l'armée d'Allemagne pendant l'année 1810. Passé en 1811 au corps d'observation de l'Elbe, il obtint un congé d'un an pour rétablir sa santé le 12 mars 1812, mais il demeura employé à la liquidation des comptes de la grande armée pendant cette année. Nommé le 19 mars 1813 commissaire-ordonnateur en chef de la grande armée, et chargé des détails des divisions qui composaient le corps du Mein, il fit la campagne de 1814, et fut mis en non-activité après l'abdication de l'Empereur. Lorsque Napoléon revint de l'île d'Elbe, il l'attacha au ministère de la guerre par décision du 25 mars 1815, et le créa le 2 avril suivant membre de la commission chargée d'examiner les titres des officiers nommés par le gouvernement royal. Mis de nouveau en non-activité lors de la seconde rentrée des Bourbons, et admis à la retraite le 16 avril 1816, il rentra dans la vie privée. Il est mort à Paris le 26 septembre 1833.

CHANCEL (JEAN-HUGUES-THÉOPHILE), naquit le 12 janvier 1766 à Loriol (Drôme). Soldat le 19 janvier 1784 dans le 45e régiment d'infanterie (Orléans), congédié le 15 avril 1787, il entra comme sous-lieutenant le 11 octobre 1791 dans le 4e bataillon de la Drôme, incorporé dans la 57e demi-brigade de ligne. Capitaine le 10 février 1792, chef de bataillon le 7 ventose an II, il fit les guerres de 1792 à l'an V à l'armée d'Italie, et, le 16 nivose an V, prit un part glorieuse à la bataille de la Favorite. Peu de temps après, le général Victor, autorisé par le général en chef Bonaparte, lui offrit le grade de chef de brigade qu'il refusa, avec prière de le déférer à un de ses camarades. Employé aux armées d'Angleterre et de Mayence en l'an VI, à celle du Danube en l'an VII, du Rhin pendant les ans VIII et IX, il eut le bras gauche emporté par un boulet à la bataille de Mœskirch le 15 floréal an VIII, et passa le 4 thermidor an IX comme chef de brigade au commandement d'armes de la place de Huningue. Il reçut le 4 germinal an XII la décoration de la Légion-d'Honneur. Il conserva son commandement jusqu'au 28 août 1815, et soutint les deux sièges en 1814 et 1815. Louis XVIII, qui l'avait nommé chevalier de Saint-Louis le 1er novembre 1814, prononça son admission à la retraite le 9 septembre 1815, et le nomma le 9 août 1820 maréchal-de-camp honoraire. Il est mort à Blotzheim (Haut-Rhin), le 9 novembre 1834.

CHARBONNEL (JOSEPH-CLAUDE-JULES-MARIE, *comte*), naquit le 24 mars 1775 à Dijon (Côte-d'Or). Le 6 octobre 1792, il entra comme élève sous-lieutenant à l'École d'artillerie de Châlons, et en sortit le 22 mai 1793 avec le grade de lieutenant en second, pour servir dans la 6e compagnie d'ouvriers. Lieutenant en premier au 2e régiment d'artillerie à pied le 4 septembre suivant, il fit ses premières armes aux sièges de Lyon et de Toulon. Chargé, après la prise de cette dernière place, d'armer et de défendre les îles d'Hières, il s'acquitta avec succès de cette dernière mission; battit les Anglais qui cherchaient à le surprendre, les força de regagner le large, et devint capitaine le 6 ventose an II. Envoyé à l'armée des Alpes, il concourut en l'an III à l'attaque de Saorgio, et passa bientôt après à l'armée du Rhin, où il prit le commandement de la 3e division d'artillerie, et dirigea toutes les batteries au siège de Luxembourg. Employé à l'armée de Sambre-et-Meuse, il assista au siège d'Erenbrestein et au passage du Rhin, près de Neuwied. Attaché à l'armée expéditionnaire d'Égypte, il eut une part glorieuse à la prise de Malte et d'Alexandrie, se trouva aux affaires de Chebreiss et des Pyramides, et fut nommé chef de bataillon sur le champ de bataille le 3 thermidor an VI. Au retour à Salahieh, le général en chef lui confia le commandement de l'artillerie du Caire, et le chargea de mettre les bouches du Nil en état de défense. Atteint à Rosette d'une ophthalmie très intense, il s'embarqua pour rentrer en Europe. Pris dans la traversée par les Barbaresques de Tripoli, et conduit à Janina, il y recouvra la vue. Le fameux Ali lui fit vainement les propositions les plus avantageuses afin de le retenir auprès de lui. Cet officier supérieur le servit néanmoins dans deux expéditions contre le pacha de Delvino : c'est dans la dernière qu'il parvint à s'échapper en se jetant dans un bâtiment neutre qui le débarqua à Corfou. Là, n'ayant pu se soustraire à la surveillance de l'officier turc qui commandait l'île, reconnu, arrêté et conduit à Constantinople, il ne put regagner la France qu'après quatre mois de captivité.

Dans le mois de messidor an IX, le premier Consul le plaça comme chef d'escadron dans le 8e régiment d'artillerie à cheval. Chargé le 1er pluviose an X d'une partie de l'organisation du 1er régiment d'artillerie à pied, qui venait d'être licencié, il devint, le 3 prairial an XI, major de ce corps. Membre de la Légion-d'Honneur, colonel du 6e régiment d'artillerie à cheval, et officier de la Légion-d'Honneur les 4 germinal, 13 et 25 prairial an XII, l'Empereur l'employa au camp de Boulogne. Il fit comme chef d'état-major de son arme les guerres de la grande armée de l'an XIV à 1807 en Autriche, en Prusse et en Pologne, et se distingua à Iéna, au passage de l'Oder et à celui de la Vistule. Chargé dans le mois de décembre 1806 de jeter les ponts sur la Narew, il exécuta cette opération avec autant de bravoure que d'intelligence, malgré les glaces et la mitraille ennemie. Il se fit remarquer à Eylau et à Heilsberg, et alla prendre le commandement des batteries dirigées contre la place de Kœnigsberg. L'Empereur, satisfait de ses services, le nomma commandant de la Légion-d'Honneur le 7 juillet 1807, et lui conféra, l'année suivante, le titre de baron de l'Empire. Il se signala pendant la campagne de 1809 aux batailles de Tann, d'Eckmühl, d'Abensberg, de Ratisbonne et d'Essling. Cette dernière campagne lui valut le grade de général de brigade le 2 octobre. Après la conclusion de la paix, l'Empereur lui confia le soin de veiller à la délimitation de l'Autriche et de la Bavière. En 1810, il reçut l'ordre de se rendre en Espagne pour y prendre le commandement de l'artillerie du corps du maréchal Ney (6e). Il prit une part active et glorieuse aux sièges de Ciudad-Rodrigo et d'Almeida, aux affaires de la Sierra-d'Alcoba, de Coimbre, de Pombal, de Miranda de Corvo et de Bediccha. Dans cette dernière rencontre, où le 6e corps eut à soutenir le choc de l'armée ennemie, il dirigea ses batteries avec un courage et une habileté qui lui méritèrent les éloges les plus flatteurs du maréchal. Il donna de nouvelles preuves de ses talens aux journées de Fos de Arons, de Sabogal et de Fuentes de Oñoro.

Rappelé en France au commencement de 1812, l'Empereur le nomma chef d'état-major général de l'artillerie de la grande armée. Il réunit sur le Niémen le matériel nécessaire à l'organisation des parcs de tous les corps d'armée, assista au combat de Witepsk, au passage du Dnieper et à la bataille de la Moskowa, où son artillerie se couvrit de gloire. Son courage et sa fermeté ne se démentirent pas pendant la désastreuse retraite de l'armée. Il parvint à jeter dans Dantzig les bouches à feu nécessaires à la défense de cette place, et fit entrer dans les villes fortifiées de l'Oder le personnel d'artillerie indispensable à leur service. Le 9 janvier 1813, il devint général de division. Attaché au corps du maréchal Ney, il combattit à Weissenfeld, Lutzen et à Bautzen. Après la rupture de l'armitice de Pilnitz, Napoléon lui confia le commandement de plusieurs colonnes chargées d'agir de concert avec l'armée de Silésie. Il se signala sur la Bober, à Gorlitz et aux journées de Leipzig, et fut nommé comte de l'Empire.

Pendant la campagne de France, il rendit d'utiles services aux affaires de La Chaussée, d'Arcis-sur-Aube, de Montereau, de la Ferté-sous-Jouarre et de Nogent. Louis XVIII, lors de sa rentrée en France, accueillit le général Charbonnel, lui donna la croix de Saint-Louis le 19 juillet 1814, le fit inspecteur-général d'artillerie, grand-officier de la Légion-d'Honneur le 17 janvier 1815, président de la commission d'armement des places du royaume, et enfin grand'croix de la Légion-d'Honneur le 20 août 1824. Charles X l'appela, en 1828, au comité consultatif de son arme. Le gouvernement de Juillet 1830 le maintint dans cette position et lui confia l'inspection d'un arrondissement d'artillerie. Placé dans le cadre de réserve depuis le 25 mars 1840, il a été élevé à la pairie le 23 décembre 1841. Son nom figure sur le côté Ouest de l'arc-de-triomphe de l'Étoile.

CHARRAS (JOSEPH, baron), naquit le 12 mars 1769 à Montauban (Drôme). Volontaire dans le 1er bataillon de Nyons le 4 vendémiaire an II, et le même jour proclamé capitaine par ses camarades, il suivit à l'armée d'Italie son bataillon, incorporé le 18 germinal an IV dans la 4e demi-brigade d'infanterie légère, et fit avec lui les campagnes d'Italie. Il fut blessé d'un coup de feu à la cuisse gauche le 23 nivose an V à la bataille de la Corona. Parti avec l'armée d'Orient, il fit les campagnes de l'an VI à l'an IX en Égypte et en Syrie, et reçut un coup de feu au téton droit, le 3 thermidor an VI,

à la bataille des Pyramides. Sa conduite aux affaires des 22 et 30 ventose an IX, près de l'ancienne Canope, lui valut le grade de chef de bataillon, que lui conféra provisoirement le général en chef Menou le 8 germinal suivant. Après sa rentrée en France, un arrêté du 6 frimaire an XI le confirma dans son grade et l'attacha à la 4e demi-brigade légère. Major du 6e régiment d'infanterie légère le 30 frimaire an XII, il obtint la décoration de la Légion-d'Honneur le 4 germinal suivant. En 1809, il était à l'armée de la Tête-de-Flandre. Il passa en 1811 à celle de Naples, où il fut nommé colonel en second, et mis à la suite du 6e léger le 4 août de cette année. Appelé le 7 septembre suivant au commandement du 22e régiment d'infanterie légère, il servit en 1812 au corps d'observation de l'Italie méridionale, et à la grande armée en 1813 en Saxe. L'Empereur lui donna la croix d'officier de la Légion-d'Honneur le 4 mai de cette dernière année, le fit baron de l'Empire et général de brigade le 5 octobre 1813, et l'employa au 11e corps de la grande armée, où il tomba au pouvoir de l'ennemi le 19 du même mois. Rentré sur parole en mars 1814, il resta en non-activité jusqu'au 23 avril 1815, époque où l'Empereur, de retour de l'île d'Elbe, lui donna le commandement d'une brigade dans le 8e corps d'observation. Replacé dans sa position de non-activité le 31 juillet, il obtint sa retraite le 1er janvier 1825. Placé en 1830 dans le cadre de réserve créé par l'ordonnance du 15 novembre de cette année, il rentra dans sa position de retraite le 30 avril 1832. Il est mort le 3 décembre 1839. B-G.

CHARRIÈRE (LOUIS, baron), naquit le 3 février 1765 à Bourg-Saint-Andéol (Ardèche). Soldat le 10 octobre 1782 dans le 19e régiment d'infanterie, il y devint caporal le 1er septembre 1785, sergent le 18 août 1790, sergent-major le 1er mai 1792, adjudant sous-officier le 9 de ce mois, et sous-lieutenant le 1er août suivant. Il fit à l'armée d'Italie les campagnes de 1792 à l'an VI, fut employé comme adjoint à l'adjudant-général Vicosele 1er prairial an II, et passa lieutenant au choix le 24 germinal an III dans la 165e demi-brigade, dans laquelle le 91e régiment (depuis 45e), avait été incorporé. Il reçut un coup de feu à l'attaque des redoutes de Saint-Bernard, près de Correggio, le 2 frimaire an IV. Employé à l'état-major général de l'armée d'Italie le 15 ventose an IV, il obtint le grade de capitaine le 25 vendémiaire an V, conformément aux dispositions de la loi du 14 germinal an III, et celui de chef de bataillon, par brevet du général en chef Bonaparte, en date du 15 brumaire an V, et passa adjoint à l'adjudant-général Jomard le 26 brumaire an VI. De l'an VII à l'an IX, il servit aux armées d'Angleterre, d'Italie et des Grisons, et rentra, le 13 vendémiaire an IX, par ordre du premier Consul, dans la 45e demi-brigade, à laquelle il appartenait. En l'an X, il était à l'armée d'Helvétie, à celle de Hanovre en l'an XI, et à celle des côtes de l'Océan en l'an XII. Major du 48e régiment d'infanterie de ligne le 30 frimaire an XII, membre de la Légion-d'Honneur le 4 germinal suivant, et employé à Anvers jusqu'en 1807, il reçut la croix d'officier de la Légion-d'Honneur le 1er juin de cette année, passa, en 1808, à la grande armée, fut nommé colonel du 57e d'infanterie de ligne le 28 mars, commanda ce régiment pendant la campagne de 1809 en Allemagne, et se fit remarquer le 19 avril à la bataille de Tann. A Flessing, le 3 mai suivant, le 57e de ligne, conduit par son brave colonel, justifia pleinement le surnom de *Terrible* qu'il avait reçu quelques années auparavant. Seul, il aborda et défit successivement 6 régimens autrichiens. Trois jours après cette brillante affaire, l'Empereur, passant la revue du corps d'armée du maréchal Davout, dont le 57e faisait partie, accorda à ce régiment quarante décorations de la Légion-d'Honneur, et à son colonel le titre de baron de l'Empire, avec une dotation de 4,000 francs de rente. Le 22 mai, à la bataille d'Essling, il fut atteint de plusieurs balles qui mirent son habit en lambeaux. Il se trouva à la bataille de Wagram, le 6 juillet suivant, et y reçut une forte contusion, ayant été jeté sur un peloton de troupes par son cheval frappé d'une balle à la tête. Il fit la campagne de 1812 en Russie. Le 7 septembre, à la Moskowa, le 57e reçut l'ordre d'enlever une grande redoute à laquelle s'appuyait la gauche des Russes. Il se mit sur-le-champ en mouvement. Arrivé au débouché d'un bois, le colonel Charrière se retourne, et crie à ses soldats : *A la redoute!* Aussitôt les bataillons s'élancent au pas de charge, la baïonnette en avant. En moins d'une heure, la redoute est enlevée, malgré la résistance opiniâtre des Russes, dont on fait un affreux carnage. Le général Barasclin fit avancer la 18e division de l'armée russe pour reprendre la redoute. L'ennemi combla le fossé de ses morts et de ses blessés, et le 57e demeura maître de la position. Le colonel eut un cheval tué sous lui. Dans l'après-midi du même jour, et après la défaite des Russes, Napoléon, visitant le champ de bataille, questionna le colonel sur la prise de la redoute, et le nomma général de brigade par décret du 21 du même mois. En 1813, il obtint le 8 juin la décoration de la Couronne-de-Fer, et le 10 août la croix de commandant de la Légion-d'Honneur pour sa conduite à la bataille de Lutzen, et sur la demande expresse du général Lauriston, sous les ordres duquel il se trouvait alors. Il prit part à toutes les affaires qui eurent lieu pendant cette campagne, et eut un cheval tué sous lui le 30 août, au passage de Buntzlau. En 1814, il servit à Flessingue, et après l'abdication de l'empereur Napoléon, on le mit en non-activité; on le fit chevalier de Saint-Louis le 5 septembre 1814, et on l'admit à la retraite le 8 février 1815. L'Empereur, à son retour de l'île d'Elbe, lui confia le commandement supérieur de la place de Calais. Il exerça ces fonctions jusqu'au 20 juillet suivant, époque à laquelle il rentra dans la position de retraite. Rappelé à l'activité, et placé, le 22 mars 1831, dans le cadre de réserve de l'état-major général, il a été réadmis à la retraite le 1er mai 1832. Il réside en ce moment à Viviers (Ardèche). B-G.

CHASSERAUX (THOMAS-JEAN, *baron*), né le 7 novembre 1763 à Bains (Ille-et-Vilaine), entra au service le 23 octobre 1791 comme capitaine dans le 1er bataillon de volontaires du Finistère, incorporé dans la 66e demi-brigade de ligne, devenue 63e régiment en l'an XII. Il fit les guerres de 1792 à l'an V à l'armée du Nord, et celles de l'an VI à l'an IX à l'armée du Rhin, où il devint chef de bataillon provisoire le 25 vendémiaire an VIII. Confirmé le 1er thermidor suivant, il passa à l'armée de l'Ouest en l'an X. Attaché au 50e régiment de ligne le 6 vendémiaire an XII, il fut nommé, le 30 frimaire, major du 32e, et membre de la Légion-d'Honneur le 4 germinal même année. Le 16 mai 1806, l'Empereur lui confia le commandement du 40e régiment, avec lequel il fit les campagnes de la grande armée de 1806 et 1807. Blessé d'un coup de feu à la main gauche à la bataille d'Iéna, le 14 octobre 1806, il reçut la croix d'officier de la Légion-d'Honneur le 14 mai 1807. L'Empereur l'envoya en Espagne en 1808, lui accorda le titre de baron de l'Empire le 15 août, et le nomma commandant de la Légion-d'Honneur le 17 décembre suivant. Le maréchal Mortier le recommanda particulièrement à Napoléon pour sa brillante conduite à la bataille d'Ocaña, le 22 décembre 1809, pendant laquelle il eut l'épaule droite atteinte d'un coup de feu. Général de brigade le 6 août 1811, et employé avec ce grade dans le Midi de l'Espagne, l'Empereur le chargea, le 22 février suivant, du commandement des troupes de différentes armes réunies sur les frontières de la péninsule. Rentré en France par autorisation le mois d'octobre suivant, il servit, à partir du 22 janvier 1813, au corps d'observation du Rhin, obtint, le 4 mai, le commandement de la place de Weissenfeld, et le 26 septembre celui de Mersbourg. Mis en disponibilité le 2 octobre, Napoléon lui confia, le 17 janvier 1814, le commandement du département du Loiret, et le chargea, le 8 mars suivant, de réorganiser la levée en masse de ce département. Louis XVIII lui donna, le 16 août 1814, la décoration de Saint-Louis, et le maintint dans son commandement du département du Loiret le 22 janvier 1815. Mis en disponibilité le 25 mars suivant, placé au traitement de non-activité le 1er janvier 1816, et compris comme disponible dans le cadre de l'état-major général de l'armée, conformément à l'ordonnance du 30 décembre 1818, il fut admis à la retraite le 1er décembre 1824. Il est mort à Paris le 5 octobre 1840.

CHASTEL (AMÉ-PIERRE, *baron*), né le 29 avril 1774 à Veigy, près de Carouge (Savoie), entra au service comme lieutenant dans la cavalerie de la légion Allobroge le 13 août 1792, et fit la campagne de cette année à l'armée des Alpes, et celle de 1793 à l'armée d'Italie et au siége de Toulon. Capitaine le 6 pluviose an II, et incorporé dans le 15e régiment de dragons le 17 du même mois, il servit à l'armée des Pyrénées-Orientales pendant les ans II et III. Mis hors cadre par suite d'une nouvelle organisation le 22 ventose an IV, il fut bientôt rappelé à l'activité, placé à la suite du 15e régiment de dragons le 7 thermidor de la même année, et dirigé aussitôt sur l'armée d'Italie. Le 26 ventose an V, à l'affaire du Tagliamento, il reçut un coup de sabre sur la tête, et obtint le grade de capitaine le 21 messidor suivant. Passé en l'an VI à l'armée d'Helvétie, il s'embarqua au mois de floréal de cette même année pour l'armée expéditionnaire d'Orient, et fit en Égypte et en Syrie les campagnes de l'an VI à l'an IX. Rentré en France après la convention d'Alexandrie, promu chef d'escadron le 13 pluviose an X, et employé en l'an XII au camp de Compiègne, il passa le 6 brumaire, avec le grade de major, au 24ᵉ régiment de dragons, qui se trouvait à Lodi, et reçut la décoration de la Légion-d'Honneur le 4 germinal de la même année. Il fit la campagne de l'an XIV à la grande armée, se distingua particulièrement à la bataille d'Austerlitz, et entra dans les grenadiers à cheval de la garde impériale comme major en second le 27 frimaire an XIV. C'est en cette qualité qu'il fit les guerres de Prusse et de Pologne en 1806 et 1807. Colonel le 16 février 1807, et maintenu dans son emploi de major des grenadiers à cheval de la garde, il devint baron de l'Empire le 17 mars 1808, passa à l'armée d'Espagne, se signala à la bataille livrée sous les murs de Burgos, et reçut la croix d'officier de la Légion-d'Honneur le 29 octobre de la même année. Il suivit en 1809 la grande armée en Allemagne, et retourna, en 1811, en Espagne, où il fut nommé général de brigade le 11 août de cette même année, en conservant toujours ses fonctions dans la garde. Général de division le 26 avril 1812, il commanda alors la 3ᵉ division de cavalerie légère du 3ᵉ corps de réserve de la grande armée de Russie. A la bataille de la Moskowa, il exécuta de belles charges, et porta le désordre et la mort dans les rangs du corps russe du général Doktorow. Après la retraite de Moscou, et lors de la réorganisation de l'armée, il prit le 15 février 1813 le commandement de la 3ᵉ division de cavalerie légère du 1ᵉʳ corps de la grande armée, avec laquelle il fit la campagne de Saxe, et fut nommé commandant de la Légion-d'Honneur le 13 septembre. Disponible au mois de février 1814, l'Empereur lui confia, le 28 mars suivant, le commandement supérieur de toute la cavalerie qui se trouvait entre Meaux et Paris. Il concourut de tout son pouvoir à la défense de cette dernière ville. Placé en non-activité au retour des Bourbons, il devint chevalier de Saint-Louis le 20 août 1814. L'Empereur, à son retour de l'île d'Elbe, lui donna le 31 mars 1815 le commandement de la 10ᵉ division de 2ᵉ corps de la réserve de cavalerie de l'armée du Nord. Après les désastres du Mont-Saint-Jean, il rentra dans la position de non-activité. Compris comme disponible dans le cadre d'organisation de l'état-major général de l'armée le 30 décembre 1818, il obtint sa retraite à dater du 1ᵉʳ janvier 1825. Il est mort à Genève le 18 octobre 1826. Son nom figure sur la partie Ouest de l'arc-de-triomphe de l'Étoile. B-G.

CHATAGNIER ET NON **CHATAGNER** (ANTOINE), naquit le 17 juin 1772 à Châlons (Saône-et-Loire). Les suffrages unanimes de ses concitoyens le proclamèrent chef du 4ᵉ bataillon de Saône-et-Loire le 14 avril 1792. Il fit toutes les campagnes de la Révolution jusqu'à l'an VIII à l'armée d'Italie, et mérita par son intrépidité le grade de chef de brigade de la 6ᵉ légère le 7 messidor an III. Blessé le 2 vendémiaire an V devant Mantoue, il le fut de nouveau d'un coup de feu au combat de la Trebia, le 1ᵉʳ messidor an VII, et d'une manière assez grave pour qu'il lui fût impossible de continuer un service actif aux armées. Il dut se résoudre à entrer dans l'état-major des places, et y reçut le commandement d'armes de la place de Valenciennes en l'an VIII. Les souffrances qu'il éprouvait sous le ciel brumeux du Nord lui firent solliciter son changement. Il passa au commandement des îles d'Hières le 7 vendémiaire an XII, et le 4 germinal suivant le premier Consul lui accorda la décoration de la Légion-d'Honneur. Cependant sa santé ne se rétablit pas, et il mourut le 18 fructidor de la même année. B-G.

CHAUVEL (PIERRE-ALEXANDRE-FRANÇOIS, baron), naquit le 23 décembre 1766 à Honfleur (Calvados). Soldat le 14 juillet 1781 dans le 1ᵉʳ bataillon du régiment de Lorraine-infanterie (47ᵉ), incorporé plus tard dans la 49ᵉ demi-brigade de ligne, il devint caporal, sergent, fourrier et sergent-major de grenadiers les 1ᵉʳ septembre 1783, 15 et 19 avril 1787, et 1ᵉʳ janvier 1791. Il fit la campagne de 1792 à l'armée du centre (Champagne). Sous-lieutenant le 19 avril 1793, il parvint aux grades de lieutenant de grenadiers, de capitaine et de chef de bataillon les 27, 28 pluviose et 28 messidor an II. Il fit, dans ce dernier grade, les guerres de l'an II à l'an VI aux armées de la Moselle et de Sambre-et-Meuse. Le 24 prairial an II, il reçut un coup de feu au bras droit, au combat de Grand-Rhin. Le 14 messidor an IV, il passe le Rhin à Saint-Sébastien, près de Coblentz, à la tête de 3 compagnies de grenadiers, culbute plusieurs bataillons autrichiens, prend une redoute, 2 pièces de canon, 15 voitures attelées de 4 chevaux chacune, et surprend le général Frinck, qui n'eut que le temps de se sauver en chemise ; il ramena 80 prisonniers. Chauvel se fit de nouveau remarquer à la bataille de Wurtzbourg le 18 fructidor suivant, mais il tomba au pouvoir de l'ennemi. Rendu à la liberté le 6 nivose an V, il rejoignit son régiment sur le Rhin, et passa ensuite à l'armée gallo-batave, où il servit de l'an VII à l'an IX. Le 3ᵉ jour complémentaire an VII, à la bataille de Berghen, il eut un cheval tué sous lui, et fut honorablement cité dans un rapport du général Barbou au ministre de la guerre. Il était à la tête d'un des bataillons qui écrasèrent la colonne russe aux ordres du général Hermann, et il contribua à la prise de cet officier, de 4 pièces de canon et de 3 drapeaux. A la bataille de Castricum, le 14 vendémiaire an VIII, il fit prisonnier un officier anglais avec lequel il avait combattu corps à corps. A la bataille de Nuremberg, le 27 frimaire an IX, il reçut un coup de feu à la tête. Cette blessure ne l'empêcha pas de reconnaître pendant trois fois la position de l'ennemi ; il venait d'être pris par un parti de Valaques, lorsqu'il s'écria : *A moi la 49ᵉ !* Plusieurs braves du son bataillon, accourus à la voix de leur chef, se précipitèrent sur les assaillans, et, guidés par lui, les culbutèrent et s'emparèrent de leurs positions. Il fit la campagne de la fin de l'an X à l'armée dite *d'expédition d'Angleterre*, et servit en l'an XI et en l'an XII au camp de Brest. Major du 64e le 30 frimaire an XII, il obtint le 4 germinal suivant la décoration de la Légion-d'Honneur. A la bataille d'Austerlitz, il eut un cheval tué sous lui, et nommé colonel le 30 de ce mois, il conserva le commandement de son corps. Il le conduisit pendant les campagnes de 1806 et 1807 en Prusse et en Pologne, aux batailles d'Iéna et de Friedland. Officier de la Légion-d'Honneur le 14 mai 1807, il passa à l'armée d'Espagne à la fin de 1808 et gagna au siége de Saragosse le grade de général de brigade, dont il fut pourvu le 10 mai 1809, et le titre de baron de l'Empire. Il se trouva au passage du Tage, près de Talaveira, à la bataille d'Ocaña, aux combats de la Bienvenida et de Villagarcia, et reçut le 17 décembre 1809 la croix de commandant de la Légion-d'Honneur.

Rentré en France le 25 décembre 1810, mis en disponibilité le 29 juillet 1811, attaché à la 20e division militaire le 10 août, le gouvernement l'envoya à l'armée de Portugal le 5 mai 1812. Il y servit jusqu'au 10 août 1813, époque à laquelle il obtint un congé pour rétablir sa santé. Le 19 octobre de la même année, l'Empereur lui confia le commandement du département de la Haute-Marne, que les Bourbons lui conservèrent; ils lui donnèrent la croix de Saint-Louis le 5 novembre 1814. Il cessa ses fonctions le 8 août 1815, et fut admis à la retraite le 18 octobre suivant. Placé le 22 mars 1831 dans le cadre de réserve, et réadmis à la retraite le 1er mars 1832, il est mort le 17 juin 1838 à Darvoy (Loiret). On s'étonne que le nom de cet officier-général, qui n'a jamais cessé de servir depuis 1781, qui a reçu cinq blessures, a assisté à 125 batailles ou combats et à 4 siéges, ne figure pas sur l'arc-de-triomphe de l'Étoile. B-S.

CHEMINEAU (JEAN, *baron*), né le 26 avril 1771 à Angoulême (Charente), entra le 25 septembre 1791 en qualité de sergent-major dans le 4e bataillon de la Gironde. Sous-lieutenant le 11 juillet 1792, il devint lieutenant-quartier-maître le 22 vendémiaire an II, fit les campagnes de 1792, 1793 et an II à l'armée du Nord, et reçut un coup de feu au téton gauche le 8 septembre 1793, à Hondschoote. Capitaine au même corps le 28 germinal an II, il servit aux armées du Rhin, de l'Ouest et d'Italie jusqu'à l'an X inclusivement. Il rendit des services signalés au combat du pont du Var, et obtint, le 10 prairial an VIII, le grade de chef de bataillon, qui lui avait été conféré sur le champ de bataille, et qui lui fut confirmé par le gouvernement le 6 frimaire an X. De l'an XI à l'an XIII, il fit partie de l'armée des côtes de l'Océan. Major du 61e régiment d'infanterie de ligne le 30 frimaire an XII, membre de la Légion-d'Honneur le 4 germinal suivant, il fit les campagnes de l'an XIV en Autriche, et celles de 1806 et 1807 en Prusse et en Pologne, avec la grande armée. Employé en 1807 au siége de Dantzig, et chargé de poursuivre l'ennemi, qui se retirait en fuyant vers Pillau, il fit mettre bas les armes à 800 hommes et s'empara de 3 pièces de canon;

il avait eu un cheval tué sous lui. Le 1er juin, il fut nommé officier de la Légion-d'Honneur. A la bataille de Friedland, le 14 du même mois, le général Coehorn ayant été blessé dès le commencement de l'affaire, le major Chemineau prit le commandement de la brigade de grenadiers de ce général, composée des compagnies d'élite des 6e et 61e régimens d'infanterie de ligne. Cette brigade soutint vaillamment les efforts des Russes pendant toute l'action, et prit une grande part aux succès de la journée. Cet officier supérieur en conserva le commandement provisoire jusqu'au 28 juin, date de sa nomination au grade de colonel du 76e régiment de ligne. Créé baron le 19 mars 1808, il fit les campagnes de cette époque à 1812 en Portugal. Élevé au grade de général de brigade le 22 juin 1811, il prit le commandement d'une des brigades de la division du général Foy à l'armée de Portugal. Après la malheureuse journée des Arapiles, l'armée de Portugal s'étant concentrée à Alba de Tormès, commença son mouvement de retraite vers Peñaranda. Le général Chemineau commandait alors l'arrière-garde de l'armée. L'avant-garde anglo-portugaise l'attaqua et enfonça un de ses carrés. Un autre carré, formé par le 2e bataillon du 69e régiment, et au milieu duquel se trouvait le général Chemineau, arrêta le choc de la cavalerie anglaise. Un feu nourri et bien dirigé couvrit en un instant les quatre faces du carré de cadavres ennemis. Protégé par cette espèce de rempart, le carré tint bon et donna le temps au général Foy d'amener des renforts sur ce point et d'arrêter les progrès de l'ennemi. L'armée de Portugal ayant repris l'offensive au mois d'octobre 1812, celle des Anglo-Portugais et Espagnols se vit obligée de battre en retraite à son tour. La division Foy se présenta, le 25 du même mois, devant la place de Palencia. A la première sommation qui lui fut faite, la garnison anglo-espagnole, qui occupait cette ville, répondit qu'elle ouvrirait ses portes si le général Foy se présentait lui-même; celui-ci envoya un de ses aides-de-camp précédé d'un trompette; mais le parlementaire fut accueilli par une décharge de mousqueterie à bout portant. Le général Foy, justement indigné de cette perfidie, donna l'ordre au général Chemineau d'attaquer Palencia. Cet officier-général se précipita à la tête des sapeurs du 69e régiment, fit rompre à coups de hache les portes barricadées, pénétra dans la ville, et en poussant l'ennemi l'épée dans les reins, arriva rapidement au pont du Carrion, l'emporta de vive force, et se saisit des barils de poudre qui étaient disposés pour le faire sauter. Employé à la grande armée en 1813, le général Chemineau commandait la 1re brigade de la division Souham ; il se distingua, le 27 avril, au combat de Weissenfelds, et fut cité honorablement à cette occasion. Le 2 mai suivant, il se couvrit de gloire à la bataille de Lutzen. Chargé de la défense de Kaïa, il résista à tous les efforts de l'ennemi et donna le temps à toute l'armée d'arriver en ligne. Atteint d'une balle qui lui traversa la nuque, il ne cessa point de combattre et eut 2 chevaux tués sous lui; mais ayant eu la jambe droite fracassée, il se vit obligé de quitter enfin le champ de bataille et de se rendre à l'ambulance, où il subit l'amputation. L'Empereur le nomma général de division le 31 juillet suivant, le créa commandant de la Légion-d'Honneur le 10 août, et lui confia le commandement de la place de Strasbourg le 25 novembre de la même année. Après l'abdication de l'Empereur, Louis XVIII le nomma commandant du département de la Vienne le 20 mai 1814, et le fit chevalier de Saint-Louis le 27 octobre suivant. Admis à la retraite le 15 novembre 1815, le général Chemineau a été compris, après la révolution de 1830, dans le cadre de réserve le 7 février 1831, et réadmis à la retraite le 15 avril 1832. Il réside en ce moment à Poitiers (Vienne).

CHIGNY. *Voyez* CHIGNY.

CHRISTOPHE (NICOLAS-FRANÇOIS, *baron*), né le 23 septembre 1770 à Nanci (Meurthe), entra comme sous-lieutenant dans le 2e régiment de hussards le 29 juillet 1792, fit la campagne de cette année à l'armée de la Moselle, et passa capitaine dans le 1er régiment de même arme le 1er mars 1793. Il fit la guerre de 1793 à l'an VII aux armées de l'Ouest, du Nord, du Rhin et d'Helvétie. Chef d'escadron à la suite du 7e régiment de dragons le 4 brumaire an VIII, et fait titulaire de son grade le 29 du même mois, il servit aux armées d'Italie et de Naples de l'an VIII à l'an XI, et obtint le 6 brumaire an XII le grade de major dans le 24e régiment de chasseurs à cheval, et le 4 germinal même année la décoration de la Légion-d'Honneur. Employé aux armées d'Italie et de Dalmatie en l'an XIV et 1806, et nommé le 2 février 1807 colonel à la suite du 24e de chasseurs, l'Empereur lui confia, le 22 mars suivant, le commandement du 25e régiment de cette arme. Officier de la Légion-d'Honneur le 22 août 1812, il fit l'expédition de Russie, et se couvrit de gloire à la bataille de la Moskowa, le 7 septembre, en menant trois fois son régiment à la charge sur les batteries ennemies : il reçut dans cette affaire un coup de feu qui lui traversa la cuisse gauche. Rentré au dépôt de son régiment le 6 février 1813, promu, le 25 mars, général de brigade, il fut admis à la retraite le 17 mai suivant. Remis en activité le 13 janvier 1814, et attaché comme membre du conseil d'administration au dépôt général de cavalerie à Versailles, il conserva cet emploi jusqu'au 24 décembre même année, époque à laquelle il reprit sa position de retraite. Le roi l'avait nommé chevalier de Saint-Louis le 20 août. L'Empereur lui avait conféré le titre de baron de l'Empire, avec dotation. Il est mort à Versailles (Seine-et-Oise), le 14 août 1839. B-S.

CHRISTOPHE (PHILIPPE), *baron* DE LA MOTTE-GUERY, frère du précédent, naquit le 11 février 1769 à Nanci (Meurthe). Depuis le 2 septembre 1792 jusqu'au 8 janvier 1793, il servit comme aide-de-camp à l'armée du Rhin. Lieutenant au 9e régiment de hussards (plus tard 8e) le 9 janvier suivant, il devint capitaine et chef d'escadron le 8 juillet de la même année et le 18 floréal an II. Il fit à la même armée les campagnes de l'an II à l'an V. Le 2 floréal an V, au second passage du Rhin, il exécuta, à la tête de 200 hussards, une brillante charge contre les cuirassiers autrichiens d'Anspach, s'empara d'une colonne d'équipages, de plusieurs chevaux de main, et des bagages du général Klinglin. Passé au 12e régiment de cavalerie le 12 fructidor an VII, il suivit son corps aux armées du Danube et du Rhin, de l'an VII à l'an IX. Il se fit remarquer dans les journées des 10 et 11 frimaire an IX, et, le 12, à la bataille de Hohenlinden : il parvint, pendant le fort de l'action, à dégager un régiment de chasseurs poursuivi par la cavalerie ennemie, et enveloppa un régiment de dragons autrichiens, dont 150 furent tués ou pris. Après la paix de Lunéville, le 12e régiment de cavalerie, devenu 12e de cuirassiers, tint garnison à Metz. C'est dans cette ville que le commandant Christophe reçut, sous la date du 6 frimaire an XII, le brevet de major, et celui de membre de la Légion-d'Honneur le 4 germinal suivant. Il fit avec ce grade les guerres de l'an XIV, 1806 et 1807 à la grande armée. Appelé à l'armée d'Espagne, et nommé colonel en second le 31 mars 1808, il commandait la cavalerie d'avant-garde de l'armée lorsqu'il fut fait prisonnier à Baylen par les insurgés espagnols, et conduit sur le ponton *la Vieille-Castille*, stationné dans la rade de Cadix. C'est à lui que les prisonniers français durent leur évasion de cette prison flottante, entreprise qu'il dirigea avec autant de courage que d'habileté. La prise de Matagorda vint lui en fournir l'occasion. Par suite de l'occupation de ce fort, nos avant-postes et nos batteries se rapprochèrent de Cadix, et pouvaient au besoin porter secours aux pontons qui parviendraient à s'échapper. Un vent sud-ouest, qui s'éleva dans la journée du 15 mai 1810, était le signal qu'attendaient nos captifs. Aussitôt la nuit venue, ils surprirent leurs gardiens, les désarmèrent, et les mirent à fond de cale ; coupant ensuite les câbles qui retenaient le bâtiment, ils se laissèrent aller à la dérive, après avoir fait des voiles avec leurs hamacs. Dès que les vaisseaux anglais et espagnols se furent aperçus du mouvement du ponton *la Vieille-Castille*, ils firent pleuvoir sur lui une grêle de bombes et de boulets ; plusieurs Français reçurent la mort au moment de recouvrer la liberté. En butte pendant toute la nuit du 15 au 16 au feu de l'ennemi et au caprice des flots, le ponton vint enfin s'échouer, dans la matinée du 16, sous les batteries françaises. L'opération du sauvetage dura sept heures, sous un feu d'artillerie des plus meurtriers ; généraux, officiers et soldats, tous rivalisèrent de zèle, d'ardeur et de courage pour sauver ces nobles débris échappés à la plus dure captivité. Le colonel Christophe fut chargé, peu de jours après, du commandement du 4e régiment de hussards. Il se fit remarquer au combat du col d'Ordal, le 7 septembre 1811, à l'affaire de la Puebla de Benaguacil (1er octobre), où il enfonça la cavalerie espagnole et lui tua 300 hommes ; au siège et enfin à la bataille de Sagonte, le 25 octobre de la même année ; c'est à la suite de cette affaire qu'il passa colonel du 5e régiment de cuirassiers. Il fit à la tête de ce corps les guerres de

1812, 1813 et 1814, en Russie, en Allemagne et en France. L'Empereur, qui l'avait nommé officier de la Légion-d'Honneur le 11 octobre 1812, lui conféra, le 26 février 1814, le titre de baron de l'Empire, et l'autorisa à ajouter à son nom celui de *la Motte-Guery* (1). Désigné sous la première Restauration (4 mai 1814), pour prendre le commandement du régiment des cuirassiers du roi (1er), il reçut la croix de Saint-Louis le 27 juin, et fut nommé, le 29 juillet, commandant de la Légion-d'Honneur. Le 29 août 1815, le gouvernement lui confia le commandement de la 23e légion de gendarmerie (Metz), d'où il passa, le 11 août 1816, à celui de la 11e (Limoges), et enfin au commandement de la gendarmerie de la ville de Paris. Il était à la tête de la 3e légion (Rouen) depuis le 20 mars 1820, lorsque, le 13 avril 1830, il cessa de faire partie du cadre d'activité de l'armée, et fut admis à la retraite avec le grade honorifique de maréchal-de-camp. Il réside en ce moment à Versailles (Seine-et-Oise).   B-S.

COLBERT (LOUIS-PIERRE-ALPHONSE, *comte* DE), naquit le 29 juin 1776 à Paris (Seine). Volontaire le 22 vendémiaire an II dans le 7e bataillon de Paris, dit *Guillaume-Tell*, il passa le 1er pluviose suivant dans le 7e régiment de chasseurs à cheval, et le 17 thermidor an III dans la légion de police de Paris, qu'il quitta le 17 germinal an IV pour entrer dans le 11e régiment de hussards. Nommé adjudant provisoire aux commissaires des guerres par le général en chef de l'armée d'Orient le 7 floréal an V, il devint commissaire des guerres le 1er vendémiaire an VII, et commissaire-ordonnateur par nomination du capitaine-général de Saint-Domingue le 28 vendémiaire an XI.

Il servit de l'an II à l'an IX aux armées de l'Ouest, de Sambre-et-Meuse, d'Italie et d'Orient. Passé à Saint-Domingue, il y remplit les fonctions d'ordonnateur pendant les ans X et XI. Rentré en France dans le mois de frimaire an XII, le premier Consul confirma sa dernière nomination par arrêté du 2 pluviose suivant, et le comprit dans la liste de promotion des membres de la Légion-d'Honneur du 4 germinal de la même année. Il fit la campagne de l'an XII à l'armée des côtes, celles de l'an XIII à 1808 aux armées d'Italie et de Naples. Le 14 novembre 1808, il abandonna la carrière administrative, et entra à cette date comme chef d'escadron dans le régiment des vélites à cheval de la garde de Joseph-Napoléon, alors roi des Deux-Siciles. Un décret impérial du 19 de ce mois l'autorisa à rester au service de ce prince. Il devint major de son régiment le 12 décembre de la même année, et colonel aide-de-camp du roi Murat le 28 février 1810. Ayant donné sa démission du service de Naples le 15 décembre 1811, il fut réadmis au service de France le 11 janvier 1812 avec son grade de colonel, et placé à la tête du 9e régiment *bis* de hussards, devenu 12e, alors à l'armée d'Espagne, qu'il rejoignit. A l'affaire de Barbastro, il enleva trois positions à l'ennemi, le poursuivit dans sa fuite, et

(1) Il se fit confirmer dans ce titre, par lettres-patentes de Louis XVIII, du 6 juillet 1816.

le força à abandonner de nouveau et en désordre le lieu où il s'était rallié. Peu de temps après, il attaqua la colonne du général espagnol Saarfield, et, malgré la supériorité de ses forces, il la mit en pleine déroute.

Rentré en France au commencement de 1814, sa brillante conduite sous les murs de Lyon contre l'armée autrichienne, les 11, 18 et 20 mars, lui mérita, le 3 avril, le brevet de général de brigade. Louis XVIII le confirma dans ce grade le 9 juillet, le fit chevalier de Saint-Louis le 19 du même mois, et officier de la Légion-d'Honneur le 28 septembre suivant. Appelé le 6 mars 1815 au commandement d'une brigade de l'armée organisée sous Paris pour arrêter la marche de l'Empereur, il suivit le mouvement des troupes sous ses ordres, et se rangea sous le drapeau que Napoléon ramenait de l'île d'Elbe. Le 31 du même mois, il était employé dans le 2e corps de l'armée du Nord. La seconde Restauration ne lui tint pas longue rancune. Le ministre de la guerre le désigna, le 12 juillet 1818, pour être adjoint à l'inspection générale de la cavalerie stationnée dans la 12e division militaire (Nantes) : il remplit les mêmes fonctions l'année suivante. Le 17 novembre 1824, il fut nommé membre de la commission de défense du royaume, et continua à être employé à l'inspection des troupes.

A l'époque des événemens de Juillet 1830, le général Colbert commandait la 3e subdivision de la 8e division (Var), où il avait été appelé le 14 août précédent. Envoyé le 19 mars 1831 dans le département du Gard, il reçut le 20 avril suivant la croix de commandant de la Légion d'Honneur. Il commandait le département de l'Hérault depuis le 29 juin 1835, lorsque le roi le nomma lieutenant-général, et le plaça le 18 mai 1838 à la tête de la 13e division militaire. Il est mort à Rennes, dans l'exercice de son commandement, le 2 juin 1843. Son nom est gravé sur l'arc-de-triomphe de l'Étoile, côté Ouest.   B-S.

COLLE (JEAN-THÉODORE), né le 17 mai 1734 à Lorquin (Meurthe), entra au service le 1er avril 1753 comme soldat volontaire au régiment de la Dauphine, devenu Royal-Bavière, puis Royal-Hesse-Darmstadt, et 94e régiment d'infanterie. Il fit la guerre de Hanovre de 1757 à 1762, fut nommé sous-lieutenant à la suite le 14 mai 1758, lieutenant en second le 28 janvier 1759, et prit part à trois batailles rangées et à plusieurs combats. A eclui d'Ensdorff, le 16 juillet 1760, il fut blessé de plusieurs coups de feu et fait prisonnier. Nommé lieutenant en premier le 28 avril 1768, il obtint une pension de 300 livres sur le Trésor royal au mois d'août suivant, devint capitaine le 12 novembre 1770, et chevalier de Saint-Louis le 19 août 1781. En 1776, il prit le commandement de la compagnie auxiliaire et demeura fidèle à son poste lorsque la Révolution éclata. Promu au grade de lieutenant-colonel en second du 77e régiment d'infanterie le 6 novembre 1791, il passa comme lieutenant-colonel en premier dans le 93e régiment de même arme le 5 février 1792, fut nommé colonel du 31e le 5 février 1793, et général de brigade le 19 mai suivant.

Il servit à l'armée du Rhin pendant les campagnes de 1792 et 1793, et se vit suspendu de ses fonctions par arrêté des représentans du peuple en date du 11 octobre de cette dernière année, parce que son fils, âgé de dix-huit ans, et sous-lieutenant au régiment de Hesse-Darmstadt, avait suivi ses camarades dans l'émigration. Le 27 brumaire an III, la suspension ayant été levée, le Comité de salut public l'autorisa à prendre sa retraite. Cependant sur ses instances réitérées et à la recommandation du général Landremont et des représentans du peuple Blaux, Gomaire, Vigny, Enjubault et Vinet, l'on prononça sa réintégration, et on l'employa comme général de brigade à l'armée des côtes de Cherbourg le 25 prairial de la même année. Il passa au mois de frimaire an IV comme chef d'état-major à celle des côtes de Brest, et y servit jusqu'à la pacification des pays insurgés. Désigné alors pour faire partie de l'armée du Rhin, il fut envoyé dans la 4ᵉ division militaire pour y occuper un emploi de son grade. Au mois de nivose an V, il passa à la résidence de Lunéville, et resta chargé en vendémiaire an VII du commandement de la 4ᵉ division, en l'absence du général Gilot, appelé à Paris pour y commander la 17ᵉ. Mis en non-activité le 1ᵉʳ vendémiaire an X, il reçut sa retraite le 1ᵉʳ nivose suivant. Mais le premier Consul le releva de cette position, le nomma inspecteur aux revues le 4 germinal an XI, et membre de la Légion-d'Honneur le 4 germinal an XII. Il est mort à Nanci, dans l'exercice de ses fonctions, le 22 septembre 1807. B-G.

COLLIGNON (FRANÇOIS-TOUSSAINT), naquit le 23 septembre 1757 à Paris (Seine). Le 12 mai 1773, il obtint la charge de fourrier-des-logis du roi après la mort de son grand-père maternel, qui en était pourvu. Le 7 juin 1781, il fit cession de cette charge à l'un de ses enfans, de l'agrément du roi. Le 23 janvier précédent, il avait été appelé aux fonctions de commissaire des guerres surnuméraire. Élève à l'École de Metz jusqu'au 3 mai 1783, il reçut, le 1ᵉʳ juin, des lettres de service comme titulaire. Chargé de la direction administrative des réfugiés hollandais, il remplit ces fonctions depuis le 8 octobre 1787 jusqu'au 15 frimaire an IV, avec celles de commissaire des guerres, quoiqu'il se fût retiré de ce corps le 1ᵉʳ janvier 1792. Il y fut réintégré le 16 frimaire an IV, avec le grade d'ordonnateur. Inspecteur aux revues à l'organisation de ce corps le 9 ventose an VIII, il fut employé, le 25 nivose an X, dans la 17ᵉ division militaire, dont le chef-lieu était alors à Paris. Il passa, le 3 germinal suivant, dans la 19ᵉ (Lyon), et devint membre de la Légion-d'Honneur le 4 germinal an XII. La Restauration le trouva employé à Lyon; une ordonnance du roi, du 24 août 1814, lui conféra la croix d'officier de la Légion-d'Honneur. Chevalier de Saint-Louis le 14 février 1816, il prit sa retraite le 19 juin suivant. Il est mort le 1ᵉʳ juin 1818. B-S.

COMBET (JEAN-CLAUDE), naquit le 17 août 1761 à Besançon (Doubs). Soldat dans le 45ᵉ régiment d'infanterie (la Couronne) le 14 juillet 1776, et caporal le 1ᵉʳ septembre 1785, il devint sergent le 9 avril 1789, fourrier le 15 juin 1790, sergent-major le 1ᵉʳ juillet 1791, adjudant-sous-officier le 1ᵉʳ novembre 1792, et fit, à l'armée des Ardennes et à celle du Nord les campagnes de 1792 et 1793. Lieutenant et capitaine les 16 août et 27 septembre de cette dernière année, il suivit son régiment à l'armée du Rhin pendant la campagne de l'an II, et passa chef de bataillon le 15 frimaire an III. Il fit partie de l'armée de Sambre-et-Meuse en l'an III et en l'an IV, fut blessé à la cuisse droite au siége de Manheim le 3 brumaire an IV, et fait prisonnier de guerre à la reddition de cette place le 2 frimaire suivant. Échangé le 28 pluviose même année, il rejoignit son corps à l'armée du Rhin. Le 15 pluviose an V, il entra dans la 91ᵉ demi-brigade de ligne, devenue 20ᵉ régiment de ligne à l'organisation du 29 frimaire an XII, et resta attaché à l'armée du Rhin jusqu'à l'an VIII. Envoyé à l'armée d'Italie, il se distingua à l'attaque du poste de la Couronne le 12 nivose an IX, avec 2 bataillons de son régiment, et fit à l'ennemi 500 prisonniers. Major du 13ᵉ de ligne le 30 frimaire an XII, et membre de la Légion-d'Honneur le 4 germinal suivant, il fit encore les campagnes de l'an XIV en Italie, et celles de 1806 et 1807 en Istrie et dans le Frioul. Admis à la retraite le 8 mars 1808, il fut remis en activité le 1ᵉʳ juin 1812 au 135ᵉ régiment d'infanterie de ligne, formé de la 20ᵉ cohorte des gardes nationales du premier ban. Il prit part aux guerres de 1812 et 1813, et fut tué à Leipzig le 16 octobre de cette dernière année. B-S.

COSTE (PIERRE), naquit le 12 décembre 1767 à Quissac (Gard). Soldat dans le régiment de Piémont-infanterie (3ᵉ) le 9 mars 1783, il devint caporal le 24 mai 1785, et sergent le 1ᵉʳ octobre suivant. Le 24 octobre 1791, il passa avec son grade dans le 3ᵉ bataillon du Haut-Rhin, incorporé plus tard dans la 83ᵉ demi-brigade de bataille. Lieutenant au choix le 23 mars 1792, et capitaine le 27 avril de la même année, il fit les guerres de 1792 à l'an V à l'armée de Sambre-et-Meuse, fut nommé chef de bataillon le 21 germinal an V, et se signala en Allemagne, et sur le Rhin, pendant les campagnes de l'an VI à l'an IX. A la bataille de Feldkirch, le 24 messidor an VIII, il reçut un coup de feu à la jambe droite. Le gouvernement l'employa aux camps de Bayonne et de Brest de l'an XI à l'an XIII. Major du 105ᵉ de ligne le 30 frimaire an XII, et membre de la Légion-d'Honneur le 4 germinal suivant, il fit les campagnes de l'an XIV, de 1806 et 1807 à la grande armée, et obtint le grade de colonel du 59ᵉ de ligne le 7 avril 1809. Il servit en Espagne en 1809 et 1810, et fut admis à la retraite le 27 septembre 1811. Il est mort le 25 avril 1834 à Nîmes (Gard). B-S.

COURSELLES. *Voyez* D'AUBRESPY (Jean-Laurent).

COURTOIS (JEAN), naquit le 6 octobre 1767 à Longuyon (Moselle). Soldat dans le régiment du Roi-infanterie le 11 décembre 1785, il passa le 22 août 1787 dans le régiment d'Hainaut (51ᵉ d'infanterie), et reçut son congé le 1ᵉʳ décembre 1790. Capitaine le 25 août 1791 dans le 4ᵉ bataillon de la Moselle, successivement incorporé dans les 34e et 43e demi-brigades, il fit les campagnes de 1792, 1793, ans II, III et IV aux armées de la Moselle, de Sambre-et-Meuse et du Rhin. Au passage du Rhin, il traversa le premier ce fleuve dans une barque, avec 18 hommes, à la tête de l'île de Bodberg, força l'ennemi qui était retranché à battre en retraite, lui fit 23 prisonniers dont un officier, rejoignit les tirailleurs de l'avant-garde et s'empara d'une pièce de canon avant d'entrer dans Kaiserwers. Il assista, le 22 messidor an IV, à la prise d'assaut de Friedberg. Le général Jacopin lui ayant donné l'ordre de charger l'ennemi qui s'était massé dans la grande rue, il l'aborda avec résolution, le culbuta, le força à se retirer et contribua à faire mettre bas les armes à 2 bataillons autrichiens. Dans cette journée, il fut blessé d'un coup de boulet aux deux pieds. Employé en l'an V à l'armée d'Italie, il se trouvait, le 26 ventose, au passage du Tagliamento, où il prit le commandement du 3e bataillon de sa demi-brigade, s'empara du village de Cividalle et y fit un grand nombre de prisonniers. Le 11 germinal suivant, à la prise d'assaut du fort de la Chiusa, il enleva, avec la compagnie de grenadiers du 3e bataillon, le glacis de cette forteresse, et réussit à s'y établir. Le général en chef Bonaparte le nomma chef de bataillon le 16 floréal suivant. Il servit aux armées d'Angleterre et du Rhin, en l'an VI et en l'an VII, et retourna à l'armée d'Italie, où il fit les campagnes des ans VIII et IX. A la bataille de Marengo, il reçut un coup de feu à la hanche gauche. Le 4 nivose en IX, il se fit remarquer au passage du Mincio. Il reprit le village de Pozzolo avec une audace digne d'être citée. Ayant ordonné au porte-drapeau de le suivre à la tête du bataillon, il franchit avec lui un fossé plein d'eau, et plaça le drapeau à sa gauche : *Camarades*, dit-il à ses soldats, *voilà une nouvelle occasion de nous signaler, marchons à la gloire*; la charge bat, et Courtois s'élance sur l'ennemi ; son bataillon le suit et les Autrichiens sont culbutés en un instant, abandonnant le village et 400 prisonniers, parmi lesquels se trouvaient 15 officiers. Major du 76e régiment d'infanterie de ligne le 30 frimaire an XII, et membre de la Légion-d'Honneur le 4 germinal suivant, il fit partie de l'armée des côtes de l'Océan en l'an XII et en l'an XIII. Il était à la grande armée d'Allemagne en 1809. Colonel en second commandant la 6e demi-brigade provisoire le 23 mars, il reçut la croix d'officier de la Légion-d'Honneur le 16 mai suivant. A la bataille de Wagram, le 6 juillet de la même année, il commandait une demi-brigade de grenadiers et voltigeurs réunis. Il reçut dans cette journée deux blessures très graves. Admis à la retraite le 30 avril 1810, il se retira dans ses foyers. Il est mort le 4 juillet 1836 à Metz (Moselle).

CRETIN (JEAN-BAPTISTE), naquit le 9 novembre 1765 à Besançon (Doubs). Soldat au régiment royale-marine (60e d'infanterie) le 16 octobre 1782, il devint caporal le 16 mars 1785, sergent le 21 septembre 1786, sergent-fourrier de grenadiers le 21 septembre 1788, et sergent-major le 16 juin 1792. Il fit en Amérique les campagnes de 1792 et 1793, et obtint le grade d'adjudant-sous-officier le 16 octobre 1792, celui de sous-lieutenant le 11 novembre suivant, et celui de lieutenant le 1er septembre 1793. De retour en Europe, et envoyé à l'armée de l'Ouest, il fit toutes les guerres de l'an II à l'an V inclusivement, et passa capitaine le 1er vendémiaire an III. Il servit à l'armée du Rhin de l'an VI à l'an IX, reçut un coup de feu au genou gauche au combat de Saltzburg, et fut nommé, le 23 fructidor an VII, chef du 1er bataillon de la Seine, incorporé le 26 pluviose an VIII dans la 4e demi-brigade de ligne, devenue 4e régiment de même arme à l'organisation de l'an XII. Il était au camp de Saint-Omer lorsque, le 20 brumaire an XII, il passa major du 57e régiment d'infanterie de ligne. Membre de la Légion-d'Honneur le 4 germinal suivant, il servit de l'an XIV à 1806 à l'armée de réserve, et à celle de Pologne en 1807. Employé en Espagne de 1808 à 1812, il se signala le 2 juillet 1808 sous les murs de Saragosse, et fut blessé d'un coup de feu à l'épaule gauche. Colonel du 119e régiment de ligne le 28 août suivant, et officier de la Légion-d'Honneur le 25 novembre 1811, il combattit, le 22 juillet 1812, à la journée des Arapiles ; il eut un cheval tué sous lui, et reçut une nouvelle blessure à la jambe gauche. Proposé pour la retraite le 20 octobre 1819, il reçut cependant l'ordre, au mois de novembre, d'aller prendre le commandement du département du Haut-Rhin, qu'il conserva jusqu'à l'entrée des ennemis sur le territoire français. Le 5 mars 1814, il passa au commandement de la place d'Amiens. Après le retour des Bourbons, il fut définitivement admis à la retraite. Il est mort le 15 décembre 1835 à Trye-Château (Oise).

CUNEO-D'ORNANO (FRANÇOIS-ANTOINE), naquit à Ajaccio (Corse), le 25 décembre 1756. Le 28 novembre 1777, il entra comme sous-lieutenant dans le régiment royal-corse, fit les campagnes des côtes de Bretagne de 1780 à 1785, fut nommé lieutenant en second le 18 janvier 1785, et passa lieutenant en premier dans le 4e bataillon de chasseurs corses, à la formation de ce corps, le 14 mai 1788. Capitaine au 27e régiment d'infanterie le 12 janvier 1792, il fit partie des armées des Alpes et du Rhin de 1792 à l'an II. Chargé du commandement du poste de Fischbach, qui servit de sentinelle avancée au camp de Rothwiller, et tourné de tous côtés par un corps ennemi nombreux, il parvint à déjouer toutes les attaques dirigées contre lui. Placé à la tête de l'arrière-garde lors de la retraite des lignes de Wissembourg, il protégea avec habileté ce mouvement rétrograde, et arrêta souvent, avec les 1,800 hommes qui lui avaient été confiés, la marche des colonnes autrichiennes. Nommé, le 15 nivose an III, chef de bataillon à la 53e demi-brigade de ligne, devenue 10e, il fit les guerres des ans III et IV à l'armée de Sambre-et-Meuse, et celle de l'an V à l'armée du Rhin. Appelé, le 5 brumaire an VI, au commandement de la place de Landau, et le 1er fructidor an VII fait chef de brigade attaché à l'état-major de l'armée du

Danube, il servit sur le Rhin en l'an VIII. Réformé par mesure générale le 1er vendémiaire an IX, il obtint, le 5 pluviôse même année, le commandement de la place d'Antibes, et la décoration de la Légion-d'Honneur le 4 germinal an XII. Admis à la retraite le 19 septembre 1813, le colonel Cuneo-d'Ornano fut remis en activité le 6 juillet 1814, et replacé de nouveau, le 20 novembre même année, dans son commandement d'armes à Antibes. Il reçut la croix de Saint-Louis le 5 novembre, rentra dans la position de retraite le 12 janvier 1815, et mourut le 26 août 1840 à Rome, où il avait été autorisé à résider.

CUNY (CLAUDE-FRANÇOIS), naquit le 11 août 1751 à Baulay (Haute-Saône). Canonnier dans le régiment d'artillerie d'Auxonne (6e) le 5 décembre 1769, et sergent le 11 janvier 1779, il fit les guerres d'Amérique de 1780 à 1783, devint sergent-major le 3 février de cette dernière année, adjudant-sous-officier le 1er avril 1791, lieutenant en premier et capitaine les 18 mai et 1er juin 1792. Il servit aux armées de la Moselle et des Pyrénées-Orientales en 1792 et 1793, et reçut, le 23 frimaire an II, le grade de chef de bataillon. Détaché peu de temps après à Constantinople, il rentra en France à la fin de l'an V, et fit les campagnes des ans VI et VII à l'armée de Mayence. Le 1er germinal an VIII, le ministre de la guerre l'envoya à l'armée du Danube avec le grade de chef de brigade et d'inspecteur-général de l'artillerie à pied. Le 19 frimaire an IX, il rentra comme chef de bataillon dans le 1er régiment d'artillerie à pied, et passa l'année suivante à Saint-Domingue, où il servit jusqu'au commencement de l'an XI. Le 3 prairial de cette année, le premier Consul le nomma major du 3e régiment d'artillerie à pied, et membre de la Légion-d'Honneur le 4 germinal an XII. Colonel le 10 juillet 1806, il alla prendre la direction d'artillerie de l'île d'Elbe (Porto-Ferrajo), et obtint sa retraite le 18 août 1808. Après la première Restauration, il reçut, le 26 octobre 1814, la décoration de chevalier de Saint-Louis. Il avait fixé sa résidence à Montigny, où il est mort le 8 février 1826. B-S.

DALEN (JEAN-PIERRE), né le 10 juillet 1749 à Carcassonne (Aude), s'enrôla comme soldat le 10 juillet 1767 dans le régiment d'Angoumois (80e d'infanterie). Il passa caporal le 16 avril 1768, sergent le 21 septembre même année, fourrier le 16 mai 1771, sergent-major le 26 juillet 1776, adjudant-sous-officier le 23 juillet 1780, et porte-drapeau le 26 juillet 1781. A la nouvelle organisation de l'armée, il fut enfin promu au grade de sous-lieutenant le 1er avril 1791, et lieutenant le 10 mars 1792, pour prendre rang du 12 octobre 1791. Il fit la campagne de 1792 à l'avant-garde de l'armée des Alpes, et obtint le grade de capitaine de grenadiers le 28 mai. Passé en qualité d'aide-de-camp auprès du général de brigade Lachapelette, il le suivit à l'armée des Pyrénées-Occidentales, où il servit de 1793 à l'an III. Il prit une part active à la conquête de la vallée d'Aran, sur les Espagnols, auxquels il fit 80 prisonniers. Il contribua à la prise du camp de la Croix, et se distingua à l'affaire de Valcarlos. Chef de bataillon au choix dans la 148e demi-brigade de bataille le 18 ventôse an II, il prit, le 14 thermidor suivant, le commandement provisoire de la place de Fontarabie. Devenu chef de brigade le 10 ventôse an III, il passa, le 1er prairial, comme aide-de-camp auprès du général Moncey, commandant en chef l'armée des Pyrénées-Occidentales. Le 20 vendémiaire an IV, le représentant du peuple Milhau lui donna le commandement provisoire de la place de Bayonne, et, par arrêté du 14 floréal suivant, le Directoire exécutif le nomma commandant de celle de Navarreins. Le 18 ventôse an VII, il passa à Bordeaux avec les mêmes fonctions. Un arrêté du premier Consul, en date du 22 frimaire an VIII, l'envoya en la même qualité à Avignon, d'où il retourna à Navarreins le 21 vendémiaire an IX. Membre de la Légion-d'Honneur le 4 germinal an XII, il conserva sa position à Navarreins jusqu'au 18 décembre 1813, époque à laquelle il fut admis à la retraite. Il est mort à Navarreins le 2 septembre 1826. B-G.

DANEL-DUPLAN (JOSEPH-PIERRE-NICOLAS), naquit le 19 avril 1771 à Baratier (Hautes-Alpes). Grenadier dans le 1er bataillon des Hautes-Alpes le 4 août 1791, il fit la campagne de 1792 à l'armée des Alpes, et passa en qualité de sous-lieutenant, le 26 février 1793, dans le 93e régiment d'infanterie. Il servit alors à l'armée de Russie, et se trouva au siège de Mayence. Devenu aide-de-camp du général Vimeux le 15 août 1793, et passé à l'armée de l'Ouest, il y fit les guerres de l'an II à l'an IX, et devint capitaine-aide-de-camp, sur le champ de bataille, par arrêté des représentans du peuple du 6 nivôse an II. Réformé le 1er vendémiaire an V, il alla jouir dans ses foyers de son traitement de non-activité. La part qu'il prit aux événemens du 18 brumaire an VIII lui valut un sabre d'honneur. Employé à l'état-major de la 22e division militaire le 6 nivôse suivant, il partit en l'an X pour l'expédition de Saint-Domingue. Le 29 vendémiaire an XI, le général en chef Leclerc le nomma chef d'escadron, pour s'être distingué à l'affaire de la grande colline d'Aquin, où, à la tête d'une centaine de grenadiers, il avait enlevé un camp ennemi de plus de 500 hommes. Fait prisonnier de guerre par les Anglais, il rentra en France par échange, et débarqua à La Rochelle le 5 pluviôse an XII. Il reçut la décoration de membre de la Légion-d'Honneur le 4 germinal, et fut confirmé dans le grade de chef d'escadron le 27 floréal de la même année. Il était employé à la suite de l'état-major du camp de Saint-Omer, lorsque le général Desbureaux l'appela auprès de lui en qualité d'aide-de-camp le 3 ventôse an XIII. Il fit les campagnes de 1806 et 1807 à l'armée de réserve du Rhin, passa, le 21 mars 1809, dans le 6e provisoire de dragons, avec lequel il se rendit en Allemagne, et entra avec son grade dans le 21e régiment de même arme le 5 décembre suivant. Employé en Espagne pendant les guerres de 1810 et 1811, major à la suite le 10 septembre de cette dernière année, et titulaire dans le 17e régiment de l'arme le 4 septembre 1812, il fut placé, lors de la réorganisation de l'armée par le gouvernement royal, à la suite du nouveau 12e de dragons le 21 juillet 1814, et attaché enfin au 8e le 8 octobre suivant. Chevalier de Saint-Louis le 4 mars 1815, et licencié le 14 décembre de la même année, il se retira à Nevers. Il est mort le 22 novembre 1833 à Baratier (Hautes-Alpes). B-G.

DANTURE. *Voyez* DAUTURE.

DARGENT (FLORIMOND), naquit le 9 août 1752 à Colmey (Moselle). Soldat dans le 7e régiment de cavalerie le 26 décembre 1774, brigadier le 31 janvier 1782, maréchal-des-logis le 6 septembre 1784, maréchal-des-logis-chef le 1er mai 1792, il fit la campagne de cette année à l'armée des Ardennes, et celle de 1793 à l'armée du Nord. Le 6 mars, pendant la retraite, il chargea avec une poignée de braves un escadron de hussards ennemis, leur enleva un volontaire qu'ils avaient fait prisonnier, les mit en déroute et en tua ou blessa un grand nombre, sans avoir perdu un seul des siens. Le 18 du même mois, à la bataille de Nerwinde, après avoir traversé un escadron de cuirassiers autrichiens, il enleva de leurs mains un maréchal-des-logis fait prisonnier par eux. Un peloton de ce même escadron s'empara de l'étendard du régiment après avoir blessé mortellement le maréchal-des-logis qui le portait. Dargent s'élança sur le cuirassier qui l'avait pris, le tua et reprit l'étendard. Il reçut en récompense de cet acte de bravoure et de dévoûment le grade de lieutenant le 7 juin suivant. Il fit encore la campagne de l'an II à la même armée, fut nommé capitaine le 8 floréal, et passa à l'armée de Sambre-et-Meuse, où il servit pendant les ans III et IV. Prisonnier de guerre le 18 fructidor de cette dernière année, il ne fut échangé que le 3 brumaire an V. Envoyé alors à l'armée d'Allemagne, il y fit les guerres des ans V et VI. Employé en l'an VII à l'armée du Danube, il y obtint le grade de chef d'escadron le 12 messidor. En l'an VIII et en l'an IX, il combattit à l'armée du Rhin, et, après la cessation des hostilités, il rentra en France, où il tint garnison à Stenay pendant les ans X et XI. Major du 7e régiment de dragons le 6 brumaire an XII, et membre de la Légion-d'Honneur le 4 germinal suivant, il alla rejoindre son corps qui se trouvait alors à Gravina, dans le royaume de Naples. Admis à la retraite le 22 brumaire an XIV, il se retira dans le département de la Moselle, et fit partie du collège électoral de Briey. Il est mort le 13 février 1816.

DAUTURE (GUILHEM, *baron*), né le 28 juin 1770 à Pontacq (Basses-Pyrénées), entra au service comme sergent-major le 17 octobre 1791 dans le 1er bataillon des Basses-Pyrénées, incorporé en l'an II dans la 39e demi-brigade de bataille, amalgamée dans la 4e d'infanterie de ligne à l'organisation de l'an IV. Il fit les campagnes de 1792 à l'an III à l'armée des Pyrénées-Orientales, fut nommé sous-lieutenant le 26 frimaire an II, et se distingua, le 30 thermidor suivant, en mettant en déroute, avec une seule compagnie de grenadiers, tout le régiment de gardes walonnes espagnoles; il ramena au quartier-général 42 officiers prisonniers.

Ce brillant fait d'armes lui valut l'épaulette de lieutenant le 16 fructidor de la même année. A la tête de sa compagnie, il enleva, le 27 brumaire an III, une redoute armée de 8 pièces de canon, et défendue par 2 bataillons portugais sous les ordres du comte de Crillon, qui lui remit ses drapeaux. Capitaine le 16 floréal suivant, il repoussa vigoureusement les charges d'un escadron des gardes du roi d'Espagne, et lui fit éprouver de grandes pertes. Passé à l'armée d'Italie, il prit part aux guerres des ans IV et V, et se signala aux affaires de Millesimo, du pont de Lodi, de Castiglione, et au passage du pont de Barzanne. Au combat du faubourg de Saint-George, sous Mantoue, il entra un des premiers dans la redoute qui en défendait l'approche, et contribua à faire mettre bas les armes à un régiment de cuirassiers et à 2 escadrons de hussards autrichiens qui se rendirent à discrétion. Dans ces différentes actions, il reçut trois coups de feu, au bras droit, à la poitrine et à la tête. A la bataille d'Arcole, il cut la cuisse gauche traversée d'un coup de feu. Nommé sur le champ de bataille chef de bataillon à la 40e demi-brigade d'infanterie de ligne, le Directoire le confirma dans ce grade le 1er nivose an V. Il servit à l'armée d'Angleterre pendant les ans VI et VII, et retourna en l'an VIII à l'armée d'Italie. Après le passage du grand Saint-Bernard, il emporta d'assaut, avec son bataillon, la place d'Ivrée; à Romano, il soutint seul, et repoussa plusieurs charges d'une nombreuse cavalerie; à Casteggio, il montra tant de bravoure que le major-général Berthier le rendit l'objet d'un rapport spécial; à Marengo, il reçut un coup de feu à l'aine droite, et au passage du Mincio il mérita les éloges du général Lannes. Le gouvernement consulaire l'employa à l'armée de l'Ouest pendant les ans X et XI, et à celle des côtes de Bretagne depuis l'an XII jusqu'en 1806. Major du 47e régiment d'infanterie de ligne le 30 frimaire an XII, membre de la Légion-d'Honneur le 4 germinal suivant, l'Empereur l'attacha, en 1807, au camp-volant de Napoléonville. Il fit les campagnes de 1808 à 1814 en Espagne et en Portugal. Le 29 mars 1809, à la prise d'Oporto, il enleva les batteries du centre avec 4 compagnies de voltigeurs du 47e, traversa la ville, s'empara du pont sur le Douro, et reçut un coup de sabre sur la figure dans une charge faite par un régiment de dragons anglais. Le 11 mai, il couvrit la retraite de l'avant-garde de l'armée, vivement poursuivie par les troupes anglaises l'espace de dix lieues. L'Empereur le récompensa de ses bons services, le en nommant colonel du 9e d'infanterie légère le 10 février 1810, officier de la Légion-d'Honneur le 6 août 1811, et baron de l'Empire en 1812. Il reçut un coup de feu à la cuisse gauche, dans la journée du 30 juillet 1813, en avant de Pampelune, où il fit des prodiges de valeur, et obtint le grade de général de brigade le 25 novembre de la même année. Mis en non-activité après l'abdication de l'Empereur, il devint cependant chevalier de Saint-Louis le 19 juillet, et commandeur de la Légion-d'Honneur le 27 décembre 1814. Remis en activité lors du retour de l'Empereur, et en demi-solde à la seconde rentrée des Bourbons, il fit partie du cadre de l'état-major général à l'organisation du 30 décembre 1818. Le baron Dauture est mort à Pau (Basses-Pyrénées), le 12 avril 1820.   B-G.

D'AVRANGE - D'HAUGERANVILLE.
Voyez AVRANGE D'HAUGERANVILLE.

DEBROC (ARMAND-LOUIS, *baron*), né le 16 février 1772 à Baugé (Maine-et-Loire), entra au service dans le régiment de Condé-dragons (2e) le 1er mai 1788, et devint sous-lieutenant le 30 novembre même année, et lieutenant le 1er mars 1792. Le 14 septembre suivant, à l'affaire de la Croix-aux-Bois (Champagne), il reçut un coup de sabre qui le mit hors de combat. Capitaine le 18 du même mois, il se trouva à la bataille de Nerwinde, où il fut encore atteint de deux coups de sabre à la tête et au bras gauche. Chef d'escadron le 3 germinal an III, il servit aux armées d'Allemagne, du Danube et du Rhin, de l'an IV à l'an IX. Major du 5e régiment de dragons le 6 brumaire an XII, membre de la Légion-d'Honneur le 4 germinal, colonel du 13e de dragons le 13 floréal, officier de l'Ordre le 25 prairial de la même année, et aide-de-camp du prince Louis-Napoléon, qui l'avait eu sous ses ordres dans le 5e régiment de dragons, il fit la guerre de l'an XIV en Autriche. Sa conduite à Austerlitz, où il fut blessé d'un coup de feu à la main gauche, lui valut le grade de commandant de la Légion-d'Honneur le 4 nivose an XIV. Passé au service de Hollande en qualité de général de brigade le 1er juin 1806, il rentra au service de France comme colonel le 18 octobre 1808. L'Empereur le nomma général de brigade le 26 février suivant, et lui confia, le 1er mars, le commandement des troupes à cheval qui devaient se réunir à Ulm. Il rejoignit ensuite l'armée d'Italie, se fit remarquer le 2 mai à Montebello, où il reçut un coup de feu à la tête, à Sacile le 9 du même mois, et aux batailles de Raab et d'Enzersdorf. A Wagram, il culbuta le corps ennemi qui lui était opposé. A la fin de cette campagne, Debroc fut fait chevalier de la Couronne-de-Fer et baron de l'Empire. Il est mort de maladie à Milan le 11 mars 1810.   B-S.

DEGOY (ANDRÉ), naquit le 25 novembre 1744 à Bologne (Haute-Marne). Commissionné le 1er janvier 1760 en qualité de conducteur des charrois de l'armée d'Allemagne, il servit à cette armée jusqu'en 1762, rentra en France au commencement de 1763, passa comme canonnier, le 3 mars 1765, dans le régiment de Metz-artillerie, devint sergent le 15 octobre même année, et sergent-major le 10 janvier 1771. Après deux campagnes en Amérique (1783 et 1784), il obtint, le 10 février 1785, l'emploi de quartier-maître-trésorier du régiment d'artillerie de La Fère. Capitaine le 17 février 1788, chevalier de Saint-Louis le 17 février 1791, chef de bataillon le 16 août 1793, et chef de brigade le 1er germinal an V, il fit les guerres de la Révolution, de l'an II à l'an VII, à l'armée du Rhin. Entré comme chef de bataillon dans le 1er régiment d'artillerie à pied, il fit avec ce corps la campagne de l'an VIII à l'armée d'Italie. Inspecteur aux revues le 8 nivose an VIII, époque de la création du corps, et membre de la Légion-d'Honneur le 4 germinal an XII, il était employé dans la 21e division (Bourges), lorsqu'il mourut, le 5 juillet 1810, dans l'exercice de ses fonctions.   B-S.

DEIN (LOUIS-PAUL-MARIE, *baron*), né le 24 février 1768 à Rhétiers (Ille-et-Vilaine), prit du service le 15 août 1792 dans le 17e bataillon de volontaires nationaux des réserves qui, après avoir été embrigadé avec le 1er bataillon du 71e régiment d'infanterie, ci-devant Vivarais, et le 8e bataillon de Paris, forma, en l'an II, la 131e demi-brigade de bataille, amalgamée à l'organisation de l'an IV dans la 1re d'infanterie de ligne, devenue 1er régiment de même arme en l'an XII. Promu capitaine-adjudant-major le 21 septembre suivant, il fit les campagnes de 1792 à l'an III à l'armée du Nord, et prit le commandement d'une compagnie de grenadiers le 10 vendémiaire an II. Le 25 prairial de cette dernière année, sur la route de Rousselaer à Menin, il soutint seul la retraite de la brigade du général Salen. Employé à l'armée du Rhin pendant les guerres des ans IV, V et VI, il passa en l'an VII à celle du Danube. Le 16 floréal, à l'affaire devant Zurich, il fut blessé d'un coup de feu à la jambe droite, et le 15 prairial suivant, devant la même place, il sauva 2 pièces de canon par son énergie et sa présence d'esprit. Les tirailleurs ennemis ayant pénétré sur la route qui communiquait à une redoute, empêchaient les pièces de se retirer, et la redoute n'était qu'à moitié armée; l'officier d'artillerie craignant de ne pouvoir sauver ses pièces, s'apprêtait à les faire dételer et à les enclouer, lorsque le capitaine Dein s'y opposa. Il lui prescrivit de les tenir prêtes à partir, laissa un détachement pour garder la redoute, et, marchant avec le reste de sa compagnie, il balaya la route de tous les ennemis qui s'y trouvaient et fit passer les pièces. Mais pendant ce temps, la redoute avait été occupée par l'ennemi; le capitaine Dein se retira alors à quelque distance en arrière, et, ayant rassemblé le plus de monde qu'il put, il s'empara de la redoute, qu'il perdit et reprit encore une fois dans la journée. Chef de bataillon le 12 messidor, il fit à l'armée d'Italie les campagnes des ans VIII et IX. Après la cessation des hostilités, il tint garnison à Verone et à Brescia, devint major du 15e régiment d'infanterie de ligne le 11 brumaire an XII, et alla rejoindre son nouveau corps à Brest. Membre de la Légion-d'Honneur le 4 germinal suivant, il fit partie, en 1807, du camp de Saint-Venant. Colonel du régiment où il servait, le 28 juin 1808, et envoyé à l'armée d'Espagne, il reçut la croix d'officier de la Légion-d'Honneur le 12 novembre de la même année. Cet officier supérieur se couvrit de gloire, le 29 mars 1809, à la prise d'Oporto, et fut créé baron de l'Empire le 15 août suivant. Le mauvais état de sa santé l'obligea, en 1812, à renoncer au service actif. Placé le 13 août de cette année en qualité de commandant en second à l'École militaire de Saint-Cyr, il passa au commandement du Morbihan le 9 novembre 1813. Mis en non-activité après l'abdication de l'Empereur, il demeura dans cette position jusqu'au 5 août 1822, époque à laquelle il obtint sa retraite avec le grade de maréchal-de-camp honoraire. Il est mort à Plounevez-Lochrist (Finistère), le 31 mars 1831. B-G.

DELENNE (louis-andré), et non **DELESNES**, naquit le 8 mai 1761 à Nîmes (Gard). Soldat le 6 juin 1778 dans le régiment de Bourbon (56ᵉ d'infanterie), caporal le 29 juin 1782, fourrier le 29 juillet 1783, il fit les campagnes de 1781, 1782 et 1783 sur mer. Sergent-major le 1ᵉʳ avril 1792, il passa adjudant le 26 décembre suivant, et servit à l'armée du Nord pendant les guerres de 1792 à l'an II. Lieutenant le 5 brumaire an II, il entra avec le 2ᵉ bataillon du 56ᵉ régiment dans la formation de la 112ᵉ demi-brigade de bataille, devenue 88ᵉ de ligne à l'organisation de l'an IV, fut fait capitaine-adjudant-major le 1ᵉʳ floréal suivant, et passa à l'armée de Sambre-et-Meuse, à laquelle il resta attaché pendant les guerres des ans III et IV. Employé en l'an V à l'armée d'Italie, il s'embarqua au mois de floréal an VI avec l'armée expéditionnaire d'Orient, fit en Égypte et en Syrie les campagnes de l'an VI à l'an IX, et obtint le grade de chef de bataillon le 14 brumaire an IX. Le 30 ventose suivant, devant Alexandrie, il reçut un coup de feu à la tête et un coup de sabre à la joue gauche. Rentré en France au mois de brumaire an X, il tint garnison à Phalsbourg pendant les ans X et XI, et fut employé aux camps de Saint-Omer et de Saintes en l'an XII et en l'an XIII. Le premier Consul le nomma major du 26ᵉ régiment d'infanterie de ligne le 1ᵉʳ nivose an XII, et membre de la Légion-d'Honneur le 4 germinal suivant. A la création des légions de réserve, il occupa, dès le 30 avril 1807, un emploi de son grade dans la 3ᵉ légion. Il fit avec ce corps la campagne d'Espagne, se trouva compris dans la capitulation signée à Baylen le 22 juillet 1808, fut conduit sur les pontons de Cadix, et transféré ensuite en Angleterre. Nommé colonel du 26ᵉ régiment de ligne le 13 du même mois, il n'avait pu prendre possession de son commandement. Rentré en France le 1ᵉʳ février 1814, et employé comme colonel du 85ᵉ de ligne à la réorganisation de l'armée, il reçut la croix d'officier de la Légion-d'Honneur le 24 août 1814, et celle de Saint-Louis à la même époque, et fut admis à la retraite le 25 mai 1815. Il est mort le 16 décembre 1838 à Steinbourg (Bas-Rhin). B-G.

DELISLE de **FALCON**. *Voyez* saint-geniès.

DELLARD (jean-pierre, baron), naquit le 8 avril 1774 à Cahors (Lot). Volontaire le 31 août 1792 dans une compagnie franche de son département, il devint fourrier peu de temps après, et entra par incorporation, le 1ᵉʳ octobre suivant, avec le grade de lieutenant, dans le 23ᵉ bataillon de volontaires, amalgamé plus tard dans la 36ᵉ demi-brigade de ligne. Il fit les campagnes de 1792 et 1793 aux armées de Hollande et du Nord, assista à l'occupation de la place de Gertruydemberg, et prit part à toutes les affaires qui eurent lieu en avant de Lille. Dans une découverte qu'il avait été chargé de faire sur Lanoix, au mois d'août 1793, il fondit le premier sur une centaine d'Autrichiens et les força à prendre la fuite. Dans un engagement qui eut lieu le 29 septembre de la même année, il reçut une blessure à la jambe droite. Le 29 floréal an II, il contribua à la prise de 400 Autrichiens, et tomba au pouvoir de l'ennemi le 3 prairial suivant, au combat de Templeure, près de Tournay. Rendu à la liberté dans le mois de frimaire an IV, il rejoignit son régiment à l'armée de Sambre-et-Meuse. Adjudant-major le 1ᵉʳ messidor même année, il prit rang de capitaine le 1ᵉʳ messidor an V, commanda à Bâle le dépôt général des conscrits, et rentra à son corps après avoir incorporé environ 15,000 jeunes soldats. Il se fit remarquer à l'armée d'Helvétie en l'an VI et en l'an VII, notamment dans les journées des 27 et 28 thermidor de cette dernière année à Inselden et au pont du Diable. Placé à la tête de quelques braves, il poursuivit 2,000 Autrichiens jusque sur les bords du lac de Zurich, où il les força de mettre bas les armes. Le 10 fructidor suivant, il concourut à l'attaque du pont d'Uzenach, et enleva le lendemain, à la tête des grenadiers de son bataillon, celui de Nasel. Chargé par le général Soult, la veille de la victoire de Zurich, de reconnaître la rivière de la Linth, au-dessous du lac, il s'acquitta de cette mission avec autant d'intelligence que de valeur; organisa lui-même un corps de 200 nageurs, armés de piques, de sabres et de pistolets. Le jour de la bataille, il franchit la rivière avec ses braves, s'empare des redoutes et des retranchemens autrichiens, encloue les pièces ennemies, jette l'épouvante dans ses rangs et tue le général en chef Hotze dans son quartier-général. Avant d'effectuer ce passage, il avait adressé à sa petite troupe l'allocution suivante : « Vous allez vous couvrir de gloire en portant dans un instant l'épouvante et la mort dans les rangs ennemis; vous ne pouvez pas faire de prisonniers; égorgez donc tout ce que vous rencontrerez : marchez réunis, suivez mes traces en silence..... Vaincre ou mourir, tel est notre mot d'ordre. Je vous rallierai sur la rive droite par un coup de sifflet. » Cette action d'éclat valut à Dellard le grade de chef de bataillon sur le champ de bataille, et un beau cheval dont le général Soult lui fit présent. Le lendemain, aidé seulement de son domestique, il prit 50 Autrichiens qu'il conduisit au quartier-général. La confirmation de sa nomination comme chef de bataillon ayant été retardée, il fut de nouveau promu à ce grade sur le champ de bataille du 12 floréal suivant par le général Moreau, commandant en chef de l'armée du Danube, pour sa belle conduite à la prise du fort de Hoentwill. Le premier Consul le confirma enfin dans son grade le 29 vendémiaire an X, pour prendre rang de sa première nomination (4 vendémiaire an VIII). Au passage du Rhin, à la tête d'un bataillon de la division Vandamme, il exécuta la première attaque contre la cavalerie autrichienne, placée sur le plateau en avant de Stockach (15 floréal an VIII), et soutint le lendemain, pendant plus d'une heure, à Mœskirch, le feu d'une batterie formidable placée au centre de l'armée ennemie. Placé quelques jours après à la tête d'un détachement composé de son bataillon, de cavalerie et d'artillerie légère, et chargé d'éclairer la marche de la division Vandamme sur le Lech, il passa ensuite le Danube près de Dillingen, marcha sur Donawerth et suivit de près le corps autrichien du général Kray. Il repassa le Danube à Donawerth, se porta sur Neubourg, et de là sur le Tyrol, dans la direction de Dorneubirch. Cet officier supérieur coopéra à la prise d'Immenstadt, et établit avec son bataillon des communications entre cette ville et la place de Bregentz, sur le lac de Constance. Aussitôt qu'il apprit la reddition de Feldkirch, et la rupture de l'armistice conclu entre le général Moreau et le commandant de l'armée autrichienne, Dellard rejoignit le corps du général Lecourbe, qui formait l'aile droite de l'armée, et s'empara d'Ober-Auerdorff, point important par sa position dans la vallée de Kustein. Major du 46ᵉ de ligne le 20 brumaire an XII, membre de la Légion-d'Honneur le 4 germinal suivant, il fit les campagnes de l'an XIV, et servit en 1806 au camp de Boulogne, où il devint, le 10 février 1807, colonel du 16ᵉ léger. Il fit à la tête de ce corps les guerres de 1807 et 1808 à la grande armée, en Prusse et en Pologne, et prit une part glorieuse à la victoire de Friedland. Après la paix de Tilsitt, le 16ᵉ léger rétrograda sur Berlin, où il cantonna pendant un an. Le 18 août 1808, le colonel Dellard quitta le camp de Mitrow et se rendit en poste, avec son régiment, à l'armée d'Espagne, où il arriva le 29 octobre. Le 11 novembre suivant, le 16ᵉ léger battit seul l'aile gauche de l'armée espagnole commandée par le général Black. Ce régiment, fort de 2,000 hommes, et posté d'une manière désavantageuse, détruisit ou dispersa 15 mille Espagnols qui occupaient les hauteurs d'Espina de los Monteros. Au moment de marcher à l'ennemi, le colonel Dellard s'adressant à sa troupe, lui dit : « Brave 16ᵉ, votre immortelle réputation commande ma confiance : c'est à moi de gagner aujourd'hui la vôtre; j'y parviendrai et je vous ferai faire de belles choses si vous exécutez en silence et avec calme les mouvemens que je vous commanderai. » Atteint d'une balle en abordant le premier les colonnes ennemies, il continua de commander. Dans une revue passée à Burgos, le 22 du même mois, Napoléon accorda 12 décorations au 16ᵉ léger. Cette distribution se faisait sous les yeux de l'Empereur; il se retourna vivement vers Dellard et lui dit : « Vous ne demandez donc rien pour vous, colonel. — Sire, répond ce dernier, ma récompense est dans celle que Votre Majesté vient d'accorder aux braves que je commande. » L'Empereur le nomma le même jour officier de la Légion-d'Honneur, et peu de temps après baron de l'Empire. Il se distingua particulièrement au passage du Sommo-Sierra et à la prise de Madrid; une balle lui traversa le bras gauche au moment où il prenait d'assaut la caserne des gardes du corps. Après avoir rétabli sa santé aux eaux d'Aix-la-Chapelle, il alla reprendre le commandement de son régiment à Tolède. Il commanda l'Arzobispo, d'où il observa et éclaira les routes de Truxillo et d'Estella; rendit compte le premier de la marche de l'ennemi sur Ocaña, et manœuvra avec le premier corps pour empêcher les Espagnols de passer le Tage. Il occupa successivement différentes villes et s'empara d'Agado. Il se signala à la défaite des insurgés dans la Sierra-Morena, à la prise de Séville et à Puerto Santa Maria. Le roi Joseph lui fit offrir, en son nom, un anneau de grand prix.

Il assista au siége de Cadix jusqu'au mois de juillet 1810, et passa ensuite avec 3 bataillons d'élite, sous les ordres du général Latour-Maubourg, commandant une division de cavalerie à Medina Sidonia. Chargé des reconnaissances sur Gausin et Saint-Roch, surpris et environné sur les hauteurs de Ximena par 160 insurgés embusqués, il les délogea avec 4 voltigeurs qui l'accompagnaient, et rejoignit sa colonne après avoir bien reconnu la position de l'ennemi. Ses nombreuses blessures et les fatigues de cette guerre longue et difficile le forcèrent à rentrer en France dans les derniers mois de 1810 pour y rétablir sa santé. Nommé commandant d'armes à Ostende, le 23 janvier 1811, l'Empereur l'appela, en 1812, à faire partie de l'expédition de Russie. Dans la journée du 11 novembre, il défendit, avec 250 hommes d'infanterie, contre 2,000 hommes de cavalerie et 4 pièces de canon, les approvisionnemens considérables qu'il avait formés dans le château de Clémentina, et qu'il fit parvenir jusqu'à Smolensk; ces provisions devinrent l'unique ressource de la grande armée au moment de sa retraite. De retour en France, il alla commander la place de Bayonne. Il y reçut le brevet de général de brigade, daté de Dresde, le 8 août 1813, et l'ordre de se rendre à Magdebourg. A peine arrivé sur le Rhin, il y trouva des lettres de service qui le nommaient gouverneur de Cassel et commandant supérieur des forts de Montebello, de Saint-Hilaire, ainsi que des avant-postes chargés de la défense de Mayence. Il conserva ce commandement pendant la durée du blocus de cette place. Louis XVIII lui confia le commandement de la place de Valenciennes : il contribua, pendant les Cent-Jours, à la conservation de ce boulevart de la patrie. Sous la seconde Restauration, le gouvernement le maintint dans ce commandement. En 1818, il passa à celui de Cherbourg. Il avait été nommé chevalier de Saint-Louis le 11 octobre 1814. Le 20 août 1823, Louis XVIII lui donna le commandement de Besançon. Il est mort dans cette ville le 7 juillet 1832.   B-S.

DELMAS-LACOSTE (ANTOINE), naquit le 23 janvier 1774 à Argental (Corrèze). Volontaire dans le 1ᵉʳ bataillon de son département le 14 septembre 1791, caporal le 18 du même mois, il fit les campagnes de 1792 et 1793 dans le Palatinat (armée du Rhin). Au mois de février 1793, chargé, quoique n'étant que caporal, de défendre, avec 53 hommes, le village de Valdgesheim, il soutint, avec cette poignée de braves, l'attaque d'une nombreuse colonne ennemie. Lorsqu'il se retira, il ne comptait plus que quatre combattans. Le 30 juin de la même année, le gouvernement lui conféra le grade de lieutenant dans les hussards de la liberté, et, le 1ᵉʳ juillet suivant, il passa en qualité d'aide-de-camp auprès du général Delmas, son parent. Capitaine du 6ᵉ bataillon de volontaires de Saône-et-Loire le 13 floréal an II, il se fit remarquer à la Rebut (armée du Rhin), et se signala de nouveau, en l'an III et en l'an IV, aux combats d'Ingolstadt et de Neubourg. Il servit à l'armée d'Italie de l'an V à l'an IX, fut nommé chef d'escadron le 4 floréal an VII, et donna les plus grandes preuves de valeur à la bataille de Montebello et au passage du Mincio. Entré au 3ᵉ régiment de cavalerie le 23 frimaire an X, il obtint, le 6 brumaire an XII, le grade de major de ce régiment, devenu 3ᵉ de cuirassiers, et reçut, le 4 germinal suivant, la croix de la Légion-d'Honneur. Admis à la retraite le 20 juin 1807, l'Empereur le rappela à l'activité, le 21 avril 1813, dans le 12ᵉ régiment de cuirassiers, et le fit officier de la Légion-d'Honneur le 8 juillet de la même année. Au retour de Louis XVIII, en 1814, il rentra dans sa position de retraite. Le roi Louis-Philippe lui a donné la croix de commandant de la Légion-d'Honneur le 9 janvier 1833. Il réside aujourd'hui dans le lieu de sa naissance.

DELORT (JACQUES-ANTOINE-ADRIEN, *baron*), naquit le 16 novembre 1773 à Arbois (Jura). Volontaire au 4ᵉ bataillon du Jura le 15 août 1791, il fut nommé sous-lieutenant au 8ᵉ régiment d'infanterie le 16 juin 1792, et lieutenant le 18 septembre suivant. Employé comme adjoint aux adjudans-généraux le 15 juin 1793, il obtint le grade de capitaine de cavalerie le 28 août, et servit à l'état-major du général Sérurier. Attaché au 24ᵉ régiment de cavalerie le 30 vendémiaire an VI, il passa avec son grade dans le 22ᵉ de même arme le 9 nivose suivant. Il avait fait, en ces diverses qualités, toutes les premières campagnes de la Révolution aux armées du Rhin, du centre et des côtes de La Rochelle. Le gouvernement l'envoya ensuite à celle d'Italie. A la bataille du 6 germinal an VII, sous Vérone, il mérita le grade de chef d'escadron et en reçut le brevet sous la date du 4 floréal suivant. Il se distingua aux affaires des 16 et 17 de ce mois. En l'an IX, devant Mantoue, il força les postes avancés de l'ennemi à rentrer dans la place. Resté en garnison à Lodi, à Saluces et dans la 27ᵉ division militaire, pendant les ans X et XI, et nommé major du 9ᵉ régiment de dragons le 6 brumaire an XII, il alla rejoindre ce corps, qui faisait alors partie de l'armée des côtes de l'Océan. Créé membre de la Légion-d'Honneur le 4 germinal suivant, et proposé en l'an XII et en l'an XIII pour le grade de colonel par les inspecteurs-généraux, il fit comme major la campagne de l'an XIV à la grande armée, et prit le commandement du régiment en remplacement du colonel Maupetit, blessé au combat de Wertingen. A la bataille d'Austerlitz, dans une charge contre les cosaques, il reçut deux coups de lance et eut un cheval tué sous lui. Cependant dégagé des mains de l'ennemi par le feu de l'artillerie de la garde impériale, il s'élança sur le cheval d'un chef d'escadron qui venait d'être grièvement blessé, et continua de commander le régiment jusqu'à la fin de l'action, malgré les souffrances qu'il éprouvait et le sang qu'il perdait en abondance. L'Empereur voulut récompenser ses services distingués, et, par décret du 1ᵉʳ mai 1806, il le nomma colonel du 24ᵉ régiment de dragons, qui était de l'armée d'Italie. Il fit à la tête de ce corps les campagnes de 1806 et 1807. Créé chevalier de l'Empire, avec dotation, le 19 mars 1808, et employé à l'armée d'Espagne, il commanda son régiment aux siéges de Roses, de Girone, d'Hostalrich, de Tortose et de Taragone, ainsi qu'aux batailles de Cardadeu le 16 novembre, de Puente del Rei le 21 décembre, de Vals le 25 février 1809, et de Vich le 20 février 1810. A la bataille de Puente del Rei, l'infanterie s'avançait rapidement vers le col d'Ordal. Le 24ᵉ de dragons, après avoir sabré la cavalerie espagnole et lui avoir fait une centaine de prisonniers, quitta la route de Martorell, gravit les montagnes, dépassa les colonnes et atteignit l'ennemi en descendant les hauteurs d'Ordal. La compagnie d'élite du régiment, conduite par le colonel Delort, se précipita sur les fuyards, et, franchissant au galop un espace de plusieurs lieues, enleva 25 pièces de canon, toutes les voitures, les bagages et les munitions, et fit encore un grand nombre de prisonniers, parmi lesquels se trouvèrent plusieurs officiers supérieurs, notamment le colonel Silva, commandant l'artillerie. A l'affaire de Vals, où le 24ᵉ de dragons contribua puissamment à la victoire, le colonel Delort reçut un coup de feu à la jambe droite. A l'expédition sur Olot, le 25 décembre 1809, il commandait l'avant-garde qui défit entièrement le 4ᵉ régiment suisse sous les murs de cette ville et tua un grand nombre de miquelets. Au col de Cespina, le 16 janvier 1810, il contint l'ennemi par son attitude ferme, et aida la division Souham à se maintenir sur le champ de bataille. Quoique blessé d'un coup de sabre au bras, lors des premières charges, il en exécuta une dernière, mais décisive ; l'ennemi, mis en déroute, perdit 500 chevaux. Dans la nuit, le colonel Delort s'empara du poste de Cespina, à la tête du 3ᵉ régiment d'infanterie légère, malgré la vive résistance de l'ennemi. Le 7 mars suivant, l'Empereur le fit officier de la Légion-d'Honneur. Le 23 du même mois, à Vendrell, avec la 7ᵉ compagnie de son régiment et le 4ᵉ bataillon du 3ᵉ d'infanterie légère, il attaqua l'avant-garde espagnole et la mit dans une déroute complète. Le 9 avril, à Villa-Franca, avec 100 dragons seulement, il fit à l'ennemi une centaine de prisonniers, parmi lesquels se trouvaient le colonel qui commandait cette troupe et 7 autres officiers. Les hussards d'Olivença perdirent dans cette affaire 50 hommes tués. Le 15 août suivant, le colonel Delort reçut, en récompense de ses services, une nouvelle dotation et le titre de baron de l'Empire. A Cervera, en septembre de la même année, il attaqua et mit en déroute les dragons de Santiago, leur reprit les prisonniers qu'ils avaient faits, s'empara des équipages et des ambulances de l'ennemi, auquel il tua une vingtaine d'hommes et prit 40 chevaux. Au combat de Vals, le 15 janvier 1811, à la tête du 1ᵉʳ escadron de son régiment, il contint par sa bravoure et son habileté 7 escadrons espagnols qui attaquaient la division italienne du général Palombini, et la préserva d'une entière défaite. Dans la charge que le colonel Delort exécuta avec la plus grande vigueur, il tua de sa main plusieurs cavaliers espagnols, et fut grièvement blessé de plusieurs coups de sabre. Épuisé par la perte de son sang, il tomba au milieu de la mêlée et serait resté prisonnier sans le dévoûment de ses braves dragons, qui le dégagèrent. Malgré son infériorité numérique, le 24ᵉ de dragons demeura maître du champ de bataille. La division Palombini, reconnaissante du service que le 24ᵉ lui avait rendu dans cette circonstance, ne manquait jamais, lorsqu'elle le rencontrait, de l'accueillir avec des démonstrations de joie et en s'écriant : *Questi sono i nostri*. Le 28 juin de la même année, jour de l'assaut donné à la place de Taragone, le colonel Delort se porta vivement avec son régiment sur la route de Barcelone, afin d'appuyer une division italienne qui pourchassait les fuyards de la garnison. En apercevant cette cavalerie, les Espagnols se précipitèrent vers le rivage pour se mettre sous la protection de la croisière anglaise; mais les dragons les poursuivirent et les sabrèrent, malgré le feu soutenu des canonnières ennemies, et bientôt plus de 600 Espagnols jonchèrent le terrain de leurs cadavres. Le 24ᵉ de dragons, secondé par les Italiens, ramena en outre au quartier-général du général Harispe une colonne de 10,000 prisonniers environ, parmi lesquels se trouvaient le gouverneur de Taragone, 3 maréchaux-de-camp et beaucoup d'officiers supérieurs. En récompense de ses brillans services et de la valeur dont il avait donné tant de preuves, le baron Delort obtint le grade de général de brigade le 21 juillet suivant. Au mois de septembre, il commandait l'avant-garde de l'armée d'Aragon, qui se portait sur le royaume de Valence. Arrivé près de Villa-Real, le 27, il fit charger plusieurs escadrons ennemis qu'il mena battant pendant plus de trois lieues, et prit un grand nombre d'hommes et de chevaux des dragons del Rei et de la Reina. Le 25 octobre, à la bataille de Sagonte, il culbuta l'ennemi, le poussa avec vigueur jusqu'au-delà d'Albacete, sans se laisser arrêter par le feu des bataillons embusqués, et enleva sur la route un obusier, une pièce de quatre et 30 canonniers. Après l'investissement de la place de Valence, il partit à la tête d'une grande partie de la cavalerie et de 8 compagnies de grenadiers et de voltigeurs, enleva tous les postes ennemis placés sur la rive-gauche du Xucar, dispersa les bandes de Mahy et d'Obispo, et s'empara de la ville de San Felipe. Lorsque les habitans de cette ville envoyèrent leur adhésion au gouvernement du roi Joseph, ils écrivirent au maréchal Suchet une lettre dans laquelle se trouvait le passage suivant : « Nous ne sommes pas seulement soumis, nos cœurs sont aussi gagnés, et vous devez ce changement à la noblesse de votre caractère et à la discipline de vos troupes, et surtout à la conduite du général que vous nous avez envoyé et qui a si bien su nous convaincre de vos intentions magnanimes et bienveillantes. » D'après la demande formée par le général de division Palombini, à la suite de l'affaire de Vals, le général Delort fut nommé chevalier de la Couronne-de-Fer le 3 janvier 1812, et, le 16 mars suivant, l'Empereur lui accorda la décoration de commandant de la Légion-d'Honneur. Le 21 juillet, il se trouvait à Castalla, petite ville à six lieues d'Alicante, où il commandait l'avant-garde de l'armée d'Aragon, forte d'environ 2,500 hommes, et composée du 7ᵉ régiment d'infanterie de ligne, du 24ᵉ régiment de dragons, d'un escadron du 13ᵉ de cuirassiers et de 4 pièces de canon. Attaqué inopinément par le général Joseph O'Donnel, à la tête de 15,000 Espagnols, il rallia promptement ses troupes disséminées dans les différens cantonnemens, évacua Castalla et se porta en bon ordre sur les hauteurs en arrière couvrant la route d'Ibi. Les troupes françaises, secondées par le feu de leur artillerie, soutinrent bravement les efforts de l'ennemi et jetèrent même le désordre et l'indécision dans ses rangs. Le général Delort, profitant habilement de cette circonstance, fait exécuter une charge vigoureuse dans laquelle une batterie est prise en un instant. L'infanterie et la cavalerie françaises s'élancent alors sur les Espagnols, les enfoncent et les poursuivent jusque dans les rues de Castalla, où elles rentrent victorieuses. Les mouvemens de l'avant-garde française avaient été tellement rapides que, dès huit heures du matin, le feu avait cessé sur le champ de bataille. Le général Delort envoya alors en toute hâte 2 compagnies du 7ᵉ de ligne et 50 cuirassiers à Ibi, qui se trouvait attaqué par le général anglais Roche, commandant l'aile droite des Espagnols. Celui-ci, en voyant accourir cette troupe, se hâta de prendre la fuite et de gagner les montagnes de Xixona. Dans ce mémorable combat, plus de 1,000 Espagnols furent tués ou blessés, les Français n'eurent à regretter que 14 hommes tués dont un officier, le lieutenant Rignon, militaire d'une grande espérance, et 56 blessés. 2,832 prisonniers, parmi lesquels se trouvaient 150 officiers de tout grade, 2 pièces de canon, 3 drapeaux et 10,000 fusils anglais devinrent les trophées de cette brillante action, qui se trouve représentée par l'habile et patriotique pinceau du colonel Langlois dans les galeries historiques du Musée de Versailles. Quelques jours après ce beau fait d'armes, le général Delort, à la tête des 4ᵉ de hussards, 24ᵉ de dragons et de quelques compagnies de voltigeurs, attaqua et battit de nouveau O'Donnel à Yecla. Il le battit encore au-delà de Jumilla, lui enleva un convoi considérable de grains et le poursuivit l'épée dans les reins jusqu'auprès de Murcie. En revenant au quartier-général, il s'empara, sur la route d'Almanza, d'un poste de cavalerie dont tous les hommes furent tués ou pris. Le 8 octobre, près de Villena, il détruisit un bataillon calabrais commandé par des officiers anglais. Le général espagnol Elio, en remplaçant O'Donnel dans le commandement de l'armée, avait déclaré qu'il ferait une guerre d'extermination à l'armée française, et qu'il égorgerait tous les prisonniers qui tomberaient en son pouvoir. Le général Delort, informé qu'Elio devait se rendre à Alicante en passant à Yecla dans la nuit du 20 octobre, résolut de le faire repentir de sa détermination. Il partit à cet effet dans la soirée du 19 avec 400 hommes d'infanterie et 300 hussards du

4ᵉ régiment, atteignit dans la nuit la cavalerie espagnole, la sabra et la poursuivit jusqu'au-delà de Jumilla. Un grand nombre d'ennemis furent tués dans les rues mêmes d'Yecla, dont le général Elio sortait à peine lorsque les Français y arrivèrent. Le 13 juin 1813, au combat de Xucar, avec 4 bataillons et 6 escadrons, il se porta sur différens points et tint constamment en échec les Espagnols, qui n'osèrent rien entreprendre. Au mois de juillet suivant, il couvrit la retraite de l'armée d'Aragon sur la Catalogne, et mit en déroute près de Nulès, au mois d'août, un corps de dragons anglais auquel il tua un grand nombre d'hommes. Le 30 septembre, il prit une part distinguée à l'enlèvement du col d'Ordal, et à celui du défilé de la Gariga en octobre suivant. Rentré en France en 1814 et employé à la grande armée, il eut sa part de gloire à la journée de Montereau, le 18 février. Avec une faible brigade de cavalerie légère, il arrêta et chargea à trois reprises différentes plusieurs escadrons de hussards autrichiens. Dans la même journée, il exécuta sur la route de Melun une charge sur les flancs de l'armée alliée, pénétra au centre d'une colonne qui atteignait déjà le faubourg de Melun, sabra lui-même le général qui la commandait, et força 4 régimens autrichiens à mettre bas les armes. Grièvement blessé d'un coup de feu pendant l'action, il fut récompensé de ce beau fait d'armes par le grade de général de division le 26 du même mois. L'Empereur, en apprenant la conduite du général Delort dans cette journée, avait chargé le général en chef Pajol de lui dire *qu'il était extraordinairement satisfait de ce qu'il venait de faire*. Mis en non-activité après la première Restauration, Louis XVIII le nomma chevalier de Saint-Louis le 19 juillet 1814. Au retour de l'Empereur de l'île d'Elbe, il était en demi-solde à Arbois lorsque le maréchal prince de la Moskowa lui prescrivit de se rendre à Lons-le-Saunier pour y prendre le commandement de la cavalerie de son corps d'armée. Il fit la campagne des Cent-Jours à la tête de la 14ᵉ division de cavalerie de la réserve de l'armée du Nord, composée des 5ᵉ, 6ᵉ, 9ᵉ et 10ᵉ régimens de cuirassiers. Il la commanda à la bataille de Ligny, le 16 juin 1815, et décida la victoire remportée dans cette journée par les charges qu'il fit exécuter. Dans une de ces charges, le feld-maréchal Blücher fut renversé sous son cheval et dépassé par les intrépides cuirassiers du 9ᵉ régiment, qui ne le reconnurent pas. Il ne restait auprès de lui que son aide-de-camp, le major de Nostliz, qui le retira avec peine de dessous son cheval, et le ramena à son quartier-général sur celui d'un sous-officier du 6ᵉ de hulans. Cet incident, qui devait rendre la bataille décisive, resta ignoré de nos braves cuirassiers. Si le vieux maréchal eût été pris et amené à l'Empereur, quelle impression cela n'eût-il pas fait sur les esprits, et quels résultats n'en pouvait-on pas espérer ! A Mont-Saint-Jean, où il combattit avec la plus grande valeur, le général Delort reçut un coup de feu à la jambe et une autre blessure au bras ; ses habits et son chapeau furent criblés de balles, et il eut 3 chevaux tués sous lui. Classé parmi les lieutenans-généraux disponibles, après le licenciement de l'armée, il se retira à Arbois, où l'affabilité de son caractère et de nombreux traits de bienfaisance lui acquirent l'estime et l'affection de ses concitoyens.

Dès 1812, pendant qu'il combattait en Espagne, il avait envoyé une somme de 8,000 francs aux hospices de sa ville natale. Admis à la retraite le 1ᵉʳ janvier 1825, et condamné à un repos prématuré, il chercha dans la culture des lettres l'oubli d'une poignante injustice. Il a fait, avec un vrai talent, une traduction en vers des odes d'Horace, et a consacré le produit de ce travail au soulagement de la misère d'un artisan de son pays, que les infirmités les plus cruelles mettaient dans l'impossibilité de subvenir à ses besoins. La révolution de Juillet l'appela de nouveau à prendre part aux affaires publiques. Aux élections de 1830, ses compatriotes lui donnèrent un éclatant témoignage de leur estime et de leur affection, en le proclamant député de leur arrondissement. Nommé commandant de la 8ᵉ division militaire (Marseille) le 6 août 1830, et grand-officier de la Légion-d'Honneur le 18 octobre suivant, il rendit de grands services pendant l'exercice de son commandement, et emporta avec lui les regrets de la population, lorsque, au mois de janvier 1831, il se démit de ses fonctions pour aller à la Chambre remplir son mandat de député. Chargé le 17 mars suivant de l'inspection générale des troupes stationnées dans les 5ᵉ, 6ᵉ et 18ᵉ divisions militaires, il commençait à peine ses opérations, lorsque le ministre l'appela, le 6 avril, à prendre le commandement de la 3ᵉ division militaire (Metz). Le 20 avril 1832, le roi le rapprocha de sa personne en qualité d'aide-de-camp, et lui confia le commandement supérieur de la 7ᵉ division militaire (Lyon) le 22 du même mois. Investi de ces hautes fonctions, le général Delort, dans une conjoncture délicate, fit preuve d'un honorable caractère et d'un grand désintéressement en donnant sa démission de ses emplois militaires pour conserver intactes la dignité et l'indépendance du député. Sa démission fut acceptée le 1ᵉʳ juillet 1833, mais le roi lui rendit ses fonctions d'aide-de-camp auprès de sa personne le 11 mars 1834. Élu trois fois député par les arrondissemens de Lons-le-Saunier et de Poligny, le général Delort remplit avec la plus scrupuleuse conscience les obligations de son mandat. On n'a point oublié avec quelle chaleureuse persévérance il a soutenu les droits des anciens légionnaires, dans la séance du 30 mai 1835, et le noble désintéressement avec lequel il déclara renoncer, pour sa part, à l'arriéré qui lui était dû, afin de conserver toute sa liberté de discussion. Si ses efforts n'ont point obtenu le résultat qu'il en espérait, du moins son zèle n'a-t-il pas fait défaut à la plus juste des causes. Nommé membre de la commission de défense du royaume le 16 novembre 1836, le roi lui donna la grand'croix de la Légion-d'Honneur le 30 mai 1837, et le créa pair de France par ordonnance royale du 3 octobre suivant. Chargé de l'inspection générale de l'École militaire de Saint-Cyr et du pénitencier militaire de Saint-Germain le 26 juillet 1838, il exerça les mêmes fonctions pendant les années suivantes, et fut admis à la 2e section (réserve) du cadre de l'état-major général de l'armée, à compter du 17 novembre 1841. Son nom est inscrit sur l'arc-de-triomphe de l'Étoile, côté Ouest. A. BOURGUIGNON.

DENNIÉE (ANTOINE, *baron*), naquit le 17 janvier 1754 à Versailles (Seine-et-Oise). Admis comme sous-lieutenant dans les troupes coloniales de Saint-Domingue le 1er février 1769, il devint lieutenant le 2 avril 1771. Le 1er janvier 1775, le ministre de la guerre l'admit dans ses bureaux en qualité d'élève commissaire des guerres, et le fit passer, le 1er février suivant, dans la compagnie des gardes de la porte. Il accompagna Louis XVI dans le voyage de ce prince à Cherbourg et au Hâvre en 1786, obtint, le 10 septembre 1787, le brevet de commissaire des guerres, et entra, le 1er novembre 1791, dans la garde du roi en qualité de commissaire-général. Le roi le nomma chevalier de Saint-Louis le 1er mai 1792. Commissaire-ordonnateur le 10 février 1793, et suspendu le 30 pluviose an II, il continua néanmoins ses fonctions par ordre des représentans du peuple envoyés à Lyon. Réintégré le 1er fructidor même année, il se rendit à l'armée d'Italie, et fut nommé, le 17 brumaire an III, commissaire-ordonnateur en chef de l'armée de l'Ouest. Ses lettres de service ayant été révoquées par arrêté du 30 du même mois, il reçut l'ordre de rejoindre l'armée des Alpes, où il arriva le 1er pluviose suivant. Il y remplit les fonctions d'ordonnateur et de grand-juge de la cour martiale. Employé à l'armée d'Italie par décision du 12 pluviose an IV, en qualité d'ordonnateur en chef, il passa, le 15 brumaire an VI, dans la 21e division militaire. Le ministre de la guerre, qui l'avait d'abord désigné, le 3 brumaire an VII, pour faire partie de l'armée d'Angleterre, le nomma, le 19 du même mois, commissaire du gouvernement près la régie des hôpitaux militaires. Envoyé le 26 messidor suivant, en qualité d'ordonnateur en chef provisoire à l'armée des Alpes, il fut appelé, le 14 nivose an VIII, aux fonctions de chef de la 3e division du ministère de la guerre. Inspecteur aux revues le 18 pluviose suivant, il fit en même temps partie du comité central des revues jusqu'au 16 messidor an X, époque de sa promotion au grade d'inspecteur en chef. Il reçut, le 4 germinal an XII, la décoration de la Légion-d'Honneur, celle d'officier du même Ordre le 27 nivose an XIII. Un arrêté des consuls, du 25 fructidor an XII, lui avait confié le secrétariat général du ministère de la guerre; il le conserva jusqu'au 1er mars 1808, époque à laquelle il partit pour l'armée d'Espagne comme intendant-général. Au mois d'août 1807, le maréchal Berthier, ministre de la guerre, avait fait en sa faveur la demande du titre de commandant de la Légion-d'Honneur, et ce rapport spécial avait reçu du chef du gouvernement l'apostille suivante : « Renvoyé à M. de Lacépède pour comprendre M. Denniée dans le plus prochain travail. » Denniée remit lui-même cet ordre au grand-chancelier, qui lui dit, après en avoir pris connaissance : *Ce billet à ordre sera très incessamment acquitté.* Cependant il n'eut point alors la décoration qui lui avait été si solennellement promise. Cette circonstance motiva plus tard la demande faite en sa faveur de la croix de grand-officier. Il reçut, le 25 février 1811, celle de chevalier de la Couronne-de-Fer.

Un ordre de l'Empereur, du 11 mars 1812, chargea l'inspecteur en chef aux revues Denniée, de l'apurement de la comptabilité de l'armée d'Espagne. Napoléon, satisfait de son travail, lui conféra, le 14 avril, le titre de baron de l'Empire, avec une dotation de 4,000 francs de rente sur les forêts de Hanovre, reversible sur la tête de son fils. Après la première abdication de Napoléon, Louis XVIII nomma le baron Denniée, le 23 mars 1814, intendant-général de sa maison militaire, et chevalier de Saint-Louis le 1er juin suivant. Admis à la retraite le 24 septembre 1815, conformément aux dispositions de l'ordonnance du 1er août précédent, il continua cependant d'exercer ses fonctions d'intendant de la maison du roi jusqu'au 15 octobre 1817. Il avait été confirmé dans le titre de baron par lettres-patentes du 25 mai 1816. A cette époque, une décision royale lui accorda la retraite d'inspecteur en chef aux revues. Il avait été proposé pour la décoration de grand-officier de la Légion-d'Honneur; mais le roi, par respect pour les réglemens de l'Ordre, ne voulut lui accorder que la croix de commandant le 17 décembre 1817. « Comme récompense, disait l'ordonnance de nomination, de ses services aussi distingués par leur utilité que par l'extrême délicatesse qui en a toujours été la base. » Le baron Denniée est mort à Paris le 19 avril 1828. Son nom est inscrit sur l'arc-de-triomphe de l'Étoile, côté Sud. B-S.

DERMONCOURT (PAUL-FERDINAND-STANISLAS, *baron*), naquit le 3 mars 1771 à Crécy-au-Mont (Aisne). En 1789, il concourut à la prise de la Bastille, et entra immédiatement après dans les grenadiers de la garde nationale de Paris, compagnie Odiot, quartier de la butte Saint-Roch. Volontaire dans le 3e bataillon de l'Aisne le 4 septembre 1791, sergent de grenadiers et sergent-major les 4 avril et 3 juillet 1792, il fit la campagne de cette année à l'armée du Nord, se trouva au combat de Quiévrain, et embarqua à Lorient pour la Martinique, avec le général Rochambeau. Arrivé à Saint-Domingue, il parvint à ramener aux commissaires de la Convention, Polverel et Santhonax, les troupes qui tenaient encore pour d'Esparbès, gouverneur déposédé. Le 1er novembre, à la tête de sa compagnie, tous les officiers étant malades, il s'empara du morne Pellé sur les noirs, et les força de fuir. Mis à l'ordre de l'armée, le 19 décembre, pour ce fait de guerre, il reçut le même jour le grade de lieutenant, et celui de capitaine le 28. Il partit, le 1er octobre 1793, pour Philadelphie, afin d'y rétablir sa santé. Pris par des corsaires bermudiens, rejeté en mer par une tempête, il gagna enfin Philadelphie, où la fièvre jaune sévissait d'une manière si cruelle qu'en deux mois elle enleva 22,000 colons. Atteint de ce mal affreux, il eut le bonheur d'échapper à ses suites. Il profita pour rentrer en France du départ d'un grand convoi de la baie de Chesapeake, qui eut lieu le 2 floréal an II, et il arriva à Brest le 23 prairial. Emprisonné pendant quelques jours, comme tous ceux qui venaient d'outre-mer, attaché ensuite à l'armée des côtes de Brest, il combattit à Quiberon le 23 messidor, et retourna à Brest, où il remplit les fonctions d'adjudant de place. Le 12 vendémiaire an IV, il était à Paris, et le 13 il défendait la Convention au combat de Saint-Roch. Nommé le 23 germinal an IV aide-de-camp du général Alexandre Dumas, il se rendit avec lui en Italie, puis, après la bataille de Rivoli et la reddition de Mantoue, il le suivit dans le Tyrol. Au passage du Lavis, il sauva la vie à l'aide-de-camp Lambert, que le torrent entraînait. S'apercevant qu'une redoute, défendue par 60 Autrichiens, et placée à la tête du village de Faver, situé à mi-côte, incommodait la division, il se mit à la tête de 50 grenadiers, se porta au-dessus de la redoute, la prit à revers, s'en empara, et ramena les Autrichiens prisonniers. Il se distingua à l'enlèvement du pont de Newenark et à la prise de Bolgiano. On marchait sur Brixen. L'ennemi était posté à Clausen, sur l'Eisach, et l'entrée de cette petite ville se trouvait défendue par un pont couvert de 200 mètres de longueur. La fusillade engagée sur ce pont ne permettait pas à la cavalerie de le passer. L'aide-de-camp Dermoncourt mit pied à terre avec une vingtaine de dragons, et, sous le feu de l'ennemi, dégageant le pont en jetant dans l'Eisach tout ce qui l'encombrait, livra le passage au général Dumas à toute la colonne, et Brixen tomba bientôt au pouvoir de nos troupes. En avant et à une lieue de cette ville, le général Dumas se trouva seul à lutter contre un escadron ennemi ; son aide-de-camp Dermoncourt se précipita aussitôt à son secours et reçut une blessure grave à l'épaule. Le général en chef Bonaparte, informé par le général Joubert de la belle conduite de ce brave officier pendant la campagne, le cita avec éloges dans son rapport au gouvernement. Passé comme capitaine dans le 3ᵉ régiment de dragons le 6 brumaire an VI, il servit en Suisse, s'embarqua à Toulon le 30 floréal avec l'armée expéditionnaire d'Orient, et fit les campagnes d'Égypte et de Syrie jusqu'en l'an IX. A la bataille d'Aboukir, le 7 thermidor an VII, le colonel Duvivier, qui avait la cavalerie sous ses ordres, ayant été tué, le capitaine Dermoncourt lui succéda dans ce commandement jusqu'à son remplacement par le général Roise, et se conduisit avec autant d'intelligence que de courage. Durant l'action, il reçut une balle dans la poitrine qui le renversa sur la croupe de son cheval, et dont il n'évita le danger que parce que son manteau était roulé en croix devant lui, et fut blessé d'un coup de feu à la cheville gauche. Quoique sa blessure le fit beaucoup souffrir et l'empêchât de se chausser, le général en chef le chargea de conduire des chameaux chargés d'argent à Rahmanié, puis à Alexandrie, avec des dépêches secrètes pour le général Marmont et l'amiral Gantheaume, dont il devait lui porter les réponses au Caire. Il remplit sa mission, malgré les attaques répétées des Arabes ; la réponse de l'amiral était verbale, elle se bornait à ce peu de mots : *Le vent est bon.* Le capitaine Dermoncourt la reporta exactement au général en chef, qui bientôt après cinglait vers la France. Il se signala à la bataille d'Héliopolis, près de Coraïm, où il secourut Kléber, et à la reprise du Caire. Le général en chef Menou reconnut ses services en le nommant chef d'escadron au 14ᵉ de dragons le 4 messidor an VIII. A la seconde bataille d'Aboukir, le 30 ventose an IX, frappé d'un coup de feu à la gorge, il ne quitta point le commandement, rallia son corps et soutint la retraite avec une grande énergie. Revenu en France en vertu de la convention d'Alexandrie, confirmé dans son dernier grade par le premier Consul le 15 ventose an X, il passa dans le 22ᵉ régiment de cavalerie ; mais ce régiment ayant été incorporé dans les cuirassiers, on l'envoya dans le 21ᵉ de dragons le 13 pluviose an XI. En l'an XII, le premier Consul le nomma, le 23 frimaire, major du 11ᵉ de cuirassiers, et le 4 germinal, membre de la Légion-d'Honneur. Il servit à la grande armée de l'an XIV à 1807. Fait colonel du 1ᵉʳ de dragons le 5 avril de cette dernière année, il mena son régiment au feu pour la première fois, le 12 juin, à la bataille d'Heilsberg, et pour la seconde fois, le 14, à Friedland. A la fin de cette bataille, l'Empereur fit appeler Sopransi, aide-de-camp du prince de Neufchâtel : *Allez dire au colonel du 1ᵉʳ régiment que je suis content de lui.* — Baron de l'Empire, avec dotation, le 17 mars 1808, officier de la Légion-d'Honneur le 4 octobre suivant, il entra immédiatement en Espagne avec la division Latour-Maubourg, et y resta jusqu'en 1811. Sa retraite de Taragone, au mois de décembre 1808, est un des beaux faits d'armes de nos campagnes d'Espagne. Le 29 juillet 1809, à Talaveira de la Reina, où il commanda sa brigade, il eut la cuisse droite traversée d'un coup de feu. Forcé d'interrompre son service, il le reprit au mois d'octobre, et reçut, le 29 décembre, dans la Sierra-Morena, une balle morte au genou droit. A Madridejos, au Trocadero, à Chiclana, il fit preuve de bravoure, d'activité et de talens militaires. Le 1ᵉʳ régiment de dragons étant devenu 1ᵉʳ de chevau-légers-lanciers, le colonel Dermoncourt quitta l'Andalousie le 9 octobre 1811, et rentra en France pour procéder à l'organisation du nouveau corps, organisation qu'il compléta à Chartres. Il quitta cette ville le 12 mai 1812, et rejoignit la grande armée à Moscou le 11 octobre. Il se battit le 24 à Malo-Jaroslawetz.

Au commencement de 1813, il prit à Mayence le commandement d'un régiment de marche, et se rendit à l'armée près de Bautzen. Au combat de Rechenback, il fit plusieurs charges heureuses et eut un cheval tué sous lui. C'est pendant l'armistice que l'Empereur l'éleva, le 22 juillet, au grade de général de brigade, et lui confia le commandement de la cavalerie du 5ᵉ corps. Il se trouva aux affaires de Goldberg, de Loevemberg, de Leipzig et de Hanau, et l'Empereur lui donna la croix de commandant de la Légion-d'Honneur le 4 décembre ; le 25, il était à Neufbrisack, chargé de surveiller les travaux et les approvisionnemens de cette place. Au moment de l'investissement, et lorsqu'il se disposait à se retirer avec sa brigade sur Schelestadt, il reçut l'ordre suivant : « Par ordre du général Grouchy, lieutenant de la droite de l'armée, il est ordonné au général Dermoncourt de se jeter de sa personne dans la place de Neufbrisack et de la défendre jusqu'à la dernière goutte de son sang. — Le général de division, Grouchy. » Et les Autrichiens n'y sont point entrés.

Après l'abdication, il fit sa soumission à Louis XVIII, qui le nomma chevalier de Saint-Louis le 17 septembre, l'employa au quartier-général de la 5e division militaire le 23 du même mois, et lui confia le 10 octobre le commandement supérieur de Neufbrisack, qu'il lui retira le 2 janvier 1815. Au retour de l'île d'Elbe, l'Empereur le rétablit, le 25 mars, dans ce commandement. Il soutint avec succès le second blocus de Neufbrisack. Remplacé le 6 octobre 1815, on le mit à la retraite le 26 septembre 1821. Relevé de cette position à la révolution de 1830, il reçut, le 7 mars 1831, le commandement du département de la Haute-Loire, et celui de la Loire-Inférieure le 24 avril 1832.

Le ministère avait envoyé le général Dermoncourt dans la Haute-Bretagne avec l'intention de mettre fin aux agitations qu'il avait volontairement laissé grandir jusqu'alors. A peine arrivé à Nantes, le général s'aperçut qu'on ourdissait une grande conspiration et qu'elle ne tarderait pas à éclater ; qu'un chef y était attendu, et que ce chef devait être Mme la duchesse de Berri. Il fit ses dispositions militaires. La princesse parvint en Vendée le 16 mai, et les Bretons apprêtèrent leurs armes. Cependant il n'y eut point unanimité parmi eux, puisque des douze divisions dont on voulait composer l'armée royale, sept se prononcèrent contre le soulèvement, soit parce qu'on manquait de fusils et de munitions, soit parce que les événemens du Midi n'étaient point de nature à encourager, soit enfin, comme l'écrivait, le 17, M. de Coislin à la duchesse, qu'une prise d'armes sans le concours de l'étranger paraît devoir amener l'entière destruction du parti royaliste en France. Mme la duchesse de Berri persista et ordonna à tous d'être prêts pour le 24. Le commandement en chef était déféré à M. de Bourmont. Mais celui-ci pensait comme M. de Coislin, et les royalistes de Paris, qui partageaient l'opinion de MM. de Coislin et de Bourmont, avaient envoyé M. Berryer à la duchesse afin de l'éclairer sur sa position : de là l'indécision des ordres et des mouvemens. La duchesse, malgré sa promesse à M. Berryer, se décida à agir, et la prise d'armes fut fixée par elle, d'accord avec M. de Bourmont, à la nuit du 3 au 4 juin.

Pour le général Dermoncourt, auquel les détails échappaient, la guerre civile était imminente. Il prit aussitôt son parti : c'était de s'emparer des chefs et de multiplier ses postes à l'effet d'empêcher les rassemblemens.

Le 4, le tocsin se fit entendre, et la guerre commença, guerre d'embuscade et de surprise, qui coûte du sang et se prolonge sans résultats décisifs.

Marches et contre-marches, visites et attaques de châteaux, combats partiels, arrestation de quelques chefs, poursuite incessante des autres, direction militaire qui ne laisse aucun repos, et qui exige une activité et une intelligence peu communes, voilà ce que fit et fit faire le général Dermoncourt pendant la durée de ce mouvement insurrectionnel, particulièrement jusqu'au jour (le 16) où la duchesse, déguisée en paysanne, crut prudent de chercher un asile secret à Nantes, mis en état de siège le 15.

Deutz, arrivé à Paris, s'était entendu avec M. de Montalivet, puis avec M. Thiers. M. Thiers l'avait envoyé à Nantes, accompagné d'un officier de police nommé Joly, et précédé d'un nouveau préfet, M. Maurice Duval.

Deutz vit la duchesse une première fois, le 31 octobre, et la seconde et dernière fois le 6 novembre, sous le prétexte de communications graves que, dans l'émotion qu'il avait éprouvée lors de l'entrevue du 31, il avait entièrement oublié de lui faire.

Le 6, en quittant la duchesse, il alla porter ses renseignemens à M. Maurice Duval ; on investit aussitôt la maison, les policiers firent leur office, et, après seize heures de recherches, la duchesse sortit de sa cachette, où il lui était impossible de rester plus long-temps, et demanda le général Dermoncourt. En le voyant, elle courut à lui : *Général*, lui dit-elle, *je me rends à vous, et me remets à votre loyauté.* — *Madame*, répondit le général, *Votre Altesse est sous la sauvegarde de l'honneur français.*

Et le général eut pour Mme la duchesse de Berri, la nièce du roi, tous les égards dus à son sexe et à ses malheurs. Le général la conduisit ensuite au château, et la fit respecter durant le trajet, car on entendait de fâcheux murmures dans le peuple.

Le surlendemain, tandis que le général se rendait au château de la Chaslière pour s'emparer de M. de Bourmont, qu'on disait s'y trouver, l'embarquement de la duchesse pour Blaye eut lieu et le général ne la revit plus.

On avait donné la pairie (11 octobre) à M. Maurice Duval à titre d'encouragement : il était naturel que le général s'attendît à voir récompenser ses longs et anciens services par le grade de lieutenant-général, auquel il avait tant de droits : on prononça sa réadmission à la retraite, le 1er avril 1833, conformément à la loi. Il réside en ce moment à Batignolles, près de Paris.

DESBRUSLYS (NICOLAS **ERNAULT** DE RIGNAC, *baron*), né le 7 août 1757 à Brives-la-Gaillarde (Corrèze), entra comme élève à l'École des mineurs de Verdun le 28 septembre 1774. A la suppression de cette École, le 25 septembre 1775, il passa comme surnuméraire dans les gardes du corps du roi (compagnie de Noailles), et fut nommé, le 4 juillet 1780, lieutenant en second au 3e régiment d'artillerie. Embarqué à Brest en décembre 1781, pour une expédition dans l'Inde, qui échoua deux fois, il rejoignit son régiment en Bretagne. Lieutenant en premier le 1er septembre 1783, et capitaine dans les troupes coloniales le 7 mai 1786, il accompagna l'envoyé extraordinaire du gouvernement français près le-

sophi de Perse. Rentré en France en octobre 1787, il reprit rang dans le 1er régiment d'artillerie le 27 janvier 1788, à partir du jour de sa première nomination. Lieutenant en premier, aide-de-camp du premier inspecteur-général de l'artillerie, capitaine en second au 2e régiment d'artillerie, et adjoint à l'état-major général de l'armée du centre les 11 avril et 8 août 1791, 6 et 8 février 1792, il obtint du général Dumouriez, le 1er septembre de cette dernière année, le grade d'adjudant-général lieutenant-colonel. Le 14 du même mois, à l'affaire de la Croix-aux-Bois, il rallia plusieurs fois et conduisit à l'ennemi les bataillons qui avaient été rompus pendant l'action. Dans la même journée, il sauva, par une retraite habilement préparée, 4 bataillons qui allaient être enveloppés par l'ennemi, et, le lendemain, les équipages de l'armée attaqués par 3 escadrons ennemis. Adjudant-général colonel le 8 octobre suivant, il assista au siège de Namur en qualité d'adjudant-général de tranchée, conduisit la colonne d'attaque du fort Vilatte, et monta l'un des premiers à l'assaut de ce fort, qui fut emporté de vive force. Il reçut une blessure au bras droit le 26 novembre par un éclat d'obus. Chef d'état-major général de l'armée des Ardennes le 26 janvier 1793, et chargé de diriger les travaux de siège pendant le blocus de Maëstricht, un boulet de canon vint l'atteindre à la cuisse gauche le 27 février. Général de brigade provisoire le 7 avril, il remplit en même temps les fonctions de chef d'état-major des trois armées du Nord, de Belgique et des Ardennes. Le 15 mai, il avait été confirmé dans son grade par le conseil exécutif, lorsqu'une nouvelle décision du 10 août le suspendit de son emploi. Arrêté, conduit à Paris et incarcéré dans la prison de l'Abbaye, il ne recouvra sa liberté que le 9 thermidor an II. L'émigration de deux de ses frères en 1791 avait été le motif de cette détention. Mis de nouveau en état d'arrestation le 26 du même mois, comme ancien chef d'état-major du général Custine, accusé d'avoir livré la frontière par la levée du camp de César, puis élargi le 19 frimaire an III, il reçut enfin l'ordre de se rendre à l'armée de l'Ouest. Rappelé presque aussitôt à Paris, il défendit, le 1er prairial, la Convention nationale contre le peuple insurgé, et fut blessé à côté du représentant Feraud, l'une des victimes de cette journée. Le 25 messidor, il rejoignit en Hollande l'armée du Nord, où il continua ses fonctions de chef d'état-major. Ayant appris que deux de ses frères émigrés étaient sur les frontières de la Hollande et en danger d'être pris, il donna sa démission pour ne pas être témoin d'un malheur qu'il avait lieu de redouter. Remis en activité le 26 germinal an IV, et renvoyé à l'armée du Nord, le gouvernement l'employa, le 25 pluviose an V, dans les 1re et 16e divisions militaires, et lui confia le commandement des côtes. C'est alors qu'il refusa le grade de général de division, qu'il ne voulait obtenir qu'à l'armée même. Le 18 messidor an VI, il alla rejoindre l'armée dite d'*Angleterre*, qu'il quitta, le 21 nivose an VII, pour reprendre le commandement en chef provisoire des 1re et 16e divisions militaires jusqu'à l'arrivée du général Pille.

Passé à l'armée du Rhin le 26 frimaire an VIII, il se fit remarquer aux journées de Fribourg et de Biberach, suivit Moreau devant Ulm, maintint et défendit la communication par le Saint-Gothard entre les armées d'Italie et du Rhin. Attaché à la division Ney le 22 messidor, il forma le blocus d'Ingolstadt. Au mois de vendémiaire an X, il prit le commandement intérimaire de la division Souham. Mis à cette époque à la disposition du ministre de la marine, il reçut de ce ministre, le 25 nivose, l'ordre de se rendre à Rochefort pour y embarquer sur la frégate *la Thémis*, et passer à l'Ile-de-France sous le commandement du général Magallon. Celui-ci ayant été rappelé en France, un arrêté du capitaine-général Decaen nomma Desbruslys lieutenant du capitaine-général et commandant de l'île de la Réunion (île Bourbon). Il y reçut, le 4 germinal an XII, la décoration de membre de la Légion-d'Honneur, et le 13 juillet 1808 le brevet de général de division.

Une dépêche du général Decaen, du 9 octobre 1809, annonça au gouvernement que le général Desbruslys venait de se suicider. Voici les faits qui ont amené sa fin tragique. Le 21 septembre 1809, les Anglais envahirent le bourg de Saint-Paul, dépendant de l'île de la Réunion. Le général Desbruslys, qui ne pouvait disposer que de 50 hommes de troupes de ligne et de 800 gardes nationaux, se retira devant l'ennemi dans la direction de Saint-Denis, laissant au capitaine Saint-Mihiel le commandement du quartier et l'ordre de parlementer avec les Anglais. Une convention signée à Saint-Paul le 23, et portant suspension d'armes, fut présentée à sa signature le lendemain, et il refusa de la ratifier. Le jour suivant, 25, il se brûla la cervelle. On trouva près de lui un écrit ainsi conçu : « Je ne veux pas être traître à mon pays; je ne veux pas sacrifier des habitans à la défense inutile de cette île ouverte. D'après les effets que j'entrevois de la haine ou de l'ambition de quelques individus tenant à une secte révolutionnaire, la mort m'attend sur l'échafaud…. Je préfère me la donner. Je recommande à la Providence et aux âmes sensibles ma femme et mes enfans. » Madame Desbruslys obtint en 1811 une pension de 1,000 francs.   B-S.

DESBUREAUX (CHARLES-FRANÇOIS, *baron*), naquit le 13 octobre 1755 à Reims (Marne). Soldat dans le régiment de la Reine-infanterie le 20 décembre 1773, caporal le 25 mars 1774, il fit la campagne navale de 1778. Sergent le 26 septembre 1780, et fourrier le 13 avril 1781, il obtint son congé absolu le 21 avril 1784. Élu chef de division de la garde nationale de Reims, il fut chargé, lors de l'invasion de la Champagne par les armées ennemies, en mars 1792, de l'organisation et du commandement des troupes de nouvelle levée. L'activité, l'habileté qu'il déploya dans cette circonstance lui valurent le grade d'adjudant-général chef de bataillon le 1er octobre de la même année. Il servit d'abord en cette qualité au camp de Châlons, et passa successivement aux armées des Ardennes, du Nord, de la Moselle et de Rhin-et-Moselle, pendant les campagnes de 1792 à l'an III. Général de brigade le 16 août 1793, et général de division le 20 septembre suivant, il se trouva au déblocus de Maubeuge, puis il prit le commandement de 3 divisions destinées à l'attaque de Charleroi ; il passa ensuite avec un corps de troupes de 16,000 hommes à l'armée de la Moselle, pour le déblocus de Landau et la reprise des lignes de Wissembourg. Le 4 prairial an II, il soutint la division Ambert, vivement attaquée par les Prussiens devant Kayserslautern, arrêta l'ennemi, et opéra sa retraite sans avoir été entamé. Vers cette époque se forma l'armée de Sambre-et-Meuse, et le général Desbureaux reçut l'ordre de défendre le pays compris entre la Sarre et la Moselle, de couvrir les places de Sarre-Libre et de Thionville, et de se jeter dans cette dernière place pour la défendre jusqu'à la dernière extrémité en cas de siége. Lors de la marche de l'armée de la Moselle sur Trèves, il commandait la division du centre ; il fit à l'ennemi un grand nombre de prisonniers, et emporta de vive force la batterie du pont de Consarbruck. L'armée se porta ensuite sur Mayence, et passa l'hiver devant cette place. Desbureaux commandait l'attaque de gauche sous les ordres du général Kléber. Lors de la retraite de l'armée, il défendit la rive gauche du Rhin depuis Oppenheim jusqu'à Franckenthal. Non compris dans le travail d'organisation du 25 prairial an III, il rentra dans ses foyers avec le traitement de réforme le 1er messidor suivant. Remis en activité le 5 thermidor an VII, il eut alors le commandement de la 12e division militaire. Les Vendéens avaient repris les armes : Desbureaux parvint à rétablir l'ordre dans sa division, non sans avoir battu et dispersé de nombreux rassemblemens d'insurgés, notamment le 12 brumaire an VIII aux Aubiers, où il leur avait tué 500 hommes. Il reçut, le 11 frimaire, l'ordre de se rendre à l'armée gallo-batave ; à son arrivée à Paris, il trouva un contre-ordre qui le renvoyait dans l'Ouest, où l'insurrection avait reparu, et il y resta jusqu'au 1er ventose an IX, époque à laquelle il fut de nouveau placé en traitement de réforme. Mis à la disposition du ministre de la marine le 30 brumaire an X, il partit pour Brest le 18 nivose suivant, afin de prendre le commandement de la deuxième expédition de Saint-Domingue. Rentré en France le 20 germinal an XI, et maintenu dans le traitement d'activité par décision du premier Consul du 30 messidor suivant, il fut nommé membre de la Légion-d'Honneur le 4 germinal an XII, et appelé au commandement de la 7e division militaire le 30 fructidor an XIII. Passé à celui de la 5e le 10 novembre 1806, il reçut le titre de baron le 15 août 1809, et la décoration d'officier de la Légion-d'Honneur le 27 juillet 1810. Maintenu dans son commandement après l'abdication de l'Empereur, le général Desbureaux devint chevalier de Saint-Louis le 1er novembre 1814, et commandeur de la Légion-d'Honneur le 27 décembre de la même année. Il continua d'exercer ses fonctions lorsque Napoléon revint de l'île d'Elbe ; mais une ordonnance royale du 4 septembre 1815 prononça son admission à la retraite. Il est mort à Paris le 26 février 1835. B-G.

DESLON (CLAUDE-MARCEL), naquit le 2 septembre 1763 à Mirecourt (Vosges). Entré le 18 avril 1782 comme cavalier dans le 6e régiment de chasseurs à cheval, il fit la même année la campagne de Genève. Le 23 octobre 1783 (1), il passa dans l'infanterie attachée à ce corps, laquelle fut amalgamée avec le 11e bataillon d'infanterie légère, devenu 10e régiment de même arme. Caporal le 1er mars 1786, sergent le 9 avril 1787, sergent-major le 26 octobre 1792, quartier-maître-trésorier le 8 mars 1793, il servit de 1793 à l'an III aux armées des Alpes et de Rhin-et-Moselle. Nommé, le 10 vendémiaire an II, capitaine-adjudant-major, il passa, le 6 frimaire de la même année, à l'état-major général de l'armée, en qualité d'adjoint aux adjudans-généraux. Chargé, le 2 nivose suivant, de l'incorporation de la première réquisition à l'armée du Rhin, il rentra à son bataillon le 1er germinal, et prit, le 17 prairial, le commandement de la compagnie de carabiniers. Il remplit ensuite les fonctions d'aide-de-camp auprès des généraux Frimont, Delmas et Nouvion, du 8 brumaire an III au 20 prairial an VII. En l'an VI et en l'an VII, il fit partie des armées du Rhin, du Danube et d'Helvétie. A l'enlèvement de Rastadt, il pénétra l'un des premiers dans la ville, prit une pièce de canon et fit 6 artilleurs prisonniers. Chef de bataillon le 21 prairial an VII, il rentra comme adjoint à l'état-major général de l'armée le 28 nivose an VIII, et fut appelé le 1er vendémiaire an IX au commandement d'un bataillon de la 10e demi-brigade légère. La bravoure qu'il déploya pendant les campagnes des ans VIII et IX à l'armée du Rhin, et particulièrement à la bataille de Hohenlinden, lui mérita l'honneur d'être mis à l'ordre de l'armée. Employé aux camps de Boulogne et de Saint-Omer en l'an XI et en l'an XII, il devint major du 9e léger le 30 frimaire de cette dernière année, et membre de la Légion-d'Honneur le 4 germinal suivant. Il commanda le 7e régiment provisoire d'infanterie à l'armée des côtes de l'Océan en 1807, et reçut l'année suivante l'ordre de se rendre en Espagne. Prisonnier à Baylen le 16 juillet 1808, il fut d'abord conduit à Malaga, puis sur les pontons en rade de Cadix, et de là aux îles Baléares. Remis entre les mains des Anglais, en juillet 1810, et emprisonné à Plymouth, il parvint à s'échapper le 9 juin 1813. Placé comme major dans le 15e léger le 12 juillet même année, et nommé colonel du 9e d'infanterie légère le 25 novembre suivant, il servit à la grande armée jusqu'à la fin de cette campagne. Envoyé alors à l'armée d'Espagne, il revint en France avec cette armée et se trouva à la bataille de Toulouse. Officier de la Légion-d'Honneur le 24 août 1814, et chevalier de Saint-Louis le 27 septembre de la même année, il obtint sa retraite le 1er août 1815, et se retira à Charmes (Vosges), où il est mort le 22 décembre 1832. B-S.

DESMAREIX. *Voyez* DUMAREIX.

DESPREZ (ALEXANDRE), naquit le 28 mars

(1) A cette époque, un bataillon d'infanterie était attaché à chaque régiment de chasseurs à cheval.

1770 à Paris (Seine). Lieutenant le 21 juillet 1791 dans le 1er bataillon de Paris, incorporé en l'an II dans la 201e demi-brigade d'infanterie de bataille, amalgamée en l'an IV dans la 106e de ligne, devenue 106e régiment de même arme à l'organisation de l'an XII, il fit en 1792 les campagnes de Flandre, de Champagne et des Pays-Bas. Capitaine sur le champ de bataille de Jemmapes, il prit part aux opérations de l'armée du Nord pendant la campagne de 1793, et fit partie des troupes de cette armée qui vinrent à Orléans former le corps destiné à opérer dans la Vendée. Adjoint à l'état-major de l'armée des côtes de Brest le 1er juillet 1793, il fit les campagnes des ans II, III et IV comme officier d'état-major. Attaché provisoirement, le 22 prairial an IV, à l'adjudant-général Partouneaux, alors employé à l'armée d'Italie, il passa ensuite auprès du général d'artillerie Dommartin, servit en Italie de l'an IV à l'an V, et reçut à la bataille d'Arcole un coup de lance à la jambe droite. Employé provisoirement, le 12 floréal an VII, auprès du général Moreau en qualité d'aide-de-camp, et confirmé dans ces fonctions par arrêté du premier Consul en date du 1er nivose an VIII, il suivit son général à l'armée du Rhin, et fut promu chef de bataillon aide-de-camp sur le champ de bataille de Biberach. Confirmé dans ce grade le 4 brumaire an IX, pour prendre rang du 1er thermidor an VIII, il passa dans la 108e demi-brigade d'infanterie ; il prit, en remplacement du chef de brigade Marcognet, nommé général de brigade, le commandement de ce corps, et le conserva jusqu'au 30 frimaire an XII, époque de sa nomination au grade de major du 111e régiment d'infanterie de ligne. Nommé le 4 germinal suivant membre de la Légion-d'Honneur, il tint garnison à Montmédi pendant les ans XIII, XIV et 1806. En 1807, à la tête d'un régiment provisoire de nouvelle formation, il fit avec distinction la campagne de Pologne, et resta à l'armée d'observation du Rhin pendant l'année 1808. Promu colonel en second le 111e régiment le 31 mars 1809, il fit la campagne d'Allemagne à la tête de la 4e demi-brigade, dans la 1re division du 2e corps, commandé par le duc de Reggio. Le 6 juillet, à Wagram, il eut une jambe fracassée par un boulet. Pour le récompenser de ses services, l'Empereur lui donna la croix d'officier de la Légion-d'Honneur le 3 septembre de la même année ; il lui accorda sa retraite le 25 avril 1811. Cet officier supérieur réside en ce moment à Saint-Germain-en-Laye. B-G.

DESSEIN ET NON **DESSAINT** (BERNARD), naquit le 19 mars 1762 à Orthez (Basses-Pyrénées). Le 14 juin 1777, il entra comme soldat dans le régiment d'infanterie de Brie (24e), et servit sur les côtes de Bretagne de 1780 à 1783. Caporal le 8 juillet 1780, sergent le 10 juin 1781, fourrier et sergent-major les 16 mars et 29 août 1783, il passa, le 20 novembre 1788, en qualité de quartier-maître-trésorier dans le régiment d'Angoumois-infanterie (80e), devint lieutenant et capitaine les 12 janvier et 19 juin 1792, et fit les campagnes des Pyrénées-Occidentales de 1792 à l'an III. A l'affaire de Sarre, le 1er mai 1793, faisant partie d'un détachement de 150 hommes, commandé par le brave Latour-d'Auvergne, qui arrêta l'armée espagnole, culbuta sa cavalerie et soutint pendant une heure et demie les efforts de la colonne d'attaque, il fut blessé de deux coups de feu au commencement de l'action. Le 22 juin suivant, il contribua, à la tête de 100 hommes, à la prise des retranchemens de la Croix-des-Bouquets, et obtint le grade de chef de bataillon le 27 nivose an II. Il se fit remarquer, le 17 pluviose suivant, devant Saint-Jean-de-Luz, où il remplissait les fonctions d'officier supérieur de jour. Appelé à l'état-major du général en chef Muller le 4 floréal même année, il reçut le 21 prairial le grade de général de brigade, et fut placé en cette qualité à la tête de l'avant-garde de l'armée. Chargé le 7 thermidor du commandement de la colonne d'attaque dans la vallée de Bastan, il franchit avec impétuosité les retranchemens ennemis et contribua au gain de cette journée. Le 14 du même mois, il eut une part brillante au combat de Fontarabie et à la prise de cette place ; le 16, il assista à la reddition de Saint-Sébastien, dont il prit le commandement le lendemain. Il se distingua aux affaires de Burguet les 25 et 27 vendémiaire an III, et participa à la défaite du duc d'Ossuna. Le 8 frimaire suivant, il se fit remarquer au combat de Bergara, où le général Moncey battit complètement l'armée du général espagnol Ruby. Chef de l'état-major général de l'armée le 19 ventose, il devint général de division le 25 prairial même année. Quand le général Moncey eut conçu le projet d'envahir le Guipuzcoa et la province de Biscaye, il confia le commandement de la 1re division au général Dessein. Cette division, qui formait l'avant-garde, se mit en marche dans la nuit du 23 au 24 messidor, débusqua l'ennemi des fortes positions qu'il occupait, et lui prit 13 pièces de canon et ses magasins. Poursuivis jusqu'à Durango, les Espagnols laissèrent encore en avant de cette ville 12 bouches à feu, 280 caissons de cartouches d'infanterie, 50 barils de poudre, 6,000 gargousses à mitraille et 2,000 fusils. Dans la journée du 26, il battit de nouveau l'ennemi devant Ullibarri. Ces succès assurèrent la prise de Vittoria, où l'armée entra le lendemain. Le 1er thermidor, les Espagnols, poursuivis jusqu'à Bilbao et Portugalette, abandonnèrent 60 pièces de canon, un grand nombre de munitions de guerre et des magasins considérables. Après cette glorieuse expédition, le général Dessein reprit ses fonctions de chef d'état-major général. La paix ayant été conclue avec l'Espagne, l'armée évacua ce pays le 22 fructidor an III. Replacé à la tête de la 1re division, le général Dessein, dirigé sur la Vendée, où il arriva le 7 vendémiaire an IV, fut appelé, le 25 du même mois, au commandement de la 4e division de l'armée de l'Ouest. Le 19 nivose suivant, le Directoire exécutif lui confia le commandement en chef de l'armée des côtes de l'Océan, que l'état de sa santé ne lui permit pas de conserver. Il quitta l'armée avec un congé de convalescence. Le 13 germinal an VII, le ministre de la guerre lui confia plusieurs missions importantes dans la 11e division militaire (Bordeaux). Le 8 nivose an X, le premier Consul le nomma inspecteur aux revues, et membre de la Légion-d'Honneur le 4 germinal an XII. Passé dans la 9e division militaire (Montpellier) le 9 octobre 1811, il y resta jusqu'au 2 janvier 1815, date de son admission à la retraite. Louis XVIII lui avait donné la croix de Saint-Louis le 1er novembre 1814. Il est mort le 30 septembre 1823, dans le lieu de sa naissance, où il avait, comme légionnaire, exercé ses droits électoraux sous l'Empire. B-S.

DE VÉNOIS ET NON **DUVENOIS** (JACQUES-JOSEPH-THÉODORE), né le 6 juin 1754 à Sotteville-lès-Rouen (Seine-Inférieure), prit du service le 26 mars 1773 dans le corps de la gendarmerie avec le rang de lieutenant de cavalerie. Réformé le 1er avril 1788, et mis à la suite de l'armée, il entra, le 1er juillet même année, en qualité de maréchal-des-logis volontaire, et à la suite, dans le 12e régiment de dragons, et obtint, le 8 mars 1791, le brevet de sous-lieutenant. Il fit les campagnes de 1792 et 1793 à l'armée du Nord. Lieutenant le 14 mai 1792, et capitaine le 10 mars 1793, il tomba au pouvoir de l'ennemi au déblocus de Maubeuge, le 24 vendémiaire an II, après avoir reçu un violent coup de sabre dans une charge de cavalerie. Il resta pendant vingt et un mois dans les prisons en Autriche. Rentré en France au mois de messidor an III, il rejoignit son régiment, et obtint, le 18 germinal an IV, le grade de chef de bataillon. Appelé peu de temps après au commandement de la place de Mézières, il passa en l'an X à celui de Philippeville. Membre de la Légion-d'Honneur le 4 germinal an XII, il conserva son commandement jusqu'au 10 juin 1815, époque à laquelle il fut admis à la retraite avec le grade honorifique de colonel. Il est mort le 28 mars 1833 à Mézières (Ardennes).

DEVILLIERS. *Voyez* LOUIS, *baron* DE VILLIERS.

D'HANGEST. *Voyez* LAMY-D'HANGEST.

DINTRANS (JEAN-PAUL), naquit le 24 mai 1775 à Tarbes (Hautes-Pyrénées). Aide provisoire aux commissaires des guerres le 15 mars 1793, et titularisé le 10 avril suivant, il reçut, le 16 juin même année, des lettres de service de commissaire ordinaire des guerres. Il fit à l'armée des Pyrénées-Occidentales les campagnes des ans II et III, et fut promu, le 25 prairial de cette dernière année, à la première classe de son grade. Appelé dans la 10e division militaire (Toulouse), au mois de pluviose an IV, il quitta cette résidence au commencement de l'an VI pour se rendre à Tarbes, où il organisa tous les services administratifs dépendans de sa direction. Le gouvernement l'employa à l'armée d'Italie en l'an VII et en l'an VIII. Réformé par mesure générale le 2 vendémiaire an IX, il rentra à l'activité le 4 brumaire an X, et partit le 21 du même mois avec le corps d'expédition destiné pour l'île de Saint-Domingue. Nommé par le général en chef Leclerc commissaire-ordonnateur provisoire le 27 vendémiaire an XI, le premier Consul le confirma dans ce grade le 14 frimaire an XII. Pris dans la traversée par les Anglais, et rendu bientôt après à la liberté, il obtint de l'emploi, à son retour en France, dans la 1re division militaire (Paris). Passé dans la 11e division (Bordeaux) au mois de nivôse suivant, il devint membre de la Légion-d'Honneur le 4 germinal de la même année. Il fit les campagnes de 1806 et 1807 à la grande armée en qualité d'ordonnateur en chef du 1er corps, commandé par le prince de Ponte-Corvo, celle de 1808 en Espagne, et celles de 1809 et 1810 en Allemagne, également comme ordonnateur en chef, et se fit remarquer par ses talens administratifs et son intégrité. Réemployé dans la 10e division militaire après son retour en France, il y resta jusqu'au mois d'avril 1814, époque à laquelle il servit sous les ordres du maréchal duc d'Albufera. Il adhéra aux actes du Sénat et accueillit les Bourbons, mais il n'en obtint que la croix de Saint-Louis et celle d'officier de la Légion-d'Honneur les 7 et 12 mars 1815. Un mois après le retour de Napoléon, le ministre de la guerre lui confia, à la demande du général Clausel, l'administration du 8e corps de l'armée du Midi, et il exerça ces fonctions simultanément avec celles d'ordonnateur de la 11e division militaire. Mis en non-activité à la rentrée de Louis XVIII, il resta dans cette position jusqu'au 4 octobre 1820, date de son admission, avec le titre d'intendant, dans le cadre auxiliaire du corps de l'intendance militaire. Il reçut sa retraite le 10 octobre 1823. M. Dintrans se montra favorable à la révolution monarchique de 1830, et se présenta aux électeurs indépendans de l'arrondissement de Tarbes, qui lui donnèrent leur mandat. Arrivé à la Chambre en septembre de la même année, il vota en faveur du ministère, qui le rappela à l'activité le 27 janvier 1831, et le nomma, le 23 juin suivant, intendant de la 20e division militaire (Périgueux). On doit dire que, malgré son dévoûment ministériel, les hommes honorables de toutes les opinions l'ont toujours trouvé disposé à rendre service, et que c'est à son intervention que le conventionnel Barère a reçu du gouvernement les secours qui ont arraché sa vieillesse au besoin. Un fait d'élection assez grave se reproduisit à son sujet en 1834. Élu, mais non proclamé par le président du collège de Tarbes, le collège se prononça le lendemain en faveur de son compétiteur, M. Bureau de Puzy, malgré toute protestation. La Chambre, saisie de la question, valida à une grande majorité l'élection de M. Dintrans. Commandeur de la Légion-d'Honneur le 30 avril 1835, et employé dans la 11e division militaire le 28 octobre de la même année, il fut admis à la retraite le 28 avril 1841. Il a cessé d'appartenir à la Chambre depuis les élections de 1842, et après douze années consécutives d'exercice. M. Dintrans réside en ce moment à Paris. Pendant les quatre dernières années, il a présidé le conseil général de son département; on le croit destiné à faire partie incessamment de la Chambre des pairs. Il a été décoré d'un ordre de Suède en 1840.

DOMMANGET (JEAN-BAPTISTE, *baron*), né le 17 octobre 1769 à Possesse (Marne), était clerc de notaire lorsque la Révolution éclata. Mu par le sentiment d'un patriotisme qui ne s'est pas démenti un seul instant pendant sa longue et honorable carrière, il s'enrôla comme soldat le 11 mai 1791 dans le 23e régiment de cavalerie, fit la campagne de 1792 en Champagne, et celle de 1793 à l'armée de Sambre-et-Meuse. Brigadier-fourrier le 1er avril de cette dernière année, il devint adjoint aux adjudans-généraux le 1er nivose an II, et fut promu au grade de lieutenant de cavalerie le 14 messidor suivant. En quittant l'armée de Sambre-et-Meuse, Dommanget devait être placé en qualité d'adjoint auprès de l'adjudant-général Cottin, mais cet officier supérieur, affaibli par l'âge, n'était plus en état de faire la guerre; aussi le jeune lieutenant chercha-t-il un emploi qui lui offrît quelques chances de danger et de gloire. Le général Durand, qui commandait une brigade de la division Garnier à l'armée d'Italie, et qui connaissait la bravoure et la capacité de Dommanget, s'empressa de l'appeler auprès de lui en qualité d'aide-de-camp; mais il ne remplit ces fonctions que pendant deux mois : un événement funeste priva la France des services du brave général Durand. La cause de sa mort et les circonstances qui l'accompagnèrent sont empreintes d'une telle fatalité que ce fait doit trouver place dans cette notice. Le 22 fructidor an II, l'ennemi devait attaquer la brigade Durand au col de Frememorte. Dès le matin, Dommanget avait été envoyé en reconnaissance pour observer les mouvemens de l'ennemi. Il vint rendre compte à son général que les Autrichiens ne bougeaient pas, et que tout était tranquille. Vers trois heures de l'après-midi, survint un orage des plus violens; le lieutenant Dommanget était couché entre le général Durand et le capitaine Bodart, de la 84e demi-brigade, sous une tente adossée à un mur de rocaille; la foudre tombe sur ce mur, qui s'écroule et ensevelit la tente sous ses ruines. Dommanget en fut quitte pour quelques contusions, mais, lorsqu'on retira des débris le général Durand et le capitaine Bodart, ils étaient morts. Après cette déplorable catastrophe, Dommanget servit pendant quelque temps à l'état-major de la division Garnier. Confirmé dans son grade de lieutenant le 4 pluviose an III, et attaché en cette qualité, le 11 vendémiaire an IV, au 15e régiment de chasseurs à cheval, il fut employé comme adjoint auprès de l'adjudant-général Dalons le 20 floréal suivant. Depuis 1793 jusqu'en l'an VI, il fit avec distinction les guerres d'Italie. Nommé capitaine-adjoint le 14 vendémiaire an V, il passa avec son grade à la suite du 5e régiment de dragons le 4 prairial, et y devint capitaine titulaire le 13 thermidor de la même année. Il servit en l'an VII contre les insurgés de la Belgique. Nommé chef d'escadron au même régiment le 13 pluviose an VIII, le premier Consul le désigna pour faire partie de l'armée de réserve avec 500 dragons du 5e, lors du passage du Saint-Bernard. Son arrivée à Milan, il alla rejoindre à Lodi la division Duhesme, dont il forma depuis lors l'avant-garde. Cette division s'étant approchée de Crémone, Dommanget rencontra à peu de distance de la ville un bataillon autrichien établi sur la route, et qui voulut opposer quelque résistance; chargé vigoureusement par les braves dragons du 5e, il fut culbuté, sabré et fait prisonnier. La légion de Bussy, qui était en réserve, attendit la charge des Français et la soutint assez bien; mais enfin, rompue et sabrée, le commandant Dommanget la mena battant pendant plus d'une lieue au-delà de Crémone, sur la route de Mantoue. Pour cette brillante affaire, le 5e de dragons reçut quatre sabres d'honneur. Le lendemain de la prise de Crémone, le général Duhesme rejoignit le gros de l'armée avec sa division, et laissa le commandant Dommanget dans la place afin d'observer, d'éclairer les routes de Mantoue et de Brescia, et de couvrir le blocus de Pizzighitone. A la fin de la campagne, le 5e de dragons rentra en France, et, au mois de floréal an IX, il fit partie de l'armée de la Gironde. Cette armée auxiliaire des Espagnols fut portée sur les frontières du Portugal depuis Ciudad-Rodrigo jusqu'à Alcantara-sur-le-Tage. Au mois de nivose an X, le régiment rentra en France et alla tenir garnison à Joigny, où il resta jusqu'à la réunion du camp de Compiègne, au mois de vendémiaire an XII. Major du 8e régiment de dragons le 6 brumaire, et membre de la Légion-d'Honneur le 4 germinal suivant, Dommanget ne voulut point rester au dépôt lorsque les troupes de l'armée des côtes de l'Océan se portèrent sur le Rhin. Il demanda au ministre de la guerre l'autorisation d'aller commander les escadrons de guerre de dragons montés, puisque le colonel était aux dragons à pied de la division Baraguey-d'Hilliers. Le ministre fit quelques difficultés; Dommanget lui offrit alors de déposer ses épaulettes de major et de reprendre celles de chef d'escadron pour aller rejoindre l'armée. *Retournez à votre dépôt à Chantilly*, lui répondit le ministre, *vous y recevrez mes ordres.* Vingt-quatre heures après, Dommanget était en route. Il ne put atteindre la grande armée qu'au-delà de Munich, le 8 brumaire an XIV. Le 8e régiment de dragons appartenait à la division Beaumont. Le jour même de son arrivée au corps, le major Dommanget, faisant tête de colonne de la division, rencontra à quelque distance de Munich un bataillon de l'arrière-garde ennemi posté sur la lisière d'un bois pour arrêter le mouvement de la division française. Le major Dommanget le chargea aussitôt; en moins de dix minutes, il l'enfonça et lui fit mettre bas les armes. Au-delà du bois se trouvait un régiment de hussards autrichiens; il le culbuta et le mena battant jusque dans les rues de Ried. Sa belle conduite dans cette journée et à l'affaire de Lambach, qui eut lieu le lendemain, fut citée dans les bulletins de l'armée. A la bataille d'Austerlitz, le 8e régiment de dragons chargea sur l'artillerie russe, qui était fortement défendue, et, en se repliant, il se jeta sur un corps d'infanterie ennemie, le sabra, lui fit poser les armes, et prit le général russe *Langeron*, que le major Dommanget fit conduire à l'Empereur. Pendant tout le reste de cette campagne et la suivante, il donna de nouvelles preuves de son courage, et, le 20 septembre 1806, il obtint le grade de colonel et le commandement du 10e régiment de dragons. Le 27 octobre suivant, il chargea avec une grande résolution, près du village de Wickmansdorff, les dragons de la reine de Prusse, qui, avant de partir pour Iéna, étaient venus par fanfaronnade aiguiser leurs sabres sous les croisées de l'ambassadeur français. Il les rompit, passa le défilé pêle-mêle avec eux, et quoiqu'il n'eût sous ses ordres que 300 chevaux, il obligea ce régiment, fort de 550 hommes, à déposer les armes. Au moment où le 10e de dragons ramenait les prisonniers, parmi lesquels se trouvait le général-major de Zastro, le prince Murat arrivait avec la division Beaumont. Le régiment fut accueilli par les cris de *Vive le* 10e! et le prince félicita le colonel sur la prise qu'il venait de faire. Après avoir assisté aux combats de Prentzlau, de Lubeck, de Hoff, etc., cet officier supérieur se trouva à la bataille d'Eylau, où il eut un cheval tué sous lui. Il combattit à Friedland avec sa valeur habituelle, et, démonté, foulé aux pieds des chevaux, criblé de coups de sabre sur la tête, il eût infailliblement succombé, si ses dragons ne fussent venus le retirer des mains des hussards ennemis. Il reçut à cette occasion, le 11 juillet 1807, la croix d'officier de la Légion-d'Honneur des mains de l'Empereur, qui accorda 28 décorations à son régiment. Créé baron de l'Empire le 19 mars 1808, avec dotation, il fit les campagnes de 1808 à 1811 en Espagne et en Portugal, et se signala surtout au combat d'Alba de Tormès le 28 novembre 1809. Le 12 janvier 1811, pendant la retraite du général portugais Silveyra, l'avant-garde du général Claparède, commandée par le colonel Dommanget, chargea l'arrière-garde portugaise près de Mondin, la culbuta et la rejeta au-delà de la Coura. A la bataille de Fuentes de Oñoro, il eut un cheval blessé sous lui, et le général Montbrun, commandant la division de dragons, le proposa pour le grade de général de brigade, que l'Empereur lui accorda par décret impérial du 6 août 1811. Rentré en France à la fin du mois de novembre suivant, et appelé le 13 mars 1812 au commandement de la 3e brigade de cavalerie légère du 3e corps de la réserve de cavalerie, composée des 1er et 2e régiments de chevau-légers bavarois et du régiment de chevau-légers du prince Albert de Saxe, il fit la campagne de Russie. Il eut une affaire d'avant-garde assez brillante au-delà de Minsk, et une autre à Babinowisk, entre Orscha et Witepsk. Le 16 août, sous Smolensk, il sabra et culbuta un corps de cavalerie régulière russe. Le 27, l'ennemi ayant été forcé d'abandonner Wiasma, il attaqua son arrière-garde, qui se sauva dans les bois. Le 7 septembre, à la Moskowa, il chargea avec une rare intrépidité une masse énorme de cavalerie russe en avant de la grande redoute. Dans la mêlée, où il fit des prodiges de valeur, le général Dommanget fut atteint d'un coup de sabre sur la tête et d'un autre coup qui lui ouvrit la joue droite dans une largeur d'environ trois pouces, et lui abattit presque entièrement la lèvre supérieure. Cette blessure, quoique très grave, ne l'empêcha pas de suivre la grande armée jusqu'à Moscou, d'où il se retira avec elle. Ses services pendant cette campagne furent récompensés par la croix de commandant de la Légion-d'Honneur le 28 mars 1813. A peine rétabli de ses blessures, l'Empereur lui confia le commandement d'une brigade de cavalerie légère, composée de régiments de marche. Au-delà de l'Elbe, l'Empereur passa en revue cette brigade, et donna au général Dommanget la décoration de chevalier de la Couronne-de-Fer le 15 mai : *Vous étiez*, lui dit-il, *de la vieille armée d'Italie, cette croix vous est bien due.* Après la bataille de Würtchen, Dommanget envoya ses escadrons de marche rejoindre les régiments auxquels ils appartenaient, et alla prendre le commandement de la 2e brigade (2e lanciers, 11e et 12e chasseurs) de la division Roussel-d'Hurbal, du 2e corps de réserve de cavalerie. Le 16 juillet suivant, le roi de Saxe lui adressa la croix de commandeur de l'ordre de Saint-Henri, avec une lettre autographe par laquelle ce monarque le remerciait des soins qu'il avait pris de son régiment de chevau-légers du prince Albert pendant la campagne de Russie. Le 10 août de la même année, le roi de Bavière le nomma commandeur de l'ordre du Mérite militaire de Maximilien-Joseph. Le 26, le général Roussel-d'Hurbal ayant été grièvement blessé à la tête, le général Dommanget prit le commandement de la division. Le 12 octobre, vers Zerbz, entre Dessau et Postdam, il rencontra quelque infanterie qui fut culbutée, et ensuite les équipages de l'armée suédoise, qui avaient passé l'Elbe à Dessau. Les troupes qui gardaient ces équipages furent sabrées et mises en fuite, et les bagages, caissons, voitures, etc....., furent immédiatement détruits. Le général Dommanget était à l'extrême gauche de l'armée, lorsque, le 16 octobre, au combat près de Leipzig, il dégagea le 9e régiment de chasseurs à cheval, un bataillon de vélites toscans et 3 pièces de canon qui observaient et défendaient un passage de rivière à trois lieues à gauche et en avant, mais qui, débordés par des forces beaucoup plus considérables, allaient tomber au pouvoir de l'ennemi. Le 30, il prit une part très active au combat de Hanau, et exécuta plusieurs charges couronnées d'un plein succès. Pendant la retraite, se portant tantôt à droite, tantôt à gauche pour protéger les flancs de l'armée, il repoussa constamment les tentatives de l'ennemi, et après avoir repassé le Rhin à Mayence, il fut placé à Andernach pour observer et garder la rive gauche avec sa brigade. Le général Dommanget soutint sa brillante réputation pendant la campagne de France. Le 3 février 1814, au combat de La Chaussée, il contint les efforts de l'ennemi, et donna le temps au corps d'armée d'opérer sa retraite. Le 14, au combat de Vauchamps, il détruisit complétement un carré russe qui s'était formé au bord de la route, près du bois d'Étoges. Le 2e de lanciers et le 11e de chasseurs s'y couvrirent de gloire Après cette brillante affaire, la voix publique lu décernait le grade de général de division, mais il s vit préférer, sur la désignation du général comman dant le corps de cavalerie, un ancien aide-de-cam de Bernadotte, qui ne possédait pas les mêmes ti tres que lui. Ce passe-droit fit un mauvais effet dan sa brigade, qui avait su apprécier depuis long-temp ses droits de son général à un avancement bien mé rité. Dirigé sur différens points par des march rapides, le général Dommanget trouva l'occasion se distinguer encore, notamment aux combats de Vendeuvre, de Bar-sur-Aube, de Villenoxe, etc., Le 30 mars au matin, l'Empereur quitta Troy pour revenir sur Paris. Le général Dommanget reçut l'ordre de former l'avant-garde de l'escorte de l'Empereur, et il l'accompagna jusqu'à Sens. L'abdication de Fontainebleau fit cesser les services du général Dommanget. Cependant Louis XVIII le nomma chevalier de Saint-Louis le 31 juillet 1814, et le mit en non-activité le 1er septembre suivant. Au retour de Napoléon, le 20 mars 1815, il se porta à sa rencontre et l'escorta depuis la Cour-de-France jusqu'à Paris. Dès le 21, Dommanget reçut l'ordre de partir de Paris à la tête des 1er et 5e de lanciers et 4e de chasseurs, pour aller prendre position aux environs de Landrecies et de Maubeuge. Vers la fin de mai, il prit le commandement d'une autre brigade, composée des 4e et 9e de chasseurs, à la tête desquels il se signala de nouveau à Ligny, à Fleurus et à Mont-Saint-Jean. Après les déplorables résultats de cette campagne, le licenciement de l'armée vint mettre un terme à la carrière militaire de ce brave officier-général. Rentré dans ses foyers au mois d'août, on le mit en non-activité et on le soumit à la surveillance de l'ombrageuse police de cette malheureuse époque. On avait trouvé trois lettres de lui dans le portefeuille de l'Empereur, tombé au pouvoir des ennemis.

En 1817, le général Dommanget se vit plus particulièrement en butte aux tracasseries du pouvoir, et comme son nom avait été écrit dans quelques lettres saisies lors de la conspiration de Lyon, et qu'on trouva dans ses papiers une lettre d'*invitation à dîner* de madame de Lavalette, on vit là des motifs suffisans pour le mettre en état d'arrestation. Conduit le 1er juillet à la prison de la Préfecture de police, il resta au secret pendant trente-cinq jours. Après plusieurs interrogatoires par-devant le grand-prévôt du département de la Seine, assisté de M. Reverdin, juge au tribunal du même département, on le transféra à la Force avec ses compagnons de captivité, le général Jullienne de Bellair et M. Antoine Chedelle, négociant de Lyon. Les charges n'ayant pas paru suffisantes pour le renvoyer avec ses co-accusés devant la cour prévôtale de Lyon, on les autorisa à se retirer sur parole dans la maison de santé de Cartier, faubourg Poissonnière. Enfin, au mois d'octobre suivant, le général Dommanget obtint sa liberté, mais il n'en demeura pas moins l'objet de l'attention active de la police. Frappé avec 150 autres officiers-généraux par l'ordonnance du 1er décembre 1824, il fut mis à la retraite à compter du 1er janvier 1825, après plus de trente-trois ans de bons et glorieux services, vingt campagnes et de nombreuses blessures. Lors de la révolution de Juillet, le nouveau gouvernement le plaça, le 22 mars 1831, dans le cadre de réserve, et l'admit de nouveau à la retraite le 1er mai 1832. Son nom est inscrit sur le côté Nord de l'arc-de-triomphe de l'Étoile. Le général Dommanget, entouré de l'estime et de la vénération de tous ceux qui l'ont connu, vit aujourd'hui au sein de sa famille, et si, comme tant d'autres, il ne peut léguer une grande fortune à ses enfans, il leur laissera du moins quelque chose de plus précieux : un nom sans tache et de nobles souvenirs. **A. BOURGUIGNON.**

DORNÈS (joseph, *baron*), né le 28 janvier 1760 à Camboulan (Aveyron), entra au service le 5 août 1778 dans le 21e régiment de cavalerie, et devint brigadier, puis adjudant-sous-officier les 15 septembre et 5 octobre 1784. Il embrassa avec chaleur les principes de la Révolution de 1789, et fut nommé sous-lieutenant et lieutenant les 25 janvier et 17 juin 1792. Sa conduite distinguée au début de la campagne du Nord lui mérita, le 26 janvier 1793, le grade de capitaine, et celui de chef d'escadron le 1er juillet de la même année. Il se fit remarquer aux différentes armées de la République de 1793 à l'an VI, et particulièrement à l'armée du Rhin en l'an IV, lors de la retraite de Moreau, durant laquelle il fut signalé pour son courage, son activité et sa vigilance. Il se rendit en Italie avec son régiment lorque Moreau vint s'opposer aux progrès de Souvarow, et assista aux combats les plus importans de cette époque.

Le 4 thermidor an IX, il passa dans le 23e de cavalerie, incorporé, le 16 pluviose an XI, dans le 1er régiment de cuirassiers. Le premier Consul le nomma, le 6 brumaire an XII, major de ce régiment, et membre de la Légion-d'Honneur le 4 germinal suivant. Il fit la brillante campagne de vendémiaire an XIV, et reçut, le 6 nivose, le grade de colonel du 12e régiment de cuirassiers, à la tête duquel il prit part, durant les guerres de 1806 et 1807 en Prusse et en Pologne, à toutes les affaires les plus importantes, et surtout à la bataille de Friedland, où son régiment, chargé de la défense de l'un des postes les plus périlleux, éprouva des pertes considérables, mais se couvrit de gloire. Le 12e de cuirassiers reçut des récompenses nombreuses, et le colonel Dornès, nommé officier de la Légion-d'Honneur le 14 mai 1807, reçut le 19 mars 1808 le titre de baron de l'Empire, avec une dotation en Westphalie. Cette dernière distinction était d'autant plus flatteuse, que peu de colonels l'avaient obtenue à cette époque. Il servit en Autriche en 1809, toujours à la tête du 12e de cuirassiers, qui soutint sa belle réputation aux batailles d'Essling et de Wagram. Le colonel Dornès eut un cheval tué sous lui à cette dernière bataille, à la suite de laquelle il fut promu (30 août) général de brigade, et envoyé (26 septembre) à Luxembourg en qualité de commandant du département des Forêts. Au moment de l'expédition de Russie, l'Empereur l'appela à la grande armée pour y prendre le commandement d'une brigade de cuirassiers. A la Moskowa, il faisait partie de la division successivement commandée par les généraux Caulaincourt et Montbrun, tous deux morts sur le champ d'honneur pendant l'action. Son cheval reçut trois balles dans le corps au moment où sa brigade s'élançait sur les retranchemens russes et contribuait à emporter d'assaut 14 pièces de canon qui défendaient la redoute. Le général Dornès devait obtenir un nouvel avancement à raison de sa brillante conduite, lorsqu'il mourut à Wilna, le 29 novembre 1812, treize jours avant l'entrée des Russes dans cette ville. Agé de cinquante-deux ans, il avait servi son pays avec honneur pendant trente-cinq, avait fait quinze campagnes et avait assisté aux batailles les plus importantes de la République et de l'Empire. Il passait pour un excellent officier de cavalerie, et était connu pour sa sévérité à maintenir la discipline en campagne et pour son désintéressement.

DOULLEMBOURG. *Voyez* OULLEMBOURG (baron D').

DUBESSY (JEAN-BAPTISTE), né le 14 janvier 1766 à Cognac (Haute-Vienne), entra dans le 12e régiment de cavalerie le 23 juin 1780. Brigadier le 1er septembre 1784, maréchal-des-logis le 21 septembre 1786, il obtint son congé par ancienneté le 23 juin 1788. Rentré dans ses foyers, il ne put s'habituer à la vie oisive, et se fit réadmettre comme maréchal-des-logis dans son ancien régiment le 6 mars 1789. Maréchal-des-logis-chef et sous-lieutenant le même jour (20 avril 1792), il fit les campagnes de 1792 et 1793 à l'armée du Rhin. Il avait été nommé lieutenant le 1er avril de cette dernière année. En l'an II, il servit à l'armée de l'Ouest. Au mois de messidor, le représentant Carrier envoya à Valade, où Dubessy commandait, 300 femmes et enfans pour y être fusillés ; ce brave officier, au lieu d'exécuter l'ordre barbare qui lui avait été transmis par l'agent de Carrier, s'empressa d'envoyer ces infortunés dans l'intérieur de la République, et leur sauva ainsi la vie au péril de la sienne. Promu capitaine le 16 fructidor de la même année, il retourna à l'armée du Rhin, et y fit toutes les campagnes depuis cette époque jusqu'à l'an IX. Le 21 brumaire an IX, il se distingua au combat qui eut lieu devant Franckendal, où il fut blessé d'un éclat d'obus à la tête, et eut son cheval tué sous lui. Chef d'escadron au même corps le 9 nivose an X, il tint garnison à Metz pendant les ans X et XI, fut promu major du 30e régiment de dragons le 6 brumaire an XII, et créé membre de la Légion-d'Honneur le 4 germinal suivant. Très versé dans les détails du service, Dubessy s'occupa avec zèle de l'instruction et de l'administration. Le 31 mars 1809, l'Empereur le nomma colonel en second, et c'est en cette qualité qu'il prit le commandement du 1er régiment provisoire de dragons, et fit les campagnes de 1809 et 1810 en Espagne et en Portugal. Appelé le 14 octobre 1811, comme colonel titulaire, au commandement du 24e régiment de dragons, devenu vacant par la promotion du baron Delort au grade de général de brigade, il se rendit à l'armée d'Aragon, où ce brave régiment faisait alors la guerre depuis plusieurs années. Il se trouva à toutes les affaires qui eurent lieu, et se distingua surtout, le 21 juillet 1812, à celle de Castalla. Officier de la Légion-d'Honneur le 12 février 1813, il fit encore d'une manière brillante les campagnes de 1813 et 1814 aux armées de Catalogne et d'Aragon. Après la rentrée des Bourbons, il passa au commandement du 3e régiment de dragons le 11 juin 1814, et reçut la croix de Saint-Louis le 30 septembre suivant. Admis à la retraite le 1er juin 1815, il se retira à Limoges (Haute-Vienne), où il est mort le 8 avril 1838. B-G.

DUBREIL (MARIE-ANNE-JEAN-ALEXANDRE-PASCHAL), *baron* DE FRÉGOZE, naquit le 25 octobre 1763 à Montauban (Tarn-et-Garonne). Cadet-gentilhomme dans le régiment de Vermandois-infanterie (62e) le 10 mars 1778, sous-lieutenant le 3 octobre 1779, et lieutenant le 11 janvier 1788, adjudant-major, capitaine adjoint aux adjudans-généraux, adjudant-général lieutenant-colonel et adjudant-général colonel les 7 et 12 février, 11 mai, 1er août et 1er septembre 1792, on le suspendit de ses fonctions le 1er juin 1793 comme appartenant à la noblesse. Remis en activité le 14 juillet de la même année, il obtint, le 25 brumaire an II, le grade de général de brigade provisoire à l'armée des Pyrénées-Orientales. Il était employé à Toulouse pour surveiller les établissemens militaires, lorsque, sur de fausses dénonciations, les représentans du peuple Milhaud et Soubrany prononcèrent, le 4 ventose suivant, sa destitution et sa réclusion jusqu'à la paix. Toutefois les démarches faites en sa faveur changèrent cette destitution en une simple suspension ; on lui laissa la liberté. Un rapport de la commission du Comité de salut public, du 25 fructidor an II, prononça la levée de cette suspension, et, le 28 thermidor an V, il fut réintégré dans le grade d'adjudant-général chef de brigade, et admis à jouir en cette qualité du traitement d'officier réformé, en attendant qu'il y eût possibilité de l'employer. Nommé sous-inspecteur aux revues dans la 10e division militaire (Toulouse) le 9 ventose an VIII, et inspecteur le 26 vendémiaire an IX, il reçut, le 4 germinal an XII, la décoration de la Légion-d'Honneur. Le 1er septembre 1806, le ministre l'appela comme chef de division à la direction générale des revues ; il lui confia, le 23 novembre 1807, une mission spéciale à Corfou, et le 6 octobre 1809 une mission extraordinaire à Naples. Le 28 septembre, il eut l'inspection de la garde municipale de Paris, qu'il perdit à l'époque de la conspiration du général Mallet. Il était rentré au ministère de la guerre, le 15 janvier 1810, en qualité de chef de la division de l'habillement, et avait été créé baron de l'Empire le 3 mai suivant, sous le nom *de Frégoze.* Inspecteur aux revues dans la 1re division militaire le 28 septembre 1814, Louis XVIII le nomma chevalier de Saint-Louis le 17 janvier 1815, et ordonna son admission à la retraite le 9 décembre de la même année. Il réside en ce moment à Beziers (Hérault). B-S.

DUBRETON (JACQUES-TOUSSAINT-PAUL), naquit le 28 mai 1758 à Josselin (Morbihan). Commis dans les bureaux de la liquidation de la compagnie des Indes en 1776, il remplit ces fonctions au port de Lorient jusqu'à la fin de 1777. Entré au ministère de la guerre le 3 décembre de l'année suivante, il devint sous-chef du bureau de l'artillerie le 1er octobre 1791. Premier commis de l'artillerie et du génie le 22 août 1792, commissaire-ordonnateur des guerres le 25 novembre de la même année, ordonnateur en chef le 14 ventose an II, il reçut des lettres de service pour l'armée d'Italie le 14 fructidor an III, et passa à celle du Midi le 19 vendémiaire an IV. Employé, le 26 floréal suivant, dans la 27e division militaire, composée des pays réunis de Liége, et le 12 prairial même année à l'armée de Sambre-et-Meuse, il quitta cette armée pour se rendre à celle de Rhin-et-Moselle le 11 prairial an V. Il servit aux armées d'Allemagne, de Mayence et d'Angleterre, depuis le 7 vendémiaire an V jusqu'au 28 vendémiaire an VII. Attaché, le 29 du même mois, à l'expédition d'Irlande, commandée par le général Kilmaine, il reçut l'ordre, le 19 frimaire suivant, d'aller remplir les fonctions de commissaire-ordonnateur en chef de l'armée de Rome, devenue armée de Naples, d'où il passa, le 16 nivose an VIII, dans la garde des consuls comme commissaire-ordonnateur en chef. Le 14 ventose, il fit partie de l'armée de réserve, et, le 19 messidor suivant, le ministre l'employa dans la 17ᵉ division militaire (Paris), devenue 1ʳᵉ en l'an IX. L'Empereur lui accorda, le 4 germinal an XII, la décoration de la Légion-d'Honneur. Envoyé à l'armée du Nord et en Hollande le 17 brumaire an XIV, il rentra dans sa division le 1ᵉʳ mars 1806; mais, le 4 juillet de la même année, l'Empereur le suspendit de ses fonctions. Admis à la retraite le 1ᵉʳ septembre 1814, il est mort le 15 avril 1832 à Paris.

DUBRETON (LOUIS-AIMÉ), naquit le 19 juillet 1760 à Ploërmel (Morbihan). Volontaire dans le régiment de Condé-infanterie le 1ᵉʳ mars 1778, sous-lieutenant des volontaires étrangers de la marine le 1ᵉʳ novembre suivant, et admis en la même qualité dans le corps des volontaires étrangers de Lauzun le 1ᵉʳ avril 1780, il fit les campagnes de 1778 à 1781, soit au corps de Lauzun, soit à l'avant-garde pendant les guerres d'Amérique. Entré dans les hussards de Lauzun le 11 octobre 1783, et nommé lieutenant dans le régiment de la Martinique le 12 juin 1784, il passa, le 15 décembre 1786, dans le bataillon auxiliaire des colonies. Promu capitaine le 20 janvier 1792, et placé à la tête d'une compagnie de grenadiers du 41ᵉ régiment d'infanterie, il fit les campagnes de 1792, 1793 et an II aux armées de Mayence et de l'Ouest. Chef de bataillon le 20 juin 1793, il commandait le fort Saint-Charles pendant le siége de Mayence, et fut blessé à la tête et à la cuisse le 12 juillet suivant. Employé comme adjudant-général chef de bataillon le 6 vendémiaire an II, il se signala à l'affaire qui eut lieu, le 26 du même mois, devant Chollet, et y reçut un coup de feu à la jambe droite. Le 21 messidor suivant, il obtint une pension de retraite de 1,600 francs; mais rappelé à l'activité, nommé adjudant-général chef de brigade et employé à l'état-major de l'armée de l'Ouest le 25 prairial an III, il servit à cette armée jusqu'au 11 thermidor suivant, époque à laquelle on l'autorisa à se retirer dans ses foyers, à cause de ses blessures. Rappelé de nouveau au service le 13 pluviose an IV, le Directoire lui confia le commandement d'armes de troisième classe de l'île de Ré. Le premier Consul le nomma membre de la Légion-d'Honneur le 4 germinal an XII. Chevalier de Saint-Louis le 10 décembre 1814, et admis définitivement à la retraite le 1ᵉʳ août 1815, il reçut la décoration d'officier de la Légion-d'Honneur le 6 novembre de cette dernière année. Il est mort le 9 octobre 1823 à Saint-Martin, île de Ré (Charente-Inférieure).
B-G.

DUCLOS (FRANÇOIS), naquit le 1ᵉʳ octobre 1758 à Stenay (Meuse). Soldat dans le régiment colonial de Pondichéry le 28 novembre 1782, caporal le 15 janvier 1783, sergent-fourrier le 23 mai suivant, il fit les campagnes d'Asie de 1782 au 3 décembre 1789, époque à laquelle il reçut son congé. Lors de la première levée en masse, il reprit du service, et devint, le 1ᵉʳ septembre 1791, capitaine dans le 1ᵉʳ bataillon de volontaires de la Meuse, incorporé dans la 24ᵉ demi-brigade de ligne. Il servit dans ces 2 corps de 1792 à l'an VIII aux armées du centre, de la Moselle, du Rhin et d'Italie. Chef de bataillon le 1ᵉʳ frimaire an IV, il fit partie de l'an IX à l'an X du corps d'observation de la Gironde (armée d'Espagne), et passa, le 11 brumaire an XI, dans la 11ᵉ demi-brigade de ligne. Major du 3ᵉ régiment d'infanterie le 11 brumaire, et membre de la Légion-d'Honneur le 4 germinal an XII, le gouvernement l'employa au camp de Bayonne jusqu'en l'an XIII. Passé au 118ᵉ de ligne le 7 juillet 1808, il fut nommé colonel de ce régiment le 28 octobre suivant, et fit les campagnes d'Espagne de 1808 à 1810. Cet officier supérieur, admis à la retraite le 12 avril 1811, est mort le 29 décembre 1822 à Saint-Sever (Landes).

DUCOUDRAY. *Voyez* LAMORENDIÈRE.

DUCOURET (LOUIS), naquit le 2 octobre 1771 à Luxé (Charente). Volontaire de la marine sur les bâtimens de l'État le 1ᵉʳ janvier 1778, il passa le 1ᵉʳ mai 1791 dans le 1ᵉʳ bataillon de la Charente, où il fut nommé lieutenant par le choix de ses camarades le 17 octobre suivant. Il fit les campagnes de 1792 à l'an III à l'armée du Nord, et devint capitaine le 28 février 1793. Le lendemain, 1ᵉʳ mars, blessé d'un coup de feu à la poitrine, il ne voulut quitter le champ de bataille qu'après la cessation du combat. Il fit à l'armée d'Italie les guerres des ans IV et V, et prit part aux affaires de Rivoli, de Lonato, de Mantoue et de la Corona. A l'organisation de l'an IV, il passa avec le 1ᵉʳ bataillon de la Charente dans la 4ᵉ demi-brigade d'infanterie légère. Embarqué à Toulon avec l'armée expéditionnaire d'Orient, il fit les campagnes de l'an VI à l'an IX en Égypte et en Syrie. A la bataille des Pyramides, il mérita le grade de chef de bataillon, qu'il obtint le 19 thermidor an VI, et au siége de Saint-Jean-d'Acre il se couvrit de gloire. Rentré en France après la capitulation d'Alexandrie, il fut nommé, 11 brumaire an XII, major du 7ᵉ régiment d'infanterie légère, qui se trouvait alors au camp de Brest, et, le 4 germinal suivant, il reçut la décoration de membre de la Légion-d'Honneur. De 1808 à 1813, il servit en Espagne et en Portugal. Colonel du 3ᵉ d'infanterie de ligne le 7 septembre 1811, il périt glorieusement, en combattant à la tête de son régiment, sur le champ de bataille, au pont d'Irun, lors du passage de la Bidassoa, le 31 août 1813.

DUKERMONT. *Voyez* AVRANGE DUKERMONT (D').

DUMAREIX (JEAN-FRANÇOIS, *baron*), naquit le 28 janvier 1767 à Bussière-Galant (Haute-

Vienne). Soldat au régiment de la Sarre (51e régiment d'infanterie) le 19 avril 1784, caporal le 19 octobre 1786, il fit les campagnes de 1790 et 1791 en Amérique. Congédié le 15 octobre 1791, il entra le 17 comme volontaire dans le 1er bataillon de la Charente. Adjudant-sous-officier le 25 février 1792, il passa le 15 août suivant capitaine de la 9e compagnie franche du Nord, incorporée le 15 janvier 1793 dans le 1er bataillon du Hainaut. Il prit part aux guerres de 1792 à l'an II à l'armée du Nord. Le 8 octobre 1793, dans la première sortie que fit la garnison de Maubeuge, il combattit seul contre 12 Autrichiens qui l'enveloppaient et parvint à se tirer de leurs mains après en avoir tué 3 et blessé 2. Le 7 floréal an II, devant Charleroi, il reçut un coup de sabre à la main droite. Il fit la campagne de l'an III à l'armée de Sambre-et-Meuse, et celles de l'an IV à l'an VIII en Italie. A Castiglione, après avoir monté un des premiers à l'assaut de la redoute de gauche de l'Église, il poursuivit l'ennemi jusqu'à la fin du jour et le débusqua d'une position où il voulait se maintenir. A Cagliano, il reçut un coup de feu au cou, et à Rivoli un autre coup de feu à l'aine droite. Le 25 nivose suivant, au même lieu, il gravit le premier le rocher d'Aspine, malgré le feu de l'ennemi. Les soldats, encouragés par son exemple, se précipitèrent sur ses pas, et l'ennemi fut culbuté. Dans cette affaire, un coup de feu le blessa au bras droit. Le 16 germinal an VII, devant Verone, il soutint les efforts de la cavalerie ennemie qui cherchait à rompre le 1er bataillon formé en colonne, la repoussa vigoureusement, et fut blessé d'un coup de feu au pied gauche. Le 8 floréal, à Cassano, il fit mettre bas les armes à un bataillon de grenadiers hongrois, et reçut une cinquième blessure au pied droit. Sa conduite pendant cette journée lui valut le grade de chef de bataillon sur le champ de bataille. Employé en cette qualité dans le 17e régiment d'infanterie légère, il enleva de vive force, le 2 vendémiaire an VIII, la place de Villa-Franca, en Piémont, défendue par 900 hommes d'infanterie, 200 cavaliers et 3 pièces de canon. A l'affaire de Savigliano, le 13 brumaire suivant, il reçut une sixième blessure à la cuisse droite, et fut fait prisonnier. Rentré de captivité le 5 ventose an IX, il fit la campagne de cette année à l'armée de réserve et à celle des Grisons, puis il vint tenir garnison à Blois, où il resta durant les ans X et XI. Major du 21e régiment d'infanterie légère le 30 frimaire an XII, et créé membre de la Légion-d'Honneur le 4 germinal suivant, l'Empereur l'employa pendant les ans XII, XIII et XIV au camp de Boulogne et sur les côtes de l'Océan. Il fit la campagne de Hollande en 1806, et celles de 1807 et 1808 à l'armée de réserve du Nord. Promu colonel dans la 12e demi-brigade provisoire de ligne le 31 mars 1809, il passa à la 1re légère le 15 août suivant, et prit part aux opérations de l'armée d'Allemagne pendant cette année. De 1810 à 1812, lors de la guerre en Espagne et en Portugal, fut nommé au commandement du 70e régiment d'infanterie de ligne le 13 juin 1811, devint officier de la Légion-d'Honneur le 26 août, et reçut vers la même époque le titre de baron de l'Empire, avec une dotation. Le 22 juillet 1812, à la bataille de Salamanque, un coup de feu le blessa, pour la huitième fois, à la hanche gauche. Investi du commandement du département de Loir-et-Cher le 31 octobre 1813, il passa commandant d'armes de la place de Maubeuge le 23 octobre 1814. Chevalier de Saint-Louis le 26 du même mois, il continua ses fonctions pendant les Cent-Jours, fut mis en non-activité après le retour des Bourbons le 1er octobre 1815, et resta dans cette position jusqu'au 1er juillet 1818, époque de son admission à la retraite. Il est mort le 30 septembre 1826 à Valenciennes (Nord).   B-G.

DUNESME (MARTIN-FRANÇOIS, *baron*), né le 17 mars 1767 à Vieux-les-Asfeld (Ardennes), entra au service comme sergent-major le 22 septembre 1791 dans le 1er bataillon des Ardennes, incorporé en l'an II dans la 201e demi-brigade d'infanterie de bataille, devenue en l'an IV 106e demi-brigade de ligne, et 106e régiment de même arme à l'organisation de l'an XII. Il fit aux armées des Ardennes et du Nord la campagne de 1792, et passa capitaine le 15 mai de cette même année. Le 4 mars 1793, à l'affaire d'Hesnin, petit village situé entre Hervé et Liége, l'armée française se reposant dans un défilé fut surprise par les Autrichiens ; le capitaine Dunesme court à sa compagnie, la rassemble, se précipite sur l'ennemi à la baïonnette, lui tue une cinquantaine d'hommes, met toute sa ligne en déroute, et ne rejoint son bataillon qu'après avoir entièrement dégagé la colonne. Dans cette action, il s'élança seul au milieu des rangs ennemis, et alla y chercher 2 soldats autrichiens qu'il ramena prisonniers. Le 16 du même mois, en avant de Tirlemont, il tomba à l'improviste sur les postes autrichiens, qu'il força à une retraite précipitée. Il prit part, en l'an II, aux opérations des armées de la Vendée, d'Angleterre et des côtes de Brest. Le 20 vendémiaire, à Châtillon, les royalistes étant venus attaquer une colonne républicaine placée en avant de cette ville et l'ayant mise en déroute, le capitaine Dunesme, qui était de garde au quartier-général, ne quitta son poste que le dernier, soutenant la retraite avec son détachement. Parvenu à quelque distance hors de la ville, il aperçut un des drapeaux des rebelles et résolut de s'en emparer. Il s'élance aussitôt, mais mal soutenu par les siens, il se trouve seul au milieu des ennemis. Chargé alors par les royalistes, accourus en grand nombre, il eut infailliblement succombé si le nommé Hoclet, son ancien fourrier, alors canonnier à cheval dans la légion de Westermann, ne fût accouru à son aide. Ce brave soldat, malgré le feu meurtrier des Vendéens, parvint jusqu'au capitaine, le fit monter sur un cheval qu'il conduisait en main, et l'aida ensuite à se faire jour à travers la foule des ennemis. De retour à sa compagnie, Dunesme soutint encore la retraite avec une poignée de braves jusqu'au bois des Chèvres, où on avait rallié quelques centaines de républicains auxquels il se joignit pour reprendre l'offensive. Les royalistes, attaqués à leur tour, furent obligés de prendre la fuite. Le 3 brumaire suivant, près de Laval, Dunesme soutint seul, avec sa compagnie, pendant plus d'une heure, la retraite de l'armée, et fut même assez heureux pour arracher des mains des Vendéens un grand nombre d'habitans qu'ils étaient sur le point d'immoler à leur fureur. Il reçut dans cette circonstance une forte contusion au genou droit, et serait devenu victime de son dévoûment sans l'intrépidité de l'aide-de-camp Cavaignac, qui l'emporta sur son cheval après l'avoir retiré de dessous les baïonnettes ennemies. Un mois après, un coup de feu le blessa au bras gauche en chargeant les rebelles. Il fit la campagne de l'an III à l'armée des côtes de Brest, et, le 17 pluviose, sur la route de Saint-Brieuc à Hillion, accompagné d'un caporal, il désarma et fit prisonniers 8 chouans qui, cachés dans les broussailles, attendaient les voyageurs pour les dévaliser. Nommé le 24 brumaire an IV chef de bataillon dans le même corps, il passa en l'an V à l'armée du Rhin, en l'an VI à celle d'Helvétie, et servit en l'an VII aux mêmes armées et à celle d'Italie. Le 20 prairial an VII, avec un bataillon de conscrits qu'il menait pour la première fois au feu, il attaqua l'ennemi sur l'Albis, près de Zurich, lui tua 500 hommes et reprit une position que la division Soult avait été obligée d'évacuer. Le 27 thermidor suivant, il débusqua les Autrichiens du petit Saint-Bernard, après leur avoir tué ou blessé une centaine d'hommes et fait 20 prisonniers. Le 13 fructidor de la même année, à Suze, où il commandait 4 compagnies formant la colonne de droite, il enleva 150 prisonniers à l'ennemi, et, le 30 du même mois, à Rivoli, il fit encore 150 prisonniers. Le 13 brumaire an VIII, au combat de Savigliano, il se fit jour à travers les bataillons ennemis, leur enleva une pièce de canon, en reprit une autre, et fit mettre bas les armes à 250 Autrichiens. Le 16 germinal, au combat de Montefaccio, près de Gênes, où il commandait la colonne du centre, il fit 300 prisonniers et eut sa capote criblée de balles. Le 25 du même mois, à Albissola, après avoir dégagé le général en chef Masséna, il se battit seul contre plusieurs Autrichiens, et en terrassa 3, qu'il força de se rendre. Le 28, à Voltri, il mit en déroute, avec 30 hommes seulement, un bataillon autrichien fort de 700 combattans. Dans cette affaire, enveloppé de toutes parts, séparée de ses soldats et au moment d'être tué, il saisit un officier ennemi au collet et l'emmène prisonnier en l'opposant comme un bouclier aux Autrichiens, des mains desquels il parvint à s'échapper. Enfin, le 10 floréal suivant, à l'attaque des Deux-Frères, il montra une rare audace dans deux charges successives, et mit en fuite un gros d'Autrichiens après en avoir tué un grand nombre et fait 3 prisonniers de sa main ; mais il fut atteint d'un coup de feu qui lui traversa la cuisse et le mit hors de combat. Rentré en France après le siège de Gênes, on l'employa dans la 9e division militaire. Retourné à l'armée d'Italie en l'an IX, il tint garnison à Cornegliano, en Ligurie, pendant les ans X et XI, devint major du 96e régiment d'infanterie de ligne le 30 frimaire, et membre de la Légion-d'Honneur le 4 germinal an XII. Il fit les campagnes de 1807, 1808 et 1809 à la grande armée, fut nommé colonel à la suite le 11 juillet 1807, et colonel titulaire du 25e régiment d'infanterie de ligne le 10 novembre suivant. En 1808, un décret du 17 mars lui conféra le titre de baron, avec une dotation de 4,000 fr. de rente, et le 12 juillet 1809 il reçut la croix d'officier de la Légion-d'Honneur en récompense de sa brillante conduite à Wagram. Il fit les campagnes de Russie et de Saxe en 1812 et 1813. Général de brigade le 13 juillet 1813, il fut tué d'un coup de feu, le 30 août suivant, à la bataille de Kulm, au moment où, à la tête des troupes qu'il commandait, il perçait la ligne prussienne pour reprendre le village de Hellendorf.

DUPPELIN (JEAN, *baron*), naquit le 3 avril 1771 à Phalsbourg (Meurthe). Soldat au 89e régiment d'infanterie (Royal-Suédois) le 1er juin 1787, et congédié le 1er juin 1791, il entra comme sergent le 8 août suivant dans le 3e bataillon de volontaires de la Meurthe, où il devint adjudant-sous-officier le 16 mars 1792, et adjudant-major le 15 juillet 1793. Il avait fait les campagnes de 1792 et 1793 à l'armée des Ardennes. Au commencement de l'an II, il était à l'armée du Nord ; il passa le 7 nivose de cette année au commandement de la compagnie de grenadiers de son bataillon, et servit de l'an III à l'an VI devant Mayence, sur le Rhin et en Helvétie. Il reçut 2 coups de feu à l'affaire de Guersbach, le 4 messidor an IV. Chef de bataillon à la 106e demi-brigade de ligne le 1er floréal an VII, il combattit en Italie de l'an VII à l'an IX. Pendant le siège de Gênes, il reçut quatre coups de feu le 16 germinal sur le Montefaccio, et fut signalé à l'ordre de l'armée. Major du 67e de ligne le 30 frimaire an XII, il devint membre de la Légion-d'Honneur le 4 germinal suivant. Il fit les guerres d'Italie des ans XIII et XIV, passa le 1er mai 1806 chef de bataillon dans les grenadiers à pied de la garde impériale, et colonel du 85e régiment de ligne le 20 octobre de la même année. Duppelin fit à la tête de ce corps les campagnes de 1806 et 1807 à la grande armée, et devint officier de la Légion-d'Honneur le 7 juillet de cette dernière année. Général de brigade le 28 mars 1809, commandant de la Légion-d'Honneur le 21 septembre même année, et baron de l'Empire vers le même temps, l'Empereur l'employa au 3e corps de l'armée d'Allemagne, et lui confia, le 19 juin 1811, le commandement d'une brigade d'infanterie. Passé au 1er corps de la grande armée au commencement de 1812, il mourut à Thorn (Prusse), le 25 janvier 1813. B-S.

DURAS (PIERRE), né le 23 janvier 1769 à Limoges (Haute-Vienne), entra comme sous-lieutenant le 3 septembre 1791 dans le 2e bataillon de volontaires de son département, amalgamé dans la 55e demi-brigade d'infanterie de ligne à l'organisation de l'an IV. Lieutenant le 5 octobre suivant, il fit les campagnes de 1792 et 1793 à l'armée du Nord, et devint capitaine le 13 août 1793. De l'an II à l'an VI, il servit aux armées de Sambre-et-Meuse et d'Italie, et fut nommé aide-de-camp du général en chef Jourdan le 27 pluviose an IV. Il servit à l'armée du Rhin pendant les ans VII, VIII et IX, fut promu au grade de chef de bataillon le 12 thermidor an VII, et employé comme adjoint à l'adjudant-général Ruffin le 4 fructidor suivant. Placé après la cessation des hostilités comme chef de bataillon à la suite de la 55ᵉ demi-brigade de ligne, il fit partie en l'an x de l'armée d'Angleterre, passa major du 27ᵉ régiment d'infanterie de ligne le 30 brumaire an XII, et obtint la décoration de la Légion-d'Honneur le 4 germinal suivant. Retenu en France par ses fonctions administratives lorsque son régiment partit pour faire les campagnes d'Autriche, de Prusse et de Pologne, il entra au mois de juin 1808 avec son grade dans la 5ᵉ légion de réserve, avec laquelle il fit partie du 2ᵉ corps d'observation de la Gironde, et fut fait prisonnier de guerre à Baylen le 19 juillet suivant. Rentré des prisons d'Angleterre le 14 septembre de la même année, il demeura sans emploi jusqu'au 13 février 1812, époque à laquelle on le remit en activité comme commandant du quartier-général de la grande armée. Le major Duras n'exerça ces fonctions que pendant quelques mois. Admis à la retraite le 5 octobre de la même année, il se retira dans ses foyers. Il est mort le 26 août 1827 à Limoges (Haute-Vienne). B-G.

DURTUBIE (THÉODORE - BERNARD - SIMON DURTUBISSE, DIT), né le 17 août 1741 à La Fère (Aisne), entra comme sous-lieutenant dans le corps royal d'artillerie le 21 octobre 1755, et y fut nommé lieutenant le 1ᵉʳ janvier 1759. Après la campagne de 1761, il obtint le grade de capitaine le 15 octobre 1765, et reçut la croix de chevalier de Saint-Louis le 9 mai 1777. Major au régiment de La Fère le 22 mai 1781, promu lieutenant-colonel le 1ᵉʳ janvier 1791, et colonel le 22 août suivant, il fit la campagne de 1792 à l'armée du Nord. Employé à l'armée de l'intérieur pendant les ans III et IV, il fut nommé général de brigade d'artillerie le 1ᵉʳ prairial an III, et général de division le 21 prairial an V. Inspecteur-général de son arme pendant les années suivantes, et employé à l'armée du Rhin pendant la campagne de l'an VIII, il prit le commandement de l'artillerie de siège de Strasbourg au mois de prairial de la même année; mais la suspension d'armes qui mit un terme aux hostilités ayant rendu sa présence à Strasbourg inutile, on le rappela à Paris le 7 thermidor suivant, et il y demeura à la disposition du gouvernement jusqu'au 8 germinal an IX, époque de son admission au traitement de réforme. Le 27 brumaire an X, il obtint sa pension de retraite, et devint administrateur de la caisse d'amortissement. Membre de la Légion-d'Honneur le 4 germinal an XII, il est mort à Paris le 22 février 1807. B-G.

DUVENOIS. *Voyez* DE VENOIS.

ÉMOND (JOSEPH-BALTHAZARD-ESCLEVIN), né dans le département du Var, servit avec distinction dans l'artillerie de marine avant et depuis la Révolution, et devint major du 2ᵉ régiment, puis colonel du 1ᵉʳ régiment de cette arme. Membre de la Légion-d'Honneur le 4 germinal an XII, et électeur de l'arrondissement de Grasse, il reçut la croix d'officier de l'Ordre le 25 mai 1813, et mourut le 29 décembre même année.

ENGEL (JEAN), né le 20 février 1753 à Soultz (Haut-Rhin), entra comme canonnier dans le 4ᵉ régiment d'artillerie à pied (Grenoble) le 17 mai 1775, et devint sergent le 14 août 1782. Envoyé en Corse en 1791, il fut chargé de l'armement de la citadelle de Bastia. Passé à l'armée des Alpes en 1792, il obtint les grades d'adjudant-sous-officier et de lieutenant en premier les 18 mars et 11 septembre 1792. Employé en 1793 à l'armée de Sambre-et-Meuse, il coopéra à l'organisation du 3ᵉ régiment d'artillerie à cheval, et passa, le 1ᵉʳ août de cette année, capitaine de la 15ᵉ compagnie de ce corps; il reçut le brevet de capitaine commandant le 18 septembre suivant, et celui de chef d'escadron le 19 ventose an II. Il fit les guerres de l'an III à l'an VIII aux armées du Nord, du Danube et du Rhin. Appelé à la fin de l'an VIII au commandement du parc de siège organisé à Strasbourg, et destiné pour Manheim, il eut, en l'an IX, le commandement intérimaire de l'Ecole d'artillerie de Strasbourg. Major le 3 prairial an XI, et membre de la Légion-d'Honneur le 4 germinal an XII, il conserva le commandement de l'École jusqu'en l'an XIV, et resta attaché au dépôt de son régiment à Strasbourg jusqu'au 10 avril 1812, époque à laquelle on l'admit à la retraite. Louis XVIII lui donna la croix de Saint-Louis le 24 septembre 1814. Il est mort à Strasbourg le 2 mai 1824. B-S.

ESPERT DE LATOUR (JEAN-BAPTISTE, baron), né le 1ᵉʳ juillet 1764 à la Garde (Ariége), entra au service comme capitaine d'une compagnie franche de son département le 1ᵉʳ novembre 1792, et fit la campagne de cette année à l'armée des Pyrénées-Orientales. Passé au 4ᵉ bataillon de l'Ariége le 13 mai 1793, il y devint chef de bataillon le 15 vendémiaire an II, et servit à la même armée pendant les guerres de 1793 et des ans II, III et IV. Au siège de Roses, il fut blessé d'un coup de feu au menton et d'un coup de sabre au bras gauche. A la paix avec l'Espagne, il passa en Italie avec la 11ᵉ demi-brigade provisoire, qu'il commandait alors comme plus ancien chef de bataillon; cette 11ᵉ provisoire fut incorporée dans la 27ᵉ légère le 4 nivose an V. Le 7 pluviose, à l'affaire de Bassano, où il commandait la 27ᵉ légère, qui formait l'avant-garde de la division Augereau, il reçut un coup de feu à la joue droite et un autre à la cuisse. Le 10 ventose suivant, Bonaparte lui confia le commandement de la place de Bologne, et, le 26 pluviose an VI, le général Alexandre Berthier le nomma commandant de la province d'Umbria, en Romagne; mais il retourna à Bologne le 4 prairial suivant. Le 2 germinal an VII, il dirigea l'avant-garde de la division qui marcha sur la Toscane, et commanda la place de Florence le 6 du même mois. Pendant le temps qu'il exerça ses fonctions à Florence, le commandant Espert marcha plusieurs fois à la tête des détachemens envoyés contre les insurgés d'Arezzo et d'autres lieux, et chaque fois il les battit, les dispersa, leur prit leur artillerie et fut assez heureux pour maintenir la tranquillité dans cette contrée. Lors de l'évacuation de la Toscane, le 17 messidor suivant, il conduisit à Gênes l'arrière-garde de la division. Appelé à Lyon le 16 thermidor, il retourna à Gênes le 3 nivose an VIII. Il y fit partie de l'état-major du général en chef Masséna. Le 28 germinal de la même année, à Voltri, où il commandait 17 compagnies de grenadiers formant la réserve, il reçut un coup de feu à la jambe gauche. Le 22 floréal suivant, envoyé sur une barque pour porter des ordres à l'aile droite de l'armée, il fut pris par un corsaire autrichien sous le cap Noli. Échangé le 24 prairial de la même année, il vint reprendre ses fonctions au quartier-général de l'armée d'Italie. On lui confia, le 3 thermidor, le commandement de Lucques, qu'il conserva jusqu'à l'évacuation de cette place. Le 7 vendémiaire an IX, il commanda à Bergame, et le 16 nivose à Bologne. Mis en réforme le 8 messidor, et rappelé à l'activité, il reprit le commandement de Bologne le 10 ventose an X. Placé comme chef de bataillon à la suite le 1er germinal dans la 34e demi-brigade, il passa comme titulaire dans la 110e le 7 prairial, et dans le 55e régiment d'infanterie de ligne le 11 fructidor an XI. Major du 108e régiment de même arme le 30 frimaire an XII, et membre de la Légion-d'Honneur le 4 germinal, il fit les campagnes de Prusse et de Pologne, et se distingua, le 16 février 1807, à Ostrolenka, où il fut nommé officier de la Légion-d'Honneur. Sa brillante conduite à Friedland lui valut le grade de colonel à la suite le 28 juin. Le 10 novembre de la même année, l'Empereur le nomma colonel titulaire du 42e régiment d'infanterie de ligne, et le 17 mars 1808, il lui accorda le titre de baron de l'Empire, avec une dotation de 4,000 fr. de rente. Il fit la campagne de 1809 avec la grande armée, et fut très grièvement blessé au bras gauche, le 14 juin, à la bataille de Raab.

Passé à l'armée d'Espagne, il fit les guerres de Catalogne et d'Aragon jusqu'en 1814. Le 1er novembre 1809, chargé par le général Souham de tourner la position de l'ennemi, à la tête du 42e, il concourut, après trois heures d'une vive fusillade, à la prise de Santa Colonna et à la déroute complète des Espagnols, qui perdirent 2,000 hommes tués, blessés ou prisonniers. Le 20 février 1810, à l'affaire de Vich, en Catalogne, le 42e de ligne soutint, depuis huit heures du matin jusqu'à quatre heures du soir, les efforts de l'armée espagnole, forte de 12,000 hommes d'infanterie, et de 1,200 cavaliers. Renforcé par le 3e bataillon du 1er léger, le colonel Espert se battit à la charge et enfonça le centre de l'ennemi, prit un drapeau, 600 chevaux, et fit 2,800 prisonniers, dont 134 officiers. Dans cette affaire, il reçut quatre coups de feu, le premier perça son chapeau, le second lui enleva une épaulette, le troisième brisa son sabre, et le quatrième emporta le talon de sa botte. Il se fit encore remarquer aux sièges de Girone, d'Hostalrich et de Tortose, et fut nommé commandant de la Légion-d'Honneur le 7 mai 1811. A la prise d'assaut de Taragone, le 28 juin suivant, il mérita d'être honorablement mentionné par le général en chef à l'ordre de l'armée. Élevé au grade de général de brigade le 6 août de la même année, pour être employé en cette qualité à l'armée de Catalogne, il se trouva au combat d'Altafulla le 23 janvier 1812, attaqua les Espagnols de front et les mit dans une déroute complète. Quelques jours après, posté à San Celoni, il chassa de Villa-Mayor le fameux chef de bande Milans, et lui fit éprouver des pertes considérables. Le 19 septembre, se rendant d'Arons del Mar à Mataro, avec le 5e de ligne, le 23e léger et un escadron du 29e de chasseurs à cheval, il fut attaqué sur les hauteurs de San Vicente par 3,000 Espagnols commandés par ce même Milans. Après un engagement très vif, les insurgés furent culbutés, poursuivis au-delà des montagnes jusqu'à la nuit, et perdirent 350 hommes. Le 2 novembre suivant, au combat de la Garrigua, il chassa brusquement les Espagnols des retranchemens qu'ils occupaient sur les hauteurs, et leur enleva successivement cinq positions. En 1813 et en 1814, il commanda la division de Cerdagne, et ne déposa les armes qu'après l'abdication de l'Empereur. Mis en non-activité et nommé chevalier de Saint-Louis le 24 août 1814, lors du retour de Napoléon, au mois de mars 1815, il fut employé dans la 19e division militaire à Lyon. Replacé dans la position de non-activité après la seconde Restauration, le baron Espert de Latour mourut le 13 octobre 1815.

FABRY (GASPARD), né le 18 septembre 1748 à Genève (Suisse), entra au service dans le corps des troupes d'artillerie de marine le 9 mars 1771, et obtint les grades de caporal et de sergent les 1er mai et 1er novembre 1772. Le 26 septembre 1775, il embarqua sur *la Tourterelle*, servit successivement sur *la Consolante* et *le Brillant*, et passa fourrier à bord de ce bâtiment le 1er avril 1772. Le 25 juillet suivant, il monta *l'Annibal*, jusqu'au 7 juin 1784. Sous-lieutenant le 20 juin 1785, capitaine le 1er juillet 1792, il fit campagne sur *le Terrible*, du 18 frimaire au 25 floréal an III. Chef de bataillon le 9 pluviose an IV, il servit à l'armée de l'Ouest en l'an VIII, et fut nommé major le 1er messidor an XI. Membre de la Légion-d'Honneur le 4 germinal an XII, et admis à la retraite le 10 août 1813, il mourut le 22 janvier 1826 à Lorient (Morbihan).

FABRY (PIERRE-ÉTIENNE), naquit le 18 août 1760 à Versailles (Seine-et-Oise). Soldat dans le régiment Vexin-infanterie (75e) le 11 mars 1782, il entra, le 3 septembre 1792, avec le grade de capitaine, dans le 10e bataillon de volontaires de Seine-et-Oise, incorporé plus tard dans le 17e régiment de ligne. Il fit les guerres de 1792 et 1793 à l'armée du Nord, celles des ans II, III et IV à l'armée de Sambre-et-Meuse, et des ans V et VI à l'armée du Rhin. Passé à l'armée de Naples à la fin de cette dernière année, et nommé chef de bataillon le 3 pluviose an VII, il tomba au pouvoir de l'ennemi, à la bataille de la Trebia, le 1er messidor suivant. Rentré le 9 frimaire an IX, il rejoignit son régiment, et fit à l'armée gallo-batave les campagnes des ans IX, X et XI. Major du 20e régiment de ligne le 12 brumaire an XII, et membre de la Légion-d'Honneur le 4 germinal suivant, il servit, de l'an XII à l'an XIV, au camp de Bruges, et de 1806 à 1808 à la grande armée. Colonel en second de la 9ᵉ demi-brigade de réserve le 31 mai 1809, il passa en Espagne avec ce corps, devint colonel titulaire du 26ᵉ régiment de ligne le 8 décembre 1810, reçut la croix d'officier de la Légion-d'Honneur le 26 août 1811, et combattit à l'armée de Portugal jusqu'au 17 novembre suivant, époque de sa nomination au commandement d'armes du fort de Mont-Jouy. Mis à la retraite le 25 novembre 1813, il est mort à Versailles (Seine-et-Oise), le 7 janvier 1830.   B-S.

FAURE (PIERRE-ANTOINE-HENRI), né le 12 juillet 1772 à Gières (Isère), entra au service le 16 juillet 1793 comme lieutenant dans le 1ᵉʳ bataillon de chasseurs des Hautes-Alpes, embrigadé dans la 3ᵉ demi-brigade d'infanterie légère à l'organisation de l'an II, et incorporé dans la 11ᵉ de même arme à celle de l'an IV. Il fit les campagnes de 1793 à l'an VII aux armées des Alpes, d'Italie et de Naples, assista au siège de Toulon, et fut nommé capitaine le 1ᵉʳ messidor an II. Au combat de Faenza, le 14 pluviose an V, il reçut un coup de feu à la jambe gauche. Chef de bataillon le 6 floréal, il passa en cette qualité à la suite de la 12ᵉ demi-brigade d'infanterie de ligne le 4 messidor an VI, et c'est avec ce corps qu'il assista, le 1ᵉʳ messidor an VII, à la bataille de la Trebia, où il fut blessé d'un coup de feu à la partie supérieure de la cuisse droite, et fait prisonnier par les Autrichiens. Échangé le 22 fructidor an VIII, et placé comme chef de bataillon titulaire dans la 4ᵉ de ligne le 26 vendémiaire an IX, il tint garnison à Nanci pendant les ans X et XI, fit partie des troupes du camp de Saint-Omer en l'an XII, et devint membre de la Légion-d'Honneur le 4 germinal de cette année. Nommé major du 11ᵉ régiment d'infanterie de ligne le 3 germinal an XIII, il prit sa retraite le 7 août 1806. Il réside en ce moment à Versailles (Seine-et-Oise).   B-G.

FAVEROT (FRANÇOIS-JACQUES-GUY, *baron*), naquit le 7 décembre 1773 à Pontivy (Morbihan). Grenadier au 1ᵉʳ bataillon du Morbihan le 1ᵉʳ septembre 1791, caporal le 15 octobre, sergent le 10 novembre, il passa comme sous-lieutenant, le 1ᵉʳ décembre de la même année, dans le 41ᵉ régiment d'infanterie (ci-devant de la Reine) avec lequel il fit les campagnes de 1792, 1793 et de l'an II à Saint-Domingue. Lieutenant de grenadiers et capitaine au même corps les 21 février et 6 septembre 1793, prisonnier de guerre par les Espagnols au fort Dauphin le 10 pluviose an II, et rentré en France par échange vers la fin de l'an III, il fut envoyé, le 26 messidor de cette année, à l'armée des côtes de l'Océan, où il servit comme capitaine adjoint à l'état-major pendant les campagnes des ans III et IV. Sa conduite distinguée, le 15 floréal an IV, à l'affaire de Muzillac, lui valut les éloges du général en chef Hoche, qui lui fit présent d'un sabre comme témoignage de sa satisfaction. Passé avec son grade dans les chasseurs à cheval de Lamoureux, le 22 brumaire an V, il prit part, en l'an V et en l'an VI, aux expéditions d'Irlande. Fait prisonnier par les Anglais sur la frégate *l'Immortalité*, le 29 vendémiaire an VII, il demeura en captivité jusqu'à l'échange, qui eut lieu quelque temps après. Placé comme capitaine adjoint à l'état-major de la 1ʳᵉ division militaire le 30 vendémiaire an VIII, et nommé chef d'escadron adjoint à l'état-major de l'armée de l'Ouest le 11 floréal suivant, il passa avec son grade à la suite du 3ᵉ régiment de dragons le 2 prairial de la même année, et fit les campagnes des ans VIII et IX dans l'Ouest et dans les 14ᵉ et 15ᵉ divisions militaires. Entré comme chef d'escadron titulaire au 12ᵉ régiment de chasseurs à cheval le 6 fructidor an IX, il devint major du 25ᵉ de même arme le 6 brumaire an XII, et membre de la Légion-d'Honneur le 4 germinal suivant. Il servit en l'an XIV à l'armée d'Italie, en 1806 à celle de Naples, et en 1809 en Italie et en Allemagne. Officier de la Légion-d'Honneur le 22 août de cette dernière année, il fit la guerre en Illyrie et en Dalmatie pendant l'année 1810, obtint le grade de colonel du 15ᵉ régiment de chasseurs à cheval le 14 octobre 1811, et le titre de baron de l'Empire vers la même époque. Employé en Espagne de 1812 à 1814, il fut blessé de trois coups de sabre, à la tête, à l'épaule et au bras gauche, en chargeant la cavalerie anglaise devant Villadrigo le 28 octobre 1812. Maintenu à la tête de son régiment à la réorganisation du 15 octobre 1814, il reçut la croix de Saint-Louis le 26 du même mois. Colonel des hussards du Haut-Rhin (6ᵉ régiment) le 24 janvier 1816, chargé de l'organisation de ce corps et fait commandeur de la Légion-d'Honneur le 1ᵉʳ mai 1821, il fut promu au grade de maréchal-de-camp le 13 octobre suivant; le roi lui confia une inspection de cavalerie en 1822. Attaché en 1823 au 2ᵉ corps de l'armée des Pyrénées, il reçut la plaque de 4ᵉ classe de l'ordre de Saint-Ferdinand d'Espagne le 23 novembre 1823. En 1826, il fit partie du camp de cavalerie de Lunéville, et prit en 1829 le commandement de la subdivision de la 17ᵉ division militaire (Corse). Mis en disponibilité à la révolution de Juillet 1830, il commanda le département de la Haute-Marne en 1832 et 1833, passa dans le cadre de vétérance le 7 décembre 1835, dans celui de non-activité le 28 août 1836, et enfin, le 4 août 1839, dans celui de réserve. Il réside en ce moment à Nelhouët (Finistère).   B-G.

FAVIERS. *Voyez* MATHIEU DE FAVIERS (*Philippe-Gaëtan*, *baron*).

FEBURE, *chevalier* DE FRENOY (JOSEPH-PIERRE), ET NON LEFEVRE-FRESNOIS, est né le 9 septembre 1749 à Paris (Seine). Gendarme dans la compagnie de Provence le 8 octobre 1768, et le 13 septembre 1772 dans celle du Dauphin, il fut nommé le 1ᵉʳ mai 1777 cadet-brigadier dans la compagnie de maréchaussée de l'île de France. Entré comme lieutenant dans le 10ᵉ bataillon d'infanterie légère le 12 janvier 1792, il devint capitaine le 29 mai suivant, chef de bataillon le 1ᵉʳ floréal an II, et fit les guerres de 1792 à l'an IV aux armées du Nord et de Sambre-et-Meuse. Le gouvernement lui décerna, le 11 germinal an IV, une pension de réforme de 400 francs, et un arrêté du

Directoire exécutif, du 16 messidor même année, lui accorda le grade de chef de brigade sans traitement. Passé à l'armée d'Italie, il reçut du général Bonaparte le commandement de la place d'Ancône, qu'il conserva depuis le 22 pluviose an V jusqu'au 1er frimaire an VI. Rentré en France, il y jouit de la solde provisoire de chef de bataillon. Dans le mois de germinal suivant, une décision ministérielle fixa sa pension de retraite à 800 francs. Une nouvelle disposition du 12 pluviose an IX l'admit au traitement de réforme de chef de brigade, avec jouissance du 1er vendémiaire an VIII. Il était dans cette position, lorsqu'un arrêté des consuls, du 6 vendémiaire an XII, le nomma commandant d'armes à Briançon. Il y reçut, le 4 germinal suivant, la décoration de la Légion-d'Honneur. Le colonel Febure fut définitivement admis à la retraite le 30 messidor an XIII. Par décret du 22 août 1812, daté de Smolensk, l'Empereur accueillit la demande formée par cet officier supérieur, et l'autorisa à se rendre en Turquie pour y prendre du service, en conservant sa solde de retraite et son traitement de membre de la Légion-d'Honneur. Toutefois, il paraîtrait qu'il ne profita point de cette autorisation, car, le 8 juillet 1814, il se trouvait encore à Paris, et demandait la croix de Saint-Louis ; mais il ne l'obtint pas, parce qu'il était en retraite, et qu'il n'avait point émigré. Il est mort le 16 janvier 1824 à Paris. B-S.

FÉLIX (DOMINIQUE-XAVIER, *baron*), né le 29 novembre 1763, à Vezelise (Meurthe), entra comme canonnier, le 12 février 1779, dans le régiment de Besançon-artillerie, devenu 3e régiment d'artillerie à pied. Il fit les campagnes de 1779 à 1783 sur les côtes de Bretagne et de Normandie, pendant la guerre d'Amérique, et obtint le grade de sergent le 15 juin 1785. Lorsque, en 1791, les bataillons de volontaires s'organisèrent pour voler à la défense de nos frontières menacées, ses camarades du 3e bataillon du Nord l'élurent, le 4 septembre, 1er lieutenant-colonel. Il fit en cette qualité la campagne de 1792 à l'armée du Nord, fut promu adjudant-général le 19 août, et prit une part glorieuse à la bataille de Valmy. A celle de Jemmapes, il commandait l'infanterie de l'aile droite, et contribua au succès de cette journée. Passé à l'armée de la Moselle, il devint colonel du 22e régiment d'infanterie. Nommé, le 11 du même mois, adjoint du ministre de la guerre, et élevé au grade de général de brigade le 8 mars, il cessa ses fonctions d'adjoint le 18 avril suivant. Suspendu le 1er juin de la même année, et réintégré le 13 prairial an III, on l'employa dans la 1re division militaire à Paris. Il obtint sa retraite le 19 thermidor de la même année. Relevé de sa position de retraite, et admis au traitement de réforme le 3 thermidor an V, il se vit plus tard rappelé au service actif comme administrateur militaire. Inspecteur aux revues le 9 ventose an VIII, il servit en cette qualité à l'armée d'Italie pendant les ans VIII et IX. Passé à cette époque dans la 2e division militaire (Mézières), et créé membre de la Légion-d'Honneur le 4 germinal an XII, il alla reprendre les mêmes fonctions à l'armée d'Italie pendant les campagnes des ans XIII, XIV et 1806, et fut nommé officier de la Légion-d'Honneur et maître des requêtes au conseil d'État le 22 décembre 1807. Le 17 mars 1808, l'Empereur l'appela dans la garde impériale, avec le rang d'inspecteur en chef. Depuis ce moment, il prit part à toutes les campagnes de la garde, reçut le titre de baron de l'Empire, et avec la croix de chevalier de la Couronne-de-Fer, celle de commandant de la Légion-d'Honneur le 24 janvier 1814. Au retour des Bourbons, le comte d'Artois l'attacha, le 23 avril, à la commission chargée de donner son avis sur les propositions et les affaires que le ministre de la guerre lui renvoyait. Louis XVIII le confirma dans ses fonctions de maître des requêtes au conseil d'État, le fit chevalier de Saint-Louis le 28 juin de la même année, et lui conféra en outre l'emploi d'inspecteur aux revues des 4 compagnies rouges de sa maison militaire. Après le 20 mars 1815, Napoléon lui confia de nouvelles fonctions ; mais, au second retour du roi, il cessa d'être employé, et on l'admit à la retraite le 1er janvier 1816. Élevé à la dignité de grand-officier de la Légion-d'Honneur par ordonnance royale du 1er novembre 1828, il vivait retiré à sa terre de Rouge-Maison, près de Vailly (Aisne), lorsqu'il fut assassiné à coups de couteau par un de ses domestiques, le nommé Venturini (Jean-Pierre), le 6 décembre 1839. Il ne succomba pas sur-le-champ à ses nombreuses blessures, et mourut le lendemain 7, après avoir légué, par son testament, une somme de 20,000 francs à la ville de Vailly, 4,000 francs à l'église, et chargé le général vicomte de Latour-Foissac, son légataire universel, de remettre 10,000 francs au département de l'Aisne pour la direction à donner, sur le territoire de Vailly, au chemin de grande vicinalité d'Urcel à Fère-en-Tardenois. B-G.

FÉLIX (JEAN-JOSEPH), naquit le 18 novembre 1746 à Vezelise (Meurthe). Dragon dans le régiment de Beaufremont le 16 mars 1758, il obtint son congé le 17 janvier 1765. Il reprit du service, le 24 janvier 1766, comme fusilier dans le régiment d'Eu-infanterie, devint successivement brigadier, caporal, sergent et sergent-fourrier, et fut nommé, le 16 août 1772, quartier-maître-trésorier du régiment de la Martinique, avec lequel il fit toutes les campagnes de la guerre d'Amérique. Sous-aide-major le 25 novembre 1773, capitaine le 26 juillet 1778, chargé du commandement d'une compagnie de chasseurs dans le même corps le 2 octobre 1784, et promu le 16 novembre 1792 lieutenant-colonel au 109e régiment d'infanterie, formé des régiments de la Martinique et de la Guadeloupe, il rentra en France, obtint le grade de colonel, et le commandement du 44e régiment le 8 mars 1793. Il servit aux armées de l'Ouest et de la Moselle. Mis en arrestation le 14 août suivant, par ordre des représentants du peuple, conduit à la Conciergerie à Paris, jugé par le tribunal révolutionnaire le 26 nivose an II, et mis en liberté par suite de l'arrêt d'acquittement prononcé en sa faveur, il fit son service dans la garde nationale, fut nommé commandant temporaire de la place de

Monaco le 28 fructidor suivant, et passa en la même qualité à Marseille le 5 fructidor an III. Suspendu de ses fonctions le 11 brumaire an IV, par le représentant Fréron, et admis à la retraite le 13 pluviose suivant, il réclama contre l'acte arbitraire qui l'éloignait sans motifs des rangs de l'armée active, et parvint à se faire réintégrer, le 15 germinal de la même année, mais pour être employé en Belgique. Commandant d'armes à Anvers le 11 brumaire an V, il passa à Menin le 30 fructidor suivant, puis à Landrecies le 22 messidor an VII. Membre de la Légion-d'Honneur le 4 germinal an XII, il obtint sa retraite le 23 décembre 1813, et mourut le 19 novembre 1818 à Nanci (Meurthe).

FERAUD (ANTOINE-ANDRÉ), naquit le 30 novembre 1750 à Grenoble (Isère). Entré dans la carrière administrative en qualité de commis au ministère de la guerre en 1771, et désigné en 1774 pour remplir les fonctions de secrétaire du gouvernement de la Corse, il obtint, en 1780, les lettres de service de commissaire des guerres. Admis en 1785 dans la maison de *Monsieur*, frère du roi, comme secrétaire, il y resta jusqu'au commencement de 1791, époque à laquelle il alla exercer ses fonctions de commissaire des guerres à Alençon. Employé au camp de Compiègne et de Soissons, de 1792 à l'an III, il reçut, le 15 prairial de cette dernière année, le brevet de commissaire-ordonnateur de la 18ᵉ division militaire (Dijon). Appelé à l'armée d'Helvétie le 11 brumaire an VII, avec le grade d'ordonnateur en chef, il passa à celle du Rhin dans le mois de thermidor suivant, et revint à Dijon en l'an VIII, pour y exercer cumulativement les fonctions d'ordonnateur-divisionnaire, et d'ordonnateur en chef provisoire de l'armée de réserve. Il rejoignit l'armée des Grisons en vendémiaire an IX; un mois après, le premier Consul le confirma dans le grade d'ordonnateur en chef. Le 9 brumaire an X, il reçut l'ordre de se rendre à Turin pour y surveiller l'administration de la 27ᵉ division militaire, et fut nommé inspecteur aux revues le 8 nivose de la même année. Il obtint, le 4 germinal an XII, la décoration de la Légion-d'Honneur. Envoyé à l'armée d'Italie le 15 frimaire an XIV, il rejoignit, le 7 nivose suivant, le 8ᵉ corps de la grande armée, qu'il quitta de nouveau pour aller organiser les services administratifs de l'armée de Naples. Du 1ᵉʳ novembre 1806 au 1ᵉʳ septembre 1809, il remplit les fonctions de directeur-général des revues des troupes françaises et napolitaines. Le roi de Naples lui conféra, le 18 mai 1808, la décoration de l'ordre royal des Deux-Siciles. Ces attributions ayant été réunies au ministère de la guerre du royaume de Naples, le roi Joachim Murat lui exprima, dans un ordre du jour de l'armée, du 19 août 1809, sa satisfaction pour les services importans qu'il lui avait rendus. Rentré en France au mois de novembre, il se rendit dans la 14ᵉ division militaire (Caen), pour y remplir les fonctions de son grade, auxquelles il avait été appelé le 26 août précédent. En 1814, il adhéra aux actes du Sénat. Louis XVIII le nomma chevalier de Saint-Louis le 19 juillet 1814, et l'admit à la retraite le 24 septembre 1815, avec le grade honorifique d'inspecteur en chef aux revues. Il est mort le 18 février 1829 à Caen (Calvados). B-S.

FERES (GUILLAUME-PIERRE-FRANÇOIS), né le 23 janvier 1763 à Saint-Fargeau (Yonne), entra comme surnuméraire dans l'administration des domaines le 2 juin 1786, et fut employé ensuite au ministère des finances, du 1ᵉʳ janvier 1788 au 31 décembre de la même année; il devint secrétaire-commis de l'Assemblée nationale le 7 mai 1789, et continua ces fonctions à l'Assemblée législative jusqu'au mois d'août 1792, époque à laquelle il passa comme commis dans les bureaux du ministère de la guerre. Garde national du bataillon des Feuillans, Ferès eut l'occasion de rendre quelques services à la famille royale pendant la journée du 10 août, et le fit avec le plus entier dévoûment. Nommé, le 15 octobre suivant, commissaire des guerres, il servit aux armées du Nord, des Ardennes, de Sambre-et-Meuse et de Mayence, de 1792 à l'an VII. Commissaire-ordonnateur le 13 vendémiaire an III, pour prendre rang du 11 thermidor an II, il fut destitué par arrêté du 21 prairial an IV, rendu sur une plainte du général Kleber, qui l'accusait d'avoir entravé ses opérations par sa négligence; mais un autre arrêté du 5 messidor suivant rapporta le premier, comme fondé sur une erreur, et le réintégra dans l'exercice de ses fonctions. Confirmé dans son grade de commissaire-ordonnateur par arrêté du 22 thermidor an VII, et nommé inspecteur aux revues le 9 ventose an VIII, on lui confia le service de l'armée de réserve au mois de germinal suivant. Il fit la campagne d'Italie avec cette armée jusqu'à sa réunion avec celle d'Italie, après la bataille de Marengo, et fut chargé en chef du service de l'inspection à la 2ᵉ armée de réserve, devenue ensuite armée des Grisons, avec laquelle il fit la campagne de l'an IX; il y resta employé jusqu'en pluviose an X. A cette époque, créé inspecteur aux revues de la 21ᵉ division militaire, il passa en la même qualité à la 23ᵉ division le 1ᵉʳ vendémiaire an XI, et reçut la décoration de membre de la Légion-d'Honneur le 4 germinal an XII. Appelé à remplir ses fonctions dans la 29ᵉ division au mois de juillet 1808, et chargé de la direction du service des revues près les troupes stationnées en Illyrie le 10 juillet 1811, l'Empereur le nomma officier de la Légion-d'Honneur le 19 novembre 1813. Rentré en France après les événements de 1814, le roi lui donna la croix de chevalier de Saint-Louis le 19 juillet 1814, et ordonna de l'employer comme inspecteur aux revues dans la 21ᵉ division militaire le 28 septembre suivant. Il se trouvait en congé à l'époque du 1ᵉʳ mars 1815. Placé, le 9 du même mois, à la direction des travaux de liquidation des armées, il continua ses fonctions pendant les Cent-Jours, et y fut maintenu par décision du 22 septembre de la même année. Admis à la retraite le 20 mai 1818, il est mort le 1ᵉʳ juillet 1833 à Bourg-la-Reine (Seine). O'NERVY.

FERNIG (JEAN-LOUIS-JOSEPH-CÉSAR, *comte* DE), naquit le 12 août 1772 à Mortagne (Nord). Volontaire dans la garde nationale de Valenciennes le

14 juillet 1789, il devint l'année suivante major de celle de Mortagne. Sous-lieutenant dans le 12e régiment d'infanterie, ci-devant Auxerrois, le 18 janvier 1772, il fit les campagnes de l'armée du Nord. Le 16 juin 1792, il franchit le premier, à la tête d'un peloton de 15 hommes, les retranchemens établis en avant de Menin, par les Autrichiens : blessé de deux coups de baïonnette à la poitrine, il allait succomber, lorsque 4 soldats de son détachement vinrent le dégager. Après s'être distingué à la bataille de Valmy, il passa, dans le mois d'octobre suivant, adjoint aux adjudans-généraux. Il combattit à Jemmapes, et obtint, le 13 novembre, le brevet de capitaine-adjoint sur le champ de bataille d'Anderlecht. A la tête d'un escadron de chasseurs, il culbuta et poursuivit l'arrière-garde autrichienne, lui prit 2 pièces de canon, un drapeau, et lui fit un grand nombre de prisonniers : il faisait alors partie de l'état-major du général Dumouriez. Le lendemain, l'armée française entrait triomphante à Bruxelles. Il assista à la prise de Liége, d'Aix-la-Chapelle, de Bois-le-Duc, de Klunder et de Berg-op-Zoom, et se signala à la bataille de Nerwinde le 18 mars 1793. Dans le fort de cette dernière action, et après un moment d'hésitation de la part des troupes, le jeune Fernig vit que la cavalerie ennemie portait tous ses efforts contre le centre ; il rallia de son propre mouvement environ 300 hommes, chargea trois fois les cuirassiers autrichiens et les dragons de La Tour, parvint à arrêter l'ennemi, et donna ainsi le temps à la division de se reformer. Cette affaire, dans laquelle il reçut trois coups de sabre, lui valut le grade d'adjudant-général lieutenant-colonel, que le général en chef et les représentans du peuple à l'armée du Nord lui conférèrent sur le champ de bataille.

« Louis XVI venait de périr ; la reine courait le danger de mort ; aucun frein ne peut désormais s'opposer à la rage des énergumènes ; la délation et l'anarchie triomphent ; les cachots débordent ; la guillotine se dresse partout ; aux armées seules règnent encore l'ordre et la discipline : là s'est réfugié l'honneur de la France.

» Prévoyant les malheurs qui vont accabler son pays, Dumouriez veut couper le mal dans ses racines ; il prend une grande résolution, celle de marcher sur Paris avec son armée, d'en chasser les démagogues, et de rétablir la constitution de 1791.

» Le prince de Saxe-Cobourg adhère à ce noble dessein, nous promet sa coopération en cas de besoin, conclut une suspension d'armes, et s'engage à ne pas dépasser nos frontières.

» La proclamation du général est accueillie par les troupes avec délire ; elles veulent à l'instant marcher vers la capitale. Malheureusement quelques jours sont nécessaires à la réorganisation.

» Pendant ce temps, des émissaires de la Montagne arrivent, se répandent dans le camp, travaillent l'esprit des volontaires, et parviennent à faire des prosélytes.

» Le 4 avril 1793, le ministre de la guerre Beurnonville et les commissaires Quinette, Bancal, Camus et Lamarque, s'étaient rendus chez Dumouriez, à son quartier-général des Boues-de-Saint-Amand. Là, en présence de l'état-major, ces derniers avaient lu un décret qui le destituait et le mandait à la barre de la Convention. Pour toute réponse, il les fait arrêter eux-mêmes et les envoie comme otages sous bonne escorte à Tournay.

» Le 5, de grand matin, Dumouriez monta à cheval pour aller inspecter la citadelle de Condé. Il est accompagné des généraux duc de Chartres, Valence et Thouvenot, son chef d'état-major, des colonels Montjoie et Fernig, de quelques aides-de-camp et officiers, et suivi de l'escorte ordinaire.

» On cheminait depuis un quart d'heure, lorsque le général Thouvenot remarqua un bataillon de l'Yonne, commandé par le citoyen Davout, depuis maréchal et prince d'Eckmühl, qui avait pris les armes et se mettait en marche. Aucun ordre semblable n'ayant été donné, il envoie s'informer des motifs de ce déplacement. L'officier est reçu à coups de fusil. Dumouriez s'avance : aussitôt une décharge tue et blesse plusieurs hommes. Ce bataillon, excité par de modernes Brutus, fond sur le quartier-général et redouble son feu. Sa position devenait de plus en plus critique : engagé dans des marais impraticables à la cavalerie, sans nul moyen d'en sortir, il fallait ou se laisser massacrer ou parvenir jusqu'à l'Escaut, fleuve profond et rapide, aux bords escarpés, et pouvoir le traverser. Heureusement le colonel Fernig, qui connaît très bien le pays, dirige les attaques sur le Boucaulde, seul bac existant à proximité, laissant derrière les chevaux qui ne peuvent franchir les fossés remplis d'eau qu'on rencontre à chaque instant.

» Ainsi furent sauvés les généraux Dumouriez, duc de Chartres et partie de l'état-major.

» Le 6 au matin, Dumouriez rentre au camp, passe les troupes en revue. Les uns l'accueillent par des bravos, les autres par un morne silence. Dès-lors, prévoyant les obstacles qui s'opposeront à l'exécution de son projet, et voulant surtout éviter les malheurs d'une guerre civile, il se retire.

» Le colonel Fernig, fatalement entraîné hors de France, n'accepte pas du prince de Saxe-Cobourg le service qu'il lui offre avec son grade dans l'armée autrichienne (1). »

Il parcourut l'Allemagne, la Pologne, la Russie, la Suède et le Danemarck ; et lorsque la France lui parut jouir enfin de la paix intérieure, il s'empressa d'y revenir et de rentrer dans les rangs de l'armée. Il fit avec distinction, comme volontaire et comme officier d'état-major sans solde, les campagnes de l'an VI à l'an IX, près des généraux Hatry, Hoche, Jourdan, Masséna, Lecourbe et Moreau ; tandis qu'il prodiguait de nouveau son sang pour la patrie, et qu'il se signalait à Ostrach, à Engen, Mœskirch, Biberach, Memmingen, Neubourg, Ampfingen, Lambach, Roveredo, Trente, et dans plu-

(1) Extrait des notes communiquées par le général comte de Fernig.
Nous avons donné le texte même de ces notes, dont nous laissons d'ailleurs toute la responsabilité à son auteur, parce qu'elles sont un document à l'appui des faits que nous avons rapportés dans l'article Frégeville (t. III, p. 226 et 228). Ces faits et ces notes sont de nature à éclaircir un des événemens les plus importans de l'année 1793.

sieurs combats d'avant-garde, son nom figurait sur la liste des émigrés.

Après la bataille de Hohenlinden, le général Moreau lui décerna un sabre d'honneur. Passé à l'état-major du général Macdonald, il acheva près de lui la campagne d'Italie. Il obtint alors sa radiation de la liste des émigrés. Appelé le 4 frimaire an IX au commandement de la province de Coire et de l'arrondissement des Grisons, nommé le 6 germinal suivant chef de bataillon à la suite dans la 2e demi-brigade auxiliaire helvétique, il prit le 20 fructidor même année le commandement de la ville de Saint-Gall, et le 27 frimaire an X celui de la ville de Bâle. Le 5 messidor, il alla reprendre le commandement de la place et du canton de Saint-Gall. Le premier Consul le nomma chef de bataillon au 112e de ligne, pour prendre rang du 1er frimaire an X, major de ce corps le 10 nivose an XII, et membre de la Légion-d'Honneur le 4 germinal suivant. Le 20 septembre 1807, il reçut la grand'croix de l'ordre équestre de Saint-Joachim, appartenant à la confédération germanique, et passa avec son grade le 21 février 1809 dans le 66e régiment de ligne. Lors de l'attaque des Anglais contre notre station et l'enlèvement d'un bâtiment de guerre au bas de la Gironde (1809), le général commandant la division fit partir à la hâte le major Fernig avec 4 compagnies d'élite. Cette petite colonne couvrit Saint-André de Cubzac, Blaye et Bordeaux, menacés par l'ennemi, et le força à reprendre la mer. De retour de cette expédition, il présida le conseil de guerre qui devait juger le capitaine commandant la corvette capturée par les Anglais, et qui était absent de son bord au moment de cette prise. L'Empereur, peu habitué aux revers, voulait un grand exemple, et des instructions sévères avaient été expédiées au général commandant la 11e division militaire. D'un autre côté, le prince de Neufchâtel et le ministre de la guerre pressaient l'information et le jugement à intervenir. Cependant le président du conseil de guerre, qui avait compris la haute responsabilité de sa position, arrivait lentement à la découverte de la vérité, et facilitait le prévenu dans ses moyens de défense. L'accusé se renfermait dans l'autorisation verbale de s'absenter pendant vingt-quatre heures qu'il avait reçue de son chef ; celui-ci, effrayé pour lui-même des suites de cette affaire, niait avoir donné cette autorisation, et le ministère public persistait dans l'application de la peine de mort. C'est sous l'empire de ces opinions diverses que le conseil allait délibérer. Les juges, bien qu'éclairés par le président, n'osaient prononcer l'acquittement, dans la crainte d'encourir la disgrace du chef de l'État. Cependant la conviction d'accomplir un devoir sacré inspire le major Fernig, le rend éloquent, persuasif, et un verdict d'acquittement est rendu à l'unanimité. Chacun des membres s'attendait à une destitution, lorsque, huit jours après, l'Empereur fit témoigner au président et aux membres du conseil toute sa satisfaction pour leur courageuse indépendance.

A la descente des Anglais en Zélande, en octobre 1809, le major Fernig alla prendre le commandement d'une brigade qui contribua puissamment à l'évacuation de l'île de Walcheren. Le 22 janvier 1810, l'Empereur lui confia le commandement du 1er régiment provisoire d'infanterie, avec lequel il entra en Espagne. Il fut successivement employé dans les gouvernemens de la Navarre méridionale, de l'Aragon, des provinces de Guadalaxara et de Tolède, et soutint avec succès la guerre de partisan de 1810 à 1811 contre les guerillas, depuis les Pyrénées jusqu'à Cadix. Dans la forêt de Roncal, il mit hors de combat plus de 3,000 insurgés, et prit le fameux chef Mina (octobre 1810).

Nommé adjudant-commandant le 16 mars 1812, et appelé à faire partie de l'état-major général de l'Empereur, il quitta immédiatement l'Espagne, et rejoignit le grand quartier-général à Berlin. Il reçut de l'empereur d'Autriche, le 8 juin suivant, la grand'-croix de l'ordre d'*ancienne et illustre noblesse des quatre empereurs*, fit la campagne de Russie en qualité de sous-chef d'état-major, et assista à toutes les affaires de cette expédition. A la bataille de Smolensk, une batterie de 15 pièces de gros calibre, qui séparait le centre de l'aile d'attaque, faisait de grands ravages dans les rangs français. Le colonel Fernig, porteur d'ordres de l'Empereur au prince d'Eckmühl, ne voulant pas se détourner dans la crainte de perdre un temps précieux, fut renversé avec son cheval à cent pas de la muraille, au moment où il franchissait ce dangereux passage ; ce ne fut qu'avec peine qu'il parvint à se dégager et à achever sa mission. A Borodino, un boulet frappe la poitrine de son cheval et l'étend raide mort ; enfin, il perd un second cheval à la bataille de la Moskowa, en attaquant la grande redoute. Le 11 octobre 1812, l'Empereur passant une revue dans le Kremlin, détacha de sa boutonnière sa croix d'officier de la Légion-d'Honneur et la remit au colonel Fernig (1) ; il l'admit ensuite dans l'ordre de la Couronne-de-Fer, et le dota de 10,000 francs de rente en Westphalie. Blessé d'un coup de lance à la bataille de Malo-Jaroslawetz, il n'en fit pas moins partie de *l'escadron sacré* qui entoura Napoléon pendant la retraite jusqu'à Smolensk, où un décret impérial du mois de décembre 1812 le nomma chef d'état-major de la cavalerie réunie sous les ordres du général Latour-Maubourg. Ce fut cette cavalerie qui protégea le passage de la Bérésina.

Nous mentionnerons ici un épisode intéressant de la campagne de Russie, qui honore le caractère de M. le général de Fernig. Nous le puisons dans ses notes communiquées.

« Pendant la terrible retraite de Moscou, entre Smolensk et la Bérésina, au crépuscule du matin, il s'approche de la lueur mourante d'un feu de bivouac autour duquel paraissent dormir une trentaine d'hommes enveloppés de capotes et de manteaux ; il arrive avec précaution près de ces militaires, qu'il trouve serrés les uns contre les autres. Au silence lugubre, à l'immobilité qui règne dans ce groupe, il devine une partie de la vérité et cherche à ré-

(1) Le décret ayant été perdu pendant la retraite, avec une partie des archives de la maison de l'Empereur, la Restauration refusa de reconnaître cette nomination. Il ne fut officiellement nommé officier de l'Ordre que le 24 août 1814.

veiller le plus rapproché : ce n'était qu'un cadavre ; il renouvelle vingt fois la même tentative, qui est toujours suivie du même résultat. Frappé de cet affligeant spectacle, il allait se retirer, lorsqu'un léger cri attira son attention. Il aperçut deux petites mains soulevant la lourde capote qui les retenaient. Il s'en empare, les réchauffe, et reconnaît une fille d'une rare beauté. Cette enfant était dans les bras d'un soldat au teint cuivré, aux formes athlétiques, mais dont les muscles déjà glacés étaient presque sans mouvement. Il lui parle, fait d'inutiles efforts pour le mettre sur son séant, et l'exhorte à sauver le petit être qu'il paraissait protéger ; un sourire amer, un signe négatif furent d'abord son unique réponse ; les instances du colonel redoublent : *Laissez-moi mourir en repos*, s'écria-t-il enfin, *je veux épargner à ma fille les longues souffrances qui ont dévoré sa mère, son fils, et tué mes trois frères. Allez, que Dieu vous protège.* A peine ces mots étaient-ils prononcés, qu'il se replie sur lui-même, presse la faible créature sur son cœur et s'endort du sommeil éternel. Le colonel dégage l'enfant qui semble deviner son malheur, regarde son père, pousse un cri plaintif, et se jette au cou de son protecteur. Emportée par lui, il la confie à une fermière des environs du Niémen, qui promet de l'élever comme son enfant. L'excellente femme a tenu parole : la jeune fille, protégée par les bienfaits de son libérateur, adoptée par ses pères nourriciers, est aujourd'hui heureuse épouse et tendre mère. »

Après le départ de l'Empereur pour Paris, le colonel Fernig fut attaché comme sous-chef d'état-major au roi de Naples, et servit en la même qualité auprès du prince Eugène. Employé au 13e corps de la grande armée le 1er janvier 1813, le roi de Bavière lui conféra, le 4 avril suivant, la grand'-croix de l'ordre de Saint-Hubert.

Au bruit de la canonnade de Lutzen, le vice-roi, qui venait de battre l'ennemi à Leipzig, arrête immédiatement sa marche et donne l'ordre au colonel Fernig de faire porter le corps du maréchal Macdonald dans la direction du canon. Il exécuta cette mission avec autant d'audace que de bonheur, et conduisit lui-même les troupes sur les derrières de la réserve ennemie, qui fut forcée d'abandonner ses positions. Il assista ensuite à la bataille de Bautzen, et fut nommé général de brigade, pendant l'armistice, le 14 juin 1813. Le prince de Neufchâtel et de Wagram s'exprimait ainsi en l'informant de cette nomination : « Mon cher Fernig, je vous annonce avec le plus vif plaisir que l'Empereur, en récompense de vos bons et loyaux services, vient de vous nommer général de brigade. Je ne doute pas qu'à la tête de votre brigade vous ne prouviez à l'Empereur que son état-major fournit des officiers de bataille supérieurs aux autres. » Il reçut la mission délicate de poursuivre la colonne commandée par le colonel Lützow, qui parcourait la Saxe en partisan. L'Empereur, pour faciliter cette opération plus diplomatique que militaire, lui délivra un *blanc-seing* qui l'autorisait au besoin à requérir le nombre de troupes qu'il croirait nécessaire à l'exécution complète de ses ordres. Lützow et les 3,000 hommes furent forcés de repasser l'Elbe et d'évacuer le territoire saxon. Il reçut à cette occasion la croix de Saint-Henri, se rendit ensuite à Strasbourg comme chef d'état-major et commandant supérieur, emplois qu'il conserva jusqu'au moment de l'évacuation de cette ville par l'armée française. Louis XVIII le nomma chevalier de Saint-Louis le 24 octobre 1814.

Il était en non-activité, lorsque, le 16 mars 1815, on l'attacha en qualité d'aide-major-général au corps du duc de Berri, qui commandait les troupes réunies sous Paris pour être opposées à la marche de Napoléon sur la capitale. L'Empereur, revenu aux Tuileries le 20 mars, envoya le général Fernig dans la 16e division militaire pour y organiser 14 bataillons de gardes nationales soldées. Il fit la campagne de Waterloo à la tête d'une brigade de ces troupes, et fut placé, sous la seconde Restauration, dans la 14e des fameuses catégories du duc de Feltre. Le 13 juillet 1816, il reçut la grand'croix de l'ordre du Lion de Holstein. Le comte de Fernig resta oublié jusqu'au 25 juin 1823, époque à laquelle le gouvernement lui donna le commandement d'une brigade du 5e corps de l'armée des Pyrénées. Le 3 septembre, le maréchal Lauriston lui ayant ordonné de refouler l'ennemi devant Pampelune, il exécuta ce mouvement avec promptitude et habileté, se mit à la tête d'une compagnie de grenadiers du 40e de ligne, s'empara du fort *del Principe* et de la redoute de *l'Infante*. Blessé, le 15, d'une balle au bras gauche, le général en chef le mentionna honorablement dans les deux bulletins de ce siège. Il signa, conjointement avec le général Ricard, la capitulation de Saint-Sébastien, et alla prendre part à la prise de Lerida. Il obtint, le 3 novembre 1823, la croix de commandeur de la Légion-d'Honneur, et, le 23, la plaque de 4e classe de l'ordre de Saint-Ferdinand. Déjà, le 6 du même mois, le roi lui avait conféré les fonctions de gouverneur de la place et des forts de Barcelone.

Prévenu, dans la nuit du 6 au 7 janvier 1824, qu'à la suite d'une violente tempête, un brick périssait en vue de Barcelonette, il se rend aussitôt sur le port et prend immédiatement toutes les dispositions convenables pour sauver l'équipage. Cependant l'orage augmente avec violence, et bientôt l'espoir qu'on a formé va s'évanouir. L'offre des récompenses, la prière, la menace, ne peuvent rien sur des hommes que le danger intimide. Le gouverneur, n'écoutant alors que la voix de l'humanité, s'élance dans une frêle embarcation, accompagné d'un aide-de-camp, d'un enseigne de vaisseau et de quelques marins, et parvient, au milieu des plus grands périls, à sauver le capitaine Lavarello et les 6 hommes qui composaient l'équipage du brick sarde *la Conception*. Le 14 décembre de cette même année, le prince de Salm lui donna la grand'croix de l'ordre de Stanislas.

Après dix-huit mois d'une sage administration, le général Fernig déposa ses pouvoirs aux autorités du pays et rentra en France. Il mit à profit les années de paix dont jouissait l'Europe, et conçut le projet d'aller faire des explorations lointaines. De

1826 à 1828, il visita Constantinople et la Turquie, l'Égypte, la Nubie, l'Arabie Pétrée, la Mésopotamie, l'Arménie, la Mingrelie, la Géorgie, le Caucase, la Crimée, la Caramanie, les îles de l'Archipel, la Grèce, la Bulgarie, la Moldavie, la Valachie, la Transylvanie, la Hongrie, l'Autriche et toute l'Allemagne. C'est pendant son séjour en Hongrie, le 10 avril 1826, qu'il fut reçu chevalier du Saint-Sépulcre, armé de l'épée et chaussé des éperons de Godefroy de Bouillon par l'évêque de Jérusalem, au pied même du tombeau du Rédempteur du monde. Le 20 novembre de cette année, il sauva, au péril de sa vie, une jeune fille tombée dans le Bosphore. En 1827, il eut encore le bonheur de sauver un Arabe qui se noyait dans le Nil, au-dessus de la troisième cataracte, dans le Dongolah.

Dans le cours de ses longs et périlleux voyages, le général Fernig a rédigé des notes consciencieuses et intéressantes sur la géographie, la statistique, l'histoire naturelle, les antiquités, les mœurs et les habitudes des différens peuples qu'il a visités. Quelques-uns de ses précieux documens ont servi au colonel Lapie pour refondre et corriger la carte d'Égypte en 1828.

Le 16 avril 1829, il se rendit à Naples, chargé par le ministère des affaires étrangères d'une mission particulière. Il était de retour à Paris à la fin de la même année. La révolution de Juillet 1830 trouva le général Fernig fidèle à ses principes. Placé comme disponible, le 22 février 1831, dans le cadre d'activité de l'état-major général, il a été nommé grand-officier de la Légion-d'Honneur le 8 mai 1835, et mis à la retraite par ordonnance royale du 11 juin suivant. Le général Fernig consacre ses loisirs à la publication des intéressans matériaux qu'il a recueillis sur l'Orient et les autres parties du globe qu'il a explorées. Il a dessiné sur les lieux une immense collection de vues, de monumens et de costumes, qui ajouteront un puissant intérêt à ces documens. SICARD.

FILHIOL DE **CAMAS** (JEAN-EDMOND, *baron*), naquit le 3 juillet 1767 à Port-Louis (Morbihan). Aspirant d'artillerie en 1781, il entra le 1er juillet 1782 en qualité d'élève à l'École de Metz, d'où il sortit le 1er septembre 1784 avec le grade de lieutenant. Capitaine le 1er avril 1791, il fit les campagnes de 1792 et 1793 aux armées du Nord et de Rhin-et-Moselle. A l'affaire de Pirmassens, le 14 septembre 1793, il reçut un coup de sabre à la tête. Fait prisonnier de guerre en l'an II, il rentra des prisons de l'ennemi à la fin de cette année, retourna à son régiment, et servit aux armées du Rhin et d'Angleterre de l'an III à l'an IV. Employé dans l'expédition d'Irlande, qui mit à la voile du port de Brest au mois de messidor an VI, et pris par les Anglais dans le mois de fructidor suivant, il ne recouvra la liberté qu'à la fin de l'an VIII. Il rejoignit sa compagnie (la 4e du 7e régiment d'artillerie à pied) en Zélande, reçut le brevet de chef de bataillon le 7 floréal an X, et fut envoyé en qualité de sous-directeur d'artillerie à Saint-Malo. Le 3 prairial an XI, le premier Consul le nomma major du 6e régiment d'artillerie à pied, membre de la Légion-d'Honneur le 4 germinal an XII, et colonel du corps où il servait le 9 mars 1806. Il fit partie de la grande armée de 1806 à 1809. L'Empereur lui donna la croix d'officier de la Légion-d'Honneur le 11 juillet 1807. Envoyé à l'armée de Portugal, il y resta attaché en 1810 et 1811, obtint le 23 juin de cette dernière année le grade de général de brigade, et peu de temps après le titre de baron de l'Empire. Employé à Rennes, puis à Anvers, décoré de la croix de commandant de la Légion-d'Honneur le 28 septembre 1813, et appelé à la grande armée le 9 janvier 1814, il prit part à plusieurs affaires de la campagne de France. Louis XVIII le créa chevalier de Saint-Louis le 8 juillet 1814, et le plaça ensuite à la tête de l'École régimentaire de Rennes. Il quitta ce commandement, le 5 avril 1820, pour celui de l'École de Douai. Louis-Philippe lui confia de nouveau la direction de l'École de Rennes, et le nomma, le 21 mars 1831, grand-officier de la Légion-d'Honneur. Admis à faire valoir ses droits à la retraite, en exécution de l'ordonnance du 5 avril 1832, il l'obtint le 11 juin de la même année. Il réside en ce moment à Rennes (Ille-et-Vilaine).

FLEURY (ANNE-PIERRE-LOUIS), né le 22 mai 1761 à Florac (Lozère), entra le 31 mars 1777 dans le régiment de cuirassiers du roi (6e de cavalerie), et devint brigadier le 18 août 1781, maréchal-des-logis le 26 septembre 1784, fourrier le 19 janvier 1787, maréchal-des-logis-chef le 15 septembre 1789, et adjudant-sous-officier le 1er avril 1791. Lieutenant le 14 mars 1792, il se fit remarquer à l'armée du Nord, reçut une blessure à l'épaule gauche dans un engagement aux environs de Lille, et obtint, le 18 octobre même année, le grade de capitaine. Il fit la campagne suivante à la même armée, et passa en l'an II à celle de Sambre-et-Meuse, à laquelle il resta attaché jusqu'en l'an V; il servit aux armées du Rhin et du Danube de l'an VI à l'an IX, et fut nommé chef d'escadron le 1er germinal de cette dernière année. Le 30 prairial an VIII, il soutint avec son escadron, contre des forces multiples, le passage du Danube, et chassa, dans une charge vigoureuse, 4 escadrons de cuirassiers ennemis qui se disposaient à enfoncer les colonnes françaises parvenues sur la rive opposée. Rentré en France après la paix de Lunéville, l'Empereur le nomma major du 10e régiment de cuirassiers le 6 brumaire an XII, membre de la Légion-d'Honneur le 4 germinal suivant, et ensuite électeur de l'arrondissement de La Châtre. Il a été admis à la solde de retraite le 9 juillet 1807. Cet officier supérieur est mort le 30 octobre 1823 à Domfront (Orne).

FORNO (ALEXANDRE-JEAN-BAPTISTE-JOSEPH-FRANÇOIS), naquit le 19 mars 1770 à Paris (Seine). Élève sous-lieutenant d'artillerie le 19 mars 1792, il entra comme lieutenant en second dans le régiment de Strasbourg (5e) le 1er septembre suivant, et passa capitaine le 12 septembre 1793. Après avoir fait les neuf premières campagnes de la Révolution (de 1792 à l'an VII), il fut nommé chef de bataillon le 4 vendémiaire an VIII, et obtint, le 3 prairial an XI, le grade de major du 5e régiment d'artillerie à pied. Il faisait partie de l'armée de Hanovre quand il reçut, le 4 germinal an XII, la décoration de membre de la Légion-d'Honneur. Colonel du 2ᵉ d'artillerie à cheval le 3ᵉ jour complémentaire an XIII, il servit à la grande armée en l'an XIV et en 1806, et devint officier de la Légion-d'Honneur le 3 mai 1807. Il était chef d'état-major de l'artillerie du 1ᵉʳ corps de la grande armée, et commandait en cette qualité la batterie de droite, lorsqu'il fut tué d'un boulet à la bataille de Friedland.   B-S.

FREGOZE. *Voyez* DUBREIL.

FRIRION (JOSEPH-FRANÇOIS, *baron*), naquit à Pont-à-Mousson (Meurthe), le 12 septembre 1771. Le 1ᵉʳ février 1791, il entra comme volontaire dans le régiment d'Artois-infanterie (48ᵉ), obtint le grade de sous-lieutenant le 15 septembre suivant, et celui de lieutenant le 13 mai 1792. Il fit les campagnes de 1792 et 1793 à l'armée du Rhin, sauva la caisse de son régiment, déposée dans une maison qui venait d'être incendiée par l'ennemi, et suivit l'armée de Mayence dans la Vendée. De retour à l'armée du Rhin, nommé le 3 nivose an III capitaine de grenadiers dans son régiment, devenu 95ᵉ demi-brigade de ligne, il se distingua au siége de la tête de pont de Manheim, et au combat de Germesheim. Réformé comme l'un des plus jeunes officiers de son grade, lors de la nouvelle organisation de l'infanterie, qui fit prendre à sa demi-brigade le n° 62, il demeura à l'état-major du général Schauembourg jusqu'au 23 thermidor an IV, époque à laquelle il rejoignit sa demi-brigade ; il assista à la bataille de Nercsheim, et au siége de Kehl ; passa avec son corps à l'armée d'Italie, et y fit les campagnes de l'an V à l'an VII. Il prit part au siége de Civita-Vecchia, au combat de Tolfa, et à la bataille de la Trebia. Le 15 germinal an VIII, rappelé à l'armée du Rhin, en qualité d'adjoint à l'état-major général, il combattit à Engen, et reçut le grade de chef de bataillon le 15 floréal suivant, sur le champ de bataille de Mœskirch. Le 1ᵉʳ prairial de la même année, il se signala, à la tête d'un bataillon de grenadiers réunis, au combat de Biberach, et encore à Hochstedt, à Salzbourg et à Verfen. Le 12 vendémiaire an IX, il entra, avec son grade, dans la 38ᵉ demi-brigade de ligne, avec laquelle il continua de servir sur le Rhin jusqu'au commencement de l'an X, date du passage de ce corps à l'armée de l'Ouest. Major du 39ᵉ régiment de ligne le 30 frimaire an XII, et membre de la Légion-d'Honneur le 4 germinal suivant, il servit à l'armée de réserve de l'an XIII à 1806, fut promu colonel du 69ᵉ de ligne le 10 février 1807, et se distingua à la tête de ce corps à Guttstadt, à Deppen et à Friedland, où un biscaïen le blessa au flanc gauche. Napoléon le fit officier de la Légion-d'Honneur le 18 février 1808, et lui conféra le 19 mars suivant le titre de baron de l'Empire, avec une dotation en Westphalie. Il passa ensuite avec son régiment au 6ᵉ corps de l'armée d'Espagne. Le 26 avril 1809, détaché avec 8 compagnies pour disperser un rassemblement assez considérable, il rencontre un corps de 2,400 hommes, commandé par Norillo, l'attaque à Carracedo, le met en déroute et lui fait 300 prisonniers. Il contribua à la défense de Lugo et assista à 5 combats, aux siéges de Ciudad-Rodrigo et d'Almeida. Employé à l'armée de Portugal, son régiment se fit particulièrement remarquer à la bataille de Busaco, le 27 septembre 1810, où il soutint seul, pendant toute la journée, le feu de l'armée anglo-portugaise. Il se trouva l'année suivante aux combats du Val-d'Avos, de Pombal, de Redinha et de Condexa. Le colonel Fririon déploya le plus grand courage, le 15 mars 1811, au passage du pont de la Ceira, près de Foz-d'Arunce. Sa brillante conduite à la bataille de Fuente de Oñoro (5 mai), où il fut blessé au bras gauche, lui mérita, le 22 juin, le grade de général de brigade. Attaché à la 4ᵉ division de l'armée de Portugal, il prit part aux combats de Noves-Estramadure (20 octobre), d'Alicante (16 janvier 1812), d'Yepès (2 mai), de Castelleros (20 juin), de Huerta (23 juin), et à la malheureuse bataille des Arapiles. Le général Fririon combattit encore à Florès-d'Avila, à Villadrigo et à Saldana, et fut mis, à la fin de 1812, à la tête de la 4ᵉ division stationnée dans la province de Palencia, avec l'ordre de lever 8 millions de contribution. Après s'être de nouveau signalé à la bataille de Vittoria, il couvrit la retraite de l'armée. Foy ayant été blessé à la bataille d'Orthez, le 27 février 1814, le général Fririon le remplaça dans le commandement de sa division, qu'il ramena en France, et à la tête de laquelle il combattit à Toulouse. Mis au traitement de non-activité sous la première Restauration, le roi le nomma chevalier de Saint-Louis le 24 août 1814. Appelé pendant les Cent-Jours au commandement d'une brigade de l'armée du Rhin, il prit part à la bataille qui eut lieu devant Strasbourg le 28 juin 1815. Il était à la solde de retraite depuis le 6 octobre 1815, lorsque la Révolution de 1830 vint le relever de cette position. Le nouveau gouvernement lui confia, le 14 janvier 1831, le commandement du département de l'Allier. Compris dans le cadre d'activité de l'état-major général de l'armée le 22 mars suivant, et placé dans les départements de la Haute-Saône et du Bas-Rhin les 4 juin et 21 septembre même année, il obtint de nouveau sa retraite le 1ᵉʳ octobre 1833, conformément à l'ordonnance royale du 5 mai 1832. Cet officier-général réside en ce moment à Strasbourg.   B-S.

FRIRION (JOSEPH-MATHIAS, *baron*), né le 24 février 1752 à Vandières (Meurthe), entra comme soldat le 25 mai 1768 dans le régiment d'Artois-infanterie (48ᵉ), devint sergent le 20 septembre 1770, fourrier le 22 décembre 1775, quartier-maître-trésorier le 16 juin 1776, et capitaine le 30 mai 1788. Passé au commandement d'une compagnie le 1ᵉʳ janvier 1791, et nommé chevalier de Saint-Louis le 6 mai 1792, il fit les premières guerres de la liberté aux armées du Nord et du Rhin, et se signala au combat de Hocheim le 6 janvier 1793 ; il remplissait alors les fonctions d'adjoint à l'état-major général. Il eut le commandement temporaire de Wissembourg, du 21 septembre au 13 octobre 1793. Nommé adjudant-général chef de bataillon provisoire le 28 germinal an II, le gouvernement le confirma dans ce grade le 7 frimaire an III. Chef de l'état-major général de l'armée du Rhin, il obtint, le 25 prairial an III, le brevet d'adjudant-général colonel, et continua de servir aux armées du Rhin et de Rhin-et-Moselle de l'an III à l'an VI. Chargé en l'an VII de plusieurs missions importantes, il reçut, le 18 pluviose an VIII, sa nomination d'inspecteur aux revues, et la décoration de la Légion-d'Honneur le 4 germinal an XII. Il exerça ces fonctions pendant les ans XII et XIII aux camps de Bruges et de Saint-Omer, et en l'an XIV, en 1806 et 1807, à la grande armée. L'Empereur lui donna la croix d'officier de la Légion-d'Honneur le 5 nivose an XIV. Élevé le 20 janvier 1810 au grade d'inspecteur en chef aux revues, et nommé secrétaire-général du ministère de la guerre, il conserva cet emploi jusqu'aux événemens politiques de 1814. Le 29 décembre 1812, Napoléon lui avait conféré le titre de baron de l'Empire. Mis à la retraite le 9 décembre 1815, conformément aux dispositions de l'ordonnance du 1er août de la même année, il se retira à Pont-à-Mousson, où il est mort le 12 mai 1821. B-S.

FROSSARD (FRANÇOIS-XAVIER), né le 3 août 1769 à Saint-Saulge (Nièvre), entra comme hussard dans le 4e régiment le 19 septembre 1790, et passa en qualité de volontaire dans la compagnie franche le 3 août 1791 ; il y devint capitaine en second, à l'élection, le 16 avril 1793. Employé comme aide-de-camp le 19 juillet, et nommé capitaine-commandant le 27 août suivant, il fit les campagnes de 1793 au commencement de l'an V aux armées de la Vendée, des côtes de Brest et des côtes de l'Océan, et s'empara de 2 pièces de canon, le 3 septembre 1793, à l'affaire de Thouars, où il fut blessé d'un coup de feu. Appelé à l'armée d'Italie vers le milieu de l'an V, il passa avec son grade dans le 23e régiment de chasseurs à cheval, puis dans le 19e de même arme le 5 ventose an VI, et prit part à l'expédition de Rome pendant cette dernière année. Employé en l'an VII à l'armée de Naples, il se distingua à l'affaire de Stry, où, à la tête de 200 hommes de la légion polonaise et de 40 chasseurs à cheval, il fit 3,000 prisonniers. A la prise de Gaëta, il mérita les éloges du général en chef et le grade de chef d'escadron, qui lui fut conféré le 29 nivose an VII. Employé comme chef d'escadron adjoint à l'état-major général de l'armée de réserve le 4 germinal an VIII, il fit la campagne de cette année en Italie, et celle de l'an IX à l'armée des Grisons. Passé au 20e régiment de cavalerie le 19 frimaire an X, puis au 3e de cuirassiers, il devint major du 3e régiment de dragons le 6 brumaire an XII, et membre de la Légion-d'Honneur le 4 germinal suivant. Il servit en Autriche et en Prusse, de l'an XIV à 1806, avec la 2e division de dragons de la réserve de la grande armée. Colonel du 22e régiment de cette arme le 5 avril 1807, il combattit avec ce corps en Espagne de 1807 jusqu'au 29 août 1809, époque de son admission à la retraite. Il est mort le 22 février 1827 à Fontainebleau (Seine-et-Marne). B-G.

GAILLARD (JEAN-BAPTISTE), né le 25 janvier 1738 à Suzanne (Ardennes), entra le 22 mai 1756 dans le corps de la gendarmerie, et fit les guerres de Hanovre de 1757 à 1762. Blessé et prisonnier à la bataille de Minden, le 1er août 1759, il obtint sa liberté le 15 mars 1760. Le 27 avril 1769, il entra comme lieutenant dans la compagnie d'invalides de Châlons-sur-Marne. Appelé, le 26 septembre 1791, au commandement du 3e bataillon de volontaires des Ardennes, incorporé dans la 24e demi-brigade légère, il donna les plus grandes preuves de valeur pendant les guerres de 1792 et 1793 à l'armée du Nord, de l'an II à l'an IV à l'armée des côtes de l'Océan, de l'an V à l'armée de Sambre-et-Meuse, et des ans VI et VII à l'armée de l'Ouest. Il fit partie en l'an VI de l'expédition d'Irlande. Envoyé à l'armée d'Italie, il se signala à la bataille de Montebello le 20 prairial an VIII ; mais une infirmité qu'il y contracta l'obligea à renoncer au service actif. Cette circonstance ne l'empêcha cependant pas de se faire de nouveau remarquer à Marengo. Colonel le 1er frimaire an IX, il prit, le 24 du même mois, le commandement de la place de Saint-Omer, d'où il passa à Ypres le 1er vendémiaire an XII. Le 4 germinal suivant, il reçut la décoration de la Légion-d'Honneur. Il est mort le 20 août 1809, dans l'exercice de son commandement. B-S.

GALLET (ANTOINE), naquit le 23 juillet 1768 à Craponne (Haute-Loire). Fusilier le 6 mars 1786 dans le régiment de Lyonnais (28e d'infanterie), il acheta son congé le 6 février 1787. Élu capitaine par ses concitoyens, le 17 octobre 1792, à la formation du 2e bataillon de la Haute-Loire, devenu 211e, puis 18e demi-brigade d'infanterie de ligne, et enfin 18e régiment de même arme, il servit de 1792 au commencement de l'an VI aux armées des Alpes, d'Italie et d'Helvétie. Blessé d'un coup de feu le 2 frimaire an IV à l'affaire de Loano, il reçut une seconde blessure le 24 germinal suivant à la prise du château de Cossaria ; le 16 thermidor de la même année, à l'affaire de Salo, à la tête de sa compagnie, il fit taire le feu de l'artillerie ennemie, et facilita ainsi les moyens de s'en emparer. Il prit une part active aux guerres d'Égypte et de Syrie de l'an VI à l'an IX. Au siège d'El-Arich, il reçut un coup de feu, et un autre devant Saint-Jean-d'Acre. Nommé chef de bataillon provisoire dans le même corps le 29 thermidor même année, il resta chargé du commandement du fort Bab-el-Nasse ou Kléber, le 3 ventose an IX, et rentra en France au mois de brumaire de l'année suivante, par suite du traité d'Alexandrie. Un arrêté du premier Consul, du 16 germinal an XI, le confirma dans son grade. Major du 50e régiment d'infanterie de ligne le 30 frimaire an XII, il alla rejoindre ce corps à l'armée de Batavie, où il reçut la croix de la Légion-d'Honneur le 4 germinal suivant. Employé en l'an XIII au camp de Montreuil, il fit les campagnes de l'an XIV à 1807 au 1er corps d'observation de la grande armée, et devint colonel du 9e régiment de ligne le 27 mars 1808. C'est à la tête de ce corps qu'il fit la guerre de 1809 en Allemagne, et qu'il trouva une mort glorieuse sur le champ de bataille de Wagram le 6 juillet de la même année. B-G.

GAMBIN (JEAN-HUGUES, *comte*), naquit le 15 mai 1764 à Paris (Seine). Soldat le 25 juillet 1783 dans le régiment d'Angoulême (34ᵉ d'infanterie), caporal le 19 mars 1786, sergent le 7 octobre 1787, et sergent-major le 11 novembre 1791, il passa avec son grade, le 22 décembre suivant, dans la garde constitutionnelle du roi, y resta jusqu'au 30 mai 1792, et le 4 septembre suivant il entra comme sergent-major dans le 1ᵉʳ bataillon des Gravilliers, où il fut nommé capitaine-adjudant-major le 15 du même mois. Il fit les campagnes de 1792 à l'an IX aux armées des Ardennes, du Nord, des Alpes, d'Italie et des Grisons, et donna des preuves de courage et de dévoûment, le 1ᵉʳ décembre 1792, lors de l'incendie qui éclata dans le parc d'artillerie de Louvain. Nommé chef de bataillon le 1ᵉʳ avril 1793, il prit le commandement du corps dans lequel il servait. Pendant le siége de Valenciennes, l'ennemi s'empara, dans la nuit du 25 au 26 juillet, du chemin couvert et de quelques ouvrages extérieurs qui couvraient le corps de la place. Plusieurs compagnies de grenadiers, commandées pour chasser l'ennemi des postes qu'il occupait entre la porte de Cardon et celle de Mons, intimidées par la grandeur du péril, restent un moment indécises. Le chef de bataillon Gambin, remplissant les fonctions de commandant temporaire, saisit le fusil d'un grenadier et leur dit : *Eh quoi! grenadiers! vous craignez ces gens-là. Suivez-moi!* En même temps, affrontant la mitraille et les balles, il s'élance dans les retranchemens. Animés par son exemple, les grenadiers imitent son intrépidité, et les ouvrages sont emportés en un instant; mais le brave commandant est atteint d'un coup de feu qui lui traverse la cuisse droite et le met hors de combat. Amalgamé dans la 80ᵉ demi-brigade le 10 brumaire an VI, il se fit remarquer en l'an VII aux affaires du poste des barricades et de Fossano. Après avoir tenu garnison à Wissembourg, pendant l'an X, il servit en l'an XI en Helvétie, et passa par incorporation dans le 34ᵉ régiment d'infanterie de ligne le 1ᵉʳ brumaire an XII. Major du 53ᵉ de ligne le 30 frimaire, et membre de la Légion-d'Honneur le 4 germinal de la même année, il fit les campagnes de l'an XIV et de 1806 avec la 5ᵉ division d'infanterie de l'armée d'Italie. Promu colonel à la suite du 53ᵉ le 25 décembre 1807, et placé le 1ᵉʳ mai 1808 comme colonel titulaire à la tête du 84ᵉ de même arme, il fit en cette qualité la campagne de 1809 en Italie et en Allemagne, et c'est sous ses ordres que le corps qu'il commandait ajouta un des faits d'armes les plus éclatans de cette époque. 2 bataillons du 84ᵉ, forts au plus de 1,100 combattans, avaient été laissés dans la ville de Gratz. Le 26 juin, le général autrichien Giulay se présenta devant cette place avec un corps de 10 à 12,000 hommes. Le colonel Gambin plaça ses 2 bataillons dans un des faubourgs de la ville, repoussa toutes les attaques de l'ennemi, le culbuta partout, lui prit 500 hommes, 2 drapeaux, et se maintint dans sa position pendant quatorze heures. C'est sur le champ de bataille de Wagram qu'il présenta à l'Empereur les drapeaux pris à Gratz. *Colonel*, lui dit Napoléon, *je suis content de la bravoure de votre régiment et de la vôtre; vous ferez graver sur vos aigles :* UN CONTRE DIX. Le 84ᵉ régiment reçut en outre 96 décorations de la Légion-d'Honneur, et un décret impérial du 15 août conféra au colonel le titre de comte, avec une dotation de 10,000 francs de rente. Général de brigade commandant d'armes le 5 mars 1811, et employé en cette qualité à Rome le 19 juin suivant, il exerça ces fonctions jusqu'au 16 mai 1813, époque à laquelle il obtint sa retraite. Le 25 avril 1821, il reçut la croix de Saint-Louis, et le 19 août 1823 celle d'officier de la Légion-d'Honneur. Il est mort le 18 mai 1835 à Toulon (Var). B-G.

GAULTIER DE KERVÉGUEN (PAUL-LOUIS), naquit le 22 mars 1737 à Brest (Finistère). Élève ingénieur de la marine en 1755, il fut employé aux travaux du port de Rochefort et aux fortifications de l'île d'Aix jusqu'en 1762. Lors de l'attaque dirigée sur cette île par les Anglais, il contribua à les repousser de la côte. Embarqué à Brest en 1763 pour l'expédition de Rio-Janeiro, il passa à Saint-Domingue l'année suivante, et devint aide-de-camp du comte d'Estaing. En 1765, le gouvernement l'attacha comme ingénieur-géographe militaire à la légion dite de *Saint-Victor*. Rentré en France en 1768, il reçut l'ordre de se rendre en Corse; il y obtint, le 18 novembre 1769, le brevet de capitaine d'infanterie. Rappelé en 1778, et chargé de la carte topographique des côtes de l'Océan jusqu'au 13 avril de cette année, il partit alors pour l'Amérique avec le titre de maréchal-général-des-logis des troupes de débarquement. Il se trouva à l'attaque du fort Sainte-Lucie en 1779, et à l'assaut du fort de l'île de Grenade, fut blessé d'un coup de feu à la cuisse, et devint, la même année, chevalier de Saint-Louis. De retour sur le continent à la fin de cette campagne, et nommé lieutenant-colonel le 20 décembre 1779, il continua de diriger la carte topographique des côtes de l'Océan jusqu'en 1785. En 1786, on l'admit dans l'association américaine de l'ordre de Cincinnatus. Envoyé dans le courant de cette même année dans les Pyrénées, le ministre le chargea de la carte topographique des limites démarcatives entre la France et l'Espagne. Promu le 15 novembre 1791 au grade d'adjudant-général colonel, il devint chef d'état-major général de l'armée des Pyrénées-Occidentales. Maréchal-de-camp le 8 mars 1792, il passa l'année suivante à l'armée d'Italie avec les mêmes fonctions, reçut du représentant du peuple attaché à cette armée, le 7 ventôse an II, le brevet de général de division, et fut confirmé dans ce grade le 25 prairial an III. Il remplit les fonctions de chef d'état-major jusqu'en l'an IV. De l'an VI à l'an VIII, il eut l'inspection générale de l'infanterie de l'armée d'Italie, et il commanda par intérim cette armée pendant les premiers mois de l'an VII. Vers la même époque, il alla avec 600 hommes occuper la Toscane, et en prit le gouvernement. Inspecteur en chef aux revues le 18 pluviose, membre de la Légion-d'Honneur le 4 germinal an XII, officier de l'Ordre le 27 nivose an XIII, et électeur dans le département de la Seine, il obtint sa retraite le 6 juin 1807, et mourut à Paris le 3 mai 1814. B-S.

GAVOTY (CÉLESTIN-ANDRÉ-VINCENT, *baron*), naquit le 22 janvier 1772 à Toulon (Var). Sous-lieutenant de remplacement le 18 juillet 1785 dans le régiment d'infanterie Royal-italien, il devint sous-lieutenant titulaire le 1er juillet 1787, et passa dans le 2e bataillon d'infanterie légère à la formation de ce corps le 1er mai 1788. Lieutenant le 15 septembre 1791, et capitaine le 1er juin 1792, il fit les campagnes de 1792 à l'an IX aux armées des Alpes et d'Italie, et dans l'île de Malte. Adjoint aux adjudans-généraux le 28 brumaire an II, il fut chargé, le 28 frimaire suivant, par le commandant de l'avant-garde, de diriger la colonne qui devait traverser les barricades, enlever tous les postes sur la route et attaquer le camp des Piémontais, établi sur le plateau du village de Sambuc. Cette expédition, conduite avec vigueur, réussit complétement, et quoique blessé d'un coup de feu au côté gauche, et ayant eu un cheval tué sous lui, le capitaine Gavoty ne continua pas moins de marcher à la tête des détachemens des bataillons de l'Aude et de l'Isère, avec lesquels il s'empara du camp ennemi après avoir fait une centaine de prisonniers. Aide-de-camp du général de division Vaubois le 30 floréal an IV, il prit part en cette qualité à l'expédition de Livourne au mois de messidor suivant, et se trouva à la bataille de Roveredo et à la prise du camp retranché de Mori le 18 fructidor de la même année, au combat de Saint-Michel le 12 brumaire an V, ainsi qu'à la bataille de Rivoli. Après le traité de Léoben, il accompagna le général Vaubois en Corse, où il était envoyé pour soumettre les rebelles, et au mois de pluviose an V il fit partie de l'expédition d'Égypte. Il concourut à la prise de Malte, et y demeura avec le général Vaubois, nommé commandant de l'île. Prisonnier des Anglais le 18 fructidor an VIII, il fut échangé peu de temps après. Promu chef de bataillon aide-de-camp le 4 brumaire an IX, employé comme adjoint à l'état-major de la 8e division militaire le 21 frimaire suivant, on le plaça le 30 vendémiaire an X à la suite de la 12e demi-brigade d'infanterie légère, où il devint chef de bataillon titulaire le 7 ventose an XI. Major du 3e régiment d'infanterie légère le 30 frimaire an XII, et membre de la Légion-d'Honneur le 4 germinal suivant, il fit les campagnes de l'an XIV et de 1806 à l'armée d'Italie, et celles de 1807 et 1808 à la grande armée. Colonel de la 15e demi-brigade provisoire de réserve le 31 mars 1809, il fit la guerre dans le Tyrol pendant cette même année, et passa ensuite à l'armée d'Espagne, où il servit pendant les années 1810 et 1811. Colonel titulaire du 31e régiment d'infanterie légère le 8 décembre 1810, il obtint sa retraite le 26 août 1811, et le même jour la décoration d'officier de la Légion-d'Honneur. Après l'abdication de l'Empereur, le général Gavoty, qui commandait une des légions de la garde nationale de Marseille, fut nommé chevalier de Saint-Louis le 5 novembre 1814, et le 9 du même mois maréchal-de-camp honoraire. Le rétablissement de sa santé lui permettant de reprendre un service actif, il prit de l'emploi à l'armée royale du Midi par décision du duc d'Angoulême du 19 mars 1815, et par ordonnance du 22 novembre suivant le roi le nomma maréchal-de-camp titulaire. Employé en cette qualité dans le département de la Corrèze le 21 janvier 1816, il passa dans celui du Calvados le 26 juin de la même année, et reçut le commandement de l'École militaire de La Flèche le 9 avril 1817. Il exerça ces dernières fonctions jusqu'au 27 janvier 1819, époque à laquelle il fut mis en disponibilité. Inspecteur d'infanterie les 10 février et 16 juin de la même année, et appelé au commandement de la 3e subdivision (Vaucluse) de la 8e division militaire le 21 avril 1820, il passa à celui de la 1re subdivision (Bouches-du-Rhône) dans le courant de 1824, et reçut la croix de commandeur de la Légion-d'Honneur le 29 octobre 1828. Proposé pour la retraite le 17 août 1830, et mis en solde de congé, il se trouva compris dans le cadre de réserve de l'état-major général de l'armée par décision du 12 mars 1831. On l'admit définitivement à la retraite le 1er mars 1834. Il réside en ce moment à Marseille (Bouches-du-Rhône). B-G.

GAY (LOUIS, *chevalier*, puis *baron*), né le 23 août 1772 à Lyon (Rhône), entra le 5 avril 1793 comme capitaine dans le 1er bataillon du Mont-Blanc, incorporé le 25 germinal an II dans la 5e demi-brigade provisoire, amalgamée en l'an IV dans la 18e de ligne, devenue 18e régiment de même arme en l'an XII. Il fit les campagnes de 1793 à l'an III à l'armée des Pyrénées-Orientales, celles des ans IV, V et VI en Italie et en Suisse, et servit de l'an VII à l'an IX en Égypte et en Syrie. Il reçut un coup de feu à la jambe droite au siége de Saint-Jean-d'Acre. Fait chef de bataillon par le général en chef Menou le 11 prairial an IX, le premier Consul le confirma dans ce grade le 16 messidor an X. Major du 35e régiment d'infanterie de ligne le 11 brumaire an XII, et membre de la Légion-d'Honneur le 4 germinal suivant, il servit en Hollande pendant les ans XII, XIII et XIV, et en Italie de 1806 à 1809. Colonel de la 14e demi-brigade provisoire le 31 mars de cette dernière année, il continua la campagne à l'armée d'Allemagne. Créé chevalier de l'Empire, avec dotation, le 15 août, il prit le commandement du 79e régiment de ligne le 24 septembre suivant, et commanda ce corps en Illyrie pendant l'année 1810. Passé à l'armée d'Espagne, il y fit les guerres de 1811 au commencement de 1814 et obtint la croix d'officier de la Légion-d'Honneur le 10 février 1813. Employé à l'armée de Lyon il se distingua dans plusieurs rencontres. L'Empereur le nomma général de brigade le 26 février 1814. Le 20 mars, devant Caluire, il soutint les efforts de l'ennemi avec 2 bataillons du 79e, sut conserver sa position malgré la supériorité numérique des assaillans. C'est vers cette époque qu'il reçut le titre de baron de l'Empire. Louis XVI le fit chevalier de Saint-Louis le 20 août de la même année, et le mit en non-activité le 1er octobre suivant. Employé à l'organisation des gardes nationales de la 7e division militaire le 3 mai 1815, il passa à l'armée des Alpes le 10 du même mois, et fut replacé dans le cadre de non-activité le 1er septembre. Compris comme disponible dans le cadre de l'état-major de l'armée le 30 décembre 1818, et admis à la retraite le 1er janvier 1825, il demeura dans cette position jusqu'à la révolution de Juillet 1830. Placé comme disponible dans le cadre d'activité des officiers-généraux le 22 mars 1831, et admis de nouveau à la retraite le 1er janvier 1834, il est mort le 7 mars 1838 à Mâcon (Saône-et-Loire). B-G.

GAYDON ET NON **GUEYDON** (JEAN), né le 26 mai 1752 à Allemans-du-Drot (Lot-et-Garonne), entra le 1er novembre 1773 dans le 10e régiment de chasseurs à cheval, et fit, en 1778, la campagne dite de *Belle-Isle-en-Mer*. Brigadier le 1er septembre 1791, maréchal-des-logis le 10 juillet 1792, sous-lieutenant le 16 mai 1793, lieutenant et capitaine les 9 et 11 frimaire an II, il fit les premières guerres de la Révolution de 1792 à l'an II aux armées du Rhin et de la Vendée, et fut blessé d'un coup de feu à l'épaule gauche le 19 septembre 1793, à la hauteur de Chaiter (armée du Rhin). Chef d'escadron au 24e régiment de chasseurs à cheval le 25 ventôse an V, il rejoignit ce corps à l'armée d'Italie, d'où il passa à celle d'Espagne (corps d'observation de la Gironde). Le 6 brumaire an XII, le premier Consul le nomma major du 21e régiment de son arme, et membre de la Légion-d'Honneur le 4 germinal suivant. Il commanda les escadrons de guerre pendant la campagne de 1807 à la grande armée. Passé en Espagne en 1808, il se fit remarquer à l'affaire de Villa-Garcia en août 1810, et reçut la croix d'officier de l'Ordre le 31 décembre de la même année. L'Empereur l'admit à la retraite le 14 juillet 1812. Il est mort le 10 novembre 1824 à Allemans (Lot-et-Garonne).

GEITHER (JEAN-MICHEL), né le 10 novembre 1769 à Obstadt (Allemagne), entra au service de France comme soldat au régiment suisse de Reinach le 4 juin 1784, devint caporal le 6 juin 1786, et sergent le 3 janvier 1788. Licencié avec ce régiment le 26 septembre 1792, on l'admit avec son grade, le 2 octobre suivant, dans le 1er bataillon franc, devenu 21e de chasseurs, puis 21e demi-brigade d'infanterie légère, et enfin 2e demi-brigade et 2e régiment de même arme. Adjudant-sous-officier le 3 novembre, il fit les campagnes de 1792 et 1793 à l'armée du Nord, et reçut, à la bataille de Jemmapes, deux coups de feu, l'un au bras droit, l'autre à la cuisse gauche. Sous-lieutenant le 8 août 1793, il servit de l'an II à l'an IV à l'armée de Sambre-et-Meuse, devint lieutenant le 21 floréal an III, et capitaine le 13 vendémiaire an IV. Passé en l'an V à l'armée d'Italie, il fut employé pendant la première partie de l'an VI à celle des Grisons, et ensuite à l'armée d'Orient. Nommé chef de bataillon le 15 fructidor an VI, il combattit en Égypte et en Syrie depuis la fin de l'an VI jusqu'à l'an IX inclusivement. Blessé d'un coup de feu à l'épaule gauche, et ayant eu son cheval tué sous lui à l'affaire de Boghaz de Lesbey, le 16 brumaire an VIII, il resta néanmoins à la tête de son bataillon, s'élança le premier dans les fossés derrière lesquels l'ennemi s'était retranché, et reçut un coup de sabre sur la main droite au moment où il décidait la victoire en faveur de nos troupes. Il rentra en France après la capitulation d'Alexandrie. Major du 15e régiment d'infanterie légère le 2 pluviôse an XII, et membre de la Légion-d'Honneur le 4 germinal suivant, il fit les campagnes de l'an XIV avec la 2e division du 3e corps de la grande armée, et reçut deux coups de feu, l'un à la main droite, l'autre à la hanche, à la journée d'Austerlitz. Passé comme colonel au service du grand-duc de Berg le 22 juillet 1806, il obtint le grade de brigadier commandant l'infanterie de cette principauté le 1er novembre 1808. Général de brigade le 22 juin 1811, un décret impérial du 22 juillet de la même année lui conféra la décoration d'officier de la Légion-d'Honneur. Le 6 octobre, le ministre de la guerre du grand-duché de Berg l'autorisa à se rendre à Strasbourg, où des affaires d'intérêt nécessitaient sa présence. Il se trouvait encore dans cette place, lorsque le comte Rœderer, commissaire extraordinaire de l'Empereur, l'employa provisoirement, par arrêté du 28 mars 1814, dans le corps de troupes commandé par le général Broussier. Après l'abdication de l'Empereur, on le mit en non-activité, et le roi lui donna la croix de chevalier de Saint-Louis le 30 août 1814. Nommé au commandement supérieur provisoire de la place de Strasbourg, par le maréchal duc d'Albuféra, le 22 mars 1815, et à celui de Landau par le général Rapp le 24 mai suivant, il rentra en non-activité après les Cent-Jours. Une ordonnance royale du 11 juin 1817 le confirma dans le grade de maréchal-de-camp, et l'admit à la retraite de ce grade. Compris dans le cadre de réserve de l'état-major général, par décision royale du 22 mars 1831, il fut de nouveau admis à la retraite le 1er mai 1832. Il est mort le 28 septembre 1834 à Geinsheim (Bavière rhénane). B-G.

GENGOULT (LOUIS-THOMAS, *baron*), naquit le 20 décembre 1767 à Toul (Meurthe). Soldat au régiment d'Austrasie (8e d'infanterie) le 11 juillet 1784, caporal le 11 juin 1789, fourrier le 12 juin 1790, il passa avec ce dernier grade dans la garde constitutionnelle du roi le 1er janvier 1792. Licencié avec ce corps le 5 juin suivant, il entra le 20 juillet de la même année comme soldat dans le 7e bataillon de la Meurthe, devenu 110e demi-brigade de ligne en l'an II, et 16e demi-brigade de même arme en l'an IV, et y fut reconnu capitaine le 28 du même mois. Il fit les campagnes de 1792 à l'an IX aux armées de la Moselle, de Sambre-et-Meuse, de Batavie et du Rhin, et passa chef de bataillon le 11 nivôse an IV. Démissionnaire le 6 prairial suivant, par suite de l'arrêté du Directoire exécutif du 30 ventôse même année, il rentra au service en qualité de chef de bataillon du 1er auxiliaire de la Meurthe le 14 thermidor an VII, en vertu de la loi du 14 messidor précédent, fut incorporé dans la 42ᵉ demi-brigade le 28 pluviose an VIII, et entra dans la 50ᵉ le 7 germinal suivant. Employé en l'an XI sur le Rhin, et en l'an XII à l'armée de Hanovre, il devint major du 103ᵉ régiment d'infanterie de ligne le 30 frimaire de cette dernière année, et membre de la Légion-d'Honneur le 4 germinal suivant. Il fit les campagnes des ans XIV, 1806 et 1807 à la grande armée, eut la jambe cassée en deux endroits au siége de Stralsund, et obtint le grade de colonel du 56ᵉ régiment d'infanterie de ligne le 13 mai 1806. Créé baron de l'Empire le 17 mars 1808, il fit la campagne de 1809 en Allemagne, fut blessé d'un coup de boulet à la tête le 22 mai à la bataille d'Essling, et reçut en récompense de sa conduite la croix d'officier de la Légion-d'Honneur le 16 juin 1809. Attaché en 1810 à la même armée, et au corps d'observation de Hollande, et promu général de brigade le 6 août 1811, il prit immédiatement le commandement d'une partie des troupes du camp de Boulogne. Employé au 3ᵉ corps de la grande armée au mois de février 1812, il fit la campagne de Russie. L'Empereur le nomma commandant de la Légion-d'Honneur le 2 septembre suivant. Le 7 du même mois, à la Moskowa, il eut l'omoplate droite atteinte d'un coup de biscaïen. Le 12 avril 1813 il servit au 1ᵉʳ corps de la grande armée, et fit la campagne de Saxe ; le 12 mai, à l'affaire de Reiherstiegerland, il força l'ennemi de se rembarquer en toute hâte, après lui avoir tué ou blessé 400 hommes, fait autant de prisonniers et enlevé 6 pièces de canon. Il fit encore la guerre de 1814 en France. Mis en non-activité après l'abdication de l'Empereur, par décision royale du 1ᵉʳ septembre 1814, et nommé chevalier de Saint-Louis le 29 octobre de la même année, il reprit du service pendant les Cent-Jours au 3ᵉ corps d'observation le 6 avril 1815. Sa nomination au grade de lieutenant-général, signée par le gouvernement provisoire le 5 juillet, ayant été annulée par ordonnance royale du 1ᵉʳ août, on le replaça à la non-activité au mois d'octobre suivant. Inspecteur-général d'infanterie dans la 13ᵉ division militaire le 14 septembre 1816, il remplit les mêmes fonctions dans les 2ᵉ et 3ᵉ divisions par décision du 15 juillet 1818. Maintenu comme disponible sur le cadre de l'état-major général le 1ᵉʳ janvier 1819, on l'admit à la retraite, le 1ᵉʳ janvier 1825, conformément aux dispositions de l'ordonnance du 1ᵉʳ décembre 1824. Remis en activité après la révolution de Juillet, placé dans le cadre de réserve le 22 mars 1831, et le 19 novembre suivant élevé de nouveau au grade de lieutenant-général pour prendre rang du jour de sa nomination en 1815, il prit définitivement sa retraite le 11 mai 1833, et se retira à Toul (Meurthe), où il réside encore aujourd'hui. B-G.

GERARD (FRANÇOIS-JOSEPH, *baron*), né le 29 octobre 1772 à Phalsbourg (Meurthe), entra le 15 décembre 1787 dans le 5ᵉ régiment de hussards, devenu 4ᵉ. Fourrier, maréchal-des-logis et adjudant-sous-officier les 1ᵉʳ mars, 10 et 13 octobre 1792, sous-lieutenant le 12 août 1793, et lieutenant le 6 messidor an II, il servit à l'armée du Nord pendant les campagnes de 1792 et 1793. Lors du siège de Landrecies (messidor an II), étant de grand'garde aux avant-postes, il enleva un obusier sur les retranchemens ennemis. Nommé le 21 de ce mois aide-de-camp du général Boyer, il passa en la même qualité, le 13 messidor an III, auprès du général Kléber. Au premier passage de la Sambre, en avant de l'abbaye de l'Ob, il s'empara de 37 voitures de bagages, de la caisse de l'ennemi, et prit une partie de l'escorte. En l'an IV, au passage de la Roër, il reçut un coup de feu à la jambe gauche (armée de Sambre-et-Meuse). Capitaine le 14 vendémiaire an V dans le 1ᵉʳ régiment de hussards, il passa le 25 germinal suivant dans le 4ᵉ de même arme, et fit avec ce corps les campagnes des ans V, VI et VII aux armées d'Allemagne et de Mayence. Chef d'escadron le 8 messidor an VII, il servit de l'an VIII à l'an XII aux armées du Danube, du Rhin et du Hanovre. Devenu major du 3ᵉ de hussards le 6 brumaire an XII, il obtint, le 4 germinal suivant, la décoration de la Légion-d'Honneur. Appelé le 7 octobre 1806 au commandement du 2ᵉ de hussards, il fit partie de la grande armée en 1806 et 1807. Le 17 mars 1807, il repoussa 1,500 Prussiens sortis de Glatz pour attaquer un régiment d'infanterie et les 3 escadrons de son régiment, qui se dirigeaient sur Wunchelsbourg, les rejeta dans la place, leur prit 100 hommes et 2 bouches à feu. Passé en Espagne en 1808, il devint général de brigade le 10 mars 1809, baron de l'Empire et commandant de la Légion-d'Honneur le 31 octobre suivant. Rappelé en France à la fin de 1811, il fit les campagnes de 1812 et 1813 à la grande armée. Le 28 novembre 1812, il seconda le maréchal Ney au passage et à la bataille de la Bérésina, en maintenant pendant une journée les nuées de cosaques qui cherchaient à l'entamer. Général de division le 29 septembre 1813, il se trouva le 17 octobre au combat de Racknitz. Dans une sortie de Dresde, à la tête d'une brigade de cavalerie, il chargea vigoureusement l'ennemi, et le poursuivit dans la direction de Dohna. Fait prisonnier en violation de la capitulation de Dresde le 14 novembre de la même année, il ne rentra en France que dans le mois de mai 1814. Mis d'abord en disponibilité, il reçut, le 13 août, la décoration de chevalier de Saint-Louis, et, le 5 septembre, le commandement de la place de Landau. Le 18 mai 1815, l'Empereur lui confia le commandement de la 4ᵉ division militaire. Inspecteur-général de cavalerie le 25 juillet 1816, et compris le 30 décembre 1818 dans le cadre de l'état-major général de l'armée, il prit sa retraite le 1ᵉʳ décembre 1824. Replacé le 13 août 1830 dans le cadre d'activité, fait grand-officier de la Légion-d'Honneur le 18 octobre suivant, et mis le 4 août 1831 à la tête de la division de cavalerie de l'armée du Nord, il fut ensuite chargé de l'inspecter par ordre ministériel du 1ᵉʳ août 1832. Nommé aide-de-camp de M. le duc de Nemours le 14 septembre 1832, il est mort à Beauvais le 18 du même mois. Son nom est inscrit sur l'arc-de-triomphe de l'Étoile, côté Nord. B-S.

GERBEY (DE). *Voyez* SERVAN (*Joseph*).

GHIGNY (CHARLES-ÉTIENNE, *baron*), né le 4 janvier 1771 à Bruxelles, entra au service de France comme capitaine dans la légion belge le 1er octobre 1792, et fit les campagnes de 1792 et 1793 à l'armée du Nord. Chef d'escadron au 17e de chasseurs à cheval le 6 février 1793, il fit à l'armée de Sambre-et-Meuse les guerres des ans II, III et IV, et passa dans le 2e régiment de hussards le 15 brumaire an III. A la tête de 2 escadrons, l'un du 2e de hussards et l'autre du 3e de chasseurs, il culbuta les divisions de Rinski et de Raiser, fit prisonniers un capitaine et 25 cavaliers ennemis, reprit une pièce de canon et effectua sa retraite sans avoir éprouvé la moindre perte. En l'an V, au passage du Rhin, avec 2 escadrons du 2e de hussards, il chargea un bataillon du régiment du prince Charles et 2 escadrons du régiment d'Alberck, fit prisonnier le bataillon entier et s'empara de 3 pièces de canon. Il servit de l'an X à l'an XI à l'armée du Hanovre, et à celle des côtes de l'Océan pendant les ans XII et XIII. Major du 1er régiment de hussards le 6 brumaire an XII, et membre de la Légion-d'Honneur le 4 germinal suivant, il fut attaché en l'an XIV et 1806 à l'armée d'observation, et, en 1808 et 1809, à celles des côtes de l'Océan et du Nord. Envoyé en Espagne en 1810, il se distingua le 27 juillet à La Roca, où, suivi de 3 compagnies d'élite, il enfonça un carré d'environ 4,000 hommes, fit 500 prisonniers, et mit le reste en déroute. Colonel du 12e régiment de chasseurs à cheval le 14 octobre 1811, il rejoignit la grande armée, fit les campagnes de Russie, de Saxe, reçut la décoration d'officier de la Légion-d'Honneur le 21 janvier 1813, et le titre de baron de l'Empire le 27 septembre suivant. Il prit part également à la campagne de France, et fut nommé commandant de la Légion-d'Honneur le 3 avril 1815. Chevalier de Saint-Louis le 1er novembre suivant, il donna sa démission le 6 février 1815, retourna en Belgique, et y devint général-major. On ignore ce qu'il est devenu. B-G.

GIRONVILLE. *Voyez* PATOT DE GIRONVILLE.

GOUY (ANDRÉ), naquit le 18 juin 1765 à Fleury-sur-Loire (Nièvre). Soldat au régiment de La Fère-infanterie (53e) le 1er mai 1780, il passa le 1er mai 1782 dans celui de Beaujolais (77e), et le 30 janvier 1787 dans le 8e régiment de chasseurs à cheval. Le 28 octobre 1792, il devint lieutenant-colonel du 3e bataillon de volontaires de la Nièvre, servit à l'armée du Rhin en 1792 et 1793, et fut blessé à l'épaule droite par suite d'une chute de cheval tué sous lui dans la nuit du 10 au 11 avril 1793, dans une sortie de la garnison de Mayence. Envoyé dans la Vendée, il se fit remarquer à l'affaire de Tortou le 19 septembre suivant, et reçut une balle dans l'épaule droite. Au combat de Laval, le 3 brumaire an II, un biscaïen l'atteignit dans le flanc droit. Passé à l'armée des côtes de Brest en l'an III, il fit les campagnes des ans IV et V sur les côtes de l'Océan. Chef de bataillon à la suite de la 35e demi-brigade légère le 25 pluviose an V, et employé comme titulaire de ce grade dans la 30e de même arme le 20 prairial an VII, il passa le 1er brumaire an IX dans la 77e demi-brigade de ligne. Il servit à l'armée de l'Ouest de l'an VII à l'an X, et fit partie du camp de Bayonne en l'an XI. Nommé, le 11 brumaire an XII, major du 92e régiment de ligne, alors au camp d'Utrecht, il devint membre de la Légion-d'Honneur le 4 germinal suivant. Il s'occupa activement de l'an XIV à 1808 de l'instruction et de la discipline de son régiment. Le 9 juillet 1809, il remplaça dans le commandement du 9e de ligne le colonel Gallet, tué sur le champ de bataille de Wagram. Blessé lui-même de trois éclats de biscaïen à cette grande affaire, il mourut le 20 à l'hôpital de Vienne. B-S.

GRENIER (JEAN-GEORGE, *baron*), naquit le 11 novembre 1771 à Sarrelouis (Moselle). Entré dans le 1er bataillon de volontaires de son département le 1er septembre 1791, il fut nommé sous-lieutenant au 96e régiment d'infanterie le 15 du même mois, lieutenant le 30 octobre 1793, et fit les guerres de 1792 et 1793 aux armées du Nord et de la Moselle. Passé à l'armée de Sambre-et-Meuse en l'an II, le général Grenier, son frère, se l'attacha comme aide-de-camp le 20 vendémiaire an III. Capitaine le 16 ventose an VII, et chef de bataillon le 4 floréal an VII, il quitta ses fonctions d'aide-de-camp le 15 floréal an VIII pour prendre le commandement d'un bataillon de la 37e demi-brigade de ligne, avec laquelle il fit les guerres de l'an VIII à l'an X à l'armée du Rhin et au corps d'observation de la Gironde. Employé aux troupes expéditionnaires de la Guadeloupe, et blessé d'un coup de feu à la jambe gauche, le 6 germinal an X, à la prise de Bambrége, il rentra en France vers la fin de l'an XI, et servit pendant une partie de cette année et la suivante à l'armée d'Italie. Major du 60e régiment de ligne le 11 brumaire an XII, et membre de la Légion-d'Honneur le 4 germinal suivant, il se rendit de nouveau en Italie à la fin de la même année, et y resta jusqu'en 1806. Après les guerres de 1807 et 1808 en Dalmatie, il se signala au passage de la Piave le 8 mai 1809, contribua le 17 du même mois à enlever les redoutes ennemies, et à lui prendre plusieurs pièces de canon. Le lendemain, à la tête d'une colonne de la division du général Seras, il enleva d'assaut le fort de la Pradella. Nommé le 30 colonel du 52e de ligne, il se fit remarquer à la tête de ce corps en Italie, en Hongrie et à Wagram, fut nommé officier de la Légion-d'Honneur le 27 juillet 1809, et baron de l'Empire le 15 août suivant. Envoyé en Espagne vers cette époque, il tomba au pouvoir de l'ennemi le 1er novembre 1813. Il était encore prisonnier le 25 décembre, l'Empereur le nomma général de brigade. Rentré en France le 17 mai 1814, et envoyé à l'armée du Nord, il reçut la croix de Saint-Louis le 19 juillet, et celle de commandeur de la Légion-d'Honneur le 24 octobre suivant. Napoléon, à son retour, l'employa au 1er corps d'armée qui devait agir en Belgique. Mis en non-activité le 17 août de la même année, il remplit en 1816 les fonctions d'inspecteur-général des troupes de la 13e division militaire, et les conserva jusqu'au 1er janvier 1820, époque à laquelle il fut mis en disponibilité. Il était à la retraite depuis le 1er décembre 1826, lorsque, le 22 mars 1831, le gouvernement le replaça comme disponible dans le cadre d'activité de l'état-major général. Remis à la retraite le 11 décembre 1832, il est mort à Marpain (Jura), le 6 novembre 1835. B-S.

GRESSIN ET NON **GRESIN** (SILVAIN-JOSEPH), né le 20 août 1766 à Sancerre (Cher), entra le 18 novembre 1792 comme volontaire dans le 3e bataillon de son département, embrigadé le 7 messidor an II dans la 14e demi-brigade *bis* d'infanterie légère. Il se signala à l'armée du Rhin de 1793 à l'an IV, et fut nommé capitaine dans la 14e demi-brigade *bis*, devenue 21e légère le 18 vendémiaire de cette dernière année. Il servit en Italie de l'an V à l'an VI, et fit partie de l'armée expéditionnaire d'Égypte. Il y devint chef de bataillon le 29 fructidor an VII. Après la capitulation d'Alexandrie, il rentra en France. Employé au camp de Bruges, major du 24e régiment d'infanterie légère le 30 frimaire an XII, membre de la Légion-d'Honneur le 4 germinal suivant, il fit partie de la grande armée en 1809 et 1810, et le 15 avril 1811 devint colonel en second du régiment où il servait, et dont les bataillons de guerre se trouvaient alors en Catalogne. Employé en Corse le 31 octobre 1813, le gouvernement de la Restauration le mit en non-activité le 25 mai 1814. Il ne reprit pas de service pendant les Cent-Jours, et obtint sa retraite le 10 septembre 1822. Il est mort le 4 novembre 1839 à Sancerre (Cher). B-S.

GREZARD (JOSEPH), naquit le 31 juillet 1767 aux Abrets (Isère). Soldat au 16e régiment de cavalerie le 13 février 1784, brigadier et maréchal-des-logis les 1er janvier et 15 mai 1791, adjudant-sous-officier et sous-lieutenant les 1er avril et 29 octobre 1793, il servit aux armées de la Moselle et du Nord en 1792 et 1793, et fut plusieurs fois cité honorablement à l'ordre de l'armée. En octobre 1793, placé à l'arrière-garde de la division Hédouville, il chargea, à la tête de 30 cavaliers, un bataillon autrichien embusqué dans une houblonnière, le dispersa et lui fit 89 prisonniers. Lieutenant le 24 pluviose an II, et capitaine le 25 messidor suivant, il fit les guerres des ans III et IV à l'armée de Sambre-et-Meuse, et celles de l'an VII à l'an IX aux armées du Danube et du Rhin. Le 12 frimaire an VIII, à l'affaire de Neckers-Gemund, à la tête d'un escadron, il chargea le régiment de hussards de Kieser, qui allait s'emparer de 2 pièces de canon, le repoussa deux fois et dégagea les 2 bouches à feu, ainsi que quelques compagnies de la 27e demi-brigade de ligne. Il devint chef d'escadron le 22 floréal même année. Dans le mois de frimaire an IX, suivi de 25 cavaliers, il traversa à la nage, au milieu de la nuit, l'Art-Mil, rivière très encaissée et d'un abord difficile, tomba inopinément sur une grand'garde d'infanterie et de cavalerie autrichiennes, et lui enlève 4 hussards : le reste ne dut son salut qu'à l'obscurité de la nuit. Major du 6e régiment de dragons le 6 brumaire an XII, et membre de la Légion-d'Honneur le 4 germinal suivant, il fit les campagnes de Prusse et de Pologne de 1806 et 1807, obtint le commandement du 3e de dragons le 20 septembre 1806, et la croix d'officier de la Légion-d'Honneur le 11 juillet 1807. Il fit encore la guerre d'Allemagne de 1809, et fut mis à la retraite le 2 août 1810. Louis XVIII le nomma commandant de la Légion-d'Honneur le 1er mai 1821. Il est mort le 11 mars 1826 à Dijon (Côte-d'Or). B-S.

GRIOIS (CHARLES-PIERRE-LUBIN, *baron*), naquit le 21 décembre 1772 à Besançon (Doubs). Élève sous-lieutenant à l'École d'artillerie de Châlons le 1er mars 1792, il passa en qualité de lieutenant en second dans le 4e. régiment d'artillerie à pied. Lieutenant en premier le 1er mars 1793, et capitaine en second le 22 octobre suivant, il fit les campagnes de 1792 à l'an II à l'armée des Pyrénées-Orientales, et celles de l'an III à l'an XIII en Italie, et remplit depuis le 12 floréal an VII les fonctions d'adjoint au directeur-général des parcs de cette armée. Le 13 vendémiaire an X, il devint capitaine en premier, chef d'escadron au 1er régiment d'artillerie à cheval le 3 floréal an XI, major du même régiment le 14 frimaire an XII, et membre de la Légion-d'Honneur le 4 germinal suivant. Passé à l'armée de Naples en 1806, il y commanda l'artillerie du 2e corps jusqu'en 1807, époque à laquelle il rentra dans l'Italie septentrionale. Appelé en Allemagne à la fin de 1809, il fut adjoint au général commandant les réserves de l'artillerie de la garde impériale, et désigné le 10 décembre même année pour prendre le commandement de l'artillerie de la portion de l'armée d'Italie qui venait de pénétrer dans le Tyrol. Colonel le 23 juin 1811, et attaché d'abord à l'état-major général de son arme, il prit le 1er août suivant le commandement du 4e régiment d'artillerie à cheval. Le 7 février 1812, il fut mis à la tête de l'artillerie du 3e corps de cavalerie de la grande armée, et nommé officier de la Légion-d'Honneur le 11 octobre même année. Major dans l'artillerie à pied de la vieille garde le 26 janvier 1813, il fit les campagnes de 1813 et 1814 en Saxe et en France. L'Empereur le nomma commandant de la Légion-d'Honneur le 9 novembre 1813, et Louis XVIII chevalier de Saint-Louis le 27 juillet 1814. Le 21 juin 1814, il reçut la direction d'artillerie de Mézières, qu'il échangea le 16 décembre 1815 pour la direction provisoire du Hâvre. Il en était titulaire depuis le 19 juillet 1816, lorsque, le 8 juin 1822, il fut admis à la retraite avec le grade honorifique de maréchal-de-camp. Il est mort le 28 novembre 1839 à Paris (2e arrondissement).

GRIVEAULT ET NON **GRIVAUX** (ANDRÉ), né le 19 novembre 1738 à Lyon (Rhône), servit d'abord comme soldat depuis le 6 septembre 1754 jusqu'au 6 décembre 1765 dans le régiment Royal-écossais-infanterie, avec lequel il fit les guerres d'Allemagne de 1760 et 1761, et entra le 7 décembre 1765 dans Royal-dragons (3e régiment, devenu 1er après l'organisation de 1791). Brigadier le 15 janvier 1767, maréchal-des-logis le 10 juillet 1775, maréchal-des-logis-chef le 10 avril 1782, adjudant le 8 septembre 1784, et porte-guidon le 21 avril 1789, il se trouva au mois d'août 1790 à l'affaire de Nanci, et il avait près de trente-deux ans de service lorsqu'il obtint l'épaulette de sous-lieutenant le 1er avril 1791. Lieutenant le 10 mai 1792, il fit toutes les campagnes de 1792 à l'an IX aux armées du Nord, des Ardennes, de Sambre-et-Meuse, du Rhin et d'Italie, se distingua à l'affaire de Charleroi, fut nommé capitaine le 8 mars 1793, chef d'escadron le 1er nivose an III, et mérita les plus grands éloges à l'affaire du 17 fructidor an IV, où il protégea la retraite de la division du général Grenier. Le 6 brumaire an XII, il devint major du 2e régiment de dragons, qui faisait partie de l'armée des côtes de l'Océan, et le 4 germinal suivant membre de la Légion-d'Honneur. Admis à la retraite le 6 brumaire an XIV, il est mort le 13 janvier 1821 à Verdun (Meuse).   B-G.

GROULARD (JEAN-PIERRE), né le 5 août 1755 à Hodister (duché de Luxembourg. — Ancien département des Forêts), entra au service comme enrôlé volontaire le 24 février 1777 dans Orléans-dragons (9e régiment, devenu 16e). Brigadier le 21 septembre 1781, maréchal-des-logis le 8 septembre 1784, maréchal-des-logis-chef le 8 novembre 1789, sous-lieutenant et lieutenant le même jour 24 avril 1792, il partit pour Saint-Domingue avec le général d'Esparbès, débarqua dans cette île au mois de septembre suivant, et eut un cheval tué sous lui en novembre dans l'affaire de la Tannerie contre les Espagnols et les insurgés. Nommé capitaine le 1er juillet 1793, le 23 germinal an II, à l'affaire des Bornes, il eut encore un cheval tué sous lui : il commandait un détachement de 200 dragons, mais 20 hommes seulement restèrent avec lui, les autres, qui étaient des nègres, l'abandonnèrent lâchement ; cependant il repoussa plusieurs attaques de l'ennemi. Le 25 messidor an III, il obtint le grade de chef d'escadron dans le même régiment. Pendant l'incendie du cap, on l'envoya avec 20 hommes pour tâcher de rétablir l'ordre ; mais enveloppé et terrassé malgré sa résistance, par 7 à 800 matelots mutinés, il fut conduit à bord d'un bâtiment où on voulait lui donner la mort ; après une captivité de huit jours, on le rendit à la liberté. Il revint en Europe en l'an VI. Passé en l'an VII à l'armée de Naples, et en l'an VIII à celle d'Italie, il commandait les 16e et 19e régimens de dragons à la retraite de la Trebia, où il eut pour la troisième fois un cheval tué sous lui. Il fit encore la campagne de l'an IX sur le Rhin, et tint garnison dans la 1re division militaire pendant les ans X et XI. Nommé major du 25e régiment de dragons le 6 brumaire an XII, et membre de la Légion-d'Honneur le 4 germinal suivant, il instruisait, à Strasbourg, des détachemens de conscrits destinés aux escadrons de guerre, lorsqu'il reçut un coup de pied de cheval, des suites duquel il mourut le 4 juin 1807.   B-G.

GUERY (ANTOINE-DIDIER), naquit le 17 janvier 1765 à Troyes (Aube). Soldat au régiment du Roi-infanterie (23e) le 8 février 1780, il passa le 12 mai 1785 dans le régiment de dragons de Chartres (14e). Brigadier le 1er mai 1787, et maréchal-des-logis le 1er janvier 1791, il fit les campagnes de 1780 à 1783 sur les côtes de Bretagne, et de 1792 à 1793 aux armées du Nord et de la Moselle. Le 20 septembre 1792, il fut blessé d'un coup de sabre à l'affaire de Dammartin. Le 17 novembre suivant, étant à la découverte, il s'empara sur la Moselle d'un convoi de blé et de 25 Prussiens qui l'escortaient ; il enleva, le même jour, un magasin d'avoine que l'ennemi avait établi à Traubeck. Passé adjudant-sous-lieutenant au 21e régiment de chasseurs à cheval le 16 février 1793, il y devint lieutenant et capitaine les 1er juillet et 14 août suivans. Le 28 septembre, placé aux avant-postes, près de Saint-Marck, il eut un cheval tué sous lui, et l'épaule droite luxée par sa chute. Chef d'escadron le 28 brumaire an II, il se trouva au siége d'Ypres, où il reçut, le 12 prairial, deux coups de feu à l'épaule gauche. Appelé de l'armée du Nord à celle de l'intérieur, il y servit jusqu'au 6 fructidor an V, époque à laquelle il passa avec son grade dans le 21e régiment de dragons, qu'il quitta le 1er nivose an VI pour rejoindre le 2e de même arme, qui faisait alors partie de l'armée d'Angleterre. Il suivit ce corps à l'armée de Mayence, et à celle du Danube et du Rhin, de la fin de l'an VI à l'an IX ; il eut un cheval tué sous lui au combat de Neuhausen (Souabe), le 4 germinal an VII. Dans la soirée du lendemain, et après avoir reçu quelques blessures, il chargea un escadron de cuirassiers autrichiens, lui fit 12 prisonniers et lui prit 8 chevaux. Il commanda depuis le 18 germinal jusqu'au 24 prairial les avant-postes qui s'étendaient de Rinchen à Lichtenau. Le 3 vendémiaire an VIII, il chargea, devant Zurich, quelques pulks de cosaques, et leur fit plusieurs prisonniers. Le lendemain, il entra le premier dans la ville, et blessa mortellement le comte Hirzel, général-major russe. Du 2 au 11 prairial, il commanda les avant-postes du général Baraguay-d'Hilliers, sur la rive droite de l'Iller. Le 16 messidor, il enfonça, en avant de Manheim, un parti du 13e régiment de dragons autrichiens, et lui prit 8 cavaliers. Il faisait partie du 7e régiment de cavalerie, depuis le 20 vendémiaire an IX, lorsque, le 6 brumaire an XII, il passa major du 8e de cuirassiers, et reçut, le 4 germinal suivant, la décoration de la Légion-d'Honneur. Nommé colonel du 3e régiment provisoire de cuirassiers, par décret du 3 septembre 1808, il prit le commandement du 3e régiment provisoire de cavalerie le 19 juin 1811, et fut admis à la retraite le 3 septembre même année. Il est mort le 2 novembre 1825 à Saintry (Seine-et-Oise).   B-S.

GUEYDON. *Voyez* GAYDON.

GUILLOTTE (GUILLAUME), né le 14 mai 1764 à Paris (Seine), entra le 23 février 1780 dans la gendarmerie de France. Licencié avec ce corps le 1er avril 1788, il obtint le traitement de réforme d'officier jusqu'au 1er septembre 1789, époque à laquelle il fut nommé capitaine-adjudant-major dans la garde nationale parisienne soldée. Le 1er janvier 1792, il passa capitaine dans le 13e bataillon d'infanterie légère, devenu 13e, puis 25e demi-brigade de même arme, fit la campagne de 1792 à l'armée du centre, celles de 1793 et de l'an II à l'armée de la Moselle, et servit de l'an III à l'an V à l'armée de Sambre-et-Meuse. Il se distingua en l'an VI et en l'an VII en Allemagne, sous Mayence et en Helvétie, et passa en l'an VIII à l'armée d'Italie. Chef de bataillon le 29 thermidor de cette dernière année, et attaché, le 11 germinal an XI, à la 95e demi-brigade de ligne, qui faisait partie de l'armée de Hanovre, il devint major du 94e régiment de ligne le 3 frimaire an XII, et membre de la Légion-d'Honneur le 4 germinal suivant. Après les campagnes de Hanovre des ans XII et XIII, il rejoignit le dépôt de son régiment, qu'il commanda jusqu'au 2 mars 1807, date de son admission à la retraite. Il réside aujourd'hui à Aire (Pas-de-Calais).   B-S.

GUYARDET (PIERRE-JULES-CÉSAR, *baron*), naquit le 29 juin 1767 à Pont-Scorff (Morbihan). Dragon dans le régiment de Penthièvre (compagnie de Pont-Bellenger) le 14 août 1786, il obtint son congé de grâce le 10 juillet 1789. Le 30 du même mois, il entra comme volontaire dans le 1er bataillon de Lorient, et passa, le 1er janvier 1792, dans le 2e bataillon du Morbihan, où, le 17, il fut nommé lieutenant par le choix de ses camarades. Embarqué le 17 juin suivant pour Saint-Domingue, il fit les campagnes de 1792, 1793 et an II contre les nègres insurgés. Il devint capitaine le 20 octobre, et chef de bataillon le 13 novembre de la même année. De retour à Nantes le 13 thermidor an II, il fit les campagnes des ans III et IV à l'armée de l'Ouest, et passa le 1er nivôse an V, par l'effet de l'embrigadement, dans la 6e demi-brigade d'infanterie légère, avec laquelle il servit de l'an V à l'an IX aux armées d'Angleterre, de réserve et d'Italie. Le 17 nivôse an IX, il enleva de vive force, à la tête de son bataillon, le village de Meledo (pays vénitien), qui était défendu par 1,800 Autrichiens retranchés derrière un mur crénelé. Il tint garnison à Grenoble pendant les ans X et XI. Major du 4e régiment d'infanterie légère le 30 frimaire an XII, et membre de la Légion-d'Honneur le 4 germinal suivant, il fut attaché à l'armée des côtes de l'Océan pendant les ans XII et XIII, et fit les campagnes de l'an XIV à 1807 en Autriche, en Prusse et en Pologne. Sa conduite à Austerlitz lui valut le grade de colonel du 13e régiment d'infanterie légère le 30 frimaire an XIV; blessé à la journée d'Iéna, le 14 octobre 1806, il obtint la décoration d'officier de la Légion-d'Honneur le 7 juillet 1807. Baron de l'Empire le 18 décembre 1808, il fit encore la campagne d'Allemagne en 1809. Promu au grade de général de brigade le 6 août 1811, et employé au corps d'observation de l'Elbe le 23 septembre suivant, il prit part à l'expédition de Russie en 1812, suivit l'armée pendant la fatale retraite de Moscou, et mourut à Thorn le 15 janvier 1813, par suite des fatigues de la guerre.

GUYNET (BARTHÉLEMY), naquit le 9 décembre 1749 à Montélimart (Drôme). Soldat au régiment d'infanterie d'Aquitaine (36e) le 24 février 1765, caporal le 30 septembre même année, sergent le 17 octobre 1766, il fit les campagnes de Corse de 1768 et 1769. Le 1er novembre de cette dernière année, il entra comme grenadier dans la légion de Soubise, et fut congédié le 21 août 1771. Nommé le 8 octobre 1791 lieutenant-colonel (chef de bataillon) dans le 1er bataillon de volontaires de la Drôme, il fit les guerres de la Révolution de 1791 à l'an II en Savoie et à l'armée des Alpes, et reçut dans les montagnes du Piémont, en 1793, un coup de feu qui lui emporta l'index de la main gauche. Passé chef de bataillon dans la 209e demi-brigade de ligne, devenue 85e par amalgame, il fit avec ce corps les campagnes de l'an III à l'an IX aux armées des Alpes et d'Italie. Chef de brigade sur le champ de bataille le 22 thermidor an VII, et confirmé dans ce grade le 12 germinal an VIII, il prit, le 9 brumaire an XII, le commandement de l'île d'Oleron, et obtint, le 4 germinal suivant, la croix de la Légion-d'Honneur. Appelé en l'an XIII à l'île d'Aix, il resta dans cette résidence jusqu'au 25 février 1816, époque de son admission à la retraite. Il est mort le 5 septembre 1831 dans le lieu de sa naissance.   B-S.

GUYON (CLAUDE-RAYMOND, *baron*), naquit le 29 mai 1773 à Saint-Montant (Ardèche). Sous-lieutenant dans le 3e régiment de dragons le 10 mars 1792, il fit les campagnes de 1792 et 1793 à l'armée du Nord. Nommé lieutenant le 4 mai 1793, et capitaine le 9 juin suivant, il servit à l'armée d'Italie de l'an II à l'an IV, embarqua avec l'armée expéditionnaire d'Orient, et combattit en Égypte et en Syrie de l'an VI à l'an IX. Il se distingua dans une charge faite à Aboukir le 15 thermidor an VII, et fut nommé chef d'escadron sur le champ de bataille. Passé le 27 du même mois dans le 18e régiment de dragons, il se trouva, le 10 brumaire an VIII, au combat de Damiette, où, à la tête de 80 hommes seulement, il mit en déroute plus de 4,000 Turcs qui se jetèrent à la mer ou se rendirent prisonniers. Il reçut un coup de feu à la poitrine, et eut 2 chevaux tués sous lui. Le général en chef Kléber, satisfait de la conduite des troupes dans cette action, en fit l'objet d'un ordre du jour, et donna un sabre d'honneur au commandant Guyon. Employé à l'état-major du général Friant le 28 germinal an IX, il rentra en France après la convention d'Alexandrie, et devint chef d'escadron titulaire le 15 pluviôse an X dans le 3e régiment de chasseurs à cheval. Nommé major du 2e régiment de même arme le 6 brumaire an XII, membre de la Légion-d'Honneur le 4 germinal suivant, et attaché à l'armée des côtes de l'Océan pendant les ans XII et XIII, il fut promu au grade de colonel du 12e régiment de chasseurs à cheval le 3 germinal de cette même année. Il fit les campagnes d'Autriche, de Prusse et de Pologne de l'an XIV à 1807, reçut un coup de sabre à la main gauche, et obtint la décoration d'officier de la Légion-d'Honneur le 7 juillet 1807. Employé en 1808 aux armées d'Allemagne et du Rhin, il fit la campagne de 1809 en Allemagne, et fut créé baron de l'Empire le 15 août de cette année. Il resta au corps d'observation d'Allemagne pendant une partie de 1810, et passa en 1811 à l'armée d'Italie. L'Empereur le nomma général de brigade le 11 août de cette dernière année. Appelé au commandement de la 12ᵉ brigade de cavalerie légère, au 4ᵉ corps de la grande armée, le 9 juin 1812, il prit part à l'expédition de Russie, et fut nommé commandant de la cavalerie du corps d'observation d'Italie le 16 juin 1813. Employé dans les divisions de cavalerie réunies à Versailles le 6 janvier 1814, il passa au 1ᵉʳ corps de cavalerie le 26 février suivant, et fit la campagne de France en cette qualité. Chevalier de Saint-Louis le 16 août, puis commandeur de la Légion-d'Honneur le 23, et mis en demi-solde le 1ᵉʳ septembre, il reçut le commandement de l'arrondissement de Schelestadt (Bas-Rhin) le 22 novembre de la même année. A son retour de l'île d'Elbe, l'Empereur le plaça au 8ᵉ corps d'observation le 25 avril 1815. Après la catastrophe de Mont-Saint-Jean, le général Guyon opéra le licenciement des corps de cavalerie dans le 5ᵉ arrondissement, par décision royale du 11 octobre suivant. Adjoint à l'inspection de cavalerie dans la 10ᵉ division militaire le 25 juillet 1816, il remplit les mêmes fonctions dans la 4ᵉ division le 14 mai 1817, fut compris comme inspecteur de cavalerie dans le cadre de l'état-major général de l'armée le 30 décembre 1818, et employé en cette qualité dans les 15ᵉ et 6ᵉ divisions militaires le 16 juin 1819. Disponible le 1ᵉʳ janvier 1820, il eut le commandement de la 2ᵉ subdivision de la 18ᵉ division militaire le 12 février 1823, et reçut la décoration de grand-officier de la Légion-d'Honneur le 23 mai 1825 à l'occasion du sacre de Charles X. Mis en disponibilité le 1ᵉʳ janvier 1829, et nommé inspecteur-général de cavalerie dans les 2ᵉ et 3ᵉ divisions militaires le 23 mai 1830, il fut replacé en disponibilité le 8 août suivant. Il prit le commandement du département des Hautes-Alpes le 9 septembre de la même année, reçut l'ordre de se rendre à Paris le 13 décembre, et rentra de nouveau en disponibilité le 22 février 1831; enfin, appelé au commandement du département d'Indre-et-Loire le 31 mai 1832, il est mort à Tours le 10 mars 1834. B-G.

HANGEST. *Voyez* LAMY-D'HANGEST.

HAZARD (LOUIS-HENRI-JOSEPH), naquit le 3 avril 1771 à Lille (Nord). Élève sous-lieutenant à l'École de Châlons le 1ᵉʳ septembre 1792, lieutenant en second au 5ᵉ régiment d'artillerie à pied le 1ᵉʳ juin 1793, il passa, le 29 juillet suivant, comme lieutenant en premier à la 21ᵉ compagnie d'artillerie à cheval, puis au 4ᵉ régiment de même arme, fit les campagnes de 1793 au mois de floréal an VI, aux armées du Rhin, de la Moselle, de Rhin-et-Moselle, de Sambre-et-Meuse et d'Italie, et prit part aux combats de Saarbruck, de Niederbrunn, de Reiss-Hoffen, de Wissembourg, au déblocus de Landau, au passage du Rhin, à Neuwied, au siége d'Erenbreistein, etc... Capitaine en second au même régiment le 18 floréal an III, il fit partie de l'armée d'Orient depuis le milieu de l'an VI jusqu'à la fin de l'an IX. Il se trouva à la prise de Malte, aux journées de Chebreiss, des Pyramides, d'Aboukir, d'Héliopolis, de Coraïm, d'Alexandrie, d'El Menayer, de Rahmaniaeh, du Caire, etc., fut nommé capitaine en premier le 7 vendémiaire an VII, et chef d'escadron commandant l'escadron d'artillerie à cheval formé en Égypte le 5ᵉ jour complémentaire de la même année. Rentré en France après la capitulation d'Alexandrie, et employé en France en l'an XI, il devint major du 4ᵉ d'artillerie à cheval le 3 prairial de cette année. En l'an XII et en l'an XIII, il commanda l'artillerie de la division de cavalerie du 7ᵉ corps de l'armée des côtes de l'Océan, reçut la décoration de la Légion-d'Honneur le 4 germinal an XII, resta à la même armée pendant l'an XIV et une partie de 1806, et finit la campagne de cette dernière année à l'armée d'Italie, où il servit encore pendant 1807. Il se distingua au passage de l'Adige, aux affaires de Caldiero, de Vicence et du Tagliamento, passa comme chef d'état-major de l'artillerie au 7ᵉ corps de l'armée d'Espagne, et y resta depuis 1808 jusqu'en 1813. Officier de la Légion-d'Honneur le 15 décembre 1808, il assista aux siéges de Roses, de Girone, de Figuières, aux affaires de Cardadeu, de Molins del Rei, de Wals, etc., et obtint le grade de colonel le 14 mars 1811. Désigné, le 21 du même mois, pour commander le 5ᵉ régiment d'artillerie à pied, il continua cependant à être employé au 7ᵉ corps de l'armée d'Espagne jusqu'au 21 janvier 1814, époque à laquelle l'Empereur le nomma directeur du parc de l'armée de Lyon. Mis en non-activité après la rentrée des Bourbons, et créé chevalier de Saint-Louis le 13 février 1815, on le plaça dans le cadre des officiers en non-activité au licenciement de l'armée. Retraité le 20 février 1820, il se retira à Linas (Seine-et-Oise), où il réside encore aujourd'hui. B-G.

HENRIOD (FRANÇOIS, *baron*), né le 21 octobre 1763 à Larivière (ancien département du Léman), entra comme soldat le 12 octobre 1782 dans le régiment de Berwick. Caporal le 9 septembre 1783, sergent-fourrier le 21 janvier 1784, sergent-major le 24 juillet 1791, sous-lieutenant le 7 septembre suivant, lieutenant le 15 novembre 1792, et capitaine-adjudant-major le 5 juillet 1793, il fit toutes les campagnes de la liberté, de 1792 à l'an IX, aux armées du Rhin et d'Angleterre. En l'an II, il passa avec le 1ᵉʳ bataillon du 88ᵉ d'infanterie dans la 159ᵉ demi-brigade de bataille, devenue 10ᵉ de ligne à l'organisation de l'an IV, et fut nommé chef de bataillon le 19 messidor an II. Pendant la retraite de Mayence, en l'an IV, son bataillon, chargé de protéger la retraite de la division du général Renaud dans les gorges sous Tripstadt, se trouva enveloppé par 3 bataillons de grenadiers autrichiens et un corps d'émigrés. Aussitôt, il le forme en colonne serrée et lance contre l'ennemi une masse de tirailleurs chargés de l'attaquer sur tous les points; faisant volteface et ralliant ses tirailleurs, il fond sur le centre des bataillons autrichiens, culbute et renverse tout ce qui s'oppose à son passage, enlève 156 prisonniers et rejoint à une lieue et demie de là, au Kaiskop, la division dont il couvrait les derrières. Il assista la même année au siége de Kehl, et y fut blessé d'un coup de feu. En l'an v, pendant la grande retraite de l'armée du Rhin, Henriod, avec un corps de 3,000 hommes, que lui avait confié les généraux Moreau et Desaix, balaya le val de Saint-Pierre, dans la forêt Noire, et tint en échec, dans celui de Kintzig, le général ennemi Nauendorf, qui, à la tête d'un corps de 25,000 combattans, attendait l'armée française, tandis que celle-ci filait par Donescheim et débouchait dans le Brisgau par le val d'Enfer. Ainsi, pendant six jours, sans éprouver de pertes sensibles, il intercepta toute communication avec les habitans, trompa l'ennemi par des espions, et le harcela nuit et jour dans les positions boisées et rocailleuses qu'il occupait sur Triberg et Horneberg. Passé avec son grade dans la 65e demi-brigade de ligne le 19 nivose an VII, puis dans la 108e le 17 nivose an XI, il servit à l'armée de Hanovre jusqu'à la fin de l'an XIII. Major du 100e régiment d'infanterie de ligne le 30 frimaire an XII, et membre de la Légion-d'Honneur le 4 germinal suivant, il fit les campagnes d'Autriche, de Prusse et de Pologne de l'an XIV à 1807 avec la grande armée. Le 20 brumaire an XIV, à Diernstein, la division Gazan, forte de 4,000 hommes, et avec laquelle marchait le maréchal Mortier, fut tout-à-coup enveloppée par le 1er corps de l'armée russe, commandé par Kutuzow et composé d'environ 35,000 hommes. Après un combat opiniâtre, dans lequel les Français culbutèrent partout l'ennemi, le maréchal et les officiers-généraux retournaient au quartier-général de Spitz, lorsqu'une forte colonne ennemie, qui interceptait les communications, les obligea à rebrousser chemin. Pendant ce temps, une autre colonne d'environ 10,000 Russes était venue attaquer les positions occupées par la division Gazan sur le plateau d'Impach. Sans attendre les ordres, le major Henriod réunit le 100e de ligne auquel se rallient les 4e léger, 103e de ligne et 4e de dragons; il adresse à ces troupes une allocution énergique au nom de l'honneur français, du salut de ses drapeaux et de celui de ses chefs, puis se mettant à leur tête, au moment où le maréchal arrivait sur le plateau, il marche à la rencontre de l'ennemi, le culbute, le renverse et le force à prendre la fuite; la division Gazan, ainsi dégagée, put rejoindre celle du général Dupont à une lieue de Diernstein. A l'issue de cette affaire, dans laquelle il avait eu 2 chevaux tués sous lui, le major Henriod reçut, devant toute la division, les témoignages de satisfaction du maréchal Mortier, qui le présenta le lendemain à l'aide-de-camp de l'Empereur venu sur les lieux pour connaître le résultat de la journée. Ce fait d'armes valut au major Henriod la décoration d'officier de la Légion-d'Honneur le 5 nivose suivant. Nommé colonel du 14e régiment de ligne le 30 décembre 1806, il se signala de nouveau le 8 février 1807 à la bataille d'Eylau, où son régiment fut le seul du 7e corps qui rompit et traversa la première ligne russe. Mais n'ayant pas été soutenu, il se vit bientôt enveloppé; il opposa une résistance héroïque à tous les efforts de l'ennemi. Atteint d'une blessure grave, il ne voulut point quitter son régiment formé en carré, et joncha le terrain de cadavres russes; 28 officiers, 590 sous-officiers ou soldats tués et 700 blessés, indiquaient l'emplacement qu'il avait occupé. Le 10 juin suivant, à Heilsberg, le 14e, foudroyé par la mitraille de 30 pièces de canon, éprouva des pertes considérables, et le colonel Henriod fut atteint à la cuisse par un boulet qui traversa son cheval de part en part. Envoyé en Espagne en 1808, il fit la guerre en Aragon et en Catalogne depuis 1808 jusqu'à 1814, et reçut la croix de commandant de la Légion-d'Honneur le 21 juillet 1808. Le 23 novembre suivant, à Tudela, il enfonça la gauche de l'ennemi; plus tard, il coopéra au siége de Saragosse, fut blessé d'un coup de feu, et prit part aux différentes actions qui suivirent la prise de cette place. Vers le mois d'août 1809, il battit et poursuivit pendant deux mois, de village en village, le brigadier-général Villa-Campa, qui se réfugia enfin dans la grande chaîne des monts de Castille; celui-ci avait fait du couvent de Nostra-Señora de la Tremendad sa principale place d'armes et le dépôt de toutes ses munitions. Ce monastère, bâti sur le sommet d'une montagne et entouré d'obstacles naturels, était réputé inaccessible. Villa-Campa y avait réuni un corps d'armée composée de 5,000 hommes de troupes de ligne et d'un grand nombre de paysans. Le colonel Henriod partit le 13 novembre de Daroca, distant de quinze lieues de Tremendad, à la tête du 14e de ligne, du 13e de cuirassiers, de 4 compagnies d'élite et d'un bataillon du 2e régiment de la Vistule, avec 2 pièces de canon et un obusier. Arrivé le 25 au pied du mont Tremendad, il fit ses dispositions d'attaque, et, après huit heures d'un combat opiniâtre, il s'empara du couvent et le livra aux flammes. Il avait fallu enlever chaque mamelon à la baïonnette, et gravir une montagne de la plus haute élévation, par des chemins en zig-zag, étroits et escarpés, qui fournissaient aux Espagnols les moyens d'arrêter à chaque pas leurs adversaires. Créé baron de l'Empire le 18 novembre suivant, et promu au grade de général de brigade le 3 juillet, il mérita les éloges de l'Empereur par les services qu'il rendit au combat de Terrega, le 13 janvier 1811, et pendant la défense de Lerida en 1812. Du mois de janvier à celui d'avril 1813, il soutint glorieusement un grand nombre de combats et d'engagemens partiels dans les plaines de Lerida. En congé de convalescence depuis le 28 juin 1813, il fut mis en non-activité le 1er septembre 1814, et nommé chevalier de Saint-Louis le 17 janvier 1815. Lorsque l'Empereur revint de l'île d'Elbe, il rappela le général Henriod à l'activité, et le désigna, le 12 juin, pour prendre le commandement supérieur du Quesnoy; mais les événemens malheureux de cette époque ne lui permirent pas d'obéir à l'ordre qui lui avait été expédié. Admis à la retraite le 6 octobre suivant, il mourut le 20 juin 1825.   B-G.

HUSSON (EDME), né le 28 mars 1766 à Paris (Seine), entra au régiment de Navarre (5e d'infanterie) le 16 mars 1782. Caporal le 29 août 1788, caporal-fourrier le 13 mars 1791, sergent le 4 août suivant, sergent-major le 17 avril 1792, sous-lieutenant sur le champ de bataille de Valmy le 20 septembre suivant, pour prendre rang du 5 du même mois, adjoint aux adjudans-généraux de l'armée du centre le 1er novembre de la même année, il fit les campagnes de 1793 à l'an III aux armées de la Moselle, du centre et de Rhin-et-Moselle. Nommé adjudant-général chef de bataillon le 18 pluviose an II, et réformé avec traitement le 3 fructidor an III, le ministère le chargea, le 1er floréal an VII, de la levée des conscrits dans le département de la Moselle. Employé à l'organisation des bataillons auxiliaires du même département, il prit le commandement du 1er de ces bataillons, que l'on incorpora dans la 91e demi-brigade de ligne le 13 pluviose an VIII, et il servit à l'armée du Rhin pendant les ans VIII et IX. Passé adjoint à l'adjudant-commandant Michel le 22 floréal an VIII, il commanda l'avant-garde de la division Legrand depuis le 12 frimaire an IX jusqu'à l'armistice. Le 18 du même mois, à la tête d'une compagnie du 5e régiment de chasseurs à cheval et des grenadiers de la 51e de ligne, il entra le premier dans Neumarck, sur la Roth, y fit 80 prisonniers et s'empara de l'ambulance, des magasins et des bagages de l'ennemi. Devenu adjoint à l'état-major général de l'armée du Rhin le 1er nivose suivant, il passa comme chef de bataillon dans la 53e demi-brigade de ligne le 1er ventose de la même année, et alla tenir garnison à Coblentz pendant les ans X et XI. Major du 37e régiment d'infanterie de ligne le 11 brumaire an XII, et membre de la Légion-d'Honneur le 4 germinal suivant, il servit au camp de Brest pendant les ans XII, XIII, XIV et 1806. Employé en Espagne en 1807, il mourut de la contagion au fort de Figuières le 19 août 1808. B-G.

JACQUINOT (CHARLES-CLAUDE, *baron*), né le 5 mars 1772 à Melun (Seine-et-Marne), entra comme lieutenant dans le 1er bataillon de la Meurthe le 21 août 1791, et fit en cette qualité la campagne de 1792 à l'armée du centre et à celle du Nord. Blessé d'un éclat d'obus à l'affaire de la Croix-aux-Bois le 14 septembre, il combattit avec bravoure à la journée de Jemmapes le 6 novembre suivant. En 1793, il quitta le service de l'infanterie pour celui de la cavalerie, et passa comme sous-lieutenant dans le 1er régiment de chasseurs à cheval le 15 février. Il fit avec les armées de la Moselle, de Sambre-et-Meuse, du Midi, du Nord, d'Allemagne, du Danube, d'Helvétie et du Rhin, toutes les guerres de la Révolution depuis 1793 jusqu'à l'an IX inclusivement, fut nommé lieutenant le 26 fructidor an II, et servit en qualité d'aide-de-camp auprès du général en chef Beurnonville pendant la campagne de l'an IV. Capitaine dans le régiment dont il faisait déjà partie le 14 vendémiaire an V, il reçut le grade de chef d'escadron, sur le champ de bataille, le 26 prairial an VIII, en récompense des services qu'il avait rendus pendant cette campagne. Le 12 frimaire an IX, à Hohenlinden, où il commandait son régiment, il contribua puissamment aux succès de la journée en se portant sur les derrières de l'ennemi. Il fut blessé d'un coup de feu pendant l'action. Il se conduisit avec la même valeur aux affaires de Schwanstadt et de Vogellabruck. Rentré en France après la cessation des hostilités, il tint garnison à Verdun en l'an X, et fit partie des troupes du camp de Bruges en l'an XI. Major du 5e régiment de chasseurs à cheval le 6 brumaire an XII, et membre de la Légion-d'Honneur le 4 germinal suivant, il servit à l'armée de Hanovre pendant les ans XII et XIII. Promu colonel du 11e régiment de chasseurs à cheval le 13 janvier 1806, il se signala à Iéna, en culbutant une brigade de cavalerie saxonne déjà aux prises avec le 8e régiment de hussards, et en mettant en déroute une forte colonne d'infanterie à laquelle il fit un grand nombre de prisonniers, et enleva plusieurs pièces de canon. Dans cette charge vigoureuse, le colonel Jacquinot eut ses habits criblés de coups de sabre. Au combat de Lubeck, et dans le Frisch-Neherung, il combattit avec la même intrépidité, et obtint, le 14 mai 1807, la décoration d'officier de la Légion-d'Honneur. Créé baron de l'Empire le 17 mars 1808, et nommé général de brigade le 10 mars 1809, il fit la campagne d'Allemagne avec la grande armée, et culbuta la cavalerie autrichienne le 20 avril suivant à Abensberg. Le lendemain, à la tête de quelques tirailleurs, il pénétra dans Landshut, sur les débris d'un pont embrasé, et décida par son audace la retraite de l'arrière-garde ennemie, qui s'enfuit en laissant dans la ville plus de 5,000 voitures de bagages. A Neumarck, lorsque le général de Wrede se replia devant 2 corps autrichiens qui étaient venus l'attaquer, le général Jacquinot, à la tête de sa brigade, soutint seul le choc de l'ennemi, et protégea la retraite des troupes bavaroises. Il combattit vaillamment à Raab et à Wagram, où il mérita sur le champ de bataille le grade de commandant de la Légion-d'Honneur que l'Empereur lui accorda le 17 juillet 1809. Resté à l'armée d'observation d'Allemagne, il rentra en France avec un congé le 23 juin 1810, et, de retour à son poste, il fut chargé en 1811 des fonctions de gouverneur de Custrin, puis de Glogau, où il a laissé d'honorables souvenirs. Il fit la campagne de Russie à la tête d'une brigade de cavalerie composée des 7e de hussards et 9e de lanciers, et se signala, le 25 juillet 1812, au combat d'Ostrowno, où il détruisit complètement un régiment de chasseurs à pied de la garde impériale russe. Le 28 du même mois, au combat de Witepsk, et le 17 août à la bataille de Smolensk, il donna de nouvelles preuves de son intrépidité; mais c'est surtout à la bataille de la Moskowa, le 7 septembre, qu'il se couvrit de gloire. A la tête de sa brigade, réduite à 280 combattans, il repoussa les attaques réitérées de 1,500 cosaques, et se maintint dans la position qu'il occupait en faisant éprouver une perte considérable à l'ennemi. A Winskowo, le 18 octobre, n'ayant plus qu'une cinquantaine d'hommes, il chargea l'ennemi avec impétuosité et dégagea un bataillon polonais qui, un instant plus tard, eût été fait prisonnier. Employé au 2e corps de cavalerie de la grande armée le 1er mars 1813, il passa au 3e le 25 du même mois, et se distingua dans la campagne de Saxe. Grièvement blessé, le 5 septembre, à la bataille de Dennewitz, l'Empereur le promut au grade de général de division le 26 octobre, et lui donna, le 15 décembre, le commandement de la 6e division de cavalerie légère, ou 3e corps de cavalerie de la grande armée. Pendant la campagne de France, il se fit remarquer dans les nombreux combats livrés pour repousser l'invasion étrangère, et se montra constamment tel que l'avait jugé le roi de Naples : *le brave de tous les jours*. Le 1er janvier 1814, entre Ober-Winter et Mchalen, il culbuta un parti russe commandé par le général Saint-Priest. Le 27 février suivant, au combat d'Arcis-sur-Aube, il tailla en pièces la cavalerie russe et la poursuivit l'épée dans les reins. Après l'abdication de l'Empereur, le gouvernement royal l'envoya au mois de juin en Autriche pour accélérer la rentrée des prisonniers de guerre français. L'empereur François II, satisfait de la manière dont le général Jacquinot s'était acquitté de sa mission, lui conféra le titre de commandeur de l'ordre impérial de Léopold, et Louis XVIII le nomma chevalier de Saint-Louis le 27 juin, et grand-officier de la Légion-d'Honneur le 23 août même année. Mis en non-activité le 1er janvier 1815, l'Empereur, à son retour de l'île d'Elbe, l'appela au commandement de la 3e division de réserve de cavalerie le 8 avril suivant, lui confia ensuite celui de la 5e, et le plaça à la tête de la division de cavalerie légère du 1er corps de l'armée du Nord, avec laquelle il fit la campagne des Cent-Jours. Chargé du licenciement des corps de cavalerie le 11 octobre, et mis en non-activité le 1er février 1816, il eut l'inspection générale de cavalerie dans les 1re, 12e et 22e divisions militaires le 22 juillet suivant, et remplit les mêmes fonctions dans les 1re et 4e divisions en 1818, 1819, 1820 et 1821. Employé au camp de cavalerie de Lunéville en 1826, et nommé commandeur de Saint-Louis le 4 octobre de cette année, il continua ses fonctions d'inspecteur-général pendant les années suivantes, commanda les cuirassiers réunis à Lunéville de 1831 à 1834, et prit par intérim le commandement de la 3e division militaire en 1832. Appelé à commander titulairement cette division le 5 mars 1837, il passa au cadre de non-activité conformément aux dispositions de l'ordonnance du 28 août 1836. Élevé à la dignité de pair de France le 3 octobre 1837, le général Jacquinot fait partie de la 2e section du cadre de l'état-major général en vertu de la loi du 4 août 1839. Son nom est inscrit sur la partie Est de l'arc-de-triomphe de l'Étoile. Il a été nommé grand'croix de la Légion-d'Honneur par ordonnance royale du 14 avril 1844. Il réside en ce moment à Metz (Moselle). B-G.

JAMIN (JEAN-BAPTISTE, *baron*, puis *vicomte*), naquit le 20 mai 1772 à Villecloye (Meuse). Volontaire le 14 septembre 1791 dans le 17e bataillon d'infanterie légère, amalgamé le 21 ventôse an II dans la 13e demi-brigade de même arme, devenue 25e demi-brigade à l'organisation de l'an IV, et 25e régiment d'infanterie légère à celle de l'an IX, sergent-major le 19 du même mois, lieutenant le 21 janvier 1792, capitaine par le choix unanime de sa compagnie le 1er mai suivant, il fit les campagnes de 1792 et 1793 aux armées des Ardennes et de la Meuse, se trouva en l'an II au déblocus de Landau et aux deux batailles de Fleurus sous Jourdan, servit pendant les ans III et IV aux armées de Sambre-et-Meuse et de Mayence, et passa le Rhin à l'avant-garde de la division Lefebvre les 21 et 22 fructidor an III. Employé à l'armée du Danube pendant les ans V et VI, le capitaine Jamin, lors de la retraite de cette armée sur le Rhin, formait l'arrière-garde de la division Lefebvre avec 4 compagnies. Vivement harcelé et chargé pendant plus de deux lieues par les hussards de Barco et de Blankeinstein, qui l'avaient séparé de la division, obligée elle-même de combattre vigoureusement l'ennemi dont les colonnes lui avaient coupé la retraite sur la Lahn, il fut assez heureux pour repousser, sans se laisser entamer, toutes les tentatives de la cavalerie autrichienne, et lui fit éprouver des pertes assez considérables. Au combat de Liebtingen, en Souabe, chargé de débusquer un corps autrichien des bois qu'il occupait, il mit tant de vigueur et de promptitude dans son attaque, que la position fut enlevée en un instant, ce qui contribua beaucoup au succès de la journée. Passé en l'an VII à l'armée d'Helvétie, il tourna la position du mont Saint-Gothard le 6 fructidor, en franchissant, à la tête de 4 compagnies, le Grimsel, après dix-huit heures d'une marche très pénible au milieu des neiges. Il s'empara, en passant, d'un poste important défendu par 10 officiers et 250 soldats autrichiens, qu'il fit tous prisonniers, coupa ainsi la retraite à l'ennemi posté à l'hospice, et alla rapidement prendre position aux sources du Rhône, dans le haut Valais. Pendant la même campagne, sa compagnie, après avoir vivement poursuivi l'ennemi jusqu'au pont du Rhin, près de Coire, se trouva exténuée de fatigues et manquant de cartouches. Le général Soult donna au capitaine Jamin des troupes fraîches avec lesquelles il aida à enlever la position, s'empara d'une pièce de canon, et facilita la jonction avec le général Lecourbe. Il se trouva ensuite à la bataille de Zurich, et passa la Limath au-dessus du lac, avec l'avant-garde de la 25e légère, en face de Schœnis, où fut tué le général autrichien Hotze. Il suivit son corps en l'an VIII et en l'an IX à l'armée d'Italie et au siège de Gênes. Le 17 germinal an VIII, dans une sortie, il eut la cuisse droite traversée d'une balle en enlevant, à la tête de 2 compagnies, une redoute située sur le Montefacio. Son frère, sous-officier dans sa compagnie, y reçut un coup de feu au travers du corps, et mourut de cette blessure. La belle conduite du capitaine Jamin dans cette journée lui valut le grade de chef de bataillon le 28 thermidor de la même année. Lors du passage du Mincio, son bataillon, faisant tête de colonne, il tourna et enleva une partie des redoutes qui défendaient le passage du fleuve, et quoique blessé d'un coup de feu à la jambe droite, il ne voulut point quitter le champ de bataille. Il commanda la demi-brigade au passage de la Piave; malgré la fusillade et la mitraille de l'ennemi, il refoula les Autrichiens au-delà de la rivière, et leur tua beaucoup de monde. Après la paix de Lunéville, il tint garnison à Montmédi pendant les ans x et xi, fut nommé major du 12e régiment d'infanterie légère le 20 brumaire an xii, et membre de la Légion-d'Honneur le 4 germinal suivant. Appelé au commandement du 1er régiment de grenadiers réunis de la division Oudinot le 22 septembre 1806, il se trouva avec ce corps à la bataille d'Iéna. Le 9 février 1807, dans une reconnaissance faite en avant d'Ostrolenka, il reçut un coup de sabre qui lui traversa le pied droit. Le 16 du même mois, à la bataille d'Ostrolenka, avec son régiment de grenadiers et une compagnie de sapeurs du génie, il repoussa les efforts des Russes, qui marchaient sur la ville, les força à battre en retraite, et dégagea le parc d'artillerie, ainsi qu'une brigade du corps du général Savary, dont le commandant en chef venait d'être tué. Pendant le siége de Dantzig, il mérita la décoration d'officier de la Légion-d'Honneur, qui lui fut conférée le 14 mai de la même année. Par un hasard extraordinaire, ce fut lui qui commença la bataille de Friedland. Envoyé dès le point du jour, avec son régiment, une compagnie de sapeurs du génie, 2 pièces de canon et 4 escadrons de cuirassiers et de dragons saxons, pour prendre possession du pont, il trouva l'armée russe qui en exécutait le passage, et déjà plus de 20,000 hommes s'étaient formés en-deçà. L'exécution des ordres qu'il avait reçus devenant dès-lors impossible, il dut se contenter de se tenir sur la défensive en s'appuyant aux barrières et aux bois qui faisaient face à l'armée russe. Il repoussa plusieurs charges vigoureuses opérées par l'ennemi pour le déloger, et conserva sa position jusqu'à l'arrivée des renforts qui lui furent envoyés, vers quatre ou cinq heures du soir, au plus fort de la bataille ; il avait perdu plus de la moitié de son monde. Par décret du 28 juin 1807, l'Empereur le nomma colonel à la suite, et lui confia le commandement du 24e régiment d'infanterie de ligne le 10 novembre suivant. Lorsqu'il quitta la division de grenadiers réunis pour rejoindre son régiment, le général Oudinot lui écrivit une lettre pour lui exprimer ses regrets de le voir partir et de *perdre en lui un officier qui avait donné tant de preuves de moyens et de la bravoure la mieux calculée.* Passé au 1er corps de l'armée d'Espagne, il fit les guerres de 1809, 1810, 1811, et partie de 1812 dans la péninsule.

Il se distingua aux affaires de Reinosa, de Sommo-Sierra, et surtout, le 16 janvier 1809, au combat d'Uclès, où son régiment prit 21 drapeaux. Cité en tête du bulletin qui s'exprimait ainsi en parlant des officiers qui s'étaient signalés à cette affaire : *Tous officiers dont la bravoure a été éprouvée dans cent combats,* il donna de nouvelles preuves de valeur, le 28 juillet, à la bataille de Talaveira de la Reina, et assista ensuite au siége de Cadix, où chaque jour ramenait de nouveaux combats. Les services qu'il y rendit lui valurent le titre de baron de l'Empire, avec une dotation, et la décoration de commandant de la Légion-d'Honneur le 23 juin 1810. Le 5 mars 1811, à la bataille de Chiclana, il eut l'épaule droite fracassée d'un coup de feu, ce qui ne l'empêcha pas de soutenir avec 2 bataillons de son régiment les attaques du général Graham qui, avec les Anglais, les Portugais et les Espagnols réunis, cherchait à s'emparer des positions de la Barossa. Il ne quitta le champ de bataille que lorsque la faible partie du 1er corps, qui avait pris part à l'action, eut assuré sa retraite sur les lignes devant Cadix. Il reçut quelque temps après l'ordre d'aller prendre le commandement de l'arrondissement de Ronda, qu'il défendit avec son régiment contre les attaques du général Ballesteros. Forcé de prendre un congé pour rétablir sa santé, il reçut, sous la date du 12 janvier 1812, une lettre du major-général de l'armée, le maréchal duc de Dalmatie, qui lui exprimait ses regrets de le voir s'éloigner d'un poste si important, et où la présence d'un homme de son mérite était nécessaire. En rentrant en France, le colonel Jamin fut chargé de la conduite d'un grand convoi qu'il conserva intact malgré les attaques vigoureuses qu'il eut à soutenir contre un ennemi bien supérieur en nombre avant d'arriver à Pancorvo et à Madrid. Nommé major-commandant du 1er régiment de voltigeurs de la garde impériale le 24 janvier 1813, il réorganisa ce corps et le conduisit à la grande armée d'Allemagne, où il obtint le grade de général de brigade, par décret impérial daté d'Erfurth le 27 avril suivant. Attaché à la division Bonet du 6e corps, et blessé d'un éclat d'obus à la cuisse gauche le 2 mai, à la bataille de Lutzen, il ne quitta point le commandement de sa brigade, et combattit encore avec elle à Bautzen et à Wurtchen. Vers la fin de ces deux journées, il enleva le plateau qui formait le centre de l'armée ennemie, en réunissant à ses troupes celles de la brigade du général Coëhorn, qui venait d'être mis hors de combat. Après la bataille de Leipzig, et pendant la retraite de l'armée française au-delà du Rhin, il passa le 7 novembre à la 4e division du 2e corps, dont il eut même le commandement en chef pendant l'absence du duc de Bellune. Employé dans la 2e division de voltigeurs de la garde impériale le 31 janvier 1814, il laissa sa brigade en possession de Brienne, dont elle avait su conserver le château malgré les efforts réitérés des troupes russes. Le 25 mars suivant, au combat de Fère-Champenoise, il tomba au pouvoir de l'ennemi et reçut un coup de sabre sur la tête en protégeant la retraite des ducs de Trévise et de Raguse. Rentré de captivité après l'abdication de l'Empereur, on le mit en non-activité, et on le nomma chevalier de Saint-Louis le 19 juillet 1814. Au retour de l'Empereur de l'île d'Elbe, il fit la campagne de 1815 avec la 2e brigade de la 9e division d'infanterie du 2e corps de l'armée du Nord. Rentré dans la position de non-activité après la catastrophe de Mont-Saint-Jean, et appelé au commandement du département du Lot le 8 juillet 1816, il passa de là à l'inspection générale de l'infanterie le 1er juillet 1818. Commandant de la 3e subdivision de la 4e division militaire le 21 avril 1820, il obtint le titre de vicomte le 17 août 1822, et fut appelé en mars 1823 au commandement de la 2e brigade de la 7e division du 3e corps de l'armée des Pyrénées, avec laquelle il fit la campagne d'Espagne ; il se signala pendant le blocus et le siége de Pampelune, et eut l'honneur d'être cité dans les bulletins de l'armée. Il reçut le grade de lieutenant-général le 3 septembre, et la plaque de 4e classe de l'ordre de Saint-Ferdinand d'Espagne le 23 novembre de la même année, et prit le commandement de la division du Haut-Ebre, destinée à occuper les provinces du Nord de l'Espagne, et à y maintenir l'ordre. Rentré en France en 1824, on l'employa à l'inspection générale des troupes d'infanterie de 1824 à 1831, époque à laquelle il eut le commandement de la division active sous Givet, devenue 3e division de l'armée du Nord, sous les ordres du maréchal Gérard, avec lequel il servit au siége d'Anvers en 1832. Nommé grand-officier de la Légion-d'Honneur le 9 janvier 1833, il commanda ensuite le camp de Rocroy, et à la suppression de l'armée du Nord on lui confia l'inspection générale des troupes jusqu'en 1839, époque de son admission à la 2e section (réserve) du cadre de l'état-major général de l'armée, en raison de son âge. Depuis le 1er mai 1833, le général Jamin représente à la Chambre des députés l'arrondissement de Montmédy. Son nom figure sur la partie Nord de l'arc-de-triomphe de l'Étoile.

JOANNIS (MATHIEU), naquit le 14 novembre 1754 à Paris (Seine). Soldat le 14 décembre 1771 dans le régiment de Monsieur-infanterie, il y servit jusqu'au 4 mai 1774, et contracta alors un engagement de six ans dans le régiment de Paris. Après avoir fait à l'armée d'Irlande les campagnes de 1779 à 1781, et avoir été nommé caporal le 9 janvier 1780, il reçut son congé par ancienneté le 4 mai 1781. Élu lieutenant de chasseurs dans la garde nationale active de Paris le 13 juillet 1789, il passa comme lieutenant le 4 septembre 1792 dans le 7e bataillon de Paris, dont il fut proclamé lieutenant-colonel commandant le 8 du même mois. Il fit les campagnes de 1792 et 1793 aux armées du Nord et des Ardennes. Prisonnier en l'an II, il ne rentra en France qu'à la fin de l'an III, fut replacé comme chef de bataillon dans la 41e demi-brigade de bataille, dont le 7e bataillon de Paris faisait alors partie, et servit pendant l'an IV à l'armée de l'intérieur. Il venait de se rendre à l'aile droite de l'armée d'Italie, lorsqu'un arrêté du Directoire, du 9 frimaire an VI, le destitua par suite de faux rapports faits contre lui. Honorablement acquitté, le 22 ventose an VII, par le conseil de guerre de la 8e division militaire, réintégré dans la plénitude de ses droits, il se vit appelé au commandement du 2e bataillon auxiliaire de l'Aisne le 21 thermidor suivant. Pendant les ans VII et VIII, il servit à l'armée du Rhin, et passa par incorporation dans la 42e demi-brigade d'infanterie de ligne le 5 ventose an VIII, comme chef de bataillon à la suite jusqu'au 12 nivose an IX, époque à laquelle un arrêté du premier Consul le nomma titulaire de cet emploi. De l'an IX à l'an XII, il fit la guerre aux armées d'Helvétie et de Naples, devint major du 81e régiment de ligne le 30 frimaire de cette dernière année, et membre de la Légion-d'Honneur le 4 germinal suivant. Il fit les campagnes de l'an XIII à 1809 en Italie, en Dalmatie et à la grande armée, et obtint le grade de colonel du 53e régiment d'infanterie de ligne le 27 mars 1809. Grièvement blessé à Wagram, il dut quitter le service actif. L'Empereur lui confia le commandement d'armes de Perugia le 19 juin 1811. Quelque temps après, il demanda et obtint sa retraite. Il est mort le 15 mars 1823 à Saint-Maur, près de Paris. B-G.

JOLLAIN-LATOUR ET NON SOLLIN-LATOUR (SÉBASTIEN), né le 16 juillet 1749 à Manonville (Meurthe), servit d'abord comme officier dans la marine royale depuis 1770 jusqu'au mois de janvier 1784, et fit les campagnes de 1781, 1782 et 1783 aux États-Unis. Grièvement blessé pendant la dernière campagne, il obtint une pension de retraite en 1784 et se retira dans ses foyers. Lorsque la Révolution éclata, Jollain-Latour offrit ses services, et fut nommé lieutenant au 44e régiment d'infanterie le 15 septembre 1791, et capitaine le 20 avril 1792. Il fit la campagne de 1792 aux colonies, et celles de 1793 à l'an IV dans la Vendée et en Bretagne. Commandant du fort de Châteauneuf le 15 floréal an II, il passa en la même qualité à Dinan le 25 ventose an III, et devint chef de bataillon commandant le fort de Querqueville le 11 brumaire an V. Appelé au commandement de l'île de Noirmoutiers le 8 fructidor an VII, il repoussa vigoureusement, à l'affaire du 13 messidor an VIII, une attaque des Anglais, leur fit une centaine de prisonniers et détruisit 12 embarcations ennemies. Compris comme commandant d'armes de 4e classe dans l'organisation de l'an V, et placé en cette qualité à l'Écluse, il reçut la décoration de membre de la Légion-d'Honneur le 4 germinal an XII. Chargé en 1806 du commandement supérieur des côtes, depuis les limites du département de la Lys jusqu'à Isendick, il cumula ces fonctions avec celles de commandant du fort de l'Écluse, qu'il conserva jusqu'après le retour des Bourbons. Mis alors en non-activité, il demeura dans cette position jusqu'au 21 mars 1821, jour de son admission à la retraite. Il est mort le 31 octobre 1824 à Paris. B-G.

JOUBERT (LOUIS), né le 3 novembre 1762 au Mans (Sarthe), combattait comme volontaire dans les rangs de l'armée des Pyrénées-Orientales, lorsque les représentans du peuple Fabre et Bonnet le nommèrent commissaire des guerres provisoire. Il exerça les fonctions de cet emploi jusqu'à la fin de l'an III, époque à laquelle la cessation des hostilités contre l'Espagne lui permit d'aller siéger à la Convention nationale, dont il avait été nommé membre par le département de l'Hérault. L'assemblée l'envoya peu de temps après en qualité de commissaire auprès de l'armée de Sambre-et-Meuse. Il assista en cette qualité à la prise de Luxembourg, au passage de la Sieg et à la reprise du fort de Kœnigstein et de Wurtzbourg. Le 19 vendémiaire an V, le Directoire exécutif, en le confirmant dans le grade de commissaire des guerres, le rappela à Paris pour être employé auprès du ministre de la guerre. Réélu au conseil des Cinq-Cents cette même année, et nommé commissaire-ordonnateur le 27 brumaire an VI, on le chargea de la vérification de la comptabilité de l'ancienne administration des Invalides. Dans le courant de l'an VII, il prit part aux travaux du conseil des Cinq-Cents, où il apporta le tribut de son expérience et de ses lumières, et, le 13 germinal an VIII, il passa comme commissaire-ordonnateur dans la 12e division militaire (Nantes). Le 3 frimaire an XI, il remplit les mêmes fonctions auprès des troupes stationnées dans la république italienne. Membre de la Légion-d'Honneur le 4 germinal an XII, il resta à Milan jusqu'à la fin de l'an XIII, et, pendant les trois premiers mois de l'an XIV, il fut chargé de l'administration de l'armée d'Italie, devenue 8e corps de la grande armée sous les ordres du maréchal Masséna. Ordonnateur en chef du royaume d'Italie au mois de février 1806, le prince vice-roi lui confia, pendant la campagne de 1809, l'administration de Trieste, Goritz et Fiume. Après la réorganisation des provinces illyriennes, il reprit ses fonctions d'ordonnateur en chef des troupes françaises dans le royaume d'Italie, et reçut en 1811 différentes missions relatives aux approvisionnemens du royaume de Naples, d'Ancône et de Corfou. Lorsque s'ouvrit la campagne de 1812, placé en qualité d'ordonnateur en chef au corps d'observation d'Italie, qui devint 4e corps de la grande armée, sous les ordres du prince Eugène, il prit part aux succès, aux périls et aux désastres de cette campagne. Il effectuait sa retraite avec les débris de l'armée, lorsqu'il fut atteint de trois coups de lance au combat de Malo-Jaroslawetz le 24 octobre 1812. Soutenu par son courage, il se rendit à Wilna, où il fit preuve du plus grand dévoûment pour soulager la misère de ses compagnons d'armes ; mais ce dernier effort l'épuisa : le froid, la faim et ses blessures, qui s'étaient rouvertes, ne lui permirent pas d'atteindre Kowno, et il périt sur la route dans les premiers jours du mois de décembre. C'était un administrateur actif, intègre et éclairé : l'Empereur et le vice-roi le regrettèrent. B-G.

JOURDAN (LOUIS), naquit le 31 août 1752 à Nîmes (Gard). Soldat au régiment de Hainaut (51e d'infanterie) le 6 août 1769, et réformé le 30 septembre 1772, il entra le 15 avril 1792, en qualité d'adjudant-major, dans le bataillon de volontaires des Basses-Alpes, passa le 20 juin même année sous-lieutenant au 38e régiment d'infanterie de ligne, et lieutenant le 1er août suivant. Il fit les campagnes de la Révolution de 1792 à l'an II aux armées du Midi, du Nord et des Ardennes. Prisonnier de guerre le 15 pluviose de cette dernière année, et rendu à la liberté le 23 vendémiaire an III, il rejoignit la 50e demi-brigade de ligne, avec laquelle il servit de l'an IV à l'an V aux armées de Sambre-et-Meuse, de Rhin-et-Moselle et du Rhin. Capitaine le 3 prairial an V, aide-de-camp le 21 vendémiaire an VII, et promu le 17 fructidor de la même année chef de bataillon au 66e de ligne, il passa en qualité d'adjoint à l'état-major de la 14e division militaire (Rouen) le 21 fructidor an IX. Appelé le 15 ventose an X à un emploi titulaire de son grade dans la 56e, il devint, le 30 frimaire an XII, major dans le 72e régiment de ligne, et membre de la Légion-d'Honneur le 4 germinal suivant. Il fit les campagnes des ans XIII et XIV à l'armée des Côtes-du-Nord, et celle de 1809 à l'armée du Nord. Au moment du débarquement des Anglais dans l'île de Walcheren, il remplissait les fonctions de général de brigade, et se fit remarquer sur la ligne de défense qui lui avait été assignée. A l'arrivée du général Laurent, il prit le commandement de la 3e cohorte. Il se signala pendant la guerre d'Allemagne de 1813. Licencié le 17 septembre 1814, il jouit du traitement de non-activité (demi-solde) depuis cette date jusqu'au 16 octobre 1816, époque de son admission à la retraite. Louis XVIII le nomma le même jour chevalier de Saint-Louis. Il est mort à Paris le 9 août 1817. B-S.

KERVÉGUEN. *Voyez* GAULTIER.

LACOSTE (CLÉMENT-JEAN-ÉTIENNE, *baron*), né le 27 décembre 1773 à Romans (Drôme), entra comme soldat le 12 août 1792 au 9e bataillon de la Drôme, incorporé dans la 1re demi-brigade provisoire, amalgamée en l'an IV dans la 25e demi-brigade d'infanterie de ligne, devenue à l'organisation de l'an XII 25e régiment de même arme. Il fit la campagne de 1792 à l'armée des Alpes. Élu lieutenant à l'unanimité des voix, le 17 novembre de cette année, il se trouva, en 1793 et en l'an II, au siége de Toulon, et reçut un coup de feu à la mâchoire, le 27 frimaire an II, en montant à l'assaut de la redoute du petit Gibraltar. Capitaine-adjudant-major le 24 pluviose suivant, il passa à l'armée des Pyrénées-Orientales et se distingua, le 26 thermidor de la même année, à Saint-Laurent de la Mouga, où il fut blessé d'un coup de feu à la jambe droite. Il servit en l'an III à la même armée, et à celle d'Italie pendant les ans IV et V. Envoyé comme capitaine dans la 2e demi-brigade d'infanterie légère le 19 vendémiaire an VI, il fit ensuite partie de l'expédition en Suisse, et s'embarqua avec l'armée d'Orient au mois de floréal de la même année. Il fit les campagnes d'Égypte et de Syrie de l'an VI à l'an IX. Le 8 germinal an VII, à l'assaut de Saint-Jean-d'Acre, il commandait les 3 compagnies de carabiniers de la 2e légère et les 3 compagnies de grenadiers de la 19e de ligne ; il reçut un coup de feu durant l'action. Chef de bataillon sur le champ de bataille le 10 brumaire an VIII, il eut la jambe droite fracturée par un boulet à la bataille du 30 ventose an IX devant Alexandrie. Rentré en France par suite de la capitulation d'Alexandrie, il se rendit à Genève, où il tint garnison pendant les ans X et XI, fut nommé major du 96e de ligne le 11 brumaire an XII, et membre de la Légion-d'Honneur le 4 germinal suivant. Colonel du 27e régiment d'infanterie légère le 30 mars 1807, il fit la campagne de Pologne avec la division d'avant-garde du 1er corps de la grande armée. Le 5 juin, la droite des alliés se porta vers le pont de Spanden, où le 1er corps était en position, et vint attaquer la tête de pont que défendait le colonel Lacoste à la tête du 27e léger. *Sept* fois l'ennemi marcha sur les retranchemens, *sept* fois cet officier supérieur le repoussa, et le 18e de dragons ayant chargé les Autrichiens au moment où ils échouaient dans leur septième attaque, ils se retirèrent après avoir éprouvé une perte considérable. Lacoste passa en Espagne en 1808, y devint officier de la Légion-d'Honneur le 15 novembre de la même année, et reçut des éloges pour l'intrépidité qu'il déploya à la bataille d'Uclès, le 13 janvier 1809. Créé baron de l'Empire le 15 août de la même année, il devint commandant de la Légion-d'Honneur le 23 janvier 1811, et général de brigade le 30 mai 1813. Employé comme adjudant-général de la garde impériale le 4 septembre suivant, il prit le commandement d'une brigade de la 1re division de la jeune garde le 10 décembre de la même année. Il est mort le 27 avril 1814.

LACOSTE-DELMAS. *Voyez* DELMAS-LACOSTE.

LAFFITTE (JUSTIN, *baron*), né le 4 juin 1772 à Saurat (Ariége), entra comme soldat le 8 septembre 1787 dans le 10e régiment de dragons, devenu 4e de chasseurs à cheval, et le 15 janvier 1792 il passa en qualité de sous-lieutenant dans le 1er bataillon de l'Ariége, incorporé en l'an II dans la 1re demi-brigade provisoire, devenue en l'an IV 25e demi-brigade d'infanterie de ligne. Il fit aux armées des Alpes et d'Italie les guerres de 1792 au commencement de l'an VI, et devint capitaine-adjudant-major le 13 mars 1793. Blessé d'un coup de feu, il tomba au pouvoir de l'ennemi sur le champ de bataille de Rivoli. Échangé peu de temps après, il s'embarqua à Toulon le 28 floréal an VI avec l'armée d'Orient. Adjoint à l'adjudant-général Bribes le 16 thermidor suivant, et blessé de trois coups de lance en se battant seul contre 5 Arabes, devant Rahmanieh, le 15 fructidor de la même année, il rentra en France après la campagne de l'an VII, fut employé à l'armée de l'Ouest pendant la guerre de l'an VIII ; le 5 pluviose, à l'affaire des forges de Cossé, il eut son cheval tué sous lui. « Cet officier, dit le général Gardanne dans son rapport du 6, s'est conduit avec autant d'intrépidité que d'intelligence. » Le 7 du même mois, il découvrit les caches de Chanu, où il prit les papiers du chef de bande Frotté, fit prisonnier son secrétaire et 3 chefs de légion, et s'empara d'une grande quantité de bagages. Le général Lefebvre rendit le compte le plus avantageux de sa conduite, dans son rapport du 9 ventose. Par arrêté du 29 du même mois, le premier Consul lui conféra le grade de chef d'escadron, et le plaça au 1er régiment de dragons le 2 prairial. Il fit la campagne de l'an IX en Italie, et passa le 19 vendémiaire an X dans le 12e de dragons, qui tenait alors garnison à Lodi (Italie). Major du 20e régiment de même arme le 6 brumaire an XII, et membre de la Légion-d'Honneur le 4 germinal suivant ; il servit en l'an XII et en l'an XIII à l'armée des côtes de l'Océan, et à la première armée de réserve sur le Rhin en l'an XIV. Promu colonel du 18e de dragons le 20 septembre 1806, il fit les campagnes de Prusse et de Pologne, et mérita la croix d'officier de la Légion-d'Honneur le 14 mai 1807. Il combattit, de 1808 à 1811, en Espagne et en Portugal, fut créé baron de l'Empire, avec dotation, le 15 août 1810, et fit partie de la grande armée pendant la campagne de Russie. Général de brigade le 6 janvier 1813, et employé dans la réserve de la 10e division militaire le 25 mars suivant, il devint commandant de la Légion-d'Honneur le 18 juin de la même année. Appelé au commandement de la levée en masse des départemens des Pyrénées-Orientales et de la Haute-Garonne le 8 janvier 1814, et nommé commandant provisoire du département de l'Ariége au mois d'avril suivant, Louis XVIII le confirma dans ces fonctions le 23 juin, et le créa chevalier de Saint-Louis le 11 octobre de la même année. A son retour de l'île d'Elbe, l'Empereur l'ayant maintenu dans son commandement, il fut mis en non-activité le 18 juillet 1815, après la seconde rentrée des Bourbons. Compris comme disponible dans le cadre de l'état-major général de l'armée le 30 décembre 1818, et admis à la retraite le 3 décembre 1823, il rentra en activité comme commandant du département de l'Ariége le 29 août 1830. Le gouvernement né des trois jours de Juillet dut la prompte soumission de ce département aux efforts du général Laffitte. Mis de nouveau en disponibilité le 10 novembre suivant, et compris dans le cadre d'activité de l'état-major général le 22 mars 1831, il fut placé dans le cadre de réserve le 30 avril suivant. Il est mort à Paris le 27 août 1832. B-G.

LAFOREST (LOUIS-CHARLES-MARIE, DE) naquit le 10 janvier 1761 à Aire (Pas-de-Calais). Cadet-gentilhomme dans le régiment d'infanterie Royal-marine (61e) le 4 avril 1778, sous-lieutenant le 7 juillet 1779, lieutenant en second le 18 mai 1787, capitaine le 1er mai 1792, il servit en Corse de 1778 à 1783, et rentra en France dans le courant de cette dernière année. Il faisait partie de l'armée de l'Ouest, lorsque, le 28 septembre 1793, on le suspendit de ses fonctions comme appartenant à la caste nobiliaire. Réintégré par arrêté du Comité de salut public le 7 pluviose an III, il rejoignit l'armée des côtes de l'Océan, et passa le 1er brumaire an V dans la 20e demi-brigade de ligne. Après les 2 campagnes du Rhin des ans VI et VII, le 17 fructidor de cette dernière année, il fut nommé chef de bataillon, et appelé au commandement de la place de Bellegarde. Passé le 23 vendémiaire an IX à celui du fort Lamalgue (Toulon), le premier Consul le nomma chef de brigade pour prendre rang du 2e jour complémentaire même année. Il passa successivement au commandement de la place de Bastia et à celui d'Ajaccio les 10 vendémiaire an XI et 21 prairial an XII. Déjà, le 4 germinal de cette année, il avait été nommé membre de la Légion-d'Honneur. Chevalier de Saint-Louis le 27 décembre 1814, et admis à la retraite le 1er janvier 1816, Louis XVIII lui accorda, par ordonnance du 19 mai 1819, le grade honorifique de maréchal-de-camp. Il est mort à Paris le 1er août 1843.

LAFOSSE (JACQUES-MATHURIN, *baron*), né le 10 mars 1757 à Lizieux (Calvados), entra dans le régiment de Provence-infanterie le 11 décembre 1775. Caporal le 16 juin 1781, sergent le 23 octobre 1782, sergent-fourrier le 22 juin 1784, et sergent-major le 15 septembre 1786, il passa comme adjudant-sous-officier le 23 octobre 1791 dans le 2e bataillon du Finistère, incorporé en l'an II dans la 9e demi-brigade de bataille, devenue 105e de ligne à l'organisation de l'an IV, et 105e régiment de même arme à celle du 1er vendémiaire an XII. Capitaine-adjudant-major à l'élection le 5 mars 1792, il prit le commandement d'une compagnie de fusiliers le 14 septembre 1793. Il combattit vaillamment de 1792 à l'an IX aux armées du Nord, des Ardennes, de Sambre-et-Meuse, de Mayence, d'Helvétie et d'Italie, et se fit remarquer dans plusieurs circonstances, notamment le 28 août 1793; alors aidé par quelques-uns de ses camarades, il reprit une pièce de canon que son bataillon avait été forcé de laisser entre les mains de l'ennemi. Dans la même journée, le 2e bataillon du Finistère, repoussé par l'ennemi, se retirait en désordre; Lafosse saisit le drapeau, se porte en avant, et contribue par son intrépidité à rallier le bataillon et à lui faire opérer une retraite honorable. Passé au commandement d'une compagnie de grenadiers le 1er floréal an VII, il se distingua le 28 thermidor suivant à la bataille de Novi, et y fut blessé d'un coup de boulet au côté gauche. Chef de bataillon sur le champ de bataille, nommé par le général en chef, le 21 fructidor de la même année, et confirmé dans ce grade par arrêté du premier Consul du 12 floréal an VIII, il servit en l'an X au corps d'observation de la Gironde, en l'an XI au camp sous Bayonne, devint major du 44e régiment d'infanterie de ligne le 30 frimaire an XII, et membre de la Légion-d'Honneur le 4 germinal suivant. Il prit part aux opérations de la grande armée en Autriche, en Prusse et en Pologne de l'an XIV à 1807, et obtint le grade de colonel du même régiment le 4 février de cette dernière année. Pendant le siége de Dantzig, à la sortie que fit l'ennemi dans la soirée du 20 mai, les gardes de tranchée furent d'abord repoussées, et laissèrent les Prussiens se maintenir dans les logemens de contrescarpe assez de temps pour détruire les travaux du jour et de la veille. Lafosse parvint à rallier les troupes et à les ramener au combat. Il reçut un coup de feu à l'épaule droite, mais l'ennemi abandonna les ouvrages, et fut vivement poursuivi jusque dans les fossés de la place.

L'Empereur lui accorda la croix d'officier de la Légion-d'Honneur le 30 du même mois. Créé baron de l'Empire, avec une dotation de 6,000 fr. de rente, le 19 mars 1808, il entra en Espagne avec la 1re division du 3e corps, et donna de nouvelles preuves de sa bravoure à Lerida le 28 octobre de la même année, et au combat de Siguenza le 29 novembre suivant. Il servit en Catalogne et en Aragon jusqu'au commencement de 1813, se signala aux siéges de Saragosse et de Tortose, ainsi que dans différentes expéditions dont le commandement lui avait été confié. L'Empereur l'éleva au grade de général de brigade le 6 juillet 1811. Rentré en France avec un congé de convalescence le 5 février 1813, il retourna en Espagne le 1er août suivant, et fit ensuite la campagne de 1814 en France. Mis en non-activité après la rentrée des Bourbons, Louis XVIII le nomma chevalier de Saint-Louis le 17 janvier 1815. A son retour de l'île d'Elbe, l'Empereur, par décret du 14 avril de la même année, le chargea de l'organisation des gardes nationales de la 16e division militaire. La catastrophe du Mont-Saint-Jean vint mettre un terme aux services du général Lafosse qui, admis à la retraite le 6 octobre 1815, se retira à Lizieux, où il est mort le 7 mai 1824.

LAIGLE (CHARLES-ALEXANDRE), naquit le 6 octobre 1768 à La Fère (Aisne). Dragon dans le 11e régiment le 1er septembre 1790, sous-lieutenant dans le 23e régiment d'infanterie le 28 janvier 1793, et commissaire des guerres le 22 frimaire an II, il servit dans l'intérieur de cette date à l'an V, devint ordonnateur le 18 messidor an VI, et fut employé dans les divisions territoriales depuis cette époque jusqu'en l'an IX. L'Empereur le nomma, le 8 nivose an X, inspecteur aux revues, l'attacha, le 1er pluviose suivant, à la 25e division militaire, et l'appela, le 30 fructidor an XI, à faire partie du camp de Bruges (armée des côtes), où il reçut, le 4 germinal an XII, la décoration de membre de la Légion-d'Honneur. Il fit avec le 3e corps de la grande armée les campagnes de l'an XIV et 1806 en Autriche et en Prusse. Un décret du 30 octobre de cette dernière année lui conféra les fonctions de commissaire impérial et d'intendant de la Poméranie prussienne. A la fin de 1808, il se rendit à Berlin pour y traiter d'une convention relative aux étapes et aux transports à établir sur le territoire prussien, conformément au traité de Tilsitt. Le 13 mars suivant, il rejoignit l'armée du Rhin (devenue armée d'Allemagne), et en fut nommé l'inspecteur en chef par décision du 3 mai. Il était employé dans la 16e division militaire depuis le 5 août 1811, lorsqu'on l'admit à la retraite par ordonnance du 1er août 1815. Le roi l'avait créé chevalier de Saint-Louis le 26 août 1814, et officier de la Légion-d'Honneur le 14 février 1815. Placé dans le cadre de remplacement du corps de l'intendance militaire le 26 mars 1831, il mourut à Versailles le 25 juillet de la même année. B-S.

LALANCE (ALEXANDRE), naquit à Metz (Moselle), le 14 novembre 1771. Élève à l'École d'artillerie le 1er mars 1792, lieutenant en second le 1er septembre suivant dans la 12e compagnie d'ouvriers d'artillerie, il devint lieutenant en premier et capitaine les 1er janvier 1793 et 22 vendémiaire an II. Il fit les campagnes de 1792 en Savoie, de 1793 au siége de Toulon, où il reçut un coup de feu, et de l'an II à l'an IV à l'armée d'Italie. Chef de bataillon dans l'artillerie cisalpine le 7 ventose an V, il y obtint le grade de chef de brigade le 4 prairial an VI, et celui de général de brigade le 5 floréal an VII. Prisonnier de guerre le 3 messidor de la même année, lors de la reddition de la citadelle de Turin, on le conduisit dans les prisons d'Autriche. Rendu à la liberté peu de temps après, il sollicita vainement la confirmation de son dernier grade. Un arrêté du premier Consul, du 21 messidor an IX, s'exprime en ces termes: « Le citoyen Lalance, général de brigade cisalpin, sera rayé sur la liste des 250 généraux de brigade qui font partie de l'état-major général de l'armée. Cet officier rentrera dans l'arme de l'artillerie française avec le grade de capitaine, dont il était pourvu lorsqu'il a été nommé général de brigade des troupes cisalpines. » Cependant un second arrêté du 9 brumaire an X le nomma chef de brigade d'artillerie et l'employa en cette qualité à Saint-Domingue. Il y reçut, le 1er nivose de la même année, des lettres de service comme sous-inspecteur aux revues, et le 30 brumaire an XI le brevet du grade supérieur. Rappelé en France deux mois après, et attaché le 26 ventose an XII à la 24e division militaire, il obtint le 4 germinal suivant la décoration de la Légion-d'Honneur. Le 1er messidor de cette année, il se rendit à l'armée de Hanovre pour en surveiller le service administratif. Il fit la campagne de l'an XIV avec le 1er corps de la grande armée, celles de 1806 à 1809 en Allemagne (3e corps), et au corps d'observation de l'Elbe. Envoyé à l'armée de Portugal en 1810, il y servit jusqu'à la fin de 1813, époque à laquelle il passa à l'armée d'Aragon. Après les événemens politiques de 1814, le gouvernement l'employa à Montpellier, et le chargea, le 1er mars 1815, d'une mission dans la 6e division militaire (Besançon), où il reçut, le 10 du même mois, la décoration de chevalier de Saint-Louis. Le 17 avril suivant, Napoléon lui fit donner l'ordre de rejoindre immédiatement l'armée du Bas-Rhin. Le 22 septembre, le ministre de la guerre l'employa dans la 3e division territoriale. Il faisait partie du cadre auxiliaire de l'intendance militaire, lorsqu'il mourut le 15 septembre 1822 dans le lieu de sa naissance.

LAMARQUE-D'ARROUZAT (JEAN-BAPTISTE-ISIDORE, baron), né le 23 août 1762 à Doazon (Basses-Pyrénées), entra le 17 octobre 1791 en qualité de capitaine dans le 1er bataillon des Landes, incorporé le 28 ventose an II dans la 70e demi-brigade de bataille, devenue par amalgame 75e de ligne le 26 ventose an IV, et 75e régiment de même arme le 1er vendémiaire an XII. Il servit de 1792 au commencement de l'an VI à l'armée des Alpes, au siége de Toulon et aux armées d'Italie et d'Helvétie. Le 26 brumaire an V, à la bataille d'Arcole, il fit un capitaine autrichien prisonnier. Le même jour, le 1er bataillon de la 75e, dont il faisait partie, se battait à portée de pistolet de l'ennemi ; le chef de bataillon ayant été tué, le capitaine Lamarque prend le commandement et s'élance sur l'ennemi à la baïonnette ; la tête de colonne autrichienne est culbutée dans les marais, 200 hommes se rendent prisonniers, et le reste est poursuivi jusqu'à l'entrée du village d'Arcole. Parti au mois de floréal an VI à l'armée d'Orient, il combattit en Égypte et en Syrie jusqu'en l'an IX. Envoyé, en l'an VII, du siége de Saint-Jean-d'Acre à Nazareth avec 2 compagnies pour couvrir les opérations de l'armée française, il se maintint pendant quinze heures dans le couvent des Capucins, au milieu d'un nombre considérable de pestiférés, et malgré les attaques incessantes d'une nuée d'Arabes. Sa mission étant terminée, il se fraya un passage à travers l'ennemi et rejoignit le quartier-général sans s'être laissé entamer. Chef de bataillon le 27 vendémiaire an VIII, il rentra en France après la capitulation d'Alexandrie, et tint garnison à Orléans pendant les ans X et XI. Major du 45e régiment d'infanterie de ligne le 30 frimaire an XII, et membre de la Légion-d'Honneur le 4 germinal suivant, il fut employé à l'armée de Hanovre pendant les ans XII et XIII. De l'an XIV à 1807, il suivit en Autriche, en Prusse et en Pologne le 1er corps de la grande armée, devint colonel du 3e régiment d'infanterie légère le 20 août 1808, et fit la campagne de 1809 en Allemagne. Le 22 mai, à la bataille d'Essling, apercevant sur sa gauche un mouvement rétrograde de nos troupes, il se porta à leur rencontre, et, aidé de quelques officiers, il parvint à les arrêter, fit battre la charge et porta cette colonne de fuyards 200 toises en avant de la ligne. Ce mouvement prompt et imprévu déconcerta l'ennemi, qui entrait déjà dans le village d'Essling, et le força à se retirer.

Cette action lui valut la décoration d'officier de la Légion-d'Honneur le 16 juin. Il se trouva à la bataille de Wagram, et reçut une dotation et le titre de baron le 15 août de la même année. Passé à l'armée d'Espagne, il y fit la guerre de 1810 à 1814. Le 3 mai 1811, il occupait, avec son régiment, la ville de Figuières, où se trouvaient réunis les approvisionnemens de l'armée. Retranché par de faibles barricades construites à la hâte, et foudroyé par les batteries du fort, il soutint pendant quatre heures les attaques de toute l'armée de Campoverde, forte de plus de 11,000 hommes, et de troupes sorties du fort, dont le nombre s'élevait à 4,000 combattans. Cette vigoureuse résistance donna le temps au général en chef Baraguay-d'Hilliers de faire ses dispositions d'attaque. L'ennemi, complétement battu, laissa sur le champ de bataille une grande quantité de morts et de blessés et 2,000 prisonniers. A la bataille d'Altatulla, le 24 janvier 1812, il enleva, avec 2 de ses bataillons, une montagne retranchée et défendue par les meilleurs soldats du baron d'Eroles, auquel il prit 1,500 hommes. Général de brigade le 24 mai suivant, il commanda une brigade de l'armée de Catalogne, et fut fait gouverneur de Lerida le 25 juillet 1813. A peine ses dispositions de défense avaient-elles été prises, que la place fut étroitement bloquée par un corps d'armée espagnol. La garnison, quoique peu nombreuse, résista pendant plus de sept mois, et fit échouer toutes les tentatives de l'ennemi. Les communications avec l'armée de Catalogne avaient cessé d'exister depuis long-temps, lorsqu'un émissaire apporta au général Lamarque l'ordre de se tenir prêt à évacuer la place. Cet ordre, écrit avec le chiffre habituellement employé par le maréchal duc d'Albufera, ajoutait que dans deux ou trois jours un officier de l'état-major français viendrait chercher la garnison qui devrait se joindre à celles de Mequinenza et de Monson. En effet, trois jours après, le capitaine Vanhulen, attaché à l'état-major du maréchal, se présenta apportant l'ordre formel d'évacuer la place. Quoique sans défiance, le général Lamarque ne voulut cependant rendre Lerida qu'après avoir conclu avec le général baron d'Eroles, commandant les troupes espagnoles, une convention par laquelle la garnison devait rejoindre l'armée française sans être inquiétée dans sa route par les Espagnols ou par les Anglais. Ces conditions ayant été acceptées et le traité signé, le général Lamarque se mit en marche et fut rejoint par la garnison de Mequinenza. Jusqu'au quatrième jour, aucun obstacle ne se présenta ; mais, arrivée au défilé de Martorell, la colonne française trouva un corps de 12,000 Anglais avec 20 pièces de canon qui s'opposa à son passage. Engagée dans le défilé, ayant vis-à-vis d'elle les Anglais, à droite des rochers inaccessibles, à gauche le Llobregat, et sur ses derrières le corps espagnol du baron d'Eroles, elle se trouva dans la position la plus critique. Le général Lamarque, qui n'avait avec lui que 1,500 hommes, jugeant qu'il devenait impossible de soutenir un combat avec quelque chance de succès, réclama alors l'exécution du traité de Lerida ; mais le général anglais Coppons lui répondit impudemment qu'il avait été la dupe d'un stratagème militaire ; que le capitaine Vanhulen, qui avait porté l'ordre de l'évacuation, était un transfuge du quartier-général du duc d'Albufera, d'où il avait déserté en emportant le chiffre à l'aide duquel on avait fabriqué les faux ordres. Le général Coppons termina cette ignoble révélation en sommant le général Lamarque de faire mettre bas les armes à sa troupe et de se rendre à discrétion. Celui-ci déclara qu'il n'accepterait jamais de pareilles conditions ; mais ce fut en vain qu'il réclama l'exécution des promesses. Coppons, après s'être concerté avec son état-major, et voulant, disait-il, éviter l'effusion du sang, proposa les conditions suivantes : « Les soldats français déposeront leurs armes en faisceaux ; ils conserveront leurs sacs. Les officiers de tout grade garderont leur épée et leurs bagages ; et dans cet état les deux garnisons seront escortées jusqu'aux avant-postes de l'armée du duc d'Albufera. » Toute résistance devenant inutile, ces conditions, soumises aux généraux et chefs de corps, furent acceptées à l'unanimité. On signa donc le nouveau traité ; mais à peine était-il exécuté par les Français que le général Coppons viola lâchement sa parole en déclarant que les troupes françaises étaient prisonnières de guerre. Il fallut se soumettre à cette indigne trahison, et le général Lamarque, ainsi que ses braves compagnons d'armes, restèrent en captivité jusqu'au traité de paix de 1814. On le mit en demi-solde le 1er juillet de la même année. L'Empereur, à son retour de l'île d'Elbe, l'employa le 29 avril 1815 au 9e corps d'observation, devenu armée du Var, et, après la funeste bataille de Mont-Saint-Jean, une décision ministérielle du 1er août le mit en non-activité. Nommé chevalier de Saint-Louis le 10 décembre 1817, et compris dans le cadre de l'état-major général de l'armée le 30 décembre 1818, il fut employé comme inspecteur d'infanterie dans la 11e division militaire le 16 juin 1819. Disponible le 1er janvier 1820, et admis à la retraite le 1er janvier 1825, il est mort le 30 avril 1834 à Pau (Basses-Pyrénées).

B-G.

LAMBERT (JEAN-FRANÇOIS, *baron*), naquit le 4 février 1755 à Toulon (Var). Attaché d'abord comme employé, et ensuite comme chef de bureau à l'intendance de Corse, il devint en 1784 secrétaire du gouverneur de la province de Franche-Comté. Après la suppression de cette charge, il servit dans la garde nationale de Besançon et dans celle de Paris, du 9 octobre 1789 au 23 mai 1792. A cette dernière date, le gouvernement l'appela aux fonctions de commissaire des guerres de l'armée du centre, devenue armée du Nord et de Belgique. Commissaire-ordonnateur le 9 décembre suivant, il passa avec ce grade à l'armée des Ardennes, où il fut nommé ordonnateur en chef le 13 février 1793. Suspendu comme suspect le 21 pluviose an II, réintégré le 28 floréal même année par les représentans du peuple de l'armée du Nord, il reçut, le 29 vendémiaire an IV, l'ordre d'aller remplir les fonctions d'ordonnateur en chef de l'armée d'Italie, où il resta jusqu'en l'an VII. Le 23 brumaire an VIII, il se rendit en Hollande, pour s'entendre avec le général major Knox relativement à l'exécution du cartel conclu à Alkmaer, entre le général Brune et le duc d'York. Passé avec son grade à l'armée de réserve le 28 ventose suivant, et appelé, le 28 frimaire an IX, à la tête de la commission de comptabilité de l'armée d'Italie, il était employé en Suisse, lorsque, le 17 fructidor an X, le premier Consul le nomma inspecteur aux revues. Attaché, en l'an XI, à la résidence de Milan, et appelé en l'an XII au camp de Saint-Omer, il y reçut, le 4 germinal, la décoration de la Légion-d'Honneur. Il fit la campagne de l'an XIV avec la grande armée, et obtint, le 5 nivose, la croix d'officier de la Légion-d'Honneur. Il servit en Allemagne en 1806 et 1807, et sa conduite dans la province de Bamberg lui mérita une lettre autographe de remerciemens du roi de Bavière Maximilien-Joseph. Chargé en 1808 de l'inspection administrative du 3e corps, commandé par le maréchal Davout, il passa en 1809 à l'armée d'Espagne. Admis à la retraite le 24 février 1810, puis remis en activité le 17 avril même année, et nommé intendant-général de l'armée de Portugal, il ne quitta la péninsule que pour revenir en Allemagne, où il remplit, en 1812 et 1813, des fonctions importantes dans le royaume de Prusse. L'Empereur lui conféra le grade d'inspecteur en chef aux revues le 12 janvier 1813. Louis XVIII le créa, le 19 juillet 1814, chevalier de Saint-Louis et commandeur de la Légion-d'Honneur le 14 février 1815, et l'admit définitivement à la retraite le 1er janvier 1816. Le roi Louis-Philippe le fit grand-officier de la Légion-d'Honneur le 20 avril 1831. Il est mort à Paris le 5 février 1837.

B-S.

LAMER (CHARLES-PIERRE), né le 20 février 1753 à Toulon (Var), entra comme sous-lieutenant le 28 octobre 1770 dans le régiment de Médoc (73e d'infanterie), devenu 70e à l'organisation de 1791, et alla immédiatement rejoindre le 2e bataillon à la Martinique. Il fit les campagnes de 1770 à 1773 en Amérique, revint en France le 13 avril de cette dernière année, et obtint le grade de lieutenant le 24 mars 1774, puis celui de capitaine le 25 avril 1785. Aide-de-camp du général Dagobert pendant la campagne de 1792 et partie de celle de 1793 dans les montagnes du Piémont, il se trouva aux affaires du col de Brouns, de Sospello, du col de Negro, de la Vesubia, etc. Adjudant-général chef de bataillon le 11 mai 1793, il passa à l'armée des Pyrénées-Orientales, y devint adjudant-général chef de brigade au mois de juin suivant, et général de brigade le 10 août de la même année. Il fit les campagnes des ans II et III soit à l'état-major, soit à la tête des troupes, fut promu général de division le 3 nivose an II, et exerça les fonctions de chef d'état-major général de l'armée jusqu'à la paix. Il eut le commandement en chef provisoire de l'armée des Pyrénées-Orientales jusqu'à l'arrivée du général Dugommier. Admis au traitement de réforme le 11 fructidor an V, il fut rappelé le 6 floréal an VIII au commandement du dépôt de Nimes, et le conserva jusqu'à sa suppression, le 15 messidor an IX, et rentra dans sa position de réforme. Remis en activité et nommé inspecteur aux revues le 17 nivose an X, pour être employé dans la 12e division militaire (Nantes), il reçut la décoration de la Légion-d'Honneur le 4 germinal an XII, et fut chargé, le 2 vendémiaire an XIV, du service des revues au camp-volant de la Vendée, mais sans quitter celui de sa division. Élu membre du Corps législatif en 1811, il eut le service des revues de la réserve de cavalerie sous les ordres du roi de Naples le 25 janvier 1812, et fit en cette qualité la campagne de Russie. Il disparut pendant la retraite de l'armée française au passage de la Bérésina, et M. Lambert, inspecteur en chef aux revues de la grande armée, écrivait de Dresde le 12 août 1813, qu'il était de notoriété publique que l'inspecteur Lamer était mort le 27 ou le 28 novembre 1812 au passage de la Bérésina; mais qu'il n'avait pas été possible de rédiger un acte de décès, parce que, malgré les recherches les plus scrupuleuses, on n'avait trouvé aucun témoin qui pût faire valablement la déclaration prescrite. B-G.

LAMORENDIÈRE-DUCOUDRAY. *Voy.* ROBERT DE LA MORENDIÈRE.

LAMORLIERE. *Voyez* MAGALLON.

LAMOTTE. *Voyez* PAULTRE.

LAMY-D'HANGEST (LOUIS-AUGUSTIN), naquit le 28 août 1731 à Wissignicourt (Aisne). Surnuméraire au corps royal de l'artillerie le 1er janvier 1742, sous-lieutenant *ad honores* en 1744, et officier en pied le 1er juin 1746, il fit les guerres de Flandre de 1744 à 1748, et assista aux siéges de Menin, d'Ypres, de Furnes, de Tournai, d'Oudenarde, d'Anvers, de Maëstricht, et à la bataille de Rocoux. Capitaine en second le 1er mai 1756, il servit pendant la guerre de *Sept-Ans* de 1757 à 1762, prit part aux siéges de la ville et de la citadelle de Munster, aux batailles de Closterkamp, de Gramnghen et de Friedberg, et obtint la croix de Saint-Louis le 7 décembre 1776. A la bataille de Closterkamp, il eut un cheval tué sous lui en conduisant un caisson de cartouches au régiment d'Auvergne. Cette circonstance lui valut, le 28 août 1787, une pension de 600 livres sur l'ordre de Saint-Louis. Appelé en 1768 au commandement en second de l'artillerie, et nommé major de cette arme le 24 mars de l'année suivante, il obtint le rang de lieutenant-colonel le 16 juin 1770, passa comme titulaire dans le régiment d'Auxonne (6e) le 1er janvier 1777, et eut le rang de colonel en 1778. Le 3 janvier 1779, on l'appela au commandement du régiment de Grenoble (4e), et on l'employa en qualité de major-général de l'artillerie réunie à Dunkerque. Brigadier le 1er janvier 1784, maréchal-de-camp le 9 mars 1788, inspecteur-général d'artillerie le 27 juillet 1791 pour la Corse et les côtes de Provence, et lieutenant-général le 7 septembre 1792, il passa alors au commandement de l'artillerie de l'armée du Nord, et fut chargé de la direction du siége de Maëstricht. En 1792, il eut trois fois le commandement par intérim de l'armée du centre, notamment depuis le départ de Lafayette jusqu'à l'arrivée de Dumouriez. Sa conduite pendant cet intervalle lui mérita les éloges du ministre de la guerre. Accusé de royalisme, il fut suspendu provisoirement de ses fonctions le 25 juillet 1793. Réintégré par arrêté du Comité de salut public le 7 nivose an III, il obtint le 7 vendémiaire an IV une pension de retraite de 4,000 fr. Le premier Consul le releva de cette position, lui confia le 10 vendémiaire an XI l'emploi d'inspecteur aux revues dans la 23e division militaire (île de Corse), et le nomma le 4 germinal an XII membre de la Légion-d'Honneur. Admis de nouveau à la retraite le 11 germinal an XIII, il est mort le 21 novembre 1819 à Wissignicourt (Aisne). B-S.

LANOUGAREDE (ANTOINE-VALENTIN, DE), naquit le 14 octobre 1767 à Gannat (Allier). Cadet-gentilhomme le 6 février 1780 dans le régiment de hussards d'Esterhazy, devenu successivement 6e et 3e de l'arme, sous-lieutenant le 24 septembre 1784, lieutenant le 26 septembre 1786, et capitaine le 20 août 1792, il fit les guerres de 1792 à l'an V aux armées de la Moselle et du Nord, obtint le grade de chef d'escadron le 18 brumaire an IV, et servit de l'an VI à l'an IX en Hollande et sur le Rhin. Major du 2e régiment de hussards le 6 brumaire an XI, et membre de la Légion-d'Honneur le 4 germinal an XII, il suivit son nouveau corps à l'armée de Hanovre. Le 2e de hussards était en garnison à Hamel, lorsque, en l'an XIV, Napoléon décréta que les troupes qui la composaient faisaient partie de la grande armée. Il servit en Prusse et en Pologne en 1806 et 1807, commanda en 1807 le 1er régiment provisoire de chasseurs à cheval, et fut nommé colonel le 15 novembre 1808. Passé à l'armée d'Espagne, il revint en Allemagne à la fin de 1809, reçut le 7 septembre 1811 le commandement du 23e régiment de chasseurs, et fit avec ce corps la campagne de Russie de 1812. Il obtint sa retraite le 25 mars 1813. Il réside en ce moment à Andé (Eure). B-S.

LAPOINTE (JOSEPH-GABRIEL), né le 17 décembre 1767 à Remilly (Moselle), entra comme capitaine le 19 septembre 1791 dans le 1er bataillon de la Moselle, incorporé en l'an II dans la 163e demi-brigade de bataille, qui fut amalgamée en l'an IV dans la 55e demi-brigade de ligne, devenue 55e régiment de même arme à l'organisation du 1er vendémiaire an XII. Il fit les campagnes de 1792 à l'an III à l'armée du Nord, celle de l'an IV aux armées de l'intérieur et de l'Ouest, de l'an V en Italie et sur le Rhin, et de l'an VI à l'an IX à l'armée d'Italie. Il avait été nommé chef de bataillon sur le champ de bataille le 1er germinal an V, « pour s'être conduit, dit son brevet, avec distinction et bravoure dans toutes les batailles, affaires, combats, etc., et notamment au passage du Tagliamento. » Envoyé à Rouen après la cessation des hostilités, il y resta pendant les ans X et XI, devint major du 85e régiment d'infanterie de ligne le 30 frimaire an XII, et membre de la Légion-d'Honneur le 4 germinal suivant. Employé à la grande armée et à l'armée de réserve pendant les ans XIV et 1806, puis appelé au commandement des grenadiers et voltigeurs réunis le 12 novembre de cette dernière année, il fit, à la tête de cette troupe d'élite, la campagne de 1807, et, le 14 juin, à la bataille de Friedland, il reçut un coup de feu à la tête. Sa conduite dans cette journée lui valut la croix d'officier de la Légion-d'Honneur le 28 du même mois. Colonel du 101e régiment de ligne le 10 novembre suivant, il alla rejoindre son nouveau corps à l'armée de Naples, où il servit jusqu'au 1er janvier 1811, époque de son admission à la retraite. Il réside en ce moment à Mezerai (Moselle). B-G.

LARCHER (ALBERT-FRANÇOIS-JOSEPH), naquit le 24 juin 1768 à Bayeux (Calvados). Enrôlé volontaire au régiment de Berri (50e d'infanterie) le 19 septembre 1784, caporal le 20 septembre 1785, sergent-fourrier le 15 juillet 1787, il obtint son congé par grace le 1er décembre 1790, et reprit du service comme soldat dans le 9e régiment de cavalerie (cuirassiers) le 3 juillet 1791. Sous-lieutenant au choix du roi le 25 janvier 1792, lieutenant à l'ancienneté le 28 août 1793, il fit avec distinction les campagnes de 1792 à l'an IX aux armées du Nord, du centre, de la Moselle, de Sambre-et-Meuse, d'Allemagne, de Mayence, d'Angleterre, du Danube et du Rhin. Le 8 septembre 1793, à l'affaire de Valmouth, près de Cassel, il commandait un piquet de 30 hommes. Ayant reçu l'ordre de poursuivre l'ennemi dans sa retraite, il atteignit et chargea son arrière-garde, composée de dragons anglais, les mit en fuite, leur fit des prisonniers, et s'empara de plusieurs chevaux et d'un convoi de bagages et de blessés, parmi lesquels se trouvait un officier supérieur. Le général commandant la brigade ordonna de vendre les bagages au profit des brigadiers qui avaient pris part à l'action. Capitaine à l'élection le 9 thermidor an II, il se signala, le 9 thermidor an IV, lors d'une reconnaissance de Jourdan près de Sweinfurth. A la tête de son escadron, il chargea vigoureusement les hussards de Toscana, et contribua puissamment à dégager le général Jourdan, entouré par l'ennemi. Chef d'escadron le 21 fructidor an VII, le 30 prairial an VIII, au passage du Danube, il commandait le 2e escadron du régiment, et, par l'habileté de ses manœuvres et l'élan qu'il sut imprimer à sa troupe, il décida le succès de la journée et la prise de 1,500 hommes d'infanterie qui se rendirent à discrétion. Rentré en France après la cessation des hostilités, il fut nommé major du 2e régiment de carabiniers le 23 frimaire an XII, et compris comme membre de la Légion-d'Honneur dans la promotion du 4 germinal suivant. Colonel du 17e régiment de dragons le 14 octobre 1811, il rejoignit ce corps en Espagne, et mourut à Cordoue le 18 juillet 1812. B-G.

LEBERTON (JACQUES-DENIS-LOUIS), naquit le 25 août 1754 à Rozoy-en-Brie (Seine-et-Marne). Cavalier dans la compagnie générale des monnaies de France le 22 février 1775, il en fut congédié le 24 janvier 1781. Le 9 août 1789, il entra dans la garde nationale de Provins comme capitaine, et passa, le 11 septembre 1791, avec son grade, dans le 1er bataillon de volontaires de Seine-et-Marne. Dans la nuit du 30 au 31 octobre 1792, il surprit, à la tête de 21 hommes de son bataillon, près le village de Rumgy (armée du Nord), une grand'garde ennemie forte de 54 Autrichiens, dont la majeure partie fut tuée et le reste fait prisonnier. Admis en qualité de capitaine provisoire dans le 10e régiment de hussards le 24 ventose an II, il se fit remarquer aux affaires qui eurent lieu à Rousselaer, et à Oudenarde les 7 et 12 germinal suivant : dans la journée du 7, il attaqua avec quelques hussards un parti de 18 à 20 grenadiers ennemis auxquels il fit mettre bas les armes. Le 12, il soutint, à la tête de 3 escadrons, la retraite de la division Depaux, chargea à diverses reprises jusque dans la place les cuirassiers autrichiens, et sabra les canonniers sur leurs pièces. Chargé le 17 messidor d'une reconnaissance avec 6 hommes de son régiment, il fond avec impétuosité sur les tirailleurs ennemis, en tue une partie, et poursuit le reste à travers les faubourgs de la ville d'Oudenarde ; il fut grièvement blessé à la partie inférieure du visage dans cette dernière affaire. Capitaine titulaire dans le corps où il servait, le 30 de ce mois, il fit les campagnes des armées du Nord et de l'Ouest de l'an III à l'an VII, et obtint, le 25 vendémiaire an VIII, le grade de chef d'escadron. Passé à l'armée d'Italie, Leberton y commanda son régiment au combat du 24 prairial, devant Aqui : il repoussa jusque dans la ville, avec 150 cavaliers, le régiment de dragons de l'empereur (1er), fut blessé dangereusement à la tête dans cet engagement, et laissé pour mort sur le champ de bataille. Reconnu après la prise de la ville, et transporté immédiatement dans une auberge, il y reçut tous les soins qu'exigeait sa position. Le 19 fructidor de la même année, il entra avec son grade dans le 14e régiment de cavalerie. Major du 29e de dragons le 6 brumaire an XII, et membre de la Légion-d'Honneur le 4 germinal suivant, il resta à l'armée d'Italie jusqu'en 1806, commanda la garde du maréchal Masséna, et passa à la fin de cette année au service du roi de Naples, qui le nomma colonel le 27 juin. Rentré avec son grade au service de France, il devint, le 22 février 1807, aide-de-camp du maréchal Masséna. L'Empereur lui confia, le 8 juillet 1808, le commandement supérieur du camp d'Ecloo (24ᵉ division militaire), et le chargea, pendant la campagne de 1809, de celui du cercle des forts et de la ville de Klagenfurth. Rappelé dans l'intérieur en 1810, il reçut diverses destinations, et particulièrement, le 15 mai 1812, le commandement supérieur de la ville et de la citadelle de Spandau. A l'arrivée du général Bruni, il n'eut plus que celui de la citadelle, et le conserva jusqu'à la reddition de la place : cette reddition eut lieu à la suite d'un siège et d'un bombardement de huit jours, après l'explosion des magasins à poudre, et alors que l'ennemi avait déjà tenté un assaut qu'il pouvait renouveler avec plus de succès. Rentré en France le 6 août 1813, il fut mis à la retraite le 19 septembre suivant. L'Empereur le rappela à l'activité, et lui confia, le 1ᵉʳ janvier 1814, la défense de la citadelle de Neufbrisach, et le 4 février les fonctions de chef d'état-major de la division des gardes d'honneur, commandée par le général Defrance. Il a été réadmis à la retraite après le traité de Paris de 1814. Cet officier supérieur réside en ce moment à Paris. B-S.

LEDARD (FRANÇOIS, *baron*), né le 5 janvier 1766 à Vacherauville (Meuse), entra le 13 mai 1783 dans le régiment de Deux-Ponts-dragons (19ᵉ de l'arme), devenu 3ᵉ de chasseurs à cheval. Brigadier le 10 juillet 1787, fourrier le 1ᵉʳ janvier 1791, maréchal-des-logis et adjudant-sous-officier les 25 avril et 10 mai 1792, il fit avec honneur les guerres de 1792 à l'an IX aux armées du Nord, de l'Ouest, de Sambre-et-Meuse, d'Italie, d'Angleterre et des Alpes, et obtint les grades de sous-lieutenant, de lieutenant et de capitaine les 1ᵉʳ janvier, 1ᵉʳ septembre 1793 et 25 brumaire an II. Il se distingua particulièrement aux affaires des 29 et 30 germinal an V, au passage du Rhin, et le 3 floréal suivant à celui de la Nidda, et reçut plusieurs coups de sabre au combat du 22 fructidor an VII à l'armée des Alpes. A la bataille de Savigliano, le 13 brumaire an VIII, il eut son cheval tué sous lui, et le 16 frimaire suivant il fut nommé chef d'escadron au même régiment. Pendant la campagne de l'an IX, il donna de nouvelles preuves de son courage, et tint garnison à Codogno pendant les ans X et XI. Major du 16ᵉ régiment de chasseurs à cheval le 6 brumaire an XII, et membre de la Légion-d'Honneur le 4 germinal suivant, il servit en Italie de l'an XIV à 1807. Le 8 brumaire an XIV, en avant des redoutes de Caldiero, il chargea, à la tête de 3 compagnies du 15ᵉ chasseurs, sur un bataillon de grenadiers hongrois fort de 800 hommes, et le força à mettre bas les armes. Le 15 décembre 1807, il prit le commandement du 3ᵉ régiment provisoire de chasseurs, et fit partie de l'armée d'observation des Pyrénées-Orientales, en Catalogne. Colonel du 6ᵉ régiment de chasseurs à cheval le 14 mai 1808, il continua de commander le 3ᵉ provisoire jusqu'au 31 mars 1809, époque à laquelle il partit pour aller au dépôt de son corps. Le 5 juillet 1808, à la tête de 100 chasseurs, il chargea 12 à 1,500 insurgés qui avaient repoussé nos avant-postes, les poursuivit pendant près de deux lieues, et leur tua plus de 300 hommes. Le 2 septembre suivant, à la fausse attaque du village de Molins del Rei, sur le Llobregat, à la tête de 2 escadrons, il prit une pièce de canon aux Espagnols dans une charge qu'ils tentèrent sur le pont. Arrivé au dépôt du 6ᵉ chasseurs le 13 mai 1809, il rejoignit les escadrons de guerre en Allemagne le 9 août suivant, et reçut le 31 octobre la décoration d'officier de la Légion-d'Honneur. Rentré en France après la paix, et créé baron de l'Empire le 15 août 1810, il prit une part active aux opérations de la grande armée pendant la campagne de 1812 en Russie. Atteint d'un coup de feu au bas-ventre le 7 septembre à la bataille de la Moskowa, il mourut le lendemain 8, des suites de cette blessure. B-G.

LEFEBVRE ET NON LEFÈVRE (CHARLES), né le 14 juillet 1772 à Coucy-la-Ville (Aisne), entra au 8ᵉ régiment de hussards le 3 frimaire an II. Sous-lieutenant-aide-de-camp du général Jourdan le 20 ventose suivant, il fit toutes les guerres de la liberté, depuis cette époque jusqu'à l'an IX inclusivement, aux armées de la Moselle, de Sambre-et-Meuse, d'Allemagne, d'Angleterre, de Mayence, du Danube et du Rhin. Lieutenant au 2ᵉ régiment de cavalerie le 7 fructidor an III, et adjoint à l'adjudant-général Ducheiron le 6 vendémiaire an IV, il se signala par son intrépidité le 17 floréal suivant à Bamberg, où il fut blessé d'un coup de sabre. Passé en la même qualité le 12 vendémiaire an V auprès de l'adjudant-général Daultanne, il rentra comme capitaine dans le 2ᵉ régiment de cavalerie le 7 ventose suivant, et devint aide-de-camp du général Daultanne le 15 ventose an VII. Blessé d'un coup de feu le 15 floréal an VIII à la bataille de Mœskirch, où il déploya la plus grande valeur, il reçut le grade de chef d'escadron au 2ᵉ de cavalerie le 14 prairial suivant, et passa au 7ᵉ régiment de même arme le 9 nivose an X. Major du 11ᵉ régiment de dragons le 6 brumaire an XII, et membre de la Légion-d'Honneur le 4 germinal suivant, il fit partie des troupes rassemblées sur les côtes de l'Océan en l'an XII et en l'an XIII, suivit son corps en l'an XIV à la grande armée, et trouva une mort glorieuse sur le champ de bataille d'Austerlitz.

LEFEVRE-FRESNOIS. *Voyez* FEBURE-FRENOY.

LE MARCHANT (JEAN-ÉGESIPPE), naquit le 12 avril 1758 dans le département de l'Orne. Soldat le 14 avril 1775 dans Royal-cavalerie (2ᵉ régiment), et cadet le 29 mars 1780, il devint porte-étendard le 1ᵉʳ septembre 1784, sous-lieutenant le 1ᵉʳ avril 1791, passa comme lieutenant au 14ᵉ régiment de dragons le 15 septembre suivant, et retourna en la même qualité, le 25 janvier 1792, au 2ᵉ de cavalerie, où il obtint le grade de capitaine le 17 juin suivant. Il fit les campagnes de 1792 à l'an IX aux armées du Rhin, de l'Ouest, d'Angleterre et d'Italie, et se distingua le 26 mars 1793 à l'armée du Rhin, où, plusieurs corps français battant en retraite, il s'avança à la tête de sa compagnie, contint l'ennemi, auquel il imposa par sa fermeté et son courage, et sauva les étendards du régiment au moment où ils allaient tomber au pouvoir des Autrichiens. Promu chef d'escadron le 25 juin de la même année, major du 4ᵉ régiment de cuirassiers le 6 brumaire an XII, membre de la Légion-d'Honneur le 4 germinal suivant, et colonel de la légion de gendarmerie de Catalogne le 7 octobre 1810, il occupa ce dernier emploi jusqu'au 31 mai 1812, époque à laquelle il fut appelé au commandement de la 23ᵉ légion de gendarmerie. Officier de la Légion-d'Honneur le 25 février 1813, et admis à la retraite le 1ᵉʳ octobre 1814, il est mort le 25 février 1819 à Baulay (Haute-Saône). B-G.

LE NOURY (HENRI-MARIE, *baron*), improprement désigné sous le nom de NOURY, naquit à Cracouville (Eure), le 6 novembre 1771. Élève sous-lieutenant à l'École d'artillerie de Metz le 1ᵉʳ septembre 1789, lieutenant en second dans le 7ᵉ régiment d'artillerie à pied le 1ᵉʳ avril 1791, lieutenant en premier le 6 février 1792, capitaine le 26 juillet suivant, il fit les guerres de 1793 et de l'an II à l'armée du Nord, celles des ans III et IV à l'armée de l'Ouest, et de l'an V à l'an IX aux armées d'Angleterre et d'Italie. Chef de bataillon dans le 8ᵉ régiment d'artillerie à pied le 7 floréal an X, il resta détaché à l'île d'Elbe jusqu'au 1ᵉʳ floréal an XI, époque à laquelle il passa chef d'escadron dans le 1ᵉʳ régiment d'artillerie à cheval. Major du 5ᵉ de même arme le 3 prairial suivant, employé à l'armée des côtes en l'an XII, il reçut le 4 germinal de la même année la décoration de membre de la Légion-d'Honneur, et commanda l'artillerie des réserves des camps de cavalerie en l'an XIV. Officier de la Légion-d'Honneur le 5 nivose an XIV, il conquit sur le champ de bataille d'Austerlitz le brevet de colonel du 2ᵉ régiment d'artillerie à pied. Détaché le 24 avril 1806 pour remplir les fonctions de chef d'état-major de l'artillerie du 5ᵉ corps, il fut blessé à la bataille d'Ostrolenka le 6 février 1807. Passé à l'armée d'Espagne en 1808 avec le même corps d'armée, il obtint le grade de général de brigade le 23 mars 1809, peu de temps après la prise de Sugolle, à laquelle il avait puissamment contribué. Rappelé à l'armée d'Allemagne le 2 septembre 1809, pour y commander l'artillerie du corps saxon aux ordres du général Reynier, et créé baron de l'Empire vers la même époque, il retourna en Espagne le 20 janvier 1810, commanda en second l'artillerie de l'armée de Catalogne (7ᵉ corps), et prit une part glorieuse au siège et à la reddition de Figuières. Il eut le commandement de l'artillerie des 12ᵉ et 7ᵉ corps de la grande armée en Russie et en Saxe, du 1ᵉʳ juin 1812 au 24 novembre 1813, assista aux batailles de Dresde, de Leipzig et de Hanau, et fut fait général de division le 25 novembre 1813. Appelé le 22 décembre suivant au commandement de l'artillerie du 1ᵉʳ corps, il dut mettre en état de défense les places frontières du nord de la France. Louis XVIII le nomma chevalier de Saint-Louis le 29 juillet 1814, et commandant de la Légion-d'Honneur le 5 août suivant. Au retour de l'île d'Elbe, Napoléon l'employa à l'armée du Nord. Le 10 février 1816, on lui confia une inspection générale et on le fit entrer au comité central de l'artillerie. Le roi le créa grand-officier de la Légion-d'Honneur le 1ᵉʳ mai 1821, et l'appela au comité consultatif et à l'inspection générale du personnel et du matériel de l'artillerie. Placé le 15 août 1839 dans la section de réserve du cadre de l'état-major général, il mourut à Cracouville le 25 septembre suivant. Son nom est inscrit sur la partie Ouest de l'arc-de-triomphe de l'Étoile. B-S.

LEPAIGE (JEAN-FRANÇOIS), naquit à Lunéville (Meurthe), le 19 janvier 1739. Entré dans l'artillerie de marine, il passa par tous les grades de l'officier, et devint colonel surnuméraire du 2ᵉ régiment de l'arme. Le premier Consul lui accorda la décoration de la Légion-d'Honneur le 4 germinal an XII. Il est mort le 10 janvier 1814 à Aix (Bouches-du-Rhône), où il était en retraite comme ancien général de brigade d'artillerie de la marine.

LEROY (JACQUES), né le 2 avril 1762 à Versailles (Seine-et-Oise), entra comme dragon au régiment de Larochefoucault le 21 octobre 1780, et en sortit avec son congé le 21 février 1788. Garde national sédentaire dans la commune de Pont-à-Mousson le 8 janvier 1790, il se trouva à l'affaire de Nanci le 31 août suivant, et fut élu capitaine au 1ᵉʳ bataillon de la Meurthe le 26 juin 1791. Passé sous-lieutenant dans le 7ᵉ régiment de cavalerie le 10 mars 1792, il y devint lieutenant le 17 juin, et fit les campagnes de 1792 à l'an IX au corps de la Lune et aux armées des Ardennes, de Sambre-et-Meuse, du Rhin, d'Allemagne, de Mayence et du Danube. Capitaine au même régiment le 17 frimaire an II, il se conduisit avec distinction à la bataille qui eut lieu le 21 floréal suivant entre Lille et Tournay contre les Anglais et les Autrichiens. Il rallia une grande partie de divers corps de troupes, et en forma une masse à la tête de laquelle il se mit en bataille en avant d'un pont, fit reprendre une position avantageuse à une section d'artillerie légère prête à tomber au pouvoir de l'ennemi, et par ses bonnes dispositions il arrêta ses progrès et opéra une diversion qui assura la retraite de la division de gauche de l'armée française, et la sauva de la position critique où elle se trouvait. Employé aux détails de l'inspection du général Harville depuis le 29 germinal an VII, il était de service à Saint-Cloud lors de la révolution du 18 brumaire an VIII. Nommé le 16 frimaire suivant chef d'escadron au 4ᵉ régiment de cavalerie, il le rejoignit à l'armée du Rhin. Rentré en France après la cessation des hostilités, il obtint le grade de major du 6ᵉ régiment de cuirassiers le 6 brumaire an XII, et la croix de la Légion-d'Honneur le 4 germinal de la même année. Écuyer-cavalcadour de l'Impératrice le 30 messidor de la même année, il rentra à son régiment le 1ᵉʳ frimaire an XIII, et fut envoyé dans différens départemens comme membre du conseil de recrutement pendant les années suivantes. Promu colonel commandant d'armes le 2 février 1812, et mis à la disposition du major-général de la grande armée le 28 août, pour être employé en cette qualité pendant l'expédition de Russie, il tomba au pouvoir des Russes vers la fin de la campagne. Il avait alors les mains et les pieds mutilés par la gelée. Rentré en France au mois de septembre 1814, et mis en demi-solde, il reçut la décoration de Saint-Louis le 11 octobre de la même année. Lorsque l'Empereur revint de l'île d'Elbe, il confia, au mois de mai 1815, le commandement supérieur de Langres, mis en état de siége, au colonel Leroy. Après la catastrophe de Mont-Saint-Jean, les armées ennemies envahirent une seconde fois le territoire français, et le comte de Colloredo-Mansfeld, à la tête d'un corps d'armée autrichien, vint former le blocus de la place de Langres. Aux sommations qui lui furent faites, le brave Leroy répondit par la proclamation suivante, datée du 15 juillet 1815 : « Français ! la place de Langres est confiée à votre bravoure, et vous en répondez à la France. C'est dans l'intérêt du souverain de notre patrie que nous la défendrons contre l'étranger qui oserait l'attaquer. Nous avons toujours été et nous serons toujours fidèles à l'honneur. Que tout esprit de parti cesse ; ne sommes-nous pas les enfans de la France ? Jurons donc de lui conserver le dépôt remis entre nos mains, et de ne l'abandonner que sur les ordres précis de l'autorité légitime ! par là, nous aurons rempli les obligations que l'honneur et le devoir nous imposent, et nos ennemis eux-mêmes seront contraints de nous accorder leur estime. » Des ordres du gouvernement royal étant arrivés, le colonel signa une convention avec le général Colloredo, et ouvrit les portes de Langres aux Autrichiens, qui firent le service concurremment avec les troupes françaises. Remplacé dans son commandement au mois d'août, et admis à la retraite le 9 décembre de la même année, le roi lui accorda cependant, le 3 juin 1820, la décoration d'officier de la Légion-d'Honneur. Il est mort à Paris le 2 avril 1842. B-G.

LESPINASSE (Aimé-Louis-Adrien-Gabriel-Antoine, Bouzonnier de), né le 24 mai 1767 à Grenoble (Isère), entra comme sous-lieutenant surnuméraire au régiment de Rouergue (59e d'infanterie) le 21 janvier 1788, et passa dans les gardes du corps du roi le 29 mars 1789. Licencié avec ce corps vers la fin de 1791, et placé en qualité de lieutenant dans le 57e régiment d'infanterie (ci-devant Beauvoisin) le 22 janvier 1792, il devint capitaine le 6 septembre suivant, et fit les campagnes de 1792 et 1793 à l'armée du Rhin et au siége de Mayence. Envoyé en l'an II à l'armée de l'Ouest, et nommé chef de bataillon le 14 germinal de cette même année, il prit le commandement du 10e bataillon de l'Isère, avec lequel il fit les campagnes des ans II, III et IV aux armées des Alpes et d'Italie. Ce bataillon ayant été incorporé dans la 57e demi-brigade d'infanterie de ligne le 1er messidor an IV, il continua de servir à l'armée d'Italie jusqu'au 9 ventose an VI. Il reçut à cette époque le commandement du château de Ham. Le 13 brumaire an VII, pendant l'insurrection de Belgique, il fut nommé commandant de la place et de la citadelle d'Anvers, en état de siége ; lorsque la révolte eut été comprimée, le gouvernement lui donna le grade de chef de brigade le 14 vendémiaire an VIII, en le maintenant dans ses fonctions, pour le récompenser des services qu'il avait rendus. Commandant d'armes à Nieuport le 22 nivose an X, puis à Turin le 15 vendémiaire an XII, et créé membre de la Légion-d'Honneur le 4 germinal suivant, il alla prendre le commandement de la place de Douai le 15 nivose an XIII. L'Empereur prononça son admission à la retraite le 15 juillet 1811. Remis en activité à la 4e division de l'armée de Lyon le 6 janvier 1814, et placé dans la position de demi-solde le 27 juillet suivant, Napoléon l'employa comme adjudant-commandant à l'état-major de l'armée des Alpes, commandée par le maréchal duc d'Albufera, le 8 juin 1815. Envoyé dans les Hautes-Alpes le 26 du même mois pour y commander le département, il rentra dans la position de non-activité le 25 août suivant, et fut réadmis à la retraite le 10 mars 1820. Rappelé dans les cadres de l'armée active après la révolution de Juillet, il commanda la place de Grenoble le 24 septembre 1830, obtint la croix d'officier de la Légion-d'Honneur le 21 mars 1831, et reprit définitivement sa retraite le 13 mars 1832. Il est mort à Grenoble le 17 juillet 1840.

LETORT (Louis-Michel, *baron*), naquit le 29 août 1773 à Saint-Germain-en-Laye (Seine-et-Oise). Volontaire le 1er novembre 1791 dans le 1er bataillon d'Eure-et-Loir, incorporé dans la 164e demi-brigade de bataille lors de l'embrigadement de l'infanterie, et proclamé sous-lieutenant le 1er décembre suivant, il combattit à Jemmapes, devint lieutenant-adjudant-major le 15 janvier 1793, et se fit remarquer par sa bravoure et son intelligence dans toutes les affaires qui eurent lieu alors, surtout pendant la retraite de l'armée française. Fait prisonnier à cette époque, mais bientôt rendu à la liberté, il obtint le grade de capitaine le 29 juillet de la même année. Devenu aide-de-camp du général de division Huet le 8 brumaire an II, il servit à l'armée de la Moselle. Le 6 nivose, au déblocus de Landau, il reçut un coup de sabre au bras droit. Le général Hoche, ainsi que le général Huet, lui confièrent plusieurs fois les missions les plus importantes et les plus périlleuses. Passé avec son général à l'armée des côtes de Cherbourg, et employé pendant les ans III et IV dans les départemens de la Seine-Inférieure et de l'Eure, il demanda, le 13 fructidor an IV, à servir plus activement, soit à l'armée d'Allemagne, soit à celle d'Italie. Mais comme les fonctions qu'il remplissait depuis trois ans lui avaient fait perdre l'habitude du service de l'infanterie, et que d'ailleurs ses goûts et son caractère le portaient à préférer celui de la cavalerie, il offrit de sacrifier son grade de capitaine pour devenir sous-lieutenant dans les troupes à cheval. Sa demande ayant été accueillie, il entra comme sous-lieutenant au 9e régiment de dragons, et fit les campagnes de l'an V à l'an IX à l'armée d'Italie. Lieutenant sur le champ de bataille le 25 pluviose an VII, il se distingua pendant la retraite de l'armée d'Italie à l'affaire du 10 germinal suivant, où il eut la jambe gauche cassée par un coup de feu, et fut promu capitaine sur le champ de bataille le 1er floréal de la même année. Le 17 nivose an IX, le général ennemi Bellegarde craignant d'être débordé, fit abandonner Montebello et couper un des ponts du torrent de l'Aldego ; l'autre pont, qui se trouvait à la tête du village, allait être également rompu, lorsque le capitaine Letort chargea les travailleurs et dispersa les tirailleurs autrichiens qui les protégeaient. Les troupes de l'avant-garde qui le suivaient occupèrent alors Montebello et s'y établirent. Nommé chef d'escadron le 6 fructidor suivant, pour actions d'éclat consignées dans les rapports ; il rentra en France après la cessation des hostilités. Promu major du 14e régiment de dragons le 6 brumaire an XII, et créé membre de la Légion-d'Honneur le 4 germinal suivant, il commanda le dépôt de son corps pendant les ans XII et XIII, et fit les campagnes d'Autriche, de Prusse et de Pologne, de l'an XIV à 1807 avec la grande armée.

Colonel-major des dragons de la garde impériale le 8 octobre 1806, il se distingua le 14 du même mois, à Iéna, où il reçut un coup de sabre. Créé baron de l'Empire le 19 mars 1808, il fit la campagne de cette année à l'armée d'Espagne et fut fait officier de la Légion-d'Honneur le 16 novembre. Il combattit en Allemagne en 1809, et prit part à l'expédition de Russie en 1813. Il se signala le 24 octobre à Malo-Jaroslawetz et au combat de Wiazma le 3 novembre suivant, où plus de 600 cosaques furent pris ou sabrés. Général de brigade le 30 janvier 1813, il se trouva à Arbesau le 17 septembre, et l'Empereur l'appela au commandement d'une brigade de la 1re division de cuirassiers du 1er corps de cavalerie de la grande armée le 19 du même mois. Le 16 octobre suivant, à Wachau, il exécuta les charges les plus hardies et les plus décisives à la tête des dragons et des lanciers de la garde, et le 30 du même mois, à Hanau, il eut un cheval tué sous lui et fut assez grièvement blessé. Le 24 janvier 1814, avec 2,000 fantassins et 400 cavaliers, il couvrait, à Colombey, la route de Chaumont, lorsque le prince royal de Wurtemberg vint l'y attaquer à la tête d'un corps considérable. Le général Letort, forcé d'abandonner ses positions, se retira en bon ordre sur le plateau de Rouvré, où se trouvaient la division Friant et l'artillerie dont le feu obligea le prince à battre en retraite. Le 12 février, au combat de Château-Thierry, il se précipite avec les dragons de la garde sur les flancs et sur les derrières de 8 bataillons russes formés en carré, et en fait un horrible carnage. Général de division le lendemain, 13, et maintenu dans les fonctions de major des dragons de la garde, il donna de nouvelles preuves de valeur, le 19 mars, au combat de Méry. Au moment où la canonnade s'engageait vivement, il passa l'Aube à gué avec ses dragons pour déterminer la retraite de l'ennemi, qu'il ne put atteindre ; mais il parvint à s'emparer d'un équipage de pont de 13 pontons. Il prit part au combat d'Arcis le 20 du même mois, et, le 26, au deuxième combat de Saint-Dizier, il poursuivit vivement les Russes et leur fit éprouver des pertes. Louis XVIII le maintint dans ses fonctions, le nomma chevalier de Saint-Louis le 19 juillet 1814, et commandeur de la Légion-d'Honneur le 23 août suivant. Le 21 avril 1815, il l'attacha à sa personne en qualité d'aide-de-camp. Il fit la campagne des Cent-Jours à la tête des dragons de la garde. Le 15 juin, au moment où Napoléon venait de donner l'ordre d'attaquer le corps de Ziethen, adossé au bois de Fleurus, celui-ci refusa le combat et se retira. L'Empereur, impatienté de voir ce corps lui échapper, donna ordre à son aide-de-camp Letort de prendre les 4 escadrons de service de la garde et de charger l'arrière-garde ennemie. Letort s'élance aussitôt, poursuit en la sabrant la cavalerie prussienne, enfonce deux carrés d'infanterie, détruit un régiment entier, mais tombe mortellement blessé d'une balle au bas-ventre au milieu de cette brillante charge. Le nom du général Letort est inscrit sur le côté Nord de l'arc-de-triomphe de l'Étoile. B-G.

LETOURNEUR (FRANÇOIS-JOSEPH-ALEXANDRE), né le 4 juin 1769 à Bricquebec (Manche), entra le 21 octobre 1791 en qualité de capitaine dans le 2e bataillon de son département, incorporé en l'an II dans la demi-brigade de l'Allier, amalgamée en l'an IV dans la 27e demi-brigade de ligne, devenue 27e régiment de même arme à l'organisation de l'an XII. Il fit toutes les guerres de la liberté de 1792 à l'an IX aux armées de Rhin-et-Moselle, de la Moselle, du Nord, de l'Ouest, des côtes de l'Océan, du Rhin et du Danube, et se signala par son courage dans toutes les affaires auxquelles il prit part. Chef de bataillon le 1er ventose an VIII, il se trouvait au blocus d'Ulm, et repoussa vigoureusement une sortie que fit la garnison dans la nuit du 18 au 19 messidor suivant, entre le Danube et la Blan. Le 28 frimaire an IX, il montra la plus grande bravoure à l'attaque de la forêt en avant de Lambach. Rentré en France après la paix de Lunéville, il tint garnison à Strasbourg pendant les ans X et XI, devint major du 14e régiment d'infanterie de ligne le 30 frimaire an XII, et membre de la Légion-d'Honneur le 4 germinal de la même année. Employé au camp de Saint-Omer en l'an XII et en l'an XIII, il fit les campagnes de l'an XIV et de 1806 à la grande armée. Officier de la Légion-d'Honneur le 21 juillet 1808, et promu colonel en second à la 5e demi-brigade provisoire d'infanterie de ligne le 31 mars 1809, il fit la guerre de cette année en Allemagne. Passé en 1810 à l'armée d'Espagne, où il servit jusqu'en 1814, et nommé colonel titulaire du 88e régiment d'infanterie de ligne le 17 février 1811, il obtint le grade de général de brigade le 18 décembre 1813. Mis en non-activité le 1er septembre 1814, chevalier de Saint-Louis le 27 du même mois, et compris dans le cadre des officiers-généraux disponibles le 1er avril 1820, on l'admit à la retraite le 1er janvier 1825. A la révolution de Juillet 1830, le général Letourneur, placé d'abord dans le cadre de réserve de l'état-major général, par décision royale du 22 mars 1831, a été de nouveau admis à la retraite le 1er mai 1832. Il est mort le 15 juillet 1843 à Fontenay-sous-Bois (Seine).

LEVESQUE (VALENTIN), né le 25 juillet 1765 à Beaune (Côte-d'Or), entra comme sous-lieutenant au 1er bataillon de la Côte-d'Or le 27 août 1791, fit les campagnes de 1792 à l'an IX aux armées du Nord, des Alpes et d'Italie, et devint lieutenant et capitaine les 13 avril et 8 octobre 1793.

Passé dans la 146ᵉ demi-brigade de bataille le 1ᵉʳ vendémiaire an IV, puis dans la 46ᵉ, devenue 5ᵉ de ligne à sa formation, le 1ᵉʳ ventose suivant, il servit en Italie, et tomba, devant Mantoue, au pouvoir de l'ennemi le 3 frimaire an V. Rendu à la liberté le 3 nivose suivant, il continua ses services à l'armée d'Italie. Chef de bataillon le 1ᵉʳ floréal an VII, et de nouveau fait prisonnier le 27 du même mois, devant Alexandrie, il ne rentra de captivité que le 30 floréal an IX. Il alla rejoindre son corps à l'armée d'observation du Midi, et y resta jusqu'au 1ᵉʳ prairial an X. Major du 5ᵉ régiment d'infanterie de ligne le 11 frimaire an XII, et membre de la Légion-d'Honneur le 4 germinal suivant, il tint garnison à Turin en l'an XII et en l'an XIII, et fit les campagnes de l'an XIV et de 1806 à l'armée d'Italie et en Illyrie. Blessé d'un coup de feu au bras droit, en avant de Raguse, et sa santé ayant été gravement altérée par les fatigues de la guerre, et surtout pendant ses deux années de captivité, il demanda et obtint sa retraite le 12 décembre 1806. Il fit alors partie du collége électoral de Beaune. Il est mort dans cette ville le 3 septembre 1836. B-G.

LORRAIN (HENRI, DIT **VILLEMET**), naquit le 18 janvier 1755 à Germont (Ardennes). Entré au corps royal des carabiniers le 18 décembre 1773, nommé brigadier le 15 décembre 1782, et maréchal-des-logis le 10 avril 1783, il passa comme sous-lieutenant-porte-guidon aux dragons de Chartres (devenus 14ᵉ régiment) le 20 mai 1784, y devint lieutenant le 17 mai 1787, et capitaine le 1ᵉʳ avril 1792. Il fit les campagnes de 1792 au commencement de l'an VI avec les armées du Nord, de la Moselle, de Sambre-et-Meuse et d'Italie. Tous les officiers supérieurs du régiment ayant été faits prisonniers au combat de Pirmassens et à l'affaire du 28 prairial an II, le capitaine Villemet se trouva commandant du régiment à la bataille de Fleurus le 8 messidor suivant, et les services qu'il y rendit lui méritèrent le grade de chef d'escadron sur le champ de bataille le 11 du même mois. Au passage de la Lahn, lors de la retraite de l'armée française, il dégagea par quatre charges successives la division du général Bernadotte, contint l'ennemi et assura la retraite de cette division. Parti au mois de floréal an VI avec l'armée expéditionnaire d'Orient, il fit les guerres d'Égypte et de Syrie de l'an VI à l'an IX. Chef de brigade du même régiment le 4 messidor an VIII, il rentra en France après la capitulation d'Alexandrie. Employé en qualité de commandant d'armes de la place d'Arras le 12 prairial an X, et membre de la Légion-d'Honneur le 4 germinal an XII, il continua d'exercer ses fonctions jusqu'à la première Restauration. Mis en non-activité le 1ᵉʳ juillet 1815, il obtint sa retraite le 1ᵉʳ juillet 1818. Il est mort à Lille (Nord), le 14 février 1820. B-G.

LOUIS DE VILLIERS (CLAUDE-GERMAIN-LOUIS, *baron*, puis *vicomte*), naquit le 16 novembre 1770 à Paris (Seine). Sous-lieutenant le 22 janvier 1792 dans le 13ᵉ bataillon d'infanterie légère, devenu 13ᵉ demi-brigade en l'an II, puis 25ᵉ demi-brigade en l'an IV, et 25ᵉ régiment de même arme à l'organisation de l'an XII, il fit les campagnes de 1792 à l'an IX aux armées du centre, de la Moselle, de Sambre-et-Meuse, d'Allemagne, de Mayence, du Danube et d'Italie. Lieutenant le 20 messidor an II, capitaine-adjudant-major le 6 pluviose an III, Kléber le nomma chef de bataillon sur le champ de bataille le 9 thermidor an IV. Sa conduite pendant les campagnes suivantes, particulièrement en l'an VIII en Ligurie et au siége de Gênes, lui mérita les éloges du général en chef. Le 17 germinal an VIII, à l'attaque de Montefaccio, à la tête de 5 compagnies du 2ᵉ bataillon, il culbuta l'ennemi, força ses retranchemens, s'y jeta un des premiers, et reçut un coup de feu à la jambe droite. Durant la campagne de l'an IX dans les États de Venise, le général en chef le mentionna honorablement plusieurs fois dans ses rapports. Le 5 nivose, à cinq heures du matin, à la tête de 8 compagnies de carabiniers, il traversa le Mincio en bateau sous la mitraille de l'ennemi, couvrit les travailleurs qui établissaient les ponts nécessaires au passage de l'armée et repoussa toutes les charges de l'ennemi. Blessé d'abord d'un coup de feu à la hanche gauche, il reçut au cou une autre blessure qui le mit hors de combat. C'est pour ce fait que le général en chef le proposa pour un sabre d'honneur. Il rentra en France après la paix de Lunéville. Major dans le 17ᵉ régiment d'infanterie légère le 20 brumaire an XII, et membre de la Légion-d'Honneur le 4 germinal suivant, il fit la campagne de 1806 à la grande armée, et fut promu le 8 décembre colonel du 6ᵉ régiment d'infanterie de ligne. Il passa avec son corps (1807) à l'armée de Naples et ensuite aux îles Ioniennes. Les Anglais le prirent pendant la traversée et le conduisirent à Malte. Rendu sur parole et assez heureux pour être échangé, il alla rejoindre son régiment à Corfou. Il y servit de 1808 à 1811, et obtint le titre de baron de l'Empire le 15 avril 1810, avec une dotation de 2,000 francs. Général de brigade le 6 août 1811, et employé à la 1ʳᵉ division d'infanterie de réserve de la grande armée le 29 juillet 1812, il prit part à l'expédition de Russie. Blessé le 26 novembre au passage de la Bérésina, il traversa le fleuve le dernier et commanda l'arrière-garde jusqu'à Molodechtno, où il reçut une nouvelle blessure le 3 décembre. L'Empereur le nomma officier de la Légion-d'Honneur le 1ᵉʳ janvier 1813. Enfermé dans Dantzig en 1813 pendant le blocus de cette place, il se trouva aux différentes sorties de la garnison. Le 5 mars, lors de l'attaque générale des faubourgs, c'est sur celui d'Ohra que les Russes se précipitèrent avec le plus de fureur. La défense en était confiée au général de Villiers, quoiqu'il eût été blessé d'un coup de feu dans les reins. Les colonnes ennemies échouèrent devant son courage et ses habiles dispositions. Prisonnier de guerre des Russes aux ordres du prince de Wirtemberg, le 1ᵉʳ janvier 1814, en violation de la *convention d'évacuation* du 27 novembre, il ne rentra en France qu'après l'abdication de l'Empereur. Louis XVIII le créa chevalier de Saint-Louis le 19 juillet, lui confia le commandement du département du Mont-Blanc le 29 août 1814, et le fit commandeur de la Légion-d'Honneur le 27 décembre. Il était encore dans le chef-lieu de son commandement lorsque l'Empereur revint de l'île d'Elbe. Le 5 mars 1815, sur l'ordre du général Marchand, qui commandait à Grenoble, il amena dans cette ville, le 7, la garnison de Chambéry. Ses efforts furent inutiles pour contenir ses troupes dans le devoir, et le soir même de son arrivée il dut évacuer la place. Il se dirigea sur le fort Barraux ainsi que le lui avait prescrit le général Marchand (1). Appelé au mois d'avril au commandement de la 1re brigade de la 7e division du 2e corps de l'armée du Nord, il combattit avec sa valeur habituelle et fut grièvement blessé au bras gauche le 16 juin près de Fleurus. Mis en non-activité après la catastrophe de Mont-Saint-Jean, il reçut le 1er septembre le commandement du département de l'Isère, puis celui de la Meurthe le 29 octobre 1817. Il commanda provisoirement la 3e division militaire à partir du 12 novembre suivant, et pendant l'absence du lieutenant-général Ernouf, membre de la Chambre des députés. Élevé au grade de lieutenant-général le 25 avril 1821, et pourvu du commandement de la 13e division militaire (Rennes), il obtint le titre de vicomte le 17 août 1822, et celui de commandeur de Saint-Louis le 20 août 1823. Mis en disponibilité le 2 août 1830, le roi le nomma membre du comité d'infanterie et de cavalerie, et inspecteur-général pour 1832. Il continua ses fonctions de membre du comité pendant les années 1833, 1834 et 1835, reçut la décoration de grand-officier de la Légion-d'Honneur le 30 avril 1836, passa dans le cadre de vétérance, puis dans celui de non-activité, conformément aux dispositions de l'ordonnance du 28 août suivant, et enfin dans la 2e section (réserve) du cadre de l'état-major général créé par la loi du 4 août 1839. Cet officier-général réside en ce moment à Paris.

A. BOURGUIGNON.

LOUVAIN. Voyez PESCHELOCHE.

LUCHAIRE (SÉBASTIEN), né le 25 mai 1768 à Lyon (Rhône), entra comme canonnier dans la 1re compagnie d'artillerie soldée de Paris le 17 juillet 1789. Caporal le 25 août 1790, et capitaine à l'élection le 8 juillet 1791, il fit la campagne de 1792 à l'armée du Nord, et passa en 1793 à celle des Pyrénées-Occidentales, où il servit de l'an II à l'an V. Chef de bataillon le 15 floréal an II, il prit le commandement du bataillon des Basses-Pyrénées, fut employé avec son grade dans le 2e régiment d'artillerie à pied le 16 brumaire an V, et passa le 28 messidor an VII au bataillon des Basses-Pyrénées, incorporé le 19 germinal an VIII dans la 26e demi-brigade d'infanterie légère, devenue 26e régiment de même arme à l'organisation du 1er vendémiaire an XII. De l'an VI à l'an IX, il fit partie de l'armée des côtes, en l'an X de l'armée d'observation du Midi, se trouva en l'an XI à celle d'Angleterre, et pendant les ans XII et XIII au camp d'Utrecht. Major du 18e régiment d'infanterie légère le 30 frimaire an XII, et membre de la Légion-d'Honneur

(1) Voyez la notice de cet officier-général, t. III, p. 366 et suivantes.

le 4 germinal suivant, il fit la campagne de l'an XIV, et celles de 1806, 1807 et 1808 en Dalmatie. Promu colonel en second le 4 avril 1809, il combattit en Allemagne à la tête de la 17e demi-brigade d'infanterie provisoire, et devint colonel titulaire du 7e léger le 20 septembre de la même année. Admis à la retraite le 15 avril 1811, il est mort le 29 août 1824 à Moulins (Allier). B-G.

LUFFT (AUGUSTE-CHARLES), naquit le 18 février 1769 à Oberbronn (Bas-Rhin). Soldat au régiment de Royal-Deux-Ponts-infanterie (104e) le 21 septembre 1787, sous-lieutenant de grenadiers au 2e bataillon de volontaires de son département le 3 octobre 1791, capitaine le 20 octobre suivant, lieutenant-colonel et chef de bataillon titulaire les 18 février et 7 septembre 1792, il servit de 1792 à l'an II aux armées du Nord et des Ardennes, et obtint, le 22 floréal de cette dernière année, le grade de chef de brigade de la 186e de ligne. Cette demi-brigade, amalgamée avec la 92e, forma ensuite la 44e. Cet officier supérieur y demeura placé à la suite et comme surnuméraire. Appelé le 22 germinal an IV au commandement de la place de Bergzaben, et mis, le 11 fructidor suivant, à la tête de la colonne mobile du département du Bas-Rhin, dont le centre d'opérations était établi à Landenau, il rendit d'importans services à l'armée du Rhin. Il était président du conseil de guerre d'une division de cette armée depuis le mois de brumaire an V, lorsque, le 10 pluviose, il remplaça le chef de brigade de la 68e, fait prisonnier de guerre. Replacé dans la 44e le 2 nivose an VI, il eut, le 22 de ce mois, le commandement de la place de Worms. Il présida, le 21 germinal an VII, le conseil de guerre établi dans cette place; remplaça, le 10 messidor, l'officier supérieur chargé du commandement des troupes établies sur la ligne du Rhin, fut employé aux opérations secrètes de cette armée le 1er thermidor suivant, et obtint le 6 du même mois le commandement provisoire d'une division territoriale de cette armée. Rentré à Worms le 24 ventose an VIII, il y prit le commandement des troupes stationnées sur la rive gauche depuis Mayence jusqu'à Germesheim. Le 4 pluviose an IX, après les opérations de la campagne, il reprit de nouveau le commandement de la place de Worms, et c'est là qu'il reçut, le 4 germinal an XII, la décoration de membre de la Légion-d'Honneur. Ce commandement ayant été supprimé par arrêté du 15 floréal suivant, le chef de brigade Lufft fut mis à la réforme et n'a plus servi depuis cette époque. Admis à la retraite, il se retira à Kaiserslautern (Bavière rhénane). On a cessé d'avoir de ses nouvelles depuis le 30 mai 1814. B-S.

LYAUTEY (PIERRE-ANTOINE), naquit à Vellefaux (Haute-Saône), le 27 novembre 1761. Canonnier dans le 3e régiment d'artillerie du 30 juillet 1782 au 31 mars 1788, et employé comme chef dans les bureaux du département de la Haute-Saône depuis la formation de ce corps administratif jusqu'au mois d'avril 1792, les représentans du peuple le nommèrent, le 22 octobre 1792, commissaire des guerres provisoire, grade dans lequel le gouvernement le confirma le 20 novembre suivant. Chargé du service de la 6e division militaire (Besançon), et commissaire-ordonnateur de la même division le 1er octobre 1793, il fut appelé en l'an VII à remplir les fonctions de chef de la 1re division au ministère de la guerre. Retourné comme ordonnateur à Besançon le 14 fructidor de la même année, membre de la Légion-d'Honneur le 4 germinal an XII, et employé comme ordonnateur en chef à l'armée de réserve de Mayence pendant les années 1806, 1807 et 1808, il remplit les mêmes fonctions à l'armée de réserve d'Espagne pendant une partie de 1809. Attaché alors à l'armée de réserve d'Allemagne et au corps d'observation de l'Elbe, il rentra à la 6e division militaire après la paix. Chargé d'une mission administrative, le ministre de la guerre lui écrivait de sa main le 28 novembre 1810 : « Je suis fâché de vous déplacer, mais les circonstances l'exigent. Pourquoi aussi justifier si bien la confiance des ministres? Votre division vous restera ; un faisant-fonctions vous remplacera, et vous retournerez à Besançon dans un an au plus tard. » Le 29 décembre suivant, il reçut la croix d'officier de la Légion-d'Honneur, et après avoir rempli sa mission, il vint reprendre son poste à Besançon. Maintenu dans son emploi après la première Restauration, et nommé chevalier de Saint-Louis le 20 août 1814, il continua ses fonctions d'ordonnateur, sans interruption, jusqu'à son admission à la retraite, qui eut lieu le 1er janvier 1806. Il réside en ce moment à Geneuille (Doubs). o'NERVY.

LYNCH (ISIDORE), né le 8 juin 1755 à Londres (Angleterre), entra au service de France le 17 juin 1770 dans le régiment irlandais de Clare, et fit en cette qualité les campagnes de 1771 et 1772 dans l'Inde et en Amérique avec l'amiral d'Estaing. Lieutenant au même corps le 19 mai 1774, il passa comme capitaine à la suite dans le régiment de Berwick le 28 février 1778, devint capitaine titulaire au régiment de Dillon le 20 mai suivant, et fit partie de l'expédition des Antilles en 1779. Il se trouva à l'attaque de la Grenade, au combat naval livré aux Anglais après la prise de ce fort, et à l'attaque de Savanah, où il déploya la plus grande valeur. Il servit de 1780 à 1782 dans l'Amérique septentrionale, d'abord comme aide-de-camp du marquis de Chastellux, major-général de l'armée, puis aide-major-général de l'infanterie. Il se distingua au siège et à la reddition d'Yorck-Town par les Anglais en 1781, et reçut la décoration de l'ordre de Cincinnatus des mains du général Washington. Il fit encore la campagne de 1793 dans le golfe du Mexique, sous les ordres du baron de Vioménil, et fut breveté major d'infanterie, avec un traitement de 1,500 livres et une pension d'égale somme, et la promesse d'une majorité dans les troupes provinciales ou d'un emploi de son grade dans l'état-major de l'armée. Mestre-de-camp en second du régiment de Walsh le 1er janvier 1784, il obtint la croix de Saint-Louis le 21 avril suivant. Attaché en la même qualité au régiment de Berwick le 17 mars 1788, le roi lui accorda une pension de 3,000 livres le 30 avril de la même année, et une gratification de 1,200 livres le 30 avril 1789. Employé comme adjudant-général à la formation de 1791, il devint maréchal-de-camp le 7 février 1792, et commanda la première ligne de l'infanterie française au combat de Valmy le 20 septembre suivant. Lors de l'expédition de Trèves, il était à la tête de la 2e brigade de la première ligne. Élevé au grade de général de division le 8 mars 1793, il commanda une division sur la Sarre contre les Prussiens, et fut suspendu de ses fonctions le 25 septembre suivant, par suite de la mesure générale ordonnée par le conseil exécutif provisoire. Retiré à Versailles, il ne cessa de réclamer contre la mesure qui le frappait sans aucun motif. Réintégré dans son grade et placé à l'armée des côtes de Brest le 22 prairial an III, il fut admis à la retraite le 27 fructidor suivant. Rappelé à l'activité comme inspecteur aux revues le 9 ventose an VIII, et envoyé dans la 10e division militaire le 9 germinal suivant, il passa à la 20e le 15 frimaire an IX, et enfin dans la 22e le 25 nivose an X. Membre de la Légion-d'Honneur le 4 germinal an XII, et officier de l'Ordre le 23 août 1814, il obtint sa retraite le 1er avril 1815. Il est mort le 8 août 1838 à Paris, 10e arrondissement. B-G.

MAGALLON (FRANÇOIS-LOUIS), comte DE LAMORLIÈRE, naquit le 27 octobre 1754 à l'Ile-Adam (Seine-et-Oise). Sous-lieutenant dans le régiment de Bourgogne-infanterie le 29 janvier 1769, il fit les campagnes de Corse de 1769 à 1771, devint lieutenant le 23 août 1772, et capitaine le 2 avril 1776. Le 11 juin 1786, il passa avec ce grade dans le 3e régiment de chasseurs de Flandre, ci-devant dragons de Deux-Ponts. Aide-de-camp de son père le 1er avril 1791, adjudant-général chef de bataillon le 24 août 1792, adjudant-général chef de brigade le 15 mai 1793, il servit en 1792 et 1793 aux armées du Rhin et du Nord, remplit, le 29 prairial an II, les fonctions de chef d'état-major de l'armée des côtes de Brest et de Cherbourg, et obtint les grades de général de brigade et général de division les 17 nivose et 17 pluviose an III. Désigné pour faire partie, comme chef d'état-major, de l'expédition des Indes-Orientales, il reçut le commandement provisoire de la place de Brest, et l'exerça jusqu'au 17 frimaire an IV, époque de l'embarquement des troupes expéditionnaires sur l'escadre de l'amiral Sercey. A la mort du général Malartic (9 thermidor an VIII), Magallon prit le commandement des îles de France, de Bourbon, et autres établissemens français dans l'Inde, et fut confirmé dans ce commandement par arrêté des consuls des 18 ventose et 8 germinal an IX. Pendant six ans qu'il commanda à l'île de France, il sut se concilier l'estime, le respect et la confiance de ses administrés. Le gouvernement lui prescrivit, en l'an XII, de prendre le commandement de l'île Bourbon en qualité de lieutenant du général Decaen, nommé capitaine-général de l'île de France et de ses dépendances : il y reçut, le 4 germinal de cette année, la décoration de la Légion-d'Honneur. Rentré en France à la fin de 1806, et placé le 11 novembre suivant à la tête de la 15ᵉ division militaire (Rouen), il conserva ce commandement jusqu'au 3 septembre 1814. Louis XVIII lui donna la croix de commandeur de la Légion-d'Honneur le 14 février 1815, et l'admit à la retraite le 22 du même mois. Il est mort à Paris le 30 décembre 1825.   B-S.

MALUS (françois, *baron*), naquit le 25 septembre 1737 à Paris (Seine). Commissaire ordinaire des guerres le 29 mars 1761, il exerça ces fonctions, simultanément avec celles de procureur du roi du bureau des finances de Lille, par provision du 28 août 1765, et les conserva jusqu'en 1789, époque à laquelle il obtint cette dernière charge pour son fils aîné. Commissaire principal le 31 janvier 1782, commissaire-ordonnateur le 30 juin 1786, il reçut la croix de Saint-Louis en 1787. Attaché en 1788 en qualité d'intendant au camp de Saint-Omer, commandé par le prince de Condé, il devint ordonnateur-grand-juge le 1ᵉʳ octobre 1791, et ordonnateur en chef le 20 octobre 1792. Il servit à l'armée du Nord de 1792 à l'an IV. Sous le régime de la terreur, il subit trois arrestations et deux emprisonnemens. Employé dans les divisions territoriales de l'an V à l'an VII, notamment dans la 17ᵉ (Paris), il fut nommé inspecteur aux revues à la création de ce corps le 18 pluviose an VIII. Membre et officier de la Légion-d'Honneur les 4 germinal an XII et 27 nivose an XIII, il resta attaché au comité central des revues jusqu'au 18 juillet 1806. Après avoir rempli diverses missions relatives à l'inspection et à l'organisation des troupes, il présida, le 25 mai 1809, le bureau central établi à Strasbourg pour la confection des revues de l'armée d'Allemagne. Il exerça des fonctions analogues à Bayonne, et se vit chargé, le 1ᵉʳ janvier 1811, de la direction du bureau institué à Paris pour le service de l'armée d'Espagne. L'Empereur le fit baron de l'Empire vers cette époque, et lui confia, le 1ᵉʳ mai 1812, la direction de l'apuration des comptes de cette armée et de celle d'Allemagne. Maintenu dans le grade d'inspecteur en chef aux revues le 2 septembre 1814, et nommé le 28 janvier 1815 président de la commission chargée d'examiner la comptabilité de l'hôtel royal des Invalides et membre du grand conseil, il entra en retraite le 1ᵉʳ février 1815. Louis XVIII lui accorda la croix de commandeur de la Légion-d'Honneur le 10 février 1816. Le baron Malus exerça pendant plus de huit ans les fonctions gratuites d'administrateur de l'hôpital royal des Quinze-Vingts et de l'institution royale des sourds-muets. Il est mort le 18 mai 1820 à Paris.   B-S.

MARANSIN (jean-pierre, *baron*), naquit le 20 mars à Lourdes (Hautes-Pyrénées). Volontaire le 13 février 1792 dans le 1ᵉʳ bataillon de son département, élu capitaine le même jour, il fit les campagnes de 1792 à l'an II à l'armée des Pyrénées-Occidentales. Le 3 septembre 1793, à la tête de 5 compagnies qu'il commandait, il repoussa l'attaque du régiment d'Africa, dirigée contre le camp d'Aynhoua. Il s'empara des hauteurs de Laudibart, du village d'Urdach, des magasins et de la fonderie de canons que l'ennemi y avait établis. Le 22 messidor an II, à la tête du 1ᵉʳ bataillon des Hautes-Pyrénées, il attaque le camp des émigrés dits *de la légion de Saint-Simon*, près de Berdaritz, prend, après le combat le plus opiniâtre, la caisse militaire de la légion, et en fait la remise au général Digonet. Assailli, pendant l'action, par un nombre considérable d'émigrés, il en tue 2 de sa main et disperse les autres à coups de sabre. Le 26 vendémiaire an III, lors de l'invasion de la vallée de Roncevaux par le général Moncey, il attaqua, avec 1,200 hommes, et prit de vive force le château d'Irati, enleva le chantier de cette ville, brûla les magasins de la mâture royale et causa à l'ennemi une perte de 4 millions. Le chef de bataillon Dupeyron, qui commandait cette expédition, ayant été tué dès les premiers coups de fusil, le capitaine Maransin l'avait remplacé. C'est à cette occasion qu'il reçut les éloges les plus flatteurs du général en chef en présence de toute l'armée. Passé avec son bataillon dans la demi-brigade des Landes le 1ᵉʳ germinal suivant, il se rendit à l'armée de l'Ouest, où il fit la campagne de la fin de cette année et celle de l'an IV. Au mois de vendémiaire de cette dernière année, avec 5 compagnies de grenadiers, il défendit un convoi de grains attaqué par 4,000 Vendéens commandés par Charette; il parvint à les disperser et amena le convoi à Léger, au moment où le général Raoul le croyait tombé entre les mains de l'ennemi. Amalgamé avec son corps dans la 10ᵉ demi-brigade d'infanterie légère le 5 brumaire an V, et passé à l'armée de Rhin-et-Moselle, il traversa la Kinzig à la tête de 2 bataillons d'infanterie légère, et s'empara des lignes que les Autrichiens avaient établies autour de Kehl. Quelques jours après, il défendit avec 200 hommes les ouvrages d'Ehrlering, attaqués par 4 bataillons de grenadiers hongrois. Employé en l'an VI à l'armée d'Angleterre, et en l'an VII à celle du Danube, il soutint, le 4 floréal de cette dernière année, avec sa compagnie et quelques fuyards qu'il avait ralliés, les charges d'une nombreuse cavalerie autrichienne, sauva les débris de la division Ferino, qui avait été mise en désordre, et reprit 6 pièces de canon. Cette action lui valut le grade de chef de bataillon le 22 prairial suivant. Il fit les campagnes des ans VIII et IX à l'armée du Rhin. Le 3 vendémiaire an VIII, il passa le premier la Limath avec son bataillon et les 3 compagnies de carabiniers de la demi-brigade, et chassa les Russes des positions qu'ils occupaient. Le général en chef Masséna, informé de la belle conduite du commandant Maransin, lui adresse le 4 brumaire suivant une lettre ainsi conçue : « Après l'amour de la patrie, la gloire est la plus belle passion du militaire. Vous avez servi votre patrie avec dévoûment, citoyen, lorsque, bravant tous les dangers, la mort même, vous avez fait dans les affaires où vous vous êtes trouvé, depuis le 3 jusqu'au 18 vendémiaire, des prodiges de valeur. Vous lui avez payé votre dette, je dois acquitter la sienne en vous annonçant que vos chefs vous ont distingué au milieu de vos braves camarades et qu'ils ont apprécié vos travaux.

Je me plais à croire, citoyen, que vous recevrez le témoignage de la satisfaction de votre général en chef avec autant de plaisir qu'il met d'empressement à vous le donner. » Le 11 floréal de la même année, à la tête de son bataillon, il passa le premier le Rhin et s'empara de la ville de Schaffhausen, malgré la supériorité numérique de l'ennemi. Le 15 du même mois, à la bataille de Mœskirch, il sauva les débris de la division Lorges. Le général Goulus, témoin de sa belle conduite, l'embrassa et lui donna les éloges les plus flatteurs en présence de son bataillon, et lui promit de lui faire accorder un sabre d'honneur. Le 20 du même mois, attaqué à Memmingen et enveloppé par une division ennemie sous les ordres du général Kray, Maransin soutint un combat de deux heures contre des forces dix fois plus nombreuses. Il se fit jour à la baïonnette, et ramena son bataillon en renversant tout ce qui s'opposait à son passage. Quoique blessé d'un coup de feu qui lui traversait la cuisse, il continua de combattre et contribua puissamment aux succès de la campagne. Le général Lorges, dans le rapport qu'il adressa au général Lecourbe à la suite des affaires des 11, 13, 15 et 20 floréal, demanda pour Maransin le grade de chef de brigade; mais cette demande n'eut aucun résultat. Rentré en France après la cessation des hostilités, il fut employé sur les côtes de l'Océan pendant les ans XI et XII. Le 1er vendémiaire de cette dernière année, la 10e demi-brigade d'infanterie légère devint 10e régiment de même arme, et Maransin y continua son service. Major du 31e léger le 30 frimaire an XII, membre de la Légion-d'Honneur le 4 germinal, et promu colonel de la 1re légion du Midi le 27 janvier 1807, il fit partie du corps d'observation de la Gironde, devenu armée de Portugal, sous les ordres du général Junot. Au mois de juin 1808, il se trouvait avec sa légion et le 26e de ligne à Mirtola, ville de l'Alentejo, lorsque le général Spencer marcha sur lui à la tête de 5,000 Anglais. Maransin, qui n'avait avec lui que 1,600 combattans, se trouvait au milieu d'une population entièrement soulevée et ne pouvait compter que sur ses propres ressources. Il prend la résolution de se retirer sur Lisbonne. A cet effet, il s'avance sur Beja, ville enceinte de hautes murailles et défendue par 6,000 insurgés qui voulaient s'opposer à sa retraite. Malgré l'infériorité du nombre, tout cède à son impétuosité, et, quoiqu'il n'ait point d'artillerie, la ville est prise d'assaut; on se bat plusieurs heures dans les rues, et tout ce qui est pris les armes à la main est passé au fil de l'épée. Ce succès imposa à l'ennemi, pacifia la province et lui permit d'opérer tranquillement sa retraite. Le 21 août suivant, à la bataille de Vimeiro, au moment où l'armée était obligée d'opérer un mouvement rétrograde, il se porta en avant, à la tête de ses troupes, et protégea la retraite de l'armée. Général de brigade le 8 novembre de la même année, il fit partie le 17 du 8e corps de l'armée d'Espagne, devenu 2e. Baron de l'Empire le 15 août 1809, il ajouta encore à sa brillante réputation dans les combats livrés le 20 juillet 1810 au col de Muladar, dans la Sierra-Morena. Mis à la disposition du maréchal duc d'Elchingen le 1er mars, pour être employé au 6e corps, il passa au 5e, sous les ordres du duc de Trévise, le 10 avril suivant. Chargé d'une expédition dans la Serania de Ronda, il partit de Séville vers la fin de ce dernier mois avec les 40e et 103e de ligne. Arrivé à Moron, il apprit que les habitans d'Albodonalez, auxquels s'étaient joints 250 soldats espagnols de troupes régulières, avaient juré de se défendre jusqu'à la dernière extrémité. Il s'y porta le 2 mai; après le combat le plus acharné, il s'empara du village et le livra aux flammes. Renforcé le 3 par le 43e, il se dirigea sur Grazalema, qui, malgré sa forte position et sa vigoureuse défense, fut emporté et subit le même sort. Pendant ce temps, la garnison de Ronda, réduite à quelques compagnies d'infanterie et à un régiment de cavalerie, était vivement pressée par un corps de 4 à 5,000 insurgés. Maransin accourut rapidement à son secours; les insurgés ne l'attendirent pas et se dispersèrent dans toutes les directions. Il continua le 6 sa direction sur Gaucin; en débouchant de Alagate, attaqué par un corps considérable d'Espagnols, il les repoussa jusqu'à Benalancia et poursuivit sa marche sur Gaucin, où il arriva le 9. Il en repartit presque aussitôt pour aller prendre les cantonnemens à Albera, Moron, Cormona, etc. Pendant cette expédition, une grande quantité de communes qui avaient montré le plus d'opposition firent leur soumission. Le 9 décembre de la même année, il se trouvait à San-Lucor-la-Mayor, d'où il se porta, avec 2 bataillons et 500 chevaux, sur Zalamea-la-Real, afin d'y enlever des cuivres destinés à la fonderie des canons.

Le 1er janvier 1811, la division dont il faisait partie se mit en mouvement pour se porter sur Badajoz, dont le siège avait été résolu. Parti de Fuente-de-Cantos le 8, à la poursuite de Ballesteros, qui s'était établi à Fregenal, il se trouva, le 25, au combat de los Castillejos, en Andalousie, où l'ennemi, après un combat de deux heures, se vit obligé de battre en retraite. Le régiment de Léon tenait encore, lorsque le général Maransin ordonna une charge à la baïonnette, qu'il conduisit lui-même. Le régiment espagnol, enfoncé et mis en déroute complète, entraîna avec lui le corps entier de Ballesteros, qui éprouva dans cette action des pertes immenses. Celui-ci, poursuivi toute la nuit par le général Maransin à la tête des 28e léger et 103e de ligne, se rejeta sur la rive gauche de la Guadiana, et ne put rallier ses troupes que derrière le fleuve. Maransin arriva, le 2 février, au camp sous Badajoz. Après la prise de Badajoz, il partit le 14 mars, en colonne mobile, avec les 28e léger, 103e de ligne et 27e de chasseurs à cheval, contre les troupes de Ballesteros, qu'il contraignit à se réfugier en Portugal. Peu de temps après, il apprend que le général espagnol Zayas vient de débarquer près de Moguer avec 5,000 hommes, que le général Blake, avec un pareil nombre de combattans, se présente devant le port d'Huelva, et que Ballesteros, avec sa division, s'avance sur l'Odiel. Voulant empêcher la jonction de ces différens corps, et couvrir en même temps l'Andalousie, Maransin se porte à marches forcées sur le corps de Zayas, l'attaque, le met en fuite, et le force à regagner précipitamment ses vaisseaux. Il se dirige ensuite sur Huelva; mais le général Blake, informé de la déroute de Zayas, s'empresse de mettre à la voile pour retourner à Cadix. Le corps de Ballesteros était le seul qui tînt encore la campagne. A l'approche de nos troupes, il se retira vers les montagnes de Fregenal. Maransin l'y suivit, s'empara de ses positions, et le rejeta jusqu'au-delà de Xerès-de-los-Caballeros. Le 16 mai de la même année, il commandait une brigade de la division Girard, et se distingua à la bataille d'Albuera, où il fut grièvement blessé. Officier de la Légion-d'Honneur le 20 du même mois, il resta à Séville pour y soigner sa blessure. Appelé, le 10 septembre suivant, au commandement de la 2ᵉ brigade (54ᵉ et 58ᵉ de ligne) de la 2ᵉ division de réserve de l'armée du Midi, il fit partie de la colonne envoyée dans les Alpuxarras contre la division insurgée du comte de Montejo, qui fut battue et dispersée. Il poussa ensuite jusqu'à Almeria, et reconnut la côte jusqu'à Malaga. Il devint gouverneur de cette province le 1ᵉʳ octobre. Ballesteros s'étant avancé sur Malaga avec 5,800 hommes d'infanterie et 1,000 cavaliers, le général Maransin sortit de cette place et marcha à sa rencontre; mais, ayant été à Cartama le 16 février 1812, avant la réunion de ses différens corps, il dut accepter le combat, n'ayant pas au-delà de 1,800 hommes à opposer à l'ennemi. Toutefois, ses dispositions furent si habiles et ses troupes si intrépides, que, malgré son infériorité, il contint les Espagnols, et, après une action opiniâtre qui dura quatre heures, il parvint à les forcer à la retraite, laissant le champ de bataille couvert de morts et de blessés; il leur fit en outre des prisonniers. Maransin reçut dans cette journée un coup de feu au travers du corps. La justice et l'intégrité avec lesquelles il administra la province de Malaga lui concilièrent l'estime des habitans; ils le regrettèrent lorsque, le 1ᵉʳ septembre 1812, il prit le commandement de la 2ᵉ brigade (45ᵉ et 58ᵉ de ligne) de la 2ᵉ division de réserve de l'armée du Midi. Passé à la 2ᵉ brigade de la 4ᵉ division d'infanterie de la même armée le 1ᵉʳ novembre suivant, il commanda provisoirement, pendant les mois de février et mars 1813, la 5ᵉ division d'infanterie. Cette division ayant été supprimée par la dissolution de la 2ᵉ brigade, Maransin fut attaché, le 6 avril, à la division de cavalerie légère du général Soult, et alla occuper Tolède et Illescas. Général de division le 30 mai, il demeura à la suite du quartier-général, et se trouva, le 21 juin, à la bataille de Vittoria. De cinq heures du matin à trois heures de l'après-midi, il lutta avec la plus grande énergie; mais, accablé par le nombre toujours croissant des ennemis, il se retira et rejoignit le gros de l'armée avec son artillerie. Le 6 juillet suivant, les armées du Nord et du Midi formèrent l'armée dite *d'Espagne*, sous les ordres du maréchal duc de Dalmatie, et le 16 du même mois Maransin prit le commandement de la 6ᵉ division d'infanterie, faisant partie du centre de cette armée. Le 25, au col de Maïa, il culbuta le corps du général Hill, lui enleva 5 pièces de canon, et lui prit 700 hommes. Il occupa avec ses troupes les camps d'Ainhoa et de Vera jusqu'au 5 septembre, époque à laquelle le général en chef le plaça à la tête de la 5ᵉ division d'infanterie, qui se trouvait à l'aile gauche. Il combattit vaillamment aux affaires des 9, 10, 11, 12 et 13 décembre sur la Nive, et reçut un coup de feu à l'aine gauche, à la dernière de ces cinq journées. Le 27 février 1814, il se trouva à la bataille d'Orthez, où il repoussa l'attaque du général anglais Alten. Au combat d'Aire, le 1ᵉʳ mars suivant, il soutint le général Clausel, et se plaça en échelons à gauche de la route de Pau, couvrant le pont du Lées. Le 10 avril, à la bataille de Toulouse, il formait l'aile gauche de l'armée, avec sa division et celle du général Darricau. Attaqué à sept heures du matin près de l'embranchement du canal, il fit bonne contenance, et ne put être débusqué de ses positions malgré les efforts réitérés de l'ennemi.

Chevalier de Saint-Louis le 24 août, mis en non-activité le 1ᵉʳ septembre, et créé commandeur de la Légion-d'Honneur le 15 décembre de la même année, le roi l'employa dans la 2ᵉ subdivision de la 10ᵉ division militaire le 15 janvier 1815. Le 10 mai suivant, l'Empereur lui confia le commandement de la 7ᵉ division de réserve des gardes nationales de l'armée des Alpes. C'est à la tête de ces troupes qu'il seconda les opérations militaires du général duc d'Albufera. Commandant provisoire de la 19ᵉ division militaire (Lyon) le 2 août, mis en non-activité le 26 octobre, et dénoncé au ministre de la police, il subit à Tarbes un emprisonnement préventif de quatre mois. Compris comme disponible dans le cadre de l'état-major général de l'armée le 30 décembre 1818, et mis à la retraite le 1ᵉʳ décembre 1825, il mourut à Paris le 15 mai 1828. Son nom est inscrit sur l'arc-de-triomphe de l'Étoile, côté Ouest. B-G.

MARCHAND-MARTELLIÈRE (JUSTIN-LAURENT, *baron* DE), naquit le 10 février 1766 à Fontainebleau (Seine-et-Marne). Le 1ᵉʳ juillet 1791, il entra comme commis dans les bureaux de la guerre, et passa sous-lieutenant le 15 septembre même année dans le 81ᵉ régiment d'infanterie. Incorporé le 6 novembre suivant dans le 9ᵉ bataillon d'infanterie légère, et successivement nommé commissaire des guerres le 10 décembre, commissaire-ordonnateur provisoire le 16 nivose an II, et titulaire de ce grade le 25 prairial an III, il servit de 1792 à l'an V aux armées du Rhin et de Rhin-et-Moselle, de l'an VI à l'an VIII à celles de Mayence, d'Helvétie, du Danube et du Rhin. Chargé en l'an VIII du service administratif de l'aile gauche de l'armée du Rhin, et de la 26ᵉ division militaire (Coblentz), il se rendit, par ordre ministériel, dans la 5ᵉ (Strasbourg) pour y organiser le service des subsistances de l'armée d'Allemagne. Nommé inspecteur aux revues le 8 nivose an X, il retourna dans la 26ᵉ division, où il reçut, le 4 germinal an XII, la décoration de la Légion-d'Honneur. Intendant de la Hesse le 5 novembre 1806, et officier de la Légion-d'Honneur le 11 juillet 1807, il demeura attaché au corps d'observation de la Hollande (Anvers) depuis le 22 août 1809 jusqu'au 1ᵉʳ janvier 1811. Chargé en 1811 du service des revues des 17ᵉ et 31ᵉ divisions militaires (Amsterdam et Groningue), employé le 19 mars 1813 en qualité d'ordonnateur à la grande armée, nommé le 27 du même mois commissaire-ordonnateur en chef de l'armée qui manœuvrait sur le Mein, Napoléon lui conféra le titre de baron de l'Empire le 1ᵉʳ juillet suivant. Rentré en France après les événemens de 1814, et créé chevalier de Saint-Louis le 28 août, il fut attaché le 1ᵉʳ novembre comme inspecteur aux revues de la 1ʳᵉ division militaire (Paris). Placé à la 4ᵉ division militaire (Tours) le 3 mars 1815, il entra le 15 septembre 1817 dans l'organisation du corps de l'intendance militaire, et devint, le 1ᵉʳ octobre suivant, chef de la 4ᵉ division du ministère de la guerre. Il était intendant de l'hôtel royal des Invalides depuis le 9 mai 1820, lorsqu'il obtint sa retraite le 18 septembre 1822. Il avait été nommé chevalier de l'ordre de Saint-Léopold d'Autriche le 21 octobre 1818, et commandeur de l'ordre de la Légion-d'Honneur le 1ᵉʳ mai 1821. Il est mort le 30 juillet 1826 à l'hôtel royal des Invalides. B-s.

MARCHANT (HONORÉ-RENÉ, *baron*), naquit à Nouatre (Indre-et-Loire), le 16 octobre 1764. Commis dans les bureaux de la guerre le 1ᵉʳ avril 1790, il obtint, le 1ᵉʳ octobre 1791, le brevet de commissaire des guerres, et parvint au grade d'ordonnateur le 16 juin 1793. Il servit à l'armée du Nord en 1792 et 1793, et à celle des côtes de Cherbourg de l'an II à l'an IV. A la fin de cette campagne, pendant laquelle il remplit les fonctions d'ordonnateur en chef, Aubert-Dubayet le chargea d'une direction du ministère de la guerre. Attaché en l'an VIII à l'armée gallo-batave, il y resta jusqu'en l'an IX. Membre de la Légion-d'Honneur le 4 germinal an XII, il servit ensuite pendant cette campagne et la suivante à l'armée des côtes et au camp de Montreuil, et de l'an XIV à 1807 à la grande armée. Officier de la Légion-d'Honneur le 14 mai de cette dernière année, et nommé en 1808 commissaire-ordonnateur du 6ᵉ corps de l'armée d'Espagne, il passa en 1811 à l'armée de Portugal avec le titre d'ordonnateur en chef. Atteint d'infirmités graves, il sollicita sa retraite, qu'il obtint le 6 décembre 1811, et cessa ses fonctions le 21 avril 1812. L'Empereur le rappela à l'activité le 20 janvier 1813, le chargea du service des hôpitaux du corps d'observation de l'Elbe, et le nomma, le 3 novembre suivant, intendant-général de la grande armée; il lui accorda vers cette époque le titre de baron de l'Empire. Le 23 août 1814, Louis XVIII lui donna la croix de Saint-Louis. Compris en qualité d'ordonnateur en chef dans le travail préparatoire des fonctionnaires de ce corps conservés en activité, il reçut diverses destinations jusqu'au commencement de 1815. Resté à Lyon le 10 mars de cette année, après le départ de M. le comte d'Artois et du maréchal Macdonald, il fut envoyé par l'Empereur à l'armée des Alpes, puis dans la 20ᵉ division militaire (Périgueux), et revint à Paris dans le mois de juin suivant pour y remplir les fonctions de secrétaire-général du ministère de la guerre, et plus tard celles de directeur de l'administration de la guerre. Mis en disponibilité en septembre 1815, il mourut à Paris le 13 août suivant. Il avait obtenu la décoration de chevalier de Sainte-Anne de Russie. D-s.

MARIN (JACQUES-BARTHÉLEMY, *baron*), né le 24 août 1772 à Ville (Oise), entra comme volontaire le 10 septembre 1792 dans le 5ᵉ bataillon de l'Oise, incorporé, en l'an II, dans la 49ᵉ demi-brigade de bataille, devenue, en l'an IV, 13ᵉ demi-brigade de ligne, et en l'an XII 13ᵉ régiment de même arme. Sous-lieutenant à l'élection le 11 octobre 1792, il fit les guerres de 1792 au commencement de l'an VI aux armées du Nord, de Sambre-et-Meuse, de l'Ouest et d'Italie, et se distingua à l'affaire de Marcinelle le 7 floréal an II, où il reçut un coup de feu à la jambe droite. Promu lieutenant le 1ᵉʳ vendémiaire an IV, il s'embarqua avec l'armée d'Orient au mois de floréal an VI, fit les guerres d'Égypte et de Syrie de l'an VI à l'an IX, et devint capitaine le 17 messidor an VI, pour avoir pénétré un des premiers dans la vieille enceinte de la place d'Alexandrie. Le 16 ventose an VII, à l'assaut de Jaffa, il s'empara, lui quatrième, d'une tour défendue par les osmanlis. Le 25 du même mois, il fut blessé d'un coup de feu à l'épaule droite, à l'affaire de Korsoum. Pendant le siége de Saint-Jean-d'Acre, lors d'une sortie faite par l'ennemi, le 8 germinal de la même année, il culbuta 300 soldats de Djehzzar à la tête de ses grenadiers, les poursuivit jusque dans les fossés de la place, et fut blessé d'un coup de feu à la tête. Chef de bataillon le 30 floréal suivant, il reçut un coup de poignard au cou le 28 germinal an VIII, en enlevant un retranchement, lors de la reprise du Caire. Il se signala encore par son courage le 19 floréal an IX à Rahmanieh, et y fut atteint d'un coup de boulet à l'épaule et au cou. A sa rentrée en France, après la capitulation d'Alexandrie, il suivit sa demi-brigade à Metz, où elle tint garnison pendant les ans X et XI. Major du 16ᵉ régiment d'infanterie de ligne le 30 frimaire an XII, et membre de la Légion-d'Honneur le 4 germinal suivant, il fit les campagnes des ans XIII et XIV avec l'amiral Villeneuve, et celles de 1807 et 1808 avec la grande armée contre la Prusse et la Suède. Promu, le 10 septembre 1807, colonel du régiment dans lequel il servait comme major, il prit part à la guerre de 1809 contre l'Autriche. Officier de la Légion-d'Honneur le 6 mai, il soutint, le 21, à la bataille d'Essling, les efforts réitérés de 12,000 Autrichiens, sans perdre un pouce de terrain, quoiqu'il n'eût que 2,000 hommes à leur opposer. Cette belle défense dans le village de Gross-Aspern lui valut les félicitations de l'Empereur sur le champ de bataille témoin de ses exploits. Mais blessé d'un coup de feu à la cuisse pendant l'action, il dut subir l'amputation. L'Empereur, pour le récompenser, le nomma général de brigade le 19 juin suivant, sous-gouverneur des pages le 30 septembre, et baron de l'Empire, avec dotation, le 3 décembre de la même année.

Après l'abdication de l'Empereur, il cessa ses fonctions. Louis XVIII le fit chevalier de Saint-Louis le 19 juillet 1814, commandeur de la Légion-d'Honneur le 23 août, et le mit en non-activité le 1er septembre suivant. Admis à la retraite le 15 novembre 1815, il se retira dans son pays natal. Il réside aujourd'hui à Paris. B-G.

MARTELLIÈRE. *Voyez* MARCHAND-MARTELLIÈRE.

MARTHOD (LOUIS-IGNACE, *baron*), né le 7 novembre 1771 à Chambéry (Savoie), entra au service comme sous-lieutenant le 13 août 1793 dans la légion des Allobroges. Lieutenant le 20 septembre 1793, il fit les guerres de la liberté de 1792 à l'an VI aux armées des Alpes, du Midi, d'Italie et d'Helvétie, et passa dans le 15e régiment de dragons le 13 germinal an II. Dans une reconnaissance, le 24 fructidor an IV, étant à la tête de son peloton, il chargea un escadron de hussards autrichiens, le mit en déroute, s'empara des portes de la ville de Vicence, et les conserva jusqu'à l'arrivée de la division française. Le 25 du même mois, il sauva la vie à un de ses camarades mutilé, qu'il arracha des mains de l'ennemi. Il combattit vaillamment aux trois journées d'Arcole, traversa, à la tête d'un détachement peu nombreux, une colonne de 7 à 800 Autrichiens, et la contraignit à mettre bas les armes. Capitaine le 25 ventose an V, il s'embarqua avec l'armée d'Orient, et fit les campagnes de l'an VI à l'an IX en Égypte et en Syrie. Le 23 pluviose an VII, à l'affaire de Redesir, ayant eu son cheval tué sous lui, il monta celui d'un dragon qui venait d'être renversé à ses côtés par un coup de feu, et prit le commandement du régiment qui avait perdu son chef et la moitié des soldats qui le composaient, et, par sa fermeté et son courage, il parvint à en sauver les débris. Il se distingua particulièrement à la bataille du 30 ventose an IX, livrée sous les murs d'Alexandrie, et rentra en France par suite de la convention conclue dans cette ville le 12 fructidor suivant. Il tint garnison à Versailles et dans la 1re division militaire pendant les ans X et XI, et fut promu chef d'escadron le 7 ventose de cette dernière année. Major du 23e de dragons le 6 brumaire an XII, et membre de la Légion-d'Honneur le 4 germinal suivant, il servit de cette époque à 1806 dans les 7e et 19e divisions militaires. Passé comme chef d'escadron dans les dragons de la garde impériale le 8 juillet 1807, et créé chevalier de l'Empire le 17 mars 1808, il fit la campagne de cette année à l'armée d'Espagne, et obtint la croix d'officier de la Légion-d'Honneur le 16 novembre. Colonel-major du même régiment le 5 janvier 1809, et baron de l'Empire le 15 août suivant, il continua de faire la guerre en Espagne jusqu'en 1811. Il prit une part distinguée à l'expédition de Russie en 1812. Envoyé en reconnaissance avec un escadron aux environs de Moscou le 25 septembre, il fut attaqué par une nuée de cosaques au village de Bourzowo. Quoique bien inférieur en nombre, il les chargea, les culbuta, et rompit ensuite un régiment de cuirassiers, qu'il poursuivit vigoureusement. Mais bientôt le nombre des ennemis s'étant augmenté jusqu'à 4,000, nos dragons de la garde se défendirent avec la plus grande bravoure, et se couvrirent d'une gloire nouvelle. Leur major Marthod, après avoir reçu deux coups de sabre sur l'épaule gauche, eut le bras droit cassé, la cuisse gauche ouverte par deux autres coups de sabre, et criblé de coups de lance, il tomba avec une cinquantaine des siens au pouvoir de l'ennemi. Il mourut le 5 octobre suivant des suites de ses blessures. B-G.

MARTIN DE VAUXMORET, SURNOMMÉ **MOUVANT** (BENOIT), naquit le 22 avril 1767 à Paris (Seine). Fils d'un conseiller à la Cour des comptes, il entra comme aspirant breveté, le 1er septembre 1783, au Collége royal de Saint-Symphorien, à Metz. Reçu élève à l'École d'artillerie le 1er septembre 1785, il en sortit le 18 avril 1788 avec le grade de lieutenant en second dans une compagnie de mineurs. Capitaine au 3e régiment d'artillerie à pied le 6 février 1792, il fit avec distinction les guerres de 1793 à l'an V aux armées du Nord, des côtes de l'Ouest et du Rhin. Appelé en l'an VI à l'armée d'Angleterre, il prit part aux expéditions de Rochefort et de Brest contre les îles britanniques. Aide-de-camp du général d'Aboville le 4 vendémiaire an IX, il devint, le 10 vendémiaire an XI, chef de bataillon au 1er régiment d'artillerie à pied. Major du 4e le 3 prairial suivant, il rejoignit ce corps à Grenoble, où il obtint, le 4 germinal an XII, la décoration de membre de la Légion-d'Honneur. L'Empereur le nomma, le 12 janvier 1807, colonel-directeur d'artillerie. Il était employé en cette qualité à Rome, lorsqu'à la fin de 1812 il reçut l'ordre d'aller prendre la direction de Bastia (Corse). Admis à la retraite le 24 décembre 1814, le roi le créa, le 15 novembre 1815, chevalier de Saint-Louis. Il réside en ce moment à Montmirey-le-Château (Jura).

MATHIEU DE FAVIERS (PHILIPPE-GAÉTAN, *baron*), naquit le 12 décembre 1761 à Strasbourg (Bas-Rhin). Élève de l'École des mines depuis 1784, il entra le 11 février 1790 dans la garde nationale de Strasbourg. Commissaire des guerres le 1er octobre 1791, ordonnateur provisoire le 9 frimaire an III, et confirmé dans ce dernier grade par arrêté du 25 prairial même année, il servit de 1792 à l'an V à l'armée du Rhin, et à celle d'Angleterre en l'an VI. Commissaire-ordonnateur en chef le 2 ventose an VII, et employé en cette qualité à l'armée d'Helvétie, devenue armée du Danube, il passa, lors de la dissolution de cette armée, le 1er frimaire an VIII, à celle du Rhin. Inspecteur aux revues le 8 nivose an X à la résidence de Strasbourg, il y reçut, le 4 germinal an XII, la décoration de la Légion-d'Honneur. Employé à l'avant-garde de la grande armée en l'an XIV, il obtint, le 5 nivose de cette année, la croix d'officier de la Légion-d'Honneur. Après la bataille d'Eylau, l'Empereur le chargea de l'importante et difficile mission d'assurer la subsistance de l'armée avec les seules ressources qu'il pouvait tirer d'Elbing et de l'île de Nogat : l'intelligence avec laquelle il s'en acquitta lui mérita, le 7 juillet 1807, la croix de commandant de la Légion-d'Honneur. Rentré dans les corps des commissaires des guerres par décision du 23 novembre 1808, il passa à l'armée d'Espagne avec le grade d'ordonnateur en chef. Un décret du 4 octobre 1810 le nomma intendant-général de l'armée du Midi, et le chargea de l'administration des provinces méridionales de la péninsule. Il reprit ses fonctions d'ordonnateur en chef le 30 août 1811. Chevalier de Saint-Louis le 19 juillet 1814, il siégea à la Chambre des députés pendant les sessions de 1814 à 1816, et y vota constamment avec la minorité. Le roi lui conféra le titre de baron par lettres-patentes du 24 décembre 1817, et l'admit à la retraite le 10 octobre 1821. Nommé grand-officier de la Légion-d'Honneur le 20 avril 1831, il est mort à Paris le 29 mars 1833.

MAYOT (MELCHIOR), né le 14 janvier 1769 à Pézieux (Ain), entra au service comme soldat au régiment des chasseurs à cheval des Pyrénées depuis le 22 mai 1786 jusqu'au 30 avril 1790, époque à laquelle il obtint son congé par grace. Nommé, le 28 septembre 1793, capitaine à l'élection dans le 11e bataillon de l'Ain, il passa avec son grade, le 15 germinal an II, dans la 2e demi-brigade d'infanterie légère, devenue 12e de même arme à l'amalgame de l'an IV. Il fit toutes les guerres de la liberté, de l'an II à l'an IX, aux armées des Alpes et d'Italie, et se distingua surtout à la bataille de Novi, où il fut nommé chef de bataillon sur le champ de bataille. Cependant sa nomination ne porte que la date du 1er fructidor an VII. Après la cessation des hostilités, il rentra en France et tint garnison dans la 8e division militaire pendant les ans X et XI. Major du 16e régiment d'infanterie légère le 11 brumaire an XII, membre de la Légion-d'Honneur le 4 germinal suivant, il servit au camp de Brest et sur les côtes de Bretagne pendant les ans XII et XIII, et fit la campagne de l'an XIV avec la 1re division du 7e corps de la grande armée. Employé à l'armée du Nord en 1809 et 1810, et nommé colonel à la suite du 37e régiment d'infanterie de ligne le 4 août 1811, il devint colonel titulaire de ce corps le 7 septembre suivant. Il prit part à l'expédition de Russie, reçut la croix d'officier de la Légion-d'Honneur le 9 août 1812, et fut tué sur le champ de bataille de Polotsk le 18 du même mois. B-G.

MENNE (JEAN-BAPTISTE-PIERRE, *baron*), naquit le 17 septembre 1774 à Agen (Lot-et-Garonne). Volontaire au 1er bataillon de son département le 17 juin 1792, il passa le 9 février 1793 en qualité de lieutenant dans le 4e bataillon de la légion des montagnes, incorporé dans la 27e demi-brigade légère. Capitaine le 28 juillet suivant, il servit de 1792 à l'an III à l'armée des Pyrénées-Orientales, et à celle d'Italie de l'an IV à l'an VII. Adjoint aux adjudans-généraux le 26 floréal an VIII, et mis en non-activité le 1er vendémiaire an IX, il devint aide-de-camp du général Lacuée le 21 nivose même année, chef de bataillon dans la 63e demi-brigade de ligne le 4 thermidor an IX, fit les campagnes des ans IX et X à l'armée de Portugal, reçut, le 11 brumaire an XII, le grade de major du 59e régiment d'infanterie de ligne, et, le 4 germinal suivant, la croix de la Légion-d'Honneur. Il servit de l'an XIV à 1807 à la grande armée. Nommé colonel du 27e régiment de ligne le 12 mars 1807, et frappé d'un coup de biscaïen à l'épaule droite à la bataille de Friedland, l'Empereur lui accorda la décoration d'officier de la Légion-d'Honneur le 12 février 1808, et le créa baron de l'Empire le 17 mars. Envoyé quelques mois plus tard en Espagne, sa conduite lui mérita, le 6 août 1810, la croix de commandant de la Légion-d'Honneur. Un décret du 22 juin 1811 lui conféra le grade de général de brigade, et l'employa en cette qualité à l'armée de Portugal. A la bataille de Salamanque, le 22 juillet 1812, un coup de feu lui traversa le bras droit, et à l'attaque du camp de Saint-Martial, près de la Bidassoa, le 31 août 1813, il fut atteint de trois coups de feu. Rentré en France en 1814, il prit part aux opérations militaires de cette campagne. Mis en non-activité le 1er septembre, il reçut la croix de Saint-Louis le 17 du même mois. Pendant les Cent-Jours, il commanda le département de la Manche. Le 1er octobre, il rentra dans sa position de non-activité. Employé du 18 août 1816 au 30 décembre 1818 en qualité d'adjoint à l'inspection générale de l'infanterie, compris à cette dernière date dans le cadre de l'état-major général de l'armée, et mis en disponibilité le 1er juillet 1819, le gouvernement lui confia de nouveau, le 4 juillet 1821, l'inspection des troupes d'infanterie stationnées dans la 19e division militaire, et le nomma, le 30 juillet 1823, membre de la commission de défense du royaume. Admis à la retraite le 30 août 1826, le roi le créa, par ordonnance du 1er novembre suivant, lieutenant-général honoraire. Il est mort dans le lieu de sa naissance le 14 septembre 1839.

MERLE (JEAN-JOSEPH), naquit le 11 décembre 1770 à Allauch (Bouches-du-Rhône). Soldat le 1er septembre 1792 dans le 4e bataillon de volontaires du Var, incorporé dans la 96e demi-brigade de ligne, il devint sergent le 8 du même mois, et capitaine à l'élection le 2 février 1793. Il fit les campagnes du Nord et du Rhin de 1792 et 1793, celles de la Moselle et de Sambre-et-Meuse de l'an II à l'an VI, et reçut, au combat d'Essenneux, le 2e jour complémentaire an II, une blessure à la tête. Passé à l'armée de l'Ouest en l'an VII, il servit à celle d'Italie en l'an VIII et en l'an IX. A la bataille de Montebello, il fit 200 prisonniers; il n'avait avec lui que 20 grenadiers, et eut pendant l'action le bras droit traversé d'une balle. Chef de bataillon le 6 fructidor même année, il passa à l'armée de Portugal en l'an X, et rentra en France au commencement de l'an XI. Le premier Consul le nomma, le 11 brumaire an XII, major du 1er régiment d'infanterie de ligne, et membre de la Légion-d'Honneur le 4 germinal suivant. Pendant les ans XIII et XIV, il servit de nouveau à l'armée d'Italie, et fut blessé d'une balle à l'affaire de Gouscia. En 1806, il était à l'armée de Naples, et en 1807 à celles de Prusse et de Pologne. Retourné en Espagne en

1808, il combattit à Busaco (Portugal), le 27 septembre 1810, à la tête du 2ᵉ régiment d'infanterie légère, dont il était colonel depuis le 7 avril de l'année précédente. Blessé dans cette affaire d'un coup de feu au genou gauche, il subit l'amputation le 17 mars 1811, et mourut à Valladolid le 19 novembre suivant.   B-S.

MERLHES (JEAN-GABRIEL-MARIE, *baron*), naquit le 22 mai 1773 à Toulouse (Haute-Garonne). Soldat dans Noailles-dragons (15ᵉ régiment) le 3 janvier 1789, et lieutenant au 1ᵉʳ bataillon de la Haute-Garonne le 30 octobre 1791, il demanda à servir dans les troupes régulières, et fut nommé sous-lieutenant dans le 80ᵉ régiment d'infanterie le 20 mars 1792, et lieutenant au même corps le 12 juillet suivant. C'est en cette qualité qu'il fit les campagnes de 1792 et 1793 à l'armée des Pyrénées-Occidentales, après lesquelles il obtint le grade de capitaine au 12ᵉ de hussards le 26 frimaire an II. Il continua de faire partie de l'armée des Pyrénées-Occidentales pendant cette année. A Tolosa, à la tête de 100 hussards, il chargea un corps de cavalerie espagnole, fort de 400 hommes, qui venait de reprendre la ville, de s'emparer de 2 pièces d'artillerie, et de faire le général Merle prisonnier : en un instant, il se rend maître de la ville, reprend les pièces de canon, et délivre le général Merle. Il fit les guerres des ans III et IV en Vendée, et prit part, en l'an V, à l'expédition d'Irlande, le 18 nivose de cette année, à bord du bâtiment de transport *la Ville-de-Lorient;* il resta deux ans et demi sur un ponton dans la plus affreuse misère. Rendu à la liberté le 9 frimaire an VII, il rejoignit son régiment à Saintes, y resta en garnison jusqu'à la fin de l'année, et partit ensuite pour l'armée d'Italie, où il fit les campagnes des ans VIII et IX. A Montebello, le 20 prairial an VIII, il eut son cheval tué sous lui par un boulet, et la bravoure remarquable avec laquelle il s'y conduisit lui mérita le grade de chef d'escadron, dont il ne reçut toutefois le brevet qu'à la date du 6 vendémiaire an IX. Passé dans le 13ᵉ régiment de dragons le 15 pluviose suivant, puis dans le 5ᵉ le 1ᵉʳ nivose an XII, il fut nommé major du 10ᵉ de même arme le 5 ventose, et membre de la Légion-d'Honneur le 4 germinal de la même année. Promu colonel du 12ᵉ régiment de dragons le 14 août 1809, il reçut le titre de baron de l'Empire le 15 du même mois, et alla rejoindre son régiment en Espagne, où il servit de 1809 à 1811. Sa conduite distinguée à Ocaña lui valut la décoration d'officier de la Légion-d'Honneur le 22 décembre 1809. Rentré en France à la fin de 1811, pour y soigner sa santé, et désigné, le 23 mai 1812, pour commander le 1ᵉʳ régiment provisoire de dragons, il ne fit que concourir à son organisation à Hanau. Chargé le 5 mars 1813 de la surveillance du dépôt de cavalerie des régimens de l'armée d'Espagne, il n'avait point de commandement lors du retour des Bourbons. Louis XVIII le créa chevalier de Saint-Louis le 11 octobre 1814. Mis en demi-solde le 9 décembre suivant, il resta en non-activité jusqu'à son admission à la retraite, qui eut lieu le 20 mars 1822. Il est mort le 11 avril 1835 à Luxeuil (Haute-Saône).   B-G.

MICHAUX (ÉTIENNE, *chevalier*, puis *baron*), naquit à Versailles le 29 mai 1771. Fils d'un ancien officier suisse qui avait commandé le château de Marly, il entra comme cadet dans le régiment des gardes suisses le 15 octobre 1788, et passa dans le régiment de Diesbach le 1ᵉʳ janvier 1792, dont le licenciement eut lieu presque immédiatement après. Admis au 1ᵉʳ bataillon franc le 16 avril de la même année, nommé caporal-fourrier le 11 septembre suivant, il devint, le 25, sous-lieutenant dans la légion du Nord. Il se trouva au camp de Maulde, à Jemmapes, aux différentes affaires de l'armée commandée par Dumouriez, et, fait lieutenant-adjudant-major quelques mois plus tard, il remplit les fonctions d'agent militaire pour la levée des bataillons de volontaires de Seine-et-Oise. Adjoint aux adjudans-généraux le 1ᵉʳ avril 1793, capitaine au 1ᵉʳ des bataillons qu'il venait de concourir à former, le Comité révolutionnaire de Versailles, sur une dénonciation qui représentait cet officier comme aide-de-camp de Dumouriez au moment de la fuite de ce général, le fit mettre en état d'arrestation. Après une détention d'un mois, il rejoignit l'armée de Belgique, la suivit en Hollande, fut appelé à l'armée de l'Ouest, assista à la prise du Mans, passa à l'armée des Pyrénées-Orientales en qualité de capitaine-adjoint aux adjudans-généraux par nomination du 1ᵉʳ germinal an II, et puis à l'armée d'Italie en l'an III. Les représentans du peuple près cette armée le firent commissaire des guerres le 1ᵉʳ germinal. Envoyé à l'armée de l'Ouest, il y reçut la confirmation de son dernier grade le 16 vendémiaire an IV, en remplit les fonctions au camp du Gard par ordre du 14 frimaire, et à Toulon le 14 pluviose. Embarqué avec l'armée expéditionnaire d'Orient le 30 floréal an VI, et présent à la prise de Malte et d'Alexandrie, au combat de Rhamanieh, aux batailles des Pyramides et d'Aboukir, il dirigeait le service d'Alexandrie lorsque la peste commença à sévir dans cette place. Sa conduite dans ces circonstances lui mérita l'approbation suivante :

Ordre du jour du 19 pluviose an VII.

« Le général en chef témoigne sa satisfaction au commissaire des guerres Michaux sur l'heureux changement qui depuis son arrivée s'est opéré dans les administrations d'Alexandrie, et sur l'activité qu'il met à assurer la subsistance du soldat. Un commissaire des guerres actif, probe et ferme est le véritable père du soldat et a des titres réels à la reconnaissance nationale.

» Alex. BERTHIER. »

Et le 1ᵉʳ ventose le général en chef lui confia les fonctions d'ordonnateur en chef des 3 divisions commandées par Marmont. Kléber le nomma ordonnateur le 12 vendémiaire an VIII.

Le 26 pluviose suivant, l'ordonnateur en chef Daure lui prescrivit de quitter l'Égypte et de se rendre en France avec le général Desaix et les commissaires Miot et Senneville, afin de faire les dispositions nécessaires, après avoir pris les ordres du ministre, pour la réception des 25,000 hommes qui, abandonnant l'Égypte en conformité du traité d'El-Arich, du 5 du même mois, devaient débarquer à Toulon ou à Marseille. Le retour de l'armée n'eut pas lieu à cette époque, mais M. Michaux revint à Toulon le 13 floréal.

Employé successivement au camp de Beauvais, à l'armée d'observation du Midi, dans les 27e et 23e divisions militaires, en Hollande et en Hanovre, il reçut la décoration de la Légion-d'Honneur le 4 germinal an XII, et fit les campagnes de l'an XIV et de 1806 à la grande armée en qualité d'ordonnateur en chef du 1er corps. Il assura le service à Austerlitz, à Iéna et à Lubeck.

Attaché à la 14e division militaire le 13 décembre 1806, et nommé, le 10 octobre 1807, ordonnateur en chef de l'armée de Portugal, devenue 8e corps de l'armée d'Espagne, et chevalier de l'Empire le 5 octobre 1808, il remplit les fonctions d'intendant-général près des 3e et 5e corps le 12 février 1809, et se trouva à la reddition de Saragosse le 21 du même mois. Appelé, le 16 mai suivant, à la réserve de l'armée d'Allemagne, plus tard 8e corps, il retourna en Espagne le 1er janvier 1810, et fut chargé le 19 mai des fonctions d'intendant-général de l'armée de Portugal.

On apprit bientôt avec surprise qu'un décret daté de Saint-Cloud, le 20 juin 1811, destituait M. Michaux. En voici le texte :

« Art. 1er. Le sieur Michaux, commissaire-ordonnateur, prévenu de dilapidations à l'armée de Hanovre et à l'armée de Portugal, est destitué.

» 2. Il est mis sous la surveillance du ministre de la police, qui désignera le lieu de sa résidence à quarante lieues de Paris. »

Le ministre de la police crut devoir désigner la ville de Bruxelles.

Nous avons sous les yeux le rapport fait le 15 mai 1811 par le comte de Cessac, ministre directeur de l'administration de la guerre; nous en extrairons les passages qui nous paraissent de nature à expliquer la mesure adoptée.

« J'ai eu l'honneur de rendre compte à Votre Majesté, le 22 août dernier, que M. le maréchal prince d'Essling m'avait fait connaître, par une lettre confidentielle, la nécessité d'éloigner de l'armée de Portugal l'ordonnateur Michaux et..., que M. le prince d'Essling représentait ces deux fonctionnaires comme aimant et facilitant le désordre et ne pouvant seconder les efforts faits par le général en chef et l'intendant-général pour détruire la source des malversations multipliées dont l'armée de Portugal était le théâtre. Votre Majesté a ordonné, par son décret impérial du 25 du même mois, que les sieurs Michaux et... seraient réformés sans traitement, qu'ils seraient arrêtés à leur arrivée en France et les scellés mis sur leurs papiers. En m'envoyant ce décret, M. le duc de Bassano m'a annoncé que Votre Majesté se bornait à rappeler ces deux fonctionnaires en France, sans qu'ils fussent prévenus de la mesure prise contre eux, et à ordonner leur arrestation au moment où ils paraîtraient à Bayonne... L'ordonnateur Michaux s'est rendu à Paris, d'où il m'a adressé une lettre de M. le maréchal prince d'Essling. J'ai l'honneur de mettre un extrait de cette lettre sous les yeux de Votre Majesté... J'ai ordonné à l'ordonnateur Michaux de se constituer prisonnier sous peine d'être arrêté par mes ordres, et je suis informé par M. le comte Hullin que cet ordonnateur est sous la surveillance d'un gendarme. Les renseignemens que vient de m'adresser M. le maréchal prince d'Essling sont en opposition avec ceux qu'il m'a précédemment donnés, et qui ont déterminé la mesure prise à l'égard de l'ordonnateur Michaux, mesure qui semblerait dès-lors devoir être révoquée, si je n'avais à porter à la connaissance de Votre Majesté une grave inculpation contre ce fonctionnaire. *On m'a informé confidentiellement que le sieur Michaux, en passant à Salamanque, a tenu les propos les plus déplacés sur l'état de l'armée de Portugal, sur les opérations de la campagne, sur plusieurs chefs, et notamment sur le prince d'Essling; qu'il a fait en même temps l'éloge des Anglais.* Cette inculpation, réunie *aux préventions* qu'a fait naître la conduite antérieure de l'ordonnateur Michaux, me détermine à proposer à Votre Majesté de maintenir la réforme sans traitement de cet ordonnateur jusqu'à de plus amples renseignemens, et à faire néanmoins lever la surveillance sous laquelle il est placé en ce moment. »

M. Michaux obéit et se rendit à Bruxelles; mais il ne cessa point de demander, particulièrement le 31 mai, le 3 août, le 10 octobre et le 5 mars 1812, la nomination d'une commission d'enquête pour l'examen de sa conduite.

Dans une occurrence aussi grave, le devoir de l'historien est de recourir aux documens qu'il possède, et de les présenter à l'opinion des hommes impartiaux. Celui que nous allons rapporter explique la position de M. Michaux à Bruxelles, et sa présence à Paris au mois de mars :

« Bruxelles, le 12 janvier 1814.

» Monsieur le duc, j'ai l'honneur de prévenir Votre Excellence que, vu les circonstances qui nous obligent nous-mêmes à la retraite, je viens d'autoriser M. le chevalier Michaux, ancien ordonnateur en chef, qui se trouvait ici *en surveillance*, de se rendre dans la commune de Marly, département de Seine-et-Oise, pour y demander et attendre les ordres de Votre Excellence. — Il m'a été rendu, par le préfet de la Dyle et les autres fonctionnaires publics de Bruxelles, un compte satisfaisant de la conduite de M. le chevalier Michaux pendant les deux années d'exil qu'il a eu à subir. Il a constamment, par sa conduite comme par ses discours, fait preuve d'attachement au gouvernement de Sa Majesté et de dévoûment à sa personne, et notamment le 17 du mois dernier, lorsque la ville de Bruxelles était menacée par l'ennemi et dans l'appréhension d'une subversion totale; M. le chevalier Michaux a fait une preuve éclatante de ses sentimens. — Je le recommande donc aux bontés de Votre Excellence pour mettre sa position sous les yeux de Sa Majesté et obtenir d'elle que M. le chevalier Michaux ne soit pas plus long-temps privé des moyens de la servir.

» Agréez, etc.,
» Le commissaire extraordinaire de Sa Majesté dans la 24ᵉ division militaire,
» Le comte DE PONTÉCOULANT.
» A M. le duc de Feltre. »

M. Michaux n'est donc pas revenu avec les armées étrangères. Lors des événemens, il réclama auprès du gouvernement provisoire, et ce gouvernement, par décision du 2 avril, prononça l'annulation du décret du 20 juin 1811, en ordonnant la remise à l'activité de cet ancien administrateur.

En conséquence de cette décision, le ministre de la guerre désigna M. Michaux, par lettre du 5, *pour former, avec MM. les intendans des armées alliées, une commission d'approvisionnement, chargée de pourvoir aux besoins de ces armées.* C'était une mesure qui devait mettre un terme aux demandes exagérées qui étaient faites.

Envoyé en mission, le 29 du même mois, dans les départemens du Nord et du Pas-de-Calais, on le mit en demi-solde le 31 août, *à cause de l'état de paix.*

Nommé, au mois de mars 1815, ordonnateur en chef du corps d'armée commandé par le duc de Berri, il accompagna ce prince à Lille, le quitta, conformément à l'ordre du jour du maréchal Macdonald, daté du 23, et revint chez lui à Marly-le-Roi.

Le 1ᵉʳ juillet 1815, l'armée prussienne occupait les environs de Saint-Germain-en-Laye. Blücher, qui avait connu M. Michaux aux eaux de Pyrmont, alors que ce dernier était employé en Hanovre, l'envoya chercher par un aide-de-camp. Il lui dit qu'il allait prescrire l'investissement de Paris, si le maréchal Davout persistait à s'y défendre. Après une conversation sans importance, il le quitta. Quand il voulut rentrer chez lui, des hussards prussiens, qui occupaient sa maison, le forcèrent à se sauver dans la forêt. Le lendemain, à cinq heures du matin, il retourna vers Blücher pour réclamer contre l'envahissement de sa propriété; il le rencontra à Roquencourt, marchant sur la ville de Versailles, avec l'intention de la détruire. Voici le fait qui justifiait sa colère : une députation des notables de Versailles s'était rendue auprès de lui afin de le prier de faire occuper leur ville, menacée qu'elle était par les coureurs de la division Vandamme. Blücher y avait envoyé 2 régimens de cavalerie légère. Un des membres de la députation, par suite d'une légèreté bien regrettable, alla trouver Vandamme à Sèvres, et le prévint que 2 régimens seulement, sans canons, bivouaquaient sur l'avenue de Sceaux à Versailles. Vandamme s'y porta avec 5,000 hommes, et fit éprouver une grande perte aux régimens prussiens. Blücher voyait là une trahison, et il voulait la punir. M. Michaux chercha à calmer sa fureur, et avant d'accepter la préfecture du département, qu'il voulait lui donner, il obtint permission d'aller consulter Louis XVIII, alors à Saint-Denis. Le roi l'autorisa, et de plus, il lui remit pour Blücher une lettre dans laquelle il disait à ce général *qu'il le suppliait de ne rien entreprendre de mal contre la ville de Versailles, où il espérait finir ses jours, après avoir donné la paix à la France.* Blücher s'arrêta donc à la menace qu'il avait faite, et, le 6, M. Michaux devint préfet provisoire. Le baron Delaitre le remplaça le 23.

En 1816, le roi, sur sa demande, l'admit à la retraite le 24 avril, et le 26 octobre lui accorda des lettres de noblesse, avec le titre de baron. Il le nomma chevalier de Saint-Louis le 20 août 1823.

Voulant mettre fin à l'effet moral que produisait encore le décret de 1811, M. Michaux avait demandé au ministre de la guerre, le 26 mars 1821, ou que, vu sa remise en activité en 1814, ce décret fût révoqué et déclaré nul, ou que, attendu qu'aucune instruction juridique et contradictoire n'avait été dirigée contre lui, on le traduisît par-devant un conseil de guerre, qui confirmerait ou infirmerait sa destitution. Le ministre lui avait répondu le 4 juillet suivant : « ..... L'ordonnance du roi, en date du 24 avril 1816, d'après laquelle vous avez été admis au maximum de la pension de retraite du grade d'ordonnateur, annulant de fait et de droit le décret de destitution rendu contre vous le 20 juin 1811, l'objet de votre réclamation se trouve suffisamment rempli. »

M. Michaux réside aujourd'hui à Paris.   S-E.

MICHEL (CLAUDE-ÉTIENNE, *comte*), naquit le 3 octobre 1772 à Pointre (Jura), où son père exerçait la profession de médecin. Entré dans le 3ᵉ bataillon de volontaires de son département le 1ᵉʳ octobre 1791, sergent-major le 15 du même mois, sous-lieutenant le 4 mars 1792, il devint lieutenant et capitaine les 22 août et 6 octobre suivans dans le 96ᵉ régiment d'infanterie, qui forma successivement les 147ᵉ, 49ᵉ demi-brigades et 24ᵉ régiment de ligne. Employé au cordon établi sur les frontières de la Suisse en 1792, il tomba au pouvoir des Prussiens le 5 mars 1793 à Remderkerm (armée du Rhin). Échangé le 3 messidor an III, il rejoignit son corps, et se signala à l'avant-garde de l'armée de Sambre-et-Meuse. Chef de bataillon le 9 vendémiaire an IV, il passa en Corse et fit ensuite partie de l'expédition d'Irlande et de l'armée gallo-batave. Le 10 vendémiaire an VI, il reprit à la baïonnette, sur les Anglo-Russes, le village de Schoorldam (Nord-Holland), s'y maintint pendant toute la journée malgré les efforts de l'ennemi, et fut blessé à la fin de l'action. Pris par les Anglais le 6 vendémiaire an VII, il fut de nouveau échangé le 15 frimaire suivant. Le 10 vendémiaire an VIII, à la bataille d'Egmond-op-Zée, il eut le bras droit cassé d'un coup de feu. A la bataille de Nuremberg, le 27 frimaire an IX, il chargea à la tête de son bataillon, fort de 400 hommes, une colonne de 4,000 Autrichiens, la culbuta et lui fit un grand nombre de prisonniers : il reçut pendant l'action un coup de feu au bras gauche. Envoyé à Saint-Domingue avec le général Leclerc, il revint en France à la fin de l'an XI. Major du 40ᵉ de ligne le 30 brumaire an XII, et, le 4 germinal, membre de la Légion-d'Honneur, ses services à la bataille d'Austerlitz lui valurent, le 6 nivose an XIV, le grade de colonel et son admission, en qualité de major, dans le 1ᵉʳ régiment de grenadiers à pied de la vieille garde, le 1ᵉʳ mai 1806. Colonel du régiment le 16 février 1807, en récompense de sa conduite à Iéna et à Eylau, il combattit à Friedland, et partit pour l'Espagne après le traité de Tilsitt. Au combat de Burgos, le 10 novembre 1808, il montra la plus grande valeur ; aussi l'Empereur lui donna-t-il, le 16 du même mois, la croix d'officier de la Légion-d'Honneur et le titre de baron de l'Empire. Rappelé à la grande armée d'Allemagne en 1809, il assista aux batailles d'Ecmühl, d'Essling et de Wagram. Nommé général de brigade le 24 juin 1811, il fit les campagnes de 1812, de 1813 et de 1814, en Russie, en Saxe et en France. En 1813, l'Empereur le décora de la croix de commandant de la Légion-d'Honneur le 6 avril, de la Couronne-de-Fer le 16 août, et le nomma, le 20 novembre, général de division.

En 1814, le 3 février, aux Maisons-Blanches, il chassa l'avant-garde commandée par le prince de Lichtenstein. Le lendemain, soutenu par les dragons du général Briche, il surprend les alliés à Saint-Thiébaud, et, malgré les forces supérieures dont ils disposaient, les repousse jusqu'à Saint-Parres-les-Vaudes. Le 11, à Montmirail, le bras fracassé par un coup de feu, il reste à la tête de sa division et contribue puissamment au succès de cette journée. Il était encore alité par suite de cette blessure, lorsque le canon des armées alliées retentit jusque dans Paris. A ce bruit de guerre, le brave général oublie sa blessure et reparaît, le bras en écharpe, à la tête de ses soldats, le 30 mars, devant les murs de la capitale. Chargé de s'emparer du village de Pantin, défendu par une division de l'armée de Wittgenstein, il tomba sous le coup d'un biscaïen. Ses efforts avaient cependant arrêté la marche de l'ennemi. Louis XVIII le nomma chevalier de Saint-Louis le 20 août 1814, et colonel en second des chasseurs de la garde royale. L'Empereur, à son retour de l'île d'Elbe, le créa comte de l'Empire et l'employa à l'armée du Nord comme commandant une division de la vieille garde. A Mont-Saint-Jean, le 18 juin, l'intrépide Michel s'élance sur les masses ennemies et les pousse à la baïonnette dans les reins jusqu'au-delà du plateau de la Haie-Sainte, malgré le feu le plus terrible de l'artillerie et de la mousqueterie des Anglais. Ce succès, qui malheureusement devait coûter la vie à un grand nombre de braves, devint fatal au général Michel ; frappé mortellement, il tomba au milieu des siens. On rechercha religieusement son corps, mais on ne put le retrouver. Ce valeureux général dort avec ses compagnons d'armes dans la grande tombe de Mont-Saint-Jean. On avait dit que le général Cambronne, sommé de se rendre, avait répondu : *La garde meurt et ne se rend pas;* c'était une erreur. Cette réponse énergique à un ennemi vainqueur, appartient au général Michel, dont le nom figure au côté Nord de l'arc-de-triomphe de l'Étoile.

B-S.

MINOT (JEAN-LOUIS-TOUSSAINT), naquit le 29 mars 1772 à Tillou (Deux-Sèvres). Admis à l'âge de dix-sept ans dans les ponts et chaussées, et employé jusqu'au 15 août 1789, il entra alors comme volontaire dans le 1ᵉʳ bataillon de son département. Sergent-major, lieutenant et capitaine-quartier-maître-trésorier les 20 juillet, 26 septembre 1792, et 25 mai 1793, il fit les guerres de 1792 et 1793 à l'armée du Nord, et reçut au siége de Valenciennes, le 30 juin 1793, un coup de feu à la tête. Attaché en l'an II à l'armée de la Vendée, il passa le 9 nivose an III, par incorporation, dans la 112ᵉ demi-brigade de ligne, devenue 88ᵉ le 1ᵉʳ ventose an IV. Il faisait partie de l'armée de Sambre-et-Meuse, lorsqu'il tomba au pouvoir de l'ennemi à Wurtzbourg le 3 fructidor an IV. Rendu à la liberté le 15 vendémiaire an V, il rejoignit son régiment à l'armée d'Italie et le suivit en Egypte de l'an VI à l'an IX. A l'affaire du 14 fructidor an VIII, il fut blessé d'un coup de feu à la cuisse et laissé pour mort sur le champ de bataille. Son colonel, Silly, devenu général de brigade, le choisit pour son aide-de-camp le 1ᵉʳ vendémiaire an IX. Le 30 ventose, à l'affaire qui eut lieu devant Alexandrie, il eut son cheval tué sous lui au moment où il se portait, à la tête d'une colonne d'attaque, sur une redoute anglaise. Blessé au genou dans un engagement qui eut lieu bientôt après, et renversé par le même boulet qui emporta la jambe de son général, le chef de l'armée l'éleva, le 7 floréal an IX, au grade de chef de bataillon dans son ancien corps, alors 38ᵉ demi-brigade. Rentré en France le 1ᵉʳ nivose an X, il servit d'abord au camp de Saint-Omer, devint major du 84ᵉ de ligne le 30 frimaire an XII, et membre de la Légion-d'Honneur le 4 germinal suivant. Placé au camp d'Utrecht (armée gallo-batave) en l'an XII et en l'an XIII, il fit la campagne de l'an XIV à la grande armée, et fut nommé le 15 novembre 1807 colonel du régiment des Albanais au service de France. Il rentra à Corfou de 1808 à 1813, et y reçut le 31 juillet de cette dernière année le brevet de général de brigade. A son retour en France, il prit le commandement des 3 bataillons d'infanterie dirigés sur le 11ᵉ corps de la grande armée. Louis XVIII lui donna la croix de Saint-Louis le 13 août 1814, et le 16 mai 1815 l'Empereur l'employa au 6ᵉ corps de l'armée du Nord. Il resta en demi-solde depuis le 16 août 1815, passa le 1ᵉʳ avril 1820 dans le cadre de l'état-major de l'armée comme disponible, et obtint sa retraite le 1ᵉʳ décembre 1824. Relevé de cette position après la révolution de Juillet 1830, il commanda le département du Tarn le 16 mars 1831, entra dans le cadre d'activité de l'état-major général de l'armée le 22 du même mois, et devint officier de la Légion-d'Honneur le 1ᵉʳ mai suivant. Réadmis à la retraite le 1ᵉʳ avril 1834, conformément à l'ordonnance du

5 avril 1832, il est mort le 8 février 1837 à Saint-Pierre-de-l'Ile (Charente-Inférieure).

MOLARD (ENNEMOND-ALEXIS-JOACHIM), naquit le 3 décembre 1764 à Domène (Isère). Soldat au régiment de dragons de Conti (13e) le 23 janvier 1785, et congédié par grace le 11 novembre 1789, il entra le 6 octobre 1792 comme capitaine dans le 6e bataillon de volontaires de son département, incorporé dans la 39e demi-brigade de ligne, et fit avec ce corps les guerres de 1792 à l'an VIII à l'armée des Alpes, au siége de Toulon et à l'armée d'Italie. Chef de bataillon le 28 prairial an X, major du 25e de ligne le 30 frimaire an XII, et membre de la Légion-d'Honneur le 4 germinal suivant, il servit de l'an XII à 1806 au camp de Bruges et à l'armée des côtes. Passé avec son grade le 30 avril 1807 à la 1re légion de réserve de l'intérieur, dirigée sur l'Espagne au commencement de 1808, il en devint colonel le 13 juillet, et fut fait prisonnier de guerre à Baylen. Il était du nombre de ceux qui, détenus sur le ponton la *Vieille-Castille*, parvinrent à s'échapper le 16 mai 1810. Admis à la suite du 121e régiment de ligne le 23 août de cette année, il prit le 8 décembre suivant le commandement du 6e léger. C'est à la tête de ce corps qu'il fit les campagnes d'Espagne de 1810 à 1812. L'Empereur le nomma officier de la Légion-d'Honneur le 24 juin 1811. Blessé le 23 juillet 1812 à l'affaire d'Alba-de-Tormez, et resté au pouvoir de l'ennemi, il mourut à Salamanque le 4 août suivant. B-S.

MONCABRIÉ. *Voyez* PEYTES.

MONARD (JEAN-NICOLAS), naquit le 11 octobre 1750 à Charleville (Ardennes). Volontaire au régiment de Penthièvre-cavalerie le 25 avril 1763, maréchal-des-logis le 3 juillet 1767, sous-lieutenant le 18 mai 1769, lieutenant le 1er juin 1772, capitaine au 9e régiment de chasseurs le 15 juin 1784, major dans le régiment de Hainaut (5e) le 17 mai 1789, lieutenant-colonel le 1er janvier 1791, colonel le 1er juin 1792, et maréchal-de-camp le 8 mars 1793, il servit de 1792 à 1793 aux armées du Rhin et de la Moselle. Inspecteur-général des dépôts de cavalerie le 20 août de cette dernière année, et suspendu de ses fonctions comme suspect le 22 septembre suivant, il n'obtint de traitement de réforme que le 15 germinal an VI. Remis en activité le 13 prairial an VII dans son grade de général de brigade, il devint inspecteur aux revues le 18 pluviose an VIII. Le gouvernement l'attacha le 9 germinal à la 8e division militaire (Marseille), et lui confia le 1er frimaire an IX l'inspection des troupes de l'armée de réserve réunies à Dijon. Envoyé le 16 ventose suivant au corps d'observation de la Gironde, devenu armée de Portugal, il rentra en France le 1er vendémiaire an X, et reçut l'ordre de se rendre dans la 18e division militaire (Dijon). Le 11 brumaire an XII, le ministre de la guerre l'appela à l'inspection des troupes rassemblées aux camps de Compiègne et de Montreuil, et le premier Consul lui donna le 4 germinal la décoration de la Légion-d'Honneur. Chargé le 6 brumaire an XIV de la levée des contributions dans le Brisgau, le ministre lui adressa des félicitations sur l'intelligence qu'il avait apportée dans l'accomplissement de sa mission. Envoyé le 27 janvier 1807 à Carlsruhe, pour mettre le grand-duc de Bade en possession de l'accroissement de territoire qui lui avait été concédé par le traité du 12 juillet 1806, ce prince le décora en 1808 de la croix de commandeur de l'ordre de la Fidélité de Bade. Employé depuis à la direction générale des revues et dans la 18e division militaire, et nommé officier de la Légion-d'Honneur le 24 août 1814, il a été mis à la retraite le 6 avril suivant. Il est mort le 20 décembre 1831 à Autun (Saône-et-Loire). B-S.

MONNAY (ÉTIENNE), naquit à Marly (Seine-et-Marne), le 17 juillet 1765. Commis aux aides le 30 décembre 1786, et contrôleur de la régie générale des aides et entrées de Versailles (douanes du roi) le 11 janvier 1787, il entra, après la suppression de cette régie, le 1er mai 1791, comme surnuméraire à la direction des contributions du département de Seine-et-Oise, et obtint, le 1er septembre suivant, l'emploi de lieutenant-quartier-maître du 4e bataillon de volontaires de ce département. Commissaire des guerres le 31 janvier 1792, ordonnateur provisoire le 17 thermidor an II, et compris dans l'organisation du 25 prairial an III comme commissaire des guerres, il servit à l'armée du Rhin de 1792 à l'an IX. Commissaire-ordonnateur le 27 frimaire de cette dernière année, il passa en Hollande le 14 frimaire an XII en qualité d'ordonnateur en chef, et reçut, le 4 germinal suivant, la décoration de la Légion-d'Honneur. Rappelé le 12 septembre 1806, il fit avec le 5e corps de la grande armée les campagnes de 1806 à 1808, fut employé en 1809 à l'armée d'Allemagne, et de 1810 à 1811 au corps d'observation de l'Elbe. Le 29 décembre 1810, l'Empereur l'avait nommé officier de la Légion-d'Honneur. Envoyé à Stralsund, il s'y fit remarquer par ses talens et par sa probité. Renfermé dans Hambourg pendant le blocus de 1813 et 1814, il ne rentra en France qu'après l'abdication de Napoléon, et fut nommé chevalier de Saint-Louis le 29 juillet 1814. Le roi de Danemarck lui donna, le 27 novembre 1815, la croix de chevalier de l'ordre de Dannebrog, comme témoignage de sa satisfaction particulière pour les services qu'il avait rendus à Hambourg. Chargé en 1816 du service administratif de la 10e division militaire (Toulouse), et admis à la retraite le 5 avril 1819, il est mort à Pont-Saint-Vincent (Meurthe), le 31 décembre 1821. B-S.

MONTBRUN DE POMARÈDE (HUGUES-BRISSET), né le 12 juin 1756 à Acquin (île de Saint-Domingue), entra au service comme lieutenant-colonel commandant le 5e bataillon de la Gironde le 31 décembre 1791, et passa comme capitaine titulaire dans le 11e régiment de dragons le 17 février 1792. Il partit pour Saint-Domingue le 20 avril suivant, avec le général d'Esparbès, gouverneur des îles sous le vent, qui l'avait choisi pour aide-de-camp, et, dès son arrivée dans cette colonie, il déploya le plus grand zèle, en faisant exécuter la loi qui déclarait libres les hommes de couleur. Blessé d'un coup de feu à l'affaire qui eut lieu le 14 janvier 1793, les commissaires du gouvernement, Polverel et Santhonax, le nommèrent adjudant-général chef de bataillon, par arrêté du 20 avril suivant; le 16 juin, ils l'élevèrent au grade d'adjudant-général chef de brigade, et lui confièrent le gouvernement général par intérim de la partie ouest de l'île, par arrêtés des 1er et 3 novembre de la même année. Dans ces fonctions, ordinairement dévolues à un général de division, il donna de nouvelles preuves de son dévoûment, de sa capacité et de son courage, surtout le 13 prairial an II, à la défense du poste de Bizoton, où il reçut un coup de feu et plusieurs coups de sabre.

Mis en arrestation le 24 fructidor suivant, comme prévenu de trahison, de dilapidations, d'actes arbitraires et vexatoires, et ramené en France, il subit une détention de trois ans, fut jugé, reconnu innocent et acquitté par le conseil de guerre de la 12e division militaire, siégeant à Nantes, le 4 fructidor an V. Ce jugement, en le déclarant innocent, portait qu'il serait de suite mis en liberté et rendu à ses fonctions « pour les remplir avec le républicanisme, le désintéressement, le zèle, l'activité et les talens dont il n'avait cessé de donner des preuves avant sa détention. » Passé du département de la marine à celui de la guerre, en vertu de l'arrêté du 9 vendémiaire an VI, il ne cessa de demander du service actif; mais ses sollicitations et les rapports favorables présentés au Directoire exécutif par le ministre de la guerre n'eurent aucun succès, et il ne put obtenir qu'un traitement de réforme le 1er thermidor de la même année. Enfin, par arrêté du 21 floréal an VIII, le premier Consul le confirma dans le grade d'adjudant-général, en le laissant en réforme, à défaut d'emploi vacant. Cependant, le 23 du même mois, il fut placé en qualité de général de brigade près le conseil d'administration de l'hôpital militaire de La Rochelle. Commandant d'armes à Bordeaux, en sa qualité d'adjudant-général, le 21 vendémiaire, le premier Consul le comprit comme membre de la Légion-d'Honneur dans la nomination du 4 germinal an XII. La place de Bordeaux ayant été supprimée le 15 floréal an XII, à compter du 1er vendémiaire an XIII, Montbrun continua provisoirement ses fonctions avec les deux tiers de sa solde, et à dater du 1er février 1806 il ne toucha plus que le traitement de non-activité. Nommé de nouveau commandant provisoire à Bordeaux le 19 avril 1808, il reçut l'ordre de cesser ses fonctions le 15 septembre suivant, et depuis cette époque jusqu'au 27 septembre 1810, il continua de commander cette place, dont l'importance s'était accrue par les nombreux passages de troupes qui se rendaient en Espagne, sans recevoir d'autres émolumens que le traitement de non-activité. Envoyé le 2 juillet 1811 à Mont-Louis, comme commandant d'armes provisoire, il remplaça le titulaire le 7 août 1812, alors que celui-ci eut été mis à la retraite. Le 8 août 1813, l'Empereur le nomma commandant de la place de Mont-Louis, en état de siége. Admis à la solde de retraite le 26 octobre 1814, cette disposition ne fut point mise à exécution; il demeura sans traitement jusqu'au 1er juillet 1818, date de son admission à la réforme. Retraité le 1er juillet 1827, il est mort à Castres (Gironde), le 5 juin 1831.   B-G.

MONTIGNY (FRANÇOIS-EMMANUEL-DEHAIES, *chevalier* DE), naquit à Versailles le 7 août 1743. Employé comme ingénieur militaire en 1764, il entra avec le grade de sous-lieutenant dans le régiment de Médoc-infanterie le 2 août 1768, devint lieutenant le 17 juin 1770, servit en cette qualité auprès du général Bourcet, directeur-général du génie, et passa le 4 mars 1772 capitaine dans la légion de Lorraine. Il fit les campagnes de Corse de 1768 et 1769, fut employé à la reconnaissance des frontières des Alpes, de Flandre et de l'Artois, et obtint le 28 janvier 1776 le rang de major dans les troupes coloniales. L'année suivante, envoyé en mission dans l'Inde, il poussa ses reconnaissances dans le golfe Persique jusqu'à l'embouchure de l'Indus; se dirigeant ensuite sur Surate, il arriva enfin à Goa, d'où il se rendit à Delhy et à Sounha, terme de sa mission. De retour en France en 1779, Louis XVI, qui déjà l'avait nommé colonel le 3 septembre 1778, l'accueillit avec distinction, le nomma chevalier de Saint-Louis et le renvoya dans l'Inde en 1781, avec une mission auprès de la régence de Marate. Pendant sept ans, il y fut entouré de la plus haute considération : le Grand-Mogol lui envoya en 1785 le diplôme de nabab. Chargé en 1788 d'une mission importante près du soubab de Decan, il s'en acquitta à la satisfaction du roi, qui l'en récompensa par le gouvernement de Chandernagor et des possessions françaises au Bengale. La Révolution française ayant étendu ses ramifications dans ce pays, le chevalier de Montigny en devint une des premières victimes. Il fut arrêté, jeté en prison et ensuite conduit à Calcuta par ordre du gouverneur anglais, lord Cornwallis. Embarqué pour la France, il fit naufrage sur la côte est de l'Afrique, revint par le cap de Bonne-Espérance, et débarqua à la fin de 1791. Retiré dans ses foyers avec son traitement d'activité, il ne prit aucune part aux événemens politiques, et occupa utilement ses loisirs en rédigeant des mémoires utiles sur le cap de Bonne-Espérance, sur l'administration et l'organisation militaire des colonies orientales. Le premier Consul le nomma général de brigade le 21 germinal an VIII. Appelé de nouveau au commandement de Chandernagor le 24 fructidor an X, il partit la même année pour sa destination; mais, poursuivi par les croisières anglaises, il fut forcé de se replier sur les îles de France et de Bourbon. C'est là qu'il reçut, à la date du 4 germinal an XII, son brevet de membre de la Légion-d'Honneur. Fait prisonnier de guerre lors de la reprise de ces colonies par les Anglais, le 8 juillet 1810, il n'obtint sa liberté qu'après seize mois de captivité. Rentré en France dans le mois de novembre 1811, il fut mis à la disposition du ministre de la guerre le 15 décembre suivant. Il avait alors perdu la vue. Admis à la retraite le 18 février 1812, une ordonnance royale du 17 décembre 1817 le nomma lieutenant-général honoraire. Il est mort à Paris le 27 juin 1819.   B-S.

MONTMARIE (AIMÉ-SULPICE-VICTOR, **PELLETIER**, baron DE), naquit à Boury (Oise), le 13 novembre 1772. Sous-lieutenant au 17e bataillon de volontaires de Paris, il devint lieutenant le 1er frimaire an II, et après avoir fait avec ce corps les guerres de 1793 et de l'an II à l'armée de la Moselle, il entra le 20 germinal dans le 3e régiment de dragons, mais comme simple cavalier. Nommé adjoint aux adjudans-généraux le 6 vendémiaire an III, il fit la campagne de cette année et la suivante aux armées de Sambre-et-Meuse et du Nord. Le 12 thermidor an IV, il rentra comme sous-lieutenant dans le 3e de dragons, fit avec ce régiment les guerres d'Italie, d'Helvétie, et embarqua pour l'Égypte en l'an VI. Lieutenant le 6e jour complémentaire an VII, capitaine le 6 pluviose an VIII, il passa chef d'escadron à la suite le 9 pluviose an IX. Il prit à cette époque le commandement des mamelucks organisés en Égypte par le général Bonaparte. Chef d'escadron titulaire dans le 19e régiment de dragons le 4 floréal an X, il servit en Hanovre durant les ans XI et XII, obtint le grade de major dans le 9e de chasseurs à cheval le 3 ventose de cette dernière année, et fut nommé membre de la Légion-d'Honneur le 4 germinal suivant. Passé à l'armée de Naples, il y resta de l'an XIII à 1807, devint colonel du 28e régiment de dragons le 4 avril 1807, et officier de la Légion-d'Honneur le 27 juillet même année. Au passage de la Piave, le 9 mai 1809, il reçut un coup de sabre à la tête et fut créé chevalier de la Couronne-de-Fer le 30 du même mois. Le 15 août suivant, l'Empereur lui conféra le titre de baron de l'Empire. Le colonel Montmarie donna les plus grandes preuves de courage pendant la campagne de Russie en 1812, notamment à la bataille de la Moskowa (7 septembre), où il reçut un coup de biscaïen au côté gauche. Général de brigade le 22 juillet 1813, et employé à la 4e division de cavalerie légère, il pénétra en Bohême avec sa brigade et 2 bataillons d'infanterie, et poursuivit l'ennemi jusqu'à Marckersbach ; mais ayant rencontré à la hauteur de ce village des forces supérieures aux siennes, il dut arrêter sa marche et prendre les dispositions nécessaires pour se maintenir dans cette position. Vigoureusement attaqué à son tour, ce ne fut que par des prodiges de valeur qu'il parvint à conserver un terrain vivement disputé jusqu'à l'arrivée du corps principal (Vandamme). Le lendemain 29, il contribua à rejeter l'ennemi sur Kulm, et remplaça dans le commandement de la division le général Corbineau, qui venait d'être blessé. Cependant les Autrichiens ayant reçu des renforts considérables parvinrent bientôt à reprendre l'offensive, et Vandamme jugeant qu'il allait être enveloppé ordonna la retraite, et chargea le général Montmarie de la couvrir avec sa division. C'est à cet instant que le corps français se trouva tout-à-coup coupé par l'armée prussienne du général Kleist. Cette circonstance aggravait la position difficile de Vandamme. Montmarie, qui en avait apprécié toutes les conséquences, accourt au lieu du danger, exécute avec sa division une charge brillante sur ce nouvel adversaire et le rejette dans les bois à droite et à gauche de la route. Les résultats de cette journée, désastreux pour l'armée française, ne permirent pas, dans le temps, de faire mention de ce brillant fait d'armes. Le général Montmarie combattit à Wachau le 16 octobre même année, et y eut la jambe droite emportée par un boulet de canon. Transporté à Leipzig, il subit l'amputation et y mourut le 2 novembre suivant. Son nom est inscrit sur les tables de bronze de Versailles, et sur le côté Est de l'arc-de-triomphe de l'Étoile.

MOREL (PIERRE-JOSEPH-DOMINIQUE-GUILLAUME, baron), né le 15 mars 1763 à Lansargues (Hérault), entra au service comme chef de bataillon le 8 juin 1793 dans le 7e bataillon des volontaires de l'Hérault, embrigadé en l'an II dans la 12e demi-brigade provisoire, incorporée le 3 frimaire an V dans la 18e demi-brigade d'infanterie légère, devenue 18e régiment de même arme à l'organisation du 1er vendémiaire an XII. Il fit avec distinction les campagnes de 1793 et des ans II et III à l'armée des Pyrénées-Orientales, et fut blessé d'un coup de feu à la tête, le 27 brumaire an III, à la prise des redoutes de Figuières. De l'an IV à l'an XII, il servit successivement aux armées d'Italie, d'Angleterre, d'Helvétie et de Batavie, et se distingua par plusieurs traits de bravoure qui lui valurent des mentions honorables à l'ordre de l'armée. Major du 8e régiment d'infanterie légère le 30 frimaire an XII, il alla rejoindre ce corps à Nice, et reçut la décoration de membre de la Légion-d'Honneur le 4 germinal de la même année. Le 12 pluviose an XIII, l'Empereur le nomma colonel du 25e léger, et c'est à la tête de ce régiment qu'il prit part aux guerres d'Autriche, de Prusse et de Pologne de l'an XIV à 1807, avec la 3e division du 6e corps de la grande armée. Il se signala par son courage, le 13 brumaire an XIV, à la prise de la forteresse de Scharnitz, en Tyrol, où il fut blessé, se fit encore remarquer, le 26, à celles de Clausen et de Bautzen. Sa conduite durant cette campagne lui mérita la croix de commandant de la Légion-d'Honneur, que l'Empereur lui conféra le 4 nivose de la même année, quoiqu'il n'eût point celle d'officier, et le nomma membre du collège électoral du département de l'Hérault le 26 juillet 1806. Il se trouva pendant les mois d'octobre et de novembre 1806 au blocus et au bombardement de Magdebourg, ainsi qu'à la prise de Thorn le 6 décembre de la même année, et aux combats de Bergfried et de Deppen les 3 et 5 février 1807. A l'affaire qui eut lieu le 23 du même mois, il eut l'épaule droite fracassée par un coup de mitraille, et cette blessure ne lui permettant plus de continuer un service actif, il prit sa retraite le 26 juin suivant. Créé baron de l'Empire le 17 mars 1808, il est mort le 28 avril 1834 dans le lieu de sa naissance.

MORLAINCOURT (HYACINTHE , **BOUCHER** DE), né le 12 mars 1756 à Bar-sur-Ornain (Meuse), entra le 1er janvier 1774 comme lieutenant en second à l'École du génie de Mézières, en sortit le 1er janvier 1776 avec le grade d'ingénieur ordinaire (lieutenant en premier), et devint capitaine le 10 mars 1788. Successivement attaché, de 1777 à 1793, aux places de Metz, Verdun et Montmédy, et au dépôt des fortifications à Paris en qualité de second adjoint au directeur de cet établissement; et employé à l'École de Mars depuis le mois de thermidor an II jusqu'au mois de frimaire an III, il reprit à cette époque les fonctions de second adjoint au dépôt des fortifications, et fut promu, le 3 germinal de cette année, au grade de chef de bataillon sous-directeur. Premier adjoint à la même date, il conserva cet emploi jusqu'en l'an VII. Directeur de cet établissement le 28 thermidor an VIII, et envoyé à l'armée de réserve, devenue armée des Grisons en l'an IX, il servit sous les ordres du général Lery, commandant en chef le génie de cette armée. Rentré dans l'intérieur, il obtint le 4 ventose an XII le brevet de colonel, la décoration de la Légion-d'Honneur le 4 germinal même année, et celle d'officier du même Ordre le 25 prairial suivant. Après la campagne de l'an XIII à l'armée des côtes de l'Océan et au camp de Boulogne, il vint reprendre la direction des fortifications, qu'il conserva jusqu'en 1813. Appelé en 1814 à concourir à la défense du Luxembourg, il revint dans la capitale après le traité de Paris, et passa à la direction du génie à Verdun; il s'y trouvait encore au retour de Napoléon de l'île d'Elbe. Mis à la retraite le 18 octobre 1815, avec le grade de maréchal-de-camp, il est mort le 12 mars 1831 à Bar-le-Duc (Meuse).   B-S.

MOTTE-GUERY (DE LA). *Voyez* CHRISTOPHE DE LA MOTTE-GUERY.

MOUVANT. *Voyez* MARTIN DE VAUXMORET.

MULLER (JOSEPH-ANTOINE-CHARLES, *baron*), naquit le 15 mars 1775 à Épfig (Bas-Rhin). Volontaire dans le régiment de Boulonnais (82e d'infanterie) le 1er mai 1789, il contracta un engagement le 1er mai 1791 dans le même régiment, devenu 79e, et prit part à l'expédition de Savoie en 1792. Il fit les guerres de la liberté depuis 1793 jusqu'à l'an IX aux armées des Pyrénées-Orientales, d'Italie, de Rome, de Naples et des Grisons. Le 17 juillet 1793, lorsque l'ennemi bombarda le camp retranché établi près de Perpignan, le général Dagobert fit une sortie avec quelques bataillons. Attaqué par des forces supérieures, toute la ligne plie. Simple soldat alors, Müller, voyant ses officiers hors de combat, se met à la tête de la seconde section de sa compagnie, qui n'avait pas bougé, et, secondé par un mouvement de notre cavalerie, ce petit nombre de braves soutient le choc de toute l'avant-garde espagnole, tandis qu'à quelque distance en arrière on rétablissait la ligne de bataille. Cette action hardie sauva la colonne française d'une entière défaite. Le 3 septembre suivant, il passa comme caporal-fourrier dans le 3e bataillon du Tarn, incorporé en l'an II dans la 4e demi-brigade provisoire, amalgamée en l'an IV dans la 11e de ligne, et fut nommé sous-lieutenant le 12 octobre de la même année. Pendant la campagne de l'an II, l'ennemi, qui s'était rendu maître du fort Saint-Elme, se porta aussitôt sur la ville et le camp retranché de Collioures. Müller se trouvait dans une batterie voisine, il se fit suivre par 50 hommes déterminés, atteignit les Espagnols occupés au pillage du faubourg et les en chassa. Lieutenant le 16 frimaire de la même année, il faisait partie de l'avant-garde commandée par le général Augereau pendant la campagne de l'an III. Un poste important établi près de la fonderie espagnole de la Chapelle, et défendu par 180 chasseurs de la montagne, venait d'être enlevé par l'ennemi. Le lieutenant Müller obtint la permission de se mettre à la tête de 25 hommes d'élite; il attaqua l'ennemi, fort de 300 hommes, le culbuta à la baïonnette et reprit ce poste, dans lequel il se maintint malgré les efforts des Espagnols. Dans cette affaire, il fut blessé d'un coup de sabre par un officier qu'il tua au milieu des rangs ennemis. Il obtint le grade de capitaine le 4 frimaire an IV. Le général en chef Championnet, pendant la retraite du corps d'armée de Rome, en l'an VI, le laissa dans le fort de Civita-Castellana avec une garnison de 150 hommes et 20 canonniers, et lui enjoignit de tenir jusqu'à la dernière extrémité. Attaqué par les divisions napolitaines, Müller leur imposa par sa contenance, et les généraux ennemis n'osèrent jamais établir leurs communications par la ville, que sa garnison trop peu nombreuse était pourtant forcée d'abandonner toutes les nuits. Il se défendit opiniâtrément et répondit par des coups de fusil aux sommations qui lui furent faites. Enfin, au bout de neuf jours, cette armée si nombreuse se décida à opérer sa retraite. Le capitaine Müller, avec 5 chasseurs à cheval seulement, suivit le mouvement de l'ennemi, le força à abandonner un convoi de fourrages, et, trouvant à quelques milles une compagnie de cavalerie qui occupait la petite ville de Nepi, il n'hésita point à la charger, la chassa de cette ville et resta maître des différens magasins qu'elle s'efforçait de faire évacuer. Passé comme capitaine aide-de-camp auprès du général en chef Macdonald le 7 ventose an VII, et chargé de porter à Rome des dépêches importantes du commissaire du Directoire Bertholio, il se rendit de Naples à sa destination, suivi d'un seul domestique, à travers les postes nombreux de révoltés qui occupaient si bien tous les passages, que le commissaire Abrial se trouvait depuis plusieurs jours retenu à Terracine avec une escorte de plus de 400 hommes, qui avait à différentes reprises vainement tenté de passer. Sa conduite à la sanglante journée de la Trebia, le 1er messidor, lui valut le grade de chef de bataillon sur le champ de bataille. Le Directoire le confirma dans ce grade le 19 thermidor suivant. Entré dans la 49e demi-brigade de ligne le 15 germinal an X, il servit sur les côtes de Cherbourg pendant cette année et la suivante. Major du 65e régiment d'infanterie de ligne le 30 frimaire an XII, et membre de la Légion-d'Honneur le 4 germinal suivant, il fit les campagnes de l'an XIV à 1807 en Autriche, en Prusse et en Pologne avec la grande armée, passa comme chef de bataillon dans les grenadiers à pied de la garde impériale le 1er mai 1806, et fut nommé colonel du 12e régiment d'infanterie de ligne le 20 octobre suivant. Il se distingua le 26 décembre de la même année au combat de Pultusk, et y reçut un coup de feu à l'articulation du genou gauche. Officier de la Légion-d'Honneur le 7 juillet 1807, il obtint le titre de baron de l'Empire le 19 mars 1808. Admis à la retraite le 7 avril 1809, il se retira au château du Bois-Ferrand (Manche), où il réside encore aujourd'hui. B-G.

MUSCAR (ARNOULD), naquit le 1er août 1757 à Bayonne (Basses-Pyrénées). Soldat au régiment de Vivarais-infanterie (71e) le 13 juin 1774, caporal de grenadiers le 21 juin 1781, fourrier le 19 mai 1792, sergent-major le 14 octobre 1791, il devint sous-lieutenant le 26 avril 1782. Le 29 juin même année, il passa lieutenant-adjudant-major dans le 3e bataillon des grenadiers de la réserve, et, le 20 septembre suivant, capitaine-adjoint aux adjudans-généraux. Sa conduite distinguée aux armées des Ardennes et du Rhin lui mérita les éloges les plus flatteurs, et le grade de chef de bataillon (21 mai 1793) dans le 8e de volontaires du Bas-Rhin, qui faisait alors partie de l'armée de l'Ouest et des côtes de l'Océan. Il se fit remarquer à l'affaire de la Chevrolière, près de Nantes, à la tête de sa colonne, et reçut dans cet engagement un coup de feu qui lui traversa le corps. Quelques mois après, il soutint avec une grande fermeté l'attaque du camp de Chinon par les Vendéens, et eut le bras droit cassé d'une balle. Le brave Muscar se signala à la défense du château d'O, aux combats de Blain, de Châteaubriant et de la fonderie d'Indret. Peu de temps après, il s'empara d'un convoi de 29 barils de poudre anglaise, dont l'armée vendéenne s'approvisionnait secrètement par la rivière de la Vilaine. Le 11 frimaire an V, le gouvernement lui confia le commandement de la place d'Ostende, qu'il défendit vaillamment le 30 floréal an VI. Les Anglais se présentèrent devant le port, l'assiégèrent par mer avec une escadre de 35 voiles, et par terre avec 4,000 hommes de débarquement. Muscar, avec une faible garnison de 400 combattans, résista aux ravages de 600 bombes et de 2,000 boulets. Pendant que ce bombardement avait lieu, une colonne de 2,000 Anglais se dirigeait vers la place, lorsqu'elle fut arrêtée et vivement repoussée par 300 Français. Forcée de battre en retraite, elle éprouva dans sa marche rétrograde des pertes considérables. Au commencement de l'attaque, un trompette anglais avait sommé le commandant Muscar de mettre bas les armes : *Allez dire à votre chef*, répondit ce brave, *que nous périrons plutôt que de nous rendre*. Son courage et sa fermeté conservèrent cet important boulevart à la République. Les Anglais perdirent dans cet engagement 1,500 prisonniers, 4 pièces de canon et 200 hommes noyés. Cette brillante défense fut solennellement annoncée au Corps législatif le 1er vendémiaire an VII par le président du Directoire exécutif, et cette assemblée décida dans la même séance qu'elle serait consignée dans les fastes de la nation. Le 13 de ce mois, le ministre de la guerre lui envoya le brevet de chef de brigade, avec un extrait du procès-verbal de la séance. Le colonel Muscar conserva son commandement jusqu'au 11 septembre 1810, époque à laquelle il fut admis à la solde de retraite. Il avait été nommé membre de la Légion-d'Honneur le 4 germinal an XII. Il est mort le 9 septembre 1837 à Lille (Nord).

MUZY (MICHEL-FRANÇOIS), naquit le 13 janvier 1777 à Villefranche (Rhône). Volontaire le 6 pluviose an II dans le 5e bataillon de Rhône-et-Loire, incorporé dans la 44e demi-brigade, devenue 22e demi-brigade d'infanterie de ligne, il devint fourrier le 6 ventose suivant. Il fit toutes les guerres de l'armée d'Italie de l'an II à l'an V, et passa avec son grade dans les guides du général en chef Bonaparte le 27 brumaire an VI. Parti avec l'armée d'Orient, il rentra en France avec son général, et fut admis dans la garde des consuls le 13 nivose an VIII. Maréchal-des-logis-chef des chasseurs à cheval de ladite garde le 15 floréal suivant, il fit la campagne d'Italie, et se trouva à la mémorable journée de Marengo. Sous-lieutenant au même corps le 13 thermidor an IX, et lieutenant en second le 21 vendémiaire an XI, il servit à l'armée des côtes de l'Océan en l'an XII et en l'an XIII, reçut la décoration de la Légion-d'Honneur le 4 germinal an XII, et obtint le grade de lieutenant en premier le 1er vendémiaire an XIII. Il combattit de l'an XIV à 1807 en Autriche, en Prusse et en Pologne, se distingua à Austerlitz et à Eylau, et fut nommé capitaine le 16 février 1807. En 1808, l'Empereur le créa chevalier de la Couronne-de-Fer. Il prit part à la campagne d'Allemagne en 1809, et périt glorieusement sur le champ de bataille de Wagram, emporté par un boulet de canon. B-G.

NAGLE (THOMAS-PATRIGE, *baron*), naquit le 16 mars 1771 à Cambrai (Nord). Cadet-gentilhomme au régiment irlandais de Berwick au service de France le 10 août 1780, sous-lieutenant le 13 mars 1783, lieutenant le 27 mai 1789, il entra, le 15 septembre 1791, avec le grade de capitaine, dans le 88e régiment d'infanterie, et devint, le 19 messidor an II, chef de bataillon provisoire dans la 159e demi-brigade de ligne, dont partie fut incorporée dans la 53e, devenue elle-même 10e de ligne. Il fit les guerres de 1792 et 1793 à l'armée du Rhin, et celles de l'an II à l'an VI aux armées de Rhin-et-Moselle et d'Angleterre, se distingua au siége de la tête de pont de Manheim en l'an III, à celui de Mayence en l'an IV, et au siége de Kehl en l'an V. Passé à l'armée d'Italie en l'an VII, il y servit avec distinction jusqu'à la fin de l'an XI; il avait été confirmé dans le grade de chef de bataillon le 19 vendémiaire an X. Major du 17e régiment de ligne le 11 brumaire an XII, il rejoignit ce corps à l'armée gallo-batave, et reçut, le 4 germinal suivant, la décoration de membre de la Légion-d'Honneur. Employé à l'armée des côtes de l'an XIII en 1807, et nommé colonel du 92e de ligne le 28 mars 1808, il fit à la tête de ce régiment les campagnes de 1809 à 1811 à l'armée d'Italie, se signala à l'affaire de Sacile le 16 avril 1809, où il fut blessé d'un coup de feu à la poitrine, au glorieux combat devant Glatz, le 26 du même mois, et à la bataille de Wagram le 6 juillet suivant, où un boulet l'atteignit légèrement au bas-ventre. L'Empereur le créa baron de l'Empire. Officier de la Légion-d'Honneur le 6 avril 1812, et major du 4e régiment de voltigeurs de la jeune garde le 6 août, il donna de nouvelles preuves de valeur en Russie et en Saxe, obtint, le 11 octobre, le grade de général de brigade, et passa le même jour au 4e corps de la grande armée. Il se fit particulièrement remarquer au combat de Wiazma, le 3 novembre 1812, à la tête de la 1re brigade de la division Delzons. Le 15 juin 1813, l'Empereur lui confia le commandement de l'île d'Oleron. Le 18 mars 1814, le ministre de la guerre l'envoya provisoirement à Rochefort, et lui donna, le 1er mai, le commandement du département de la Vienne. Remplacé dans ce commandement le 20 du même mois, il reçut, le 16 août, l'ordre d'aller reprendre celui de l'île d'Oleron. Chevalier de Saint-Louis le 20 de ce mois, le gouvernement de la Restauration l'employa à l'inspection des troupes d'infanterie de la 12e division militaire (Nantes) en 1816 et 1817, et le nomma lieutenant de roi de la place de Strasbourg le 5 août 1818. Réemployé à l'inspection le 18 novembre suivant, et compris en cette qualité dans le cadre de l'état-major général, il prit, le 21 avril 1820, le commandement de la 1re subdivision de la 5e division militaire (Seine-Inférieure), puis celui de la 12e (Charente-Inférieure) le 31 janvier 1821. Le 1er mai suivant, le roi lui accorda la croix de commandeur de la Légion-d'Honneur. Il est mort à La Rochelle le 9 novembre 1822 dans l'exercice de ses fonctions. B-S.

NAUDIN (JEAN-MARIN), naquit à Bagneux (Seine), le 2 janvier 1736. Entré au service comme conducteur d'artillerie le 14 mai 1759, il fit les guerres d'Allemagne de 1759 à 1762, se trouva aux affaires de Corbach, au siége de Munster, à la retraite de Manheim, au combat de Tillinghausen, et au passage du Weser. Employé à Rochefort en janvier 1763, et attaché à de Gribeauval, chargé d'une nouvelle organisation de l'artillerie, il rendit d'importans services jusqu'en 1767 à Paris, Verdun, Metz et Strasbourg. Le 11 juillet 1768, après la prise d'Avignon, le ministre de la guerre le plaça dans cette ville en qualité de garde d'artillerie. Il passa en Corse dans le courant de la même année, et devint, en 1770, garde général des parcs d'artillerie de l'île. Le gouvernement lui confia particulièrement le soin de réunir dans les différens ports tout le matériel de l'artillerie que les Génois y avaient laissé, et de le diriger sur Gênes. Cet emploi ayant été supprimé en 1776, Naudin fut nommé, le 11 novembre de cette année, commissaire des guerres du corps royal de l'artillerie. Rappelé en France en novembre 1783, il se rendit par ordre ministériel à La Rochelle : il y reçut, le 15 mars 1791, la décoration de l'ordre de Saint-Louis, et le 1er octobre suivant des lettres de service de commissaire-auditeur près les cours martiales. Envoyé à Auxonne le 30 novembre, et l'un des fondateurs de la *Société régénérée*, créée vers le même temps, et qui s'affilia à celle des *jacobins* de Paris, il passa ensuite à Bordeaux, à Bayonne et à Saint-Jean-Pied-de-Port. Commissaire-ordonnateur le 25 novembre 1792, le ministre de la guerre le désigna pour diriger l'administration de l'armée des Pyrénées-Orientales. Il s'y occupa activement de l'établissement des cantonnemens de l'armée, et pourvut à tous les besoins de la troupe. Le 1er janvier 1793, il se rendit, par ordre du gouvernement, dans la 6e division militaire (Besançon), et peu de temps après dans la 9e (Montpellier), et fit partie dans cette ville de la Société populaire qui s'y était formée presque au moment de son arrivée. Un arrêté du Comité de salut public, du 6 thermidor an III, le chargea de la vérification des comptes et de la liquidation de la 7e commission, qui venait d'être supprimée et réunie à celle du mouvement des armées (1). Il s'acquitta de cette mission délicate avec autant de zèle que d'intelligence. Désigné ensuite pour se rendre à l'armée d'Italie, il y servit pendant les ans V et VI. De retour en France au commencement de l'an VII, il reçut plusieurs missions administratives. Le premier Consul le nomma inspecteur aux revues le 18 pluviose an VIII, l'employa dans la 14e division militaire (Caen), et lui donna, le 4 germinal an XII, la décoration de membre de la Légion-d'Honneur. Il est mort le 15 messidor an XIII dans l'exercice de ses fonctions.

OUDET (JACQUES-JOSEPH), né le 18 octobre 1773 à Maynal (Jura), entra au service en qualité de capitaine le 5 août 1792 dans le 9e bataillon du Jura, et fit les campagnes de 1792 et 1793 à l'armée du Rhin. Passé avec son grade dans la légion des Francs le 25 avril 1793, il reçut un coup de sabre à la jambe droite au siége de Mayence le 28 du même mois. Il suivit la garnison de Mayence en Vendée, et fut blessé à la cuisse gauche le 19 septembre 1793 à l'affaire près de Chollet. Cette blessure le tint éloigné de son corps pendant longtemps. Après son entière guérison, il écrivit au ministre de la guerre une lettre datée de Paris le 30 germinal, et conçue en ces termes : « Citoyen ministre, les blessures que j'ai reçues en combattant les rebelles de la Vendée m'ont empêché de suivre mes compagnons d'armes dans le champ de l'honneur. L'ambition de mériter la gloire et de servir mon pays m'engage à vous demander d'être employé dans *l'état-major de l'armée de l'intérieur*, ou dans la légion de police à cheval. Comptez sur mon zèle à remplir mes devoirs, la patrie aura toujours mes vœux, toutes les factions ma haine, les vrais républicains mon estime. » Cette réclamation, appuyée par l'adjudant-général Malet, alors à l'armée de Rhin-et-Moselle, et qui désirait s'attacher le capitaine Oudet comme adjoint, eut pour résultat sa nomination à cet emploi par arrêté du 15 floréal an IV. Désigné pour remplir les mêmes fonctions auprès de l'adjudant-général Devaux le 21 fructidor suivant, il continua de servir auprès de Malet, avec lequel il fit les campagnes des ans V et VI sur le Rhin. Employé avec lui à l'état-major de la 6e division militaire, puis à celui de la 7e, et enfin à l'armée des Alpes en l'an VII, il obtint, le 20 thermidor, le grade de chef de bataillon, conformément

---

(1) Un décret du 12 germinal an II supprimait les ministres existans à cette date et les remplaçait par douze COMMISSIONS EXÉCUTIVES. La 7e, dont il est ici question, avait les transports, les postes et messageries.

aux dispositions de la loi du 15 germinal an III, et sur sa demande expresse. Le 1er vendémiaire an VIII, il prit le commandement du 1er bataillon auxiliaire de la Drôme, passa par incorporation dans la 11e demi-brigade de ligne le 1er pluviose, puis à la 68e le 1er floréal, et se trouva le 17 du même mois au combat de San-Bartolomeo, où il eut le bras droit traversé d'un coup de feu. Passé en l'an IX à l'armée de l'Ouest, il tint garnison à l'île de Ré pendant les ans X et XI, devint major du 63e régiment d'infanterie de ligne le 30 frimaire an XII, et membre de la Légion-d'Honneur le 4 germinal. Attaché à la division des grenadiers d'Oudinot le 22 mai 1807, il se signala à la bataille de Friedland, et reçut la décoration d'officier de la Légion-d'Honneur le 28 juin de la même année. Par décret du 19 mars 1808, l'Empereur lui accorda une dotation de 2,000 francs de rente sur les domaines de Westphalie, et, le 31 janvier 1809, il le nomma colonel du 17e régiment d'infanterie de ligne. C'est en cette qualité qu'il fit la campagne d'Allemagne à la 1re division du 3e corps. Le 20 avril, au combat d'Abensberg, il eut la joue gauche traversée d'une balle, et le 6 juillet, à Wagram, il reçut à l'épaule gauche un coup de feu qui lui pénétra dans la poitrine. Transporté au faubourg de Braunhirschel, à Vienne, il y mourut le 9 juillet des suites de sa blessure.

Charles Nodier a publié, en 1815, une *Histoire des sociétés secrètes de l'armée*, dans laquelle il représente Oudet comme le chef des philadelphes, association qui a pu exister, mais qui n'a eu d'âme que sous la plume de l'écrivain romancier. Constant a laissé insérer dans ses *Mémoires* quelques-uns des contes de Nodier, et a ainsi répandu sur son livre le caractère odieux du mensonge et de l'ingratitude. D'après eux, l'Empereur, pour se débarrasser d'une société qui lui portait ombrage, aurait fait tomber le chef de la conspiration dans une embuscade le 6 juillet 1809, à neuf heures du soir, et l'on aurait trouvé le matin le corps de cet homme criblé de blessures, sous les cadavres de 20 ou 22 officiers massacrés avec lui; sa mort, arrivée quelques jours plus tard, désespérant les amis dont il s'était entouré, aurait porté quelques-uns d'entre eux à arracher l'appareil de leurs blessures, un sergent-major à se précipiter sur son sabre près de sa fosse, et un lieutenant à s'y brûler la cervelle.

Pour mettre un terme à ces récits extravagans, nous donnons une copie textuelle de l'acte mortuaire d'Oudet.

3e CORPS.   17e RÉGIMENT D'INFANTERIE DE LIGNE.
1re division.   . . . bataillon.

N° général . . .   N° annuel . .

Nous soussigné, Charles Parade, officier payeur remplissant les fonctions d'officier de l'état-civil, certifions qu'il résulte du registre destiné à l'inscription des actes de l'état-civil faits hors du territoire français, pour le 17e régiment d'infanterie de ligne, que M. Jean-Joseph Oudet, colonel dudit régiment, fils de. . . . . et de. . . . . , né le 18 octobre 1773 à Maynal, département du Jura, officier de la Légion-d'Honneur, est mort le neuf juillet de cette année à deux heures de l'après-midi au faubourg de Braunhirschel de Vienne, par suite d'un coup de balle reçu à l'épaule gauche et pénétrant dans la poitrine, à la bataille de Wagram le six juillet, d'après la déclaration à nous faite le 1er août 1809 par les trois témoins mâles et majeurs voulus par la loi, lesquels ont signé au registre avec nous à Guldenfurth en Moravie ledit jour.

Pour extrait conforme,
PARADE, officier payeur.

Collationné au registre de MM. les officiers,
Le quartier-maître,
BRUTÉ.

Vu par nous membres du conseil d'administration du 17e régiment d'infanterie de ligne pour légalisation de la signature de M. Parade, officier payeur à Guldenfurth, le 14 août 1809.

Le major commandant le régiment, L. VASSEROT.

MERAUD. — PIERRÉ, capitaine. — PAQUIEZ.

Vu par le sous-inspecteur aux revues,
DELECOURT.

Nous ne jugeons pas devoir répondre autrement que par cette pièce et par les faits de la notice d'Oudet, aux accusations de Charles Nodier et de Constant.

OULLEMBOURG (STANISLAS-MARIE-JOSEPH-IGNACE-LAURENT, *baron* D'), né le 10 août 1766 à Landau (Bas-Rhin), entra le 21 février 1779 dans le 3e régiment de hussards (Chamborant), et passa le 8 juillet suivant sous-lieutenant dans le régiment de cavalerie de Nassau-Sarrebruck (25e). Lieutenant en second le 8 avril 1783, il perdit son grade le 30 janvier 1785, l'obtint de nouveau le 25 janvier 1792, et fut capitaine le 25 mai de la même année. A l'affaire du 27 juin 1792, près de Maubeuge, chargé du commandement des postes avancés, il soutint avec une grande valeur le choc d'une colonne ennemie, donna le temps aux cantonnemens qui allaient être surpris de faire leurs dispositions de défense, exécuta ensuite une charge habile et fit 50 prisonniers. A la bataille de Jemmapes, le 6 novembre, il reçut un coup de feu à la jambe droite. Enveloppé de toutes parts par la cavalerie ennemie, dans la plaine d'Altenhowen, le 1er mars 1793, il parvint à se faire jour à la tête de son escadron, reprit 2 pièces de canon, délivra un bataillon de volontaires qui avait déjà mis bas les armes, en prit le commandement, et rallia sa petite colonne au corps principal. Envoyé de l'armée de Belgique à celle de Sambre-et-Meuse, il y resta de l'an II à l'an V. Détaché avec sa compagnie en tirailleurs au combat qui eut lieu devant Liége le 12 thermidor an II, il pénétra dans la ville un des premiers, et coupa, sur le pont de la Meuse, la retraite à 200 Autrichiens qui se rendirent sans coup férir. Au combat de Sprimont, le 2e jour complémentaire suivant, il passa à gué, devant l'ennemi, avec son escadron et une compagnie de grenadiers, la rivière d'Ourthe, gravit une montagne escarpée, culbuta les troupes qui l'occupaient, prit une pièce de canon, et se maintint dans sa position jusqu'à ce que la division française dont il faisait partie eût effectué son passage. Le 11 vendémiaire an III, au commencement de la bataille de Juliers, le général Hatry lui donna l'ordre d'éclairer avec sa compagnie la marche de la division; il parvint à envelopper le poste d'Aldorff, prit une pièce de canon et fit 100 prisonniers. Chef d'escadron provisoire le 1er vendémiaire an IV, il se fit remarquer le 4 frimaire suivant à l'affaire de Lautrecht. Envoyé en partisan, il se jeta, avec une faible colonne composée d'hommes de différentes armes, sur les derrières de l'ennemi, et le força à abandonner sa position. Chargé le 24 prairial de la même année du commandement de l'avant-garde d'une reconnaissance dirigée sur Sprinlinghen, il mit en déroute les postes autrichiens, passa le premier le pont sous le feu de l'ennemi, le poursuivit vigoureusement et lui prit un grand nombre d'hommes et de chevaux.

Le 6 vendémiaire an V, détaché avec un escadron en flanqueurs, il se glissa sur les derrières de l'ennemi aux prises avec la division française, chargea en queue une colonne de 1,200 hussards autrichiens, mit cette cavalerie en pleine déroute, et lui fit 80 prisonniers. Surpris seul et enveloppé pendant le combat de Lens, le 1er floréal, par un peloton de hussards hongrois, il se fit jour, le sabre à la main, à travers cette troupe, et rejoignit son régiment, auquel il évita une surprise. Il servit aux armées de Hollande et d'Helvétie en l'an VI et en l'an VII. Confirmé dans son grade de chef d'escadron le 23 ventôse an VIII, il passa à l'armée du Rhin, et fut chargé, pendant l'affaire de Stenbourg, du 8 messidor suivant, de soutenir avec 2 escadrons l'artillerie légère de la division à laquelle il appartenait. A peine arrivé sur la position que cette artillerie devait occuper, il s'aperçut que la tête de la colonne du 46e de ligne était culbutée par plusieurs escadrons de hulans. Aussitôt il charge en flanc cette cavalerie, la met en fuite, et oblige les autres colonnes d'abandonner le champ de bataille. A la bataille de Hohenlinden, il chargea avec 2 escadrons sur 5 bouches à feu soutenues par 2 bataillons bavarois, enfonça cette troupe, et lui prit ses canons et 300 hommes. Major du 10e régiment de hussards le 6 brumaire an XII, et membre de la Légion-d'Honneur le 4 germinal suivant, il fit la campagne de l'an XIII à l'armée des côtes de l'Océan, reçut le 25 fructidor le grade d'adjudant-commandant, et des lettres de service comme premier aide-de-camp du maréchal Bessières. Sa brillante conduite à la grande armée en l'an XIV lui mérita, le 19 juin 1806, le grade de colonel et le commandement du 1er régiment de dragons. Il se couvrit de gloire à Iéna, fut nommé général de brigade le 4 avril 1807, et officier de la Légion-d'Honneur le 18 février 1808. A Friedland, sa brigade, formée des 4e et 14e régimens de dragons, seconda le mouvement du maréchal Ney contre les Russes, et soutint avec intrépidité le feu de l'artillerie ennemie. Passé à l'armée d'Espagne en 1808, rappelé en France et chargé le 9 novembre 1809 du commandement du dépôt de cavalerie établi à Versailles, Napoléon lui conféra vers cette époque le titre de baron de l'Empire, et lui confia le commandement du département de Seine-et-Oise. Placé le 18 septembre 1811 à la tête d'une brigade de cuirassiers de l'armée d'Allemagne, il fit la guerre de Russie de 1812, et celle de Silésie de 1813. Autorisé à rentrer en France, il reprit le commandement du département de Seine-et-Oise, qu'il occupa jusqu'aux événemens politiques et militaires de 1814. Louis XVIII le nomma chevalier de Saint-Louis le 29 juillet 1814, et commandeur de la Légion-d'Honneur le 23 août suivant. Au retour de l'Empereur de l'île d'Elbe, le baron d'Oullembourg reçut l'ordre, le 23 mai, de se rendre à l'armée des Alpes. Admis à la retraite le 1er août 1815, le gouvernement de Juillet 1830 le plaça, le 22 mars 1831, dans le cadre de réserve; il y resta jusqu'au 1er mars 1832, époque à laquelle il rentra dans la position de retraite. Il est mort le 27 mai 1833 à Nanci (Meurthe).

PAILHÈS (PAUL), naquit le 14 août 1775 à Bagnères (Hautes-Pyrénées). Soldat le 12 février 1792 au 4e bataillon des Hautes-Pyrénées, devenu par suite d'amalgame 2e demi-brigade d'infanterie de ligne, il fut nommé caporal le 26 juin 1793, et fit toutes les guerres de 1792 à l'an VIII inclusivement dans les différentes armées de la République. Passé comme brigadier dans les guides du général en chef de l'armée d'Italie le 15 fructidor an V, et fait maréchal-des-logis le 15 vendémiaire an VII, il entra avec son grade, le 13 nivôse an VIII, dans les chasseurs à cheval de la garde des consuls. Il se distingua à Marengo, et devint sous-lieutenant-porte-étendard au même corps le 21 vendémiaire an XI. Employé en l'an XII et en l'an XIII à l'armée des côtes de l'Océan, il se trouva compris comme membre de la Légion-d'Honneur dans la promotion du 4 germinal an XII, et obtint les grades de lieutenant en second et de lieutenant en premier les 1er et 27 frimaire an XIII. De l'an XIV à 1807 Pailhès servit avec distinction en Autriche, en Prusse et en Pologne, et reçut la décoration de chevalier de la Couronne-de-Fer le 23 décembre 1807. Il fit, en 1808, la guerre d'Espagne, et prit part, en 1809, à celle d'Allemagne, où sa conduite lui mérita la croix d'officier de la Légion-d'Honneur le 5 juin. Ce brave officier a été tué par un boulet, le 6 juillet suivant, à Wagram. B-G.

PATOT DE GIRONVILLE (NICOLAS), naquit le 20 mai 1742 à Commercy (Meuse). Garde de la porte du roi le 6 novembre 1757, il obtint du gouvernement l'autorisation de traiter d'une charge de commissaire des guerres, et fut employé en cette qualité le 1er mars 1773. Réformé par mesure générale le 1er novembre 1776, avec 1,000 livres d'appointemens annuels, le ministre de la guerre le réemploya le 1er juillet 1777. Nommé commissaire-ordonnateur le 23 mai 1792, il servit à l'armée du centre. Le gouvernement l'employa ensuite dans les places de Périgueux et de Metz. C'est dans cette dernière ville qu'il reçut, le 4 germinal an XII, la décoration de la Légion-d'Honneur. Mis à la retraite le 12 novembre 1811, et provisoirement maintenu à Metz, il ne fut définitivement admis à jouir de sa pension que le 27 juin 1813. Il est mort à Metz le 10 avril 1823.

PAULTRE de LAMOTTE (PIERRE-LOUIS-FRANÇOIS, *baron*, puis *vicomte*), naquit le 3 février 1774 à Saint-Sauveur (Yonne). Sous-lieutenant au 24ᵉ régiment d'infanterie le 12 janvier 1792, lieutenant le 1ᵉʳ octobre suivant, il fit la campagne de 1792 à l'armée du Nord, et devint, le 22 mars 1793, aide-de-camp du général Hédouville, alors employé à l'armée de la Moselle. Il rejoignit, dans le mois de septembre, le 24ᵉ régiment, qui était passé à l'armée du Rhin, et reçut, le 2 prairial an II, le brevet de capitaine. Il servit aux armées de Rhin-et-Moselle et de l'Ouest, pendant les ans III et IV. Le 22 frimaire de cette dernière année, il reprit ses fonctions d'aide-de-camp du général Hédouville, et fit en cette qualité les campagnes de l'an V sur les côtes de l'Océan. Nommé chef de bataillon provisoire le 1ᵉʳ ventose an VI, il suivit son général à Saint-Domingue. Rentré en France à la fin de l'an VII, et confirmé dans son grade le 27 vendémiaire an VIII, il passa, le 28 pluviose de la même année, dans la cavalerie, en qualité de chef d'escadron. Placé à la suite du 7ᵉ régiment de dragons le 4 ventose suivant, il continua de servir comme aide-de-camp à l'armée de l'Ouest jusqu'en l'an IX. Après la paix de Lunéville, il accompagna le général Hédouville, nommé à l'ambassade de Saint-Pétersbourg, et remplit diverses missions diplomatiques à Constantinople, en Crimée, sur les côtes de la mer Noire et dans l'intérieur de la Russie. De retour en France à la fin de l'an XI, le premier Consul lui conféra le 23 frimaire an XII le grade de major du 12ᵉ régiment de chasseurs à cheval, et la croix de la Légion-d'Honneur le 4 germinal suivant. Il fit avec ce corps les campagnes des ans XII et XIII à l'armée des côtes de l'Océan, et celles de l'an XIV et de 1806 à la grande armée. Colonel du 9ᵉ régiment de cuirassiers le 31 décembre de cette dernière année, officier de la Légion-d'Honneur le 11 juillet 1807, et baron de l'Empire le 17 mars 1808, il resta en Allemagne en 1808 et 1809. A la bataille de Wagram un éclat d'obus le blessa grièvement à la jambe. Général de brigade le 6 août 1811, il passa, dans le mois de mars 1812, au 3ᵉ corps de la grande armée, et prit, le 11 juin suivant, le commandement d'une brigade du 2ᵉ corps de réserve de cavalerie. Des raisons de santé l'ayant forcé de rentrer en France par congé dans le mois de janvier 1813, il demeura dans ses foyers jusqu'au mois de septembre, époque à laquelle l'Empereur l'admit à faire valoir ses droits à la retraite. Les événements politiques ayant ajourné l'effet de cette décision, le général Paultre de Lamotte reçut, le 15 janvier 1814, l'ordre d'aller prendre le commandement de la levée en masse du département de la Marne. Remplacé dans ce commandement, mis en disponibilité le 9 mars suivant, Louis XVIII le nomma lieutenant dans la compagnie des gardes du corps de Luxembourg le 1ᵉʳ juin 1814, chevalier de Saint-Louis le 27 du même mois, et commandeur de la Légion-d'Honneur le 17 août. Au retour de l'Empereur de l'île d'Elbe, il suivit le roi et sa famille à la frontière, et ne prit aucun service pendant les Cent-Jours. A la seconde Restauration, le 1ᵉʳ novembre 1815, le roi lui confia le commandement de la 4ᵉ compagnie des gardes du corps (Luxembourg), le nomma grand-officier de la Légion-d'Honneur le 31 octobre même année, et le comprit, le 30 décembre 1818, dans le cadre de l'état-major général de l'armée. Lieutenant-général par ordonnance du 25 avril 1821, le roi lui donna, le 30 janvier 1822, le commandement de la 19ᵉ division militaire (Lyon), lui conféra le titre de vicomte, et lui accorda, le 23 mai 1825, la décoration de commandeur de l'ordre de Saint-Louis. Le général Paultre de Lamotte, qui avait conservé son commandement jusqu'aux journées de Juillet 1830, fut admis à la retraite le 28 août suivant. Il est mort le 6 juin 1840 à Meaux (Seine-et-Marne). B-S.

PECHERY. *Voyez* PESCHERY.

PELLETIER. *Voyez* MONTMARIE.

PENANT (JEAN-BAPTISTE), né le 16 janvier 1767 à Chauny (Aisne), entra au service comme capitaine au 3ᵉ bataillon de l'Aisne le 23 août 1791, et fit le commencement de la campagne de 1792 à l'armée du Nord. Nommé le 29 juillet aide-de-camp du général Rochambeau, gouverneur des îles du vent, il s'embarqua pour la Martinique au mois d'août suivant, et y fit les campagnes de la fin de 1792, de 1793 et de l'an II. En récompense des services qu'il rendit, le général Rochambeau lui confia le grade de chef de bataillon provisoire au 32ᵉ régiment d'infanterie le 29 juin 1793. Chargé le 1ᵉʳ prairial an II de dépêches de son général pour le conseil exécutif, il partit pour Brest. Mis en arrestation à son arrivée par ordre du représentant du peuple Prieur (de la Marne), qui lui fit enlever ses dépêches, ce n'est que le 8 brumaire an III qu'il obtint sa liberté. Il partit immédiatement pour Paris et y retrouva les dépêches du général Rochambeau, qui avaient été renvoyées à la commission de la marine et des colonies, et qui n'avaient point été ouvertes. Le Comité de salut public ayant pris connaissance de ces pièces, rendit pleine et entière justice à Penant, et le confirma dans son grade de chef de bataillon par arrêté du 11 floréal de la même année. Mais sa santé ne lui permettant pas de retourner en Amérique, le gouvernement l'employa pendant l'an IV à l'armée de l'intérieur. Il passa à la 81ᵉ demi-brigade d'infanterie de ligne le 1ᵉʳ frimaire an V, et fit les campagnes de l'an V à l'an IX aux armées de l'Ouest, d'Angleterre et d'Italie, et celles des ans X et XI au corps d'observation du Midi. Major du 42ᵉ régiment d'infanterie de ligne le 30 frimaire an XII, et membre de la Légion-d'Honneur le 4 germinal suivant, il se rendit à l'armée de Naples, dont faisait partie son régiment, et y servit durant les ans XIII, XIV, et 1806. Il se trouva à Andria, à Burletta, à Eboli, à Forli, à Reggio, et au camp de Pontemello, aux combats de Campo-Tenese, de Segliano, de Santa-Euphemia, de Rogliano, au siège d'Armantea, etc... En 1807, il suivit l'armée de Naples à Bologne, à Venise et à Verone, et passa ensuite à l'armée d'Italie, où il fit partie, en 1808, de la division Lamarque. Colonel en second le 15 avril 1811, et appelé comme

titulaire au commandement du 35ᵉ de ligne le 23 octobre suivant, il arriva au corps au mois d'avril 1812, et prit une part distinguée à l'expédition de Russie. Il périt glorieusement sur le champ de bataille de Malo-Jaroslaswetz le 24 octobre de cette même année.
B-G.

PENNE (RAYMOND, *baron*), naquit le 18 novembre 1770 à Coarraze (Basses-Pyrénées). Dragon dans le régiment Colonel-général (5ᵉ) le 23 août 1788, il passa comme lieutenant le 3 septembre 1792 dans le 4ᵉ bataillon de volontaires de Paris, où il devint capitaine le 29 novembre suivant. Il fit les guerres de 1792 et 1793 à l'armée de Sambre-et-Meuse. Capitaine de grenadiers le 26 floréal an II dans la 59ᵉ demi-brigade de bataille, devenue 102ᵉ de ligne le 11 ventose an IV, il se fit remarquer dans tous les engagemens que son corps eut à soutenir, et fut souvent cité à l'ordre de l'armée. On lit le passage suivant dans un rapport officiel adressé au Comité de salut public par le général Jourdan :

« Dans la nuit du 19 au 20 fructidor an III, les grenadiers réunis de la division du général Championnet, aux ordres du général Legrand, passèrent le Rhin en présence de l'ennemi. Dès que les Autrichiens aperçurent notre petite flotille, ils dirigèrent sur elle un feu terrible d'artillerie et de mousqueterie, sans pouvoir arrêter l'audace de nos soldats. Le capitaine Penne, arrivé le premier sur la rive droite avec 15 hommes, se met à leur tête, fait battre la charge, repousse dans le bois, à la baïonnette, la colonne qui lui est opposée, et s'empare d'une batterie armée de 4 pièces de canon. »

Il servit aux armées d'Allemagne et du Danube, pendant les ans VI et VII, et en Italie de l'an VIII à l'an XI : il y reçut, le 23 pluviose an IX, les épaulettes de chef de bataillon. Major du 106ᵉ régiment le 30 frimaire an XII, et membre de la Légion-d'Honneur le 4 germinal suivant, il commanda, pendant les campagnes de la grande armée de l'an XIV et de 1806, un régiment de grenadiers réunis faisant partie du 2ᵉ corps. Placé en 1807 à la tête d'un régiment de grenadiers et voltigeurs réunis, il fit la guerre en Pologne, et fut nommé, le 25 décembre de cette année, colonel du 112ᵉ régiment. En 1809, il combattit en Italie et en Allemagne, et Napoléon lui donna la croix d'officier de la Légion-d'Honneur le 27 juillet de la même année, et le titre de baron de l'Empire le 15 août suivant. Général de brigade le 6 août 1811, et employé le 30 du même mois dans la 23ᵉ division militaire, il reçut l'ordre, le 26 juin 1812, de rejoindre la 4ᵉ division d'infanterie de la grande armée. L'Empereur l'attacha le 1ᵉʳ août suivant au grand quartier-général. Commandant de la Légion-d'Honneur le 18 juin 1813, et détaché peu de temps après au corps d'observation de l'Elbe, il reçut, le 21 août, en avant de Lowemberg (Silésie), un coup de feu qui lui fracassa la rotule du genou droit. Il rentra en France pour soigner sa blessure. Employé le 26 décembre de la même année au 1ᵉʳ corps de la grande armée, il se signala pendant la campagne de France. Louis XVIII le nomma chevalier de Saint-Louis le 30 août 1814. Au retour de Napoléon de l'île d'Elbe, il eut le commandement de la 21ᵉ brigade d'infanterie, à la tête de laquelle il reçut une mort glorieuse, le 18 juin 1815, à l'attaque dirigée par lui sur les hauteurs de Bierge : il y fut tué par un boulet de canon. Son nom figure sur le côté Nord de l'arc-de-triomphe de l'Étoile.

PERCEVAL (LOUIS-RAULIN-CYR-PIERRE), naquit le 16 juin 1761 à Ardres (Pas-de-Calais). Soldat dans la Reine-dragons (5ᵉ régiment) le 29 octobre 1780, et brigadier le 9 août 1785, il obtint son congé par ancienneté le 29 octobre 1788. Il s'engagea volontairement dans le 9ᵉ régiment de hussards le 20 novembre 1792, fit avec ce corps les campagnes de 1792 à l'an IX aux armées du Nord, des côtes de Cherbourg, du Rhin et du Danube, et fut nommé sous-lieutenant le 20 avril 1793 par l'élection de ses camarades. Le 12 messidor an II, à l'affaire qui eut lieu devant Ostralen, il charge à la tête de son peloton contre une ligne d'infanterie ennemie; ses hussards s'éparpillent, et il se trouve seul contre une compagnie dont il essuie le feu; son cheval est atteint de trois balles et s'abat au milieu des baïonnettes ennemies; aussitôt enveloppé, il sabre tout ce qui l'entoure, jette l'épouvante dans les rangs de cette compagnie, la met en fuite et fait prisonnier 12 des fuyards qu'il poursuit le sabre dans les reins. Le 23 fructidor suivant, sous Breda, où il commandait un peloton d'avant-garde chargé d'attaquer un poste, il arrive sur la place d'un village et y trouve 250 cavaliers ennemis rangés en bataille; sans hésiter un seul instant, et malgré la disproportion du nombre, il ordonne la charge, les met en déroute et ramène 25 prisonniers. Capitaine au choix de ses camarades le 23 floréal an IV, il contribua puissamment à la prise d'un grand nombre d'Autrichiens dans une charge qu'il fit le 3ᵉ jour complémentaire an IV, lors de la retraite de l'armée du Rhin devant Biberach. Le 10 prairial an VII, dans le Valais, à la tête d'un escadron, il passa le torrent de la Vispe, ayant eu soin de faire monter un grenadier en croupe derrière chaque hussard. Après avoir heureusement effectué son passage, il chargea les révoltés, les mit en déroute et leur prit un drapeau. Le 4 vendémiaire an VIII, dans l'affaire qui eut lieu devant Zurich contre les Russes, ce brave officier, au milieu du désordre qu'occasionait la prise du trésor ennemi, maintint sa troupe dans le rang; et, inaccessible au sentiment de l'intérêt personnel qu'il sacrifiait toujours à ses devoirs, il refusa la part du butin que l'on vint lui offrir. Les cosaques et l'infanterie russe voulant profiter de la circonstance revinrent à la charge; ils étaient sur le point de s'emparer de 2 pièces d'artillerie légère, lorsque Perceval fondit sur eux, les repoussa vigoureusement et leur fit un grand nombre de prisonniers. Chef d'escadron le 5 prairial suivant, il concourut en l'an IX à la défaite des cuirassiers impériaux devant Stockach, et leur fit beaucoup de prisonniers. Rentré en France après la paix, promu major du 8ᵉ régiment de hussards le 6 brumaire an XII, et créé membre de la Légion-d'Honneur le 4 germinal suivant, il servit de l'an XIV à 1807 en Autriche, en Prusse et en Pologne, et fut tué au combat de Kleinenfeld le 8 juin 1807. Ses talens militaires et la conduite qu'il avait tenue dans les affaires qui précédèrent celle où il trouva une mort glorieuse, avaient fixé sur lui l'attention de l'Empereur, qui, ne sachant pas qu'il eût succombé immédiatement à ses blessures, lui avait fait adresser le brevet d'officier de la Légion-d'Honneur.

PERROT (ANTOINE-PADOUE), naquit le 9 novembre 1747 à Bar-le-Duc (Meuse). Sous-lieutenant de cavalerie à la suite le 6 janvier 1776, il obtint, le 1er juillet 1780, une commission de commissaire des guerres provisoire. Titulaire le 21 décembre 1781, et réformé le 30 septembre, il reprit ses fonctions le 9 décembre 1792. Réintégré le 25 prairial an III comme commissaire-ordonnateur, et employé à Montpellier pour le service des 9e et 10e divisions militaires, il reçut, le 4 germinal an XII, la décoration de la Légion-d'Honneur. Louis XVIII lui donna la croix d'officier de la Légion-d'Honneur le 24 août 1814; il le décora de l'ordre de Saint-Louis le 17 septembre suivant, et l'admit à la retraite le 1er janvier 1816. Il est mort à Montpellier le 18 décembre 1818. B-S.

PERROT, major du 16e de dragons, et non du 7e. *Voyez* PEYROT, t. II, p. 121.

PESCHELOCHE (JOSEPH-LOUIS, LOUVAIN DE), naquit le 19 août 1751 à Besançon (Doubs). Soldat le 30 juin 1768 dans le régiment de Flandre-infanterie, caporal le 29 juin 1770, il obtint son congé de grace le 30 mars 1772. Passé comme capitaine-aide-major dans la garde nationale parisienne soldée le 1er septembre 1789, il fut envoyé en mission à Nanci, se trouva dans cette ville lors des journées d'août 1790, et y courut les plus grands dangers. Capitaine dans la 30e division de gendarmerie le 1er janvier 1792, il fit les campagnes de 1792 et 1793 à l'avant-garde de l'armée du centre et aux armées de la Moselle et du Nord. Employé en qualité de capitaine-aide-de-camp du général Garnier le 5 octobre 1793, il continua de servir à l'armée du Nord pendant les ans II et III. Adjoint aux adjudans-généraux le 27 messidor de cette dernière année, il remplit les fonctions de chef d'état-major en Zélande et auprès de la brigade du général Salme, et reçut sa commission d'adjoint à l'adjudant-général Dardenne le 4 germinal an IV. Il devint, le 14 prairial an VI, chef d'escadron adjoint, et chef d'état-major de la 2e division de l'armée batave. Chargé d'une mission très importante auprès du Directoire par le général en chef Joubert, il s'en acquitta avec le plus grand succès. Attaché à l'état-major de l'armée gallo-batave de l'an VII à l'an X, il reçut du ministre de la guerre, au mois de frimaire an VIII, une mission pour Londres, et la remplit à la satisfaction du premier Consul, qui le nomma chef d'escadron au 1er régiment de cavalerie le 30 nivose an X, major du 15e régiment de dragons le 6 brumaire an XII, et membre de la Légion-d'Honneur le 4 germinal suivant. Il servit à l'armée des côtes de l'Océan pendant les ans XII et XIII, fit la campagne d'Autriche à la grande armée, combattit avec bravoure à Austerlitz, et le lendemain de cette mémorable journée, 12 frimaire an XIV, il fut tué dans l'affaire qui eut lieu à Auspitz en Moravie. B-G.

PESCHERY (HENRI-MARTIN), né le 10 août 1763 à Huningue (Haut-Rhin), entra au service comme sous-lieutenant de remplacement au régiment de Nassau (96e d'infanterie) le 4 septembre 1784, devint sous-lieutenant titulaire au même régiment le 5 octobre 1785, lieutenant le 15 septembre 1791, et capitaine le 20 août 1792. Il fit les campagnes de 1792 à l'an IX aux armées du centre, de la Moselle, du Rhin, d'Helvétie et du Danube, se distingua à la bataille de Valmy, et fut nommé adjudant-général lieutenant-colonel provisoire par le général en chef Kellermann le 21 septembre 1792. Confirmé dans ce grade par le conseil exécutif provisoire le 8 mars 1793, et placé comme chef de bataillon à la suite de la 14e demi-brigade d'infanterie légère, il reçut du général en chef Moreau, en récompense de sa conduite pendant la campagne de l'an VIII, le grade d'adjudant-commandant provisoire le 24 thermidor de cette année; mais le gouvernement ne confirma pas sa nomination. Envoyé le 29 messidor an X comme chef de bataillon dans la 19e demi-brigade d'infanterie légère, amalgamée dans le 3e régiment de même arme le 16 prairial an XI, il fut nommé major du 26e léger le 20 frimaire an XII, et membre de la Légion-d'Honneur le 4 germinal suivant. Il fit partie, en 1808, de la division Gobert, qui entra en Espagne avec le corps du général Dupont. Il y commandait le 8e régiment provisoire, détruit presque en entier à la malheureuse affaire de Baylen, le 19 juillet, et passa comme major au 118e de ligne, formé avec les débris de ce corps le 28 octobre de la même année. Colonel du 64e de ligne le 7 avril 1809, il mourut à l'hôpital d'Aranjuez le 3 décembre, par suite des blessures qu'il avait reçues à la bataille d'Ocaña le 19 novembre précédent. L'Empereur, qui ignorait la mort de ce brave colonel, le nomma officier de la Légion-d'Honneur par décret du 17 décembre même année. B-G.

PIANELLI (MICHEL-ANTOINE), naquit le 29 septembre 1747 à Olmeto (Corse). Volontaire au régiment Royal-corse le 24 juin 1770, sous-lieutenant le 23 juillet suivant, il passa en cette qualité dans une compagnie de grenadiers le 31 mars 1774, et devint lieutenant en second et lieutenant en premier les 25 août 1775 et 28 novembre 1777. Il fit les campagnes de 1780 à 1783 sur les côtes de Bretagne, et fut nommé capitaine en second le 19 mai 1786 au même corps, devenu 3e bataillon d'infanterie légère le 14 mai 1788. Il combattit avec bravoure aux armées des Alpes et d'Italie depuis 1792 jusqu'à l'an IX, se distingua à l'attaque de Berra le 29 novembre 1792, où il commandait la colonne de droite, et à la tête de l'avant-garde placée sous ses ordres, le 10 janvier 1793, à l'attaque de Breglio. Entré par incorporation dans la 3e demi-brigade d'infanterie légère le 10 ventose an II, et choisi par le général en chef pour commander pendant la campagne le 5e bataillon de grenadiers réunis, le 16 germinal suivant, il prit le commandement temporaire de la place d'Ormes le 13 messidor de la même année. Nommé chef de bataillon par le représentant du peuple Chiappe le 29 messidor an III, et chargé du commandement d'Escarena le 4 thermidor suivant, il passa à celui de Villefranche le 18 pluviose an IV. Confirmé dans le grade de chef de bataillon par arrêté du Directoire du 5 messidor an V, il prit le commandement de la place de Gênes le 1er floréal an VI, en vertu des ordres du général en chef. Employé dans la rivière du Ponent le 9 ventose an VII, il commanda, le 11 pluviose an VIII, la place d'Oneille et toute la vallée, puis Modène le 28 messidor suivant, et enfin Voghera le 19 brumaire an IX. Chargé du commandement de la citadelle d'Alexandrie le 24 floréal de cette dernière année, et de celui de Casal le 29 messidor suivant, le gouvernement le confirma dans ces fonctions par arrêté du 2 vendémiaire an X. Remplacé sur sa demande le 6 nivose, et promu chef de brigade commandant d'armes le 10 floréal de la même année, on l'employa en cette qualité à Ajaccio. Membre de la Légion-d'Honneur le 4 germinal an XII, il commanda la place de Bastia depuis le 21 prairial de cette dernière année jusqu'à son admission à la retraite, qui eut lieu le 31 décembre 1814. Il est mort le 25 mai 1833 à Ajaccio.

PIAT (JEAN-PIERRE, *baron*), né le 6 juin 1774 à Paris (Seine), entra comme sous-lieutenant, le 10 janvier 1792, dans le 2e bataillon du 56e régiment d'infanterie, devenu 112e, puis 88e demi-brigade de ligne, et servit à l'armée du Nord en 1792 et 1793. A la bataille de Nerwinde, il reçut un coup de feu à la main droite. Lieutenant le 10 vendémiaire an II, il fit les guerres de l'an II à l'an IV à l'armée de Sambre-et-Meuse, passa à l'armée d'Italie, et fut nommé capitaine de grenadiers sur le champ de bataille le 26 ventose an V, pour sa conduite au passage du Tagliamento. Sa demi-brigade fit partie de l'armée d'Orient en l'an VI. Il se signala à la bataille de Sédiman (haute Égypte) le 17 vendémiaire an VII, et devint chef de bataillon le 8 frimaire suivant. Blessé à l'affaire de Bénéhadi le 19 germinal même année d'un coup de feu dans les reins, atteint d'une balle à la figure au siège du Caire le 2 floréal an VIII, il se trouva encore à la bataille livrée sous les murs d'Alexandrie le 30 ventose an IX, et reçut une nouvelle blessure au genou droit. Le général en chef le nomma chef de brigade provisoire le 7 floréal suivant. Rentré en France au commencement de l'an X, la 88e alla tenir garnison à Phalsbourg. Le 11 brumaire an XII, le chef de brigade Piat, qui n'avait pas été confirmé dans ce dernier grade, fut cependant nommé major du 2e régiment de ligne, et membre de la Légion-d'Honneur le 4 germinal suivant. Il fit les campagnes de la grande armée de l'an XIV à 1807, obtint la croix d'officier de la Légion-d'Honneur le 15 décembre 1808, et, le 7 avril 1809, le grade de colonel du 85e de ligne, qui était alors en Allemagne. Il servit en Russie, où il mérita le titre de baron de l'Empire, et en Saxe en 1813. Le 3 avril 1813, l'Empereur le nomma général de brigade et l'envoya à l'armée d'Italie. Il commandait le fort de Richelieu, à Gênes, à l'époque des événemens de 1814. Revenu en France, le roi le nomma chevalier de Saint-Louis le 27 novembre de la même année, et il resta en disponibilité jusqu'à son admission à la retraite, qui eut lieu le 5 avril 1824. Rappelé à l'activité après la révolution de 1830, il commanda en 1831 et 1832 le département du Var, obtint la croix de commandeur de la Légion-d'Honneur le 16 novembre 1832, et, en 1833, le commandement du département des Hautes-Alpes, où il resta jusqu'en 1837. Mis alors en non-activité à cette date, conformément à l'ordonnance du 28 août 1836, il fait partie de la section de réserve depuis le mois d'août 1843. Il réside aujourd'hui à Nogent-sur-Marne.

PIGEARD (CLAUDE), né le 19 juin 1772 à Beaune (Côte-d'Or), entra au service comme capitaine le 3 mai 1793 dans le 4e bataillon du Loiret, et fit depuis cette époque jusqu'à l'an IX inclusivement les guerres de la Vendée et d'Italie. Il se distingua aux affaires de Fontenay-le-Peuple, où il tomba au pouvoir des insurgés. Rendu à la liberté, nommé chef de bataillon le 28 brumaire an III, et réformé le 12 vendémiaire an V, le Directoire le remit en activité le 14 floréal an VII en qualité de commandant de la conscription de la Somme, et le chargea de l'organisation des bataillons auxiliaires de ce département. Il prit le commandement du 2e de ces bataillons le 3 brumaire an VIII, et passa comme chef de bataillon à la suite dans la 30e demi-brigade de ligne le 16 pluviose suivant. Il se trouva aux divers combats qui eurent lieu en l'an VIII à l'armée de réserve et à la célèbre journée de Marengo. Chargé le 1er brumaire an IX du commandement d'un bataillon de grenadiers au corps du centre de l'armée d'Italie, il se distingua à l'affaire de la Velta et au passage du Mincio, et passa comme chef de bataillon titulaire dans la 8e demi-brigade d'infanterie légère le 17 pluviose de la même année. Il tint garnison à Rimini pendant les an X et XI, fut nommé major du 14e léger le 30 frimaire an XII, et alla rejoindre son nouveau corps à Saint-Pierre-d'Arena, en Ligurie. Créé membre de la Légion-d'Honneur le 4 germinal suivant, il fit les campagnes de l'an XIV et de 1806 en Italie, dans les Abruzzes et à Naples, où il servit au dépôt de son régiment pendant les années suivantes. Il mourut à Rome le 15 février 1812. B-G.

PILLE (LOUIS-ANTOINE, *comte*), naquit à Soissons (Aisne), le 14 juillet 1749. Admis d'abord comme élève commissaire des guerres, il servit de 1767 à 1776 en qualité de secrétaire des intendances d'Amiens, de Rennes et de Dijon. Employé dans cette dernière ville au moment de la Révolution de 89, il entra dans la garde nationale le 14 juillet 1789, devint lieutenant des chasseurs volontaires à cheval de Dijon le 1er août de la même année, chef de bataillon le 11 novembre suivant, commandant des volontaires de cette ville le 18 avril 1790, et fit partie des fédérés volontaires qui se rendirent à Paris le 14 juillet de cette année. Nommé le 30 août 1791 lieutenant-colonel du 1er bataillon de volontaires de la Côte-d'Or, il servit à l'armée du centre en 1792. Adjudant-général provisoire le 19 août 1792, il se fit remarquer à l'affaire de Boussu le 4 novembre suivant, à la bataille de Jemmapes, aux combats d'Anderlecht le 13, de Tirlemont et de Varon les 17 et 27. Passé à l'armée du Nord au commencement de 1793, il assista au bombardement de Maëstricht, à la bataille de Nerwinde le 18 mars, et au combat de Pellenbeck le 22 du même mois, et reçut un coup de feu à la tête. Lors de la retraite du camp de Bruille (2 avril), Pille, livré à l'ennemi par Dumouriez, était détenu dans la citadelle de Maëstricht; les Autrichiens le remirent par suite d'échange le 23 mai aux avant-postes français. Confirmé dans le grade d'adjudant-général le 15 août 1793, il obtint le 12 frimaire an II, celui de général de brigade. Il avait obtenu des lettres de service pour passer avec ce grade à l'armée des Alpes, lorsque, le 1er floréal suivant, le Comité de salut public le désigna à la Convention nationale pour remplir les fonctions de commissaire de l'organisation et du mouvement des armées de terre. Il occupa ce poste important jusqu'au 15 brumaire an IV. Général de division le 16 de ce mois, il eut plusieurs commandemens dans l'intérieur. Chargé en l'an VI du commandement en chef de douze des départemens du Midi de la France, depuis les Alpes et les Pyrénées jusqu'à l'Océan, il reçut du général Bonaparte une lettre dans laquelle on trouve la phrase suivante : « Le gouvernement ne pouvait confier en des mains plus sages des fonctions plus importantes. » Nommé inspecteur en chef aux revues le 2e jour complémentaire an IX, il s'occupa d'augmenter l'armement des côtes de l'Ouest, notamment celles de la rade et du port de Boulogne, et prit part aux différens engagemens qui eurent lieu en vue de cette place. Après la paix d'Amiens, le premier Consul l'attacha au comité central des revues et de l'administration des troupes. Le 19 fructidor an XI, envoyé en tournée dans la 27e division militaire (armée d'Italie), il y reçut le 4 germinal an XII la décoration de la Légion-d'Honneur, et le 27 nivose an XIII la croix d'officier du même Ordre. Le 6 octobre 1807, il fut chargé de l'inspection générale des troupes d'infanterie stationnées en Italie et dans le royaume de Naples. Rentré en France, il passa avec les mêmes fonctions en octobre 1808 dans les 10e et 11e divisions militaires. Mis en disponibilité le 1er mai 1814, chevalier de Saint-Louis le 19 juillet de la même année, commandeur de la Légion-d'Honneur le 1er novembre suivant, Louis XVIII lui accorda le titre de comte le 23 septembre 1815. Le 30 décembre 1814, il avait été employé comme inspecteur-général d'infanterie dans la 16e division militaire (Lille), et le 28 mai 1815 dans les 8e, 9e et 19e (Marseille, Montpellier, Lyon). Admis à la retraite le 6 septembre 1815, il mourut à Soissons le 7 octobre 1828. Son nom figure sur le côté Ouest de l'arc-de-triomphe de l'Étoile. SICARD.

PILLET (LOUIS-MARIE), naquit le 18 avril 1775 à Chambéry (ancien département du Mont-Blanc). Volontaire le 1er janvier 1793 dans le 1er bataillon du Mont-Blanc, devenu en l'an II 5e demi-brigade provisoire, amalgamée en l'an IV dans la 18e demi-brigade de ligne, lieutenant à l'élection le 5 mars 1793, capitaine-adjudant-major le 10 ventose an II, il fit les campagnes de 1793 à l'an IX aux armées des Pyrénées-Orientales, d'Italie et des Grisons. Il se distingua par sa bravoure, le 26 prairial an III, au combat de la Fluvia, et y reçut un coup de sabre sur l'œil gauche. Fait provisoirement commandant du 1er bataillon italien de Padoue, par ordre du général en chef Bonaparte, le 1er nivose an VI, il rentra avec son grade de capitaine-adjudant-major le 17 frimaire an VII dans la 18e demi-brigade de ligne, à laquelle il appartenait, et fut nommé chef de bataillon par le général en chef Championnet le 24 thermidor suivant dans le 1er bataillon auxiliaire du Mont-Blanc, versé le 29 pluviose an VIII dans la 15e demi-brigade d'infanterie légère. Le 2 floréal de cette dernière année, à la tête de son bataillon, il enleva à la baïonnette le village de Gravières, dans la vallée de Suze, en chassa l'ennemi, qui s'y trouvait en nombre très supérieur, lui fit 200 prisonniers et s'empara de 3 pièces de canon. Le 17 prairial suivant, il pénétra de vive force dans Santo-Ambrosio, d'où il débusqua l'ennemi malgré les efforts que fit ce dernier pour s'y maintenir. Dans la même journée, avec 50 chasseurs qu'il parvint à rallier, il repoussa un corps de cavalerie ennemie qui chargeait un bataillon de la 28e légère, dispersé en tirailleurs, et s'empara de 12 chevaux. Passé avec son grade dans la 17e demi-brigade d'infanterie légère le 1er frimaire an IX, par ordre du général en chef Macdonald, il alla tenir garnison à Blois pendant les ans X et XI, et servit en l'an XII au camp de Saint-Omer. Major du 10e régiment d'infanterie légère le 30 frimaire an XII, et membre de la Légion-d'Honneur le 4 germinal suivant, il fit les campagnes de Prusse et de Pologne en 1806 et 1807, celle de 1809 à l'armée du Nord, et commanda en 1810, dans le Brabant, une cohorte de gardes nationales. Colonel du 1er régiment d'infanterie légère le 5 mai 1812, il rejoignit son corps en Espagne et y combattit vaillamment. Sa brillante conduite aux combats d'Yecla de Villena, de Castalla et de Barja, des 11, 12 et 13 avril 1813, lui valut l'honneur d'être cité à l'ordre de l'armée du 20 du même mois, comme digne d'être recommandé aux bontés de l'Empereur. Passé à la grande armée dans le courant de la campagne de 1813, il fit celle de 1814 en Italie, et fut mis en non-activité le 1er octobre 1814 à la réorganisation du corps. Il rentra dans son pays natal, obtint sa retraite vers le même temps, et se retira à Chapareillan (Isère), où il est mort le 8 mars 1830.

PINEAUD (FRANÇOIS), naquit le 16 septembre 1770 à Tulle (Corrèze). Volontaire au 2e bataillon de la Haute-Vienne le 28 juin 1791, il fit les campagnes de 1792 et 1793 à l'armée du Nord, passa comme capitaine le 2 brumaire an II dans le 5e bataillon de la Corrèze, embrigadé dans la 211e demi-brigade de bataille à la première formation, et dans la 18e de ligne en l'an IV, se trouva au siège de Toulon en l'an II, et fit les guerres des ans III, IV, V et partie de l'an VI en Italie et en Suisse. Embarqué au mois de floréal an VI avec l'armée expéditionnaire d'Orient, il combattit en Égypte et en Syrie depuis cette époque jusqu'en l'an IX, et mérita le grade de chef de bataillon, qu'il reçut le 16 ventose de cette dernière année. Rentré en France lors de l'évacuation de l'Égypte, il tint garnison à Dijon pendant les ans X et XI, et fut nommé major du 8e régiment d'infanterie de ligne, qu'il alla rejoindre à l'armée de Hanovre le 30 frimaire an XII. Le premier Consul lui accorda la décoration de membre de la Légion-d'Honneur le 4 germinal suivant. Il était à Bonn, avec le dépôt de son régiment, lorsque, dans un moment d'altération de ses facultés mentales, il se fit sauter la cervelle d'un coup de pistolet, dans sa chambre, le 27 avril 1806.

PINTEVILLE (PIERRE-ALEXIS, *baron*), naquit le 31 janvier 1771 à Vaucouleurs (Meuse). Volontaire dans le 11e régiment de dragons le 1er décembre 1790, il fit toutes les campagnes de la liberté depuis 1792 jusqu'à l'an IX aux armées du Rhin, de Sambre-et-Meuse, des côtes de Brest; prit part aux expéditions d'Irlande et de Saint-Domingue, et enfin fut employé à l'armée de l'Ouest et à celle du Rhin. Brigadier-fourrier le 1er mars 1793, maréchal-des-logis le 1er mai suivant, maréchal-des-logis-chef le 11 vendémiaire an III, il entra comme lieutenant dans les guides de l'armée de Brest le 23 messidor suivant, et devint le même jour adjoint à l'adjudant-général Vernot-de-Jus. Cet officier supérieur, qui commandait la cavalerie, ayant été tué le 28 à l'affaire de Quiberon, Pinteville passa avec son grade à l'état-major général de l'armée des côtes de l'Océan, où il servit jusqu'au 29 vendémiaire an V, jour de sa nomination aux grades de capitaine et de chef d'escadron des chasseurs à cheval de *Lamoureux* (brigade étrangère), formés pour l'expédition d'Irlande. Attaché aux chasseurs de la garde du général Hédouville, agent du Directoire à Saint-Domingue, le 11 pluviose an VI, il rentra au régiment de Lamoureux lors de la dissolution de cette garde au retour de Saint-Domingue, le 11 nivose an VII, et se distingua, le 5 pluviose an VIII, au combat de Grandchamp (armée de l'Ouest), où il commandait l'avant-garde. Sa conduite dans cette journée lui valut les éloges les plus flatteurs du premier Consul, et du ministre de la guerre une lettre de satisfaction insérée au *Moniteur*, sous la date du 17 du même mois. Dès le 16, il avait été chargé par le général en chef Brune de l'organisation des chasseurs de l'Ouest, dont il conserva le commandement jusqu'au 1er prairial suivant, époque de la formation de ces chasseurs en compagnies de dragons, gardes du général en chef, et de son passage à la suite du 11e régiment de chasseurs à cheval. Confirmé dans son grade de chef d'escadron par arrêté du premier Consul en date du 4 brumaire an IX, pour prendre rang du 29 vendémiaire an V, il devint titulaire dans le 11e de chasseurs le 1er nivose an IX, et fit la campagne de cette année à l'armée du Rhin. Rentré en France après la paix, et major du régiment dans lequel il servait déjà, le 6 brumaire an XII, il devint membre de la Légion-d'Honneur le 4 germinal suivant.

Il fit partie des troupes rassemblées sur les côtes de l'Océan en l'an XII et en l'an XIII, et prit part aux glorieuses campagnes de l'an XIV en Autriche. Le 15 janvier 1808, il prit le commandement du 7e régiment *bis* provisoire de dragons, qui se formait à Poitiers, et le conduisit en Espagne, où il donna de nouvelles preuves de valeur. Colonel en second le 31 mars 1809, et employé en cette qualité à Anvers, il retourna en 1810 à l'armée d'Espagne. Il se distingua le 24 avril au combat de Peuilla, puis au siége et à la prise d'Astorga, et fut nommé colonel titulaire du 30e régiment de dragons le 20 août. Les bandes éparses dans la province de Valladolid et dans le royaume de Léon s'étant réunies à Sahagun, gros bourg situé au pied de l'une des arrêtes de la chaîne des Asturies, le colonel Pinteville, à la tête 250 dragons et de 4 compagnies du 1er régiment de la garde de Paris, les battit successivement les 22, 23 et 24 novembre de la même année, et força ceux qui ne furent pas tués ou faits prisonniers à se disperser dans les montagnes. Les services qu'il rendit pendant cette campagne lui méritèrent le titre de baron de l'Empire, avec dotation. Appelé à faire partie de l'expédition de Russie, il reçut la décoration d'officier de la Légion-d'Honneur le 1er juillet 1812, et reçut une légère blessure, le 7 septembre suivant, à la bataille de la Moskowa. Colonel-major des dragons de la garde impériale le 3 février 1813, il fit avec ce corps la campagne de Saxe, et fut grièvement blessé par un éclat d'obus, qui lui fracassa toute la partie droite de la figure, le 17 septembre, à l'affaire d'Arbesau (Bohême), où il commandait une brigade de la garde. Maintenu dans son emploi après l'abdication de l'Empereur, chevalier de Saint-Louis le 27 décembre 1814, et mis à la retraite avec le grade de maréchal-de-camp honoraire le 24 janvier 1815, l'Empereur, à son retour de l'île d'Elbe, le rappela à l'activité et le nomma maréchal-de-camp titulaire par décret du 3 juin de la même année; mais une ordonnance royale du 1er août annula cette nomination. Cependant, le baron Pinteville fut admis à la retraite de ce grade par une autre ordonnance du 29 du même mois. Il réside en ce moment à Toul (Meurthe). B-G.

PIOLAINE (JOSEPH-MARIE), naquit le 20 janvier 1760 à Rennes (Ille-et-Vilaine). Soldat dans le régiment d'Anjou-infanterie le 20 décembre 1776, il obtint son congé le 20 décembre 1784. Il vivait retiré dans ses foyers, lorsque le choix de ses compatriotes l'appela au commandement en second du 2e bataillon d'Ille-et-Vilaine le 12 septembre 1791. Devenu chef de bataillon en premier dans le même corps le 8 décembre 1792, et maintenu dans cet emploi lors de la formation de la 42e demi-brigade, il fit les campagnes de la liberté de 1792 à l'an IX aux armées du Nord, de Batavie et du Rhin. Pendant le siége de Valenciennes, un bataillon de Paris s'étant laissé surprendre par l'ennemi, perdit, dans la déroute qui s'ensuivit, son drapeau et ses canons. Piolaine, informé de ce qui se passait, accourut à la tête de son bataillon, rétablit le combat, et reprit le drapeau et les pièces. Le 3e jour complémentaire an VII, il fut nommé chef de brigade de la 42e, sur le champ de bataille de Berghen, pour la part glorieuse qu'il prit au succès de cette journée, en défendant, contre toutes les forces russes et anglaises, le chemin des Coquilles, qui couvrait le village de Berghen. A la bataille du 10 vendémiaire an VIII, il soutint le choc vigoureux de l'ennemi, et sauva 2 bataillons mis en déroute, et qui, sans lui, eussent été entièrement pris ou détruits. Le 12 du même mois, il prit la plus grande part à la victoire de Castricum. Arrivé sur le champ de bataille au moment où l'ennemi venait d'obtenir quelques avantages, il repoussa vigoureusement les Anglo-Russes, et les força à se retirer. Vers les sept heures du soir, l'ennemi ayant reçu des renforts, voulut renouveler ses tentatives; Piolaine soutint son attaque, le mit en fuite, et se jetant dans le canal, où ses soldats le suivirent malgré la mitraille et la fusillade la plus vive, il le poursuivit pendant plus d'une lieue, en lui faisant éprouver des pertes considérables. Il servit avec honneur à l'armée du Rhin, et se distingua aux batailles de Biberach et de Mœskirch. Chargé du commandement provisoire d'Yverdun le 8 prairial an VIII, il passa à celui de la place d'Ulm au mois de vendémiaire an IX. Réformé le 19 frimaire suivant, et rappelé à l'armée active comme commandant d'armes à l'Ile-de-France le 24 thermidor an X, il ne se rendit pas à cette destination; le premier Consul le plaça en la même qualité à Granville le 20 vendémiaire an XII. Créé membre de la Légion-d'Honneur le 4 germinal suivant, électeur de l'arrondissement d'Avranches le 29 avril 1807, il passa au commandement de Saint-Malo le 7 octobre 1812. Après les événements du 20 mars 1815, on le changea de résidence, et on l'envoya à Rennes. A la seconde rentrée des Bourbons, il contribua puissamment à faire reconnaître leur autorité dans cette ville, et il y fut maintenu comme lieutenant de roi par décision du 25 juillet 1815. Il est mort de maladie dans l'exercice de ses fonctions le 9 juin 1816. B-G.

POITOU (AMAND), naquit le 19 mars 1753 à Nantes (Loire-Inférieure). Volontaire dans la légion de Saint-Victor le 1er mars 1770, et sous-lieutenant le 1er mai 1775 dans le régiment du Port-au-Prince, devenu 110e d'infanterie, et qui avait été formé avec une portion de ladite légion, il fit les campagnes de 1779 et 1780 en Amérique. Il se trouvait, en 1780, à bord du vaisseau *l'Annibal*, lors du combat naval qui eut lieu contre les Anglais à l'île de la Tortue (côtes de Saint-Domingue). Lieutenant le 1er mai de cette même année, capitaine le 30 juillet 1787, il rentra en France et servit de 1792 à l'an VII aux armées du Nord, de l'Ouest et d'Italie, soit avec le 110e régiment, soit avec la 33e demi-brigade de ligne, dans laquelle il passa lors de l'amalgame avec le 1er bataillon de son régiment. Il se distingua le 6 nivose an II à la prise de Noirmoutiers, où il reçut un coup de feu à l'épaule droite, et obtint par sa brillante conduite pendant cette guerre le grade de chef de bataillon le 24 germinal an IV. Son corps passa ensuite à l'armée d'Italie. Au combat de Salo, le 25 germinal an VII, avec son bataillon, il mit en déroute un corps nombreux d'ennemis et fit 300 prisonniers. Tombé lui même au pouvoir des Autrichiens le 4 thermidor suivant à Alexandrie (Piémont), il demeura en captivité jusqu'au 7 ventose an IX, époque à laquelle il rejoignit la 33e demi-brigade à l'armée d'Italie. Rentré en France après la paix de Lunéville, il tint garnison à Paris pendant les ans X et XI. Major du 88e régiment d'infanterie de ligne le 30 frimaire an XII, et membre de la Légion-d'Honneur le 4 germinal suivant, l'Empereur l'admit à la retraite le 21 août 1806. Électeur du collége d'arrondissement de Nantes, il est mort dans cette ville le 6 juin 1832. B-G.

POLI (ANTOINE), né le 30 janvier 1757 à Suravella (Corse), entra au service le 28 novembre 1777 comme sous-lieutenant dans le régiment Royal-corse, et fit contre les Anglais les campagnes de 1779, 1780 et 1781. Lieutenant le 4 mai 1786, capitaine dans le 51e régiment d'infanterie (ci-devant la Sarre) le 12 janvier 1792, il concourut en l'an II, avec le 2e bataillon de ce régiment, à la formation de la 102e demi-brigade de bataille, amalgamée dans la 69e, devenue 69e régiment de ligne le 1er vendémiaire an XII. Il servit de 1792 au commencement de l'an VI à l'armée d'Italie, reçut un coup de feu au cou le 2 frimaire an IV à l'affaire de Roccabarbena, et un autre coup de feu le 2 floréal suivant à Mondovi, où il fit prisonnier de sa main un capitaine piémontais du régiment d'Asti, et continua, malgré sa blessure, de marcher à la tête de sa compagnie pendant toute la durée de l'action. Chef de bataillon à la 69e par le général en chef Bonaparte le 21 ventose an V, il se signala à la tête des grenadiers dans une sortie faite pour repousser l'ennemi, qui avait effectué pendant la nuit un débarquement sur Saint-George, près de Mantoue. Il fit dans cette rencontre 110 prisonniers, parmi lesquels se trouvaient 2 officiers. Parti, au mois de floréal an VI, avec l'armée expéditionnaire d'Orient, il servit de l'an VI à l'an IX en Égypte et en Syrie, et mérita par sa brillante conduite d'être plusieurs fois mentionné à l'ordre de l'armée. A son retour en France, il tint garnison à Mâcon pendant les ans X et XI, et fut employé au camp de Montreuil le 18 vendémiaire an XII. Major du 52e régiment d'infanterie de ligne le 30 frimaire, et membre de la Légion-d'Honneur le 4 germinal de la même année, il alla rejoindre son nouveau corps en Italie. Le 24 septembre 1806, on l'envoya en Dalmatie comme commandant d'armes de 3e classe. Chargé du commandement de la place de Legnano, il mourut dans l'exercice de ses fonctions le 2 mars 1810. B-G.

POUCHELON (ÉTIENNE-FRANÇOIS-RAYMOND, *baron*), naquit le 25 octobre 1770 à Romans (Drôme). Sergent-major au 2e bataillon de volontaires de son département le 12 octobre 1791, quartier-maître-trésorier le 29 juin 1793, lieutenant en premier le 25 germinal an II dans une compagnie de canonniers volontaires, et le 30 nivose an III quartier-maître-trésorier de la 118e demi-brigade de ligne, amalgamée dans la 21e, devenue 32e. Il fit les campagnes de 1792 à l'an II à l'armée des Alpes, et celles de l'an III à l'an V à l'armée d'Italie. Il combattit à Montenotte, Lodi, Milan, Verone, Caldiero, Lonato, Rivoli, Saint-George, Arcole et au passage du Tagliamento. Son corps était en Suisse lorsqu'il reçut l'ordre, en l'an VI, d'embarquer à Toulon pour l'Égypte. Il se trouva à la prise de Malte, à celle d'Alexandrie, où il devint capitaine (19 messidor), à l'affaire de Chebreiss, à l'affaire des Pyramides, à El-Arisch, à Jaffa et au siége de Saint-Jean-d'Acre. Dans la journée du 10 germinal an VII, un coup de feu lui traversa la joue gauche. Placé à la tête d'une compagnie d'éclaireurs, il se signala de nouveau à l'affaire du 8 germinal an IX devant Alexandrie, et mérita le grade de chef de bataillon, qu'il reçut le même jour sur le champ de bataille. Rentré en France à la fin de l'an IX, et nommé major du 33e de ligne le 30 frimaire an XII, il se rendit au camp d'Ostende. Le premier Consul lui donna la croix de la Légion-d'Honneur le 4 germinal suivant. En 1806, l'Empereur lui confia le commandement d'un régiment provisoire de dragons, avec lesquels il se distingua à Iéna. Ces dragons ayant été montés, il commanda le 33e de ligne, qui marchait en Pologne. Blessé dangereusement à Nazielsk, le 24 décembre, il obtint le grade de colonel du même régiment le 7 janvier 1807. Il fit la guerre de cette année en Prusse et en Pologne, et reçut le 7 juillet la croix d'officier de la Légion-d'Honneur à la suite de la bataille de Friedland. En 1806, il cantonna à Bromberg, puis à Breslau et enfin à Bayreuth. En 1809, il se couvrit de gloire, particulièrement à Eckmühl et à Wagram. En 1811, il se dirigea sur le Mecklembourg et campa ensuite à Rostock. En 1812, il entra dans la Poméranie suédoise, puis il prit part à l'expédition de Russie. L'Empereur le nomma général de brigade le 8 octobre. La guerre de Saxe de 1813 lui offrit de nouvelles occasions de se signaler. Grièvement blessé à la main gauche à la bataille de Leipzig le 18 octobre, il rentra en France à la fin de ce mois pour y faire soigner sa blessure. Il rejoignit à Lyon le 3 janvier 1814 la division de réserve du général Musnier, et reçut le commandement d'une brigade. Il était à la retraite depuis le 7 octobre 1816, lorsque la révolution de Juillet 1830 éclata. Commandant provisoire du département de la Drôme le 6 décembre, il fut placé dans le cadre d'activité de l'armée le 22 mars 1831. Il est mort à Valence le 4 septembre suivant dans l'exercice de son commandement. Napoléon lui avait conféré le titre de baron de l'Empire, avec dotation en Westphalie.

POUGET (FRANÇOIS-RENÉ, CAILLOUX, DIT), naquit à Crion (Meurthe), le 28 juillet 1767. Nous avons adopté le nom de Pouget de préférence à celui de Cailloux, non pas seulement parce que l'officier-général dont nous allons tracer la notice l'a adopté lui-même, mais aussi parce que son père, chirurgien ordinaire du roi de Pologne, a signé des noms de Cailloux, dit Pouget, l'acte de naissance de François-René. Capitaine au 4e bataillon des volontaires de la Meurthe le 21 août 1791, adjoint aux adjudans-généraux le 1er nivose an II, adjudant-général chef de bataillon le 22 messidor suivant, nommé par les représentans du peuple sur le champ de bataille de Tribstadt, il servit de 1791 à l'an III aux armées de Flandre, de la Moselle et de Rhin-et-Moselle. Il se trouva au combat de Grisouelle et au siége de Thionville. L'ennemi s'était emparé de Freicheviller, il le débusqua de ce village à la tête de sa compagnie, et eut un cheval tué sous lui. Chef d'état-major de la division Taponier après sa nomination au grade d'adjudant-général, il assista aux prises de Worms, de Trèves, de Frankendal et de Coblentz, au siége de Luxembourg et à l'affaire de Tribstadt, où il enleva à l'ennemi 4 pièces de canon et un obusier, et où il eut un second cheval tué sous lui. Réformé avec traitement par suite du travail du représentant Aubry, le 15 messidor an III, il rentra à l'activité le 1er nivose an VII comme chef de bataillon adjoint à l'état-major général de l'armée de l'intérieur. Chargé, en l'an VIII, d'une reconnaissance militaire de la côte du Calvados, il passa plus tard à l'armée d'Angleterre. Nommé major à la création de ce grade le 11 brumaire an XII, et attaché au 62e régiment de ligne, il reçut, le 4 germinal de la même année, la décoration de la Légion-d'Honneur, et devint colonel du 26e régiment d'infanterie légère le 12 pluviose an XIII. Il fit les campagnes de l'an XIV, de 1806 et 1807 à la grande armée. De la possession de Telniz dépendait le sort de la bataille d'Austerlitz, parce que l'ennemi comptait tourner par ce village l'extrême droite de l'armée française; le colonel Pouget y combattit pendant six heures et y arrêta l'ennemi : aussi l'Empereur, pour lui accorder une récompense digne du service qu'il venait de rendre, lui donna-t-il, le 3 nivose an XIV, la croix de commandant de la Légion-d'Honneur, quoiqu'il n'eût encore que celle de simple légionnaire. Le 6 novembre 1806, il concourut à la prise de Lubeck. Voici comment le 29e bulletin s'exprime à cet égard : « Les chasseurs corses, les tirailleurs du Pô et le 26e régiment d'infanterie légère, composant la division d'avant-garde du général Legrand, qui n'avaient point encore combattu dans cette campagne, et qui étaient impatiens de se mesurer avec l'ennemi, marchèrent avec la rapidité de l'éclair : redoutes, bastions, fossés, tout est franchi, et le corps du maréchal Soult entre par la porte de Mullen. Ce fut en vain que l'ennemi voulut se défendre dans les rues, dans les places; il fut poursuivi partout. Toutes les rues, toutes les places furent jonchées de cadavres..... 400 prisonniers, 60 pièces de canon, plusieurs généraux, un grand nombre d'officiers tués ou pris, tel est le résultat de cette belle journée. » Le 6 février 1807, il soutint presque seul le combat si sanglant de Hoff, dans lequel il eut 38 officiers et 730 sous-officiers et chasseurs tués ou blessés; son chapeau et sa capote avaient été percés de plusieurs balles. L'Empereur, qui assistait de loin à cette affaire, se plut à répéter : *Le 26e a fait des prodiges de valeur sous mes yeux*. Le 7 et le 8, à Eylau, il se conduisit avec la même bravoure, le 7 surtout, dans un combat de nuit pour débarrasser la ville au moment où l'Empereur y entrait. Le 10, il enleva les retranchemens de Heilsberg, et, quoique blessé à la cuisse gauche d'un coup de biscaïen qui avait tué son cheval, il ne voulut pas quitter son régiment. La bataille de Friedland mit fin à cette campagne. Le colonel Pouget, créé baron de l'Empire le 19 mars 1808, resta en Allemagne.

Lors de la campagne de 1809, il entra dans la composition du corps d'armée du maréchal Masséna, division Legrand, brigade Ledru des Essarts.

Le 3 mai eut lieu la prise d'Ebersperg, beau fait d'armes inexactement expliqué par les historiens militaires, et dont plusieurs généraux ont réclamé exclusivement la gloire. Nous allons dire la part qui appartient à chacun, et notre récit mettra fin, nous l'espérons du moins, à toutes les prétentions qui se sont fait jour jusqu'à présent. Après la célèbre journée d'Eckmühl, le général Hiller se retira vers la petite ville d'Ebersperg, qui s'élève en amphithéâtre sur la Traunn, et que défend un château fort. Le général Claparède le suivit de près, atteignit son arrière-garde, passa le pont, long de 400 mètres, et se logea dans les maisons du bas de la ville; le maréchal Masséna et les généraux Legrand et Ledru des Essarts le rejoignirent aussitôt. Mais Hiller s'était établi sur les hauteurs, et avait jeté 4 ou 500 hommes dans le château. Masséna ne pouvait espérer de le forcer dans sa position avec la seule division Claparède; il envoya donc plusieurs officiers presser la marche de la brigade Ledru des Essarts, dont le 26ᵉ léger faisait tête de colonne. Ce régiment arriva au pont, qu'une batterie autrichienne prenait en écharpe, s'y engagea résolument, et gagna l'autre rive au pas de course. Le général Ledru des Essarts conduisit le colonel Pouget à l'entrée d'une ruelle étroite, et lui dit : *Ce chemin conduit au château, portez-vous-y, et attaquez.* Le colonel se mit à la tête des carabiniers de son premier bataillon, et, précédé des sapeurs, gravit le sentier indiqué. Il déboucha bientôt sur une petite place, et vit le château devant lui, à 25 mètres environ. La porte se trouvait à l'extrémité d'un chemin couvert, de peu d'étendue. Il attaqua. La résistance fut des plus vives. Des carabiniers s'introduisirent dans la place par les soupiraux de la cave, par différentes ouvertures, par la porte, que les sapeurs parvinrent enfin à briser. Les assiégés rendirent le château et restèrent au pouvoir de nos troupes, après une action qui ne dura pas moins d'une heure et demie. Ainsi ce coup hardi, accompli avec tant de bravoure et d'habileté, appartient au 26ᵉ léger et à son colonel, non au général Claparède, non au général Ledru des Essarts, non au 18ᵉ de ligne, qui ne parut pas sur ce point.

Le 22 mai, à Essling, ce brave officier supérieur eut la moitié du pied gauche emporté par un boulet, et dut quitter son régiment. Cette blessure était si grave que l'Empereur, l'assimilant à une amputation, donna à ce colonel une dotation en Hanovre du revenu de 4,000 francs, et par un autre décret, daté de Schœnbrunn, du 30 du même mois, le nomma général de brigade pour être employé dans l'intérieur de la France.

Mis en disponibilité le 18 juillet suivant, il reçut, le 18 octobre, le commandement du département de la Marne, et, le 10 septembre 1811, celui des Vosges.

En 1812, l'Empereur lui confia, le 9 janvier, une brigade de la division Verdier, du 2ᵉ corps d'observation de l'Elbe, avec laquelle il fit la campagne de Russie. Il prit part aux engagemens qui eurent lieu le 31 juillet, les 1ᵉʳ, 9, 10 et 11 août. Pendant le dernier, il reçut un coup de baïonnette dans la jambe gauche. A l'affaire du 16, il monta à cheval avec une seule jambe bottée. Le 18, il enleva aux Russes une batterie de 12 canons, reçut une blessure au genou gauche, et eut son cheval tué sous lui. Obligé de se retirer à Polotsk, puis à Wilna pour se faire soigner, il ne pouvait encore monter à cheval quand l'ordre lui parvint de se rendre à Vitepsk, afin de prendre le commandement de la province de ce nom; il obéit; mais bientôt, attaqué sur les deux rives de la Dwina, il dut opérer sa retraite. A peine avait-il fait quatre lieues, que, chargé par une colonne de 4,500 Russes, et ne pouvant se défendre, il demeura au pouvoir de l'ennemi (7 novembre).

Rentré en France le 25 juin 1814, les princes de la Restauration n'accueillirent point ses services; le roi se contenta de lui donner, comme à tous les officiers-généraux, la croix de Saint-Louis le 20 août.

Au retour de l'île d'Elbe, l'Empereur l'appela, le 15 avril, au commandement du département des Bouches-du-Rhône. Après les événemens de Mont-Saint-Jean, il reçut l'ordre de conduire les 2 régimens qui formaient la garnison de Marseille à Toulon, et courut des dangers en quittant la ville. Le maréchal Brune le nomma sous-gouverneur, puis commandant de toutes les troupes qui se trouvaient à Toulon.

En non-activité le 1ᵉʳ août 1815, et admis à la retraite le 8 octobre 1816, il reprit du service en 1830, commanda le département de l'Aube, fut fait grand-officier de la Légion-d'Honneur le 20 avril 1831, rentra dans sa position de retraite en 1832, et se retira à Vezelise (Meurthe), où il réside en ce moment. Son nom est gravé sur l'arc-de-triomphe de l'Étoile, côté Sud.

POULTIER (François-Martin), naquit le 31 décembre 1753 à Montreuil-sur-Mer (Pas-de-Calais). Gendarme dans la maison militaire du roi depuis le 20 mai 1770 jusqu'au 24 avril 1772, il entra comme soldat dans le régiment de Flandre le 25 septembre 1773, et obtint son congé de grace le 23 juillet 1775. Retiré dans ses foyers, il fut nommé lieutenant dans la garde nationale de Montreuil le 21 juillet 1789, et élu capitaine au 2ᵉ bataillon du Pas-de-Calais le 26 septembre 1791. Il fit en cette qualité la campagne de 1792 à l'armée du Nord, passa avec son grade dans le 14ᵉ régiment de chasseurs à cheval le 9 mai 1793, et alla rejoindre l'armée du Midi, commandée par Carteaux. Envoyé en l'an III à l'armée d'Italie et nommé chef d'escadron le 25 prairial de cette année, il devint chef de brigade de la légion de police le 12 nivose an IV.

Employé d'abord dans le département de la Haute-Loire, il servit ensuite dans la 41e demi-brigade d'infanterie de ligne depuis le 13 brumaire an VI jusqu'au 15 floréal suivant, époque à laquelle il prit le commandement de la 25e division de gendarmerie nationale. Après avoir exercé ces fonctions pendant quatre ans, il fut nommé commandant d'armes de la place de Montreuil le 15 germinal an X, et membre de la Légion-d'Honneur le 4 germinal an XII. Remplacé dans son commandement le 22 novembre 1814, et admis à la retraite, on a cessé d'avoir de ses nouvelles depuis ce moment, et l'on ignore ce qu'il est devenu. B-G.

PRISYE (GILBERT-MARIE), naquit le 8 mai 1757 à Nevers (Nièvre). Sous-lieutenant au régiment de La Fère (cinquante-deuxième) le 21 novembre 1773, lieutenant et capitaine les 8 avril 1779 et 1er novembre 1785, il passa au service de la Belgique en 1790, avec le grade de major. Rentré en France après dix-huit mois d'absence, et nommé capitaine-aide-de-camp du général Servan le 1er février 1792, il servit à l'armée du Var. Lieutenant-colonel au 53e régiment d'infanterie le 14 janvier 1793, adjudant-général chef de bataillon le 8 mars, et adjudant-général chef de brigade le 10 août suivant, il servit en cette qualité à l'armée des Alpes, et résista pendant trois semaines à un ennemi supérieur en nombre. Lors de l'invasion de l'armée piémontaise dans le département du Mont-Blanc (Maurienne), il remporta sur ces troupes un avantage signalé à Valmeynier (8 vendémiaire an II). Cette victoire força l'aile gauche de l'ennemi à quitter sa position offensive, et empêcha sa jonction avec les rebelles de Lyon. Les représentans du peuple et le général Kellermann le proposèrent alors au gouvernement pour le grade de général de brigade, qui lui avait été conféré provisoirement; mais cette promotion ne fut pas confirmée, et huit jours après cette expédition (16 vendémiaire an II), un arrêté le suspendit de ses fonctions comme ci-devant noble, ce qui était inexact. Réintégré le 6 ventose an III, et envoyé de nouveau à l'armée des Alpes, il fit partie, en l'an IV, de celle de l'intérieur, et l'année suivante il devint chef d'état-major de la 17e division militaire (Paris). Passé en l'an VI à l'armée du Rhin, il y servit jusqu'en l'an IX, et s'acquitta avec intelligence de diverses missions importantes. Inspecteur aux revues le 6 frimaire an XI, il eut en même temps l'ordre de se rendre à Saint-Domingue; mais cette destination ayant été changée, il fut désigné, le 4 ventose suivant, pour aller diriger le service des revues de l'armée d'Helvétie. Après la rentrée en France des troupes composant cette armée, il se rendit dans la 6e division militaire (21 pluviose an XIII), et y reçut, le 4 germinal suivant, la décoration de la Légion-d'Honneur. Employé, le 24 brumaire an XIII, dans la 8e division militaire (Marseille), il passa, le 27 septembre 1806, à l'armée de Dalmatie, et, les 15 octobre et 16 décembre même année, au 2e corps de la grande armée en Italie. Il retourna en Dalmatie en 1807, et servit en Illyrie de 1808 à 1810. Envoyé à l'armée de Catalogue le 26 juillet 1811, il ne rentra en France qu'après la dissolution de l'armée du midi de l'Espagne. Renvoyé de nouveau, le 28 septembre 1814, dans la 8e division militaire, il passa, au mois de mai 1815, au 2e corps d'observation du Var. Le 23 août 1815, le général Partouneaux adressait à Paris le rapport suivant sur l'inspecteur aux revues Prisye : « Homme d'une très grande moralité, très entendu dans sa partie, et respectable sous tous les rapports; mais le retour de Napoléon de l'île d'Elbe a fait sur lui une telle sensation que, depuis lors, sa tête s'est dérangée et se dérange chaque jour davantage : c'est une perte. » Admis à la retraite le 24 septembre 1815, il est mort le 11 janvier 1822. B-S.

QUEUNOT (MATHIEU, *baron*), né le 27 mars 1766 à Gray (Haute-Saône), entra comme soldat le 8 janvier 1783 dans le régiment de Colonel-général-cavalerie (1er de l'arme). Congédié par grace le 26 août 1790, il reprit du service le 1er octobre 1791 en qualité de lieutenant dans les hussards des Ardennes, devenus 23e régiment de chasseurs à cheval. Capitaine au même corps le 1er mai 1793, il fit les campagnes de 1792 et 1793 aux armées des Ardennes et du Nord, des ans II et III à l'armée de Sambre-et-Meuse, de l'an IV à l'armée d'Allemagne, des ans V et VI à l'armée de Mayence, enfin des ans VII, VIII et IX aux armées du Danube et du Rhin. Attaché comme capitaine adjoint à l'adjudant-général Mallerot le 5 thermidor an II, il se distingua le 28 du même mois à la reprise du Quesnoy et y reçut un coup de feu dans les reins. Le 10 fructidor suivant, à la reprise de Valenciennes, un coup de feu l'atteignit à la jambe gauche. Employé en qualité d'adjoint à l'adjudant-général qui succéda à Mallerot, le 19 frimaire an IV, il fut frappé d'une balle au pied gauche le 30 thermidor suivant devant Sulzbach. Adjoint à l'adjudant-général Delotz le 14 thermidor an VII, il reçut le 29 floréal an VIII, à l'affaire du pont de Dilligen, un coup de feu au pied droit. Le 4 messidor de la même année, à la reprise de Genève, sa conduite lui mérita le grade de chef d'escadron à la suite du 23e régiment de chasseurs à cheval, qui lui fut conféré sur le champ de bataille même où il venait d'être atteint d'une balle à travers la poitrine. Adjoint à l'état-major général de l'armée du Rhin le 1er ventose an X, il devint chef d'escadron titulaire au 4e régiment de cavalerie le 23 frimaire suivant, et alla rejoindre son corps à Charleville, où il tint garnison pendant les ans X et XI. Major du 1er régiment de dragons le 6 brumaire an XII, et membre de la Légion-d'Honneur le 4 germinal suivant, il resta au dépôt à Rambouillet. L'Empereur le nomma colonel le 31 décembre 1806, et lui confia le commandement du 9e régiment de dragons, avec lequel il fit la campagne de 1807 à la grande armée. Baron de l'Empire le 19 mars 1808, il servit de 1808 à 1811 à l'armée d'Espagne. Sa belle conduite lui valut la décoration d'officier de la Légion-d'Honneur le 6 janvier 1811, et le grade de général de brigade le 6 août suivant. Placé à la 1re division de cuirassiers de l'armée d'Allemagne le 25 décembre de la même année, il eut la jambe gauche fracturée complétement en deux endroits par une chute de cheval le 6 janvier 1812, près de Golymin, en Pologne. A peine guéri, il fit partie de l'expédition de Russie, et se signala le 7 septembre à la bataille de la Moskowa, où il reçut un coup de boulet à la cuisse droite. Attaché à une division de marche de cavalerie le 5 mai 1813, envoyé aux eaux pour se rétablir de ses blessures le 1er juin, et appelé au corps d'observation de Bavière le 13 juillet suivant, il passa au 5e corps de cavalerie de la grande armée le 3 août, et fut admis à la retraite le 19 septembre de la même année. Il réside aujourd'hui à Sedan (Ardennes). B-G.

RABBE (JEAN-BAPTISTE), naquit le 16 février 1757 à Pesmes (Haute-Saône). Soldat le 8 mars 1775 dans le régiment d'Artois (49e d'infanterie), devenu 48e à l'organisation de 1791, caporal le 16 juin 1782, sergent le 1er mai 1785, tambour-major le 11 février 1787, sous-lieutenant le 31 mai 1792, et lieutenant le 24 septembre 1793, il fit les campagnes de 1792 à l'an III à l'armée du Rhin, et passa avec son grade dans les grenadiers de la garde de la représentation nationale le 24 vendémiaire an IV. Capitaine-adjudant-major le 21 brumaire an V, et maintenu dans ses fonctions le 13 nivose an VIII, dans la garde des consuls, il fit la campagne de cette année en Italie avec l'armée de réserve, et reçut un coup de feu au pied droit le 25 prairial à Marengo. Chef de bataillon le 18 frimaire an X, attaché en cette qualité à l'École spéciale militaire le 3 germinal an XI, le premier Consul le nomma colonel du 2e régiment de la garde de Paris le 7 fructidor de la même année, et lui donna la croix de la Légion-d'Honneur le 4 germinal an XII, et celle d'officier de l'Ordre le 25 prairial suivant. Compromis dans la conspiration du général Mallet le 23 octobre 1812, et condamné à la peine de mort par la commission militaire le 29 du même mois, on sursit à son exécution. Le colonel Rabbe avait manqué de présence d'esprit; son énergie habituelle et son intelligence lui avaient fait défaut dans cette grave circonstance : l'Empereur le comprit, lui fit grace de la vie en faveur de ses longs et honorables services, et commua sa peine en un emprisonnement perpétuel. Louis XVIII lui accorda des lettres de grace le 11 mai 1814, et le fit rétablir sur les contrôles de l'armée. Il obtint sa retraite le 18 octobre 1815, et mourut à Paris le 10 octobre 1832.

RAMAND (PIERRE), naquit le 19 novembre 1756 à Lyon (Rhône). Soldat au régiment de l'Amérique depuis le 24 avril 1774 jusqu'au 18 janvier 1775, il entra en la même qualité, le 13 janvier 1776, dans le régiment de Bourgogne (59e d'infanterie), et fit, à bord du vaisseau *le Conquérant*, la campagne de 1779 sous les ordres du comte d'Orvilliers. Passé à la compagnie de grenadiers de son bataillon le 1er janvier 1780, il devint caporal le 30 janvier 1782, sergent le 26 août 1783, fourrier-écrivain le 1er février 1784, et sergent-major le 1er février 1788. Adjudant-sous-officier avec le rang de sous-lieutenant le 16 mai 1792, adjudant-major le 1er août suivant, et chef de bataillon le 24 juin 1793 dans le 6e bataillon des côtes maritimes, il fit les campagnes de 1793 à l'an VII inclusivement aux armées des Pyrénées-Orientales et d'Italie. Le 17 septembre 1793, à l'affaire de Peyrestortes, avec un bataillon de grenadiers qu'il commandait, il repoussa et mit en déroute une colonne ennemie à laquelle il fit des prisonniers. Chef de brigade provisoire le 20 frimaire an II, et attaché à l'état-major de l'armée, il reçut un coup de feu à l'aine, le 16 prairial suivant, aux affaires de Riben et de Touzen, où il commandait l'avant-garde. Confirmé dans ce grade, et placé à la tête de la 55e demi-brigade de bataille, par arrêté du Comité de salut public du 13 thermidor an III, il prit le commandement de la 19e demi-brigade de ligne, par ordre du général en chef Bonaparte, le 13 pluviose an V. Commandant d'armes de Bastia le 14 germinal suivant, il exerça les mêmes fonctions à Ajaccio du 30 fructidor an VI au 14 thermidor an VII, époque de son admission au traitement de réforme. Rappelé à l'activité et chargé du commandement du département de la Lozère le 6 thermidor an VIII, il fut nommé commandant d'armes de quatrième classe à Blaye (11e division militaire), et passa en qualité de commandant de 3e classe à Nieuport le 16 vendémiaire an XII. Membre de la Légion-d'Honneur le 4 germinal suivant, il prit le commandement de la place de Boulogne-sur-Mer le 22 prairial de la même année, et resta dans cette position jusqu'à sa mort, qui eut lieu le 8 septembre 1814. Louis XVIII l'avait nommé chevalier de Saint-Louis le 13 août précédent. B-G.

RATIEZ (ÉTIENNE-JACQUES), naquit le 8 juin 1764 à l'île Bourbon. Lieutenant dans le 12e régiment de cavalerie le 20 avril 1792, il fit avec distinction les campagnes de la liberté aux armées du Rhin, de Rhin-et-Moselle, d'Italie et sur les frontières bataves depuis 1792 jusqu'à l'an IX inclusivement. Employé le 21 mai 1793 en qualité d'adjoint à l'état-major de l'armée du Rhin, il rentra comme lieutenant le 14 brumaire an II dans le 12e de cavalerie, et y obtint le grade de capitaine le 23 brumaire an III. Devenu aide-de-camp du général Beaupuy le 26 frimaire an IV, il se trouva à toutes les affaires, et notamment au combat de Gorich, où son général fut grièvement blessé. Il donna des preuves d'intrépidité au combat de la tête de pont d'Ingolstadt, et pendant ceux qui signalèrent la fin du mois de vendémiaire an V. Le général Beaupuy ayant été tué le 28 de ce dernier mois, Ratiez servit comme aide-de-camp auprès du général Sainte-Suzanne. Chef d'escadron au 19e régiment de cavalerie le 25 ventose an VIII, et passé à la suite du 10e régiment de même arme le 1er pluviose an XI, il alla rejoindre le 3e à Lyon comme chef d'escadron titulaire le 7 ventose, fut nommé major du 5e régiment de cuirassiers le 6 brumaire an XII, et membre de la Légion-d'Honneur le 4 germinal de la même année. Colonel en second le 14 octobre 1811, le ministre l'envoya à Berlin le 30 mars 1812 pour la réception des 15,000 chevaux que devait fournir la Prusse.

Employé au dépôt de remontes de Glogau, il en conserva le commandement jusqu'à sa réunion à celui de Hanovre, en mars 1813, et passa, dans le mois de juin, à celui de Hanau, puis en novembre à celui de Deux-Ponts. Mis en demi-solde après l'abdication de l'Empereur, et créé chevalier de Saint-Louis le 1er novembre 1814, il reprit du service pendant les Cent-Jours, et rentra dans sa position de non-activité après la catastrophe de Mont-Saint-Jean. Admis à la retraite le 20 avril 1822, il est mort à Paris le 7 mai 1829.
B-G.

RAVENEAU (CHARLES-GABRIEL, DE), naquit le 11 décembre 1768 à Landrecies (Nord). Volontaire au régiment des hussards de Lauzun (5e) le 1er juin 1784, il y servit comme hussard, brigadier et maréchal-des-logis, et devint sous-lieutenant le 1er février 1785. Il se trouvait à Nanci en 1790 sous les ordres du comte de Bouillé, lors des événements qui eurent lieu dans cette ville. Il émigra le 31 mai 1791 avec une partie de son régiment, et fit la campagne de Champagne de 1792 à l'armée des princes. A la fin de cette année, il reprit du service dans les troupes républicaines. Nommé, le 1er février 1793, capitaine dans le régiment des hussards dits *de l'Égalité*, devenu 14e de chasseurs à cheval, il servit aux armées de la Moselle et du Nord. A l'affaire de Deynse, le 6 messidor an III, il reprit, seul, une pièce de canon aux Autrichiens et dégagea un chasseur de sa compagnie qui était tombé en leur pouvoir. Passé en l'an III à l'armée des côtes de l'Océan, il y reçut, le 24 vendémiaire an IV, le brevet de chef d'escadron. Raveneau fit partie, de l'an V à l'an IX, des armées de l'intérieur et d'Italie. Le 14 brumaire an VIII, lors de la retraite de Fossano sur Coni (Piémont), il fut fait prisonnier de guerre, après avoir traversé trois fois la cavalerie ennemie à la tête de son escadron, et quoique blessé d'un coup de sabre à la joue. Rentré des prisons de l'ennemi, par échange, le 7 ventose an IX, il rejoignit son régiment en Italie. Major du 13e régiment de chasseurs à cheval le 6 brumaire an XII, et membre de la Légion-d'Honneur le 4 germinal suivant, il fut atteint, le 30 mai 1807, d'une paralysie qui le força de donner sa démission. Il ne tarda pas à se rétablir, et le 11 janvier suivant il devint sous-inspecteur aux revues surnuméraire, et sous-inspecteur titulaire de 3e classe le 7 mai de la même année. Il fit en cette qualité les campagnes du Nord et de Hollande de 1809 et 1810. Il demanda sa retraite en mars 1812, mais il ne l'obtint qu'en vertu d'une ordonnance du 29 juillet 1817. Il est mort le 27 avril 1841 à Noyal (Aisne).

RAYMOND. *Voyez* REMOND.

RÉAL (PIERRE-LOUIS-DOMINIQUE), né le 25 juillet 1770 à Calais (Pas-de-Calais), entra au service comme sous-lieutenant le 6 juillet 1791 dans le 1er régiment d'infanterie, dont le 2e bataillon forma, en l'an II, la 2e demi-brigade de bataille, incorporée en l'an IV dans la 9e de ligne, devenue 9e régiment de même arme à l'organisation du 1er vendémiaire an XII. Lieutenant le 28 avril 1792, capitaine le 1er juin 1793, il fit les campagnes de 1792 au commencement de l'an VI aux armées du Nord, de Sambre-et-Meuse et d'Italie. Employé à l'armée expéditionnaire d'Orient, il s'embarqua à Toulon au mois de floréal an VI, et fit les guerres d'Égypte et de Syrie jusqu'à la fin de l'an IX. Au siège de Saint-Jean-d'Acre, il monta un des premiers sur la brèche, lors de l'assaut livré à cette place le 5 floréal an VII. Il eut dans cette journée cinq coups de feu dans ses habits. Après l'action, le général Lanusse le présenta au général en chef Bonaparte, dont il reçut les éloges et les félicitations en présence de toutes les troupes. Le 29 ventose an VIII, à la bataille d'Héliopolis, il emporta de vive force le village de ce nom à la tête de 2 compagnies de carabiniers de la 22e légère et de 2 compagnies de grenadiers de la 9e de ligne, qu'il commandait. Cette position, défendue par 10,000 Albanais et 15 pièces de canon, opposa une longue et vigoureuse résistance, mais enfin, l'ennemi fut culbuté et obligé de prendre la fuite, après avoir éprouvé des pertes et avoir abandonné ses bagages et son artillerie. Proposé à cette époque pour le grade de chef de bataillon, il lui fut conféré, le 20 vendémiaire an IX, par le général en chef Menou. Rentré en France par suite de la convention d'Alexandrie, il tint garnison à Autun pendant les ans X et XI. Nommé major du 29e régiment d'infanterie de ligne le 30 frimaire an XII, puis membre de la Légion-d'Honneur le 4 germinal suivant, il alla rejoindre son corps à Pescara (royaume de Naples), et servit depuis cette époque à l'armée d'Italie. Colonel en second le 15 avril 1811, et colonel titulaire du 10e régiment d'infanterie de ligne le 7 septembre suivant, il se rendit sur-le-champ en Espagne, où se trouvait alors ce régiment, et fit à sa tête les campagnes de 1812 et 1813. Il se trouva au siège de Valence, et prit sa retraite le 4 novembre 1813. Il réside en ce moment à Strasbourg (Bas-Rhin).

REMOND DIT REMONDA (CHARLES-FRANÇOIS, *baron*), né le 2 novembre 1761 à Comologno (Suisse), était domicilié à Bourges depuis long-temps, lorsqu'il entra au service, le 25 août 1792, en qualité de capitaine au 1er bataillon du Cher, devenu successivement par incorporation et par amalgame 132e, 26e et 108e demi-brigades d'infanterie, et enfin 108e régiment d'infanterie de ligne. Il fit les campagnes de 1792 à l'an IX aux armées de la Moselle, de Sambre-et-Meuse, d'Helvétie et du Rhin, et contribua puissamment à la conservation du fort de Bitche, dont l'ennemi avait voulu s'emparer dans la nuit du 26 au 27 brumaire an II. La Convention nationale décréta, le 11 frimaire suivant, que la garnison de Bitche avait bien mérité de la patrie. Il concourut personnellement et avec succès à la défense contre les Russes d'un passage dans la gorge de la vallée de Mutten, près de Schwitz, le 9 vendémiaire an VIII, et facilita ainsi la retraite d'une partie des troupes françaises. Sa conduite dans cette journée fut mise à l'ordre de l'armée, et, le 15 thermidor suivant, le gouvernement le nomma chef de bataillon « en raison, dit son brevet, de ses services et de ses connaissances militaires, et pour s'être particulièrement distingué dans toutes les affaires qui ont eu lieu depuis l'ouverture de la campagne ». Employé sur les côtes de l'Océan pendant les ans x et xi, et nommé major du 34e régiment d'infanterie de ligne le 11 brumaire an xii, il reçut la croix de légionnaire le 4 germinal suivant. Il rejoignit son corps à Mayence, où il tint garnison jusqu'en l'an xiv, et fit les campagnes de Prusse et de Pologne en 1806 et 1807 avec la grande armée. Promu colonel du même régiment le 31 décembre 1806, créé baron de l'Empire le 19 mars 1808, et fait officier de l'Ordre le 10 mars 1809, il servit en Espagne de 1809 à 1811 avec la 1re division du 5e corps. Il se signala, le 19 novembre 1809, à la bataille d'Ocaña, et en fut récompensé par la décoration de la Légion-d'Honneur, que l'Empereur lui conféra le 17 décembre suivant. Il mérita des éloges pour sa conduite le 11 août 1810 au combat de Villa-Garcia, où il reçut un coup de feu à la jambe, et se distingua de nouveau, le 19 février 1811, à la bataille de la Gebora. Général de brigade le 6 août suivant, et attaché à l'armée de Portugal, il tomba au pouvoir de l'ennemi à Astorga le 29 août 1812, mais il parvint à s'évader, et continua ses services à l'armée d'Espagne. A l'affaire d'Irun, le 31 août 1813, la brigade qu'il commandait, chargée par un corps nombreux de Portugais, abandonna ses positions d'Urdax, et se concentra en avant d'Ainhoué. Dans cette circonstance, le général Rémond combattit avec sa bravoure habituelle, et fut assez grièvement blessé. Le 27 décembre suivant, l'Empereur le plaça à la réserve de Genève, devenue partie de l'armée de Lyon. Louis xviii le nomma chevalier de Saint-Louis le 24 août 1814. Mis en non-activité le 1er octobre suivant, il se trouvait en cette position, lorsque l'Empereur revint de l'île d'Elbe. Investi, le 26 mars 1815, du commandement du département de l'Indre, il passa à celui de la Vienne le 15 avril suivant. Rentré en non-activité le 21 août de la même année, il prit sa retraite le 1er janvier 1825. Rappelé à l'activité après la révolution de 1830, et mis dans le cadre de réserve le 22 mars 1831, il obtint de nouveau sa retraite le 11 juin 1832. Il est mort à Paris le 24 juin 1843.

RENAUD (ANTOINE-FRANÇOIS), naquit le 6 février 1771 à Pont-de-Vaux (Ain). Volontaire dans le 1er régiment de chasseurs à cheval, il fit aux armées du Nord, de la Moselle, de Sambre-et-Meuse, du Rhin, d'Allemagne, de Mayence, du Danube et d'Helvétie, toutes les campagnes de la liberté depuis 1792 jusqu'à l'an ix. Brigadier le 11 juillet 1792, adjudant-sous-lieutenant le 12 nivose an ii, adjoint aux adjudans-généraux le 28 thermidor an iv, lieutenant-adjoint le 28 thermidor an v, capitaine en conservant les mêmes fonctions le 28 pluviose an xii, aide-de-camp du général Drouard le 7 thermidor suivant, il devint chef d'escadron le 8 de ce dernier mois. Le 3 vendémiaire an viii, à la bataille de Zurich, il reçut un coup de feu à l'épaule droite. Le 16, il emporta de vive force la ville de Constance à la tête de 2 compagnies de la 53e demi-brigade de ligne, poursuivit l'ennemi jusqu'au pont du Rhin, lui prit un drapeau, fit environ 600 prisonniers, et lui tua une grande quantité d'hommes, parmi lesquels se trouvèrent plusieurs officiers supérieurs et un général. Le 28 frimaire an ix, à l'affaire de Lambach, avec 3 compagnies de la 27e de ligne et un escadron du 20e de chasseurs, il s'empara du village de Neukirch, défendu par 2 bataillons de manteaux-rouges et 3 escadrons de hussards autrichiens. Il mit l'ennemi dans une déroute complète, lui fit beaucoup de prisonniers, et, soutenu par le 5e de hussards, il rentra dans Lambach, où l'on prit près de 800 chevaux, une pièce de canon, un général et 2 colonels autrichiens. Confirmé dans le grade de chef d'escadron au 1er régiment de chasseurs à cheval le 6 fructidor an ix, il rentra en France à la paix, et tint garnison à Verdun pendant les ans x et xi. Major du 6e régiment de même arme le 6 brumaire an xii, et membre de la Légion-d'Honneur le 4 germinal, il alla rejoindre son régiment à l'armée de Naples, avec laquelle il servit depuis l'an xiii jusqu'au 3 décembre 1807, date de sa nomination au grade de colonel du 30e de dragons, alors à l'armée d'Italie. Il continua de commander ce régiment de 1808 à 1810, et, le 1er octobre de cette dernière année, il fut admis à la retraite. Officier de la Légion-d'Honneur le 3 avril 1814, et commandeur de l'Ordre le 29 mars 1831, il est mort à Paris le 10 mars 1841.
B-G.

RESNIER (ANDRÉ-GUILLAUME), né le 4 août 1756 à Angoulême (Charente), entra comme sous-lieutenant au régiment de Vermandois (61e d'infanterie) le 4 mai 1771. Lieutenant en second le 6 avril 1778, lieutenant en premier le 23 mars 1785, capitaine en second le 1er septembre 1789, et capitaine en premier le 2 juin 1792, l'administration du département de Rhône-et-Loire le nomma, le 15 octobre suivant, à la formation des chasseurs du Midi, lieutenant-colonel de ce corps. Passé en qualité d'adjoint aux adjudans-généraux à l'état-major de l'armée des Pyrénées-Orientales le 10 mars 1793, il y fit les campagnes de 1791 et des ans ii et iii. Adjudant-général chef de bataillon le 1er frimaire an ii, adjudant-général chef de brigade le 25 prairial an iii, et mis au traitement de réforme le 20 vendémiaire an iv, il demeura sans emploi jusqu'au 21 vendémiaire an ix. A cette époque, le gouvernement l'employa comme commandant d'armes de la place de Toulouse, et le premier Consul lui donna la décoration de la Légion-d'Honneur le 4 germinal an xii. La place de Toulouse ayant été supprimée le 1er vendémiaire an xiii, il resta en non-activité. L'Empereur l'attacha au collège électoral de Villefranche, et lui confia, le 27 janvier 1807, le commandement de la place de Mont-Louis. Admis à la retraite le 20 septembre 1812, il est mort à Toulouse (Haute-Garonne), le 1er janvier 1825.
B-G.

REYNAUD (CHARLES), servit fort jeune dans l'artillerie de marine, passa par tous les grades jusqu'à celui de major du 3e régiment de l'arme, reçut la décoration de la Légion-d'Honneur le 4 germinal an xii, et mourut à son corps le 10 octobre 1808.

REYNAUD (CLAUDE-RÉGIS), naquit le 14 décembre 1761 au Puy (Haute-Loire). Enrôlé volontaire le 15 mars 1780 dans le régiment de Boufflers-dragons, devenu chasseurs d'Alsace (1er régiment de chasseurs à cheval), brigadier le 15 mars 1784, maréchal-des-logis-instructeur le 15 mars 1788, et maréchal-des-logis-chef le 21 août 1792, il passa comme capitaine, le 16 septembre suivant, dans la légion des Pyrénées, plus tard 22e régiment de chasseurs à cheval, et fit toutes les campagnes depuis 1792 jusqu'à l'an IX aux armées du Nord, des Pyrénées-Orientales, d'Italie et de Batavie. Le 20 septembre 1792, à l'affaire dite *de la Lune*, il reçut un éclat d'obus au front en chargeant sur une redoute. Chef d'escadron le 15 octobre 1792, il tomba au pouvoir de l'ennemi en l'an IV au pont de Governolo, lorsque Mantoue se trouva débloqué par les Autrichiens. Échangé, le 28 vendémiaire an V, contre le major Haugwitz, du régiment de Vins, il servit en Vendée pendant l'an XI, et fit partie en l'an XII de l'armée de Hanovre. Major du 23e régiment de chasseurs à cheval le 23 brumaire de cette dernière année, et membre de la Légion-d'Honneur le 4 germinal suivant, il commanda le dépôt de son corps jusqu'au 21 mars 1811, date de son admission à la retraite. Il est mort le 12 mai 1843 au Puy (Haute-Loire). B-G.

RICHARD (JOSEPH-PIERRE), né le 24 août 1771 à Paris (Seine), entra dans la garde nationale parisienne non soldée le 14 juillet 1789, y devint sergent le 1er août 1790, et sous-lieutenant le 1er août 1792. Il s'enrôla comme simple soldat le 23 août 1793 dans le 6e bataillon de Paris (nouvelle formation), et partit immédiatement pour l'armée des Ardennes. Élu capitaine le 20 septembre suivant, il servit en cette qualité jusqu'au 9 floréal an II, époque à laquelle il redevint soldat, conformément aux articles 13 et 15 de la loi du 2 frimaire précédent. Il fit les campagnes de la Révolution de l'an II à l'an IX aux armées de la Moselle, de Sambre-et-Meuse, du Nord, d'Allemagne, d'Angleterre et du Rhin, passa par amalgame dans la 181e demi-brigade de bataille, et fut nommé adjoint à l'état-major de l'armée de Sambre-et-Meuse, avec rang de sous-lieutenant, le 4 fructidor an II. Promu lieutenant à la 181e demi-brigade, attaché à l'état-major en qualité d'adjoint aux adjudans-généraux le 17 germinal an III, il obtint le grade de capitaine le 17 vendémiaire an V, et conserva ses fonctions. Adjoint à l'état-major général de l'armée du Rhin le 16 germinal an VIII, nommé chef de bataillon le 1er thermidor suivant, et envoyé à la 110e demi-brigade de ligne le 20 vendémiaire an IX, il passa à la suite de la 55e le 6 prairial an XI, et y devint titulaire le 26 messidor suivant. Il fit partie des troupes du camp de Saint-Omer en l'an XII et en l'an XIII. Major du 43e régiment d'infanterie de ligne le 20 brumaire an XII, et membre de la Légion-d'Honneur le 4 germinal suivant, l'Empereur le promut au grade de colonel du quarante-sixième de ligne le 10 février 1807. Il rejoignit ce corps, et fit à sa tête les campagnes de Prusse et de Pologne. Sa conduite pendant le cours de cette guerre lui valut la décoration d'officier de l'Ordre le 11 juillet 1807. Attaché au corps d'observation en Allemagne pendant l'année 1808, il reçut le titre de baron de l'Empire, avec une dotation, le 17 mars de cette même année. Employé à la grande armée pendant la campagne de 1809, il périt glorieusement, le 22 mai, sur le champ de bataille d'Essling. B-G.

RICHTER (JEAN-LOUIS, *baron*), naquit le 24 octobre 1769 à Genève (Suisse). Capitaine de cavalerie dans la légion allobroge le 13 août 1792, il servit pendant cette année et la suivante à l'armée des Alpes et au siége de Toulon, passa le 17 pluviose an II dans le 15e régiment de dragons, et fit partie de l'an II à l'an IV de l'armée des Pyrénées-Orientales. Arrivé en Italie vers le milieu de cette dernière année, il se trouva au passage du pont de Lodi, fut blessé d'un coup de feu à la tête, le 6 prairial an IV, en chargeant les rebelles dans les rues de Pavie, et s'illustra aux affaires de Lonato, de Castiglione et de Roveredo. L'année suivante, il se fit remarquer encore sous les murs de Mantoue, au passage de la Brenta, aux batailles d'Arcole et du Tagliamento. Il suivit son régiment en Égypte. Nommé chef d'escadron le 25 fructidor an VI, rentra en France après la capitulation d'Alexandrie, et alla avec son régiment tenir garnison dans les places de Thionville et de Schelestadt. Richter passa major dans le 22e le 6 brumaire an XII, et devint membre de la Légion-d'Honneur le 4 germinal suivant. Il servit pendant les ans XII et XIII à l'armée des côtes, et en l'an XIV à la grande armée. Il se couvrit de gloire à la bataille d'Austerlitz, à la tête du 1er régiment provisoire de dragons, dont il avait reçu l'ordre de prendre le commandement. Colonel du 3e régiment de cuirassiers le 31 décembre 1806, il combattit à Eylau et à Friedland, et reçut le 11 juillet la croix d'officier de la Légion-d'Honneur.

Blessé à Essling, Richter obtint, à la suite de la bataille de Wagram, le titre de baron de l'Empire. Promu général de brigade par décret du 6 août 1811, et attaché à la division du général Nansouty, il fit la campagne de Russie et s'illustra à la bataille de la Moskowa. Rentré en France par autorisation du 26 janvier 1813, il rejoignit, le 1er mars suivant, la 2e division du 1er corps de cavalerie de la grande armée. L'Empereur le nomma au commandement du département de la Moselle le 9 juin, et Louis XVIII lui donna la croix de Saint-Louis le 27 septembre 1814.

Au retour de l'île d'Elbe, l'Empereur lui confia momentanément le commandement supérieur de la place de Longwy, et le rappela le 12 juin à celui du département de la Moselle. Louis XVIII le maintint dans cette position par décision du 11 octobre suivant. Lieutenant de roi à Metz (1re classe) le 27 mars 1817, il obtint la croix de commandeur de la Légion-d'Honneur le 23 mai 1825. Admis à la retraite le 28 février 1827, une ordonnance royale du 31 octobre suivant lui conféra le grade de lieutenant-général honoraire. Compris dans le cadre de réserve de l'état-major général le 22 mai 1831, et réadmis à la retraite le 1er mai 1832, il est mort à Paris le 23 décembre 1840. B-S.

ROBERT (simon, *baron*), naquit le 1er mai 1762 à Nevers (Nièvre). Soldat au régiment de Beaujolais-infanterie (74e) le 1er juin 1779, il fit les campagnes d'Amérique de 1781 à 1783, et sortit du corps par congé le 3 avril 1784. Le 12 octobre 1792, il entra en qualité de capitaine-adjudant-major dans le 6e bataillon de volontaires de la Côte-d'Or, avec lequel il servit de 1792 à l'an II à l'armée des côtes de Cherbourg. Passé dans la Vendée en l'an III, il fut admis avec son grade, le 5 thermidor an IV, dans la 2e légion des Francs, incorporée dans la 46e demi-brigade de ligne. Chef de bataillon le 1er vendémiaire an V, et envoyé en Allemagne, il fit partie en l'an VI de l'armée d'Angleterre. Le 17 prairial, le Directoire exécutif adressa au commandant Robert une lettre de félicitation pour sa conduite distinguée à l'affaire d'Ostende le 1er du même mois. En l'an VII, il était à Kloster-Paradis (Suisse) dans le courant du mois de prairial, faisant partie de l'armée du Danube. Assailli par des forces supérieures, il déploya dans cette affaire autant de bravoure que de prudence, et prit à l'ennemi 3 drapeaux et 4 pièces de canon. Le 20 vendémiaire an VIII, il soutint près de Schatten les efforts d'une forte colonne russe et en arrêta la marche. A Mœskirch (armée du Rhin), le 15 floréal suivant, blessé de deux coups de feu pendant l'action, il voulut rester sur le champ de bataille jusqu'à la fin de la journée. En l'an IX et en l'an X, il commanda un bataillon d'expédition sur Boulogne, et s'acquitta de sa mission avec autant de zèle que d'intelligence. Major du 36e régiment de ligne le 18 brumaire an XII, et membre de la Légion-d'Honneur le 4 germinal suivant, il fit les campagnes de l'an XII à 1808 à l'armée des côtes de l'Océan. Colonel en second de la 6e demi-brigade provisoire le 3 mars 1809, il entra, le 5 avril de la même année, en qualité de major-colonel dans le 4e régiment de tirailleurs de la jeune garde, avec lequel il combattit à Wagram. Baron de l'Empire le 15 mars 1810, il passa en Espagne en 1810 et 1811. Le 18 novembre 1810, il battit au bourg de San-Domingo, avec un détachement de la garde, la bande d'Amor et lui prit son drapeau. Officier de la Légion-d'Honneur le 19 janvier 1812, il fit la campagne de Russie, et à son retour il eut la direction des dépôts de la garde. Pendant la campagne de France de 1814, il commandait une brigade d'infanterie, et durant toute la journée du 30 mars il soutint, avec 5 bataillons, devant le village d'Aubervilliers, les efforts d'une division russe. Louis XVIII l'accueillit avec distinction, lui donna la croix de Saint-Louis le 13 août 1814, et le nomma maréchal-de-camp le 12 octobre même année. Un mois après le retour de Napoléon de l'île d'Elbe, le 23 avril 1815, le général Robert fut attaché à la 24e division, corps d'observation du Var (le 9e). Mis en demi-solde le 1er août 1815, il a été admis à la retraite le 21 octobre 1818. Il est mort à Paris le 16 janvier 1827. B-S.

ROCBERT DE LAMORENDIÈRE-DU-

COUDRAY (étienne-françois, *baron*), naquit le 13 décembre 1760 à Saint-Martin de Ré (Charente-Inférieure). Sergent volontaire au régiment du cap le 25 décembre 1785, cadet dans le bataillon auxiliaire des colonies le 22 août 1786, sous-lieutenant dans le régiment du cap le 15 décembre suivant, lieutenant en second le 2 juin 1789, il devint lieutenant en premier le 26 septembre 1790. Il se fit remarquer pendant la campagne de cette année contre les mulâtres révoltés, et en 1791 et 1792 dans la guerre de l'insurrection des nègres. Le 9 février 1792, il obtint le grade de capitaine dans le 106e de ligne, ci-devant du cap, devenu 13e demi-brigade. Rentré en Europe à la fin de 1792, il fit les campagnes de 1793 à l'an IV à l'armée du centre, celles des ans V et VI en Italie, ainsi que l'expédition d'Égypte. Blessé de deux coups de feu au siège de Saint-Jean d'Acre, en défendant vaillamment, à la tête d'une compagnie de grenadiers, le petit pont qui communiquait des remparts au jardin de Djezzar, il ne quitta cette position qu'après avoir perdu les deux tiers de sa compagnie. Cette action lui mérita, le 30 du même mois, le grade de chef de bataillon. Le 19 floréal an IX, il contint, avec 2 bataillons, en avant de Rhamanieh, l'aile gauche de l'armée turque, et enleva un poste retranché défendu par 3,000 hommes dont 200 restèrent sur le champ de bataille. Il rentra en France avec les débris de l'armée d'Orient, passa major du 70e régiment de ligne le 30 frimaire an XII, et membre de la Légion-d'Honneur le 4 germinal suivant. L'Empereur lui envoya le brevet de colonel en second le 21 mars 1809. Il prit, le 28 décembre, le commandement du 75e de ligne, à la tête duquel il fit les guerres d'Espagne de 1809 à 1812. Il eut 3 chevaux tués sous lui à la bataille de Vittoria, et près des redoutes avancées de Bayonne. Rentré dans l'intérieur et nommé officier de la Légion-d'Honneur le 28 juin 1813, puis baron de l'Empire, il reçut, le 25 novembre suivant, le brevet de général de brigade. Il fut blessé d'un coup de feu à la bataille de Toulouse le 10 avril 1814. Chevalier de Saint-Louis le 20 août suivant, on l'admit à la retraite le 6 octobre 1815. Le gouvernement de Juillet 1830 le releva de cette position, et lui confia, le 14 janvier 1831, le commandement du département des Landes. Entré dans le cadre de réserve le 12 avril suivant, et de nouveau admis à la retraite le 1er mars 1832, il est mort le 2 janvier 1837 à Bordeaux (Gironde).

ROCMONT (césar-élisabeth-marguerite, **CHANOINE** de), naquit le 24 décembre 1750 à Châlons (Marne). Volontaire le 17 octobre 1767 dans le régiment de Montéclair-dragons, devenu *Monsieur*, puis 13e de l'arme, il y obtint le rang de sous-lieutenant le 9 juillet 1769. Titulaire le 28 octobre 1770, il prit rang de lieutenant le 1er juin 1772, et devint lieutenant en premier le 22 janvier 1777. Capitaine le 29 mai 1788, et lieutenant-colonel le 22 juillet 1792, il fit la campagne de cette année et assista au siège de Thionville. Passé à l'armée du Nord, il se trouva à la bataille de Nerwinde; blessé de trois coups de sabre, il mérita par sa conduite le grade de chef de brigade, et le reçut le 20 avril suivant. Le 7 brumaire an II, à l'affaire d'Orchies, il fut atteint d'un coup de feu au moment où il manœuvrait avec son régiment pour s'emparer d'une redoute. Nommé commandant d'armes de la place du Hâvre le 15 germinal an IV, il la défendit durant sa mise en état de siége, du 9 vendémiaire an VII au 7 messidor an VIII, et soutint le bombardement du 2 thermidor an XI. Créé membre de la Légion-d'Honneur le 4 germinal an XII, il repoussa l'attaque des Anglais des 4 et 14 thermidor de la même année, et continua d'exercer ses fonctions jusqu'au 23 février 1814. L'Empereur le fit remplacer alors dans son commandement pour s'être mêlé d'intrigues royalistes. Réintégré dans son commandement par ordre du comte d'Artois le 18 avril suivant, il le conserva jusqu'au 2 janvier 1815, date de son admission à la retraite. Le 17 du même mois, Louis XVIII le nomma chevalier de Saint-Louis. Il est mort à Paris le 12 novembre 1827.

ROLAND (JACQUES), naquit le 20 juin 1750 à Sedan (Ardennes). Admis comme enfant de troupe au régiment de Navarre-infanterie, compagnie de Lachenay, le 20 juin 1760, il fit en Allemagne les campagnes de 1760, 1761 et 1762. Embarqué pour l'Amérique en 1775, il passa en qualité de sergent au régiment d'Armagnac le 1er juillet 1776, lors du dédoublement de Navarre, et fit les guerres d'Amérique de 1778 à 1783. Sous-lieutenant au corps le 12 janvier 1792, il y devint lieutenant le 9 mai suivant, et capitaine le 8 mars 1793. Il servit en 1792 aux armées du Nord et de la Moselle, et en 1793 à celle de la Moselle et des côtes de Cherbourg. Le 2e bataillon du 6e régiment d'infanterie (ci-devant Armagnac) ayant été amalgamé dans la 12e demi-brigade de bataille, lors de la nouvelle organisation, Roland y fut nommé chef de bataillon le 7 vendémiaire an II, et chef de brigade le 2 floréal suivant. Employé aux armées des côtes de Brest, de l'Océan et de l'Ouest pendant les guerres des ans II, III et IV, il reçut le 6 pluviose an IV, dans une affaire qui eut lieu contre les chouans, un coup de feu qui lui fracassa le bras gauche. Mis au traitement de réforme le 21 ventose suivant, par suite de cette blessure, il passa commandant d'armes de la place de Thionville le 24 germinal an V. Le premier Consul lui donna la croix de légionnaire le 4 germinal an XII. Admis à la retraite le 30 novembre 1807, il est mort le 25 mai 1810 à Thionville (Moselle). B-G.

ROLLAND (PIERRE, *baron*), naquit le 8 juin 1772 à Montpellier (Hérault). Volontaire dans le bataillon de chasseurs de l'Aude le 10 janvier 1791, il passa dans la compagnie des guides de l'armée des Pyrénées-Orientales le 7 septembre 1793, et fit avec elle les campagnes de cette année et des ans II et III. Sous-lieutenant adjoint à l'adjudant-général Desroches le 29 fructidor an II, il devint capitaine à la suite de la 1re légion de police en conservant ses fonctions d'adjoint le 7 vendémiaire an IV. Desroches ayant été suspendu le 26 vendémiaire an IV, et la légion de police ayant été dissoute, il demeura sans emploi jusqu'au 19 nivose an VII. Placé à cette époque comme adjoint à l'état-major de l'armée de Naples, on le mit à la suite du 14e régiment de cavalerie. Le 17 ventose suivant, envoyé sur la route de Salerne avec 50 hommes d'infanterie et 30 chasseurs à cheval du 25e régiment, pour reconnaître un corps de Calabrais, il rencontra l'ennemi, en avant de Nocera, au nombre de 2,000 hommes, et malgré la disproportion de ses forces il chargea la tête de colonne des insurgés. Ayant reçu le lendemain un renfort de 300 hommes avec 2 pièces de canon, il attaqua de nouveau l'ennemi, pénétra dans Nocera, et fit rentrer dans l'obéissance la population insurgée. Il servit aux armées de réserve, d'Italie et des Grisons pendant les ans VIII et IX, et fut nommé chef d'escadron à la suite du 14e de cavalerie le 27 germinal de cette dernière année. Titulaire le 29 brumaire an X dans le 19e de cavalerie, dont une partie entra par incorporation dans le 11e de même arme le 1er pluviose an XI, il y resta à la suite, et passa dans le 12e le 7 ventose suivant. Major du 2e régiment de cuirassiers le 23 frimaire an XII, et membre de la Légion-d'Honneur le 4 germinal, il rejoignit son régiment à Caen, et y commanda le dépôt pendant la guerre contre l'Autriche et contre la Prusse. Il fit la campagne de 1808. Colonel en second au même régiment le 31 mars 1809, il prit part à la guerre d'Allemagne. Sa conduite distinguée à Wagram, le 6 juillet, lui valut le titre de baron de l'Empire le 15 août de la même année. Nommé au commandement du 3e régiment provisoire de cuirassiers le 1er avril 1810, il fit partie de l'armée de Catalogne jusqu'au 7 septembre 1811. Appelé alors comme colonel titulaire du deuxième de cuirassiers, il commanda son régiment pendant la campagne de Russie, et reçut la croix d'officier de la Légion-d'Honneur le 11 octobre 1812, en récompense des services qu'il avait rendus à la bataille de la Moskowa. Il combattit avec distinction en Saxe. L'Empereur lui donna la décoration de commandant de la Légion-d'Honneur le 5 septembre 1813 pour sa conduite à la bataille de Dresde; il avait, à la tête de son régiment, chargé un carré et fait 2,000 prisonniers. Le 16 octobre suivant, à Leipzig, il eut la jambe gauche emportée par un boulet, et fut fait général de brigade le 28 novembre de la même année. Retiré à Paris pour y soigner sa blessure, la Restauration le surprit au milieu de sa convalescence. D'après le compte rendu au ministre de la guerre de l'ancienneté et de la distinction des services du général Rolland, il le nomma commandant de la succursale des Invalides d'Avignon le 28 mai 1814, et le 28 septembre Louis XVIII le créa chevalier de Saint-Louis. Maintenu dans son commandement pendant les Cent-Jours, et remplacé le 9 décembre 1815, il obtint sa retraite le 26 janvier 1816. Appelé à faire partie du grand conseil d'administration des Invalides, en 1830, après la révolution de Juillet, il cessa ces fonctions lors de la suppression de ce conseil, en 1832. Il réside en ce moment à Paris. B-G.

RONZIER (PIERRE-FRANÇOIS-GABRIEL, *chevalier*), naquit le 9 juin 1764 à Valenciennes (Nord).

Soldat dans le régiment Royal-suédois (92ᵉ d'infanterie) le 20 avril 1784, il obtint son congé absolu le 16 septembre 1789. Le 1ᵉʳ octobre suivant, il entra comme caporal au service des États de Belgique, y devint sergent dans la compagnie Demeurs le 15 du même mois, et passa en qualité de sous-lieutenant dans la compagnie Squenars le 28 octobre de la même année. Lieutenant à l'occasion de la prise de Diest le 5 décembre, il fut breveté capitaine au 10ᵉ régiment belge, par arrêté du congrès souverain des Etats de Belgique, le 13 mai 1790. Les services qu'il rendit à cette époque lui valurent le grade de lieutenant-colonel au 2ᵉ régiment belge, que lui conféra, le 28 décembre 1792, le comité militaire de la représentation de la ville libre de Bruxelles. Confirmé dans ce grade le 7 juin 1793 par arrêté du conseil exécutif provisoire établi à Paris en vertu de la loi du 15 août 1792, il fit dans les armées françaises du Nord, de l'Ouest et d'Italie, toutes les campagnes depuis 1792 jusqu'à l'an IX. Lors de l'amalgame des corps belges fait à Amiens, conformément au décret de la Convention du 20 brumaire an II, il passa comme chef de bataillon, le 4 pluviose suivant, dans le 2ᵉ de tirailleurs belges, embrigadé le 1ᵉʳ nivose an V dans la 13ᵉ demi-brigade d'infanterie légère, devenue 13ᵉ régiment de même arme à l'organisation de l'an XII. Le 7 nivose an III, à l'attaque de Breda (Hollande), il enleva d'assaut, à la tête de 2 compagnies de son bataillon, le fort de Stuivezande, et s'empara de plusieurs pièces de canon. Après la cessation des hostilités, il tint garnison à Casal pendant les ans X et XI, et, le 30 frimaire an XII, il fut nommé major du 27ᵉ régiment d'infanterie légère, qu'il alla rejoindre à Hanovre. Membre de la Légion-d'Honneur le 4 germinal suivant, il fit les campagnes de l'an XIV, et se trouva à Austerlitz. De 1806 à 1809, il servit à la Tête-de-Flandre. Colonel en second commandant la 8ᵉ demi-brigade provisoire le 21 mars 1809, et chevalier de l'Empire le 15 août suivant, il prit, comme colonel titulaire, le commandement du 95ᵉ régiment de ligne le 19 juillet 1810, fit les guerres d'Espagne depuis cette époque jusqu'à la fin de 1813, et reçut la croix d'officier de la Légion-d'Honneur le 23 janvier 1811. Promu général de brigade, pour être employé au camp de Meaux, le 31 janvier 1814, et attaché à la 9ᵉ division d'infanterie de la grande armée le 23 février suivant, il mourut à Fismes (Marne), le 19 mars, par suite des blessures qu'il avait reçues quelques jours auparavant.

B-G.

ROTTEMBOURG (HENRI, *baron*), naquit le 6 juillet 1769 à Phalsbourg (Meurthe). Soldat au 84ᵉ régiment d'infanterie (Royal-Hesse-d'Harmstadt) le 16 septembre 1784, il fut nommé caporal-fourrier le 1ᵉʳ janvier 1791, sergent, adjudant-sous-officier, sous-lieutenant et lieutenant les 1ᵉʳ mai, 26 août, 1ᵉʳ septembre et 15 octobre 1792, il fit les campagnes de 1792 à l'an II aux armées du centre, du Nord et des Ardennes, et devint, le 1ᵉʳ frimaire an III, capitaine-adjudant-major à la 172ᵉ demi-brigade, devenue 99ᵉ, puis 62ᵉ. Il servit de l'an III à l'an IX aux armées de Sambre-et-Meuse, de Mayence, d'Angleterre et d'Italie. Blessé d'une balle à la cuisse droite, à l'affaire du 6 germinal an VII, devant Verone, où il se trouvait à la tête des tirailleurs, il combattit pendant toute l'action. Dans le mois de frimaire an VIII, il se fit particulièrement remarquer lors de la retraite du général Suchet sur le Var, et obtint, le 10 fructidor suivant, le grade de chef de bataillon. Le 4 nivose an IX, au passage du Mincio, il chargea l'ennemi à la baïonnette, concourut au succès de cette journée, et, le 5 nivose, il prit une part glorieuse à la reddition de Borghetto. Ce fut lui qui porta au commandant autrichien les articles de la capitulation. Major du 56ᵉ régiment de ligne le 30 frimaire an XII, et membre de la Légion-d'Honneur le 4 germinal, il passa, avec le grade de chef de bataillon, dans les chasseurs à pied de la garde impériale le 1ᵉʳ mai 1806. Il servit à la grande armée de l'an XIV à 1807, et mérita, à la bataille d'Iéna, le grade de colonel du 108ᵉ régiment, et la croix d'officier de la Légion-d'Honneur le 7 juillet suivant. Il ne rentra en France qu'en 1811, et fut nommé général de brigade le 21 juillet de cette année. Attaché à la garde impériale en qualité d'adjudant-général, il fit la guerre de 1812 en Russie, et fut renvoyé en France pour y organiser une partie de l'infanterie de la garde impériale, mission dont il s'acquitta avec habileté, et pour laquelle il reçut, le 14 mai 1813, la décoration de commandant de la Légion-d'Honneur. Major du 1ᵉʳ régiment de chasseurs à pied le 14 septembre même année, et général de division le 20 novembre suivant, il commandait, pendant la campagne de France de 1814, la 5ᵉ division de la jeune garde. Au premier retour des Bourbons, le 27 juin 1814, Louis XVIII le nomma chevalier de Saint-Louis, inspecteur-général d'infanterie, et grand-officier de la Légion-d'Honneur le 14 février 1815. Appelé, le 30 avril suivant, au commandement de la 6ᵉ division du 2ᵉ corps d'observation, il passa le 18 mai à celui d'une division de l'armée du Rhin, et fut mis à la retraite le 9 septembre même année. Relevé de cette position le 29 mars 1816, et employé le 25 octobre 1817 dans l'inspection générale de l'infanterie, il fut compris, le 30 octobre 1818, dans le cadre de l'état-major général de l'armée. Nommé, le 7 novembre 1821, président du comité d'infanterie, il alla, le 12 février 1823, prendre le commandement de la division des Pyrénées-Orientales, et reçut, le 23 mai 1825, la croix de commandeur de l'ordre de Saint-Louis. Le roi Charles X le plaça, le 9 août 1820, à la tête de la 16ᵉ division militaire (Lille). Il y reçut, le 29 octobre 1828, la décoration de grand'croix de la Légion-d'Honneur. Il était en disponibilité depuis le 5 août 1830, lorsqu'il fut compris, le 10 février 1831, sur le cadre d'activité de l'état-major général de l'armée. Chargé, le 5 juillet 1832, de l'inspection générale de l'infanterie dans les 11ᵉ et 20ᵉ divisions militaires, il fut appelé, le 1ᵉʳ décembre suivant, au commandement de la 18ᵉ division (Dijon), et de nouveau admis à la retraite le 1ᵉʳ juillet 1834. Son nom est inscrit au côté Nord de l'arc-de-triomphe de l'Étoile. Il réside en ce moment à Montgeron (Seine-et-Oise). B-S.

ROUX (JEAN-FRANÇOIS), né le 13 avril 1767 à Pujols (Lot-et-Garonne), entra au service comme lieutenant le 19 juin 1792 dans le 1er bataillon de Lot-et-Garonne. Élu capitaine le 27 septembre suivant, il fit les campagnes de 1792 à l'an VII inclusivement aux armées de Rhin-et-Moselle, du Rhin, d'Italie et d'Angleterre. Capitaine adjoint à l'état-major de l'armée du Rhin le 1er nivose an II, il remplit les mêmes fonctions à l'état-major de la cavalerie de cette armée à dater du 15 fructidor an III. Employé en la même qualité à l'état-major général de l'armée d'Italie pendant la campagne de l'an IV, il se distingua, le 3 fructidor, à l'affaire de Governolo, où il fut blessé d'un coup de feu à la cuisse droite, et le 30 du même mois au blocus de Mantoue, où il reçut un autre coup de feu à la jambe. Nommé chef d'escadron adjoint par le général en chef Bonaparte le 1er prairial an V, et confirmé dans ce grade par arrêté des consuls du 4 nivose en VIII, il passa à l'état-major de la 20e division militaire le 1er germinal suivant, et y servit jusqu'au 30 nivose an X. A cette époque, il entra dans le 4e régiment de cavalerie. Major du 13e de dragons le 6 brumaire an XII, et membre de la Légion-d'Honneur le 4 germinal suivant, il prit sa retraite le 15 décembre 1806. Il est mort le 8 mai 1834 à Chancellade (Dordogne). B-G.

ROY (JEAN), naquit le 1er février 1761 à Champeaud (Dordogne). Soldat au régiment de Dillon (90e d'infanterie) le 9 septembre 1778, caporal le 1er mars 1781, il fit la campagne de 1782 sur mer, et obtint son congé par ancienneté le 9 septembre 1786. Il reprit du service le 3 octobre 1792 comme volontaire dans le 5e bataillon du Nord, dont une partie forma en l'an II le 2e bataillon de la 175e demi-brigade de bataille, amalgamé dans le 67e de ligne à l'organisation de l'an IV. Élu capitaine à l'unanimité le 17 du même mois, et chef de bataillon le 31 décembre suivant, il servit de 1792 à l'an IX aux armées du Nord, de la Moselle, de Sambre-et-Meuse et du Rhin. A l'affaire du 1er mai 1793, dans les bois de Vicogne, près de Valenciennes, il tomba de cheval en chargeant l'ennemi, et se blessa à la jambe gauche. Le 25 prairial an II, il était à Faumont, avant-poste de Douai, avec 200 hommes; attaqué par une colonne de 1,700 fantassins et 300 cavaliers, et contraint de céder à une force aussi considérable, il sut bientôt, par ses sages dispositions et son intrépidité, reprendre l'offensive et repousser l'ennemi. Il lui fit 13 prisonniers, lui enleva 2 chevaux et un convoi de vivres qui était tombé en son pouvoir quelques instans auparavant. Le 15 messidor suivant, dans une affaire près de Coutiches, il reçut un coup de sabre à la main gauche. Le lendemain, 16, dans une reconnaissance qu'il dirigeait, aux avant-postes de Douai, il enleva un poste et se précipita lui-même sur la sentinelle qu'il fit prisonnière de sa main. Le 6 fructidor de la même année, pendant le blocus de Valenciennes, il eut l'épaule droite fortement contusionnée par un éclat de bombe. Démissionnaire le 25 thermidor an IV, il rentra à la suite de la 67e le 8 floréal an V, par ordre du général en chef Hoche, et devint titulaire le 16 prairial suivant. Le 15 floréal an VIII, à la bataille de Mœskirch, il fut blessé d'un coup de feu à la région lombaire droite. Après la cessation des hostilités, il tint garnison à Brescia (Italie) pendant les ans X et XI. Major du 102e régiment d'infanterie de ligne le 30 frimaire an XII, et membre de la Légion-d'Honneur le 4 germinal, il alla rejoindre son nouveau corps à Alexandrie. Admis à la retraite le 10 février 1806, il est mort le 2 septembre 1811 à Marseille (Bouches-du-Rhône), où il commandait le fort Saint-Nicolas.

SACHS (PIERRE-FRÉDÉRIC), né le 6 novembre 1776 à Lorient (Morbihan), entra comme sous-lieutenant au 52e régiment d'infanterie le 10 octobre 1792, et fut aussitôt employé comme adjoint à l'état-major de l'armée des côtes de l'Océan. De cette époque à l'an IX, il servit aux armées des côtes de Brest, de La Rochelle, de Cherbourg et à celle d'Italie. Lieutenant au 15e régiment de chasseurs à cheval le 10 mars 1793, il obtint le grade de capitaine le 28 septembre suivant, et reçut un coup de sabre sur la tête et un coup de feu à la cuisse, le 16 prairial an II, dans la Vendée. Atteint d'un coup de feu au pied, le 6 germinal an VII, en Italie, il ne voulut point quitter le champ de bataille, et continua de rester à la tête de sa compagnie jusqu'à la fin de l'action. Chef d'escadron au même régiment le 13 fructidor an IX, il tint garnison à Crema pendant les ans X et XI, devint major du 14e régiment de même arme le 6 brumaire an XII, membre de la Légion-d'Honneur le 4 germinal suivant, et il alla rejoindre à Rimini. Colonel de son régiment le 8 mai 1806, il fit la campagne de 1807 en Allemagne. Il combattit avec sa bravoure habituelle, et fut tué le 22 avril à Eckmühl. B-G.

SAIGNES (PIERRE), naquit le 10 mai 1758 à Lésignan-la-Cèbe (Hérault). Soldat au régiment de Boulonnais (79e d'infanterie) le 7 décembre 1775, caporal le 1er juillet 1780, sergent le 27 juillet 1781, sergent-fourrier le 11 juillet 1785, sergent-major le 1er janvier 1791, adjudant-sous-officier le 22 mai 1792, sous-lieutenant le 8 septembre suivant, et adjudant-major le 27 juillet 1793, il fit la campagne de 1792 à l'armée des Alpes, et celles de 1793, ans II et III aux Pyrénées-Orientales. A l'affaire du 9 brumaire an II, sur les hauteurs de Pouilles, il reçut un coup de feu à la cuisse droite et tomba au pouvoir des Espagnols. Échangé quelque temps après, le 1er bataillon du 79e, dont il faisait partie, à la formation des demi-brigades, entra dans la composition de la 145e de bataille, laquelle, amalgamée en l'an IV avec la 39e, devint 4e de ligne. Passé en l'an IV à l'armée d'Italie, et blessé d'un coup de feu à la hanche droite le 28 fructidor, à l'attaque de la porte Saint-George, devant Mantoue, il continua de servir à l'armée d'Italie. Chef de bataillon à la 40e demi-brigade le 1er nivose an V, il alla rejoindre à l'armée des côtes de l'Océan. Il y

servit pendant les ans VI et VII, et retourna ensuite à l'armée d'Italie, où il fit les campagnes des ans VIII et IX. Nommé major du 23ᵉ régiment d'infanterie de ligne le 11 brumaire an XII, et membre de la Légion-d'Honneur le 4 germinal suivant, il prit sa retraite le 4 avril 1807. Il est mort le 17 mai 1840 à Sens (Yonne).
B-G.

SAINT-GENIES (JEAN-MARIE-NOEL, DE-LISLE DE FALCON, *baron*, puis *vicomte* DE), naquit le 25 décembre 1776 à Montauban (Lot). Caporal dans la 1ʳᵉ compagnie de chasseurs à pied du département de la Haute-Garonne le 10 août 1792, et sergent le 15 janvier 1793, il passa le 30 novembre suivant, comme simple cavalier, dans le 22ᵉ régiment de chasseurs à cheval. Brigadier et adjudant-sous-officier les 20 et 30 pluviose an II, et sous-lieutenant le 4 germinal an IV, il fit la campagne de 1792 au camp sous Paris, celle de 1793 dans la Vendée, et celles de l'an II à l'an IV à l'armée des Pyrénées-Orientales. Aide-de-camp du général Bertin le 16 fructidor an IV, il rentra à son corps le 19 floréal an V, et le suivit en Égypte. Lieutenant le 5ᵉ jour complémentaire an VI, capitaine le 22 pluviose an VIII, le général Leclerc le prit pour aide-de-camp le 18 floréal suivant. Le 30 vendémiaire an IX, il passa avec les mêmes fonctions auprès du général Menou. Chef d'escadron le 30 ventose, il prit le 25 prairial le commandement du régiment des dromadaires. Dans le mois de messidor, chargé de porter du quartier général d'Alexandrie des dépêches importantes au général Belliard, bloqué au Caire et à Giseh, par les Anglais, les Turcs, les mamelucks et les Arabes, il échappa aux partis de cavalerie qui inondaient la campagne, et arriva à Giseh à la tête de ses dromadaires, après plusieurs marches dans le désert. Rentré en France après la capitulation d'Alexandrie, il reprit auprès du général Menou, le 21 nivose an X, le service d'aide-de-camp, passa, le 3 prairial suivant, chef d'escadron titulaire au 19ᵉ de dragons, et fit la campagne de l'an XI en Hanovre et à l'île de Walcheren. Major de ce régiment le 6 brumaire an XII, et membre de la Légion-d'Honneur le 4 germinal, il suivit son corps à l'armée des côtes de l'Océan en l'an XII et en l'an XIII, à la grande armée en l'an XIV et 1806, et devint colonel le 20 septembre de cette dernière année. Il se distingua pendant les campagnes de Prusse et de Pologne (1806 et 1807), et reçut la croix d'officier de la Légion-d'Honneur le 14 mai 1807, et le titre de baron de l'Empire le 19 mars 1808. Envoyé en Espagne cette même année, il se trouva au passage du Tage, à la bataille de Talaveira et à l'affaire de Villa del Orno le 22 avril 1811. Nommé général de brigade le 6 août suivant, et appelé le 25 décembre 1811 au 2ᵉ corps de cavalerie de réserve de la grande armée, il fit la campagne de Russie, fut blessé grièvement et fait prisonnier au passage de la Drissa le 15 juillet 1812. Rentré en France dans le mois de juillet 1814, le roi le nomma chevalier de Saint-Louis et commandeur de la Légion-d'Honneur les 20 et 23 août, et lui confia, le 31 du même mois, le commandement supérieur de la place de Maubeuge. L'Empereur, à son retour, l'attacha au 3ᵉ corps de l'armée du Nord. Employé dans l'inspection générale de la cavalerie en 1818 et 1819, et appelé le 21 avril 1820 au commandement de la 2ᵉ subdivision de la 8ᵉ division militaire, Louis XVIII lui conféra, le 17 août 1822, le titre de vicomte, avec dispense du droit de sceau. Il passa dans la 21ᵉ division le 12 février 1823, et reçut le 12 août 1827 l'ordre d'aller prendre le commandement de la 1ʳᵉ brigade de la division d'occupation de Cadix. Mis en disponibilité le 14 novembre 1828, le ministre le chargea, le 6 mai 1829, de l'inspection générale de la cavalerie dans les 2ᵉ et 3ᵉ divisions territoriales. Il était en disponibilité depuis le 1ᵉʳ janvier 1830, lorsque, le 22 mars 1831, le gouvernement de Juillet le comprit dans le cadre d'activité de l'état-major général de l'armée. Le 10 août suivant, il eut le commandement du département du Rhône. Il montra autant de prudence que de fermeté pendant les troubles de Lyon les 21, 22 et 23 novembre 1831, fut blessé à la jambe, et reçut le 2 décembre la décoration de grand-officier de la Légion-d'Honneur. Le 31 octobre 1832, le roi lui donna le commandement du département de la Haute-Saône et celui d'une brigade de cavalerie; le 6 novembre, il reçut celui de la 2ᵉ brigade de cavalerie légère du général E. Merlin, à Verdun. Placé en disponibilité le 1ᵉʳ février 1834, il obtint, le 20 mars suivant, le commandement du département de l'Oise, et fut nommé lieutenant-général le 31 décembre 1835. Il est mort à Vernon (Indre-et-Loire), le 26 janvier 1836. Son nom est inscrit sur le côté Sud de l'arc-de-triomphe de l'Étoile.

SAINT-MARTIN (JEAN-ÉTIENNE, *baron*), B-S. né le 26 janvier 1762 à Cognac (Charente), entra soldat le 3 novembre 1776 dans le régiment du Perche (31ᵉ d'infanterie), et fit, à bord du vaisseau *le Héros*, les campagnes sur mer de 1779, 1780 et 1781. Caporal le 9 novembre 1783, sergent le 1ᵉʳ février 1786, il obtint son congé le 21 décembre 1791, et reprit du service comme sous-lieutenant le 26 janvier 1792 dans le 3ᵉ bataillon du Finistère. Capitaine le 11 décembre suivant, il servit à Saint-Domingue de 1792 à l'an VII. Le 12 frimaire an II, à la prise du fort de Jean-Rabelle, il reçut un coup de feu à la jambe droite. A la prise de Borgue, en l'an III, il fut blessé d'un coup de biscaïen à la cuisse droite, et d'un coup de sabre à la même cuisse au siége de Saint-Marc contre les Anglais. Chef de bataillon le 6 frimaire an V, il rentra en France le 13 prairial an VII, et eut le commandement du 1ᵉʳ bataillon auxiliaire de la Charente le 23 fructidor de la même année. Passé avec son grade à la 1ʳᵉ demi-brigade d'infanterie de ligne le 19 ventose an VIII, il fit avec ce corps les campagnes des ans VIII et IX aux armées du Rhin et d'Italie. Major du 20ᵉ régiment d'infanterie de ligne le 11 brumaire an XII, et membre de la Légion-d'Honneur le 4 germinal suivant, il alla rejoindre son nouveau corps à l'île d'Elbe, fit les campagnes de l'an XIV à 1808 en Italie et dans le royaume de Naples, et fut nommé colonel du 1ᵉʳ régiment d'infanterie de ligne le 30 avril 1807. Il se signala pendant la guerre de 1809 en Italie et en Allemagne, reçut trois coups de sabre à la tête, au bras et à la main droite le 16 avril, en se jetant dans la mêlée pendant le combat de Sacile, et se vit récompensé de son intrépidité par le titre de baron de l'Empire le 15 août suivant. Retourné dans le royaume de Naples en 1810, il passa en Italie, puis en Espagne en 1811. Attaqué, le 28 février de cette dernière année, près de Santibanez, par un corps de 2,000 fantassins et de 1,500 cavaliers espagnols, il soutint pendant six heures, à la tête de 1,000 hommes seulement, les efforts de l'ennemi, qu'il força à se retirer, après lui avoir tué beaucoup de monde. Sa conduite durant le reste de la campagne lui valut la croix d'officier de la Légion-d'Honneur le 29 janvier 1812. Il continua de servir à l'armée d'Espagne jusqu'à la paix de 1814, et à la réorganisation de l'armée le gouvernement des Bourbons le maintint à la tête de son régiment, devenu régiment du roi. Créé chevalier de Saint-Louis le 19 juillet 1814, nommé maréchal-de-camp le 24 août suivant, et admis à la retraite le 18 octobre 1815, il est mort le 21 août 1828 à Cognac (Charente). B-G.

SAINT-SIMON (CLAUDE, DE), né le 2 septembre 1752 à Deviat (Charente), entra comme sous-lieutenant dans le régiment d'Auvergne-infanterie le 19 octobre 1770. Lieutenant le 17 août 1775, il passa en qualité de capitaine à la suite dans le régiment de Touraine le 21 avril 1777. Embarqué le 12 janvier 1780, il fit les guerres d'Amérique jusqu'au mois de juillet 1783, et devint mestre-de-camp en second du régiment Royal-Auvergne le 12 juillet 1782. Chargé pendant trois mois du commandement d'un corps de volontaires composé d'infanterie et de cavalerie, aux avant-postes de l'armée, il chassa les Anglais de toutes les positions qu'ils occupaient devant la place d'Yorck, et contribua puissamment aux succès de l'armée. Sa conduite fut mise à l'ordre du jour par le général Washington, qui lui conféra la décoration de l'ordre de Cincinnatus le 28 août 1784. Créé chevalier de Saint-Louis le 26 octobre suivant et mestre-de-camp commandant du régiment provincial de garnison du roi le 16 mars 1788, il servit jusqu'au 4 mars 1791, époque de la suppression des corps provinciaux. Resté sans emploi pendant les premières années de la Révolution, nommé chef du 3ᵉ bataillon de la section de l'Indivisibilité le 30 prairial an III, et chef de brigade à la même section le 9 messidor suivant, il cessa d'être employé par suite des dispositions de la loi relative à ceux qui avaient des parens inscrits sur la liste des émigrés, et resta en non-activité jusqu'à l'an XII. Fait le 15 vendémiaire de cette année colonel commandant d'armes à Blaye, créé membre de la Légion-d'Honneur le 4 germinal suivant, admis au traitement de réforme en attendant le temps de sa retraite le 12 avril 1806, et classé comme électeur dans le 4ᵉ collége d'arrondissement de Paris le 29 octobre 1807, il se retira à Melun (Seine-et-Marne). Il est mort à Paris le 4 mai 1811. B-G.

SATABIN [JEAN-PIERRE **HULOT**, dit (1)], naquit à Wasigny (Ardennes), le 18 juin 1753. Soldat aux dragons d'Angoulême (11ᵉ régiment) le 20 mai 1770, il servit en 1779 sur les côtes de l'Océan avec le maréchal De Vaux. Brigadier le 14 avril 1784, maréchal-des-logis le 23 juillet 1785, maréchal-des-logis-chef le 1ᵉʳ mars 1789, il obtint l'épaulette de sous-lieutenant le 3 juin 1792. C'est en cette qualité qu'il fit la campagne de 1792 à l'armée du Rhin. Lieutenant le 8 mars 1793, et capitaine le 11 vendémiaire an III, il fit les guerres de la Révolution depuis 1793 jusqu'au l'an IX aux armées de Sambre-et-Meuse, d'Angleterre, d'Helvétie et du Rhin, eut 2 chevaux tués sous lui aux affaires d'Enkrath et de Crevelt, et se distingua surtout à la première de ces deux journées, en protégeant la retraite de son régiment, quoiqu'il eût été démonté pendant le combat. Chef d'escadron le 12 messidor en VII, il passa en l'an XI à l'armée de Hanovre. Major du 18ᵉ régiment de dragons le 6 brumaire an XII, membre de la Légion-d'Honneur le 4 germinal suivant, et admis à la retraite le 28 ventose an XIII, il entra le 29 avril 1807 dans le collége électoral de Mézières. Il est mort le 19 janvier 1835 à Vieux-Saint-Remy (Ardennes). B-G.

SCHIELE (JACQUES-JOSEPH), naquit le 11 juin 1758 à Ammerschwihr (Haut-Rhin). Commissaire des guerres le 20 décembre 1780, il fut employé en cette qualité au ministère de la guerre, et envoyé le 30 juin 1786 à la résidence de Châlons-sur-Saône, d'où il passa, le 14 juillet 1789, à celles de Vesoul, de Landau et de Strasbourg. Commissaire-ordonnateur le 11 mars 1793, destitué le 16 messidor an II comme parent d'émigrés, réintégré le 18 vendémiaire an III par le représentant du peuple Foussedoire, et confirmé dans le grade de commissaire-ordonnateur le 11 messidor même année, il resta employé dans la place de Strasbourg. Nommé inspecteur aux revues le 18 pluviose an VIII, il passa dans la 7ᵉ division militaire (Grenoble) le 25 nivose an X, et y reçut, le 4 germinal an XII, la décoration de la Légion-d'Honneur. Appelé le 17 frimaire an XIII dans la 6ᵉ division territoriale (Besançon), et envoyé le 12 fructidor dans la 16ᵉ pour y être chargé du service administratif des troupes composant le camp de Boulogne, il occupait les mêmes fonctions à Lille lorsque, le 6 novembre 1806, le gouvernement lui confia le service de la 24ᵉ division militaire (Bruxelles), qu'il conserva jusqu'au 21 mai 1807. Réemployé le 11 juin 1809 dans la 5ᵉ division (Strasbourg), il y reçut, le 2 juin 1809, la croix d'officier de la Légion-d'Honneur. Il a été fait chevalier de Saint-Louis le 17 septembre 1814. Admis à la retraite le 24 septembre 1815, il est mort à Ammerschwihr le 24 mai 1826. B-S.

SCHOBERT (LAURENT, baron), naquit le 30 avril 1763 à Sarrelouis (Moselle). Admis à la solde comme enfant du corps le 30 avril 1770 dans le régiment de Nassau-Saarbruck (101ᵉ d'infanterie), devenu 96ᵉ à l'organisation de 1791, il s'y enga-

---

(1) Fils de Jean-Baptiste Hulot et de Marie-Catherine SATABIN, il adopta le nom de sa mère, sous lequel il a été exclusivement connu.

gea le 1er février 1776, fit la campagne de Genève en 1782, fut nommé caporal et sergent-fourrier les 11 mars et 7 septembre 1784, et devint sergent-major le 1er janvier 1791. Il fit les guerres de 1792 à l'an V aux armées du Rhin, de la Moselle et de Sambre-et-Meuse, obtint le grade de sous-lieutenant le 22 août 1792, et celui de lieutenant-adjudant-major le 1er septembre suivant. Capitaine le 15 mars 1793, il prit le commandement d'une compagnie le 21 vendémiaire an II. Aide-de-camp auprès du général de division Grenier le 13 fructidor an III, il servit en cette qualité jusqu'au 3 brumaire an V, époque à laquelle il passa avec son grade dans la garde du Directoire. Maintenu dans celle des consuls le 23 nivôse an VIII, il se distingua par son courage à Marengo. Chef de bataillon dans le 4e régiment d'infanterie de ligne le 25 brumaire an XII, major du même régiment le 30 frimaire, membre de la Légion-d'Honneur le 4 germinal suivant, et enfin colonel du 3e régiment de ligne le 12 pluviôse an XIII, il fit les campagnes de l'an XIV à 1807 en Autriche, en Prusse et en Pologne avec la grande armée. Sa brillante conduite à Austerlitz lui valut la croix de commandant de la Légion-d'Honneur le 4 nivôse an XIV, quoiqu'il n'eût point encore obtenu celle d'officier. Blessé d'un coup de biscaïen à l'aine droite le 10 juin 1807, au combat d'Heilsberg, et fait prisonnier de guerre le même jour, il rentra de captivité le 10 août suivant. Employé à l'armée d'observation du Rhin en 1808, et à celle d'Allemagne en 1809, il reçut une contusion à la jambe droite à la bataille de Wagram. Créé baron de l'Empire en 1810, il prit part aux opérations de la guerre d'Espagne en 1811, fut nommé général de brigade le 6 août de cette dernière année, et envoyé le même jour au camp de Bayonne. Passé au commandement de l'île d'Oleron (12e division militaire) le 24 septembre suivant, il y resta jusqu'au 22 juillet 1812. Appelé alors à la grande armée, il fit la campagne de 1813 en Allemagne et en Saxe, tomba au pouvoir de l'ennemi à Stettin, le 5 décembre de cette année, lors de la reddition de cette place, et rentra en France le 10 juin 1814. Mis en non-activité par suite de la réorganisation de l'armée, Louis XVIII lui donna la croix de Saint-Louis le 27 décembre suivant. A son retour de l'île d'Elbe, l'Empereur l'employa dans une division de gardes nationales actives à l'armée du Rhin, mais à la seconde Restauration il fut de nouveau mis en non-activité, et admis à la retraite par décision royale du 18 octobre 1815. Cet officier-général réside en ce moment à Blandy (Seine-et-Oise). B-G.

SERVAN (JOSEPH, DE GERBEY), naquit le 14 février 1741 à Romans (Drôme). Issu d'une famille distinguée dans la magistrature du Dauphiné, il entra comme volontaire le 20 décembre 1760 dans le régiment de Guienne, incorporé le 10 décembre 1762 dans celui de Dauphin. Enseigne le 30 mars de cette année, et sous-lieutenant le 16 février 1763, il devint sous-aide-major le 25 novembre 1765, aide-major le 11 avril 1770, et capitaine le 7 juin 1772. Il avait fait la campagne de 1761 sur les côtes de Bretagne et à l'île de Ré contre les Anglais, et celle de 1769 en Corse. Major des grenadiers royaux à l'Ile-de-France le 8 avril 1779, il obtint, en 1782, la croix de Saint-Louis. Servan, qui avait fait paraître en 1780 un livre ayant pour titre *le Soldat citoyen*, adopta les principes de la Révolution française, et publia en 1790 un *Projet de constitution sur l'armée française*. Major du fort Saint-Jean à Marseille le 22 octobre 1790, lieutenant-colonel au régiment de Vermandois-infanterie le 6 novembre 1791, colonel du 104e régiment d'infanterie le 7 mars 1792, il passa maréchal-de-camp le 8 mai suivant. Le lendemain, le parti de la Gironde, qui avait alors la majorité dans l'assemblée législative, le fit accepter à Louis XVI comme ministre de la guerre. Ce fut lui qui, à l'insu de ses collègues, proposa de former sous Paris un camp de 20,000 fédérés pour protéger l'assemblée et la capitale. Cette audacieuse initiative amena sa destitution le 12 juin de la même année. Le 13, un décret de l'assemblée législative déclara que le général Servan avait bien mérité de la patrie. Envoyé à la fin du même mois à l'armée du Midi, qui occupait alors la Savoie, puis au camp de Soissons, il reprit le portefeuille de la guerre dans la journée du 10 août, et le quitta de nouveau le 6 octobre suivant pour cause de santé, ainsi qu'il est dit dans l'arrêté du conseil exécutif qui l'avait nommé le 25 septembre lieutenant-général. Le conseil l'appela le même jour, 6 octobre, au commandement en chef de l'armée des Pyrénées-Orientales. Quand la Gironde eût succombé, on se souvint qu'il avait appartenu à ce parti. Arrêté dans son domicile, traduit à Lyon par-devant une commission militaire, conduit à Paris, et enfermé dans la prison de l'Abbaye, il y fut heureusement oublié, et le 9 thermidor an II le rendit à la liberté; une loi du 1er vendémiaire an IV le rétablit dans ses biens, dans son grade et dans son traitement. Employé le 21 messidor en qualité d'inspecteur-général des troupes composant les deux armées des Pyrénées, et le 23 du même mois nommé ministre plénipotentiaire près la cour d'Espagne pour y entamer des négociations de paix, il était au traitement de réforme depuis le 27 thermidor an V, lorsque, le 15 thermidor an VII, le Directoire exécutif le chargea de l'inspection et de l'organisation des bataillons auxiliaires dont la levée venait d'être ordonnée. Le 24 frimaire an VIII, le premier Consul lui confia le commandement de la 20e division militaire (Périgueux); le 26 ventôse de la même année, il lui donna des pouvoirs extraordinaires pour la répression des brigandages dans le Midi, et le plaça le 11 prairial à la tête de la 10e division territoriale (Toulouse). Réformé le 1er prairial an IX, et rappelé à l'activité le 19 ventôse an XI, en qualité d'inspecteur en chef aux revues, il reçut la croix de la Légion-d'Honneur le 4 germinal an XII, et devint officier de l'Ordre le 27 nivôse an XIII. Par décision de l'Empereur, du 5 janvier 1807, le général Servan fut admis à la retraite le 3 mai. Il est mort à Paris le 10 mai 1808. Indépendamment des deux ouvrages cités plus haut, il a publié une *Histoire des guerres des*

Gaulois et des Français en Italie, depuis Bellovèse jusqu'à la mort de Louis XII, *et depuis Louis* XII *jusqu'au traité d'Amiens.* Son nom figure sur l'arc-de-triomphe de l'Étoile, côté Ouest.

SIGUY (ANTOINE). *Voyez* tome II, p. 168.

SOLLIN-LATOUR. *Voy.* JOLLAIN-LATOUR.

SONGEON (JEAN-MARIE, *chevalier* DE), naquit le 3 avril 1771 à Annecy (Mont-Blanc). Apprenti canonnier dans l'artillerie des colonies le 10 juin 1787, canonnier en second, canonnier en premier et artificier les 10 novembre 1787, 15 juillet 1788 et 30 août 1789, il fit les campagnes de 1787 à 1790 à Saint-Domingue, et reçut un coup de feu à la jambe droite à l'affaire de Saint-Marc le 10 mars 1790, où il commandait 2 pièces de montagne. Congédié pour cause de blessure le 15 octobre 1791, il rentra sous les drapeaux le 1er mars 1793, et devint capitaine dans le 5e bataillon de volontaires de son département le 7 juin, et lieutenant-colonel en second le 9 du même mois. Songeon servit à l'armée des Pyrénées-Orientales. Au col de Viel, dans la vallée d'Arran, à la tête de 50 braves, il enleva une redoute espagnole, tua 30 hommes à l'ennemi, lui prit une pièce de montagne, et lui fit 24 prisonniers. Le 24 thermidor an II, au combat de Saint-Laurent-de-la-Monga, il fit prisonnier le duc de Crillon-Mahon, auquel il sauva la vie, malgré le décret de la Convention nationale qui défendait, sous peine de mort, de faire aucun quartier aux émigrés français. Le 7 prairial an III, il fut blessé d'un coup de feu à la cuisse gauche au combat de Bascara. A l'affaire des Moulins, le 26 du même mois, il reprit sur les Espagnols le drapeau enlevé à son bataillon. Attaché, le 8 floréal an IV, à la 20e demi-brigade de ligne, devenue 11e régiment, il servit avec ce corps en Italie de l'an IV à l'an VI, et reçut une contusion au côté droit à la bataille de Castiglione le 18 thermidor an IV. Chef de bataillon titulaire dans la 14e demi-brigade de ligne le 23 frimaire an VI, le général Joubert l'employa à son état-major en l'an VII en qualité d'officier d'ordonnance. Appelé, le 2 pluviose, au commandement du quartier-général de Naples, et chargé de la police et de la discipline de l'arrondissement de cette armée, depuis Caserte jusqu'à Rome, il passa auprès du général Garnier le 7 prairial suivant, en qualité d'aide-de-camp. Employé au camp de Boulogne en l'an XI, il obtint, le 30 frimaire an XII, le grade de major du 28e régiment de ligne, et la croix de la Légion-d'Honneur le 4 germinal suivant. Colonel du 53e le 12 pluviose an XIII, il fit à la tête de ce corps la campagne d'Italie de l'an XIV. Le 26 vendémiaire de cette année, au passage de l'Adige, il eut un cheval tué sous lui. Adjudant-commandant le 30 mars 1809, il se distingua à la bataille de Sacile le 16 avril. Le 21, le vice-roi lui donna le commandement supérieur de la place de Rocca-d'Anfo et de la lisière du Tyrol septentrional. L'Empereur lui accorda le titre de chevalier de l'Empire le 15 août, l'envoya, le 21, en Moravie pour exercer les fonctions de chef d'état-major du prince d'Essling, et le nomma, le 1er mars 1810, commandant supérieur des îles de Room, de Dordrecht, d'Helventsluys et de la Brille (armée de Hollande). Au mois de septembre suivant, cet officier supérieur organisa à Avignon les bataillons de marche destinés pour la Catalogne. Chef d'état-major de la 2e division du 9e corps (armée de Portugal) le 24 novembre 1810, il passa avec les mêmes fonctions, le 21 mars 1811, date de la dissolution de ce corps, au 7e gouvernement de l'Espagne (Salamanque), et fut appelé, le 14 septembre, au commandement supérieur de la province de Zamora, puis à celui de Burgos le 4 février 1812. Chef d'état-major et commandant de l'aile gauche de la ligne de défense de la place de Saint-Sébastien le 19 juin 1813, il se distingua dans les journées des 25 et 27 juillet. Dans cette dernière, il fit 180 prisonniers, et fut atteint de deux balles. Il se couvrit de gloire dans la sortie du 31 août, défendit la brèche attaquée par l'ennemi, et le força, après des efforts multipliés, à abandonner le terrain dont il s'était rendu maître. Prisonnier de guerre le 9 septembre avec la garnison, après soixante-dix-sept jours de siége, il dicta lui-même les articles de la capitulation. Conduit dans les prisons d'Angleterre, c'est pendant sa captivité qu'un décret impérial du 25 novembre 1813 le nomma général de brigade. Rendu à la liberté le 30 avril 1814, et fait chevalier de Saint-Louis le 13 août, le gouvernement royal l'envoya en Prusse pour y négocier l'échange des prisonniers de guerre. Dans les Cent-Jours, l'Empereur l'adjoignit à l'inspection générale de la cavalerie des 14e et 15e divisions militaires. Après la seconde Restauration, le duc de Feltre, alors ministre de la guerre, repoussa toutes ses sollicitations pour être admis de nouveau au service de la France. Il fit liquider sa retraite le 10 septembre 1816, avec permission de la toucher en Savoie. Louis-Philippe lui donna la croix d'officier de la Légion-d'Honneur le 1er mai 1831. Il est mort le 28 septembre 1834 à Maulette (Seine-et-Oise).

SOYER (JACQUES-PIERRE), *baron* DE BEAUCHÊNE, naquit le 1er avril 1765 à Lisieux (Calvados). Fusilier au régiment de Poitou (25e d'infanterie) le 25 décembre 1781, il entra dans une compagnie de grenadiers le 1er mai 1784, et obtint son congé pour passer comme capitaine dans la garde nationale active le 17 janvier 1790. Chef de bataillon le 25 juillet 1792 dans le 4e bataillon des fédérés, devenu, par suite des diverses organisations, 176e demi-brigade de bataille, 23e demi-brigade et 23e régiment d'infanterie de ligne, il fit les campagnes de 1792 à l'an IX aux armées du Nord, de l'Ouest, de Sambre-et-Meuse, d'Allemagne, d'Helvétie, du Danube et du Rhin. Chargé par le général Ney, le 8 prairial an VII, avec le 1er bataillon de la 23e de ligne, d'arrêter la marche de l'ennemi qui s'avançait rapidement sur Wintherlar (Suisse), il soutint long-temps avec succès les efforts des Autrichiens. Pressé par le nombre, et menacé d'être bientôt enveloppé, il parvint, par une manœuvre habilement combinée, non-seulement à se tirer de cette position difficile, mais encore à reprendre 2 pièces de canon dont l'ennemi s'était emparé, à lui faire 500 prisonniers et à le mettre complétement en déroute, ce qui assura les derrières de la division qu'il protégeait. Le 16 du même mois, le général en chef Masséna lui confia la défense, avec son bataillon, de l'entrée de la ville de Zurich, lui ordonnant de tenir dans ce poste jusqu'à la dernière extrémité. Vigoureusement attaqué à plusieurs reprises par des forces infiniment supérieures, il repoussa constamment les Autrichiens qui, après avoir éprouvé des pertes considérables, furent obligés de se retirer en désordre. Le commandant Soyer perdit dans cette affaire plus de la moitié de son bataillon. Le 10 frimaire an IX, le général Ney lui prescrivit d'occuper, avec son bataillon, un plateau au-dessus de Haag (en Bavière), afin de soutenir la retraite de la division. Soyer, malgré le feu meurtrier de l'ennemi, ne quitta sa position que pour opérer lui-même sa retraite dans le plus grand ordre, à travers les rangs autrichiens. Il reçut pendant l'action un coup de feu à la cuisse gauche. Employé pendant les ans X et XI sur les côtes de la Méditerranée, nommé major du 24e régiment d'infanterie de ligne le 11 brumaire an XII, et membre de la Légion-d'Honneur le 4 germinal suivant, il alla rejoindre son nouveau corps au camp de Brest, et y servit pendant les ans XII et XIII. Colonel du 39e régiment de ligne le 18 mars 1807, il fit la campagne de Prusse en cette qualité, servit à l'armée d'observation d'Allemagne en 1808, obtint la croix d'officier de la Légion-d'Honneur le 18 février de cette dernière année, et fut créé baron de l'Empire le 19 mars, sous le titre de *baron de Beauchêne*. Attaché aux armées d'Espagne et de Portugal de 1809 à 1811, et appelé au commandement du dépôt des prisonniers de guerre anglais à Verdun le 29 août 1811, il mourut dans l'exercice de ses fonctions le 28 mars 1813.

SPARRE (LOUIS-ERNEST, *baron*, puis *comte* DE), naquit le 8 juillet 1780 à Paris (Seine). Chef d'escadron dans la légion polonaise le 30 vendémiaire an VIII, il passa de l'armée d'Italie à celle de Hollande, devenue gallo-batave, et fut confirmé dans ce grade par arrêté des consuls du 14 germinal an IX. Major du 28e régiment de dragons le 18 pluviose an XII, et membre de la Légion-d'Honneur le 4 germinal suivant, il fit avec distinction les guerres de l'an XIV à 1807 aux armées d'Italie et de Naples, devint colonel du 5e de dragons le 28 mars 1808, et rejoignit ce régiment en Espagne. Il se signala le 6 janvier 1809 devant Zamora, où, après avoir passé le Douro à la nage, avec seulement 20 cavaliers, il coupa une colonne ennemie, forte d'environ 1,000 hommes, placée à la tête d'un pont avec 2 pièces de canon enlevées à la vieille garde impériale, chargea une partie de cette troupe, lui enleva les 2 bouches à feu et dispersa l'ennemi. La bravoure qu'il déploya à la bataille d'Almonacid, le 11 août de la même année, lui mérita, le 22 décembre suivant, la décoration d'officier de la Légion-d'Honneur. Chargé le 3 novembre 1810 d'aller reconnaître l'ennemi avec son régiment, il le rencontra à Baza, frontière de Murcie, fort de 14,000 combattans, et l'empêcha, pendant onze heures, d'effectuer le passage du défilé dans lequel il s'était engagé. Forcé de céder au nombre et de se retirer sous le feu de 6 pièces d'artillerie et de la mousqueterie des tirailleurs, il reforma son régiment en arrière, chargea l'avant-garde espagnole, la culbuta, lui prit 5 bouches à feu et lui tua 2 canonniers sur leurs pièces. Le 26 janvier 1811, il attaqua devant Murcie la division de cavalerie du général Lacarrera, la mit en fuite, et tua l'officier-général qui la commandait et son chef d'état-major. Général de brigade le 11 avril 1812, il prit, le 14 de ce mois, le commandement d'une brigade de la 3e division de cavalerie faisant partie de l'armée du midi de l'Espagne, et donna de nouvelles preuves de valeur dans tous les engagemens auxquels il prit part. Passé à la grande armée, il fit avec distinction la campagne d'Allemagne de 1813, et celle de 1814 en France. Accueilli par la Restauration, le général de Sparre fut successivement nommé lieutenant-général le 9 juillet, commandeur de la Légion-d'Honneur le 23 août et chevalier de Saint-Louis. Le 1er juillet 1818, le ministre de la guerre le désigna pour inspecter la cavalerie des 1re, 18e et 21e divisions militaires. Créé pair de France le 5 mars 1819, il resta en disponibilité jusqu'en 1822, époque à laquelle le gouvernement l'employa de nouveau à l'inspection générale de la cavalerie. Remis en disponibilité en 1827, le général de Sparre se trouvait dans cette position lors des événemens de Juillet 1830. Le ministre de la guerre le réemploya, en 1831, dans l'inspection générale des troupes de son arme. En 1833, il fit partie du comité d'infanterie et de cavalerie, et fut en même temps chargé de l'inspection des troupes. Le général de Sparre entra dans le comité consultatif de la cavalerie créé par l'ordonnance du 17 décembre 1840, et compte encore aujourd'hui (1844) parmi les membres de ce comité. Son nom est inscrit sur le côté Nord de l'arc-de-triomphe de l'Étoile.

STRIFFLER (LOUIS-CYRIAC), né le 22 septembre 1772 à Mutzig (Bas-Rhin), entra au service en qualité de lieutenant le 12 août 1792 dans le 5e bataillon du Bas-Rhin, incorporé en l'an II dans la 171e demi-brigade de bataille, devenue 94e de ligne le 30 fructidor an IV, et 94e régiment de même arme à l'organisation du 1er vendémiaire an XII. Il fit les campagnes de la liberté de 1792 à l'an IX dans les différentes armées de la République, se distingua à l'attaque de Francfort le 2 décembre 1792, et prit une part active aux opérations du siége de Mayence du 30 mars au 23 juillet 1793. Sa brillante conduite pendant la durée du siége lui avait valu le 8 juin de la même année le grade de capitaine. Parti pour la Vendée avec l'armée dite *de Mayence*, il y servit avec zèle et dévoûment et fut nommé chef de bataillon à l'ancienneté le 12 brumaire an IV. Du 1er frimaire au 27 nivose an V, il fit partie, à bord du vaisseau *le Trajan*, de l'expédition d'Irlande commandée par le général en chef Hoche. Passé en Hanovre vers la fin de l'an X, chargé de l'organisation de la légion hanovrienne et nommé provisoirement colonel le 24 thermidor an XI, il obtint le grade de major du 75e régiment de ligne le 30 frimaire an XII. Créé membre de la Légion-d'Honneur le 4 germinal, et confirmé le 27 floréal suivant dans le grade de colonel de la légion hanovrienne pour prendre rang de la date de sa nomination provisoire, il fit avec ce corps les campagnes de 1807 à 1810 en Espagne et en Portugal, et reçut la croix d'officier de la Légion-d'Honneur le 13 janvier 1809. Atteint d'infirmités graves occasionées par les fatigues de la guerre, il obtint sa retraite le 13 décembre 1810, et se retira à Strasbourg (Bas-Rhin), où il est mort le 5 juin 1834.

STROLZ (JEAN-BAPTISTE-ALEXANDRE), naquit le 6 août 1771 à Béfort (Haut-Rhin). Après avoir servi en qualité d'aide-de-camp auprès du général Ferrières dans l'expédition dirigée sur le Porentruy, il entra comme cavalier, le 8 avril 1793, dans le 1er régiment de chasseurs à cheval, qui faisait alors partie de l'armée de la Moselle, assista à la bataille de Fleurus, et passa, le 20 thermidor an II, à l'état-major du général Kléber, dont il devint l'aide-de-camp le 1er vendémiaire an III. Il fit les campagnes de l'an II à l'an IV à l'armée de Sambre-et-Meuse, et obtint le brevet de sous-lieutenant à la suite du 16e régiment de chasseurs à cheval le 15 nivose de cette dernière année. Lieutenant le 5 nivose an V, capitaine le 5 messidor an VI, et chef d'escadron le 2 pluviose an VII, toujours à la suite du 16e de chasseurs, il fut attaché aux généraux Hatry et Moreau en qualité d'aide-de-camp les 1er prairial an VI et 17 germinal an VIII. Il servit de l'an V à l'an VIII aux armées de Mayence, de Hollande, d'Italie et du Rhin. Chargé, pendant cette dernière campagne, de diverses missions importantes auprès du prince Charles, il s'en acquitta avec autant de zèle que d'intelligence. Moreau lui confia la négociation de l'armistice du 26 messidor an VIII. Le 26 fructidor an IX, il rentra dans son régiment avec l'emploi titulaire de son grade. Major du 19e de chasseurs le 6 brumaire an XII, et membre de la Légion-d'Honneur le 4 germinal, il alla rejoindre son nouveau corps à l'armée d'Italie, et fit la campagne de vendémiaire an XIV en qualité de sous-chef de l'état-major du maréchal Masséna, qui le nomma colonel sur le champ de bataille de Veronette le 7 brumaire de cette année. Adjudant-commandant au service de Naples le 1er février 1806, avec l'autorisation de l'Empereur, il organisa le régiment de chevau-légers de la garde royale, et en prit le commandement le 25 juillet suivant. Général de brigade le 30 octobre de la même année, il reçut presque immédiatement le commandement de la province de Basilicata. Attaché au corps d'armée réuni dans les Calabres pour une expédition en Sicile, et placé à la tête d'une brigade française, le roi Joseph le prit auprès de lui en qualité d'aide-de-camp le 20 mai 1808, et le nomma commandeur de l'ordre des Deux-Siciles. Lorsque ce prince monta sur le trône d'Espagne, il se fit accompagner de Strolz, lui conserva les fonctions d'aide-de-camp, et le nomma premier écuyer. Il se distingua dans plusieurs occasions. A la bataille de Talavera de la Reina, il commandait une brigade de cavalerie légère; il s'empara du 23e régiment de dragons anglais. Le 15 février 1811, le roi l'éleva au grade de lieutenant-général, et le nomma grand-cordon de l'ordre royal d'Espagne. Rentré au service de France avec le grade de général de brigade, il reçut du ministre de la guerre une commission provisoire de général de division. L'Empereur confirma cette nomination par décret du 21 janvier 1814, pour prendre rang du 1er juillet 1813, époque à laquelle il avait cessé d'appartenir au service d'Espagne, quoique restant attaché au roi Joseph comme aide-de-camp. Ce fut lui qui porta les derniers ordres au maréchal Marmont sur les hauteurs de Belleville. Mis en non-activité le 10 juillet 1814, il reçut, le 10 novembre, la croix de Saint-Louis, et celle d'officier de la Légion-d'Honneur le 9 du même mois. Le 26 mars 1814, il alla prendre le commandement provisoire de la place de Strasbourg, et le 7 juin celui de la 9e division du 2e corps de cavalerie, avec laquelle il se signala à Fleurus; il fut honorablement cité par le général Excelmans pour sa conduite aux combats de Velisy et de Roquencourt du 1er juillet. Rentré en non-activité le 25 de ce mois, et placé comme disponible le 1er avril 1820 dans le cadre de l'état-major général de l'armée, il commanda provisoirement, du 8 octobre suivant au 31 janvier 1821, le département du Finistère et la place de Brest. L'état de sa santé l'obligea alors à se retirer dans ses foyers, où il reçut, le 23 mai 1825, les insignes de commandeur de la Légion-d'Honneur.

Les événemens de Juillet 1830 vinrent l'enlever à la vie paisible qu'il menait depuis neuf ans. Nommé inspecteur-général de gendarmerie le 1er septembre de cette année, membre de la commission chargée de coordonner les réglemens de service militaire le 31 décembre suivant, et compris, le 7 février 1831, dans le cadre d'activité de l'état-major général, il vint, à la fin de la même année, siéger à la Chambre des députés, au nom de sa ville natale. Il vota constamment avec l'opposition. Le 5 juillet 1832, le ministre de la guerre lui confia l'inspection générale de la gendarmerie des 3e, 6e et 16e divisions militaires (Metz, Strasbourg et Lille), et le 18 avril 1834 le roi le créa grand-officier de la Légion-d'Honneur. Admis le 6 août 1836 dans le cadre de vétérance, et placé le 15 août 1839 dans la section de réserve du cadre de l'état-major général, conformément à la loi du 4 août précédent, il est mort à Paris dans cette position le 27 juillet 1841. Son nom est inscrit sur l'arc-de-triomphe de l'Étoile, côté Sud.

TAILLÉ (FRANÇOIS), naquit le 4 juin 1767 à Nantes (Loire-inférieure). Volontaire le 25 juillet 1792 dans le 2e bataillon de la Loire-Inférieure, dit 1er *bataillon de Nantes*, incorporé dans la 64e demi-brigade d'infanterie de ligne le 24 brumaire an V, et capitaine à l'élection le 6 août suivant, il fit les campagnes de 1792, 1793, ans II et III à l'armée des Pyrénées-Orientales, et fut un des sept officiers mentionnés au mois de juillet 1793, dans une des séances de la Convention nationale, comme avant, après un bombardement de trente-quatre jours, résolu de s'ensevelir sous les ruines du fort de Bellegarde plutôt que de le rendre à l'armée espagnole. Il servit en l'an IV à l'armée des côtes de l'Océan, prit part aux opérations de celle d'Italie, et passa en l'an IX à celle de l'intérieur. Chef de bataillon le 23 frimaire an X, il fit partie des troupes rassemblées sur les côtes de l'Océan pendant les ans XI, XII et XIII, obtint le grade de major du 54e régiment d'infanterie de ligne le 30 frimaire an XII, et reçut la décoration de membre de la Légion-d'Honneur le 4 germinal suivant. Il fit les campagnes de 1806 en Autriche et en Prusse avec la grande armée, et celles de 1807 à 1813 à l'armée d'Espagne. Envoyé au 117e régiment de ligne le 28 octobre 1808, il devint colonel du 51e régiment de même arme le 5 mai 1812, et se fit constamment remarquer. Il commandait la 2e brigade de sa division en l'absence du général de brigade, et il venait d'être proposé pour la croix d'officier de la Légion-d'Honneur, lorsqu'il fut tué d'un coup de feu, le 25 juillet 1813, à l'affaire du col de Mayo.

B-G.

TAUBIN (JULIEN), naquit le 8 mai 1758 à Toulouse (Haute-Garonne). Entré le 1er juillet 1775 dans le régiment d'Aquitaine (36e régiment d'infanterie, devenu 35e en 1791), caporal et sergent les 1er avril et 24 septembre 1780, sergent-fourrier le 3 août 1782, sergent-major le 1er mai 1783, et adjudant-sous-officier le 20 septembre 1785, il servit dans l'Inde de 1781 à 1785. Adjudant-major le 15 juin 1792, et capitaine de grenadiers le 28 novembre suivant, il fit les campagnes de 1792 à l'an V aux armées des Alpes, d'Italie et d'Helvétie. Le 5 floréal an II, à l'armée d'Italie, il reçut l'ordre d'aller avec 6 compagnies de grenadiers occuper le camp des Mille-Fourches. A son arrivée sur cette position, il apprit que l'ennemi venait de l'évacuer et avait tout disposé pour faire sauter un magasin considérable de munitions de guerre et que l'explosion ne pouvait tarder d'avoir lieu. Il demanda à sa troupe un homme de bonne volonté pour aller arracher les mèches afin d'empêcher la destruction de ce magasin important, promettant à celui qui se chargerait de cette périlleuse mission une récompense proportionnée au service qu'il rendrait et au danger qu'il aurait couru. Personne ne s'étant présenté, il confia le commandement des troupes au plus ancien capitaine après lui, se porta seul vers le magasin, où il eut le bonheur d'arriver assez à temps pour éteindre les mèches et empêcher l'entier anéantissement de ce dépôt précieux. Cet acte de dévoûment, que les grenadiers eux-mêmes portèrent à la connaissance du général en chef, lui valut un témoignage de satisfaction de la part du Comité de salut public. En l'an III, il commandait le 7e bataillon de grenadiers placé au centre de l'armée. Il y défendit avec une grande intrépidité le poste de Melogno, attaqué par des forces infiniment supérieures, et fit échouer les projets de l'ennemi qui voulait couper la ligne française. Après avoir reçu dans cette affaire trois coups de feu dont un lui fractura le bras gauche, il resta au pouvoir de l'ennemi. Échangé peu de jours après, il continua ses services à l'armée d'Italie. Le 25 brumaire an V, à la première journée d'Arcole, où il commandait 6 compagnies de grenadiers des 32e et 75e demi-brigades de ligne, il força l'ennemi, qui tenait position sur la chaussée avec de l'artillerie, et le rejeta de l'autre côté du village de Ronco. L'intrépidité avec laquelle il accomplit cette honorable mission lui mérita le grade de chef de bataillon à la 75e demi-brigade (dans laquelle une partie du 35e régiment avait été versée), qui lui fut conféré par le général en chef Bonaparte sur le champ de bataille même le 1er nivose suivant. Dans cette action, Taubin eut la jambe gauche fracturée par un coup de feu. Chef de brigade sur le champ de bataille par le général en chef Brune le 1er germinal an VI, et employé comme commandant temporaire de la place de Toulon le 1er prairial suivant, il passa en qualité de commandant d'armes à la place de Toulon le 1er vendémiaire an X. Membre de la Légion-d'Honneur le 4 germinal an XII, il prit le commandement de la place de Sarrelouis le 5 ventose an XIII, passa à celui de l'île de Gorée (Hollande) le 2 janvier 1811, et fut nommé commandant en second de la place d'Anvers le 15 décembre 1813. Mis en non-activité le 1er juin 1814, il resta dans cette position jusqu'au retour de l'île d'Elbe. Au mois d'avril 1815, il commanda la place de Bapaume, et le 25 mai suivant l'Empereur lui donna le commandement supérieur de celle de Condé. Ce brave officier, extrêmement fatigué par le travail auquel il était obligé de se livrer jour et nuit pour les approvisionnemens de siége, l'instruction des troupes et la sûreté de la place, et craignant de se trouver au-dessous de la mission qui lui était confiée, perdit complétement la tête, et se brûla la cervelle le 3 juin à cinq heures du soir.

B-G.

TEULET (JEAN). *Voyez* tome II, page 182.

THIÉRARD (JEAN-CHARLES-GÉRARD), naquit le 12 mars 1757 à Autry (Ardennes). Soldat le 1er avril 1773 dans Penthièvre-dragons (8e régiment), brigadier le 1er mars 1781, fourrier le 1er novembre 1783, maréchal-des-logis le 26 février 1785, sous-lieutenant le 15 septembre 1791, lieutenant le 17 juin 1792, et capitaine le 10 brumaire an II, il fit les campagnes de 1792, 1793 et an II aux armées des Alpes et du Rhin, et se distingua à l'affaire du 9 prairial an II, où il fut blessé. Destitué le 16 messidor suivant par le représentant du peuple Duroy, et réintégré par arrêté du Comité de salut public du 14 messidor an III, il continua ses services dans le 8e dragons pendant les guerres de l'an IV à l'an X aux armées d'Italie, d'Angleterre, du Rhin, et à l'avant-garde du corps d'observation du Midi. Nommé provisoirement chef d'escadron par le général en chef de l'armée d'Italie le 17 nivose an V, le Directoire exécutif le confirma dans ce grade le 27 pluviose an VII, et le plaça à la suite du 8e dragons. Le 17 prairial an VIII, au passage du Pô, il fit 85 prisonniers, et s'empara de trois voitures chargées d'armes et d'effets. Il eut un cheval tué sous lui le 25 du même mois à Marengo. Le premier Consul le nomma chef d'escadron titulaire au même régiment le 9 prairial an X, major du 12e de dragons le 6 brumaire an XII, et membre de la Légion-d'Honneur le 4 germinal suivant. Il resta au dépôt de son corps jusqu'en 1806, fit en 1807 la campagne de Prusse, et reçut la décoration d'officier de la Légion-d'Honneur le 11 juillet. Admis à la retraite le 18 septembre 1808, il se retira à Guignicourt (Ardennes), où il est décédé le 15 février 1827. B-G.

TRIAIRE (*Joseph*, *baron*). Voyez tome II, page 192.

TUGNOT DE LANOYE (PHILIPPE-HENRI, *baron* DE) naquit à Brotte (Haute-Saône), le 24 juillet 1767. Soldat au régiment de *Monsieur*-infanterie (77e) le 29 mars 1786, caporal le 6 mars 1787, sergent le 20 janvier 1788, fourrier le 1er octobre 1789, sergent-major et adjudant-sous-officier les 1er janvier et 15 septembre 1791, lieutenant et adjudant-major les 1er et 18 mai 1792, et capitaine le 11 septembre 1793, il fit la campagne des Alpes de 1792, et celle de 1793 sur le Rhin, et entra, le 16 prairial an II, avec le grade de chef de bataillon, dans le 12e bataillon d'infanterie légère, devenu 12e demi-brigade. Prisonnier de guerre par les Prussiens à l'affaire du 4e jour complémentaire an III, où tout son bataillon fut massacré, et rendu à la liberté le 6 thermidor suivant, il rejoignit son corps et resta attaché à l'armée du Rhin jusqu'en l'an V. Passé à celle d'Helvétie en l'an VI, il servit en Italie pendant les ans VII et VIII, et au corps d'observation de la Gironde en l'an IX et en l'an X. Nommé major du 28e régiment d'infanterie légère le 30 frimaire an XII, et membre de la Légion-d'Honneur le 4 germinal, le ministre le désigna le 5 nivose an XIII pour surveiller l'organisation, l'administration et l'instruction du 5e léger; le 1er mars 1806, il rentra à son régiment, qui faisait alors partie de la grande armée. Le 12 novembre de cette année, l'Empereur lui confia le commandement du 3e régiment de grenadiers et voltigeurs réunis, sous les ordres du général Oudinot (armée de réserve). Sa conduite en 1806 et en 1807 lui mérita les éloges de Napoléon. Un premier décret du 28 juin 1807 le nomma colonel; un autre du 17 mars 1808 lui accorda une dotation de 4,000 francs en Westphalie, et un troisième, du 19 du même mois, le créa baron de l'Empire; enfin, une décision du 27 l'attacha en qualité d'adjudant-commandant au 6e corps de la grande armée (Espagne). Le 10 septembre suivant, il reçut des lettres-patentes confirmatives de son titre nobiliaire, sous la dénomination de *baron de Lanoye*. Rappelé en France le 23 janvier 1810, et employé dans la 26e division militaire, il est mort à Mayence le 24 avril 1811. B-S.

VALLIN (LOUIS, *baron*, puis *vicomte*), naquit le 16 août 1770 à Dormans (Marne). Grenadier au 1er bataillon de volontaires de son département le 13 août 1792, capitaine et chef de bataillon les 9 et 12 septembre 1793, il assista à la bataille de Fleurus et au siége de Maëstricht. Après l'amalgame des bataillons de volontaires dans les troupes de ligne, Vallin, qui n'avait pas été confirmé dans son grade, fut admis à l'état-major général, le 28 germinal an II, en qualité d'adjoint aux adjudans-généraux, avec le grade de sous-lieutenant. Il se signala de l'an II à l'an IV aux armées du Nord et de Sambre-et-Meuse, et passa, le 7 vendémiaire an V, lieutenant à la suite du 2e régiment de hussards et aide-de-camp du général Hardy, avec lequel il fit les guerres de l'an V à l'an IX aux armées du Rhin, d'Angleterre, d'Helvétie et du Danube. En l'an V, il fit partie de l'expédition d'Irlande. Chef d'escadron à la suite du même régiment le 7 germinal an VI, et titulaire le 19 vendémiaire an X, il alla rejoindre son corps dans le Hanovre. Major du 4e régiment de hussards le 6 brumaire an XII, il devint membre de la Légion-d'Honneur le 4 germinal de la même année. Colonel du 6e de hussards le 1er mars 1807, officier de la Légion-d'Honneur le 30 mai 1809, il servit alors en Allemagne. Il fit la campagne de Russie en 1812, et mérita, sur le champ de bataille de Smorgoni, le grade de général de brigade, que l'Empereur lui conféra le 5 décembre. Chargé au moment de la retraite du commandement de l'avant-garde du prince Eugène, il resta sur la Saale et sur l'Elbe jusqu'à l'arrivée des renforts arrivés de l'intérieur de la France, prit part à la campagne de Saxe de 1813, et obtint, le 13 septembre, le brevet de commandant de la Légion-d'Honneur. Un décret du 15 décembre suivant le nomma colonel en second du 2e régiment des gardes d'honneur. Appelé, sous la première Restauration, au commandement d'une brigade de cavalerie, il reçut alors la croix de Saint-Louis. Au retour de l'île d'Elbe, Napoléon l'employa au corps d'armée chargé de défendre le passage de la Saarre. Il rejoignit ensuite la grande armée, commandée par l'Empereur, assista à la bataille de Waterloo, dirigea l'arrière-garde de cette armée jusque sous les murs de Paris, combattit vaillamment à l'affaire de Roquencourt le 1er juillet 1815, et fut promu au grade de lieutenant-général le 3 du même mois par le gouvernement provisoire. Placé à la tête d'une division d'avant-garde, il vint prendre position dans la plaine de Montrouge, où il fit tirer le dernier coup de canon sur l'ennemi, et suivit l'armée sur la Loire. Après la capitulation de Paris, les promotions faites pendant les Cent-Jours ayant été annulées, le ministre l'employa comme maréchal-de-camp à l'inspection et aux remontes de la cavalerie. Le roi lui confia, en 1822, le commandement d'une brigade qui forma l'année suivante l'avant-garde du corps des Pyrénées. Le 6 avril, il passa le premier la Bidassoa. Le 27 mai, il défit les troupes du général espagnol Zayas, près de Talaveira, le força à la retraite, et lui prit 15 voitures chargées d'armes et de munitions. Le 19 avril 1823, il reçut le brevet de lieutenant-général et la croix de grand-officier de la Légion-d'Honneur le 1er juin suivant. Attaché après cette campagne à l'inspection de la cavalerie et au comité de cette arme, il fit partie, en 1828, du camp de Lunéville. De 1829 à 1834, il resta en disponibilité, et fut admis, en 1835, dans le cadre de vétérance. Il est aujourd'hui placé dans la 2e section des officiers-généraux (réserve) créée par la loi du 4 août 1839. Son nom est inscrit sur le côté Est de l'arc-de-triomphe de l'Étoile. Cet officier-général réside aujourd'hui à Paris. B-S.

VANDERMAESEN (LUBIN-MARTIN, *baron*), naquit le 11 novembre 1766 à Versailles (Seine-et-Oise). Soldat au régiment de Touraine-infanterie (33e) le 9 octobre 1782, caporal le 1er octobre 1784, sergent et fourrier les 1er avril et 10 juin 1789, sergent-major le 1er mai 1790, et adjudant-sous-lieutenant le 13 mai 1792, il servit à l'armée du Rhin en 1792 et 1793, et devint lieutenant, adjudant-major et chef de bataillon les 15 juin, 30 septembre et 14 octobre de cette dernière année. Il avait été nommé quartier-maître le 2 juillet, et chargé, en cette qualité, de l'organisation et de l'instruction de 2 bataillons de volontaires du Jura, qui venaient d'être créés. Un de ces bataillons le choisit pour le commander, et il continua de servir avec lui à l'armée du Rhin. Le 2 messidor an II, il reçut le brevet de chef de brigade de la 140e de ligne, incorporée le 18 nivose an IV dans la 62e. Placé le 30 pluviose suivant à la suite de ce dernier corps, il fit les campagnes du Danube et d'Helvétie des ans IV et V, et reçut deux coups de feu au siége de Kehl le 17 nivose an V. Le 17 fructidor an VI, il prit le commandement de la 53e demi-brigade de bataille, et passa général de brigade le 17 pluviose an VII. Sa conduite à la bataille de Stockach, le 1er germinal suivant, lui mérita du Directoire une lettre de félicitation. Attaqué près de Manheim, quelques mois plus tard, par des forces supérieures dirigées par le prince Charles, il tomba au pouvoir des Autrichiens, qui le conduisirent en Bohême. Échangé dans les premiers mois de l'an IX, il rejoignit immédiatement l'armée du Rhin. Inscrit sur le tableau de l'état-major général de l'armée le 19 prairial de la même année, il rentra en France à la fin de la campagne, et une décision du 1er vendémiaire an X le plaça au traitement de non activité. Envoyé le 24 fructidor suivant à l'Ile-de-France, en qualité de lieutenant du capitaine-général des établissemens français dans l'Inde (le général Decaen), il y reçut le brevet de général de division le 9 fructidor an XI, et celui de membre de la Légion-d'Honneur le 4 germinal an XII. Le général Vandermaësen prit une part glorieuse aux combats qui eurent lieu à l'Ile-de-France de l'an XII à 1810, et opposa une vigoureuse résistance au débarquement des troupes anglaises. Il partit pour l'Europe après la capitulation du 4 décembre 1810, et fut mis à la disposition du ministre de la guerre le 18 avril 1811, époque de son débarquement à Morlaix. Placé le 26 juin sous les ordres du major-général de l'armée d'Espagne, il prit le commandement de toutes les troupes appartenant à l'armée de Portugal; et, le 6 décembre, celui du 6e gouvernement de l'armée du nord de l'Espagne. Il contribua par son activité et son courage à maintenir la Biscaye dans l'obéissance, commanda ensuite une division sous le maréchal Soult, et se fit remarquer à l'affaire de Saint-Jean-de-Luz le 31 août 1813. Atteint d'une balle au moment où il conduisait lui-même une compagnie pour renforcer les approches du pont de Bera, il expira en donnant des ordres à ses troupes. Il a été inhumé le lendemain, 1er septembre, à Ascain, avec tous les honneurs militaires dus à son grade. Napoléon l'avait créé baron de l'Empire quelques jours auparavant. Son nom est inscrit sur les tables de bronze de Versailles et sur le côté Nord de l'arc-de-triomphe de l'Étoile. B-S.

VAUBLANC. *Voyez* VIÉNOT-VAUBLANC.

VAUXMORET. *Voyez* MARTIN DE VAUXMORET.

VEILANDE (MICHEL, *baron*), naquit le 16 octobre 1767 à Manre (Ardennes). Soldat au régiment de Berwick (88e) le 13 mai 1786, sergent-fourrier le 1er mai 1789, sergent-major et adjudant-sous-lieutenant les 26 juillet et 15 septembre 1791, et lieutenant le 1er mars 1792, il servit à l'armée du Rhin de 1792 à l'an V, et passa capitaine de grenadiers et capitaine-adjudant-major les 8 frimaire an II et 25 pluviose an IV. Il fit partie peu de temps après du 1er bataillon de la 53e demi-brigade, amalgamée avec la 159e, devenue plus tard 10e de ligne. Employé à la défense de la tête de pont de Manheim pendant la retraite du Palatinat, il sortit à minuit, le 22 frimaire an III, avec sa compagnie, des retranchemens qu'il occupait, fondit à la baïonnette sur un corps ennemi de 4,000 hommes, et le força à rentrer dans la place. Cité à l'ordre de l'armée pour sa brillante conduite aux combats de Rastadt et de Biberach des 17 messidor an IV et 11 vendémiaire an V, il se signala au siége de Kehl, le 2 frimaire suivant, dans une attaque sur les redoutes de l'ennemi, et contribua à la prise de plusieurs pièces de canon et d'un grand nombre d'Autrichiens. Il suivit son régiment à l'armée d'Angleterre en l'an VI, et à celle d'Italie pendant les ans VII et VIII. A l'affaire de Savigliano (Piémont), les 5e et 6e jours complémentaires an VII, il soutint avec 500 hommes la retraite de la division Grenier, et parvint par ses manœuvres et un feu bien nourri à ralentir la marche de l'ennemi, malgré la supériorité de ses forces. Cette action lui mérita les éloges des généraux Grenier, Richepanse et Compans, qui le proposèrent au général en chef pour le grade de chef de bataillon, qu'il obtint le 16 frimaire an VIII. Chargé dans cette campagne du commandement d'un bataillon de grenadiers, il enleva dans la journée du 21 germinal la position de Saint-Jacques, en Ligurie, et reçut une balle qui lui traversa la cuisse gauche. Sa conduite en l'an IX dans les Grisons, et au corps d'observation du Midi en l'an X, le firent de nouveau citer à l'ordre de l'armée.

Major du 18e de ligne le 3 frimaire an XII, et membre de la Légion-d'Honneur le 4 germinal, il fit la campagne de l'an XIV à l'armée de réserve, fut nommé le 16 mai 1806 colonel du 88e régiment, se distingua à la bataille d'Iéna, à Pultusk, et au combat livré le 11 mai 1807 sur l'Omulew (Pologne) : il eut, dans les deux premières affaires, 2 chevaux tués sous lui. C'est à Pultusk qu'il sauva, avec moins de trente hommes, l'aigle de son régiment, enveloppé par une masse d'infanterie et de cavalerie russes. Officier de la Légion-d'Honneur le 14 mai 1807, et envoyé en Espagne en 1808, Napoléon lui accorda cette même année le titre de baron de l'Empire, et le 10 mars 1809 la décoration de chevalier de la Couronne-de-Fer. A la bataille d'Ocaña, où il commandait une brigade, il reçut une forte contusion à la poitrine. Général de brigade le 28 décembre 1810, il se trouva aux siéges de Saragosse, de Badajoz et de Campo-Major, aux batailles de Gebora et d'Albuera, aux affaires de Puento, de l'Arzobispo et de Villa-Garcia. A Croumena, il surprit l'avant-garde anglaise et lui enleva 93 hommes et 120 chevaux. Fait prisonnier de guerre le 7 avril 1812, lors de la reprise d'assaut de la ville de Badajoz par l'armée anglo-portugaise, il ne recouvra sa liberté que le 28 mai 1814. Le roi le nomma commandeur de la Légion-d'Honneur le 23 août, et chevalier de Saint-Louis le 27 septembre suivant. Mis à la retraite le 18 octobre 1815, il représenta en 1820 le département des Ardennes à la Chambre des députés, où il ne siégea que pendant la durée de cette session. Relevé de la retraite et placé dans le cadre de réserve de l'état-major général de l'armée le 22 mars 1831, il rentra le 1er mai 1832, sur sa demande, dans sa position de retraite. Il réside aujourd'hui à Brières (Ardennes). B-S.

VIAL (SÉBASTIEN), naquit le 11 avril 1774 à Antibes (Var). Sous-lieutenant et lieutenant au 26e régiment d'infanterie les 11 et 22 avril 1792, il fit avec ce corps les campagnes de Corse de 1792 à l'an II, passa, le 11 nivose an III, en qualité d'aide-de-camp auprès du général Casabianca, alors employé à l'armée d'Italie, fut nommé adjoint aux adjudans-généraux le 15 thermidor, et capitaine au 2e régiment de cavalerie le 7 fructidor suivant. Il continua néanmoins à servir comme adjoint aux adjudans-généraux, et devint, le 27 brumaire an V, aide-de-camp du général Vial, son parent, qu'il suivit à l'armée d'Orient. Blessé au siége de Saint-Jean-d'Acre, il obtint, le 21 floréal an VII, le grade de chef d'escadron. Rentré en France le 15 brumaire an IX, il passa avec son grade le 9 brumaire an X dans le 5e régiment de cavalerie. Nommé major du 4e régiment de dragons le 6 brumaire an XII, et membre de la Légion-d'Honneur le 4 germinal, il resta dans la 15e division militaire au dépôt de ce corps jusqu'à l'an XIV. Colonel du 16e régiment de dragons le 11 décembre 1806, il servit en 1808 à l'armée d'Espagne, commanda à Ocaña la 2e demi-brigade de la division Milhaud, et fut tué à cette bataille et pendant l'action le 19 novembre 1809. B-S.

VIENNET ET NON VIENNÉ (JEAN), naquit le 12 janvier 1741 à Toulouse (Haute-Garonne). Volontaire au 4e bataillon de l'Aude le 4 mars 1793, et nommé chef de bataillon par le choix de ses camarades le 7 du même mois, il fit avec distinction les campagnes de 1793 à l'an VII inclusivement aux différentes armées de la République, obtint le grade de chef de brigade le 25 brumaire an VII, et commanda la 95e demi-brigade de ligne au mois de ventose suivant. Le Directoire lui confia le commandement d'armes d'Aix-la-Chapelle le 1er floréal de la même année. Créé membre de la Légion-d'Honneur le 4 germinal an XII, et admis au traitement de réforme le 1er vendémiaire an XIII, il resta dans cette position jusqu'au 25 avril 1807, époque à laquelle il fut employé comme commandant d'armes à Bellegarde. Passé en la même qualité à la citadelle de Perpignan le 23 février 1809, il prit sa retraite le 28 novembre 1813, et entra à l'hôtel royal des Invalides, où il est mort le 8 mai 1816. B-G.

VIENOT-VAUBLANC (JEAN-BAPTISTE-BERNARD), naquit à Saint-Domingue le 19 mars 1761. Lieutenant dans les chasseurs dits *de Saint-Domingue* le 12 mars 1779, et réformé le 6 mars 1780, après avoir fait la guerre en Amérique sous les amiraux d'Estaing et Lamothe-Piquet, il entra dans les gardes du corps le 28 septembre 1783, d'où il passa, le 11 novembre 1788, dans le 1er régiment de chasseurs à cheval avec le grade de lieutenant. Capitaine de gendarmerie le 15 juin 1791, adjudant-général chef de bataillon le 18 mai 1792, et adjudant-général chef de brigade le 8 mai 1793, il servit à l'armée du Nord de 1792 à l'an III. Dans cet intervalle, il reçut des représentans Bernard et Bancal la mission d'aller étudier la situation politique et militaire du département du Mont-Blanc, nouvellement réuni à la France, et s'en acquitta avec autant de zèle que d'intelligence. Le 4 germinal an II, il donna sa démission, motivé sur l'état de sa santé ; ce n'était qu'un prétexte : sa détermination avait pour cause réelle le refus réitéré trois fois par le ministre de la guerre Aubert-Dubayet de lui faire accorder le grade de général de brigade. Trois mois après, il demanda vainement à reprendre du service dans l'armée de l'intérieur ; il ne put obtenir sa réadmission à l'activité que le 8 pluviose an VIII, époque de sa nomination comme inspecteur aux revues. Le premier Consul l'employa successivement dans les 14e, 6e et 9e divisions militaires. Attaché au corps d'observation de la Gironde en l'an X, et membre de la Légion-d'Honneur le 4 germinal an XII, il fut désigné, le 28 janvier 1809, pour remplir les fonctions d'inspecteur en chef aux revues de l'armée d'Espagne. Titulaire de ce grade le 20 janvier 1810, l'Empereur le chargea, le 8 mars 1811, du service des revues de l'armée du Nord, en Espagne, et le nomma, le 22 juillet suivant, officier de la Légion-d'Honneur. Appelé à la grande armée le 1er mai 1812, il mourut à Gumbinen le 19 décembre suivant.

VILLEMANZY (JACQUES-PIERRE, ORILLARD, *comte de*), naquit le 5 janvier 1751 à Amboise (Indre-et-Loire). Élève commissaire des guerres le 1er août 1768, et titulaire à Dunkerque le 5 septembre 1777, il servit ensuite à Calais et au camp de Vaussieux, et le 1er mars 1780 il fit partie de l'expédition d'Amérique commandée par le général Rochambeau. Rentré en France le 1er juillet 1783, le ministre de la guerre l'envoya d'abord au camp de Saint-Omer et à Cherbourg pendant le séjour de Louis XVI dans cette ville (1784), puis au camp de

Metz et à Lunéville, et le rappela en 1789 pour être attaché au comité de la guerre de l'assemblée constituante. Commissaire-ordonnateur grand-juge à Strasbourg le 1er octobre 1791, et commissaire-général le 26 mars 1792, il fit la campagne de cette année et celle de 1793 dans le Palatinat ainsi qu'à l'armée du Rhin, et fut pris en Alsace par les Autrichiens. Échangé le 13 germinal an IV, il devint ordonnateur en chef de l'armée d'Italie. Attaché au comité des officiers-généraux du 25 fructidor an VI au 11 fructidor an VII, et nommé inspecteur en chef aux revues le 10 brumaire an VIII, il se rendit à l'armée des Alpes, et passa ensuite à celle du Rhin, auprès de laquelle il servit jusqu'en l'an IX. Employé à Paris le 12 fructidor an X, et au camp de Saint-Omer en l'an XII, il reçut, le 4 germinal de cette dernière année, la décoration de membre de la Légion-d'Honneur, et celle d'officier le 27 nivose an XIII. Il fit la campagne de l'an XIV à la grande armée, et fut chargé ensuite de la levée des contributions frappées sur le territoire occupé par nos troupes. Cet administrateur resta en Allemagne de 1808 à 1809, soit comme inspecteur aux revues, soit en qualité d'intendant-général. L'Empereur, satisfait de ses services, lui donna la croix de commandant de la Légion-d'Honneur le 11 juillet 1807, le fit entrer au Sénat le 14 décembre 1809, lui accorda le titre de comte de l'Empire, et l'autorisa à porter la décoration de commandeur de l'ordre de Saint-Henri de Saxe. Il siégea au Sénat de 1810 à 1813. Le 26 décembre de cette dernière année, il se rendit, comme commissaire extraordinaire du gouvernement, dans la 16e division militaire. Lorsque le Sénat eût déclaré, le 2 avril 1814, la déchéance de Napoléon, il adhéra à cette mesure ; aussi le roi le nomma-t-il pair de France le 4 juin, et grand-officier de la Légion-d'Honneur le 23 août 1814. Admis à la retraite le 10 décembre suivant, il demeura étranger aux événemens des Cent-Jours, et rentra à la Chambre des pairs après la seconde Restauration. En 1816, il présida la commission chargée de la surveillance de la caisse d'amortissement. Villemanzy parla peu à la Chambre des pairs; mais son vote ne trahit jamais les intérêts nationaux. En 1818, le marquis d'Ecquevilly écrivit, dans son *Histoire des campagnes de l'armée de Condé*, que Villemanzy s'était laissé faire prisonnier de guerre en 1793 pour se réunir aux émigrés sans compromettre sa fortune, et que, d'intelligence avec le comte de Viomesnil, il n'avait formé aucun magasin de vivres pour l'armée républicaine, afin que celle du prince de Condé en trouvât dans le pays qu'elle devait occuper. Le comte de Villemanzy protesta énergiquement contre la fausseté de cette assertion, et fit insérer dans *la Minerve* la rétractation du marquis d'Ecquevilly. Le comte de Villemanzy reçut de Charles X, le 22 mai 1825, la grand'croix de la Légion-d'Honneur, et mourut à Paris le 3 septembre 1830. Son nom est inscrit sur le côté Nord de l'arc-de-triomphe de l'Étoile.

VILLEMET. *Voyez* LORRAIN (*Henri*).

VILLERS (JEAN-CHARLES), né le 25 janvier 1749 à Rennes (Ille-et-Vilaine), fut employé en qualité de chef dans les bureaux de l'intendance de Bretagne depuis le 1er mai 1774 jusqu'à la suppression des intendances, en 1790. Nommé le 1er juillet de cette dernière année chef des bureaux du district de Rennes, il en exerça les fonctions jusqu'au 3 avril 1792, époque à laquelle il devint premier secrétaire de l'administration générale de l'armée du centre. Commissaire des guerres le 16 octobre suivant, et attaché en cette qualité à l'armée des côtes de Brest pendant les ans 1793, II et III, les représentans du peuple le suspendirent le 12 brumaire an II, et le Comité de salut public le réintégra dans ses fonctions le 10 pluviose suivant. Nommé commissaire-ordonnateur le 25 prairial an III, et maintenu à la même armée en l'an IV, il servit à celle de l'Ouest pendant les années suivantes. Désigné pour être conservé à l'organisation de l'an IX par le juri administratif près le ministre de la guerre, et placé comme ordonnateur dans la 13e division militaire (Rennes), il reçut la croix de membre de la Légion-d'Honneur le 4 germinal an XII. Mis à la solde de retraite par décret impérial du 7 février 1812, et cependant maintenu provisoirement en activité à Rennes, il mourut dans cette ville dans la nuit du 17 au 18 mars 1814.

VOUTIER (PIERRE-JOSEPH), naquit le 24 janvier 1745 à Tournon (Ardèche). Volontaire dans le régiment d'Aquitaine-infanterie le 19 août 1759, il passa dans celui de Champagne le 1er février 1760, et fit les trois dernières campagnes de la guerre de *Sept-Ans* de 1760 à 1762. Caporal le 10 mai 1763, sergent le 1er juillet 1764, et congédié le 30 août 1766, il reprit du service en qualité de sergent le 1er février 1768 dans le régiment de Bretagne-infanterie, et servit en Corse de 1768 à 1770. Il se distingua en enlevant de vive force, à la tête d'une compagnie de chasseurs de Bretagne, les tours de Capitello et de Sagoyne. Il se fit encore remarquer à la prise du couvent de la Mezanna, et des villages de Cauro, de Santa-Maria d'Ornano, de Bastelica et de Boccognano. Congédié par ancienneté, il vivait retiré dans ses foyers, lorsque la Révolution éclata. Élu commandant de la garde nationale de Tournon le 20 juillet 1789, et nommé le 28 août 1792 chef du 1er bataillon de l'Ardèche, il fit à la tête de ce corps les campagnes de 1792, 1793 et de l'an II aux armées des Alpes, du Rhin et de la Vendée, prit une part active à la conquête de la Savoie, et protégea l'artillerie de l'armée du Rhin à la retraite de Francfort. Pendant le blocus de Mayence, il se signala par son courage et son audace dans les fréquentes sorties qu'il tenta, et contribua puissamment à l'enlèvement nocturne de différentes batteries et des îles du Rhin au confluent de ce fleuve. A l'avant-garde de l'armée dite *de Mayence*, envoyée dans l'Ouest, il pourchassa les insurgés de la Vendée depuis les portes de Nantes, à Macheron, Léger, Montaigu, Clisson, etc. Le 22 septembre 1793, lors de la retraite de Clisson, toute l'artillerie, les caissons et les ambulances de l'armée étaient tombés au pouvoir des rebelles par la lâcheté des charretiers, qui, pour fuir, avaient coupé les traits des chevaux ; Voutier, à la tête de son bataillon et de celui de Saône-et-Loire, attaqua et chargea l'ennemi avec tant d'ardeur qu'il le battit, le repoussa, lui reprit non-seulement toute l'artillerie, mais lui enleva 6 de ses pièces, et eut le bonheur de sauver la vie à plus de 100 malades ou blessés qui allaient être massacrés. Chef de brigade le 1er germinal an III, et appelé au commandement de la demi-brigade dite de l'Ardèche, devenue 28e d'infanterie légère à l'organisation du 1er messidor an V, il fit les guerres de l'an III à l'an VIII aux armées des Pyrénées-Occidentales et de la Vendée. Nommé commandant d'armes à Maubeuge le 14 ventose an VIII, et membre de la Légion-d'Honneur le 4 germinal an XII, il continua d'exercer son commandement jusqu'au 12 mars 1814, époque de son admission à la retraite, à cause de son grand âge et de sa mauvaise santé. Le colonel Voutier est mort à Paris le 24 octobre 1824. Un de ses fils, ancien officier de marine, a vaillamment combattu dans les rangs des Philhellènes, et a rendu d'éminens services à la cause grecque pendant la guerre de l'indépendance, où il conquit le grade de colonel des troupes de cette nation. B-G.

WEIS (JEAN-BAPTISTE), naquit le 29 mai 1753 à Sausheim (Haut-Rhin). Cavalier le 23 septembre 1773 dans Mestre-de-camp-cavalerie (23e régiment), brigadier le 1er juillet 1782, maréchal-des-logis le 18 septembre 1784, maréchal-des-logis-fourrier le 1er juillet 1785, maréchal-des-logis chef le 22 avril 1787, adjudant-sous-lieutenant le 15 décembre 1790, lieutenant à l'ancienneté le 1er avril 1793, et capitaine au choix le 26 nivose an II, il fit toutes les guerres de la liberté de 1792 à l'an IX aux armées des Ardennes, de Sambre-et-Meuse, du Danube et du Rhin, et se distingua devant Namur, où, à la tête d'un peloton de cavalerie, il soutint la retraite contre 800 cavaliers ennemis, et favorisa ainsi celle de 2 demi-brigades qui purent se replier sur le camp sans avoir été entamées. En l'an III, au blocus de Philisbourg, étant à la tête d'un escadron du 23e de cavalerie, il fit prisonniers 500 fantassins autrichiens devant le village d'Oberhausen. Dans l'affaire du 12 messidor, devant Offenburg, il empêcha 500 Autrichiens du régiment de Kaiser d'entrer dans cette ville, où ils voulaient pénétrer, afin de prendre par derrière la 16e demi-brigade, qui défendait le passage de la rivière. Il reçut un coup de feu au pied droit le 5 germinal an VII. Nommé chef d'escadron par le général en chef de l'armée du Rhin le 16 fructidor suivant, et confirmé dans ce grade par arrêté du premier Consul du 4 thermidor an IX, il passa au 21e régiment de cavalerie le 30 du même mois, puis au 16e le 12 pluviose an XI, obtint le grade de major du 26e régiment de chasseurs à cheval le 6 brumaire an XII, et fut créé membre de la Légion-d'Honneur le 4 germinal suivant. Il était sur le point d'être promu à un grade supérieur, lorsqu'il mourut à Vannes (Morbihan), le 8 novembre 1808. B-G.

WERY (JEAN-FRANÇOIS-JOSEPH), naquit le 1er mars 1764 à Mesnil-Martinsart (Somme). Dragon au 1er régiment le 27 avril 1782, il passa le 15 juillet 1789 dans la garde à cheval soldée de Paris, devenue 21e division de gendarmerie, servit en 1792 à l'armée du Nord, et fut nommé sous-lieutenant le 24 novembre de cette année dans le 8e régiment de hussards, devenu 7e. De 1793 à l'an IX, il fit les guerres de la liberté aux armées de la Moselle, de Rhin-et-Moselle, d'Helvétie, des Grisons et du Rhin. Lieutenant le 1er mars 1793, capitaine le 20 brumaire an II, et chef d'escadron le 14 floréal suivant, il se signala par sa bravoure à l'affaire qui eut lieu le 26 vendémiaire an IV, et reçut plusieurs coups de sabre. Le 14 thermidor suivant, le chef de brigade Marisy ayant été grièvement blessé en avant de Bonefingen, Wery prit alors le commandement du régiment, et opéra sa retraite dans le plus grand ordre, malgré la supériorité numérique de l'ennemi et les obstacles que présentait le terrain. Enfin, par une charge habilement combinée et vigoureusement conduite, il réussit à repousser complétement les Autrichiens, et leur enleva quelques prisonniers et 25 chevaux. Cette action hardie lui permit de passer le défilé auquel il se trouvait adossé sans éprouver aucune perte. Le 28 fructidor suivant, tandis que le régiment protégeait la retraite de la division Delmas, entre Rembourg et Ingolstadt, il prit à l'ennemi 96 chevaux, 2 officiers et 30 hommes d'infanterie. Le 13 vendémiaire an V, à la tête du régiment, il culbuta un corps de troupes autrichiennes qui intereptait la route d'Elbingen, et s'empara de 104 chevaux du régiment des cuirassiers d'Anspach. Le 17 ventose an VII, près de Coire, à la tête d'un détachement de 50 hommes, il s'élança sur une colonne ennemie forte de 2,000 fantassins, et, suivi seulement de quelques hussards, il lui fit mettre bas les armes, tandis que le reste de son détachement se portait rapidement vers Coire par un autre chemin. Ayant bientôt rejoint le gros de sa troupe, il traversa la ville à sa tête, s'empara de 5 pièces de canon, de plusieurs officiers supérieurs, de 50 chevaux, dont 25 des chevau-légers de l'empereur, et d'une grande quantité de voitures et de bagages. Le 6 prairial suivant, à la retraite de Winterthur sur Zurich, il eut un cheval tué sous lui dans une charge qu'il commandait. Le 3 messidor an VIII, avec une reconnaissance de 100 chevaux, il s'empara de vive force d'un poste ennemi embusqué près de Nesselvangen, en Souabe, et fit prisonniers 150 grenadiers hongrois, 30 officiers et 25 dragons de Waldeck. Le 15 du même mois, à l'affaire de Felckerich, quoique blessé d'un coup de feu, en ralliant un corps d'infanterie mis en désordre par la cavalerie ennemie, il chargea cette cavalerie, la repoussa et facilita à l'infanterie française les moyens de reprendre la position qu'elle avait été forcée d'abandonner. Le 23 frimaire an IX, à la tête des deux premiers escadrons du régiment, il soutint le choc d'un corps très nombreux de cavalerie. Il était parvenu à culbuter les premiers rangs, lorsqu'il fut renversé de son cheval et blessé de dix coups de sabre. Resté au pouvoir de l'ennemi, les cavaliers autrichiens le croyant mort, s'occupaient à le dépouiller; mais les hussards du 7e vinrent l'arracher de leurs mains. Rentré en France après la cessation des hostilités, le premier Consul le nomma major du 6ᵉ régiment de hussards le 6 brumaire an XII, et membre de la Légion-d'Honneur le 4 germinal suivant. L'état de sa santé ne lui permettant pas de continuer un service actif, il fut admis au traitement de réforme le 28 avril 1808, et placé dans l'arrondissement électoral de Lyon. En 1811, sa santé ne s'étant pas améliorée, l'Empereur convertit son traitement de réforme en solde de retraite. Il est mort à Paris le 14 mars 1820.

WINTER (PIERRE), naquit le 13 novembre 1759 à Wesel (Prusse). Soldat au régiment des gardes françaises le 31 mars 1778, caporal et sergent les 20 janvier 1784 et 30 mai 1787, il passa dans la garde nationale parisienne soldée le 1ᵉʳ septembre 1789. Sous-lieutenant le 5 du même mois, il entra comme lieutenant le 3 août 1791 dans le 103ᵉ régiment d'infanterie, formé d'une partie de la garde soldée de Paris. Il fit les campagnes de 1792 à l'an IX aux armées de la Moselle, de Sambre-et-Meuse, du Rhin, d'Italie et de l'Ouest. Promu capitaine-adjudant-major le 14 brumaire an II, et chef de bataillon le 10 thermidor de la même année, il passa avec son bataillon dans la 181ᵉ demi-brigade de bataille, amalgamée en l'an IV dans la 92ᵉ de ligne, devenue 92ᵉ régiment de même arme à l'organisation du 1ᵉʳ vendémiaire an XII. Winter se fit souvent remarquer par sa bravoure. Employé en l'an X au corps d'observation de la Gironde, il servit en l'an XI à l'armée de Batavie, fut nommé major du 79ᵉ régiment d'infanterie de ligne le 11 brumaire an XII, et créé membre de la Légion-d'Honneur le 4 germinal suivant. Il fit la campagne de l'an XIV à l'armée d'Italie, et celles de 1806, 1807 et 1808 en Dalmatie et en Illyrie. Il prit une part distinguée à la guerre de 1809 à l'armée d'Italie, et mérita, par sa conduite, le titre de chevalier de l'Empire et la décoration d'officier de la Légion-d'Honneur, que l'Empereur lui conféra le 15 août et le 31 octobre de la même année. Nommé provisoirement colonel du 2ᵉ régiment de chasseurs d'Illyrie, dit *d'Ottochatz*, le 17 avril 1810, l'Empereur le confirma dans ce grade le 20 juillet 1811 pour prendre rang de la date de sa nomination provisoire. Atteint d'infirmités graves qui ne lui permettaient plus de supporter les fatigues de la guerre, il prit sa retraite le 8 juillet 1812, et mourut à Metz, où il s'était retiré, le 17 octobre 1817.

B-G.

FIN DE LA NOMINATION DU 4 GERMINAL AN XII.

NOMINATION DU Iᵉʳ PRAIRIAL AN XII.

GAUDRION-DUTAILLIS (ANDRÉ-MARIN), naquit à Caen (Calvados), le 11 avril 1776. Matelot à bord du vaisseau *le Tourville* le 31 décembre 1792, il passa le 7 du même mois, en qualité d'aspirant de 2ᵉ classe, sur *l'Achille*, et le 14 ventose an II sur *l'Éole*. Enseigne de vaisseau non-entretenu le 16 frimaire an III, il monta les vaisseaux *les Droits-de-l'Homme* et *l'Éole*. Deuxième lieutenant à bord du *Patriote* le 3 ventose an IV, il servit successivement sur les vaisseaux *l'Indien*, le *Nicodème* et *l'Éole* jusqu'au 5 brumaire an V. Enseigne de vaisseau entretenu par arrêté du 7 ventose an VIII, à bord de *la Convention*, il fit ensuite le service à terre, embarqua sur *le Jemmapes*, *l'Éole*, *l'Intrépide*, *la Libre*, et reprit le service à terre du 6 nivose au 2 prairial an XI, date de sa nomination au grade de lieutenant de vaisseau. Il revint en cette qualité sur *la Libre*, monta *la Jeune-Thérèse* le 8 nivose an XII, et prit, le 12 ventose suivant, le commandement de la prame *la Ville-d'Anvers*, chargée d'escorter une division de la flotille batave, qui appareilla de Flessingue le 26 floréal pour se rendre à Ostende.

A la hauteur de Heyst, elle fut attaquée par une croisière anglaise sous les ordres du commodore Sidney-Smith. Malgré tous les efforts de l'ennemi, il ne put entamer la ligne, et la division gallo-batave continua sa route en bon ordre. Le poids du combat tomba principalement sur l'arrière-garde de la flotille. *La Ville-d'Anvers*, destinée à la couvrir, remplit cette tâche d'une manière distinguée; son équipage combattit avec une ardeur sans égale, et l'artillerie causa quantité d'avaries aux bâtimens anglais. Après avoir presque entièrement épuisé ses munitions, *la Ville-d'Anvers* échoua près de la côte, et repoussa toutes les tentatives que firent les ennemis pour s'en emparer ou pour l'incendier. Cette affaire, où les projets de l'ennemi furent complètement déjoués, coûta la vie à quelques braves français; un plus grand nombre fut blessé : parmi ces derniers, se trouva le lieutenant de vaisseau Gaudrion-Dutaillis. Quant aux bâtimens anglais, ils perdirent une centaine d'hommes. *La Ville-d'Anvers* fut, sous tous les rapports, le bâtiment qui fit le plus de mal aux Anglais. La blessure de Gaudrion-Dutaillis l'obligea de se faire transporter à terre. Le corps municipal lui offrit une épée d'or, et le gouvernement le nomma, le

1er prairial de la même année, capitaine de frégate et membre de la Légion-d'Honneur.

Du 25 messidor suivant au 5 juin 1806, il commanda tour à tour la corvette *le Charles-Édouard*, les canonnières n°s 241 et 320, le bateau n° 189, la péniche n° 69, passa le 5 août sur le vaisseau *le Héros*, fit le service à terre du 15 juin 1808 au 14 avril 1809, et monta le 15 du même mois jusqu'au 22 juin 1812, le vaisseau *le Dalmate*, reversé sur *le Friedland*. Il embarqua le 23 sur la frégate *la Jahde*, y resta jusqu'au 30 juin 1814, et reprit le service à terre du 1er juillet suivant au 16 août 1816.

Retraité à cette époque, il accepta le commandement d'un bâtiment de commerce, et mourut le 8 juin 1823 à Gibraltar, à la suite de blessures reçues dans un combat contre des pirates.

TOURNEUR (LAURENT), né à Vouhé (Charente-Inférieure), le 6 décembre 1762, embarqua à Rochefort le 24 octobre 1776 sur *le Mimy*, navire du commerce, qui fit le voyage de la Guadeloupe, et vint désarmer dans le même port le 12 mai 1777. Le 7 avril 1778, il monta *le Rodrigue*, de 50 canons, destiné pour l'Amérique septentrionale ; ce vaisseau désarma à Rochefort le 1er octobre suivant, fut concédé au commerce par l'État et armé en partie par les dames de la cour, qui chargea Beaumarchais d'en faire l'armement. Pilotin le 30 janvier 1779 sur le vaisseau *le Pluton*, il passa comme timonnier le 15 juin 1781 à bord du *Saint-Michel*, qui soutint dans l'Inde deux combats ; il reçut à l'un d'eux une blessure légère, et revint à Lorient le 17 mai 1785 sur la frégate *l'Apollon*. Du 18 mars 1786 au 3 mars 1787, il fit un voyage à Saint-Domingue à bord de la gabarre *la Chèvre*. Aide et successivement second et premier pilote le 18 mars suivant, il passa le 15 mai sur *la Flore*, en escadre d'évolutions ; le 20 octobre sur *la Désirée*, allant dans les îles du vent ; le 7 juin 1788 sur *l'Éveillé*, en escadre d'évolutions ; le 8 mai 1789 sur *la Moselle*, destinée pour le cabotage ; le 12 mai 1791 sur *le Pluvier*, partant pour Brest ; le 19 juillet sur *la Lionne*, faisant les voyages de Bayonne, et enfin le 3 décembre 1791 sur *l'Inconstante* à bord de laquelle il devint enseigne de vaisseau provisoire le 10 mars 1792. Cette frégate, en station à Saint-Domingue, soutint un combat contre 2 frégates anglaises, et resta au pouvoir de l'ennemi ; Tourneur reçut une blessure grave au bas-ventre. Lieutenant de vaisseau le 22 ventose an II, il monta le 8 prairial *le Flibustier*, en croisière sur la côte de Portugal ; le 1er fructidor an III *le Fougueux* ; le 30 floréal an IV *la Concorde*, en croisière dans la division commandée par Savary dans l'expédition d'Irlande, et qui livra un combat glorieux à 3 vaisseaux anglais ; le 17 ventose an VI il revint sur *la Concorde*, servit le 1er vendémiaire an IX sur *la Réjouie*, stationnaire à Saint-Martin, île de Ré ; le 22 brumaire an X sur *l'Argonaute*, expédition de Saint-Domingue, division de l'amiral Latouche, et le 10 floréal sur *la Cybèle*. Le 27 frimaire an XII il prit le commandement de la canonnière n° 181, et celui de la 2e division de la flotille nationale du 5e arrondissement, composée de 4 canonnières. Le 15 floréal, étant en route pour Lorient, cette division fut attaquée par une forte corvette et un lougre anglais ; le combat se soutint avec acharnement pendant quelque temps. Le nombre des bouches à feu des bâtimens ennemis était plus que double de celui des canonnières, mais le calibre plus fort dont ces dernières étaient armées, joint à l'adresse et à la vivacité avec lesquelles les pièces furent servies, compensa bientôt cette différence, et donna l'avantage aux bâtimens français. Écrasés par les boulets et la mitraille que vomissaient les canons de 24 des canonnières, la corvette et le lougre prirent le large en forçant de voiles. Non content de les avoir contraints à la retraite, le brave Tourneur se décida à les poursuivre. Il leur donna la chasse, les atteignit près de l'île d'Houat, obligea la corvette *le Vencegos* et le lougre à amener leur pavillon, et les conduisit au port de Lorient.

Le brave Tourneur, en récompense de sa brillante conduite, obtint la décoration de la Légion-d'Honneur le 1er prairial, et le grade de capitaine de frégate le 5 du même mois.

Le 18 ventose an XIII, il embarqua à Rochefort sur *l'Algésiras*, qui se réunit à l'armée combinée aux ordres du vice-amiral Villeneuve dans les îles du vent ; il commandait ce vaisseau au combat de Trafalgar.

Ce vaisseau, portant un pavillon de contre-amiral, fut un de ceux auxquels les ennemis s'attachèrent plus particulièrement. Dans la mêlée, un vaisseau ennemi, *le Tonnant*, de 80, tomba sur lui et embarrassa son gréement dans le sien. Il y eut alors un combat terrible d'abordage. Cependant *le Tonnant*, qui était parvenu à se dégager, recommença la canonnade avec plus de vigueur. Le contre-amiral Magon, déjà blessé en deux endroits, tomba frappé d'un coup mortel. Tous les officiers furent blessés, et plus de 200 hommes mis hors de combat ; enfin les trois mâts de *l'Algésiras* s'abattent successivement, et ses intrépides défenseurs sont contraints à se rendre.

Néanmoins, le capitaine Tourneur parvint à reprendre *l'Algésiras*, malgré deux blessures graves qu'il avait reçues dans le combat, et le reconduisit à Cadix.

Le 24 décembre 1806, il monta *l'Ajax*, en escadre à l'île d'Aix, aux ordres de l'amiral Allemand, commanda le 29 mai 1807 la frégate *la Félicité*, et fut promu capitaine de vaisseau le 12 juillet 1808. Le 11 juillet 1810, il prit le commandement du *Magnanime*, vaisseau de 120 canons, attaché à l'armée navale de la Méditerranée, qui désarma à Toulon le 19 mars 1814. Directeur des mouvemens du port de Rochefort le 2 septembre, et chevalier de Saint-Louis le 23 décembre suivant, il continua ses fonctions jusqu'au 20 février 1820, date de son décès dans cette ville.   TH.

FIN DE LA NOMINATION DU 1er PRAIRIAL AN XII.

NOMINATION DU 12 PRAIRIAL

AN XII.

ADAM (VIGOR), né à Bricqueville (Manche), le 22 septembre 1770, navigua d'abord pour le commerce, et passa dans la marine de l'État. Membre de la Légion-d'Honneur le 12 prairial an XII, et maître-canonnier sur la flotille à Dunkerque en l'an XIII, il obtint sa retraite vers 1817, et alla habiter son pays natal, où il est mort le 18 octobre 1836.

ALLARD (PIERRE), né le 8 janvier 1765 à Albi (Tarn), entra au service le 28 décembre 1784 comme soldat dans le régiment de Cambrai-infanterie. Libéré le 3 mars 1792, il s'engagea le 12 août de la même année dans le 3e bataillon de la Drôme, et passa le 10 brumaire an II caporal de grenadiers dans le 9e bataillon de la Haute-Garonne, amalgamé dans la 25e demi-brigade de bataille en l'an IV. Il prit part aux opérations des armées des Alpes, des Pyrénées-Orientales et d'Italie de 1792 à l'an VI, et fut blessé de deux coups de feu à la jambe droite au pont Saint-Gine. Appelé à faire les campagnes d'Égypte et de Syrie de l'an VI à l'an IX, il devint sergent le 11 pluviose an VII, et reçut un coup de feu à l'assaut du 21 floréal de la même année devant Saint-Jean-d'Acre, blessure qui lui fracassa le bras gauche et nécessita l'amputation. Le 29 fructidor suivant, le général en chef Kléber, pour le récompenser de sa bravoure, le nomma sous-lieutenant. Il revint en France après la capitulation d'Alexandrie. Admis provisoirement comme lieutenant à la succursale des Invalides d'Avignon le 19 nivose an X, et le 14 fructidor suivant à la solde de retraite, le premier Consul lui accorda la décoration de la Légion-d'Honneur le 12 prairial an XII. Il passa, le 3 frimaire an XIII, au camp des vétérans d'Alexandrie. Rentré à Albi lors de la dissolution du camp, le 28 janvier 1807, pour y jouir de sa solde de retraite, il mourut dans cette ville le 25 avril 1822.

J.-T.

ARNOLD (JEAN-FRÉDÉRIC), né le 11 juin 1755 à Strasbourg (Bas-Rhin), entra au service le 20 juin 1772 comme soldat au régiment des gardes françaises. Il passa aux grenadiers le 10 mars 1773, devint caporal le 14 mars 1774, et servit en cette qualité jusqu'au 28 juillet 1778, époque à laquelle il obtint son congé. Il se distingua à la prise de la Bastille le 14 juillet 1789. Blessé à la tête et au bras gauche, l'assemblée constituante, à raison de sa belle conduite, le décora de la couronne murale, y joignit une gratification de 600 livres, et le 16 novembre suivant, jour de l'organisation de la compagnie dite *des Vainqueurs de la Bastille*, il en fut nommé sous-lieutenant. Il quitta cette compagnie le 12 juillet 1790, passa comme capitaine le 1er août suivant dans le 3e bataillon de son département, devenu 177e demi-brigade d'infanterie de bataille, et fit avec ce corps les campagnes de 1792 et 1793 sur le Rhin, de l'an II à l'armée de la Moselle, et de l'an III à l'an V à celle de Sambre-et-Meuse. Blessé de cinq coups de feu dans plusieurs affaires, il se vit forcé le 30 germinal an IV de cesser momentanément tout service actif. Un an après, il suivit l'armée en Helvétie pendant les opérations des ans VI et VII, dans le 3e bataillon de la 14e demi-brigade d'infanterie légère, où il avait été admis avec son grade le 1er messidor an VI. Mais une ancienne blessure à la tête, qui avait nécessité l'opération du trépan, l'obligeant à faire de fréquentes entrées à l'hôpital, cet officier fut reconnu, le 27 pluviose an VII, par les officiers de santé de l'hôpital de Zurich, hors d'état de supporter plus longtemps les fatigues de la guerre. Appelé provisoirement au commandement de la place de Mellingen, du mois de ventose au mois de thermidor suivant, il obtint définitivement sa retraite le 2 ventose an IX. Compris dans la promotion du 12 prairial an XII comme membre de la Légion-d'Honneur, et retiré à Paris, il y mourut le 18 octobre 1807.   J-T.

ASTRUC (PAUL), naquit le 10 décembre 1770 à Puivert (Aude). Entré au service le 6 janvier 1791, il était canonnier dans le 1er bataillon des volontaires nationaux des Pyrénées-Orientales, lorsque, à l'affaire du 18 au 19 septembre 1793, à Lauterbourg (armée du Rhin), un boulet lui emporta les deux mains et une partie des avant-bras. Réformé le 17 pluviose an II, et envoyé en subsistance à Quillon, district de son département, il fut admis comme capitaine honoraire aux Invalides le 17 ventose an III, et resta dans cette position jusqu'au 14 frimaire an XI, époque à laquelle il passa à la succursale d'Avignon. Membre de la Légion-d'Honneur le 12 prairial an XII, il quitta l'hôtel le 2 thermidor suivant, rentra dans ses foyers avec sa solde de retraite, et mourut dans le lieu de sa naissance le 23 octobre 1837.   J-T.

AUBIN (ROBERT), né le 5 mai 1770 à Saint-Sulpice (Eure), entra au service comme soldat le 8 floréal an IV dans le 14e régiment de chasseurs à cheval, et fit les campagnes des ans IV, V et VI à l'armée du Nord. Passé comme gendarme dans la compagnie de l'Aude, nommé membre de la Légion-d'Honneur le 12 prairial an XII, il prit sa retraite en 1815, et se retira à Limoux (Aude), où il est mort le 15 septembre 1823.   Y-Z.

BARON (ÉTIENNE), naquit le 14 avril 1768 à Parigny (Nièvre). Volontaire dans le 4e bataillon de sapeurs le 6 septembre 1793, il fit les campagnes des ans III, IV et V à l'armée de Rhin-et-Moselle. Le 4 nivose an V, pendant le siège de la tête de pont de Huningue, il eut les deux bras emportés par un boulet de canon dans la batterie dite *du Village-Neuf*, près de cette place. Admis à l'hôtel des Invalides le 12 prairial an V comme capitaine honoraire, en vertu des dispositions de l'article 4 du décret de la Convention du 6 juin 1793, il fut nommé membre de la Légion-d'Honneur le 12 prairial an XII, et mourut à l'hôtel le 18 septembre 1828.

BECDELIÈVRE (GABRIEL-FRANÇOIS-LOUIS), né le 15 septembre 1734 à Maure (Ille-et-Vilaine), entra au service le 1er septembre 1755 en qualité de lieutenant au régiment d'Enghien, prit part à toutes les opérations de la guerre de *Sept-Ans*, de 1756 à 1762, et fut blessé d'un coup de feu à la bataille de Hastembeck le 20 juillet 1757. Envoyé le 7 mars 1761 dans les volontaires du Dauphiné, il y prit rang de capitaine le 9 décembre 1762, en récompense de sa bravoure pendant la guerre qui venait de finir. Incorporé l'année suivante dans la légion de Flandre, il reçut le 19 juin 1765 son brevet de capitaine dans ladite légion, où il servit jusqu'en 1766, époque de la dissolution de ce corps. Passé dans le régiment d'Auxerrois le 18 août de la même année, et employé en la même qualité dans le 2e de chasseurs à cheval le 8 avril 1779, il reçut, le 21 septembre 1784, sa nomination de capitaine-commandant le bataillon d'infanterie du régiment des chasseurs des Pyrénées, et, le 15 mai 1788, lors de la formation du 7e bataillon de chasseurs, il y fut appelé à remplir les fonctions de son grade. Nommé, le 23 novembre 1791, lieutenant-colonel au 22e bataillon d'infanterie légère, il rentra, le 9 septembre 1792, dans son ancien bataillon, devenu par amalgame 3e demi-brigade d'infanterie légère, et fit les campagnes de 1792 à l'an VI aux armées du Rhin. Il fut blessé en 1792 à Limbourg, et à Kehl le 7 messidor an IV. Admis à la retraite le 7 frimaire an IX, et nommé membre de la Légion-d'Honneur le 12 prairial an XII, il est mort le 1er mars 1808 au Puy (Haute-Loire).   J-T.

BERTRAND (ENNEMOND), né le 30 mars 1770 à Lyon (Rhône), s'engagea le 11 août 1791 dans le 1er bataillon de Rhône-et-Loire, amalgamé en l'an II dans la 181e demi-brigade, devenue 78e demi-brigade de ligne en l'an IV, et passa sergent le jour même de son engagement. Adjudant-sous-officier le 17 juin 1792, lieutenant le 17 vendémiaire an II, et capitaine le 26 pluviose an III, il fit les campagnes de la liberté aux armées de la Moselle et de Sambre-et-Meuse. Blessé grièvement le 30 thermidor an IV à l'affaire de Sultzbach, près Bamberg, où sa demi-brigade résista aux charges de la cavalerie ennemie, il donna sa démission le 27 vendémiaire an V, et fut nommé membre de la Légion-d'Honneur le 12 prairial an XII. Le 23 mai 1807 l'Empereur lui accorda l'emploi de receveur principal des droits réunis. Il est mort le 24 août 1830 à Draguignan (Var).   J-T.

BOSSON (ANTOINE), né le 9 juin 1769 en Piémont, s'engagea au commencement de 1793 comme canonnier dans le 1ᵉʳ bataillon du Mont-Blanc, et prit part au siége de Toulon dans le mois de frimaire an II. Passé avec son bataillon à l'armée des Pyrénées-Orientales, il eut les deux pieds gelés à la redoute de la montagne de Saint-Laurent en frimaire an III. Il subit l'amputation des deux jambes, et obtint son admission aux Invalides, le 14 pluviose an V, avec le grade de capitaine honoraire. Nommé membre de la Légion-d'Honneur le 12 prairial an XII, et admis à la retraite le 9 avril 1806, il est mort le 1ᵉʳ mai 1829 à Orneix (Ain). J-T.

BOYAUD (JACQUES), naquit le 20 janvier 1770 à la Chapelle-de-Bragny (Saône-et-Loire). Fusilier dans le 3ᵉ bataillon de la Drôme le 28 mars 1792, caporal le 1ᵉʳ décembre de la même année, caporal-fourrier le 15 avril 1793, sergent-major le 5 nivose an II dans le 5ᵉ bataillon de la Corrèze, devenu 211ᵉ demi-brigade de bataille, puis 18ᵉ de ligne, adjudant-sous-officier le 10 germinal de la même année, et sous-lieutenant de grenadiers le 1ᵉʳ vendémiaire an III, il fit les campagnes de l'an II à l'an V à l'armée d'Italie. Le 10 brumaire an IV, commandé avec 200 hommes pour enlever les retranchemens d'un grand mamelon près la Borghetta et la rivière de Gênes, il s'élança sur 4 grenadiers autrichiens qui avaient assailli et blessé le chef du détachement, entra seul dans les retranchemens, s'empara d'un fusil, tua le premier à bout portant, perça le second d'un coup de baïonnette, et mit les 2 autres en fuite. Il assista au combat de la Corona le 11 thermidor de la même année, et le 16 brumaire an V, à l'affaire de la Brenta, où il reçut deux coups de feu. Retiré du service à la fin des opérations de l'an VI en Italie, et nommé membre de la Légion-d'Honneur le 12 prairial an XII, il est mort le 2 décembre 1838 à Sailly (Saône-et-Loire).

BROUILLAUD (PHILIPPE), né le 29 septembre 1768 à Biras (Dordogne), entra au service le 13 mars 1792 dans le 103ᵉ régiment d'infanterie, devenu 181ᵉ demi-brigade de bataille, et fit les campagnes de 1792 à l'an IV aux armées du Nord, des Ardennes, de la Moselle et de Sambre-et-Meuse. Nommé appointé à la 3ᵉ compagnie du 1ᵉʳ bataillon, il assista à la bataille de Fleurus et au passage du Rhin. Le 4 vendémiaire an IV, se trouvant au nombre de ceux qui reconnurent les premiers 'ennemi au village de Kostem, près de Mayence, il fut battr la charge et s'élança sur les Autrichiens. Mais son ardeur l'ayant entraîné à la poursuite d'un officier ennemi, il eut le bras droit fracassé au moment où il le faisait prisonnier et le désarmait. Cependant il ne quitta le champ de bataille qu'après avoir déposé son prisonnier en mains sûres, et remis son fusil à ses camarades. La gravité de sa blessure ayant nécessité l'amputation, il fut admis comme lieutenant honoraire à l'hôtel des Invalides le 11 germinal de la même année. Par suite d'un arrêté des consuls qui portait que tout militaire invalide qui n'aurait pas soixante ans d'âge ou deux membres de moins devrait prendre sa pension de retraite ou se rendre à la succursale de Louvain, Brouillaud préféra jouir dans ses foyers de la pension à laquelle il avait droit, et il l'obtint le 1ᵉʳ prairial an IX. Nommé membre de la Légion-d'Honneur le 12 prairial an XII, et de nouveau admis à l'hôtel des Invalides le 8 avril 1817, il en sortit une seconde fois, le 1ᵉʳ février 1820, pour se retirer à Périgueux (Dordogne), où il réside encore aujourd'hui. B-G.

BULOT (MATHIEU), né le 9 juin 1777 à Saint-Jean-des-Vignes (Rhône), servit comme fusilier dans la 56ᵉ demi-brigade d'infanterie de ligne en l'an VII, et fit partie du 5ᵉ bataillon expéditionnaire formé à Rochefort par le général Desfourneaux le 13 pluviose an IX. Embarqué sur la frégate *l'Africaine*, il se trouva au combat qu'elle eut à soutenir le 30 du même mois dans les parages de Gibraltar contre la frégate anglaise *la Phébé*, et y eut les deux mains emportées par un boulet. Admis à l'hôtel des Invalides le 28 messidor an IX comme capitaine honoraire, en vertu de l'article 4 du décret du 6 juin 1793, il fut nommé membre de la Légion-d'Honneur le 12 prairial an XII. Il est mort à l'hôtel le 6 décembre 1829. B-G.

CABOS (JEAN-DOMINIQUE), né le 7 juillet 1772 à Puydarrieux (Hautes-Pyrénées), partit le 10 février 1792 comme volontaire dans le 1ᵉʳ bataillon de son département, embrigadé en l'an III dans la demi-brigade des Landes, amalgamée en l'an V dans la 10ᵉ demi-brigade légère, devenue 10ᵉ régiment de même arme. Sergent le 12 du même mois, lieutenant le 28 juin suivant, et capitaine le 14 nivose an III, il fit les campagnes de 1792 à l'an II à l'armée des Pyrénées-Orientales, et celles de l'an III à l'an IX aux armées de l'Ouest, d'Allemagne, d'Angleterre, du Danube et du Rhin. A la bataille de Mœskirch, le 15 floréal an VIII, il reçut un coup de sabre au bras gauche. Membre de la Légion-d'Honneur le 12 prairial an XII, et admis à la retraite le 23 mai 1806, il se retira à Puydarrieux, puis à Gravigny, où il réside encore aujourd'hui (1844). J-T.

CAVARD (PIERRE), naquit le 25 octobre 1769 dans le département de la Haute-Loire. Réquisitionnaire le 2 messidor an II dans la 166ᵉ demi-brigade d'infanterie de bataille qui devint en l'an IV 69ᵉ demi-brigade de ligne, il fit toutes les campagnes de l'an II à l'an IX aux armées d'Italie et d'Orient. Le 15 pluviose an VII, le général Bonaparte lui décerna un fusil d'honneur comme étant un des 4 grenadiers qui avaient empêché les Autrichiens de s'emparer du poste retranché de Saint-George le jour de la bataille de Rivoli. Caporal de grenadiers le 13 floréal an XI, il obtint son congé de réforme le 20 messidor de la même année, et fit compris dans la promotion de légionnaires du 12 prairial an XII. Il est mort dans le lieu de sa naissance le 1ᵉʳ novembre 1811. Y.

CAZEAUX (JEAN), servit dans l'armée active et passa dans la gendarmerie à pied, compagnie des Basses-Alpes, où il reçut la croix de légionnaire le 12 prairial an XII. A l'époque de sa mort, qui eut lieu le 4 juillet 1807, il faisait partie de la compagnie des Basses-Pyrénées.

CAZENEUVE (JEAN-PAUL), né le 24 septembre 1774 à Toulouse (Haute-Garonne), entra au service comme volontaire le 1ᵉʳ pluviose an V dans le 6ᵉ bataillon de sapeurs, où il devint sergent. Il fit les campagnes des ans V, VI et VII aux armées d'Italie et de Naples, et fut amalgamé, le 30 pluviose an VII, dans la 8ᵉ compagnie du 1ᵉʳ bataillon de même arme. Le 23 floréal suivant, à l'affaire d'Isola, tandis qu'il était occupé à couper le pont, sous le feu le plus vif de l'ennemi, il eut l'œil droit et une partie de la mâchoire emportés par la mitraille. Cette blessure l'ayant mis dans l'impossibilité de continuer un service actif, il obtint son admission à l'hôtel des Invalides en qualité de lieutenant honoraire le 17 fructidor an VIII. Nommé caporal-fourrier à la 6ᵉ compagnie de canonniers-vétérans le 2 pluviose an IX, et sorti de l'hôtel avec sa pension de retraite le 21 ventose an X; il y fut réadmis comme simple fusilier le 23 vendémiaire an XI, et y reçut la décoration de membre de la Légion-d'Honneur le 12 prairial an XII. Pensionné de nouveau le 12 septembre 1807, il rentra une troisième fois à l'hôtel des Invalides, mais cette fois comme sergent, le 18 juin 1812. Il en sortit encore, et se retira à Paris le 9 janvier 1815, y retourna une quatrième fois en 1820, et y mourut le 10 octobre 1827.   B-G.

CHAPEY (ÉTIENNE), ET NON CHAPET NI CHAPELLE, naquit en 1776 à Vénissieux (Isère). Canonnier dans le 4ᵉ régiment d'artillerie à pied le 16 fructidor an II, il faisait partie de l'armée d'Angleterre, et se trouvait à Saint-Malo, lorsque, le 23 thermidor an VI, dans un service commandé, il eut les deux bras emportés par le refouloir, le feu ayant pris à la gargousse au moment où il chargeait pour la seconde fois la pièce qui lui avait été assignée. Admis à l'hôtel des Invalides en qualité de capitaine honoraire le 21 fructidor suivant, il fut nommé membre de la Légion-d'Honneur le 12 prairial an XII, et mourut à l'hôtel le 1ᵉʳ août 1808.   B-G.

CHORIER ET NON SOURRIER (FRANÇOIS-CHARLES), naquit le 28 octobre 1770 à la Côte-Saint-André (Isère). Entré au service le 16 septembre 1785 dans le régiment de Champagne, devenu 7ᵉ régiment d'infanterie, il passa bientôt caporal de grenadiers. Au commencement de l'an II, il fut incorporé dans la 14ᵉ demi-brigade de bataille, et dans la 63ᵉ de ligne au commencement de l'an IV, et fit les campagnes de la liberté aux armées des Pyrénées, des Alpes et d'Italie. Le 22 brumaire an IV, à l'affaire de Saint-Michel, devant Verone, il fit prisonniers 72 grenadiers hongrois, et reçut en récompense, à Venise, des mains du général Bonaparte, un sabre d'honneur. Au combat livré à Cassano, le 8 floréal an VII, lors du passage de l'Adda, il reçut à la cuisse droite un coup de biscaïen parti d'un canon sur lequel il s'était élancé courageusement, et qui resta en son pouvoir. Réduit par cette blessure à l'impossibilité de marcher sans soutien, il obtint une solde de retraite le 9 frimaire, et fut nommé membre de la Légion-d'Honneur le 12 prairial an XII. Il réside en ce moment à Gillonnay (Isère).

COCHET (HENRI-ADRIEN-JOSEPH), né le 5 juillet 1776 dans le département du Nord, fils du conventionnel, servait déjà dans la garde nationale de son département depuis 1790, lorsque, le 16 septembre 1792, il s'engagea comme volontaire dans le 6ᵉ bataillon du Nord. Sergent-major le même jour, et peu de temps après sous-lieutenant, il entra lieutenant dans la compagnie de canonniers du bataillon en janvier 1793, et fut promu capitaine en second au mois de germinal an II. Passé le 14 floréal suivant auprès du général d'artillerie Bollemont, en qualité de capitaine-aide-de-camp, il suivit avec son chef toutes les phases de gloire et de revers qu'éprouva en Allemagne la brave armée de Sambre-et-Meuse, pendant les campagnes de l'an II et l'an IV, depuis le siége de Charleroi et la victoire de Fleurus, où il se distingua personnellement, jusqu'à la retraite de Jourdan devant l'archiduc Charles et le nouvel échec du général français à Wurtzbourg. Prisonnier de guerre le 18 fructidor an IV, avec le général Bollemont, qui était venu dans cette place pour dégager son parc d'artillerie, il rentra avec lui en France sur sa parole en frimaire an V. Démissionnaire le 6 fructidor an VI, il reçut la croix de la Légion-d'Honneur le 12 prairial an XII. Les dernières nouvelles qu'on ait eues de lui sont datées de Paris le 30 décembre 1807.   J-T.

COLIN (CLAUDE), naquit le 4 septembre 1772 au Tholy (Vosges). Volontaire le 6 août 1792 dans le 8ᵉ bataillon des Vosges, devenu successivement 19ᵉ demi-brigade de troupes légères et 6ᵉ demi-brigade d'infanterie légère, il fit les campagnes de 1792 et 1793 à l'armée du Rhin, celles de l'an II à l'an VII à l'armée de l'Ouest, et celle de l'an VIII en Italie. Nommé caporal le 20 germinal an VII, il reçut un coup de feu qui lui emporta les deux yeux le 25 prairial an VIII à Marengo. Réformé le 20 brumaire an IX, et admis immédiatement après à l'hôtel des Invalides en qualité de capitaine honoraire, conformément aux prescriptions de l'article 4 du décret du 6 juin 1793, il obtint la croix de la Légion-d'Honneur le 12 prairial an XII. En 1808, il quitta l'hôtel des Invalides pour se retirer dans le département de Seine-et-Oise. Rentré à l'hôtel par décision du 17 février 1814, il en est sorti de nouveau en 1843 pour aller jouir de sa retraite dans ses foyers, à Villers-Bocage (Calvados), où il réside encore aujourd'hui.   B-G.

CONTEREAU ET NON CONTRO (MICHEL-RENÉ), naquit le 4 février 1773 à Mayenne (Mayenne). Volontaire le 11 septembre 1791 dans le 73ᵉ régiment d'infanterie, dont le 1ᵉʳ bataillon fut incorporé dans la 70ᵉ demi-brigade de ligne à l'organisation de l'an IV, il fit les campagnes de la liberté de 1792 à l'an VI aux différentes armées de la République. Passé comme gendarme à pied dans la compagnie de la Mayenne le 25 prairial an VIII, nommé membre de la Légion-d'Honneur le 12 prairial an XII, et détaché à la légion de gendarmerie d'élite le 11 brumaire an XIV, il devint gendarme à cheval le 6 novembre 1806. En 1807, il se retira dans le lieu de sa naissance, et y mourut le 30 octobre 1842.   Y-Z.

COULOMBON (étienne-françois), né le 7 octobre 1765 à Valréas (Vaucluse), entra au service comme soldat au régiment de Royal-Auvergne-infanterie le 10 mai 1781. Caporal le 6 mai 1785, sergent le 25 juin 1786, et sergent-major le 1er janvier 1791, il passa avec son grade, le 18 décembre de la même année, dans la garde du roi, devenue garde constitutionnelle, et resta dans cette position jusqu'au licenciement de ce corps en juin 1792. Nommé le 12 octobre suivant chef du 9e bataillon du Pas-de-Calais, devenu 185e demi-brigade de bataille, et par amalgame 40e demi-brigade de ligne, il fit les campagnes de 1792 à l'an II à l'armée du Nord, et celles des ans III et IV à l'armée de l'Ouest. Prisonnier le 2 prairial an IV, et condamné à être fusillé pour avoir refusé de donner le mot d'ordre, il reçut deux coups de feu dans le bas-ventre, huit sur la poitrine, quatre coups de baïonnette et plusieurs coups de crosse de fusil sur la joue droite, et fut laissé pour mort sur la place. Guéri de ses quatorze blessures, il passa le 14 frimaire an IX dans le 3e bataillon de la 8e brigade de vétérans, et devint, le 27 vendémiaire an XII, chef du 4e bataillon de vétérans, et membre de la Légion-d'Honneur le 12 prairial suivant. Inscrit, le 11 avril 1809, sur la liste des commandans d'armes, il fut nommé à Leuwarden le 20 juillet 1812, passa le 11 décembre 1813 comme commandant supérieur à la Tête-de-Flandre (armées du Nord et d'Anvers), et exerça ces fonctions jusqu'à l'évacuation de cette place, le 15 mai 1814. Resté en non-activité jusqu'au 20 mars 1815, il reçut, le 10 avril suivant, le commandement d'armes de Château-Thierry. Admis à la retraite le 1er juillet 1816, il se retira à Hesdin (Pas-de-Calais), où il réside en ce moment.

COUTENET (gervais), né le 25 mai 1750 à Rochefort (Jura), entra au service comme soldat au régiment des gardes françaises le 7 novembre 1766. Sergent le 21 avril 1781, il resta dans ce grade jusqu'à la dissolution de son régiment, le 31 août 1789. Le lendemain, 1er septembre, ce corps ayant été incorporé dans la garde nationale parisienne soldée, il y passa avec le grade de lieutenant. Le 1er janvier 1792, capitaine au 103e régiment d'infanterie, devenu 181e demi-brigade, et par amalgame 78e de bataille, il fit à l'armée de la Moselle les deux campagnes de 1793 et de l'an II. Chef de bataillon le 20 ventose an III, il servit aux armées du Rhin et de Sambre-et-Meuse de l'an III à l'an VI, et le 1er brumaire de cette dernière année il entra avec son grade dans la 48e demi-brigade de ligne, avec laquelle il prit part aux opérations des armées de Batavie, du Rhin et de Hanovre, de l'an VI au 1er vendémiaire an XII. Admis à la retraite le 2 frimaire suivant, et nommé membre de la Légion-d'Honneur le 12 prairial de la même année, il se retira à Paris, où il est mort le 27 août 1832.

DEBELLE (joseph-guillaume), né en 1779 à Voreppe (Isère), frère du général de ce nom, entra au service le 19 pluviose an II dans le 4e régiment d'artillerie à cheval. Brigadier-fourrier le 14 prairial de la même année, et maréchal-des-logis le 1er vendémiaire an III, il fit sa première campagne en l'an IV à l'armée de Sambre-et-Meuse, et eut la jambe gauche emportée par un boulet au combat de Schalzenfeld, sur la Naple, le 4 fructidor. Resté sur la place, il tomba au pouvoir de l'ennemi. Revenu en France par échange dans le courant de frimaire an V, il y apprit que le Directoire, par arrêté du 8 vendémiaire précédent, l'avait nommé lieutenant en second. C'est en cette qualité qu'il rentra en campagne à l'armée de Mayence le 1er prairial an V. Passé dans la 6e compagnie de son régiment le 1er fructidor de la même année, il fit partie de l'armée d'Italie en l'an VI. Un nouvel arrêté du Directoire, du 3e jour complémentaire, l'ayant nommé capitaine d'artillerie à la direction de Grenoble, et employé en cette qualité à l'état-major général d'artillerie de l'armée d'Italie jusqu'au 5 germinal an VII, il revint en France le 16 floréal avec sa compagnie. Détaché le 1er prairial an VIII à la direction de Grenoble, retraité le 9 germinal an X, il se retira à Voreppe, et fut nommé le 12 prairial an XII membre de la Légion-d'Honneur. En mars 1815, il suivit l'Empereur de Grenoble à Paris. Il est mort dans le lieu de sa naissance le 19 juillet 1816.

DESMARTIN et non MARTIN (françois), naquit le 16 février 1773 à Saint-Sulpice-de-Mareuil (Dordogne). Volontaire au 4e régiment d'infanterie de marine (2e bataillon, 2e compagnie) le 23 septembre 1793, et embarqué à Brest sur le vaisseau *le Northumberland*, il eut les deux cuisses emportées dans le combat du 13 prairial an III, et fut admis comme capitaine honoraire à l'hôtel des Invalides le 15 vendémiaire an IV, en vertu des dispositions du décret du 6 juin 1793. Membre de la Légion-d'Honneur le 12 prairial an XII, il demanda le 6 décembre 1808 la rectification de son nom sur les contrôles du ministère, de l'hôtel des Invalides et de la grande chancellerie, et par décision du ministre de la guerre du 8 juin 1809, le nom de *Desmartin* fut substitué à celui de *Martin*, sous lequel il avait été inscrit par erreur. Il est mort à l'hôtel le 8 octobre 1823. B-G.

DUNSTELLER et non DONSTELER (jean-michel), né le 3 mai 1776 à Reichshoffen (Bas-Rhin), entra au service en qualité de tambour le 25 nivose an VII dans la 101e demi-brigade d'infanterie de ligne, et fit les campagnes des ans VII et VIII à l'armée du Rhin. A l'affaire de Schaafhusen, le 13 floréal, auprès du château de Wurtemberg, il eut le bras droit et la main gauche emportés par un boulet de canon. Incapable désormais de pouvoir continuer ses services, il fut congédié le 19 brumaire an IX, et admis comme capitaine honoraire à l'hôtel des Invalides le 2 ventose an X. Créé membre de la Légion-d'Honneur le 12 prairial an XII, il est mort à l'hôtel le 29 janvier 1820.

DUPLESSIS (joseph). *Voyez* plesis.

FONTAINE (jean-george), naquit le 23 avril 1773 à Houssigny-Godbrange (Moselle). Soldat au 1er régiment de chasseurs à cheval le 8 avril 1793, il servit jusqu'en l'an II à l'armée du Nord, et eut les deux bras emportés par un boulet de canon le 8 messidor an II à l'affaire de Fleurus. Congédié le 19 germinal an III, admis à l'hôtel des Invalides en qualité de capitaine honoraire le 1er floréal suivant, il obtint, par décret de la Convention nationale du 10 thermidor de la même année, une pension de 2,500 livres, affectée, par le décret du 6 juin 1793, aux militaires qui se trouvaient dans sa position. Mais sous l'empire d'une nouvelle législation, et conformément à l'article 5 de la loi du 6 germinal an VI, cette pension dut être provisoirement payée d'après la double solde attribuée par la loi du 11 brumaire précédent aux volontaires qui avaient perdu deux membres, et elle fut définitivement convertie en une solde de retraite de 365 francs par la loi du 28 fructidor an VII. Créé membre de la Légion-d'Honneur le 12 prairial an XII, il demanda à rentrer en jouissance de sa pension le 14 novembre 1806, quitta l'hôtel, et se retira dans l'arrondissement de Briey (Moselle), où il exerça ses droits électoraux depuis le 23 mai 1807 jusqu'au retour des Bourbons. Il est mort dans le lieu de sa naissance le 6 décembre 1827.

FOURNE, non **FORNET** ni **FOURNET** (CLAUDE), naquit le 17 novembre 1773 à Tard (Ain). Volontaire au 1er bataillon des grenadiers de Paris, devenu en l'an IV 18e demi-brigade d'infanterie de bataille, caporal le 1er août 1793, et sergent le 1er brumaire an II, il fit la guerre à l'armée des Pyrénées jusqu'à la paix avec l'Espagne. Passé en Italie au commencement de l'an IV, il se distingua à la bataille de Rivoli le 25 nivose an V. Envoyé ensuite en Helvétie, il en revint vers le milieu de l'an VI pour accompagner le général Bonaparte en Orient, et fit les campagnes de l'an VI à l'an IX en Égypte et en Syrie. Pendant le siège de Saint-Jean-d'Acre, il reçut un coup de feu qui lui fracassa deux doigts de la main droite. Sa brillante conduite pendant toute cette campagne lui mérita un sabre d'honneur, qui lui fut accordé le 17 frimaire an VIII. Admis à la retraite le 28 brumaire an IX, le premier Consul le comprit au nombre des membres de la Légion-d'Honneur nommés par l'arrêté du 12 prairial an XII. Il réside aujourd'hui dans le lieu de sa naissance.   Y.

GALE (JEAN-BENOIT), naquit le 2 juillet 1772 dans le département de l'Ain. Volontaire au 4e bataillon de l'Ain le 2 août 1792, il fut incorporé dans le 201e demi-brigade de bataille en l'an IV, après avoir fait les cinq campagnes des Alpes et des Pyrénées-Orientales. Caporal de carabiniers le 5e germinal an V, à l'armée d'Italie, pour sa belle conduite au combat de Bassano, où il avait été blessé au genou gauche, il passa dans la 45e demi-brigade de ligne le 1er brumaire an VII, fit la guerre en Italie jusqu'à la paix de l'an IX, et passa en qualité de simple grenadier dans la garde consulaire le 20 ventose an IX. Nommé légionnaire au camp de Boulogne le 12 prairial an XII, il servit en Autriche, en Prusse et en Pologne pendant les ans XIV, 1806 et 1807, devint sergent le 25 décembre 1807, passa en Espagne en 1808, et obtint sa retraite le 22 décembre 1809. Il est mort le 7 janvier 1814 à Varambon (Ain).   Y.

GARIGUE (PIERRE), né le 22 mai 1751 dans le département du Lot, entra au service le 16 juin 1770 comme soldat dans le 2e bataillon du régiment Rouergue-infanterie, devenu 58e de l'arme en 1791, 116e demi-brigade d'infanterie en l'an II, 84e de bataille en l'an IV, et partit pour la Corse, qui venait d'être cédée à la France. De retour sur le continent, il fut nommé caporal le 1er avril 1778 et sergent le 20 mai 1782, au moment de son départ pour la campagne en Espagne contre les Anglais devant Gibraltar, où il resta jusqu'en septembre 1783, époque de la signature de la paix. En 1791, il alla servir en Amérique et revint immédiatement après en France. Nommé sous-lieutenant le 26 brumaire an II et lieutenant le 29 frimaire suivant, il fit les guerres de 1792 à l'an VIII aux armées de la Moselle, de Sambre-et-Meuse, de Rhin-et-Moselle, d'Allemagne, de Mayence, d'Helvétie, du Danube et du Rhin, et fut blessé d'un coup de feu à la cuisse droite à l'affaire de Glaris le 9 vendémiaire an VIII. Resté au dépôt de son corps, et admis à la retraite le 17 vendémiaire an XI, il se retira à Saar-Louis, département de la Moselle. Membre de la Légion-d'Honneur le 12 prairial an XII, et plus tard admis avec son grade à l'hôtel des Invalides, il y mourut le 27 juillet 1817.   J-T.

GAUTHIER (JEAN-BAPTISTE), naquit en 1742 à Pommereuil, district de Cambrai (Nord). Après avoir servi de 1768 à 1776 dans le régiment des gardes françaises, où il obtint son congé par ancienneté, il s'engagea dans le 18e de cavalerie le 20 mai 1778, y devint appointé, et fit les premières campagnes de la liberté à l'armée du Rhin. Blessé à l'affaire du 12 frimaire an II d'un coup de boulet qui lui emporta une partie de la figure, il perdit totalement la vue, eut dans la même affaire la jambe gauche et le bras droit cassés, et reçut un autre coup de feu qui lui traversa la mâchoire et lui ôta la faculté de broyer les alimens. Rayé des contrôles du corps le 7 fructidor suivant, il fut proposé le 16 pluviose an III pour la récompense accordée aux défenseurs de la patrie par les articles 3 et 4 de la loi du 6 juin 1793, et admis en qualité de capitaine honoraire à l'hôtel des Invalides le 11 germinal an IV. Nommé membre de la Légion-d'Honneur le 12 prairial an XII, il mourut à l'hôtel le 3 pluviose an XIII.   B-G.

GUERIN (FIACRE-ROCH), naquit le 25 octobre 1770 à Paris (Seine). Soldat dans le régiment de Poitou-infanterie le 4 mai 1787, il entra comme volontaire dans la garde nationale de Paris le 20 mai 1790. Parti pour la frontière le 18 juillet 1792 comme caporal dans la 1re compagnie franche des chasseurs de Paris, il devint sergent le 20 décembre de la même année, sergent-major le 2 février 1793, et lieutenant le 25 mars suivant dans le 19e bataillon d'infanterie légère, successivement 19e demi-brigade légère, 6e demi-brigade même arme, et enfin 6e léger. Il fit les campagnes de 1792 et 1793 à l'armée de la Moselle, et celles de l'an III à l'an IX aux armées de l'Ouest et d'Italie. A l'assaut de la montagne Verte (armée de la Moselle), la compagnie de chasseurs dont il faisait partie obtint l'honneur de porter la grenade. Cité pour sa bravoure aux affaires du Mans, de Segré et de Melai, dans l'Ouest, et en Italie à Montebello, Marengo et au passage du Mincio, il reçut le grade de capitaine sur le champ de bataille de Marengo le 25 prairial an VIII ; il avait été blessé dans cette journée d'un coup de feu à la jambe droite. Atteint d'un second coup de feu à la même jambe le 4 nivose an IV, au passage du Mincio, il subit l'amputation de la cuisse, et fut mis à la reretraite le 14 pluviose an X. Membre de la Légion-d'Honneur le 12 prairial an XII, il demanda, en 1808, à reprendre du service, et obtint, le 2 février, le grade de chef de bataillon pour être pourvu d'un commandement de place de 4e classe. Nommé par décision du 25 avril 1809 commandant d'armes d'Orbitello, en Toscane, il força l'ennemi, qui avait effectué un débarquement dans San-Stephano le 26 mai 1809, à se rembarquer après avoir éprouvé des pertes assez considérables. Passé à Pise pour y remplir les mêmes fonctions, il y resta jusqu'à l'évacuation, et rentra en France en 1814. Commandant d'armes de la place de Granville le 31 décembre 1814, et chevalier de Saint-Louis le 17 janvier 1815, il quitta le service le 1er mars 1816, par suite de l'ordonnance du 1er août 1815, qui mettait à la retraite tous les officiers mutilés. Définitivement rayé des contrôles de l'armée active le 23 mai 1816, il se retira à Versailles, avec le brevet de lieutenant-colonel honoraire, qui lui fut accordé le 18 décembre suivant, et il y réside encore aujourd'hui.

GUIARNIC. Voy. GUILLARMIE dit GUERNICH.

GUILLARMIE (VINCENT-LOUIS), DIT GUERNICH ET NON GUIARNIC, né le 30 avril 1781 à Guingamp (Côtes-du-Nord), entra au service comme tambour le 1er pluviose an II dans le 3e bataillon de son département, incorporé au mois de prairial an IV dans la 18e demi-brigade d'infanterie de ligne, et fit les campagnes de l'an II à l'an VI aux armées de l'intérieur, d'Italie et d'Helvétie. Embarqué au mois de floréal an VI avec l'armée d'Orient, il fit la campagne de Syrie. Blessé, le 19 floréal an VII, à l'assaut de Saint-Jean-d'Acre, d'un coup de feu qui lui traversa la joue droite, et d'un autre qui lui enleva les deux yeux, il fut admis aux Invalides le 2 fructidor an VIII avec le grade de capitaine honoraire. Nommé membre de la Légion-d'Honneur le 12 prairial an XII, il prit sa retraite le 31 juillet 1806 et sortit de l'hôtel. Par décret du 29 octobre 1807, l'Empereur le désigna pour faire partie du collège électoral de Versailles, où il s'était retiré. Le 11 janvier 1813, il rentra à l'hôtel comme capitaine honoraire, et y mourut le 9 septembre 1834.
B-G.

HARDOUIN (ANTOINE-AUGUSTIN), naquit le 6 septembre 1770 à Montdidier (Somme). Réquisitionnaire le 15 avril 1793 dans le 10e régiment de chasseurs à cheval (ci-devant de Bretagne), nommé lieutenant par la Convention le 11 fructidor an II pour sa belle conduite à l'armée du Rhin, il passa en l'an III à celle des Alpes, et compris comme officier réformé dans l'organisation de l'an IV, il donna sa démission le 30 ventose de la même année, à Bassano, en Italie. Il était retiré à Montdidier lorsque le premier Consul le nomma membre de la Légion-d'Honneur le 12 prairial an XII. Il est mort dans le lieu de sa naissance le 8 octobre 1809.

HURPIN (MARTIN), naquit le 29 mai 1773 à Laval (Mayenne). Volontaire dans le 1er bataillon de la Mayenne le 11 septembre 1791, et caporal le 12 mai 1793, il fit les campagnes de 1792 à l'an V aux différentes armées de la République. Passé comme trompette dans la compagnie de gendarmerie de la Mayenne le 1er vendémiaire an VI, il fut nommé membre de la Légion-d'Honneur le 12 prairial an XII, et continua de servir dans la même compagnie jusqu'au 6 septembre 1815, époque à laquelle il rentra dans ses foyers. Rappelé au service dans la compagnie de la Sarthe le 29 mars 1818, il retourna dans celle de la Mayenne le 23 novembre 1819, et prit sa retraite le 4 mai 1825. Il est mort le 6 septembre 1836 dans le lieu de sa naissance.
Y-Z.

JARRY. Voyez tome IV, page 111.

LAFORGE. Voyez PIERRE.
LA GRENADE. Voyez PELOT.
LALITTE (NICOLAS-LOUIS), naquit le 19 mars 1758 à Villers-Cotterets (Aisne). Soldat dans le 38e régiment, (Turenne-infanterie), le 20 octobre 1775, il fut congédié le 11 juillet 1782. Élu par ses concitoyens, le 26 août 1791, capitaine au 1er bataillon de l'Aisne, incorporé en l'an II dans la 155e demi-brigade de bataille, devenue en l'an IV 21e demi-brigade de ligne, il fit les campagnes de 1792 à l'an II aux armées du Nord, et de l'an III à l'an VIII à celles de l'intérieur, du Nord, d'Italie et de Batavie. Admis à la retraite le 9 germinal an X, et nommé membre de la Légion-d'Honneur le 12 prairial an XII, il obtint son entrée à l'hôtel des Invalides, et mourut dans le lieu de sa naissance le 22 décembre 1822.
J-T.

LANGE (NOEL), né le 24 décembre 1768 à Salon (Bouches-du-Rhône), entra au service au régiment de Vexin, devenu 72e régiment d'infanterie le 6 juillet 1780. Au combat de Tirlemont, à l'armée du Nord, le 18 mars 1793, il fut blessé par un boulet de canon qui lui fracassa l'avant-bras droit. Lieutenant le 26 germinal an III, avec une pension de 600 livres, il fut d'abord placé aux Invalides d'Avignon, puis à la suite de la 74e compagnie de vétérans, à Brignolles, le 24 messidor an IV, et nommé membre de la Légion-d'Honneur le 12 prairial an XII. Réadmis plus tard à la succursale d'Avignon, il y est mort le 9 juillet 1818.

LEBRETON DES **CHAPELLES** (ALEXANDRE-LOUIS-HONORÉ), né à Versailles (Seine-et-Oise), entra au service vers l'an II comme soldat dans la 35e demi-brigade de bataille, devenue 106e en l'an IV. Il fit les campagnes de 1792 à l'an II à l'armée du Nord, et de l'an III à l'an VI à celles de Sambre-et-Meuse et de Rhin-et-Moselle. Garde du génie le 16 prairial an VII, il passa le 19 ventose an XI dans la 37e demi-brigade de ligne, avec le grade de sous-lieutenant. Retiré du service au commencement de l'an XII, il fut nommé membre de la Légion-d'Honneur le 12 prairial de la même année. Il réside aujourd'hui à Paris.

LELARGE (JEAN-FRANÇOIS-LÉONARD), naquit le 1er juin 1746 à Tracy-Bocage (Calvados). Soldat au régiment de Brie-infanterie le 19 avril 1759, il fit les campagnes de 1759 à 1762 à Minorque, et obtint son congé le 19 avril 1764. Admis dans les grenadiers royaux le même jour, il entra comme cavalier dans la maréchaussée du Calvados le 5 août 1771, y obtint le grade de brigadier le 20 décembre 1783, et fut conservé dans l'organisation de la gendarmerie nationale, 2e légion, 4e escadron, en 1791. Maréchal-des-logis le 25 février 1792, membre de la Légion-d'Honneur le 12 prairial an XII, et admis à la solde de retraite le 30 janvier 1809, il est mort le 26 juin 1820, à Balleroy (Calvados).

LION (JOSEPH-CHARLES-CÉSAR, *chevalier*), naquit le 2 janvier 1778 au Val (Var). Volontaire dans le 3e bataillon du Var le 1er juin 1792, il servit à l'armée d'Italie depuis cette époque jusqu'à l'an XI inclusivement. En octobre 1792, à l'affaire d'Oneille, il enleva un drapeau aux Piémontais, et, le 30 mars 1793, il passa dans la compagnie de canonniers de son bataillon. Amalgamé dans la 102e demi-brigade d'infanterie, il fut nommé sergent de canonniers le 29 mai 1793, et se distingua, le 12 juin suivant, à l'affaire des Mille-Fourches (Piémont), où il fut blessé d'un coup de sabre à la tête. Chargé des fonctions de garde d'artillerie le 11 thermidor an II, il obtint le grade de sous-lieutenant dans la compagnie de canonniers le 17 messidor an III, et, le 14 thermidor an IV, pendant la levée du blocus de Mantoue, il sauva une pièce de canon. Réformé par suite de la nouvelle organisation, il reprit les fonctions de garde d'artillerie le 22 fructidor suivant, et continua de servir en cette qualité à l'armée d'Italie. Le 25 brumaire an V, à la bataille d'Arcole, il sauva un caisson de munitions, et reçut un coup de feu à la jambe droite. Le général en chef lui accorda une grenade d'honneur en récompense de sa conduite à cette bataille. Le 6 prairial an VII, à l'affaire d'Asti, étant à la tête d'un détachement, il reprit un convoi de 3,000 fusils, dont les insurgés s'étaient emparés. Nommé garde principal d'artillerie le 12 germinal an XII, et employé en cette qualité à l'armée des côtes de l'Océan pendant les ans XII et XIII, il obtint la décoration de membre de la Légion-d'Honneur le 12 prairial an XII. Il fit les campagnes d'Autriche, de Prusse et de Pologne de l'an XIV à 1807 avec la grande armée, et fut nommé sous-lieutenant dans le 10e bataillon du train d'artillerie le 14 frimaire an XIV, et lieutenant en premier au même bataillon le 8 septembre 1806. Le 7 août, à Thorn, en Pologne, il retira du magasin à poudre, avec l'aide de quelques canonniers, une poutre enflammée qui avait été lancée par l'explosion d'un bâtiment chargé de munitions. Il eut, dans cette fâcheuse circonstance, 43 hommes de sa compagnie tués, mais on dut à son héroïque dévoûment de n'avoir pas de plus grands malheurs à déplorer. Attaché en 1808 à l'armée d'Espagne, il passa comme lieutenant en second dans les grenadiers à pied de la garde impériale le 29 mai 1809, et suivit son corps en Allemagne. Il fit partie, en 1810 et 1811, des troupes de la garde employées à l'armée du nord de l'Espagne. Lieutenant en premier au même régiment le 19 avril 1811, il reçut le titre de chevalier de l'Empire le 15 juin suivant. Il prit part à l'expédition de 1812 en Russie. Officier de la Légion-d'Honneur le 16 mars 1813, capitaine des grenadiers à pied (vieille garde) avec rang de chef de bataillon dans la ligne le 29 août suivant, il fit encore les campagnes de 1813 et 1814 en Allemagne et en France, et fut assez grièvement blessé d'un coup de feu qui lui traversa la cuisse gauche le 13 mars 1814, à l'affaire de Soissons. Après l'abdication de l'Empereur, et lors de la nouvelle organisation de l'armée, un ordre ministériel du 15 juin 1814 fit passer le chevalier Lion, avec son grade de chef de bataillon, dans le 58e régiment d'infanterie de ligne, devenu 54e de même arme. Il servit dans ce corps jusqu'à son licenciement, et passa, le 6 mars 1816, dans la légion de la Haute-Loire. Créé chevalier de Saint-Louis le 29 janvier 1817, et nommé lieutenant de roi de 3e classe à Wissembourg le 12 décembre 1818, il conserva ces fonctions jusqu'au 20 septembre 1828, époque de son admission à la retraite. Relevé de cette position après la révolution de Juillet, nommé lieutenant-colonel et commandant de place à Saumur le 6 août 1830, il a été de nouveau admis à la retraite le 6 février 1838. Cet officier supérieur réside aujourd'hui à Étrechy.

LIONS (JEAN-JOSEPH), naquit le 16 mars 1749 à Fayence (Var). Soldat dans le régiment d'Aquitaine-infanterie le 24 mars 1765, et congédié en 1773, il s'enrôla l'année suivante dans les dragons de Custine, et fut de nouveau congédié en 1781. Élu lieutenant par ses concitoyens le 16 septembre 1791 dans le 1er bataillon du Var, incorporé en l'an IV dans la 45e demi-brigade de bataille, et nommé capitaine le 10 février 1792, il fit les campagnes de 1792 à l'an V en Italie, et des ans VIII, IX et X aux armées de la Vendée, des Grisons et d'Helvétie. Il avait été blessé au blocus de Mantoue le 29 fructidor an IV. Admis à la retraite le 15 vendémiaire an XII, et nommé membre de la Légion-d'Honneur le 12 prairial de la même année, il se retira à Toulon, où il mourut le 16 juin 1808.

MARTIN. *Voyez* DESMARTIN (*François*).
MARTIN (FRANÇOIS), naquit le 16 août 1773 à Heuville (Meuse). Incorporé comme réquisitionnaire au 14e régiment de chasseurs à cheval le 17 pluviose an II, il servit aux armées du Nord, de Sambre-et-Meuse, de Mayence, du Danube et du

Rhin. Membre de la Légion-d'Honneur le 12 prairial an XII, et brigadier le 23 fructidor an XIII, il fit les campagnes des ans XIV, 1806 et 1807 au 4e corps et à la réserve de cavalerie de la grande armée, et obtint sa retraite le 30 mars 1808. Il est mort le 16 septembre 1826 à Euville (Meuse).

MAY (ANTOINE), naquit à Paris le 25 décembre 1776. Volontaire au 11e bataillon de fédérés le 3 août 1792, il assista le 6 novembre à la bataille de Jemmapes, et y fut blessé d'un éclat d'obus au-dessus de l'œil gauche. Il fit aux armées de Rhin-et-Moselle et de Sambre-et-Meuse les campagnes de 1793 à l'an V; il était entré en l'an IV à la légion de police. Soldat à la 26e demi-brigade, il suivit son corps en l'an VII en Italie, passa le 27 frimaire an IX dans la garde des consuls, obtint le 20 nivose les grades de caporal et de fourrier, et celui de sergent en l'an X. Membre de la Légion-d'Honneur le 12 prairial an XII, et admis le même jour dans la gendarmerie impériale, il servit en Espagne. Le 27 juillet 1810, au Carascal (Navarre), il reçut deux coups de sabre sur la tête, un autre sur le bras gauche et un coup de baïonnette à la jambe droite. Fait prisonnier de guerre le même jour, il s'évada et rentra en France le 23 février 1811. Retourné en Espagne, il y resta jusqu'en 1813. Le 1er avril 1815, il entra au 3e régiment de chasseurs de la garde, et fut licencié le 30 octobre 1815. Incorporé le 11 janvier 1816 dans le 6e régiment d'infanterie de la garde royale en qualité de sergent, il obtint le 24 janvier 1831 son congé de réforme. Il est mort à Paris le 29 octobre 1834.

MONDOLLOT (ALEXANDRE), naquit le 11 septembre 1774 à Coulommiers (Seine-et-Marne). Après avoir servi pendant une année au 8e régiment de hussards à l'armée de Rhin-et-Moselle, il passa au 1er régiment de carabiniers le 20 vendémiaire an IV, et prit part à tous les combats livrés aux armées de Rhin-et-Moselle, de Mayence, du Danube et du Rhin jusqu'à la fin de l'an IX. A la bataille de Hochstedt, le 30 prairial an VIII, il fit avec tout le régiment des prodiges de valeur et rivalisa d'intrépidité avec les grenadiers. Au passage du Danube, le 3 messidor de la même année, il reçut deux coups de sabre au front. Retraité à la suite de ces blessures le 28 brumaire an XI, il obtint la décoration de la Légion-d'Honneur le 12 prairial an XII. Il est mort à Coulommiers le 22 avril 1842.

MONNIOT (JEAN-NICOLAS), né le 7 mars 1750 à Massiau (Côte-d'Or), entra au service le 28 avril 1770 dans le 12e régiment de dragons (Bourbon). Brigadier en 1774, et maréchal-des-logis en 1784, il prit son congé absolu le 28 avril 1788. Élu capitaine dans la garde nationale en 1791, il servit dans cette milice jusqu'au 1er janvier 1792. En avril de la même année, il reprit du service comme brigadier dans son ancien régiment, et regagna son grade de maréchal-des-logis par sa bravoure pendant la campagne à l'armée du Nord. Passé dans la légion du Nord avec le grade de sous-lieutenant le 25 janvier 1793, et nommé lieutenant le 15 février suivant, il prit part aux opérations de nos armées dans l'Ouest. Capitaine lors de la formation du 13e bis des chasseurs à cheval le 5 germinal an II, capitaine breveté le 15 germinal même année, et passé dans ce grade au régiment par l'effet de l'amalgame des deux 13e chasseurs le 22 germinal an III, Monniot prit part aux opérations de nos armées du Nord, du Rhin, d'Italie, de l'an II à l'an IX. Blessé d'un coup de sabre à l'affaire de Verone le 16 germinal an VII, il eut un cheval tué sous lui. Atteint d'un second coup de sabre au bras gauche au combat du 24 prairial an VIII, près d'Acqui, il fut nommé membre de la Légion-d'Honneur le 12 prairial an XII, et passa dans les dragons de la garde de Paris le 12 juillet 1806. Cet officier étant de service au bois de Boulogne, le 1er avril 1810, jour du mariage de l'Empereur, il reçut un coup de pied de cheval dont les suites contribuèrent à sa mort, qui arriva le 14 septembre 1811.   J-T.

MONTREUIL (RENÉ-LAURENT), né le 7 août 1774 à Souligné-sous-Ballon (Sarthe), entra au service le 12 septembre 1792 au 1er bataillon de tirailleurs, faisant partie de la 8e demi-brigade d'infanterie légère, fit toutes les campagnes de la Révolution aux armées du Nord, de Sambre-et-Meuse, d'Allemagne, d'Italie et de Naples, et obtint son congé à titre d'ancienneté le 2 frimaire an XI. Il se retira à Paris, et reçut le 12 prairial an XII la décoration de la Légion-d'Honneur. Il est mort à Paris le 21 juillet 1834.

MOREL (PIERRE-HENRI), naquit le 4 novembre 1774 à Delonne (Orne). Appelé au service par la première réquisition le 21 pluviose an II, il fut incorporé dans le 19e régiment de chasseurs à cheval à l'armée d'Italie le 5 brumaire an V. Passé à la 11e compagnie d'ouvriers d'artillerie le 4 fructidor de la même année, il fit partie l'année suivante de l'expédition d'Orient, et ne rentra en France qu'à la fin de l'an IX. Il reçut la décoration de la Légion-d'Honneur le 12 prairial an XII, étant à l'armée des côtes de l'Océan, fit encore les campagnes d'Autriche, de Prusse et de Pologne, et obtint un congé de réforme le 1er juin 1811. Il réside aujourd'hui à Alençon (Orne).

MOUQUEL ou MOUQUELLE, canonnier au 2e régiment d'artillerie de marine. On ne connaît pas les services de ce militaire; on sait seulement qu'il a été décoré par le premier Consul le 12 prairial an XII. L'administration n'a point eu de ses nouvelles depuis sa nomination.

MOUTON (JEAN), né en 1769 à Mougins (Var), entra comme grenadier au 9e bataillon des volontaires nationaux du Var, devenu successivement 166e demi-brigade de bataille en l'an II, et 69e de bataille en l'an IV. Il fit les campagnes de la Révolution aux armées d'Italie et d'Orient, et fut un des 4 grenadiers dont le sang-froid et la bravoure empêchèrent les Autrichiens de s'emparer des postes avancés du camp retranché de Saint-George, au moment où l'armée française gagnait la bataille de Rivoli. Il reçut un fusil d'honneur des mains du général Bonaparte le 15 pluviose an VII, et rentra en France avec l'armée d'Orient à la fin de l'an IX. Le 12 prairial an XII, étant au camp de

Montreuil, il fut nommé légionnaire, obtint les galons de caporal le 3 thermidor an XIII, et mourut à Augsbourg le 16 brumaire an XIV, des suites des blessures qu'il avait reçues le 22 vendémiaire précédent au combat d'Elchingen. Y.

NOEL (ANTOINE), naquit le 9 septembre 1772 à Paris (Seine). Volontaire le 5 septembre 1792 dans le 5e bataillon de Paris, devenu 2e demi-brigade de bataille, et postérieurement 9e de ligne, il fut nommé sergent le 12 septembre même année, fit les campagnes de 1792 et 1793, et fut blessé d'un coup de sabre à la main gauche à l'affaire de Saint-Tron le 16 mars 1793, en défendant son drapeau. Passé avec son corps aux armées du Nord, de Hollande, d'Allemagne et d'Italie, il en suivit toutes les opérations de l'an II à l'an V. Appelé à faire partie de l'expédition d'Égypte, il obtint le grade de sergent-major le 26 thermidor an VI. Nommé sous-lieutenant le 18 floréal an VII, en récompense de sa belle conduite pendant le siège de Saint-Jean-d'Acre, qui durait depuis quarante-sept jours, il eut les deux jambes emportées par un boulet à l'assaut du lendemain. Placé dans le corps des invalides d'Égypte avec le grade de lieutenant le 14 vendémiaire an VIII, il y resta jusqu'à la capitulation d'Alexandrie en l'an IX. Retraité le 8 vendémiaire an XI, il reçut la croix de légionnaire le 12 prairial an XII. Il est mort à Paris le 30 mai 1829.

PALLIER (PIERRE-NICOLAS), né le 5 décembre 1767 à Paris (Seine), entra au service le 6 février 1790 dans la garde nationale parisienne. Sous-lieutenant au 33e régiment (ci-devant Touraine) le 1er juillet 1792, et lieutenant des grenadiers du même corps, devenu 65e, puis 68e demi-brigade de ligne le 17 septembre 1793, il fit les campagnes de la liberté aux armées du Rhin, de la Moselle et du Rhin de 1792 à l'an III, et de Rhin-et-Moselle de l'an IV au 2e jour complémentaire de l'an V; ce jour même il sortit du fort de Kehl à la tête de sa compagnie, et un biscaïen lui fracassa le bras droit. Cette blessure ne lui permit pas de continuer un service actif. Il resta en congé de convalescence au dépôt de sa demi-brigade jusqu'au 8 pluviôse an VI, et obtint d'entrer avec son grade dans la 270e compagnie de vétérans. Passé le 11 floréal de l'année suivante à la 249e, et de service en l'an VIII au Palais des consuls, il sollicita le grade de capitaine titulaire dans une des compagnies de vétérans stationnées dans la 17e division militaire. Sa demande, approuvée par le premier Consul, et qui eut pour résultat son incorporation comme capitaine de 2e classe à la 4e demi-brigade de vétérans le 1er brumaire an IX, portait en marge cette annotation du général en chef Moreau : « La conduite de la 68e demi-brigade à l'affaire de Kehl, du 2e jour complémentaire an V, fut si brillante et si digne d'éloges que les officiers qui y ont concouru et y ont été blessés ont tous les droits possibles à la bienveillance du gouvernement. Le sieur Pallier, blessé à celle du 2 frimaire, où le corps s'est encore distingué, mérite l'avancement qu'il demande; il joint à beaucoup de courage l'intelligence qui caractérise un bon officier. » Membre de la Légion-d'Honneur le 12 prairial an XII, il obtint sa retraite le 25 fructidor de l'année suivante. Il fut remis en activité le 22 mars 1811 comme capitaine-commandant le 6e bataillon de prisonniers de guerre espagnols, alors employé aux travaux des fortifications à Anvers; mais il exerçait les fonctions de commissaire de police à la résidence impériale de Saint-Cloud, et il refusa le nouvel emploi qui lui était conféré. Il est mort à Paris le 15 mai 1816.

PASCAL (ANTOINE), né le 14 juillet 1778 aux Gonaïves (île Saint-Domingue), entra à l'âge de treize ans, le 14 juillet 1792, dans le 3e bataillon de volontaires nationaux de la Drôme, devenu 69e demi-brigade de bataille (18e de ligne), fit la guerre à l'armée des Pyrénées-Orientales jusqu'à la fin de l'an III, et passa en Italie, où il resta jusqu'en l'an VI, et embarqua avec l'armée d'Orient. Caporal le 14 brumaire an VII, et sergent sur le champ de bataille le 5 vendémiaire an VIII, il reçut au siège de Saint-Jean-d'Acre un coup de feu qui lui fracassa le bras gauche et l'omoplate. A sa rentrée en France, il fut placé dans la demi-brigade des invalides de l'armée d'Orient, et y obtint une solde de retraite le 5 nivôse an X. Nommé légionnaire le 12 prairial an XII, et attaché plus tard à la maison de l'Empereur en qualité de héraut d'armes, il exerça ces fonctions jusqu'en 1813. Louis XVIII lui a donné la croix d'officier de la Légion-d'Honneur le 2 novembre 1814. Il réside en ce moment à Paris.

PAULASTRUE. *Voyez* ASTRUC.

PEILLON (PIERRE-FRANÇOIS-ALEXANDRE), né le 16 mai 1777 à Lyon (Rhône), entra au service le 11 août 1791 comme volontaire dans le 1er bataillon de Rhône-et-Loire, et devint grenadier l'année suivante. Il fit les campagnes de la République du 21 avril 1792 au 11 frimaire an II à l'armée du Rhin. Blessé le 7 brumaire an II à l'affaire de Kaiserslautern, il obtint un congé de convalescence de quatre mois, et n'ayant pas rejoint son corps à l'expiration de ce congé, on l'employa en qualité de garde-magasin au Mont-Saint-Bernard. A l'ouverture de la campagne de l'an III, il marcha comme volontaire avec la colonne de droite de l'armée des Alpes, et se distingua, le 18 floréal, en se jetant le premier au milieu d'un poste ennemi. Il tua deux hommes et en blessa plusieurs autres; mais, frappé lui-même de trois coups de baïonnette, il fut mis hors de combat. Rétabli de ses blessures, il fit partie du convoi de secours envoyé à l'armée d'Orient en l'an IX, et s'embarqua, le 1er floréal, comme officier d'état-major attaché au général Seriziat. Rentré en France pour cause de santé le 24 thermidor de la même année, et admis à jouir du traitement d'activité du grade de lieutenant jusqu'au 1er frimaire an X, il obtint alors un traitement de réforme. Nommé sous-lieutenant par arrêté du premier Consul du 6 frimaire an XI, et admis à prendre sa retraite en cette qualité, il réclama contre cette dernière disposition, et passa le 8 germinal suivant comme lieutenant dans le premier régiment d'infanterie de la garde municipale de Paris, qui venait d'être organisée. Membre de la Légion-d'Honneur le 12 prairial an XII, il fit avec son régiment la campagne du Nord de l'an XIV, et devint capitaine le 12 juillet 1806. Entré en Espagne avec nos premières troupes en 1807, il reçut à la bataille de Baylen, le 19 juillet 1808, un coup de mitraille à la hanche gauche, et tomba au pouvoir de l'ennemi devant Cadix le 28 du même mois. Conduit à bord du ponton *la Vieille-Castille*, en rade de cette ville, il y resta jusqu'au 15 mai 1810, jour où fut mis à exécution le projet formé depuis plusieurs mois par les Français d'enlever le vaisseau qui leur servait de ponton. Quand il eut coupé les câbles pour le faire échouer à la côte du Trocadero, il désarma 3 soldats de la garde espagnole; mais bientôt on vit des chaloupes canonnières anglaises s'approcher, et dans l'impossibilité de fuir, on parla de réarmer les Espagnols et de se soumettre; Peillon s'y opposa avec énergie. Ayant organisé la défense, il lança sur les chaloupes anglaises une grêle de boulets et de gueuses, et, parvenu au rivage, il fit embarquer avec lui la garde espagnole et la conduisit prisonnière de guerre à Porto-Real. Cette action, dans laquelle cet officier fut blessé d'un coup de baïonnette à la jambe droite, contribua à rendre la liberté à près de 700 hommes. Réintégré sur les contrôles de son corps, il passa, le 10 décembre 1810, dans le 92ᵉ régiment de ligne. Il faisait partie de l'armée d'Italie en 1812, lorsque ses blessures, qui s'étaient rouvertes en entrant en campagne, le forcèrent à demander sa retraite. Resté au dépôt de son corps depuis le mois de décembre 1812, et retraité le 28 octobre 1813, il se retira à Saint-Germain-en-Laye. Il est mort le 31 décembre 1827 à Lyon (Rhône).

PELOT (PIERRE), DIT **LA GRENADE**, naquit le 15 juillet 1792 à Thervay (Jura). Volontaire au 12ᵉ bataillon de la Haute-Saône le 15 août 1792, il passa dans le 93ᵉ demi-brigade de ligne le 28 pluviose an IV, après avoir fait les campagnes de 1792 et 1793 à l'armée du Rhin, et celles des ans II et III en Vendée. Incorporé le 9 messidor an V au 4ᵉ régiment d'artillerie à l'armée d'Italie, il obtint le grade de fourrier le 16 fructidor an V, et passa en l'an VI en Égypte, où il devint sergent le 23 floréal an IX. Compris comme légionnaire dans l'arrêté du 12 prairial an XII, il fit la campagne de 1809 en Allemagne, et devint conducteur ordinaire d'artillerie à la grande armée le 8 avril 1813. Il exerça encore ces fonctions pendant la campagne de 1814 en France et en 1815 à l'armée de réserve, fut mis en solde de congé à la réorganisation de l'armée le 1ᵉʳ octobre 1815, et obtint sa retraite le 9 février 1831. Il est mort dans le lieu de sa naissance le 6 février 1826.

PIERRE (FRANÇOIS), DIT **LAFORGE**, né le 21 avril 1750 à Damvillers (Meuse), s'enrôla le 1ᵉʳ février 1771 dans la compagnie lieutenante-colonelle du régiment Conti-cavalerie, et passa dans la 12ᵉ compagnie, même régiment, le 1ᵉʳ août suivant. Incorporé dans les dragons de Boufflers le 1ᵉʳ février 1779, il termina le temps de son engagement, et fut congédié le 14 du même mois. Réengagé pour huit ans le 24 août de la même année dans les chasseurs à cheval des Cévennes (ci-devant 4ᵉ régiment), devenu en 1784 10ᵉ de même arme, il passa brigadier dans la compagnie d'Elbée le 1ᵉʳ novembre 1786, et maréchal-des-logis le 1ᵉʳ juin 1787. Appelé à l'armée du Rhin lors des premières guerres de 1793 à l'an III, il fut nommé sous-lieutenant le 16 mai 1793, lieutenant le 10 germinal an II, et capitaine le 12 fructidor suivant. Réformé à l'organisation du 30 ventose an IV, après la campagne qu'il venait de faire à l'armée des Alpes, et détaché le même jour pour commander la compagnie auxiliaire, il fut envoyé en Italie comme capitaine titulaire le 15 nivose an V. De ventose an VI à prairial an IX, il suivit les mouvemens et les opérations des armées d'Angleterre, de Mayence, du Danube et du Rhin. En garnison à Stenay, le 1ᵉʳ prairial an IX, et dirigé sur Fontainebleau le 3 messidor suivant, il y reçut, le 14 thermidor an X, le brevet de chef d'escadron. Retraité le 9 frimaire an XII, il reçut le 12 prairial la croix de la Légion-d'Honneur. Il est mort le 12 septembre 1827 à Fontainebleau (Seine-et-Marne). J.-T.

PINEL ET NON **PINELLE** (GUILLAUME), né le 10 avril 1769 à Bellenaves (Allier), entra au service comme soldat le 21 octobre 1791 dans le 28ᵉ régiment d'infanterie, dont le 2ᵉ bataillon forma, en l'an II, la 56ᵉ demi-brigade de bataille, amalgamée en l'an IV dans la 85ᵉ de ligne. Il fit les campagnes de 1792 à l'an II à l'armée des Alpes, celles des ans III, IV et V en Italie, et celle de l'an VI en Corse, où il obtint un sabre d'honneur pour sa brillante conduite pendant le blocus de Corte. De l'an VII à l'an IX, il combattit en Égypte et en Syrie, et passa dans le régiment des dromadaires le 9 frimaire an VIII. Rentré en France après la capitulation d'Alexandrie, et admis comme gendarme à pied dans la compagnie de l'Allier le 29 fructidor an IX, il reçut la décoration de membre de la Légion-d'Honneur le 12 prairial an XII. Il continua de servir dans la 13ᵉ légion de gendarmerie sans aucune interruption, et obtint sa retraite le 16 décembre 1815. Il réside en ce moment à Moulins (Allier). Y-Z.

PLESIS ET NON **DUPLESSIS** (JOSEPH), né le 30 septembre 1746 à Parcé (Sarthe), entra au service en qualité de milicien dans le régiment provincial du Mans le 5 juin 1765. Sergent en 1772, il passa en 1775 dans le régiment Belzunce-dragons, et partit en 1777 pour Saint-Domingue avec la compagnie de chasseurs de ce régiment. Blessé d'un coup de feu à l'affaire de Savannah, il rentra en France à la fin de 1779, et fit la campagne de Genève en 1781. Amalgamé avec sa compagnie dans le 6ᵉ régiment de chasseurs à cheval, devenu 12ᵉ de même arme, il prit part aux opérations de l'armée de la Moselle en 1792 et 1793, et à celles de l'armée de l'Ouest de l'an II à l'an IV. Surnommé par ses camarades *le dragon de Thionville*, pour avoir sauvé d'une surprise l'armée française près de cette ville, en combattant seul contre 10 hussards prussiens à l'affaire de Pierck, il fut nommé sous-lieutenant sur le champ de bataille par le général Beurnonville le 1er mars 1793, et reçut une pension de 600 livres comme récompense nationale. Il avait eu dans cette lutte inégale un cheval tué sous lui, la jambe gauche et le bras droit cassés de deux coups de feu et avait reçu quinze coups de sabre. De ses dix adversaires, quatre avaient été tués, le cinquième blessé et les autres mis en fuite. Guéri de ses blessures, dont la gravité fut telle que deux fois il dut subir l'opération du trépan, Plessis était passé en Vendée en l'an IV, et s'y était distingué de nouveau en chargeant un fort parti de chouans à la tête d'un détachement d'hommes à pied de son régiment. Retiré en l'an VI, et mal payé sa pension de 600 livres, il réclama pour obtenir plus d'exactitude et pour la liquidation de sa solde de retraite. Le Directoire répondit à sa demande en le nommant le 1er floréal an VI lieutenant de 2e classe dans la 132e compagnie de vétérans; il y resta jusqu'en brumaire an IX, époque de sa nomination au grade de lieutenant de 1re classe dans la 3e compagnie, 2e bataillon de la 1re demi-brigade de même arme : proposé, en prairial an XII, pour l'emploi de capitaine de 2e classe, vacant dans la 8e demi-brigade de vétérans, cette demande n'eut pas de suite. Membre de la Légion-d'Honneur le 12 du même mois, et admis à la retraite le 26 février 1806, il se retira à la Ferté-Vidame (Eure-et-Loir). Il est mort le 20 mars 1818 à Versailles (Seine-et-Oise).

PONTIER (PIERRE), né le 21 février 1768 à Saint-André-de-Valborgne (Gard), partit le 8 novembre 1792 comme volontaire dans le 4e bataillon de son département, amalgamé dans la 83e demi-brigade de bataille, devenue 57e demi-brigade, puis 57e régiment de ligne. Caporal le 1er juin 1793, sergent le 1er frimaire an II, sergent-major le 10 floréal de la même année, et sous-lieutenant le 5 thermidor an III, il fit les campagnes de 1793 à l'an III à l'armée des Pyrénées-Orientales, et fut blessé d'un coup de feu au cou à Trouillas le 22 septembre 1793. Il passa successivement aux armées d'Italie, d'Angleterre, d'Helvétie, du Rhin et des côtes de l'Océan, de l'an IV à l'an XII. Le 17 ventôse an VII, à la prise de Coire, engagé le premier au milieu du feu sur un pont couvert que défendait une infanterie nombreuse, il parvint à l'autre bord après avoir eu ses habits traversés de neuf balles. Bientôt, aidé par quelques hommes de sa compagnie que son exemple entraîna, il fit 20 soldats autrichiens prisonniers. Au combat de Feldkirch, le 3 germinal de la même année, il passa le premier à la nage sous le feu de l'ennemi la rivière de l'Ill. Blessé d'un coup de lance le 3 vendémiaire an VIII à la bataille de Zurich, il le fut encore d'un coup de feu au genou droit le 15 floréal suivant à la bataille de Mœskirch. Membre de la Légion-d'Honneur le 12 prairial an XII, il partit du camp de Boulogne pour aller former une des têtes de colonne de la grande armée, prit part aux opérations des campagnes du Nord, de Prusse et de Pologne de l'an XIV à 1807, et de celle d'Autriche en 1809, devint lieutenant le 13 avril 1807, et capitaine le 20 février 1809. Prisonnier de guerre en Russie le 27 novembre 1812, veille de la bataille de la Bérésina, il rentra des prisons de l'ennemi le 1er octobre 1814, et fut incorporé dans le 53e régiment (ci-devant 57e), auquel il resta attaché jusqu'à son admission à la retraite le 2 octobre 1816. On a cessé d'avoir de ses nouvelles depuis cette époque.

RACAULT DE REUILLY (JEAN, *baron*), né en 1780 dans l'ancienne province de Picardie, perdit sa fortune à l'époque de la Révolution et se fit correcteur d'épreuves. Il occupait un emploi dans une administration publique, lorsque, au commencement de l'an X, le premier Consul lui confia une mission en Russie. Après un séjour de deux mois à Saint-Pétersbourg, il suivit le duc de Richelieu à Odessa. En Crimée, il se lia avec le naturaliste Pallas, parcourut ensuite la péninsule Taurique, et passa même le détroit de Cafa. Revenu en France, le premier Consul lui donna le 12 prairial an XII la décoration de la Légion-d'Honneur. Nommé auditeur au conseil d'État, et attaché à l'archi-trésorier de l'Empire en l'an XIII, il obtint en 1807 la sous-préfecture de Soissons, et devint en 1808 correspondant de l'Institut (classe de littérature ancienne). Un sénatus-consulte du 24 mai de cette année ayant réuni la Toscane à la France, l'Empereur le nomma à la préfecture de l'Arno, le fit maître des requêtes, puis baron. Une maladie de poitrine, occasionée par une blessure qu'il avait reçue dans un duel, le força d'aller prendre les eaux à Pise, et il mourut dans cette ville le 22 février 1810. Il a publié un *Voyage en Crimée*, une *Description du Thibet* et une *Notice sur les travaux de Brayer et de Danzé*.

RAMBURE (CLAUDE-ANDRÉ), né le 27 mai 1777 à Paris (Seine), s'engagea le 9 germinal an II dans le 5e bataillon des chasseurs francs du Nord, amalgamé dans la demi-brigade de tirailleurs, devenue 15e demi-brigade d'infanterie légère, et servit de 1793 à l'an III aux armées du Rhin et de Rhin-et-Moselle. Atteint d'un coup de feu qui lui fracassa la mâchoire inférieure, et désormais incapable d'aucun service, il obtint son admission à l'hôtel des Invalides le 22 thermidor an III avec le grade de capitaine honoraire. Nommé membre de la Légion-d'Honneur le 12 prairial an XII, il fut appelé en 1806 à remplir à l'hôtel les fonctions de sous-adjudant de la 12e division, et en 1811 celles d'adjudant de la 8e. Autorisé par décision du ministre de la guerre du 9 février 1815 à porter les marques distinctives de lieutenant titulaire, il ne put cependant être confirmé dans ce grade malgré sa bonne conduite, attendu que n'étant qu'adjudant de division, les réglemens s'y opposaient formellement. Il mourut à l'hôtel le 24 novembre 1839.

RAQUIS (BERNARD), né le 23 novembre 1766 au petit Galargues (Hérault), entra au service le 1er décembre 1792 comme grenadier dans le 2e bataillon de la Loire-Inférieure, dit 1er *bataillon de Nan-*

tes, devenu par amalgame 64e demi-brigade de bataille, puis 64e de ligne. Il fit les campagnes de 1793 et an II à l'armée des Pyrénées-Orientales, et celle de l'an III à l'armée de la Vendée. Blessé d'un coup de sabre à la tête sur les hauteurs de Saint-Elme, en sauvant 50 déserteurs des troupes espagnoles qu'il conduisait de Bellegarde à Perpignan, il fut nommé capitaine par la Convention nationale, le 1er septembre 1793, en récompense de cette conduite. Employé dans un bataillon de chasseurs des montagnes, il y resta jusqu'à la paix. Rentré dans son corps et appelé en Vendée, il sauva de la poursuite des chouans, le 8 thermidor an III, la diligence de Nantes à Rennes, dont il avait voulu conduire l'escorte. Blessé dans cette journée au flanc et à l'avant-bras gauche par deux coups de feu, il ne put désormais supporter les fatigues de la guerre, et fut réformé le 11 prairial an IV. Retraité le 8 pluviose an XI, et retiré à Paris, il reçut le 12 prairial an XII la décoration de la Légion-d'Honneur. Il est mort le 24 janvier 1819 à Nantes (Loire-Inférieure).

RAVISSOT (LOUIS), né le 6 novembre 1756 à Amigny-Rouy (Aisne), entra canonnier au 4e régiment d'artillerie le 30 juin 1785; caporal le 8 mai 1793, il passa sergent au 5e régiment à pied de l'arme le 27 germinal an VI. Il fit les campagnes des ans 1792, 1793, II et III en Corse, celles de l'an IV et de l'an V en Italie, et de l'an VI à l'an IX à l'armée d'Orient. Au siége de Bastia par les Anglais, en floréal an III, il reçut deux coups de sabre, l'un à la tête et l'autre au bras droit. Ces blessures ne lui permettant plus de faire un service actif aux armées, il fut employé au dépôt du corps à l'instruction des recrues, obtint la décoration de légionnaire le 12 prairial an XII, et prit sa retraite le 18 janvier 1815. Entré peu de temps après à l'hôtel royal des Invalides, il est mort dans cette résidence le 12 avril 1842.

REYNAUD (JEAN), né le 9 décembre 1774 à Sauveterre (Gard), entra au service dans le bataillon de l'Union le 6 septembre 1791, et fit la campagne de Cagliari en 1792 à l'armée du Midi. Il se trouva en 1793 au siége de Toulon, embarqua le 23 brumaire an III sur *la Courageuse*, et assista à deux combats. Débarqué le 30 fructidor, il fit partie des troupes de marine à dater du 30 pluviose an V. Le 1er messidor suivant, il monta le vaisseau *l'Heureux*, et se distingua le 14 thermidor an VI au combat naval d'Aboukir. *L'Heureux*, après la plus belle résistance, fut mis en si mauvais état par l'artillerie anglaise, que Nelson, qui s'en était emparé, se vit obligé de le brûler. Prisonnier de guerre à la suite de ce combat et rendu le 2 fructidor, Reynaud servit en Égypte, passa successivement fourrier, sergent, sergent-major, adjudant-sous-officier, et obtint une grenade d'honneur au siége d'Aboukir le 18 thermidor an VII. Lieutenant en 2e, et commandant un convoi d'artillerie partant du Caire pour se rendre à Alexandrie, il tomba de nouveau au pouvoir des Anglais à l'affaire de Selim le 24 floréal an IX. Rentré en France le 3 vendémiaire an X, et membre de la Légion-d'Honneur le 12 prairial an XII, il fut employé à la levée extraordinaire de marins qui eut lieu cette année, et conduisit divers détachemens. Il servit ensuite sur *l'Uranie*, débarqua le 22 avril 1807, et devint lieutenant en 1er le 31 mai 1808. Chargé ensuite de l'établissement de la comptabilité, de l'habillement et de l'armement, à la création du 30e bataillon de marins à Gênes, et, en outre, de la direction et de l'instruction d'une compagnie, il embarqua sur *le Duquesne* et *le Saint-Pierre* jusqu'au 1er décembre 1811. Promu adjudant-major et capitaine-adjudant-major, il fit la campagne de la grande armée d'Allemagne, et assista aux batailles de Lutzen, Bautzen et Leipzig, où il fut blessé à la jambe le 18 octobre 1813. Officier de la Légion-d'Honneur le 1er novembre 1814, il continua ses services à terre en demi-solde jusqu'au 22 octobre 1816. Mis définitivement en non-activité, il habite aujourd'hui Toulon (Var).

ROGER (ALEXANDRE), né le 27 juin 1768 à Paris (Seine), entra au service le 16 mai 1793 comme capitaine des canonniers au 5e bataillon de Paris, formé pour aller servir en Vendée. Appelé au mois d'août de la même année à remplir les fonctions de capitaine adjoint aux adjudans-généraux, et celles d'adjudant-général le 1er prairial an II, il les exerça jusqu'au 25 germinal an III, époque de sa suspension. Il prit dans ces différentes positions une part active aux opérations de la guerre en Vendée jusqu'à la pacification de ce pays. Réintégré dans le grade de capitaine par le Directoire exécutif le 26 ventose an IV, pour être nommé à une compagnie, il fut compris le 13 nivose an VI dans le cadre des capitaines réformés et attaché à la suite de la 13e demi-brigade d'infanterie légère. Le 19 fructidor an VII, il passa comme aide-de-camp auprès du général Coustard, et y resta jusqu'au 4 pluviose an XI, date de son admission au traitement de réforme. Nommé membre de la Légion-d'Honneur le 12 prairial an XII en récompense de ses anciens services, et comme tel électeur du 4e collège d'arrondissement de Paris, il resta sans emploi pour cause de santé jusqu'au 26 août 1809. Employé alors sur sa demande en qualité de capitaine adjoint à l'état-major de l'armée du Nord, ou armée de Brabant, rappelé le 27 février 1810 par suite de la paix avec la Hollande, et ne pouvant plus supporter les fatigues de la guerre, il fut admis à la retraite le 25 août de la même année. Attaché postérieurement aux bureaux de la grande-chancellerie de la Légion-d'Honneur, il est mort le 10 décembre 1832. J-T.

ROSTAN (LOUIS-CHARLES), naquit le 28 mars 1771 à l'île Martinique, sous la paroisse de Saint-Laurent de Lamentin. Admis le 10 septembre 1788 au bataillon auxiliaire des colonies, il embarqua sur *l'Uranie*, entra dans le régiment de la Martinique le 31 mai 1789, fit les campagnes de 1792, 1793 et an II dans les îles, et tomba au pouvoir de l'ennemi avec le général Rochambeau le 2 germinal an II. Rentré à la Guadeloupe sur parole, il fut nommé sous-lieutenant le 1er vendémiaire an III. Repris par les Anglais le 7 floréal suivant, et blessé d'un coup de biscaïen à la cuisse à l'affaire de ce jour, il obtint de nouveau sa liberté sur parole, revint en France, et débarqua à Cherbourg le 21 brumaire an VI. Employé avec son grade à la suite de la 106e demi-brigade le 16 messidor de la même année, et titulaire dans la 65e le 10 ventose an VII, il prit part aux opérations des armées d'Italie, d'Helvétie et du Rhin pendant les ans VI, VII et VIII. Le 11 vendémiaire an VIII, à la tête de 18 fusiliers, il s'était porté au secours d'un officier de son bataillon engagé à Wisbaden avec un ennemi supérieur en force; mais coupé dans sa marche et enveloppé par un parti de cavalerie, il se défendit bravement lui et les siens, et ne succomba qu'après avoir tué et blessé 2 hussards autrichiens. Atteint de plusieurs coups de sabre sur la tête et de trois coups de feu, il fut fait prisonnier et transporté à Excht, où l'ennemi en retraite l'abandonna à cause de la gravité de ses blessures. Libre pour la troisième fois, Rostan devint lieutenant le 10 ventose an IX, et continua à servir sur le Rhin jusqu'au 28 ventose an X; il avait subi l'opération du trépan, et avait eu les pieds gelés au passage du mont Saint-Gothard. Déclaré hors d'état de continuer le service, il fut retraité le 8 vendémiaire an XI, et se retira à Paris, où il reçut la croix de la Légion-d'Honneur le 12 prairial an XII. Passé comme officier au premier camp de vétérans d'Alexandrie le 11 juin 1806, et nommé chevalier de l'ordre de la Réunion en 1813, il resta dans cette résidence jusqu'en mai 1814. Il retourna à la Martinique en février 1816, et y mourut le 28 mars 1819. J-T.

SALIS (SÉBASTIEN), naquit le 22 mai 1771 à Brisson (Suisse). Admis au service de France le 25 frimaire an II comme canonnier-aspirant à la 4e compagnie du 2e bataillon de la 5e demi-brigade d'artillerie de marine, il embarqua sur *l'Unité*, et eut les deux cuisses amputées jusqu'aux hanches par suite des blessures qu'il avait reçues dans le combat du 4 germinal an IV, à bord de cette frégate. Transporté à l'hôpital de Rochefort, il y demeura jusqu'au 9 prairial an VI, époque de son admission à l'hôtel des Invalides comme capitaine honoraire, d'après les dispositions du décret du 6 juin 1793. Créé membre de la Légion-d'Honneur le 12 prairial an XII, il est mort à l'hôtel le 4 février 1826. B-G.

SAUVÉ (TOUSSAINT), né le 10 juillet 1772 à Paris (Seine), s'engagea le 17 octobre 1792 comme fusilier dans le 3e bataillon de la République (Paris), devenu par amalgame 3e bataillon de la 4e demi-brigade d'infanterie, puis 62e demi-brigade de ligne. Il fit les campagnes de 1792 et 1793 à l'armée du Nord, celles des ans II et III à l'armée de Sambre-et-Meuse, et celles de l'an IV à l'an VII en Italie. Caporal à la 1re compagnie de grenadiers du même corps le 27 floréal an VIII, il eut les deux jambes fracturées par un coup de feu au combat de Chiavari le 11 fructidor suivant. Laissé mourant sur la place et fait prisonnier, Sauvé ne reçut pas tous les soins que réclamait son état, et perdit l'usage des deux membres. Échangé en l'an IX, il obtint le 9 thermidor de la même année son entrée à l'hôtel des Invalides de Paris. Admis sur sa réclamation à jouir du bénéfice de la loi du 6 juin 1793, il fut nommé lieutenant honoraire par décision du 9 vendémiaire an X. La demande du grade de capitaine, qu'il adressa en prairial an XII, ne put avoir un résultat favorable, comme contraire à la loi; mais le 12 du même mois il reçut la décoration de la Légion-d'Honneur. Il est mort à l'hôtel le 10 juillet 1818. J-T.

SEGRETIER (LOUIS-CHARLES), naquit le 1er mars 1753 à Beaugency (Loiret). Soldat au régiment de Conti-infanterie le 1er novembre 1770, et fourrier-écrivain en 1776, il quitta son corps par congé le 1er novembre 1778. Le 22 mars 1781, il s'engagea dans les troupes provinciales de l'Orléanais (élection de Blois); libéré de son engagement le 1er mai 1787, il reprit du service le 30 septembre 1791 dans le 1er bataillon de Loir-et-Cher, devenu 57e demi-brigade de bataille par suite de l'amalgame du 1er messidor an IV. Élu capitaine le jour de son entrée au corps, il fit les campagnes de 1792 et 1793 aux armées du Nord et des Alpes, celles des ans II, III, IV et V en Italie, VI aux armées d'Angleterre et d'Helvétie, VII, VIII et IX à celles du Rhin et de l'Ouest. A la dernière bataille de Rivoli, le 27 nivose an V, à la tête d'un détachement de sa demi-brigade, surnommée *la Terrible*, il s'empara de 2 drapeaux appartenant au régiment autrichien de Klebech. Blessé d'un coup de feu à l'épaule droite à la bataille de Mœskirch, le 15 floréal an VIII, il lui devint impossible de continuer son service. Admis à la retraite le 9 germinal an XI, il se retira à Mer (Loir-et-Cher). Nommé membre de la Légion-d'Honneur le 12 prairial an XII, il est mort à Mer au mois de janvier 1811.

SEINPEE (DOMINIQUE), ET NON SIMPÈS NI SIMPRES, né le 17 juillet 1766 à Dax (Landes), entra au service le 17 mars 1785 dans le régiment de Languedoc-infanterie, devenu 67e en 1791, et 34e demi-brigade de ligne en l'an IV. Caporal le 17 mai 1789, sergent le 25 vendémiaire an II, sergent-major le 1er germinal an VI, il servit pendant les guerres de 1792 à l'an V aux différentes armées de la République. Passé comme gendarme à cheval dans la compagnie de la Mayenne le 1er vendémiaire an VI, et créé membre de la Légion-d'Honneur le 12 prairial an XII, il fut détaché à la légion de gendarmerie d'élite le 11 brumaire an XIV. Plus tard il prit sa retraite et se retira à Saint-Vincent-de-Xaintes (Landes), où il réside encore aujourd'hui. Y-Z.

SERRES (JEAN), naquit en 1771 à Grandjon (Puy-de-Dôme). Réquisitionnaire dans la 102e demi-brigade d'infanterie de bataille le 1er prairial an II, il fut placé dans les grenadiers le 6 germinal an III, et incorporé l'année suivante dans la 69e demi-brigade de bataille, après avoir fait les quatre premières campagnes de l'armée d'Italie. Au combat de Huitz, le 1er germinal an V, il reçut un coup de feu au talon; l'année suivante, il passa en

Égypte, et fut blessé d'un coup de feu à la cuisse gauche à la bataille d'Aboukir; il reçut une seconde blessure au combat livré devant Alexandrie. A son retour en France, il entra dans la 5e demi-brigade de vétérans le 15 germinal an XI, et obtint la croix de légionnaire le 12 prairial an XII. Il se retira bientôt après dans son pays natal avec une solde de retraite. On a cessé d'avoir des nouvelles de ce militaire depuis cette époque.

SIMPES ET **SIMPRES**. *Voyez* SEINPÉE.
SOURRIER. *Voyez* CHORIER.

TÉTART (JACQUES-FRANÇOIS), né le 12 janvier 1763 à Petit-Chemin (Somme), entra au service le 17 mars 1784 comme soldat dans Penthièvre-dragon, devenu 8e de l'arme en 1791. Brigadier le 7 mai 1793, maréchal-des-logis le 15 floréal an II, maréchal-des-logis-chef le 10 floréal an III, et sous-lieutenant le 1er frimaire an V, il fit les campagnes de la liberté en 1792 et 1793 à l'armée du Rhin, celle des ans II et III aux armées de la Moselle et du Rhin, IV et V aux Alpes et en Italie, VI et VII dans l'Ouest, à Mayence et à l'armée du Danube, et VIII en Italie, à la première armée de réserve. Blessé à la bataille de Marengo, dans la belle charge fournie par son régiment contre 6 bataillons de grenadiers autrichiens qui rendirent les armes, il eut un cheval tué sous lui. Appelé à l'armée de Naples en l'an X, élevé au grade de lieutenant le 1er messidor de la même année, le premier Consul lui donna la croix de la Légion-d'Honneur le 12 prairial an XII. Estropié pour le reste de ses jours par un coup de feu à la cuisse droite, qu'il reçut à la bataille d'Austerlitz, où il se distingua d'une manière particulière, il fut admis à la retraite le 4 novembre 1806. Retiré à Vron (Somme), il y mourut le 28 septembre 1815. J-T.

THION (LOUIS), né le 18 janvier 1763 à Pesme (Jura), entra au service le 20 juin 1779 dans le régiment de Touraine-infanterie, et fit les guerres d'Amérique de 1779 à 1782. Au siége de Brumthumhill (île Saint-Christophe), un boulet lui fracassa le bras droit dans l'instant où il portait à la tranchée une bombe chargée. Ce brave emprunta le couteau de son camarade pour achever l'entière séparation de son bras, et passant sur l'épaule gauche le bois qui lui servait à porter la bombe, il parvint jusqu'à la batterie et remplit la mission dont il était chargé. Admis à l'hôtel des Invalides le 3 juillet 1783, il obtint le grade de sergent-major au mois de janvier 1784 et celui de lieutenant le 15 juin 1785 à la 32e compagnie d'invalides. Passé à la 61e compagnie de vétérans le 17 mars 1787 à l'île Sainte-Marguerite, il rentra à l'hôtel le 25 août 1788, et fut nommé dans son grade à la 1re compagnie de sous-officiers invalides le 24 janvier 1790. De nouveau détaché dans les compagnies de vétérans, il passa à la 86e, alors en garnison à Caen, le 17 septembre 1793, à la 230e à Dax le 18 pluviose an VII, puis enfin à la 11e compagnie de canonniers à Bayeux le 10 messidor de la même année. Membre de la Légion-d'Honneur le 12 prairial an XII, il continua le service pénible des côtes jusqu'au 2 juillet 1806, époque de son admission à la retraite. Resté à Bayeux (Calvados), séjour de sa dernière garnison, il mourut dans cette ville le 21 mai 1834.

VATOT (JOSEPH-ANTOINE), ET NON **VALOT**, naquit le 27 octobre 1769 à Remiremont (Vosges). Soldat dans le régiment d'Auvergne le 6 avril 1785, caporal en avril 1787, il obtint son congé par remplacement le 6 avril 1791. Élu adjudant-sous-officier le 27 août suivant dans le 2e bataillon de son département, devenu par incorporation 94e demi-brigade de ligne, puis 94e régiment de même arme, il passa adjudant-sous-lieutenant le 9 novembre 1791, et adjudant-major avec rang de capitaine le 6 juillet 1792. Il servit dans ce dernier grade, pendant les campagnes de 1792 à l'an IV, aux armées du Rhin, du Nord, de l'Ouest, des côtes de Cherbourg et de l'Océan. En l'an V, il fit partie de l'expédition d'Irlande à bord du vaisseau *la Constitution*, et de l'an VI à l'an XIII il prit part aux opérations des armées d'Angleterre, d'Helvétie, du Danube, du Rhin et de Hanovre. Dans la nuit du 2 au 3 vendémiaire an VIII, au passage de la Lintz, cet officier, à la tête d'une avant-garde de 300 hommes, culbuta un camp autrichien fort de 3,000 hommes, fit 500 prisonniers et prit 2 pièces de canon, un drapeau et un colonel. Le lendemain, le général Masséna lui adressa une lettre de félicitation sur sa belle conduite. Nommé capitaine de 1re classe le 1er messidor an X, et membre de la Légion-d'Honneur le 12 prairial an XII, il fut détaché de son corps le 1er vendémiaire an XIV, et envoyé en recrutement à Carcassonne. Ces fonctions l'ayant retenu loin de son régiment au-delà des limites accordées par le décret du 31 juillet 1806, il fut remplacé le 21 novembre de la même année. Promu chef de bataillon au 75e régiment de ligne le 28 octobre 1808, il passa avec son corps en Espagne, et y fit toutes les guerres jusqu'au 18 juin 1813. Blessé d'un coup de feu au bas-ventre à l'affaire de Talavera de la Reina, il resta malgré sa blessure à la tête de son bataillon; mais assailli par plusieurs cavaliers ennemis, il eut son cheval tué sous lui, et fut laissé pour mort sur le champ de bataille. Le 18 juin 1813, apprenant qu'un officier de son bataillon venait d'être pris aux portes de Madrid par quelques insurgés, il monte à cheval accompagné de son adjudant-major et d'un domestique armé, atteint et charge 7 des insurgés à une lieue et demie des portes de la ville. Le premier coup de feu tua son domestique et le second lui traversa la main droite de deux balles. Resté sans défense, il tomba au pouvoir des insurgés qui l'emmenèrent; mais à l'approche de cavaliers français ils le sabrèrent et le laissèrent pour mort. Estropié de la main droite, il revint en France jouir de la pension de retraite qui lui fut accordée le 14 août 1813. Il est mort dans le lieu de sa naissance le 14 juillet 1830.

VERGNE (MARTIN), canonnier au 2e régiment d'artillerie de marine, obtint en récompense de ses services la décoration de la Légion-d'Honneur le

12 prairial an XII. Il est mort le 29 avril 1811, appartenant encore à son régiment.

VER-HUELL (CHARLES-HENRI), naquit à Doetichem (Pays-Bas), le 11 février 1764. Cadet dans un régiment d'infanterie en 1775, il demanda, en 1778, à entrer dans le service de mer, et fut admis l'année suivante en qualité de garde de la marine. Il fit sa première campagne sur la frégate *l'Argo*, et se trouva au combat que l'amiral comte de Bylandt livra à la division anglaise commandée par le commodore Fielding. Sous-lieutenant de la marine en 1781, il assista, à bord du même navire, au combat de Doggers-Banck (5 août 1781), fut blessé dans cette action par une explosion de gargousses, et obtint le grade de lieutenant de vaisseau en récompense de sa belle conduite. De 1782 à 1785, il navigua dans la Méditerranée, sur les côtes d'Afrique et dans les mers du Nord. Vers la fin de la campagne de 1785, se trouvant dans le Zuiderzée, il ajouta à sa réputation par un beau trait d'intrépidité. L'équipage d'un vaisseau s'était soulevé en masse et avait mis ses officiers aux fers; le lieutenant Ver-Huell, chargé d'aller apaiser cette révolte, se jeta dans une embarcation à la tête de 80 hommes, s'approcha par surprise, s'élança le premier sur le pont, et, après avoir terrassé plusieurs matelots, il se rendit maître du bâtiment. Promu au grade de major, premier lieutenant de vaisseau, il servit jusqu'en 1789 dans la mer Baltique, la mer du Nord et la Méditerranée. Capitaine de frégate en 1791, il commanda une corvette destinée pour les Indes-Occidentales. Nommé en l'an III premier adjudant de l'amiral Kinsbergen, il organisa un corps de matelots armés, et fut élevé l'année suivante au grade de capitaine de vaisseau. Lors du renversement du stathoudérat, il se retira du service avec la presque totalité des officiers du corps de la marine, et, en l'an XI, il rentra, à la sollicitation du gouvernement hollandais, dans la marine avec le grade de contre-amiral.

Lors du fameux projet de descente en Angleterre, la Hollande dut fournir son contingent naval. Chargé par Napoléon du commandement de la flotille qui se rendit à Boulogne, l'amiral Ver-Huell livra à l'amiral anglais Keith, sous le cap Grinez, un combat qui excita l'enthousiasme de toute l'armée, et lui mérita des témoignages de satisfaction de la part de Napoléon. Vice-amiral et membre de la Légion-d'Honneur le 12 prairial an XII, le gouvernement hollandais l'appela au ministère de la marine; mais il refusa d'accepter le portefeuille avant d'avoir réuni sa flotille à celle des Français. Un décret impérial confia à l'amiral Ver-Huell le commandement en chef de l'aile droite de l'armée navale chargée d'opérer contre les côtes d'Angleterre; après le désarmement de la flotille rassemblée dans les ports de la Manche, il alla prendre possession du ministère de la marine en Hollande.

Ce fut lui qui, le 5 juin 1806, demanda, en qualité de président de la députation hollandaise, le prince Louis-Napoléon pour roi de Hollande, et il reçut à cette occasion le grand-aigle de la Légion-d'Honneur. Le nouveau roi le nomma maréchal, grand'croix de l'ordre de l'Union, et bientôt après ambassadeur à Paris. En 1809, lors de la descente des Anglais dans l'île Walcheren, l'amiral Ver-Huell fut chargé de prendre toutes les précautions de sûreté que commandait cet événement. Il arbora son pavillon sur le vaisseau amiral *le Royal-Hollandais*, et protégea efficacement les côtes de la Hollande. En récompense de ce service, Louis-Napoléon le créa comte de Sevenaer.

En 1810, lors de la réunion de la Hollande à la France, il fut nommé président de la junte instituée à cette occasion, et l'Empereur le maintint dans son grade de vice-amiral de la marine française. A partir de cette époque, il appartint irrévocablement à la France. Appelé au commandement général des forces navales de l'Empire sur les côtes de la mer du Nord et de la Baltique, depuis l'Ems jusqu'à Dantzig, il déploya dans ces fonctions importantes une activité remarquable; on lui doit l'établissement des chantiers de construction dans les ports de Brême, de Hambourg et de Lubeck. Le 1er mars 1811, l'Empereur lui accorda une pension de 15,000 francs sur les fonds de la Légion-d'Honneur, et le nomma comte avec une dotation de 10,000 francs. Grand-officier de l'Empire au commencement de 1812, il prit le commandement de l'armée navale du Helder et du Texel et des forces réunies dans le Zuiderzée.

Quand l'insurrection éclata en Hollande vers la fin de 1813, l'amiral Ver-Huell sut concilier ses devoirs envers son ancienne patrie et sa patrie adoptive. Il fit entrer la flotte placée sous ses ordres dans le port de Nieuste-Diep; puis il s'enferma avec les équipages français et toute la garnison du Helder dans le fort de la Salle. En même temps, il occupa le fort Morland; il se maintint dans cette position pendant tout l'hiver de 1813 à 1814. Ce ne fut qu'après l'abdication de l'Empereur, qu'il consentit à remettre la place du Helder et les autres forts au général Jonge, qui les assiégeait : il partit alors pour Paris. Louis XVIII le maintint dans son grade et ses titres, le nomma chevalier de l'ordre du Mérite militaire, et lui accorda des lettres de grande naturalisation. L'amiral Ver-Huell fixa définitivement son séjour dans le pays à la gloire et aux intérêts duquel il s'était voué depuis si longtemps.

En 1815, le gouvernement provisoire mit deux frégates du port de Rochefort à la disposition de l'Empereur pour le transporter aux Etats-Unis; l'on sait que les escadres anglaises bloquaient ce port et attendaient sa sortie. Napoléon demanda l'amiral Ver-Huell pour commander ces deux bâtimens. La question fut agitée à la Chambre des Pairs, et le ministre de la marine, Decrès, déclara que le grade de l'amiral Ver-Huell lui paraissait trop élevé pour le charger du commandement de deux simples frégates. L'amiral Ver-Huell, alors absent de Paris, n'apprit que plus tard ce qui s'était passé. Ses regrets témoignèrent qu'il savait apprécier autrement que le ministre un choix si glorieux. Quant à Napoléon, voici ce qu'il écrivit sur le rocher de Sainte-Hélène : « Si cette mission ava-

été confiée à Ver-Huel, ainsi qu'on me l'avait promis, *il est probable qu'il eût passé.* »

Admis à la retraite en 1816, il fut élevé à la dignité de pair de France le 5 mars 1819; il habite aujourd'hui Paris.

VIGNE (MARTIN), canonnier au 2e régiment d'artillerie de marine. Le premier Consul le comprit parmi les légionnaires de la promotion du 12 prairial an XII : il était mort en activité de service le 19 ventose de la même année.

VOUTERS (CONSTANTIN-JOSEPH), né le 24 mars 1766 à la Bassée (Nord), s'enrôla dans le 1er bataillon du Pas-de-Calais le 25 septembre 1791, y fut nommé sergent le 1er octobre, et fit à l'armée du Nord les campagnes de 1792, 1793 et an II. Présent à l'affaire du camp de Giveld, entre Furnes et Dunkerque, il prit une part active à la défense de cette ville et aux différentes sorties de la garnison pendant le siége. Il se distingua au siége d'Ypres, à l'affaire de Rousselaer, et reçut sept coups de sabre et un coup de feu à l'affaire de Château-l'Abbaye le 7 septembre 1792, où il resta pour mort sur le champ de bataille, fut fait prisonnier de guerre et conduit à Bruxelles. Délivré le 19 novembre de la même année par nos troupes qui s'emparèrent de cette ville, Vouters revint à Lille, où était le dépôt de son bataillon. Le 11 avril 1793, il entra comme lieutenant dans l'une des 2 compagnies de troupes légères qui s'y formaient, et prit part aux opérations de la campagne du Nord. Passé le 15 frimaire an II avec son grade dans les flanqueurs d'Hannon, amalgamés dans le 5e bataillon des chasseurs francs, depuis 15e demi-brigade légère, il eut la jambe gauche emportée par un boulet de canon à la fausse attaque du 6 messidor de la même année sur la ville de Gand. Réformé le 7 nivose an III avec une pension de 1,200 francs, il commanda les dépôts de conscrits, de prisonniers de guerre et de déserteurs étrangers établis à la citadelle de Lille, depuis le 13 pluviose an VIII jusqu'au 9 germinal an IX, époque de la dissolution de ce dépôt. Passé au camp de vétérans de Juliers à sa formation le 26 prairial an XI, nommé membre de la Légion-d'Honneur le 12 prairial an XII, il resta au camp de vétérans jusqu'à sa dissolution le 24 janvier 1815, et fut admis à la retraite le 20 avril suivant. Il est mort à Lille (Nord), le 21 mars 1838.

VUILLAUME (CLAUDE-AUGUSTIN), né le 10 juillet 1771 à Bouverans (Doubs), entra comme fusilier au 1er bataillon de la Drôme le 12 mars 1793, y devint caporal, et fit les campagnes de 1793 et de l'an II à l'armée du Rhin. Grièvement blessé à l'affaire de Klimsbach, le 4 nivose an II, il fut rayé des contrôles du corps le 16 floréal, et admis à l'hôtel royal des Invalides le 16 thermidor suivant en qualité de lieutenant honoraire, en vertu des dispositions du décret de la Convention nationale du 6 juin 1793. Créé membre de la Légion-d'Honneur le 12 prairial an XII, et nommé lieutenant titulaire le 5 avril 1813, il fait encore partie aujourd'hui de l'hôtel royal des Invalides. B-G.

FIN DE LA NOMINATION DU 12 PRAIRIAL AN XII.

NOMINATION DU 25 PRAIRIAL

AN XII.

ABADIE (JACQUES-FRANÇOIS-EMMANUEL), né le 25 juillet 1764 à Ille (Pyrénées-Orientales), entra au service le 4 janvier 1792 comme sous-lieutenant dans le 1er bataillon des Pyrénées-Orientales, embrigadé dans la 169e demi-brigade d'infanterie le 22 prairial an II. Lieutenant le 20 février 1793, et capitaine le 22 vendémiaire an II, il passa par incorporation avec le même grade dans la 24e demi-brigade d'infanterie légère le 13 floréal an V. Il fit avec distinction les campagnes de 1792 à l'an IV aux armées des Alpes et du Rhin, de la Moselle et de Rhin-et-Moselle, de l'an V à l'an VII aux armées du Nord, de Sambre-et-Meuse, d'Angleterre et de l'Ouest, et des ans VIII et IX à la première armée de réserve en Italie. Il assista aux batailles de Montebello, de Marengo, et au passage du Mincio. A Marengo, il resta à la tête de sa compagnie pendant tout le jour, quoique blessé la veille devant Alexandrie. Appelé en l'an X au corps d'observation de la Gironde, et en l'an XII au camp de Boulogne, il fit naufrage à la hauteur de Dieppe le 8 ventose de cette année, étant à bord de la canonnière n° 263, qui périt en mer. Assez heureux pour gagner la terre, il arriva à Boulogne le 26. Membre de la Légion-d'Honneur le 25 prairial suivant, et plus tard du collége électoral de Perpignan, il resta au camp de Saint-Omer jusqu'à la fin de l'an XIII, et suivit la grande armée pendant les campagnes de l'an XIV à 1807 en Autriche, en Prusse et en Pologne. Il se trouva à Austerlitz, à Iéna, à Eylau et au passage du pont de Bergfried. A la défense de la Passarge contre les Russes, le 5 juin 1807, il reçut un coup de feu à la mâchoire inférieure. Admis à la retraite par suite de cette blessure, le 27 juin 1809, il se retira à Perpignan, où il est mort le 17 février 1844. J-T.

ABADY (JEAN-BAPTISTE), naquit en 1777 dans le département des Hautes-Pyrénées. Volontaire le 22 juillet 1791 dans le 3e bataillon des Hautes-Pyrénées, il passa dans la 46e demi-brigade d'infanterie de ligne, devenue 46ᵉ régiment de même arme en l'an XII. De 1792 à l'an IX, il servit aux armées du Nord, de l'Ouest, de Mayence, du Danube et du Rhin, et se fit remarquer à la prise de Zurich le 2 vendémiaire an VIII, à la bataille d'Engen le 13 floréal, au passage du Danube, et à la bataille d'Hochstedt le 3 messidor de la même année. Nommé membre de la Légion-d'Honneur le 25 prairial an XII, au camp de Saint-Omer, il fit les campagnes d'Autriche et de Prusse de l'an XIV à 1807 avec le 4ᵉ corps de la grande armée, et fut tué au combat d'Eylau le 7 février 1807. V.

ABAUMONT. *Voyez* D'ABAUMONT, tome II, page 103.

ABBE, général de division. *Voyez* tome III, page 51.

ABDALLA D'ASBONNE, né le 21 février 1776 à Bethléem en Syrie, entra au service de France comme guide-interprète à l'état-major général de l'armée d'Orient le 15 thermidor an VI, et fit en cette qualité les campagnes des ans VI et VII en Égypte et en Syrie. Il donna des preuves de courage à Héliopolis, où il reçut un coup de feu qui lui traversa le bas-ventre et eut un cheval tué sous lui. Passé dans les janissaires syriens le 4 germinal an VIII, il continua de servir à l'armée d'Orient jusqu'à l'époque de l'évacuation de l'Égypte et rentra en France avec cette armée au mois de brumaire an X. Sous-lieutenant à la compagnie des mamelucks de la garde des consuls le 25 germinal suivant, et maintenu dans son emploi à l'organisation de la garde impériale, il fut nommé membre de la Légion-d'Honneur le 25 prairial an XII, et servit à l'armée des côtes de l'Océan durant les ans XII et XIII. Il combattit vaillamment pendant les guerres d'Autriche, de Prusse et de Pologne de l'an XIV à 1807, se distingua à Austerlitz, et obtint en récompense de sa belle conduite le grade de lieutenant en premier le 27 frimaire an XIV. Le 25 décembre 1806, à Golymin, où il fit des prodiges de valeur, il reçut sept coups de sabre et eut un cheval tué sous lui. A Eylau, il eut encore un cheval tué sous lui et se cassa le bras dans la chute qu'il fit. De 1808 à 1811, il prit part aux guerres d'Espagne, et passa capitaine-instructeur chef d'escadron le 17 février de cette dernière année.

Rappelé à la grande armée, il se trouva à l'expédition de Russie en 1812 et à la campagne de Saxe en 1813. Le 27 août 1813, à Dresde, il reçut une forte contusion du boulet qui tua le cheval qu'il montait. Le 28 septembre, à Altembourg, il fut blessé d'un coup de lance à la poitrine, en sauvant la vie du colonel Kirmann (*voyez* ce nom, tome II, page 43), et reçut un autre coup de lance à Weymar le 22 octobre suivant. A la bataille de Hanau, le 30 du même mois, il eut encore un cheval tué sous lui et reçut un coup de feu au bas-ventre. Il soutint sa réputation de bravoure pendant la campagne de France, et eut un sixième cheval tué sous lui le 25 mars 1814, à Brienne, étant alors en partisan. Après l'abdication de l'Empereur, il entra, le 5 août, dans le corps royal des chevau-légers-lanciers de France, et obtint la croix de chevalier de Saint-Louis le 17 mars 1815. Il fit la campagne des Cent-Jours à l'armée du Nord, suivit l'armée sur la Loire après les désastres de Mont-Saint-Jean, et fut licencié le 25 décembre de la même année. Mis en non-activité, il demeura dans cette position jusqu'au 2 août 1828, époque de son admission à la retraite. En 1830, il partit comme interprète avec l'armée expéditionnaire d'Afrique, et devint officier d'ordonnance du lieutenant-général Boyer, commandant la division d'Oran, le 19 septembre 1831. Depuis lors, il fit les campagnes de 1831 à 1835 en Afrique, et reçut la décoration d'officier de la Légion-d'Honneur le 9 août 1832. Mis à la solde de congé le 2 juillet 1833, et appelé au commandement de la place d'Arzew le 13 septembre suivant, il exerça ces fonctions jusqu'au 27 août 1835, époque à laquelle on l'admit à faire valoir ses droits à la retraite, qui lui a été accordée par ordonnance royale du 24 septembre 1836. Ce brave officier réside aujourd'hui à Melun (Seine-et-Marne). J-T.

ABERJOUX (JEAN-MARIE), né le 10 janvier 1767 à Saint-Amour (Jura), entra au service le 14 août 1791 comme sous-lieutenant dans le 6ᵉ bataillon de son département, amalgamé dans la 72ᵉ demi-brigade de bataille, devenue 30ᵉ demi-brigade de ligne. Lieutenant le 17 vendémiaire an IV, et capitaine le 1ᵉʳ messidor de l'an VII, il fit les campagnes de 1792 à l'an XIII aux armées du Rhin, du Nord, de Sambre-et-Meuse, d'Italie et des côtes de l'Océan, et se distingua au siége de Maëstricht. Membre de la Légion-d'Honneur le 25 prairial an XII, il quitta le camp de Bruges en l'an XIV, et fit partie de la grande armée à Austerlitz, en Prusse et en Pologne jusqu'à 1807. Chef de bataillon au 25ᵉ régiment de ligne le 4 mars 1807 et gratifié par l'Empereur le 19 mars 1808 d'une dotation de 2,000 francs en Westphalie, il suivit la grande armée en Allemagne en 1809, et fut élevé au grade de major le 3 août 1811. Passé le 23 du même mois au commandement des troupes à bord de l'escadre de l'Escaut, et nommé commandant de la 3ᵉ demi-brigade provisoire à l'armée de Russie en 1812, il tomba au pouvoir de l'ennemi pendant cette campagne. Il ne rentra en France qu'après la paix de 1814. Mis en demi-solde le 21 octobre de la même année, et rappelé à l'activité pendant les Cent-Jours, il prit sa retraite en 1818. Il est mort le 30 janvier 1834 à Saint-Amour (Jura).

ABERT. *V.* HABERT.

ABICOT (ÉTIENNE-FRANÇOIS), né le 11 septembre 1768 à Aubigny (Cher), fit partie de la garde nationale de son département depuis sa formation en 1789 : il devint sergent le 11 février 1790, et sous-lieutenant de grenadiers le 14 mai suivant. Volontaire dans le 1ᵉʳ bataillon du Cher le 12 octobre 1791, sergent-major le même jour, et sous-lieutenant le 17 mars 1792, il servit en 1792 à l'armée des Ardennes. Passé sous-lieutenant dans le 12ᵉ régiment de dragons (ci-devant Bourbon) le 25 février 1793, et promu lieutenant le 11 octobre de la même année, il prit part aux opérations de nos armées dans le Nord de 1793 à l'an II. Adjoint aux adjudans-généraux le 1er prairial an II, il servit aux armées du Nord, de Sambre-et-Meuse et de Rhin-et-Moselle jusqu'en l'an v, et se distingua à la reprise des places de Landrecies, du Quesnoy et de Valenciennes, ainsi qu'aux affaires de la Chartreuse, de la Roër, de Sprimont et d'Esneux, où il reçut un coup de feu à la jambe gauche en montant à l'assaut d'une redoute. Il fut encore cité pour sa bravoure aux siéges de Luxembourg, de Mayence, de Manheim, au passage du Rhin, pendant la marche de l'armée du Rhin en Allemagne et sa retraite, et enfin à la défense du fort de Kehl, où il reçut deux blessures. Capitaine le 14 vendémiaire an v, et employé avec son grade comme adjoint à l'état-major de la 4e division militaire (Nanci) le 1er nivose an VI, il resta dans cette position jusqu'au 17 pluviose an VII, époque de sa promotion au grade de chef d'escadron pour remplir les fonctions d'adjudant-général. Employé en cette qualité à l'état-major de la même division, il fut envoyé au mois de germinal de la même année dans le département des Vosges pour y organiser les levées et y exercer un commandement supérieur. Le gouvernement le rappela, le 1er germinal an VIII, à l'état-major de l'armée du Rhin. Il passa à la paix à celui de la 3e division militaire. Entré, le 19 vendémiaire an X, comme chef d'escadron dans le 9e régiment de hussards, il fit partie avec ce régiment de l'armée des côtes de l'Océan pendant les ans XII et XIII, devint membre de la Légion-d'Honneur le 25 prairial an XII, et fit la campagne de vendémiaire an XIV. Frappé, le 16 de ce mois, à Wertingen, d'un boulet qui lui enleva une partie de la cuisse, il mourut le 24, à Donnawerth, des suites de cette blessure. J-T.

ABOVILLE, sénateur. *Voyez* t. II, p. 223.
ABOVILLE, pair de France. *Voyez* t. IV, p. 209.
ABRIAL, sénateur. *V.* t. II, p. 224.
ADAM (JEAN-LOUIS), naquit le 3 janvier 1767 à Lunéville (Meurthe). Soldat le 23 janvier 1785 dans le 10e régiment de chasseurs à cheval, il passa dans la garde constitutionnelle du roi le 3 janvier 1792, fut licencié avec cette garde le 22 juin de la même année, et s'engagea le 7 septembre suivant dans la légion des Francs de Mayence, incorporée en l'an II dans le 16e régiment de dragons. Il fit les campagnes de 1793 à l'an v aux armées du Rhin, de la Vendée et de Sambre-et-Meuse, et celles de l'an VI à l'an XIII aux armées de Batavie, de Zélande, du Rhin, des côtes de la Manche et du Calvados. Détaché le 24 prairial an III auprès du général Aubert-Dubayet, à l'armée des côtes de Cherbourg, il rentra à son régiment le 12 pluviose an IV, devint sous-lieutenant le 20 du même mois, et lieutenant le 18 ventose suivant. Membre de la Légion-d'Honneur le 25 prairial an XII, il quitta l'armée des côtes à la fin de l'an XIII, et alla avec son régiment former une des têtes de colonnes de la grande armée en l'an XIV, se distingua à la bataille d'Austerlitz, et fit les guerres de 1806 et 1807 en Prusse et en Pologne. Capitaine à l'élection le 11 août 1808, il fit encore la campagne de 1809 en Allemagne, et obtint sa retraite le 11 septembre de la même année. Il est mort le 16 août 1830 à Bruyères (Vosges). J-T.

ADET (PIERRE-AUGUSTE), naquit à Nevers (Nièvre), le 18 mai 1763. Élève d'artillerie, il abandonna de bonne heure la carrière des armes pour se livrer à l'étude des sciences. Les connaissances spéciales qu'il acquit le firent appeler à la direction de l'administration des colonies et au conseil des mines. Le 25 avril 1793, il devint l'un des six adjoints au ministre de la marine d'Albarade. En l'an III, le Comité de salut public l'envoya à Genève. Dans les discours qu'il prononça au conseil administratif de cette république, il promit de la part de la Convention le maintien de son indépendance. Nommé au commencement de l'an IV représentant de la République aux États-Unis d'Amérique, il présenta au congrès, au mois de pluviose, au nom de la nation française, un drapeau tricolore ; le congrès le reçut comme le gage d'une amitié fidèle, et ordonna de le déposer dans les archives. Rappelé en France le 12 ventose suivant, il conserva cependant ses fonctions, le Directoire ne trouvant point de sujet pour le remplacer. Le 7 brumaire an V, il remit au secrétaire des États-Unis une note officielle dans laquelle il lui communiquait l'arrêté du Directoire du 11 messidor an IV portant « que le pavillon de la République traiterait le pavillon neutre comme celui-ci se laisserait traiter par les Anglais ». Le 26 du même mois, il publia l'avis que, suspendu de ses fonctions, les demandes qu'on aurait à faire à la République devraient être adressées au consul général ou aux consuls particuliers. Il était à peine de retour à Paris, lorsque le Directoire le nomma, le 12 fructidor an VII, commissaire à Saint-Domingue, avec Fréron et Fauchet, mais il écrivit le 15 pour lui exprimer le regret qu'il éprouvait de ne pouvoir accepter cette marque de confiance. On ignore s'il était dans la confidence du mouvement de brumaire ; ce qu'on sait, c'est qu'il n'en profita. Le 3 nivose an VIII, il entra au Tribunat ; quelques jours plus tard, il fit partie de la commission des inspecteurs, et le 1er frimaire an IX il fut élu secrétaire. Les rapports et les discours qu'il fit dans cette assemblée sont tous relatifs aux relations avec les colonies, et ne touchent à aucune des grandes questions politiques du temps. Nommé le 12 germinal an XI préfet de la Nièvre, il quitta le Tribunat. En l'an XII, le département de la Nièvre le présenta au Sénat, mais cette candidature n'eut pas le succès qu'on en espérait. L'Empereur le dédommagea de cet échec en lui donnant la croix de légionnaire le 25 prairial de la même année. En 1809, ses administrés l'élurent candidat au Corps législatif, et le Sénat l'agréa le 2 mai. Il ne prit aucune part aux délibérations de la Chambre. Un décret daté de Dresde le 31 août 1813 l'admit à la Cour des comptes en qualité de conseiller-maître. C'est à ce titre qu'il adhéra le 10 avril 1814 à la déchéance de Napoléon. Louis XVIII le nomma officier de la Légion-d'Honneur le 11 novembre de la même année. A la fin de mars 1815, son nom figure parmi les signataires de l'adresse de sa compagnie à l'Empereur, et le 29 mai il se réunit à la députation de la ville de Nevers qui vint féliciter le chef de l'État de son heureux retour. A la seconde Restauration, il conserva néanmoins son emploi. On lui doit plusieurs ouvrages de chimie. Il est mort à Paris le 19 mars 1834.

ADET et non **ADDET** (ROBERT), né le 8 septembre 1773 à Montreuil près Paris (Seine), entra au service le 11 avril 1793 comme dragon dans le 5e régiment, et fit les campagnes de 1792 à l'an VIII aux armées du Nord et d'Italie. Guide à cheval du général en chef de l'armée d'Italie le 30 fructidor an IV, brigadier le 18 thermidor an V, maréchal-des-logis le 23 nivose an VII, il passa avec son grade le 23 germinal an VIII dans les chasseurs à cheval de la garde des consuls, devint porte-étendard-sous-lieutenant le 21 vendémiaire an XI, titulaire de ce grade le 18 fructidor de la même année, membre de la Légion-d'Honneur le 25 prairial an XII, et servit à l'armée des côtes de l'Océan pendant les ans XII et XIII. Lieutenant en deuxième le 1er vendémiaire de cette dernière année, lieutenant en premier le 27 frimaire an XIV, il fit les campagnes de l'an XIV à 1807 à la grande armée, en Autriche, en Prusse et en Pologne. Blessé au bras par l'explosion d'un caisson près Tirlemont le 18 mars 1792, et le 3 floréal an IV à Mondovi d'un coup de sabre sur la tête, il reçut le 9 germinal an VII, à Verone, un autre coup de sabre sur la tête, et enfin le 11 frimaire an XIV, à Austerlitz, un coup de feu lui traversa les deux cuisses et le bas-ventre. Admis à la retraite le 27 octobre 1808, il se retira à Paris avec le titre d'électeur dans l'arrondissement de Saint-Denis. Il est mort à Paris le 26 novembre 1810. J-T.

ADNET (JEAN-BAPTISTE), naquit le 6 août 1768 à Viviers (Moselle). Dragon le 1er mars 1789 au régiment de Lorraine-cavalerie (9e de l'arme en 1791, et 25e de chasseurs à cheval en l'an II), il devint maréchal-des-logis le 18 brumaire an II, maréchal-des-logis-chef le 4 nivose suivant, adjudant-sous-officier le 12 ventose an III, sous-lieutenant le 5 prairial de la même année, et lieutenant le 18 nivose an V, et fit les campagnes de 1792 et 1793 à l'armée des Alpes, et celles de l'an II à l'an VI en Italie. Au blocus de Peschiera, il chargea avec son peloton une colonne qui emmenait 150 hommes de la 32e demi-brigade de ligne, délivra les Français, et fit prisonniers les détachemens qui les conduisaient. Quelques jours après, attaqué par un peloton de hussards de Wurmser, et blessé au commencement de l'action d'un coup de sabre au pouce droit, il mit l'ennemi en fuite et le força à abandonner 3 pièces de canon qu'il envoya ensuite au quartier-général. Dans la journée du 28 messidor an IV, époque de la rentrée des Autrichiens dans Mantoue, il chargea un détachement de hulans qui poussait une reconnaissance, prit avec son peloton 12 chevaux, mit 8 hommes hors de combat, et fit prisonnier de sa main l'officier qui commandait ce détachement. Passé à l'armée de Naples en l'an VII, il fut blessé d'un éclat de boulet à la joue et au côté droit au blocus de Perugia, en Italie, où il remplissait alors les fonctions d'adjudant de place. Lieutenant-adjudant-major le 12 thermidor an X, capitaine-adjudant-major le 12 pluviose an XII, et membre de la Légion-d'Honneur le 25 prairial de la même année, il servit alors au camp de Bayonne, et en l'an XIV aux armées d'Italie et de Naples. Il fit les campagnes de 1806 à 1809. Passé au commandement d'une compagnie de son régiment le 9 mai de cette dernière année, il suivit son corps en Allemagne, prit part au succès de la bataille de Wagram, et obtint sa retraite le 21 août 1813. Il est mort le 3 octobre 1843 à l'hôtel royal des Invalides. J-T.

ADOR (JEAN), naquit le 12 avril 1773 dans le département de l'Ain. Soldat le 2 janvier 1793 dans le 2e régiment de chasseurs à cheval, il fit les campagnes de 1792 à l'an IX aux armées de la République, et reçut plusieurs blessures. Brigadier le 16 thermidor an II, maréchal-des-logis le 1er fructidor an VIII, maréchal-des-logis-chef le 12 messidor an IX, il tint garnison à Dôle pendant les ans X et XI, et à Calais, Aire et Tournai en l'an XII et en l'an XIII. Membre de la Légion-d'Honneur le 25 prairial an XII, sous-lieutenant le 16 nivose an XIII, il servit en Autriche, en Prusse et en Pologne de l'an XIV à 1807 avec la division de cavalerie du 3e corps de la grande armée. Il prit part aux opérations de l'armée d'Allemagne en 1809, obtint le grade de lieutenant le 25 mai, et fut chargé des fonctions d'adjudant-major le 12 août suivant. Il fit encore la campagne de 1812 en Russie. Nommé capitaine à Witepsk, le 12 août, il mourut le 30 septembre de la même année. B-G.

ADVINAY, non **ADVINÉ**, ni **ADVYNÉ** (CHRISTOPHE), naquit le 16 septembre 1763 à Soissons (Aisne). Élève dans le corps des ponts et chaussées depuis le 1er janvier 1780, il s'enrôla le 27 janvier 1785 dans le régiment de dragons de *Monsieur*. Congédié le 17 juillet 1790, il resta, soit à Saint-Quentin, soit à Vervins, comme surnuméraire dans l'administration des domaines jusqu'à sa nomination de sous-lieutenant au 7e régiment d'infanterie le 12 janvier 1792. Lieutenant le 26 avril suivant, il fit la campagne de cette année à l'armée du Midi, et celle de 1793 à l'armée des Pyrénées-Orientales. Devenu aide-de-camp du général Lahoulière le 14 février 1793, il passa en la même qualité auprès du général Dagobert le 1er mai suivant, et se distingua le 19 du même mois à l'affaire du Mas d'Eu, où il fut fait prisonnier en sauvant la vie du général en chef. Capitaine le 1er prairial an III au 7e régiment, devenu 14e demi-brigade de bataille, il fit les campagnes de l'an IV à l'an IX aux armées d'Italie, de Rome, de Naples et de réserve. Employé comme capitaine-adjoint à l'état-major général de l'armée en l'an IV, il se trouva au passage du Mincio, au siège de Mantoue et à la bataille de Castiglione. Le 19 prairial an VII, à la prise de Castel-Forte, il commandait la colonne de gauche et monta le premier sur les murs de la place. Il fit prisonnier le commandant de la garnison, l'amena au général Watrin, et fut nommé chef de bataillon sur le champ de bataille par le général en chef de l'armée de Naples. A la prise de Frascati, il entra le premier dans la ville et prit 3 officiers. Adjudant-général chef de brigade le 23 ventose suivant, et employé à l'armée de réserve le 7 germinal de la même année, il prit part aux opérations de cette campagne. Employé comme chef d'état-major dans la 27ᵉ division militaire le 3 thermidor an IX, et nommé officier de la Légion-d'Honneur le 25 prairial an XII, il mourut à Turin le 13 décembre 1806. B-G.

AGARRAT ET NON **AGARRAD** (LOUIS), né le 10 avril 1755 à la Ciotat (Bouches-du-Rhône), entra au service le 14 septembre 1773 comme fusilier dans le régiment La Fère-infanterie, devenu 52ᵉ de l'arme en 1791. Passé grenadier le 5 mars 1774, il fit les campagnes de 1773 à 1775 en Corse, et celles de 1780 à 1782 contre les Anglais. Promu lieutenant le 1ᵉʳ juillet 1792, à la formation du 1ᵉʳ bataillon de Marseille, amalgamé dans la 103ᵉ demi-brigade d'infanterie, devenue 11ᵉ demi-brigade de ligne, puis 11ᵉ régiment de même arme, il fut blessé d'un coup de feu au bas de la jambe gauche, à la prise des Tuileries le 10 août 1792. Chef de bataillon à l'élection le 23 novembre suivant, il servit de 1792 à l'an VIII aux armées d'Italie et de Naples. Le 18 fructidor an IV, lors de la marche des Français sur Trente, se trouvant à la tête du 3ᵉ bataillon de sa demi-brigade, il fit 500 prisonniers et enleva 22 pièces de canon. Le 1ᵉʳ pluviose an VII, sous les murs de Naples, il mit en déroute 10,000 Napolitains. Ces deux actions lui méritèrent un sabre d'honneur que le premier Consul lui décerna le 28 fructidor an X. Appelé avec son corps à l'armée de Hollande, il y fit les campagnes de l'an XI et de l'an XII. Membre de droit de la Légion-d'Honneur, c'est-à-dire du 1ᵉʳ vendémiaire an XII, il reçut la croix d'officier de l'Ordre le 25 prairial suivant. Proposé pour la retraite le 30 du même mois, comme atteint d'un ulcère au bas de la jambe gauche, suite de la blessure qu'il avait reçue le 10 août 1792, il y fut admis le 3 messidor suivant, et se retira à Marseille avec le titre d'électeur de cette ville, dans laquelle il est mort le 10 février 1812.

AGASSE. *Voyez* AYASSE.

AGNEL, adjudant-commandant, législateur. *V.* t. IV, p. 165.

AGUESSEAU (D'), sénateur, pair de France. *V.* t. II, p. 225.

AILLET (PIERRE-GABRIEL), naquit le 24 février 1762 à Auxonne (Côte-d'Or). Soldat le 4 novembre 1781 dans le 1ᵉʳ bataillon du régiment de Picardie-infanterie, devenu 2ᵉ de l'arme en 1791, 3ᵉ demi-brigade d'infanterie en l'an II, 8ᵉ demi-brigade de ligne en l'an IV, et enfin 8ᵉ régiment de même arme en l'an XII, il passa caporal le 10 novembre 1787, sergent le 1ᵉʳ janvier 1790, fourrier le 1ᵉʳ mars suivant, sergent-major le 1ᵉʳ janvier 1791, adjudant-sous-lieutenant le 4 mai 1792, lieutenant le 1ᵉʳ décembre de la même année, et capitaine le 5 prairial an II; il fit les campagnes de 1792 à l'an IX aux armées de Belgique, du Nord, de Batavie, du Danube et du Rhin. A l'affaire de Stockach, le 5 germinal an VII, il prit le commandement du régiment qui se débandait, le rallia, le remit en ligne, et sauva la division menacée par un ennemi supérieur en forces. Appelé en l'an X à l'expédition de Boulogne, et de l'an XI à l'an XIII à l'armée de Hanovre, l'Empereur lui donna la décoration de la Légion-d'Honneur le 25 prairial an XII. Il fit partie de la grande armée de l'an XIV à 1809, pendant les campagnes d'Autriche, de Prusse, de Pologne et d'Allemagne, et reçut le grade de chef de bataillon au 30ᵉ régiment de ligne le 16 septembre 1806. Blessé d'un coup de canon à la cuisse gauche à la bataille de Wagram, il devint commandant d'armes le 13 août suivant, sans commandement distinct. Rentré en France et employé à Dijon le 11 septembre 1810 comme président du conseil de guerre permanent de la 18ᵉ division militaire, et nommé commandant d'armes de la place de Dijon le 17 juin 1812, il en remplit les fonctions jusqu'à l'entrée des troupes alliées le 19 janvier 1814. Attaché à l'état-major du général de division comte de Lagrange le 8 février suivant, il servit en cette qualité jusqu'au 1ᵉʳ juin de la même année, époque à laquelle il rentra dans ses foyers. Commandant d'armes de Saint-Florent (Corse) le 18 décembre 1814, il cessa ses fonctions le 1ᵉʳ juillet suivant, et obtint sa retraite le 1ᵉʳ janvier 1820. Il est mort à Dijon (Côte-d'Or), le 3 juillet 1822. J-T.

AILLOT. *V.* ALLIOT.

AIMARD. *V.* AYMARD.

AIME, grenadier. *V.* AYME.

AINE. *V.* LAINÉ

ALBERT (JOSEPH-JEAN-BAPTISTE, *baron*), naquit à Guillestre (Hautes-Alpes), le 28 août 1771. Volontaire au 1ᵉʳ bataillon des Hautes-Alpes le 1ᵉʳ décembre 1791, il y devint lieutenant le 14 du même mois par le choix de ses camarades, et servit à l'armée des Alpes en 1792 et 1793. Aide-de-camp du général Guieu le 4 nivose an II, et du général Robert le 4 nivose an III, il fit les campagnes de l'armée des Pyrénées-Orientales des ans II et III. Chargé de présenter au Directoire les drapeaux pris sur les Espagnols pendant ces deux campagnes, il reçut à cette occasion un sabre et une paire de pistolets d'honneur. Adjoint à l'adjudant-général Scherlock le 11 ventose an IV, et capitaine le 14 vendémiaire an V, il passa à l'armée d'Italie dans le mois de brumaire en qualité d'aide-de-camp du général Augereau. Adjoint à l'état-major de la 10ᵉ division militaire (Perpignan) le 2 prairial de la même année, et nommé chef de bataillon le 3 messidor an VI, il servit en l'an VI et en l'an VII à l'armée d'Allemagne et au corps d'observation du Midi. Attaché de nouveau au général Augereau le 9 nivose an VIII, il le suivit dans son commandement de l'armée gallo-batave en l'an VIII et en l'an IX, et au camp de Bayonne en l'an X. Promu chef de brigade et adjudant-commandant les 9 nivose et 12 fructidor de cette dernière année, il reçut la croix de légionnaire et celle d'officier de l'Ordre les 15 pluviose et 25 prairial an XII. La même année, le général Augereau alla prendre le commandement du camp de Brest, et l'adjudant-commandant Albert remplit auprès de lui les fonctions de sous-chef d'état-major. Premier aide-de-camp du maréchal Augereau le 11 germinal an XIII, il fit les guerres de l'an XIV et 1806, se trouva aux batailles d'Austerlitz et d'Iéna, et se couvrit de gloire au combat de Golymin (26 décembre 1806). Cette dernière affaire lui mérita le 12 janvier 1807 le grade de général de brigade. A la bataille d'Eylau, il commandait une brigade d'infanterie du 7e corps, et il tint bon tout le jour, quoiqu'il eût en face des forces quatre fois plus considérables que les siennes. Il se distingua au siége de Dantzig. A l'affaire de Nehrung, il enleva à l'ennemi 1,200 hommes et plusieurs pièces d'artillerie. Ce fait d'armes parut si important à l'Empereur qu'il en fit complimenter le général Albert par le prince major-général. Aux affaires de Passenweder et de Stege, le 16 mai, il battit complètement un corps russe et prussien : 400 prisonniers et 4 bouches à feu restèrent en son pouvoir. Employé au 2e corps de l'armée d'Allemagne en mars 1809, il prit part aux batailles d'Essling et de Wagram, aussi reçut-il le 31 mai la croix de commandant de la Légion-d'Honneur, le 24 août la décoration de la Couronne-de-Fer, et immédiatement après le titre de baron de l'Empire. Désigné le 23 juillet 1810 pour faire partie du corps d'observation en Hollande, il fut attaché le 25 octobre 1811 aux camps des 17e et 31e divisions militaires (Amsterdam et Groningue). Le 25 décembre, il rejoignit le corps d'observation de l'île d'Elbe, c'est là qu'il apprit que le 26 février 1812 l'arrondissement d'Embrun (Hautes-Alpes) l'avait élu candidat au Corps législatif. Passé au 2e corps de la grande armée dans le mois de mars, il se distingua au début de la campagne de Russie. A la suite du combat de Jakobowo (31 juillet) l'armée forcée par un ennemi supérieur de se retirer derrière la Drissa, y fut vivement poursuivie par les Russes. Tous les généraux, réunis en conseil de guerre, opinaient pour la retraite ; Albert seul s'opposa à ce mouvement rétrograde ; on se rangea à son avis, et les Russes furent complètement battus. Sa conduite pendant la retraite de Moscou lui mérita le 21 novembre le grade de général de division. Ce fut lui qui ouvrit le passage de la Bérésina, et pendant deux heures il repoussa l'ennemi au pas de charge ; il reçut dans ce combat une balle à la tête. *Si tous les généraux*, lui dit Napoléon, *m'avaient aussi bien secondé que vous, j'aurais sauvé* 120,000 *hommes*. Mis le 22 mars 1813 à la disposition du maréchal duc de Valmy, il fut employé le 20 avril dans le grand-duché de Francfort, chargé le 4 mai du commandement de la 10e division du 3e corps, et nommé le 10 août grand-officier de la Légion-d'Honneur. Le 19 du même mois, il battit, entre Hainau et Buntzlaw, le général russe Sacken, dont les troupes étaient cinq fois plus nombreuses que les siennes. Il passa le 7 novembre suivant au 5e corps, avec lequel il fit la campagne de France en 1814. Le 2 janvier, il enleva une reconnaissance ennemie et 2 pièces de canon, et ses derniers combats furent ceux de Châlons-sur-Marne et de La Ferté-sous-Jouare. Appelé le 30 juin 1814 au commandement de la 19e division militaire (Lyon), il devint chevalier de Saint-Louis le 8 juillet, et le 17 janvier 1815 aide-de-camp du duc d'Orléans, aujourd'hui roi des Français. Au retour de Napoléon de l'île d'Elbe, il accompagna le duc jusqu'à Lille, et reprit la route de Paris après que le prince eût remis le commandement en chef au maréchal Mortier. Le 14 avril 1815, il commanda la 16e division d'infanterie (5e corps d'observation de l'armée du Rhin), et le 11 septembre il reprit ses fonctions d'aide-de-camp auprès du duc d'Orléans. Compris le 30 octobre 1818 dans le cadre d'organisation de l'état-major général de l'armée, il est mort à Offenbach (Bavière), le 7 septembre 1822. Son nom figure sur le côté Est de l'arc-de-triomphe de l'Étoile.   B-S.

ALBERTINI (SIMON-BRANDO), né le 9 mars 1751 à Taglio-Isolaccio (Corse), entra au service le 15 avril 1793 comme capitaine au 15e bataillon d'infanterie légère, amalgamé le 21 messidor an II dans la 15e demi-brigade, devenue le 15 prairial an IV, par le tirage au sort des numéros, 27e demi-brigade d'infanterie légère, puis en l'an XII 27e régiment de même arme. Chef de bataillon le 6 floréal an II, il fit les campagnes de 1793 à l'an II en Corse, de l'an III à l'an IV aux armées des Alpes, d'Italie et de Naples, de l'an VIII à l'an XIII à celles d'Helvétie, gallo-batave et de Hanovre. Membre de la Légion-d'Honneur le 25 prairial an XII, et admis à la retraite le 5 fructidor de la même année, il se retira à Bastia ; en 1807, il fut attaché au collége électoral de cette ville. Il est mort dans le lieu de sa naissance le 18 novembre 1839.   J-T.

ALBISSON (JEAN), naquit à Montpellier (Hérault) en 1732, et embrassa la carrière difficile du barreau dans sa ville natale. Avocat distingué autant par l'étendue de ses connaissances que par l'éclat de sa parole, il était en 1789 archiviste de sa province et membre des États du Languedoc à cette époque. Il s'était déjà fait connaître par divers ouvrages de légiste, et il avait pris part à la polémique que le gouvernement avait si imprudemment provoquée à l'occasion des États-Généraux. Revêtu en 1790 de fonctions administratives dans le département de l'Hérault, il remplissait à l'École centrale de ce département les fonctions de professeur de législation, quand un arrêté des consuls du 8 prairial an III le nomma commissaire du gouvernement près le tribunal d'appel séant à Montpellier le 6 germinal an VI. Le Sénat conservateur, sur la présentation du département de l'Hérault, le nomma membre du Tribunat, et c'est en cette qualité qu'il exposa au Corps législatif les motifs du projet de loi ayant pour titre *de la puissance paternelle*. Dans la séance du Tribunat du 19 pluviose an XII, il combattit devant cette même assemblée les adversaires du projet de loi sur le contrat de mariage et les droits respectifs des époux, et proposa l'adoption du titre du Code civil, intitulé *du Prêt*, etc. Ces travaux lui valurent la croix de la Légion-d'Honneur le 25 prairial an XII.

Le tribun Curée fit au Tribunat la motion d'ordre tendant à confier à un empereur le gouvernement de la République et à rendre l'Empire héréditaire dans la famille de Napoléon Bonaparte, et Albisson, membre de la commission chargée d'examiner cette motion, la soutint avec chaleur devant l'assemblée.

Depuis lors, il fut l'un des orateurs choisis par le gouvernement pour les circonstances solennelles, et il consacra son éloquence à célébrer officiellement les triomphes de l'Empire.

Lors de la suppression du Tribunat, Albisson entra au conseil d'État. Il est mort à Paris le 22 janvier 1810.

ALDIAS (LOUIS-FRANÇOIS), né le 4 mai 1762 à Paris (Seine), entra au service le 17 août 1781 dans le régiment Royal-Roussillon-dragons, devenu 11ᵉ régiment de l'arme en 1791. Maréchal-des-logis le 4 septembre 1786, sous-lieutenant le 15 septembre 1791, quartier-maître-trésorier le 24 janvier 1792, lieutenant le 3 juin de la même année, et capitaine le 26 prairial an III, il prit part aux opérations militaires de 1792 à l'an III à l'armée du Rhin, et à celles de l'an IV à l'an XI aux armées de la Moselle, de Sambre-et-Meuse, d'Angleterre, d'Helvétie, du Danube et de Hanovre. Membre de la Légion-d'Honneur le 25 prairial an XII, il fit la deuxième campagne de l'an XIV au second corps d'armée de réserve, et continua de remplir les fonctions de quartier-maître au dépôt de son régiment, à Hesdin. Maintenu dans son emploi après la première Restauration, il fut nommé officier de la Légion-d'Honneur le 15 octobre 1814, et admis à la retraite le 13 septembre 1815. Il est mort le 30 janvier 1836 à Benfeld (Bas-Rhin). J-T.

ALEXANDRE (PIERRE), DIT **DUMESNIL**, naquit le 30 mars 1768 à Metz (Moselle). Soldat le 3 novembre 1784 au régiment de Bourgogne-infanterie, devenu 59ᵉ régiment de l'arme en 1791, il passa le 14 pluviose an II comme officier dans le bataillon du district de Sarrelibre, et fut incorporé le 12 messidor de la même année comme simple volontaire dans le 3ᵉ bataillon de l'Ain, amalgamé dans la 199ᵉ demi-brigade d'infanterie, devenue 199ᵉ demi-brigade de ligne, puis 51ᵉ de même arme. Fourrier de grenadiers le 14 ventose an III, il avec ce grade, le 9 pluviose an VI, dans le corps des grenadiers de la Représentation nationale. Il fit les campagnes de 1792 et 1793 à l'armée des Alpes, et celles de l'an II à l'an VI aux armées de Rhin-et-Moselle et d'Italie. Prisonnier de guerre le 23 prairial an III, et échangé quelques mois après, il passa de l'armée de Rhin-et-Moselle en Italie, et fut blessé à la bataille de Castiglione le 18 thermidor an IV. Rentré en France après le traité de Campo-Formio et resté au dépôt de son corps, il entra le 13 nivose an VIII dans l'infanterie de la garde des consuls, devenue en l'an XII chasseurs à pied de la garde impériale, fut nommé caporal le 18 ventose, fourrier le 19 du même mois, sergent-major le 30 frimaire an IX, et sous-lieutenant le 10 ventose an X. Appelé au camp de Boulogne avec son régiment pendant l'an XII et l'an XIII, il y reçut la croix de légionnaire le 25 prairial an XII, et le grade de lieutenant en second le 1ᵉʳ vendémiaire an XIII. Il suivit son corps à la grande armée de l'an XIV, à 1807 en Autriche, en Prusse et en Pologne, et devint lieutenant en premier le 16 février 1807. Passé en Espagne en 1808, et rappelé en Allemagne en 1809, il se fit remarquer à la bataille de Wagram. Admis à la retraite le 10 mai 1810, par suite de gêne dans les mouvemens des pieds, qu'il avait eus gelés à Eylau, et d'un grand affaiblissement dans l'organe de la vue, il se retira à Metz. Remis momentanément en activité pendant les Cent-Jours dans le 1ᵉʳ bataillon des retraités de la Moselle, organisé pour la défense de Metz, il rentra de nouveau dans la vie privée au mois de juillet de la même année. Il est mort le 13 avril 1828 à Pont-à-Mousson (Meurthe). J-T.

ALIX, chef d'escadron. *Voyez* t. Iᵉʳ, p. 458.

ALLAIN (JACQUES-GABRIEL-VICTOR), né le 7 janvier 1773 à Saumur (Maine-et-Loire), entra au service le 5 mai comme garde du roi dans le corps des carabiniers de *Monsieur*. Congédié par grâce le 27 avril 1791, il entra dans la garde constitutionnelle le 9 décembre de la même année, d'où il passa dans le 2ᵉ bataillon de volontaires de Maine-et-Loire avec le grade de capitaine le 17 août 1792. Il fit les campagnes de 1792 et 1793 à l'armée du Nord. Destitué en 1793 par suite des dispositions de la loi du 5 septembre de l'année précédente comme ex-garde du roi, il servit pendant les an II et III à l'armée de l'Ouest pour se soustraire à la persécution dont il était l'objet. Adjudant de la place d'Angers le 15 floréal an II, il passa comme capitaine le 15 ventose an III dans la 87ᵉ demi-brigade d'infanterie, première formation. Envoyé à l'armée de Sambre-et-Meuse, il y reçut une arme d'honneur le 3 prairial de la même année pour avoir conduit un convoi de munitions de guerre à la tête de 60 chasseurs à cheval à travers 4 bataillons insurgés qui s'opposaient à son passage. Adjoint aux adjudans-généraux le 18 du même mois, et attaché dans son grade au 16ᵉ régiment de dragons le 25 thermidor suivant, il continua de servir à l'armée de Sambre-et-Meuse jusqu'en l'an V. Appelé le 10 germinal à remplir les fonctions d'aide-de-camp du général Lemoine, il obtint le grade de chef d'escadron dans le 5ᵉ régiment de hussards le 23 brumaire an VI, fut employé en cette qualité à l'état-major général des armées d'Italie, de Rome et de Naples pendant les campagnes des ans VI et VII, et se distingua à l'affaire de Terni (armée de Rome), où il fit un colonel prisonnier; à la prise de Popoli (armée de Naples) où, à la tête d'une compagnie de grenadiers, il s'empara d'un poste retranché, et enfin devant une des portes d'Aquita, qu'il força unitamment à la tête d'un détachement de dragons, et dont il se rendit maître. Proposé au mois de ventose an VIII pour le grade d'adjudant-commandant, les consuls ajournèrent la proposition à la première bataille. Appelé à l'armée de réserve pour la campagne qui allait s'ouvrir, il gagna son grade sur le champ de bataille de Marengo

25 prairial an VIII, en passant entre le feu des deux armées pour rendre plus promptement compte d'un mouvement que l'ennemi avait fait sur la gauche; le premier Consul le nomma le 19 thermidor suivant. Une organisation nouvelle des états-majors le laissa alors sans emploi. Bonaparte, sur un rapport spécial du ministre, ayant ordonné, le 2e jour complémentaire an IX, que la première place vacante d'adjudant-commandant lui serait donnée, il passa en cette qualité, le 12 brumaire an X, à la 9e division militaire. Mis en non-activité le 1er vendémiaire an XI, il eut de l'emploi dans la même division militaire le 16 germinal de la même année. Nommé membre et officier de la Légion-d'Honneur les 15 pluviose et 25 prairial an XII, il quitta en l'an XIII le département du Gard, où il commandait en chef la force armée, pour se rendre à l'armée des côtes de l'Océan. Il fit avec la grande armée la campagne de l'an XIV, et celle de 1806 à la 1re division de grosse cavalerie, puis au 5e corps, et fut nommé commandant de la Légion-d'Honneur le 4 nivose de l'an XIV. Attaché à l'état-major du 5e corps le 24 septembre 1806, il fit la campagne de Pologne en 1807, et passa le 10 novembre de la même année au 2e corps de la Gironde, destiné pour l'Espagne. Placé à l'état-major général de l'armée d'Espagne en 1808, à celui de l'armée d'Allemagne en 1809, et enfin employé dans l'intérieur en 1810, il obtint sa retraite le 6 septembre de cette dernière année. Il réside en ce moment à Paris. J-T.

ALLARD (PIERRE), né le 25 décembre 1766 à Brissarthe (Maine-et-Loire), entra le 17 juin 1785 comme soldat dans le régiment de Maine, devenu 28e d'infanterie. Caporal le 26 décembre de la même année, sergent le 15 novembre 1788, sergent-major le 3 août 1790, il quitta son corps avec un congé absolu le 30 septembre 1791. Rentré au service le 25 juillet 1792 comme quartier-maître-lieutenant dans le 4e bataillon des fédérés, amalgamé dans le 3e bataillon de la 176e demi-brigade d'infanterie le 15 germinal an III, et incorporé le 1er fructidor an V dans la 23e demi-brigade de bataille, devenue en l'an XII 23e régiment de ligne, il fut promu capitaine le 12 septembre 1793, et fit la guerre de 1792 à l'an III à l'armée du Nord, et de l'an IV à l'an IX aux armées de l'Ouest, de Sambre-et-Meuse, du Rhin, d'Helvétie, du Danube et du Rhin. Membre de la Légion-d'Honneur le 25 prairial an XII, il fit partie de l'escadre de Toulon pendant les ans XII et XIII. Envoyé en Italie en 1806, en Dalmatie en 1807, il prit sa retraite le 9 février 1809. Il est mort le 9 octobre 1819 à Angers (Maine-et-Loire). J-T.

ALLARY (JOSEPH), entra fort jeune dans la marine et mérita par ses bons services tous les grades qu'il obtint jusqu'à celui de capitaine de vaisseau. Au combat du 13 prairial an II, dans lequel succomba si glorieusement *le Vengeur*, Allary commandait le vaisseau *la Convention*. Membre et officier de la Légion-d'Honneur les 15 pluviose et 25 prairial an XII, il est mort le 20 octobre 1807. Alors il faisait partie des marins attachés au 3e arrondissement maritime (Brest).

ALLEMAND (JOSEPH), né à Toulon (Var), le 16 décembre 1766, s'embarqua le 5 juin 1777 en qualité de volontaire sur la frégate *la Mignoire*, faisant voile pour le Levant, et commandée par d'Entrecasteaux. De retour à Toulon après une année de croisière, il en repartit le 7 août 1778 pour la même destination à bord de la frégate *l'Aurore*, et le 7 août passa sur le vaisseau *le Triomphant*, qui devait rallier à Brest la flotte que réunissait M. de Guichen pour combattre les Anglais dans les mers de l'Amérique du Nord. Pendant cette expédition, le jeune Allemand se distingua aux combats des 17 avril, 15 et 17 mai 1780. Cette même année et la suivante, il servit avec le grade d'aide-pilote sur les vaisseaux *le Terrible* et *l'Invincible*, durant leur croisière sur les côtes de Bretagne et dans le golfe de Gascogne; puis il fit un voyage aux Antilles sur la frégate *l'Aigrette*. En 1784, il retourna dans le Levant sur la corvette *la Brune*, et devint en 1786 second pilote de la frégate *la Junon*. Monté sur *l'Alceste* en 1787, il combattit les forbans dont le Levant était alors infesté, et pilote-côtier le 3 mai 1789 à bord du brick *le Turletou*, en croisière dans le golfe de Lyon, il fut nommé premier pilote le 17 août suivant. Quelque temps employé dans le port de Toulon, il demeura second pilote de *l'Alceste* du 7 janvier au 2 octobre 1790, puis rentra à l'arsenal pour y suivre les cours de l'École d'hydrographie. Le 2 janvier 1792, il s'embarqua sur la frégate *la Flèche*, avec laquelle il toucha Gibraltar, Tripoli de Barbarie, Tunis et gagna la Corse. Il avait été nommé le 3 juillet de la même année enseigne de vaisseau. A cette époque, les Anglais assiégeaient Bastia. Allemand combattit en frimaire an II à l'attaque de Farnole, près Saint-Florent, et défendit durant quarante-trois heures par terre et par mer la batterie Lepelletier. Dans cette affaire, où il reçut deux blessures, il incendia l'une des frégates ennemies. Bastia ayant capitulé le 8 prairial, il rentra à Toulon, en partit le 22 fructidor sur *le Conquérant*, à bord duquel il prit part le 24 ventose an III au combat du cap Noli. Il remplit ensuite les fonctions de lieutenant provisoire sur les vaisseaux *le Mercure* et *le Conquérant*, et passa le 1er germinal an IV capitaine de frégate. Le 14 floréal suivant, mis à la disposition du général en chef de l'armée d'Italie, il prit le commandement d'une flotille réunie sur le lac de Guarda pour en chasser les Autrichiens; il les battit malgré son infériorité, exécuta divers débarquemens, fit 800 prisonniers et prit 2 drapeaux. Envoyé le 13 brumaire an VI à Venise, il arma dans ce port le vaisseau de 74 *le Nape*, sur lequel il alla ravitailler Corfou. Commandant d'armes à Ancône le 28 prairial, tout en conservant le commandement du *Nape*, il revint le 15 ventose an VII faire à Toulon le service du port jusqu'à son embarquement le 2 brumaire an VIII sur *le Généreux*, qui, se rendant à Malte pour porter secours à la garnison, tomba le 29 pluviose au pouvoir des Anglais après un combat de trois heures. Le capitaine Allemand, relâché le lendemain sur parole, était employé depuis lors à Toulon, lorsque, le 8 nivose an IX, le ministre l'envoya pour la seconde fois commander la marine affectée à l'armée d'Italie. D'abord chargé au mois de prairial de la caserne des marins à Ancône, commandant le 25 messidor de la corvette *le Bulldog*, en station dans ce port, il y remplit les fonctions d'adjudant de marine jusqu'au 30 brumaire an x, époque de son départ pour Toulon. L'année suivante, il fit sur *l'Indomptable* une campagne en Amérique, commanda *le Héros* en débarquement au Féréol, et le 15 fructidor an xi il présida la commission de la flotille nationale qui devait être armée à Toulon. Nommé le 21 du même mois capitaine de vaisseau de seconde classe, membre et officier de la Légion-d'Honneur les 15 pluviose et 25 prairial an xii, le capitaine Allemand, alors à Brest, avait avec succès conduit une expédition sur les côtes de l'île de Bas et Bréhat. Il eut ensuite sous ses ordres les vaisseaux *le Patriote* et *l'Ulysse*, et fut en qualité d'aide-de-camp attaché le 12 avril 1807 à l'état-major du sénateur d'Aboville, gouverneur de Brest. Investi le 20 avril 1808 du commandement du *Breslaw*, en rade de Gênes, et du 30e bataillon de marine en garnison dans cette ville, il était encore sur le même vaisseau le 17 novembre 1814. Le 25 août précédent, Louis xviii l'avait fait chevalier de Saint-Louis. Il réside aujourd'hui à Toulon.

ALLEMAND (joseph-nicolas), naquit le 15 septembre 1768 à Saint-Nazaire (Drôme). Volontaire le 1er février 1792 dans le 2e bataillon de la Drôme, incorporé en l'an ii dans la 118e demi-brigade de bataille, devenue en l'an iv 32e demi-brigade d'infanterie de ligne, il devint lieutenant le 16 avril suivant. Il fit la campagne de 1792 en Savoie, celle de 1793 dans les Alpes, et celles de l'an ii à l'an ix aux armées d'Italie, d'Helvétie et de Batavie. Blessé le 7 messidor an iii à l'attaque de plusieurs redoutes, il fut nommé capitaine le 8 floréal an v, et aide-de-camp du général Brune le 4 germinal an vi. Chef de bataillon le 3e jour complémentaire an vii, et chef de brigade le 16 vendémiaire an viii, il passa comme adjudant-général à l'état-major général de l'armée le 6 fructidor an ix. Mis en non-activité le 1er vendémiaire an x, employé le 7 pluviose suivant près les troupes stationnées dans la Cisalpine, chef d'état-major de la 18e division militaire le 8 pluviose an xi, il reçut la décoration d'officier de la Légion-d'Honneur le 25 prairial an xii, et entra dans le collége électoral de la Côte-d'Or. Appelé à l'armée des côtes de l'Océan le 20 fructidor an xiii, il fit les campagnes de l'an x à 1807 avec la grande armée, et passa à l'état-major du 4e corps de l'armée d'Espagne le 9 octobre 1808. Il fit la guerre dans la péninsule jusqu'en 1811, fut mis en disponibilité le 15 décembre de cette même année, et retourna dans la 18e division militaire comme chef d'état-major le 23 septembre 1812. Pendant la campagne de France, il remplissait les mêmes fonctions dans la division Alix, lorsqu'il fut tué à Sens le 11 février 1814, lors de l'attaque de cette ville par les troupes wurtembergeoises. B-G.

ALLEMAND (zacharie-jacques-théodore, *comte*), naquit à Port-Louis le 1er mai 1762. Son père, lieutenant de vaisseau et commandant de port à Port-Louis, lui laissait l'exemple d'utiles services récompensés sous Louis xv par une épée et une pension. Le 11 mars 1774, il s'embarquait sur *le Superbe*, vaisseau de la compagnie des Indes, avec lequel il parcourut les mers de Chine jusqu'au 27 juin de l'année suivante. Volontaire de première classe le 24 février 1779 à bord du vaisseau du roi *le Sévère*, il fit partie jusqu'au 30 septembre 1783 de la même escadre, commandée successivement par Dorve et le bailli de Suffren. Son courage dans 7 combats qu'il eut à soutenir fut dignement récompensé par ce dernier chef. Il l'appela à son bord, le félicita en présence des capitaines réunis et le nomma lieutenant de frégate sur le gaillard d'arrière de son vaisseau. Il continua à servir dans l'Inde avec le même grade jusqu'au 3 octobre 1786 sur le vaisseau *l'Annibal* et sur les flûtes *la Baleine* et *l'Outarde*. De retour en France, il fut attaché avec son grade aux ports de l'Orient et de Brest, et passa sous-lieutenant de vaisseau le 8 octobre 1787 ; il fit en cette qualité les campagnes de guerre et d'évolution à Saint-Domingue et à la Nouvelle-Angleterre sur les frégates *l'Aigrette* et *la Proserpine* jusqu'au 17 novembre 1788. Employé ensuite au port de Brest, il fit les campagnes de 1790 et 1791 dans l'Océan et à la Martinique, et reprit, au mois de juin de cette dernière année, son service dans le port d'où il était parti ; il s'embarqua de nouveau le 3 décembre à bord du vaisseau le *Duguay-Trouin*, destiné aux îles du vent.

Le 1er janvier 1792, il avait été compris, quoique absent, dans la promotion des lieutenans de vaisseau, et à son retour, le 6 septembre suivant, il exerça à Brest des fonctions analogues à son nouveau grade. Le 11 octobre, il prit le commandement de la corvette *le Sans-Souci*, et fit 7 croisières dans la Manche sans relâcher une seule fois pendant toute la durée de ce terrible hiver. Il ne rentra que le 20 février, et dès le 1er janvier précédent il était devenu capitaine de 1re classe. Le 6 juin suivant, il monta la frégate *la Carmagnole*, et commandant en chef des forces navales de la France d'Ouessant à Dunkerque, il captura dans l'espace de six mois grand nombre de bâtimens de commerce et quelques navires de guerre, entre autres la frégate *la Tamise*. Il était seul quand il la contraignit à amener son pavillon.

Après un séjour de quatre mois à Brest et à Toulon, il reprit la mer sur le vaisseau *le Duquesne*. Pendant sa première campagne dans la Méditerranée, il eut deux engagemens à soutenir. A la seconde, dans l'Océan, il combattit pour reprendre le vaisseau *le Censeur*, et conduisit à Cadix un riche convoi qu'il avait capturé. Chargé ensuite du commandement d'une division de vaisseaux et de frégates, il alla prendre les forts de la baie de Châteaux, dans le détroit de Belle-Isle, sur la côte de Labrador, et détruisit les établissemens anglais dans ces parages. Dans l'espace de dix-huit mois environ, il ramena dans les ports de France 80 millions de prises et 1,800 prisonniers, parmi lesquels plusieurs officiers de marque et le général-gouverneur du Canada avec toute sa famille. Il faut ajouter aux perles de nos ennemis tout ce que le capitaine français a brûlé et coulé bas. Brest le vit avec enthousiasme rentrer dans son port le 16 ventose an V comme chef de division ; il en avait reçu le grade et les fonctions dès le 1er germinal an IV, époque de la création de cet emploi.

Deux ans plus tard, et après avoir armé le vaisseau le *Tyrannicide*, il en prit le commandement, et rallia, comme chef de division, l'escadre de l'amiral Bruix, avec lequel il fit deux campagnes, l'une dans la Méditerranée, et l'autre dans l'Océan.

Le 10 prairial an VIII, il rentra à Brest et s'occupa de l'armement du vaisseau *l'Aigle*, à bord duquel il partit de nouveau le 7 pluviose an IX. Il soutint un combat à la voile contre la ville de Saint-Marc, île de Saint-Domingue, commanda successivement 4 divisions au cap Français, à Santo-Domingo, au Port-au-Prince et aux Gonaïves. Placé ensuite à la tête d'un corps d'armée par le capitaine-général de la colonie, il fit la guerre à Toussaint-Louverture et l'obligea à lui abandonner les lieux qu'il occupait. Les témoignages réunis du capitaine-général et des naturels du pays prouvent les services qu'il rendit alors à la France et à l'humanité.

A son retour (2 frimaire an XI), il se rendit à Rochefort, où il arma la frégate *la Cybèle*, à bord de laquelle il alla prendre le commandement en chef de la division mouillée sur la rade de l'île d'Aix. Rappelé à Rochefort en vendémiaire an XII, il en sortit le 4 nivose sur le vaisseau *le Magnanime*, fit voile pour les colonies, et après avoir combattu à la Dominique, il revint le 6 messidor an XIII à Rochefort, où il reçut de la confiance du gouvernement le commandement en chef de l'escadre. Il parcourut l'Océan pendant cent soixante et un jours consécutifs. Divers convois anglais, plusieurs bâtimens de guerre, et entre autres le vaisseau anglais *le Calcutta*, de 56 canons, tombèrent entre ses mains, et il conduisit des prises nombreuses aux îles Canaries. Ses services antérieurs l'avaient fait nommer officier de la Légion-d'Honneur le 25 prairial an XII. Cette glorieuse campagne lui valut le grade de contre-amiral le 1er janvier 1806, et la lettre suivante du ministre de la marine :

« Sa Majesté voulant vous donner, monsieur le contre-amiral, un témoignage de sa satisfaction toute particulière pour la brillante campagne que vous venez de faire, me charge de vous dire qu'elle vous autorise à regarder la belle escadre de Rochefort comme une propriété glorieuse qu'elle commet pour toute la guerre à votre zèle, votre dévoûment et votre énergie ; que les hautes dignités de l'État sont sur la route que vous parcourez, et qu'en la suivant avec tenacité rien n'échappera à Sa Majesté de ce que vous aurez fait pour le bien du service. »

Le contre-amiral Allemand porta ensuite son escadre dans la Méditerranée, puis à Corfou et toujours avec le même succès. Les Anglais sans cesse à sa recherche, et souvent à sa poursuite, ne purent jamais l'atteindre, et il ramena ses escadres saines et sauves, enrichies de prises et fières d'avoir bravé les menaces d'un ennemi bien supérieur en force. Rien ne manqua à la gloire de l'amiral, pas même l'admiration des Anglais pour ses savantes manœuvres.

Le 28 avril 1808, il transporta son pavillon du vaisseau à trois-ponts *le Majestueux*, qui avait besoin d'être radoubé, sur la frégate *la Flore*, et prit le commandement en chef de l'armée de Toulon en remplacement de l'amiral Gantheaume, qui était en congé. Au retour de ce dernier (28 septembre 1808), il reprit sa place de commandant en second. Cependant il s'agissait d'exécuter une opération sur l'île d'Elbe. Les Anglais serraient la côte : la sortie et le retour paraissaient également difficiles. Les généraux placés après lui dans l'escadre déclinaient cette mission ; il s'en chargea, et partit avec une division de frégates qu'il ramena tout entière le 24 octobre suivant.

Nommé vice-amiral le 9 mars 1809, il alla prendre à Rochefort le commandement en chef des escadres de Brest et de l'île d'Aix. Embossé sur cette rade, par ordre du ministre, il y fut attaqué le 11 avril 1809. 33 bâtimens brûlots, parmi lesquels on comptait des frégates et des vaisseaux, se répandirent à la fois sur ses lignes. Pendant deux jours entiers il soutint avec honneur le combat et le bombardement. 3 vaisseaux et une flûte atteints par les brûlots s'échouèrent et furent incendiés. C'était pour les Anglais un résultat bien mince, et qui ne pouvait racheter, ni une dépense de 10 millions, ni la honte d'avoir eu recours à de semblables moyens. Le ministre de la marine lui offrit à cette époque le commandement en chef de l'une des deux armées navales que la France avait alors, mais il préféra servir en second dans celle de la Méditerranée pour ne déplacer personne, et ce ne fut qu'après le rappel à Paris du vice-amiral Gantheaume qu'il consentit à le remplacer. C'est alors que l'armée navale de la Méditerranée reçut enfin cette impulsion d'activité que le chef de l'État voulait lui donner. Il la fit naviguer en dehors avec tant de persévérance, que le ministre ordonna de lui compter ce temps comme passé à la mer.

Le 15 août 1810, il avait été élevé à la dignité de comte avec un majorat de 80,000 francs sur le Hanovre. Le 8 mars 1811, il se rendit à Lorient pour organiser dans l'Océan une escadre semblable à celle de la Méditerranée. Il arma et conduisit à Brest les vaisseaux qui se trouvaient dans le port de Lorient et alla parcourir l'Océan à la tête de cette escadre. La prise de tous les bâtimens isolés et de divers convois de la valeur de 18 millions signalèrent sa présence. 30 vaisseaux de ligne anglais étaient attachés à sa recherche ; nos ports étaient généralement bloqués par des forces doubles. L'Angleterre regardait comme assurée la prise de notre escadre, aussi ses feuilles publiques la faisaient elle entrer tantôt à Plymouth, tantôt à Portsmouth. Le 12 mars 1812, il effectua tranquillement son retour dans le port de Brest.

Commandant de la Légion-d'Honneur le 18 avril 1811, il en devint grand-officier le 7 avril 1813.

La Restauration le fit chevalier de Saint-Louis le 6 juin 1814, et le 15 août suivant administrateur-général de l'ordre royal et hospitalier du Saint-Sépulcre de Jérusalem, puis le 31 décembre

1814 elle le mit à la retraite, quoiqu'il fût plus jeune que les autres amiraux et qu'il jouît d'une santé vigoureuse. Quelques biographes ont écrit que la dureté de son commandement était la cause de sa disgrâce; une enquête faite contre lui après son retour de Saint-Domingue constate en effet qu'il manqua d'égards et de justice envers ses passagers; ce sont des torts que l'histoire rappelle avec peine.

Cet amiral, qui avait passé trois cent dix-huit mois sous voiles, étranger aux passions politiques, a bien pu se ressentir de leurs attaques dans un temps où elles étaient si vivement excitées.

La France ne se souviendra pas moins qu'il a fait pour elle 29 campagnes en sous-ordre, qu'il a commandé en chef 7 divisions, 5 escadres et une armée; que, présent à 17 combats, il a reçu trois blessures graves dont il portait les cicatrices. Il est mort à Toulon le 2 mars 1826.   A. L.

ALLENT (PIERRE-ALEXANDRE-JOSEPH), né le 9 août 1772 à Saint-Omer (Pas-de-Calais), avait à peine terminé ses études au collège de cette ville lorsqu'il entra au service comme canonnier volontaire dans le bataillon de son département, et fit en cette qualité partie des troupes envoyées à Lille lors du bombardement de cette place en 1792. Chargé ensuite de porter aux troupes stationnées en avant du mont Cassel l'ordre d'entrer en Belgique, et de lever et retrancher les positions, il fit preuve dans cette circonstance d'une capacité qui fixa l'attention des ingénieurs militaires. Le corps du génie, décimé par le feu de l'ennemi, par la retraite volontaire ou par l'émigration, ne trouvant pas à son École assez de sujets capables pour réparer le vide, l'on adjoignit aux ingénieurs des jeunes gens dont l'instruction et les moyens répondaient à la difficulté des fonctions à remplir. Allent, dont les études mathématiques avaient été brillantes, fut désigné par ses chefs et nommé adjoint de première classe le 1er mai 1793. Lieutenant le 1er vendémiaire an III, et capitaine le 1er germinal suivant, il se montra digne de ces distinctions par le courage et le talent qu'il déploya aux travaux de défense de la Lys à l'Aa, à Saint-Venant, aux postes de la Lys et au canal de jonction, à Dunkerque, au Fort-Louis et sur les côtes. Empêché par raison de santé de prendre plus longtemps une part active aux opérations de la guerre, il fut appelé à Paris le 9 pluviôse an IV, et attaché au cabinet topographique que Carnot venait d'établir près du Directoire pour la centralisation des opérations et l'historique de la guerre. Chargé de la rédaction des instructions à donner aux chefs de nos armées, on n'eut qu'à se louer de l'utilité de sa coopération. Envoyé le 19 vendémiaire an VI à l'École de Metz pour y compléter les études exigées des officiers de l'état-major, en exécution de la loi de l'an IV et de l'instruction de l'an V, il y subit l'examen demandé, à la suite duquel il fut définitivement classé dans le corps du génie, et envoyé le 24 germinal de la même année comme sous-chef de l'état-major du génie à l'armée de Mayence. Employé à celle du Danube le 28 prairial suivant comme chef de l'état-major de la même armée, il se trouva à l'investissement et au siége de Philisbourg, et reçut pour double mission de défendre les têtes de pont du Rhin, et de diriger aux armées de réserve et du Rhin le mouvement sur le Saint-Gothard. Rappelé à Paris le 5 prairial an VII, et nommé secrétaire permanent du comité des fortifications, qui jusque-là n'avait eu que des secrétaires temporaires, il donna aux travaux de cette assemblée une rapide impulsion. Promu chef de bataillon par arrêté du 19 thermidor an VIII, il devint le 25 du même mois chef de l'état-major du génie à l'armée de réserve et des Grisons. De retour à Paris après la campagne de l'an VIII pour y reprendre ses fonctions auprès du comité, il devint sous-directeur des fortifications le 3 frimaire an X, et membre de la Légion-d'Honneur le 25 prairial an XII. En 1808, il réunit à ses fonctions de secrétaire du comité celles de directeur du dépôt des fortifications et de la galerie des plans-reliefs, et du conseil de perfectionnement de l'École polytechnique. Lors de l'expédition anglaise de l'Escaut en 1809, il accompagna le premier inspecteur-général du génie dans la tournée qu'il fit pour examiner les travaux de défense à Anvers, Breskens et Ostende, et fut chargé de la reconnaissance des positions à occuper et à retrancher pour s'opposer aux tentatives de l'ennemi. Rendu à ses nombreuses occupations du comité, il assistait en outre comme son secrétaire à toutes les séances des conseils d'administration du génie que l'Empereur présidait durant l'hiver. Napoléon, frappé du savoir, de la lucidité avec laquelle Allent exposait et discutait les projets, le fit chevalier de l'Empire et le nomma maître des requêtes au conseil d'État le 8 février 1810; un second décret du 3 août 1811, en lui donnant le grade de major du génie, témoignait que l'intention de Napoléon n'était pas cependant de lui fermer la carrière dans laquelle il avait si dignement débuté. Placé au conseil d'État dans la section de la guerre, il fut en même temps attaché au comité du contentieux. C'était une fonction difficile et pour lui entièrement nouvelle; il la remplit pendant vingt-cinq ans avec le zèle le plus consciencieux et le plus persévérant, et concourut éminemment, et plus que personne peut-être, à fonder la jurisprudence du contentieux administratif sous le régime de nos lois actuelles, et en cela il a rendu au gouvernement et au pays un service important. La France étant menacée par suite des événements malheureux de la guerre, Allent entra au conseil de défense, où il resta depuis le 21 décembre 1813 jusqu'au 30 mars 1814. Il rédigea un rapport sur les positions défensives entre Paris et la frontière, fit une reconnaissance détaillée des positions en avant de la capitale, fut désigné par l'Empereur au roi Joseph dans ses instructions du 24 janvier pour être placé à la tête de son bureau militaire et chargé d'expédier tous les ordres, de suivre tous les détails de la correspondance de l'armée, des gardes nationales, dont il fut nommé chef d'état-major par décret du 28 janvier avec rang de général de brigade, des corps ou dépôts de la ligne et de la garde dans la 1re division militaire, et de la défense de

Paris et des environs. Le 20 mars 1814, il fit une reconnaissance des débouchés de l'ennemi sur Paris, et le 30 il pourvut à la défense des routes et de la barrière de Clichi contre le corps du maréchal Blücher; il assista à la conférence tenue à Montmartre, après la reprise des hostilités, pour faire cesser le feu et régler les avant-postes. Doué de la plus énergique activité, que la faiblesse de sa santé ne pouvait abattre, il s'occupa pendant la nuit qui suivit cette journée de pourvoir à la reprise par la garnison des postes occupés par la garde nationale, d'assurer l'ordre intérieur, la police des travaux de l'armée, la défense des barrières contre les cosaques. Il prit part à la célèbre conférence de Bondy pour effectuer la remise des barrières et pour conserver à la capitale la protection de la garde nationale au milieu des troupes étrangères qui allaient l'envahir. Par un motif de délicatesse qui devait être un jour funeste à sa famille, qu'il laissa sans fortune, il renonça au grade militaire dont il était revêtu avant d'avoir accompli le temps exigé par la loi pour jouir d'une pension qui eût été reversible sur sa veuve. En effet, un arrêté du gouvernement provisoire du 10 avril 1814 portait que le chevalier Allent, vu l'état de sa santé, cesserait de faire partie du corps du génie pour ne conserver que les fonctions de chef de l'état-major de la garde nationale de Paris. Nommé le 31 mai suivant lieutenant-général avec le rang d'aide-major général dans la garde parisienne, il s'occupa sans relâche du service de cette garde pendant la première quinzaine de juin, époque du départ des alliés et de leur permutation dans les postes de la capitale avec les troupes de garnison qui arrivaient. Louis XVIII le nomma aide-major-général, chef d'état-major des gardes nationales du royaume le 13 juin, conseiller d'État honoraire le 5 juillet, et conseiller d'État en service extraordinaire le 13 septembre pour faire partie des conseils et comités où devaient se traiter la législation des gardes nationales. De retour de l'île d'Elbe, l'Empereur le désigna le 25 mars 1815 comme membre du conseil d'État; mais Allent, lié par son serment à Louis XVIII, refusa tout concours au nouvel ordre de choses, et envoya au *Journal de Paris* copie de la lettre qu'il venait d'écrire à l'Empereur, afin que cette feuille rectifiât l'erreur qu'elle avait commise en inscrivant son nom dans la liste de composition des membres-conseillers. Lors de la seconde Restauration, il rentra aux affaires, et fut nommé le 24 novembre 1815 inspecteur-général et membre du comité des inspecteurs généraux des gardes nationales du royaume. Sous-secrétaire d'État au département de la guerre le 19 septembre 1817, il rédigea un rapport remarquable sur la loi du recrutement, si brillamment défendue par le maréchal Saint-Cyr, et le 25 avril 1818 présida la commission de rédaction du projet de code judiciaire pour l'armée de terre, et cessa ses fonctions de sous-secrétaire d'État le 23 avril 1819 pour devenir président de la section du contentieux au conseil d'État, ne voulant pas cumuler deux traitemens pour deux fonctions qu'il ne pouvait, disait-il, remplir sans que l'une fît tort à l'autre. Déjà membre de la Légion-d'Honneur depuis le 25 prairial an XII, et chevalier de Saint-Louis du 6 janvier 1815, le roi le nomma officier de la Légion-d'Honneur le 15 juillet 1820; mais s'il accepta ces marques distinctives toutes françaises, il refusa les décorations étrangères qu'on lui offrit. Louis XVIII lui confia en 1821 la direction des gardes nationales et des affaires militaires ressortissant au ministère de l'intérieur, et en 1822 la présidence de la commission des comptes. Charles X lui donna la croix de commandeur de la Légion-d'Honneur le 22 mai 1825. Appelé en 1828 à la députation, honneur auquel l'élevait pour la seconde fois, depuis 1816, ses compatriotes du Pas-de-Calais, il rendit les plus grands services comme membre le plus éclairé, le plus instruit des commissions créées au sein de la Chambre élective. La révolution de Juillet éclata; les électeurs de son département voulurent de nouveau lui donner leurs suffrages, mais ayant vendu dans le cours de l'année 1828 sa propriété d'Essonne, près Château-Thierry, la seule qu'il possédât, pour en distribuer le prix à des parens peu fortunés du côté de sa femme, il avait cessé dès-lors d'être éligible. Fatigué et souffrant depuis longues années de la maladie dont il mourut, il voulait se retirer des affaires; mais le roi l'éleva le 11 octobre 1832 à la dignité de pair de France. On connaît le mémorable rapport qu'il y lut en 1833 sur le projet de loi relatif à l'état de siége. Ce fut son dernier travail important. Atteint de souffrances cruelles, il les supportait avec une courageuse patience, mais il ne put dans ses derniers temps prendre une part très active aux travaux législatifs. Il succomba le 5 juillet 1837.

Le conseil d'État presque tout entier assista à ses funérailles, quoiqu'il eût manifesté le désir d'être inhumé sans pompe; il avait aussi demandé qu'aucun discours ou éloge ne fût prononcé sur sa tombe ni ailleurs; ses amis et ses collègues déférèrent à cette dernière volonté. En 1842, la ville de Saint-Omer lui éleva un monument et fit frapper une médaille en son honneur; son portrait fut placé dans la galerie du conseil d'État.

Allent avait publié un grand nombre de travaux littéraires et historiques dignes d'estime. J-T.

ALLIOT (ALEXANDRE-ROGER-LOUIS), naquit le 22 février 1772 à Paris (Seine). Volontaire le 4 septembre 1793 dans le bataillon de Beauvais, incorporé dans le 106e régiment d'infanterie, devenu 13e demi-brigade de bataille le 1er frimaire an V, il passa sergent-major le 13 floréal an II, et sous-lieutenant au choix le 13 floréal an III. Appelé à remplir les fonctions d'aide-de-camp le 16 vendémiaire an IV, il prit part à toutes les opérations de nos guerres dans la Vendée de 1793 à l'an IV. Employé à l'armée d'Italie, il devint lieutenant le 15 ventose an V, capitaine le 15 germinal an VI, partit avec l'armée d'Orient et fit les campagnes d'Égypte et de Syrie. Blessé d'un coup de feu au Caire, à l'attaque de la Mosquée, le 30 vendémiaire an VII, il le fut de nouveau à la tête, au siége d'Acre, le 19 floréal suivant, puis encore à la jambe droite, au siége d'Aboukir, le 10 thermidor de la même année, et reçut le grade de chef de bataillon sur le champ de bataille le 29 pluviose an VIII. De retour en France, il passa titulaire de son grade à la 29e demi-brigade légère par arrêté du premier Consul du 7 floréal an X. Non compris dans l'organisation du corps qui eut lieu le 1er frimaire an XII, comme étant le moins ancien des chefs de bataillon, il se retira dans ses foyers conformément à l'arrêté du 4 vendémiaire an XII, en attendant son rappel à l'activité. Réintégré presque aussitôt dans le commandement du 2e bataillon de son régiment, et nommé membre de la Légion-d'Honneur le 25 prairial de la même année, il mourut le 2 thermidor suivant. J-T.

ALLIOT (FRANÇOIS), né le 29 avril 1770 à Monetay (Allier), entra au service le 27 janvier 1785 au régiment de dragons du roi, devenu 18e de l'arme en 1791, et fit les campagnes de 1793 à l'an III à l'armée des Pyrénées-Orientales, où il fut blessé d'un coup de feu à l'épaule. En l'an IV, il passa dans l'Ouest, puis en Italie, suivit l'expédition d'Orient en l'an VI, et se trouva au débarquement des Anglais devant Alexandrie le 30 ventose an IX. Nommé membre de la Légion-d'Honneur au camp d'Amiens le 25 prairial an XII, il fit les deux campagnes d'Autriche et de Prusse avec le 3e corps de la grande armée, rejoignit la réserve de cavalerie, avec laquelle il fit la campagne de Friedland, et prit sa retraite le 21 septembre 1807. Il est mort le 8 mai 1823 à Moulins (Allier).

ALMERAS, général de division. *Voyez* t. III, p. 55.

ALPHONSE. (*baron*, D'). V. DALPHONSE (*baron*).

ALQUIER, ambassadeur. *Voyez* t. II, p. 226.

ALY (FRANÇOIS-LOUIS), né le 15 novembre 1749 à Fontainebleau (Seine-et-Marne), entra le 6 juin 1771 comme canonnier au 5e régiment d'artillerie à pied, devint sergent le 15 novembre 1775, sergent-major le 1er juin 1779, et servit à l'armée des côtes de Normandie pendant les années 1782 et 1783. Promu lieutenant en troisième le 7 juillet 1786, lieutenant en deuxième le 1er janvier 1791, adjudant-major le 1er avril suivant, capitaine en second le 26 juillet 1792, et capitaine en premier le 17 juin 1793, il fit les campagnes de 1792 et 1793 aux armées du Rhin et de l'Ouest, et se distingua à la prise de Spire et pendant le blocus et le siège de Mayence. Passé le 10 brumaire an II comme capitaine-commandant à l'École des élèves de Châlons, il quitta ces fonctions le 1er floréal de la même année et fut nommé le 1er prairial suivant chef de bataillon au 6e régiment d'artillerie à pied. Renvoyé dans l'Ouest, il suivit les opérations de nos armées de l'an II à l'an V, et y commanda les arsenaux de Tours et d'Angers. Appelé en l'an VI à l'armée d'Angleterre, il fit partie de l'expédition d'Irlande et se distingua au combat livré sous l'île de Thory. Rentré à l'intérieur, il y commanda successivement, par intérim, de l'an VII à l'an IX, le 6e régiment, la direction d'artillerie de Lille, et l'artillerie de la place de Luxembourg, et de l'an X à l'an XI l'état-major de l'artillerie à Rennes en l'absence du colonel. Appelé en l'an XII au camp de Brest, il devint membre de la Légion-d'Honneur le 25 prairial, et le 24 messidor suivant sous-directeur d'artillerie à la place de Saint-Malo. Élevé au grade de colonel le 14 mars 1811, il passa le 1er août directeur d'artillerie à La Rochelle, et obtint sa retraite le 12 août 1814. Il est mort à La Rochelle (Charente-Inférieure), le 18 mars 1829. J-T.

AMAND (FRANÇOIS), né le 4 septembre 1774 à Bourg (Ain), entra au service comme volontaire le 5 octobre 1792 dans le 7e bataillon de Rhône-et-Loire, embrigadé dans la 59e de bataille le 28 floréal an II, laquelle fut amalgamée le 20 floréal an IV dans la 102e demi-brigade de ligne, devenue le 1er vendémiaire an XII 102e régiment de même arme. Il fit toutes les campagnes de 1792 à l'an IX dans les différentes armées de la République. Le 3 vendémiaire an VIII, à la bataille de Zurich, il s'élança seul au milieu d'un bataillon ennemi, enleva un drapeau et tua 3 Russes qui cherchaient à le reprendre. Dans la même journée, secondé par 4 de ses camarades, il fit mettre bas les armes à 14 officiers et à 163 soldats ennemis. Après la bataille, il remit lui-même au général en chef Masséna le drapeau qu'il avait si glorieusement conquis. Le 16 messidor an XI, le conseil d'administration de son corps signala ce fait d'armes à l'inspecteur-général, qui s'empressa d'en rendre compte au gouvernement, et Amand fut compris dans la promotion des légionnaires du 25 prairial an XII, mais il ne jouit pas long-temps de cette juste récompense de sa valeur; il mourut de la fièvre à Alexandrie le 28 fructidor suivant. B-G.

AMEIL (AUGUSTE-JEAN-JOSEPH-GILBERT, *baron*), naquit le 6 janvier 1775 à Paris. Fils d'un avocat au parlement de cette ville, il entra le 14 juillet 1789 grenadier dans la garde nationale parisienne (bataillon de la Jussienne) et passa le 1er mai 1792, avec le grade de sous-lieutenant, dans le 10e bataillon d'infanterie légère. Il se signala à l'armée du Nord, dans les plaines de la Champagne et à l'armée de Sambre-et-Meuse de 1792 à l'an VI, et devint successivement lieutenant et capitaine-adjudant-major les 4 février et 17 septembre 1793, adjoint aux adjudans-généraux le 1er nivose an II, et aide-de-camp du général Desjardins le 6 nivose an III; il prit part aux sièges de Valenciennes, de Condé, du Quesnoy et de Maubeuge. Dans une sortie faite pendant le blocus de cette dernière place, le drapeau du 6e bataillon de volontaires de l'Oise ayant été pris par l'ennemi, le brave Ameil se précipita sur le groupe qui entourait cet insigne, le reprit et alla le remettre au commandant de ce bataillon. Sa conduite distinguée en Hollande et sur le Rhin lui mérita, le 14 thermidor an VII, le grade de chef d'escadron dans le 5e régiment de chasseurs à cheval, avec lequel il fit les guerres de l'an VII à l'an XIII dans le nord de l'Allemagne et dans le Hanovre. Il avait reçu, le 25 prairial an XII, la décoration de membre de la Légion-d'Honneur. A l'affaire du 17 vendémiaire an XIII, il reçut un coup de feu au visage. Nommé major de son régiment le 25 septembre 1806, il fut blessé au bras droit au combat de Hall, le 17 octobre même année. Le 24 novembre suivant, il passa avec son grade dans le régiment de chevau-légers belges, devenu 27e de chasseurs. Resté à la grande armée jusqu'à la fin de 1807, il alla servir en Danemarck en 1808, devint le 31 mai 1809 colonel en second du 19e de chasseurs, et le 12 juin colonel titulaire du 24e régiment de même arme, qui faisait alors partie de l'armée d'Espagne. Sa bravoure à la bataille d'Oporto lui mérita, le 13 août 1809, la croix d'officier de la Légion-d'Honneur. Rappelé à la grande armée au commencement de 1812, il fit la campagne de Russie. L'Empereur récompensa ses services le 21 novembre par le grade de général de brigade. Attaché au 3e corps de cavalerie le 25 mars 1813, il fit les guerres de Saxe et de France, de 1813 et 1814, et contribua puissamment à battre l'ennemi à Fontvannes, près de Troyes, le 23 février de cette dernière année. Louis XVIII le nomma commandeur de la Légion-d'Honneur le 29 juillet 1814, et chevalier de Saint-Louis le 20 août suivant. Quand *Monsieur*, frère du roi, se rendit à Lyon pour s'opposer à la marche de Napoléon sur Paris, le général Ameil l'accompagnait ; la défection des troupes força le comte d'Artois de reprendre la route de la capitale, et le baron Ameil se rangea sous les drapeaux de son ancien chef. Envoyé à Auxerre par l'Empereur, il fut arrêté dans cette ville par ordre du roi, et transféré dans la prison de l'Abbaye, d'où il sortit le 20 mars. Employé au 3e corps d'observation le 6 avril 1815, il prit part à la malheureuse campagne des Cent-Jours. Après le second retour des Bourbons, le général Ameil adressa à Louis XVIII une lettre dans laquelle il cherchait à justifier sa conduite et lui offrit de nouveau ses services. Le gouvernement du roi lui répondit en inscrivant son nom dans l'ordonnance du 24 juillet. Il se rendit aussitôt en Angleterre et passa ensuite en Hanovre avec l'intention d'aller ensuite invoquer les souvenirs de Bernadotte, sous les ordres duquel il avait servi. Arrêté à Lunebourg, on le conduisit dans les prisons d'Hildesheim. Mis en jugement comme prévenu du crime de haute trahison, le 1er conseil de guerre de la 1re division militaire le condamna à mort par contumace le 15 novembre 1816. Une ordonnance royale du 25 juin 1821 déclara compris dans l'amnistie accordée par la loi du 12 janvier 1816 les faits imputés au général Ameil, et il rentra immédiatement dans ses droits, titres, grades et honneurs. Admis à la retraite le 24 octobre suivant, il mourut à Paris le 16 septembre 1822 ; le même jour Louis XVIII le nommait commandeur de la Légion-d'Honneur. Le général Ameil avait reçu de Napoléon le titre de baron de l'Empire, et avait été nommé chevalier des ordres royaux et militaires de Saint-Hubert de Bavière et de l'Épée de Suède. B-S.

AMEY, général de division. *Voyez* tome III, page 55.

AMIOT (FRANÇOIS), né le 16 octobre 1769 à Blondefontaine (Haute-Saône), s'engagea le 3 novembre 1786 comme soldat dans le régiment de Piémont-infanterie, devenu 3e de l'arme en 1791, amalgamé en l'an II dans la 5e demi-brigade d'infanterie, devenue 24e de bataille en l'an IV, et 24e régiment de ligne en l'an XII. Caporal-fourrier le 11 brumaire an II, sergent le 21 pluviose suivant, sergent-major le 10 messidor an III, et adjudant-sous-officier le 21 germinal an VII ; il fit les campagnes de 1792 à l'an V aux armées de la Moselle et du Rhin. En l'an VI, il était en Italie ; à l'affaire de Cassano le 8 floréal an VII, il dégagea son chef de bataillon tombé au pouvoir de l'ennemi, et fut nommé sous-lieutenant sur le champ de bataille. Le 16 germinal an VIII, à la montagne de Capanardigo en Ligurie, il sauva encore des mains de l'ennemi le général Petitot blessé, le plaça sur ses épaules et l'emporta loin du danger. Nommé lieutenant le 25 floréal suivant, il reçut ainsi la récompense de la bravoure qu'il avait déployée à la journée du 21, où, à la tête des grenadiers de sa compagnie, il fondit sur l'ennemi, sabra et culbuta au pied de la montagne de Capanardigo tout ce qui se trouvait devant lui ; il fut en outre porté sur une liste de distribution de sabres d'honneur confirmée par arrêté du 23 fructidor an X. Passé à l'armée d'Espagne en l'an X, et au corps d'observation de Brest en l'an XII, il obtint la croix d'officier de la Légion-d'Honneur le 25 prairial suivant ; il était légionnaire de droit du 1er vendémiaire de la même année. Appelé à la grande armée de l'an XIV à 1807 en Autriche, en Prusse et en Pologne, il fut admis à la retraite le 9 avril 1807. Il est mort le 1er juillet 1826 à Vesoul (Haute-Saône).

AMORETTI D'ENVIÉ (EUGÈNE-MICHEL), né le 14 août 1774 à Turin (Piémont), entra comme cadet au régiment d'Ivrée (armée du roi de Sardaigne) le 25 décembre 1792. Sous-lieutenant au même régiment le 18 octobre 1793, il reçut le 13 septembre 1794 un coup de feu au front en défendant au Mont-Cenis le poste dit *la Barrière*. Le lendemain, le roi de Sardaigne le nomma lieutenant et le décora de l'ordre de Saint-Maurice et Lazarre. Le 27 du même mois, à la tête de 25 hommes, il arracha de vive force, au poste Vilarcte, 2 pièces de canon. Nommé adjudant-major le 10 novembre de la même année, il passa adjudant adjoint à l'état-major du général Colli le 20 mai 1795, et aide-de-camp du duc d'Aoste le 19 avril 1796. Il suivit les opérations de l'armée autrichienne en Italie jusqu'en 1800, et fut blessé à Mondovi d'un coup de baïonnette à la cuisse droite. Entré au service de France le 17 messidor an VIII comme capitaine, le premier Consul l'attacha à la commission chargée de la formation des troupes piémontaises, et, au 15 vendémiaire an IX, à l'état-major du général Valette en qualité de capitaine adjoint. Élevé au grade de chef de bataillon dans son ancien régiment (d'Ivrée) le 30 frimaire an IX, il resta un moment à l'armée de l'intérieur. Le 28 nivose suivant, il passa à la 1re demi-brigade des chasseurs d'élite, et servit de l'an IX à l'an XI à l'armée d'Italie. Le 25 pluviose an IX, il se jeta un des premiers au milieu des insurgés piémontais qui avaient pris position dans la vallée d'Aoste et reçut deux coups de feu dans son chapeau ; il les repoussa jusqu'au pont Saint-Martin. Le général en chef lui adressa une lettre de félicitation sur la part brillante qu'il avait prise à cette affaire. Passé le 2 frimaire an XII aux fonctions d'aide-de-camp près le général Quentin, et membre de la Légion-d'Honneur le 25 prairial de la même année, il suivit son général jusqu'au 2 brumaire an XIV. Désigné à cette époque pour servir comme adjoint à l'état-major général de l'armée d'Italie, et attaché successivement au même titre le 23 mai 1806 à l'état-major général du prince vice-roi, le 15 juin suivant à l'état-major général de l'armée de Dalmatie (général Lauriston), et le 24 mai 1808 à l'état-major de l'armée d'Italie, il assista à toutes les opérations de ces armées, reçut en 1806 à Malborghetto un coup de biscaïen qui lui fracassa la jambe gauche, et fut proposé par le vice-roi pour la croix d'officier de la Légion-d'Honneur. Nommé chef d'état-major de la 3e lieutenance commandée par le général Granier le 27 avril 1809, adjudant-commandant le 9 juillet de la même année, et chef d'état-major de la 3e division (Durutte) le 16 du même mois, il se rendit en Allemagne avec le corps du vice-roi. N'étant pas guéri de sa blessure reçue à Malborghetto, il se fit lier sur son cheval pour prendre part à la bataille de Wagram, où il fut blessé de nouveau par le contre-coup d'un boulet de canon. Disponible en 1810 par l'effet de la réorganisation de l'armée d'Italie, il reçut l'ordre de se rendre à Turin le 7 mai 1811. Arrêté à Paris quelques jours avant son départ sur une fausse inculpation, il fut acquitté par le tribunal de première instance; mais le ministre prononça néanmoins sa destitution. L'Empereur le remit en activité comme chef d'état-major de la 3e division du 2e corps de la grande armée de Russie, par décret du 29 juillet 1812, daté de Witepsk. Blessé à Thtaniski le 2 novembre, il eut un cheval tué sous lui à la bataille de Borisow le 24 du même mois. Passé en 1813 à la 2e division du 3e corps de la grande armée en Saxe, l'état de ses blessures l'obligea de rentrer en France dès le mois de mai. Arrêté de nouveau à son arrivée à Paris comme soupçonné d'abus de confiance, il resta dix mois en prévention à la Conciergerie. Rendu à la liberté en avril 1814, il comparut le 11 avril 1815 devant le 1er conseil de guerre de la 1re division militaire, qui prononça son acquittement. Au mois de novembre suivant, il obtint sa démission du service de France et l'autorisation de rentrer dans sa patrie. On a cessé d'avoir de ses nouvelles depuis cette époque. J.-T.

AMOUROUX (JEAN). *Voyez* LAMOUROUX.

ANCELIN (NICOLAS), naquit le 13 janvier 1766 à Saint-Mihiel (Meuse). Dragon le 5 avril 1786 au régiment de Chartres, devenu 14e de même arme, brigadier le 8 août 1793, il devint maréchal-des-logis après l'affaire du 2 nivose an II, à Niederbron, où, blessé d'un coup de sabre, il amena 3 prisonniers au camp; il fit les guerres de 1792 à l'an VI aux armées du Nord, de la Moselle, de Sambre-et-Meuse et d'Italie. Appelé en Orient avec son régiment, il prit part aux campagnes d'Égypte et de Syrie de l'an VII à l'an IX, fut nommé adjudant-sous-officier le 1er vendémiaire an VII, et sous-lieutenant le 15 thermidor de la même année; à la journée d'Aboukir il eut un cheval tué sous lui. Rentré en France, il fit partie de l'armée des côtes de l'Océan pendant les ans XII et XIII, et obtint le 25 prairial an XII la croix de membre de la Légion-d'Honneur. Appelé à la grande armée en l'an XIV, il assista à la bataille d'Austerlitz et fit les campagnes de Prusse et de Pologne en 1806 et 1807. Lieutenant le 7 novembre 1806, il passa en 1808 en Espagne et périt assassiné à Lebrija, en Andalousie, le 7 décembre de la même année. J.-T.

ANDRÉ (ANTOINE-CHARLES), naquit le 30 septembre 1774 à Paris (Seine). Admis à l'examen ouvert au mois de juillet 1793 pour le génie, il fut nommé adjoint au corps le 20 août suivant, lieutenant le 18 vendémiaire, capitaine de troisième classe le 14 pluviose, de deuxième classe le 29 floréal an III, et de première classe le 1er fructidor an III. Employé dans la guerre de la Vendée avec l'armée de Mayence depuis le 20 août 1793 jusqu'au 29 floréal an II, il eût un cheval blessé sous lui au combat du 22 germinal an II. Passé à l'armée du Nord, puis à celle de Sambre-et-Meuse de l'an III à l'an IV, il se trouva aux sièges d'Ypres, de Nieuport et de l'Écluse, au passage du Waall et aux affaires qui suivirent ce passage. De tranchée devant Nieuport dans la nuit du 27 au 28 prairial an III, il reçut au front un coup de biscaïen. Employé à l'aile gauche de l'armée de Sambre-et-Meuse lors des travaux qui préparèrent le passage du Rhin, il assista également aux affaires qui suivirent ce passage, et fut ensuite chargé de concourir à l'établissement du camp retranché de Dusseldorff. Placé à la suite de l'École polytechnique le 10 germinal an IV pour se préparer à l'examen exigé pour les officiers du génie reçus depuis 1792, le capitaine André subit l'épreuve dans le mois de pluviose an V et en sortit avec honneur. Appelé le 8 germinal suivant à l'état-major général de l'armée du Rhin, il se vit chargé de la construction des digues et routes de Kehl et des travaux des forts de Knubis sur les montagnes de la forêt Noire. De l'armée du Rhin, où il resta jusqu'au 22 pluviose an VI, il passa successivement aux armées d'Angleterre, de Mayence, d'observation, du Danube, d'Helvétie et du Rhin du 22 pluviose an VI au 8 vendémiaire an VIII. Détaché ensuite de l'état-major général de l'armée d'observation, et chargé de mettre Manheim en état de défense et de construire le grand pont du Rhin, il fut plus tard employé à l'état-major général du génie de l'armée du Danube et d'Helvétie où, remplissant par intérim les fonctions de chef d'état-major, il ordonna les travaux du camp retranché de Rapperscheweil sur le lac de Zurich, et fit en personne la reconnaissance des monts Albis. Passé le 21 messidor an VII à l'armée du Rhin, où il prit les fonctions de chef d'état-major du génie, il se distingua aux affaires qui eurent lieu dans la vallée du Necker, et au deuxième blocus de Philisbourg. Envoyé à Mayence le 8 vendémiaire an VIII, il continua les fonctions de son grade à l'état-major du commandant supérieur de la place jusqu'au 16 ventose de la même année, époque à laquelle il passa à l'état-major général de l'armée de réserve, réunie quelques mois après à celle d'Italie. Présent aux affaires qui précédèrent et suivirent le passage du Mincio, au blocus et au siège de Peschiera, il fut chargé de mettre Orci-Novi en état de défense et de lever et reconnaître le cours de l'Adige de Verone à Porto-Legnago. Resté à cette armée jusqu'au 5 germinal de l'an IX, après avoir servi pendant toute la campagne auprès du général Chasseloup comme aide-de-camp, on l'appela à Paris pour coopérer au travail de l'atlas des places de la République pour le premier Consul. Nommé membre de la Légion-d'Honneur le 25 prairial an XII, Bonaparte l'envoya le 30 brumaire an XIV à l'armée du Nord pour y commander l'arme du génie après le départ du colonel Dabadie. De retour de l'armée du Nord le 26 septembre 1806, il vint à la direction du génie de Paris jusqu'au 14 avril 1807 et alla joindre le 2ᵉ corps de l'armée d'Italie. Le 20 décembre de la même année, il était envoyé à l'armée de Portugal, où il fut tué à l'attaque du pont d'Amaranthe le 29 avril 1809. J-T.

ANDRE (CLAUDE), naquit le 7 mars 1777 à Hattigny (Meurthe). Soldat dans le régiment royal-infanterie (24ᵉ devenu 23ᵉ), depuis le 17 mars 1790 jusqu'au 1ᵉʳ janvier 1793, il passa en qualité de hussard dans la légion des Alpes, devenue 14ᵉ régiment de chasseurs à cheval. Il fit la campagne de cette année à l'armée de Sambre-et-Meuse, et celles des ans II et III à l'armée des Pyrénées-Orientales. Le 13 vendémiaire an II, à l'affaire de Villelongue, il reçut un coup de feu à la jambe droite, et fut nommé brigadier le 20 germinal suivant. Passé en l'an IV à l'armée de l'Ouest, il servit en l'an V au camp de Grenelle, et fit les guerres des ans VII, VIII et IX en Italie. Maréchal-des-logis le 27 thermidor an VII, il se signala le 14 brumaire an VIII devant Fossano, où il reçut un coup de sabre sur l'épaule droite. Après la cessation des hostilités, il tint successivement garnison à Alexandrie, à Voguere et à Rimini de l'an X à l'an XIII, devint sous-lieutenant le 10 pluviose an XII, et membre de la Légion-d'Honneur le 25 prairial suivant. Il fit la campagne de l'an XIV à l'armée d'Italie, celle de 1806 à l'armée de Naples, et celles de 1807, 1808 et 1809 à la grande armée. Du 10 avril de cette dernière année à la fin de 1810, il servit en Illyrie, où le grade de lieutenant lui fut conféré le 31 octobre 1809. Il combattit en Espagne pendant les années 1811 et 1812, et fut atteint d'un coup de feu à l'épaule gauche près de la Nava del Rei le 18 juillet 1812. Nommé capitaine au 4ᵉ régiment de chasseurs à cheval le 9 février 1813, il fit avec ce corps la campagne de France en 1814. Maintenu à son régiment à la nouvelle organisation de l'armée après le retour des Bourbons, et nommé officier de la Légion-d'Honneur le 17 mars 1815, il se trouvait aux environs de Paris avec les escadrons de guerre à l'époque du retour de Napoléon. Il fit la campagne des Cent-Jours avec la 3ᵉ division de cavalerie du 3ᵉ corps de l'armée du Nord, et à Mont-Saint-Jean, le 18 juin, il reçut un coup de feu dans le côté droit. Il suivit l'armée sur la Loire, obtint sa retraite le 30 décembre de la même année, et se retira à Blamont (Meurthe), où il réside encore aujourd'hui. B-G.

ANDRE (ÉTIENNE), né le 25 août 1770 à Morlaix (Finistère), s'engagea le 1ᵉʳ juin 1785 dans le bataillon de chasseurs des Cévennes, devenu 9ᵉ bataillon de chasseurs en 1791, 9ᵉ demi-brigade de troupes légères en l'an II, puis 9ᵉ demi-brigade d'infanterie légère en l'an IX, et enfin 9ᵉ régiment d'infanterie légère au commencement de l'an XII. Le 1ᵉʳ mai 1788, il avait été fait tambour, et ce fut en cette qualité qu'il combattit durant quatre campagnes aux armées du Nord et de Sambre-et-Meuse, et qu'il se trouva à l'affaire d'Hocheim près Mayence le 11 thermidor an IV. Nommé caporal le 27 du même mois, et sergent en Italie le 8 frimaire an VII, il fit partie en l'an VIII de l'armée de réserve, assista à la prise de Plaisance le 18 prairial an VIII, ainsi qu'à la bataille de Marengo le 25 du même mois, où sa demi-brigade acquit le glorieux surnom *d'Incomparable*. Il était au camp de Montreuil lorsque l'arrêté du 25 prairial an XII le nomma membre de la Légion-d'Honneur : après avoir fait les campagnes des ans XIV et 1806 en Autriche et en Prusse avec le 6ᵉ corps de la grande armée, il passa le 21 mars 1807 dans la 3ᵉ légion de réserve de l'intérieur, fut fait prisonnier de guerre à la capitulation de Baylen, conduit sur les pontons de Cadix et de là en Angleterre : il y succomba selon toute apparence le 17 novembre 1811, car il cessa de donner de ses nouvelles depuis cette époque. Y.

ANDRÉ (PIERRE-JOSEPH), né à Lunéville (Meurthe), le 30 janvier 1753, était avocat au parlement de Nanci quand éclata la Révolution de 1789, dont il embrassa les principes avec modération. Nommé juge de paix à Nanci, territoire du Nord, le 9 janvier 1791, il quitta cet emploi après un an d'exercice pour celui d'accusateur public près le tribunal criminel du département de la Meurthe le 9 janvier 1792. Son patriotisme ayant paru trop froid et son action trop peu énergique, le Comité de salut public le suspendit de ses fonctions le 11 frimaire an II ; mais après la chute de Robespierre, il fut rappelé et installé de nouveau le 24 frimaire an III. Nommé président du même tribunal le 2 brumaire an IV, il s'acquitta avec honneur des fonctions de ce nouveau poste, qu'il dut cependant quitter pour celui de commissaire du gouvernement le 12 thermidor an VIII. Quatorze années d'un service actif et fort difficile dans les circonstances où il s'était trouvé l'avaient signalé à la faveur ou plutôt à la justice du gouvernement consulaire. Nommé le 28 floréal an XII procureur-général, il prit la haute direction du parquet de la cour de justice criminelle du département de la Meurthe, séant à Nanci, et fut créé le 25 prairial même année membre de la Légion-d'Honneur. A la réorganisation des tribunaux et des cours de justice, en 1811, il devint (8 mars) procureur-général près la cour prévôtale des douanes de Nanci. La Restauration des

Bourbons le priva de ces fonctions le 26 avril 1814. Il est mort à Nanci le 24 janvier 1836.

ANDRE (SÉBASTIEN-MARIE), né le 22 septembre 1767 à Pont-de-Vaux (Ain), s'engagea le 29 juillet 1792 comme soldat dans le 6e bataillon de son département, devenu par amalgame 200e demi-brigade d'infanterie, puis 18e demi-brigade d'infanterie légère. Élu capitaine le 2 août 1792, il fit les guerres de 1792 à l'an VI aux armées des Alpes et d'Italie, et fut blessé d'un coup de feu à la cuisse gauche à la Favorite. Passé avec son grade le 16 nivose an V comme aide-de-camp du général Joubert, il prit part aux deux batailles de Rivoli et à l'expédition du Tyrol. Le 10 germinal an VI, il entra dans la gendarmerie départementale, et fut promu le 1er frimaire an VIII chef du 24e escadron de la 12e légion. Membre de la Légion-d'Honneur le 25 prairial an XII, il passa sur sa demande au 13e escadron de gendarmerie d'Espagne (2e légion), et suivit les opérations de la guerre de la péninsule de 1807 au 7 janvier 1812, jour où il fut fait prisonnier de guerre. Il rentra en France après les événements de 1814 et se retira dans sa ville natale, où il réside encore aujourd'hui. J.-T.

ANDRÉOSSY, général de division. *Voyez* t. III, p. 56.

ANDREOSSY (VICTOR-ANTOINE, *baron*), naquit le 9 août 1747 à Ventenac (Aude). Entré comme élève lieutenant en second à l'École du génie de Mézières le 1er janvier 1766, après deux années d'études préliminaires, il en sortit le 1er janvier 1768 avec le grade d'ingénieur ordinaire (lieutenant en premier) et devint capitaine le 1er janvier 1777. Il servit dans diverses places du Midi, à Narbonne en 1783, à Collioure en 1786, et obtint à cette époque la croix de chevalier de Saint-Louis. Envoyé à l'armée des Pyrénées-Orientales en 1792, le général en chef Flers le chargea de l'établissement des camps retranchés destinés à couvrir les places de Collioure et de Port-Vendres. En l'an II et en l'an III, Andréossy commanda le génie à l'armée des Pyrénées-Orientales. Il traça le camp retranché formé sous les murs de Perpignan et assista le 17 septembre aux combats de Vernet et de Peyrestortes, où il fut blessé à l'épaule gauche. Nommé chef de bataillon provisoire le 27 vendémiaire an II, et confirmé dans ce grade le 19 ventose de la même année, il prit part à la bataille des Albères du 8 au 11 floréal, aux sièges du fort Saint-Elme, de Collioure et de Port-Vendres, et le 2e jour complémentaire suivant au déblocus de Bellegarde. Il se signala en l'an III aux affaires d'Escola, de Liers et de Vilartoly (30 brumaire), au déblocus de Figuières, aux sièges de Roses et du Bouton. Nommé le 2 floréal sous-directeur des fortifications, il se rendit après la signature du traité de paix avec l'Espagne (4 thermidor an III) à Narbonne pour y attendre des ordres ultérieurs. Le 24 vendémiaire an IV, il y reçut du Comité de salut public le brevet de chef de brigade « en considération de ses services signalés à l'armée des Pyrénées-Orientales, notamment aux sièges de Collioure, de Roses et de Figuières. » Le Directoire confirma cette nomination par arrêté du même jour. Passé successivement de la direction intérimaire d'Antibes à celle de Nice, il quitta cette dernière résidence le 18 prairial an VI pour se rendre à l'armée d'Helvétie ; il assista le 23 fructidor de cette année au combat de Schwitz et aux affaires qui eurent lieu à Couars et à Frauenfeld. Fait général de brigade le 7 thermidor an VII par Masséna, il combattit aux deux batailles de Zurich les 28 thermidor an VII et 5 vendémiaire an VIII, et mérita l'honneur d'être cité à l'ordre de l'armée. Le gouvernement le confirma le 11 brumaire de la même année dans le grade de général de brigade, et lui confia le 23 ventose suivant la direction des fortifications de Montpellier. Réformé par mesure générale le 15 prairial an X, le premier Consul le remit en activité par arrêté du 4 pluviose an XI, et lui conféra l'emploi d'inspecteur-général du génie. Il commanda cette arme au camp de Bruges le 9 fructidor suivant, reçut les 19 frimaire et 25 prairial an XII la décoration de membre et de commandant de la Légion-d'Honneur, et fut attaché au collége électoral du Var en 1807. Il fit les campagnes de l'an XIV et de 1806 au grand quartier-général et rentra en France en 1807. Napoléon lui conféra en 1809 le titre de baron de l'Empire. Il exerça les fonctions d'inspecteur-général des fortifications jusqu'au 1er juillet 1814, époque à laquelle il fut admis à la retraite. Il est mort à Antibes le 14 novembre 1819. B-S.

ANDRIEU (BARTHÉLEMY), naquit le 29 décembre 1777 à Castres (Tarn). Enrôlé volontaire le 18 germinal an VI dans le 15e régiment de dragons, il partit immédiatement avec l'armée d'Orient. Le 23 pluviose an VII, au combat de Rédézieh, il reçut un coup de feu au bas-ventre, cinq coups de sabre sur la tête, trois coups de lance au cou, et un à la fesse droite. Brigadier-fourrier le 4 nivose an VIII, maréchal-des-logis le 1er messidor an IX, il rentra en France lors de la capitulation d'Alexandrie. Devenu maréchal-des-logis-chef le 23 frimaire an XI, il fit partie des troupes rassemblées au camp de Compiègne pendant les ans XII et XIII, et fut nommé membre de la Légion-d'Honneur le 25 prairial an XII. Il prit part aux opérations de la grande armée en Autriche, en Prusse et en Pologne de l'an XIV à 1807 avec la 4e division de dragons de la réserve de cavalerie, et passa adjudant-sous-officier le 20 avril 1807. De 1809 à 1813, il combattit en Espagne et en Portugal, obtint le grade de sous-lieutenant le 20 septembre 1809, et reçut un coup de feu qui lui traversa la cuisse droite le 18 octobre suivant, au combat de Tamaniés. Le 8 avril 1811, dans une rencontre qui eut lieu avec les guérillas à Fuente de Años, il tua de sa main le chef Don Felice de la Cruz. Lieutenant le 15 mai 1813, il passa à la grande armée, avec laquelle il fit la campagne de Saxe. Grièvement blessé de deux coups de lance dans les côtes, de deux autres dans les reins et de quatre à la tête, le 23 octobre, à Butterstadt près d'Erfurth, pendant la retraite de Leipzig, il tomba au pouvoir de l'ennemi et ne rentra de captivité que le 14 septembre 1814. Réintégré dans son ancien corps, il fit la campagne de 1815 à la 9ᵉ division du 2ᵉ corps de la réserve de cavalerie de l'armée du Nord, et fut nommé adjudant-major le 7 juin. Sa nomination se trouva annulée par l'ordonnance du 1ᵉʳ août, et le 16 novembre il rentra dans ses foyers avec traitement de non-activité par suite du licenciement. Replacé, le 10 avril 1824, comme lieutenant en second dans la 30ᵉ compagnie de fusiliers sédentaires, il y reçut la croix de chevalier de Saint-Louis le 23 mai 1825. Passé avec son grade dans la compagnie de vétérans de Lot-et-Garonne le 5 janvier 1832, il fut admis à la retraite le 23 mai 1833, et se retira dans le lieu de sa naissance, où il réside encore aujourd'hui.

ANGINEAU (LOUIS), né le 25 octobre 1738 à Châteauroux (Indre), entra au service le 16 mars 1755 comme cavalier dans le régiment de Beauvillers, et fit dans ce corps les cinq dernières campagnes de la guerre de *Sept-Ans* à l'armée de Hanovre de 1757 à 1761. Blessé à la tête d'un coup de sabre le 5 novembre 1757 à la bataille de Rosbach, il reçut plusieurs coups de sabre et eut son cheval blessé sous lui en 1759 au combat de Warbourg. Il quitta le régiment le 6 octobre 1761, et entra le 1ᵉʳ mars suivant comme cavalier dans la maréchaussée de la province du Berri, fut nommé sous-brigadier le 12 avril 1770, exempt avec rang de lieutenant de cavalerie le 1ᵉʳ octobre 1777, brigadier avec le même rang à la suppression des exempts le 1ᵉʳ juillet 1778, et maréchal-des-logis le 21 octobre 1787. Il comptait déjà trente-six ans de service en mars 1791, lorsque, le 15 juin suivant, on le promut capitaine de la gendarmerie nationale à Châteauroux. Appelé à l'armée de l'Ouest en Vendée en 1793, il se distingua à l'affaire de Bissote, près Fontaine-le-Peuple, le 16 mai, en se portant en fourrageur à la tête de son escadron sur les insurgés, auxquels il enleva de vive force une batterie de 3 pièces de canon ; blessé à la suite de cette charge d'un coup de baïonnette dans le bas-ventre, on l'enleva mourant du champ de bataille. Nommé chef d'escadron du 12ᵉ, de la 22ᵉ division, le 17 fructidor an II, réformé le 10 germinal an VI, remis en activité dans son grade le 4 brumaire an IX au 26ᵉ escadron de la 22ᵉ division de l'arme, il fut de nouveau réformé le 20 brumaire an X, puis une seconde fois remis en activité le 9 ventose suivant dans le 33ᵉ escadron. Nommé membre de la Légion-d'Honneur le 25 prairial an XII, il obtint définitivement sa retraite le 19 juin 1806, et mourut le 7 septembre 1831 à Valençay (Indre).

ANGLADE (PIERRE), né le 1ᵉʳ novembre 1775 à Bordeaux (Gironde), partit comme réquisitionnaire le 23 août 1793 avec le 13ᵉ bataillon de la Gironde, et fut incorporé dans le 3ᵉ bataillon de la Dordogne, devenu successivement demi-brigade de la Dordogne, 30ᵉ d'infanterie légère et amalgamé en l'an XI dans la 25ᵉ, devenue 25ᵉ régiment de l'arme le 1ᵉʳ vendémiaire an XII : de 1793 à l'an III, il fit la guerre des Pyrénées-Occidentales et passa dans l'Ouest au commencement de l'an IV. A l'affaire de Foulletourte (Sarthe) contre les chouans, le poste dont il faisait partie fut enveloppé par les rebelles et séparé du reste du bataillon ; aidé seulement d'un chasseur, Anglade se fit passage au milieu d'eux, en tua un et en blessa un second qui tenait prisonnier un républicain. Passé en l'an VIII en Italie, et nommé caporal le 1ᵉʳ prairial, il obtint le grade de fourrier le 1ᵉʳ jour complémentaire an XI, et reçut au camp de Montreuil la décoration de la Légion-d'Honneur le 25 prairial an XII. A la reprise des hostilités, il fit partie du 6ᵉ corps de la grande armée. Nommé sergent le 18 vendémiaire an XIV, il combattit en Autriche, en Prusse et en Pologne, obtint le grade de sergent-major après la bataille d'Eylau le 1ᵉʳ mars 1807, prit sa retraite le 1ᵉʳ août 1808, et se retira dans sa ville natale, où il réside encore aujourd'hui.

ANGLADE-MAILHAC. *Voyez* LANGLADE.

ANGLES (GABRIEL), né le 15 septembre 1753 à Perpignan (Pyrénées-Orientales), entra au service le 8 mars 1770 comme soldat dans le régiment royal de la marine. Congédié le 28 octobre 1771, il s'engagea le 11 novembre suivant dans le régiment Bretagne-infanterie, devenu 46ᵉ de l'arme en 1791. Grenadier le 1ᵉʳ mars 1772, il fit les guerres de Mahon et de Gibraltar de 1781 à 1783, et devint caporal en 1781, sergent en 1782, et sergent-major en 1783. De retour en France, et congédié de nouveau le 18 mai 1789, il entra le 1ᵉʳ juillet suivant comme sergent-major dans le 12ᵉ bataillon de chasseurs. Passé avec le grade de lieutenant en second dans la compagnie franche du citoyen Chapuy le 15 juillet 1792, et nommé lieutenant de cette compagnie le 1ᵉʳ août suivant, il fut appelé le 15 septembre de la même année avec le grade d'adjudant-major dans le 3ᵉ bataillon des Francs du Nord. Embrigadé le 13 vendémiaire an V dans la 24ᵉ demi-brigade légère, il fit les campagnes de 1792 en Belgique, de 1793 à l'armée du Nord, pendant laquelle il eut un cheval tué sous lui en chargeant l'ennemi sur la route de Liége, et les campagnes des ans II, III, IV et partie de l'an V à l'armée du Rhin, VI, VII, VIII, IX et partie de l'an X à l'armée d'Angleterre, devenue armée de l'Ouest. Nommé chef de bataillon le 8 nivose an IV, et employé au 2ᵉ conseil de guerre de la 27ᵉ division militaire du 1ᵉʳ germinal au 1ᵉʳ fructidor an VII, il rentra en activité à la 71ᵉ demi-brigade de ligne lors de sa formation le 1ᵉʳ pluviose de la même année. Passé par ordre du ministre du 29 frimaire an XII au 17ᵉ régiment d'infanterie légère, alors en garnison à Calais, il reçut la croix de la Légion-d'Honneur le 25 prairial. Admis à la retraite le 3 nivose suivant, il se retira à Argentan (Orne). Il est mort à Gacé (Orne), le 9 mai 1834. J-T.

ANNES (JEAN-ANTOINE), né le 15 février 1766 à Camɛri (Piémont), entra au service du roi de Sardaigne le 12 janvier 1785 dans le régiment des gardes, et fit les campagnes de 1792 à 1796 avec l'armée piémontaise. Caporal au même corps le 1ᵉʳ mai 1794, il passa au service de la République française après le traité du 26 floréal an IV. Prisonnier de guerre à la bataille de Verone le 16 germinal an VII, et rendu peu de temps après, il fut incorporé dans la 112e demi-brigade de ligne le 1er thermidor an VIII, fit la campagne de l'an IX à l'armée d'Italie, et devint sergent le 1er floréal. En garnison à Rocroy pendant les ans X et XI, il passa le 9 floréal dans la 111e demi-brigade de ligne. Membre de la Légion-d'Honneur le 25 prairial an XII, il fit partie du camp de Bruges dans les ans XII et XIII, et prit part aux guerres d'Autriche, de Prusse et de Pologne de l'an XIV à 1807 avec la 2e division du 3e corps de la grande armée. A Iéna, il reçut un coup de feu dans les reins, et un coup de boulet à la tête à Eckmühl en 1809. Il fit encore les campagnes de 1812 et 1813 en Russie et en Saxe, obtint le grade de sous-lieutenant le 22 mai 1813, et resta enfermé dans la place de Hambourg en 1814. Maintenu dans son grade au 111e, devenu 90e à la réorganisation de 1814, et mis en non-activité par suite du licenciement de l'armée, il se fit naturaliser français le 5 février 1817. Il resta dans sa position de non-activité jusqu'au 20 octobre 1819, époque à laquelle, admis à la retraite, il se retira à Béziers (Hérault), où il est mort le 18 novembre 1834. B-G.

ANTOINE (ANTOINE), né le 2 novembre 1761 à Paris (Seine), entra au service le 31 août 1778 comme soldat dans le 1er bataillon du régiment Auvergne-infanterie, devenu 17e de l'arme en 1791, 17e demi-brigade d'infanterie en l'an II, 17e demi-brigade de bataille en l'an IV, puis enfin 17e régiment de ligne en l'an XII. Il fit les campagnes de 1782 et 1783 en Amérique. De retour en France au commencement de 1784, il passa caporal le 11 juin 1786, sergent le 1er mai 1788, sergent-major le 6 mai 1793, et sous-lieutenant le 28 frimaire an II. Il prit part aux opérations des armées de la Moselle, des Ardennes, du Nord, de Sambre-et-Meuse, de Mayence et du Rhin de 1792 à l'an IV, se distingua aux siéges de Landrecies, Luxembourg, Kehl, ainsi que dans plusieurs affaires, et fut blessé au bras gauche le 1er messidor an IV près Stuttgard. Prisonnier de guerre le 1er vendémiaire an V, et rentré à son corps sur le Rhin le 1er frimaire suivant, il servit aux armées d'Allemagne, du Haut-Rhin, d'Angleterre, d'Helvétie, d'Italie, de Rome, de Naples et d'Italie. Blessé à la jambe droite à la bataille de la Trebia le 1er messidor an VII, et prisonnier le même jour, il ne rentra des prisons de l'ennemi que le 9 ventose an IX. Dans l'intervalle (1er fructidor an VIII) il avait été nommé lieutenant. Dirigé sur l'armée de Batavie, où était son corps, il y fit la campagne de l'an IX, celles de l'an X à l'an XIII en Zélande et sur les côtes de l'Océan. Capitaine au choix le 26 nivose an XI, et membre de la Légion-d'Honneur le 25 prairial an XII, il servit à la grande armée de l'an XIV à 1807, et prit part aux guerres d'Autriche, de Prusse et de Pologne. Promu chef de bataillon au 55e de ligne le 17 avril 1808, et officier de la Légion-d'Honneur le 4 septembre de la même année, il passa en Espagne, y fit les campagnes de 1808 et 1809, et fut admis à la retraite le 1er août 1810. Il se retira alors à Dunkerque (Nord), où il réside encore aujourd'hui. J-T.

ANTONIN (JEAN-BAPTISTE), naquit à Colmar (Haut-Rhin), le 21 avril 1763. Nommé commissaire près le tribunal d'appel du Haut-Rhin le 24 prairial an VIII, il prit le titre de procureur-général en la cour d'appel de Colmar à l'organisation des tribunaux du mois de floréal an XII, et celui de procureur-général impérial à la même cour lors de la réorganisation du mois de juin 1811. A cette dernière époque, il présida le collége électoral de Belfort. Il était membre de la Légion-d'Honneur depuis le 25 prairial an XII, et avait cessé les fonctions de sa magistrature depuis le mois de mars 1816, lorsqu'il mourut à Colmar le 27 octobre 1835.

APPOLLO (JEAN-SIMON), naquit le 25 décembre 1764 à Ajaccio (Corse). Soldat le 29 septembre 1781 dans les chasseurs royaux corses, devenus 4e bataillon de chasseurs en 1791, il passa comme caporal le 8 septembre 1792 dans un des bataillons qui formèrent plus tard le 26e régiment d'infanterie légère. Sergent le 8 novembre de la même année, il se trouva à la prise de Mont-Cenis le 25 floréal an II, et monta le premier à l'assaut de la redoute la Ramasse, où il reçut une grave blessure au pied droit. A l'affaire de Bolsano, du 13 germinal an V, il fit 12 prisonniers et concourut à forcer l'ennemi à la retraite. En l'an VII, il tint une conduite pleine de bravoure : le 6 germinal il entra le premier dans la redoute de Rivoli ; le 25 prairial, à Voltusio, il défendit avec 8 hommes un poste qui lui avait été confié contre un détachement de cavalerie et d'infanterie, et conserva sa position. A la bataille de Novi, le 28 thermidor an VII, il reçut trois coups de sabre sur la tête. Nommé membre de la Légion-d'Honneur le 25 prairial an XII, il prit sa retraite le 11 frimaire an XIV, et se retira à Sedan, où il exerça ses fonctions électorales. Il est mort dans cette ville le 16 janvier 1838. Y.

ARBEY (PIERRE), né le 24 avril 1736 à Dôle (Jura), entra au service le 12 juin 1755 comme gendarme d'ordonnance avec rang de sous-lieutenant (compagnie de chevau-légers de la reine), et fit dans ce corps les campagnes de Hanovre de 1757 à 1762. Brigadier dans la maréchaussée le 6 mai 1763, exempt par forme de récompense le 15 août 1773, exempt en titre le 20 juin 1777, maréchal-des-logis avec titre d'exempt le 1er juillet 1778, et sous-lieutenant avec brevet de lieutenant le 14 août suivant, il reçut le 31 mars 1785, après vingt-sept ans de bons services, la décoration de chevalier de Saint-Louis. Passé lieutenant dans la gendarmerie nationale le 19 juin 1791, et nommé capitaine le 20 janvier 1792, il remplit pendant douze années les fonctions de ce dernier grade, et fut nommé membre de la Légion-d'Honneur le 25 prairial an XII. Admis à la retraite le 2 floréal an XIII, après quarante-neuf ans et demi de services effectifs, il se retira à Baume-les-Dames (Doubs), et y mourut le 19 février 1808. J-T.

ARBOD (JEAN-PIERRE), né le 8 février 1767 à Valence (Drôme), s'engagea le 2 septembre 1784 comme cavalier dans le régiment Royal-Champagne, et quitta ce corps par congé le 16 octobre 1789. Enrôlé volontaire le 5 août 1792 dans le 6e bataillon de la Drôme, devenu par amalgame 11e demi-brigade d'infanterie légère, puis 10e de même arme, il fut nommé capitaine le jour même de son enrôlement, et partit pour l'armée du Rhin. Passé aide-de-camp du général Taponnier le 1er frimaire an II, il servit aux armées de Rhin-et-Moselle et du Rhin de l'an II au 25 prairial an V. Il rentra momentanément dans sa demi-brigade pour passer le 1er messidor suivant avec son grade dans la 17e demi-brigade de bataille. Nommé chef de bataillon surnuméraire le 18 nivose an VII, et titulaire le 28 fructidor an X, il fit les campagnes des ans VI et VII aux armées d'Allemagne, du Haut-Rhin, d'Angleterre, d'Helvétie, d'Italie, de Rome et de Naples. Prisonnier de guerre à la bataille de la Trebia le 1er messidor an VII, et rendu le 9 ventose an IX, il alla rejoindre son corps à l'armée de Batavie, y fit la campagne de l'année, et celle de Zélande de l'an X à l'an XI. Passé au camp de Bruges en l'an XII, il y fut nommé membre de la Légion-d'Honneur le 25 prairial de la même année, et il prit part en l'an XIV aux opérations de la grande armée en Autriche, en Prusse et en Pologne. Chargé du commandement de la garnison d'Hameln vers la fin de 1807, et postérieurement envoyé au dépôt de son régiment, il fut nommé major du 17e de ligne le 6 avril 1808, et passa au 13e provisoire le 17 du même mois. Colonel du 114e de ligne le 23 janvier 1809, il fit les campagnes de 1809 à 1813 à l'armée d'Aragon, obtint la décoration d'officier de la Légion-d'Honneur le 28 août 1810, et fut tué à l'affaire de Castalla le 13 avril 1813. J-T.

ARBORIO-BIAMINO (PIERRE), naquit à Verceil (Piémont), le 29 mars 1767 (1). Il occupait la mairie de cette ville, qu'il tenait de la confiance du premier Consul, lorsqu'un arrêté du 21 ventose an XI l'appela à la sous-préfecture de Lille. Le 22 thermidor de la même année, il passa à celle de Douai, et le 1er vendémiaire an XII à la préfecture de la Stura (Coni), enfin, le 25 prairial suivant, il reçut la décoration de la Légion-d'Honneur. L'Empereur avait sans doute été à même d'apprécier ses talens administratifs, puisqu'il lui donna la préfecture de la Lys (Bruges) le 30 novembre 1810. Vers le même temps, il le créa baron de l'Empire. Arborio mourut à Bruges dans l'exercice de ses fonctions le 14 août 1811, vivement regretté de ses administrés.

ARCADE-JOHANENC. *Voyez* JOHANENC.
ARDENT DU MASJAMBOST (JACQUES-FRANÇOIS), fils de J.-B. Ardent du Masjambost,

(1) « Il naquit du comte de Caresano, d'une branche collatérale de la maison d'Arborio de Gattinara, qui se dit originaire de France, et compte parmi ses ancêtres cet Æmilius-Magnus Arborius, qu'Ausone a mentionné avec éloge dans les PARENTALIA. Fils aîné de cette illustre famille, et destiné par sa naissance à la carrière militaire, Pierre Arborio entra très jeune dans le régiment d'Aoste; mais les événemens de la Révolution l'ayant privé de l'avancement et des distinctions auxquels il avait droit, il quitta le service, épousa en 1801 Ernesta Morosini de Milan, et se retira à Verceil. »
(BIOGRAPHIE UNIVERSELLE, tome LVI, page 396.)

conseiller du roi, contrôleur, contre-garde de la monnaie de Limoges (Haute-Vienne), naquit dans cette ville le 25 janvier 1761. Entré au service le 29 décembre 1786 comme ingénieur des ponts et chaussées et chargé de travaux importans à La Rochelle et à Dunkerque, il passa dans le corps du génie avec le grade de capitaine de 5e classe le 15 mars 1793, fut élevé à la 4e classe le 31 août, à la 3e le 26 frimaire an II, et à la 1re le 1er vendémiaire an III. Détaché en l'an III de la place de Longwy, où il était employé, pour suivre l'armée de la Moselle, il servit aux armées de Rome, de Naples et d'Italie du 16 vendémiaire an VII au 21 ventose an VIII, et fut fait chef de bataillon sur le champ de bataille le 12 messidor an VII, grade dans lequel le premier Consul le confirma le 16 nivose an VIII. Il commanda et conduisit les siéges de Civita-Vecchia, assista à toutes les affaires qu'eut à soutenir la 1re division de l'armée de Naples dont il dirigeait le génie, commanda son arme à l'aile droite de l'armée d'Italie, se trouva aux batailles sous Novi le 28 thermidor an VII, les 2 et 15 brumaire an VIII, et eut un cheval tué sous lui dans cette dernière journée. Enfin, à la bataille du 24 frimaire suivant, dans la rivière du Levant, où il commandait la colonne du centre, il reprit à l'ennemi les postes dont il s'était emparé, le culbuta et lui fit environ 400 prisonniers, dont une douzaine d'officiers, un major et un colonel. Sous-directeur des fortifications à Mayence le 7 germinal an VIII, il dirigea les travaux de défense de cette place, et à la paix il fit démolir Cassel et autres ouvrages sur la rive droite du fleuve. Le 21 pluviose an X, il passa à la direction de Luxembourg, et le 25 prairial an XII il obtint la décoration de la Légion-d'Honneur. Appelé à la grande armée le 30 vendémiaire an XIV, et employé à l'état-major général du génie, il reçut le 10 frimaire suivant l'ordre d'aller prendre le commandement des travaux de Braunau, où il resta jusqu'au 8 novembre 1806. Parti de cette place pour suivre l'état-major général du génie en Prusse et en Pologne, il fut chargé, le 11 janvier 1807, de fortifier la position de Siereck et d'y établir plusieurs ponts et têtes de ponts. Le 9 mai suivant, d'après les ordres de l'Empereur, il fit passer, en présence de l'ennemi, dans la presqu'île formée par le confluent du Bug et du Narew, la division de réserve commandée par le général Lemarrois, en trois jours et trois nuits une tête de pont de 500 mètres de développement et un pont de bateaux furent établis. Le 16 du même mois, l'Empereur lui confia le commandement du génie au corps d'observation stationné dans le Mecklembourg; il y organisa son arme, y prépara tous les moyens nécessaires pour la reprise des hostilités avec la Suède, fit reconstruire en présence de l'ennemi les ponts de Demmin, et peu après celui de Loitz, etc. Il fit la reconnaissance de la Penne, de la Recknitz, de la Trebel, de la Tollensée et des côtes de la Poméranie suédoise, indiqua les points défensifs et offensifs qu'il fallait armer, y fit construire des batteries, et enfin recueillit les premiers matériaux qui devaient servir à l'attaque de Stralsund. Chef de l'état-major général du génie au siége de cette place, il en suivit les opérations jusqu'au 1er octobre, rejoignit alors le grand-quartier général à Berlin, et y resta attaché jusqu'en janvier 1808. Chargé pendant le courant de cette année des travaux de défense de Stettin, il quitta cette place en 1809 pour se rendre à l'armée d'Allemagne. Envoyé à Ostende en 1810, et élevé au grade de colonel le 17 octobre de la même année, il conserva le commandement de cette place jusqu'en août 1815. Officier de la Légion-d'Honneur le 29 juillet 1814, chevalier de Saint-Louis le 17 septembre suivant, et admis à la retraite le 1er août 1815, il se retira à Metz, où il est mort le 23 janvier 1836.

ARMAND (CLAUDE-JOSEPH), né le 19 novembre 1764 à Bourg (Ain), entra au service le 14 mars 1782 comme fusilier au régiment de la couronne (compagnie Chalin). Caporal au même régiment (compagnie Gélis) le 10 octobre 1785, il acheta son congé le 14 avril 1788. Lieutenant le 4 septembre 1791 dans le 3e bataillon de l'Ain, amalgamé en l'an IV dans la 51e demi-brigade de ligne, devenue 51e régiment de ligne en l'an XII, il passa adjudant-major le 12 décembre, et fit les campagnes de 1792 et 1793 et partie de l'an II aux armées du Rhin et de la Moselle. Prisonnier à l'affaire de Kaiserslautern le 14 prairial an II, il rentra en France le 26 messidor an III, et prit part depuis cette époque jusqu'à l'an VII aux opérations de nos armées dans les Alpes, en Italie et en Belgique. Adjudant-major avec rang de chef de bataillon le 25 thermidor an VII, en récompense des sages dispositions prises par lui, et qui amenèrent la destruction de 40 brigands qui désolaient le département de la Dyle, il termina avec honneur l'expédition contre les révoltés belges. Appelé aux armées de Batavie et d'Allemagne de l'an VIII à l'an X, il se distingua dans plusieurs occasions, et fut blessé d'un coup de feu à la cuisse droite le 14 vendémiaire an VIII à l'affaire de Castricum. Nommé le 5 ventose an XII chef de bataillon titulaire au 2e régiment d'infanterie légère, étant à l'armée des côtes de l'Océan, et membre de la Légion-d'Honneur le 25 prairial, il fit partie de la grande armée et la suivit en Autriche, en Prusse et en Pologne de l'an XIV à 1807. Chargé du commandement supérieur des îles de Wollin et Jiesdüm dans la Poméranie prussienne, il fut surpris, attaqué et enveloppé dans la ville de Wollin le 6 janvier 1807 par 500 fantassins et 100 cavaliers prussiens protégés par 4 pièces d'artillerie. Il rallia sa garnison, forte seulement de 257 hommes, reprit l'offensive, culbuta la cavalerie qui sabrait déjà dans la ville, repoussa l'ennemi sur tous les points, lui prit 2 pièces de canon et ses caissons tout attelés, et fit 100 prisonniers, n'ayant à regretter qu'un seul homme tué et 21 blessés. L'Empereur le nomma officier de la Légion-d'Honneur le 27 du même mois, et lui confia le 6 mai suivant, avec une colonne de 800 hommes d'élite, le soin de tenter la prise de l'île de Holm sous Dantzig. A une heure du matin, il débarqua à la tête de 200 hommes (le manque de barques lui ôtant le moyen d'en faire passer davantage à la fois), chargea l'ennemi à la baïonnette, culbuta les Russes au nombre de 800, s'empara de 3 redoutes, de 17 pièces de canon, tua 300 hommes, et fit 200 prisonniers. Ce coup de main hardi lui valut, le 10 du même mois, le grade de colonel du 22e régiment de ligne, et le 17 mars 1808 le titre de baron de l'Empire, avec dotation. Ses services en 1808 et 1809 sur le Rhin et en Allemagne lui méritèrent le 22 décembre de cette dernière année la croix de commandant de la Légion-d'Honneur. Il fit encore les campagnes de 1810 et 1811 en Espagne et en Portugal, et prit sa retraite le 2 juillet 1811. Il est mort le 21 janvier 1840 à Bourg (Ain). J-T.

ARMANET (JOSEPH-GASPARD), naquit le 15 février 1769 à Bourgoin (Isère). Soldat le 4 août 1788 au régiment d'Orléans-infanterie, il quitta le corps par congé le 30 juin 1790. Engagé le 21 mai 1793, et sergent le même jour dans le 2e bataillon de Paris, dit *des Amis de la République* ou *de la Réunion*, devenu 64e demi-brigade d'infanterie en l'an II, et 64e demi-brigade de ligne en l'an V, il fit les campagnes de 1793 à l'an III à l'armée de la Vendée. Blessé d'un coup de sabre au pouce de la main gauche, et fait prisonnier le 21 vendémiaire an II à l'affaire de Villiers, il se dévoua avec quelques-uns de ses camarades en s'évadant pendant la nuit pour aller à Beaupréau informer le général Westermann du projet arrêté par les Vendéens d'incendier le chateau de Montreveau et d'y faire brûler 800 prisonniers français qu'ils y tenaient renfermés. Une colonne dont Armanet voulut faire partie se porta en toute hâte au secours de ces malheureux et ils furent délivrés. Le général Westermann, dans le rapport qu'il fit de cette affaire au Comité de salut public, en attribua tout l'honneur à celui qui l'avait provoquée. Sous-lieutenant le 8 pluviose an III, et blessé devant Quiberon le 28 messidor, il fut promu lieutenant le 7 fructidor suivant. Adjudant-major le 16 brumaire an IV, adjoint à l'état-major de l'armée d'Italie le 6 germinal an V, il prit part aux opérations des armées de Rome, de Naples, de l'Ouest et 2e de réserve d'Italie de l'an IV à l'an IX, et se distingua à la bataille de Gradisca, au passage de l'Isonzo, et pendant le siége de Gênes. Le 8 floréal an VIII, à la reprise du fort de Queras, il fit mettre bas les armes à un parti de 100 Autrichiens dont 7 officiers, et l'amena au fort. Le 21 du même mois, il reçut un coup de feu à la joue sur le Montefaccio en voulant rallier un parti de fuyards, et le 12 prairial suivant il fut nommé chef de bataillon. Passé avec son grade à la 26e demi-brigade de ligne le 30 ventose an X, il resta à l'armée d'Italie jusqu'au 30 pluviose an XII, époque à laquelle le premier Consul l'employa comme adjoint à l'état-major du camp de Saint-Omer. Membre de la Légion-d'Honneur le 25 prairial de la même année, il fit partie de la grande armée de l'an XIV à 1809 en Autriche, en Prusse, en Pologne et en Allemagne. Officier de la Légion-d'Honneur le 11 juillet 1807, il passa au 24e régiment d'infanterie légère le 13 février 1809, et mourut le 10 juin suivant des suites de blessures qu'il avait reçues à la bataille d'Essling. J.-T.

ARNAUD (ANNE), naquit en 1755 à Sancoins (Cher). Membre de la Légion-d'Honneur le 25 prairial an XII, il est mort à Paris le 14 pluviose an XIII, substitut du procureur-général près la Cour de cassation.

ARNAUD (ANTOINE), général de brigade. L'article biographique de cet officier-général a paru avec les notices de la nomination du 19 frimaire an XII, t. III, p. 58. Nous réparons ici deux omissions qui ont été faites dans ce travail : Arnaud a reçu la croix de commandant de la Légion-d'Honneur le 25 prairial an XII, et il est mort à Utrecht le 14 avril 1806.

ARNAUD (JEAN-BAPTISTE), naquit le 25 mars 1754 à Carcassonne (Aude). Soldat le 1er septembre 1772 au régiment du Vexin-infanterie, 72e de l'arme en 1791, caporal le 10 août 1780, et sergent le 6 août 1783, il fit les campagnes de 1781 à 1783 à bord du vaisseau le Majestueux. Congédié le 1er février 1791, il passa le 1er mars suivant comme adjudant-major dans la garde nationale, le 10 août en qualité de capitaine au 2e bataillon de l'Aude, le 9 mars 1793 chef de bataillon dans le même corps, amalgamé en l'an III dans la 147e demi-brigade, devenue 4e demi-brigade en l'an IV, et 4e régiment de ligne en l'an XII. Il fit les campagnes de 1792 à l'armée d'Italie, de 1793 à l'an III à l'armée des Pyrénées, et de l'an IV à l'an IX aux armées d'Italie, d'Angleterre, de Hollande et du Rhin. Le 23 avril 1793, à l'armée des Pyrénées-Occidentales, à la tête de 250 hommes, il reprit la redoute dite de Louis XIV, avec toute l'artillerie qui la défendait, et le 30 du même mois le camp de Jolimont, ainsi que 2 pièces de canon abandonnées. Le 27 juin de la même année, il fit prisonnier de guerre le général espagnol Roussignac, un colonel et un détachement de 200 hommes, officiers et soldats. Le 19 prairial an II, il sauva la vie au représentant du peuple Soubrany, enveloppé dans une charge de cavalerie ennemie. Le 22 frimaire an IV, à l'armée d'Italie, il s'empara de 2 pièces de canon, de leurs caissons et du détachement qui les défendait. Blessé d'un coup de feu au bras droit le 24 germinal de la même année à l'attaque du château de Cossaria, il le fut encore aux deux cuisses à la bataille de Castiglione le 16 thermidor suivant, au moment où il s'emparait d'une pièce de canon. A la bataille d'Engen (armée du Rhin) le 13 floréal an VIII, il reçut un coup de feu au pied gauche. Nommé membre de la Légion-d'Honneur le 25 prairial an XII, et colonel du 58e régiment de ligne le 30 vendémiaire an XIII, il fit partie de la grande armée de l'an XIV à 1807, suivit les opérations en Autriche, en Prusse et en Pologne, et fut blessé à Friedland le 14 juin 1806. Nommé officier de la Légion-d'Honneur le 21 janvier 1808, élevé au grade de général de brigade le 13 septembre, avec le titre de baron de l'Empire, il passa en Espagne le 28 du même mois, et fit la guerre dans la péninsule depuis la fin de 1808 jusqu'en 1814. Attaché à la 2e division d'arrière-garde, en Navarre, le 30 juillet 1810, il prit le commandement de Pampelune le 2 octobre de la même année, se trouva au siège de Badajoz en 1811, et s'y distingua d'une manière particulière. Commandant d'armes de 2e classe à Perpignan le 7 juillet 1813, il soutint le siège de cette place en 1814, fut nommé chevalier de Saint-Louis le 31 janvier 1815, et admis à la retraite le 9 septembre de la même année. Retiré à Montargis (Loiret), il y mourut le 19 avril 1823. J.-T.

ARNAUD (JEAN-BAPTISTE), né le 5 mai 1774 à Burzet (Ardèche), entra le 18 février 1793 comme grenadier dans le 3e bataillon de son département, amalgamé dans la 4e demi-brigade d'infanterie en l'an II, devenue 40e demi-brigade de ligne en l'an VII, puis 40e régiment de même arme en l'an XII. Fourrier le 15 juin 1793, adjudant-sous-lieutenant le 7 pluviose an II, sous-lieutenant de grenadiers le 7 fructidor an III, lieutenant le 1er messidor an VIII pour sa belle conduite à Marengo, et adjudant-major le 12 messidor an XII, il fit les campagnes de 1793, ans II et III à l'armée des Pyrénées, celles des ans IV et V en Italie, et celles de l'an VI à l'an XII aux armées des côtes de l'Océan, 2e réserve d'Italie, de l'Ouest et du camp de Boulogne. Blessé d'un coup de feu à la jambe droite le 11 floréal an II à Montesquiou, il en reçut un second au flanc gauche à l'affaire du Pont-du-Moulin en Espagne, et un troisième au bras gauche le 25 brumaire an V à la bataille d'Arcole, au moment où, venant de passer un des premiers de son régiment un canal profond sous le feu de l'ennemi, il luttait corps à corps avec plusieurs Autrichiens dont trois avaient été désarmés et faits prisonniers par lui. Membre de la Légion-d'Honneur le 25 prairial an XII, il fit partie de la grande armée en l'an XIV en Autriche, prit rang de capitaine le 1er janvier 1806 après dix-huit mois de grade, conformément à l'arrêté du 4 germinal an III, passa à une compagnie le 11 mars 1807, fit les campagnes de Prusse, de Pologne et d'Allemagne de 1806 à 1809, et fut admis à la retraite le 1er novembre 1811. Il réside aujourd'hui à Samazan (Lot-et-Garonne). J.-T.

ARNAUD (JEAN-BAPTISTE), naquit à Puimoisson (Basses-Alpes). Ses succès au barreau lui ouvrirent la carrière de la magistrature, et il exerça avec distinction les fonctions de procureur-général impérial près la cour criminelle des Basses-Alpes. En 1811, lors de la réorganisation des cours et tribunaux, un décret impérial du 1er juin l'appela à la cour d'Aix avec les mêmes fonctions, et il les conserva sans interruption jusqu'en 1820. Depuis le 26 juillet 1815 jusqu'à cette époque, il présida quatre fois le collège électoral des Basses-Alpes, qui l'honora d'une double élection les 27 août 1817 et 20 octobre 1818. Fonctionnaire amovible, il garda constamment le silence à la Chambre, et prêta au ministère l'appui de son vote. Cependant les mêmes électeurs se disposaient à lui conférer un nouveau mandat, mais des motifs de santé le déterminèrent à refuser cet honneur. Admis à la retraite avec le titre de président honoraire, il est mort à Puimoisson le 4 mars 1829. Il était membre de la

Légion-d'Honneur depuis le 25 prairial an XII.

ARNAUDET (JEAN-PIERRE). *Voyez* t. IV, p. 48.

ARNAULD (PIERRE-LOUIS, *baron*, puis vicomte d'), naquit à Saint-Pierre de la Martinique le 14 mai 1771. Cadet volontaire dans la compagnie des chasseurs (bataillon de milice du mouillage) le 4 janvier 1788, il devint sous-lieutenant de la garde nationale de Saint-Pierre le 10 mars 1790, lieutenant le 16 février 1793, capitaine le 22 brumaire an II, et aide-de-camp du général Rochambeau le 26 frimaire même année. Capitaine au régiment de Bassigny (32e d'infanterie) le 1er germinal suivant, il assista au siége du fort Bourbon, passa à la Guadeloupe le 1er brumaire an III, et concourut à la prise de cette île sur les Anglais. Le 18 ventôse, le général en chef le désigna pour remplir les fonctions d'aide-de-camp du général Cottin, commandant les troupes expéditionnaires dirigées contre l'île Sainte-Lucie. Il se fit particulièrement remarquer à la prise de cette colonie, et contribua ensuite à la défendre. Pendant le siége qu'en firent les Anglais, il fut blessé d'un éclat de bombe à la jambe gauche. Le 30 brumaire an IV, le commissaire de la Convention nationale aux îles du vent lui confia le commandement temporaire de la ville de Castries (île Sainte-Lucie), et lui délivra, le 7 prairial suivant, le brevet de chef de bataillon provisoire. Prisonnier de guerre lors de la capitulation de cette île le 10 du même mois, et conduit dans l'île anglaise de la Barbade, il parvint à s'évader et à gagner le port du Hâvre le 28 prairial an V. Un arrêté du Directoire exécutif du 25 prairial an VI le confirma dans son grade de chef de bataillon et le plaça à la suite de la 81e demi-brigade de ligne. Destiné à servir en cette qualité à la Guadeloupe, il fut compris, à la demande du général Desfourneaux, sur la liste des officiers supérieurs qui devaient faire partie de cette expédition, s'embarqua à Lorient dans le mois de fructidor, et arriva à la Guadeloupe le 1er frimaire an VII. Le 8 nivôse suivant, le gouverneur lui donna le commandement de la place de Saint-Martin, sous les ordres du général Legrand. Appelé le 27 vendémiaire an VIII au commandement militaire de la partie française de Saint-Martin, il fut révoqué le 24 ventôse même année par les agens du gouvernement français à la Guadeloupe à la suite d'une mésintelligence survenue entre lui et le commandant de la partie hollandaise. Cependant le commissaire principal de la marine, Bresson, lui délivra le 1er floréal un certificat constatant sa conduite irréprochable et son zèle soutenu pendant toute la durée de son commandement. Remis en activité à l'armée de la Guadeloupe le 19 thermidor an IX, il en fut nommé chef d'état-major provisoire le 2 ventôse an X; devenu le 15 floréal titulaire de cet emploi, il en remplit les fonctions dans la 1re division de la même armée. Le 24, aidé d'un officier du génie et de 2 grenadiers, il enleva, à l'attaque du camp de Gray (basse-terre), une pièce de canon aux insurgés et leur fit quelques prisonniers. Le général en chef Richepanse l'appela le 21 prairial au commandement provisoire de la Pointe-à-Pitre. Confirmé le 25 brumaire an XI dans cette position, il passa par arrêté du capitaine-général du 3 prairial suivant dans l'île Saint-Martin avec la même qualité. Non compris dans la nouvelle organisation militaire de la Guadeloupe, il fut autorisé le 29 du même mois à se rendre en France. Pris par les Anglais pendant la traversée, il arriva à Morlaix le 12 brumaire an XII à bord du cartel *l'Espérance*, et des lettres de service du 14 floréal l'attachèrent à l'état-major du camp de Montreuil, où il reçut le 25 prairial la décoration de la Légion-d'Honneur. Quand les troupes qui composaient le camp formèrent, en l'an XIV, le 6e corps de la grande armée, Arnauld fit avec ce corps la campagne d'Allemagne. A Elchingen, il eut un cheval tué sous lui, et après la prise d'Ulm, à laquelle il assista, il eut la mission de diriger sur Salzbourg les officiers qui faisaient partie des garnisons d'Ulm et de Laybach, et qui avaient obtenu la permission de retourner en Autriche et d'assurer leur subsistance pendant leur marche. Employé au grand quartier-général de l'armée au commencement de la guerre de 1806, il passa de nouveau le 22 mai à l'état-major du 6e corps, et prit le 6 octobre le commandement des compagnies de grenadiers et de voltigeurs placées à l'avant-garde. C'est à la tête de ces troupes qu'il se fit particulièrement remarquer à la bataille d'Iéna. Il alla ensuite prendre sa part de gloire au siége de Dantzig. A Friedland, il reçut une contusion à la cuisse gauche et une balle à la partie supérieure du coronal, et l'Empereur le nomma adjudant-commandant le 28 du même mois. Le 20 octobre suivant, il passa au 1er corps d'observation de la Gironde, devenu successivement armée de Portugal, 8e corps de l'armée d'Espagne et 2e de l'armée de Portugal. Il assista le 17 août 1808 au combat de Roriça, où il reçut un coup de feu à la cuisse droite; aux affaires de Zambugiera-dos-Caros, de Caza, de Prega, de San-Joao, au combat de Vimeiro le 21 du même mois, et à la prise de Lisbonne. Général de brigade le 17 novembre suivant, il fut désigné pour faire partie de la 4e division du 2e corps de l'armée d'Espagne. Le 3 janvier 1809, il assura les communications de la division Heudelet entre Tolède, Consuegra et la Manche, et coopéra le 16 à la prise de Corogne. Il reçut la croix d'officier de la Légion-d'Honneur le 8 mai de la même année. Employé à l'armée du duc de Dalmatie, il se trouva aux affaires qui précédèrent l'entrée de ce maréchal en Portugal, au siége et à la prise d'Oporto, au combat d'Amarante, à l'évacuation d'Oporto et à la retraite de l'armée sur la Galicie. Resté à Tolède dans le mois d'août 1810 pour y rétablir sa santé, le maréchal Soult lui ordonna de prendre le commandement supérieur de cette place. A la bataille des Arapiles, il eut un cheval tué sous lui et fut fait prisonnier; il parvint à s'évader dans la nuit du 22 au 23 et à rejoindre l'armée française. Napoléon l'employa le 8 août suivant au corps d'observation de l'armée d'Italie. Le 6 novembre, il était en marche sur Roveredo avec sa brigade lorsqu'il rencontra l'ennemi à Ossenigo. Après avoir attaqué et enlevé ses positions retranchées, il le poursuivit l'épée dans les reins et lui fit éprouver de grandes pertes ; il prit une part brillante au combat de Caldiero le 15, et à celui de Saint-Michel le 19. L'Empereur le nomma commandant de la Légion-d'Honneur le 12 janvier 1813. Il se distingua à la bataille du Mincio le 8 février 1814. Il commanda ensuite l'avant-garde au passage du Taro (2 mars), et à l'attaque de Parme dans la même journée. Après la première abdication de l'Empereur, le général d'Arnaud rentra en France avec sa brigade. Nommé chevalier de la Couronne-de-Fer le 15 mars 1814, Louis XVIII l'autorisa le 18 août suivant à porter cette décoration et le créa chevalier de Saint-Louis le 21 juillet même année. Le 31 mars 1815, Napoléon, de retour de l'île d'Elbe, l'appela au commandement supérieur de la place de Dunkerque, et le 30 avril à celui de Saint-Omer, qu'il conserva jusqu'au second retour des Bourbons. Le 23 mars 1816, le roi le confirma dans le titre de baron et le comprit comme disponible, le 30 décembre 1818, dans le cadre de l'état-major général de l'armée. Grand-officier de la Légion-d'Honneur le 1er mai 1821, il reçut, le 6 juin, le commandement de la 2e subdivision de la 9e division militaire, et le 15 août suivant le titre de vicomte. Le 23 avril 1823, il passa au commandement du département des Pyrénées-Orientales (Perpignan), où il resta jusqu'au 7 mars 1831, époque à laquelle il fut mis en disponibilité. Compris dans le cadre d'activité de l'état-major général le 22 du même mois, le ministre de la guerre lui donna le 31 décembre suivant le commandement du département de l'Aude. Il est mort à Paris le 6 mai 1832.   B-S.

ARNE (JEAN), né le 4 août 1766 à Bordeaux (Gironde), servit dans les douanes, direction de Bordeaux, depuis le 1er janvier 1783 jusqu'au 15 novembre 1792, époque à laquelle il entra comme capitaine dans le 9e bataillon de son département, amalgamé en l'an V dans la 28e demi-brigade d'infanterie légère. Chef de bataillon le 12 prairial an VIII, il passa en cette qualité dans le 25e régiment de même arme le 1er nivose an XII. Il fit les campagnes de 1793 à l'an XIII aux armées de la Vendée, des Pyrénées-Occidentales, de l'Ouest, d'Angleterre, d'Italie et des côtes de l'Océan, et fut blessé le 5 nivose an IX au passage du Mincio d'un coup de feu qui lui traversa la cuisse gauche. Nommé membre de la Légion-d'Honneur le 25 prairial an XII, et appelé de l'an XIV à 1807 à la grande armée, il reçut un coup de feu qui lui traversa le jarret gauche à l'affaire du 17 vendémiaire an XIV devant Guntzbourg. Élevé au grade de major au 59e régiment de ligne le 12 mars 1807, il fit encore la campagne de 1809 à l'armée de Brabant. Les deux blessures qu'il avait reçues ne lui permettant plus de servir activement, il obtint le 16 mars 1812 un commandement d'armes de 3e classe. Mis en non-activité le 1er juin de la même année, il reçut le 21 septembre suivant le commandement du département de l'Ems oriental, et le 13 novembre 1813 il eut l'ordre de quitter le département pour se rendre à Cœverden. Le 16 du même mois, il prit le commandement des troupes qui y étaient enfermées, et n'en sortit que le 5 mai 1814, époque de la reddition de la place aux Hollandais. Arrivé à Lille avec la garnison de Cœverden le 25 mai, il lui fut ordonné le 1er juin suivant de se retirer dans ses foyers avec le traitement de non-activité. Nommé commandant d'armes de Nanci le 15 avril 1815, il rentra en non-activité en juillet de la même année. Admis définitivement à la retraite le 3 novembre 1816, il se retira à Metz, où il est mort le 22 mai 1842.   J-T.

ARNOUILLE (JEAN-ESPRIT). *Voyez* ARNOUILH (*Esprit*), t. Ier, p. 461.

ARNOULD (AMBROISE-MARIE), né à Dijon (Côte-d'Or), était en 1791 sous-directeur du bureau de la balance du commerce. A cette époque, il publia un ouvrage intitulé *De la balance du commerce et des relations commerciales de la France dans toutes les parties du globe*, lequel le classa parmi les écrivains les plus distingués en économie politique. Partisan modéré de la Révolution, il chercha à éclairer l'opinion publique sur les mesures financières nécessitées par les circonstances et à leur donner une direction avantageuse à l'État et aux particuliers. A cet effet, dans un écrit semi-périodique ayant pour titre *Point de terrorisme contre les assignats*, et qui parut en l'an III, il démontra l'utilité de l'émission de ce papier-monnaie, et dans le but d'opérer le retirement et l'annihilation d'une très grande masse de ces valeurs, et d'accélérer la vente des biens nationaux, il créa une caisse qu'il appela *Mi-tontine dizainaire*. Jusque-là il s'était tenu en dehors des cultes des partis ; aussi a-t-on lieu de s'étonner de le trouver le 13 vendémiaire parmi les sectionnaires insurgés contre la Convention. Obligé de fuir après cette échauffourée, il composa dans sa retraite le plus important de ses ouvrages, lequel parut en l'an VI sous le titre de *Système maritime et politique des Européens pendant le XVIIIe siècle*. Il y émit l'opinion, renouvelée dans ces derniers temps, que l'une des causes de l'infériorité des forces navales de la France, eu égard à celles de l'Angleterre, est la situation de la capitale, et que rendre Paris ville maritime ce serait affermir sur des bases inébranlables la liberté française. Il fut envoyé par les électeurs de Paris au conseil des Anciens ; immédiatement placé dans la commission des finances, il ne s'occupa que de matières qui s'y rattachaient, vota assez communément dans le sens du gouvernement, et appuya le rétablissement de l'impôt sur le sel. Il contribua au rappel de la loi sur les neutres, qui, en représailles de la conduite du gouvernement anglais, ordonna la saisie en mer des bâtimens de commerce des nations qui s'étaient déclarées telles. En l'an VIII, il sortit des Anciens, fut élu la même année député au conseil des Cinq-Cents par le département de la Seine, et concourut puissamment au renversement du Directoire. Appelé à faire partie de la commission législative intermédiaire, il appuya toutes les mesures propres à affermir le nouvel ordre de choses. Ce fut lui que le premier consul Bonaparte chargea de demander en faveur de Sieyes la dotation du domaine de Crosne comme récompense nationale. Nommé membre du Tribunat le 5 nivose, il en devint secrétaire le 3 floréal an XII, et en cette qualité il entra dans la commission qui devait examiner la proposition de Curée (*voyez* page 384, même volume, article ALBISSON). Comme orateur du Tribunat, il soutint devant le Corps législatif divers projets de loi sur les finances, et lors de la suppression de cette assemblée, il fut nommé conseiller-maître à la Cour des comptes. Mais jamais il ne devint conseiller d'État comme l'avance à tort l'auteur de sa notice insérée au tome XLVII de la *Biographie universelle*. Membre de la Légion-d'Honneur le 25 prairial an XII, il mourut à Paris au mois de juillet 1812. Indépendamment des ouvrages cités, Arnould a composé un grand nombre d'autres, parmi lesquels nous citerons : *Histoire générale des finances depuis le commencement de la monarchie, pour servir d'introduction au budget annuel.*

ARNOULD (GUILLAUME), naquit le 1er mars 1776 à Courcoury (Charente-Inférieure). Volontaire le 12 septembre 1792 dans le bataillon du Pont-Neuf (19e de Paris), devenu 86e demi-brigade de bataille à l'organisation de l'an II, il fit avec distinction les campagnes de 1793 et des ans II, III et IV aux différentes armées de la République. Passé le 21 ventose an IV dans les grenadiers à pied de la garde du Directoire, devenue garde des consuls et plus tard garde impériale, il fit la campagne de l'an VIII en Italie et se distingua à Marengo. Membre de la Légion-d'Honneur le 25 prairial an XII, et caporal le 24 messidor suivant, il combattit vaillamment de l'an XIV à 1807 en Autriche, en Prusse et en Pologne. Sergent des grenadiers à pied de la garde impériale le 15 juillet 1807, il servit en Espagne en 1808 et fut promu le 5 avril 1809 au grade de lieutenant dans le 2e régiment de fusiliers-grenadiers de la garde impériale. Il fit avec ce corps la campagne d'Allemagne et se distingua le 22 mai 1809 à la bataille d'Essling, où il reçut un coup de feu à la tête. Cette blessure l'ayant rendu impropre au service actif, il prit sa retraite le 18 avril 1810 et fut placé comme instructeur au lycée Napoléon, où il resta jusqu'à la fin de 1814. Retiré alors dans sa ville natale, il y est mort le 31 août 1843.   B-G.

ARNOULT (HUBERT), né le 6 décembre 1767 à Sugny (Ardennes), s'engagea le 8 mai 1792 dans un des bataillons qui formèrent en l'an IV la 23e demi-brigade de bataille, devenue 23e régiment d'infanterie en l'an XII, et prit part à tous les combats livrés de 1792 à l'an IX aux armées du Nord, de Sambre-et-Meuse, de Mayence, du Danube et du Rhin ; il était à la bataille d'Engen, le 13 floréal an VIII, et sa conduite y fut remarquée. Il obtint le 4 nivose an XI le grade de caporal, et le lendemain celui de sergent. Légionnaire le 25 prairial an XII, et embarqué sur l'escadre de Toulon pendant les ans XII et XIII, il sortit du corps par congé de réforme le 13 novembre 1806, devint garde forestier et mourut à Badonvilliers (Meuse), le 10 juin 1811.   Y.

ARNOULT (JEAN-BAPTISTE). *Voyez* t. 1er, p. 461.

ARRIGHI, duc de Padoue. *Voyez* tome III, page 58.

ARRIGHI (HYACINTHE, *baron*), oncle de M. le duc de Padoue, naquit en Corse. Député suppléant à la Convention, il y prit séance le 18 vendémiaire an III. En l'an V, il entra au conseil des Cinq-Cents en vertu des décrets des 5 et 13 fructidor an III, qui appelaient à faire partie du Corps législatif les deux tiers des conventionnels, et la seule fois qu'il prit la parole ce fut pour demander le rejet d'une proposition tendant à annuler les élections de la Corse, antérieures à la constitution. Après le 18 brumaire, il remplaça Joseph Bon au Corps législatif, qu'il quitta pour remplir les fonctions de préfet du Liamone le 19 germinal an XI. Membre de la Légion-d'Honneur le 25 prairial an XII, baron en 1809, et officier de l'Ordre le 30 juin 1811, il reçut le 15 juillet suivant la préfecture de la Corse, lorsque cette île ne forma plus qu'un seul département. Étant tombé en disgrace pour des mesures qui déplurent à l'Empereur, il était rentré dans la vie privée depuis le 15 mars 1814, lorsque, en 1815, Napoléon, quittant l'île d'Elbe, le nomma membre de la junte gouvernementale de la Corse. Il est mort le 24 février 1819.

ARTAUT (JEAN-PIERRE), né le 23 octobre 1770 à Seix (Ariège), entra le 7 mars 1787 au régiment de chasseurs dit *Champagne*-cavalerie, devenu 12e de l'arme en 1791. Brigadier le 1er janvier 1792, brigadier-fourrier le 10 avril, maréchal-des-logis le 9 mars 1793, maréchal-des-logis-chef le 1er juillet, sous-lieutenant le 21 ventose an II, il fit les campagnes de 1792 à l'an II aux armées du Nord et de Sambre-et-Meuse. Le 17 septembre 1792, enfermé avec le dépôt de son régiment dans la place de Thionville, que les Prussiens assiégeaient, il sortit de nuit à la tête d'une patrouille de 15 hommes, surprit l'ennemi, et lui enleva un convoi considérable de farine et de pain. Le 19 germinal an II, au blocus de Landrecies, étant à la tête de sa compagnie, il chargea un bataillon ennemi, le mit en déroute, entra pêle-mêle avec lui dans son camp, et s'empara d'une pièce de canon et d'un obusier. Aide-de-camp du général Boisset le 24 prairial de la même année, et nommé lieutenant-aide-de-camp le 14 germinal an IV, il rentra au 12e de chasseurs le 1er frimaire en V, fut promu adjudant-major le 27 frimaire an X, et capitaine le 22 fructidor an XI. Dans ces différentes positions, il suivit les mouvemens des armées des Pyrénées-Orientales en l'an III, revint à l'armée de Sambre-et-Meuse en l'an IV, et de l'an VI à l'an IX assista aux affaires et aux batailles livrées par les armées d'Helvétie, d'Italie et des Grisons. En garnison dans l'intérieur pendant les ans X et XI, et appelé en l'an XII à l'armée des côtes de l'Océan, il fut nommé membre de la Légion-d'Honneur le 25 prairial, et vint en l'an XIII former avec son corps une des premières têtes de colonnes de la grande armée. Il se distingua pendant les guerres d'Autriche, de Prusse et de Pologne de l'an XIV à 1807. Chef d'escadron à la suite le 23 mars 1807, et titulaire au 5e régiment de chasseurs le 1er septembre 1808, il passa major du 26ᵉ régiment de même arme le 3 mars 1809 et entra en Espagne. Il servit avec honneur jusqu'au 27 juillet 1811; et fut alors nommé commandant d'armes à San Felice; mais épuisé par les fatigues de la guerre, il ne put remplir ces fonctions que durant trois mois. Admis à la retraite le 7 novembre suivant, il se retira à Castillon (Ariége), où il est mort le 25 décembre 1837. J-T.

ARTIGUES (ÉLIE), naquit le 16 octobre 1766 à Prat (Ariége). Soldat le 12 février 1792 dans le 3ᵉ bataillon de l'Ariége, incorporé dans la 3ᵉ demi-brigade provisoire, devenue 57ᵉ demi-brigade de ligne en l'an IV et 57ᵉ régiment de même arme en l'an XII, il fit toutes les campagnes de la Révolution de 1792 à l'an IX aux armées d'Italie et du Rhin. Caporal le 6 germinal an III, il se distingua le 28 prairial an VII au combat sur la Limath et y fut blessé d'un coup de feu au pied droit. Le 30 prairial an VIII, il se signala encore en passant un des premiers le Danube à la nage sous le feu de l'ennemi, et le 3ᵉ jour complémentaire an IX il obtint les galons de sergent. Créé membre de la Légion-d'Honneur le 25 prairial an XII, il fit partie des troupes du camp de Boulogne pendant les ans XII et XIII, et prit part aux opérations du 4ᵉ corps de la grande armée pendant les campagnes de l'an XIV à 1807 en Autriche, en Prusse et en Pologne. Le 10 juin 1807, au combat de Landsberg, il reçut un coup de feu au côté gauche de la tête et ne voulut quitter le champ de bataille pour aller se faire panser que lorsque l'action fut entièrement terminée. Il servit en 1809 en Allemagne et reçut le 19 avril à Kumel (Bavière) un coup de feu à la hanche. Adjudant-sous-officier le 19 février 1811, il devint sous-lieutenant le 18 février 1812, et passa comme lieutenant le 13 mars 1813 dans le 142ᵉ régiment d'infanterie de ligne, avec lequel il fit la campagne de Saxe. Il combattit bravement le 2 mai à Lutzen, où il fut atteint d'un coup de feu à l'épaule gauche. Capitaine le 17 août suivant, il reçut encore un coup de feu à la tête le 19 octobre de la même année à la bataille de Leipzig. Sa conduite distinguée pendant la campagne de France, notamment le 17 février 1814, à l'affaire de Nangis, où il commanda le 2ᵉ bataillon de son régiment, lui mérita d'être proposé pour la décoration d'officier de la Légion-d'Honneur le 20 du même mois par le général en chef du 2ᵉ corps. Il conserva le commandement de ce bataillon jusqu'à la fin de la campagne. Mis en demi-solde le 31 août 1814, et replacé à l'activité le 21 mars 1815, il rentra dans sa position de demi-solde le 23 juillet suivant et y demeura jusqu'au 7 mai 1816, date de son admission à la retraite. Il se retira dans sa ville natale et y mourut le 22 décembre 1843. B-G.

ARTREUX (JEAN-BAPTISTE), né le 1ᵉʳ août 1774 à Lyon (Rhône), s'engagea le 10 août 1792 dans le 50ᵉ régiment d'infanterie, incorporé en l'an IV dans la 45ᵉ demi-brigade de bataille, devenue 45ᵉ régiment de ligne. Caporal le 30 floréal an II, fourrier le 1ᵉʳ germinal an III, sergent le 1ᵉʳ floréal an VII, sergent-major le 24 thermidor, et sous-lieutenant le 12 vendémiaire an XII, il fit toutes les guerres de 1792 à l'an VII à l'armée d'Italie, ans VIII, IX et X aux armées de la Vendée, des Grisons et d'Helvétie, et de l'an XI à l'an XIII à celle de Hanovre. A l'affaire du 16 germinal an VII, sous Verone, le quartier-général de l'armée allait être surpris à Boula-Preda. La 8ᵉ compagnie du 1ᵉʳ bataillon, à laquelle Artreux appartenait, arrive au pas de course à la rencontre de l'ennemi ; le capitaine est blessé. La compagnie se débande, Artreux la rallie et contient l'ennemi jusqu'au moment où le reste du bataillon, débouchant d'un sentier, force les Autrichiens à la retraite. Membre de la Légion-d'Honneur le 25 prairial an XII, il fit la campagne de l'an XIV à la grande armée dans le Nord, et fut employé pour le recrutement à Bruges depuis le 5 mars 1806 jusqu'au 1ᵉʳ mars 1808, époque à laquelle il passa comme lieutenant au 34ᵉ régiment d'infanterie. Appelé en Espagne avec son corps en 1809, il prit part aux opérations des deux armées dans la péninsule de 1809 à 1812, et promu capitaine le 19 mai 1821, il fut tué à la belle défense du fort de Burgos le 19 septembre 1812.

ARTUS (AUGUSTE-CONSTANT), né le 8 avril 1767 à Verneuil (Eure), entra le 26 septembre 1791 comme sous-lieutenant de grenadiers au 2ᵉ bataillon de l'Orne. Maréchal-des-logis dans les chasseurs à cheval de la légion germanique le 1ᵉʳ septembre 1792, sous-lieutenant le 24 novembre suivant dans le 8ᵉ hussards, devenu 7ᵉ bis, puis 7ᵉ principal, lieutenant le 26 mars 1793, et capitaine le 12 octobre, il fit les campagnes de 1792 à l'armée du Nord, 1793 et an II en Vendée, et celles de l'an III à l'an VI aux armées du Rhin et d'Helvétie. Blessé très grièvement à l'affaire de Montreuil en Vendée, au mois d'août 1793, il eut un cheval tué sous lui. Attaché de nouveau à l'armée du Rhin pendant les campagnes des ans VII et VIII, il eut encore 2 chevaux tués sous lui à la prise de Feldkirch le 24 messidor an VIII. Réformé avec le 7ᵉ principal hussards par arrêté des consuls du 9 fructidor an VIII, il fut remis en activité le 9 prairial an X comme capitaine dans le 20ᵉ régiment de cavalerie, et passa par incorporation dans le 14ᵉ de même arme, devenu 23ᵉ de dragons en l'an XII. En garnison dans les 8ᵉ, 19ᵉ et 27ᵉ divisions militaires pendant les ans XI, XII et XIII, il devint membre de la Légion-d'Honneur le 25 prairial an XII. Appelé à l'armée d'Italie en l'an XIV, à celle de Naples en 1806, il revint en 1809 en Italie, au corps détaché de l'armée d'Allemagne, et mourut au dépôt de son régiment à Lodi le 20 juin, par suite des blessures qu'il avait reçues dans cette dernière campagne. J-T.

AUBAIL (JEAN), né le 1ᵉʳ mai 1772 à Neuvy (Saône-et-Loire), entra le 19 juillet 1793 au 90ᵉ régiment d'infanterie, devenu successivement par amalgame 90ᵉ demi-brigade d'infanterie, 36ᵉ de bataille et 36ᵉ régiment d'infanterie de ligne, et fit toutes les campagnes de la République aux armées du Nord, de Sambre-et-Meuse, d'Allemagne, de Mayence, d'Helvétie et du Rhin : il se trouva au passage de la Lintz, défendue par 40 redoutes ennemies, et à la bataille d'Uznach en Helvétie le 3 vendémiaire an VIII. Passé aux grenadiers le 4 prairial an IX, et nommé membre de la Légion-d'Honneur le 25 prairial an XII, il fit partie du 4e corps de la grande armée pendant la campagne d'Austerlitz, combattit en Prusse en 1806 et en 1807, fut blessé d'un coup de feu à la mâchoire à Eylau, et prit sa retraite le 2 juin suivant. Il est mort à Digoin (Saône-et-Loire), le 11 janvier 1829. Y.

AUBÉ (JEAN-ANTOINE), né le 5 janvier 1772 à Frêne (Seine-et-Marne), entra le 10 août 1793 dans la demi-brigade de l'Allier, devenue 27e demi-brigade de bataille, fit les campagnes de 1793 à l'an VII aux armées du Nord, de Hollande, de l'Ouest et du Rhin, et embarqua en l'an VI, lors de l'expédition d'Irlande, sur la frégate *la Bravoure*. Admis dans les grenadiers à pied de la garde consulaire le 27 messidor an VII, il combattit à Marengo le 25 prairial an VIII, fut nommé caporal le 21 ventôse an X, et obtint la décoration de la Légion-d'Honneur le 25 prairial an XII. En l'an XIV il suivit son corps à la grande armée en Autriche, devint sergent pendant la campagne de Prusse le 17 mars 1806, fit la campagne suivante en Pologne, combattit à Friedland, passa en Espagne en 1808, et prit sa retraite le 22 décembre 1809. Il est mort à Paris le 3 avril 1819. Y.

AUBERCY. *Voyez* AUBERTY.

AUBERT (CHARLES), naquit le 28 octobre 1754 à Lisieux (Calvados). Dragon le 9 août 1771 dans le régiment Mestre-de-camp, il passa le 25 avril 1775 dans le régiment de Guienne-infanterie, depuis Viennois, devint caporal le 12 décembre 1777, sergent le 5 janvier 1778, fourrier le 12 février suivant, et adjudant-sous-officier le 20 septembre 1781. Ayant pris son congé le 26 août 1783, il entra comme sergent dans le bataillon de la Guiane le 15 mai 1785, fit toutes les campagnes d'Amérique de terre et de mer de 1778 à 1783, et fut blessé à l'attaque de Sainte-Lucie d'un coup de feu à la jambe gauche le 7 septembre 1778, et au combat naval du 12 avril 1782 d'un éclat de bois à la jambe droite. Engagé le 18 octobre 1782 dans les volontaires nationaux de la Guadeloupe, et nommé capitaine le même jour, puis chef de bataillon le 14 février 1793, et enfin adjudant-général chef de bataillon par arrêté du Comité de salut public du 1er avril suivant, il resta à la Guadeloupe jusqu'en l'an II, et fut désigné le 15 floréal an III pour faire partie de l'expédition de Saint-Domingue. L'expédition n'ayant pas eu lieu, il reçut le commandement du dépôt à Franciade jusqu'au 6 nivôse an VI, époque à laquelle il fut mis avec son grade de chef de bataillon à la suite de la 93e demi-brigade de bataille, et autorisé à jouir dans ses foyers du traitement de réforme. Chargé le 9 thermidor an VII de l'organisation des bataillons auxiliaires du département de l'Eure, et employé contre les chouans, il obtint le commandement du 1er bataillon, incorporé en l'an VIII dans la 8e demi-brigade de bataille, devenue 8e régiment de ligne en l'an XII, et prit part aux opérations des armées du Rhin et de Hanovre de l'an VIII à l'an XII. Membre de la Légion-d'Honneur le 25 prairial an XII, et admis à la retraite le 6 décembre 1806, il est mort à Lisieux (Calvados), le 13 juin 1809. J-T.

AUBERT (MICHEL-ANGE), naquit le 11 août 1771 à Casale (Pô). Sous-lieutenant le 28 février 1786 dans le 1er régiment des troupes légères du roi de Sardaigne, lieutenant au régiment de Piémont-infanterie le 3 floréal an II, capitaine à la 3e demi-brigade de ligne piémontaise le 10 pluviôse an VII, et chef de bataillon le 20 fructidor an VIII au régiment de Verceil, il passa successivement avec le même grade au régiment d'Aqui le 20 brumaire an IX, puis le 27 germinal à la 1re demi-brigade légère piémontaise, devenue le 1er vendémiaire an XII 31e régiment d'infanterie légère. Il fit les campagnes de 1792 à l'an III aux armées de Savoie, de Suse, de Stura, de Nice et de Ceva, au service du roi de Sardaigne; de l'an VII à l'an IX il prit part aux opérations des armées françaises en Italie, et reçut quatre blessures au combat livré près de Verone le 6 germinal an VII contre les Autrichiens. Membre de la Légion-d'Honneur le 25 prairial an XII, il fit partie de la grande armée en 1807 et 1808 pendant la campagne de Prusse, reçut un coup de feu à la tête à la bataille de Friedland le 14 juin 1807, et obtint le 18 février 1808 la croix d'officier de la Légion-d'Honneur. Appelé à l'armée d'Espagne en 1809, 1810 et 1811, il commanda le régiment pendant les deux campagnes de Portugal, et fut deux fois proposé pour les grades de major et de colonel par les maréchaux Soult et Marmont. Nommé major en second le 18 octobre 1811, il continua à commander provisoirement le corps jusqu'au 15 janvier 1812, époque à laquelle il partit pour rejoindre le 17e de ligne. Dirigé sur la grande armée de Russie, il fut fait prisonnier pendant la campagne et ne reparut plus. J-T.

AUBERT (JEAN-NICOLAS), né le 16 décembre 1759 à Vendresse (Ardennes), entra le 16 avril 1783 dans le régiment Mestre-de-camp-cavalerie, devenu 23e de l'arme en 1791, et quitta ce corps par congé le 17 avril de la même année. De retour dans son département, il s'engagea le 22 septembre suivant dans le deuxième bataillon des Ardennes, incorporé en l'an II dans la 48e demi-brigade de bataille, devenue 48e régiment de ligne en l'an XII. Lieutenant le jour même de son engagement, capitaine le 12 février 1792, il fit les campagnes du Nord, d'Allemagne, de Batavie et du Rhin. Blessé de plusieurs coups de sabre et d'un coup de feu au côté au combat du 12 septembre 1793, il fut atteint d'un second coup de feu à la main gauche le 12 frimaire an IX à la bataille de Hohenlinden, blessure qui lui ôta l'usage du poignet et le força à demander sa mise en réforme. Membre de la Légion-d'Honneur le 25 prairial an XII, et admis à la retraite le 21 frimaire an XIII, il est mort le 8 mars 1827 à Charleville (Ardennes). J-T.

AUBERT (PIERRE), né le 12 novembre 1754 à Dalhem (duché de Luxembourg), de parents français, entra le 8 mars 1778 dans le 1er bataillon

du régiment de Viennois, incorporé en l'an II dans la 43ᵉ demi-brigade d'infanterie, devenue en l'an VII 54ᵉ demi-brigade de ligne et 54ᵉ régiment en l'an XII. Caporal le 1ᵉʳ juin 1784, sergent le 18 juillet 1785, il fit les guerres d'Amérique de 1778 à 1782, et fut blessé à Sainte-Lucie le 18 octobre 1778 d'une balle à la jambe droite. Sergent-major le 1ᵉʳ février 1792, sous-lieutenant le 11 mars 1793, lieutenant le 19 floréal an II, il prit part à toutes les guerres de 1792 à l'an IX aux armées de la Moselle, du Nord, de Batavie et du Rhin. Blessé d'un éclat d'obus à la tête au siège d'Ypres en fructidor an II, et d'une balle au-dessus du sein gauche le troisième jour complémentaire an VII à la bataille de Bergen, il fut nommé capitaine sur le champ de bataille. Retenu au dépôt de son corps par sa dernière blessure, il rejoignit l'armée de Hanovre en l'an XII, et y reçut la croix de la Légion-d'Honneur le 25 prairial. Passé au 1ᵉʳ corps de la grande armée en vendémiaire de l'an XIV, il fit la campagne d'Autriche et celle de 1806 à Augsbourg. Admis à la retraite le 3 mars 1807, il se retira à Nanci (Meurthe), où il est mort le 31 mai 1842.
J.-T.

AUBERT (PIERRE), naquit le 8 avril 1767 à Prusly-sur-Ource (Côte-d'Or). Soldat le 1ᵉʳ octobre 1788 dans le régiment de Flandre-infanterie, devenu 19ᵉ de l'arme en 1791, 38ᵉ demi-brigade d'infanterie en l'an II, puis 21ᵉ demi-brigade de bataille en l'an IV, grenadier le 1ᵉʳ décembre 1789, et caporal le 11 nivose an IV, il fit les campagnes de 1792, 1793 et an IV à l'armée du Nord. Entré dans la garde du Directoire le 30 frimaire an V, nommé sergent le 11 messidor an VII, et sergent-major le 1ᵉʳ brumaire an VIII, il passa comme sous-lieutenant le 15 ventose suivant dans la garde à pied des consuls, lieutenant en second des grenadiers le 1ᵉʳ vendémiaire an XI, lieutenant en premier le 2 nivose an XII, reçut la croix de la Légion-d'Honneur le 25 prairial de la même année, et devint capitaine au 106ᵉ régiment de ligne le 28 messidor an XIII. Appelé avec son corps à l'armée d'Italie, il se distingua pendant la campagne de la fin de l'an XIII au commencement de l'an XIV, et mourut à l'hôpital de Palma-Nova, le 22 frimaire an XIV, des suites d'un coup de feu à la main droite.
J.-T.

AUBERTIN (ÉTIENNE), né le 30 mars 1753 au Temple (Jura), entra au service le 21 juin 1772 comme soldat dans les gardes françaises. Congédié par ancienneté le 21 juin 1780, il s'engagea le 24 janvier 1781 dans le 12ᵉ régiment de chasseurs à cheval, et fit l'expédition de Genève de 1782. Brigadier dans le même régiment le 21 septembre 1784, maréchal-des-logis le 1ᵉʳ janvier 1792, maréchal-des-logis-chef le 26 avril, sous-lieutenant le 17 juin suivant, lieutenant le 1ᵉʳ juillet 1793, et capitaine le 16 floréal an II, il servit en 1792 et 1793 à l'armée du Nord, de l'an II à l'an V à l'armée de Sambre-et-Meuse, et de l'an VI à l'an IX à celles d'Helvétie, du Rhin, d'Italie et des Grisons. Blessé d'un coup de lance au bras droit à l'affaire de Kamberg, il le fut une seconde fois d'un fragment de mitraille à la main gauche au siège de Landrecies. Dans l'Engadine, à l'armée des Grisons, en l'an IX, démonté et saisi par 4 grenadiers autrichiens, il se sauva de leurs mains, s'empara d'un fusil et de la giberne d'un blessé, rallia autour de lui quelques tirailleurs, fondit sur l'ennemi et lui fit 300 prisonniers. Le premier Consul décerna à cet officier un sabre d'honneur par arrêté du 28 fructidor an X. Resté en garnison dans les places de l'intérieur depuis l'an IX, il fut appelé à l'armée des côtes de l'Océan en l'an XII. Légionnaire de droit, il reçut la croix d'officier de la Légion-d'Honneur le 25 prairial de la même année. Admis à la retraite le 1ᵉʳ pluviose an XIII, il se retira à Dôle, et mourut dans cette ville le 28 mai 1814.
J.-T.

AUBERTIN (JEAN-BAPTISTE), né le 23 avril 1760 à Langres (Haute-Marne), entra le 20 juin 1776 au régiment du Perche-infanterie, (30ᵉ en 1791), fit les deux campagnes de mer aux Indes de 1782 et 1783 sur le vaisseau *le Majestueux*, et de retour en France quitta le corps par congé d'ancienneté le 20 juin 1784. Il reprit du service le 8 août 1792 comme sergent-major des grenadiers du 2ᵉ bataillon des volontaires de la Haute-Marne, devenu par amalgame 16ᵉ demi-brigade d'infanterie, puis 26ᵉ de bataille, et nommé capitaine le 21 novembre de la même année, il fit les campagnes de 1792 à l'an III aux armées de la Moselle, de Rhin-et-Moselle, de Mayence et des Alpes. Passé successivement avec son grade dans le 1ᵉʳ bataillon des grenadiers des Alpes le 26 prairial an IV, à la 75ᵉ demi-brigade de bataille le 11 nivose an V, à la 26ᵉ demi-brigade même arme le 4 nivose an VI, et enfin le 16 floréal mis à la suite de ce dernier corps, il prit part aux opérations des armées d'Italie et de l'intérieur de l'an IV à l'an VI. Le 5 frimaire an VII, il entra avec son grade dans la 95ᵉ demi-brigade de bataille, depuis 85ᵉ régiment de ligne, laquelle venait d'être formée, servit pendant les ans VII et VIII à l'armée du Rhin, et fut blessé d'un coup de sabre sur la tête le 30 prairial an VIII, en avant du vieux Brisack. Prisonnier le même jour, les Autrichiens l'abandonnèrent le 30 juin suivant. Rentré à son corps, il servit aux armées de Batavie et de Hanovre de l'an IX à l'an XIII. Membre de la Légion-d'Honneur le 25 prairial an XII, il suivit la grande armée de l'an XIV à 1807 en Autriche, en Prusse et en Pologne, et fut admis à la retraite le 3 mars 1807. Il est mort dans sa ville natale le 15 janvier 1832.
J.-T.

AUBERTOT (ANSELME), né le 20 février 1770 à Margelles (Haute-Marne), entra au service le 4 septembre 1793 au 17ᵉ bataillon des réquisitionnaires de Paris, incorporé dans le 5ᵉ bataillon de Paris, devenu 2ᵉ demi-brigade de bataille, puis 9ᵉ demi-brigade de ligne et 9ᵉ régiment de même arme, et fit avec distinction les campagnes de 1793 à l'an IX aux armées du Nord, de Hollande, d'Allemagne, d'Italie et d'Orient. La bravoure qu'il déploya pendant toutes ces guerres lui valut la décoration de membre de la Légion-d'Honneur le 25 prairial an XII. Employé au 2ᵉ corps de la grande armée en l'an XIV et en 1806, les infirmités qu'il avait contractées à la guerre, ne lui permirent pas de continuer plus long-temps le service actif. Il sollicita sa retraite le 15 juin 1806, l'obtint le 25 octobre suivant, et se retira dans son pays natal. Il est mort à Selongey (Côte-d'Or), le 19 septembre 1841. **y-z.**

AUBERTY (GUILLAUME), naquit le 27 avril 1774 à Marcillac (Corrèze). Réquisitionnaire le 7 germinal an II, et incorporé dans un des corps qui formèrent en l'an IV la 27e demi-brigade de bataille, devenue 24e régiment de ligne en l'an XII, il fit les campagnes de l'an II à l'an VI à l'armée de l'Ouest, et prit part à l'expédition d'Irlande en l'an v. Il passa à l'armée du Danube, puis à celle du Rhin, et se trouva à la bataille de l'Iller le 16 prairial an VIII. En l'an XI, il fit partie de l'armée d'Helvétie, et nommé caporal le 1er frimaire an XII, il reçut la croix de la Légion-d'Honneur le 25 prairial suivant. Pendant les campagnes des ans XIV, 1806 et 1807, il fut attaché au 6e corps de la grande armée, et prit sa retraite le 31 décembre 1807. Il réside aujourd'hui à Marcillac (Corrèze). **y.**

AUBÉRY (FRANÇOIS), né le 15 avril 1769 à Chevagny-sur-Guye (Saône-et-Loire), entra le 1er mai 1793 au 2e bataillon de la Manche, devenu successivement par amalgame demi-brigade de l'Allier, 27e de bataille, et 27e régiment d'infanterie de ligne en l'an XII : il fit toutes les campagnes de la Révolution aux armées des Pyrénées-Occidentales, du Nord, de l'Ouest, de Mayence, du Danube et du Rhin, passa aux grenadiers le 18 pluviose an VII, reçut la croix de la Légion-d'Honneur le 25 prairial an XII étant au camp de Montreuil, et fut incorporé dans la 9e demi-brigade de vétérans le 24 nivose an XIII. Il est mort dans le lieu de sa naissance le 22 janvier 1841. **y.**

AUBREE (ALEXANDRE, *baron*), né le 3 novembre 1767 à Rennes (Ille-et-Vilaine), entra au service comme sergent-major le 10 septembre 1791 dans le 1er bataillon d'Ille-et-Vilaine, où il devint sous-lieutenant le 26 mars 1792, et fut élu capitaine le 13 octobre suivant. Il fit les campagnes de 1792 et 1793 à l'armée du Nord, et passa le 12 mai de cette dernière année à celle de l'Ouest, où il servit pendant les ans II, III, IV et partie de l'an v. Successivement incorporé dans le 7e bataillon de la formation d'Orléans, puis dans le 15e de la réunion d'Angers, il entra par amalgame dans la 144e demi-brigade d'infanterie de bataille, devenue 52e de ligne, et passa ensuite comme auxiliaire le 5 germinal an v dans la 42e de même arme, dont son frère René avait alors le commandement. Titulaire dans ce corps le 14 brumaire an VI, il fit avec distinction les campagnes des ans v, VI et VII à l'armée de Batavie, et des ans VIII et IX à celle du Rhin. Dans la nuit du 29 au 30 prairial an VIII, il se présenta volontairement un des premiers pour passer le Danube à la nage, et forcer les ennemis qui occupaient une tête de pont sur l'autre rive vis-à-vis de Guntzbourg. Dans cette circonstance, il montra beaucoup de courage et de dévoûment. Chef de bataillon provisoire sur le champ de bataille d'Alkmaër le 24 fructidor an VII, et confirmé dans ce grade le 16 germinal an VIII, il rentra en France après la cessation des hostilités, tint garnison à Landau pendant l'an X, et servit en l'an XI à l'armée d'Helvétie. Passé à l'armée de Naples, il y fit les campagnes de l'an XII à 1806, et obtint la croix de la Légion-d'Honneur le 25 prairial an XII. Fait prisonnier de guerre par les Anglais à Reggio le 11 juillet 1806, et rendu le 22 août suivant, il fut nommé major du 12e régiment de ligne le 12 juillet 1807, passa avec son grade dans le 11e de même arme le 10 novembre suivant, et fit les campagnes de 1807 et 1808 à l'armée d'Italie, et celle de 1809 en Italie et en Allemagne. Sa brillante conduite pendant cette dernière guerre lui valut le grade de colonel du même régiment le 20 juin 1809, et le titre de baron de l'Empire le 15 août suivant. Employé en 1810 à l'armée d'Illyrie, et en 1811 à celle de Catalogne, il se trouva au blocus de Figuières, et mérita la décoration de chevalier de la Couronne-de-Fer, que l'Empereur lui décerna le 6 septembre de cette même année. Sa santé ayant nécessité sa rentrée en France, Napoléon lui accorda un congé de convalescence de six mois le 14 décembre suivant; mais il ne put rejoindre son régiment qu'au mois d'avril 1813. Il fit encore la campagne de 1814 en France. Le gouvernement de la Restauration le maintint à la tête du 11e de ligne, et le décora de la croix de Saint-Louis le 8 juillet 1814. Lorsque l'Empereur revint de l'île d'Elbe, le baron Aubrée, toujours colonel du 11e de ligne, fit partie de la 19e division d'infanterie au 6e corps de l'armée du Nord. Il combattit vaillamment à la funeste journée de Mont-Saint-Jean, où il fut mortellement blessé, et mourut le 26 juin 1815 par suite de ses blessures. **B-G**

AUBREE (RENÉ), né le 23 juin 1763 à Rennes (Ille-et-Vilaine), entra au service comme capitaine le 10 septembre 1791 dans le 1er bataillon d'Ille-et-Vilaine, amalgamé le 1er fructidor an II dans la 31e demi-brigade de bataille, devenue 42e de ligne à l'organisation du 27 ventose an IV, et fit toutes les campagnes de 1792 à l'an IX aux armées du Nord, de Sambre-et-Meuse, de Batavie et du Rhin. Lieutenant-colonel en second le 13 octobre 1792, il devint chef de bataillon commandant le 1er nivose an II, et obtint le grade de chef de brigade le 1er fructidor suivant. Il se trouva en l'an II au siége d'Ypres sous les ordres du général Vandamme, et se distingua en l'an VI à une affaire qui eut lieu près d'Egmond (Hollande). La bravoure et les talens militaires qu'il déploya le 3e jour complémentaire an VII à la bataille de Bergen fixèrent sur lui l'attention du général en chef Brune, qui le nomma général de brigade sur le champ de bataille. Confirmé dans ce grade le 4 vendémiaire an VIII, il se distingua à la bataille de Castricum le 14 du même mois, et prit le commandement d'une brigade à l'armée du Rhin le 13 pluviose suivant. Il rentra en France après la cessation des hostilités, et fut mis en non-activité le 1er vendémiaire an X. Appelé à commander le département du Pô le 29 messidor de cette dernière année, il reçut la décoration de commandant de la Légion-d'Honneur le 25 prairial an XII, et passa au département de la Stura le 29 floréal an XIII. Employé à l'armée de Dalmatie le 13 juillet 1806, il se distingua le 1er octobre suivant au combat de Castelnovo. A la tête du 11e régiment d'infanterie de ligne, il culbuta à la baïonnette 2 bataillons russes, et dispersa une multitude de Monténégrins qui laissèrent 400 des leurs sur le champ de bataille. Rentré en France par congé le 17 octobre 1807, il commanda une brigade du corps formé sur les côtes de l'Océan le 16 mars 1808, passa ensuite au 3e corps de l'armée d'Espagne, et trouva une mort glorieuse au siège de Saragosse le 1er décembre de la même année. Son nom est inscrit sur les tables de bronze du palais de Versailles. B-G.

AUBRY (CHARLES-CLAUDE). *Voyez* tome III, p. 61.

AUBRY (FRANÇOIS). *Voyez* AUBERY.

AUBRY (JOSEPH-EMMANUEL, *baron*), né le 2 juillet 1772 à Mirecourt Vosges), entra le 31 août 1791 comme caporal de grenadiers dans le 4e bataillon des Vosges, passa le 12 janvier 1792 en qualité de sous-lieutenant au 10e régiment d'infanterie (ci-devant de Neustrie), embrigadé dans la 19e d'infanterie, devenue 69e de ligne, et fut nommé capitaine le 3 brumaire an IV. Il fit les guerres de 1792 et 1793 aux armées du Rhin et des Alpes, assista au siège de Toulon en l'an II, et fit à l'armée d'Italie les campagnes de la fin de l'an II à l'an V inclusivement. Appelé avec son corps en Égypte, il fut blessé d'un coup de feu à la tête le 14 messidor an VI à l'attaque du fort triangulaire d'Alexandrie, et commanda en Syrie la compagnie des éclaireurs de la 69e, qui pénétrèrent dans la forteresse de Saint-Jean-d'Acre à l'assaut du 19 floréal an VII. Rentré en France, il fit partie de l'armée des côtes de l'Océan de l'an XII à l'an XIII. Chef de bataillon au 12e régiment d'infanterie légère le 5 ventôse an XII, et membre de la Légion-d'Honneur le 25 prairial de la même année, il rejoignit la grande armée en l'an XIV, et servit en Autriche, en Prusse et en Pologne. Major dans les grenadiers et voltigeurs réunis le 3 juin 1807, et blessé d'un coup de feu qui lui traversa le pied droit à Heilsberg le 10 juin suivant, il passa dans le 19e régiment de ligne le 10 novembre pour en prendre le commandement en l'absence du colonel, et fit la campagne de 1808 en Danemarck, et celle de 1809 en Allemagne; le 13 avril de cette dernière année, il était colonel du régiment. Blessé de deux coups de feu, l'un à l'abdomen le 5 juillet, l'autre à l'épaule gauche le lendemain à la bataille de Wagram, il eut en outre un cheval tué sous lui. L'Empereur le nomma officier de la Légion-d'Honneur le 23 du même mois, et ensuite baron de l'Empire. Il fit partie du camp de Boulogne pendant les années 1810 et 1811, suivit la grande armée en Russie, et fut tué à l'affaire de Polotsk le 18 août 1812. J-T.

AUBRY (PIERRE), naquit le 5 janvier 1765 à Saint-Martin-du-Bois (Maine-et-Loire). Soldat le 15 juin 1783 au régiment de Royal-Champagne-cavalerie, devenu 19e de l'arme en 1791, brigadier le 11 septembre 1784 et maréchal-des-logis le 9 juillet 1786, il quitta le régiment par congé d'ancienneté le 30 septembre 1791. Engagé le 24 juillet 1792 dans le 1er bataillon des fédérés, amalgamé en l'an II dans la 203e demi-brigade d'infanterie, 100e demi-brigade en l'an IV, il fut nommé capitaine le même jour et partit pour l'armée du Nord, d'où il passa successivement aux armées du Rhin, de l'Ouest et de la Moselle de 1793 à l'an V. Il fit partie de la garnison de Mayence en 1793, coopéra à la défense du fort de Kehl en brumaire an V, et se trouva au deuxième passage du Rhin le 1er floréal de la même année. Il servit ensuite aux armées d'Angleterre, d'Helvétie, du Rhin et de Hanovre de l'an VI à l'an XII, fut blessé d'une balle à la cuisse droite le 4 prairial an VII dans une reconnaissance près de Winterthur en Helvétie, et assista à la bataille livrée près de Dissenhoffen le 16 vendémiaire an VIII. Membre de la Légion-d'Honneur le 25 prairial an XII, il rejoignit en l'an XIII l'armée des côtes de l'Océan, suivit la grande armée en l'an XIV en Autriche, et devint chef de bataillon dans le 11e régiment de ligne le 3 janvier 1806, en récompense de sa belle conduite à la bataille d'Austerlitz. Passé avec son corps aux armées de Dalmatie, d'Allemagne et d'Illyrie de 1806 à 1810, et nommé major en deuxième le 15 avril 1811, il partit pour Bayonne le 14 juin suivant, chargé de commander une des demi-brigades de marche que l'Empereur voulait y former. Arrivé à sa destination, il reçut de nouveaux ordres et entra en Espagne, où il commanda jusqu'au 1er avril 1812 le régiment de marche de l'armée d'Aragon. Ses blessures l'obligèrent à demander alors du service dans l'intérieur, et proposé pour l'emploi de major du 7e de ligne, il fut envoyé provisoirement au dépôt de ce corps. Titulaire de ce grade le 13 janvier 1813, et appelé à la grande armée, il mourut le 5 juin par suite des blessures qu'il avait reçues à Bautzen le 20 mai précédent. J-T.

AUCAM (FRANÇOIS), né aux Moutiers (Loire-Inférieure), le 15 juillet 1764, commença à naviguer pour le commerce en 1773 et passa le 1er août 1779 dans la marine de l'État. Aide-pilote sur le transport *l'Alcyon*, il servit en la même qualité jusqu'en 1782, et fit trois campagnes à Saint Domingue. Rentré dans la marine du commerce, il devint capitaine au long cours en 1787, et enseigne de vaisseau en mars 1793. Attaché ensuite au service du port de Rochefort, il monta le 16 juin sur la frégate *l'Uranie*, en croisière sur les côtes d'Espagne, et assista au combat qu'elle livra à la frégate anglaise *la Tamise*. Lieutenant de vaisseau le 21 novembre suivant à bord de *l'Unité*, même destination, il prit, le 15 pluviose an II, le commandement du *Maire-Guiton*; cette corvette ayant été capturée par une division anglaise de 6 vaisseaux et 4 frégates, après une chasse de douze heures, Aucam fut conduit en Angleterre, où il resta jusqu'au 9 vendémiaire an IV. Rentré en France, il servit de nouveau dans le port de Rochefort, et embarqua le 29 brumaire sur la frégate *la Forte*, de la division du contre-amiral Sercey, qui fit campagne dans l'Inde, et soutint un combat contre 2 vaisseaux anglais. Capitaine de frégate le 30 ventose an V, il fut envoyé à Tabago en qualité de commandant de port, et de retour en France par suite de la capitulation de cette île, il fit le service dans le port de Rochefort du 17 vendémiaire au 7 nivose an XII. Le 8, il prit le commandement de l'aile gauche de la flotille des transports à Étaples, et reçut, le 25 prairial suivant, la décoration de la Légion-d'Honneur. Chef militaire de la marine à Flessingue le 28 janvier 1808, et nommé capitaine de vaisseau de 2ᵉ classe en 1811, il resta dans cette position jusqu'au 4 mai 1814. Admis à la retraite le 1ᵉʳ janvier 1816, il se retira à Nantes (Loire-Inférieure), où il est mort le 10 août 1839.

AUCHER (LOUIS-JUSTIN), né le 15 mars 1768 à Montoire (Loir-et-Cher), entra au service le 29 août 1792 comme sergent-major au 2ᵉ bataillon de son département, amalgamé dans la 68ᵉ demi-brigade d'infanterie en l'an II, devenue 15ᵉ demi-brigade de ligne en l'an IV, puis 15ᵉ régiment de même arme en l'an XII. Sous-lieutenant le 18 février 1793, et lieutenant le 6 vendémiaire an VI, il fit les campagnes de 1792 à l'an X aux armées du Nord, du Rhin et de l'Ouest, et fut blessé d'un coup de feu au bras gauche le 10 vendémiaire an IX. Membre de la Légion-d'Honneur le 25 prairial an XII, à l'armée des côtes de l'Océan, et promu capitaine le 29 janvier 1807, il s'embarqua à Saint-Malo le 25 octobre sur la frégate *l'Italienne*, faisant voile pour la Martinique, et rentra en France le 25 mars 1808. Appelé au-delà des Pyrénées, aussitôt après son retour, il fit les campagnes des armées d'Espagne et de Portugal, et fut blessé à l'œil droit d'un éclat de pierre détaché par un boulet à l'affaire d'Oporto le 12 mai 1809. Admis à la retraite le 30 septembre de la même année, il se retira dans le lieu de sa naissance, où il réside encore aujourd'hui. J-T.

AUDIBERT (CLÉMENT), né le 21 janvier 1770 à La Garde-Freinet (Var), entra au service le 17 septembre 1791 comme sergent dans le 2ᵉ bataillon de son département, amalgamé dans la 21ᵉ demi-brigade d'infanterie en l'an II, devenue 32ᵉ demi-brigade de bataille en l'an IV, et 32ᵉ régiment de ligne en l'an XII. Sergent-major le 18 avril 1792, sous-lieutenant le 17 septembre, lieutenant le 14 germinal an III, et capitaine le 1ᵉʳ nivose an IV, il fit les campagnes de 1792 à l'an V en Italie, et de l'an VI à l'an X en Suisse, en Égypte et en Syrie, fut blessé d'un coup de feu à la main gauche au siége de Jaffa, et pris par les Anglais le 30 ventose an IX. Échangé et rentré en France lors de la capitulation d'Alexandrie, il rejoignit l'armée des côtes de l'Océan en l'an XII, embarqua sur la chaloupe canonnière n° 38 à Saint-Malo le 15 pluviose, et reçut la croix de la Légion-d'Honneur le 25 prairial suivant. A la fin de l'an XIII, il alla avec son corps former une des têtes de colonnes de la grande armée, et fit les guerres de l'an XIV à 1807 en Autriche, en Prusse et en Pologne. Appelé en Espagne en 1808 avec son régiment, et nommé chef de bataillon le 11 septembre, il assista à toutes les affaires des campagnes de 1808, 1809 et 1810, et mourut de la fièvre à Baza (Espagne), le 15 novembre 1810. J-T.

AUDIER-MASSILLON (BRUNO-PHILIBERT), naquit à Aix (Bouches-du-Rhône), le 1ᵉʳ juillet 1746. Nommé en 1771 lieutenant-général à la sénéchaussée générale de Provence, il remplit ces fonctions jusqu'à la réorganisation de l'ordre judiciaire en 1790. Député aux États-Généraux en 1789 par l'assemblée du tiers-état de cette sénéchaussée, il prit place dans les rangs du parti constitutionnel et modéré. Pendant la durée de l'assemblée constituante, il se montra plusieurs fois à la tribune pour y traiter des questions presque toujours étrangères à la politique, mais d'une utilité pratique incontestable. C'est ainsi qu'il appuya, en 1790, l'institution des tribunaux de famille dont une longue expérience lui avait fait apprécier les avantages. Pendant le cours de l'année 1791, il fut élu juge de district à Aix, et suppléant au tribunal de cassation, mais il ne devint membre de ce dernier tribunal qu'en l'an IV. Nommé ensuite membre de la haute cour nationale convoquée à Vendôme pour juger Babœuf et ses complices, et destitué le 18 fructidor an V, il ne fut réintégré au tribunal de cassation qu'à la réorganisation du 4 germinal an VIII, et il suivit les vicissitudes de cette compagnie souveraine jusqu'à la Restauration. Confirmé dans ses fonctions par l'ordonnance du 15 février 1815, il donna sa démission le 25 août 1820. Il est mort le 29 septembre 1822. Il était membre de la Légion-d'Honneur depuis le 25 prairial an XII.

AUDOUARD (JOSEPH-LOUIS), né à Saint-Malo (Ille-et-Vilaine), le 10 janvier 1751, entra comme mousse le 10 octobre 1764 dans la marine du commerce, passa volontaire le 19 septembre 1767, pilotin le 7 avril 1770 sur *la Duchesse-de-Grammont*, et devint enseigne de bâtiment. Lieutenant le 8 octobre 1774, il prit du service dans la marine de l'État le 5 mai 1778 en qualité d'officier auxiliaire, et assista au combat d'Ouessant, où il se distingua. Lieutenant de vaisseau auxiliaire le 27 mars 1779, le 23 octobre 1780 il était embarqué sur *le Minotaure*, avec lequel il s'empara de *l'Adrienne*, reprise hollandaise, estimée 3 millions. Il fit sur ce bâtiment la campagne d'Amérique, et se trouva à la descente de Sainte-Lucie et à la prise de Tabago. Le 8 mars 1783, il rentra dans la marine marchande en qualité de capitaine au long cours. De 1785 à 1787, il monta, comme capitaine, *la Séduisante* et *le Henri*. Le 24 septembre 1787, il commanda *l'Élisabeth*, et navigua comme deuxième capitaine de 1789 au 14 janvier 1793, et fut rappelé le 19 ventose an II au service de l'État. Lieutenant de vaisseau le 22 prairial an II, capitaine de frégate le 1ᵉʳ germinal an IV, il embarqua le 5 prairial an V sur *le Brave*, et le 25 pluviose an VI sur *l'Immortalité*; dans un combat contre les Anglais, le capitaine de cette frégate ayant été tué, Audouard en prit le commandement et se conduisit avec courage et talent. Il tint encore la mer de l'an VII à l'an XI, fut nommé chef militaire au port de Flessingue le 24 brumaire an XII, et membre de la Légion-d'Honneur le 25 prairial suivant. Le 1er octobre 1806 il servit sur *l'Océan*; le 8 août 1807 sur *le Vétéran*, et le 27 mai 1808 sur *le Jean-Bart*. Retiré dans sa ville natale, Audoüard y est mort le 19 janvier 1820.

AUDOUY (JACQUES-ANTOINE), naquit le 28 juin 1760 à Montagnac (Hérault). Dragon le 1er avril 1780 dans le régiment de Boufflers, devenu en 1791 1er régiment de chasseurs à cheval, brigadier le 17 juin 1785, maréchal-des-logis le 1er mai 1788, sous-lieutenant le 22 mai 1792, lieutenant le 11 juillet 1793, et capitaine le 1er thermidor an II, il fit les campagnes de 1792 et 1793 aux armées du Nord et de la Moselle, et celles de l'an II à l'an V à l'armée de Sambre-et-Meuse. Il reçut du général en chef Jourdan le témoignage de sa satisfaction pour la conduite qu'il avait tenue à l'affaire du 13 floréal an IV. Au combat livré le 13 fructidor suivant, il eut le bras gauche fracturé d'un coup de feu en chargeant à la tête de son escadron. De l'an VI à l'an IX, il fit partie de l'armée du Rhin, fut blessé d'une balle au front au passage du Rhin le 5 floréal an VIII, et dans la nuit du 18 au 19 messidor suivant, au blocus d'Ulm, à la tête de son escadron, il repoussa une sortie des Autrichiens et fit 200 prisonniers. Appelé en l'an XII à l'armée des côtes de l'Océan, il y reçut la décoration de la Légion-d'Honneur le 25 prairial. Envoyé avec son corps à la grande armée, il fit la campagne de l'an XIV en Autriche, et mourut de la fièvre le 22 mai 1806. J-T.

AUDRAN (JACQUES-JEAN-LOUIS), né le 11 février 1772 à Avranches (Manche), entra au service le 22 octobre 1791 en qualité de sergent-major dans le 1er bataillon de la Manche, devenu 28e demi-brigade de ligne. Sous-lieutenant le 12 janvier 1792 et lieutenant le 18 ventose an V, il servit à l'armée du Nord en 1792 et 1793. Prisonnier de guerre le 11 septembre 1793 à l'affaire du Quesnoy, il rentra par échange en l'an III, et de cette époque à l'an IX il prit part aux opérations de l'armée d'Italie. En pluviose an VII, étant de service sur le Mont-Saint-Bernard, il eut le bras gauche gelé, et fut blessé d'un coup de feu dans les reins au passage du Pô le 17 prairial de la même année. Il reçut à la bataille de Marengo un coup de feu dont la balle fractura les os du bassin et resta logée dans le sacrum. Admis le 16 messidor an X avec son grade dans l'infanterie de la garde des consuls, et membre de la Légion-d'Honneur le 25 prairial an XII, il prit sa retraite le 30 thermidor an XIII. Lors des événemens de 1814, il était héraut d'armes, mais nous ignorons depuis quelle époque. Il est mort à Paris le 8 juillet 1827.

AUGER (AUGUSTIN), né le 1er avril 1751 à Auteuil (Seine), prit du service le 16 juin 1768 dans le régiment des chasseurs du Hainaut-cavalerie, sortit de ce corps en 1770 pour y rentrer le 26 août 1772 et le quitter définitivement par congé de grace le 30 novembre 1776. Engagé le 24 juillet 1780 dans la garde à cheval de Paris, il n'y resta que jusqu'au 15 avril 1786. Enrôlé de nouveau le 26 novembre 1789 dans la garde parisienne soldée, il quitta ce corps le 1er janvier 1792 et devint lieutenant au 1er bataillon d'infanterie légère le 20 juin de la même année. Capitaine d'un escadron de cavalerie du département de l'Oise depuis le 17 août 1793, position qu'il occupa jusqu'au 4 septembre suivant, et nommé commissaire du dépôt général des troupes légères le 15 novembre de la même année, il remplit ces fonctions jusqu'au 4 brumaire an IV. Passé capitaine à la compagnie des guides de l'armée de l'intérieur le 7 nivose suivant, il entra le 18 frimaire an V comme capitaine dans les grenadiers à cheval du Directoire, devenus garde des consuls en l'an VIII et garde impériale en l'an XII, et fut promu adjudant supérieur chef d'escadron de la garde des consuls le 15 germinal an IX, pour prendre rang du 13 nivose an VIII. Nommé membre de la Légion-d'Honneur le 25 prairial an XII, officier de l'Ordre le même jour, et compris sur le tableau de l'état-major général de l'armée comme adjoint chef de bataillon attaché à l'état-major du palais des Tuileries par décret du 1er nivose an XIII, il remplit sans interruption les fonctions d'adjudant supérieur du palais jusqu'au 27 janvier 1815, époque de sa nomination au grade de major pour prendre rang du 19 mars 1813. Admis à la retraite le 27 août de la même année, il se retira à Paris et y mourut le 1er novembre 1815. J-T.

AUGER (CHRITOPHE-JACQUES), né le 15 juillet 1771 à Schelestadt (Bas-Rhin), entra au service le 1er avril 1790 dans le régiment d'infanterie Colonel-général, devenu 1er de l'arme en 1791. Il passa dans le 13e régiment de chasseurs à cheval le 17 mars 1793, fut fait brigadier le 17 octobre, maréchal-des-logis le 19 floréal an II, maréchal-des-logis-chef le 25 du même mois, adjudant-sous-officier le 1er vendémiaire an III, adjudant-sous-lieutenant le 1er nivose an V et sous-lieutenant au choix le 1er floréal an VII. Il servit de 1792 à l'an IX aux armées du Nord, de Sambre-et-Meuse, du Rhin et d'Italie, et eut 3 chevaux tués sous lui aux affaires des 16 germinal, 23 et 27 floréal an VII en Italie. Cité d'une manière particulière pour sa conduite au combat du 12 frimaire an IX, le premier Consul lui accorda un sabre d'honneur. Légionnaire de droit du 1er vendémiaire an XII, lieutenant au choix le 23 frimaire, capitaine le 17 ventose, et officier de la Légion-d'Honneur le 25 prairial, il fit la campagne de l'an XII à l'armée d'Helvétie, fut autorisé à passer au service du roi de Hollande le 6 juin 1806, et mourut le 13 décembre suivant. J-T.

AUGER (ÉTIENNE-ARMAND), naquit le 11 mars 1769 à Rouen (Seine-Inférieure). Soldat le 28 septembre 1785 dans le régiment d'infanterie Colonel-général, et congédié par grace le 25 décembre 1788, il entra le 11 septembre 1792 comme volontaire dans le 4e bataillon de la Seine-Inférieure, amalgamé dans la 5e demi-brigade d'infanterie, devenue 24e de bataille. Capitaine le lendemain de son enrôlement, et chef de bataillon le 18 du même mois, il fit les campagnes de 1792 à l'an v aux armées de Rhin-et-Moselle et du Rhin, et fut blessé d'un coup de sabre sur l'avant-bras gauche et d'une balle dans la jambe gauche à l'attaque des redoutes de Limbach aux lignes de Weissembourg. A l'affaire de Kaiserslautern, le 4e jour complémentaire an II, la 5e demi-brigade, dont il faisait partie, perdit 7 à 800 hommes dont 21 officiers. Le représentant du peuple Neveu, en mission, fit une promotion de chefs de brigade et voulut y comprendre le chef de bataillon Auger, mais celui-ci ayant appris que son chef, qu'on croyait tué, n'était que prisonnier, refusa ce grade et se borna au commandement provisoire comme étant le plus ancien chef de bataillon, jusqu'à l'échange du titulaire de cet emploi. Cet acte de désintéressement n'eut pas pour lui d'utile résultat. Un autre fut nommé au commandement de la 5e demi-brigade, et il passa le 10 germinal an VI comme capitaine dans la gendarmerie de l'Eure. De l'an VIII à l'an IX, il servit à l'armée d'Italie, et fut nommé membre de la Légion-d'Honneur le 25 prairial an XII. Chef d'escadron dans la 22e légion de gendarmerie le 10 prairial an XIII, il fit les campagnes de 1808 à 1813 en Espagne, et celle de France en 1814. Mis en demi-solde le 1er septembre 1815, il obtint sa retraite le 15 août 1821, et mourut à Paris le 6 novembre 1829.   J-T.

AUGEREAU, duc de Castiglione. *Voyez* t. Ier, p. 333.

AUGEREAU (JEAN-PIERRE, *baron*), frère du duc de Castiglione, naquit le 28 septembre 1772 à Paris (Seine). Volontaire au 8e bataillon de Paris le 6 septembre 1792, caporal, sergent et sous-lieutenant à l'élection les 26 novembre, 11 et 24 décembre suivans, il servit à l'armée du Nord en 1792 et 1793, et passa le 20 nivose an II comme simple cavalier dans le 23e régiment de chasseurs à cheval, qui faisait alors partie de l'armée des Pyrénées-Orientales, où il resta jusqu'en l'an III. Sous-lieutenant aide-de-camp de son frère le 20 brumaire an IV, il le suivit à l'armée d'Italie et devint lieutenant et capitaine les 14 et 20 ventose an V. Le 5 messidor an VI, il passa avec les mêmes fonctions auprès du général Brune, commandant en chef de l'armée d'Helvétie. Chef d'escadron le 26 thermidor an VII, et attaché au 9e régiment de dragons, il conserva néanmoins son emploi auprès du général Brune, qui venait d'être appelé au commandement de l'armée française dans le Nord-Holland. Chef de brigade provisoire le 3e jour complémentaire an VII, et confirmé par le Directoire le 27 vendémiaire an VIII, il reprit le 9 ventose suivant ses fonctions d'aide-de-camp de son frère, nommé général en chef de l'armée gallo-batave, et obtint le 7 floréal an X le brevet d'adjudant-commandant. Employé dans la 24e division militaire le 30 frimaire an XI, au camp de Bayonne le 11 fructidor suivant, et au camp de Brest le 17 nivose an XII, il devint général de brigade le 18 floréal, et le 25 prairial commandant de la Légion-d'Honneur. Attaché le 14 brumaire an XIV au 7e corps de la grande armée, il y demeura jusqu'à la fin de 1807, et reçut le 17 mars 1808 l'ordre de se rendre au 7e corps de l'armée d'Espagne. Le maréchal Lannes le cita honorablement dans son rapport sur la bataille de Tudella (23 novembre 1808). Passé le 30 juin 1809 au corps d'armée de Catalogne, il se signala à l'affaire de Vide-la-Calabra le 20 février 1810, où il remplaça le général Fourneau, grièvement blessé au commencement de l'action, dans le commandement d'une division d'infanterie. Au combat d'Hostalritz du 4 mai suivant, il fit plusieurs prisonniers et s'empara de 2 bouches à feu. C'est à cette époque que Napoléon le créa baron de l'Empire. Appelé le 13 mai 1812 au commandement d'une brigade de la 1re division d'infanterie de la grande armée (corps de réserve), il fit la campagne de Russie de 1812. Le 10 novembre de cette année, il se dirigeait de Smolensk sur Kalouga, lorsqu'il tomba au milieu d'un corps russe et fut fait prisonnier avec sa brigade. L'Empereur, irrité de cet échec, le suspendit de ses fonctions et ajourna la décision à intervenir au moment où il pourrait être entendu. Les événemens politiques et militaires qui survinrent ne permirent pas de donner suite à cette affaire. Rentré en France après l'abdication de Napoléon, et mis au traitement de non-activité, il reçut la croix de Saint-Louis le 24 août 1814 et devint lieutenant-général honoraire le 27 janvier 1815. Pendant les Cent-Jours, l'Empereur ne parut plus se souvenir de l'affaire du 10 novembre 1812 et l'employa comme général de brigade au corps d'observation du Var (12 juin). Le gouvernement provisoire le nomma lieutenant-général le 1er juillet 1815, grade que Louis XVIII lui conserva. Mis à la retraite le 1er décembre 1824, il fut compris le 7 février 1831 dans le cadre de réserve de l'état-major général de l'armée. Il est mort à Paris le 25 septembre 1836.   B-S.

AUGIER DE CHEZEAU (ANNET), né à Évaux (Creuse), le 29 mai 1753, suivit de bonne heure la carrière du barreau. Il entra dans la magistrature au mois de novembre 1792 comme commissaire près le tribunal du district d'Évaux, et en remplit les fonctions jusqu'au 21 frimaire an III. Nommé alors agent national près l'administration du même district, il devint commissaire aux tribunaux civil et criminel du département de la Creuse le 21 floréal an V. Le 11 prairial an VIII, il passa procureur-général au tribunal criminel de ce département, reçut la décoration de la Légion-d'Honneur le 25 prairial an XII, et lors de la réorganisation des tribunaux en 1811, il fut attaché à la cour d'assises de Gueret, le 1er juillet, en qualité de procureur impérial. Il conserva cet emploi jusqu'au 31 décembre 1815, époque à laquelle on réunit, conformément à la loi du 25 du même mois, les fonctions qu'il exerçait à celles de procureur du roi près les tribunaux de première instance. Ce magistrat rentra dès-lors dans la vie privée. Il est mort à Évaux le 1er octobre 1837, dans sa quatre-vingt-cinquième année. C'est son fils qui, maire d'Aubusson, a eu l'honneur de représenter l'arrondissement de Guéret à la Chambre des députés de 1815 à 1827.

AUGIER, général de brigade. *Voyez* t. III, p. 62.

AUGROS (RAIMOND), né le 4 septembre 1751 à Châlons (Saône-et-Loire), s'engagea le 8 septembre 1767 comme soldat au régiment Lyonnais, et quitta le corps le 8 septembre 1775 par congé absolu. Rentré au service le 20 mai 1776 comme soldat au régiment provincial d'artillerie d'Auxonne, il obtint son congé le 20 mai 1782. Parti en 1792 pour le camp de Soissons, où il fut nommé capitaine au 2ᵉ bataillon des fédérés nationaux le 25 juillet de la même année, il fit à l'armée du Nord les campagnes de la Champagne, de la Belgique et de la Hollande. Le 15 mai 1793, il prit le commandement d'un détachement de son bataillon que l'on envoyait en poste dans la Vendée. Promu le 25 du même mois chef du 13ᵉ bataillon d'élite de la formation d'Orléans, devenu par embrigadement 6ᵉ demi-brigade d'infanterie de l'armée de l'Ouest le 29 thermidor an III, il devint le même jour chef de cette demi-brigade. Il partit pour l'armée d'Italie le 16 messidor an IV. Arrivé à Gap au commencement de thermidor suivant avec sa demi-brigade qui, le 27 du même mois, reçut le numéro définitif de 6ᵉ demi-brigade de ligne, par suite de l'amalgame avec la 196ᵉ et plusieurs autres bataillons, Augros, se trouvant le moins ancien chef de brigade du nouveau corps, fut placé à la suite. Après le siége de Mantoue, il prit le commandement d'une colonne avec laquelle il se trouva aux affaires de Brescia, Salo, Desenzano et au siége de Verone. Le 22 messidor an V, il reçut le commandement de la place de l'arrondissement de Lonato, et le 23 brumaire an VI celui de la place de Tortone. Lors de la retraite de notre armée en Italie en floréal an VII, il fut envoyé à Grenoble, où, vingt-quatre heures après son arrivée dans cette ville, on lui confia le soin d'escorter les otages piémontais jusqu'à Dijon. Chargé de l'organisation des bataillons auxiliaires du département de Saône-et-Loire, il remplit sa mission et vint ensuite à Paris. Le 15 messidor an VIII, il partit pour rejoindre sa demi-brigade à l'armée des côtes de l'Océan, et passa ensuite à celle de réserve à Dijon. Un arrêté des consuls du 1ᵉʳ vendémiaire an IX le renvoya dans ses foyers comme officier à la suite avec traitement de réforme. Rappelé à l'activité le 13 messidor an XI dans le grade de colonel adjudant de côte de la direction d'artillerie de Saint-Omer, il fut nommé membre de la Légion-d'Honneur le 25 prairial an XII, et officier de l'Ordre le même jour. Le gouvernement ayant licencié le corps des gardes-côtes au mois de novembre 1814, le colonel Augros se vit obligé de solliciter sa retraite; il l'obtint le 13 février 1815. Il est mort à Châlons (Saône-et-Loire), le 18 octobre 1825.

AUMONT (CHARLES-ARNAUD-NICOLAS), naquit à Rennes (Ille-et-Vilaine), le 15 février 1749. Du mois d'avril 1779 au mois de février 1790, il exerça les fonctions de substitut du procureur-général du parlement de Bretagne, et devint à la fin de 1790 membre du parquet de la cour provisoire établie à Rennes, puis commissaire du roi près le tribunal de district de Rennes, et juge suppléant au même tribunal. Du mois de mars 1793 au 15 thermidor an II, il exerça les fonctions de secrétaire-général du ministère de la justice. Attaché ensuite en qualité de chef de division à la commission des administrations civiles, police et tribunaux, il passa le 14 nivose an IV comme chef de division au ministère de la police générale. Appelé le 4 germinal an VIII à faire partie de la Cour de cassation, nommé membre de la Légion-d'Honneur le 25 prairial an XII, et confirmé dans son emploi par l'ordonnance du 15 février 1815, il est mort en exercice le 20 août 1825.

AUNE (JOSEPH-FRANÇOIS), né à Toulon (Var), le 15 avril 1774, embarqua comme mousse le 7 septembre 1789 sur *l'Étoile*, et fit la campagne de Malte. Passé au service de l'État en qualité de matelot, il assista le 18 août 1792 aux siéges de Nice et d'Oneille. Timonnier le 21 janvier 1793, il se trouva aux siéges de Saint-Florent et de Bastia, et à plusieurs combats à terre contre les Anglais. Aide-timonnier le 22 ventose an II sur *l'Alerte*, il prit part de nouveau au siége d'Oneille, et passa le 27 pluviose an III en qualité de chef de timonerie sur *la Vestale*, en croisière dans la Méditerranée. Aspirant de deuxième classe le 11 germinal suivant, à bord de *la Sérieuse*, il se distingua au combat du 25 messidor de la même année contre l'escadre anglaise; prisonnier de guerre ledit jour, il rentra en France le 30 brumaire an IV. Aspirant de première classe le 11 nivose, et enseigne de vaisseau le 6 vendémiaire an V, il monta, le 21 ventose an VI, *le Thimoléon*, sur rade de Toulon; le 9 pluviose *le Peuple-Souverain*, sur la même rade; le 29 germinal *la Sérieuse*, destinée pour Gênes, Malte et l'Égypte; le 11 thermidor *la Diane*, allant en Égypte, et qui prit part au siége de Malte; et le 25 ventose an VIII *le Guillaume-Tell*, se rendant à Malte; à bord de ce vaisseau, Aune se trouva à plusieurs combats devant Malte. Prisonnier de guerre des Anglais le 9 germinal, et rentré en France le 24 fructidor, il embarqua le 26 fructidor an IX sur *le Banel*, faisant partie de la division Gantheaume, destinée pour Saint-Domingue, et qui naufragea le 25 nivose an X sur les côtes de Barbarie. Le 15 messidor, il monta *l'Abeille*, faisant voile pour Malte, Naples, la Sardaigne, Constantinople, etc., obtint le grade de lieutenant de vaisseau le 3 brumaire an XII, passa le 29 nivose à bord du *Swiftsure*, armée de l'amiral Villeneuve, pour la campagne de la Martinique, et fut nommé membre de la Légion-d'Honneur le 25 prairial suivant. Il assista au combat du Finistère le 20 messidor an XIII, et à celui de Trafalgar le 29 vendémiaire an XIV. Dans ce célèbre combat, *le Swiftsure* luttait avec quelque avantage contre un vaisseau de sa force, lorsqu'un autre vaisseau anglais, à trois ponts, vint le prendre en poupe, le démâta complètement, et le força à se rendre après avoir perdu 3 officiers et 250 hommes. Prisonnier ledit jour, Aune ne recouvra la liberté que le 28 avril 1811 : il avait été promu au grade de capitaine de frégate le 12 juillet 1808. Employé au ministère de la marine du 5 mai au 20 juillet 1814, il prit, le 21, le commandement de la goëlette *la Rose*, destinée pour une campagne dans le Levant, et qui fit naufrage sur l'île de Scio le 1er avril 1815. Attaché de nouveau au ministère de la marine depuis le 19 juin suivant jusqu'au 1er janvier 1816, jour de sa mise en retraite, il se fixa dans sa ville natale, et y mourut le 16 juillet 1835.

AUNE (LÉON). *Voyez* t. 1er, p. 464.

AUSSENAC (PIERRE-GABRIEL, *baron*), naquit le 30 mars 1764 à Carcassonne (Aude). Soldat le 23 mai 1781 dans le régiment de Médoc-infanterie, devenu 70e de l'arme en 1791, caporal le 11 mai 1784, sergent le 19 juin 1787, et congédié par grace le 21 novembre 1791, il passa le 5 décembre suivant en qualité d'instructeur dans le 1er bataillon de l'Hérault, et de nouveau congédié le 1er février 1792, il s'enrôla le 3 juin dans le 1er régiment d'infanterie légère, ci-devant chasseurs de Provence, et obtint un nouveau congé le 4 avril 1793. Nommé le 6 du même mois lieutenant au 7e bataillon de son département, et chef du même bataillon le 8 juillet suivant, il fit les campagnes de 1793 à l'an III à l'armée des Pyrénées-Occidentales, et fut fait adjudant-général chef de brigade sur le champ de bataille le 12 pluviose an II, pour avoir sauvé la vie au général Bethancourt et tué le garde espagnol qui le conduisait. Réformé par l'effet de la loi du 14 germinal an III, il entra comme chef de bataillon dans la 2e demi-brigade de l'Aude, dite 14e *provisoire*, devenue 14e demi-brigade de ligne en l'an IV, et fit les campagnes des ans IV et V en Italie. Envoyé aux armées d'Angleterre et de Batavie pendant les ans VI et VII, il passa avec son grade dans la 98e demi-brigade de ligne le 15 brumaire an VIII, et fit avec ce corps les campagnes des ans VIII et IX aux armées gallo-batave, de l'Ouest et des côtes de l'Océan. Appelé à faire partie de l'expédition de Saint-Domingue de l'an X à l'an XII inclusivement, il fut promu chef de brigade sur le champ de bataille le 24 vendémiaire an XI par le général en chef Leclerc. Passé au commandement de la 74e demi-brigade le 15 frimaire an XI, de la 7e le 1er germinal suivant, et de la 31e le 17 messidor de la même année, il reçut la croix d'officier de la Légion-d'Honneur le 25 prairial an XII, quoique n'étant pas encore membre de l'Ordre. L'Empereur lui donna le commandement du 7e régiment de ligne le 29 fructidor. En garnison à Blaye en l'an XIII, il fit partie de l'armée de l'Ouest de l'an XIV à 1806 inclusivement, et de la grande armée en 1807 pendant la campagne de Pologne.

Appelé à l'armée d'observation des Pyrénées-Orientales en 1808 et de là en Espagne, il eut un cheval tué sous lui le 20 août, servit en Catalogne, Aragon et Portugal jusqu'en 1812 inclusivement, se distingua aux siéges de Girone et de Tortose, fut créé baron de l'Empire le 15 août 1810, et élevé au grade de général de brigade le 6 août 1811 pour sa belle conduite pendant le siége de Taragone. Admis à la retraite par décret du 11 février 1813 et retiré à Auch, il commandait en janvier 1814 la garde nationale sédentaire du département du Gers, lorsque, par décret du 21 février 1814, Louis XVIII le remit en activité et l'envoya par lettre de service du 19 mars suivant à l'armée de Lyon pour y commander une brigade. Retraité par ordonnance du 1er août de la même année, il reçut la croix de Saint-Louis le 7 mars 1815. Désigné sur sa demande, en avril suivant, pour concourir à l'organisation des gardes nationales dans la 6e division militaire, il fut nommé le 20 juin de la même année au commandement du département de l'Ain, en remplacement du général Jeannet, que l'Empereur appelait au quartier impérial. Obligé de quitter ce commandement au moment où les alliés firent leur entrée dans le département, il suivit le mouvement de l'armée des Alpes et se rendit à Roanne pour y attendre de nouveaux ordres. Autorisé le 7 août suivant à rentrer dans ses foyers, et définitivement admis à la retraite le 9 septembre de la même année, il se retira à Auch et y mourut le 27 février 1833. J.-T.

AUTEPLAIN (FRANÇOIS), né le 15 décembre 1772 à Férolles (Seine-et-Marne), entra au service le 15 pluviose an II dans le 5e bataillon du Nord, devenu 175e demi-brigade de bataille le 22 ventose an II, puis 27e le 21 pluviose an IV, et 23e de ligne le 16 floréal suivant, et enfin 23e régiment de même arme le 1er vendémiaire an XII. Il fit les campagnes de l'an II à l'an IX aux armées du Nord, de Sambre-et-Meuse, d'Helvétie et du Danube, devint caporal le 19 messidor an V, fourrier le 28 floréal an VIII, sergent le 29 pluviose an X, et sergent-major le 26 fructidor an XI. Créé membre de la Légion-d'Honneur le 25 prairial an XII, il servit pendant les ans XIII et XIV en Italie, de 1806 à 1808 en Dalmatie et en Albanie, et fut nommé sous-lieutenant le 9 janvier 1807. Passé en 1809 à l'armée d'Allemagne, il mérita par sa conduite à Wagram et à Znaïm le grade de lieutenant au choix, que l'Empereur lui conféra le 3 août. Nommé capitaine au choix le 25 mars 1813, il fit la campagne de Saxe. Tombé au pouvoir de l'ennemi à la bataille d'Interbock le 6 septembre, il n'a plus reparu depuis. B-G.

AUTESSERE (JEAN-JOSEPH-LOUIS), naquit le 29 juillet 1757 à Nîmes (Gard). Soldat au régiment de Bourgogne-infanterie le 14 septembre 1773, il passa dans les grenadiers le 20 avril 1776, et fut congédié par ancienneté le 14 septembre 1781. Volontaire dans la 1re compagnie de grenadiers du 1er bataillon de la Marne le 8 septembre 1791, et nommé capitaine le même jour, il quitta ce corps pour entrer avec le grade de lieutenant-colonel dans le 3e bataillon franc du Nord le 15 septembre 1792, jour de la formation de ce bataillon. Promu adjudant-général chef de bataillon le 7 juin 1793, et adjudant-général chef de brigade le 15 ventose an II par les représentants du peuple près l'armée des Pyrénées-Orientales, il fit les campagnes de 1792 et 1793 à l'armée du Nord, celles des ans II et III à l'armée des Pyrénées-Orientales, et reçut cinq blessures, dont une le priva de l'œil droit. Passé à la place d'Agde et au fort Brescou en qualité d'adjudant-capitaine le 15 fructidor an III, il remplit ces fonctions jusqu'au 30 fructidor an IV, époque à laquelle on le mit au traitement de réforme. Rappelé à l'activité en l'an VII, et mis à la disposition du général commandant la 8e division militaire, il devint président du conseil de guerre de la division le 16 thermidor an VII. Autorisé à se rendre à Dijon, au quartier-général de l'armée de réserve de l'armée d'Italie, le 4 germinal an VIII, il fit la campagne jusqu'au 3 nivose an IX, et fut alors admis de nouveau au traitement de réforme. Nommé sur sa réclamation, le 9 germinal de la même année, commandant en second de la succursale des Invalides de Louvain, et créé membre de la Légion-d'Honneur le 25 prairial an XII, il conserva sa position jusqu'au 31 mai 1813. Passé le 8 août suivant au commandement d'armes du fort de Lourdes (10e division militaire), remplacé le 16 novembre 1814, il obtint sa retraite comme colonel le 24 décembre suivant. Il est mort le 15 août 1819 à Agde (Hérault). J-T.

AUTIER, colonel. *Voyez* AUTIÉ, tome III, page 63.

AUTRAN (JEAN-VINCENT), né le 6 septembre 1764 à Montélimart (Drôme), entra au service le 9 août 1792 comme capitaine dans le 7e bataillon de son département, devenu 203e demi-brigade d'infanterie, et par amalgame 160e demi-brigade de bataille, et fut nommé chef de bataillon le 6 septembre de la même année. Il servit de 1792 à l'an IX aux armées du Rhin, d'Helvétie et d'Allemagne, et commanda la demi-brigade en l'absence du chef pendant les opérations militaires de l'an V à l'an VIII. Blessé de trois coups de feu le 1er floréal an V au passage du Rhin, il reçut à la bataille d'Engen, en Souabe, le 13 floréal an VIII, une forte contusion à l'estomac; quoique renversé, il ne voulut pas quitter le champ de bataille, et il fit reprendre 2 pièces de canon que l'ennemi venait d'enlever à sa division. Admis à la solde de réforme le 15 prairial an X, et remis en activité avec son grade dans la 82e demi-brigade, amalgamée dans le 106e régiment de ligne en l'an XI, il obtint la croix de la Légion-d'Honneur le 25 prairial an XII, passa en l'an XIII à l'armée d'Italie, et en suivit toutes les opérations de l'an XIV à 1809. Major le 7 avril 1809 dans le 27e régiment d'infanterie légère, il resta au dépôt de son corps et ne parut à la grande armée qu'en 1813. Nommé colonel en deuxième le 21 février, et colonel du 7e régiment d'infanterie légère le 9 août suivant, il combattit à la tête de son corps à Kulm, en Bohême, le 30 du même mois, et blessé grièvement, il resta sur le champ de bataille. Cet officier supérieur n'a plus reparu depuis. J-T.

AUVRAY (LOUIS-MARIE, baron), né le 12 octobre 1762 à Poitiers (Vienne), était secrétaire de l'intendance de Paris, lorsqu'il entra comme capitaine le 1er septembre 1789 dans la garde nationale parisienne soldée, devenue 104e régiment d'infanterie le 3 août 1791. Il fit les campagnes de 1792 et 1793 à l'armée du Nord, et fut blessé d'un éclat d'obus à la poitrine le 18 mars 1793 à la bataille de Nerwinde. Chef de bataillon le 20 pluviose an II, et placé dans la 184e demi-brigade de bataille, il prit une part distinguée aux guerres des ans II et III à la même armée, et devint chef de brigade du corps dans lequel il servait, le 16 nivose an III. Passé en la même qualité à la 40e de ligne lors de l'amalgame du 13 fructidor an IV, il continua de servir dans ce corps jusqu'au 1er floréal an VIII, époque à laquelle le premier Consul lui confia les fonctions de préfet de la Sarthe. Auvray répondit dignement à la confiance du chef de l'État et se montra aussi habile administrateur qu'il avait été brave soldat. Élu candidat au Corps législatif au mois de ventose an X, il refusa cette mission pour conserver sa préfecture, et publia quelque temps après une statistique du département de la Sarthe qui le fit connaître avantageusement. Créé membre de la Légion-d'Honneur le 25 prairial an XII, l'Empereur lui conféra plus tard le titre de baron. Il conserva ses fonctions de préfet jusqu'au 14 juin 1814; à cette époque, Louis XVIII le remplaça par M. Pasquier (Jules), mais il le nomma maréchal-de-camp honoraire, et le fit chevalier de l'ordre royal et militaire de Saint-Louis par ordonnance du 13 août. Il est mort à Taillé (Indre-et-Loire), le 11 novembre 1833.

AUZOUX, capitaine au 10e de dragons. *Voyez* la nomination du 17 thermidor an XII.

AUZOUY (HIPPOLYTE), naquit le 2 avril 1772 à Rignac (Aveyron). Volontaire le 5 décembre 1792 dans le 22e régiment de chasseurs à cheval, il fit les campagnes de 1793 à l'an VII aux différentes armées de la République. Maréchal-des-logis-chef le 18 mars 1793, et sous-lieutenant le 14 juillet suivant, il passa comme lieutenant en second le 13 floréal an VIII dans les grenadiers à cheval de la garde des consuls, devenue garde impériale en l'an XII, et y obtint le grade de lieutenant en premier le 18 fructidor an XI. Créé membre de la Légion-d'Honneur le 25 prairial an XII, il fit les campagnes de la grande armée en Autriche, en Prusse et en Pologne de l'an XIV à 1807, se distingua à Austerlitz, et reçut en récompense de sa conduite le grade de capitaine le 14 frimaire an XIV. Il prit une part glorieuse aux belles charges des grenadiers à cheval de la garde pendant la sanglante bataille d'Eylau le 8 février 1807. Blessé à mort au plus fort de l'action, il était couché sur le champ de bataille; ses camarades viennent pour l'enlever et le porter à l'ambulance. Il rassemble ses forces et se soulevant avec peine, il leur dit : *Laissez-moi, mes amis, je meurs content, puisque nous avons la victoire et que je puis succomber sur le champ d'honneur, environné des canons pris à l'ennemi et des débris de leur défaite. Dites à l'Empereur que je n'ai qu'un regret, c'est que dans quelques momens je ne pourrai plus rien pour son service et pour la gloire de notre belle France!.... à elle mon dernier soupir.* Ce brave ne survécut que peu d'instans encore au coup mortel qui l'avait atteint. B-G.

AVERSENC (JACQUES), naquit le 8 juillet 1772 à Peyrens (Aude). Soldat le 1er mars 1792 dans le 1er bataillon de la Haute-Garonne, et passé par ordre supérieur le 6 brumaire an II dans la gendarmerie à pied créée près de l'armée d'Italie, il devint brigadier le même jour et maréchal-des-logis le 17 messidor suivant. Entré dans les guides à pied le 1er floréal an V, il continua de servir à la même armée. Embarqué en l'an VI avec l'armée expéditionnaire d'Orient, il se trouva à la prise de Malte et fit les campagnes d'Égypte et de Syrie. Brigadier-fourrier le 1er vendémiaire an VII, maréchal-des-logis-chef le 17 nivose, il reçut une blessure grave à l'assaut de Saint-Jean-d'Acre le 19 floréal suivant. Sous-lieutenant-adjudant le 12 frimaire an IX, et lieutenant-adjudant-major le 24 fructidor, il revint en France avec les débris de l'armée, fut nommé lieutenant dans l'infanterie de la garde des consuls le 10 vendémiaire an X, lieutenant en premier le 1er vendémiaire an XI, capitaine le 2 nivose an XII, et membre de la Légion-d'Honneur le 25 prairial. Il suivit son corps à la grande armée de l'an XIV à 1807 en Autriche, en Prusse et en Pologne, assista à toutes les affaires qui eurent lieu pendant ces trois années, et reçut la croix d'officier de la Légion-d'Honneur le 14 mars 1806. Passé en Espagne en 1808, retourné en Allemagne en 1809, il mérita le grade de chef de bataillon que l'Empereur lui conféra le 24 juin 1811. Il fit la campagne de Russie et obtint son admission à la retraite le 11 septembre 1813. Le roi Louis-Philippe lui a donné la croix de commandeur de la Légion-d'Honneur le 19 octobre 1831, pour ses services dans la garde nationale. Il habite Paris. J-T.

AVICE, général de brigade. *Voyez* t. III, p. 64.

AVIENY (JACQUES), naquit le 30 mai 1772 à Lézignan (Aude). Soldat le 10 novembre 1791 dans le 2e bataillon des volontaires de l'Aude, embrigadé en l'an III dans la 147e demi-brigade de bataille, devenue 4e demi-brigade de ligne en l'an IV, puis 4e régiment de même arme en l'an XII. Il devint caporal le 20 août 1792, sergent-major le 10 janvier 1793, sous-lieutenant le 21 février et lieutenant le 11 mars de la même année. Il fit les campagnes de 1792 à l'armée d'Italie, celles de 1793, ans II et III aux armées des Pyrénées-Occidentales et Orientales, revint à l'armée d'Italie, où il servit en l'an IV et en l'an V, et passa successivement aux armées d'Angleterre, de Batavie et du Rhin de l'an VI à l'an IX. Dans la nuit du 3 prairial an VIII, un corps de troupes autrichiennes ayant tenté d'enlever le quartier-général du général Richepanse, établi à Weissembornn en Souabe, le lieutenant Aviény, de garde avec sa compagnie sur une des principales routes qui conduisaient à cette ville, parvint à défendre le passage à un régiment de cavalerie, et par deux charges successives l'obligea à battre en retraite. Capitaine le 11 nivose an X, et membre de la Légion-d'Honneur le 25 prairial an XII, il fit partie du camp de Saint-Omer de l'an XII à l'an XIII, et suivit la grande armée en l'an XIV en Autriche, et en 1806 en Prusse. Il périt glorieusement sur le champ de bataille d'Eylau. J-T.

AVRIL, général de brigade. *Voyez* t. III, p. 65.

AVRIL (ALEXANDRE-JEAN-BAPTISTE), naquit le 18 janvier 1775 à La Flèche (Sarthe). Volontaire le 15 juillet 1792 dans le 1er bataillon de son département, il fit la campagne de 1792 à l'armée du Nord. Caporal le 20 juillet 1793 et sergent le 15 août suivant, il servit à l'armée de l'Ouest de 1793 à l'an IV inclusivement, et passa avec son grade dans la 2e légion des Francs, devenue 46e demi-brigade d'infanterie de ligne et 46e régiment de même arme. Il combattit en l'an V à l'armée du Rhin, en l'an VI à celle d'Angleterre, et durant les ans VII, VIII et IX aux armées du Rhin et du Danube. Employé au camp de Boulogne de l'an XII à l'an XIV, il reçut la croix de la Légion-d'Honneur le 25 prairial an XII, et obtint le grade de sous-lieutenant le 20 germinal an XIII. Il prit part aux opérations de la grande armée en Autriche et en Prusse de l'an XIV à 1807 avec la 2e division du 4e corps, et passa le 18 mai 1807 dans la 1re légion de réserve. Promu lieutenant le 1er juin suivant, il fit partie du 2e corps d'observation de la Gironde, fut nommé capitaine le 23 juin 1808, et fait prisonnier de guerre le 19 juillet suivant à l'affaire de Baylen. Rentré des prisons de l'ennemi le 27 juin 1814, et mis en demi-solde le 1er août, il obtint sa retraite le 23 décembre 1818 et se retira dans sa ville natale, où il réside encore aujourd'hui. B-G.

AVRILLEAU ET NON **AVRILLOT** (JEAN), né le 15 septembre 1772 à Coses (Charente-Inférieure), s'engagea le 1er vendémiaire an III dans le 1er bataillon des chasseurs francs du Nord, avec lequel il fit la guerre dans l'Ouest jusqu'à la fin de l'an IV. Incorporé en l'an V dans la 24e demi-brigade d'infanterie légère, devenue 24e régiment de même arme, il se distingua au combat de Neuhoff, près de Mayence, le 3 floréal an V, vint à l'armée d'Angleterre en l'an VII, passa en l'an VIII en Italie, et se trouva à l'affaire de Broni et à la bataille de Marengo les 19 et 25 prairial. En l'an X, il fit partie de l'expédition sur les frontières de Portugal avec le corps d'observation de la Gironde, et fut envoyé à la fin de l'an XI au camp de Saint-Omer, où il reçut la croix de la Légion-d'Honneur le 25 prairial an XII, et les galons de caporal le 1er fructidor suivant. Après avoir fait la campagne d'Austerlitz au 4e corps de la grande armée, il passa le 25 avril 1806 au 1er bataillon de la 3e demi-brigade de vétérans à l'île de Ré, et prit sa retraite en 1811. Il réside aujourd'hui à Saintes (Charente-Inférieure). Y.

AYASSE (TOUSSAINT), naquit le 14 mai 1766 à Avignon (Vaucluse). Soldat le 23 décembre 1784 dans les chasseurs de Gevaudan-infanterie, devenus 10e bataillon d'infanterie légère en 1791, 10e demi-brigade même arme en l'an II, et 20e même arme en l'an IV, caporal le 1er septembre 1789, sergent le 16 avril 1792, sergent-major le 22 floréal an II, sous-lieutenant au 1er bataillon le 24 ventose an V, il fit les campagnes de 1792 et 1793 à l'armée du Nord. Le 3 août 1793, commandant un poste dans la forêt de Mormale, et forcé à la retraite, il trouva 2 pièces de canon abandonnées par un bataillon de volontaires et sous la garde des canonniers qui les servaient ; il empêcha l'ennemi de s'en emparer, les conduisit sous son feu au pont d'Achetes et les mit en sûreté. Passé en l'an II à l'armée de Sambre-et-Meuse, et successivement aux armées d'Allemagne, de Mayence et d'Italie de l'an III à l'an VII, il fut blessé au bas-ventre le 24 floréal an II à l'affaire de Grand-Rieux. Le 2e jour complémentaire de la même année, à l'affaire d'Essençu, il se précipita le premier dans la rivière de Lozerthe, dont le passage était vigoureusement défendu, atteignit l'autre bord, et se tint constamment aux avant-postes. Le 25 ventose an III, à l'attaque de la ville de Friden, il entra un des premiers dans la place, et poursuivit seul dans la plaine un poste de 5 Autrichiens auquel il fit mettre bas les armes. Lieutenant sur le champ de bataille le 18 fructidor an VII, il se distingua de nouveau le 29 vendémiaire an VIII : assailli dans Villanova par 5 Autrichiens, il les désarma et les fit prisonniers. Membre de la Légion-d'Honneur le 25 prairial an XII, il fit partie de la grande armée de l'an XIV à 1807 en Autriche, en Prusse et en Pologne. Capitaine le 19 mai 1808 dans le 7e régiment d'infanterie légère, et envoyé en recrutement dans le département du Gard, il passa le 1er juillet suivant dans le 114e de ligne, au 3e corps de la grande armée, et partit pour faire la campagne d'Espagne. Blessé de deux coups de feu à la tête et au côté gauche à l'affaire de Carninera le 6 juin 1809, et d'un coup de pied de cheval au pied gauche le 6 janvier 1810, il servit encore au corps de Suchet jusqu'au 4 juillet 1812. Admis à la retraite le 30 du même mois, il se retira dans sa ville natale, et y mourut le 21 février 1831. J-T.

AYMARD (ANTOINE, *baron*), né le 13 octobre 1773 à Lézignan (Aude), s'engagea comme volontaire le 20 décembre 1792 dans le 7e bataillon de l'Aude, et y fut nommé sergent-major le 15 février 1793. Le choix de ses camarades l'appela le 24 avril suivant au grade de capitaine de la 4e compagnie franche de l'Aude, versée dans le 1er bataillon des Vengeurs, que les représentants du peuple levèrent dans le Midi le 13 septembre de la même année, et qui entra le 28 prairial an III dans la formation de la 1re demi-brigade d'infanterie légère, devenue 17e le 8 prairial an IV, et 17e régiment de même arme le 1er vendémiaire an XII. Il fit à l'armée des Pyrénées-Orientales les campagnes de 1793 et des ans II et III, et donna dès son début dans la carrière des preuves de courage et de talens qui déterminèrent le général en chef de Flers à l'appeler à l'état-major général de l'armée le 5 août 1793 pour y servir en qualité de capitaine-adjoint. Le 17 septembre suivant, au combat de Peyrestortes, il passa sous la mitraille de l'ennemi pour aller porter au 53e régiment d'infanterie (ci-devant Alsace) l'ordre de changer la direction de son feu, et reçut un coup de balle à la jambe droite. Passé à l'armée d'Italie, il y fit avec distinction les guerres des ans IV à VIII, et servit en l'an IX à celle des Grisons. Le 22 germinal an IV, il se trouva à la défense de la redoute de Montelegino, et rentra à son corps le 19 floréal suivant, par suite de la mort du général Laharpe, à l'état-major duquel il était attaché comme capitaine-adjoint. Le 21 du même mois, après le passage du pont de Lodi, il culbuta, à la tête de sa compagnie, un détachement de hussards ennemis et prit trois barques chargées de provisions. Le 16 thermidor suivant, à Castiglione, avec 2 compagnies, il s'empara de 2 pièces de canon et d'un obusier. Le 27 brumaire an V, à Rivoli, étant de garde avec 50 hommes, il fut enveloppé par un corps ennemi très supérieur en nombre ; il se défendit vigoureusement pendant long-temps et donna ainsi le temps au capitaine Deschamps de venir le dégager avec sa compagnie. Le 30 ventose de la même année, dans une rencontre avec les Tyroliens, et sur le point de tomber au pouvoir de l'ennemi, il lui imposa par son audace et sa fermeté, et ramena au camp 2 Tyroliens qui voulaient le faire prisonnier.

Le 15 germinal an VII, il contribua puissamment à sauver d'une position critique le 6e régiment de hussards, en faisant tirer à bout portant sur la cavalerie ennemie, et il protégea la retraite du 2e bataillon de sa demi-brigade. Le 2 messidor suivant, à la Bormida, chargé de tourner avec 2 compagnies l'aile gauche de l'ennemi, il exécuta cette manœuvre avec autant d'intelligence que de sang-froid sous la protection d'un détachement de chasseurs à cheval, et fit 80 prisonniers. Le 28 thermidor de la même année, il repoussa vigoureusement l'ennemi au château de Lomeline, et défendit dans une attaque de nuit contre la route de Novi au camp de la division Saint-Cyr dont il faisait partie. Le lendemain, jour de la bataille de Novi, après un combat de huit heures pendant lequel il donna de nouvelles preuves de valeur, il reçut un coup de feu qui lui traversa le corps. Appelé pendant les ans XI et XII à faire partie des troupes rassemblées sur les côtes de l'Océan, il fut nommé membre de la Légion-d'Honneur le 25 prairial an XII, et chef de bataillon au 8e régiment d'infanterie de ligne le 2 fructidor suivant. C'est en cette qualité qu'il fit la campagne de l'an XIII à l'armée de Hanovre, et celles des ans XIV, 1806 et 1807 avec le 1er corps de la grande armée en Autriche, en Prusse et en Pologne. Il se trouva le 16 brumaire an XIV au combat livré contre les Autrichiens près de Dransfeld, ainsi qu'à celui du 26 du même mois à Gondesdorf contre les Russes, et prit aussi une part très active à la victoire d'Austerlitz le 11 frimaire suivant. Les hostilités ayant recommencé au mois d'octobre 1806, le 8e régiment de ligne quitta ses cantonnemens pour se porter sur les frontières de la Saxe. Dans la nuit qui suivit la bataille d'Iéna, le régiment fit prisonnier un bataillon prussien qui s'était égaré. Le 17 octobre, au combat de Haalle, où l'on prit 3 généraux, 30 pièces de canon et 5,000 Prussiens, le commandant Aymard fut blessé et eut sa capote criblée par la mitraille. Il combattit bravement le 3 novembre à Krivitz, et se signala surtout à la prise de Lubeck le 9 du même mois. A la tête de son bataillon, il s'empara de la Mühlen-Thor malgré la vive et opiniâtre résistance des Prussiens, auxquels il enleva 3 drapeaux et fit un grand nombre de prisonniers. Dans la soirée, il s'empara du village de Schwartau et de l'arrière-garde de Blücher. Le lendemain, lorsque l'armée de ce général eut mis bas les armes devant le 1er corps de la grande armée, le commandant Aymard fut chargé d'aller soumettre la garnison de Travemunde. Cette expédition, conduite avec vigueur et habileté, réussit complètement. Après avoir fait une vive résistance, le bataillon prussien qui occupait cette place de guerre déposa les armes et suivit le sort de l'armée de Blücher. Le 27 janvier 1807, au combat en avant de Mohrungen, un corps d'armée russe avait, pendant l'action, occupé le quartier-général du 1er corps et fait prisonniers tous les Français qui s'y trouvaient. Le commandant Aymard reçut l'ordre d'aller avec son bataillon chasser cette cavalerie de Mohrungen. Il était huit heures du soir; il l'attaqua à la baïonnette et enleva la ville de vive force. Tous les cosaques qu'on y rencontra furent passés au fil de la baïonnette, on fit un grand nombre de prisonniers, on délivra ceux que les Russes avaient faits, et on s'empara d'un grand nombre de chevaux. Dans cette affaire, où il conduisit son bataillon avec son intrépidité habituelle, le commandant Aymard fut blessé d'un coup de feu à la poitrine. Colonel du 32e régiment de ligne le 23 février suivant, il alla rejoindre à Brauensberg ce brave régiment dont il soutint dignement la vieille renommée. Le 14 juin, à Friedland, dans la charge qu'il fit contre la garde russe, le colonel Aymard sauva l'aigle du 68e dont il confia la garde aux grenadiers du 1er bataillon de son régiment. Après l'armistice de Tilsitt, l'Empereur n'oublia point sa brillante conduite et le nomma officier de la Légion-d'Honneur le 11 juillet 1807. Le 32e de ligne resta cantonné en Prusse, et le 20 juillet 1808 le colonel reçut le titre de baron de l'Empire, avec une dotation de 4,000 francs de rente en Westphalie. Il partit de Berlin le 22 du même mois pour se rendre à l'armée d'Espagne, où il fit les guerres de 1808 à 1813 avec la 1re division du 4e corps. Le 31 octobre 1808, au combat en avant de Durango, il enleva à la tête de son régiment la position de Zornoza, et se trouva le 7 novembre au combat de Guenès. Le lendemain 8, il s'empara après un vif combat des hauteurs qui couvrent Valmaseda. Le 8 décembre suivant, il obtint la décoration de commandant de la Légion-d'Honneur à la revue que l'Empereur passa au palais du Pardo à Madrid, et le 24 du même mois il prit part à la mise en déroute des Espagnols au passage du Tage, près de Puente del Arzobispo. Il se trouva le 27 mars 1809 au passage de vive force du pont de la Guadiana à Peralbillo, où l'ennemi, qui perdit 8 canons, tous les équipages et 3,000 prisonniers, s'enfuit en désordre jusqu'à la Sierra-Morena. Le 29, il alla reconnaître le passage de cette montagne avec 6 compagnies de voltigeurs et un escadron de dragons, et occupa toutes les positions qui devaient lui faciliter le succès de son entreprise. Le 28 juillet suivant, à la bataille de Talaveira, le 32e de ligne fit des prodiges de valeur. Quoique abandonné à sa droite et à sa gauche par les troupes qui devaient le soutenir, le colonel Aymard s'empara des positions de l'ennemi. En conduisant une charge vigoureuse contre la brigade des gardes anglaises, il fut blessé d'un coup de feu au bras droit, mais il ne quitta point le champ de bataille dont il demeura maître. Le 32e perdit dans cette affaire 17 officiers et 450 sous-officiers et soldats tués ou blessés. A la suite de ce brillant fait d'armes, le roi Joseph fit présent au colonel Aymard d'une décoration de commandant de la Légion-d'Honneur enrichie de diamans, et le prévint qu'il avait demandé à l'Empereur l'autorisation de le nommer commandeur de l'ordre royal d'Espagne. A la bataille d'Almonacid, le 11 août de la même année, le 32e contribua puissamment au succès de la journée en enlevant le premier mamelon et la montagne où se trouve situé le vieux château. Ce brave régiment eut dans cette affaire 22 officiers et 515 sous-officiers et soldats mis hors de combat. Après avoir parcouru les diverses provinces au sud de Madrid en pourchassant les insurgés, le 4e corps se porta dans le royaume de Murcie, et le 3 novembre 1810 eut lieu le combat du rio de Baza. Les voltigeurs du 32e, soutenus par les 1er et 3e bataillons, attaquent à la baïonnette le mamelon à gauche de la route de Cullar et en chassent l'ennemi. Au même instant la cavalerie charge de toutes parts; Blacke et son armée, forte de 18,000 hommes, sont culbutés et mis dans une déroute épouvantable par 2 bataillons du 32e et par les 10e de chasseurs, 5e de dragons et 1er de lanciers polonais, formant un total de 1,800 combattans. 2 brigadiers et 1,000 officiers, sous-officiers ou soldats espagnols restent sur le champ de bataille, et 1,200 prisonniers, 2 drapeaux et 5 pièces de canon tombent en notre pouvoir. L'ennemi abandonne toutes ses munitions et ses bagages sur la route de Cullar, il est poursuivi jusqu'au-delà de ce village, et ne se sauve qu'à la faveur de l'obscurité de la nuit. Deux heures de jour de plus et l'infanterie ennemie était toute taillée en pièces ou faite prisonnière. Cette brillante affaire fit le plus grand honneur au colonel Aymard. Au mois d'août 1811, il prit part à l'expédition du général Leval, dont il commandait l'avant-garde, et assista aux différentes affaires qui eurent lieu. Il occupa ensuite avec son régiment le royaume de Grenade, et livra, par détachemens, une multitude de combats dans lesquels le 32e de ligne eut toujours l'avantage malgré son infériorité numérique. Le 20 juillet 1812, commandant alors le corps d'observation de gauche de l'armée du Midi, il reçut l'ordre du maréchal duc de Dalmatie de faire une démonstration sur le flanc de l'ennemi qui occupait le royaume de Jaën et tenait bloqué le général Ormancey, renfermé dans le fort de cette ville, dont il était gouverneur. Le colonel Aymard partit aussitôt de Baza avec quelques compagnies de son régiment et 2 escadrons du 12e de dragons, se porta rapidement sur Pozalcon et Quesada, attaqua et enleva Cazorla, où se trouvaient les magasins et l'hôpital de l'ennemi, poussa celui-ci au-delà du Guadalquivir, le rejeta dans la Sagra-Sierra, et revint promptement tenir tête à l'armée de Murcie, qui menaçait le royaume de Grenade. Cette opération, dans laquelle le colonel Aymard déploya une grande vigueur et des talens militaires, fit l'objet d'un ordre du jour de l'armée du 26 du même mois. Par suite de la malheureuse affaire de Salamanque, l'armée du Midi dut évacuer l'Andalousie pour se réunir à celles du centre et d'Aragon. La jonction s'opéra le 3 octobre de la même année, et les armées du Midi et du centre se portèrent ensemble sur Madrid. Le 17 novembre suivant, le colonel Aymard se trouva au combat de San-Muñoz, où les Anglo-Portugais furent culbutés et laissèrent au pouvoir des Français 1,000 prisonniers, parmi lesquels se trouvait lord Paget, quartier-maître général de lord Wellington. Parti pour France avec un congé au commencement d'avril 1813, le colonel Aymard fut nommé général de brigade par décret du 12 du même mois. Il marchait avec un convoi de prisonniers dirigés sur Bayonne, et escortés par les différens cadres qui rentraient en France sous son commandement, lorsqu'il fut attaqué près du pont d'Armiñon par le chef de bande Longa, qui s'était embusqué sur la route avec une guerilla très nombreuse. La présence d'esprit et le courage du colonel Aymard sauvèrent le convoi, mais son frère, capitaine de grenadiers au 32e de ligne, s'étant trop témérairement exposé, tomba aux mains des insurgés qui l'échangèrent après quelques jours de captivité. Appelé au commandement d'une brigade de la 51e division d'infanterie de la grande armée, il fit la campagne de Saxe et se signala, le 10 octobre 1813, à l'attaque du défilé de Wethau, dont il se rendit maître malgré la vive résistance de l'ennemi. Le 18 du même mois, à la bataille de Leipzig, quoique attaqué par des forces supérieures, il repoussa l'ennemi et lui enleva 5 pièces de canon. Atteint d'une balle qui lui contusionna fortement l'épaule gauche, il n'en continua pas moins de commander sa brigade. Il suivit le mouvement rétrograde de l'armée, et protégea ses convois dans plusieurs combats partiels. Le 30, au combat devant Hanau, il contribua au succès de la journée, où l'ennemi perdit au moins 4,000 hommes. Arrivé à Cassel le 3 novembre, la division dont il faisait partie passa sous les ordres du général comte Bertrand, commandant en chef le 4e corps. Le 13 décembre, le général Aymard reçut un ordre du prince de Neuchâtel, en date du 6 août précédent, qui lui enjoignait de partir en poste pour rejoindre la 4e division de la jeune garde impériale, où il devait être employé. Il se rendit immédiatement au quartier-général de la garde, à Trèves, d'où le maréchal duc de Trévise l'envoya à Thionville, puis à Anvers auprès du général Roguet, commandant la 6e division de la jeune garde. Le 30 du même mois, il prit le commandement de la 1re brigade de cette division. Pendant la campagne de 1814, il donna des preuves incontestables de ses talens militaires et de l'expérience qu'il avait acquise sur tous les champs de bataille de l'Europe. Le 1er février, les Prussiens, commandés par le général Bulow, vinrent l'attaquer dans les positions qu'il occupait à Deurne. Il soutint le combat avec avantage jusqu'à cinq heures de l'après-midi, mais le général Roguet lui ayant ordonné de repasser le grand Schyn, il opéra son mouvement avec ordre, et prit position entre Borgerhout et Deurne. L'ennemi voulut le suivre et fit les plus grands efforts pour passer le pont de Deurne, mais il fut contenu et perdit beaucoup de monde. Le lendemain, 2, le combat recommença au point du jour. L'ennemi ne put gagner un pouce de terrain; vers les dix heures, le poste de Merxem ayant été forcé à la gauche, il fallut de nouveau quitter Deurne pour aller prendre position en tête de Borgerhout, où la brigade passa la nuit. Rentré dans Anvers le 3, le général Aymard, investi de la confiance du brave et loyal Carnot, gouverneur de la place, rendit de grands services en chassant l'ennemi de toutes les positions qu'il occupait sur la rive gauche de l'Escaut et dans la Flandre, et en approvisionnant Anvers en subsistances de toute nature. Carnot voulant ravitailler la place, ordonna au général Aymard de parcourir la campagne; il partit donc d'Anvers, le 8 février, à la tête de 1,200 hommes de la jeune garde, d'un escadron de lanciers rouges sous les ordres du chef d'escadron Bricqueville, et ayant avec lui 2 pièces de canon. Il traversa l'Escaut et alla s'établir au village de Beveren, qu'il mit à l'abri d'un coup de main. Après s'être assuré des moyens de retraite, il se mit à la poursuite de l'ennemi, et, en moins de six jours, il le chassa de tout le riche pays compris entre l'Escaut, la petite rivière de Durne et les polders, et en prit possession. Il s'empressa alors d'envoyer à Anvers des approvisionnemens de toute espèce, et parcourut le pays en tout sens avec un appareil militaire imposant, afin d'effrayer les paysans qui cherchaient à exciter la désertion parmi nos soldats. Le blocus d'Anvers se resserrait, l'ennemi avait occupé toutes les grandes routes qui aboutissent à cette place; les nouvelles les plus contradictoires circulaient, et les vivres commençaient à manquer encore; en conséquence, Carnot ordonna au général Aymard de partir de nouveau pour se procurer des provisions et pour s'assurer en même temps de l'état politique de la France. Pendant son expédition, cet officier-général livra plusieurs combats et envoya à Anvers une grande quantité de denrées et de bestiaux. Le 29 mars, il fit sa jonction avec le 1er corps à Gand, et le 31 il prit une part glorieuse au combat de Courtrai, où les Prussiens et les Saxons, commandés par le général Thielmann, furent mis dans une déroute complète. Arrivé à Lille le 1er avril, le 1er corps, augmenté de la division de jeune garde du général Roguet, en partit le 4 pour aller ravitailler Maubeuge, mais à Valenciennes on apprit l'entrée à Paris des armées alliées et le renversement du gouvernement impérial. L'armée revint à Lille le 7, et les troupes qui la composaient ayant été réparties dans les places de la frontière du Nord, le général Aymard prit le commandement de la division en l'absence du général Roguet qui était parti le 18 pour se rendre à Paris. Il conserva ce commandement jusqu'au 8 juin, époque du licenciement de la division, et se retira alors dans sa propriété de la Gatimèle, près de Carcassonne. Créé chevalier de Saint-Louis le 13 août 1814, et appelé au commandement du département de l'Hérault le 1er octobre suivant, sans l'avoir sollicité, il se rendit à son poste le 12 du même mois, et fut chargé le 16 d'aller à Pézenas pour inspecter et dissoudre le dépôt général de l'armée du Midi. Il retourna à Montpellier le 1er novembre, et s'y trouvait encore lorsque, par décret du 22 avril 1815, l'Empereur lui confia le commandement de l'une des brigades de la garde impériale. Revenu à Paris le 25 mai, il y séjourna jusqu'au 26 juin pour organiser, avec l'inspecteur en chef aux revues Boinod, quelques régimens de jeune garde avec lesquels il se dirigea sur l'armée du Nord; mais arrivé à Soissons, il dut suivre le mouvement de l'armée sur la rive gauche de la Loire, et conserva son commandement jusqu'au 8 septembre, époque du licenciement. Rentré dans ses foyers, il adressa au ministre de la guerre une demande pour obtenir sa pension de retraite, qui lui fut accordée le 1er janvier 1816. Depuis lors, le général Aymard vécut éloigné des affaires publiques, partageant ses loisirs entre les soins qu'il donnait à sa famille et les travaux de l'agriculture. Mais à la révolution de Juillet 1830, il reprit du service et devint successivement commandant des départemens du Rhône et de Vaucluse. Il exerçait ses fonctions dans ce dernier département, où il s'était concilié l'estime de tous par son esprit sage et modéré, lorsque, par ordonnance du 30 septembre 1832, il fut nommé lieutenant-général et mis en disponibilité. Désigné le 4 novembre suivant pour commander provisoirement la 7e division militaire (Lyon), pendant l'absence du général Delort, qui remplissait à Paris son mandat de député du Jura, il fut définitivement confirmé dans ce commandement le 3 juillet 1833, lorsque le général Delort eut donné sa démission. La position était difficile; à la suite des sanglantes collisions de novembre 1831, à Lyon, l'irritation des esprits n'avait fait que s'accroître. Les succès éphémères obtenus par les ouvriers avaient donné à ceux-ci plus de confiance et de prétentions, et dèslors on pouvait craindre de nouveaux malheurs. Cette querelle, d'abord toute industrielle, prenait chaque jour davantage un caractère politique. Une rumeur sourde agitait la population ouvrière, et la plus légère cause pouvait amener un incendie épouvantable. C'était donc à la sagesse et à la modération des autorités qu'il appartenait de prévenir une sanglante catastrophe. Le général Aymard, doué d'un caractère ferme et réfléchi, d'un sang-froid et d'un esprit de justice qui lui permettaient d'apprécier les difficultés de sa position, sut, par sa conduite prudente, éviter l'écueil contre lequel vinrent cependant échouer toutes ses prévisions. Vers le mois de février 1834, la mésintelligence éclata de nouveau entre les ouvriers et les fabricans. Les uns et les autres essayèrent vainement de faire intervenir les autorités dans ces contestations industrielles. Le général Aymard surtout s'abstint de prendre part à ce qui ne pouvait le concerner sous aucun rapport, mais il se tint sur ses gardes et se mit en mesure de repousser l'agression. Les travaux de la fabrique furent suspendus pendant plusieurs jours; aucun désordre n'eut lieu, mais l'orage grondait toujours sourdement. On était dans cet état de malaise, augmenté encore par l'effervescence qu'avait fait naître la présentation de la loi sur les associations, déjà adoptée par la Chambre des députés, et en ce moment discutée à celle de pairs, lorsque des paroles de blâme parties de la tribune du Palais-Bourbon vinrent réchauffer le zèle du procureur du roi, auquel on reprochait de n'avoir point fait usage des moyens que lui donnait le Code pénal pour réprimer la coalition des mutuellistes. Celui-ci évoqua devant le tribunal une affaire qui était assoupie depuis long-temps. Plusieurs mutuellistes ayant été assignés en police correctionnelle pour l'audience du 5 avril, quelques désordres eurent lieu dans la salle d'audience; on dut suspendre la séance et la renvoyer au mercredi 9 du même mois. Dès ce moment une collision devint possible, et la population ouvrière de cette ville l'annonça hautement pour le jour de l'audience. Le général Aymard prit en conséquence toutes les précautions que la prudence lui suggéra pour faire avorter ces projets. Ses dispositions eurent pour objet de paralyser, dès le principe, tous les efforts d'une insurrection, s'il en était tenté; de préserver les troupes de tout contact avec la population, et d'éviter ainsi une collision dont les résultats ne pouvaient être douteux pour les esprits sensés. Malheureusement toutes ces sages mesures n'eurent pas le résultat qu'on avait lieu d'en espérer, et la loyauté militaire dut accepter la terrible responsabilité que firent peser sur elle de douloureuses circonstances et les machinations d'un pouvoir occulte poussant à leur perte quelques hommes au cœur généreux, mais irréfléchis et aveuglés. Les instructions du général Aymard enjoignaient aux chefs des différens postes de n'être point agresseurs, de supporter patiemment toutes les provocations auxquelles ils pourraient se trouver exposés, et, sous leur responsabilité personnelle, de ne point engager le feu les premiers, ne devant employer la force qu'à la dernière extrémité. Les événemens qui se succédèrent avec tant de rapidité rendirent inutiles ces recommandations dictées par la modération et l'humanité. Le 9 avril, le tribunal s'assembla pour juger les mutuellistes, le tumulte toujours croissant força le président à ajourner l'audience. Des clameurs hostiles se firent entendre; des proclamations furent distribuées et affichées au nom de l'insurrection; un homme qui faisait lecture à haute voix d'une de ces proclamations fut arrêté par la gendarmerie. Les autorités civiles, réunies à l'archevêché, pressaient le général d'agir; mais fidèle au plan de conduite qu'il s'était tracé, celui-ci, ne voulant point être agresseur, attendait qu'on l'eût mis dans l'absolue nécessité de repousser la force par la force. C'est en ce moment qu'on vint faire connaître que des barricades se formaient et qu'un coup de pistolet avait été tiré sur un agent de police. L'ordre fut aussitôt donné aux troupes de s'avancer pour détruire les barricades. Un demi-bataillon du 7e léger, ayant à sa tête le colonel Lalande, se présenta, l'arme au bras, devant la barricade qui était établie à l'entrée de la rue Saint-Jean; des pierres furent lancées sur la troupe, mais aucun coup de feu ne fut tiré. Le colonel de la 19ᵉ légion de gendarmerie, qui se trouvait sur la place Saint-Jean, oubliant sans doute les ordres formels du lieutenant-général et emporté par son zèle, veut prendre la carabine d'un gendarme pour commencer le feu lui-même, le gendarme la lui refuse, et le colonel ordonne aux 5 ou 6 gendarmes qui se trouvaient près de lui de faire feu. Cet ordre s'exécute aussitôt et la lutte est engagée. Au même instant, l'insurrection éclate sur tous les points à la fois et le combat devient général. Dès-lors, il ne faut plus songer qu'à se défendre et cependant éviter autant que possible l'effusion du sang, car vainqueurs ou vaincus tous sont Français. Ces considérations et d'autres motifs qui n'ont rapport qu'aux opérations militaires, peuvent expliquer la lenteur du général Aymard pendant les premiers jours de l'insurrection. Il espérait toujours, comme il l'avait éprouvé dans les émeutes d'Avignon en 1831, que les insurgés, éclairés enfin sur leur véritable position, et voyant qu'ils ne pouvaient compter sur aucune partie de la garnison, ainsi qu'on leur en avait donné le fol espoir, se disperseraient et ne continueraient pas une lutte dont le résultat devait leur être funeste, surtout après l'arrivée des renforts qu'il attendait du Midi. Il n'entre point dans les limites d'un article biographique de retracer les détails des scènes de deuil et de désolation qui ensanglantèrent pendant six jours la seconde ville du royaume, cette tâche appartient à l'histoire ; ici seulement doivent être succinctement rapportés les faits qui lui serviront de matériaux. A elle aussi le jugement impartial de ces faits, qui devront être appréciés suivant les circonstances qui les firent naître, et la position des hommes qui y prirent part. Les souvenirs de ces déplorables événemens sont encore trop palpitans pour que l'on puisse les juger sainement et sans préventions. La fatalité qui a porté le général Aymard, ce vieux soldat de 1792 à être acteur principal dans ce drame sanglant et à finir sur la place publique une carrière illustrée sur tant de champs de bataille qu'il arrosa de son sang, a plus d'une fois fait gémir son cœur tout français. Le général Aymard est un homme nouveau, il sort des rangs du peuple et s'en fait gloire. Entré dans le monde sans protecteurs, il s'est fait lui-même sa position. Le pénible devoir que lui imposait la discipline militaire, il l'a accompli, non sans une vive douleur, car il a dû, contre des Français, se servir de ces mêmes armes qui avaient pendant toute sa carrière militaire combattu l'étranger. Il était attaqué, il vit les lois outragées, l'ordre social menacé, et l'inflexibilité de ses devoirs ne lui permettait pas d'hésiter. Le gouvernement, dont l'issue de ces déplorables événemens affermissait le pouvoir, sut apprécier le service que le général venait de lui rendre. Par ordonnance du 27 avril 1834, il fut nommé grand-officier de la Légion-d'Honneur, et le 30 septembre suivant le roi lui conféra la dignité de pair de France. Il continua de commander la 7ᵉ division militaire jusqu'au mois d'octobre 1841, époque à laquelle il fut admis dans la 2ᵉ section (réserve) du cadre de l'état-major général, et reçut la décoration de grand'croix de la Légion-d'Honneur le 14 du même mois. Par une décision du 7 novembre suivant, le roi l'a admis au nombre de ses aides-de-camp. Son nom est inscrit sur le côté Ouest de l'arc-de-triomphe de l'Étoile.

A. BOURGUIGNON.

AYME, NON **AIMÉ** NI **AYMÉ** (JEAN-ANTOINE), naquit le 17 avril 1770 dans le département de la Drôme. Volontaire au 9ᵉ bataillon de la Drôme le 15 mars 1793, il fit successivement partie de la première demi-brigade provisoire et de la 25ᵉ de bataille, et combattit aux Alpes, en Italie et en Égypte. Il se distingua à la bataille de Mont-Thabor le 27 germinal an VII, et passa par incorporation dans les guides de l'armée d'Orient le 1ᵉʳ vendémiaire an VIII. Admis comme grenadier dans la garde des consuls le 29 pluviose an X, il fut nommé membre de la Légion-d'Honneur au camp de Boulogne le 25 prairial an XII, prit part à la campagne de l'an XIV en Autriche, devint caporal le 11 vendémiaire de la même année, et obtint sa retraite le 25 juillet 1806. Il est mort le 13 février 1816 à Donzère (Drôme).

Y.

AYMÉ (CHARLES-JEAN-LOUIS, *baron*), naquit le 28 janvier 1770 à Melle (Deux-Sèvres). Après avoir fait ses études à l'École royale et militaire de Pont-le-Voy, il entra comme élève à l'École des ponts et chaussées le 19 novembre 1787, en sortit avec le grade de lieutenant du génie le 14 brumaire an II, et fit avec distinction les campagnes de l'an II au commencement de l'an VI en Italie. Capitaine le 1ᵉʳ vendémiaire an III, il prit une part active aux siéges de Saorgio, du château de Milan et de la place de Mantoue. Employé à l'armée expéditionnaire d'Orient au mois de floréal an VI, il fit en Égypte et en Syrie les campagnes de l'an VI à l'an IX, se distingua à la prise d'El-Arich, et fut nommé chef de bataillon sur le champ de bataille le 2 ventose an VII. A la prise de Jaffa, le 16 du même mois, il monta le premier sur la brèche à la tête d'une compagnie de carabiniers. Pendant les assauts de Saint-Jean-d'Acre, auxquels il prit part avec une grande valeur, il reçut un coup de feu au bras gauche et plusieurs éclats de mitraille aux deux jambes. Au siége du Caire, il donna de nouvelles preuves de bravoure et de capacité, et revint en France après la capitulation d'Alexandrie. Nommé sous-directeur des fortifications à Anvers le 3 frimaire an X, et membre de la Légion-d'Honneur le 25 prairial an XII, il passa à l'armée de Naples et y obtint le grade d'adjudant-commandant le 14 nivose an XIII. Chargé des fonctions de chef d'état-major provisoire des troupes stationnées dans le royaume de Naples le 8 ventose suivant, il fut inscrit sur le tableau des adjudans-commandans et confirmé dans son emploi le 21 thermidor de la même année. C'est en cette qualité qu'il fit les campagnes de l'an XIV et de 1806, et qu'il se trouva au siége de Gaëte. Appelé à faire partie de la grande armée le 8 octobre 1806, et attaché au grand-duc de Berg pendant la campagne de Prusse et celle de Pologne, il fut envoyé, dans les premiers jour d'avril 1807, à Dantzig, où le maréchal Lefebvre l'employa comme son premier aide-de-camp jusqu'à la fin du siége. Il y rendit des services importans, principalement dans l'expédition de l'île du Holm et à la prise des forts Wasser et Weichel-Munde.

Des notes particulières communiquées par la famille du général Aymé nous mettent à même de faire connaître, pour la première fois, les opérations qui ont amené la reddition des forts Wasser et Weichel-Munde : nous saisissons avec empressement l'occasion qui nous est offerte d'expliquer ce fait militaire important.

Les opérations du siége traînaient en longueur ; les positions que l'ennemi occupait sur la rive gauche de la Vistule avaient été attaquées sans succès à différentes reprises, et il était évident que s'il avait pu réussir à les conserver, on eût rencontré de jour en jour des difficultés insurmontables pour pousser les attaques plus en avant, car l'occupation de l'île du Holm par les troupes russes permettait encore à l'ennemi de faire descendre de la ville des barques sur Weichel-Munde et d'en faire également remonter vers la ville. La division Gardanne se trouvait elle-même, sous Weichel-Munde, cernée de toutes parts, et on ne pouvait communiquer avec ces troupes qu'en faisant une marche de plus de douze heures. L'expédition des Russes ne devait pas tarder à partir de Pillau pour venir à Weichel-Munde tenter de secourir Dantzig. La division Gardanne aurait donc été attaquée à la fois par les Russes qui seraient sortis en force de Weichel-Munde et par les autres troupes établies dans l'île du Holm, et de plus elle aurait eu à essuyer à dos le feu d'une nombreuse artillerie placée à cet effet sur les différens points de cette île. Dans cet état de crise, il fallait agir avec vigueur et prévenir l'ennemi pour s'opposer à l'exécution de ses projets. L'adjudant-commandant Aymé proposa au maréchal Lefebvre de faire attaquer cette position importante et s'offrit pour se mettre lui-même à la tête de l'attaque. Les militaires qui ont assisté au siége de Dantzig pourraient seuls dire combien de difficultés et de dangers il y avait à tenter une telle entreprise. Elle fut enfin résolue, et l'Empereur l'approuva en disant : *Il s'agit d'un passage de rivière sous des redoutes et des retranchemens garnis d'artillerie et défendus par des Russes. C'est une opération majeure et difficile, mais elle est nécessaire.* S'étant ensuite informé de l'officier qui devait la commander, il ajouta : *Je connais depuis long-temps l'adjudant-commandant Aymé, c'est un brave homme, je puis être tranquille, car je suis assuré qu'il la conduira bien.* Les troupes qui furent mises à la disposition de l'adjudant-commandant Aymé se composaient de 800 hommes de différens corps d'infanterie française, polonaise, saxonne ou badoise. L'expédition se fit dans la nuit du 6 au 7 mai. Des barques apportées de Dirschau sur des haquets furent heureusement jetées dans la Vistule sur les onze heures du soir, et cette opération si difficile fut entièrement dérobée à la connaissance de l'ennemi par les bonnes dispositions que l'adjudant-commandant Aymé avaient prises à cet effet. Le passage commença à s'effectuer à une heure du matin. L'alarme se répandit aussitôt dans tous les postes de l'ennemi. La première redoute, située sur l'autre rive à 110 mètres seulement du point d'embarquement, fut surprise et enlevée malgré la canonnade et une vive fusillade qui ne mit presque personne hors de combat. Aymé ne donna pas le temps aux Russes de se reconnaître ; avec sa faible colonne, il les attaqua et les enleva à la baïonnette dans toutes leurs redoutes, leur tua 400 hommes, en blessa 200 et leur fit 600 prisonniers, parmi lesquels se trouvaient 18 officiers russes et 120 canonniers prussiens. Les Saxons enlevèrent d'assaut la redoute de Kalchantz sur la rive gauche, et y prirent 160 Prussiens et 4 pièces de canon. Toute l'île fut ainsi prise sans autre perte de la part des Français que celle de 10 hommes tués et 50 blessés. On y trouva 21 bouches à feu, 40 milliers de poudres et des magasins considérables. Les opérations du siége furent ensuite poussées avec tant de promptitude et de succès que la place fut enfin obligée de capituler, car les Russes, partis de Pillau le jour même de l'expédition du Holm, tentèrent inutilement de sortir de Weichel-Munde ; la communication ayant été établie dans l'île du Holm avec la division Gardanne et la garnison de la place se trouvant hermétiquement resserrée, leur attaque fut repoussée, et Dantzig ne pouvant plus espérer de secours ouvrit ses portes à l'armée française. Les Russes, désespérés du peu de succès de leur expédition à Weichel-Munde, abandonnèrent ce fort et n'y laissèrent qu'une garnison de 3,000 Prussiens. Le gouverneur avait l'ordre de la faire embarquer avec son artillerie et ses magasins ; on fut informé de ce projet, et il était difficile d'en empêcher l'exécution. Le maréchal Lefebvre envoya l'adjudant-commandant Aymé pour sommer le gouverneur et négocier une capitulation ; mais s'apercevant qu'on n'avait que l'intention de faire traîner les négociations en longueur pour avoir le temps d'exécuter l'embarquement, il fit brusquer une attaque sur le fort Wasser et obligea ensuite le gouverneur de Weichel-Munde à signer sa capitulation. On trouva dans les deux forts plus de 150 bouches à feu en bronze sur des affûts tout neufs et une grande quantité de bons approvisionnemens en tous genres.

L'Empereur, satisfait des services de l'adjudant-commandant Aymé pendant le siége de Dantzig, le nomma officier de la Légion-d'Honneur le 15 mai 1807, et lui ordonna de se rendre devant Graudenz pour y être extraordinairement employé au siége de cette place comme colonel du génie. Durant ces dernières opérations, il remplit encore les fonctions de chef d'état-major des troupes de siége. Employé à l'état-major du corps d'observation commandé par le maréchal Brune, le 18 août suivant, il passa à celui de la réserve de cavalerie le 14 février 1808, fut créé baron de l'Empire le 19 mars suivant, rejoignit le 1er corps de l'armée d'Espagne le 12 septembre, et reçut la croix de chevalier de la Couronne-de-Fer le 12 décembre de la même année.

Après avoir fait les campagnes de 1808 et 1809 en Espagne, pendant lesquelles il se fit particulièrement remarquer le 10 janvier 1809 à l'affaire de Cuença, un décret impérial du 29 juillet suivant l'autorisa à passer au service du roi de Naples, qui l'avait appelé auprès de lui comme aide-de-camp le 27 du même mois. Nommé général de brigade le 8 novembre de la même année, pour prendre rang du 27 juillet précédent, un décret royal du 17 janvier 1810 lui conféra le grade de général de division et l'investit des fonctions de chef de l'état-major général de l'armée napolitaine. Créé commandeur de l'ordre des Deux-Siciles le 19 août suivant, il prit à Bologne le commandement de l'armée napolitaine pendant le voyage que fit le roi dans sa capitale vers la fin de 1813. Joachim-Napoléon, entraîné par une fatalité qui devait le conduire à sa perte, ayant conclu, le 11 janvier 1814, un traité d'alliance offensive et défensive avec la cour de Vienne, se décida à marcher contre l'armée française en Italie. Le général Aymé, tout en protestant de son attachement sincère pour le prince qui lui avait montré tant de bienveillance, ne crut pas pouvoir rester plus long-temps dans les rangs de ceux qui se déclaraient les ennemis de sa patrie. Il n'hésita point à faire le sacrifice de sa haute position et de ses intérêts privés à ce que lui prescrivaient l'honneur et ses devoirs envers son pays. Les lettres qu'il écrivit au roi de Naples pour l'informer de sa résolution motivèrent de la part de Joachim la réponse suivante, en date de Naples, le 17 janvier 1814.

« Mon cher général, j'ai reçu vos deux dernières lettres ; je n'ai jamais douté de vos sentiments pour moi, vous m'aviez donné trop de preuves de dévoûment ; mais l'assurance nouvelle que vous m'en donnez dans cette circonstance si décisive pour moi et ma famille m'a été bien agréable ; vous connaissez mon cœur, vous savez combien je suis français ; tous les Français doivent me plaindre ; il n'y avait pas à choisir, il ne me restait que le parti que j'ai pris, pouvais-je m'exposer à devenir la fable de l'Europe en m'exposant à perdre ma couronne ? devais-je aller à Paris y augmenter le nombre de tant de personnages détrônés ? devais-je sacrifier ma famille et mes sujets ? devais-je exposer tant de Français qui se sont dévoués si généreusement à mon service ? Non, non, la postérité ne me l'aurait jamais pardonné. Pourquoi l'Empereur s'est-il obstiné à garder le silence à toutes mes propositions ? pourquoi a-t-il traité sans moi ? j'eusse sauvé l'Italie ; il voulait mettre le roi de Naples sous les ordres du vice-roi ou du moins ne pas le mettre sous les siens.

» Cependant je reculais toujours la signature d'un traité, mais l'Empereur a déclaré qu'il renonçait aux conquêtes et qu'il acceptait pour bases de la paix les Alpes, etc., et quand il cède l'Italie et qu'il ne me donne aucune garantie pour mes États, devais-je m'exposer à les perdre pour m'obstiner à vouloir défendre un pays qu'il a déclaré vouloir céder ? je vous envoie *le Moniteur* du 1er, vous y lirez sa reponse au Sénat.... Je voudrais bien que votre frère fût ici. Adieu, rassurez tous les Français, faites-leur connaître mes sentiments ; dites leur qu'ils me trouveront toujours français et toujours le même pour eux.... Adieu, croyez à mon amitié. J.-N. »

Allié, par son mariage, à l'une des plus illustres familles du royaume de Naples, le général Aymé, en quittant le service, se retira auprès d'elle. Après l'abdication de l'Empereur, il continua de résider à Naples, et les circonstances n'étant plus les mêmes, il crut pouvoir accepter les fonctions de premier aide-de-camp, qui lui furent conférées par le roi de Naples le 19 octobre 1814. Mais une ordonnance du roi Louis XVIII, en date du 16 décembre suivant, ayant rappelé du service étranger tous les officiers français qui s'y trouvaient, il donna sa démission le 7 février 1815, et rentra en France au mois de mars suivant. Réadmis au service de France comme maréchal-de-camp en non-activité le 21 février 1816, et réintégré dans le grade de lieutenant-général le 3 juin 1818, il fut nommé chevalier de Saint-Louis le 19 août suivant, et admis à la retraite le 17 mars 1825. Il a été créé commandeur de la Légion-d'Honneur le 8 mai 1835, et réside aujourd'hui à Melle (Deux-Sèvres). A. BOURGUIGNON.

AYMONIN (JOSEPH-LOUIS), naquit le 24 avril 1773 à Épinal (Vosges). Dragon dans le 11e régiment, il quitta ce corps le 15 octobre 1793 pour passer brigadier-fourrier dans les partisans du Rhin, incorporés dans le 7e *bis* hussards, devenu 28e de dragons. Maréchal-des-logis le 1er décembre 1793, adjudant-sous-lieutenant le 1er germinal an II, lieutenant le 5e jour complémentaire an VI, et capitaine le 1er frimaire an VII, il fit les campagnes de 1792 à l'an V aux armées du Rhin et d'Italie, celles de l'an VI à l'an IX en Égypte. A l'affaire de Faën, en Italie, lors de l'enlèvement du pont défendu par 6 pièces de canon, il fut blessé dans la poitrine par la mitraille en chargeant à la tête de 15 hussards. Le 24 thermidor an VI, au combat de Salahieh, en Orient, il reçut huit coups de sabre, dont un à la main gauche, un à l'index droit, un à l'avant-bras droit, un à l'omoplate, un à la tête, un au côté et deux au poignet droit. Appelé de l'an XII à l'an XIV à l'armée des côtes de l'Océan, il y reçut la croix de la Légion-d'Honneur le 25 prairial an XII, passa en 1806 à l'armée de Naples, et fut promu chef d'escadron le 20 novembre de cette année. Il fit partie de la grande armée en 1809 au 4e corps, commandé par le prince Eugène, et vers le commencement de la campagne, le 8 mai 1809, dans une charge au passage de la Piave, il reçut à la tête un coup de sabre dont il mourut le 24 du même mois, sans avoir connu sa nomination de major, l'avis n'étant arrivé au corps le 9 juin suivant.

AZEMAR (FRANÇOIS-BAZILE), né le 1er janvier 1766 à Cabannes (Tarn), entra au service le 2 mars 1783 dans le régiment de Vivarais-infanterie, et fut congédié le 2 mars 1791. Nommé le 18 septembre de la même année capitaine au 3e bataillon de l'Oise, amalgamé dans la 50e demi-brigade d'infanterie, devenue 70e demi-brigade de ligne, et promu chef de bataillon le 1er novembre 1792, il servit de 1792 à l'an III aux armées du Nord et de Hollande, et de l'an IV à l'an VI à celles des côtes de l'Océan et d'Irlande. Le général Humbert le nomma chef de brigade sur le champ de bataille pour sa belle conduite pendant le combat de Castelbarre, en Irlande, mais le Directoire ne confirma pas cette nomition. Prisonnier le 23 fructidor an VI, et renvoyé sur parole le 3 frimaire an VII, il devint chef du contingent du Tarn le 28 floréal, chef du 1er bataillon auxiliaire du même département en vendémiaire an VIII, et juge militaire au tribunal spécial du Tarn le 21 germinal an IX. Remplacé dans son corps le 5 pluviose an X, il passa chef de bataillon du dépôt colonial à sa formation, et resta à ce dépôt jusqu'à la dissolution du corps, en l'an XII. Définitivement remis en activité comme chef de bataillon au 9e régiment de ligne le 15 ventose an XII, il reçut la croix de la Légion-d'Honneur le 25 prairial de la même année. Il remplit les fonctions de major depuis son arrivée au régiment jusqu'au 7 avril 1809, époque à laquelle il fut nommé titulaire dans ce grade au 64e de ligne. Élevé au grade de colonel du 150e régiment de ligne le 16 janvier 1813, il servit en cette qualité au 5e corps de la grande armée. Officier de la Légion-d'Honneur le 1er août, et général de brigade le 29 du même mois, il fut tué au combat de Gross-Drebnitz le 13 septembre suivant. Son nom est inscrit sur les tables de bronze du Musée de Versailles.

BABILLE (LAURENT-JEAN), né à Ferrières (Loiret), le 5 août 1750, exerçait à Paris la profession d'avocat, lorsqu'il fut élu au mois de juin 1791 juge au tribunal du 1er arrondissement de cette ville. Le 1er avril 1792, il donna sa démission et rentra au barreau. Suppléant du juge de paix de la section du Théâtre-Français en vendémiaire an III, et nommé vers la fin du même mois l'un des administrateurs de police de Paris, il entra en ventose suivant dans l'un des comités du gouvernement en qualité de chef de la division, et passa ensuite au ministère de l'intérieur comme chef du bureau de police. Appelé au tribunal de cassation en frimaire an IV, et démissionnaire en thermidor an V, il reprit ses fonctions d'assesseur en l'an VI. Il rentra au tribunal de cassation le 1er floréal an VIII, époque de l'installation définitive de ce tribunal. L'Empereur le fit membre de la Légion-d'Honneur le 25 prairial an XII. Il adhéra aux divers actes de sa compagnie en 1814 et 1815, fut élevé au grade d'officier de l'Ordre le 23 août 1814, et donna sa démission le 24 mai 1816. Il reçut du roi, en se retirant, le titre de conseiller honoraire. Il est mort le 23 octobre 1828.

BACHE (ALEXANDRE), naquit le 26 avril 1780 à Rouen (Seine-Inférieure). Dragon dans le 9e régiment le 9 fructidor an VII, brigadier le 4 brumaire an VIII, brigadier-fourrier le 11 du même mois, et sous-lieutenant le 5 pluviose de la même année, il fit à l'armée d'Italie les campagnes des ans VIII et IX, et se distingua, le 27 nivose an VIII, en chargeant à la tête de 4 dragons une colonne d'insurgés qui voulaient s'emparer du pont de Mauve, la culbuta et la fit prisonnière. Dans cette affaire, il reçut un coup de feu à la jambe, et eut son cheval tué sous lui. Employé à l'armée des côtes pendant les ans XII et XIII, il y fut nommé lieutenant le 1er frimaire an XII, et membre de la Légion-d'Honneur le 25 prairial de la même année. Désigné avec son régiment pour faire partie de la grande armée de l'an XIV à 1807, il prit part aux opérations des campagnes d'Autriche, de Prusse et de Pologne. Lieutenant le 20 janvier 1806, et capitaine le 29 avril 1807, il combattit en Espagne de 1808 à 1811, époque à laquelle le 9e de dragons devint 4e régiment de chevau-légers, fit la campagne de Russie en 1812, celle de Saxe en 1813, fut promu chef d'escadron le 15 juin de cette dernière année, et fit la campagne de France en 1814. Nommé officier de la Légion-d'Honneur le 30 août 1814, et chevalier de Saint-Louis le 25 mars 1815, il assista à la dernière bataille livrée en Belgique pendant les Cent-Jours. Mis en demi-solde le 11 novembre de la même année, et rappelé à l'activité le 20 mars 1816 avec le grade de major du 1er régiment de dragons, il passa le 18 mars 1820 comme chef d'escadron dans le 7e régiment de même arme. Appelé en Espagne en 1823, et promu le 11 octobre lieutenant-colonel au même corps, devenu plus tard 7e cuirassiers, il resta dans cette position jusqu'au 27 janvier 1831, époque à laquelle, nommé colonel du 10e régiment de cuirassiers, il fit sa dernière campagne en Belgique. Admis à la retraite le 17 novembre 1833, il obtint néanmoins la croix de commandeur de la Légion-d'Honneur le 5 janvier 1834. Cet officier supérieur réside en ce moment à Paris. J-T.

BACCIOCHI. *V.* t. III, p. 65.

BACHELIER (JACQUES), naquit le 13 mai 1772 à Limassey (Vienne). Soldat le 12 mars 1789 dans le régiment de Brie-infanterie (24e régiment de l'arme en 1791), il quitta le corps par congé le 6 avril 1792. Entré le 12 août de la même année au 2e bataillon des Deux-Sèvres (112e demi-brigade d'infanterie de bataille en l'an II, 88e de ligne en l'an IV, puis 88e régiment en l'an XII), il devint caporal le 15 janvier 1793, sergent le 5 juillet de la même année, sous-lieutenant le 19 prairial an II, lieutenant le 18 messidor suivant, et capitaine le 7 floréal an IX. Il fit les campagnes de 1792 à l'an V aux armées de l'Ouest, des Pyrénées-Orientales et d'Italie, celles d'Orient de l'an VI à l'an IX, et reçut deux blessures, l'une au combat de Thatah (haute Égypte) le 21 germinal an VII, et l'autre à la bataille d'Alexandrie le 30 ventose an IX. Dirigé à son retour en France sur l'armée des côtes de l'Océan, et nommé membre de la Légion-d'Honneur le 25 prairial an XII, il fit partie de la grande armée en l'an XIV, assista à la bataille d'Austerlitz et aux opérations de la campagne de Prusse en 1806, et obtint sa retraite le 10 mars 1807. Il est mort le 23 janvier 1811 dans le lieu de sa naissance. J-T.

BACHELOT (PIERRE), né le 4 janvier 1770 à Saintes (Charente-Inférieure), entra au service en qualité de novice-pilotin le 12 mai 1786, et passa aspirant volontaire le 2 mars suivant, puis aspirant de 3e, 2e et 1re classe les 12 novembre 1788, 1er juillet 1790 et 16 mai 1791.

Pendant ces cinq années, il fut employé sur des escadres d'évolutions dans l'Océan et la Méditerranée, et il fit deux campagnes à Saint-Domingue.

En 1792, il servit à bord du vaisseau *le Borée*, en station à Saint-Domingue, et de la goëlette *la Marie-Antoinette*, d'abord en croisière dans les mêmes parages, et bientôt après employée dans deux campagnes à la Nouvelle-Angleterre. Lorsqu'il devint enseigne de vaisseau, le 15 octobre 1792, il montait ce bâtiment, avec lequel il alla reprendre la croisière de Saint-Domingue. Il passa ensuite sur l'aviso *la Mouche*, et soutint un combat dans la baie de la Cule.

Lieutenant de vaisseau le 25 brumaire an II, et aide-major de l'escadre de la Méditerranée, à bord du vaisseau *le Tonnant*, le 21 pluviose suivant, il prit une part glorieuse au combat du 24 ventose de l'an III sur les côtes de Gênes.

Embarqué sur les frégates *la Cocarde* et *la Vertu*, il fit partie avec cette dernière de l'expédition des Indes-Orientales, et assista, le 23 fructidor an IV, dans le détroit de Malac, à un combat contre 2 vaisseaux anglais. Il rentra le 29 messidor suivant dans le port de Rochefort, où il fut employé jusqu'au 2 ventose an VI.

Le 16 thermidor an VII, il commanda la corvette *la Bergère*, en rade de l'île d'Aix, et le 24 brumaire an VIII il prit auprès du préfet maritime du 5ᵉ arrondissement le service d'adjudant, qu'il quitta le 5 thermidor an X pour commander de nouveau *la Bergère*, d'abord en mission à l'île d'Elbe, puis en croisière dans la Méditerranée.

Le 24 frimaire an XI, il reprit ses fonctions d'adjudant. Nommé le 1ᵉʳ vendémiaire an XII capitaine de frégate, il devint adjudant de l'escadre de Toulon, aux ordres de l'amiral Villeneuve, et resta en rade de l'île d'Aix à bord du vaisseau *le Majestueux*. Membre de la Légion-d'Honneur le 25 prairial an XII, Bachelot rentra à Rochefort le 20 vendémiaire an XIII. Second capitaine à bord du vaisseau *l'Achille* le 16 germinal suivant, il rentra à Rochefort le 5ᵉ jour complémentaire de la même année, et servit en qualité d'adjudant auprès du préfet maritime du 5ᵉ arrondissement. Il passa successivement dans l'une ou l'autre de ces positions jusqu'au 1ᵉʳ janvier 1813, époque à laquelle il devint major du 19ᵉ équipage de flotille.

Chevalier de Saint-Louis le 23 septembre 1814, et aide-major au port de Rochefort le 1ᵉʳ janvier 1816, il est mort dans cette ville le 28 octobre 1839. A. L.

BACHELU. *V.* t. III, p. 66.

BACHER (JACQUES-JUSTIN-THIÉBAUD), né à Thann (Alsace), le 17 juin 1748, entra au service comme lieutenant au bataillon de Colmar en 1762. Il fut employé à la même époque à l'état-major de l'armée du Bas-Rhin. La paix de 1763 le priva de cet emploi. Il servit en qualité d'aspirant d'artillerie et du génie jusqu'en 1769, époque à laquelle il remplit, sous les ordres de Berthier, depuis prince de Wagram, les fonctions d'ingénieur-géographe militaire surnuméraire. Rentré au bataillon de Colmar en 1771 avec son grade de lieutenant, il passa bientôt après au régiment provincial d'artillerie à Strasbourg. Depuis quelque temps déjà il était attaché au ministère des affaires étrangères, lorsqu'il fut nommé secrétaire d'ambassade près la république helvétique en 1777, au moment où l'on s'occupait de renouveler l'alliance avec la Suisse. Il prit une grande part à cette négociation, à l'issue de laquelle le gouvernement lui confia les fonctions de chargé d'affaires. Redevenu secrétaire d'ambassade en 1781, il échangea ce titre en 1784 contre celui de premier secrétaire-interprète, qu'il garda jusqu'à l'arrivée de Barthélemy, en qualité d'ambassadeur, en 1792.

Agent de la République française de 1793 à l'an V, il fut envoyé à Bâle pour surveiller la neutralité de la Suisse et observer les mouvemens des armées ennemies. Il reçut, dans les premiers jours de l'an IV, la mission de procéder à la remise de la fille de Louis XVI entre les mains du comte de Gavres. Appelé à faire partie du Directoire, Barthélemy dut quitter son poste et Bacher le remplaça. Les relations étroites qu'il avaient conservées avec ce directeur le firent soupçonner, au 18 fructidor an V, d'avoir pris part à la conspiration, et ses papiers furent momentanément mis sous le scellé. Toutefois, cette affaire n'eut pas de suite, et il fut maintenu dans son emploi. Deux mois plus tard, il adressa au sénat de Bâle diverses notes énergiques demandant l'arrestation de Richer de Sérisy et des poursuites contre le major Mériau, ainsi que contre plusieurs officiers suisses gravement prévenus d'avoir favorisé les troupes de l'Autriche dans leur attaque du pont de Huningue. Ministre à la diète de Ratisbonne pendant le congrès de Rastadt, il fut enlevé et conduit à nos avant-postes, par ordre de l'archiduc Charles, après l'assassinat des plénipotentiaires français. Envoyé peu de temps après à Francfort pour y surveiller l'échange des prisonniers de guerre, il parvint à rendre à leur patrie plus de 100 mille hommes. En l'an VIII, le premier Consul le renvoya à la diète de Ratisbonne, et le créa membre de la Légion-d'Honneur le 25 prairial an XII. Deux ans plus tard, il dut présenter à la diète, près de laquelle il résida jusqu'en 1813, des notes sévères contre la cour de Vienne, et s'acquitta de ce soin avec autant de courage que d'intelligence. Forcé de quitter son poste, il revenait en France, lorsque, arrivé à Mayence, il mourut dans cette ville le 15 novembre 1813.

BACQUET (XAVIER-LOUIS), naquit le 17 octobre 1773 à Dunkerque (Nord). Volontaire le 4 août 1792 dans le 4ᵉ bataillon du Nord, incorporé en l'an II dans la 49ᵉ demi-brigade de bataille, et nommé caporal le 23 brumaire an II, il fit les campagnes de 1792 à l'an IV aux armées du Nord, de Sambre-et-Meuse, de Rhin-et-Moselle et de l'Océan, et passa avec son grade le 1ᵉʳ brumaire an V dans la 46ᵉ demi-brigade de ligne, devenue 46ᵉ régiment de même arme en l'an XII. Retourné à l'armée de Rhin-et-Moselle pendant la campagne de l'an V, il fit celle de l'an VI à l'armée d'Angleterre, et celles des ans VII, VIII et IX aux armées du Danube et du Rhin. Sergent le 7 floréal an VIII, il tint garnison dans la 16e division militaire en l'an x, et fit partie des troupes rassemblées au camp de Boulogne pendant les ans XI, XII et XIII. Sergent-major le 16 frimaire an XII, et membre de la Légion-d'Honneur le 25 prairial suivant, il prit part aux guerres d'Autriche, de Prusse et de Pologne, de l'an XIV à 1807, avec la 2e division du 4e corps de la grande armée. Nommé sous-lieutenant le 8 mars 1807, par suite de sa belle conduite à Eylau, il obtint le grade de lieutenant le 5 mai 1809, et fit la campagne de cette dernière année en Allemagne. Employé au corps d'observation de l'Elbe pendant les années suivantes, et promu au grade de capitaine le 22 juin 1811, il suivit son régiment en Russie, et fut fait prisonnier de guerre le 15 novembre 1812 à Koydanow, où il reçut un coup de feu à l'épaule gauche. Rentré en France le 31 octobre 1814, il resta en demi-solde jusqu'au 10 juin 1815, époque à laquelle il rentra en activité dans le même régiment. Admis à la retraite le 26 août suivant, il est mort dans sa ville natale le 26 avril 1819.

BADIOR ou **BADIOS**. *V.* **BAGGIOR**.

BAFFIER (**FRANÇOIS**), né à Aix (Bouches-du-Rhône), le 7 décembre 1743, était avocat au parlement de Paris quand il fut envoyé en Corse le 2 décembre 1773 comme assesseur à la prévôté générale de l'île. Devenu plus tard conseiller, puis premier avocat-général au conseil supérieur de l'île, il cessa ses fonctions lors de la suppression de ce conseil le 2 avril 1791. Nommé au mois de vendémiaire an IV président au tribunal civil du département des Bouches-du-Rhône, il devint président du tribunal d'appel d'Aix le 2 prairial an VIII, et prit en l'an XII le titre de président en la cour d'appel de la même ville, aux termes de l'article du sénatus-consulte du 28 floréal de cette dernière année. Créé membre de la Légion-d'Honneur le 25 prairial suivant, un décret du 17 janvier 1806 l'attacha au conseil de discipline et d'enseignement de l'École de droit d'Aix. Président de la cour impériale de cette dernière ville, lors de la réorganisation des tribunaux et des cours de justice en 1811 (1er juin), il reçut le grade d'officier de la Légion-d'Honneur le 30 septembre 1814, lors du passage à Aix de *Monsieur*, frère du roi, et fut nommé premier président en la cour royale d'Aix en 1816. Il est mort dans sa ville natale le 4 octobre 1820.

BAFFOIGNE (**LAURENT**), né le 11 février 1749, avait été président du tribunal criminel des Landes, lorsqu'il fut nommé juge au tribunal d'appel des Basses-Pyrénées le 14 prairial an VIII. Il devint conseiller en la cour d'appel du même département, en vertu du sénatus-consulte du 28 floréal an XII. Légionnaire le 25 prairial suivant, il mourut dans l'exercice de ses fonctions le 14 avril 1806.

BAGET. *V.* t. III, p. 67.

BAGGIOR ET NON **BADIOR** (**JEAN**), né le 12 janvier 1760 à Scaramagna (Doire), entra au service le 4 avril 1775 au régiment de la Reine-infanterie (Sardaigne), avec lequel il fit les campagnes de 1792 à 1795. Incorporé en l'an VII dans la 3e demi-brigade de ligne piémontaise, devenue 112e de bataille le 10 frimaire an X, 31e légère le 5 floréal an XI, et 31e régiment de l'arme en l'an XII, il servit de l'an VII à l'an IX en Italie, passa au 5e bataillon de vétérans le 1er brumaire an XII, fut nommé membre de la Légion-d'Honneur le 25 prairial de la même année, obtint sa retraite en 1807 et se retira à Yvrée (Doire), le 1er juillet 1810. On a cessé d'avoir de ses nouvelles depuis 1814.

BAGNERIS (**FRANÇOIS**, *baron*), naquit le 4 juillet 1769 à Auch (Gers). Sous-lieutenant de grenadiers dans la garde nationale de sa commune le 15 octobre 1789, il partit le 1er mars 1793 pour l'armée des Pyrénées-Occidentales comme volontaire au 3e bataillon du Gers. Devenu secrétaire de Muller, général en chef, celui-ci le fit nommer adjoint aux adjudans-généraux le 8 frimaire an II. Attaché en cette qualité à Lamarque, il se distingua à l'affaire du 26 vendémiaire an III, à la prise de Vittoria, et à celle de Bilbao, puis, sans cesser ses fonctions d'adjoint, il entra capitaine dans le 16e bataillon de la Gironde (depuis 28e régiment d'infanterie légère) le 22 germinal de la même année. Quelque temps après, servant en Vendée dans la division du général Dessein, il reçut l'ordre de se rendre dans la 11e division militaire, où, le 20 vendémiaire an IV, le général Moncey le prit pour son aide-de-camp provisoire. Le 20 pluviose an VII, il reprit son ancienne position auprès de Lamarque, employé à l'armée des côtes de l'Ouest, ensuite à celle d'Angleterre. Lors des troubles de la Haute-Garonne, combattant le 22 thermidor contre les insurgés, il reçut cinq coups de sabre qui lui occasionèrent la perte d'un œil, et il eut un cheval tué sous lui. Le premier Consul le récompensa de ses services, le 7 germinal an VIII, par le grade de chef de bataillon, et Bagneris, envoyé à l'armée du Rhin, eut encore un cheval tué sous lui à la bataille de Mœskirch, tandis qu'il marchait avec les troupes chargées d'emporter le village de ce nom. Pendant cette campagne, il se fit également remarquer au passage du Danube et à Ostek, et le 9 ventose an IX Moreau l'adjoignit à son état-major. Le 11 germinal suivant, le général Morand, commandant d'Alexandrie (Piémont), l'ayant demandé pour son premier aide-de-camp, il le rejoignit et servit auprès de lui comme chef d'état-major depuis cette époque jusqu'en l'an XIII. Il avait été décoré de la Légion-d'Honneur le 25 prairial de l'année précédente. Nommé le 7 juillet 1807 adjudant-commandant chef d'état-major du camp-volant de Pontivy, qui devint successivement premier corps d'observation de la Gironde et premier de l'armée de Portugal, il était sous-chef de l'état-major de cette armée lorsque, le 30 août 1808, le duc d'Abrantès rendit Lisbonne aux Anglais et le chargea concurremment avec plusieurs officiers supérieurs de présider à l'embarquement des troupes françaises. Des difficultés s'étant élevées à ce sujet avec les commissaires ennemis, il se rendit à Londres avec le général Kellermann, et à son retour, en témoignage de sa satisfaction, l'Empereur, par décret du 3 janvier 1809, lui accorda la croix d'officier de l'Ordre. Employé de 1809 à 1813 en

Espagne, aux armées du centre et du Midi, il commanda un corps de partisans opérant sur les rives du Tage, et fut tour à tour chef d'état-major de la division polonaise du général Dessoles, de la 3e division de cavalerie, de la division de cavalerie légère et de l'avant-garde. Nommé le 10 mai 1813 général de brigade, et commissionné pour la grande armée, il eut sous ses ordres la 2e brigade de la 23e division d'infanterie. Lors du blocus d'Erfurt, il exerça le commandement en second de cette place. Le 18 février 1814, il obtint le titre de baron de l'Empire. Mis en non-activité le 7 septembre, et le 30 décembre nommé inspecteur-général d'infanterie, il organisa pendant les Cent-Jours les gardes nationales dans la 5e division militaire, et demeura jusqu'au 1er octobre 1815 à l'armée des Pyrénées. Classé alors parmi les officiers-généraux en demi-solde, et rappelé au service le 30 décembre 1818 en qualité de commandant de la première subdivision de la 20e division militaire, il était en disponibilité depuis le 13 janvier 1819, quand, le 10 août 1830, le ministre de la guerre lui donna le commandement du département du Gers. Compris le 21 mars 1831 dans le cadre d'activité de l'état-major général, une ordonnance du 5 avril 1832 prononça son admission à la retraite. Retiré dans sa ville natale, il y mourut le 9 mai 1839.

BAILLE (LOUIS-PHILIBERT), né le 14 janvier 1740 à Surgy (Nièvre), entra au service le 13 avril 1761 comme lieutenant au 2e bataillon de Bourgogne, dit *de Châlons*, et passa successivement dans son grade au régiment d'Autun le 4 août 1771, au régiment provincial d'Auxonne-artillerie le 1er mars 1778, et dans les grenadiers royaux du même régiment le 1er août 1782. Il fit avec ce dernier corps l'expédition de Genève en 1782, sous les ordres du comte de Jaucourt, fut décoré de la croix de Saint-Louis le 8 mars 1788, promu capitaine le 9 mars 1790, et réformé le 20 mars 1791, en vertu de l'arrêté relatif aux régimens et troupes provinciales. Nommé le 8 octobre de la même année premier lieutenant-colonel au 1er bataillon de son département, il fit la première campagne de Belgique en 1792 à l'armée du Nord, se trouva aux batailles de Jemmapes et de Liége, et fut fait chef de brigade sur le champ de bataille de Quievrain le 26 octobre 1792. Passé au commandement de Verdun le 12 avril 1793, à celui de Montmédy le 24 messidor an II, de nouveau à Verdun le 24 brumaire an III, à Huningue le 5 frimaire an IV, et au château de Joux du 1er vendémiaire an IX à l'an XI, il reçut plusieurs fois du général de l'armée des Ardennes des témoignages de satisfaction. Adjudant des compagnies de canonniers-gardes-côtes de la direction d'artillerie de La Rochelle le 18 messidor an XI, et membre de la Légion-d'Honneur le 25 prairial an XII, il conserva son commandement sur les côtes de La Rochelle jusqu'au 15 août 1806, époque de son admission à la retraite. Il est mort à Auxerre (Yonne), le 11 mars 1809. J-T.

BAILLET (SIMON), né le 12 janvier 1777 à Bitry (Oise), entra au service comme caporal le 1er fructidor an VII dans le 1er bataillon auxiliaire de l'Aisne, incorporé le 10 nivose an VIII dans la 8e demi-brigade d'infanterie de ligne, devenue 8e régiment de même arme le 1er vendémiaire an XII, et fit avec une grande distinction les campagnes des ans VIII et IX à l'armée du Rhin. Fourrier le 21 vendémiaire an X, il servit à l'armée de Hanovre pendant les ans XI, XII et XIII, fut nommé membre de la Légion-d'Honneur le 25 prairial an XII, et obtint les galons de sergent le 11 nivose an XIII. Il fit les campagnes de l'an XIV à 1807 en Autriche, en Prusse et en Pologne avec la 1re division du 1er corps de la grande armée, se trouva le 14 vendémiaire an XIV au combat derrière Lambach, avec les Autrichiens, et à ceux d'Amstaten, d'Haderdorf et de Gondesdorf, contre les Russes, les 19, 25 et 26 du même mois. Il prit part aux batailles d'Austerlitz et d'Iéna ainsi qu'aux combats de Haale et de Krivitz. Il se distingua surtout, le 6 novembre suivant, à la prise de Lubeck, où il reçut un coup de feu à l'avant-bras droit, puis au combat de Mohrungen le 25 janvier 1807, et fut nommé sergent-major le 11 mai suivant. Promu sous-lieutenant le 22 novembre 1808, il fit les guerres de 1808 à 1811 en Espagne, et y obtint le grade de lieutenant le 19 mai 1811. Appelé en 1813 à la grande armée, il fit la campagne de Saxe, devint capitaine le 5 août, et mourut à Freybergen (Saxe), le 1er décembre de la même année. B-G.

BAILLOD (JEAN-PIERRE, *baron*), naquit le 20 août 1771 à Songieu (Ain). Soldat et capitaine les 22 et 28 septembre 1793 dans le 11e bataillon de l'Ain, amalgamé dans la 22e demi-brigade d'infanterie légère, plus tard 22e régiment de même arme, il prit part en l'an II et en l'an III aux campagnes de l'armée des Alpes. Adjoint provisoire à l'adjudant-général Destabenrath le 1er nivose an IV, et employé sous ses ordres dans la 8e division militaire, il fut envoyé ensuite à l'armée d'Italie, confirmé dans son emploi le 5 vendémiaire an V et attaché à l'état-major général. Chef de bataillon le 11 pluviose an VIII, il entra avec son grade au 22e régiment d'infanterie légère le 30 nivose an X, et quitta de nouveau ce régiment pour l'état-major le 11 pluviose an XII. Employé au camp de Saint-Omer le 30 du même mois, et nommé membre de la Légion-d'Honneur le 25 prairial de la même année, il fit au 4e corps de la grande armée les campagnes de l'an XIV, de 1806 et 1807. Il devint adjudant-commandant le 4 mars de cette dernière année, et officier de la Légion-d'Honneur le 11 juillet suivant pour sa belle conduite à Eylau, où il avait reçu un coup de feu au bas-ventre.

Envoyé le 12 octobre 1808 à l'armée du Rhin, il passa au 2e corps de l'armée d'Allemagne le 8 avril 1809, reçut le 23 du même mois la croix de commandant de la Légion-d'Honneur, et le 22 mai suivant fut blessé à Essling d'un coup de feu au genou droit. Nommé chef d'état-major de la quatorzième division militaire le 20 août 1810, et général de brigade le 6 avril 1811, il prit le commandement du département de la Manche. Employé au camp de Boulogne le 22 mars 1812, il y commanda le camp de gauche jusqu'au 20 janvier

1813. Il avait reçu le 18 des lettres de service qui l'appelaient aux fonctions de chef d'état-major au corps d'observation sur l'Elbe. Le 30 septembre de la même année, il fut fait chevalier de l'ordre de la Couronne-de-Fer. Le 13 octobre, il eut un cheval tué sous lui au combat de Gorn, et le 18 il prit part à la bataille de Leipzig, où un éclat d'obus lui fracassa la mâchoire inférieure. Il était rentré dans ses foyers le 5 novembre suivant pour guérir ses blessures, quand le 25 décembre de la même année l'Empereur l'appela aux fonctions de chef d'état-major général du 2e corps de la grande armée; mais sa santé ne lui permit pas d'accepter cet emploi. Le 12 janvier 1814, il reprit le commandement du département de la Manche. Créé chevalier de Saint-Louis le 30 janvier 1815, il fut chargé le 24 mars des fonctions de chef d'état-major des 14e et 15e divisions militaires. Bientôt l'état de sa santé le força à prendre un congé, et le 1er octobre il fut mis en non-activité. Classé suivant son rang d'ancienneté dans le cadre de l'état-major général le 30 décembre 1818, et admis à la retraite le 1er décembre 1824 à compter du 1er janvier suivant, Charles X l'éleva, le 1er novembre 1826, au grade de lieutenant-général honoraire. Nommé député en 1830 par le département de la Manche, et réélu en 1831 par le collége électoral de Valogne, il fit partie à la Chambre de l'opposition constitutionnelle et y siégea jusqu'en 1834. Compris comme maréchal-de-camp disponible dans le cadre d'activité de l'état-major général le 22 mars 1831, il fut définitivement admis à la retraite le 1er octobre 1833, conformément à l'ordonnance du 5 avril 1832. Le général Baillod fait partie du conseil général du département de la Manche, et habite ordinairement Paris.

BAILLOU (RENÉ), né le 25 mars 1773 à Tours (Indre-et-Loire), entra au service le 30 mars 1790 dans le 10e bataillon de chasseurs, amalgamé dans la 13e demi-brigade d'infanterie légère en l'an II, devenue 20e demi-brigade de l'arme en l'an IV, 101e de ligne en l'an VII, et 101e régiment en l'an XII. Caporal le 27 mars 1793, caporal-fourrier le 22 prairial an II, sergent le 21 prairial an V, sergent-major le 1er messidor suivant, adjudant-sous-officier le 19 nivôse an VIII, et sous-lieutenant le 21 pluviôse an IX, il fit les campagnes de la République de 1792 à l'an IV à l'armée du Nord, et celles de l'an V à l'an XIII aux armées de Sambre-et-Meuse, du Rhin et d'Italie. Le 3 mars 1792, il reçut un coup de sabre à l'avant-bras droit, et le 1er prairial an III, à la bataille de Soumagne, il eut le pouce de la main gauche emporté. Membre de la Légion-d'Honneur le 25 prairial an XII, lieutenant le 17 thermidor suivant, adjudant-major le 20 du même mois, adjudant-major ayant rang de capitaine le 8 février 1806, il passa au commandement d'une compagnie le 22 août 1807, suivit les opérations des armées d'Italie et de Naples pendant les campagnes de l'an XIV à 1810, et reçut un coup de feu qui lui traversa les joues le 24 septembre 1809 dans un combat contre des brigands napolitains. Appelé à l'armée d'Espagne, il fut fait prisonnier à Salamanque le 22 juillet 1812. Rentré des prisons de l'ennemi le 8 juillet 1814, il fit la campagne de 1815, fut licencié le 22 septembre de la même année, mis en demi-solde et admis à la retraite en 1818. Il réside aujourd'hui à Fontevrault (Maine-et-Loire).
J.-T.

BAILLY (ANTOINE), naquit le 25 janvier 1762 à Pont-à-Mousson (Meurthe). Soldat le 20 septembre 1778 au régiment du Bourbonnais-infanterie, devenu 13e de l'arme en 1791, il fit les campagnes d'Amérique de 1780 à 1783. Sergent le 21 février 1785 et adjudant-sous-officier le 1er janvier 1792, il passa le 21 juin adjoint aux adjudans-généraux, et servit à l'armée du Rhin en 1792 et en 1793. Gardé comme otage pendant les ans II et III, il fut rendu et envoyé en mission à Constantinople, où il resta pendant l'an IV et l'an V. Rentré en France en l'an VI, il reprit ses fonctions d'adjoint aux adjudans-généraux à l'armée du Rhin, fut nommé capitaine-aide-de-camp le 1er thermidor an VII, chef de bataillon le 4 prairial an VIII, conserva ses fonctions d'aide-de-camp jusqu'au 14 thermidor an IX, et passa alors dans la 19e demi-brigade de ligne, devenue 19e régiment de même arme en l'an XII. Dirigé sur l'armée des côtes, il fit partie du camp de Saint-Omer en l'an XII, fut nommé membre de la Légion-d'Honneur le 25 prairial, et prit part à la campagne de Hanovre en l'an XIII. Il fit avec la grande armée les campagnes de l'an XIV et 1806 en Autriche, en Prusse et en Hollande. Admis à la retraite le 9 septembre 1806 par suite de blessures et d'infirmités, il se retira dans son département. Il est mort dans le lieu de sa naissance le 6 septembre 1839.
J.-T.

BAILLY (CLAUDE-JOSEPH), naquit le 10 août 1767 à Besançon (Doubs). Soldat au régiment de Conti (84e d'Infanterie) le 11 mai 1783, caporal le 4 juin 1785, sergent le 17 octobre 1786, et sergent-major le 13 septembre 1790, il passa comme adjudant-major dans le 3e bataillon de la Somme, et fit les campagnes de 1792 à l'an II; mais ayant été supprimé par suite des dispositions de la loi du 27 vendémiaire an III, il rentra dans ses foyers. Après avoir attendu de l'emploi pendant plus de trois ans, il reprit du service comme simple soldat dans le 12e régiment de cavalerie (cuirassiers en l'an XII) le 26 messidor an VI, et fit avec ce corps les campagnes des ans VI à IX dans les différentes armées de la République. Fourrier le 27 frimaire an VII, et maréchal-des-logis-chef le 5 ventôse an VIII, il devint adjudant-sous-officier le 6 nivôse an XI, et reçut la décoration de membre de la Légion-d'Honneur le 25 prairial an XII. Il fit les guerres d'Autriche, de Prusse et de Pologne de l'an XIV à 1807 avec la 1re division de grosse cavalerie de la réserve de la grande armée, et fut promu au grade de sous-lieutenant le 12 décembre 1806. Employé en 1808 au corps d'observation sur le Rhin, il y obtint l'épaulette de lieutenant le 29 janvier de cette année. Il servit à la grande armée de 1809 à 1814, et fut nommé capitaine le 12 mars 1812. Une décision royale du 23 septembre 1814 prononça son admission à la retraite. Il est mort à Gennes (Doubs), le 8 avril 1830.
B.-G.

BAILLY (FERDINAND-JOSEPH), naquit le 29 décembre 1779 à Calonne-Ricouart (Pas-de-Calais). Soldat au 10e régiment de chasseurs à cheval le 3 thermidor an VI, brigadier le 26 fructidor suivant, il fit les campagnes des ans VII, VIII et IX aux armées du Rhin, d'Italie, du Danube et d'Helvétie, et se distingua au combat de Glaris, où il reçut un coup de feu. Maréchal-des-logis le 29 messidor an XI, il fit partie des troupes rassemblées sur les côtes de l'Océan pendant les ans XII et XIII, et reçut la décoration de membre de la Légion-d'Honneur le 25 prairial an XII au camp de Montreuil. De l'an XIV à 1807, il combattit en Autriche, en Prusse et en Pologne avec la division de cavalerie légère du 6e corps de la grande armée, et se signala par sa bravoure à la bataille de Friedland, où il fut blessé d'un coup de sabre. Promu sous-lieutenant le 12 avril 1808, il fit les guerres de la péninsule de 1808 à 1814, et reçut un coup de feu à l'affaire de Rivera. Devenu lieutenant le 9 février 1813, il obtint du maréchal duc de Dalmatie, commandant en chef l'armée du Midi, le grade de capitaine le 15 janvier 1814, en récompense de sa brillante conduite pendant la dernière campagne. Mis en demi-solde le 1er décembre 1815 par suite du licenciement de l'armée, il se retira dans ses foyers et resta en non-activité jusqu'au 21 juillet 1828, époque de son admission à la retraite. Il est mort à Béthune (Pas-de-Calais), le 5 mars 1838.   B-G.

BAILLY (EDME-LOUIS-BARTHÉLEMY, *baron*, surnommé DE JUILLY, parce que, élève des oratoriens, il avait été professeur dans ce collége), naquit à Troyes (Aube), le 16 octobre 1760. Reçu avocat en 1790, il devint la même année administrateur de Seine-et-Marne, et en 1792 député de ce département à la Convention nationale. Dans le procès de Louis XVI, il se prononça pour le bannissement, appuya l'appel au peuple et la demande d'un sursis à l'exécution. Après le 9 thermidor, il fut envoyé dans les départemens de l'Est, afin d'y réparer les maux *de la terreur*. De retour au commencement de l'an III, il siégeait à la Convention lors de la révolte de prairial; mais il ne présida point l'assemblée pendant cette terrible journée, ainsi que l'ont avancé plusieurs biographes; ce fut le 3 messidor suivant que, secrétaire depuis le 17 prairial, il occupa momentanément le fauteuil. Le 15 du même mois, il entra au comité de sûreté générale. Alors les thermidoriens dominaient; Bailly, qui appartenait à ce parti, alarmé de ce qu'on avait accordé l'impression d'un discours de Dubois de Crancé, dans lequel celui-ci, après avoir signalé les progrès du royalisme, demandait un prompt examen des accusations portées contre les députés arrêtés à la suite des événemens de prairial, s'écria, menaçant du poing le côté gauche : *Messieurs de la montagne vous n'êtes pas encore les maîtres*. Ils ne l'étaient plus en effet; car, si le 19 fructidor, la Convention ordonna de nouvelles poursuites contre les prêtres réfractaires, Bailly obtint qu'elles ne seraient ni générales, ni rétroactives. A l'issue de la session conventionnelle, le sort le plaça dans le nombre des membres de cette Assemblée qui, de droit, entrèrent dans les conseils législatifs créés par la constitution de l'an III. Membre de celui des Cinq-Cents, dont il fut l'un des secrétaires le 1er thermidor an V, il ne prit qu'une seule fois la parole pour proposer au nom de la commission de l'instruction publique le rétablissement des anciens colléges. On conçoit par ce qui précède qu'il ait pu se trouver impliqué dans la conspiration qui provoqua le coup d'État du 18 fructidor, et il allait être porté sur la liste des proscrits, si par un officieux mensonge son collègue Malès n'eût obtenu sa radiation : *Vous voulez*, dit-il, *punir les meneurs et non les menés, Bailly est un de ces derniers. Prêtre assermenté, persécuté pour n'avoir pas rétracté son serment, il ne peut être un royaliste*. Or, comme beaucoup d'oratoriens, il n'était point entré dans les ordres. Quoi qu'il en soit, il avait certainement eu des liaisons avec les principaux chefs du parti clichien, et si, réélu en l'an VII au conseil des Cinq-Cents par le département de l'Aube, le député Gauran, qui s'opposait à son admission, eut tort de le traiter de lâche, il avait quelque raison de suspecter son républicanisme; en effet, il concourut de tout son pouvoir à la révolution du 18 brumaire an VIII. Nommé préfet du Lot le 22 ventose de la même année, membre de la Légion-d'Honneur le 25 prairial an XII, officier de l'Ordre le 29 juillet 1808, et enfin baron de l'Empire en 1810, il acquit par son intégrité l'estime et l'affection de ses administrés. Mais d'un caractère faible, des agens infidèles en abusèrent au point de compromettre sa probité. Il se justifia, et ce lui fut facile; toutefois, un décret du mois de décembre 1813 le rendit à la vie privée. Il se retira dans une terre qu'il possédait en Normandie. Dans un voyage de Paris à Rouen, la diligence versa; il eut les deux bras brisés, et transporté à Paris il expira pendant l'amputation le 26 juillet 1819.

BAILLY DE MONTHION (FRANÇOIS-GÉDÉON, *comte*), naquit le 27 janvier 1776 à l'île Bourbon. Son père était officier au régiment de Condé-infanterie. Sous-lieutenant le 24 février 1793 dans le 74e régiment d'infanterie, le jeune Monthion fit les campagnes de l'armée de la Moselle et du Nord, et se signala aux affaires de Saint-Vaudel, de la forêt de Mormale et du bois des Tilleuls. Il venait de prendre une part honorable au blocus de Maubeuge, lorsqu'il reçut communication du décret de la Convention qui prescrivait à tous les officiers nobles de quitter le service de la République. Cette suspension dura peu. Le 19 vendémiaire an II, il reçut le brevet d'aide-de-camp du général Turreau, qu'il suivit aux armées des Pyrénées-Orientales et de l'Ouest. Il se trouva à la prise de l'île de Noirmoutiers, aux affaires de Tiffange, des Landes, de Bones et de Corpoue. Il accompagna la même année le général Turreau à Belle-Isle-en-Mer, et se rendit au quartier-général de l'armée de l'Ouest après l'arrestation de ce général. Lieutenant le 1er pluviose an III, adjoint de l'adjudant-général Robert le 5 vendémiaire an IV, il passa capitaine-adjoint le 14 vendémiaire an V. Il rejoignit le 1er jour complémentaire de la même année, comme aide-de-camp, le général Turreau, réintégré dans ses fonctions, le suivit aux armées de Sambre-et-Meuse et de Mayence, et fit les trois campagnes de l'an VI à l'an VIII sur le Rhin, en Helvétie, sur le Danube et en Italie, et seconda puissamment son général dans le Valais, sur le Simplon, dans les gorges septentrionales du Piémont et dans la défense du fort de Kehl. Il se fit remarquer à la prise de Biberach (19 frimaire an VIII), à l'affaire de Suze le 2 prairial suivant, et aux combats de Saint-Ambrosio des 15 et 16 du même mois. Dans ce dernier engagement, il eut un cheval tué sous lui et ses habits criblés de balles. Envoyé en mission auprès du premier Consul, il arriva le jour même de la bataille de Marengo, et rapporta à son général l'armistice conclu le 27 prairial, traversa rapidement l'armée autrichienne muni d'un sauf conduit du général Mélas, et eut le bonheur d'arriver assez à temps pour arrêter un combat qui allait s'engager. Nommé provisoirement, le 8 messidor an VIII, chef d'escadron au 9e régiment de chasseurs à cheval, un arrêté des consuls le confirma dans ce grade le 7 floréal an X. Il servit de l'an IX à l'an XI en qualité de chef d'état-major des divisions stationnées sur le Simplon et dans le Valais. Il reçut, le 25 prairial an XII, des mains de Napoléon, le brevet de membre de la Légion-d'Honneur. Attaché dans le mois de prairial an XIII à l'état-major général de la grande armée, il fit la campagne d'Autriche de l'an XIV, et se distingua à la bataille de Memmingen, aux affaires d'Ulm, au combat d'Hollabrunn, et à la journée d'Austerlitz son nom fut mis à l'ordre de l'armée. A la fin de cette campagne, l'Empereur le chargea de missions diplomatiques près des cours de Bade, de Hesse et de Wurtemberg, et un décret du 1er mars 1806 le nomma adjudant-commandant et officier de la Légion d'Honneur. Le roi de Bavière le décora à la même époque de l'ordre du Mérite militaire. Il suivit la grande armée en Prusse et en Pologne (1806 et 1807), assista aux combats de Nasielsk, de Golymin et de Hoff, aux batailles d'Eylau, d'Heilsberg et de Friedland. Employé le 20 mars 1807 à l'état-major du prince vice-connétable comme aide-major-général, il eut pendant le séjour des souverains à Tilsitt le gouvernement de cette place. Commandant de la Légion-d'Honneur le 11 juillet 1807, baron de l'Empire le 19 mars 1808, avec une dotation de 10,000 francs, et général de brigade le 22 mai suivant, le grand duc de Berg (Murat), auprès duquel il remplissait alors les fonctions intérimaires de chef d'état-major, lui confia un commandement à Bayonne et diverses missions importantes et secrètes. Ce fut lui qui reçut les déclarations faites par le roi d'Espagne Charles IV et par sa famille.

Rappelé en 1809 à l'état-major du prince major-général, il fit avec lui la campagne d'Autriche. Arrivé à Donawert pendant que le prince Charles passait l'Inn pour se rendre à Ratisbonne, il observa avec la plus grande attention les mouvemens de l'ennemi, et en rendit compte immédiatement à Napoléon, qui s'écria, après lui avoir fait répéter les phrases de son rapport : *L'armée autrichienne est perdue, nous en aurons bon compte; dans un mois nous serons à Vienne.* A la première affaire de Rohr, le prince de Neufchâtel lui confia le commandement de l'aile gauche. Sa conduite aux batailles d'Eckmühl, d'Essling et de Wagram lui mérita une lettre de félicitation de Napoléon, et le 15 août 1809 le titre de comte de l'Empire, avec une nouvelle dotation de 10,000 fr. Il reçut aussi la grand'croix de l'ordre de Hesse-Darmstadt et celle de commandeur du Mérite de Wurtemberg.

Au commencement de 1810, peu de temps après la paix de Vienne, il inspecta les divisions destinées à renforcer les troupes de la péninsule, et en 1811 il commanda une division de réserve, sur la frontière d'Espagne, forte de 18,000 hommes, et une autre d'infanterie campée sous les murs de Bayonne. Rappelé le 5 février 1812 pour faire partie de l'expédition de Russie en qualité de chef d'état-major, il se rendit d'abord à Berlin. Là, encore, il sut justifier la confiance que le chef de l'État avait placé dans ses talens, et resta constamment à la hauteur de sa mission. Il prit sa part de gloire aux batailles de Smolensk, de la Moskowa, de Malojaroslawitz et au passage de la Bérésina. Le 4 décembre 1812, Napoléon le nomma général de division. L'année suivante, il seconda le prince Eugène dans toutes ses opérations militaires sur l'Elbe, et assista aux batailles de Lutzen, de Bautzen et de Wurtchen. Depuis le 8 novembre de cette année jusqu'au 1er janvier 1814, il remplit les fonctions de major-général de la grande armée en l'absence du prince de Wagram, qu'une maladie éloignait momentanément du théâtre de la guerre. Le 14 octobre 1813, l'Empereur lui avait conféré le titre de grand-officier de la Légion-d'Honneur.

Ses services finirent avec la campagne de 1814. Mis en non-activité, il reçut cependant la croix de Saint-Louis le 19 juillet. Dans les Cent-Jours, il remplit les fonctions de chef d'état-major-général sous les ordres du maréchal duc de Dalmatie, et reçut une blessure à la bataille de Waterloo. Replacé dans le cadre de non-activité le 1er août 1815, il fut compris le 27 mai 1818 dans le cadre des officiers-généraux du corps royal d'état-major, créé par ordonnance du 6 du même mois. Celle du 10 décembre 1826, portant nouvelle organisation de ce corps, ayant supprimé les officiers-généraux qui en faisaient partie, et mis en disponibilité, il resta dans cette position jusqu'en 1835, époque à laquelle le ministre de la guerre l'employa dans l'inspection générale de l'infanterie. Pair de France le 3 octobre 1837, il a été créé grand'croix de la Légion-d'Honneur le 19 avril 1843. Son nom figure sur le côté Ouest de l'arc-de-triomphe de l'Étoile.   s.

BAJEAU (JEAN-PIERRE), naquit le 11 août 1767 à Toulouse (Haute-Garonne). Soldat le 16 juin 1785 au régiment de Normandie-infanterie, devenu 9e en 1791, amalgamé dans la 17e demi-brigade d'infanterie de bataille le 1er septembre 1793, embarqua pour l'Amérique en 1790 et 1791, et reçut un coup de feu au front à l'affaire du 21 décembre 1790 à la Martinique. Rentré en France, et nommé fourrier le 9 juin 1793, sergent le 1er jour complémentaire an III, sergent-major le 30 fructidor an IV, il fit les campagnes de 1793 à l'an IV à l'armée de la Vendée. Le 9 pluviose an III, un détachement de 37 hommes de la 17ᵉ demi-brigade dont il faisait partie, cerné par une colonne considérable de Vendéens, s'ouvrit un passage à la baïonnette; Bajeau ayant brisé la sienne dans le corps d'un insurgé, prit son fusil par le bout du canon, écarta à coups de crosse tout ceux qui l'entouraient et rejoignit son détachement. Poursuivi dans sa course par un des chefs de la colonne, Bajeau, quoique frappé de trois coups de baïonnette à la cuisse et de deux coups de feu à la main droite, se retourna, mit le sabre à la main et força son ennemi à la retraite. Entré le 12 brumaire an V dans le régiment de La Chastre, organisé à cette époque par le général Hoche, il embarqua sur le vaisseau *l'Éole*, pour la première expédition d'Irlande, le 25 du même mois. Passé en l'an VI avec son régiment dans la 47ᵉ demi-brigade de ligne, devenue 47ᵉ régiment en l'an XII, il devint adjudant-sous-officier le 24 frimaire, embarqua de nouveau pour la deuxième expédition le 26 messidor, et se trouva au combat naval du 21 vendémiaire an VII. Passé à l'armée des Alpes, et nommé sous-lieutenant le 1ᵉʳ prairial, il alla à l'armée d'Italie en l'an VIII, fut promu lieutenant le 6 brumaire, et reçut un coup de feu à la jambe droite le 13 du même mois à l'affaire de Fossano. Adjudant-major le 1ᵉʳ pluviose an IX, capitaine le 1ᵉʳ thermidor an X, et membre de la Légion-d'Honneur le 25 prairial an XII, il fit partie du camp de Rennes et de l'armée de Hollande de l'an XIII à 1806. Appelé en Espagne et en Portugal, il y servit de 1807 à 1813, et obtint le grade de capitaine de grenadiers le 1ᵉʳ janvier 1809. A la bataille d'Oporto, en 1811, il passa un des premiers le pont de la ville, et seul avec sa compagnie, en exécution de l'ordre qu'il avait reçu de marcher sur le couvent de la Sierra, il s'empara de cette position, défendue par 8 pièces de canon et par une forte colonne de Portugais. Chef de bataillon le 28 juin 1813, il fit la campagne de 1814 à l'armée des Pyrénées, et commanda le régiment (47ᵉ) aux batailles de Sare et de Toulouse. Chevalier de Saint-Louis le 7 février 1815, officier de la Légion-d'Honneur le 17 mars de la même année, et admis à la retraite le 14 décembre 1816, il se retira dans le lieu de sa naissance, où il est mort le 17 février 1827. J-T.

BALARDELLE (JEAN-CHARLES-LOUIS), naquit à Vouziers (Ardennes), le 7 mars 1760. Il exerçait la profession d'avocat dans sa ville natale, lorsqu'il fut mis en réquisition pour la Belgique, le 9 vendémiaire an III, et pourvu des fonctions de juge au tribunal de Bruxelles le 23 du même mois. Accusateur public près le tribunal criminel de Namur le 6 frimaire an IV, il prit les fonctions d'administrateur du département de Sambre-et-Meuse le 4ᵉ jour complémentaire an V, et fut nommé président du tribunal criminel du même département, séant à Namur, le 24 germinal an VI. Commissaire du gouvernement près le même tribunal le 17 messidor an VIII, il échangea ce titre en vertu du sénatus-consulte organique du 28 floréal an XII contre celui de procureur-général en la cour criminelle. Créé membre de la Légion-d'Honneur le 25 prairial suivant, il devint, à la réorganisation judiciaire de 1811, procureur-général impérial près la même cour. Louis XVIII le nomma conseiller en la cour royale de Douai le 24 juin 1814, et le priva de cet emploi, à son retour de Gand, pour avoir signé l'adresse de la cour de Douai à l'Empereur pendant les Cent-Jours. Balardelle se retira alors à Dunkerque, où il reprit son ancienne profession d'avocat. Il y est mort le 1ᵉʳ janvier 1832.

BALAVOINE (PIERRE-FRANÇOIS), né le 13 janvier 1775 à Amiens (Somme), entra au service le 2 septembre 1791 comme soldat dans le 3ᵉ bataillon de son département, amalgamé en l'an II dans la 24ᵉ demi-brigade d'infanterie, devenue 61ᵉ demi-brigade de bataille en l'an IV, et 61ᵉ régiment d'infanterie de ligne en l'an XII. Caporal le 8 décembre 1791, sergent le 15 mars 1793, sergent-major le 1ᵉʳ floréal an II, il servit de 1792 à l'an V aux armées du Nord, de Sambre-et-Meuse et d'Italie, et reçut quatre coups de feu, le premier au bras droit le 29 janvier 1792, le second à la jambe gauche le 25 prairial an II, le troisième à l'épaule gauche et le quatrième au pied droit le 29 thermidor an IV. De l'an VI à l'an IX, il fit partie de l'armée d'Orient. Sous-lieutenant le 10 nivose an VII, lieutenant sur le champ de bataille le 18 floréal an VIII, il reçut deux coups de feu les 30 ventose et 4 fructidor an IX. Rentré en France, et promu adjudant-major le 15 thermidor an X, il servit au camp de Bruges en l'an XII, y passa capitaine-adjudant-major le 15 prairial, et obtint la décoration de la Légion-d'Honneur le 25 du même mois. Il fit les campagnes d'Autriche, de Prusse et de Pologne de l'an XIV à 1807, prit le commandement d'une compagnie le 28 octobre 1806, et périt glorieusement à la bataille d'Eylau. J-T.

BALAY (ANTOINE), naquit le 17 janvier 1766 à Girmont (Vosges). Soldat le 1ᵉʳ février 1780 dans le régiment de Brie (25ᵉ d'infanterie), il fit les campagnes de 1780 à 1783 en Amérique, devint caporal le 18 juin 1782, sergent le 21 mai 1785, et obtint son congé par ancienneté le 1ᵉʳ février 1790. Entré comme soldat au régiment Royal-liégeois le 1ᵉʳ mars 1791, et fait caporal le 1ᵉʳ mai suivant, puis sergent le 1ᵉʳ août 1792, il fut licencié avec ce corps le 23 septembre, et passa sergent-major à la légion des Alpes le 8 octobre de la même année. Il fit les campagnes de 1792, 1793 et de l'an II à l'armée des Alpes, des ans III et IV sur le Rhin, et des ans V à VIII en Italie. Nommé adjudant-sous-officier avec rang de sous-lieutenant le 1ᵉʳ septembre 1793, et sous-lieutenant titulaire dans une compagnie le 28 ventose an III, il passa dans la 17ᵉ demi-brigade *bis* d'infanterie légère au mois de messidor suivant, et fut amalgamé le 28 prairial an IV dans la 26ᵉ de même arme, devenue 26ᵉ régiment en l'an XII. Promu lieutenant le 21 germinal an V, il se fit remarquer le 28 thermidor an VII à la bataille de Novi, où il reçut un coup de feu au côté gauche. Le 13 vendémiaire an VIII, il se précipita au milieu des rangs ennemis et fit lui seul 4 Autrichiens prisonniers après en avoir blessé 2. Le 13 brumaire suivant, il se défendit bravement avec 3 compagnies de carabiniers de la 26ᵉ légère contre 3 bataillons de grenadiers hongrois, dont un fut contraint de mettre bas les armes, tandis que les 2 autres prirent la fuite. Le 14 du même mois, à l'affaire de Fossano, il reçut un coup de sabre au poignet droit. De l'an IX à l'an XI, il servit sur les côtes de l'Océan, et reçut un sabre d'honneur par arrêté du premier Consul du 28 fructidor an X. Employé au camp de Saint-Omer pendant les ans XII et XIII, il fut nommé officier de la Légion-d'Honneur le 25 prairial an XII ; il appartenait à l'Ordre, comme légionnaire, depuis le 1ᵉʳ vendémiaire de la même année. Il fit les campagnes de l'an XIV et de 1806 en Autriche et en Prusse avec le 4ᵉ corps de la grande armée. Admis à la retraite le 21 décembre 1806 avec le titre d'électeur du collége du département des Vosges, il est mort à Épinal (Vosges), le 29 septembre 1835. B-G.

BALAYDIER. *V.* t. III, p. 67.

BALBIANO (VINCENT), naquit le 7 février 1763 à Chieri (Piémont). Soldat le 1ᵉʳ février 1782 au régiment de Berwick-infanterie, devenu 88ᵉ de l'arme en 1791, et par amalgame en l'an II 159ᵉ demi-brigade d'infanterie, puis 10ᵉ demi-brigade de bataille en l'an IV, et 10ᵉ régiment ligne en l'an XII, il passa sergent le 1ᵉʳ décembre 1785, sergent-major le 18 mars 1791, adjudant-sous-officier le 27 octobre 1792, sous-lieutenant le 27 mars 1793, et fit les campagnes sur mer de 1782 et 1783, et celles de 1792 à l'an V aux armées du Rhin et de Rhin-et-Moselle, où le pouce droit emporté par un coup de feu à l'affaire du 13 germinal an II, en avant de Schifferstadt, et y fut fait prisonnier de guerre. Rendu par échange et promu lieutenant le 21 frimaire an VI, adjudant-major-lieutenant le 14 ventose an VII, adjudant-major-capitaine le 14 fructidor an VIII, il prit part aux opérations des armées d'Angleterre et d'Italie de l'an VI à l'an IX. Membre de la Légion-d'Honneur le 25 prairial an XII, étant encore en Italie, il y fit la campagne de l'an XIV, et servit à l'armée de Naples de 1806 au 1ᵉʳ septembre 1814, époque à laquelle il fut admis à la retraite. Il réside en ce moment à Marseille (Bouches-du-Rhône). J-T.

BALGUERIE (PIERRE, *baron*), né à Bordeaux (Gironde), le 16 mars 1768, remplit successivement, de l'an II à l'an VIII, les fonctions d'administrateur et de vice-président du directoire de l'administration du district de Cardillac, de commissaire du Directoire exécutif près l'administration municipale du canton de Castres, de président de l'administration centrale de la Gironde, de président de l'administration municipale du canton de Castres, et enfin de membre de l'administration centrale de la Gironde. Nommé préfet du département du Gers le 23 ventose an VIII, il fut créé membre de la Légion-d'Honneur le 25 prairial an XII, membre du collége électoral du département du Gers à la formation de ce collége, et baron de l'Empire le 15 août 1810. L'Empereur le destitua le 28 avril 1813.

Rentré alors dans la vie privée, il n'en sortit plus jusqu'à sa mort, arrivée à Bordeaux le 16 juillet 1830.

BALLAC. *V.* BALLUE.

BALLAND (CLAUDE-ANTOINE-HUBERT), né le 29 août 1762 à Montbozon (Haute-Saône), entra au service le 1ᵉʳ octobre 1777 comme sous-lieutenant dans la légion de Nassau (infanterie allemande), et fit en cette qualité la campagne de mer de Jersey et de Guernesey en 1779. Passé comme homme d'arme dans la gendarmerie de la maison du roi, dite *petite gendarmerie* le 1ᵉʳ avril 1780, il servit dans ce corps jusqu'au 1ᵉʳ mars 1788, et fut admis le 1ᵉʳ avril suivant avec son ancien grade de sous-lieutenant à la suite du régiment de dragons de Lanans, devenu Durfort. Il quitta ce corps le 15 août 1789. Capitaine au 2ᵉ bataillon de la Haute-Saône le 1ᵉʳ septembre 1791, et le 7 octobre suivant chef du même bataillon, amalgamé dans la 30ᵉ demi-brigade d'infanterie légère en l'an V, devenue 25ᵉ régiment de même arme le 9 brumaire an XII, il servit en 1792 et 1793 à l'armée du Rhin, et se trouva aux siéges de Spire et de Mayence. Envoyé à l'armée de l'Ouest, il y demeura attaché de l'an II à l'an VI, et reçut un coup de feu à la jambe droite le 25 nivose an III. Dirigé sur l'armée d'Italie en l'an VII, le chef de la 30ᵉ demi-brigade le proposa pour une arme d'honneur pour s'être distingué à l'affaire de Verderio le 10 floréal an VII, journée dans laquelle il tomba au pouvoir de l'ennemi. Rendu sur parole, il alla par ordre à l'armée de la Vendée, et y fit les campagnes des ans VIII et IX. Employé au camp d'Étables le 10 frimaire an XII, et nommé membre de la Légion-d'Honneur le 25 prairial de la même année, il entra avec son grade dans le 4ᵉ régiment d'infanterie légère le 11 thermidor suivant. De l'an XIV à 1807, il combattit en Autriche, en Prusse et en Pologne, passa le 1ᵉʳ juin 1807 à la 4ᵉ légion de réserve, dirigée sur Bayonne, et de là en Espagne, et fut fait prisonnier le 19 juillet 1808 à Baylen, où il reçut un coup de biscaïen à la jambe droite et eut 2 chevaux tués sous lui. Échappé du ponton *la Vieille-Castille* le 15 mai 1810, employé le 14 août suivant à l'état-major de la division du général Dessolle, dans le gouvernement de Cordoue, et chargé du commandement de cette place, il obtint sa retraite le 11 juillet 1812, et se retira dans le lieu de sa naissance, où il est mort le 30 janvier 1829. J-T.

BALLET (JEAN), né à Évaux (Creuse), le 30 août 1760, exerçait la profession d'avocat dans sa ville natale. Juge au tribunal civil d'Évaux en 1791, il fut élu bientôt après député de la Creuse à l'assemblée législative. Il fit partie du comité des finances, demeura constamment renfermé dans le cercle de ses attributions, et ne parut à la tribune que comme rapporteur dans quelques questions financières. Quand l'assemblée législative se sépara, Ballet, qui n'avait pas été réélu, rentra dans la carrière de la magistrature. La révolution du 18 brumaire an VIII le ramena sur la scène politique. Nommé le 18 floréal de cette dernière année commissaire du gouvernement près le tribunal civil de Chambon (Creuse), et membre de la Légion-d'Honneur le 25 prairial an XII, il devint procureur-général près la cour d'appel de Limoges en l'an XIV. Il remplissait encore ces fonctions, lorsque, à la réorganisation des tribunaux et des cours de justice en 1811, il fut nommé le 1er janvier avocat-général près la cour impériale de la même ville. La Restauration ne changea pas sa position. Élu député en 1815 et pendant les Cent-Jours par le département de la Creuse, il rentra dans la vie privée et ouvrit un cabinet consultant à Limoges, où il mourut le 30 avril 1832, laissant après lui la réputation d'un citoyen intègre et d'un jurisconsulte profond.

BALLUE (JEAN-LOUIS), ET NON **BALLAC**, naquit à Péronne (Somme), en 1744. Il était premier président de la cour de justice criminelle de son département lorsque l'Empereur le nomma, le 25 prairial an XII, membre de la Légion-d'Honneur. Il est mort le 16 mars 1807 à Amiens (Somme).

BALTIE (DAMIENS-HUGUES), né le 2 novembre 1767 à Châtillon-sur-Seine (Côte-d'Or), entra au service le 3 septembre 1792 comme sergent-major dans le 4e bataillon de Paris (Saint-Antoine), devenu 59e demi-brigade d'infanterie par l'amalgame du 28 floréal an II, puis 102e demi-brigade de bataille le 11 ventose an IV, et enfin 102e régiment de ligne le 1er vendémiaire an XII. Sous-lieutenant le 24 novembre 1792, lieutenant surnuméraire le 16 prairial an III, titulaire le 27 messidor an V, et capitaine le 6 ventose an XI, il servit de 1792 à l'an V aux armées du centre, de la Moselle et de Sambre-et-Meuse, et de l'an VI à l'an IX aux armées d'Allemagne, du Danube, d'Helvétie, du Rhin et d'Italie. Nommé membre de la Légion-d'Honneur le 25 prairial an XII, il fut désigné par le ministre de la guerre, le 1er juillet 1808, pour commander avec son grade sous les ordres du major le bataillon de dépôt du 102e, et passa le 22 juillet 1811 chef de bataillon au 112e de ligne. Major en second au 15e régiment d'infanterie légère le 17 avril 1813, et employé par intérim à la grande armée pendant la campagne de Saxe, il fut blessé mortellement à la bataille de Dresde, et mourut à l'hôpital de cette ville le 27 septembre de la même année. J-T.

BALTUS (BASILE-GUY-MARIE-VICTOR, *baron*), naquit le 2 janvier 1766 à Metz (Moselle). Élève à l'École d'artillerie de Metz le 1er août 1780, il passa le 23 juillet 1781 lieutenant en second dans le régiment d'artillerie de La Fère (1er), devint lieutenant en premier le 6 janvier 1785, et capitaine le 1er mai 1789. Il fit partie de l'armée du Nord en 1792. Le 1er août 1793, il entra dans la 18e compagnie d'artillerie à cheval, et servit à l'armée des Alpes en l'an II et en l'an III, et à celle du Rhin en l'an IV. Nommé chef de bataillon le 8 nivose an VIII, et attaché à l'état-major de l'armée de réserve, il fit la campagne d'Italie. Démissionnaire le 30 germinal an IX, réintégré le 12 prairial an XII, et envoyé à l'armée des côtes de l'Océan, en qualité de chef d'escadron dans le 5e régiment d'artillerie à cheval, il reçut, le 25 du même mois, la décoration de la Légion-d'Honneur.

Employé à la grande armée de l'an XIV à 1808, il se trouva à Austerlitz et à Friedland, et reçut en récompense de ses services la croix d'officier de la Légion-d'Honneur, et celle de commandant de l'Ordre les 5 nivose an XIV et 11 juillet 1807. De 1809 à 1811, il fit la guerre en Allemagne et en Hollande. Il commanda en 1810 l'artillerie des 17e et 31e divisions militaires (Amsterdam et Groningue), et remplit en même temps les fonctions de chef d'état-major de cette arme au corps d'observation de Hollande. De retour à Paris à la fin de février 1811, il reçut le titre de baron de l'Empire, et le 14 mars suivant le grade de général de brigade. Il fit en cette qualité les guerres de la grande armée de 1812 et 1813, commanda cette dernière année l'artillerie du 1er corps, et fut fait prisonnier de guerre à la suite de la capitulation de Dresde. Rendu à la liberté, il fit la campagne de France en 1814. Louis XVIII le nomma chevalier de Saint-Louis le 24 juin de la même année. Il commandait l'École d'application de l'artillerie et du génie à Metz, lors du retour de l'Empereur de l'île d'Elbe, et il fit partie pendant les Cent-Jours de l'armée de la Moselle. Admis à la retraite le 1er août 1815, il fut remis provisoirement en activité le 1er décembre 1820. Rentré en jouissance de sa retraite le 1er juin 1822, il en fut définitivement relevé et nommé à cette date, lieutenant de roi à Brest. En 1825, il commanda la subdivision du général Avizard (la 3e de la 13e division militaire), qui avait obtenu l'autorisation de s'absenter. Enfin, une nouvelle décision du 9 décembre 1826 le replaça en retraite. Le 31 octobre suivant, il fut nommé lieutenant-général honoraire. Son nom est inscrit sur le côté Nord de l'arc-de-triomphe de l'Étoile. B-S.

BANCHET (REMY), DIT **FONTENAY**, naquit le 3 novembre 1759 à Ceffonds (Haute-Marne). Volontaire dans le régiment de Quercy-cavalerie le 3 novembre 1785, et incorporé dans le 22e de dragons le 11 mai 1788, il combattit sur le Rhin avec la plus grande bravoure depuis 1782 jusqu'à l'an IX, et fut nommé brigadier le 1er avril 1793. Promu maréchal-des-logis le 16 fructidor an VI, il vint tenir garnison dans la 5e division militaire pendant les ans X, XI, XII et XIII, devint membre de la Légion-d'Honneur le 25 prairial an XII, et obtint le grade de sous-lieutenant le 5 thermidor an XIII. Il fit les campagnes de l'an XIV à 1807 en Autriche, en Prusse et en Pologne avec la 2e division de dragons de la réserve de cavalerie de la grande armée, et de 1808 à 1809 inclusivement il fit la guerre en Espagne et en Portugal. Blessé d'un coup de feu au genou droit le 26 mars de cette dernière année à l'affaire d'Oporto, il prit sa retraite le 31 juillet 1810. Il est mort le 30 septembre 1823 à Wassy (Haute-Marne). B-G.

BANDOT, capitaine au 10e de dragons. *V.* BAUDOT.

BAR, NON **BARRE**, NI **BARRÉ** (JEAN), né le 12 juin 1773 à Pommerieux (Moselle), entra au service dans le 3e bataillon de la Moselle, depuis 10e régiment d'infanterie de ligne le 14 mars 1792. Le

16 fructidor an IV, servant à l'armée du Rhin, il fut grièvement blessé à la jambe gauche en délivrant plusieurs de ses camarades tombés au pouvoir des cuirassiers autrichiens, et le 28 frimaire an V il pénétra l'un des premiers dans la redoute du cimetière de Kehl. Appelé en l'an VIII en Italie, il s'y distingua le 20 germinal à l'enlèvement de la redoute de Melogno, et fit de sa main prisonnier le capitaine autrichien qui la commandait. Le 30 germinal suivant, il reçut une nouvelle blessure à la jambe gauche pendant l'attaque de la porte Saint-Jacques. Incorporé le 7 brumaire an XI dans le 9e régiment de vétérans en activité, ses camarades sollicitèrent pour lui la croix de la Légion-d'Honneur, qu'il obtint le 25 prairial an XII. Mis à la retraite le 11 octobre 1809, il habite aujourd'hui Tromborn (Moselle).

BARAGUAY-D'HILLIERS. *Voyez* t. III, p. 67.

BARAIGE ET NON **BARÈGES** (JOSEPH), naquit le 11 août 1767 à Jaunaillac (Creuse). Volontaire dans les carabiniers de la légion des Allobroges le 25 mars 1793, il passa le 12 juin de la même année avec le grade de capitaine dans le 7e bataillon des côtes maritimes, devenu 14e demi-brigade provisoire le 1er messidor an IV, et 4e de bataille le 22 ventôse an IV, il servit en 1793 à l'armée des Alpes et au siége de Toulon, et de l'an II à l'an IX aux armées des Pyrénées, d'Italie, d'Angleterre, de Hollande et du Rhin. Blessé d'un coup de feu à la jambe droite et de deux coups de sabre à la tête le 29 fructidor an IV, à la bataille de Saint-George (armée d'Italie), il fut de nouveau blessé de deux coups de sabre à la tête le 13 floréal an VIII à la bataille d'Eugen (armée du Rhin) et resta au pouvoir de l'ennemi. Rentré en France, il passa avec son grade le 25 floréal an XII dans la garde des consuls, et le 25 prairial suivant il reçut au camp de Boulogne la décoration de la Légion-d'Honneur. Il fit la campagne de l'an XIV en Italie, et celles de 1806 et 1807 en Prusse et en Pologne. Chef de bataillon le 30 mars 1807 dans la 4e légion de réserve, avec laquelle il se rendit en Espagne, et prisonnier par suite de la capitulation de Baylen, il eut le bonheur de s'évader du ponton *la Vieille-Castille* le 16 mai 1810. Il rejoignit alors à Versailles le dépôt du 122e régiment de ligne dans lequel avait été incorporée la 4e légion de réserve. Après quelques mois de repos, il reçut l'ordre, le 16 octobre 1810, d'aller à Brest pour y prendre le commandement d'un bataillon expéditionnaire. Le mauvais état de sa santé l'obligea de séjourner en route. Remplacé dans son commandement le 29 du même mois, et admis au traitement de la disponibilité, il obtint sa retraite le 4 septembre 1811. Il est mort à Chatenois (Vosges), le 30 septembre 1833.

BARAL, président. *V.* BARRAL.

BARANTE (CLAUDE-IGNACE, **BRUGIÈRE**, baron DE), né à Riom (Puy-de-Dôme), le 10 décembre 1755 d'une ancienne famille de robe, trouva dès son début sa place marquée dans la magistrature. Il passa dans la retraite les années orageuses de la Révolution, et occupa en l'an X la préfecture de l'Aude. Deux ans après, il passa à celle du Léman (Genève), fut décoré de la Légion-d'Honneur le 25 prairial, et reçut en 1809 le titre de baron de l'Empire. Des rapports trop intimes avec Mme de Staël, alors en exil à Coppet, le firent révoquer dans les derniers jours de 1810, et depuis cette époque il se consacra à la culture des lettres. On lui doit entre autres ouvrages une *Introduction à l'étude des langues*, et un *Examen du principe fondamental des Maximes de Larochefoucauld*, inséré dans une édition de cet auteur dont il dirigea l'impression. En outre, collaborateur de Michaud pour les premiers volumes de la *Biographie universelle*, il a enrichi cet ouvrage de notices importantes. Il est mort en 1814.

BARATTE (JOSEPH-FRANÇOIS-XAVIER), naquit le 13 décembre 1760 à Besançon (Doubs). Canonnier le 10 avril 1781 dans le régiment de Toul, devenu 7e régiment d'artillerie à pied, il fit les campagnes de 1781 à 1783 sur les côtes de Brest, et celle de 1787 en Hollande. Il rentra dans ses foyers le 13 septembre 1789, et le 1er septembre 1792 il fut nommé greffier de la cour martiale à l'état-major général de l'armée du Rhin. Passé le 14 pluviose an II chef du bureau du matériel de la guerre, établi près le Comité de salut public à Paris, il devint, le 25 prairial an III, commissaire des guerres à l'état-major général de la 6e division militaire (Besançon), qui faisait partie de l'armée du Rhin. Réformé le 25 vendémiaire an IX, il entra comme adjoint à l'inspection aux revues à l'état-major du général Sainte-Suzanne. Capitaine-quartier-maître au 12e régiment de cuirassiers le 19 pluviose an X, il servit en Allemagne, et fut nommé membre de la Légion-d'Honneur le 25 prairial an XII. Admis à la retraite le 14 mars 1808, il se retira dans son département. En 1813, il habitait Arbois (Jura). On a cessé d'avoir de ses nouvelles depuis 1814.

BARAZER, NON **BARAZET** NI **BAVAZER** (GUILLAUME-FRANÇOIS), naquit le 5 septembre 1752 à Morlaix (Finistère). Aspirant dans l'arme du génie le 1er mars 1772, lieutenant en second le 1er janvier 1775, envoyé en cette qualité à l'École royale de Mézières, placé dans son grade à la suite d'une compagnie de sapeurs du régiment d'Auxonne-artillerie en juin 1777, attaché à la division de Cherbourg à la suite des brigades du génie en juillet 1778, il fut nommé lieutenant en premier le 7 septembre 1782, et capitaine le 1er avril 1791. Il suivit l'armée des côtes de Brest en 1792, et celle de la Vendée de 1793 à l'an III, devint chef de bataillon le 26 frimaire an II, et sous-directeur des fortifications le 1er germinal an III. Il prit part en cette qualité aux travaux de défense dans le Morbihan, ainsi qu'aux armées d'Angleterre et de l'Ouest de l'an IV à l'an VI, et remplit les fonctions de directeur depuis le 24 pluviose an VI jusqu'au 1er prairial an XII, époque à laquelle il fut nommé major. Membre de la Légion-d'Honneur le 25 du même mois, il continua les fonctions de directeur des fortifications à Brest, et le 22 juillet 1814 il fut retraité comme colonel honoraire. Retiré à Morlaix, il y est mort le 9 août 1827.   J-T.

BARBANCHON (JACQUES), né le 3 décembre 1763 à Conteville (Eure), entra au service comme caporal le 4 août 1792 dans le 14ᵉ bataillon de fédérés, incorporé le 25 nivôse an II dans la 29ᵉ demi-brigade de bataille, amalgamée le 18 germinal an IV dans la 14ᵉ demi-brigade de ligne, devenue 14ᵉ régiment de même arme le 1ᵉʳ vendémiaire an XII. Sergent et sergent-major les 10 et 11 novembre 1792, il fit les campagnes de 1792, 1793, ans II et III à l'armée du Nord, celle de l'an IV à l'armée de l'intérieur, celles des ans V, VI, VII et VIII à l'armée d'Italie, et celle de l'an IX dans les Grisons. Le 22 septembre 1793, au combat d'Halluin, devant Menin, à la tête d'une cinquantaine de tirailleurs, il traversa une colonne de Hanovriens, fit seul 2 officiers prisonniers, et en tua un troisième après l'avoir inutilement sommé de se rendre. Le 25 nivôse an V, à la bataille de Rivoli, il contribua à dégager le 1ᵉʳ bataillon de la demi-brigade enveloppé par les Autrichiens, et quoique blessé dans cette action, il sauva la vie au capitaine Blanc en tuant un Autrichien qui allait tirer sur lui à bout portant. Le 8 pluviôse suivant, au combat d'Avio, devant Alla, avec 7 hommes, il gravit une montagne escarpée, s'empara d'un retranchement, et fit 25 prisonniers. Le 30 ventôse, à Cembra, il fit seul 8 prisonniers, parmi lesquels se trouvait un officier qui, pour racheter sa liberté, lui offrit vainement sa bourse et ses bijoux. Sous-lieutenant le 6 nivôse an VII, il se trouvait le 1ᵉʳ messidor dans la plaine San-Giuliano et de Marengo, lorsque l'ennemi cherchait à surprendre une de nos colonnes. A la tête des 25 tirailleurs, il l'attaqua, le poursuivit, et s'empara d'un village approvisionné par les Autrichiens, et leur fit plusieurs prisonniers. Rentré en France après le traité de Lunéville, il tenait garnison à Mézières, lorsque, par arrêté du 28 fructidor an X, le premier Consul lui décerna un sabre d'honneur, ce qui le fit comprendre parmi les légionnaires de droit. Nommé lieutenant le 16 brumaire an XII, et officier de la Légion-d'Honneur le 25 prairial suivant, il fit partie des troupes du camp de Saint-Omer pendant les ans XII et XIII, et combattit de l'an XIV à 1807 en Autriche, en Prusse et en Pologne, et notamment à Eylau, où le 14ᵉ de ligne eut 1,300 hommes hors de combat. L'Empereur le promut au grade de capitaine le 10 novembre 1806. Il est mort le 18 février 1808. B-G.

BARBANCHON (JEAN-NICOLAS). V. LE BARBANCHON.

BARBANÈGRE (JACQUES), naquit le 29 janvier 1777 à Pontacq (Basses-Pyrénées). Chasseur à cheval le 30 floréal an II dans le 22ᵉ régiment, il servit jusqu'au 8 messidor an III à l'armée des Pyrénées. Passé le 10 brumaire an VIII comme sergent dans le 1ᵉʳ bataillon des Basses-Pyrénées, incorporé dans la 26ᵉ demi-brigade légère, il entra, le 17 germinal de la même année, comme simple chasseur à cheval dans la garde des consuls. Nommé brigadier le 30 floréal, maréchal-des-logis le 10 floréal an IX, et sous-lieutenant le 21 ventôse an XI, il fit la campagne de l'an VIII en Italie. Membre de la Légion-d'Honneur le 25 prairial an XII, lieutenant en deuxième le 1ᵉʳ vendémiaire an XIII, il passa de l'armée des côtes à la grande armée en l'an XIV, fut blessé à Austerlitz d'un coup de feu à la cuisse droite, et nommé lieutenant en premier le 27 du même mois. Appelé avec la garde de 1806 à 1809 à suivre toutes les opérations de la grande armée en Prusse et en Pologne, en Espagne et en Allemagne, il reçut de l'Empereur une dotation de 500 francs le 1ᵉʳ février 1808, et la décoration d'officier de la Légion-d'Honneur le 5 juin 1809. Rentré à l'intérieur en 1810 et 1811, il fit la campagne de 1812 en Russie, fut promu capitaine le 27 février 1813, et servit en Saxe, en France et en Belgique en 1813, 1814 et 1815. Licencié et mis en demi-solde le 6 novembre 1815 avec rang de chef d'escadron, il resta dans cette position jusqu'au 1ᵉʳ mars 1829, époque de son admission à la retraite. Il réside en ce moment dans le lieu de sa naissance. J-T.

BARBANEGRE, colonel. V. t. Iᵉʳ, p. 466.
BARBAZAN. V. t. III, p. 69.
BARBÉ (FRANÇOIS-MARTIN-TROPHIME), naquit le 11 novembre 1766 à Marseille (Bouches-du-Rhône). Volontaire dans la marine le 9 novembre 1781, il en sortit le 13 octobre 1782, après avoir fait les campagnes de 1781 et 1782 sur mer. Sous-lieutenant le 18 juillet 1792 dans le 1ᵉʳ bataillon du 36ᵉ régiment d'infanterie (ci-devant d'Anjou), devenu 71ᵉ demi-brigade d'infanterie le 5 germinal an II, il fut promu adjudant-major-capitaine le 5 brumaire an II, et appelé à remplir les fonctions d'aide-de-camp auprès du général Bastoul le 28 thermidor de la même année. Autorisé à passer avec son grade de capitaine dans l'arme de la cavalerie le 7 thermidor an IV, il fut mis à la suite du 12ᵉ régiment de hussards le 8 ventôse an V. Chef d'escadron le 8 thermidor an VII, et adjoint à l'état-major du général Moreau le 1ᵉʳ vendémiaire an IX, il entra comme chef d'escadron titulaire dans le 8ᵉ régiment de chasseurs le 6 fructidor de la même année. Il fit les campagnes de 1792 à l'an X aux armées du Rhin, du Nord, de Sambre-et-Meuse, d'observation, d'Helvétie et du Rhin, et se distingua particulièrement à la bataille d'Hondscote, au déblocus de Maubeuge, aux sièges de Landrecies, du Quesnoy, de Valenciennes, à la bataille de Sprimont, où il eut un cheval tué sous lui, aux passages de la Meuse, de la Roër et du Rhin, à l'affaire de Friedberg, à celle de Sultzbach, où il eut encore un cheval tué sous lui et ses habits criblés de balles, et enfin aux batailles d'Amberg, de Neuwied, d'Engen, de Biberach, de Landshut et de Hohenlinden. Dirigé en l'an XI sur l'armée de Batavie et sur le camp de Brest en l'an XII, il entra dans le 7ᵉ de chasseurs et fut nommé membre de la Légion-d'Honneur le 25 prairial de la même année. De l'an XIV à 1807, il servit à la grande armée en Autriche, en Prusse et en Pologne, se trouva à la bataille d'Iéna et à la prise du général Usedon et de son corps, sous les murs de Wismar. Nommé major au 20ᵉ chasseurs le 6 novembre 1806, et employé en cette qualité au grand dépôt de la cavalerie de Potsdam depuis le 20 décembre 1806

jusqu'au 20 août 1807. Rentré en France avec le dépôt qu'il continua d'administrer, il reçut l'ordre en juillet 1810 de prendre le commandement de deux escadrons du 20e de chasseurs. Il entra avec eux en Espagne le 10 août suivant, fit les campagnes de 1810 et 1811, reçut le titre de chevalier de l'Empire le 19 janvier 1811, et eut un cheval tué sous lui à l'affaire du 3 mai de la même année au village de Fuentes-de-Oñoro. Rappelé au dépôt par ordre du 11 décembre, il rentra en France en 1812 et obtint sa retraite le 25 novembre 1813. Nommé officier de la Légion-d'Honneur le 7 janvier 1834, il réside en ce moment à Fontainebleau (Seine-et-Marne) et y exerce depuis 1832 les fonctions de commandant supérieur du château de cette ville. J-T.

BARBE-MARBOIS. *V.* t. II, p. 228.

BARBERI (JOSEPH), d'abord lieutenant au bataillon des matelots de la garde impériale, il devint plus tard enseigne de vaisseau, reçut la croix de la Légion-d'Honneur le 25 prairial an XII, et mourut le 24 novembre 1809.

BARBEROT (PIERRE), naquit le 18 janvier 1761 à Lavoucourt (Haute-Saône). Soldat le 8 avril 1778 au régiment de Soissonnais-infanterie, devenu 40e régiment d'infanterie en 1791, il y fit les campagnes d'Amérique de 1780 à 1783, et reçut un coup de feu au pied droit au siége d'York-Town le 15 novembre 1782. Caporal le 21 août 1784, sergent le 1er juin 1788, sergent-major le 1er janvier 1791, et sous-lieutenant le 24 mai 1792, il prit part aux guerres de 1792 et 1793 à l'armée du Rhin. Nommé le 23 germinal an II capitaine au 10e bataillon de l'Isère, amalgamé dans la 67e demi-brigade de bataille en l'an IV, devenu 57e régiment de ligne en l'an XII, et promu adjudant-major le 29 floréal suivant, il passa à l'armée d'Italie et y servit jusqu'en l'an V. Dirigé successivement sur les armées d'Angleterre, d'Helvétie, du Rhin et des côtes de l'Océan de l'an VI à l'an IX, il fut blessé d'un coup de boulet à la jambe gauche le 15 floréal an VIII à la bataille de Mœskirch. Membre de la Légion-d'Honneur le 25 prairial an XII, il suivit la grande armée de l'an XIV à 1807 en Autriche, en Prusse et en Pologne, fut admis à la retraite le 1er mai 1807, et se retira à Lunéville, où il est mort le 11 octobre 1836. J-T.

BARBIER (NICOLAS), né à Rouen (Seine-Inférieure), le 26 septembre 1757, entra de bonne heure dans le service de la marine, et devint capitaine de vaisseau. Membre de la Légion-d'Honneur le 15 pluviose an XII, il fut fait officier de l'Ordre le 25 prairial de la même année. Ayant renoncé à la mer, il se retira à Meulan (Seine-et-Marne), où il mourut le 27 décembre 1836.

BARBIER (PIERRE), naquit le 19 septembre 1764 à Saint-Denis (Loiret). Volontaire le 8 septembre 1792, il passa par divers amalgames dans la 68e demi-brigade de bataille, puis le 16 germinal an V dans la 100e de même arme, qui devint 100e régiment d'infanterie de ligne en l'an XII : il était parvenu au grade de caporal dès le commencement de la guerre, et avait obtenu celui de sergent le 15 pluviose an IV. Il servit aux armées de Rhin-et-Moselle, d'Allemagne, d'Helvétie et du Danube, et se trouva à la défaite du fort de Kehl en brumaire an V, au second passage du Rhin le 1er floréal suivant, et à la bataille de Dissenhoffen le 16 vendémiaire an VIII. Nommé membre de la Légion-d'Honneur le 25 prairial an XII, étant en Hanovre, il fit partie du 5e corps de la grande armée à la reprise des hostilités en l'an XIV, reçut un coup de biscaïen à la jambe droite à Iéna le 14 octobre 1806, et prit sa retraite le 16 mars 1808. Il habite aujourd'hui Saint-Denis de l'Hôtel (Loiret).

BARBIER-LASSAUX (LOUIS-JOSEPH), naquit le 12 novembre 1757 à Versailles (Seine-et-Oise). Garde dans la compagnie des gardes de la porte le 1er janvier 1773, il resta dans ce corps jusqu'au 4 mai 1778. Admis le 25 comme canonnier dans l'artillerie de l'Inde, il fit les campagnes des colonies de 1778 au 20 septembre 1781. Revenu en France le 27 avril 1782, il obtint un congé de grâce, entra le 24 novembre dans la compagnie de la connétablie en qualité d'exempt, avec rang de lieutenant de cavalerie, et le 5 octobre 1790 il reçut une commission de capitaine au même corps. Passé le 14 décembre suivant lieutenant dans la maréchaussée, devenue successivement gendarmerie nationale et impériale, il devint capitaine le 15 juin 1791 et chef d'escadron le 1er vendémiaire an VI. Appelé à l'armée d'Italie en l'an VIII, il se trouva à la bataille de Marengo le 25 prairial, et fut promu colonel de la 10e légion le 18 fructidor en IX. Nommé en l'an XII membre et officier de la Légion-d'Honneur les 15 pluviose et 25 prairial, il obtint la croix de Saint-Louis le 8 juillet 1814 et passa au commandement de la 7e légion, où il servit jusqu'au 1er septembre 1815. Admis à la retraite du grade de maréchal-de-camp le 22 mai 1816, et retiré à Versailles, sa ville natale, il y mourut le 24 août 1840. J-T.

BARBIER-NEUVILLE. *V.* à la nomination du 2 messidor an XII.

BARBOT (MARIE-ÉTIENNE, *baron*, puis *vicomte*), né le 2 avril 1770 à Toulouse (Haute-Garonne), servit en 1789 dans la garde nationale en qualité de sous-lieutenant et de capitaine des grenadiers. En septembre 1791, il passa avec ce dernier grade dans un bataillon de volontaires. Nommé le 8 mars 1792 chef de bataillon en second du 4e bataillon de la Haute-Garonne, il fit les campagnes de 1792 et 1793 à l'armée des Alpes, et se distingua au siége de Toulon et à la prise du fort Mulgrave en brumaire et frimaire an II. Chef de bataillon en 1er commandant le 2e bataillon des chasseurs de l'armée des Pyrénées-Orientales le 1er germinal de la même année, il se trouva à la prise du Boulou, aux siéges de Collioure, de Port-Vendres et du fort Saint-Elme, et dut son avancement d'adjudant-général chef de brigade, le 7 messidor suivant, à l'intrépidité qu'il déploya en repoussant à la tête de son bataillon une sortie de nuit que les Espagnols avaient faite sur les ouvrages qui battaient en brèche le fort Saint-Elme. Il prit part à toutes les opérations qui précédèrent la reddition de Figuières et le siége de Roses en brumaire et nivose de l'an III, et envoyé le 23 brumaire an IV à l'armée des côtes de l'Océan comme chef d'état-major d'une subdivision, il fit en cette qualité la campagne de l'an IV. Mis en non-activité à l'organisation du 1er vendémiaire an V, il fut rappelé en l'an VII et employé dans la 10e division militaire. Le 3 thermidor, à la tête d'une colonne de 1,200 hommes de gardes nationales des Hautes-Pyrénées, il battit à Montrejeau un corps de 4,000 insurgés et mit fin aux désordres qui désolaient le Midi. Le 19 fructidor suivant, le ministre de la guerre adressa à l'adjudant-général Barbot une lettre de félicitation au nom du Directoire. Attaché à la 10e division militaire pendant l'an VIII et l'an IX, admis au traitement de réforme le 1er vendémiaire an X, et placé sur le tableau de l'état-major général par arrêté du 19 prairial de la même année, il fut chargé le 19 messidor an XI de la surveillance des dépôts de prisonniers de guerre établis dans les 10e et 20e divisions militaires. Chef de l'état-major du cantonnement de Saintes le 12 pluviose an XII, et le 15 du même mois membre de la Légion-d'Honneur, puis officier de l'Ordre le 25 prairial suivant, il partit du mouillage de l'île d'Aix le 21 nivose an XIII pour l'expédition des Antilles, avec le général Lagrange. En la même qualité, il commanda une colonne à l'attaque et à la prise du Rozeau, chef-lieu de l'île de la Dominique; le 5 ventose de la même année, il descendit à terre avec 150 hommes, malgré le feu des troupes anglaises, et s'empara d'une redoute armée de 4 pièces de canon. Après avoir ravitaillé la Guadeloupe, l'escadre rentra en France, et Barbot, envoyé au camp de Boulogne le 14 fructidor, reçut l'ordre le 21 septembre 1806 de se rendre à Mayence pour être employé à la grande armée. Il resta avec le même emploi auprès du général Lagrange lors de la nomination de ce dernier au gouvernement de la Hesse. Sa conduite à l'égard des habitans de Hersfeld lui attira l'estime des vainqueurs et la reconnaissance des vaincus. La ville ayant été accusée d'avoir assassiné un détachement français, l'Empereur donna ordre de la brûler après l'avoir livrée au pillage, ou de faire fusiller trente habitans des plus coupables et d'en envoyer cent autres en France comme otages. L'adjudant-commandant Barbot fut chargé de cette exécution militaire. A peine arrivé, il acquit non-seulement la certitude de l'innocence des habitans de Hersfeld, mais encore la conviction que, dans un jour de marché, ils avaient soustrait plusieurs soldats à la fureur des paysans ameutés contre eux. Au risque d'encourir la disgrâce de l'Empereur, Barbot résolut de sauver cette malheureuse cité, et dans son rapport il prit sur lui d'attester que les ordres qu'il avait reçus avaient été ponctuellement exécutés. Les habitans de Hersfeld voulant témoigner leur gratitude à leur sauveur, lui offrirent un magnifique présent, mais Barbot refusa : *Une action qui n'est que juste, leur répondit-il, ne doit pas se payer.* Rentré en France en janvier 1808, et envoyé le 29 février à la division d'observation des Pyrénées-Occidentales, il passa avec elle en Espagne et se signala à Rio-Secco, où il commandait une brigade, à Burgos, à la Corogne le 16 janvier 1809, à Oporto le 29 mars, à Busaco le 27 septembre 1810, à Sabugal, ainsi qu'à Almeida. Général de brigade le 6 août 1811, il commanda la place de Rodrigo le 11 janvier 1812. A la bataille des Arapiles il fit des prodiges de valeur à la tête de la 2e division de l'armée, eut 2 chevaux tués sous lui et un troisième grièvement blessé. Attaché à l'armée des Pyrénées pendant les campagnes de 1813 et 1814, il reçut un éclat d'obus au genou droit à la bataille d'Orthez le 27 février 1814, et combattit le 10 avril sous les murs de Toulouse. Appelé au commandement du département du Gers le 18 juin, nommé chevalier de Saint-Louis le 13 août suivant, et commandant supérieur de la place de Bordeaux le 16 du même mois, il fut mis en non-activité le 15 avril 1815. Rappelé le 23 juillet à la 10e division militaire pour y remplir les fonctions de chef d'état-major, le duc d'Angoulême le nomma, le 3 août suivant, commandeur de la Légion-d'Honneur. Remis en non-activité le 7 septembre de la même année, il commanda le 5 janvier 1816 le département de l'Ariége, passa le 19 octobre au même titre dans le département de la Haute-Garonne jusqu'au 1er avril 1817, époque à laquelle il rentra de nouveau en non-activité. Compris comme disponible dans le cadre de l'état-major général le 30 décembre 1818, il fut envoyé le 19 janvier 1820 dans la 11e division militaire pour y commander la 1re subdivision. Conservé dans ces fonctions à la nouvelle organisation du 20 avril suivant, et créé baron dans le courant de la même année, il fut élevé au grade de lieutenant-général le 25 avril 1821, et mis en disponibité le 20 juin de la même année. Inspecteur-général d'infanterie dans les 8e, 9e et 10e divisions militaires le 19 juin 1812, commandant la 10e division militaire le 12 février 1823, commandeur de l'ordre de Saint-Louis le 23 mai 1825, et vicomte dans le courant de l'année 1827, il fut replacé en disponibilité le 7 août 1830 et compris dans le cadre de réserve de l'état-major général le 7 février 1831. Admis à la retraite le 1er mai 1835, il se retira à Toulouse, où il mourut le 16 février 1839. J-T.

BARBOU, général. *V.* t. III, p. 70.
BARBOUX (ÉTIENNE), naquit le 1er janvier 1767 à Romorantin (Loir-et-Cher). Volontaire le 30 novembre 1789 au régiment de Chartres, devenu 90e d'infanterie, 163e demi-brigade de ligne et 36e de bataille, il fit la campagne de 1792 à l'an IV à l'armée du Nord, passa en l'an V à celle de Sambre-et-Meuse, à celle de Mayence l'année suivante, et reçut plusieurs blessures à la jambe gauche au combat du 27 thermidor an VII. Il se trouva au passage de la Lintz et à la bataille d'Uznack en Helvétie le 3 vendémiaire an VIII, et dans la journée du 30 prairial de la même année il franchit le Danube à la nage en compagnie d'un seul de ses camarades. Admis le 13 frimaire an IX dans les chasseurs à pied de la garde des consuls, il fit partie de la flotille en l'an XII, et reçut à Boulogne la croix de la Légion-d'Honneur le 25 prairial. Dès

l'an XIV il fit partie de la grande armée qui combattit en Autriche, en Prusse et en Pologne, et mourut dans un des hôpitaux de l'armée le 13 juin 1807.
Y.

BARDAT, caporal au 88e de ligne. *V.* à la nomination du 17 thermidor an XII.

BARDEAUX (PIERRE), naquit le 8 avril 1761 à Dieuville (Aube). Soldat le 10 juillet 1780 au régiment des gardes françaises, et caporal le 5 octobre 1784, il quitta le corps le 30 août 1789, jour de son licenciement. Sergent-major le 1er septembre suivant dans la garde nationale soldée de Paris, formée en grande partie du régiment des gardes françaises, il prit part au mouvement révolutionnaire de Paris pendant les années 1790 et 1791. Sous-lieutenant le 1er janvier 1792, à la création du 104e régiment d'infanterie, devenu 184e demi-brigade d'infanterie en l'an II, et 40e demi-brigade de ligne en l'an IV, il fut promu lieutenant le 16 janvier 1792 et capitaine le 11 septembre 1793. Il servit de 1792 à 1793 à l'armée du Nord, fut fait prisonnier à l'affaire d'Avesnes-le-Sec le 12 septembre 1793, et échangé le 12 messidor an V il rejoignit la 40e demi-brigade de ligne en Italie. Attaché en l'an VI à l'armée des côtes de l'Océan, il passa en l'an VIII à celle d'Italie (2e de réserve), rentra en l'an IX à l'intérieur et fit partie du camp de Boulogne pendant les ans XII et XIII. Membre de la Légion-d'Honneur le 25 prairial an XII, il prit part aux opérations de la grande armée de l'an XIV à 1806 en Autriche et en Prusse, et fut blessé grièvement à l'épaule droite le 14 octobre 1806 à la bataille d'Iéna. Admis à la solde de retraite du grade de chef de bataillon, par décret du 20 juillet 1807, il se retira à Dieuville, sa ville natale, où il est mort le 29 avril 1828.
J-T.

BARDET. *V.* t. III, p. 71.

BARDIN ÉTIENNE-ALEXANDRE, *baron*), né le 31 mai 1774 à Paris (Seine), entra au service en qualité d'adjudant-major-capitaine au 8e bataillon de volontaires nationaux le 12 septembre 1792, incorporé le 25 brumaire an II dans la 30e demi-brigade d'infanterie légère. Il passa capitaine titulaire le 11 floréal de la même année, fit les campagnes de 1792 à l'an III à l'armée du Nord, et assista à la bataille de Jemmapes, au combat de Roxpoede, au siège défensif de Bergues, à la bataille d'Hondscoote, au déblocus de Dunkerque et au siège offensif d'Ypres. Embrigadé avec la 30e légère le 24 ventose an IV dans la 8e demi-brigade même arme, et choisi, le 10 messidor de la même année, par le général Castelverd, en qualité d'aide-de-camp à l'armée de Sambre-et-Meuse, il rentra à son corps le 24 ventose an V, et continua de servir jusqu'en l'an VI à la même armée. Employé en l'an VII et en l'an VIII aux armées d'Italie et de Naples, il se trouva enfermé dans Ancône avec les 1,500 hommes du général Monnier, qui en soutinrent la défense contre la flotte turco-moscovite, et contre 20,000 Russes, renforcés de 8,000 Croates, Hongrois, et Autrichiens, et n'en sortirent prisonniers de guerre que lorsque la place eut été ruinée et démantelée.

En marche dans les Apennins avec la garnison désarmée, qui fut échangée entre Gavi et Gênes, et bientôt bloquée et assiégée dans cette dernière place, la 8e légère y demeura pendant la durée du siège. Rentré en France à la fin de l'an VIII, Junot, qui venait de recevoir le commandement de Paris, manda à son état-major le capitaine Bardin, et se l'attacha en qualité d'aide-de-camp le 21 vendémiaire an IX. Nommé le 12 germinal an XI chef de bataillon au 1er régiment d'infanterie de la garde municipale de Paris, et membre de la Légion-d'Honneur le 25 prairial an XII, il fut désigné au commencement de l'an XIV pour commander la portion des régimens de la garde de Paris destinée à faire la campagne de 1806 en Hollande. Nommé major du 2e régiment de la garde de Paris le 31 juillet de la même année, il prit en 1809 le commandement de la cohorte d'Eure-et-Loir, appelée comme celles des départemens voisins au secours de la Hollande, et particulièrement de Flessingue, que les Anglais occupaient. A son retour en France, le major Bardin devint secrétaire rapporteur d'une commission spéciale chargé d'un projet d'administration militaire. Le 25 novembre 1811, l'Empereur le nomma colonel des pupilles de la garde, régiment qu'il venait de créer et qui s'éleva à 8,000 hommes, et officier de la Légion-d'Honneur le 23 mars 1813. Vers cette époque, les officiers, sous-officiers du régiment des pupilles, et tout ce qui y restait encore en état de marcher à l'ennemi, fut pris pour former les cadres de 4 nouveaux régimens de la jeune garde, et le colonel Bardin, qui avait sollicité l'honneur de faire la campagne, reçut, le 8 avril suivant, avec le titre de major de la vieille garde, le commandement de l'un de ces corps de nouvelle formation, le 9e de tirailleurs. Il venait d'entrer en Saxe à la tête de son régiment, lorsque, le 16 août, daté de Bautzen, l'Empereur le nomma baron de l'Empire. Arrivé le soir du 26 sur le champ de bataille de Dresde pour prendre part au combat, il y commanda une brigade de jeune garde sous les ordres du maréchal Mortier, et se conduisit avec tant de bravoure que, sur la proposition du maréchal, l'Empereur le fit commandant de la Légion-d'Honneur le 14 septembre suivant. Après le désastre de Leipzig, le colonel Bardin, dirigé sur l'armée du Nord avec son régiment, prit part aux premières opérations du 1er corps d'armée commandé par le comte Maison, opérant sous Anvers en janvier et février 1814. Enfermé dans la place, le colonel Bardin, à qui le gouverneur Carnot confia deux expéditions partielles sur des points éloignés de la ville, s'en acquitta avec la plus grande distinction. Le 8 mars, à la tête de son régiment, il s'empara de nuit du village de Saint-Nicolas, y attaqua à l'improviste un corps de cosaques qu'il défit, et le 10 surprit à Waesmunster, à sept lieues d'Anvers, le régiment prussien du prince Guillaume, et le mit en fuite. De retour en France, et placé en non-activité, il reçut la croix de Saint-Louis le 26 octobre 1814. Remis en activité le 23 février 1815, le ministre l'attacha au dépôt de la guerre en qualité de colonel d'état-major, avec la mission de composer un ouvrage complet sur l'uniforme de l'armée. C'était le même travail que celui dont il avait déjà posé les bases en 1811. Placé de nouveau en demi-solde le 1er mai 1818, il fut admis à la retraite le 18 décembre 1822, et obtint le grade honorifique de maréchal-de-camp le 28 mai 1823. Il est mort le 27 octobre 1840 à Coquilleroy (Loiret). Le plus important de tous ses ouvrages, *le Dictionnaire de l'armée de terre*, auquel il sacrifia sa fortune et sa santé, l'a placé au premier rang des écrivains militaires. J-T.

BARDIN (JOSEPH). *V.* à la nomination du 2 messidor an XII.

BAREGES. *V.* BARAIGE.

BARELIER. *V.* BARRELIER.

BARENE. *V.* BARÈRE (*Jean*).

BARÈRE (JEAN), naquit le 9 février 1761 à Tarbes (Hautes-Pyrénées). Volontaire le 15 septembre 1793 dans le 4e bataillon de son département, dont il devint le chef le 21 du même mois, il partit pour l'armée des Pyrénées-Occidentales. Entré dans la demi-brigade de la Sarthe le 12 floréal an II, jour de sa formation, par l'amalgame de son bataillon, il continua de servir à l'armée des Pyrénées-Occidentales et assista aux combats qui se livrèrent jusqu'à la fin de l'an III. Sa demi-brigade, après les campagnes des ans IV et V en Italie, ayant concouru le 17 prairial an V à former la 20e demi-brigade légère, il se trouva placé à la suite de cette nouvelle demi-brigade. Il fit avec ce corps les campagnes des ans VI et VII dans le royaume de Naples. A la prise d'assaut des villes de Trani et d'Adrea, les 4 et 12 germinal an VII, et aux affaires de Montronio et de Caza-Maxima, du 18 du même mois, il montra beaucoup d'intelligence et de bravoure. Passé à l'armée d'Italie en l'an VIII, et appelé au commandement du 2e bataillon de sa demi-brigade, il donna pendant le siège de Gênes de nouvelles preuves de zèle et de bravoure. Rentré en l'an X à l'intérieur (8e division militaire) en qualité de commandant du corps des éclaireurs, il alla en l'an XI au camp de Bayonne, passa le 20 pluviose an XII dans le 9e régiment d'infanterie légère, le suivit aux camps de Brest et de Montreuil, et fut nommé membre de la Légion-d'Honneur le 25 prairial de la même année. Il servit avec la grande armée de l'an XIV à 1807 en Autriche, en Prusse et en Pologne. Il eut un cheval tué sous lui au combat de Haslach, le 19 vendémiaire an XIV, au moment où il repoussait les attaques réitérées d'un corps considérable de cavalerie ennemie qui venait d'envelopper son bataillon. Major du 93e régiment de ligne le 12 septembre 1806, et officier de la Légion-d'Honneur le 25 décembre 1807 en récompense de sa conduite à la prise du pont de Hall, en Prusse, il passa major du 26e régiment de ligne le 28 mars 1808, fit les trois campagnes d'Espagne et de Portugal de 1808 à 1810, et fut tué au combat de Busaco le 27 septembre 1810. J-T.

BARGEAU (JEAN-PIERRE), était arrivé par d'honorables services dans la marine au grade de capitaine de frégate, quand il reçut la croix de la Légion-d'Honneur (25 prairial an XII). Retiré postérieurement à la Tremblade (Charente-Inférieure), il y mourut le 27 février 1824.

BARIE. *V.* BARRIER.

BARNETCHE (JEAN-BAPTISTE), né à Saint-Pée (Basses-Pyrénées) le 17 mai 1770, servit d'abord dans la marine du commerce. Reçu le 10 mars 1783 mousse à bord de *la Marie*, en partance de Bordeaux pour Terre-Neuve, et novice sur le même bâtiment le 9 mars 1784, il passa le 25 janvier 1786 sur *la Louise* en qualité de sous-lieutenant et devint second capitaine le 16 novembre 1790. Ces services à la mer l'ayant fait admettre dans la marine de l'État le 12 septembre 1792, avec le grade de chef de timonnerie de 1re classe, il embarqua le même jour sur la flûte *la Nourrice*, et devenu enseigne provisoire le 6 avril 1793, lieutenant de vaisseau provisoire le 12 brumaire an II, il fut successivement employé sur *l'Impétueuse* et sur la flûte *la Carmagnole*, cette dernière en division avec trois frégates en croisière dans la Manche. Confirmé lieutenant de vaisseau le 1er nivose de la même année, il servit pendant quelque temps sur *le Superbe*, en armée sous les ordres de l'amiral Villaret-Joyeuse, et partit le 3 brumaire an III sur le vaisseau rasé *l'Hercule* pour les îles du Levant, où il prit part au combat livré par *la Thétis* à un vaisseau anglais à l'entrée du port de l'Anse-à-la-Barque à la Basse-Terre. De retour de cette expédition le 11 brumaire an V, et envoyé le 15 du même mois en croisière dans les Antilles sur *la Médée*, il se distingua aux combats que cette frégate eut à soutenir contre deux vaisseaux et deux frégates, puis contre un corsaire. En l'an VI, étant sur *la Franchise*, chargée de conserve avec trois autres frégates et une corvette de transporter des troupes en Irlande, il se trouva au combat entre cette escadre et trois vaisseaux anglais. Après cette campagne, il fit partie à la fin de l'an VIII de l'état-major de *la Régénérée*, en destination pour Alexandrie d'Égypte. Pendant la traversée, l'explosion de quelques gargousses mit le feu à la frégate. Ce fut à son sang-froid et à son intrépidité que l'équipage dut son salut. Ayant pris le commandement de *la Régénérée* le 5 fructidor an X, il la remit quelques jours plus tard aux commissaires anglais, en exécution de l'une des clauses de la capitulation d'Alexandrie, et revint en France avec l'armée d'Orient. Commandant de la corvette *la Sagesse* le 18 messidor suivant, et dirigé sur Saint-Domingue, ce bâtiment tomba au pouvoir de l'ennemi le 22 fructidor an XI. Fait légionnaire le 25 prairial an XII, il combattit le 14 juin 1808 à bord du *Héros*, assailli dans la baie de Cadix par la flotte espagnole et sous le feu des forts de la place; ce vaisseau ne se rendit qu'après quarante-huit heures de défense. Barnetche, nommé le 14 juillet suivant capitaine de frégate, en récompense de sa conduite dans cette affaire, eut le commandement de la pirogue n° 79, et provisoirement celui du *Rivoli* le 4 mars 1811; mais il avait été remplacé lors de la prise de ce vaisseau dans les eaux de Venise le 22 février 1812. Depuis, il commanda dans les mêmes parages *le Castiglione*, du 19 septembre au 6 avril 1813, et le 15 mars 1814 il eut à défendre l'entrée de la Gironde avec la corvette *l'Aimable-Esther* et le brick *le Malais*, qu'un incendie détruisit le 6 avril. Envoyé le 30 juillet de la même année à Rochefort, en qualité de directeur des mouvemens de ce port, Louis XVIII le fit chevalier de Saint-Louis le 13 septembre suivant. Mis en non-activité le 1er janvier 1816, il est mort à Rochefort le 18 mai 1817.

BARNIER (JACQUES), naquit le 7 septembre 1760 à Nîmes (Gard). Après avoir fait ses études au collége de Nîmes et à ceux de Montaigu et de Navarre, à Paris, il entra, le 1er février 1778, dans la pension Berthaud, en qualité de professeur de mathématiques pour les élèves du génie et de la marine. Nommé commis dans les bureaux de l'administration de la marine à Rochefort le 1er août 1779, il passa au bureau du personnel au ministère de ce département le 1er septembre 1781, et y devint sous-chef. Il y resta jusqu'à l'époque à laquelle le ministre Monge l'autorisa à quitter la marine pour être attaché au département de la guerre, et il servit dans la garde nationale de Versailles en qualité de capitaine, et dans celle de Paris comme grenadier, depuis les premiers jours de la Révolution jusqu'en 1792. Nommé le 22 septembre de cette dernière année aide faisant fonctions de commissaire des guerres par le conseil exécutif provisoire, il obtint le grade de commissaire de 4e classe à la résidence de Nîmes le 25 novembre suivant. Au mois de mars 1793, le gouvernement le chargea, en qualité de commissaire supérieur, d'établir et de diriger, dans dix départemens du Midi, le recrutement de l'armée du Var pendant la levée de 300,000 hommes. Il s'acquitta de cette importante mission avec zèle, célérité et économie, ce qui lui valut des témoignages de satisfaction de la part des représentans du peuple délégués dans le Midi et du commissaire chargé du département de la guerre. Commissaire des guerres de 1re classe le 16 juin de la même année, il venait à peine de reprendre ses fonctions à Nîmes, lorsque, le 17 frimaire an II, un arrêté du représentant du peuple Rovère le chargea de remplir celles d'ordonnateur sur les côtes de la 9e division militaire, menacées par les Anglais et les Espagnols. Il fixa sa résidence à Aigues-Mortes, et fit seul tout le service des côtes pendant huit mois de l'année. Mais étant tombé gravement malade, il cessa ses fonctions d'ordonnateur et retourna à Nîmes. Durant son administration dans le département du Gard, il remplaça plusieurs fois par intérim l'ordonnateur de la division, et le 25 prairial an III la Convention le confirma dans son grade de commissaire des guerres de 1re classe à Nîmes. Réformé le 3 fructidor an VIII, et non compris dans l'organisation de ce jour, il fut employé au ministère de la guerre le 29 thermidor an IX, comme chef du bureau de l'organisation et de l'inspection des troupes, et vers la fin de l'an X il devint chef de la 5e division du même ministère et joignit à ses anciennes attributions celles du recrutement et de l'état-civil. Membre de la Légion-d'Honneur le 25 prairial an XII, et replacé sur le cadre d'activité des commissaires des guerres le 29 ventose an XIII, un décret du 10 août 1808 le nomma commissaire-ordonnateur pour en exercer les fonctions près la garde de Paris, sans cesser d'être attaché au ministère de la guerre. Il est mort à Paris au mois de décembre 1812. O'NERVY.

BAROIS (LAURENT-JOSEPH). *V.* BICHON-BAROIS.

BARON (JEAN-BAPTISTE-HENRI), né le 9 septembre 1769 à Paris (Seine), entra au service le 4 septembre 1792 comme sergent dans le 19e bataillon du Pont-Neuf (Paris), organisé le 2 du même mois, passa comme sous-lieutenant au 47e régiment d'infanterie le 8 octobre suivant, et dans le 19e régiment de dragons le 11 mars 1793 avec le grade de capitaine. Il fit les campagnes de 1793 à l'an II à l'armée de l'Ouest, et celles de l'an III à l'an VIII aux armées de Rhin-et-Moselle, de Mayence, d'Italie, de Naples et de Rome. Fait prisonnier par les Anglais à Civita-Vecchia le 15 vendémiaire an VIII, lors de la reddition de Rome, et rentré sur parole, il suivit les opérations des armées d'Italie et de Hanovre de l'an IX à l'an XI, et fut nommé chef d'escadron le 21 ventose, et membre de la Légion-d'Honneur le 25 prairial an XII. Appelé à la grande armée (3e corps) en l'an XIV, au 1er corps en 1806 et 1807, il servit en Autriche, en Prusse et en Pologne, et fut promu major du 18e régiment de dragons le 20 novembre 1806. Passé en Espagne en 1808, il y mourut le 9 décembre de la même année. J.-T.

BARON (JEAN-ISIDORE-CLÉMENT), naquit à Jonquières, département des Bouches-du-Rhône, le 10 mars 1770. Destiné au service de la marine, il fut embarqué dès l'âge de onze ans (22 mars 1781), à Marseille, comme volontaire sur le trois-mâts *l'Orphée*, en destination pour l'île de Grenade et la Martinique, rentra à Marseille le 20 juin 1782, embarqua de nouveau dans le même port en qualité d'enseigne sur le trois-mâts *le Sérieux*, allant en Espagne, et qui désarma à Cadix après six mois de navigation. Parti de nouveau de Marseille pour Pondichéry le 18 octobre 1785, à bord du trois-mâts *la Philippine*, il rentra au port le 25 décembre 1787, puis fit du 1er mai 1788 au 9 septembre suivant un voyage à l'Ile-de-France, un autre à Pondichéry et au Bengale, du 27 février 1790 au 11 octobre 1792. Baron avait fait ces divers voyages pour le commerce et en qualité de lieutenant de vaisseau. Entré alors dans la marine militaire, il embarqua à Toulon comme enseigne entretenu le 22 avril 1793 à bord de la frégate *l'Impérieuse*, qui le conduisit successivement à Gênes, à Livourne et à Nice. Débarqué le 20 brumaire an II dans cette dernière ville, il fut chargé de la direction des mouvemens du port de Villefranche et dépendances. Le 10 messidor an V, il reçut ordre de se rendre à Toulon, où il embarqua le 18 du même mois comme lieutenant de vaisseau sur *le Guerrier*, de 74. Il rentra dans le port le 23 vendémiaire an VI et rembarqua le même jour lieutenant passager sur le brick *l'Infante*, pour se rendre à Corfou sous les ordres de l'amiral Brueys.

— Au retour de Corfou, il embarqua le 10 frimaire suivant en qualité de lieutenant chargé des détails sur le vaisseau *le Banel*. Rentré à Toulon le 20 floréal suivant, il passa le même jour sur le vaisseau *le Tonnant*, comme lieutenant chargé de la manœuvre. Il fit à bord de ce bâtiment une campagne à Malte et en Égypte, se trouva au combat d'Aboukir le 14 thermidor, et fut fait prisonnier le 16. Rendu à la liberté le 1er brumaire de l'an VII, et chargé le 13 pluviose de la même année d'inspecter les vigies de l'arrondissement de Martigues, il fut envoyé en résidence à Toulon le 15 pluviose an X pour y faire le même service.

Passé aide-de-camp de l'amiral Gantheaume, préfet maritime à Toulon, le 23 thermidor suivant, il reçut le 25 nivose an XII le commandement de la frégate *l'Incorruptible* et la décoration de la Légion-d'Honneur le 25 prairial. Il prit le commandement de la corvette *la Tactique* le 3 floréal, et devint adjudant-commandant de l'armée navale de l'Océan sur le vaisseau *l'Impérial*, à Brest, le 20 messidor. Il commanda successivement en la même qualité le vaisseau *la Républicaine* et la corvette *la Victorieuse*, jusqu'au 27 septembre 1807. Commandant supérieur de la marine à Corfou le 1er février 1810, il resta dans ce port jusqu'au 24 juin 1814, époque de l'évacuation de l'île. Placé en non-activité le 31 juillet, et admis à la retraite le 12 novembre 1816, il mourut à Marseille le 10 juin 1824.

BAROU, non **BAROUX** (JEAN-BAPTISTE), né en décembre 1758 à Guinchy (Somme), entra le 9 avril 1780 au régiment de Berri-cavalerie, devenu 17e de l'arme en 1791 et 26e dragons en l'an XI. Il fit toutes les campagnes de la liberté de 1792 à l'an IX aux armées des Ardennes, du Nord, de Sambre-et-Meuse, d'Allemagne, de Mayence, du Danube et du Rhin, et devint membre de la Légion-d'Honneur le 25 prairial an XII. Pendant la campagne d'Austerlitz, en l'an XIV, il fut attaché à la division Klein; en 1806 il fit partie du 7e corps en Prusse, en 1807 il passa dans la réserve de cavalerie et prit sa retraite le 29 décembre 1809, après avoir fait la campagne de Wagram. En 1814, il résidait à Péronne (Somme). On a cessé d'avoir de ses nouvelles depuis cette époque. Y.

BARRAIRE (GASPARD), naquit le 22 janvier 1760 à la Chaise-Dieu (Haute-Loire). Soldat le 10 novembre 1775 dans le 2e bataillon du régiment de Beauvoisis-infanterie, devenu 57e de l'arme en 1791 : il quitta ce corps le 1er mars 1792 par congé d'ancienneté. Nommé le 22 juin de la même année capitaine dans le 1er bataillon de la Haute-Loire, incorporé le 26 germinal an II dans le 117e demi-brigade d'infanterie, devenue 75e demi-brigade de bataille le 26 ventose an IV, il fut promu chef de bataillon le 3 ventose an III. Il fit les campagnes de 1792 à l'an VII aux armées des Alpes, du Rhin, d'Italie et d'Égypte. Rentré en France en brumaire an VII, et employé le 14 fructidor an VIII en qualité d'officier de correspondance auprès du général en chef Brune, à l'armée d'Italie, il entra le 1er ventose an IX comme titulaire de son grade au bataillon complémentaire de la 75e demi-brigade de ligne. Envoyé en l'an X à l'armée d'observation du Midi, et réformé le 8 thermidor de la même année par suite de l'arrêté du 9 fructidor an VIII, il prit le commandement du 3e bataillon de la 57e demi-brigade le 10 vendémiaire an XI, fit partie de l'armée des côtes en l'an XII et en l'an XIII, et y reçut la croix de membre de la Légion-d'Honneur le 25 prairial an XII. De l'an XIV à 1807, il servit en Autriche, en Prusse et en Pologne, passa en Espagne en 1808, fut blessé mortellement de deux coups de feu le 18 juillet de la même année au combat sous Madrid, et mourut à l'hôpital de cette ville le 21 du même mois.

BARRAL (JEAN-LOUIS), né le 20 septembre 1771 à Briançon (Hautes-Alpes), entra au service le 9 mars 1793 dans les guides à pied de l'armée des Alpes. Caporal le 19 thermidor an IV et sergent le 6 fructidor an V, il servit de l'an II à l'an VII aux armées des Alpes, d'Italie, d'Égypte et de Syrie. Blessé au pied droit le 15 floréal an VII au siège de Saint-Jean-d'Acre, il rentra en France en thermidor de la même année avec le corps des guides, devenu garde du Directoire le 17 vendémiaire an VIII, garde consulaire le 19 brumaire suivant, puis garde impériale le 28 floréal an XII. Il fit partie de la 2e armée de réserve d'Italie en l'an VIII, et fut fait prisonnier à Marengo. Rendu par échange la même année, sergent-major le 15 nivose an IX, sous-lieutenant de chasseurs à pied le 10 ventose an X, et lieutenant en second le 1er vendémiaire an XI, il reçut la décoration de la Légion-d'Honneur le 25 prairial an XII, fit partie de la grande armée de l'an XIV à 1807, et devint lieutenant en premier le 28 mars 1807. Appelé en Allemagne en 1809, et nommé capitaine au 2e régiment de voltigeurs le 3 avril, il se distingua le 6 juillet à Wagram. Dirigé sur l'Espagne en 1810, il suivit les opérations de l'armée jusqu'en 1811, fit la campagne de Russie en 1812, celle de Saxe en 1813, et fut tué le 2 mai de cette dernière année à Lutzen. J.-T.

BARRAL (JOSEPH-MARIE, *comte* DE), *marquis* DE MONTFERRAT, naquit à Grenoble le 21 mars 1742 d'une des plus anciennes familles du Dauphiné. Entré tout jeune au collége, il manifesta bientôt d'heureuses dispositions pour la littérature latine, et fit d'excellentes études. Conseiller au parlement de Grenoble en 1764, avec dispense d'âge, il acquit au même parlement en 1769 une charge de président à mortier. En 1787, il arriva à Versailles député par le parlement de Grenoble pour s'entendre avec les ministres sur les mesures les plus propres à combler le déficit ; il proposa une égale répartition de l'impôt entre toutes les classes de la société. C'était alors une opinion bien hardie ; aussi fit-elle à son auteur dans les assemblées de bailliage et dans tout le Dauphiné une haute réputation d'équité et de patriotisme. Quand l'Assemblée nationale eut changé les formes administratives en 1789, le président Barral devint maire de Grenoble ; et, lorsque, en 1790, on organisa les nouvelles administrations départementales, il fut nommé président du département de l'Isère. En 1791, il entra en qualité de juge au tribunal de cassation, nouvellement institué. Incarcéré comme noble pendant la terreur, il dut son salut à la révolution du 9 thermidor. Ses concitoyens l'appelèrent au commandement de la garde nationale de Grenoble. Après le 18 brumaire an VIII, ils le choisirent de nouveau pour leur premier magistrat, et le 28 vendémiaire an XII il devint président du tribunal d'appel de l'Isère. A l'époque de l'érection de l'Empire, il vint à la tête d'une députation de son département féliciter Napoléon sur son avénement au trône. Député au Corps législatif le 5 nivose, et membre de la Légion-d'Honneur le 25 prairial, un décret impérial rendu à Munich le 17 janvier 1806 l'appela à faire partie du conseil de discipline et d'enseignement de l'École de droit de Grenoble, et un autre décret rendu quelques mois plus tard le créa baron de l'Empire.

Sorti du Corps législatif en 1808, il reprit à la cour d'appel de Grenoble ses fonctions de premier président, qu'il échangea lors de la réorganisation des tribunaux et des cours de justice de l'Empire, le 17 avril 1811, contre celles de premier président en la cour impériale de Grenoble. La part qu'il prit aux événemens des Cent-Jours lui attira une disgrace éclatante. Après la seconde Restauration, destitué sans retraite, il demanda des consolations à l'étude des lettres, qui avaient charmé sa jeunesse. Il est mort à Grenoble le 14 juin 1828.

BARRANGÉ (JEAN), né le 1er janvier 1769 à Saumur (Maine-et-Loire), entra au service le 29 mars 1786 dans le 2e régiment de carabiniers. Brigadier le 26 avril 1792 et maréchal-des-logis le 3 ventose an IV, il servit de 1792 à l'an V aux armées du Nord, de la Moselle, du Nord et de Rhin-et-Moselle, et pendant les ans VI et VII à celles d'Allemagne et du Danube. Le 5 germinal an VII, à l'affaire de Leiptingen, dans une charge contre la cavalerie ennemie, le 2e de carabiniers ayant été repoussé par des forces supérieures, le maréchal-des-logis Barrangé rassembla une quinzaine d'hommes, contint l'ennemi par ses manœuvres, et facilita ainsi le ralliement du régiment. Le 13 prairial, il fut nommé sous-lieutenant en récompense de cette action. Le 5 messidor, il était de grand'garde près de Bischoffsheim; un détachement de 150 dragons ennemis vint fondre sur lui : sommé par l'officier de se rendre, Barrangé ordonna à sa troupe de charger, culbuta le détachement, atteignit un village occupé par notre infanterie, et appuyé par une compagnie revint à l'ennemi et lui prit plusieurs hommes, plusieurs chevaux et un espion. Passé en l'an VIII à l'armée du Rhin, il se distingua de nouveau en frimaire près de Valdorff et Wislock. Le chef de brigade Caulincourt l'avait chargé avec 24 hommes de couvrir le front du régiment, attaqué vigoureusement par l'ennemi; il tint bon, fit avertir le chef de brigade, et parvint à faciliter la retraite du régiment. Lieutenant à l'ancienneté le 21 germinal de la même année, il continua de servir à l'armée du Rhin pendant l'an IX, devint adjudant-major avec rang de lieutenant le 15 prairial an X, et capitaine le 30 brumaire an XII, passa en cette qualité à l'armée des côtes de l'Océan, et y reçut la croix de membre de la Légion-d'Honneur le 25 prairial de la même année. De l'an XIV à 1807, il combattit en Autriche, en Prusse et en Pologne, et en 1809 en Allemagne. Créé baron de l'Empire, avec 4,000 francs de dotation, le 14 mai 1809, il se distingua encore à la bataille de Wagram, et fut nommé capitaine titulaire le 9 août. Accablé par les fatigues de la guerre, il demanda sa retraite et l'obtint le 16 septembre 1811. Il est mort le 31 décembre 1826 à Nanci (Meurthe). J.-T.

BARRÉ (JEAN-BAPTISTE-HENRI), né à Paris (Seine), le 28 janvier 1763, entra fort jeune dans la marine et mérita par ses services tous les grades qu'il obtint successivement jusqu'à celui de capitaine de vaisseau. Membre et officier de la Légion-d'Honneur les 15 pluviose et 25 prairial an XII, il prit plus tard sa retraite, et mourut à Paris le 11 avril 1830.

BARRE (PIERRE), naquit le 6 juin 1764 à Bar-sur-Ornain (Meuse). Soldat le 26 février 1786 au régiment d'Aunis-infanterie, devenu 31e régiment de même arme en 1791, caporal le 8 mai 1789, sergent le 12 juillet 1791, sergent-major le 4 avril 1792, et le 1er avril 1793 adjudant-major-capitaine à la formation du 6e bataillon de la Manche, devenu 28e demi-brigade d'infanterie et 40e de bataille, puis 40e régiment de ligne en l'an XII, il fit les campagnes de 1792 à l'an IV à l'armée de la Vendée et fut blessé d'une balle qui lui traversa le cou le 27 brumaire an II au siége de Granville : toujours le premier sur le rempart, terrassant les insurgés, il ne voulut pas quitter le combat malgré sa blessure jusqu'au moment où, épuisé par la perte de son sang, il tomba sur la place et fut enlevé par ses soldats. Passé aux armées d'Italie et des côtes de l'Océan, il y fit les campagnes des ans V, VI et VII, et retourna en Italie, où il servit pendant les ans VIII et IX. Appelé au camp de Saint-Omer en l'an XII, il y reçut la croix de membre de la Légion-d'Honneur le 25 prairial. Dans l'impossibilité de supporter plus long-temps les fatigues de la guerre, il demanda sa retraite et l'obtint le 1er floréal an XIII. Il est mort le 22 octobre 1817 à Honfleur (Calvados).

BARRÉ (JEAN). *V.* BAR.

BARRELIER (JEAN-CLAUDE), naquit le 26 septembre 1767 à Lons-le-Saulnier (Jura). Dragon au régiment de Durfort le 21 janvier 1784, devenu 4e de chasseurs, brigadier-fourrier le 1er janvier 1791, maréchal-de-logis le 28 mai 1792, sous-lieutenant le 8 juillet 1793, lieutenant le 20 frimaire an II, et capitaine le 9 fructidor de la même année, il servit de 1792 à l'an IV aux armées du Rhin, des Alpes et du Rhin. Le 27 vendémiaire an II, commandant une grand'garde de 50 hommes, il fit 100 prisonniers et s'empara de 100 chariots d'équipages. Le 2e jour complémentaire an IV, il repoussa l'ennemi de Kehl; cette attaque, dans laquelle il reçut un éclat de bombe au côté droit, avait été si vive que sur 7 pièces de canon qui défendaient la position 5 furent démontées. Dirigé sur l'armée d'Italie en l'an v, il eut une forte contusion à la jambe gauche au passage du Tagliamento et tomba au pouvoir de l'ennemi. Rendu sur parole en l'an VI, il passa à l'armée d'Angleterre, et de l'an VII à l'an IX il servit aux armées de Hollande et d'Italie. Chef d'escadron le 4 brumaire an VIII, il fut blessé le 12 du même mois à l'affaire de Trussenheim d'un coup de sabre à la main gauche. Le 28 frimaire an IX, étant en Italie, il reçut l'ordre de s'emparer des villages de Cento, Finale et de Bondenno; le lendemain, à cinq heures du matin, il était maître des deux premières positions; et sur de nouveaux ordres d'occuper à tout prix Bondenno, il emporta ce village après sept heures de combat. Dirigé sur l'armée de l'Ouest en l'an X, et sur celle des côtes de l'Océan en l'an XI, il passa avec son grade dans le 3ᵉ régiment de chasseurs à cheval le 10 pluviose an XII. L'Empereur le fit membre de la Légion-d'Honneur le 25 prairial de la même année. De l'an XIV à 1807, il servit à l'armée d'Italie, puis au 8ᵉ corps de la grande armée, et se distingua le 15 brumaire an XIV, près de Trewitz, dans une charge contre les Autrichiens, au milieu de laquelle il eut la jambe droite fracassée par son cheval qui se renversa sur lui. Le 16 avril 1807, chargé par le maréchal Mortier du commandement de la cavalerie légère du 8ᵉ corps, il tint l'ennemi en échec pendant toute la journée, lui enleva 400 prisonniers, et par une heureuse diversion surprit dans Auklam une compagnie d'artillerie légère avec tout son matériel. Il reçut pour ce fait d'armes des éloges du maréchal. Grièvement blessé d'un coup de lance au côté droit le 10 juin suivant au combat d'Heilsberg, il fut oublié dans la distribution des récompenses accordées pendant la campagne. Le général Pajol écrivit au chef de l'état-major de la cavalerie la lettre la plus honorable en faveur du chef d'escadron Barrelier, et l'Empereur, par décret du 10 novembre 1807, l'éleva au grade de major. Passé au 5ᵉ régiment de chasseurs le 1ᵉʳ février 1808, il remplit avec distinction les fonctions de ce grade au dépôt dudit corps jusqu'au 31 janvier 1816 et fut admis à la retraite le 4 avril suivant. Il est mort à Sainte-Agnès (Jura), le 8 décembre 1830. J-T.

BARRIE, colonel. *V.* t. III, p. 72.

BARRIER (JOSEPH), naquit le 16 janvier 1778 à Châteauroux (Indre). Réquisitionnaire le 9 floréal an VI, et incorporé dans la 9ᵉ demi-brigade d'infanterie légère, devenue 9ᵉ régiment d'infanterie de ligne en l'an XII, il fit partie en l'an VIII de l'armée de réserve, se trouva au combat et à la prise de Plaisance le 18 prairial, et le 25 à Marengo, où il désarma un officier autrichien qu'il fit prisonnier : c'est à cette bataille célèbre que la 9ᵉ demi-brigade acquit le glorieux surnom d'*Incomparable*. Placé dans une compagnie de voltigeurs à la formation de l'an XII, étant au camp de Montreuil, il fut nommé membre de la Légion-d'Honneur le 25 prairial de la même année, passa au 6ᵉ corps de la grande armée à la reprise des hostilités contre l'Autriche, et périt glorieusement sous les murs d'Ulm le 19 vendémiaire an XIV. Y.

BARROIS, colonel. *V.* t. III, p. 73.

BARROIS, chef de bataillon. *V.* BICHON-BARROIS.

BARTHÉLEMI, sénateur. *Voyez* tome II, page 230.

BARTHÉLEMY, colonel. *Voyez* tome III, page 74.

BARTHÉLEMI (AUGUSTE), né à Douchon (Vendée), entra au service le 9 septembre 1791 dans un des bataillons de volontaires qui formèrent la 64ᵉ demi-brigade de bataille, et fit toutes les campagnes de la République aux armées de l'Ouest, d'Italie, de Rome, de Naples et de réserve. Il était au passage de l'Isonzo et à la bataille de Gradisca en ventose an V, et il se distingua par sa bravoure pendant la campagne de Naples de frimaire à nivose an VII. Admis le 27 frimaire an IX dans les chasseurs à pied de la garde des consuls, devenue garde impériale, il fut nommé membre de la Légion-d'Honneur le 25 prairial an XII, étant sur la flotille, fit les campagnes des ans XIV, 1806 et 1807 en Autriche, en Prusse et en Pologne, fut admis comme caporal aux fusiliers-chasseurs le 13 juillet 1807, passa en 1808 en Espagne, et fut rayé des contrôles de la garde par ordre du général Curial le 27 septembre 1810. On ignore au ministère et à la chancellerie de la Légion-d'Honneur ce qu'il est devenu depuis cette époque.

BARTHÉLEMY (FRANÇOIS), naquit le 10 mai 1773 à Frain (Vosges). Volontaire au 11ᵉ bataillon des Vosges le 11 juin 1793, et incorporé par amalgame dans la 175ᵉ demi-brigade d'infanterie, puis dans la 23ᵉ de bataille, devenue 23ᵉ régiment de ligne en l'an XII, il fit neuf campagnes de la liberté aux armées du Nord, de Sambre-et-Meuse, de Mayence, d'Helvétie, du Danube et du Rhin : pendant le siège de Valenciennes, le 15 messidor an II, il reçut un coup de feu qui lui fracassa le bras droit, et sa conduite pleine de valeur fut remarquée à la bataille d'Engen le 13 floréal an VIII. Nommé légionnaire le 25 prairial an XII, lorsqu'il faisait partie de l'escadre de Toulon, il passa en Italie en l'an XIV, et obtint son congé de réforme le 2 avril 1806. Il réside en ce moment dans le lieu de sa naissance. Y.

BASERE. *V.* BASIRE.

BASIRE (ALEXANDRE-DOMINIQUE), né à Rouen (Seine-Inférieure), le 9 avril 1750, devint en 1790 juge au bureau de conciliation près le tribunal du district de Rouen. Revêtu en 1791 des fonctions de substitut, et quelques mois après de celles de procureur de la commune de Rouen, il fut élu en 1792 membre du directoire de son département. Commissaire du gouvernement près le tribunal de Rouen au mois de vendémiaire an III, il quitta ces fonctions en l'an IV par suite de son élection comme conseiller au tribunal d'appel de la Seine-Inférieure. Nommé par le Sénat, en germinal an VIII, membre du tribunal de cassation, et confirmé dans cette position par l'ordonnance du 15 février 1815, il résigna ses fonctions par démission le 25 juin 1822, et mourut à Paris le 10 décembre 1829. Il était membre de la Légion-d'Honneur depuis le 25 prairial an XII. P-D.

BASOGE et non **BAZOGE** (JEAN-HUBERT), naquit le 8 avril 1756 à Saint-Mihiel (Meuse). Cavalier le 13 avril 1773 dans le régiment Royal-cavalerie, il obtint son congé le 31 mai 1779. Passé le 10 septembre 1780 avec le grade de brigadier dans Royal-Guienne-cavalerie, devenu 22e régiment même arme en 1791, maréchal-des-logis le 1er septembre 1784, sous-lieutenant le 25 janvier 1792, lieutenant le 23 juillet suivant, capitaine le 1er avril 1793, et chef d'escadron le 12 nivose an IX, il fit les campagnes de 1792 à l'an IV aux armées du centre, de Sambre-et-Meuse et du Nord. A l'affaire de Grand-Rieux, le 24 floréal an II, à la tête de 5 cavaliers, il reprit à l'ennemi une pièce de canon qu'il venait de nous enlever. Dirigé en l'an V sur la Vendée, et de l'an VII à l'an IX sur les armées d'Helvétie et d'Italie, il passa, le 30 frimaire an XII, avec son grade, au 9e régiment de cuirassiers (ci-devant 9e régiment de cavalerie), fut nommé membre de la Légion-d'Honneur le 25 prairial de la même année, et commanda en l'an XIII un escadron du 7e régiment de l'arme. De l'an XIV à 1806, il combattit avec la grande armée en Autriche et en Prusse. Admis à la retraite le 25 juin 1806, il se retira à Nemours (Seine-et-Marne), où il est mort le 2 février 1811. J.-T.

BASSANO (duc de). V. tome II, page 273.

BASSE (TOUSSAINT), naquit le 18 mai 1773 à Ugny (Moselle). Soldat dans le 24e régiment de cavalerie le 20 août 1792, il fit toutes les campagnes de la Révolution depuis 1792 jusqu'à l'an IX dans les différentes armées de la République. Le 22 juin 1793, au siége de Valenciennes, il eut la jambe droite cassée par un éclat de bombe. Le 30 vendémiaire an V, au combat de Neuwied, il eut la cuisse gauche traversée d'une balle, et au combat de Neuhoff, le 3 floréal, un coup de feu lui fracassa le bras gauche. Brigadier le 1er messidor de la même année, il devint maréchal-des-logis le 16 pluviose an IX, et passa, le 10 vendémiaire an X, comme cavalier dans les chasseurs à cheval de la garde des consuls, devenue garde impériale. Brigadier le 23 vendémiaire an XI, et maréchal-des-logis le 1er vendémiaire an XII, il fut nommé membre de la Légion-d'Honneur le 25 prairial, et servit au camp de Boulogne pendant les ans XII et XIII. De l'an XIV à 1807, il combattit en Autriche, en Prusse et en Pologne, et obtint le grade de lieutenant en second le 27 frimaire an XIV, à la suite de la bataille d'Austerlitz, et celui de lieutenant en premier le 16 février 1807, en récompense de sa brillante conduite à Eylau; le 8 février 1808, l'Empereur lui accorda une dotation de 500 francs de rente. Il fit la campagne de 1808 en Espagne, celle de 1809 en Allemagne, et prit part à l'expédition de Russie. Il resta en arrière pendant la retraite de Moscou, et l'on n'a plus eu de ses nouvelles depuis le 16 décembre 1812. B-G.

BASSET (JEAN-CHARLES), naquit le 6 septembre 1762 à Laigle (Orne). Soldat au régiment de Turenne-infanterie, il quitta ce corps par congé le 31 décembre 1787. Commandant de la garde nationale de Moulins en 1789, il marcha en 1790 contre les insurgés du département de l'Eure, et parvint à les faire rentrer dans l'obéissance. Passé avec le grade de capitaine au 2e bataillon de l'Orne le 14 septembre 1792, et avec celui de chef de bataillon à la 142e demi-brigade le 17 messidor an III, il fit les campagnes de 1792 à l'an V aux armées des Ardennes, de l'Ouest et de l'Océan. Réformé le 8 brumaire an V, et remis en activité de service dans la 65e demi-brigade de ligne le 3 frimaire an VII, il passa à l'armée du Rhin, y fit les guerres de l'an VII à l'an IX, et à l'affaire du 24 vendémiaire an VIII, au pont d'Heidelberg, à la tête des grenadiers de la division, il effectua le passage du Necker sous le feu de l'ennemi, et entra dans la ville après huit heures du combat le plus opiniâtre. Lors de la retraite de Breten, il rallia 3 compagnies de son bataillon vivement attaquées par l'ennemi, et força celui-ci, quoique très supérieur en nombre, à se retirer. Le même jour, il reçut l'ordre de couvrir le mouvement rétrograde de la division Decaen, et l'exécuta vigoureusement avec 14 compagnies d'infanterie et 150 cavaliers. Rentré à Vislock, il reprit le commandement de son bataillon. A l'entrée de la nuit, la division se replia sur Schwinzingen, mais il restait en avant de Vislock 3 compagnies de son bataillon. Les ordonnances que le général Decaen envoyait à ce détachement étaient arrêtées par un corps de hulans aux prises avec nos colonnes; le chef de bataillon Basset demanda et obtint du général la permission d'aller chercher ses trois compagnies, et il les ramena, quoiqu'il ne se fût fait accompagner que de 4 carabiniers. De l'an XI à l'an XIII, il servit aux camps de Belle-Isle-en-Mer et sous Brest, fut nommé membre de la Légion-d'Honneur le 25 prairial an XII, et fit partie de la grande armée de l'an XIV à 1807 en Autriche, en Prusse et en Pologne. Nommé officier de la Légion-d'Honneur le 7 juillet 1807, et admis à la retraite le 7 janvier 1808, il se retira à Moulin-Lamarche (Orne), où il est mort le 11 juin 1811. J.-T.

BASSOIGNE. V. BAFFOIGNE.

BASTE (PIERRE), était capitaine de frégate attaché au bataillon des marins de la garde impériale lorsque l'Empereur récompensa ses services par la croix d'officier de la Légion-d'Honneur le 25 prairial an XII, quoiqu'il n'appartînt pas encore à la Légion. Commandeur de l'Ordre le 28 février 1810, il est mort le 29 janvier 1814.

BASTIDE (JEAN-CHARLES-ANTOINE), naquit le 12 décembre 1738 à Salins (Jura). Entré en 1755 comme chirurgien-élève à l'hôpital de Salins, et employé aux hôpitaux de l'armée d'Allemagne, à Hanovre, Wesel et Cologne depuis l'année 1757 jusqu'à la paix conclue en 1762, il devint chirurgien-aide-major au 2e régiment Royal-dragons en 1763. Chirurgien-aide-major à l'armée de Corse pendant le mois de juin 1767, et employé comme chirurgien en chef à l'hôpital de Bastia de juillet 1767 au 15 mai 1771, il rentra dans son régiment le 16 du même mois, et fut breveté le 11 juin 1773. Nommé le 20 fructidor an IV chirurgien de 1re classe au même régiment, devenu 1er de dragons en 1791, il fit toutes les campagnes de 1793 à l'an IV aux différentes armées de la République. Chirurgien-major titulaire à l'hôpital militaire de Calais le 15 pluviose an IX, il y reçut la décoration de membre de la Légion-d'Honneur le 25 prairial an XII. Admis à la retraite le 11 septembre 1812, il resta cependant en activité jusqu'au 31 décembre 1814. Il est mort à Paris en 1819.   J.-T.

BASY ET NON BAZY (JEAN), né le 9 février 1769 à Sainte-Croix (Haute-Garonne), entra au service le 24 janvier 1792 en qualité de lieutenant au 2ᵉ bataillon de la Haute-Garonne, incorporé en l'an III dans la 122ᵉ demi-brigade, devenue 57ᵉ en l'an IV, et fut nommé capitaine le 11 octobre 1792. Il fit les campagnes de 1792 à l'an III à l'armée des Pyrénées-Orientales, et celles de l'an IV à l'an VI aux armées d'Italie, d'Angleterre et d'Helvétie. Le 19 prairial an II, au combat de Saint-Laurent de la Mouga, en Espagne, à la tête de 4 compagnies de chasseurs, il attaqua un régiment ennemi, le battit complétement et lui fit 300 prisonniers. Le 30 brumaire an III, au combat qui eut lieu devant Figuières, il entra un des premiers dans la redoute du pont de Moulins, défendue par 2,000 hommes et 10 pièces de canon, tua 2 canonniers à leurs pièces, fit de sa main un colonel prisonnier, et eut dans cet affaire ses habits percés de trois balles. Le 23 germinal, au combat de Bascara, où il commandait un bataillon de chasseurs de son régiment, il fut chargé de s'emparer du village de Novata : arrêté pendant quelque temps par la défense vigoureuse que lui opposait un ennemi supérieur en forces, il emporta la position à la baïonnette et fit 150 prisonniers. Passé à l'armée du Rhin, il en suivit les opérations de l'an VII à l'an IX. Le 3 germinal an VII, à la bataille de Feldkirch, voyant le drapeau de son régiment en danger d'être pris, il rallia quelques braves, s'empara du drapeau et le sauva des mains de l'ennemi. Dirigé sur l'armée des côtes de l'Océan en l'an XII, il y reçut la décoration de la Légion-d'Honneur le 25 prairial, fit partie de la grande armée de l'an XIV à 1807 en Autriche, en Prusse et en Pologne, obtint la croix d'officier de la Légion-d'Honneur le 5 nivose an XIV, en récompense de sa belle conduite à Austerlitz, et fut blessé de deux coups de feu, l'un à la cuisse droite et l'autre à la main droite, à Heilsberg le 10 juin 1807. Il suivit la grande armée en Allemagne en 1809. Chef de bataillon au 61ᵉ régiment de ligne le 22 juin 1811, il fit la campagne de 1812 en Russie, et mourut des suites de ses blessures à Mojaïsk le 7 septembre 1812.   J.-T.

BATAULT, NON BATEAUT NI BATTEAU (PIERRE), naquit le 7 janvier 1767 à Meursault (Côte-d'Or). Volontaire le 27 août 1791 au 1ᵉʳ bataillon de la Côte-d'Or (146ᵉ demi-brigade d'infanterie en l'an II, 5ᵉ demi-brigade de ligne le 1ᵉʳ ventose an IV, et 5ᵉ régiment même arme en l'an XII), il devint caporal le 20 septembre 1791, sergent le 10 septembre 1793, sergent-major le 15 du même mois, sous-lieutenant au choix le 5 prairial an V, et lieutenant sur le champ de bataille par arrêté du général Moreau le 1ᵉʳ messidor an VII. Attaché à l'armée du Nord de 1791 à 1793, il faisait partie de la garnison de Valenciennes, en mai 1793, lorsque, après une vigoureuse défense, la place tomba au pouvoir des Autrichiens. Passé à l'armée des Alpes, il y servit pendant les ans II et III, et à celle d'Italie en l'an IV et en l'an V. Il prit part à la bataille de Castiglione et gagna ses deux grades de sous-lieutenant et de lieutenant pendant les campagnes de la fin de l'an V à la fin de l'an VII à la même armée d'Italie. Employé à celles du Rhin et d'observation du Midi de l'an VIII à l'an X, et resté en garnison dans le Piémont de l'an XI à l'an XIII, il fut nommé membre de la Légion-d'Honneur le 25 prairial an XII. De l'an XIV à 1807, il servit aux armées d'Italie et de Dalmatie, reçut un coup de feu au bras droit à l'affaire devant les moulins de Raguse le 2 juin 1806, et fut promu capitaine le 27 décembre de la même année. Dirigé sur Bayonne en 1805, et passé le 1ᵉʳ juillet à la 3ᵉ légion de réserve, devenue 122ᵉ régiment de ligne le 13 mars 1809, il fit les campagnes de 1808 et 1809 en Espagne et en Portugal. Admis à la retraite le 7 août 1809, il se retira à Lyon (Rhône), où il réside encore aujourd'hui.   J.-T.

BATTUELLI (JOSEPH), né le 2 janvier 1768 à Carignan (Pô), entra au service le 14 décembre 1786 comme cavalier dans le régiment de Chablais-dragons (troupes du roi de Sardaigne). Brigadier le 1ᵉʳ décembre 1790, maréchal-des-logis surnuméraire le 10 novembre 1795 et titulaire le 10 mai 1796, il fit les campagnes de 1792 à 1796 dans les armées de Savoie, de Saint-Dalmas et d'Italie contre la République française. Passé au service de la France, il y fut nommé sous-lieutenant le 16 frimaire an VII dans les carabiniers piémontais, fut fait prisonnier de guerre par les Autrichiens à Verderio le 9 floréal de la même année. Rendu par échange, il entra le 1ᵉʳ fructidor an VIII dans les hussards piémontais, devenus 26ᵉ régiment de chasseurs à cheval en l'an XII, continua jusqu'à l'an IX de suivre les opérations de l'armée d'Italie ; fut promu lieutenant à l'ancienneté le 4 floréal an XII, et nommé membre de la Légion-d'Honneur le 25 prairial suivant. Dirigé sur la grande armée en l'an XIV, il y servit jusqu'en 1807, et passa en Espagne en 1808. Il y resta jusqu'au 30 mars 1809, jour de son admission à la retraite. Il se retira dans son pays natal. On est sans nouvelles de cet officier depuis 1814.   J.-T.

BATUS. *V.* BALTUS.

BAUCHARD (AUGUSTE), naquit le 8 octobre 1775 à Saint-Judicourt (Somme). Volontaire le 16 septembre 1793 au 4ᵉ bataillon de la Sarthe, amalgamé en l'an II dans la 29ᵉ demi-brigade d'infanterie, devenue 14ᵉ demi-brigade de ligne en l'an IV, il fit les campagnes de 1793 à l'an III aux armées de l'Ouest et du Nord. Passé à l'armée d'Italie en l'an IV, il entra dans les guides le 16 ventose an V, s'embarqua en l'an VI pour l'expédition d'Orient, fut nommé caporal le 16 nivose an VII et fit partie du corps expéditionnaire de Syrie. Rentré en France avec le général Bonaparte, il passa avec son corps dans les chasseurs à pied de la garde des consuls, devenue garde impériale en l'an XII, et fit la campagne de l'an VIII en Italie. Sergent le 6 nivose an IX, sous-lieutenant le 5 ventose an XII, membre de la Légion-d'Honneur le 25 prairial, et lieutenant en second le 1er vendémiaire an XIII, il fit les guerres de l'an XIV à 1807 en Autriche, en Prusse et en Pologne, et le 6 février 1807 il passa comme capitaine dans le 26e régiment d'infanterie légère. Dirigé sur la grande armée en 1809, il reçut à Essling un coup de feu à la main gauche. Chef de bataillon le 18 juin 1812, il suivit la grande armée en Russie et fut tué le 26 novembre sur les bords de la Bérésina. J.-T.

BAUCHAU (CORNEILLE-JOSEPH), naquit à Namur (Pays-Bas autrichiens), le 17 avril 1755. Reçu avocat de bonne heure, il était depuis quatre ans membre du conseil souverain de Namur quand le gouvernement de la France, dont les armées venaient de conquérir la Belgique, l'appela à composer avec ses collègues une administration nouvelle de la province de Namur (30 messidor an II). Promu trois mois plus tard aux fonctions de maire de Namur, il dut, en brumaire an III, se rendre à Bruxelles en qualité de membre de l'administration centrale de la Belgique. Il venait d'être mis provisoirement à la retraite en germinal suivant, lorsqu'il fut nommé membre de l'administration départementale récemment instituée à Namur. Juge au tribunal civil de cette ville au mois de brumaire an IV, et bientôt après élevé à la présidence de ce tribunal, il en résigna les fonctions en nivose an V. Le gouvernement consulaire lui confia en pluviose an VIII l'emploi de secrétaire-général de la préfecture de Sambre-et-Meuse, qu'il quitta le 24 ventose an IX pour entrer au tribunal de cassation ; on venait de l'appeler au sénatus-consulte. Il échangea ce titre contre celui de conseiller en la cour de cassation en prairial de l'an XII, et reçut la croix de membre de la Légion-d'Honneur le 25 du même mois. La loi du 14 octobre 1814 avait dénaturalisé les Français originaires des différens pays successivement conquis par les armées de la Révolution. Bauchau se vit exclu de la cour de cassation le 13 février 1815 ; il obtint toutefois des lettres de naturalité et le grade d'officier de la Légion-d'Honneur (16 février 1815). Retiré à Louvain, il y est mort le 4 mai 1835.

BAUCHET. *Voyez* BANCHET.

BAUCHETON (FRANÇOIS), naquit à Massey (Côte-d'Or), le 2 mars 1749. Avocat au bailliage d'Issoudun, il fut député aux États-Généraux en 1789 par la sénéchaussée du Berri. Élu membre de la Convention en 1792 par le département du Cher, il vota dans le procès de Louis XVI pour la détention pendant la guerre, le bannissement à la paix, l'appel au peuple et le sursis à l'exécution. Lorsque la Convention fit place au Directoire, il entra au conseil des Cinq-Cents, où il rendit d'importans services dans le comité chargé de l'examen des comptes. Sorti du conseil au mois de floréal an V, il fut nommé accusateur public près le tribunal criminel du département du Cher, fonctions qu'il conserva après le 18 floréal an VIII, avec le titre de commissaire du gouvernement près le même tribunal. Le 25 prairial an XII, l'Empereur le nomma membre de la Légion-d'Honneur, puis procureur-général près la cour criminelle de Bourges. Lors de la réorganisation des cours de justice, en 1811, un décret impérial du 14 avril le fit premier avocat-général à la même cour, alors cour impériale. Il devint à quelque temps de là membre du conseil général du département. Il occupait ces doubles fonctions en 1814 et la Restauration ne changea point sa position. Appelé à la Chambre des représentans durant les Cent-Jours, il apporta l'esprit d'ordre et de modération qui l'avaient fait remarquer dans les grandes assemblées auxquelles il avait appartenu. La seconde Restauration le rendit à ses occupations judiciaires, et, depuis cette époque, il ne reparut plus sur la scène politique. Il est mort dans le lieu de sa naissance le 9 juin 1838.

BAUD (LÉONARD), naquit le 26 octobre 1748 à Salins (Jura). Soldat au régiment de Champagne-infanterie, il fit la campagne de 1769 dans l'île de Corse, et passa le 15 décembre 1774 comme dragon au régiment de Conti, devenu 4e de l'arme en 1791. Brigadier le 1er mai 1783, maréchal-des-logis le 10 décembre 1785, adjudant et sous-lieutenant les 1er janvier et 1er avril 1793, lieutenant le 18 thermidor an II, et capitaine le 1er nivose an III, il fit les campagnes de 1792 à l'an III à l'armée du Rhin, et celles de l'an IV à l'an IX aux armées de Rhin-et-Moselle, d'Allemagne, d'Angleterre et de Batavie. Membre de la Légion-d'Honneur le 25 prairial an XII, il fut admis à la retraite le 18 brumaire an XIII, et se retira dans son département. Il habitait Salins en 1814, date des dernières nouvelles que l'administration ait reçues de lui. J.-T.

BAUD (MARTIN-NOEL), ET NON **BEAU** (EMMANUEL), naquit le 24 décembre 1752 à Montigny (Seine). Soldat au régiment d'infanterie d'Aubonne le 15 juillet 1768, et congédié le 1er août 1777, il s'engagea, le lendemain, sur la frégate *la Comtesse-de-Brignon*, qui mit immédiatement à la voile pour les Indes-Occidentales. De retour en Europe le 30 août 1778, il s'engagea de nouveau le 15 septembre suivant dans le régiment des gardes suisses. Admis le 30 janvier 1783 dans le régiment de Diesbach (88e), il quitta ce corps le 30 février 1790, et se fit admettre comme soldat dans la garde nationale parisienne soldée le 1er mars suivant. Incorporé le 22 juin 1792 dans le régiment suisse de Vigier (72e), il passa dans le 7e bataillon de volontaires du Bas-Rhin avec le grade de capitaine le 13 novembre suivant. Devenu chef de bataillon le 12 novembre 1793, après les campagnes de 1792 et 1793 aux armées du Nord et de la Moselle, il fut incorporé avec son bataillon dans la 68e demi-brigade de ligne, qui faisait alors partie de l'armée du Rhin, où il servit de l'an II à l'an V. Passé à l'armée d'Italie, il se distingua en l'an VI et en l'an VII, et fit avec son régiment les campagnes des ans VIII et IX à l'armée des côtes. Il était à l'île de Ré, lorsque, le 15 brumaire an x, il s'embarqua avec un détachement de son corps pour l'expédition de Saint-Domingue. A l'affaire de la Crête-à-Pierrot, il reçut deux coups de feu, l'un à l'épaule gauche, l'autre à la hanche du même côté, plus, une forte contusion à l'épaule droite. Rentré en France le 1er vendémiaire an xi, il fut nommé le 25 prairial an xii officier de la Légion-d'Honneur, et obtint sa retraite le 29 thermidor suivant. Il est mort à Orgelet (Jura), le 16 octobre 1821. Cet officier supérieur, qui était légionnaire de droit, avait reçu une arme d'honneur; mais on ne sait à qu'elle époque il l'avait obtenue, ni dans qu'elle circonstance il l'avait méritée.   B-S.

BAUDETTE (MÉRITE), naquit le 14 février 1775 à Mont-sur-Toi (Deux-Sèvres). Incorporé comme réquisitionnaire le 1er messidor an II dans le 4e régiment de chasseurs à cheval, il fit les campagnes du Rhin, de Rhin-et-Moselle, de l'Ouest et de Batavie ; il était à la bataille de Rastadt le 17 messidor an IV, à celle des dunes de Bergen près d'Alkmaër le 10 vendémiaire an VIII, et à celle de Castricum en avant de Bergen. Le 2 floréal an VIII, il fut admis dans les grenadiers à cheval de la garde consulaire, devenue garde impériale, fit la campagne de l'armée de réserve, se trouva à la bataille de Marengo, et reçut au camp de Boulogne la croix de la Légion-d'Honneur le 25 prairial an XII. Attaché à la grande armée à la reprise des hostilités, il servit en Autriche et en Prusse, et trouva la mort sur le champ de bataille d'Eylau le 8 février 1807.

BAUDIN (FRANÇOIS-ANDRÉ, *baron*), né à Strasbourg (Bas-Rhin), le 2 décembre 1774, entra fort jeune encore au service de la marine. Embarqué comme mousse sur un bâtiment du roi le 8 octobre 1789, il fut nommé aspirant de marine le 20 juin 1792, enseigne de vaisseau le 25 floréal an V, lieutenant de vaisseau le 8 messidor an VII, membre de la Légion-d'Honneur le 25 prairial an XII, et capitaine de frégate le 2e jour complémentaire an XIII. Attaché à cette époque à l'expédition dirigée par l'amiral Villaret-Joyeuse, il reçut pour revenir en France (24 messidor an XIII) le commandement des corvettes *le Département-des-Landes*, *la Torche* et *le Faune*; il montait la frégate *la Topaze*.

Parti du fort de France le 27 messidor, il aperçut le 30, à huit heures du matin, un grand bâtiment auquel il donna la chasse; c'était la frégate anglaise *la Blanche* qui, partie de la Jamaïque, allait à la Barbade sous les ordres du capitaine Zacharie Mudge. Après un combat opiniâtre d'environ cinq quarts d'heure, le bâtiment anglais fut capturé; mais il avait reçu dans le combat de telles avaries que le capitaine Baudin dut le faire sauter. Il continuait sa course, retardé dans sa marche par les bâtimens qui l'accompagnaient, quand le 28 thermidor, à la pointe du jour, on signala dans la direction du nord-est un grand vaisseau à trois-mâts ayant des bonnettes et portant sur la petite division du capitaine Baudin. Ce brave marin marcha droit au navire ennemi, mais celui-ci, se retirant, fit des signaux à un autre vaisseau plus éloigné faisant partie d'une croisière ennemie composée de vaisseaux et de frégates, qui s'empressèrent de donner la chasse à la division française. Cette chasse dura tout le jour, et les vaisseaux anglais prenaient un avantage que l'infériorité de la marche des corvettes accompagnant *la Topaze* rendait fort dangereux. Le capitaine Baudin fit ses dispositions de manière à se trouver à même de porter secours pendant la nuit à la corvette qui marchait le plus mal, dans le cas où le bruit du canon lui ferait connaître qu'elle était attaquée. A dix heures du soir, *la Topaze* était à portée de canon d'un grand navire qui courait à contre-bord. C'était un navire de ligne favorisé par une brise assez forte. Après avoir essayé vainement pendant toute la nuit d'échapper par la fuite à ce redoutable ennemi, la frégate française se décida à accepter un combat inégal. Le feu commença à neuf heures du matin, et il avait duré pendant plus d'une heure, quand la certitude de ne pouvoir lutter longtemps de cette manière détermina le commandant de *la Topaze* à tenter l'abordage. Mais au moment où 350 marins français allaient engager une lutte corps à corps avec 460 Anglais, une brise favorable s'éleva, et le capitaine Baudin put soustraire sa frégate aux dangers qui la menaçaient, emportant la gloire d'avoir héroïquement lutté contre le vaisseau anglais *l'Agamemnon*, portant 72 bouches à feu, et qui, outre le double avantage de son élévation et de l'épaisseur de sa coque, envoyait par bordée à *la Topaze* six cents livres de boulets de plus qu'elle ne pouvait lui en rendre. Le capitaine Baudin voulait gagner un de nos ports du golfe de Gascogne, des vents violens qui soufflaient du nord-est ne le lui permirent pas. Il alla relâcher dans le Tage, et débarqua ses prisonniers à Lisbonne. L'intrépide conduite du capitaine et la haute sagesse qu'il avait déployée dans son commandement furent récompensées par le grade de capitaine de vaisseau, qu'il reçut le 2e jour complémentaire an XIII. Le 13 mai 1806, on lut dans *le Moniteur* : « Brest, le 2 mai. La frégate *la Topaze*, capitaine Baudin, sortie de Lisbonne le 14 avril pour se rendre à Brest, a pris et brûlé en mer, le 27 et le 28 du même mois, les deux bricks anglais *Beaver of people*, capitaine Nathaniel Lincoln, et *l'Hamilton*, capitaine Thomas Collins. Tous les deux étaient chargés de vivres et allaient de Waterford à Terre-Neuve. Le 30 avril, elle a pris et brûlé le brick anglais *Montrose Smak*, capitaine William Capeland. La frégate *la Topaze* vient d'entrer à Brest, et y a débarqué 113 prisonniers. » Promu le 31 mai 1803 au grade de contre-amiral, Baudin obtint le 11 juillet 1814 la croix d'officier de la Légion-d'Honneur, et celle de chevalier de Saint-Louis le 29 du même mois. Nommé major-général de la marine à Brest, par ordonnance royale du 26 octobre 1817, et compris dans la liste arrêtée par le roi, en exécution de l'ordonnance du 22 octobre de la même année, des officiers de tous grades composant le corps de la marine, le contre-amiral baron Baudin fut créé le 5 juillet 1820 commandeur de la Légion-d'Honneur, commandeur de Saint-Louis le 20 août 1823, et grand-officier de la Légion-d'Honneur le 27 octobre 1826. Le 5 novembre 1827, le roi le chargea de présider le collège électoral du premier arrondissement du département du Finistère. Admis à la retraite à partir du 1er janvier 1833, par ordonnance royale en date du 16 décembre 1832, il est mort à Forges-les-Eaux (Seine-Inférieure), le 18 juin 1842.   V.

BAUDIN (NICOLAS), né le 15 août 1767 à Geansigny (Côte-d'Or), entra au service le 24 juin 1783 comme soldat au régiment de Bourbon-infanterie, et en sortit le 16 janvier 1786 par congé de grace. Rentré le 9 octobre 1790 au même corps, devenu 56e régiment d'infanterie en 1791, il le quitta de nouveau le 1er octobre 1793 pour passer le 10 novembre suivant dans le 20e régiment de dragons. Brigadier et maréchal-des-logis les 12 ventose et 15 prairial an II, adjudant-sous-officier et sous-lieutenant les 27 brumaire et 6 messidor an V, et lieutenant le 3e jour complémentaire an IX, il fit les campagnes de 1792 à l'an V aux armées de la Moselle, du Nord et d'Italie, et celles de l'an VI à l'an IX en Égypte. A la bataille d'Aboukir, le 30 ventose an IX, il reçut un coup de feu au pied droit. Rentré en France après la capitulation d'Alexandrie, il fit partie de l'armée des côtes de l'an X à l'an XIII, et fut nommé membre de la Légion-d'Honneur le 25 prairial an XII. De l'an XIV à 1807, il servit en Autriche, en Prusse et en Pologne, et devint adjudant-major le 24 janvier 1806, et capitaine le 8 mai 1807. Passé en Espagne en 1808, il y mourut de la fièvre le 8 mai 1809.   J-T.

BAUDOT (JEAN-NICOLAS-FRANÇOIS), naquit le 4 septembre 1775 à Saint-Mihiel (Meuse). Volontaire le 23 août 1793 au bataillon des chasseurs de la Marne, incorporé dans les éclaireurs de la Meuse le 2 brumaire an II, amalgamés en germinal dans la 9e demi-brigade légère, devenue 9e régiment en l'an XII. Il passa caporal le 20 nivose an II, sergent-major le 10 ventose, sous-lieutenant le 1er vendémiaire an V, et lieutenant le 2 vendémiaire an VIII. Il fit les campagnes de 1793 à l'an III aux armées des Ardennes et de Sambre-et-Meuse, et celles de l'an IV à l'an IX à l'armée d'Italie. Capitaine le 11 ventose an XII, et membre de la Légion-d'Honneur le 25 prairial, il fit partie de la grande armée en l'an XIV en Autriche. Nommé adjudant-major-capitaine chargé de l'habillement le 14 octobre 1811, il était en 1814 au blocus de Longwy, et continua sa gestion jusqu'au 15 septembre 1815, époque à laquelle il fut licencié. Admis à la retraite le 4 septembre 1816, il se retira à Woinville (Meuse), où il réside encore aujourd'hui.   J-T.

BAUDOT (NICOLAS), naquit le 21 juillet 1775 à Bar-sur-Ornain (Meuse). Soldat le 4 mars 1793 au deuxième bataillon de la Meuse, amalgamé en l'an II dans la 71e demi-brigade d'infanterie, devenue 92e demi-brigade de ligne en l'an IV, puis 92e régiment de même arme en l'an XII, il passa caporal le 5 brumaire an II, et fit les campagnes de 1792 à l'an V aux armées du Nord et de Sambre-et-Meuse. Il se distingua le 11 vendémiaire an III au passage de la Roër, en franchissant un des premiers la rivière, et en entraînant par son exemple ses camarades après lui. Nommé sergent le 21 thermidor an VII, et sergent-major le 15 pluviose an VIII, il servit de l'an VI à l'an VIII aux armées d'Allemagne et d'Italie, et reçut un coup de feu au bras gauche le 23 floréal an VIII au siège de Gênes. Employé aux armées de l'Ouest, de la Gironde et de Batavie de l'an IX à l'an XI, il devint sous-lieutenant le 5 germinal an XII, et membre de la Légion-d'Honneur le 25 prairial. De l'an XIV à 1806, il suivit le 2e corps de la grande armée en Autriche, et de 1807 à 1811 à l'armée d'Italie. Lieutenant le 1er juin 1808, et chargé des fonctions d'officier-payeur du régiment, il fut promu capitaine le 26 mars 1810. Dirigé sur la grande armée en 1812, il fut blessé le 26 juillet au combat d'Ostrowno d'une balle au pied droit et de deux fortes contusions, dont l'une au cou et l'autre à la jambe droite. Nommé officier de la Légion-d'Honneur le 12 avril 1813, il fit les deux dernières campagnes d'Italie en 1813 et 1814. Il rejoignait son corps en 1815, lorsque, le 21 mars, il se noya par accident à Pont-sur-Yonne.   J-T.

BAUDOT ET NON **BANDOT**, capitaine au 10e régiment de dragons. V. à la nomination du 17 thermidor an XII.

BAUDOUIN (CHARLES-FRANÇOIS), né le 21 mai 1750 à Remigny (Aisne), entra au service le 7 mars 1769 avec le grade de caporal dans le régiment provincial de Soissons-artillerie, devenu 6e régiment d'artillerie à pied en 1791, et obtint son congé le 1er juin 1775. Rentré au même corps comme canonnier le 9 novembre, et fait sergent le 16 août 1782, il fut employé sur les côtes de Bretagne et de Normandie de 1778 à 1782. Sergent-major le 1er avril 1791, lieutenant en second le 23 mai 1792, lieutenant en premier le 26 juillet, quartier-maître-trésorier le 5 avril 1793, capitaine le 15 du même mois, et chef de bataillon le 18 vendémiaire an III, il fit les campagnes de 1792, 1793 et an II aux armées des Ardennes et du Nord, et celles des ans III, IV et V en qualité de chef de l'état-major de l'artillerie de l'armée du Nord. Il se rendait à l'armée de Naples en l'an VII : le 27 nivose, entre Ytry et Gaëta, il rencontra environ 200 hommes qui rejoignaient la même armée ; les insurgés d'Ytry arrêtèrent la colonne dans une gorge étroite où elle était exposée à un feu meurtrier, Baudouin prit le commandement de 50 Polonais formant l'avant-garde, culbuta les insurgés, et livra passage aux Français, qui conduisaient alors 20 caissons chargés de munitions. Envoyé à l'armée de l'Ouest en l'an IX, il y remplit les fonctions de directeur des parcs, et reçut à la fin de l'an XI une mission particulière sur les côtes du Morbihan et du Finistère pour l'instruction des canonniers-gardes-côtes. Nommé sous-directeur d'artillerie à Alexandrie le 24 frimaire an XII, et membre de la Légion-d'Honneur le 25 prairial, il passa à la direction de Genève le 24 octobre 1810, et le 28 mars 1811 à celle de Belfort, où il mourut dans les premiers jours de mai 1812.   J-T.

BAUDOUIN (JEAN-CHARLES), naquit le 11

janvier 1763 à Tessey (Manche). Fusilier le 12 novembre 1778 au régiment Royal (24ᵉ d'infanterie), devenu 23ᵉ régiment de même arme en 1791, il passa le 14 mars 1791 comme cavalier au 1ᵉʳ régiment de cavalerie, (ci-devant Colonel-général), devenu 1ᵉʳ de cuirassiers en l'an XI, fut nommé brigadier-fourrier le 28 août 1792, maréchal-des-logis le 1ᵉʳ juin 1793, maréchal-des-logis-chef le 30 nivose an VII, sous-lieutenant le 13 floréal de la même année, et lieutenant le 21 brumaire an XI. Il fit les campagnes de 1792 à l'an III à l'armée du Nord, et celles de l'an IV à l'an IX en Italie, et eut un cheval tué sous lui à la bataille de Novi le 28 thermidor an VII. Membre de la Légion-d'Honneur le 25 prairial an XII, il fit les campagnes de la grande armée de l'an XIV à 1807 en Autriche, en Prusse et en Pologne. Admis à la retraite le 19 mars 1808, il entra bientôt après dans la 2ᵉ demi-brigade de vétérans, et mourut le 23 octobre 1810. J.-T.

BAUDOZ. *Voyez* t. 1ᵉʳ, p. 469.

BAUDRAND (MARIE-ÉTIENNE-FRANÇOIS-HENRI), né le 21 août 1774 à Besançon (Doubs), fils d'un avocat au parlement de Besançon, était destiné à la carrière du barreau, il préféra celle des armes, entra comme soldat dans le 12ᵉ bataillon du Doubs, et servit à l'armée du Haut-Rhin depuis le mois d'août 1793 jusqu'au 22 ventose an II. Admis alors à l'École de Metz en qualité d'élève sous-lieutenant du génie, il obtint le grade de lieutenant à sa sortie de l'École le 1ᵉʳ germinal an III, et fut employé en sous-ordre à Valenciennes. Nommé capitaine le 1ᵉʳ thermidor suivant, il devint chef du service du génie dans la place de Condé le 1ᵉʳ nivose an IV. Désigné pour faire partie de l'armée d'Angleterre le 1ᵉʳ pluviose an VI, et attaché à l'état-major du génie du corps de droite, il passa le 14 thermidor suivant à celle de Mayence, où il exerça les mêmes fonctions. Employé à l'état-major général de l'armée de Naples le 1ᵉʳ vendémiaire an VII, il prit part aux différens combats livrés à cette époque et par cette armée. Du 26 floréal au 15 thermidor, il resta dans Gaëte, et se trouva à toutes les sorties faites par la garnison. Transporté en France après capitulation de la place, il servit à Toulon pendant l'hiver de l'an VIII, et passa à l'armée d'Italie le 16 ventose de cette année.

Blessé de deux coups de feu le 3 prairial à la défense du pont du Var (1), il marcha avec le corps du général Suchet lors de l'occupation de Gênes, se trouva au blocus de Savone du 1ᵉʳ thermidor an VIII au 26 frimaire an IX, et fut chargé de la construction des retranchemens du haut Adda jusqu'à Lecco, et de la tête de pont et du camp retranché de Brivio. Il assista au siège de Peschiera, et eut en chef le service de cette place après sa reddition le 1ᵉʳ frimaire an IX.

Chargé le 15 vendémiaire an XI d'une reconnaissance militaire de la place de Plaisance et des têtes de pont du Pô, il s'acquitta avec succès de cette mission, et au mois de nivose suivant il passa à la direction de Besançon. Nommé chef du génie à Schelestadt le 20 floréal, il y reçut la décoration de la Légion-d'Honneur le 25 prairial an XII. Désigné pour faire partie de la grande armée et employé à l'état-major du prince Murat, commandant en chef la réserve de cavalerie, il fit en cette qualité la campagne de l'an XIV, et prit part aux combats de Wertingen et de Langenau. Le 17 janvier 1806, il retourna à l'armée de Naples. Au siège de Gaëte, du 15 avril jusqu'au 18 juillet, jour de la reddition de cette place, on lui confia plusieurs opérations importantes. Nommé chef de bataillon le 5 septembre suivant, il reçut le 15 juillet 1807 des lettres de service pour le corps d'armée destiné à l'occupation des îles Ioniennes. Embarqué à Tarente quelques jours après en qualité de commandant du génie de ce corps, il remplit les fonctions de directeur des fortifications à Corfou depuis le 15 octobre 1808 jusqu'au mois de juin 1813. Il fut chargé en cette qualité de reconnaître, créer, entretenir, augmenter ou restreindre les moyens de défense; spécialement à Sainte-Maure, à Paxo, à Parga, sur le continent, aux écueils de Fano, Merlere et Salmatrachi. Cet officier supérieur ne pouvait se rendre dans ces différens postes qu'en passant, à la faveur de la nuit, sous le canon de l'ennemi. Lors du siége de la citadelle de l'île Sainte-Maure par les Anglais, il se rendit d'après les ordres du gouverneur-général des îles Ioniennes près du pacha de Janina, et de là, déguisé en Turc et sous l'escorte de 4 cavaliers de cette nation, dans la citadelle de Sainte-Maure. Il traversa à la nage, sous le feu des canonnières des assiégeans, le bras de mer qui sépare l'île de Leucade de l'ancienne Acarnanie, entra dans la place assiégée, y remplit sa mission, et retourna par le même chemin à Corfou en traversant sans escorte des lieux infestés de brigands. Nommé major le 8 décembre 1810, et colonel le 31 mars 1812, il fut fait prisonnier par les Anglais le 11 juin 1813 à son retour de Parga et de Paxo, et alors que les hommes de l'équipage de la chaloupe qu'il montait avaient été tués ou mis hors de combat. Conduit en Sicile, puis à Malte, il fut renvoyé sur parole par le général Maitland le 8 juin 1814. A sa rentrée en France, une ordonnance royale du 29 juillet le créa officier de la Légion-d'Honneur, et une autre du 5 octobre chevalier de Saint-Louis. A son retour de l'île d'Elbe, l'Empereur, par décision du 5 avril 1815, l'attacha au 3ᵉ corps d'observation de l'armée du Nord, et lui confia ensuite les fonctions de chef de l'état-major général du génie de la même armée. Il assista à la bataille de Mont-Saint-Jean, suivit l'armée sur la Loire, et ne s'en sépara qu'après le licenciement. Chargé le 16 décembre de la même année d'une mission relative au cantonnement des troupes anglaises, il reçut l'ordre le 26 mars 1816 d'établir sa résidence au quartier-général du duc de Wellington, où il resta jusqu'à l'époque de l'évacuation du territoire français par les armées étrangères. Le 5 décembre 1818, le roi de Saxe lui envoya l'ordre de chevalier de l'ordre de Saint-Henri, et le 18 du même mois il reçut celle de che-

---

(1) Le ministre de la guerre adressa à M. Baudrand, le 9 germinal an IX, une lettre de félicitation à l'occasion de sa brillante conduite à la défense du pont du Var.

valier de l'ordre hanovrien des Guelfes. Il exerça ensuite les fonctions de directeur des fortifications à Cambrai jusqu'au 29 avril 1821, époque de sa nomination au grade de maréchal-de-camp ; et chaque année, depuis lors, il fit partie du comité du génie, de la commission mixte de travaux publics, du juri d'examen de sortie des élèves de l'École de Metz et de la commission créée pour le perfectionnement des cours de l'École polytechnique. En 1822, il accompagna le ministre de la marine dans l'inspection des ports de l'Océan pour discuter sur les objets qui intéressaient ce département et celui de la guerre.

Le 30 novembre suivant, le gouvernement le chargea de l'inspection des places de Cadix et de Barcelone. Employé au mois de janvier 1825 comme chef du bureau et de la division du génie au ministère de la guerre, il reçut, le 23 mai, la décoration de commandeur de la Légion-d'Honneur, et fut désigné au mois de décembre pour inspecter le service du génie à Cayenne, à la Martinique et à la Guadeloupe. Embarqué pour la Guiane française dans les premiers mois de 1826, il fut nommé commandeur de l'ordre royal et militaire de Saint-Louis le 29 octobre de cette même année. Il revint en France au mois de juin 1827. Nommé aide-de-camp du duc de Chartres le 24 août 1828, il accompagna ce jeune prince dans un voyage qu'il fit, en 1829, en Angleterre, en Écosse et en Irlande. Lors de la révolution de Juillet 1830, le général Baudrand était à Joigny, où le 1er régiment de hussards, dont le prince était colonel, tenait alors garnison. Il marcha avec lui sur Paris et y arriva le 4 août. Le 17 du même mois, il quittait Paris pour aller notifier à Georges IV l'avénement de Louis-Philippe au trône des Français, et le 30 il était de retour. Grand-officier de la Légion-d'Honneur le 18 octobre, lieutenant-général le 14 décembre de la même année, il prit part, en septembre 1831, à l'expédition de Belgique, où il accompagna le prince royal, et partit de nouveau pour Londres, au mois d'octobre suivant, chargé d'une mission particulière. Lors du mouvement insurrectionnel qui éclata à Lyon, au mois de novembre de la même année, le général Baudrand se rendit dans cette ville avec le prince royal et le suivit également dans le Midi en mai et juin 1832. Le roi l'éleva à la pairie le 11 octobre suivant. Il assista comme aide-de-camp du duc d'Orléans au siége et à la prise d'Anvers, au mois de décembre de la même année, et accompagna le prince dans le voyage qu'il fit à Londres en 1833. Nommé grand'croix de la Légion-d'Honneur le 30 mai 1837, il a été admis à la 2e section (réserve) du cadre de l'état-major, conformément aux dispositions de la loi du 4 août 1839. Il est aujourd'hui gouverneur de M. le comte de Paris. On donne à M. le général Baudrand le titre de chevalier dans l'*Annuaire militaire*, et celui de comte dans l'*Almanach royal* et dans tous les actes relatifs à la Chambre des pairs ; d'un autre côté, quelques personnes affirment qu'il a obtenu du roi Charles X des lettres-patentes de baron : il y a erreur ou *courtoisie* de toutes parts : M. le général Baudrand n'a jamais été chevalier, baron, ni comte. B-G.

BAUDRAU, BAUDREAU ou **BEAUDREAU**. *Voyez* BODROUX (*Silvain*).

BAUDREVILLE (JEAN-BAPTISTE-PIERRE, ROLLEE), né le 28 avril 1749 à Alençon (Orne), entra au service en janvier 1767 comme aspirant d'artillerie. Nommé élève le 20 juillet 1769, deuxième lieutenant au régiment de Grenoble le 2 juin 1770, premier lieutenant à la compagnie d'ouvriers-cadet le 5 avril 1780, et capitaine de la même compagnie le 20 mai 1784, il se retira du service avec une pension de 1,000 francs le 1er juin 1791. Rappelé à l'activité le 2 octobre de la même année avec le grade de chef du 1er bataillon des volontaires du Bas-Rhin, et décoré de la croix de Saint-Louis le 7, il passa au commandement de la place de Strasbourg le 2 avril 1792. Suspendu de ses fonctions le 23 août suivant, il rentra dans l'arme de l'artillerie le 12 floréal an VIII comme chef de bataillon, et fit au 2e régiment d'artillerie à pied les campagnes des ans VIII et IX aux armées du Rhin et des Grisons. Membre de la Légion-d'Honneur le 25 prairial an XII, major le 14 mars 1811, et attaché au neuvième régiment d'artillerie à pied le 1er avril suivant, il resta provisoirement à Maubeuge. Colonel le 23 juin, et directeur à Douai le 1er août, il reçut la croix d'officier de la Légion-d'Honneur le 5 août 1814, et fut admis à la retraite en vertu de l'ordonnance du 1er août 1815. Il est mort le 17 août 1841 à Schelestadt (Bas-Rhin). J-T.

BAUDRY (BLAISE *et non* LOUIS), naquit le 2 avril 1778 à Bussy (Côte-d'Or). Réquisitionnaire le 1er brumaire an VII dans la 12e demi-brigade d'infanterie légère, devenue 12e régiment de l'arme, il fit les campagnes des ans VII, VIII et IX aux armées d'Italie, de réserve et du Rhin. Membre de la Légion-d'Honneur le 25 prairial an XII, en considération de sa belle conduite à la bataille de Marengo, il obtint sa retraite le 11 ventose an XIII. Il réside aujourd'hui à Aiscy-le-Duc (Côte-d'Or).

BAUDRY (ESPRIT). Entré dans sa première jeunesse au service militaire dans les troupes de la marine, il était colonel du 3e régiment d'artillerie de marine quand il obtint la croix de membre de la Légion-d'Honneur le 4 germinal an XII et celle d'officier de l'Ordre le 25 prairial suivant. Retiré à Saintes (Charente-Inférieure), il y mourut le 17 juillet 1812.

BAUDUIN (PIERRE FRANÇOIS, *baron*), né le 25 janvier 1768 à Liancourt (Somme), entra au service le 11 septembre 1792 en qualité de lieutenant dans la 118e demi-brigade de bataille en l'an II, devenue 32e demi-brigade de ligne en l'an IV. Quartier-maître le 11 fructidor an II, lieutenant le 4 ventose an III, adjoint aux adjudans-généraux le 5 du même mois, et capitaine-adjoint le 14 vendémiaire an V, il fit les campagnes de 1792 à l'an II aux armées des Alpes et d'Italie, celle de l'an III sur la frégate *la Courageuse*, et celles de l'an IV à l'an VII aux armées des Alpes et d'Italie. Désigné pour faire partie de la 2e armée de réserve d'Italie en l'an VIII, il fut appelé comme aide-de-camp auprès du général Herbin le 15 germinal. Le 20 prairial, à l'affaire de Montebello, il pénétra un des premiers dans le village de Casteggio à la tête d'un détachement de la 24e demi-brigade légère, et força l'ennemi à abandonner cette position. Il rendit d'importans services à la bataille de Marengo, quoique blessé d'un coup de feu à la cuisse dès le commencement de la journée. Une partie de la division Gardanne avait été forcée et mise en déroute sur la ligne de Grosse-Cassine ; Bauduin rallia les grenadiers et les carabiniers et manœuvra avec eux de manière à protéger le flanc de la colonne que commandait le général Herbin. Sur la ligne du village de Marengo, où la brigade de ce général combattit jusqu'à trois heures après-midi. Il traversa trois fois le ruisseau qui le séparait de l'ennemi pour le charger, et dans la dernière tentative entraîna à sa suite un bataillon qui hésitait à passer, en jetant son chapeau de l'autre côté du ruisseau et en s'y précipitant le premier. Promu chef de bataillon sur le champ de bataille en récompense de sa belle conduite, il passa en cette qualité à la 16e demi-brigade de ligne le 16 pluviose an XI, fut nommé membre de la Légion-d'Honneur le 25 prairial an XII, et suivit les opérations de son nouveau corps pendant les ans XIII et XIV, sur mer, avec l'amiral Villeneuve, et en 1807 et 1808 à la grande armée. Il fit la campagne de 1809 en Allemagne, se distingua à Essling et à Presbourg, fut promu colonel du 93e régiment de ligne le 2 juillet, et créé officier de la Légion-d'Honneur et baron de l'Empire les 13 et 15 août de la même année. Envoyé en 1810 au corps d'observation de Hollande, et en 1812 à la grande armée de Russie, il fut grièvement blessé au bras droit pendant la campagne, et reçut la croix de commandant de la Légion-d'Honneur le 26 août. Élevé au grade de général de brigade le 9 mars 1813, il acquit une nouvelle gloire aux batailles de Lutzen, de Wurtschen et de Bautzen, en Saxe. Il prit le commandement du département des Pyrénées-Orientales le 11 août de la même année. Attaché à la 7e division provisoire d'infanterie de jeune garde le 24 janvier 1814, il fit avec elle la campagne de France. Mis en non-activité après l'abdication de l'Empereur, nommé chevalier de Saint-Louis le 11 septembre, il fut appelé pendant les Cent-Jours au commandement d'une brigade à l'armée du Nord et périt glorieusement à la bataille de Mont-Saint-Jean. Son nom est gravé sur les tables de bronze du Musée de Versailles. J-T.

BAUDUY (LOUIS-ALEXANDRE-AMÉLIE, *baron*), naquit le 1er novembre 1773 au Port-au-Prince (Saint-Domingue). Officier dans les dragons coloniaux le 1er juillet 1790, et commandant des dragons du quartier de Bellevue en 1791, il passa avec le grade de capitaine le 1er février 1794 dans les chasseurs de Saint-Domingue à la solde de l'Angleterre, devint major de ce corps le 6 juillet 1797, et servit en cette qualité jusqu'en 1798. Rentré au service de France dans les dragons du Cap, il obtint, le 24 vendémiaire an XI, un sabre d'honneur pour s'être distingué dans un engagement contre les insurgés de la colonie, et fut nommé par le capitaine-général le 20 prairial suivant adjoint à l'état-major général de l'armée de Saint-Domingue. Arrivé en Europe à la fin de l'an XI, il reçut le 25 prairial an XII la décoration d'officier de la Légion-d'Honneur : il était légionnaire de droit. Mis à la disposition du département de la guerre le 6 messidor suivant, un arrêté du premier Consul du 26 vendémiaire an XIII le confirma dans le grade de capitaine pour prendre rang du 20 prairial an XI. Employé à l'état-major général de la grande armée le 27 septembre 1806, le général Mouton l'attacha à sa personne comme aide-de-camp le 1er novembre de la même année. Nommé chef d'escadron le 20 avril 1807, il prit le 1er novembre 1808 le commandement d'un régiment de marche de cavalerie destiné pour l'armée d'Espagne, et il obtint le 15 décembre le brevet de major de cette arme. Le 15 août 1819 il eut le commandement du fort de Lillo (24e division militaire, armé du Nord), et devint successivement major du 6e régiment de chasseurs à cheval le 8 novembre suivant, adjudant-commandant le 29 juin 1810, et chef d'état-major dans les îles Ioniennes le 6 décembre. Le 1er septembre 1814, il rentra en France et fut placé au traitement de non-activité. Louis XVIII le créa chevalier de Saint-Louis le 27 décembre, et lui conféra le 31 du même mois le grade honorifique de maréchal-de-camp. Il fut mis à la disposition de *Monsieur* (comte d'Artois) le 5 mars 1815, et nommé maréchal-de-camp titulaire le même jour. Après le retour de l'île d'Elbe, Napoléon l'employa le 31 mars dans la 3e division militaire (Metz), le confirma par décret du 2 avril dans le grade de maréchal-de-camp, et l'attacha le 21 juin au service particulier de la place de Metz. Mis au traitement de non-activité le 1er octobre 1815, il fut replacé dans le cadre d'activité de l'état-major général, et successivement appelé au commandement du département des Deux-Sèvres le 21 janvier 1816, de la Drôme, de la Haute-Saône et de la Creuse, les 2 juillet, 1er octobre et 2 novembre 1817. Lors de la création des subdivisions militaires, le ministre de la guerre lui confia le 22 avril 1818 la 2e de la 12e division territoriale (Nantes), et le 20 août 1820 la 3e de la 6e division militaire (Jura). Placé au traitement de disponibilité le 1er décembre 1826, il est mort à Paris le 5 mai 1827. B-S.

BAUGARD (FRANÇOIS), naquit le 2 janvier 1744 à Versailles. Dragon le 1er janvier 1763 au régiment de Colonel-général, il passa dans les carabiniers le 1er mai 1767, et le 15 mai 1775 il quitta le corps par congé. Rentré au service le 20 mai 1776 comme cavalier dans la maréchaussée de la généralité de Paris, il partit en avril 1779 pour la guerre d'Amérique, passa le 11 décembre de la même année dans la compagnie de maréchaussée des voyages et chasses, et fut nommé brigadier le 26 mars 1783. Licencié avec son corps le 24 septembre 1789, il entra le même jour dans la garde nationale de Paris. Le 17 juin 1792, il fut nommé sous-lieutenant au 13e régiment de cavalerie (ci-devant Orléans) et dirigé sur l'armée du Nord. A l'affaire de Linselles, près de Lille, le 22 juillet

1793, il attaqua avec 25 hommes un avant-poste hollandais, fit 14 prisonniers et s'ouvrit un passage au milieu d'une colonne ennemie accourue pour l'envelopper, tua de sa main l'officier commandant qui lui disait de se rendre, et rentra au camp avec ses prisonniers. Chef d'escadron au 21ᵉ régiment de chasseurs le 28 brumaire an II, il servit à l'armée du Nord jusqu'en l'an III, passa à l'intérieur en l'an IV, à l'armée du Rhin en l'an V, et y fut nommé chef de brigade le 5 fructidor dans le 21ᵉ régiment de dragons, incorporé en l'an VII dans le 11ᵉ de même arme. Appelé en l'an VI à l'armée d'Helvétie, il rentra en l'an VII à l'intérieur et présida, le 16 nivose, le 2ᵉ conseil de guerre de la 6ᵉ division militaire. Mis au traitement de réforme le 15 floréal de la même année, il resta dans cette position et fut mis, le 9 frimaire de l'an XII, à la disposition du général Murat pour être employé comme commandant d'armes de 3ᵉ classe dans la république italienne. Membre de la Légion-d'Honneur le 25 prairial an XII, et successivement commandant d'armes à Como et Civita-Vecchia, il mourut dans cette dernière place le 28 octobre 1810.   J-T.

BAUR (FRANÇOIS-JOSEPH-ANTOINE), naquit le 19 juillet 1760 à Altkirch (Haut-Rhin). Soldat le 8 mai 1783 au régiment des gardes suisses, caporal le 13 avril 1786, sergent le 2 mai 1789, il fut licencié avec son corps le 26 septembre 1792. Il entra avec le grade de lieutenant en second dans les pionniers de la légion germanique le 15 octobre suivant, fit les campagnes de 1792 et 1793 aux armées du Nord et de la Vendée, et passa le 22 germinal an II en qualité d'adjudant-major dans le 5ᵉ bataillon de volontaires du Haut-Rhin, amalgamé le 27 du même mois dans la 85ᵉ demi-brigade d'infanterie. Nommé capitaine le 16 thermidor de la même année, il servit de l'an II à l'an V aux armées du Nord, de Sambre-et-Meuse, des côtes de Cherbourg et de l'Océan. Il reçut un coup de feu qui lui traversa le pied droit dans une affaire contre les insurgés de Nantes le 15 vendémiaire an IV. Capitaine surnuméraire à la suite par l'amalgame de la 85ᵉ demi-brigade dans la 34ᵉ le 1ᵉʳ ventose an V, il fut remis en activité le 18 fructidor an VII comme capitaine titulaire au bataillon auxiliaire du Haut-Rhin, et placé de nouveau à la suite dans la 27ᵉ demi-brigade de ligne lors de l'incorporation de son bataillon le 20 pluviose an VIII, il passa le 30 ventose comme titulaire dans la 95ᵉ demi-brigade de ligne, devenue 95ᵉ régiment même arme en l'an XII, continua de prendre part aux opérations de l'armée du Rhin jusqu'en l'an IX, et fut envoyé aux armées de Batavie et de Hanovre de la fin de l'an IX à l'an XII. Membre de la Légion-d'Honneur le 25 prairial an XII, il servit à la grande armée de l'an XIV à 1807 en Autriche, en Prusse et en Pologne. Admis à la retraite le 3 mars 1807, il se retira dans sa ville natale, où il est mort le 2 février 1814.   J-T.

BAUR (MICHEL-SÉBASTIEN), naquit le 24 janvier 1770 à Altkirch (Haut-Rhin). Soldat le 14 juillet 1787 au régiment suisse de Vigier, il passa le 8 mai 1791 dans la garde nationale soldée avec le grade de lieutenant. Nommé capitaine dans le 5ᵉ bataillon de son département, amalgamé en l'an II dans la 85ᵉ demi-brigade d'infanterie, devenue 34ᵉ demi-brigade de ligne en l'an V, il devint chef de bataillon le 10 germinal an II, et passa à la suite du corps le 25 nivose an V par l'amalgame de la 85ᵉ dans la 34ᵉ demi-brigade. Il fit les campagnes de 1792 à l'an V aux armées du Rhin, du Nord, de Sambre-et-Meuse, des côtes de Cherbourg et de l'Océan. Rappelé dans la 95ᵉ demi-brigade de ligne le 1ᵉʳ nivose an VII, devenue en l'an XII 95ᵉ régiment de même arme, il prit part aux opérations des armées du Rhin, de Batavie et de Hanovre de l'an VII à l'an XII, et obtint la décoration de membre de la Légion-d'Honneur le 25 prairial de cette dernière année. Employé à la grande armée de l'an XIV à 1807 en Autriche, en Prusse et en Pologne, il se trouva aux batailles d'Austerlitz, d'Iéna et de Friedland, et passa en Espagne, où il servit jusqu'en 1810 inclusivement. Nommé commandant d'armes de 4ᵉ classe à Helvoëtslugs (17ᵉ division militaire, Hollande) le 27 septembre 1811, il prit celui de la place de Péronne le 1ᵉʳ mars 1814, le quitta le 1ᵉʳ février 1815, et fut appelé à remplir les mêmes fonctions à Soissons le 24 juin de la même année. Mis en demi-solde le 5 septembre, il resta dans cette position jusqu'au 29 août, époque de son admission à la retraite. Il est mort dans sa ville natale le 13 janvier 1840.   J-T.

BAVAZER. *Voyez* BARAZER.
BAVILLE. V. t. III, p. 75.
BAYEUX (ALEXANDRE-CONSTANT, *chevalier*, puis *baron*), naquit le 13 février 1775 à Saint-Quentin (Aisne). Cavalier le 10 ventose an II au 11ᵉ régiment de hussards (ci-devant légion germanique), brigadier le 26 fructidor an IV, et maréchal-des-logis le 5 fructidor an XII, il fit les campagnes de l'an II à l'an VII aux armées de l'Ouest, du Rhin et d'Italie, et fut blessé d'un coup de feu à la cuisse droite à l'affaire de Kimtzingem, près Fribourg en Brisgau, en l'an V, d'un coup de feu à la cuisse gauche et d'un coup de sabre à la tête dans les montagnes de Gênes, à l'escorte du général Cara-Saint-Cyr le 24 floréal an VII. Passé avec son grade le 19 germinal an VIII dans les chasseurs à cheval de la garde des consuls, devenus chasseurs à cheval de la garde impériale en l'an XII, il fit la campagne de Marengo en l'an VIII, et devint maréchal-des-logis-chef le 18 thermidor an IX, sous-lieutenant le 21 vendémiaire an XI, membre de la Légion-d'Honneur le 25 prairial an XII, et lieutenant en second le 1ᵉʳ vendémiaire an XIII. De l'an XIV à 1807 il combattit en Autriche, en Prusse et en Pologne, reçut un coup de sabre sur la tête et deux coups de lance à l'épaule droite à la bataille d'Austerlitz, et fut nommé lieutenant en premier le 27 du même mois. Officier de la Légion-d'Honneur le 14 mars 1806, puis capitaine-adjudant-major le 16 février 1807, il passa en Espagne en 1808 à la suite de l'Empereur, revint à la grande armée en 1809, assista à la bataille de Wagram, et fut nommé chevalier de l'ordre du Mérite de Bavière le 15 février 1810, chevalier de

l'Empire le 10 avril 1811, et major chef d'escadron le 23 octobre de la même année. Il fit les campagnes de 1812 en Russie, de 1813 en Saxe, et de 1814 en France; l'Empereur le créa baron de l'Empire le 28 novembre 1813. Maintenu au corps des chasseurs royaux de France et fait chevalier de Saint-Louis le 27 décembre 1814, il servit à l'armée du Nord en 1815, et suivit l'armée sur la Loire. Licencié au mois de décembre suivant, et admis à la retraite le 28 février 1824, il se retira à Jouarre (Seine-et-Marne), où il mourut le 4 avril 1833. J-T.

BAYLE (JEAN-BAPTISTE-RAIMOND), DIT DUGAY, né le 7 octobre 1765 à Bazas (Gironde), entra au service le 25 septembre 1791 en qualité de sous-lieutenant au 4e bataillon de la Gironde. Nommé le 15 février 1792 capitaine dans le même bataillon, devenu 58e demi-brigade de ligne par amalgame du 1er vendémiaire an V, et 58e régiment même arme en l'an XII, il fit les campagnes de 1792 et 1793 à l'armée du Nord, et celles de l'an II à l'an VII aux armées de l'Ouest et d'Italie. Le 18 pluviose an V, à l'affaire de la maison Limbarde, dans le Tyrol italien, à la tête de sa compagnie de grenadiers, il fit 150 prisonniers dont 3 officiers. Promu chef de bataillon le 17 pluviose an VIII, il reçut le 7 prairial, à l'assaut du fort de Bar, un coup de feu à la main droite, et le même jour une forte contusion au pied gauche. Il fit partie du camp de Boulogne en l'an XII et en l'an XIII, et fut nommé légionnaire le 25 prairial an XII. De l'an XIV à 1807, il servit en Autriche, en Prusse et en Pologne, reçut un coup de baïonnette au bras droit à l'affaire d'Oberhollabrünn le 25 brumaire an XIV, combattit à Austerlitz et fut fait officier de la Légion-d'Honneur le 5 nivose. Envoyé en 1808 à l'armée de Portugal, il se trouva à la bataille de Vimeiro le 21 août ; frappé de deux coups de sabre à la tête, et foulé par les chevaux de la cavalerie anglaise, il fut laissé pour mort sur le champ de bataille. Il passa ensuite à l'armée d'Espagne. Au mois de novembre 1809, forcé de s'enfermer dans le couvent de Cervera en Castille, avec 300 hommes de son bataillon et 2 pièces de canon, il résista pendant 7 jours à 5,000 Espagnols qui l'y vinrent assiéger. Sommé plusieurs fois de se rendre, il répondit par le feu bien nourri de ses 2 pièces et de ses 300 hommes. Trois fois les boulets rouges envoyés par l'ennemi mirent le feu au couvent, dont la façade entamée présentait déjà une forte brèche. Cependant les Espagnols ne tentèrent pas l'escalade ; ils se retirèrent après avoir perdu 600 hommes. Dans trois sorties que fit la garnison sous les ordres de son commandant, Bayle n'eut de son côté que 2 hommes tués et 20 blessés. Le général de division Bonet le complimenta sur cette belle défense. A l'attaque du port de Malaga par les Anglais, dans la nuit du 30 avril 1812, il fut blessé d'un coup de biscaïen à la main gauche. Nommé major en second au même régiment le 28 janvier 1813, il rejoignit le dépôt de son corps, fut admis à la retraite le 6 septembre de la même année et se retira à Gajac (Gironde), où il est mort le 17 mars 1835. J-T.

BAYLIN (JOSEPH), né le 10 juin 1771 à Soubère (Gers), prit du service le 10 avril 1787 en qualité de gendarme dans la compagnie de *Monsieur*, et fut réformé avec le corps le 1er avril 1788. Après une interruption de près de quatre années, il entra comme lieutenant le 12 janvier 1792 dans le 61e régiment d'infanterie (ci-devant Vermandois), devint capitaine le 1er novembre de la même année, et fit en cette qualité les campagnes de 1792 à l'an II aux armées des Pyrénées-Orientales et d'expédition de l'île de Corse. Rentré en France le 21 messidor an V dans le 1er bataillon de l'Aveyron, amalgamé dans la 16e demi-brigade légère, devenue 22e demi-brigade de même arme, il suivit son nouveau corps en Italie pendant les ans IV et V. Embarqué pour l'Égypte en l'an VI, il commanda au siége d'Alexandrie, le 14 messidor, la compagnie d'éclaireurs de la 22e légère, qui, la première, monta à l'assaut du fort triangulaire. Aide-de-camp du général Lannes le 1er frimaire an VII, il fit partie de l'expédition de Syrie et se trouva aux siéges de Jaffa et de Saint-Jean-d'Acre. De retour dans la basse Égypte, il prit part aux opérations devant Aboukir, et fut nommé chef d'escadron le 1er floréal an IX. Revenu en France par suite de la capitulation d'Alexandrie, il passa à l'état-major général, et en qualité d'aide-de-camp du général Lagrange le 22 pluviose an X, et reçut la croix de membre de la Légion-d'Honneur le 25 prairial an XII. Il partit pour les Antilles en l'an XIII avec le général Lagrange, et de retour en l'an XIV il suivit la grande armée en Autriche, en Prusse et en Pologne. Envoyé en Espagne en 1808, et en Allemagne en 1809, il cessa ses fonctions d'aide-de-camp le 18 février 1810 pour entrer avec son grade dans la 31e légion de gendarmerie en Illyrie. Attaché à la résidence de Bordeaux le 28 octobre 1812, il commandait encore la gendarmerie dans cette ville à l'époque du 20 mars 1815. Après la seconde Restauration, il fut accusé d'avoir facilité dans Bordeaux l'entrée des troupes qui annonçaient le retour de Napoléon à Paris. Traîné en prison, jugé, mais acquitté et réintégré dans son grade, il demanda sa retraite, l'obtint le 4 septembre 1816 et se retira à Castex (Gers), où il est mort le 29 mai 1844. J-T.

BAZANCOURT. *Voyez* t. III, p. 75.

BAZERQUE (ANTOINE), naquit le 10 janvier 1766 à Gasave (Hautes-Pyrénées). Volontaire le 2 juillet 1792 au 3e bataillon de son département, amalgamé le 30 vendémiaire an II dans la 40e demi-brigade d'infanterie, devenue en l'an V 27e demi-brigade de ligne et 27e régiment de même arme en l'an XII. Nommé sous-lieutenant le jour même de son enrôlement, et capitaine le 7 septembre de la même année, il servit de 1793 à l'an IV aux armées des Pyrénées-Occidentales et de l'Ouest, fit partie de l'expédition d'Irlande le 6 brumaire an V, et de l'an VI à l'an XI des armées des côtes de l'Océan, d'observation du Rhin, du Danube, du Rhin et d'Helvétie. Le 26 vendémiaire an III, au combat de Villa-Nova, il décida de la prise de 2 bataillons espagnols. Le 12 frimaire an IX, à la bataille de Hohenlinden, il s'était emparé de 2 pièces de canon et les emmenait au camp, lorsqu'un renfort considérable accouru pour les reprendre le força de les abandonner. Membre de la Légion-d'Honneur le 25 prairial an XII, il fit à la grande armée, de l'an XIV à 1807, les campagnes d'Autriche, de Prusse et de Pologne. Blessé de deux coups de feu à l'abdomen le 5 mars 1807, à Gutstadt, et le 14 juin de la même année, à Friedland, d'un coup de biscaïen à la cuisse gauche, il reçut, en récompense de ses services, la croix d'officier de la Légion-d'Honneur le 18 février 1808. Admis à la retraite le 10 août de la même année, il se retira à Tarbes (Hautes-Pyrénées), où il est mort le 29 octobre 1822.   J-T.

BAZIGNAN *Voyez* t. III, p. 75.

BAZIN (FRANÇOIS-MARIE), né le 24 septembre 1770 à Lorient (Morbihan), entra dans la marine en 1780 en qualité de mousse, puis de novice-pilotin à bord du vaisseau *l'Ajax*, sur lequel il fit les campagnes de l'Inde de cette année à 1784, et celle d'Amérique en 1785 sur la corvette le *Warwick*. En 1786, il passa sur *le Comte-de-Vergennes*, bâtiment de la compagnie des Indes, destiné pour Coromandel. De retour de ce voyage en 1787, il rentra le 29 avril 1788 au service de l'État avec le grade de timonier sur la frégate *la Vénus*, dont il devint aide-pilote, alors qu'elle se trouvait sur les côtes de Coromandel. Revenu en France en octobre de la même année, il fut employé jusqu'au 27 avril 1790, d'abord comme deuxième, ensuite comme premier pilote sur la corvette *le Duc-de-Chartres*, en croisière aux Échelles, à Madagascar et à Bourbon. Deuxième pilote sur le vaisseau *le Tourville*, du 17 juillet au 12 octobre 1790, il exerça provisoirement, du 30 du même mois au 7 novembre 1791, sur la corvette *la Mouche*, en croisière dans le golfe de Gascogne et dans la Manche, les fonctions de commis aux revues et d'officier. Enseigne de vaisseau le 8 mai 1792, il embarqua le 21 sur la corvette *l'Ariel*, ce bâtiment, après avoir exploré les côtes de l'Islande et du Groënland, combattit avec succès dans la Manche des corsaires autrichiens qui voulaient s'emparer d'un convoi qu'il avait mission de protéger. Il se fit encore remarquer en 1792 et en 1793 sur *la Thétis*, en escadre aux ordres de l'amiral Morard de Galles, qui enleva plusieurs navires ennemis à la hauteur des Sorlingues. Nommé lieutenant de vaisseau le 14 juin 1793, tandis qu'il servait à bord de *la Sémillante*, il se montra digne de cet avancement rapide dans un engagement de trois heures que soutint cette frégate contre une frégate anglaise d'un armement supérieur. Montant en l'an II le vaisseau *l'Indomptable*, il prit part à la bataille du 10 prairial (*voyez* VILLARET-JOYEUSE, tome IV, page 31); et promu au grade de capitaine de frégate le 28 ventose an IV, il tomba aux mains de l'ennemi dans un combat livré le 20 prairial suivant par la frégate *la Tribune*, par le travers de Dublin. Rendu à la liberté le 25 ventose an VII, et attaché au port de Brest, il servit successivement en l'an VIII et partie de l'an IX sur les vaisseaux *le Fougueux* et *la Constitution*, tant dans la Méditerranée que dans l'Océan, et revint ensuite reprendre son poste à Brest, où le 16 ventose an X il embarqua de nouveau sur *le Fougueux*. Il se trouvait à bord de ce vaisseau lorsque, le 25 prairial an XII, il obtint la croix de membre de la Légion-d'Honneur. En l'an XIV, il prit le commandement de ce bâtiment, lorsqu'à Trafalgar le capitaine Beaudouin tomba blessé mortellement. Atteint lui-même grièvement, il ne se rendit qu'après une héroïque défense. Conduit à Algésiras, il recouvra sa liberté par échange quelques jours après. Capitaine de vaisseau le 12 juillet 1808, il fit le service du port de Brest jusqu'au 17 mars 1811; il reçut alors le commandement du 24e équipage de flotille, chargé de protéger les côtes de la Méditerranée depuis Nice jusqu'à Civita-Vecchia et l'île de Corse. Cette flotille détruisit un grand nombre de corsaires et pris plusieurs bricks de guerre anglais. Bazin, employé à la paix dans le port de Toulon, et nommé chevalier de Saint-Louis le 18 août 1814, fut mis en non-activité le 30 septembre 1815. Il est mort à Brest le 2 avril 1836.

BAZIN (LOUIS-FRANÇOIS), naquit le 17 novembre 1772 à Caen (Calvados). Volontaire le 17 octobre 1791 au 1er bataillon du Calvados, il passa au 16e régiment de chasseurs le 8 mai 1793 en qualité de maréchal-des-logis, devint sous-lieutenant le 26 brumaire an III, et lieutenant le 24 ventose an X. Il fit les campagnes de 1792 à l'an V aux armées du Nord et de la Vendée, et celles de l'an VI aux armées de Sambre-et-Meuse et de Hollande. Membre de la Légion-d'Honneur le 25 prairial an XII, il fit partie de l'armée des côtes de la Manche et du Calvados en l'an XIII, et de la grande armée en l'an XIV en Autriche. Blessé le 7 frimaire an XIV, au combat de Wischau, il resta au dépôt de son corps à Neufbrisack, et fut nommé capitaine le 1er avril 1808. Sa santé ne s'étant pas rétablie, il prit sa retraite le 11 juin suivant, et se retira à Saint-Mihiel (Meuse), où il réside encore aujourd'hui.   J-T.

BAZOCHE (DOMINIQUE-CHRISTOPHE), né à Saint-Mihiel (Meuse), le 26 février 1757, était depuis le 10 juin 1782 procureur du roi au bailliage royal de sa ville natale, quand le tiers-état de Bar-le-Duc le nomma député aux États-Généraux, où il resta dans l'obscurité. Devenu en novembre 1790 commissaire du roi près le tribunal du district de Saint-Mihiel, et élu membre de la Convention nationale en août 1792, il prit part au jugement de Louis XVI, répondit affirmativement sur la question de culpabilité, et vota pour l'appel au peuple, la détention et le sursis, demandant que Louis XVI fût détenu jusqu'à ce qu'il n'y eût plus d'obstacle à sa déportation. Commissaire, d'abord provisoire, puis définitif du gouvernement près le tribunal civil et près le tribunal criminel du département de la Meuse au mois de brumaire an V, il prit place en floréal an VI au conseil des Anciens, dont il devint secrétaire l'année suivante. Commissaire du gouvernement près le tribunal criminel de son département au mois de thermidor an VIII, il sortit du conseil des Anciens en l'an XI, reçut le 25 prairial an XII la croix de membre de la Légion-d'Honneur, échangea à la même époque, en vertu du sénatus-consulte organique du 28 floréal, son titre de commissaire du gouvernement près le tribunal criminel de son département contre celui de procureur-général près la cour criminelle du même siége, et devint en 1811, à la réorganisation des tribunaux et des cours de justice, avocat-général près la cour impérial de Nanci pour le service des cours d'assises du ressort. Il occupait ce poste quand il vint à Paris en mars 1815, à la tête d'une députation du département de la Meuse, présenter à Napoléon, de retour de l'île d'Elbe, une adresse remarquable par les sentimens qui l'avaient dictée. Élu membre de la Chambre des représentans pendant les Cent-Jours, il prit place, au second retour du roi, à la Chambre des députés, où l'appelèrent deux élections successives en 1815 et 1816. Il avait dès le 29 décembre 1815, époque de la suppression des cours criminelles, quitté la carrière de la magistrature judiciaire, et il mourut à Paris, membre de la Chambre des députés, le 29 octobre 1817.

BAZOGE. *Voyez* BASOGE.

BAZY. *Voyez* BASY.

BEANIN (ÉTIENNE-WATÈRE-MARIE), était président de la cour de justice criminelle de l'Ourthe quand il fut créé membre de la Légion-d'Honneur le 25 prairial an XII. A la réorganisation des tribunaux et des cours de justice en 1811, il devint l'un des présidens de la cour impériale de Liége, chargé du service de la cour criminelle. Il remplissait cette double fonction quand la Belgique cessa d'appartenir à l'Empire en 1814. Il fut dès-lors étranger à la France.

BEAU (ANTOINE), naquit le 15 avril 1768 à Piche (Dordogne). Volontaire le 5 mai 1789 au régiment de cavalerie d'Artois, devenu 9e de l'arme en 1791, il fit toutes les campagnes de la Révolution aux armées du Rhin, de Rhin-et-Moselle, d'Allemagne, de Mayence, du Danube et du Rhin : il était à l'affaire de Rhin-Turckeim le 30 mars 1793, au passage du Danube et à la bataille d'Hochstedt le 3 messidor an VIII. Admis le 2 brumaire an X dans les chasseurs à cheval de la garde des consuls, devenue garde impériale, il fut nommé membre de la Légion-d'Honneur au camp de Boulogne le 25 prairial an XII, fit avec la grande armée la campagne de l'an XIV en Autriche, et prit sa retraite le 11 juin 1806. Il est mort le 5 août 1837 à Milhac (Dordogne). Y.

BEAU (EMMANUEL). *V.* BAUD (*Martin-Noël*).

BEAU (LÉONARD). *V.* BAUD (*Léonard*).

BEAUCHAUD. *V.* BAUCHAU.

BEAUCOTÉ (FRANÇOIS), né le 31 mars 1769 à Citry (Seine-et-Marne), servit comme capitaine au 3e bataillon de réquisition du district de Meaux depuis le 1er septembre 1793 jusqu'à l'époque à laquelle ces bataillons furent réformés, et entra comme soldat le 21 pluviose an II dans la 199e demi-brigade d'infanterie de bataille, amalgamée en l'an IV dans la 72e demi-brigade de ligne, devenue 72e régiment de même arme le 1er vendémiaire an XII. Caporal le 25 pluviose an II, il fit les campagnes de l'an II à l'an IX aux armées du Nord, du Rhin, du Danube, de Batavie, de l'Ouest et d'Italie, et obtint le grade de sergent le 21 vendémiaire an VIII. Rentré en France par suite du traité de Lunéville, il tint garnison à Nanci pendant les ans X et XI, et fit partie du camp de Saint-Omer en l'an XII et en l'an XIII. Créé membre de la Légion-d'Honneur le 25 prairial an XII, et nommé sergent-major le 9 nivose an XIII, il fit les campagnes de l'an XIV à 1808 en Hollande et à la 1re division du 4e corps de la grande armée, et obtint le grade de sous-lieutenant le 30 novembre 1806, et celui de lieutenant le 27 octobre 1808. Il combattit vaillamment pendant la campagne de 1809 en Allemagne, et mourut le 10 juin par suite des blessures qu'il avait reçues quelques jours auparavant.

BEAUDETTE. (MÉRITE). *V.* BAUDETTE.

BEAUDOUIN (LOUIS-ALEXIS), entra fort jeune dans la marine et mérita par ses services le grade de capitaine de vaisseau, la croix de membre de la Légion-d'Honneur, et celle d'officier les 15 pluviose et 25 prairial an XII. A Trafalgar, il commandait *le Fougueux*, de 74. Ce fut lui qui engagea l'action. Frappé mortellement pendant le combat, il n'eut pas au moins la douleur de voir amener son pavillon aux éternels ennemis de la France.

BEAUDOT (NICOLAS). *V.* BAUDOT.

BEAUGEOIS (JEAN-LOUIS-ANTOINE), naquit le 14 mai 1770 à Verdun (Meuse). Soldat le 30 août 1791 au 2e bataillon de la Meuse, il passa le 7 brumaire an II cavalier au 10e régiment, puis dans la légion de police à cheval, devenue 21e régiment de dragons le 11 brumaire an IV, et fit les campagnes de 1792 à l'an III. Entré le 6 floréal an V comme grenadier à cheval dans la garde du Directoire, il fut nommé brigadier le 14 pluviose an VI, maréchal-des-logis le 13 nivose an VIII, maréchal-des-logis-chef le 1er vendémiaire an IX, et sous-lieutenant le 22 frimaire an X. Il prit part aux opérations de la campagne de l'an VIII en Italie, et assista à la bataille de Marengo. Membre de la Légion-d'Honneur le 25 prairial an XII et lieutenant en second le 1er vendémiaire an XIII, il servit en l'an XIV à la grande armée, et reçut le grade de lieutenant en premier le 27 du même mois en récompense de sa conduite à Austerlitz. Il suivit encore la grande armée en Prusse et en Pologne de 1806 à 1807, passa en 1808 en Espagne, et fut admis à la retraite le 1er mars 1809. Il réside en ce moment à Verdun (Meuse). J-T.

BEAUHARNAIS (CLAUDE, *comte*), fils du comte Claude et de la comtesse Fanny de Beauharnais, né à La Rochelle (Charente-Inférieure), le 26 septembre 1756, prit de bonne heure du service dans l'armée. Il était en 1789 capitaine au régiment des gardes françaises. Nommé le 5 pluviose an XII président du collège électoral du département de la Vendée, il entra au Sénat conservateur le 1er floréal de la même année, et fut créé membre de la Légion-d'Honneur le 25 prairial suivant. L'Empereur lui donna la sénatorerie d'Amiens le 16 mars 1806; il reçut le titre de comte de l'Empire conformément au décret du 1er mars 1808. Il devint en 1810 membre du conseil d'administration du Sénat, chevalier d'honneur de l'Impératrice et grand'croix de l'ordre de la Fidélité (24 février). Il obtint le 30 juin 1811 le titre de grand-officier de la Légion-d'Honneur. Louis XVIII le créa membre de la Chambre des pairs et chevalier de Saint-Louis le 4 juin 1814. Il est mort à Paris le 10 janvier 1819. v.

BEAUHARNAIS (EUGÈNE). *V.* tome 1er, page 304.

BEAULÈVE. *V.* BOLÈVE.

BEAUMARETZ (SIMON-FERDINAND), naquit le 8 août 1757 à Douai (Nord). Sous-lieutenant-porte-drapeau au régiment provincial de Lille, dit 3e *régiment d'état-major* le 1er mai 1779, et élève d'artillerie le 1er août 1780, il entra le 6 août 1781 dans le 4e régiment d'artillerie à pied avec le grade de lieutenant. Capitaine dans le même régiment le 1er juin 1791, il fit les campagnes de 1792 à l'an V aux armées des Alpes, des Pyrénées-Orientales, du Midi et des Alpes. Nommé chef de bataillon du 7e régiment à pied le 14 thermidor an IX, et attaché au parc d'artillerie de siège, il passa le 25 thermidor an V au 5e régiment d'artillerie à cheval avec son grade, et devint inspecteur de la manufacture d'armes de Klingenthal et membre de la Légion-d'Honneur le 25 prairial an XII. Colonel le 12 janvier 1807, et appelé en 1809 à faire la campagne d'Italie, il se trouva bloqué dans Palma-Nova, où il avait été chargé du commandement supérieur de l'artillerie. Employé comme directeur d'artillerie à Gênes, et atteint d'infirmités qui le mettaient hors d'état de continuer un service actif, il fut admis à la retraite le 15 juin 1811. Il est mort le 22 janvier 1837 à Douai (Nord).

BEAUMONT (LOUIS-CHRÉTIEN, CARRIÈRE, baron DE), naquit le 14 avril 1771 à Malplaçey (Somme). Soldat au régiment de dragons de la Reine (6e) le 1er avril 1788, il devint sous-lieutenant au 6e de hussards le 23 novembre 1792, lieutenant et aide-de-camp du général Dumas les 20 avril et 23 septembre 1793, et servit aux armées du Nord et de la Vendée de 1792 à l'an IV ; il avait gagné son premier grade à l'attaque du camp de Maulde. Nommé adjoint à l'état-major général de l'armée d'Italie le 1er vendémiaire an V, et capitaine le 14 du même mois, il fit partie de l'expédition d'Irlande et de celle d'Égypte. A la bataille d'Aboukir, il mérita par sa belle conduite le grade de chef d'escadron provisoire, qui lui fut conféré le 27 thermidor an VII, et il devint le même jour aide-de-camp du général Murat, suivit néanmoins le général Dumas dans la province de Gizeh, et concourut à en chasser les Arabes, qu'il poursuivit fort avant dans le désert. De retour en France, un arrêté du premier Consul du 1er floréal an VIII le confirma dans le grade de chef d'escadron. Après avoir pris une part glorieuse à la bataille de Marengo, il fut élevé au grade de chef de brigade le 27 germinal an IX. Il obtint le 25 prairial an XII la décoration d'officier de la Légion-d'Honneur, et le 12 pluviose an XIII le commandement du 10e régiment de hussards. Il se fit remarquer à la tête de ce corps pendant la campagne de l'an XIV aux combats de Wertingen et d'Amstetten, aux batailles d'Ulm et d'Austerlitz. L'Empereur le nomma général de brigade le 1er nivose suivant. A Wertingen, son cheval s'étant élancé au moment d'une charge de cavalerie au milieu d'un régiment de cuirassiers autrichiens, il prit de sa main un capitaine de ce corps et tua plusieurs cavaliers qui cherchaient à dégager leur chef. Il se trouva aux batailles d'Iéna et d'Eylau. Chargé par Napoléon, le 14 mai 1806, d'arrêter la marche d'un corps ennemi fort de 10,000 hommes qui marchait de Pillau sur Dantzig, il attaqua ce corps, le culbuta, lui enleva son artillerie, et lui fit un grand nombre de prisonniers. Le même jour, il reçut sur le champ de bataille la décoration de commandant de la Légion-d'Honneur. Il commanda à Friedland la cavalerie de réserve du 1er corps et contribua au succès de cette journée.

Envoyé en Espagne en novembre 1808, il prit part à la bataille d'Uclès et à celle de Medelin, où il enfonça, avec sa brigade, la droite de l'ennemi, et lui prit 6,000 hommes. Le 26 juillet 1809, en avant d'Alcabon, il tailla en pièces les dragons de Villa-Viciosa ; le lendemain, il poursuivit la colonne anglo-espagnole jusqu'à Talaveira, et à Ocaña il fit 4,000 prisonniers. A Santi-Petri, le 5 mars 1811, il arrêta avec 150 chevaux du 1er régiment de dragons la marche de 2 escadrons anglais. Rappelé à la grande armée, l'Empereur l'attacha au 2e corps de réserve de cavalerie, avec lequel il combattit à Smolensk et à la Moskowa. Il se signala, le 4 octobre, dans un engagement en avant de Moscou sur la route de cette ville à Kalouga, à l'attaque du 17 du même mois et pendant toute la durée de la retraite jusqu'à Wilna. Général de division le 4 novembre 1812, il commanda, dans la campagne de 1813, une division de cavalerie légère du 3e, puis du 6e corps, et se distingua aux batailles de Lutzen, de Dresde, de Leipzig et de Hanau. Il est mort à Metz le 16 décembre 1813. Il était baron de l'Empire. Son nom est inscrit sur la partie Est de l'arc-de-triomphe de l'Étoile. B-S.

BEAUMONT, général de division. *V.* t. III, p. 76.

BEAUPRÉ. *V.* MUSQUINET-BEAUPRÉ.

BEAUREGARD (JEAN), naquit le 18 septembre 1774 à Saint-Martin (Haute-Vienne). Volontaire au 2e bataillon de la Haute-Vienne le 22 août 1792, il fut incorporé successivement dans la 145e demi-brigade d'infanterie et la 4e de bataille, devenue 4e régiment de ligne en l'an XII. Il avait fait toutes les campagnes de la Révolution en Espagne, en Italie et sur le Rhin, et chaque champ de bataille où il avait paru avait été témoin de sa bravoure ; son corps était couvert de cicatrices : le 14 juin 1793 un coup de biscaïen lui avait fracassé la jambe gauche, en l'an III, à Saint-Ferreol, il avait reçu un coup de feu à la main droite ; à Saint-Laurent de la Mouga, le 26 thermidor an II, il avait été atteint d'un coup de sabre au talon gauche et d'un coup de baïonnette en pleine poitrine, puis au combat du 30 thermidor de la même année un biscaïen lui avait brisé la jambe droite; à Arcole, le 25 brumaire an v il eut la jambe droite fracturée par un coup de biscaïen, et à la bataille de Biberach il eut de nouveau la cuisse droite traversée par une balle. Nommé légionnaire le 25 prairial an XII, étant au camp de Saint-Omer, il fut attaché l'année suivante au 4ᵉ corps de la grande armée et fit les trois campagnes d'Autriche, de Prusse et de Pologne. En 1809, il était en Allemagne, un coup de feu l'atteignit pour la quatrième fois à la jambe droite sur le champ de bataille de Wagram, et il mourut de sa blessure dans les ambulances de Vienne le 5 octobre suivant.

BEAUSSAN (JOSEPH-SYMPHORIEN), naquit le 23 août 1756 à Aix (Bouches-du-Rhône). Soldat le 4 avril 1777 au régiment d'Angoulême - infanterie, il fit les trois campagnes sur mer des années 1781, 1782 et 1791. Passé sergent le 11 décembre 1791 au 34ᵉ régiment d'infanterie (ci-devant d'Angoulême), incorporé en l'an III dans la 67ᵉ demi-brigade de bataille, devenue 58ᵉ demi-brigade de ligne en l'an V, et 58ᵉ régiment de même arme en l'an XII, il fut nommé sous-lieutenant le 1ᵉʳ fructidor an III et lieutenant le 1ᵉʳ floréal an X. Il fit les campagnes de 1792 à l'an IX aux armées des côtes de Brest, de l'Ouest, d'Italie, d'Angleterre, de l'Ouest et de réserve d'Italie. Employé à l'armée de Mayence en l'an XII et en l'an XIII, il obtint la décoration de la Légion-d'Honneur le 25 prairial an XII. Appelé en l'an XIV à la grande armée, il y servit jusqu'au 20 novembre 1806, époque à laquelle il fut admis à la retraite. Retiré dans sa ville natale, il y mourut le 28 février 1810.

BEAUSSIER (BONAVENTURE), naquit à Marseille en 1747 d'une famille de négocians. D'abord élève consul, il passa ensuite aux fonctions de consul à Tripoli de Syrie, puis à celles de consul à Alger. Créé membre de la Légion-d'Honneur le 25 prairial an XII, il fut nommé consul-général et chargé d'affaires à Tripoli de Barbarie, où il est mort dans l'exercice de ses fonctions au mois d'avril 1813.

BEAUSSIER (MATHIEU), né à la Seyne (Var), le 27 novembre 1754, entra au service maritime dès l'âge de dix ans. Embarqué comme novice le 15 décembre 1764 sur le bateau le Saint-Pierre, il devint matelot-pilotin à bord du chebec le Singe le 14 mai 1776. Nommé pilote-côtier le 1ᵉʳ février 1783, après plusieurs voyages, il embarqua le même jour à bord de la frégate le Montréal, qui fut prise par les Anglais le 11 mars suivant. Enseigne non-entretenu, il passa le 27 avril à bord du vaisseau le Pompée, puis se livra de nouveau au service de la marine marchande de 1783 à l'an III, époque à laquelle il reprit, sur la corvette la Fauvette, ses fonctions de pilote-côtier, passa en l'an V à bord du Formidable, devint enseigne auxiliaire à bord de la Cisalpine, chaloupe canonnière, le 16 prairial an VII, puis enseigne commandant en l'an VIII. Il reprit momentanément ses fonctions d'enseigne auxiliaire sur le vaisseau le Stingel et retourna à la marine du commerce en l'an X. Créé membre de la Légion-d'Honneur le 25 prairial an XII, il entra dans la marine militaire à bord de la canonnière l'Adèle, dont il n'abandonna le commandement que le 18 février 1813. Revenu encore une fois au commerce, il monta, en 1815, le 7 septembre, le brick la Providence, qu'il garda sous ses ordres jusqu'au 11 janvier 1817. Il avait été employé au port de Toulon comme enseigne de vaisseau de l'an VIII à l'an IX, et du 1ᵉʳ janvier 1807 au 15 novembre 1809 comme inspecteur aux sémaphores de Villefranche. Il est mort à la Seyne, lieu de sa naissance, le 26 juin 1840.

BEAUTEMPS-BEAUPRÉ (CHARLES-FRANÇOIS), naquit à la Neuville-au-Pont (Marne), le 6 août 1766. Ce célèbre hydrographe ressemble, au point de vue de la science, à ces écrivains qui, placés à l'origine des littératures, ont précédé les grammairiens et les rhéteurs. Ses travaux ont fondé l'hydrographie, et les moyens mis par lui en pratique sont aujourd'hui les bases des théories enseignées par la science. La géographie fut dès sa tendre jeunesse l'objet constant de ses études, et l'on peut dire qu'il n'a pas eu de maître; car on ne saurait donner ce nom à Nicolas Buache, son parent, dont les conseils ont dirigé ses premiers pas, non plus qu'au chevalier de Fleurieu qui, juste appréciateur de ses dispositions précoces, l'appela près de lui pour l'associer, dans son cabinet, à ses travaux hydrographiques sur les mers du Nord. L'époque que nous rappelons ici a précédé de bien loin la fondation de l'École célèbre chargée depuis le 21 ventose an II (1) de fournir des sujets à toutes les professions savantes. Son âge et ses services l'ont maintenu à la tête des ingénieurs sortis de cette école; mais, ce qui est plus digne de remarque, ses travaux, malgré les progrès de la science, le maintiennent encore aujourd'hui à la tête de l'hydrographie. Ce fut le chevalier de Fleurieu qui le fit attacher comme hydrographe à l'expédition d'Entrecasteaux, et il rendit alors un grand service à son protégé et à son pays. Le contre-amiral était envoyé avec 2 frégates à la recherche de La Pérouse. Le jeune ingénieur embarqua à Brest, le 29 septembre 1791, sur le bâtiment qui portait le chef de l'expédition; on en connaît l'issue. La mort d'Entrecasteaux fut pour la marine et pour M. Beautemps-Beaupré une perte irréparable. Durant ce long voyage, il fit l'essai de ses nouvelles méthodes; le succès en fut complet et changea la face de l'hydrographie. Grace à M. Beaupré, disait le comte de Fleurieu, l'hydrographie a, dans ce seul voyage, avancé de plus d'un siècle. Le chevalier de Rossel, compagnon de voyage de M. Beaupré et chef de l'expédition après la mort de l'amiral et de son second, s'exprime ainsi dans la relation officielle qu'il en a publiée : « M. Beautemps-Beaupré s'est servi des relèvemens astronomiques pour dresser les cartes hydrographiques du voyage; le savant Borda les avait déjà employés dans le travail qui a servi

---

(1) L'École polytechnique fut créée le 21 ventose an II, sous le titre d'ÉCOLE CENTRALE DES TRAVAUX DU SERVICE PUBLIC. Voir t. 1ᵉʳ des FASTES, Synchronismes, p. 39.

de base à ses cartes des îles Canaries, mais la méthode qui est particulière à M. Beautemps a le mérite d'une application plus facile et plus générale. Il a trouvé de nouveaux moyens de combiner les relèvemens astronomiques avec les relèvemens faits à la boussole, et par des procédés très ingénieux il est parvenu à corriger l'estime des routes avec le plus grand succès. Dans l'appendice que cet ingénieur a publié à la suite du voyage d'Entrecasteaux, il donne en outre plusieurs méthodes expéditives pour sonder une côte et marquer le brassiage sur ses cartes. » Au retour de l'expédition d'Entrecasteaux, l'officier porteur des cartes de M. Beaupré tomba entre les mains des Anglais. Il paraît constant qu'elles servirent un peu plus tard à diriger leurs recherches autour de la terre de Van-Diémen. Cependant M. Beaupré, prisonnier au cap de Bonne-Espérance, avait envoyé à notre ambassadeur aux États-Unis un deuxième exemplaire de ses cartes et de ses plans. Cette sage précaution ne permet pas aujourd'hui à l'Angleterre de contester à l'ingénieur français la gloire d'avoir le premier fait connaître les côtes méridionales de cette grande île de l'Australie. M. Beautemps-Beaupré revint en France en l'an IV; les regards du gouvernement étaient alors fixés sur la Belgique. Il fut chargé d'aller étudier nos côtes de la mer du Nord, et en particulier l'embouchure de l'Escaut. L'opinion accréditée alors était l'impossibilité pour des vaisseaux de ligne d'entrer dans ce fleuve et de remonter jusqu'à Anvers. Toutes les tentatives faites jusqu'alors l'avaient été sans succès. M. Beaupré fut plus habile : la passe découverte par lui, et qu'il nomma *passe française*, reçut des vaisseaux de quatre-vingts canons, et c'est par lui qu'Anvers devint l'un de nos principaux arsenaux maritimes. La carte des côtes des Pays-Bas, publiée en 1817, présente le résultat des diverses reconnaissances hydrographiques qu'il en a faites de l'an VIII à 1811. Un service aussi important rendu au pays avait signalé l'ingénieur à l'attention du premier Consul, qui prit l'habitude de l'interroger, dans toutes les questions maritimes, son expérience et ses lumières. Le 25 prairial an XII, il le créa membre de la Légion-d'Honneur, et en 1806, 1808 et 1809, il l'employa dans l'Adriatique. Sa mission était de reconnaître les rades, ports et mouillages de la partie orientale, principalement ceux du golfe du Cattaro et des environs de Raguse. C'est à Schœnbrünn que M. Beaupré remit ces précieux documens entre les mains victorieuses de l'Empereur, et il en reçut, avec la décoration de la Couronne-de-Fer, les témoignages de sa haute satisfaction. Ce beau travail est conservé avec soin au dépôt de la marine. Il fut chargé plus tard d'en exécuter un semblable dans l'Elbe ; son importance est attestée par les lignes suivantes ; elles sont extraites de l'état de la situation militaire de la France présenté par l'Empereur lui-même en juin 1813 : « On travaille avec activité aux forts de Cuxhaven ; ce ne sont plus de simples batteries fermées, mais un fort qui, comme le fort impérial de l'Escaut, protégera l'arsenal de construction et le bassin dont l'établissement est projeté sur l'Elbe, depuis que l'ingénieur Beaupré, qui a employé deux ans à sonder ce fleuve, a reconnu qu'il avait les mêmes propriétés que l'Escaut, et que les plus grandes escadres pouvaient être construites et réunies dans ses rades. » A son retour de l'île d'Elbe, Napoléon, en recevant l'Institut, reconnut l'ingénieur d'Anvers, du Cattaro, etc., et, pour la dernière fois, il l'entretint de ses projets sur l'Elbe. Après la seconde invasion, les travaux de M. Beaupré firent partie des trophées de la victoire : il fallut les remettre au roi de Hanovre, qui se hâta de faire offrir à leur auteur un présent d'un grand prix ; M. Beaupré le refusa, et le monarque étranger lui adressa peu de temps après le titre de membre de l'Académie des sciences de Gottingue.

A la première organisation du corps des ingénieurs-hydrographes, le 12 pluviose an XII, M. Beaupré fut nommé hydrographe sous-chef, et le 6 juin 1814, lorsque, sur la proposition de l'amiral Rosily, ce corps royal reçut une organisation définitive, il échangea ce titre contre ceux d'ingénieur en chef et de conservateur-adjoint du dépôt de la marine.

C'est en cette qualité qu'il entreprit en 1816 la reconnaissance des côtes occidentales de la France. Cette tâche immense est entièrement terminée : elle dominera comme une grande colonne, parmi tous les travaux hydrographiques de M. Beaupré, en même temps qu'elle attache une illustration méritée au nom des ingénieurs qui ont travaillé sous ses ordres.

Pendant le cours de si pénibles labeurs, le gouvernement ne lui a pas refusé des encouragemens. Chevalier de Saint-Louis en 1819, il est devenu officier et commandeur de la Légion-d'Honneur les 13 août 1823 et 10 mai 1835, chevalier de Saint-Michel le 25 octobre 1826, et membre de l'ordre de Dannebrock ; enfin, grand-officier de la Légion-d'Honneur le 25 septembre 1844. La science, de son côté, a saisi les occasions de lui témoigner ses sympathies : depuis le mois d'octobre 1810, il avait été élu membre de la première classe de l'Institut (section de géographie et de navigation), après la mort et en remplacement du comte de Fleurieu, son protecteur et son ami ; le 30 décembre 1824, il fut nommé à *l'unanimité et au premier tour de scrutin*, membre du bureau des longitudes en remplacement de Buache, son parent, auquel il avait déjà succédé le 22 novembre précédent comme premier ingénieur en chef et conservateur au dépôt de la marine. Depuis 1831, il joint à ces titres celui de directeur-adjoint. Toutes ces décorations, toutes ces places, le temps et la hiérarchie devaient les lui assurer, et quel que soit leur éclat et leur importance, l'on s'étonne que les services qu'il a rendus à la marine, durant cinquante ans, les progrès immenses qu'il a fait faire à l'hydrographie, les résultats éminemment utiles obtenus par ses travaux ne lui aient point encore ouvert les portes de cette Chambre où l'intention de la loi semble avoir marqué la place de toutes les hautes capacités.

BEAUVAIS (PIERRE-DAVID), naquit à Rouen

(Seine-Inférieure), le 28 janvier 1754. Il était président du conseil municipal de sa ville natale quand les électeurs du département de la Seine l'élurent en l'an VI député au conseil des Cinq-Cents. Confirmé dans les mêmes fonctions en l'an VII, il monta alors à la tribune, et ce fut la seule fois, pour proposer des dispositions relatives à des exemptions de service militaire. Entré dans la commission législative après le 18 brumaire an VIII, puis admis au Tribunat, il devint secrétaire de cette assemblée le 1er prairial an XI, parla le 12 floréal an XII en faveur de la proposition de Curée, tendant à conférer au premier Consul le titre d'empereur héréditaire, et reçut le 25 prairial de la même année l'étoile de membre de la Légion-d'Honneur. A la dissolution du Tribunat, le 19 août 1807, il entra au Corps législatif et mourut à Paris le 2 décembre 1808.

BEAUVÉ (DOMINIQUE). *V.* t. IV, p. 54.

BEBRENGER. *V.* BERRENGER.

BÉCHAUD (JEAN-PIERRE, *baron*), naquit le 17 février 1770 à Béfort (Haut-Rhin). Soldat le 7 juin 1787 au régiment de Dauphiné-infanterie (38e en 1791), caporal le 21 octobre 1788, sergent en 1789, il fit partie des corps d'Avignon, de Jalès et de Nîmes, réunis pendant les années 1790 et 1791 pour combattre les rebelles du comtat venaissin, et cessa son service par congé le 15 avril 1792. Élu commandant de la garde nationale soldée de la ville de Béfort le 15 juin 1792, il fit avec elle le service sur le Rhin. Passé le 20 août 1793 en qualité de lieutenant-adjudant-major au 2e bataillon de Béfort, il y devint capitaine de grenadiers le 1er septembre suivant, puis chef de bataillon le 24 vendémiaire an II. Appelé le 26 prairial de la même année au commandement du 4e bataillon de la Côte-d'Or, par incorporation du 2e bataillon de Béfort, amalgamé le 19 messidor suivant dans la 159e demi-brigade d'infanterie, devenue 10e demi-brigade de ligne le 30 pluviôse an IV, il fit les campagnes de 1793 à l'an VI aux armées du Rhin, de Rhin-et-Moselle et d'Angleterre. Employé à l'armée d'Italie en l'an VII, et nommé au commandement du château de Milan, il fut mis en jugement pour avoir capitulé le 15 prairial après trente-sept jours de siège. Mais la commission militaire établie à Valence reconnut qu'il avait fait son devoir et ordonna son élargissement. Rentré à l'armée d'Italie, et admis à jouir du traitement de réforme le 1er ventôse an IX, par suite de la réduction de la 10e demi-brigade de ligne à 2 bataillons, le ministre le chargea, le 2 thermidor an X, d'organiser le 2e bataillon étranger formé à Crémone. Nommé au commandement de ce bataillon le 28 vendémiaire an XI, il le conduisit à Saint-Domingue, où il fut incorporé, le 1er fructidor, dans la 7e demi-brigade de ligne. L'Empereur le fit membre de la Légion-d'Honneur le 25 prairial an XII, alors qu'il servait encore à l'armée de Saint-Domingue. De retour en France, et placé dans son grade au 86e régiment de ligne le 4 vendémiaire an XII, il passa le 11 brumaire au 66e pour concourir à l'organisation de ce régiment, et fut élevé à l'emploi de major le 3e jour complémentaire.

Appelé en Espagne en 1808, il devint colonel en second le 8 décembre, colonel en premier provisoire le 3 mars 1809, et baron de l'Empire le 15 août suivant. Grièvement blessé le 24 juillet 1810 au pont de la Coa, l'Empereur le nomma officier de la Légion-d'Honneur le 21 août. Le 27 septembre, à l'affaire de Busaco, il reçut une balle qui lui traversa la poitrine. Confirmé dans le commandement du 66e régiment de ligne le 25 novembre 1811, il suivit en 1812 les opérations de l'armée de Portugal, sous les ordres du général Souham, qui demanda pour lui le grade de général de brigade dans les termes suivans : « Cet officier supérieur, d'un mérite rare et d'une bravoure à toute épreuve, s'est conduit avec la plus grande distinction le 25 octobre dernier au combat glorieux de Villamuriel. » Élevé à ce grade le 28 janvier 1813, il passa au corps d'observation de Mayence le 1er juin, retourna en Espagne en juillet, et reçut une blessure grave le 7 octobre. Attaché à l'armée des Pyrénées en 1814, il fut tué à l'affaire qui eut lieu le 27 février sur les hauteurs en arrière d'Orthès.   J.-T.

BECHET (LOUIS-SAMUEL-ALBERT-DÉSIRÉ, *baron* DE LÉOCOUR), naquit à Sedan (Ardennes), le 6 novembre 1771. Sous-lieutenant au régiment de Berwick-infanterie (88e) le 7 décembre 1788, et lieutenant dans la 10e demi-brigade le 1er janvier 1793, il fit les campagnes de l'armée du Rhin de 1792 à l'an VI. Adjoint à l'adjudant-général Courville le 28 vendémiaire an V, il fut attaché le 17 frimaire an VI à l'état-major de l'armée expéditionnaire de Saint-Domingue ; il servit à cette armée jusqu'au 1er thermidor an VII. Le 13 fructidor, il reçut le brevet de capitaine pour prendre rang du 26 germinal an VI. Adjoint à l'adjudant-commandant Ployez le 16 de ce mois, il fit en cette qualité les campagnes de l'armée du Rhin des ans VIII et IX, fut nommé aide-de-camp du général Ney le 1er vendémiaire an IX, obtint le brevet de chef d'escadron le 2 germinal an XI, et suivit son général en Suisse, au camp de Compiègne et à l'armée des côtes de l'Océan. Nommé légionnaire le 25 prairial an XII, il reçut la décoration de l'Ordre au camp de Boulogne le 28 thermidor suivant. Il fit à la grande armée les campagnes de l'an XIV à 1807, devint adjudant-commandant le 16 mars 1807, et officier de la Légion-d'Honneur le 18 février 1808. Premier aide-de-camp du maréchal Ney, il passa avec lui en Espagne, y fit les guerres de 1808 et 1809 et fut nommé chef d'état-major du 6e corps le 20 novembre 1809. Après la dissolution du 6e corps, en 1812, il resta attaché à l'état-major particulier du duc de Raguse. Sous-chef de l'état-major du 3e corps de la grande armée le 12 juillet 1813, il fit la campagne de Saxe et reçut le 19 février 1814 le brevet de général de brigade. Appelé au commandement du département des Ardennes le 20 avril, puis à celui de la Côte-d'Or le 23 juin, et enfin à celui d'une subdivision des Ardennes le 5 août, il reçut du duc de Berri la croix de Saint-Louis, dans une tournée que ce prince fit dans le département de la Côte-d'Or, et une ordonnance royale du 1er novembre 1814 confirma cette nomination. Le 14 janvier 1815, Louis XVIII lui confia le commandement de la totalité du département des Ardennes. Napoléon, au retour de l'île d'Elbe, lui ordonna, le 4 juin, d'aller prendre le commandement supérieur de la place de Sedan, en conservant celui du département des Ardennes. Renfermé dans Mézières, il défendit cette place pendant les mois de juin, juillet et août 1815. Le 22 août 1816, il fut mis en non-activité, et une ordonnance de 1820 le comprit, comme disponible, dans le cadre de l'état-major général de l'armée. Admis à la retraite le 1er décembre 1824, et nommé lieutenant-général honoraire le 23 mai 1825, il fut placé le 22 mars 1831 comme maréchal-de-camp dans le cadre de réserve de l'état-major-général, et de nouveau mis à la retraite le 31 décembre 1833. Il a été nommé commandeur de la Légion-d'Honneur le 25 avril 1838. Il réside aujourd'hui à Remilly (Ardennes). B-S.

BECKER (GEORGE), naquit le 23 août 1770 à Hemmering (Moselle). Enfant de troupe, il s'engagea le 23 août 1786 dans le régiment de cavalerie légère de Septimanie, devenu 2e hussard le 22 mai 1788. Fourrier le 28 mars 1791, maréchal-des-logis, sous-lieutenant et lieutenant les 11 avril, 1er mai et 3 novembre 1792, et capitaine le 1er juillet 1793. Il fit les campagnes de 1792 à l'an VI aux armées du centre, du Nord, de Sambre-et-Meuse, d'Allemagne et d'Angleterre, fut blessé d'un coup de sabre à la main droite le 11 juin 1792, à l'affaire de Griesveil, et d'un coup de feu à la cuisse droite le 23 floréal an II à l'affaire de Castio. Le 27 frimaire an IV, à la tête d'un escadron du régiment, il fit prisonnier un bataillon ennemi et s'empara de 2 pièces de canon. Employé de l'an VII à l'an XI aux armées du Rhin et de Hanovre, il se distingua de nouveau le 23 prairial an VIII : à la tête de sa compagnie, il chargea et fit prisonniers 300 hommes du régiment de Muré. Membre de la Légion-d'Honneur le 25 prairial an XII, étant à l'armée des côtes de l'Océan, il suivit de l'an XIV à 1807 la grande armée en Autriche, en Prusse et en Pologne, reçut un coup de feu au bras droit à la bataille d'Austerlitz, et fut promu chef d'escadron au 9e hussards le 3 mars 1807. Passé en Allemagne en 1809, il reçut la croix d'officier de la Légion-d'Honneur le 17 juillet de la même année. Promu major le 19 avril 1812, il fit les campagnes de Russie et de Saxe en 1812 et 1813, et fut blessé de six coups de lance le 23 août 1813 à la bataille de Grossbeeren, près de Berlin. Nommé le 13 août 1814 major du 12e hussards, devenu 6e lanciers, il obtint sa retraite le 8 octobre de la même année, et se retira à Weissembourg. Il est mort le 11 septembre 1824 à Flomborn (grand-duché de Hesse).

BECKER (NICOLAS-VALENTIN), naquit le 15 février 1767 à Useldange (duché de Luxembourg). Hussard le 1er mars 1787 dans le régiment de Lauzun-cavalerie, devenu 5e de l'arme en 1791, et brigadier le 15 avril 1788, il passa le 25 septembre 1792 avec le grade de maréchal-des-logis dans les éclaireurs, devenus 8e régiment de hussards, fut nommé adjudant-sous-lieutenant le 1er octobre suivant, lieutenant le 14 mars 1793, et capitaine le 18 floréal an II. Il fit les campagnes de 1793 à l'an V aux armées de la Vendée, du Nord et du Rhin. Le 2e jour complémentaire an II, à Boxtel, en Hollande, il chargea à la tête de sa compagnie sur 3 bataillons ennemis formés en carré et les mit en déroute. En l'an III, à Hermersheim, il manœuvra avec la petite troupe qui lui était confiée de manière à couvrir pendant deux heures le passage d'un défilé que l'ennemi, supérieur en nombre, voulait forcer afin de poursuivre notre armée dans sa retraite. Il ne quitta ce poste que sur l'ordre positif qui lui en fut donné, et il eut dans cette affaire un cheval blessé sous lui. Près Manheim, dans le courant de la même année, à la tête des tirailleurs, il se trouva enveloppé par l'ennemi, et ne put se retirer qu'en faisant une trouée sur son centre et en lui blessant beaucoup de monde. En l'an V, au passage du Rhin, il chargea avec 10 hommes de son régiment sur un bataillon de hussards Freycorps, fit prisonnier le lieutenant-colonel, et le somma de faire mettre bas les armes à son bataillon, qui se rendit aussitôt. Il chargea ensuite sur un régiment de cuirassiers autrichiens qu'il mit en déroute et fit un grand nombre de prisonniers. A Messingen, la même année, à la tête d'un faible détachement d'infanterie, il enleva une colonne de 374 hommes, dont 7 officiers. Passé en l'an VI à l'armée d'Helvétie, il s'y distingua d'une manière particulière le 27 prairial an VII : dans une affaire de nuit, il pénétra à la tête d'un escadron au milieu du camp ennemi, y jeta l'épouvante, ramassa nombre de prisonniers, et revint avec son butin au quartier-général sans avoir éprouvé aucune perte. En récompense de cette action d'éclat, il fut promu par le général Masséna chef d'escadron à la suite du 12 messidor suivant. Venu en l'an IX à l'armée du Rhin, il fut confirmé dans son grade le 21 vendémiaire, il se fit remarquer de nouveau le 21 frimaire au passage de la Salza, où, avec 4 hussards, il fit 300 prisonniers. Le 23, devant Salzbourg, il enleva une pièce de canon et en reprit une autre dont l'ennemi s'était emparé; enfin, le même jour, à l'affaire de Valz, il se fit remarquer par des manœuvres qui paralysèrent les efforts de l'ennemi. Nommé membre de la Légion-d'Honneur le 25 prairial an XII, alors qu'il était à l'armée des côtes de l'Océan, il suivit la grande armée en Autriche et en Prusse, et se trouva à Austerlitz, à Iéna et à Lubeck. L'Empereur lui accorda la croix d'officier de la Légion-d'Honneur le 7 janvier 1807, et l'admit à la retraite le même jour. Retiré à Minfeld (Bavière rhéane), il fut nommé quelque temps après aux fonctions de maire de cette ville, et y mourut en 1837. J.-T.

BECKLER (LOUIS). V. t. III, p. 80.

BEDÉE (FRANÇOIS-HYACINTHE), né à Cesson (Côtes-du-Nord), le 2 mars 1754, était lieutenant de vaisseau lorsque, le 25 prairial an XII, il reçut la croix de la Légion-d'Honneur, qu'il mérita par ses nombreux et bons services pendant les guerres de la République et de l'Empire. Il est mort à Morlaix (Finistère), le 3 novembre 1810.

BEDEL-DUTERTRE (AUGUSTIN-MARIE-FIDÈLE), né à Port-Louis (Morbihan), le 4 mars 1763, manifesta de bonne heure un goût prononcé pour le service de la marine. Embarqué sur un bâtiment de commerce le 31 octobre 1776, il fit divers voyages à Pondichéry, en Chine et à l'Ile-de-France jusqu'en 1781, époque à laquelle il était officier sur *l'Eugénie*. Passé le 12 avril de cette dernière année en qualité de volontaire sur la flotte du roi *le Pérou*, destinée pour l'Inde, et devenu le 10 juin de l'année suivante officier auxiliaire sur la frégate *la Consolante*, faisant partie de l'escadre commandée par le bailli de Suffren, il assista à deux combats meurtriers, dans l'un desquels le commandant de la frégate fut tué au moment où il allait doubler l'ennemi à portée de pistolet pour le placer entre deux feux. Il servit avec distinction jusqu'en 1793 à bord de divers bâtimens. Promu le 15 août 1793 au grade de sous-lieutenant de vaisseau de 3e classe sur le vaisseau *les Droits-de-l'Homme*, en armement à Lorient, il quitta ce navire le 19 vendémiaire an II pour passer avec le grade de lieutenant de vaisseau sur la frégate *la Forte*, puis il eut à s'acquitter de divers services de ports jusqu'au 1er germinal an IV. Nommé alors capitaine de frégate, il fut d'abord détaché à Belle-Isle-en-Mer pour y surveiller les opérations de l'approvisionnement de cette place et tous les mouvemens de l'ennemi, puis envoyé en croisière à l'île de Groix pour s'assurer de la position et des projets de l'ennemi, ainsi que pour l'exécution des signaux particuliers et de convention entre les officiers et le commandant d'armes du port de Lorient; il revint enfin à Belle-Isle. Le 6e jour complémentaire an XI, une dépêche du ministre de la marine lui apporta l'ordre de se rendre à Boulogne, où il fut immédiatement employé sur la flotille commandée par l'amiral Bruix. Chargé du commandement des diverses divisions de cette flotille, il repoussa courageusement de nombreuses agressions de l'ennemi. Vivement attaqué presqu'à sa sortie de Boulogne alors qu'il conduisait de Boulogne dans l'Escaut deux fortes divisions de la flotille, il parvint à sauver les 46 bâtimens qu'il avait sous ses ordres, et les fit passer, non sans péril, de l'Escaut dans les fleuves anséatiques. Décoré pour ces services importans de l'étoile de la Légion-d'Honneur le 25 prairial an XII, il reçut le 22 juin 1810 le grade de capitaine de vaisseau, et passa le 21 août suivant au commandement d'une flotille franco-hollandaise, puis à celui des côtes anséatiques, qu'il garda jusqu'au moment où l'amiral Wer-Huel alla le remplacer et l'employer sous ses ordres à la défense du Weser et de l'Elbe. Appelé le 26 mars à la grande armée avec le 4e équipage de la flotille confiée à son commandement, il fit la campagne de Russie et servit à l'avant-garde comme attaché à l'artillerie et aux équipages de pont, assista aux grandes batailles de Smolensk et de la Moscowa, ainsi qu'aux divers engagemens qui signalèrent la retraite pendant laquelle il eut les pieds gelés au point d'en perdre à peu près l'usage. Il rentra en France, où il fut promu officier de la Légion-d'Honneur le 17 mars 1813. Le 3 juillet 1814, il devint chef des mouvemens au port de Lorient, chevalier de Saint-Louis le 11 du même mois et chef militaire au port de Lorient le 10 juin 1815. Il fut mis à la retraite par ordonnance royale du 10 juillet 1816, et mourut à Lorient le 27 juillet 1837.

BEDOCH (PIERRE-JOSEPH), né le 28 décembre 1761 à Tulle (Corrèze), était en 1789 l'un des avocats les plus distingués du barreau de sa ville natale. Élu en 1790 accusateur public près le tribunal criminel de Tulle, et nommé le 18 floréal an VIII commissaire du gouvernement près les tribunaux criminels du département de la Corrèze, il échangea ce titre en l'an XII contre celui de procureur-général près la cour de justice criminelle de ce département. Créé membre de la Légion-d'Honneur le 25 prairial de la même année, il devint en 1811, lors de la réorganisation judiciaire, premier substitut du procureur-général près la cour impériale de Limoges, pour le service des cours d'assises et cours spéciales. Choisi comme candidat au Corps législatif par le collège électoral de la Corrèze dans les derniers jours de 1812, et nommé par le Sénat conservateur le 6 janvier 1813, il présenta à l'Empereur, le 29 mars suivant, une adresse des électeurs de son département. Élu en 1814 membre de la Chambre des députés par l'arrondissement de Tulle, il se plaça dans les rangs de l'opposition. Il occupa souvent la tribune, et ne cessa de se prononcer en faveur de la presse. Dans la discussion relative à la restitution à faire aux émigrés de leurs biens non vendus, il s'écria : « On vous dit que la paix venue il faut vous montrer généreux, mais qui vous dit que cette paix ne sera pas troublée. Ménagez les ressources de l'État, assurez le crédit national, et ne vous livrez pas à la réalisation des idées, même les plus louables, elle pourrait vous perdre. » Ces paroles étaient prophétiques : trois mois plus tard, Napoléon rentrait à Paris. L'Empereur l'envoya le 20 avril comme commissaire extraordinaire dans le département de la Meuse et dans celui des Ardennes. Membre de la Chambre des représentans pendant les Cent-Jours, et secrétaire de l'assemblée le 4 juin, après avoir été porté sans succès à la présidence et à la vice-présidence, il insista fortement, dans la séance du 6, sur l'obligation où se trouvaient les représentans de prêter serment au chef de l'État en vertu des lois existantes, sans qu'il y eût nécessité d'une nouvelle loi spéciale. La Chambre adopta cette opinion à l'unanimité. Appelé à l'honneur d'occuper momentanément le fauteuil de la présidence dans la mémorable séance de nuit du 22, il s'acquitta de ce soin avec autant de courage que de dignité. Le 24, il repoussa avec énergie les amendemens introduits par la Chambre des pairs dans la loi sur les mesures de sûreté générale. Après la convention de Paris du 3 juillet, il se rendit avec un de ses collègues auprès de la commission du gouvernement pour prendre connaissance des pièces tenues secrètes jusque-là, ayant servi de base à cette convention. Cette démarche n'eut point de succès, et, dans la séance du 4, il proposa d'inviter les ministres à faire à la Chambre communication de la correspondance du gouvernement français et de ses plénipotentiaires avec les chef des armées anglaise et prussienne. Dans la discussion qui s'ouvrit le 5 sur les articles de la nouvelle *déclaration des droits des Français et des principes fondamentaux de leur constitution*, il demanda que dans les institutions garanties, on stipulât celle de la Légion-d'Honneur, et la Chambre adopta cette proposition à une grande majorité, en même temps que celle relative au maintien des trois couleurs; il demanda en outre comme adjonction à la déclaration des droits, l'abolition de la noblesse, et cette proposition reçut le même accueil que les deux précédentes. Dans la séance du 6, il voulut faire restreindre, quant aux ministres coupables, le droit de grâce accordé au chef de l'État par l'article 23 de la nouvelle constitution, en ce sens que le ministre gracié ne recouvrerait pas l'aptitude à l'exercice des droits politiques. La majorité repoussa cet amendement. Écarté de la magistrature judiciaire au second retour de Louis XVIII, il rentra à la Chambre en 1818, et reprit sa place sur les bancs de la gauche. Membre des plus importantes commissions dans les quatre sessions qui suivirent, il parut à la tribune chaque fois que les libertés furent mises en question ou que les intérêts du peuple lui parurent compromis, et protesta avec énergie, dans la session de 1820, contre le rappel à l'ordre de Manuel. Sorti de la Chambre après la session de 1822, il y reparut de nouveau en 1831, et rapporta à la tribune ces sentiments de patriotisme dont il avait donné tant de preuves, présida la Chambre à l'ouverture des sessions de 1834 et 1836, et mourut à Paris le 16 février 1837. v.

BEDOS (JEAN-PIERRE), naquit le 20 août 1739 à Montpellier. Soldat au régiment Royal-comtois-infanterie (73e) le 25 mars 1758, il fit la campagne de 1758 en Allemagne, celle de 1762 sur la frégate-croisière *la Thétis*, et devint sergent le 22 avril 1763, fourrier le 26 avril 1765, et porte-drapeau le 15 juillet 1773. Embarqué pour l'Ile-de-France en 1769, il ne rentra en Europe qu'à la fin de 1773. Sous-lieutenant le 5 juin 1776, il servit en Amérique de 1780 à 1784, et passa lieutenant en second le 12 juillet 1782. Lieutenant et capitaine de grenadiers les 1er mai 1785 et 15 septembre 1791, il parvint au grade de lieutenant-colonel le 24 octobre 1792, et fit les premières guerres de la Révolution de 1792 à l'an III. Général de brigade le 4 fructidor de cette dernière année, il partit pour l'expédition de Saint-Domingue, où il resta jusqu'en l'an VII. Commandant de la 7e demi-brigade de vétérans le 27 frimaire an IX, membre et officier de la Légion-d'Honneur les 15 pluviose et 25 prairial an XII, il fut admis à la retraite le 1er octobre 1808, et mourut dans sa ville natale le 8 avril 1813. J-T.

BEDOUT, contre-amiral. *V.* t. III, p. 80.
BEGET. *V.* BEJET.
BEGOUEN, conseiller d'État. *Voyez* tome II, page 233.
BEGUÉ (BERNARD), naquit à Bordeaux (Gironde), le 2 avril 1774. Entré dans la marine en 1788, il servit sur les bâtiments du commerce jusqu'au 4 vendémiaire an III, et passa à cette époque sur *le Bienfaisant* comme second capitaine. Devenu successivement chef de timonnerie, aspirant de 1re classe et enseigne de vaisseau les 25 nivose, 2 ventose et 5 germinal an III, il monta les navires *le Cerf*, *le Washington*, *le Trajan*, *la Princesse-Royale*, *le Berwick*, et enfin *la Révolution*, et fit sur ce dernier la campagne d'Irlande en l'an VI. Il était à bord de la corvette *la Gaîté*, armée à Rochefort le 26 germinal de la même année, lorsqu'elle fut prise par les Anglais le 6 fructidor suivant : il avait assisté, le 4, à un combat livré à la frégate anglaise *l'Aréthuse*, de 50 canons, à 60 lieues des Bermudes. Il embarqua sur la frégate *l'Africaine*, avec laquelle, après un voyage à Saint-Domingue, il fit la campagne d'Égypte. Il prit une part glorieuse au combat du 30 pluviose an X, et fut grièvement blessé au moment où les Anglais se rendaient maîtres de la frégate. Il commanda la corvette *la Réjouie* le 16 nivose an XI, et devint lieutenant de vaisseau le 14 ventose de la même année. Il passa, le 5 prairial an XII, sur la frégate *l'Armide* et fit avec elle la campagne aux îles du vent, commanda le débarquement dans le nord du Roseau à la Dominique, et assista au combat livré par la frégate au vaisseau anglais *le Calcutta*, qu'elle captura. La brillante conduite de cet officier lui valut la croix de membre de la Légion-d'Honneur le 25 du même mois. Il monta successivement *le Jemmapes*, *la Thétis*, *l'Ajax*, et se trouvait sur *la Pénélope* quand l'Empereur le nomma, le 13 juin 1808, capitaine de frégate. Il passa ensuite à bord de *l'Annibal* et du *Donawert*, et servait encore sur le dernier de ses vaisseaux en 1814. Chevalier de Saint-Louis le 23 septembre, il ne tarda pas à prendre sa retraite. Retiré à Rochefort, il est mort dans cette ville le 7 avril 1841.

BEGUINOT, comte. *Voyez* t. II, p. 497.
BEISSE (ANTOINE). *Voyez* BESSE.
BEJET ET NON BEGET (FRANÇOIS), naquit le 14 mars 1770 à Duhem (Doubs). Soldat le 9 janvier 1786 au régiment Auxerrois-infanterie (12e régiment de l'arme en 1791), incorporé en l'an II dans la 24e demi-brigade, devenue 61e demi-brigade en l'an IV, et 61e régiment de ligne en l'an XII, il passa caporal le 9 septembre 1788, sergent le 9 juillet 1792, adjudant-sous-officier et sous-lieutenant les 30 vendémiaire et 1er germinal an V. Il fit les campagnes de 1792 à l'an V aux armées du Nord, de Sambre-et-Meuse et d'Italie. Embarqué en l'an VI pour l'Orient, il devint lieutenant le 12 prairial an VIII, et reçut un coup de feu à la cuisse droite à la bataille du 22 ventose an IX près d'Alexandrie. Rentré en France, il servit au camp de Bruges de l'an X à l'an XIII, et fut nommé membre de la Légion-d'Honneur le 25 prairial an XII. Employé à la grande armée de l'an XIV à 1807 en Autriche, en Prusse et en Pologne, et fait capitaine le 28 octobre 1806, il rentra à l'intérieur en 1808, fit la campagne de 1809 en Allemagne, celle de 1812 en Russie, fut nommé officier de la Légion-d'Honneur le 10 octobre de cette dernière année, et tomba au pouvoir de l'ennemi le 6 décembre sui-

vant. Depuis cette époque, le ministère de la guerre et la chancellerie de la Légion-d'Honneur ont cessé d'avoir des nouvelles de cet officier. J.-T.

BEKER, général. *Voyez* BECKER, t. III, p. 76.

BELCOURT (VINCENT-DISIEN, *baron*), naquit le 6 février 1775 à Thionville (Moselle). Soldat le 15 décembre 1790 au régiment de Metz-artillerie, devenu 2e de l'arme en 1791, il fit les campagnes de 1792 et 1793 à l'armée du Nord, fut blessé d'un éclat d'obus à la jambe gauche le 25 avril 1793 près Valenciennes, et tomba au pouvoir de l'ennemi le même jour. Rentré en France le 17 frimaire an III, il rejoignit son régiment, et servit jusqu'à l'an VII aux armées du Nord et de Sambre-et-Meuse. Il passa le 1er germinal de cette dernière année dans la garde du Directoire, devenue garde des consuls, et depuis grenadiers de la garde impériale, il fut nommé caporal le 26 fructidor suivant, sergent le 18 ventôse an VIII, étant à l'armée d'Italie, sous-lieutenant le 11 frimaire an IX, membre de la Légion-d'Honneur le 25 prairial an XII, et lieutenant en deuxième le 1er vendémiaire an XIII. Il fit partie de l'an XIV à 1807 de la grande armée en Autriche, en Prusse et en Pologne. Promu lieutenant en premier le 1er mai 1806, il suivit son corps en Espagne en 1808, revint en 1809 en Allemagne, et fut nommé capitaine-adjudant-major le 29 mai de la même année. Appelé à la grande armée en 1812, fait officier de la Légion-d'Honneur le 5 juin, puis chef de bataillon du 1er régiment des grenadiers après le 8 avril 1813, il reçut la décoration de l'ordre de la Réunion le 16 août, et le titre de baron de l'Empire le 25 février 1814. Conservé dans son grade le 1er juillet de la même année au corps royal des grenadiers de France, et créé chevalier de Saint-Louis le 25 du même mois, il fut appelé par Napoléon, le 19 avril 1815, au 3e régiment de grenadiers à pied (vieille garde), avec lequel il combattit à Waterloo. Licencié le 27 septembre de la même année, et mis en demi-solde, il obtint sa retraite en 1819. Il est mort le 14 septembre 1832 à Chinon (Indre-et-Loire). J.-T.

BELDERBUSCH (CHARLES-LÉOPOLD, *comte* DE), né à Montzen (duché de Luxembourg), le 11 octobre 1749, était président de régence dans l'électorat de Cologne lorsque, peu d'années avant la Révolution, son souverain l'envoya à la cour de Versailles en qualité de chargé d'affaires. Il voulu se fixer en France, et y acquit des propriétés assez considérables qui, en 1790, pendant un voyage qu'il fit dans son pays, furent mises sous le séquestre comme appartenant à un émigré, tandis que dans sa patrie, accusé d'attachement envers la France, on lui confisquait la majeure partie de ses biens. Toutefois la tourmente révolutionnaire passa sans autrement l'atteindre; mais il ne revint à Paris qu'en l'an IX comme membre d'une députation chargée d'exprimer au premier Consul le bonheur que ressentaient les départemens de la rive gauche du Rhin de se trouver définitivement annexés au territoire français. Nommé préfet du département de l'Oise par arrêté du 23 germinal an X, il fit preuve de talent et d'habileté pendant les quatre années de son administra-

tion : on ne doit point oublier que sous sa direction s'exécutèrent les travaux de la route de Paris à Calais. Aussi, en témoignage de reconnaissance, le collége électoral de l'Oise le porta-t-il candidat au Sénat en l'an XI. L'Empereur le récompensa de ses services, le 25 prairial an XII, par la croix de la Légion-d'Honneur. Fait baron de l'Empire en 1809, Belderbusch, présenté au Sénat par décret de 24 mars de la même année, y entra le 17 février 1810, fut élevé à la dignité de comte quelque temps après, et reçut le 7 mars 1812 le cordon de commandeur de l'ordre de la Réunion ; enfin, il devint officier de la Légion-d'Honneur le 6 février 1813. Néanmoins, il adhéra aux actes du Sénat du 2 avril 1814, mais sans obtenir la pairie, malgré les lettres de grande naturalisation que lui accorda Louis XVIII le 11 novembre de la même année. Il mourut à Paris le 22 janvier 1826. Il est auteur de plusieurs brochures politiques.

BELFORT. *Voyez* t. III, p. 80.

BELLAND (ANTOINE), né le 8 décembre 1773 à Narbonne (Aude), entra au service le 1er janvier 1791 dans le 1er régiment de chasseurs à cheval, et fit avec ce corps les cinq premières campagnes de la liberté aux armées de la Moselle et de Sambre-et-Meuse. Incorporé le 16 floréal an IV dans le 11e régiment de dragons, il passa en l'an V à l'armée de Mayence, fut nommé brigadier à l'armée du Danube le 21 pluviôse an VIII, maréchal-des-logis le 12 ventôse an X, et devint membre de la Légion-d'Honneur au camp de Compiègne le 25 prairial an XII. Il fit la campagne de l'an XIV en Autriche, et mourut de la fièvre à Munich le 12 janvier 1806. Y.

BELLANGER (JULIEN-BASILE), naquit le 4 janvier 1774 à Azai-le-Rideau (Indre-et-Loire). Volontaire le 10 août 1792 au 2e bataillon d'Indre-et Loire, amalgamé en l'an III dans la 10e demi-brigade d'infanterie, devenue 33e demi-brigade de ligne en l'an IV, il fut fait caporal le 13 octobre 1792, caporal-fourrier et sergent les 15 avril et 6 juillet 1793, sergent-major le 22 floréal an II, et quartier-maître-sous-lieutenant le 5 frimaire an IV. Il fit avec distinction les campagnes de 1792 à l'an IV aux armées du Nord et de l'Ouest, et servit de l'an V à l'an VIII en Italie, où il obtint le grade de lieutenant sur le champ de bataille le 5 brumaire de cette dernière année. Réformé par suite de l'arrêté du 23 fructidor suivant, il resta cependant employé comme quartier-maître à la demi-brigade jusqu'au 25 ventôse an X, époque à laquelle il passa, sur sa demande, dans la légion de gendarmerie d'élite pour y remplir les mêmes fonctions. Créé membre de la Légion-d'Honneur le 25 prairial an XII, et nommé capitaine de gendarmerie le 4e jour complémentaire an XIII, il alla prendre le commandement de la compagnie de la Vendée, et le 25 juin 1806 celui de la compagnie de l'Orne, dont il resta en possession jusqu'au 5 juillet 1813, date de sa promotion au grade de chef d'escadron. Il commanda en cette qualité la force publique de la grande armée pendant les campagnes de 1813 et 1814, et fut nommé commandant de la compagnie de la Sarthe le 5 septembre de cette dernière année. Il reprit celui de la compagnie de l'Orne le 26 avril 1815, et, rappelé à celui de la Sarthe au mois de juillet suivant, il fut désigné pour passer aux dragons de la Saône le 20 janvier 1816, mais il resta en non-activité et obtint sa retraite en 1822. Il réside en ce moment à Alençon (Orne). J.-T.

BELLATON (PIERRE-MARIE), naquit le 29 octobre 1762 à Ambronay (Ain). Soldat au régiment de Champagne (7e d'infanterie) le 13 avril 1782, caporal le 11 mai 1785, sergent le 26 octobre 1788, sergent-major le 1er janvier 1791, il exerça les fonctions d'instructeur pendant sept ans. Nommé adjudant-sous-lieutenant le 1er juin 1792, il passa comme sous-lieutenant dans une compagnie le 2 octobre suivant, et fit aux armées des Alpes et des Pyrénées les campagnes de 1792 à l'an III inclusivement. Promu lieutenant le 26 juin 1793, il devint adjoint à l'adjudant-général Foignet le 1er germinal an II, et servit pendant les ans IV et V à l'armée d'Italie, où il fut incorporé dans la 19e demi-brigade d'infanterie de ligne le 19 frimaire an V. Passé en Corse, il était lieutenant de la 3e compagnie de grenadiers lorsque, aux mois de nivose et pluviose an VI, éclata une insurrection dans presque toutes les parties de l'île et particulièrement à Corte, où il se trouvait en garnison. La conduite qu'il tint dans les différentes affaires qui eurent lieu lui mérita les éloges du général Vaubois, qui sollicita pour lui un sabre d'honneur que le Directoire lui accorda. Embarqué avec l'armée d'Orient, il fit en Égypte et en Syrie les campagnes des ans VI, VII et VIII. Nommé capitaine le 5 frimaire an VII, il commandait les trois compagnies de grenadiers de la 19e demi-brigade au combat de Nazareth le 17 germinal suivant, et à la bataille de Mont-Thabor les 26 et 27 du même mois. Sa conduite distinguée pendant ces trois journées lui valut les éloges du général en chef Bonaparte. Employé quelque temps après comme capitaine-adjoint à l'état-major général de l'armée d'Orient, et désigné en l'an VIII pour passer comme capitaine dans le bataillon des chasseurs à pied de la garde consulaire, qui allait être formé, il rentra en France avec le général Dugua au mois de vendémiaire an IX, et resta employé auprès de lui jusqu'au moment où cet officier-général devint préfet du département du Calvados. Autorisé à attendre à Paris l'organisation de la garde consulaire, Bellaton entra avec son grade dans les chasseurs à pied le 11 frimaire de la même année. Légionnaire de droit, il fut nommé officier de l'Ordre le 25 prairial au XII, fit partie des troupes rassemblées sur les côtes de l'Océan pendant les ans XII et XIII, et devint chef de batailllon aux chasseurs à pied de la garde impériale le 18 fructidor de cette dernière année. De l'an XIV à 1807, il combattit en Autriche, en Prusse et en Pologne, suivit l'Empereur en Espagne en 1808, et passa comme chef d'escadron au commandement du 13e escadron de gendarmerie de l'armée d'Espagne, avec laquelle il fit les guerres de 1810 au 30 novembre 1812, époque à laquelle il entra dans la 27e légion de gendarmerie. Placé avec son grade dans la 13e légion le 5 septembre 1814, il reçut la croix de Saint-Louis le 1er novembre suivant, obtint sa retraite le 30 juin 1815, et se retira dans son pays natal, où il est mort le 2 août 1834. B-G.

BELLAVESNE, général. *V.* t. III, p. 81.
BELLAY. *V.* BELLEZ.

BELLEBAUX (CLAUDE, *chevalier*), né le 29 janvier 1770 à Saint-Germain-en-Laye, entra au service le 1er janvier 1786 en qualité d'élève au manége royal de Versailles, et passa, le 12 mars 1792, dans le 14e régiment de chasseurs à cheval. Brigadier le 5 avril 1793, maréchal-des-logis le 27 septembre et sous-lieutenant aide-de-camp du général Mirabel le 7 décembre de la même année, il rentra avec son grade dans son régiment le 23 vendémiaire an III. Il servit, de 1792 à l'an II, à l'armée des Pyrénées-Orientales. A l'affaire de Saint-Laurent de la Mouga, le 26 thermidor an II, le général Mirabel, dont il était alors aide-de-camp, ayant été tué, il rallia les troupes, battit l'ennemi, et le força à la retraite. Le même jour, il coopéra à la prise de la fonderie de Saint-Laurent de la Mouga, et fut blessé d'un coup de sabre sur la tête et d'un coup de feu à la jambe droite. Employé à l'armée de l'Ouest en l'an III et en l'an IV, il servit à celle d'Italie de l'an V à l'an IX; lieutenant le 1er brumaire an IX, adjudant-major le 20 ventose an X, et capitaine le 22 fructidor an XI, il fut nommé membre de la Légion-d'Honneur le 25 prairial an XII. De l'an XIV à 1809, il fit les campagnes de l'armée d'Italie, et passa, le 2 septembre 1809, comme chef d'escadron instructeur, dans les chasseurs à cheval de la garde impériale. L'Empereur lui accorda, le 15 mars 1810, une dotation de 500 francs de rente. De 1810 à 1812, il prit part aux guerres d'Espagne, fut nommé officier de la Légion-d'Honneur le 25 décembre 1812, et reçut le titre de chevalier de l'Empire, avec une dotation de 2,000 francs de rente, le 29 du même mois. Major instructeur le 25 janvier 1813, il reçut une forte contusion au bas-ventre par suite d'une chute de cheval le 24 octobre de la même année, à Lons-le-Saunier, où il commandait une colonne mobile. Appelé à faire la campagne de 1814 en France, il reprit ses fonctions de major instructeur aux chasseurs royaux de France après la première Restauration. Attaché à l'École royale de cavalerie le 7 janvier 1815, et fait chevalier de Saint-Louis le 14 février suivant, il resta dans cette position jusqu'au 1er juin 1816, et fut admis à la retraite le 30 octobre de la même année. Il est mort à Paris le 20 mars 1826. J.-T.

BELLENGER (JACQUES-FRANÇOIS), né à Blonville (Calvados), le 7 janvier 1760, entra le 14 octobre 1773 dans la marine marchande, qu'il quitta après diverses expéditions pour passer dans la marine royale. Matelot-timonier sur le vaisseau *l'Amphion* le 17 juin 1778, il assista au combat d'Ouessant le 27 juillet de la même année. Il passa le 7 février 1779 à bord du vaisseau *la Bretagne*, et le 16 décembre suivant sur *le Prothée*, en destination de l'Ile-de-France, et prit une grande part au combat que ce bâtiment eut à soutenir pendant sa traversée contre trois vaisseaux de 74, avant-garde de l'armée anglaise. *Le Prothée*, bientôt enveloppé et complétement démâté, fut capturé et l'équipage fait prisonnier. Rendu à la liberté le 28 avril 1780, Bellenger monta la frégate *la Nymphe* en qualité de maître-canonnier, pour aller en croisière. Il assista à un combat meurtrier livré par un vaisseau de 70 le 19 juillet de la même année, puis à une seconde affaire le 6 août contre la frégate anglaise *la Flore*. Le combat s'engagea vers le coucher du soleil, non loin d'Ouessant; les navires étaient à portée de pistolet. Après une demi-heure de combat, ils en vinrent à l'abordage, s'élancèrent de l'avant à l'arrière, et des 283 hommes d'équipage de *la Nymphe*, 54 seulement échappèrent au massacre, mais aucun d'eux n'amena le pavillon de la France. Fait prisonnier à la suite de ce combat, Bellenger ne revint en France que le 18 décembre suivant, et il servit sur divers navires jusqu'en 1785, il reprit alors du service sur les bâtimens du commerce en qualité de capitaine au long cours. Rentré dans la marine nationale avec le grade d'enseigne de vaisseau non-entretenu le 1er thermidor an II, il prit place sur le vaisseau *la République*, faisant partie de l'armée combinée. Ce bâtiment, qui venait de perdre toutes ses ancres dans la rade, par l'effet d'une tempête, reçut ordre de faire route pour la mer, et alla se jeter sur la roche de Mingan; tout l'équipage y eût péri sans l'enseigne Bellenger qui, à force de courage, parvint à en sauver les trois quarts.

Passé sur la corvette *la Vengeance* le 2 fructidor, il obtint après deux années d'un service fort actif le grade de lieutenant de vaisseau provisoire le 1er ventose an V, et fut employé à terre au service des mouvements du port de Brest jusqu'au 18 frimaire an VI. Embarqué le 19 en qualité de lieutenant de vaisseau, grade qui lui avait été définitivement conféré le 19 messidor précédent, il fut chargé le 25 nivose an VII de conduire à Brest, par terre, un bataillon de marins d'élite. Capitaine de frégate provisoire le 9 floréal an VIII, il obtint, après un service à terre, où il avait dû rester pour cause de maladie contractée au service, la confirmation de ce grade le 1er vendémiaire an XII, fut créé membre de la Légion-d'Honneur le 25 prairial suivant, et commanda successivement plusieurs divisions de flotille jusqu'au 1er avril 1807, époque à laquelle il se rendit au camp de Boulogne comme commandant un bataillon du 3e régiment des marins de la flotille de Boulogne. En 1808, il reçut le commandement de la frégate *l'Elbe*, dans le port d'Anvers, et en 1811 celui du *Tilsitt*, après sa nomination au grade de capitaine de vaisseau le 19 mai. Il quitta ce dernier commandement le 7 avril 1814. Le 18 du même mois, Louis XVIII le nomma officier de la Légion-d'Honneur et chevalier de Saint-Louis. Il prit sa retraite, se retira au Hâvre, et mourut dans cette ville le 5 mai 1831.

BELLEVILLE. *V.* REDON DE BELLEVILLE.
BELLEZ ET NON **BELLAY** (SÉRAPHIN-JOSEPH), naquit le 15 février 1755 à Houplin (Nord). Cavalier au régiment de Berri, il passa dans le 6e régiment de chevau-légers le 28 mai 1778, dans le 3e régiment de chasseurs à cheval en 1788, et dans le 1er de carabiniers le 2 prairial an VI, après avoir fait sept campagnes aux armées du Nord et de Sambre-et-Meuse. A l'affaire de Reinchen (armée du Rhin), le 7 messidor an VII, il reçut un coup de sabre à l'épaule gauche; il se trouva à la bataille d'Hochstedt le 30 prairial an VIII, et au passage du Danube le 3 messidor suivant. Membre de la Légion-d'Honneur le 25 prairial an XII, il fit encore la campagne de vendémiaire an XIV en Autriche, et obtint sa retraite le 20 novembre 1806. Il est mort le 18 avril 1833 à Lunéville (Meurthe).

BELLIARD, général. *V.* t. III, p. 81.
BELLOC (GEORGE-ANTOINE-THÉRÈSE, DE), né à Toulouse (Haute-Garonne), en 1775, était membre du conseil général de l'Hérault lorsqu'il fut appelé à la préfecture du département du Cher le 11 brumaire an X. Destitué le 10 ventose an XII, il reçut néanmoins la décoration de membre de la Légion-d'Honneur le 25 prairial suivant. Il est mort à Montpellier le 31 janvier 1816.

BELLON (SAUVEUR), naquit le 22 juin 1745 à Barbières (Drôme). Dragon le 31 décembre 1764 au régiment de Lanans (Franche-Comté), devenu 4e de chasseurs à cheval en 1791, brigadier le 7 avril 1773, maréchal-des-logis le 26 juillet 1776, maréchal-des-logis-chef le 8 mai 1788, sous-lieutenant le 25 janvier 1792, lieutenant le 26 février 1793, capitaine et chef d'escadron les 13 frimaire et 9 fructidor an II, il fit les campagnes de 1792 à l'an VII aux armées du Rhin, de Rhin-et-Moselle, d'Italie et de l'Ouest. Blessé à l'affaire de Reinchen, le 10 messidor an IV, de cinq coups de sabre, il fut obligé de faire deux trouées pour se tirer des mains de l'ennemi; il n'avait avec lui que 10 hommes, 8 furent tués et 2 furent faits prisonniers. Employé aux armées de Batavie et d'Italie de l'an VIII à l'an X, il assista aux batailles des Dunes, de Bergen et de Castricum, livrées les 10 et 14 vendémiaire an VIII, et à celle de Marengo. Membre de la Légion-d'Honneur le 25 prairial an XII, il fut admis à la retraite le 9 brumaire an XIII. Il est mort le 14 janvier 1819 à Jasseron (Ain).   J-T.

BELLOY, cardinal. *V.* t. II, p. 233.
BELPREY, colonel du génie. *V.* tome III, page 84.
BELUZE (GABRIEL), né le 20 novembre 1769 à Montagny (Loire), entra au service le 7 septembre 1792 en qualité de capitaine dans le 2e bataillon de grenadiers de Rhône-et-Loire, incorporé le 13 messidor an III dans la 202e demi-brigade de bataille, qui fut amalgamée le 5 ventose an VI dans la 53e de ligne, devenue le 1er vendémiaire an XII 53e régiment de même arme. Il fit avec distinction les campagnes de 1792 à l'an IX aux armées des Ardennes, de la Moselle, du Nord, de Sambre-et-Meuse, du Danube, d'Helvétie et du Rhin, et mérita par sa bravoure le grade de chef de bataillon, qu'il obtint le 27 germinal an IX. Après avoir tenu garnison à Coblentz pendant les ans X et XI, il partit pour l'Italie, et reçut la décoration de membre de la Légion-d'Honneur le 25 prairial an XII. Il fit

campagne de l'an XIV avec la 5e division de l'armée d'Italie, fut ensuite détaché au 2e régiment d'Italie pour y exercer les fonctions de son grade, et fut nommé major à la suite du 53e de ligne le 30 mai 1809. Il commanda ce régiment en Italie et en Allemagne pendant la campagne de 1809, et passa comme major titulaire dans le 3e régiment provisoire le 1er août de la même année. Le 6 juin 1810, un ordre ministériel l'envoya dans la 6e demi-brigade provisoire à Paris, et le 29 août suivant une nouvelle décision le plaça avec son grade dans le 1er régiment de la Méditerranée, devenu 35e d'infanterie légère. Promu colonel du 103e régiment de ligne le 24 janvier 1814, il fit la campagne de France à l'armée du Midi, fut mis en non-activité le 5 décembre de la même année, et se retira à Roanne (Loire), où il mourut le 18 février 1818.

BELZAIS-COURMENIL (NICOLAS-BERNARD-JOACHIM-JEAN), naquit le 19 octobre 1747 à Écouché (Orne). Après avoir fait ses études au collége de Seez, il étudia le droit à l'université de Caen et devint procureur du roi à l'élection d'Argentan, puis procureur-syndic du bureau intermédiaire de cette ville en 1789, époque à laquelle il fut élu député aux États-Généraux avec son beau-père, Goupil de Prefeln. Placé au comité des monnaies, il se chargea du rapport tendant à changer la livre tournois en valeur décimale. Maire d'Argentan à l'issue de la session de l'Assemblée constituante, administrateur du district en l'an III, et ensuite commissaire du pouvoir exécutif près le département de l'Orne, il donna sa démission pour se livrer exclusivement à l'exploitation de ses propriétés. Il obtint d'heureux résultats de ses essais en agriculture, publia quelques brochures utiles, et un grand nombre de sociétés agricoles s'empressèrent de l'associer à leurs travaux. Envoyé en l'an VI au conseil des Cinq-Cents, il lut, le 17 vendémiaire an VIII, à la tribune de cette assemblée, un excellent rapport sur les abus introduits dans l'administration des hôpitaux. Membre du Corps législatif après le 18 brumaire, et président le 6 nivose an X, il en sortit le 30 fructidor suivant, le premier Consul l'ayant nommé préfet de l'Aisne. Légionnaire le 25 prairial an XII, il mourut dans l'exercice de ses fonctions le 8 fructidor de la même année.

BENARD (JEAN-PIERRE), né le 14 juillet 1773 à Pierre-Laye (Seine-et-Oise), entra au service le 4 septembre 1793 dans le 1er régiment d'infanterie, devenu successivement 2e demi-brigade d'infanterie et 9e de bataille, et fit les campagnes de l'an II à l'an V aux armées du Nord, de Sambre-et-Meuse et d'Italie. Passé en l'an VI à l'armée d'Orient, il fut blessé de plusieurs coups de sabre dans la plaine d'Alexandrie le 19 messidor de la même année, devint caporal le 30 thermidor suivant, et prit part à l'expédition de Syrie. Admis le 11 germinal an X comme grenadier dans la garde des consuls, il obtint sa retraite le 22 pluviose an XII, et fut nommé membre de la Légion-d'Honneur le 25 prairial suivant. Il est mort à Paris le 13 avril 1835.

BENARD DE MOUSSIGNIERES (EU-GÈNE-BALTHAZARD-CRESCENT, *chevalier*), né le 6 janvier 1756 à Caudebec (Seine-Inférieure), avait été avant la Révolution chef du contentieux de la comptabilité des fermes du roi. D'abord garde, puis capitaine de grenadiers dans la garde nationale de Paris en 1789, il fut blessé en 1791 en sauvant le duc d'Aumont de la colère du peuple : le duc d'Aumont commandait le bataillon de service auprès du roi le 5 juin. Accusé d'avoir favorisé la fuite du roi Louis XVI, on voulait le massacrer. Bénard parvint à le conduire à l'Hôtel-de-Ville et à le mettre ainsi à l'abri de la fureur des citoyens. Élu président de l'administration municipale du 8e arrondissement de Paris le 1er germinal an VI, et assesseur du juge de paix du même arrondissement le 12 germinal suivant, il donna sa démission du premier de ces emplois le 22 ventose an VII pour s'occuper exclusivement de la statistique du département de la Seine en qualité de membre de la commission formée à cet effet par arrêté du Directoire du 24 nivose précédent. Adjoint au maire du 8e arrondissement le 8 ventose an VIII, membre du conseil du commerce de la Seine le 30 fructidor an X, juge suppléant au tribunal de commerce le 8 vendémiaire an XII, il devint maire de son arrondissement et membre du 2e collége électoral le 25 nivose an XII. Fait légionnaire le 25 prairial de la même année, un arrêté du préfet de la Seine, en date du 26 vendémiaire an XIII, le nomma l'un des administrateurs des lycées de Paris. Appelé pour la seconde fois aux fonctions de maire le 18 mars 1808, il obtint le 10 septembre suivant des lettres-patentes de chevalier de l'Empire. Maire de son arrondissement le 25 mars 1813, il remplissait encore ses fonctions lorsque, le 2 août 1814 et le 18 janvier 1815, Louis XVIII lui accorda des lettres de noblesse et lui conféra le grade d'officier de la Légion-d'Honneur ; mais ayant siégé pendant les Cent-Jours à la Chambre des représentans, élu par le 2e collége, et ayant signé l'adresse du corps municipal de Paris à l'Empereur, une ordonnance du roi du 12 septembre suivant pourvut à son remplacement. Il est mort à Paris le 16 mai 1833.

BENEDETTI (LOUIS), né à Bastia (Corse), en 1727, présidait la cour de justice criminelle de Golo lorsque l'Empereur le créa membre de la Légion-d'Honneur le 25 prairial an XII. Ce magistrat est mort à Ajaccio le 11 avril 1807.

BENNEROTTE (JEAN-NICOLAS), né le 9 novembre 1772 à Saint-Quirin (Meurthe), entra comme hussard le 21 août 1789 dans le régiment de Conflans (4e de l'arme), et fit les campagnes de 1792 à l'an IX aux armées des Ardennes, du Nord, de Sambre-et-Meuse, de Mayence, du Danube et du Rhin. A l'affaire qui eut lieu devant Rocroy, le 8 octobre 1793, il reçut un coup de feu au côté gauche. Nommé brigadier le 25 fructidor an V, et maréchal-des-logis le 1er prairial an VII, il se fit remarquer le 5 du même mois à l'affaire de Winterthur, où il fut blessé d'un coup de sabre au bras gauche. Promu maréchal-des-logis-chef le 1er germinal an X, il tint garnison à Cambrai et à Valenciennes, et fit partie de l'armée de Hanovre pendant les ans XI, XII et XIII, devint adjudant-sous-officier le 1er messidor an XI, membre de la Légion-d'Honneur le 25 prairial an XII, et obtint le grade de sous-lieutenant le 1er fructidor suivant. De l'an XIV à 1807, il combattit à la division d'avant-garde du 1er corps de la grande armée en Autriche, en Prusse et en Pologne, et se signala le 9 octobre 1806 au combat de Schleitz, où il reçut un coup de sabre à la main droite. De 1808 à 1813, il fit avec le 3e corps de l'armée d'Espagne les guerres de Catalogne, devint lieutenant-adjudant-major le 14 juillet 1810, et capitaine le 26 décembre 1811, et fut blessé d'un coup de feu au poignet droit le 13 juin 1813 au combat de Carcagente. Maintenu à son corps lors de l'organisation de 1814, il obtint sa retraite le 2 septembre de cette même année. Il est mort dans le lieu de sa naissance le 1er août 1819. B-G.

BENNEVALET. *V.* TOURNOIS DE BONNEVALLET (*Clément*).

BENOIST (JEAN-BAPTISTE), né le 3 janvier 1752 à Strasbourg (Bas-Rhin), entra au service le 1er octobre 1791 comme lieutenant dans le 1er bataillon de son département, devenu 53e demi-brigade de bataille le 11 nivose an III, et 10e de ligne en l'an IV. Promu au grade de capitaine le 28 août 1792, il fit toutes les campagnes de 1792 à l'an IX aux armées du Rhin, de Sambre-et-Meuse, de Rhin-et-Moselle, d'Angleterre et d'Italie. Désigné pour remplir les fonctions de quartier-maître le 28 nivose an II, il reprit le commandement d'une compagnie le 1er pluviose an III, et tint garnison à Forli (Italie) à la cessation des hostilités pendant les ans X et XI, et à Como et à Bergame pendant les ans XII et XIII. Créé membre de la Légion-d'Honneur le 25 prairial an XII, il fit les campagnes de l'an XIV à 1809 à l'armée de Naples, fut blessé d'un coup de feu à la jambe gauche le 3 frimaire an XIV au combat de Castel-Franco, et se distingua à la prise de l'île de Caprée le 17 octobre 1808. Admis à la retraite le 6 mai 1810, l'Empereur lui confia le commandement de la compagnie de réserve du département de l'Ems supérieur le 20 février 1811. Il se retira à Strasbourg à la paix de 1814, et mourut dans cette ville le 9 janvier 1816.

BENOISTE (PAUL-JEAN-BAPTISTE), naquit le 21 mai 1777 à Villeneuve-sur-Yonne (Yonne). Soldat au 17e régiment de dragons le 2 ventose an VII, il fit les campagnes des ans VIII et IX sur le Rhin. Passé le 28 vendémiaire an X dans les chasseurs à cheval de la garde des consuls, devenue garde impériale en l'an XII, il y obtint les grades de brigadier et de brigadier-fourrier les 23 vendémiaire et 9 fructidor an XI. Employé au camp de Boulogne pendant les ans XII et XIII, il reçut la décoration de membre de la Légion-d'Honneur le 25 prairial an XII, et fut nommé sous-lieutenant dans le 23e régiment de chasseurs à cheval le 12 fructidor an XIII. Il alla rejoindre ce corps à l'armée d'Italie, avec laquelle il fit les guerres de l'an XIV à 1807, soit en Italie, soit en Allemagne. Promu lieutenant le 30 avril 1809, il prit part à la guerre contre l'Autriche, et périt glorieusement sur le champ de bataille d'Essling le 22 mai suivant. B-G.

BEQUÉ (BERNARD). *V.* BEGUÉ.

BERA (JOSEPH-CHARLES), naquit à Champagne-Saint-Hillaire (Vienne), le 4 novembre 1758. Avocat au moment où la révolution de 1789 éclata, il en adopta les principes avec modération. Nommé commissaire du gouvernement près les tribunaux de la Vendée le 19 frimaire an IV, il fut appelé aux mêmes fonctions le 24 floréal an VIII près le tribunal d'appel de la Vienne, et reçut le 25 prairial an XII la croix de la Légion-d'Honneur. A cette époque, il échangea, conformément au sénatus-consulte organique du 28 floréal, son titre de commissaire du gouvernement contre celui de procureur-général. En 1811, lors de la réorganisation des tribunaux et des cours de justice, il devint le 15 juin procureur-général impérial près la même cour. Privé de son emploi au retour de Louis XVIII, une triple élection l'envoya en 1815 à la Chambre des représentants, où il défendit avec chaleur les intérêts de la patrie. A la seconde Restauration, il se fit inscrire au tableau des avocats de Poitiers, et apporta dès-lors dans l'exercice de cette indépendante profession toute l'expérience que lui avaient acquises près de vingt-cinq années d'exercice des plus hautes fonctions du ministère public. En 1819, les électeurs libéraux de Civray le choisirent pour candidat à la Chambre des députés, mais cette élection ne put réussir. Le mouvement de Juillet s'empressa de le rappeler dans la magistrature. Nommé en 1832 substitut du procureur-général près la cour royale de Poitiers, il devint presqu'immédiatement procureur du roi près le tribunal de première instance de la même ville. Il est mort dans l'exercice de ses fonctions le 25 mai 1839.

BERANGER. *V.* BERENGER.

BERAR (CLAUDE-RENÉ), naquit à Rochefort (Charente-Inférieure), le 12 avril 1767. Entré dans la marine dès l'âge de dix ans en qualité de mousse sur un bâtiment de commerce, il y était arrivé au grade de capitaine au long cours quand il passa dans la marine de l'État, avec le grade d'enseigne de vaisseau, le 24 septembre 1792. Embarqué à Rochefort le 28 décembre suivant sur la frégate *la Pique*, il alla en croisière entre Ouessant et les Sorlingues, et revint à Brest au moment de la déclaration de guerre de 1793, et fut employé au port. Le 28 février suivant, il monta le vaisseau *la Convention*, en croisière sur les côtes de Bretagne et du Poitou. Il était sur ce bâtiment lorsqu'il fut nommé lieutenant de vaisseau le 3 brumaire an II, et lors des combats livrés le 11 et le 14 prairial, combats auxquels il prit une part très active; le 7 messidor suivant, il prit le commandement provisoire du vaisseau et resta en mer jusqu'au débarquement à Lorient le 10 vendémiaire an IV. Après neuf mois de service dans le port de Rochefort, il alla embarquer à Lorient le 27 prairial an IV sur le vaisseau *la Constitution*, faisant partie de l'armée expéditionnaire d'Irlande, et captura deux navires anglais qui furent conduits à Nantes. Capitaine de frégate le 2 germinal an V, il embarqua sur *le Foudroyant* le 7 germinal an IX, et fit partie de l'armée sous les ordres de l'amiral Bruix. Le 19 floréal, il partit du port de Rochefort à bord du

Héros, attaché à l'armée expéditionnaire de Saint-Domingue. Chargé de s'emparer de Saint-Marc, il fut forcé de renoncer à cette entreprise après un combat de plusieurs heures dans lequel les boulets ennemis tuèrent plusieurs hommes de l'équipage et mirent le feu en divers endroits du vaisseau ; il reçut alors la mission de ramener en France Toussaint-Louverture et sa famille. Arrivé à Brest le 15 fructidor an x, il fut employé dans le port de Rochefort jusqu'au 15 floréal an xII ; embarqué le lendemain sur *le Lion*, faisant partie de l'escadre expéditionnaire des îles du vent, il contribua à la reddition des îles anglaises dans ces parages. Pendant cette expédition, il avait été créé membre de la Légion-d'Honneur le 25 prairial, et il prit à la mer, le 3 vendémiaire an xIV, le commandement du vaisseau *le Calcutta*, capturé sur les Anglais avec plusieurs autres bâtimens dans cette glorieuse campagne, et vint désarmer à Rochefort le 12 février 1806. Le 13, il monta *le Lion*, fit partie de l'armée de l'amiral Allemand, et après plusieurs appareillages de la rade de l'île d'Aix, il trompa la vigilance de l'escadre anglaise, fit route pour Toulon, où il vint désarmer le 4 février 1808, ramenant plusieurs bâtimens qu'il avait capturé pendant la traversée. Le 5, il quitta le port comme commandant le brick *le Requin*, pour se rendre à Alger, où l'appelait une mission fort délicate dont il s'acquitta avec autant d'intelligence que de bonheur. Le 23 avril, il rentrait dans le port de Toulon. Chargé le 24 d'une mission non moins importante à Porto-Ferrajo (île d'Elbe), il quitta de nouveau Toulon avec son brick. Arrivé à sa destination, où il devait prendre deux vaisseaux russes, il parvint à décider le commandant de ces navires à le suivre en France. Le 9 mars, il se rendit de nouveau à Alger et sur les côtes de Barbarie. Chassé par deux bâtimens le 11 mai, il livra à une corvette ennemie un combat inégal qui dura plus de six heures ; il réussit à la désemparer après lui avoir tué beaucoup de monde. Obligé de fuir le 3 juin devant une frégate anglaise, il rencontra sur sa route un bâtiment de commerce de la même nation dont il s'empara. Quatre-vingt-un jours s'étaient écoulés depuis son départ de Toulon, sa mission était complètement et heureusement terminée, et il avait dans sa traversée exploré 8 bâtimens anglais, quand, le 28 juillet, à la pointe du jour, il se trouva vivement poursuivi par la frégate anglaise *la Volage*. Depuis midi elle fatiguait de son feu le brick qu'elle était parvenu à désemparer, et le capitaine Berar fut forcé de se rendre. Fait prisonnier avec son équipage et conduit sur les pontons anglais, il ne put rentrer en France que le 4 novembre 1811. Traduit le 9 mars 1812 devant un conseil de guerre, il fut honorablement acquitté ; employé au service du port de Rochefort depuis le 5 novembre 1811, il y obtint le 1er janvier 1813 l'emploi de chef des armemens, qu'il remplit jusqu'au 5 août 1814. Créé le 18 du même mois chevalier de Saint-Louis, il eut plus tard sa retraite à Rochefort, et mourut le 12 décembre 1837.

BÉRARD (CLAUDE), naquit le 4 octobre 1768 à Meaudre (Isère). Soldat dans le régiment de Royal-Champagne-cavalerie depuis le 1er novembre 1786 jusqu'au 1er janvier 1793, il passa en qualité de maréchal-des-logis dans la légion de Rosenthal le 14 de ce dernier mois. Il fit les campagnes de 1793 et de l'an II dans la Vendée, des ans III et IV à l'armée de Sambre-et-Meuse, des ans V, VI et VII à celle d'Italie, et des ans VIII, IX et X à celle de l'Ouest. Nommé sous-lieutenant au 19e régiment de chasseurs à cheval le 9 juin 1793, et lieutenant le 25 ventose an VI, il fut promu au grade de capitaine le 16 nivose an VII, et se distingua lors de l'entrée de l'armée française à Naples, le 3 pluviose suivant, en chargeant à la tête de sa compagnie et en enlevant 7 pièces de canon à l'ennemi. Sa belle conduite dans cette journée fut mise à l'ordre de l'armée par le général en chef Championnet. Le 30 prairial de la même année, à la bataille de la Trebia, il reçut un coup de feu à la clavicule droite, et un autre qui lui traversa la poitrine. Employé à l'an XI au camp de Bayonne, et à celui de Toulon pendant les ans XII et XIII, il reçut la décoration de membre de la Légion-d'Honneur le 25 prairial an XII, fit la campagne de l'an XIV à l'armée d'Italie, et celles de 1806 et 1807 à la grande armée. Ayant perdu l'usage de l'œil gauche par suite des fatigues de la guerre, et la blessure qu'il avait reçue à la poitrine ne lui permettant plus de supporter l'exercice du cheval, il se vit forcé de solliciter son admission à la retraite, qui lui fut accordée le 7 février 1808. Il se retira à Saint-Maixent (Deux-Sèvres), et devint électeur de l'arrondissement de Niort le 24 juin suivant, et mourut à Saint-Maixent le 4 septembre 1843.

B-G.

BÉRARD (LOUIS), naquit le 3 mai 1758 à Bourg (Ain). Soldat au régiment d'Auvergne (17e d'infanterie) le 11 mai 1775, il fit les campagnes de 1781 à 1783 dans l'Amérique septentrionale, et devint caporal le 11 août 1781, et sergent le 6 janvier 1784. Congédié le 1er juillet 1790, il reprit du service comme volontaire le 4 septembre 1791, et fut proclamé capitaine le même jour par le choix de ses camarades dans le 3e bataillon de l'Ain, incorporé en l'an II dans la 199e demi-brigade de bataille, amalgamée en l'an IV dans la 51e de ligne, devenue 51e régiment de même arme à l'organisation de l'an XII. Il fit les campagnes de 1792 à l'an IX aux armées du Rhin, de la Moselle, des Alpes, d'Italie, d'Angleterre et de Batavie, se signala à l'affaire du 9 frimaire an II, à Kayserslautern, où il reçut un éclat d'obus à la poitrine, et fut nommé chef de bataillon le 12 ventose suivant. Il combattit à l'affaire du 5 prairial de la même année, et eut la tête blessé d'un coup de sabre. Rentré en France après la paix, il était en garnison à Lille, où, vingt ans auparavant, il s'était déjà trouvé comme sous-officier du régiment d'Auvergne, lorsqu'il reçut la décoration de membre de la Légion-d'Honneur le 25 prairial an XII. Il fit partie du camp de Bruges en l'an XII et en l'an XIII, et fit la campagne de l'an XIV avec la 1re division du 3e corps de la grande armée. Atteint d'infirmités provenant des fatigues de la guerre, il sollicita sa retraite et l'obtint le 12 novembre 1806. Retiré à Bourg, il fut nommé membre du collége électoral d'arrondissement de cette ville le 18 avril 1807, et y mourut le 28 mai 1832. B-G.

BERDUC (JEAN-PIERRE), né en 1774 à Seix (Arriége), s'enrôla le 11 mai 1792 dans le 3e bataillon de l'Arriége, qui devint successivement 3e demi-brigade provisoire, 57e de bataille et 57e régiment de ligne en l'an XII. Plusieurs actes de bravoure à l'armée des Pyrénées-Orientales lui firent obtenir le grade de caporal le 18 nivôse an II. A la fin de l'an III, il passa en Italie. Rivoli, Saint-George, la Favorite, où sa demi-brigade acquit le surnom de *la Terrible*, furent successivement témoins de sa valeur. En l'an VIII, il se trouva aux batailles de Zurich, de Dissenhoffen, d'Engen, d'Hochstedt et de Neubourg. Passé d'Helvétie au camp de Saint-Omer à la fin de l'an XI, il y reçut, l'année suivante, la croix de la Légion-d'Honneur, qui lui avait été décernée par l'arrêté du 25 prairial. Pendant les trois campagnes d'Autriche, de Prusse et de Pologne, de l'an XIV à 1807, il fit partie du 4e corps de la grande armée, fut nommé sergent le 12 juillet 1807, passa en 1809 au 1er corps de l'armée d'Allemagne, vint en 1811 au 1er corps d'observation de l'Elbe, et prit sa retraite le 1er mai de la même année. Il réside aujourd'hui à Pont-à-Mousson (Meurthe). Y.

BERENGER (FRANÇOIS-DENIS), naquit le 6 novembre 1769 à Clamart (Seine). Après avoir servi dans la marine depuis le 5 mai 1784 jusqu'au 17 juillet 1785, il s'engagea dans le régiment du Perche-infanterie, où il resta jusqu'au 1er mai 1793, et fut incorporé à cette époque dans le 2e régiment d'artillerie à pied. Il passa le 19 pluviôse an II dans le 2e régiment à cheval de même arme, et le 26 nivôse an VII dans la garde à cheval du Directoire, devenue grenadiers de la garde consulaire le 13 nivôse an VIII. Il avait fait toutes les campagnes de la Révolution et s'était trouvé à la bataille de Marengo. Nommé brigadier le 1er vendémiaire an XII, et membre de la Légion-d'Honneur le 25 prairial suivant, il entra dans les vélites-grenadiers le 1er nivôse an XIV, et fut admis le 11 mai 1807 dans les vétérans de la garde impériale. Il prit sa retraite quelques années plus tard et se retira à Paris, où il est mort le 3 juin 1830. Y.

BERENGER, conseiller d'État. V. tome II, page 234.

BERENGER, capitaine de vaisseau. V. BERRENGER.

BERGE (FRANÇOIS-BEAUDIRE, *baron*), naquit à Collioure (Pyrénées-Orientales), le 11 mars 1779. Entré à l'École polytechnique le 17 brumaire an III, il passa le 30 brumaire an V élève sous-lieutenant à celle d'artillerie de Metz, d'où il sortit le 13 floréal suivant avec le grade de lieutenant en second, et alla rejoindre la portion du 1er régiment d'artillerie qui faisait partie de l'armée d'Angleterre. Détaché à l'état-major de l'armée d'Orient, il fit les campagnes d'Égypte et de Syrie, assista à la prise de Malte, à celle d'Alexandrie, au combat de Chebreiss, aux batailles des Pyramides, d'Aboukir et d'Alexandrie, aux siéges de Jaffa, de Saint-Jean-d'Acre et du Caire. Capitaine de 3e classe le 4e jour complémentaire an VII, il fut promu le 27 floréal an VIII à la 2e classe de son grade dans le 4e régiment d'artillerie à pied, et remplit les fonctions d'aide-de-camp auprès du général Songis jusqu'au mois de brumaire an X. Passé dans l'artillerie de la garde consulaire le 15 nivôse de cette année, il continua néanmoins son service d'aide-de-camp auprès de son général, appelé à la même date au commandement de l'artillerie de cette garde. Le 6 brumaire an XII, le premier Consul le nomma chef de bataillon sous-directeur d'artillerie à la Guadeloupe; mais sur les instances du général Songis, alors premier inspecteur d'artillerie, il continua de servir sous ses ordres et fit avec lui les campagnes des ans XII et XIII à l'armée des côtes de l'Océan. Il y reçut le 25 prairial an XII la décoration de la Légion-d'Honneur et celle d'officier de l'Ordre. Il fit avec la grande armée les guerres d'Allemagne, de Prusse et de Pologne de l'an XIV à 1807, et se trouva aux combats livrés sous les murs d'Ulm les 23, 24 et 25 vendémiaire an XIV, aux batailles d'Austerlitz, d'Iéna et d'Eylau. Major le 21 mars 1806, et colonel le 30 août 1808, il passa à l'armée d'Espagne le 24 novembre comme chef d'état-major de son armée, et prit, le 28 décembre, le commandement du 5e régiment d'artillerie à cheval. Il combattit à Talaveira de la Reina, où il fut blessé d'un coup de feu au côté droit, à Almonacid et à Ocaña les 28 juillet, 11 août et 18 novembre 1809, et au passage de la Sierra-Morena le 20 janvier 1810.

Nommé chevalier de l'Empire le 15 août suivant, il eut le bras traversé d'une balle au combat d'Albuera le 16 mai 1811, et à celui de Santa-Martha-de-Villalba, le 15 juin même année, il mérita la croix de commandant de la Légion-d'Honneur, qui lui fut décernée le 6 août suivant. Placé à la tête de l'artillerie de l'armée du midi de l'Espagne le 3 avril 1813, il reçut le 26 mai le brevet de général de brigade, et prit une part glorieuse à toutes les affaires qui précédèrent et suivirent l'évacuation de la péninsule. A la fin de cette dernière campagne, il reçut le titre de baron de l'Empire, mais il ne prit qu'une faible part aux événemens politiques et militaires de 1814. Chevalier de Saint-Louis le 20 août de cette année, et nommé membre de la commission chargée de déterminer le classement des places de guerre, ainsi que les travaux d'amélioration qu'elles pouvaient exiger, il fut attaché dans le mois de mars 1815 à l'état-major du duc d'Angoulême. Après le départ de ce prince, il se rendit dans la capitale, où il reçut le 6 juin le commandement de l'artillerie du corps de cavalerie placé sous les ordres du maréchal Grouchy. En 1816, il commandait l'École royale d'application à Metz. Nommé le 14 décembre 1822 commandant supérieur des troupes et du matériel de l'artillerie de la direction de Perpignan et du 4e corps de l'armée des Pyrénées, il fit en cette qualité la campagne d'Espagne de 1823. Cette campagne lui valut le

3 octobre suivant le brevet de lieutenant-général, et le 23 novembre la plaque de 4ᵉ classe de l'ordre de Saint-Ferdinand d'Espagne. Nommé membre du comité consultatif de son arme le 22 décembre 1824, et grand-officier de la Légion-d'Honneur le 3 novembre 1827, il fut mis en disponibilité le 8 septembre 1830. Replacé provisoirement sur le cadre du comité d'artillerie le 1ᵉʳ juillet 1831, il est mort à Paris le 18 avril 1832. Son nom est inscrit sur le côté Sud de l'arc-de-triomphe de l'Étoile. B-S.

BERGER (GEORGE-JOSEPH), naquit le 20 janvier 1760 à Lyon (Rhône). Soldat le 5 mai 1779 dans le régiment des gardes françaises, il devint caporal le 15 janvier 1784, et passa en qualité de sergent le 30 août 1789 dans la garde nationale parisienne soldée, qui forma, le 1ᵉʳ janvier 1792, le 103ᵉ régiment d'infanterie. Nommé capitaine le 13 septembre suivant dans le 1ᵉʳ bataillon de la commune de Paris, devenu 162ᵉ demi-brigade de bataille en l'an II, puis 103ᵉ demi-brigade de ligne en l'an IV, et enfin 103ᵉ régiment de même arme en l'an XII, Berger fut élu chef de bataillon le 16 du même mois, et fit les campagnes de 1792 à l'armée des Ardennes, de 1793 à celle du Nord, de l'an II à la même armée, et aux siéges de Landrecies, du Quesnoy et de Valenciennes, ainsi qu'à l'armée de Sambre-et-Meuse, des ans III, IV et V devant Luxembourg et à l'armée du Rhin, des ans VI et VII en Helvétie, et des ans VIII et IX sur le Rhin. A l'affaire d'Achau, le 10 frimaire an IX, il reçut un coup de feu au côté gauche. Rentré en France après la cessation des hostilités, il tint garnison à Cologne pendant l'an X, et servit à l'armée de Hanovre de l'an XI à l'an XIII inclusivement. Nommé membre de la Légion-d'Honneur le 25 prairial an XII, il fit les guerres d'Autriche, de Prusse et de Pologne de l'an XIV à 1807 avec la 2ᵉ division du 5ᵉ corps de la grande armée, se distingua à la bataille d'Eylau, et en fut récompensé par la décoration d'officier de la Légion-d'Honneur, qui lui fut donné par l'Empereur le 13 mars 1807. Il fit encore la campagne de 1809 en Allemagne, et obtint sa retraite le 26 octobre de cette année. Il réside aujourd'hui à Belleville, près de Paris.

BERGER (JEAN-CLAUDE), né le 26 octobre 1774 à Saint-Didier (Ain), entra au service le 22 août 1792 en qualité de lieutenant dans le 6ᵉ bataillon de l'Ain, devenu 200ᵉ demi-brigade de bataille en l'an II, 18ᵉ demi-brigade d'infanterie légère en l'an IV, et 18ᵉ régiment de même arme en l'an XII, et fut élu capitaine le 23 du même mois. Il fit les campagnes de 1792 à l'an III à l'armée des Alpes, celles des ans IV, V et VI en Italie et en Helvétie, celles des ans VII et VIII à l'armée d'Italie, enfin celle de l'an IX en Batavie. Sa conduite le 10 germinal an VII, à l'affaire de Piscanta, où il reçut un coup de feu à la jambe droite, lui valut le grade de chef de bataillon le 1ᵉʳ floréal suivant. A l'affaire d'Imbech (Hanovre) pendant la campagne de l'an IX, il fut blessé d'un coup de feu à la tête. La colonne qu'il commandait s'étant trouvé coupée, il manœuvra avec une grande habileté, parvint à lui faire traverser le fleuve sur des bateaux et la reconduisit saine et sauve au quartier-général. A peine était-il arrivé que ses forces, épuisées par la perte de son sang, l'abandonnèrent entièrement, et, pour ne point le laisser au pouvoir de l'ennemi, ses soldats l'avaient porté depuis le champ de bataille jusqu'au bivouac du corps d'armée. Après avoir tenu garnison à Lille pendant les ans X et XI, il fit partie des troupes rassemblées au camp d'Utrech en l'an XII et en l'an XIII, reçut la décoration de membre de la Légion-d'Honneur le 25 prairial an XII, et fut admis à la retraite le 24 brumaire an XIII pour cause d'infirmités incurables, suite des fatigues de la guerre. Il est mort à Thoissey (Ain), le 21 novembre 1822.

BERGERET (CHRISTOPHE), naquit le 27 juillet 1775 à Thionville (Moselle). Volontaire le 16 juin 1792 dans le 16ᵉ régiment de cavalerie, avec lequel il fit les campagnes de 1793 à l'an IV aux diverses armées de la République, il se fit remarquer dans toutes les affaires auxquelles il assista. Admis dans les grenadiers à cheval du Directoire le 1ᵉʳ nivose an V, il entra dans la garde des consuls le 13 nivose an VIII, et fit la campagne de cette année à l'armée d'Italie. Il se signala à Marengo et obtint le grade de brigadier le 1ᵉʳ vendémiaire an IX. Maréchal-des-logis le 14 floréal an X, il continua de servir dans les grenadiers à cheval de la garde impériale, se trouva avec elle au camp de Boulogne en l'an XII et en l'an XIII, et fut nommé membre de la Légion-d'Honneur le 25 prairial an XII. De l'an XIV à 1807, il combattit en Autriche, en Prusse et en Pologne, prit une part distinguée à tous les combats de cette mémorable époque, et fit la campagne d'Espagne en 1808. Lieutenant en second porte-étendard le 6 avril 1809, il suivit la grande armée en Allemagne, et se trouva aux batailles d'Essling et de Wagram. Il fit encore la campagne de 1812 en Russie, et mourut le 25 mars 1813 à l'hôpital de Fulde, par suite des blessures qu'il avait reçues pendant sa dernière campagne. B-G.

BERGERON (JEAN-ARMAND), naquit le 7 avril 1765 à Paris. Le 12 mai 1782, il entra avec le rang de sous-lieutenant dans la compagnie des gendarmes anglais (maison militaire du roi); ce corps ayant été réformé le 1ᵉʳ avril 1788, Bergeron passa le 26 du même mois dans le bataillon de garnison de l'Ile-de-France avec le grade de lieutenant en second, et le 1ᵉʳ septembre 1789 il fut nommé capitaine dans la garde parisienne soldée, incorporée en partie dans le 104ᵉ régiment d'infanterie le 30 août 1791, et devint lieutenant-colonel en second, lieutenant-colonel en premier, et colonel les 22 septembre et 15 octobre 1792, et 12 avril 1793. Le 1ᵉʳ thermidor an II, le Comité de salut public lui confia le commandement de la 183ᵉ demi-brigade de ligne, devenue 28ᵉ le 19 vendémiaire an V. Il fit les campagnes de l'armée du Nord de 1792 à l'an V, assista au siége de Nimègue en qualité de commandant de tranchée, remplit à celui de Graves les fonctions de général de brigade, et dirigea avec zèle et intelligence les travaux d'investissement et les attaques de Gertruydemberg.

Placé le 22 prairial an v à la tête de la 9e division de gendarmerie (Toulouse), il fut chargé de l'inspection des troupes de cette arme dans tout le rayon de son arrondissement. Nommé chef de la 6e légion (Tours) le 18 fructidor an IX, il reçut la croix de membre et celle d'officier de la Légion-d'Honneur les 15 pluviose et 25 prairial an XII. Chevalier de Saint-Louis le 29 juillet 1814, et admis à la retraite le 6 octobre 1815, avec le grade honorifique de maréchal-de-camp, il mourut à Paris le 27 avril 1824.

BERGEVIN (AUGUSTE-ANNE), naquit à Brest le 26 novembre 1753. Entré au service maritime avec le titre d'élève le 1er juillet 1772, il fit trois campagnes sur mer, en qualité d'aide-commissaire, dans l'Archipel, dans le Levant et aux colonies. Nommé le 1er novembre 1779 commissaire des prisonniers anglais au château de Fougère, et le 17 janvier 1780 commissaire surnuméraire de la marine chargé en chef des principaux détails du port de Brest, il devint commissaire ordinaire le 18 septembre 1784, et remplit les fonctions d'ordonnateur à Rochefort. Promu commissaire principal de la marine à Bordeaux le 25 messidor an VII, le gouvernement le chargea en l'an XI d'une mission de confiance en Russie dont l'objet était l'approvisionnement des ports de France en munition de tout genre. L'Empereur le nomma membre de la Légion-d'Honneur le 25 prairial an XII. Il exerçait encore son emploi à Bordeaux quand Louis XVIII le décora de la croix d'officier de l'Ordre le 28 avril 1821. Il est mort à Bordeaux le 6 février 1831.

BERGEVIN (MATHIEU-CHARLES), naquit à Brest le 18 juillet 1761. Élève ingénieur-constructeur le 13 mars 1779, il embarqua le 4 octobre 1780 comme élève ingénieur volontaire à bord de *l'Atlas*. Lieutenant de frégate aide de port le 30 août 1781, il passa enseigne de vaisseau de port le 17 septembre 1784, et embarqua sur *la Cléopâtre* le 4 octobre 1785, reprit son service à terre comme enseigne et lieutenant de port le 2 février 1786, et se remit en mer le 4 mai 1788 comme sous-lieutenant de vaisseau. Sous-lieutenant de port le 1er février 1791, il embarqua de nouveau comme lieutenant commandant de vaisseau à bord de *la Vigilante* le 3 novembre de la même année. Promu au grade de capitaine de vaisseau le 17 ventose an VI, il prit le commandement de *la Romaine*, vaisseau de 44 canons, faisant partie de la division de Brest, laquelle mit à la voile le 30 fructidor an VII pour les côtes d'Irlande. Lorsque, le 20 vendémiaire an VIII, *le Hoche* eut été forcé de se rendre après une résistance héroïque, le commandement de la division échut au capitaine Bergevin. Membre et officier de la Légion-d'Honneur les 15 pluviose et 25 prairial an XII, il monta successivement *le Jupiter* et *le Batave*. Nommé commandant d'équipage de flotille à Rochefort le 9 août 1813, le 1er juillet suivant il reprit son service de capitaine de vaisseau. Il est mort à Brest le 21 juillet 1841.

BERGEVIN (OLIVIER), né à Brest le 26 novembre 1750, fut nommé, le 1er décembre 1774, conseiller particulier au siége de l'amirauté de Brest, premier assesseur de la prévôté et cour souveraine de la marine le 3 juin 1780, il devint le 4 janvier 1791 premier juge au tribunal du district de Brest. Élu par le département du Finistère membre du Corps législatif en l'an VI, il se fit remarquer au conseil des Cinq-Cents par des connaissances fort étendues dans l'administration de la marine. Après l'expiration de son mandat de député, au mois de prairial an VIII, il fut appelé aux fonctions de commissaire-auditeur de la cour martiale de la marine, reçut la croix de membre de la Légion-d'Honneur le 25 prairial an XII, passa le 1er janvier 1806 aux fonctions de commissaire-rapporteur au tribunal maritime, reprit le 30 octobre celles de commissaire-auditeur près la cour martiale, et les conserva jusqu'à sa mort, qui eut lieu le 4 septembre 1818.

BERGIER (JOSEPH-DONAT), né le 15 février 1775 à Cadenet (Vaucluse), entra au service comme sous-lieutenant le 27 septembre 1792 dans le 9e bataillon des Bouches-du-Rhône, devenu 99e demi-brigade de bataille, puis 51e de ligne, et fit les campagnes de 1792 à l'an IX aux armées d'Italie, du Rhin et du Danube. Nommé adjoint à l'adjudant-général Chabran le 30 frimaire an III, il se distingua à l'affaire de Loano le 2 frimaire an IV, obtint le grade de lieutenant le 14 germinal suivant, et se trouva au combat de Dego le 26 du même mois. Il se signala encore au passage du pont de Lodi le 21 floréal et dans les combats de Lonado, la Corona, Montebaldo et Preabolo; il justifia, par sa bravoure, la réputation que ses premiers faits d'armes lui avaient acquise. Il prit part à la journée de Roveredo le 18 fructidor de la même année, et lorsque l'adjudant-général Chabran eut été nommé général de brigade, il devint son aide-de-camp le 4 prairial an V. Il fit partie de l'expédition contre les rebelles de Verone, et fut nommé capitaine le 14 vendémiaire an VI. Après le traité de Campo-Formio, il suivit son général dans les départemens des Basses-Alpes et des Bouches-du-Rhône, où il était chargé d'apaiser les troubles intérieurs qui agitaient ces contrées, et servit avec lui à l'armée du Danube pendant la campagne de l'an VII et une partie de celle de l'an VIII. Il se trouva au passage du Rhin, au-dessous de Mayenfeld, le 17 ventose an VII, et au combat sur les hauteurs de Coire, ainsi qu'à l'affaire de Luciensteig, le 12 floréal suivant. Pendant la retraite de l'armée française dans le pays des Grisons, il donna de nouvelles preuves de bravoure et combattit vaillamment à l'affaire de Wenther le 7 prairial. A l'attaque du camp retranché de Wolrau, les 27 et 28 thermidor de la même année, Bergier déploya une grande valeur et fut nommé chef de bataillon sur le champ de bataille par le général en chef Masséna, qui lui adressa le brevet provisoire de ce grade, avec une lettre de félicitation, le 2 fructidor suivant. A Stein, à Schwitz, il contribua aux succès de l'armée du Danube, et se signala le 3 vendémiaire an VIII au passage de la Limath et à la défaite des Russes près de Ditikon. Il suivit le général Chabran à l'arnée d'Italie, et se trouva avec lui à l'attaque du fort de Bar le 12 prairial an VIII. Il l'accompagna ensuite en Piémont, dont il venait d'être nommé commandant-général après le traité de Lunéville, et servit avec lui sur les côtes de l'Océan, de la défense desquelles cet officier-général fut chargé pendant les ans XII et XIII, depuis Nantes jusqu'à la Gironde. Membre de la Légion-d'Honneur le 25 prairial an XII, il fut employé avec son général au camp de Saintes en l'an XIV, et dans la 10e division militaire en 1806. Nommé électeur de l'arrondissement d'Apt en 1807, il fit la guerre en Catalogne de 1808 à 1810, et passa comme chef de bataillon dans le 42e régiment d'infanterie de ligne le 28 décembre de cette dernière année. C'est en cette qualité qu'il fit la campagne de Russie en 1812 et celle de Saxe en 1813, et fut tué à la bataille de Bautzen le 20 mai 1813. B-G.

BERGON (ANTOINE), naquit le 3 octobre 1776 à Cahors (Lot). Volontaire le 1er octobre 1792 dans le 23e bataillon des réserves, incorporé en l'an II dans la 163e demi-brigade d'infanterie de bataille, amalgamée en l'an IV dans la 36e de ligne, devenue 36e régiment de même arme le 1er vendémiaire an XI, il fit la campagne de 1792 à l'armée du Nord, obtint le grade de caporal le 1er mai 1793, et devint fourrier le 4 du même mois. De 1793 à l'an IX, il servit aux armées du Nord, de Sambre-et-Meuse, d'Allemagne, du Danube et du Rhin, fut nommé sergent le 6 germinal an II, sergent-major le 15 germinal an V, adjudant-sous-officier le 5 thermidor de la même année, et sous-lieutenant le 4e jour complémentaire an VII. Le 3 vendémiaire an VIII, il se trouva au nombre de ceux qui passèrent volontairement la Lintz, et il contribua puissamment par son courage au succès de la journée. Le 30 prairial suivant, il traversa le Danube à la nage, et alla sous le feu du canon et de la mousqueterie détacher une barque qu'il ramena sur la rive droite, où elle reçut treize coups de boulet qui la coulèrent bas. Nommé lieutenant le 27 germinal an IX, il alla tenir garnison à Aix-la-Chapelle pendant les ans X et XI, fut promu capitaine le 23 fructidor de cette dernière année, et fit partie des troupes du camp de Saint-Omer pendant les ans XII et XIII. Créé membre de la Légion-d'Honneur le 25 prairial an XII, il fit avec la 1re division du 4e corps de la grande armée les guerres d'Autriche, de Prusse et de Pologne de l'an XIV à 1807, et se distingua à Austerlitz, où il reçut un coup de feu au pied droit, et à Eylau, où il eut le bras gauche traversé d'une balle. De 1808 à 1811, il combattit en Espagne et en Portugal, obtint le grade de chef de bataillon le 13 novembre 1808, et mourut à l'hôpital de Ciudad-Rodrigo le 19 avril 1811. B-G.

BERGUES (MATHIEU), DIT **LAGARDE**, naquit le 19 avril 1774 à Agen (Lot-et-Garonne). Incorporé comme réquisitionnaire dans le 22e régiment de chasseurs à cheval le 20 frimaire an II, il fit les campagnes des ans II et III à l'armée des Pyrénées-Orientales, celles des ans IV et V en Italie, passa en l'an VI en Égypte, et fit partie de l'expédition de Syrie. Brigadier le 20 fructidor an VII, et fourrier le 8 brumaire an IX, il reçut à l'attaque d'Alexandrie par les Anglais, le 30 ventose suivant, un coup de baïonnette à la cuisse droite, et fut atteint la même année, dans les bivouacs du désert, d'une ophthalmie dont il ne put jamais guérir. Rentré en France avec l'armée d'Orient, il obtint le grade de maréchal-des-logis le 9 floréal suivant, fut nommé membre de la Légion-d'Honneur le 25 prairial an XII, et prit sa retraite le 27 novembre 1806. Il réside aujourd'hui à Villeneuve-sur-Lot (Lot-et-Garonne). Y.

BERLIER (PIERRE-ANDRÉ-HERCULE, *baron*), né le 10 octobre 1769 à Crest (Drôme), entra au service le 11 octobre 1791 en qualité de sous-lieutenant au 4e bataillon de la Drôme, amalgamé en l'an II dans la 83e demi-brigade d'infanterie, devenue 57e demi-brigade en l'an IV. Lieutenant le 15 juin 1792, et capitaine de grenadiers le 13 août 1793, il fit les campagnes de 1792 à l'an V à l'armée d'Italie, celles de l'an VI à l'an IX aux armées d'Angleterre, d'Helvétie, des Grisons et du Rhin, et reçut un coup de feu à la tête le 15 floréal an VIII à l'affaire de Mœskirch. Capitaine au régiment des chasseurs à pied de la garde des consuls le 30 nivose an XII, nommé membre de la Légion-d'Honneur le 25 prairial de la même année, et chef de bataillon au 2e régiment des chasseurs à pied le 18 fructidor an XIII, il suivit la grande armée de l'an XIV à 1807 en Autriche, en Prusse et en Pologne, fut nommé officier de la Légion-d'Honneur le 14 mars 1806, colonel du 36e régiment de ligne le 20 octobre suivant, et reçut un coup de feu à l'épaule gauche le 8 février 1807 à la bataille d'Eylau. Créé baron de l'Empire le 12 mars 1808, il fut dirigé sur l'Espagne, où il fit la guerre de 1808 à 1814. L'Empereur le nomma général de brigade le 6 août 1811. Le 10 avril 1814, à la bataille de Toulouse, un coup de feu lui traversa les deux épaules. Mis en demi-solde le 1er septembre de la même année, il fut nommé chevalier de Saint-Louis le 7 mars 1815, et chargé du commandement du département de la Drôme le 23 mai suivant. Remis en demi-solde le 11 septembre, et compris comme disponible dans le cadre de l'état-major général de l'armée le 30 décembre 1818, il se retira à Valence, où il est mort le 14 août 1821. J-T.

BERNARD, NON **BERNARDIN**(ANDRÉ), né en 1747 à Sagry (Jura), entra le 13 novembre 1770 dans le régiment de cavalerie Royal-Navarre, fut nommé brigadier le 1er avril 1793, et fit avec ce corps toutes les campagnes de la Révolution aux armées du Rhin, du Nord, de Rhin-et-Moselle, d'Allemagne et d'Italie, et s'y distingua dans plusieurs affaires. Incorporé le 5 pluviose an XI dans le 15e régiment de cavalerie, qui devint l'année suivante 24e régiment de dragons, il obtint le grade de maréchal-des-logis le 16 brumaire an XII, fut nommé membre de la Légion-d'Honneur le 25 prairial an XII, fit partie de l'armée d'Italie pendant la campagne de l'an XIV, et prit sa retraite le 1er avril 1806. Il est mort le 18 janvier 1823 à Bletterens (Jura).

BERNARD (FLORENT-JOSEPH), né le 15 mai 1763 à Saint-Pol (Pas-de-Calais), entra au service le 17 novembre 1779 comme cavalier au régiment Royal-étranger, devenu 7e de l'arme en 1791 et 7e cuirassiers en l'an XI. Brigadier le 1er janvier 1791, maréchal-des-logis le 1er avril 1792, sous-lieutenant le 7 mai 1793, et lieutenant le 8 floréal an II, il fit avec distinction les campagnes de 1792 à l'an III aux armées des Ardennes, du Nord et de Sambre-et-Meuse, fut blessé d'un coup de sabre à la main droite le 7 floréal an II, et eut un cheval tué sous lui le 21 du même mois près de Lille. Employé de l'an IV à l'an IX aux armées d'Allemagne, de Mayence, du Danube et du Rhin, il assista aux batailles de l'Iller et d'Hochstedt, des 10 et 30 prairial an VIII, et au passage du Danube par l'armée du Rhin le 3 messidor suivant. Nommé adjudant-major le 22 ventose an X, adjudant-major avec rang de capitaine le 22 fructidor an XI, membre de la Légion-d'Honneur le 25 prairial an XII, il suivit la grande armée de l'an XIV à 1807 en Autriche, en Prusse et en Pologne, et fut promu capitaine titulaire le 22 mai 1806. Appelé en 1809 à l'armée d'Allemagne, il fut admis à la retraite le 2 juin par suite de blessures. Il est mort le 13 septembre 1825 à Dordives (Loiret). J-T.

BERNARD (FRANÇOIS), né le 9 décembre 1767 à Saint-Ferjus-les-Grenoble (Isère), entra au service le 24 septembre 1792 en qualité de lieutenant au 5e bataillon des volontaires de l'Isère, amalgamé le 9 ventose an II dans la 46e demi-brigade d'infanterie, devenue 39e demi-brigade de ligne en l'an IV. Nommé capitaine le 16 messidor an III, et choisi par le général Miollis en ventose an IV pour remplir provisoirement près de lui les fonctions d'aide-de-camp, il fut commissionné en cette qualité le 1er thermidor an XI. Il fit les campagnes de 1793 à l'an VI aux armées des Alpes, de l'intérieur, sous Toulon, et d'Italie, fut blessé en entrant en Piémont le 26 germinal an IV, et dans le Tyrol le 5 frimaire an V. Chef de bataillon provisoire le 1er prairial an VIII, et confirmé le 19 vendémiaire an X, il continua de remplir ses fonctions d'aide-de-camp du général Miollis, devint membre de la Légion-d'Honneur le 25 prairial an XII, suivit son général à la grande armée de l'an XIV à 1807, et passa le 7 septembre 1808 au commandement d'un bataillon du 52e régiment de ligne. Nommé adjudant-commandant à l'armée d'Italie le 12 juillet 1809, il fut employé en cette qualité le 20 octobre 1810 dans la 30e division militaire, où il mourut le 13 janvier 1812. J-T.

BERNARD (FRANÇOIS), naquit le 6 mars 1776 à Steger (Bas-Rhin). Volontaire au 1er bataillon du Bas-Rhin le 26 avril 1793, amalgamé d'abord dans la 53e demi-brigade de ligne, puis dans la 10e de bataille, devenue 10e régiment de ligne en l'an XII, il fit toutes les guerres de la liberté aux armées du Rhin, de la Moselle, de Sambre-et-Meuse, de Rhin-et-Moselle, de l'Ouest et d'Italie. A la bataille de Sombreff, le 18 messidor an II, il reçut un coup de feu au-dessus de l'œil droit; à celle de Juliers, le 20 vendémiaire an III, un autre coup de feu lui avait traversé le pied droit; à Freising le 16 fructidor an IV, à la défense de Kehl en brumaire an V, dans le comté de Nice en l'an VIII, il donna de fréquentes preuves de bravoure. Nommé caporal le 21 brumaire an XI, et compris comme légionnaire dans l'arrêté du 25 prairial an XII, il passa le 1er frimaire an XII dans les chasseurs à pied de la garde impériale, et mourut à l'hôpital de la garde le 14 prairial de la même année. Y.

BERNARD (IGNACE), naquit le 1er janvier 1765 à Plan-des-Voites (Savoie). Soldat dans le régiment de Savoie au service du roi de Sardaigne le 27 septembre 1782, il reçut un coup de feu au téton droit dans l'affaire qui eut lieu à la Tête-Noire, en Piémont, contre les Français le 14 février 1792, et obtint le grade de caporal le 1er avril 1794. Les troupes piémontaises ayant été admises à la solde de la République française, il entra le 21 messidor an VIII dans la demi-brigade piémontaise, qui devint successivement 3e de bataille et 3e régiment d'infanterie de ligne. L'arrêté du 25 prairial an XII récompensa sa bravoure en le nommant légionnaire. Envoyé au camp de Bruges la même année, et à la grande armée à la fin de l'année suivante, il fit les campagnes d'Autriche, de Prusse et de Pologne avec les 3e et 2e corps, et eut la cuisse gauche traversée par un biscaïen à la bataille d'Iéna. En 1807, il fut envoyé à l'armée de réserve d'Italie, en 1808 au 5e corps de l'armée d'Espagne, fit la guerre en Catalogne en 1810 et 1811, et retourna en Italie au commencement de 1812. En 1813, il fut attaché au 11e corps de la grande armée, et nommé sergent à l'armée de Lyon le 15 février 1814. Après le licenciement du corps, il entra avec son grade, le 7 janvier 1816, dans la légion royale de Hohenlohe, et mourut en activité de service le 9 mai 1827.

BERNARD (SIMON, baron), naquit à Dôle (Jura), le 28 avril 1779. Admis le 1er nivose an III à l'École centrale des travaux publics, plus tard École polytechnique, il passa le 1er nivose an V en qualité d'élève sous-lieutenant à l'École d'application du génie à Metz. Lieutenant en second le 1er nivose an VI, il fit sa première campagne à l'armée du Rhin, assista au blocus et au bombardement de Philisbourg, et eut le bras gauche fracassé d'une balle sous les murs de Manheim. Lieutenant de première classe le 1er fructidor an VII, il fut d'abord employé aux travaux du fort de Vauban, servit à l'avant-garde de l'armée de réserve le 16 ventose an VIII, et obtint le 1er germinal suivant le grade de capitaine. Il monta l'un des premiers à l'assaut de la place d'Ivrée, et se signala à l'attaque du pont de Romano, au combat de Montebello et au passage du Mincio, où il reçut une blessure au genou. Le 11 ventose an IX, il se rendit à Belle-Isle-en-Mer pour y préparer des travaux de défense. Attaché au corps d'observation du Midi le 21 pluviose an X, et chargé, peu de temps après, de la direction du siége de Porto-Ferrajo, le gouvernement l'employa à Genève le 16 ventose an XI. Il quitta cette ville le 9 fructidor pour se rendre au camp de Boulogne, où Napoléon le nomma le 25 prairial an XII membre de la Légion-d'Honneur. Il partit de Boulogne le 1er vendémiaire an XIV, afin de suivre le mouvement de la grande armée d'Allemagne. Au moment de quitter Strasbourg, l'Empereur demanda au général Marescot un officier de son arme assez intelligent pour pousser une reconnaissance jusqu'à Vienne pour lui rapporter des renseignemens sur la situation et la marche de l'ennemi; Marescot désigna Bernard. C'est à Ulm que le jeune officier du génie vint rendre compte de sa mission à l'Empereur. Le 5 nivose an XIV, il reçut en récompense de son zèle le grade de chef de bataillon. Le 5 avril 1806, le ministre de la guerre lui donna le commandement du génie de la place de Palma-Nova. Passé à l'armée de Dalmatie le 26 juin de cette année, il soutint une guerre terrible contre les Monténégrins, qu'il fatigua par sa rapidité à les poursuivre dans le fond des vallées et sur le flanc des montagnes, fit tracer de magnifiques routes à travers ce pays inculte et barbare, et mit en état de défense les côtes du pays de Raguse. Le 1er octobre 1806, il s'était fait particulièrement remarquer à l'affaire de Castel-Nuovo. Rentré en France le 2 septembre 1808, le gouvernement le chargea par intérim de la direction des fortifications de Sarrelouis. La tentative des Anglais sur l'île de Walcheren ayant éveillé la sollicitude de l'Empereur sur la ville et le port d'Anvers, il confia au commandant Bernard les fonctions de chef du génie de cette place. C'est à ses conseils et à sa direction que l'on dut les éminens travaux destinés à faire d'Anvers l'un des plus forts boulevarts de l'Europe. Bernard fut plus d'une fois appelé d'Anvers à Paris pour y développer ses idées devant le comité des fortifications, que l'Empereur présidait en personne, et où se discutaient les grands projets relatifs à la défense de l'Empire. C'est dans ces conseils et dans les visites qu'il fit à Anvers que Napoléon conçut pour Bernard cette estime qui le porta plus tard à l'attacher à sa personne. Il était major depuis le 3 août 1811, lorsque l'Empereur, qui cherchait un officier du génie digne de remplacer comme aide-de-camp le général Lacoste, tué au siège de Saragosse, le choisit pour remplir ces fonctions. Le 21 janvier 1813, il reçut le double brevet de colonel et d'aide-de-camp de Napoléon, et le 24 octobre la croix d'officier de la Légion-d'Honneur. La retraite de la grande armée de Dresde sur Leipzig le sépara momentanément de l'Empereur. Il eut une jambe fracassée à la suite d'une chute de cheval, et il se réfugia dans Torgau, dont la garnison se rendit plus tard faute de vivres. Après l'évacuation de la place, le colonel Bernard eut la triste mission d'en porter la capitulation en France. L'Empereur, qu'il rencontra à Châlons-sur-Marne, l'accueillit avec une grande bienveillance, et le nomma général de brigade le 23 mars 1814. Louis XVIII confirma cette nomination le 23 juillet, et le créa chevalier de Saint-Louis le 20 août suivant. Dès le 27 juin, le ministre de la guerre lui avait confié la direction du génie de la place de Rochefort.

Au 20 mars 1815, lorsque l'Empereur revint de l'île d'Elbe, Bernard reprit auprès de lui les fonctions d'aide-de-camp, fut chargé de la direction de son cabinet topographique, et devint membre de la commission des grades accordés par le roi. Après avoir assisté au désastre de Waterloo, il demeura auprès de l'Empereur, qu'il suivit à la Malmaison, et de là à Rochefort, où il lui offrit de l'accompagner dans son exil. Chargé à son retour à Paris d'un travail important par le ministre de la guerre, il put se croire à couvert des réactions de cette pénible époque; il se trompait, victime comme tant d'autres de dénonciations calomnieuses, il reçut l'ordre de quitter Paris et de se rendre en surveillance à Dôle, sa ville natale. L'inaction ne convenait ni à ses goûts, ni à son âge, il ne voulut cependant pas mettre ses talens au service de la Russie, et lorsqu'il vit que son pays refusait de les employer, il sollicita et obtint l'autorisation de passer aux États-Unis d'Amérique, mais sans cesser d'appartenir au génie français; on lui réserva même le droit de reprendre du service dans sa patrie s'il venait à quitter les États de l'Union américaine. Relier entre elles toutes les parties de l'Union par des routes, des canaux, des rivières navigables, et en prenant pour base du plus vaste système de communication ces lacs que l'Europe envie à l'Amérique, et qui, comme des mers intérieures, portent partout sur leurs rivages le commerce et la vie; enfin, mettre à l'abri de l'invasion une frontière de 1,300 lieues de développement par des places fortes et des forts, telle fut la mission de l'ingénieur français. Il eut la double gloire d'avoir conçu le projet et de l'avoir mis à exécution. Les événemens de 1830 le rappelèrent à Paris. Le 12 février 1831, il reprit de l'activité dans le corps du génie, et se trouva compris comme disponible dans le cadre d'activité de l'état-major général de l'armée le 22 du même mois. Lieutenant-général le 15 octobre suivant, aide-de-camp du roi et commandeur de la Légion-d'Honneur les 20 avril et 26 mai 1832, inspecteur-général du génie, membre du comité des fortifications, et chargé des travaux de défense de la capitale les 9 juin et 29 octobre 1834. Pair de France et ministre de la guerre le 10 novembre de cette dernière année, il ne conserva le portefeuille que jusqu'au 18 du même mois, reprit les fonctions qu'il occupait auparavant, et reçut le 18 février 1836 la décoration de grand-officier de la Légion-d'Honneur. Le 6 septembre suivant, *le Moniteur* annonça à la France et à l'armée que la confiance du roi le rappelait au ministère de la guerre. La persévérance de ses refus avait dû céder au devoir. Dix-huit mois plus tard, sa santé l'obligea à se retirer de ce poste éminent, où il laissa toutefois après lui d'honorables souvenirs. Le 9 mars 1839, il fut nommé grand'croix de la Légion-d'Honneur, et lorsque, le 31 du même mois, il remit au roi son portefeuille, il reprit près de lui ses fonctions d'aide-de-camp. Il rentra le 30 avril au comité des fortifications, et mourut le 5 novembre. Le gouvernement américain s'associa par l'ordre du jour suivant aux regrets de la France.

QUARTIER-GÉNÉRAL DE L'ARMÉE.

Bureau de l'adjudant-général.

« Washington, 9 janvier 1840.

» L'ordre du jour suivant a été reçu du département de la guerre:

» Département de la guerre, 8 janvier 1840.

» Le président, partageant la sincère douleur qu'a causé la mort du général Bernard à tous les officiers de l'armée avec lesquels il a été si long-temps associé dans l'accomplissement des devoirs militaires, et désirant témoigner de ses sentiments d'estime et de considération, tant pour les éminens services qu'il a rendus au pays que pour les vertus qui le distinguaient comme homme privé, ordonne que les officiers de l'armée porteront le deuil militaire pendant trente jours à partir de la date du présent ordre.

» J.-R. POINSETT.

» Par ordre d'Alexandre Macomb, major-général, commandant en chef,

» L'adjudant-général, R. JONES. »

Napoléon disait un jour aux compagnons de sa captivité : *Le général Bernard est un des hommes les plus vertueux que je connaisse.* Cet hommage du grand capitaine est un des plus beaux titres de gloire que le XIXe siècle puisse léguer aux descendans de celui qui en fut l'objet. SICARD.

BERNARDIN. V. BERNARD (*André*).

BERNAUDAT (CHARLES-LOUIS), né le 15 janvier 1778 à Clichi-la-Garenne (Seine), entra comme volontaire le 16 avril 1793 au 5e bataillon de Paris, devenu successivement 2e demi-brigade d'infanterie, 9e de bataille et 9e régiment d'infanterie de ligne en l'an XII. De 1793 à l'an IV, il combattit aux armées du Nord, de Hollande et de Sambre-et-Meuse, passa en l'an V en Italie, en l'an VI en Égypte, fit partie de l'expédition de Syrie, fut nommé caporal le 18 ventose an VII, et reçut un coup de feu à la jambe gauche au combat du 15 floréal. Rentré en France avec l'armée d'Orient, il fut nommé membre de la Légion-d'Honneur le 25 prairial an XII. Détaché au bataillon d'élite du 21 floréal au 23 fructidor de la même année, il obtint son congé de réforme le 25 novembre 1808, après avoir fait les campagnes des ans XIV, 1806 et 1807 avec le 2e corps de la grande armée et en Italie. Il est mort à Clichi (Seine), le 25 mars 1833. Y.

BERNEL ET NON BERNELLE (PIERRE-ANTOINE), né le 27 septembre 1748 à Auxonne (Côte-d'Or), entra au service le 30 mars 1767 dans la compagnie de Fanton-de-Lorraine-artillerie, qu'il quitta le 30 septembre 1772. Engagé le 1er juin 1773 dans la garde de la prévôté de l'hôtel, devenue grenadiers-gendarmes, puis grenadiers près la Représentation nationale, il fut nommé brigadier en 1775, maréchal-des-logis le 2 octobre 1791, et capitaine le 1er septembre 1792. Il fit les campagnes de 1793 à l'an III à l'armée de l'Ouest. Le 27 vendémiaire an II, voyant l'avant-garde dont il faisait partie reculer devant les efforts de l'ennemi, il fit battre la charge, rallia sa colonne, se porta lui-même en avant, et contraignit la bande d'insurgés à abandonner un terrain dont elle s'était un instant cru maîtresse. Passé le 13 nivose an VIII avec les grenadiers du Directoire dans la garde des consuls, il prit part aux opérations de la campagne de l'an VIII en Italie. Promu au grade de chef de bataillon au 1er régiment de la garde municipale de Paris le 1er germinal an XII, il reçut la décoration de membre de la Légion-d'Honneur le 25 prairial an XII. Appelé en l'an XIV en Hollande, il passa en Espagne en 1807, et fut cité pour sa belle conduite à la prise du pont d'Arcolea sur le Guadalquivir, en arrivant le troisième sur le parapet de la redoute, qui fut enlevée d'assaut. Prisonnier à l'affaire de Baylen, il s'échappa du ponton *la Vieille-Castille* dans la nuit du 15 au 16 mai 1810. Rentré en France et proposé pour la retraite, il y fut admis le 22 novembre de la même année et se retira à Versailles. Il est mort à Viarmes (Seine-et-Oise), le 4 avril 1834. J-T.

BEROL (MARIN), naquit le 13 octobre 1767 à Lyon. Soldat au régiment d'Aquitaine-infanterie (36e) le 27 septembre 1785, et congédié le 4 germinal an II, il entra le 19 du même mois comme adjudant-sous-officier dans le 9e bataillon de volontaires de l'Isère, incorporé dans la 12e demi-brigade d'infanterie légère. Il fit les guerres de 1792 à l'an IV aux armées de l'intérieur, des Alpes et d'Italie, et devint successivement sous-lieutenant et lieutenant au choix les 1er vendémiaire et 2 thermidor an III. Le 5 vendémiaire an IV, il attaqua, à la tête de 80 hommes, la redoute de Malchaussée (armée des Alpes), défendue par 300 Piémontais, franchit le premier les retranchemens ennemis, engagea un combat sanglant à l'arme blanche, et se rendit maître de la position. Envoyé le 25 nivose an V à la découverte avec 60 carabiniers, il surprit une grand'garde de 50 hommes, qu'il enfonça à la baïonnette, attaqua au bourg de Guarda un fort détachement auquel il fit 90 prisonniers, reconnut la position et la force de l'ennemi, et vint en rendre compte à son général. Nommé capitaine sur le champ de bataille le 1er messidor de la même année, il continua de servir à l'armée d'Italie jusqu'à l'an IX. Le 5 germinal an VII, à l'attaque du camp retranché de Taufers (Tyrol), il traversa le Munsterthal, et suivi d'une poignée de braves, et sous un feu meurtrier, il se jeta sur une redoute ennemie, fit mettre bas les armes aux assiégés et s'empara de leurs canons. En l'an VIII, devant Philisbourg, il reçut un coup de baïonnette. Le 5 nivose an IX, nos troupes étaient vivement repoussées du village de Vallegio, le capitaine Bérard plaça son chapeau sur la pointe de son sabre, encouragea ses soldats et les ramena au combat ; bientôt, l'ennemi, culbuté, abandonna le village. Il reçut dans cet engagement un coup de feu au côté droit et un coup de baïonnette au pied. Le premier Consul lui délivra le brevet d'un sabre d'honneur. Rentré en France en l'an X, il alla tenir garnison à Nantes, et, légionnaire de droit, il reçut le 25 prairial an XII la décoration d'officier de l'Ordre. Il servit à la grande armée de l'an XIV à 1806. Au combat d'Amstetten, le 14 brumaire an XIV, il fut blessé d'un coup de baïonnette dans la poitrine. Chef de bataillon au 64e régiment de ligne le 31 juillet 1806, il passa le 1er juillet 1808 dans le 116e, formée en Espagne. Il avait obtenu sa retraite le 8 janvier 1809, et revenait en France lorsque, le 28 du même mois, des insurgés espagnols l'assassinèrent sur la route de Roncevaux à Valcarlos. Quatre de ses frères étaient morts sur le champ de bataille.

BERQUEN (PHILIPPE-ANTOINE), né le 11 octobre 1748 à Strasbourg (Bas-Rhin), entra au service le 24 décembre 1767 en qualité d'aspirant à l'École de La Fère. Élève à l'École de Bapeaume le 27 décembre 1768, il fut nommé le 3 juin 1769 deuxième lieutenant au régiment à pied de Besançon-artillerie, premier lieutenant le 9 mai 1778 au même régiment, devenu 3e de l'arme en 1791. Employé en Bretagne de 1780 à 1783, et promu capitaine le 9 octobre 1782, il passa au 5e régiment le 1er avril 1791, et reçut la croix de Saint-Louis le 4 mai suivant. Appelé au camp de Neukirch en 1792, et attaché le 12 mai à la direction de Strasbourg, il fut chargé peu de temps après du commandement provisoire et de la direction de l'arsenal de la place. Chef de bataillon le 1er prairial an III, il passa en Ligurie le 1er prairial an IX. Sous-directeur à Saint-Pierre-d'Arena (république ligurienne) le 1er pluviose an X, il fut employé dans son grade au 2e régiment d'artillerie à pied le 7 thermidor de la même année. Nommé le 28 germinal an XI sous-directeur du parc d'artillerie de l'équipage rassemblé à Bologne, il servit pendant les ans XI, XII et XIII dans le royaume de Naples, et obtint la décoration de membre de la Légion-d'Honneur le 25 prairial an XII. Passé sous-directeur d'artillerie à Auxonne le 24 vendémiaire an XIV, et à Dunkerque avec le même titre le 27 mars 1806, il partit le 8 août pour se rendre près du général Sorbier. Désigné le 20 janvier 1810 pour faire partie de l'armée d'Espagne, il reçut contre-ordre le 15 février suivant et dut retourner à sa sous-direction de Dunkerque. Appelé le 12 janvier 1811 à remplir les mêmes fonctions à Ostende (direction de Lille), il y mourut le 18 janvier 1812. J-T.

BERRENGER ET NON **BERENGER**, NI **BEBRENGER** (CHARLES), servit long-temps dans la marine, mérita le grade de capitaine de vaisseau, et reçut la décoration de la Légion-d'Honneur et la croix d'officier de l'Ordre les 15 pluviose et 25 prairial an XII. En 1813, il commandait le 45e équipage de haut-bord, et faisait partie du collège électoral du Finistère. Il est mort le 17 novembre 1814.

BERRUYER (JEAN-BAPTISTE). V. tome III, page 85.

BERRUYER (PIERRE-MARIE), né à Paris le 19 novembre 1780, entra le 17 vendémiaire an IV au service en qualité d'aide-de-camp du général Berruyer son père. Fait le 7 brumaire suivant sous-lieutenant au 21e de dragon, et lieutenant au même corps le 17 vendémiaire an V, il fut incorporé dans le 11e, y devint capitaine le 17 germinal an VI, et passa le 26 vendémiaire an IX au 11e hussards avec lequel il servait encore lorsque, par arrêté du 10 vendémiaire an XII, le premier Consul l'envoya dans le 1er de dragons avec le grade de chef d'escadron. Il avait fait alors à l'armée du Rhin les campagnes de l'an V à l'an VII, et à l'armée d'Italie celles de l'an VIII à l'an IX. A Marengo, remplissant les fonctions d'aide-de-camp de Berthier, il rallia sous le feu de l'ennemi un bataillon qui faiblissait. Ses services antérieurs et ceux qu'il rendit dans cette circonstance lui valurent la croix de légionnaire le 25 prairial an XII, et le grade de major du 11e de dragons le 30 frimaire an XIV. Envoyé ensuite en Espagne, il entra comme chef d'escadron le 10 septembre 1808 dans les dragons de la garde, et sa coopération aux événemens de la campagne d'Allemagne en 1809 le fit appeler le 2 août de cette dernière année à commander comme colonel le 3e de dragons. Officier de la Légion-d'Honneur le 11 octobre 1812, en récompense de sa conduite en Russie, il fit les guerres de Saxe et de France, et fut élevé au grade de général de brigade le 18 janvier 1814. Chargé concurremment avec le général Dauloup-Verdun de conserver Soissons, tous les deux durent céder devant les forces supérieures de l'ennemi et quittèrent le poste qui leur avait été confié. Un ordre de l'Empereur, du 21 février, soumit ces deux généraux à une commission d'enquête; cette commission déclara dans son rapport qu'ils étaient sans reproche et qu'ils avaient prolongé la défense de la place autant que le permettaient leurs faibles moyens. Mis en non-activité au mois de septembre, et décoré de l'ordre de Saint-Louis le 10 décembre suivant, le général Berruyer alla le 6 avril 1815 prendre le commandement d'une brigade d'infanterie à Metz, à la tête de laquelle il combattit le 16 juin à Ligny, et dans cette affaire il reçut une blessure grave. Le 20 du même mois, il rentra en non-activité. Il est mort le 6 juillet 1816.

BERT (JOSEPH), naquit le 4 octobre 1766 à Lyon (Rhône). Soldat le 24 octobre 1782 au régiment de Rouergue-infanterie, devenu 58e de l'arme en 1791, il fit en 1782 et 1783 l'expédition de la Jamaïque, et après avoir obtenu son congé le 24 octobre 1790, il s'enrôla le 3 octobre 1791 dans le 2e bataillon de Rhône-et-Loire, devenu 186e demi-brigade en l'an II, 44e de ligne en l'an IV, et 44e régiment en l'an XII. Nommé lieutenant le jour même de son engagement, et capitaine le 23 du même mois, il fit les campagnes de 1792 à l'an II à l'armée du Rhin. A l'affaire de Bergzabern, le 22 vendémiaire an II, il s'empara de cette ville et y fit un grand nombre de prisonniers. Plus tard, dans les gorges de Limback, il attaqua à la baïonnette un fort détachement ennemi retranché dans un vieux château, et prit, à la tête de ses tirailleurs, la majeure partie de ce détachement ainsi que l'officier qui le commandait. La même année, dans la gorge de Kaiserslautern, il s'offrit, à la tête de sa compagnie, pour attaquer l'ennemi établi dans un camp évacué par les Français, l'en chassa, lui fit beaucoup de prisonniers, et lui prit une partie de ses bagages; il reçut deux coups de sabre dans cette affaire. Il servit de l'an III à l'an X aux armées de la Moselle, du Rhin, d'Helvétie, d'Italie et d'observation de la Gironde. En pluviose an VI, à la prise d'assaut du fort devant Manheim, il s'avança le long du Rhin, dans l'eau jusqu'à la ceinture, afin de tourner les retranchemens du fort; le succès couronna son audace : la garnison, surprise, livra le passage. 3 pièces de canon et leurs caissons, 27 chevaux, une grande quantité de munitions, 312 soldats et 12 officiers restèrent au pouvoir des Français. Le 22 fructidor, à l'affaire contre les insurgés d'Underwald, il commandait le 2e bataillon du corps chargé d'enlever de vive force les retranchemens ennemis; il attaque à la baïonnette, saute le premier dans les retranchemens et s'en rend maître; aussitôt, il poursuit l'ennemi pour s'emparer de son artillerie, mais frappé d'un coup de feu qui lui traverse la cuisse droite, il laisse à ses soldats le soin d'achever une opération si vaillamment commencée. Nommé membre de la Légion-d'Honneur le 25 prairial an XII, il fit partie du 7e corps de la grande armée en l'an XIV en Autriche, et du 10e en 1806 et 1807 en Prusse et en Pologne. Officier de la Légion-d'Honneur le 20 juillet 1808, il passa en Espagne la même année et y resta jusqu'en 1811 inclusivement. Rentré en France en 1812, et dirigé sur le camp de Boulogne, il fit la campagne de France et celle des Cent-Jours. Licencié le 16 septembre 1815, il fut admis à la retraite le 7 mai 1816. Il est mort dans sa ville natale le 19 mars 1829. J-T.

BERT ET NON BERTHE (LOUIS-DOMINIQUE), naquit le 7 septembre 1766 à Voiron (Isère). Soldat le 26 avril 1784 au régiment de Bretagne-infanterie, 46e en 1791, amalgamé en l'an II dans la 92e demi-brigade d'infanterie, devenue 44e demi-brigade de ligne en l'an IV, il passa caporal le 1er janvier 1787, sergent le 1er octobre 1792, sous-lieutenant le 13 pluviose an III, lieutenant le 30 nivose an VII, et capitaine le 22 frimaire an VIII. Il fit les campagnes de 1792 à l'an VI à l'armée du Rhin. Employé à l'armée d'Italie en l'an VII et en l'an VIII, il se trouva au blocus de Gênes. Rentré en France, il passa le 11 frimaire an IX dans les chasseurs à pied de la garde consulaire. Membre de la Légion-d'Honneur le 25 prairial an XII, étant au camp de Boulogne, il fit partie de la grande armée de l'an XIV à 1807 en Autriche, en Prusse et en Pologne. Envoyé en Espagne en 1808, et nommé chef de bataillon au 3e régiment de voltigeurs le 5 avril 1809, il servit à la grande armée d'Allemagne. Il rentra comme chef de bataillon le 1er avril 1812 au 1er régiment de chasseurs à pied, avec lequel il fit les trois campagnes de Russie, de Saxe et de France. Fait officier de la Légion-d'Honneur le 2 avril 1814, et maintenu dans son grade au corps royal des chasseurs à pied de France le 1er juillet, il demanda sa retraite et l'obtint le 8 octobre de la même année. Il est mort le 8 juillet 1841 à Rueil (Seine-et-Oise). J-T.

BERT ET NON BERTH (MICHEL-GASPARD-ALEXIS), né le 30 septembre 1764 à Molsheim (Bas-Rhin), entra au service le 6 mai 1784 comme canonnier au régiment de Metz-artillerie. Incorporé le 16 février 1785 au régiment colonial, il obtint le grade de sergent le 16 avril 1786. Lieutenant en deuxième le 1er mai suivant, il fit partie de l'expédition des Indes-Orientales du 27 décembre 1787 au 31 janvier 1791, et sauva de sa perte la frégate *la Méduse*, en indiquant l'étoile polaire. Rentré en France, il fut nommé lieutenant en premier le 29 novembre de la même année, capitaine eu deuxième le 21 novembre 1792, et capitaine en premier à la 8e compagnie du 8e régiment d'artillerie à pied le 1er juin 1793. Détaché dans l'Ouest de 1792 à l'an III, il parcourut les côtes depuis Bordeaux jusqu'à Ozio. Dirigé sur Toulon en l'an VI, il fit partie de l'armée d'Egypte et du corps expéditionnaire en Syrie, et monta un des premiers à l'assaut de Jaffa. Chef de bataillon le 15 vendémiaire an VIII, et attaché en cette qualité à l'état-major du corps de l'artillerie en Égypte, il revint en France en l'an IX, et fut nommé sous-directeur d'artillerie à Saint-Malo le 7 nivose. Passé dans son grade au 4e régiment à pied le 27 vendémiaire an XI, il reçut la décoration de la Légion-d'Honneur le 25 prairial an XII. Détaché en l'an XIII dans les forges du Piémont, comme sous-directeur, il ne tarda pas à rentrer à son régiment. Admis le 1er vendémiaire an XIV au traitement de réforme, et à la retraite le 25 février 1806, il fut rappelé à l'activité dans son grade et employé au parc de réserve de Vincennes le 1er janvier 1814; il cessa ses fonctions le 1er juin suivant, et reprit sa position de retraite. Remis en activité le 18 juin 1815 à la direction d'artillerie de Metz, il fut de nouveau admis à la retraite le 10 novembre de la même année. Il est mort à Paris le 17 juin 1823. J-T.

BERTAUT-LABRETÈCHE. *V.* tome IV, page 169.

BERTÈCHE (JEAN-BAPTISTE), naquit le 7 juin 1773 à Glaires (Ardennes). Volontaire dans la 4e compagnie des chasseurs nationaux de Paris le 12 septembre 1792, il partit le 17 du même mois pour l'armée du Rhin. Sous-lieutenant le 20 avril 1793 dans le 16e régiment de chasseurs à cheval, et aide-de-camp du général Bernadotte le 11 messidor an II, il fit les campagnes de 1793 à l'an V à l'armée de Sambre-et-Meuse, fut un de ceux qui, sous le feu de l'ennemi, construisirent un pont à l'affaire de la Roër le 11 vendémiaire an III. Rentré au régiment le 1er prairial an III, nommé lieutenant le 27 messidor suivant, et capitaine au choix le 24 prairial an V, il fit les guerres dans les îles de la Zélande et à l'armée du Rhin de l'an IV à l'an IX. Membre de la Légion-d'Honneur le 25 prairial an XII, alors qu'il servait à l'armée des côtes de l'Océan, il fit partie du corps de cavalerie de la grande armée en l'an XIV, et du 4e corps de 1806 à 1808 en Prusse et en Pologne, et fut nommé chef d'escadron le 22 novembre 1806, et fit les campagnes de 1809 à 1811 aux corps de la réserve d'Allemagne, d'observation de Hollande et de l'Elbe. Major en deuxième le 19 avril 1812, il passa titulaire le 8 février 1813 au 22e chasseurs, faisant partie du 3e corps de cavalerie de l'armée d'Espagne, et vint à celle des Pyrénées en 1814. Officier de la Légion-d'Honneur le 20 août de la même année, il passa au 4e lanciers le 1er septembre suivant, fit encore la campagne des Cent-Jours en Belgique, et licencié le 11 novembre 1815, il

fut mis en retraite le 13 septembre 1822. Il est mort à Sedan (Ardennes), le 7 janvier 1839.
BERTH. *V.* BERT (*Michel-Gaspard-Alexis*).
BERTHE. *V.* BERT (*Louis-Dominique*).
BERTHELOT-DESGRAVIERS. *V.* t. III, p. 173.

BERTHEREAU ET NON **BERTRAND** (THOMAS), né à Coulommiers (Seine-et-Marne), le 22 novembre 1733, était président du tribunal de première instance de Paris, lorsqu'il reçut la décoration de la Légion-d'Honneur le 25 prairial an XII. L'Empereur le fit officier de l'Ordre le 11 janvier 1811. Il est mort à Paris le 22 septembre 1817.

BERTHET (LAURENT-JOSEPH), né le 5 août 1771 à Belley (Ain), entra au service le 5 août 1793 en qualité de lieutenant dans la compagnie franche de Belley, 8e bataillon de l'Isère le 2 brumaire an II, amalgamé dans la 146e demi-brigade d'infanterie en l'an III, devenue 46e provisoire. Capitaine le 11 messidor an III, il fit les campagnes des ans II, III et cinq mois de l'an IV à l'armée des Alpes. Mis à la suite le 1er ventose an IV, à la formation de la 5e demi-brigade de ligne, par l'amalgame de la 46e provisoire, il passa le même jour comme adjudant de place à Annecy (Mont-Blanc), fonctions qu'il remplit jusqu'au 29 ventose de l'an V. Rentré à cette époque en qualité de capitaine titulaire à la 5e demi-brigade de ligne, devenue 5e régiment de même arme en l'an XII, il prit part aux opérations des armées d'Italie, du Rhin et d'observation du Midi de l'an V à l'an X, et fut blessé de deux coups de feu à la jambe droite et au pied gauche le 16 germinal an VII à l'affaire de Verone. Membre de la Légion-d'Honneur le 25 prairial an XII, il fit la campagne de l'an XIV en Italie et celle de Dalmatie en 1806, et fut admis à la retraite le 1er avril 1807. Il est mort à Vienne (Autriche), le 30 décembre 1834.

BERTHEZÈNE (PIERRE), naquit à Vendargues (Hérault), le 24 mars 1775, et non en 1780, comme l'indiquent la plupart des biographies. — Le 15 septembre 1793, il entra comme soldat dans le 5e bataillon de l'Hérault, amalgamé dans la 7e demi-brigade provisoire de bataille, devenue 10e d'infanterie de ligne en l'an IV, et obtint les grades de caporal, de sergent et de sergent-major les 17, 19 et 22 du même mois. Il avait rejoint l'armée des Pyrénées-Orientales ; mais quelques jours après l'affaire de Peyrestortes, la brigade alla renforcer le corps assiégeant Toulon. A la prise de la redoute anglaise, qui décida l'évacuation de la ville, le jeune Berthezène enleva à un sous-officier anglais un fusil qu'il conserve encore avec soin. Cet acte de bravoure lui valut le grade de lieutenant le 1er messidor an II. Sa demi-brigade passa alors à la division Grenier, de l'armée d'Italie, où il servit jusqu'en l'an IX avec beaucoup de distinction. Nommé lieutenant au choix de ses camarades le 27 brumaire an IV, il fut employé en qualité de lieutenant-adjoint le 2e jour complémentaire de la même année à l'état-major de l'armée. En l'an VII, à la reprise des hostilités, le général Grenier l'attacha à son état-major, et le général en chef le fit capitaine le 5 messidor sur le champ de bataille de Saint-Julien. Le général Compans le prit auprès de lui comme aide-de-camp provisoire, en vertu d'un ordre spécial du général en chef. En l'an VIII, il reçut le 29 germinal un coup de feu à la tête, à l'attaque de Saint-Jacques (campagne du Var). Élevé au grade de chef de bataillon à la 72e demi-brigade d'infanterie de ligne le 1er thermidor, confirmé le 9 fructidor par un arrêté des consuls, il ne cessa ses fonctions d'aide-de-camp et ne se rendit à sa demi-brigade que le 1er brumaire an IX. Il la commandait le 4 nivose au combat de Pozzolo, sur le Mincio. Atteint dans ce combat d'un coup de feu à la jambe gauche, la gravité de sa blessure le força pendant deux ans de marcher avec des béquilles. Employé au camp de Saint-Omer en l'an XII et en l'an XIII, et à l'armée du Nord en l'an XIV et en 1806, l'Empereur le nomma membre de la Légion-d'Honneur le 25 prairial an XII, major du 65e régiment de ligne le 10 juillet 1806, colonel du 10e d'infanterie légère le 10 février 1807, et en lui confiant ce dernier commandement, il lui dit : *Je vous donne un régiment qui vaut ma garde.* Il paraît que le nouveau colonel se montra digne de cette faveur, particulièrement au combat d'Heilsberg, puisque l'Empereur lui accorda la croix d'officier de la Légion-d'Honneur le 11 juillet 1807, et le titre de baron de l'Empire, avec une dotation en Westphalie, le 19 mars 1808.

En 1809, il occupait l'île de Rugen, sur la Baltique, lorsque les armemens de l'Autriche appelèrent nos armées sur le Danube. Dans l'espace de vingt jours, le 10e régiment (division Saint-Hilaire), put franchir la distance qui le séparait de Ratisbonne et rassurer les populations bavaroises, que l'approche des Autrichiens épouvantait.

On lit dans le 1er bulletin, daté de Ratisbonne, le 24 avril :

« *Bataille de Tams*, le 19. La division Saint-Hilaire, arrivée au village de Peissin, y rencontra l'ennemi plus fort en nombre, mais bien inférieur en bravoure ; et là s'ouvrit la campagne par un combat glorieux pour nos armes. Le général Saint-Hilaire culbuta tout ce qui était devant lui, enleva les positions de l'ennemi, lui tua une grande quantité de monde et lui fit 6 à 700 prisonniers.

» *Bataille d'Eckmühl*, le 22. Le détail des événemens militaires serait trop long : il suffit de dire que, mis en pleine déroute, l'ennemi a perdu la plus grande partie de ses canons et un grand nombre de prisonniers ; que le 10e d'infanterie légère se couvrit de gloire en débouchant sur l'ennemi, et que les Autrichiens, débusqués du bois qui couvre Ratisbonne, furent jetés dans la plaine et coupés par la cavalerie. »

Le colonel Berthezène, blessé à Eckmühl, se trouvait, le lendemain de cette bataille, devant Ratisbonne quand l'Empereur lui conféra (*proprio motu*) le grade de commandant de la Légion-d'Honneur, récompense qui, à cette époque, semblait réservée aux officiers-généraux. A peine rétabli de sa blessure, il en reçut deux autres fort graves à la bataille de Wagram le 6 juillet.

Général de brigade le 6 août 1811, il remplaça par ordre de l'Empereur le général Razout dans le commandement de l'île de Walcheren le 9 octobre, et le 6 décembre il entra dans les grenadiers de la garde impériale avec le titre d'adjudant-général. C'est en cette qualité qu'il fit la campagne de 1812 en Russie. Le 22 octobre, il protégea le général Le Nourrit, chargé de détruire le Kremlin, puis il soutint la retraite de notre armée jusqu'au moment où le corps du duc de Bellune put le relever dans ce service. A la Bérésina, appuyé du prince Émile de Hesse-Darmstadt, qui se plaça volontairement sous ses ordres, il attaqua la droite des Russes, leur fit 1,400 prisonniers, que Napoléon se plut à compter près du pont, et par ce mouvement hardi contribua puissamment au beau succès du maréchal Ney. Ce fut le témoignage que le maréchal Mortier lui rendit auprès de l'Empereur.

Au début de la campagne de Saxe, il commanda la portion de la vieille garde qui était à l'armée, et le jour de la bataille de Lutzen (2 mai), avant que le général Roguet n'arrivât, il avait reçu de l'Empereur cet ordre bref, mais énergique : *La garde au feu !* La garde alla au feu, et la Couronne-de-Fer devint la récompense de son brave chef.

Le 21 mai, à Bautzen, il fut chargé de faciliter le débouché du corps du général Bertrand, que commandait pour cette opération le maréchal Soult. L'Empereur, qui survint peu de momens après, approuva les dispositions qu'il avait prises.

Nommé général de division le 4 août, il reçut à la reprise des hostilités, qui eut lieu le 14, le commandement de la 44e division d'infanterie au 14e corps, sous les ordres du maréchal Saint-Cyr, dont il fit l'avant-garde pendant toute la campagne. Il mérita la bienveillance de ce capitaine si distingué, et l'a conservée jusqu'à sa mort.

On sait que les 1er et 14e corps, restés à Dresde, furent forcés, par le manque de vivres et de munitions, à capituler, et que les coalisés violèrent la capitulation et les envoyèrent prisonniers en Hongrie.

Le général Berthezène, rentré des prisons de l'ennemi après le retour des Bourbons, fut mis d'abord en disponibilité ; puis Louis XVIII le décora de la croix de Saint-Louis le 19 juillet, et l'attacha au comité de la guerre le 18 décembre. Il était dans cette position au moment du débarquement de l'Empereur.

Le 29 mars, Napoléon le fit président de la commission chargée du placement des officiers en demi-solde, et lui confia le 7 juin la 11e division d'infanterie, 3e corps de l'armée du Nord. Il combattit à Fleurus le 16, et y perdit le cheval qu'il montait. Le général Habert ayant été gravement blessé à Vavres, le général Berthezène réunit le commandement de cette division à la sienne. Il chassa des hauteurs de Bierne 8 bataillons prussiens qui défendaient cette position. Le 20, le général Vandamme mit sous ses ordres deux autres divisions d'infanterie, et le chargea d'arrêter l'ennemi pour donner le temps au maréchal Grouchy de prendre position à Dinant ; il en résulta un combat très vif sous les murs de Namur, qui dura jusqu'à la nuit, et dans lequel il eut un cheval tué sous lui.

Quand le gouvernement provisoire fit semblant de vouloir se battre sous Paris, le général Berthezène fut envoyé au 3e corps pour en prendre le commandement ; mais l'armistice ayant été conclu, il rentra à sa division. Après les événemens de la seconde abdication, il commanda ce corps derrière la Loire jusqu'au licenciement. Autorisé le 16 septembre à se retirer dans ses foyers, il obtint le 9 décembre un congé pour se rendre en Belgique.

Des biographes ont prétendu que cet officier-général avait suivi en Belgique son père, compris comme régicide dans la loi dite *d'amnistie* du 12 janvier 1816 ; c'est une erreur : le régicide est peut-être de sa famille, mais il n'est point son père. Le véritable motif de la sortie de France du général est celui que nous allons faire connaître. Après le licenciement de l'armée de la Loire, le général vint à Paris, où il avait son domicile. Le général Despinois, qui commandait Paris, l'appela à son état-major, et lui déclara qu'il ne pouvait autoriser son séjour dans la capitale, qu'il eût à voir le ministre de la guerre (duc de Feltre). Le général alla trouver le ministre, qui lui dit de se rendre dans son pays ; sur son observation que ce serait chercher une mort certaine, le ministre l'engagea à indiquer lui-même un lieu de séjour. Il choisit successivement Lyon, Strasbourg, Rouen, qu'on lui refusa ; puis on lui désigna Saint-Pol, près d'Arras, où les troupes anglaises étaient cantonnées, et à son tour il refusa. Enfin, après avoir demandé en vain de se rendre en Italie ou en Prusse, on lui ordonna de partir pour la Belgique, où la police française entretenait de nombreux agens. Son exil ne dura que quelques mois, et, ce qui est assez remarquable, c'est que le ministre qui l'avait forcé à quitter la France lui écrivit de rentrer sans délai *sous peine d'être rayé des contrôles de l'armée.*

Il rentra donc. Placé en non-activité le 18 avril 1816, il reçut du maréchal Gouvion-Saint-Cyr, le 30 décembre 1818, une inspection générale d'infanterie, et fut remis en activité en 1820. Nommé grand-officier de la Légion-d'Honneur le 29 octobre 1828, et membre du comité consultatif de l'infanterie le 3 janvier 1830, il eut le commandement de la 1re division de l'armée expéditionnaire d'Afrique.

Le 14 juin, il débarqua le premier sur le sol africain, et le même jour il s'empara de la position des Turcs, défendue par 16 pièces de seize et par 2 mortiers ; ensuite il se rendit maître du camp de Staoueli et de la forte position du Boujareah. Le 16, l'armée fut assaillie par un orage épouvantable qui la menaça du sort qu'éprouva celle de Charles-Quint. En peu d'instans les munitions furent avariées, et le général en chef, craignant une attaque dans cette circonstance importante, ordonna aux troupes de rétrograder sur Sidi-Ferruch. Le général Berthezène alla trouver le général en chef et lui fit remarquer qu'un mouvement en arrière produirait un inconvénient plus grave que celui qu'on voulait éviter ; il lui déclara que, dans le cas même où les troupes seraient réduites à ne se servir que de leurs baïonnettes, il répondrait encore de sa position. Le général en chef céda, le général Berthezène se maintint, et bientôt l'armée put marcher en avant. Après la prise d'Alger, le général en chef demanda la pairie pour le général Berthezène, demande que le général Clauzel renouvela le 15 août. Au mois de novembre, le général Berthezène revint en France. Le roi le nomma grand'croix de la Légion-d'Honneur le 27 décembre, et lui confia le commandement de l'Algérie en février 1831. Il y fit plusieurs établissemens utiles, et toute sa conduite tendit à faire aimer et respecter le nom français. Les Arabes l'avaient surnommé *le Marabout* (le saint). Forcé au milieu de l'été d'aller jusqu'à Médeah, il se vit assailli, dans les défilés de l'Atlas, par un grand nombre de tribus. La mort du capitaine qui commandait l'arrière-garde jeta dans les rangs quelque désordre qui fut réparé à l'entrée dans la plaine; mais cet incident, exploité par l'envie, donna lieu alors à des calomnies que *le Journal des Débats* crut devoir reproduire le 2 juillet 1840, et auxquelles le général répondit par la lettre suivante :

Au rédacteur.

Monsieur, Paris, ce 2 juillet 1840.

. . . .
Votre article du 29 juin renferme deux choses très distinctes : les dispositions, c'est l'affaire du général, la déroute *épouvantable*, c'est l'affaire de la troupe.

Voyons d'abord l'affaire du général. Après avoir fait panser sur le Téniah les blessés, parmi lesquels 9 étaient portés par des hommes, et les avoir dirigés sur la ferme de Mouzaya, j'envoyai, sous les ordres du colonel Marion, un bataillon prendre position à une lieue et demie environ du col, sur un saillant qui permettait de prendre des feux de revers; 4 compagnies du 20ᵉ suivirent les crêtes qui dominent le défilé, tant pour que la colonne ne pût être inquiétée, que pour dominer l'ennemi qui suivrait l'arrière-garde.

Ces dispositions prises, je commençai mon mouvement. Il n'est donc pas vrai que les hauteurs n'étaient pas couronnées, et le général peut dire à bon droit qu'il a fait son métier.

Maintenant, est-il vrai qu'il y ait eu une déroute épouvantable? On va le voir.

Une compagnie de grenadiers du 20ᵉ, commandée par le capitaine Dupuis, fermait la marche et couvrait la retraite. Le malheur voulut que ce brave capitaine fut tué. Cette mort jeta du trouble et un assez grand désordre dans les rangs. Il fut court. Le général Buchet fit faire demi-tour à ses troupes, et reprit, au pas de course, deux positions mal défendues dans les premiers instans de trouble. L'ennemi n'osa plus nous suivre, et nous arrivâmes vers huit heures à Mouzaya, sans avoir été inquiétés, quoique *la plaine fût couverte d'Arabes à cheval*. . Voilà *l'épouvantable* déroute.

Les troupes reposées et repues quittèrent Mouzaya vers quatre heures. L'ennemi voulut inquiéter l'arrière-garde; mais le général Fouché l'en dégoûta bien vite, et nous ne le trouvâmes ni au gué de la Chiffa, ni au défilé de Bouffarick, c'est-à-dire que nous ne le vîmes plus.

Voilà, Monsieur, la vérité; tout ce qui, dans ce récit que vous m'opposez, est en désaccord avec ce que je dis, est contraire à la vérité. Il serait indigne de moi de discuter les historiettes dont ce récit est embelli; elles sont étrangères au fait, et quel homme de sens peut y croire?. . . . .

J'ai l'honneur de vous saluer,

Le lieutenant-général baron BERTHEZÈNE.

Plus tard, le fameux Ben-Zamoun se porta sur l'Aratch : une heure de combat en fit justice; il en fut de même des tribus de l'Ouest venues pour se joindre à lui. Remplacé par le duc de Rovigo au mois de décembre 1831, le général Berthezène, qui avait étendu de plus d'une lieue la ligne de nos postes, rentra en France en janvier 1832, et fut élevé à la pairie le 11 octobre.

Homme d'une probité parfaitement reconnue, le général Berthezène a donné de son désintéressement des preuves nombreuses, parmi lesquelles nous choisirons celles que nous allons rapporter. Immédiatement après la conquête d'Alger, le ministre du trésor du dey, satisfait des relations instantanées qu'il avait eues avec le général Berthezène, lui fit don d'un troupeau de mérinos qu'il possédait. Le général fit vendre ce troupeau et en déposa le prix au trésor de l'armée. Un reçu lui fut donné, et un procès-verbal de l'intendant-militaire constata que le troupeau était sa propriété. Cette vente avait produit 6,000 francs. — Pendant les onze mois de son commandement en Afrique, il eut à sa disposition 6,000 francs par mois sur les fonds secrets, c'est-à-dire 66,000 francs pour les onze mois; il ne dépensa que 11,000 francs. Nous ferons remarquer que son prédécesseur, le général Loverdo, avait employé en quatre mois 104,000 francs sur le même fonds.

M. le général Berthezène a rarement abordé la tribune; mais toutes les fois qu'il s'est agi de faire preuve de modération, comme dans les procès politiques, ou d'émettre une opinion sur des questions de principes, telles que celles relatives à l'hérédité de la pairie, à la colonisation d'Alger, aux lois dites *de septembre* et *d'apanage*, auxquelles il est peu favorable, il n'a point hésité, il n'a point fait défaut à ses convictions.

Le 23 mars 1840, il est entré dans la 2ᵉ section du cadre de l'état-major général, et le 8 novembre 1842 il a été nommé membre de la commission de souscription pour élever à Alger une statue à la mémoire du duc d'Orléans.

Nous bornerions ici cette courte analyse des travaux d'un général aimé et justement estimé de l'armée, si nous n'avions à faire connaître la part qu'il a prise dans la discussion qui s'est élevée entre M. le maréchal Gérard et M. le maréchal Grouchy, au sujet de la conduite de ce dernier au mois de juin 1815.

Dans une lettre du 27 mai 1840, adressée aux auteurs de *la Biographie des hommes du jour*, M. le général Berthezène, discutant la notice que ces écrivains ont consacré à M. le maréchal Grouchy dans leur ouvrage, et venant ainsi en aide à M. le maréchal Gérard, essaya d'établir que M. de Grouchy avait été, du 16 au 18, et quelques jours plus tard, à Villers-Cotterets, général en chef inintelligent au moins, et les ennemis du maréchal trouvèrent que par une suite de raisonnemens d'une logique impitoyable, le général était arrivé à une démonstration complète du fait.

Cette lettre fit grand bruit. M. de Grouchy s'émut, il porta plainte à la Chambre contre son collègue; de part et d'autre on invoqua des témoignages: la question resta dans l'état où la lettre l'avait mise. Alors vint le tour des influences pour amener le général à une sorte de désaveu, on en appela à la subordination du lieutenant-général envers le maréchal de France, à son excellent cœur, au besoin du calme et de la paix. Le général céda, et le 19 novembre il signa la lettre de rétractation qui lui fut présentée. Ainsi finit pour le général sa coopération à une lutte que M. le maréchal Gérard n'a point abandonnée.

Le nom de M. le général Berthezène est inscrit au côté Sud de l'arc-de-triomphe de l'Étoile.

BERTHIER (CÉSAR). *V.* t. III, p. 85.

BERTHIER (FRANÇOIS-PAUL, *chevalier*), naquit à Barraux (Isère), le 25 novembre 1772. Canonnier au 4e régiment d'artillerie à pied le 21 décembre 1789, il fit les campagnes de 1791 et 1792 à l'armée des Alpes, et passa brigadier dans le 5e d'artillerie à cheval le 25 avril 1793. Il servit alors au siège de Toulon, à l'armée des Pyrénées-Occidentales en l'an II et en l'an III, à celle d'Italie pendant les ans IV et V, et le 15 prairial de cette dernière année il entra dans la compagnie des guides du général en chef. Il partit pour l'Égypte le 30 floréal an VI, se trouva à la prise de Malte et d'Alexandrie, et devint maréchal-des-logis sur le champ de bataille des Pyramides. Lieutenant en premier le 10 messidor an VII, il embarqua pour l'Europe le 7 fructidor avec le général en chef et entra le 3 nivose an VIII, avec son grade dans l'artillerie à cheval de la garde des consuls, avec laquelle il combattit à Marengo. Lieutenant en premier le 15 ventose an X, il suivit sa compagnie à l'armée des côtes de l'Océan : reçut le 25 prairial an XII la décoration de la Légion-d'Honneur, et le 4e jour complémentaire an XIII le grade de capitaine en second. Employé à la grande armée en l'an XIV et en 1806, il obtint le 1er mai de cette dernière année le brevet de capitaine en premier. Cet officier quitta l'armée à la fin de 1807 pour se rendre en Espagne, et le 2 mai 1808 il eut le bras gauche fracassé par un boulet; cette blessure le mit hors d'état de continuer un service actif. Napoléon lui conféra alors des lettres-patentes de chevalier de l'Empire, et le nomma chef d'escadron le 27 novembre 1809 avec le titre de commandant d'armes de 4e classe. Admis au traitement de non-activité le 22 janvier 1810, l'Empereur lui confia le 6 mars 1811 le commandement de Leeuwarden (département de la Frise). L'état de sa santé ne lui permit de conserver cet emploi que jusqu'au 5 septembre suivant. Nommé le 17 mai 1813 au commandement de la place de Porto-Ercolo, il y servit jusqu'à l'époque où les événemens de 1814 imposèrent un nouveau gouvernement à la France. Pendant les Cent-Jours, Napoléon se souvint du guide de l'armée d'Égypte, et le nomma le 29 mai 1815 commandant d'armes à La Fère. Il a été admis à la retraite le 9 avril 1816. Il réside en ce moment dans le lieu de sa naissance. B-S.

BERTHIER (LÉOPOLD). *V.* t. III, p. 86.

BERTHIER (NICOLAS-EMMANUEL), né le 26 décembre 1771 à Amberieux (Ain), entra le 1er vendémiaire an II comme capitaine au bataillon de Montferme (Basses-Alpes), incorporé le 9 germinal an IV dans la 45e demi-brigade de ligne, devenue 45e régiment de même arme en l'an XII. Il fit les campagnes de l'an II à l'an VIII aux armées des Alpes et d'Italie. Le 16 germinal an VII, à la bataille de Verone, chargé avec 4 compagnies de la défense du poste de Bouta-Preda, il soutint le choc de toute la garde ennemie, et fit une retraite si bien ordonnée qu'il donna le temps aux colonnes françaises de venir à son secours et de garantir le quartier-général qui allait être investi. Passé en l'an IX à l'armée des Grisons, il servit successivement à celles d'Helvétie et du Hanovre de l'an X à l'an XIII, et fut nommé membre de la Légion-d'Honneur le 25 prairial an XII. Dirigé sur la grande armée, il y fit les campagnes de l'an XIV à 1807 en Autriche, en Prusse et en Pologne. Passé en Espagne après la paix de Tilsitt, il prit part aux opérations du 1er corps de 1808 à 1811, et fut tué sur le champ de bataille de Sainte-Marie le 5 mars 1811. J-T.

BERTHIER ET NON **BERTIER** (PIERRE), naquit le 28 mars 1773 à Saumur (Maine-et-Loire). Volontaire au 11e bataillon de fédérés le 17 août 1792, il passa successivement par amalgame à la 27e demi-brigade de ligne, puis à la 23e de bataille, 23e régiment d'infanterie de ligne en l'an XII. De 1792 à l'an III, il combattit à l'armée du Nord, et fut nommé caporal le 15 mai 1793. En l'an IV il passa à l'armée de Sambre-et-Meuse, en l'an VII à celle de Mayence, et devint sergent le 11 prairial de la même année, après la bataille d'Engen, où sa demi-brigade avait fait des prodiges de valeur. Détaché le 1er nivose an XII au bataillon d'élite, il obtint la croix de la Légion-d'Honneur le 25 prairial suivant, et rentra au régiment le 1er brumaire an XIII. Envoyé à l'armée d'Italie pendant la campagne de l'an XIV, puis en Dalmatie au commencement de 1806, il fut tué d'un coup de feu au bas-ventre à l'affaire de Castel-Nuovo, en Albanie, le 1er octobre 1806.

BERTHOLIN. *V.* BERTOLIN.
BERTHOLIO. *V.* BERTOLIO.
BERTHOLLET (CLAUDE-LOUIS). *V.* t. II, p. 238.

BERTHUOT (NICOLAS), né le 29 décembre 1775 à Montbard (Côte-d'Or), s'engagea le 24 juillet 1792 dans le 1er bataillon des fédérés, amalgamé en l'an III dans la 203e demi-brigade d'infan-

rerie, devenue en l'an IV 100ᵉ demi-brigade de ligne, puis 100ᵉ régiment de même arme en l'an XII. Passé caporal le 23 janvier 1793, caporal-fourrier, sergent, sergent-major, les 3 frimaire, 13 prairial et 10 fructidor an II, il fit les campagnes de 1792 à l'an VI aux armées du Rhin, de l'Ouest, de la Moselle, du Rhin et d'Angleterre, se trouva au siége de Mayence, et fut blessé d'un coup de biscaïen au pied gauche le 13 mars 1793 à l'affaire de Laval (Vendée), reçut un coup de feu qui lui traversa l'épaule droite le 2 brumaire an II, un autre à la jambe gauche le 19 brumaire an IV, et un troisième qui lui traversa le poignet gauche le 2 floréal an V. Nommé adjudant-sous-officier le 4 vendémiaire an VII, sous-lieutenant le 29 ventose an VIII, et lieutenant le 19 prairial an XI, il prit part aux opérations des armées d'Helvétie, du Rhin et de Hanovre de l'an VII à l'an XII, et fut de nouveau blessé le 17 floréal an VII d'un coup de sabre qui lui traversa la cuisse gauche. Créé membre de la Légion-d'Honneur le 25 prairial an XII, il fit partie de la grande armée de l'an XIV en 1806 en Autriche et en Prusse, et se noya dans le Mein, près du village d'Eybelstadt, le 23 août 1806.
J.-T.

BERTIER ou **BERTHIER** (ALEXANDRE). V. t. III, p. 86.

BERTIER (PIERRE). V. BERTHIER.

BERTIN (ANTOINE-DOMINIQUE-JOSEPH), né le 7 novembre 1772 à Arras (Pas-de-Calais), entra au service le 25 septembre 1791 comme soldat au 1ᵉʳ bataillon de son département, amalgamé le 6 nivose an II dans la 27ᵉ demi-brigade d'infanterie, devenue 23ᵉ demi-brigade de ligne le 23 pluviose an IV, et 23ᵉ régiment de même arme le 7 brumaire an XII. Fourrier le 1ᵉʳ juin 1793, sergent-major et sous-lieutenant les 24 frimaire et 1ᵉʳ prairial an II, il fit les campagnes de 1792 à l'an VII aux armées du Nord, de Sambre-et-Meuse et du Rhin. Vers la fin d'octobre 1792, avec 11 volontaires du bataillon, il alla reprendre au milieu de l'ennemi la caisse du régiment que, dans sa retraite précipitée, le 7 septembre précédent, il avait laissée au château l'Abbaye, près du camp de Maulde. Passé en l'an VII à l'armée d'Helvétie, et nommé lieutenant le 27 prairial, il servit en l'an VIII et en l'an IX aux armées du Danube et du Rhin, et reçut un coup de feu à la jambe droite le 10 frimaire an IX, près du Haag. Fait capitaine et membre de la Légion-d'Honneur les 6 vendémiaire et 25 prairial an XII, il combattit aux armées d'Italie, de Dalmatie et d'Albanie de l'an XIV à 1808, et à la grande armée d'Allemagne en 1809. Chef de bataillon le 24 juin 1811, il partit en cette qualité pour la campagne de 1812 en Russie, et fut nommé officier de la Légion-d'Honneur le 25 décembre de la même année. Il entra le 18 janvier 1813 dans la garde impériale comme capitaine aux chasseurs à pied, fit la campagne de Saxe, et fut tué devant Dresde le 26 août 1813.

BERTIN, conseiller d'État. V. t. II, p. 240.

BERTINET (SÉBASTIEN *et non* NICOLAS), naquit en 1773 à Nanci (Meurthe). Volontaire le 16 février 1793 dans le corps de hussards commandé par le colonel Fabrefonds, qui devint dans le courant de la même année 8ᵉ régiment de hussards, il fit toutes les campagnes de la Révolution aux armées de la Moselle, du Nord, de Rhin-et-Moselle, du Danube et du Rhin. A l'affaire de Boxtel, le 30 fructidor an II, il était un des 30 hussards du régiment qui firent mettre bas les armes à 2 bataillons hessois. Nommé brigadier le 20 vendémiaire an V, il se distingua à la bataille d'Engen le 13 floréal an VIII, et fut promu au grade de maréchal-des-logis à la suite de cette bataille le 21 du même mois. Légionnaire le 25 prairial an XII, il fit encore la campagne de l'an XIV en Autriche, et obtint son congé de réforme le 16 juin 1806. Il est mort à Nanci le 29 septembre 1813.
Y.

BERTOLIN ET NON **BERTHOLIN** (FRANÇOIS-JOSEPH-BONIFACE), était premier président de la cour de justice criminelle de la Stura quand il reçut, le 25 prairial an XII, la décoration de la Légion-d'Honneur. Sorti de la magistrature lors de la réorganisation des tribunaux et des cours de justice en 1811, il se retira à Verres (département de la Loire), où il embrassa la profession d'avocat. Il habitait encore Verres en 1814, date des dernières nouvelles qu'on ait reçues de lui.

BERTOLIO ET NON **BERTHOLIO** (JEAN-ALBERT-VINCENT), naquit le 17 mai 1763 à Saint-Germain (Piémont). Élève à l'École d'artillerie de Turin le 19 mai 1778, il en sortit le 30 décembre 1783 comme sous-lieutenant, et devint successivement lieutenant et capitaine les 7 février 1785 et 16 juillet 1792. De 1792 à l'an V, il servit dans l'armée piémontaise contre les troupes françaises. Dans la journée du 17 avril 1793, il sauva 9 pièces d'artillerie et les canonniers qui les servaient. Le 8 fructidor an VI, il passa du service de Sardaigne à celui de la république cisalpine, et fut admis le 20 pluviose an VII dans le corps de l'artillerie française et placé à la suite du 8ᵉ régiment à pied de cette arme. Promu chef de bataillon le 24 thermidor an VIII, il fit en cette qualité la campagne de l'armée de réserve. Une décision ministérielle du 1ᵉʳ pluviose an X le plaça avec son grade dans le 1ᵉʳ régiment d'artillerie à pied. Nommé sous-directeur d'artillerie à l'île d'Elbe le 24 frimaire an XII, il y reçut, le 25 prairial suivant, la décoration de la Légion-d'Honneur. Il était employé à la résidence de Bayonne depuis 1808, lorsqu'un décret du 15 juin 1811 prononça son admission à la retraite. Il habitait Turin en 1814, date des dernières nouvelles qu'on ait reçues de lui.

BERTOLOTTI (JEAN-BAPTISTE), né le 12 janvier 1746 à Mondovi (ancien département de la Stura), fut nommé en l'an VIII, après le 16 brumaire, président du tribunal criminel de Turin. Devenu, par suite du sénatus-consulte organique du 28 floréal an XII, président de la cour criminelle de justice du même siége, il reçut, le 25 prairial suivant, la croix de membre de la Légion-d'Honneur, et obtint en 1811, à la réorganisation des cours de justice, les fonctions de premier président en la cour impériale de Turin, qu'il exerçait encore en 1814, date des dernières nouvelles qu'on ait reçues de ce magistrat.

BERTON (LOUIS), né le 24 mai 1750 à Lyon (Rhône), entra en qualité d'aumônier, au mois d'avril 1777, dans le régiment d'Aquitaine-infanterie, trente-cinquième de l'arme en 1791, et en remplit les fonctions jusqu'au 1er octobre 1792. Capitaine le 16 juillet 1793 dans le 1er bataillon des chasseurs des Hautes-Alpes, il fut nommé le 1er messidor an III chef du même bataillon, devenu successivement 3e légère par l'embrigadement de l'an II, et 11e légère par l'amalgame de l'an V. Il fit les campagnes de 1793 à l'an VI aux armées des Alpes et d'Italie, et fut blessé d'un coup de feu au bras droit le 2 frimaire an IV sous les murs de Loano. Le 1er bataillon de la 11e légère, qu'il commandait, ayant été incorporé dans la 33e demi-brigade de ligne le 14 thermidor an VI, Berton resta dans ce corps comme chef de bataillon surnuméraire, et continua de servir à l'armée d'Italie jusqu'en messidor an VIII, époque à laquelle il fut employé en qualité de chef de la section historique du dépôt de la guerre. Chef de bataillon titulaire le 30 thermidor an IX, il rejoignit son régiment à Tournai. Nommé membre de la Légion-d'Honneur le 25 prairial an XII, il fit la campagne de 1806 partie à l'armée de réserve sur la rive droite du Rhin, et partie dans le Wurtemberg, quitta Mayence le 22 novembre de la même année avec le 1er régiment provisoire, qu'il conduisit jusqu'à Drejwo, à quinze lieues en avant de Varsovie. Rentré en France, il en repartit presque aussitôt chargé du commandement du 15e régiment provisoire, et fut employé pendant le mois de juin 1807 à couvrir l'île Noga. Il partit le 24 du même mois pour Tilsitt, où il fut nommé colonel commandant d'armes de 3e classe par décret impérial du 6 juillet suivant. Passé en activité dans son nouveau grade à la citadelle de Plaisance, le 29 janvier 1808, il réunit le commandement de la ville à celui de la citadelle le 8 juin de la même année, et conserva cette position jusqu'en mai 1814, époque de l'évacuation de la place. Chargé de la surveillance des militaires français aux hôpitaux de Plaisance, il fut mis à la demi-solde et se fixa dans cette ville. Admis à la retraite le 3 juin suivant, avec l'autorisation de jouir de sa pension à Plaisance, il y mourut le 6 septembre 1815. J-T.

BERTORA (LUC-ANTOINE), naquit le 25 novembre 1764 à Ajaccio (Corse). Nommé juge au tribunal d'appel et président du tribunal criminel du Liamone en l'an VIII, il échangea ce double titre contre celui de conseiller en la cour d'appel, président de la cour de justice criminelle du même siége en l'an XII. Créé membre de la Légion-d'Honneur le 25 prairial de cette dernière année, il devint à la réorganisation judiciaire, en 1811, conseiller en la cour impériale d'Ajaccio. Il prit sa retraite en 1817, et vécut dès-lors éloigné des affaires, dans sa ville natale, qu'il habite encore aujourd'hui.

BERTRAND (ANTOINE-JOSEPH, *baron*), naquit le 15 février 1767 à Avireux (Ardennes). Soldat le 14 juin 1784 au régiment de Grenoble-artillerie, devenu 4e en 1791, il quitta ce corps par congé acheté le 21 février 1791. Sous-lieutenant au 1er bataillon de volontaires des Ardennes le 14 août de la même année, il partit pour l'armée de la Moselle en 1792, et passa capitaine dans le même bataillon le 11 février 1793. Désigné par le général Moreaux le 14 mai suivant pour remplir près de lui les fonctions d'aide-de-camp, il continua de servir à l'armée de la Moselle, et y fut nommé adjudant-général provisoire le 23 prairial an II. Confirmé dans ce grade le 25 prairial an III, puis envoyé à l'armée du Rhin en l'an IV, il tomba au pouvoir de l'ennemi lors de la reddition de Manheim et fut rendu peu de temps après. Employé dans la 4e division militaire le 15 brumaire an V, et réformé le 25 pluviose suivant, il fut rappelé à l'activité le 17 pluviose an VII, avec ordre de se rendre à l'armée de Mayence. Il entra dans la gendarmerie le 7 germinal an VIII avec le grade de chef du 49e escadron, et resta dans cette position à l'armée du Danube jusqu'au 1er vendémiaire an X, époque à laquelle on le mit en non-activité. Employé comme adjudant-commandant le 4e jour complémentaire de l'an XI à l'état-major de la 15e division militaire, il devint officier de la Légion-d'Honneur le 25 prairial an XII. Appelé à la grande armée le 24 messidor an XIII en qualité d'adjudant-commandant chef d'état-major de la 1re division de dragons, il fit les campagnes de l'an XIV à 1807 en Autriche, en Prusse et en Pologne, et reçut deux coups de feu aux batailles d'Eylau et de Friedland. Créé baron de l'Empire le 19 mars 1808, et élevé au grade de général de brigade le 28 octobre de la même année, il remplit le 24 janvier 1809 les fonctions de chef d'état-major du corps d'armée commandé par le maréchal Bessières. Cité aux différentes batailles qui illustrèrent la campagne d'Allemagne en 1809, et fait le 8 août commandant de la Légion-d'Honneur, il revint en France à la paix, fut appelé au commandement du département des Bouches-du-Rhin (25e division militaire), et le 5 juin 1812 à celui de l'Ems oriental (31e division militaire). Le 22 juillet suivant, il partit pour la grande armée en Russie, et fut attaché au 3e corps le 11 septembre suivant. Nommé commandant à Leipzig le 21 mai 1813, il suivit l'armée dans sa retraite, et prit part aux opérations de la campagne de France en 1814. Resté en non-activité pendant la première Restauration, l'Empereur le chargea le 14 avril 1815 de l'organisation des gardes nationales de la 6e division militaire. Attaché le 10 mai suivant au corps d'observation du Jura, il fut blessé grièvement pendant la campagne. Admis à la retraite le 9 septembre de la même année, et retiré à Bertrange, près de Thionville, il y remplissait les fonctions de conseiller municipal et de membre du conseil général du département de la Moselle, lorsque, par ordonnance du 28 mars 1831, le roi le désigna pour faire partie du cadre de réserve de l'état-major général. Il est mort à Bertrange le 18 mai 1835. J-T.

BERTRAND (CLAUDE), né le 8 mai 1753 à Châlons (Saône-et-Loire), entra au service le 26 septembre 1773 en qualité de lieutenant de cavalerie dans les gardes du corps (compagnie écossaise).

Nommé capitaine le 26 septembre 1788, il quitta le corps le 1er janvier 1790, époque du licenciement de la maison du roi. Maire de la ville d'Auxonne, il en exerça les fonctions jusqu'au 19 juin 1791, et entra alors dans la gendarmerie avec le grade de lieutenant. Capitaine le 23 brumaire an II, le ministre de la guerre le chargea, à la 6e division de l'armée du Rhin, de la police du camp de Palante. Réformé le 1er vendémiaire an VI, et désigné pour passer en qualité de capitaine-adjoint à l'état-major général de l'armée expéditionnaire d'Égypte le 30 floréal, une chute qu'il fit en se rendant à Toulon, et qui pensa lui coûter la vie, l'empêcha de suivre l'expédition. Le Directoire lui confia, au mois de brumaire an VII, le commandement de la place de Saint-Étienne, alors en état de siége. Il quitta ce commandement au mois de germinal pour remplir les fonctions de capitaine-rapporteur du 1er conseil de guerre de la 18e division militaire, séant à Auxonne. Appelé le 7 germinal an VIII à l'armée d'Italie (1re de réserve) comme capitaine de gendarmerie, et nommé le 21 floréal suivant chef d'escadron à Gap, il passa en l'an XII au commandement du 42e escadron à Mâcon, et fut créé membre de la Légion-d'Honneur le 25 prairial de la même année. Employé successivement dans les 21e et 12e escadrons, il fut admis à la retraite le 16 décembre 1813. Il est mort le 5 janvier 1831. J.-T.

BERTRAND (HENRI-GATIEN). *V.* tome III, page 86.

BERTRAND (JEAN), naquit le 26 mars 1772 à Trausse (Aude). Soldat le 23 octobre 1792 au 3e bataillon de son département, devenu 147e demi-brigade d'infanterie en l'an III, et par amalgame 4e demi-brigade de ligne en l'an IV, sous-lieutenant le 5 novembre suivant, et lieutenant le 27 fructidor an III, il fit les campagnes de 1793 et des ans II et III à l'armée des Pyrénées-Occidentales. Le 28 floréal an II, il attaqua avec une compagnie de grenadiers deux postes espagnols et leur enleva un convoi de vivres. Le 19 prairial, il arrêta tout un régiment de cavalerie qui chargeait en flanc une de nos colonnes d'infanterie trop faible pour résister et qui allait être enfoncée. Enfin, le 26 messidor suivant, il débusqua deux postes en avant de la montagne Noire, poursuivit les Espagnols jusque sur leur batterie, et leur fit des prisonniers. Passé à l'armée d'Italie en l'an IV, il fut mis à la suite de la 4e de ligne le 6 germinal, époque de l'amalgame, et passa titulaire le 24 germinal an V. Réformé le 9 nivose an VI par l'effet d'une nouvelle organisation, il passa, le 22 du même mois, à une compagnie d'officiers auxiliaires à Lyon, supprimée par arrêté du Directoire du 14 germinal de la même année. Remis en activité dans la 65e demi-brigade le 11 frimaire an VII, il arriva au corps le 25 nivose suivant, et fit la campagne du Rhin des ans VII, VIII et IX. Le 14 vendémiaire an VIII, il passa la Nidda à la tête des grenadiers, tourna la position de l'ennemi, et le força d'abandonner le village de Nidda ainsi que l'artillerie qui le défendait. Cette action hardie assura le passage de cette rivière avant que les Autrichiens eussent pu rompre le pont. Appelé à Belle-Isle-en-Mer en l'an XI, et à l'armée des côtes de Brest en l'an XII, il y fut nommé membre de la Légion-d'Honneur le 25 prairial, et capitaine à l'ancienneté le 1er germinal an XIII. Dirigé sur la grande armée, il y fit les guerres de l'an XIV à 1807 en Autriche, en Prusse et en Pologne, passa dans les grenadiers le 1er juin 1808, et fut appelé à la grande armée d'Allemagne en 1809. Envoyé en Espagne, puis en Portugal en 1810, il rentra en France au mois de juin 1811 avec le cadre de son régiment, devint chef de bataillon le 6 décembre suivant, et passa le même jour comme capitaine aux fusiliers-chasseurs de la garde impériale. Désigné pour faire partie de la grande armée de Russie en 1812, il assista aux grandes batailles de cette campagne, et à celle de Saxe en 1813, et reçut la croix d'officier de la Légion-d'Honneur le 6 avril 1813, et fut promu chef de bataillon dans la garde le 20 novembre de la même année. Blessé d'un coup de feu au bras gauche à Montmirail le 11 février 1814, et dirigé sur le dépôt de Fontainebleau, il fit partie le 1er juillet suivant du corps royal de chasseurs à pied de France. Admis à la retraite le 1er octobre, il se retira dans sa ville natale, où il est mort le 15 février 1844.

BERTRAND (JEAN-NICOLAS), né le 12 novembre 1768 à Baudesapt (Vosges), entra au service comme soldat le 1er brumaire an III dans la 95e demi-brigade d'infanterie, avec laquelle il fit les campagnes des ans III et IV à l'armée du Rhin, où il reçut un coup de feu au talon droit le 25 nivose an III, à l'affaire qui eut lieu devant Manheim. Passé dans le 1er régiment de carabiniers le 28 ventose an V, il entra dans les guides à cheval de l'armée d'Italie le 22 vendémiaire an VI, où il fit les guerres des ans VI et VII. Admis dans les grenadiers à cheval de la garde des consuls le 3 floréal an VIII, il combattit vaillamment à Marengo, et servit ensuite sur les côtes de l'Océan pendant les ans XII et XIII. Nommé membre de la Légion-d'Honneur le 25 prairial an XII, il prit part aux opérations de la grande armée en Autriche, en Prusse et en Pologne, et obtint le grade de brigadier le 1er nivose an XIV, et celui de maréchal-des-logis le 1er mai 1807. Envoyé à l'armée d'Espagne en 1808, nommé maréchal-des-logis-chef le 1er octobre de cette année, il fit ensuite les campagnes de 1809 en Allemagne. Lieutenant en second porte-aigle aux grenadiers à cheval de la garde impériale le 6 décembre 1811, c'est en cette qualité qu'il combattit en Russie, en Saxe et en France pendant les années 1812, 1813 et 1814. Devenu lieutenant en premier le 3 avril de cette dernière année, le gouvernement de la Restauration l'ayant mis en non-activité le 22 juillet suivant, il donna sa démission le 21 avril 1815. Il réside en ce moment à Paris. B-G.

BERTRAND (LOUIS-AIMABLE-JEAN-BAPTISTE, baron). *V.* BERTRAN, p. 219.

BERTRAND, président. *V.* BERTHEREAU.

BERTRAND, baron de Sivray *V.* tome III, p. 88.

BERTRAND de GREUILLE (joseph), né à Châteauroux (Indre), le 20 octobre 1758, exerça les fonctions de vice-président du directoire du district de Châteauroux depuis le mois de juin 1790 jusqu'en octobre 1791, et ensuite celles de membre du conseil général de l'Indre jusqu'au mois de janvier 1792. Il devint alors commissaire du roi près le tribunal criminel de ce département. Nommé accusateur public au mois de novembre suivant, et en l'an IV élu membre du conseil des Anciens, il en sortit en l'an VI et reprit ses fonctions d'accusateur public, qu'il quitta de nouveau au mois de germinal an X pour entrer au Tribunat. Cette assemblée le chargea l'année suivante de présenter au Corps législatif un projet de loi attribuant au tribunal criminel de la Seine la connaissance de tous les crimes de faux en valeurs nationales et pièces de comptabilité, dans quelques départemens qu'ils eussent été commis. Il fit le 6 pluviose an XII un rapport sur le titre III du livre 3 du Code civil, relatif aux engagemens qui se forment sans convention, et le 9 pluviose suivant il parut à la tribune du Corps législatif pour y développer, au nom du Tribunat, les motifs du titre du même Code, intitulé *de la Propriété*. Membre de la Légion-d'Honneur le 25 prairial, il envoya de Châteauroux, le 17 floréal suivant, son adhésion au vote du Tribunat qui élevait le premier Consul à l'Empire, et après la dissolution de ce corps, en 1807, nommé procureur-général près la cour criminelle de l'Indre, et officier de la Légion-d'Honneur le 15 octobre de la même année, il fut appelé le 1er mai 1811 à la cour impériale de Bourges en qualité de substitut du procureur-général. Destitué de cet emploi le 22 décembre 1815, une ordonnance du 28 avril 1819 le fit rentrer dans la magistrature comme procureur du roi près le tribunal de première instance de Châteauroux. Il est mort dans cette ville le 19 mars 1833.

BES (antoine), né le 17 janvier 1773 aux Roziers (Hautes-Alpes), entra le 13 nivose an VIII dans les chasseurs à pied de la garde consulaire et fit la campagne de Marengo. Nommé caporal le 18 ventose an X, et membre de la Légion-d'Honneur au camp de Boulogne le 25 prairial an XII, il devint sergent le 7 nivose an XIV, pendant la campagne d'Autriche, et passa dans les vétérans le 11 mai 1806. Il est mort à Paris le 14 juin 1836.

BESCONT (pierre-marie), né à Brest (Finistère), le 16 novembre 1759, entra dans la marine de l'État comme mousse le 15 mars 1776, matelot le 1er septembre 1777, aide-pilote le 13 novembre 1781, deuxième pilote le 8 novembre 1783, maître-pilote le 15 janvier 1785, il monta successivement pendant cette période *le Brillant* et *le Coventry*, en destination pour les Indes-Orientales. Officier pour la campagne le 20 décembre 1785, il embarqua sur *la Lamproie*, en partance pour la Nouvelle-Angleterre, et qui fit ensuite le service de cabotage dans les ports du golfe de Gascogne. Il servit de 1785 à 1791 sur *la Boulonnaise*, qui le mena sur la côte d'Afrique, sur *la Fée* et sur *l'Engageante*, avec lesquelles il fit divers voyages à Saint-Domingue. Nommé officier surnuméraire le 1er février 1792, il monta la corvette *le Fanfaron*, et fit le cabotage dans la Manche. Enseigne de vaisseau non-entretenu le 27 juin, il embarqua sur la frégate *la Sémillante*, alla à la Martinique, et fait lieutenant le 17 novembre suivant, il passa le 1er juin 1793 sur *l'Indomptable*, faisant partie de l'armée navale. Le 5 thermidor an II, il était sur le vaisseau *l'Eole*, d'abord aux ordres de Bruix, et dont il prit le commandement le 1er ventose an III. A partir du 7 germinal de la même année jusqu'en 1809, il commanda, soit comme lieutenant, soit comme capitaine de vaisseau nommé le 1er floréal suivant, *la Revanche*, *l'Incorruptible*, destiné pour les mers du Nord, *le Fougueux*, en armée navale, et *le Patriote* : dans l'intervalle de ces commandemens, il avait été nommé chef de division le 1er messidor an IV, capitaine de vaisseau de première classe le 1er vendémiaire en IX, membre et officier de la Légion-d'Honneur les 15 pluviose et 25 prairial an XII. Il prit sa retraite sous la Restauration, et se retira à Pont-Scorff (Morbihan), et mourut dans ce village le 18 janvier 1840.

BESNARD (michel-jacques), né le 10 juin 1767 à Orléans (Loiret), entra au service le 1er juin 1787 dans le régiment de chasseurs de Hainaut-cavalerie, devenu 5e de l'arme en 1791, et passa en qualité de sous-lieutenant dans le 4e régiment (ci-devant Franche-Comté) le 15 septembre 1791. Lieutenant le 22 juillet 1792, et capitaine le 20 frimaire an II, il fit les campagnes de 1792 à l'an IV aux armées des Alpes et du Rhin, assista à la bataille de Rastadt le 17 messidor an IV, et fut fait prisonnier de guerre le 15 vendémiaire an V, près de Rabambourg. Rentré des prisons d'Italie, d'Angleterre et de Batavie de l'an V à l'an VII. Capitaine avec rang et solde de chef d'escadron le 1er brumaire an VIII, il se rendit à l'armée d'Italie, fut confirmé dans son grade de chef d'escadron le 1er brumaire an IX, et passa le 4 du même mois au 21e régiment de cavalerie. Mis à la suite du 17e de cavalerie, lors de la dissolution du 21e, à l'époque de l'organisation de l'an XI, il entra titulaire au 26e régiment de chasseurs à cheval le 18 pluviose. Nommé membre de la Légion-d'Honneur le 25 prairial an XII, il suivit la grande armée de l'an XIV à 1807 en Autriche, en Prusse et en Pologne, à la campagne d'Allemagne de 1809. Rentré au dépôt de son corps à Saumur le 28 novembre de la même année, il fut admis à la retraite pour cause d'infirmités le 17 mai 1810. Il est mort à Saumur le 7 juillet 1820. J-T.

BESSE ou plutôt BAISSE (antoine), naquit en octobre 1772 à Égrande (Corrèze). Réquisitionnaire au 21e régiment de cavalerie le 5 floréal an II, il fit les campagnes du Nord, de Rhin-et-Moselle, d'Allemagne et d'Italie de l'an II à l'an VIII, et passa le 19 germinal an VIII dans les grenadiers à cheval de la garde consulaire, avec lesquels il combattit à Marengo. Admis à la retraite le 6 brumaire an XII, il fut compris comme membre de la Légion-d'Honneur dans la promotion du 25 prairial de la même année. Il est mort le 22 mai 1836 à Châtillon (Jura). Y.

BESSERER (JACOB), né le 17 juin 1774 à Mieternheim (Meurthe), entra au service le 16 octobre 1791 au 2ᵉ régiment de hussards, avec lequel il fit les campagnes de 1792 à l'an III à l'armée du Nord, et fut blessé grièvement le 9 floréal an II. Passé en l'an IV à l'armée de Sambre-et-Meuse, et nommé brigadier le 5 pluviose, rejoignit en l'an VI l'armée de Mayence, et en l'an VII celle du Rhin, où il prit part à la bataille d'Engen le 13 floréal an VIII. Le 11 thermidor an IX, il obtint le grade de maréchal-des-logis, devint membre de la Légion-d'Honneur le 25 prairial an XII, fit les campagnes d'Autriche, de Prusse et de Pologne avec le 1ᵉʳ corps de la grande armée, obtint le grade de maréchal-des-logis-chef le 3 mars 1807, et prit sa retraite le 19 mars 1809. Il rentrait dans ses foyers, lorsqu'il tomba malade et mourut à Masches (Sambre-et-Meuse), le 22 mars 1809. Y.

BESSIÈRES, duc d'Istrie. V. t. 1ᵉʳ, p. 363.

BESSIÈRES, baron. V. t. III, p. 89.

BÉTEILLE (JEAN-ALEXIS), naquit le 7 août 1763 à Rodez (Aveyron). Cavalier le 4 avril 1782 dans le régiment de Berri, il quitta le corps par congé le 23 septembre 1785. Il reprit le service le 23 janvier 1792 en qualité de lieutenant dans le 2ᵉ bataillon de volontaires de l'Aveyron, et fut nommé capitaine le 28 juin suivant dans le même bataillon, embrigadé en l'an II dans la 56ᵉ demi-brigade d'infanterie, devenue 85ᵉ demi-brigade de ligne le 1ᵉʳ messidor an IV. Il fit les campagnes de 1792 à l'an II aux armées des Alpes et d'Italie, et reçut au siége de Toulon un coup de baïonnette à la main gauche. Il retourna en Italie à la fin de l'an II, et y resta tout le temps de la guerre. Il fit partie de l'expédition d'Orient et prit part à la bataille des Pyramides ainsi qu'aux siéges de Jaffa et de Saint-Jean-d'Acre. Le 3 vendémiaire an VIII, il défendit vigoureusement contre les Anglo-Turcs le fort du Marabout, et il fut blessé de deux éclats d'obus, dont l'un à l'épine dorsale et l'autre à la jambe gauche. Nommé chef de bataillon par le général Menou le 2 messidor an IX, il rentra en France à la suite de la capitulation d'Alexandrie, passa le 9 ventose an X comme chef d'escadron dans la 11ᵉ légion de gendarmerie, et fut nommé membre de la Légion-d'Honneur le 25 prairial an XII. Il servit à l'intérieur jusqu'à la fin de 1806, époque à laquelle il fit, sous les ordres du prince de Ponte-Corvo, les deux campagnes de 1807 et 1808 en Allemagne. Passé chef du 4ᵉ escadron de la gendarmerie d'Espagne le 5 décembre 1809, et nommé le 13 janvier 1811 colonel de la légion de Burgos, devenue 1ʳᵉ légion de gendarmerie, il suivit toutes les opérations des corps du comte d'Erlon et duc d'Istrie de 1810 à 1812 en Espagne et en Portugal, et se distingua d'une manière particulière le 23 octobre 1812 à l'affaire qui eut lieu près de Villadrigo, armée du nord de l'Espagne. Dans un rapport sur les marches et les opérations de l'armée de Portugal entre l'Èbre et le Douro, du 17 au 31 octobre 1812, le général en chef s'exprime en ces termes:

« Dans cette situation critique, le colonel Faverot, du 15ᵉ de chasseurs à cheval, s'élance au galop au-devant de la charge dont il est menacé; on se mêle, on combat corps à corps avec acharnement pendant sept à huit minutes, les escadrons anglais fuient, leur seconde ligne s'ébranle, mais alors le colonel Béteille venait de déboucher à la tête de la légion de gendarmerie. Il se jette sur son flanc droit, la défait et la chasse jusqu'à Villadrigo, sous la protection de l'infanterie. Cet engagement brillant, où 7 escadrons français ont croisé le sabre contre 9 escadrons anglais, coûta à l'ennemi environ 300 hommes et plus de 40 chevaux; nous y avons eu 5 hommes tués, 95 blessés. Le brave colonel Béteille y a reçu plusieurs blessures graves qui donnent des inquiétudes pour ses jours! » Sur douze blessures, sept lui avaient déchiré la tête et le visage, et cinq avaient porté sur les bras et les mains. La cavalerie presque tout entière lui avait passé sur le corps. Enlevé parmi les morts restés sur le champ de bataille, les soins de ses camarades le conservèrent à la vie. L'Empereur l'autorisa, le 5 janvier 1813, à se rendre à Rodez pour y rétablir sa santé, et le nomma officier de la Légion-d'Honneur le 10 février et général de brigade le 2 mars. Employé dans la 9ᵉ division militaire le 17 du même mois, et appelé au commandement de l'Aveyron le 14 avril suivant, le ministère le chargea du commandement d'une colonne mobile le 21 août de la même année. Détaché en 1814 à l'armée de Lyon, sous les ordres du maréchal Augereau, et mis en non-activité au mois de juin, il fut nommé chevalier de l'ordre de Saint-Louis le 29 juillet, et commandeur de la Légion-d'Honneur le 23 août suivant. Le gouvernement l'employa le 30 septembre dans la 1ʳᵉ division militaire. Conservé dans les mêmes fonctions par décision du 13 février 1815, et nommé président du conseil de révision le 16 du même mois, il fut maintenu par l'Empereur dans la 1ʳᵉ division militaire le 30 mars, et mis en demi-solde le 14 septembre. Admis à la retraite le 20 mai 1818, mais remis en activité le 22 mars 1831, il entra dans le cadre de réserve et reprit définitivement sa position de retraite le 1ᵉʳ mai 1832. Il réside en ce moment à Paris. J.-T.

BÉTOUZET (ANTOINE), naquit le 18 mai 1775 à Cuille (Marne). Volontaire le 1ᵉʳ septembre 1793, et incorporé dans un des bataillons qui formèrent en l'an IV la 104ᵉ demi-brigade de bataille, devenue 105ᵉ régiment d'infanterie de ligne au commencement de l'an XII, il fit la guerre de 1793 à l'an VI aux armées de la Moselle et de Sambre-et-Meuse, et passa en l'an VI à l'armée d'Allemagne, où il obtint le grade de caporal le 22 frimaire an VII. Au combat de Levent, livré le 21 floréal an VIII, il tomba au pouvoir de l'ennemi, et rentra par suite d'échange le 5 vendémiaire an IX. Envoyé en l'an XII au camp de Saintes, il y reçut la croix de la Légion-d'Honneur, qui lui avait été accordée le 25 prairial, passa au camp de Brest en l'an XIII, et au 7ᵉ corps de la grande armée en 1806 et l'année suivante il était au 4ᵉ corps, et une blessure grave qu'il reçut au bras droit à la bataille de Friedland, l'obligea de prendre sa retraite le 4 mars 1808. Il est mort le 26 juin 1832 à Châtillon-sur-Marne (Marne).   Y.

BEUDOT (PHILIBERT-BERNARD), naquit le 3 septembre 1771 à Dijon (Côte-d'Or). Soldat le 4 septembre 1787 dans le régiment de Picardie-infanterie, il quitta ce corps par congé le 28 août 1789. Engagé le 6 septembre 1791 dans le 1er bataillon de volontaires de la Côte-d'Or, il fit en cette qualité la campagne de 1792 à l'armée du Nord, passa le 24 juillet 1793 dans les chasseurs à cheval du même département, incorporés en l'an IV dans le 15e régiment de l'arme. Maréchal-des-logis le 29 juillet 1793, maréchal-des-logis-chef le 9 septembre, et sous-lieutenant le 21 vendémiaire an II, il fit les campagnes de 1793 à l'an IV aux armées du Rhin et de la Vendée, servit en Italie de l'an V à l'an IX, et devint lieutenant le 11 brumaire an VIII. A Marengo, il eut un cheval tué sous lui, et fut blessé d'un coup de feu au pied gauche. Nommé membre de la Légion-d'Honneur le 25 prairial an XII, il fit partie de l'armée d'Italie en l'an XIV, et combattit avec la grande armée de 1806 à 1807 en Prusse et en Pologne. Promu capitaine le 5 avril 1807, il passa en Espagne en 1808, et eut un autre cheval tué sous lui le 26 décembre dans une reconnaissance sur Majorca. En 1809 et 1810, il fit la guerre en Espagne et en Portugal. Admis à la retraite le 27 janvier 1812, il alla se fixer à Dijon, sa ville natale. Il est mort à Corberon (Côte-d'Or), le 30 juin 1840.

BEUF ET NON **BOEUF** (JOSEPH), né le 8 octobre 1772 à Grenoble (Isère), entra au service le 11 mars 1788 comme soldat dans le régiment de *Monsieur*-infanterie, 75e de l'arme en 1791. Passé en qualité de sergent-major le 8 octobre 1792, et nommé sous-lieutenant le 20 décembre de la même année dans la légion des Allobroges, devenue 27e légère en prairial an IV, il fit avec distinction les guerres de la liberté de 1792, 1793 et an II à l'armée des Alpes. Au siége de Toulon, il reçut un coup de de baïonnette à l'épaule droite, le jour de l'assaut donné au Petit-Gibraltar. En l'an III, il rejoignit l'armée de Pyrénées-Orientales, passa à celle d'Italie en l'an IV, et fut blessé d'un coup de feu à la cuisse au passage du pont de Lodi le 21 floréal an IV. Capitaine-adjudant-major le 5 frimaire an V, dans les troupes cisalpines, en vertu de l'arrêté du général Bonaparte qui autorisait les officiers surnuméraires à prendre du service dans lesdites troupes, il fit les campagnes d'Italie de l'an V à l'an VII. Envoyé en l'an VIII à la deuxième armée de réserve d'Italie, et nommé capitaine de bataillon par commission du général Seras, du 1er fructidor an VIII, à la 2e demi-brigade de ligne piémontaise, il servit en l'an IX en Italie sous les ordres du général Brune. Confirmé dans son grade le 23 pluviose an X à la 112e demi-brigade, incorporée par arrêté du 5 floréal an XI dans la 31e légère, 31e régiment de même arme en l'an XII, il fut employé dans la division des grenadiers de la réserve, commandée par Junot, et y reçut la décoration de membre de la Légion-d'Honneur le 25 prairial de la même année. Appelé à la grande armée en l'an XIV, et nommé officier de la Légion-d'Honneur le 5 nivose, en récompense de sa bravoure à Austerlitz, il suivit l'armée en Prusse pendant la campagne de 1806. Dirigé sur l'armée de Portugal, il y fit les guerres de 1807 et 1808, et fit une chute de cheval, près de Bilbao, à la tête de son bataillon le 24 décembre 1808, par suite de laquelle il fut obligé de rentrer en France. Autorisé à se rendre au dépôt de son corps, à Navarreins, pour soigner sa santé, il y mourut le 31 mars 1809.

BEUGNAT (FRANÇOIS), naquit le 18 mars 1768 à Asfeld (Ardennes). Chasseur le 15 novembre 1785 au régiment de Hainaut-cavalerie, devenu 5e régiment de l'arme en 1791, il fut nommé brigadier le 15 septembre 1791, maréchal-des-logis le 1er juillet 1793, maréchal-des-logis-chef le 23 vendémiaire an II, et sous-lieutenant le 20 pluviose de la même année. Il fit les campagnes de 1792 à l'an V aux armées du Nord et de Sambre-et-Meuse, et celles de l'an VI à l'an IX aux armées de Hollande, d'observation du Danube, d'Helvétie et du Rhin. Blessé de deux coups de sabre, dont l'un au bras droit, et l'autre au bras gauche, au combat d'Oxembrun, le 26 prairial an VIII, en défendant l'entrée du village, il ne voulut quitter son poste qu'après la retraite de l'ennemi. Blessé de nouveau d'un coup de sabre au bras droit à la bataille de Hohenlinden, il fut décoiffé, et son sabre cassé dans une charge, s'empara de celui d'un officier qui venait d'être renversé, et continua de poursuivre l'ennemi. En l'an XI, il passa à l'armée de Hanovre, où il fut nommé lieutenant à l'élection le 1er germinal an XII, membre de la Légion-d'Honneur le 25 prairial de la même année, et adjudant-major le 13 germinal en XIII. Employé à la grande armée de l'an XIV à 1807 en Autriche, en Prusse et en Pologne, fait capitaine le 8 janvier 1806, et chef d'escadron le 7 janvier 1807, il se rendit au 1er corps de l'armée d'Espagne en 1808. Officier de la Légion-d'Honneur le 16 août 1811, et major en second le 12 janvier 1812, il commanda successivement les 4e et 5e dragons pendant la campagne de 1812, et rentra en France le 16 février 1813. Promu colonel le 23 avril de la même année, il fit les campagnes de Saxe et de France. Mis en demi-solde à la première Restauration, et nommé chevalier de Saint-Louis le 26 août 1814, il passa avec son grade au 2e régiment de carabiniers le 19 avril 1815, et admis à la retraite le 7 avril 1816, il se retira à Évreux, où il réside encore en ce moment.

BEUGNOT (JACQUES-CLAUDE, *comte*), fils d'un fermier, naquit à Bar-sur-Aube le 25 juillet 1761. Reçu avocat de bonne heure, il devint lieutenant-général au présidial de Bar-sur-Aube en 1789, et en 1790 procureur-syndic du département de l'Aube. Les électeurs de ce département l'envoyèrent en 1791 à l'Assemblée législative. Il s'y fit bientôt remarquer par la modération de ses principes autant que par l'élégance de sa parole. Défenseur de la liberté des cultes, il proposa de n'accorder de traitement qu'aux prêtres assermentés, toutefois, en laissant toute liberté aux fidèles dans le choix des ecclésiastiques. Il demanda, le 21 janvier 1792, que le cabinet de Vienne fût mis en demeure de s'expliquer catégoriquement sur le traité de Pilnitz, et sur sa réponse à la notification que Louis XVI lui avait faite de la constitution décrétée par l'Assemblée nationale. Il réclama, dans la séance du 3 mai, un décret d'accusation contre Carra et Marat qui avaient par leurs écrits provoqué la mort du général Théobald Dillon, tué à Lille dans une émeute; enfin, il requit le dépôt des documens qui établissaient la justification du général Rochambeau. Élu secrétaire le 18 mai, il prit le 4 juin la défense de Duport-Dutertre qui, par suite d'un rapport du comité de législation, avait dû quitter le ministère dans les premiers jours d'avril, et il fit décréter qu'il n'y avait pas lieu à accusation.

Rentré dans la vie privée après le 10 août 1792, et incarcéré comme suspect en vertu de la loi du 17 septembre 1793, il recouvra la liberté après le 9 thermidor an II, et ne reparut sur la scène politique qu'au moment où la révolution du 18 brumaire an VIII venait de s'accomplir. Devenu à cette époque secrétaire particulier du ministre de l'intérieur Lucien Bonaparte, il organisa ce ministère et fut chargé du travail relatif à la nomination des premiers préfets, parmi lesquels il se fit comprendre, le 12 ventose an VIII, pour le département de la Seine-Inférieure. Membre de la Légion-d'Honneur le 25 prairial an XII et choisi comme candidat au Sénat conservateur par le collège électoral de Rouen, en brumaire an XIII, il fut remplacé dans sa préfecture au commencement de 1806, et devint, le 11 mars, conseiller d'État, section de l'intérieur, et président du collège électoral de la Haute-Marne le 11 septembre suivant. Après la paix de Tilsitt, il alla organiser le royaume de Westphalie avec quelques-uns de ses collègues du conseil d'État, et Jérôme lui confia le portefeuille des finances le 7 décembre 1807. Au mois de mai 1808, il donna sa démission et vint reprendre en France sa place au conseil d'État. Napoléon le nomma, en juillet de la même année, commissaire impérial et ministre des finances du grand-duché de Berg, dont Murat, appelé au trône de Naples, venait de faire abandon au profit de l'aîné des fils du roi de Hollande Louis Bonaparte. Beugnot avait été fait comte de l'Empire le 19 mars, il reçut le 3 décembre 1809 la croix d'officier de la Légion-d'Honneur et celle de commandant le 30 juin 1811. Nommé en 1812 président du collège électoral du département de la Haute-Marne, que déjà il avait présidé en 1807, il fut forcé au mois de novembre 1813, par les événemens de la guerre, d'abandonner définitivement le grand-duché de Berg. Le 16 décembre suivant, il alla remplacer, par intérim, le préfet du Nord, qu'une grave maladie retenait loin des affaires. C'est à Lille qu'il reçut la nouvelle de l'abdication de l'Empereur. Le gouvernement provisoire l'appela à Paris le 2 avril et lui confia le ministère de l'intérieur. Son premier soin fut d'ordonner le rétablissement, en plâtre, sur le terre-plein du Pont-Neuf, de la statue de Henri IV, dont il orna le piédestal de ce distique :

Ludovico reduce
Henricus redivivus.

Le 12 mai, Louis XVIII le nomma directeur-général de la police du royaume; il signala son passage dans cette administration par deux ordonnances qui lui valurent encore plus de ridicule que d'impopularité. L'une prescrivait la stricte observation du dimanche; l'autre réglementait les processions. Puis il écrivit aux évêques et aux archevêques :

« Monsieur l'évêque, le roi m'a ordonné de vous adresser la lettre close ci-jointe par laquelle Sa Majesté demande des prières en action de graces de son heureux retour dans la capitale de son royaume. Cette cérémonie a eu lieu à Paris; 400 mille Français, les yeux baignés de larmes, ont suivi le fils de Saint-Louis et la fille de Louis XVI jusqu'aux pieds des autels; un roi de France est entré dans Notre-Dame. Cette expression si simple indique seule le retour aux saintes et vieilles mœurs de la France, il faut y reconnaître le doigt de Dieu et s'écrier avec le prophète : *Hoc factum est a Domino.* »

Confirmé dans sa qualité de conseiller d'État le 7 juillet, et remplacé à la police le 2 décembre, il reçut le même jour le portefeuille de la marine et des colonies. Il s'était joint à ses collègues du conseil d'État pour demander la mise en sequestre des propriétés de la famille impériale, quand le retour inattendu de Napoléon vint le forcer à la retraite. Peu de temps après, il alla rejoindre le roi à Gand.

Rentré en France après les désastres de Waterloo, il fut nommé le 8 juillet 1815 directeur-général des postes, et le 26 juillet président du collège électoral du département de la Haute-Marne, qui l'envoya à la Chambre des députés. Appelé par ordonnance royale du 19 septembre au conseil privé en qualité de ministre d'État, il quitta la direction générale des postes le 8 octobre, et prit place à la Chambre sur les bancs du centre gauche.

Quelques discours prononcés à la Chambre dans cette session, sur l'inamovibilité des juges, les élections, le budget, se firent remarquer par leur élégante facilité. Dans le comité secret du 7 février 1816, il parla longuement sur la proposition du député de Blangy, dont il combattit les dispositions principales, entre autres celle d'augmenter de 60 millions la somme affectée aux traitemens des membres du clergé : « Il y a, dit-il, des misères bien plus près de nous et autrement menaçantes que celles dont on nous a entretenus. Dans certains départemens, ceux de l'Est, par exemple, vos concitoyens, ceux par qui et pour qui vous êtes ici, expirent de douleur et de faim; il y a des villes abandonnées, des villages en cendres, des Français réfugiés dans des cavernes. » Ensuite, il défendit avec énergie, mais sans succès, les principes posés par l'Assemblée constituante et vota le maintien des pensions accordées aux prêtres mariés.

L'ordonnance royale du 5 septembre 1816 vint faire justice de la Chambre introuvable. Le collège électoral du département de la Seine-Inférieure, qu'il avait été chargé de présider, l'élut à la nouvelle Chambre en même temps que celui du département de la Haute-Marne; il opta pour le premier. Porté à la présidence par quatre-vingt-quatorze voix dans la séance du 11 novembre, il réunit la majorité des suffrages pour les fonctions de vice-président. Nommé grand-officier de la Légion-d'Honneur le 24 avril 1817, et le 6 juin directeur-général de la Caisse d'amortissement, il fut de nouveau porté à la présidence de la Chambre. Dans cette session, ouverte le 10 novembre, il demanda l'application du juri aux délits de la presse. Ses travaux à la Chambre des députés prenant tous ses instans, il se détermina à donner sa démission de directeur-général de la Caisse d'amortissement en juillet de la même année. En mars 1819, il fit, au nom d'une commission spéciale, un rapport étendu sur la proposition Barthélemy en matière d'élections, et flétrit cette proposition comme elle méritait de l'être. Le 12 avril, il repoussa les prétentions de quelques députés qui voulaient saisir la Chambre du droit de juger les crimes ou délits commis contre elle. Il présida de nouveau le 22 août le collége électoral de la Seine-Inférieure, fut élu député à une grande majorité et porté pour la troisième fois à la présidence de la Chambre. Il avait, dans le courant de la même année, contribué à l'établissement de la Société des prisons.

Rapporteur de la commission centrale chargée de l'examen du projet de loi relatif à la Légion-d'Honneur, il fit l'historique de l'Ordre et proposa l'adoption de la loi avec un amendement tendant à réduire de moitié la dotation annuelle des chevaliers nommés sous l'Empire.

Soumis à la réélection dans le courant de cette année, le comte Beugnot ne dut son retour à la Chambre qu'à l'apparence de ses liaisons avec les députés de l'opposition. En 1821, il parla en faveur de l'érection de nouveaux siéges épiscopaux, soutint le projet relatif aux pensions ecclésiastiques, la loi sur l'instruction primaire, sur le clergé, etc., et reçut le 1er mars la grand'croix de la Légion-d'Honneur. Muet dans les sessions qui suivirent, il ne fut point élu à la Chambre septennale et sembla se renfermer dès-lors dans l'exercice de ses fonctions de ministre d'État. Toutefois, l'ordonnance du 8 mai 1825 l'attacha à la commission chargée de la liquidation de l'indemnité accordée aux émigrés, et, le 27 janvier 1830, une ordonnance royale l'éleva à la dignité de pair de France.

La joie qu'il dut éprouver d'une nomination si long-temps attendue fut de courte durée. L'article 68 de la nouvelle charte vint l'exclure de la Chambre avant qu'il y eût pris séance. Le comte Beugnot, rendu désormais et définitivement à la vie privée, mourut à Bagneux près de Paris le 24 juin 1835.

BEURET (GEORGE, baron, puis *vicomte*), né le 14 juin 1772 à la Rivière (Haut-Rhin), entra au service le 14 septembre 1793 comme capitaine dans le bataillon du district de Belfort, fit les campagnes de 1793 et an II aux armées du Rhin et du Nord, et eut son cheval tué sous lui par un boulet au siége de Landrecies. Prisonnier de guerre le 11 floréal an II, il s'échappa des mains de l'ennemi quelques jours après, et revint à son corps. Appelé à l'armée du Rhin en l'an III, il fut nommé le 29 nivose aide-de-camp du général Salomon, et le 6 fructidor adjoint à l'état-major général de l'armée. Promu capitaine dans la 18e demi-brigade légère le 1er germinal an IV, il reçut, le 4 messidor, au premier passage du Rhin, un coup de feu au bras droit. Il se distingua de nouveau dans une charge à la baïonnette contre un peloton ennemi : avec 8 soldats de sa compagnie, il fit plusieurs prisonniers parmi lesquels se trouvèrent trois officiers. En l'an V, devant Landau, il se battit corps à corps avec un détachement autrichien et contribua à la prise d'une pièce de canon. Le 1er floréal de la même année, à Bregentz, lors du second passage du Rhin, il se précipita sur une batterie ennemie qu'il enleva à la tête de 25 hommes après avoir passé les canonniers au fil de l'épée. Appelé le 6 nivose an VI près du général de division Delaborde pour y remplir les fonctions d'aide-de-camp, il coopéra à la prise du fort de Manheim au mois de pluviose, et à l'affaire de Niderack où, à la tête d'une poignée d'hommes, il débusqua l'ennemi du village. Peu de temps après, porteur d'une dépêche au général Ferino, commandant l'aile droite de l'armée du Rhin, il fut attaqué dans la forêt de Memmingen par plusieurs brigands, eut son cheval blessé sous lui, et parvint cependant à se frayer un passage à coups de sabre. Employé avec son général pendant les ans VII, VIII et IX aux armées d'Allemagne, de Mayence, du Danube et du Rhin, le général Thuring rendit compte, dans un rapport du 30 brumaire an VIII, que le capitaine aide-de-camp Beuret, blessé d'un coup de feu le 25 précédent devant Philisbourg, contribua beaucoup, par son intelligence et son étonnante activité, à renverser les obstacles que l'ennemi avait mis à la marche de nos troupes dans cette journée. Dirigé sur l'armée de l'Ouest, il y fit les campagnes des ans X et XI, et passa chef de bataillon le 12 prairial an XI. Il se rendit en l'an XII à l'état-major de la 13e division militaire, dont son général venait d'être nommé commandant, continua de remplir auprès de lui les fonctions de premier aide-de-camp, et fut nommé membre de la Légion-d'Honneur le 25 prairial; il ne quitta cette résidence qu'en 1807 pour suivre son général en Espagne. Il se trouva aux affaires des 15 et 17 août 1808 à Rorica (Portugal) où il eut un cheval tué sous lui, ainsi qu'à celle du 21 du même mois à Vimeiro, où il eut un autre cheval tué sous lui. Nommé colonel le 8 janvier 1809, il conserva ses fonctions d'aide-de-camp. Le 16 du même mois, à la bataille de la Corona, il commandait les voltigeurs réunis de la 3e division de l'armée de Portugal ; il délogea les Anglais de Castro et leur fit éprouver une perte considérable. Le 16 mars suivant, il rejeta les Portugais au-delà de leur première ligne, et s'empara des hauteurs en avant de Braga. Il était présent le 29 du même mois à la bataille d'Oporto; au mois d'avril suivant, à la tête de 5 compagnies de voltigeurs, il enleva à la baïonnette une position défendue par 2,000 Portugais. Il se signala encore au combat d'Amarante et à la retraite d'Oporto. Passé au commandement provisoire du 17ᵉ régiment d'infanterie légère le 1ᵉʳ juin suivant, il mérita les éloges du général en chef Reille. Créé baron le 15 août 1810, il eut un cheval tué sous lui le 27 septembre suivant à Busaco. Il reçut au combat de Sabugal une forte contusion à la cuisse droite et plusieurs balles dans ses vêtemens, et fut nommé officier de la Légion-d'Honneur le 6 avril 1811. Cité aux affaires des 18 et 22 juillet 1812 devant Salamanque, et particulièrement à celle du 18, où il eut un cheval tué, et de nouveau pendant la campagne de 1813, les 24 juin, 27, 28 et 31 juillet devant Pampelune, le 1ᵉʳ août devant Vera, le 31 du même mois à la montagne de San Martial sur la Bidassoa, le 7 octobre à la Croix-des-Bouquets, enfin le 10 novembre en avant du fort de Soccoa. Il fut élevé le 25 novembre au grade de général de brigade, et reçut, le même jour, la croix de commandant de la Légion-d'Honneur. Provisoirement attaché à l'armée d'Espagne, il se trouva aux affaires des 9 et 10 décembre en avant d'Anglès et devant Bidar. Employé définitivement le 26 janvier 1814 à cette armée, devenue armée des Pyrénées, il prit part aux batailles d'Orthez et de Toulouse. Mis en non-activité le 1ᵉʳ septembre, et nommé chevalier de l'ordre de Saint-Louis le 27 novembre, il fut appelé le 22 février 1815 au commandement du département de la Loire. Employé par ordre de l'Empereur le 24 mai suivant, à l'armée des Alpes, il y commanda une brigade de gardes nationales. Rappelé par le roi le 31 juillet de la même année au commandement du département de la Loire, il passa le 9 mars 1816 à celui des Landes, et le 23 août à celui de la Gironde. Remis en non-activité le 1ᵉʳ avril 1817, il eut le 6 novembre le commandement de la 1ʳᵉ subdivision de la 5ᵉ division militaire, reçut le titre de vicomte le 26 du même mois, et fut compris dans le cadre de l'état-major général de l'armée le 30 décembre 1818. Commandant, le 26 décembre 1821, de la 3ᵉ subdivision de la 18ᵉ division militaire, il conserva ces fonctions jusqu'au 17 décembre 1826, époque de son admission à la retraite. Nommé lieutenant-général honoraire le 31 octobre 1827, et retiré au château Saint-Apollinaire, près d'Altkirch (Haut-Rhin), il y est mort le 22 octobre 1828.

BEURMANN (Frédéric-Auguste, *baron*), naquit le 17 septembre 1777 à Nanci (Meurthe). Enfant de troupe au régiment de Salm-Salm-infanterie (63ᵉ, puis 62ᵉ), il fut admis à la demi-solde le 10 août 1784, et à celle de soldat le 10 juin 1788. Sous-lieutenant le 10 juin 1792, il partit aussitôt pour le camp de Sarreguemines, de la garnison de Mayence en 1793, passa à l'armée du Nord en l'an II, et à celle de Sambre-et-Meuse l'année suivante. Aide-de-camp du général Kléber au commencement de l'an II, il fit avec lui les guerres de l'an III à l'an V. Cet officier reçut un coup de sabre au bras droit au passage de la Sieg, le 13 prairial an IV. Lieutenant à la suite du 1ᵉʳ régiment de chasseurs à cheval le 30 messidor suivant, il rejoignit ce corps en qualité de titulaire le 10 germinal an V, et le suivit aux armées du Rhin, du Danube et d'Helvétie des ans V à IX. Beurmann servait comme aide-de-camp auprès du général Mortier depuis le 21 messidor an VII, lorsqu'il fut nommé capitaine sur le champ de bataille devant Zurich le 5 vendémiaire an VIII. Passé dans les chasseurs à cheval de la garde des consuls le 29 brumaire an IX, il accompagna le 6 frimaire le colonel Duroc en mission à Saint-Pétersbourg. Chef d'escadron (21 vendémiaire an XI), à son retour en France, il reçut le 25 prairial an XII la décoration d'officier de la Légion-d'Honneur, et fit les campagnes de cette année et la suivante à l'armée des côtes de l'Océan, ainsi que celles d'Autriche, de Prusse et de Pologne de l'an XIV à 1807. Blessé de deux coups de baïonnette à Austerlitz, il ne voulut quitter le champ de bataille qu'à la fin de l'action et lorsqu'il sut que la victoire nous était restée fidèle. L'Empereur le nomma colonel du 17ᵉ régiment de dragons le 27 frimaire an XIV. Passé à l'armée d'Espagne en 1808, il fut blessé au talon gauche au combat de la Corogne le 15 janvier 1809. Le 11 mai suivant, il défendit pendant huit heures, avec son régiment et 2 bataillons d'infanterie, le pont d'Amarante attaqué par 6,000 Espagnols et 4 pièces de canon, et reçut une balle à la joue droite. Général de brigade le 6 août 1811, il alla recevoir à Sarrelouis, le 9 novembre suivant, les remontes destinées aux corps de cavalerie stationnés dans cette place et ses environs. Nommé inspecteur des dépôts de cette arme dans la 5ᵉ division militaire, il eut l'ordre le 28 janvier 1812 de prendre le commandement de la 14ᵉ brigade de cavalerie légère, formant l'avant-garde du 3ᵉ corps de l'armée de Russie. Le 28 août, la cavalerie du général Sébastiani, attaquée à l'improviste vers Inkowo, par les cosaques de l'hettman Platow, se trouvait fortement compromise, lorsque la brigade Beurmann, après avoir fait 2 lieues au galop, la dégagea et força les Russes à une prompte retraite. Cette action lui mérita le 2 septembre la croix de commandant de la Légion-d'Honneur. Passé le 18 juin 1813 au commandement de la 10ᵉ brigade du 3ᵉ corps d'infanterie de l'armée de Silésie, il fut blessé aux reins par un boulet, près de Buntzlau, le 19 août. Le 12 octobre, près de Dessau, il fit 1,200 prisonniers à l'ennemi, sabra et jeta dans la Mulden 4 à 500 hommes. Ce fut lui qui commanda l'arrière-garde du corps du duc de Raguse dans sa retraite depuis le Rhin jusqu'à Metz. Le 14 janvier 1814, il prit part à la défense extérieure de cette place, et servit jusqu'au mois de juin à la tête d'une brigade de cavalerie dans le corps d'armée chargé de la défense de la Moselle. Il était encore à Metz au retour de l'île d'Elbe, et il s'y tua le 13 avril 1815 en se tirant deux coups de pistolet. On attribua ce suicide à la disgrâce qui suivit sa présentation à l'Empereur. Il était baron de l'Empire et Louis XVIII l'avait nommé chevalier de l'ordre du Mérite militaire. Son nom figure sur le côté Ouest de l'arc-de-triomphe de l'Étoile. B-S.

BEURMANN (Jean-Ernest, *baron* de), naquit à Strasbourg (Bas-Rhin), le 25 octobre 1773. Son père, capitaine au régiment d'infanterie de Salm-Salm (63ᵉ, puis 62ᵉ), et qui appartenait à une ancienne famille d'Alsace, le fit admettre comme enfant de troupe le 10 août 1784 sur les contrôles de ce corps. Soldat le 23 janvier 1788, sous-lieutenant le 21 mai 1790, il passa le 15 septembre 1791 avec le grade de lieutenant dans le régiment d'infanterie de Flandre (19ᵉ), fut nommé capitaine le 4 mai 1792, et fit avec ce corps les campagnes de l'armée du Nord de 1792 et 1793. Il assista en 1792 au siége d'Anvers et à la bataille de Valmy, en 1793 aux batailles de Dunkerque, d'Hondscoote et de Nerwinde, et aux siéges de Maëstricht et de Mayence. Nommé capitaine-adjoint aux adjudans-généraux le 28 floréal an II, et employé à l'armée de Sambre-et-Meuse, il prit part à la bataille de Fleurus, et reçut un coup de feu au pied droit à la montagne de Fer. Il se trouva au combat de Dusseldorff dans le mois de fructidor an III, et à la bataille de Wurtzbourg le 16 nivose an IV. Le 26 brumaire an VI, il passa à la suite de la 20ᵉ demi-brigade légère, y devint titulaire le 20 thermidor, fit avec ce corps les guerres d'Helvétie et d'Italie pendant les ans VI et VII, et tomba au pouvoir de l'ennemi le 2 messidor de cette dernière année à l'affaire de Saint-Julien, près d'Alexandrie (Piémont). Il était encore dans les prisons de l'ennemi lorsque, le 10 prairial an VIII, le premier Consul le nomma chef de bataillon. Rendu à la liberté le 1ᵉʳ messidor suivant, il rejoignit son régiment à l'armée d'Italie, qu'il quitta en l'an X pour rentrer en France. Adjudant-commandant le 9 fructidor an XI, il fut employé en l'an XI et en l'an XII en qualité de chef d'état-major du cantonnement organisé à Toulon, où il reçut le 25 prairial an XII la décoration d'officier de la Légion-d'Honneur. Envoyé à l'armée des côtes de l'Océan, il y servit jusqu'en l'an XIII, fit partie l'année suivante du onzième corps de la grande armée, commanda le cercle de Saint-Poelten (26 frimaire an XIV), et assista aux batailles d'Ulm et d'Austerlitz. Il fit les campagnes de 1806 et 1807 en Prusse et en Pologne, et se signala aux batailles d'Iéna, à la prise de Lubeck, à Eylau, à Heilsberg et à Kœnigsberg. Napoléon le nomma commandant de la Légion-d'Honneur le 11 juillet 1807, et lui conféra, le 19 mai 1808, le titre de baron de l'Empire. Le 18 février 1809, il passa de l'armée d'Allemagne à celle de Catalogne, prit le 14 septembre suivant le commandement de la division westphalienne, et au siége de Girone il enleva à la baïonnette le couvent retranché de Saint-Denis, et monta trois fois à l'assaut par la brèche pratiquée au fort du Mont-Saint-Jean. Nommé chef d'état-major des troupes réunies dans la haute Catalogne le 4 août 1810, il se distingua au siége de Figuières et aux combats livrés sous les murs de cette place dans le mois de mai 1811. L'Empereur le nomma général de brigade le 23 octobre de la même année. Sous-chef de l'état-major général de l'armée de Catalogne le 14 novembre, il prit le 28 décembre suivant le commandement d'une brigade de la division Quesnel. Le 21 janvier 1812, il enleva, à la tête de 4 compagnies d'élite et d'une compagnie de sapeurs, la position dite du *Calvaire*, située sur un monticule escarpé et défendu par 3,000 Espagnols. Le 27, il commandait la colonne d'avant-garde, composée du 23ᵉ léger, lorsqu'il fut attaqué à l'improviste, en avant de San Felis, par la division espagnole du général Saalfield ; mais l'ennemi, bientôt repoussé, perdit un drapeau, 11 officiers et 100 hommes. Le 16 avril, à la tête de 8 compagnies du 5ᵉ de ligne, il attaqua à Olot une colonne de 5,000 Espagnols, et la força d'évacuer cette position. Le 15 novembre, étant en marche sur Casa-Massana avec le 60ᵉ régiment de ligne, il surprit et dispersa un rassemblement de 2 à 3,000 insurgés. Le 9 juillet 1813, avec 5 bataillons et 4 pièces d'artillerie de montagne, il attaqua sur la route de Barcelone un corps espagnol de 800 hommes ; après un combat de deux heures, il le repoussa jusque dans le ravin de l'Esquirol, et favorisa par ce combat la retraite de l'armée française en Catalogne, qui se trouvait fortement compromise. Rappelé en France en 1814, il partit en poste avec 12 bataillons pour rejoindre le corps du maréchal Augereau, chargé de la défense de Lyon. Il prit position à la Grange-Blanche avec 8 bouches à feu. Le 20 mars, au point du jour, l'ennemi força son centre et sa droite, et s'approcha des faubourgs ; mais ce premier succès n'eut pas de suite. Beurmann parvint à conserver sa position, et fit éprouver aux Autrichiens des pertes considérables. Cette belle défense empêcha que la ville ne fût enlevée de vive force, et facilita l'évacuation de la place, qu'on abandonna en bon ordre le lendemain. Le général Beurmann rejoignit ensuite l'armée de la Haute-Garonne, réunie sous les murs de Libourne. Louis XVIII le créa chevalier de l'ordre du Mérite militaire le 30 août 1814, et le nomma le 18 novembre 1818 lieutenant de roi de la place de Toulon. La révolution de Juillet 1830 le trouva dans la même position. En 1832, le gouvernement le maintint dans son commandement, et lui confia celui du département du Var. Il est placé dans le cadre de réserve, conformément à la loi du 4 août 1839. Le roi l'a nommé grand-officier de la Légion-d'Honneur le 24 novembre 1837. Il réside en ce moment à Toulon, où il remplit les fonctions de maire.　B-S.

BEURMANN (PIERRE-FRÉDÉRIC, *chevalier*), né le 2 septembre 1780 à Landau (Bas-Rhin), entra au service le 11 vendémiaire an VI comme chasseur à cheval au 1ᵉʳ régiment de hussards le 10 prairial an VIII, avec le grade de sous-lieutenant, et fit les campagnes des ans VII, VIII et IX aux armées d'Allemagne, de Suisse et d'Italie. Incorporé dans la 45ᵉ demi-brigade d'infanterie de ligne, et mis à la suite le 4 pluviose an IX, il entra comme lieutenant dans l'infanterie de la légion d'élite le 1ᵉʳ vendémiaire an X, et passa avec son grade le 26 ventose an XI dans les chasseurs à pied de la garde des consuls, devenus garde impériale. Membre de la Légion-d'Honneur le 25 prairial an XII, il fit les guerres de l'an XIV à 1807 à la grande armée en Autriche, en Prusse et en Pologne, fut nommé le 28 mars 1807 capitaine aux fusiliers-chasseurs à pied de la garde impériale et reçut un coup de feu à la bataille d'Heilsberg le 10 juin. Passé en Espagne, il y fit la campagne de 1808, et suivit l'Empereur en Allemagne en 1809. Envoyé à l'armée d'Espagne en 1810, il reçut le titre de chevalier de l'Empire au mois de mars. En 1812, il prit part à l'expédition de Russie, fut fait chef de bataillon avec rang de major le 8 avril 1813 au 5e de voltigeurs, avec lequel il servit en Saxe, obtint la décoration d'officier de la Légion-d'Honneur le 16 août, et reçut deux coups de sabre à la tête le 27 du même mois devant Dresde. Après la campagne de France, il concourut à l'organisation du 23e régiment de ligne. Mis en non-activité le 21 juillet 1815, il resta dans cette position jusqu'au 19 novembre 1828, époque de son admission à la retraite. Il est mort le 11 mars 1838 à Weissembourg (Bas-Rhin). J-T.

BEVIERE (JEAN-BAPTISTE-PIERRE), né en 1723, exerçait en 1789 les fonctions de notaire à Paris, lorsqu'il fut député par le tiers-état aux États-Généraux ; il retourna à son étude après la session de l'Assemblée constituante, et devint maire du 4e arrondissement de Paris en l'an VIII. Napoléon, qui voulait honorer en lui les maires et les notaires de Paris, le créa membre de la Légion-d'Honneur le 25 prairial an XII, et membre du Sénat conservateur le 25 frimaire an XIII. Il est mort à Paris le 13 février 1807.

BEVIERE (NICAISE-BERTRAND), naquit le 15 juillet 1761 à Sevigny (Ardennes). Cavalier le 15 avril 1779 au régiment Royal-Normandie, il passa le 12 juin de la même année au 5e régiment de chevau-légers, devenu Quercy-cavalerie. Brigadier le 12 octobre 1784, et brigadier-fourrier le 1er juin 1786, il fit partie en cette qualité, le 13 mai 1788, du régiment des chasseurs de Normandie, devenu 11e régiment de même arme en 1791, fut nommé maréchal-des-logis le 15 du même mois, et maréchal-des-logis-chef le 15 janvier 1790, sous-lieutenant le 15 septembre 1791, lieutenant le 20 août 1792, et capitaine le 11 août 1793, il fit avec distinction les campagnes de 1792 à l'an IX aux armées du centre, du Nord, des Ardennes, de Sambre-et-Meuse, du Rhin, de Batavie et du Rhin, fut blessé de deux coups de baïonnette à la cuisse et à la jambe droite près du village de Poix, le 23 septembre 1792, en enlevant de nuit un poste prussien qu'il fit presque en entier prisonnier. Le 29 germinal an V, il eut un cheval tué sous lui en chargeant sur les redoutes élevées pour la défense du pont de Neuwied, et reçut en se dégageant de dessous son cheval un coup de pied à la jambe droite. Chef d'escadron le 6 frimaire an XI, et membre de la Légion-d'Honneur le 25 prairial an XII, il tint garnison à Valenciennes en l'an XIII, servit de l'an XIV à 1806 à la grande armée en Autriche et en Prusse, fut blessé à la jambe droite, après le passage du Leck. Admis à la retraite le 22 novembre 1806 et nommé officier de la Légion-d'Honneur le même jour, il se retira à Sevigny, sa ville natale, où il réside encore aujourd'hui. J-T.

BEXON (FRANÇOIS-HENRI-CHARLES), naquit le 3 mars 1741 à Sarrealbe (Moselle). Le 1er janvier 1759, il entra comme élève lieutenant en second à l'Ecole du génie de Mézières, et en sortit le 1er janvier 1762 avec le grade d'ingénieur ordinaire. Envoyé à la Martinique, il y devint capitaine le 12 novembre 1770, et lieutenant-colonel le 1er avril 1791. Il était chargé de la direction du génie au fort de France, lorsque, le 26 frimaire an II, une insurrection des nègres l'obligea de se réfugier sur un navire anglais. Peu de temps après, les circonstances le forcèrent d'accepter du service dans l'armée de cette nation, qui avait pris terre à Sainte-Lucie le 16 pluviose suivant. Le traité d'Amiens ayant rendu la Martinique à la France, l'amiral Villaret-Joyeuse vint en prendre possession dans le mois de fructidor an X en qualité de capitaine-général ; il accepta les services que le commandant Bexon s'empressa de lui offrir, et le réintégra le 1er nivose an XI dans son grade de chef de bataillon. Le 27 ventose de la même année, le gouvernement consulaire le confirma dans l'emploi de sous-directeur des fortifications de l'île. Il y reçut le 25 prairial an XII la décoration de membre de la Légion-d'Honneur, et par arrêté du capitaine-général du 1er vendémiaire an XIII le grade de colonel du génie. Il est mort à la Martinique le 7 octobre 1806.

BEYTS (FRANÇOIS-JOSEPH, *baron*), issu d'une noble et ancienne famille de Belgique, naquit à Bruges (Pays-Bas autrichiens), le 15 mai 1763. Nommé d'abord substitut du procureur-général au conseil souverain de la Flandre autrichienne, puis conseiller pensionnaire, il était en outre greffier en chef du magistrat de Bruges (secrétaire-municipal-archiviste) lors de la réunion de la Belgique à la France en l'an II. Les électeurs de sa province natale, devenue département de la Lys, l'envoyèrent au conseil des Cinq-Cents en l'an V. Il fit preuve dans cette assemblée de vastes connaissances en législation, et se montra en toutes circonstances le zélé défenseur des droits du peuple et l'ennemi constant des mesures arbitraires. Il proposa, après le 30 prairial an VII, l'institution d'une garde départementale destinée à maintenir la liberté des délibérations du Corps législatif et à défendre son indépendance ; cette proposition ne fut point appuyée. Forcé de quitter Paris après le 18 brumaire an VIII pour avoir voulu, dans cette journée, défendre les droits du Corps législatif, il fut bientôt rappelé et nommé par le premier Consul préfet du département de Loir-et-Cher le 10 ventose.

Quelques mois après, il rentra dans la magistrature judiciaire et se rendit à Bruxelles en qualité de commissaire du gouvernement près le tribunal d'appel (17 messidor). Il échangea ce titre pour celui de procureur-général impérial près la cour d'appel de la Dyle, en vertu du sénatus-consulte du 28 floréal an XII, et il reçut le 25 prairial suivant la croix de la Légion-d'Honneur. Nommé le 10 brumaire an XIII inspecteur-général des Écoles de droit de Bruxelles, de Coblentz et de Strasbourg, il reprit alors le titre de baron, qui appartenait à sa famille, et alla occuper le 30 octobre 1810, à La Haye, le siège de procureur-général en la cour impériale. En 1811, à la réorganisation des tribunaux et des cours de justice, il fut nommé premier président de la cour impériale de Bruxelles (30 avril). Deux ans plus tard, envoyé à Hambourg pour y présider la cour spéciale chargée du jugement des auteurs des troubles qui venaient d'éclater dans les villes anséatiques, il apporta dans ces fonctions un esprit de justice et de modération remarquable. Les événemens de 1814 rendirent le baron Beyts à la vie privée. Retiré à Laro, dans une maison de campagne qu'il possédait auprès de Bruxelles, il chercha dans des études sérieuses l'oubli de la situation politique de son ancienne patrie, et la révolution belge de 1830 trouva en lui un partisan plein de zèle et de dévoûment. Membre du congrès national constituant réuni dans les premiers jours de novembre, il vota l'exclusion à perpétuité des Nassau de toutes fonctions en Belgique, et les mesures de liberté et d'indépendance qui font de la constitution belge le modèle de toutes celles existantes. Entré au sénat après l'avénement du roi Léopold (juillet 1830), il mourut à Bruxelles en 1832, avec la réputation d'un magistrat intègre et d'un bon citoyen.

BEZIN (HIPPOLYTE), naquit le 18 mars 1767 à Rouen (Seine-Inférieure). Dragon le 30 avril 1785 dans le régiment Colonel-général, devenu 5e régiment de l'arme en 1791, il quitta ce corps le 21 septembre 1792 pour entrer comme maréchal-des-logis dans le 21e régiment de chasseurs (ci-devant hussards-braconniers). Adjudant-sous-officier le 19 novembre 1792, sous-lieutenant le 21 décembre, lieutenant le 4 mars 1793, et capitaine le 14 août, il fit les campagnes de 1792 à l'an XI aux armées du Nord, de l'Ouest, d'Italie et de l'intérieur. Nommé membre de la Légion-d'Honneur le 25 prairial an XII, il fit les campagnes de l'an XIV à 1806 à la grande armée en Autriche et en Prusse, et fut tué à la bataille d'Iéna le 14 octobre 1806. J-T.

BIAL (JEAN-PIERRE), né le 1er mars 1773 à Collonges (Corrèze), entra au service le 16 août 1792 en qualité de lieutenant au 2e bataillon de son département, embrigadé le 1er vendémiaire an II dans la 44e d'infanterie, devenue 22e demi-brigade de ligne le 28 nivose an IV, et 22e régiment de même arme an l'an XII. Il fit les campagnes de 1792 à l'an III à l'armée du Nord, et fut nommé capitaine le 11 brumaire an II. Employé aux armées de Sambre-et-Meuse, du Rhin, de Hollande, de l'Ouest et d'Italie de l'an IV à l'an IX, il fut blessé d'un coup de feu qui lui fractura la jambe gauche le 24 ventose an VIII à la bataille de Bergen. Il fit partie en l'an X d'une expédition contre les insurgés du Piémont, rentra en France en l'an XI, passa à l'armée des côtes de l'Océan pendant les ans XII et XIII, et y fut nommé membre de la Légion-d'Honneur le 25 prairial an XII. Il suivit la grande armée de l'an XIV à 1809 inclusivement en Autriche, en Prusse, en Pologne et en Allemagne, assista à toutes les grandes batailles de cette époque, fut blessé d'un coup de baïonnette à la cuisse gauche le 10 juin 1807 à Heilsberg, en Pologne, obtint le grade de chef de bataillon au 72e de ligne le 25 février 1809 au moment de l'ouverture de la campagne, et fut blessé d'un coup de feu à la poitrine à la bataille d'Essling. Rentré en France le 18 février 1810, et dirigé sur l'armée de Boulogne, il y devint major du 126e régiment de ligne le 20 juillet 1811. Passé avec son grade au 56e régiment de même arme le 14 mars 1813, il fit la campagne de Saxe à la grande armée et fut blessé d'un coup de feu qui lui traversa obliquement la poitrine et le bras gauche à la bataille de Leipzig. Prisonnier de guerre le 19 du même mois, il revint des prisons de l'ennemi à la paix. Admis à la retraite le 4 janvier 1815, il reçut la croix d'officier de la Légion-d'Honneur le 17 mars suivant. Il réside en ce moment à Meyssac (Corrèze). J-T.

BIAUNIÉ D'ARGENTRÉ (JEAN-BAPTISTE-JOSEPH, *chevalier*), naquit le 28 mai 1767 à Paris. Soldat le 9 novembre 1787 au régiment de Berri-infanterie, il quitta le corps par congé acheté le 4 mars 1788. Sergent-major le 2 septembre 1792 au bataillon de Paris dit *de Molière*, il passa le 15 décembre dans les hussards de l'égalité, devenus 14e régiment de chasseurs à cheval. Sous-lieutenant le 1er janvier 1793, lieutenant le 1er février suivant et capitaine le 24 vendémiaire an II, il fit les campagnes de 1792 à l'an IV aux armées du Nord, des Pyrénées-Orientales et de l'Ouest, et fut blessé au côté gauche le 3 septembre 1793 à l'affaire du Moulin-d'Orge, où il eut un cheval tué sous lui. Le 5 brumaire an II, à la prise du Boulou, où il commandait les éclaireurs de l'avant-garde, il traversa à cheval le Tec à la nage, et malgré le feu de l'ennemi entra un des premiers dans Ceret et s'empara du drapeau que les Espagnols avaient placé à la métropole. Réformé le 20 thermidor an IV et remis en activité le 25 thermidor an V, il servit à l'état-major général de l'armée d'Angleterre, de l'an V à l'an VII. Le 7 thermidor an VII, il était à la tête de 100 hommes de la 24e légère, lorsqu'il fut attaqué par une colonne de 1,000 chouans embusqués dans le bourg d'Argentré (Ille-et-Vilaine); il soutint bravement pendant plusieurs heures les efforts réitérés de l'ennemi, perdit tous ses officiers ainsi qu'une partie de son détachement, eut son cheval tué sous lui et refusa de se rendre, quoique blessé de deux coups de feu. Dirigé en l'an VIII sur l'armée d'Italie, il se trouva constamment à l'avant-garde et eut 2 chevaux blessés sous lui à la bataille de Marengo. Chef d'escadron le 4 brumaire an XI, il fit partie de l'armée d'observation du Midi comme chef d'état-major de la division Maurice-Mathieu, et fut promu membre de la Légion-d'Honneur le 25 prairial an XII. Il fit en Italie et à la grande armée les campagnes de l'an XIV à 1807, et passa dans la Poméranie en 1808. Nommé colonel commandant d'armes attaché à l'état-major général de la grande armée le 5 mars 1809 et chevalier de l'Empire le 15 août suivant, il rentra en France par congé le 30 avril 1810, alla exercer ses fonctions de commandant d'armes à Civita-Vecchia le 30 octobre de la même année, et à Zutphen en Hollande, le 2 janvier 1811. Admis à la retraite le 16 mai 1813, il obtint le 11 décembre 1816 des lettres-patentes qui lui conférèrent de nouveau le titre de chevalier sous le nom de *Biaunié d'Argentré*. Il est mort à Paris le 1er juin 1818. J-T.

BICHOFF (REMY). *V.* PICHOFF.

BICHON-BAROIS (LAURENT-JOSEPH), né le 11 novembre 1779 à Paris, entra au cadastre général comme élève géographe en septembre 1792, et passa en qualité d'ingénieur titulaire au dépôt général de la guerre le 9 thermidor an IV. Adjoint de première classe au génie militaire le 1er messidor an V, il partit pour l'armée d'Italie, et embarqua au mois de pluviose an VI à Venise pour se rendre dans les îles vénitiennes. Employé dans le même grade à Corfou, à Céphalonie et à Zante, où il commandait le génie, il tomba au pouvoir de l'ennemi le 4 brumaire an VII, lors de la reddition de cette île aux armées navales turco-russes. Conduit à Constantinople et enfermé au bagne, transféré ensuite dans la forteresse de Brousse, en Asie, il y resta jusqu'au commencement de l'an X. Rentré en France il passa dans la 15e demi-brigade d'infanterie légère le 9 prairial, il devint aide-de-camp du général Decaen le 15 du même mois, et embarqua à Brest sur le vaisseau *le Marengo* le 15 ventose an XI, avec son général récemment nommé capitaine général des établissemens français dans l'Inde. Envoyé en mission auprès du gouvernement le 25 frimaire an XII, et fait membre de la Légion-d'Honneur et chef de bataillon les 25 et 26 prairial, il rejoignit son général à l'Ile-de-France le 2 ventose an XIII. Chargé d'une nouvelle mission à l'île Bourbon le 17 mai 1808, et pris à son retour par la croisière anglaise, il fut rendu le 19 juillet, et rentra à l'Ile-de-France le 20 août suivant. Parti en mission pour France le 2 novembre 1809, et de nouveau prisonnier des Anglais devant l'Ile-Dieu le 3 février 1810, il fut débarqué le 9 du même mois à Hœdic. Promu major le 20 août de la même année, le ministre de la guerre le chargea de l'organisation des bataillons expéditionnaires des colonies. Le 2 février 1811, il partit de Brest sur la frégate *la Renommée*, avec le commandement des troupes expéditionnaires envoyées pour secourir l'Ile-de-France, et à son arrivée, le 6 mai, il trouva la colonie occupée par l'ennemi. Il fit voile pour Bourbon, et tenta inutilement d'enlever cette île aux Anglais. Il se dirigea ensuite vers Madagascar. Un combat meurtrier eut lieu le 20 mai 1811 devant cette ville; repris une seconde fois dans la même journée, le major Barois perdit le bras gauche et resta au pouvoir de l'ennemi. Le 3 juillet 1812, il rentra en France par échange, et fut appelé le 1er décembre au commandement du département de la Vendée. Colonel commandant d'armes le 8 janvier 1813, il passa en cette qualité à Figuières le 13 mai. Pris par les insurgés espagnols en se rendant à son poste, et renvoyé par échange le 28 juillet à Barcelone, il fut employé à l'état-major général de l'armée de Catalogne. L'Empereur lui donna la croix d'officier de la Légion-d'Honneur le 10 décembre, et l'attacha le même jour au général comte Decam, son beau-frère, en qualité de premier aide-de-camp à l'armée de Hollande; il remplit en même temps les fonctions de chef d'état-major. Adjudant-commandant chef d'état-major de la 11e division militaire à Bordeaux le 19 août 1814, et nommé le 29 mai 1815 chef d'état-major du général Decaen, chargé alors du commandement du corps d'observation des Pyrénées-Orientales, il resta dans cette position jusqu'au 1er août suivant, époque à laquelle il fut admis à la retraite. Cet officier supérieur réside en ce moment à Paris.

BICQUELEY, colonel. *V.* t. III, p. 90.

BIDAT (CHARLES), né le 22 mars 1770 à Tournus (Saône-et-Loire), entra au service le 15 septembre 1791 en qualité de sous-lieutenant au 2e bataillon du 13e régiment d'infanterie (ci-devant Bourbonnais), amalgamé en l'an II dans la 26e demi-brigade d'infanterie, devenue 108e demi-brigade de ligne an IV. Lieutenant le 8 mai 1792, capitaine le 1er fructidor an III, et adjoint à l'adjudant-général Vaux le 1er messidor an IV, il fit les campagnes de 1792 à l'an VI aux armées des Alpes et d'Italie, fut blessé à la clavicule droite le 6 mai 1793 dans une reconnaissance sur le Mont-Saint-Bernard, et d'une balle à la cuisse gauche le 25 nivose an V à la bataille de Rivoli. Resté à l'armée d'Italie en l'an VII et nommé chef de bataillon sur le champ de bataille le 28 messidor de la même année, il devint aide-de-camp du général Gilly le 6 vendémiaire an VIII, continua de servir en Italie pendant les campagnes de l'an VIII et de l'an IX, et passa adjoint à l'état-major de la 19e division militaire le 28 floréal an IX. Rentré à la 108e demi-brigade le 30 nivose an X, par suite de l'arrêté du 19 frimaire précédent, et envoyé à l'état-major du camp de Montreuil le 26 ventose an XII pour y remplir les fonctions d'adjoint, il y devint membre de la Légion-d'Honneur le 25 prairial de la même année, et fit partie de la grande armée de l'an XIV à 1807 en Autriche, en Prusse et en Pologne. Employé à l'état-major général des armées d'Espagne et de Portugal en 1808, il en suivit toutes les opérations jusqu'au 26 juillet 1811, époque de son admission à la retraite. Il réside en ce moment dans le lieu de sa naissance. J-T.

BIDEL, *V.* BEDEL-DUTERTRE.

BIDET-JUZANCOURT. *V.* t. III, p. 90.

BIÉ (JEAN), naquit le 17 mars 1777 à Tarbes (Hautes-Pyrénées). Fusilier dans le 3e bataillon de son département le 19 août 1792, embrigadé le 30 vendémiaire an II dans la 40e d'infanterie, amalgamée le 26 vendémiaire an V dans la 27e demi-brigade de ligne, il devint caporal le jour de son engagement, sergent le 20 germinal an II, et sergent-major le 15 floréal an III, fit les campagnes de 1792 à l'an III à l'armée des Pyrénées-Occidentales, et celles de l'an IV à l'an VII aux armées de l'Ouest et des Grisons. Fait adjudant-sous-officier le 1er brumaire an VIII au 2e bataillon des Hautes-Pyrénées, et incorporé avec ce grade dans la 14e demi-brigade de ligne le 11 germinal an VIII, il servit à l'armée du Rhin, et se trouva au passage de l'Alb le 9 floréal, et à la bataille d'Engen le 13 du même mois. Rentré en France en l'an IX, et admis le 19 frimaire comme sergent dans les chasseurs à pied de la garde des consuls, il fut nommé sergent-major le 15 nivose, sous-lieutenant le 10 ventose an X, et lieutenant en second le 1er vendémiaire an XI. Il était au camp de Boulogne lorsqu'il reçut la décoration de la Légion-d'Honneur le 25 prairial an XII. De l'an XIV à 1807, il combattit avec la grande armée en Autriche, en Prusse et en Pologne, y fut promu lieutenant le 1er mai 1806, et capitaine-adjudant-major au 1er régiment de fusiliers-chasseurs de la garde le 25 juin 1807. Passé en Espagne en 1808 à la suite de l'Empereur, il alla en Allemagne en 1809, retourna en Espagne après la paix de Vienne, et y mourut pendant la campagne de 1810. J-T.

BIENDINÉ, DIT GUILLAUME (CHARLES-FRANÇOIS-GUILLAUME), naquit le 30 décembre 1758 à Picquigny (Somme). Carabinier le 7 septembre 1778 au 1er régiment de l'arme, brigadier le 1er septembre 1790, maréchal-des-logis le 31 décembre 1791, maréchal-des-logis-chef le 24 avril 1792, et sous-lieutenant le 25 juillet 1793, il fit les campagnes de 1792 à l'an VI aux armées du centre, de la Moselle, du Nord, de Rhin-et-Moselle, d'Allemagne et d'Angleterre, fut blessé de deux coups de feu au bras gauche près de Cambrai le 7 floréal an II, et de deux coups de sabre au bras gauche et d'un coup de feu au cou à l'affaire de Pettersheim le 19 brumaire an IV. Passé successivement de l'an VII à l'an IX aux armées du Danube, de Mayence et du Rhin, il reçut un coup de sabre au front et un autre à la joue droite près de Stockach (Rhin) le 5 germinal an VII, et fut promu lieutenant à l'ancienneté le 6 pluviose an VIII. Nommé membre de la Légion-d'Honneur le 25 prairial an XII, il fit partie de la grande armée de l'an XIV à 1807 en Autriche, en Prusse et en Pologne, et fut tué à Friedland le 14 juin 1807. J-T.

BIETRY (PIERRE-MARIE-FRANÇOIS-ROGER), naquit le 13 février 1769 à Mortagne (Orne). Soldat le 1er mai 1786 dans le régiment de Bresse-infanterie, il quitta le corps par congé acheté le 28 septembre 1787. Sous-lieutenant le 20 septembre 1791 au 1er bataillon de son département, il devint au mois de mai 1793 aide-de-camp du général Barthel, et le 20 août de la même année adjoint aux adjudans-généraux pour remplir provisoirement l'emploi de chef d'état-major à Dunkerque. Lieutenant par ancienneté le 27 frimaire an II, et aide-de-camp du général Hoche le 8 fructidor, il servit avec ce général à l'armée des côtes de l'Océan et de l'Ouest, et prit une part distinguée à l'affaire de Quiberon. Nommé capitaine le 5 thermidor an IV, en conservant sa position d'aide-de-camp, il suivit l'expédition en Irlande, passa à l'armée de Sambre-et-Meuse en l'an VI, assista aux batailles de Neuwied, d'Ukerath et d'Altenkirchen, et resta près de son général jusqu'à sa mort, qui arriva le 1er jour complémentaire de l'an V. Employé depuis cette époque aux états-majors des armées du Rhin, de l'intérieur et de Brest, et promu chef de bataillon le 15 thermidor an VI, dans la 37e demi-brigade de ligne, il fit les campagnes des ans VII et VIII aux armées d'Allemagne, d'Helvétie et du Danube. Adjoint à l'adjudant-général Evrard le 11 messidor an VIII, puis adjoint à l'état-major de la 2e division militaire comme surnuméraire à la 64e demi-brigade de ligne le 2 floréal an X, puis en qualité d'adjoint à l'état-major du camp de Bruges le 22 germinal an XII, il reçut la décoration de membre de la Légion-d'Honneur le 25 prairial, et passa au 3e corps en l'an XIII. Appelé le 18 vendémiaire an XIV au commandement de la place d'Ettlingen, il y mourut le 18 janvier 1806. J-T.

BIEUVELOT ET NON **BIENVELOT** (JOSEPH), né le 16 janvier 1758 à Metz, entra au service le 16 juillet 1778 à l'hôpital militaire de Metz comme élève chirurgien titulaire, fut nommé sous-aide-major le 14 juin 1782, et vers la fin de la même année aide-major employé à l'armée de Genève durant la campagne de Gex; il passa en la même qualité le 10 avril 1784 à l'hôpital militaire de Besançon, et devint chirurgien-major le 12 août 1786 au 1er régiment d'artillerie à pied. Il resta pendant près de vingt-neuf ans attaché à ce corps, fit toutes les campagnes de la Révolution, et reçut la décoration de membre de la Légion-d'Honneur le 25 prairial an XII. Il fit la campagne de Russie et continua de servir jusqu'au 19 octobre 1815, époque de son admission à la retraite. Il est mort à Strasbourg (Bas-Rhin), le 17 mai 1822. J-T.

BIGARRE (AUGUSTE-JULIEN, *baron*), naquit le 1er janvier 1775 à Palais (Belle-Isle-en-Mer.— Morbihan). Volontaire dans les canonniers de la marine le 3 avril 1791, il embarqua pour les Cayes (île Saint-Domingue) et fut envoyé au camp de Bourdet. Il quitta le service de la marine le 31 décembre 1791, rentra en France à la fin de 1792, et passa le 23 février 1793 dans le 9e régiment d'infanterie avec le grade de sous-lieutenant. Le général Hoche, qui venait d'être appelé au commandement en chef de l'armée de l'Ouest, se l'attacha en qualité d'officier d'ordonnance. Il reçut un coup de feu à l'épaule gauche à l'affaire de Quiberon et passa le 2e jour complémentaire lieutenant dans la 17e demi-brigade de ligne. Capitaine le 21 vendémiaire an V dans la 1re légion des Francs, devenue 14e demi-brigade d'infanterie légère, il fit partie de l'expédition d'Irlande à bord du vaisseau *les Droits-de-l'Homme*. Il prit part au combat que ce bâtiment soutint contre les Anglais et s'opposa, au péril de sa vie, à la tentative de quelques hommes qui, par désespoir, cherchaient à mettre le feu à la sainte-barbe au moment où le vaisseau faisait naufrage. Le contre-amiral Lacrosse, témoin de cette action, la fit connaître au gouvernement. Prisonnier de guerre le 29 germinal, et rendu à la liberté le 16 floréal suivant, il alla rejoindre la 14e demi-brigade légère à l'armée de Sambre-et-Meuse. Il fit ensuite les guerres d'Helvétie et du Rhin. A la prise de Soleure, le 12 ventose an VII, aidé de deux chasseurs de sa compagnie, il s'empara d'une pièce de canon, après avoir tué de sa main un des canonniers qui la servaient. Le 21 fructidor suivant, avant-veille du combat d'Underwalden, il s'offrit pour enlever un poste que l'ennemi occupait sur les bords du lac de Lucerne, et revint de cette expédition avec la mâchoire fracturée d'un coup de

feu. A Hohenlinden, il prit une pièce de canon et un obusier, et reçut dans cet engagement un coup de feu au bras droit et un coup de baïonnette à la cuisse. Au combat de Lambach, il se porta un des premiers, malgré le feu des batteries ennemies, sur le pont de la Traunn pour en arrêter l'incendie. Cette action fut mise à l'ordre de l'armée. Le 10 ventose an X, le premier Consul l'admit avec son grade dans les chasseurs à pied de sa garde. Membre de la Légion-d'Honneur le 25 prairial an XII, et major du 4ᵉ régiment de ligne le 17 pluviose an XIII, il rejoignit ce corps au camp de Saint-Omer, et fit avec lui les campagnes de l'an XIV et 1806 à la grande armée. C'est lui qui, à la bataille d'Austerlitz, fit prisonnier le régiment russe de Moscou. Il reçut en récompense la décoration d'officier de la Légion-d'Honneur le 5 nivose an XIV. Chargé en 1806 de la levée de la conscription dans le département de Lot-et-Garonne, il y reçut le 15 août l'autorisation de passer au service de Naples. Aide-de-camp du roi Joseph le 30 novembre suivant, il prit le commandement de plusieurs colonnes mobiles destinées à rétablir la tranquillité dans le comté de Molis et dans le Abruzzes. Colonel du 1ᵉʳ régiment d'infanterie de ligne napolitain le 3 février 1807, et général de brigade le 9 juin 1808, il suivit le roi Joseph en Espagne en qualité d'aide-de-camp le 19 juillet, et remplit, peu de temps après, une mission auprès de Napoléon. De retour à Madrid, il obtint le 31 août 1809 le commandement de 2 régimens français composés de grenadiers et de voltigeurs destinés à faire partie de la garde royale. En 1810, il devint baron de l'Empire et commandeur de l'ordre royal d'Espagne. Ses services aux armées d'Espagne et de Portugal, de 1808 à 1813, lui méritèrent le 24 juin de cette dernière année le grade de lieutenant-général. Vers le mois d'août 1813, le roi Joseph le chargea d'une nouvelle mission pour Napoléon, dont l'objet, assure-t-on, était de le déterminer à évacuer l'Espagne. Le 19 septembre 1813, il rentra au service de France avec le grade de général de brigade, et fut employé le 7 novembre au 11ᵉ corps de la grande armée. Le 13 février 1814, l'Empereur lui confia le commandement d'une brigade de la 8ᵉ division, puis de la 2ᵉ de la jeune garde, et le nomma le 17 mars général de division provisoire. Le lendemain, il reçut une forte contusion à la jambe droite au combat de la Fère-Champenoise. Il obtint, vers cette époque, des lettres-patentes qui lui conféraient le titre de comte de l'Empire; mais les événemens politiques en arrêtèrent l'effet. Le 11 avril, le général Bigarré apporta à Paris l'adhésion donnée par le maréchal duc de Trévise aux actes du gouvernement provisoire. Appelé le 16 mai au commandement du département d'Ille-et-Vilaine, il reçut, sous les dates des 19 et 23 juillet, sa nomination de chevalier de Saint-Louis et la confirmation de son grade de lieutenant-général pour prendre rang du 17 mars. Le 28 septembre suivant, le roi le créa commandeur de la Légion-d'Honneur. De retour de l'île d'Elbe, Napoléon chargea le général Bigarré (1ᵉʳ mai 1815) du commandement de la 13ᵉ division militaire (Rennes). Il y ordonna la formation de colonnes mobiles destinées à prêter main-forte aux autorités partout où elles seraient menacées. Le département d'Ille-et-Vilaine l'élut à la Chambre des représentans. Le 4 juin, il battit un rassemblement à Redon, et le 21 il attaqua à Ravay 8,000 royalistes, les défit complétement, et reçut un coup de feu à travers le corps. Mis en non-activité le 21 juillet 1815, et compris comme disponible le 1ᵉʳ avril 1820 dans le cadre de l'état-major général de l'armée, il fut mis à la retraite le 1ᵉʳ décembre 1824. Le 2 août 1830, le gouvernement provisoire l'appela au commandement de la 13ᵉ division militaire, et l'ordonnance du 7 février 1831 le comprit dans le cadre d'activité de l'état-major général. Le 29 avril 1833, Louis-Philippe le nomma grand-officier de la Légion-d'Honneur. Le général Bigarré est mort à Rennes dans l'exercice de son commandement le 14 mai 1838. Son nom est inscrit sur le côté Sud de l'arc-de-triomphe de l'Étoile.
B-S.

BIGET (HENRI), naquit le 19 avril 1780 à Metz (Moselle). Volontaire dans la 100ᵉ demi-brigade de bataille le 29 germinal an IV, il fit la campagne de cette année et les deux suivantes à l'armée de Rhin-et-Moselle, et reçut deux coups de feu, l'un à la poitrine pendant le siège de Kehl en brumaire an V, et l'autre en plein corps le 1ᵉʳ floréal suivant, lors du passage du Rhin. De l'an VI à à l'an IX, il combattit aux armées d'Allemagne, d'Helvétie, du Danube et du Rhin, se trouva au combat de Dissenhoffen le 16 vendémiaire an VIII, fut nommé caporal le 2 floréal an X, sergent le 7 nivose an XI, et passa en qualité de simple grenadier dans la garde consulaire le 7 germinal de la même année. En l'an XII, étant au camp de Boulogne, il fut compris comme membre de la Légion-d'Honneur dans la promotion du 25 prairial, et fit avec la grande armée les campagnes de l'an XIV à 1807 en Autriche, en Prusse et en Pologne. En 1808, il suivit l'Empereur en Espagne, fit les campagnes de 1809 en Allemagne, et de 1812 en Russie, et resta en arrière pendant la retraite de Moscou le 12 décembre de la même année. Il n'a plus reparu depuis.
Y.

BIGET (JEAN-BAPTISTE), naquit le 1ᵉʳ mars 1776 à Parthenay (Deux-Sèvres). Soldat au 5ᵉ régiment de chasseurs à cheval le 21 thermidor an III, il fit les campagnes des ans III, IV, V et VI à l'armée du Nord, où il devint brigadier le 11 vendémiaire de cette dernière année, et celles des ans VII et VIII en Helvétie. Nommé maréchal-des-logis le 12 thermidor an VIII, il combattit vaillamment à l'armée du Rhin en l'an IX. Rentré en France après la paix, il tint garnison à Mayence et à Coblentz pendant l'an X, et fit partie de l'armée de Hanovre de l'an XI à l'an XIII. Promu au grade de maréchal des logis-chef le 1ᵉʳ frimaire an XII, et créé membre de la Légion-d'Honneur le 25 prairial suivant, il prit une part distinguée aux guerres d'Autriche, de Prusse et de Pologne de l'an XIV à 1807 avec la division d'avant-garde du 1ᵉʳ corps de la grande armée. Devenu adjudant-sous-officier le 1ᵉʳ août 1806, il obtint le grade de sous-lieutenant le 3 mars 1807, et servit avec la plus grande distinction de 1808 à 1812 en Espagne, où il fut nommé lieutenant-adjudant-major le 14 août 1809. Sa brillante conduite pendant les guerres de la péninsule lui valut le grade de capitaine-adjudant-major le 20 janvier 1813, celui de chef d'escadron le 8 février suivant, et la décoration d'officier de la Légion-d'Honneur le 21 du même mois. Il fit encore les campagnes de 1813 et 1814 à la grande armée en Saxe et en France, fut mis en non-activité le 1er août 1814, et resta dans cette position jusqu'au 8 août 1825, époque de son admission à la retraite. Il réside aujourd'hui à Lisbourne (Gironde). B-G.

BIGNON (LOUIS-ÉDOUARD, *baron*), naquit à la Meilleraye (Seine-Inférieure) le 15 juillet 1771. Son père, honnête teinturier de Rouen, l'envoya étudier à Paris au collége de Lisieux. Réquisitionnaire en 1793, il rejoignit la 128e demi-brigade, et devint en l'an IV secrétaire particulier du général Huet. Nommé secrétaire de légation, d'abord près des républiques cisalpine et helvétique en l'an VII, puis à Berlin en l'an VIII, il prit le titre de chargé d'affaires de la République en l'an X, et quitta cette résidence en l'an XI pour se rendre à la cour du grand-électeur de Hesse-Cassel en qualité d'ambassadeur, ministre plénipotentiaire. Créé d'emblée commandant de la Légion-d'Honneur le 25 prairial an XII, il reçut l'intendance de Berlin et le titre de baron le 19 mars 1808. Appelé au mois de mai aux fonctions d'administrateur-général des finances des pays conquis, et, dans le courant de la même année, à celles de ministre de France à Bade, il se rendit à Varsovie le 25 décembre 1810 avec le titre de résident français. Le 1er juillet 1812, Napoléon l'envoya à Wilna en qualité de commissaire impérial ; sa mission était de s'entendre avec les chefs polonais pour rétablir l'indépendance de leur patrie. Réintégré dans ce poste, où l'abbé de Pradt l'avait remplacé quelque temps, il rendit de grands services à l'armée française pendant la retraite de 1812. Forcé de quitter Wilna avec l'armée, il se rendit à Dresde, et fut un des plénipotentiaires français au congrès de cette ville. Après la bataille de Leipzig, il se trouva enfermé dans Dresde, et il n'en sortit qu'après la capitulation. Il revenait en France lorsque, au mépris de la foi jurée, il fut arrêté par un aide-de-camp du prince de Schwartzemberg. Il protesta hautement contre cette violation des articles de la capitulation et avec d'autant plus de raison que, pendant la durée du siége, il avait usé de son influence pour faire obtenir des passeports à certains ministres des cours étrangères. Mis presque aussitôt en liberté, il s'empressa de se rendre à Paris pour y faire connaître à l'Empereur la défection du roi de Naples.

Rentré dans la vie privée à la chute de l'Empire, il ne revint à Paris que dans les derniers jours de mars 1815. Nommé alors sous-secrétaire d'État au département des affaires étrangères, et envoyé à la Chambre des représentans par le collége électoral du département de la Seine-Inférieure, il reçut de la commission du gouvernement instituée après la dernière abdication de l'Empereur le portefeuille des affaires étrangères, et fit partie de la commission de la Chambre des représentans chargée d'aller proposer aux généraux Blücher et Wellington une convention militaire pour la remise de Paris aux armées coalisées. Il eut la douleur de signer en sa qualité de ministre des affaires étrangères, la convention du 3 juillet et sortit du ministère le 8 du même mois. Le mandat de député que lui confièrent les électeurs d'Évreux en mai 1816 le rappela sur la scène politique, et il en profita pour défendre avec autant de talent que d'énergie la cause des libertés publiques ; il flétrit les lois d'exception, il réclama l'éloignement des troupes étrangères et l'application du juri aux délits de presse. En 1818, il appuya vivement le projet de loi sur le recrutement de l'armée, et fit preuve du plus beau talent comme du plus grand caractère politique dans la discussion du budget.

Quand l'assassinat du duc de Berri devint en 1820 le prétexte de lois restrictives des libertés publiques et attentatoires aux principes posés par la charte, l'éloquent député repoussa avec le plus chaleureux patriotisme les exagérations des opinions royalistes. Maintenu peu d'années dans ses fonctions de député par une double élection en Vendée et dans le département du Haut-Rhin ; il reçut des électeurs de l'arrondissement d'Altkirch, en 1822, la continuation de son mandat. Partageant la douleur et l'indignation que fit naître dans tout le pays l'odieuse exclusion de Manuel de la Chambre des députés, le 3 mars 1823 , il signa la protestation déposée sur le bureau par soixante-deux députés. Écarté de la Chambre en 1824 par les intrigues ministérielles, il y reparut en 1827 comme député de Rouen.

Il salua la révolution de Juillet comme le commencement d'une nouvelle ère de liberté. Chargé par la commission municipale de Paris du portefeuille des affaires étrangères, il le remit presque aussitôt au maréchal Jourdan pour prendre celui de l'instruction publique ; il quitta ce dernier ministère à l'avénement de Louis-Philippe , reprit sa place à la Chambre, et vota dans le sens du ministère jusqu'à l'arrivée de Casimir Périer à la présidence du conseil. Il retrouva toute sa vieille énergie lorsqu'il eut à traiter les questions relatives à l'abandon de la Belgique et de la Pologne. Membre de la commission de l'adresse en 1833, il prit la parole dans la discussion générale, s'étendit beaucoup sur les actes du pouvoir, blâma les uns, approuva les autres , vanta les effets d'une neutralité passive, et demanda hautement l'exécution pure et simple des traités de 1815. Membre de la Chambre des pairs le 8 octobre 1837, et grand-officier de la Légion-d'Honneur le 30 avril suivant, il mourut à Paris le 6 janvier 1841. On lit ce qui suit dans le testament de Napoléon : « Je lègue au baron Bignon 100,000 fr., et je l'engage à écrire l'histoire de la diplomatie française de 1792 à 1815. » Ce vœu a été rempli. M. Bignon , depuis 1832, faisait partie de l'Académie des sciences morales et politiques. V.

BIGOT ET NON **BIGAULT** (CHARLES-ALEXANDRE), naquit le 27 mai 1763 à Versailles (Seine-et-Oise). Soldat le 29 avril 1781 dans le régiment de Touraine-infanterie, il fit en Amérique les campagnes de 1781 à 1783. De retour en France, il fut nommé caporal le 19 février 1786, et sergent le 25 novembre 1787 dans le même régiment, 33e de l'arme en 1791, 66e et 96e demi-brigades de ligne, et enfin 96e régiment de même arme. Sergent-major le 1er juillet 1792, et sous-lieutenant le 30 ventose an II, il fit les campagnes de 1792 à l'an IV aux armées du Rhin, de Rhin-et-Moselle et de Sambre-et-Meuse. Passé lieutenant le 1er floréal an V, étant encore à l'armée de Sambre-et-Meuse, il fit les campagnes de l'an VI à l'an IX aux armées d'Angleterre, de l'intérieur, de l'Ouest et 2e de réserve d'Italie, et prit part à la bataille de Marengo. Appelé en l'an X à l'expédition du Portugal, il rentra en France en l'an XI, devint capitaine le 8 pluviose an XII, et membre de la Légion-d'Honneur le 25 prairial de la même année pendant son embarquement à bord de la flotille impériale, où il resta jusqu'au 2 fructidor suivant. Venu à l'armée des côtes de l'Océan pendant l'an XIII, il fit partie de la grande armée de l'an XIV à 1807 en Autriche, en Prusse et en Pologne, et reçut un éclat d'obus à l'épaule droite à Friedland. Déclaré incapable par suite de cette blessure de continuer le service militaire, il obtint sa retraite le 3 novembre 1807. Retiré à Toul, il y mourut le 11 août 1814.

J-T.

BIGOT (LOUIS), naquit le 17 février 1771 à Dives (Oise). Réquisitionnaire le 28 pluviose an II dans le 5e régiment de chasseurs à cheval, il servit aux armées du Nord, de Batavie et du Rhin. Brigadier le 12 thermidor an VIII, et membre de la Légion-d'Honneur le 25 prairial an XII, il fit les campagnes d'Autriche et de Prusse, et fut admis comme soldat dans les chasseurs à cheval de la garde impériale le 1er juillet 1807. En 1808, il suivit l'Empereur en Espagne, revint en Allemagne en 1809, et combattit à Wagram. Il fit les campagnes de Russie, de Saxe, de France, se trouva à la bataille de Waterloo en 1815, et rentra dans ses foyers avec son congé au licenciement de la garde le 15 octobre 1815. Il est mort le 14 février 1844 à Lassigny (Oise).

Y.

BIGOT DE LA ROBILLARDIÈRE (BAPTISTE-JULIEN-GABRIEL), né à Villaine (Mayenne), le 4 avril 1761, débuta dans la marine par servir alternativement de 1778 à 1789 sur les navires du commerce en qualité de volontaire, de lieutenant et de second capitaine, et sur les bâtimens de l'État comme timonier, aide et second pilote, et officier bleu ou premier lieutenant provisoire. Dans cet intervalle, il prit part à divers combats, et fut par deux fois prisonnier des Anglais en 1780 et en 1782. Nommé enseigne de vaisseau le 26 mars 1793, il fit cette année une campagne contre les Vendéens dans les dragons volontaires de Lorient, et le ministre de la marine l'employa à la vérification de la comptabilité et des travaux maritimes à Nantes, ainsi que de la fonderie d'Indret. Lieutenant de vaisseau le 28 ventose an III, il monta successivement le vaisseau *l'Océan*, les frégates *la Forte* et *la Cocarde*, cette dernière destinée à surveiller les mouvemens de l'ennemi dans la baie de Quiberon, le 25 nivose an IV, il prit le commandement de la frégate *la Seine*. Ce bâtiment, qui faisait partie d'une escadre chargée sous les ordres de l'amiral Sercey de conduire à l'Ile-de-France des troupes et des munitions, avait été armé en flûte; ayant repris son armement de guerre à l'arrivée, Bigot fut remplacé par le capitaine de vaisseau Latour, et se distingua le 22 fructidor au combat livré par l'escadre près la côte nord de Sumatra, dans lequel *la Seine* et la frégate *la Vertu*, long-temps seules exposées au feu de 2 vaisseaux de 74, eurent beaucoup à souffrir. De retour à l'Ile-de-France, il en partit le 12 prairial an V commandant la corvette *le Coureur*, avec mission de croiser à Madagascar, dans l'Archipel indien, à la côte d'Afrique et dans le canal de Mozambique. Cette expédition terminée, le gouverneur de l'Ile-de-France lui remit le 17 prairial an VI le commandement de *la Seine*, ayant à bord une compagnie d'artillerie dite *d'Angoulême*, ainsi qu'une partie des 107e et 108e régimens, expulsés de la colonie à la suite d'une révolte. La frégate arrivait le 11 messidor en vue des côtes de Bretagne, lorsque les vigies signalèrent 3 frégates anglaises, *le Jason*, *la Pique* et *le Mermaid*, formant la division du commodore Stirling. Bigot voyant qu'elles manœuvraient pour s'opposer à ce qu'il gagnât Lorient, prit chasse dans la direction du Pertuis breton, pensant l'atteindre avant nuit close; l'apparition d'une seconde division, mouillée entre la côte et l'île Dieu, rendit un engagement inévitable. On se battit : *le Jason*, qui avait perdu son mât de hune, et à bord duquel le feu avait éclaté, se disposait à amener; mais l'approche de *la Pique* et du *Mermaid* changea la face du combat. *La Seine*, canonnée par ces 2 frégates à portée de pistolet, et du large par la division partie de l'île Dieu, crut échapper par un échouage sur la côte vers un lieu nommé *le Grouin-de-la-Tranche*. Poursuivi dans cette position par les bâtimens ennemis, elle lutta pendant trois heures encore, et n'amena son pavillon qu'après avoir été presque entièrement démontée et n'ayant plus que 2 pièces en état de servir. De son côté *la Pique*, dont les voiles étaient en lambeaux, était tellement endommagée qu'il ne lui restait ni mâts, ni vergues qui ne fussent entamés. Bigot, conduit en Angleterre, obtint, comme marque d'estime particulière, d'être immédiatement échangé, et le Directoire le récompensa de son héroïque défense en l'élevant, le 23 nivose an VII, au grade de capitaine de vaisseau de deuxième classe, sans passer par le rang intermédiaire de capitaine de frégate. Le Directoire fit plus encore : il proclama publiquement le jour de l'anniversaire de la fondation de la République qu'il avait bien mérité de la patrie; enfin, le ministre de la guerre lui envoya des armes d'honneur pour remplacer celles qu'il avait si glorieusement perdues à la défense de l'État. Membre et officier de la Légion-d'Honneur les 15 pluviose et 25 prairial an XII, capitaine de première classe le

1er janvier 1812, il continua de servir jusqu'en 1815, tant à la mer que dans les ports de l'intérieur. Il est mort à Brest le 15 mars 1817.

BIGOT-PRÉAMENEU. *V.* t. II, p. 242.

BILLARD (ÉTIENNE), chirurgien en chef de la marine à Brest, 3e arrondissement maritime, reçut le 25 prairial an XII la croix de membre de la Légion-d'Honneur, et mourut dans l'exercice de ses fonctions le 2 février 1808.

BILLARD (JEAN-BAPTISTE), né à Montmartin-sur-Mer (Manche), le 25 février 1761, entra dès l'âge de quinze ans dans la marine marchande. Embarqué le 4 avril 1776 en qualité de mousse sur le brick *le Salomon*, il prit place après un voyage à Terre-Neuve, sur la frégate *la Résolue*, comme mousse et novice timonier pour le service de l'État le 3 avril 1778, et fit les campagnes d'Afrique, Guinée, Côte-d'Or et Sénégal, de cette époque à 1780. Il prit part aux trois combats que la frégate *la Résolue* eut à soutenir seule contre les forts James, Sereigole et Segaudei, et fut grièvement blessé à la jambe droite. Il passa ensuite en Amérique avec ce navire; il rentra en France le 16 janvier 1781, et embarqua le lendemain en qualité d'aide-pilote sur le vaisseau *le Northumberland*, avec lequel il assista à cinq combats meurtriers; il reçut une nouvelle blessure à la jambe droite dans celui du 5 avril 1782. Embarqué le 11 avril 1784 sur le brick *la Marie-Françoise*, il fit pour le commerce un nouveau voyage à Terre-Neuve, et entra momentanément au service de l'État comme aide-pilote sur le cutter *l'Amitié* du 17 janvier 1785 au 17 février suivant. Du 26 du même mois jusqu'en janvier 1793, il retourna au commerce et fut reçu capitaine au long cours par les examinateurs et juge de l'amirauté de Coutances le 7 mars 1787. Engagé définitivement dans la marine nationale comme enseigne de vaisseau non-entretenu le 9 décembre 1792, et entretenu le 18 mai 1793, il partit le 3 juin suivant sur le vaisseau *l'Indomptable* pour aller en croisière aux îles de Groix et de Belle-Isle. Lieutenant de vaisseau chef de quart sur le même bâtiment le 14 brumaire an II, il se distingua au combat du 10 prairial (*voyez* VILLARET-JOYEUSE, tome IV, page 31), et fut fait capitaine de frégate le 1er germinal an IV à bord du même navire, qu'il commanda en chef depuis le 26 de ce mois jusqu'au 6 thermidor. Le 24 brumaire an V, il passa sur le vaisseau *l'Éole*, et prit part à l'expédition d'Irlande. Il fit le même service sur les vaisseaux *le Républicain*, *le Fougueux* et *le Conquérant* jusqu'en l'an XI, et embarqua le dernier jour complémentaire de cette année sur le bateau de deuxième espèce n° 30, comme commandant la deuxième division de bateaux canonniers en ligne d'embossage, et conduisit de Dunkerque à Boulogne la deuxième et la troisième divisions de bateaux canonniers. Le 1er brumaire an XII, un ordre de l'amiral Bruix l'appela à Dunkerque pour y prendre le commandement de la troisième division de la flotille.

Il reçut le 25 prairial la croix de la Légion-d'Honneur, et quelques mois plus tard il ramena heureusement sa division à Boulogne. Le 22 thermidor an XIII, il monta le bateau de première espèce n° 30, comme commandant de la 7e division des canonnières des cinquième, dix-neuvième et vingtième de bateaux de deuxième espèce, et des quinzième et seizième divisions des péniches en ligne d'embossage sous les ordres du contre-amiral Lacrosse. Son escadrille eut souvent des escarmouches avec l'ennemi, et plus d'une fois le nom du capitaine fut mis à l'ordre du jour de la flotille. Appelé de Boulogne à Dunkerque le 8 prairial an XIV, il y prit le commandement de la frégate *la Milanaise*, le 14 du même mois. Passé le 22 août 1806 à bord de la frégate *la Caroline* en qualité de commandant, il venait d'être promu au grade de capitaine de vaisseau (5 juillet 1807), quand il partit de Flessingue avec cette frégate le 22 novembre de la même année. Il prit à l'ennemi neuf bâtimens (anglais et portugais), d'une valeur de plus de 20 millions de francs, força le 30 novembre 1808 l'entrée du port Louis à l'île Bourbon, attaqua à onze heures du soir le vaisseau anglais *le Raisonnable* et la frégate *la Manche*, de la même nation. Il entra dans le port Louis le lendemain à deux heures du matin, après une canonnade très vive, ayant sous ses ordres la frégate *la Manche*, qu'il avait capturée. Une imprudence du lieutenant de Billard, pendant une maladie très grave de ce dernier, amena la prise de la frégate *la Caroline* par les Anglais, le 21 septembre 1809, sous les fortifications de Saint-Paul, à l'île Bourbon. Obligé, pour revenir en France, de s'embarquer comme simple passager sur la flûte *l'Espérance*, il fut pris par les Anglais à vingt-quatre lieues ouest de la rivière de Bordeaux, et transporté, vu son état de maladie, dans l'île d'Onat, baie de Quiberon. Embarqué de nouveau le 22 novembre 1813 comme capitaine commandant le vaisseau *l'Orion*, il reprit la mer le 13 juillet 1814, et fut désormais employé dans le port de Brest. Créé chevalier de Saint-Louis le 18 août 1814, il se retira dans sa ville natale, où il mourut le 19 juillet 1825.

BILLARD (PIERRE-JOSEPH, *baron*), naquit le 28 décembre 1772 à Paris. Après avoir fait ses études au collège Mazarin, il entra comme aspirant volontaire le 7 mars 1787 dans la marine royale, et fit à bord de la gabarre *la Guiane*, du sloop *l'Amitié* et de la corvette *l'Ariel*, les campagnes de 1787, 1788 et 1789. A son retour en France, au mois de février 1790, il fit partie de la garde nationale de Paris jusqu'au 12 janvier 1792, époque de sa nomination au grade de sous-lieutenant dans le 34e régiment d'infanterie, dont le 2e bataillon fut incorporé en l'an II dans la 68e demi-brigade d'infanterie, devenue en l'an IV 15e demi-brigade de ligne. Lieutenant le 28 mai suivant, il fit les guerres de 1792 à l'an V à l'armée du Nord, et assista à la bataille de Jemmapes, au siége de Maëstricht, aux affaires de Saint-Tron, de Tirlemont et à la bataille de Nerwinde. L'armée ayant été dissoute au camp sous Tournai, le bataillon auquel il appartenait alla tenir garnison à Lille, et fit ensuite partie du camp de la Madeleine, établi sous les murs de cette place. Le jeune Billard eut alors le commandement d'une compagnie de tirailleurs aux avant-postes. Au mois de germinal an II, l'armée se mit en mouvement, et la 68e demi-brigade prit une part glorieuse aux affaires de Menin, de Courtrai, de Turcoing, d'Ypres, d'Hooglède, de Bois-le-Duc et de Nimègue. Le 29 floréal an II, à la bataille de Turcoing, le lieutenant Billard reprit 2 pièces de canon que les Français avaient abandonnées, et le 30 prairial suivant, à Hooglède, il contribua à la défaite du régiment de dragons de Latour. Appelé à remplir les fonctions d'adjudant-major le 28 floréal an IV, et nommé capitaine de grenadiers le 5 frimaire an V, il passa le 22 messidor en qualité d'aide-de-camp auprès du général Schérer, devint chef de bataillon le 17 pluviose an VII, et servit en Italie pendant une partie de cette dernière année. Placé comme adjoint à l'état-major de la 17e division militaire (Paris) le 15 thermidor, il s'y trouvait encore au mois de brumaire an VIII, et il se rendit avec le général Andréossy à Saint-Cloud. La conduite du commandant Billard pendant les journées des 18 et 19 lui valut un sabre de la manufacture de Versailles, que lui donna le premier Consul. Chargé de plusieurs missions importantes pour l'armée de l'Ouest, et particulièrement d'une reconnaissance des côtes de la Manche, il s'en acquitta avec un plein succès. Le 13 floréal an XI, il fut mis à la disposition du général Mortier, et resta à l'armée de Hanovre pendant une partie de l'an XI et en l'an XII. Aide-de-camp de cet officier-général, alors commandant l'artillerie de la garde consulaire, le 12 frimaire an XII, et créé membre et officier de la Légion-d'Honneur le 25 prairial, il conserva ses fonctions auprès de son général, lorsque celui-ci fut élevé à la dignité de maréchal de l'Empire. Il l'accompagna au camp de Boulogne et à la grande armée pendant les campagnes de l'an XIV et de 1806 en Autriche. Après la prise d'Ulm, il suivit les opérations du corps du maréchal Mortier sur la rive gauche du Danube, et prit part au combat de Diernstein le 20 brumaire an XIV. Nommé colonel le 10 juillet 1806, il continua ses fonctions d'aide-de-camp jusqu'au 14 août, et alla prendre le commandement du 29e régiment d'infanterie de ligne qui appartenait à l'armée de Naples. C'est à la tête de ce corps qu'il concourut à l'expédition des Calabres en 1807 et 1808. Chargé de la prise de Cotrone, il l'enleva en quarante-huit heures avec 2 bataillons de son régiment et 300 hommes de la garde civique, quoique les approches de cette place fussent défendues par un grand nombre d'insurgés, et que la place elle-même renfermât une garnison de troupes régulières. L'occupation de Cotrone était de la plus grande importance, tant à cause de son port que par la facilité qu'avaient de débarquer sur ce point tous les hommes qu'on envoyait de Sicile. Aussi le roi Joseph lui témoigna-t-il sa satisfaction par une lettre autographe rédigée dans les termes les plus honorables pour le 29e de ligne et pour son chef. Le 28 mai 1807, le 29e de ligne trouva encore l'occasion de se signaler à l'affaire de Mileto, et le général Reynier cita particulièrement dans son rapport le colonel Billard. Le 29e eut dans cette circonstance 21 officiers et 330 sous-officiers et soldats mis hors de combat. A la fin de 1808, le colonel Billard commandait l'île de Procida, et pendant son séjour une escadre anglaise, composée de 5 vaisseaux et de 6 frégates, se présenta devant l'île. Un parlementaire vint sommer le colonel de rendre la place, mais celui-ci lui répondit que les Français n'avaient pas pour habitude de se rendre à une première invitation. L'officier anglais se retira, et après quelques démonstrations sans résultat l'escadre ennemie leva l'ancre et se dirigea sur Ischia, où elle n'obtint pas plus de succès.

En 1809, il fit partie de l'armée sous les ordres du prince Eugène, et se trouva au combat devant Caldiero, au passage de la Piave, à la bataille de Raab, et au combat du 5 juillet au soir, où l'armée d'Italie éprouva un échec en voulant s'emparer du plateau de Wagram. Le 29e de ligne eut dans cette affaire 70 officiers tués ou blessés, et le colonel y perdit un cheval tué sous lui. Le soir, le prince dit au colonel en le voyant : *On m'avait annoncé la triste nouvelle que votre régiment était entièrement détruit et que vous étiez au nombre des blessés.* Non, répondit le colonel, *et j'espère que demain les faibles débris du 29e et moi nous prendrons notre revanche.* En effet, les deux divisions Broussier et Lamarque se couvrirent de gloire. Les colonels des 13e et 9e régiments furent tués, le colonel Billard eut la moitié de son chapeau emporté par un boulet et son cheval blessé sous lui. Le général commandant la brigade, mis hors de combat dès le commencement de l'action, avait laissé le commandement au colonel Billard, qui l'avait conservé pendant toute la journée. L'Empereur, par décret du 15 août 1809, lui accorda le titre de baron de l'Empire, avec une dotation de 6,000 francs de rente. Le prince plaça le 29e de ligne dans la division du général Barbou, qui, réunie au corps du général Baraguey-d'Hilliers, était chargée de pacifier le Tyrol. La prise du malheureux Hoffer, chef des insurgés, fut le résultat des habiles dispositions du colonel Billard. Au commencement de 1810, les Tyroliens s'étant soumis, le 29e se rendit à Livourne, où il tint garnison jusqu'en 1811, époque à laquelle il fut envoyé à Toulon. En arrivant dans cette place, le colonel Billard reçut sa nomination au grade de général de brigade, auquel il avait été élevé le 6 août 1811. Il demeura chargé du commandement du département du Var et spécialement des troupes en garnison à Toulon. Le 29 mars 1812, il reçut l'ordre de se rendre à Wesel pour y prendre le commandement de la 3e brigade de la 12e division d'infanterie, faisant partie du 9e corps de la grande armée. C'est à la tête de ces troupes qu'il fit la mémorable campagne de Russie. Le 9e corps, chargé de l'arrière-garde de l'armée, n'eut jusqu'à son arrivée à Smolensk que des engagemens de peu d'importance. Cependant le duc de Bellune ayant réuni à son commandement celui du corps du duc de Reggio, qui avait été mis hors de combat, crut devoir faire une reconnaissance des forces de l'ennemi. C'était la première fois que le 9ᵉ corps se trouvait en ligne. Cette reconnaissance, par l'acharnement qui eut lieu de part et d'autre, devint un véritable combat dans lequel le 9ᵉ corps, qui était en tête, perdit du monde sans obtenir un résultat décisif. La brigade Billard, qui tenait la gauche, eut ordre de se porter dans cette direction pour rétablir la communication de la route, ce qu'elle exécuta en faisant 200 prisonniers. L'aide-de-camp russe Boutourlin a prétendu dans son ouvrage sur la guerre de 1812 (tome II, page 359) que, dans une des affaires qui eurent lieu, la brigade Billard, à l'approche de l'artillerie russe, n'attendit pas l'ennemi et se retira. C'est une erreur qu'il importe de rectifier. Le général Billard, commandant l'avant-garde, renforcée par les lanciers de Berg, ne fut point attaqué et passa la nuit dans sa position, appuyée au village de Batoury. Il y eut à la vérité un bataillon de la 1ʳᵉ brigade qui fut fait prisonnier. Il avait été envoyé le matin avec les lanciers de Berg pour faire une reconnaissance dont le résultat fut la retraite des lanciers et la prise de ce bataillon. Le général Billard voyant revenir les lanciers, qui étaient vivement pressés par une quantité innombrable de cosaques, se porta en avant et arrêta la cavalerie ennemie. Il envoya demander au général Partouneaux 2 pièces de canon pour aller au secours du bataillon compromis, mais ces pièces n'arrivèrent pas à temps. Le 9ᵉ corps ayant reçu l'ordre quelque temps après de se tenir en mesure de pouvoir faire face à Wittgenstein et à Tchitchakow, et cependant de ne point compromettre des troupes sur lesquelles l'Empereur comptait pour protéger son mouvement rétrograde sur Smolensk, il lui devenait impossible d'entreprendre quelque chose de sérieux. Aussi ce corps se fondit sans avoir rendu les services qu'on pouvait attendre de lui. Les marches et les contre-marches, plus que les combats, l'avaient réduit de moitié au moment où il fut chargé du commandement de l'arrière-garde. La 12ᵉ division qui, en entrant en campagne, était forte de 12,500 hommes, en comptait alors à peine 3,000. Le 28 novembre, le général Billard, avec sa brigade, dont l'effectif ne dépassait pas 1,000 combattans, eut mission de rejeter de l'autre côté de la Bérésina les troupes de Tchitchakow, qui s'étaient introduites dans Borisow en passant un à un sur les débris du pont brûlé. Les dispositions qu'il prit eurent tout le succès qu'on pouvait en espérer. Un bataillon du 44ᵉ de ligne ayant chargé à la baïonnette, tandis que le 126ᵉ se portait au point de retraite de l'ennemi, un grand nombre de Russes trouvèrent la mort ou se noyèrent en voulant passer trop précipitamment le fleuve. Le général Billard, relevé par la brigade du général Blanmont, alla rejoindre le général de division Partouneaux (*voir* tome III, page 471), qui se trouvait arrêté avec la 1ʳᵉ brigade par le corps entier du comte de Wittgenstein. Le général Partouneaux, à la tête des troupes du général Billard, réduites à 450 combattans, prit une direction à droite dans l'intention de chercher un gué où il pût faire passer sa division. Il envoya des officiers pour prévenir les deux autres brigades de ce mouvement, mais cet avis ne parvint pas aux généraux Camus et Blanmont qui, ne recevant pas d'ordres, se retirèrent sur le plateau de Borisow après avoir vainement essayé de se frayer un passage. Cette malheureuse division, après des efforts inouïs, exténuée par le froid, la fatigue et les privations, fut obligée de mettre bas les armes. Le général Billard, conduit à Witepsk, ne rentra en France qu'au mois de juillet 1814.

Chevalier de Saint-Louis et commandeur de la Légion-d'Honneur les 13 et 23 août suivant, le général Billard fut mis en non-activité le 1ᵉʳ septembre, et nommé inspecteur d'infanterie adjoint dans la 6ᵉ division militaire le 16 janvier 1815; il exerçait encore ces fonctions lorsque Napoléon revint de l'île d'Elbe. Dès le 31 mars, un décret lui donna le commandement d'une brigade à la 4ᵉ division du corps d'armée du comte Reille, mais il passa ensuite à la 1ʳᵉ brigade de la 8ᵉ division du 3ᵉ corps de l'armée du Nord, avec lequel il fit la campagne des Cent-Jours. Son cheval s'étant renversé sur lui le 15 juin en combattant dans le village de Saint-Amand, il fut obligé de se rendre à Paris pour y soigner sa santé, et fut mis en non-activité vers la fin de l'année. De 1816 à 1821, il exerça les fonctions d'inspecteur-général des troupes d'infanterie dans différentes divisions militaires. Appelé à faire partie du comité consultatif d'inspection, il y montra les connaissances d'un officier habitué au maniement des troupes, et passa le 26 décembre 1821 au commandement de la 1ʳᵉ subdivision de la 5ᵉ division militaire. Promu au grade de lieutenant-général et mis en disponibilité le 30 juillet 1823, il remplit les fonctions d'inspecteur-général d'infanterie dans les 2ᵉ et 16ᵉ divisions militaires le 29 juin 1825, commanda la 1ʳᵉ division du camp de Saint-Omer en 1827, fut en même temps chargé de l'inspection des troupes de cette division, et reçut le 15 septembre la décoration de commandeur de Saint-Louis. Il continua ses fonctions d'inspecteur-général pendant les années suivantes, devint gentilhomme honoraire de la chambre du roi, et fut compris comme disponible dans le cadre d'activité de l'état-major général le 7 février 1831. Envoyé à Bruxelles pour l'organisation et l'inspection des troupes de l'armée belge le 4 septembre suivant, il ne voulut point accepter les offres que lui fit le roi Léopold de prendre du service en Belgique et rentra en France le 14 janvier 1832. Chargé le 25 mai 1833 de l'inspection générale des troupes d'infanterie de la 13ᵉ division militaire, il passa au commandement de la 6ᵉ (Besançon) le 16 novembre 1835. Grand-officier de la Légion-d'Honneur le 16 février 1837, et commandeur de l'ordre de Léopold de Belgique le 10 octobre suivant, il fut admis à la pension de retraite le 24 janvier 1838. Il s'est retiré à Paris, où il réside encore aujourd'hui. A. BOURGUIGNON.

BILLARD-DEVAUX (ROBERT-JEAN), naquit le 1ᵉʳ janvier 1782 à Mesle-sur-Sarthe (Sarthe). Entré comme réquisitionnaire le 9 messidor an VII dans le 13ᵉ régiment de dragons, brigadier le 30 ventose an VIII, et maréchal-des-logis le 1ᵉʳ prairial an x, il obtint son congé le 25 brumaire an XIII, après avoir fait avec ce régiment les campagnes de l'an VII à l'an XII aux armées du Rhin, de Bavière et de Hollande. Nommé membre de la Légion-d'Honneur au camp de Boulogne le 25 prairial an XII, il rentra au service dans les dragons de la garde de Paris le 5 frimaire an XIII, et fit avec ce corps les campagnes d'Autriche et de Prusse. Le 25 octobre 1806, il passa dans la compagnie de gendarmerie de la Seine, et fut détaché pendant les années 1807, 1808 et 1809 à l'armée d'Espagne; incorporé dans la compagnie de la Mayenne le 3 mars 1809, puis dans celle du Zuyderzée en qualité de brigadier le 13 décembre 1810, fit en Hollande les campagnes des années 1811, 1812, 1813 et 1814, rentra dans la compagnie de la Mayenne à l'évacuation des pays conquis le 16 juillet 1814, fit la campagne de 1815 avec l'armée de l'Ouest, et nommé maréchal-des-logis le 1er novembre 1815, il servit sans interruption jusqu'au 1er août 1836, époque de son admission à la retraite. Il réside aujourd'hui à Laigle (Orne). Y.

BILLAUT (FRANÇOIS-GERMAIN), naquit le 14 octobre 1746 à Paris. Dragon vers l'année 1769 dans le régiment de Belzunce, il passa le 12 septembre 1777 comme cavalier de maréchaussée de l'Ile-de-France, gendarmerie nationale en 1791. Nommé brigadier le 16 janvier 1788, lieutenant le 18 août 1792, il entra le 1er thermidor an III en qualité de capitaine dans la légion de police destinée à la garde de Paris; quand cette légion devint gendarmerie de Paris le 9 floréal an IV, il y entra comme lieutenant, et le 12 vendémiaire an IX il passa lieutenant de 1re classe à la 1re demi-brigade de vétérans en activité. Membre de la Légion-d'Honneur le 25 prairial an XII, et employé en 1806 à la conduite des détachemens de conscrits du département de Seine-et-Oise dans le Piémont, il fut nommé capitaine-porte-aigle dans la 4e légion de réserve de l'intérieur, qui se réunissait à Versailles, le 1er juin 1807, et le 6 juin 1809 il rentra à la 1re demi-brigade de vétérans. Retiré en 1810 à Versailles, il fut admis en 1817 à l'hôtel des Invalides, où il est mort le 31 octobre 1825. J-T.

BILLETTE ET NON **BILLIET** (SIMON), naquit à Barbezieux (Charente), le 2 mars 1766. Entré dans la marine le 24 avril 1778, il y servit alternativement pour le commerce et pour l'État jusqu'en 1793. Étant à bord du vaisseau le Protecteur, le 30 novembre 1778, il assista à deux combats meurtriers, le premier à Sainte-Lucie, le second à la Grenade, et fut blessé dans ce dernier par un éclat au pied droit. Enseigne de vaisseau le 7 mars 1793, il embarqua sur la frégate la Galatée le 11 brumaire an II, reçut à bord de ce navire le grade de lieutenant de vaisseau le 22 du même mois, et prit une part glorieuse aux combats du 9 et du 10 prairial suivant dans l'armée de l'amiral Villaret-Joyeuse (voyez tome IV, p. 31). Après un naufrage au Penmarck et un service de quelques jours dans le port de Brest, il passa sur le vaisseau le Redoutable le 9 prairial an III en qualité d'officier de manœuvres, et assista devant Groix au combat du 5 messidor suivant. Monté comme commandant sur la corvette la Doucereuse le 1er prairial an IV, il se rendit à Saint-Domingue. Il s'y acquitta d'un service à terre fort actif et y remplit diverses missions de la plus haute importance avec autant de talent que d'intrépidité. Chargé par la commission gouvernementale du commandement de la frégate l'Harmonie, il reçut ordre d'aller prendre dans le port de Jean Rabel, et pour convoyer au Cap-Français, plusieurs bâtimens légers armés partie en guerre partie pour le commerce. Attaqué sur la côte par une division anglaise forte de 9 vaisseaux, la plupart de 74, il désempara l'un de ses bâtimens et soutint, avec la plus grande intrépidité, le feu terrible des autres; mais accablé par le nombre, il préféra brûler sa frégate plutôt que de la rendre à l'ennemi. Blessé d'un éclat en deux endroits de la jambe droite, il vint échouer à la côte. Ce trait, digne des temps antiques, et dont le capitaine Billette avait trouvé le noble exemple dans l'héroïsme du Vengeur, lui valut de la commission de gouvernement de Saint-Domingue des félicitations publiques et consignées dans un arrêté emprunté au journal officiel de la colonie. Capitaine de frégate le 1er vendémiaire an V, il embarqua comme commandant sur la flûte l'Indien le 10 floréal suivant après quelques mois de service à terre au Cap-Français, et arriva le 22 pluviose an VI dans le port de Brest. Il y servit pendant près d'un an, et prit le commandement de la frégate la Charente, faisant partie d'une division placée sous ses ordres, le 18 pluviose an VII. A bord de la canonnière l'Insolente, le 15 thermidor an IX, il y reçut le commandement de la 2e division de la flotille de la Manche. Monté sur la frégate l'Incorruptible, dont il prit le commandement le 3 ventose an XII après avoir successivement servi sur le bateau canonnier n° 18, les canonnières l'Insolente et l'Énigme et la corvette la Tactique, il reçut sous ses ordres une flotille chargée de faire appareiller les frégates ennemies mouillées en rade d'Hyères, et fut créé le 25 prairial suivant membre de la Légion-d'Honneur. Appelé bientôt après au commandement d'une division, il soutint contre les Anglais, le 14 pluviose an XIII, un combat acharné dans lequel il leur prit les 2 corvettes, la Flèche et l'Achéron. Promu au grade de capitaine de vaisseau le 16 messidor suivant, et appelé en l'an XIV au commandement d'une division, il fit voile pour Cadix en 1807, passa le 7 août de la même année sur le vaisseau l'Argonaute-Vencédor, et assista le 9 et le 10 juin 1808 à deux combats contre les forts, les batteries et l'escadre espagnole devant Cadix. Blessé d'un éclat à l'avant-bras, il fut pris par l'ennemi et retenu prisonnier de guerre du 15 juin 1808 au 5 mars 1809. Parvenu à s'échapper à cette époque, il se réfugia à Tanger, où il demeura jusqu'au 25 juillet 1810. Arrivé alors dans le port de Toulon, il y prit, le 1er janvier 1811, le commandement du vaisseau l'Austerlitz qu'il garda jusqu'au 7 juin 1814. Rappelé au commandement de ce vaisseau le 11 du même mois, il reçut le grade d'officier de la Légion-d'Honneur le 15 juillet et la croix de

Saint-Louis le 18 août. A terre du 1er décembre 1814 au 21 avril 1815, il prit, le 22, le commandement de la frégate la *Médée* qu'il garda jusqu'au 20 octobre, puis il reprit son emploi dans le port de Toulon. Retiré plus tard à Barbezieux, il y mourut le 5 juillet 1841.

BILLOT et non **BIOT** (JACQUES), naquit le 9 mars 1770 à Lutenet (Nièvre). Appelé par la réquisition le 15 septembre 1793, et incorporé dans un des bataillons qui formèrent plus tard la 103e demi-brigade de bataille, devenue 103e régiment de ligne en l'an XII, il fit toutes les campagnes de la Révolution aux armées des Ardennes, de la Moselle, de Rhin-et-Moselle, d'Allemagne, d'Helvétie et du Rhin. Il se trouva à la brillante défense du fort de Kehl en brumaire an V, fut fait prisonnier le 26 floréal an VII, et rentra par suite d'échange le 10 fructidor an VIII. Envoyé en l'an XII en Hanovre, il obtint le 25 prairial de la même année la décoration de la Légion-d'Honneur. Nommé caporal le 11 frimaire an XIII, il fit en l'an XIV partie du 5e corps de la grande armée en Autriche et en Prusse. Une blessure qu'il reçut à la bataille d'Iéna l'obligea de prendre sa retraite le 24 septembre 1807. Il réside aujourd'hui à Saint-Pierre-le-Moutier (Nièvre). Y.

BILLUART (NICOLAS-JOSEPH), né le 20 août 1768 à Revin (Ardennes), entra au service le 14 août 1791 comme sergent-major au 1er bataillon des Ardennes, embrigadé en l'an III dans la 201e demi-brigade d'infanterie, devenue 106e demi-brigade de ligne par l'amalgame de l'an IV, et 106e régiment de même arme en l'an XII, il fit les campagnes de 1791 à l'an II à la division du centre, au camp de Tiercelet, au siége de Thionville et à l'armée de la Moselle. Nommé sous-lieutenant le 16 pluviose an III, il fit partie de l'armée réunie devant Mayence en l'an III, et de celle du Rhin de l'an IV à l'an V. Le 21 messidor an IV, à Frauenhulp, dans les montagnes Noires, étant en reconnaissance, il eut la poitrine froissée en sautant en bas d'un rocher fort élevé pour ne pas se rendre à une colonne autrichienne qui s'était saisie de lui. A la bataille du 11 vendémiaire an V, près de Biberach, en Souabe, il se trouvait détaché avec 18 hommes de sa compagnie. Voyant que l'ennemi dans sa retraite s'efforçait de faire parvenir de l'artillerie sur un monticule dominant la route de Biberach, par laquelle l'armée française le poursuivait, il se porta sur lui pour l'en empêcher. Ayant rencontré sur son chemin un détachement français à peu près égal au sien, et commandé par un sous-lieutenant, il agit de concert avec cet officier, et tous les deux tombèrent à l'improviste sur l'ennemi, le mirent en fuite, firent prisonnier l'officier d'artillerie, et s'emparèrent de 3 pièces de canon, d'un obusier, de plusieurs caissons remplit de munitions et de 34 chevaux formant l'attelage de ce convoi. Passé à l'armée d'Helvétie en l'an VI, à celle d'Italie en l'an VII, il devint lieutenant le 1er floréal an VIII, et fit encore la campagne de l'an IX avec la même armée. Membre de la Légion-d'Honneur le 25 prairial an XII, il prit part aux campagnes de l'an XIV

et de 1806, et fut nommé capitaine au 16e régiment de ligne le 30 novembre 1806. Appelé à la grande armée en 1807 et 1808, il obtint le 7 septembre de cette dernière année le grade de capitaine commandant le 5e bataillon du 16e de ligne. Dirigé sur l'Espagne en 1812, et promu le 19 avril chef de bataillon au 59e de ligne, il revint en France en 1813, fit partie du corps du général Souham à la grande armée, et demeura enfermé dans Sarrelouis pendant la campagne de France. Maintenu en activité après la première Restauration, et créé officier de la Légion-d'Honneur le 15 octobre 1814, il était encore en garnison à Sarrelouis au 20 mars 1815, et commandait le 2e bataillon du 55e régiment (ci-devant 59e). Il fit en cette qualité la campagne de Belgique. Mis en demi-solde le 16 septembre de la même année, et retraité le 23 décembre 1818, il se retira à Charleville (Ardennes), où il est mort le 7 avril 1842.

BINOT (LOUIS-FRANÇOIS) et non **BINET**, adjudant-commandant. Cet officier supérieur avait été compris comme membre de la Légion-d'Honneur dans les listes du 4 germinal et du 25 prairial an XII : la première de ces nominations a été conservée et la seconde annulée. *Voyez* p. 220.

BIRCK (DAMIENS-ERNEST), né dans l'électorat de Trèves, était procureur-général impérial près la cour de justice criminelle du département de la Sarre, lorsqu'il reçut la décoration de la Légion-d'Honneur le 25 prairial an XII. Devenu à la réorganisation judiciaire de 1811 substitut du procureur-général à la cour impériale de Trèves, chargé du service des cours d'assises, il cessa d'être citoyen français quand son pays fut séparé de l'Empire en 1814.

BISCHOFF, capit. au 17e de lig. *V.* PICHOFF.
BISSON, général. *V.* t. III, p. 90.
BISSWANG (FRANÇOIS-ANTOINE), né le 10 septembre 1761 à Guémar (Haut-Rhin), entra au service le 1er juin 1777 comme trompette au régiment de Languedoc-cavalerie, devenu 6e régiment de chasseurs à cheval, y obtint le grade de trompette-major le 1er juillet 1793, fit les campagnes de 1792 à l'an IV aux armées du Nord et de Sambre-et-Meuse, fut blessé au blocus de Valenciennes, en 1793, de trois coups de sabre dont un sur la tête, un sur le bras gauche et un à la cuisse gauche, et le 13 prairial an IV, à l'affaire d'Altenkirchen, il dégagea le chef de brigade Laffon, qui se trouvait enveloppé par l'ennemi. Passé à l'armée du Rhin en l'an V et nommé sous-lieutenant dans son régiment le 1er ventose, il fit les campagnes d'Allemagne, de Mayence, du Danube et du Rhin de l'an VI à l'an IX, et eut un cheval tué sous lui devant Kehl le 5 floréal an VIII. Membre de la Légion-d'Honneur le 25 prairial an XII, il servit à l'armée de Naples de l'an XIII à 1807, fut admis à la retraite le 19 octobre 1807, et se retira dans le lieu de sa naissance, où il réside encore aujourd'hui. J-T.

BIZANET, général. *V.* t. III, p. 91.
BIZET (PIERRE-NICOLAS-CLAUDE), naquit le 29 octobre 1773 à Cus (Oise). Volontaire le 23 août 1793 dans le 2e bataillon de l'Eure, incorporé en

l'an IV dans la 40ᵉ demi-brigade d'infanterie de ligne, 40ᵉ régiment de même arme en l'an XII, il fit les guerres de la liberté de 1793 à l'an IX aux armées du Nord, de l'Ouest, d'Italie, d'Angleterre et de réserve d'Italie. Caporal le 1ᵉʳ pluviose an IV, il devint fourrier, sergent et sergent-major les 4 floréal, 1ᵉʳ et 2 messidor an VIII, et se distingua par son courage, le 4 nivose an IX, au passage du Mincio, où il reçut un coup de feu à l'omoplate gauche. Employé en l'an X à l'armée de l'Ouest, il tint garnison à Brest en l'an XI, et fit partie de l'armée des côtes de l'Océan pendant les ans XII et XIII. Embarqué sur la flotille impériale, il prit part aux différens combats qui furent livrés contre les Anglais, fut nommé membre de la Légion-d'Honneur le 25 prairial an XII, et sous-lieutenant le 28 messidor an XIII. De l'an XIV à 1807, il combattit en Autriche, en Prusse et en Pologne avec la 3ᵉ division du 5ᵉ corps de la grande armée, et se signala à la bataille d'Iéna, où il reçut un coup de feu au talon droit. Promu lieutenant le 21 décembre 1806, il passa au 117ᵉ régiment le 1ᵉʳ juillet 1808, et fit les guerres de Catalogne de 1808 à 1811 avec le 3ᵉ corps de l'armée d'Espagne. Il se trouva aux siéges de Saragosse, de Lerida et de Tortose, obtint le grade de capitaine le 4 mars 1810, et reçut un coup de biscaïen au bras droit le 16 juin 1811. Admis à la retraite le 22 novembre suivant, il se retira à Dreslincourt (Oise), où il réside encore aujourd'hui. B-G.

BIZIEN (JOSEPH-MARIE-OLIVIER, DE), né le 20 janvier 1771 à Roscoff (Finistère), entra au service comme sous-lieutenant au deuxième bataillon de son département le 23 octobre 1791. Nommé lieutenant le 1ᵉʳ germinal an II, il fit les campagnes de 1792 et 1793 à l'armée du Nord. A l'affaire du 23 février 1793, en avant de Wesemberg, il s'ouvrit un passage à la baïonnette à travers les rangs ennemis à la tête de son détachement dont les munitions étaient épuisées. Envoyé aux avant-postes de l'armée de Hollande, il y reçut un coup de feu le 18 août de la même année. Employé aux armées des Ardennes, de Sambre-et-Meuse et de l'Ouest de l'an II au commencement de l'an V, et nommé le 5 brumaire an III capitaine-adjudant-major au 19ᵉ bataillon de volontaires nationaux, puis capitaine-adjoint à l'adjudant-général Gastine le 1ᵉʳ frimaire suivant, il se trouva aux batailles de Boussu, de Fleurus, aux siéges de Charleroi, aux affaires de Marchiennes et au passage du pont de Neufvald.

Embarqué pour l'expédition d'Irlande le 5 brumaire an V, et de retour le 12 nivose, il passa à l'armée d'Italie, et se trouva aux affaires des 6 et 16 germinal an VII sous les murs de Verone. A celle du 6, à Bussolingo, il se jeta à la nage dans l'Adige sous le feu de l'ennemi, et alla rétablir le pont que les Autrichiens venaient de couper. Cité pour son courage devant Mantoue, et fait prisonnier pendant le siége de cette place, il rentra par échange peu de temps après, et rejoignit la même armée d'Italie avec laquelle il fit les campagnes des ans VIII et IX. Capitaine à la 81ᵉ demi-brigade d'infanterie de ligne le 14 ventose an XI, et dirigé sur l'armée des côtes de l'Océan en l'an XII, il y reçut la croix de la Légion-d'Honneur le 25 prairial. Appelé à la grande armée, il la suivit pendant l'an XIV en Autriche, et fut blessé d'un coup de feu à l'épaule gauche le 25 brumaire à Hollabrun, où il commandait une compagnie d'élite du 81ᵉ régiment. Passé à l'armée de Dalmatie en 1806, il fut chargé de suivre les mouvemens de l'ennemi qui se montrait dans la mer Adriatique. Monté sur une chaloupe armée de 2 pièces de trois et défendue par 12 hommes d'équipage, il fit avec ces faibles moyens une prise en présence de l'escadre ennemie, et osa s'emparer, au nom du vice-roi, de la petite ville maritime de Cursola. Il se trouva au déblocus de Raguse, et devint chef de bataillon au 5ᵉ régiment de ligne le 1ᵉʳ décembre. Il continua de servir aux armées de Dalmatie, d'Italie et du Tyrol en 1807, 1808 et 1809, et se rendit en Catalogne en 1811. Major du 6ᵉ de ligne le 20 juillet, il fit avec la grande armée les campagnes de 1812 et 1813 en Russie et en Saxe, se trouva aux batailles de Lutzen, Bautzen et Warkeren, et devint officier de la Légion-d'Honneur le 21 juin 1813. Employé au dépôt de son régiment durant la campagne de France, il resta en activité pendant la première Restauration. Incapable de continuer un service de guerre, il prit sa retraite le 11 mai 1815. Cet officier supérieur habite en ce moment Quimper (Finistère).

BIZOT-BRICE. *V.* t. III, p. 92.
BIZOT-CHARMOIS. *V.* t. III, p. 92.
BIZOT DU COUDRAY (PIERRE-CHARLES), naquit le 22 juin 1751 à Essertenne (Haute-Saône). Le 1ᵉʳ janvier 1770, il entra comme élève-lieutenant en second à l'École du génie de Mézières, et en sortit le 14 janvier 1772 en qualité d'ingénieur ordinaire. Nommé capitaine le 19 mars 1783, après avoir été utilement employé dans les places de l'intérieur, il passa en Corse, chargé du commandement des services de l'artillerie et du génie de la place de Bonifacio; il sut la défendre contre les attaques des insurgés. Rentré sur le continent en 1792, il servit jusqu'en l'an II à l'armée de la Moselle, et se trouva à la bataille de Kaiserslautern, ainsi qu'au déblocus de Landau. Chef de bataillon le 28 prairial an II, il commanda l'École d'artillerie de Metz jusqu'à la fin de l'an V, et fut employé à la direction des services de cette place de l'an VI à l'an XI. Major le 7 floréal et membre de la Légion-d'Honneur le 25 prairial an XII, il fit les campagnes des ans XII et XIII à l'armée des côtes de l'Océan, aux camps de Bruges, de Dunkerque et d'Ambleteuse, où il remplit les fonctions de chef d'état-major de son arme. Il suivit en cette qualité le 2ᵉ corps de la grande armée en l'an XIV et en 1806. Il assista au passage de l'Inn, à Muhldorff, les 6, 7 et 8 brumaire an XIV, prit part à la bataille d'Austerlitz, fut nommé colonel le 5 nivose suivant, et alla ensuite remplir les fonctions intérimaires de chef d'état-major général du génie au quartier-général à Braunau. Rentré en France en octobre 1806, il reçut à Metz le décret impérial du 5 juillet 1807 qui le nommait officier de la Légion-d'Honneur. Attaché à cette résidence jusqu'en

1814, il coopéra, cette même année et la suivante, à la défense de la place. Mis à la retraite le 18 octobre 1815, il est mort à Metz le 18 mars 1827.

BLAISE (FRANÇOIS), naquit le 10 mai 1772 à Saint-Méry (Nord). Incorporé comme réquisitionnaire le 8 pluviose an II dans un des corps qui formèrent plus tard la 103e demi-brigade de bataille, 103e régiment d'infanterie de ligne au commencement de l'an XII, il fit comme grenadiers les campagnes de l'an II à l'an IX aux armées des Ardennes, de la Moselle, de Rhin-et-Moselle, d'Allemagne, d'Helvétie, du Danube et du Rhin. Il se trouva à la mémorable défense de Kehl en brumaire an V, tomba au pouvoir de l'ennemi le 26 floréal an VII, rentra par suite d'échange le 23 floréal an VIII, et devint caporal le 6 germinal an X. Envoyé en Hanovre en l'an XII, il y reçut la croix de la Légion-d'Honneur le 25 prairial, fut nommé sergent le 1er nivose an XIII, et passa l'année suivante au 5e corps de la grande armée, avec lequel il fit les trois campagnes d'Autriche, de Prusse et de Pologne de l'an XIV à 1807. Après la paix de Tilsitt, il fut envoyé au 2e corps à l'armée d'Espagne, et trouva une mort glorieuse au siége de Saragosse le 21 décembre 1808. V.

BLAIZAT (PIERRE), naquit le 13 mars 1768 à Bezac (Gironde). Soldat le 15 août 1792 au 2e bataillon des Deux-Sèvres, embrigadé le 9 nivose an III dans la 112e demi-brigade, 88e de bataille, 88e demi-brigade de ligne le 1er ventose an IV, et 88e régiment de même arme en l'an XII, il fut nommé capitaine le 26 septembre de la même année. Il fit les campagnes de 1792 à l'an IV aux armées du Nord et de Sambre-et-Meuse, perdit l'œil droit le 5 fructidor an IV au combat de Teningen, et tomba au pouvoir de l'ennemi le 16 du même mois. Rendu par échange le 1er brumaire an V, il suivit les armées d'Italie et d'Égypte de l'an V à l'an IX, et reçut un coup de feu au bras droit à l'affaire du 30 ventose an IX devant Alexandrie. Rentré en France, il passa à l'armée des côtes en l'an XII, et devint le 25 prairial membre de la Légion-d'Honneur. Employé à la 1re division du 5e corps de la grande armée de l'an XIV à 1806 en Autriche et en Prusse, il fut blessé d'un coup de feu au bas-ventre à la bataille d'Iéna. Admis à la retraite le 28 mars 1807, il se retira à Bezac, puis à Gardedeuil (Dordogne), où il est mort le 27 avril 1834. J-T.

BLANC (ÉTIENNE-FRANÇOIS), né à Marseille (Bouches-du-Rhône), le 10 février 1761, était consul-général de France à Naples depuis le 23 germinal an X quand il reçut le 25 prairial an XII la croix de membre de la Légion-d'Honneur. Rappelé le 4 janvier 1809, il rentra à Paris, où il est mort le 5 mai 1828.

BLANC (FRANÇOIS), naquit le 13 avril 1769 à Gap (Hautes-Alpes). Le 11 septembre 1783, il entra comme capitaine dans le 5e bataillon de volontaires de son département, incorporé dans la 63e demi-brigade de ligne, fit avec distinction les campagnes de 1793 à l'an VIII à l'armée d'Italie, servit à celle dite *de Portugal* en l'an IX et en l'an X, et obtint un sabre d'honneur le 7 vendémiaire an XI. Embarqué sur la flotille de Bayonne de l'an XI à l'an XIII, il y reçut le 25 prairial an XII la décoration d'officier de la Légion-d'Honneur : il était légionnaire de droit. Il suivit son régiment à la grande armée de l'an XIV à 1807, et fit successivement partie des 7e et 1er corps employés dans le Brisgau. Envoyé en Espagne en 1808, il se fit remarquer au début de cette guerre. Prisonnier le 17 mars 1809 à l'affaire de Messa-d'Ibor, et conduit sur les pontons d'Angleterre, il rentra en France le 31 mars 1814, et servit à l'armée du Nord pendant les Cent-Jours. Mis en demi-solde sous la seconde Restauration, il cessa vers 1819 de faire partie des cadres de l'armée. Il ne put obtenir sa retraite, n'ayant pas le temps prescrit par les lois en vigueur. Il est mort le 2 juillet 1825. B-S.

BLANC (PIERRE-WAISE), naquit le 18 octobre 1765 à Lyon (Rhône). Soldat le 14 mars 1782 au régiment de Foix-infanterie, il fit partie pendant le cours de cette année du corps de troupes employées au blocus de Genève. Caporal le 15 mars 1785, et sergent le 17 juin 1788, il quitta le corps par congé le 15 mars 1790. Enrôlé le 4 août 1792 au 14e bataillon des fédérés, devenu successivement par embrigadement et amalgame (ans II et IV) 29e et 14e demi-brigades d'infanterie de ligne, puis 14e régiment de même arme en l'an XII, il fut nommé lieutenant le jour même de son enrôlement, adjudant-major le 10 septembre 1793, et capitaine le 1er nivose an III. Il fit les campagnes de 1792 à l'an III à l'armée du Nord. Passé à l'armée de l'intérieur en l'an IV, il fit la campagne d'Italie de l'an V. A Rivoli, le 25 nivose, voyant les Autrichiens réatteler les chevaux de plusieurs de nos pièces pour les emmener, il cria : *14e ! laisserez-vous prendre vos pièces !* Ces mots entraînèrent ses soldats sur ses pas, et les pièces furent reprises. Dans la même journée, l'ennemi avait enlevé, avec des forces très supérieures, le plateau de Rivoli ; Blanc rallia 150 hommes, mit son chapeau au bout de son épée, fit battre la charge, et s'écria : *Soldats, suivez moi !* aussitôt, cette poignée de braves s'élance sur l'ennemi, s'empare du plateau et enlève aux Autrichiens toute leur artillerie. Au combat d'Avio, le 8 pluviose, il reçut un coup de feu à la cuisse droite. Blanc resta à l'armée d'Italie pendant les ans VI et VII, passa à celle de l'Ouest en l'an VIII, et nommé chef de bataillon le 7 floréal de cette dernière année, il alla rejoindre en l'an IX l'armée des Grisons. Membre de la Légion-d'Honneur le 25 prairial an XII, il fit avec la grande armée les campagnes de l'an XIV et de 1806 en Autriche et en Prusse, eut un cheval tué sous lui à la bataille d'Austerlitz, et obtint la décoration d'officier de la Légion-d'Honneur le 5 nivose suivant. Major du 4e régiment d'infanterie de ligne le 12 septembre 1806, il se rendit à Strasbourg le 6 octobre pour prendre le commandement du 3e régiment provisoire, avec lequel il fit la campagne de 1808 en Espagne. Blessé d'un coup de biscaïen le 28 juin, à l'affaire qui eut lieu devant Valence, il mourut au pont de Xucar, le 1er juillet.

BLANCARD (Amable-Guy, *baron*), naquit le 18 août 1774 à Loriol (Drôme). Sous-lieutenant au régiment de cavalerie Royal-Roussillon (11e) le 15 septembre 1791, et lieutenant le 5 octobre 1793, il fit les guerres de 1792 à l'an II à l'armée du Nord. A l'affaire du 4 avril 1792, il chargea jusque dans Hombourg, à la tête de 15 cavaliers, un parti de hussards de Wurmser, et parvint à reprendre les étendards de son régiment qui avaient été enlevés au commencement de l'action. Blancard servit de l'an III à l'an VIII aux armées du Rhin, du Danube et d'Italie. Le 23 thermidor an VII, au combat de Marino, près de Rome, il s'élança avec 30 cavaliers de son régiment sur un corps nombreux de Napolitains, le rejeta en arrière du village et sauva 2 pièces de canon dont l'ennemi s'était emparé; il eut dans cet engagement le côté droit atteint d'un coup de mitraille et le bras droit cassé en deux endroits. Capitaine le 16 germinal an VIII, il reçut le 4 nivose an XI le brevet d'un sabre d'honneur. Légionnaire de droit le 1er vendémiaire an XII, il passa avec son grade le 10 pluviose dans les grenadiers à cheval de la garde des consuls, et fut nommé officier de l'Ordre le 25 prairial, et membre du collége électoral du département de la Drôme. Il fit les campagnes des ans XII et XIII à l'armée des côtes de l'Océan, et obtint le 18 fructidor de cette dernière année le grade de chef d'escadron.

Cet officier supérieur se signala à la grande armée de l'an XIV et 1806, et prit une part brillante à la bataille d'Austerlitz. Nommé colonel du 2e régiment de carabiniers le 23 janvier 1807, il fit à la tête de ce corps la guerre de Pologne de 1807, et se distingua à la bataille de Friedland. Il commanda son régiment pendant la guerre d'Autriche de 1809, et se trouva à Ratisbonne et à Wagram les 23 avril et 6 juillet. L'expédition de Russie lui fournit de nouvelles occasions de se signaler. Il déploya la plus brillante valeur à la bataille de la Moscowa. Au combat de Winkowo, le 18 octobre suivant, il eut son cheval tué sous lui et y fut atteint d'un coup de feu. Sa belle conduite pendant la campagne de Saxe de 1813 lui mérita le 28 septembre de cette année le grade de général de brigade. L'Empereur l'attacha à la 2e division de cuirassiers du 2e corps de cavalerie, avec laquelle il fit la campagne de France de 1814. Mis en non-activité sous la première Restauration, il reçut néanmoins la croix de Saint-Louis le 29 juillet 1814. Au retour de l'île d'Elbe, l'Empereur lui confia le 12 mars 1815, le commandement d'une brigade de cavalerie. Il combattit à Waterloo. Placé en disponibilité sous la seconde Restauration, il resta dans cette position jusqu'en 1824, et fut admis à la retraite le 1er janvier 1825. La révolution de Juillet 1830 le replaça dans le cadre d'activité de l'état-major général de l'armée. Employé en 1831 dans le département du Rhône, il passa l'année suivante au commandement de celui de Seine-et-Oise et de la brigade de carabiniers. Louis-Philippe le nomma commandant de la Légion-d'Honneur le 16 novembre 1832, et lieutenant-général en disponibilité le 31 décembre 1835. Depuis 1840, il fait partie du cadre de réserve des officiers-généraux, conformément à la loi du 4 août 1839. Napoléon lui avait conféré le titre de baron de l'Empire. B-S.

BLANCARD (Jean-Baptiste-Joseph), né à Toulon (Var), le 10 mars 1758, entra dans la marine le 14 mai 1767 comme mousse. Après avoir servi en qualité de matelot-canonnier, d'aide-canonnier, de deuxième maître et de maître depuis le 19 mai 1775, il devint le 12 septembre 1792 commandant de la chaloupe n° 6, et de la chaloupe *la Révolutionnaire* le 5 mai 1793. Employé au siège de Toulon depuis le 22 septembre jusqu'à la reddition de la place, et fait capitaine le 13 brumaire an II, il commanda l'artillerie de l'île de Port-Croix du 14 ventose de la même année au 13 germinal an III, puis celle du fort de Brigandon du 13 fructidor an IV au 13 floréal an V. Promu le 4 germinal an VI au grade de capitaine au 1er bataillon du 2e régiment d'artillerie de marine, il embarqua le même jour sur *le Spartiate*, prit terre le 18 thermidor suivant, servit dès-lors à l'armée d'Orient, et commanda le fort d'Aboukir à la suite du combat du 12 thermidor an VI. Il conserva ce commandement jusqu'au 4 fructidor an VII, jour où les Turcs s'en emparèrent d'assaut; couvert de blessures, il tomba en leur pouvoir. Rendu à la liberté le 26, et employé à l'armée d'observation du Midi, il fit partie de la colonne de grenadiers d'artillerie de la marine, monta le vaisseau *le Carrère*, et y servit jusqu'au 17 brumaire an VIII comme capitaine d'artillerie. Embarqué sur le vaisseau *le Neptune* le 1er germinal an XII, créé membre de la Légion-d'Honneur le 25 prairial, et fait capitaine-commandant le 1er messidor, il quitta *le Neptune* le 9 février 1806, fut employé au port de Toulon, et mourut dans cette ville le 7 février 1827.

BLANCARD (Joseph), né à Toulon (Var), en 1732, était colonel dans l'artillerie de la marine à l'époque de sa nomination de membre de la Légion-d'Honneur le 25 prairial an XII. Il est mort à Toulon le 22 juillet 1806.

BLANCHARD (François-Jacques), naquit le 2 janvier 1768 à Lezay (Deux-Sèvres). Soldat le 24 mars 1793 au 1er bataillon de Parthenay (Deux-Sèvres), il fut nommé sergent le 11 avril, et le 19 mai élu capitaine au même bataillon, devenu par embrigadement de l'an IV 209e, 47e et 97e demi-brigades : cette dernière, par incorporation avec la 60e en l'an XII, forma le 60e régiment de ligne. Il fit les campagnes de 1793 et de l'an II à l'armée de la Vendée, et celles de l'an III à l'an VI aux armées de la Moselle, de Rhin-et-Moselle, du Rhin et d'Allemagne. Employé aux armées d'Helvétie, d'Italie, de Gênes et d'Italie pendant les ans VII, VIII et IX, il reçut un coup de feu à l'épaule droite à la Trebia le 1er messidor an VII, et le 23 floréal an VIII, au blocus de Gênes, il tua 4 paysans armés et fit prisonniers un officier et un chasseur du régiment d'Asprès. Envoyé à l'armée d'observation du Midi en l'an X, il passa dans la 27e division militaire, et devint membre de la Légion-d'Honneur le 25 prairial an XII. Il prit part aux opérations de l'armée d'Italie de l'an XIV à 1806 inclusivement, et fit les campagnes de 1807 à 1810 en Dalmatie. Passé en Espagne en 1811, et fait chef de bataillon au 62e régiment de ligne le 20 juillet, il fut blessé à la jambe gauche à la bataille des Arapiles, et à la tête au siège de Saint-Sébastien le 28 août 1813. Promu major en deuxième au 48e régiment de ligne le 12 octobre 1813, il alla rejoindre son nouveau corps à Anvers, et se trouva au bombardement de cette place le 1er février 1814. Détaché de son régiment au mois de mars, il prit le commandement du 2e régiment provisoire de la réserve, et il mourut sur le champ de bataille de Reims, le 25 du même mois, frappé par un boulet. J.-T.

BLANCHART (ANTOINE-JOSEPH), naquit le 3 février 1751 à Saint-Aubin (Nord). Le 16 novembre 1780, il s'engagea dans la compagnie de maréchaussée dite *de la Connétablie*, entrée le 1er septembre 1789 dans la composition de la garde nationale parisienne soldée. Nommé capitaine le même jour, il passa le 3 août 1791 dans le cent deuxième régiment d'infanterie de ligne, avec lequel il fit les campagnes de 1792 à l'an III à l'armée de la Moselle. Capitaine de grenadiers dans la garde du Corps législatif le 27 fructidor an III, il devint chef de bataillon dans la même garde le 28 germinal an IV, et en fut nommé chef de brigade commandant en second le 8 frimaire an V. Il donna dans la journée du 18 brumaire les plus grandes preuves de dévoûment au général Bonaparte, aussi passa-t-il dans la garde consulaire, le 13 nivose an VIII, en qualité d'adjudant supérieur. Colonel de la 12e légion de gendarmerie (Lyon) le 18 fructidor an IX, il reçut la croix de membre et celle d'officier de la Légion-d'Honneur les 15 pluviose et 25 prairial an XII. Le colonel Blanchart parvint par sa vigilance, son activité et sa fermeté, à détruire les bandes de brigands qui infestaient les départemens du Rhône, de la Loire et du Puy-de-Dôme. Mis à la retraite le 21 février 1814, il est mort le 6 mars 1824 à Lyon (Rhône).

BLANCHOT (FRANÇOIS-MICHEL-ÉMILIE), né le 22 novembre 1735 à Paris, entra au service le 28 avril 1757 comme enseigne au régiment de Chartres. Nommé lieutenant le 21 décembre, il fit les campagnes de 1757 et 1758 en Hanovre, pendant lesquelles il se trouva à trois batailles. Capitaine en second des grenadiers le 28 août 1777, il monta le vaisseau *le Saint-Esprit*, se trouva à Ouessant en 1778, et reçut la croix de Saint-Louis le 11 octobre. Capitaine commandant de chasseurs le 5 juillet 1783, il partit pour le Sénégal, y obtint le grade de major du bataillon d'Afrique, avec le titre de commandant en second de la colonie, le 21 octobre 1785, et devint lieutenant-colonel le 13 octobre 1787. Colonel commandant en chef au Sénégal le 1er mai 1789, en remplacement du chevalier de Boufflers, il revint en France par congé en 1790 et retourna à son commandement en 1792. Attaqué pendant la nuit du 13 au 14 nivose an IX par la division anglaise du chevalier Hamilton, qui le sommait de se rendre,

il repoussa cette attaque et embarqua le 24 pluviose suivant pour revenir en France y rétablir sa santé. Nommé chef de brigade et confirmé dans son commandement du Sénégal le 25 thermidor an X, il repartit pour la colonie le 4e jour complémentaire de la même année. Les Anglais occupaient l'île de Gorée, sur la côte de la Sénégambie, non loin des possessions françaises, il la reprit le 27 nivose an XII. Créé membre de la Légion-d'Honneur le 25 prairial suivant, il mourut en activité de service au Sénégal le 12 septembre 1807. J.-T.

BLANDIN DE VALLIERE (CLAUDE-HYACINTHE), naquit à Nevers le 7 juillet 1762. Élu procureur-syndic de la commune de Nevers en novembre 1791, il en exerça les fonctions jusqu'au mois d'octobre 1792. Juge au tribunal du district de Nevers le 6 pluviose an III, il quitta cet emploi le 10 floréal suivant pour celui de commissaire national près le même tribunal, fut installé juge au tribunal civil du département de la Nièvre le 1er brumaire an IV, et nommé le 18 floréal an VIII commissaire du gouvernement près le tribunal criminel du même département. Le sénatus-consulte organique du 28 floréal an XII lui fit prendre le titre de procureur-général près la cour de justice criminelle de la Nièvre. Créé membre de la Légion-d'Honneur le 25 prairial de la même année, il fut attaché, lors de la réorganisation des tribunaux et des cours de justice, le 1er mai 1811, au parquet du procureur-général près la cour impériale de Bourges en qualité de substitut chargé du service de la cour d'assises de la Nièvre. Élu membre de la Chambre des représentans par les électeurs de l'arrondissement de Cosne en mai 1815, il fit partie de la députation chargée de présenter à l'Empereur, le 27 mai, l'adresse du collége du département. Le sort le désigna le 10 juin comme membre de la commission d'examen de la pétition de Godefroid Waldner, adressée à la Chambre par le baron Félix Desportes. Privé de ses fonctions judiciaires à la suppression des cours criminelles, vers la fin de décembre 1815, il continua d'habiter Nevers, qu'il n'a pas quitté depuis et où il réside encore aujourd'hui.

BLANMONT (MARIE-PIERRE-ISIDORE, *baron* DE), naquit le 23 février 1770 à Gisors (Eure). Soldat au régiment d'Auvergne-infanterie (17e) le 15 juillet 1786, il prit son congé de libération le 16 mai 1790, et entra comme volontaire le 6 septembre 1792 dans le troisième bataillon de l'Eure, où il devint capitaine le 19. A la bataille d'Arlon, le 11 juin 1793, il reçut un coup de sabre à l'épaule droite, en chargeant à la baïonnette sur une batterie de plusieurs pièces de canon, dont deux tombèrent en son pouvoir; il fit dans la même journée une centaine de prisonniers. Le 6 septembre suivant, il fut mis à l'ordre de l'armée pour sa conduite dans une sortie de la garnison de Maubeuge. Aide-de-camp du général Turreau le 15 brumaire an II, il le suivit à l'armée de l'Ouest. Porteur d'ordres importans pour le général Haxo, il traversa le 10 ventose, avec 22 dragons du 2e régiment, une partie de l'armée vendéenne à Palluau, et contribua, par cette action courageuse, à faire opérer le mouvement qui devait assurer le succès de la victoire des Landes de Boué. Au combat de Viers, près de Cholet, le 16 du même mois, il fut atteint de trois coups de baïonnette, dont un lui traversa le corps, eut un genou cassé et deux chevaux tués sous lui. Cette affaire lui mérita le grade d'adjudant-général chef de bataillon sur le champ de bataille. Blessé d'un coup de feu à la jambe gauche à Machecoul, le 15 messidor suivant, il ne voulut quitter son poste qu'à la fin de la journée. Suspendu par arrêté du Comité de salut public du 29 thermidor an II; sur sa demande, réintégré dans ses fonctions le 6 messidor an III, avec le grade de capitaine, il passa le 6 fructidor dans un bataillon de fédérés, et fut placé comme chef de bataillon à la suite de la 128e demi-brigade de ligne le 7 germinal an IV. Redevenu aide-de-camp du général Turreau le 7 vendémiaire an VI, il fit les campagnes de l'an VI à l'an IX aux armées du Danube, du Rhin, d'Helvétie et d'Italie. Nommé adjudant-général chef de brigade provisoire sur le champ de bataille par le général en chef de l'armée du Danube le 7 thermidor an VII, le Directoire le confirma dans ce grade le 27 vendémiaire an VIII. Dans le mois de germinal de cette année, à l'affaire du pont d'Exilles, étant à la tête de l'avant-garde du général Turreau, il pénétra dans la vallée de Suze, repoussa l'ennemi jusqu'à Saint-Chaumont et se reploya après avoir fait quelques prisonniers. L'ennemi, revenu en force, le 21, tenta de s'emparer du pont sur la Doire ; mais l'adjudant-commandant Blanmont, qui aperçut ce mouvement, se porta aussitôt sur le point menacé avec les carabiniers de la 28e demi-brigade légère, enfonça la colonne ennemie, lui fit 600 prisonniers, lui tua 150 hommes et lui prit deux canons. Dans cet engagement, une balle lui traversa la cuisse droite et le jeta à bas de son cheval. Compris sur la liste des adjudans-commandans le 1er fructidor an IX, il fut employé, le 2 vendémiaire an X, dans la 23e division militaire (Corse), et y reçut le 15 pluviose et le 25 prairial an XII la décoration de membre et celle d'officier de la Légion-d'Honneur. Il servit à l'armée d'Italie en 1806 et au corps d'observation de la Poméranie (grande armée) en 1807. Colonel du 105e régiment de ligne le 28 mars 1808, et commandant de la Légion-d'Honneur le 23 avril 1809, il fit à la tête de ce corps la guerre de cette dernière année en Allemagne. Nommé général de brigade le 6 août 1811, et employé à la 14e division militaire, il reçut l'ordre, le 25 mars 1812, de se rendre à la division du général Partouneaux (9e corps de la grande armée), avec laquelle il prit part à l'expédition de Russie. Blessé d'une balle qui lui traversa le genou droit après la malheureuse affaire de Borisow, il fut fait prisonnier de guerre par les Russes (*Voyez* tome III, pages 473 et 474). Rentré en France le 30 juillet 1814, et mis en non-activité le 1er septembre de la même année, il obtint, les 6 et 26 octobre suivant, le commandement de l'arrondissement d'Abbeville et la croix de chevalier de Saint-Louis. Lors de son passage à Abbeville pour se rendre à Lille, Louis XVIII l'éleva au grade de lieutenant-général ; mais cette nomination ne fut pas confirmée au second retour des Bourbons. Le département de l'Eure l'appela, pendant les Cent-Jours, à l'honneur de le représenter à la Chambre des députés, et l'Empereur l'employa, le 20 juin 1815, à la défense de Paris. Il fut l'un des commissaires députés par la Chambre auprès de l'armée. Placé au traitement de non-activité le 30 décembre 1815, le gouvernement le comprit, le 30 décembre 1818, comme maréchal-de-camp en disponibilité, dans le cadre de l'état-major général de l'armée, et l'appela le 24 février 1819 au commandement de la 1re subdivision de la 20e division militaire. Passé à celui de la 1re subdivision de la 21e division militaire le 22 novembre 1820, et mis en disponibilité le 14 avril 1821, il obtint sa retraite le 26 novembre 1826. Relevé de cette position après la révolution de Juillet 1830 et placé le 8 août suivant à la tête de la 3e subdivision de la 1re division militaire (Oise), il fut compris comme disponible dans le cadre d'activité de l'état-major général de l'armée le 22 mars 1832. Admis de nouveau à la retraite le 11 juin de la même année, il se retira à Gisors (Eure), où il réside encore aujourd'hui.

BLANPIED (ANTOINE), naquit le 14 juillet 1775 à Massay (Meuse). Incorporé comme réquisitionnaire le 24 germinal an II dans un des bataillons qui formèrent plus tard la 103e demi-brigade de bataille, devenue 103e régiment d'infanterie de ligne en l'an XII, il servit aux armées des Ardennes, de la Moselle, de Rhin-et-Moselle, d'Allemagne, d'Helvétie, du Danube et du Rhin, et se trouva à la belle défense de Kehl en brumaire an V. Membre de la Légion-d'Honneur le 25 prairial an XII, étant en Hanovre, et caporal le 6 brumaire an XIII, il fit avec le 5e corps de la grande armée les campagnes des ans XIV, 1806 et 1807 en Autriche, en Prusse et en Pologne. En 1809, attaché au 2e corps de l'armée d'Allemagne, il passa au 5e corps de l'armée d'Espagne en 1810, et prit sa retraite le 29 décembre à la suite d'un coup de feu qu'il avait reçu à la Ronda, en Andalousie, le 6 mai précédent. Il est mort le 30 janvier 1826 à Maxey-sur-Vaize (Meuse).
Y.

BLANQUET (JOSEPH-SILVESTRE), né le 22 juin 1760 à Marvejols (Lozère), entra en 1792 comme lieutenant dans la garde nationale de Marvejols. Nommé capitaine le 28 juillet 1793 dans l'un des 20 escadrons créés par décret de la Convention nationale, il fit partie, en cette qualité, de l'expédition envoyée dans la Vendée contre Charrier. Réformé avec son escadron par arrêté du Comité de salut public du 4 septembre suivant, il passa avec le même grade dans le 4e des 6 escadrons conservés par arrêté du 9 vendémiaire an II, devint chef dudit escadron le 30 ventose, et fit la campagne de l'an II à l'armée de la Vendée. Licencié le 6 prairial suivant, et nommé le 18 du même mois commissaire du dépôt général des hussards de l'armée du Rhin, il fut supprimé avec ce dépôt le 30 ventose an III. Pendant la durée de sa réforme, il occupa divers emplois civils, et notamment celui de chef du bureau de l'analyse au ministère des affaires étrangères. Rappelé à l'activité le 1er vendémiaire an VI pour servir comme chef d'escadron aide-de-camp auprès du général Chateauneuf-Randon, et attaché au 25e régiment de cavalerie le 19 brumaire an VII, il fit les campagnes de l'an VI à l'an IX aux armées d'Allemagne, de Mayence, du Rhin et du Danube, passa le 1er prairial an IX aide-de-camp du général de brigade Lafon, et le 30 prairial an X aux mêmes fonctions près du général de division Morlot. Créé membre de la Légion-d'Honneur le 25 prairial an XII, il devint, le 5 vendémiaire an XIV, premier aide-de-camp du maréchal Kellermann, et fit en cette qualité la campagne de l'an XIV à la grande armée. Attaché à l'état-major de l'armée d'Italie le 29 juin 1806, il y fit les guerres de 1806 à 1809. Chef d'état-major de la division Clausel le 8 janvier 1807, il fut employé à l'état-major du gouvernement de Venise le 1er décembre 1808, et à la division du général Grenier le 15 février 1809. Nommé chef d'état-major de la division Broussier le 25 avril suivant, et adjudant-commandant le 29 septembre pendant la campagne de 1809, il se trouva à la bataille de Sacile le 16 avril, prit une part active le 8 mai à la bataille de la Piave, où son cheval fut atteint d'une balle, et dans la nuit du 24 au 25 juin au combat de Kalsdorf, près de Gratz, où son cheval fut tué par un boulet. Le 6 juillet, à Wagram, démonté pour la troisième fois, il prit un fusil et se mit dans les rangs pour combattre; enfin, le 30 novembre suivant, en Tyrol, il eut un cheval blessé sous lui d'une balle. Il resta en Italie en 1810 et 1811, et appelé en 1812 à la grande armée de Russie, il parvint au retour à gagner Glogau, en Silésie, où il mourut de fatigue dans la nuit du 25 au 26 janvier 1813. J-T.

BLAUTIOT. V. BLOQUEAU (*Jean-Baptiste*), dit BLANTHIAUX.

BLEHÉE (PHILIPPE-LÉONARD), né à Lunéville (Meurthe), le 1er mars 1776, entra au service le 13 mai 1792 comme caporal au deuxième bataillon de la Charente-Inférieure, et fit à l'armée de Rhin-et-Moselle les campagnes de 1792 à l'an VI. Lieutenant en second à la compagnie des canonniers de son bataillon le 21 décembre 1792, capitaine en second à l'époque où le bataillon fut placé dans la 74e demi-brigade le 1er messidor an II, capitaine-commandant le 25 prairial an III, il assista à toutes les batailles où son corps prit part, et se distingua particulièrement au combat de Verth, aux deux passages du Rhin et à la défense de Kehl. Il fit à l'armée d'Helvétie la campagne de l'an VI, et entra avec son grade à la 7e demi-brigade d'artillerie de marine le 29 prairial de cette dernière année. Il quitta le camp de Berne pour prendre son service dans ce corps le 1er fructidor suivant, puis embarqua le 20 germinal an VII sur le vaisseau *l'Océan*. A terre le 30 thermidor, il passa comme commandant une division d'artillerie à l'armée de l'Ouest le 29 brumaire an VIII, et à l'armée d'Italie en l'an IX pour y commander une division d'artillerie attachée aux grenadiers de la marine. Promu au grade de chef de bataillon dans le même corps le 3 frimaire an XII, il embarqua sur la canonnière n° 7 le 1er pluviose, et fut créé membre de la Légion-d'Honneur le 25 prairial. Embarqué le 3 thermidor an XIII sur le paquebot *la Renommée*, il ne le quitta que le 16 février 1807 pour se rendre à l'armée de Boulogne, dont il devait commander les troupes d'artillerie de marine, les ouvriers militaires et l'artillerie de bataille en cas d'attaque. Appelé le 21 mars 1809 au commandement du bataillon des ouvriers militaires du Danube, il se rendit à Anvers, d'où il partit le 1er avril pour l'armée d'Allemagne, et rentra à Boulogne le 20 février 1810 pour y prendre le commandement des troupes d'artillerie de marine; il conserva cette position jusqu'au 8 mars 1811, date de sa nomination comme chef du parc d'artillerie de marine à Rochefort. Officier de la Légion-d'Honneur le 18 août 1814, et retiré postérieurement du service, il mourut à Paris le 28 juin 1843.

BLEIN (ANGE-FRANÇOIS-ALEXANDRE, *baron*), naquit le 25 novembre 1767 à Bourg-les-Valence (Drôme). Élève à l'École des ponts et chaussées le 1er janvier 1785, il en sortit le 1er janvier 1789 avec le grade d'ingénieur ordinaire. Après avoir été employé comme élève et comme ingénieur aux travaux du Tréport et de Cherbourg, il alla rejoindre l'armée du Var en 1793 et s'occupa de la construction du pont de ce nom et des retranchemens du Mont-Gros. Capitaine au corps du génie militaire le 3 messidor an II, il passa à l'armée de Sambre-et-Meuse, où il prit part à plusieurs affaires d'avant-garde, au blocus et aux préparatifs du siège de Valenciennes, et à la fin de cette campagne au siège de Maëstricht. Employé dans le mois de thermidor an III aux travaux du canal de Sambre-et-Oise, à Landrecies, et envoyé dans le mois de messidor an VI à l'armée de Mayence, il fit la campagne suivante aux armées du Danube et d'Helvétie, servit au siège de Philisbourg, et mit les places de Manheim et de Cassel en état de défense. Nommé chef de bataillon le 17 thermidor an VII, il se trouva en l'an VIII au passage du Rhin, à l'affaire de Nereshcim, le 5 messidor, et au blocus d'Ulm. Il suivit en l'an IX le général Moreau à l'armée du Rhin et se trouva à l'affaire de Haag, à la bataille de Hohenlinden, aux passages de l'Inn et de la Saale, les 10, 12, 18 et 22 frimaire. Après la paix de Lunéville, le gouvernement lui confia la direction des fortifications de Saint-Quentin. Attaché à l'état-major général de Berthier, il fit les guerres des ans XII et XIII à l'armée des côtes de l'Océan, où il reçut le 25 prairial an XII la décoration de la Légion-d'Honneur. Attaché au grand quartier-général pendant la campagne de l'an XIV en Autriche, il prit part aux batailles de Wertingen et d'Austerlitz, et devint colonel le 5 nivose. Détaché, après la bataille d'Iéna, au 9e corps en Silésie, il servit au siège de Breslau, et contribua l'année suivante à la reddition des places de Brieg, de Schweinitz, de Kosel, de Reiss et de Silberberg. Sa conduite distinguée à l'affaire qui eut lieu en avant de Glatz et à la prise du camp retranché devant cette place, lui mérita le 5 juillet

1807 la décoration d'officier de la Légion-d'Honneur. Il partit pour l'armée d'Espagne en 1808, en qualité de commandant du génie du quartier-général, et il se signala cette même année à la bataille de Sommo-Sierra, à la prise de Madrid et pendant toute la campagne dite *d'Astorga*. Envoyé en mission près le maréchal duc de Dalmatie, il assista le 30 janvier 1809 à la prise du Ferol. Rappelé à la grande armée d'Allemagne peu de temps après, il prit part en qualité de chef d'état-major général du génie aux batailles de Thann, de Landshutt, d'Eckmühl, à la prise de Ratisbonne et de Vienne, à la bataille d'Essling, au passage du Danube, à la bataille de Wagram et au combat de Znaïm, et fut blessé à Landshutt et à Ratisbonne. Diversement employé, de 1810 à 1811, il fit partie de la grande armée de 1812 à 1814. L'Empereur l'avait nommé général de brigade le 22 juillet 1813, et commandant de la Légion-d'Honneur le 3 avril 1814. Louis XVIII le créa chevalier de Saint-Louis le 8 juillet suivant et prononça son admission à la retraite le 1er août 1815. Compris comme disponible le 22 mars 1831 dans le cadre d'activité de l'état-major général de l'armée, une décision du 30 avril 1832 le remit en jouissance de sa pension de retraite. Grièvement blessé à la revue du 28 juillet 1835 par les projectiles de la machine Fieschi, il reçut une seconde pension conformément à la loi du 4 septembre de la même année, et le roi le nomma grand-officier de la Légion-d'Honneur le 29 avril 1837. Le général Blein est décoré de la croix de chevalier de l'ordre de Wurtemberg. Son nom figure sur la partie Nord de l'arc-de-triomphe de l'Étoile. Il réside en ce moment à Paris.

BLEMONT (NICOLAS-JOSEPH), né dans les Pays-Bas le 2 février 1761, fut nommé en l'an VIII juge au tribunal d'appel de la Dyle, puis président du tribunal criminel de l'Escaut. Devenu en l'an XII conseiller en la cour d'appel de Bruxelles et ensuite président de la cour de justice criminelle d'Anvers, il reçut le 25 prairial de la même année la croix de la Légion-d'Honneur. A la réorganisation judiciaire de 1811, il échangea le titre de ses fonctions judiciaires contre celui de conseiller en la cour impériale de Bruxelles. La Belgique ayant cessé en 1814 d'appartenir à la France, M. Blémont perdit sa qualité de citoyen français, et l'on a été sans nouvelles de lui depuis cette époque.

BLESIMARE (JACQUES), naquit à Saint-Germain-en-Laye (Seine-et-Oise), le 30 mai 1770. Surnuméraire dans la compagnie des gardes de la porte du roi le 31 décembre 1785, il fut réformé par mesure générale le 1er octobre 1787. Le 15 septembre 1791, il rentra au service comme sous-lieutenant dans le 3e régiment de dragons, devint lieutenant le 12 octobre 1792, capitaine le 4 mai 1793, et passa, le 27 août suivant, aide-de-camp du général Macdonald. Il fit les campagnes de 1791 en Champagne, de 1792 en Belgique et en Hollande, de 1793 à l'armée de Sambre-et-Meuse, et se trouva aux siéges de Menin, de Bois-le-Duc et de Nimègue. Il suivit son général aux armées de Rome et de Naples pendant les ans VI et VII, et obtint le 7 ventôse de cette dernière année le brevet de chef d'escadron. Rentré en France après les campagnes des ans VIII et IX à l'armée des Grisons, il y reçut, le 25 prairial an XII, la décoration de membre de la Légion-d'Honneur. Employé le 28 brumaire an XIV à l'état-major du prince Louis-Napoléon, commandant l'armée du Nord, il passa l'année suivante dans le royaume de Naples, et fut blessé de deux éclats de pierre au siége de Gaëte. Après avoir été attaché, en 1808, à l'état-major d'un corps espagnol qui se trouvait en Zélande, il quitta en 1809 l'armée de Naples, où il était retourné, et se rendit à la grande armée. Il alla d'abord en Bavière et dans le Tyrol comme chef d'état-major du corps de réserve du général Beaumont, et remplit, pendant les siéges de Colberg et de Stralsund, les mêmes fonctions à la division Boudet. Nommé adjudant-commandant le 20 février 1810, il servit à l'armée de Catalogne de 1810 à 1812. Chef d'état-major de la division de cavalerie de l'armée d'Aragon le 2 novembre 1813, il commanda pendant quelque temps une brigade, et vint prendre, le 2 mars 1814, le commandement du département de Vaucluse. Nommé chevalier de Saint-Louis le 7 mars 1815, il resta en demi-solde depuis la première Restauration jusqu'au 26 juillet 1820, époque de son admission à la retraite. Il est mort le 4 mars 1836 à Batignolles-Monceaux (Seine).
B-S.

BLIGNY (CLAUDE-LOUIS), naquit le 2 mars 1771 à Lonchamp (Côte-d'Or). Incorporé comme réquisitionnaire le 18 septembre 1793 dans le 10e bataillon de la Côte-d'Or, devenu successivement 207e demi-brigade d'infanterie, 93e de bataille et 93e régiment d'infanterie de ligne en l'an XII, il fit toutes les guerres sur le Rhin et en Italie, se trouva au combat de Durlach le 22 messidor an IV, et fut enfermé dans Gênes pendant le blocus. Nommé caporal le 10 brumaire an XII, membre de la Légion-d'Honneur le 25 prairial, et sergent le 16 février 1806, il fit la campagne de 1807 au corps du prince de Ponte-Corvo, passa au 67e régiment d'infanterie de ligne le 2 juin 1808, et fut tué en Espagne le 31 mars 1809.
Y.

BLIN (LÉOPOLD), naquit le 24 janvier 1780 à Nanci. Soldat le 25 prairial an III dans le 1er bataillon du 58e régiment d'infanterie, non amalgamé, il fit avec ce corps les campagnes des ans III, IV et V aux armées de Sambre-et-Meuse et de Rhin-et-Moselle. Blessé d'un coup de feu à la cuisse en l'an IV à l'affaire de Trèves, il passa dans le 8e régiment de hussards le 22 vendémiaire en VI, et servit aux armées d'Helvétie et du Rhin de l'an VI à l'an IX. Pendant la campagne de Hohenlinden, à l'affaire de Salzbourg, étant en tirailleur, il se trouva entouré par 5 hussards de Blankenstein, et après avoir reçu plusieurs coups de sabre, il dut la vie au maréchal-des-logis Boduzot. Il devint brigadier le 3 pluviose et brigadier-fourrier le 15 prairial an IX. Maréchal-des-logis le 10 messidor an X, et maréchal-des-logis-chef le 11 vendémiaire an XI, il fit partie des troupes rassemblées sur les côtes de l'Océan en l'an XII et en l'an XIII, et obtint la décoration de la Légion-d'Honneur le 25 prairial an XII. De l'an XIV à 1807, il combattit en Autriche, en Prusse et en Pologne. A la bataille d'Austerlitz, il fit un colonel prisonnier, et, accompagné d'un seul de ses camarades, il enleva une pièce de canon aux Russes. Nommé adjudant-sous-officier le 1er janvier 1806, il se fit de nouveau remarquer le 12 février suivant : à la tête de 25 hussards, il traversa la ville de Gusstadt au milieu de 5 à 600 Russes, et contribua puissamment à la prise de cette troupe et d'un convoi considérable qu'il intercepta. Promu sous-lieutenant le 10 juin suivant, il entra le premier dans Eylau le 7 février 1807, à la tête de quelques hussards, après avoir essuyé le feu de 2 compagnies d'infanterie, et fut blessé de deux coups de feu à la hanche et à la main. Malgré ces blessures, il ne quitta point le champ de bataille et fit 100 prisonniers. Le 10 mai suivant, l'Empereur lui conféra le grade de lieutenant, et celui d'adjudant-major le 24 du même mois; capitaine le 24 novembre 1808, il fit la campagne de 1809 contre l'Autriche. A Wagram, il eut 3 chevaux tués sous lui. En 1811, il était au corps d'observation de l'Elbe, d'où il passa en qualité d'aide-de-camp auprès du général de division comte Bourcier le 1er avril 1812, et il prit part en cette qualité à l'expédition de Russie. Nommé chef d'escadron, en conservant ses fonctions d'aide-de-camp, le 6 juillet 1813, il fit la campagne de Saxe dans le 3e régiment de chasseurs à cheval.

Après celle de France, il passa le 5 août dans les chasseurs à cheval du Dauphin (3e régiment), et reçut la décoration d'officier de la Légion-d'Honneur le 17 mars 1815. Chef d'escadron aux dragons du Rhône (8e régiment) le 3 janvier 1816, et chevalier de Saint-Louis le 30 avril 1817, il entra dans le 2e régiment de grenadiers à cheval de la garde royale le 10 novembre 1819, et fut fait lieutenant-colonel aux cuirassiers de Condé (6e régiment) le 11 juillet 1821, pour prendre rang du 25 octobre 1820.

En 1823, il suivit en Espagne l'armée des Pyrénées, et reçut le 23 novembre la croix de chevalier de 2e classe de l'ordre de Saint-Ferdinand. Appelé au commandement de l'École de cavalerie de Versailles le 21 septembre 1824, il passa comme colonel commandant en second, le 3 mars 1825, à celle de Saumur, et contribua puissamment à la bonne organisation de cet établissement. Les connaissances dont il fit preuve dans ces nouvelles fonctions déterminèrent le ministre de la guerre à l'appeler, le 10 décembre 1826, à la tête du bureau de la cavalerie, où il sut se faire apprécier. Après la révolution de Juillet, il obtint le commandement de la 23e légion de gendarmerie à Metz, le 14 septembre 1830. Président d'une commission établie à Lunéville en 1823 et à Pont-à-Mousson en 1830 pour la réception de 8,500 chevaux, il déploya dans cette mission zèle, désintéressement et capacité, et reçut comme récompense, le 20 avril 1831, la croix de commandeur de la Légion-d'Honneur. Une ordonnance prononça, sur sa demande, son admission à la retraite le 26 mai 1840. Il réside en ce moment à Paris.

BLONDEAU (ANDRÉ-JACQUES-PHILIPPE), naquit le 30 avril 1774 à Châteauneuf (Côte-d'Or). Soldat le 31 juillet 1792 au 8e bataillon des fédérés nationaux, fourrier à la légion de police à pied le 2 avril 1793, et sergent le 14 juin suivant, il fit les guerres de 1792 à l'an III à l'armée du Nord, et fut blessé à la bataille de Nervinde, le 18 mars 1793, de deux coups de sabre à l'épaule droite et à la tête, et d'un coup de baïonnette à la hanche gauche. Passé le 12 floréal an IV dans la garde du Directoire, devenue garde consulaire, puis chasseurs à pied de la garde impériale, il fut nommé sergent-major le 26 germinal an V, sous-lieutenant le 14 pluviose an VI, fit la campagne de l'an VIII à la 2e armée de réserve d'Italie, et se trouva à Marengo. Lieutenant en second le 16 messidor an X, lieutenant en premier le 1er vendémiaire an XI, et membre de la Légion-d'Honneur le 25 prairial an XII, il fit partie de la grande armée de l'an XIV à 1807 en Autriche, en Prusse et en Pologne, et obtint le grade de capitaine le 28 mars 1807. Appelé en Espagne en 1808, il revint avec l'Empereur et le suivit en 1809 en Allemagne; il assista à la bataille de Wagram. Retourné en Espagne pendant les années 1810 et 1811, et nommé chef de bataillon au 1er régiment de voltigeurs de la garde impériale le 7 septembre 1811, avec le rang de major d'infanterie, il prit part à l'expédition de Russie en 1812. Blessé d'un coup de feu à l'avant-bras droit le 15 novembre à Krasnoë, et prisonnier le 17 du même mois, il rentra des prisons de l'ennemi le 18 octobre 1814, et fut admis au traitement de non-activité le 17 novembre suivant. Nommé chevalier de Saint-Louis le 13 février 1815, il obtint le 21 mai 1822 sa retraite et se retira à Dijon, où il est mort le 17 janvier 1834.
J-T.

BLONDEAU (ANTIDE), naquit le 4 décembre 1764 à Châteauneuf (Côte-d'Or). Soldat dans le régiment du Maine-infanterie (28e) le 18 mars 1782, il y devint sergent-fourrier, en sortit par congé le 15 janvier 1789, et entra le 20 mars 1790 dans la garde nationale parisienne soldée (bataillon de Saint-Roch). Le 21 janvier 1792, il passa brigadier dans la 30e division de gendarmerie à pied, et fit les guerres de 1792 et 1793 aux armées du centre et de Rhin-et-Moselle. Le 6 décembre 1792, il reçut un coup de feu à la jambe droite à l'attaque des retranchemens de la montagne Verte, près de Trèves, et se distingua dans cet engagement. Capitaine-adjudant-major dans le 18e bataillon de volontaires de la Côte-d'Or le 24 brumaire an II, il servit, la même année, à l'armée du Rhin sous les ordres de Pichegru, qui le nomma, le 5 pluviose suivant, adjoint provisoire aux adjudans-généraux. Envoyé à l'armée des Alpes au commencement de l'an III, il y fut réformé le 1er thermidor. Remis en activité le 23 vendémiaire an IV, il rejoignit l'état-major général de l'armée d'Italie avec le brevet de sous-lieutenant délivré le 23 brumaire. Un arrêté du Directoire exécutif du 6 ventose le réintégra dans son grade de capitaine et le plaça à la suite de la 103e demi-brigade de ligne. Nommé chef de bataillon sur le champ de bataille par le général en chef de l'armée d'Italie le 6 germinal an VII, pour sa conduite au combat de l'Adige, il se fit de nouveau remarquer à la bataille de la Bormida le 27 floréal. Un arrêté des consuls du 26 frimaire an VIII le confirma dans le grade de chef de bataillon pour prendre rang de la date de sa nomination provisoire. Au combat du 29 floréal an VIII, sous les murs d'Aqui (Piémont), il fut estropié d'un coup de feu à la main droite. Attaché au corps d'observation du Midi, il y resta de l'an IX à l'an XI, et passa alors à l'armée gallo-batave. Il y reçut le 25 prairial an XII la décoration de membre de la Légion-d'Honneur. Successivement employé à Groningue et au camp d'Utrecht, il y rendit d'importans services au général Augereau, à l'état-major duquel il appartenait. Atteint d'aliénation mentale à la fin de l'an XIV, on le dirigea sur l'hôpital de Breda, d'où il fut évacué en janvier 1806 sur celui de Charenton, où il est mort le 1er octobre de cette dernière année.

BLONDEAU (FRANÇOIS-RAIMOND), naquit le 7 janvier 1747 à Beaume-les-Dames (Doubs). Volontaire dans la légion de Saint-Domingue le 7 janvier 1767, il y devint sous-lieutenant le 16 avril 1769. Lieutenant au régiment du Cap le 18 août 1772, il monta comme volontaire, le 1er janvier 1779, sur le vaisseau *la Bretagne*, faisant partie de l'escadre du comte d'Orvilliers, et passa le 11 octobre suivant dans le corps des volontaires d'Afrique, où il obtint le grade de capitaine le 20 juin 1783. Mis en retraite le 31 octobre 1786, il reçut le 8 avril 1791 la décoration de chevalier de Saint-Louis ; il comptait alors trois campagnes en Afrique et une sur mer. Le 2 octobre 1791, il entra avec son grade dans le 2e bataillon de volontaires du Doubs, et fit la guerre de 1792 et 1793 à l'armée de la Moselle. Nommé général de brigade le 25 septembre 1793, et immédiatement envoyé à l'armée du Rhin, il se fit remarquer à l'attaque des lignes de Weissembourg. Il commandait le département du Mont-Terrible, lorsqu'un arrêté du représentant du peuple Lacoste, du 28 germinal an II, le destitua de ses fonctions comme ayant un frère émigré. Blondeau protesta énergiquement contre cette mesure, et il demanda au gouvernement que, dans le cas où il ne pourrait obtenir sa réintégration comme officier-général, il lui fût au moins permis de faire la guerre comme simple soldat dans le bataillon de volontaires le plus voisin de l'ennemi. Un nouvel arrêté du Comité de salut public, du 17 prairial suivant, le réintégra dans son grade de général de brigade. Il servit à l'armée du Nord jusqu'au 25 pluviose an III. Placé alors en traitement de réforme, il parvint à se faire relever de cette position le 1er messidor an XI. Le gouvernement le mit à la disposition du général en chef de l'armée d'Italie pour être employé en qualité de commandant d'armes. Envoyé à Legnago (duché de Mantoue), il y reçut le 23 vendémiaire et le 25 prairial an XII la décoration de membre et celle d'officier de la Légion-d'Honneur. Il quitta cette place par ordre ministériel du 11 brumaire an XIV pour se rendre dans celle de Brescia. Admis à la retraite le 7 mars 1806, il se retira à Châteauneuf (Côte-d'Or), où il est mort le 30 mars 1841.

BLONDEAU (JACQUES), baron. *V.* tome II, page 459.

BLONDEL (LOUIS-JEAN-FÉLIX), né le 18 mai 1766 à Sainte-Opportune (Manche), entra au service le 22 octobre 1791 en qualité de capitaine au 2e bataillon de la Manche, devenu demi-brigade de l'Allier par amalgame du 16 nivose an II, vingt-septième demi-brigade de ligne le 1er vendémiaire an V, et 27e régiment de même arme en l'an XII. Il fit les campagnes de 1792 à l'an III aux armées du Rhin, de la Moselle et du Nord, et eut une partie de la jambe droite gelée au blocus de Berg-op-Zoom. Le 19 nivose an II, à Lers, près de Lille, à la tête d'un détachement de la demi-brigade de l'Allier, il soutint la retraite d'un convoi de fourrage, et par ses bonnes dispositions sauva 2 pièces de canon qui allaient tomber au pouvoir de l'ennemi. Le 28 floréal suivant, il se donna un effort en sautant dans les retranchemens de Maucron ; enfin, à l'affaire de Reweler, près de Lille, il repoussa l'ennemi avec vigueur et fit un grand nombre de prisonniers, parmi lesquels se trouvait un major autrichien. Employé à l'armée de l'Ouest et des côtes de l'Océan de l'an IV à l'an VII, et de la fin de l'an VII à l'an XI aux armées d'observation du Rhin, du Danube, du Rhin et d'Helvétie, il passa en l'an XII à celle des côtes d'Angleterre, au camp de Montreuil, et y fut nommé le 25 prairial membre de la Légion-d'Honneur. De l'an XIV à 1807, il fit partie du 6e corps de la grande armée, combattit en Prusse et en Pologne, reçut un coup de feu à la tête à l'attaque d'Ulm le 23 vendémiaire an XIV, et fut nommé chef de bataillon le 21 novembre 1806. Appelé en février 1808 au commandement des 1er et 2e bataillons du 6e régiment provisoire du corps d'observation des côtes de l'Océan, il entra au 116e régiment de ligne le 1er juillet, et fit la campagne des six derniers mois à la 11e division de l'armée d'Espagne. Admis à la retraite le 17 février 1809, il se retira à Carentan (Manche), où il est mort le 18 septembre 1833.
J-T.

BLOQUEAU (JEAN-BAPTISTE-JOSEPH), DIT **BLANTHIAUX**, né le 21 septembre 1758 à Saint-Amand (Nord), entra au service le 19 août 1777 comme chasseur à cheval au régiment de Bretagne-infanterie, devenu 10e de l'arme en 1791, fut nommé brigadier le 22 janvier 1784, maréchal-des-logis le 17 juillet 1789, maréchal-des-logis-chef le 1er mai 1792, et sous-lieutenant le 1er mars 1793. Il fit les campagnes de 1792 à l'an V aux armées de Rhin-et-Moselle, du Rhin et d'Italie. Le 22 fructidor an IV, chargé du commandement d'un détachement à Carpenetto, il se rendit maître d'un convoi considérable et de plusieurs canons destinés au ravitaillement de Mantoue, et fut blessé d'un coup de sabre dans cette affaire. Capitaine le 1er nivose an V, et employé aux armées du Rhin, du Danube, d'Helvétie et du Rhin de l'an v à l'an IX, il se distingua à Soulz le 10 germinal an VII, où il sauva un escadron du régiment cerné par les Autrichiens, et fut pris en se retirant. Rendu par échange, il commandait un escadron du régiment le 13 floréal an VIII, à la bataille de Mœskirch : voyant l'ennemi prêt à tomber sur l'artillerie et les équipages de la division, il le chargea avec tant de vigueur qu'il le mit en déroute et lui fit un grand nombre de prisonniers. Dirigé sur l'armée des côtes en l'an XII, et nommé membre de la Légion-d'Honle 25 prairial, il fit partie de la grande armée de l'an XIV à 1807 en Autriche, en Prusse et en Pologne. Rentré à l'intérieur en 1808, il compléta sa trentième année de service, et fut admis à la retraite le 6 février 1809. Il est mort à Charleville (Ardennes), le 14 octobre 1823. J-T.

BLOT (AMBROISE), naquit le 17 janvier 1764 à Thorigny (Sarthe). Volontaire dans le 16e bataillon de réserve formé à Soissons le 14 septembre 1792, il fit successivement partie de la demi-brigade des Lombards et de la 72e de bataille, devenue 72e régiment de ligne en l'an XII, et combattit pendant les guerres de la liberté aux armées du Nord, de Batavie, du Danube, du Rhin et d'Italie. Il se trouva à la bataille de Bergen le 3e jour complémentaire an VII, à celle des Dunes le 10 vendémiaire an VIII, à celle de Castricum le 14 du même mois, et à celle de Marengo le 25 prairial suivant. Légionnaire le 25 prairial an XII, étant au camp de Saint-Omer, il fut attaché au 8e corps de la grande armée pendant les campagnes des ans XIV, 1806 et 1807 en Italie, en Prusse et en Pologne, et mourut de maladie à Custrin le 11 septembre 1807. Y.

BLOT (LOUIS-JOSEPH), naquit le 5 janvier 1772 à Etreux (Aisne). Volontaire le 1er septembre 1791 au 2e bataillon de l'Aisne, il quitta ce corps le 8 mars 1792 pour entrer dans la garde à cheval du roi, licenciée le 29 mai. Incorporé comme chasseur à cheval dans la légion du Nord le 1er octobre, et nommé brigadier le 4, il fit les campagnes de 1792 et 1793 aux armées du Nord et de la Vendée. Passé le 1er germinal an II dans le 19e régiment de dragons, il servit pendant les campagnes des ans II, III, IV et V aux armées de la Moselle, de Luxembourg, de Mayence et du Rhin, et fut blessé à l'affaire de Kehl, le 2e jour complémentaire an IV, d'un coup de feu au bras gauche et d'un coup de sabre à la main gauche. Maréchal-des-logis le 1er germinal an V, il rejoignit en l'an VI l'armée de Mayence, et y mérita le grade de maréchal-des-logis-chef le 1er frimaire. Mis à la disposition du ministre de la marine le 18 messidor, il partit pour la Guiane avec le corps expéditionnaire du général Davisard, fut nommé sous-lieutenant au bataillon colonial de la Guiane le 17 brumaire an VII, lieutenant dans la gendarmerie de la colonie le 23 pluviose, et capitaine dans le même corps le 1er ventose suivant. Réformé le 23 brumaire an IX, il quitta la Guiane à la fin de cette année pour revenir en France, entra comme capitaine-adjudant-major dans le 26e régiment de chasseurs à cheval le 4 floréal an X, et obtint la croix de membre de la Légion-d'Honneur le 25 prairial an XII. De l'an XIV à 1807, il suivit la grande armée en Autriche, en Prusse et en Pologne, reçut un coup de lance au-dessus de la hanche droite le 29 brumaire an XIV devant Brünn, et fut fait capitaine titulaire le 1er mai 1807. Envoyé en Espagne en 1808, et promu chef d'escadron à la suite le 28 août, il devint titulaire de ce grade le 18 juin 1810. A cette époque, il fit partie de l'armée du Nord, et retourna à celle d'Espagne en 1811; il se distingua à la bataille des Arapiles le 22 juillet 1812, où il commandait le régiment en l'absence du colonel, et où il fut blessé d'un coup de sabre sur l'épaule droite. Major au 14e régiment de hussards le 6 mars 1813, il resta au dépôt de son corps, et fit ensuite la campagne de 1814 à l'armée d'Italie. Passé le 16 juillet de la même année dans le 4e régiment de hussards, et décoré de la croix de Saint-Louis le 22 septembre suivant, il fit en 1815 la campagne du Nord, fut admis à la retraite le 10 février 1816, et se retira à Saumur. Il est mort le 7 avril 1832 à Pomperin (Deux-Sèvres).

BOC. V. BOÉ.

BOCRIO (PIERRE-JEAN-THOMAS). Nommé en l'an VIII président du tribunal d'appel d'Ajaccio, il échangea ce titre en l'an XII contre celui de président de la cour d'appel du même siége, et reçut le 25 prairial de la même année la croix de membre de la Légion-d'Honneur. Il est mort dans les derniers jours de juin 1808.

BODARD (NICOLAS-MARIE-FÉLIX), que les biographes désignent sous le nom de BODARD DE TEZAY, naquit à Bayeux (Calvados), le 14 août 1756, et non en 1758 comme l'indiquent la plupart des auteurs, ni en 1757, ainsi que l'affirme le Supplément de Michaud, prétendant rectifier ainsi ses devanciers. Son père, avocat distingué de Bayeux, l'envoya au collège de Caen, où il se lia d'une étroite amitié avec le poète Lebailly, qui plus tard lui dédia son 4e livre de fables. Bodard, emporté par une vocation décidée vers la littérature, avait déjà publié plusieurs pièces dignes d'attention, lorsqu'il vint à Paris. Entré dans les bureaux de l'administration générale, il obtint en 1792 l'emploi de chef de division à la caisse de l'extraordinaire, dont le directeur Laumont était son ami. Incarcéré pendant la terreur et rendu à la liberté après le 9 thermidor, il suivit à Smyrne, le 1er fructidor an III, en qualité de vice-consul, Laumont, qui venait d'y être nommé consul-général. Chargé de se rendre à Constantinople pour y demander la principale réparation des insultes auxquelles le commerce français était en butte de la part des Turcs, il obtint de la Porte la satisfaction exigée, et visita la Grèce à son retour. Envoyé à Naples en qualité de commissaire civil, il s'y était fait une réputation méritée d'administrateur sage et éclairé, quand le sort des armes l'obligea à quitter cette résidence après quelques mois de séjour. Consul-général à Gênes le 17 frimaire an VIII, il réunit à cet emploi celui de chargé d'affaires le 13 nivose de la même année. Il remplit ces fonctions pendant le siége de Gênes. Créé membre de la Légion-d'Honneur le 25 prairial an XII, il rentra dans la vie privée le 31 décembre 1806, et se livra dès-lors tout entier à son goût pour les lettres. On lui attribue différentes pièces de théâtres publiées sous le voile de l'anonyme et représentées sur les principaux théâtres de Paris, ainsi que quelques morceaux de poésies; son *Ode sur l'électricité*, œuvre de son enfance, a été couronné par l'Académie de Caen. Bodard est mort à Paris le 13 janvier 1823.

BODELIN (PIERRE, *baron*), naquit le 9 juin 1764 à Moulins (Allier). Soldat le 1er janvier 1782 au 2e bataillon du régiment Beaujolais-infanterie, 74e de l'arme en 1791, et par embrigadement et amalgame successifs 138e demi-brigade d'infanterie et 61e de ligne. Caporal le 20 août 1791, fourrier le 11 mai 1793, sergent, sergent-major, sous-lieutenant et lieutenant les 6 frimaire, 18 et 20 prairial et 1er thermidor an II, il fit les campagnes de 1792 à l'an II à l'armée du Nord, et reçut un coup de feu à la main droite au blocus de Landrecies au mois de floréal an II. Envoyé à l'armée de Sambre-et-Meuse vers la fin de l'an II, il fut nommé lieutenant-adjudant-major le 5 ventose an IV. Dirigé sur l'armée d'Italie, il se distingua à la bataille de Gradisca et au passage de l'Isonzo le 29 ventose an V, et devint capitaine le 5 fructidor de la même année. Appelé à faire partie des expéditions d'Égypte et de Syrie, il assista aux batailles et aux siéges d'Alexandrie, des Pyramides, de Jaffa et de Saint-Jean-d'Acre, fut blessé au bras le 7 thermidor an VII à la bataille d'Aboukir, et d'un second coup de feu à l'épaule le 30 ventose an IX, près d'Alexandrie. Chef de bataillon le 22 floréal an IX, rentré en France en l'an X, et employé au camp de Bruges, il obtint la croix de la Légion-d'Honneur le 25 prairial an XII, et fit les campagnes de l'an XIV à 1806 en Autriche et en Prusse. Passé comme chef de bataillon le 28 octobre 1806 dans les grenadiers à pied de la garde impériale, il servit en Pologne pendant l'année 1807. En 1808, il suivit l'Empereur en Espagne, fut nommé officier de la Légion-d'Honneur le 16 novembre, et passa en 1809 en Allemagne. Promu major avec rang de colonel aux fusiliers-grenadiers le 6 juillet sur le champ de bataille de Wagram, il retourna en Espagne en 1810. Créé baron de l'Empire le 11 juin, il quitta la péninsule en 1812 pour se rendre à la grande armée en Russie. Élevé au grade de général de brigade le 13 avril 1813, et admis à la retraite le 20 du même mois, il se retira à Versailles, où il est mort le 14 janvier 1828. J.-T.

BODROUX, NON **BAUDRAU, BAUDREAU**, NI **BEAUDRAU**(SYLVAIN), naquit le 5 février 1770 à Maillé (Vienne). Soldat le 9 mars 1792 dans le 60e régiment d'infanterie, dont le 1er bataillon fut incorporé dans la 20e demi-brigade de ligne à la formation de l'an IV, il fit les campagnes de 1792 à l'an IV aux armées du Rhin, de l'Ouest et d'Italie. Passé le 1er nivose an V dans les grenadiers à pied de la garde du Directoire, plus tard garde des consuls, puis garde impériale, il devint caporal le 26 fructidor an VII, fit la campagne de l'an VIII, et combattit vaillamment à Marengo. Employé en l'an XII et en l'an XIII au camp de Boulogne, il y reçut la décoration de la Légion-d'Honneur le 25 prairial an XII, et combattit en l'an XIV et en 1806 en Autriche et en Prusse. Sergent le 4 avril 1806, il passa comme lieutenant dans le 2e régiment d'infanterie de ligne italien le 1er octobre suivant, et y obtint le grade de capitaine le 18 octobre 1808. Il fit en cette qualité la campagne de 1809 en Italie et en Allemagne, et fut blessé d'un coup de feu à la cuisse droite le 16 avril à la bataille de Sacile. Bodroux prit part à l'expédition de Russie en 1812, et aux opérations de l'armée d'Italie en 1813 et 1814. L'Empereur le nomma chevalier de la Couronne-de-Fer le 15 décembre 1813. Rentré en France après l'abdication de l'Empereur et mis en demi-solde, il resta dans cette position jusqu'au 16 octobre 1816, époque de son admission à la retraite. Il réside en ce moment à Saint-Savin (Vienne). B-G.

BODSON DE **NOIREFONTAINE** (LOUIS-GABRIEL-CAMILLE), naquit le 16 octobre 1777 à Charleville (Ardennes). Entré comme sous-lieutenant à l'École du génie à Metz le 9 ventose an II, il en sortit le 1er germinal suivant avec le grade de lieutenant en premier; capitaine de deuxième classe le 1er frimaire an III, il fit les guerres des ans IV et V à l'armée de Sambre-et-Meuse, assista en l'an IV au siège d'Erenbreistein, aux batailles de Limbourg, de Sulzbach, d'Amberg et de Wurtzbourg. Il se signala pendant les campagnes de l'an VI en Allemagne, et de l'an VII à l'an IX aux armées du Danube, du Rhin, de réserve et des Grisons. Il prit part aux travaux exécutés devant Manheim (an VII), à ceux du fort de Kehl (an VIII), à la défense du Vieux-Brisach et à la bataille de Hohenlinden, où il se fit particulièrement remarquer au moment de la charge à la baïonnette exécutée par la 46e demi-brigade de ligne contre la réserve des grenadiers hongrois qui cherchaient à tourner le centre de l'armée. Il se trouva au passage de l'Inn et à l'affaire de la Salza, fut nommé chef de bataillon le 27 germinal an IX, sous-directeur provisoire à Charleville le 3 frimaire an X, titulaire le 20 frimaire an XI, et membre de la Légion-d'Honneur le 25 prairial an XII. Passé à l'armée gallo-batave en l'an XIV, il commanda l'année suivante le génie des camps stationnés en Hollande et à l'armée du Nord, et eut en même temps l'inspection des fortifications des places situées dans les iles de la Zélande et la direction intérimaire de Maëstricht. L'Empereur adopta les projets de travaux à faire à Maëstricht, que le commandant Bodson lui avait présentés, et chargea cet officier supérieur de leur exécution. Employé à Paris depuis 1810, il fit partie le 27 janvier 1812 du 2e corps d'observation de l'Elbe en qualité de chef d'état-major du génie. Nommé colonel le 19 novembre suivant, il alla reprendre le 8 janvier 1813 la direction des fortifications de Maëstricht, dont il était resté titulaire. Il passa successivement à celles de Saint-Omer et de Valenciennes les 23 mai et 3 juin 1814. Chevalier de Saint-Louis le 5 octobre, et officier de la Légion-d'Honneur le 9 novembre de la même année, il fut appelé le 29 avril 1815 à la direction d'Avesnes, et refusa de reprendre du service. Napoléon, irrité de ce refus, le destitua le 15 mai,

Réintégré le 9 août, et employé à Paris le 16 de ce mois, il obtint le 21 mai 1816 la direction de Lille. Fait maréchal-de-camp le 3 juillet 1816, et inspecteur des fortications, il mourut à Lille dans la nuit du 25 au 26 mars 1817. B-S.

BOÉ ET NON BOC (SÉBASTIEN), naquit le 15 octobre 1775 à Sultzmatt (Haut-Rhin). Soldat le 16 juin 1791 dans le 13e régiment de dragons (ci-devant *Monsieur*), et brigadier-fourrier le 13 floréal an II, il fit les campagnes de 1792 à l'an VI aux armées du Nord, de l'Ouest, de Rhin-et-Moselle, de l'Ouest et de Mayence. Passé en l'an VII aux armées d'Helvétie et du Danube, il fit partie du corps des guides d'Helvétie depuis le 28 prairial jusqu'au 18 messidor an VII, et rentra dans le 13e dragons avec le grade de sous-lieutenant. Attaché à l'armée du Rhin en l'an VIII, il assista aux batailles d'Engen et de l'Iller les 13 floréal et 16 prairial, et fut nommé le 18 fructidor de la même année lieutenant en premier dans les chasseurs à cheval de la garde des consuls. Dirigé sur l'armée des côtes de l'Océan, il obtint la décoration de la Légion-d'Honneur le 25 prairial an XII, et passa à un emploi civil le 1er vendémiaire an XIII. Il est mort à Saint-Domingue le 13 septembre 1825.

BOERNER (JEAN-DAVID), naquit le 13 septembre 1762 à Ravesbourg (Souabe). Soldat au régiment de Walsh (infanterie irlandaise au service de France) le 1er mai 1780, il embarqua avec son corps en 1782 sur la flotte de l'amiral d'Estaing, destinée pour les îles du vent, devint sergent-fourrier le 10 septembre 1785, suivit son régiment à l'Ile-de-France de 1788 à 1790, fut nommé sergent-major le 1er janvier 1791, et fit partie de l'expédition que le général Blanchelande conduisit la même année à Saint-Domingue. Sous-lieutenant, adjudant-major et capitaine les 5 septembre et 2 novembre 1792 et 21 février 1793, il se signala le 20 juin 1793 à la prise de la ville du Cap contre les nègres révoltés, et reçut deux coups de feu. Rentré en France pour y soigner ses blessures, il se rendit à l'armée des côtes de Brest en l'an II, et assista à l'affaire de Quiberon le 2 thermidor an III. Nommé adjoint à l'état-major général de l'armée de Saint-Domingue le 1er pluviôse an IV, et chef de bataillon le 16 du même mois, il eut le poignet droit cassé par un coup de feu à l'attaque du fort Raimond, le 24 thermidor. Revenu en Europe le 25 frimaire an V, il retourna à Saint-Domingue avec le corps expéditionnaire du général Hédouville. Élevé au grade de chef de brigade le 1er ventôse an VI, il rentra en France dans le mois de prairial an VII, et fut réformé par mesure générale le 20 fructidor. Le premier Consul le réintégra dans ses fonctions et lui confia le commandement du département de la Mayenne. Mis à la suite de la 12e demi-brigade de ligne le 18 frimaire an X, il devint le 9 fructidor an XI adjudant-commandant, et se rendit en cette qualité dans la 5e division militaire (Strasbourg). Il y reçut les 15 pluviose et 25 prairial an XII la décoration de membre et celle d'officier de la Légion-d'Honneur. Employé le 7 vendémiaire an XIV près le major-général de la grande armée, il fit la campagne de cette année en Autriche, et obtint la croix de commandant de la Légion-d'Honneur le 4 nivôse suivant. Il servit en Prusse et en Pologne en 1806 et 1807. Autorisé le 2 novembre 1807 à passer au service du roi de Westphalie, et nommé général de brigade le 30 décembre, il eut le 1er janvier 1808 le commandement du département de la Werra. Le 23 février 1809, le roi de Westphalie le plaça à la tête d'une brigade de cette nation, employée à l'armée d'Espagne. Admis à la retraite le 5 octobre 1809, avec autorisation d'en jouir en France, une ordonnance royale du 15 novembre 1814 le confirma dans le grade de maréchal-de-camp, et l'admit le même jour à la retraite de ce grade. Il est mort le 4 mai 1829 à Nordheim (Bas-Rhin).

BOEUF. *Voyez* BEUF (*Joseph*).

BOGET (JOSEPH), né le 3 mai 1771 à Belley (Ain), entra au service comme capitaine d'une compagnie franche de Belley, à sa formation, en août 1793, laquelle devint 8e bataillon de l'Isère le 2 brumaire an II, et successivement 146e demi-brigade d'infanterie, 46e provisoire, 5e demi-brigade de bataille en l'an IV, et 5e régiment de ligne en l'an XII. Il fit les campagnes de l'an II à l'an III à l'armée d'Italie et des Alpes, et celles de l'an IV à l'an VII en Italie, se trouva à la bataille de Castiglione le 18 thermidor an IV, et fut fait prisonnier le 6 germinal an VII pendant la campagne de Naples. Rendu par échange le 10 ventôse an IX, il passa à l'armée d'observation du Midi. Membre de la Légion-d'Honneur le 25 prairial an XII, étant à Turin, il suivit le 8e corps de la grande armée en l'an XIV, fit la campagne de Dalmatie en 1806, et fut admis à la retraite le 16 mai 1807. Il est mort à Lyon le 29 mai 1823.

BOINARD. (JEAN-BAPTISTE). V. BOISNARD.

BOISARD (CHARLES), naquit le 14 décembre 1751 à Antoigny (Orne). Grenadier le 19 février 1771 dans le régiment de Normandie, alors 9e d'infanterie, il passa en 1776 dans celui de Neustrie (10e). En 1779, il était au camp de Saint-Malo, dont les troupes firent échouer la descente que les Anglais projetaient sur les côtes de Normandie. Caporal le 11 décembre 1779, et sergent le 1er janvier 1786, il devint le 7 juillet de la même année lieutenant des gardes du gouverneur du Saumurois. Nommé lieutenant dans la compagnie de gendarmerie de Maine-et-Loire (résidence de Cholet) le 11 juin 1791, il se fit remarquer lors de l'insurrection qui éclata dans les districts de Bressuire et de Châtillon (Deux-Sèvres). L'Assemblée législative mentionna honorablement dans ses procès-verbaux sa conduite sage et courageuse. Élevé au grade de lieutenant-colonel dans le 16e régiment de dragons le 12 novembre 1792, et à celui de colonel du 19e régiment de cette arme le 12 mars 1793, il organisa ce corps et combattit à sa tête à la bataille de Martigné-Brillant (armée de l'Ouest), chargea l'aile gauche de l'armée vendéenne, qu'il enfonça, et assura par ce fait d'armes le succès de la journée. De l'an IV à l'an V, le 19e de dragons servit aux armées de Rhin-et-Moselle. En l'an III, le colonel Boisard enleva aux environs de Coblentz un convoi de blé à l'ennemi. Le 18 fructidor an IV, au combat d'Obstadt, en avant de Bruchsal, il soutint avec 2,200 hommes la retraite de l'armée poursuivie par 30,000 Autrichiens. Le 4e jour complémentaire, détaché sur le Kinzig, en avant de Kehl, avec la 68e demi-brigade de ligne et 2 escadrons de son régiment, il chargea trois fois une forte colonne qui l'avait attaquée, et au moment où il l'enfonçait il tomba au pouvoir de l'ennemi; il eut 4 chevaux tués sous lui dans cette journée. Échangé peu de temps après, il rejoignit son régiment à l'armée du Rhin. Un arrêté du Directoire exécutif du 22 prairial an V l'appela au commandement de la 6e division de gendarmerie (Tours). Le 18 fructidor an IX, époque de la réorganisation de cette arme, le premier Consul le plaça à la tête de la 27e légion (Turin). Il y reçut les 15 pluviose et 25 prairial an XII la décoration de membre et celle d'officier de la Légion-d'Honneur. Le 18 juillet 1809, il passa au commandement de la 25e légion de gendarmerie (Mayence), et en 1813 à celui de la force publique attachée aux différens corps de la grande armée; il fit en cette qualité la campagne de Saxe, et prit part à presque tous les engagemens qui eurent lieu jusqu'à la retraite de l'armée sur le Rhin. Le gouvernement de la Restauration l'employa le 5 septembre 1814 dans la 15e légion de gendarmerie (Limoges), où il resta jusqu'au 16 octobre 1815, époque à laquelle il cessa d'être employé activement. Mis à la retraite le 26 janvier 1816, il est mort à Saint-Symphorien (Indre-et-Loire), le 16 novembre 1838.

BOISGELIN. *V.* t. II, p. 242.

BOISLÉGER, maréchal-des-logis-chef au 10e de dragons. *V.* la nomination du 17 thermidor.

BOISARD ET NON BOISSARD (JEAN-FRANÇOIS-AUGUSTIN), naquit le 17 septembre 1740 à Cormelle (Calvados). Pharmacien-aide-major le 1er avril 1792, il servit aux armées du Midi et des Alpes, et passa le 6 avril 1793 pharmacien-major à l'armée des côtes de Brest et de Cherbourg. Pharmacien en chef le 27 frimaire an III, le gouvernement l'appela le 23 vendémiaire an V à l'hôpital de Caen, et le 23 pluviose an VI à l'armée d'Angleterre. Il retourna à Caen le 5 ventose an VII comme pharmacien-major de l'hôpital militaire de cette ville, et y fut licencié le 8 ventose an IX. Un arrêté du premier Consul du 10 prairial suivant le nomma pharmacien en chef du corps d'observation de la Gironde. Après avoir été de nouveau réformé et réemployé, il obtint le 4 vendémiaire an XII des lettres de service comme pharmacien principal du camp de Compiègne, où il reçut le 25 prairial la décoration de la Légion-d'Honneur. Passé au camp de Montreuil peu de temps après, il suivit le corps qui en faisaient partie à la grande armée de l'an XIV à 1807. Admis à la retraite le 19 mars 1809, il mourut à Caen, où il s'était retiré, le 4 janvier 1813.
B-S.

BOISNARD ET NON BOINARD (JEAN-BAPTISTE), naquit le 26 février 1769 à Restaut (Charente-Inférieure). Volontaire le 16 mars 1792 dans la 1re compagnie franche de son département, incorporée le 22 prairial an II dans la 169e demi-brigade de ligne, amalgamée en partie le 11 floréal an V dans la 24e légère, il fit les guerres de 1792 à l'an IV aux armées de l'Ouest et de Rhin-et-Moselle. Caporal le 23 nivose an III, il servit pendant les ans V et VI aux armées de Sambre-et-Meuse et de l'Ouest, passa à l'armée d'Angleterre en l'an VII, devint fourrier le 7 germinal, fit partie de l'armée d'Italie, et fut grièvement blessé à la bataille de Marengo. Attaché en l'an X au corps d'observation de la Gironde, qui pénétra jusqu'aux frontières du Portugal, sergent le 15 floréal, sergent-major le 2 brumaire an XI, et membre de la Légion-d'Honneur le 25 prairial an XII, il suivit son régiment à l'armée des côtes de l'Ouest et au camp de Boulogne en l'an XII et en l'an XIII; il prit part à la guerre d'Allemagne de l'an XIV. Nommé sous-lieutenant le 23 novembre 1806, après la campagne de Prusse, il combattit en 1807 en Pologne. En 1809, il fit la campagne d'Autriche, et reçut le grade de lieutenant le 6 avril, et celui de capitaine le 24 août. Passé en 1810 au corps d'observation de la Hollande, il obtint sa retraite le 23 octobre 1811. Il réside en ce moment à Rioux (Charente-Inférieure).

BOISSARD (J.-F.-A.). *V.* BOISARD.

BOISSARD (YVES), naquit le 15 avril 1776 à Pontarlier (Doubs). Soldat le 15 juin 1792 au 2e bataillon du Doubs, caporal-fourrier le 10 vendémiaire an II au 14e bataillon *bis* d'infanterie légère, 21e demi-brigade légère en l'an IV et 21e régiment de même arme en l'an XII, sergent le 10 pluviose an II, et sergent-major le 3 brumaire an III, il fit les campagnes de 1792 à l'an VI aux armées du Rhin et d'Italie. Parti avec l'expédition d'Égypte en l'an VI, il devint adjudant-sous-officier le 1er brumaire, sous-lieutenant le 20 frimaire et lieutenant le 19 floréal an VII. Passé comme adjoint aux adjudans-généraux à l'état-major du général Kléber le 7 nivose an VIII, il rentra à son corps le 1er frimaire an IX, fut nommé capitaine le 11 germinal, et embarqua pour la France après la capitulation d'Alexandrie. Lorsque l'Empereur lui accorda la décoration de la Légion-d'Honneur, le 25 prairial an XII, il était au camp de Bruges, où il resta jusqu'en l'an XIV. Il suivit la grande armée en 1806 en Prusse, et reçut le grade de chef de bataillon sur le champ de bataille le 22 décembre. Il fit la campagne de Pologne en 1807, et fut compris dans le nombre des donataires nommés par l'Empereur au mois de mars 1808. Appelé immédiatement en Espagne, il fut tué au siége de Saragosse le 21 décembre de la même année.
J-T.

BOISSEAU (CLAUDE), naquit le 5 novembre 1767 à Semur (Côte-d'Or). Volontaire le 2 octobre 1784 dans le 7e régiment de cavalerie, 7e de cuirassiers en l'an XI, et brigadier-fourrier le 27 mai 1793, il fit les campagnes de 1792 à l'an IX aux différentes armées de la République. Le 14 septembre 1792, à l'affaire de la Croix-aux-Bois, il reçut un coup de feu au pied droit, et le 2 floréal an II, devant Tournai, un coup de sabre à la main droite. Maréchal-des-logis le 13 vendémiaire an III, et adjudant-sous-officier le 1er thermidor an VII, il tint garnison à Codogno (Italie) de l'an X à l'an XIII, reçut la décoration de membre de la Légion-d'Honneur le 25 prairial an XII, et fut nommé sous-lieutenant à l'élection le 7 fructidor an XIII. Il fit la campagne de l'an XIV à l'armée d'Italie, et celles de 1806 et 1807 au 8e corps de la grande armée en Prusse et en Pologne. Lieutenant le 11 mars 1807, il prit une part distinguée à la guerre de 1809 en Allemagne, eut un cheval tué sous lui à la bataille d'Essling, devint capitaine le 3 juin suivant, et fut blessé d'un coup de sabre à la main gauche à la bataille de Wagram. Admis à la retraite le 9 septembre 1811, il se retira à Saint-Beury (Côte-d'Or), où il est mort le 23 octobre 1821.

BOISSELIER (JULIEN), naquit le 27 août 1773 à Billiez (Loire-Inférieure). Soldat dans un bataillon de son département en 1791, il servit à l'armée du Nord en 1792, à celles des Pyrénées-Orientales et Occidentales de 1793 à l'an III, et se trouva aux affaires de Saint-Tron, de Villelongue et de Lecumbery. Entré dans le 5e régiment d'artillerie à cheval le 15 ventose an IV, il passa dans l'artillerie des guides de l'armée d'Italie le 15 prairial an V, et resta attaché à ce corps pendant les campagnes suivantes des armées d'Italie et d'Egypte. Il prit part en Italie au siége de Mantoue, aux batailles d'Arcole, de Lodi, de Saint-George et de la Favorite; en Égypte et en Syrie, aux batailles des Pyramides, de Mont-Tabor et d'Aboukir, aux siéges de Jaffa et de Saint-Jean-d'Acre. Brigadier le 10 fructidor an VII, il revint avec le général Bonaparte en Europe, et entra avec son grade le 13 nivose an VIII dans l'artillerie de la garde des consuls, où il devint maréchal-des-logis le 21 thermidor, second lieutenant-adjudant le 15 ventose an X, membre de la Légion-d'Honneur le 25 prairial an XII, et lieutenant en premier le 4e jour complémentaire an XIII. Après les campagnes des ans XII et XIII à l'armée des côtes de l'Océan, il suivit son corps à la grande armée et combattit à Austerlitz, à Eylau et à Friedland. Capitaine en second le 1er mai 1806, il fit les campagnes de Prusse et de Pologne en 1806 et 1807. Passé en Espagne en 1808, il se trouva aux siéges de Roses et de Girone, et reçut le brevet de capitaine-commandant le 22 juin 1809. Appelé à la grande armée d'Allemagne, il se distingua à Wagram; l'Empereur mit son nom à l'ordre de l'armée, et lui donna le 9 juillet suivant la décoration d'officier de la Légion-d'Honneur. Les guerres de 1812 et de 1813 lui acquirent de nouveaux droits à la reconnaissance de l'Empereur, qui le nomma chef d'escadron le 11 juin 1813. Il a été tué à l'attaque de Reims le 22 mars 1814. Le ministre de la guerre, qui n'avait pas encore connaissance de cette mort glorieuse, lui expédiait, sous la date du 2 avril, le brevet de colonel-directeur d'artillerie. B-S.

BOISSEROLLE-BOISVILLIERS (AURÈLE-JEAN), naquit le 3 septembre 1764 à Paris. Le 1er avril 1782, il entra au service comme sous-lieutenant dans la légion dite *de Luxembourg*, avec laquelle il fit les guerres de 1782 et 1783 aux Indes-Orientales. Débarqué à Rochefort en février 1784, il passa le 2 avril 1785, en qualité de lieutenant, dans les gardes du corps du roi. Licencié avec la maison du roi le 12 septembre 1791, et nommé le 1er novembre 1793 capitaine au 8e bataillon de volontaires du département du Gard, il suivit son bataillon à l'armée des Pyrénées-Orientales. Le 22 du même mois, il reçut le brevet d'adjoint à l'état-major général de cette armée. Nommé adjoint du génie le 23 floréal an II, il fut admis le 3 vendémiaire an VIII, avec le grade de capitaine, à l'état-major de l'armée d'Italie. Chef de bataillon le 26 prairial an IX, il alla rejoindre l'armée d'Orient et revint avec elle en France après la capitulation d'Alexandrie. Le 3e jour complémentaire de cette année, il obtint le brevet de chef d'escadron dans la 24e légion de gendarmerie (Marseille), et le 25 prairial an XII la décoration de la Légion-d'Honneur. Réformé sans traitement par décret impérial du 20 septembre 1806, il reçut de l'emploi le 22 mai 1807 à l'état-major de l'armée de Dalmatie, fit les campagnes de 1807 à 1810, et fut nommé adjudant-commandant le 13 octobre 1809. En 1812 et 1813, il servit à la grande armée. L'Empereur lui accorda, le 31 juillet 1812, la croix d'officier de la Légion-d'Honneur, et le 4 juillet 1813 le brevet de général de brigade. Autorisé à rentrer en France le 22 août 1813 pour cause de santé, et attaché le 19 mars au corps d'armée qui devait couvrir Lyon, il fut mis à la retraite le 9 septembre 1815. Il est mort à Paris le 1er février 1829. B-S.

BOISSIÈRE ET NON BOISSIÈRES (CHARLES), naquit le 24 février 1774 à Aimecourt (Oise). Volontaire le 11 mars 1792 dans le 5e bataillon de son département, devenu 49e demi-brigade d'infanterie et 13e de bataille, il servit aux armées du Nord, de Sambre-et-Meuse, d'Italie et d'Orient. Il fit partie de l'expédition de Syrie, se trouva le 7 thermidor an VII à la bataille d'Aboukir, et reçut un coup de sabre sur le visage au siége du Caire le 22 germinal an VIII. Rentré en France et admis le 9 ventose an X dans les chasseurs à pied de la garde consulaire, il fut placé dans les sapeurs le 18 du même mois, obtint au camp de Boulogne la croix de la Légion-d'Honneur le 25 prairial an XII, et prit sa retraite le 5 floréal an XIII. Il est mort le 29 novembre 1824 à Beauvais (Oise).

BOISSON (JOSEPH), naquit le 18 juin 1773 à Coligny (Ain). Réquisitionnaire au 21e régiment de cavalerie le 1er vendémiaire an II, il se distingua le 16 brumaire à l'affaire de Bruges : suivi de 4 de ses camarades, il s'élança sur les retranchemens de l'ennemi et s'empara de 2 pièces de canon après avoir sabré les canonniers qui les servaient. Après trois campagnes à l'armée du Nord, il passa, le 30 fructidor an IV, au 2e régiment de carabiniers, dans les rangs duquel il combattit jusqu'à la paix de Lunéville aux armées de Rhin-et-Moselle, de Mayence, du Danube et du Rhin. Il était en l'an VIII au passage du Danube et à la bataille d'Hochstedt, où son corps acquit le surnom

glorieux de *grenadiers de la cavalerie*. Admis le 24 floréal an X dans les grenadiers à cheval de la garde des consuls, et nommé membre de la Légion-d'Honneur au camp de Boulogne le 25 prairial an XII, il mourut à l'hôpital de la garde le 13 février 1806.
Y.

BOISSONNET (ANDRÉ-BARTHÉLEMY, *baron*), naquit à Annonay (Ardèche), le 22 août 1765. Adjoint du génie et élève sous-lieutenant à l'École de Mézières les 2 vendémiaire et 24 nivose an II, il servit au siége de Toulon et se fit remarquer à la prise de la redoute anglaise. Lieutenant le 23 brumaire an III, il rejoignit l'armée de Sambre-et-Meuse et se trouva au siège de Maëstricht. Il se rendit ensuite à l'armée des Pyrénées-Occidentales, où il devint capitaine le 1er germinal suivant. Employé à l'armée d'Italie de l'an IV à l'an VI, il mit en état de défense les places de Peschiera et de Ferrare, et dirigea les travaux du génie au blocus de Mantoue. Le 13 ventose an V, le ministre de la guerre lui écrivit : « Sur le compte que j'ai rendu, citoyen, au Directoire exécutif du zèle et du talent avec lesquels vous avez rempli vos fonctions pendant la dernière campagne de l'armée d'Italie, il m'a chargé de vous en marquer sa satisfaction ; c'est avec plaisir que je vous transmets ce témoignage : je ne doute point qu'il ne contribue à exciter votre dévoûment pour le service. Salut et fraternité, PETIET. » En l'an VI, il conduisit les travaux de bombardement de Philisbourg (armée de Mayence), passa en l'an VII de l'armée du Rhin à celle d'observation du Danube, fit partie l'année suivante de l'armée de réserve, et se signala aux attaques du fort de Bard. Chef de bataillon le 29 vendémiaire an IX, et sous-directeur des fortifications le 3 frimaire an X, il entra avec son grade le 24 ventose an XI dans le génie de la garde consulaire. Major le 12 germinal suivant, officier de la Légion-d'Honneur le 25 prairial an XII, il fit avec la grande armée les campagnes de l'an XIV à 1807 en Allemagne, en Prusse et en Pologne, et se trouva au combat de Pulstuck, au siège de Dantzig, aux batailles d'Eylau, d'Heilsberg et de Friedland. Employé de 1808 à 1811 auprès des colonels-généraux de la garde impériale, et nommé le 8 février 1812 colonel-major du génie de la garde, il fit en cette qualité la campagne de Russie et assista à la bataille de la Moscowa. Désigné le 30 avril 1813 par le major-général de l'armée pour remplir les fonctions de chef d'état-major des troupes de son arme à l'armée du Mein, il prit part aux batailles de Lutzen, de Bautzen, de Dresde, de Leipzig et de Hanau, et fit la campagne de France de 1814. Sous-directeur d'artillerie à Paris le 17 mai suivant, il y reçut, le 20 août, la décoration de chevalier de Saint-Louis, continua son service pendant les Cent-Jours, suivit l'armée sur la Loire et rentra dans ses foyers le 4 septembre 1815, après le licenciement. Le 30 janvier 1816, il prit le commandement de la direction d'artillerie de Rochefort, et passa le 21 mai à celle de La Rochelle, qu'il conserva jusqu'en 1823. Une ordonnance royale du 22 janvier 1824 lui conféra le grade honorifique de maréchal-de-camp. Mis à la retraite le 11 février de la même année, il se retira à Sezanne (Marne), où il est mort le 26 mai 1839. Napoléon lui avait conféré le titre de baron de l'Empire.
B-S.

BOISSY (JACQUES-MICHEL), naquit à Sagy (Seine-et-Oise), le 15 décembre 1774. Volontaire au 1er bataillon de Paris le 14 juin 1793, il entra presque aussitôt dans les troupes d'infanterie de la légion du Nord, et fit avec ce corps les guerres de la Vendée de 1793 à l'an II. Il passa le 4 frimaire an III dans une compagnie d'ouvriers du génie, avec laquelle il servit de l'an III à l'an VI aux armées du Rhin et de la Moselle. Caporal le 1er ventose an III, fourrier le 20 nivose an IV et sergent le 1er brumaire an VI, il assista au dernier blocus de Mayence, aux passages du Rhin, devant Kehl et Gambsheim, et aux sièges de Kehl et de la tête de pont de Huningue. Embarqué avec l'armée d'Orient, il se trouva à la prise de Malte et d'Alexandrie, au combat de la flotille sur le Nil, au siège d'El-Arich, et à la prise de Jaffa, où il reçut un éclat d'obus en montant à l'assaut. Le 21 floréal an VII, devant Saint-Jean-d'Acre, il arriva le premier sur la brèche à la tête d'un détachement d'ouvriers mineurs, et y fut blessé de deux coups de feu, dont un lui enleva l'œil gauche et l'autre lui brisa le front. Lieutenant le 1er frimaire an VII et capitaine en second le 14 floréal an VIII, il passa le 23 ventose an X comme surnuméraire dans le 1er bataillon de sapeurs. Le 1er brumaire an XI, peu de temps après son retour en France, il entra comme titulaire dans le 2e bataillon de cette arme, qui fut attaché les deux années suivantes à l'armée des côtes de l'Océan, et il y reçut le 25 prairial an XII la décoration de la Légion-d'Honneur. Il suivit la grande armée pendant les campagnes de l'an XIV à 1807, et le 9 brumaire an XIV il enleva avec sa compagnie et un détachement de grenadiers une batterie de 8 pièces de canon établie sur la route de Lambach : il reçut dans ce combat un coup de feu qui lui traversa la jambe gauche. Capitaine en premier le 20 janvier 1806, et officier de la Légion-d'Honneur le 31 décembre suivant, il passa capitaine dans la compagnie d'ouvriers du génie à Metz le 16 janvier 1812, et en conserva le commandement jusqu'au 26 juin 1835, époque de son admission à la retraite. Il réside en ce moment à Metz.

BOISSY-D'ANGLAS. V. t. II, p. 500.
BOITIERE. V. BOYTIÈRES.
BOIVIN (JACQUES-DENIS). V. t. III, p. 93.
BOIZARD (CHARLES). V. BOISARD.
BOLÈVE ET NON **BEAULÈVE** (PIERRE), naquit le 11 octobre 1758 à Tours (Indre-et-Loire). Soldat le 1er novembre 1778 au régiment Orléans-infanterie, il fit la campagne de 1779 sur mer à bord du vaisseau *le Zodiaque*. Caporal le 5 octobre 1790 dans le même régiment, 44e d'infanterie en 1791, et 87e et 78e demi-brigades de ligne par amalgames des ans II et IV, et par incorporation en l'an XII 2e régiment de même arme, il devint sergent le 1er janvier 1792, partit pour l'armée de

la Moselle, et fut blessé d'un coup de feu à la jambe gauche le 17 frimaire an II à l'affaire de Bagatelle. Employé en l'an III à l'armée de Sambre-et-Meuse, il se trouva le 30 thermidor an IV au combat de Sultzbach, près de Bamberg, où la 78ᵉ demi-brigade résista aux charges de toute la cavalerie ennemie. Passé successivement aux armées d'Allemagne, de Mayence et d'Italie, il y servit de l'an VI à l'an IX, et reçut deux coups de feu, dont l'un au bras gauche, l'autre au doigt majeur de la main droite, et un coup de sabre sur la tête à la bataille de la Trebia le 1ᵉʳ messidor an VII. Rentré en France, il tint garnison à Toulon en l'an XII, fut nommé membre de la Légion-d'Honneur le 25 prairial, et sous-lieutenant au tour de l'ancienneté le 26 thermidor suivant. Embarqué sur l'escadre de Toulon pendant les ans XIII, XIV et 1806, et envoyé à Alexandrie pour y tenir garnison, il obtint le grade de lieutenant au 27ᵉ régiment de ligne le 30 mai 1807 et combattit en Pologne. Envoyé en Espagne en 1808, il passa au 116ᵉ régiment de ligne le 20 août. Retraité le 10 décembre 1810, il revint alors en France, et se retira à Tours, où il est mort le 29 novembre 1818.

BOLLINGER (ANTOINE), naquit le 27 septembre 1773 à Niederstenzel (Meurthe). Dragon dans le 17ᵉ régiment (ci-devant Schomberg) le 17 février 1793, il fit les campagnes de 1793, des ans II et III à l'armée du Rhin, et celles des ans IV et V à l'armée de Rhin-et-Moselle. Il se trouva à la bataille de Rastadt le 17 messidor an IV, et au deuxième passage du Rhin le 1ᵉʳ floréal an V. Envoyé aux armées de l'Ouest, de Mayence et du Danube pendant les ans VI et VII, et fait brigadier le 1ᵉʳ thermidor an VII, il servit à l'armée du Rhin pendant les ans VIII et IX. Nommé maréchal-des-logis le 11 pluviôse an X, et dirigé sur l'armée des côtes de l'Océan en l'an XII, il obtint la décoration de la Légion-d'Honneur le 25 prairial de la même année, continua de faire partie de l'armée des côtes en l'an XIII, et suivit la grande armée de l'an XIV à 1807 en Autriche, en Prusse et en Pologne. De 1808 à 1813, il combattit aux armées d'Espagne et de Portugal, reçut le grade de sous-lieutenant le 8 février de cette dernière année, revint en France, et y fit la campagne de 1814. Resté en activité sous la première Restauration, il prit encore part à la guerre des Cent-Jours. Admis à la retraite le 7 avril 1816, il se retira à Niederstenzel (Meurthe), où il est mort le 14 août 1824. J.-T.

BOMMART (PHILIPPE-FRANÇOIS-AMABLE), naquit le 30 décembre 1766 à Douai (Nord). Soldat au régiment d'infanterie de Picardie (2ᵉ) le 1ᵉʳ juin 1783, il obtint son congé de libération le 1ᵉʳ juin 1791. Sous-lieutenant le 12 septembre 1792 dans la légion belge organisée à cette époque, et nommé lieutenant dans le 1ᵉʳ bataillon de chasseurs de Gand le 26 février 1793, puis capitaine dans le 5ᵉ bataillon de tirailleurs belges le 13 mai suivant, bataillon qui concourut à la formation de la 14ᵉ demi-brigade légère, devenue 1ʳᵉ le 9 nivôse an IV, il servit à l'armée du Nord de 1792 à l'an V. Le 23 mai 1793, à l'affaire du bois de Raismes, près de Valenciennes, il pénétra le premier dans un retranchement autrichien défendu par une pièce de canon. Le 26 floréal an II, il soutint près de Tournai la première attaque des Anglais, reçut un coup de sabre au bras droit et resta entre les mains de l'ennemi. Rendu à la liberté le 5 vendémiaire an IV, il alla rejoindre sa demi-brigade (la 14ᵉ), avec laquelle il fit les campagnes de Hollande, d'Angleterre et du Danube de l'an VI à l'an VIII. Prisonnier de nouveau au combat de Frauenfeld le 6 prairial an VII, et rendu par échange le 21 messidor suivant, il rentra à son régiment, devenu 1ᵉʳ léger. Le 4 vendémiaire an VIII, à la prise de Zurich, il commandait le bataillon de grenadiers et carabiniers de la réserve, qui fit 600 prisonniers russes, dont un grand nombre d'officiers. A la prise de Feldkirch, le 24 messidor de la même année, il mit en déroute un bataillon autrichien qui occupait une position avantageuse. Il servit l'année suivante à l'armée des Grisons, et passa successivement, en l'an X et en l'an XI, à celles d'Italie et de Naples, où il reçut le 25 prairial an XII la décoration de la Légion-d'Honneur. Après avoir fait les guerres de Naples et de Calabre, il devint chef de bataillon le 3 septembre 1808, et officier de la Légion-d'Honneur le 10 mars 1810. Mis provisoirement à la suite du 60ᵉ de ligne en 1811, il passa au 5ᵉ léger le 28 avril 1812 et fut tué le 31 juillet 1813 dans un engagement d'avant-garde.

BOMMERBACH (JOSEPH), né le 27 mai 1771 à Vic (Meurthe), entra au service le 1ᵉʳ décembre 1788 comme dragon au régiment d'Angoulême, 11ᵉ régiment en 1791. Brigadier-fourrier le 11 décembre 1792, maréchal-des-logis le 11 vendémiaire an III, adjudant-sous-officier le 1ᵉʳ floréal de la même année, et sous-lieutenant le 1ᵉʳ germinal an V, il combattit de 1792 à l'an V aux armées du Rhin, de Rhin-et-Moselle et de Sambre-et-Meuse, fut blessé au combat d'Ukerath le 1ᵉʳ messidor an IV, eut un cheval tué sous lui à la même affaire et tomba au pouvoir de l'ennemi. Rendu par échange en messidor an V, il servit aux armées d'Angleterre, du Rhin, d'Helvétie et du Danube pendant les ans VI, VII, VIII et IX, et devint lieutenant le 1ᵉʳ floréal an X. Passé en l'an XI à l'armée de Hanovre, il reçut la décoration de membre de la Légion-d'Honneur le 25 prairial an XII, et le grade de capitaine le 1ᵉʳ pluviôse an XIII. Appelé à la grande armée en l'an XIV, il fit partie de la réserve de cavalerie de 1806 à 1808. Passé à la réserve d'Espagne en 1809, et admis à la retraite le 16 avril 1810, il se retira à Bourg (Ain), où il est mort le 16 mai 1813.

BOMPARD (JEAN-BAPTISTE-FRANÇOIS), naquit à Lorient (Morbihan), le 12 juillet 1757. Volontaire le 10 novembre 1776 sur le vaisseau *l'Éveillé*, il passa en la même qualité sur *l'Écureuil* le 8 mars 1778, et fut nommé lieutenant de frégate provisoire à bord *du Diadème* le 8 mars 1779. Pendant les campagnes de l'Inde et de l'Amérique, il assista à quatre combats : à la Grenade, à Savanah, à la Nouvelle-Angleterre et dans la baie du Fort-Royal. Lieutenant titulaire le 29 avril 1781, il monta *le Royal-Louis* le même jour, *le Guerrier* le 12 juin, *l'Alexandre* le 7 novembre, et combattit sur ce vaisseau à l'avant-garde de l'armée commandée par de Guichen à l'affaire de Képel. Il passa les dix années qui suivirent à bord des navires *la Guiane*, *le Courrier-de-New-Yorck*, *la Lionne* et *le Dromadaire*, et devint lieutenant de vaisseau sur *le Curieux* le 12 mai 1792. Capitaine de vaisseau le 1er janvier 1793, il prit le commandement de *l'Embuscade*, frégate de 36 canons. Il était mouillé dans la rade de New-Yorck quand la frégate anglaise *le Boston*, de 44, vint le défier au combat. Bompard l'accepta sans hésiter malgré les ordres du consul. La frégate anglaise, complètement rasée après 7 heures de la lutte la plus opiniâtre, parvint à s'éloigner, et Bompard rentra dans le port de New-Yorck aux acclamations unanimes des marins et des habitans qui avaient été les témoins de son courage. Revenu à Rochefort le 26 prairial suivant, et mis en état d'arrestation pour avoir accepté le défi du commandant du *Boston*, il ne recouvra sa liberté que le 17 brumaire an IV. Capitaine de vaisseau de 1re classe le 1er vendémiaire an V, chef de division le 15 germinal an VI, et choisi pour commander en chef dans la seconde expédition d'Irlande les forces navales de la division de Brest, il mit à la voile le 30 fructidor an VII à bord du vaisseau *le Hoche*, de 74, ayant sous ses ordres immédiats 8 frégates et un aviso. Chassée dès sa sortie du port par 2 bâtimens anglais, un vaisseau rasé et une frégate, la division fit le tour des Açores, parvint à échapper à l'observation de l'ennemi et n'arriva sur les côtes d'Irlande que le 18 vendémiaire an VIII, toujours poursuivie par les 2 navires auxquels elle n'avait pu se dérober. Bompard, dont les premières instructions fixaient pour lieu de débarquement la baie de Killala, reçut postérieurement ordre de prendre terre sur la côte nord de l'Irlande, au lac de Longh-Swilly. Il se disposait à exécuter cet ordre, lorsqu'on lui signala une escadre anglaise forte de 5 vaisseaux de 74 et de 3 frégates. Le 20 vendémiaire, au point du jour, la division française, entourée de toutes parts, ne pouvait plus combattre que pour assurer le débarquement des troupes et pour sauver l'honneur de son pavillon. Bompard se rendit après une héroïque défense, et força les Anglais à applaudir à son courage et à respecter son malheur. Bientôt rendu à la liberté sur parole, il fut élevé au grade de contre-amiral. Bompard, qui n'approuvait pas la révolution du 18 brumaire, cessa alors son service. Néanmoins Napoléon le comprit dans les nominations du 15 pluviose et du 25 prairial an XII comme membre et comme officier de la Légion-d'Honneur. Il s'était retiré à Bagnols (Gard); là, il faillit périr victime de l'esprit réactionnaire qui anima en 1815 les départemens méridionaux. Assailli dans sa demeure par une bande de forcenés qui, sous le prétexte de poursuivre en lui un des partisans de l'Empereur, brisèrent ses meubles et fusillèrent son portrait; il eut le bonheur de se soustraire à leurs recherches. Devenu commandeur de la Légion-d'Honneur le 19 juin 1833, il mourut à Bagnols le 6 mars 1841.

BON DE SAVIGNAC (JEAN-BAPTISTE-ÉLISA-BETH), né le 6 avril 1752 à Lombez (Gers), entra au service le 18 mai 1770 en qualité de sous-lieutenant dans le régiment de Guienne-infanterie, devenu 21e de l'arme en 1791, fut fait lieutenant en premier le 8 avril 1779, et capitaine en second le 1er juin 1789. Nommé aide-de-camp du général Montgaillard le 10 mai 1792, il se rendit auprès de son général à l'armée du Midi. Passé ensuite en la même qualité auprès du général Carcaradec, il fut attaché comme adjoint à l'état-major général de la même armée le 25 brumaire an II, et il y servit jusqu'en l'an IV. Chef de bataillon le 3 floréal an V, et employé à l'état-major de la 17e division militaire (Paris) le 2 fructidor an VII, il devint membre de la Légion-d'Honneur le 25 prairial an XII, continua sans interruption ses services à l'état-major de la même division, et mourut d'une attaque d'apoplexie le 16 décembre 1812. J.-T.

BONAMY (EUSTACHE-MARIE-JOSEPH), naquit le 10 octobre 1761 à Saint-Brieuc (Côtes-du-Nord). En 1793, il servait dans la marine en qualité d'enseigne provisoire. Nommé lieutenant de vaisseau de troisième classe le 18 fructidor an II, capitaine de frégate le 5 brumaire an XI, et membre de la Légion-d'Honneur le 25 prairial an XII, il devint le 5 juillet 1811 capitaine de vaisseau. Fait officier de l'Ordre le 9 novembre 1814, il mourut le 25 décembre 1830 à Lorient (Morbihan).

BONAVENTURE (NICOLAS), juge au tribunal d'appel séant à Bruxelles, et président du tribunal criminel du département de la Dyle en l'an VIII, était juge en la cour d'appel de Bruxelles et président de la cour de justice criminelle du même siège quand il reçut la croix de membre de la Légion-d'Honneur le 25 prairial an XII. Non compris dans la réorganisation judiciaire de 1811, il disparut alors des affaires, et l'administration est restée sans nouvelles de lui depuis 1812.

BONDENET (SIMON), naquit le 6 avril 1765 à Accolans (Doubs). Soldat au 1er bataillon de la Côte-d'Or le 28 août 1791, caporal le 8 septembre 1792 et sergent le 8 mai 1793, il fit les campagnes de 1792 et 1793 aux armées du Nord et des côtes de l'Ouest, et fut blessé d'un coup de feu au bras gauche à l'affaire de Grivelle, devant Maubeuge, en 1792, d'un coup de baïonnette au flanc droit à l'affaire de Tirlemont le 18 mars 1793, et d'un coup de feu au genou gauche près de Valenciennes le 1er mai suivant. Passé le 23 du même mois au 6e bataillon de la formation d'Orléans, devenu 84e demi-brigade de ligne le 1er nivose an IV, puis 84e régiment de même arme en l'an XII, il fut nommé sergent-major le 21 juin 1793, sous-lieutenant le 10 août et lieutenant le 24 thermidor an III. A l'armée de l'Ouest, où il servit jusqu'en l'an V, il s'était distingué le 20 brumaire an II à l'affaire de Dôle contre les Vendéens et y avait été blessé d'un coup de feu à la cuisse gauche. Employé aux armées de Rhin-et-Moselle, d'Allemagne, d'Angleterre, d'Helvétie, du Danube et du Rhin, de la fin de l'an V à l'an IX, et promu capitaine le 21 thermidor an VII, il se fit remarquer d'une manière particulière le 3 vendémiaire an VIII au pont de Nesthal, près de Glaris en Suisse. Cet officier, chargé de défendre ce pont contre un ennemi supérieur en force, soutint le combat pendant trois heures sans perdre un pouce de terrain. Il reçut dans cette action un coup de feu à la jambe gauche. Envoyé aux armées gallo-batave et de Hanovre pendant les ans X, XI et XII, il obtint la croix de la Légion-d'Honneur le 25 prairial, et revint en l'an XIII à l'armée gallo-batave. Employé à la grande armée de l'an XIV à 1807, il y fit les campagnes d'Autriche, de Prusse et de Pologne, passa en Espagne en 1808, et fut nommé le 7 octobre chef de bataillon au 106e régiment de ligne. Rappelé à la grande armée en 1809, il fit la campagne d'Autriche, reçut un coup de feu à la cuisse droite le 14 juin, et fut créé officier de la Légion-d'Honneur le 27 juillet. Il suivit son corps en Russie en 1812 et mourut le 15 décembre, pendant la retraite, entre Wilna et Kowno.

BONDURAND (ALEXIS, *chevalier*, puis *baron*), naquit le 28 décembre 1772 à Sénéchas (Gard). Nommé commissaire des guerres adjoint le 10 brumaire an II, il fut employé aux armées d'Italie, du Midi, des Pyrénées-Orientales, de Rome, de réserve et de Naples de l'an II à l'an IX. En l'an VII, le général en chef le chargea des fonctions de commissaire civil à Naples, et le 11 frimaire an VIII de l'organisation de la légion italique. Il eut la police supérieure des hôpitaux et ambulances à la bataille de Marengo. Le premier Consul le désigna à la fin de l'an VIII pour présider un conseil composé de fonctionnaires de l'armée française et de juges du tribunal de cassation italien pour décider les questions d'intérêts entre les deux nations. Employé à Turin en l'an X, il fit les campagnes de l'an XI à l'an XIII dans la Ligurie et dans le Piémont. Commissaire des guerres de première classe le 1er messidor an XII, et membre de la Légion-d'Honneur le 25 prairial, il passa à la grande armée dans le mois de vendémiaire an XIV, et, prisonnier de guerre à Ursa le 14 brumaire, il fut conduit à Presbourg, où il devint le médiateur de la neutralité de la Hongrie, et dut à cette circonstance la liberté de 51 de ses compagnons de captivité. Rendu lui-même peu de temps après, et employé à la fin de 1806 à l'armée de Naples, il retourna à la grande armée en juin 1807, fit la campagne de Pologne, et fut envoyé en 1808 à Bordeaux pour y organiser les ateliers de confection d'habillement des troupes destinées pour l'armée d'Espagne. Ordonnateur par décret du 30 août, il alla rejoindre le 2e corps de la grande armée, assista aux batailles d'Essling et de Wagram, et reçut le titre de chevalier de l'Empire. Attaché le 27 février 1810 au 3e corps de l'armée d'Espagne, devenu armée d'Aragon, il remplit les fonctions d'ordonnateur en chef de cette armée, et un décret impérial du 11 mars 1811 le promut au grade d'ordonnateur en chef titulaire. Officier de la Légion-d'Honneur le 16 mars 1812, il fut fait baron de l'Empire vers le même temps. Lorsque l'armée d'Aragon se réunit à celle de Catalogne sous le nom *d'armée du Midi*, le baron Bondurand continua ses fonctions et ses utiles services dans cette dernière jusqu'à l'époque de sa dissolution. Chevalier de Saint-Louis le 27 juin 1814, et chargé le 1er septembre suivant de l'administration de la 10e division militaire (Toulouse), il passa le 17 décembre de la même année à celle de la 5e (Strasbourg). Le 16 avril 1815, Napoléon l'attacha au 5e corps d'observation de l'armée du Rhin, d'où il reçut le 3 mai suivant l'ordre de rejoindre le 7e corps, devenu armée des Alpes. Mis en non-activité le 28 novembre, il fit partie de la commission mixte de l'armée prussienne créée le 28 septembre 1817, et le roi Frédéric-Guillaume le décora, à cette occasion, le 28 octobre 1818, de la croix de l'Aigle-Rouge de Prusse. Il avait été admis le 15 septembre 1817 dans le corps de l'intendance militaire. Membre de la commission des réglemens administratifs de l'armée le 16 novembre 1819, et président de la commission du mobilier des Invalides le 28 février 1821, il fut admis à la retraite le 1er janvier 1823. Le gouvernement de Juillet 1830 le réintégra sur le cadre d'activité du corps de l'intendance militaire, et le plaça à la tête de l'administration de l'armée d'Afrique. Il y reçut, sous la date du 30 avril 1833, sa nomination de commandeur de la Légion-d'Honneur. Il est mort le 4 mars 1835.   B-S.

BONDY SURNOMMÉ **GEOFFRE-LANXADE,** *chevalier* **GODEFROY,** pour le distinguer de ses frères, naquit le 31 janvier 1763 à Bugue (Dordogne). Conseiller du roi, lieutenant particulier au présidial de Libourne en 1789, il remplit les fonctions de juge et de commissaire national au tribunal du district de Périgueux depuis le 1er janvier 1793 jusqu'au 26 floréal an III. Nommé président du tribunal criminel de la Dordogne le 25 pluviose an VI, il cessa ses fonctions le 1er floréal suivant et les reprit le 16 messidor an VII. Le 8 messidor an VIII, il devint commissaire du gouvernement près le tribunal criminel de son département. Membre de la Légion-d'Honneur le 25 prairial an XII, et chevalier de l'Empire le 2 juillet 1808, il cessa de faire partie de la magistrature le 8 juin 1811, époque de la suppression des cours criminelles. Par lettres-patentes du 9 mars 1816, Louis XVIII confirma son titre de chevalier. Il est mort à Périgueux le 12 novembre 1834.

BONET, gén. de division. *V.* t. III, p. 94.
BONGAINTS ou **BONGANTS** (FRANÇOIS). *V.* BOUGAULT (*Nicolas-François*).
BONGARD *V.* BOUGARRE.
BONIFACE (FLEURY-DOROTHÉE), fils de Jean-François, qui suit, naquit le 24 décembre 1780 à Lunéville (Meurthe). Reçu novice à bord de la frégate *la Danaé* le 1er janvier 1791, il fit les campagnes de la Martinique et de Saint-Domingue de cette année, et fut employé au service des ports jusqu'au 10 vendémiaire an II. Nommé aspirant de troisième classe le 11 frimaire suivant, il se trouva sur le vaisseau *le Révolutionnaire* au combat livré le 13 prairial à la flotte anglaise de l'amiral Howe par l'escadre de Villaret-Joyeuse. Aspirant le 1er vendémiaire an III, il servit de cette époque à l'an VII sur les vaisseaux *le Patriote*, *le Terrible*, *le Redoutable* (celui-ci faisant partie de l'expédition de

Hoche en Irlande), *le Trajan*, *le Berwick*, et sur la frégate *la Cornélie*. Ce dernier bâtiment était en croisière dans le golfe de Gascogne, lorsqu'il eut à accepter le 28 thermidor an VII, contre une division anglaise, un combat pendant lequel Boniface fut blessé. Le 9 fructidor an VII, il monta *le Terrible*, et obtint le 18 le grade d'enseigne de vaisseau provisoire. Confirmé en l'an VIII, il continua à se distinguer, principalement aux combats qu'eut à soutenir sur les côtes la canonnière *la Tempête*. Il servit en l'an IX et en l'an XI sur la frégate *l'Infatigable*, en croisière à Saint-Domingue et à la Havane, et sur la corvette *la Diligente*. Lieutenant de vaisseau le 15 vendémiaire an XII, il commanda à Boulogne et au Hàvre une canonnière et une corvette, et devint membre de la Légion-d'Honneur le 25 prairial de la même année. Peu de temps après, il entra dans les marins de la garde, avec lesquels il fit les campagnes d'Austerlitz en l'an XIV, de Prusse, de Pologne et de la Poméranie suédoise en 1806 et 1807, d'Espagne en 1808, de Russie en 1812, de Saxe en 1813. L'Empereur le décora de la croix d'officier de l'Ordre le 26 mars de cette dernière année, et le nomma capitaine de frégate le 29 novembre suivant. Major dans le 15ᵉ équipage de flotille le 5 janvier 1814, chevalier de Saint-Louis au retour des Bourbons, et attaché au port de Cherbourg du 1ᵉʳ juillet au 31 décembre, il gagna glorieusement en 1823 le grade de capitaine de vaisseau de deuxième classe à l'attaque de Santi-Petri. Il est mort à Lorient, dans l'exercice de ses fonctions de son grade, le 22 avril 1826.

BONIFACE (JEAN-FRANÇOIS), père du précédent, créé membre de la Légion-d'Honneur le 25 prairial an XII, était alors chef de bataillon au 2ᵉ régiment d'artillerie de la marine. Devenu postérieurement commandant de place à Montbéliard, il mourut dans cette ville le 4 juin 1815.

BONIN. *V.* BOUIN.

BONNAIRE (FÉLIX), naquit le 23 octobre 1767 à Vitry-le-François (Marne). Élève des Oratoriens, il professa successivement les humanités dans leurs établissemens de la Flèche et de Bourges. Élu député suppléant à la Convention en 1792, puis administrateur du Cher, ce département l'envoya en l'an VI au conseil des Cinq-Cents, où il fit constamment partie de la commission de l'instruction publique. Souvent rapporteur de cette commission, il proposa l'établissement des fêtes décadaires, et de rendre obligatoire l'usage du calendrier républicain. Le 16 brumaire an VII, il appela l'attention du conseil sur l'instruction nationale, qu'il signala comme le moyen le plus efficace de consolider les institutions républicaines, et proclama, le 1ᵉʳ floréal suivant, le principe qu'au gouvernement seul en appartenait la direction. Il prit aussi la parole sur le droit de porter la cocarde tricolore, qu'il n'accordait qu'aux citoyens actifs. Il demanda, à l'occasion d'un emprunt forcé, la formation d'un jury pour taxer les fortunes d'origine scandaleuses. Le 28 fructidor an VII, il fit un rapport lumineux sur le nouveau système des poids et mesures. Plus tard, il proposa l'expulsion du territoire de la Républi-

que, et sans jugement préalable, des prêtres insermentés dénoncés comme coupables de fomenter la guerre civile, tandis que, d'un autre côté, il défendit chaleureusement les théophilantropes, attaqués par plusieurs de ses collègues. Nommé préfet des Hautes-Alpes le 11 ventose an VIII, il passa le 18 ventose an X à la préfecture de la Charente, et le 2 ventose an XIII à celle d'Ille-et-Vilaine, en remplacement de Mounier. Fait légionnaire le 25 prairial de l'année précédente, et officier de l'Ordre le 30 juin 1811, il se trouvait encore préfet à Rennes lors des événemens de 1814. Des tracasseries qu'un ancien vendéen, commissaire royal, lui suscita, l'obligèrent, peu de temps après, non à demander son changement, comme l'ont avancé quelques biographes, mais à se retirer (janvier 1815). Au retour de l'île d'Elbe, l'Empereur lui confia, le 22 mars, la préfecture de la Loire-Inférieure. Élu le 12 mai à la Chambre des représentans par le collège départemental d'Ille-et-Vilaine, il ne put y venir siéger, retenu qu'il était à Nantes par le mouvement des royalistes de l'Ouest, qu'il tenta vainement d'arrêter. Après la seconde abdication, et malgré ces circonstances, Fouché, ministre de Louis XVIII, et qui favorisa toujours ses anciens condisciples de l'Oratoire, obtint pour M. Bonnaire la préfecture de la Vienne; mais la chute de son ami entraîna la sienne. Il a depuis renoncé à la carrière des emplois publics. Il vit aujourd'hui retiré dans son château de la Brosse, près de Saint-Amand (Cher).

BONNARD, gén. de division. *V.* t. III, p. 95.

BONNARD (PIERRE), né le 3 février 1772 à Longecourt (Côte-d'Or), entra au service le 1ᵉʳ septembre 1791 comme caporal-fourrier au 2ᵉ bataillon de volontaires de son département, et fit les campagnes de 1792 et 1793 à l'armée des Pyrénées-Orientales. Sous-lieutenant adjoint aux adjudans-généraux à l'armée des Alpes le 6 brumaire an II, et admis avec son grade au 25ᵉ régiment de chasseurs à cheval le 13 du même mois, il fit partie de l'armée d'Italie de l'an III à l'an VI, fut nommé lieutenant le 5 prairial an III, capitaine le 18 nivose an V, et se trouva à la bataille de Gradisca et au passage de l'Isonzo le 29 ventose suivant. Passé à l'armée de Naples en l'an VII, il se distingua à la bataille de la Trebia le 29 prairial. Envoyé avec 30 hommes pour enlever de l'autre côté de la rivière une batterie qui incommodait le général Watrin, il traversa le fleuve avec tant de précipitation et de hardiesse qu'il effraya et mit en fuite l'infanterie autrichienne, qui abandonna un canon et un caisson dont il s'empara. Près de Modène, pendant la même campagne, il chargea avec 30 hommes les chasseurs de Bussy, leur fit repasser la rivière et prit un détachement d'infanterie commandé par un officier. Rentré en l'an VIII à l'intérieur (10ᵉ division militaire), et attaché au corps d'observation de la Gironde de l'an IX à l'an XI, il obtint la croix de la Légion-d'Honneur le 25 prairial an XII, étant au camp de Bayonne. Il était en garnison à Montpellier, lorsqu'il mourut dans cette ville le 3 germinal an XIII.

BONNARDET, NON **BONNARDEL** (JEAN-

ÉTIENNE), naquit le 7 juillet 1770 à Annonay (Ardèche). Volontaire dans le régiment de dragons de *Monsieur* (7e) le 8 mars 1788, il en sortit par congé de faveur le 22 juillet 1790. Le 21 août 1791, il entra en qualité de canonnier dans le 1er régiment d'artillerie à pied, et fit la campagne de 1792 à l'armée de la Moselle. Il passa, le 13 janvier 1793, dans la 1re compagnie d'artillerie à cheval, incorporée le 19 ventose an XI dans le 3e régiment de cette arme, et fit les guerres de 1793 à l'an IX en Belgique, aux armées du Nord, de Sambre-et-Meuse, du Danube et du Rhin, devint brigadier-fourrier le 10 prairial an IV et maréchal-des-logis le 1er floréal an VI. En l'an IX, avec une seule pièce de quatre, il lutta pendant plus d'une heure contre 11 bouches à feu, et empêcha le rétablissement du pont d'Erbach sur le Danube. La cavalerie ennemie traversa enfin le fleuve et le força d'abandonner sa position ; mais il en eut bientôt pris une nouvelle sur la droite du village d'Elmensingen, dont il défendit énergiquement l'entrée. Il était parvenu à démonter 2 pièces ennemies, lorsqu'il fut forcé de battre en retraite ; mais revenant aussitôt sur ses pas avec 4 chasseurs du 20e, il chargea une compagnie d'infanterie qui le serrait de près, et la força à mettre bas les armes. Fait lieutenant en second sur le champ de bataille le 12 prairial an VIII, il entra le 1er pluviose an X, avec le grade de lieutenant en premier, dans le 2e bataillon de pontonniers, alors stationné en Italie, et y reçut le 25 prairial an XII la décoration de la Légion-d'Honneur. Passé à l'armée de Naples en 1806, il revint en 1807 dans l'Italie septentrionale, et servit successivement dans les places de Mantoue, Legnago et Verone jusqu'en 1811. Appelé en 1812 à faire partie de la 13e division du 4e corps de la grande armée, il fut en même temps nommé chef d'escadron au 4e régiment d'artillerie à cheval et officier de la Légion-d'Honneur le 31 juillet 1812. Prisonnier pendant la retraite sur la Bérésina, il n'a plus reparu depuis.

BONNAULT ET NON BONNAUD (GILBERT), né le 7 avril 1755, fut nommé en l'an VIII commissaire du gouvernement près le tribunal criminel de Turin. Devenu en l'an XII procureur-général impérial près la cour de justice criminelle du Pô et de la Doire, et créé le 25 prairial membre de la Légion-d'Honneur, il mourut à Saint-Flour (Cantal), le 14 juillet 1806.

BONNAY (CHARLES-FRANÇOIS), naquit le 25 novembre 1764 à la Chalade (Meuse). Elève sous-lieutenant à l'École d'artillerie le 1er août 1780, il entra le 15 juillet 1781 avec le grade de lieutenant en second dans le régiment d'artillerie de Besançon (3e). Attaché le 7 avril 1782 à une compagnie de mineurs appartenant à l'arme du génie, il y devint lieutenant en premier le 5 janvier 1785. Capitaine en second le 8 janvier 1789, il fit les campagnes du Nord et du Rhin de 1792 et 1793, et obtint le grade de capitaine en premier le 8 mars pour sa conduite devant Mayence. Chef de bataillon le 5 vendémiaire an IV et commandant de l'École des mineurs alors réunie à celle de l'artillerie et du génie à Metz, il passa le 19 messidor an V à la sous-direction des fortifications de Thionville, puis de Strasbourg, d'où on le détacha à diverses époques (de l'an VI à l'an VIII) pour remplir les mêmes fonctions aux armées de Sambre-et-Meuse et du Rhin. Rentré en France après la campagne d'Allemagne de l'an VIII, il fut successivement employé de l'an IX à l'an XI dans les sous-directions de Luxembourg et de Maubeuge. Il retourna à Thionville dans le mois de nivose an XI, et il y reçut le 25 prairial an XII la décoration de la Légion-d'Honneur. Directeur des fortifications à Metz depuis le 15 mars 1806 jusqu'au 22 janvier 1808, il alla reprendre à cette époque sa sous-direction. Admis à la retraite le 31 août 1810, et employé de nouveau dans son arme le 3 février 1814, la Restauration le replaça dans sa position de retraite le 3 juin suivant. Il est mort le 10 novembre 1818 à Metz (Moselle). B-S.

BONNAY DE BREUILLE (GABRIEL-FRANÇOIS-MARIE-ANNE-CHRISTIANE-JOSÉPHINE-CLAUDE-MADELEINE), naquit le 15 juillet 1771 à la Harazée (Marne). Elève sous-lieutenant à l'École d'artillerie de Châlons le 1er septembre 1786, il en sortit le 1er septembre 1789 avec le grade de lieutenant en second, et entra peu de temps après dans une compagnie de mineurs, où il devint lieutenant en premier le 1er avril 1791, capitaine en second le 1er juillet 1792, et capitaine en premier le 17 juin 1793. Il fit les guerres d'Allemagne de 1793 à l'an IV, assista au siège de Mayence en l'an II, au blocus de cette ville en l'an III, et aux affaires des mois de germinal et de floréal de la même année. Il faisait partie de l'armée dite *de Mayence* en l'an IV, lorsqu'il fut fait prisonnier dans Manheim au moment de la reddition de la place. Rendu à la liberté en prairial, il rejoignit au commencement de l'an V l'armée d'Italie, d'où il passa l'année suivante à celle d'Angleterre. Chef de bataillon et sous-directeur des fortifications le 14 thermidor an VII, il fut appelé à l'armée d'Italie le 11 messidor an VIII, et se trouva au passage du Mincio et au siège de Peschiera. Rentré en France après le traité de Lunéville, il reçut le 25 prairial an XII la décoration de la Légion-d'Honneur, et fit les campagnes de l'an XIV, de 1806 et de 1807 à la grande armée, combattit à Iéna, à Heilsberg, à Eylau et au siège de Gradentz. Major du génie le 4 mars 1807, il passa à l'armée d'Espagne en 1808, et assista au siège de Saragosse et à la défense de Santona. Colonel le 10 mars 1809, il devint officier de la Légion-d'Honneur le 3 octobre 1810. Le roi le créa chevalier de Saint-Louis le 19 juillet 1814, et lui confia la direction de l'arsenal du génie à Metz, où il se trouvait au retour de Napoléon de l'île d'Elbe. Il reçut le 18 mai 1815 l'ordre d'aller diriger les travaux de défense de l'Argonne, et suivit ensuite l'armée du Nord sur la Loire, avec laquelle il fut licencié le 17 août. Réemployé peu de temps après comme directeur des fortifications à Verdun, il fut admis à la retraite le 15 novembre 1821. Une nouvelle ordonnance du 27 février 1822 lui conféra le grade honorifique de maréchal-de-camp. Il est mort dans le lieu de sa naissance le 5 septembre 1833.

BONNECARÈRE (JEAN-PIERRE-ALEXIS), naquit le 17 octobre 1768 à Muret (Haute-Garonne). Soldat le 5 avril 1785 au régiment de Turenne-infanterie, il quitta ce corps par congé le 14 août 1787. Engagé le 12 janvier 1792 dans le 28e régiment d'infanterie (ci-devant du Maine), 56e demi-brigade en l'an III, et 85e demi-brigade de ligne le 1er messidor an IV, et nommé sous-lieutenant le même jour, il fit partie de l'armée d'Italie à l'ouverture de la campagne de 1793, et devint lieutenant le 18 juillet; il servit avec la même armée pendant les campagnes de 1792 et an II, fut blessé le 17 août 1793 au camp de la Peroza d'un coup de feu au genou droit, et au siége de Toulon en frimaire an II d'un coup de baïonnette à la poitrine. Passé à l'armée des Pyrénées-Orientales en l'an III, et nommé capitaine le 6 floréal, il fit encore, à la même armée, les campagnes des ans IV et V. Aide-de-camp du général Menou le 17 floréal an VI, il monta un des premiers à la brèche lors de la prise d'Alexandrie le 14 messidor an VI. Chef d'escadron le 21 nivose an VIII, et embarqué à cette époque pour retourner en France, il tomba au pouvoir de l'ennemi sur les côtes de Sicile. Rendu presque aussitôt par échange, il vint à l'armée d'Italie (2e de réserve), et y fit les deux campagnes de l'an VIII et de l'an IX. Passé avec son grade dans le 7e régiment de cuirassiers le 30 nivose an X, puis dans le 12e régiment de même arme le 19 pluviose an XII, il devint membre de la Légion-d'Honneur le 25 prairial suivant. Attaché à la grande armée de l'an XIV à 1806 en Autriche et en Prusse, il prit part aux batailles d'Austerlitz et d'Iéna, et eut 3 chevaux tués sous lui. Fait commandant d'armes de 4e classe le 4 décembre 1806, et employé successivement à Pise et à Orbitello, il mourut dans cette dernière place le 7 novembre 1810. J-T.

BONNEFOUX (FRANÇOIS-CASIMIR, *baron* DE), né le 4 mars 1761 à Marmande (Lot-et-Garonne), entra le 1er juillet 1780 au service en qualité de garde-marine. Nommé enseigne de vaisseau le 14 septembre 1783 à bord de la frégate *la Fée*, il servit du 27 décembre 1783 au 30 décembre 1785 sur le vaisseau *le Réfléchi*, et fit sur la flûte *la Danaé* un voyage à la Guadeloupe, au retour duquel il obtint, le 1er mai 1786, le grade de lieutenant de vaisseau de 2e classe. Du 27 mars au 2 septembre 1786, il monta la gabarre *le Chameau*. Il partit le 11 mars 1790 pour les Antilles sur l'aviso *le Sans-Souci*, dont il prit le commandement le 21 mai 1791, resta du 3 novembre au 31 décembre sur le vaisseau *l'América*, et remplit du 6 juillet au 3 décembre 1792, à bord du *Républicain*, les fonctions de capitaine de pavillon. Promu capitaine de vaisseau de 2e classe le 1er janvier 1793, il passa successivement sur les vaisseaux *le Tourville*, *le Républicain* et *le Terrible*, formant l'escadre de l'amiral Morard de Galles, réunie dans la rade de Brest. Dénoncé à cette époque, et emprisonné comme suspect, il ne rentra en activité qu'au mois de vendémiaire an IX avec le grade de capitaine de vaisseau de 1re classe. Il commanda le vaisseau *le Batave* depuis le 11 brumaire jusqu'au 30 fructidor. Appelé le 3e jour complémentaire à la préfecture maritime de Dunkerque (1er arrondissement), il se rendit le 25 brumaire an XII à la résidence de Boulogne. Membre et officier de la Légion-d'Honneur les 15 pluviose et 25 prairial de la même année, baron de l'Empire en 1811, il devint le 15 avril 1812 préfet du 5e arrondissement maritime (Rochefort), poste qu'il occupa jusqu'à la suppression des préfectures maritimes en 1814. Il était commandant de la marine à Rochefort au moment de l'embarquement de Napoléon en 1815, et rendit compte au ministre de l'exécution des ordres qu'il en avait reçus à ce sujet. Mis à la retraite en 1816, il est mort à Escassefort (Lot-et-Garonne), le 15 juin 1838.

BONNET (FRANÇOIS), né le 23 avril 1766 à Ligny (Meuse), entra au service le 31 juillet 1792 en qualité de capitaine au 8e bataillon des fédérés nationaux, devenu par embrigadement et par amalgame 90e demi-brigade d'infanterie en l'an II, et 33e demi-brigade de ligne en l'an V, et fit les guerres de la liberté de 1792 à l'an VI aux armées du Nord, de la Vendée et d'Italie. Le 9 septembre 1793, à la bataille d'Hondscoote, il s'empara de 2 pièces de canon appartenant aux Anglais. Le 10 floréal an III, à l'affaire de Moecron, près de Lanoy en Flandre, il désarma un grenadier hanovrien qui le couchait en joue et le fit prisonnier; enfin, le 5 ventose an V, à l'affaire de Saint-Bras, il fit de sa main 25 prisonniers. Il resta à l'armée d'Italie en l'an VII et en l'an VIII. Le 6 germinal an VII, il enleva près de Verone une pièce d'artillerie à l'ennemi et reçut un coup de feu à la cuisse. Nommé chef de bataillon sur le champ de bataille le 1er fructidor de la même année, il fut blessé le 21 vendémiaire an VIII à l'affaire de Beynette d'un coup de feu au pied droit en s'élançant dans une ferme que l'ennemi occupait; il prit poste composé de 25 grenadiers hongrois. Passé avec son grade le 11 fructidor an XI dans la 95e demi-brigade de ligne, il fit partie de l'armée de Hanovre pendant les campagnes des ans XII et XIII, et obtint la croix de la Légion-d'Honneur le 25 prairial an XII. Employé à la grande armée de l'an XIV à 1807 en Autriche, en Prusse et en Pologne, il assista aux batailles d'Austerlitz et de Lubeck, et fut blessé à Friedland d'un coup de feu à la tête et de deux coups de sabre à la main gauche. Envoyé en Espagne en 1808, et nommé officier de la Légion-d'Honneur le 24 novembre, il fit encore la campagne de 1809 à la même armée. Admis à la retraite le 29 octobre 1809, il est mort le 29 mars 1837 à Ligny (Meuse).

BONNET-BEAUFRAND (SYLVAIN), naquit le 10 mars 1760 à la Souterraine (Creuse). Le 14 novembre 1774, il entra comme sous-lieutenant dans la gendarmerie, et quitta le corps le 10 juillet 1778 pour passer comme simple cavalier dans le régiment de dragons de Noailles (23e). Maréchal-des-logis de gendarmerie le 26 janvier 1792, et lieutenant le 28 janvier 1793, il fit les campagnes de 1793, ans II et III à l'armée des Pyrénées-Orientales, et occupa diverses résidences jusqu'à l'an IX. Il était employé dans le département des Côtes-du-Nord depuis cette dernière année, lorsque, le 26 messidor an X, il parvint à détruire à la Villeloi, arrondissement de Laudeac, un corps vendéen qui inquiétait cette contrée ; il lui prit à la suite de cette affaire un assez grand nombre de munitions de guerre et de fusils. Les autorités locales ayant rendu compte au gouvernement de la conduite distinguée de cet officier et de la part qu'il avait prise au rétablissement de l'ordre et de la tranquillité dans le pays, le premier Consul lui adressa le 5 brumaire an XI le brevet d'un sabre d'honneur. Légionnaire de droit et officier de l'Ordre le 1er vendémiaire et le 25 prairial an XII, et électeur du département de l'Aveyron en 1807, il fut envoyé peu de temps après à la résidence de Villefranche (11e légion), où il mourut le 18 juillet 1814. B-S.

BONNET-D'HONNIÈRES. *V.* t. III, p. 95.
BONNEVALLET. *V.* TOURNOIS DE BONNEVALLET (*Clément*).
BONNOTTE (FRANÇOIS), naquit le 3 mars 1766 à Buccy-les-Gy (Haute-Saône). Canonnier au régiment d'artillerie d'Auxonne (6e) le 25 septembre 1784, il servit à l'armée de la Moselle en 1792 et 1793, devint caporal-fourrier le 10 août 1793, sergent le 1er ventose an II, et fit les campagnes de l'an II à l'an IV à l'armée des Pyrénées-Orientales. Au combat de Saint-Laurent de la Mouga, le 26 thermidor an II, il força l'ennemi à abandonner ses positions. Le 24 nivose an III, à l'affaire du pont du Moulin, près de Figuières, il sauva le parc d'artillerie de la division Augereau, destiné au siége de Roses. Après avoir fait les campagnes d'Italie de l'an V à l'an VI, il embarqua à Toulon le 30 floréal an VI avec l'armée expéditionnaire d'Égypte, assista à la prise de Malte, et resta dans cette île avec les généraux Vaubois et Dennezel. Le 1er thermidor, il entra comme lieutenant en second dans le corps de canonniers maltais organisé après l'occupation. Il concourut à la défense de l'île jusqu'à la reddition qu'on en fit aux Anglais le 18 fructidor an VIII. Rentré en France, et nommé lieutenant en premier le 7 prairial an XI et membre de la Légion-d'Honneur le 25 prairial an XII, il fit la campagne de cette dernière année à l'armée des côtes de l'Océan, et suivit la grande armée de l'an XIV à 1809. Il prit part aux siéges de Glogau, de Breslau, de Neiss et de Schweidnitz. Capitaine en second dans le 1er régiment d'artillerie à pied dès le 10 juillet 1807, il passa à l'armée d'Espagne en 1810, et devint le 19 janvier 1811 capitaine en premier pour sa conduite aux siéges de Badajoz et de Taragone. Il assista, de 1812 à 1814, aux siéges d'Orpesa, de Murviedro et de Valence. Mis à la retraite le 1er août 1815, il se retira dans le lieu de sa naissance, où il est mort le 1er septembre 1838. B-S.

BONNOURE. *V.* BOUNOURE.
BONTANS *V.* BONTEMPS.
BONTE (MICHEL-LOUIS-JOSEPH, *baron*), naquit le 27 juillet 1766 à Coutances (Manche). Adjoint à l'état-major de l'armée des côtes de Cherbourg le 15 septembre 1792 avec rang de sous-lieutenant, lieutenant et capitaine les 16 janvier et 6 juin 1793, il passa chef de bataillon dans le 9e de volontaires de la Manche le 1er brumaire an II, puis dans la 12e demi-brigade, devenue 81e, servit aux armées de l'Ouest et d'Angleterre de l'an II à l'an VIII, et fut nommé chef de brigade le 1er frimaire an V pour sa conduite à l'affaire de Quiberon. Il se distingua au combat de Granchamp le 5 pluviose an VIII, et reçut à cette occasion une lettre de félicitation du ministre de la guerre. Il fit les campagnes des ans IX et X au corps d'observation du Midi, et celles de l'an XI à l'an XIV en Italie. Membre et officier de la Légion-d'Honneur les 19 frimaire et 25 prairial an XII, il fit les guerres d'Italie de 1806 à 1808, et celles de Dalmatie, d'Allemagne et d'Illyrie, en 1809 et 1810. De retour à l'armée d'Italie, il reçut le 6 août 1811 le brevet de général de brigade. Envoyé à l'armée du nord de l'Espagne et en Portugal en 1812 et 1813, il revint en France à la fin de cette dernière année, et commanda le 8 février 1814 une brigade de garde nationale de la division Pacthod. Fait prisonnier de guerre le 25 mars à la bataille de Fère-Champenoise, il rentra des prisons de l'ennemi dans le mois de mai suivant. Le gouvernement lui confia le 6 juin le commandement du département du Finistère, et le 31 août celui de Morlaix. Louis XVIII le décora de la croix de l'ordre royal de Saint-Louis le 14 novembre. Il ne se vit point employé pendant les Cent-Jours, et le 1er septembre 1815 il reprit le commandement du département du Finistère, qu'il conserva jusqu'au 8 décembre suivant, époque à laquelle il fut mis en disponibilité. Attaché à l'inspection des troupes d'infanterie de 1816 à 1818, il fut compris en cette qualité dans le cadre de l'état-major général de l'armée le 30 décembre 1818. Commandeur de la Légion-d'Honneur le 1er mai 1821, inspecteur-général de gendarmerie le 23 janvier 1823, commandant de la 7e subdivision de la 1re division militaire (Eure-et-Loire) le 27 août de la même année, il a été admis à la retraite le 9 août 1826, et une ordonnance royale du 13 de ce mois lui conféra le grade honorifique de maréchal-de-camp. Il est mort à Paris le 6 mars 1836. B-S.

BONTEMPS ET NON **BONTANS** (MICHEL), naquit le 15 septembre 1776 à Freistroff (Moselle). Volontaire le 29 avril 1793 dans un des bataillons qui formèrent en l'an IV la 10e demi-brigade de bataille, devenue 105e régiment d'infanterie de ligne au commencement de l'an XII, il fit toutes les campagnes de la Révolution aux armées de la Moselle, de Sambre-et-Meuse, de Mayence, d'Allemagne, du Danube, du Rhin et d'Italie. Envoyé au camp de Saintes en l'an XII, créé membre de la Légion-d'Honneur le 25 prairial, et employé au camp de Brest en l'an XIII, il fut nommé caporal le 1er brumaire an XIV, et fit la campagne de 1806 au 7e corps de la grande armée en Prusse. En 1807, il passa au 4e corps et reçut un coup de feu à la cuisse à la bataille d'Eylau. En 1808, il était à Dantzig, et en 1809 il faisait partie du 2e corps de l'armée d'Allemagne, où il obtint le grade de sergent le 16 mars; deux coups de feu qu'il reçut dans cette campagne, l'un dans l'estomac au combat du 19 avril, et l'autre au pied gauche à la bataille de Wagram le 6 juillet, l'obligèrent à quitter l'armée et à prendre sa retraite le 2 septembre 1811. Il est mort le 18 mars 1837 à Freistroff (Moselle).

BONTESERIN. *V.* BOUTESERIN.

BONUCHI (ANTOINE-MARIE-LAURENT-EDME), né le 8 août 1768 à Saint-Paternin (États de l'Église), entra au service le 17 mars 1786 comme soldat au régiment Royal-italien, fut fait caporal le 16 janvier 1789, et le 1er mai 1791 fourrier au même corps, 1er bataillon de chasseurs de Provence le 1er août de la même année, 1re demi-brigade d'infanterie légère le 28 prairial an III, et 17e de même arme le 21 germinal an IV. Il fit la campagne de 1792 à l'armée des Alpes, fut nommé sergent le 1er juin 1792, et sergent-major le 23 juillet suivant. Passé à l'armée des Pyrénées-Orientales, il y servit pendant les campagnes de 1793 à l'an III, se trouva aux sièges de Collioure, de Port-Vendres, de Saint-Elme et de Roses, et devint sous-lieutenant le 21 prairial an III. Dirigé sur l'armée d'Italie en l'an IV, il tomba au pouvoir de l'ennemi le 1er frimaire an V au combat de Piowazano. Rendu sur parole le 2 du même mois, il revint à son corps et reçut un coup de feu à la poitrine le 30 ventose au combat de Lavis. Il resta à l'armée d'Italie de l'an VI à l'an VIII. A San-Juliano, le 2 messidor an VII, la compagnie de carabiniers dont il faisait partie, trois fois repoussée par l'ennemi, chargea de nouveau et enleva 2 pièces de canon. A Novi, le 28 thermidor, il reçut un coup de feu à la hanche gauche; enfin, près du pont de Lesigno, sa compagnie attaqua avec vigueur une forte colonne ennemie et lui enleva 2 pièces de canon et 4 caissons. Promu lieutenant le 25 brumaire an IX, il alla rejoindre l'armée des Grisons. Dans la nuit du 2 au 3 nivose, à l'attaque du Mont-Thonal, commandant l'avant-garde de la colonne, il enleva les postes retranchés de l'ennemi et y reçut un coup de feu à l'épaule gauche. Membre de la Légion-d'Honneur le 25 prairial an XII, et adjudant-major le 3 brumaire an XIII, étant à l'armée des côtes de l'Océan, il fit partie de la grande armée en l'an XIV en Autriche, et se trouva à la bataille d'Austerlitz. Passé adjudant-major-capitaine au 8e régiment d'infanterie légère le 6 brumaire an XIV, il fit avec l'armée de Dalmatie les campagnes des années 1806, 1807 et 1808. Appelé en 1813 à la grande armée en Saxe, il fut nommé chef de bataillon le 25 mars, et officier de la Légion-d'Honneur le 19 novembre de la même année. Dirigé à cette époque sur l'armée de Lyon, il y fit la campagne de France. Mis à la demi-solde le 16 septembre 1814, et retraité le 1er juillet 1819, il se retira à Oullins (Rhône), où il est mort le 20 janvier 1840. J-T.

BONVENT (JEAN-FRANÇOIS), né à Arlai (Jura), le 9 octobre 1759, entra le 3 août 1776 comme dragon au régiment de Lannans, qui devint 4e de chasseurs à cheval. Brigadier le 6 septembre 1784, fourrier le 6 avril 1785, il fut chargé le 10 mai 1792 des fonctions de quartier-maître-trésorier, avec rang de lieutenant, à partir du 8 juillet 1793. Il avait fait à l'armée des Alpes la campagne de 1792. Capitaine-quartier-maître le 9 fructidor an II, il fit à l'armée du Rhin les campagnes des ans II, III et IV, et à l'armée de Rhin-et-Moselle celles des ans IV et V. Employé à l'armée d'Italie à la fin de l'an V, et à l'armée de l'Ouest pendant les ans VI, VII et VIII, et nommé chef d'escadron le 4 brumaire de cette dernière année, il servit à l'armée d'Italie et à celle de l'Ouest de l'an IX à l'an XIV. Membre de la Légion-d'Honneur dès le 25 prairial an XII, il entra dans l'inspection militaire comme inspecteur aux revues surnuméraire le 13 février 1809, et se rendit en cette qualité à Milan, d'où il passa à Lodi le 5 juin de la même année. Nommé sous-inspecteur aux revues de 3e classe le 29 octobre, il se rendit à Lyon le 16 janvier 1810, et remplit dans cette ville les fonctions d'inspecteur divisionnaire jusqu'au 8 octobre 1813. Envoyé à cette époque en congé à Besançon, il y mourut le 2 juin 1814.

BONVOUST (CHARLES), naquit le 11 août 1737 à Mortagne-sur-Huisne (Orne). Volontaire dans l'artillerie de terre le 1er mai 1753, il entra le 1er janvier 1757 à l'École d'artillerie de La Fère, puis à celle de Strasbourg en 1758, et fut nommé lieutenant en second le 27 mars 1760 dans la première brigade d'artillerie, régiment de La Fère (1er) le 31 août 1765. Lieutenant en premier l'année suivante dans une compagnie de bombardiers de ce corps, capitaine le 31 juillet 1767, il devint sous-aide-major le 29 février 1768, et aide-major le 6 juin 1791. Détaché à la manufacture d'armes de Klingenthal le 1er novembre 1774, il fut envoyé à Caen le 1er janvier 1777, et créé chevalier de Saint-Louis le 9 mai 1778. Major au régiment d'artillerie d'Auxonne (6e) le 1er janvier 1791, il passa le 15 mai 1792 à Nantes en qualité de lieutenant-colonel sous-directeur d'artillerie, et mit cette place en état de défense. Il avait fait, antérieurement à la Révolution de 1789, deux campagnes, avait assisté à un siège et à deux batailles. Colonel du 6e régiment d'artillerie à pied le 8 mars 1793, il fit les guerres de l'armée de l'Ouest de 1793 et de l'an II, prit part à cinq engagemens contre les Vendéens, et y reçut une blessure assez grave. Général de brigade le 25 germinal an II, et envoyé à La Rochelle pour préparer la défense de cette place, il se vit suspendu de ses fonctions le 29 thermidor an II comme ancien noble. Réintégré le 17 messidor an III, avec un traitement annuel de 3,000 francs, qu'il cessa de toucher deux ans après, il resta dans cette position jusqu'au 6 vendémiaire an X, et obtint enfin sa retraite le 28 brumaire an XI. Nommé commandant de la Légion-d'Honneur le 25 prairial an XII, sans avoir passé par les deux premiers grades, et député au Corps législatif par le département de l'Orne à la fin de l'an XIII, il siégea jusqu'en 1807. Il est mort à Paris le 22 juin 1811. B-S.

BONY (FRANÇOIS), naquit le 20 septembre 1772 à Cressey (Côte-d'Or). Volontaire le 10 septembre 1793 dans le 10e bataillon de son département, incorporé depuis dans la 51ᵉ demi-brigade de ligne, et lieutenant le 3 vendémiaire an II, il fit les campagnes de 1793 à l'an II aux armées de Rhin-et-Moselle, et celles de l'an III à l'an V à l'armée d'Italie. Le 16 messidor an IV, à la bataille de Castiglione, où il commandait les tirailleurs de sa demi-brigade, il reçut un coup de feu au côté droit. Nommé capitaine le 1ᵉʳ vendémiaire an V, il se trouva le 25 brumaire à l'affaire du pont d'Arcole et passa le canal un des premiers. Il servit l'année suivante en Belgique, et de l'an VI à l'an IX aux armées gallo-batave et du Rhin. A Hohenlinden, il s'empara, à la tête de 5 soldats, de 2 bouches à feu, et força les canonniers qui les servaient à prendre la fuite. Rentré en France en l'an X, il fit les campagnes de l'armée des côtes de l'Océan de l'an XI à l'an XIII. Membre de la Légion-d'Honneur le 25 prairial an XII, il suivit son régiment à la grande armée de l'an XIV à 1807. A la bataille d'Austerlitz, étant en détachement avec une compagnie de grenadiers, il prit 300 Autrichiens. A Iéna, il reçut un coup de feu au pied gauche. Chef de bataillon le 28 octobre 1806, il fit la campagne de Pologne en 1807, fut créé officier de la Légion-d'Honneur le 16 novembre 1808, et envoyé dans la péninsule espagnole au commencement d'avril 1810. Il commanda une colonne dirigée de Cordoue sur Peñaflor et Constantino, avec laquelle il chassa l'ennemi des positions qu'il occupait. Peu de jours après, il joignit un parti ennemi à Valecquillo, lui tua 80 hommes et lui fit 60 prisonniers. Envoyé dans les premiers jours de mai dans la direction d'Almaden et de Cabeza del Rei pour communiquer avec le 2ᵉ corps, sa colonne rencontra un parti de 400 hommes auquel elle fit éprouver de grandes pertes. Il obtint le 23 juin le grade de major à la suite du 51ᵉ régiment. Le 29 novembre, il remplaça provisoirement dans le commandement de la colonne d'Estramadure, dépendante de Cordoue, le général Digeon retenu au lit, et eut occasion de détruire à Velmès une bande qui s'était portée sur ses derrières dans le but d'intercepter les communications. Chargé du commandement d'une colonne de 600 hommes et de 200 dragons, destinée à défendre la Sierra de Cordoue jusqu'à la Manche et l'Estramadure, il surprit l'ennemi le 17 décembre à Campanario, sur la Guadiana, et le détruisit entièrement. Nommé major titulaire du 4ᵉ régiment de ligne le 29 juin 1811, il rentra en France pour prendre le commandement des bataillons de dépôts. Colonel en second le 21 février 1813, il rejoignit la grande armée d'Allemagne, et reçut le 10 août le commandement titulaire du 19ᵉ régiment provisoire. Il reprit, avec 800 hommes, la ville de Buntzlau, défendue par 3 régiments russes, qu'il fit en grande partie prisonniers. Le maréchal prince de la Moscowa lui en témoigna toute sa satisfaction, et le proposa pour le grade de général de brigade, qui lui fut conféré le 27 septembre. L'Empereur le nomma chevalier de l'ordre de la Réunion le 8 octobre 1813. A Leipzig, il tomba au pouvoir de l'ennemi et ne rentra en France que le 28 juin 1814. Chevalier de Saint-Louis le 17 janvier 1815, il resta sans emploi jusqu'au retour de Napoléon de l'île d'Elbe. Le 28 avril, il reçut l'ordre de rejoindre le 6ᵉ corps de l'armée du Nord. Après la seconde Restauration, le maréchal Macdonald le chargea du licenciement des troupes composant les 9ᵉ et 10ᵉ divisions de l'armée de la Loire. Mis en non-activité le 1ᵉʳ septembre 1815, le roi lui donna la croix de commandeur de la Légion-d'Honneur le 20 mars 1820, et le fit replacer le 1ᵉʳ avril suivant dans le cadre de l'état-major général de l'armée. Admis à la retraite le 1ᵉʳ janvier 1825, et rétabli le 5 avril 1832 dans le cadre de réserve, il fut réadmis à la retraite le 1ᵉʳ janvier 1835. Il habite actuellement la ville de Dijon.

BORD, législateur. *V.* t. II, p. 505.

BORDE (ANTOINE), naquit le 7 mai 1736 à la Guillotière, près de Lyon (Rhône). Simple canonnier au corps royal d'artillerie de terre (régiment d'Auxonne) le 29 avril 1754, il passa sergent au même régiment le 1ᵉʳ janvier 1760, et garçon-major second lieutenant le 30 septembre 1768. Incorporé comme garçon-major dans les troupes d'artillerie de marine le 1ᵉʳ novembre 1780, il y devint sous-lieutenant de campagne le 4 avril 1782, capitaine de seconde classe le 1ᵉʳ juillet 1792, capitaine de première classe le 1ᵉʳ vendémiaire an III et chef de bataillon le 9 pluviôse an IV. Membre de la Légion-d'Honneur le 25 prairial an XII, il prit sa retraite le 1ᵉʳ nivôse an XIII, et mourut à Brest le 23 mars 1823.

BORDE (ÉTIENNE-JEAN-AMBROISE), naquit le 18 septembre 1773 à Conflans-Sainte-Honorine (Seine-et-Oise). Chasseur à cheval le 10 août 1792 au 3ᵉ régiment (ci-devant Flandre), il servit de 1792 à l'an V aux armées du Nord et de Sambre-et-Meuse. Entré le 20 brumaire an VI dans les guides à cheval du général Bonaparte, il fit partie de l'expédition d'Égypte pendant les ans VI et VII, et passa brigadier-fourrier le 13 pluviôse an VII. De retour en France avec le général Bonaparte, et nommé maréchal-des-logis le 12 brumaire an VIII, il fit la campagne de l'an VIII en Italie. Sous-lieutenant le 12 vendémiaire an XI, il fut breveté d'une carabine d'honneur le 28 pour avoir sauvé un officier des mains d'une foule d'Arabes qui allaient le tuer. Légionnaire de droit, il fut compris par erreur dans la nomination du 25 prairial. Lieutenant en second le 1ᵉʳ vendémiaire an XIII, et appelé à la grande armée en l'an XIV, il reçut à la bataille d'Austerlitz un coup de feu au genou gauche et un coup de sabre sur le pouce droit, et passa lieutenant en premier le 27 frimaire. Il fit les campagnes de 1806 à 1807 en Prusse et en Pologne, et fut atteint de plusieurs coups de sabre sur les deux bras et sur la tête à la bataille d'Eylau. Passé en Espagne en 1808, il revint en 1809 en Allemagne et assista à la bataille de Wagram. Officier de la Légion-d'Honneur le 7 mai 1811, il fit partie de l'expédition de Russie. Admis à la retraite le 1ᵉʳ mai 1813, il se retira à Conflans-Sainte-Honorine, sa ville natale. Il réside en ce moment à Paris.

BORDENAVE (JEAN-PAUL), naquit le 29

NOMINATION DU 25 PRAIRIAL AN XII.

août 1777 à Saint-Pée (Basses-Pyrénées). Soldat le 30 vendémiaire an II à la 40ᵉ demi-brigade d'infanterie, 27ᵉ demi-brigade de ligne en l'an V et 27ᵉ régiment en l'an XII, et passa caporal et fourrier les 1ᵉʳ et 11 brumaire an III. Il fit les campagnes des ans II et III à l'armée des Pyrénées-Occidentales, et celles de l'an IV à l'an VI aux armées de l'Ouest, de l'expédition d'Irlande et des côtes de l'Océan. Sergent le 11 pluviose an VII, et sergent-major le 13 du même mois, étant à l'armée du Rhin, il y fit les campagnes des ans VII et VIII, et fut nommé sous-lieutenant le 1ᵉʳ pluviose an VIII. Employé aux armées du Rhin et du Danube de la fin de l'an VIII à l'an IX inclusivement, il se distingua le 25 frimaire an IX à la tête de la 2ᵉ compagnie de tirailleurs de la demi-brigade. Il se trouvait en face d'une batterie autrichienne qui défendait l'entrée de Neumarck; malgré la mitraille qu'elle vomissait, il franchit le parapet du retranchement et enleva la batterie. Le 28, au combat de Lamback, il chargea un des premiers avec quelques tirailleurs l'ennemi qui était sur le pont de la Traün et réussit à s'en emparer. Attaché en l'an XI à l'armée d'Helvétie et à celle des côtes de l'Océan pendant les ans XII et XIII, il devint lieutenant le 11 ventose, et membre de la Légion-d'Honneur le 25 prairial an XII. De l'an XIV à 1807, il servit en Autriche, en Prusse et en Pologne, passa le 2 juin 1806 auprès du général Boussart en qualité d'aide-de-camp, et fut nommé capitaine le 9 novembre de la même année. Il suivit son général en Espagne et y fit avec lui les campagnes de 1808 et 1809 au 3ᵉ corps. Chargé le 30 novembre 1811 d'une reconnaissance sur Valence (Aragon), il fut blessé mortellement le jour même et mourut le 2 décembre suivant.

BORDENAVE (JEAN-PIERRE, DE), naquit le 28 juin 1750 à Orthez (Basses-Pyrénées). Élève à l'École du génie de Mézières le 9 janvier 1769, envoyé à Bayonne le 1ᵉʳ janvier 1771 avec le grade d'ingénieur ordinaire, et attaché aux travaux de la Barre, il passa ensuite à Besançon, où il resta jusqu'en 1776. Employé à la direction du génie à Toulon depuis 1777, il fut nommé capitaine le 8 avril 1779. Il retourna à Besançon en 1780, et il servit dans les places d'Hesdin, de Navarreins et de Lourdes de 1782 à 1791. Chevalier de Saint-Louis le 20 février de cette dernière année, et envoyé de nouveau à Bayonne en 1792, il fut chargé de reconnaître les vallées d'Aran, de Louron, d'Aure, de Barèges et d'Arun. Le 15 mai 1793, il reçut du général Servan l'ordre de se rendre à l'armée des Pyrénées-Occidentales pour y faire élever, sous sa direction, et dans les positions indiquées par le général en chef, des retranchemens destinés à soutenir l'offensive pendant la campagne de l'an II, et il s'acquitta de cette mission avec autant de zèle que de talent. Chef de bataillon le 1ᵉʳ vendémiaire an III, il suivit l'armée sur le territoire espagnol. C'est à Bayonne, où il resta jusqu'en l'an IV, qu'il reçut le brevet de major-sous-directeur des fortifications et la décoration de la Légion-d'Honneur les 24 floréal et 25 prairial an XII. Colonel le 30 novembre 1813, toujours dans la même résidence, et officier de la Légion-d'Honneur le 24 août 1814, il fut admis à la retraite le 7 septembre 1815. Il est mort à Orthez (Basses-Pyrénées), le 17 novembre 1825.

BORDES (JEAN-BAPTISTE-GABRIEL), naquit à Paris le 12 mars 1751. Procureur-général impérial intérimaire près la cour de justice criminelle du Puy-de-Dôme en l'an XII, et membre de la Légion-d'Honneur le 25 prairial de cette année, il devint en 1811 substitut du procureur-général près la cour impériale de Reims, chargé du service des cours d'assises, et conserva ces fonctions jusqu'au 25 octobre 1826. Fixé à Riom, il y mourut le 3 juin 1836.

BORDESSOULLE. *V.* TARDIF DE POMMEROUX DE BORDESSOULLE, t. II, p. 178.

BORDET (LOUIS-JOSEPH), naquit le 18 mars 1767 à Thorey (Yonne). Entré au service le 31 décembre 1786 dans le régiment des gardes françaises, il y resta jusqu'au 14 juillet 1789, et coopéra à la prise de la Bastille. Le 4 août 1792, il se présenta avec la médaille des vainqueurs de la Bastille pour entrer dans le 14ᵉ bataillon des fédérés, et y fut élu capitaine. Ce bataillon forma le 25 nivose an II la 29ᵉ demi-brigade d'infanterie de bataille, qui par suite de l'amalgame de l'an IV devint le 1ᵉʳ vendémiaire an V 14ᵉ demi-brigade de ligne et 14ᵉ régiment en l'an XII. De 1792 à l'an IX, le capitaine Bordet fit toutes les campagnes aux armées du Nord, de l'intérieur, d'Italie, de l'Ouest, de réserve et des Grisons. Pendant le siège de Lille en 1792, il ne cessa d'encourager le soldat et d'inspirer la confiance aux habitans et préserva plusieurs maisons de l'incendie. Le 7 floréal an II, il pénétra un des premiers dans Courtrai avec sa compagnie de tirailleurs, chargea contre une batterie autrichienne et enleva deux pièces de canon. Le 19 du même mois, devant Tournai, il prit une redoute et fit prisonniers 250 hommes dont 22 officiers. Le 23, à Ingelmester, avec 7 hommes, il s'empara de 2 pièces de canon qui restèrent attachées à sa compagnie, et le 29, à la bataille de Moecron, avec ses tirailleurs, il fit mettre bas les armes à un bataillon hessois et en mit un autre en déroute. Enfin, le 30 fructidor suivant, à Boxtel, il fit prisonniers 1,500 hommes. Il se signala particulièrement le 21 fructidor an III au passage du Rhin, et y reçut deux coups de feu à la jambe droite. Le 6 germinal an VII, à Lognago, il soutint long-temps avec sa compagnie les efforts de l'ennemi et fut blessé d'un coup de feu au genou droit. Ces diverses actions lui valurent un sabre d'honneur que le premier Consul lui décerna par arrêté du 28 fructidor an X. Rentré en France après la paix, il tint garnison à Sedan, Mézières, Maëstricht, et fit partie du camp de Saint-Omer de l'an X à l'an XIII. Légionnaire de droit le 1ᵉʳ vendémiaire an XII, et officier de l'Ordre le 25 prairial suivant, il prit sa retraite le 9 ventose an XIII, et se retira à Langres, où il reçut en 1807 le titre d'électeur du département de la Haute-Marne. Il est mort à Paris le 7 novembre 1820.

B-G.

BOREL (PIERRE-AIMÉ), naquit le 12 novembre 1748 à Caen (Calvados). Soldat le 10 septembre 1766 au régiment de Lyonnais-infanterie, il quitta le corps par congé le 6 mars 1772. Engagé comme dragon dans le régiment La Rochefoucault le 28 mars 1773, il passa le 20 juillet 1779 en qualité de chasseurs à cheval dans le régiment Hainaut. Brigadier le 7 janvier 1780, il obtint son congé le 19 juillet 1789. Soldat dans la garde nationale de Pont-Lévêque le 3 septembre de la même année, il fut nommé sous-lieutenant au 10e bataillon de volontaires de l'Orne le 14 septembre 1791, et adjudant-major au 2e bataillon de l'Eure le 22 octobre suivant. Il fit les campagnes de 1792 à l'an II aux armées du Nord et du Rhin, et reçut un coup de feu à l'épaule gauche à l'affaire du 17 mai 1793. Sous-lieutenant au 11e régiment de dragons le 3 juin 1792, adjoint aux adjudans-généraux le 27 août 1793, et chef d'escadron au 8e régiment de dragons le 6 thermidor an II, le gouvernement prononça sa réforme le 30 frimaire an IV. Employé le 5 germinal à la levée des chevaux, bientôt après placé au conseil de guerre de la 17e division militaire, et adjoint le 25 ventose an VIII à l'état-major général de la 2e armée de réserve en Italie, il se trouva à la bataille de Marengo. Chargé du commandement de la place d'Arona en Italie, il entra avec son grade le 23 nivose an X dans le 6e de cavalerie, devenu 6e de cuirassiers, et fut nommé membre de la Légion-d'Honneur le 25 prairial an XII. Il servit de l'an XIV à 1807 à la grande armée en Autriche, en Prusse et en Pologne. En 1807, il fut blessé, et élevé au grade d'officier de la Légion-d'Honneur le 3 avril. Admis à la retraite le 11 juillet suivant, et retiré à Orléans (Loiret), il y mourut le 7 avril 1824. J-T.

BORNE-DESFOURNEAUX (EDME-ÉTIENNE, *baron*, puis *comte*), naquit à Vézelay (Yonne), le 22 avril 1767. Soldat au régiment de Conti-infanterie (81e) le 14 mai 1784, il devint caporal le 14 mars 1786, et sergent le 3 octobre 1787. En garnison à Amiens au moment où la Révolution de 1789 éclata, il se fit remarquer à la tête d'un détachement de son régiment dans un mouvement insurrectionnel qu'il parvint à réprimer. Les autorités civiles lui décernèrent, en présence de la garnison assemblée, une montre d'or aux armes de la ville, avec cette inscription : *Au brave Desfourneaux*, et le ministre de la guerre le nomma sous-lieutenant le 26 décembre 1790. Lieutenant le 15 septembre 1791, capitaine-adjudant-major au 3e bataillon de volontaires du Pas-de-Calais le 15 novembre, lieutenant-colonel le 31 janvier 1792, il passa le 24 avril dans le 48e régiment d'infanterie. Embarqué avec ce corps le 20 juillet pour Saint-Domingue, il fut appelé au commandement militaire de la place et de l'arrondissement de Saint-Marc en janvier 1793. Peu de temps après, il sollicita l'honneur d'attaquer le camp de Thilerier, qu'il emporta d'assaut, et montra la même résolution à la prise du fort d'Ouanaminte, où il fut grièvement blessé. Nommé colonel du 48e le 8 février, et commandant en chef de l'armée de l'Ouest le 14 mai suivant, il se signala à la prise du fort de Lesce, s'empara de 14 pièces de canon et fit éprouver à l'ennemi une perte de 4,000 hommes tués ou prisonniers. Au commencement de l'an II, il chassa les Espagnols de la partie ouest de l'île, battit complétement, dans toutes les rencontres, l'armée du gouverneur-général Garcia, et reçut quatre blessures dans ces différens engagemens. Il prit ensuite, avec 300 hommes du 106e régiment, le fort de la Crête-Sâle, et y fit prisonniers les 700 Espagnols qui le défendaient. De retour en France le 20 thermidor an II, un arrêté du Comité de salut public du 21 frimaire an III lui conféra le grade de général de division, et le renvoya à Saint-Domingue sous les ordres du général Lavaux. Contrarié par les vents, son vaisseau alla relâcher aux États-Unis d'Amérique, rentra dans le port de Brest, et ne put se rendre à sa destination que le 22 floréal an IV. Il prit à quelque temps de là le commandement de Port-au-Prince, et fut nommé le 10 messidor inspecteur-général de l'ouest et du sud de la colonie. Appelé le 18 thermidor suivant au commandement en chef des troupes qui occupaient cette circonscription territoriale, il obtint un congé pour revenir en France rétablir sa santé. Nommé bientôt après commandant de la Guadeloupe, il y arriva le 2 frimaire an VII. Rappelé le 17 floréal, il aborda les côtes de France le 2 pluviose an VIII, et reçut l'ordre, le 4 frimaire an IX, d'aller porter des secours à l'armée d'Égypte. Il embarqua à cet effet sur la frégate *l'Africaine* le 14 pluviose ; mais pris par les Anglais dans le détroit de Gibraltar, après un combat glorieux où il vit périr ses trois aides-de-camp, son frère, son neveu, et fut lui-même blessé à la poitrine, il revint en France après avoir été échangé sur parole. C'était le moment où se préparait l'expédition de Saint-Domingue ; il fut placé aussitôt sous les ordres du général Leclerc.

Débarqué au Cap-Français le 15 pluviose an X, il prit d'assaut le 14 ventose la ville des Gonaïves, força le général nègre Maurepas à mettre bas les armes avec les 4,000 hommes qu'il commandait, et lui prit 10 bouches à feu. Le 25 du même mois, il remporta à Plaisance une victoire complète sur les troupes de Toussaint-Louverture, et lui prit 5,000 hommes. Rentré en France le 24 vendémiaire an XI, Napoléon l'accueillit avec distinction et lui dit en l'apercevant : *Général, vous vous êtes bien battu, vous avez fait de grandes choses à la tête de vos troupes, je m'en souviendrai, et je vous donnerai des preuves de ma confiance.* Une dépêche du général Leclerc, arrivée peu de temps après, décida le premier Consul, non-seulement à ajourner la réalisation de cette promesse, mais encore à prononcer l'admission de cet officier-général à la retraite le 7 fructidor suivant. Cependant le chef de l'État le comprit dans les nominations de la Légion-d'Honneur du 4 germinal et du 25 prairial an XII, comme membre et comme commandant, et il le créa baron de l'Empire en 1808. En 1811, il entra au Corps législatif, élu par le département de l'Yonne. Vice-président de cette assemblée, il occupa plusieurs fois le fauteuil. Replacé le 12 juin 1814 dans le cadre d'activité de l'état-major général de l'armée, chevalier de Saint-Louis et grand'-croix de la Légion-d'Honneur le 3 août, il revint à cette époque à la Chambre des députés. Appelé à la Chambre des représentans pendant les Cent-Jours, il commanda les troupes chargées de défendre les hauteurs de Montmartre. En non-activité depuis le 1er août 1815, et réadmis à la retraite le 30 décembre 1818, Louis XVIII lui conféra vers cette époque le titre de comte. Replacé en disponibilité le 1er avril 1820, il y resta jusqu'à la révolution de Juillet 1830, et rentra définitivement dans la position de retraite le 19 août 1831. Son nom est inscrit sur le côté Ouest de l'arc-de-triomphe de l'Étoile. Cet officier-général réside en ce moment à Paris.

BORON (LOUIS), naquit le 28 novembre 1776 à Quincerot (Côte-d'Or). Parti comme conscrit de l'an VII avec le 2e bataillon auxiliaire de la Côte-d'Or le 27 thermidor, incorporé le 24 nivose an VIII dans la 23e demi-brigade de bataille, devenue 23e régiment d'infanterie de ligne en l'an XII, il combattit aux armées du Danube et du Rhin pendant les campagnes des ans VIII et IX, et se trouva à la bataille d'Engen, où sa demi-brigade fit des prodiges de valeur. Nommé caporal le 23 floréal an XII, lorsqu'il était embarqué sur la flotte de Toulon, et légionnaire le 25 prairial suivant, il fit partie de l'armée d'Italie pendant les ans XIV, 1806 et 1807, suivit la grande armée pendant la campagne d'Allemagne de 1809, et prit sa retraite le 8 février 1810. Il réside en ce moment à Quincerot (Côte-d'Or). Y.

BORREL (JEAN-BAPTISTE-JOSEPH-NOEL, baron), né le 25 décembre 1755 à Toulouse (Haute-Garonne), entra au service le 3 juin 1772 comme gendarme de la garde du roi, et quitta le corps par réforme le 30 septembre 1787. Élu officier dans la garde nationale de Versailles le 17 juillet 1789, il servit dans cette milice jusqu'à la fin de 1792. Adjudant-général chef de bataillon surnuméraire le 2 avril 1793, et titulaire le 15 mai suivant, il fut employé le même jour en qualité de commissaire du pouvoir exécutif à l'armée des Pyrénées-Orientales. Suspendu de ses fonctions en septembre, en vertu d'une mesure générale prise contre les nobles, il fit, comme volontaire, avec autorisation du Comité de salut public, et auprès du représentant du peuple Projean, la campagne d'hiver de l'an III à l'armée des Pyrénées-Orientales, et se trouva au siège de Roses et aux combats de Baslara de Cistella. Adjudant-général chef de brigade le 25 prairial an III, et employé en cette qualité dans la 17e division militaire à Paris, il accompagna au mois de frimaire an IV le général Pérignon dans son ambassade en Espagne. De retour en France, il fut employé dans son grade le 9 prairial an IV à l'armée de l'intérieur sous les ordres des généraux Menou et Bonaparte, et décoré au mois de messidor suivant de la plaque de vétéran. Réformé le 18 floréal an VI, il prit part aux journées des 18 et 19 brumaire an VIII, et reçut du premier Consul un sabre de la manufacture de Versailles en récompense de sa conduite. Nommé le 12 frimaire suivant président du 1er conseil de guerre de la 17e division militaire, il remplit simultanément les fonctions de son grade d'adjudant-général à l'état-major de la même division, et rentra en activité le 14 germinal an IX. De nouveau en non-activité le 1er ventose an X, et disponible le 1er vendémiaire an XI, il fut employé le 18 nivose an XII dans la 1re division militaire. Membre et officier de la Légion-d'Honneur le 15 pluviose et le 25 prairial de la même année, il continua de servir à la 1re division militaire jusqu'au 30 octobre 1806. Appelé à cette époque à la grande armée, il fit la fin de la campagne de Prusse en 1806 et celle de Pologne en 1807. Elevé au grade de général de brigade le 22 octobre 1808, étant à Berlin, il passa le 14 novembre suivant au commandement du département de la Lys. Chef d'état-major de l'armée de la Tête-de-Flandre en 1809, et créé baron de l'Empire, il fut de nouveau désigné en 1810 pour prendre le commandement du département de la Lys, commandement qu'il garda jusqu'en 1814. Louis XVIII lui confia celui de Seine-et-Marne le 8 juin 1814, le fit chevalier de Saint-Louis le 20 août, et l'admit à la retraite le 24 décembre. Retiré à Paris, il y mourut le 29 juin 1819. J-T.

BORRON (JEAN-FRANÇOIS), naquit à Treffort (Ain), le 5 août 1750. Commis-greffier au conseil supérieur de la Corse le 19 juillet 1785, greffier en chef de la justice royale d'Ajaccio le 3 décembre 1786, il devint greffier en chef du tribunal criminel du département du Liamone le 25 pluviose an V, substitut du commissaire du gouvernement près le tribunal civil et criminel du même département le 6 pluviose an VI, et fut nommé le 7 messidor an VIII commissaire du gouvernement près le tribunal criminel du Liamone, séant à Ajaccio. Juge au tribunal criminel extraordinaire du département du Golo et du département du Liamone le 1er nivose an X, et commissaire du gouvernement près le tribunal du Golo à Bastia le 7 floréal an XI, il échangea cette fonction en l'an XII contre celui de procureur-général près la cour de justice criminelle du même siége, et reçut la croix de membre de la Légion-d'Honneur le 25 prairial de cette dernière année. Mis à la retraite le 23 juillet 1811, il continua de résider à Bastia, où il est mort le 6 mai 1824.

BORY (RAIMOND), naquit le 23 janvier 1736 à Agen (Lot-et-Garonne). Élu en 1790 procureur de la commune d'Agen, quelques jours plus tard membre du directoire de Lot-et-Garonne, et enfin en 1791 président du conseil général de ce département, une troisième élection lui valut immédiatement après le titre de premier juge et président du tribunal et du district d'Agen. Dans la même année, il dut encore à l'élection l'emploi de président du tribunal criminel du département de Lot-et-Garonne. Confirmé dans les fonctions de juge au tribunal d'appel de Lot-et-Garonne par arrêté des consuls du 28 floréal an VIII, il échangea ce double titre en l'an XII contre celui de conseiller en la cour d'appel, puis de président de la cour de justice criminelle du même siége. Membre de la Légion-d'Honneur le 25 prairial, il devint le 24 avril 1811 président de chambre en la cour impériale d'Agen, et continua de remplir ces fonctions jusqu'à sa mort, qui eut lieu à Agen le 16 septembre 1819.

BOSC (JOSEPH), naquit à Aprey (Haute-Marne), le 20 septembre 1764. Il était employé à l'établissement du Creuzot, près Montreuil-en-Charolais, et devait obtenir prochainement la place d'inspecteur des mines, lorsque les événemens de la Révolution le forcèrent à quitter Dijon et à se réfugier en Champagne; mais arrêté à Troyes, il demeura privé de sa liberté jusqu'après le 9 thermidor. Nommé en l'an V professeur de physique et de chimie à l'École centrale de l'Aube, et commissaire du pouvoir exécutif dans le même département en l'an VI, le collége électoral de Troyes l'élut député au conseil des Cinq-Cents le 9 floréal an VII. Le seul acte qui soit resté de lui est un rapport qu'il fit en l'an VII sur les moyens d'organiser des travaux en faveur des indigens de Paris. Le 20 brumaire, les consuls lui confièrent une mission spéciale dans les départemens du Nord. Admis au Tribunat le 20 nivose, il s'y occupa presque exclusivement de matières financières et industrielles. Directeur des droits réunis dans la Haute-Marne le 16 germinal an XII, et membre de la Légion-d'Honneur le 25 prairial suivant, il conserva son emploi après les événemens de 1814. Le 5 janvier 1815, il passa dans le département du Doubs, et une ordonnance du 19 juin 1816 l'investit des fonctions de directeur des contributions indirectes de l'arrondissement de Besançon, où il est mort le 20 mai 1837.

BOSC (JOSEPH-ALEXANDRE), naquit le 2 mars 1772 à Nîmes (Gard). Volontaire le 30 janvier 1790 dans les dragons du régiment de Lorraine, 9e de l'arme en 1791, il fit les campagnes de 1792 et 1793 à l'armée des Alpes. Passé à l'armée d'Italie en l'an II, il devint maréchal-des-logis le 24 brumaire dans le 25e régiment de chasseurs à cheval, et maréchal-des-logis-chef le 26 nivose suivant. De l'an III à l'an VI, il servit à l'armée d'Italie. Le 20 thermidor an IV, à l'affaire de Verone, il commandait un détachement d'éclaireurs composé de 12 hommes, avec lesquels il chargea un poste ennemi, fit plusieurs prisonniers, tua un hussard de sa main et en mit plusieurs hors de combat. A l'affaire du pont de Modène, il soutint avec 25 hommes les charges réitérées d'un régiment de cavalerie et empêcha l'ennemi de passer le pont. Nommé sous-lieutenant le 15 nivose an V, il fut blessé d'un coup de feu au combat de Caldiero. Envoyé à l'armée de Naples en l'an VII, il y fit encore la guerre de cette année, obtint le grade de lieutenant sur le champ de bataille de la Trebia le 12 messidor, et reçut à Novi un coup de sabre au bras droit et un coup de feu à la jambe gauche. Rentré à l'intérieur, il fut attaché à l'armée des Pyrénées ou de la Gironde en l'an VIII et en l'an IX. Membre de la Légion-d'Honneur le 25 prairial an XII, étant à l'armée d'Italie, il fit les campagnes de Naples de 1806 à 1808. Autorisé à passer au service de Naples, il entra dans le régiment de chevau-légers de la garde du roi Joseph le 3 août de la même année. Capitaine dans ce régiment le 12 novembre 1807, il suivit le roi Joseph en Espagne. Promu chef d'escadron dans la garde royale le 10 juillet 1810, il fit les campagnes des années 1811, 1812 et 1813. Rentré en France au licenciement de la garde d'Espagne en janvier 1814, il passa avec son grade dans le 2e régiment de lanciers de la garde impériale le 1er février suivant, fit la campagne de France et fut admis à la retraite comme major le 28 juillet. Retiré à Nîmes, il y mourut le 1er février 1819.
J-T.

BOSSE (SIMON), naquit le 24 mai 1768 à Aix (Bouches-du-Rhône). Soldat le 26 octobre 1787 au régiment Marine-infanterie, 11e de l'arme en 1791, il fit les campagnes de 1792 et 1793 à l'armée de Piémont, et se trouva à la prise du camp de Perrus le 17 décembre 1792. Entré le premier dans la redoute, il y reçut un coup de feu à l'aisselle droite en aidant à tourner une des pièces contre l'ennemi. Adjudant-sous-officier le 11 mai 1793 au 4e bataillon des Bouches-du-Rhône, et nommé sous-lieutenant le 13 juin suivant au même bataillon, devenu 99e demi-brigade d'infanterie le 4 frimaire an II, 51e demi-brigade de ligne au mois de prairial an IV, enfin 51e régiment en l'an XII. Il continua de servir à l'armée de Piémont pendant les ans II et III, et à celle d'Italie de l'an IV à l'an VI inclusivement. Il obtint le grade de lieutenant le 1er ventose an V en récompense de sa conduite à la bataille d'Arcole. Le 26 brumaire an V, deuxième journée de la bataille, on l'avait vu un des premiers sous le feu de l'ennemi traverser à la nage le canal d'Arcole : parvenu à l'autre bord, et chargeant à la tête de ceux qui avaient suivi son exemple, il avait eu la jambe cassée d'un coup de feu. A la fin de l'an VI, il fit partie de l'armée d'Angleterre et en l'an VII de celle du Brabant. Employé en l'an VIII et en l'an IX aux armées de Batavie et du Rhin, il reçut à la bataille de Castricum, le 14 vendémiaire an VIII, un coup de feu qui lui fracassa le pied droit. Nommé membre de la Légion-d'Honneur le 25 prairial an XII, étant à l'armée des côtes de l'Océan, il suivit la grande armée en 1806 et 1807 en Prusse et en Pologne. Capitaine le 16 octobre 1806, il passa en Espagne en 1808, et revint au camp de Boulogne en 1809. Chef de bataillon au 85e régiment de ligne et officier de la Légion-d'Honneur les 1er mars et 13 juillet 1813, il resta enfermé dans Dresde avec le 1er corps dont il faisait partie. Prisonnier de guerre le 7 décembre, par suite de la violation de la capitulation, il ne rentra en France que le 1er juillet 1814. A l'organisation du 73e régiment de ligne (ci-devant 85e), il conserva son grade de chef de bataillon, fit la campagne des Cent-Jours, et fut licencié à Poitiers le 3 octobre. Maintenu au dépôt comme membre du conseil d'administration jusqu'au 22 février 1816, et admis à la retraite le 5 juin suivant, il se retira à Paris et mourut le 13 avril 1817.
J-T.

BOSSI. V. ROSSI.

BOTTON ou BOTTONE (JACQUES-HUGUES-VINCENT-EMMANUEL-MARIE), *comte* DE CASTELLA-MONTE, naquit à Rivarol en Sardaigne le 1er avril 1753. Son père, surintendant des finances du roi Victor-Amédée, lui fit donner sous ses yeux une éducation brillante. Reçu à dix-sept ans docteur *in utroque* à l'université de Turin, le jeune Botton publia en 1772, sous le titre d'*Essai sur la politique et la législation des Romains*, un ouvrage remarquable qui obtint immédiatement les honneurs d'une traduction française, et valut à l'auteur en 1775 les fonctions de substitut du procureur-général près la cour des comptes de Turin, puis celles de membre du sénat de Savoie. Nommé à la mort de son père intendant-général chargé de l'administration supérieure du royaume de Sardaigne, il vit bientôt étendre ses attributions sur le duché de Savoie. Les effets du grand mouvement populaire français de 1789 se firent bientôt sentir dans les États voisins, alors que la position de Botton devint excessivement grave, mais il sut s'élever à la hauteur des circonstances. Forcé de se retirer devant les troupes républicaines, il le fit avec ordre et parvint à préserver de toute atteinte les intérêts confiés à ses soins. De retour en Piémont, il reçut du roi l'emploi de directeur-général de l'administration de la guerre (contador generale), et quand le roi lui-même se vit contraint d'abandonner ses États de terre ferme, le comte Botton fit partie du gouvernement provisoire établi par les Français. Plus tard, le Piémont demanda à être réuni à la France, et envoya au Directoire exécutif une députation pour porter au gouvernement l'expression de ce vœu. Botton, l'un des membres de cette députation, vint alors à Paris, et obtint à l'organisation nouvelle du Piémont les fonctions de premier président du tribunal d'appel de Turin. Bientôt, les revers éprouvés par les armées françaises en Italie obligèrent l'administration nouvelle à se disperser; toutefois, quelques Piémontais, hommes de cœur et d'énergie, au nombre desquels se trouvait le comte Botton, résolurent de soutenir la lutte jusqu'au dernier moment, tout inégale quelle fût. Des vallées du pays de Vaud, où ils s'étaient réfugiés, ils parvinrent à arrêter pendant quelques semaines l'insurrection qui se développait avec rapidité et à faciliter à un grand nombre de convois et de détachemens les moyens de gagner la frontière française. L'entrée des Austro-Russes en Piémont força cette poignée de braves à se retirer, et Botton, avec quelques-uns de ses collégues, arriva de nouveau à Paris.

Dix mois après, la victoire de Marengo rendit l'Italie et le Piémont à la République française. Botton entra encore une fois dans le gouvernement provisoire qui s'établit alors. L'administration définitive se constitua en frimaire an X, et le comte Botton reprit au tribunal d'appel de Turin ses fonctions de premier président. Créé d'emblée le 25 prairial an XII commandant de la Légion-d'Honneur, et élu par le collége électoral de la Doire candidat au Sénat conservateur, il ne tarda pas à être nommé juge en la Cour de cassation par le Sénat (10 mai 1806). Des travaux importans signalèrent sa présence à la cour suprême. Il fit à cette époque, pour le *Répertoire universel de jurisprudence* de Merlin, un aperçu complet sur la constitution politique et sur les lois civiles du Piémont. Le 7 mai 1809, l'Empereur le créa comte de l'Empire.

Les événemens politiques de 1814 rendirent le Piémont au sceptre des rois de Sardaigne; mais le comte Botton voulut rester dans sa nouvelle patrie : une ordonnance royale du 8 février 1815 le naturalisa français. Une nouvelle ordonnance du 15 du même mois lui rendit son siége de conseiller à la Cour de cassation. Pendant les quatorze années qui suivirent, il remplit avec la plus constante assiduité ces difficiles fonctions, et mourut à Paris le 13 mars 1828.

BOUBERS, général. *V*. t. III, p. 96.

BOUBERT (FRANÇOIS-ANTOINE), naquit à Saint-Omer (Pas-de-Calais), le 13 juin 1748. Lieutenant de la maîtrise royale des eaux et forêts en 1775, il perdit cette place à la suppression des maîtrises. En 1790, l'élection populaire l'appela aux fonctions de procureur-syndic du district de Saint-Omer; il les garda jusqu'en décembre 1792. Nommé en pluviose an II administrateur du district, il passa en brumaire an IV au siége de président du tribunal civil du département du Pas-de-Calais, et devint en l'an XII président de la cour de justice criminelle du même département. Le 25 prairial, l'Empereur le créa membre de la Légion-d'Honneur. Les cours de justice criminelle ayant été supprimées à la réorganisation judiciaire de 1811, Boubert obtint une présidence de chambre à la cour impériale de Douai. Il occupa ce poste jusqu'au 1er décembre 1813, époque à laquelle il donna sa démission. Retiré à Saint-Omer, il y mourut le 23 mai 1828.

BOUCHARD (EDME-MARTIAL-ARMAND, DE), naquit le 18 décembre 1756. Garde du corps dans la compagnie de Noailles le 23 avril 1780, et licencié le 10 octobre 1789, il passa le 12 janvier 1792 avec le grade de capitaine dans le régiment de la Reine-infanterie (41e), devint aide-de-camp du général Canclaux le 11 juin 1793, et fit à l'armée de l'Ouest les campagnes de 1793 à l'an IV. Pendant la courte disgrâce de son général, il rejoignit le corps auquel il était attaché, et commanda la place de Port-Libre (rade de Lorient). Chef d'escadron le 19 pluviose an V, à la suite du 14e régiment de dragons, il accompagna, après les préliminaires du traité de Léoben, le général Canclaux dans son ambassade à Naples. Embarqué à Gênes avec le 14e de dragons pour l'expédition d'Égypte, il assista à la prise de Malte le 24 prairial an VI; mais l'état de sa santé l'obligea de repasser en France. Il montait la frégate *la Sensible*, lorsqu'il tomba au pouvoir des Anglais le 8 messidor suivant. Échangé en Hollande le 7 frimaire an VII, il fit la campagne de l'armée gallo-batave jusqu'au commencement de l'an VIII comme aide-de-camp du général Kellermann. Employé le 4 ventose de cette année en qualité de chef d'escadron adjoint à la 17e division militaire (Lille), et le 22 fructidor à l'armée de réserve, il servit en l'an IX à l'armée des Grisons, revint à Paris et resta attaché pendant deux ans au dépôt de la guerre. Membre de la Légion-d'Honneur le 25 prairial an XII, il servit au camp de Boulogne en l'an XII et en l'an XIII, suivit la grande armée de l'an XIV (1807), et mérita sur le champ de bataille d'Eylau (9 février 1807), le brevet d'adjudant-commandant, qui lui fut accordé le 12 du même mois. Blessé d'un éclat d'obus à l'affaire d'Heilsberg le 10 juin suivant, il commanda la place de Gusstadt jusqu'à son entière guérison. Rentré en France après la paix de Tilsitt, et fait chef d'état-major de la 6e division militaire (Besançon) le 15 mars 1808, il passa à la 5e (Strasbourg) le 11 mai 1809. Le 10 juin 1812, il reçut le commandement du département de l'Aisne, et prit part en 1814 à la défense de Soissons. Mis à la retraite le 1er septembre de la même année, il est mort à Laon (Aisne), le 24 mai 1829. B–S.

BOUCHER (charles-louis). *V.* le boucher.

BOUCHER (françois-augustin), naquit le 2 février 1761 à Angervilliers (Seine-et-Oise). Soldat le 29 décembre 1777 dans le régiment de Penthièvre-infanterie, il fut congédié par remplacement le 1er février 1779. Admis au régiment d'Artois-dragons le 13 du même mois, et de nouveau congédié par remplacement le 4 septembre 1780, il passa le 15 novembre suivant dans le régiment de la Reine-dragons, et fit en cette qualité la campagne de 1781 à l'armée de Genève. Renvoyé une troisième fois le 11 mai 1783, il s'engagea le 14 janvier 1784 dans le régiment d'Artois-infanterie, fut fait caporal le 15 avril 1786, et congédié le 5 mai 1788. Rentré au service le 1er novembre de la même année dans le régiment Royal-Roussillon, 11e régiment de cavalerie en 1791, devenu maréchal-des-logis le 25 juin 1792, et sous-lieutenant le 11 brumaire an II, il servit de 1792 à l'an II à l'armée de la Moselle. Employé aux armées du Rhin et d'Italie de l'an III à l'an VII, il obtint le grade de lieutenant le 5 floréal an III. Blessé au pouce de la main gauche et par suite amputé, il quitta le 11e régiment de cavalerie, et entra le 28 vendémiaire an VII, avec son grade, dans la gendarmerie, compagnie de l'Oise. Il resta à l'armée d'Italie jusqu'à la fin de l'an IX, et reçut la croix de la Légion-d'Honneur le 25 prairial an XII. Appelé en 1809 à l'armée des Côtes-du-Nord pour la défense de Flessingue contre les Anglais, et nommé capitaine de la compagnie du Simplon le 23 août 1810, il passa avec son grade dans la gendarmerie de Paris le 4 juin 1813, fit la campagne de France en 1814, prit sa retraite le 26 janvier 1816, et se retira à Senlis (Oise). Il réside en ce moment à Remy (Oise). J-T.

BOUCHER (louis-antoine), naquit le 20 octobre 1773 à Paris. Soldat le 3 septembre 1792 au 4e bataillon de Paris, 59e d'infanterie, par embrigadement en l'an II, et par amalgame en l'an IV 102e demi-brigade de ligne, puis en l'an XII 102e régiment de même arme, il devint caporal-fourrier le 5 septembre 1792, sergent-major le 26 janvier 1793, et fit les campagnes de 1792 à l'an V aux armées du centre, de la Moselle et de Sambre-et-Meuse. Adjudant-sous-officier le 19 prairial an VI, étant à l'armée d'Allemagne, il passa en l'an VII à celle du Danube, fut nommé sous-lieutenant le 4 vendémiaire an VIII, au moment de son entrée en campagne à l'armée d'Helvétie, fit les deux campagnes de la même année sur le Rhin et à la 2e armée de réserve en Italie, et reçut deux coups de feu au bras gauche à la bataille de Marengo. Il resta à l'armée d'Italie pendant la campagne de l'an IX, et en garnison à Alexandrie de l'an X à l'an XIII. Promu lieutenant le 23 fructidor an XI, il obtint la croix de la Légion-d'Honneur le 25 prairial an XII. Appelé en 1806 à l'armée de Naples, il passa dans la garde du roi Joseph le 30 septembre 1806. Lorsque ce prince monta sur le trône d'Espagne, il l'accompagna à Madrid et entra dans sa garde. Les dernières nouvelles qu'on ait eues de cet officier sont du 1er juillet 1813. J-T.

BOUCHER (pierre, *baron*), naquit le 15 février 1772 à Courbevoie (Seine). Admis le 1er octobre 1785 dans les gardes suisses, il quitta ce corps à sa suppression le 1er janvier 1792, et entra le même jour dans la garde constitutionnelle du roi, où il resta jusqu'au 30 juin suivant. Il s'engagea le 8 septembre dans le 7e bataillon de volontaires de Seine-et-Oise, 109e demi-brigade d'infanterie le 2 messidor an II, et 31e demi-brigade de ligne le 28 pluviose an IV. Parti pour l'armée du Rhin, il y fit les campagnes de 1792 à l'an III, et y devint sergent le 4 juillet 1793, adjudant-sous-officier le 1er septembre, et sous-lieutenant le 12 nivose an II. Envoyé à l'armée de Rhin-et-Moselle en l'an IV, il prit part à la bataille de Durlach le 22 messidor, et à l'attaque de Freising le 7 fructidor. Promu lieutenant le 4 nivose an V, il reçut un coup de feu à Kehl le 15 du même mois. Dirigé successivement sur les armées d'Allemagne, d'Helvétie et d'Italie pendant les ans VI, VII, VIII et IX, il se trouva à toutes les affaires qui eurent lieu pendant ces quatre campagnes, et s'y conduisit avec bravoure. Passé avec son grade le 10 ventose an X dans les chasseurs à pied de la garde des consuls, nommé lieutenant en premier le 1er vendémiaire an XI, capitaine le 5 nivose an XII, et membre de la Légion-d'Honneur le 25 prairial de cette dernière année, il servit au camp de Boulogne pendant les ans XII et XIII, rejoignit la grande armée, fit la campagne de l'an XIV en Autriche, obtint le grade d'adjudant-major le 27 frimaire, et combattit pendant les années 1806 et 1807 en Prusse et en Pologne. Envoyé en Espagne en 1808, et rappelé presque aussitôt à la grande armée, il reçut de l'Empereur la croix d'officier de la Légion-d'Honneur le 9 juin 1809, et le titre de chevalier de l'Empire le 15 mars 1810. Promu chef de bataillon dans le 5e régiment de voltigeurs de la garde impériale le 24 juin 1811, il fit la campagne de Russie en 1812, passa au 2e régiment de chasseurs à pied de la vieille garde le 11 mars 1813, suivit son régiment en Saxe, fut nommé baron le 16 août, colonel-major dans le 4e de voltigeurs le 14 septembre, et fit la campagne de France à la 1re division de réserve de la garde. En demi-solde le 1er septembre 1814, et employé pendant les Cent-Jours à l'armée du Nord, il prit sa retraite le 9 décembre 1815. Remis en activité le 21 septembre 1830 comme colonel du 7e régiment de ligne, et placé en solde de congé le 6 juin 1831, il mourut à Paris le 11 août suivant. J-T.

BOUCHER (rené), né le 29 mars 1775 à

Manchecourt (Loiret), entra comme réquisitionnaire le 23 août 1793 dans le bataillon de Pithiviers, incorporé dans le 2ᵉ bataillon du 14ᵉ régiment d'infanterie versé en l'an II dans la 28ᵉ demi-brigade de bataille, amalgamée le 3 fructidor an IV dans la 40ᵉ demi-brigade de ligne, 40ᵉ régiment en l'an XII. Il fit avec ces différens corps les campagnes des ans II, III et IV en Vendée, V et VI en Italie, VII à l'armée d'Angleterre, et VIII et IX en Italie. Nommé caporal le 17 ventôse an IV, et sergent le 7 pluviôse an VII, il se distingua le 4 nivôse an IX au passage du Mincio, où il reçut un coup de feu, et obtint les galons de sergent-major le 17 prairial suivant. Rentré en France après la paix de Lunéville, il tint garnison à Brest pendant les ans X et XI, fit partie des troupes rassemblées au camp de Saint-Omer en l'an XII et en l'an XIII, et fut créé membre de la Légion-d'Honneur le 25 prairial an XII. Il servit en Autriche, en Prusse et en Pologne de l'an XIV à 1807 avec la 3ᵉ division du 5ᵉ corps de la grande armée, et passa en 1808 en Espagne, où il fit la guerre jusqu'en 1811. Sous-lieutenant à l'ancienneté le 1ᵉʳ janvier 1809, il se trouva à la bataille d'Ocaña, et y fut blessé d'un coup de feu à la cuisse gauche. Promu lieutenant le 10 novembre 1810, il reçut un coup de feu à la tête devant Badajoz, et tomba au pouvoir de l'ennemi à l'affaire d'Arroyo-Molinos. Rentré des prisons de l'ennemi le 13 mai 1814, et compris le 16 août suivant dans l'organisation du 40ᵉ régiment d'infanterie de ligne, devenu 38ᵉ, il fit la campagne de 1815 à l'armée du Rhin, et fut licencié le 13 septembre de cette année. Il se retira à Pithiviers (Loiret), où il est mort le 20 février 1831.

BOUCHER DE ROLCOURT (CHARLES), naquit le 4 septembre 1754 à Bar-sur-Ornain (Meuse). Admis comme lieutenant en second à l'École du génie de Mézières le 1ᵉʳ janvier 1774, il devint aspirant le 30 avril 1777, ingénieur ordinaire le 12 novembre 1780 et capitaine le 22 février 1789. Après la prise de Valenciennes (1793), il mit Péronne en état de défense. Dénoncé par le comité révolutionnaire de sa ville natale, et emprisonné comme ex-noble le 16 septembre 1793, il ne dut son salut qu'à la journée du 9 thermidor an II. Réintégré le 13 prairial an III, et nommé chef de bataillon sous-directeur des fortifications à Cambrai le 1ᵉʳ messidor suivant, il servit alternativement jusqu'en l'an V dans cette place et à Saint-Quentin. Directeur par intérim à Valenciennes le 16 germinal an VI, il retourna au commencement de l'an VII à Cambrai, qu'il ne quitta plus depuis cette époque, et il y reçut le 25 prairial an XII sa nomination de membre de la Légion-d'Honneur. Admis à la retraite le 22 septembre 1810, et réemployé le 3 février 1814, il rentra le 2 juillet suivant dans la position où il se trouvait précédemment. Il est mort à Metz le 26 juin 1832.

BOUCHET (PIERRE-MICHEL), né à Port-Louis (Morbihan), le 3 mars 1756, entra au service de la marine en 1771. Il monta le *Berrier* comme timonier le 26 avril, passa sur *la Normande* le 7 janvier 1773, et devint aide-pilote à bord de *la Victoire* le 22 avril de la même année. Lieutenant de frégate sur *l'Artésien* le 5 mai 1778, il embarqua sur *le Vengeur* le 19 juin, et assista aux combats d'Ouessant et de la Grenade, les 27 juillet 1778 et 6 juillet 1779, à celui du 10 décembre suivant dans la baie du Port-Royal, enfin à trois autres sous le vent de la Dominique et au vent de la Martinique du 17 avril au 19 mai 1789. Chargé du commandement du grand canot de son vaisseau pendant la descente à la Grenade, il se trouva à la réduction de cette île et prit part au siège de Savanah. Le 3 avril 1781, il passa sur *le Lion*, et le quitta le 2 février 1782 pour prendre le commandement des navires marchands allant aux Indes. Déjà il avait servi pour le commerce à bord de divers navires du 1ᵉʳ février 1775 au 8 novembre 1778. Revenu à la marine de l'État le 25 février 1793, il obtint le même jour le grade d'enseigne de vaisseau non-entretenu, et celui de lieutenant de vaisseau employé aux mouvemens du port le 1ᵉʳ août. Premier lieutenant de port chargé du service le 21 ventôse an II, il alla couper les communications d'un incendie qui avait éclaté dans le port de Brest le 20 fructidor an III, à bord du navire *Anna-Suzanna*, chargé de 48,000 boulets incendiaires. Ce bâtiment était mouillé à l'entrée du port et entouré de 6 vaisseaux chargés de poudre de guerre dont l'explosion eût inévitablement fait sauter le port et la ville. Bouchet s'élança sur le bâtiment incendié au moment où le maître artificier et plusieurs de ses ouvriers tombaient frappés par la mitraille qui s'échappait de toutes parts et remorqua le navire au large. Cet acte de courage lui valut le grade de capitaine de vaisseau chef des mouvemens de port le 5 vendémiaire an IV. Directeur des mouvemens du port le 21 prairial an V, il passa au port de Cherbourg le 18 ventôse an XI. Le 14 messidor suivant, il contribua puissamment sur la rade de Cherbourg à la prise de la frégate *la Minerve*, et reçut à cette occasion les témoignages les plus honorables de la satisfaction du ministre de la marine. Le 15 pluviôse an XII, l'Empereur le créa membre de la Légion-d'Honneur et officier de l'Ordre le 25 prairial. En non-activité du 7 septembre 1814 au 31 décembre 1815, il prit postérieurement sa retraite et alla se fixer à Brest, où il est mort le 11 janvier 1824.

BOUCHOTTE (JEAN-BAPTISTE-CHARLES), naquit le 4 décembre 1770 à Metz (Moselle). Élève sous-lieutenant à l'École d'artillerie de Châlons le 10 mars 1792, il passa le 1ᵉʳ septembre suivant avec le grade de lieutenant en second dans le 5ᵉ régiment d'artillerie à pied, devint lieutenant premier le 1ᵉʳ avril 1793, et le 18 août adjudant-général chef de bataillon. Il s'était fait remarquer à l'armée du Rhin en 1792 et 1793 à l'affaire de Binghen à la défense de Mayence; devant Cestheim, il contribua par la bonne direction du feu de 2 pièces de douze et d'un obusier à empêcher la prise de la redoute *Républicaine*, foudroyée par une nombreuse artillerie et par plusieurs bataillons prussiens. Envoyé à l'armée des côtes de La Rochelle en l'an II, et à celle des côtes de l'Ouest en l'an III, il se trouva aux affaires de Cholet, de Dôle et de Mans, rejoignit peu de temps après l'armée de Rhin-et-Moselle, et assista au second siége de Mayence. Réformé conformément à la loi du 4 germinal an III, il continua cependant ses fonctions jusqu'au 10 frimaire an IV. Employé le 27 prairial à l'inspection des forges de la Moselle, il rentra dans le 5ᵉ régiment d'artillerie à pied le 16 floréal an VIII, avec le grade de capitaine en second, pour prendre rang du 23 ventose an II. Il faisait partie de l'armée d'Helvétie en l'an IX, lorsqu'il reçut l'ordre de rejoindre les troupes d'expédition de la Manche. Chef d'escadron au 3ᵉ régiment d'artillerie à cheval et membre de la Légion-d'Honneur les 6 brumaire et 25 prairial an XII, il fut chargé d'inspecter la manufacture d'armes de Mutzig; il y resta jusqu'en 1811. Nommé major le 29 janvier 1812, et mis en non-activité le 21 juin 1814, il obtint sa retraite le 24 décembre suivant. Il se retira alors dans le lieu de sa naissance, où il réside encore aujourd'hui. B-S.

BOUCHU (EDME), naquit le 15 janvier 1776 à Tonnerre (Yonne). Soldat le 2 brumaire an II dans le 1ᵉʳ bataillon du 30ᵉ régiment d'infanterie qui forma le 24 fructidor suivant la 59ᵉ demi-brigade de bataille, amalgamée le 13 brumaire an V dans la 102ᵉ de ligne, 102ᵉ régiment de même arme le 1ᵉʳ vendémiaire an XII, il combattit de l'an II à l'an IX aux armées de la Moselle, de Sambre-et-Meuse, d'Helvétie et d'Italie, devint caporal le 17 vendémiaire an VII, et se signala le 2ᵉ jour complémentaire de la même année au passage de la Limath, où il reçut un coup de feu à l'avant-bras droit. Le 4 vendémiaire an VIII, à Zurich, il s'empara d'une pièce de canon après avoir tué les canonniers qui la défendaient. De l'an X à l'an XIV, il servit à l'armée d'Italie, reçut la décoration de membre de la Légion-d'Honneur le 25 prairial an XII, fut nommé sergent le 19 messidor an XIII, et passa dans une compagnie de grenadiers le 5 vendémiaire an XIV. Entré avec son grade dans la garde royale napolitaine le 1ᵉʳ août 1806, et admis dans celle d'Espagne le 1ᵉʳ juillet 1808, lorsque le roi Joseph-Napoléon alla prendre possession de ses nouveaux États, Bouchu fit les campagnes de 1809 à 1813 dans la péninsule, et obtint le grade de sergent-major le 21 mars 1809. Admis dans le 14ᵉ régiment de tirailleurs de la garde impériale le 1ᵉʳ février 1814, et nommé sous-lieutenant le 21 du même mois, il se signala le 30 mars suivant à la bataille sous Paris, où il reçut trois coups de sabre et un coup de lance. Non compris dans la nouvelle organisation et mis en non-activité comme lieutenant le 1ᵉʳ août suivant, il fut placé comme lieutenant dans le 10ᵉ régiment d'infanterie de ligne le 20 avril 1815, fit la campagne des Cent-Jours, et reçut un coup de feu à la jambe gauche le 18 juin à la bataille de Mont-Saint-Jean. Licencié le 1ᵉʳ novembre, il rentra dans sa position de demi-solde, obtint sa retraite le 18 août 1816, et se retira à Tonnerre, où il réside encore aujourd'hui. B-G.

BOUCHU (FRANÇOIS), naquit le 25 octobre 1772 à Vienne (Isère). Soldat le 16 avril 1788 au 2ᵉ bataillon du régiment de Vermandois-infanterie, 61ᵉ régiment de même arme en 1791, 122ᵉ demi-brigade le 1ᵉʳ messidor an III, et 57ᵉ demi-brigade de ligne le 1ᵉʳ messidor an IV, il fit la campagne d'Italie en 1792. Caporal le 1ᵉʳ avril et fourrier le 7 septembre, il partit pour l'expédition de l'île de Corse en 1793, il se trouva au siège de Bastia, reçut un coup de baïonnette au cou à Fornali, près de Saint-Florent, passa sergent le 10 nivose an II, et sergent-major le 12 ventose suivant. Attaché à l'armée des Pyrénées-Orientales en l'an III, et nommé sous-lieutenant le 1ᵉʳ vendémiaire de la même année, lieutenant le 24 pluviose suivant, il assista au siége de Roses et fut blessé d'un coup de feu à la jambe gauche à Bellegarde. Dirigé sur l'armée d'Italie en qualité de lieutenant à la suite de la 57ᵉ, il fit les campagnes de l'an IV et de l'an V, et servit au siége de Mantoue. Passé à l'armée d'Helvétie en l'an VI, et employé à celle du Rhin pendant les campagnes des ans VII, VIII et IX, il entra comme lieutenant titulaire dans la 95ᵉ demi-brigade de ligne le 1ᵉʳ thermidor an VII, fut blessé dangereusement au passage du pont de Becknau, dans le pays des Grisons le 24 messidor an VIII, et obtint le grade de capitaine au choix le 26 fructidor suivant. Employé à l'armée de Batavie pendant les ans X et XI, il reçut la croix de la Légion-d'Honneur le 25 prairial an XII, étant à l'armée de Hanovre. De l'an XIV à 1807, il suivit la grande armée en Autriche, en Prusse et Pologne, et se fit remarquer à la bataille d'Austerlitz. Il combattit en Espagne en 1808 et en 1809. Blessé d'un coup de feu à l'affaire de Durango, il ne put continuer le service actif. Admis à la retraite le 1ᵉʳ juillet de cette dernière année, il se retira dans son pays natal, où il réside encore aujourd'hui. J-T.

BOUCHU (FRANÇOIS-LOUIS, *baron*), naquit le 13 novembre 1771 à Is-sur-Tille (Côte-d'Or). Caporal dans le 2ᵉ bataillon de volontaires de son département le 1ᵉʳ septembre 1791, il fit la guerre de 1792 à l'armée du Nord. Prisonnier le 11 juin à l'affaire de Griswel, près de Maubeuge, où il reçut une légère blessure, il obtint à sa rentrée au corps, le 24 décembre, le grade de sergent. Nommé lieutenant dans la compagnie de canonniers du 2ᵉ bataillon de la Côte-d'Or le 30 janvier 1793, il se trouva au combat de Rhinzabern, sous Landau (armée du Haut-Rhin). Le 26 mai suivant, dirigé sur l'armée du Midi, il prit part au siége de Toulon. Passé à l'armée d'Italie après la reprise de cette place, il y servit depuis la fin de l'an II jusqu'au commencement de l'an VI. Capitaine en second le 15 prairial an II dans la compagnie de canonniers attachée à la 117ᵉ demi-brigade de ligne, devenue 75ᵉ, il se signala à la prise d'Oneille, au siége de Ceva (Piémont), au siége et au blocus de Mantoue en l'an IV et en l'an V, et combattit à Castiglione. Pendant le blocus de Mantoue, il fit remonter sous le feu des retranchemens ennemis les barques nécessaires à l'établissement du pont de l'île de Thé, et coopéra au passage du Tagliamento le 26 ventose an V. Capitaine de la 1ʳᵉ compagnie de pontonniers le 27 germinal de la même année, il suivit l'expédition d'Égypte, assista à la prise de Malte et d'Alexandrie, aux siéges de Jaffa, de Saint-Jean, d'Acre et du Caire. Chargé au siége de Saint-Jean-d'Acre de diverses reconnaissances des approches de la place, il s'en acquitta avec autant de zèle que de talens, et resta constamment exposé au feu des batteries du port et des remparts de la ville. Lorsque le général Bonaparte remit à Kléber le commandement en chef de l'armée d'Orient, il porta le commandant Bouchu sur la liste des officiers d'élite qu'il recommandait à son attention ; lui-même, après les événemens de brumaire, n'oublia pas le brave de Saint-Jean-d'Acre, et il le nomma le 5 floréal an VIII chef de bataillon d'artillerie ; et, quand cet officier supérieur rentra en France, il le chargea d'organiser à Strasbourg le 1er bataillon de pontonniers, dont il lui donna ensuite le commandement. Nommé sous-directeur des ponts près le parc général d'artillerie des camps sur l'Océan le 2 fructidor an XI, Bouchu fit les campagnes de l'armée des côtes des ans XI et XII, et reçut à Boulogne, le 25 prairial de cette dernière année, la décoration de la Légion-d'Honneur. Colonel le 3e jour complémentaire an III, et attaché provisoirement à l'état-major général de l'artillerie, il prit le 24 vendémiaire an XIV le commandement du 3e régiment d'artillerie à pied. Pendant la campagne d'Allemagne de l'an XIV, en Prusse et en Pologne en 1806 et 1807, il remplit les fonctions de directeur du parc général, et le 7 mai 1807 il obtint la croix d'officier de la Légion-d'Honneur. Chef de l'état-major général de l'artillerie de l'armée d'Espagne le 10 décembre 1808, il commandait l'artillerie du 5e corps à la bataille d'Ocaña. Nommé général de brigade le 19 mai 1811, sur la proposition du maréchal duc de Dalmatie, pour sa conduite au siége de Badajoz et à la bataille d'Albuera, il commanda l'artillerie du midi de l'Espagne à partir du 21 janvier 1813. Appelé le 6 juillet à la direction des équipages de pont de la grande armée, il montra tant d'intelligence et de valeur à l'attaque du pont de Meissen, que l'Empereur crut devoir lui conférer le titre de baron de l'Empire. Nommé en décembre au commandement de l'artillerie de la ville de Torgau, il fut fait prisonnier après une vigoureuse résistance, et ne rentra en France qu'après la première abdication de Napoléon. Commandant de l'École d'artillerie à Grenoble le 21 juin 1814, chevalier de Saint-Louis le 29 juillet suivant, il se trouvait à Grenoble au moment où l'Empereur fit son entrée dans cette ville au retour de l'île d'Elbe. Le 8 juin 1815, il reçut l'ordre d'aller prendre le commandement de l'artillerie de l'armée des Pyrénées-Orientales. Nommé le 10 février 1816 commandant de l'École régimentaire de Valence, et de l'École polytechnique le 2 octobre suivant, il reçut le 24 août 1820 la décoration de commandeur de la Légion-d'Honneur, et le 17 septembre 1822 celle de grand-officier. Louis XVIII l'attacha au comité consultatif de l'artillerie, et lui confia le 23 avril 1823 la direction du parc d'artillerie de l'armée des Pyrénées. Il soutint dignement au siége de Pampelune son ancienne réputation. Le 3 octobre 1823, le roi l'éleva au grade de lieutenant-général, et le roi d'Espagne lui accorda le 23 du même mois la plaque de 4e classe de l'ordre de Saint-Ferdinand. Attaché successivement de 1816 à 1831 à l'inspection des troupes et au comité de son arme, placé en non-activité le 1er janvier 1837, et enfin admis le 15 août 1839 dans la section de réserve du cadre de l'état-major général de l'armée, il est mort à Antony, près de Paris, le 31 octobre suivant. Son nom figure sur le côté Ouest de l'arc-de-triomphe de l'Étoile.

BOUCQUERO (GASPARD-BALTHAZARD-MELCHIOR), naquit le 6 mai 1750 à Moulins (Allier). Soldat le 28 novembre 1791 dans la 1re compagnie d'ouvriers d'artillerie, sergent le 18 février 1785, sous-lieutenant dans la 10e compagnie le 1er avril 1791, et capitaine de la 4e le 30 août 1792, il fit les campagnes de 1792 à l'an III en Belgique et à l'armée du Nord, et reçut un coup de feu à la cuisse droite à la bataille de Jemmapes. Chargé en l'an III de la direction du parc de campagne de l'armée du Nord, il parvint, pendant la retraite de la Belgique, à faire évacuer de l'arsenal de Malines 95 bouches à feu autrichiennes. Il servit à l'armée du Rhin en l'an IV et en l'an V, et à celles de la Vendée de l'an VI à l'an VIII. Chef de bataillon au 5e régiment d'artillerie à pied le 28 germinal an XI, et membre de la Légion-d'Honneur le 25 prairial an XII, il devint l'année suivante sous-directeur de la fonderie de Turin. Mis à la retraite le 21 octobre 1811, il se retira dans ses foyers, où il est mort en 1812.

BOUDAILLE (JEAN-ANTOINE), né le 6 avril 1757 à Sainte-Menehould (Marne), entra au service le 10 février 1779 comme cavalier dans le régiment Royal, 2e de l'arme en 1791, et 2e cuirassiers en l'an XI. Brigadier-fourrier le 21 mars 1791, et maréchal-des-logis le 23 septembre 1792, il fit les campagnes de 1792 et 1793 à l'armée du Rhin, et devint maréchal-des-logis-chef le 6 janvier 1793, adjudant-sous-officier le 1er avril, et sous-lieutenant le 25 juin de la même année. Attaché à la même armée pendant les campagnes de l'an II à l'an V, il sauva la vie au colonel Radal, laissé pour mort sur le champ de bataille de Heidenheim, le 24 thermidor an IV, et quelque temps après il chargea 25 grenadiers prussiens qui escortaient les équipages des émigrés français, en tua un de sa main, fit mettre bas les armes aux 24 autres, et les ramena au quartier-général avec les équipages; il n'avait avec lui que 12 tirailleurs. Envoyé à l'armée de l'Ouest en l'an VI, et nommé lieutenant le 1er messidor an VII, il servit en Italie pendant les ans VIII et IX, et fit partie d'un des 3 régimens qui, à la bataille de Marengo, enveloppèrent 6 bataillons de grenadiers autrichiens et leur firent déposer les armes. Adjudant-major le 1er germinal an X, pour prendre rang à dater du 22 ventose précédent, et capitaine le 22 fructidor an XI, il reçut la croix de la Légion-d'Honneur le 25 prairial an XII. Après les campagnes de l'an XIV et de 1806 en Autriche et en Prusse, il demanda sa retraite et l'obtint le

30 octobre de cette dernière année. Il se retira dans sa ville natale, et y mourut dans le courant du quatrième trimestre 1807. J-T.

BOUDET, colonel. V. t. III, p. 96.

BOUDET, général. V. t. III, p. 97.

BOUDET (JEAN-PIERRE), naquit le 26 octobre 1748 à Reims (Marne). Pharmacien-aide-major à l'hôpital du Val-de-Grace le 13 brumaire an II, il reçut le 4 messidor an VI des lettres de service comme pharmacien en chef de l'armée d'Orient. Rentré en France après la capitulation d'El-Arisch, il fut réformé le 1er germinal an X, par suite de suppression d'emploi, et replacé le 4 vendémiaire an XII comme pharmacien principal au camp de Bruges. Il y reçut le 25 prairial suivant la décoration de la Légion-d'Honneur, et fit partie de la grande armée d'Allemagne, de Prusse et de Pologne de l'an XIV à 1807. Admis à la retraite le 8 juin 1810, il se retira à Paris et y mourut le 18 décembre 1828. B-S.

BOUDIN (JEAN-PIERRE), naquit le 31 juillet 1758 à Garches (Seine-et-Oise). Dragon le 21 mars 1780 dans le régiment de Noailles, brigadier le 21 septembre 1784, il quitta le corps par congé absolu le 21 mars 1788. Admis le 1er avril suivant dans la garde de la prévôté de l'hôtel, garde de la Représentation nationale le 11 mai 1791, il fit les campagnes de 1793 et de l'an II à l'armée de l'Ouest, et fut grièvement blessé d'un coup de feu au bras droit. Resté à l'intérieur par suite de cette blessure, il devint caporal le 12 thermidor an III, sergent le 7 frimaire an V, sous-lieutenant le 19 vendémiaire an VIII, et il passa en cette qualité le 13 nivose dans l'infanterie de la garde des consuls. Lieutenant en second le 16 floréal an XI pour prendre rang à compter du 1er vendémiaire, et membre de la Légion-d'Honneur le 25 prairial an XII, il entra comme lieutenant dans une compagnie de vétérans de la garde le 9 germinal an XIII, et fit en cette qualité la campagne de France en 1814. Admis à la retraite le 15 novembre 1815, il se retira à Versailles et y mourut le 19 juin 1817. J-T.

BOUDINHON-VALDEC (JEAN-CLAUDE), né au Puy (Haute-Loire), le 19 octobre 1771, entra au service le 31 juillet 1786 comme soldat au régiment de Barrois, depuis 91e de ligne. Adjudant-sous-officier au 1er bataillon de la Haute-Loire le 19 juin 1792, il devint le 25 juillet capitaine-adjudant-major au 4e bataillon de la Gironde, versé plus tard dans la 58e demi-brigade, et fit les campagnes de 1792 à l'an II aux armées de Savoie, du Rhin et du Nord. Frappé à Honsdcoote d'un coup de feu au genou droit, il reçut une nouvelle blessure et eut un cheval tué sous lui à l'affaire de Wattignies le 25 vendémiaire an II. Il servit en l'an III et en l'an IV à l'armée de Vendée, en l'an V et en l'an VI à celles d'Italie et d'Angleterre, et retourna en Italie en l'an VII. Nommé le 1er frimaire de cette dernière année aide-de-camp du ministre de la guerre, et employé à l'armée de réserve en l'an VIII, il eut un cheval tué sous lui et reçut une blessure le 12 pluviose au combat de Nesle-sur-Sarthe, où, à la tête de 30 dragons du 8e régiment, il chargea 800 brigands, les tailla en pièces et leur prit deux voitures d'armes. Cette action lui valut le grade de chef d'escadron provisoire sur le champ de bataille. Le 25 prairial suivant, il prit une part active à la bataille de Marengo, et y fut blessé d'un coup de feu à la cuisse droite. Aide-de-camp du général Suchet le 15 vendémiaire an IX, il passa au 8e régiment de hussards avec le grade de chef d'escadron le 23 frimaire an X. Il avait fait à l'armée d'Italie la campagne de l'an IX, il servit en l'an XII au camp de Boulogne comme chef d'escadron au 4e régiment de chasseurs, y reçut le 25 prairial la croix de membre de la Légion-d'Honneur, et partit en l'an XIII pour l'armée de Hanovre. Passé à la grande armée, il y fit les guerres d'Allemagne, de Prusse et de Pologne de l'an XIV à 1807. Il reçut un coup de lance dans la cuisse droite à Austerlitz, une blessure légère au combat de Scheleotz, le 9 octobre 1806, et une autre plus grave à Morungen, le 25 janvier 1807. Quatre jours plus tard, il déploya une intrépidité peu commune au combat de Grabow, et le lendemain le prince de Ponte-Corvo, depuis roi de Suède, fit connaître en ces termes à l'Empereur la belle conduite de cet officier supérieur : « Sire, j'ai eu l'honneur de vous rendre compte hier de la belle contenance qu'avaient faite, au village de Grabow, 2 compagnies du génie, d'infanterie légère et 100 hussards du 4e régiment, lorsqu'elles furent subitement entourées par une nuée de cosaques et attaquées par des forces très supérieures ; le chef d'escadron Valdec Boudinhon, qui commandait ce poste, est un officier du plus grand mérite. Pendant cette campagne, il avait déjà reçu plusieurs blessures ; hier, il a été blessé de nouveau et renversé de cheval sans que cela lui eût fait quitter son commandement. Je vous supplie de récompenser ce brave officier en le nommant colonel. Il a toutes les qualités nécessaires pour justifier le choix que vous daignerez faire : tout le corps d'armée sentira le prix de cet acte de justice. BERNADOTTE. » Le 8 février, le chef d'escadron Boudinhon combattit à Eylau, et le 14 du même mois il obtint le grade de colonel à la suite de son régiment. Envoyé en parlementaire le 2 mars, prisonnier et enfermé dans la forteresse de Pellan, il fut rendu à la liberté vingt jours plus tard ; mais il ne put obtenir l'emploi de son nouveau grade que le 26 juin 1809, époque à laquelle il prit le commandement provisoire du 15e régiment de dragons. Confirmé le 14 août, il conduisit son régiment en Espagne, et fit avec l'armée de Portugal les campagnes de 1810, de 1811 et partie de 1812. Rappelé alors à la grande armée, il servit pendant les années 1812, 1813 et 1814. Le 4 décembre 1813, il avait été fait officier de la Légion-d'Honneur. Blessé le 4 février 1814, il fut promu le 6 au grade de général de brigade et employé le 20 au dépôt de cavalerie de Versailles. Louis XVIII le créa chevalier de Saint-Louis en juin, et le pourvut du commandement du département du Cantal le 31 août. Mis en non-activité le 11 août 1815, et en disponibilité le 1er janvier 1825, il rentra à l'activité le 6 décembre 1830, et commanda les départemens de la Loire et de la Haute-Loire, puis celui de la Loire seulement le 7 mars 1831. Définitivement admis à la retraite le 1er novembre 1833, il alla se fixer à Saint-Étienne, ville de la Loire, qu'il n'a pas quittée depuis.

BOUGAINVILLE, sénateur. *V.* t. II, p. 243.

BOUGARRE et non BONGARD (Pierre), né le 16 novembre 1760 à Bagny (Yonne), entra le 8 septembre 1792 au 15e régiment de cavalerie, devenu 23e régiment de dragons en l'an XI, fit toutes les campagnes de la République aux armées des Ardennes, de Sambre-et-Meuse, de Rhin-et-Moselle, d'Allemagne et d'Italie, et se distingua à la bataille d'Engen le 13 floréal an VIII. Nommé membre de la Légion-d'Honneur le 25 prairial an XII, il obtint le grade de brigadier le 21 vendémiaire an XIII, étant à l'armée d'Italie, fut admis à la retraite le 1er mars 1806, et passa la même année au 2e bataillon de vétérans. Il en sortit en 1813 pour se retirer à Guillon (Yonne), où il est mort le 9 décembre 1838.   Y.

BOUGAULT (François), naquit le 28 novembre 1776 à Suresnes (Seine). Volontaire dans le 1er bataillon de Saint-Denis, il fit les campagnes de 1792, 1793 et de l'an II à l'armée du Nord. Mis en réquisition pour travailler aux ateliers d'armes le 25 nivose an III, il passa comme chasseur à cheval dans le 21e régiment de l'arme le 21 brumaire an IV, et servit en Italie depuis cette époque jusqu'à l'an IX. Nommé fourrier le 14 vendémiaire an VI, maréchal-des-logis le 1er nivose an VII, et maréchal-des-logis-chef le 23 nivose an VIII, il entra comme maréchal-des-logis dans la compagnie de gendarme du Pô le 26 prairial an IX, et obtint la décoration de membre de la Légion-d'Honneur le 25 prairial an XII. Promu lieutenant à la compagnie de Montenotte le 10 juillet 1806, il devint capitaine de celle du Taro le 23 novembre 1811, et rentré en France après l'évacuation de l'Italie, il fut placé à la suite du corps de la gendarmerie le 1er novembre 1814. Rappelé à l'activité comme capitaine au 1er bataillon de gendarmerie mobile le 9 mai 1815, il fit la campagne à l'armée de l'Ouest, et fut remis à la suite du corps le 1er août suivant. Admis à la retraite par ordonnance du 20 décembre 1816, il se retira dans son pays natal, où il mourut le 20 janvier 1834.   B-G.

BOUGE (Charles, *baron*), naquit le 12 septembre 1763 à Toulon. Capitaine le 17 septembre 1791 au 2e bataillon de volontaires du Var, incorporé dans la 32e demi-brigade de ligne, il fit les campagnes de l'armée d'Italie de 1792 à l'an IV. Il obtint l'autorisation de s'absenter pour cause de maladie, mais il ne rejoignit pas à l'expiration de sa permission, et fut remplacé le 12 nivose an IV. Il reprit du service le 26 thermidor an VII dans le bataillon complémentaire de la 32e demi-brigade de ligne, passa peu de temps après dans la 12e légère, rentra dans la 32e le 28 frimaire an VIII, et servit de l'an VII à l'an IX aux armées d'Italie, d'Helvétie et au corps d'observation du Midi. Chef de bataillon et membre de la Légion-d'Honneur les 27 floréal et 25 prairial an XII, il suivit son régiment à l'armée des côtes de l'Océan en l'an XIII et à la grande armée de l'an XIV à 1808. A la bataille d'Albech, le 19 vendémiaire an XIV, il reçut un coup de feu au bras gauche. A l'affaire de Krems, un peu avant la bataille d'Austerlitz, il enfonça avec son bataillon une colonne ennemie. Nommé major du 96e régiment de ligne, et colonel du 61e les 3 et 5 mars 1807, il fut cité honorablement à l'ordre de l'armée, et devint officier de la Légion-d'Honneur le 7 juillet. L'Empereur le nomma baron de l'Empire pendant la campagne d'Autriche. Il prit part à la guerre de Russie en 1812, obtint la croix de commandant de la Légion-d'Honneur le 15 octobre, tomba au pouvoir des Russes le 10 décembre, et ne rentra en France que le 18 août 1814. Il prit alors le commandement du 57e de ligne (ancien 61e). Au retour de l'île d'Elbe, Napoléon rendit à ce régiment le numéro qu'il portait avant 1814, et confirma le baron Bouge dans le commandement de ce corps, à la tête duquel il fit la campagne de Belgique en 1815. Mis à la retraite le 27 avril de la même année, il se retira à Collian (Var), où il mourut le 25 mai 1826.   B-S.

BOUIN (Pierre), né le 11 mai 1770 à Saint-Martial (Haute-Vienne), entra au service au 90e régiment d'infanterie le 6 juin 1793, et fit successivement partie des 163e demi-brigade de ligne et 36e de bataille, devenue 36e régiment d'infanterie de ligne en l'an XII. Il avait servi de 1793 à l'an IX aux armées du Nord, de Sambre-et-Meuse, d'Allemagne, de Mayence, du Danube et du Rhin, et s'était trouvé au passage de la Linth, effectué le 3 vendémiaire an VIII devant plus de quarante redoutes ennemies, et à la bataille d'Uznach, en Helvétie, gagnée le même jour contre les Autrichiens. Nommé légionnaire le 25 prairial an XII, lorsqu'il était au camp de Montreuil, il fut attaché au 4e corps de la grande armée en Autriche, et mourut glorieusement sur le champ de bataille d'Austerlitz.   Y.

BOULANT (Jean), naquit le 6 juin 1750 à Montauban (Lot). Soldat le 7 juin 1770 au régiment de Champagne-infanterie (1er bataillon), 7e de l'arme en 1791, il fit la campagne de 1770 en Corse. Sergent le 6 avril 1777, il servit à l'armée des côtes de Bretagne en 1779 et 1780, et obtint le grade de sergent-major le 1er avril 1787. Nommé porte-drapeau le 22 mai 1790, sous-lieutenant le 15 septembre 1791, lieutenant le 12 janvier 1792, et le 26 avril suivant capitaine au même régiment, incorporé dans la 13e demi-brigade d'infanterie, 80e de ligne en l'an VI, et 34e régiment de même arme en l'an XII, il fit les campagnes de 1792 à l'an III aux armées des Alpes et des Pyrénées-Orientales. Prisonnier de guerre au fort de Bellegarde le 6 messidor an II, il rentra en France le 22 vendémiaire an IV, fit les guerres des ans IV et V en Italie, et partit pour l'expédition de Corse en l'an VI. Le 1er vendémiaire an VIII, à l'affaire du village de Fiumorbo, il commandait la 2e compagnie de grenadiers chargée de soumettre les insurgés qui s'étaient retranchés dans cette place. Il soutint contre eux un combat qui dura tout le jour, y fut blessé d'un coup de feu qui lui perça les deux joues et lui fracassa la mâchoire; dans cet état, il conserva le commandement de sa compagnie jusqu'à ce qu'elle eût emportée le village. Le premier Consul, en récompense de cette action, lui décerna un sabre d'honneur. Il fit encore à l'armée des Grisons une partie de la campagne de l'an IX. Légionnaire de droit et officier de l'Ordre les 1er vendémiaire et 25 prairial an XII, il prit sa retraite le 21 frimaire an XIII, et se retira à Marseille, où il est mort le 31 mai 1831. J.-T.

BOULART (JEAN-FRANÇOIS, *baron*), naquit à Reims (Marne), le 21 mai 1776. Élève de l'École d'artillerie de Châlons le 1er juin 1793, 2e lieutenant le 1er juillet suivant au 5e régiment d'artillerie à pied, alors à l'armée du Rhin, il fut nommé lieutenant en 1er le 15 prairial an II, et se trouva à la prise des lignes de Weissembourg, au blocus de Mayence et au passage du Rhin. Capitaine en 3e le 1er prairial an IV, il passa à l'armée de Naples en l'an VII, à celle d'Italie en l'an VIII, et servit à la fin de l'an IX à l'armée d'observation du Midi, en qualité de capitaine en second, grade qu'il avait obtenu le 1er ventose de cette dernière année. Dans l'intervalle, il avait figuré aux différentes affaires dans les Abruzzes, défendu le fort d'Aquila contre les insurgés, et s'était distingué à la prise de Modène, aux batailles de la Trebia et de Novi, ainsi qu'à l'assaut du pont du Var. Capitaine-commandant le 18 messidor an XI, il entra le 20 fructidor dans le 5e d'artillerie à cheval. Légionnaire le 25 prairial an XII, chef de bataillon le 10 juillet 1806, et employé aux états-majors de son arme, chef d'escadron le 26 septembre au 3e d'artillerie à cheval, il combattit avec honneur à la journée d'Iéna. Incorporé le 28 mars 1807 dans l'artillerie à cheval de la garde, et décoré le 14 mai de la croix d'officier de la Légion-d'Honneur, il justifia cette distinction par sa conduite à Friedland et par ses services en Espagne pendant 1808. Il acquit à Essling et à Wagram le grade de major avec rang de colonel, qui lui fut conféré le 28 juillet 1809, ainsi que le titre de baron le 15 mars 1810. Il prit part aux opérations des campagnes de Russie, de Saxe et de France, et devint commandant de la Légion-d'Honneur et général de brigade les 14 septembre et 6 novembre 1813. Louis XVIII le nomma chevalier de Saint-Louis le 8 juillet 1814. Placé dans l'état-major de l'artillerie le 20 du même mois, il obtint le commandement de l'École de Strasbourg le 10 février 1816, et une ordonnance du 7 novembre 1826 le plaça parmi les membres du jury d'examen de l'École d'application. Le 13 avril 1830, Charles X l'investit du commandement de l'École de Besançon. Il était en disponibilité depuis le 11 août 1835, lorsqu'il mourut à Besançon le 20 octobre 1842.

BOULAY, conseiller d'État. *V.* t. II, p. 245.

BOULET, lieutenant. *V.* t. 1er, p. 481.

BOULET (FAILLY), né le 29 novembre 1771 à Parpelay (Indre), entra le 23 octobre 1793 au 17e régiment de cavalerie, 26e de dragons en l'an XI, et servit aux armées du Nord, des Ardennes, de Sambre-et-Meuse, d'Allemagne, de Mayence et du Rhin. Nommé membre de la Légion-d'Honneur le 25 prairial an XII, il combattit en Autriche, en Prusse et en Pologne de l'an XIV à 1807, passa aux dragons de la garde impériale le 15 juillet de cette dernière année, fit les campagnes de 1808 en Espagne, de 1809 en Allemagne, de 1812 en Russie, et resta en arrière pendant la retraite le 27 novembre près de Minsk, et ne reparut plus.

BOULLE (JEAN-JOACHIM), naquit le 3 août 1767 à Hayange (Moselle). Cavalier le 24 mai 1784 au régiment des Évêchés, incorporé le 6 mai 1788 dans le régiment des chasseurs à cheval de Bretagne, 10e de l'arme en 1791, Boulle devint brigadier le 2 mars 1791, maréchal-des-logis et maréchal-des-logis-chef le 16 mai 1793, et sous-lieutenant le 18 ventose an II. Il fit les campagnes de 1792 à l'an III aux armées du Rhin, de la Moselle et du Rhin. Le 9 prairial an II, en chargeant l'ennemi, il délivra plusieurs prisonniers français, mit les Prussiens en déroute et leur enleva quelques hommes. Le 18 vendémiaire an III, l'ennemi poursuivant le régiment, il se mit en travers d'un pont pour arrêter la marche des fuyards et fut culbuté avec son cheval dans la rivière. Passé à l'armée d'Italie en l'an IV, il se distingua le 11 prairial dans une charge qu'il opéra sur le flanc d'une colonne ennemie lancée à la poursuite d'un détachement du 1er régiment de hussards français, et lui fit des prisonniers. Il continua de servir à l'armée d'Italie pendant les ans V, VI et VII, et obtint le grade de lieutenant le 30 floréal de cette dernière année. Employé aux armées d'Helvétie, du Danube et du Rhin de l'an VIII à l'an X inclusivement, il fut cité honorablement pour sa conduite à l'affaire du 9 vendémiaire an VIII en Helvétie : 3 bataillons d'infanterie sous les ordres du général Molitor avaient à défendre contre l'armée russe de Suvarow le pont de Naëffels ; ces bataillons, épuisés par sept jours de combats consécutifs, allaient céder une position d'où pouvait dépendre le sort de la campagne, lorsque Boulle, chargeant à la tête d'un escadron du 10e régiment qui s'était maintenu en avant du pont, culbuta la première colonne russe et donna le temps à l'infanterie de se rallier. Nommé adjudant-major le 30 ventose an X, capitaine le 28 pluviose an XI, et membre de la Légion-d'Honneur le 25 prairial an XII, il combattit avec son régiment à la grande armée de l'an XIV à 1807 en Autriche, en Prusse et en Pologne. Fait officier de la Légion-d'Honneur le 14 mai 1807, et admis à la retraite le 1er septembre 1808, il mourut le 3 du même mois.

BOULLÉ (JEAN-PIERRE), naquit à Auray (Morbihan), le 30 juillet 1753. Il exerçait à Pontivy la profession d'avocat lorsque le bailliage de Ploërmel l'élut député aux États-Généraux. L'un des commissaires du tiers pour s'entendre avec les deux autres ordres sur la vérification des pouvoirs en commun, il fit partie en 1790 du comité des rapports et se rendit en 1791 dans le département du Nord, avec Biron et Alquier, ses collègues, pour rassurer les populations alarmées du départ du roi. Membre des Cinq-Cents en l'an IV, il lut, le 8 floréal, un rapport sur la résolution de retirer aux communes la

NOMINATION DU 25 PRAIRIAL AN XII.

faculté de contracter des emprunts, parla en l'an v en faveur du rétablissement des domaines congéables abolis par l'Assemblée législative, s'opposa le 8 brumaire an VI à ce qu'on accordât au Directoire le droit d'apporter des changemens à la liste des membres du juri, et réclama, le 4 frimaire, l'indépendance du pouvoir judiciaire. Nommé après le 18 brumaire préfet des Côtes-du-Nord et légionnaire le 25 prairial an XII, le département qu'il administrait le désigna dans le courant de cette dernière année pour son candidat au Sénat; mais cette présentation demeura sans effet. Le 30 juin 1811, l'Empereur le décora de la croix d'officier de la Légion-d'Honneur. Maintenu d'abord dans ses fonctions par la Restauration, il ne tarda pas à en être écarté. Napoléon les lui rendit le 24 mars 1815 et l'envoya le 6 avril administrer la préfecture de la Vendée. Il est mort à Saint-Brieuc le 13 juin 1816.

BOULNOIS (LOUIS-JACQUES-FRANÇOIS), naquit à Sarcus (Oise), le 10 mars 1773. Volontaire au cinquième bataillon de son département le 10 mai 1792, et capitaine commandant une compagnie franche au bataillon des Grandvilliers le 23 septembre 1793, il devint adjudant de place à Alençon le 5 ventose an III. Le Comité de salut public ne confirma point cette nomination et Boulnois rentra dans ses foyers. Remis en activité le 26 germinal an VII, et appelé le même jour aux fonctions d'aide-de-camp du général Doyen, il passa à l'état-major de l'armée des Alpes le 9 fructidor. Chef de bataillon le 9 vendémiaire an VIII, employé à l'état-major de l'armée de l'Ouest le 5 nivose, et premier aide-de-camp du général Gardanne, il retourna à l'armée d'Italie le 30 ventose, et eut un cheval tué sous lui à Marengo. Chef d'escadron au 11ᵉ régiment de hussards le 15 thermidor an VIII, il passa le 23 frimaire an X au 15ᵉ régiment et au 6ᵉ par suite de permutation le 23 floréal an XI. Membre de la Légion-d'Honneur le 25 prairial an XII, et employé à la grande armée d'Allemagne en l'an XIV, il y reçut un coup de feu au bras droit le 30 avril. Il adressa une pétition à l'Empereur à l'effet d'obtenir un changement d'emploi et les fonctions d'inspecteur aux revues ou du service dans l'infanterie. Cette demande n'eut point de suite, et le 4 août 1807 un décret impérial daté du palais de Saint-Cloud l'appela au grade de major dans le 9ᵉ régiment de chasseurs à cheval. Colonel du 4ᵉ régiment le 13 février 1809, et officier de la Légion-d'Honneur le 24 juillet 1811, il devint général de brigade le 26 mars 1813, et lieutenant-général le 28 janvier 1815. Admis à la retraite le 25 avril 1816, il est mort à Paris le 10 janvier 1833.

BOULON (JOSEPH), né le 30 décembre 1770 à Châteauneuf-de-Galore (Drôme), entra au service le 12 octobre 1791 comme caporal au 2ᵉ bataillon de la Drôme, 118ᵉ demi-brigade d'infanterie le 1ᵉʳ brumaire an II, 32ᵉ demi-brigade de ligne le 25 ventose an IV, et 32ᵉ régiment de même arme en l'an XII. Sergent-major le 31 janvier 1792, il fit les campagnes de 1792 et 1793 aux armées de Savoie et des Basses-Alpes. Passé à l'armée d'Italie en l'an II, et nommé sous-lieutenant le 6 prairial,

il tomba au pouvoir de l'ennemi le 26 germinal an IV; rendu par échange, il continua de servir en France pendant les ans IV et V. Parti en l'an VI avec l'armée expéditionnaire d'Égypte, et promu lieutenant le 1ᵉʳ thermidor, il suivit sa demi-brigade en Syrie en l'an VII, devint adjudant-major le 1ᵉʳ messidor an VIII, et capitaine le 1ᵉʳ fructidor an IX. Rentré en France après la capitulation d'Alexandrie, il fit la campagne de l'an X en Suisse. Dirigé sur l'armée des côtes de l'Océan en l'an XII, il reçut la croix de la Légion-d'Honneur le 25 prairial. Employé à la grande armée de l'an XIV à 1807 en Autriche, en Prusse et en Pologne, et blessé d'un coup de feu au pied gauche à la prise de Braunsberg le 26 février 1807, il obtint le grade de chef de bataillon le 3 mars ; il passa au commandement du 2ᵉ bataillon du 7ᵉ régiment de grenadiers et voltigeurs réunis le 16 avril, et fut envoyé le 10 novembre au 17ᵉ léger. Il servit en Allemagne en 1809, reçut un coup de feu entre les deux épaules et eut un cheval tué sous lui à la bataille d'Essling. Officier de la Légion-d'Honneur le 31 mai, il passa en Espagne en 1810 et y fut tué le 18 juillet 1812.

BOUNOURE ET NON **BONNOURE** (VINCENT), né le 5 décembre 1766 à Issoire (Puy-de-Dôme), entra au service le 18 septembre 1791 comme sergent au 1ᵉʳ bataillon du Puy-de-Dôme, 54ᵉ demi-brigade le 2 prairial an II. Il fit les campagnes de 1792 à l'an III à l'armée du Rhin, et fut blessé d'un coup de feu à la jambe gauche devant Turkeim le 4 prairial an II. Passé le 1ᵉʳ prairial an III dans les grenadiers de la Convention nationale, caporal le 10 vendémiaire an IV, sergent le 28 fructidor an VII, sous-lieutenant le 25 ventose an VIII, lieutenant en second le 14 vendémiaire an IX, lieutenant en premier et membre de la Légion-d'Honneur les 2 nivose et 25 prairial an XII, il se rendit dans le courant de cette dernière année à l'armée des côtes de l'Océan, et servit à la grande armée de l'an XIV à 1807 en Autriche, en Prusse et en Pologne. Il suivit l'Empereur en Espagne en 1808, retourna en 1809 à la grande armée d'Allemagne, et obtint le grade de capitaine le 5 avril. Rappelé en Espagne, il y fit les guerres de 1810 et 1811, et rejoignit la grande armée de Russie en 1812. Pendant la campagne de Saxe en 1813, il commanda en sa qualité de plus ancien capitaine le 2ᵉ bataillon de grenadiers à pied de la vieille garde, fut nommé officier de la Légion-d'Honneur le 14 septembre, et eut un cheval tué sous lui d'un éclat d'obus le 28 octobre à la bataille de Hanau. Promu chef de bataillon dans le 8ᵉ régiment de tirailleurs (jeune garde) le 22 janvier 1814, il fut blessé pendant la campagne de France de trois coups de feu, dont l'un au pied, l'autre à la jambe et le troisième à la cuisse droite, le 21 mars à la tête du pont d'Arcis-sur-Aube. Envoyé comme major au 77ᵉ régiment de ligne lors de la dissolution de son bataillon, et mis en demi-solde le 13 août de la même année, il rentra à l'activité le 26 mai 1815 en qualité de major du 63ᵉ de ligne. Licencié au mois de septembre, il demeura sans emploi jusqu'au 4 janvier 1816, époque de son admission à la retraite. Il est mort dans le lieu de sa naissance le 3 avril 1833. J.-T.

BOUQUERO. *V.* BOUCQUERO.

BOUQUEROT DES ESSARS (JEAN-BAPTISTE), naquit le 28 mai 1771 à Asnan (Nièvre). Volontaire le 15 septembre 1791 au 1er bataillon de la Nièvre, il passa le 8 avril 1793 dans le régiment de Jemmapes-hussards, et devint fourrier le 11 août suivant. Maréchal-des-logis au 3e régiment de dragons le 2e jour complémentaire an III, sous-lieutenant le 18 fructidor an VI, il avait servi jusqu'alors aux armées du Nord, de Sambre-et-Meuse, d'Italie, d'Helvétie et d'Allemagne. Il suivit ensuite son corps en Égypte. Grièvement blessé à Salahieh et aux deux affaires qui eurent lieu sur la plage d'Aboukir, il obtint le grade de lieutenant le 26 pluviose an VIII, et celui de capitaine le 22 ventose an IX. L'Empereur lui accorda la croix de la Légion-d'Honneur le 25 prairial an XII. Nommé chef d'escadron le 25 mai 1807 pour sa conduite à Eylau, il entra dans la garde le 8 juillet. Envoyé en Espagne en 1808, il revint à la grande armée d'Allemagne en 1809, retourna en Espagne en 1810, et fut attaché le 23 juillet 1811 comme colonel à la suite du 4e régiment de dragons, dont il devint titulaire le 23 février 1813. Pendant la campagne de France, il obtint le 19 février la croix d'officier de la Légion-d'Honneur sur le champ de bataille, et reçut les félicitations de l'Empereur, sous les yeux de qui, à la tête de son régiment, il enfonça près de Nangis un carré de 10,000 Russes, et le contraignit à mettre bas les armes. Chevalier de Saint-Louis le 13 août 1814, mis à la retraite le 6 novembre 1822, il reprit du service le 24 septembre 1830 comme colonel du 7e dragons, et une décision ministérielle le plaça dans le cadre de réserve avec rang de maréchal-de-camp le 16 juin 1831. Il est mort le 17 mars 1833.

BOUQUILLON (NICOLAS-JOSEPH), né le 15 juin 1774 à Beaufort (Pas-de-Calais), entra au service comme soldat le 27 septembre 1793 dans le 6e régiment de chasseurs à cheval, avec lequel il fit les campagnes de 1793 et des ans II et III à l'armée du Rhin. Passé au 21e régiment de dragons le 1er brumaire an IV, il servit aux armées de la Moselle et de Sambre-et-Meuse pendant les ans IV et V, et entra au 1er régiment de même arme le 5 nivose an XI. De cette époque à l'an IX inclusivement, il prit une part active aux campagnes des armées d'Angleterre, d'Helvétie, d'Italie, du Danube et de Hanovre, et se distingua en l'an VII à la prise de Zurich, où il reçut un coup de feu à la jambe droite. Brigadier le 21 vendémiaire an VIII, il se signala à la bataille de Marengo, où il reçut un coup de sabre à la main droite. Promu maréchal-des-logis le 21 pluviose an X, il tint garnison à Pignerol pendant les ans X et XI, et fit partie de la première réserve en l'an XII et en l'an XIII. Créé membre de la Légion-d'Honneur le 25 prairial an XII, il fit les guerres d'Autriche, de Prusse et de Pologne de l'an XIV à 1807 avec la grande armée, passa comme simple soldat dans les dragons de la garde impériale le 1er juillet 1806, et y devint brigadier

le 13 juillet 1807. Sous-lieutenant au 11e régiment de dragons le 8 avril 1808, il servit en Espagne depuis 1808 jusqu'en 1813, obtint le grade de lieutenant le 31 juillet 1811, et se signala le 21 juillet 1812 dans une charge de cavalerie où il reçut deux coups de sabre dont l'un sur l'épaule gauche et l'autre un bras droit. Nommé adjudant-major le 16 septembre 1813, il fit la campagne de France. Maintenu à l'activité après la première Restauration, il suivit son corps à Mont-Saint-Jean. Licencié le 13 novembre 1815, et admis à la retraite le 23 mars 1816, il se retira dans son pays natal, où il réside encore aujourd'hui.

BOUQUIN (JEAN-FRANÇOIS), commissaire des guerres. *V.* la nomination du 2 messidor an XII.

BOURAND. *V.* BOURRAND.

BOURAYNE (CÉSAR-JOSEPH, baron), était capitaine de vaisseau quand les 15 pluviose et 25 prairial an XII il devint membre et officier de la Légion-d'Honneur. Appelé en l'an XIII au commandement de la frégate *la Canonnière* (prise anglaise faite en l'an XI, et qui portait alors le nom de *Minerve*), il appareilla de Cherbourg le 14 décembre pour l'Ile-de-France. Arrivé dans ce port, il eut ordre de rallier l'escadre de l'amiral Linois, que l'on supposait se trouver dans les parages du cap de Bonne-Espérance. La frégate était parvenue à la hauteur du cap Natal, lorsque les vigies signalèrent un convoi de 11 navires de la compagnie des Indes, qu'escortaient 2 vaisseaux de guerre, *l'Asia* et *le Tremendous*. Ce dernier se détacha du convoi pour mettre en chasse *la Canonnière*, avec laquelle s'engagea immédiatement l'un des plus brillans combats de mer de la période impériale; car, malgré l'énorme différence de force des 2 bâtimens, l'avantage demeura à la frégate française, qui contraignit *le Tremendous* à s'éloigner après lui avoir fait éprouver les plus graves avaries. Pendant cette action, qui a fourni au peintre Crépin le sujet d'un tableau exposé dans les salons du ministère de la marine, l'ardeur et l'intrépidité de nos marins ne cessa de s'accroître: il y eut un moment où *la Canonnière* reçut en poupe, et à bout portant, une bordée du *Tremendous*, mais ce vaisseau n'ayant pu revenir au vent présenta à son tour son arrière à la frégate, qui, lâchant ses batteries de tribord, la traversa dans toute sa longueur et lui tua beaucoup de monde. Alors nos intrépides marins demandèrent à grands cris l'abordage, mais leur brave commandant s'y refusa, prévoyant une lutte trop inégale. De retour en France, Bourayne, nommé commandant de l'Ordre le 10 mars 1807, obtint le titre de baron de l'Empire en 1811. En 1814, Louis XVIII le fit chevalier de Saint-Louis. Il est mort à Brest le 5 novembre 1817.

BOURBEL DE **MONTPOINÇON** (AUGUSTE-LOUIS, DE), naquit le 27 décembre 1774 à Dieppe. Chevalier dans l'ordre de Malte le 6 février 1780, il passa au service dudit ordre le 6 février 1792, embarqua la même année sur la frégate *la Sainte-Élisabeth*, fut nommé enseigne le 1er novembre 1793, et fit les campagnes de l'an II à l'an IV sous les ordres du bailli de

Suffren. Volontaire au service de France le 1er messidor an VI dans la légion maltaise, organisée par le général Bonaparte, et promu lieutenant le 17 du même mois, il reçut une balle au travers de la poitrine au combat naval d'Aboukir. Capitaine dans la légion nautique le 6 fructidor de la même année, il fut blessé de nouveau d'une balle au pied droit le 27 ventose an VII, au village de Cafre-Cabas, où il commandait la colonne mobile organisée à Rosette. Incorporé le 25 messidor suivant avec la légion nautique dans le bataillon de sapeurs de l'armée d'Orient, il entra avec son grade dans l'état-major général de l'armée le 7 ventose an VIII, et devint aide-de-camp du général Baudot le 16 fructidor suivant. Rentré en France en l'an IX, il passa capitaine-adjudant-major au 26e régiment de chasseurs à cheval le 15 ventose an X, et capitaine commandant une compagnie le 8 ventose an XI. Membre de la Légion-d'Honneur le 25 prairial an XII, il suivit la grande armée de l'an XIV à 1807 en Autriche, en Prusse et en Pologne, se trouva aux batailles d'Austerlitz, d'Iéna et d'Eylau, et eut un cheval tué sous lui au combat du 8 juin 1807. Il fit en Espagne les campagnes de 1808, 1809 et 1810. Nommé chef d'escadron surnuméraire le 17 novembre 1808, et titulaire au 7e de chasseurs à cheval le 13 mai 1811, il quitta Madrid le 23 juillet pour rejoindre son régiment à Strasbourg. Il fit la campagne de Russie, et reçut la croix d'officier de la Légion-d'Honneur le 17 juin 1812. Employé dans les dépôts de remonte en mars 1813, et promu major en second le 17 mai suivant, il périt glorieusement sur le champ de bataille de Leipzig le 19 octobre de la même année.

BOURBIER (JEAN-LOUIS-ANDRÉ), né le 28 novembre 1773 à Marle (Aisne), entra au service comme sous-lieutenant dans le 5e régiment de dragons le 17 juin 1792, et suivit son corps en 1792 et 1793 en Champagne et en Belgique. Nommé lieutenant le 12 brumaire an II, il fit les guerres des ans II et III à l'armée de Sambre-et-Meuse, et celles des ans IV, V et VI à l'armée d'Italie et dans le Tyrol. Passé vers la fin de l'an VI à l'armée d'Angleterre, il y devint capitaine le 23 messidor, servit contre les insurgés de Belgique et dans l'Ouest pendant les ans VII et VIII, obtint le grade de chef d'escadron le 13 pluviose de cette dernière année, et fit partie en l'an IX du corps d'observation de la Gironde. Promu major du 10e régiment de dragons le 6 brumaire an XII, il passa le 13 pluviose suivant comme chef d'escadron dans les chasseurs à cheval de la garde consulaire, et reçut le 25 prairial de la même année la décoration d'officier de la Légion-d'Honneur. Employé au camp de Boulogne pendant les ans XII et XIII, il fit les campagnes de l'an XIV à 1807 en Autriche, en Prusse et en Pologne avec la grande armée, se distingua le 11 frimaire à la bataille d'Austerlitz, où il eut un cheval tué sous lui, et obtint le grade de colonel du 11e régiment de dragons le 27 du même mois. Il combattit à Eylau, et mourut le 9 février 1807 à la suite des blessures qu'il avait reçues à cette mémorable bataille. B·G.

BOURBON (LOUIS), né à Tours (Indre-et-Loire), le 21 mars 1774, entra le 10 avril 1793 dans la compagnie de canonniers du 56e régiment d'infanterie, 112e demi-brigade d'infanterie le 9 nivose an III, 88e de bataille le 1er ventose an IV, et 88e régiment de ligne au commencement de l'an XII. Il servit aux armées de Sambre-et-Meuse, d'Italie et d'Orient, fut nommé caporal en Égypte le 1er germinal an VIII, rentra en France au commencement de l'an IX, devint membre de la Légion-d'Honneur au camp de Saint-Omer le 25 prairial an XII, et obtint son congé de réforme le 10 frimaire an XIII. Il se retira à Guise (Aisne), où il mourut le 15 mai 1839.

BOURCIER, capitaine. *V.* LEBOURSIER (*Jacques-Alexandre*).

BOURCIER, général. *V.* t. II, p 249.

BOURDE (AUGUSTIN), naquit le 3 avril 1774 à Rives (Isère). Soldat le 31 mai 1791 au 75e régiment d'infanterie (ci-devant *Monsieur*), il passa le 26 mai 1793 au 18e régiment de cavalerie, le 13 pluviose an III au 3e régiment de hussards, et fit dans ces trois différens corps les campagnes de 1792 à l'an IV à l'armée du Rhin. Entré dans les guides à cheval le 20 prairial an IV à l'armée d'Italie, brigadier le 1er floréal an V, et maréchal-des-logis le 18 thermidor suivant, il partit pour l'Égypte et devint maréchal-des-logis-chef le 23 nivose an VII. Il revint en France avec le général Bonaparte en fructidor de la même année, entra le 13 nivose an VIII dans les grenadiers à cheval de la garde des consuls, et fit la campagne de l'an VIII en Italie. Sous-lieutenant le 4 brumaire an IX, lieutenant en second le 18 fructidor an XI, membre de la Légion-d'Honneur le 25 prairial an XII, et lieutenant en premier le 1er vendémiaire an XIII, il suivit la grande armée en Autriche, en Prusse et en Pologne de l'an XIV à 1807, et se fit remarquer à la bataille d'Austerlitz. Nommé officier de la Légion-d'Honneur le 14 mars 1806, il mourut glorieusement sur le champ de bataille d'Eylau.

BOURDÉ (GUILLAUME-FRANÇOIS-JOSEPH), né le 8 mai 1763 à Plouër (Côtes-du-Nord), navigua alternativement pour le commerce, et, en qualité de volontaire de première classe, sur les bâtimens de l'État depuis le 18 avril 1774 jusqu'au 19 décembre 1792. Il servit en outre en 1781 à bord du corsaire *la Liberté*. Nommé enseigne de vaisseau le 1er mai 1793, il fit du 9 du même mois au 15 nivose an II une campagne en Amérique. Promu lieutenant de vaisseau le 2 pluviose suivant, il embarqua aussitôt sur *le Jupiter*, qui prit part aux combats livrés aux Anglais par Villaret-Joyeuse les 9 et 10 prairial de la même année. Appelé le 22 thermidor au commandement d'une division de frégates en croisière dans la Méditerranée, il escorta en l'an V, avec une division composée des forces navales françaises et vénitiennes dans l'Adriatique, les bâtimens transportant des troupes aux îles Ioniennes, cédées à la France par le traité de Campo-Formio. En l'an VI, il monta *la Sensible*, l'une des frégates de la flotte expéditionnaire d'Égypte, obtint le 14 floréal le grade de capitaine de vaisseau, et de l'an VIII à 1808 il eut sous ses ordres les vaisseaux *le Formidable*, *l'Intrépide*, *le Marengo* et *le Neptune*; ce dernier faisait partie de l'escadre de l'amiral Rosily, et se trouvait dans la baie de Cadix lorsqu'en 1808 les Espagnols bombardèrent cette escadre. De cette époque à la paix, il commanda le vaisseau *le Commerce-de-Marseille*, appartenant à l'escadre de l'amiral Missiessy, laquelle était embossée dans la rade d'Anvers pendant le siège de cette place en 1814. Bourdé, légionnaire du 15 pluviose, et officier de l'Ordre du 25 prairial an XII, se retira à La Rochelle, où il réside encore aujourd'hui.

BOURDET (CHARLES-LOUIS), né à Rouen (Seine-Inférieure), le 19 juin 1753, servit sur les bâtimens de commerce depuis le 30 janvier 1768 jusqu'au 13 juin 1771. Passé sur le vaisseau de l'État *l'Artésien*, avec rang de lieutenant de frégate pour la campagne, il se trouva le 17 juillet au combat d'Ouessant, et le 12 octobre à la prise de la Grenade, puis en 1781 aux combats livrés dans les mers d'Amérique. Pendant cette campagne, il avait eu le commandement des embarcations portant les troupes chargées de l'attaque de Savanah. Reçu capitaine au long cours le 14 février 1781, il rentra au service de l'État le 22 mars 1793 en qualité d'enseigne de vaisseau, et embarqué le 9 avril à Toulon sur le *Duquesne*, il y reçut le 18 mai le brevet de lieutenant de vaisseau. En cette qualité, il prit part, à bord de *l'Alcide*, aux combats de l'amiral Martin dans la Méditerranée. Dès le commencement de l'engagement qui eut lieu le 25 prairial an XIII, à trois lieues sud des îles d'Hières, *l'Alcide*, horriblement maltraité, s'embrasa et sauta au moment où les frégates anglaises *la Justice* et *l'Alceste* s'opposaient à lui donner la remorque. Bourdet, qui s'était jeté à la mer, se soutenait depuis deux heures sur une planche lorsque les canots des frégates le recueillirent. Conduit à bord du vaisseau *la Princesse-Charlotte*, il revint à Toulon le 8 vendémiaire an IV, prisonnier sur parole. Employé dans le port du Hâvre le 6 pluviose, fait capitaine de frégate le 11 germinal, il exerça, du 1er thermidor au 7 fructidor an V, les fonctions d'adjudant sur la flotille aux ordres du capitaine Muskein, qui le choisit pour son second le 7 pluviose an VI. Sorti du Hâvre le 19 sur la canonnière *la Brûlante*, il essuya, le 17 ventose, l'attaque de deux frégates anglaises dans la fosse de Colleville. Il se rendit ensuite à Toulon pour prendre le commandement de *la Sensible*, l'une des frégates de la flotte expéditionnaire d'Égypte, et après la prise de Malte il fut chargé de transporter en France les trophées de cette importante conquête. Pris à la hauteur de la Sardaigne par une frégate de la flotte de Nelson, *le Sea-Horse*, et mis en jugement comme s'étant rendu après les premières volées, il sortit avec honneur de cette enquête, et fut investi du commandement de la rade de Cherbourg le 1er vendémiaire an VII, avec mission de protéger le cabotage. Atteint d'une maladie grave le 10 thermidor suivant, il obtint un congé d'un an à l'expiration duquel il présida au carénage de la frégate *la Comète*. Il partit le 3 nivose an IX pour rallier à Cadix la flotte de l'amiral Linois, et se conduisit glorieusement au combat d'Algésiras. En l'an X, il fit un voyage au Cap-Français, et envoyé à son retour à Helenoet-Fluys, il eut le commandement des trois bouches de la Meuse le 14 fructidor an XI. Légionnaire le 15 pluviose et officier de l'Ordre le 25 prairial an XII, il commanda la station de l'île de Walcheren le 25 pluviose an XIII, et le 2 ventose il y remplit les fonctions de chef militaire. Le 30 vendémiaire an XIV, il quitta son commandement, et pendant qu'il séjournait à Lorient, il inspecta les côtes de cet arrondissement maritime pour l'établissement des sémaphores. Envoyé à Cadix le 28 prairial, l'amiral Rosily lui confia le vaisseau de son escadre *le Pluton*, sur lequel il prit part au combat du mois de septembre 1808. Prisonnier pour la seconde fois, il ne recouvra sa liberté que le 11 novembre 1811, et resta dans la position de non-échangé jusqu'au 31 mars 1813. Investi à cette époque du commandement supérieur des dépôts des équipages organisés à Anvers, il fut mis en non-activité le 1er juillet 1814. Chevalier de Saint-Louis le 18 août, appelé à Rouen le 18 mars 1815 pour faire partie d'une compagnie de gardes royaux qu'on organisait dans cette ville, un décret impérial du 4 mai le replaça en activité. Il obtint le 3 juin la permission de rentrer dans ces foyers. Retraité le 1er janvier 1816, il est mort à Rouen le 4 mars 1832.

BOURDILLET (ANTOINE-ANASTHASE), naquit le 27 avril 1759 à Jussey (Haute-Saône). Soldat le 4 décembre 1775 dans le régiment d'Enghien, il fit les guerres d'Amérique de 1779 à 1783. De retour en France, il passa le 20 janvier 1784 dans les gardes de la prévôté de l'hôtel, devenues garde de la Représentation nationale en 1791, et fit les guerres de 1793 et an II à l'armée de l'Ouest. Sous-lieutenant le 14 vendémiaire an VI, il passa avec son corps dans la garde des consuls, et le suivit en l'an VIII à la deuxième armée de réserve en Italie, se trouva à la bataille de Marengo, et fut nommé lieutenant en premier le 29 messidor. Membre de la Légion-d'Honneur le 25 prairial an XII, il fit la campagne de l'an XIII à l'armée des côtes de l'Océan, et attaché avec son grade au bataillon de l'École polytechnique le 30 septembre 1806, il y servit jusqu'au 17 juillet 1816, époque à laquelle il fut admis à la retraite. Il est mort le 12 mai 1844 à Versailles. J.-T.

BOURDON (ANTOINE), né le 14 avril 1742 à Mâcon (Saône-et-Loire), entra au service le 9 janvier 1758 en qualité de lieutenant de cavalerie dans les gardes du roi de Pologne, où il servit jusqu'au 1er juillet 1762. Il passa avec son grade dans la gendarmerie de France (compagnie des Écossais) le 14 décembre de la même année, dans la compagnie de la reine (même corps) le 7 avril 1764, et le 20 décembre 1779 dans les gardes de la maréchaussée comme lieutenant, et avec rang de capitaine de cavalerie par commission du 22 avril 1780. Nommé chevalier de Saint-Louis le 6 décembre 1785, il obtint le grade de lieutenant-colonel le 12 juin 1791, fut envoyé en cette qualité à l'armée du Midi, et y rendit les plus grands services lors de l'insurrection de Jalès en 1792. Transféré dans le département de la Côte-d'Or au mois d'août suivant, élevé au grade de colonel le 21 pluviose an VIII, et nommé membre et officier de la Légion-d'Honneur les 15 pluviose et 25 prairial an XII, il commanda la 21ᵉ légion de gendarmerie impériale (Dijon) jusqu'au 11 juillet 1810, époque de son admission à la retraite. Il est mort dans cette ville le 24 janvier 1818.

BOURDON (FERDINAND-PIERRE-AGATHE), naquit le 19 novembre 1778 à Chemire (Sarthe). Soldat le 14 septembre 1792 dans la compagnie franche du département de la Sarthe, il devint fourrier le 21 octobre suivant. Incorporé en cette qualité dans le 19ᵉ régiment de dragons le 23 avril 1793, et nommé sous-lieutenant le 13 juin, il fit les campades 1792 à l'an IV inclusivement aux armées de Rhin-et-Moselle et de l'Ouest. Entré dans la garde à cheval du Directoire le 1ᵉʳ pluviose an V, lieutenant le 8 fructidor, et capitaine dans la garde des consuls le 13 nivose an VIII, il fit en cette dernière qualité la campagne d'Italie. Chef d'escadron dans les grenadiers à cheval de la garde des consuls le 15 fructidor an XI, et nommé d'emblée officier de la Légion-d'Honneur le 25 prairial an XII, il passa avec le grade de colonel dans le 11ᵉ régiment de dragons le 3 fructidor an XIII. Il fit la campagne de l'an XIV en Autriche, et mourut des suites de blessures reçues au combat d'Hollabrun le 21 frimaire de la même année.

BOURDON DE VATRY (MARC-ANTOINE, baron), frère cadet du célèbre conventionnel Léonard Bourdon, naquit à Saint-Maur-les-Fossés (Seine), le 21 novembre 1761. Son père, premier commis aux finances, le fit entrer à sa sortie du collége dans cette administration; il la quitta à l'âge de dix-neuf ans pour embarquer en qualité de secrétaire du comte de Grasse. Le vaisseau la Ville-de-Paris, sur lequel il monta, faisait partie de l'armée navale envoyée par la France au secours de l'insurrection américaine. Il assista au combat du 12 avril 1782. Quand il revint en France, la Révolution de 1789 était accomplie. D'abord commis au ministère de la marine, il y devint en l'an IV chef du bureau des colonies. Nommé en l'an VI agent maritime dans la Corse, il n'accepta point ces fonctions et passa à Anvers en l'an VII avec le même titre. Sieyes qui, en revenant de Berlin pour prendre place au Directoire, passa par Anvers, y conçut une si haute idée des capacités de Bourdon de Vatry que, dès son entrée au pouvoir, il lui fit remettre le portefeuille de la marine (25 messidor an VII). Ce fut lui qui confia aussitôt à l'ingénieur Beautemps-Beaupré (voyez page 456) le travail des sondes de l'Escaut si incomplet jusqu'alors. C'est vers cette époque qu'il concerta avec Bernadotte, alors ministre de la guerre, un projet de descente en Angleterre. Les troubles de l'Ouest et la lenteur du Directoire en ajournèrent l'exécution. Vinrent ensuite les événemens politiques du 18 brumaire, après lesquels Bourdon de Vatry fut confirmé dans ses fonctions malgré la démission qu'il avait offerte; mais quand il voulut reprendre son projet favori, le premier Consul désorganisa tous ses plans, et le contre-amiral Perrée, chargé de la conduite de cette entreprise hazardeuse, alla en sortant du port se heurter contre l'escadre anglaise, et périt glorieusement après une lutte vigoureuse, mais trop inégale. De nouveaux démêlés avec le chef du gouvernement amenèrent sa sortie du ministère, et, au lieu de l'ambassade qui lui était offerte, il préféra retourner à Anvers avec le titre de *commissaire ordonnateur pour les mers du Nord*. Une nouvelle disgrace, dont le motif est resté inconnu, enleva Bourdon de Vatry à ces nouvelles fonctions. Après huit mois d'exercice, il fut envoyé à Lorient en qualité de chef d'administration, et de là au Hâvre comme préfet maritime du 3ᵉ arrondissement dans les premiers jours de vendémiaire an X. Quelques paroles indiscrètes, proférées par le préfet sur les chances probables de l'expédition à Saint-Domingue, firent supprimer et fonctions et fonctionnaire, et le 30 fructidor an X Bourdon de Vatry fut nommé préfet du département de Vaucluse. Membre de la Légion-d'Honneur le 25 prairial an XII, il passa à la préfecture de Maine-et-Loire le 6 thermidor an XIII, d'où il fut appelé à celle de Gênes le 9 février 1809. Ce fut à cette époque qu'il reçut le titre de baron. Officier de la Légion-d'Honneur le 30 juin 1811, il quitta Gênes en 1814, et entra au ministère de la marine en qualité de directeur du personnel et d'intendant des armées navales. Commissaire extraordinaire dans la 7ᵉ division militaire après le retour de l'Empereur, puis préfet de l'Isère, destitué à la seconde rentrée des Bourbons, et admis plus tard à la retraite, il vécut désormais éloigné des affaires publiques, reçut la croix de chevalier de Saint-Louis en 1824, et mourut à Paris le 22 avril 1828.

BOUREL ET NON BOURELLE (GUILLAUME), naquit le 23 juin 1773 à Paris. Entré au service le 16 novembre 1788 au régiment de Poitou-infanterie, 25ᵉ de l'arme en 1791, il passa le 14 avril 1793 dans le 12ᵉ régiment de dragons, et fit les campagnes du Nord, de l'Ouest, de Rhin-et-Moselle, de Mayence, d'Helvétie, du Danube et du Rhin; en l'an VIII, il se trouva aux batailles d'Iller et d'Engen. Admis le 28 vendémiaire an X dans les grenadiers à cheval de la garde consulaire, il fut nommé membre de la Légion-d'Honneur au camp de Boulogne le 25 prairial an XII, et servit la grande armée en Autriche, en Prusse et en Pologne de l'an XIV à 1807, et reçut un coup de baïonnette à la bataille d'Eylau. En 1808, il suivit l'Empereur en Espagne, revint en Allemagne en 1809, assista à la bataille de Wagram, fit partie de grande armée de Russie, et disparut pendant la retraite le 11 décembre 1812.

BOUREL (NICOLAS), né le 2 février 1772 à Langres (Haute-Marne), entra au service le 12 juillet 1791 dans le 12ᵉ régiment de chasseurs à cheval, et fit les campagnes de 1792 à l'an II à l'armée du Nord. Nommé brigadier le 16 floréal an II, il passa en l'an III à l'armée de Sambre-et-Meuse, et y servit avec distinction jusqu'en l'an V inclusivement. Le 9 brumaire an IV, à l'affaire de Kreutznach, il chargea avec intrépidité les dragons de Waldeck, en tua un de sa main et poursuivit ce régiment jusqu'aux portes de la ville que défendaient les troupes hessoises. Là, il engagea un nouveau combat, fit prisonnier l'officier supérieur qui commandait les Hessois, et contribua à faire mettre bas les armes à 400 hommes. Le 24 floréal, près de Bruchette, dans le Hundsruch, il chargea avec son régiment contre les hussards de Blankenstein, en tua 2, et fut assez heureux pour dégager le chef d'escadron Muller que les ennemis pressaient vivement. Passé en l'an VI à l'armée d'Helvétie, il combattit bravement à celle du Rhin de l'an VII à l'an IX, et fut grièvement blessé en l'an VII d'une balle à la cuisse gauche, et d'un coup de sabre à l'épaule droite dans un combat à la suite duquel il tomba en pouvoir de l'ennemi. Échangé bientôt après, et nommé fourrier le 25 frimaire an VIII, il se signala d'une manière particulière le 15 floréal suivant à l'affaire de Stockach. Accompagné de 3 de ses camarades, il tint en échec 600 hommes d'infanterie autrichiennes, et finit par leur faire mettre bas les armes. Promu au grade de maréchal-des-logis le 28 floréal an IX, il rentra en France après la cessation des hostilités, et alla tenir garnison à Belfort pendant les ans X et XI. Employé en l'an XII et en l'an XIII à la réserve de cavalerie de l'armée des côtes de l'Océan, il reçut la décoration de membre de la Légion-d'Honneur le 25 prairial an XII, et mourut à son corps le 12 vendémiaire an XIV.

BOURGADE (DAVID), né le 10 janvier 1771 à Saint-André (Gard). Volontaire au 5e bataillon de son département, devenu 3e bataillon de la 2e demi-brigade provisoire d'infanterie, puis 57e demi-brigade de ligne le 1er messidor an IV, enfin 57e régiment de même arme en l'an XII. Il fit les campagnes de 1792 à l'an III aux armées des Alpes et des Pyrénées-Orientales, celles des ans IV, V et VI aux armées d'Italie, de l'Ouest et de Mayence, et prit part aux batailles de Rivoli, de Saint-George et de la Favorite, affaire dans laquelle la 57e demi-brigade mérita le surnom de Terrible. Attaché aux armées d'Helvétie, du Danube et du Rhin pendant les ans VII, VIII et IX, et caporal le 1er floréal an VII, il reçut le 6 prairial un coup de feu au pied gauche à Indelfengen, en Suisse, et se trouva aux batailles de Zurich, de Dissenhoff et d'Hochstedt. Membre de la Légion-d'Honneur le 25 prairial, et sergent le 8 thermidor, il resta encore l'année suivante au camp de Boulogne, et dirigé sur la grande armée avec le 4e corps, il y fit les campagnes de l'an XIV à 1807 en Autriche, en Prusse et en Pologne, servit en Allemagne en 1808, fut nommé sous-lieutenant le 24 avril 1809, et fit la campagne de la même année contre l'Autriche. Employé au 3e corps de l'armée d'Allemagne, puis au corps d'observation de l'Elbe pendant les années 1810 et 1811. Lieutenant le 25 novembre 1811, il partit en Russie avec le 1er corps, et reçut un coup de sabre à la figure et un autre à la main droite à la bataille de la Moskowa. Nommé adjudant-major le 1er novembre, et blessé de nouveau le 3 d'un coup de feu au pied gauche, il s'égara pendant la retraite le 16 du même mois. On présume qu'il est mort à Borisow.

BOURGADE (JACQUES), naquit à Figéac (Lot), le 27 septembre 1757. Soldat au régiment de Soissonnais le 12 février 1777, il acheta son congé le 4 octobre 1779 et rentra comme soldat au régiment du Forest le 1er janvier 1781. Caporal le 6 mai 1784, sergent le 14 janvier 1786, fourrier le 5 octobre 1787, il se retira par congé absolu le 29 mai 1789, et devint, le 25 août, capitaine de la garde nationale de Figeac. Le 14 juillet 1790, il prit le commandement d'une compagnie franche. Passé chef de bataillon le 18 septembre 1791, il fit à l'armée du Nord les campagnes de 1792 et 1793. Dans cette dernière campagne, il eut un cheval tué sous lui à la bataille de Nerwinde. Le second qu'il monta eut le cou traversé d'une balle: blessé lui-même d'un coup de feu au bas-ventre et d'un coup de sabre à la tête, il ne voulut pas quitter le champ de bataille. Commandé le 6 mai de la même année au camp de Famars pour aller à la découverte avec la compagnie de grenadiers de son bataillon et 50 fusiliers, il enleva un poste à l'ennemi et lui fit 36 prisonniers dont un officier. Blessé à la poitrine d'un éclat de bombe au siège de Venloo, il fut embrigadé avec la 43e demi-brigade, devenue 54e régiment le 6 fructidor an II. Il fit à l'armée du Nord les campagnes des ans II, III et IV, enleva à l'ennemi entre Hondscoote et Furnes, le 21 frimaire an II, 3 barques chargées de blé et fit 26 prisonniers. Le 14 prairial de la même année, il fut chargé, au siège d'Ypres, par le général Michaud, de trouver dans son bataillon quelques hommes qui voulussent traverser le canal à la nage pour aller mettre le feu à une grange où l'ennemi avait établi un grand poste pour inquiéter nos travailleurs. Le chef de bataillon Bourgade, suivi d'un sergent et de 2 grenadiers, traversa le canal à la nage et alla intrépidement sous le feu de l'ennemi incendier cette grange. Le sergent, blessé d'une balle, fut fait lieutenant, les 2 grenadiers reçurent le grade de sous-lieutenant par décret de la Convention nationale du 23 prairial an III, quant au chef de bataillon, le général voulut le comprendre dans son rapport au Comité de salut public, mais le citoyen Bourgade refusa modestement cet honneur, se trouvant assez récompensé de son intrépide conduite par la satisfaction qu'il éprouvait de son zèle et de son exactitude à servir la patrie. Le 10 frimaire an IV, il reçut une balle dans le bras gauche dans une affaire contre les Anglais débarqués dans l'île de Voerd, en Hollande, servit en l'an V à l'armée du Rhin, en l'an VI et l'an VII en Hollande, passa le 1er fructidor an II à la 43e demi-brigade et à la 54e le 1er thermidor de l'an IV, et fit la campagne de l'an VIII à l'armée du Rhin. Momentanément remplacé pour cause de blessures graves, il rejoignit la 89e demi-brigade le 22 nivose an IX, et employé à la 71e le 27 germinal, il servit jusqu'à la paix à l'armée d'Angleterre, fit partie de l'armée de Hollande pendant les ans XI, XII, XIII et les trois premiers mois de l'an XIV. Membre de la Légion-d'Honneur le 25 prairial an XII, il était passé le 1er brumaire de cette dernière année au 33e régiment de ligne par suite de la réunion de la 35e demi-brigade avec la 71e. Il fit là campagne de

1807 et fut nommé, le 17 mai, commandant d'armes de Bellune (Italie). Passé au commandement de Fontarabie en Espagne le 10 juin 1808, à celui de Bilbao le 12 février 1809, de Saint-Sébastien le 19 juin. Appelé le 4 février 1811 au commandement de la place de Grenoble, et remplacé le 14 mai 1815, il fut admis à la retraite le 29 novembre. Promu au grade de lieutenant-colonel honoraire le 16 avril 1819, il mourut à Paris le 6 novembre 1824.

BOURGEAT. V. t. III, p. 100.

BOURGEOIS (ANTOINE), naquit le 3 juin 1744 à Lezoux (Puy-de-Dôme). Soldat dans la marine le 20 avril 1759, il fit les campagnes de 1759 et 1760 à bord de la frégate *l'Oiseau*, et prit part à la capture, après trois heures et demie de combat, d'une frégate anglaise chargée de 3,500,000 francs. Congédié le 14 mai 1761, il entra le 12 avril 1762 comme chasseur dans le régiment de Languedoc-cavalerie, et fit la campagne de la même année en Allemagne. Brigadier le 1er mars 1767, maréchal-des-logis le 23 septembre 1768, fourrier le 1er mai 1774, adjudant le 1er juin 1780, et porte-guidon le 1er septembre 1784 au même corps, 6e régiment de l'arme en 1791, il devint lieutenant le 25 janvier 1792, capitaine le 10 mai suivant, fit la première campagne de la Révolution à l'armée du Nord, et le 17 mai, en avant du village d'Orchies, il délivra avec un piquet de 50 hommes le général Lucker, qui se trouvait enveloppé par l'ennemi. Chef d'escadron le 1er juillet 1793, il fit à l'armée de Sambre-et-Meuse les campagnes de l'an III et partie de l'an IV. Envoyé au dépôt du régiment pour y remplir les fonctions d'instructeur, appelé en l'an IX à l'armée du Rhin, et nommé membre de la Légion-d'Honneur le 25 prairial an XII, il fut admis à la retraite le 29 frimaire an XIII. Il est mort à Paris le 2 novembre 1813. J-T.

BOURGEOIS (JEAN-BAPTISTE), naquit le 14 septembre 1775 à Vézelise (Meurthe). Soldat le 7 nivose an II dans le 18e régiment de chasseurs à cheval, brigadier le 25 du même mois, et incorporé le 11 thermidor suivant dans le 1er régiment de dragons, il servit de l'an II à l'an V aux armées du Nord et de la Moselle, de l'an VI à l'an VII à l'armée du Danube, et de l'an VIII à l'an IX en Italie. Maréchal-des-logis et maréchal-des-logis-chef les 24 ventose et 13 prairial an VII, adjudant-sous-officier le 12 germinal an VIII, il fut nommé sous-lieutenant à l'élection le 15 thermidor an XI et membre de la Légion-d'Honneur le 25 prairial an XII. Après la campagne de vendémiaire an XIV, lieutenant en second le 27 frimaire suivant dans les grenadiers à cheval de la garde impériale, il fit les guerres de 1806 et 1807 en Prusse et en Pologne. Sept blessures graves reçues sur les champs de bataille ne permettant plus au brave Bourgeois de servir activement dans l'armée, il sollicita sa retraite en 1808, et l'obtint le 13 février suivant. Il est mort le 16 avril 1829 à Mirecourt (Vosges).

BOURGEOIS (JEAN-JOSEPH), né le 16 février 1744, était procureur-général impérial en la cour de justice criminelle du département de la Moselle quand il reçut le 25 prairial an XII la croix de membre de la Légion-d'Honneur. A la réorganisation judiciaire de 1811, qui supprima les cours de justice criminelle, il devint substitut du procureur-général en la cour impériale de Metz, chargé du service des cours d'assises et du parquet, et mourut à Metz dans l'exercice de ses fonctions le 26 octobre 1813.

BOURGEOIS (NICOLAS), naquit le 14 octobre 1771 à Sainte-Menehould (Marne). Dragon au 12e régiment (ci-devant d'Artois) le 28 août 1791, brigadier-fourrier le 15 juin 1792, et maréchal-des-logis le 23 ventose an II, il fit les campagnes de 1792 à l'an II aux armées de la Moselle et du Nord, et le 11 vendémiaire an II il accompagna le représentant du peuple Drouet, chargé de traverser le camp ennemi pour sortir de Maubeuge et gagner Philippeville afin de rendre compte au représentant du peuple Perrin de la situation de la place, et lui servit de guide pour le déblocus. Passé à l'armée de Sambre-et-Meuse, il y combattit pendant les ans II, III et IV, et fit les campagnes des ans V et VI aux armées d'Allemagne et d'Angleterre. Dirigé sur celle d'Italie en l'an VII, il fut nommé sous-lieutenant le 4 thermidor, et lieutenant à la suite le 20 fructidor suivant en récompense de sa conduite. Le 12 frimaire an VIII, il était commandant militaire à Tournon, en Savoie : assailli par les paysans insurgés, il les chargea avec vigueur et parvint à dissiper le rassemblement ; dans cette affaire, il fut fortement blessé à la tête d'un coup de pioche. Lieutenant en pied le 1er nivose an IX, et envoyé en l'an XII à l'armée des côtes de l'Océan, il fut nommé membre de la Légion-d'Honneur le 25 prairial, et fit une campagne en mer pendant l'an XIII. Dirigé sur la grande armée, il se signala de l'an XIV à 1807 en Autriche, en Prusse et en Pologne, reçut dix-huit blessures dans une charge faite contre les Russes à Nazielsk le 24 décembre 1806, et devint capitaine le 7 mars 1807, en récompense de sa belle conduite. Retraité le 21 novembre 1808, il se retira à Sainte-Menehould. Il est mort le 22 janvier 1837 à Châlons (Marne).

BOURGEOIS (PIERRE-JOSEPH), naquit le 18 octobre 1770 à Angers (Maine-et-Loire). Capitaine au 5e bataillon de volontaires de son département le 24 vendémiaire an II, il passa le 2 pluviose an III en qualité d'aide-de-camp auprès du général Boussard, et fit les campagnes de l'an II à l'an V aux armées de Rhin-et-Moselle et de l'Ouest. Le 30 frimaire an III, le général Ambert, commandant le blocus de Luxembourg, lui confia la mission d'incendier les magasins qui se trouvaient sous la protection des batteries de la place, et il l'exécuta heureusement à la tête de 2 compagnies de grenadiers. Ce fait d'armes fut mis à l'ordre de l'armée. Après deux ans de non-activité, le capitaine Bourgeois reprit du service, le 25 brumaire an VIII, en qualité d'adjoint à l'état-major du général Hédouville, récemment appelé au commandement de l'armée de l'Ouest. Le 20 vendémiaire an IX, il passa avec le grade de lieutenant dans la gendarmerie du département de la Vendée, entra le 2 pluviose an XII dans la légion de gendarmerie d'élite, faisant partie de la garde des consuls, et reçut le 25 prairial la décoration de la Légion-d'Honneur. Capitaine de la compagnie d'Indre-et-Loire le 22 brumaire an XIII, il rentra dans la gendarmerie d'élite le 4e jour complémentaire suivant, fit la campagne d'Austerlitz et celles de 1806 et 1807 en Prusse et en Pologne. Chef d'escadron à la 5e légion (Maine-et-Loire) le 30 mai 1808, il reçut l'ordre presque immédiat de se rendre à l'armée d'Espagne, où il servit jusqu'en 1812. Appelé le 22 janvier 1810 au commandement du 17e escadron de gendarmerie de cette armée, il passa le 16 décembre suivant à celui de la 1re légion, dite de Burgos, dont il devint colonel le 10 février 1813. Colonel d'armes de la ville de Paris le 25 mai de cette année, il commanda en cette qualité le corps de gendarmerie créé pour le service de la capitale (garde de Paris). Appelé le 5 septembre suivant au commandement de la 9e légion (Niort), et nommé chevalier de Saint-Louis le 24 août 1814, et officier de la Légion-d'Honneur le 17 janvier 1815, il fut placé au traitement de non-activité le 31 janvier 1816, conformément à une disposition ministérielle du 5 du même mois. Remis en activité dans la même légion par décision du 24 février 1819, il passa à la 12e (Cahors) le 26 juin 1822. Mis à la retraite le 1er janvier 1827, le roi lui conféra, à la même date, le grade honorifique de maréchal-de-camp. Il réside aujourd'hui à Angers (Maine-et-Loire).

BOURGEOIS, général. V. t. III, p. 100.

BOURGEOIS DE JESSAINT (CLAUDE-LAURENT, *vicomte*), naquit à Jessains (Aube), le 26 avril 1764. Élevé à l'École militaire de Brienne, il eut Napoléon Bonaparte pour condisciple. Maire de Bar-sur-Aube en l'an III, et président de l'administration municipale du canton en l'an IV, il fut destitué comme noble le 18 fructidor an V. Préfet de la Marne le 21 ventôse an VIII, membre de la Légion-d'Honneur le 25 prairial an XII, baron de l'Empire en 1809, officier de la Légion-d'Honneur le 30 juin 1811, commandant de la Légion-d'Honneur le 3 janvier 1815, il reçut de l'empereur de Russie, après la seconde rentrée de Louis XVIII, la croix de 2e classe de l'ordre de Sainte-Anne. Grand'-officier de la Légion-d'Honneur le 19 mars 1825 et maintenu en exercice après la révolution de Juillet, il remplit les mêmes fonctions pendant trente-huit années consécutives, et eut pour successeur dans la préfecture de la Marne, M. Bourlon de Sarty, son petit-fils. Son élévation à la pairie, le 10 novembre 1838, a été la juste récompense de ses longs et honorables services. Il réside en ce moment à Paris.

BOURGERET. V. LUCAS DE BOURGERET.
BOURGES. V. BOUGE.
BOURGOING, ministre plénipotentiaire. V. t. II, p. 250.

BOURGOUIN (ALEXANDRE), naquit à Rochefort (Charente-Inférieure), le 30 novembre 1761. Apprenti sculpteur le 2 janvier 1772, mousse le 9 novembre suivant, matelot le 8 juillet 1777, timonier le 4 décembre 1779, aide-pilote le 1er juin 1782, il passa deuxième pilote le 25 mars 1784. Dans cet intervalle, il prit part sur le vaisseau *le Solitaire* à cinq combats livrés aux Anglais, et reçut une blessure. Premier pilote le 30 mai 1785, il servit en qualité d'officier à bord de *la Capricieuse* pendant la campagne de 1788 à Saint-Domingue, et promu enseigne de vaisseau le 1er janvier 1792, il fut employé au mouvement du port de Rochefort du 27 mars 1793 au 16 vendémiaire an II. Lieutenant de vaisseau, et chargé le 7 ventôse du commandement du *Martinet*, il passa le 3 thermidor sur la frégate *la Volontaire*, qui le 6 fructidor soutint un combat de deux heures contre 4 frégates anglaises auxquelles elle n'échappa qu'en faisant échouage au Penmark. Il commanda du 4 vendémiaire an III au 11 vendémiaire an VI *le Wellington* et *le Citoyen*, et pendant cette période il eut à exercer dans les ports de Rochefort et de Bordeaux divers emplois analogues à son grade. Embarqué le 12 ventôse de la dernière de ces années sur *la Décade*, il fut pris le 7 fructidor et demeura dans les prisons d'Angleterre jusqu'au 1er messidor an VIII. Il se trouvait en l'an X sur *le Héros*, à l'attaque des forts Saint-Marc, par l'escadre expéditionnaire de Saint-Domingue, et à son retour il resta sur *la Cybèle* du 10 floréal au 6 thermidor an XI, époque de son débarquement à Rochefort, où il fit le service du port du 7 de ce mois au 28 frimaire an XII. Légionnaire le 25 prairial an XII, il était alors à bord du *Magnanime*, et en l'an XIII sur *le Lion*, appartenant à l'escadre de l'amiral Missiessy, chargée de s'emparer de la Dominique. Le 18 pluviôse an XIV, placé à la tête de la 3e compagnie du 1er régiment de marine, et le 25 août 1808 du dépôt du 16e bataillon de même arme, il remplit les fonctions de commissaire impérial et de rapporteur près le conseil spécial maritime depuis le 1er janvier jusqu'au 10 juillet 1811. Il se retira en 1816, après trente-neuf ans de service, et il habite aujourd'hui Saintes (Charente-Inférieure).

BOURGUIGNON (JEAN-THOMAS), né le 20 février 1763 aux Hautes-Rivières (Ardennes), entra comme soldat le 28 février 1785 dans le régiment de Forès (14e d'infanterie), dont le 1er bataillon forma le 4 nivôse an II la 27e demi-brigade d'infanterie de bataille, amalgamée le 16 floréal an IV dans la 23e demi-brigade de ligne, devenue le 7 brumaire an V 23e régiment de même arme. Nommé caporal le 1er septembre 1789, et sergent le 28 février 1793, il fit avec distinction les campagnes de 1793 à l'an IX aux armées du Nord, de Sambre-et-Meuse, du Rhin, d'Helvétie et du Danube, et obtint le grade de sergent-major le 20 prairial an III, et celui d'adjudant-sous-officier le 21 frimaire an VII. Promu sous-lieutenant le 13 vendémiaire an VIII, il se distingua par sa bravoure le 21 prairial suivant, à l'affaire d'Illereichheim, où il reçut un coup de feu à la joue droite, et le 12 frimaire an IX à Hohenlinden, où il fut blessé d'un coup de feu à la tête. Devenu lieutenant le 1er thermidor an X, pendant qu'il tenait garnison à Marseille, il quitta cette ville pour se rendre à Toulon, où il séjourna pendant les ans XII et XIII. Créé membre de la Légion-d'Honneur le 25 prairial an XII, il fit les campagnes de l'an XIV à 1809 aux armées d'Italie, de Dalmatie et d'Illyrie, et fut nommé capitaine le 19 février 1807. Il se fit particulièrement remarquer en 1808 lors de l'expédition du canton d'Ibraïchi (Albanie), et fut atteint le 22 août d'un coup de feu à la cuisse gauche et d'un autre au genou droit. La gravité de ces blessures ne lui ayant plus permis de continuer le service actif, le capitaine Bourguignon prit sa retraite le 14 juin 1810. Il réside aujourd'hui à Hautes-Rivières (Ardennes).

BOURIAND (JEAN), naquit le 17 mai 1773 à Saint-Roch (Cher). Volontaire avec le 2e bataillon du Cher le 25 août 1792, il fut successivement incorporé dans les 132e demi-brigade d'infanterie, et 108e de bataille, devenue 108e régiment de ligne au commencement de l'an III. Pendant les années 1792, 1793 et an II, il fit la guerre à l'armée de la Moselle, reçut un coup de biscaïen entre les deux épaules au déblocus de Landau, et son bataillon eut l'honneur de défendre à lui seul la place de Bitche, attaquée le 27 brumaire an II par 6,000 Autrichiens, qui eurent 1,800 hommes tués dans cette journée. En l'an III, il passa à l'armée de Sambre-et-Meuse, où en frimaire de la même année il fut de nouveau blessé d'un coup de feu au genou gauche, se trouva au combat du 6 vendémiaire an V sur la Seltz, près de Nider-Ulm, et rejoignit l'armée d'Allemagne en l'an VI. A l'assaut de Muttenthal, le 8 vendémiaire an VIII, atteint d'un coup de feu à la tête, il tomba au pouvoir de l'ennemi, et rentra par échange le 29 ventose an IX. Envoyé au camp de Bruges dans le courant de l'an XI, il fut nommé membre de la Légion-d'Honneur le 25 prairial an XII, fit partie du 3e corps de la grande armée à la reprise des hostilités, reçut une quatrième blessure à la jambe droite à la bataille d'Austerlitz le 11 frimaire an XIV, et prit sa retraite le 31 décembre 1806. Il est mort à Nanci (Meurthe), le 21 mars 1817. Y.

BOURKE (JEAN-RAYMOND-CHARLES, baron, puis comte), né le 12 août 1772 à Lorient (Morbihan), entra au service le 10 janvier 1788 comme cadet-gentilhomme dans le régiment de Walsh-infanterie (brigade irlandaise), et nommé sous-lieutenant le 10 juillet 1788 dans le même régiment, 92e de l'arme en 1791, il servit dans les Indes pendant les années 1788, 1789 et 1790. En novembre 1791, il partit pour Saint-Domingue et reçut le 12 août un coup de feu à la poitrine en défendant le poste de Genton. Nommé lieutenant le 5 septembre, et capitaine le 3 novembre 1792, il fut destitué le 21 décembre par les commissaires civils, et déporté de Saint-Domingue avec une soixantaine d'officier. Un décret de la Convention nationale, du 30 mai 1793, déclara qu'il n'y avait pas lieu à les poursuivre. Il attendit à Bordeaux, dans les fonctions de son grade, à la suite de l'état-major de la place, un embarquement pour l'Amérique, lequel n'eut pas lieu. Employé comme adjoint provisoire aux adjudans-généraux de l'armée des côtes de Cherbourg, il rentra comme capitaine dans le 92e régiment dans le mois de brumaire an IV, et fit avec lui les campagnes des ans IV et V à l'armée de l'Ouest. Chef de bataillon provisoire le 6 fructidor an VI au régiment d'O'Méara, organisé par le général Hoche pour l'expédition d'Irlande, et pris par les Anglais, il rentra en France sur parole et fut mis au traitement de réforme le 7 nivose an VII. Adjoint à l'état-major de l'armée de l'Ouest le 20 floréal an VIII, et nommé en l'an IX commandant supérieur de Lorient, Port-Louis et arrondissement, il fit partie, au mois de brumaire an X, de l'armée expéditionnaire de Saint-Domingue. Au moment du débarquement, il contribua puissamment, avec 300 hommes de marine, à la prise du port de Paise, et à la suite de cette affaire (10 pluviose), il devint premier aide-de-camp du général en chef Leclerc. La même année, il commanda l'avant-garde du corps d'armée du général Debelle, et reçut un coup de baïonnette au bas-ventre à la première attaque de la Crête-à-Pierrot. Nommé chef de brigade le 24 messidor, il fut blessé le 11 vendémiaire an XI, à l'attaque de la ville du Cap par les noirs révoltés. De retour en France le 27 nivose, et choisi, le 11 fructidor, pour aide-de-camp par le général Davout, il prit part en cette qualité à toutes les affaires navales depuis Flessingue jusqu'à Ambleteuse. Membre et officier de la Légion-d'Honneur les 4 germinal et 25 prairial an XII, il obtint le grade d'adjudant-commandant le 25 fructidor an XIII. Pendant la campagne d'Autriche en l'an XIV, à la tête de 100 chevaux, il culbuta les Russes et leur prit 2 pièces de canon. Pendant toute la journée d'Austerlitz, avec une partie du 15e léger, il contint les efforts de l'ennemi pour prendre en flanc la droite de l'armée française. Dans la campagne de Prusse, le 12 octobre 1806, il pénétra à la tête de 100 chevaux dans la ville de Naünbourg, et enleva un équipage de pont. Le 24, au combat d'Auerstadt, il enleva à l'ennemi 11 dragons et un officier supérieur, et le même jour il reçut une balle qui lui traversa le poignet. Il combattit à Eylau et à Friedland, et fut nommé commandant de la Légion-d'Honneur le 7 juillet 1807. Il n'avait pas encore quitté l'Allemagne quand l'Autriche, en 1809, nous obligea à reprendre les armes. Le 19 avril, pendant le combat de Thann, Bourke commandait une partie du 48e, le seul régiment qui restât en réserve. Le 23, à deux heures du matin, il conduisit les grenadiers des 25e et 85e régimens de ligne à l'assaut de la place de Ratisbonne, et après avoir occupé la ville une heure, l'ennemi le culbuta et le rejeta sur l'escarpe. Dans un second assaut, il parvint à s'emparer d'une porte de la ville, et 3,000 Autrichiens tombèrent en son pouvoir. Il devint général de brigade sur le champ de bataille de Wagram, où il eut 2 chevaux tués sous lui. Après cette campagne, envoyé à Anvers contre les Anglais débarqués dans l'île de Walcheren, il entra le 15 novembre dans le fort de Bath, et à Flessingue le 15 décembre suivant. Passé en Espagne en 1810, il commandait en chef à l'affaire de Lumbier, où il mit dans une déroute complète toutes les bandes de Mina.

Attaché ensuite à l'armée d'Aragon, il contribua puissamment à l'investissement de Valence le 26 décembre 1811. Nommé gouverneur de Lerida, et chargé des opérations militaires dans la Haute-Garonne, il fut blessé d'un coup de feu à la tête, et d'une balle au genou, à l'affaire de Roda contre le baron d'Eyroles, le 5 mai 1812. En 1813, il fit la campagne de Saxe, reçut le titre de chevalier de Saint-Henri le 25 août, le grade de général de division et le gouvernement de Wesel par décret du 17 novembre. Assiégé dans cette place, il s'y défendit jusqu'au 18 avril 1814, et ramena en France toute sa garnison et 40 bouches à feu. Mis en non-activité à cette époque, et fait chevalier de l'ordre de Saint-Louis le 19 juillet, gouverneur des places de Givet et de Charlemont le 17 mai 1815, il se maintint dans celle de Givet contre les attaques de l'armée prussienne, et ne la remit qu'en exécution du traité de Paris. Placé de nouveau en non-activité le 1er août, il passa le 6 octobre 1819 au commandement de la 10e division militaire. Nommé le 21 avril 1821 inspecteur-général d'infanterie, le roi l'éleva au titre de comte la même année. Pendant la campagne d'Espagne en 1823, il commanda la 2e division du 1er corps, conduisit l'attaque de Saint-Sébastien des 9 et 10 avril, fut cité à l'ordre du jour avec sa division, et reçut la décoration de commandeur de Saint-Louis le 21 mai suivant. Grand-officier de la Légion-d'Honneur le 24 août, pair de France le 9 octobre, le roi d'Espagne le fit le 4 novembre grand'croix de l'ordre royal de Saint-Ferdinand, et le 7 avril 1824 l'empereur de Russie lui envoya le cordon de Saint-Alexandre-Newsky. Grand'-croix de la Légion-d'Honneur le 29 octobre 1826, inspecteur-général d'infanterie en 1829, et placé dans le cadre de réserve en vertu de la loi du 4 août 1829. Il est aujourd'hui retiré à Lorient (Morbihan).

BOURLON (JEAN-FRANÇOIS), naquit le 10 décembre 1751 à Revigny (Meuse). Soldat le 13 juin 1774 dans le régiment Royal-cavalerie (2e), brigadier le 1er septembre 1782, maréchal-des-logis le 1er septembre 1784, maréchal-des-logis-chef le 15 septembre 1791 et sous-lieutenant le 10 mai 1792, il fit les campagnes de 1792 et 1793 à l'armée du Rhin. Pris par l'ennemi en l'an II dans un engagement d'avant-garde, il ne recouvra la liberté qu'au commencement de l'an IV. Ayant rejoint son régiment à l'armée du Rhin, il se fit particulièrement remarquer au combat près de Neubourg, le 29 fructidor an IV, dans une charge contre un grand nombre de cavaliers autrichiens ; il reçut dans cette affaire un coup de sabre sur la tête. Lieutenant le 19 fructidor après la campagne de l'an V, il suivit son régiment à l'armée de l'Ouest en l'an VI et en VII, et servit à l'armée d'Italie pendant les ans VIII et IX. Membre de la Légion-d'Honneur le 25 prairial an XII, et retraité le 21 août 1806, il fut désigné en 1809 pour remplir les fonctions d'instructeur et de sous-écuyer à l'École de cavalerie de Saint-Germain, qu'il quitta à la fin de 1814. Sa solde de retraite fut annulée à cette époque et convertie en une nouvelle pension sur les fonds des écoles militaires, dont il jouit à partir du 1er octobre 1814. Il est mort à Châlons-sur-Marne le 6 avril 1821. B-S.

BOURON (FRANÇOIS-AUNE-JACQUES), né à Saint-Laurent de la Salle (Vendée), le 2 octobre 1752, était depuis douze ans avocat du roi à la sénéchaussée de Fontenay-le-Comte quand la Révolution française éclata. Ses concitoyens l'envoyèrent aux États-Généraux en 1789, et après la session de la Constituante, lui déférèrent les fonctions de juge de paix. Juge un peu plus tard au tribunal civil de la Vendée, il passa en l'an VIII président du tribunal criminel du même département ; en l'an XII, il échangea ce titre contre celui de président de la cour de justice criminelle du même siége, et reçut le 25 prairial la croix de membre de la Légion-d'Honneur. Lors de la réorganisation judiciaire de 1811, il devint conseiller en la cour impériale de Poitiers, où il siégea jusqu'en 1818. Nommé alors conseiller honoraire, il est mort à Bazoges-en-Parèds (Vendée), le 30 avril 1832.

BOUROTTE (JEAN-FRANÇOIS), naquit le 10 novembre 1765 à Baudignécourt (Meuse). Soldat au régiment d'artillerie de La Fère (1er) le 23 juillet 1783, il fut congédié le 17 septembre 1790, et entra comme lieutenant le 23 septembre 1791 dans la section d'artillerie attachée au 4e bataillon de volontaires de la Meuse, dans lequel il devint capitaine-adjudant-major le 19 mars 1793. Il combattit aux armées du Nord et des Ardennes de 1792 à l'an II. Au combat du 1er mai 1793, les canonniers ayant abandonné leurs pièces au commencement de l'action, il manœuvra seul celle à laquelle il était attaché, et empêcha la cavalerie ennemie de déboucher du village que l'armée française venait d'évacuer. Il reçut dans cette affaire un coup de feu à la jambe droite. Prisonnier à Landrecies le 11 floréal an II, il fut échangé le 17 prairial suivant et rejoignit son bataillon, alors employé à l'armée de l'intérieur, où il servit pendant les ans III et IV. Ce bataillon ayant été incorporé le 19 vendémiaire an V dans la 28e demi-brigade de ligne, il le suivit à l'armée du Danube en l'an VII, et fit partie de l'armée de réserve (Italie) en l'an VIII et en l'an IX. Il se signala de nouveau au passage du Pô le 17 prairial an VIII, où il fut assez grièvement blessé d'un coup de feu. Chef de bataillon le 2 messidor suivant, il rentra en France en l'an IX et passa à l'armée des côtes de l'Océan de l'an XI à l'an XIII. Membre de la Légion-d'Honneur le 25 prairial an XII, il fit encore les guerres de la grande armée en Autriche, en Prusse et en Pologne de l'an XIV à 1807, reçut la croix d'officier de l'Ordre le 14 mai de cette dernière année, et fut mis à la retraite le 5 juillet suivant. Cet officier supérieur est mort le 13 avril 1833 à Demange-aux-Eaux (Meuse). B-S.

BOURQUERO. V. BOUCQUERO.

BOURRAND (ANTOINE), né le 1er août 1760 à Saint-Herie (Charente-inférieure), entra dans la marine de l'État le 20 janvier 1777, passa le 1er novembre 1780 sur les bâtimens de commerce, et y rentra le 1er mai 1793 en qualité d'enseigne de vaisseau. Le lendemain de sa nomination, il embarqua sur la frégate l'*Hermione*, et servit à bord du vaisseau l'*Ameriso* et de la frégate la *Tribune* depuis le 29 vendémiaire jusqu'au 13 nivose an II. Le 24 ventose an III, faisant les fonctions de second sur le *Timoléon*, il commanda le vaisseau pendant un combat de six heures contre 17 vaisseaux anglais. Nommé capitaine de frégate le 2 germinal an IV, il monta successivement les frégates la *Friponne*, la *Félicité* et le *Berceau*, et passa le 17 vendémiaire an VIII sur la *Vénus*. Le 30 vendémiaire an IX, attaqué par 2 bâtimens anglais, il amena son pavillon après avoir perdu le mâture et la presque totalité de ses manœuvres, et ne revint en France qu'en pluviose an XI. Légionnaire le 25 prairial an XII, alors qu'il commandait le vaisseau l'*Ulysse*, il devint capitaine de vaisseau le 15 ventose an XIII, eut sous ses ordres une division de canonnières du 26 messidor suivant jusqu'au 8 brumaire an XIV, et prit part à la bataille de Trafalgar à bord du *Héros*. Retraité en 1816, il est mort à Rochefort le 7 février 1831.

BOURRIAND. *V.* BOURIAND.

BOURRON (ÉTIENNE-FRANÇOIS-XAVIER), naquit le 3 décembre 1754 à Grenoble (Isère). Élève à l'École royale des ponts et chaussées en 1776, et employé en 1782 comme ingénieur ordinaire à Perpignan, il reçut dans cette ville le 1er avril 1791 le brevet de capitaine. Adjoint à l'état-major du génie de l'armée d'Italie le 16 octobre 1792, les représentans du peuple le nommèrent capitaine de première classe le 22 septembre 1793. Le général en chef lui confia diverses reconnaissances dans les montagnes des Alpes et des travaux à exécuter au pont du Var. Attaché peu de temps après au bureau topographique de l'armée de l'intérieur, et confirmé dans son grade de capitaine par le Comité de salut public le 6 brumaire an II, il se trouva au siège de Toulon, se signala à l'attaque du fort Malbousquet, et alla ensuite diriger les travaux d'attaque de la montagne de Pharon (27, 28 et 29 frimaire). Resté dans Toulon par ordre du général en chef, de l'an III à l'an V, il fut spécialement chargé du service du fort Lamalgue, de la construction de plusieurs batteries de côte menacées par les flottes anglaises, et de la sous-direction des fortifications de la place. Passé avec le même emploi à Maëstricht le 6 nivose an VI, il y remplit un instant les fonctions de directeur, et reprit ensuite celle de sous-directeur qu'il conserva jusqu'à la fin de l'an IX. Parti l'année suivante pour Cayenne, il resta dans cette colonie jusqu'en l'an XIV, et y reçut, sous la date du 25 prairial an XII, sa nomination de membre de la Légion-d'Honneur. Rentré en France dans le mois de thermidor an XIV, il mourut à Paris le 9 mai 1806. B-S.

BOURSEAU (ANTOINE), né le 15 novembre 1777 à Munster (Meurthe), fut incorporé comme réquisitionnaire au 2e régiment de hussards le 15 germinal an II. Nommé brigadier le 17 germinal an IV, maréchal-des-logis sur le champ de bataille le 19 prairial an VIII, il fit toutes les campagnes de la liberté aux armées du Nord, de Sambre-et-Meuse, de Mayence, de l'Ouest et du Rhin : il était au combat de la Seltz, près de Nider-Ulm, le 6 vendémiaire an V, où son régiment se distingua par quatre charges consécutives, et à la bataille d'Engen le 13 floréal an VIII. Créé membre de la Légion-d'Honneur le 25 prairial an XII, étant en Hanovre, il fit partie du 1er corps de la grande armée pendant la campagne de l'an XIV, prit sa retraite le 7 mai 1806, et se retira à Sarreguemines. Il habitait encore cette ville en 1814, date des dernières nouvelles qu'on ait eues de lui. Y.

BOURSEAUX (CLAUDE), naquit le 14 mai 1764 à Maurupt (Marne). Soldat au régiment de cavalerie de la Marche (31e) le 2 novembre 1783, il passa le 26 mai 1788 dans le 8e de chasseurs à cheval, et le 20 novembre 1791 dans le 8e de hussards. Maréchal-des-logis, maréchal-des-logis-chef et sous lieutenant les 15 mars, 1er et 21 mai 1793, il dut ce dernier grade à sa conduite distinguée dans plusieurs combats contre les insurgés de la Vendée. A l'affaire de Martigné-Bruyant, en juin 1793, le chef de brigade Damion ayant eu son cheval tué sous lui allait être enveloppé par un parti ennemi, Bourseaux lui offre aussitôt le sien, rallie quelques hommes avec lesquels il soutient un feu nourri, et parvient, par cet acte de dévoûment, à sauver son colonel. Il fit les campagnes de l'an II à l'an V aux armées du Nord et du Rhin, et nommé lieutenant le 11 brumaire an VI, il suivit son corps à l'armée d'Helvétie, et passa l'année suivante à celle du Rhin. Le 23 frimaire an IX, au combat de Salzbourg, les officiers de 2 escadrons de son régiment ayant été tués ou démontés au moment d'une attaque vigoureuse exécutée par l'ennemi, Bourseaux prit le commandement, repoussa l'une des colonnes assaillantes et lui enleva une pièce de canon. Ce beau fait d'armes valut à son auteur le grade de capitaine le 29 germinal suivant. Créé membre de la Légion-d'Honneur le 25 prairial an XII, il fit la campagne de cette année et la suivante à l'armée des côtes de l'Océan et servit en l'an XIV et en 1806 au 2e corps de cavalerie de la grande armée. Il a été mis à la retraite le 15 juin 1807. Il réside aujourd'hui à Vitry-le-Français (Marne). B-S.

BOURSIER (PIERRE-JOSEPH), naquit le 20 octobre 1771 à Saint-Mard-sur-le-Mont (Marne). Cavalier au 10e régiment de chasseurs à cheval le 7 février 1789, brigadier le 16 mai 1793, maréchal-des-logis et maréchal-des-logis-chef les 23 frimaire et 1er nivose an III, et quartier-maître-trésorier le 19 vendémiaire an IV, il fit toutes les campagnes de 1792 à l'an VI aux armées de la Moselle et du Rhin. Le 21 avril 1793, à l'affaire d'Hombourg, dans une charge contre l'ennemi, il fut blessé d'un coup de feu à la jambe gauche, et eut son cheval tué sous lui. Un arrêté du Directoire exécutif du 28 nivose 1806 lui fit prendre rang de capitaine à cette date. Il suivit son régiment à l'armée d'Italie de l'an VII à l'an IX. Rentré dans l'intérieur en l'an X, il y reçut le 25 prairial an XII la décoration de la Légion-d'Honneur, fit les campagnes des ans XII et XIII à l'armée des côtes de l'Océan, et resta au dépôt de son régiment depuis l'an XIV jusqu'en 1811. Adjoint de deuxième classe aux sous-inspecteurs aux revues le 12 juillet 1812, et attaché à la 13ᵉ division militaire (Rennes), il passa à la première classe le 3 janvier 1814, avec la destination d'Épinal (Vosges). Sous-intendant militaire de quatrième classe le 15 septembre 1813, et de la troisième le 1ᵉʳ janvier 1821, il fut admis à la retraite le 15 octobre 1822. Remis en activité le 31 décembre 1830, une nouvelle disposition du 12 mai 1833 le replaça à la solde de retraite. Il est mort à Nanci (Meurthe), le 29 décembre 1838. B-S.

BOUSCHARD. *V.* BOUCHARD.

BOUSSARD (DOMINIQUE), naquit le 20 février 1779 à Anquien (Nièvre). Incorporé comme réquisitionnaire dans le 19ᵉ régiment de chasseurs à cheval le 27 fructidor an II, il fit toutes les campagnes de la République aux armées de l'Ouest, des Pyrénées, du Rhin, de Sambre-et-Meuse, d'Italie, de Rome et de Naples. Brigadier le 27 thermidor an VIII, et maréchal-des-logis le 1ᵉʳ germinal an XII, l'Empereur le nomma légionnaire le 25 prairial an XII, étant au camp de Bayonne. Il passa en Italie à la fin de l'an XIII, et fut blessé par un éclat d'obus au Tagliamento le 21 brumaire an XIV. Il servit en 1806 dans le pays de Naples, rejoignit le 10ᵉ corps de la grande armée en 1807, et fit partie du 4ᵉ corps de l'armée d'Allemagne pendant la campagne de 1809. Il avait déjà reçu deux coups de lance au combat de Neumarck le 22 avril, lorsqu'à la bataille de Gross-Aspern, le 22 mai, il eut l'épaule gauche fracassée par une balle : transporté dans les hôpitaux de Vienne, il y mourut le 7 juin 1809. Y.

BOUSSARD ET NON BOUSSART (FÉLIX), né le 1ᵉʳ mars 1771 à Binch (Jemmapes). Volontaire dans les troupes belges en 1789 au moment de la première révolution des Pays-Bas, il entra au service de France le 9 novembre 1791. Sous-lieutenant dans le 2ᵉ bataillon d'infanterie belge, il fit les campagnes de l'armée du Nord de 1792 et 1793, fut nommé capitaine dans les dragons du Hainaut le 7 avril, et incorporé le 5 juillet dans le 20ᵉ régiment de dragons, avec lequel il fit la guerre de l'an II à l'an VI aux armées des Alpes et d'Italie. Il suivit son régiment en Égypte, de l'an VII à l'an IX, et obtint, le 8 brumaire an VIII, le brevet de chef d'escadron. Rentré en France après la capitulation d'Alexandrie, il reçut le 25 prairial an XII la décoration de la Légion-d'Honneur. Nommé officier de cet Ordre le 18 février 1808, il passa avec son grade le 18 novembre suivant dans la 33ᵉ légion de gendarmerie (Ems occidental). Désigné le 12 avril 1813 pour faire partie de la force publique dirigée sur la grande armée, il fut fait prisonnier de guerre lors de la capitulation de Dresde (11 octobre 1813). Il paraît qu'il parvint à s'échapper des mains de l'ennemi, puisqu'il mourut à Groningue, où il était employé, le 30 novembre 1813.

BOUSSARD, général. *V.* t. III, p. 101.

BOUSSENARD (FRANÇOIS), naquit le 16 janvier 1769 à Nolay (Côte-d'Or). Le 11 août 1793, il entra au service des hôpitaux militaires à Dijon, en qualité de chirurgien de 3ᵉ classe. Commissionné le 20 floréal an II pour les hôpitaux et les ambulances de l'armée du Rhin. Il passa, à la fin de cette campagne, à la 2ᵉ classe et servit à la même armée jusqu'à la fin de l'an V. Licencié le 30 brumaire an VI, et rappelé le 3 floréal suivant pour faire partie de l'expédition d'Égypte en qualité de chirurgien de 1ʳᵉ classe, il se trouva au combat de Sédiman, où il perdit tous ses effets, et à la bataille des Pyramides, après laquelle il fut nommé chirurgien en chef de l'armée d'Orient. Rentré en France, il reçut l'ordre de se rendre au camp de Bayonne, où il resta depuis le 12 fructidor an XI jusqu'au 7 pluviôse an XII. Passé à cette date chirurgien-major du 32ᵉ de ligne, il y reçut, le 25 prairial, la décoration de la Légion-d'Honneur. Démissionnaire le 11 brumaire an XIII, il devint médecin principal à l'armée d'Italie le 17 mars 1807; il fit la campagne de 1809 et entra le 7 novembre 1811 dans le service des hôpitaux de la 32ᵉ division militaire (Hambourg). Licencié le 1ᵉʳ juin 1814, il fut attaché le 18 novembre comme médecin adjoint à l'hôpital de Montaigu. Il y devint médecin ordinaire le 11 avril 1815, et mourut à Paris le 27 août 1817. B-S.

BOUSSIÈRE. *V.* BOUYSSIÈRE.

BOUSSIN (CLAUDE-CHRISTOPHE), naquit le 29 août 1761 à Savigny-sur-Grosne (Saône-et-Loire). Soldat le 1ᵉʳ août 1778 dans Blaisois-infanterie, il passa caporal le 25 mai 1781 dans la compagnie Nully du même régiment, plus tard Provence, obtint son congé par grâce le 2 novembre 1783, et entra dans les gardes françaises le 19 juin 1784. Caporal en 1785, sergent le 9 avril 1788, et licencié avec son corps le 1ᵉʳ septembre 1789, il entra en qualité de sous-lieutenant dans la garde nationale parisienne soldée. Nommé le 3 août 1791 lieutenant au 104ᵉ régiment de ligne, formé des compagnies de la garde nationale soldée, il fit les campagnes de 1792 et 1793 à l'armée du Nord, et fut blessé à la prise de Valenciennes. Capitaine adjoint à l'état-major de l'armée du Nord le 24 du même mois, il devint le 15 juin suivant adjudant-général chef de bataillon. Le 5 septembre, il s'élança le premier à la tête de la colonne qu'il commandait dans une redoute ennemie dont il se rendit maître. Passé à l'armée des Alpes, nommé le 23 frimaire an II adjudant-général chef de brigade, et réformé le 28 pluviôse an V à la suppression de l'armée de Alpes, il rentra à l'activité le 21 ventôse an VI auprès de l'état-major de la 20ᵉ division militaire. Passé le 3 floréal an VIII à l'armée d'Italie, il y servit pendant les ans VIII et IX. Envoyé dans la Cisalpine le 12 prairial an IX, et de retour en France le 1ᵉʳ vendémiaire an XI, il fut employé comme adjudant-commandant à la 4ᵉ division militaire. Membre et officier de la Légion-d'Honneur les 15 pluviôse et 25 prairial an XII, et détaché de la 4ᵉ division militaire le 2 frimaire an XIV, il se rendit à l'armée du Nord. Le 28 septembre 1806, il faisait partie de la grande armée, et il la suivit en 1806, 1807 et 1808. Appelé au camp de Boulogne le 10 janvier 1809, et le 6 mars suivant en Italie, il fut admis à la retraite le 25 juillet 1810. Il est mort le 22 avril 1841 à Saint-Gengou (Saône-et-Loire).

BOUSSON. *V.* t. III, p. 101.

BOUTARD (jean-gaspard), naquit le 9 septembre 1765 à Tarascon (Bouches-du-Rhône). Volontaire de la marine le 30 juin 1781, il fit les campagnes de 1781 et 1782. De retour en Europe en 1783, il s'engagea le 17 mai 1783 dans la gendarmerie de France (compagnie du Dauphin), et fut congédié lors de la réforme de ce corps le 1er avril 1788. Entré le 28 mars 1792 en qualité de maréchal-des-logis dans la gendarmerie nationale (compagnie des Bouches-du-Rhône), il devint lieutenant dans la compagnie de Tours le 17 pluviose an III, et rentra le 15 prairial suivant dans celle des Bouches-du-Rhône. Réformé le 1er vendémiaire an VI, et réintégré dans la même compagnie le 9 brumaire an X, il reçut le 25 prairial an XII la décoration de la Légion-d'Honneur. A l'époque de la nouvelle organisation de la gendarmerie d'Espagne, il passa dans le 6e escadron de cette arme, et fut nommé capitaine le 11 avril 1812 dans la 2e légion, attachée à la même armée. Après la première Restauration, il fut placé à la suite du corps (1er novembre 1814), et resta en non-activité depuis le 12 janvier 1816 jusqu'au 1er juillet 1818, époque de son admission à la retraite. Il est mort le 11 octobre 1833 à Tarascon (Bouches-du-Rhône).

BOUTEYRE (jean-baptiste-ignace), naquit le 23 mai 1775 à Ecquier (Haute-Saône). Volontaire au 2e bataillon de l'Ardèche le 10 septembre 1791, il fit successivement partie de la 55e demi-brigade d'infanterie, et de la 4e de bataille, devenue 42e régiment de ligne en l'an XII. Après les campagnes de 1792 et 1793 à l'armée des Alpes, il passa aux Pyrénées-Orientales, d'où il partit à la fin de l'an III pour l'Italie. A la bataille d'Arcole, il fit des prodiges de valeur, et reçut un coup de feu au cou, un coup de sabre à la tête et trois coups de sabre dans le côté. Le 25 messidor de la même année, il fut placé dans les grenadiers. Envoyé en l'an VI à l'armée d'Angleterre, et en l'an VIII à celle du Rhin, il reçut à la bataille de Biberach un coup de feu au côté droit. Nommé sergent le 4 pluviose an IX, il obtint la croix de la Légion-d'Honneur le 25 prairial an XII. Il fit une partie de la campagne de l'an XIV à la grande armée, et passa le 11 frimaire de la même année dans la gendarmerie à pied. Il est mort le 10 avril 1828, étant brigadier dans la gendarmerie de l'Hérault. Y.

BOUTIRON LA GRAVELLE (joseph-nicolas), naquit le 16 avril 1759 à La Rochelle (Charente-Inférieure). Élève sous-lieutenant à l'École du génie de Mézières le 1er janvier 1783, il devint aspirant le 1er janvier 1785, lieutenant en premier le 1er avril, et capitaine le 1er juillet 1791. Employé à l'île d'Oleron en 1792, il se rendit l'année suivante à La Rochelle, où il fut employé aux travaux de défense de la place jusqu'au 21 thermidor an VI. Chef de bataillon le 16 floréal an IV, il prit la direction des fortifications de cette ville et des forts qui en dépendent. Passé à la sous-direction du génie à Brest en l'an VI, il retourna à La Rochelle au commencement de l'an XI. Le commandant Boutiron a été nommé membre de la Légion-d'Honneur le 25 prairial an XII. Il est mort, dans l'exercice de ses fonctions, à La Rochelle, le 15 février 1808. B-s.

BOUTON (antoine-augustin), naquit le 10 décembre 1773 à Saint-Fortunat (Ardèche). Sergent-major dans la 2e compagnie de volontaires de l'Ile-de-France le 10 décembre 1793, et sous-lieutenant le 24 du même mois, il embarqua pour les Indes-Orientales, et fit les campagnes maritimes de l'an II à l'an V sur la frégate *la Cybèle*. Au combat du 13 brumaire an III, contre les vaisseaux anglais *le Centurion* et *le Diomène*, il reçut un coup de biscaïen à la jambe droite. Rentré en Europe en l'an VI, il passa avec le grade de lieutenant le 15 fructidor an VII dans le 1er bataillon auxiliaire de l'Ardèche, incorporé peu de temps après dans la 26e demi-brigade de ligne, et fut envoyé en l'an VIII à l'armée d'Italie. Réformé le 25 ventose de cette année, par suite de suppression d'emploi, il reprit du service le 1er germinal suivant dans le bataillon complémentaire de la 19e demi-brigade d'infanterie de ligne, et fit la campagne de l'an IX à l'armée d'observation, et celle de l'an X à l'an XIII en Hanovre, où il reçut le 25 prairial an XII la décoration de la Légion-d'Honneur. Il faisait partie de l'armée des côtes de l'Océan depuis l'an XIV, lorsqu'il obtint sa retraite le 6 janvier 1807. Il réside en ce moment à Châlons (Saône-et-Loire). B-s.

BOUTON (balthazard), naquit en 1774 à Saint-Jean (Moselle). Réquisitionnaire dans le 12e régiment de dragons le 29 mars 1793, il fit toutes les campagnes sur le Rhin jusqu'au 1er pluviose an VII, époque à laquelle il fut incorporé dans les guides du général en chef Moreau. Nommé brigadier le 9 fructidor an VIII, et maréchal-des-logis le 10 floréal an IX, il entra le 1er messidor suivant dans le 13e régiment de cavalerie, devenu 22e dragons, obtint la décoration de la Légion-d'Honneur le 25 prairial an XII, et mourut à l'hôpital de Strasbourg le 12 brumaire an XIV, après avoir fait la campagne du mois de vendémiaire en Autriche. Y.

BOUTON (jacques), naquit le 14 mars 1769 à Jouy (Seine-et-Oise). Volontaire le 2 septembre 1792 au 4e bataillon de Seine-et-Oise, devenu successivement par amalgame 43e demi-brigade d'infanterie et 53e de bataille, et fait caporal le 22 pluviose an II, il fit les premières campagnes de la République. Le 11 pluviose an V, il fut admis comme grenadier dans la garde de la Représentation nationale, plus tard garde des consuls et garde impériale, il combattit à Marengo, et s'y distingua par sa bravoure. Nommé caporal le 26 fructidor an VIII, il obtint au camp de Boulogne la décoration de la Légion-d'Honneur le 25 prairial an XII. Sergent le 18 thermidor an XIII, il suivit la grande armée en Autriche, en Prusse et en Pologne de l'an XIV à 1807, vint à l'armée d'Allemagne en

1809, combattit à Wagram, fut nommé sergent-major le 1er juin 1812, et disparut pendant la retraite de Russie au mois de décembre de la même année. Y.

BOUTON (LOUIS-MARIE), naquit le 2 décembre 1771 à Lons-le-Saulnier (Jura). Admis le 16 ventose an V dans les guides à cheval du général Bonaparte, parvint au grade de brigadier le 1er germinal an VI, et suivit la même année son général à l'armée d'Égypte. A sa rentrée en France, il fut incorporé avec son grade le 13 nivose an VIII dans les grenadiers à cheval de la garde consulaire, devenue garde impériale, fit la campagne de l'armée de réserve et se trouva à la bataille de Marengo. Le 19 germinal an X, il donna sa démission de son grade de brigadier et fut retraité en cette qualité le 28 ventose an XII; l'arrêté du 25 prairial suivant le comprit au nombre des membres de la Légion-d'Honneur. On est sans nouvelles de ce militaire depuis 1812.

BOUTRAIS (FRANÇOIS-JEAN-BAPTISTE). *V.* BOUTRAIS (*François*), t. 1er, p. 483.

BOUTROUE. *V.* t. III, p. 102.

BOUTSERIN (JEAN-NICOLAS), naquit le 30 août 1748 à Raucourt (Meurthe). Le 1er septembre 1766, il entra comme canonnier dans le régiment d'artillerie de Metz, devint sergent le 1er novembre 1774, sergent-major le 28 décembre 1779, lieutenant en troisième le 23 septembre 1782, et aide-major le 15 décembre 1786. Il servit sur les côtes de La Rochelle en 1778 et 1779, à l'île d'Oleron en 1780 et 1781, et en 1782 et 1783 dans l'Amérique. Capitaine en second et capitaine en premier les 1er avril 1791 et 1er juin 1792, il fit les campagnes de 1792 à l'an V sur le Rhin et à l'armée des Vosges, celles de l'an VI à l'an VIII aux armées d'Helvétie et du Danube, et celles d'Italie de l'an IX à l'an XII. Nommé chef de bataillon sous-directeur à Huningue le 10 vendémiaire an XI, il reçut le 25 prairial an XII la décoration de la Légion-d'Honneur. Il était employé à Genève comme sous-directeur lorsqu'un ordre ministériel lui confia la direction intérimaire de Neufbrissach, où il mourut le 10 octobre 1812. B-S.

BOUVET, contre-amiral. *V.* t. III, p. 102.

BOUVET (JEAN-BAPTISTE), naquit le 24 juin 1770 à Mépieu (Isère). Soldat au 8e bataillon de son département le 22 septembre 1793, il fit à l'armée d'Italie les campagnes de l'an II à l'an V, et le 26 brumaire an IV il fut blessé à la jambe droite à l'assaut de Balestrino (Piémont). Le 11 thermidor suivant, une balle l'atteignit au bras droit à la bataille de la Corona; à celle de Rivoli, il reçut une troisième blessure dans les reins; enfin, à l'affaire du 16 ventose de la même année, il mérita le grade de lieutenant sur le champ de bataille, et passa le même jour dans la 22e demi-brigade d'infanterie légère, qu'il suivit en Égypte et en Syrie de l'an V à l'an X, et il eut le bras droit fracassé d'une balle. Cette blessure lui fit perdre l'usage de ce bras, et cependant, le 15 vendémiaire an VIII, il gagna encore le grade de capitaine sur le champ de bataille. Chargé le 1er vendémiaire an IX du commandement du fort de Grezieux, il le conserva jusqu'au départ de l'armée expéditionnaire. Le 22 ventose an X, il passa avec son grade dans la 7e demi-brigade de vétérans, où il fut nommé membre de la Légion-d'Honneur le 25 prairial an XII. Successivement employé dans la 4e et dans la 9e demi-brigade de la même arme les 27 brumaire an XIV et 28 septembre 1808, il prit part au siège du fort de Bitche pendant la campagne de France de 1814, et à celui de Saint-André à Salins en 1815, et obtint sa retraite le 30 septembre. Il est mort le 26 janvier 1823 à Saint-Gaudens (Haute-Garonne).

BOUVIER (FRANÇOIS), naquit le 30 août 1777 à Lyon (Rhône). Réquisitionnaire le 7 frimaire an III dans le 30e régiment de dragons, avec lequel il fit les campagnes d'Italie et d'Orient de l'an IV à l'an IX, il était à la bataille de Mondovi le 27 germinal an IV, et s'y fit remarquer par sa bravoure. Rentré avec l'armée d'Orient en pluviose an X, il vint occuper les cantonnemens de Saint-Jean-d'Angely, où il obtint la décoration de légionnaire le 25 prairial an XII. Le 2 vendémiaire an XIII, il passa dans la gendarmerie, rentra au régiment le 24 juillet 1806, obtint son congé de réforme le 22 octobre, revint à son régiment le 4 octobre 1808, et fit la campagne de 1809 avec le 4e corps. Nommé brigadier le 19 août, et maréchal-des-logis à l'armée d'Espagne l'année suivante, il tomba au pouvoir de l'armée anglo-espagnole le 28 octobre 1811, fut conduit sur les pontons d'Angleterre, rentra des prisons de l'ennemi le 29 juillet 1814, et obtint sa retraite le 16 septembre suivant. Il est mort à Lyon le 21 avril 1823. Y.

BOUVIER (FRANÇOIS), naquit en 1762 à Frenoy (Oise). Volontaire au 3e bataillon du Lot le 11 juin 1793, il passa par amalgame dans les 43e demi-brigade d'infanterie et 54e de bataille, 54e régiment de ligne en l'an XII. Il fit toutes les campagnes de la Révolution aux armées du Nord, de Batavie et du Rhin, devint caporal le 16 nivose an II, sergent le 10 prairial an VIII, et se trouva à la bataille de Bergen le 3e jour complémentaire an VII, à celle d'Alkmaer le 10 vendémiaire an VIII, à celle de Castricum le 14 du même mois, ainsi qu'à celle d'Iller le 16 prairial suivant. Il fit partie avec un détachement du corps de l'expédition projetée de la Louisiane, du 24 fructidor an X au 2 prairial an XI, fut nommé légionnaire en Hanovre le 25 prairial an XII, et fit partie du 4e corps de la grande armée pendant les ans XIV, 1806 et 1807 en Autriche, en Prusse et en Pologne; passa en 1808 au 1er corps de l'armée d'Espagne, et mourut d'hydropisie à Salamanque le 5 mars 1811. Y.

BOUVIER (FRANÇOIS), naquit le 23 juin 1765 à Lyon (Rhône). Soldat le 10 septembre 1781 au régiment Lyonnais-infanterie, il fit les campagnes des années 1781, 1782 et 1783, et fut blessé d'un éclat de bois dans les batteries flottantes pendant le siège en 1783. Passé caporal le 1er juin 1786, il fut congédié le 10 septembre 1789. Nommé sous-lieutenant le 7 septembre 1792 à la formation du 1er bataillon des fédérés des quatre-vingt-trois départemens, devenu 13ᵉ demi-brigade de ligne, puis 13ᵉ régiment de même arme, il partit pour l'armée de la Moselle, fut nommé lieutenant le 4 vendémiaire an II, fit une partie de la campagne du Nord, et devint capitaine au choix le 4 ventose suivant. Il servit en Vendée pendant les ans III et IV, et fut blessé d'un coup de feu à la jambe droite le 3ᵉ jour complémentaire an III. Dirigé sur l'armée d'Italie en l'an V, il fit partie de l'expédition d'Égypte en l'an VI, de celle de Syrie en l'an VII, et obtint un sabre d'honneur à la bataille de Matarieh ou d'Héliopolis, le 29 ventose an VIII, pour avoir enlevé, à la tête de sa compagnie de grenadiers, les retranchemens des Turcs et avoir mis l'ennemi dans une déroute complète. De retour en France après la capitulation d'Alexandrie, il resta à l'armée des côtes de l'Océan en l'an XII, et fut nommé officier de la Légion-d'Honneur le 25 prairial de la même année : il était légionnaire de droit du 1ᵉʳ vendémiaire. Il fit la campagne du mois de vendémiaire an XIV avec la grande armée, celle de brumaire et de frimaire à l'armée d'Italie, et les guerres de 1806 et 1807 en Istrie et dans le Frioul; en 1800, il servit en Allemagne, retourna en Italie et fut bloqué avec son corps dans Palma en 1813 et 1814. Admis à la retraite le 4 janvier 1815, il se retira à Lyon, sa ville natale. Il est mort à Oullins (Rhône), le 14 octobre 1835. J-T.

BOUVIER (JEAN-BAPTISTE-JOSEPH, baron), naquit le 9 avril 1770 à Vesoul (Haute-Saône). Élève sous-lieutenant à l'École du génie de Metz le 1ᵉʳ avril 1793, il en sortit le 1ᵉʳ août suivant avec le grade de lieutenant en premier. Envoyé à l'armée du Nord, il contribua à la défense de la place du Quesnoy, fut blessé à la tête et à la main gauche pendant le siège de cette ville et fait prisonnier de guerre avec la garnison. Rendu par échange peu de temps après, il reçut le 26 frimaire an II le brevet de capitaine, et servit de l'an III à l'an IX en Belgique et en Hollande, aux armées d'Italie et d'Helvétie, sur le Rhin et à l'armée de réserve. A la prise du fort de Bard, il se fit remarquer à la tête des troupes destinées pour le premier assaut, et il se signala encore au siége de Peschiera. Chef de bataillon le 10 floréal an X, et employé dans diverses places d'Italie de cette date à la fin de l'an XI, il fit ensuite les campagnes des ans XII et XIII à l'armée des côtes de l'Océan, et reçut le 25 prairial an XII la décoration de la Légion-d'Honneur. Pendant les guerres de l'an XIV à 1807, il fut attaché au 3ᵉ corps de la grande armée, et chargé du commandement de son arme en Dalmatie. Envoyé en Espagne en 1808, il obtint le 2 juin 1809 le grade de major, et passa à l'armée de Catalogne. Appelé à la fin de 1809 à l'armée d'Allemagne, il rejoignit celle de Catalogne au commencement de 1810. Il a été nommé colonel le 7 octobre 1810, et officier de la Légion-d'Honneur le 6 août 1811. En avril 1812, il partit pour la campagne de Russie, et fut tué près de Krasnoë le 18 novembre. Napoléon lui avait conféré le titre de baron de l'Empire. B-s.

BOUVIER (JEAN-FRANÇOIS), né à Chambéry le 25 septembre 1765, était en l'an VIII commissaire du gouvernement près le tribunal criminel du Mont-Blanc. Procureur-général le 28 floréal an XII en la cour de justice criminelle du même siége, il reçut la croix de membre de la Légion-d'Honneur le 25 prairial suivant. A la réorganisation judiciaire de 1811, il échangea ses fonctions contre celles de substitut du procureur-général impérial en la cour de Grenoble, chargé du service des cours d'assises. Les événemens de 1814 le rendirent étranger à la France.

BOUVIER (PIERRE-ALEXIS), naquit le 19 avril 1754 à Grand-Veau (Jura). Soldat au régiment de Picardie-infanterie (2ᵉ) le 12 novembre 1774, caporal le 13 décembre 1784, et sergent le 31 décembre 1787, il servit en Belgique et à l'armée du Nord de 1792 à l'an III, et reçut un coup de feu au bras droit à la bataille de Nerwinde. Sous-lieutenant le 5 prairial an II, et incorporé à cette date dans la 3ᵉ demi-brigade de ligne, devenue 8ᵉ, il fut attaché à l'armée gallo-batave de l'an IV à l'an VI, et à celle du Danube en l'an VII. Passé à l'armée du Rhin pendant les ans VIII et IX, il fut atteint d'un coup de feu à la cuisse gauche le 13 vendémiaire an VIII au passage de la Nidda. Lieutenant le 16 ventose an XI, il fit encore les campagnes de Hanovre de l'an XI à l'an XIII, et prit sa retraite le 25 fructidor an XIII. Il était membre de la Légion-d'Honneur depuis le 25 prairial an XII. Il est mort à Frotey (Haute-Saône), le 25 novembre 1832. B-s.

BOUVIER, maréchal-des-logis. V. au 17 thermidor an XII.

BOUVIER DESTOUCHES (THÉODORE), né le 11 juin 1775 à Rennes (Ille-et-Vilaine), entra dans la marine de l'État le 20 avril 1792 en qualité de volontaire, et servit sur les frégates *la Thémis* et *la Joséphine* jusqu'au 24 juin 1793. Matelot-timonier le 25, et aspirant de deuxième classe le 11 ventose an II, il reçut une blessure grave à la tête à l'une des batailles navales des 9, 10 et 13 prairial suivant. Aspirant de première classe le 13 brumaire an III, il mérita les félicitations de l'amiral Villaret-Joyeuse pour avoir contribué au sauvetage du vaisseau *le Superbe*, échoué sur les côtes d'Irlande. Il était alors sur le vaisseau *l'Océan*, d'où il passa sur *le Nestor* le 9 nivose an IV. Embarqué sur la frégate *la Tamise*, il était le 22 ventose sur *la Méduse*, qui s'empara d'un riche convoi dans les parages de Saint-Domingue; il conduisit au Cap un des navires capturés, n'ayant que 50 matelots pour contenir 440 prisonniers. Fait enseigne de vaisseau le 11 ventose an VI, et employé sur la flotte expéditionnaire d'Égypte, il monta successivement les vaisseaux *le Triton*, *le Terrible*, la corvette *la Tactique* et la frégate *la Cornélie*, pendant les ans VII, VIII, IX, X et XI. Le 27 brumaire an XII, promu lieutenant de vaisseau, il prit le commandement d'une compagnie dans le corps des marins de la garde, obtint le 25 prairial la croix de la Légion-d'Honneur, et prit part aux différentes affaires qui eurent lieu cette année et en l'an XIV entre la flotille de Boulogne et les forces navales anglaises dans la Manche. Attaché ensuite à la grande armée, il combattit à Iéna en 1806, et en 1808 à Baylen, où un biscaïen lui fit une blessure au flanc droit. Officier de l'Ordre le 26 mars 1812, il commanda les marins de la garde à la bataille de la Moscowa, et après la retraite, pendant laquelle il eut une jambe fracturée, il organisa à Anvers 2 compagnies de son arme, avec lesquelles il fit les campagnes de 1813 et de 1814. Le 16 mars de cette dernière année, élevé au grade de major d'infanterie et placé d'abord dans le grand état-major de l'armée, et ensuite dans celui de la 1re division militaire, il entra le 1er juillet suivant au 2e régiment de canonniers de marine comme major surnuméraire. Le 1er avril 1816, il fut attaché à la direction d'artillerie de la marine à Rochefort en qualité de lieutenant-colonel. Il est mort à Rochefort le 26 mai 1833.

BOUX (LOUIS-RENÉ), naquit le 22 septembre 1766 à Farigny-Brisés (Vienne). Réquisitionnaire le 8 ventose an II dans le 15e régiment de cavalerie, devenu 23e régiment de dragons en l'an XI, il fit toutes les campagnes de la liberté aux armées des Ardennes, de Sambre-et-Meuse, de Rhin-et-Moselle et d'Italie. Brigadier le 1er germinal an VIII, il se distingua à la bataille d'Engen le 13 floréal ; maréchal-des-logis le 15 floréal an X, il fut compris comme légionnaire dans la promotion du 25 prairial an XII. L'année suivante, il fit partie de l'armée de Naples, avec laquelle il servit sans discontinuer jusqu'au 28 avril 1807, époque de sa mort à Reggio. Y.

BOUYSSIÈRE ET NON **BOUSSIÈRE** (JEAN-BAPTISTE, naquit en 1773 à Barein (Aveyron). Enrôlé volontaire le 10 juillet 1792 au 1er bataillon du Cantal, devenu 2e demi-brigade de troupes légères et 4e d'infanterie légère, il fit la guerre aux Pyrénées-Orientales dès le commencement de la Révolution, passa en Italie en l'an IV, en Orient dans le courant de l'an VI, et prit part à l'expédition de Syrie. A la bataille d'Aboukir, le 7 thermidor an VII, il reçut un coup de feu dans le visage, rentra en France à la fin de l'an IX, et fut incorporé le 3 thermidor an X dans les chasseurs à pied de la garde consulaire. Nommé membre de la Légion-d'Honneur au camp de Boulogne le 25 prairial an XII, il prit sa retraite le 7 prairial an XIII. Il est mort le 30 septembre 1833 à Saint-Antonin (Tarn-et-Garonne). Y.

BOUZARD (JEAN-JOSEPH-LOUIS), naquit à Dieppe le 18 novembre 1760. Il fut mousse, novice et matelot à bord des bâtimens de pêche du 14 avril 1772 au 24 octobre 1780. Le 11 août 1786, il remplaça son père dans les fonctions de maître haleur pour l'entrée et la sortie des navires de guerre et de commerce, et dans la surveillance des phares du port de Dieppe. Légionnaire le 25 prairial an XII, il exerçait encore cet emploi le 2 décembre 1816. Il est mort dans sa ville natale le 28 mai 1820.

BOUZEREAU. Ce légionnaire a été fait au 1er vendémiaire an XII. Il faut ajouter à son prénom de CHARLES celui de HENRI.

BOUZEREAU (PHILIBERT), naquit le 14 novembre 1764 à Meursault (Côte-d'Or). Grenadier le 16 septembre 1792 dans le 5e bataillon de volontaires de son département, devenu 18e des réserves, incorporé dans la 8e demi-brigade de ligne, il fut nommé caporal le 11 brumaire an II et sergent le 16 nivose an III, et servit aux armées du Nord et du Rhin de 1792 à l'an IX. A l'affaire d'Hoglède, le 25 prairial an VII, il fut assez grièvement blessé. Il fit ensuite les campagnes de l'an XI à l'an XIII à l'armée de Hanovre, et y reçut, le 25 prairial an XII, la décoration de la Légion-d'Honneur. Attaché à la grande armée de l'an XIV à 1809 inclusivement, il devint successivement, dans cette dernière année, sous-lieutenant le 30 mars, lieutenant le 31 mai et capitaine le 3 août. Passé à l'armée d'Espagne, il y resta de 1810 à 1812, se signala ensuite à l'armée du Rhin en 1813, au blocus de Vanloo (Hollande) en 1814, et pendant la campagne de Belgique de 1815. Employé avec son grade dans la légion départementale de la Côte-d'Or, lors de la formation de ce corps, il obtint sa retraite le 2 octobre 1816. Il est mort à Meursault (Côte-d'Or), le 16 mai 1841. B-S.

BOY (LOUIS-FRANÇOIS), naquit le 25 août 1768 à Lunéville (Meuse). Le 4 août 1791, il entra comme capitaine dans la compagnie de volontaires de Commercy (Meuse), fit partie le 23 septembre suivant du 4e bataillon de ce département, incorporé dans la 28e demi-brigade de ligne, et servit à l'armée du Nord (division des Ardennes) de 1792 à l'an II. Prisonnier de guerre à Landrecies le 11 floréal an II, et conduit en Hongrie, il rentra des prisons de l'ennemi le 28 thermidor an III, rejoignit son corps dans le mois de brumaire an IV, et fit les campagnes de l'an IV à l'an VI à l'armée de l'intérieur, et celle de l'an VII sur le Danube. Passé à l'armée de réserve en l'an VIII, il s'y distingua d'une manière particulière. Le 20 prairial, à la bataille de Montebello, le corps du général autrichien Ott, fort de 17,000 combattans, parut inopinément sur les hauteurs de Casteggio. L'avant-garde française, qui ne comptait que 6,000 hommes, arrêta un instant la marche de l'ennemi, mais bientôt ébranlée par le feu de 3 pièces de canon chargées à mitraille, elle allait se replier lorsque le capitaine Boy se précipita à la tête de sa compagnie sur cette artillerie et la força à rétrograder ; il reçut dans cet engagement un coup de feu à l'épaule gauche qui ne l'empêcha pas quatre jours après de prendre sa part de gloire à la bataille de Marengo, où il sauva une pièce de canon. Chef de bataillon le 30 prairial an VIII, il se trouva au passage du Mincio le 4 nivose an IX. Au moment où la cavalerie ennemi commençait à mettre le désordre dans quelques rangs, le commandant Boy fait former le carré à son bataillon, et repoussa par un feu très vif tout ce qui se présenta devant ses redoutables baïonnettes. Rentré en France en l'an X, la 28e demi-brigade alla tenir garnison à Limoges, Calais et au camp de Boulogne, et le commandant Boy y reçut le 25 prairial an XII la décoration de la Légion-d'Honneur. Admis à la retraite le 5 fructidor an XIII, il fut désigné le 14 du même mois pour aller prendre le commandement de la 1re compagnie de réserve du département de la Seine-Inférieure, mais le maréchal Soult l'ayant attaché le 15 à l'état-major du 4ᵉ corps de la grande armée, et maintenu à la suite de son régiment, il ne rejoignit pas cette compagnie. Nommé commandant d'armes de Landshutt le 4 brumaire an XIV, il fut réintégré avec son grade dans le 28ᵉ régiment de ligne le 26 du même mois. Remplacé de nouveau le 5 frimaire, et rentré à la suite de l'état-major du 4ᵉ corps, il fut autorisé le 11 juillet 1806 à passer au service de Naples. Major du 2ᵉ régiment de ligne napolitain le 24 novembre suivant, il devint colonel du 1ᵉʳ le 23 mai 1808. Il fit la campagne de 1809 à la grande armée, et fut chargé de diverses expéditions dans le Tyrol. Sa conduite au blocus de Trente lui mérita les éloges du vice-roi. Dans une expédition sur Morano, commandée par le général Rusca, il se trouva tout-à-coup coupé de la colonne principale par un nombreux parti de Tyroliens. Après avoir vaillamment combattu une partie de la journée, il parvint enfin à se faire jour et à rejoindre le gros des troupes ; il fut atteint de deux coups de feu presqu'au commencement de l'action. Envoyé à l'armée d'Espagne, et chargé en 1810 d'une reconnaissance sur Oletta (Catalogne), il reçut dans un engagement avec les insurgés un coup de feu à la jambe droite. Il prit part dans divers autres combats partiels, particulièrement à l'affaire de Mattaro et dans plusieurs autres combats qui eurent lieu sur l'Ebre. De retour dans le royaume de Naples à la fin de 1811, il prit alors le commandement de l'île de Capry, et reçut le 31 janvier 1814 le brevet de maréchal-de-camp. Prisonnier le 30 mai 1815, par suite de la capitulation de Naples, il fut conduit en Moravie et ne revint en France que le 15 juin 1816. Il rentra dans les cadres de l'armée le 11 novembre suivant avec le grade de colonel d'état-major, fut nommé chevalier de Saint-Louis le 19 août 1818, placé dans le cadre de non-activité de l'état-major général de l'armée le 8 juillet 1820, et mis à la retraite le 14 janvier 1823. Une ordonnance royale du 11 février 1824 lui conféra le grade honorifique de maréchal-de-camp. Il est mort à Commercy (Meuse), le 27 décembre 1842. B-S.

BOYÉ, général. *V.* BOYÉ D'ABAUMONT, t. III, p. 103.

BOYÉ (PIERRE-JOSEPH), né le 22 janvier 1771 à Bonzeval (Vosges), entra au service le 28 novembre 1791 comme sous-lieutenant dans le 5ᵉ bataillon de volontaires des Vosges, incorporé dans la 138ᵉ demi-brigade d'infanterie le 16 brumaire an III, devenue 61ᵉ demi-brigade de ligne le 5 ventose an IV, puis 61ᵉ régiment de même arme en l'an XII. Lieutenant le 26 juillet 1792, il fit les campagnes de 1792 et 1793 à l'armée du Nord, passa capitaine le 22 germinal an II, et servit en l'an II à l'armée de Sambre-et-Meuse. A l'affaire du 24 floréal, chargé du commandement du 5ᵉ bataillon des Vosges, il résista à un ennemi supérieur en nombre, et lui reprit 2 pièces d'artillerie. Employé en l'an III aux armées des côtes de Brest et de Cherbourg, il passa le 14 pluviose an IV à l'état-major de l'armée de Rhin-et-Moselle, fut employé comme aide-de-camp auprès du général Duhesme, et resta avec lui, pendant les ans V et VI, attaché à la même armée. Appelé en l'an VII à celles de Naples, il chargea le 1ᵉʳ pluviose, à l'affaire des Fourches-Caudines, à la tête de 35 chasseurs du 7ᵉ régiment, un corps de 6,000 Napolitains qu'il força à la retraite. Nommé chef de bataillon aide-de-camp du même général le 15 nivose suivant, il fut cité honorablement dans les affaires des 1ᵉʳ et 13 vendémiaire, et du 9 brumaire de l'an VIII à l'armée des Alpes. Le 1ᵉʳ vendémiaire, commandant l'avant-garde de la division Duhesme, et attaqué dans ses positions par un corps de 12,000 hommes, il opéra sa retraite et ne perdit pas un seul homme. Le 13, à la tête de 40 hussards, il fit une centaine de prisonniers sans avoir à regretter un seul de ses soldats. Enfin, le 9 brumaire, à Pignerolles, avec 40 hussards, il fondit sur 2 compagnies d'élite, sous le feu d'un régiment autrichien, et leur fit 120 prisonniers. Il eut dans ces trois affaires 2 chevaux tués sous lui et 3 de blessés. Passé la même année à l'armée d'Italie, il se trouva à la bataille de Marengo, fit la campagne de l'an IX en Italie, et celle de l'an X à l'armée gallo-batave. Attaché comme chef de bataillon, le 16 brumaire an XI, à la 34ᵉ demi-brigade de ligne, devenue 34ᵉ régiment de même arme en l'an XII, il vint tenir garnison à Mayence en l'an XII, et après avoir été nommé membre de la Légion-d'Honneur le 25 prairial, il fut rayé des contrôles de l'armée par décret du 4 messidor an XIII pour fait de contrebande. La grande-chancellerie de la Légion-d'Honneur est sans nouvelles de cet officier depuis 1808.

BOYEAU (ÉTIENNE), naquit le 11 septembre 1758 à Lyon (Rhône). Soldat le 26 juin 1775 dans le régiment d'Aquitaine-infanterie, 35ᵉ régiment en 1791, 70ᵉ demi-brigade d'infanterie en l'an II, et 75ᵉ de bataille en l'an IV, il y obtint au commencement de la guerre le grade de caporal de grenadiers. Il avait fait toutes les guerres de la liberté aux armées des Alpes, d'Italie et d'Orient, s'était trouvé aux batailles d'Arcole et de Rivoli en l'an V, avait pris part à l'expédition de Syrie, et assisté en l'an VII aux batailles du Mont-Tabor et d'Aboukir, lorsqu'il fut admis comme grenadier à pied dans le corps des consuls le 7 pluviose an IX. Nommé membre de la Légion-d'Honneur au camp de Boulogne le 25 prairial an XII, il fit la campagne de l'an XIV en Autriche, y fut grièvement blessé, et prit sa retraite le 25 juillet 1806. Il est mort à Paris le 24 décembre 1825.

BOYELDIEU (LOUIS-LÉGER, *baron*), naquit le 13 août 1774 à Monsure (Somme). Le 2 septembre 1791, il entra comme sous-lieutenant dans le 3ᵉ bataillon de volontaires de son département, incorporé dans la 24ᵉ demi-brigade de ligne, devenue 61ᵉ. Lieutenant le 4 février 1792, et capitaine le 25 prairial an II, il fit les guerres de la Révolution de 1792 à l'an V, et suivit sa demi-brigade en Égypte. De l'an VI à l'an IX, il se trouva aux batailles de Chebreiss et des Pyramides, suivit l'armée dans le Seïd, et prit part à tous les combats que sa demi-brigade livra à Mourad-Bey. Rappelé dans le Delta, il y combattit contre les Turcs et fut blessé à la prise du fort d'Aboukir. A la bataille livrée sous les murs d'Alexandrie le 28 ventose an IX, il reçut un coup de feu dans le cou, et obtint le grade de chef de bataillon le 9 germinal suivant. Rentré en France après la capitulation d'El-Arisch, il devint membre de la Légion-d'Honneur le 25 prairial an XII, fit la campagne de cette année et la suivante à l'armée des côtes de l'Océan, et passa avec son grade, le 18 fructidor an XIII, dans les grenadiers à pied de la garde consulaire. Sa conduite pendant la campagne de l'an XIV lui mérita le 9 mars 1806 le grade de colonel, le 14 du même mois la décoration d'officier de la Légion-d'Honneur. Passé au commandement du 4e de ligne, il fit les guerres de 1806 et 1807 en Prusse et en Pologne, et reçut à Deppen le 7 février 1807 un coup de feu dans le bras gauche. L'Empereur le nomma le 11 juillet commandant de la Légion-d'Honneur, et, l'année suivante, baron de l'Empire. Pendant la campagne d'Allemagne de 1809, il combattit à Bergfried et à Wagram, fut blessé dans chacune de ces affaires, et mérita d'être cité dans le bulletin officiel. Adjudant-général de la garde avec rang de général de brigade le 21 juillet 1811, il suivit la grande armée en Russie et en Saxe. Napoléon l'éleva le 7 septembre 1814 au grade de général de division. Il s'était fait surtout remarquer à la bataille de Dresde, à la tête d'une brigade de la jeune garde, et avait reçu un coup de feu à l'épaule gauche. La gravité de cette blessure ne lui permit pas de faire la campagne suivante. Chevalier de Saint-Louis le 29 juillet 1814, et en non-activité le 1er septembre suivant, il est mort à Marson (Somme), le 17 août 1815. Son nom est inscrit sur la partie Est de l'arc-de-triomphe de l'Étoile. B-S.

BOYENVAL (N.), capitaine de frégate, mort le 18 ventose an XII. L'Empereur ignorait sa mort, lorsqu'il le comprit dans la nomination des membres de la Légion-d'Honneur qu'il arrêta le 25 prairial de la même année.

BOYER (ANDRÉ-LOUIS-ANNE), naquit le 13 octobre 1765 à Rodez (Aveyron). Soldat le 6 avril 1780 au régiment de Piémont-infanterie, il sortit de ce corps par congé acheté le 24 mars 1782, et entra le 19 janvier 1784 comme cavalier dans le régiment de Conflans-hussards, qu'il abandonna de nouveau par congé acheté le 19 septembre 1788. Lieutenant le 23 janvier 1792 dans les volontaires de son département, et le 4 juillet suivant capitaine dans le 2e bataillon de l'Aveyron, incorporé dans la 56e demi-brigade d'infanterie, devenue 85e demi-brigade de ligne le 1er messidor an IV, puis 85e régiment de même arme en l'an XII, il fit les campagnes de 1792, 1793 et an II à l'armée des Alpes, et celles de l'an III à l'an V à l'armée d'Italie. Passé en Orient, il y fit les guerres de l'an VI à l'an IX dans la basse Égypte et en Syrie, et assista aux batailles des Pyramides, au siége de Saint-Jean-d'Acre et aux affaires d'Aboukir et d'Héliopolis. Rentré en France après la capitulation d'Alexandrie, il tint garnison à l'intérieur pendant les ans X et XI, fit partie de l'expédition d'Angleterre (armée des côtes), pendant les ans XII et XIII, et fut nommé membre de la Légion-d'Honneur le 25 prairial an XII. Appelé à la grande armée, il y fit les campagnes de l'an XIV et 1806 en Autriche et en Prusse, et mourut des suites de ses blessures le 20 janvier 1807. J-T.

BOYER (ÉTIENNE), naquit le 3 mars 1770 à Gray (Haute-Saône). Soldat le 28 novembre 1790 dans le régiment de Bresse-infanterie, 26e de l'arme en 1791, embrigadé le 10 brumaire an III dans le 3e bataillon de la 52e demi-brigade d'infanterie, devenue 27e demi-brigade légère en prairial an IV, il passa fourrier le 10 août 1792, fit les campagnes de 1792, 1793 et an II en Corse, et fut pris par les Anglais à la redoute de Fornaly le 29 pluviose an II. Il s'échappa des prisons de Gibraltar le 10 nivose an III, et conduisit à Lorient un bâtiment de guerre anglais dont il s'était emparé le jour de son évasion avec plusieurs autres prisonniers français. Rentré à son corps, il y fut nommé sergent le 15 fructidor, servit pendant les ans IV et V à l'armée d'Italie, et se trouva au passage du Tagliamento. Nommé officier de santé le 1er germinal an V, il suivit la 22e demi-brigade légère pendant les campagnes de l'an VI à l'an IX aux armées d'Italie, de Rome, de Naples, de l'Ouest et de Batavie, et remplit les mêmes fonctions jusqu'au 2 prairial an X, époque à laquelle il passa comme maréchal-des-logis dans le 9e régiment de cuirassiers en l'an XI. Maréchal-des-logis-chef le 1er brumaire an XI, il tint garnison à Épinal et à Mayence pendant les ans XII et XIII, fut nommé membre de la Légion-d'Honneur le 25 prairial an XII, et suivit la grande armée en l'an XIV et en 1806 en Autriche et en Prusse.

Adjudant le 1er novembre 1806, et sous-lieutenant le 3 avril 1807, il fit la campagne de Pologne au corps de réserve de cavalerie. Il resta en Allemagne en 1808, passa lieutenant le 14 mai 1809, servit en Autriche pendant cette année, et, en 1810 et 1811, fut employé en Allemagne à la 1re division de grosse cavalerie. Adjudant-major le 15 avril 1812, et capitaine le 1er août suivant, il prit part à l'expédition de Russie et aux opérations de la guerre de Saxe en 1813. Enfermé dans Hambourg en 1814, il revint en France à la fin de la campagne et fut maintenu en activité. Attaché pendant les Cent-Jours à la 3e division de réserve de cavalerie, il fit en cette qualité la campagne de Belgique, et fut admis à la retraite le 30 novembre 1815. Il réside aujourd'hui à Gray (Haute-Saône).

BOYER (HENRI-JACQUES-JEAN), général. V. t. III, p. 104.

BOYER (JEAN-BAPTISTE-NICOLAS-HENRI), frère du lieutenant-général de ce nom, né le 9 juillet 1775 à Béfort (Haut-Rhin), entra au service le 11 frimaire an II comme soldat dans le 12e bataillon du Doubs, incorporé dans la 194e demi-brigade d'infanterie le 10 messidor an III, 50e demi-brigade de ligne le 24 germinal an IV, et fit les campagnes de l'an II et de l'an III aux armées du Rhin et de Rhin-et-Moselle. Passé à l'armée d'Italie en l'an IV, il fut nommé sous-lieutenant provisoire le 22 fructidor, et choisi le même jour pour aide-de-camp par le général Lannes. Blessé grièvement à la tête, à la bataille d'Arcole, le 25 brumaire an V, et cité d'une manière particulière pour sa belle conduite, le général en chef Bonaparte le nomma lieutenant provisoire sur le champ de bataille. A la fin de la campagne de l'an V, il entra dans le 4ᵉ régiment de chasseurs à cheval avec le grade de capitaine provisoire par décision du 1ᵉʳ vendémiaire an VI. Employé à l'armée de Batavie, il se distingua à la bataille de Bergen, près Alkmaer, le 3ᵉ jour complémentaire de la même année. Rentré en France en l'an VIII, il se trouva à la journée du 19 brumaire à Saint-Cloud, reçut du premier Consul un sabre d'honneur, et fut nommé le 21 nivose suivant chef d'escadron au 13ᵉ régiment de cavalerie, devenu 22ᵉ dragons en l'an XII. Envoyé à l'armée du Rhin, il se trouva à la bataille de Hohenlinden le 12 frimaire an IX. De retour en France à la paix de Lunéville, il se rendit au camp de Boulogne pendant les ans XII et XIII, devint membre de la Légion-d'Honneur le 25 prairial an XII, et servit au 5ᵉ corps de la grande armée. Il fit les campagnes de l'an XIV à 1807 en Autriche, en Prusse et en Pologne, assista aux batailles d'Ulm et d'Austerlitz, et fut élevé au grade de major le 18 janvier 1807, en récompense de sa belle conduite à la bataille de Pulstusk le 26 décembre 1806. Attaché de nouveau à la personne du maréchal Lannes, mais placé peu de temps après dans son grade au 10ᵉ régiment de hussards, il eut l'ordre d'aller prendre à Schelestadt le commandement du dépôt général de la cavalerie du 5ᵉ corps d'armée, composé de 6 régimens. Nommé adjudant-commandant le 3 septembre 1809, il fut employé en cette qualité auprès du général Drouet. Chargé du commandement des troupes bavaroises le 16 octobre, et créé chevalier de l'ordre du Mérite militaire de Bavière à l'époque où il quitta ce commandement, il passa chef de l'état-major général du 7ᵉ corps de l'armée d'Allemagne à Inspruck au commencement de 1810. Il rentra en France en 1811, et on l'envoya à Toulon le 9 février pour y remplir les fonctions de son grade. Attaché le 25 février 1812 à la division princière, et en 1813 au 2ᵉ corps de cavalerie de la grande armée, et nommé général de brigade le 28 septembre, il prit le commandement de la cavalerie du 5ᵉ corps. Blessé mortellement le 19 octobre au combat de Freybourg, il est mort à Leipzig le 30 du même mois.

BOYER (JEAN-FRANÇOIS), naquit le 5 mars 1772 à Saint-Pons (Ardèche). Volontaire au 4ᵉ bataillon de l'Ardèche le 15 brumaire an II, il fit successivement partie de la 211ᵉ demi-brigade d'infanterie et de la 18ᵉ de bataille, servit de l'an II à l'an V à l'armée d'Italie, et reçut un coup de feu au ventre au combat de Loano en l'an IV; il était aux batailles de Roveredo et de Saint-George, ainsi qu'à celle de Rivoli et au siége de Mantoue. Passé en l'an VI à l'armée d'Orient, il fit partie de l'expédition de Syrie et fut atteint d'un coup de feu à la cuisse au siége de Jaffa. Au combat de Reckié, en Égypte, le 7 thermidor an VII, il reçut une nouvelle blessure au ventre en soutenant à la baïonnette la charge des Arabes. Admis dans les grenadiers à pied de la garde des consuls le 16 pluviose an X, il fut nommé membre de la Légion-d'Honneur au camp de Boulogne le 25 prairial an XII, suivit la grande armée en Autriche, en Prusse et en Pologne de l'an XIV à 1807, fit la campagne de Wagram en 1809, et obtint sa retraite le 16 février 1810. Il est mort le 25 septembre 1828 à Saint-Pons (Ardèche). Y.

BOYER (JOSEPH), né le 8 mars 1764 à Phalsbourg (Meurthe), entra au service le 12 septembre 1785 comme lieutenant-quartier-maître-trésorier au régiment de hussards Chamboran, devenu 2ᵉ de l'arme en 1791. Capitaine le 21 août 1792, il se trouva à l'affaire de Nanci le 7 octobre. Chargé le lendemain d'aller en remonte, et passant à Pont-Saint-Vincent, et assailli par des paysans, il tomba de cheval en se défendant; la fracture de la jambe droite et la luxation de la cheville furent les suites de cette chute. De 1792 à l'an II, il servit à l'armée du Nord, de l'an III à l'an IV à celle de Sambre-et-Meuse, de Mayence et de l'Ouest. En garnison en l'an VII dans la 17ᵉ division militaire, il se rendit avec son corps à l'armée du Rhin en l'an VIII, et pendant cette campagne il fit encore une chute de cheval dans laquelle il eut une côte enfoncée. Rentré en France en l'an IX, il suivit le régiment pendant la campagne de l'an XI en Hanovre, fut nommé membre de la Légion-d'Honneur le 25 prairial an XII, et admis à la retraite le 28 brumaire an XIII, il se retira à Phalsbourg. Il est mort le 27 janvier 1838. Sa nomination dans l'Ordre à la date du 25 prairial fait double emploi avec celle du 26 frimaire précédent. J-T.

BOYER (JOSEPH), général. V. t. III, p. 104.

BOYER (PIERRE-JOSEPH), fils d'un capitoul de Toulouse, naquit dans cette ville le 14 novembre 1754. Avocat au parlement de Toulouse en 1773, il devint secrétaire de l'amirauté de France au mois de juin 1786. Membre du conseil du ministère de la justice en l'an VI, du tribunal de cassation le 15 germinal an XII, et de la Légion-d'Honneur le 25 prairial suivant, officier de l'Ordre le 23 août 1814, il fut maintenu par l'ordonnance royale du 15 février 1815 parmi les conseillers de la cour suprême. Il devint le 10 juin 1829 président de chambre, fut élevé à la pairie le 11 octobre 1832, et promu commandeur et grand-officier de l'Ordre le 7 janvier 1834 et le 31 mai 1837. Comme pair, M. le président Boyer a pris part aux plus graves discussions, principalement à celles relatives à la légitimation des enfans naturels, à la compétence de la cour des pairs en matière d'attentat, et fait adopter l'article 20 du projet de loi sur la responsabilité des ministres. Lorsque, en 1842, âgé de quatre-vingt-huit ans, il se rendit dans sa ville natale, la cour royale, qu'il alla visiter, lui offrit un siége dans le prétoire, et l'avocat plaidant en ce moment rappela qu'autrefois les magistrats de Paris avaient fait asseoir près d'eux le grand Furgole, moins pour l'associer à leur gloire que pour s'associer à la sienne. Démissionnaire de ses fonctions de président à la Cour de cassation le 26 décembre 1843, il fut nommé président honoraire le même jour.

BOYER DE REBEVAL (JOSEPH, *baron*), naquit le 20 avril 1768 à Vaucouleurs (Meuse). Canonnier le 1er juin 1787 au régiment d'Auxonne, devenu 6e régiment d'artillerie en 1791, il passa le 1er décembre 1791 en qualité de sous-lieutenant dans le 7e régiment d'infanterie (ci-devant Auvergne), devenu 34e demi-brigade d'infanterie le 7 floréal an II, 43e demi-brigade de ligne le 1er ventose an IV, puis 43e régiment de même arme en l'an XII, et, nommé lieutenant le 2 juin 1792, il fit les campagnes de 1792 et 1793 à l'armée de la Moselle, et celles des ans II, III et IV à l'armée de Sambre-et-Meuse. Appelé en l'an V à l'armée d'Italie par le général Bonaparte, qui l'avait connu étant au régiment d'Auxonne, il fut blessé d'un coup de feu à la jambe droite le 26 ventose au passage du Tagliamento, et nommé capitaine le 3 germinal suivant. Passé à l'armée d'Allemagne, il y fit la campagne de l'an VII et obtint le rang de chef de bataillon le 12 thermidor de la même année. Employé à l'armée d'Italie, et désigné le 11 prairial an VIII par le premier Consul pour tenter le passage du Tesin à la tête d'un bataillon de grenadiers, Boyer s'élança dans un gué où plusieurs de ses soldats se noyèrent, aborda dans une petite île, y fit bon nombre de prisonniers et parvint ensuite sur la rive opposée, fortement défendue par les Autrichiens. Aussitôt il déploya sa troupe pour attirer sur lui tout le feu de l'ennemi, et il favorisa par ce mouvement hardi le passage de l'armée. A la bataille de Marengo, il marcha contre un bataillon autrichien qui cherchait à couper la ligne par la gauche, et le chargea si vigoureusement qu'il le mit aussitôt en déroute et prit deux pièces de canon. Le 4 nivose suivant, au passage du Mincio, un corps de grenadiers hongrois occupait le village de Pozzolo et menaçait de déboucher sur le flanc de la division du général Dupont; il s'agissait d'enlever ce village. Le chef de bataillon Boyer vit deux fois son bataillon repoussé. Il voulait tenter un dernier effort : ses soldats rebutés refusèrent de marcher, cependant un grenadier sort des rangs, apostrophe ses camarades, leur reproche leur lâcheté, et, s'adressant au chef de bataillon : *Marchons nous deux, mon commandant, nous enlèverons bien le village sans eux.* Cette saillie produisit le meilleur effet sur la troupe, la position fut enlevée au pas de charge, on y fit des prisonniers et on s'empara de plusieurs drapeaux. Boyer eut, dans cette affaire, la cuisse gauche traversée d'une balle. Rentré en France après la campagne de l'an IX, et en garnison à l'intérieur pendant les ans X et XI, il fit partie de l'armée des côtes de l'Océan pendant les ans XII et XIII, fut nommé membre de la Légion-d'Honneur le 25 prairial an XII, et passa le 12 fructidor an XIII comme chef de bataillon dans les chasseurs à pied de la garde impériale; il y fit, avec la grande armée, les campagnes de l'an XIV à 1807, fut nommé officier de la Légion-d'Honneur le 14 mars 1806, et le 1er mai suivant major des vélites de la garde. Envoyé en Poméranie le 28 mars 1807 comme major-colonel au 1er régiment de fusiliers de la garde, qui venait d'être formé, et qui devait concourir au blocus de Colberg, il se distingua à la prise du fort de Neugarten. Ce fort, espèce de poste avancé, situé au milieu de vastes marais, et n'ayant qu'une seule entrée, gênait beaucoup les approches de Colberg. Déjà une brigade italienne, qui avait tenté une attaque, avait été repoussée avec perte, lorsqu'on envoya le colonel Boyer pour l'enlever. Trois pièces de canon battaient le chemin creux qu'il fallait suivre pour s'en approcher. Boyer avait chargé un de ses bataillons d'attaquer le fort pendant qu'avec un autre bataillon il observait la route de Colberg, mais voyant que l'attaque languissait, il donne ordre aux premières compagnies de se charger de fagots et de planches, s'arme lui-même d'un madrier, fait battre la charge, et se précipite dans le chemin creux, où la mitraille ne peut arrêter l'élan de ses soldats : arrivé au fossé, il le fait combler en un instant et s'élance un des premiers sur le rempart, où bientôt toute sa troupe l'a suivi. L'ennemi, déconcerté, ne résiste plus ; le fort est pris, plusieurs centaines de cadavres jonchent la place, et 300 soldats, plusieurs officiers supérieurs, 3 pièces de canon et quelques drapeaux tombent au pouvoir du vainqueur. Major le 25 janvier 1808 du 2e régiment de chasseurs à pied de la garde impériale, il fit la campagne d'Espagne et fut créé baron de Rebeval en récompense de sa conduite. Revenu en France en 1809 à la suite de l'Empereur, il fit la campagne de Wagram, fut élevé au grade de général de brigade le 5 juin de la même année, et employé en cette qualité le 1er juillet au 3e corps, il délivra la ville de Marbourg d'un corps de partisans qui s'en était emparé, et fut nommé commandant de la Légion-d'Honneur le 21 septembre suivant. Il resta en Allemagne en 1810 et pendant une partie de l'année 1811, et rentra dans la garde impériale le 6 décembre avec les fonctions d'adjudant-général. Pendant la campagne de Russie en 1812, il reçut un coup de feu au poignet droit à la bataille de la Moskowa. Attaché à la 4e division de la jeune garde le 16 juin 1813, et nommé chevalier de la Couronne-de-Fer le 13 août suivant, il fut blessé le 26 du même mois d'un coup de feu au ventre à la bataille de Dresde, et élevé au grade de général de division le 20 novembre. Appelé le 1er janvier 1814 au commandement de la troisième division d'infanterie (jeune garde) sous les ordres du général comte Maison, il fut chargé, étant en garnison à Lille, de l'exécution des ordres de l'Empereur relatifs aux conscrits réfractaires dans les départemens du Nord et du Pas-de-Calais, et prit avec le général Brenier, commandant la 16e division militaire, des dispositions telles, qu'en peu de temps la tranquillité fut rétablie, les coupables punis, et les réfractaires dirigés sur leurs corps respectifs. Nommé le 13 février commandant de la 3e division de la jeune garde en formation à Paris, il attaqua, le 22 du même mois, à Méry-sur-Seine, plusieurs divisions des corps des généraux Blücher, Sacken et Yorck, qui avaient passé l'Aube pour rejoindre à Troyes l'armée du prince Swartzemberg, poussa l'ennemi au pas de charge, le culbuta et s'empara de la ville que les alliés incendièrent avant de l'évacuer. A la bataille de Craone, livrée le 7 mars, il fit des prodiges de valeur et reçut deux fortes contusions, l'une d'un boulet qui l'atteignit à la cuisse gauche, l'autre d'un biscaïen qui le frappa à la poitrine. Le 23 juin, nommé au commandement du département de l'Aube, et créé chevalier de Saint-Louis le 15 octobre suivant, il fut mis en disponibilité en janvier 1815. Employé le 23 mars, au retour de l'Empereur, dans les troupes réunies sous les ordres du général de division Pajol à Orléans, et disponible le 27 avril, il fut attaché le 31 mai à l'armée de la Loire comme commandant la division d'infanterie qui se réunissait à Poitiers. En non-activité le 1er octobre de la même année, il fut compris comme disponible dans le cadre d'organisation de l'état-major-général le 30 décembre 1818 : il se retira dans sa terre de Rebeval. Il est mort à Paris le 5 mars 1822. J-T.

BOYTIERES (JEAN-GABRIEL), naquit le 17 janvier 1766 à Saint-Amand (Cher). Soldat le 1er janvier 1783 au régiment de Vieille-Marine, il passa le 19 décembre 1791 dans la garde constitutionnelle du roi ; il en sortit le 7 juin 1792, et fut nommé lieutenant de la garde nationale de Saint-Amand le 1er septembre suivant. Engagé comme dragon au 17e régiment de l'arme le 27 août 1793, il fit les campagnes de 1793 à l'an III aux armées du Rhin et de Mayence, et fut nommé brigadier-fourrier le 5 prairial an II. A l'armée du Rhin, en l'an IV, il se distingua à la prise de Rastadt le 17 messidor : s'étant mis à la tête de quelques tirailleurs, il passa la Murque à la nage et poursuivi l'ennemi jusque dans la ville ; son cheval, blessé grièvement, étant tombé sous lui, il s'élança à pied, lui quatrième, sur une pièce de canon tirant à mitraille, et s'en empara. Nommé maréchal-des-logis le 21 prairial an V, maréchal-des-logis-chef le 1er pluviose an VI, il passa pendant le reste de l'an VI aux armées d'Helvétie et d'Angleterre, vint en l'an VII aux armées du Rhin et du Danube, et y fut nommé adjudant-sous-lieutenant le 12 messidor de la même année. Il servit à l'armée du Danube pendant les ans VIII et IX. Détaché près du général Richepanse pendant la campagne de l'an VIII, il reçut un coup de feu à la tête, à la bataille de Biberach, le 19 floréal, et fut nommé lieutenant le 25 prairial suivant. Adjudant-major le 30 prairial an XI, dirigé en l'an XII sur l'armée des côtes de l'Océan, et membre de la Légion-d'Honneur le 25 prairial, il devint capitaine le 30 frimaire an XIII. Employé de l'an XIV à 1807 à la grande armée en Autriche, en Prusse et en Pologne, il passa en Espagne en 1808, fut blessé au genou d'un coup de pique à l'affaire de Braga, en Portugal, le 20 mars 1809, et fit encore en Espagne et en Portugal la campagne de 1810. Rentré en France en 1811, il resta depuis cette époque au dépôt de son corps sans pouvoir faire campagne, et fut admis à la retraite le 4 juillet 1814. Il est mort à Saint-Amand (Cher), le 18 juillet 1833.

BOZET. *V.* ROZET.

TABLE DES MATIÈRES.

	Pages.
Table des Biographies contenues dans ce volume.	V
Introduction.	XVII
Fin de la nomination du 19 frimaire an XII.	1
Nomination du 26 frimaire an XII.	43
Nomination du 15 pluviose an XII.	165
Nomination du 4 germinal an XII.	209
Nomination du 1er prairial an XII.	359
Nomination du 12 prairial an XII.	361
Nomination du 25 prairial an XII.	379

FIN DU QUATRIÈME VOLUME.

www.ingramcontent.com/pod-product-compliance
Lightning Source LLC
Chambersburg PA
CBHW051319230426
43668CB00010B/1078